Jürgen Schwenk, Helmut Schuster, Dieter Schiecke, Eckehard Pfeifer

Microsoft Office Excel 2003 – Das Handbuch

2., erweiterte und aktualisierte Auflage

Jürgen Schwenk, Helmut Schuster, Dieter Schiecke, Eckehard Pfeifer

Microsoft Office Excel 2003 – Das Handbuch

2., erweiterte und aktualisierte Auflage

Jürgen Schwenk, Helmut Schuster, Dieter Schiecke, Eckehard Pfeifer: Microsoft Office Excel 2003 – Das Handbuch, 2., erweiterte und aktualisierte Auflage
Microsoft Press Deutschland, Konrad-Zuse-Str. 1, D-85716 Unterschleißheim
Copyright © 2005 by Microsoft Press Deutschland

15 14 13 12 11 10 9 8 7 6 5 4 3 2
07 06

ISBN 3-86063-193-4

© Microsoft Press Deutschland
(ein Unternehmensbereich der Microsoft Deutschland GmbH)
Konrad-Zuse-Str. 1, D-85716 Unterschleißheim
Alle Rechte vorbehalten

Korrektorat: Jutta Alfes, Karin Baeyens, Dorothee Klein, Siegen
Layout und Satz: Gerhard Alfes, mediaService, Siegen (www.media-service.tv)
Umschlaggestaltung: Hommer Design GmbH, Haar (www.HommerDesign.com)
Gesamtherstellung: Kösel, Krugzell (www.KoeselBuch.de)

Übersicht

Inhaltsverzeichnis

Teil A
Grundlagen 53

4   In Tabellenblättern arbeiten 145

Teil D
Von der Tabelle zur Infografik

Teil H
Planung und Prognose

25 Den Szenario-Manager für verschiedene Ansichten nutzen

Teil I
Datenaustausch mit anderen Anwendungen 1017

Teil L
Anhang 1267

Vorwort

Microsoft Excel 2003 ... Insider-Wissen – praxisnah und kompetent ... so wurde der Titel dieses Buches gewählt. Neben einer umfassenden Referenz finden Sie in diesem Buch und auf der beiliegenden CD-ROM zahlreiche praxisorientierte Lösungen, Tipps und Tricks. Diese verständlich und nachvollziehbar aufzubereiten ist der Anspruch, den wir uns gestellt haben.

In diesem Handbuch haben wir unsere Erfahrungen aus der täglichen Arbeit mit Excel im Controlling und Projektmanagement, in Marketing und Vertrieb, in der Statistik und Programmierung für Sie als Leser verarbeitet.

Wir haben diese Neuauflage genutzt, um alle Kapitel umfangreich zu überarbeiten und zu ergänzen. Das Buch geht noch stärker auf die Excel-Funktionen ein. Die neu eingebauten Profitipps werden selbst »alten Excel-Hasen« bisher unbekanntes Wissen vermitteln und so manchen »Aha-Effekt« auslösen. Die zusätzlich aufgenommenen Praxis-Kapitel bieten Ihnen die Möglichkeit, zahlreiche Funktionen an Beispielen aus dem Projekt- und Controllingalltag konkret anzuwenden. Dies soll Ihnen helfen, nicht nur Ihre Programmkenntnis, sondern auch Ihre Lösungskompetenz weiter auszubauen.

Vielleicht interessiert Sie, wer sich hinter dem »Wir« verbirgt, wer also die vier Autoren dieses Buches sind:

- *Jürgen Schwenk* aus Stuttgart beschäftigt sich schon seit den frühen Programmversionen mit der statistischen Auswertung und Analyse von Datenbeständen unter Verwendung von Excel und Access. Bei den konsequent an der Praxis orientierten Aufgaben setzt er die zahlreichen Tabellenfunktionen und Analyse-Tools ein. Mit Hilfe der VBA-Programmierung steigern seine Lösungen die Flexibilität von Excel oder versehen komplexe Aufgabenstellungen mit hohem Automatisierungsgrad und benutzerdefinierten Funktionen. Zahlreiche Artikel und Bücher zu verschiedenen Office-Programmen und speziell zu Excel und zur VBA-Programmierung stammen aus seiner Tastatur.

- *Helmut Schuster* aus München ist ein im Management erfahrener Betriebswirt und ein versierter Trainer mit Coaching-Kompetenz. In einer Vielzahl von Projekten hat er Betriebswirtschaft und Excel immer wieder miteinander verzahnt und Tools zur Optimierung der Datenanalyse verwendet. Er ist ein Spezialist, wenn es darum geht, für die Messbarkeit von Leistungen und für das Controlling eines Projekterfolgs das erforderliche Instrumentarium zu entwickeln. Seine Erfahrung bei der Unternehmenssteuerung mit Hilfe der Office-Produkte überträgt er auch auf die Gestaltung der Kommunikations- und Veränderungsprozesse in Firmen.

- *Dieter Schiecke* aus Berlin ist seit 1992 freiberuflich als Berater und Trainer für Microsoft-Produkte tätig. Als Trainer hat er sich auf Workshops und Coachings spezialisiert, in denen die Teilnehmer das Aufbereiten und Visualisieren von Daten mit Excel und PowerPoint erlernen und perfektionieren. Parallel dazu hat er seit Jahren weit über Hundert Beiträge zum Praxis-Einsatz von Excel in betriebswirtschaftlichen und Computer-Fachzeitschriften veröffentlicht. Er ist auch als Autor der PowerPoint-Handbücher bei Microsoft Press und als Chefredakteur von »PowerPoint aktuell« bekannt.

- *Dr. Eckehard Pfeifer* aus Dresden ist habilitierter Mathematiker und als freiberuflicher Berater, Entwickler und Trainer tätig. Er ist Microsoft Certified Application Developer .NET und hat sich im Wesentlichen auf das Office-Umfeld spezialisiert. Als Autor schreibt er für verschiedene Fachmagazine und Loseblatt-Sammlungen. Er ist Mitautor der Excel-Programmierrezepte und des PowerPoint Handbuchs 2003 (beide bei Microsoft Press erschienen). Sie erreichen ihn über seine Website *www.dr-e-pfeifer.net*.

Bei der Arbeit haben uns Anita Fuhrmann, das Microsoft-Team um Thomas Pohlmann und unser Lektor Georg Weiherer unterstützt. Ihnen möchten wir an dieser Stelle herzlich danken.

Nicht zuletzt möchten wir unseren Familien danken, welche die Belastungen während der Arbeiten an diesem Buch mit uns teilten.

Ein ganz besonderer Dank aber gilt Ihnen, liebe Leser, für das gewährte Vertrauen. Wir wünschen Ihnen eine interessante Lektüre und viel Erfolg beim Umsetzen der Lösungsvorschläge an Ihrem Arbeitsplatz!

Schreiben Sie uns, was Ihnen gefällt oder welches Thema Sie gerne umfangreicher behandelt sehen würden. Besuchen Sie uns auf unserer Homepage

http://www.forumoffice.de

Hier können Sie Fragen stellen, Anregungen platzieren und Erfahrungen in unseren Office-Foren austauschen.

Wie ist dieses Buch aufgebaut?

Dieses Buch enthält eine Marginalspalte, in der Ihnen folgende Texte immer wieder begegnen:

HINWEIS   bietet wissenswerte Zusatzhinweise zum Thema

WICHTIG   macht Sie auf Fakten aufmerksam, die Sie unbedingt wissen und beachten sollten

TIPP   verrät Tipps und Tricks

PROFITIPP

zeigt Tipps an, die Ihnen besonders schnelle oder effektive Lösungen ermöglichen

Idealerweise können Sie diese Marginalspalte auch für persönliche Anmerkungen nutzen, z.B.

- I = Idee
- N = Neu
- M = Merkenswert
- W = Wissenswert

Damit erstellen Sie Ihr ganz persönliches Nachschlagewerk.

Außerdem enthält dieses Buch:

- ein umfangreiches Inhaltsverzeichnis
- einen ausführlichen Index
- ein zusätzliches Praxisregister

Diese Bausteine sollen Ihnen dabei helfen, die gesuchte Information auch zu finden.

Zum Inhalt

Hier ein kurzer Überblick über die Gliederung und die Themen, die Sie in diesem Buch erwarten.

Teil A – Grundlagen

Der erste Teil ist für den Excel-Anfänger gedacht. Neben Hinweisen zur Installation finden Sie im ersten Abschnitt Erklärungen zum Bildschirmaufbau in seiner ganzen Vielfalt. Auch die ausführliche Excel-Hilfe wird unter die Lupe genommen.

Wir setzen den Einsteigerteil mit der Verwaltung von Arbeitsmappen fort. Bevor Sie Ihr erstes Arbeitsblatt erstellen, wollen wir Ihnen den Aufbau eines Tabellenblattes, die verschiedenen Möglichkeiten der Eingabe, das Bearbeiten und Löschen von Texten und Werten erläutern. Wie Sie einen Drucker installieren und die Seiteneinrichtung vornehmen – mit diesen Themen schließt dieser erste Teil.

Teil B – Daten und Formeln eingeben

Wie Sic einfache Formeln und Funktionen eingeben, erklären wir Ihnen in diesem Abschnitt. Hier finden Sie Informationen zu den mathematischen Operatoren, den unterschiedlichen Zellbezügen und den Besonderheiten beim Kopieren und Verschieben von Formeln. Außerdem erhalten Sie hier Hinweise zur Verwendung von eigenen Gültigkeitsregeln für die Dateneingabe.

Teil C – Tabellen und Daten formatieren

Nachdem Sie nun erste Berechnungen durchgeführt haben, wollen Sie die Tabellen sicher ansprechend präsentieren. Diesem Bedürfnis tragen wir im zweiten Teil Rechnung, in welchem die grundlegenden Möglichkeiten der Formatierung beschrieben werden. Es gibt kaum eine größere Herausforderung, als ein durchgängig einheitliches Erscheinungsbild in den gestalteten Tabellen zu erzielen. Daher ist es ein »Muss«, diesen Teil zu studieren und zu beachten.

Vom schnellen Formatieren ganzer Tabellen mit Hilfe der AutoFormate über das Anwenden und Erstellen eigener Zahlenformate, Formatvorlagen und Mustervorlagen bis zur *Bedingten Formatierung* – einem Juwel in Excel – erfahren Sie alles zum Thema »Tabellengestaltung«. Wir lockern die Ausführungen mit Tipps und Tricks zum grafischen Verständnis auf.

Teil D – Von der Tabelle zur Infografik

Dass Excel auch zahlreiche Werkzeuge zum Zeichnen besitzt, erfahren Sie in diesem Abschnitt. Zu der Arbeit mit AutoFormen erhalten Sie zahlreiche Tipps und lernen Techniken kennen, mit denen Sie Ihre Tabellen gestalten. Auch die Möglichkeiten zum schnellen Anfertigen attraktiver Schaubilder mit Hilfe der Schematischen Darstellungen werden hier vorgestellt.

Teil E – Daten auswerten: Berechnungen

Sie können nun attraktive, auf Ihre Firmen-CI abgestimmte Excel-Tabellen mit Formatierungen und Rechenfunktionen erstellen. Dennoch haben Sie das Kernstück von Excel bis hierher erst angerissen: Denn erst der Umgang mit Funktionen macht Ihre Arbeit so richtig professionell.

Ob Sie mit Logik-Funktionen analytische Arbeiten erledigen oder mit Zeitfunktionen umgehen, um z.B. eine Gleitzeitberechnung zu erstellen – all das verleiht Ihrer Arbeit Effektivität und Professionalität.

Teil F – Daten präsentieren: Diagramme

Lernen Sie, Ihre Zahlen und Berechnungsergebnisse in Businessgrafiken darzustellen. Dass Grafik allerdings nicht gleich Grafik ist, wollen wir Ihnen in diesem Teil vermitteln. Nach dem Durcharbeiten können Sie sicher sein, dass Sie die Techniken und auch die Kniffe im Umgang mit Diagrammen kennen.

Lassen Sie sich auch von dem Kapitel zu speziellen Diagrammen überraschen. Lernen Sie Techniken kennen, mit denen Sie z.B. neue Daten automatisch im Diagramm anzeigen, spezielle Werte wie den Break-even-Point hervorheben oder eine Trendlinie hinzufügen.

Teil G – Listenmanagement

Obwohl Excel kein Datenbankprogramm ist, bietet es sehr ausgereifte Möglichkeiten, große Mengen von Daten zu analysieren. In diesem Teil erfahren Sie, wie einfach Sie Daten sortieren, die Daten über ein Dialogfeld eingeben und nach frei definierten Bedingungen filtern können. Die Verwendung von Teilergebnissen ermöglicht Ihnen die Darstellung vom einfachen bis zum dreifachen Gruppenwechsel. Der Einsatz spezieller Datenbank-Funktionen erlaubt Ihnen, in Formeln auch komplexe Bedingungen aufzubauen. Wenn Sie dann noch statt mit Zellbezügen mit sprechenden Bereichsnamen arbeiten, steht einer nachvollziehbaren Lösung nichts mehr im Wege.

Ein Highlight in Excel ist die Pivot-Tabelle. Der Umgang mit ihr will allerdings gekonnt sein. Dann aber spart sie Ihnen eine Menge Arbeit. Da Excel auch sehr gut zum Analysieren externer Datenquellen geeignet ist, sollte dieser Teil zur Pflichtlektüre für all jene gehören, die über den »Tellerrand« von Excel hinaus schauen wollen.

Teil H – Planung und Prognose

Dieser Abschnitt informiert Sie über professionelle Werkzeuge zur Zielwertsuche und zum Durchspielen verschiedener Szenarien. Entwickeln und testen Sie Modelle, die Sie für Ihre Planungsaufgaben und Prognosen einsetzen können. Die mitgelieferten Add-Ins, insbesondere der Solver, aber auch die Mehrfachoperation werden hier vorgestellt. Nach diesem Teil werden Sie aufhören, sich darüber zu wundern, was Excel noch alles kann.

Teil I – Datenaustausch mit anderen Anwendungen

Die Pivot-Tabellen sind, wie Sie gelernt haben, ein mächtiges Werkzeug, um schnell und sicher Daten auszuwerten. In Excel 2003 ist diese Funktionalität auch direkt im Internet verfügbar und vor allem bedienbar.

Als Excel-Profi beherrschen Sie natürlich das Zusammenspiel Excels mit den anderen Office-Anwendungen Word, PowerPoint und Access. Lesen Sie auch hierzu mehr in diesem Abschnitt.

Außerdem können Sie Online mit anderen Excel-Anwendern über Ihre Excel-Tabellen diskutieren. Auch Webabfragen sind mit Excel möglich, um Daten aus einer Web-Seite zu analysieren und dabei die volle Funktionalität von Excel einzusetzen. Veröffentlichen Sie Ihre Arbeitsmappen im HTML-Format und bearbeiten sie diese für den Internet-Browser. In diesem Zusammenhang erfahren Sie alles über die Rolle und die Hintergründe von XML.

Teil J – Makroprogrammierung mit Excel

In diesem Teil können Sie sich mit den Grundzügen der Makroprogrammierung vertraut machen. Hier beschreiben wir den Unterschied zwischen Funktionen und Prozeduren, wie Sie mit der integrierten Programmiersprache VBA (Visual Basic for Applications) Variablen und Konstanten definieren, Programmstrukturen aufbauen und Benutzerdialoge handhaben. Nicht zu kurz kommt auch die Erklärung der aufgezeichneten und der selbst erstellten Module. Wie Sie Bedingungen programmieren oder Schleifen in Ihr Programm einbauen oder Ihre Menü- und Symbolleisten anpassen – all das erfahren Sie in diesem Teil.

Teil K – Praktische Excel-Lösungen

In diesem speziellen Praxisteil stellen wir Lösungen aus der betrieblichen Praxis und aus dem Projektalltag vor. Lesen Sie, wie Sie Termine und Fristen berechnen und unter Kontrolle halten können. Erfahren Sie, wie Sie ein Gantt-Diagramm zur Darstellung der Dauer von Projektphasen und eine Ampel zur Anzeige der aufgelaufenen Projektkosten anfertigen. Lernen Sie kennen, wie Sie mit Steuerelementen den Bedienkomfort spürbar verbessern und sich beispielsweise bequem über ein Kombinationsfeld die Informationen zu einem Projekt anzeigen lassen. Finden Sie Tipps, wie Sie eine einfache Leistungsabrechnung oder ein Kalkulationsmodell aufbauen.

Teil L – Anhang

Im Anhang bieten wir Ihnen die hilfreichsten Makros und – in komprimierter Form – die besten Tipps und Tricks für die tägliche Arbeit mit Excel. Außerdem finden Sie eine Liste mit Links zu interessanten Internet-Seiten und eine Aufstellung über alle auf der CD-ROM verfügbaren Anschauungs- und Übungsdateien.

Was ist neu in Excel 2003?

Auch wenn es auf den ersten Blick vielleicht nicht spektakulär daher kommt – nicht ohne Grund trägt das aktuelle Office den Zusatz *System*. Für viele Anwender halten sich die damit verbundenen Möglichkeiten im vertrauten und weit gesteckten Rahmen früherer Versionen, dennoch wurde durch Microsoft ein weiterer Meilenstein in der Entwicklung gesetzt. Das betrifft vor allem

■ die Vereinheitlichung von Arbeitsprozessen mit dem weiteren Zusammenschluss der Office-Komponenten und den beiden Erweiterungen *InfoPath* und *OneNote* (Einzelheiten finden Sie in Kapitel 29);

■ die Teamarbeit mit der Ausrichtung auf Windows SharePoint Services (einen Einblick gibt Ihnen Kapitel 30);

■ den Umgang mit Daten, die von außen in die Anwendungen importiert werden, aber auch die Funktionsfähigkeit der Anwendungen selbst auf eine völlig neue Stufe heben (einen ersten Einblick in die damit verbundene Welt der Extensible Markup Language – kurz XML – erhalten Sie in Kapitel 28);

■ die Möglichkeiten für Entwickler, integrierte Lösungen auf der Basis effektiver, integrierter und sicherheitsrelevanter Technologien, wie sie sich um das .NET Framework ranken, zu schaffen.

In diesem Kapitel erfahren Sie etwas zu den »allgemeinen« Neuerungen sowie deren Auswirkungen auf Menüs, Symbolleisten, Dialogfelder und Aufgabenbereiche.

PROFITIPP

Wenn Sie stets auf dem neuesten Stand bleiben wollen, nutzen Sie das Portal unter *http:// www.microsoft.com/germany/office/officesystem*.

Allgemein

Hier zunächst einige allgemeine Neuerungen, die Ihnen beim Umsteigen von einer älteren Excel-Version auffallen werden.

Die Oberfläche

Microsoft Excel 2003 kommt, wie die gesamte Office Suite, in einem neuen »Look and Feel«. Die Oberfläche ist flach und übersichtlich gehalten. Zahlreiche Symbole der Schaltflächen wurden angepasst, ohne die Wiedererkennbarkeit zu reduzieren. Einige Menübefehle und Schaltflächen sind neu hinzu gekommen.

Stark ausgebaut wurden die Steuerungsmöglichkeiten des Programms, die im so genannten *Aufgabenbereich* (standardmäßig auf der rechten Seite des Bildschirms angedockt) angezeigt werden können.

Online-/Offline-Hilfe

Entgegen ersten Verlautbarungen hat der Office-Assistent nicht ausgedient. Doch der Sprachgebrauch um die Hilfe hat sich gewandelt und die Art der Hilfe selbst auch. So steht das Wort »Online-Hilfe« in der Tat für Hilfe aus dem Internet – *Microsoft Office Online* im Hilfe-Menü bringt Sie auf die deutschsprachige Website von Office und der Aufgabenbereich *Hilfe* hält neben der »klassischen« Hilfe einen wohldefinierten Zugang ins Internet bereit. Microsoft hat den Service rund um Office auf seinen Webseiten stark ausgebaut. Leider zu Lasten der Offline-Hilfe (so heißt die Hilfeform, die bislang den Namen Online-Hilfe hatte), deren Qualität nicht an jeder Stelle zu überzeugen vermag.

Microsoft Office Online ist gut in alle Office System-Programme integriert, verlangt aber einen Internetzugang beim Nutzer. Dem Privatanwender kann das eventuell zu teuer sein, Anwendern im Firmenbereich ist der Zugang vielleicht aus firmeninternen Erwägungen untersagt. Wenn Sie ständig online sind, können Sie alle Vorteile der *Office Online*-Website während der Arbeit umfassend nutzen. Mit Hilfe der Links in den Aufgabenbereichen und Menüs können Sie auf Artikel, Tipps, ClipArt, Vorlagen, Online-Schulungen, Downloads und Dienste zur Unterstützung Ihrer Arbeit in Office-Programmen zugreifen. Die Website wird regelmäßig mit neuen Inhalten aktualisiert, die auf direktes Feedback und spezielle Anfragen von Office-Benutzern wie Ihnen zurückgehen. Spezielle Newsletter, die Sie allerdings abonnieren müssen, informieren Sie regelmäßig über das neueste Geschehen.

Die *Direkthilfe* ist sowohl aus dem *Hilfe*-Menü (*?*), als auch bei den Tastenkürzeln verschwunden. Der bisher mit der Tastenkombination $\boxed{\Diamond}$+$\boxed{F1}$ oder über das Hilfe-Fragezeichen (*?*) in einem Dialogfeld angezeigte typische Mauszeiger für die Kontexthilfe wurde ersatzlos gestrichen. Das *?* in den Dialogfeldern ruft jetzt einen ausführlichen Hilfetext in einem eigenen Fenster auf.

Mehr zum Thema »Hilfe« finden Sie in Kapitel 2.

Kunden-Feedback

Über das Hilfemenü *?/Kunden-Feedbackoptionen* können Sie an der anonymen Datenerhebung von Microsoft teilnehmen. Die Teilnahme ist freiwillig, und die Datenerfassung erfolgt laut Microsoft vollständig anonym. Standardmäßig ist diese Option nicht ausgewählt. Die Abbildung 1 zeigt die Erläuterungen und die einstellbaren Optionen.

Abbildg. 1   Die Einstellungen für das Kunden-Feedback

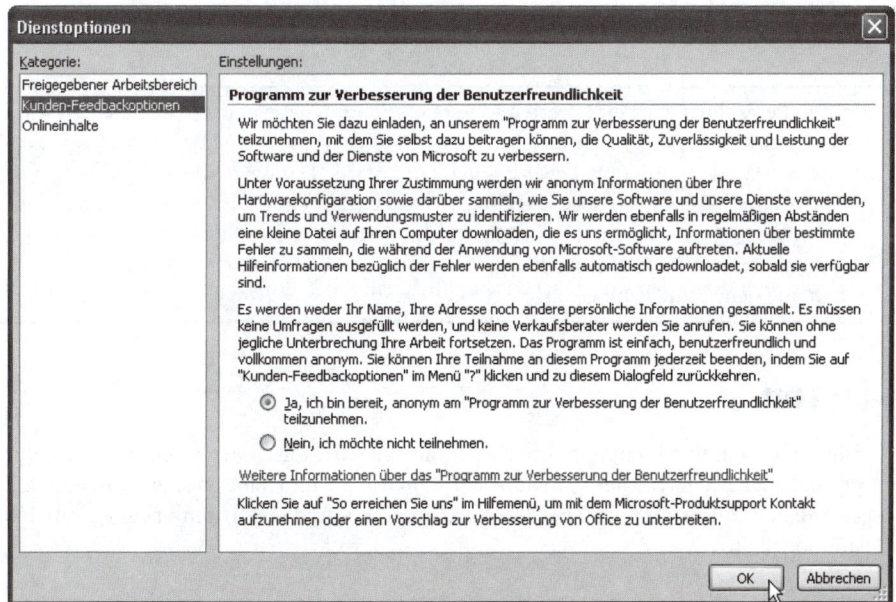

Ist eine Office System-Anwendung aktiv, erscheint das Office-Symbol für das »Programm zur Verbesserung der Benutzerfreundlichkeit von Microsoft Office« im Infobereich der Windows-Taskleiste. Über dieses können Sie das in Abbildung 1 gezeigte Dialogfeld *Dienstoptionen* ebenfalls erreichen.

Mit diesem Programm hat Microsoft die Möglichkeit, Informationen über Ihre Hardwarekonfiguration und Verwendungsweise von Office-Programmen und -Diensten zu sammeln. Microsoft will damit Trends und Verwendungsmuster erkennen. Außerdem wurden die schon von Office XP her bekannten »Problem-Berichte« und Fehlermeldungen verbessert, damit Sie Fehler einfach über das Internet melden können und bessere Informationen zu Warnungen erhalten, die beim Auftreten eines Problems verfügbar sind.

Nicht zuletzt können Sie Microsoft über eine Internetverbindung Ihr Feedback zu Excel 2003 oder einem anderen Office-Programm, aber auch zur *Microsoft Office Online*-Website zukommen lassen.

XML auf allen Wegen

Die Sprache *XML* – Extensible Markup Language – hat viel Bewegung in die IT-Landschaft gebracht und ist in rasend schneller Zeit nicht nur zum Standard der Datenhaltung und des Datenaustauschs geworden, sondern »lugt« inzwischen auch aus einigen Office-Anwendungen hervor. In Excel war es unter der Version 2002 bereits möglich, Arbeitsmappen (Inhalt und Formatierung der Tabellenblätter) im XML-Format ohne Informationsverlust zu hinterlegen. Diese Informationen konnten durch andere Programme (unter anderem die Office-Webkomponenten) genutzt werden, um genau diese Informationen in einer anderen Umgebung zu interpretieren, darzustellen und weiter zu bearbeiten.

Neu in Excel 2003 ist, dass nunmehr XML genutzt wird, um einen Datenimport auf XML-Basis benutzerfreundlich umzusetzen, aber auch den Export strukturierter Daten nach Excel-typischen Berechnungen und Auswertungen zu erleichtern. Mehr zu den damit verbundenen Techniken und Begriffen, wie XML-Schema, XML-Quelle, XML-Zuordnung und XML-Erweiterungspaket, erfahren Sie in Kapitel 28. Dort wird Ihnen auch der notwendige Einstieg in die damit verbundenen Aufgabenbereiche erleichtert.

PROFITIPP

> Wenn dieses Buch erscheint, werfen weitere große Ereignisse bereits ihre Schatten voraus. So hat Microsoft angekündigt, dass in der nächsten Office-Version XML als Grundlage des Dateiformats für Excel, Word und PowerPoint dienen wird. Das setzt die Entwicklung fort, die mit XHTML und Office 2000 begonnen hat. Während hier jedoch die Anwendbarkeit weitestgehend auf webbasierte Lösungen beschränkt blieb, wird der neue Standard die Möglichkeiten der Dokumenterfassung und -erstellung, des Dokumentenaustausch und -managements auf eine qualitativ neue Stufe heben.

Listen

Listen spielen in Excel schon immer eine herausragende Rolle. Dieser Umstand wird durch die nun vorhandenen Möglichkeiten (Menübefehl *Daten/Liste* und eine eigene Symbolleiste) besonders gewürdigt. Es bleibt aber nicht bei der Würdigung, sondern hinzu kommt ein »gerüttelt Maß« neuer Funktionalität.

Listen können nicht nur aus vorhandenen Daten, sondern »vorausschauend« auch aus leeren Bereichen erstellt werden. Diese Listenbereiche vereinen viele Möglichkeiten, die bislang verstreut waren: AutoFilter, Masken, Aggregatfunktionen (Stichwort *TEILERGEBNIS*) und anderes. Sie können also durch die Listendefinition die Daten des Bereichs – unabhängig von Daten außerhalb der Liste – verwalten und analysieren. Eine Besonderheit besteht im vereinfachten und außerordentlich intuitiven Export von Listen durch die Integration mit *Microsoft Windows SharePoint Services*, um sie so für andere Benutzer zur Verfügung zu stellen. Besonders eng ist natürlich auch der Zusammenhang zwischen Listen und Daten, die auf einem XML-Schema beruhen.

Lesen Sie mehr über »Listen« in Kapitel 19.

Verbesserte Statistikfunktionen

Laut Microsoft sind bei folgenden Statistikfunktionen Änderungen bzw. Erweiterungen, einschließlich Rundungsergebnissen und Genauigkeit, vorgenommen worden. Das Ergebnis dieser Funktionen kann im Vergleich zu früheren Excel-Versionen abweichen.

Tabelle 0.1   Diese Statistikfunktionen sind verbessert worden

ACHSENABSCHNITT	LOGINV	STANDNORMINV
BESTIMMTHEITSMASS	LOGNORMVERT	STANDNORMVERT
BINOMVERT	NEGBINOMVERT	STEIGUNG
CHIINV	NORMINV	STFEHLERYX
DBSTDABW	NORMVERT	TINV
DBSTDABWN	PEARSON	TREND
DBVARIANZ	POISSON	VARIANZ
DBVARIANZEN	RGP	VARIANZA
FINV	RKP	VARIANZEN
GAMMAINV	SCHÄTZER	VARIANZENA
GTEST	STABW	VARIATION
HYPGEOMVERT	STABWA	ZUFALLSZAHL
KONFIDENZ	STABWN	
KRITBINOM	STABWNA	

Unterstützung für Tablet PC

Auf einem Tablet PC können Sie Eingaben handschriftlich in Office-Dokumente, also auch Excel-Arbeitsmappen eingeben. Außerdem können Aufgabenbereiche jetzt horizontal angezeigt werden, damit Sie beim Arbeiten mit dem Tablet PC volle Flexibilität haben.

Freigegebene Arbeitsbereiche

Bislang war die Veröffentlichung von Dokumenten, also auch Arbeitsmappen, im Web eine Angelegenheit, die mit den Begriffen *Speichern*, *Speichern unter* und *Veröffentlichen* zusammenhing. Eine Speicherung als XLS- oder HTML-Datei löst allerdings den Zusammenhang zwischen Original und »im Web gespeicherter« Datei auf. Zu »im HTML-Format veröffentlichten« Dateien (oder besser ihren Duplikaten oder Ausschnitten davon) hält Excel insoweit Verbindung, als dass der veröffentlichte Ausschnitt »gemerkt« wird. Ein Rückfluss von »in der Öffentlichkeit« veränderten Informationen war bislang nicht vorgesehen.

Mit der neuen Technik der freigegebenen Arbeitsbereiche gelingt es, Dokumente in Dokumentarbeitsbereichen auf SharePoint-Websites zu veröffentlichen, Kollegen und Partner bei gleichzeitiger Bereitstellung und Freigabe zur Diskussion über die Dokumente per E-Mail einzuladen, Versionen zu kontrollieren, Bearbeitungsrechte zu vergeben, Dokumente in Umgebungen (wie Bibliotheken oder Listen) einzuordnen und vieles andere mehr. Der Zusammenhang des veröffentlichten Dokuments mit dem Original seines Bearbeiters »lebt« durch verschiedene Aktualisierungstechniken.

PROFITIPP

> Der Betrieb einer SharePoint-Website mit Dokumentarbeitsbereichen, Umfragen, Aufgabenlisten, Auswertungen usw. ist allerdings an das Vorhandensein eines Windows 2003-Servers gebunden. Private Anwender werden so kaum Vorteile aus der neuen Technologie ziehen. Inzwischen gibt es aber eine Vielzahl von Providern, die zu günstigen Preisen SharePoint-basierte Seiten hosten und somit Vereinen, Interessen- und Arbeitsgemeinschaften etc. ein gutes Kommunikationsmedium zur Verfügung stellen, das individuell angelegt, erweitert und gepflegt werden kann.

Mehr zu »Excel im Web« finden Sie in Kapitel 30.

Dokumentaktualisierungen

Excel kennt schon sehr lange den Begriff der freigegebenen Arbeitsmappe und damit verbundenen Möglichkeiten des Arbeitens im Team (siehe hierzu das Kapitel 3). Den Standard und Komfort, den Word hier bietet (vor allem auch beim Abgleich per E-Mail zur Überarbeitung auf die Reise geschickter Dokumente), hat es aber bislang nicht erreicht. Daran ändert auch der neue Aufgabenbereich *Dokumentaktualisierungen* nichts, der nichts mit den Menübefehlen *Arbeitsmappen vergleichen und zusammenführen* sowie *Änderungen nachverfolgen* im Menü *Extras* zu tun hat.

Dieser Aufgabenbereich behandelt ausschließlich Dokumente, die auf einer SharePoint-Site veröffentlicht wurden (siehe den vorherigen Abschnitt).

Vergleich von Arbeitsmappen

Für den Vergleich von Arbeitsmappen steht Ihnen das nebeneinander Vergleichen von Arbeitsmappen zur Verfügung. Mit Hilfe des Befehls *Nebeneinander vergleichen mit* im Menü *Fenster* lassen sich die Unterschiede zweier geöffneter Arbeitsmappen visualisieren. Aufpassen und handeln müssen Sie allerdings selbst, da Sie nur beim synchronen Bildlauf in den zu vergleichenden Mappen unterstützt werden. Mehr zum Thema »Arbeitsmappen vergleichen« finden Sie in Kapitel 2.

Smart Documents

Smart Documents sind »intelligente« Dokumente. Diese »Intelligenz« beziehen Sie aus einem eigenen Aufgabenbereich, der den Anwender bei der Bedienung des Dokuments unterstützt. Im Moment sind solche Dokumente nur unter Word und Excel einsetzbar. Außerdem beschränkt sich der Einsatz auf solche Dokumente, die mit einem XML-Schema zusammen arbeiten. Um eine Vorstellung über die Wirkungsweise zu erhalten, sollten Sie sich, falls das noch nicht geschehen ist, einmal mit dem Serienbrief-Assistenten von Word ab Version 2002 beschäftigen.

Smart Documents werden mit Hilfe von XML-Erweiterungspaketen (Menübefehl *Daten/XML*) zum »Leben« gebracht. Solche Erweiterungspakete sind außerhalb von Excel zu programmieren und stellen eine in der Zukunft bedeutende Alternative zu VBA-Lösungen dar.

PROFITIPP

> Auf Grund der Komplexität kann dieses Thema im vorliegenden Handbuch keine Berücksichtigung finden. Entwickler finden einen Zugang in *W. Mewes/E. Pfeifer/H. Spona: Excel-Programmierrezepte*, erschienen 2004 bei Microsoft Press.

Differenzierte Berechtigungen

Im Rahmen der neuen Technologie *Windows Rights Management Services* können Anwender von Office 2003, deren Firma einen dem entsprechenden Server betreibt, auf Dateiebene festlegen, wer mit welchen Nutzungsrechten Zugriff auf ein Dokument bekommen soll. Ziel ist es, sensible Geschäftsinformationen – Finanzdaten, Planungsdokumente, Personalinformationen usw. – vor Einsichtnahme und/oder Manipulation zu schützen. Privat-Anwender können einen kostenlosen Service von Microsoft verwenden, der auf der .NET-Passport-Technologie beruht.

Lesen Sie mehr darüber in Kapitel 3.

Neue Menübefehle und Dialogfelder

In Excel 2003 gibt es einige neue Menübefehle, einige Dialogfelder sind überarbeitet worden und enthalten ebenfalls Neuerungen.

Datei/Dateisuche

Der Menübefehl *Suchen* wurde zum Befehl *Dateisuche*. Die Suchoptionen im Aufgabenbereich entsprechen denen der Vorgängerversion.

Datei/Berechtigung

Im Rahmen der neuen Technologie *Windows Rights Management Services* können die Anwender von Excel 2003 auf Dateiebene festlegen, wer mit welchen Nutzungsrechten Zugriff auf eine Arbeitsmappe bekommen soll. Mehr dazu in Kapitel 3.

Ansicht/Symbolleisten/Liste

Wenn Sie einen Bereich als *Liste* definieren, können Sie die Daten unabhängig von Daten außerhalb der Liste verwalten und analysieren. Mehr dazu im Abschnitt »Listen« in diesem Kapitel bzw. in Kapitel 19.

Abbildg. 2   Die neue Symbolleiste *Liste*

Ansicht/Symbolleisten/Anpassen

Über diesen Menübefehl können Sie die Menü- und Symbolleiste anpassen. Hier gibt es eine neue Einstellung.

Registerkarte *Optionen*

Falls Sie spielerisch veranlagt sind, wird Sie dieser Punkt interessieren. Hier finden Sie eine neue Menüanimation *Einblenden*.

Abbildg. 3   Für Freunde von Menüeffekten: Die neue Menüanimation *Einblenden*

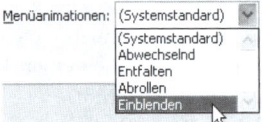

Extras/Recherchieren

Der neue Aufgabenbereich *Recherchieren* stellt Ihnen eine breite Palette an Referenzinformationen sowie erweiterte Ressourcen aus dem Internet zur Verfügung. Sie können Recherchen zu Begriffen und Themen in installierten Nachschlagewerken (Wörterbücher, Thesaurus, Übersetzung) oder im Internet durchführen. Die Anpassung des Recherche-Aufgabenbereichs auf unternehmensinterne Suchoptionen durch Entwickler ist möglich.

Die Abbildung 4 zeigt Ihnen, in welchem Dialogfeld Sie die zu benutzenden Nachschlagewerke einstellen, die Schaltfläche *Eigenschaften* zeigt Ihnen Details zum Nachschlagedienst, vor allem die Herkunft. Lesen Sie mehr darüber in Kapitel 4.

Abbildg. 4   In den Recherche-Optionen können Sie Ihre spezifischen Quellen und Dienste einstellen.

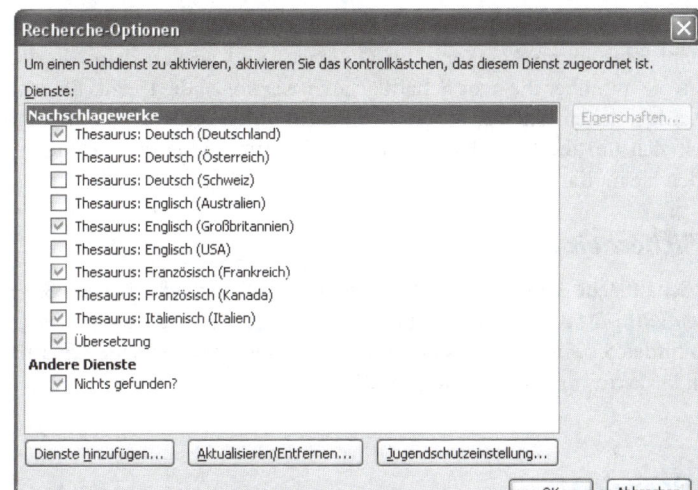

Extras/Freigegebener Arbeitsbereich

Mit Hilfe von Dokumentarbeitsbereichen können Sie den Vorgang des gemeinsamen Erstellens, Bearbeitens und Diskutierens von Arbeitsmappen mit anderen Benutzern ermöglichen. Lesen Sie mehr dazu im Abschnitt »Freigegebene Arbeitsbereiche« in diesem Kapitel und in Kapitel 30.

Extras/Optionen

Über den Menübefehl *Extras/Optionen* werden zahlreiche Einstellungen zur Arbeitsumgebung eingestellt. Auch hier gibt es einige Neuerungen zu erwähnen.

Registerkarte *Allgemein*

Auf dieser Registerkarte gibt es die neue Schaltfläche *Dienstoptionen*, über welche Sie für die Features *Freigegebener Arbeitsbereich*, *Kunden-Feedbackoptionen* und *Onlineinhalte* Einstellungen vornehmen können.

Registerkarte *Fehlerüberprüfung*

Im Abschnitt *Regeln* gibt es das neue Kontrollkästchen *Fehler bei der Gültigkeitsprüfung der Listendaten*. Die Funktion *Extras/Fehlerüberprüfung* schließt auch die neuen Listen mit ein. Mehr zur Fehlerüberprüfung finden Sie in Kapitel 6.

Ihr Verhalten bezüglich der Listenbereiche kann über dieses Kontrollkästchen bestimmt werden. Mehr zu Listen finden Sie in Kapitel 19.

Registerkarte *Rechtschreibung*

Klicken Sie auf die Schaltfläche *AutoKorrektur-Optionen* (das folgende Dialogfeld erreichen Sie auch direkt über die Befehlsfolge *Extras/AutoKorrektur-Optionen*) und wählen dann die Registerkarte *Smarttags*, so können Sie nun über die neue Schaltfläche *Eigenschaften* die Details für manche der in der Liste *Merkmale* aufgeführten Einträge sehen. Der Begriff »Merkmal« ist hier etwas unglücklich übersetzt, es handelt sich um die Liste der installierten Smarttag-Bibliotheken. Mehr zur Rechtschreibprüfung finden Sie in Kapitel 4.

Registerkarte *Sicherheit*

Klicken Sie auf die Schaltfläche *Makrosicherheit* (das folgende Dialogfeld erreichen Sie auch direkt über die Befehlsfolge *Extras/Makro/Sicherheit*) und wählen dann die Registerkarte *Vertrauenswürdige Herausgeber*, so finden Sie ein Listenfenster mit mehr Details sowie die neue Schaltfläche *Anzeigen* vor. Mehr zu VBA-Makros finden Sie in Kapitel 31.

Daten/Liste

Hier befindet sich das Untermenü (siehe Abbildung 5) mit den Befehlen zur Handhabung der neuen Listen.

Abbildg. 5   Das Untermenü *Daten/Liste*

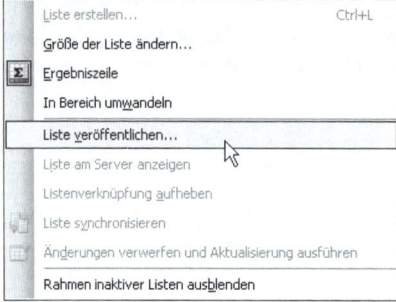

Daten/XML

Hier befindet sich das Untermenü (siehe Abbildung 6) mit den XML-Funktionen von Excel 2003. Mehr zum Gebrauch erfahren Sie in Kapitel 28.

Abbildg. 6   Das Untermenü *Daten/XML*

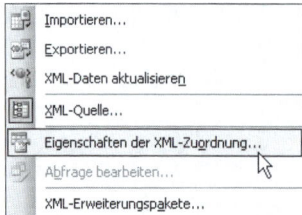

Fenster/Nebeneinander vergleichen mit

Mit Hilfe des Befehls *Nebeneinander vergleichen mit* im Menü *Fenster* können Sie zwei geöffnete Arbeitsmappen anzeigen lassen und synchrone Bildläufe durch beide Arbeitsmappen ausführen. Die Anzeige der beiden Mappen erfolgt allerdings, je nach Einstellung, neben- oder übereinander. Mehr zum Thema »Arbeitsmappen vergleichen« finden Sie in Kapitel 2.

Hilfe/Microsoft Office Online

In Excel 2002 hieß dieser Befehl *Office im Web*. Er verbindet Sie mit der Office-Website von Microsoft, die Ihnen alles rund um die Office System-Anwendungen anbietet.

Hilfe/So erreichen Sie uns

Über diesen Befehl erhalten Sie eine ausführliche Hilfeseite mit Erläuterungen, wie und wo Sie Ihre Fragen zu Excel 2003 stellen können. Die Seite enthält Telefonnummern, Adressen im Web, Serviceadressen von Microsoft und Informationen über Kosten.

Hilfe/Auf Aktualisierungen prüfen

Dieser Befehl informiert Sie über vorhandene Office-Updates. Bedingung ist auch hier eine Internetverbindung.

Hilfe/Kunden-Feedbackoptionen

Klicken Sie auf diesen Befehl, so erhalten Sie das in Abbildung 1 gezeigte Dialogfeld zur Einstellung der Kunden-Feedbackoptionen.

Neue Aufgabenbereiche

Der Aufgabenbereich hat mehr Aufgaben übernommen. Ob Vorlagenbenutzung, Hilfeanforderung, Recherchieren, Verwalten der Zwischenablage oder von XML-Quellen – Sie handeln jedes Mal in einem Aufgabenbereich. Dies sind die neuen Aufgabenbereiche:

- *Erste Schritte* mit Links zu Anleitungen, Möglichkeiten der Begriff-Suche, einer Liste der zuletzt geöffneten Dateien sowie einem Link zum Aufgabenbereich *Neue Arbeitsmappe*
- *Hilfe* mit Online- und Offline Hilfe-Zugang, eine Möglichkeit der Begriffsuche und Verbindung zu Rechercheplätzen (siehe Kapitel 2)
- *Suchergebnisse* – blendet sich immer dann ein, wenn Sie eine Suche durchgeführt haben
- *Recherchieren* mit Eingabemöglichkeiten für Begriffe und Suchort sowie der Möglichkeit, in den Suchergebnisse zu navigieren (siehe Kapitel 4)
- *Hilfe zur Vorlage* (siehe Kapitel 11)

- *Freigegebener Arbeitsbereich* mit den Möglichkeiten der Erstellung eines Dokumentarbeitsbereichs auf einer SharePoint Team-Site und dessen Verwaltung (vgl. Kapitel 30)

- *Dokumentaktualisierungen* zur Versionskontrolle von in Dokumentarbeitsbereichen veröffentlichten Dokumenten (siehe Kapitel 30)

- *XML-Quelle* zum Einrichten XML-basierter Arbeitsblätter durch Drag&Drop der XML-Knoten (siehe Kapitel 28)

Teil A

Grundlagen

In diesem Teil:

Wenn Sie bisher noch keine Erfahrung mit Excel haben oder von einer älteren Version auf Excel 2003 umsteigen, empfehlen wir Ihnen, diesen Buchteil durchzuarbeiten. Zunächst erfahren Sie hier, welche Optionen Sie bei der Installation der Software haben und wie Sie einige hilfreiche Einstellungen gleich nach der Installation vornehmen.

Außerdem erfahren Sie in diesem Teil, welche Möglichkeiten zum Starten und Beenden Excel bietet, welche Elemente der Excel-Bildschirm aufweist und wie Sie mit den Menüs und Symbolleisten arbeiten. Für alle Fälle werden auch die Benutzung und die Neuheiten der Offline-Hilfe erklärt. Auch den Umgang mit der Arbeitsmappe und das Speichern in verschiedenen Dateiformaten erlernen Sie hier.

Der Aufbau des Tabellenblattes, einige Tricks im Umgang mit der Maus, z.B. das Ziehen per Drag & Drop, die AutoKorrektur und die Grundzüge des Bewegens und Arbeitens im Arbeitsblatt finden Sie ebenfalls in diesem Teil beschrieben. Das Thema Drucken und die verschiedenen Möglichkeiten der Seiteneinrichtung schließen den einführenden Teil dieses Buches ab.

Kapitel 1

Excel installieren und optimal einrichten

Bevor Sie beginnen

Excel 2003 ist Bestandteil aller Editionen von Microsoft Office System 2003. Sie können es also gemeinsam mit den anderen Anwendungen aus Office System 2003 installieren. In den folgenden Abschnitten wird die Installationsprozedur anhand der Microsoft Office Professional Edition 2003 beschrieben.

Lesen Sie dieses Kapitel, wenn Sie Excel 2003 neu auf Ihrem Computer installieren oder ein Update von einer älteren Version auf Version 2003 durchführen wollen.

Wenn Sie Excel bereits installiert haben, aber wissen möchten, wie Sie für eine optimale Arbeitsumgebung in Excel sorgen, blättern Sie gleich weiter ans Ende dieses Kapitels zum Abschnitt »Damit es richtig losgeht: Die Arbeitsumgebung optimal einrichten«.

Diese Mindestanforderungen sind zu beachten

Damit Sie Excel 2003 installieren können, müssen Sie auf Ihrem Computer zumindest Windows 2000, Windows XP oder eine Nachfolgeversion einsetzen. Außerdem ist der Internet Explorer ab Version 5.01 oder der Netscape-Navigator ab Version 6.2 notwendig.

Sollten Sie das Betriebssystem Windows 2000 einsetzen, ist mindestens das Service Pack 3 notwendig, um Microsoft Office System zu installieren.

TIPP Bevor Sie mit der Installation beginnen, sollten Sie alle momentan aktiven Programme beenden. Virenscanner und ähnliche Anwendungen, die im Hintergrund laufen, sollten Sie vorübergehend deaktivieren, um eine ordnungsgemäße Installation zu gewährleisten.

Die Installationsprozedur Schritt für Schritt

Der Start des Installationsprozesses ist für alle Varianten gleich. Im späteren Verlauf wird dann zwischen zwei verschiedenen Installationsvarianten zu unterscheiden sein:

- Aktualisierung einer bestehenden Office-Installation und
- Neuinstallation mit ihren verschiedenen Optionen.

Nachdem Sie die Office-Setup-CD in Ihr CD-Laufwerk eingelegt haben, beginnt automatisch der Installationsprozess. In dieser Phase der Installation überprüft der *Windows Installer* Ihr System und startet die eigentliche Installationsroutine.

Sollte kein automatischer Start der CD erfolgen, können Sie die Datei *Setup.exe* aus dem Hauptverzeichnis der CD aufrufen. Für Experten gibt es auch die Möglichkeit, das Setup-Programm für Netzwerkinstallationen von der Eingabeaufforderung aus zu starten. Mit welchen Parametern dies möglich ist, können Sie der Datei *Setup.htm*, ebenfalls im Root-Verzeichnis der CD zu finden, entnehmen.

Abbildg. 1.1   Wählen Sie in dieser Übersicht der möglichen Installationsarten die für Sie passende aus.

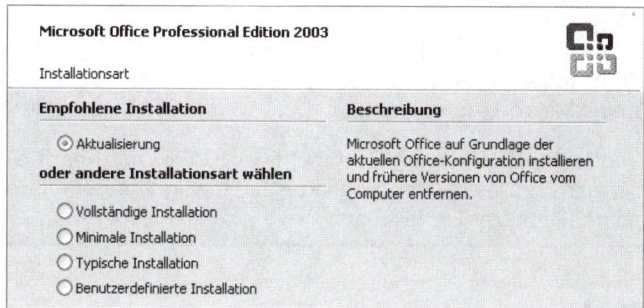

Die Option *Aktualisierung* verwenden

Ist eine ältere Version von Microsoft Office auf Ihrem Computer vorhanden, wird Ihnen oberhalb der anderen Installationsarten zusätzlich die Option *Aktualisierung* angeboten (Abbildung 1.1). Dies ist nichts anderes als ein Update Ihrer bisherigen Version auf die Version 2003. Dabei werden die Einstellungen der aktuellen Konfiguration übernommen. Persönliche Daten und von Ihnen erstellte Arbeitsmappen bleiben erhalten. Gibt es auf Ihrem PC keine ältere Version von Microsoft Office, ist die Option *Aktualisierung* auch nicht verfügbar.

WICHTIG   Standardmäßig ist der Setup-Prozess so voreingestellt, dass bei der Aktualisierung auf die Office-Version 2003 die ältere Version entfernt wird. Wollen Sie die ältere Version beibehalten, wählen Sie *Benutzerdefinierte Installation*, *Typische Installation* oder *Vollständige Installation* aus. Geben Sie anschließend im Setup-Prozess an, wie die älteren Versionen der Microsoft Office-Programme behandelt werden sollen. Sie können alle Programme älterer Versionen entfernen, alle behalten oder nur eine Auswahl von ihnen entfernen lassen. Sie können also individuell festlegen, welche Anwendung Sie behalten möchten.

PROFITIPP

Wir empfehlen Ihnen, vor einem Update von Ihnen selbst erstellte Excel-Vorlagen zu sichern. Sie tragen die Endung *.xlt*. Zur Suche nach Dateien mit den Endungen *.xlt* nutzen Sie den Windows-Explorer oder den *Arbeitsplatz*. Rufen Sie dort mit der [F3]-Taste die Windows-Suche auf und geben Sie als Dateityp die Zeichenfolge »*.xlt« ein (Abbildung 1.2).

Abbildg. 1.2   Die Suche nach zu sichernden Vorlagen mit der Endung .xlt

Falls Sie Ihre Excel-Symbolleisten individuell angepasst haben, sollten Sie auch die aktuelle Datei mit der Endung *.xlb* sichern, denn in ihr sind u.a. die Veränderungen an den Symbolleisten abgelegt. Wenn Sie Makros in der Datei *Personl.xls* abgelegt haben, ist auch diese Mappe zu sichern. Und schließlich wollen Sie vielleicht auch benutzerdefinierte Listen sichern. Dazu finden Sie in Kapitel 31 eine Makro-Lösung.

Auch eine eigene AutoKorrektur-Liste können Sie sichern. Suchen Sie dazu nach einer Datei mit der Endung .acl. Der genaue Dateiname und Pfad ist abhängig von der Office-Version, dem Betriebssystem und den Benutzer-Einstellungen.

Excel neu installieren

Bei der Neuinstallation von Excel stehen Ihnen, wie in Abbildung 1.1 zu sehen, die vier Optionen *Vollständige Installation*, *Minimale Installation*, *Typische Installation* sowie *Benutzerdefinierte Installation* zur Verfügung.

Den Produktschlüssel eingeben

Den aus 25 Zeichen bestehenden Product Key finden Sie auf dem Echtheitszertifikat der Packung oder auf einem Aufkleber, der sich in der CD-Hülle befindet. Wollen Sie eine Testversion von Office in eine Vollversion konvertieren, finden Sie den Schlüssel entweder auf dem Paket oder in der Bestätigungs-E-Mail, die Sie nach dem Onlinekauf von Office empfangen haben.

HINWEIS Der Produktschlüssel besteht aus Text-/Zahlenkombinationen. Die Groß- oder Kleinschreibung der Buchstaben spielt keine Rolle.

Abbildg. 1.3 In fünf Gruppen zu je fünf Zeichen geben Sie den Produktschlüssel ein.

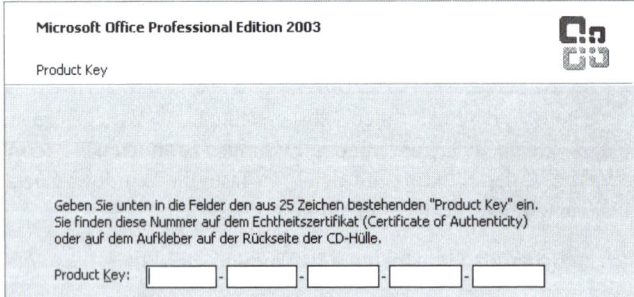

Die Option *Vollständige Installation* wählen

Bei der Wahl dieser Option (Abbildung 1.4) werden alle Komponenten und Tools des Paketes auf die Festplatte installiert. Diese Option benötigt den meisten Speicherplatz, bietet aber auch den größten Funktionsumfang. Angesichts der großen Festplatten, die heute in Desktop-PCs wie auch in Notebooks verbaut werden, sind 100 bis 200 MB Speicherplatz für die Office-Installation kein Problem mehr. Hinzu kommt, dass bei dieser Option die Wahrscheinlichkeit am geringsten ist, dass Sie später bei der Arbeit mit den einzelnen Programmen nach der Installations-CD gefragt werden. Dies wäre dann der Fall, wenn eine Komponente nicht installiert wurde, sondern bei der ersten Verwendung installiert werden soll. Was es damit auf sich hat, erfahren Sie gleich.

Abbildg. 1.4 Mit der Option *Vollständige Installation* haben Sie den geringsten Arbeitsaufwand

Diese Option hat auch den Vorteil, dass Sie sich in der Folge nicht lange über die Wahl oder Abwahl einzelner Unteroptionen den Kopf zerbrechen müssen. Der Installationsablauf ist identisch mit der Option *Typische Installation*, sodass hier nicht näher darauf eingegangen wird.

Die Option *Typische Installation* ausführen

Bei dieser Installationsart, die in Abbildung 1.5 gezeigt wird, werden nur die am häufigsten verwendeten Komponenten installiert. Ebenfalls enthalten sind Office-Tools, wie beispielsweise Rechtschreibprüfung sowie die Grammatik- und Thesauruskorrekturhilfen. Andere Bestandteile des Office-Paketes werden bei Bedarf nachinstalliert. Verwenden Sie diese Option, wenn Sie keinen ausreichenden Speicherplatz für eine vollständige Installation zur Verfügung haben oder, wenn Sie nur die Standardkomponenten benötigen.

TIPP Wenn Sie genauer wissen wollen, was »typisch« bedeutet und welche Elemente dazu gehören und welche nicht, gehen Sie wie folgt vor: Klicken Sie auf *Benutzerdefinierte Installation* und auf *Weiter*. Sie gelangen so zu einer Liste mit Programmen und Features. In der Liste sehen Sie alle Elemente, die bereits ausgewählt sind und die automatisch installiert würden, wenn Sie die *Typische Installation* auswählen.

Bei der Option *Typische Installation* überlassen Sie dem Installationsprogramm die Entscheidung.

HINWEIS   Bedenken Sie bei der Wahl dieser Installationsart, dass Sie die Installations-CD immer zur Hand haben sollten, falls das gerade verwendete Programm während Ihrer Arbeit damit danach verlangt.

TIPP   Wenn Sie zusätzlich zu dem von der Installation benötigten Speicherplatz noch ca. 320 MB freien Platz auf einem Laufwerk haben, sollten Sie sich überlegen, die Installation an dieser Stelle abzubrechen, den gesamten Inhalt der Installations-CD in ein Verzeichnis auf Ihrer Festplatte zu kopieren und die Installation von dort erneut zu starten. Dann kann der Setup-Assistent bei einer etwaigen Nachinstallation direkt auf die Dateien zugreifen, ohne die CD anfordern zu müssen.

Diese Variante können bzw. sollten Sie auch dann nutzen, wenn Sie mehrere Lizenzen des Office-Paketes erworben haben und diese in einem Netzwerk installieren wollen. Wenn Sie die Installationsdateien auf einem Laufwerk ablegen, auf das alle Benutzer, die das Paket installiert bekommen sollen, Zugriff haben, können Sie bei allen Rechnern eine Standardinstallation durchführen und der Setup-Assistent installiert die zusätzlichen Komponenten erst dann nach, wenn diese auch wirklich benötigt werden. Dadurch können Sie Speicherplatz auf den einzelnen Arbeitsrechnern einsparen.

Nachdem Sie bei *Installieren nach* einen Installationsordner angegeben haben, klicken Sie auf die Schaltfläche *Weiter*.

Nach Wahl der Option *Typische Installation* werden im nächsten Schritt die voreingestellten Programme und der Speicherbedarf angezeigt.

Microsoft Office Professional Edition 2003

Zusammenfassung

WICHTIG   Beachten Sie, dass etwaige ältere Versionen von Outlook entfernt werden, damit Outlook 2003 benutzt werden kann. Sie haben keine Möglichkeit, anzugeben, dass Sie die frühere Outlook-Version behalten möchten.

Der Setup-Assistent zeigt Ihnen im folgenden Dialogfeld eine Zusammenfassung der anstehenden Installationsaufgaben an (siehe Abbildung 1.6).

Klicken Sie auf die Schaltfläche *Installieren*, damit der Setup-Assistent mit dem Kopieren der Dateien beginnen kann. Die Installation wird ab hier ohne Ihr weiteres Zutun durchgeführt.

Nach Abschluss der Installation erhalten Sie einen entsprechenden Hinweis und müssen Ihren Computer ggf. neu starten. Beachten Sie auch das Angebot, im Web nach neuesten Updates zu suchen.

Die Option *Minimale Installation* wählen

Bei Auswahl dieser Option beschränkt sich die Installation auf die gerade erforderlichen Komponenten der Office System-Anwendungen. Sie verfügen anschließend ausschließlich über die Grundfunktionen und müssen später angeforderte Programmkomponenten ggf. über ein erneutes Setup nachinstallieren.

Abbildg. 1.7 Wenn Sie Excel nur selten nutzen, also nur die Grundfunktionen einsetzen und zudem wenig Platz auf der Festplatte haben, wählen Sie die *Minimale Installation.*

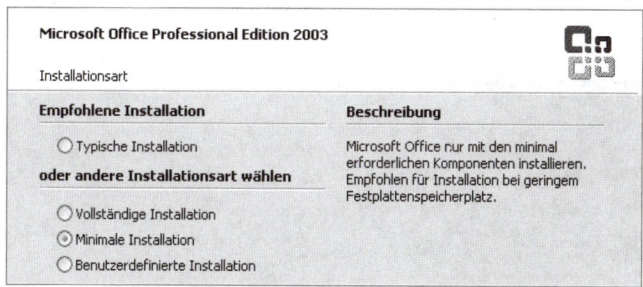

Diese Option ist nur bei erheblichem Speichermangel auf Ihrer Festplatte zu empfehlen.

Die Option *Benutzerdefinierte Installation* verwenden

Bei dieser Option können Sie selbst bestimmen, welche Komponenten des Office-Pakets Sie installieren und auf welche Sie verzichten möchten. Sie können die Installationsmethode festlegen und entscheiden, ob ältere Versionen der Office-Programme erhalten bleiben sollen. Eine *Benutzerdefinierte Installation* ist für diejenigen Anwender eindeutig die beste Wahl, die intensiv mit den Programmen arbeiten wollen und wissen, welche Komponenten sie brauchen oder eher nicht benötigen.

Abbildg. 1.8 In den meisten Fällen ist die *Benutzerdefinierte Installation* die beste Wahl, denn sie lässt den Anwendern die freie Entscheidung über die zu installierenden Komponenten.

Natürlich hat die Option *Benutzerdefinierte Installation* auch einen Nachteil: Sie bringt mehr Aufwand beim Installationsprozess mit sich, denn es müssen an zahlreichen Stellen Häkchen gesetzt oder entfernt werden. Da eine Installation im Normalfall aber eine einmalige Sache ist, lohnt es sich durchaus, sich die Zeit dafür zu nehmen.

Auch bei dieser Option können Sie bei Bedarf den Installationsordner selbst bestimmen. Klicken Sie anschließend auf die Schaltfläche *Weiter*.

Im folgenden Dialogfeld, das Sie in Abbildung 1.9 sehen, wählen Sie die Anwendungen aus, die Sie benötigen. Mindestens ebenso wichtig ist hier die Aktivierung des Kontrollkästchens *Erweiterte Anpassung von Anwendungen*. Setzen Sie ggf. selbst das Häkchen, um sich für die folgenden Schritte maximale Flexibilität zu sichern. Klicken Sie abschließend auf die Schaltfläche *Weiter*.

Abbildg. 1.9   Rechts unten sehen Sie den voraussichtlichen Platzbedarf. Viel wichtiger aber ist das Kontrollkästchen unten links, denn damit erhalten Sie tatsächlich die maximal mögliche Flexibilität.

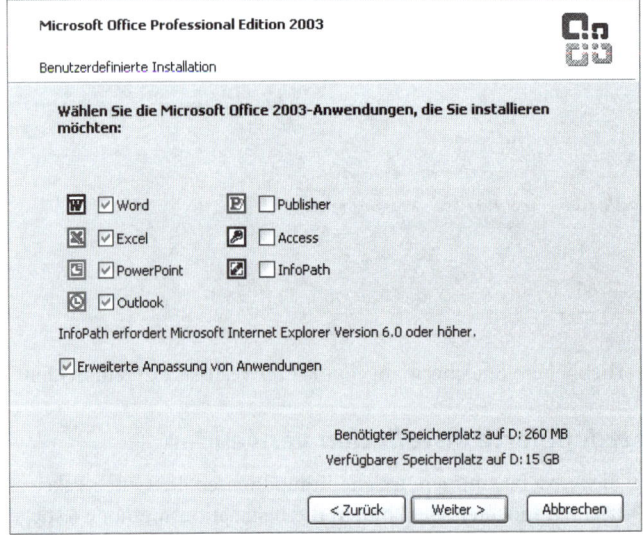

Jetzt kommt der Hauptteil der Arbeit: Sie müssen für jede Komponente angeben, ob und mit welchen untergeordneten Komponenten sie installiert werden soll. Dabei stehen Ihnen die folgenden Möglichkeiten zur Verfügung:

- *Vom Arbeitsplatz starten*: Die einzelne Komponente wird lokal installiert und kann ohne Nachinstallation genutzt werden.

- *Alles vom Arbeitsplatz starten*: Die Komponente und alle untergeordneten Komponenten werden lokal installiert. Sie erspart Ihnen zusätzliche Mausklicks für die Auswahl von Unterpunkten.

- *Bei der ersten Verwendung installiert*: Die Komponente wird nur virtuell, also in Form einer Verknüpfung bzw. eines Menüeintrags zur Verfügung gestellt, aber erst bei der ersten Verwendung installiert. Für diese Nachinstallation wird unter Umständen die Installations-CD angefordert.

- *Nicht verfügbar*: Die Komponente wird nicht installiert und auch nicht zur Nachinstallation angezeigt. Sie können die Komponente später installieren, indem Sie in der Windows-Systemsteuerung auf *Software* doppelklicken, Ihr(e) Office-Programm(e) auswählen und auf *Ändern* klicken.

Abbildg. 1.10   Hier beginnt der Hauptteil der Arbeit, nämlich die Auswahl der zu installierenden Komponenten.

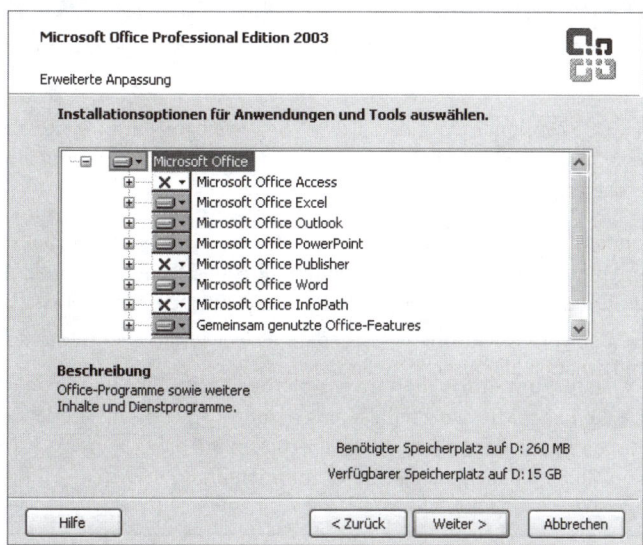

Besonders einfach machen Sie es sich also, wenn Sie im Falle von Excel die in Abbildung 1.11 gezeigte Auswahl treffen.

Abbildg. 1.11   Mit diesem Mausklick sorgen Sie für eine schnelle Auswahl aller Excel-Komponenten.

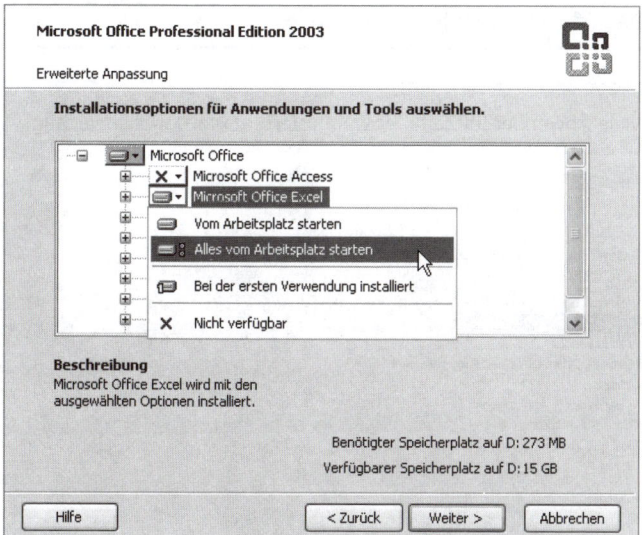

Die *Erweiterte Anpassung von Anwendungen* einstellen

Über einen Klick auf das Pluszeichen vor jeder der Komponenten gelangen Sie zu den Unterkomponenten.

Das Symbol neben den Komponenten gibt an, wie die jeweilige Komponente standardmäßig installiert wird. Dies können Sie ändern, indem Sie auf das betreffende Symbol klicken und ein anderes Symbol aus der angezeigten Liste auswählen.

Besitzt eine Komponente noch Unterkomponenten, zeigt ein Symbol mit weißem Hintergrund an, dass die Komponente und alle Unterkomponenten dieselbe Installationsmethode haben. Ein Symbol mit grauem Hintergrund hingegen bedeutet, dass unterschiedliche Installationsmethoden eingestellt sind.

Verwenden Sie die Tastatur, um durch die Liste zu blättern. Mit den Pfeiltasten ⬆ und ⬇ navigieren Sie durch die Liste. Mit den Pfeiltasten ➡ und ⬅ erweitern oder reduzieren Sie die Liste. Um ein ausgewähltes Element zu ändern, drücken Sie die `Leertaste`. Mit den Pfeiltasten ⬆ und ⬇ wählen Sie die gewünschte Komponente und mit der ↵-Taste bestätigen Sie Ihre Wahl.

Achten Sie bei der Installation darauf, dass Sie die in Abbildung 1.12 und Abbildung 1.13 gezeigten Komponenten mit installieren.

PROFITIPP

Die Webkomponenten sind nicht nur wichtig für den Aufbau webbasierter Excel-Tabellen, sondern erweisen Ihnen gute Dienste, wenn Sie eine Excel-Tabelle während einer Bildschirmpräsentation in PowerPoint interaktiv zeigen und bedienen wollen.

Abbildg. 1.12 Gut verborgen, aber für viele Anwender im Zeitalter webbasierter Excel-Tabellen wichtig

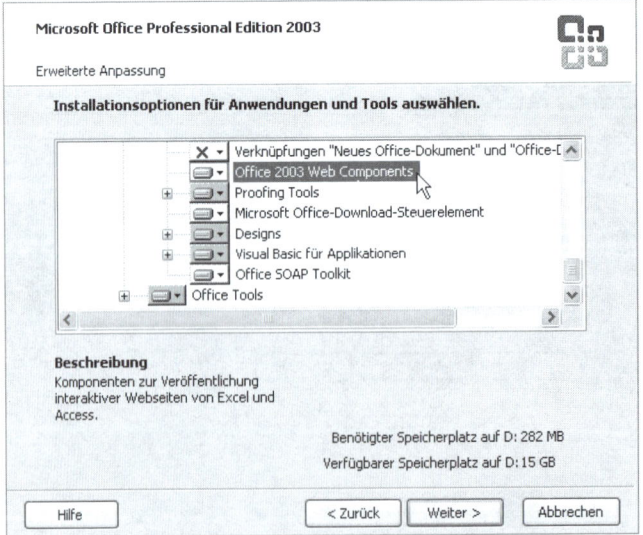

Abbildg. 1.13   Mit der Wahl dieser Unterkomponente sind Sie bestens für den Download von Vorlagen und Beispieldateien von Microsoft Office Online präpariert.

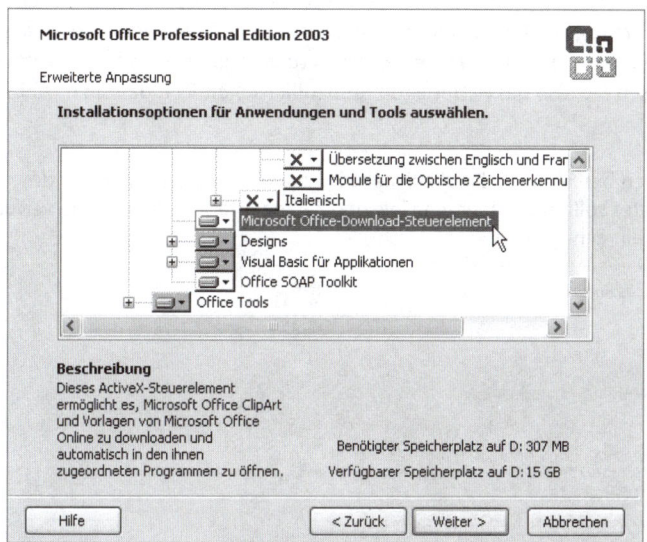

Haben Sie Ihre Wahl getroffen, klicken Sie auf die Schaltfläche *Weiter*.

Das nächste Dialogfeld (Abbildung 1.14) listet die ausgewählten Programme auf. Mit einem Klick auf die Schaltfläche *Installieren* starten Sie den Vorgang, der die erforderlichen Dateien auf Ihre Festplatte kopiert und die Programme im Betriebssystem registriert. Rechts unten wird Ihnen angezeigt, wie viel Speicherplatz dabei in Anspruch genommen wird.

Abbildg. 1.14   Hier sehen Sie das Ergebnis der zuvor getroffenen Auswahl und erfahren auch, wie viel Speicherplatz die Komponenten erfordern.

Nach erfolgreicher Installation: Installationsdateien löschen oder nicht?

Beim Installationsvorgang werden zahlreiche Dateien auf Ihren Computer kopiert. Diese Dateien können später für die Wartung von Office und für Updates verwendet werden. Wenn Sie solche Aufgaben erledigen möchten, ohne dass die CD verwendet werden muss, sollten Sie die Installationsdateien nicht löschen. Lassen Sie also das betreffende Kontrollkästchen leer, das Sie in Abbildung 1.15 unten sehen.

Abbildg. 1.15 Es ist in den meisten Fällen besser, wenn Sie die Installationsdateien nicht löschen; für das Herunterladen von Updates sollten Sie über eine leistungsfähige Internet-Verbindung verfügen, da die Downloads zum Teil recht groß sind.

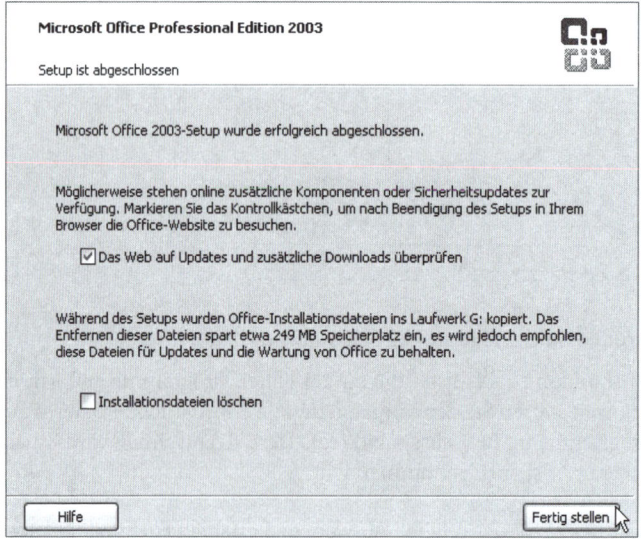

Entfernen Sie diese Dateien nur, wenn Sie Speicherplatz freigeben müssen. Ansonsten ist es besser, wenn Sie die Dateien behalten.

Nach der Installation Updates aus dem Web herunterladen

Nutzen Sie nach der Installation unbedingt die Möglichkeit, Updates und zusätzliche Komponenten von der Microsoft-Website herunter zu laden. Aktivieren Sie das in Abbildung 1.15 gezeigte obere Kontrollkästchen, um von Microsoft Office Online neue Service Packs und weitere nützliche Ergänzungen zu erhalten.

HINWEIS Beachten Sie, dass es sich bei den Updates in vielen Fällen um recht große Dateien handelt und Sie daher über eine leistungsfähige Internetverbindung verfügen sollten. Allein das Service Pack 1 und einige Outlook-Zusätze umfassen fast 30 MB.

Bevor Sie den Download starten können, wird noch ein kleines Programm – die Office Update Installation Engine – installiert, das den Download-Prozess steuert (Abbildung 1.16).

Abbildg. 1.16 Vor dem Download von Updates wird erst noch ein Programm geladen, das den Download steuert.

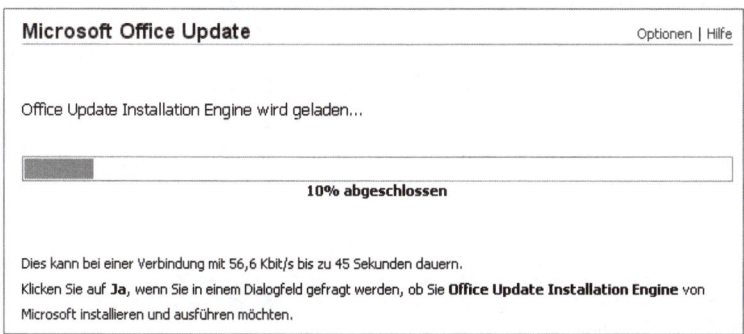

Das Service Pack 1 für Office 2003 ist ein Muss für den ersten Download, denn es beseitigt einige Fehler in Office System 2003. Laden Sie sich außerdem gleich für Outlook die neuesten Junk-E-Mail-Filter herunter.

Abbildg. 1.17 Das Service Pack 1 und aktualisierte Junk-E-Mail-Filter für Outlook gehören auf jeden Fall auf Ihren PC.

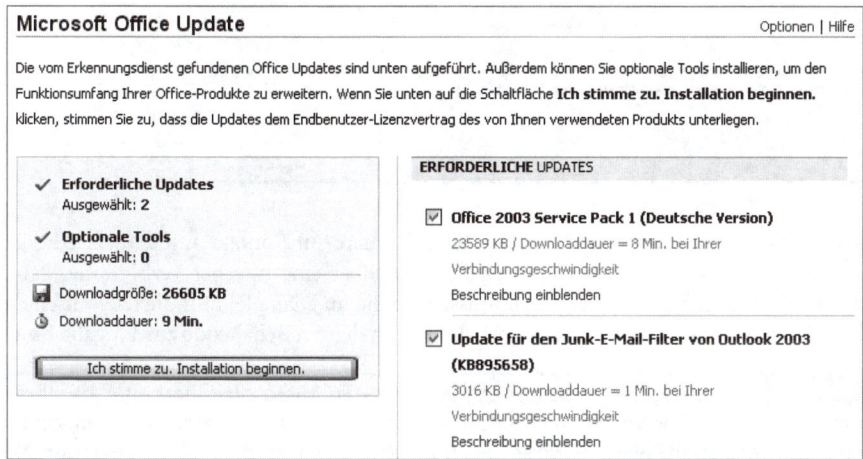

Nach Abschluss der Installation erhalten Sie einen entsprechenden Hinweis und müssen je nach Betriebssystem unter Umständen Ihren Computer neu starten.

Abbildg. 1.18 Nach erfolgreicher Installation steht Ihnen über *Start/Alle Programme/Microsoft Office* Ihr Excel 2003 zur Verfügung.

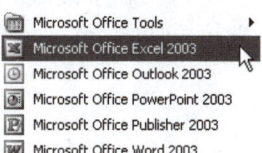

Die neue Installation aktivieren

Microsoft Office System – und damit auch Excel – lässt sich nach der Installation nur bis zu 50 Mal starten und muss dann mit einem speziellen Code per Internet oder Telefon freigeschaltet werden.

Sie erhalten bei jedem Start einer Office-Anwendung eine entsprechende Aufforderung zur Aktivierung. Die Abbildung 1.19 zeigt die beiden zur Verfügung stehenden Möglichkeiten für die Aktivierung.

Abbildg. 1.19   Alle Produkte von Office System 2003 müssen aktiviert werden.

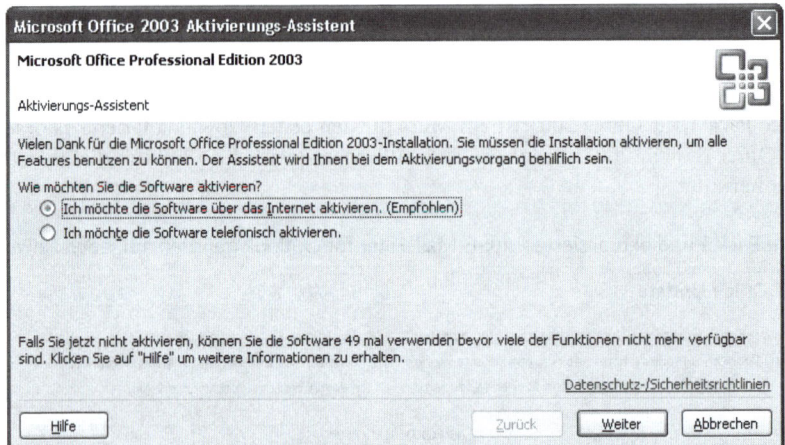

Sie erhalten einen Freischaltcode, indem Sie mit Microsoft Kontakt aufnehmen. Dies geht am einfachsten über das Internet. Verfügt der PC nicht über eine Internet-Verbindung, kann der Code auch telefonisch erfragt werden. Dazu müssen Sie die im Dialogfeld für die telefonische Aktivierung gemeldeten Angaben durchsagen. Sie erhalten dann den Freischaltcode zur Eingabe im Dialogfeld.

> **HINWEIS**   Am anderen Ende der Leitung sitzt kein Microsoft-Mitarbeiter, der Ihre Durchsage entgegen nimmt. Der Vorgang ist automatisiert und nicht ganz einfach zu handhaben. Es gibt einiges zu beachten. Beispielsweise die hohe Geschwindigkeit, mit welcher der Aktivierungsschlüssel durchgegeben wird, wobei sich die Angabe nur ein Mal wiederholen lässt. Klappt es auch dann nicht, muss erneut angerufen werden.

Die Aktivierung kann außerhalb der Office-Anwendungen auch über die Befehlsfolge *Start/Alle Programme/Microsoft Office/Microsoft Office Tools/Produkt aktivieren* aufgerufen werden.

Wird die Aktivierung nicht rechtzeitig vorgenommen, gehen die Office-Anwendungen in einen so genannten »Reduzierten Funktionsmodus« (Reduced Mode), in welchem dann z.B. keine Dokumente mehr gespeichert werden können.

Abbildg. 1.20   Nach erfolgter Aktivierung können Sie das Produkt auch noch registrieren, aber das ist kein Muss.

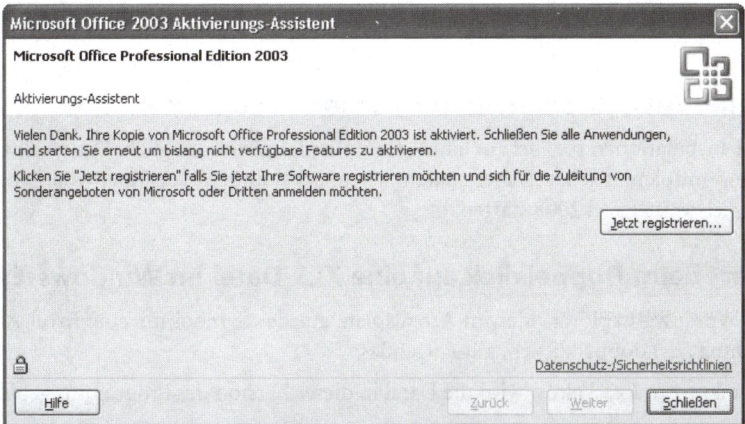

PROFITIPP

Bei erneuter Installation eine Wiederholung der Aktivierung vermeiden

Den Vorgang der Aktivierung müssten Sie bei jeder Neuinstallation wiederholen. Beispielsweise auch dann, wenn Sie infolge eines Virusbefalls Ihr System neu aufsetzen. Im Unterschied zu Windows XP können Sie die Aktivierungsdaten zu Office 2003 aber sichern und so bei Bedarf wieder verwenden.

Sichern Sie dazu nach erfolgreicher Aktivierung aus dem Ordner *Dokumente und Einstellungen\Anwendungsdaten\Microsoft\Office\Data* die Datei *OPA11.DAT*.

Wenn Sie nun irgendwann Office neu aufsetzen müssen, kopieren Sie diese Datei einfach in den oben genannten Pfad zurück, **bevor** Sie mit der Installation beginnen.

Mehrere Excel-Versionen parallel nutzen?

Obwohl es Microsoft nicht empfiehlt – möglich ist es: Sie können mehr als eine Version von Microsoft Excel auf demselben Computer installieren und verwenden. Beispielsweise können Excel 2003 und Excel 97 parallel auf einem Computer vorhanden sein.

Natürlich sind dabei Probleme vorprogrammiert. Hier einige Tipps, wie Sie die Konflikte zwischen den verschiedenen Excel-Versionen reduzieren können.

Was ist zu beachten?

Wenn Sie mehrere Versionen von Excel nebeneinander benutzen wollen oder müssen, dann können die folgenden Informationen wichtig für Sie sein.

Die richtige Installationsreihenfolge

Wenn Sie mehr als eine Version von Excel auf Ihrem Computer installieren und verwenden wollen, installieren Sie die Excel-Versionen in aufsteigender Reihenfolge – also beispielsweise erst Excel 97 und dann Excel 2003.

Grund dafür ist die Art und Weise, wie Registrierungsschlüssel, gemeinsame Programme, Dateierweiterungen und weitere Einstellungen für jede Excel-Version in der Windows-Registry verwaltet werden.

Gleichzeitiges Ausführen mehrerer Versionen von Excel

Mehrere Excel-Installationen parallel auf einem Computer sind also möglich. Das gleichzeitige Ausführen ist schon problematischer. Daher sollten Sie zunächst andere Versionen von Excel beenden, bevor Sie beispielsweise Excel 2003 starten.

Was passiert beim Doppelklick auf eine XLS-Datei im Windows-Explorer?

Wenn Sie im Windows-Explorer oder im Arbeitsplatz auf das Symbol für eine Excel-Arbeitsmappendatei (Endung *.xls*) doppelklicken, gilt Folgendes:

- Ist eine Version von Excel aktiv, wird die Datei in dieser Version des Programms geöffnet.
- Wird keine Version von Excel ausgeführt, wird die Datei in der Excel-Version geöffnet, die als Lctztc installiert wurde.

Übrigens: Excel 5.0 registriert sich bei jedem Starten des Programms selbst als letzte installierte Version und versucht, die Datei zu laden. Damit sehen Sie schon, welches Konfliktpotenzial Sie sich selbst aufbauen, wenn Sie mit mehreren Versionen arbeiten.

Eine Alternative: Virtual PC

Vielleicht werden Sie sich schon die Frage gestellt haben, warum es überhaupt sinnvoll sein soll, mehrere Excel-Versionen zu installieren – wo doch jeder weiß, dass die meisten Anwender im Durchschnitt nur 10 bis 20 % der Programmfunktionen brauchen und nutzen.

- Doch denken Sie an die Leute, die im Support arbeiten. Denn in vielen Firmen ist es durchaus üblich, dass nicht alle Mitarbeiter mit der gleichen Version arbeiten und teilweise bis zu drei Versionen im Umlauf sind.
- Auch Trainer oder Berater müssen sich natürlich auf die Version ihres Kunden einstellen können.
- Schließlich sind da noch die Administratoren und IT-Verantwortlichen, die vor Einführung einer neuen Software diese zunächst auf ihre Kompatibilität mit der vorhandenen Software-Umgebung überprüfen müssen.

Mit dem Microsoft-Programm Virtual PC lassen sich solche Anforderungen einfach und recht komfortabel umsetzen.

Das Programm bietet die Möglichkeit, innerhalb des aktuellen Betriebssystems virtuelle Computer einzurichten. Jeden dieser virtuellen PCs können Sie mit einer frei wählbaren Windows-Version ausstatten und anschließend beliebige Anwendungen installieren. So wechseln Sie mit nur einem Mausklick zwischen Excel 97 und Excel 2002 usw. Sie können parallel zu Ihrem Standard-Betriebssystem auch mehrere virtuelle Computer gleichzeitig laufen lassen.

Die Abbildung 1.21 zeigt beispielsweise, dass für jede Office-Version ab 97 je ein virtueller Computer vorhanden ist und parallel zum normalen Windows gerade eine zweite Instanz mit Windows XP ausgeführt wird, in der eine der Anwendungen von Office XP läuft.

Abbildg. 1.21   Statt der Parallelinstallation mehrerer Excel-Versionen das Programm Virtual PC verwenden

   Mehr Informationen zu Virtual PC finden Sie im Internet unter *http://www.microsoft.com/germany/virtualpc/default.mspx*.

Damit es richtig losgeht: Die Arbeitsumgebung optimal einrichten

Nach erfolgreicher Installation und Aktivierung sollten Sie sich die Zeit nehmen, die Oberfläche von Excel so einzurichten, dass Sie von Anfang an optimal arbeiten können. Sie werden sehen, dass wenige Handgriffe reichen, damit Sie Excel 2003 effektiver bedienen können.

Abbildg. 1.22   Die Oberfläche von Excel 2003 nach dem ersten Start

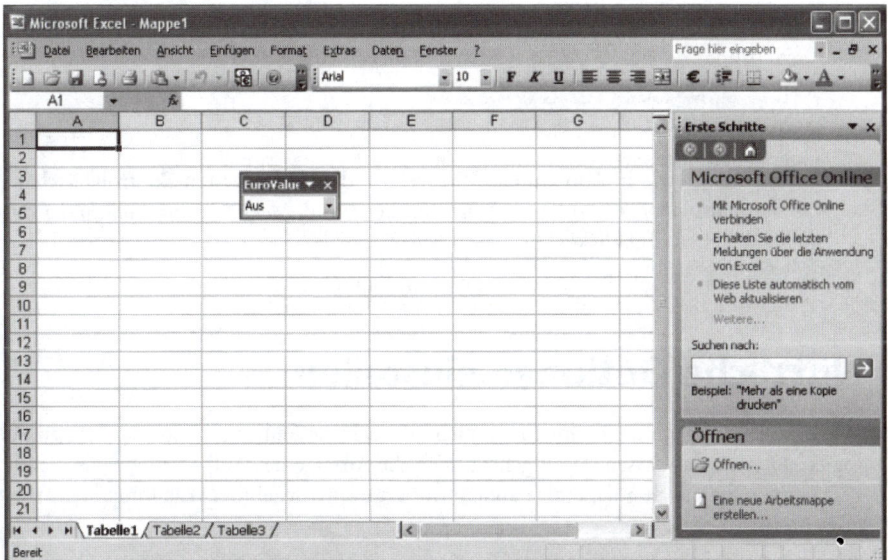

Symbolleisten und Menüs

Vier Dinge fallen sofort nach dem ersten Start von Excel 2003 und einigen Mausklicks auf der Oberfläche ins Auge:

- Ein beträchtlicher Teil des Arbeitsblatts wird am rechten Rand durch den so genannten Aufgabenbereich verdeckt (wie Sie das ändern, erfahren Sie etwas weiter unten in diesem Kapitel im Abschnitt »Nützliche Optionen einstellen«).

- Mitten auf dem Arbeitsblatt befindet sich eine Symbolleiste, die heute wohl kaum noch jemand braucht – die zur Umrechnung zwischen Euro und verschiedenen europäischen Währungen.

- Die beiden wichtigsten Symbolleisten, nämlich die Symbolleiste *Standard* und die Symbolleiste *Format* – werden nicht komplett angezeigt. Damit stehen Ihnen wichtige Befehle nicht auf Anhieb zur Verfügung.

- Wenn Sie eines der Menüs öffnen, werden Sie außerdem feststellen, dass nur ein Teil der Befehle angezeigt wird. Zum einen verlieren Sie damit Zeit, weil es immer eines zusätzlichen Handgriffs bedarf, um alle Befehle anzeigen zu lassen. Zum anderen ist diese Einstellung nicht hilfreich, wenn Sie nach einem selten eingesetzten Befehl suchen.

Hier die Schritte, mit denen Sie die Anzeige von Symbolleisten und Menüs verbessern:

1. Schließen Sie zunächst die überflüssige Symbolleiste *Euro* mit einem Klick auf das »x«. Wenn Sie diese Symbolleiste jemals wieder brauchen sollten, können Sie sich diese über *Ansicht/Symbolleisten* jederzeit wieder einblenden.

2. Rufen Sie anschließend nach einem Rechtsklick auf eine der Symbolleisten im Kontextmenü den Befehl *Anpassen* auf und wechseln Sie im Dialogfeld zur Registerkarte *Optionen*.

Abbildg. 1.23   Hier sorgen Sie für eine vernünftige Anzeige von Symbolleisten und Menüs, indem Sie die beiden ersten Kontrollkästchen mit einem Häkchen versehen.

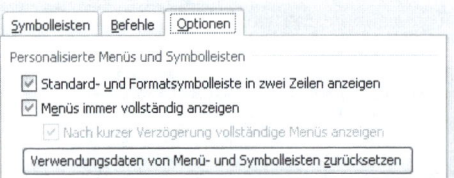

3. Versehen Sie – wie in Abbildung 1.23 gezeigt – die beiden ersten Kontrollkästchen (*Standard- und Formatsymbolleiste in zwei Zeilen anzeigen* und *Menüs immer vollständig anzeigen*) mit einem Häkchen und klicken Sie auf *Schließen*.

Mehr zum Thema Symbolleisten erfahren Sie in Kapitel 2.

Nützliche Optionen einstellen

Wie in vielen Programmen können Sie auch in Excel eine Reihe von Voreinstellungen über das Dialogfeld *Optionen* anpassen. Dazu gehört auch die Anzeige des Aufgabenbereichs. Bei der Gelegenheit können Sie gleich noch einige andere Änderungen vornehmen, die Ihnen die Arbeit mit Excel erleichtern:

1. Rufen Sie im Menü *Extras* den Befehl *Optionen* auf.

2. Zeigen Sie zunächst die Registerkarte *Ansicht* an (Abbildung 1.24).

3. Entfernen Sie das Häkchen im Kontrollkästchen vor *Startaufgabenbereich*. Damit wird Ihnen wieder das gesamte Arbeitsblatt angezeigt. Wenn Sie den Aufgabenbereich brauchen sollten, beispielsweise beim Aufruf einer neuen Arbeitsmappe, erscheint er künftig automatisch, bleibt aber ansonsten geschlossen. Bei Bedarf können Sie den Aufgabenbereich jederzeit über die Befehlsfolge *Ansicht/Aufgabenbereich* wieder einschalten.

> **TIPP**   Zum blitzschnellen Ein- und Ausschalten des Aufgabenbereich gibt es ab Excel 2003 eine neue Tastenkombination. Mit `Strg` + `F1` können Sie den Aufgabenbereich mit einem Handgriff ein- oder ausblenden. Probieren Sie es gelegentlich einmal aus!

4. Wechseln Sie zur Registerkarte *Allgemein* und erhöhen Sie dort über das Drehfeld *Liste zuletzt geöffneter Dateien* den Wert auf »9«. Damit können Sie künftig im Menü *Datei* ganz unten nicht nur auf vier, sondern auf die letzten neun Dateien zurückgreifen, die Sie geöffnet hatten.

5. Zeigen Sie die Registerkarte *Bearbeiten* an und entfernen Sie ganz oben das Häkchen bei *Direkte Zellbearbeitung aktivieren*. Mit dieser Einstellung sorgen Sie dafür, dass Excel künftig beim Doppelklick auf eine Zelle mit einer Formel den zu der Formel gehörenden Bereich markiert. Noch besser: Bezieht sich die Formel auf Werte in einem anderen Arbeitsblatt oder einer anderen Mappe, sorgt der Doppelklick dafür, dass das Blatt bzw. die Mappe angezeigt bzw. geöffnet und angezeigt wird. In der Fachsprache heißt das Drilldown. Sie gehen sozusagen den Formeln per Doppelklick auf den Grund. Lassen Sie hingegen – so, wie voreingestellt – das Häkchen in dem Kontrollkästchen, bewirkt ein Doppelklick lediglich, dass Sie den Inhalt der Zelle bearbeiten können. Gerade bei längeren Inhalten oder gar bei Formeln ist dafür aber die Bearbeitungsleiste unterhalb der Symbolleisten eindeutig besser geeignet, da sie wesentlich mehr Platz für die Eingabe und Bearbeitung bietet. Weitere Markierungstechniken finden Sie in Kapitel 4 beschrieben.

Abbildg. 1.24   Hier schalten Sie die Anzeige des Aufgabenbereiches aus.

Abbildg. 1.25   Erweitern Sie das Gedächtnis von Excel.

Schalten Sie hier die direkte Zellbearbeitung ab.

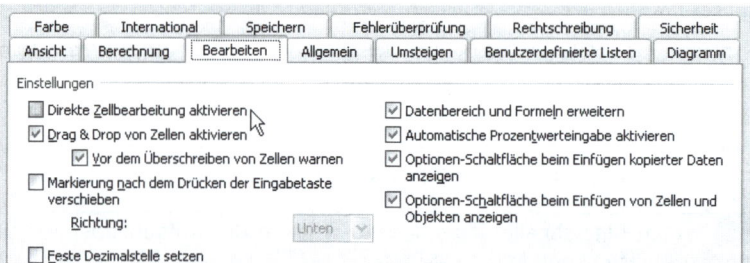

Automatismen kennen und ausschalten

Excel hat glücklicherweise deutlich weniger störende Automatismen von den Programmierern mitbekommen, als beispielsweise Word oder PowerPoint. Ein Automatismus, der sich als störend erweisen könnte, ist die Voreinstellung, alle Internet- oder E-Mail-Adressen sowie Netzwerkangaben sofort in Hyperlinks umzuwandeln und diese dann im Arbeitsblatt mit den Formaten *Blau* und *Unterstrichen* anzuzeigen.

Wollen Sie diesen Automatismus abstellen, rufen Sie die Befehlsfolge *Extras/AutoKorrektur-Optionen* auf, wechseln zur Registerkarte *AutoFormat während der Eingabe* und entfernen, wie in Abbildung 1.27 gezeigt, das Kontrollkästchen vor *Internet- und Netzwerkpfade durch Hyperlinks*.

Abbildg. 1.27 Die automatische Umwandlung in Hyperlinks verhindern

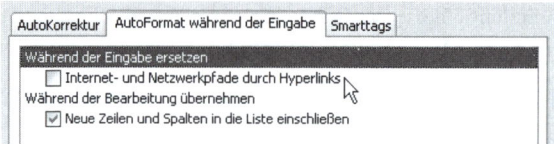

PROFITIPP

> Wollen Sie nachträglich bereits gesetzte Hyperlinks wieder in normale Texte umwandeln, reicht ein rechter Mausklick auf den Hyperlink und die Wahl des Befehls *Hyperlink entfernen* im Kontextmenü.

Mehr zum Thema »AutoKorrektur« finden Sie in Kapitel 4.

Zusätzliche Funktionen laden

Wenn Sie mit mehr als nur den Grundfunktionen von Excel arbeiten wollen, sorgen Sie gleich noch dafür, dass künftig beim Start von Excel zusätzliche Funktionen in den Arbeitsspeicher geladen werden und damit in Excel verfügbar sind. Dazu aktivieren Sie ein Zusatzpaket von Funktionen. Diesen Vorgang müssen Sie nur ein Mal durchführen.

Für Anwender, die in der Projektarbeit tätig sind und die Datums- und Zeitangaben berechnen müssen, enthält dieses Paket eine Reihe unverzichtbarer Funktionen. Und so gehen Sie vor:

1. Rufen Sie den Menübefehl *Extras/Add-Ins* auf.

2. Setzen Sie im Dialogfeld, wie in Abbildung 1.28 gezeigt, ein Häkchen in das Kontrollkästchen vor *Analyse-Funktionen*.

Abbildg. 1.28   Installieren Sie die Analyse-Funktionen, um beispielsweise Zugriff auf nützliche Funktionen für die Datums- und Zeitberechnung zu erhalten.

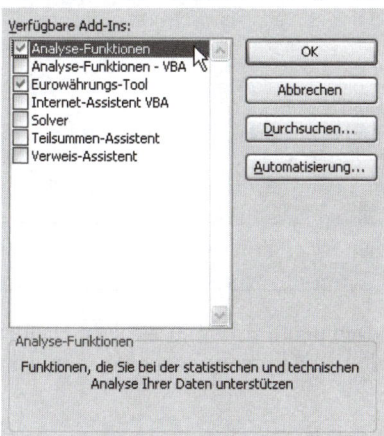

Mehr zum Thema »Add-Ins« erfahren Sie in Kapitel 26.

Gesicherte Dateien wieder verfügbar machen

Wenn Sie die Aufforderung zu Beginn des Kapitels beachtet und Ihre persönlichen Mustervorlagen, die Symbolleiste und die persönliche Makro-Arbeitsmappe gesichert haben, können Sie diese nun an den dafür vorgesehenen Platz kopieren.

Für die persönlichen Mustervorlagen des Benutzers wird der Ordner *C:\Dokumente und Einstellungen\<Benutzername>\Anwendungsdaten\Microsoft\Vorlagen* verwendet. Kopieren Sie also Ihre Mustervorlagen in dieses Verzeichnis. Mehr zum Thema »Mustervorlagen« finden Sie in Kapitel 11.

Ihre persönlichen Einstellungen zur Symbolleiste werden im Ordner *C:\Dokumente und Einstellungen\<Benutzername>\Anwendungsdaten\Microsoft\Excel* abgelegt. Excel 2003 erstellt dort die Datei *Excel11.xlb*. Mehr zum Thema »Symbolleisten« finden Sie in Kapitel 2.

Möchten Sie eine zuvor gesicherte persönliche Arbeitsmappe (*Personl.xls*) wieder verwenden, kopieren Sie diese in den Ordner *C:\Dokumente und Einstellungen<Benutzername>\Anwendungsdaten\Microsoft\Excel\XLSTART*. Mehr zum Thema »Makros« finden Sie in Kapitel 31.

Zusammenfassung

Hier ein Kurzüberblick, der Ihnen als Entscheidungsmatrix bei der Wahl der für Sie optimalen Installationsart dienen soll.

Tabelle 1.1 Kurzüberblick, welche Installationsart sich für welche Anwendergruppe eignet

Installationsart	Verwenden Sie diese Installationsart, wenn Sie ...
Typische Installation	keine Zeit in die Installation investieren wollen, sich mit den möglichen Optionen nicht auskennen und nur die Grundfunktionen brauchen.
Vollständige Installation	keine Zeit in die Installation investieren und sich alle Funktionen verfügbar machen wollen.
Benutzerdefinierte Installation	die komplette Steuerung übernehmen, selbst alle Komponenten und Unterkomponenten auswählen wollen, die installiert oder nicht installiert werden sollen.
Minimale Installation	wenig Platz auf der Festplatte zur Verfügung haben und nur Grundfunktionen nutzen wollen.

Nach der Installation sollten Sie die Arbeitsumgebung in Excel mit wenigen Handgriffen noch ein wenig optimieren, damit Sie leichter auf Befehle und Funktionen zugreifen können und Ihnen störende Automatismen erspart bleiben.

Tabelle 1.2 Überblick über die ersten Schritte zum Optimieren der Arbeitsumgebung von Excel nach der Installation

Menübefehl	Zweck
Extras/Anpassen	Die beiden Symbolleisten *Standard* und *Format* sowie die Menüs vollständig anzeigen lassen.
Extras/Optionen	Anzeige des Aufgabenbereichs beim Excel-Start unterdrücken, Liste der zuletzt geöffneten Dateien auf neun erhöhen und *Direkte Zellbearbeitung* abschalten.
Extras/AutoKorrektur-Optionen	Automatisches Umwandeln von Internet-, E-Mail- und Netzwerkadressen in Hyperlinks unterbinden.
Extras/Add-Ins	Zusätzliche Funktionen beim Excel-Start laden.

Kapitel 2

Der Excel-Bildschirm und seine Elemente

Excel starten

Nachdem Sie die Installation erfolgreich abgeschlossen haben, können Sie Excel starten. Öffnen Sie das *Start*-Menü und wählen Sie die Befehlsfolge *Alle Programme/Microsoft Office/Microsoft Office Excel 2003*. Sollten Sie diesen Weg zu umständlich finden, besteht die Möglichkeit, das Excel-Symbol auf dem Desktop oder in der Taskleiste in der *Schnellstart*-Symbolleiste abzulegen.

Microsoft Office Excel 2003

So erzeugen Sie das Excel-Startsymbol auf dem Desktop: Mit gedrückter linker Maustaste bei gleichzeitig gedrückter `Strg`-Taste ziehen Sie den Excel-Eintrag im Menü *Microsoft Office* auf Ihren Desktop. Alternativ haben Sie auch den »Dienstweg« zur Verfügung:

1. Setzen Sie den Mauszeiger auf eine freie Stelle des Desktops und drücken Sie die rechte Maustaste.

2. In dem nun erscheinenden Kontextmenü wählen Sie den Befehl *Neu* und dann *Verknüpfung*.

3. Im Dialogfeld *Verknüpfung erstellen* wählen Sie die Schaltfläche *Durchsuchen* und suchen nach der Datei *Excel.exe* im Installationsordner von Office (in der Regel *C:\Programme\Microsoft Office\OFFICE11\Excel.exe*). Sie können den Pfad auch per Hand in das Textfeld eingeben. Denken Sie dann aber daran, die gesamte Pfadangabe in Anführungszeichen (") einzuschließen.

4. Klicken Sie auf die Schaltfläche *Weiter*.

5. Tragen Sie nun eine Programmbezeichnung ein oder belassen Sie die Voreinstellung unverändert und erstellen Sie die Verknüpfung über die Schaltfläche *Fertig stellen*.

PROFITIPP

Wenn Sie häufig mit Excel und unter Windows XP arbeiten, können Sie den Start auch einfacher erreichen:

- Sie fügen der *Schnellstart*-Symbolleiste (diese wird üblicherweise am unteren Bildschirmrand angezeigt) ein neues Symbol hinzu, mit dem Excel gestartet werden kann. Wollen Sie das zuvor erstellte Symbol in der *Schnellstart*-Symbolleiste von Windows ablegen, ziehen Sie das Excel-Symbol mit gedrückter linker Maustaste an die gewünschte Position und lassen dann die Maustaste los. Jetzt können Sie Excel mit einem einfachen Klick auf das Symbol starten.

- Sie können die Verknüpfung auch im Startmenü ablegen. Ziehen Sie die erstellte Verknüpfung mit gedrückter linker Maustaste auf das *Start*-Symbol und lassen Sie die Maustaste nicht los. Warten Sie stattdessen, bis sich das Startmenü öffnet. Verschieben Sie den Mauszeiger an die gewünschte Stelle im oberen Bereich und lassen Sie dann die Maustaste los.

- Die Anbindung an das Startmenü erreichen Sie auch auf einem anderen Weg: Wählen Sie die Befehlsfolge *Alle Programme/Microsoft Office* und klicken Sie den Eintrag *Microsoft Office Excel 2003* mit der rechten Maustaste an. Im Kontextmenü wählen Sie den Eintrag *An Startmenü anheften*.

- Wollen Sie das Programm über eine Tastenkombination starten, klicken Sie zunächst mit der rechten Maustaste auf die Verknüpfung. Im Kontextmenü wählen Sie den Befehl *Eigenschaften*. Daraufhin wird das Dialogfeld *Eigenschaften von Excel* angezeigt. Dort klicken Sie zunächst in das Textfeld *Tastenkombination* und drücken dann die Taste (z.B. *H*), welche Sie der Anwendung zuweisen wollen. Im Textfeld wird diese Eingabe ergänzt und sieht dann so aus: `Strg`+`Alt`+`H`. Künftig können Sie Excel also über diese Tastenkombination starten.

Excel aus dem Windows-Explorer starten

Wenn Sie im Windows-Explorer eine Excel-Datei markieren und einen Doppelklick ausführen, wird zunächst Excel gestartet und anschließend die markierte Datei geöffnet. Grund für dieses Verhalten ist eine Verknüpfung mit verschiedenen Datei-Endungen, die Excel bei der Installation vornimmt. Welche Datei-Endungen welcher Anwendung zugeordnet sind, können Sie im Windows-Explorer sehen. Gehen Sie dazu wie folgt vor:

1. Starten Sie den Windows-Explorer.
2. Rufen Sie den Menübefehl *Extras/Ordneroptionen* auf.
3. Im Dialogfeld *Ordneroptionen* wechseln Sie auf die Registerkarte *Dateitypen*.
4. Daraufhin werden im Listenfeld *Registrierte Dateitypen* die Datei-Endungen und die damit verknüpften Anwendungen angezeigt.
5. Wenn Sie über die notwendigen Rechte auf dem Computer verfügen, können Sie diese Verknüpfungen auch ändern oder löschen. Seien Sie dabei aber vorsichtig, weil bei fehlerhaften Vorgaben die Anwendungen eventuell nicht mehr wie erwartet funktionieren!

Excel beim Einschalten des PC automatisch starten

Wollen Sie sofort nach dem Einschalten des Computers mit Excel arbeiten, gehen Sie folgendermaßen vor:

1. Ziehen Sie das Symbol aus *Start/Alle Programme/Microsoft Office/Microsoft Office Excel 2003*. Halten Sie dabei die ⌨Strg-Taste gedrückt, um das Symbol zu kopieren und nicht zu verschieben.
2. Achten Sie auf die Einfügemarkierung in den Programmmenüs und lassen Sie das gezogene Symbol in der Programmgruppe *Autostart* los (vgl. Abbildung 2.1).

Beim Start von Windows wird Excel von nun an automatisch gestartet.

Abbildg. 2.1   Das Excel-Startsymbol in die *Autostart*-Programmgruppe kopieren

Wollen Sie den automatischen Start von Excel wieder rückgängig machen, klicken Sie mit der rechten Maustaste auf das kopierte Excel-Symbol in der *Autostart*-Programmgruppe. Wählen Sie im Kontextmenü den Befehl *Löschen* aus und bestätigen Sie diesen Vorgang.

Excel durch Aufruf einer Arbeitsmappe starten

Windows speichert die von Ihnen bearbeiteten Dateien in einer Liste, die Sie über *Start/Zuletzt verwendete Dokumente* schnell erreichen können. Sollten Sie also in letzter Zeit eine Excel-Arbeitsmappe erstellt haben, können Sie diese hier direkt aufrufen. Nach dem Start von Excel wird die gewünschte Arbeitsmappe erscheint auf dem Bildschirm.

Den Excel-Start kontrollieren

Eine Arbeitsmappe automatisch öffnen

Wenn Sie immer mit derselben Arbeitsmappe arbeiten, können Sie diese bei jedem Excel-Start automatisch öffnen lassen. Dazu speichern Sie die Datei im Ordner *XLStart*, den Sie in der Regel unter den Pfaden

- *C:\Programme\Microsoft Office\OFFICE11\XLSTART* (gültig für alle Benutzer des PC)
- *C:\Dokumente und Einstellungen\Benutzer\Anwendungsdaten\Microsoft\Excel\XLStart* (unter Ihrem Profil, also nur für Ihre Anmeldung gültig)

finden. Außer den Mustervorlagen öffnet Excel beim Start alle Arbeitsmappen, die in diesen Ordnern gespeichert sind. Alternativ haben Sie die Möglichkeit, einen zusätzlichen, eigenen Startordner festzulegen, von dem aus Arbeitsmappen automatisch geöffnet werden.

Zusätzlichen Startordner festlegen

Wenn Sie einen zusätzlichen Startordner festlegen wollen, gehen Sie so vor:

1. Aktivieren Sie nach Aufruf des Menübefehls *Extras/Optionen* die Registerkarte *Allgemein*.
2. Im Eingabefeld *Beim Start alle Dateien in diesem Ordner laden* geben Sie den Pfadnamen des alternativen Startordners an.
3. Da Excel versucht, jede Datei in diesem zusätzlichen Startordner zu öffnen, stellen Sie sicher, dass dieser Ordner nur Dateien enthält, die Excel öffnen soll.

HINWEIS   Wenn sich eine Datei mit gleichem Namen sowohl im Startordner *XLStart* als auch im zusätzlichen (von Ihnen angelegten) Startordner befindet, wird Excel immer die Datei aus dem Ordner *XLStart* öffnen.

Wollen Sie verhindern, dass eine Datei aus dem Startordner geöffnet wird, brauchen Sie diese nur mit Hilfe des Windows-Explorers in einen anderen Ordner zu verschieben.

Einen Arbeitsordner festlegen

Eigene Dateien

In den Dialogfeldern zum Öffnen und Speichern ist als Arbeitsordner *Eigene Dateien* aus Ihrem Benutzerprofil voreingestellt. Diese Voreinstellung können Sie problemlos ändern, wenn Sie Ihre Dateien in einem anderen Ordner speichern wollen.

So legen Sie einen anderen Arbeitsordner fest:

1. Wählen Sie den Menübefehl *Extras/Optionen* und aktivieren Sie die Registerkarte *Allgemein*.
2. Im Eingabefeld *Standardspeicherort* geben Sie den Pfad für den Ordner ein, den Sie in Zukunft als Arbeitsordner nutzen möchten (z.B. *C:\Arbeit*).

Startschalter verwenden

Mit Hilfe von Startschaltern oder -optionen lässt sich Excel mit bestimmten Vorgaben starten. Die Wirkungsweise der Startschalter ist in Tabelle 2.1 aufgeführt.

Tabelle 2.1   Diese Startschalter können Sie verwenden.

Funktion	Eingabe
Eine spezielle Arbeitsmappe öffnen	"Pfad\Dateiname"
Eine spezielle Arbeitsmappe schreibgeschützt öffnen	/r "Pfad\Dateiname"

Tabelle 2.1 Diese Startschalter können Sie verwenden. *(Fortsetzung)*

Funktion	Eingabe
Verhindern, dass der Startbildschirm von Excel angezeigt und eine leere Arbeitsmappe geöffnet wird	/e
Arbeitsordner festlegen	/p "Pfad\Ordnername"
Excel ohne Add-Ins, Vorlagen und Dateien des *Xlstart*-Ordners oder des alternativen Startordners starten, in der Titelleiste wird »Abgesicherter Modus« angezeigt	/safe
Excel mit einer bestimmten Vorlage starten	/t "Pfad\Ordnername"
Excel schreibt die Registrierungswerte neu und wird beendet. Auch die Assoziierung von Windows mit den Excel-Dateien (z.B. Arbeitsmappen, Tabellenblätter, Diagramme usw.) wird neu erstellt.	/regserver
Excel entfernt die Registrierungseinträge und wird beendet.	/unregserver
Excel mit einem leeren XL4-Makroblatt öffnen	/m

Der abgesicherte Modus von Office System ermöglicht es Ihnen, ein Office-Programm, bei dem bestimmte Startprobleme aufgetreten sind, bedenkenlos zu verwenden. Wenn beim Starten ein Problem auftaucht, wird dies von Office entweder behoben oder isoliert, sodass Sie das Programm erfolgreich starten können.

Excel ohne leere Arbeitsmappe öffnen

Sie wollen Excel ohne leere Arbeitsmappe öffnen. Gehen Sie zur Eingabe des Startschalters folgendermaßen vor:

1. Klicken Sie mit der rechten Maustaste auf das Excel-Symbol, mit dessen Hilfe Sie Excel starten. In dem sich öffnenden Kontextmenü wählen Sie die Option *Eigenschaften* aus.

2. Auf der Registerkarte *Verknüpfung* geben Sie im Eingabefeld *Ziel* den Startschalter /e ein, z.B.:
    "C:\Programme\Microsoft Office\Office11\Excel.exe" /e
    (Beachten Sie bitte, dass zwischen ...*Excel.exe"* und /e ein Leerzeichen stehen muss.)

HINWEIS Die Startschalter haben Vorrang vor den Einstellungen, die Sie über den Menübefehl *Extras/Optionen* auf der Registerkarte *Allgemein* (Option *Standardspeicherort*) vorgenommen haben.

TIPP Sie können Excel auch sehr flexibel mit wahlweise anderen Startschaltern aufrufen, indem Sie den Befehl *Start/Ausführen* wählen. Im Dialogfeld *Ausführen* (vgl. Abbildung 2.2) können Sie Kommandozeilenbefehle absetzen. In diesem Fall notieren Sie einfach "*Excel* /" (ohne Anführungszeichen) und den Startschalter. Die Pfadangabe ist nicht nötig, da das System den Office-Pfad kennt.

Abbildg. 2.2 Excel mit einem Kommandozeilenbefehl starten

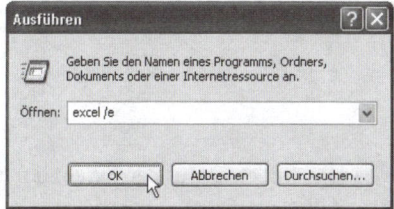

Probleme beim Starten von Excel lösen

Manchmal gibt es Probleme beim Starten von Excel. Eine »Ferndiagnose« des individuellen Falles ist an dieser Stelle natürlich nicht möglich. Aber vielleicht helfen Ihnen die folgenden Tipps weiter.

Grob gesagt, können zwei unterschiedliche Probleme auftreten:

- Excel startet und zeigt eine Fehlermeldung an.
- Excel startet und wird gleich wieder beendet.

In aller Regel sind zusätzlich installierte oder auch selbst erstellte Add-Ins bzw. Mustervorlagen die Ursache von Problemen beim Start. Durchsuchen Sie daher zunächst die Startverzeichnisse nach zusätzlichen Dateien.

Die Ordner *C:\Programme\Microsoft Office\OFFICE11\XLSTART* und *C:\Dokumente und Einstellungen\<Benutzername>\Anwendungsdaten\Microsoft\Excel\XLStart* enthalten eventuell ebenfalls Dateien, die das Problem verursacht haben können. Verschieben Sie diese in einen anderen Ordner und versuchen Sie daraufhin, Excel zu starten.

Im Ordner *C:\Dokumente und Einstellungen\<Benutzername>\Anwendungsdaten\Microsoft\Excel* finden Sie die Datei *Excel11.xlb*. In dieser Datei werden die Einstellungen zur Symbolleiste gespeichert. Verschieben Sie diese Datei an einen anderen Ort und versuchen Sie erneut, Excel zu starten.

HINWEIS   Excel legt beim Beenden eine neue Datei mit dem Namen *Excel11.xlb* an.

Wenn Sie Excel starten können und eine Fehlermeldung erhalten, dann wird unter Umständen die problematische Datei deaktiviert. Es ist eines der Leistungsmerkmale von Office 2003, dass die Anwendungen beim Start problematische Elemente deaktivieren.

Ob Excel beim Starten auf ein Problem gestoßen ist, können Sie wie folgt feststellen.

1. Wählen Sie im Menü *?* den Eintrag *Info*.
2. Im Dialogfeld *Info zu Microsoft Excel* wählen Sie die Schaltfläche *Deaktivierte Elemente*.
3. Das Dialogfeld *Deaktivierte Elemente* sollte keine Einträge haben. Finden sich hier aufgelistete Dateien, dann können Sie diese Elemente nacheinander aktivieren und den Fehler so eingrenzen. Markieren Sie dazu einen Eintrag und wählen Sie die Schaltfläche *Aktivieren* (siehe Abbildung 2.3).

Abbildg. 2.3   Beim Excel-Start deaktivierte Elemente können Sie nachträglich aktivieren.

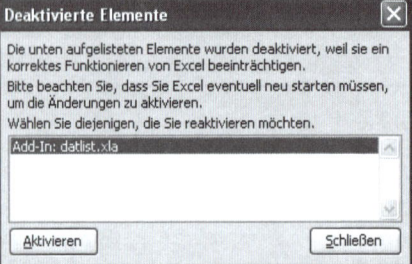

Weitere Informationen zum abgesicherten Office-Modus finden Sie in der Excel-Hilfe unter dem Stichwort *Informationen zum abgesicherten Modus von Office*.

Das Arbeitsfenster und seine Elemente

Nachdem Sie Excel gestartet haben, sehen Sie das Excel-Arbeitsfenster auf Ihrem Bildschirm (Abbildung 2.4).

Abbildg. 2.4   Das Arbeitsfenster von Excel 2003 nach dem Start

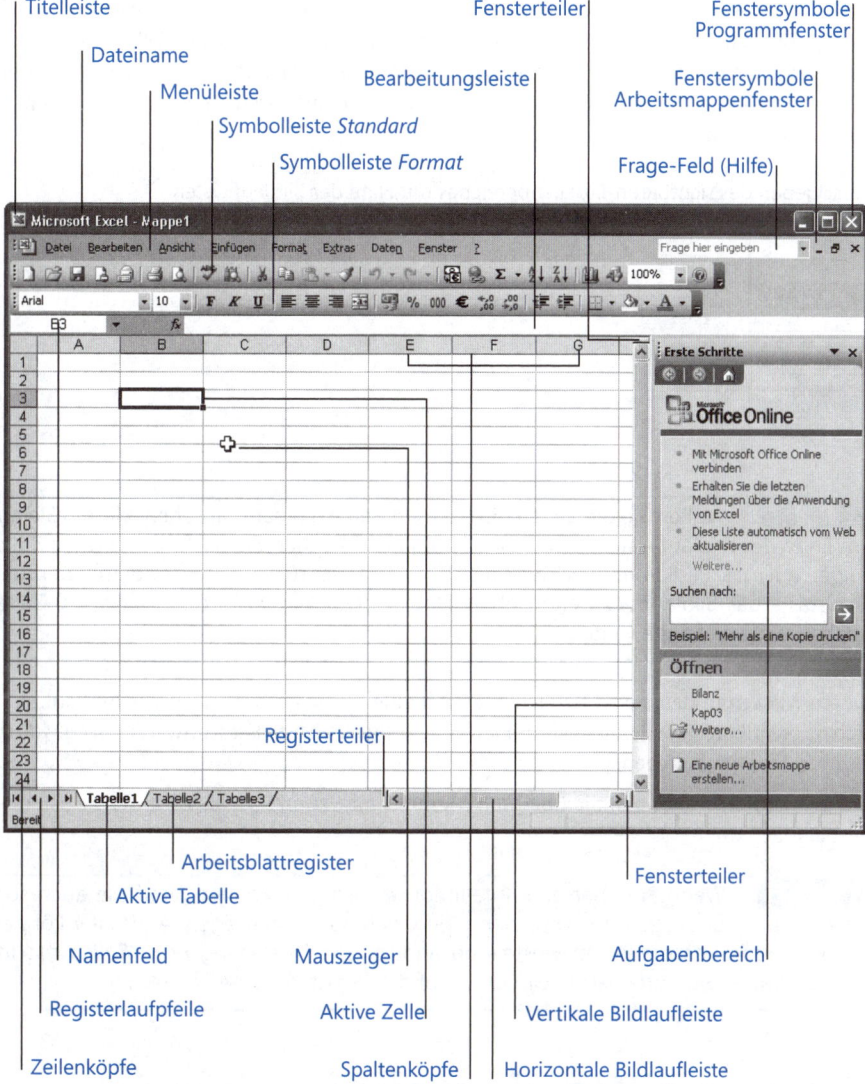

Titelleiste
Dateiname
Menüleiste
Symbolleiste *Standard*
Symbolleiste *Format*
Fensterteiler
Bearbeitungsleiste
Fenstersymbole Programmfenster
Fenstersymbole Arbeitsmappenfenster
Frage-Feld (Hilfe)

Registerteiler

Arbeitsblattregister
Aktive Tabelle
Namenfeld
Registerlaufpfeile
Zeilenköpfe
Mauszeiger
Aktive Zelle
Spaltenköpfe
Fensterteiler
Aufgabenbereich
Vertikale Bildlaufleiste
Horizontale Bildlaufleiste

In den folgenden Abschnitten erfahren Sie, wie Sie mit den einzelnen Elementen dieses Arbeitsfensters umgehen.

Die Bildlaufleisten einsetzen

Wenn Sie die Pfeile an den Enden der horizontalen oder vertikalen Bildlaufleisten anklicken, können Sie den sichtbaren Bereich der Tabelle nach Belieben horizontal bzw. vertikal verschieben.

Eine weitere Möglichkeit, sich in der Tabelle zu bewegen, ist das Ziehen des Bildlauffeldes in der Bildlaufleiste mit gedrückter linker Maustaste. Ihre Position in der Tabelle sehen Sie mit Hilfe der Zeilen- bzw. Spaltenköpfe, die beim Ziehen mitlaufen. Diese Methode funktioniert allerdings nur für den Bereich der Tabelle, in dem Daten enthalten sind. Wenn z.B. die Zelle *V50* die letzte Zelle mit Daten in Ihrer Tabelle ist, können Sie mittels der Bildlaufleisten den sichtbaren Tabellenbereich auch nur bis zu diesem Bereich verschieben, denn die Bildlaufleisten stoßen an die untere bzw. rechte Begrenzung (siehe Abbildung 2.5).

Abbildg. 2.5   Verschieben des sichtbaren Tabellenbereiches mit Hilfe der Bildlaufleisten

> **TIPP**   Wollen Sie die Zellen über diesen Bereich hinaus einsehen, klicken Sie auf den Pfeil am Ende der Bildlaufleiste. Einen schnellen Bildlauf können Sie ausführen, indem Sie den Mauszeiger auf das Bildlauffeld richten, die ⇧-Taste gedrückt halten und mit gedrückter linker Maustaste das Bildlauffeld weiterziehen. Dabei rollen die Zeilen um jeweils 120 Zeilen und die Spalten um eine Spalte weiter.

Durch Klicken in den freien Bereich der Bildlaufleiste (je nachdem, wo das Bildlauffeld steht) lässt sich der sichtbare Tabellenbereich um jeweils ein Bildschirmfenster aufwärts oder abwärts bzw. nach rechts oder links bewegen.

Die Bildlaufleisten können Sie über den Menübefehl *Extras/Optionen* auf der Registerkarte *Ansicht* ausblenden.

> **TIPP**   Wenn Sie über eine IntelliMouse verfügen, können Sie diese auch so einstellen, dass ein Bildlauf ausgeführt wird, wenn Sie das Mausrad bewegen. Alternativ können Sie über das Mausrad auch die Zoom-Einstellung ändern. Die Einstellung *Beim Rollen mit IntelliMouse zoomen* finden Sie unter *Extras/Optionen* auf der Registerkarte *Allgemein*.

Die Fenstergröße einstellen

Mit den Fenstersymbolen des Programm-Fensters (Abbildung 2.6) können Sie die Bildschirmdarstellung auf verschiedene Weise beeinflussen:

- Fenster auf Symbolgröße minimieren

- Fenster zum Vollbild maximieren

- Fenster in ursprünglicher Größe wiederherstellen

- Fenster schließen

Die oberen Fenstersymbole (blau unterlegter Teil in Abbildung 2.6) beziehen sich auf das Excel Programm-Fenster. Wenn Sie hier die Schaltfläche zum Minimieren des Fensters anklicken, wird das Programm als Schaltfläche auf der Windows-Taskleiste angezeigt. Die unteren Fenstersymbole beziehen sich auf das Arbeitsblattfenster. Klicken Sie auf die Schaltfläche zum Minimieren des Fensters, wird das Arbeitsmappen-Fenster als Schaltfläche in der Taskleiste angezeigt.

Abbildg. 2.6   Fenstersymbole für das Excel-Fenster und die Arbeitsmappe

Jedes Fenster, sowohl das Programm-Fenster als auch das Arbeitsmappen-Fenster, besitzt seine eigenen Schaltflächen für die Bildschirmdarstellung. Genauso erscheint auch jedes Arbeitsmappen-Fenster als eigene Schaltfläche in der Windows-Taskleiste wie in Abbildung 2.7 dargestellt.

Abbildg. 2.7   Die Windows-Taskleiste zeigt die geöffneten Arbeitsmappen

Sollte dies bei Ihnen nicht der Fall sein, so finden Sie unter *Extras/Optionen* auf der Registerkarte *Ansicht* das Kontrollkästchen *Fenster in Taskleiste*. Über dieses Kontrollkästchen können Sie die Anzeige aktivieren und deaktivieren.

Mehrere Arbeitsmappen-Fenster anzeigen

Sollten Sie einmal in die Verlegenheit kommen, dass Sie für Ihre Arbeit Daten aus mehreren Tabellenblättern einer Excel-Arbeitsmappe benötigen, besteht die Möglichkeit, diese Tabellenblätter gleichzeitig in mehreren Fenstern darzustellen. Damit haben Sie alle notwendigen Daten im Blick, ohne ständig zwischen den Tabellen hin und her springen zu müssen.

Nehmen wir an, Sie wollen drei Tabellen einer Arbeitsmappe gleichzeitig anzeigen (siehe Abbildung 2.8). Dies bewerkstelligen Sie wie folgt:

Abbildg. 2.8 Darstellung der drei Tabellenblätter einer Arbeitsmappe

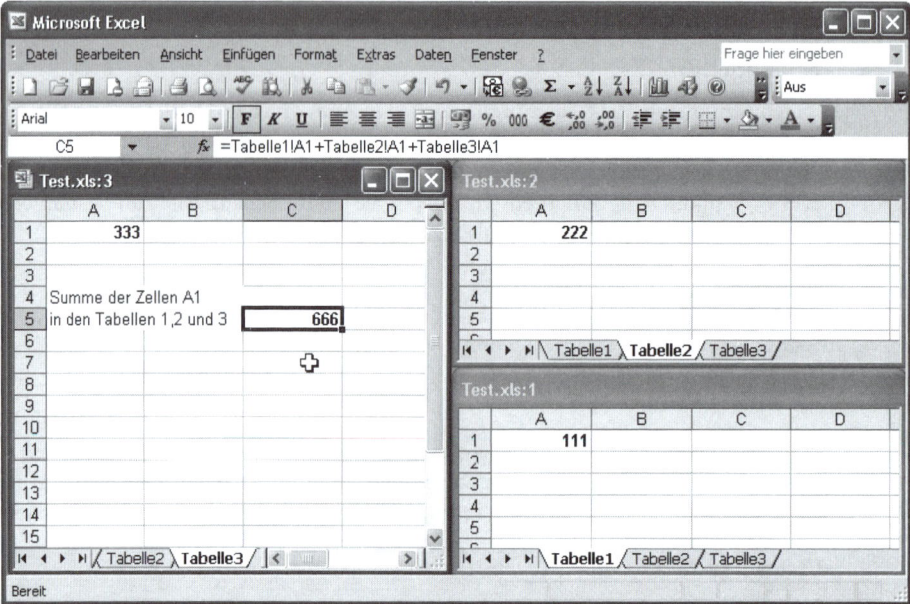

1. Öffnen Sie die entsprechende Excel-Arbeitsmappe. In der Registerleiste klicken Sie auf *Tabelle1*.

2. Wählen Sie im Menü *Fenster* den Befehl *Neues Fenster*. Sie haben jetzt zwei Fenster derselben Arbeitsmappe geöffnet. Klicken Sie in der Registerleiste nun auf *Tabelle2*.

3. Um das dritte Fenster zu öffnen, wiederholen Sie Schritt 2 und klicken Sie in der Registerleiste auf *Tabelle3*.

4. Wählen Sie im Menü *Fenster* den Befehl *Anordnen*. Hier können Sie die Anordnung der Fenster bestimmen. Für unser Beispiel wählen Sie die Option *Unterteilt* und bestätigen per Klick auf die Schaltfläche *OK*.

Jetzt haben Sie alle drei Tabellenblätter auf einen Blick und können mit der Auswertung der Daten beginnen.

Wenn Sie mehrere Excel-Arbeitsmappen in einem Fenster anzeigen lassen wollen, öffnen Sie die entsprechenden Arbeitsmappen über den Menübefehl *Datei/Öffnen* und ordnen Sie die offenen Mappen wie in Schritt 4 beschrieben an.

TIPP Mit der Tastenkombination `Strg` + `↹` oder `Strg` + `F6` können Sie von einem Fenster ins andere wechseln.

Mehrere Tabellenbereiche im Blick behalten

Durch das Teilen von Fenstern können Sie gleichzeitig zwei Teile eines Arbeitsblattes anzeigen lassen. Wählen Sie dazu den Befehl *Fenster/Teilen*. Daraufhin werden die Fensterteiler angezeigt. Wo sich diese befinden, hängt davon ab, welche Zelle beim Ausführen des Befehls aktiv ist. Ist die Zelle *A1* aktiv, werden die Fensterteiler jeweils in der Mitte des Bildschirms eingeblendet. Bei jeder anderen Zelle ist es so, dass der horizontale Fensterteiler oberhalb, der vertikale Fensterteiler links von der aktiven Zelle eingeblendet wird. Durch Ziehen an den Fensterteilern mit gedrückter linker Maustaste können Sie die Teilung an eine andere Stelle verschieben.

Sie können die Teilung auch nur für einen vertikalen oder horizontalen Bereich und unabhängig von der aktiven Zelle vornehmen. Gehen Sie dazu wie folgt vor:

1. Zeigen Sie auf das Teilungsfeld oben in der vertikalen Bildlaufleiste (vgl. Abbildung 2.9) oder am rechten Rand der horizontalen Bildlaufleiste. Beachten Sie, dass die Fensterteiler nur dann sichtbar sind, wenn das Fenster nicht bereits fixiert ist! Mehr zum Fixieren von Fenstern erfahren Sie im nächsten Abschnitt.

2. Hat der Mauszeiger die Form des Teilungszeigers angenommen, ziehen Sie das Teilungsfeld nach unten oder nach links an die gewünschte Position und lassen die Maustaste los.

Das Fenster ist daraufhin in zwei Teile mit jeweils eigenen Bildlaufleisten unterteilt. Damit können Sie gleichzeitig zwei unterschiedliche Bereiche ein und derselben Tabelle einsehen.

Abbildg. 2.9 Ein Tabellenblatt in mehrere Bereiche aufteilen

	A	B	C	B	C	D	E	F	G
1	Apfelproduktion in der EG nach Ländern in			on in der EG nach Ländern in Tonnen					
2	Land	1990	1991	1990	1991	1992	1993	1994	1995
3	Italien	2.070.566	1.952.989	2.070.566	1.952.989	2.368.466	2.145.172	2.153.307	1.889.42
4	Frankreich	1.915.000	1.286.100	1.915.000	1.286.100	2.344.000	1.972.300	2.128.757	1.980.00
5	Deutschland	903.300	597.300	903.300	597.300	1.107.800	882.500	879.600	572.60
6	Spanien	643.400	336.000	643.400	336.000	1.004.610	821.000	753.300	779.70
7	England	310.300	316.500	310.300	316.500	388.400	360.200	316.000	254.10
8	Niederlande	431.000	260.000	431.000	260.000	640.000	670.000	600.000	595.00
9	Belgien	229.100	137.375	229.100	137.375	481.820	492.500	506.605	508.34
10	Griechenland	320.000	200.500	320.000	200.500	305.000	315.000	319.866	314.67
11	Portugal	178.164	176.000	178.164	176.000	275.000	221.992	167.000	175.00
12	Dänemark	30.000	32.300	30.000	32.300	43.000	40.000	37.530	30.00
13	Irland	7.000	10.000	7.000	10.000	9.000	8.000	9.000	9.00
14	Luxemburg	5.000	3.000	5.000	3.000	5.000	4.000	5.000	4.00
15	Österreich	78.777	86.600	78.777	86.600	85.832	128.401	126.798	128.19
16	Schweden	18.246	14.104	18.246	14.104	26.676	19.558	20.182	17.5
17	Insgesamt	7.139.853	5.408.768	7.139.853	5.408.768	9.084.604	8.080.623	8.022.945	7.257.54

(Zellbezug B21; Registerblatt „Apfel nach Ländern")

Um die Teilung aufzuheben, stehen Ihnen drei Wege offen:

1. Sie wählen den Menübefehl *Fenster/Teilung aufheben*.

2. Sie führen das Teilungsfeld wieder zum Ausgangspunkt zurück, indem Sie es bei gedrückter linker Maustaste nach oben bzw. an den rechten Rand führen.

3. Sie führen einen Doppelklick auf das Teilungsfeld aus.

Überschriften und Vorspalten fixieren

Insbesondere in größeren Tabellen mit mehreren Spalten kommt es beim Bildlauf vor, dass man nicht mehr sicher bestimmen kann, in welcher Spalte oder Zeile welche Information gespeichert ist. Mit dem Fixieren von Fensterbereichen können Sie Beschriftungen festlegen, die bei einem Bildlauf sichtbar bleiben sollen. Dabei können Sie sowohl die Beschriftungen von Zeilen (Vorspalten) als auch die von Spalten (Überschriften) fixieren.

Dass ein Fenster fixiert ist, erkennen Sie an den schwarzen Fixierungslinien. Wo sich diese befinden, hängt davon ab, welche Zelle beim Ausführen des Befehls aktiv ist. Ist die Zelle *A1* aktiv, werden die Fixierungslinien jeweils in der Mitte des Bildschirms eingeblendet. Bei jeder anderen Zelle ist es so, dass die horizontale Fixierung oberhalb, die vertikale Fixierung links von der aktiven Zelle durchgeführt wird. Beim Blättern in der Tabelle über die Bildlaufleisten bleibt der fixierte Bereich stehen, sodass Sie die Spalten- und Zeilenbeschriftungen im Blick behalten können.

Verschiedene Tabellen vergleichen

Neu

Neu in Excel 2003 ist die Möglichkeit, die Fenster verschiedener Tabellen nebeneinander anzeigen zu lassen und dabei sogar synchronisierte Bildläufe durchzuführen. Rufen Sie dazu den Menübefehl *Fenster/Nebeneinander vergleichen mit* auf. Im Dialogfeld *Nebeneinander vergleichen* wählen Sie die Vergleichsmappe aus und bestätigen mit *OK* (Abbildung 2.10).

Abbildg. 2.10   Wählen Sie die Mappe aus, mit der die aktive Mappe verglichen werden soll.

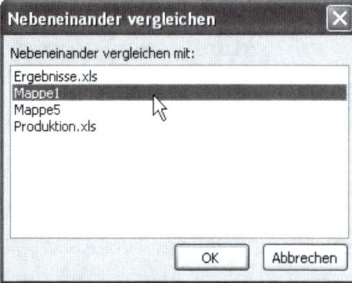

Daraufhin wird die Symbolleiste *Nebeneinander vergleichen* angezeigt (vgl. Abbildung 2.11). Dort haben Sie die Möglichkeit, über das erste Symbol (Synchroner *Bildlauf*) die gleichen Bereiche der Mappen bei einem Bildlauf anzuzeigen. Wenn Sie die Fensterposition geändert oder eine Größenänderung an einem Fenster durchgeführt haben, dann setzt das zweite Symbol (*Fensterposition zurücksetzen*) diese Änderungen auf die Standardeinstellungen zurück.

Abbildg. 2.11 Die Vergleichstabellen werden gleichzeitig am Bildschirm angezeigt.

Mappe1							
	A	D	E	F	G	H	I	J
1	Apfelproduktion							
2	Land	2000	2001	2002	2003	2004		
3	Italien	2.368.466	2.145.172	2.153.307	1.889.423	1.963.763		
4	Frankreich	2.344.000	1.972.300	2.128.757	1.980.000			
5	Deutschland	1.107.800	882.500	879.600	572.600			
6	Spanien	1.004.610	821.000	753.300	779.700			
7	England	388.400	360.200	316.000	254.100	248.300		
8	Niederlande	640.000	670.000	600.000	595.000	490.000		
9	Belgien	481.820	492.500	506.605	508.340	271.185		
10	Griechenland	305.000	315.000	319.866	314.674	335.419		
11	Portugal	275.000	221.992	167.000	175.000	210.000		
12	Dänemark	43.000	40.000	37.530	30.000	30.000		
13	Irland		8.000	9.000	9.000	8.000		

Nebeneinander vergleichen ▼ ×
Ansicht "Nebeneinander" schließen

◄ ◄ ► ►◄ \ Apfel nach Ländern (2) /

APFEL_EG.XLS							
	A	D	E	F	G	H	I	J
1	Apfelproduktion							
2	Land	2000	2001	2002	2003	2004		
3	Italien	2.368.466	2.145.172	2.153.307	1.889.423	1.963.763		
4	Frankreich	2.344.000	1.972.300	2.128.757	1.980.000	1.900.150		
5	Deutschland	1.107.800	882.500	879.600	572.600	686.400		
6	Spanien	1.004.610	821.000	753.300	779.700	773.700		
7	England	388.400	360.200	316.000	254.100	248.300		
8	Niederlande	640.000	670.000	600.000	595.000	490.000		
9	Belgien	481.820	492.500	506.605	508.340	271.185		
10	Griechenland	305.000	315.000	319.866	314.674	335.419		
11	Portugal	275.000	221.992	167.000	175.000	210.000		
12	Dänemark	43.000	40.000	37.530	30.000	30.000		
13	Irland	9.000	8.000	9.000	9.000	8.000		

◄ ◄ ► ►◄ \ Apfel nach Ländern / Tabelle2 / Tabelle3 / Tabelle4 /

Aktionen über Menüs ausführen

Die zweite Zeile in Ihrem Excel-Fenster ist standardmäßig die Menüleiste (Abbildung 2.12). Diese enthält so genannte Pulldown-Menüs, über die Sie zu weiteren Menüpunkten gelangen, die von der Funktion her zueinander passen. So finden Sie z.B. im Menü *Format* alle Befehle zur Formatierung und Gestaltung der Tabelle.

Abbildg. 2.12 Die Menüleiste zeigt auch die Kurztasten.

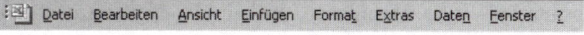
Datei   Bearbeiten   Ansicht   Einfügen   Format   Extras   Daten   Fenster   ?

Zur Auswahl eines Menübefehls klicken Sie den Menünamen mit der Maustaste an oder drücken den unterstrichenen Buchstaben des Menünamens in Verbindung mit der Alt-Taste. Das Pulldown-Menü öffnet sich und Sie können den gewünschten Befehl anklicken oder die Taste des unterstrichenen Buchstabens drücken.

Wenn Sie den Befehl *Seite einrichten* aus dem Menü *Datei* aufrufen möchten, um dort die Druckerausgabe für Ihr Arbeitsblatt einzusehen, gehen Sie so vor:

1. Klicken Sie mit der Maus auf dem Menünamen *Datei* und im geöffneten Menü auf den Befehl *Seite einrichten*.

2. Probieren Sie nun noch die Tastaturvariante: Schließen Sie dazu das Dialogfeld *Seite einrichten* mit einem Klick auf die Schaltfläche *Abbrechen* oder drücken Sie die Taste `Esc`. Zum Öffnen des Menüs *Datei* drücken Sie gleichzeitig die `Alt`- und die Taste `D`.

3. Im Befehl *Seite einrichten* ist der Buchstabe »i« unterstrichen, den Sie jetzt auf der Tastatur drücken und schon sind Sie wieder im Dialogfeld *Seite einrichten*.

Personalisierte Menüs verwenden

Wenn Sie das erste Mal die einzelnen Befehle der Menüleiste anklicken, werden Sie feststellen, dass nur wenige Einträge angezeigt werden. Am Ende des Untermenüs wird ein Eintrag mit zwei Pfeilen angezeigt. Wenn Sie diesen Befehl anklicken oder einen Doppelklick auf den ersten Menübefehl ausführen, wird eine Reihe weiterer Befehle angezeigt. Hinter diesem Verhalten steckt eine besondere Intelligenz von Menüs und Symbolleisten – es handelt sich um so genannte personalisierte Menüs. Excel führt eine Aufrufstatistik für die einzelnen Menüeinträge und sortiert die Befehle entsprechend der Häufigkeit. Damit werden häufig verwendete Befehle immer angezeigt, während nur selten verwendete Befehle erst nach einer gewissen Wartezeit bzw. nach einem Klick auf die Erweiterungsschaltfläche angezeigt werden.

TIPP   Wollen Sie die Menüs immer vollständig anzeigen lassen, wählen Sie den Menübefehl *Extras/Anpassen*. Wechseln Sie im Dialogfeld *Anpassen* zur Registerkarte *Optionen* und aktivieren Sie dort das Kontrollkästchen *Menüs immer vollständig anzeigen*.

Über die Schaltfläche *Verwendungsdaten von Menü- und Symbolleisten zurücksetzen* können Sie die Anzeige der Symbolleisten und Menüs in den Zustand zurückversetzen, in dem sie sich beim ersten Starten von Excel befanden.

Mit dem Kontextmenü schneller arbeiten

Um ein Kontextmenü aufzurufen, klicken Sie mit der rechten Maustaste auf das Element, für welches Sie die relevanten Befehle benötigen. Dieses Kontextmenü enthält die wichtigsten Befehle, die Sie zur momentanen Arbeitssituation benötigen. Das Kontextmenü ist kein feststehendes Menü, vielmehr ändert es sich in Abhängigkeit von dem Objekt, auf das der Mauszeiger gerichtet ist.

Beispiel

Befindet sich der Mauszeiger innerhalb des Tabellenblatts, erscheint das Kontextmenü mit Befehlen, die in direktem Zusammenhang mit der Bearbeitung von Zellen stehen. Befindet sich der Mauszeiger hingegen im Bereich der Symbol- oder Menüleiste, enthält das Kontextmenü Befehle zum Anpassen der Menü- und Symbolleisten. Auch für die Registerblätter gibt es ein eigenes Kontextmenü. Für nahezu jedes Excel-Objekt ist ein speziell abgestimmtes Kontextmenü verfügbar.

Abbildg. 2.13   Das Kontextmenü auf dem Zellbereich

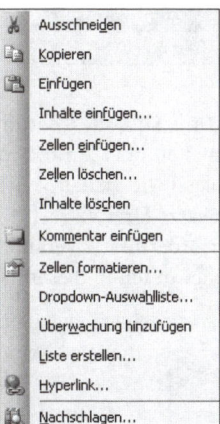

TIPP   Sollten Sie in die Verlegenheit kommen, den Namen eines Befehls nicht mehr parat zu haben, dann werfen Sie doch einen Blick in das Kontextmenü für das zu bearbeitende Objekt. In aller Regel findet sich dort das gesuchte Kommando.

Befehle über Symbole ausführen

Die auf den Symbolleisten enthaltenen Schaltflächen sind für Sie der kurze Weg zu Befehlen, die Sie sonst erst in Menüs aufspüren und aufrufen müssten. Durch einfaches Anklicken der entsprechenden Symbole werden diese Befehle mit den voreingestellten Optionen ausgeführt. Wollen Sie diesen Befehl mit anderen Optionen ausführen, wählen Sie besser den Weg über das Menü, weil Sie dann die gewünschten Einstellungen über ein Dialogfeld angeben können. So erfolgt beispielsweise nach einem Klick auf die Schaltfläche *Drucken* die Druckausgabe der gesamten Tabelle auf dem aktuellen Standarddrucker. Sie können also weder einen anderen Drucker auswählen noch einen bestimmten Bereich der Tabelle für den Ausdruck festlegen, wie dies über den Menübefehl *Datei/Drucken* möglich ist.

Wollen Sie wissen, welchen Befehl eine Schaltfläche ausführt, bewegen Sie den Mauszeiger auf die Symbolschaltfläche und warten kurz, bis sich die OuickInfo (ein kleines gelbes Textfenster) öffnet.

Die Symbolleiste *Standard*

Die *Standard*-Symbolleiste (Abbildung 2.14) enthält Schaltflächen für die grundlegenden Arbeitsschritte in Excel wie etwa das Öffnen und Speichern von Arbeitsmappen, das Ausschneiden, Kopieren und Einfügen von Zellen oder Zellbereichen, das Einfügen von Hyperlinks, Diagrammen, Grafiken und Formeln sowie das Sortieren von Daten.

Abbildg. 2.14 Die Symbolleiste *Standard*

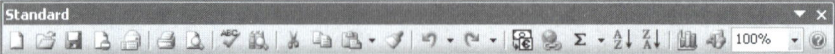

Außerdem kann die Darstellung der Tabelle auf dem Bildschirm mit Hilfe des Zoomfaktors der Ansicht (in Abbildung 2.15 auf *100%* eingestellt) den Sehgewohnheiten oder Anforderungen entsprechend verändert werden. Das Fragezeichen (?) rechts davon bietet die vielfältigen Hilfen zum Programm. Darüber hinaus kann durch Klicken auf das kleine schwarze Dreieck rechts neben dem Fragezeichen die Symbolleiste entsprechend den persönlichen Erfordernissen verändert werden. Mehr dazu lesen Sie bitte im Abschnitt »Die Arbeitsumgebung« weiter unten in diesem Kapitel.

Abbildg. 2.15 Zoomfaktor und Symbolleisten-Anpassung

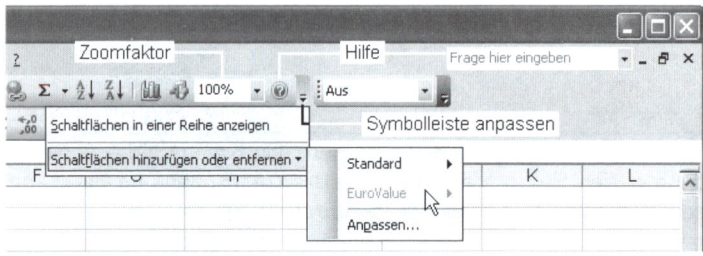

Die Symbolleiste *Format*

Die *Format*-Symbolleiste (Abbildung 2.16) enthält Schaltflächen zur Gestaltung von Zellinhalten. Hier können Sie auf kürzestem Weg die Schriftart, die Schriftgröße, den Schriftstil sowie die Ausrichtung, die Spaltenbreite oder die Zeilenhöhe festlegen.

Abbildg. 2.16 Die Symbolleiste *Format*

Durch die Verwendung von Füllfarben haben Sie die Möglichkeit, Zellen oder Zellbereiche Ihrer Tabellen optisch hervorzuheben und damit die Übersichtlichkeit zu verbessern. Dazu dient auch die Wahl der Schriftfarbe. Die Schaltflächen für diese Funktionen finden Sie in der *Format*-Symbolleiste auf der rechten Seite.

Paletten

Einige Schaltflächen sind mit einem kleinen schwarzen Dreieck versehen. Klicken Sie dieses an, erscheint ein Paletten-Listenfeld (Abbildung 2.17), aus dem Sie z.B. eine Farbe oder ein Muster auswählen können.

Grundlagen

Abbildg. 2.17   Die Paletten für Füll- und Schriftfarbe

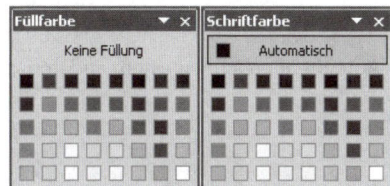

> **TIPP**   Die Paletten zur Erzeugung von Rahmen, Mustern und Schriftfarben können durch Anklicken der oberen blauen Leiste mit Punktlinie und anschließendem Ziehen mit der Maus aus der Symbolleiste herausgelöst und an jeder beliebigen Stelle auf dem Bildschirm abgelegt werden. Was Sie damit erstellen, ist eine Kopie der Palette, die Sie über die Schaltfläche *Schließen* vom Bildschirm jederzeit wieder entfernen können.

Wenn Sie die Formatierung für mehrere Zellen ändern wollen, können Sie so erheblich schneller die Formate zuweisen. Mehr zur »Formatierung von Zellen« finden Sie in Kapitel 9.

Die Bearbeitungsleiste anzeigen lassen

Die Bearbeitungsleiste befindet sich direkt über der Tabelle (siehe Abbildung 2.4). Sie sieht auf den ersten Blick etwas unscheinbar aus, ist aber für die Arbeit sehr wichtig. Sie enthält das Namenfeld, eine Schaltfläche zum Aufruf des Befehls *Einfügen/Funktion* und die Eingabezeile. Die Funktion dieser Elemente wird in den nachfolgenden Kapiteln ausführlich beschrieben. Über *Extras/Optionen* können Sie auf der Registerkarte *Ansicht* die Bearbeitungsleiste ein- bzw. ausblenden.

Den Aufgabenbereich einsetzen

Um das Navigieren in- und außerhalb Excels und die Abarbeitung bestimmter Aufgaben zu erleichtern, hat Microsoft seit der Version 2002 den Office-Anwendungsfenstern den *Aufgabenbereich* hinzugefügt. Er befindet sich auf der rechten Bildschirmseite (siehe Abbildung 2.4) und wird beim ersten Start von Excel automatisch mit geöffnet.

> **TIPP**   Wer auf diesen Service beim Start verzichten möchte, für den besteht die Möglichkeit, die automatische Anzeige des Aufgabenbereichs durch Deaktivieren des Kontrollkästchens *Startaufgabenbereich* unter *Extras/Optionen*, Registerkarte *Ansicht*, zu unterbinden.

Der Bereich kann auch durch Auswahl des Menübefehls *Ansicht/Aufgabenbereich* oder mit den Tasten `Strg` + `F1` nach Bedarf ein- oder ausgeblendet werden.

Gegenüber der Vorgängerversion wurden die Aufgabenbereiche stark erweitert. Wenn Sie die Möglichkeiten dieser Bereiche einmal austesten, werden Sie schnell feststellen, dass Sie hier eine hilfreiche Schaltzentrale zur Verfügung haben.

Der Aufgabenbereich umfasst in Excel 2003 eigentlich elf verschiedene Ansichten, zwischen denen man mit Hilfe der Pfeiltasten in der Titelleiste *Aufgabenbereich* wechseln kann – oder man nutzt das

Menü, das sich öffnet, wenn man auf das Dropdown-Feld am rechten Rand der Titelleiste klickt (Abbildung 2.18).

Abbildg. 2.18 In diesem Menü wechseln Sie von der Ansicht eines Aufgabenbereichs zu einem anderen.

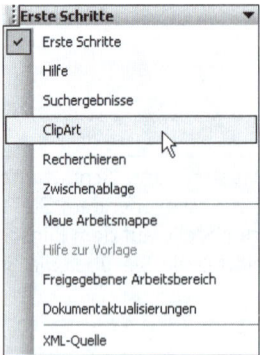

Die einzelnen Aufgabenbereiche lernen Sie in den Kapiteln dieses Buches kennen, die sich mit dem jeweiligen Aufgabenthema beschäftigen.

Die Arbeitsumgebung anpassen

Jeder Arbeitsplatz stellt bestimmte Anforderungen und Excel kann Sie dabei in der Form unterstützen, dass Sie Ihre ganz persönliche Arbeitsumgebung einrichten können. Damit lassen sich die anstehenden Aufgaben rationell erledigen.

Symbolleisten aus- und einblenden

Die Symbolleisten können nach Bedarf ein- und ausgeblendet werden. Dazu gehören nicht nur die im vorhergehenden Abschnitt erwähnten Symbolleisten *Standard*, *Format* und der Aufgabenbereich. Excel 2003 bietet standardmäßig noch eine ganze Reihe von Symbolleisten, die Ihnen die Arbeit erleichtern sollen. Die Auswahl sehen Sie in Abbildung 2.19.

Die mit einem Häkchen versehenen Symbolleisten sind auf dem Excel-Bildschirm aktiviert. Durch Wegnahme oder Setzen des Häkchens werden die Symbolleisten aus- oder eingeblendet.

Abbildg. 2.19   Das Kontextmenü zeigt die vorhandenen (aktiven) Symbolleisten.

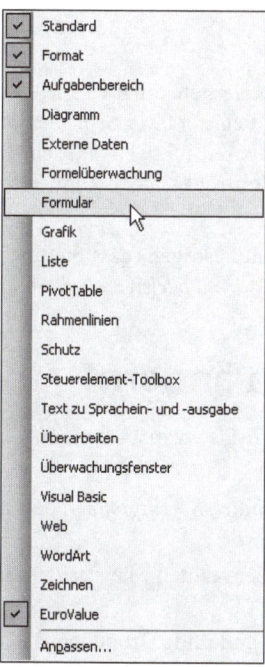

Sie können Symbolleisten auf zwei Arten ein- und ausblenden: entweder über den Befehl *Ansicht/Symbolleisten* oder über das Kontextmenü einer Symbolleiste. Mit den folgenden Schritten können Sie die Varianten üben:

1. Bewegen Sie den Mauszeiger auf eine Symbolleiste und drücken Sie die rechte Maustaste. Im Kontextmenü sind die *Standard*- und *Format*-Symbolleisten sowie der *Aufgabenbereich* mit einem Häkchen versehen, d.h. sie sind derzeit aktiviert.

2. Klicken Sie nun im Kontextmenü auf *Format*. Die *Format*-Symbolleiste wird ausgeblendet.

3. Wählen Sie im Menü *Ansicht* den Befehl *Symbolleisten*. Es erscheint ein weiteres Menü mit den selben Befehlen wie im Kontextmenü für Symbolleisten.

4. Klicken Sie erneut auf *Format*, um die *Format*-Symbolleiste wieder einzublenden.

5. Klicken Sie auf den Menüpunkt *Anpassen*. Das Dialogfeld *Anpassen* erscheint. Hier können Sie über die Registerkarte *Symbolleisten* weitere Symbolleisten ein- oder ausblenden oder auch eigene Symbolleisten erstellen (vgl. weiter unten den Abschnitt »Eigene Symbolleisten«).

HINWEIS   Für spezielle Bereiche bzw. Objekte wird automatisch die zuständige Symbolleiste angezeigt, wenn sie markiert werden. So erscheint beispielsweise automatisch die Symbolleiste *Diagramm*, wenn Sie ein Diagramm markieren. Blenden Sie jetzt die *Diagramm*-Symbolleiste aus, »merkt« *Excel* sich dies und sie erscheint fortan nicht mehr automatisch beim Markieren eines Diagramms. Wollen Sie den Automatismus wieder aktivieren, markieren Sie ein Diagramm und blenden die *Diagramm*-Symbolleiste ein. Sie wird verschwinden, wenn die Markierung das Diagramm verlässt und wieder erscheinen, wenn ein Diagramm markiert wird.

Symbolleisten und QuickInfo individuell einrichten

Einen vollständigen Überblick über die vorhandenen Symbolleisten erhalten Sie, wenn Sie die Befehlsfolge *Ansicht/Symbolleisten/Anpassen* wählen. Auf der Registerkarte *Symbolleisten* sind alle Symbolleisten aufgelistet und die bereits am Bildschirm sichtbaren (aktiven) mit einem Häkchen versehen. Durch Aktivieren und Deaktivieren der einzelnen Kontrollkästchen können Sie die Symbolleisten ein- bzw. ausblenden.

Wechseln Sie zur Registerkarte *Optionen*. Hier können Sie dafür sorgen, dass Sie überhaupt eine QuickInfo sehen, indem Sie das Kontrollkästchen *QuickInfo auf Symbolleisten anzeigen* aktivieren.

Die Breite von Dropdown-Listen ändern

In Excel 2003 gibt es die Möglichkeit, die Breite von Dropdown-Listen zu ändern, um z.B. Platz auf der Symbolleiste zu sparen.

Wollen Sie die Breite von Dropdown-Listen ändern (z.B. *Schriftart*, *Schriftgröße* in der Symbolleiste *Format* oder *Zoom* in der Symbolleiste *Standard*), gehen Sie so vor:

1. Klicken Sie auf die in Frage kommende Symbolleiste mit der rechten Maustaste und wählen Sie aus dem Kontextmenü den Befehl *Anpassen*.
2. Klicken Sie bei geöffnetem *Anpassen*-Dialogfeld auf das zu ändernde Dropdown-Feld.
3. Fahren Sie mit dem Mauszeiger an den rechten oder linken Rand des Dropdown-Feldes. Wenn sich der Mauszeiger zu einem Doppelpfeil verwandelt, ziehen Sie den Rand mit gedrückter linker Maustaste nach rechts oder links.
4. Schließen Sie das Dialogfeld *Anpassen*.

Eigene Symbolleisten erstellen

Sie können eigene Symbolleisten erstellen und darauf jene Schaltflächen platzieren, die Sie häufig benötigen. Wenn Sie beispielsweise häufig mit Listen arbeiten und Formeln bis zum Ende der Liste kopieren, mit Kommentaren arbeiten usw., können Sie eine Symbolleiste namens »*Spezial*« erstellen und dort alle Schaltflächen anordnen, die speziell für Ihre Anforderungen zusammengestellt sind. Gehen Sie dazu so vor:

1. Wählen Sie im Kontextmenü der Symbolleiste den Eintrag *Anpassen*.
2. Im Dialogfeld *Anpassen* klicken Sie auf der Registerkarte *Symbolleisten* die Schaltfläche *Neu* an.
3. Geben Sie im Dialogfeld *Neue Symbolleiste* den Namen für die neue Symbolleiste ein (z.B. »*Spezial*«). Am Bildschirm erscheint eine neue Symbolleiste, die aber noch keine Schaltflächen enthält.

Abbildg. 2.20   Das Dialogfeld *Anpassen*

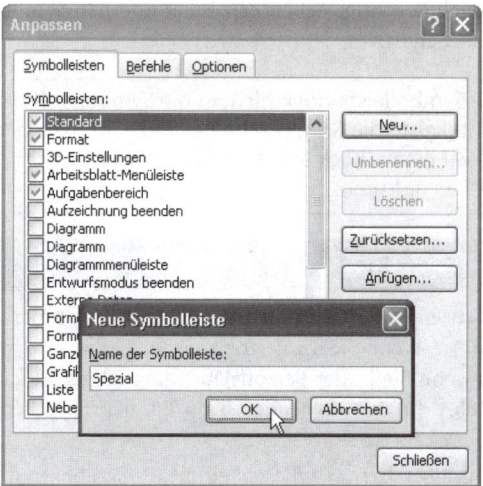

4. Wählen Sie auf der Registerkarte *Befehle* die Kategorie *Bearbeiten* aus.

5. Ziehen Sie die Schaltflächen *Office-Zwischenablage*, *Unten* und *Rechts* bei gedrückter linker Maustaste in die neu erstellte Symbolleiste *Spezial* (in Abbildung 2.21 ist die neue Symbolleiste auf das Fenster *Anpassen* gezogen). Dort angekommen, lassen Sie die Maustaste los. Probieren Sie es ggf. noch mit weiteren Schaltflächen.

Abbildg. 2.21   Anlegen einer neuen Symbolleiste

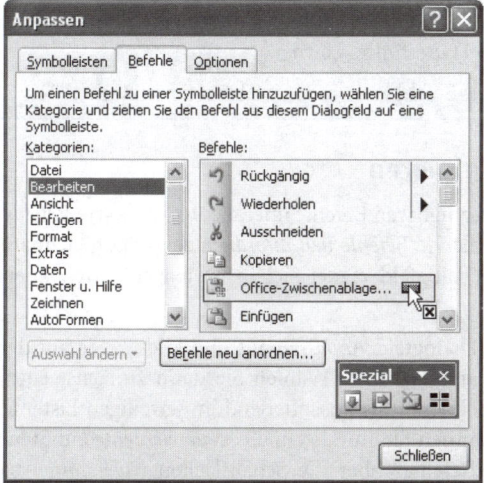

6. Ziehen Sie die neue Symbolleiste an deren Titelleiste in einen leeren Bereich auf der Symbolleistenzeile im Excel-Fenster.

7. Klicken Sie mit der rechten Maustaste auf die Symbolleiste. Sie sehen, dass Ihre neu erstellte Symbolleiste im Kontextmenü gleichberechtigt neben den Excel-internen Symbolleisten aufgeführt und mit einem Häkchen versehen ist.

TIPP   Solange Sie Ihre neue Symbolleiste noch nicht in die Symbolleistenzeile des Excel-Fensters gezogen haben, ist in der Titelleiste die Schaltfläche *Optionen für Symbolleisten* sichtbar (das nach unten zeigende Dreieck). Mit einem Klick auf diese Schaltfläche können Sie den Befehl *Schaltflächen hinzufügen oder entfernen* aufrufen.

PROFITIPP

Wichtige Dateien schnell öffnen

Wohl jeder hat an seinem Arbeitsplatz eine oder auch mehrere Dateien, die immer wieder geöffnet werden müssen. Etwa eine Preisliste, wenn Sie im Vertrieb arbeiten, eine Liste mit den Stundensätzen für bestimmte Arbeiten, wenn Sie in der Personalabteilung tätig sind, oder eine Liste mit den Profitipps aus diesem Buch. Mit dem folgenden Tipp können Sie solche Dateien in Zukunft ganz schnell öffnen:

1. Fügen Sie, wie oben beschrieben, über *Extras/Anpassen* ein neues Symbol in die Menüleiste oder eine Symbolleiste ein. Wählen Sie dazu aus der Kategorie *Makros* den Befehl *Benutzerdefinierte Schaltfläche* und ziehen Sie diesen in die gewünschte Symbolleiste.

2. Klicken Sie das eben eingefügte Symbol mit der rechten Maustaste an, wählen Sie im Kontextmenü den Eintrag *Hyperlink zuweisen* aus und danach den Eintrag *Öffnen*.

3. Im Dialogfeld *Hyperlink zuweisen: Öffnen* wechseln Sie in den Ordner der gesuchten Datei.

4. Markieren Sie die Datei und weisen Sie den Hyperlink zu, indem Sie das Dialogfeld mit *OK* schließen.

5. Schließen Sie das Dialogfeld *Anpassen*.

Von nun an genügt ein Klick auf das erstellte Symbol, und die gewünschte Datei wird nach einer allgemeinen Sicherheitswarnung zu Hyperlinks geöffnet.

Wie Sie einem Symbol einen eigenen Befehl zuordnen, erfahren Sie in Kapitel 31.

Anordnung der Befehle korrigieren

Im Dialogfeld *Anpassen* werden die verfügbaren Befehle über die Registerkarte *Befehle* in verschiedenen Kategorien angezeigt. Die Schaltfläche *Befehle neu anordnen* zeigt das gleichnamige Dialogfeld an (siehe Abbildung 2.22). Dieses Dialogfeld eignet sich hervorragend für Änderungen an den Menüleisten und Symbolleisten.

Rufen Sie über *Extras/Anpassen* das Dialogfeld *Anpassen* auf und klicken Sie auf der Registerkarte *Befehle* die Schaltfläche *Befehle neu anordnen* an. Wählen Sie dann zunächst eine der Optionen *Menüleiste* oder *Symbolleiste* aus. Selektieren Sie anschließend im jeweiligen Listenfeld eine *Menüleiste* oder *Symbolleiste*. Daraufhin können Sie im Listenfeld *Steuerelemente* ein Steuerelement auswählen und die Anordnung dieses Befehles über die Schaltflächen *Nach unten* bzw. *Nach oben* ändern.

Abbildg. 2.22 Im Dialogfeld *Befehle neu anordnen* können Sie die Anordnung der Befehle einstellen oder einzelne Befehle löschen und hinzufügen.

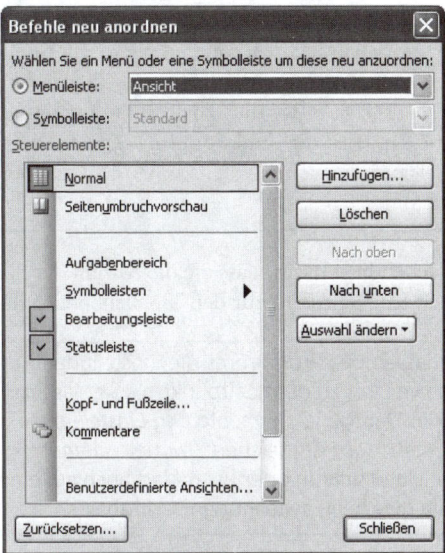

Symbolleisten verschieben

Die Symbolleisten müssen nicht im oberen Teil des Excel-Fensters angeordnet sein, sondern können an jeder Stelle auf dem Bildschirm platziert werden.

Wollen Sie die Symbolleiste links vom Tabellenfenster senkrecht anordnen, gehen Sie so vor: Klicken Sie eine Symbolleiste an der gepunkteten linken Linie an und ziehen die Symbolleiste bei gedrückter linker Maustaste an den linken Bildschirmrand vor die Zeilenköpfe.

Genauso können Sie die Symbolleiste auch am unteren oder rechten Rand des Bildschirmfensters positionieren oder aber mitten über den Tabellenbereich legen.

> **TIPP**   Da auch die Menüleiste die gepunktete Linie als »Anfasser« enthält, können Sie diese ebenfalls an einer beliebigen Stelle auf dem Bildschirm positionieren.

Einzelne Symbole entfernen

Oft ist es für einen besseren Überblick sinnvoll, einzelne Schaltflächen, die kaum oder nicht gebraucht werden, aus der Symbolleiste zu löschen.

Wollen Sie Schaltflächen aus einer Symbolleiste löschen, geht das mit diesen Schritten:

1. Wählen Sie *Ansicht/Symbolleisten/Anpassen* oder alternativ im Kontextmenü der Symbolleiste den Befehl *Anpassen*.
2. Ziehen Sie die zu löschende Schaltfläche von der Symbolleiste herunter (etwa in den Tabellenbereich).

Sie können – auch ohne über ein Menü zu gehen – Symbole löschen, indem Sie die ⟨Alt⟩-Taste gedrückt halten und das zu löschende Symbol aus der Symbolleiste ziehen.

PROFITIPP

Viele Schaltflächen sind doppelt belegt, z.B. die Schaltfläche *Absteigend sortieren* und *Aufsteigend sortieren*. Wenn Sie eine dieser Schaltflächen bei gedrückter ⟨⇧⟩-Taste anklicken, können Sie die Funktion der zweiten Belegung ausführen. Klicken Sie etwa die Schaltfläche *Absteigend sortieren* an, wobei Sie gleichzeitig die ⟨⇧⟩-Taste drücken, wird die Funktion *Aufsteigend sortieren* ausgeführt. Die Funktionen dieser doppelten Belegung passen meistens inhaltlich zueinander, zum Beispiel *Speichern* und *Öffnen* oder *Drucken* und *Seitenansicht*.

Der Vorteil solcher doppelt belegten Schaltflächen liegt darin, dass Sie die Anzahl der Schaltflächen auf dem Bildschirm reduzieren können, sodass Sie mehr Platz für den Tabellenbereich haben.

HINWEIS Excel speichert bei jedem Verlassen des Programms die Einstellungen der Symbolleisten. Beim nächsten Start finden Sie alles so vor, wie zu dem Zeitpunkt, als Sie das Programm verlassen haben. Ihre Anpassungen werden in der Datei *C:\Dokumente und Einstellungen\<Benutzername>\Anwendungsdaten\Microsoft\Excel\Excel11.xlb* gespeichert, wobei *<Benutzername>* für Ihren Anmeldenamen steht. Sie können diese Datei sichern oder bei Bedarf auch auf einen anderen Computer kopieren. Damit sind dann dort die gleichen Einstellungen verfügbar.

Beachten Sie dabei, dass der Ordner *Anwendungsdaten* unter Windows XP normalerweise ausgeblendet ist. Um diesen Ordner sichtbar zu machen, gehen Sie wie folgt vor:

1. Starten Sie den Windows-Explorer.
2. Wählen Sie den Menübefehl *Extras/Ordneroptionen*.
3. Aktivieren Sie die Registerkarte *Ansicht*.
4. Blättern Sie in der Liste *Erweiterte Einstellungen* nach unten bis zur Option *Alle Dateien und Ordner anzeigen* und aktivieren Sie diese.

Ursprünglichen Zustand wieder herstellen

Sie können den Originalzustand einer eingebauten Symbolleiste jederzeit wieder herstellen, indem Sie die Liste der Schaltflächen über den eben beschriebenen Weg erneut öffnen und auf den Befehl *Symbolleiste zurücksetzen* klicken. Alternativ dazu wählen Sie die Befehlsfolge *Ansicht/Symbolleisten/Anpassen*, markieren dann den Eintrag für die gewünschte Symbolleiste und klicken auf die Schaltfläche *Zurücksetzen*. Sie können also unbesorgt mit den Symbolleisten experimentieren. Mit wenigen Mausklicks ist der Urzustand wiederhergestellt.

Eigene Symbole zeichnen

Sollten Ihnen die vorhandenen Symbole nicht zusagen, können Sie alternativ eigene Symbole erstellen. Wenn das Dialogfeld *Anpassen* angezeigt wird, können Sie durch einen Klick mit der rechten Maustaste das Kontextmenü für Symbole anzeigen lassen. Hier finden sich eine Reihe von Befehlen für die Anpassung der Symbole. So können Sie etwa über den Befehl *Name* die QuickInfo ändern oder über den Befehl *Schaltflächensymbol ändern* aus einer Reihe von vordefinierten Symbolen auswählen.

Der Befehl *Schaltflächensymbol bearbeiten* bringt einen speziellen Editor auf den Bildschirm, mit dem es möglich ist, eigene Kreationen zu entwerfen (Abbildung 2.23). Klicken Sie dazu zunächst auf eine Farbe ihrer Wahl. Diese wird nun beim Zeichnen verwendet und in der Gruppe *Farbauswahl* angezeigt. Mit einem Klick auf eines der Quadrate im Anzeigefeld *Bild* wird ein einzelner Bildpunkt gesetzt. Mit gedrückter linker Maustaste können Sie auch gleich zusammenhängende Bereiche mit dieser Farbe versehen.

Reichen Ihnen die angezeigten Farben nicht aus, klicken Sie auf die Farbe in der Gruppe *Farbauswahl*. Im Dialogfeld *Farbe* können Sie dann einen eigenen Farbton erstellen.

Abbildg. 2.23   Eigene Symbole sind mit dem Schaltflächen-Editor kein Problem

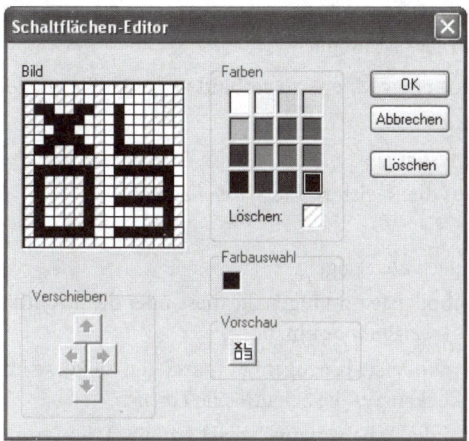

WICHTIG   Auf die gleiche Art und Weise können Sie auch das Aussehen bestehender Symbole verändern. Davon wird allerdings dringend abgeraten. Bedenken Sie, dass eine Hilfestellung an einem derart veränderten Arbeitsplatz schwierig wird. Auch die Hinweise auf die Symbole in diesem Buch wären damit unbrauchbar.

Eigenes Bild als Symbol verwenden

Wenn Sie ein Symbol in einem Zeichenprogramm (etwa Paint) erstellen wollen, was durchaus möglich ist, gehen Sie wie folgt vor:

1. Stellen Sie zunächst sicher, dass eine Bildgröße von 18 mal 18 Pixel eingestellt ist.
2. Zeichnen Sie das Bild nach Ihren Vorstellungen.
3. Kopieren Sie es in die Zwischenablage.
4. Wechseln Sie nach Excel.
5. Wählen Sie den Menübefehl *Ansicht/Symbolleisten/Anpassen*.
6. Klicken Sie das Symbol, das Sie verändern wollen, mit der rechten Maustaste an.
7. Wählen Sie im Kontextmenü den Eintrag *Schaltflächensymbol einfügen*.
8. Schließen Sie das Dialogfeld *Anpassen*.

Änderungen zurücksetzen

Wenn Sie den *Schaltflächen-Editor* über *OK* beenden, erhält das markierte Symbol das neue Aussehen. Stellen Sie später fest, dass die ursprüngliche Variante doch die bessere war, rufen Sie über
Extras/Anpassen das Dialogfeld *Anpassen* erneut auf. Klicken Sie dann mit der rechten Maustaste auf
das Symbol und wählen Sie im Kontextmenü den Eintrag *Zurücksetzen*. Alle Änderungen werden
dann ohne weitere Warnung zurückgesetzt.

Eine Symbolleiste an eine Mappe binden

Vielleicht wollen Sie erreichen, dass Ihre eigene Symbolleiste immer dann angezeigt wird, wenn Sie
eine bestimmte Arbeitsmappe öffnen. Auch dies ist möglich.

Um eine benutzerdefinierte Symbolleiste mit einer Mappe zu verbinden, gehen Sie wie folgt vor:

1. Erstellen Sie die persönliche Symbolleiste.
2. Wählen Sie den Menübefehl *Extras/Anpassen*.
3. Im Dialogfeld *Anpassen* wechseln Sie auf die Registerkarte *Symbolleisten*.
4. Wählen Sie dort den Befehl *Anfügen*.
5. Es wird das Dialogfeld *Symbolleiste anfügen* angezeigt.
6. Markieren Sie dort die gewünschte Symbolleiste und fügen Sie diese über die Schaltfläche *Kopieren* dem Listenfeld *Symbolleisten in der Arbeitsmappe* hinzu.
7. Haben Sie versehentlich eine falsche Symbolleiste hinzugefügt, markieren Sie diese im Listenfeld
   Symbolleisten in der Arbeitsmappe und klicken auf die Schaltfläche *Löschen*.
8. Wenn Sie die Dialogfelder schließen und die Arbeitsmappe speichern, wird die Symbolleiste mit
   der Mappe gespeichert. Allerdings werden Sie ein erstes Aha-Erlebnis haben, wenn Sie erwarten,
   dass beim Schließen der Arbeitsmappe die Symbolleiste ausgeblendet wird. Dem ist leider nicht
   so. Für das Entfernen einer benutzerdefinierten Symbolleiste vom Bildschirm müssen Sie, z.B.
   über das Dialogfeld *Anpassen*, selbst sorgen.

> **WICHTIG**   Wenn Sie Änderungen an einer benutzerdefinierten Symbolleiste durchgeführt
> haben, die an eine Mappe gebunden ist, müssen Sie diese Symbolleiste erneut an die Mappe
> binden, um die Änderungen dauerhaft verfügbar zu machen.

Eigene Symbolleiste löschen

Um eine benutzerdefinierte Symbolleiste zu löschen, sind folgende Schritte notwendig:

1. Wählen Sie den Menübefehl *Extras/Anpassen*.
2. Im Dialogfeld *Anpassen* wechseln Sie auf die Registerkarte *Symbolleisten*.
3. Markieren Sie im Listenfeld *Symbolleisten* diejenige Symbolleiste, die gelöscht werden soll.
4. Wählen Sie die Schaltfläche *Löschen*, um die Symbolleiste zu entfernen und schließen Sie
   anschließend das Dialogfeld *Anpassen*.

Dialogfelder verstehen und kennen lernen

Menübefehle, die – wie beispielsweise *Extras/Optionen...* – mit drei Pünktchen am Ende versehen sind, öffnen ein Dialogfeld, in dem Sie bestimmte Vorgaben und Einstellungen festlegen können.

In den Dialogfeldern selbst können Sie sich mit der ⇥-Taste von einem Eingabefeld zum anderen bewegen oder die einzelnen Dialogelemente mit der Maus anklicken.

Abbildg. 2.24 Das Dialogfeld *Extras/Optionen*

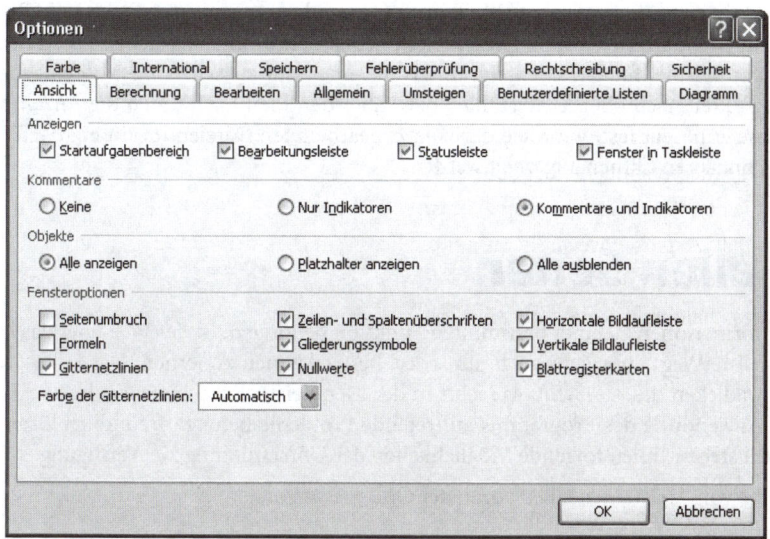

Wie jedes Fenster besitzt auch das Dialogfeld in der obersten Zeile eine Titelleiste mit dem Dialogfeldnamen, einer Schaltfläche für die Hilfe und einer Schaltfläche zum *Schließen*.

Elemente von Dialogfeldern

Registerkarten: Einige Dialogfelder – wie das Dialogfeld zum Menübefehl *Ansicht/Symbolleisten/Anpassen* – bestehen aus mehreren Registerkarten. Um eine Registerkarte zu aktivieren, klicken Sie deren »Reiter« an oder bewegen sich mit der Tastenkombination Strg+⇥ dorthin.

Kontrollkästchen: Enthält ein Kontrollkästchen ein Häkchen, ist die betreffende Funktion aktiviert. Mit der linken Maustaste oder der Taste Leertaste kann die Funktion des Kontrollkästchens aktiviert und deaktiviert werden.

Optionsfeld: Optionsfelder stehen standardmäßig in einem Gruppenfeld. In Abbildung 2.24 sind es die beiden Gruppen *Kommentare* und *Objekte*. In jeder Gruppe kann jeweils nur ein Optionsfeld aktiviert sein. Wählen Sie eine bestimmte Option aus, wird die bisher aktive Option deaktiviert.

Dropdown-Listenfelder: In Listenfeldern, wie z.B. bei der *Schriftgröße*, können die darin enthaltenen Einträge per Mausklick ausgewählt werden. Der Pfeil rechts daneben deutet darauf hin, dass es mehrere Auswahlmöglichkeiten gibt.

Eingabefelder: Einige Dialogfelder, wie das in Abbildung 2.25 im Ausschnitt gezeigte Dialogfeld *Optionen*, Registerkarte *Allgemein*, enthalten Eingabefelder, in die Sie Daten eingeben können.

Abbildg. 2.25 Die Registerkarte *Allgemein* mit Eingabefeldern

Standardspeicherort:	D:\DATEN
Beim Start alle Dateien in diesem Ordner laden:	
Benutzername:	J. Schwenk

Drehfelder: Aktivieren Sie im Dialogfeld *Optionen* (Menübefehl *Extras/Optionen*) die Registerkarte *Allgemein*, finden Sie in der Gruppe *Einstellungen* neben dem Kontrollkästchen *Liste zuletzt geöffneter Dateien* ein Beispiel für ein Drehfeld, in das Sie eine Zahl zwischen *1* und *9* eingeben können oder über den Pfeil nach oben weiterzählen bzw. über den Pfeil nach unten die Anzahl verringern können. Diese Zahl legt fest, wie viele der zuletzt bearbeiteten Dateien im unteren Teil des Menüs *Datei* zum schnelleren Öffnen angezeigt werden.

Hilfe von allen Seiten

Wenn Sie Informationen zu einer bestimmten Funktion benötigen, ist der Weg über das *Hilfe*-Menü oft der schnellste Weg – übrigens auch, um Excel besser kennen zu lernen. Das Hilfe-Menü öffnet sich durch Anklicken des »?«-Symbols rechts in der Menüleiste. Excel bietet zahlreiche Funktionen, um bei der Anwendung des Programms auftretende Probleme benutzerfreundlich lösen zu helfen. Bei der Arbeit stehen Ihnen folgende Möglichkeiten der Unterstützung zur Verfügung:

- Eine Reihe von Assistenten, allen voran der *Office-Assistent*,

- das *Hilfe*-Menü,

- die kontextsensitive *Hilfe* sowie

- Informationen von der *Microsoft Office Online*-Webseite (dazu ist eine Internetverbindung Voraussetzung).

> **TIPP** Excel 2003 bietet immer die Möglichkeit, Ihre Frage über das Eingabefeld (siehe Abbildung 2.26) neben den Schaltflächen für das Arbeitsmappen-Fenster direkt einzugeben.

Abbildg. 2.26 Das Eingabefenster für die schnelle Hilfe

Der Office-Assistent hilft Ihnen

Der *Office-Assistent* begleitet Sie, wenn Sie ihn aktivieren, bei Ihrer Arbeit mit Excel. Er erkennt bei Ihren Aktionen und teilweise sogar im Voraus, welche Hilfe Sie eventuell benötigen und gibt entsprechende Hinweise. Er beobachtet also Ihre Arbeit und bietet Lösungsvorschläge bei Problemen. Wollen Sie beispielsweise in der Seiteneinrichtung ein Arbeitsblatt für den Druck vorbereiten, so versorgt Sie der Assistent mit Themen, die Ihnen dabei weiterhelfen.

Der Assistent (siehe Abbildung 2.27) ist neben dem Aufgabenbereich *Hilfe* auch ein guter Anlaufpunkt, wenn Sie an Tipps zum rationellen Einsatz der Funktionen von Excel interessiert sind oder schrittweise Anleitungen zum Bewältigen bestimmter Aufgaben suchen.

Abbildg. 2.27   Sie können dem Assistenten auch eine Frage stellen, um so Hilfe zu einem Thema zu erhalten.

Wenn der Office-Assistent nicht angezeigt wird, öffnen Sie das *Hilfe*-Menü, indem Sie rechts neben dem Menü *Fenster* auf das Fragezeichen klicken und dort den Befehl *Office-Assistenten anzeigen* auswählen.

Wenn der Office-Assistent am Bildschirm erscheint, können Sie mit einem Klick auf die Schaltfläche *Optionen* (vgl. Abbildung 2.27) die Einstellungen für Ihren Helfer vornehmen. Alternativ dazu können Sie auch mit der rechten Maustaste auf den Assistenten klicken, um das entsprechende Kontextmenü einzublenden. Über die Optionen wird das Aussehen Ihres Office-Assistenten eingestellt und seine Fähigkeiten angepasst.

Mit Tipps zeigt Ihnen der Assistent, wie Sie Funktionen oder Tastenkombinationen effektiver anwenden können. Ein Tipp ist immer dann verfügbar, wenn eine gelbe Glühbirne im Assistenten angezeigt wird. Klicken Sie auf die Glühbirne, um den Tipp einzublenden. Welche Tipps angezeigt werden, hängt auch davon ab, welche Einstellungen Sie auf der Registerkarte *Optionen* vorgenommen haben.

Wenn Sie die Tipp-Optionen so einstellen möchten, dass der Assistent Sie mit Tipps begleitet, gehen Sie so vor:

1. Klicken Sie mit der rechten Maustaste auf den Assistenten und wählen Sie im Kontextmenü den Befehl *Optionen*.

2. Aktivieren Sie im Dialogfeld *Office-Assistent* (siehe Abbildung 2.28) die Registerkarte *Optionen*.

3. Aktivieren Sie die Kontrollkästchen neben den gewünschten Tipp-Arten.

HINWEIS   Im Gegensatz zur Vorgängerversion kann man nicht mehr festlegen, ob beim Drücken der `F1`-Taste der Office-Assistent oder das Hilfe-Fenster aufgerufen wird. Auf die Taste `F1` erhalten Sie generell erst einmal den Aufgabenbereich *Hilfe* bzw. das Hilfe-Fenster. Den Assistenten müssen Sie anklicken, um eine Frage eingeben zu können.

Das Dialogfeld *Office-Assistent* mit der Registerkarte *Optionen*

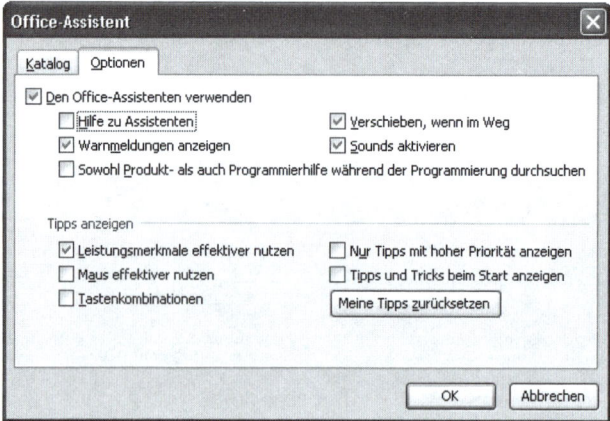

Hilfe auf Tastendruck

Wenn Sie ganz schnell Hilfe benötigen, brauchen Sie sich nur eine Taste zu merken: F1 . Dies ist eine Universaltaste in nahezu allen Windows-Programmen, da Sie mit ihr stets die Hilfefunktion aktivieren. Je nach Arbeitssituation erscheint dann das Hilfe-Fenster oder der Aufgabenbereich *Hilfe*.

Hilfe über das Hilfemenü

Neben der Taste F1 können Sie die Hilfe auch über das Menü aufrufen. Klicken Sie rechts außen in der Menüleiste auf das Fragezeichen-Symbol (?), um das Hilfemenü zu öffnen, und wählen Sie den Befehl *Microsoft Excel-Hilfe*. Es öffnet sich der Aufgabenbereich *Hilfe* oder sofort ein Hilfe-Fenster (siehe Abbildung 2.29), in dem Ihnen verschiedene Wege offen stehen, um Hilfe zu bekommen:

- Wenn Sie in das Eingabefeld *Suchen nach* im Aufgabenbereich klicken, können Sie Ihren Suchtext eingeben.

- Unter *Inhaltsverzeichnis* im Aufgabenbereich sind die Hilfeinhalte nach Themen sortiert aufgelistet.

Die folgenden drei Aufgaben sollen Ihnen helfen, die Möglichkeiten des Hilfe-Fensters besser kennen zu lernen und später effektiv zu nutzen.

Abbildg. 2.29   Das *Hilfe*-Fenster in Excel 2003

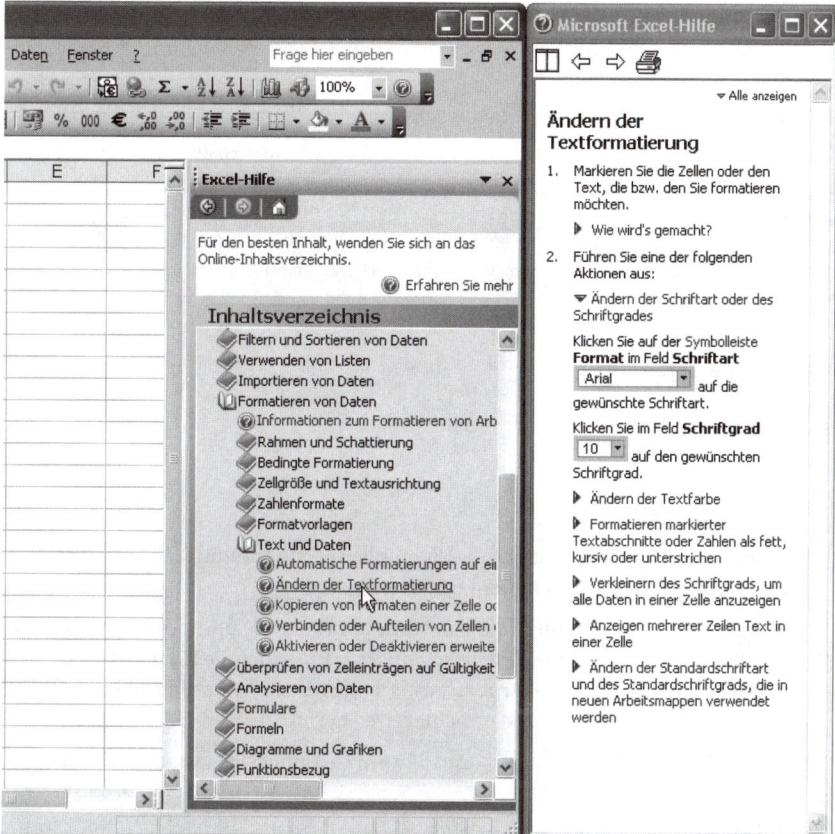

Hilfe über *Inhaltsverzeichnis* holen

Unter der Überschrift *Inhaltsverzeichnis* ist die Hilfe-Bibliothek nach Sachgebieten untergliedert. Die Buchsymbole können Sie per Mausklick aufklappen, um die Untergliederung anzuzeigen. Auf Klick wird das gewählte Thema im Hilfe-Fenster angezeigt.

Nehmen wir an, Sie wollen nach dem Thema *Formatieren* suchen:

1. Klicken Sie im Aufgabenbereich *Hilfe* auf *Inhaltsverzeichnis*, um das Inhaltsverzeichnis der Hilfe-datei für Excel durchzublättern.

2. Öffnen Sie das »Buch« *Formatieren von Daten*.

3. Unter *Text und Daten* sehen Sie eine Fülle von Unterthemen, welche Sie mit Klick nachlesen können.

Hilfe über Stichwortsuche holen

Geben Sie im Eingabefeld *Suchen nach* im Aufgabenbereich *Hilfe* den zu suchenden Begriff ein und bestätigen mit der ⏎ -Taste, erscheinen die Schlüsselwörter in der darunter befindlichen Such-ergebnisliste. Die betreffenden Themen können hier per Klick angezeigt werden.

Angenommen, Sie wollen über *Suchen nach* das Thema *Formatieren* suchen:

1. Aktivieren Sie mit ⌨F1 den Aufgabenbereich *Hilfe*.
2. Geben Sie im Eingabefeld *Suchen nach* den Begriff *Formatieren* ein und bestätigen Sie mit der ⌨↵-Taste.
3. Klicken Sie auf das Thema *Formatieren von Zahlen als Text* in der Suchergebnisliste.
4. Der Hilfetext erscheint rechts neben dem Excel Programm-Fenster im Hilfe-Fenster.

WICHTIG Unter der Suchergebnisliste können Sie einstellen, wo überall gesucht werden soll. Standardmäßig ist die *Offline-Hilfe* eingestellt. Sie können im Dropdown-Feld *Suchen* aber auch *Microsoft Office Online* oder *Recherche* als Suchort angeben.

Das Hilfe-Fenster

Abbildg. 2.30 Die Symbolleiste im Hilfe-Fenster

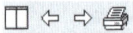

Das Hilfe-Fenster verfügt über eine eigene Symbolleiste (Abbildung 2.30). Die Schaltflächen dieser Leiste (von links beginnend) sollen hier kurz erklärt werden:

- Die erste Schaltfläche verändert die Anordnung des Excel- und des *Hilfe*-Fensters zueinander. Bei der Anordnung *Automatisch nebeneinander* wird neben dem Hilfe-Fenster ein komplettes (wenn auch schmaleres) Excel-Arbeitsfenster angeordnet. In der Einstellung *Nicht nebeneinander* überdeckt das aktive Fenster das nichtaktive Fenster.

- Mit den Pfeil-Schaltflächen *Zurück* und *Vorwärts* können Sie zwischen den Hilfethemen blättern.

- Über die Schaltfläche *Drucken* können Sie das gerade markierte Thema mit oder ohne Unterthemen ausdrucken.

Im rechten Hilfe-Fenster haben Sie weiterhin die Möglichkeit, über ein Kontextmenü (erreichbar durch Drücken der rechten Maustaste im rechten Hilfe-Fenster) bestimmte weitere Aktionen durchzuführen, wie z.B. *Alles auswählen*, um den ausgewählten Inhalt in die Zwischenablage zu kopieren (nach der Auswahl ist dann noch einmal das Kontextmenü aufzurufen, um den Befehl *Kopieren* auszuwählen) oder den Inhalt des Hilfe-Fensters auszudrucken.

Microsoft Office Online – Hilfe aus dem Web

Mit einem Klick auf den Menübefehl *Microsoft Office Online* im *Hilfe*-Menü wird Ihr Internet-Browser aufgerufen und Sie können die Verbindung zur *Microsoft Office Update*-Site herstellen. Sie erhalten hier z.B. Zugriff auf Neuigkeiten rund um Microsoft Office System und natürlich auch zu Excel 2003. Weitere technische Informationen und kostenlose Komponenten können herunter geladen werden, ohne Excel zu verlassen.

Tabellen betrachten: Ansichten

Excel enthält auch einige Einstellungen, die dabei helfen, den begrenzten Platz auf dem Bildschirm optimal zu nutzen. Damit können Sie dann alle relevanten Daten im Blick behalten.

Normalansicht

Die *Normalansicht* ist die Ansicht, die Sie »normalerweise« sehen, wenn Sie Excel aufrufen. Haben Sie die Seiten bereits für den Druck eingerichtet, erscheinen die Seitenumbrüche durch gestrichelte Linien.

Benutzerdefinierte Ansicht

Benutzerdefinierte Ansichten ändern die Ansicht der Arbeitsmappen, Arbeitsblätter, Objekte und Fenster. Sie können eine Reihe verschiedener Ansichten definieren und diese Einstellungen speichern, um dann zwischen den verschiedenen Ansichten hin und her zu schalten.

> **TIPP** Um schnell zwischen verschiedenen benutzerdefinierten Ansichten umschalten zu können, sollten Sie sich das entsprechende Symbol in die Symbolleiste holen. Sie finden dieses Symbol über den Menübefehl *Ansicht/Symbolleisten/Anpassen* auf der Registerkarte *Befehle* in der Kategorie *Ansicht*.

Was in einer benutzerdefinierten Ansicht gespeichert werden kann

Die gespeicherten Einstellungen einer Ansicht beinhalten Spaltenbreite, Anzeigeoptionen, Fenstergröße, die Position auf dem Bildschirm, geteilte und fixierte Fenster, das aktive Blatt, markierte Zellen, verborgene Arbeitsblätter, Filtereinstellungen, Zeilen und Spalten der gesamten Arbeitsmappe sowie die Einstellungen zur Seiteneinrichtung.

Möchten Sie eine benutzerdefinierte Ansicht erstellen, gehen Sie so vor:

Nehmen Sie zunächst die gewünschten Änderungen, die in der Ansicht gespeichert werden sollen, in der Arbeitsmappe vor.

1. Klicken Sie im Menü *Ansicht* auf *Benutzerdefinierte Ansichten*.
2. Klicken Sie auf die Schaltfläche *Hinzufügen*.
3. Im Eingabefeld *Name* geben Sie einen Namen für die Ansicht ein.
4. Unter *Ansicht enthält* klicken Sie die gewünschten Optionen an.

Sie können diese benutzerdefinierten Ansichten jederzeit über das Menü *Ansicht* und dort unter *Benutzerdefinierte Ansichten* anzeigen lassen, drucken oder aber auch wieder löschen.

Möchten Sie eine benutzerdefinierte Ansicht drucken, geht das mit diesen Schritten:

1. Klicken Sie im Menü *Ansicht* auf *Benutzerdefinierte Ansichten*.
2. Wählen Sie den Namen der Ansicht, die Sie drucken wollen.
3. Klicken Sie auf die Schaltfläche *Anzeigen*.
4. Nun können Sie das Arbeitsblatt mit den definierten Ansichtsoptionen durch einen Klick auf die Schaltfläche *Drucken* ausdrucken. Wenn das Arbeitsblatt keinen definierten Druckbereich enthält, druckt Excel das gesamte Arbeitsblatt.

Layout der Tabelle in der Seitenansicht prüfen

Über die Schaltfläche mit der Lupe gelangen Sie zur Seitenansicht. Alternativ können Sie die *Seitenansicht* auch im Menü *Datei* auswählen. Diese Ansicht zeigt Ihnen eine Druckseite der Tabelle verkleinert an. Dabei werden die Einstellungen des aktiven Druckertreibers berücksichtigt. In der Statusleiste am unteren Bildschirmrand werden die aktuelle Seitenzahl und die Gesamtzahl der Seiten im ausgewählten Blatt angezeigt.

Der Mauszeiger erscheint in der Seitenansicht als Lupe. Klicken Sie einmal mit der linken Maustaste, vergrößert sich die Anzeige und der Mauszeiger verändert sich zum Pfeil. Klicken Sie erneut, wird die Anzeige wieder verkleinert.

Im Gegensatz zur Seitenumbruch-Vorschau können in der Seitenansicht keine Daten in die Tabelle eingegeben werden. Folgende Aktionen sind in der Seitenansicht möglich:

- Klicken Sie auf die Schaltfläche *Weiter*, um die nächste Seite des Blatts anzeigen zu lassen.

- Klicken Sie auf die Schaltfläche *Vorher*, um die vorhergehende Seite des Blatts anzeigen zu lassen.

- Klicken Sie auf *Zoom*, um zwischen der Ganzseitenansicht und einer vergrößerten Ansicht eines Blatts zu wechseln. Eine mit dem Zoombefehl vorgenommene Größenänderung hat keine Auswirkung auf die tatsächliche Druckgröße. Sie können ebenfalls zwischen der Ganzseitenansicht und einer vergrößerten Ansicht eines Blattes wechseln, indem Sie im Blatt auf eine beliebige Stelle klicken.

- Klicken Sie auf *Drucken*, um die Druckoptionen für den Ausdruck des markierten Blatts festzulegen.

- Klicken Sie auf *Layout*, um weitere Optionen wie Kopf-/Fußzeilen, Seitennummerierung usw. für den Ausdruck festzulegen.

- Klicken Sie auf *Ränder*, um die Ziehpunkte für die Anpassung von Seitenrändern, Rändern für Kopf- und Fußzeilen und Spaltenbreiten ein- bzw. auszublenden.

- Klicken Sie auf *Seitenumbruchvorschau*, um zur Seitenumbruchvorschau zu wechseln, in der Sie die Seitenwechsel für das aktive Tabellenblatt anpassen können. Sie verlassen damit die Seitenansicht und wechseln zur Tabelle. In dieser Ansicht können Sie auch die Größe des Druckbereichs ändern und das Tabellenblatt bzw. einzelne Zellen bearbeiten.

- Klicken Sie auf *Ansicht/Normalansicht*, um das aktive Blatt wieder in der Normalansicht anzeigen zu lassen. Wenn Sie in der Seitenansicht sind und dort die Schaltfläche *Normalansicht angezeigt wird*, wurde das Tabellenblatt vor dem Klicken auf *Seitenansicht* in der Seitenumbruchvorschau angezeigt.

- Klicken Sie auf *Schließen*, um das Vorschaufenster zu schließen und zur vorherigen Ansicht des aktiven Blatts zurückzukehren.

Seitenumbruchvorschau anzeigen lassen

Beim Seitenumbruch wird ein Arbeitsblatt auf mehrere Seiten aufgeteilt, wenn es zu groß ist, um auf eine Seite zu passen. Excel fügt dann automatische Seitenumbrüche ein und richtet sich dabei nach der Seitengröße und Skalierung, die im Menü *Datei* unter *Seite einrichten* auf der Registerkarte *Papierformat* eingestellt wurden.

Wählen Sie im Menü *Ansicht* den Befehl *Seitenumbruchvorschau*, um die Tabelle verkleinert am Bildschirm darzustellen. Hier sind die Seitennummern und die Seitenenden eingeblendet.

Über *Einfügen/Seitenumbruch* können Sie an beliebiger Stelle einen Seitenumbruch erzwingen. Dabei ist es wichtig, welche Zelle aktiv ist, während der Befehl ausgeführt wird. Der Seitenumbruch wird oberhalb und links von der aktiven Zelle eingefügt.

Sie können die automatischen und manuellen Seitenumbrüche in der Seitenumbruchvorschau ändern, indem Sie den Rand des Seitenumbruchs mit gedrückter linker Maustaste entsprechend ziehen. Excel passt die automatischen Seitenumbrüche im übrigen Arbeitsblatt an.

Das Thema Drucken wird ausführlich in Kapitel 5 behandelt.

Ganzer Bildschirm

Mit dem Menübefehl *Ansicht/Ganzer Bildschirm* können Sie Fensterelemente und Symbolleisten ausblenden, um größere Datenmengen auf dem Bildschirm anzuzeigen.

Um diese Fensterelemente wieder herzustellen, klicken Sie im Menü *Ansicht* erneut auf den Befehl *Ganzer Bildschirm*.

Mit der Lupe arbeiten: Die Zoomfunktion

Die Bildschirmanzeige und das gedruckte Dokument stimmen am genauesten überein, wenn Sie im Dialogfeld *Zoom* die Option *100%* auswählen. Wenn Sie sich in der *Normalansicht* befinden, können Sie die Bildschirmanzeige noch präziser definieren. Diese Einstellung lässt auf bis zu 10 % verkleinern oder auf 400 % vergrößern.

> **HINWEIS** Die Änderung beim Zoomen wirkt sich nicht auf den Ausdruck aus. Arbeitsblätter werden standardmäßig in 100 % ausgedruckt, wenn Sie diese Einstellung nicht über den Menübefehl *Datei/Seite einrichten* ändern.

> **TIPP**
> Mit dem Listeneintrag *Markierung* wird der Bildschirm so angepasst, dass die aktuelle Markierung auf der gesamten Bildschirmbreite dargestellt wird. Das Experimentieren mit verschiedenen Zoomfaktoren ist damit also überflüssig.

Excel beenden

Das Beenden von Excel erfolgt im Menü *Datei* über den Befehl *Beenden*. Alternativ können Sie auch die Tastenkombination Alt + F4 verwenden oder einen einfachen Mausklick auf die Schaltfläche *Schließen* in der Titelleiste des Excel-Bildschirms ausführen. Excel schließt daraufhin alle geöffneten Arbeitsmappen und anschließend das Fenster der Anwendung selbst.

Bevor Sie Excel beenden, sollten Sie Ihre Arbeitsmappe speichern. Eine neu erstellte Arbeitsmappe bekommt von Excel standardmäßig den Namen *Mappe* mit einer fortlaufenden Nummer zugewiesen. Überschreiben Sie im Dialogfeld *Speichern unter* diesen Vorschlag mit einem aussagekräftigen Dateinamen. Excel hängt dem Dateinamen dann noch die Endung *.xls* an.

HINWEIS   Wenn Sie Excel beenden und eine Standardmappe noch nicht gespeichert wurde, erfolgt eine Sicherheitsabfrage, die Sie zum Speichern auffordert.

Sollte Excel aus irgendeinem Grund einmal nicht mehr reagieren und sich damit auch nicht beenden lassen, können Sie über *Start/Alle Programme/Microsoft Office/Microsoft Office Tools* die *Microsoft Office Anwendungswiederherstellung* aufrufen. Wählen Sie dort den Eintrag *Microsoft Office Excel* und klicken Sie auf die Schaltfläche *Anwendung beenden*.

Sie können in einem solchen Fall auch über die Tastenkombination Strg + Alt + Entf den *Windows Task-Manager* aufrufen. Dort wechseln Sie auf die Registerkarte *Anwendungen*, markieren den Eintrag von Excel und wählen die Schaltfläche *Task beenden*.

Zusammenfassung

Anfangs ist es vielleicht etwas erdrückend, was man an der Arbeitsumgebung alles einstellen kann. Mit zunehmender Vertrautheit werden Sie diese Möglichkeiten sicher schätzen lernen, erlauben sie Ihnen doch, den Excel-Bildschirm ganz an Ihre persönlichen Vorlieben anzupassen.

Sie möchten ...	Die Lösung finden Sie auf Seite
die verschiedenen Startmöglichkeiten kennen lernen.	78
beim Start automatisch eine Mappe öffnen.	79
einen Arbeitsordner festlegen.	80
Probleme beim Start lösen.	82
mehrere Fenster einer Mappe anzeigen.	85
Überschriften fixieren.	88
verschiedene Tabellen vergleichen.	88
personalisierte Menüs abschalten.	90
den Aufgabenbereich kennen lernen.	93
Symbolleisten aus-/einblenden.	94
eine eigene Symbolleiste erstellen.	96
die Elemente von Dialogfeldern erkunden.	103
den Office-Assistenten einstellen.	104
eine benutzerdefinierte Ansicht erstellen.	109
das Layout in der Seitenansicht prüfen.	110
Excel beenden.	111

Kapitel 3

Mit Arbeitsmappen arbeiten

In diesem Kapitel:

Speichern und Öffnen von Dateien

Bei der Arbeit mit Excel speichern Sie Ihre Daten in einer Datei. Diese Datei können Sie zur Bearbeitung weitergeben oder später erneut öffnen und bearbeiten. Das Speichern und Öffnen sind also zentrale Arbeitsschritte, die immer wieder anfallen. Erfahren Sie hier, welche Einstellungen es beim Speichern gibt und wie Sie die Dateiablage organisieren, damit Sie die Daten auch wieder finden.

Datei speichern

Wenn Sie in einer vorhandenen Datei einige Änderungen vornehmen und anschließend diese Korrekturen speichern wollen, müssen Sie nur auf die Schaltfläche *Speichern* klicken. Diese enthält zwar das Symbol einer Diskette, die Datei wird aber mit den Änderungen genau dort gespeichert, wo sie geöffnet wurde und behält ihren Namen bei. Die gleiche Funktion hat der Menübefehl *Datei/Speichern* bzw. die Tastenkombination $\boxed{\text{Strg}} + \boxed{\text{S}}$.

Benutzen Sie den Menübefehl *Datei/Speichern unter* immer dann, wenn Sie eine Datei erstmals speichern, einer Arbeitsmappe einen neuen Namen zuweisen oder diese an einem anderen Ort als bisher ablegen wollen.

Wie funktioniert die Dateiablage?

Ein Computer verfügt in der Regel über verschiedene Speichermedien (Laufwerke), um das, was Sie erarbeitet haben, dauerhaft zu speichern. Standardmäßig verfügt der PC über eine Festplatte und manchmal noch über ein Diskettenlaufwerk. Weitere Geräte, z.B. CD ROM- und DVD-Laufwerke oder auch ein Lesegerät für Speicherkarten sind optional. Jedem Laufwerk wird ein Buchstabe zugeordnet. Historisch bedingt erhält das Diskettenlaufwerk den Buchstaben A und die erste Festplatte den Buchstaben C. Über diesen (Laufwerks-)Buchstaben sind die Laufwerke eindeutig gekennzeichnet und von Computerprogrammen ansprechbar.

Auf der Festplatte werden zunächst Programme gespeichert. Das wichtigste Programm ist das Betriebssystem, z.B. Windows XP. Ist ein Betriebssystem vorhanden, werden so genannte Anwendungsprogramme installiert, z.B. das Office-Paket mit Excel. Mit den Anwendungsprogrammen können Sie Texte schreiben, Bilder malen oder Berechnungen durchführen. Wichtig ist hier, dass Sie diese Arbeiten speichern und damit für eine spätere Verwendung verfügbar machen. Dies unterscheidet den PC von der guten alten Schreibmaschine.

Gespeichert wird Ihre Arbeit in einer Datei. Wenn Sie viele Dateien angelegt haben, wird es höchste Zeit, über eine Struktur zur Dateispeicherung nachzudenken. Damit können Sie die Dateien in logischen Gruppen zusammen fassen. Eine solche Gruppe wird als Ordner oder auch Verzeichnis bezeichnet.

Im herkömmlichen Büro wird ein Brief (Datei) auch in einem Ordner (Ordner oder Verzeichnis) abgelegt. So wie ein Papier-Ordner unter Umständen mehrere Register enthält, kann auch ein Ordner auf dem PC mehrere Unterordner aufweisen.

Das Windows-Betriebssystem gibt eine einfache, aber wichtige Struktur vor. Neben einem Ordner für das Betriebssystem und für Programme befindet sich standardmäßig ein Ordner *Eigene Dateien* auf Ihrem Computer. In diesem Ordner sollten Sie Ihre Dateien speichern. Ihre Arbeiten werden damit getrennt von etwaigen Programmen abgelegt, was verschiedene Vorteile hat. So lassen sich eigene Dateien leichter finden, weil nicht erst Programmverzeichnisse durchsucht werden müssen. Außerdem ist es vom Zugriff her praktischer, wenn Sie Ihre Arbeit beispielsweise auf einer CD-ROM sichern wollen.

Erstellen Sie weitere Unterordner im Ordner *Eigene Dateien*, um Ihre ganz persönliche Sortierung für die Daten zu haben (siehe hierzu auch Tabelle 3.1).

Tabelle 3.1   Vergleich der Ordnungssysteme »herkömmliches Regal« und PC

Ordnerregal	PC
Regalschrank	Laufwerk
Fachbodenreihe	Ordner (Verzeichnis)
Aktenordner	Unterordner (Unterverzeichnis)
Brief (Dokument)	Datei

Speicheroptionen für die Datei einstellen

Im Dialogfeld *Speichern unter* können Sie über die Symbolschaltfläche *Extras* ein paar interessante Einstellungen vornehmen. Über den Befehl *Allgemeine Optionen* blenden Sie das Dialogfeld *Speicheroptionen* ein. Dort finden Sie das Kontrollkästchen *Sicherungsdatei erstellen*. Diese Einstellung veranlasst Excel dazu, vor dem Speichern zu prüfen, ob bereits eine Datei mit dem gleichen Namen wie die aktuelle Datei im eingestellten Zielordner vorhanden ist. Ist dies der Fall, wird diese Datei umbenannt und die aktuelle Datei unter dem gewünschten Namen gespeichert. Was sich vielleicht etwas umständlich anhört, ist nichts anderes, als dass die ursprüngliche Version unter einem anderen Namen gespeichert wird. Sie haben also beim erneuten Speichern eine Sicherungskopie angelegt. Angenommen, Sie haben diese Einstellung für eine Datei mit dem Namen *Mappe2.xls* verwendet, dann wird die Sicherungskopie unter dem Namen *Sicherungskopie von Mappe2.xls* gespeichert. Wechseln Sie im Windows-Explorer in den Zielordner und überzeugen Sie sich davon.

Über die Speicheroptionen können Sie ein Kennwort für den Zugriff auf die Datei vergeben. Dabei tritt das *Lese-/Schreibkennwort* beim Öffnen der Datei in Aktion. Nur, wenn der Benutzer das Kennwort kennt und in der richtigen Schreibweise in das Dialogfeld einträgt, kann die Datei geöffnet werden. Ansonsten wird der Zugriff verweigert.

WICHTIG   Berücksichtigen Sie bei der Vergabe von Kennwörtern, dass Sie (auch später) die Groß-/Kleinschreibung beachten müssen!

Das *Schreibschutzkennwort* zeigt Ihnen dagegen beim Öffnen einen Warnhinweis auf den Dateischutz an. Damit erhalten Sie einen Hinweis auf besonders wichtige Daten und können selbst entscheiden, ob Sie diese ändern wollen. Wenn Sie die Datei später speichern wollen, müssen Sie das Kennwort angeben. Ansonsten wird die Datei schreibgeschützt geöffnet: das bedeutet, dass die Datei zwar gelesen und geändert werden kann, wollen Sie die Änderungen speichern, dann müssen Sie die

Datei allerdings unter einem anderen Namen ablegen. Die Datei ist also vor versehentlichem Überschreiben geschützt.

Den Verschlüsselungstyp einstellen

Das Dialogfeld *Speicheroptionen* bietet Ihnen über die Schaltfläche *Weitere* die Möglichkeit, den Verschlüsselungstyp und ggf. die Schlüssellänge einzustellen (siehe Abbildung 3.1). Die Standardeinstellung ist hier *Office 97/2000-kompatibel*.

Abbildg. 3.1   Schlüssellänge für die Verschlüsselung einstellen

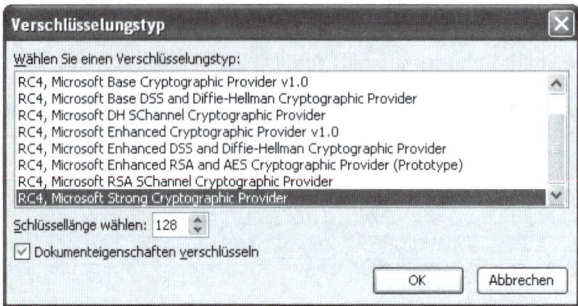

WICHTIG   Die Schutz- und Verschlüsselungseigenschaften für Arbeitsmappen können in Abhängigkeit von der verwendeten Spracheinstellung des Betriebs (deutsch, englisch usw.) unterschiedlich ausfallen. Unter Umständen müssen Sie eine in einer anderen Betriebssystemsprache gespeicherte Datei dort zuvor ohne diesen Schutz speichern, um sie öffnen zu können.

Bilder komprimieren

Eine Einstellung, die Ihnen eventuell bei der Reduktion des Speicherbedarfs einer Datei helfen kann, finden Sie ebenfalls im Dialogfeld *Speichern unter*. Wählen Sie hierzu das Symbol *Extras* und dann den Befehl *Bild komprimieren*. Im Dialogfeld *Bilder komprimieren* können Sie einstellen, wie die Bilder der Arbeitsmappe gespeichert werden sollen. So wird für normale Bilder eine Auflösung von 200 dpi (dots per inch; Punkte pro Zoll) verwendet, für Bilder im Webformat hingegen wird die Auflösung auf 96 dpi reduziert.

Auch das Kontrollkästchen *Zugeschnittene Bildbereiche löschen* (siehe Abbildung 3.2) kann zu einer Speicherreduzierung führen, wenn die enthaltenen Bild-Dateien in der Größe zugeschnitten wurden.

HINWEIS   Leider gelten diese Einstellungen nur für Bilder, die als eigenständige Objekte eingefügt wurden, nicht aber für Hintergrundbilder und Bilder, die Sie beispielsweise in ein Diagramm eingefügt haben.

Abbildg. 3.2 Wenn Sie eingebettete Bilder komprimieren, können Sie den Speicherbedarf reduzieren.

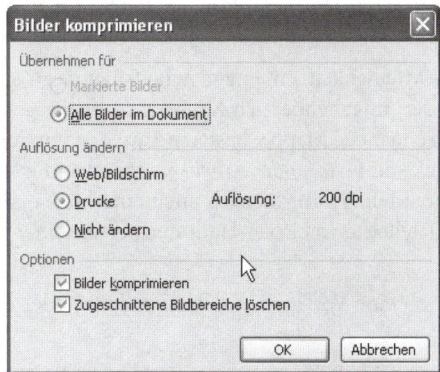

Wiederherstellungsinformationen erstellen

Unter *Extras/Optionen* finden Sie auf der Registerkarte *Speichern* eine wichtige Einstellung: Ist das Kontrollkästchen *AutoWiederherstellen-Info speichern alle* aktiviert, erstellt Excel automatisch eine Arbeitsmappen-Wiederherstellungsdatei. Den zeitlichen Abstand dieser Speicherung stellen Sie über das Feld *Minuten* ein. Möglich sind hier Werte zwischen 1 und 120. Bei einem Absturz des Computers oder im Falle eines unerwarteten Stromausfalls öffnet Microsoft Excel die AutoWiederherstellen-Datei beim nächsten Starten von Excel.

Datei-Eigenschaften eintragen

Wenn Sie über *Extras/Optionen* auf der Registerkarte *Allgemein* das Kontrollkästchen *Anfrage nach Dateieigenschaften* aktiviert haben, wird beim ersten Speichern einer Datei das Dialogfeld *Eigenschaften* angezeigt. Dort werden allgemeine Informationen zum Inhalt der Arbeitsmappe, wie z.B. Titel, Thema, Autor, Stichwörter oder auch einen Kommentar usw. eingetragen. Über *Datei/Eigenschaften* können Sie dieses Dialogfeld auch ganz gezielt aufrufen.

> **TIPP** Interessant an den Datei-Eigenschaften ist die Tatsache, dass diese sowohl im Windows-Explorer als auch im Dialogfeld *Öffnen* von Excel angezeigt werden können. Wie Sie in Excel ganz gezielt nach Dateien mit bestimmten Eigenschaften suchen, können, erfahren Sie in diesem Abschnitt weiter unten.

Eine interessante Möglichkeit bietet Ihnen das Kontrollkästchen *Vorschaugrafik speichern*, welches Ihnen nach dem Aufruf des Menübefehls *Datei/Eigenschaften* auf der Registerkarte *Zusammenfassung* angeboten wird. Wenn Sie dieses Kontrollkästchen aktivieren, können Sie im Dialogfeld *Öffnen* eine Vorschau auf das erste Blatt einer Mappe anzeigen lassen und damit vorweg entscheiden, ob es sich um die gewünschte Datei handelt.

Eine neue Excel-Arbeitsmappe erstellen

Um eine neue Datei zu erstellen, klicken Sie in der *Standard*-Symbolleiste auf die Schaltfläche *Neu*. Excel öffnet daraufhin eine neue Datei und verwendet dafür die Standardvorlage. Arbeiten Sie lieber mit der Tastatur, sollten Sie sich die Tastenkombination [Strg]+[N] merken. Die neue Mappe enthält zunächst nichts als eine Anzahl leerer Tabellenblätter. Die genaue Anzahl der leeren Blätter können Sie über *Extras/Optionen* auf der Registerkarte *Allgemein* ändern. Stellen Sie für *Blätter in neuer Arbeitsmappe* den gewünschten Wert ein.

Der Menübefehl *Datei/Neu* stellt eine weitere Möglichkeit, eine neue Arbeitsmappe zu erstellen, zur Verfügung. Allerdings wird hierbei zunächst der Aufgabenbereich *Neue Arbeitsmappe* geöffnet. Dort können Sie über den Link *Leere Arbeitsmappe* eine neue Mappe, basierend auf der Standard-Arbeitsmappe, erstellen. Sie haben aber über den Link *Aus bestehender Arbeitsmappe* auch die Möglichkeit, eine zuvor erstellte Datei als Vorlage zu verwenden. Wofür Sie sich auch entscheiden, Excel öffnet eine Kopie Ihrer Auswahl, was Sie in der Titelleiste im Excel-Hauptfenster an einer angefügten Nummer im Dateinamen erkennen.

In der Gruppe *Vorlagen* können Sie wählen, ob eine Vorlage auf dem Computer oder einem Speicherplatz im Web gesucht werden soll.

Wie Sie eine eigene Mustervorlage für Tabellen und Arbeitsmappen erstellen, zeigt Ihnen das Kapitel 11.

Öffnen einer Excel-Arbeitsmappe

In Excel können Sie Arbeitsmappen öffnen, die auf der Festplatte des Computers oder auf Netzwerklaufwerken, zu denen Sie Verbindung haben, gespeichert sind. Wählen Sie dazu die Schaltfläche *Öffnen* auf der Symbolleiste *Standard*, den Menübefehl *Datei/Öffnen* oder die Tastenkombination `Strg`+`O`.

> **TIPP**   Um eine der Arbeitsmappen, die Sie zuletzt benutzt haben, zu öffnen, klicken Sie im Menü *Datei* in der Liste ganz unten auf den entsprechenden Eintrag. Die Länge der Liste der zuletzt benutzten Dateien lässt sich über den Befehl *Optionen* im Menü *Extras* einstellen. Dort können Sie auf der Registerkarte *Allgemein* hinter dem Kontrollkästchen *Liste zuletzt geöffneter Dateien* eine Maximalzahl von *9* einstellen.

Sie können in Excel mehrere Arbeitsmappen zur Bearbeitung öffnen. Dazu können Sie entweder das Dialogfeld *Öffnen* mehrmals nacheinander aufrufen oder Sie markieren mit gedrückter `Strg`-Taste bzw. `⇧`-Taste mehrere Dateien und öffnen diese Mehrfachauswahl.

Zwischen mehreren Arbeitsmappen wechseln

Sind mehrere Arbeitsmappen geöffnet, können Sie zwischen diesen Arbeitsmappen auf unterschiedlichen Wegen wechseln:

- Über den Menübefehl *Fenster* und einen anschließenden Klick auf einen der am Ende des Untermenüs eingetragenen Dateinamen,
- über die Tastenkombination `Strg`+`F6`,
- über die Windows-Taskleiste.

> **TIPP**   Aktivieren Sie nach Aufruf des Menübefehls *Extras/Optionen* auf der Registerkarte *Ansicht* das Kontrollkästchen *Fenster in Taskleiste*, wird jede geöffnete Arbeitsmappe in der Windows-Taskleiste aufgeführt.

Dateien mit bestimmten Eigenschaften öffnen

Im Dialogfeld *Öffnen* können Sie über *Extras/Suchen* das Dialogfeld *Dateisuche* anzeigen (Abbildung 3.3). Damit haben Sie die Möglichkeit, eine selbst definierte Suchmaske zu verwenden.

Auf der Registerkarte *Grundlegend* können Sie den gesuchten Text eintragen, den Speicherort auswählen und die Suche ggf. auf einen bestimmten Dateityp einschränken.

Abbildg. 3.3 Dateisuche aus dem Dialogfeld *Öffnen* starten

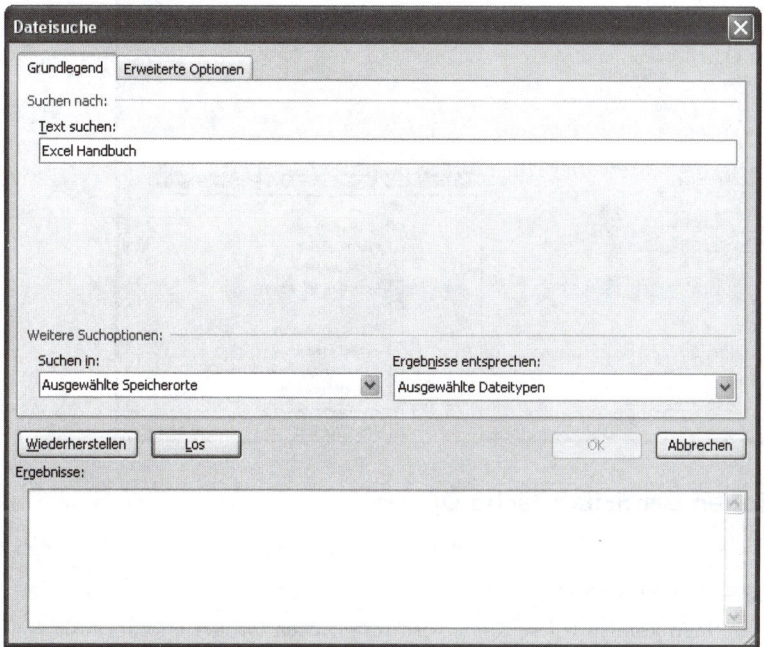

Besonders interessant ist die Registerkarte *Erweiterte Optionen*. Hier können Sie die Suche auf bestimmte Datei-Eigenschaften ausdehnen und die verschiedenen Suchbegriffe mit logischen Operatoren verknüpfen (siehe Abbildung 3.4). Wählen Sie dazu die Schaltfläche *Hinzufügen*. Sollten Sie versehentlich eine falsche Einstellung gemacht haben, können Sie diese über die Schaltfläche *Entfernen* wieder aus der Liste löschen.

Die eigentliche Suche starten Sie über die Schaltfläche *Los*. Ist die Suche erfolgreich, werden die gefundenen Dateien im Listenfeld *Ergebnisse* angezeigt. Sie können dort eine Datei markieren und mit der Schaltfläche *OK* in das Eingabefeld *Dateiname* im Dialogfeld *Öffnen* eintragen. Wenn Sie anschließend die Schaltfläche *Öffnen* wählen, wird die gesuchte Datei geöffnet.

Abbildg. 3.4 Hier können Sie Dateien an Hand bestimmter Datei-Eigenschaften und Inhalte suchen.

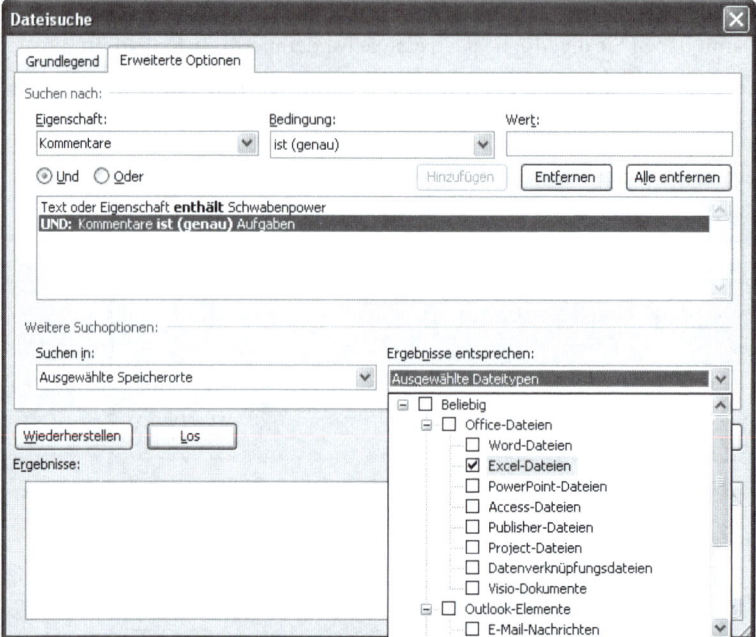

Die Optionen der Schaltfläche *Öffnen*

Die Schaltfläche *Öffnen* im Dialogfeld *Öffnen* hält einige Optionen bereit, mit denen Sie eine Datei

- schreibgeschützt öffnen können;
- als Kopie öffnen können (diese Kopie wird im gleichen Ordner erstellt, in dem sich auch die ursprüngliche Datei befindet. Dieser Befehl steht nicht für alle Dateiformate zur Verfügung.);
- im Browser öffnen können, wenn es sich um eine HTML-Datei handelt;
- die beschädigt ist, eventuell öffnen und reparieren können.

Erreichbar sind diese Optionen über den Pfeil auf der Schaltfläche *Öffnen*.

Ansichten im Dialogfeld *Öffnen* einstellen

Ganz nach Ihrem persönlichen Geschmack können Sie die Anzeige des Dialogfeldes *Öffnen* über das Symbol *Ansichten* anpassen. Auch die zuvor beschriebenen Datei-Eigenschaften können Sie hier anzeigen lassen. Die weiteren Einstellungen entsprechen im Wesentlichen denen des Windows-Explorers. Dort finden Sie diese übrigens über den Menübefehl *Ansicht/Details auswählen*.

Schneller auf Verzeichnisse zugreifen

Im Dialogfeld *Öffnen* wechseln Sie zwischen den unterschiedlichen Laufwerken und Verzeichnissen über das Listenfeld *Suchen in* bzw. über einen Doppelklick auf einen Ordner in der Spalte *Name* (falls die Ansicht *Details* eingestellt ist). Eine weitere Möglichkeit bietet die Umgebungsleiste am linken Rand des Dialogfeldes, die bereits Verknüpfungen zu den Ordnern *Zuletzt verwendete Dokumente*, *Desktop*, *Eigene Dateien*, *Arbeitsplatz* und *Netzwerkumgebung* enthält. Sie finden diese Leiste auch am linken Rand weiterer Dialogfelder, z.B. *Speichern unter, Durchsuchen* (beim Einfügen einer Datei) oder *Bild auswählen,* wenn ein Bild in ein Diagramm eingefügt wird.

Über den Ordner *Zuletzt verwendete Dokumente* ist eine umfangreiche Liste der zuletzt geöffneten Dateien und Ordner verfügbar.

Der Ordner *Netzwerkumgebung* eignet sich zum Speichern von Dateien, die Sie in Ordner auf Netzwerkdateiservern oder Webservern kopieren bzw. dort veröffentlichen möchten. Das Speichern von Dateien auf einem Server ermöglicht Ihnen, Dateien gemeinsam mit anderen Personen oder an anderen Standorten zu verwenden.

Eine Verknüpfung zur Umgebungsleiste hinzufügen

Das Interessante an der *Umgebungsleiste* ist die Tatsache, dass Sie dort eigene Ordner einfügen können. Damit können Sie die meistverwendeten Ordner an Ihrem Arbeitsplatz selbst festlegen und auch schnell darauf zugreifen.

Um der Umgebungsleiste einen Ordner hinzuzufügen, gehen Sie wie folgt vor:

1. Klicken Sie im Menü *Datei* auf *Öffnen.*
2. Klicken Sie in der Liste *Suchen in* auf das Laufwerk, den Ordner oder den Internetspeicherort, das bzw. der denjenigen Ordner enthält, für den Sie eine Verknüpfung auf der Umgebungsleiste erstellen möchten.
3. Klicken Sie einmal auf den gewünschten Ordner und wählen Sie dann aus dem Befehl *Extras* den Eintrag *Zu meiner Umgebung hinzufügen.* Ihre Verknüpfung wird jetzt in der Umgebungsleiste angezeigt.
4. Die Position des Ordners innerhalb der Umgebungsleiste können Sie festlegen, indem Sie die eben erstellte Verknüpfung mit der rechten Maustaste anklicken und den Befehl *Nach oben* bzw. *Nach unten* verwenden.

> **TIPP**   Wenn Sie mehrere Ordner der Umgebungsleiste eingefügt haben, ist die Anzeige etwas umständlich, weil Sie unter Umständen über die Pfeiltasten in der Umgebungsleiste blättern müssen. Etwas besser wird die Anzeige, wenn Sie die Umgebungsleiste mit der rechten Maustaste anklicken und im Kontextmenü den Befehl *Kleine Symbole* auswählen.

Eine Verknüpfung aus der Umgebungsleiste löschen

Wenn Sie einen Ordner aus der Umgebungsleiste wieder entfernen wollen, etwa weil ein Projekt abgeschlossen ist oder anderes Projekt an Wichtigkeit gewinnt, gehen Sie wie folgt vor:

1. Klicken Sie im Menü *Datei* auf *Öffnen.*
2. Klicken Sie in der Umgebungsleiste mit der rechten Maustaste auf die zu löschende Verknüpfung und wählen im Kontextmenü den Eintrag *Entfernen.*

> **HINWEIS**   Sie können nur solche Verknüpfungen löschen, die Sie selbst zur Umgebungsleiste hinzugefügt haben. Standardumgebungen, wie beispielsweise der Ordner *Eigene Dateien,* können nicht gelöscht werden. Der Befehl *Entfernen* ist für diese Ordner nicht verfügbar.

Konvertierungsfilter

Zu den Problemen am PC gehören die vielen verschiedenen Dateiformate. Ein Dokument liegt im StarWriter-Format vor, ein anderes als Textdatei und ein drittes im HTML-Format. Zahlen, die Sie auswerten möchten, sind in einer Datenbank abgelegt, eine perfekt gestaltete Auswertung gibt es nur in einer proprietären Datei.

Diese Situation führt unter Umständen dazu, dass viele Daten in verschiedenen Formaten redundant auf Ihrem Rechner vorhanden sind. Dies ist ein Problem und eine Lösung ist nur bedingt in Sicht (z.B. mit XML, vgl. hierzu Kapitel 28). So bleibt uns nichts weiter übrig, als die Flut redundanter Daten weiter zu vergrößern. Schließlich ist es unser Ziel, mit den Daten zu arbeiten. Dazu benötigen wir sie in einem Format, welches die Software, die wir benutzen, interpretieren kann.

Bei der Installation Ihres Microsoft Office-Pakets haben Sie die Möglichkeit, eine ganze Reihe von Konvertierungsfiltern mitinstallieren zu lassen. Das zeigt, dass die Hersteller der Software das Problem erkannt haben. Es bietet Ihnen immerhin die Möglichkeit, Dateien, die mit fremden Produkten erstellt wurden, zu öffnen und mit Ihrer Software zu bearbeiten.

Um eine Datei fremden Ursprungs mit Excel zu öffnen, stellen Sie im Dialogfeld *Öffnen* den entsprechenden Dateityp über das Listenfeld *Dateityp* ein. Die Einstellungen zum Dateityp funktionieren einschränkend wie ein Filter, sodass nur dem Filter entsprechende Dateien angezeigt werden. Alternativ können Sie auch den Filter *Alle Dateien (*.*)* einstellen und damit sämtliche in einem Ordner vorhandenen Dateien anzeigen lassen.

Oftmals funktioniert das auch in der entgegengesetzten Richtung. Eine Excel-Datei lässt sich auch in einem anderen Format abspeichern.

Mitgelieferte Konvertierungsprogramme für Dateiformate

Die Liste der im Dialogfeld *Speichern unter* aufgeführten Dateiformate variiert, je nachdem, ob ein Tabellenblatt, ein Diagrammblatt oder ein anderer Blatttyp aktiv ist. Bei den meisten Dateiformaten konvertiert Excel nur das aktive Blatt. Um die anderen Blätter zu konvertieren, wechseln Sie zu dem jeweiligen Blatt und speichern dieses ebenfalls separat ab.

Excel enthält einige Konvertierungsprogramme für Dateiformate. Wenn das gewünschte Dateiformat nicht im Dialogfeld *Öffnen* (Menü *Datei*) angezeigt wird, können Sie das Konvertierungsprogramm eventuell nachinstallieren (vgl. hierzu Kapitel 1).

Beispiele für den Einsatz verschiedener Dateiformate finden Sie in Kapitel 29.

Excel-Formate

Bei Verwendung des Formats *Excel 97-2003 & 5.0/95 Arbeitsmappe* wird eine Arbeitsmappe in derselben *.xls*-Datei sowohl im Dateiformat von Excel, Version 97-2003, als auch im Dateiformat von Excel, Versionen 5.0/95 gespeichert. Benutzer von Excel 2000 können auch weiterhin an der Arbeitsmappe arbeiten und alle Merkmale bzw. Formatierungen verwenden, die für diese Version spezifisch sind. Benutzer von Excel, Version 5.0, oder Excel 95 können die Arbeitsmappe öffnen und verwenden, ohne dass eine Konvertierung der Datei erforderlich ist. In diesem Fall empfiehlt sich jedoch das schreibgeschützte Arbeiten in der Arbeitsmappe. Wenn Benutzer von früheren Versionen die Arbeitsmappe in Excel speichern, werden alle Merkmale und Formatierungen nicht übertragen, die nur ab Excel 2000 verfügbar sind.

> **HINWEIS** Beachten Sie, dass die Dateigröße bei gleichem Inhalt deutlich zunimmt, wenn Sie ein Dateiformat einstellen, das die Datei in unterschiedlichen Versionen speichert. So beläuft sich der Speicherbedarf einer Datei mit 100 Zahlen im Standardformat auf rund 16 Kilobyte, während beim Speichern im Format *Microsoft Excel 97-Excel 2003 & 5.0/95 Arbeitsmappe* dafür rund 23 Kilobyte benötigt werden. Enthält die Datei zusätzlich auch Formeln, steigt der Unterschied nochmals an.

Tabelle 3.2   Formate, bei denen die gesamte Arbeitsmappe gespeichert wird

Formate	Dateinamenerweiterung
Excel-Arbeitsmappe (Excel 97-2003)	.xls
Mustervorlage (Excel 97-2003)	.xlt
Arbeitsbereich (Excel 97-2003)	.xlw
Microsoft Excel 97-Excel 2003 & 5.0/95 Arbeitsmappe	.xls
Excel 5.0/95-Arbeitsmappe	.xls
Excel 4.0-Arbeitsmappe (speichert nur Tabellenblätter, Diagrammblätter und Makrovorlagen)	.xlw

Tabelle 3.3   Formate, bei denen nur das aktive Blatt gespeichert wird

Formate	Dateinamenerweiterung
Blattformat aus Excel, Version 4.0	.xls
Blattformat aus Excel, Version 4.0 für Excel-Charts (Diagramme)	.xlc
Blattformat aus Excel, Version 4.0 für Excel-Makrovorlagen oder internationale Makrovorlagen	.xlm
Formate aus Excel, Version 3.0	.xls, .xlc, .xlm
Formate aus Excel, Version 2.x	.xls, .xlc, .xlm

XML-Formate

XML-Funktionen stehen nur in Microsoft Office Professional Edition und Excel 2003 zur Verfügung. Dies gilt nicht für das Speichern von Dateien im *XML-Kalkulationstabelle*-Format.

Die Tabelle 3.4 zeigt die beiden Varianten, in denen Excel 2003 mit dem XML-Format umgehen kann.

Tabelle 3.4   XML-Formate, die beim Speichern angeboten werden

Formate	Anmerkungen
XML-Kalkulationstabelle (.xml)*	Wenn Sie eine Arbeitsmappe im *XML-Kalkulationstabelle*-Format speichern, verwendet Excel das eigene XML-Schema XMLSS, um XML-Tags anzuwenden, die Informationen wie Dateieigenschaften speichern und die Struktur der Arbeitsmappe definieren. Beim späteren Öffnen der XML-Kalkulationstabelle, auch mit dem Internet Explorer, wird die Arbeitsmappe präsentiert.
XML-Daten (.xml)*	Sie können ein benutzerdefiniertes XML-Schema an die Arbeitsmappe anfügen. Ordnen Sie dann den Elementen des Schemas mithilfe des Befehls *XML-Quelle* Zellen zu. Nach dem Zuordnen der XML-Elemente (Feldnamen) zur Arbeitsmappe können Sie XML-Daten in die zugeordneten Zellen importieren bzw. daraus exportieren.

HINWEIS   Beim Speichern von Dateien im Format *XML-Kalkulationstabelle* gibt es Einschränkungen hinsichtlich der Excel-Features. Einige gehen in diesem Format verloren. Lesen Sie mehr dazu in Online-Hilfe unter dem Thema »Features und Einschränkungen des XML-Kalkulationstabellenformats«.

Mit dem Thema »Excel und XML« können Sie sich im Kapitel 28 ausführlicher vertraut machen.

Textdateiformate

Sie können Dateien in den folgenden Textformaten öffnen und speichern. Wenn Sie eine Arbeitsmappe im Textformat speichern, gehen die meisten Formatierungen verloren.

Tabelle 3.5   Konvertierung von Textdateiformaten

Format	Anmerkungen
Formatierter Text (Leerzeichen getrennt) (*.prn)	Lotus-Format mit Leerzeichen als Trennzeichen. Speichert nur das aktive Blatt.
Text (Tabstopp-getrennt) (*.txt) Unicode Text (*.txt) Text (Macintosh) (*.txt) Text (MS-DOS) (*.txt) CSV (Trennzeichen-getrennt) (*.csv) CSV (Macintosh) (*.csv) CSV (MS-DOS) (*.csv)	Wenn Sie eine Arbeitsmappe für die Verwendung unter einem anderen Betriebssystem als Textdatei speichern, in der Tabstopps bzw. Listentrennzeichen als Trennzeichen verwendet werden, wählen Sie das geeignete Konvertierungsprogramm aus, um sicherzustellen, dass Tabstoppzeichen, Zeilenwechselmarken und andere Zeichen richtig interpretiert werden. Speichert nur das aktive Blatt.
DIF (Data Interchange-Format) (*.dif)	Speichert nur das aktive Blatt.
SYLK (symbolische Verbindung) (*.slk)	Speichert nur das aktive Blatt.

Dateiformate für Lotus 1-2-3

Wenn Sie eine *.wk1*- oder *.wk3*-Datei in Excel öffnen, wendet Excel die Formatierung der zugehörigen *.fmt*-, *.fm3*- oder *.all*-Datei an. Beim Speichern einer Lotus 1-2-3-Datei im Excel-Format speichert Excel die Daten sowie die Formatierung des Tabellenblatts in einer einzigen Arbeitsmappendatei.

Die Formate WK1 (1-2-3) (*.wk1*) und WK3 (1-2-3) (*.wk3*) speichern die Formatierung des Tabellenblatts nur teilweise. Um eine Excel-Arbeitsmappe im Lotus 1-2-3-Format zu speichern und dabei Rahmen, Zellschattierungen, Schriftarten und andere Formatierungen zu erhalten, wählen Sie ein Lotus 1-2-3-Dateiformat aus, das die Formatierungsinformationen in einer separaten *.fmt*-, *.fm3*- oder *.all*-Datei speichert.

Tabelle 3.6   Speichern im Lotus 1-2-3-Dateiformat

Lotus 1-2-3-Dateiformat	Version	Anmerkungen
WK4 (*.wk4)	4.0	Speichert die gesamte Arbeitsmappe.
WK3 (*.wk3) WK3, FM3 (*.wk3)	3.x und Lotus 1-2-3/W	Speichert nur Tabellenblätter und Diagrammblätter.
WK1 (*.wk1) WK1 (FMT) (*.wk1) WK1 (ALL) (*.wk1)	2.x	Speichert nur das aktive Blatt.
WKS (FMT) (*.wks)	1.0 und 1.0A	Speichert nur das aktive Blatt.
.pic (in einer .all-Datei)	3.x und Lotus 1-2-3/W	Öffnet dieses Format, speichert es jedoch nicht.

Andere Tabellenkalkulationsprogramme und Datenbanken

Selbst Datenbankdateien lassen sich in Excel öffnen. Ein klassisches Beispiel sind die verschiedenen dBase-Formate, die unterstützt werden.

Tabelle 3.7   Konvertierungsfilter für andere Tabellenkalkulationsprogramme und Datenbanken

Format	Programm	Anmerkungen
DBF 2, DBF 3, DBF 4 (*.dbf)	DBASE II, III und IV	Öffnet und speichert nur das aktive Tabellenblatt.
WQ1 (*.wq1)	Quattro Pro für MS-DOS	Öffnet und speichert nur das aktive Tabellenblatt.
.wks	Microsoft Works, Version 2.0 für Windows und Microsoft Works für MS-DOS	Öffnet nur Tabellenblätter aus Microsoft Works, Version 2.0 für Windows, bzw. Microsoft Works für MS-DOS.

Zwischenablageformate

Der Import, bzw. Export von Daten über die Zwischenablage ist sicherlich einer der gebräuchlichsten Wege. Sie können die folgenden Zwischenablageformate in Excel einfügen, indem Sie im Menü *Bearbeiten* den Befehl *Einfügen* bzw. *Inhalte einfügen* verwenden. Die angebotenen Formate sind abhängig vom Inhalt der Zwischenablage.

Tabelle 3.8 Formate, die über die Zwischenablage transportiert werden können

Format	Bezeichner für die Art der Zwischenablage
Bild	Bild (auch als Windows Enhanced-Metadatei, EMF, bezeichnet) Anmerkung: Wenn Sie ein Windows Metadatei (WMF)-Bild aus einem anderen Programm kopieren, fügt Excel das Element als Bild im Enhanced-Metadatei-Format (EMF) ein.
Bitmap	Bitmap (BMP)
Excel-Dateiformate	Binäre Dateiformate für Excel, Versionen 3.0, 4.0, 5.0/95 und Excel 97-2003 (BIFF, BIFF3, BIFF4, BIFF5 und BIFF8)
Symbolic Link-Format	SYLK
Lotus 1-2-3, Version 2.x-Format	.wk1
Datenaustausch-Format	.dif
Textformat (durch Tabs getrennt)	Text
Durch Listentrennzeichen getrenntes Werteformat	.csv
Formatierter Text (nur aus Excel)	Rich Text Format (RTF)
Eingebettetes Objekt	Excel-Objekte, Objekte aus einwandfrei registrierten Programmen, die OLE 2.0 (OwnerLink) sowie Bild (Picture) oder ein anderes Präsentationsformat unterstützen.
Verknüpftes Objekt	OwnerLink, ObjectLink, Verknüpfung, Bild (Picture) oder ein anderes Format
Office-Zeichnungsobjekt	Office-Zeichnungsobjektformat oder Bild (Windows Enhanced-Metadatei-Format, EMF)
Text	Anzeigetext, OEM-Text
HTML	.htm Anmerkung: Wenn Sie Text aus einem anderen Programm kopieren, fügt Excel den Text unabhängig vom Format des Originaltexts im HTML-Format ein.

WICHTIG Bei allen Dateikonvertierungen müssen Sie mit mehr oder weniger großen Verlusten rechnen. Wenn Sie ein Tabellenblatt als Textdatei speichern, gehen die meisten Formate verloren. Es werden auch keine Formeln, Kommentare, Grafiken, eingebettete Diagramme oder AutoFormen gespeichert. Betrachten Sie hierzu Abbildung 3.5 und die Abbildung 3.6.

Abbildg. 3.5   Die Excel-Tabelle mit unterschiedlichen Formatierungen und Formeln

	Land	2000	2001	2002	2003	2004	2005	Mittel 2000/2005
	Apfelproduktion in der EG in Tonnen nach Ländern							
3	Italien	2.070.566	1.952.989	2.368.466	2.145.172	2.153.307	1.889.423	2.096.654
4	Frankreich	1.915.000	1.286.100	2.344.000	1.972.300	2.128.757	1.980.000	1.937.693
5	Deutschland	903.300	597.300	1.107.800	882.500	879.600	572.600	823.850
6	Spanien	643.400	336.000	1.004.610	821.000	753.300	779.700	723.002
7	England	310.300	316.500	388.400	360.200	316.000	254.100	324.250
8	Niederlande	431.000	260.000	640.000	670.000	600.000	595.000	532.667
9	Belgien	229.100	137.375	481.820	492.500	506.605	508.340	392.623
10	Griechenland	320.000	200.500	305.000	315.000	319.866	314.674	295.840
11	Portugal	178.164	176.000	275.000	221.992	167.000	175.000	198.859
12	Dänemark	30.000	32.300	43.000	40.000	37.530	30.000	35.472
13	Irland	7.000	10.000	9.000	8.000	9.000	9.000	8.667
14	Luxemburg	5.000	3.000	5.000	4.000	5.000	4.000	4.333
15	Österreich	78.777	86.600	85.832	128.401	126.798	128.195	105.767
16	Schweden	18.246	14.104	26.676	19.558	20.182	17.516	19.380
17	Zusammen	7.139.853	5.408.768	9.084.604	8.080.623	8.022.945	7.257.548	7.499.057

Nach dem Speichern im Textformat gibt es nur noch Daten. Zuvor vorhandene Formeln, Formatierungen, Grafiken usw. gehen verloren.

Abbildg. 3.6   Nach dem Speichern im Textformat ist nur noch das nackte Zahlenwerk vorhanden.

```
Mappe5.csv - Editor
Datei  Bearbeiten  Format  Ansicht  ?
Apfelproduktion in der EG in Tonnen nach Ländern;;;;;;;
Land;2000;2001;2002;2003;2004;2005;Mittel 2000/2005
Italien;2.070.566;1.952.989;2.368.466;2.145.172;2.153.307;1.889.423;2.096.654
Frankreich;1.915.000;1.286.100;2.344.000;1.972.300;2.128.757;1.980.000;1.937.693
Deutschland;903.300;597.300;1.107.800;882.500;879.600;572.600;823.850
Spanien;643.400;336.000;1.004.610;821.000;753.300;779.700;723.002
England;310.300;316.500;388.400;360.200;316.000;254.100;324.250
Niederlande;431.000;260.000;640.000;670.000;600.000;595.000;532.667
Belgien;229.100;137.375;481.820;492.500;506.605;508.340;392.623
Griechenland;320.000;200.500;305.000;315.000;319.866;314.674;295.840
Portugal;178.164;176.000;275.000;221.992;167.000;175.000;198.859
Dänemark;30.000;32.300;43.000;40.000;37.530;30.000;35.472
Irland;7.000;10.000;9.000;8.000;9.000;9.000;8.667
Luxemburg;5.000;3.000;5.000;4.000;5.000;4.000;4.333
Österreich;78.777;86.600;85.832;128.401;126.798;128.195;105.767
Schweden;18.246;14.104;26.676;19.558;20.182;17.516;19.380
Zusammen;7.139.853;5.408.768;9.084.604;8.080.623;8.022.945;7.257.548;7.499.057
```

Excel und die Datensicherheit

Microsoft Excel 2003 verfügt wie die anderen Microsoft Office System-Anwendungen über *Recovery*-Mechanismen, die Sie vor Datenverlusten schützen sollen.

Das so genannte *crash recovery* schützt vor unerwarteten Anwendungsfehlern wie Abstürzen oder Stromausfall. Nach solchen Ereignissen besteht kein Grund zum Haare raufen oder für irgendwelche andere Verzweiflungstaten. Sobald Sie Excel neu starten konnten, meldet sich dieses mit seinen Vorschlägen zum Wiederherstellen eventuell betroffener Arbeitsmappen im Aufgabenbereich-Fenster. In Abbildung 3.7 sehen Sie ein Beispiel dafür.

Abbildg. 3.7   Nach einem Absturz bringt Sie Excel in allen Mappen wieder an die Stelle, an der Sie unterbrochen wurden.

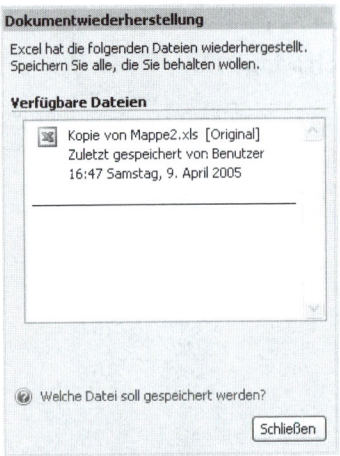

Neben der Möglichkeit, die AutoWiederherstellung über den Menübefehl *Extras/Optionen* auf der Registerkarte *Speichern* zu aktivieren und die Speicherintervalle zu bestimmen, läuft im Hintergrund der abgesicherte Modus von Office System, wenn bereits beim Start Probleme registriert wurden. Diese werden weiter überwacht und Office versucht, das Problem zu beheben. Der Benutzer erhält entsprechende Meldungen, um über den Fortgang zu entscheiden.

TIPP   Sie können jede Office System-Anwendung im abgesicherten Modus starten lassen, indem Sie beim Start die Taste `Strg` festhalten oder die Option */safe* in die Befehlszeile schreiben. Mehr zu »den Startschaltern von Excel« finden Sie in Kapitel 2.

Sollte eine Office System-Anwendung nicht mehr reagieren und Ihr System arbeitet noch korrekt, behandeln Sie das Problem mithilfe der *Microsoft Office Anwendungswiederherstellung*. Sie finden das Programm standardmäßig im Programmordner *Microsoft Office Tools*, welcher als Unterordner in Ihrem Programmordner für die Office System-Anwendungen liegt. Alles weitere entnehmen Sie bitte der Office-Hilfe zu diesem Thema.

Um eine der im gezeigten *Dokumentwiederherstellung*-Fenster angebotene Arbeitsmappe wiederherzustellen, gehen Sie so vor:

1. Markieren Sie den Eintrag für die betreffende Arbeitsmappe.

2. Klicken Sie dann auf *Öffnen*.

3. Wählen Sie den Menübefehl *Datei/Speichern unter* und treffen Sie die entsprechenden Festlegungen für das Speichern.

Um eine der angebotenen Arbeitsmappen zu löschen, markieren Sie diese und klicken auf *Löschen*.

Wenn Sie Excel beenden und zuvor für keine der im Aufgabenbereich *Dokumentwiederherstellung* aufgeführten Dateien eine Aktion ausgeführt haben, zeigt Excel eine Warnmeldung an. Sie können dann entscheiden, ob Sie die Sicherungskopien der Dateien später einsehen wollen oder ob Excel diese entfernen soll.

Differenzierte Berechtigungen für den Zugriff

Im Rahmen der neuen Technologie *Windows Rights Management Services* können die Anwender von Excel 2003 auf Dateiebene festlegen, wer mit welchen Nutzungsrechten Zugriff auf eine Arbeitsmappe bekommen soll. Ziel ist es, sensible Geschäftsinformationen – Finanzdaten, Planungsdokumente, Personalinformationen usw. – besser zu schützen.

Die Anwender aktivieren und definieren die Zugriffsrechte in der Anwendung (beispielsweise Excel, Word oder PowerPoint) über den neuen Menübefehl *Datei/Berechtigung* oder das gleichnamige Symbol in der *Standard*-Symbolleiste. Die Verwaltung der Zugriffsrechte erfolgt auf Serverseite (Windows Server 2003).

Mit der Verwaltung von Berechtigungen für einzelne Benutzer lassen sich beispielsweise folgende Aktionen sperren:

- Das Öffnen einer Datei;

- das Kopieren oder Ausschneiden von Teilen aus dieser Datei;

- das Drucken der Datei oder einzelner Teile sowie

- das Weiterleiten der Datei per E-Mail.

Darüber hinaus lässt sich mit der neuen Funktion die Nutzung von Arbeitsmappen auch zeitlich begrenzen. Nach einem »Verfallsdatum« sind die Dateien nicht mehr zu öffnen.

Abbildg. 3.8   Differenzierte Optionen für die Einschränkungen beim Zugriff auf eine Präsentation

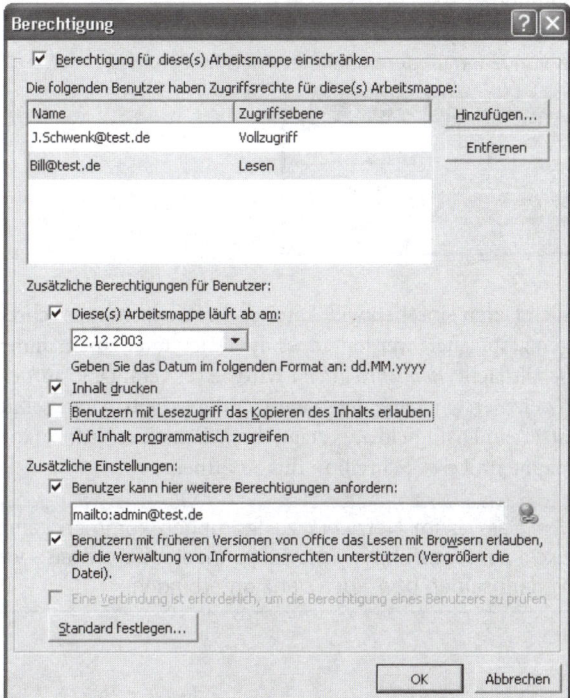

Firmen und Einrichtungen können über zentral bereit gestellte Vorlagen die Prozesse für das Verteilen von Berechtigungen automatisieren – beispielsweise für den Schutz vertraulicher Daten, die nun nur noch von einem bestimmten Personenkreis geöffnet und bearbeitet werden sollen.

Die definierten Sicherheitseinstellungen verbleiben physikalisch bei der Datei selbst, unabhängig davon, wohin diese gesendet wird.

Anwender benötigen *Active Directory Services* oder den *Microsoft-Passport* für die Benutzeridentifikation.

Ein *Rights Management*-Zusatz für den *Internet Explorer* weitet den Schutz auf Webinhalte aus und soll es damit auch Anwendern früherer Office-Versionen ermöglichen, Dokumente zu lesen, für die mit der neuen Funktion *Berechtigung* der Zugriff eingeschränkt wurde.

Eine Arbeitsmappe gemeinsam öffnen

Wenn Sie Excel in einem Netzwerk einsetzen, können mehrere Benutzer gleichzeitig eine Arbeitsmappe öffnen und bearbeiten. Die Mitarbeiter einer Arbeitsgruppe können so z.B. eine zentrale Auftragsliste oder einen Kalender gemeinsam nutzen.

Exklusive Rechte sind Standard

Beim Öffnen einer Arbeitsmappe haben Sie zunächst exklusive Rechte für die Bearbeitung. Wenn ein weiterer Benutzer dieselbe Arbeitsmappe öffnen will, erhält er die Meldung, dass die Mappe bereits bearbeitet wird (siehe Abbildung 3.9).

Abbildg. 3.9   Hinweis, wenn die Mappe bereits von einem anderen Benutzer geöffnet wurde

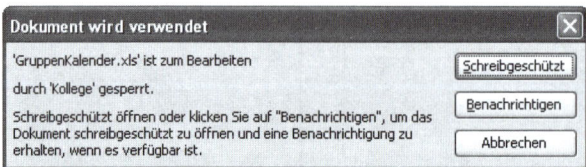

Wenn der zweite Benutzer lediglich Daten einsehen will, kann er die Arbeitsmappe schreibgeschützt öffnen. Sollen jedoch Änderungen gespeichert werden, muss die Datei unter einem anderen Namen gespeichert werden. Über die Schaltfläche *Benachrichtigen* wird Excel veranlasst, in dem Moment eine Meldung anzuzeigen, wenn der zuerst angemeldete Benutzer die Arbeitsmappe schließt. Ist dies der Fall, wird dem zweiten Benutzer ein Dialogfeld angezeigt, das neben dieser Information auch die Möglichkeit bietet, die Arbeitsmappe im Lese-/Schreibmodus zu öffnen.

HINWEIS   Bitte beachten Sie, dass es im Netzwerk zu Störungen kommen kann, die nicht zwingend auf ein Problem in Excel zurückzuführen sind. So können beispielsweise Virenscanner oder eine Firewall den Zugriff verlangsamen bzw. auch ganz unterbinden.

Eine Arbeitsmappe freigeben

Über den Menübefehl *Extras/Arbeitsmappe freigeben* können Sie im Dialogfeld *Arbeitsmappe freigeben* eine Arbeitsmappe für die gleichzeitige Bearbeitung durch mehrere Benutzer (maximal 256) verfügbar machen, wenn Sie das Kontrollkästchen *Bearbeitung von mehreren Benutzern zur selben Zeit zulassen* aktivieren. Die Mappe wird dann zunächst gespeichert.

WICHTIG Die Mappe bleibt so lange freigegeben, bis Sie über den Menübefehl *Extras/ Arbeitsmappe freigeben* den Status wieder ändern. Das Schließen der Arbeitsmappe allein genügt nicht, um den Status zurückzusetzen.

Die Namen der angemeldeten Benutzer werden im Dialogfeld *Arbeitsmappe freigeben* angezeigt. Für die Anzeige wird der Name verwendet, den Sie nach Aufruf des Menübefehl *Extras/Optionen* auf der Registerkarte *Allgemein* im Feld *Benutzername* eingetragen haben. Im Dialogfeld *Arbeitsmappe freigeben* (siehe Abbildung 3.10) können Sie über die Schaltfläche *Benutzer entfernen* auf der Registerkarte *Status* einen Benutzer wieder ausschließen. Mit anderen Worten: Der Benutzer ist nicht mehr mit der freigegebenen Mappe verbunden und kann Änderungen nur noch unter einem anderen Dateinamen speichern.

Abbildg. 3.10 Mit der Schaltfläche *Benutzer entfernen* können Sie einen Benutzer von der freigegebenen Mappe ausschließen.

Über die Registerkarte *Weitere* können Sie festlegen, wie lange das Änderungsprotokoll gespeichert werden darf und wie Excel mit den Änderungen verschiedener Benutzer verfahren soll (siehe Abbildung 3.11).

Abbildg. 3.11   Die Einstellungen für das Protokoll und die Konfliktlösung vornehmen

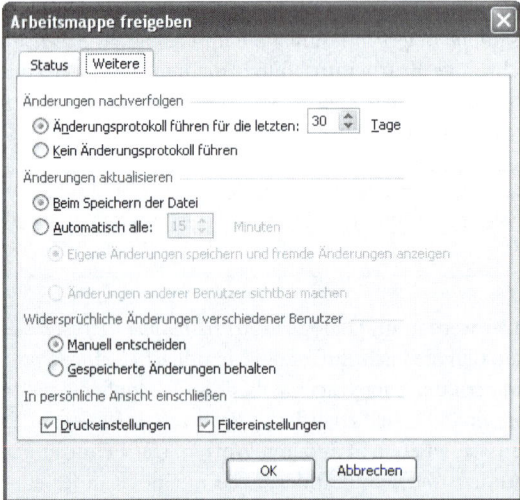

Was in der freigegebenen Mappe geht ...

In einer freigegebenen Arbeitsmappe

- können mehrere Benutzer gleichzeitig Daten eingeben und verändern;
- kann jeder Benutzer die Formate von Zellen bearbeiten;
- kann jeder Benutzer Zellen einfügen oder löschen (ganze Zeilen oder Spalten);
- kann jeder Benutzer Kommentare einfügen und bearbeiten;
- kann jeder Benutzer Arbeitsblätter mit unterschiedlichen Konsolidierungsbereichen verwenden;
- kann jeder Benutzer persönliche Druckereinstellungen und Filtereinstellungen verwenden.

... und was nicht

Folgende Aktionen können in einer freigegebenen Arbeitsmappe nicht durchgeführt werden:

- Zusammenführen von Zellen
- Festlegen oder Anwenden von bedingten Formaten
- Festlegen oder Ändern von Gültigkeitsprüfungen
- Einfügen oder Löschen von Zellblöcken
- Einfügen oder Ändern von Diagrammen, Grafiken, Objekten oder Hyperlinks
- Löschen oder Verschieben von Tabellenblättern
- Zuweisen, Ändern oder Entfernen eines Kennworts für das Schützen einzelner Tabellenblätter oder der gesamten Arbeitsmappe
- Speichern, Anzeigen oder Ändern von Szenarios
- Gruppieren oder Gliedern von Daten
- Einfügen automatischer Teilergebnisse

- Erstellen von Pivot-Tabellen oder Ändern des Layouts vorhandener Pivot-Tabellen

- Ändern von Dialogfeldern oder Menüs

- Schreiben, Ändern, Anzeigen, Aufzeichnen oder Zuweisen von Makros in der freigegebenen Arbeitsmappe

Vorbereitungen für die Freigabe

Weil Sie nicht alle Funktionen von Excel in einer freigegebenen Arbeitsmappe anwenden können, sollten Sie diese Features deshalb verwenden, bevor Sie die Arbeitsmappe freigeben. Wenn Sie z.B. die bedingte Formatierung bereits vor der Freigabe festgelegt haben, werden die Formatierungen auch wie gewünscht angezeigt. Nutzen Sie also alle Möglichkeiten von Excel, solange die Mappe exklusiv geöffnet ist. Tragen Sie Kommentare mit Hinweisen zur Bearbeitung ein, schützen Sie bei Bedarf die Formeln oder ganze Tabellen einer Mappe.

Konflikte anzeigen

Wenn mehrere Benutzer Änderungen an einer Mappe speichern, kann es mitunter interessant sein festzustellen, wer welche Änderungen vorgenommen hat. Excel bietet zwei unterschiedliche Methoden an, solche Konflikte anzuzeigen.

Über *Extras/Änderungen nachverfolgen/Änderungen hervorheben* können Sie Änderungen auf dem Bildschirm anzeigen lassen, wenn Sie das Kontrollkästchen *Änderungen am Bildschirm hervorheben* aktivieren. Excel fügt dann in der linken oberen Ecke eine blaue Markierung (ähnlich dem Kommentarindikator) ein. Angezeigt werden dabei z.B. Änderungen an Zellinhalten, eingefügte und gelöschte Zeilen bzw. Spalten. Nicht angezeigt werden dagegen Änderungen an der Formatierung, eingeblendete bzw. ausgeblendete Zeilen und Spalten sowie eingefügte oder gelöschte Tabellenblätter. Neue Kommentare und Änderungen an Kommentaren werden ebenso nicht angezeigt wie Zellen mit Formeln, die sich aufgrund von Änderungen an Vorgängerzellen ändern. Kommentare werden üblicherweise mit dem Namen des Benutzers gespeichert, der den Eintrag vorgenommen hat.

Mehr zu »Kommentaren« finden Sie in Kapitel 13.

Abbildg. 3.12   Auswahl für die anzuzeigenden Änderungen vornehmen

Das Protokoll anzeigen

Wenn Änderungen bereits gespeichert wurden, ist es möglich, diese in einem Protokoll anzeigen zu lassen. Über den Menübefehl *Extras/Änderungen nachverfolgen/Änderungen hervorheben* rufen Sie das Dialogfeld *Änderungen hervorheben* auf und markieren das Kontrollkästchen *Änderungen während der Eingabe protokollieren* (siehe Abbildung 3.12). Dieses Kontrollkästchen aktiviert die Freigabe der Arbeitsmappe und das Änderungsprotokoll. Deaktivieren Sie die Kontrollkästchen *Wann*, *Wer* und *Wo*, um alle Änderungen anzuzeigen, und aktivieren Sie das Kontrollkästchen *Änderungen auf einem neuen Blatt protokollieren*. Nach dem Klick auf *OK* fügt Excel ein neues Tabellenblatt ein, auf dem neben dem Datum und der Uhrzeit der Benutzername sowie weitere Informationen zur Änderung angezeigt werden.

HINWEIS   Wenn Sie die Arbeitsmappe speichern oder schließen, entfernt Excel das Tabellenblatt mit dem Protokoll. Wenn Sie das Protokoll nach dem Speichern einsehen möchten, müssen Sie das vorstehend beschriebene Verfahren wiederholen. Das gilt auch, wenn weitere Änderungen durchgeführt wurden, da das Protokoll nicht automatisch aktualisiert wird.

Ein Protokoll können Sie immer dann sinnvoll einsetzen, wenn Sie eine vollständige Liste der Änderungen einsehen oder drucken wollen oder wenn Sie diese Liste genauer untersuchen wollen. Über die Filterfunktionen können Sie hier eine Analyse mit verschiedenen Kriterien durchführen.

Mehr zum »Filtern von Daten« finden Sie in Kapitel 21.

Änderungen akzeptieren oder ablehnen

Speichert ein Benutzer Änderungen an der freigegebenen Arbeitsmappe, führt Excel einen Vergleich durch und zeigt eine Meldung an (siehe Abbildung 3.13).

Abbildg. 3.13   Hinweis auf Änderungen durch andere Benutzer

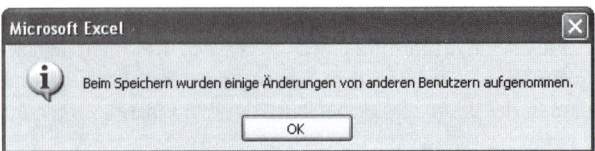

Ist im Dialogfeld *Arbeitsmappe freigeben* auf der Registerkarte *Weitere* die Option *Manuell entscheiden* (vgl. Abbildung 3.11) markiert, können Sie für jede Änderung eine Meldung mit Informationen anzeigen lassen. Mit der Befehlsfolge *Extras/Änderungen nachverfolgen/Änderungen annehmen oder ablehnen* rufen Sie dazu zunächst das Dialogfeld *Änderungen zur Überprüfung auswählen* auf. Wählen Sie hier die Einstellungen für die Prüfungen aus (siehe Abbildung 3.14).

Abbildg. 3.14   Mit diesen Einstellungen werden alle Änderungen angezeigt.

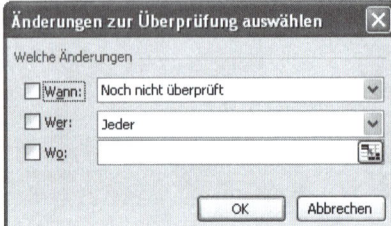

Sie können z.B. Änderungen überprüfen, die von einem bestimmten Benutzer vorgenommen wurden. Aktivieren Sie hierfür das Kontrollkästchen *Wer* und klicken Sie dann im Listenfeld auf den entsprechenden Benutzernamen. Um sämtliche Änderungen aller Benutzer zu überprüfen, deaktivieren Sie alle Kontrollkästchen.

Wenn Sie jetzt auf *OK* klicken, wird für jede Änderung das Dialogfeld *Änderungen annehmen oder ablehnen* angezeigt. Um die Änderung anzunehmen und die Hervorhebung in der Tabelle zu entfernen, klicken Sie auf *Annehmen*. Um die Änderung im Tabellenblatt rückgängig zu machen, klicken Sie auf *Ablehnen*. Werden mehrere Werte zur Auswahl angezeigt, klicken Sie auf den gewünschten Wert und dann auf *Annehmen*. Sie müssen eine Änderung entweder annehmen oder ablehnen, bevor Sie mit der nächsten Änderung fortfahren können (siehe Abbildung 3.15). Mit den Schaltflächen *Alle annehmen* und *Alle Ablehnen* können Sie das Verfahren ggf. beschleunigen.

Abbildg. 3.15 Für jede Änderung werden Informationen angezeigt und Sie können Änderungen annehmen oder ablehnen.

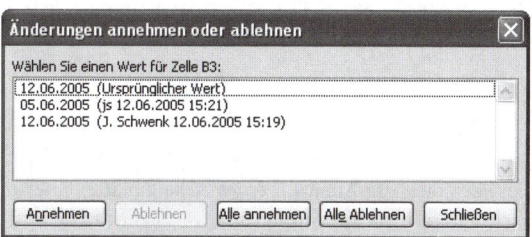

Im Protokoll wird bei abgelehnten Änderungen in der Spalte *Aktionstyp* der Eintrag »Abgelehnte Aktion rückgängig gemacht« angezeigt.

Das Protokoll schützen

Um das Änderungsprotokoll vor versehentlichem Löschen zu schützen, markieren Sie über *Extras/Schutz/Freigegebene Arbeitsmappe schützen* das entsprechende Kontrollkästchen. Ein Kennwort können Sie allerdings nur dann vergeben, wenn die Arbeitsmappe exklusiv geöffnet ist.

PROFITIPP

Ein Tipp für Benutzer ohne Netzwerk

Wenn Sie Excel nicht im Netzwerk, sondern nur auf einem Einzelplatz-PC ausführen, bringen Ihnen die Netzwerkfunktionalitäten scheinbar keinen Vorteil. Sollten Sie allerdings hin und wieder Dateien auf einen Laptop bzw. ein Notebook kopieren, um daran unterwegs zu arbeiten, sieht die Sache wieder ganz anders aus. Da kann es schon vorkommen, dass Sie unterschiedliche Änderungen an den beiden Dateien vornehmen – was dann? Wenn Sie die Dateien im Freigabemodus bearbeiten und ein Änderungsprotokoll führen, können Sie später über den Befehl *Extras/Arbeitsmappen vergleichen und zusammenführen* die beiden Kopien zusammenführen und dabei sogar die Änderungen einzeln anzeigen lassen.

Mehr zum »Arbeiten im Team« finden Sie in Kapitel 30.

Die Arbeitsblatt-Register

Wenn Sie Excel 2003 starten, wird eine neue Arbeitsmappe mit drei Arbeitsblättern erstellt. Das erste Arbeitsblatt – *Tabelle1* – ist dabei das aktive Blatt, in dem Sie Ihre Arbeit beginnen können.

Die Arbeitsblatt-Register (Abbildung 3.16) befinden sich am unteren Fensterrand und gestatten Ihnen den Wechsel zwischen den einzelnen Arbeitsblättern. Dazu haben Sie mehrere Möglichkeiten:

- Klicken Sie mit der Maus auf das gewünschte Register (*Tabelle1*, *Tabelle2* oder *Tabelle3*) und das Tabellenblatt wird aktiviert.

- Sie können sich aber auch mit den Steuerungstasten zwischen den einzelnen Tabellen bewegen: Mit der Tastenkombination ⌨Strg+⌨Bild↓ wählen Sie die nächste Tabelle, mit der Tastenkombination ⌨Strg+⌨Bild↑ die vorherige.

Abbildg. 3.16   Die Arbeitsblatt-Register einer neuen Mappe

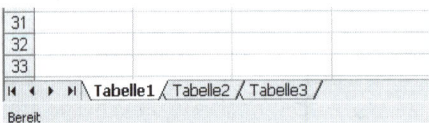

Bei umfangreichen Arbeitsmappen erweist sich die Auswahl eines Arbeitsblattes über die Registerlaufpfeile oft als umständlich. Eine schnellere Auswahl erfolgt über das Kontextmenü der Registerlaufpfeile. Klicken Sie mit der rechten Maustaste auf die Registerlaufpfeile, erhalten Sie alle Tabellenblätter aufgelistet und brauchen nur eines auszuwählen.

Abbildg. 3.17   Das Kontextmenü der Registerlaufpfeile

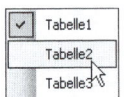

HINWEIS   Sind in der Arbeitsmappe sehr viele Blätter vorhanden, wird am Ende der Liste der Eintrag *Weitere Blätter* aufgeführt. Klicken Sie diesen an, erhalten Sie das Dialogfeld *Aktivieren*, über das Sie wiederum in einem Listenfeld das gesuchte Blatt aktivieren können.

Arbeitsblätter gruppieren

Es ist auch möglich, mehrere Arbeitsblätter gleichzeitig auszuwählen. Benachbarte Arbeitsblätter selektieren Sie, indem Sie die ⌨⇧-Taste gedrückt halten und ein Register nach dem anderen anklicken. Alternativ können Sie nach dem Klick auf das erste Register bei gedrückter ⌨⇧-Taste auch gleich das letzte Register anklicken, wodurch auch die dazwischen liegenden Blätter ausgewählt werden. Wollen Sie nicht benachbarte Arbeitsblätter selektieren, halten Sie beim Anklicken der betreffenden Register stattdessen die ⌨Strg-Taste gedrückt.

HINWEIS   Die Mehrfachmarkierung von Arbeitsblättern wird auch als *Gruppieren* von Arbeitsblättern bezeichnet. In der Titelleiste des Arbeitsmappenfensters erscheint der Zusatz *[Gruppe]*. Alle Aktionen, wie Eingaben, Formatieren, Spaltenbreite und Zeilenhöhe sowie die Einstellungen zur Seiteneinrichtung werden gleichzeitig auf allen markierten Blättern realisiert. Sie schreiben und gestalten sozusagen »mit Durchschlag«.

Sind so viele Tabellen angelegt, dass sie nicht mehr vollständig auf der Registerleiste angezeigt werden, können Sie die Registerlaufpfeile verwenden, um zur jeweiligen Tabelle bzw. schnell zur ersten oder letzten Tabelle zu gelangen.

Wenn Sie in einer Arbeitsmappe mit sehr vielen Blättern ein momentan nicht sichtbares Tabellenregister auswählen wollen, unternehmen Sie diese Schritte:

1.   Klicken Sie in der Leiste mit den Registerlaufpfeilen ganz rechts auf die Schaltfläche für das letzte Arbeitsblatt. Das letzte Arbeitsblatt wird sichtbar, ist aber nicht aktiviert. Die Betätigung der Registerlaufpfeile macht die anderen Arbeitsblätter zwar sichtbar, zum Aktivieren des Arbeitsblattes müssen Sie aber das Register anklicken.

2.   Klicken Sie in der Leiste mit den Registerlaufpfeilen ganz links die Schaltfläche für das erste Arbeitsblatt an. Das erste Arbeitsblatt wird angezeigt, ist aber nicht aktiviert. Verfahren Sie zum Aktivieren, wie in Schritt 1 ausgeführt.

Aktionen mit Arbeitsblättern durchführen

Wenn Sie die Blätter in einer Arbeitsmappe logisch anordnen, zum Beispiel alphabetisch, können Sie und andere Anwender diese leichter benutzen und verstehen.

Zur Organisation von Arbeitsmappen und den darin enthaltenen Arbeitsblättern bietet Excel zahlreiche Funktionen. So können Sie beispielsweise auf dem ersten Blatt zusammenfassende Informationen oder ein Inhaltsverzeichnis für die Arbeitsblätter in der Arbeitsmappe unterbringen.

Arbeitsblätter löschen

Wollen Sie ein Arbeitsblatt der Mappe löschen, stehen Ihnen zwei Möglichkeiten zur Verfügung – zum einen über den Befehl *Bearbeiten/Blatt löschen*, zum anderen über das Kontextmenü der rechten Maustaste.

Wollen Sie das Arbeitsblatt *Tabelle2* aus der aktuellen Mappe löschen, geht das so:

- Klicken Sie mit der rechten Maustaste in der Registerleiste auf *Tabelle2*.
- Wählen Sie im Kontextmenü den Befehl *Löschen* aus.

WICHTIG   Nach diesem Befehl erfolgt seit Excel 2002 keine Sicherheitsabfrage wie bis zur Version 2000 üblich. Das Blatt wird unwiederbringlich gelöscht, Sie können die Aktion nicht einmal über den Befehl *Rückgängig* korrigieren, da dieser nach dem Löschen eines Tabellenblattes deaktiviert ist. Überlegen Sie sich deshalb vorher genau, ob Sie das Blatt wirklich nicht mehr benötigen.

Haben Sie versehentlich ein Blatt gelöscht, dann erst mal Ruhe bewahren. Speichern Sie die Datei unter einem anderen Namen. Öffnen Sie dann die ursprüngliche Datei, welche das gelöschte Blatt enthält und kopieren Sie das Blatt in die neue Datei.

Arbeitsblätter einfügen

Wollen Sie weitere Tabellenblätter einfügen, rufen Sie den Menübefehl *Einfügen/Tabellenblatt* auf oder wählen im Kontextmenü der Registerleiste den Befehl *Einfügen* aus. Dazu klicken Sie mit der rechten Maustaste auf das Register der Tabelle, vor der Sie eine weitere Tabelle einfügen wollen, wählen den Befehl *Einfügen* und doppelklicken Sie auf das Symbol *Tabellenblatt*.

So fügen Sie das Arbeitsblatt *Tabelle2* wieder in die aktuelle Arbeitsmappe ein:

1. Klicken Sie in der Registerleiste mit der rechten Maustaste auf *Tabelle3* und wählen Sie im Kontextmenü den Befehl *Einfügen* aus. Das Dialogfeld zum Einfügen von Tabellen wird geöffnet.

2. Doppelklicken Sie auf das Symbol *Tabellenblatt*.

3. Jetzt haben Sie vor der *Tabelle3* ein neues Tabellenblatt, das allerdings den Namen *Tabelle4* trägt. Excel fügt also ein neues Tabellenblatt an die gewünschte Position, verwendet als Namen aber die Folgenummer des letzten Tabellenblattes der Arbeitsmappe.

4. Um wieder ein Arbeitsblatt *Tabelle2* zu bekommen, müssen Sie einen weiteren Arbeitsschritt durchführen.

Arbeitsblätter umbenennen und verschieben

Zum besseren Verständnis (insbesondere für andere Anwender Ihrer Arbeitsmappe) sollten Sie die einzelnen Arbeitsblätter in einer Arbeitsmappe mit entsprechenden Benennungen versehen.

Nehmen wir an, Sie wollen die neue *Tabelle4* in *Rechnung* und die *Tabelle1* in *Lieferschein* umbenennen:

1. Doppelklicken Sie auf das Register *Tabelle4*. Der Registername wird markiert, und Sie können nun mit der Eingabe eines anderen Namens für das Tabellenblatt beginnen. Geben Sie den Namen *Rechnung* ein.

2. Bestätigen Sie mit der ↵ -Taste. Die *Tabelle4* wird daraufhin in *Rechnung* umbenannt.

3. Weisen Sie nach dem gleichen Prinzip der *Tabelle1* den Namen *Lieferschein* zu.

HINWEIS Der Name eines Arbeitsblattes kann bis zu 31 Zeichen lang sein – einschließlich Leerzeichen.

Nehmen wir weiter an, Sie wollen die Tabelle *Rechnung* vor der Tabelle *Lieferschein* platzieren:

1. Markieren Sie das Tabellenblatt *Rechnung*.

2. Ziehen Sie das Register mit gedrückter linker Maustaste links vor das Register von *Lieferschein*. *Rechnung* und *Lieferschein* stehen jetzt in der richtigen Reihenfolge.

Grundlagen

TIPP Oft ist es sinnvoll, ein Tabellenblatt aus einer Arbeitsmappe herauszulösen und es in einer anderen Arbeitsmappe zu speichern. Verkleinern Sie dazu eine Arbeitsmappe im Vollbild auf Fensterdarstellung, sodass beide Arbeitsmappen zu sehen sind. Ziehen Sie das gewünschte Blattregister mit gedrückter linker Maustaste in die Zielmappe. Wollen Sie das Blatt als Kopie in der anderen Arbeitsmappe haben, halten Sie während des Ziehens die [Strg]-Taste gedrückt.

Alle Aktionen für ein oder mehrere markierte Arbeitsblätter finden Sie grundsätzlich im Kontextmenü für das markierte Register (siehe Abbildung 3.18).

Abbildg. 3.18 Das Kontextmenü für Blattregister enthält alle Befehle für Arbeitsblätter.

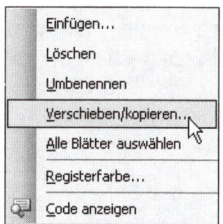

Wählen Sie den Befehl *Verschieben/kopieren*, erhalten Sie ein Dialogfeld angezeigt (siehe Abbildung 3.19), über das Sie ebenfalls gezielt verschieben bzw. kopieren können und zwar ganz ohne Maus- und Fenstertechnik. Auch hier muss eine externe Zielmappe geöffnet sein, sonst ist sie nicht als Ziel auswählbar.

Abbildg. 3.19 Das Dialogfeld zum Verschieben oder Kopieren von Arbeitsblättern

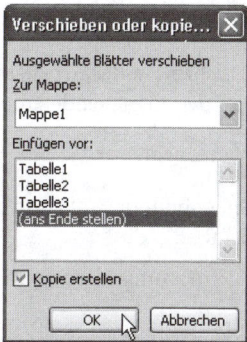

WICHTIG Beachten Sie bitte, dass als Standard die Aktion *Verschieben* festgelegt ist. Wenn Sie eine Kopie erstellen wollen, müssen Sie das Kontrollkästchen *Kopie erstellen* aktivieren.

Arbeitsblattregister farblich gestalten

Seit Excel 2002 haben Sie die Möglichkeit, die Register farblich zu gestalten, um sie noch besser unterscheiden zu können.

Beispiel: In einer Mappe mit Monatsblättern sollen die Register farblich unterschieden werden. Das geht so:

1. Klicken Sie mit der rechten Maustaste auf das zu färbende Register.

2. Im Kontextmenü wählen Sie den Eintrag *Registerfarbe*.

3. Aus der Palette *Farbiges Register* (mit insgesamt 56 verfügbaren Farben) wählen Sie eine Farbe aus und bestätigen mit Klick auf *OK*.

4. Als Ergebnis sehen Sie, dass die Registerbeschriftung mit der gewählten Farbe unterlegt ist. Wechseln Sie jetzt das Registerblatt, indem Sie auf ein anderes klicken. Jetzt ist die farbliche Hervorhebung des Registers zu sehen (vgl. Abbildung 3.20).

Abbildg. 3.20   Das farbig gestaltete Register

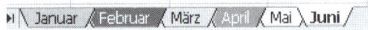

Arbeitsblätter aus- und einblenden

In einigen Fällen gibt es Arbeitsblätter in der Mappe, die nicht ständig angezeigt werden müssen. Sie enthalten evtl. Hilfstabellen oder -berechnungen, die dem Benutzer vorenthalten werden sollen.

Sie können solche Blätter unsichtbar machen, indem Sie

1. das Blatt bzw. die betreffenden Blätter markieren und

2. den Befehl *Format/Blatt/Ausblenden* wählen.

Auf diese Art und Weise erhöhen Sie eventuell auch die Übersichtlichkeit in der Arbeitsmappe. Nur die wichtigen Blätter sind zu sehen. Wird später eine Bearbeitung der ausgeblendeten Blätter notwendig, gehen Sie so vor:

1. Wählen Sie den Befehl *Format/Blatt/Einblenden*.

2. Markieren Sie den Blattnamen im Dialogfeld *Einblenden* (siehe Abbildung 3.21) und machen Sie das Blatt durch einen Klick auf die *OK*-Schaltfläche wieder sichtbar.

Leider müssen die Blätter einzeln eingeblendet werden, da eine Mehrfachmarkierung im Dialogfeld *Einblenden* nicht möglich ist.

Abbildg. 3.21   Alle ausgeblendeten Blätter werden im *Einblenden*-Dialogfeld aufgelistet.

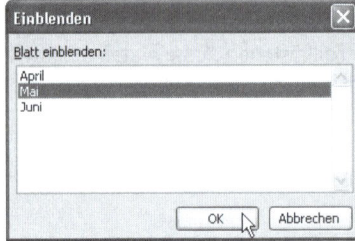

HINWEIS   Beim Drucken der gesamten Arbeitsmappe werden die ausgeblendeten Blätter von Excel 2003 nicht berücksichtigt.

Arbeitsmappen ausblenden

Sie können Arbeitsmappen und Tabellenblätter ausblenden, um die Anzahl der Fenster und Blätter auf dem Bildschirm zu reduzieren und ungewollte Änderungen zu verhindern. Sie können beispielsweise eine Arbeitsmappe mit Makros ausblenden, damit die Makros ausgeführt werden können, für die Makroarbeitsmappe jedoch kein Fenster angezeigt wird. Die ausgeblendete Arbeitsmappe bzw. das ausgeblendete Blatt bleiben geöffnet und andere Dokumente können die Informationen nutzen.

So blenden Sie eine Arbeitsmappe aus:

1. Öffnen Sie die betreffende Arbeitsmappe.
2. Klicken Sie im Menü *Fenster* auf den Befehl *Ausblenden*.

Beim Ausblenden einer Arbeitsmappe werden die Daten aus der Ansicht, jedoch nicht aus der Arbeitsmappe gelöscht. Wenn Sie Excel beenden und die Arbeitsmappe speichern, bleiben die versteckten Daten beim nächsten Öffnen der Arbeitsmappe ausgeblendet.

Die erneute Anzeige der Arbeitsmappe erfolgt mit diesen Schritten:

1. Öffnen Sie die betreffende Arbeitsmappe. Sie erscheint nicht, wie gewohnt, in einem Fenster.
2. Wählen Sie die Befehlsfolge *Fenster/Einblenden*.
3. Im Dialogfeld *Einblenden* markieren Sie den Dateinamen der betreffenden Arbeitsmappe und klicken auf die Schaltfläche *OK*.

Wie Sie einzelne Blätter einer Arbeitsmappe ausblenden können, erfahren Sie in Kapitel 4.

Eine Arbeitsmappe schließen

Zum Schließen einer Arbeitsmappe wählen Sie eine der folgenden Möglichkeiten:

- den Menübefehl *Datei/Schließen*
- die Schaltfläche *Fenster schließen* (das kleinere der beiden »X« oben rechts)
- Sie beenden Excel

Sollte die Mappe geändert, aber noch nicht gespeichert worden sein, erhalten Sie eine Sicherheitswarnung, die Sie zum Speichern auffordert.

PROFITIPP

Sie können mehrere Arbeitsmappen in einem Arbeitsgang schließen, wenn Sie die ⟨⇧⟩-Taste gedrückt halten und dann das Menü *Datei* öffnen. Die Verwendung der ⟨⇧⟩-Taste führt dazu, dass hier der Befehl *Alle schließen* angezeigt wird. Mit diesem Befehl können alle geöffneten Arbeitsmappen in einem Arbeitsgang geschlossen werden. Dabei erfolgt für jede veränderte Datei, die noch nicht gespeichert wurde, eine Sicherheitswarnung.

Mehrere Arbeitsmappen als Aufgabenbereich speichern

Sie können eine Gruppe von Arbeitsmappen in einem einzigen Schritt öffnen, wenn Sie eine Datei für den *Aufgabenbereich* erstellen. Die Datei für den Aufgabenbereich speichert Informationen über alle geöffneten Arbeitsmappen, z.B. Speicherort, Fenstergrößen, Bildschirmposition usw. Öffnen Sie eine solche *Aufgabenbereichdatei* über den Menübefehl *Datei/Öffnen*, so öffnet Excel jede zum Aufgabenbereich gehörende Arbeitsmappe. Diese Aufgabenbereichdatei enthält nicht die eigentlichen Arbeitsmappen, sodass Sie jede Änderung in den einzelnen Arbeitsmappen speichern müssen, bevor Sie die Aufgabenbereichdatei speichern.

 Für die folgende Übung können Sie die Beispieldateien *Notiz.xls* und *Flug.xls* aus dem Ordner *\Buch\Kap03* auf der Buch-CD-ROM verwenden.

Sie wollen die Arbeitsmappen *Notiz.xls* und *Flug.xls* als Aufgabenbereich speichern, um durch Öffnen des Arbeitsbereiches schnell alle zusammen gehörenden Mappen in voreingestellter Weise zur Verfügung zu haben.

1. Öffnen Sie die Arbeitsmappen *Notiz.xls* und *Flug.xls*.
2. Stellen Sie die für den Aufgabenbereich gewünschten Fenstergrößen und -Positionen ein. Dazu steht Ihnen u. a. der Befehl *Fenster/Anordnen* zur Verfügung.
3. Rufen Sie den Menübefehl *Datei/Aufgabenbereich speichern* auf.
4. Im Eingabefeld *Dateiname* geben Sie den Namen für die Aufgabenbereichdatei ein, z.B. *Meine Aufgabe*, und klicken auf *Speichern*.

Die so entstehende Datei mit der Erweiterung *.xlw* benötigt selbst sehr wenig Speicherplatz, da in ihr nur die o.g. Informationen über die Mappen, nicht der Mappeninhalt selbst gespeichert ist.

TIPP Wollen Sie die Aufgabenbereichdatei bei jedem Start von Excel öffnen, speichern Sie diese im Ordner C:*Programme\Microsoft Office/Office11/XLSTART*. Speichern Sie nur die Aufgabenbereichdatei und nicht aber die einzelnen Arbeitsmappen hier ab, da sonst alle in der Aufgabenbereichdatei verknüpften Dateien mitgeöffnet werden. Dies kann insbesondere dann an die Speicherressourcen Ihres PC gehen, wenn es sehr viele Dateien sind.

Zusammenfassung

Letztendlich geht es bei der Arbeit am Computer immer um die Arbeit mit Dateien. Für Sie ist dabei zunächst wichtig, dass Sie eine einmal erstellte Datei auch wieder finden. Das hört sich vielleicht trivial an, aber geben Sie es ruhig zu, Sie haben sicher auch schon einmal nach einer Information gesucht, die Sie »ganz sicher irgendwo« abgelegt haben. Also machen Sie sich ein paar Gedanken zur Dateiablage – es lohnt sich!

Jede Information wird in einer Datei abgelegt und jede Anwendung verwendet in der Regel ein eigenes Dateiformat. Wenn Sie Daten mit anderen Anwendern austauschen wollen, dann ist es wichtig zu wissen, ob Ihr Gegenüber ebenfalls Excel im Einsatz hat oder ob er über ein anderes Programm verfügt. In diesem Fall müssen Sie sich zuerst über ein geeignetes Format für den Datenaustausch verständigen.

Grundlagen

Kapitel 4

In Tabellenblättern arbeiten

In diesem Kapitel:

Der Aufbau eines Arbeitsblatts

Die Dateien bzw. Dokumente, welche in Excel bearbeitet werden, heißen *Arbeitsmappen* (manchmal wird auch der englische Begriff *workbook* verwendet). Diese enthalten die eigentlichen Tabellen, die so genannten *Arbeitsblätter* (englisch: *worksheet* oder *spreadsheet*). Ein Arbeitsblatt kann man sich als ein elektronisches Rechenblatt vorstellen, das in Spalten und Zeilen aufgeteilt ist. Im Gegensatz zu einem papiernen Rechenblatt berechnet Excel die eingegebenen Zahlen aber automatisch. Die Anzahl der Blätter in einer Arbeitsmappe ist nur durch den verfügbaren Speicher begrenzt. In der Mehrheit sind es Tabellenblätter; daneben gibt es aber auch andere Blatttypen, z.B. Diagrammblätter.

Ein Arbeitsblatt bzw. eine Tabelle enthält *Spalten* und *Zeilen*, wobei die Zeilen mit Zahlen und die Spalten mit Buchstaben in den Spalten- bzw. Zeilenköpfen nummeriert sind. Die Kreuzungspunkte von Spalten und Zeilen stellen die einzelnen Tabellenzellen dar. Sie werden durch ihre Position in der Spalte und Zeile gekennzeichnet. Diese Kombination von Zeilennummern und Spaltenbuchstaben für eine Zelle bezeichnet man als *Zellbezug*. So lautet der Zellbezug für die Zelle in Zeile 1 und Spalte B *B1*, für die Zelle darunter *B2*, für die Zelle rechts daneben *C2* usw. Den Zellbezug können Sie immer aus dem *Namenfeld* ersehen.

Abbildg. 4.1   Das Namenfeld zeigt den aktuellen Zellbezug *B4* an.

Excel verwendet standardmäßig die *A1-Bezugsart*, bei der sich der Zellbezug aus dem Spaltenbuchstaben und der Zeilennummer zusammensetzt. Sie können jedoch auch eine Bezugsart verwenden, bei der sowohl die Zeilen als auch die Spalten im Tabellenblatt mit Ziffern durchnummeriert sind. Diese so genannte *Z1S1-Bezugsart* eignet sich besonders zur Berechnung von Zeilen- und Spaltenpositionen in Makros sowie in bestimmten Fällen zum Anzeigen von relativen Zellbezügen. Sie können Ihre bevorzugte Bezugsart über den Menübefehl *Extras/Optionen* auf der Registerkarte *Allgemein* einstellen.

Die sichtbare Arbeitsfläche im Excel-Fenster stellt nur einen kleinen Teil des gesamten Arbeitsblatts dar. Insgesamt umfasst ein Arbeitsblatt 65.536 Zeilen und 256 Spalten. In diesem Arbeitsblatt speichern Sie Texte und numerische Daten, die Sie dann über die von Excel 2003 zur Verfügung gestellten Befehle und Werkzeuge weiterverarbeiten können. Mit Hilfe von Operationen wie Kopieren, Verschieben, Konsolidieren, Diagrammerstellung usw. können Sie diese Daten sortieren, anordnen, analysieren, präsentieren, Gesamtsummen darstellen, Rechnungen schreiben usw. Sie können Ihre Daten auch anderen Anwendungen, zum Beispiel der Textverarbeitung Word oder der Datenbank Access, zur Verfügung stellen und dort weiterverarbeiten.

Zellen aktivieren

Die aktive Zelle ist mit einem breiten Rahmen versehen, der anzeigt, dass sich der momentane Arbeitsschritt auf diese Zelle bezieht. Um eine andere Zelle zu aktivieren, klicken Sie mit der linken Maustaste auf diese Zelle.

Wenn Sie eine Zelle mit der Maus oder den Cursortasten (siehe hierzu auch Tabelle 4.1) anwählen, wird diese zur aktiven Zelle, in die Sie Text, Zahlen oder Formeln eingeben oder die diese formatieren können.

Tabelle 4.1   Mit diesen Tasten können Sie sich im Tabellenblatt bewegen.

Gewünschtes Ziel	Taste/Tastenkombination
Eine Zelle nach links	`←`
Eine Zelle nach rechts	`→`
Eine Zelle nach oben	`↑`
Eine Zelle nach unten	`↓`
Eine Bildschirmseite nach oben	`Bild↑`
Eine Bildschirmseite nach unten	`Bild↓`
Zum Beginn oder Ende des nächsten linken Blockes, der Daten enthält	`Strg`+`←`
Zum Beginn oder Ende des nächsten rechten Blockes, der Daten enthält	`Strg`+`→`
Zur Anfangszelle (A1)	`Strg`+`Pos1`
Zum Ende des Bereichs, der Daten enthält	`Strg`+`Ende`

Mehrere Zellen auswählen

So wählen Sie zusammenhängende Zellen aus:

1. Klicken Sie mit dem Mauszeiger auf die Zelle *A1*.
2. Halten Sie die `⇧`-Taste gedrückt und klicken Sie mit dem Mauszeiger auf die Zelle *B22*.

Alle Zellen im dazwischen liegenden Bereich werden markiert.

So wählen Sie mehrere, nicht zusammenhängende Zellen aus:

1. Drücken Sie die Tastenkombination `Strg`+`Pos1`. Die Zelle *A1* wird aktiviert.
2. Halten Sie die `Strg`-Taste gedrückt und klicken Sie mit dem Mauszeiger in die Zelle *B5*. Damit haben Sie gleichzeitig die Zelle *A1* und die Zelle *B5* markiert.
3. Ziehen Sie den Mauszeiger mit gedrückter linker Maustaste von *A1* nach *B5*. Alle Zellen im dazwischen liegenden Bereich werden markiert.

Mit einem Klick ohne Zusatztasten auf die Zelle *A1* heben Sie diese Mehrfachmarkierung wieder auf.

Bestimmte Bereiche mit *Gehe zu* auswählen

Im Menü *Bearbeiten* können Sie den Befehl *Gehe zu* auswählen und erhalten dann ein Dialogfeld angezeigt (siehe Abbildung 4.2), das zunächst nicht viel aussagt. Wenn Sie die aktive Mappe eben erst geöffnet haben, werden in dem Listenfeld eventuell gar keine Einträge angezeigt. Wenn Sie jedoch Bereichsnamen festgelegt haben – und das sollten Sie, wo immer möglich, tun – erscheinen diese im Listenfeld, können markiert und über die Schaltfläche *OK* auch angewählt werden. Über die Arbeit mit Namen können Sie sich in Kapitel 19 informieren.

Abbildg. 4.2   Das Dialogfeld *Gehe zu*

Im Textfeld *Verweis* können Sie eine Zelladresse, z.B. *B5*, eingeben und so von einer beliebigen Stelle eines Arbeitsblatts in diese Zelle wechseln.

Mehrere Bereiche auswählen

Nun tritt häufig das Problem auf, dass mehrere nicht zusammenhängende Bereiche markiert werden sollen. Auch dieses Problem lässt sich über *Gehe zu* lösen. Um beispielsweise die Spalten *C*, *H* und *K* zu markieren, genügt der Eintrag *C:C;H:H;K:K* als *Verweis* im Dialogfeld *Gehe zu*. Besonders nützlich ist diese Vorgehensweise, wenn es sich dabei um ausgeblendete Spalten handelt, die ja einzeln nicht ohne weiteres markiert werden können.

Auch ganze Zeilen lassen sich markieren. Verwenden Sie dazu die Zeilennummer der gewünschten Zeile. Eine einzelne Zeile, z.B. die Zeile 5, markieren Sie, indem Sie die Zeilennummer in der Form *5:5* eintragen. Mehrere Zeilen, z.B. die Zeilen 1 bis 3, sowie die Zeile 6 und die Zeilen 9 bis 12 markiert der Verweis *1:3;6:6;9:12*.

Aber nicht nur ganze Zeilen und Spalten, auch andere Bereiche können ausgewählt werden. Dabei spielt es keine Rolle, ob der Bereich zusammenhängend ist, wie etwa *A5:G10*, oder ob es sich um eine Mehrfachauswahl wie etwa *A1:B5;E2:E23* handelt. Der Bezug muss in einer Form eingetragen werden, wie er auch in Formeln, etwa zur Berechnung der Summe, akzeptiert wird.

PROFITIPP

> Excel merkt sich den Punkt, von dem aus Sie den Befehl *Gehe zu* aufgerufen haben und trägt diesen ebenfalls in das Dialogfeld ein. Wenn Sie also eine bestimmte Adresse ausgewählt haben, können Sie über das Dialogfeld *Gehe zu* auch schnell wieder an die ursprüngliche Stelle zurückkehren.

Inhalte auswählen

Wenn das Dialogfeld *Gehe zu* aktiv ist, können Sie über die Schaltfläche *Inhalte* eine Auswahl spezieller Sprungadressen einblenden. So lassen sich beispielsweise alle Zellen auswählen, die Kommentare enthalten. Mit der Option *Formeln* können Sie alle Formeln eines Tabellenblatts auswählen, etwa um diese anschließend zu schützen.

HINWEIS   Excel achtet dabei auf die aktuelle Markierung: Ist bereits ein Bereich markiert, wird nur dieser durchsucht; ist lediglich eine Zelle markiert, wird das gesamte Tabellenblatt durchsucht.

Wollen Sie Zellen markieren, die Kommentare enthalten, geht das wie folgt:

1. Rufen Sie den Menübefehl *Bearbeiten/Gehe zu* auf. Alternativ können Sie auch die Taste F5 oder die Tastenkombination Strg + G drücken.

2. Klicken Sie auf die Schaltfläche *Inhalte*.

3. Wählen Sie das Optionsfeld *Kommentare* und klicken Sie dann auf die Schaltfläche *OK*.

Abbildg. 4.3   Die Auswahlmöglichkeiten mit *Gehe zu/Inhalte*

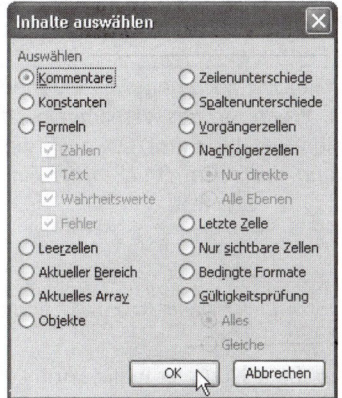

Das Thema Kommentare wird ausführlich in Kapitel 13 behandelt.

Zeilenunterschiede und Spaltenunterschiede finden

Das Dialogfeld *Inhalte auswählen* bietet eine interessante Hilfestellung, wenn es darum geht, Zellen zu vergleichen und unterschiedliche Werte zu finden. Um einen Zellbereich schnell auf unterschiedliche Werte zu prüfen, können Sie die Option *Zeilenunterschiede* und *Spaltenunterschiede* verwenden. Wenn Sie einen vertikal angeordneten Zellbereich untersuchen wollen, dann markieren Sie diesen, drücken die Taste F5 und anschließend die Schaltfläche *Inhalte*. Markieren Sie die Option *Spaltenunterschiede*. Gefunden werden die Zellen, deren Werte von der aktiven Zelle abweichen. Sie erhalten also eventuell unterschiedliche Ergebnisse, wenn Sie eine andere Reihenfolge beim Markieren wählen.

Analog dazu können Sie mit der Option *Zeilenunterschiede* einen horizontalen Bereich untersuchen.

Daten eingeben und bearbeiten

Einzelne Zellen können mit Text, Zahlen oder Formeln ausgefüllt werden. Dazu markieren Sie die Zelle und tippen das Gewünschte ein. Starten Sie Ihre Eingabe beispielsweise mit dem Wort *Lieferschein* in Zelle *A1*, so erscheint der Text sowohl in der Zelle als auch in der Bearbeitungsleiste. Zur Übernahme der eingetippten Daten muss entweder die ⏎-Taste gedrückt, mit der Maus eine andere Zelle angewählt oder aber eine Cursortaste bzw. die ⇆-Taste betätigt werden.

Es gibt aber auch die Möglichkeit, die Eingabe durch Anklicken der Schaltfläche *Eingeben* zu bestätigen. Diese finden Sie in der Bearbeitungsleiste links von der Eingabezeile. Sie ist mit einem grünen Häkchen versehen.

Sie können eine Eingabe auch verwerfen, indem Sie vor dem Bestätigen der Daten die Esc-Taste drücken oder die Schaltfläche *Abbrechen* (das rote Kreuz in der Bearbeitungsleiste) anklicken.

Sollte Ihnen beim Eingeben von Daten ein Fehler unterlaufen, können Sie die Rück-Taste drücken, um das Zeichen vor der Eingabemarke zu löschen oder sich mit der Cursortaste zur betreffenden Stelle bewegen bzw. mit der Maus an die betreffende Stelle klicken.

> **TIPP** Standardmäßig bewegt sich die Markierung nach dem Abschluss der Eingabe mit der ⏎-Taste auf die nächste Zelle nach unten. Wenn Sie das Verhalten nach der Eingabe ändern wollen, aktivieren Sie im Dialogfeld des Menübefehls *Extras/Optionen* die Registerkarte *Bearbeiten*, wählen das Kontrollkästchen *Markierung nach dem Drücken der Eingabetaste verschieben* und legen im Dropdown-Feld darunter die Richtung fest.

So geben Sie Daten ein:

1. Wählen Sie die Zelle *A9* aus und tippen Sie das Wort *Lieferschein-Nr.* ein. Drücken Sie die ⏎-Taste.

2. Wählen Sie Zelle *C9* aus und geben Sie die Lieferschein-Nummer in der Form *089/03* ein. Drücken Sie die ⏎-Taste.

3. Wählen Sie Zelle *A13* aus und geben Sie nachfolgenden Text ein: *Wir liefern Ihnen gemäß Ihrer Bestellung vom*. Drücken Sie die ⏎-Taste.

Vergleichen Sie Ihre Eingabe mit Abbildung 4.4. Sie finden übrigens die in diesem Kapitel beschriebenen Übungen in der Beispieldatei *Kap04A.xls* und *Kap04B.xls* im Ordner *\Buch\Kap04* auf der CD-ROM zu diesem Buch.

Daten in einen markierten Bereich eingeben

Sie können Ihre Daten zeitsparend eingeben, wenn Sie vorher den Zellbereich für Ihre Eingabe markieren. Wenn Sie nach der Eingabe der Daten die ⏎-Taste oder die ⇆-Taste drücken, wird die nächste Zelle im markierten Bereich zur Dateneingabe aktiviert. Die ⏎-Taste bewegt die Eingabemarke nacheinander bis zum unteren Rand des ausgewählten Bereichs und springt dann wieder zur oberen Zelle in der benachbarten Spalte im ausgewählten Bereich. Die ⇆-Taste bewegt die Eingabemarke zur rechten benachbarten Zelle bis zum rechten Rand im ausgewählten Bereich und springt dann in die linke Zelle eine Zeile darunter.

> **TIPP** Wenn Sie die 〔⬆〕-Taste gedrückt halten, während Sie die 〔⇥〕-Taste drücken, dann können Sie die markierten Zellen rückwärts durchlaufen.

> **WICHTIG** Wenn Sie Daten in einen markierten Bereich eingeben wollen, dürfen Sie die Pfeiltasten nicht verwenden und auch keinen Klick mit der linken Maustaste ausführen. Diese Aktionen heben die Markierung auf.

So können Sie Daten in einen markierten Bereich eingeben:

1. Ziehen Sie die Maus mit gedrückter linker Maustaste von Zelle *A2* zu Zelle *A6*.
2. Geben Sie eine Adresse für die Lieferanschrift ein. Wenn Sie zur letzten Zelle im ausgewählten Bereich gelangen und die 〔⇥〕-Taste oder die 〔↵〕-Taste drücken, wird wieder die erste Zelle des markierten Bereiches aktiviert.
3. Markieren Sie die Zellen *A15* bis *D15*.
4. Geben Sie die Überschriften *Pos.-Nr.*, *Produkt*, *Menge*, *Preis* und *Gesamt* ein.
5. Klicken Sie Zelle *F13* an und geben Sie ein Datum in der Form *TT.MM.JJJJ* ein (*TT* steht für *Monatstag*, *MM* für *Monatsnummer* und *JJJJ* für *Jahr*).
6. Klicken Sie die Zelle *F9* an und geben Sie das aktuelle Datum ein (dazu können Sie die Tastenkombination 〔Strg〕+〔.〕 benutzen).
7. Vergleichen Sie Ihre Eingabe mit Abbildung 4.4.

Abbildg. 4.4   Der Kopf des Lieferscheins

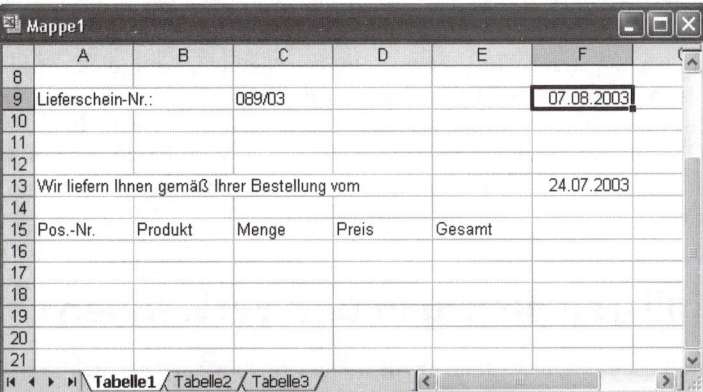

> **TIPP** Sie können das aktuelle Datum auch mit der Formel =Heute() eingeben. Dies hat den Vorteil, dass das Datum bei jeder Neuberechnung und bei jedem Öffnen der Arbeitsmappe dem aktuellen Tagesdatum angepasst wird. Das mit der Tastenkombination 〔Strg〕+〔.〕 eingegebene Datum dagegen bleibt unverändert.

Obwohl die automatische Neuberechnung in diesem Fall für archivierte Dokumente ungeeignet wäre, haben wir diese Funktion zur Anschauung in die Zelle *F9* der Beispieldatei eingebaut.

Zellen mit gleichen Inhalten füllen

Wenn Sie eine Zellenauswahl mit den gleichen Inhalten füllen wollen, können Sie dies rasch erledigen, indem Sie die Zeichenfolge eingeben, dann die `Strg`-Taste gedrückt halten und anschließend die `↵`-Taste betätigen. Das funktioniert nicht nur bei zusammenhängenden Bereichen, sondern bei jeder Markierung von Zellen – sogar über Blattgrenzen hinweg.

Angenommen, Sie wollen den Bereich *A1:D5* in Tabelle 1 und Tabelle 2 mit dem Text »Test« füllen. Gehen Sie wie folgt vor:

1. Aktivieren Sie die Tabelle 1 und markieren Sie den Bereich *A1:D5*.
2. Halten Sie die `Strg`-Taste gedrückt und klicken Sie im Blattregister auf den Reiter für die Tabelle 2.
3. Lassen Sie die `Strg`-Taste los.
4. Geben Sie das Wort »Test« ein und beenden Sie die Eingabe mit der Tastenkombination `Strg`+`↵`.

Wenn Sie nun die einzelnen Tabellen im Blattregister anklicken, sehen Sie das Ergebnis: Sowohl auf Tabelle 1 als auch auf Tabelle 2 wurde der Bereich *A1:D5* mit dem gewünschten Eintrag gefüllt.

AutoVervollständigen zur Dateneingabe verwenden

Wenn unter *Extras/Optionen* auf der Registerkarte *Bearbeiten* das Kontrollkästchen *AutoVervollständigen für Zellwerte aktivieren* markiert ist, erhalten Sie von Excel Unterstützung bei der Dateneingabe. Schreiben Sie eine Reihe von Texten untereinander, vergleicht Excel diese mit den bereits in den Zeilen darüber eingetragen Texteinträgen. In dem Moment, wenn die neue Eingabe eindeutig dem Beginn einer bereits vorhandenen Zeichenfolge entspricht, vervollständigt Excel die aktive Zelle. Dabei wird der noch nicht eingetragene Teil markiert. Wenn diese Vervollständigung erwünscht ist, können Sie durch Drücken der `↵`-Taste die Eingabe abschließen. Wollen Sie einen neuen Eintrag erstellen, überschreiben Sie die Markierung ganz einfach oder entfernen diesen mit der `Entf`-Taste.

Auswahllisten anzeigen und verwenden

Sollen mehrere Zellen mit Text gefüllt werden, können Sie wiederkehrende Begriffe ganz einfach über eine Auswahlliste eintragen lassen. Klicken Sie in die nächste freie Zelle unterhalb des letzten Texteintrages und wählen Sie im Kontextmenü für die Zelle den Eintrag *Dropdown-Auswahlliste*. Daraufhin wird in der Zelle ein Listenfeld angezeigt. Der Inhalt des Listenfelds besteht aus den Einträgen, die oberhalb der aktiven Zelle bereits vorhanden sind.

> **HINWEIS** Eventuell vorhandene Zahlenwerte werden in der *Dropdown-Auswahlliste* nicht angezeigt. Die *Dropdown-Auswahlliste* zeigt diejenigen Texteinträge an, die sich ausgehend von der aktiven Zelle bis zur ersten leeren Zelle befinden. Ist die aktive Zelle sowohl nach oben als auch nach unten von Text umgeben, dann werden die Einträge aus beiden Richtungen aufgelistet.

Daten in der Zelle bearbeiten

Daten lassen sich auf zweierlei Arten eingeben und bearbeiten: Sie können die Zelle auswählen und dann in der Bearbeitungsleiste den Text eingeben. Sie können aber auch auf die Zelle doppelklicken und die Daten direkt in die Zelle eingeben. Auch hier können Sie falsche Eingaben (wie oben beschrieben) korrigieren.

Wenn Sie eine Zelle direkt bearbeiten wollen, gehen Sie so vor:

1. Doppelklicken Sie auf die Zelle *A16*. Geben Sie eine *1* für die Positionsnummer 1 ein.
2. Doppelklicken Sie auf die Zelle *A9*. Positionieren Sie den Mauszeiger im Wort *Lieferschein-Nr.* Drücken Sie die Taste Ende, um den Cursor hinter *Nr.* zu positionieren. Geben Sie hier einen Doppelpunkt ein.

> **HINWEIS**   Damit der Doppelklick die Zelle aktiviert, muss unter *Extras/Optionen* auf der Registerkarte *Bearbeiten* das Kontrollkästchen *Direkte Zellbearbeitung aktivieren* markiert sein. Ansonsten hat ein Doppelklick auf eine Zelle unterschiedliche Auswirkungen: Enthält die Zelle eine Formel mit einem Bezug auf eine andere Zelle, wird diese Vorgängerzelle nach dem Doppelklick markiert. Enthält die Zelle, auf die Sie den Doppelklick ausführen, jedoch einen Kommentar, wird dieser zur Bearbeitung aktiviert.

Die Rechtschreibprüfung anwenden

Excel kann Sie auch bei der Rechtschreibprüfung unterstützen. Starten Sie diese entweder über den Menübefehl *Extras/Rechtschreibung*, die Taste F7 oder das entsprechende Symbol. In einem reinen Rechenblatt wird nach der Prüfung lediglich die Meldung ausgegeben, dass das gesamte Blatt geprüft wurde. Wenn Sie jedoch Texte eingetragen haben und Excel auf einen unbekannten Begriff stößt, wird ein Dialogfeld wie in Abbildung 4.5 angezeigt.

Abbildg. 4.5   Die Rechtschreibkorrektur ermöglicht, Eintragungen zu prüfen und kann Korrekturen Ihrer persönlichen Umgebung hinzufügen.

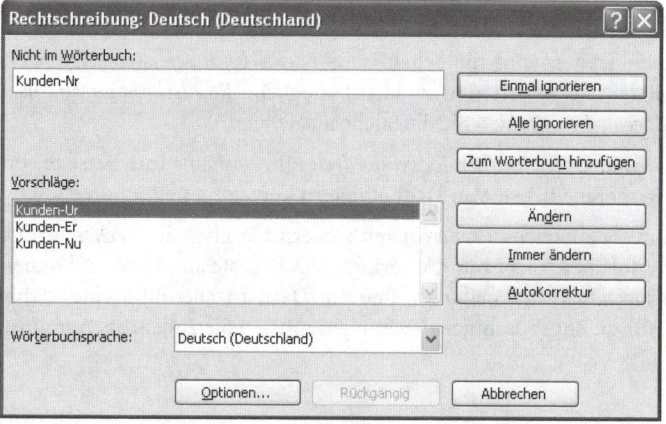

Im Feld *Nicht im Wörterbuch* wird der unbekannte Ausdruck eingetragen und Sie erhalten unter Umständen im Listenfeld *Vorschläge* einige alternative Begriffe zur Auswahl angezeigt. Klicken Sie auf einen solchen Vorschlag und wählen die Schaltfläche *Ändern*, ersetzt Excel den unbekannten durch den ausgewählten Begriff. Die Schaltfläche *Immer ändern* ersetzt alle Fundstellen des Begriffs und die Schaltfläche *AutoKorrektur* trägt den unbekannten Begriff und dessen Ersetzung in die *AutoKorrektur-Liste* ein. Mehr dazu siehe weiter unten in diesem Kapitel.

Über die Schaltflächen *Einmal ignorieren* und *Alle ignorieren* können Sie den Begriff einmalig bzw. gänzlich von der weiteren Prüfung ausschließen. Die Schaltfläche *Zum Wörterbuch hinzufügen* trägt den Begriff in Ihr persönliches Wörterbuch ein, sodass weitere Fundstellen nicht mehr als Fehler aufgeführt werden.

> **HINWEIS** Die Rechtschreibprüfung beachtet die aktuelle Markierung in der Tabelle. Wenn lediglich eine einzelne Zelle markiert ist, wird die Rechtschreibprüfung für das gesamte Blatt durchgeführt. Haben Sie einen Bereich markiert, z.B. *A1:G20*, wird nur dieser Bereich geprüft. Gleiches gilt für eine Mehrfachmarkierung, z.B. *A1:A5;C3:C5*.

Eine Recherche durchführen

Der Aufgabenbereich *Recherchieren* ist ein zentraler Ausgangspunkt für die Suche nach alternativen Ausdrücken (Thesaurus) bzw. die Übersetzung in eine andere Sprache.

 Über den Menübefehl *Extras/Recherchieren* bzw. das entsprechende Symbol in der *Standard*-Symbolleiste blenden Sie diesen Aufgabenbereich zunächst ein. Tragen Sie dort den Suchbegriff in das Feld *Suchen nach* ein und starten Sie die Suche per Klick auf die grüne Schaltfläche *Suche starten*. Standardmäßig wird die Suche auf alle verfügbaren Nachschlagewerke ausgedehnt. Sie können die Suche aber auch auf bestimmte Quellen beschränken und damit die Bearbeitungszeit reduzieren. Für jede Fundstelle, die Informationen zu dem Begriff bieten kann, wird ein Eintrag angezeigt. Über die Schaltflächen mit dem Plus- und Minuszeichen können Sie die Informationen einer Quelle ein- bzw. ausblenden.

Die Schaltflächen *Vorige Suche* und *Nächste Suche* gestatten den Wechsel zwischen den durchgeführten Suchläufen.

Ergibt die Suche keinen Treffer, wird die Schaltfläche *Nichts gefunden* angezeigt. Wenn Sie diese anklicken, wird der Bereich erweitert und zunächst mögliche *Rechtschreibalternativen* angezeigt. Über *Andere Nachschlagequellen* können Sie die Suche ausdehnen.

Die Schaltfläche *Dienste auf Office Marketplace anfordern* führt auf eine Internetseite von Microsoft, auf der verschiedene Recherchedienste von Drittanbietern kurz vorgestellt und verlinkt sind.

Das Verhalten des Aufgabenbereichs *Recherchieren* steuern Sie über die *Recherche-Optionen* (vgl. Abbildung 4.6). Hier wählen Sie nicht nur die verfügbaren Dienste aus, sondern können auch neue hinzufügen oder die *Jugendschutzeinstellungen* ändern. Dazu ist allerdings eine Verbindung zum Internet erforderlich, für die Jugendschutzeinstellungen müssen Sie zudem als Administrator angemeldet sein.

Abbildg. 4.6 Über den Aufgabenbereich *Recherchieren* haben Sie Zugriff auf verschiedene Nachschlagewerke.

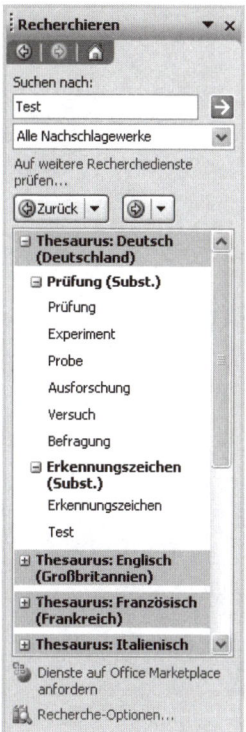

Die AutoKorrektur verwenden

Die AutoKorrektur ist eine in allen Office-Anwendungen verfügbare Funktion. Haben Sie ein Wort falsch eingegeben, kann Excel es automatisch für Sie korrigieren. Die AutoKorrektur enthält eine Liste häufig vorkommender Tippfehler wie beispielsweise zwei Großbuchstaben am Wortanfang, die unbeabsichtigte Verwendung der Feststelltaste, Buchstabendreher (zum Beispiel *awr* statt *war*) usw. Um das Dialogfeld *AutoKorrektur* zu öffnen, wählen Sie den Menübefehl *Extras/AutoKorrektur-Optionen*.

Probieren Sie die AutoKorrektur einmal mit dem falsch geschriebenen Wort *Abeiten* aus.

Sie können die AutoKorrektur an Ihre eigenen Bedürfnisse, d.h. häufig unterlaufende Fehler, anpassen, indem Sie der Liste eigene Begriffe hinzufügen. Ebenso können Sie die AutoKorrektur als Abkürzungsverzeichnis für sich wiederholende, lange Wörter benutzen. Excel ändert dann das Kürzel automatisch auf das lange Wort. So können Sie z.B. die Buchstabenfolge *ls* automatisch durch *Lieferschein-Nr.:* ändern lassen.

Das Dialogfeld *AutoKorrektur* zum automatischen Korrigieren von Tippfehlern

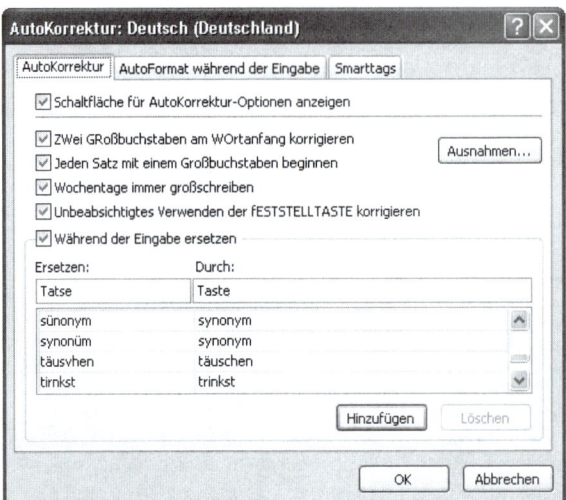

So passen Sie die *AutoKorrektur* für das Wort *Lieferschein-Nr.:* an:

1. Wählen Sie den Menübefehl *Extras/AutoKorrektur-Optionen*.

2. Geben Sie im Eingabefeld *Ersetzen* das Kürzel *ls* ein.

3. Im Eingabefeld *Durch* geben Sie *Lieferschein-Nr.:* ein.

4. Klicken Sie auf die Schaltflächen *Hinzufügen* und *OK*.

Testen Sie den neuen *AutoKorrektur*-Eintrag, indem Sie in die Zelle *A9 ls* eingeben und die ⏎ -Taste drücken.

Wollen Sie weitere Wörter in die AutoKorrektur-Liste eingeben, klicken Sie im Dialogfeld *AutoKorrektur* nach Ihren Eingaben jeweils auf die Schaltfläche *Hinzufügen*. Um das Dialogfeld zu schließen, nachdem Sie alle Wörter eingegeben haben, klicken Sie auf *OK*.

HINWEIS   Sie sollten mit der Verwendung von Abkürzungen vorsichtig sein, weil sich Abkürzungen, für die eine *AutoKorrektur* festgelegt wurde, nur schwer in eine Zelle eingeben lassen (z.B. über die Zwischenablage), ohne dass eine automatische Ersetzung durchgeführt wird.

Ausnahmen festlegen

Die Schaltfläche *Ausnahmen* führt Sie zum Dialogfeld *AutoKorrektur-Ausnahmen*, in dem Sie z.B. festlegen können, wann nach einem Punkt nicht der Wortanfang auf Großschreibung hin automatisch korrigiert werden soll; das ist z.B. bei Abkürzungen der Fall. Sie haben hier auch die Möglichkeit, festzulegen, welche Wörter am Wortanfang mit zwei Großbuchstaben automatisch korrigiert werden sollen.

Sie können die AutoKorrektur für ein Wort wieder aufheben, indem Sie den Text im Eingabefeld *Ersetzen* im Dialogfeld *AutoKorrektur* löschen.

WICHTIG Die AutoKorrektur für ein Wort lässt sich nur über die Schaltfläche *Löschen* im Dialogfeld *AutoKorrektur* entfernen. Das Löschen des *AutoKorrektur*-Eintrags über die Taste `Entf` im Eingabefeld *Ersetzen* oder im Eingabefeld *Durch* oder gar in beiden Eingabefeldern entfernt den Eintrag nicht!

Alle Einträge zur AutoKorrektur wirken nach den geschilderten Prinzipien auch in den anderen Office-Anwendungen. Microsoft Office System führt dazu für jede verwendete Sprache und jeden Benutzer im System eine eigene *AutoKorrektur*-Liste. Sie finden diese Datei unter dem Namen *Mso1031.acl* (*1031* für Deutschland) unter Ihrem Profil im Ordner *Dokumente und Einstellungen*. Die Pfade sind abhängig vom Betriebssystem und den Benutzer-Einstellungen.

Informationen mit Smarttags abrufen

Im Dialogfeld *AutoKorrektur* finden Sie auf der Registerkarte *Smarttags* eine Einstellung, die Ihnen vielleicht einige Arbeit abnehmen kann. Über diese Registerkarte können Sie die Verwendung von Smarttags aktivieren. Mit Hilfe der Smarttag-Technologie ist es Excel (und anderen Office-Programmen) möglich, Ihre Eintragung zu analysieren und entsprechende Aktionen anzubieten. Je nach Installation werden im Listenfeld *Merkmale* verschiedene Einträge aufgelistet. Über die Schaltfläche *Weitere Smarttags* erreichen Sie eine Internetseite von Microsoft, auf der weitere Smarttags (auch von Drittanbietern) vorgestellt werden.

Standardmäßig sind Smarttags nicht aktiviert. Nehmen Sie die Einstellungen wie in Abbildung 4.8 vor, um diese Funktionalität einmal zu testen.

Abbildg. 4.8 Hier können Sie Smarttags einbinden und deren Erscheinungsbild einstellen.

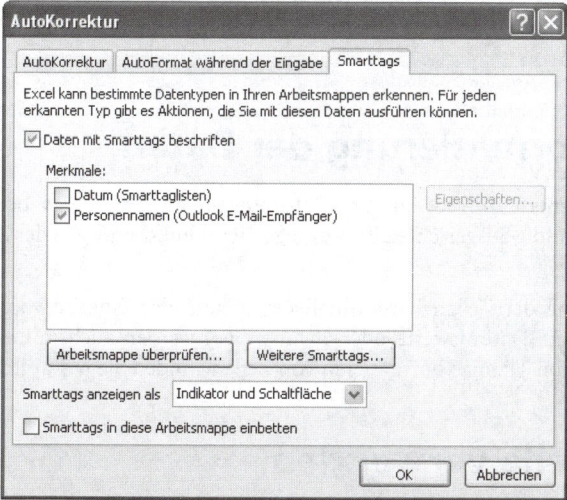

Wenn Sie jetzt den Namen einer Person eintragen, an die Sie kürzlich eine E-Mail geschrieben haben oder für die ein Eintrag in Ihrer Outlook-Kontaktdatenbank existiert, wird die Zelle mit einem violetten Dreieck gekennzeichnet und das Smarttag *Smarttag-Aktionen* angezeigt (siehe Abbildung 4.9). Klicken Sie dieses Smarttag an, um eine Auswahl verschiedener Aktionen aufzurufen.

Abbildg. 4.9   Über Smarttags können Sie schnell unter den angebotenen Aktionen auswählen.

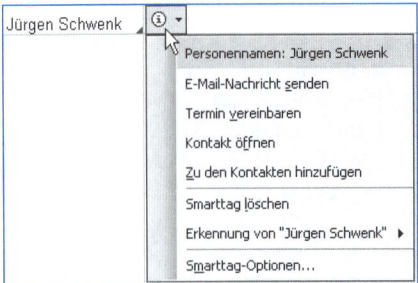

Sie können dann z.B. eine neue *E-Mail-Nachricht senden,* einen *Termin vereinbaren* oder den *Kontakt öffnen* und weitere Informationen zur Person einsehen, ohne (!) Outlook selbst öffnen zu müssen

Über die Schaltfläche *Arbeitsmappe überprüfen* im Dialogfeld *AutoKorrektur* können Sie Arbeitsmappen nachträglich auf Smarttags überprüfen, für die Sie bei der Erstellung diese Funktionalität nicht eingebettet haben.

Besonderheiten beim Daten eingeben

Es gibt schon einige Besonderheiten beim Eingeben von Daten, die einen, wenn vielleicht auch nicht gleich verzweifeln, so doch wenigstens staunen lassen. Einigen dieser Besonderheiten soll hier auf den Grund gegangen werden.

Automatische Formatierung der Daten

Excel wendet verschiedene Formatierungen auf Ihre Dateneingabe an. So werden beispielsweise Zahlen standardmäßig rechtsbündig ausgerichtet. Text dagegen wird linksbündig in der Zelle ausgerichtet.

Aber nicht nur die Ausrichtung der Zellen wird von Excel anhand der Eingabe vorgenommen; bestimmte Einträge (z.B. Zahlen, Datumswerte oder Geldbeträge) werden auch mit einem Standardformat formatiert. Mehr zum Thema »Formatieren von Zellen« finden Sie in Kapitel 9.

Feste Dezimalstelle verwenden

Wenn Sie sehr viele Dezimalzahlen eingeben müssen, kann Ihnen Excel die Eingabe der Kommata abnehmen. Unter *Extras/Optionen* finden Sie auf der Registerkarte *Bearbeiten* das Kontrollkästchen *Feste Dezimalstelle* setzen. Über das Drehfeld *Stellenanzahl* können Sie die Anzahl der Kommastellen festlegen. Legen Sie für Stellenanzahl den Wert 3 fest, dann erreichen Sie damit die folgenden Ergebnisse.

Tabelle 4.2   Ergebnisse der Eingabe mit fester Dezimalstelle

Eingabe	Ergebnis
12	0,012
123	0,123
1234	1,234
2,5	2,5
2003,0	2003

Mit sehr großen Zahlen arbeiten

Bei der Anzeige sehr großer Zahlen gibt es eine Grenze: Excel kann keine Zahlen mit mehr als 15 Stellen anzeigen. Egal, was Sie an der 16. Stelle eingeben, Excel ersetzt die Eingabe durch eine 0. Als Alternative bleibt hier lediglich die wissenschaftliche Exponential-Schreibweise.

Einen Bruch eingeben

Wenn Sie in eine Zelle einen Bruch eingeben, z.B. 1/5, dann macht Excel aus dieser Eingabe kurzerhand ein Datum. Im Falle von 1/5 wird aus Ihrer Eingabe der 1. Mai des aktuellen Jahres. Ist eine der beiden Zahlen größer als 31 oder größer als 12, versucht Excel diesen Bruch als Eingabe eines Datums in der Form Monat und Jahr darzustellen. So wird aus dem Bruch 1/13 das Datum Jan 13 (die Bearbeitungszeile zeigt dann 1.1.2013 an). Ist dies nicht möglich, wird die Eingabe in einen Text umgewandelt, mit dem Sie nicht so einfach weiter rechnen können. Um einen Bruch korrekt einzugeben, beginnen Sie die Eingabe mit der Zahl 0, gefolgt von einem Leerzeichen, also z.B. *0[leer]1/5.*

Internet- und Netzwerkpfade eingeben

Tragen Sie eine Netzwerkadresse oder auch eine Internetadresse (z.B. *www.microsoft.de*) ein, wandelt Excel diese standardmäßig in einen Hyperlink um. Das kann lästig werden oder schlicht und einfach unerwünscht sein. Wenn Sie unter *Extras/AutoKorrektur-Optionen* auf der Registerkarte *AutoFormat während der Eingabe* das Kontrollkästchen *Internet- und Netzwerkpfade durch Hyperlinks* deaktivieren, wird Ihre Eingabe nicht mehr umgewandelt. Diese Einstellung können Sie auch über die Schaltfläche *AutoKorrektur-Optionen* einstellen, wenn Sie aktuell einen solchen Wert eingetragen haben (vgl. Abbildung 4.10).

Abbildg. 4.10   Sie können die AutoKorrektur-Optionen über geänderte Zellen aufrufen.

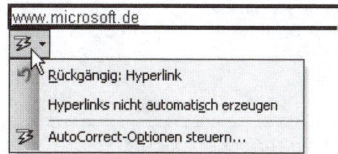

Es werden nur Rauten angezeigt

Bei Berechnungen mit Zeitwerten kommt es vor, dass als Ergebnis ein negativer Zeitwert (z.B. –16:15) auftritt. Dieses Ergebnis wird in Excel mit einem wunderschönen »Gartenzaun« angezeigt. Der Grund: Excel kann standardmäßig keine negativen Zeitwerte anzeigen.

Wenn Sie über *Extras/Optionen* auf der Registerkarte *Berechnung* das Kontrollkästchen *1904-Datumswerte* aktivieren, kann Excel auch negative Zeitwerte anzeigen. Aber Vorsicht: Die Einstellung hat Auswirkungen auf alle bereits eingetragenen Zeitwerte! Wenn Sie diese Einstellung verwenden wollen, sollten Sie diese zu Beginn der Arbeit festlegen.

Mehr zum Thema »Datums- und Zeitfunktionen« finden Sie in Kapitel 15.

Übersicht zum Eingeben von Daten

Die folgende Tabelle fasst einige wichtige Besonderheiten zusammen.

Tabelle 4.3   Besonderheiten beim Eingeben von Daten

Eingabe	Ergebnis	Beschreibung	Abhilfe
12345	12345	Zahlen werden rechtsbündig ausgerichtet	Benutzerdefiniertes Zahlenformat anwenden
(97)	–97	Wird um eine Zahl eine Klammer gesetzt, ergänzt Excel das Minuszeichen und richtet die Zahl rechtsbündig aus.	Setzen Sie die Klammer über das Zahlenformat, z.B. »(#)«.
1/5	01. Mai	Einen Bruch wandelt Excel in ein Datum um, sofern keiner der Teile zu einem ungültigen Datum führt, ansonsten wird zu Text umgewandelt.	Geben Sie vor dem Bruch eine Null und ein Leerzeichen ein, also 0[Leer]1/5.
32/5	32/5	Wie oben	Wie oben
31/13	31/13	Wie oben	Wie oben
123456789123456	1,23457E+11	Sehr große Zahlen werden rechtsbündig in exponentialer Schreibweise dargestellt.	Benutzerdefiniertes Zahlenformat anwenden
123,0	123	Die Zahl wird rechtsbündig eingetragen, jedoch ohne Kommastelle.	Wenn Sie eine Kommastelle auch dann anzeigen wollen, wenn der Wert 0 ist, dann verwenden Sie ein benutzerdefiniertes Zahlenformat.
123	123,00	Excel ergänzt jede Eingabe einer Zahl um eine bestimmte Anzahl an Kommastellen.	Über *Extras/Optionen* finden Sie auf der Registerkarte *Bearbeiten* die Einstellung *Feste Dezimalstelle setzen*, die hierfür verantwortlich ist.
11:45	11:45	Eine Uhrzeit wird rechtsbündig ausgerichtet, da Excel diese als Zahl behandelt.	Über *Format/Zellen* die Formatierung ändern

Tabelle 4.3 Besonderheiten beim Eingeben von Daten *(Fortsetzung)*

Eingabe	Ergebnis	Beschreibung	Abhilfe
–3:45	Fehlermeldung	Excel akzeptiert die Eingabe negativer Zeitwerte nicht.	Beginnen Sie die Eingabe mit einem Anführungszeichen (Apostroph), also '-3:45. **Achtung**: Dies führt dazu, dass die Eingabe als Text behandelt wird!
Eine Formel, die einen negativen Zeit- oder Datumswert ergibt	############	Excel kann standardmäßig nicht mit negativen Zeitwerten umgehen. Auch die Änderung der Spaltenbreite ändert nichts am angezeigten »Gartenzaun«.	Wenn Sie über *Extras/Optionen* auf der Registerkarte *Berechnung* das Kontrollkästchen *1904-Datumswerte* aktivieren, kann Excel auch negative Zeitwerte verarbeiten. **Achtung**: Die Einstellung hat Auswirkungen auf alle bereits eingetragenen Zeitwerte!
29.4	29. Apr	Excel geht hier von der Eingabe eines Datums aus und ergänzt das aktuelle Jahr (siehe Bearbeitungszeile).	Wenn Sie ein anderes Jahr verwenden wollen, dann geben Sie dies explizit an.
29.4.	29.4.	Linksbündiger Textwert, enthält die Eingabe zwei Datumstrennzeichen, Excel ergänzt das Jahr nicht.	Geben Sie das Jahr ebenfalls ein oder verzichten Sie auf den zweiten Punkt.
5%	5%	Prozentzahlen werden rechtsbündig ausgerichtet und das Zahlenformat *Prozent* zugewiesen.	Über *Format/Zellen* die Formatierung ändern
Excel 2003	Excel 2003	Text wird linksbündig ausgerichtet	Ausrichtung ändern
Excel 2003 ist wirklich super	Excel 2003 i	Wenn Sie einen längeren Text eingeben, scheint dieser abgeschnitten zu sein, wenn in der benachbarten Zelle ein Eintrag vorhanden ist, die Bearbeitungszeile zeigt jedoch den tatsächlichen Inhalt der Zelle.	Excel passt die Spaltenbreite nicht automatisch an Ihre Eingabe an, Sie müssen das selbst nachholen oder mit der Tastenkombination [Alt] + [↵] einen Zeilenumbruch einfügen.
falsch	FALSCH	Die Wahrheitswerte *FALSCH* und *WAHR* werden zentriert in Großschreibung dargestellt.	Beginnen Sie die Eingabe mit einem Anführungszeichen (Apostroph).
1567,25 €	1567,25 €	Die Anzeige entspricht der Dateneingabe. Die Zelle enthält allerdings nur den Zahlenwert, die Anzeige der Währung erfolgt über ein Zahlenformat.	Durch diese Umwandlung stellt Excel sicher, dass die Eingabe als Zahl erfolgt, mit der auch gerechnet werden kann.

Grundlagen

Daten über eine Maske eingeben

Eine Besonderheit von Datenbanken ist das komfortable Erfassen von Daten. Bei Microsoft Access erfolgt dies z.B. über so genannte Formulare. Auch Excel kann eine ähnliche Funktionalität bieten: Über den Menübefehl *Daten/Maske* können Sie ein eingebautes Formular aufrufen und damit die Daten erfassen und anzeigen (vgl. Abbildung 4.11). Voraussetzung dafür ist, dass Excel Überschriften für den aktuellen Bereich erkennen kann. Außerdem sollte nach unten genügend Platz für neue Datensätze sein.

In der Datenmaske werden die Feldnamen, aktuelle Werte, eine Bildlaufleiste sowie einige Schaltflächen für die Navigation und Suche angezeigt. Die Schaltfläche *Neu* zeigt eine leere Maske an. Tragen Sie jetzt neue Daten ein und bestätigen Sie mit der ⏎ -Taste, werden diese Daten am Ende der Liste eingefügt.

Abbildg. 4.11   Mit einer eingebauten Maske können Daten eingegeben, gesucht und geändert werden.

Anspruchsvollere Formulare können Sie über *UserForms* selbst erstellen. Sie müssen die hierfür benötigten Funktionalitäten, z.B. Suchen nach bestimmten Datensätzen oder das Eintragen eines neuen Datensatzes, jedoch selbst programmieren. Wie das geht, erfahren Sie in Kapitel 31.

Reihen eingeben und Ausfüllen

Excel bietet die Möglichkeit, Datenreihen über die *AutoAusfüllen*-Funktion komfortabel einzugeben. Die Datenreihen können aus Zahlen oder Text bestehen. Sie geben die ersten beiden Zahlen oder Texte ein und benutzen dann die Funktion *AutoAusfüllen*, um den Rest der Datenreihe einzutragen. Geben Sie beispielsweise in die erste Zelle *1* und in die zweite Zelle *2* ein, werden mit Auto-Ausfüllen die nächsten Zahlen *3, 4, 5* und *6* automatisch eingetragen. Sie können auch Reihen bilden, die mehr als eine Zahl vorgeben, zum Beispiel *1* und *5*. Markieren Sie beide Zellen vor dem *AutoAusfüllen*, ergänzt Excel *9, 13* usw. Wollen Sie einen Bereich mit der gleichen Zahl ausfüllen, zum Beispiel *1*, führen Sie die *AutoAusfüllen*-Funktion nur mit dieser einen Zelle, welche die Zahl *1* enthält, aus.

Die Anwendung der AutoAusfüllen-Funktion

Probieren Sie die *AutoAusfüllen*-Funktion zur Eingabe der Positionsnummern im Lieferschein aus, indem Sie die Positionsnummern als Zahlenreihe eingeben:

1. Geben Sie in die Zelle *A16* die Zahl *1* und in die Zelle *A17* die Zahl *2* ein.
2. Markieren Sie diese beiden Zellen. Fahren Sie dann langsam mit der Maus an die rechte untere Ecke der Markierung, bis ein kleines Kreuz, das so genannte *Ausfüllkästchen*, erscheint.

Abbildg. 4.12   Eingabe einer Zahlenreihe mit *AutoAusfüllen*

	Pos.-Nr.	Prod
14		
15	Pos.-Nr.	Prod
16	1	
17	2	
18		
19		
20		
21		
22		
23		7
24		

3. Ziehen Sie das Ausfüllkästchen mit gedrückter linker Maustaste bis zur Zelle *A22* (Abbildung 4.12).

HINWEIS   Das AutoAusfüllen funktioniert immer nur entweder waagerecht oder senkrecht.

Excel kann aber nicht nur einfache Zahlen als Reihen automatisch ausfüllen, sondern auch Kombinationen aus Texten und Zahlen wie »Wert 1«, oder auch die Tage einer Woche oder die Monate eines Jahres.

Eine Besonderheit ist bei der Erstellung einer Reihe für Quartale eingebaut. Erstellen Sie aus einem Eintrag wie *Quartal 1* eine Reihe, dann beginnt die Reihe nach dem vierten Eintrag wieder mit *Quartal 1*. Excel »weiß« also, dass ein Jahr nur vier Quartale hat.

 Sie können die folgende und weitere Übungen in der Beispiel-Arbeitsmappe *Kap04A.xls* nachvollziehen. Die Datei befindet im Ordner *\Buch\Kap04* auf der CD-ROM.

So können Sie beispielsweise eine Monatsreihe eingeben:

1. Wählen Sie in der *Tabelle2* eine freie Zelle.
2. Tippen Sie *Januar* ein.
3. Klicken Sie diese Zelle an und ziehen Sie das Ausfüllkästchen an der rechten unteren Ecke elf Spalten weiter nach rechts.

TIPP   Sie können die Monate in der Form *Januar* oder *Jan* eingeben. Wenn Sie die anderen Zellen automatisch ausfüllen lassen, folgt der Rest diesem Format. Weitere Beispiele für das AutoAusfüllen finden Sie in der Beispieldatei *Kap04A.xls* auf dem Blatt *AutoAusfüllen*. Mehr zum Thema »Formatieren von Zellen« finden Sie in Kapitel 9.

Formeln ausfüllen

Auch Formeln lassen sich mit der *AutoAusfüllen*-Funktion weiterführen:

1. Geben Sie im Lieferschein-Beispiel in Zelle *A16* die Zahl *1* ein.

2. Geben Sie in Zelle *A17* die Formel *=A16+1* ein.

3. Zum *AutoAusfüllen* ziehen Sie das Kreuz am rechten unteren Rand der markierten Zelle *A17* bis zur Zelle *A22*.

Mehr zum »Kopieren von Formeln« finden Sie in Kapitel 6.

Mit Auto-Ausfülloptionen schneller arbeiten

Sicher ist Ihnen bei den vorangegangenen Versuchen bereits aufgefallen, dass nach dem AutoAusfüllen ein Symbol am Ende der Reihe angeboten wird. Mithilfe des Symbols *Auto-Ausfülloptionen* können Sie nachträglich das Ergebnis der Aktion bestimmen. Dazu klicken Sie auf das Symbol und wählen im zugehörigen Menü den entsprechenden Befehl (siehe Abbildung 4.13).

Abbildg. 4.13   Nach dem AutoAusfüllen das Ergebnis bestimmen

	A	B	C	
15	Pos.-Nr.	Produkt	Menge	Preis
16	1			
17	2			
18	3			
19	4			
20	5			
21	6			
22	7			
23				
24		○ Zellen kopieren		
25		◉ Datenreihe ausfüllen		
26		○ Nur Formate ausfüllen		
27		○ Ohne Formatierung ausfüllen		
28				

Wird diese Schaltfläche beim Ausfüllen nicht angezeigt, müssen Sie über *Extras/Optionen* auf der Registerkarte *Bearbeiten* das Kontrollkästchen *Optionen-Schaltfläche beim Einfügen kopierter Daten anzeigen* aktivieren.

Ausfüllen einer Reihe von Zahlen, Datumswerten oder anderen Elementen

Excel bietet auch die Möglichkeit, einen Reihentyp festzulegen. Dazu eine kleine Übung.

So legen Sie den Reihentyp *Monat* und *Jahr* fest:

1. Geben Sie in einer freien Zelle *Jan 2003* ein. Excel stellt das Datum im (voreingestellten) Datumsformat *MMM JJ* dar.

2. Drücken Sie die rechte Maustaste, während Sie das Ausfüllkästchen über den Bereich ziehen.

3. Lassen Sie die Maustaste los und klicken Sie im nun erscheinenden Kontextmenü auf den Befehl *Reihe*.

4. Klicken Sie im Abschnitt *Zeiteinheit* auf *Monat* (siehe Abbildung 4.14), um die Reihe *Feb 03, Mrz 03* usw. zu erstellen. Schließen Sie mit Klick auf *OK*.

Klicken Sie auf die Einheit *Jahr,* würde die Reihe *Jan 04, Jan 05* usw. erstellt.

Abbildg. 4.14   Festlegen des Reihentyps

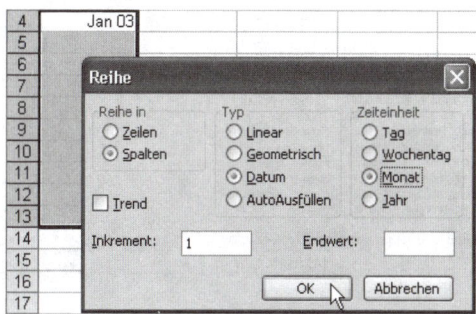

 Statt mit der rechten Maustaste zu ziehen, um das Kontextmenü angeboten zu bekommen, können Sie auch das oben schon erwähnte Symbol zum nachträglichen Bestimmen des AutoAusfüllens verwenden. Excel erkennt an den markierten Daten, dass es sich um Datumswerte handelt und passt das Kontextmenü entsprechend an. Der Befehl lautet dann *Monate ausfüllen*.

Benutzerdefinierte Reihe festlegen

Nicht genug der bisher vorgestellten Möglichkeiten, eine Reihe zu erzeugen. Sie können auch selbst eine Reihe definieren. Häufig haben Tabellen die gleichen oder ähnliche Vorspalten (etwa Mitarbeiternamen, Artikel oder Warengruppen). Sie können sich viel Arbeit sparen, wenn Sie in einem solchen Fall eine Mustervorlage verwenden (lesen Sie hierzu auch Kapitel 11). Mit einer benutzerdefinierten Liste können Sie die Aufgabe an jeder beliebigen Stelle in einer beliebigen Tabelle elegant erledigen.

Eine benutzerdefinierte Liste anlegen

Tragen Sie zunächst alle Elemente für die neue Liste zeilenweise in eine Tabelle ein. Nutzen Sie dabei die von Ihnen üblicherweise verwendete Sortierung. Sie können benutzerdefinierte Listen nämlich auch für eine eigene Sortierreihenfolge verwenden. Wie das geht, erfahren Sie in Kapitel 20.

Markieren Sie nun die Liste und rufen Sie den Menübefehl *Extras/Optionen* auf. Wechseln Sie zur Registerkarte *Benutzerdefinierte Listen*. Im Eingabefeld *Liste aus Zellen importieren* ist die aktuelle Markierung bereits eingetragen. Wählen Sie die Schaltfläche *Importieren,* wird eine neue Liste mit einem Listeneintrag für jede Zeile angelegt (siehe Abbildung 4.15). Schließen Sie das Dialogfeld mit *OK*.

Abbildg. 4.15 Dialogfeld zum Importieren und Bearbeiten der Listen

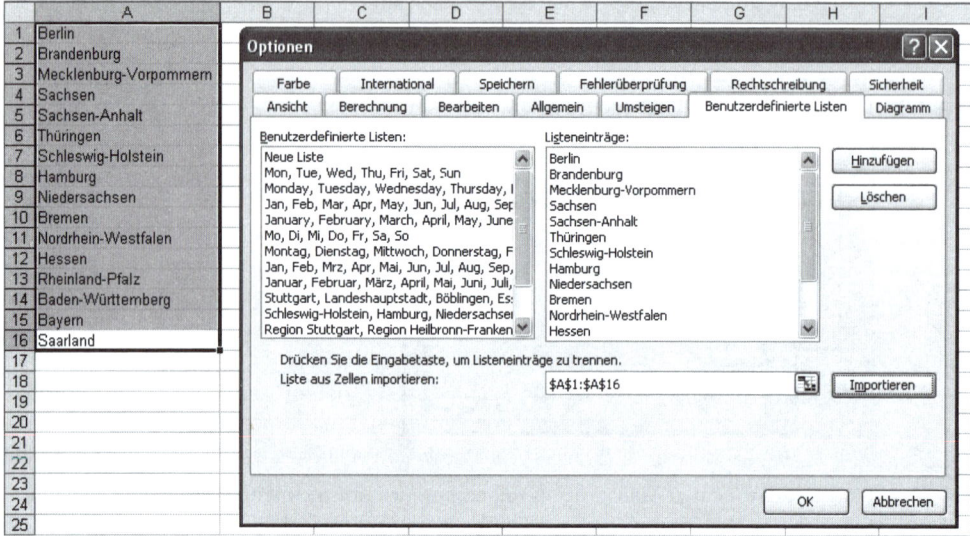

Wenn Sie im Listenfeld *Benutzerdefinierte Listen* den Eintrag *Neue Liste* anklicken, können Sie im Listenfeld *Listeneinträge* die einzelnen Elemente auch direkt eintragen. Mit der ⏎-Taste wird dabei ein Zeilenumbruch eingefügt. Sind alle Einträge vorhanden, wählen Sie die Schaltfläche *Hinzufügen* und die Liste wird festgelegt. Auch Änderungen an bestehenden Listen können Sie im Feld *Listeneinträge* vornehmen. Wollen Sie beispielsweise einen einzelnen Wert löschen, dann markieren Sie diesen, drücken die Entf -Taste und anschließend die Schaltfläche *Hinzufügen*, um die geänderte Liste zu speichern.

Die neue Liste anwenden

Wie kommen Sie nun in einer Tabelle an die Liste? Tragen Sie einen beliebigen Wert einer benutzerdefinierten Liste in eine Tabelle ein. Ziehen Sie mit der Maus am AutoAusfüllen-Kästchen (rechte untere Ecke der aktiven Zelle), wird eine Reihe auf der Grundlage der von Ihnen definierten Liste eingetragen. Ist übrigens dabei der markierte Bereich größer als die Anzahl der Listenelemente, wird wieder bei dem Element gestartet, das Sie als Startwert eingetragen hatten. Der Startwert muss nicht zwingend dem ersten Eintrag der benutzerdefinierten Liste entsprechen. Und das Beste daran: Das Ausfüllen funktioniert sowohl für Zeilen als auch für Spalten und kann Ihnen sicher viel Zeit sparen.

Zellinhalte löschen, Eingaben wiederholen und rückgängig machen

Den Inhalt einer Zelle können Sie löschen, wenn Sie die Zelle markieren und die Entf -Taste drücken. Der Menübefehl *Bearbeiten/Löschen* bietet für das Löschen zusätzliche Möglichkeiten: So können Sie über ein weiteres Untermenü spezielle Inhalte, etwa Formate oder Kommentare, löschen.

Wollen Sie nicht den gesamten Inhalt einer Zelle, sondern nur eine bestimmte Zeichenfolge entfernen, dann aktivieren Sie die Zelle und markieren die zu löschende Zeichenfolge in der Bearbeitungsleiste. Über die `Entf`-Taste wird die Markierung gelöscht und nach dem Drücken der `↵`-Taste ist der Zellinhalt geändert.

Wenn Sie eine Zelle ausgewählt und beispielsweise einen komplizierten Inhalt versehentlich gelöscht oder durch einen falschen Text ersetzt haben, können Sie solche Fehler wieder rückgängig machen, indem Sie den Befehl *Rückgängig* im Menü *Bearbeiten* auswählen oder die Schaltfläche *Rückgängig* auf der *Standard*-Symbolleiste anklicken. Wenn Sie sich gern Tasten merken: Nutzen Sie die Tastenkombination `Strg`+`Z`.

Das »Gegenstück« dazu ist der Befehl *Wiederholen* im Menü *Bearbeiten* bzw. die *Wiederholen*-Schaltfläche auf der *Standard*-Symbolleiste, um eine Aktion zu wiederholen. Alternativ steht Ihnen die Tastenkombination `Strg`+`Y` für das Wiederholen der letzten Aktion zur Verfügung.

HINWEIS   Klicken Sie auf das kleine Dreieck neben der *Rückgängig*- oder *Wiederholen*-Schaltfläche, erhalten Sie eine Liste von Einträgen Ihrer vorherigen Aktivitäten angezeigt, die Sie wieder zurücknehmen bzw. wiederholen können. Es lässt sich aber immer nur die Schrittfolge bis zur ausgewählten Aktion rückgängig machen bzw. wiederholen, nicht aber ein einzelner Schritt aus der Liste auswählen.

Wenn Sie das Löschen eines Zellinhalts widerrufen bzw. wiederherstellen wollen, befolgen Sie diese Schritte:

1. Markieren Sie Zelle *A13*.
2. Drücken Sie die `Entf`-Taste. Damit haben Sie einen längeren Text aus der Zelle gelöscht.
3. Wählen Sie im Menü *Bearbeiten* den Befehl *Rückgängig*. Alternativ können Sie auch die *Rückgängig*-Schaltfläche auf der *Standard*-Symbolleiste anklicken. Damit wird die letzte Aktion rückgängig gemacht und die Daten, die Sie zuvor gelöscht haben, wiederhergestellt.
4. Wählen Sie im Menü *Bearbeiten* den Befehl *Wiederholen*: *Inhalte löschen* und der Text wird wieder gelöscht. Sie können dazu alternativ auch die *Wiederholen*-Schaltfläche auf der Symbolleiste anklicken.

HINWEIS   Wenn Sie Ihre Arbeit gespeichert haben, sind die Listen Ihrer vorherigen Aktionen nicht mehr mit *Rückgängig* oder *Wiederholen* zugänglich. Das Speichern löscht diese Einträge. Sie können also erst nach neuen Aktionen wieder mit diesen Befehlen operieren.

Einfügen und Löschen im Tabellenblatt

Wenn sich der Aufbau einer bestehenden Tabelle ändert, können Sie – je nach Aufgabenstellung – Zellen, Zeilen oder Spalten einfügen oder löschen.

Zellen, Zeilen und Spalten löschen

Mit dem Menübefehl *Bearbeiten/Zellen löschen* entfernen Sie Zellen, Zeilen oder Spalten aus einer Tabelle. Dabei gilt, dass immer das Element, das Sie zuvor markiert haben, gelöscht wird. Wenn ganze Zeilen oder Spalten markiert sind (Zeilen oder Spalten werden durch einen Klick auf den entsprechenden Zeilen- oder Spaltenkopf markiert), wird die markierte Zeile oder Spalte ohne Nachfrage gelöscht. In diesem Fall wird kein Dialogfeld mit einer Sicherheitsabfrage angezeigt.

HINWEIS Bitte verwechseln Sie den Befehl nicht mit dem *Löschen*-Befehl aus dem Menü *Bearbeiten*. Dieser Befehl löscht nur den Inhalt beziehungsweise die Kommentare der markierten Zellen, jedoch nicht die Zellen, Zeilen oder Spalten selbst.

Wenn Sie die folgenden Übungen nachvollziehen möchten, verwenden Sie die Tabelle *Einfügen-Löschen* in der Beispielmappe *Kap04B.xls* aus dem Ordner *\Buch\Kap04* auf der CD-ROM zu diesem Buch.

In dem in Abbildung 4.16 dargestellten Fall erfolgt keine Rückfrage über ein Dialogfeld. Es sind eindeutig zwei Zeilen markiert und bei Aktivierung des Befehls *Zellen löschen* aus dem Menü *Bearbeiten* werden die Zeilen *8* und *9* **ohne Rückfrage** gelöscht.

Abbildg. 4.16 Beim Löschen dieser Zeilen erfolgt keine Rückfrage.

	A	B	C	D	E	F	G
1		**Umsätze Januar**					
2		**Kunden-Nr.**	**Nachname**	**PLZ**	**Vertreter**	**Umsatz**	
3		10001	Maier	02227	1	24.896,00 €	
4		10002	Schulze	03246	3	22.322,00 €	
5		10005	Schmidt	12140	4	17.779,00 €	
6		10006	May	31358	2	14.793,00 €	
7		10007	Mayer	37119	3	18.209,00 €	
8		10100	Schmitt	41991	2	23.291,00 €	
9		10101	Schmied	42045	1	13.750,00 €	
10		10102	Frank	63835	1	19.675,00 €	
11		10103	Huber	65350	4	16.658,00 €	
12		10104	Klein	66825	5	13.593,00 €	
13		10105	Meier	84740	6	22.406,00 €	
14		10106	Friedrich	94568	2	20.774,00 €	
15							

Auf die gleiche Weise können Sie auch ganze Spalten aus einer Tabelle entfernen. Wesentlich ist hier ebenfalls das eindeutige Markieren der jeweiligen Elemente.

TIPP Klicken Sie mit der rechten Maustaste in den markierten Bereich. Das Kontextmenü bietet unter anderem auch den Befehl *Zellen löschen*.

Sollte das Löschen irrtümlich erfolgt sein und Sie bemerken diesen Fehler gleich danach, können Sie den Arbeitsschritt durch einen Klick auf die Schaltfläche *Rückgängig* auf der *Standard*-Symbolleiste widerrufen.

Wenn Sie nur eine oder mehrere bestimmte Zellen aus einer Tabelle löschen möchten, müssen Sie diese Elemente ebenfalls zuvor markieren.

Abbildg. 4.17 Markierter Tabellenbereich mit dem Dialogfeld *Löschen*

Bei der Markierung in Abbildung 4.17 ist für das Programm nicht klar, auf welche Art und Weise gelöscht werden soll. Deshalb fragt Excel in Form eines Dialogfelds nach, wie weiter vorgegangen werden soll. Ihre Entscheidung geben Sie dem Programm durch Anklicken des entsprechenden Optionsfeldes bekannt. Was die Optionen im Einzelnen bewirken, entnehmen Sie bitte der Tabelle 4.4.

Tabelle 4.4 Zellen verschieben

Option	Auswirkung
Zellen nach links verschieben	Verschiebt den Inhalt der übrigen Zellen nach links, um die entstandene Lücke aufzufüllen.
Zellen nach oben verschieben	Verschiebt den Inhalt der übrigen Zellen nach oben, um die entstandene Lücke aufzufüllen.
Ganze Zeile	Löscht die ganze Zeile bzw. Zeilen, die durch die Markierung erfasst ist bzw. sind.
Ganze Spalte	Löscht die ganze Spalte bzw. Spalten, die durch die Markierung erfasst ist bzw. sind.

Angenommen, Sie möchten Zellen, Zeilen oder Spalten vollständig aus einer Tabelle löschen. Verfahren Sie wie folgt:

1. Markieren Sie die zu löschenden Zeilen oder Spalten bzw. die zu löschende(n) Zelle(n).
2. Rufen Sie den Menübefehl *Bearbeiten/Zellen löschen* auf. Ganze Zeilen oder Spalten werden sofort gelöscht. Falls nur Zellen markiert sind, erscheint das in Abbildung 4.17 gezeigte Dialogfeld *Löschen*.
3. Beim Löschen von Zellen müssen Sie im Dialogfeld *Löschen* festlegen, in welche Richtung die angrenzenden Zellen verschoben werden sollen, um die entstehende Lücke zu füllen.
4. Schließen Sie das Dialogfeld durch einen Klick auf die Schaltfläche *OK*.

Zeilen und Spalten lassen sich noch schneller durch Tastenkürzel löschen. Gehen Sie wie folgt vor:

1. Markieren Sie die gewünschte(n) Zeile(n) oder Spalte(n).
2. Drücken Sie die Tastenkombination `Strg` + `-`.

Zellen, Zeilen und Spalten einfügen

Zellen, Zeilen oder Spalten müssen Sie bisweilen in bestehende Tabellen einfügen, um Raum für neue Daten oder Berechnungsformeln zu schaffen. Das Einfügen dieser Tabellenelemente ist ebenso einfach zu handhaben wie das Löschen.

WICHTIG Als Grundsatz gilt: Es werden immer so viele Zellen, Zeilen oder Spalten eingefügt, wie zuvor markiert worden waren. Wenn Sie z.B. zwei Zeilen einfügen möchten, markieren Sie die zwei Zeilen, vor denen eingefügt werden soll.

Die Markierung kennzeichnet die Einfügestelle. Dabei gilt: Sollen Zeilen eingefügt werden, wird über den markierten Zeilen eingefügt. Sollen Spalten eingefügt werden, wird links von den markierten Spalten eingefügt. Werden einzelne Zellen eingefügt, erfolgt eine Abfrage über ein Dialogfeld, in dem Sie festlegen müssen, in welche Richtung die bereits vorhandenen Zellen verschoben werden sollen (siehe Abbildung 4.18).

Abbildg. 4.18 Die Optionen beim Einfügen von Zellen

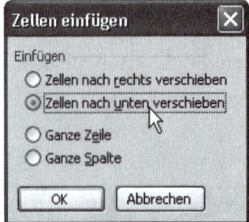

Angenommen, Sie möchten in eine bestehende Tabelle weitere Zeilen oder Spalten einfügen, um so Platz für weitere Daten zu schaffen.

1. Markieren Sie die Menge an Zeilen, Spalten oder die Zellenanzahl, die in die Tabelle eingefügt werden soll. Beachten Sie, dass an dem jeweiligen Ort der Markierung eingefügt wird.

2. Wählen Sie aus dem Menü *Einfügen* den Befehl aus, der der einzufügenden Elementart entspricht (*Zellen*, *Zeilen* oder *Spalten*).

Da in Abbildung 4.18 der Befehl *Einfügen/Zellen* aufgerufen wurde, ist in dem Dialogfeld des Befehls die genauere Auswahl über das Dialogfeld zu treffen. Die Tabelle 4.5 enthält die Beschreibungen für die Optionen des Dialogfelds *Zellen einfügen*.

Tabelle 4.5 Die Optionen des Dialogfeldes *Zellen einfügen*

Option	Auswirkung
Zellen nach rechts verschieben	Verschiebt den Inhalt der weichenden Zellen nach rechts.
Zellen nach unten verschieben	Verschiebt den Inhalt der weichenden Zellen nach unten (in diesem Fall wohl die schlechteste Lösung).
Ganze Zeile	Fügt über der Markierung die Anzahl der markierten Zeilen ein.
Ganze Spalte	Fügt links von den markierten Spalten die markierte Spaltenanzahl ein.

TIPP Zeilen und Spalten lassen sich noch schneller über die Tastatur einfügen. Gehen Sie dazu wie folgt vor:

1. Markieren Sie die Anzahl der einzufügenden Zeile(n) oder Spalte(n).

2. Drücken Sie die Tastenkombination `Strg` + `+`.

Verschieben, Kopieren und Einfügen von Daten

Im vorigen Fall haben Sie sich damit befasst, Platz für neue Daten in Tabellen zu schaffen. Nun aber geht es darum, Zellen, Zeilen oder Spalten, die bereits Daten enthalten, in eine bereits bestehende und mit Daten gefüllte Tabelle einzufügen.

Abbildg. 4.19 Die zwei Kunden sollen an dieser Stelle eingefügt werden.

	A	B	C	D	E	F	G
1		**Umsätze Januar**					
2		**Kunden-Nr.**	**Nachname**	**PLZ**	**Vertreter**	**Umsatz**	
3		10001	Maier	02227	1	24.896,00 €	
4		10002	Schulze	03246	3	22.322,00 €	
5		10005	Schmidt	12140	4	17.779,00 €	
6		10006	May	31358	2	14.793,00 €	
7		10007	Mayer	37119	3	18.209,00 €	
8		10100	Schmitt	41991	2	23.291,00 €	
9		10101	Schmied	42045	1	13.750,00 €	
10		10102	Frank	63835	1	19.675,00 €	
11		10103	Huber	65350	4	16.658,00 €	
12		10104	Klein	66825	5	13.593,00 €	
13		10105	Meier	84740	6	22.406,00 €	
14		10106	Friedrich	94568	2	20.774,00 €	
15							
16							
17		10090	Richter	71410	2	12.780,00 €	
18		10091	Hansen	13057	4	26.900,00 €	
19							

Verwenden der Maus

Sie haben eine Tabelle erstellt und im Nachhinein wollen Sie an einer exakt definierten Stelle bereits bestehende Daten zusätzlich in diese Tabelle einfügen.

HINWEIS Selbstverständlich können Sie leere Zellen in diese Tabelle einfügen, um anschließend in diese leeren Zellen die entsprechenden Daten zu kopieren.

Um diesen Arbeitsweg abzukürzen, bietet Ihnen Excel die Möglichkeit, bereits bestehende Daten unmittelbar durch Verschieben oder Kopieren mit der Maus in die Tabelle einzufügen. Verfahren Sie dazu folgendermaßen:

1. Markieren Sie die Daten, welche zwischen die bestehenden Daten eingefügt werden sollen.

2. Bewegen Sie den Mauszeiger auf den Rahmen des markierten Bereichs, sodass er zu einem Pfeilkreuz wird, halten Sie die `⇧`-Taste gedrückt und ziehen Sie den Rahmen an die gewünschte Stelle. Beim Ziehen nimmt der Rahmen die Form eines doppelten *T* an.

3. An der gewünschten Stelle lassen Sie *zuerst* die Maustaste und *danach* die `⇧`-Taste los. Dadurch werden die markierten Zellen verschoben und zwischen den anderen Zellen eingefügt.

Wenn Sie statt der Technik des Verschiebens die des Kopierens anwenden möchten, verfahren Sie im Prinzip wie oben dargestellt. Im Schritt 2 drücken Sie zusätzlich noch die [Strg]-Taste. Dadurch erscheint ein kleines Pluszeichen neben dem Mauszeiger. Im Schritt 3 lassen Sie ebenfalls **zuerst** die Maustaste und **danach** die beiden gedrückten Tasten [⇧]+[Strg] los.

Verwenden des Kontextmenüs

Wenn die oben dargestellten Mausaktionen nicht Ihren Vorstellungen entsprechen, gibt es noch den Lösungsweg über das Kontextmenü. Um das Kontextmenü aufzurufen, verfahren Sie wie folgt:

1. Markieren Sie die Daten, die zwischen den bereits bestehenden Daten eingefügt werden sollen.

2. Bewegen Sie den Mauszeiger auf den Rahmen der Markierung, sodass er als Pfeilkreuz angezeigt wird. Drücken Sie die **rechte** Maustaste und ziehen Sie die Markierung an die gewünschte Stelle.

3. Wenn Sie die Maustaste loslassen, wird ein Kontextmenü geöffnet, das eine Anzahl von Befehlen zum Kopieren und Verschieben anbietet (siehe Abbildung 4.20). Aus diesem Kontextmenü wählen Sie den gewünschten Befehl durch Anklicken mit der linken Maustaste aus.

Abbildg. 4.20   Kontextmenü zum Kopieren oder Ausschneiden

Dasselbe Ziel wie bei den zuvor geschilderten Arbeitstechniken erreichen Sie mit dem Befehl *Kopieren und nach unten verschieben* oder dem Befehl *Ausschneiden und nach unten verschieben*.

Kopieren und Einfügen mit gleichzeitigem Ausführen einer bestimmten Aktion

Beim Kopieren von Daten ist das Markieren und anschließende Kopieren der Daten eine einfache Angelegenheit. Beim Einfügen der Daten gibt es aber noch einen unter Umständen sehr nützlichen Befehl, der neben dem Einfügen gleichzeitig weiterführende Befehle ausführen kann.

Beispiel: Sie haben die Provisionssätze für die einzelnen Vertreter in Prozenten in Ihrer Umsatzta- belle stehen. Anstelle der Prozentsätze sollen jedoch die sich daraus ergebenden Provisionsbeträge in Euro gezeigt werden.

Für die folgende Übung öffnen Sie bitte die Beispiel-Arbeitsmappe *Kap04B.xls* aus dem Ordner *\Buch\Kap04* auf der CD-ROM zum Buch. Verwenden Sie hier das Tabellenblatt *Multiplizieren*.

Abbildg. 4.21 An die Stelle der Prozente soll der absolute Betrag treten.

	E	F	G	H
2				
3	**Vertreter**	**Umsatz**	**Provision**	
4	1	24.896,00 €	10%	
5	3	22.322,00 €	10%	
6	4	17.779,00 €	10%	
7	2	14.793,00 €	5%	
8	3	18.209,00 €	5%	
9	2	23.219,00 €	10%	
10	1	13.750,00 €	10%	
11	1	19.675,00 €	20%	
12	4	16.658,00 €	10%	
13	5	13.593,00 €	5%	
14	6	22.406,00 €	10%	
15	2	20.774,00 €	10%	
16				

Im Rahmen des Kopierbefehls können Sie diese Aufgabe recht einfach lösen. Benutzen Sie die Bei- spieltabelle *Multiplizieren* (siehe Abbildung 4.21) und gehen Sie wie folgt vor:

1. Markieren Sie die Daten in der Umsatzspalte und wählen Sie den Befehl *Bearbeiten/Kopieren* oder alternativ die Tasten `Strg`+`C`.

2. Markieren Sie die Prozentdaten in der Provisionsspalte und rufen Sie den Menübefehl *Bearbei- ten/Inhalte einfügen*.

3. Im Dialogfeld des Befehls wählen Sie im Feld *Vorgang* die Option *Multiplizieren* aus (siehe Abbildung 4.22) und klicken Sie auf die *OK*-Schaltfläche.

Die kopierten Inhalte der Quellzellen werden mit den jeweiligen Inhalten der Zielzellen multipli- ziert.

Abbildg. 4.22 Beim Einfügen wurden die Daten neu berechnet.

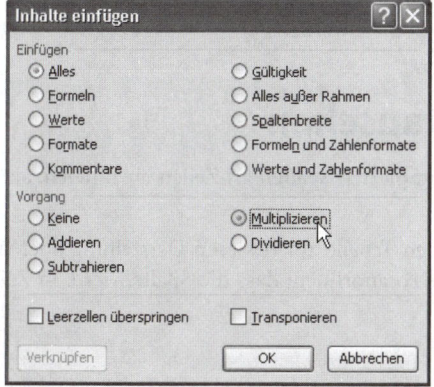

Dies war nur eine von vielen Operationen, die Sie beim Einfügen von Daten durch den Befehl *Inhalte einfügen* aus dem Menü *Bearbeiten* durchführen können. Weitere Möglichkeiten entnehmen Sie bitte der Auflistung in Tabelle 4.6 und Tabelle 4.7.

Tabelle 4.6   Inhalte einfügen, Gruppenfeld *Einfügen*

Optionen im Gruppenfeld *Einfügen*	Auswirkung
Alles	Überträgt den Inhalt sowie alle Eigenschaften.
Formeln	Überträgt nur die Werte und die Berechnungsformeln.
Werte	Überträgt nur die Werte und die Ergebnisse aus Berechnungsformeln, jedoch nicht die Formel, die zum Ergebnis führte.
Formate	Überträgt nur die Zellformatierungen.
Kommentare	Überträgt nur die eingegebenen Kommentare und keinerlei Werte aus der Tabelle.
Gültigkeit	Überträgt nur die Gültigkeitsregeln der Zellen.
Alles außer Rahmen	Überträgt alle Daten und Eigenschaften, jedoch keinerlei Rahmenformatierung.
Spaltenbreite	Übernimmt die Spaltenbreite für eine andere Spalte.
Formeln und Zahlenformate	Überträgt nur die Formeln und alle Zahlenformat-Optionen.
Werte und Zahlenformate	Überträgt nur die Werte und alle Zahlenformat-Optionen.

Tabelle 4.7   Inhalte einfügen, Gruppenfeld *Vorgang*

Optionen im Gruppenfeld *Vorgang*	Auswirkung
Keine	Es wird keine Rechenoperation bei der Übertragung ausgeführt.
Addieren	Addiert den Inhalt der Quellzelle zum Inhalt der Zielzelle.
Subtrahieren	Subtrahiert den Inhalt der Quellzelle vom Inhalt der Zielzelle.
Multiplizieren	Multipliziert den Inhalt der Quellzelle mit dem Inhalt der Zielzelle.
Dividieren	Dividiert den Inhalt der Zielzelle durch den Inhalt der Quellzelle.

Durch die Aktivierung des Kontrollkästchens *Leerzellen überspringen* erreichen Sie, dass kopierte Leerzellen nicht über die vorhandenen Zellen kopiert werden.

Zeilen und Spalten vertauschen

Transponieren

Um die kopierten Zeilen als Spalten und die kopierten Spalten als Zeilen einzufügen, aktivieren Sie das Kontrollkästchen *Transponieren*.

Angenommen, Sie wollen in einer bestehenden Tabelle zur besseren Darstellung oder übersichtlicheren Gestaltung der Berechnung die Werte so anordnen, dass die Spaltenwerte in Zeilen stehen und umgekehrt.

Verwenden Sie für die folgende Übung das Arbeitsblatt *Transponieren* aus der Beispielmappe *Kap04.xls*. Sie finden die Datei im Ordner *\Buch\Kap04B* auf der CD-ROM zu diesem Buch.

Am einfachsten kommen Sie durch das *Transponieren* der Tabelle zu einer Lösung. Beim *Transponieren* in der Beispieltabelle gehen Sie folgendermaßen vor:

1. Markieren Sie die Zellen von *B2* bis *E6* und kopieren Sie die Daten in die Zwischenablage.

2. Setzen Sie die aktive Zelle in die linke obere Ecke des Bereichs, in den die transponierte Tabelle kopiert werden soll. Im Beispiel ist das die Zelle *B10*.

WICHTIG   Achten Sie darauf, dass keine Daten in dem Bereich stehen, in den sie eingefügt werden sollen. Daten in diesem Bereich werden ohne Vorwarnung überschrieben.

3. Rufen Sie den Menübefehl *Bearbeiten/Inhalte einfügen* auf und aktivieren Sie im Dialogfeld das Kontrollkästchen *Transponieren*. Schließen Sie das Dialogfeld mit Klick auf *OK*.

Die Daten werden transponiert eingefügt, d.h. aus den Zeilen werden Spalten und aus den Spalten werden Zeilen. Die Abbildung 4.23 zeigt die Ausgangstabelle und das Ergebnis.

Abbildg. 4.23   Was in Zeilen stand, steht jetzt in Spalten und umgekehrt.

	A	B	C	D	E	F	G
1							
2			Filiale Köln	Filiale Stuttgart	Filiale Berlin		
3		Januar	34.000 €	40.300 €	32.000 €		
4		Februar	36.000 €	43.900 €	34.600 €		
5		März	33.500 €	39.500 €	35.000 €		
6		April	34.900 €	38.000 €	34.900 €		
7				Transponieren			
8							
9							
10			Januar	Februar	März	April	
11		Filiale Köln	34.000 €	36.000 €	33.500 €	34.900 €	
12		Filiale Stuttgart	40.300 €	43.900 €	39.500 €	38.000 €	
13		Filiale Berlin	32.000 €	34.600 €	35.000 €	34.900 €	
14							

Bestimmte Einträge suchen

Sie können nach bestimmten Textpassagen, Zahlen oder Formeln suchen, die Sie überprüfen oder bearbeiten möchten bzw. ersetzen lassen wollen.

Über den Befehl *Bearbeiten/Suchen* oder per Tastenkombination `Strg`+`F` lässt sich die gesamte Tabelle oder auch nur ein markierter Bereich durchsuchen. Der gesuchte Begriff wird im Feld *Suchen nach* eingetragen; mit der Schaltfläche *Weitersuchen* wird die Suche ausgelöst und die erste Fundstelle wird aktiviert. Dabei bleibt das Dialogfeld im Vordergrund, sodass die Schaltfläche *Weitersuchen* benutzt werden kann, um nach dem nächsten Vorkommen des Begriffs zu suchen (siehe Abbildung 4.24).

TIPP   Sie sollten bei der Suche in großen Tabellen die Zelladresse der ersten Fundstelle im Gedächtnis behalten, weil Excel die Suche am Ende der Tabelle nicht beendet, sondern wieder von vorne beginnt.

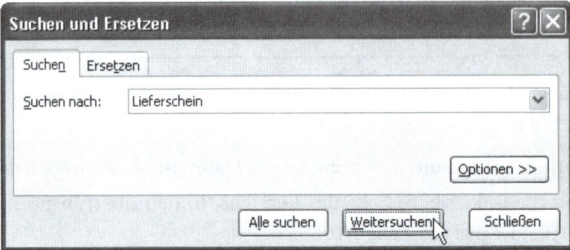

Die Schaltfläche *Alle suchen* löst ebenfalls die Suche aus, listet aber zusätzlich weitere Fundstellen im erweiterten Dialogfeld auf. Die Fundstellen werden dabei als Hyperlinks angezeigt. Durch einfaches Anklicken kann die entsprechende Fundstelle aktiviert werden.

PROFITIPP

> Mit der ⎡Strg⎤-Taste und mit der ⎡⇧⎤-Taste können Sie auch in diesem Dialogfeld eine Mehrfachauswahl durchführen. Die ⎡Strg⎤-Taste ermöglicht die Auswahl einzelner Einträge. Wollen Sie einen zusammenhängenden Bereich markieren, klicken Sie den ersten Eintrag an und halten die ⎡⇧⎤-Taste gedrückt, während Sie auf die letzte gewünschte Zelle klicken. Wenn Sie mit dieser Methode den ersten und letzten Eintrag markieren, werden alle Fundstellen in der Tabelle ausgewählt.

Über die Schaltfläche *Optionen* können für die Suche zusätzlich die im Folgenden aufgezählten Optionen eingestellt werden. Die Abbildung 4.25 zeigt das erweiterte Dialogfeld *Suchen und Ersetzen*. Hier ein paar Erklärungen dazu:

- Das erste Listenfeld *Suchen* legt den Suchraum (*Blatt* oder *Arbeitsmappe*) fest.

- Das zweite Listenfeld *Suchen* legt die Suchrichtung fest. Dabei führt der Eintrag *In Spalten* dazu, dass Excel zunächst die Zeilen der aktiven Spalte durchsucht, bevor die Suche in der nächsten Spalte fortgesetzt wird. *In Zeilen* führt dazu, dass Excel die Tabelle von links nach rechts durchsucht.

- Das Eingabefeld *Suchen in* sucht in Formeln, in Werten oder in Kommentaren.

- Über ein Kontrollkästchen kann die Berücksichtigung der Groß-/Kleinschreibung aktiviert oder deaktiviert werden.

- Das Kontrollkästchen *Gesamten Zellinhalt vergleichen* bestimmt, ob nur die Zellen gefunden werden sollen, deren Inhalt vollständig mit dem Suchtext übereinstimmt. Suchen Sie beispielsweise nach »Maier« und das Kontrollkästchen *Gesamten Zellinhalt vergleichen* ist aktiviert, wird der Eintrag »Maierle« ebenso wenig markiert wie der Eintrag »Herr Maier«.

- Über die Schaltfläche *Format* erhalten Sie die Möglichkeit, nur nach Einträgen zu suchen, die gleichzeitig eine bestimmte Formatierung haben.

TIPP   Mit der Funktionstaste ⎡F4⎤ lässt sich die Suche nach dem zuletzt eingegebenen Text auch bei geschlossenem Dialogfeld *Suchen* fortsetzen.

Abbildg. 4.25   Das erweiterte Dialogfeld *Suchen und Ersetzen*

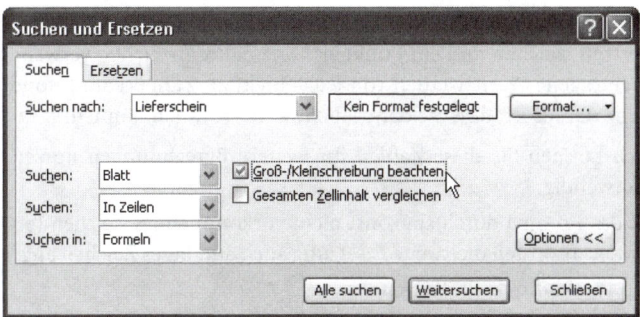

WICHTIG   Für das Ergebnis der Suche ist es wichtig, wie die Markierung vor dem Ausführen des Befehls aussieht. Ist lediglich eine einzelne Zelle aktiv, durchsucht Excel das gesamte Tabellenblatt. Ist ein Bereich markiert, etwa *A1:D20*, wird dieser Bereich durchsucht. Und sind schließlich mehrere Tabellenblätter markiert, können Sie diese in einem Arbeitsgang durchsuchen.

Zeichenfolgen ersetzen

Über den Befehl B*earbeiten/Ersetzen* oder die Tastenkombination ⌨Strg+⌨H kann eine gefundene Stelle sofort durch einen Ersatztext (-zahlen, -formeln) ausgetauscht werden. Die Schaltfläche *Ersetzen* ersetzt die aktuell gefundene Stelle, während die Schaltfläche *Alle ersetzen* ohne Rückfrage sämtliche Fundstellen im festgelegten Bereich austauscht.

Den Wechsel zwischen dem *Suchen* und *Ersetzen* vollziehen Sie einfach über einen Klick auf die entsprechende Registerkarte. Die Verwendung von Platzhaltern ist beim Suchen und Ersetzen selbstverständlich erlaubt: Verwenden Sie das Fragezeichen (?) als Platzhalter für exakt ein beliebiges Zeichen und ein Sternchen (*) als Platzhalter für eine beliebige Anzahl von Zeichen. Schauen Sie sich hierzu Tabelle 4.8 an.

Tabelle 4.8   Platzhalter zum Suchen und Ersetzen

Suchtext	Stellvertreterzeichen	Beispiel
Ein beliebiges Zeichen an der Position des Fragezeichens	? (Fragezeichen)	Bei Eingabe von *Ma?er* wird nach *Maier* und *Mayer* gesucht.
Eine beliebige Anzahl von Zeichen an der Position des Sternchens	* (Sternchen)	Bei Eingabe von **osten* wird nach *Nordosten* und *Südosten* gesucht.
Fragezeichen, Sternchen oder Tilde	~ (Tilde) gefolgt von *?*, *, oder ~	Bei Eingabe von *ab91~?* wird nach *ab91?* gesucht.

WICHTIG   Während Sie bei der Suche auch Kommentare einbeziehen können, ist dies beim Ersetzen nicht möglich.

Amerikanische Zahlenformate umwandeln

Manchmal werden Zahlenwerte im amerikanischen Format gespeichert, z.B. 1,111.11. Es wird also ein Komma als Tausendertrennzeichen und ein Punkt als Dezimaltrennzeichen verwendet. Solchermaßen kopierte oder eingetragene Werte werden von Excel nicht als Zahl erkannt, sondern als Text behandelt. Die Konsequenz daraus ist, dass Sie damit nicht weiterrechnen können.

Über *Suchen und Ersetzen* können Sie diese Zahlen für weitere Berechnungen nutzen. Allerdings sind dazu drei Schritte notwendig.

1. Ersetzen Sie zunächst das Komma durch ein sonst nicht vorkommendes Zeichen (etwa ein Paragrafen-Zeichen »§«), weil ansonsten die zweite Ersetzung auch auf dieses Zeichen angewandt wird.
2. Dann ersetzen Sie den Punkt durch ein Komma.
3. Anschließend ersetzen Sie das »§« durch einen Punkt.

Wie Sie solche Zahlen mit einer Textfunktion umwandeln können, erfahren Sie in Kapitel 15.

Manuellen Zeilenumbruch ersetzen

Eine besondere Aufgabe ist auch das Ersetzen von manuellen Zeilenumbrüchen. Leider fehlt im Dialogfeld *Suchen und Ersetzen* eine Funktion für die Suche nach Sonderzeichen, wie sie das entsprechende Dialogfeld in Word über die Schaltfläche *Sonstiges* bietet. Dennoch können Sie solche Zeilenumbrüche, die mit der Tastenkombination Alt + ↵ eingefügt werden, suchen und ersetzen.

Wenn Sie manuelle Zeilenumbrüche entefernen wollen, gehen Sie wie folgt vor:

1. Rufen Sie über den Menübefehl *Bearbeiten/Ersetzen* das Dialogfeld *Suchen und Ersetzen* auf.
2. Aktivieren Sie das Eingabefeld *Suchen nach*.
3. Halten Sie die Alt-Taste gedrückt und geben Sie auf dem numerischen Block die Zahlenfolge 0 1 0 ein.
4. Lassen Sie die Alt-Taste los und aktivieren Sie das Eingabefeld *Ersetzen durch*.
5. Tragen Sie hier die neue Zeichenfolge ein. In der Regel sollten Sie hier ein Leerzeichen eingeben.
6. Wählen Sie die Schaltfläche *Ersetzen*, um die Fundstellen einzeln zu ersetzen oder *Alle ersetzen*, um alle Zeilenumbrüche in einem Arbeitsgang durch Leerzeichen zu ersetzen.
7. Schließen Sie das Dialogfeld über die Schaltfläche *Schließen*.

Zeilenhöhe und Spaltenbreite ändern

Wenn Sie in eine Zelle beispielsweise das Wort »Lieferschein« eingeben, erstreckt sich der Eintrag über die benachbarte Zelle. Um dies zu verhindern, bietet Excel die Anpassung der Spaltenbreite an.

Die optimale Spaltenbreite und Zeilenhöhe einstellen

Excel kann die optimale Spaltenbreite an den breitesten Eintrag anpassen. Fahren Sie dazu mit dem Mauszeiger auf die Grenzlinie zwischen zwei Spaltenköpfen. Verformt sich der Mauszeiger zu einem senkrechten Strich mit einem Doppelpfeil, führen Sie einen Doppelklick aus und die Spalte wird an die Zelle mit dem breitesten Eintrag in dieser Spalte angepasst.

Genauso können Sie die Zeilenhöhe mit einem Doppelklick zwischen zwei Zeilenköpfen automatisch anpassen. Hier verformt sich der Mauszeiger zu einem waagerechten Strich mit einem Doppelpfeil, auf dem Sie dann doppelklicken, um die Zeilenhöhe an die Zelle mit dem größten Schriftgrad in dieser Zelle anzupassen.

So passen Sie die Spaltenbreite an den breitesten Eintrag an:

1. Markieren Sie in der Beispieltabelle eine Zelle in Spalte *A*.
2. Fahren Sie mit dem Mauszeiger langsam auf die Spaltenköpfe.
3. Wenn der Mauszeiger sich zu einem senkrechten Strich mit einem Doppelpfeil verformt, doppelklicken Sie zwischen den beiden Spaltenköpfen *A* und *B*.

Leider haben wir jetzt für die Positionsnummer eine zu breite Spalte. Machen Sie daher diese Spaltenbreite wieder rückgängig (*Rückgängig*-Schaltfläche oder Menübefehl *Bearbeiten/Rückgängig*).

TIPP Sie können aber nicht nur die Spaltenbreite dem Zellinhalt anpassen, sondern auch die Schriftgröße an die Spaltenbreite. Wählen Sie dazu den Menübefehl *Format/Zellen* und aktivieren Sie auf der Registerkarte *Ausrichtung* das Kontrollkästchen *An Zellgröße anpassen*. Mehr zum Formatieren finden Sie in Kapitel 9.

Zellen verbinden

Excel bietet die Möglichkeit, einzelne Zellen in der Breite und/oder Höhe zu verändern, wobei die übrigen Zellen ihre Breite und Höhe beibehalten. Sie erreichen dies über den Menübefehl *Format/ Zellen* auf der Registerkarte *Ausrichtung,* indem Sie das Kontrollkästchen *Zellen verbinden* anklicken.

Alternativ können Sie die nebenstehend abgebildete Schaltfläche *Verbinden und zentrieren* auf der *Format*-Symbolleiste verwenden. Im Unterschied zum Menübefehl zentrieren Sie allerdings gleich den Inhalt der verbundenen Zelle.

So können Sie zwei Zellen zu einer Zelle verbinden:

1. Markieren Sie die Zellen *A9:B9*.
2. Drücken Sie die rechte Maustaste über dieser Markierung und wählen Sie aus dem Kontextmenü den Eintrag *Zellen formatieren* aus.
3. Aktivieren Sie im daraufhin angezeigten Dialogfeld die Registerkarte *Ausrichtung*.
4. Markieren Sie das Kontrollkästchen *Zellen verbinden* und bestätigen Sie mit Klick auf *OK*.

HINWEIS Die Verwendung von verbundenen Zellen ist nicht ganz unproblematisch. So ist eine eventuell nachträglich notwendige Änderung mit reichlich Arbeit verbunden. Soll beispielsweise ein Verbund aus drei Zellen auf zwei Zellen reduziert werden, muss zunächst die Verbindung aufgehoben werden. Dann sind die Zellen zu markieren, welche den neuen Zellverbund ausmachen sollen und schließlich sind die Zellen erneut zu verbinden.

Verwenden Sie verbundene Zellen als Spaltenüberschrift, lassen sich einzelne Spalten der Tabelle nicht mehr so einfach verschieben. Stattdessen erhalten Sie dabei die Fehlermeldung »Kann Teil einer verbundenen Zelle nicht ändern«. Aber zum Glück gibt es ja Alternativen.

Zellen über Auswahl zentrieren

Wesentlich weniger Probleme treten auf, wenn Sie Zellinhalte über eine Auswahl zentrieren. Soll beispielsweise der Inhalt der Zelle *A1* über den Bereich *A1:C1* zentriert werden, gehen Sie wie folgt vor:

1. Markieren Sie den Bereich *A1:C1*.
2. Wählen Sie den Menübefehl *Format/Zellen*.
3. Aktivieren Sie die Registerkarte *Ausrichtung*.
4. Wählen Sie im Listenfeld *Horizontal* den Eintrag *Über Auswahl zentrieren*.
5. Bestätigen Sie die Änderung mit *OK*.

Optisch entspricht das Ergebnis dem Verbinden von Zellen. Allerdings treten die oben genannten Probleme mit über Auswahl zentrierten Zellen nicht auf.

Zellen ein- und ausblenden

Genauso hilfreich ist das Aus- und Einblenden von Zellen. Klicken Sie die betreffenden Zeilen- oder Spaltenköpfe mit der rechten Maustaste an und wählen Sie im Kontextmenü den Eintrag *Ausblenden*. Schneller geht es, wenn Sie den rechten Rand der betreffenden Spalte(n) nach links ziehen. Zum Einblenden markieren Sie die beiden benachbarten Spalten und doppelklicken am rechten Rand der letzten markierten Spalte.

Die Anpassung der Zeilenhöhe funktioniert ebenso: Zum *Ausblenden* ziehen Sie den unteren Rand nach oben, zum *Einblenden* markieren Sie die benachbarten Zeilen und doppelklicken zwischen den Zeilenköpfen der unteren markierten Zeile und der Zeile darunter.

So blenden Sie eine Spalte aus:

1. Markieren Sie die Spalte *D* im Übungsblatt *Lieferschein*.
2. Ziehen Sie den rechten Rand des Spaltenkopfes nach links bis zum rechten Rand der Spalte *C*.

TIPP   Schneller geht es, wenn Sie mit der rechten Maustaste auf den Spaltenkopf der Spalte *D* klicken und im Kontextmenü den Eintrag *Ausblenden* wählen.

Die Spalte *D* mit den Preisangaben ist nun verdeckt und erscheint auch nicht beim Ausdruck des Lieferscheines. Wollen Sie die Spalte wieder einblenden, gehen Sie so vor:

1. Markieren Sie die Spalten *C* und *E*.
2. Klicken Sie mit der rechten Maustaste in den markierten Bereich.
3. Im Kontextmenü wählen Sie den Befehl *Einblenden*.

Die Spalte *D* ist wieder sichtbar. Durch das Markieren der beiden Nachbarspalten war die Spalte *D*, obwohl nicht sichtbar, in die Markierung eingeschlossen und unterlag somit auch dem Befehl *Einblenden*.

Tabellenblatt schützen

Wenn Sie Daten in einer Tabelle erfasst sowie formatiert haben und die Datei auch von anderen Anwendern benutzt wird, kommt irgendwann der Wunsch auf, die Arbeit vor unerwünschten Veränderungen zu schützen. Excel bietet eine ganze Reihe von Möglichkeiten, einen solchen Schutz zu realisieren.

Der Schutz in Excel funktioniert auf zwei verschiedenen Ebenen. Zum einen als Eigenschaft eines Bereichs-Objektes und zum anderen als Eigenschaft des Arbeitsblattes bzw. der ganzen Mappe. Nur, wenn beide Einstellungen vorgenommen wurden, ist der Zellschutz aktiv.

WICHTIG Der Schutz in einer Tabelle wird immer aus der Formatierung der Zellen **und** dem Befehl *Blatt schützen* erstellt.

Um einen Zellbereich in einer Tabelle zu schützen, sind die folgenden Schritte notwendig:

1. Zunächst markieren Sie die ganze Tabelle. Am schnellsten geht das mit der Schaltfläche *Alles auswählen*, die Sie im Schnittpunkt der Zeilen- und Spaltenköpfe vorfinden.

2. Wählen Sie anschließend den Befehl *Format/Zellen* und wechseln Sie zur Registerkarte *Schutz*. Hier entfernen Sie die Markierung im Kontrollkästchen *Gesperrt*. Standardmäßig sind alle Zellen eines Blattes gesperrt. Sie merken davon nichts, weil der eigentliche Schutz nicht aktiviert ist. Bestätigen Sie das Dialogfeld mit *OK*.

3. Um nun einen bestimmten Bereich, etwa *A1:D10*, zu schützen, markieren Sie diesen und aktivieren Sie über den Befehl *Format/Zellen* auf der Registerkarte *Schutz* das Kontrollkästchen *Gesperrt*.

4. Wählen Sie dann den Befehl *Extras/Schutz* und im Untermenü den Eintrag *Blatt schützen*. Im Dialogfeld *Blatt schützen* können Sie die Objekte festlegen, die geschützt werden sollen. Wenn Sie weiterhin Kommentare bearbeiten und eintragen wollen, müssen Sie das Kontrollkästchen *Objekte bearbeiten* aktivieren (vgl. Abbildung 4.26). Sie können in diesem Dialogfeld auch ein Kennwort vergeben. In den meisten Fällen wird aber ein Schutz ohne Passwort genügen.

5. Schließen Sie den Vorgang mit *OK* ab.

Abbildg. 4.26 In diesem Dialogfeld stellen Sie die Berechtigungen exakt ein.

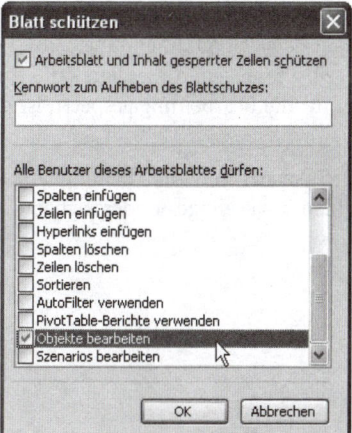

Der Bereich ist nun vor Veränderungen geschützt, die Kommentare lassen sich jedoch weiterhin einfügen, bearbeiten und löschen. Sollten Sie dennoch versuchen, eine Änderung vorzunehmen, wird eine Warnmeldung angezeigt.

Sie können bei Bedarf auch nicht zusammenhängende Bereiche markieren, z.B. *A1:A10;E8:E17;G11:G12*, und für diese Zellen den Schutz aktivieren. Denken Sie daran: Aktiv wird der Zellschutz allerdings erst durch Aktivieren des Blattschutzes.

Erweiterter Blattschutz

Manchmal sollen bestimmte Blätter oder Bereiche nur vor einigen Bearbeitern geschützt werden, während andere vollen Zugriff haben sollen. Seit Excel 2002 gibt es erweiterte Möglichkeiten beim Blattschutz, mit denen Sie eine Liste berechtigter Benutzer mit jeweils unterschiedlichen Rechten anlegen können.

Bereiche schützen

Über *Extras/Schutz/Benutzer dürfen Bereiche bearbeiten* können Sie verschiedene Bereiche festlegen, für die besondere Einstellungen gelten sollen (vgl. Abbildung 4.27).

Abbildg. 4.27 Das zentrale Dialogfeld für die Definition von Benutzerberechtigungen

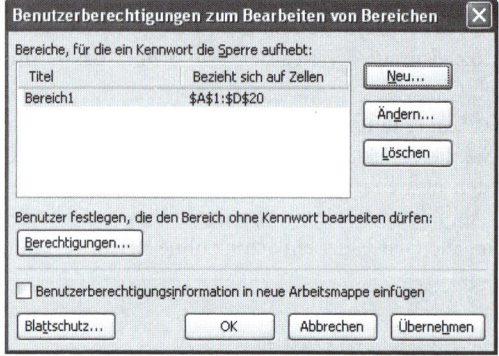

Die Schaltfläche *Neu* führt Sie zum Dialogfeld *Neuer Bereich* (vgl. Abbildung 4.28). Hier können Sie einen Namen für einen Bereich und den Bereich selbst festlegen. Außerdem kann für jeden Bereich ein Kennwort vergeben werden. Wird der Bereich für die Bearbeitung gesperrt, ist die Bearbeitung nur nach Eingabe dieses Kennwortes möglich!

Der Name des Bereichs kann übrigens maximal 255 Zeichen lang sein. Er sollte mit einem Buchstaben beginnen und darf auch Unterstriche und Zahlen sowie einige Sonderzeichen (z.B. ».« und »?«) enthalten.

Abbildg. 4.28 Bereichsnamen und Adresse sowie Kennwort festlegen

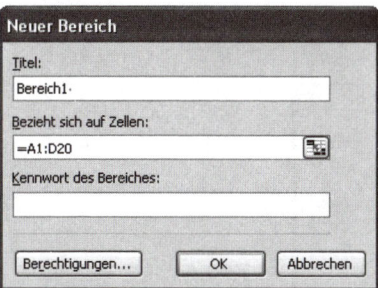

Über die Schaltfläche *Berechtigungen* können Sie eine Liste der berechtigten Benutzer einsehen (vgl. Abbildung 4.29). Diese Schaltfläche kann nur dann aktiviert werden, wenn bereits ein Bereich festgelegt wurde.

Im Dialogfeld *Berechtigungen für Bereich* können über die Schaltfläche *Hinzufügen* neue Benutzer angelegt werden.

Abbildg. 4.29 Benutzer hinzufügen und für jeden die Berechtigung einstellen

Unter Windows XP wird eine Auswahl der aktuell festgelegten Benutzer angezeigt. Mit der Schaltfläche *Erweitert* (vgl. Abbildung 4.30) können Sie weitere Benutzer auswählen und in die Sicherheitseinstellungen für den Bereich übernehmen.

Abbildg. 4.30
Verwenden Sie die Schaltfläche *Erweitert,* um einen Benutzer hinzuzufügen.

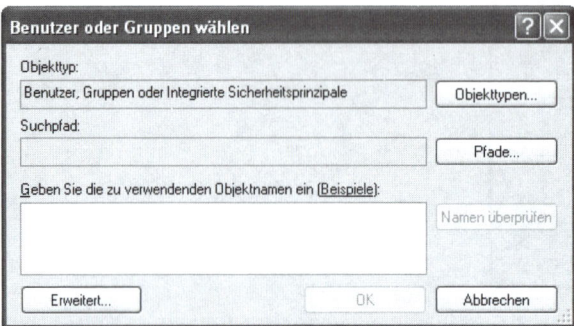

Für jeden Benutzer können Sie anschließend festlegen, ob die Eingabe des Kennworts erforderlich sein soll oder nicht. Markieren Sie hierfür das jeweilige Kontrollkästchen im Dialogfeld *Berechtigungen für Bereich.*

WICHTIG Wenn Sie den Kennwortschutz aktivieren, wird eine Sicherheitswarnung angezeigt. Diese Warnung ist wichtig! Prüfen Sie die Liste der berechtigten Benutzer unbedingt daraufhin, dass Ihr eigener Benutzername hier auftaucht. Ansonsten müssen auch Sie selbst das Kennwort vor jeder Änderung eingeben. Wird ein Kennwort vergeben, müssen Sie dies in einem weiteren Dialogfeld bestätigen.

Den Blattschutz aktivieren

Wenn Sie die Dialogfelder geschlossen haben, kehren Sie zum Dialogfeld *Benutzerberechtigungen zum Bearbeiten von Bereichen* (vgl. Abbildung 4.27) zurück. Über die Schaltfläche *Blattschutz* wird das gleiche Dialogfeld angezeigt, das Sie auch über *Extras/Schutz/Blatt schützen* anzeigen können. Wichtig: Hier wird der eigentliche Schutz aktiviert. Die Abbildung 4.31 zeigt die Standardeinstellung des Dialogfeldes *Blatt schützen.*

Abbildg. 4.31
Legen Sie in diesem Dialogfeld die Zugriffsberechtigung für den Benutzer fest.

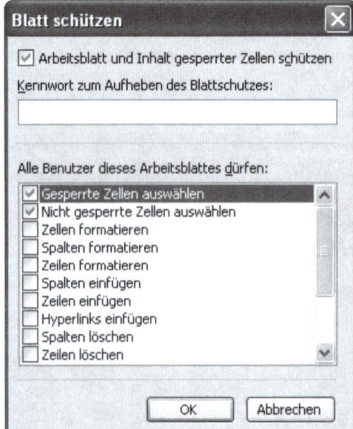

Besondere Einstellungen

Wenn Sie im Dialogfeld aus Abbildung 4.31 nur das Kontrollkästchen *Nicht gesperrte Zellen auswählen* markieren, kann keine Zelle mehr ausgewählt werden! Der Benutzer kann in einem solchermaßen geschützten Blatt lediglich über die Bildlaufleisten durch die Tabelle blättern. Dies hat in bestimmten Situationen durchaus auch seinen Sinn.

Eine wichtige Möglichkeit ist das Zulassen von *AutoFiltern* und der Anwendung von *PivotTabellen*-Berichten. In früheren Versionen war diese Möglichkeit nur über eine VBA-Anweisung möglich. Mehr zum Thema »AutoFilter und PivotTabellen« finden Sie in Kapitel 21 und Kapitel 24.

Welche Einstellungen für Benutzer vorgenommen wurden, können Sie über den Menübefehl *Extras/ Schutz/Benutzer dürfen Bereiche bearbeiten* ermitteln, wenn Sie anschließend das Kontrollkästchen *Benutzerberechtigungsinformation in neue Arbeitsmappe übernehmen* wählen (vgl. Abbildung 4.27). Excel erstellt dann keine neue Mappe mit den identischen Einstellungen, sondern eine neue Arbeitsmappe mit den Hinweisen zu den Namen und Bereichen sowie den festgelegten Berechtigungen.

Geschützte Bereiche bearbeiten

Versucht ein Benutzer einen geschützten Bereich zu bearbeiten, wird das Dialogfeld *Sperrung des Bereichs aufheben* angezeigt. Nach der Eingabe des Kennworts kann der Bereich bearbeitet werden. Der Bereich bleibt übrigens so lange zur Bearbeitung geöffnet, bis die Mappe geschlossen wird. Erst nach dem erneuten Öffnen ist auch die Eingabe des Kennworts wieder erforderlich.

Geschützte Bereiche und Diagramme

Wollen Sie aus den Daten eines geschützten Tabellenblatts ein Diagramm erstellen, führt der Blattschutz dazu, dass der Quellbereich nicht mit der Maus markiert werden kann. Sie können aber den Bezug manuell eintragen, z.B. *A1:B6*. Das Diagramm muss dann als eigenes Objekt erstellt werden, weil die Tabelle ja für den Zugriff gesperrt ist.

Wenn Sie versuchen, die Daten über das Diagramm zu ändern, muss zuvor der Blattschutz deaktiviert werden. Ziehen Sie beispielsweise unter Verwendung der `Strg`-Taste an einer Säule, wird nicht das Dialogfeld zur *Zielwertsuche*, sondern eine Fehlermeldung angezeigt.

Die Möglichkeiten zum Schutz von Diagrammen wurden nicht verändert. Sie können bei aktivem Diagramm den Blattschutz auf die Inhalte, also Datenreihen, Achsen usw. oder/und auf Objekte, wie Textfelder oder Grafiken, einschränken.

Zusammenfassung

Das Tabellenblatt ist der zentrale Arbeitsplatz in Excel. Alle Daten und Informationen werden hier gespeichert. Dass Sie richtig Lust auf die Arbeit mit Excel bekommen, das unterstützen zahlreiche Eingabemethoden. Für jeden Anwendungsfall bietet Excel eine Lösung an. Aber nicht nur für die Eingabe, auch für die schnelle Korrektur von Fehlern bieten sich viele Mechanismen an, die Sie an Ihren persönlichen Arbeitsstil anpassen können.

Kapitel 5

In Excel drucken

In diesem Kapitel:

Der erste Schritt – einen Drucker installieren

Natürlich wollen Sie Ihre Tabellen nicht nur auf dem Bildschirm betrachten, sondern auch ausdrucken.

Dieses Kapitel beschreibt Schritt für Schritt, welche Möglichkeiten Sie beim Drucken haben, beginnend bei der Installation von Druckern, deren Steuerung und Verwaltung. Sie werden die zahlreichen Einstellungsmöglichkeiten bei der Seiteneinrichtung und -gestaltung kennen lernen.

> **HINWEIS** Am Ende des Kapitels finden Sie ein paar Tipps und Tricks zum Thema Drucken.

Die Druckerinstallation ist nicht Aufgabe von Excel oder Microsoft Office System. Diese Aufgabe übernimmt Windows für Sie. Über Ihr Betriebssystem installieren Sie einmalig den oder die Drucker, welche(r) dann in allen Anwendungsprogrammen verfügbar ist/sind. In Excel merken Sie übrigens spätestens beim Aufruf des Menübefehls *Datei/Seitenansicht*, dass eventuell noch kein Drucker installiert ist. Sie erhalten die Fehlermeldung, dass die Seitenvorschau in Ermangelung eines Druckers nicht möglich sei.

> **HINWEIS** Die Reihenfolge der Schritte, die Beschriftung der genannten Schaltflächen und das Layout der abgebildeten Dialogfenster unterscheiden sich in Abhängigkeit von Ihrem Betriebssystem. Die folgende Beschreibung basiert auf einem Windows XP-PC. Unter anderen Windows-Versionen sieht der Ablauf etwas anders aus.

Moderne Betriebssysteme wie Windows XP oder Windows Server 2003 richten den Drucker selbstständig ein. Sie müssen nicht mehr installieren und nur selten konfigurieren.

Gehen Sie folgendermaßen vor um einen Drucker zu installieren:

1. Klicken Sie im Menü *Start* von Windows auf den Befehl *Drucker und Faxgeräte*. Es erscheint das gleichnamige Fenster (Abbildung 5.1).

Abbildg. 5.1 Es lassen sich beliebig viele Drucker installieren – einer jedoch muss der Standarddrucker sein.

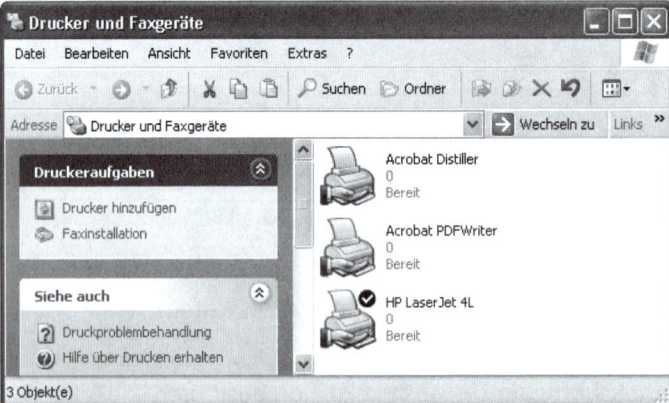

2. Nach der Office System-Installation gibt es zwar einen Druckereintrag namens *Microsoft Office Document Image Writer,* dazu erfahren Sie weiter unten mehr. Sie werden vermutlich jedoch Ihren speziellen Drucker ansprechen wollen. Unter den *Druckeraufgaben* befindet sich das Symbol *Drucker hinzufügen.* Doppelklicken Sie auf dieses Symbol. Daraufhin meldet sich der *Druckerinstallations-Assistent.*

3. Klicken Sie auf die Schaltfläche *Weiter* und geben Sie dem Assistenten bekannt, ob Sie einen lokalen Drucker oder einen Netzwerkdrucker auf Ihrem System installieren möchten. Wenn Sie einen lokalen Drucker hinzufügen wollen, müssen Sie als Administrator angemeldet sein.

4. Anschließend legen Sie den Anschluss fest. Standard ist *LPT1.*

5. Der Assistent bietet Ihnen eine reiche Auswahl von Druckertypen an. Sollte Ihr Drucker nicht in der Liste (Abbildung 5.2) erscheinen, benötigen Sie eine Treiberdiskette bzw. die CD-ROM des Druckerherstellers. Haben Sie diese ins Laufwerk eingelegt, klicken Sie auf die Schaltfläche *Datenträger.*

Abbildg. 5.2   Nach Hersteller sortierte Druckertypen

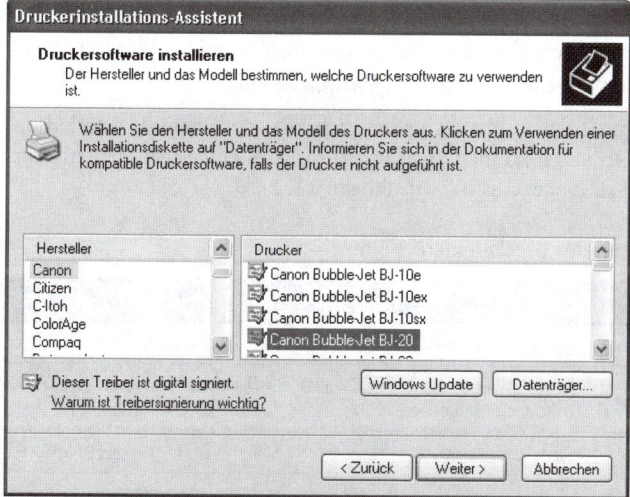

6. Wählen Sie in der Listenauswahl den passenden Hersteller und Drucker aus und bestätigen Sie Ihre Wahl mit Klick auf die Schaltfläche *Weiter.*

7. Sie können dem Drucker einen beliebigen Namen zuweisen. Aktivieren Sie die Option *Ja,* um den Drucker als Standarddrucker einzurichten. Außerdem müssen Sie noch angeben, ob Sie den Drucker für den Zugriff durch andere PC im Netzwerk freigeben oder nicht.

HINWEIS   Wenn Sie mit mehreren Druckern arbeiten, legen Sie denjenigen Drucker als Standarddrucker fest, mit dem Sie am häufigsten drucken. Den Standarddrucker erkennen Sie am Häkchen im Druckerfenster (vgl. Sie hierzu Abbildung 5.1).

8. Windows XP verfügt über die gängigsten Treiber für Drucker. So können Sie den Drucker ohne weiteren Aufwand einrichten lassen. Ggf. werden Sie aufgefordert, Ihre Treiber-CD einzulegen. Lassen Sie einen Testdruck durchführen. Wird die Seite korrekt gedruckt, bestätigen Sie dies mit Klick auf die Schaltfläche *Ja.* Sind Sie mit dem Ausdruck nicht zufrieden, klicken Sie auf die

Schaltfläche *Nein*. Dadurch wird ein Ratgeber gestartet, der Ihnen Hinweise gibt, wie Sie das Druckproblem lösen können.

Wenn bis hierher alles funktioniert hat, wird Ihr Drucker als Symbol angelegt und ist von nun an in allen Windows-Anwendungen verfügbar.

> **WICHTIG** Bei Problemen rund um das Drucken sollten Sie immer auch ein Auge auf den verwendeten Druckertreiber haben. In den allermeisten Fällen werden die Probleme durch veraltete Druckertreiber verursacht. Denken Sie dabei im Netzwerk auch an einen eventuell vorhandenen Printserver.

Den Drucker richtig konfigurieren

Nachdem Sie Ihren Drucker erfolgreich installiert haben, können Sie Ihn nun konfigurieren. Verfahren Sie wie folgt:

1. Klicken Sie mit der rechten Maustaste auf Ihr neu angelegtes Druckersymbol.
2. Wählen Sie im Kontextmenü den Befehl *Eigenschaften* aus.

Je nach ausgewähltem Drucker unterscheiden sich die einzelnen Registerkarten bezüglich des Inhalts. Die meisten Optionen können auch direkt in Excel eingestellt werden. Aus diesem Grund wird hier nur kurz auf sie eingegangen – vgl. Tabelle 5.1.

Tabelle 5.1 Verfügbare Registerkarten für Druckereigenschaften

Registerkarte	Zweck
Allgemein	Möglichkeit zum Druck von Test- oder Trennseiten
Freigabe	In Netzwerken kann der Drucker für die Nutzung durch andere Anwender freigegeben werden.
Anschlüsse	Druckeranschlüsse festlegen und Zeitlimit (Zeit bis zur Fehlermeldung) einstellen
Geräteeinstellungen	Hier können Sie Ihren Druckspeicher, Papierformat, die Schriftenersetzung u.a. einstellen.

Bei den Druckern der neueren Generation stehen Ihnen noch mehr Funktionen zur Verfügung. So können Sie softwaretechnisch Ihre Druckpatronen reinigen, Druckertests durchführen oder verschiedene Druckqualitäten angeben.

Eigenen Drucker für günstige Ausdrucke einrichten

Moderne Drucker unterstützen zahlreiche Einstellungen, um beim Drucken Geld zu sparen. So können beispielsweise qualitätsreduzierte Einstellungen oder Einstellungen zur niedrigeren Auflösung und weniger Farben vorgenommen werden, die für Testdrucke durchaus Sinn machen. Um eine Tabelle auf Richtigkeit und Darstellung zu kontrollieren, benötigen Sie in der Regel keinen hochwertigen Farbausdruck.

Damit Sie diese Einstellungen nicht bei jedem Ausdruck von Neuem einstellen müssen, richten Sie sich, wie oben beschrieben, einen zweiten (oder weiteren) Drucker mit demselben Treiber unter dem Namen *Testdrucker* ein. Anschließend rufen Sie über *Start/Drucker und Faxgeräte* das gleichnamige Fenster auf und klicken den *Testdrucker* mit der rechten Maustaste an. Wählen Sie im Kontextmenü den Befehl *Eigenschaften* und ändern Sie diese nach Ihren Wünschen (z.B. niedrigere Auflösung, Schwarzweiß-Druck auf einem Farbdrucker). Fortan können Sie den Drucker mit den »Spareigenschaften« direkt über das Dialogfeld *Drucken* auswählen und kostengünstige Testseiten erstellen.

Druckvorbereitung – Seite einrichten

Bevor Sie mit dem Drucken Ihrer Tabellen beginnen, sollten Sie die Ergebnisse Ihrer Arbeit in der *Seitenansicht* betrachten. Rufen Sie den Menübefehl *Datei/Seitenansicht* auf. Um noch schneller zur Seitenansicht zu gelangen, klicken Sie auf die Schaltfläche *Seitenansicht* in der *Standard*-Symbolleiste.

PROFITIPP

> Wenn Sie zuvor mit der [Strg]-Taste oder der [⇧]-Taste mehrere Tabellenblätter markieren, können Sie alle markierten Tabellen in der Seitenansicht betrachten, ohne jedes Mal das Blatt wechseln und den Befehl zur Seitenansicht erneut aufrufen zu müssen. Auch die im Folgenden beschriebenen Einstellungen zur Seite können so gleichzeitig auf die markierten Blätter übertragen werden. Damit erreichen Sie schnell ein einheitliches Layout.

Wenn Sie feststellen, dass Ihre Tabelle oder Ihr Diagramm nicht auf eine Seite passt, stehen Ihnen folgende Möglichkeiten zur Verfügung:

- Verringern der Seitenränder
- Skalieren des Tabellenblattes
- Anpassen auf eine bestimmte Seitenanzahl
- Schriftgrad verkleinern
- Nicht benötigte Spalten bzw. Zeilen ausblenden
- Spaltenbreite und Zeilenhöhe verkleinern

Papierformat auswählen

Wenn Sie Ihre Tabelle oder Ihr Diagramm auf nur einer Seite ausdrucken wollen, gehen Sie diese Schritte:

1. Rufen Sie den Menübefehl *Datei/Seite einrichten* auf. Wechseln Sie zur Registerkarte *Papierformat* (siehe Abbildung 5.3).
2. Aktivieren Sie das Optionsfeld *Anpassen* und stellen Sie im Drehfeld die gewünschte Seitenanzahl ein. Sie können das Ganze aber auch über die Eingabe eines Prozentwertes verkleinern bzw. vergrößern. Klicken Sie dafür auf das Drehfeld, mit welchem Sie die Normalgröße, ausgehend

vom Wert 100 % (in der Regel um 5 %-Schritte), in der Spanne von 5 bis 400 nach unten bzw. oben regulieren können.

Abbildg. 5.3 Das Anpassen der Seite und weitere Einstellmöglichkeiten

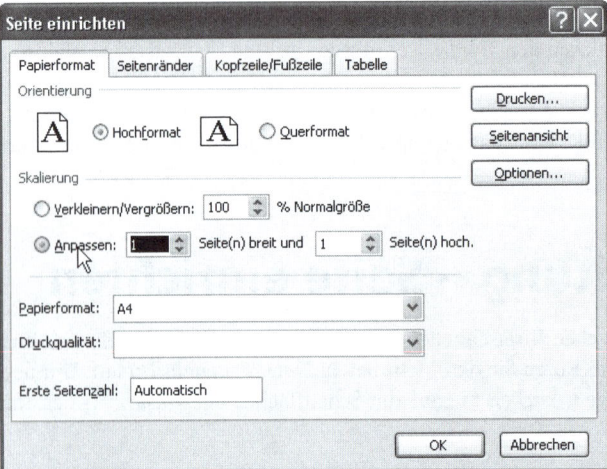

3. Bestätigen Sie Ihre Einstellungen mit einem Klick auf die Schaltfläche *OK* und kontrollieren Sie dann die Auswirkung in der Seitenansicht.

HINWEIS   Beachten Sie beim Anpassen und bei der Skalierung Ihrer Daten, dass Sie nicht zu viele Daten auf eine Seite zwängen. Ausdrucke, die man »mit der Lupe« betrachten muss, sind schwer lesbar und ihr Nutzen ist fraglich. Außerdem sollten Sie wissen, dass die Einstellung *Anpassen* Vorrang vor eventuell eingestellten Seitenumbrüchen hat.

PROFITIPP   Die Eingabefelder für die Anpassung der Seitenzahl erlauben die Eingabe von Zahlen. Eine Besonderheit ist allerdings die Möglichkeit, eines der Felder leer lassen zu können. Damit können Sie die Seitenzahl in nur einer Richtung anpassen. Wenn beispielsweise eine Tabelle in der Breite nicht ganz auf eine Seite passt, dann verwenden Sie im ersten Eingabefeld *Seite(n) breit* den voreingestellten Wert *1* und entfernen den Eintrag im Eingabefeld *Seite(n) hoch* durch Drücken der Entf -Taste. Damit wird der Ausdruck in der Breite auf eine Seite angepasst, die Höhe des Ausdrucks wird dagegen nicht geändert.

Weitere Einstellungsmöglichkeiten im Dialogfeld *Seite einrichten*:

■ Im Gruppenfeld *Orientierung* legen Sie fest, wie Ihre Daten ausgedruckt werden sollen. Zur Auswahl stehen das Hoch- oder das Querformat.

■ Legen Sie das Papierformat im Kombinationsfeld *Papierformat* fest. Dort stehen zahlreiche Formate zur Verfügung.

■ Die Druckqualität können Sie ebenfalls beeinflussen. Wählen Sie eine niedrigere Auflösung, um schneller zu drucken und um Toner bzw. Tinte zu sparen.

■ Das Eingabefeld *Erste Seitenzahl* weist die Voreinstellung *Automatisch* auf. Dies bedeutet, dass die Seitennummerierung mit der Seite *1* beginnt. Sie können den Standardwert mit einer gewünschten Seitenzahl überschreiben.

Seitenrand und Zentrierung einstellen

Nehmen wir an, Sie wollen die Seitenränder verringern, damit Ihre Tabelle auf eine Druckseite passt. Umgekehrt können Sie auch die Druckränder vergrößern, damit beim Lochen der Blätter keine Daten unleserlich werden. Die Seitenränder ändern Sie folgendermaßen:

1. Rufen Sie den Menübefehl *Datei/Seite einrichten* auf.

2. Wechseln Sie zur Registerkarte *Seitenränder* (Abbildung 5.4).

3. Stellen Sie über die Drehfelder die gewünschten Seitenränder (in Zentimetern) ein. Sie können diesen Wert auch manuell eintippen.

4. Bestätigen Sie Ihre Randeinstellungen mit Klick auf die Schaltfläche *OK*.

> **HINWEIS**   Anders als beispielsweise in Word erhalten Sie keinen Warnhinweis, wenn Sie beim Ändern der Ränder die physikalischen Möglichkeiten Ihres Druckers überschreiten.

Zusätzlich haben Sie hier die Möglichkeit, Ihre Daten auf der Seite horizontal oder/und vertikal zu zentrieren. Die entsprechende Auswirkung können Sie sofort im Vorschaufeld sehen.

Abbildg. 5.4   Flexible Einstellmöglichkeiten für die Seitenränder

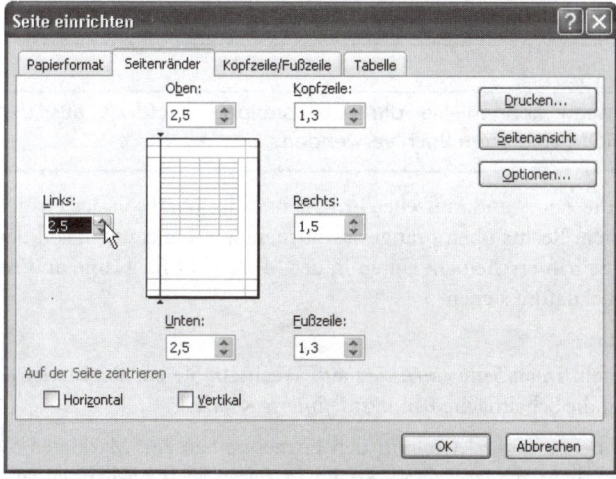

> **HINWEIS**   Sie haben in allen Registerkarten dieses Dialogfeldes die Möglichkeit, zur *Seitenansicht* oder direkt zum *Drucken* zu verzweigen.

Ränder direkt in der Seitenvorschau ändern

Wenn Sie die Ränder direkt in der Seitenvorschau ändern wollen, gehen Sie wie folgt vor:

1. Rufen Sie den Menübefehl *Datei/Seitenansicht* auf.

2. Sollten die Ränder noch nicht angezeigt werden, klicken Sie auf die Schaltfläche *Ränder*.

3. Setzen Sie Ihren Mauszeiger direkt auf eine Randlinie. Dadurch nimmt der Mauszeiger die Gestalt eines Doppelpfeils an.

Linker Rand: 2,20

4. Ziehen Sie den Rand an die gewünschte Position und sehen Sie sich die Auswirkung im Vorschaufenster an. Beobachten Sie beim Ziehen die Statusleiste unten links. Excel zeigt die aktuellen Randmaße, sodass Sie den Rand millimetergenau ziehen können.

5. Sind Sie mit der neuen Randeinteilung zufrieden, klicken Sie auf die Schaltfläche *Schließen*.

Kopf- und Fußzeilen gestalten

Die Kopf- und Fußzeilen erscheinen auf jedem Blatt, das Sie Ihrer Arbeitsmappe hinzufügen. Sie können in den Kopf- und Fußzeilen Namen, Seitenzahlen, ein Datum, Überschriften und sonstige Texte einfügen. In Excel 2003 werden standardmäßig keine Kopf- und Fußzeilen ausgedruckt.

Sie können seit Excel 2002 auch Grafiken (z.B. ein Firmenlogo) in die Kopf- oder Fußzeile einfügen und diese formatieren. Außerdem ist eine Schaltfläche für das Einfügen von Pfad und Dateiname verfügbar.

TIPP   Verwenden Sie Kopf- und Fußzeilen, um Ihre Arbeit zu dokumentieren. Ausdrucke lassen sich dadurch schnell den dazugehörigen Dateien zuordnen, wenn Sie den Dateinamen in der Fußzeile angeben. Setzen Sie Kommentare ein, um wichtige Termine oder Sachverhalte nicht zu vergessen. Versehen Sie Ihre Dokumente mit Ihrem Namen, damit Kollegen bei Rückfragen gleich den richtigen Ansprechpartner kontaktieren können.

Für die folgenden Übungen können Sie die Arbeitsmappe *Kap05.xls* aus dem Ordner *\Buch\Kap05* auf der CD-ROM zu diesem Buch verwenden.

Beispiel

Angenommen, Sie wollen die Kopf- und Fußzeile einrichten: Links oben soll der Firmenname mit kursiver Formatierung stehen. Rechts oben prangt das Firmenlogo. Links unten soll der Pfad und Dateiname in sehr kleiner Schrift erscheinen. Unten in der Mitte steht Ihr Name und rechts unten soll immer das aktuelle Druckdatum stehen.

Gehen Sie dazu wie folgt vor:

1. Rufen Sie den Menübefehl *Datei/Seite einrichten* auf. Wechseln Sie zur Registerkarte *Kopfzeile/ Fußzeile*. Klicken Sie auf die Schaltfläche *Benutzerdefinierte Kopfzeile*.

2. Geben Sie in das Eingabefeld *Linker Abschnitt* den Firmennamen ein. Markieren Sie den Text und klicken Sie auf die Schaltfläche mit dem »A«. Formatieren Sie die Schrift entsprechend der Firmenvorgaben.

TIPP   Sie können auch nur Teile des Kopf-/Fußzeilentextes markieren und formatieren. Die Schriftart dieser Bereiche kann sich auch durchaus von der Schriftart der Tabelle unterscheiden.

3. Setzen Sie die Einfügemarke in den Bereich *Rechter Abschnitt* und klicken Sie auf die Schaltfläche zum Einfügen einer Grafik. Wählen Sie die Datei mit Ihrem Firmenlogo und fügen Sie es ein. Die Abbildung 5.5 zeigt das Dialogfeld *Kopfzeile* in diesem Stadium.

4. Klicken Sie auf *OK* und dann auf die Schaltfläche *Seitenansicht*. Beurteilen Sie die Grafik. Sollte sie zu groß sein oder andere Veränderungen nötig haben, klicken Sie auf die Schaltfläche *Layout* und dann noch einmal auf *Benutzerdefinierte Kopfzeile*. Setzen Sie die Einfügemarke in den rechten Abschnitt und klicken dann auf die Schaltfläche *Bild formatieren*.

Abbildg. 5.5   Einstellungen für die Kopfzeile auf jeder Seite

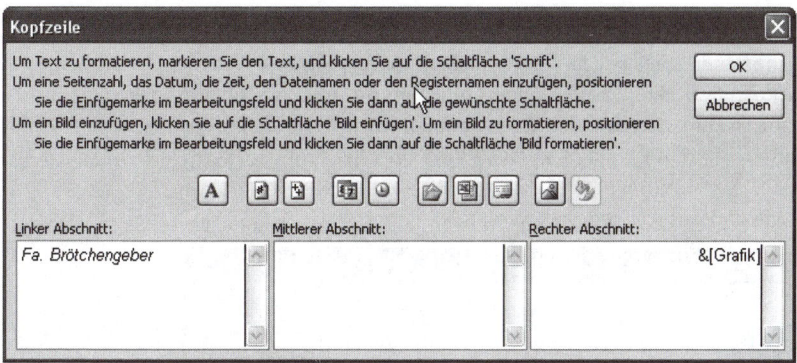

5. Nach den Grafikanpassungen übernehmen Sie die Einstellungen mit *OK*.

6. Wählen Sie anschließend die Schaltfläche *Benutzerdefinierte Fußzeile*. Klicken Sie in den Bereich *Linker Abschnitt* und dann auf die Schaltfläche *Pfad und Datei*. Markieren Sie die Angaben (siehe Abbildung 5.6) und stellen Sie den Schriftgrad auf Größe 6.

7. Setzen Sie die Einfügemarke in den Bereich *Mittlerer Abschnitt*. Tippen Sie Ihren Namen ein und formatieren Sie bei Bedarf die Schrift.

8. Im Bereich *Rechter Abschnitt* klicken Sie auf die Schaltfläche *Datum*. Auch hier steht Ihnen die Schriftgestaltung frei. Schließen Sie zwei Mal mit Klick auf *OK*.

Abbildg. 5.6   Hier stellen Sie die Fußzeile ein.

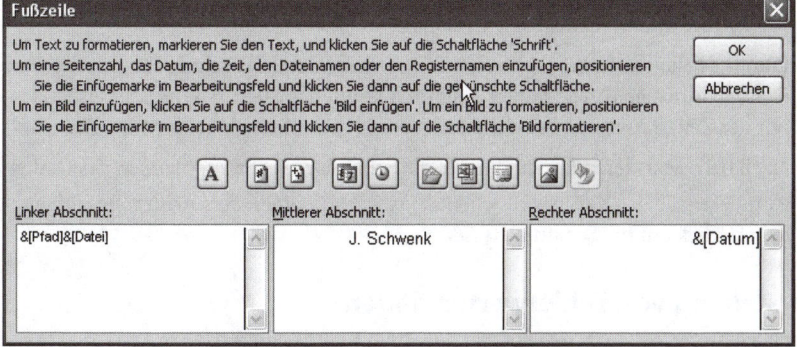

Das passende Layout für Ihr Tabellenblatt wählen

Das Dialogfeld *Seite einrichten* bietet Ihnen einige hilfreiche Einstellungen, mit denen Sie die Lesbarkeit von Ausdrucken – insbesondere von umfangreichen Listen – deutlich erhöhen können.

Mehr Übersichtlichkeit durch Wiederholungsspalten bzw. -zeilen

Bei umfangreichen Listen, die sich über mehrere Seiten erstrecken, ist es vorteilhaft, die Spaltenüberschriften auf jeder neuen Seite auszudrucken. Excel stellt aus diesem Grund die Funktion *Drucktitel* zur Verfügung. Sie legen den Bereich fest, der auf jeder neuen Seite erscheinen soll, und Excel kümmert sich automatisch um den Rest.

Angenommen, Sie wollen für die Tabelle *Stichprobendaten* in der Arbeitsmappe *Kap05.xls* einen Drucktitel festlegen. Darüber hinaus sollen im Ausdruck sowohl die Spaltenköpfe als auch die Zeilennummern zur besseren Orientierung mit ausgedruckt werden. Gehen Sie dazu folgendermaßen vor:

1. Rufen Sie den Menübefehl *Datei/Seite einrichten* auf. Wechseln Sie zur Registerkarte *Tabelle*.

Abbildg. 5.7   Wie und was soll gedruckt werden?

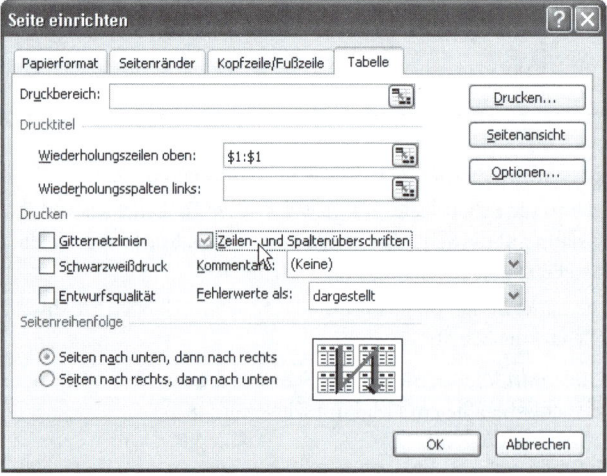

2. Klicken Sie in das Textfeld *Wiederholungszeilen oben* (Abbildung 5.7).

3. Durch Klicken auf die Schaltfläche *Dialog reduzieren* im rechten Bereich des Textfeldes wird das Dialogfeld zunächst verkleinert. Dadurch können Sie den Wiederholungsbereich durch Markieren der Zellen in Ihrem Tabellenblatt bekannt geben. Klicken Sie in die Zeile *1*.

4. Nach dem Markieren klicken Sie auf die Schaltfläche zum Einblenden des Dialogfelds.

5. Aktivieren Sie das Kontrollkästchen *Zeilen- und Spaltenüberschriften*. Bestätigen Sie Ihre Eingabe durch Klick auf die Schaltfläche *OK*.

Darstellung von Fehlerwerten ändern

Im Dialogfeld *Seite einrichten* haben Sie auf der Registerkarte *Tabelle* auch die Möglichkeit, auf dem Ausdruck für Fehlerwerte eine spezielle Anzeigeform zu wählen. Wenn z.B. eine Tabelle mit umfangreichen Berechnungen noch nicht vollständig gefüllt ist, zeigen unter Umständen einige Formeln einen Fehlerwert an. Über das Listenfeld *Fehlerwerte als* können Sie einstellen, wie solche Fehlerwerte angezeigt werden sollen. Mit der Standardeinstellung *dargestellt* werden die Fehlerwerte so gedruckt, wie sie auch in der Tabelle dargestellt werden. Alternativ können Sie mit der Einstellung *<leer>* die Anzeige ganz unterdrücken oder mit -- bzw. *#NV* eine einheitliche Anzeige für alle Fehlerwerte erreichen.

Den Druckbereich festlegen

Oft kommt es vor, dass Sie nur einen Teil Ihres Tabellenblattes drucken wollen. Hier kann man zwischen zwei Varianten unterscheiden:

- Sie wollen nur für diesen Ausdruck einen Teil des Blattes drucken, sonst alles.

- Sie wollen bei jedem Ausdruck nur einen bestimmten Bereich des Blattes ausgeben.

Nur markierten Bereich drucken

Im ersten Fall verfahren Sie so:

1. Markieren Sie den zu druckenden Bereich des Blattes.

2. Wählen Sie den Befehl *Datei/Drucken*. Aktivieren Sie die Option *Markierung* im Bereich *Drucken*. Excel druckt nur den markierten Bereich aus.

Druckbereich festlegen

Im zweiten Fall, also wenn ständig nur ein bestimmter Bereich des Blattes gedruckt werden soll, verfahren Sie so:

1. Rufen Sie den Menübefehl *Datei/Seite einrichten* auf. Wechseln Sie zur Registerkarte *Tabelle* (siehe Abbildung 5.7).

2. Klicken Sie in das Eingabefeld *Druckbereich*.

3. Durch Klicken auf die Schaltfläche *Dialog reduzieren* im rechten Bereich des Eingabefeldes wird das Dialogfeld minimiert. Markieren Sie den Bereich des Tabellenblattes, auf den das Drucken eingeschränkt werden soll.

4. Nach dem Markieren klicken Sie auf die Schaltfläche zum Einblenden des Dialogfelds. Bestätigen Sie Ihre Eingabe über Klick auf *OK*.

Die Festlegung des Druckbereichs wird mit der Datei gespeichert und gilt bis zu deren Aufhebung.

> **TIPP** Wenn Sie schnell einen Druckbereich festlegen und drucken möchten, können Sie den gewünschten Bereich Ihrer Tabelle markieren, aus dem Menü *Datei* den Befehl *Druckbereich/Druckbereich festlegen* wählen und auf die *Drucken*-Schaltfläche in der *Standard*-Symbolleiste klicken.

Eine weitere Möglichkeit wäre es, die Schaltfläche *Druckbereich festlegen* direkt neben die *Drucken*-Schaltfläche zu legen, also die *Standard*-Symbolleiste zu erweitern. Dazu verfahren Sie folgendermaßen:

1. Klicken Sie mit der rechten Maustaste auf eine beliebige Symbolleiste und wählen Sie im Kontextmenü den Befehl *Anpassen*.

2. Wechseln Sie zur Registerkarte *Befehle*. Klicken Sie in den *Kategorien* den Eintrag *Datei* an und blättern Sie im rechten Listenbereich nach unten, bis Sie die Schaltfläche *Druckbereich festlegen* sehen.

3. Ziehen Sie die Schaltfläche jetzt direkt neben die *Drucken*-Schaltfläche auf die *Standard*-Symbolleiste, indem Sie die Schaltfläche anklicken und sie bei gedrückt gehaltener linker Maustaste in die Symbolleiste ziehen. An der gewünschten Stelle lassen Sie die Maustaste wieder los.

4. Beenden Sie das Dialogfeld *Anpassen* mit Klick auf die Schaltfläche *Schließen*.

In Zukunft müssen Sie nicht mehr zunächst das Dialogfeld *Drucken* aufrufen, um schnell etwas auszudrucken. Markieren Sie einfach den Zellbereich, den Sie ausdrucken möchten, klicken Sie auf die Schaltfläche *Druckbereich festlegen* und gleich anschließend auf die *Drucken*-Schaltfläche. Fertig!

PROFITIPP

> Ein Druckbereich kann auch aus mehreren, nicht zusammenhängenden Bereichen bestehen. Im Dialogfeld *Seite einrichten* können Sie solche Bereiche im Eingabefeld *Druckbereich* eintragen, wenn Sie die Bereiche durch ein Semikolon trennen. Die Eingabe von *A1:B9;D5:H20* führt beispielsweise dazu, dass beim Drucken genau diese zwei Bereiche gedruckt werden. Allerdings werden solche Druckbereiche nicht auf einer Seite gedruckt, vielmehr beginnt mit jedem Bereich eine neue Seite.

Wollen Sie den Druckbereich gänzlich aufheben, wählen Sie die Menübefehlsfolge *Datei/Druckbereich/Druckbereich aufheben*.

Umsortieren unnötig – die Druckreihenfolge ändern

Oft ist es bei langen Listen lästig, diese nach dem Ausdruck umsortieren zu müssen. Beim Drucken von umfangreichen Tabellen ist es wichtig zu wissen, dass Excel zunächst die Seiten nach unten und anschließend alle Seiten nach rechts druckt.

Ist dies nicht erwünscht, können Sie die Standardreihenfolge ändern. Folgen Sie dazu diesen Schritten:

1. Rufen Sie den Menübefehl *Datei/Seite einrichten* auf. Wechseln Sie zur Registerkarte *Tabelle*.

2. Aktivieren Sie die Optionsschaltfläche *Seiten nach rechts, dann nach unten*. Klicken Sie abschließend auf die Schaltfläche *OK*.

Ausdruck mit Gitternetz – eine speichersparende Alternative

Standardmäßig werden in Excel die Gitternetzlinien nicht mit ausgedruckt. Möchten Sie jedoch nicht auf diese verzichten, kann die Option *Gitternetzlinien* aktiviert werden. Dies ist vor allem dann empfehlenswert, wenn es beim Drucken zu Kapazitätsproblemen kommt. Das Gitternetz braucht nicht soviel Speicher wie die Rahmenformatierung.

So können Sie die Gitternetzlinien mit ausdrucken, wenn Sie auf die Rahmen in Ihrer Tabelle verzichtet haben:

1. Rufen Sie den Menübefehl *Datei/Seite einrichten* auf. Wechseln Sie zur Registerkarte *Tabelle*.

2. Aktivieren Sie im Gruppenfeld *Drucken* das Kontrollkästchen *Gitternetzlinien*. Bestätigen Sie Ihre Wahl mit Klick auf die Schaltfläche *OK*.

Weitere wichtige Druckoptionen auf der Registerkarte *Tabelle*

- Aktivieren Sie das Kontrollkästchen *Schwarzweißdruck*, wenn Sie Daten farbig formatiert haben, jedoch kein Farbdrucker zur Verfügung steht und Sie mit einem Schwarzweißdrucker arbeiten müssen.

- Aktivieren Sie das Kontrollkästchen *Entwurfsqualität*, um die Druckzeit zu verringern. Wenn Sie diese Option auswählen, druckt Excel automatisch keine Gitternetzlinien.

- Wählen Sie die Option *Kommentare: Am Endes des Blattes*, um Kommentare, die auf einer separaten Seite am Ende des Dokuments ausgegeben werden, zu drucken. Entscheiden Sie sich für die Option *Wie auf dem Blatt angezeigt*, werden die Kommentare an derjenigen Stelle gedruckt, an der sie im Tabellenblatt angezeigt werden.

Der letzte Schritt zum Druck: Druckdialog ausführen

Nachdem Sie alle Vorbereitungen für die Druckausgabe getroffen haben, können Sie jetzt den Ausdruck veranlassen.

Rufen Sie dazu den Menübefehl *Datei/Drucken* auf. Als Alternative können Sie auf die *Drucken*-Schaltfläche in der *Standard*-Symbolleiste klicken oder die Tastenkombination $\boxed{\text{Strg}}$+$\boxed{\text{P}}$ betätigen.

> **WICHTIG** Klicken Sie auf die *Drucken*-Schaltfläche in der *Standard*-Symbolleiste, wird Ihr Druckauftrag direkt zum Drucker geschickt, d.h. das Dialogfeld *Drucken* wird übersprungen.

Abbildg. 5.8 Das Dialogfeld *Drucken* mit letzten Einstellungsmöglichkeiten

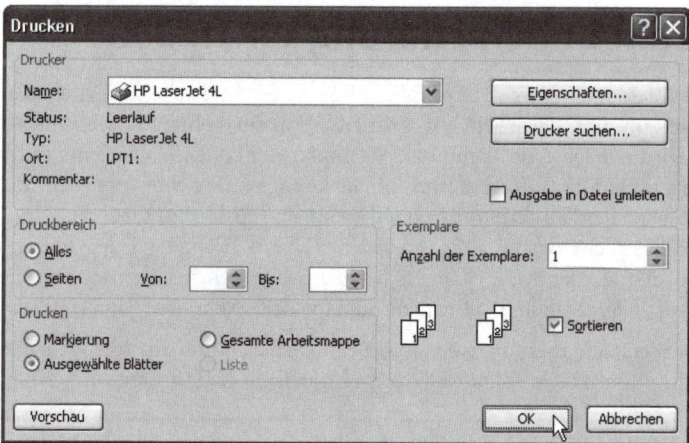

Die Optionen des Dialogfelds *Drucken* (Abbildung 5.8):

- Im Gruppenfeld *Drucker* wählen Sie den gewünschten Drucker aus, sofern Sie mehrere Drucker zur Verfügung haben.

- Das Gruppenfeld *Druckbereich* lässt Ihnen die Wahl, ob Sie alle Seiten oder nur eine bestimmte Anzahl von Seiten ausdrucken wollen. Stellen Sie über die Drehfelder *von* und *bis* die gewünschten Seiten ein, die gedruckt werden sollen. Sie können die Werte auch direkt in die Felder eintragen.

- Im Gruppenfeld *Drucken* stehen Ihnen drei Optionen zur Verfügung:

■ *Markierung*: Excel druckt nur den Bereich aus, den Sie vorher in der Tabelle markiert haben. Sie können auch mehrere Bereiche markieren. Halten Sie dazu beim Markieren die ⌜Strg⌝- Taste fest. Alle markierten Bereiche werden (allerdings auf separaten Seiten) ausgegeben.

■ *Gesamte Arbeitsmappe*: Excel druckt alle Arbeitsblätter, die sich in der Arbeitsmappe befinden, auf einmal mit fortlaufender Seitenzahl aus. Beachten Sie dabei, dass ausgeblendete Arbeitsblätter nicht ausgedruckt werden.

■ *Ausgewählte Blätter*: Es werden nur die markierten Arbeitsblätter ausgedruckt. Jedes Blatt einer Arbeitsmappe beginnt auf einer neuen Seite. Verfügt ein Blatt über einen Druckbereich, wird lediglich dieser Ausschnitt gedruckt. Wollen Sie ein Diagrammobjekt ausdrucken, müssen Sie es vorher auswählen. Dadurch ändert sich der Name der Option in *Markiertes Diagramm*.

HINWEIS   Markieren Sie mehrere Blätter, indem Sie die einzelnen Register mit der linken Maustaste und der ⌜Strg⌝-Taste oder der ⌜⇧⌝-Taste auswählen. Mit Hilfe der ⌜Strg⌝-Taste können Sie einzelne, auch nicht nebeneinander liegende Tabellenblätter markieren (z.B. *Tabelle1*, *Tabelle5* und *Tabelle8*). Mit dem Einsatz der ⌜⇧⌝-Taste können Sie ganze Tabellenblätter auf einmal markieren, wenn diese nebeneinander angeordnet sind (ein Klick auf die *Tabelle1* bei gedrückt gehaltener ⌜⇧⌝-Taste mit anschließendem Klick auf *Tabelle8* bewirkt, dass alle Tabellenblätter, welche dazwischen liegen, mit markiert werden, z.B. *Tabelle2* bis *Tabelle7*). Mehr zum »Gruppieren von Arbeitsblättern« finden Sie in Kapitel 3.

Kopienanzahl und Sortierung einstellen

Legen Sie im Gruppenfeld *Exemplare* die Anzahl der Kopien fest, die ausgedruckt werden sollen. Sie haben die Möglichkeit, nummerierte Seiten zu ordnen, wenn Sie mehrere Kopien eines Dokuments drucken. Dadurch wird zunächst ein komplettes Exemplar des ersten Dokuments gedruckt, bevor die erste Seite des nächsten Druckauftrags beginnt. Sie können sich sicher vorstellen, welche Arbeit Sie sparen, wenn Sie nach dem Drucken nicht noch anfangen müssen, zu sortieren. Eine Zeitersparnis muss sich allerdings nicht zwangsläufig einstellen. Da pro Exemplar jede Seite erneut in den Druckerspeicher geladen werden muss, kann es beispielsweise bei drei Exemplaren mit mehreren Diagrammen wesentlich länger dauern, als würde man die drei Exemplare von Hand sortieren.

Möchten Sie jedoch zuerst alle Exemplare der ersten Seite drucken und anschließend alle Exemplare der Folgeseiten, dann müssen Sie das Kontrollkästchen *Sortieren* deaktivieren.

HINWEIS   Sie können jederzeit aus diesem Dialogfeld heraus direkt zur Druckvorschau wechseln, um das Druckbild zu prüfen. Klicken Sie dazu auf die Schaltfläche *Vorschau*.

Diagramme drucken

Wenn Sie die Druckoptionen für ein Diagramm ändern wollen, führen Sie dazu folgende Arbeitsschritte aus:

1. Markieren Sie das Diagramm durch einen Klick auf die Diagrammfläche bzw. auf das Register des Diagrammblatts.

2. Rufen Sie den Menübefehl *Datei/Seite einrichten* auf und wechseln Sie zur Registerkarte *Diagramm*.

3. Im Gruppenfeld *Gedruckte Diagrammgröße* haben Sie drei Auswahlmöglichkeiten:

   ■ *Ganze Seite verwenden*: Das Diagramm wird so vergrößert, dass es das Blatt sowohl in der vollen Breite als auch in der Höhe ausfüllt. Die Ränder werden dabei berücksichtigt. Achtung: Proportionen des Diagramms können dabei verloren gehen.

   ■ *An Seite anpassen*: Vergrößert das Diagramm vor dem Drucken bis zum nächstliegenden Seitenrand. Das Diagramm wird in beide Richtungen vergrößert, bis es einen der Ränder erreicht hat. Die Proportionen des Diagramms bleiben dabei erhalten.

   ■ *Benutzerdefiniert*: Das Diagramm wird so ausgedruckt, wie es von Ihnen angelegt wurde.

Abbildg. 5.9   Die Registerkarte für die Diagramm-Druckoptionen

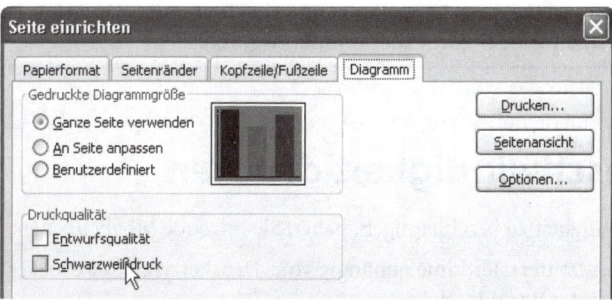

4. Im Gruppenfeld *Druckqualität* können Sie zwischen zwei Optionen wählen:

   ■ *Entwurfsqualität*: Diese Option sorgt dafür, dass Grafiken und Gitternetzlinien nicht ausgedruckt werden. Dadurch wird eine geringere Druckzeit erzielt. Aktivieren Sie diese Option nur, wenn Sie Druckprobleme durch geringe Speicherkapazität haben.

   ■ *Schwarzweißdruck*: Diese Option bewirkt, dass farbige Diagrammobjekte in Schwarzweiß gedruckt werden. Ist das Kontrollkästchen deaktiviert, werden farbige Flächen von Nichtfarbdruckern in Grautöne umgesetzt.

Mehr zum Thema »Diagramme« finden Sie in Kapitel 17 und 18.

Tipps & Tricks zum Thema Drucken

Die wichtigsten Einstellungen zum Thema Drucken haben Sie bis hierher kennen gelernt. Nachfolgend noch ein paar Tipps für spezielle Aufgaben, die beim Drucken immer wieder auftauchen.

Formeln drucken

Wenn Sie sich in einer Tabelle, die Sie nicht selbst erstellt haben, eine Übersicht verschaffen wollen, z.B. weil die Tabelle sehr viele Formeln und Verknüpfungen enthält, erleichtern Sie sich die Arbeit, indem Sie anstelle der Formelergebnisse die Formeln und die Verknüpfungen selbst ausdrucken:

1. Öffnen Sie die Tabelle. Drücken Sie die Tastenkombination `Strg`+`#`.

> **HINWEIS**   Sie sehen, dass Excel nun nicht die Formelergebnisse, sondern die dahinter stehenden Formeln anzeigt. Da die Formeln mehr Platz beanspruchen, passt Excel automatisch die Spaltenbreite an.

2. Rufen Sie den Menübefehl *Datei/Seite einrichten* auf.

3. Wechseln Sie zur Registerkarte *Papierformat* und aktivieren Sie die Optionsschaltfläche *Querformat*. Bestätigen Sie mit Klick auf *OK*.

4. Drucken Sie die Tabelle über den Menübefehl *Datei/Drucken* aus.

> **WICHTIG**   Die Tastenkombination `Strg`+`#` ändert keineswegs die Daten in Ihrer Tabelle. Der Befehl wirkt sich nur auf die Ansicht aus und kann durch erneutes Drücken der Tastenkombination `Strg`+`#` jederzeit wieder zurückgenommen werden.

Mit Hochgeschwindigkeit drucken

Um die Druckgeschwindigkeit zu beschleunigen, haben Sie folgende Möglichkeiten:

- Die Geschwindigkeit ist in erster Linie abhängig vom Druckertyp: Laserdrucker drucken in der Regel schneller als Tintenstrahldrucker.

- Die Druckgeschwindigkeit ist weiter abhängig vom Arbeitsspeicher Ihres Druckers. Rüsten Sie den Arbeitsspeichers Ihres Druckers auf, sofern Sie diesbezüglich Nachholbedarf haben.

- Stellen Sie sicher, dass Sie den richtigen Druckertreiber verwenden und besorgen Sie sich ggf. einen aktuelleren Treiber. Viele Druckprobleme entstehen erst dadurch, dass falsche oder alte Druckertreiber eingesetzt werden.

- Ändern Sie die Druckqualität. Gehen Sie mit der Druckauflösung herunter. Die Qualität des Ausdrucks wird dadurch nicht unbedingt viel schlechter.

- Drucken Sie in Entwurfsqualität. Dies hat den Vorteil, dass Gitternetzlinien, Formatierungen und aufwändigere Grafiken beim Drucken ignoriert werden.

- Verwenden Sie die Option *Schwarzweißdruck* bei Schwarzweißdruckern. Auf Schwarzweißdruckern druckt Excel Farben als Graustufen. Die Option *Schwarzweißdruck* sorgt dafür, dass die Umsetzung von Farben in Schwarzweißwerte entfällt.

Den Ausdruck abbrechen

Sicher ist es Ihnen auch schon so ergangen: Genau in dem Moment, da Sie den Druckauftrag abgeschickt haben, fällt Ihnen ein Fehler in der Tabelle auf. Kann man einen bereits gestarteten Druckauftrag stoppen?

Gehen Sie folgendermaßen vor, um einen Druckauftrag abzubrechen:

1. Doppelklicken Sie auf das Druckersymbol im Statusbereich der Taskleiste (vgl. Abbildung 5.10).

2. Daraufhin wird ein Fenster mit den Druckaufträgen für den gewählten Drucker angezeigt. Markieren Sie hier das Dokument, für das der Druckauftrag abgebrochen werden soll, durch einen einfachen Mausklick.

3. Wählen Sie im Menü *Dokument* den Befehl *Abbrechen*.

HINWEIS Beachten Sie, dass das Druckersymbol (je nach Größe des Ausdrucks und Speichereinstellungen) eventuell nur kurz in der Statusleiste angezeigt wird, sodass Sie unter Umständen nicht mehr rechtzeitig darauf klicken können, um den Druck abzubrechen.

In einer Netzwerkumgebung können Sie ohne die entsprechende Berechtigung die Druckaufträge anderer Benutzer nicht abbrechen.

Lästige Drucker-Meldung abschalten

Unter Windows XP erhalten Sie wahrscheinlich nach dem Abschicken eines Druckauftrages die folgende QuickInfo angezeigt (vgl. Abbildung 5.10).

Abbildg. 5.10 Der Drucker meldet sich zu Wort, was nicht immer erwünscht ist

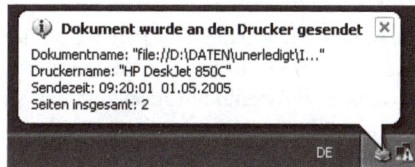

Wenn Sie diese Meldung abschalten wollen, dann gehen Sie wie folgt vor:

1. Wählen Sie den Befehl *Start/Drucker und Faxgeräte*.
2. Klicken Sie dann mit der rechten Maustaste unterhalb der eingetragenen Drucker und wählen Sie im Kontextmenü den Eintrag *Servereigenschaften*.
3. Wechseln Sie im Dialogfeld *Eigenschaften von Druckserver* auf die Registerkarte *Erweiterte Optionen*.
4. Deaktivieren Sie dort das Kontrollkästchen *Informative Benachrichtigungen für lokale Drucker zeigen* bzw. *Informative Benachrichtigungen für Netzwerkdrucker anzeigen*.
5. Schließen Sie das Dialogfeld mit *OK*.

Mehrere Kopien in einem Druckauftrag abwickeln

Wie Sie mehrere Kopien einer Tabelle in einem Arbeitsgang ausdrucken können, haben Sie bereits erfahren. Vielleicht ist Ihnen dabei aufgefallen, dass Excel (im Gegensatz zu Word) für jede Kopie der Tabelle einen eigenen Druckauftrag generiert. Sie erkennen das daran, dass fünf Mal das Dialogfeld *Drucken* mit der Information zur aktuell gedruckten Seite und Datei angezeigt wird. Um die Druckausgabe in einem einzigen Auftrag abzuwickeln, rufen Sie das Dialogfeld *Drucken* auf und deaktivieren in der Gruppe *Exemplare* das Kontrollkästchen *Sortieren*.

So richtig hilfreich ist diese Methode allerdings nur, wenn Sie lediglich eine einzige Seite ausdrucken. Sie müssen den Ausdruck sonst nämlich noch sortieren.

Eine PDF-Datei erstellen

Ein gängiges Dateiformat für den Austausch von Informationen stellt das PDF-Format dar. Dadurch, dass die Firma Acrobat den Adobe Reader (*unter http://www.adobe.de/products/acrobat/ readstep2.html*) kostenlos zur Verfügung stellt, kann praktisch jeder Anwender eine solche Datei öffnen. Um eine derartige Datei zu erzeugen, benötigen Sie allerdings entweder eine Vollversion von Adobe Acrobat oder eines der mittlerweile zahlreich verfügbaren anderen Programme.

Wenn Sie eine Vollversion von Adobe Acrobat installiert haben, ist die Erstellung einer PDF-Datei kinderleicht. Ist die Excel-Tabelle fertig (denken Sie insbesondere an die Seiteneinrichtung), wählen Sie den Menübefehl *Datei/Drucken*. Im Dialogfeld *Drucken* finden Sie einen Drucker mit dem Namen *Acrobat PDFWriter*. Wählen Sie diesen Drucker aus.

Über die Schaltfläche *Eigenschaften* können Sie zusätzliche Eigenschaften der PDF-Datei einstellen. Eine wichtige Eigenschaft finden Sie auf der Registerkarte *Acrobat PDFWriter-Schrifteinbettung*. Wenn Sie eine besondere Schriftart verwendet haben, können Sie diese in das PDF-Dokument einbetten und damit Probleme beim Drucken auf anderen Systemen vermeiden.

Über die Schaltfläche *OK* starten Sie die Ausgabe in eine PDF-Datei. Der PDFWriter zeigt das Dialogfeld *PDF-Datei speichern unter* an. Tragen Sie hier den gewünschten Dateinamen ein. Soll die PDF-Datei direkt nach der Erstellung angezeigt werden, aktivieren Sie zusätzlich das Kontrollkästchen *PDF-Datei anzeigen*.

Eine Tabelle als TIFF-Datei speichern

Im Dialogfeld *Drucken* werden alle verfügbaren Druckertreiber aufgelistet. Sie finden dort den Eintrag *Microsoft Office Document Image Writer*. Dabei handelt es sich um eine Komponente des *Microsoft Office Document Imaging-Programms*, die mit Office installiert wird. Standardmäßig werden mit diesem Druckertreiber Ausgabedateien mit der Endung »*.mdi*« erzeugt. Sie können diesen Treiber aber auch verwenden, um eine TIFF-Datei (Tag Image File Format) zu erstellen.

Um aus einer Tabelle eine TIFF-Datei zu erstellen, gehen Sie wie folgt vor:

1. Öffnen Sie die Datei und führen Sie, falls noch nicht geschehen, die Seiteneinrichtung durch.
2. Wählen Sie im Menü *Datei* den Befehl *Drucken*.
3. Im Dialogfeld *Drucken* wählen Sie aus dem Listenfeld *Name* den Eintrag *Microsoft Office Document Image Writer* aus.
4. Wechseln Sie über die Schaltfläche *Eigenschaften* zum Dialogfeld *Eigenschaften von Microsoft Office Document Image Writer* und dort auf die Registerkarte *Erweitert*.
5. Aktivieren Sie die Option *TIFF - Monochromes Fax* und klicken Sie dann auf *OK*.
6. Über die Schaltfläche *Durchsuchen* können Sie den Standardordner für die Datenausgabe festlegen.
7. Starten Sie die Ausgabe durch Klicken auf *OK* im Dialogfeld *Drucken*.
8. Daraufhin wird das Dialogfeld *Speichern unter* angezeigt. Vergeben Sie hier den Dateinamen. Wenn Sie das Kontrollkästchen *Dokumentenbild anzeigen* aktivieren, wird nach einem Klick auf *OK* das Programm *Microsoft Office Document Imaging* gestartet und die erzeugte Datei angezeigt.

Die so erzeugte Datei können Sie, wie gesagt, mit einem Bildbearbeitungsprogramm weiter bearbeiten oder auch an Personen weiterleiten, welche kein Excel zur Verfügung haben. Ferner können Sie das Bild in andere Programme einbetten.

Ausdruck in eine Datei umleiten

Das Dialogfeld *Drucken* bietet über das Kontrollkästchen *Ausgabe in Datei umleiten* die Möglichkeit, die Ausgabe nicht auf Papier, sondern eben als Datei zu erstellen. Das kann beispielsweise dann nötig sein, wenn Sie einen Druckauftrag zeitgesteuert ausführen möchten, ein Drucker im Moment nicht verfügbar ist oder aber der Ausdruck von mehreren Aufträgen zu einem späteren Zeitpunkt erfolgen soll. Es ist auch eine Möglichkeit der Weitergabe von Informationen für Benutzer, die selbst kein Excel zur Verfügung haben. Bei der Ausgabe in eine Datei werden Sie zur Angabe eines Dateinamens (eventuell inklusive Ordner) aufgefordert. Excel speichert dann alle Informationen zur Seiteneinrichtung des aktuell eingestellten Druckers in dieser Datei.

WICHTIG   Es handelt sich dabei nicht um eine Datei im Excel-Format, sondern um eine Binärdatei mit speziellen Informationen für einen Drucker. Wenn Sie die Datei auf einem anderen Drucker ausgeben, sollten Sie vorweg einen Test machen, ob das Ergebnis Ihren Wünschen entspricht.

Um eine solche Datei auszudrucken, stellen Sie sicher, dass der Drucker angeschaltet ist und starten Sie über *Start/Alle Programme/Zubehör* die *Eingabeaufforderung*. Im Fenster *Eingabeaufforderung* tragen Sie beispielsweise Folgendes ein, wenn Sie die Datei *D:\Daten\Dateiname* ausdrucken wollen:

copy D:\Daten\Dateiname lpt1: /b

Dabei steht *lpt1:* für das Gerät an der ersten parallelen Schnittstelle, der Schalter */b* weist darauf hin, dass es sich um eine Binärdatei handelt. Copy ist der Befehl, welcher die Daten an das Ausgabegerät sendet.

Alternativ können Sie den Ausdruck auch mit dem *Print*-Befehl auf Kommandozeilenebene erledigen. Unter *Start/Ausführen* können Sie z.B.

print D:\Daten\Dateiname

eingeben und damit die Druckdatei ausgeben.

Persönliche Druckeinstellungen speichern

Wenn Sie eine Arbeitsmappe über *Extras/Arbeitsmappe freigeben* für die gleichzeitige Benutzung durch mehrere Benutzer freigeben und dabei im Dialogfeld *Arbeitsmappe freigeben* auf der Registerkarte *Weitere* das Kontrollkästchen *Druckeinstellungen* aktivieren, kann jeder Benutzer eigene Einstellungen für den Ausdruck festlegen. Ein Benutzer könnte etwa die Seiteneinrichtung so einstellen, dass die Tabelle im Querformat ausgedruckt wird, während ein anderer das Hochformat verwendet. Diese Informationen werden für jeden Benutzer individuell mit der Arbeitsmappe gespeichert und sind beim nächsten Aufrufen wieder verfügbar.

Mehr zum Thema »Freigabe« finden Sie in Kapitel 4.

Karopapier herstellen

Angenommen, Sie wollen Ihr eigenes kariertes Papier herstellen. Dabei sollen die Kästchen nahezu quadratisch sein. Verfahren Sie wie folgt:

1. Fügen Sie mit dem Befehl *Einfügen/Tabellenblatt* ein leeres Blatt ein.

2. Drücken Sie die Tastenkombination ⌷Strg⌷+⌷A⌷, um das gesamte Tabellenblatt zu markieren.

3. Öffnen Sie im Menü *Format* das Untermenü *Zeile* und wählen Sie dort den Befehl *Höhe*. Geben der Wert *12* ein und bestätigen Sie mit Klick auf *OK*.

4. Öffnen Sie nun im Menü *Format* das Untermenü *Spalte* und rufen Sie den Befehl *Breite* auf. Geben Sie den Wert *1,5* ein und bestätigen Sie mit Klick auf *OK*.

5. Rufen Sie den Menübefehl *Datei/Seite einrichten* auf. Wechseln Sie zur Registerkarte *Seitenränder* und stellen Sie alle Seitenränder auf *0,5 cm* ein. Aktivieren Sie die Kontrollkästchen *Horizontal* und *Vertikal*.

6. Wechseln Sie auf zur Registerkarte *Tabelle* und aktivieren Sie das Kontrollkästchen *Gitternetz*. Bestätigen Sie Ihre Wahl mit Klick auf *OK*.

 Im Moment können Sie noch keine Seitenansicht oder einen Ausdruck bekommen. Versuchen Sie es: Klicken Sie auf das Symbol *Seitenansicht* in der *Standard*-Symbolleiste. Das Ergebnis ist eine Fehlermeldung (siehe Abbildung 5.11).

Abbildg. 5.11 Eine leere Tabelle kann nicht gedruckt werden.

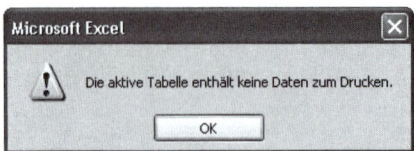

Nach dem Einrichten der Seite haben sich feine senk- und waagerechte Strichlinien auf dem Arbeitsblatt eingestellt. Es handelt sich um die Seitenumbrüche. Zwischen den Spalten *AQ* und *AR* sowie den Zeilen *68* und *69* sollten Sie bei diesem Beispiel welche finden. Wenn die Seitenumbrüche bei Ihnen genauso liegen, markieren Sie nun die Zelle *AQ68* und geben Sie ein Leerzeichen ein.

HINWEIS   Die exakte Position der Seitenumbrüche ist druckerabhängig. Deshalb kann es sein, dass die Umbrüche bei Ihnen eine Spalte oder Zeile versetzt liegen. Wählen Sie für die Eingabe des Leerzeichens einfach die Zelle in der rechten unteren Ecke des ersten Blattes. Anhand der Seitenumbrüche können Sie diese Zelle bestimmen.

Wählen Sie erneut die Seitenansicht. Jetzt wird ein Rechenblatt präsentiert. Die Zahl der zu druckenden Blätter können Sie später über die *Anzahl der Exemplare* im *Drucken*-Dialogfeld steuern.

Abbildg. 5.12 Mit Excel eigenes kariertes Papier herstellen

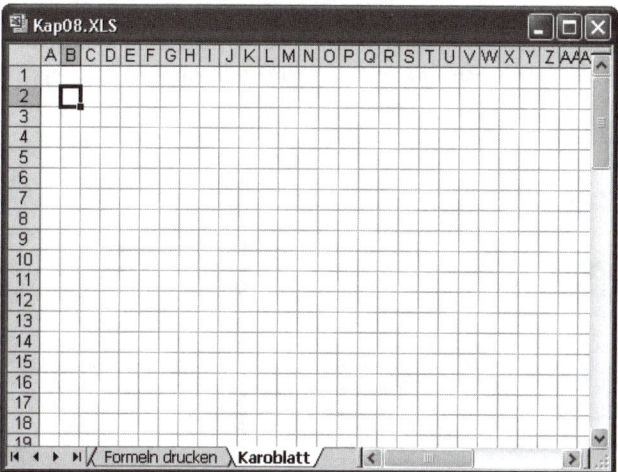

Das Zeichen »&« im Firmennamen

Oft kommt es vor, dass Unternehmen ihre Firmennamen in die Kopf- oder Fußzeile bringen. Das klappt auch wunderbar, solange die Firmenbezeichnung nicht das Zeichen »&« verwendet. Dieses Zeichen wird in Excel leider mit den Funktionen für die Kopf- und Fußzeilengestaltung verwendet. So würde zum Beispiel die Firma *Huber&Dachs* als *Huber03.09.2003achs* ausgegeben. Das &-Zeichen und der erste Buchstabe vom Namen Dachs wird von Excel als *&D* interpretiert und beim Drucken in das aktuelle Datum umgewandelt wird. Das ist in diesem Falle unerwünscht. Was können Sie da machen?

Geben Sie Ihre Firma mit einem doppelten &-Zeichen ein, also *Huber&&Dachs,* und schon liefert Excel das gewünschte Ergebnis.

Ausdrucke am Rand ausrichten

Jeder Mensch hat seine Schwächen. Dass dies auch für Software gilt, zeigt das folgende Problem:

Wenn Sie viel mit Kopf- und Fußzeilen arbeiten, werden Sie bald merken, dass die Kopf- und Fußzeilengestaltung zu einem Problem wird, wenn Sie den linken oder rechten Rand verändern. Das Trauerspiel besteht darin, dass die Inhalte des *Linken* bzw. *Rechten Abschnitts* der Kopf- oder Fußzeile der Randänderung nicht folgen.

Der Rand von Kopf-/Fußzeilen ist mit 2 cm links und rechts fest eingestellt. Die einzige Chance bei Randvergrößerung besteht im Einfügen von Leerzeichen. Möchten Sie also Excel 2003 dazu bringen, seinen linken Kopfzeilenrand größer als 2 cm einzustellen, müssen Sie beispielsweise vor dem Kopfzeilentext im *Linken Abschnitt* mehrere Leerzeichen einfügen.

Wie Sie den Kopf-/Fußzeilentext an einem verringerten linken oder rechten Rand ausrichten, bleibt wohl ein Geheimnis der Excel-Entwickler bei Microsoft.

Die Seitenumbruchvorschau

Für die Beurteilung und Manipulation der Seitenumbrüche ist die Seitenumbruchvorschau sehr nützlich. Mit Hilfe des Befehls *Ansicht/Seitenumbruchvorschau* gelangen Sie in selbige (siehe Abbildung 5.13).

Abbildg. 5.13   Die Seitenumbruchvorschau

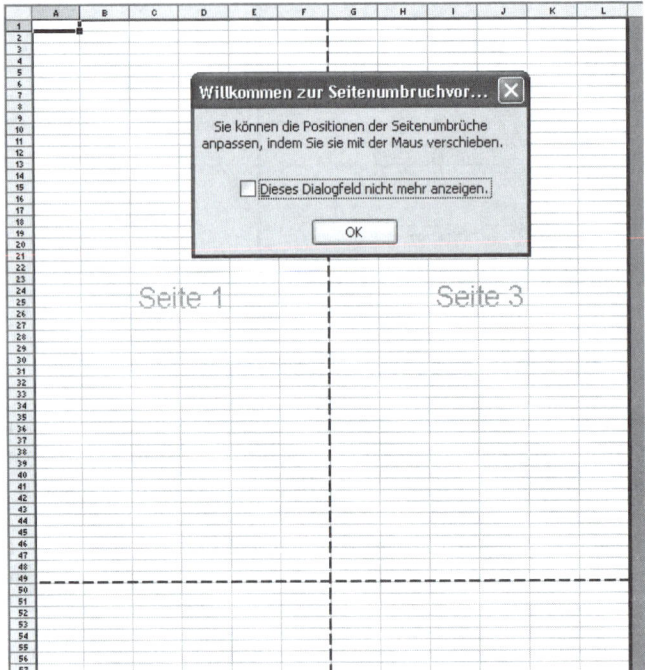

Hier erhalten Sie einen Überblick, welche Seitennummern es für welchen Teil der Tabelle geben wird. Durch Verschieben mit der Maus können Sie die Umbrüche selbst bestimmen. Ansonsten tun Sie dies mit dem Befehl *Einfügen/Seitenumbruch*. Mit dem Befehl *Ansicht/Normal* kehren Sie zur gewohnten Arbeitsblattansicht zurück.

TIPP   In der Normalansicht der Tabelle können Sie über Einfügen/Seitenumbruch an jeder beliebigen Stelle einen Seitenumbruch erzwingen. Dabei ist es wichtig, welche Zelle aktiv ist, während der Befehl ausgeführt wird. Der Seitenumbruch wird oberhalb und links von der aktiven Zelle eingefügt.

Zusammenfassung

In diesem Kapitel finden Sie einige Informationen zum Drucken mit Excel. Auch in Zeiten des »papierlosen Büros« haben Ausdrucke noch große Bedeutung. In einer Besprechung lassen sich damit Informationen für alle Teilnehmer bereitstellen. Der Ausdruck kann um Anmerkungen ergänzt und als Notizzettel verwendet werden. Und mal ehrlich, liest es sich nicht angenehmer von Papier als am Bildschirm?!

Grundlagen

Teil B

Daten und Formeln eingeben

In diesem Teil:

In Excel gibt es keine mathematische Funktion, die Sie nicht berechnen könnten. Wenn Sie herausfinden möchten, wie man Rechenoperationen mit Excel ausführt, Funktionen verwendet und Daten auf Gültigkeit prüft, ist dieser Buchteil genau der Richtige für Sie.

Erfahren Sie zunächst, wie Sie einfache Formeln eingeben und welche Operatoren Sie dabei verwenden können bzw. was es mit Bezügen in Excel auf sich hat. Insbesondere die Verwendung von Bezügen in Formeln bietet Ihnen die Möglichkeit, Ihre Rechenvorgänge unabhängig von den Eingabewerten aufzubauen.

Im Anschluss daran können Sie ergründen, wie Sie Fehlern in Formeln auf die Spur kommen und das Ergebnis von Formeln überwachen können. Abschließend lernen Sie einige wichtige Funktionen kennen und anwenden.

Im Einzelnen können Sie diesem Teil entnehmen, wie man

- Formeln erstellt,
- mit Bezügen arbeitet und Formeln kopiert,

- Bezüge auf andere Tabellen erstellt,
- Bezüge auf andere Arbeitsmappen aufbaut,
- Probleme mit Verknüpfungen löst,
- mit Tabellenfehlern in Excel umgeht,
- einfache Funktionen einsetzt,
- Funktionen mit dem Funktions-Assistenten erstellen kann,
- Daten bereits bei der Eingabe auf ihre Gültigkeit hin prüfen kann.

Kapitel 6

Formeln eingeben

In diesem Kapitel:

Ist Excel wirklich ein Rechenkünstler?

Eine Excel-Tabelle können Sie in seiner Funktionalität mit einem Rechenblatt vergleichen. In einem Rechenblatt tragen Sie zuerst Werte ein, die Sie anschließend mit einer bestimmten Rechenmethode bearbeiten. Dadurch erhalten Sie ein Ergebnis. In einem Haushaltsbuch schreiben Sie z.B. alle Ausgaben untereinander und berechnen die Summe der Ausgaben. Der Unterschied zwischen dem papiernen Rechenblatt und Excel ist der, dass Sie beim handschriftlichen Rechnen die Rechenregeln im Kopf haben und wissen müssen, wie man damit zu einem brauchbaren Ergebnis kommt.

Vorteil des elektronischen Rechenblatts

Der wesentliche Vorteil des elektronischen Rechenblatts, also der Tabellenkalkulation gegenüber einem Rechenheft ist der, dass Sie das einmal erstellte Rechenmodell immer wieder verwenden können, da Sie lediglich neue Eingabewerte eintragen müssen. Die Formeln mit der darin enthaltenen Rechenregel führen nach der stets gleichen Methode zu einem Ergebnis. Kurz: Wenn Sie einmal eine Tabelle korrekt erstellt haben, können Sie beliebig oft beliebige andere Werte nach diesen Regeln berechnen lassen.

Die Ausgangswerte, die Sie zuerst in das Rechenheft eintragen, werden in Excel als »Eingabewerte« bezeichnet. Die von Ihnen aufgestellten Rechenregeln, durch die diese Eingabewerte zu einem Ergebnis geführt werden, legen Sie in einer Formel fest.

Erste Formeln eingeben

Das Gleichheitszeichen leitet eine Rechenformel ein

In Excel gilt: Wenn das erste Zeichen einer Eingabe das *Gleichheitszeichen* (=) ist, wird die nachfolgende Eingabe als Berechnungsformel ausgewertet. Sie können eine Formeleingabe auch mit dem Plus- oder Minuszeichen einleiten. Excel setzt jedoch später noch das Gleichheitszeichen davor.

Eine Formel wird immer aus Operanden und Operatoren gebildet. Dabei sind die Operanden die Zahlenwerte, mit denen gerechnet werden soll und die Operatoren die Rechenvorschriften, die zur Berechnung angewendet werden (Abbildung 6.1).

Abbildg. 6.1 Operanden und Operatoren bilden eine Formel.

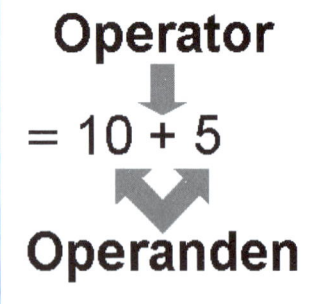

Arithmetische Operatoren einsetzen

Arithmetische Operatoren führen elementare Rechenoperationen aus und erzeugen als Ergebnis numerische Werte. Tabelle 6.1 zeigt die arithmetischen Operatoren, die in *Excel*-Formeln eingesetzt werden:

Tabelle 6.1   Arithmetische Operatoren in Excel

Operator	Operation	Beispielformel
+	Addition	=5+3
−	Subtraktion Steht das Minuszeichen vor einem Zahlenwert (Negation), wird es als Vorzugsoperator ausgewertet.	=10−7
/	Division	=12/3
*	Multiplikation	=4*6
%	Division durch Hundert (Prozent)	=12%
^	Potenzierung	=4^2

Mit diesen Operatoren können Sie in Excel-Tabellen auf einfachster Ebene Formeln erstellen, indem Sie diese Formeln unmittelbar in Zellen eingeben. Dadurch wird in den jeweiligen Zellen das Ergebnis der Formel angezeigt, wobei in der Bearbeitungsleiste die Formel zu sehen ist.

Die unmittelbare Eingabe von Zahlenwerten in Formeln wird als die Eingabe von Konstanten bezeichnet.

Rangfolge der Operatoren

Wenn mehrere unterschiedliche Operatoren in einer Formel nebeneinander verwendet werden, wertet Excel die Operatoren in der Reihenfolge ihrer Wertigkeit aus.

Die Tabelle 6.2 zeigt die Rangfolge, in der die Operatoren in einer Excel-Formel ausgewertet werden.

Tabelle 6.2   Operatoren und ihre Rangfolge

Rang	Operator	Beschreibung
1	−	Negation eines Werts (zum Beispiel −15)
2	%	Division eines Werts durch Hundert
3	^	Potenzierung eines Werts
4	* und /	Multiplikation und Division
5	+ und −	Addition und Subtraktion

Wie Sie der Tabelle 6.2 entnehmen können, folgt Excel der allgemein bekannten Regel: »Punktrechnung geht vor Strichrechnung«!

Das Beispiel dazu finden Sie im Tabellenblatt *Rangfolge* in der Beispieldatei *Kap06.xls* im Ordner *\Buch\Kap06* auf der Buch-CD-ROM.

WICHTIG   Enthält eine Formel Operatoren, die die gleiche Priorität besitzen, wertet Excel die Operatoren – und somit die Formel – von links nach rechts aus.

Klammern setzen

Wenn Sie die Wertigkeit bzw. Rangfolge der Auswertung ändern möchten oder aus arithmetischen Gründen ändern müssen, schließen Sie die Ausdrücke, die zuerst ausgewertet werden sollen, in runde Klammern ein.

Wenn Sie die Wirkungsweise testen möchten, geben Sie die beiden nachstehenden Formeln in unterschiedliche Zellen ein:

Abbildg. 6.2   Auswirkung von runden Klammern

Auswirkung von Klammern

ohne Klammern	mit Klammern
=4+6*5	=(4+6)*5
Ergebnis	**Ergebnis**
34	50

WICHTIG   In einer Formel muss die Anzahl der öffnenden runden Klammern gleich der Anzahl der schließenden runden Klammern sein. Excel meldet sonst einen Fehler und markiert die zu korrigierende Stelle in der Formel.

Durch die Verwendung von Klammern können teilweise komplexe Formeln entstehen (siehe Abbildung 6.3). Damit Sie nicht die Übersicht verlieren und leichter kontrollieren können, ob die Anzahl der öffnenden Klammern gleich der Zahl der schließenden Klammern ist, stellt Excel Ihnen (je nach den Einstellungen auf der Registerkarte *Bearbeiten* im Menü *Extras/Optionen*) folgende Eingabehilfen zur Verfügung:

- Bei Eingabe einer schließenden Klammer wird in der Bearbeitungsleiste – bei direkter Zellbearbeitung auch in der Zelle selbst – die geöffnete Klammer kurzzeitig fett hervorgehoben.

- Wenn Sie eine bestehende Formel bearbeiten, wird – je nach Einstellung und Bearbeitungsart – ein Klammerpaar dann fett hervorgehoben, wenn Sie den Mauszeiger über eine der beiden Klammern bewegen.

Abbildg. 6.3   Mit Klammern geben Sie die Reihenfolge der Berechnung vor.

	A	B	C	D	E	F
1						
2		Rechenschritte				
3						
4						
5		Reihenfolge der Auswertung von Formeln				
6		Mit Klammern:				
7						
8			-57	=((97-2)+23)/(3-5)+2		
9						
10			1. Teil:	(97-2)	95	
11			2. Teil:	((95)+23)	118	
12			3. Teil:	(3-5)	-2	
13			4. Teil:	((97-2)+23)/(3-5)	-59	
14			5. Teil:	((97-2)+23)/(3-5)+2	-57	
15						
16						
17		Ohne Klammern:				
18						
19			99,66666667	=97-2+23/3-5+2		
20						

Zellbezüge statt Konstanten verwenden

Wie erwähnt, entspricht die Eingabe von Konstanten (Zahlenwerten) in Formeln nicht dem Sinn und Zweck einer Tabellenkalkulation. Bei dieser Methode müssten Sie bei jeder Änderung eines Wertes auch die Formel entsprechend ändern.

Aus Kapitel 4 wissen Sie bereits, das man den Inhalt einer Zelle über deren *Zellbezug* adressieren kann. Diese Zelladressen lassen sich in Formeln verwenden. Durch die Bezüge erkennt Excel, aus welchen Zellen die in einer Formel verwendeten Werte zu entnehmen sind.

In Abbildung 6.4 könnten Sie den Gesamtpreis mit der Formel

```
=22,55*4
```

berechnen. Ungleich praktischer ist allerdings die Verwendung der Bezüge in der Formel. Ändern sich die Eingabewerte für den Preis (*B4*) oder die Menge (*C4*), führt Excel eine Neuberechnung durch und das Ergebnis ist damit wieder aktuell.

Abbildg. 6.4   Für die Multiplikation von Preis und Menge werden die *Zellbezüge* verwendet.

	A	B	C	D
2				
3		Preis	Menge	Gesamt
4		22,55 €	4	=B4*C4
5				

Zellbezüge eingeben

Grundsätzlich können Sie Bezüge über die Tastatur eingeben. Dabei dürfen keine Leerzeichen in die Formel gelangen. Auf die Groß- oder Kleinschreibung kommt es dagegen nicht an. Allerdings besteht beim Schreiben immer eine gewisse Fehlergefahr, da Sie sich bei den Bezügen irren oder vertippen könnten.

Alle Bezüge in Kleinbuchstaben werden nach Abschluss der Formeleingabe durch Excel in Großbuchstaben umgewandelt, wenn die Formel syntaktisch richtig eingegeben wurde. Ist dies nicht der Fall, überprüfen Sie bitte die Eingabe auf Syntax- und Schreibfehler.

Wenn Sie Zellbezüge einfacher und bequemer eingeben und dabei noch Fehler vermeiden wollen, bedienen Sie sich der so genannten *Zeigemethode*. Durch die Zeigemethode können Sie Zellbezüge schnell und nahezu fehlerfrei eingeben. Verfahren Sie bei der Formeleingabe wie folgt:

1. Geben Sie in einer Zelle zuerst das Gleichheitszeichen ein.

2. Markieren Sie die Zelle oder den Zellbereich, deren bzw. dessen Zellbezug in die Formel eingehen soll. Die Markierung wird durch eine gestrichelte Linie, den *Laufrahmen*, gekennzeichnet und der Zellbezug erscheint in der Formel.

Durch den Einsatz von Zellbezügen wird es Ihnen erst möglich, alle Vorteile einer Tabellenkalkulation auszuschöpfen. Sie sind in der Lage, beliebige Rechenmodelle zu erstellen, in denen nur noch die Eingabewerte verändert werden müssen, um zu neuen Ergebnissen zu kommen.

Für Ihre praktische Arbeit bedeutet dies, dass Sie ein Rechenmodell nur ein einziges Mal erstellen müssen, um es anschließend für gleichartige Aufgaben ständig benutzen zu können. In der Tabelle aus Abbildung 6.5 können Sie die Eingabewerte der beiden Spalten *B* und *C* ändern, während in der Spalte *D* sofort das Produkt gebildet wird.

Abbildg. 6.5   Die Formel mit Zellbezügen kann nach unten kopiert werden.

	A	B	C	D	E
2					
3		Preis	Menge	Gesamt	
4		22,55 €	4	90,20 €	
5		33,50 €	3	100,50 €	
6		17,56 €	5	87,80 €	
7		2,40 €	10	24,00 €	
8		56,89 €	2	113,78 €	
9		70,00 €	5	350,00 €	
10					

D4 fx =B4*C4

Zellbezüge auf andere Tabellen verwenden

Interessant an Zellbezügen in Formeln ist die Tatsache, dass sich diese nicht nur auf eine Zelle beziehen können, die sich in der gleichen Tabelle befindet wie die Formel selbst. Angenommen, Sie tragen die Formel =B1 in die Zelle A1 von *Tabelle1* ein, dann erhalten Sie als Ergebnis den Wert aus Zelle B1.

Um nun den Wert der gleichen Zelle aus *Tabelle2* zu erhalten, muss der Zellbezug um die Angabe der Tabelle ergänzt werden. Die Formel

```
=Tabelle2!B1
```

liefert das gewünschte Ergebnis.

Beim Eintragen von Bezügen auf andere Tabellen werden die Vorteile der Zeigemethode noch deutlicher. Um die Formel mit einem Bezug auf eine andere Tabelle aufzubauen, gehen Sie wie folgt vor:

1. Geben Sie ein Gleichheitszeichen (=) in die Zelle ein.

2. Aktivieren Sie über das Blattregister die *Tabelle2*.

3. Klicken Sie auf die gewünschte Zelle, hier *B1*.

4. Beenden Sie die Eingabe der Formel mit der ↵ -Taste.

Die dritte Dimension: 3D-Bezüge

Wenn Sie Formeln mit einem Bezug auf mehrere Tabellenblätter eingeben, können Sie unter Umständen eine besondere Form der Bezugsangabe nutzen. So, wie ein Bereich, etwa *A5:D20*, durch einen Doppelpunkt als solcher identifiziert wird, so können Sie auch Tabellenbezüge durch Angabe der ersten und der letzten Tabelle aufbauen. Ein solcher Bezug wird *3D-Bezug* genannt.

Das Beispiel zu dieser Bezugsart finden Sie in der Datei *Kap06_3D.xls* im Ordner *\Buch\Kap06* auf der CD-ROM zu diesem Buch.

Diese Beispielmappe enthält die Tabellen *Nord*, *Ost*, *Süd* und *West*, die ihrerseits wiederum Daten enthalten. Die Tabellen *Anfang* und *Ende* enthalten selbst keine Daten und dienen lediglich als Rahmen für den 3D-Bezug. Das Tabellenblatt *Gesamt* verwendet einen solchen Bezug, um die Summe der Umsätze über alle Tabellenblätter zu berechnen, die zwischen der Tabelle *Anfang* und der Tabelle *Ende* platziert sind. Dieser Bezug lautet wie folgt:

`=SUMME(Anfang:Ende!C4:N4)`

Der 3D-Bezug schließt das erste und das letzte Tabellenblatt ein. Kommt ein neues Arbeitsblatt hinzu, fügen Sie dieses vor das letzte Blatt, also vor *Ende*, ein. Damit werden die darin enthaltenen Werte automatisch auch in der Gesamttabelle summiert.

Sie wollen testen, wie sich die Gesamtsummen nach Entfernen einer Tabelle automatisch anpassen:

1. Verschieben Sie eine der Tabellen *Nord*, *Ost*, *Süd* und *West* hinter die Tabelle *Ende*.

2. Wechseln Sie nun in das Arbeitsblatt *Gesamt*. Sie sehen, dass die Gesamtsummen nicht mehr die Werte aus der verschobenen Tabelle enthalten.

3D-Bezüge lassen sich nicht nur auf Summen anwenden, sondern auch auf folgende Funktionen:

MITTELWERT, MITTELWERTA, ANZAHL, ANZAHL2, MAX, MAXA, MIN, MINA, PRODUKT, STABW, STDABWA, STABWN, STABWNA, VARIANZ, VARIANZA, VARIANZEN und *VARIAN-ZENA*.

Mit externen Daten rechnen

Die Möglichkeiten von Zellbezügen gehen aber noch weiter: Sie können auch einen Bezug auf eine andere Datei einsetzen. Ein solcher externer Bezug wird mit dem von eckigen Klammern umschlossenen Namen der betreffenden Arbeitsmappe eingeleitet. Diesem folgt der Name der Tabelle, also

=Funktion(Pfadname\[Arbeitsmappe]Tabelle!Bereich)

Ist die Arbeitsmappe (Quelle), auf die Bezug genommen wird, momentan geöffnet, kann die vollständige Pfadangabe entfallen. Excel fügt diese automatisch ein, sobald die Mappe, auf die der Bezug verweist, geschlossen wird. Erstellen Sie den Bezug mit der Maus – das spart Zeit und ist immer korrekt!

PROFITIPP

> Soll eine Quelldatei unter einem anderen Namen gespeichert werden, sind besser beide Dateien geöffnet. Die Bezüge in der Zieldatei werden dann beim Speichern automatisch angepasst.

Daten und Formeln eingeben

Tabelle 6.3 Übersicht über die möglichen Zellverknüpfungen

Allgemeiner Bezug	Beispiel
Eine einzelne Zelle	`=A1` (geht auch ohne Funktion)
Ein zusammenhängender Bereich	`=Summe(A1:D5)`
Eine Mehrfachauswahl	`=SUMME(A1;C3;B10;F10;J4)`
Zelle in einer anderen Tabelle	`=Tabelle2!A1`
Bereich in einer anderen Tabelle	`=Summe(Tabelle2!A1:B9)`
3D-Bereich	`=Summe(Tabelle2:Tabelle8!B4:M4)`
Zelle in einer anderen Mappe	`='C:\Eigene Dateien\[Test.xls]Tabelle1'!$A$1`
Bereich in einer anderen Mappe	`=Mittelwert('C:\Eigene Dateien\[Testmap.xls]Tabelle1'!$A$1:B6))`
3D-Bereich in einer anderen Mappe	`=Mittelwert('C:\Eigene Dateien\[Testmap.xls]Tabelle1:Tabelle12'!$A$1:B6))`

HINWEIS   Wenn die Mappe, auf die sich die Verknüpfung bezieht, bei der Eingabe des Bezuges geöffnet ist, wird der Pfadname beim Speichern/Schließen ergänzt.

Externe Bezüge aktualisieren

Enthält eine Arbeitsmappe einen externen Bezug, werden Sie beim Öffnen mit einem Warnhinweis konfrontiert (vgl. Abbildung 6.6).

Abbildg. 6.6 Wählen Sie, ob Excel die Verknüpfung aktualisieren soll oder nicht.

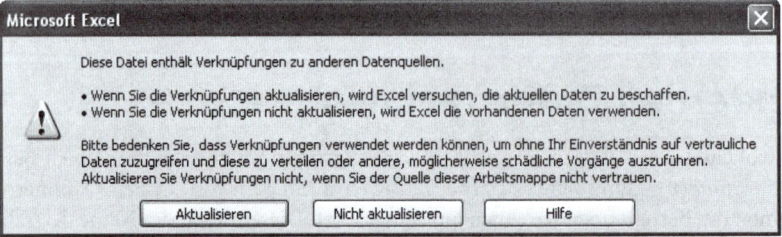

Wählen Sie die Schaltfläche *Aktualisieren*, versucht Excel die externen Bezüge zu aktualisieren. Sie haben damit wieder eine aktuelle Grundlage für weitere Berechnungen.

Leider kommt es vor, dass die Quelle der Daten nicht mehr am ursprünglichen Speicherort gefunden wird. Dies ist dann der Fall, wenn die Datei seit der letzten Speicherung des Bezugs verschoben oder gar gelöscht wurde. Excel zeigt in einem solchen Fall ein weiteres Dialogfeld an (Abbildung 6.7). Wählen Sie dort die Schaltfläche *Verknüpfungen bearbeiten*.

Abbildg. 6.7 Die Bezüge können nicht aktualisiert werden.

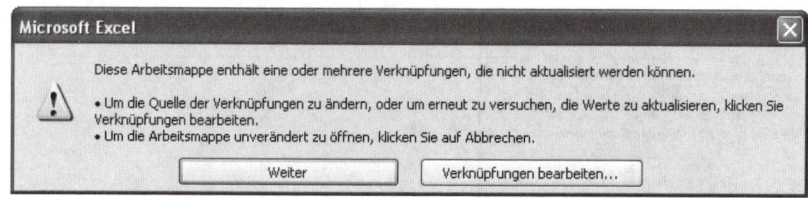

Das Dialogfeld *Verknüpfungen bearbeiten* bietet Ihnen alle Möglichkeiten, den Bezug wieder herzustellen. Die Schaltfläche *Werte aktualisieren* versucht, erneut die externen Bezüge zu aktualisieren. Wenn die Werte seit der letzten Speicherung nicht geändert wurden, wird dies in einem Hinweis angezeigt (vgl. Abbildung 6.8).

Abbildg. 6.8 Excel meldet unveränderte Daten.

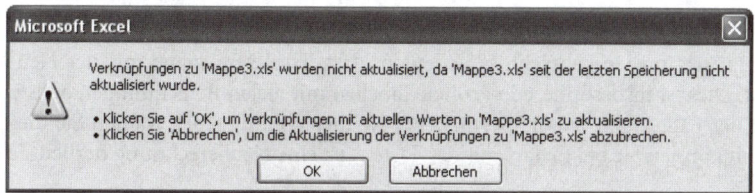

Wurde die Quelle nicht gefunden, können Sie über die Schaltfläche *Quelle ändern* den Bezug wiederherstellen, indem Sie den neuen Speicherort der Datei suchen und die Datei auswählen (vgl. Abbildung 6.9). Über die Schaltfläche *Quelle öffnen* kann die gefundene Quelldatei geöffnet werden.

Abbildg. 6.9 Sie können die Verknüpfungen markieren und dann bearbeiten.

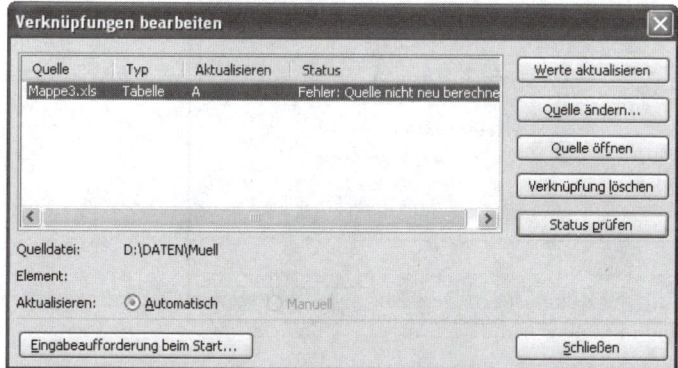

Ist die Quelldatei nicht mehr zu finden, können Sie über die Schaltfläche *Verknüpfung löschen* die externen Formelbezüge entfernen. Achtung: Dabei werden Formeln mit externen Bezügen in Werte umgewandelt!

Über die Schaltfläche *Eingabeaufforderung beim Start* legen Sie das Verhalten beim Öffnen der aktuellen Mappe fest. Die möglichen Optionen zeigt die Abbildung 6.10.

Abbildg. 6.10 Stellen Sie die Optionen für die Aktualisierung externer Bezüge ein.

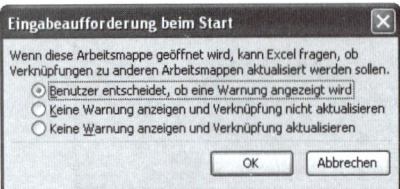

Die Neuberechnung kontrollieren

Über den Menübefehl *Extras/Optionen* können Sie auf der Registerkarte *Berechnung* einige Einstellungen zum Rechenverhalten von Excel einstellen (vgl. Abbildung 6.11). So ist in der Optionsgruppe *Berechnung* standardmäßig die Option *Automatisch* aktiviert. Damit berechnet Excel sofort all diejenigen Zellen neu, bei denen sich die Datengrundlage geändert hat. Das bedeutet, Sie brauchen sich nicht um eine Aktualisierung zu kümmern.

Allerdings kann das im Umkehrschluss bedeuten, dass Excel sehr lange mit der Neuberechnung beschäftigt ist. Dies ist insbesondere in großen Tabellen mit vielen Berechnungen oder vielen externen Bezügen der Fall. Wenn Sie die permanente Neuberechnung stört, wählen Sie die Einstellung *Manuell*; damit können Sie bei Bedarf mit der Taste $\boxed{F9}$ eine Neuberechnung herbeiführen.

Abbildg. 6.11 Die Einstellungen der Registerkarte *Berechnung* bestimmen den Berechnungszeitpunkt.

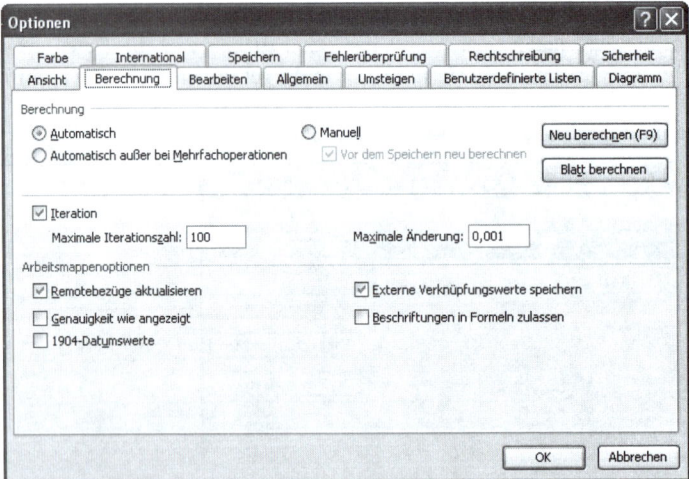

WICHTIG   Bedenken Sie bei der manuellen Neuberechnung, dass nach der Eingabe von Daten oder Formeln unter Umständen nicht alle Zellen sofort die korrekten Werte anzeigen. Dies ist erst nach der Neuberechnung sichergestellt!

Wenn Sie eine Datei öffnen, die mit einer früheren Excel-Version erstellt wurde, berechnet Excel diese neu. Sie erhalten daher beim Schließen auch dann einen Hinweis auf eine geänderte Datei, wenn Sie selbst keine Eingabe vorgenommen haben.

Ist die manuelle Neuberechnung aktiviert, ist standardmäßig auch das Kontrollkästchen *Vor dem Speichern neu berechnen* aktiviert. Damit ist sichergestellt, dass die Datei nach dem Speichern die neuesten Werte enthält. Sie sollten diese Einstellung auch so verwenden, zumindest, wenn Sie mit Bezügen auf andere Arbeitsmappen arbeiten. Excel speichert mit der Datei den Status der Neuberechnung. Bezieht sich eine Zelle auf eine Arbeitsmappe, die beim Speichern nicht neu berechnet wurde, erhalten Sie einen Warnhinweis, wonach die Verknüpfung nicht aktualisiert werden kann.

Eine Zwischenlösung können Sie bei der Verwendung der Mehrfachoperation anwenden. Verwenden Sie große Bereiche für die Mehrfachoperation, stellen Sie die Option *Automatisch außer bei Mehrfachoperationen* ein, um die Neuberechnung zu beschleunigen. Mehr zum Thema »Mehrfachoperation« finden Sie in Kapitel 27.

WICHTIG   Die Einstellungen zur Berechnungsart werden für die gesamte Excel-Sitzung verwendet. Sind mehrere Arbeitsmappen geöffnet, gilt diese Einstellung für all diese Mappen. Wollen Sie also eine Mappe mit umfangreichen Berechnungen öffnen, sollten Sie die manuelle Berechnungsart **vor** dem Öffnen dieser Mappe einstellen.

Fehlerwerte in Tabellen kennen lernen

Beim Erstellen von Tabellen unter Verwendung von mathematischen Funktionen tauchen bisweilen statt der gewünschten Ergebnisse Fehlerwerte auf. Die angezeigten Fehlerwerte haben gemeinsam, dass sie alle mit der Raute (#) beginnen. Die Bedeutung der Fehlerwerte können Sie der Tabelle 6.4 entnehmen.

Tabelle 6.4   Fehlerbeschreibungen der Tabellenfehler

Fehler	Wird angezeigt, wenn ...
#WERT!	für ein Argument oder einen Operanden ein falscher Typ verwendet wurde.
#DIV/0!	in einer Formel eine Division durch Null erfolgt.
#NAME?	Excel Text in einer Formel nicht erkennt.
#NV	ein Wert in einer Funktion oder in einer Formel nicht verfügbar ist.
#BEZUG!	ein Zellbezug ungültig ist.
#ZAHL!	ein Problem mit einer Zahl in einer Formel oder in einer Funktion aufgetreten ist.
#NULL!	Sie eine Schnittmenge von zwei Bereichen angeben, die sich nicht überschneiden.

Fehlerüberprüfung einstellen

Wenn Sie eine Formel eingeben, die einen Fehlerwert zurückgibt, wird in der linken oberen Ecke der Zelle ein Fehlerindikator angezeigt (vgl. Abbildung 6.12). Wenn Sie das Ausrufezeichen anklicken, werden neben einer Information über den Fehlerwert verschiedene Befehle angeboten.

Abbildg. 6.12 Excel bietet eine spezielle Hilfestellung an, wenn ein Fehlerwert angezeigt wird.

Sie können die Hilfe für diesen Fehler anzeigen lassen oder die Formel schrittweise auswerten. Wenn Sie den Befehl *Fehler ignorieren* wählen, wird der Fehlerindikator aus der Zelle entfernt.

Nach Aufruf des Menübefehls *Extras/Optionen* finden Sie auf der Registerkarte *Fehlerüberprüfung* die Einstellungen, mit denen Sie das Verhalten der Fehlerüberprüfung steuern können:

- Ist das Kontrollkästchen *Fehlerüberprüfung im Hintergrund aktivieren* markiert, überprüft Excel im Ruhezustand die Zellen auf Fehler und markiert fehlerhafte Zellen mit dem grünen Fehlerindikator.

- Über *Farbe des Fehlerindikators* legen Sie die Farbe des Fehlerindikators fest. Wenn Sie auf *Automatisch* klicken, wird die Farbe auf die Standardeinstellung (grün) festgelegt.

- Wenn Sie für einen oder mehrere Fehler die Anzeige des Fehlerindikators ausgeschaltet haben, können Sie über *Zu ignorierende Fehler zurücksetzen* Fehler in der Tabelle wieder anzeigen lassen.

Fehlerwerte finden

Um alle Fehlerwerte in einer Tabelle zu finden, rufen Sie über den Menübefehl *Bearbeiten/Gehe zu* oder die Taste [F5] das Dialogfeld *Gehe zu* auf und wählen hier die Schaltfläche *Inhalte*. Im Dialogfeld *Inhalte auswählen* markieren Sie die Option *Formeln* und deaktivieren die Kontrollkästchen *Zahlen*, *Text* und *Wahrheitswerte*. Markiert bleibt lediglich das Kontrollkästchen *Fehler*. Wenn Sie die Eingabe mit *OK* bestätigen, werden die Fehlerwerte markiert. Können keine Fehlerwerte gefunden werden, gibt Excel eine Meldung aus.

HINWEIS   Excel unterscheidet dabei (wie bei der Suchen-Funktion), ob die aktuelle Markierung aus mehreren Zellen oder lediglich aus einer einzelnen Zelle besteht. Bei einer Mehrfachmarkierung werden lediglich die markierten Zellen untersucht, während bei einer einzelnen Zelle der Inhalt der aktiven Tabelle geprüft wird.

Wenn nicht alle markierten Fehler über den Bildschirminhalt betrachtet werden können, können Sie mit der [⇥]-Taste zur nächsten markierten Zellen springen. Drücken Sie zusätzlich die [⇧]-Taste, können Sie die vorherige Zelle aktivieren.

Eine weitere Möglichkeit bietet die »Detektiv-Funktionalität« von Excel. Wenn die aktive Zelle einen Fehler enthält, können Sie über *Extras/Formelüberwachung/Spur zum Fehler* eine Linie einfügen, die auf die Fehler verursachende Zelle zeigt. Der Befehl steht auch über die Symbolleiste *Formelüberwachung* zur Verfügung. Mehr zur »Formelüberwachung« finden Sie weiter unten in diesem Kapitel.

Wie Sie mit Informationsfunktionen den Fehlertyp ermitteln und Fehlerwerte mit Hilfe von Funktionen unterdrücken, zeigt Ihnen Kapitel 15.

Was ist ein Zirkelbezug?

Ein weiterer Fehler, der beim Eintragen von Bezügen in Formeln vorkommt, ist der Zirkelbezug. Man versteht unter einem Zirkelbezug einen Bezug auf die Zelle, in der sich die Formel selbst befindet – quasi einen Bezug auf sich selbst. Formeln mit einem Zirkelbezug kann Excel standardmäßig nicht lösen. Sie erhalten stattdessen die in Abbildung 6.13 gezeigte Meldung.

Abbildg. 6.13 Fehlerhafte Eingabe in der Zelle *D4* mit der Fehlermeldung

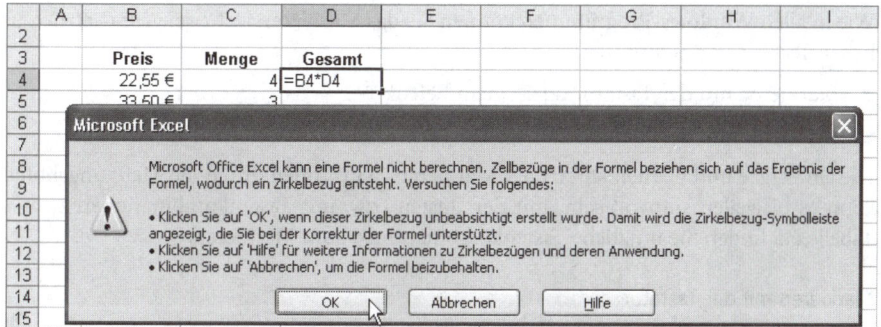

Zirkelbezüge entstehen meist durch Eingabefehler. Wenn Sie in der Fehlermeldung auf die Schaltfläche *OK* klicken, wird das Hilfefenster mit Hinweisen zum Thema geöffnet. Außerdem wird im Tabellenfenster die *Zirkelverweis*-Symbolleiste eingeblendet (siehe Abbildung 6.14). Excel meldet das Problem zusätzlich unten in der Statusleiste. Bis zum Entfernen des Zirkelbezuges steht dort z.B. *Zirkelb.: D4*.

Abbildg. 6.14 *Zirkelverweis*-Symbolleiste

Sie können die *Zirkelverweis*-Symbolleiste verwenden, um die Zellen innerhalb des Zirkelbezugs zu durchlaufen. Nutzen Sie dabei die Schaltflächen *Spur zum Nachfolger* und *Spur zum Vorgänger*, um die Gründe des aufgetretenen Problems durch Pfeile anzeigen zu lassen.

Wenn Sie nach Aufruf des Menübefehls *Extras/Optionen* auf der Registerkarte *Berechnung* das Kontrollkästchen *Iteration* aktivieren, kann Excel auch mit einem Zirkelbezug umgehen. Dabei versucht Excel im Rahmen von *Maximale Iterationszahl* und *Maximale Änderung* schrittweise die Formel aufzulösen. Wie Sie damit interessante Lösungen aufbauen, erfahren Sie in Kapitel 26.

Verschieben und Kopieren von Formeln

Das Eingeben vieler einzelner Formeln führt bei größeren Tabellen zu einem sehr hohen Arbeitsaufwand. Besser ist es, wenn Sie sich Arbeitstechniken erschließen, bei denen Sie den Aufwand durch Kopieren der Formeln deutlich verringern können. Ebenso verhält es sich bei notwendigen Korrekturen, wo Sie durch Verschieben von Formeln und Werten Ihre Tabellen schnell neu gestalten können.

Markierungstechniken anwenden

Grundsätzlich müssen zu kopierende oder zu verschiebende Bereiche vorher markiert werden. Wie Sie Zellen bzw. Zellbereiche markieren, haben Sie bereits in Kapitel 4 gelernt. Im Folgenden erhalten Sie weitere Hinweise zum Markieren.

Wie in allen Windows-Programmen können Sie das Markieren mit zwei grundsätzlich unterschiedlichen Techniken durchführen:

- Markieren mit der Tastatur oder einem Befehl
- Markieren mit der Maus

Die einfachste und bequemste Art des Markierens wird Ihnen durch die Maus angeboten. Dennoch kann es bisweilen sinnvoll sein, mit den Tasten bzw. mit Tastenkombinationen zu markieren. In Tabelle 6.5 finden Sie nützliche Tastenkombinationen zum Markieren.

Tabelle 6.5   Markieren mit der Tastatur

Markierung	Tastenkombination
Aktuelle Zeile	`⇧` + `Leertaste`
Aktuelle Spalte	`Strg` + `Leertaste`
Aktueller Block eingegebener Daten	`Strg` + `⇧` + `+`
Von aktiver Zelle in gewünschte Richtung	`⇧` + `Pfeiltasten`
Von aktiver Zelle zum Ende des Datenblocks	`⇧` + `Strg` + `Ende`
Von aktiver Zelle zum Anfang des Datenblocks	`⇧` + `Strg` + `Pos1`
Gesamtes Tabellenblatt	`Strg` + `⇧` + `Leertaste` oder `Strg` + `A`

Wenn Sie – ausgehend von der aktiven Zelle – die Markierung erweitern wollen, können Sie dies auch folgendermaßen erreichen: Drücken Sie die Taste `F8`. Dadurch gelangen Sie in den so genannten *Erweiterungsmodus*, was in der Statusleiste durch das Hervorheben der Buchstaben *ERW* angezeigt wird. Jetzt können Sie mit den Pfeiltasten die Markierung bequem in alle Richtungen erweitern. Um den Erweiterungsmodus abzuschalten, drücken Sie erneut die Taste `F8` oder die `Esc`-Taste.

 Mit der Maus können Sie Zellbereiche durch Ziehen markieren. Unter dem Ziehen ist das Bewegen der Maus bei gedrückter linker Maustaste zu verstehen. Achten Sie darauf, dass Sie nebenstehendes Maussymbol zum Markieren haben. Tabelle 6.6 beschreibt nützliche Markiertechniken mit Hilfe der Maus.

Tabelle 6.6   Markieren mit der Maus

Bereich	Tätigkeit
Eine einzelne Zelle	Klicken Sie auf diese Zelle.
Einen zusammenhängenden Zellbereich	Ziehen Sie den Mauszeiger mit gedrückter linker Maustaste von der ersten Zelle diagonal zur letzten Zelle.
Nicht zusammenhängende Einzelzellen oder Zellbereiche (Mehrfachauswahl)	Halten Sie die Taste ⌈Strg⌉ gedrückt, während Sie auf weitere zu markierende Zellen klicken oder weitere Zellbereiche markieren.
Eine Spalte	Klicken Sie auf den entsprechenden Spaltenkopf.
Eine Zeile	Klicken Sie auf den entsprechenden Zeilenkopf.
Alle Zellen in einem Tabellenblatt	Klicken Sie auf die Fläche, die sich im Schnittpunkt der Spalten- und Zeilenköpfe befindet (linke obere Ecke des Tabellenfensters).

Das Markieren der gesamten Tabelle benötigen Sie, um ein Format generell in der Tabelle zu ändern (z.B. die Schriftart).

HINWEIS   Innerhalb eines markierten Zellbereichs können Sie sich nach unten oder nach rechts durch Drücken der ⌈↹⌉-Taste bewegen. Wenn Sie sich in umgekehrter Richtung bewegen wollen, nach oben oder nach links, drücken Sie die Tastenkombination ⌈⇧⌉ + ⌈↹⌉.

Formelzellen verschieben

Unter dem Verschieben ist das Ausschneiden, d.h. Löschen der Formel in der Ursprungszelle und das anschließende Einfügen in eine andere Zelle zu verstehen. Dazu stehen Ihnen unterschiedliche Techniken zur Verfügung:

- Die Befehle *Ausschneiden* und *Einfügen* aus dem Menü *Bearbeiten*
- Die entsprechenden Schaltflächen in der *Standard*-Symbolleiste
- Das direkte Verschieben mit Hilfe der Maus

Verschieben mit Hilfe der Zwischenablage

So können Sie Zellen, die Formeln beinhalten, innerhalb einer Tabelle an einen anderen Platz verschieben:

1. Markieren Sie die Zelle oder die Zellen, die verschoben werden sollen.
2. Klicken Sie in der *Standard*-Symbolleiste auf die Schaltfläche *Ausschneiden*.
3. Klicken Sie auf die Zelle, in welche die ausgeschnittene Zelle verschoben werden soll. Wenn Sie einen Zellbereich verschieben möchten, stellt diese Zelle die linke obere Zelle des neuen Bereichs dar.
4. Klicken Sie in der *Standard*-Symbolleiste auf die Schaltfläche *Einfügen*.

Wenn Sie die Zelle verschoben haben, untersuchen Sie, ob sich an der Formel oder dem Ergebnis etwas verändert hat. Das Ergebnis der Formel wird in der Tabelle angezeigt und ist mit dem zuvor erzielten Ergebnis identisch. Zur Kontrolle der Formel klicken Sie auf die verschobene Zelle und lesen den Zellinhalt in der Bearbeitungsleiste ab. Auch hier ist alles gleich geblieben und entspricht dem Original.

WICHTIG Grundsatz: Beim Verschieben behält der Zellinhalt und somit auch die Formel den Originalzustand bei.

Verschieben mit der Maus

Möchten Sie Formelzellen ausschließlich mit der Maus verschieben, wird die Zwischenablage nicht beansprucht. Mit der Maus können Sie schnell Zellen an einen beliebigen Ort innerhalb der Tabelle verschieben. Gehen Sie so vor:

1. Markieren Sie die Zelle(n), die verschoben werden soll(en).

2. Bewegen Sie den Mauszeiger auf der Grenze der Markierung. Das Symbol wird zu einem weißen Pfeil mit schwarzem Pfeilkreuz an der Spitze (siehe Abbildung 6.15).

3. Ziehen Sie die Zelle(n) mit gedrückter linker Maustaste an den gewünschten neuen Standort und lassen dort die Maustaste los.

Abbildg. 6.15 Zum Verschieben muss der Mauszeiger als Pfeilkreuz dargestellt werden.

Preis	Menge	Gesamt
22,55 €	4	90,20 €
33,50 €	3	100,50 €
17,56 €	5	87,80 €

Während des Ziehens wird der zu verschiebende Bereich als grauer Schattenrahmen dargestellt. In der Nähe dieses Rahmens wird durch ein QuickInfo-Feld der Zellbezug bzw. der Zellbereich angezeigt, in den der zu verschiebende Bereich abgelegt wird, wenn die Maustaste losgelassen wird.

Verschieben Sie die Zellen auf einen bereits mit Daten oder Formeln gefüllten Bereich, fragt Excel, ob die Inhalte des Zielbereiches überschrieben werden dürfen. Bei aufmerksamer Arbeit können also keine Daten durch ein versehentliches Verschieben verloren gehen.

Kopieren von Formelzellen

Beim Kopieren verbleiben die Daten an ihrem Ursprungsort und eine Kopie dieser Daten wird an einem anderen Ort eingetragen. Im Falle von kopierten Formeln gibt es jedoch einiges zu beachten.

Gehen Sie ruhig einmal nach der Methode »Versuch und Irrtum« vor und untersuchen Sie, welche Auswirkungen das Kopieren auf die Formeln hat. Erstellen Sie gemäß Abbildung 6.16 eine Tabelle und kopieren Sie den Inhalt der Zelle *D4* mehrfach in verschiedene Zellen.

Abbildg. 6.16 Ausgangstabelle zum Kopieren von Formeln

	A	B	C	D	E
2					
3		Preis	Menge	Gesamt	Formel
4		22,55 €	4	90,20 €	=B4*C4
5		33,50 €	3		
6		17,56 €	5		
7		2,40 €	10		
8		56,89 €	2		
9		70,00 €	5		

Beim Kopieren gibt es mehrere Methoden. Einen Weg – über das *AutoAusfüllen* – haben Sie bereits in Kapitel 4 kennen gelernt. Folgende Möglichkeiten bieten sich an:

- Die Befehle *Kopieren* und anschließend *Einfügen* aus dem Menü *Bearbeiten* oder durch die entsprechenden Schaltflächen der *Standard*-Symbolleiste.

- Durch das direkte Kopieren mit Hilfe der Maus.

- Durch das Ziehen am Ausfüllkästchen der Formelzelle.

Kopieren mit Hilfe der Zwischenablage

Zum Kopieren mit den Schaltflächen auf der *Standard*-Symbolleiste verfahren Sie wie folgt:

1. Markieren Sie die Zelle(n), die kopiert werden soll(en).

2. Klicken Sie in der *Standard*-Symbolleiste auf die Schaltfläche *Kopieren*.

3. Klicken Sie auf die Zelle(n), in die die Daten eingefügt werden sollen. Wenn Sie einen Zellbereich kopieren, dann genügt es, diejenige Zelle anzuklicken, welche die obere linke Ecke des neuen Bereichs darstellt.

4. Klicken Sie in der *Standard*-Symbolleiste auf die Schaltfläche *Einfügen*.

Kopieren mit der Maus

Nehmen wir an, Sie möchten Zellen ausschließlich unter Verwendung der Maus kopieren. Und so geht es:

1. Markieren Sie die Zelle(n), welche kopiert werden sollen.

2. Bewegen Sie den Mauszeiger auf der Grenze der Markierung. Das Symbol wird zu einem weißen Pfeil mit schwarzem Pfeilkreuz an der Spitze. Drücken Sie zusätzlich die ⎑Strg⎒-Taste erscheint ein Pluszeichen statt des Pfeilkreuzes (siehe Abbildung 6.17).

3. Halten Sie die ⎑Strg⎒-Taste und ziehen Sie die Zelle(n) mit der linken Maustaste an den gewünschten neuen Standort. Lassen Sie dort zuerst die linke Maustaste und danach die ⎑Strg⎒-Taste los.

Im Prinzip ähnelt das Vorgehen dem Verschieben mit der Maus – bis auf den Einsatz der ⎑Strg⎒-Taste.

> **WICHTIG** Achten Sie darauf, dass Sie wirklich zuerst die Maustaste und erst danach die ⎑Strg⎒-Taste loslassen. Wenn Sie die umgekehrte Reihenfolge verwenden, heben Sie den Kopierbefehl auf und Sie verschieben die Zellinhalte.

Abbildg. 6.17 Zum Kopieren muss der Mauszeiger ein Pfeil mit einem Pluszeichen sein.

Preis	Menge	Gesamt
22,55 €	4	90,20 €
33,50 €	+ 3	100,50 €
17,56 €	5	87,80 €

Untersuchen Sie, was sich an den Zellinhalten geändert hat, indem Sie die kopierten Zellen anklicken und in der Bearbeitungsleiste deren Inhalt überprüfen.

Vielleicht erzielen Sie den besten »Aha-Effekt«, wenn Sie zuerst einmal versuchen, sich selbst die Veränderungen plausibel zu erklären. Fragen Sie sich, welcher Rechenauftrag sich in räumlicher Beziehung in der Ursprungszelle (in Abbildung 6.16 die Zelle *D4*) befindet. Welche Zellen sollen – von der Zelle *D4* aus gesehen – addiert werden? Wie lautet der Rechenauftrag, der sich nach dem Kopieren in den Zellen befindet?

Abbildg. 6.18   Formelveränderungen nach dem Kopieren

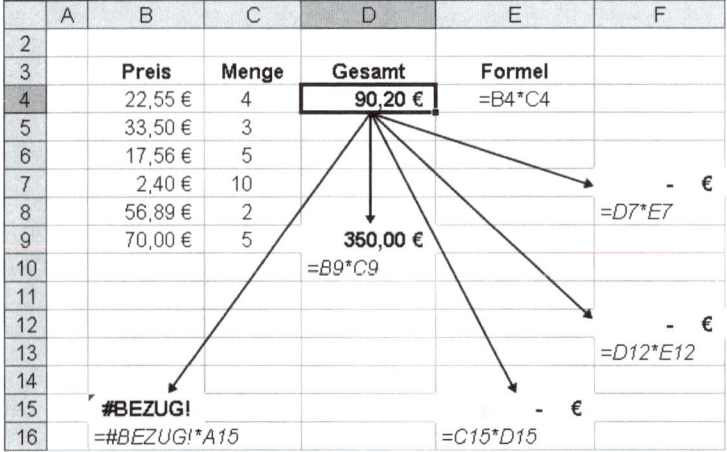

Wenn Sie den Rechenauftrag in der Zelle *D4* analysieren, dann lautet dieser: »Multipliziere die zwei linken Nachbarzellen«. Genau dieser Rechenauftrag wurde auch in alle anderen Zellen kopiert.

- In den Zellen *F7*, *F12* und *E15* ergibt die Berechnung den Wert *0*, da die beiden linken Nachbarzellen leer sind.

- In der Zelle *B15* kommt es für den ersten Zellbezug zu der Fehlermeldung *#BEZUG!*, den die Formel als Endwert zurückgibt.

- Nur in der Zelle *D9* ergibt sich ein sinnvolles Ergebnis, denn hier müssen tatsächlich die beiden Nachbarzellwerte multipliziert werden.

WICHTIG   Grundsatz: Die Zellbezüge haben sich beim Kopieren immer im Verhältnis zu ihrem jeweiligen Standort so verändert, dass der ursprüngliche Auftrag – der in der Formel verankert ist – an allen Standorten in der gleichen Art ausgeführt wird.

Ein Zellbezug, der diese Eigenschaften besitzt, wird als *relativer Bezug* bezeichnet (lat.: *relatio* = Verhältnis).

Relative Zellbezüge

In Formeln können Sie einen *relativen Bezug* als ein räumliches Verhältnis zwischen zwei Zellen ansehen. Die Betrachtung des räumlichen Verhältnisses erfolgt dabei immer von der Formelzelle aus. Der Bezug enthält also die Information, wie viele Spalten und wie viele Zeilen die Zelle von der

Formelzelle entfernt ist. Dieses räumliche Verhältnis – und nicht die buchstabengetreue Schreibweise eines Bezugs – wird beim Kopieren übertragen.

Die Formel in der Zelle *D4* der in Abbildung 6.18 gezeigten Tabelle liest sich vom Standort *D4* aus betrachtet so: »Nimm den Wert aus der Zelle zwei Spalten weiter links, gleiche Zeile (=*B4*) und multipliziere (=*B4**) mit dem Wert aus der Zelle eine Spalte weiter links, gleiche Zeile (=*B4*C4*)«.

Ganz deutlich wird das, wenn Sie einmal über *Extras/Optionen* auf der Registerkarte *Allgemein* das Kontrollkästchen *Z1S1-Bezugsart* aktivieren. Damit werden die Bezüge aller Formeln in einer Schreibweise angezeigt, welche die Bezüge als relative Adresse zur Formelzelle beschreibt. Aus der Formel (=*B4*C4*) in Zelle *D4* wird damit

```
=ZS(-2)*ZS(-1)
```

WICHTIG   Grundsätzlich kann zur Veränderung der Zellbezüge beim Kopieren gesagt werden:

- Beim horizontalen Kopieren verändern sich die **Spaltenbezüge** im Verhältnis zum jeweiligen Standort.

- Beim vertikalen Kopieren verändern sich die **Zeilenbezüge** im Verhältnis zum jeweiligen Standort.

Kopieren durch Ausfüllen

Nachdem Sie sich die Kenntnisse über *relative Bezüge* angeeignet haben, benötigen Sie noch Methoden, mit denen Sie schnell Ihre Formeln kopieren können. Diese Möglichkeiten eröffnet Ihnen das so genannte *Ausfüllen*, das in Excel in einigen Variationen vorhanden ist.

Eine Formel ist schnell und effizient in einer bestimmter Reihenfolge zu kopieren. Gute Ergebnisse erzielen Sie mit dem Menübefehl *Bearbeiten/Ausfüllen*. Gehen Sie folgendermaßen vor:

1. Klicken Sie auf die Zelle, in der die zu kopierende Formel steht, und erweitern Sie von hier aus die Markierung in die jeweils gewünschte Richtung (nach unten, oben, rechts oder links), so dass neben der Formelzelle auch Zellen ohne Inhalt markiert sind.

2. Aktivieren Sie den Befehl *Bearbeiten/Ausfüllen* und wählen Sie im Untermenü die gewünschte Ausfüllrichtung durch Anklicken aus. In dem in Abbildung 6.19 dargestellten Fall wird die Richtung *Unten* ausgewählt.

Für die beiden häufigsten Ausfüllrichtungen können Sie auch Tastenkombinationen benutzen: Sie füllen mit der Tastenkombination Strg+U nach unten und mit der Tastenkombination Strg+R nach rechts aus.

Markierung bei der Ausfüllrichtung *Unten*

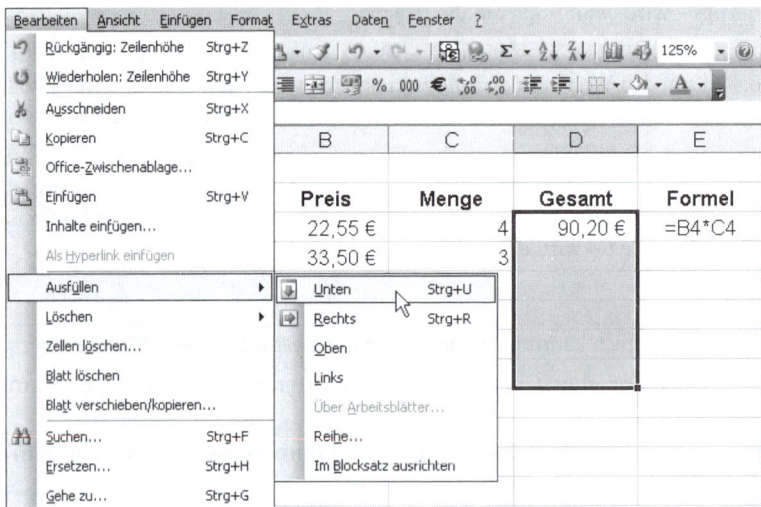

Bei der Formeleingabe ausfüllen

Wenn Sie bei der Formeleingabe bereits den genauen Bereich kennen, in den die Formel zu kopieren ist, können Sie die Formeleingabe und das Ausfüllen in einem Arbeitsgang durchführen:

1. Klicken Sie auf die Zelle, in welche die Formel eingetragen werden soll und erweitern Sie von hier aus die Markierung auf den Bereich, der die kopierte Formel enthalten soll. Es ist auch eine Mehrfachauswahl möglich.

2. Geben Sie die Formel in die aktive Zelle ein.

3. Schließen Sie die Formeleingabe mit der Tastenkombination (Strg)+(←) ab. Dadurch wird der zuvor markierte Bereich mit der Formel ausgefüllt.

Mit der Maus ausfüllen

Das Ausfüllen mit der Maus ist die einfachste und sehr wahrscheinlich auch die am weitesten verbreitete Form des Ausfüllens. Sie kennen diese Methode bereits aus Kapitel 4.

In der rechten unteren Ecke der aktiven Zelle oder eines markierten Bereichs finden Sie ein kleines Kästchen, das so genannte *Ausfüllkästchen*. Wenn Sie den Mauszeiger exakt auf dieses Ausfüllkästchen bewegen, wird dieser zu einem fettschwarzen Pluszeichen und signalisiert dadurch die Bereitschaft zum Ausfüllen. Ziehen Sie mit gedrückter linker Maustaste über den Bereich, in den die Formel kopiert werden soll.

> **HINWEIS** Sollten Sie beim Ausfüllen über die Zelle oder Zellen fahren, die die Formel enthält, wird diese grau dargestellt. Wenn Sie in diesem Augenblick die linke Maustaste loslassen, wird der Inhalt der Zelle oder Zellen, die grau abgeblendet sind, gelöscht.

Sollte Ihnen dieses Missgeschick widerfahren, klicken Sie in der *Standard*-Symbolleiste auf die Schaltfläche *Rückgängig*.

Ausfüllen mit einem Doppelklick

Die pfiffigste Art des Ausfüllens ist das Ausfüllen mit einem Doppelklick. Dabei müssen Sie folgende Beschränkung beachten:

■ Es kann nur vertikal von oben nach unten ausgefüllt werden.

■ Sollten sich in der gleichen Spalte unmittelbar unterhalb der Zelle (deren Inhalt durch Ausfüllen kopiert werden soll) Zellen mit Formeln befinden, werden diese kommentarlos überschrieben.

Angrenzende Zellen durch einen Doppelklick ausfüllen

Um angrenzende Zellen durch einen Doppelklick auszufüllen, verfahren Sie bitte wie folgt:

1. Setzen Sie die Markierung auf die Zelle, deren Formel in den unteren Bereich ausgefüllt werden soll.

2. Zeigen Sie auf das Ausfüllkästchen, bis der Mauszeiger als Pluszeichen dargestellt wird. Wenn Sie jetzt einen Doppelklick ausführen, wird nach den weiter oben geschilderten Methoden der Bereich mit der Formel ausgefüllt.

Verwenden Sie eines der angebotenen Verfahren zum Ausfüllen, um die Umsatztabelle aus Abbildung 6.19 zu vollenden.

Prioritäten für das Ausfüllende

Der Ausfüllbereich endet nach folgenden Maßgaben, wenn *Excel* in den unmittelbar angrenzenden Zellen keine Eingaben findet:

■ Es wird so lange ausgefüllt, wie *Excel* in der gleichen Spalte, unmittelbar unterhalb der Zelle, weitere Zellen mit Inhalt findet. Diese Eingaben werden überschrieben.

■ Wenn sich in der unmittelbar links angrenzenden Spalte Daten befinden, richtet sich der Ausfüllbereich nach den in der linken Spalte befindlichen Daten und endet in der gleichen Zeile. Die unmittelbar angrenzende rechte Spalte bleibt außer Betracht.

■ Befinden sich ausschließlich in der angrenzenden rechten Spalte Daten, richtet sich der Ausfüllbereich nach den Daten in der rechten Spalte.

Absolute Zellbezüge

Unter einem *absoluten Bezug* wird ein Zellbezug verstanden, der sich beim Kopieren oder Ausfüllen nicht verändert. Sie benötigen derartige Bezüge, um stets auf eine ganz bestimmte Zelle zu verweisen und mit dem dort vorhandenen Wert zu rechnen.

Beispiel: Sie möchten in einer Tabelle die in verschiedenen Rechnungsbeträgen enthaltene Mehrwertsteuer berechnen, wobei der anzuwendende Mehrwertsteuersatz zentral in einer Zelle gepflegt wird. Die einmal entwickelte Formel soll kopierbar sein.

Abbildg. 6.20 Ausgangssituation mit Formel in Zelle *C5*

	A	B	C	D	E
2			MWSt.:	16%	
3					
4		Preis	MWSt.-Betrag	Preis	MWSt.-Betrag
5		348,00 €	=B5*D2/(1+D2)		
6		980,00 €			
7		234,50 €			
8		68,00 €			

Die eingegebene Formel in der Zelle *C5* berechnet einwandfrei die im aufgeführten Preis (in *B5*) enthaltene Mehrwertsteuer. Die Formel lautet:

```
=B5*D2/(1+D2)
```

Wenn Sie diese Formel nun in der Spalte nach unten ausfüllen und/oder von der Zelle *C5* nach *E5* kopieren, erhalten Sie durch das Verändern der relativen Zellbezüge unbrauchbare Ergebnisse.

Fehler-
meldung
#WERT!

In der Zelle *C7* liefert die Formel gar den Fehlerwert *#WERT!*. In der Zelle *D4* ist der Text »Preis:« zu finden, was zum Fehlerwert führt. Excel kennzeichnet fehlerhafte Zellen und bietet über das neben der Zelle angezeigte Symbol seine Hilfe an (siehe Abbildung 6.21).

Ein Fehler ergibt sich auch, wenn Sie die Formel von *C5* nach *E5* kopieren. Der Auftrag im Sinne eines relativen Zellbezugs wurde korrekt kopiert:

```
=D5*F2/(1+F2)
```

Aber: Die Zelle *F2* ist leer und enthält nicht, wie erforderlich, den Mehrwertsteuersatz.

Abbildg. 6.21   Tabelle mit der aus Zelle *C5* ausgefüllten bzw. kopierten Formel

	A	B	C	D	E
2			**MWSt.:**	**16%**	
3					
4		**Preis**	**MWSt.-Betrag**	**Preis**	**MWSt.-Betrag**
5		348,00 €	48,00 €	500,00 €	=D5*F2/(1+F2)
6		980,00 €	- €	344,88 €	- €
7		234,5⟨⊕⟩ ▾	#WERT!	2.500,00 €	- €
8		68,00 €⟨⟩	67.86 €	348.90 €	- €
9		1.510,69 €	Ein in der Formel verwendeter Wert ist vom falschen Datentyp.		€
10		70,00 €	69,97 €	100,00 €	- €

Wenn Sie den Auftrag, der in der Formel der Zelle *C5* steckt, analysieren, kommen Sie zu dem Schluss, dass der Bezug auf die Mehrwertsteuer unveränderbar sein muss.

Diese Unveränderbarkeit wird erreicht, wenn Sie vor den Spalten- (*D*) und den Zeilenbezug (*2*) ein Dollarzeichen (*$*) setzen. Ein derartiger Zellbezug wird beim Kopieren oder Ausfüllen nicht verändert und in Excel als *absoluter Bezug* bezeichnet.

WICHTIG   Das Bezugselement (Spalten- oder Zeilenbezug), vor dem das Dollarzeichen steht, wird beim Kopieren nicht verändert. Beim absoluten Zellbezug steht das Dollarzeichen vor dem Spalten- **und** Zeilenbezug, also beispielsweise: *$D$2*.

In der Beispieltabelle von Abbildung 6.21 muss demnach die Formel in der Zelle *C5* wie folgt lauten:

```
=B5*$D$2/(1+$D$2)
```

Wenn Sie mit dieser Formel, ausgehend von der Zelle *C5*, den Bereich ausfüllen und diese Formel in die Spalte *E* kopieren, erhalten Sie in der gesamten Tabelle jeweils das korrekte Ergebnis (siehe Abbildung 6.22).

Abbildg. 6.22 Korrekte Ergebnisse durch den absoluten Zellbezug auf die Zelle *$D$2*

	A	B	C	D	E
2			MWSt.:	16%	
3					
4		**Preis**	**MWSt.-Betrag**	**Preis**	**MWSt.-Betrag**
5		348,00 €	=B5*$D$2/(1+$D$2)	500,00 €	=D5*$D$2/(1+$D$2)
6		980,00 €	135,17 €	344,88 €	47,57 €
7		234,55 €	=B7*$D$2/(1+$D$2)	2.500,00 €	344,83 €
8		68,00 €	9,38 €	348,90 €	48,12 €
9		1.510,69 €	208,37 €	25,38 €	3,50 €
10		70,00 €	9,66 €	100,00 €	13,79 €

Gemischte Zellbezüge

Als dritte Bezugsform kennt *Excel* den *gemischten Bezug,* der – wie der Name schon sagt – eine Mischform zwischen *relativem* und *absolutem Bezug* darstellt.

Beispiel: Sie wollen eine Tabelle erstellen, aus der die Entfernungsentgelte für Transportwege abgelesen werden können. Dabei sollen die Kilometerangaben sowie die Europreise pro Kilometer frei veränderbar sein, damit im Falle einer Veränderung die Tabelle sofort die neuen Entgelte anzeigt.

Abbildg. 6.23 Tabelle zum Berechnen von Entfernungsentgelten

D6	▼	*fx*	=B6*D3			
	B	C	D	E	F	G
2			Entfernungsentgelte			
3	km €/km	100	150	200	250	300
4	0,23 €		↑			
5	0,28 €					
6	0,32 € ←		48,00 €			
7	0,35 €					
8	0,40 €					

Die Rechenmethode ist im Prinzip klar. In der Bearbeitungsleiste der Tabelle in Abbildung 6.23 sehen Sie die Formel für die Zelle *D6*: =B6*D3. In *C4* müsste sie entsprechend lauten: =B4*C3. Keine der Formeln ist jedoch sinnvoll kopierbar. Sicher ahnen Sie schon, dass es nicht nötig ist, die Formel für jede Zelle neu zu entwickeln.

Sie müssen die Anpassung des Spaltenbezugs für den Wert *€/km* sperren, um die Formel horizontal kopieren zu können und trotzdem die Werte immer aus der Spalte *B* einzulesen. Der Zeilenbezug für den Wert *€/km* muss relativ bleiben, damit er beim vertikalen Kopieren angepasst wird. Wenn Sie die Formel in Zelle *C4* aufbauen, lautet der Zellbezug, der diese Anforderungen erfüllt, *$B4*.

Für den Bezug auf die Kilometerangaben verhält es sich genau umgekehrt: Der Spaltenbezug muss relativ bleiben, während der Zeilenbezug durch das $-Zeichen gesperrt werden muss. Damit bleibt der Bezug auf die Zeile beim vertikalen Kopieren unverändert, während beim horizontalen Kopieren die Spaltenbezüge angepasst werden. Aus dieser Überlegung ergibt sich die Schreibweise *C$3*.

Somit ergibt sich bei der Beispieltabelle für die Zelle *C4* folgende Formel:

=$B4*C$3

Daten und Formeln eingeben

Tragen Sie diese Formel in die Zelle *C4* ein und kopieren Sie die Formel nach rechts und nach unten. Sie werden immer die korrekten Ergebnisse erzielen.

Abbildg. 6.24 Korrekt rechnende Tabelle mit gemischten Bezügen

	B	C	D	E	F	G
2			Entfernungsentgelte			
3	km €/km	100	150	200	250	300
4	0,23 €	=$B4*C$3	34,50 €	46,00 €	57,50 €	=$B4*G$3
5	0,28 €	28,00 €	42,00 €	56,00 €	70,00 €	84,00 €
6	0,32 €	32,00 €	48,00 €	64,00 €	80,00 €	96,00 €
7	0,35 €	35,00 €	52,50 €	70,00 €	87,50 €	105,00 €
8	0,40 €	=$B8*C$3	60,00 €	80,00 €	100,00 €	=$B8*G$3

WICHTIG   Grundsatz: Bei einem gemischten Bezug ist der Bezugsteil (Spalten- oder Zeilenbezug), vor dem das Dollarzeichen steht, gesperrt und beim Kopieren unveränderbar. Vereinfacht können Sie sich merken:

- Möchten Sie immer Werte aus einer bestimmten Spalte übernehmen, muss der **Spaltenbezug** durch das Dollarzeichen gesperrt werden.

- Möchten Sie immer Werte aus einer bestimmten Zeile übernehmen, muss der **Zeilenbezug** durch das Dollarzeichen gesperrt werden.

PROFITIPP

Mit der Taste F4 können Sie die Bezugsart ändern. Markieren Sie den Zellbezug in der Bearbeitungszeile und drücken Sie mehrmals die F4-Taste. Mit jedem Tastendruck ändert sich die Schreibweise (*Relativ – Absolut – Gemischt.* usw.). Dieser Tipp funktioniert auch in anderen Eingabefeldern, z.B. bei der Definition von Bereichsnamen oder im Dialogfeld *Bedingte Formatierung*.

Hilfreiche Einfüge-Optionen

Wenn Sie einen Bereich kopieren und an anderer Stelle einfügen, wird die Schaltfläche *Einfügen-Optionen* angezeigt. Wie aus Abbildung 6.25 hervorgeht, sind hierüber die häufigsten Befehle im Zusammenhang mit dem Kopiervorgang zu erreichen.

Abbildg. 6.25 Wählen Sie über die *Einfüge-Optionen* den Inhalt für den Zielbereich aus.

- Ursprüngliche Formatierung beibehalten
- Formatierung der Zielzellen übernehmen
- Werte und Zahlenformate
- Breite der Ursprungsspalte beibehalten
- Nur Formatierung
- Zellen verknüpfen

Fügen Sie in einem bereits mit Inhalten gefüllten und formatierten Bereich eine leere Zelle ein, werden *Einfügeoptionen* angeboten. Die etwas andere Schreibweise lässt bereits vermuten, dass Excel hier einen anderen Vorgang erkannt hat. Und so enthält diese Schaltfläche auch andere Befehle, die für die Formatierung der eingefügten Zelle von Bedeutung sind.

Abbildg. 6.26 Die Formatierung der neuen Zelle kann gleich nach dem Einfügen vorgenommen werden.

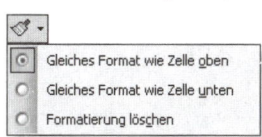

Stört Sie die Anzeige der zusätzlichen Schaltflächen, können Sie diese über *Extras/Optionen* auf der Registerkarte *Bearbeiten* ausschalten.

Die hinter diesen Schaltflächen steckende Technologie der Smarttags ist Ihnen bereits in Kapitel 4 beim Auto-Ausfüllen und der AutoKorrektur begegnet.

Probleme mit Formeln lösen

Es gibt eine Reihe von Problemen, die Sie nach der Schulmethode zwar auf dem Papier berechnen könnten, doch am Computer sind Sie sich bei der Eingabe der Formeln vielleicht nicht mehr so sicher. Aus diesem Grund finden Sie hier eine Auswahl kleiner Alltagsaufgaben, die Ihnen den Weg bei verschiedenen Berechnungsmethoden zeigen.

Der Dreisatz

Eine der häufigsten Berechnungen, die immer wieder in den unterschiedlichsten Formen vorkommen, ist der Dreisatz.

Waren werden nach ihrer Anzahl, dem Gewicht oder dem Volumen gehandelt. Hierbei erhöht sich der Preis mit zunehmender Menge und nimmt bei kleiner werdender Menge ab. Die Größen stehen also in einem direkten Verhältnis zueinander.

Beispiel: Im Supermarkt haben Sie einen Käse mit einem Gewicht von 0,3 kg gekauft und dafür 11,95 € bezahlt. Können Sie jetzt den Kilopreis des Käses errechnen?

Wenn Sie nicht unmittelbar die Formel eingeben können, notieren Sie sich auf einem Blatt Papier einen Lösungsansatz (siehe Abbildung 6.27), aus dem Sie schließlich leicht die Formel bilden.

Abbildg. 6.27 Lösungsansatz zum Dreisatz mit direktem Verhältnis

0,3 kg kosten   11,95 €
1,0 kg kostet   ?   €

$$1\,kg = \frac{11,95}{0,3} = 39,83$$

Aus dem Bruchstrich, der sich beim Dreisatz automatisch ergibt, bilden Sie nun die Formel für Excel. In die Eingabezellen der Tabelle tragen Sie die Menge (*kg*) und den Preis ein. In die Ergebniszelle (*Preis/kg*) berechnen Sie den Kilopreis.

Abbildg. 6.28   Lösung des Dreisatzes in Excel

	B	C	D	E	F	G
3	**Artikel**	**Menge**	**Preis**	**Preis/kg**		
4	Käse	0,30 kg	11,95 €	**39,83 €**	⬅	=D4/C4
5						

Dreisatz mit indirektem Verhältnis

Ein indirektes Verhältnis liegt dann vor, wenn die Zunahme der einen Größe die Abnahme der anderen Größe zur Folge hat. In der folgenden Aussage liegt beispielsweise ein indirektes Verhältnis vor: Je mehr Arbeiter für eine bestimmte Arbeit eingesetzt werden, desto weniger Zeit wird für die Fertigstellung des Projekts benötigt. Diese Behauptung lässt sich auch umkehren: Je weniger Arbeiter bei einem Projekt eingesetzt werden, desto mehr Zeit wird bis zur Fertigstellung verstreichen.

Beispiel: Ein neu zu druckendes Buch soll je Seite 50 Zeilen erhalten und einen Umfang von 600 Seiten haben. Da aber das Kunstdruckpapier in dem geforderten Format nicht beschafft werden kann, soll das Format kleiner gewählt und die Zahl der Zeilen pro Seite auf 40 verringert werden. Wie groß wird nun der Seitenumfang des Buchs werden? Als Einstieg wiederum ein Lösungsansatz auf Papier (Abbildung 6.29).

Abbildg. 6.29   Lösungsansatz zum indirekten Dreisatz

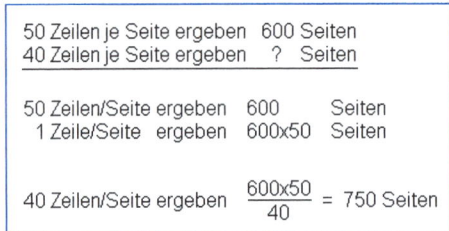

In Excel stellt sich ein Dreisatz mit indirektem Verhältnis dann recht klein und bescheiden dar.

Abbildg. 6.30   Lösung des Dreisatzes mit indirektem Verhältnis

	C	D	E	F
7	**Zeilen/Seite**	**Umfang**		
8	50	600		
9	40	**750**	⬅	=D8*C8/C9
10				

Zusammengesetzter Dreisatz

Ein anderes Beispiel: Zum Ausstellen der Lohnsteuerkarten benötigen 14 Angestellte der Stadtverwaltung bei einer 10-stündiger Arbeitszeit 17 Arbeitstage. Die Arbeit soll aber schon nach 10 Arbeitstagen abgeschlossen sein. Gleichzeitig müssen die Überstunden abgebaut werden, sodass der Arbeitstag nur noch 8 Stunden hat. Wie viele Arbeitskräfte muss die Stadtverwaltung zur Verfügung stellen, um innerhalb der geforderten Zeit die Arbeit zu bewältigen?

Erneut zeigt der Lösungsansatz auf Papier den Weg zur Formel.

Abbildg. 6.31   Lösungsansatz zum zusammengesetzten Dreisatz

```
In 17 Tagen bei 10 h Arbeitszeit         14 Angestellte
In 10 Tagen bei  8 h Arbeitszeit          ? Angestellte
_____

In  1 Tag  bei 10 h Arbeitszeit          14 x 17      Angestellte
In  1 Tag  bei  1 h Arbeitszeit          14 x 17 x 10 Angestellte


In 10 Tagen bei  8 h Arbeitszeit         14 x 17 x 10
                                         _____  Angestellte
                                            10 x 8
```

Wie Sie die Formel aus dem Lösungsansatz übernehmen zeigt die Abbildung 6.32.

Abbildg. 6.32   Lösung des zusammengesetzten Dreisatzes

	B	C	D	E	F
12	**Tage**	**Stunden**	**Angestellte**		
13	17	10	14		
14	10	8	29,75	←	=B13*C13*D13/(B14*C14)
15					

> **HINWEIS**   Da alle Operatoren gleichwertig sind, wird in Excel diese Formel von links nach rechts ausgewertet. Deshalb ist es wichtig, dass Sie die Werte, die unter dem Bruchstrich stehen, in runde Klammern einschließen.

Mit Prozenten rechnen

Werden absolute Zahlenwerte durch eine Zahl im Verhältnis zur Zahl 100 ausgedrückt (lat., *centum* = hundert), können diese Werte miteinander verglichen werden, was mit den absoluten Werten oft nicht möglich ist. Darüber hinaus werden im wirtschaftlichen Leben viele Angaben in Prozentwerten ausgedrückt: Skonti, Rabatte, Zinsen, Vergütungen, Gewinne, Verluste, Dividenden, Tantiemen, Provisionen, Bank- oder Maklergebühren, Größenveränderungen usw.

> **WICHTIG**   Bei dieser Rechenmethode teilen Sie jede beliebige Größe in 100 gleiche Teile auf. Ein Teil ist 1/100 = 0,01 = 1% oder »Eins vom Hundert«. Die Prozentformatierung wird von Excel in mathematisch korrekter Art vorgenommen.

Wenn Sie 0,01 in eine Zelle eingeben und diesen Wert anschließend als Prozentwert formatieren, wird diese Zahl korrekt als 1% ausgewiesen. Eine Multiplikation mit Hundert erfolgt nicht, da 1% mit dem Wert 0,01 absolut identisch ist (1 von Hundert). Lesen Sie dazu auch die Kapitel 9 und 10, die sich u.a. mit der Formatierung von Zahlen befassen.

Vom Hundert-Rechnung

Die »Vom Hundert-Rechnung« ist die am weitesten verbreitete Art der Prozentrechnung. Hiermit werden Provisionen, Zinsen, Gebühren usw. berechnet.

Beispiel: Ein Vermittler soll beim Verkauf einer Ware eine Provision von 4,75% erhalten. Der Verkaufspreis der Ware beträgt 4.842,10 €. Die Lösung sieht auf Papier folgendermaßen aus:

```
4.842,1 x 4,75% = 4.842,1 x 0,0475 = 230,00
```

Dann ist nur noch der €-Betrag mit dem Prozentwert zu multiplizieren, wie in Abbildung 6.33 dargestellt.

Abbildg. 6.33 Die »Vom Hundert-Rechnung«

	A	B	C	D	E
2		Vom Hundert-Rechnung			
3		Euro-Betrag	%-Satz	Provision	Formel
4		4.842,10 €	4,75%	230,00 €	=B4*C4
5					

Prozentaufschlag

Bei einem Prozentaufschlag muss ein gegebener Prozentsatz auf einen Grundwert aufgeschlagen werden. Dieser Fall tritt z.B. bei Kalkulationen auf.

Beispiel: Auf einen Nettopreis von 450,00 € soll die Mehrwertsteuer in Höhe von 16% aufgeschlagen werden. Das Ergebnis – der Bruttopreis – beinhaltet den Nettopreis und die Mehrwertsteuer.

Wenn Sie die Lösung in einer Rechnung anstreben, können Sie mit einem entsprechend vermehrten Prozentsatz das Endresultat unmittelbar berechnen. Hierbei entspricht der Grundwert 100% und dieser Grundwert muss nun um 16% erhöht werden. Auf Papier sieht die Lösung wie folgt aus:

```
450,00 x (1+0,16) = 450,00 x 1,16 = 522,00
```

In einer Excel-Formel löst sich das Problem (vgl. Abbildung 6.34) wie folgt:

```
Nettopreis x (1+Mehrwertsteuersatz) = Bruttopreis
```

Abbildg. 6.34 Formel zur Berechnung eines Prozentaufschlags

	B	C	D	E
6		Prozentaufschlag		
7	Nettopreis	%-MwSt	Bruttopreis	Formel
8	450,00 €	16%	522,00 €	=B8*(1+C8)
9				

Bauen Sie Ihre Tabellen bzw. Formeln in dieser Art auf, kann sich jetzt der Nettopreis und der Mehrwertsteuersatz nach Belieben ändern. Das Ergebnis ist immer korrekt.

HINWEIS   Selbstverständlich könnten Sie auch in einer »Vom Hundert-Rechnung« die Mehrwertsteuer ermitteln und in einer anschließenden Addition beide Werte zum Bruttopreis verbinden.

Prozentabschlag berechnen

Bei einem Prozentabschlag ist ein Grundwert um einen bestimmten Prozentsatz zu vermindern. Eine häufige Anwendungsform sind Preisnachlässe, Skonti- und Rabattrechnungen.

Beispiel: Auf einen Rechnungsbetrag von 8.758,50 € wird bei Barzahlung ein Preisnachlass in Höhe von 6,75% gewährt. Wie hoch ist der Barpreis? Auf Papier sieht die Lösung wie folgt aus:

```
8.758,50 x (1-0,0675) = 8.758,50 x 0,9325 = 8.167,30
```

In einer Excel-Formel löst sich das Problem (vgl. Abbildung 6.35) wie folgt:

```
Rechnungsbetrag x (1-Prozentsatz des Nachlasses) = Barpreis
```

Abbildg. 6.35   Formel zur Berechnung des Prozentabschlags

	B	C	D	E
10		Prozentabschlag		
11	Rechnungsbetrag	%-Abschlag	Barpreis	Formel
12	8.758,50 €	6,75%	8.167,30 €	=B12*(1-C12)

HINWEIS   Sie können auch in einer »Vom Hundert-Rechnung« die Höhe des Abschlags errechnen und diesen mittels einer Subtraktion vom Grundwert abziehen. Eleganter ist es jedoch, das Ergebnis in einem einzigen Rechengang zu ermitteln.

Im Hundert-Rechnung

Bei der »Im Hundert-Rechnung« ist entweder von einem Grundwert auszugehen, der zuvor um einen bestimmten Prozentsatz erweitert wurde (z.B. Bruttopreis inklusive Mehrwertsteuer) oder von einem Grundwert, der um einen bestimmten Betrag erweitert werden muss, um von dem neuen Grundwert einen bestimmten Prozentsatz abziehen zu können, ohne dass der ursprüngliche Grundwert darunter leidet (wie etwa bei einem Aufschlag der Vertreterprovision auf einen Warenpreis).

Beispiel: In einem Bruttopreis von 348,00 € ist ein Aufschlag von 16% Mehrwertsteuer enthalten. Wie hoch ist der ursprüngliche Nettopreis der Ware? Der Bruttopreis stellt 100%+16% des Nettopreises dar. Auf Papier sieht die Lösung wie folgt aus:

```
348,0 / (1+0,16) = 348,0 / 1,16 = 300,0
```

In Excel ist die Formel damit folgendermaßen zu bilden (vgl. Abbildung 6.36):

```
Bruttopreis / (1+MwSt-Satz) = Nettopreis
```

Abbildg. 6.36   Berechnung des Nettopreises

	B	C	D	E
14		Im Hundert-Rechnung		
15	Bruttopreis	%-MwSt	Nettopreis	Formel
16	348,00 €	16%	300,00 €	=B16/(1+C16)
17				

Noch ein Beispiel: Ein Handelsvertreter erhält als Provision 6% des Rechnungsbetrags der verkauften Waren. Wie hoch muss unter Berücksichtigung des Provisionsabschlags der Warenwert ausgezeichnet werden, wenn nach Abzug der Provision der Warenwert von 540,50 € nicht angegriffen, sondern exakt erreicht werden soll? Auf Papier sieht die Lösung wie folgt aus:

```
540,50 / (1-0,06) = 540,50 / 0,94 = 575,00
```

In Excel bilden Sie die Formel (vgl. Abbildung 6.37) wie folgt:

```
Warenwert / (1-Prozentsatz der Provision) = Angebotspreis
```

Abbildg. 6.37 Berechnung des erhöhten Angebotspreises

	B	C	D	E
17	Im Hundert-Rechnung			
18	Warenwert	%-Provision	Angebotspreis	Formel
19	540,50 €	6%	575,00 €	=B19/(1-C19)
20				

Alle gezeigten Beispiele finden Sie auf dem Tabellenblatt *Prozentrechnung* in der Datei *Kap06.xls* im Ordner *\Buch\Kap06* auf der CD-ROM zu diesem Buch.

Einen Kuchen verteilen: Verteilungsrechnung

Beim Verteilungsrechnen wird ein Betrag unter mehreren Personen oder Kostenstellen nach einem bestimmten Schlüssel verteilt. Je nach Art der Verteilung können hier unterschiedliche Methoden eingesetzt werden. Wenn es sich z.B. um eine gerichtlich angeordnete Verteilung handelt, wird diese meist nach festen Verhältniszahlen ermittelt. Dagegen wird in der Wirtschaft, beispielsweise bei einer Gewinnverteilung, die Verteilung nach dem Kapital oder einer anderen messbaren Größe vorgenommen.

Beispiel: Unter vier Personen (A, B, C und D) soll im Verhältnis 3:5:7:8 ein Betrag von 138.000,00 € verteilt werden. Wie viel Euro erhält jeder?

Auf Papier verfahren Sie wie folgt: Zunächst addieren Sie die Verhältniszahlen (3+5+7+8 = 23 Teile) und danach berechnen Sie, wie groß ein Teil (hier der 23. Teil) der zu verteilenden Summe ist. Also: 138.000,00/23 = 6.000.

Nun verteilen Sie nach den geforderten Verhältnisteilen:

A erhält 3 Teile x 6.000 € = 18.000 €
B erhält 5 Teile x 6.000 € = 30.000 €
C erhält 7 Teile x 6.000 € = 42.000 €
D erhält 8 Teile x 6.000 € = 48.000 €
Summen: 23 Teile und 138.000 €

In Excel lösen Sie diese Aufgabe folgendermaßen:

Zunächst addieren Sie in der Zelle *E2* sämtliche Verhältnisteile. Nun können Sie in der Zelle *D4* die in der Spalte nach unten kopierfähige Formel bilden. Hierbei müssen Sie die Bezüge auf den

Gesamtbetrag (*$C$2*) und die Summe der Verhältnisteile (*$E$2*) als absolute Bezüge ausbilden, da es sonst beim Kopieren zu Veränderungen der Bezüge und dadurch zu unkorrekten Ergebnissen kommen würde. Schauen Sie sich dazu das Ergebnis in Abbildung 6.38 an.

Abbildg. 6.38   Verteilung eines Betrags nach Verhältnisteilen

	A	B	C	D	E	F	G
1			Verteilungsrechnen				
2		Gesamtbetrag:	138.000,00 €	Gesamtanteile:	23	◄	=C4+C5+C6+C7
3		Person	Verhältnisteil	Anteil			
4		A	3	18.000,00 €	◄		=C4*$C$2/$E$2
5		B	5	30.000,00 €			
6		C	7	42.000,00 €			
7		D	8	48.000,00 €			
8			*Summe:*	*138.000,00 €*			

In der zweiten Art des Verteilungsrechnens – bei dem die eingebrachten Kapitalbeträge oder im Falle eines Konkurses die bestehenden Schulden herangezogen werden – werden die Kapitalbeträge addiert und dann die Frage geklärt, wie viel Prozent das Einzelkapital an der Summe der Kapitalbeträge hat. Die Verteilung erfolgt dann nach diesen berechneten Prozentsätzen.

Beispiel: Der Geschäftsgewinn in Höhe von 185.000 € soll nach Kapitalanteilen an die Geschäftsteilhaber verteilt werden. An Kapitalanteilen halten A 124.000 €, B 85.700 € und C 183.750 €. Wie hoch sind die für jeden Anteilseigner auszuzahlenden Gewinnanteile?

Auf Papier berechnen Sie zuerst, wie viel Prozent des Gesamtkapitals jeder Anteilseigner hält:

Anteil A = 124.000 € in Prozent = 124.000 / 393.450 = 0,3152 = 31,52%
Anteil B =   85.700 € in Prozent = 85.700 / 393.450 = 0,2178 = 21,78%
Anteil C = 183.750 € in Prozent = 183.750 / 393.450 = 0,4670 = 46,70%
Summen: 393.450 € und 100%

Nachdem Sie die Prozentsätze ermittelt haben, müssen Sie nur noch jeden Prozentanteil mit dem Geschäftsgewinn multiplizieren, um die einzelnen Gewinnanteile zu erhalten:

Gewinnanteil A = 31,52% x 185.000 = 58.304,74 € Gewinnanteil
Gewinnanteil B = 21,78% x 185.000 = 40.296,10 € Gewinnanteil
Gewinnanteil C = 46,70% x 185.000 = 86.399,16 € Gewinnanteil
Summen: 100% und 185.000 € Gewinn

In Excel bietet es sich nun an, diese beiden Rechenvorgänge in einer Formel zu vereinen und somit die Gewinnanteile sofort zu berechnen, ohne das Zwischenergebnis der Prozentsätze auszugeben.

Abbildg. 6.39   Die Gewinnanteile werden unmittelbar berechnet.

	A	B	C	D	E	F
10			Berechnen von Gewinnanteilen			
11		Gewinn:	185.000,00 €			
12		Person	Kapital	Gewinnanteil		
13		A	124.000,00 €	58.304,74 €	◄	=C13/$C$16*$C$11
14		B	85.700,00 €	40.296,10 €		
15		C	183.750,00 €	86.399,16 €		
16		*Summen*	*393.450,00 €*	*185.000,00 €*		

Daten und Formeln eingeben

Im ersten Teil der Formel =C13/$C$16 (Abbildung 6.39) wird der prozentuale Anteil des jeweiligen Kapitals am Gesamtkapital berechnet. Wichtig ist hierbei, dass der Bezug zum addierten Kapital als *absoluter* Bezug eingegeben wird. Hierdurch kann die Formel in der Spalte nach unten kopiert werden, ohne dass der Bezug zum Gesamtkapital verloren geht.

Im zweiten Teil der Formel *$C$11 wird der soeben errechnete Prozentsatz mit dem Gewinn in *C11* multipliziert. Hieraus ergibt sich der Gewinnanteil. Um die Formel kopierfähig zu halten, muss auch dieser Bezug in der absoluten Form eingegeben werden.

Mit Datums- und Zeitwerten rechnen

Für die unterschiedlichsten Aufgaben muss häufig auch mit Datums- und Zeitwerten gerechnet werden. Excel ist auch dafür gut gerüstet.

Datumsunterschiede berechnen

In Excel können Unterschiede zwischen *Datumswerten* kalendergenau in der Zeit vom 01. Januar 1900 bis zum 31. Dezember 9999 berechnet werden.

Beachten Sie hierbei, dass Excel sämtliche Datumswerte als so genannte fortlaufende Zahl ablegt. Hierbei hat das Datum vom 01. Jan. 1900 die fortlaufende Zahl 1 und der 31. Dez. 9999 die fortlaufende Zahl 2.958.465. Hierdurch ist es einfach, durch Addition oder Subtraktion entsprechende Differenzen zu berechnen. Neben lustigen Geburtstagsberechnungen benötigen Sie diese Funktionalität z.B. zur exakten Berechnung von taggenauen Zinsen.

Beispiel: Sie möchten berechnen, seit wie viel Tagen Deutschland wiedervereinigt ist. Die Wiedervereinigung fand am 03. Oktober 1990 statt. Weiterhin wollen Sie Ihr persönliches Alter in Tagen auf den heutigen Tag genau berechnen.

Bei der Subtraktion von Datumswerten müssen darauf achten, dass Sie stets von der größeren fortlaufenden Zahl subtrahieren. Da die Tage seit dem 01. Jan. 1900 nummeriert sind, ist das Datum, das am weitesten in der Zukunft liegt, stets die höhere fortlaufende Zahl. Der Datumswert, der am weitesten in der Vergangenheit liegt, hat die niedrigere fortlaufende Zahl. Die eigentliche Berechnung der Datumsdifferenz ist in beiden Fällen eine einfache Subtraktion (Abbildung 6.40).

Abbildg. 6.40   Berechnung von Datumsdifferenzen

	A	B	C	D	E	F	G
1							
2			Wiedervereinigung				
3		Datum	heutiges Datum	Tage			
4		03.10.1990	14.06.2005	5.368	◄───────	=C4-B4	
5							
6			Alter in Tagen				
7		Geburtstag	heutiges Datum	Tage			
8		08.01.1960	14.06.2005	16.594	◄───────	=C8-B8	
9							
10			Datumsaddition				
11		Ausgangsdatum	Tage hinzufügen	Enddatum			
12		01.03.2005	520	03.08. 2006	◄───────	=B12+C12	
13							

Ebenso können Sie zu Datumswerten Tage hinzufügen. Dies ist beispielsweise dann notwendig, wenn Sie von einem Rechnungsdatum ausgehend ein Zahlungsziel berechnen möchten. Hierbei addieren Sie einem Datumswert einfach die Anzahl an Tagen hinzu, die das zukünftige Datum festlegen sollen (Abbildung 6.40).

Mit Uhrzeiten rechnen

Unterschiede in Stundenwerten lassen sich ebenfalls gut in Excel berechnen. Hierbei müssen Sie beachten, dass die Uhrzeit als Dezimalbruch eines Tages in Excel hinterlegt ist. So entspricht die fortlaufende Zahl 0,5 der Uhrzeit 12.00 Uhr mittags. Analog hierzu entsprechen die fortlaufenden Zahlen 0,25 der Uhrzeit 6.00 Uhr und 0,75 der Uhrzeit 18.00 Uhr.

Auch bei der Berechnung der Zeitdifferenz müssen Sie darauf achten, dass Sie immer von der größeren fortlaufenden Zahl subtrahieren. Schauen Sie sich dazu das Beispiel in Abbildung 6.41 an.

Abbildg. 6.41   Berechnung von Arbeitszeiten mit Excel

	A	B	C	D	E	F
2		Stundenabrechnung				
3		Kommt	Geht	Arbeitszeit		
4		08:00	17:15	09:15	←	=C4-B4
5		09:00	15:00	06:00		
6		07:30	16:15	08:45		
7		09:25	15:50	06:25		
8			Summe	30:25	←	=D4+D5+D6+D7

Bei dieser Abrechnung ist die Summe der zuvor berechneten Arbeitszeiten größer als ein Tag (>24 Stunden). Das stellt besondere Ansprüche an das Zahlenformat der Zelle D8. Bitte informieren Sie sich hierüber ergänzend in den Kapiteln 9 und 10.

Weitere Beispiele zur Datums- und Zeitrechnung finden Sie in Kapitel 15.

Formeln analysieren

Beim Bearbeiten von Formeln werden im so genannten *Bearbeitungsmodus* zur besseren Übersicht alle Zellen und Bereiche, auf die sich die Formel bezieht, farbig angezeigt und von einem gleichfarbigen Rahmen umgeben. Dadurch können Sie den jeweiligen Bezug sehr einfach den zugehörigen Zellen zuordnen.

In den *Bearbeitungsmodus* gelangen Sie entweder, indem Sie auf die Zelle, die eine Formel enthält, einen Doppelklick ausführen, oder indem Sie die Zelle, welche die Formel enthält, markieren und dann die [F2]-Taste drücken.

Die Formelüberwachung einsetzen

Das Hervorheben der Beziehungen zwischen den Zellen wird durch die *Formelüberwachung* besonders gut dargestellt.

Beispiel: Sie müssen überprüfen, aus welchen Zellen die Dreisatz-Formel in Abbildung 6.42 den neuen Seitenumfang berechnet.

Daten und Formeln
eingeben

Mit der *Formelüberwachung* schrumpft diese Arbeit auf wenige Mausklicks zusammen und wird grafisch einwandfrei gelöst – wie in Abbildung 6.42 zu sehen ist. Markieren Sie die betreffende Formelzelle und wählen Sie die Menübefehlsfolge *Extras/Formelüberwachung/Spur zum Vorgänger*.

Abbildg. 6.42   Die *Spur zum Vorgänger* zeigt die Bezüge der Formelzelle an.

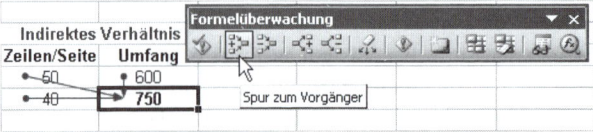

Durch Spurpfeile wird der Fluss von Werten und Formelergebnissen in einem Tabellenblatt angezeigt. Damit können Sie so genannte *Vorgänger* (Zellen, auf die sich der Bezug einer Formel bezieht) oder *Nachfolger* (Zellen, die einen Bezug zu anderen Zellen besitzen) aufspüren und anzeigen lassen.

> **HINWEIS**   Um die Spurpfeile der Formelüberwachung anzuzeigen, müssen nach Aufruf des Menübefehls *Extras/Optionen* auf der Registerkarte *Ansicht* folgende Einstellungen beachtet werden: In der Gruppe *Objekte* muss entweder das Optionsfeld *Alle anzeigen* oder *Platzhalter anzeigen* ausgewählt sein. Ist das Optionsfeld *Alle ausblenden* aktiviert, werden die Spurpfeile der Formelüberwachung nicht angezeigt.

Daten- und Formelfluss verfolgen

Angenommen, Sie wollen herausfinden, aus welchen Zellen bzw. Zellergebnissen sich die Formel einer bestimmten Zelle zusammensetzt.

Mit der *Formelüberwachung* können Sie den Fluss von Formeln und Daten verfolgen. Gehen Sie wie folgt vor:

1. Markieren Sie die Zelle, von deren Position aus die Überprüfung erfolgen soll. In dieser Zelle kann eine Formel enthalten sein bzw. eine Formel kann auf diese Zelle Bezug nehmen oder eine Fehlermeldung beinhalten.

2. Im Menü *Extras* wählen Sie den Befehl *Formelüberwachung* aus. Im Untermenü des Befehls bestimmen Sie dann Näheres:

- *Spur zum Vorgänger*: Wenn Sie den Befehl zum ersten Mal aufrufen, werden Spuren zu allen Zellen gelegt, die unmittelbar in den Bezügen der Formel verwendet werden. Wählen Sie den Befehl erneut, wenn zusätzlich die nächste Vorgängerebene angezeigt werden soll.

- *Spur zum Nachfolger*: Wenn Sie Spuren zu den Zellen legen möchten, die entweder von dem Wert oder vom Ergebnis dieser Zelle abhängig sind, wählen Sie diesen Befehl aus. Wenn Sie die nächste Nachfolgerebene sehen möchten, müssen Sie den Befehl erneut auswählen.

- *Spur zum Fehler*: Wenn die markierte Zelle eine Fehlermeldung enthält, können Sie ggf. eine Spur zu jener Zelle legen, die die Ursache für den Fehler enthält. Spuren zu Fehlerzellen werden standardmäßig in Rot gelegt. Sollte die markierte Zelle für diesen Befehl nicht geeignet sein, erhalten Sie einen entsprechenden Hinweis durch das Programm.

- *Alle Spuren entfernen*: Durch diesen Befehl entfernen Sie alle zuvor gelegten Spuren.

Abbildg. 6.43 Spuren zu den Vorgängerzellen auf zwei Ebenen

	A	B	C
10	**Berechnen von Gewinnanteilen**		
11	**Gewinn:**	185.000,00 €	
12	**Person**	**Kapital**	**Gewinnanteil**
13	A	124.000,00 €	58.304,74 €
14	B	85.700,00 €	40.296,10 €
15	C	183.750,00 €	86.399,16 €
16	*Summen*	*393.450,00 €*	**185.000,00 €**
17			

Zeigt der Spurpfeil auf eine Formel, geschieht dies mit einer durchgehend blauen Linie (siehe Abbildung 6.43). Zellbereiche, die in Formeln verwendet werden, sind dann blau eingerahmt.

Bei einer Fehlerspur wird die Linie durchgehend rot dargestellt. Sollten sich mehrere Fehler in einer Spur befinden, hält die Formelüberwachung an und lässt Sie die weitere Vorgehensweise festlegen.

Wenn eine Spur zu einem externen Bezug (z.B. eine andere Tabelle in gleicher Arbeitsmappe) angezeigt wird, ist deren Linie schwarz und zeigt auf ein Symbol.

Die Symbolleiste *Formelüberwachung*

Falls Sie lieber mit einer Symbolleiste als unmittelbar mit Befehlen arbeiten, wählen Sie aus dem Menü *Extras* den Befehl *Formelüberwachung* und in dessen Untermenü den Befehl *Detektivsymbolleiste anzeigen*.

Abbildg. 6.44 Die Symbolleiste *Formelüberwachung*

In Tabelle 6.7 finden Sie die Beschreibung aller Schaltflächen der Symbolleiste *Formelüberwachung* (von links nach rechts).

Tabelle 6.7 Die Schaltflächen der Symbolleiste *Formelüberwachung*

QuickInfo	Auswirkung
Fehlerüberprüfung	Excel startet die Fehlerüberprüfung, die alle Fehler anzeigt und die Ursachen beschreibt (siehe Abbildung 6.45). Mehr zu Tabellenfehlern finden Sie weiter oben in diesem Kapitel.
Spur zum Vorgänger	Die Spuren von der markierten Zelle zu den unmittelbaren Vorgängerzellen werden gekennzeichnet. Um weitere Ebenen von Vorgängern anzuzeigen, müssen Sie erneut auf die Schaltfläche klicken.
Spur zum Vorgänger entfernen	Die Spurpfeile zu einer Vorgängerebene werden gelöscht. Waren mehrere Vorgängerebenen angezeigt, müssen Sie für jede Ebene erneut klicken.

Tabelle 6.7 Die Schaltflächen der Symbolleiste *Formelüberwachung* *(Fortsetzung)*

QuickInfo	Auswirkung
Spur zum Nachfolger	Zu Formeln, die unmittelbar auf die markierte Zelle Bezug nehmen, werden Spurpfeile gezeichnet. Durch einen erneuten Klick werden Spurpfeile – falls vorhanden – zur nächsten Ebene gezeichnet.
Spur zum Nachfolger entfernen	Die Spurpfeile zur Nachfolgerebene werden gelöscht. Waren mehrere Nachfolgerebenen angezeigt, müssen Sie für jede Ebene erneut klicken.
Alle Spuren entfernen	Im aktiven Blatt werden alle zuvor gezeichneten Spurpfeile gelöscht.
Spur zum Fehler	Durch einen Klick auf diese Schaltfläche können Spurpfeile zu einer Fehlerquelle angezeigt werden.
Neuer Kommentar	Entspricht dem Menübefehl *Einfügen/Kommentar*. Mehr zu Kommentaren finden Sie in Kapitel 13.
Ungültige Daten markieren	Zellen bzw. deren Daten, die nicht Ihren aufgestellten Gültigkeitskriterien entsprechen, werden mit einer roten Ellipse markiert.
Gültigkeitskreise löschen	Durch einen Klick auf diese Schaltfläche werden Gültigkeitszirkel gelöscht. Lesen Sie in Kapitel 8 mehr über die Gültigkeitsprüfung.
Zellenüberwachungsfenster anzeigen	Bei der Fehlersuche oder in anderen Situationen können Sie ständig die Inhalte ausgewählter Zellen beobachten (siehe Abbildung 6.46).
Formelauswertung	Mit Hilfe dieser Funktion lösen Sie schrittweise eine Formel auf. In diesem Analyseprozess sind auch Fehler schnell erkannt.

Beispiel: In einem Tabellenblatt erscheinen nicht die erwarteten Berechnungsergebnisse. Sie wollen feststellen, ob bei den Daten oder Formeln Fehler vorliegen.

Starten Sie die Fehlerüberprüfung, indem Sie den Befehl *Extras/Fehlerüberprüfung* aufrufen. Es erscheint das Dialogfeld für den ersten gefundenen Fehler (siehe Abbildung 6.45). Sie entscheiden über die nächsten Schritte.

 Alternativ können Sie auch auf Zellen mit dem grünen Fehlerindikator in der linken oberen Ecke und dann auf das daneben erscheinende Achtungssymbol klicken. Im dann aufgehenden Menü wählen Sie die weiteren Schritte.

Abbildg. 6.45 Im Fehlerüberprüfungsmodus werden alle fehlerhaften Formeln und Daten untersucht.

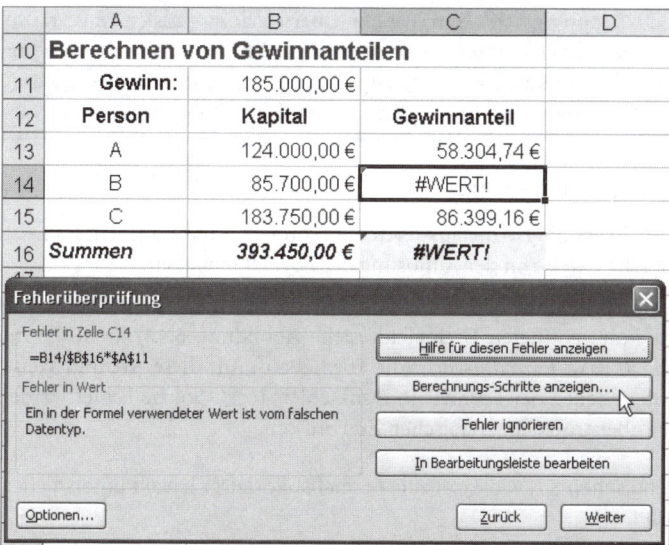

Ein weiteres Beispiel: Am Ende einer Reihe von aufeinander aufbauenden Berechnungsschritten erscheint ein nicht erwartetes Ergebnis. Sie wollen während der Manipulation der Ausgangsdaten alle Zwischenberechnungen beobachten. Gehen Sie wie folgt vor:

1. Wählen Sie den Befehl *Extras/Formelüberwachung/Überwachungsfenster anzeigen*. Es erscheint das Dialogfeld *Überwachungsfenster* (siehe Abbildung 6.46).

2. Klicken Sie auf die Schaltfläche *Überwachung hinzufügen* und wählen Sie die erste Zelle mit einer Zwischenberechnung aus. Klicken Sie dann auf *Hinzufügen*.

3. Verfahren Sie so mit allen weiteren Zwischenberechnungszellen.

4. Manipulieren Sie nun die Ausgangswerte. Im *Überwachungsfenster* (Abbildung 6.46) sehen Sie, wie sich die Zwischenberechnungen verhalten.

Abbildg. 6.46 Im Überwachungsfenster beobachten Sie den Inhalt ausgewählter Zellen.

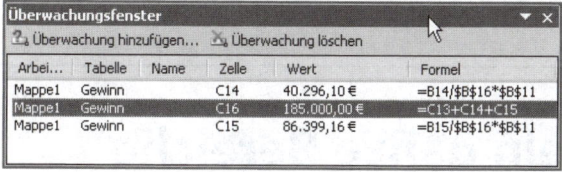

Wird das Fenster nicht benötigt, schließen Sie es. Die zu überwachenden Zellen bleiben Ihnen erhalten. Sie sehen dies, wenn Sie später das Fenster wieder einblenden.

Dem Überwachungsfenster können Sie auch Formeln verschiedener geöffneter Arbeitsmappen hinzufügen. Wird eine Mappe geschlossen, die im Überwachungsfenster eingetragen ist, wird dieser Bezug aus dem Fenster gelöscht. Solange allerdings alle Bezüge im Überwachungsfenster eingetragen sind, können Sie schnell zwischen den Bereichen hin und her wechseln, indem Sie im Überwachungsfenster doppelt auf die Bereiche klicken.

Formeln schrittweise auswerten

Gerade bei der Fehlersuche ist die Formelauswertung besonders interessant. Dieses Leistungsmerkmal von Excel lässt Sie schrittweise an der Auflösung der Formel teilhaben.

Markieren Sie eine Formelzelle und wählen dann die Menübefehlsfolge *Extras/Formelüberwachung/Formelauswertung*. Im nun geöffneten Dialogfeld (siehe Abbildung 6.47) lösen Sie mit Hilfe der Schaltflächen *Einzelschritt* bzw. *Prozedurschritt* die Formel auf. Auf diese Art und Weise finden Sie auch schnell heraus, ob in Teilen der Formel ein Denkfehler steckt. Solche Fehler werden von Excel nicht gefunden, führen aber trotzdem zu falschen Ergebnissen.

Abbildg. 6.47 In der Formelauswertung sehen Sie, wie Excel eine Formel auflöst. Der jeweils unterstrichene Teil wird als Nächstes ausgewertet.

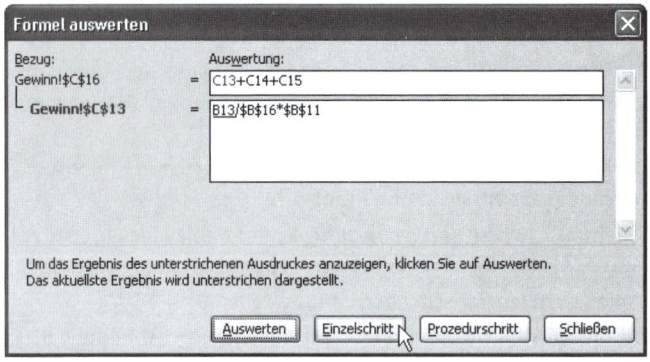

HINWEIS   Das gesamte Verhalten von Excel bezüglich der Fehler- und Formelüberwachung steuern Sie über den Menübefehl *Extras/Optionen* mit den Einstellungen auf der Registerkarte *Fehlerüberprüfung*.

Mit Matrixformeln ganze Bereiche berechnen

Um eine *Matrixformel* verstehen zu können, betrachten Sie zunächst die Arbeitsweise einer normalen *Einzelwertformel*. Eine Einzelwertformel erzeugt ein Ergebnis aus mehreren Operanden. Beispielsweise erzeugt die Formel =B3-C3 die Differenz der beiden angegebenen Zellen. Vergleichen Sie hierzu auch die Abbildung 6.48. Dagegen erzeugt die Matrixformel {=G3:G8-H3:H8} eine Menge von insgesamt sechs Ergebnissen, in diesem Fall jedes Mal die Differenz der beiden benachbarten Zellen.

Abbildg. 6.48 Gegenüberstellung einer Einzelwert- und Matrixformel

	A	B	C	D	E	F	G	H	I	J
1		Einzelwertformel					Matrixformel			
2		Einnahmen	Ausgaben	Gewinn			Einnahmen	Ausgaben	Gewinn	
3	Januar	12.000 €	900 €	=B3-C3		Januar	12.000 €	900 €	{=G3:G8-H3:H8}	
4	Februar	13.500 €	1.050 €	=B4-C4		Februar	13.500 €	1.050 €	{=G3:G8-H3:H8}	
5	März	13.000 €	980 €	=B5-C5		März	13.000 €	980 €	{=G3:G8-H3:H8}	
6	April	14.600 €	1.100 €	=B6-C6		April	14.600 €	1.100 €	{=G3:G8-H3:H8}	
7	Mai	12.800 €	14.000 €	=B7-C7		Mai	12.800 €	14.000 €	{=G3:G8-H3:H8}	
8	Juni	13.900 €	950 €	=B8-C8		Juni	13.900 €	950 €	{=G3:G8-H3:H8}	
9										

Bei der *Einzelwertformel* werden die Formeln durch *relative Bezüge* gebildet, die sich durch Ausfüllen in der Spalte von Zeile zu Zeile verändern. Dagegen ist die *Matrixformel* im gesamten Bereich (*Matrix*) gleich. Dennoch werden von Zeile zu Zeile unterschiedliche Ergebnisse gebildet.

Da eine Matrixformel mehrere Ergebnisse liefern kann, können Sie – bei gegenüber der Eingabe gleicher Formeln – Zeit sparen. Allerdings benötigt eine Matrixformel mehr Speicher als die entsprechenden Einzelwertformeln.

WICHTIG   Eine Matrixformel erkennen Sie an den geschweiften Klammern *{}*, die die Formel einschließen. Die geschweiften Klammern sind nicht von Hand einzugeben! Um eine Formel als Matrixformel einzugeben, müssen Sie die Eingabe mit der Tastenkombination [Strg] + [⇧] + [↵] beenden. Dabei setzt Excel die geschweiften Klammern dann automatisch um die Matrixformel.

Beispiel: In einem Rechnungsformular für Bürobedarf möchten Sie die Gesamtpreise mit einer einzigen Formel berechnen (vgl. Abbildung 6.49). Die Gesamtpreise sind durch die Multiplikation der Menge (Spalte *D*) mit dem Einzelpreis (Spalte *E*) zu bilden.

Abbildg. 6.49 Einfaches Rechnungsformular, das durch eine Matrixformel die Gesamtpreise ausgibt

	A	B	C	D	E	F	G
1			**Rechnungsliste - Bürobedarf**				
2							
3		Nr.	Bezeichnung	Menge	E-Preis	Gesamt	
4		1	Bleistifte, weich	10	0,89 €	??	
5		2	Zeichenblock A4, weiß	5	1,76 €	??	
6		3	Schreibblock A4, liniert	5	1,98 €	??	
7		4	Tintenpatrone, blau	100	0,02 €	??	
8		5	Satz Farbstifte, 10 Stck.	3	2,45 €	??	
9							

Gehen Sie zur Lösung wie folgt vor:

1. Markieren Sie den Bereich von *F4* bis *F8*.

2. Geben Sie ein Gleichheitszeichen (=) ein.

3. Markieren Sie mit Hilfe der Maus den Bereich von *D4* bis *D8*. *Excel* schreibt mit:
   `=D4:D8`

4. Geben Sie ein Sternchen (*) für die Multiplikation ein.

5. Markieren Sie mit Hilfe der Maus den Bereich von *E4* bis *E8*. *Excel* schreibt mit:
   `=D4:D8*E4:E8`

6. Beenden Sie die Formeleingabe mit der Tastenkombination ⌜Strg⌟+⌜◇⌟+⌜↵⌟.

Durch die Verwendung der Tastenkombination ⌜Strg⌟+⌜◇⌟+⌜↵⌟ hat die Formel jetzt folgendes Aussehen:

```
{=D4:D8*E4:E8}
```

Jetzt wird durch die Matrixformel in jeder Zeile der korrekte Gesamtpreis angezeigt.

Probieren Sie dieses Beispiel selbst aus. Sie finden das Übungsblatt *Matrix II* auf der CD-ROM zu diesem Buch im Ordner *\Buch\Kap06* in der Arbeitsmappe *Kap06.xls*.

Mehr zum Thema »Matrixformeln« finden Sie in Kapitel 15.

Bearbeiten von Matrizen

Zwischen der Bearbeitung einer *Einzelwertformel* und dem Bearbeiten von *Matrixformeln* gibt es gewichtige Unterschiede. Beim Bearbeiten einer Matrixformel ist immer die **gesamte** Matrixformel betroffen und damit auch der gesamte Bereich. Dies bedeutet, dass Sie nicht einen Teil oder gar nur eine Zelle ändern können. Folgende Operationen sind nicht möglich:

- Abändern des Inhalts einer einzigen Zelle
- Löschen oder Verschieben von Zellen, die Teil einer Matrix sind
- Einfügen von Zellen, Zeilen oder Spalten in eine bestehenden Matrix

Sollten Sie dennoch versuchen, eine dieser Operationen durchzuführen, erhalten Sie eine Fehlermeldung.

TIPP Wenn Sie nicht genau wissen, wo der Bereich einer Matrixformel beginnt bzw. endet, gehen Sie wie folgt vor:

1. Markieren Sie eine Zelle, die der Matrix angehört.
2. Rufen Sie den Menübefehl *Bearbeiten/Gehe zu* auf.
3. Klicken Sie im Dialogfeld *Gehe zu* auf die Schaltfläche *Inhalte*.

In dem folgenden Dialogfeld wählen Sie die Option *Aktuelles Array* aus und beenden die Eingabe mit *OK*. Hierdurch wird die Matrix markiert, in der sich die markierte Zelle befindet.

Während sich die Inhalte einer Matrix nur geschlossen bearbeiten lassen, können Sie jede Zelle einzeln markieren und nach Ihren Wünschen formatieren.

Matrixkonstanten einsetzen

In gewöhnlichen Formeln können Sie entweder Zellbezüge verwenden (um mit Werten in anderen Zellen zu rechnen) oder diese Werte unmittelbar in die Formel eingeben. Analog hierzu können Sie in einer Matrixformel – in der Sie einen Bezug zu einem Zellbereich verwendet hätten – den Inhalt dieser Matrix auch unmittelbar eingeben. Eine *Matrixkonstante* werden Sie dann verwenden, wenn Sie es vermeiden wollen, die Konstanten unmittelbar sichtbar in der Tabelle einzutragen.

Was kann eine Matrixkonstante beinhalten?

Für *Matrixkonstanten* gelten folgende Grundregeln:

- Zahlen, Text, Wahrheitswerte oder Fehlerwerte.

- Text muss in Anführungszeichen eingeschlossen sein.

- Zahlen können im Ganzzahlenformat, Dezimalformat oder im Exponentialformat eingegeben werden.

- In einer Matrixkonstante können Sie verschiedene Datentypen gleichzeitig verwenden.

- Die Werte in einer Matrixkonstanten dürfen keine Formeln sein.

- Matrixkonstanten dürfen keine Dollarzeichen, Klammern oder Prozentzeichen enthalten.

- In einer Matrixkonstante können keine Zellbezüge oder vergebene Namen enthalten sein.

- Matrixkonstanten dürfen keine Zeilen oder Spalten ungleicher Länge beinhalten.

Wie geben Sie eine Matrixkonstante ein?

Die *Matrixkonstante* wird unmittelbar in eine Matrixformel eingegeben und in geschweifte Klammern eingeschlossen. Hierbei gilt, dass

- die Werte verschiedener *Spalten* durch einen *Punkt* und

- die Werte unterschiedlicher *Zeilen* durch ein *Semikolon*

zu trennen sind.

Wenn Sie beispielsweise die in Abbildung 6.50 gezeigte Matrix als Matrixkonstante in einer Formel verwenden wollen, müssen Sie – einschließlich der geschweiften Klammern – Folgendes eingeben:

```
{10.20.30;15.25.35;50.60.70}
```

Abbildg. 6.50   Matrix für eine Matrixkonstante

10	20	30
15	25	35
50	60	70

Bei dieser Matrix spricht man von einer *3x3-Matrix*, da die Matrix drei Zeilen und drei Spalten enthält. Diese Matrixkonstante kann Teil einer Matrixformel sein, bei der die Formeleingabe mit der Tastenkombination `Strg`+`⇧`+`↵` beendet werden muss. Wenn Sie dies nicht tun, wird auch die Matrixkonstante nicht korrekt angewendet.

Beispiel: Die o.g. Matrixkonstante eignet sich für Berechnungen in einer 3x3 Zellen umfassenden Tabellenmatrix. Die Werte aus der Matrixkonstante sind z.B. zu den in Abbildung 6.51 gezeigten Werten einer Tabelle zu addieren.

Abbildg. 6.51   Kalkulation der Replikate mit Matrixformeln

	H	I	J	K	L
2		{10.20.30;15.25.35;50.60.70}			
3					
4		90	80	70	
5		185	175	165	
6		250	240	230	
7					

Sie erzielen die Lösung mit nur einer Matrixformel:

1. Markieren Sie einen Bereich mit den gleichen Ausmaßen, z.B. von *I13* bis *K15*.

2. Geben Sie ein Gleichheitszeichen (=) ein und markieren dann den Bereich von *I4* bis *K6*. Geben Sie dann ein Pluszeichen (+) ein. Zu diesem Zeitpunkt steht in der Formel =I4:K6+

3. Nun müssen Sie die Matrixkonstante, mit der zu addieren ist, eingeben: {10.20.30;15.25.35;50.60.70}. Die Formel ist damit bereits komplett und lautet nun: =I4:K6+{10.20.30;15.25.35;50.60.70}

4. Beenden Sie jetzt die Formeleingabe mit der Tastenkombination `Strg` + `⇧` + `↵`.

Daraufhin werden alle Werte korrekt berechnet angezeigt und die Formel sieht jetzt wie folgt aus:

{=I4:K6+{10.20.30;15.25.35;50.60.70}}

Abbildg. 6.52   Die Ergebnistabelle und die Formel zeigt die Matrixkonstante.

H	I	J	K	L
Lösung:				
	100	100	100	
	200	200	200	
	300	300	300	
Formel: {=I4:K6+{10.20.30;15.25.35;50.60.70}}				

Sie finden dieses Übungsbeispiel ebenfalls auf der CD-ROM zu diesem Buch im Ordner *\Buch\Kap06* in der Arbeitsmappe *Kap06.xls* im Tabellenblatt *Matrix II*.

Auch wenn der Einsatz von Matrixformeln an dieser Stelle für Einsteiger schon einige Probleme bereitet und etwas »akademisch« erscheint: Im weiteren Verlauf dieses Buches werden Ihnen die Matrixformeln immer wieder begegnen. Die dort gezeigten Beispiele werden Ihnen helfen, das Thema noch besser zu verstehen.

Zusammenfassung

Auch wenn Sie nicht zu dem Teil der Bevölkerung zählen, welcher der Mathematik (wenigstens etwas) Begeisterung abringen kann, so haben Sie in diesem Kapitel bereits gemerkt, dass Excel ein großes Potenzial für den Aufbau verschiedener Formeln hat. Die Verwendung unterschiedlicher Bezüge erlaubt den Aufbau von Formeln, die sich einfach und schnell kopieren lassen. So bleibt den Nicht-Mathematikern wenigstens der Trost, sich nur einmal plagen zu müssen.

Sie möchten ...	Die Lösung finden Sie auf Seite
wissen, welche Operatoren in Excel verfügbar sind	215
erfahren, wie die Rangfolge der Operatoren ist	215
herausfinden, wie Sie mit Klammern die Reihenfolge der Berechnung kontrollieren können	216
wissen, wie Sie Bezüge in Formeln eingeben können	217
einen Bezug zu einem anderen Blatt aufbauen	218
einen 3D-Bezug aufbauen	219
erfahren, wie Sie einen Bezug zu einer anderen Mappe erstellen können	220
herausfinden, wie Sie die Neuberechnung kontrollieren können	223
wissen, welche Fehlerwerte es in Tabellen gibt	224
erfahren, was ein Zirkelbezug ist	225
Formeln verschieben und kopieren	227
wissen, was hinter relativen Bezügen steckt	230
mit absoluten Bezügen arbeiten	233
gemischte Bezüge verwenden	235
einen Prozentaufschlag berechnen	239
mit Zeit- und Datumswerten rechnen	244
Formeln schrittweise auswerten	245
eine Matrixformel eingeben	252
mit einer Matrixkonstanten rechnen	253

Daten und Formeln eingeben

Kapitel 7

Funktionen – Der Einstieg

In diesem Kapitel:

In Kapitel 6 haben Sie grundlegende Kenntnisse zur Eingabe von Formeln erworben. Die Beispiele erreichten bereits eine gewisse Komplexität. Sie werden beim Aufbau Ihrer Kalkulationen aber sehr schnell einen Punkt erreichen, wo die Formeln umständlich und je nach Rechenweg auch zu kompliziert werden. Nehmen Sie die Summenbildung in Abbildung 7.1. Haben Sie Lust, eine so lange Formel einzugeben? Was, wenn nicht 12, sondern 24, 100 oder noch mehr Werte zu addieren sind? Spätestens hier sollten Sie sich mit dem Thema *Funktionen* beschäftigen.

Abbildg. 7.1 Wollen Sie wirklich solche Formeln eintippen?

	A	B	C	D	E	F	G
1							
2			Filiale 1	Filiale 2	Filiale 3	Gesamt	
3		Januar	23.500,00 €	17.800,00 €	27.000,00 €		
4		Februar	22.000,00 €	18.100,00 €	27.300,00 €		
5		März	23.000,00 €	17.500,00 €	27.700,00 €		
6		April	23.500,00 €	18.000,00 €	28.100,00 €		
7		Mai	24.300,00 €	18.700,00 €	28.300,00 €		
8		Juni	25.000,00 €	19.400,00 €	29.000,00 €		
9		Juli	24.800,00 €	18.400,00 €	27.800,00 €		
10		August	26.000,00 €	19.100,00 €	28.600,00 €		
11		September	25.100,00 €	17.900,00 €	29.500,00 €		
12		Oktober	24.600,00 €	17.600,00 €	30.200,00 €		
13		November	24.000,00 €	17.800,00 €	29.300,00 €		
14		Dezember	27.400,00 €	19.500,00 €	31.000,00 €		
15		Gesamt	=C3+C4+C5+C6+C7+C8+C9+C10+C11+C12+C13+C14				
16							

PROFITIPP

Wundern Sie sich nicht über die Fehlermeldung, wenn Sie einen Bezug mit mehr als 255 Zeichen eingeben. Excel akzeptiert so lange Formelkonstrukte nicht.

Die Eingabe der folgenden Formel führt zu einer Fehlermeldung:

```
=SUMME(A1;B1;C1;D1;E1;F1;G1;H1;I1;J1;K1;L1;M1;N1;O1;P1;Q1;R1;S1;T1;U1;V1;W1;X1;Y1;Z1;AA1
;AB1;AC1;AD1;AE1;AF1;AG1;AH1;AI1;AJ1;AK1;AL1;AM1;AN1;AO1;AP1;AQ1;AR1;AS1;AT1;AU1;AV1;AW1
;AX1;AY1;AZ1)
```

Excel markiert den ersten ungültigen Bezug, wenn Sie die Eingabe dieser Formel mit der ⏎-Taste abschließen.

Wenn Sie wirklich so »endlose« Bezüge benötigen, können Sie folgende Alternativen verwenden:

- Teilen Sie, sofern möglich, den Bezug in mehrere Teile auf und verbinden Sie die Teile mit einem Operator.
  Beispiel:
  ```
  =SUMME(A1;B1;C1;D1;E1;F1;G1;H1;I1;J1;K1;L1;M1;N1;O1;P1;Q1;R1;S1;T1;U1;V1;W1;X1;Y1;Z1;
  AA1;AB1;AC1;AD1)+SUMME(AE1;AF1;AG1;AH1;AI1;AJ1;AK1;AL1;AM1;AN1;AO1;AP1;AQ1;AR1;AS1;AT
  1;AU1;AV1;AW1;AX1;AY1;AZ1)
  ```

- Verwenden Sie einen Bereichsnamen. Mehr zu »Namen« erfahren Sie in Kapitel 19.

Der hier gezeigte Bezug dient lediglich als Beispiel. Sie können diesen natürlich mit `=SUMME(A1:AZ1)` wesentlich einfacher darstellen.

Die Funktion SUMME

Bei der Summenbildung über ganze Bereiche sollte Ihnen unbedingt die Symbolschaltfläche *Auto-Summe* in den Sinn kommen. Weil dies eine der häufigsten Berechnungen ist, steht hierfür eine Schaltfläche in der *Standard*-Symbolleiste zur Verfügung.

Das folgende Beispiel können Sie selbst auf dem Übungsblatt *Summe 1* in der Datei *Kap07.xls* nachvollziehen. Sie finden die Datei im Ordner *\Buch\Kap07* auf der CD-ROM zu diesem Buch.

Nehmen wir an, Sie wollen die Summe für eine Spalte mit Werten bilden. Mit Hilfe der *AutoSumme* erhalten Sie schnell den gewünschten Gesamtwert. Gehen Sie so vor:

1. Markieren Sie die erste Zelle, in der eine Spaltensumme gebildet werden soll, im Beispiel ist es die Zelle *C15*.

2. Klicken Sie auf die Schaltfläche *AutoSumme* in der *Standard*-Symbolleiste.

3. Excel fügt eine Formel für die Summenbildung in die markierte Zelle ein (siehe Abbildung 7.2). Die Formel berechnet korrekt, was Sie wollen, nämlich die Summe der monatlichen Umsätze für die Filiale 1. Drücken Sie zur Bestätigung die ⏎-Taste.

Abbildg. 7.2   Nach dem Klicken auf die Schaltfläche *AutoSumme* macht Excel Ihnen eine Berechnungsvorschlag.

	A	B	C	D
1				
2			**Filiale 1**	**Filiale 2**
3		Januar	23.500,00 €	17.800,00 €
4		Februar	22.000,00 €	18.100,00 €
5		März	23.000,00 €	17.500,00 €
6		April	23.500,00 €	18.000,00 €
7		Mai	24.300,00 €	18.700,00 €
8		Juni	25.000,00 €	19.400,00 €
9		Juli	24.800,00 €	18.400,00 €
10		August	26.000,00 €	19.100,00 €
11		September	25.100,00 €	17.900,00 €
12		Oktober	24.600,00 €	17.600,00 €
13		November	24.000,00 €	17.800,00 €
14		Dezember	27.400,00 €	19.500,00 €
15		Gesamt	=SUMME(C3:C14)	
16			SUMME(**Zahl1**; [Zahl2]; ...)	

Wie im vorigen Kapitel beschrieben, werden auch beim Kopieren von Funktionen die Zellbezüge angepasst. Kopieren Sie die Formel einfach bis in die Spalte *E*, indem Sie mit der Maus am Ausfüll-kästchen der Zelle *C15* bis zur Zelle *E15* nach rechts ziehen.

Wie ist die Formel =SUMME(C3:C14) zu lesen? Für den Zellbereich von *C3* bis *C14* soll die Summe gebildet werden. Einer der Vorteile dieser Formel: Sie wird nicht wesentlich länger, wenn Sie 24, 100 oder mehr Werte zu addieren haben.

Die verwendete Schaltfläche *AutoSumme* hat Ihnen die SUMME-Funktion von Excel in die Formel eingebaut. Sie haben (nicht ganz zufällig) die erste Funktion in einer Formel verwendet. Das Hoch-gefühl, wieder einen Fortschritt gemacht zu haben, sollten wir nutzen und etwas weiter ausholen, um zu verstehen, was Funktionen eigentlich sind und warum man sie in Formeln einsetzen sollte.

Was ist eine Funktion?

Stellen Sie sich eine *Funktion* als ein kleines Rechenprogramm vor, das in der Lage ist, bestimmte Rechenoperationen durchzuführen. Wie jeder Excel-Anwender haben auch die Funktionen einen Namen, der sie identifiziert. In diesem wird meist auch die Rechenweise der Funktion in Kurzform beschrieben. Die Tabellenfunktionen dienen zur Ausführung mathematischer oder logischer Berechnungen, der Suche nach bestimmten Informationen sowie der Manipulation von Texten.

Am häufigsten werden Funktionen in Formeln eingesetzt, obwohl ihre Verwendung in *Makros* (mehr zu Makros im Kapitel 31) ebenso möglich ist. Innerhalb von Formeln können Sie Funktionen mehrfach oder auch verschachtelt einsetzen.

Eine Formel kann bis zu sieben Ebenen verschachtelter Funktionen enthalten. Dabei ist es Sache des Anwenders – und nicht der Funktion – darauf zu achten, dass die arithmetische Korrektheit gewahrt bleibt.

Durch Funktionen wird das Erstellen von einwandfrei funktionierenden Formeln nicht nur bequemer, sondern vor allem auch deutlich schneller. Nach Möglichkeit sollten Sie stets versuchen, eher eine Funktion einzusetzen, als Ihre eigenen Formeln zu schreiben. Funktionen sind

- schnell in der Berechnung,
- benötigen wenig Platz in der Formel und
- verringern das Risiko eines Schreibfehlers.

Um rechnen zu können, benötigen Funktionen Informationen (Daten), die in Excel als *Argumente* oder *Parameter* bezeichnet werden. Welcher Art diese Argumente sein müssen, wie viele Argumente benötigt werden und ob auf bestimmte Argumente ggf. verzichtet werden kann, können Sie in der Online-Hilfe zur entsprechenden Funktion nachlesen.

Funktionen sind fehlertolerant

In Kapitel 6 haben Sie gesehen, dass Sie mit Zellbezügen und Operatoren bereits rechnen können. So liefert die Formel

```
=A1+B1
```

die Summe der beiden Zellen. Voraussetzung dafür, dass die Berechnung korrekt funktioniert, ist die Tatsache, dass in beiden Zellen eine Zahl und kein Text eingetragen ist. Ein entscheidender Vorteil von Funktionen ist die Fehlertoleranz gegen bestimmte Eingabefehler. So kann die Formel

```
=SUMME(A1;B1)
```

auch dann das richtige Ergebnis berechnen, wenn ein Text in die Zelle(n) eingetragen wurde.

Ein weiterer Vorteil wird deutlich, wenn Sie eine Zelle löschen, die als Argument verwendet wird. Tragen Sie in ein leeres Tabellenblatt in die Zelle *A1* die Formel

```
=A2+A3+A4
```

ein. In die Zelle *B1* tragen Sie die folgende Formel ein

```
=SUMME(B2:B4)
```

Beide Formeln arbeiten zunächst korrekt, wenn Zahlenwerte eingegeben werden.

Wenn Sie nun die Zeile 2 löschen, wird deutlich, dass

- die Addition über die Bezüge einen Fehlerwert liefert, während

- der Bezug in der Tabellenfunktion angepasst wurde und weiterhin korrekt arbeitet.

Diese Fehlertoleranz hat natürlich auch Grenzen. Sollte die Auflösung der Funktion unmöglich sein, weil eines der Argumente nicht den erwarteten Datentyp hat, so erhalten Sie einen Fehlerwert. Mehr zu »Fehlerwerten in Tabellen« finden Sie in Kapitel 6.

Syntax einer Funktion

Unter der *Syntax* der Funktion ist in diesem Zusammenhang die Eingaberegel – oder Eingabefolge – einer Funktion zu verstehen. Wenn Sie die Syntax nicht einhalten, erhalten Sie eine Fehlermeldung durch das Programm angezeigt.

WICHTIG   Die *Syntax* (vgl. dazu Abbildung 7.3) für eine *Funktion* ist immer folgendermaßen aufgebaut:

- Die Eingabe einer Funktion beginnt mit dem Funktionsnamen. Steht sie am Beginn einer Formel, beginnt die Eingabe natürlich mit dem Gleichheitszeichen.

- Nach dem Namen folgt eine öffnende runde Klammer. Durch diese Klammer wird Excel mitgeteilt, wo die Argumente beginnen. Vor und hinter einer Klammer sind keine Leerzeichen zulässig.

- Nach der öffnenden Klammer werden die Argumente eingetragen. Die Argumente müssen der von der Funktion geforderten Datenart entsprechen. Einige Funktionen besitzen so genannte *optionale Argumente*, die zur Ausführung der Funktion nicht unbedingt erforderlich sind. Nähere Auskunft erhalten Sie in der Online-Hilfe.

- Argumente können *Konstanten*, *Bezüge* oder *Formeln* sein, die der geforderten Datenart entsprechen oder diese durch Berechnung liefern.

- Die Argumente werden jeweils durch ein Semikolon voneinander getrennt.

- Ist für ein Argument die Datenart *Text* erforderlich, muss dieser Text in Anführungszeichen ("") gesetzt werden. Sollte ein Argument eine Berechnung sein, so kann diese Berechnung wiederum selbst Funktionen enthalten.

- Wird für ein Argument einer Funktion selbst eine Funktion eingegeben, wird diese Funktion als *verschachtelt* bezeichnet. Sie können in Excel bis zu sieben Funktionsebenen in einer Formel verschachteln.

- Nachdem alle Argumente eingegeben sind, ist eine schließende runde Klammer einzugeben. Achten Sie darauf, dass Klammern grundsätzlich als Paar zu verwenden sind. Das bedeutet, dass jeder öffnenden Klammer eine schließende Klammer gegenüber stehen muss.

Allgemeine Syntax einer Funktion

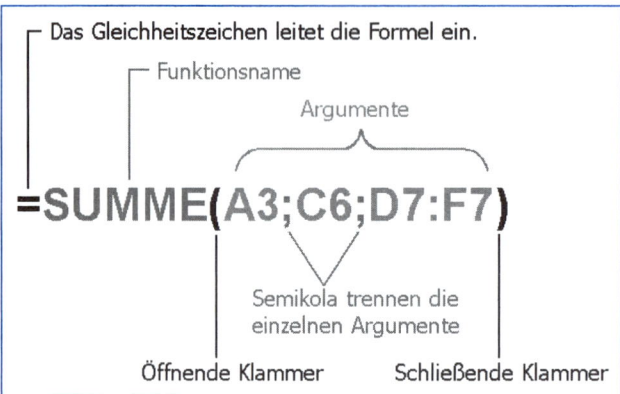

Argumente: Einer Funktion Rechendaten übergeben

Die an eine Funktion zur Verarbeitung übergebenen Daten heißen *Argumente*. In der Beschreibung der Funktion, die Sie in der Online-Hilfe oder anderen Nachschlagewerken erhalten, finden Sie die Anzahl der geforderten Argumente sowie deren Datentyp.

Als *Argument* können Sie jeden beliebigen Ausdruck (Konstante, Formel usw.) verwenden, solange dieser selbst oder sein Ergebnis dem verlangten Datentyp entspricht.

Im später noch zu besprechenden *Funktions-Assistenten* werden Argumente, die erforderlich sind, fett gedruckt. Hingegen werden Argumente, deren Angabe optional ist, in Normalschrift dargestellt.

Mehrere Argumente werden durch Semikola getrennt. Leerzeichen innerhalb von Funktionen sollten Sie vermeiden, denn sie führen meist zu Fehlermeldungen. Dies gilt generell beim Schreiben von Formeln.

Bei der Übergabe von Argumenten ist der geforderte Datentyp zu beachten. Tabelle 7.1 zeigt Ihnen, welche Datentypen in Excel benutzt werden:

Tabelle 7.1   Datentypen für Argumente

Datentyp	Beispielfunktion	Eingabeart
Zahl	SUMME(Zahl1;Zahl2;...)	Eine Zahl (Konstante); ein Zellenbezug oder ein Name, eine Formel, deren Ergebnis eine Zahl ergibt
Text	VERKETTEN(Text1;Text2;...)	Text in Anführungszeichen; Zellenbezug
Zellenbezug	ZEILE(Bezug)	Zellenbezug
Datums-/Zeitwert	MONAT(Zahl)	Fortlaufende Zahl; Datum in Anführungszeichen; Zellenbezug
Logisch	UND(Wahrheitswert1;Wahrheitswert2;...)	*Wahr*; *Falsch*; Zellenbezug

Neben dem richtigen Datentyp sollten Sie auch auf eine möglichst rationelle Übergabe der Daten achten. Je kürzer die Datenübergabe ist, desto schneller wird auch die betreffende Funktion arbeiten. Dazu beachten Sie bitte folgendes Beispiel:

Welche Möglichkeiten gibt es, die vier Zahlenwerte aus Abbildung 7.4 als Argumente der Funktion *SUMME* zur Bildung einer Summe zu übergeben?

Abbildg. 7.4   Zahlenwerte in einer Tabelle

	A	B	C
1			
2		27,5	
3		20,0	
4		12,5	
5		30,0	
6		?	
7			

1. Möglichkeit

Sie übergeben die vier Werte als *Konstanten*. Beispiel:

```
=SUMME(27,5;20,0;12,5;30,0)
```

Die Funktion ermittelt zwar das richtige Ergebnis, jedoch geht sie eindeutig am Sinn einer Tabellenkalkulation vorbei. Bei jeder Änderung eines der Werte in der Tabelle muss auch die Funktion entsprechend geändert werden.

2. Möglichkeit

Sie übergeben jeden einzelnen Wert als *Zellbezug*. Beispiel:

```
=SUMME(B2;B3;B4;B5)
```

Auch die so geschriebene Funktion wird das richtige Ergebnis ausgeben. Die Übergabe ist im technischen Sinn korrekt. In diesem Fall ist die Übergabe jedoch umständlich, da eine kürzere Schreibweise für die vier Zellen möglich ist.

3. Möglichkeit

Sie übergeben die drei Eingabewerte als eigene *Additionsformel*. Beispiel:

```
=SUMME(B2+B3+B4+B5)
```

Die Funktion wird erneut das richtige Ergebnis berechnen, da das Ergebnis der Addition der vier Zellen ein Wert vom Typ *Zahl* ist, so wie von der Funktion gefordert. Insgesamt handelt es sich jedoch um eine völlig unsinnige Übergabe. Wenn Sie die Addition bereits in den Klammern durchführen, wozu benötigen Sie dann noch die Funktion *SUMME*? Solche unsinnigen Argumente belasten bei häufiger Wiederholung die Rechengeschwindigkeit.

Trotzdem zeigt dieses Beispiel, dass Sie natürlich einen Rechenausdruck als Argument übergeben können.

4. Möglichkeit

Sie übergeben die aneinander grenzenden Eingabewerte als *Bereichsbezug*. Beispiel:

```
=SUMME(B2:B5)
```

Die Funktion wird das richtige Ergebnis ausgeben. Die Übergabe der Werte ist in der kürzesten Form erfolgt, sodass die Funktion mit nur einem Argument (dem Bereich B2:B5) arbeiten kann. Dies kann als die optimale Übergabeform bezeichnet werden.

So nutzen Sie die Möglichkeiten in der Praxis

Wenn mehrere Zahlenwerte, die sich erst aus verschiedenen Berechnungen ergeben, in eine Funktion übernommen werden müssen, ist es nicht unbedingt notwendig, Zwischenberechnungen einzurichten. Die Berechnung dieser Teilergebnisse kann selbstverständlich in der Funktion stattfinden.

Das Problem können Sie sich recht einfach am Beispiel in Abbildung 7.5 verdeutlichen. In dieser Tabelle sind die mathematischen Aufgabenstellungen auf ein Mindestmaß reduziert, um das Wesentliche – die Übergabe der Argumente – deutlicher werden zu lassen. Sie könnten in den Zellen *E2* bis *E5* die Formeln für das jeweilige Zwischenergebnis bilden, müssen dies aber nicht.

Angenommen, Sie wollen mit der Funktion *SUMME* die Ergebnisse der vier Berechnungen aus der Tabelle in Abbildung 7.5 bilden. Wie übergeben Sie die Argumente?

Abbildg. 7.5 Die Ergebnisse der vier Berechnungen sollen addiert werden.

	A	B	C	D	E	F
1						
2		40	+	9	?	
3		100	-	51	?	
4		7	*	7	?	
5		245	/	5	?	
6			Summe:		?	
7						

Aus jeder der vier Berechnungen bilden Sie eine Formel, die Sie der Funktion *SUMME* als Argument übergeben. Bei der Auflösung der Formel wird das Programm zuerst die Werte für die Argumente berechnen. Aus diesen Teilergebnissen wird anschließend die geforderte Summe gebildet. Die Formel sieht in diesem Fall folgendermaßen aus:

```
=SUMME(B2+D2;B3-D3;B4*D4;B5/D5)
```

Die Reihenfolge, in der diese vier zu berechnenden Argumente eingegeben werden, ist im Falle der Summen-Funktion völlig gleichgültig. Bei der Bildung der Summe gilt auch hier die Regel, dass die Summanden, sprich: die Argumente der Funktion, beliebig angeordnet werden können.

Natürlich wäre die Summenbildung mit der Formel =SUMME(E2:E5) viel kürzer und damit auch übersichtlicher, wenn die Zwischenergebnisse in der Spalte *E* zur Verfügung stünden. Wägen Sie also die Vor- und Nachteile immer im konkreten Anwendungsfall ab.

Mit der automatischen Summenfunktion arbeiten

In der Tabellenkalkulation nimmt das Bilden von Summen den quantitativ größten Raum ein. Die Funktion *SUMME* kann bis zu 30 Argumente (Zahlenwerte) addieren. Da diese Funktion so häufig benötigt wird, wurde sie als Einzige mit einer Schaltfläche in die *Standard*-Symbolleiste eingefügt. Es ist aber nicht nur die Funktion als solche, darüber hinaus wurden dieser noch einige nützliche Automatismen hinzugefügt.

Σ

Durch einen Klick auf die Schaltfläche *AutoSumme* (Buchstabe *Sigma*) wird, wie Sie eingangs gesehen haben, die Funktion in die markierte Zelle eingetragen. Zugleich werden Zellen markiert und zur Addition vorgeschlagen. Die Markierung erfolgt durch einen so genannten Laufrahmen. Für den Vorschlag sucht Excel zuerst über der aktiven Zelle nach Zahlenwerten. Sollten dort keine Zahlen zu finden sein, wird der Bereich links von der aktiven Zelle durchsucht und ggf. vorgeschlagen. Sollten Sie Excel in die Konfliktsituation bringen, dass sowohl über als auch links von der aktiven Zelle Zahlenwerte in der Tabelle stehen, entscheidet sich das Programm beim automatischen Additionsvorschlag für die Werte über der aktiven Zelle.

Abbildg. 7.6   Bereichsvorschläge der Summenfunktion

Sollte der vorgeschlagene Bereich nicht korrekt sein, ändern Sie diesen mit der Maus, indem Sie mit gedrückter linker Maustaste den gewünschten Bereich markieren.

> **HINWEIS**   Die besondere Markierung durch den Laufrahmen bedeutet: »Wer abrutscht, darf noch mal!« Sie können also einen missglückten Markierversuch mit der Maus beliebig oft korrigieren. Excel schreibt den Bereichsbezug jedes Mal geduldig mit. Überhaupt sollten Sie sich angewöhnen, die Bezüge von Zellen oder Zellbereichen beim Schreiben von Formeln und Funktionen durch das Markieren zu erzeugen. Excel verschreibt sich nicht und noch besser: Es beherrscht auch kompliziertere Schreibweisen für Bezüge.

Zahlenwerte, die sich unterhalb oder rechts von der aktiven Zellen befinden, werden nicht automatisch zur Addition vorgeschlagen. Ebenso findet der automatische Vorschlag seine Grenze, wenn sich in einer Spalte oder Zeile eine Leerzelle oder Text befindet (siehe Abbildung 7.7).

Daten und Formeln eingeben

Abbildg. 7.7 Die automatische Bereichserkennung endet an der leeren Zelle *C7*.

	A	B	C	D
1				
2			Filiale 1	Filiale 2
3		Januar	23.500,00 €	17.800,00 €
4		Februar	22.000,00 €	18.100,00 €
5		März	23.000,00 €	17.500,00 €
6		April	23.500,00 €	18.000,00 €
7		Mai		18.700,00 €
8		Juni	25.000,00 €	19.400,00 €
9		Juli	24.800,00 €	18.400,00 €
10		August	26.000,00 €	19.100,00 €
11		September	25.100,00 €	17.900,00 €
12		Oktober	24.600,00 €	17.600,00 €
13		November	24.000,00 €	17.800,00 €
14		Dezember	27.400,00 €	19.500,00 €
15		Gesamt	=SUMME(C8:C14)	
16			SUMME(**Zahl1**; [Zahl2]; …)	
17				

Eingabevorteile der *AutoSumme*-Schaltfläche nutzen

Mit der automatischen Summenfunktion wurden noch einige Eingabevorteile eingebaut, mit deren Hilfe Sie die Summe für mehrere Spalten oder Zeilen in einem Arbeitsgang haben können. Wesentlich ist dabei, was zuvor in welcher Form markiert wurde. Der Arbeitsablauf ist anschließend immer gleich:

1. Markieren Sie den entsprechenden Bereich mit einer der nachfolgend geschilderten Methoden.

2. Klicken Sie auf die Schaltfläche *AutoSumme* in der *Standard*-Symbolleiste.

Wenn Sie einen Bereich markieren, der an Spalten oder Zeilen mit Werten angrenzt, wird die Summenfunktion in allen markierten Zellen gleichzeitig eingefügt und berechnet. Markieren Sie unterhalb der zu summierenden Werte, werden die Spaltensummen gebildet. In Abbildung 7.8 sind die Zellen *C7:E7* markiert. Bei Verwendung der *AutoSumme* erstellt Excel in diesen Zellen in einem Schritt die korrekten Summenformeln.

Abbildg. 7.8 Bilden der Spaltensummen

	A	B	C	D	E	G
1						
2			Filiale 1	Filiale 2	Filiale 3	
3		Quartal I	23.500,00 €	17.800,00 €	27.000,00 €	
4		Quartal II	22.000,00 €	18.100,00 €	27.300,00 €	
5		Quartal III	23.000,00 €	17.500,00 €	27.700,00 €	
6		Quartal IV	23.500,00 €	18.000,00 €	28.100,00 €	
7		Gesamt				
8						

Um dagegen die Zeilensummen zu bilden, müssen sich die Zahlenwerte links von der Markierung befinden (siehe Abbildung 7.9).

Abbildg. 7.9   Bilden der Zeilensummen

	A	B	C	D	E	F	G
1							
2			Filiale 1	Filiale 2	Filiale 3	Gesamt	
3		Quartal I	23.500,00 €	17.800,00 €	27.000,00 €		
4		Quartal II	22.000,00 €	18.100,00 €	27.300,00 €		
5		Quartal III	23.000,00 €	17.500,00 €	27.700,00 €		
6		Quartal IV	23.500,00 €	18.000,00 €	28.100,00 €		
7		Gesamt	92.000,00 €	71.400,00 €	110.100,00 €		
8							

Anstatt den Bereich unterhalb der Spalten wie in Abbildung 7.8 zu markieren, können Sie auch die Zahlenwerte der Tabelle unmittelbar markieren. In diesem Fall wird die Summenfunktion in die erste leere Zeile unterhalb des markierten Bereichs eingefügt. In Abbildung 7.10 werden die korrekten Summenformeln in den Bereich *C7:E7* geschrieben.

Abbildg. 7.10   In der ersten Zeile unter der Markierung werden die Spaltensummen gebildet.

	A	B	C	D	E	G
1						
2			Filiale 1	Filiale 2	Filiale 3	
3		Quartal I	23.500,00 €	17.800,00 €	27.000,00 €	
4		Quartal II	22.000,00 €	18.100,00 €	27.300,00 €	
5		Quartal III	23.000,00 €	17.500,00 €	27.700,00 €	
6		Quartal IV	23.500,00 €	18.000,00 €	28.100,00 €	
7		Gesamt	▼	▼	▼	
8						

TIPP   Um auch größere Tabellen schnell mit Spalten- und Zeilensummen zu versehen, drücken Sie zum Markieren die Tastenkombination `Strg` + `⇧` + `*`. Damit wird die Tabelle komplett markiert. Jetzt müssen Sie zur Bildung der Spaltensummen nur noch auf die Schaltfläche *AutoSumme* in der *Standard*-Symbolleiste klicken.

Wenn Sie sowohl für die Spalten als auch für die Zeilen die Summenfunktion einfügen möchten, markieren Sie einen Bereich, der neben den zu addierenden Zahlenwerten noch die leeren Zellen umfasst, in die die Summen eingetragen werden sollen.

In die in Abbildung 7.11 markierte Tabelle trägt *AutoSumme* die Zeilensummen in die Spalte *F* und die Spaltensummen in die Zeile *7* korrekt ein.

Abbildg. 7.11   Spalten- und Zeilensummen in einem Arbeitsgang bilden

	A	B	C	D	E	F	G
1							
2			Filiale 1	Filiale 2	Filiale 3	Gesamt	
3		Quartal I	23.500,00 €	17.800,00 €	27.000,00 €	▶	
4		Quartal II	22.000,00 €	18.100,00 €	27.300,00 €	▶	
5		Quartal III	23.000,00 €	17.500,00 €	27.700,00 €	▶	
6		Quartal IV	23.500,00 €	18.000,00 €	28.100,00 €	▶	
7		Gesamt	▼	▼	▼	▶	
8							

Daten und Formeln eingeben

Zwischensummen zur Gesamtsumme zusammenfassen

Mit der Schaltfläche *AutoSumme* können Sie auch Zwischensummen, die aus Spalten oder Zeilen gebildet wurden, zu Gesamtsummen zusammenfassen. Dabei erkennt Excel, dass aus den Zellen mit den Summenfunktionen Gesamtsummen gebildet werden sollen und ignoriert die anderen Werte (siehe Abbildung 7.12). Zur Bildung der Gesamtsumme markieren Sie die Zelle unterhalb der Spalte (hier: *C19*) und klicken auf die Schaltfläche *AutoSumme*.

WICHTIG   Um damit fehlerfrei arbeiten zu können, ist es wichtig, dass sich in der Tabelle weder Leerzeilen noch -spalten befinden.

Abbildg. 7.12   Der Berechnungsvorschlag der AutoSumme in einer Tabelle mit Zwischensummen

	A	B	C	D	E
1					
2			**Filiale 1**	**Filiale 2**	**Filiale 3**
3		Januar	23.500,00 €	17.800,00 €	27.000,00 €
4		Februar	22.000,00 €	18.100,00 €	27.300,00 €
5		März	23.000,00 €	17.500,00 €	27.700,00 €
6		**Quartal I**	68.500,00 €	53.400,00 €	82.000,00 €
7		April	23.500,00 €	18.000,00 €	28.100,00 €
8		Mai	24.300,00 €	18.700,00 €	28.300,00 €
9		Juni	25.000,00 €	19.400,00 €	29.000,00 €
10		**Quartal II**	72.800,00 €	56.100,00 €	85.400,00 €
11		Juli	24.800,00 €	18.400,00 €	27.800,00 €
12		August	26.000,00 €	19.100,00 €	28.600,00 €
13		September	25.100,00 €	17.900,00 €	29.500,00 €
14		**Quartal III**	75.900,00 €	55.400,00 €	85.900,00 €
15		Oktober	24.600,00 €	17.600,00 €	30.200,00 €
16		November	24.000,00 €	17.800,00 €	29.300,00 €
17		Dezember	27.400,00 €	19.500,00 €	31.000,00 €
18		**Quartal IV**			90.500,00 €
19		**Gesamt**	=SUMME(C18;C14;C10;C6)		
20			SUMME(Zahl1; [Zahl2]; [Zahl3]; **[Zahl4]**; [Zahl5]; …)		

Darüber hinaus ist es möglich, in einer komplexeren Tabelle die Gesamtsummen und die Zeilensummen in einem Arbeitsgang zu bilden.

Markieren Sie die Tabelle, wie es in Abbildung 7.13 dargestellt ist und klicken Sie anschließend auf die Schaltfläche *AutoSumme*.

Abbildg. 7.13   Markierung für die Total- und Zeilensummen

	A	B	C	D	E	F	G
1							
2			Filiale 1	Filiale 2	Filiale 3	Gesamt	
3		Januar	23.500,00 €	17.800,00 €	27.000,00 €		
4		Februar	22.000,00 €	18.100,00 €	27.300,00 €		
5		März	23.000,00 €	17.500,00 €	27.700,00 €		
6		**Quartal I**	68.500,00 €	53.400,00 €	82.000,00 €		
7		April	23.500,00 €	18.000,00 €	28.100,00 €		
8		Mai	24.300,00 €	18.700,00 €	28.300,00 €		
9		Juni	25.000,00 €	19.400,00 €	29.000,00 €		
10		**Quartal II**	72.800,00 €	56.100,00 €	85.400,00 €		
11		Juli	24.800,00 €	18.400,00 €	27.800,00 €		
12		August	26.000,00 €	19.100,00 €	28.600,00 €		
13		September	25.100,00 €	17.900,00 €	29.500,00 €		
14		**Quartal III**	75.900,00 €	55.400,00 €	85.900,00 €		
15		Oktober	24.600,00 €	17.600,00 €	30.200,00 €		
16		November	24.000,00 €	17.800,00 €	29.300,00 €		
17		Dezember	27.400,00 €	19.500,00 €	31.000,00 €		
18		**Quartal IV**	76.000,00 €	54.900,00 €	90.500,00 €		
19		**Gesamt**					
20							

Sie finden diese Tabelle zum Nachvollziehen der Übung unter dem Namen *Summe 2* in der Arbeitsmappe *Kap07.xls* auf der CD-ROM zu diesem Buch im Ordner *\Buch\Kap07*.

WICHTIG   Wenn Sie bereits mitten in einer manuell eingegebenen Formel sind und die Funktion *SUMME* benötigen, klicken Sie **nicht** auf die Schaltfläche *AutoSumme*, sondern tippen die Funktion weiter manuell ein. Ansonsten erhalten Sie eine Fehlermeldung, denn Excel schließt nach dem Klick auf *AutoSumme* die Formeleingabe ab, was in diesem Fall zwangsläufig zu Fehlern führen muss.

Laufende Summe berechnen

Häufig sollen die im Laufe eines Jahres verfügbaren Zahlen zu einer Zwischensumme addiert werden. Welche Möglichkeiten gibt es, in einer Tabelle mit dem Aufbau wie in Abbildung 7.7 eine solche Kumulativsumme in Spalte *G* zu bilden?

Eine laufende Summe soll in Zeile 3 die Summe der Werte aus dem Bereich *C3:E3* zeigen. In Zeile 4 sollen dazu ebenfalls die Werte der einzelnen Filialen addiert werden usw. Sie ahnen es sicher schon: hier muss ein gemischter Bezug angewendet werden, der beim Kopieren der Formel automatisch angepasst wird. Die Lösung für diese Aufgabe lautet:

```
=SUMME($C$3:E3)
```

Wollen Sie in Zeile 15 die laufende Summe der einzelnen Monate bilden, verwenden Sie dafür die Formel

```
=SUMME($C$3:C14)
```

Jeweils das erste Argument dieser Formeln enthält einen absoluten Bezug, der erste Bezugspunkt in der Formel wird also beim Kopieren nicht angepasst. Das zweite Argument dagegen enthält einen relativen Bezug, dieser wird angepasst und zeigt dadurch jeweils auf die letzte Zelle, die in der Addition berücksichtigt werden soll.

Wie Sie die Summe aus einem variablen Bereich ermitteln, zeigt Kapitel 15.

Eine Funktion eingeben

Sie können jede Funktion per Hand eingeben. Dazu müssen Sie den Namen der Funktion sowie die Syntax der Argumente einigermaßen kennen. Im Gegensatz zu früheren Versionen sind seit Excel 2002 an Ihre Syntax-Kenntnisse nicht mehr so hohe Anforderungen gestellt. Den VBA-Programmierern ist sie bereits geläufig: die kontextbezogene Syntax-Hilfe, die als Funktions-QuickInfo eingeblendet wird, sobald Sie den Funktionsnamen und die öffnende Klammer geschrieben haben (siehe Abbildung 7.14).

Abbildg. 7.14 Die Funktions-QuickInfo bei der manuellen Eingabe

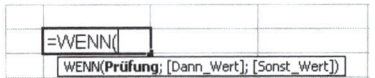

Wenn Ihnen eine Funktion wirklich vertraut ist, sind Sie mit der manuellen Eingabe meist schneller als bei der Verwendung von Eingabehilfen.

HINWEIS Die Groß- und Kleinschreibung spielt bei der Eingabe einer Funktion keine Rolle.

Der Funktions-Assistent: Eingabehilfe für Funktionen

Durch den *Funktions-Assistenten* erhalten Sie bei der Auswahl und Eingabe einer Funktion Unterstützung. Das Symbol für den Funktions-Assistenten ist seit Excel 2002 aus der *Standard*-Symbolleiste verschwunden. Stattdessen hat das Symbol *AutoSumme* eine Dropdown-Schaltfläche, in deren Pulldown-Menü Sie alles weitere finden.

Sie rufen den Funktions-Assistenten entweder über

- den Menübefehl *Einfügen/Funktion,*
- die Schaltfläche *Funktion einfügen* in der Bearbeitungsleiste (Abbildung 7.15) oder
- den Befehl *Weitere Funktionen* in der Dropdown-Liste des *AutoSumme*-Symbols auf.

Abbildg. 7.15 Funktions-Assistent in der Bearbeitungsleiste aufrufen

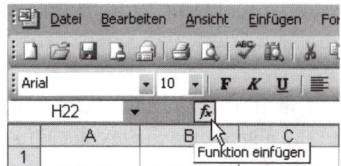

Der Funktions-Assistent führt Sie durch die gesamte Eingabe, wobei die Funktion und deren Argumente erläutert werden. Während der gesamten Eingabeprozedur kann die Funktionserstellung abgebrochen werden, indem Sie auf die Schaltfläche *Abbrechen* des Funktions-Assistenten klicken.

Das folgende Beispiel können Sie auf dem Arbeitsblatt *F-Assistent* in der Datei *Kap07.xls* selbst nachvollziehen. Die Datei befindet sich auf der CD-ROM zu diesem Buch im Ordner *\Buch\Kap07*.

Für einen Kredit von 100.000 € soll bei 10 Jahren Laufzeit und 7% Zinssatz die monatliche Rate errechnet werden. Hierfür setzen Sie eine Funktion ein.

Abbildg. 7.16 Die Aufgabenstellung

	A	B	C	D
1				
2		Kredit	100.000 €	
3		Zinsen	7,0%	
4		Laufzeit in Jahren	10	
5				
6		**Monatliche Rate:**	?	
7				

1. Markieren Sie die Tabellenzelle *C6*, in die Sie die Funktion einfügen wollen.
2. Rufen Sie den Menübefehl *Einfügen/Funktion* auf oder klicken Sie die Schaltfläche *Funktion einfügen* in der Bearbeitungsleiste an. Dadurch gelangen Sie in das Dialogfeld des Funktions-Assistenten.

Abbildg. 7.17 Dialogfeld des Funktions-Assistenten

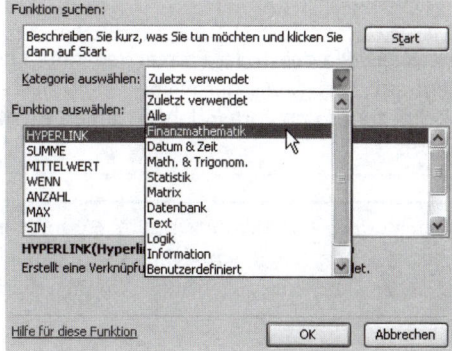

Daten und Formeln eingeben

3. Wählen Sie in dem Listenfeld *Kategorie auswählen* den von Ihnen benötigten Funktionstyp durch Anklicken aus, in diesem Fall *Finanzmathematik* (Abbildung 7.17). Durch die Auswahl der Kategorie wird die große Anzahl der verfügbaren Funktionen zu überschaubareren Auswahlmengen zusammengefasst.

4. Markieren Sie im Listenfeld *Funktion auswählen* die von Ihnen benötigte Funktion, in diesem Fall *RMZ*. Im unteren Teil des Dialogfelds wird dann die allgemeine Syntax der Funktion sowie eine Kurzbeschreibung angezeigt. Klicken Sie auf die Schaltfläche *OK*.

5. Im folgenden Dialogfeld haben Sie für jedes Funktionsargument ein Eingabefeld. Dabei werden die obligatorischen Argumente fett, die optionalen Argumente in normalem Schriftschnitt angezeigt (siehe Abbildung 7.18).

Abbildg. 7.18   Dialogfeld zur Eingabe der Argumente

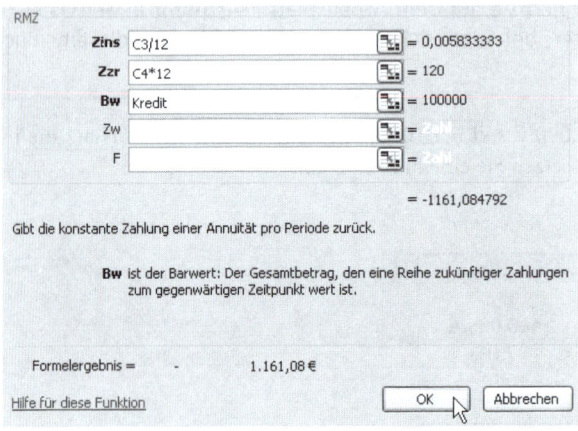

6. Füllen Sie die Eingabefelder entsprechend der Abbildung 7.18 aus.

7. Um die Funktion in die Tabelle einzufügen, klicken Sie auf die Schaltfläche *OK*.

Die Formel lautet =RMZ(C3/12;C4*12;C2). Sie ergibt eine monatliche Rate von 1.161,08 €. Das Ergebnis wird als negative Zahl angezeigt. Wollen Sie die Rate als positive Zahl darstellen, multiplizieren Sie das Ganze noch mit *–1*.

Der *Zins* ist natürlich der Jahreszins und muss für die Berechnung des monatlichen Zinses durch 12 geteilt werden. Im Argument *Zzr* müssen Sie die Laufzeit von 10 Jahren mit 12 multiplizieren, um auf die Anzahl der Monatsraten insgesamt zu kommen (120).

> **HINWEIS**   In Abbildung 7.18 sehen Sie anstelle des in der Formel genannten Zellbezuges *C2* das Wort *Kredit*. In der Beispieldatei liegt auf dieser Zelle der Name *Kredit*. Deshalb setzt Excel beim Markieren der Zelle anstelle des Zellbezuges den vorhandenen Namen ein. Mehr über das Thema »Namen« erfahren Sie in Kapitel 19.

Geben Sie in die verschiedenen Eingabefelder die gewünschten Argumente in dem jeweils verlangten Datentyp ein. Anstatt der Eingabe von Konstanten empfiehlt es sich, den jeweiligen Zellenbezug zu der entsprechenden Zelle in der Tabelle einzugeben. Sie können eine Zelle durch Anklicken und einen Zellbereich durch Markieren eingeben.

Wenn Sie in ein Eingabefeld klicken, wird im unteren Teil des Dialogfelds eine Erläuterung zu dem jeweiligen Argument angezeigt.

Falls Sie bereits vorhandene Namen für Zellen oder Bereiche eingeben wollen, können Sie die Namen eintragen oder Sie drücken die F3-Taste, um die Namen aus dem Dialogfeld *Namen einfügen* zu übernehmen.

Nach einer Funktion suchen

Die Entwickler bei Microsoft haben sich etwas für die Leute ausgedacht, die noch keinen Überblick über die vorhandenen Funktionen in Excel haben. Sehr häufig kommt in Excel-Trainings nach der Vorstellung bestimmter Funktionen die Frage: »Ja, aber wie komme ich darauf, dass Excel für meine Problemstellung eine Funktion bereit stellt?« Seit Excel 2002 kann die Antwort lauten: »Geben Sie Ihre Problemstellung im Funktions-Assistenten ein und lassen Sie alle Funktionen zu diesem Thema suchen.«

Abbildg. 7.19 Neben den Kategorien haben Sie jetzt auch andere Auswahlmöglichkeiten bei der Suche nach der richtigen Funktion.

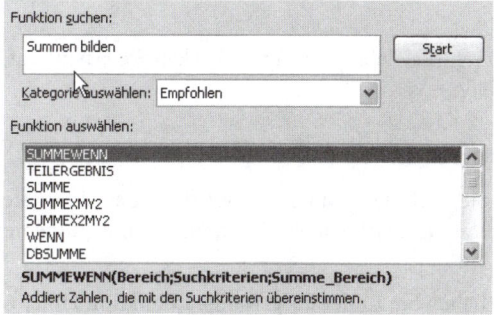

Rufen Sie einmal den Assistenten auf und notieren Ihre Frage oder Problemstellung, wie z.B. in Abbildung 7.19. Wie in der Online-Hilfe kommt es natürlich auch hier darauf an, die richtigen Stichwörter im Text zu haben. Sicherlich sind manche Suchergebnisse nicht brauchbar. Oft erhalten Sie aber eine Auswahl von Funktionen quer durch die Kategorien, in der die benötigte Funktion enthalten ist (siehe Abbildung 7.20).

Abbildg. 7.20 Die Ergebnisliste enthält Funktionen zum Zählen.

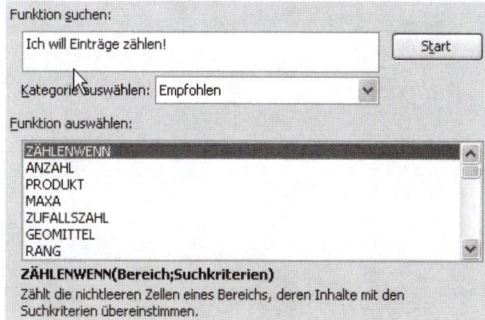

Vereinfachte Zellbezüge eingeben

Auf der rechten Seite jedes Eingabefelds für Argumente finden Sie eine kleine Schaltfläche mit einem nach links oben gerichteten roten Pfeil.

Abbildg. 7.21   Felder zur Eingabe von Argumenten mit Schaltfläche zum Markieren der Bezüge

Wenn Sie auf diese Schaltfläche klicken, wird das restliche Dialogfeld ausgeblendet, sodass Ihnen nur noch das Eingabefeld zur Verfügung steht und Sie eine freie Sicht auf die gesamte Tabelle haben. Darüber hinaus wird das Eingabefeld horizontal etwas vergrößert, um Ihnen mehr Raum für Ihre Eingaben zur Verfügung zu stellen.

Wenn Sie diesen Zustand hergestellt haben, können Sie Zellbezüge – auch Bezüge zu ganzen Bereichen – durch Markieren in der Tabelle eingeben. Hierbei gelten alle Ihnen bekannten Regeln zum Markieren. Wenn Sie einen Bereich markieren, wird automatisch der *Bereichsoperator* (:) und bei einzelnen Zellen (Sie markieren einzelne Zellen bei gedrückter `Strg`-Taste.) der *Vereinigungsoperator* (;) eingetragen. Diese Methode ist nicht nur einfacher, sondern sie hilft auch, Fehler zu vermeiden.

Wenn Sie wieder zur vorherigen Ansicht zurückkehren möchten, klicken Sie erneut auf die Schaltfläche in der rechten Ecke des Eingabefelds.

Online-Hilfe zu Funktionen aufrufen

Über den *Funktions-Assistenten* haben Sie auch den schnellen Zugriff auf das Hilfesystem, speziell natürlich zu den Funktionen. In der *Online-Hilfe* ist jede Funktion mit allen Argumenten und Beispielen ausführlich beschrieben.

Innerhalb des Funktions-Assistenten erhalten Sie zu der ausgewählten Funktion Hilfe, wenn Sie im linken unteren Teil des Dialogfeldes auf den Hyperlink *Hilfe für diese Funktion* klicken. Sie werden dann unmittelbar zum Hilfethema der ausgewählten Funktion geführt (siehe Abbildung 7.22).

PROFITIPP

> Manchmal bringt die allgemeine Suche nach Tabellenfunktionen kein Ergebnis. Starten Sie in diesem Fall den Funktions-Assistenten, markieren Sie dort die Funktion und klicken Sie auf den Link *Hilfe für diese Funktion*.

Die Hilfe zur Funktion *SUMME*

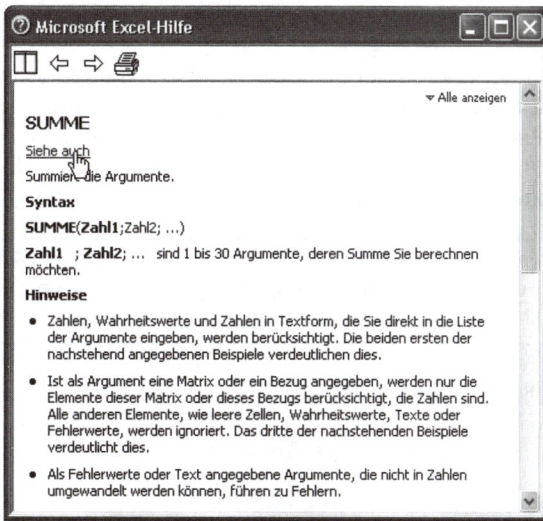

Verschachtelte Funktion eingeben

Wenn Sie eine Funktion innerhalb einer anderen Funktion als Argument eingeben, spricht man von einer *verschachtelten Funktion*. Eine unmittelbare Schaltfläche zur Eingabe verschachtelter Funktionen gibt es im Funktions-Assistenten nicht.

Das folgende Beispiel können Sie auf dem Blatt *F-Verschachtelt* in der Arbeitsmappe *Kap07.xls* selbst nachvollziehen. Die Datei befindet sich auf der CD-ROM zu diesem Buch im Ordner *\Buch\Kap07*.

Sinus-wert für einen Winkel berech-nen

Beispiel: Sie möchten den Sinuswert für einen Winkel berechnen. Der Winkel steht in der Maßeinheit Grad in Ihrer Tabelle (siehe Abbildung 7.23). Da die Sinus-Funktion von Excel den Winkel in der Maßeinheit Bogenmaß erwartet, müssen Sie die Funktion *BOGENMASS* einsetzen. Der Einsatz beider Funktionen erfordert eine verschachtelte Eingabe.

Abbildg. 7.23 Die Gradangabe muss für die Sinus-Funktion erst in Bogenmaß umgerechnet werden.

	A	B	C	D
1				
2		Winkel	150 °	
3				
4		Sinus	?	
5				

Verfahren Sie zur Eingabe wie folgt:

1. Markieren Sie die Zelle, in welche die Formel eingegeben werden soll, hier ist es *C4*. Wählen Sie den Befehl *Einfügen/Funktion*.

2. Im Dropdown-Feld *Kategorie auswählen* markieren Sie den Eintrag *Math. & Trigonom.* Anschließend markieren Sie in der Liste *Funktion auswählen* den Eintrag *SIN* und klicken auf *OK*.

3. Wenn Sie in ein Eingabefeld anstatt eines Arguments eine Funktion eingeben möchten, öffnen Sie das Kombinationsfeld der *Funktionspalette*. Die Funktionspalette befindet sich während der Funktionseingabe am linken Ende der Bearbeitungsleiste (an der Stelle, an der sich sonst das *Namenfeld* befindet). Hier wählen Sie die Funktion *BOGENMASS* (siehe Abbildung 7.24), wodurch diese in die *SIN*-Funktionsklammern eingefügt wird.

> **HINWEIS** Sollte die Funktion nicht in der Liste stehen, erhalten Sie diese über *Weitere Funktionen*. Die Liste zeigt immer nur die zuletzt verwendeten Funktionen, sodass Sie eventuell die Funktion *BOGENMASS* nicht direkt auswählen können.

Abbildg. 7.24 Das Argument ist wiederum eine Funktion.

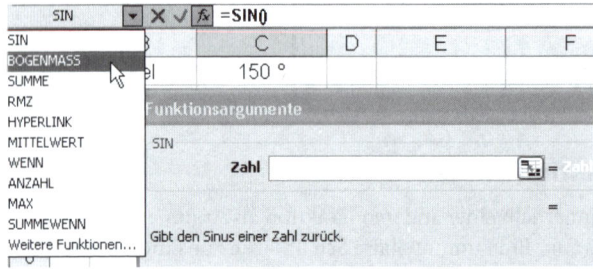

4. Das Dialogfeld für den Assistenten zeigt nun die Funktion *BOGENMASS* an. Den Stand der Formel sehen Sie in der Bearbeitungsleiste. Vergleichen Sie dazu die Abbildung 7.25.

Abbildg. 7.25 In der Bearbeitungsleiste ist die Verschachtelung zu sehen.

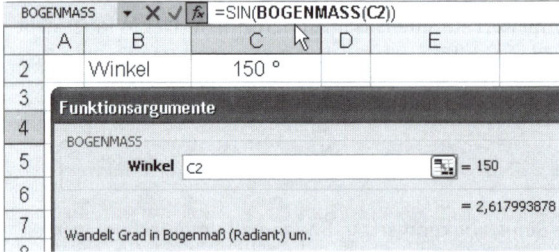

5. Geben Sie nun für die Funktion *BOGENMASS* als Argument den Zellbezug *C2* ein. Schließen Sie mit *OK*.

Die fertige Formel lautet =SIN(BOGENMASS(C2)). Für einen Winkel von 150° ermittelt sie den Sinuswert 0,5.

WICHTIG   Ein *OK* in der zweiten, verschachtelten Funktion beendet die Formeleingabe! Wenn Sie bei verschachtelten Funktionen im Assistenten zur ersten Funktion zurückzukehren müssen, weil hier noch nicht alle Argumente ausgefüllt sind, klicken Sie in der Bearbeitungsleiste auf den entsprechenden Funktionsnamen. Im Dialogfeld bekommen Sie dann die Argumente für diese Funktion angezeigt und haben Gelegenheit, die fehlenden Argumente einzugeben.

Formeln bearbeiten

Sie können natürliche jede in eine Formel eingegebene Funktion manuell bearbeiten. Änderungen beschließen Sie mit der ⏎-Taste.

Zelle zur Bearbeitung öffnen

Zur unmittelbaren Bearbeitung in der Zelle führen Sie einen Doppelklick auf die entsprechende Zelle aus oder Sie drücken die F2-Taste. Ebenso können Sie in die Bearbeitungsleiste klicken und dort die Formel bearbeiten.

Zur Bearbeitung von Formeln mit Funktionen können Sie auch den *Formel-Assistenten* verwenden. Dazu klicken Sie in der Bearbeitungsleiste auf die Schaltfläche *Funktion einfügen* oder Sie rufen den Menübefehl *Einfügen/Funktion* auf. Der Assistent zeigt dabei die Funktion an, die Sie in der Bearbeitungsleiste markiert haben.

Nehmen Sie alle erforderlichen Änderungen in den Argumenten vor. Danach beenden Sie das Dialogfeld mit einem Klick auf die Schaltfläche *OK*.

Bezüge in Formeln ändern

Wenn Sie Zellbezüge in eine Formel eingeben, werden diese Zellbezüge farbig dargestellt. Außerdem werden Rahmen (ebenfalls farbig) um die entsprechenden Zellen gezeichnet (vgl. Sie hierzu die Abbildung 7.1 und die Abbildung 7.12).

Wollen Sie den vorhandenen Zellbezug ändern, können Sie das wie folgt erreichen:

- Sie tippen den neuen Bezug ein und überschreiben damit den vorhandenen Bereich.

- Sie markieren den Bereich in der Formel und markieren anschließend den neuen Bereich mit der Maus.

- Sie ziehen am Rahmen um den Zellbereich, der geändert werden soll. Dieser Rahmen hat an allen Ecken einen Anfasser, über welchen Sie den Bereich erweitern oder verkleinern können.

- Soll der vorhandene Bezug um einen weiteren (neuen) ergänzt werden, klicken Sie an die Stelle vor der schließenden Klammer und geben dort ein Semikolon (;) ein. Anschließend können Sie den neuen Bezug hinzufügen – entweder über die Tastatur eingeben oder mit der Maus markieren.

Wenn Sie die Eingabe mit der ⏎-Taste bzw. bei Matrixformeln mit der Tastenkombination Strg+⇧+⏎ abschließen, verwendet die Formel den neuen Bezug.

Bezüge in Formeln entfernen

Enthält eine Formel einen Bezug, den Sie nicht mehr verwenden wollen, können Sie diesen in der Bearbeitungsleiste markieren und mit der Entf-Taste löschen. Beenden Sie die Eingabe, wird die Funktion nur noch die verbleibenden Bezüge bzw. Konstanten auswerten.

Häufig soll ein Bezug nicht entfernt werden, sondern es soll der Wert als Konstante erhalten bleiben. Um einen Bezug in dessen Wert umzuwandeln, gehen Sie wie folgt vor:

1. Aktivieren Sie die Zelle mit der Formel.
2. Markieren Sie in der Formel denjenigen Bereich, der in Werte umgewandelt werden soll, indem Sie diesen mit der Maus markieren.
3. Drücken Sie die Taste `F9` und wandeln Sie damit den Bezug in dessen Werte um.
4. Beenden Sie die Änderung mit der `←`-Taste bzw. mit `Strg`+`⇧`+`←` bei Matrixformeln.

Alle Formeln in Werte umwandeln

Geben Sie ein Tabellenblatt weiter, das Bezüge auf externe Arbeitsmappen enthält, kann der Empfänger die Formeln nur aktualisieren, wenn Sie auch die Quellmappe mitliefern. Da dies nur in seltenen Fällen gewünscht ist, bietet es sich an, nur eine Wertekopie der Tabelle zu versenden. Darin sind dann keine Formeln gespeichert, sondern nur deren Ergebnisse.

Um eine Tabelle in eine Wertekopie zu übertragen, gehen Sie wie folgt vor:

1. Öffnen Sie die Mappe mit der Tabelle, die umgewandelt werden soll.
2. Wichtig: Speichern Sie die Mappe über den Menübefehl *Datei/Speichern unter* in einer anderen Datei ab, damit das Original mit den Formeln erhalten bleibt.
3. Markieren Sie die ganze Tabelle über das Kästchen im Schnittpunkt der Spalten- und Zeilenbeschriftung.
4. Wählen Sie den Menübefehl *Bearbeiten/Kopieren,* um die Daten in die Zwischenablage zu kopieren.
5. Wählen Sie den Menübefehl *Bearbeiten/Inhalte einfügen*.
6. Im Dialogfeld *Inhalte einfügen* wählen Sie die Option *Werte* und schließen das Dialogfeld über *OK*.
7. Führen Sie die Schritte 3 bis 6 für eventuell vorhandene weitere Tabellenblätter durch.
8. Speichern Sie abschließend die Datei.

> **HINWEIS** Bei Bedarf können Sie auch lediglich die Formeln einer einzelnen Zelle oder eines bestimmten Bereichs in eine Wertkopie umwandeln, indem Sie die gewünschten Zellen in Schritt 3 markieren.

Formate und Formeln automatisch erweitern

Excel bietet eine weitere interessante Möglichkeit der Unterstützung an, wenn Sie eine bestehende Liste um Daten und Formeln erweitern wollen. Wählen Sie den Menübefehl *Extras/Optionen* und dann die Registerkarte *Bearbeiten*. Aktivieren Sie das Kontrollkästchen *Datenbereich und Formeln erweitern*.

Mit dieser Einstellung werden Formate und Formeln auf neue Daten erweitert, wenn sie in mindestens drei Zeilen vor der neuen Zeile auftreten. Excel formatiert also neue Daten, die am Ende der Liste eingegeben werden, automatisch so, dass sie den vorangehenden Zeilen entsprechen. Außerdem werden Formeln, die sich in jeder Zeile wiederholen, automatisch kopiert. Es genügt also, neue Daten einzutragen. Um die Berechnung, etwa der Summenspalte, brauchen Sie sich fortan nicht mehr zu kümmern.

Interessant an der automatischen Erweiterung von Formaten und Formeln ist die Tatsache, dass Excel auch mit alternierenden Formatierungen klar kommt. Haben Sie beispielsweise zur besseren Lesbarkeit jede zweite Zeile mit einer Farbe formatiert, führt Excel genau diese Formatierung bei jeder zweiten, neu hinzugefügten Zeile ein. Dies gilt auch für Formatierungen, die über die *bedingte Formatierung* festgelegt wurden. Mehr zu »Formatierung von Daten« erfahren Sie in Kapitel 9, mehr zum Thema »bedingte Formatierung« finden Sie in Kapitel 12.

Formeln verbergen und schützen

In Kapitel 4 haben Sie gesehen, wie Sie ein Tabellenblatt vor Veränderungen schützen können. Der Zellschutz reduziert für den Benutzer die Möglichkeiten der Bearbeitung, er hindert diesen aber z.B. nicht daran, eine Formel abzuschreiben. Was können Sie tun, wenn Sie Formeln vor fremden Blicken bewahren wollen?

Um die Formel einer Zelle zu verbergen, gehen Sie wie folgt vor:

1. Aktivieren Sie die Zelle mit der Formel.
2. Wählen Sie den Menübefehl *Format/Zellen*.
3. Im Dialogfeld *Zellen formatieren* wechseln Sie auf die Registerkarte *Schutz*.
4. Aktivieren Sie dort die Kontrollkästchen *Gesperrt* und *Ausgeblendet*.
5. Schließen Sie das Dialogfeld mit *OK*.
6. Aktivieren Sie den Blattschutz über den Menübefehl *Extras/Schutz/Blatt schützen*.
7. Wenn Sie keine weiteren Einstellungen ändern wollen, schließen Sie das Dialogfeld *Blatt schützen* mit *OK*.

Die Formeln der markierten Zellen sind damit verborgen und geschützt.

Mit Bezugsoperatoren arbeiten

Excel arbeitet mit drei Bezugsoperatoren

Durch die Bezugsoperatoren können Sie in einer Formel oder Funktion bestimmte Zellen oder Zellbereiche zur Berechnung übergeben. Welche Bezüge es gibt und wie Sie diese aufbauen können, das ist Thema in Kapitel 6.

Der Bereichsoperator verbindet Zellen

Unter einem *Bereich* versteht man einen Teil der Arbeitsblattmatrix, also neben- und untereinander liegende Zellen. Wenn zwei Zellbezüge durch einen Doppelpunkt verbunden werden, bilden sie mit den dazwischen liegenden Zellen einen Bereich. Der erste Zellbezug legt die erste Zelle des Bereichs und der zweite die letzte Zelle fest. Die Größe und Form der Bereiche kann unterschiedlich sein. In Funktionen gilt ein Bereich – gleichgültig, wie groß er ist – als ein Argument.

Bereichsbezug-Schreibweisen

Abbildg. 7.26   Mögliche Bereichsformen und ihre Schreibweisen

Die Abbildung 7.26 zeigt folgende Regeln für die Bereichsbezug-Schreibweisen:

- Bei einem Bereich, der mehrere Spalten und Zeilen umfasst, wird die Zelle der linken oberen Ecke mit der Zelle der linken unteren Ecke zu einem Bereich verbunden; z.B. *B3:D10*.

- Bei einem Bereich, der in einer Zeile liegt, wird die linke Zelle mit der rechten Zelle zu einem Bereich verbunden; z.B. *B13:F13*.

- Bei einem Bereich, der in einer Spalte liegt, wird die oberste Zelle mit der untersten Zelle zu einem Bereich verbunden; z.B. *F2:F9*.

Bezüge auf ganze Spalten oder Zeilen

Wenn Sie sich auf Spalten oder Zeilen – in beiden Fällen von der ersten bis zur letzten Zelle – beziehen wollen, können Sie dies mit den Bezügen aus Tabelle 7.2 tun.

Tabelle 7.2   Schreibweisen für Bezüge

Bezug auf ...	Eingabe
komplette Spalte E	*E:E*
alle Spalten von B bis H	*B:H*
komplette Zeile 7	*7:7*
alle Zeilen von Zeile 2 bis Zeile 5	*2:5*
die gesamte Tabelle	*A:IV* oder *1:65536*

Analog zu den obigen Angaben sind die Bezüge für andere Spalten oder Zeilen herzustellen.

Der Vereinigungsoperator verbindet entfernt liegende Zellen

Durch den *Vereinigungsoperator* können Sie Zellen, die nicht nebeneinander liegen, einer Funktion zur Berechnung übergeben. Der Vereinigungsoperator ist das Semikolon (;). Wenn mehrere Zellen einer Funktion mit dem Vereinigungsoperator übergeben werden, zählt jeder Zellenbezug, der durch Semikolon eingegrenzt ist, als eigenständiges Argument.

Wollen Sie die drei Bereiche in Abbildung 7.26 summieren, muss jede Zellengruppe in der Funktion *SUMME* angegeben werden. Die Funktion hat dann drei Argumente, jeweils getrennt durch das Semikolon:

```
=SUMME(B3:D10;F2:F9;B13:F13)
```

Der Schnittmengenoperator ermittelt Gemeinsamkeiten

Durch den *Schnittmengenoperator* – das Leerzeichen – lässt sich ein Bezug auf die Zellen herstellen, die mehreren unterschiedlichen Bezügen gemeinsam sind. Anders ausgedrückt: Unter der Schnittmenge sind in Excel die Werte zu verstehen, die in der Fläche liegen, in der sich mehrere Bereiche überschneiden.

Abbildg. 7.27   Einfaches Beispiel einer Schnittmenge

Die in Abbildung 7.27 dargestellte Schnittmenge wird aus den Bereichen *B2:E11* und *C8:G14* gebildet. In einer Formel oder Funktion wird diese Schnittmenge – mit dem Leerzeichen – wie folgt gebildet:

B2:E11 C8:G14

Das Ergebnis dieser Schnittmenge wird als explizite Schnittmenge bezeichnet. Wenn Sie beispielsweise diese explizite Schnittmenge summieren wollen, ergibt sich folgende Formel:

Daten und Formeln eingeben

```
=SUMME(B2:E11 C8:G14)
```

Die Anwendung von Schnittmengen findet meist im Zusammenhang mit Bereichsnamen statt. Mehr über die Verwendung von Namen können Sie in Kapitel 17 nachlesen.

Mit dem Textoperator Zeichenfolgen verketten

Für das Ergebnis einer oder mehrerer Funktionen ergibt sich manchmal die Notwendigkeit, die Ergebnisse in einer Zelle zusammenzufassen. Hier kommt der Textoperator & zum Einsatz. Wenn Sie zwei Werte – gleichgültig welchen Datentyps – mit dem Textoperator verbinden, so ergibt das Ergebnis immer den Datentyp *Text*. Dies bedeutet, dass auch Zahlenwerte hierbei zu Text werden.

Mit dem Zeichen & können Sie sowohl Text als auch Zahlen zu einer Textfolge verbinden. Ebenso können Sie mit dem Textoperator beispielsweise zwei Zahlenwerte als Text in einer Zelle unterbringen. Die sich daraus ergebende Textfolge kann zu weiteren Berechnungen nicht mehr unmittelbar herangezogen werden!

Sollte in der Formel statt eines Zellenbezugs unmittelbar Text verwendet werden, muss dieser Text in Anführungszeichen gesetzt werden. Dagegen müssen Zahlen nicht in Anführungszeichen stehen. Wenn Sie Zellbezüge verwenden, entfallen die Anführungszeichen ebenfalls – gleichgültig, welcher Datentyp in den Zellen anzutreffen ist.

Angenommen, Sie möchten den Inhalt der Zellen *A1* und *A2* durch den Textoperator verbinden, so ergibt dies folgende Formel:

```
=A1&A2
```

Durch den Textoperator werden die Werte unmittelbar aneinander gefügt. Wenn Sie jedoch zwischen den Werten ein Leerzeichen wünschen, müssen Sie dies eigens eingeben, und zwar in Anführungszeichen. Angenommen, zwischen den Werten der Zellen *A1* und *A2* soll sich ein Leerzeichen befinden. In diesem Fall ist die obige Formel wie folgt abzuwandeln:

```
=A1&" "&A2
```

Sie finden die Beispiele dazu in der Tabelle *Textverkettung* in der Arbeitsmappe *Kap07.xls* auf der Buch-CD-ROM im Ordner *\Buch\Kap07*. Die Abbildung 7.28 zeigt die Lösungsformeln für diese Übung.

Abbildg. 7.28   Beispiele für den Einsatz des Textoperators

	A	B	C	D	E	F	G
1							
2				**Ergebnis**		**Formel**	
3	Freund	schaft		Freundschaft		=A3&B3	
4	Lieb	haber		Liebhaber		=A4&B4	
5							
6	Excel	2003		Excel 2003		=A6&" "&B6	
7	500	Leute		500 Leute		=A7&" "&B7	
8							
9	6	49		6 aus 49		=A9&" aus "&B9	
10	1	20.000		1:20000		=A10&":"&B10	
11							
12	Willi	Wichtig		Willi Wichtig		=A12&" "&B12	
13	Erna	Huber		Huber, Erna		=B13&", "&A13	
14							

Mathematische Funktionen einsetzen

Sinn und Zweck der Besprechung einzelner Funktionen ist es, Ihnen den grundsätzlichen Umgang mit Funktionen zu erläutern, sodass Sie in die Lage versetzt werden, selbständig auch nicht näher erläuterte Funktionen anzuwenden. Es würde den Rahmen dieses Buches sprengen, wenn wir Ihnen alle Funktionen dieser Kategorie einzeln vorstellen würden. Dies mag stellvertretend auch für alle anderen Kategorien an dieser Stelle vorausgeschickt sein.

Mit Hilfe von mathematischen Funktionen können Sie einfache und komplexe mathematische Berechnungen durchführen; beispielsweise können Sie den Gesamtwert für einen Bereich von Zellen berechnen, die eine Bedingung in einem anderen Zellbereich erfüllen oder Sie können Zahlen runden.

Obwohl Sie die *SUMME*-Funktion bereits gut kennen, wollen wir mit ihr beginnen.

SUMME-Funktion

SUMME(Zahl1;Zahl2;...)

Zahl1; Zahl2; ... sind 1 bis 30 Argumente, deren Summe Sie berechnen möchten.

Wenn Sie Zahlen, Wahrheitswerte und Zahlen in Textform direkt in die Liste der Argumente eingeben, werden diese in die Summenbildung einbezogen.

Geben Sie jedoch eine Matrix oder einen Bezug als Argument an, werden nur die Elemente der Matrix oder der Bezüge berücksichtigt, die Zahlen sind (als numerische Werte erkannt werden). Alle anderen Elemente, wie leere Zellen, Wahrheitswerte, Texte oder Fehlerwerte, werden ignoriert und spielen bei der Summenbildung keine Rolle.

Argumente, die nicht in Zahlen umgewandelt werden können, führen zu Fehlermeldungen. Beispiele zum Einsatz der Funktion *SUMME* haben Sie zu Beginn des Kapitels bereits kennen gelernt.

SUMMENPRODUKT-Funktion

SUMMENPRODUKT(Matrix1;Matrix2;Matrix3; ...)

Es müssen minimal zwei Matrizen (Bereiche) angegeben werden. Maximal können 30 Matrizen angegeben werden. Deren Elemente werden zunächst miteinander multipliziert und diese Ergebnisse anschließend addiert.

Die Matrizen müssen bezüglich der Zeilen- und Spaltenanzahl identisch sein. Ist dies nicht der Fall, liefert *SUMMENPRODUKT* den Fehlerwert *#WERT!*. Mehr zu Fehlerwerten finden Sie in Kapitel 6.

Matrixelemente, die keine numerischen Ausdrücke sind, behandelt *SUMMENPRODUKT* so, als wären sie mit *0* belegt.

Abbildg. 7.29 Zwei Matrizen, die zunächst addiert werden

	A	B	C	D
1				
2		**E-Preis**	**Menge**	
3		5,00 €	3	
4		20,00 €	2	
5		15,00 €	4	
6		10,00 €	3	
7		25,00 €	2	
8		**Gesamtwert**	**?**	
9				

Im einfachsten Fall werden zwei Matrizen angegeben. Die Formel zu dem in Abbildung 7.29 dargestellten Fall lautet:

=SUMMENPRODUKT(B3:B7;C3:C7)

In diesem Beispiel führt *Excel* folgende Rechnung aus:

5*3 + 20*2 + 15*4 + 10*3 + 25*2 = 195

Wenn Bereiche (Matrizen) mit mehreren Spalten eingeben werden, werden immer die Zellen zuerst multipliziert, die jeweils in ihrer Matrix an derselben Stelle stehen. In Abbildung 7.30 müssen die Werte der Spalte *B* (Werte I) mit den Werten der Spalte *E* (Faktor I) und die Werte der Spalte *C* (Werte II) mit den Werten der Spalte *F* (Faktor II) multipliziert werden.

Abbildg. 7.30 Matrizen, die aus zwei Spalten bestehen

	A	B	C	D	E	F	G
11							
12			*Matrix 1*			*Matrix 2*	
13		**Werte I**	**Werte II**		**Faktor I**	**Faktor II**	
14		10	25		5	8	
15		20	40		4	3	
16		50	30		2	5	
17		15	10		6	4	
18							
19			**SummenProdukt**	**?**			
20							

Die Formel für den in Abbildung 7.30 dargestellten Fall muss lauten:

```
=SUMMENPRODUKT(B14:C17;E14:F17)
```

In diesem Fall wird von *Excel* folgende Berechnung durchgeführt:

10*5+25*8+20*4+40*3+50*2+30*5+15*6+10*4 = 830

RUNDEN-Funktion

```
RUNDEN(Zahl;Anzahl_Stellen)
```

Diese Funktion rundet eine Zahl auf eine bestimmte Anzahl an Dezimalstellen nach der so genannten *kaufmännischen Methode*: Wenn sich in der Dezimalstelle, auf die gerundet werden soll, ein Wert >=5 (größer oder gleich 5) ergibt, wird auf den nächsten Wert aufgerundet. Bei Werten unter 5 wird abgerundet.

Zur Ausführung benötigt die Funktion die beiden Argumente *Zahl* und *Anzahl_Stellen*.

Das Argument *Zahl* ist die Zahl, die Sie runden möchten. In der Praxis ist dieses Argument sehr häufig eine Formel, die eine Zahl als Wert zurückgibt.

Das Argument *Anzahl_Stellen* gibt an, auf wie viele Dezimalstellen Sie die Zahl runden möchten. Dabei gilt:

- Ist *Anzahl_Stellen* größer als *0* (Null), wird *Zahl* auf die angegebene Anzahl an Dezimalstellen gerundet.

- Ist *Anzahl_Stellen* gleich *0*, wird *Zahl* auf die nächste ganze Zahl gerundet.

- Ist *Anzahl_Stellen* kleiner als *0*, wird der links vom Dezimalzeichen stehende Teil von *Zahl* gerundet.

Mit der Funktion *RUNDEN* auf unterschiedlichen Stellen gerundet

	A	B	C	D	E	F	G
1							
2		Division ohne Runden		Ergebnis		Formel in Spalte D	
3		50	6	8,333333333		=B3/C3	
4		17	3	5,666666667		=B4/C4	
5							
6		Division mit Runden auf die 2. Dezimalstelle					
7		50	6	8,33		=RUNDEN(B6/C6;2)	
8		17	3	5,67		=RUNDEN(B8/C8;2)	
9							
10		Division mit Runden auf die nächste Ganzzahl					
11		50	6	8		=RUNDEN(B11/C11;0)	
12		17	3	6		=RUNDEN(B12/C12;0)	
13							
14		Division mit Runden auf die nächste Zehnerstelle					
15		50	6	10		=RUNDEN(B15/C15;-1)	
16		17	3	10		=RUNDEN(B16/C16;-1)	
17							

Beispiel: Für korrekte Vergleiche mit historischen Werten müssen alle DM-Beträge in Euro umgerechnet werden. Die Umrechnung erfolgt mittels eines Umrechnungskurses, der seit dem 1. Januar 1999 gilt.

Der Umrechnungskurs muss sechs signifikante Stellen haben. Es ist eine Zahl, die ab der von links gezählten ersten Stelle, die keine Null ist, sechs Ziffern hat. Für die Deutsche Mark gilt hierbei:

1 Euro = 1,95583 DM

Die Umrechnung erfolgt so, dass der Betrag in DM durch den festgesetzten Umrechnungskurs zu dividieren ist. Das Ergebnis muss auf der zweiten Dezimalstelle gerundet werden. Multiplikationen mit dem reziproken Wert (Kehrwert) des Umrechnungskurses sind nicht gestattet.

Bei der Umrechnung von DM in Euro benötigen Sie die *RUNDEN*-Funktion.

	A	B	C	D	E	F	G
1							
2		Umrechnung von DM in Euro					
3							
4		Umrechnungskurs	DM-Betrag	Euro-Betrag		Formel in Spalte D	
5		1,95583	50.000,00 DM	25.564,59 €		=RUNDEN(C5/B5;2)	
6							
7							
8		Umrechnung von Euro in DM					
9							
10		Umrechnungskurs	Euro-Betrag	DM-Betrag			
11		1,95583	25.000,00 €	48.895,75 DM		=RUNDEN(C11*B11;2)	
12							

Zur Lösung des Rundungsproblems setzen Sie die Funktion *RUNDEN* ein. Dies gilt sowohl bei der Umrechnung von DM in Euro als auch umgekehrt. Gehen Sie wie folgt vor:

1. In der Zelle *B5* befindet sich der Umrechnungskurs und in der Zelle *C5* der umzurechnende DM-Betrag (siehe Abbildung 7.32). Markieren Sie die Zelle *D5*.
2. Da die geforderte Division des DM-Betrags durch den Umrechnungskurs einen Zahlenwert zurückgibt, setzen Sie die Division im ersten Argument *Zahl* der Funktion *RUNDEN* ein. Im zweiten Argument geben Sie die Zahl der Dezimalstelle ein, auf der gerundet werden soll (hier: *2*). Die einzugebende Formel lautet demnach:
   `=RUNDEN(C5/B5;2)`

Vergleichen Sie hierzu auch die Tabelle *Runden* in der Arbeitsmappe *Kap07.xls* auf der CD-ROM zu diesem Buch im Ordner \Buch\Kap07.

AUFRUNDEN-Funktion

```
AUFRUNDEN(Zahl;Anzahl_Stellen)
```

Die *AUFRUNDEN*-Funktion wird häufig in Kalkulationsmodellen benötigt, wenn bei der Preisbildung auf ein bestimmtes Preisniveau aufgerundet werden soll.

Stellen Sie sich vor, ein Auto würde für 24.873,50 € angeboten werden. Hier würde in der Kalkulation zur Preisbildung sicherlich immer auf die nächsten vollen zehn Euro aufgerundet werden. Um die Leistung der Funktion kurz und knapp zu beschreiben, kann gesagt werden: Die Funktion rundet das Argument *Zahl* auf das Argument *Anzahl_Stellen* auf.

Das Argument *Zahl* ist die reelle Zahl, die aufgerundet werden soll. In der Praxis ist das Argument *Zahl* meist das Ergebnis einer Berechnung (Formel).

Das Argument *Anzahl_Stellen* gibt an, auf wie viele Dezimalstellen die Zahl gerundet werden soll. Das Argument ist optional.

Die Funktion *AUFRUNDEN* unterscheidet sich von der Funktion *RUNDEN* nur dadurch, dass sie eine Zahl immer aufrundet. Ein Abrunden gibt es hierbei nicht.

- Ist *Anzahl_Stellen* größer gleich *0* (Null), wird die jeweilige Zahl entsprechend der angegebenen Anzahl an Dezimalstellen aufgerundet.

- Ist *Anzahl_Stellen* gleich *0* oder nicht angegeben, wird die jeweilige Zahl auf die nächste ganze Zahl aufgerundet.

- Ist *Anzahl_Stellen* kleiner als *0*, wird die jeweilige Zahl links vom Dezimaltrennzeichen (Komma) aufgerundet.

Abbildg. 7.33   Beispiele für aufgerundete Werte

	A	B	C	D	E
1		**Aufgerundete Werte**			
2	aufgerundet auf die nächsten...	Wert	Ergebnis	Formel	
3	0,01 €	0,4537 €	0,46 €	=AUFRUNDEN(B3;2)	
4	0,10 €	6,73 €	6,80 €	=AUFRUNDEN(B4;1)	
5	1,00 €	75,48 €	76,00 €	=AUFRUNDEN(B5;0)	
6	10,00 €	723,85 €	730,00 €	=AUFRUNDEN(B6;-1)	
7	100,00 €	21.748,85 €	21.800,00 €	=AUFRUNDEN(B7;-2)	
8					

Beispiel: In einem Fahrzeughandel sind die Endpreise für die Fahrzeuge zu kalkulieren. Der Einkaufspreis, die Kosten für Sonderausstattungen und für Überführung und Zulassung stehen bereits in der Liste. Die Höhe des Nettopreises errechnen Sie als Summe aus diesen Beträgen. Der Endpreis muss einen Aufschlag für die Mehrwertsteuer in Höhe von 16% enthalten und soll jeweils auf die nächsten vollen Hunderter aufgerundet sein.

Daten und Formeln eingeben

Sie können dieses Beispiel selbst in der Arbeitsmappe *Kap07.xls* in der Tabelle *Aufrunden* durch-rechnen. Die Datei befindet sich auf der CD zu diesem Buch im Ordner *Buch**Kap07*.

Abbildg. 7.34   Aus den Grundwerten der Tabelle wird der Endpreis berechnet.

	B	C	D	E	F	G	H	I
2	Fahrzeug	Fahrzeug-preis	Sonderaus-stattungen	Überführung/Zulassung	Nettopreis	Endpreis		Formel
3	Polo	19.124,00 €	4.530,00 €	700,00 €	24.354,00 €	28.300,00 €		=AUFRUNDEN(F3*1,16;-2)
4	Golf	25.567,00 €	5.340,00 €	700,00 €	31.607,00 €	36.700,00 €		=AUFRUNDEN(F4*1,16;-2)
5	Bora	27.689,00 €	5.056,00 €	700,00 €	33.445,00 €	38.800,00 €		=AUFRUNDEN(F5*1,16;-2)
6	Passat	35.377,00 €	6.399,00 €	800,00 €	42.576,00 €	49.400,00 €		=AUFRUNDEN(F6*1,16;-2)
7								

Verfahren Sie zur Lösung wie folgt:

1. In der Spalte *Nettopreis* bilden Sie mit der Summenfunktion die Summe aus den Spalten *Fahr-zeugpreis*, *Sonderausstattungen* und *Überführung/Zulassung*. Hierdurch erhalten Sie den *Netto-preis*.

2. Um den *Endpreis* zu erhalten, müssen Sie zuerst für die Mehrwertsteuer 16% auf den *Nettopreis* aufschlagen. Das erreichen Sie in der Zelle *G3* mit folgender Formel: =F3*1,16

3. Da das Ergebnis dieser Formel eine reelle Zahl ergibt, stellen Sie diese Formel in der Funktion *AUFRUNDEN* an die Stelle des Arguments *Zahl*. Hierdurch bewerkstelligen Sie das Aufschlagen der Mehrwertsteuer und das korrekte Aufrunden des Endpreises in einem Arbeitsgang. Das Argument *Anzahl_Stellen* geben Sie mit *-2* an, da Sie auf die jeweils nächsten vollen Hunderter aufrunden müssen. Die Formel in *G3 lautet*:
=AUFRUNDEN(F3*1,16;-2)

4. Kopieren Sie diese Formel in der Spalte nach unten, um die restlichen Endpreise zu erhalten.

ABRUNDEN-Funktion

ABRUNDEN(Zahl;Anzahl_Stellen)

Die Funktion *ABRUNDEN* unterscheidet sich von der Funktion *RUNDEN* nur dadurch, dass sie eine Zahl immer abrundet. Die Funktion rundet die *Zahl* auf *Anzahl_Stellen* ab.

- Das Argument *Zahl* ist die reelle Zahl oder der Zahlenwert, den eine Berechnung (Formel) ergibt, die abgerundet werden soll.

- Das Argument *Anzahl_Stellen* gibt an, auf wie viele Dezimalstellen die Zahl gerundet werden soll.

- Ist *Anzahl_Stellen* größer oder gleich *0* (Null), wird die jeweilige Zahl entsprechend der angege-benen Anzahl an Dezimalstellen abgerundet.

- Ist *Anzahl_Stellen* gleich *0*, wird die jeweilige Zahl auf die nächste ganze Zahl abgerundet.

- Ist *Anzahl_Stellen* kleiner als *0*, wird die jeweilige Zahl links vom Dezimaltrennzeichen (Komma) abgerundet.

Abbildg. 7.35 Beispiele für abgerundete Werte

	A	B	C	D	E
1		Abgerundete Werte			
2	abgerundet auf die nächsten...	Wert	Ergebnis	Formel	
3	0,01 €	0,4487 €	0,44 €	=Abrunden(B3;2)	
4	0,10 €	8,47 €	8,40 €	=Abrunden(B4;1)	
5	1,00 €	86,95 €	86,00 €	=Abrunden(B5;0)	
6	10,00 €	628,95 €	620,00 €	=Abrunden(B6;-1)	
7	100,00 €	23.795,85 €	23.700,00 €	=Abrunden(B7;-2)	
8					

Sie können das in Abbildung 7.35 gezeigte Beispiel selbst in der Arbeitsmappe *Kap07.xls* in der Tabelle *Abrunden* durchrechnen. Die Datei befindet sich auf der CD zu diesem Buch im Ordner *\Buch\Kap07*.

Den Wert einer Zahl ermitteln

Manchmal ist es nur wichtig, welchen Betrag ein Wert hat und nicht, welches Vorzeichen er besitzt. In diesem Fall kommt die Funktion *ABS(Zahl)* zum Einsatz. Diese Funktion kann den Wert von beliebigen Zahlen und Wahrheitswerten ermitteln, nicht jedoch den von Text und Fehlerwerten.

Abbildg. 7.36 Die Funktion *ABS* gibt einen Zahlenwert ohne Vorzeichen zurück.

	A	B	C	D	E
1					
2		Den reinen Zahlenwert ermitteln			
3		Wert	Ergebnis	Formel	
4		-2003	2003	=ABS(B4)	
5		0	0	=ABS(B5)	
6		123,456	123,456	=ABS(B6)	
7		18.06.2005	38521	=ABS(B7)	
8		20 1/5	20,2	=ABS(B8)	
9		FALSCH	0	=ABS(B9)	
10		WAHR	1	=ABS(B10)	
11		#DIV/0!	#DIV/0!	=ABS(B11)	
12		Text	#WERT!	=ABS(B12)	
13					

SUMMEWENN-Funktion

`SUMMEWENN(Bereich;Suchkriterien;Summe_Bereich)`

Mit dieser Funktion besitzen Sie eine der leistungsfähigsten Funktionen zum Auswerten unübersichtlicher und großer Tabellen bzw. Datenbestände. Diese Funktion addiert Zahlen, wenn die mit dem Argument *Suchkriterien* eingetragene Bedingung erfüllt ist.

- Das Argument *Bereich* ist der Zellbereich, den Sie auswerten möchten. Dieses Argument muss angegeben werden.

- Das Argument *Suchkriterien* gibt die Kriterien in Form einer Zahl, eines Ausdrucks, einer Zeichenfolge oder eines Zellbezugs zu einer Zelle, in der das Kriterium eingetragen ist, an. Diese Kriterien bestimmen, welche Zellen addiert werden. Wenn Sie das Suchkriterium unmittelbar in die Funktion eingeben, stellen Sie das Kriterium in Anführungszeichen. Um z.B. Werte zu suchen, die größer als 150 sind, ist als Kriterium "*>150*" einzugeben. Das Argument muss eingegeben werden.

- Das Argument *Summe_Bereich* gibt den Bereich an, in dem sich die tatsächlich zu addierenden Zellen befinden. Die zu *Summe_Bereich* gehörenden Zellen werden nur dann in die Addition einbezogen, wenn die Inhalte ihrer entsprechenden im Bereich befindlichen Zellen den Suchkriterien genügen. Dieses Argument ist optional. Fehlt das Argument *Summe_Bereich*, werden die zum *Bereich* gehörenden Zellen addiert.

Abbildg. 7.37   Beispiel für die *SUMMEWENN*-Funktion

	A	B	C	D	E	F	G	H
3		Datum	Fahrzeug	VK-Preis				
4		05.03.2003	Polo	26.500,00 €				
5		06.03.2003	Golf	32.500,00 €		Summe Polo		
6		07.03.2003	Golf	36.600,00 €		83.200,00 €		
7		08.03.2003	Passat	43.000,00 €		=SUMMEWENN(C4:C18;"Polo";D4:D18)		
8		09.03.2003	Bora	25.600,00 €				
9		12.03.2003	Passat	44.500,00 €		*Eingabe Fahrzeugtyp:*		
10		13.03.2003	Polo	28.000,00 €		Summe	Golf	
11		14.03.2003	Golf	34.450,00 €		202.350,00 €		
12		15.03.2003	Polo	28.700,00 €		=SUMMEWENN(C4:C18;G10;D4:D18)		
13		16.03.2003	Golf	31.600,00 €				
14		19.03.2003	Passat	46.780,00 €				
15		20.03.2003	Bora	36.780,00 €				
16		21.03.2003	Passat	51.200,00 €				
17		22.03.2003	Golf	32.600,00 €				
18		23.03.2003	Golf	34.600,00 €				
19								

Die Abbildung 7.37 zeigt ein Beispiel für den Einsatz der *SUMMEWENN*-Funktion. In dem Bereich *C4:C18* ist festgehalten, um welches Fahrzeug es sich handelt. Im Zellbereich *D4:D18* stehen die Verkaufspreise. Um nun die Werte der Fahrzeuge vom Typ »Polo« zu addieren, ist in diesem Fall folgende Formel notwendig:

```
=SUMMEWENN(C4:C18;"Polo";D4:D18)
```

Beachten Sie bitte auch die zweite Berechnung in Abbildung 7.37, bei der das Suchkriterium nicht in der Formel, sondern in die Zelle *G10* eingetragen ist. Dies bietet den Vorteil, dass Sie in dieser Zelle das Suchkriterium beliebig auswechseln und dadurch immer andere Merkmalsgruppen addieren können.

 Sie können dieses Beispiel selbst in der Arbeitsmappe *Kap07.xls* in der Tabelle *SummeWenn* durchrechnen. Die Datei befindet sich auf der CD-ROM zu diesem Buch im Ordner *\Buch\Kap07*.

ZÄHLENWENN-Funktion

```
ZÄHLENWENN(Bereich;Suchkriterien)
```

Analog zur Funktion *SUMMEWENN* ist die Funktion *ZÄHLENWENN* zu sehen. Aus nicht erklärlichen Gründen finden Sie diese Funktion in der Kategorie *Statistik*, wogegen *SUMMEWENN* in der Kategorie *Math. & Trigonom.* zu finden ist. Die Funktion *ZÄHLENWENN* zählt die **nicht** leeren Zellen eines Bereichs, deren Inhalte mit den Suchkriterien übereinstimmen.

- Das Argument *Bereich* ist der Zellbereich, von dem Sie wissen möchten, wie viele seiner Zellen einen Inhalt haben, der mit den Suchkriterien übereinstimmt. Das Argument muss eingegeben werden.

- Das Argument *Suchkriterien* gibt die Kriterien in Form einer Zahl, eines Ausdrucks, einer Zeichenfolge oder eines Bezugs zu einer Zelle, in der das Kriterium eingetragen ist, an. Diese Kriterien bestimmen, welche Zellen gezählt werden. Das Argument muss eingegeben werden.

Beachten Sie in Abbildung 7.38 auch das Beispiel in Zelle *F11*, bei dem das Suchkriterium nicht direkt in die Formel eingebaut ist, sondern als Bezug auf eine Zelle (*G10*).

Abbildg. 7.38 Mit der Funktion *ZÄHLENWENN* können Sie Werte in einer Spalte zählen.

	A	B	C	D	E	F	G	H
3		**Datum**	**Fahrzeug**	**VK-Preis**				
4		05.03.2003	Polo	26.500,00 €				
5		06.03.2003	Golf	32.500,00 €		Wie viele Passat?		
6		07.03.2003	Golf	36.600,00 €		4		
7		08.03.2003	Passat	43.000,00 €		=ZÄHLENWENN(C4:C18;"Passat")		
8		09.03.2003	Bora	25.600,00 €				
9		12.03.2003	Passat	44.500,00 €			*Eingabe Fahrzeugtyp:*	
10		13.03.2003	Polo	28.000,00 €		**Wie viele**	**Bora**	
11		14.03.2003	Golf	34.450,00 €		2	←	
12		15.03.2003	Polo	28.700,00 €		=ZÄHLENWENN(C4:C18;G10)		
13		16.03.2003	Golf	31.600,00 €				
14		19.03.2003	Passat	46.780,00 €				
15		20.03.2003	Bora	36.780,00 €				
16		21.03.2003	Passat	51.200,00 €				
17		22.03.2003	Golf	32.600,00 €				
18		23.03.2003	Golf	34.600,00 €				
19								

Sie können dieses Beispiel selbst in der Arbeitsmappe *Kap07.xls* in der Tabelle *ZählenWenn* durchrechnen. Die Datei befindet sich auf der CD-ROM zu diesem Buch im Ordner *\Buch\Kap07*.

Das Maßsystem wechseln

In manchen Fällen ist nicht nur der Wert einer Zahl wichtig, sondern auch die zugehörige Maßeinheit. Dabei entsteht oft der Wunsch, eine Maßeinheit in eine andere umzuwandeln. Liegen etwa Gewichte in Gramm vor und sollen diese in Kilogramm ausgewiesen werden, dann ist das keine schwere Aufgabe. Ganz anders sieht es dagegen aus, wenn Sie einen Wert in der Einheit Gramm in das Handelsgewicht Pfund (1 Pfund entspricht 453,6 Gramm) oder gar in Unzen (1 Unze entspricht 28,35 Gramm) umrechnen wollen. Dazu verwenden Sie in Excel die Funktion

```
UMWANDELN(Zahl;Von_Maßeinheit;In_Maßeinheit)
```

WICHTIG   Damit Sie diese Funktion verwenden können, muss das Add-In *Analyse-Funktionen* installiert und aktiviert sein. Mehr zum Thema »Add-Ins« finden Sie in Kapitel 26.

Beispiel:

Für 125 Gramm ermittelt die Formel =UMWANDELN(125;"g";"lbm") rund 0,276 Pfund und die Formel =UMWANDELN(125;"g";"ozm") rund 4,41 Unzen.

Nun liegen die Angaben aber eventuell nicht in Gramm vor, sondern in Kilogramm. In diesem Fall kombinieren Sie die Einheit *g* (Gramm) mit dem Präfix »k«. In diesem Fall entspricht das der gebräuchlichen Abkürzung. Das Präfix ist aber ganz allgemein für den Faktor 1000 einsetzbar. Welche Maßeinheiten Sie noch umwandeln können und welche Abkürzungen sowie Präfixe Sie dabei verwenden müssen, darüber gibt die Excel-Hilfe zu dieser Funktion Auskunft.

HINWEIS   Bei den Namen von Einheiten und Präfixen wird Groß- und Kleinschreibung unterschieden.

Wenn Sie für die Einheiten ein Präfix verwenden, das nicht unterstützt wird, gibt *UMWANDELN* den Fehlerwert *#NV* zurück. Das gilt auch, wenn sich die Einheiten in verschiedenen Gruppen befinden.

TIPP   Im Internet finden Sie auf der Seite *http://www.onlineconversion.com* die Möglichkeit zur Umrechnung in verschiedene Maßeinheiten.

Alles logisch – Logikfunktionen

Durch die Funktionen der Kategorie *Logik* beginnen Ihre Tabellen erst, selbständig »mitzudenken« und Entscheidungen in Ihrem Sinn zu treffen. Durch die Logikfunktionen können Sie beispielsweise Ergebniszellen überwachen und bei bestimmten Ergebnissen zu anderen Werten oder Tabellenfunktionen verzweigen. Für derartige Manipulationen benötigen Sie die (wichtigste) logische Funktion *WENN*.

Alle Logikfunktionen gründen sich auf der Prüfung einer Aussage. Das Ergebnis einer Prüfung kann entweder den logischen Wert *Wahr* oder den logischen Wert *Falsch* annehmen oder auch einen Fehlerwert liefern. Je nach Ergebnis und Funktion – bzw. der Syntax der Funktion – wird der Wert weiter verwendet.

Einen wesentlichen Raum innerhalb der Funktion *WENN* nimmt die so genannte *Prüfung* ein. Im Rahmen dieses Arguments können andere Zellen auf ihren jeweiligen Zustand geprüft werden. Um die Palette der Möglichkeiten hier besonders breit zu halten, benötigen Sie weitere logische Funktionen, zum Beispiel *ODER*, *UND* sowie *NICHT*.

Lassen Sie uns den Reigen dieser Funktionen mit ihrer wichtigsten Vertreterin – der Funktion *WENN* – beginnen.

WENN-Funktion

```
WENN(Prüfung;Dann_Wert;Sonst_Wert)
```

Durch die *WENN*-Funktion können Sie Entscheidungen, die sich auf den Ausgang des Arguments *Prüfung* stützt, treffen. Sollte die Prüfung den logischen Wert *Wahr* ergeben, wird die Anweisung des Arguments *Dann_Wert* ausgeführt. Ergibt die Prüfung den logischen Wert *Falsch*, wird die Anweisung des Arguments *Sonst_Wert* ausgeführt. Vergleichen Sie hierzu auch die Abbildung 7.39.

- Das Argument *Prüfung* ist ein beliebiger Wert oder Ausdruck, der *WAHR* oder *FALSCH* sein kann.

- Das Argument *Dann_Wert* ist das Resultat der Funktion, wenn die Wahrheitsprüfung *WAHR* ergibt. Liefert das Argument *Prüfung* das Ergebnis *WAHR* und das Argument *Dann_Wert* ist nicht angegeben, wird *WAHR* zurückgegeben. *Dann_Wert* kann auch eine andere Formel sein.

- Das Argument *Sonst_Wert* ist das Resultat der Funktion, wenn die Wahrheitsprüfung *FALSCH* ergibt. Liefert das Argument *Prüfung* das Ergebnis *FALSCH* und ist das Argument *Sonst_Wert* nicht angegeben, wird *FALSCH* zurückgegeben. *Sonst_Wert* kann auch eine andere Formel sein.

Am einfachsten führen Sie eine Prüfung, die den logischen Wert *WAHR* oder *FALSCH* ergibt, mit den Booleschen Vergleichsoperatoren durch. Die Booleschen Vergleichsoperatoren werden in Excel, wie aus Tabelle 7.3 hervorgeht, dargestellt und eingesetzt:

Tabelle 7.3   Boolesche Vergleichsoperatoren

Operator	Auswirkung	Beispiel	Ergebnis
=	ist gleich	"A"="B"	FALSCH
<	kleiner als	2003<2005	WAHR
>	größer als	2003>2005	FALSCH
<=	kleiner oder gleich	25<=24	FALSCH
>=	größer oder gleich	25>=24	WAHR
<>	ungleich (nicht)	2003<>2005	WAHR

Nach der allgemeinen Syntax ist auch in dieser Funktion jeglicher Text in Anführungszeichen einzuschließen. Soll bei einer Ausgabe nichts ausgegeben werden, so wählen Sie dafür leeren Text aus, der durch zwei Anführungszeichen (*""*) dargestellt wird. Zwischen den Anführungszeichen befindet sich kein Leerzeichen.

Die *WENN*-Funktion ist im Prinzip nichts anderes als die Simulation eines alltäglichen und menschlichen Entscheidungsvorgangs. Wie oft haben wir alle schon einmal gesagt: »*Wenn* sich eine Sache so verhält, *dann* werde ich dieses tun, *sonst* werde ich etwas anderes tun.«

Wenn Sie diesen Satz einmal auf Computerebene denken, ergibt sich folgende Situation: Wenn das Argument *Prüfung* einen bestimmten Wert erreicht, wird das Argument *Dann* ausgeführt. In allen anderen Fällen wird das Argument *Sonst* ausgeführt. Nichts anderes geschieht in der Funktion *WENN* auch (vgl. Abbildung 7.39).

Abbildg. 7.39 Schema der *WENN*-Funktion

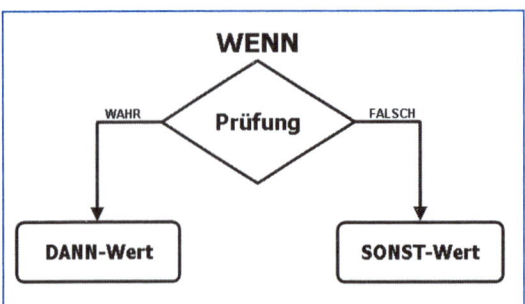

Diese Theorie setzen Sie nun mit dem folgenden kleinen Beispiel in die Praxis um.

WENN-Funktion – Beispiel 1

Bei der Arbeitszeiterfassung mit Excel soll für jede Woche eine Meldung erscheinen, wenn 40 Stunden überschritten werden. Bei Überschreitung erscheint der Text »Überstunden!«, sonst der Text »Alles im grünen Bereich.«

Abbildg. 7.40 Bewertung mit der *WENN*-Funktion

	A	B	C	D	E
1		Einsatz der WENN-Funktion			
2					
3		Bedingung:	Summe der Stunden übersteigt die 40.		
4		Dann-Wert:	Textausgabe "Überstunden!"		
5		Sonst-Wert:	Textausgabe "Alles im grünen Bereich."		
6					
7			**Stunden**		
8		Montag	6,0		
9		Dienstag	12,0		
10		Mittwoch	8,0		
11		Donnerstag	8,0		
12		Freitag	6,5		
13					
14		**Gesamt**	**40,5**		
15					
16		**Bewertung**	Überstunden!		
17					
18		=WENN(C14>40;"Überstunden!";"Alles im grünen Bereich.")			
19					

Verfahren Sie zur Lösung wie folgt:

1. Bilden Sie zunächst die Summe der Arbeitsstunden (*C8* bis *C12*) mit der gleichnamigen Funktion in der Zelle *C14*.

2. Markieren Sie nun die Zelle *C16* und rufen über das Symbol in der Bearbeitungsleiste den *Funktions-Assistenten* auf.

3. Wählen Sie in der Liste *Kategorie auswählen* den Eintrag *Logik* aus.

4. In der Liste *Funktion auswählen* markieren Sie die Funktion *WENN*. Klicken Sie auf *OK*.

5. Füllen Sie das Dialogfeld wie folgt aus (siehe hierzu auch Abbildung 7.41):
Im Argument *Prüfung* soll die Summe in der Zelle *C14* geprüft werden, d.h. *C14>40*.
Im Argument *Dann_Wert* soll die Ausgabe *"Überstunden!"* erscheinen.
Im Argument *Sonst_Wert* soll die Ausgabe *"Alles im grünen Bereich."* erscheinen.

Abbildg. 7.41   Ausgefülltes Dialogfeld zur Lösung

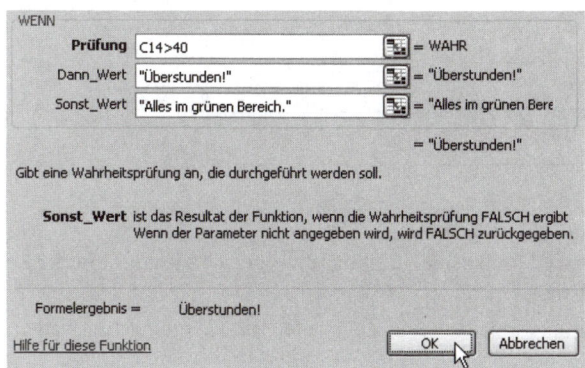

6. Nach dem Ausfüllen schließen Sie das Dialogfeld mit Klick auf die Schaltfläche *OK*.

> **HINWEIS**   Schließen Sie Textausgaben immer in Anführungszeichen ein. Bei der Eingabe der Texte in dieser Funktion würde der Assistent die Anführungszeichen auch für Sie setzen. Leider ist das nicht in allen Situationen so. Um also Fehlermeldungen zu vermeiden, ist es besser, wenn Sie immer daran denken, dass Text durch Anführungszeichen gekennzeichnet wird.

Sie finden dieses Beispiel, das dem grundsätzlichen Verständnis der *WENN*-Funktion dient, auch in der Tabelle *Wenn 1* der Arbeitsmappe *Kap07.xls* auf der CD-ROM zu diesem Buch im Ordner *\Buch\Kap07*.

Versuchen Sie nun die *WENN*-Funktion in einer weiteren Aufgabe zu vertiefen.

WENN-Funktion – Beispiel 2

Sie wollen in einer Rechnungsaufstellung – die den Einzelpreis und die Menge enthält – den Rabatt abhängig von der abgesetzten Menge gestalten. Dabei sollen für Mengen von mehr als 1.000 5% Rabatt und für Mengen darunter die üblichen 2% gelten.

Abbildg. 7.42 Für den Rabattbetrag ist die Menge zu prüfen.

	B	C	D	E	F
1	Einsatz der WENN-Funktion				
2					
3	Bedingung:	Abgesetzte Menge größer als 1.000			
4	Dann-Wert:	5% Rabatt			
5	Sonst-Wert:	2% Rabatt			
6					
7	**E-Preis**	**Menge**	**Preis**	**Rabatt**	**Endpreis**
8	25,50 €	998	25.449,00 €	**508,98 €**	24.940,02 €
9	25,50 €	1.002	25.551,00 €	**1.277,55 €**	24.273,45 €
10					
11	*Formeln in Zeile 8:*				
12	*=B8*C8*				
13					
14	*=WENN(C8>1000;D8*5%;D8*2%)*				
15					
16	*=D8-E8*				
17					

Wenn Sie bei der Lösung nach dem Beispiel in Abbildung 7.42 verfahren, ist in der Zelle *E8* folgende in der Spalte kopierfähige Formel zu bilden:

1. Nachdem Sie die Multiplikationsformel in die Spalte *Preis* (*D8*) eingefügt haben, markieren Sie die Zelle *E8*.

2. Rufen Sie den *Funktions-Assistenten* durch einen Klick auf dessen Schaltfläche in der Bearbeitungsleiste auf.

3. Im Dialogfeld des Funktions-Assistenten wählen Sie aus der Kategorie *Logik* die Funktion *WENN* aus und bestätigen mit *OK*.

4. Füllen Sie das Dialogfeld der Funktion wie folgt aus:
   Argument *Prüfung*: *C8>1000*
   Argument *Dann_Wert*: *D8*5%*
   Argument *Sonst_Wert*: *D8*2%*

5. Klicken Sie dann auf die Schaltfläche *OK*.

Aus dieser Eingabe ergibt sich folgende Formel, die Sie in der Spalte nach unten kopieren können:

```
=WENN(C8>1000;D8*5%;D8*2%)
```

Sie finden dieses Beispiel zum Nachvollziehen in der Arbeitsmappe *Kap07.xls* in der Tabelle *Wenn 2*. Die Übungsdatei befindet sich auf der CD-ROM zu diesem Buch im Ordner *\Buch\Kap07*.

Verschachtelte WENN-Funktion

Damit auch komplexe Bedingungen kontrolliert werden können, ist es möglich, die *WENN*-Funktion bis zu sieben Mal zu verschachteln. Dabei können Sie die *WENN*-Funktion an den Argumenten des *Dann_Werts* oder des *Sonst_Werts* wieder in die Funktion einfügen.

Als Grundsatz gilt bei der verschachtelten *WENN*-Funktion, dass die Funktion dann ausgeführt wird, wenn *Excel* zum ersten Mal den logischen Wert *Wahr* in einem Argument *Prüfung* vorfindet.

Beispiel: Für Klassenarbeiten wollen Sie aus einer gegebenen Punktestaffel den einzelnen Schülern die entsprechende Note zuordnen. Die gültige Punktbewertung finden Sie in Abbildung 7.43 im Bereich *C5:D8*. Es sollen nur ganzzahlige Punktwerte geprüft werden. Die Ergebnisse einer Klassenarbeit stehen in der Tabelle in den Spalten *F* bis *H*.

Die Aufgabe soll mit einer verschachtelten *WENN*-Funktion gelöst werden. Die Formel, die Sie in die Zelle *H5* eingeben, soll in der Spalte nach unten kopierfähig sein.

Abbildg. 7.43 Entsprechend der Bedingungen werden die Noten errechnet.

A	B	C	D	E	F	G	H	I
1		Einsatz der WENN-Funktion						
2								
3		Bedingungen:			Klassenarbeit vom 16.06.2005			
4		Punkte	Note		Name	Punkte	Note	
5		>80	Sehr gut		Hans	67	Gut	
6		61-80	Gut		Maria	56	Schlecht	
7		45-60	Schlecht		Willi	44	Sehr schlecht	
8		<45	Sehr schlecht		Miriam	78	Gut	
9					Jakob	60	Schlecht	
10					Frank	90	Sehr gut	
11					Conny	80	Gut	
12								
13		Formel in Zelle H5:						
14		=WENN(G5>80;"Sehr gut";WENN(G5>60;"Gut";WENN(G5>=45;"Schlecht";"Sehr schlecht")))						
15		oder						
16		=WENN(G5>=45;WENN(G5>60;WENN(G5>80;"Sehr gut";"Gut");"Schlecht");"Sehr schlecht")						
17		oder						
18		=WENN(G5>=45;WENN(G5>60;WENN(G5>80;$D$5;$D$6);$D$7);$D$8)						
19								

Sie finden dieses Beispiel zum Nachvollziehen in der Arbeitsmappe *Kap07.xls* in der Tabelle *Wenn 3*. Die Übungsdatei befindet sich auf der CD-ROM zu diesem Buch im Ordner *\Buch\Kap07*.

Den Sonst-Zweig verschachteln

Versuchen Sie es einmal mit der manuellen Eingabe der Formel. Beginnen Sie mit =WENN(

1. In der *WENN*-Funktion beginnen Sie am besten mit der Prüfung auf den höchsten Wert, sodass die erste Prüfung und der erste *Dann_Wert* lauten muss:
   =WENN(G5>80;"Sehr gut";

2. Im *Sonst_Wert* verschachteln Sie nun zum nächsten Wert:
   WENN(G5>60;"Gut";

3. In dieser Art arbeiten Sie die Punktestaffel ab. Im letzten *Sonst_Wert* (das sind die Werte unter 45 Punkte), setzten Sie den Text *"Sehr schlecht"*. Wichtig ist noch, dass Sie auf die Anzahl der öffnenden und schließenden Klammern achten. Diese muss stets gleich groß sein. Die schließenden Klammern für die drei *WENN*-Funktionen setzen Sie am Ende der Formel, sodass die funk-

tions- und kopierfähige Formel in der Zelle *H5* wie folgt aussieht:

```
=WENN(G5>80;"Sehr gut";WENN(G5>60;"Gut";WENN(G5>=45;"Schlecht";"Sehr schlecht")))
```

Den Dann-Zweig verschachteln

Sie können innerhalb der *WENN*-Funktion nicht nur den *SONST*-Zweig verschachteln, sondern auch den *DANN*-Zweig (oder auch beide). Für die Problemstellung können Sie also auch die folgende Formel verwenden:

```
=WENN(G5>=45;WENN(G5>60;WENN(G5>80;"Sehr gut";"Gut");"Schlecht");"Sehr schlecht")
```

Oder, wenn Sie die Noten als Bezug angeben wollen:

```
=WENN(G5>=45;WENN(G5>60;WENN(G5>80;$D$5;$D$6);$D$7);$D$8)
```

Sie arbeiten dabei die Liste der Punktbewertungen von unten nach oben ab.

WICHTIG   Egal, welche Variante der verschachtelten *WENN*-Funktion Sie auch wählen, beherzigen Sie folgenden Hinweis: Achten Sie auf die Grenzwerte, also die Klassengrenzen zwischen den einzelnen Bedingungen. Wollen Sie diese Werte einschließen, müssen Sie an den Vergleichsoperator in jedem Fall ein Gleichheitszeichen (=) anhängen. Mehr über die Einteilung von Daten finden Sie unter dem Thema »Häufigkeitsverteilung« in Kapitel 16.

An dieser Stelle sei angemerkt, dass Ihr Eindruck, die Formel sei einigermaßen schwer zu lesen, richtig ist. Verschachteln Sie die Funktion noch weiter (wenn mehr Fälle abzuarbeiten sind), ist die resultierende Formel kaum noch zu durchschauen. Setzen Sie in solchen Fällen Hilfstabellen ein, welche die Bewertungen, Rabattstaffelungen, Steuersätze oder was auch immer, beinhalten. In Ihren Formeln setzen Sie dann Matrixfunktionen wie z.B. *SVERWEIS* ein. Diese beziehen für die Berechnungen die Werte aus der Hilfstabelle. Mehr darüber erfahren Sie in Kapitel 16.

UND-Funktion

```
UND(Wahrheitswert1;Wahrheitswert2; ...)
```

Durch die *UND*-Funktion können Sie im Rahmen der *WENN*-Funktion Prüfungen mit komplexeren Inhalten durchführen. Doch zunächst zur *UND*-Funktion:

Diese liefert erst dann den logischen Wert *Wahr* zurück, wenn alle Argumente den logischen Wert *Wahr* ergeben haben. Es sind bis zu 30 Argumente zur gleichzeitigen Prüfung möglich.

Wenn Sie einen Bereich (Matrix) als Argument übergeben und dieser Text oder leere Zellen enthält, werden diese Zellen ignoriert. Ein Bereich wird nur dann als *Wahr* bewertet, wenn alle Zellen diesen Wert zurückgegeben haben. Gibt eine einzige Zelle den Wert *Falsch* zurück, wird der gesamte Bereich als *Falsch* bewertet.

Sollte ein angegebener Bereich keine Wahrheitswerte enthalten bzw. zurückgeben, wird der Fehlerwert *#Wert!* geliefert.

Beispiel: Für die in einer Prüfung erreichten Punkte wird ab der Grenze von 61 Punkten das Prädikat »Bestanden« nur unter der Bedingung vergeben, dass auch der Zusatzkurs besucht wurde. Neben der Prüfung auf mehr als 60 Punkte muss also noch geprüft werden, ob der Eintrag *ja* in der Spalte *Zusatzkurs* steht. Nur dann erhält der Kandidat das Prädikat »Bestanden«.

Abbildg. 7.44   Nur wer beide Bedingungen erfüllt, hat bestanden.

	A	B	C	D	E	F	G	H
1		Einsatz der UND-Funktion						
2								
3		Bedingungen:			Prüfung vom 29.06.2003			
4		Wer mehr als 60 Punkte		**Name**	**Punkte**	**Zusatzkurs**	**Prädikat**	
5		**und**		Hans	67	ja	Bestanden	
6		den Zusatzkurs besucht hat,		Maria	56	ja	Nicht bestanden	
7		erhält das Prädikat "Bestanden".		Willi	44	nein	Nicht bestanden	
8				Mike	78	ja	Bestanden	
9				Janine	60	ja	Nicht bestanden	
10				Frank	90	nein	Nicht bestanden	
11				Evelyn	72	ja	Bestanden	
12		*Formel in G5:*						
13		=WENN(**UND(E5>60;F5="ja")** ;"Bestanden";"Nicht bestanden")						
14								

Sie finden dieses Beispiel zum Nachvollziehen in der Arbeitsmappe *Kap07.xls* in der Tabelle *Und*. Die Übungsdatei befindet sich auf der CD-ROM zu diesem im Ordner *\Buch\Kap07*.

Dem Beispiel in Abbildung 7.44 folgend, bilden Sie für die Zelle *G5* eine Formel, die anschließend in der Spalte nach unten kopiert wird.

Für die Lösung der Aufgabe muss die *UND*-Funktion in einer *WENN*-Funktion verschachtelt werden:

1. Markieren Sie die Zelle *G5* und rufen dann den Befehl *Einfügen/Funktion* auf. Wählen Sie im ersten Schritt die Funktion *WENN* und klicken Sie auf *OK*.

2. Für die Bildung des Arguments *Prüfung* benötigen Sie die *UND*-Funktion. Also wählen Sie von der Funktionspalette (siehe Abbildung 7.45) die Funktion *UND*. Sollte sie nicht in der Liste stehen, erhalten Sie diese über *Weitere Funktionen*.

Abbildg. 7.45   In das Argument *Prüfung* der *WENN*-Funktion ist die *UND*-Funktion einzufügen.

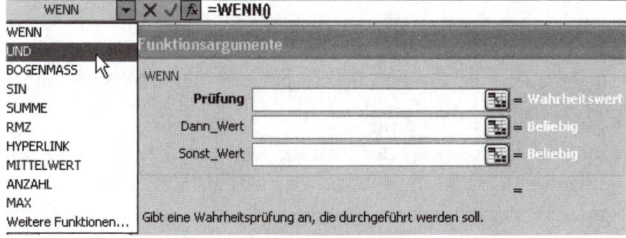

3. Der Assistent zeigt die Argumente der *UND*-Funktion. Formulieren Sie entsprechend der Abbildung 7.46 die Bedingungen. Auch hier sei noch einmal betont: Setzen Sie für den Textvergleich das Wort *ja* in Anführungszeichen. Achtung! Klicken Sie jetzt **nicht** auf *OK*!

Abbildg. 7.46   In den ersten beiden Argumenten der *UND*-Funktion formulieren Sie die Bedingungen.

4. Klicken Sie nun in der Bearbeitungsleiste auf den Funktionsnamen *WENN*. Das führt dazu, dass der Assistent wieder die *WENN*-Argumente anzeigt.

5. Notieren Sie als *Dann_Wert* den Text *"Bestanden"* und im *Sonst_Wert* den Text *"Nicht bestan-den"* (siehe Abbildung 7.47). Schließen Sie mit *OK*.

Abbildg. 7.47   Die vollständig ausgefüllten Argumente der *WENN*-Funktion

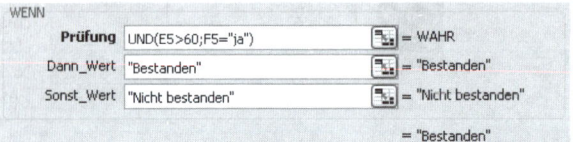

Die gesamte Formel in *G5* lautet:

```
=WENN(UND(E5>60;F5="ja");"Bestanden";"Nicht bestanden")
```

In der Zeile *10* sehen Sie den Prüfling mit der höchsten Punktezahl. Er bekommt jedoch das Prädi-kat »Nicht bestanden«, weil unter *Zusatzkurs* bei ihm ein *"nein"* steht.

Zugegeben, diese Prüfungsordnung ist etwas gemein. Lassen Sie uns deshalb die Bedingungen leicht entschärfen.

ODER-Funktion

```
ODER(Wahrheitswert1;Wahrheitswert2;...)
```

Auch die *ODER-Funktion* können Sie gut für komplexe Prüfungen im Rahmen der *WENN*-Funk-tion einsetzen.

Es sind bis zu 30 Argu-mente zum gleich-zeitigen Prüfen möglich

Die *ODER*-Funktion gibt dann den logischen Wert *Wahr* zurück, wenn ein einziges Argument der Funktion den Wert *Wahr* ergeben hat. Liefert ein angegebener Bereich keine Wahrheitswerte, gibt die *ODER*-Funktion den Fehlerwert *#Wert!* zurück.

Beispiel: Aufgrund des schlechten Ausgangs der Prüfung im Modell zur *UND*-Funktion haben Sie beschlossen, die Bedingungen zu entschärfen: Jeder der mehr als 60 Punkte erreicht hat, erhält das Prädikat »Bestanden«. Zusätzlich erhält jeder dieses Prädikat, wenn er am Zusatzkurs teilgenommen hat, unabhängig von der erreichten Punktezahl.

Abbildg. 7.48 Mit Hilfe der *ODER*-Funktion sehen die Prädikate gleich viel freundlicher aus.

	A	B	C	D	E	F	G	H
1		Einsatz der ODER-Funktion						
2								
3		Bedingungen:			Prüfung vom 29.06.2003			
4		Wer mehr als 60 Punkte			Name	Punkte	Zusatzkurs	Prädikat	
5		**oder**			Hans	67	ja	Bestanden	
6		den Zusatzkurs besucht hat,			Maria	56	ja	Bestanden	
7		erhält das Prädikat "Bestanden".			Willi	44	nein	Nicht bestanden	
8					Mike	78	ja	Bestanden	
9					Janine	60	ja	Bestanden	
10					Frank	90	nein	Bestanden	
11					Evelyn	72	ja	Bestanden	
12		*Formel in G5:*						
13		=WENN(**ODER(E5>60;F5="ja")**,"Bestanden","Nicht bestanden")						
14								

Sie finden dieses Beispiel zum Nachvollziehen in der Arbeitsmappe *Kap07.xls* in der Tabelle *Oder*. Die Übungsdatei befindet sich auf der CD-ROM zu diesem Buch im Ordner *\Buch\Kap07*.

In der Tabelle von Abbildung 7.48 bilden Sie in der Zelle *G5* eine Formel, in der Sie wieder die *WENN*- und die *ODER*-Funktion verschachtelt anwenden. Anschließend kopieren Sie die Formel in der Spalte nach unten. Hier die Schritte:

1. Markieren Sie die Zelle *G5* und beginnen Sie dort mit der Eingabe der *WENN*-Funktion.

2. Bilden Sie mit der *ODER*-Funktion das Argument *Prüfung*. In diesem Fall muss dann der logische Wert *Wahr* zurückgegeben werden, wenn in *E5* mehr als 60 Punkte stehen oder in *F5* das Wort *ja* steht. Der Beginn der Formel sieht mit dem Argument *Prüfung* wie folgt aus:
   `=WENN(ODER(E5>60;F5="ja")`

3. Sollte die Prüfung den logischen Wert *Wahr* ergeben, muss von dem *Dann_Wert* "Bestanden" zurückgegeben werden. Entspricht die Prüfung nicht dem Wert *Wahr*, soll durch das Argument *Sonst_Wert* "Nicht bestanden" angezeigt werden. Der *Dann_Wert* und der *Sonst_Wert* stellen sich in der Formel wie folgt dar:
   `;"Bestanden";"Nicht bestanden")`

4. Schließen Sie die Formeleingabe mit der ⏎-Taste ab.

Im Zusammenhang sieht die Formel wie folgt aus:

```
=WENN(ODER{E5>60;F5="ja");"Bestanden";"Nicht bestanden")
```

Wenn Sie einen Bereich (Matrix) als Argument eingeben und eine einzige Zelle innerhalb des Bereichs im Rahmen der Prüfung den logischen Wert *Wahr* ergibt, wird der gesamte Bereich als *Wahr* bewertet. Mit dieser Funktion können Sie beispielsweise recht gut kontrollieren, ob sich ein bestimmter Wert in einem Bereich befindet. Dazu müssen Sie die Formel als Matrixformel eingeben und die Eingabe mit der Tastenkombination [Strg]+[⇧]+[⏎] abschließen.

Beispiel:

Sie wollen prüfen, ob sich die Zahl 97 im Bereich *B5:G5* befindet. Gehen Sie dazu wie folgt vor:

1. Geben Sie die Formel `=WENN(ODER(B5:G5=97);"Vorhanden";"Nicht vorhanden")` in eine Zelle ein.

2. Schließen Sie die Eingabe mit der Tastenkombination [Strg]+[⇧]+[⏎] ab.

Daten und Formeln eingeben

NICHT-Funktion

`NICHT(Wahrheitswert)`

Auch mit der *NICHT*-Funktion können Sie u.a. in der *WENN*-Funktion arbeiten. Diese Funktion kann nur ein Argument enthalten. Mit der Funktion können Sie den Wert eines Arguments umkehren. Das heißt, Sie setzen die *NICHT*-Funktion dann ein, wenn Sie sichergehen möchten, dass der kontrollierte Wert nicht mit dem festgelegten Wert übereinstimmt.

Das bedeutet, dass jeder Wert den logischen Wert *Wahr* erzeugt, ausgenommen der festgelegte Wert. Er erzeugt den Wert *Falsch*.

Beispiel: In einer Tabelle haben Sie eine Liste mit Fahrzeugbezeichnungen. Den Bezeichnungen sollen Kategorien zugeordnet werden. Dies ist für die Liste recht einfach, denn alle Fahrzeuge außer dem »Passat« gehören in die Kategorie »Kleinwagen«.

Abbildg. 7.49   Die Kategorien werden mit *WENN* und *NICHT* berechnet.

	A	B	C	D	E
1		**FAHRZEUGE**			
2					
3		**Fahrzeug**	**Kategorie**		**Bedingung:**
4		Polo	Kleinwagen		Alle, außer dem Passat werden als
5		Golf	Kleinwagen		Kleinwagen eingestuft.
6		Golf	Kleinwagen		
7		Passat	Mittelklasse		
8		Bora	Kleinwagen		
9		Passat	Mittelklasse		
10		Polo	Kleinwagen		
11		Golf	Kleinwagen		
12		Polo	Kleinwagen		
13		Golf	Kleinwagen		
14		Passat	Mittelklasse		
15		Bora	Kleinwagen		
16		Passat	Mittelklasse		
17		Golf	Kleinwagen		
18		Golf	Kleinwagen		
19					
20		*Formel in C4:*			
21		*=WENN(NICHT(B4="Passat");"Kleinwagen";"Mittelklasse")*			
22					

Sie finden dieses Beispiel zum Nachvollziehen in der Arbeitsmappe *Kap07.xls* in der Tabelle *Nicht*. Die Übungsdatei befindet sich auf der CD-ROM zu diesem Buch im Ordner *\Buch\Kap07*.

Diese Berechnung erledigen Sie erneut mit der *WENN*-Funktion, in deren Prüfung der »Passat« verneint wird. Verfahren Sie zur Lösung wie folgt:

1. Markieren Sie die Zelle *C4* und beginnen Sie dort mit der Eingabe der *WENN*-Funktion.

2. Die *Prüfung* bilden Sie mit der *NICHT*-Funktion. Hier soll der logische Wert *Wahr* dann zurückgegeben werden, wenn in *B4* **nicht** das Wort »Passat« steht. Somit lautet der Beginn der Formel:
   `=WENN(NICHT(B4="Passat")`

3. Immer, wenn der logische Wert *Wahr* von der Prüfung zurückgegeben wird, soll der Text *"Klein-wagen"* durch das Argument *Dann_Wert* ausgegeben werden. Der *Sonst_Wert* soll bei Rückgabe des logischen Wertes *Falsch* der Text *"Mittelklassewagen"* sein. Die Argumente *Dann_Wert* und *Sonst_Wert* haben in diesem Fall folgendes Aussehen:

   `;"Kleinwagen";"Mittelklassewagen")`

Insgesamt stellt sich die Formel wie folgt dar:

```
=WENN(NICHT(B4="Passat");"Kleinwagen";"Mittelklassewagen")
```

Vielleicht haben Sie jetzt Gefallen an Matrixfunktionen gefunden?! Auch für die nachfolgende Prob-lemstellung können Sie eine einzige Formel verwenden. Gehen Sie dazu wie folgt vor:

1. Markieren Sie den Bereich *C4:C18*.
2. Tragen Sie die Formel =WENN(NICHT(B4:B18="Passat");"Kleinwagen";"Mittelklasse") ein.
3. Schließen Sie die Eingabe mit der Tastenkombination `Strg`+`⇧`+`↵` ab.

Mit Datums- und Zeitfunktionen rechnen

Die Sys-temzeit stellen Sie in der System-steue-rung von Windows ein

Durch Datums- und Zeitfunktionen können Sie mit der so genannten Systemzeit Ihres Computers arbeiten. Selbstverständlich muss diese dazu korrekt eingestellt sein.

Außerdem gibt es Funktionen, die es Ihnen erlauben, mit Datumswerten zu rechnen oder damit bestimmte Zustände festzustellen.

Die Eingabe von Datumswerten

Wenn Sie bei der Datumseingabe auf dem numerischen Block Ihrer Tastatur arbeiten, ist es meist hinderlich, nach dem Tag und dem Monat einen Punkt einzugeben.

Diesen Punkt müssen Sie nicht unbedingt eingeben, da Excel auch den Schrägstrich und das Minus-zeichen als Trennzeichen bei Datumseingaben erkennt und verarbeitet, zum Beispiel *17/8/65* für den 17.08.1965 oder *26-9-37* für den 26.09.1937. Geben Sie dabei keine Jahreszahl an, erweitert Excel die Eingabe automatisch, indem das aktuelle Jahr angefügt wird. So wird aus der Eingabe *18-6* der Zell-inhalt *18.06.2005*. Achten Sie darauf, dass Sie nach dem Monat kein weiteres Zeichen (also auch kei-nen Punkt) eingeben.

Diese beiden Zeichen finden Sie auch auf dem numerischen Block und Sie können damit komforta-bel arbeiten.

Problem: Eine Zelle zeigt immer Datumswerte an

Wenn Excel eine Eingabe als Datumswert erkennt, wird die entsprechende Zelle automatisch als Datum formatiert.

Wenn Sie beispielsweise versehentlich *3-10* eingeben, wird dies als der 3. Oktober des laufenden Jahrs gedeutet und die Zelle entsprechend formatiert. Alle weiteren Eingaben in diese Zelle werden somit als Datumswerte dargestellt. Geben Sie beispielsweise die Zahl 25 ein, zeigt die Zelle den 25. Januar an.

Um eine möglicherweise ungewollte Formatierung wieder auf den Standard zurückzusetzen, verfahren Sie wie folgt:

1. Markieren Sie die entsprechende Zelle.

2. Rufen Sie den Menübefehl *Bearbeiten/Löschen* auf und wählen Sie im Untermenü den Befehl *Formate* aus. Dadurch erhält die Zelle wieder den Formatstatus *Standard* zurück.

HEUTE- und *JETZT-*Funktion

Mit diesen beiden Funktionen können Sie das aktuelle Systemdatum abrufen

Der Unterschied zwischen *HEUTE* und *JETZT* besteht darin, dass die Funktion *HEUTE* das aktuelle Datum und die Funktion *JETZT* zum Datum noch die aktuelle Systemzeit abruft.

Wenn auch bei beiden Funktionen das aktuelle Tagesdatum angezeigt wird, so ist das Ergebnis der Funktion dennoch die so genannte fortlaufende Zahl. Standardmäßig ermittelt *Excel* ein Datum nach der fortlaufenden Zahl, die mit der Zahl *1* am 01. Januar 1900 beginnt und am 31. Dezember 9999 mit der Zahl *2.958.465* endet. Das bedeutet, dass Excel nur mit Datumswerten, die zwischen diesen beiden Terminen liegen, rechnen kann.

Wenn Sie bei einem Datums- und Zeitwert die fortlaufende Zahl angezeigt haben möchten, müssen Sie nur diese Zelle in das Standardformat zurückformatieren. Sie können auch im Menü *Bearbeiten* den Befehl *Löschen* wählen und durch einen Klick auf *Formate* im Untermenü des Befehls den Standard wiederherstellen.

Für die fortlaufende Zahl gilt Folgendes: Durch die Zahl, die links vom Komma steht, wird das Datum dargestellt. So bedeutet die Zahl *38.500*, dass diese Anzahl an Tagen seit dem 01.01.1900 vergangen sind. Das Datumsergebnis ist der 28. Mai 2005.

Die Zahlen, die bei der fortlaufenden Zahl rechts vom Komma stehen, geben die Uhrzeit an. Dabei gilt, dass ein Tag den Wert *1* besitzt. Wenn Sie diesen Wert durch die Anzahl der Stunden, die ein Tag besitzt, dividieren, erhalten Sie den Dezimalbruch für eine Stunde; also 1/24 = 0,04166667. Die Angabe *0,5* bedeutet nichts anderes, als dass exakt die Hälfte eines Tages vergangen und es genau 12:00 Uhr ist.

Bei der Eingabe der *HEUTE*-Funktion erhalten Sie als Ergebnis das aktuelle Datum ohne die Uhrzeit.

```
=HEUTE()
```

Bei Eingabe der *JETZT*-Funktion erhalten Sie als Ergebnis das aktuelle Datum sowie die aktuelle Uhrzeit.

```
=JETZT()
```

HINWEIS Sollten Sie die Funktion *JETZT* zu Berechnungen heranziehen – beispielsweise zur Berechnung von Zinstagen – beachten Sie bitte, dass sich die gleichzeitige Ausgabe der Uhrzeit unter Umständen störend auswirken kann. Bevorzugen Sie bei der Bildung von Datumsdifferenzen, bei denen die Differenz in Tagen wesentlich ist, deshalb die Funktion *HEUTE*.

Die Ergebnisse beider Funktionen werden nicht ständig aktualisiert. Es finden nur dann Aktualisierungen statt, wenn die Tabelle geöffnet oder die zugehörige Tabelle berechnet wird. Die Neuberechnung einer Tabelle können Sie durch Drücken der Taste [F9] erzwingen. Mehr zum Thema »Neuberechnung« finden Sie in Kapitel 6.

MONAT-Funktion

```
MONAT(Zahl)
```

Mit Hilfe der Funktion *MONAT* können Sie aus einem gültigen Datum den Monat als ganze Zahl ausgeben lassen. Die Monatszahlen werden von 1 (Januar) bis 12 (Dezember) errechnet.

Diese Funktion können Sie immer dann gut einsetzen, wenn in Tabellen Werte nach Monaten zusammengefasst werden sollen und es nicht mehr auf das Tagesdatum ankommt.

Das Argument *Zahl* muss ein Datumswert bzw. ein Bezug zu einer Zelle mit einem Datumswert sein. Wenn Sie einen Datumswert als Konstante in das Argument eingeben wollen, müssen Sie das Datum in Anführungszeichen einschließen (*"22.11.2003"*).

In der gleichen Art gibt es noch die Funktion *JAHR*, die die Jahreszahl eines Datumswerts ausgibt und die Funktion *TAG*, die die Tageszahl eines Datums anzeigt.

WOCHENTAG-Funktion

```
Wochentag(Zahl;Typ)
```

Die Funktion *WOCHENTAG* zieht aus einem gültigen Datum den Wochentag als ganze Zahl heraus.

- Das Argument *Zahl* ist eine Codierung für Datum und Zeit, die Excel für Datums- und Zeitberechnungen verwendet. Sie müssen das Argument *Zahl* nicht als Zahl, sondern können es auch als Text angeben, also z.B. *"15. Juni 2003"* oder *"15.6.03"*. Ein solcher Text wird automatisch in die entsprechende fortlaufende Zahl umgewandelt. Das Datum kann als fortlaufende Zahl oder durch einen Bezug zu einer Zelle mit einem gültigen Datumswert eingegeben werden.

- Das Argument *Typ* ist eine Zahl, die den Typ des Rückgabewertes bestimmt. In welcher Weise ein Wochentag codiert ist, hängt von dem Wert ab, den Sie in das Argument *Typ* eingeben. In Deutschland beginnt die Woche übrigens am Montag. Möglich sind die aus Tabelle 7.4 hervorgehenden Werte.

Tabelle 7.4 Werte für das Argument *Typ*

Typ	Werte für Wochentage
1	1 = Sonntag bis 7 = Samstag
2	1 = Montag bis 7 = Sonntag
3	0 = Montag bis 6 = Sonntag

Wenn Sie im Argument *Typ* nichts eingeben, wird so verfahren, als hätten Sie *1* eingegeben.

Beispiel: In einem Rechnungsformular ist das Zahlungsziel mit 20 Tagen, ausgehend vom aktuellen Datum, zu berechnen. Es soll jedoch nicht auf einen Sonntag gestellt werden. Fällt das errechnete Zahlungsziel auf einen Sonntag, soll es auf den darauf folgenden Montag verschoben werden.

Abbildg. 7.50   Schrittweises Entwickeln der Formel

Wochentag
Errechnen eines Zahlungsziels

1. Schritt: Aktuelles Datum berechnen.

     08.08.2005   =HEUTE()

2. Schritt: 20 Tage auf aktuelles Datum addieren.

     28.08.2005   =HEUTE()+20

3. Schritt: Wochentagsnummer für das Zahlungsziel bestimmen.

          5   =WOCHENTAG(HEUTE()+20)

4. Schritt: WENN-Prüfung einführen.

     28.08.2005   =WENN(WOCHENTAG(HEUTE()+20)=1;HEUTE()+20+1;HEUTE()+20)

Für die Lösung dieser Aufgabenstellung müssen Sie alle Register ziehen. Wir benötigen nicht nur die hier zu zeigende Funktion *WOCHENTAG*, sondern auch die bereits gezeigten Funktionen *HEUTE* und *WENN*.

1. Markieren Sie die Zelle, in der das Zahlungsziel errechnet werden soll.

2. Beginnen Sie mit der *WENN*-Funktion. Im Argument *Prüfung* stellen Sie fest, ob die Berechnung »Heute in 20 Tagen« auf einen Sonntag fällt. Das Datum fällt dann auf einen Sonntag, wenn die Funktion *WOCHENTAG(Argument;Typ =1)* den Wert *1* zurückgibt. Daraus ergibt sich folgender Beginn für diese Formel:
   `=WENN(WOCHENTAG(HEUTE()+20)=1;`

3. Für den *Dann_Wert*, der dann ausgeführt wird, wenn das Zahlungsziel ein Sonntag ist, geben Sie die Berechnung »Heute in 21 Tagen« ein. Für das Argument *Sonst_Wert*, das immer dann ausgeführt wird, wenn das Zahlungsziel kein Sonntag ist, geben Sie die Berechnung »Heute in 20 Tagen« ein, sodass der *Dann_Wert* und der *Sonst_Wert* wie folgt aussehen:
   `HEUTE()+20+1; HEUTE()+20`

Insgesamt sieht die Formel folgendermaßen aus:

`=WENN(WOCHENTAG(HEUTE()+20)=1;HEUTE()+20+1;HEUTE()+20)`

 Sie finden diese Lösung in der Tabelle *Wochentag* in der Arbeitsmappe *Kap07.xls* auf der CD-ROM zu diesem Buch im Ordner *\Buch\Kap07*.

TAGE360-Funktion

TAGE360(Ausgangsdatum;Enddatum;Methode)

Diese Funktion berechnet, ausgehend von einem Jahr, das 360 Tage umfasst, die Anzahl der zwischen zwei Tagesdaten liegenden Tage. Sie können diese Funktion als Hilfe für die Berechnung von taggenauen Zinsen verwenden, wenn die Zinsen nach den in Deutschland üblichen Gepflogenheiten ermittelt werden sollen. Dabei hat das Jahr 360 Tage und jeder Monat wird mit 30 Tagen berechnet.

- Die Argumente *Ausgangsdatum* und *Enddatum* sind die beiden Tagesdaten, für die Sie die dazwischen liegenden Tage berechnen möchten. Steht das Ausgangsdatum nach dem Enddatum, liefert *TAGE360* eine negative Zahl, was in Zinsberechnungen unweigerlich zu einem Fehlergebnis führt.

- Das Argument *Methode* ist ein Wahrheitswert, der angibt, ob in der Berechnung die amerikanische oder die europäische Methode verwendet werden soll (vgl. Tabelle 7.5).

Tabelle 7.5   Werte des Arguments *Methode*

Methode	Definition
FALSCH oder nicht angegeben	US-Methode (NASD). Ist das Ausgangsdatum der 31. eines Monats, wird dieses Datum zum 30. desselben Monats. Ist das Enddatum der 31. eines Monats und das Ausgangsdatum ein Datum vor dem 30. eines Monats, wird das Enddatum zum 1. des darauffolgenden Monats. In allen anderen Fällen wird das Enddatum zum 30. desselben Monats.
WAHR	Europäische Methode. Jedes Ausgangs- oder Enddatum, das auf den 31. eines Monats fällt, wird zum 30. desselben Monats.

Achten Sie bei Zinsberechnungen darauf, dass der Zinsfuß in der Excel-Prozentformatierung angegeben ist. Bei der Berechnung gehen Sie wie folgt vor:

Zuerst berechnen Sie durch einfache Multiplikation des Kapitals mit dem Zinsfuß, wie viel Zinsen in einem Jahr anfallen würden. Diesen Wert dividieren Sie anschließend durch 360, um festzustellen, wie viel Zinsen an einem Tag anfallen. Diesen Wert multiplizieren Sie schließlich mit der Anzahl der Tage, die Sie mit der Funktion *TAGE360* ermitteln. Wenn Sie diese Aussage in eine Formel auf einen Bruchstrich schreiben, ergibt sich folgende Formel:

Abbildg. 7.51   Formel für taggenaue Zinsen nach der deutschen Gepflogenheit

$$\frac{\text{Kapital x Zinsfuß x TAGE360(Anfangsdatum;Enddatum;WAHR)}}{360} = \text{Zinsen}$$

Falls notwendig, können Sie das Ergebnis dieser Berechnung noch mit der Funktion *RUNDEN* auf der zweiten Dezimalstelle runden.

Beispiel: Sie möchten für ein Kapital von 150.000 € bei einem Zinsfuß von 4,75% die taggenauen Zinsen vom 22.11.2002 bis zum 30.04 2003 nach der deutschen Gepflogenheit berechnen. Bei der Eingabe des Zinsfußes haben Sie darauf geachtet, dass der Prozentsatz in der Excel-Formatierung eingegeben wurde.

Abbildg. 7.52
Tabelle zur Berechnung taggenauer Zinsen

	A	B	C	D	E	F
1		\multicolumn{5}{c}{**Taggenaue Zinsen**}				
2						
3		Kapital	150.000,00 €	**Zinsfuß**	4,75%	
4						
5		**Anfangsdatum**	22.11.2002	**Enddatum**	30.04.2003	
6						
7						
8		Zinstage	**158**		=TAGE360(C5;E5)	
9						
10		Zinsen	**3.127,08 €**		=C3*E3/360*TAGE360(C5;E5;WAHR)	
11						

Zur Berechnung der Zinstage werden Sie die Funktion *TAGE360* einsetzen:

1. Beginnen Sie in *C10* die Formeleingabe mit der Berechnung der Jahreszinsen:
   =C3*E3

2. Als Nächstes dividieren Sie diesen Wert durch 360, um die Zinsen für einen Tag zu berechnen:
   =C3*E3/360

3. Nun müssen Sie den bis jetzt berechneten Wert mit der Anzahl der Zinstage multiplizieren. Die Zinstage ermitteln Sie mit der Funktion *TAGE360*, sodass die Formel jetzt endgültig wie folgt lautet:
   =C3*E3/360*TAGE360(C5;E5;WAHR)

Sehen Sie sich dazu auch das Tabellenblatt *Tage360* in der Arbeitsmappe *Kap07.xls* an. Sie finden diese Datei im Ordner *\Buch\Kap07* auf der CD-ROM zu diesem Buch.

Systemeinstellungen zu Datumswerten und mehr

Es kommt – insbesondere bei älteren Dateien oder bei Dateien aus anderen Sprachzonen – vor, dass Excel Daten nicht korrekt darstellt. Wenn Sie unter *Extras/Optionen* keine Einstellung für das gesuchte Format finden, verwendet Excel die entsprechende Einstellung von Windows. Schauen Sie also dort einmal nach, ob es eine allgemeine Einstellung gibt.

Unter Windows XP gehen Sie dazu wie folgt vor:

1. Öffnen Sie die Systemsteuerung über *Start/Systemsteuerung*.

2. In der Kategorieansicht wählen Sie die *Datums-,Zeit-, Sprach- und Regionaleinstellungen* und dann *Regions- und Sprachoptionen*. In der klassischen Ansicht stehen die *Regions- und Sprachoptionen* direkt zur Verfügung.

3. Wählen Sie die Schaltfläche *Anpassen,* um das Dialogfeld *Regionale Einstellungen anpassen* anzuzeigen.

4. Wählen Sie die Registerkarte für Ihre Aufgabe aus (vgl. Abbildung 7.53).

WICHTIG   Hier durchgeführte Änderungen haben Auswirkung auf die Interpretation von Jahresangaben in allen installierten Programmen. Also Vorsicht!

Abbildg. 7.53   Wichtige Einstellungen in der Systemsteuerung von Windows XP

Öffnen Sie z.B. eine Datei, in der Datumswerte mit zweistelliger Jahreszahl gespeichert wurden (Stichwort: Jahrtausendwechsel), kann es zu Fehlinterpretationen kommen. Sie können versuchen, ob Sie mit einer Änderung in der Optionsgruppe *Kalender* die Datumswerte richtig stellen können.

Die Fehlerüberprüfung hilft

Die Fehlerüberprüfung in Excel weist Sie auf mögliche Probleme hin. Das gilt auch bei vermeintlichen Datumseingaben, z.B. unter Verwendung von Leerzeichen.

Abbildg. 7.54   Handelt es sich um einen Datumswert, können Sie ihn schnell umwandeln

Zusammenfassung

Dieses Kapitel dient dem Einstieg in die Welt der Excel-Funktionen. Anhand ausgewählter, nach unseren Erfahrungen häufig eingesetzter, Funktionen haben Sie nun das Grundprinzip des Einsatzes von Funktionen in Formeln kennen gelernt. In den folgenden Kapiteln werden einige der hier gezeigten Funktionen verwendet, um Gültigkeitsregeln festzulegen oder eine bedingte Formatierung durchzuführen. Daher war es wichtig, in diesem Kapitel einige Funktionen vorzustellen. Excel bietet darüber hinaus noch eine ganze Reihe von Funktionen und Kombinationsmöglichkeiten an. Weitere Funktionen und Beispiele zu deren Anwendung finden Sie insbesondere in den Kapiteln 15, 16 und 22.

Sie möchten ...	Schlagen Sie nach auf Seite
mehr über die Syntax von Funktionen erfahren	261
mit der automatischen Summenfunktion arbeiten	266
Zwischensummen zur Gesamtsumme zusammenfassen	268
eine laufende Summe berechnen	269
Funktionen über den Assistent eingeben	270
verschachtelte Funktionen über den Assistent eingeben	275
Bezüge in Formeln ändern	277
Bezüge in Werte umwandeln	277
alle Formeln einer Tabelle in Werte umwandeln	278
Formeln verbergen und schützen	279
mehr über Bezugsoperatoren erfahren	279
Formate und Formeln beim Eintragen neuer Daten automatisch erweitern	278
einen Bezug auf eine ganze Spalte oder Zeile erstellen	280
eine Tabellenfunktion zum Runden einsetzen	285
eine Summe berechnen, wenn eine Bedingung erfüllt ist	289
die Anzahl von Einträgen bestimmen, die eine Bedingung erfüllen	291
Zahlen in verschiedenen Maßsystemen umwandeln	291
wissen, wie die *WENN*-Funktion arbeitet und wie Sie diese verschachteln können	293
herausfinden, welche weiteren Logikfunktionen es in Excel gibt	292
Datums- und Zeitwerte schnell eingeben	303
mit Datums- und Zeitwerten rechnen	303
die Systemeinstellungen von Windows anpassen	308

Kapitel 8

Die Dateneingabe steuern mit der Gültigkeitsprüfung

In diesem Kapitel:

Wenn Sie Daten auswerten, die von verschiedenen Anwendern eingegeben wurden, stehen Sie häufig vor dem Problem, dass ungültige Daten eingegeben wurden oder dass die Schreibweise von Texten nicht eindeutig ist. Die Auswertung wird dann problematisch, weil Ihre Formeln unter Umständen nicht auf alle Datensätze zugreifen.

Sie suchen also nach einer Möglichkeit, z.B. die Eingabe von Zahlen in eine Zelle einschränken zu können. Denkbar ist eine fehlerhafte Eingabe, z.B. mit Leerstellen (1 223) oder mit führendem Apostroph ('123) zu verhindern, weil mit diesen Einträgen die folgenden Berechnungen nicht korrekt durchgeführt werden können. Dieses Kapitel zeigt Lösungen, wie Sie das erreichen können.

Die Beispiele zu diesem Kapitel finden Sie in der Datei *Kap08.xls* im Ordner *\Buch\Kap08* auf der CD-ROM zu diesem Buch.

Eingabewerte einschränken

Über *Daten/Gültigkeit* können Sie die möglichen Eingabewerte für eine Zelle einschränken. Sowohl beim Auswählen der Zelle als auch bei der Eingabe fehlerhafter Werte kann eine Meldung angezeigt werden.

Nehmen wir an, in Ihrem Betrieb werden sechsstellige Rechnungsnummern verwendet. Allerdings war dies in früheren Jahren nicht so. Es muss also möglich sein, auch eine andere Rechnungsnummer einzutragen. Legen Sie für den Bereich *B3:B12* eine Gültigkeitsregel fest, die einen Warnhinweis anzeigt, wenn es sich offensichtlich um eine ungültige Rechnungsnummer handelt.

Als gültige Rechnungsnummer sollen Zahlen im Bereich von 100000 bis 999999 zugelassen sein. Außerdem soll es möglich sein andere Einträge vornehmen zu können. Es geht also darum, die Zelleingabe nicht um jeden Preis zu verhindern, sondern den Benutzer auf einen möglichen Fehler hinzuweisen. Um eine solche Gültigkeitsregel zu definieren, gehen Sie wie folgt vor:

1. Markieren Sie die Zellen, für die Sie die Gültigkeitsregel aufstellen wollen, also den Bereich *B3:B12*.
2. Rufen Sie dann den Menübefehl *Daten/Gültigkeit* auf.
3. Auf der Registerkarte *Einstellungen* wählen Sie im Listenfeld *Zulassen* den Eintrag *Ganze Zahl* aus.
4. Legen Sie für das *Minimum* den Wert 100000 und für das *Maximum* den Wert 999999 fest.
5. Wechseln Sie zur Registerkarte *Fehlermeldung* und wählen Sie im Listenfeld *Typ* den Eintrag *Warnung* aus. Legen Sie einen Titel sowie eine Fehlermeldung fest. Das ist der Text, der angezeigt wird, wenn ein fehlerhafter Wert eingetragen wird (siehe Abbildung 8.2).
6. Beenden Sie die Definition mit der Schaltfläche *OK*.

Abbildg. 8.1   Die Eingabe auf ganze Zahlen im Bereich von 100000 bis 999999 einschränken

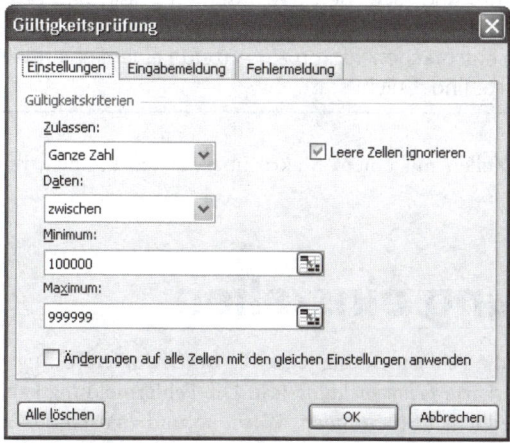

Wenn Sie das Kontrollkästchen *Leere Zellen ignorieren* aktiviert haben, sind auch leere Zellen gültig.

WICHTIG   Der Befehl *Daten/Gültigkeit* steht nicht zur Verfügung, wenn die Arbeitsmappe in einer Mehrbenutzerumgebung bearbeitet wird und die Freigabe über *Extras/Arbeitsmappe freigeben* aktiviert ist. Der Befehl ist ebenfalls nicht verfügbar, wenn der Inhalt des Tabellenblattes geschützt ist. Der Benutzer kann die Regeln zur Gültigkeitsprüfung also in diesen Fällen nicht anzeigen lassen. Mehr über die Freigabe und den Schutz von Arbeitsmappen finden Sie in Kapitel 3. Zum Schutz von Tabellen schlagen Sie bitte in Kapitel 4 nach.

Wann wird die Gültigkeitsprüfung aktiv?

Die Gültigkeitsprüfung wird durchgeführt, wenn Sie die Eingabe in eine Zelle mit der ⏎-Taste abschließen oder die Zelle über die Pfeil-Tasten bzw. einen Mausklick verlassen. Ist der eingetragene Wert ungültig, wird die Fehlermeldung angezeigt.

Wird die Zelle über *Bearbeiten/Kopieren* oder *Bearbeiten/Ausfüllen* geändert, wird keine Gültigkeitsprüfung durchgeführt. Auch wenn die Zelle über den Menübefehl *Daten/Maske* oder mit einem Makro geändert wird, bleibt die Gültigkeitsregel ohne Beachtung.

Einer der Fallstricke ist auch das Kontrollkästchen *Leere Zellen ignorieren*. Ist dieses Kontrollkästchen markiert, werden Leerzellen ignoriert. Wenn Sie leere Zellen verhindern wollen, müssen Sie also das Kontrollkästchen deaktivieren. Leider kann der Benutzer auch dann noch ungültige Werte eintragen, indem er einen gültigen Eintrag dadurch löscht, dass er die Entf-Taste drückt. Die Gültigkeitsprüfung wird nur durchgeführt, wenn der Benutzer z.B. mit der Taste F2 in die Bearbeitungszeile wechselt und dort die Eingabe mit der Entf-Taste löscht.

Ein weiteres Problem ergibt sich, wenn die Zelle mit der Gültigkeitsregel das Ergebnis einer Berechnung oder z.B. die Zielzelle eines Steuerelements oder der Zielwertsuche ist. Solche Änderungen führen ebenfalls nicht zu einer Fehlermeldung.

> **WICHTIG**   Wenn eine Gültigkeitsprüfung nicht den gewünschten Erfolg hat, prüfen Sie die Einstellungen nochmals genau. Sie legen mit einer Gültigkeitsprüfung die zulässigen Werte fest. Werte, die nicht diesen Bedingungen entsprechen, führen zur Anzeige einer Fehlermeldung. Eine Prüfung für bereits eingetragene Werte findet nicht statt.

Ein Beispiel, wie Sie die Eingabe in Zellen mit einem Makro überwachen können, finden Sie in Kapitel 31.

Typ der Fehlermeldung einstellen

Den Typ, den Titel und den Text für die Fehlermeldung legen Sie im Dialogfeld *Gültigkeitsprüfung* (siehe Abbildung 8.2) auf der Registerkarte *Fehlermeldung* fest. Die Fehlermeldung kann über das Listenfeld *Typ* in den drei unterschiedlichen Stilen *Stopp*, *Warnung* und *Informationen* angezeigt werden. Der Stil wird bei der Anzeige der Fehlermeldung durch ein Symbol verdeutlicht.

Abbildg. 8.2   Den Stil sowie Titel und Text für die Fehlermeldung festlegen

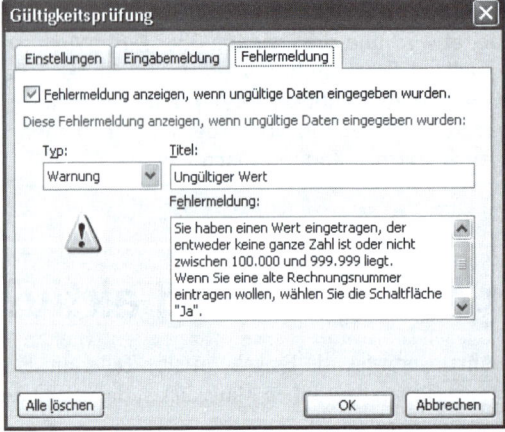

Für den Titel können Sie eine Zeichenfolge mit maximal 32 Zeichen festlegen, für die Fehlermeldung können Sie 225 Zeichen verwenden. Wenn Sie auf der Registerkarte *Fehlermeldung* keinen eigenen Eintrag einfügen, gibt Excel eine Standardmeldung aus und erklärt damit die vom Benutzer eingegebenen Daten als ungültig.

> **WICHTIG**   Geben Sie dem Benutzer in der Fehlermeldung klare Hinweise auf den gültigen Datenbereich. Die Fehlermeldung sollte den Benutzer in die Lage versetzen, die fehlerhafte Eingabe ohne lange Rückfrage oder Suche zu korrigieren.

PROFITIPP

Um die Gültigkeitsprüfung vorübergehend auszuschalten, ohne diese zu löschen, deaktivieren Sie das Kontrollkästchen *Fehlermeldung anzeigen, wenn ungültige Daten eingegeben wurden* (vgl. Abbildung 8.2).

Fehlerarten – Kann-Fehler und Muss-Fehler

Bei der Überprüfung von Daten gibt es zwei Kategorien: »Muss-Fehler« und »Kann-Fehler«. Ein Muss-Fehler ist ein Fehler, der auf einen Wert zeigt, welcher ohne jeden Zweifel falsch ist. Wenn Sie z.B. den Wert einer Zelle für eine Berechnung verwenden wollen, führt die Eingabe von Text zu einem Fehler. Die Eingabe von Text sollte also einen Muss-Fehler erzeugen.

HINWEIS Ein Muss-Fehler **muss** vom Bearbeiter **geprüft und geändert** werden.

Bei einem Kann-Fehler ist die Entscheidung, ob richtig oder falsch, nicht so einfach zu treffen, weil z.B. mehrere Bedingungen beachtet werden müssen, die zum Zeitpunkt der Festlegung vielleicht noch gar nicht bekannt sind.

HINWEIS Ein Kann-Fehler **muss** vom Bearbeiter **geprüft** werden und **kann geändert** werden.

Der Stil *Stopp*

Mit dem Stil *Stopp* können Sie einen Muss-Fehler definieren. Der Benutzer muss die Eingabe bei einer solchen Meldung ändern, das Verlassen der Zelle ist nicht möglich, solange der fehlerhafte Wert nicht geändert wird.

Abbildg. 8.3 Die Fehlermeldung im Stil *Stopp* verhindert die Eingabe fehlerhafter Werte.

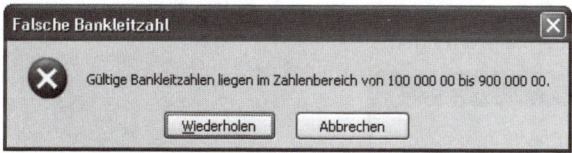

Die Stile *Warnung* und *Informationen* dagegen führen zur Festlegung von Kann-Fehlern. Das bedeutet, der eingetragene Wert entspricht nicht den Erwartungen, es ist aber dennoch möglich, den Wert in die Zelle zu übernehmen. Der Benutzer wird auf diese Möglichkeit in der Meldung (siehe Abbildung 8.4 und Abbildung 8.5) hingewiesen.

Der Stil *Warnung*

Die Meldung mit dem Stil *Warnung* zeigt die Schaltfläche *Nein*, mit der es möglich ist, wieder in den Editiermodus zu wechseln und den fehlerhaften Eintrag zu überschreiben.

Abbildg. 8.4 Fehlermeldung im Stil *Warnung*

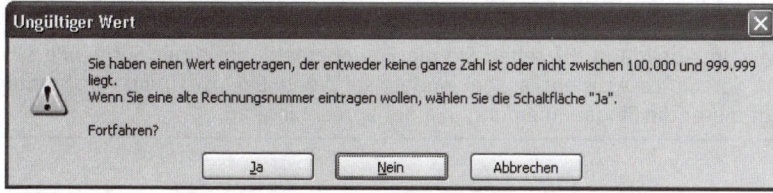

Mit der Schaltfläche *Ja* wird der Eintrag als gültiger Wert akzeptiert und in die Zelle übernommen. Die Schaltfläche *Abbrechen* stellt den Zustand der Zelle vor der Eingabe wieder her.

Der Stil *Informationen*

Bei dieser Einstellung des Fehlertyps wird bei der Eingabe ungültiger Daten nur eine Warnung angezeigt. Der Benutzer kann dann entscheiden, ob der Wert dennoch verwendet werden soll. In diesem Fall ist die Schaltfläche *OK* zu wählen. Die Schaltfläche *Abbrechen* stellt auch hier den Zustand der Zelle vor der Eingabe wieder her.

Abbildg. 8.5 Fehlermeldung vom Stil *Information*

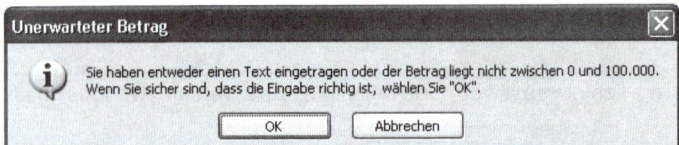

Eingabemeldung festlegen

Auf der Registerkarte *Eingabemeldung* können Sie eine Information eintragen, die immer dann erscheint, wenn die Zelle ausgewählt wird. Die Information wird dann, ähnlich wie ein Kommentar, in einer QuickInfo eingeblendet (vgl. Sie hierzu die Abbildung 8.7).

Abbildg. 8.6 Informationen beim Auswählen der Zelle anzeigen

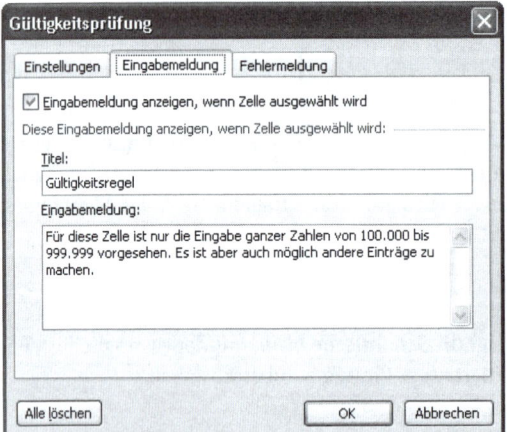

HINWEIS In Abbildung 8.7 sehen Sie die Eingabemeldung in der Form, wie sie angezeigt wird, wenn der Office-Assistent ausgeblendet ist. Wenn Sie den Office-Assistenten aktiviert haben, zeigt dieser die Eingabemeldung in einer Sprechblase an.

Abbildg. 8.7   Die Eingabemeldung hilft bei der Eingabe der korrekten Werte.

	A	B	C	D	E	F
1						
2		Rechnungsnummer	Bankleitzahl	Kontonummer	Betrag	
3		100000	12345678	9999999999	5	
4						
5		**Gültigkeitsregel**				
6		Für diese Zelle ist nur die				
7		Eingabe ganzer Zahlen von 100.000 bis 999.999				
8		vorgesehen. Es ist aber auch möglich andere				
9		Einträge zu machen.				
10						
11						
12						
13						

Das gezeigten Beispiele finden Sie in der Tabelle *Zahlen* in der Beispieldatei *Kap08.xls* im Ordner *\Buch\Kap08* auf der CD-ROM zum Buch.

TIPP   Ist eine Zelle aktiviert, für die eine Eingabemeldung angezeigt wird, können Sie die Position der Eingabemeldung auch ändern. Klicken Sie diese mit der linken Maustaste an und halten Sie die Maustaste gedrückt, während Sie die Eingabemeldung verschieben.

Eingabemeldung als ergänzender Kommentar

Wenn Sie für eine Zelle zwei Hinweise anzeigen wollen, legen Sie zum einen über *Einfügen/Kommentar* einen Kommentar für die Zelle fest. Zum anderen rufen Sie für diese Zelle über *Daten/Gültigkeit* das Dialogfeld *Gültigkeitsprüfung* auf. Wechseln Sie dann zur Registerkarte *Eingabemeldung* und tragen Sie den *Titel* und die *Eingabemeldung* ein. Legen Sie keine Kriterien für die Gültigkeit fest. Sie haben damit die Möglichkeit, zwei erklärende Hinweise wie in Abbildung 8.8 anzuzeigen.

Abbildg. 8.8   Die Zelle *C3* ist mit einer Eingabemeldung und einem Kommentar versehen.

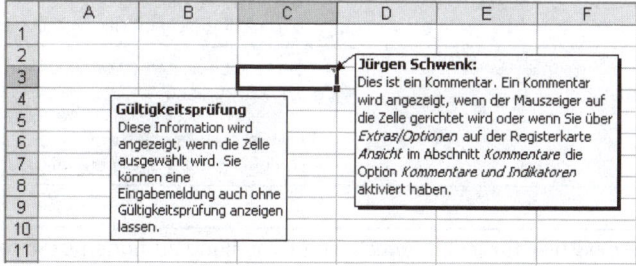

Beachten Sie, dass der Kommentar für eine Zelle in Abhängigkeit von der Position des Mauszeigers und den Einstellungen (unter *Extras/Optionen* auf der Registerkarte *Ansicht*) angezeigt wird, während die Eingabemeldung der Gültigkeitsprüfung für die Zelle erscheint, wenn diese ausgewählt wird.

Mehr zum Thema »Kommentare« finden Sie in Kapitel 13.

Möglichkeiten der Gültigkeitsprüfung

Um Gültigkeitskriterien festzulegen, können Sie im Listenfeld *Zulassen* aus einer ganzen Reihe von Kriterien auswählen. Die meisten Kriterien erlauben eine weitere Differenzierung durch die Verwendung logischer Operatoren, die über das Listenfeld *Daten* ausgewählt werden können. Die Tabelle 8.1 zeigt eine Übersicht über die möglichen Einstellungen und deren Wirkung.

Tabelle 8.1   Die möglichen Einstellungen im Listenfeld *Zulassen*

Eintrag im Feld *Zulassen*	Einstellungen	Wirkung
Jeden Wert	Keine	Standardeinstellung, keine Einschränkungen
Ganze Zahl	zwischen, nicht zwischen, gleich, ungleich, größer als, kleiner als, größer oder gleich, kleiner oder gleich	Die Eingabe wird auf ganze Zahlen eingeschränkt, die durch die Angabe eines bzw. zweier Grenzwerte (abhängig vom Vergleichsoperator) eingestellt werden kann.
Dezimal	Wie vor	Die Eingabe wird auf Dezimalzahlen eingeschränkt, sonst wie vor.
Liste	Quelle	Der eingetragene Wert wird mit einer Liste abgeglichen. Die Liste kann aus einzelnen Werten bestehen, die jeweils durch ein Semikolon getrennt sind, z.B. *Hammer;Zange;Schraubenschlüssel*, oder auf einen Bereich zeigen, etwa *=$B$1:$B$10*. Auch Bereichsnamen können eingesetzt werden.
Datum	zwischen, nicht zwischen, gleich, ungleich, größer als, kleiner als, größer oder gleich, kleiner oder gleich	Die Eingabe wird auf Datumswerte eingeschränkt, die durch die Angabe eines bzw. zweier Grenzwerte (abhängig vom Vergleichsoperator) eingestellt werden kann.
Zeit	Wie vor	Die Eingabe wird auf Zeitwerte eingeschränkt, sonst wie vor.
Textlänge	Wie vor	Bei der Eingabe wird die Länge der eingegebenen Zeichenfolge geprüft. Wird eine Formel eingetragen, wird die Länge des Ergebnisses und nicht die Länge der Formel geprüft.
Benutzerdefiniert	Formel	Sie können hier eine Formel eingeben, die auch Bezüge auf andere Zellen des Tabellenblattes enthalten kann. Ist das Ergebnis der Formel der Wahrheitswert *WAHR*, sind die Daten gültig, bei *FALSCH* ungültig.

TIPP   Sie sehen, dass hier für jeden Zweck eine Einstellung zu finden ist. Interessant ist z.B. die Gültigkeitsprüfung mit dem Vergleich der Textlänge. Wenn Sie festlegen wollen, dass eine Zelle einen Eintrag enthalten muss, ohne die Anzahl der Zeichen einzuschränken, wählen Sie im Feld *Daten* den Operator *größer oder gleich* aus und geben Sie im Feld *Minimum* den Wert 1 ein.

Zellen mit Hilfe der Gültigkeitsprüfung schützen

Die Gültigkeitsprüfung kann auch für einen einfachen Zellschutz ohne Passwort verwendet werden. Sollen etwa Formatierungsoptionen verfügbar bleiben, ist der Standard-Zellschutz ungeeignet, weil dieser auch das Formatieren von Zellen verhindert. Über *Extras/Schutz/Benutzer dürfen Bereiche bearbeiten* geht das zwar, aber eine interessante weil einfache Möglichkeit bietet die Gültigkeitsprüfung dennoch.

PROFITIPP

> Nachdem Sie ein Arbeitsblatt mit Texten, Werten und Formeln gefüllt haben, markieren Sie das gesamte Blatt oder den verwendeten Bereich. Wählen Sie dann den Menübefehl *Daten/Gültigkeit*. Stellen Sie das Listenfeld *Zulassen* auf *Benutzerdefiniert* und tragen Sie die Formel *=LÄNGE(A1)<1* ein. Beachten Sie dabei den relativen Bezug auf die erste Zelle des Bereichs. Damit ist eine Eingabe nur dann gültig, wenn sie weniger als ein Zeichen lang ist. Die Zelle ist damit vor dem direkten Überschreiben, wie es versehentlich vorkommen kann, geschützt. Das ist selbstverständlich kein Schutz, der unberechtigte Benutzer davon abhalten kann, Daten zu zerstören. Zumal dies mit der Entf-Taste immer noch funktioniert. Aber eine schnelle Hilfe für das Unterbinden eigener Unzulänglichkeiten ist es durchaus.

Mehr zum Thema »Zellschutz« finden Sie in Kapitel 4.

Daten und Formeln eingeben

Gültigkeitsregeln finden, ändern und löschen

Manchmal kommt es vor, dass die Gültigkeitsregeln geändert werden müssen. Sei es, weil sich die Voraussetzungen ändern oder weil versehentlich eine falsche Regel festgelegt wurde. Zum Überarbeiten von Gültigkeitsregeln verwenden Sie ebenfalls das Dialogfeld *Gültigkeitsprüfung*. Da stellt sich die Frage, wie Sie Zellen mit einer Gültigkeitsprüfung finden können, nicht wahr?

Zellen mit Gültigkeitsregeln finden

Wenn Sie die Gültigkeitsregeln ändern, wollen Sie natürlich wissen, welche Zellen von einer solchen Aktion betroffen sind. Die Zellen mit Gültigkeitsprüfungen können Sie über den Menübefehl *Bearbeiten/Gehe zu* anzeigen lassen, wenn Sie die Schaltfläche *Inhalte* wählen und im Dialogfeld *Inhalte auswählen* die Option *Gültigkeitsprüfung* markieren. Mehr zum Dialogfeld *Gehe zu* finden Sie in Kapitel 4.

Über die Optionsfelder *Alles* und *Gleiche* können Sie einstellen, welche Gültigkeitsprüfungen markiert werden sollen. Diese Optionen gelten übrigens auch bei der Suche nach bedingten Formatierungen. Mehr zum Thema »Bedingte Formatierung« finden Sie in Kapitel 11.

HINWEIS   Eine eventuell festgelegte Eingabemeldung wird erst angezeigt, wenn Sie die ausgewählte Zelle anklicken.

Zellen mit der gleichen Gültigkeitsprüfung auswählen

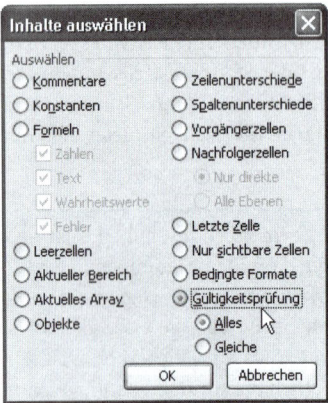

Wollen Sie ein Arbeitsblatt auf ungültige Daten prüfen, können die Daten, die nicht Ihren Kriterien entsprechen, mit einem roten Kreis markiert werden. Dadurch wird die Fehlersuche erleichtert. Verwenden Sie zu diesem Zweck die Schaltflächen *Ungültige Daten markieren* und *Gültigkeitskreise löschen* auf der Symbolleiste *Formelüberwachung* (siehe den folgenden Abschnitt). Wenn Sie die Daten in der Zelle korrigieren, wird der Kreis ausgeblendet.

Bereits eingetragene Daten prüfen

Die Gültigkeitsregel wird nicht auf Daten angewendet, die zum Zeitpunkt der Definition der Gültigkeitsregel bereits eingetragen waren. Wird also eine Gültigkeitsprüfung für Zellen mit Inhalt festgelegt, müssen Sie diesen Inhalt selbst auf Gültigkeit prüfen.

Sie können sich dabei allerdings von Excel unterstützen lassen. Blenden Sie über *Ansicht/Symbolleisten* die Symbolleiste *Formelüberwachung* ein. Auf dieser Symbolleiste finden Sie die Schaltfläche *Ungültige Daten markieren*. Wenn Sie diese Schaltfläche anklicken, werden die Zellinhalte mit den Gültigkeitsprüfungen verglichen und ungültige Werte mit Gültigkeitskreisen markiert.

HINWEIS   Wenn Sie unter *Extras/Optionen* auf der Registerkarte *Berechnung* das Optionsfeld *Manuell* markiert haben, werden Sie vor der Markierung ungültiger Daten aufgefordert, eine Neuberechung (vgl. Kapitel 6) durchzuführen. Das ist notwendig, um einen korrekten Vergleich der Zellinhalte mit den Gültigkeitsregeln durchzuführen.

Bei einer großen Menge fehlerhafter Daten müssen Sie diesen Schritt unter Umständen mehrfach ausführen, da die Gültigkeitskreise lediglich bei 255 Zellen gleichzeitig gezeichnet werden können.

Über die Schaltfläche *Gültigkeitskreise löschen*, die ebenfalls auf der Symbolleiste *Formelüberwachung* platziert ist, können die Gültigkeitskreise wieder entfernt werden. Die Gültigkeitskreise werden auch beim Speichern und Schließen der Arbeitsmappe entfernt.

Abbildg. 8.10 Ungültige Daten mit einem Kreis markieren

	A	B	C	D	E	F	G	H
1								
2		Zulassen	Ganze Zahl	Dezimal	Datum	Zeit	Textlänge	
3		Daten	zwischen	nicht zwischen	zwischen	zwischen	kleiner oder gleich	
4		Von	1	1,8	01.01.2003	00:00:00	5	
5		Bis	10	2,1	30.06.2003	12:00:00		
6		Fehlertyp	Stopp	Warnung	Informationen	Informationen	Warnung	
7		Leere Zellen ignorieren	FALSCH	FALSCH	WAHR	WAHR	WAHR	
8			1	3	17.03.2003	06:30	2000	
9			11	2,5		12:00	Text	
10				1,9			Gültigkeitskreis	
11								
12								
13								
14								
15								
16								
17								
18								

Das Beispiel finden Sie in der Tabelle *Weitere Bedingungen*. Sie befindet sich in der Beispieldatei *Kap08.xls* im Ordner *\Buch\Kap08* auf der CD-ROM zum Buch.

Gültigkeitsregeln ändern

Um die Änderung einer Gültigkeitsprüfung auf alle Zellen mit der gleichen Gültigkeitsprüfung anzuwenden, aktivieren Sie im Dialogfeld *Gültigkeitsprüfung* auf der Registerkarte *Einstellungen* das Kontrollkästchen *Änderungen auf alle Zellen mit den gleichen Einstellungen anwenden*.

Haben Sie einen Bereich markiert und dieser enthält verschiedene Gültigkeitsprüfungen, werden Sie darauf mit einer Warnmeldung hingewiesen.

Abbildg. 8.11 Warnhinweis vor dem Überschreiben von Gültigkeitsprüfungen

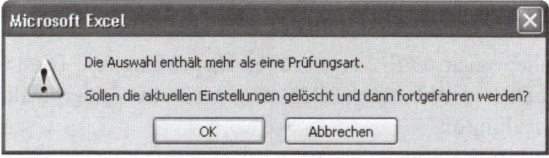

Über die Schaltfläche *OK* werden die bestehenden Gültigkeitsprüfungen innerhalb der Markierung gelöscht.

Gültigkeitsregeln löschen

Wollen Sie eine Gültigkeitsregel entfernen, dann markieren Sie den Bereich, für den Sie die Gültigkeitsregel entfernen wollen und wählen den Menübefehl *Daten/Gültigkeit*. Mit der Schaltfläche *Alle löschen* werden die Gültigkeitsprüfungen zum Löschen vorgemerkt. Erst wenn Sie die Schaltfläche

OK wählen, wird der Löschvorgang abgeschlossen. Mit der Schaltfläche *Abbrechen* können Sie den Vorgang abbrechen.

Der Menübefehl *Bearbeiten/Löschen/Alles* entfernt neben dem Inhalt und der Formatierung auch vorhandene Gültigkeitsprüfungen.

Werte aus einer Liste verwenden

Auch die Verwendung einer Liste für die Überprüfung auf Gültigkeit ist möglich. Eine Liste kann dabei

- in Form einer Reihe von Werten eingetragen werden, die jeweils durch ein Semikolon getrennt werden. So können Sie mit dem Eintrag *Euro;Dollar;Yen* aus einer Liste von Währungen auswählen.
- als Bezug auf einen einzeiligen Bereich mit mehreren Spalten, z.B. =$B$5:$G$5
- als Bezug auf einen einspaltigen Bereich mit mehreren Zeilen, z.B. =$A$1:$A$10

eingetragen werden.

Sollen nur wenige Werte für die Liste verwendet werden, ist das Eintragen im Feld *Quelle* sicher eine gute Möglichkeit. Bequemer für die Erfassung und Pflege der Liste ist allerdings die Verwaltung in einer Tabelle.

Zellbereich als Liste verwenden

Wenn Sie die Liste mit gültigen Werten in einer Tabelle verwalten, so hat dies einige Vorteile. Diese Vorgehensweise ermöglicht Ihnen z.B.

- eine unkomplizierte Pflege der Liste,
- eine einfache Erweiterung und Änderung einzelner Werte,
- die Möglichkeit der Verwendung von importierten Daten,
- die Möglichkeit der Verwendung beliebiger Funktionen.

Beispiel: Legen Sie für den Eingabebereich *B3:B12* eine Gültigkeitsprüfung fest. Die Liste gültiger Werte steht bereits im Bereich *D3:D6* (vgl. Abbildung 8.13). Zeigen Sie eine Fehlermeldung für fehlerhafte Daten und eine Eingabemeldung an.

Das gezeigte Beispiel finden Sie in der Tabelle *Liste* in der Beispieldatei *Kap08.xls* im Ordner *\Buch\Kap08* auf der CD-ROM zum Buch.

Um eine Liste für die Gültigkeitsprüfung festzulegen, sind folgende Schritte durchzuführen:

1. Markieren Sie den Bereich, für den die Gültigkeitsprüfung durchzuführen ist, also *B3:B12*.
2. Wählen Sie den Menübefehl *Daten/Gültigkeit*.
3. Wechseln Sie zur Registerkarte *Einstellungen* und wählen Sie im Listenfeld *Zulassen* den Eintrag *Liste*.
4. Klicken Sie in das Eingabefeld *Quelle* und markieren Sie den Listenbereich in der Tabelle. Vergleichen Sie hierzu die Abbildung 8.12.

Abbildg. 8.12   Werte einer Liste für die Gültigkeitsprüfung verwenden

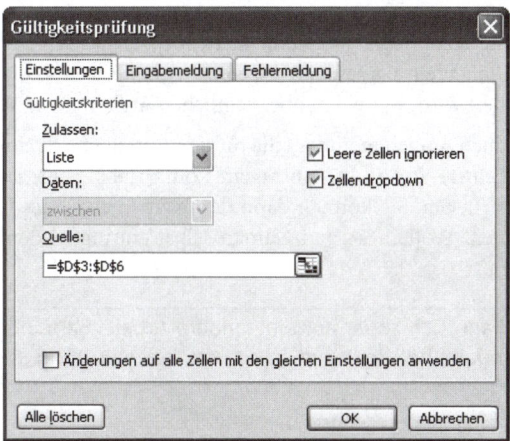

5. Wechseln Sie zur Registerkarte *Eingabemeldung* und geben Sie die Eingabemeldung ein.

6. Wechseln Sie zur Registerkarte *Fehlermeldung* und geben Sie eine aussagekräftige Fehlermeldung ein.

7. Beenden Sie die Definition mit der Schaltfläche *OK*.

Wenn Sie das Kontrollkästchen *Zellendropdown* aktivieren, können Sie die Dateneingabe vereinfachen. Ist dieses Kontrollkästchen aktiviert, kann die Dateneingabe über ein Auswahlfeld erfolgen, das geöffnet werden kann, wenn die Zelle aktiviert wird. Sie wählen hier den gewünschten Eintrag mit einem Mausklick aus.

Abbildg. 8.13   Ist die Zelle ausgewählt, kann aus dem Dropdown-Feld ein Wert ausgewählt werden.

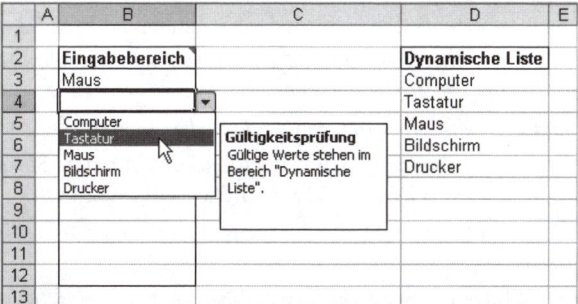

PROFITIPP

> Wenn es Ihnen lediglich um die bequeme Auswahl von Einträgen über eine Liste geht, aber auch Werte zugelassen sein sollen, die nicht in der Liste stehen, schließen Sie zusätzlich eine Leerzelle in den Listenbereich ein. Im Beispiel aus Abbildung 8.13 wäre das der Bereich *D3:D8*. Im Gegensatz zur Dropdown-Auswahlliste (vgl. Kapitel 4) können Sie damit jedoch die Auswahl selbst festlegen.

Gültigkeitsliste auf einem anderen Blatt verwalten

Wenn Sie für die Gültigkeit eine Liste verwenden wollen, die nicht auf dem aktiven Blatt ist, so ist dies direkt im Dialogfeld *Gültigkeitsprüfung* nicht vorgesehen. Eigentlich schade, weil so die Trennung von Daten und Gültigkeitslisten verhindert wird, was einen übersichtlichen Aufbau unterstützt.

Sie können diese Beschränkung jedoch umgehen, indem Sie für den Listenbereich einen Namen vergeben und diesen im Dialogfeld *Gültigkeitsprüfung* eintragen. Komfortabel geht das, wenn Sie im Eingabefeld *Quelle* die Taste ![F3] drücken. Sie können dann den Namen aus einer Liste auswählen und in das Eingabefeld übernehmen. Wollen Sie den Namen selbst eintragen, denken Sie an das Gleichheitszeichen vor dem Namen!

> **HINWEIS**   Ein solcher Name kann sich sogar auf eine andere Arbeitsmappe beziehen. Allerdings muss diese bei der Dateneingabe geöffnet sein, sonst wird keine Prüfung durchgeführt.

Mehr zum Thema »Namen« finden Sie in Kapitel 17.

Dynamische Liste für die Gültigkeit festlegen

Verwalten Sie die Werte für eine Gültigkeitsprüfung in einer Tabelle, kommt sicher bald der Wunsch nach einer Liste auf, die sich beim Eintragen neuer Werte automatisch anpasst.

Wie können Sie eine Liste erstellen, die sich automatisch um neue Einträge erweitert und sich für die Verwendung in der Gültigkeitsprüfung eignet? Als Grundlage soll die Liste aus Abbildung 8.13 dienen.

Die Lösung führt hier über einen dynamischen Namen zum Ziel. Um einen dynamischen Namen für die Liste festzulegen, können Sie die Tabellenfunktion *BEREICH.VERSCHIEBEN(Bezug;Zeilen;Spalten;Höhe;Breite)* verwenden. Gehen Sie dazu wie folgt vor:

1. Wählen Sie den ersten Eintrag der bestehenden Liste, in der Abbildung die Zelle *D3*, aus.
2. Vergeben Sie für diese Zelle über den Menübefehl *Einfügen/Namen/Definieren* den Namen *Start* und wählen die Schaltfläche *Hinzufügen*.
3. Tragen Sie im Feld *Namen in der Arbeitsmappe* den Namen *Listenbereich* ein.
4. Tragen Sie im Eingabefeld *Bezieht sich auf* für diesen Namen die Formel *=Start:BEREICH.VERSCHIEBEN(Start;ANZAHL2($D$3:$D$65536)-1;0;1;1)* ein und bestätigen mit *OK*.
5. Markieren Sie den Bereich *B3:B12*, für den die Gültigkeit festgelegt werden soll, und wählen Sie den Menübefehl *Daten/Gültigkeit*.
6. Im Feld *Zulassen* wählen Sie den Eintrag *Liste* und im Feld *Quelle* tragen Sie *=Listenbereich* ein.
7. Legen Sie noch eine Eingabemeldung und eine Fehlermeldung fest.
8. Beenden Sie die Eingabe mit der Schaltfläche *OK*.

Tragen Sie nun zusätzlich einen Wert im Bereich *D3:D65536* ein, wird der Bezug für den Namen *Listenbereich* erweitert und der neue Wert wird bei der Gültigkeitsprüfung zugelassen. Im Zellendropdown wird der Wert ebenfalls angezeigt.

Die Funktion *Anzahl2(Wert1;Wert2;...)* ermittelt die Anzahl der Einträge und erlaubt damit die dynamische Erweiterung der Gültigkeitsliste durch die Verwendung als Argument *Zeilen* in der Funktion *BEREICH.VERSCHIEBEN*. Mehr zu dieser leistungsfähigen Funktion finden Sie in Kapitel 15.

PROFITIPP

Wenn Sie Formeln für die Gültigkeitsprüfung verwenden, können Sie diese zunächst in der Tabelle erstellen und testen. Zeigt die Formel das gewünschte Ergebnis, kopieren Sie diese über die Zwischenablage in das Dialogfeld *Gültigkeitsprüfung*. Sie ersparen sich dadurch das häufige Aufrufen des Dialogfelds.

Das gezeigte Beispiel finden Sie in der Tabelle *Dynamische Listen* in der Beispieldatei *Kap08.xls* im Ordner *\Buch\Kap08* auf der CD-ROM zum Buch.

Variable Listenbereiche einsetzten

Vielleicht wollen Sie für die Gültigkeitsprüfung auch verschiedene Listen festlegen, die in Abhängigkeit einer anderen Zelle verwendet werden. Dann sollten Sie das folgende Beispiel genauer ansehen.

Dieses Beispiel finden Sie in der Tabelle *Variable Listen* in der Beispieldatei *Kap08.xls* im Ordner *\Buch\Kap08* auf der CD-ROM zum Buch.

Für die Auswahl einzelner Sparten soll eine Gültigkeitsprüfung festgelegt werden. Die Auswahl der Kostenstelle soll dabei so eingeschränkt werden, dass die für die jeweilige Sparte gültige Liste verwendet wird.

Die Lösung verwendet eine Reihe von Namen. Markieren Sie zunächst den Bereich *E1:E4* und rufen Sie über die Tastenkombination ⌊Strg⌋ + ⌊⇧⌋ + ⌊F3⌋ das Dialogfeld *Namen erstellen* auf. Übernehmen Sie den Namen aus der obersten Zeile.

Verfahren Sie anschließend für die Bereiche *G1:G8* sowie *H1:H5* und *I1:I4* genauso.

HINWEIS   Da die Bereiche unterschiedlich groß sind, können Sie die Namen nicht in einem Arbeitsgang festlegen, indem Sie den Bereich *G1:H8* markieren und die Namen erstellen. Die Namen würden dann leere Zellen einschließen.

Abbildg. 8.14   Der Eintrag in Spalte *B* bestimmt die Anzeige des Auswahlfeldes für die Kostenstelle.

	A	B	C	D	E	F	G	H	I	J
1		Sparte	Kostenstelle		**Sparten**		**Medien**	**Karten**	**Personal**	
2		Medien	112		Medien		111	214	317	
3		Personal	317		Karten		112	215	318	
4		Karten	215 ▼		Personal		113	216	319	
5			214				114	217		
6			215				115			
7			216				116			
8			217				117			
9										
10										
11										
12										

Die Gültigkeitsprüfung für den Bereich *B2:B11* stellen Sie auf die Liste *Sparten* ein. Damit kann aus den Einträgen *Medien*, *Karten* und *Personal* ausgewählt werden.

Die Gültigkeitsprüfung für die Kostenstellen soll den Wert der Spalte B berücksichtigen. Dazu stellen Sie das Listenfeld *Zulassen* auf *Liste* und tragen als Quelle die Formel *=WAHL(VER-GLEICH(B2;$G$1:$I$1;0);Medien;Karten;Personal)* ein. Diese Formel arbeitet nach der folgenden Reihenfolge.

- Der Teil *VERGLEICH(B2;$G$1:$I$1;0)* durchsucht den Bereich mit den Überschriften der Kostenstellen nach dem Wert, der in Zelle *B2* eingetragen ist. Das Ergebnis ist eine Zahl für die Position, an welcher der Wert gefunden wird.

- Die Funktion *WAHL(VERGLEICH(B2;$G$1:$I$1;0);Medien;Karten;Personal)* verwendet das zuvor ermittelte Ergebnis des Vergleichs als Argument *Index* in der Tabellenfunktion *WAHL(Index;Wert1;Wert2;...)*. Als Werteliste werden die Bereichsnamen der Kostenstellen verwendet.

> **HINWEIS** Kommen neue Kostenstellen hinzu oder fallen einige weg, dann ändern Sie die Tabelle entsprechend ab. Legen Sie den betreffenden Namen dann wie oben beschrieben erneut fest.

> **WICHTIG** Diese Methode ist als schnelle Hilfe zur Eingabe gedacht. Bedenken Sie, dass bei Änderung einer Sparte für bereits eingetragene Kostenstellen keine erneute Gültigkeitsprüfung durchgeführt wird.

Die Eingabe mit Formeln einschränken

Wenn die bisher vorgestellten Möglichkeiten für die Definition von Gültigkeitsregeln noch nicht ausreichen, dann können Sie auch Formeln für die Prüfung verwenden. Wenn Sie im Dialogfeld *Gültigkeitsprüfung* im Listenfeld *Zulassen* den Eintrag *Benutzerdefiniert* wählen, können Sie im Eingabefeld *Formel* eine Formel eintragen.

Hier können Sie Formeln verwenden, die als Rückgabewert einen der Wahrheitswerte *WAHR* oder *FALSCH* zurückgeben. Gibt die Formel *WAHR* zurück, sind die Daten gültig, ist das Ergebnis der Formel der Wahrheitswert *FALSCH*, sind die Daten ungültig und die Fehlermeldung wird angezeigt.

Bei der Verwendung von Formeln gilt es allerdings, ein paar Einschränkungen zu beachten.

- Sie können keine Bezüge auf externe Arbeitsmappen, z.B. *='C:\DATEN\[Mappe.xls]Tabelle1'!$A$1=B5*, verwenden.

- Sie können keine Funktionen aus Add-Ins verwenden. So ist z.B. die Funktion *Nettoarbeitstage* in einer Tabelle nur verfügbar, wenn Sie das Add-In *Analyse-Funktionen* installiert haben. In der Gültigkeitsprüfung kann diese Funktion nicht direkt eingesetzt werden.

- Sie können keine Matrixkonstanten verwenden.

- Sie können keine Formeln mit mehr als 255 Zeichen verwenden.

Fehlermeldung bei Verwendung externer Funktionen oder Bezüge

> **TIPP**   Sie können solche Hindernisse umgehen, indem Sie die Formel für die Gültigkeits-
> prüfung in einer Tabelle eintragen und für die Gültigkeitsprüfung einen Bezug auf die Zelle mit
> der Formel verwenden. Sehen Sie sich dazu das nachfolgende Beispiel an.

Funktionen aus einem Add-In verwenden

Nehmen wir an, Sie wollen von Mitarbeitern mit unterschiedlichen Arbeitszeitmodellen die Anzahl
der Arbeitstage abfragen. Dabei soll verhindert werden, dass eine Zahl eingetragen wird, die größer
als die mit der Funktion *NETTOARBEITSTAGE* ermittelte Zahl ist. Die Funktion *NETTOARBEITS-
TAGE* ist Bestandteil des Add-Ins *Analyse-Funktionen*. Um dieses Beispiel nachvollziehen zu können, müssen Sie das Add-In über *Extras/Add-Ins* aktivieren. Mehr zum Thema »Add-Ins« erfahren
Sie in Kapitel 26.

Um für die Gültigkeitsregel in Zelle *C16* eine solche Prüfung zu verwenden, sind folgende Schritte
nötig:

1. Rufen Sie über *Daten/Gültigkeit* das Dialogfeld *Gültigkeitsprüfung* auf.

2. Stellen Sie das Feld *Zulassen* auf *Ganze Zahl*.

3. Ändern Sie das Feld *Daten* auf *zwischen*.

4. Legen Sie den Grenzwert für das *Minimum* auf *1*.

5. Geben Sie das *Maximum* als Bezug auf die Zelle mit der Berechnung der Nettoarbeitstage (=*C12*
   in Abbildung 8.16) ein.

6. Legen Sie nach Bedarf eine Eingabemeldung und eine Fehlermeldung fest.

7. Beenden Sie die Definition mit *OK*.

Abbildg. 8.16   Setzen Sie Funktion in der Tabelle ein und verwenden Sie einen Verweis auf die Zelle.

	A	B	C	D	E
1					
2		**So verwenden Sie eine Funktion die nicht direkt in der Gültigkeitsprüfung verwendet werden kann**			
3					
4		Damit dieses Beispiel funktioniert, muss über *Extras/Add-Ins* das Add-In *Analyse-Funktionen* aktiviert sein!			
5					
6		Tragen Sie hier das Jahr ein >>	2006		
7		Tragen Sie hier den ersten Monat ein >>	1	Gültig sind Werte zwischen 1 und 12	
8		Tragen Sie hier den letzten Monat ein >>	12	Gültig sind Werte zwischen 1 und 12	
9					
10		Erster Tag	01.01.2006	=DATUM(C6;C7;1)	
11		Letzter Tag	31.12.2006	=DATUM(C6;C8;31)	
12		Nettoarbeitstage	260	=NETTOARBEITSTAGE(C10;C11)	
13					
14		An wie vielen Tagen haben Sie in dieser Zeit gearbeitet?			
15					
16		Tragen Sie hier Ihre Arbeitstage ein >>	15	Derzeit sind Werte zwischen 1 und 260 gültig!	
17					

Daten und Formeln eingeben

Doppelte Einträge verhindern

Ein häufiges Problem bei der Pflege von Listen ist die Vermeidung doppelter Einträge. In einer Kundenliste sollen z.B. doppelte Kundennummern verhindert werden, oder in einer Liste mit Aktienkursen soll jedes Datum nur einmal eingetragen werden. Für diese Problemstellung können Sie eine Formel in der Gültigkeitsprüfung verwenden.

Sie wollen im Bereich *B4:B13* sicherstellen, dass jeder Eintrag nur einmal vorkommen kann. Wenn versucht wird, einen Wert mehrfach einzutragen, soll eine Fehlermeldung darauf hinweisen.

Das gezeigte Beispiel finden Sie in der Tabelle *Duplikate* in der Beispieldatei *Kap08.xls* im Ordner *\Buch\Kap08* auf der CD-ROM zum Buch.

Um die Gültigkeit so festzulegen, dass jeder Eintrag nur ein einziges Mal verwendet werden kann, gehen Sie wie folgt vor:

1. Markieren Sie zunächst den Prüfbereich *B4:B13*.
2. Wählen Sie den Befehl *Daten/Gültigkeit*.
3. Auf der Registerkarte *Einstellungen* wählen Sie im Listenfeld *Zulassen* den Eintrag *Benutzerdefiniert*.
4. Im Listenfeld *Formel* fügen Sie den Ausdruck ein, der die Daten, die zugelassen sind, beschreibt. Um doppelte Einträge zu verhindern, verwenden Sie die Formel *=ZÄHLENWENN($B$4:$B$13;B4)<=1*. Vergleichen Sie hierzu die Abbildung 8.17.
5. Wechseln Sie zur Registerkarte *Fehlermeldung* und tragen Sie die Fehlermeldung ein.
6. Beenden Sie die Eingabe mit *OK*.

WICHTIG   Achten Sie hier unbedingt darauf, dass der zu durchsuchende Bereich *$B$4:$B$13* als absoluter Bezug eingegeben werden muss, also mit den Dollarzeichen. Dadurch ist dieser Bereich für alle Zellen mit dieser Gültigkeitsprüfung gleich. Das zweite Argument der Funktion *ZÄHLENWENN(Bereich;Suchkriterien)* wird mit einem relativen Bezug angegeben. Dieser Bezug soll angepasst werden und auf eine einzelne Eingabezelle zeigen.

Abbildg. 8.17   Mit dieser Formel wird geprüft, wie oft ein Eintrag im Eingabebereich vorhanden ist.

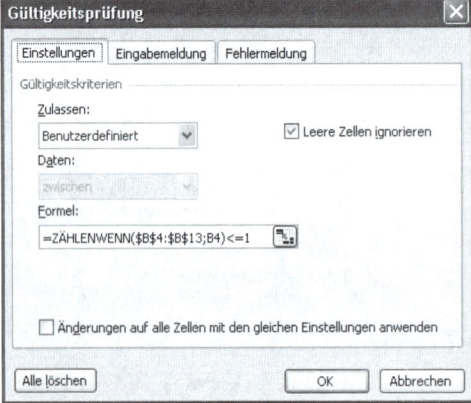

Prüfen Sie doch einmal nach, wie Excel die Formel für die Gültigkeit im Bereich *B4:B13* eingetragen hat. In Zelle *B4* ist die Formel =*ZÄHLENWENN($B$4:$B$13;B4)<=1* eingetragen. In Zelle *B5* dagegen lautet die Formel =*ZÄHLENWENN($B$4:$B$13;B5)<=1* und in Zelle *B6* =*ZÄHLEN-WENN($B$4:$B$13;B6)<=1*. Der durchsuchte Bereich ist also immer der Bereich *B4:B13*, wohingegen das Suchkriterium auf die jeweilige Zelle zeigt.

> **HINWEIS**   Ob es sich bei dem Eintrag um Text oder Zahlen handelt, spielt bei dieser Gültigkeitsprüfung keine Rolle. Jeder Eintrag wird unabhängig von seinem Datentyp geprüft.

Hinweis auf vollständige Eingabe zeigen

Die Verwendung von Formeln bietet zahlreiche Möglichkeiten. So können Sie damit auch einen Bereich überwachen und eine Meldung anzeigen, wenn alle Daten eingetragen sind.

Sie wollen eine Meldung anzeigen, wenn alle Felder des Bereichs *A2:A5* gefüllt sind.

 Das gezeigte Beispiel finden Sie in der Tabelle *Vollständige Eingabe* in der Beispieldatei *Kap08.xls* im Ordner *\Buch\Kap08* auf der CD-ROM zum Buch.

Um den Hinweis auf vollständige Erfassung der Daten anzuzeigen, gehen Sie wie folgt vor:

1. Markieren Sie den Bereich *A2:A5* und wählen den Befehl *Daten/Gültigkeit*.
2. Wählen Sie auf der Registerkarte *Einstellungen* im Listenfeld *Zulassen* den Eintrag *Benutzerdefiniert* und tragen im Feld *Formel* die Formel =*ANZAHLLEEREZELLEN($A$2:$A$5)>0* ein. Beachten Sie dabei bitte die absoluten Bezüge.
3. Wechseln Sie dann zur Registerkarte *Fehlermeldung* und stellen den Stil *Informationen* ein.
4. Tragen Sie einen Titel, z.B. *Vollständigkeit* ein und geben Sie im Feld *Fehlermeldung* den gewünschten Text ein.
5. Beenden Sie die Eingabe mit *OK*.

Ist das letzte Feld gefüllt, wird ein Hinweis ausgegeben, der anzeigt, dass die Daten vollständig sind. Sie können dann weitere Aktionen veranlassen oder mit der Auswertung der Daten beginnen.

Tabellen nur zeilenweise füllen

Das vorherige Beispiel hat eine Information geliefert, wenn die Anzahl leerer Zellen den Schwellenwert »0« angezeigt hat. Das nun folgende Beispiel zählt ebenfalls Zellen, dieses Mal jedoch diejenigen mit Inhalt. Damit soll erreicht werden, dass der Benutzer ein Tabellenblatt zeilenweise füllt. Erst wenn die Zellen der vorherigen Zeile gefüllt wurden, kann eine Eingabe in die aktuelle Zelle vorgenommen werden.

Führen Sie die folgenden Schritte aus, um im Bereich *B4:D18* eine Eingabe nur dann zuzulassen, wenn in der jeweils vorigen Zeile die Spalten *B* bis *D* vollständig gefüllt wurden:

1. Markieren Sie den Bereich *B4:D18*.
2. Wählen Sie den Menübefehl *Daten/Gültigkeit*.
3. In der Registerkarte *Einstellungen* wählen Sie im Listenfeld *Zulassen* den Eintrag *Benutzerdefiniert* aus.

4. Im Feld *Formel* tragen Sie die Formel =ANZAHL2($B3:$D3)=3 ein. Achten Sie dabei auf den gemischten Bezug (absolut für die Spalten und relativ für die Zeilen).

5. Wechseln Sie auf die Registerkarte *Fehlermeldung*. Stellen Sie dort den Typ *Stopp* ein und legen Sie eine Fehlermeldung fest.

6. Schließen Sie das Dialogfeld *Gültigkeitsprüfung* mit *OK*.

Die Tabelle kann nun nicht mehr spaltenweise gefüllt werden; es müssen vielmehr jeweils drei Werte eingetragen sein, bevor eine Eingabe in die nächste Zeile gelingt.

HINWEIS Bei Verwendung der Tabellenfunktion *ANZAHL2(Wert1;Wert2;...)* werden die Einträge gezählt. Ein Eintrag ist in diesem Fall ein beliebiger Zellinhalt. Sollen lediglich Zahlenwerte gezählt werden, verwenden Sie die Tabellenfunktion *ANZAHL(Wert1;Wert2;...)*.

Wollen Sie das Beispiel auf Ihre eigene Tabelle übertragen, müssen Sie folgende Anpassung vornehmen:

- Ändern Sie den Bereich, den Sie der Funktion *ANZAHL2* übergeben (im Beispiel *$B3:$D3*), z.B. in *$A1:$F1*.

- Ändern Sie den Vergleichswert (im Beispiel *3*) auf die Anzahl der Spalten, die Inhalte haben müssen. Für den Bereich *$A1:$F1* ist *6* der Vergleichswert. Denkbar ist hier auch eine Variante, die nicht alle Spalten, sondern nur eine Auswahl prüft.

Abbildg. 8.18 Dateneingabe sperren, wenn die vorige Zeile noch nicht vollständig gefüllt ist

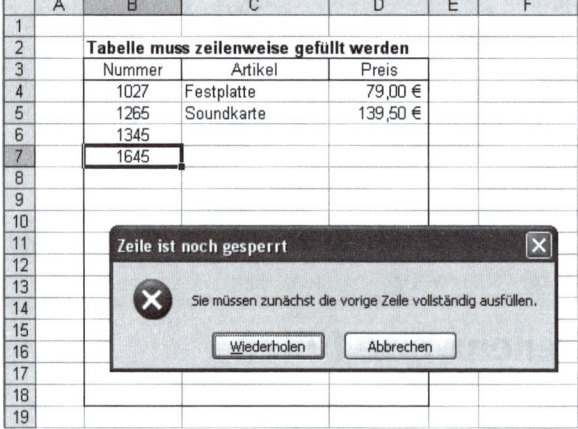

Das gezeigte Beispiel finden Sie in der Tabelle *Zeilenweise Erfassung* in der Beispieldatei *Kap08.xls* im Ordner *\Buch\Kap08* auf der CD-ROM zum Buch.

Auf ein ausgeschöpftes Budget hinweisen

Wenn es um Ausgaben geht, müssen sich diese immer in einem gewissen Rahmen bewegen. Im privaten Bereich ist das Haushaltsgeld festgesetzt, im geschäftlichen Bereich gibt es ein Budget für ein bestimmtes Projekt und für die Überziehung eines Kontos eine Kreditlinie. Setzen Sie die Gültigkeitsprüfung ein, um den Kostenrahmen im Auge zu behalten.

Angenommen, Sie haben im Lotto gewonnen und planen jetzt mehrere Anschaffungen, die Sie zuvor in eine Tabelle eintragen. Sie wollen eine Meldung anzeigen, wenn die geplanten Ausgaben das Budget in Zelle *C4* übersteigen. Gehen Sie dazu wie folgt vor:

1. Markieren Sie den Bereich *C7:C26*.

2. Rufen Sie über *Daten/Gültigkeit* das Dialogfeld *Gültigkeitsprüfung* auf.

3. Auf der Registerkarte *Einstellungen* wählen Sie im Listenfeld *Zulassen* den Eintrag *Benutzerdefiniert* aus.

4. Im Feld *Formel* tragen Sie die Formel =SUMME($C$7:$C$26)<=$C$4 ein. Beachten Sie die absoluten Bezüge!

5. Legen Sie die *Eingabemeldung* und die *Fehlermeldung,* wie in Abbildung 8.19 gezeigt, fest.

6. Beenden Sie die Definition der Gültigkeitsprüfung mit *OK*.

Abbildg. 8.19   Warnhinweis anzeigen, wenn das Budget ausgeschöpft ist

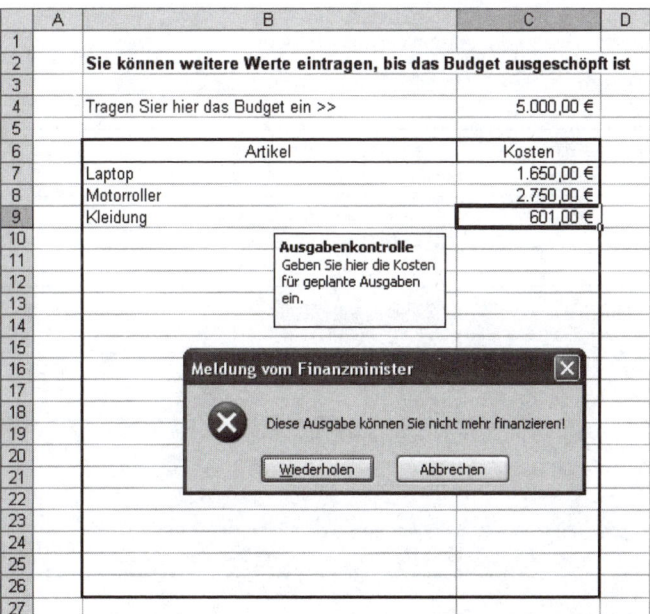

Das gezeigte Beispiel finden Sie in der Tabelle *Budget* in der Beispieldatei *Kap08.xls* im Ordner *\Buch\Kap08* auf der CD-ROM zum Buch.

Zusammenfassung

Auch, wenn es eine absolute Sicherheit bei der Überwachung der Dateneingabe in eine Tabelle nicht gibt, so ist die Festlegung von Gültigkeitsregeln doch eine gute Möglichkeit, die Daten einer Vorprüfung zu unterziehen. Die häufigsten Eingabefehler dürften sich damit allemal verhindern lassen.

Sie möchten ...	Verwenden Sie diese Einstellung	Sehen Sie sich dazu das Beispiel an auf Seite
die Eingabe auf Zahlen in einem bestimmten Wert einschränken	Registerkarte *Einstellungen*, *Zulassen: Ganze Zahl*	312
Kann-Fehler und Muss-Fehler unterscheiden	Registerkarte *Fehlermeldung*, ändern Sie das Feld *Typ*.	315
eine Eingabemeldung anzeigen, wenn die Zelle ausgewählt wird	Registerkarte *Eingabemeldung*	317
alle Gültigkeitsprüfungen in einer Tabelle finden	Verwenden Sie das Dialogfeld *Gehe zu*.	319
vor Festlegung der Gültigkeitsprüfung eingetragene Werte prüfen	Symbolleiste *Formelüberwachung*, Schaltfläche *Ungültige Daten markieren*	319
eine Liste für die gültigen Werte verwenden	Registerkarte *Einstellungen*, Listenfeld *Zulassen: Liste*	322
die Gültigkeitsliste auf einem anderen Blatt verwalten	Setzen Sie einen Bereichsnamen ein.	324
eine dynamisch wachsende Liste verwenden	Setzen Sie einen Bereichsnamen mit entsprechendem Bezug ein.	324
eine Funktion aus einem Add-In verwenden	Setzen Sie die Funktion in der Tabelle ein und verwenden Sie für die Gültigkeitsprüfung einen Bezug.	327
doppelte Einträge verhindern	Registerkarte *Einstellungen*, Listenfeld *Zulassen: Benutzerdefiniert*	328
eine Information anzeigen, wenn ein Bereich vollständig ausgefüllt wurde	Verwenden Sie den Stil *Information*.	329
Eingaben nur zulassen, wenn die vorige Zeile gefüllt wurde	Verwenden Sie den Fehlerstil *Stopp* und eine Formel mit einem gemischten Bezug.	329
bei der Erfassung von Kosten ein Budget beachten	Verwenden Sie den Fehlerstil *Stopp* und eine Formel mit einem absoluten Bezug.	331

Teil C

Tabellen und Daten formatieren

In diesem Teil:

Wenn Sie Excel bisher nur als Tabellenkalkulation betrachtet bzw. nur zum Rechnen genutzt haben, dann bringt Sie dieser Teil in eine neue Welt: Sie können sich weitere interessante und kreative Anwendungsbereiche des Programms erschließen, mit deren Hilfe Sie Ihre Tabellen ansprechend formatieren können.

In diesem dritten Teil des Buches werden Ihnen die Funktionen zum Gestalten von Tabellen nicht nur vorgestellt, vielmehr können Sie sich diese Möglichkeiten anhand von Praxisbeispielen selbst aneignen.

Mit eigenen Zahlenformaten bekommen Ihre Zahlen das richtige »Outfit«. Der Einsatz von Format- und Mustervorlagen erspart Ihnen viele Einzelschritte. Mit Vorlagen sind die gewünschten Einstellungen schnell und komfortabel vorgenommen.

Über die bedingte Formatierung stehen Ihnen verschiedene Möglichkeiten zur Verfügung, um Daten genau dann mit einem speziellen Format zu versehen, wenn diese bestimmte Kriterien erfüllen. Mit einem Kommentar versehen ist Ihre Arbeit darüberhinaus auch gut dokumentiert.

Aufgaben, die Sie in der Vergangenheit nur mühsam abgearbeitet haben oder an die Sie sich vielleicht gar nicht erst heran wagten, sind jetzt ohne viel Aufwand lösbar.

Kapitel 9

Tabellen formatieren

Tabellen und Daten formatieren

Mehr Klarheit durch Formatierung

Gewiss, korrekte Zahlen sind der erste Schritt zur erfolgreichen Aufbereitung von Daten. Doch Sie werden sicher auch schon vor solchen korrekten Zahlen gesessen haben, ohne sie zu verstehen. Der Grund: Die Informationen waren nicht verständlich aufbereitet. Zahlenkolonnen standen zwar exakt aufgereiht auf dem Tabellenblatt, doch Ihr Auge wusste nicht, wo es beginnen und wo es verweilen sollte.

Die optische Aufbereitung der Daten für die Personen, die sie lesen sollen, ist folglich ebenso wichtig wie die Korrektheit der Daten. Sie ersparen den Empfängern Ihrer Daten Zeit und Zweifel und sich selbst unangenehme Fragen.

Excel unterstützt Sie mit einer Vielzahl von Funktionen, wenn es darum geht, aus Zahlenkolonnen lesbare Tabellen zu machen. Verleihen Sie Ihren Daten mehr Aussagekraft und mehr Wirkung, indem Sie diese mit vernünftigem Aufwand zu übersichtlichen Tabellen formatieren. Greifen Sie bei der Gestaltung Ihrer Arbeitsblätter auf Dutzende vorgefertigter Tabellenformate, Zellformate und Zahlenformate zurück.

In diesem Kapitel lernen Sie die grundlegenden Funktionen kennen, mit denen Sie auf einfache und schnelle Weise aus einfachen Zahlenkolonnen lesbare Tabellen machen. Nach einem Kurzüberblick über die Werkzeuge, die Excel dafür zur Verfügung stellt, können Sie sofort an einem Praxis-Beispiel Schritt für Schritt eine Tabelle in Form bringen und dabei wichtige Formatierungsbefehle kennen lernen (die Beispieldatei *KAP09_Umsatz.xls* ist auf der CD-ROM zu diesem Buch im Ordner *Buch*\Kap09). Im Anschluss daran finden Sie eine ausführliche Beschreibung der Formatierungsbefehle für Tabellen.

Die Formatierungs-Werkzeuge im Überblick

Wenn Sie die Optik Ihrer Tabellen verbessern wollen, stehen Ihnen dazu folgende Werkzeuge zur Verfügung:

- **Schriftformate:** Hierzu gehören Schriftart und -größe sowie Schriftfarbe und Schriftschnitt. Schriftformate können Sie auf ganze Zellen oder nur auf einzelne Zeichen anwenden.

- **Zellformate:** An erster Stelle stehen hier die Farbschattierungen und Rahmenlinien für Zellen. Aber auch die Ausrichtung der Informationen in einer Zelle gehören dazu.

- **Zahlenformate:** Wie Daten in einer Zelle erscheinen, ob mit oder ohne Nachkommastellen, mit welchem Währungszeichen oder in welcher Maßeinheit, ob als Bruch oder als Ganzzahl – all das steuern Sie über die Formatoptionen, die Excel für das Erscheinungsbild von Zahlen bereit stellt. In Kapitel 10 erfahren Sie, wie Sie eigene, so genannte benutzerdefinierte Zahlenformate erstellen können. Dies ist eines der Gebiete in Excel, wo der Kreativität kaum Grenzen gesetzt sind.

- **Tabellenformate:** Wenn es darum geht, große Zellbereiche oder gar ganze Tabellen in nur einem Schritt in Form zu bringen, sind die so genannten *AutoFormate* allererste Wahl. Sie vereinen in sich Voreinstellungen für Schrift-, Zell- und Zahlenformate und machen es Ihnen leicht, innerhalb weniger Sekunden aus einem Sammelsurium von Daten eine gut aussehende Tabelle zu machen.

Praxisbeispiel für Eilige: Eine Tabelle Schritt für Schritt in Form bringen

Wenn Sie ganz kompakt wichtige Befehle zum Formatieren einer Tabelle anhand eines Praxisbeispiels kennen lernen und auch gleich selbst ausprobieren wollen, ist der folgende Abschnitt für Sie genau richtig. Wollen Sie sich hingegen systematisch über alle verfügbaren Formatierungsbefehle informieren, lesen Sie in diesem Kapitel den Abschnitt »Über die *Format*-Symbolleiste schnell auf die Formatierungs-Werkzeuge zugreifen« und die beiden Folgeabschnitte.

Angenommen, Sie möchten eine Umsatztabelle anderen Kollegen verfügbar machen. Die Daten sind bereits erfasst, allerdings ohne jegliche Formatierung. Beim Anblick der Tabelle in Abbildung 9.1 fallen Ihnen sicher sofort einige Mängel und natürlich auch eine Reihe von Verbesserungsvorschlägen ein.

Abbildg. 9.1 So sieht die Umsatztabelle im Rohzustand aus.

	A	B	C	D	E	F	G	H
1								
2		Name	Ausschreibungen 2004	Feldgeschäft 2004	Gesamt 2004	Ausschreibungen 2005	Feldgeschäft 2005	Gesamt 2005
3		Abramus	180082	1156401	1336483	116715	999294	1116009
4		Albers	647770	600044	1247814	646855	608982	1255837
5		Braunhold	183148	1129159	1312307	235288	1131006	1366294
6		Fiedler	374051	1242744	1616795	373807	1072047	1445854
7		Fischer	223795	729030	952825	167000	671933	838933
8		Friesing	1021563	870299	1891862	955891	829780	1785671
9		Glaser	162771	751210	913981	170315	708476	878791
10		Großer	413520	797359	1210879	448315	858965	1307280
11		Krahn	164435	1176599	1341034	186741	1082828	1269569
12		Langhans	471960	975749	1447709	474079	1008261	1482340
13		Milde	999888	1211528	2211416	1064707	1236333	2301040
14		Rothenburg	80390	164173	244563	58312	161634	219946
15		Schultz	30927	80694	111621	34488	36497	70985
16		Wildner	11622	435484	447106	18377	538605	556982

Eine Bestandsaufnahme der Ausgangstabelle machen

Hier eine Liste, die das Verbesserungspotenzial zusammenfasst:

- Es fehlt eine Überschrift. Sie soll ergänzt werden und sich vom Rest abheben. Dazu eignet sich das Zuweisen einer anderen Schriftart.

- Die Überschrift soll zudem größer als die übrigen Informationen sein.

- Die Spaltenüberschriften nehmen im Vergleich zu den Zahlen, die in den Zellen darunter stehen, zu viel Platz ein. Deshalb soll jede der Überschriften einen Zeilenumbruch erhalten, damit die Jahreszahl immer in der zweiten Zeile steht.

- Die Spaltenüberschriften sollen mittig und in Fettdruck über den Spalten stehen.

- Die Überschriften des aktuellen Jahres sollen sich zudem von jenen des Vorjahrs deutlich unterscheiden. Eine andere Schrift- und Zellfarbe soll dies bewirken.

- Die Spalten haben alle eine unterschiedliche Breite. Spalten mit gleichen Aussagen sollen die gleiche Breite erhalten.

Tabellen und Daten formatieren

- Die Namen in der linken Spalte stehen zu dicht am Zellrand. Daher sollen sie ein wenig nach rechts gerückt werden, damit sie besser lesbar sind.

- Die Zahlen sind schlecht lesbar, da kein Tausender-Trennpunkt vorhanden ist, der lange Zahlen in Dreiergruppen teilt. Außerdem fehlt die Information über die Währung. Hier ist also das Zuweisen eines Zahlenformats erforderlich.

- Die gesamte Tabelle soll mit Rahmen ansprechend gestaltet werden.

- Außerdem sollen die beiden Jahre voneinander abgesetzt werden. Dazu eignet sich beispielsweise eine entsprechend starke Rahmenlinie.

- Unter der Zeile mit dem letzten Mitarbeiter sollen Gesamtergebnisse stehen und natürlich gut lesbar sein. Hier bietet es sich an, die Zahlen fett zu formatieren und die Zellen mit einer Farbe zu hinterlegen.

- Abschließend soll die Tabelle vor Änderungen geschützt werden.

Die Verbesserungen Schritt für Schritt in die Umsatztabelle einbauen

Anhand dieser Aufgabenliste können Sie nun in der Musterdatei *KAP09_Umsatz.xls* die Änderungen Schritt für Schritt vornehmen. Verwenden Sie dazu das Blatt *Original*.

Die Tabellenüberschrift einbauen und formatieren

Beginnen Sie mit der Überschrift:

1. Klicken Sie ganz links auf den Kopf von Zeile 1, um die Zeile komplett zu markieren und fügen Sie zwei neue Zeilen ein, indem Sie zweimal die Tastenkombination `Strg`+`+` betätigen (alternativ dazu den Menübefehl *Einfügen/Zeilen*).

2. Klicken Sie auf die Zelle *B2* und tippen Sie die Überschrift **Umsatzvergleich 2004 zu 2005** ein.

3. Lassen Sie die Zelle *B2* markiert, öffnen Sie in der Symbolleiste *Format* die Dropdown-Liste *Schriftart* und wählen Sie anstelle von *Arial* den Eintrag *Verdana*.

4. Öffnen Sie gleich rechts daneben die Dropdown-Liste *Schriftgrad* und ändern Sie den Wert *10* in *16*.

Die Spaltenüberschriften in Form bringen

Das Einfügen eines Zeilenumbruchs in eine Zelle ist zwar keine Formatierung, der Wunsch zum Verteilen von Informationen auf mehrere Zeilen ergibt sich jedoch meist im Umfeld von Formatierungsarbeiten.

1. Setzen Sie die Markierung auf *C4*, indem Sie auf die Zelle klicken.

2. Erledigen Sie die folgenden Schritte nur noch auf der Tastatur. Betätigen Sie zunächst die `F2`-Taste – sie startet den Bearbeitungsmodus für die Zelle – und die Einfügemarke blinkt am Ende der Zelle.

3. Bewegen Sie die Einfügemarke per Richtungstaste `←` vor die Jahreszahl.

4. Die Einfügemarke steht jetzt an der Stelle, wo der manuelle Zeilenumbruch erfolgen soll. Betätigen Sie jetzt die Tastenkombination `Alt`+`↵`. Die Jahreszahl erscheint nun in der zweiten Zeile. Schließen Sie die Aktion mit der `↵`-Taste ab.

Abbildg. 9.2 Setzen Sie die Einfügemarke vor die Jahreszahl und erzeugen Sie mit der Tastenkombination
`Alt` + `↵` einen manuellen Zeilenumbruch.

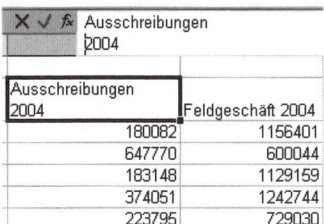

5. Verfahren Sie mit den Spaltenüberschriften in den anderen Zellen analog.

6. Markieren Sie alle Spaltentitel und klicken Sie in der Symbolleiste *Format* auf die Symbole für *Zentriert* und *Fett*.

7. Außer der Spaltenüberschrift in *B4* stehen jetzt alle Überschriften in zwei Zeilen. Daher soll der Text in *B4* vom unteren Zellrand angehoben und auf halber Höhe angeordnet werden. Markieren Sie dazu die Zelle *B4* und rufen Sie den Menübefehl *Format/Zellen* auf.

8. Wechseln Sie zur Registerkarte *Ausrichtung* und klicken Sie in der Dropdown-Liste unter *Vertikal* den Eintrag *Zentrieren* an. Schließen Sie mit *OK* ab.

Abbildg. 9.3 Den Text in Zelle *B4* vertikal zentrieren

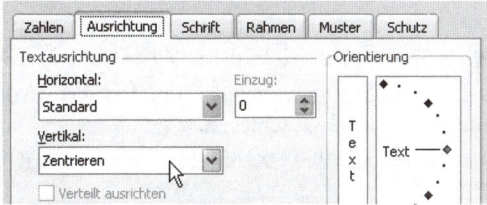

Damit die Spaltenüberschriften des aktuellen Jahres schneller auszumachen sind, sollen die Zellen *F4* bis *H4* nun noch eine abweichende Schrift- und Zellfarbe erhalten:

1. Markieren Sie die Zellen *F4* bis *H4*, indem Sie die Maus über Zelle *F4* bewegen, die Maustaste drücken und mit gedrückter linker Maustaste nach rechts bis *H4* ziehen.

2. Ändern Sie die Zellfarbe, indem Sie am rechten Ende der Symbolleiste *Format* auf die kleine Pfeilspitze rechts neben dem Symbol *Füllfarbe* klicken und aus der Farbpalette beispielsweise die Farbe *Grau 50%* wählen.

3. Rechts daneben befindet sich das Symbol für die *Schriftfarbe*, wo Sie auf gleiche Art als neue Farbe z.B. *Weiß* einstellen.

Die Spaltenbreite anpassen

Gleichen Sie im nächsten Schritt die Breite der Spalten an, die Zahlen enthalten.

1. Markieren Sie die Spaltentitel von *C4* bis *H4*.

2. Rufen Sie die Befehlsfolge *Format/Spalte/Breite* auf.

Abbildg. 9.4 Über diese Befehlsfolge können Sie die Breite einer Spalte selbst bestimmen.

3. Tragen Sie im folgenden Dialogfeld den Wert *16* ein und schließen Sie den Vorgang mit einem Klick auf *OK* ab.

Texte einrücken

Die Namen der Außendienst-Mitarbeiter in der ersten Spalte der Tabelle sollen im nächsten Schritt ein wenig vom linken Spaltenrand weggerückt werden, damit sie besser lesbar sind.

Um sich mit dem dazu erforderlichen Vorgehen vertraut zu machen und die Wirkung zu studieren, sollten Sie diese Veränderung zunächst nur in einer Zelle testen:

1. Markieren Sie die Zelle mit dem ersten Namen, also *B5*.

2. Klicken Sie in der Symbolleiste *Format* auf das Symbol *Einzug vergrößern*. Excel verschiebt den Text der Zelle nach rechts.

3. Klicken Sie erneut auf das Symbol, um den Text noch weiter einzurücken.

4. Verwenden Sie das Symbol links daneben, *Einzug verkleinern*, um den Text wieder auf die Ausgangsposition an den linken Spaltenrand zurück zu schieben.

5. Markieren Sie nun alle Zellen mit Namen, also *B5:B18*, und klicken Sie einmal auf das Symbol *Einzug vergrößern*.

6. Vergrößern Sie die Spaltenbreite durch Ziehen am Spaltentrenner zwischen den Spalten B und C, um den Eintrag vollständig anzeigen zu lassen.

Die Zahlen lesbar formatieren

Im aktuellen Zustand sind die Zahlen nur nach längerem Hinschauen zu entziffern. Daher sollen sie in lesbare Dreiergruppen getrennt werden. In Excel heißt die entsprechende Funktion *Tausender-Trennzeichen*.

Außerdem fehlt den Zahlen noch eine Währungsbezeichnung, denn im Moment wüsste ein Betrachter nicht, ob die Umsätze in Euro, in Dollar oder einer anderen Währung berechnet wurden.

Beide Aufgaben erledigen Sie mit nur einem Mausklick:

1. Markieren Sie zunächst alle Zellen mit Zahlen, also *C5:H18* (nachfolgend finden Sie zwei Methoden zum schnellen Markieren).

2. Klicken Sie nun auf das Symbol *Währung* in der Symbolleiste *Format*. Im Ergebnis dessen werden alle Zahlen vom rechten Spaltenrand weggerückt, erhalten zwei Nachkommastellen und ein Währungszeichen. Das Symbol *Währung* verwendet das Währungszeichen der *Regions- und Sprachoptionen* aus der Windows-Systemsteuerung, in Deutschland das Euro-Zeichen, in der Schweiz die Zeichenfolge *CHF*.

3. Da im vorliegenden Beispiel keine Nachkommastellen gebraucht werden und sie beim Lesen nur zusätzlichen Aufwand für das Auge bedeuten, schalten Sie diese aus. Auch das können Sie ganz leicht per Mausklick erledigen. Rechts neben dem Symbol *Währung* befinden sich zwei Symbole, mit denen Sie einer Zahl Dezimalstellen hinzufügen oder diese löschen können. Klicken Sie zweimal auf das Symbol *Dezimalstelle löschen*, um die beiden Nachkommastellen abzuschalten.

Zwei Methoden, um Zellbereiche sicher und zeitsparend zu markieren

Die meisten Anwender erledigen Markierungsaufgaben, indem Sie die Maus am linken oberen Ende des Bereiches positionieren und dann mit gedrückter linker Maustaste nach rechts und unten die Markierung erweitern. Bei kleinen Zellbereichen ist das ein gute Methode. Sind größere Bereiche zu markieren, die sich über mehr als eine Bildschirmseite erstrecken, ist diese Methode fehleranfällig und meist auch nervenraubend, weil der Anwender die Erweiterung der Markierung nicht mehr so genau steuern kann: Plötzlich ist man bereits in Zeile 250 und wollte eigentlich nur bis Zeile 76 markieren.

Daher möchten wir Ihnen am Beispiel des Bereiches *C5:H18* einige Techniken vorstellen, mit denen Sie schnell und stressfrei ans (Markierungs-)Ziel kommen.

Die schnellste Methode, um dem Bereich *C5:H18* zu markieren, wäre folgende:

1. *C5* anklicken,
2. ⇧-Taste drücken und gedrückt halten und
3. mit der Maus auf *H18* klicken.

Das nennt man: »Diagonal markieren«.

Bei der nächsten Methode benutzen Sie nur die Tastatur:

1. Markieren Sie die Zelle *C5*.
2. Drücken Sie die beiden Tasten `Strg`+⇧ und halten Sie diese gedrückt.
3. Betätigen Sie einmal die Richtungstaste → und einmal die Richtungstaste ↓.

Auf diese Weise können Sie blitzschnell sehr große Bereiche jeweils nach rechts und unten bis zum Ende markieren.

Die ⇧-Taste bewirkt hierbei, dass die Zellen markiert werden.

Die `Strg`-Taste ihrerseits sorgt dafür, dass die Einfügemarke sich bis zum Ende des zusammenhängenden Bereiches bewegt.

Beide Tasten im Verbund markieren also, ausgehend von der aktuellen Zelle, zusammenhängende Tabellenbereiche bis zum Ende. Mit den Richtungstasten bestimmen Sie, in welche Richtung die Markierung erweitert werden soll.

Weitere Markierungstechniken finden Sie in Kapitel 6.

Tabellen und Daten formatieren

Der Tabelle mit Rahmenlinien eine Struktur geben

Bisher hat die Tabelle noch keinen Rahmen, denn die Gitternetzlinien, die Sie am Bildschirm sehen, werden nicht gedruckt. Schalten Sie einmal über die Befehlsfolge *Datei/Seitenansicht* in die Druckvorschau für die Tabelle. Sie können jetzt genau sehen, dass die Tabelle in der Tat keinerlei Linien enthält.

Viele Anwender betreiben beim Zuweisen von Rahmenlinien für ihre Tabellen wenig Aufwand: Sie markieren die Tabelle und klicken auf das in Abbildung 9.5 gezeigte Symbol *Alle Rahmenlinien* – fertig!

Abbildg. 9.5 Die Wahl des Befehls *Alle Rahmenlinien* führt zwar schnell zu einem Ergebnis, sichert aber nicht die optimale Lesbarkeit.

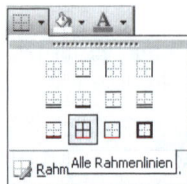

HINWEIS Zugegeben, das ist die schnellste Variante, aber bei weitem nicht in allen Fällen auch die beste. Wenn Sie Ihre Daten so »hinter Gitter bringen«, erleichtern Sie dem Betrachter nicht wirklich das Lesen der Zahlen. Denn das Auge muss sich nun durch ein schwarzes Gitternetz zu den schwarzen Zahlen »durchkämpfen«.

Seien Sie daher eher zurückhaltend beim Zuweisen von Rahmenlinien und denken Sie vor allem über deren Zweck nach. Rahmenlinien sollen dem Betrachter die Navigation erleichtern, den Aufbau der Tabelle und die Struktur des Zahlenmaterials deutlich machen.

TIPP Hier einige Tipps zum Umgang mit Rahmen:

- Umgeben Sie die gesamte Tabelle außen mit einer durchgehenden Rahmenlinie. Sie kann durchaus stärker sein als die Linien im Inneren der Tabelle.

- Setzen Sie starke, beispielsweise schwarze Rahmenlinien dort, wo Sie etwas voneinander abgrenzen wollen. In unserem Beispiel würde sich konkret eine solche Abgrenzung zwischen Spalte *E* und *F* anbieten. Sie können solche Abgrenzungen durch Rahmenlinien natürlich auch zwischen Zeilen einsetzen.

- Verwenden Sie ansonsten zwischen den Spalten eher dünne Linien in zurückhaltender Farbe, beispielsweise Mittel- oder Hellgrau.

- Setzen Sie – wenn Sie die Spalten bereits durch Rahmenlinien optisch aufgeteilt haben – für die Leseführung innerhalb der Zeilen möglichst nicht auch noch Rahmenlinien ein. Denn sonst sind Sie wieder beim eingangs erwähnten kompletten Gitternetz. Weisen Sie statt dessen jeder zweiten Zeile eine abweichende Zellfarbe zu. Bewährt hat es sich z.B., jede zweite Zeile mit Grau zu hinterlegen.

Das Auge erhält somit zwei klare Navigationshilfen: Rahmenlinien, um zwischen den Spalten zu unterscheiden, und die Zellschattierung, um die Zeilen voneinander abzugrenzen.

Nach diesen vorbereitenden Gedanken können Sie nun zur Praxis übergehen und Schritt für Schritt die Tabelle mittels Rahmenlinien strukturieren.

PROFITIPP

Markieren Sie zunächst die gesamte Tabelle. Am schnellsten geht das, indem Sie auf eine beliebige Zelle in der Tabelle klicken und dann die Tastenkombination ⌈Strg⌉+⌈*⌉ betätigen. Das Multiplikationszeichen finden Sie rechts auf dem Zahlenblock Ihrer Tastatur. Arbeiten Sie mit einem Notebook, dann erhalten Sie das Multiplikationszeichen, indem Sie die Tastenkombination ⌈⇧⌉+⌈+⌉ drücken.

Rufen Sie nun über *Format/Zellen* die Registerkarte *Rahmen* auf und gehen Sie wie folgt vor:

1. Klicken Sie rechts im Feld *Art* eine etwas stärkere Linie an, beispielsweise die dritte von unten in der rechten Spalte.

2. Öffnen Sie darunter im Feld *Farbe* die Palette und wählen Sie in der ersten Reihe ganz rechts ein dunkles Blau, beispielsweise *Indigoblau*.

3. Klicken Sie nun links oberhalb des Vorschaubildes auf die Schaltfläche *Außen*. Sie sehen sofort darunter das Ergebnis Ihrer Arbeit (Abbildung 9.6).

Abbildg. 9.6   Legen Sie zuerst die Formate für die Außenlinie fest.

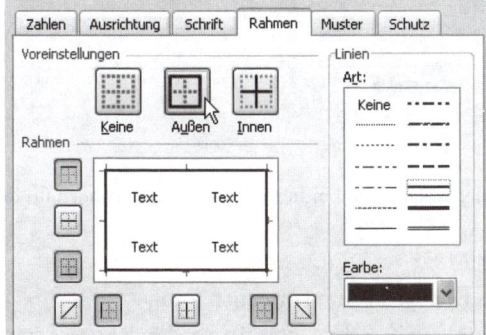

4. Lassen Sie das Dialogfeld geöffnet. Nun sind die senkrechten Innenlinien an der Reihe. Wählen Sie zuerst wieder im Feld *Art* einen passende Linie aus. Diesmal soll es die gepunktete sein, die gleich unter dem Eintrag *Keine* steht. Die Farbe belassen Sie bei *Indigoblau*.

5. Klicken Sie nun unterhalb des Vorschaubilds auf das Symbol in der Mitte (Abbildung 9.7). Es steht für die senkrechten Innenlinien. Schließen Sie mit *OK* ab.

Abbildg. 9.7   Bestimmen Sie dann die Formatierung der senkrechten Innenlinien.

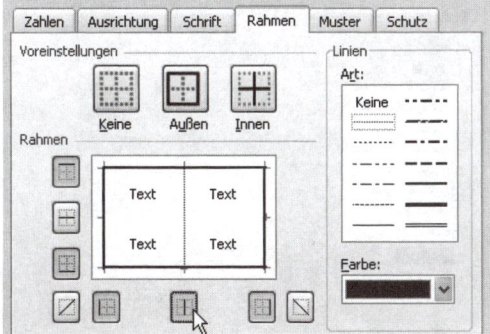

Tabellen und Daten formatieren

6. Fügen Sie nun unter den Spaltenüberschriften eine dicke indigoblaue Rahmenlinie ein. Markieren Sie dazu den Bereich *B4:H4*.

7. Wählen Sie *Format/Zellen*. Sie gelangen wieder zur Registerkarte *Rahmen*.

8. Linienart und Farbe sind schon eingestellt. Sie können am Vorschaubild auch genau sehen, dass dem soeben markierten Bereich unten ein Abschluss in Form einer Linie fehlt. Klicken Sie nur noch auf das Symbol für Rahmenlinie unten, das sich links neben dem Vorschaubild befindet (Abbildung 9.8), und schließen Sie das Dialogfeld über *OK*.

Abbildg. 9.8 Definieren Sie mit einem Mausklick die dicke Rahmenlinie unterhalb der Spaltenüberschriften.

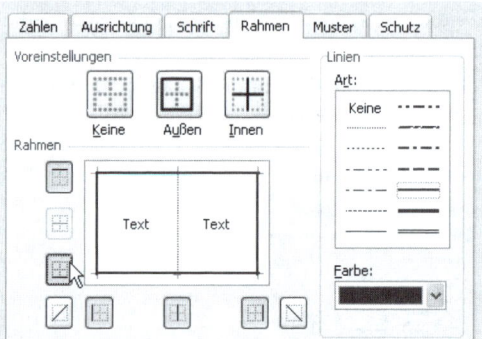

Nun bleibt nur noch die Rahmenlinie, welche die beiden Jahresbereiche innerhalb der Tabelle voneinander trennen soll:

1. Markieren Sie den Zellbereich *F4:F18*.

2. Rufen Sie über *Format/Zellen* das Dialogfeld zum Formatieren auf.

3. Auf der Registerkarte *Rahmen* wählen Sie rechts unter *Art* wieder die etwas stärkere Linie. Die Farbe ist noch auf *Indigoblau* eingestellt.

4. Wenn Sie das Vorschaubild betrachten, können Sie genau sehen, was für den markierten Bereich an Rahmenformaten eingestellt ist. Sie müssen nun nur noch auf das Symbol für *Rahmenlinie links* klicken (Abbildung 9.9) und das Dialogfeld über *OK* verlassen.

Abbildg. 9.9 Trennen Sie die beiden Jahresbereiche in der Tabelle durch eine etwas stärkere Linie voneinander ab.

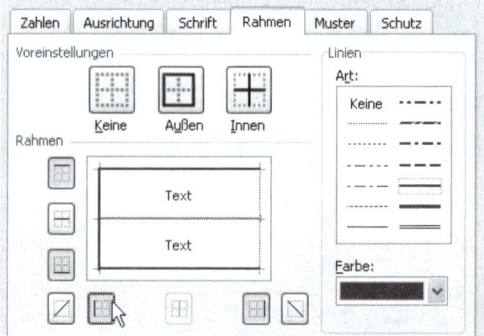

Zum besseren Lesen jede zweite Zeile mit Grau hinterlegen

Sie haben – mit Ausnahme der Zeile mit den Spaltenüberschriften – in der Tabelle bewusst auf horizontale Innenlinien verzichtet. Jetzt hat das Auge Mühe, beim Lesen innerhalb einer Zeile zu bleiben. Daher geben Sie hier eine Unterstützung und zwar mit einer Funktion, die Sie schon bei den Spaltenüberschriften benutzt haben: das Einfärben der Zellen.

In der Tabelle müssen, beginnend ab Zeile 6, alle Zeilen mit gerader Zahl grau hinterlegt werden, also die Zeilen 8, 10, 12, 14, 16 und 18. Sie könnten das wieder über das Symbol *Füllfarbe* erledigen.

PROFITIPP

Hier eine andere Methode, die noch effektiver ist:

1. Markieren Sie zunächst den betreffenden Zellbereich, hier also *B6:H18*.

2. Wählen Sie dann im Menü *Format* den Befehl *AutoFormat*.

3. Blättern Sie einmal die Liste der verfügbaren Formatschablonen durch, mit denen Sie eine Tabelle in Sekundenschnelle komplett gestalten können. Diesen Vorrat an Gestaltungsvorlagen nutzen Sie normalerweise, um eine komplette Tabelle in nur einem Schritt zu gestalten. Sie können aber auch, wie in unserem Fall, ein *AutoFormat* nur auf bestimmte Bereiche einer Tabelle begrenzen. Wählen Sie das AutoFormat *Liste 1*, denn es enthält genau die gewünschte Gestaltungsoption, die jede zweite Zeile mit Hellgrau hinterlegt.

4. Würden Sie jetzt auf *OK* klicken, wären Sie mit dem Resultat sehr unzufrieden, denn Excel würde auch die anderen Formatierungsmerkmale von *Liste 1* auf die Tabelle übertragen. Damit das nicht geschieht, klicken Sie rechts auf die Schaltfläche *Optionen* und erweitern somit das Dialogfeld nach unten.

5. Entfernen Sie im Feld *Zu übernehmende Formate* alle Häkchen, außer das im Kontrollkästchen für *Muster*. Schließen Sie dann mit *OK* ab.

Abbildg. 9.10 Hinterlegen Sie blitzschnell mit Hilfe des AutoFormats *Liste 1* jede zweite Zeile mit der Farbe Hellgrau und schalten Sie dabei ganz flexibel nicht benötigte Format-Optionen aus.

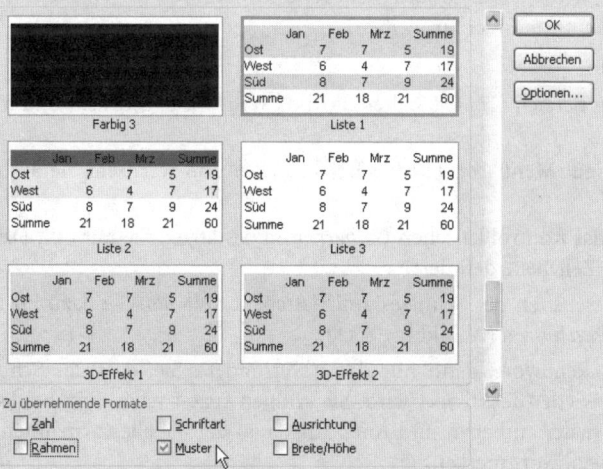

Auf diese Weise haben Sie gleich eine zeitsparende Methode zum Formatieren großer Zellbereiche oder kompletter Tabellen kennen gelernt.

Tabellen und Daten formatieren

Eine Ergebniszeile hinzufügen und gestalten

Unter der Tabelle fehlen noch die Gesamtergebnisse für die einzelnen Spalten:

1. Setzen Sie die Zellmarkierung auf *C20* und klicken Sie in der *Standard*-Symbolleiste auf das Symbol *AutoSumme*.

2. Prüfen Sie, ob Excel den richtigen Bereich zum Addieren vorschlägt – es muss *C5:C19* sein – und schließen Sie mit der ⏎-Taste ab.

3. Lassen Sie *C20* markiert und bewegen Sie den Mauszeiger zur rechten unteren Zellecke, zum so genannten Ausfüllkästchen. Ziehen Sie am Ausfüllkästchen mit gedrückter linker Maustaste nach rechts bis Spalte *H*. Excel kopiert nun die Formel mit der Spaltensumme in die anderen Zellen der Zeile.

4. Lassen Sie die Zellen mit den Gesamtergebnissen markiert und klicken Sie in der Symbolleiste *Format* noch auf das Symbol *Fett*.

Mehr zum Thema »AutoSumme« finden Sie in Kapitel 7.

Zum Abschluss wichtige Teile der Tabelle schützen

Die Tabelle mit dem Umsatzvergleich ist nun fertig formatiert und schon fast zur Weitergabe bereit. Zuvor sollten Sie jedoch alle Informationen vor Änderungen schützen.

> **WICHTIG**   In Excel sind standardmäßig alle Zellen einer Tabelle als *Gesperrt* eingestellt. Als Anwender bemerken Sie dies jedoch nicht, solange Sie den Blattschutz nicht aktivieren. Daher stellt sich in Excel beim Schützen zunächst die Frage, welche Zellen nicht geschützt, welche also weiterhin frei bearbeitet werden sollen. Diese Zellen müssen »entsperrt« werden, dann kann der Blattschutz eingeschaltet werden.

In unserer Beispieltabelle sollen nur die Zahlenbereiche in den Spalten *C*, *D*, *F* und *G* veränderbar sein. Die Überschrift, alle Spalten- und Zeilentitel und natürlich die Formeln in Spalte *E* und *H* sowie in Zeile 20 sollen unveränderbar bleiben.

Gehen Sie wie folgt vor:

1. Markieren Sie den Bereich *C5:D18*, halten Sie die ⟨Strg⟩-Taste gedrückt und markieren Sie nun noch *F5:G18*.

2. Wählen Sie aus dem Menü *Format* den Befehl *Zellen* und wechseln Sie auf die Registerkarte *Schutz*.

3. Deaktivieren Sie das Kontrollkästchen *Gesperrt* und bestätigen Sie mit *OK*. Damit sind die Einstellungen für die Zellebene definiert.

4. Jetzt folgt das Einschalten des Schutzes auf Blattebene. Wählen Sie dazu im Menü *Extras* den Befehl *Schutz/Blatt schützen* (Abbildung 9.11).

5. Vergeben Sie ein Kennwort, denn nur damit verhindern Sie, dass der Schutz durch andere Anwender sofort wieder deaktiviert wird. Sie können später nach Eingabe des Kennworts den Schutz jederzeit wieder aufheben und Änderungen an der Tabelle vornehmen. Wichtig ist nur, dass Sie sich das Kennwort merken.

Abbildg. 9.11 Erst, wenn Sie über diesen Menübefehl den Blattschutz einschalten, wird der zuvor festgelegte Schutz auf Zellebene wirksam.

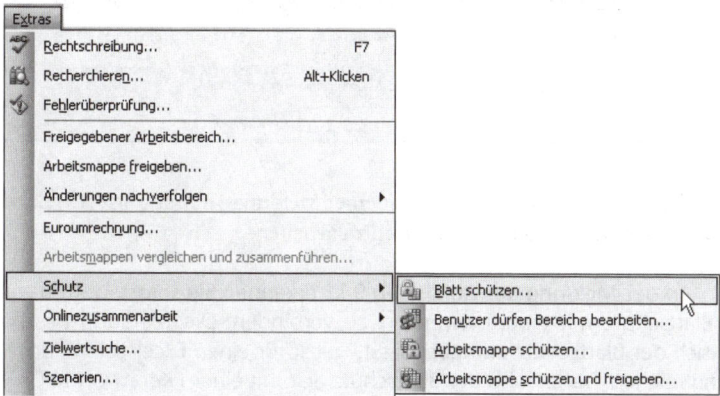

6. Ebenso wichtig wie die Eingabe eines Kennworts sind die Bearbeitungsoptionen, die Sie für Veränderungen zulassen. In Abbildung 9.12 sehen Sie dazu ein Beispiel. Es soll Ihnen als Orientierung dienen, welche der Optionen Sie sinnvollerweise frei geben können. Natürlich hängt diese Entscheidung von vielfältigen Faktoren ab und es ist schwer, hier allgemeine Regeln aufzustellen.

Abbildg. 9.12 Legen Sie hier individuell fest, welche Veränderungen trotz Blattschutz erlaubt sein sollen.

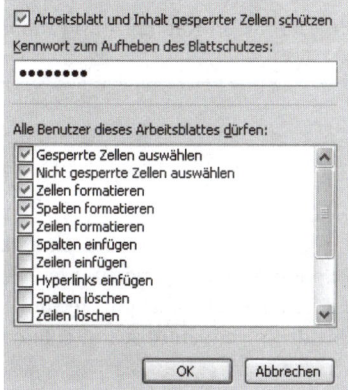

7. Klicken Sie auf *OK*, um den Blattschutz zu aktivieren. Das eingegebene Kennwort müssen Sie zur Sicherheit noch einmal eingeben und mit *OK* bestätigen.

Testen Sie jetzt den soeben festgelegten Schutz auf seine Wirksamkeit, indem Sie versuchen, in eine der geschützten Zellen etwas einzugeben. Klicken Sie beispielsweise auf die Spaltenüberschrift in *E4* und tippen Sie einen beliebigen Buchstaben ein.

Abbildg. 9.13 Beim Versuch, geschützte Zellen zu bearbeiten, erscheint dieser Hinweis.

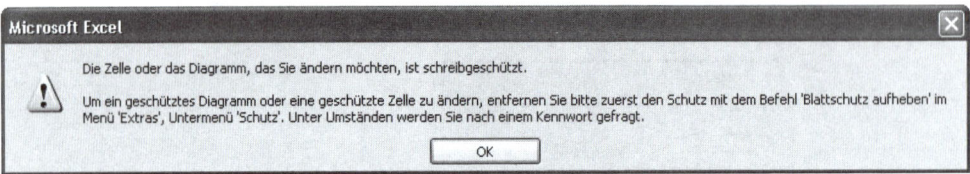

Excel verwehrt diese Eingabe und weist Sie mit einer Meldung (Abbildung 9.13) darauf hin, dass Sie gerade versuchen, in einem geschützten Bereich zu arbeiten.

> **WICHTIG**   An der Meldung aus Abbildung 9.11 erkennen Sie sofort, warum es in der Tat besser ist, den Blattschutz mit einem Kennwort zu verbinden. Die Meldung beschreibt exakt die Schritte, wie sich der Blattschutz aufheben lässt. Selbst für einen Excel-Laien dürfte das als Handlungsanleitung reichen. Daher wird der Blattschutz erst mit einem Kennwort halbwegs verlässlich.
>
> Sie werden sich jetzt vielleicht fragen, warum hier nur »halbwegs verlässlich« geschrieben steht. Der Grund: Im Internet gibt es kostenlose Tools, mit denen jeder Anwender in kurzer Zeit ein Kennwort, das auf Blattebene festgelegt wurde, »knacken« kann. Wenn Sie in einer Suchmaschine beispielsweise die drei Begriffe »*Add-In Excel Blattschutz*« eingeben, werden Ihnen gleich mehrere Suchergebnisse auf deutschen Webseiten angezeigt, wo Sie sich entsprechende Add-Ins herunter laden können. Geben Sie »*Excel remove password*« ein, liefert die Suchmaschine auch englischsprachige Webseiten. Auf einer war beispielsweise zu lesen, dass das Tool seit 2001 bereits über 500.000 Mal herunter geladen wurde.
>
> Mehr zum Thema »Schutz von Arbeitsmappen« finden Sie in Kapitel 3 und mehr zum »Schutz von Tabellen« in Kapitel 4.

Fazit

Dieses Beispiel für »Eilige« hat Ihnen Gelegenheit gegeben, zunächst einmal einen Überblick über die Gestaltungspotenziale von Excel zu erhalten und sich mit den wichtigsten Funktionen und Befehlen vertraut zu machen. Wenn Sie sich systematisch in die Befehle und Techniken beim Gestalten Ihrer Excel-Tabellen einarbeiten wollen, lesen Sie die folgenden Abschnitte, in denen wir Ihnen die einzelnen Möglichkeiten im Detail vorstellen.

Über die *Format*-Symbolleiste schnell auf die Formatierungs-Werkzeuge zugreifen

Sie haben es bereits beim Praxis-Beispiel sehen können – über Symbole haben Sie in den meisten Fällen den schnellsten Zugriff auf die Formatierungsbefehle; die wichtigsten sind zudem in der *Format*-Symbolleiste verfügbar.

Die *Format*-Symbolleiste optimal in die Arbeitsumgebung einbauen

Nach der Installation und dem ersten Aufruf von Excel ist die *Format*-Symbolleiste zwar eingeblendet, da sie sich jedoch mit der *Standard*-Symbolleiste eine Zeile teilt, können Sie nicht alle Symbole sehen. Daher sollten Sie zunächst dafür sorgen, dass diese beiden wichtigen Symbolleisten nicht neben-, sondern untereinander angeordnet sind.

Das erreichen Sie mit den folgenden Schritten:

1. Wählen Sie im Menü *Extras* den Befehl *Anpassen*.
2. Zeigen Sie die Registerkarte *Optionen* an.
3. Setzen Sie ein Häkchen in das Kontrollkästchen vor *Standard- und Formatsymbolleiste in zwei Zeilen* anzeigen (Abbildung 9.14).
4. Stellen Sie bei dieser Gelegenheit auch gleich noch sicher, dass auch beim nächsten Kontrollkästchen *Menüs immer vollständig anzeigen* ein Häkchen gesetzt ist. Dadurch beschleunigen Sie Ihre Arbeit mit den Menübefehlen, denn beim Aufklappen eines Menüs erhalten Sie sofort alle Befehle und nicht nur eine Teilmenge angezeigt.

Abbildg. 9.14   Sorgen Sie hier für eine optimale Anzeige der Symbolleisten und Menüs.

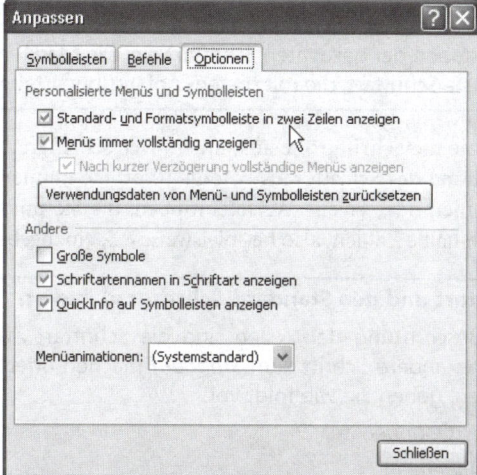

TIPP   Sollte bei Ihnen die *Format*-Symbolleiste gar nicht zu sehen sein, klicken Sie mit der rechten Maustaste auf eine bereits eingeblendete Symbolleiste oder ganz oben auf die Menüleiste und wählen Sie im Kontextmenü den Eintrag *Format* aus.

Mehr zum Thema »Symbolleisten« und »Arbeitsumgebung« finden Sie in Kapitel 2.

Die *Format*-Symbolleiste im Detail kennen lernen

Nachdem Sie für eine optimale Anzeige der Symbolleiste *Format* gesorgt haben, folgt nun die Beschreibung der darin enthaltenen Symbole.

Abbildg. 9.15   Die Symbolleiste *Format* im Normalzustand

Die Symbolleiste *Format* enthält standardmäßig insgesamt 20 Symbole. Sie können damit Schriftformate, Zellformate und Zahlenformate per Mausklick zuweisen. Wenn Ihnen die in der Symbolleiste verfügbaren Befehle zum Formatieren nicht ausreichen, können Sie problemlos weitere Formatierungsbefehle als Symbol hinzufügen. Die Abbildung 9.15 zeigt die *Format*-Symbolleiste im Normalzustand. Das Symbol mit dem Euro-Zeichen wird allerdings nur angezeigt, wenn das Add-Inn *Eurowährungs-Tool* aktiviert ist.

Wie Sie diese mit weiteren Symbolen bestücken können, erfahren Sie im nächsten Abschnitt mit der Überschrift »Noch mehr Produktivität beim Formatieren mit zusätzlichen Symbolen erreichen«.

Die Symbolleiste beginnt ganz links mit dem Listenfeld *Schriftart*. Die Schriften sind hier alphabetisch sortiert. Klicken Sie auf den kleinen Auswahlpfeil am rechten Rand und wählen Sie die gewünschte Schriftart direkt im Feld aus. Als Standard ist *Arial* voreingestellt.

> **TIPP**   Wollen Sie bei der Auswahl einer Schriftart nicht die gesamte Liste durchblättern, geben Sie einfach den Anfangsbuchstaben der gesuchten Schriftart ein. Die Markierung im Listenfeld springt dadurch direkt auf die erste Schriftart, die mit diesem Anfangsbuchstaben beginnt.

Im Feld für den *Schriftgrad* können Sie die Schriftgröße auswählen. Der Schriftgrad wird in *Punkt (pt.)* angegeben. Die Standardeinstellung des Schriftgrads beträgt 10 pt. Sie können die voreingestellten Werte aus der Liste übernehmen oder eigene Werte eintippen, die Sie mit der ⏎-Taste bestätigen. Es ist ferner möglich, auch halbe Zahlen, also beispielsweise *8,5*, einzugeben.

> **TIPP**   **Die Standard-Schriftart und den Standard-Schriftgrad ändern**

Voreingestellte Standards für die Beschriftung der Zellen sind die Schriftart *Arial* mit einem Schriftgrad von *10 pt*. Wenn Sie eine andere Schrift zum *Standard* machen oder wenn Sie den Schriftgrad generell verändern wollen, gehen Sie wie folgt vor:

1. Rufen Sie den Menübefehl *Extras/Optionen* auf.
2. Wechseln Sie zur Registerkarte *Allgemein*.
3. Stellen Sie über die Dropdown-Liste *Standardschriftart* die gewünschte Schriftart ein.
4. Legen Sie den künftig gewünschten Schriftgrad fest, indem Sie in die Dropdown-Liste *Schriftgrad* die gewünschte Größe eintippen oder einen vorgegebenen Wert auswählen.
5. Bestätigen Sie Ihre Änderungen mit Klick auf *OK*.
6. Excel fordert Sie anschließend zum Neustart auf, damit die Änderungen wirksam werden.

Es kann sein, dass nach solchen Veränderungen statt der Zahlenwerte in einigen Zellen die Zeichenfolge #### erscheint. Dies liegt daran, dass der Zelleninhalt nicht mehr vollständig angezeigt werden kann. Verbreitern Sie die Spalte manuell oder führen Sie einen Doppelklick auf die rechte Spaltentrennlinie der zu schmalen Spalte durch. Die optimale Spaltenbreite stellt sich dann automatisch ein.

Mehr zu »Einstellen von Spaltenbreite und Zeilenhöhe« finden Sie in Kapitel 4.

F **K** Über diese beiden Schaltflächen können Sie für Texte und Zahlen die Schriftschnitte *Fett* und *Kursiv* festlegen.

U Mit der Schaltfläche *Unterstrichen* können Sie Texte und Zahlen einfach unterstreichen. Damit können Sie schnell Überschriften oder wichtige Ergebnisse in einer Tabelle hervorheben.

TIPP Wollen Sie eine doppelte Unterstreichung, dann drücken Sie beim Klick auf das Symbol *Unterstrichen* zusätzlich die ⇧-Taste.

Für die Ausrichtung der Zelleneinträge stehen Ihnen diese drei Schaltflächen zur Verfügung. Die erste Schaltfläche richtet Zelleninhalte am linken Zellenrand aus, die zweite in der Zellmitte und die dritte am rechten Zellenrand. Ein Symbol für *Blocksatz*, wie beispielsweise in der Textverarbeitung Word, werden Sie hier vermissen. Das hängt damit zusammen, dass eine solche Ausrichtung in einer Zelle nicht erforderlich ist. Dennoch steht der Befehl *Blocksatz* zur Verfügung, denn beispielsweise in Textfeldern macht eine solche Ausrichtung mitunter Sinn.

HINWEIS In zwei Fällen müssen Sie sich um die Ausrichtung der eingegebenen Zellinhalte nicht kümmern, da Excel dies automatisch selbst erledigt:

- Texte werden von Excel standardmäßig linksbündig in der Zelle angeordnet.
- Zahlen hingegen richtet Excel automatisch rechts aus.

Wollen Sie mehrere Zellen zu einer einzelnen Zelle zusammenfügen, nutzen Sie diese Schaltfläche. Sie erledigt auf einen Klick zwei Aufgaben: Die markierten Zellen werden miteinander verbunden und der Zelleninhalt wird zentriert.

Das Symbol *Währung* formatiert Ihre Zahlen im Format *Buchhaltung*. Dieses enthält das Tausendertrennzeichen, zwei Dezimalstellen und die Währungsangabe aus den *Regions- und Sprachoptionen* der Windows-Systemsteuerung.

Die *Euro*-Schaltfläche formatiert Ihre Zahlenwerte wie das Symbol *Währung*, verwendet aber das Euro-Symbol als Währungszeichen. Dieses Symbol wird nur dann angezeigt, wenn das Add-In *Eurowährungs-Tool* aktiviert ist.

Das Symbol *Prozent* formatiert mit dem eingestellten Format *0%*, also ohne Dezimalstellen. Wenn Sie noch eine oder zwei Stellen nach dem Komma benötigen, klicken Sie auf die im übernächsten Absatz beschriebenen Schaltfläche zum Hinzufügen von Dezimalstellen.

Das Verwenden der Schaltfläche *1.000er-Trennzeichen* lohnt sich erst bei großen Zahlen mit mehr als drei Stellen vor dem Komma. Mit einen Klick auf diese Schaltfläche werden Zahlen durch Punkte in Gruppen zu je drei Ziffern unterteilt und die Zahlen erhalten außerdem zwei Nachkommastellen.

Mit diesen Schaltflächen regeln Sie die Zahl der Stellen nach dem Komma. Mit jedem Klick wird den markierten Zahlen eine Dezimalstelle hinzugefügt oder entfernt.

Die Schaltflächen *Einzug verkleinern* und *Einzug vergrößern* sorgen dafür, dass Zellinhalte bei jedem Mausklick um ein Zeichen nach rechts oder links verschoben werden.

Klicken Sie auf den Pfeil rechts neben der Schaltfläche *Rahmen*, um die Rahmenpalette anzuzeigen, die Ihnen die wichtigsten Rahmenvarianten im Direktzugriff bietet. Diese Palette können Sie herauslösen und im Arbeitsbereich ablegen. Mehr dazu weiter unten in diesem Abschnitt.

Tabellen und Daten formatieren

Klicken Sie auf den Pfeil der Schaltfläche *Füllfarbe* und die Farbpalette wird geöffnet. Dort bietet Ihnen *Excel* mit 40 Farben standardmäßig eine reiche Auswahl an. Diese Schaltfläche können Sie ebenfalls aus der Symbolleiste herauslösen und in Ihren Arbeitsbereich ziehen.

Über die ebenfalls herauslösbare Schaltfläche *Schriftfarbe* lässt sich die Farbe Ihrer Texte und Zahlen festlegen. Klicken Sie auf den Pfeil neben der Schaltfläche und wählen Sie die gewünschte Farbe in der geöffneten Palette aus.

> **HINWEIS**   Benutzen Sie die *Schriftfarbe* nicht zum Hervorheben negativer Zahlenwerte. Mit der Einstellung der Schriftfarbe *Rot* stellen Sie die Anzeige für jeden Wert auf diese Farbe. Auch wenn der Wert später positiv wird, bleibt es bei der roten Anzeige. Verwenden Sie stattdessen über den Menübefehl *Format/Zellen* die Optionen der Registerkarte *Zahlen*. Mehr zum spannenden Thema »Zahlenformate« finden Sie in Kapitel 10.

Häufig benutzte Befehle für den direkten Zugriff im Arbeitsbereich ablegen

Die drei zuletzt beschriebenen Symbole unterscheiden sich von den anderen in ihrer Funktionalität:

- Ein Klick auf den Pfeil rechts neben dem Symbol öffnet eine Palette, in der zahlreiche Optionen zur Verfügung stehen.

- Diese Palette können Sie aus der Symbolleiste herausziehen und im Arbeitsbereich Ihrer Tabelle ablegen. Damit verringern Sie den Aufwand beim Formatieren von Tabellen.

- Klicken Sie nicht auf den Pfeil rechts daneben, sondern direkt auf das Symbol, dann wird die zuletzt verwendete Formatierung zugewiesen, die das Symbol noch anzeigt.

Ein Beispiel: Müssen Sie beim Erstellen einer Tabelle immer mal wieder die Farbe einer Zelle in Gelb abändern, »merkt« sich das Symbol *Füllfarbe* diese letzte Einstellung und Sie sehen unter dem Eimer im Symbol einen gelben Strich. Genau so ist es auch beim Symbol für *Schriftfarbe*: Unter dem kleinen »A« zeigt der farbige Strich an, welche Farbe beim Klicken auf das Symbol zugewiesen wird.

Um die Paletten herauszulösen, die zu diesen drei Symbolen gehören, gehen Sie wie folgt vor:

1. Klicken Sie auf den Pfeil rechts neben dem Symbol.
2. Die Palette öffnet sich. Bewegen Sie den Mauszeiger auf den oberen Rand der Palette, so wie in Abbildung 9.16 gezeigt.
3. Ziehen Sie die Palette mit gedrückter linker Maustaste heraus und legen Sie diese an einer freien Stelle auf dem Arbeitsblatt ab.

Abbildg. 9.16   Lösen Sie mit gedrückter linker Maustaste die Palette heraus und legen Sie diese im Arbeitsbereich ab, damit Sie schneller auf ihre Befehle zugreifen können.

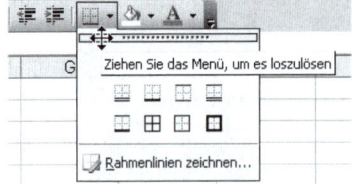

Noch mehr Produktivität beim Formatieren mit zusätzlichen Symbolen erreichen

Das Gestalten von Tabellen nimmt erfahrungsgemäß einige Zeit in Anspruch. Viele Tätigkeiten sind dabei reine Routine und sollten sich daher so schnell als möglich erledigen lassen. Lesen Sie im folgenden Abschnitt, welche Wege Ihnen in Excel zur Verfügung stehen, um Ihre Produktivität beim Formatieren deutlich zu erhöhen.

Der kurze Weg, um weitere Formatbefehle als Symbol hinzuzufügen

Natürlich gibt es neben den vorgegebenen Symbolen viele weitere Formatierungsbefehle, die derzeit nicht als Symbol in der Symbolleiste *Format* vertreten sind. Hier können Sie ohne großen Aufwand schnell Abhilfe schaffen und mit nur zwei Mausklicks zusätzliche Symbole einblenden.

Um zusätzliche Schaltflächen für die Formatierung einzubinden, gehen Sie wie folgt vor:

1. Klicken Sie am äußersten rechten Rand der *Format*-Symbolleiste auf den Pfeil nach unten.
2. Wählen Sie den Befehl *Schaltflächen hinzufügen oder entfernen/Format* und klicken Sie im Untermenü auf die gewünschten Schaltflächen.

Abbildg. 9.17   So fügen Sie zusätzliche Symbole hinzu

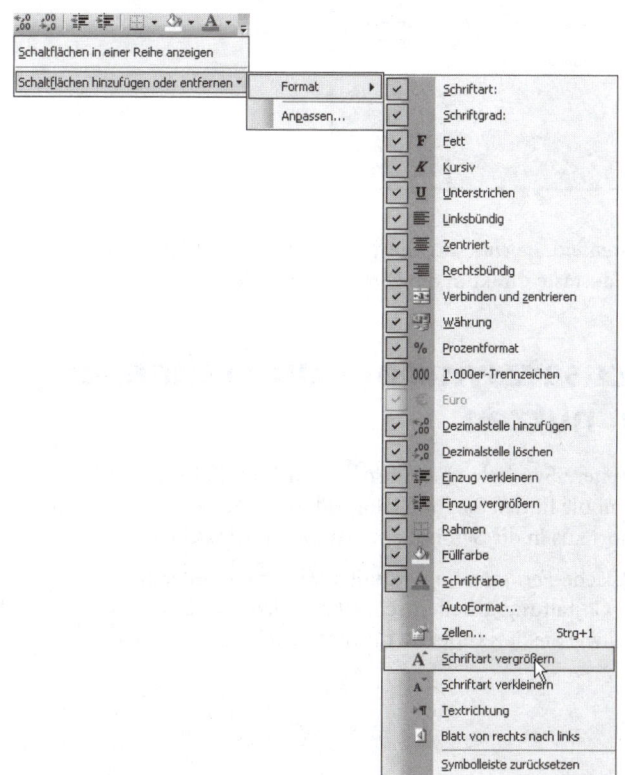

Die *Format*-Symbolleiste ganz individuell ausstatten

Sollten in dem in Abbildung 9.17 gezeigten Untermenü die von Ihnen gewünschten Schaltflächen nicht vorhanden sein, gehen Sie einen etwas längeren Weg, der Ihnen eine deutlich größere Auswahl bietet:

1. Wählen Sie *Extras/Anpassen*.

2. Wechseln Sie zur Registerkarte *Befehle*. Klicken Sie im Listenbereich *Kategorien* auf den Eintrag *Format*.

Abbildg. 9.18   In der Kategorie *Format* finden Sie eine große Auswahl an Befehlen, die Sie als neue Symbole der Symbolleiste *Format* hinzufügen können.

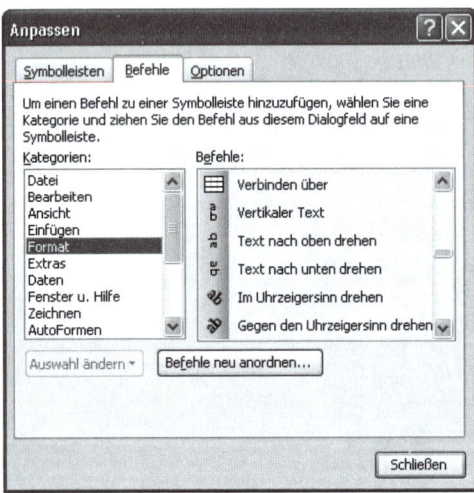

3. Klicken Sie im Listenfeld *Befehle* auf die gewünschte Schaltfläche und ziehen Sie diese mit gedrückter linker Maustaste direkt in die *Format*-Symbolleiste.

Zahlreiche Zusatzsymbole zum schnellen Formatieren nutzen

Die Tabelle 9.1 zeigt weitere Symbole zum Formatieren Ihrer Tabellen und beschreibt kurz deren Wirkung. Alle diese Symbole finden Sie im Dialogfeld *Extras/Anpassen* in der Kategorie *Format* und Sie können diese von dort aus in die Symbolleiste *Format* hineinziehen.

Mit der Symbol-Schaltfläche *Formatvorlage* könnten Sie einen weiteren Befehl in die *Format*-Symbolleiste einbauen, um Gestaltungsarbeiten schnell zu erledigen. Lesen Sie in Kapitel 11, was Formatvorlagen leisten und wie Sie diese effektiv für Ihre Arbeit nutzen können.

Tabelle 9.1   Mit diesen Zusatz-Symbolen erhöhen Sie Ihre Produktivität beim Formatieren.

Symbol	Anwendung
A△	Die aktuell ausgewählte Schriftart wird um den nächstmöglichen Grad vergrößert.
A▽	Die aktuell ausgewählte Schriftart wird um den nächstmöglichen Grad verkleinert.
D̲	Der markierte Inhalt wird doppelt unterstrichen.
abc	Der markierte Inhalt wird durchgestrichen. Dies eignet sich beispielsweise zum Kennzeichnen von Preisreduzierungen.
≡	Den Blocksatz kennen Sie vermutlich bereits aus *Word*. Auch in *Excel* ist diese Funktionalität verfügbar, was für Textfelder durchaus Sinn machen kann.
▦ ▦	Ein schnelles Verbinden und Lösen von Zellbereichen erreichen Sie durch die Schaltflächen *Zellen verbinden* und *Zellverbund aufheben*.
a b	Die Schaltfläche *Vertikaler Text* stellt die einzelnen Buchstaben untereinander dar. Diese Eigenschaft ist allerdings nur für Texte verfügbar.
ab ab	Textdarstellung durch die Schaltflächen *Text nach oben drehen* und *Text nach unten drehen* mit vertikaler Ausrichtung.
✍ ✍	Die Textdarstellung wird um 45 Grad gedreht.
↕▯ ↔▭	Zeilenhöhe und Spaltenbreite können nach einem Mausklick auf die jeweilige Schaltfläche direkt eingegeben werden.
▯ ▮	Die Schaltflächen *Helle Schattierung* und *Dunkle Schattierung* weisen der Markierung einen entsprechenden Grauton zu.
ⅼⅼⅼⅼ	Der Zellinhalt wird an der Grundlinie ausgerichtet.
ⅼⅼⅼⅼ	Der Zellinhalt wird auf halber Höhe, also vertikal mittig angeordnet.
ⅼⅼⅼⅼ	Der Zellinhalt wird am oberen Zellrand ausgerichtet.
🔒	Mit diesem Symbol können Sie mir nur einem Mausklick für markierte Zellen den Schutz ein- oder ausschalten.

Spezielle Tricks und Techniken zum schnellen Formatieren per Symbol nutzen

Wenn Sie dachten, dass Sie mit dem Einbau zusätzlicher Symbole in die Symbolleiste *Format* schon das Maximum an Produktivität erreicht haben, dann werden Sie gleich sehen, dass Ihre Möglichkeiten in Excel damit noch längst nicht ausgeschöpft sind.

Tabellen und Daten
formatieren

Besondere Schriftformate erstellen

In *Excel* können Sie auf die Schrift in einer Zelle mehrere Formate anwenden. Beispielsweise lassen sich einzelne Zeichen einer Zelle durch eine andere Schriftfarbe bzw. durch den Schriftschnitt *Fett* oder *Kursiv* hervorheben. Tippen Sie die Information in die Zelle ein. Markieren Sie jetzt in der Bearbeitungsleiste die hervorzuhebenden Zeichen und formatieren Sie diese nach – mit dem betreffenden Symbol aus der *Format*-Symbolleiste. Schließen Sie die Bearbeitung mit der ⏎-Taste ab.

Abbildg. 9.19   Markieren Sie einzelne Zeichen in der Bearbeitungsleiste und formatieren Sie diese individuell.

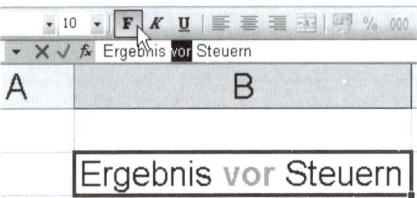

Effektiv arbeiten und die Doppelbelegung von Symbolen nutzen

Einigen Symbolen sieht man es absolut nicht an, was in ihnen steckt. Hier einige Beispiele.

Schrift größer oder kleiner formatieren

Wenn Sie, wie oben beschrieben, das Symbol *Schriftart vergrößern* zusätzlich in die *Format*-Symbolleiste aufgenommen haben, können Sie dieses gleich doppelt nutzen. Mit dem Symbol können Sie markierte Texte nicht nur schrittweise vergrößern, sondern auch verkleinern: Halten Sie dazu einfach beim Klicken auf das Symbol zusätzlich die ⇧-Taste gedrückt. Sie brauchen also kein separates Symbol, das die Schrift verkleinert. So sparen Sie Platz für andere Symbole oder gar Symbolleisten.

Dezimalstellen hinzufügen oder löschen

Eigentlich benötigen Sie nur eines der beiden in der Randspalte abgebildeten Symbole. Denn auch hier gilt: Klicken Sie mit gedrückt gehaltener ⇧-Taste auf eines der beiden Symbole, dann wird der entgegen gesetzte Befehl ausgeführt.

Einzüge größer oder kleiner gestalten

Und schließlich noch ein Symbol-Paar, von denen Sie bei Platzmangel getrost auf eines verzichten können. Denn auch hier bewirkt die ⇧-Taste, dass das Symbol genau den gegenteiligen Befehl ausführt.

Formate schnell vereinheitlichen

Nicht selten kommt es vor, dass eine ganz bestimmte Formatierung, die bereits einer Zelle im Blatt zugewiesen wurde, auch für eine oder mehrere andere Zellen gelten soll. In dem Fall können Sie die Funktion *Format übertragen* nutzen.

Format übertragen: So setzen Sie die einfache Variante ein

Sie befindet sich zwar nicht in der *Format*-Symbolleiste, sondern darüber in der *Standard*-Symbolleiste, sollte deshalb aber keineswegs von Ihnen übersehen werden.

Abbildg. 9.20 Formate schnell vereinheitlichen

Dieses Symbol ist Ihnen bei der einheitlichen und schnellen Gestaltung Ihrer Tabellen sehr nützlich, da damit zwar Formate kopiert werden, Werte und Formeln hingegen unverändert bleiben. Und so verwenden Sie dieses Symbol:

1. Klicken Sie auf die Zelle, welche die gewünschte Formatierung bereits enthält.
2. Klicken Sie das Symbol *Format übertragen* an, um es zu aktivieren (damit nehmen Sie die Formateigenschaften in den Pinsel auf, so als ob Sie den Pinsel in einen Farbeimer tauchen).
3. Klicken Sie nun auf die Zelle, welche die gewünschte Formatierung ebenfalls erhalten soll. Wollen Sie die kopierten Formateigenschaften auf mehrere Zellen übertragen, markieren Sie den Zellbereich mit gedrückter linker Maustaste.

Es geht noch besser: Der Trick, mit dem Sie Formate mehrfach übertragen

Wollen Sie eine bestimmte Formatierung nicht nur auf eine Zelle oder einen zusammenhängenden Zellbereich übertragen, sondern auf mehrere getrennt gelegene Stellen Ihres Arbeitsblatts, müssten Sie die soeben beschriebene Technik mehrfach wiederholen.

Doch auch hier bietet das Programm noch etwas mehr:

1. Klicken Sie nun wieder auf die Musterzelle, welche die gewünschten Formate enthält.
2. Doppelklicken Sie dieses Mal auf das Symbol *Format übertragen*.
3. Markieren Sie nun nacheinander so viele Zellen und Zellbereiche wie Sie wollen, um auf diese die Formatierung zu übertragen.
4. Schalten Sie die Funktion durch Betätigen der $\boxed{\text{Esc}}$-Taste oder durch einen einfachen Klick auf das Symbol wieder aus.

Sie sehen, der Doppelklick bewirkt, dass Sie das Symbol mehrfach benutzen können.

> **HINWEIS** Das eben beschriebene Vorgehen können Sie übrigens auch in den Office-Anwendungen Word und PowerPoint genau so nutzen.

Über Menübefehle auf weitere Formatierungsoptionen zugreifen

In den meisten Fällen reicht es aus, wenn Sie zum Formatieren von Zellen und Tabellen die Symbole aus der *Format*-Symbolleiste nutzen. Sie decken bestimmt mehr als 80% der am häufigsten eingesetzten Formatbefehle ab, erst recht, wenn Sie – wie oben beschrieben – diese Symbolleiste mit zusätzlichen Symbolen ergänzt haben.

Doch Excel verfügt über weit mehr Formatbefehle für Zellen und Tabellen. Zu diesen gelangen Sie über das Menü *Format*. Hauptanlaufstelle ist dort das Dialogfeld *Zellen formatieren*, das Sie über den Menübefehl *Format/Zellen* aufrufen.

Abbildg. 9.21 Die Befehle zum Formatieren sind auf sechs Registerkarten verteilt; die wohl interessanteste davon dürfte die Registerkarte *Ausrichtung* sein.

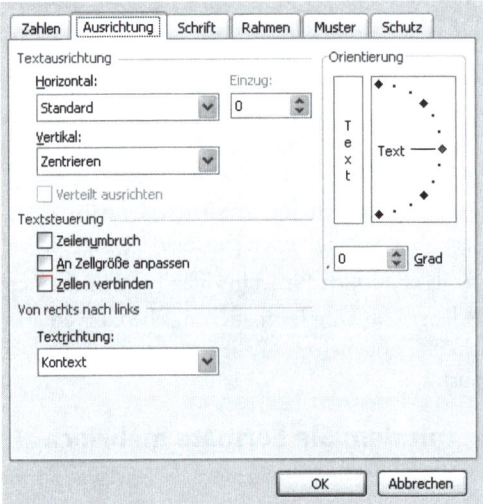

PROFITIPP

Immer dann, wenn Sie in Excel das Dialogfeld zum Formatieren aufrufen wollen, können Sie das blitzschnell und sozusagen »mit links« erledigen, indem Sie die Tastenkombination Strg+1 betätigen. Egal, ob Sie Zellen, ein Diagramm, eine *AutoForm* oder eine Grafik markiert haben, mit dieser Tastenkombination sind Sie sofort im Dialogfeld zum Formatieren.

Das Dialogfeld *Zellen formatieren* nutzen

Das Dialogfeld besteht aus sechs Registerkarten. Einige davon werden Sie wahrscheinlich eher selten nutzen, andere hingegen – wie beispielsweise die Registerkarten *Zahlen*, *Ausrichtung* und *Rahmen* – bieten Befehle, die im »Excel-Alltag« häufiger eine Rolle spielen.

Die Registerkarte *Zahlen*

Zahlenformate spielen eine zentrale Rolle beim Formatieren von Tabellen. Daher ist ihnen ein eigenes Kapitel gewidmet, in dem Sie erfahren, wie Sie nicht nur die von Excel vorgegebenen Zahlenformate nutzen, sondern auch eigene entwickeln können. Lesen Sie dazu Kapitel 10. An dieser Stelle daher also nur ein kurzer Überblick über die Standardbefehle der Registerkarte *Zahlen*.

Abbildg. 9.22 In dieser Registerkarte können Sie das Aussehen Ihrer Zahlen blitzschnell über vordefinierte Zahlenformate ändern bzw. vereinheitlichen.

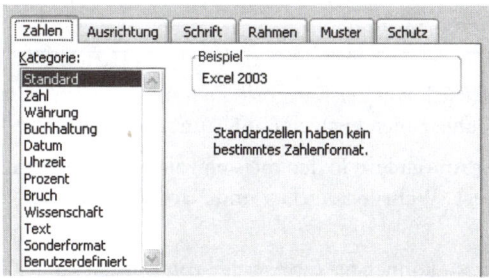

Beschränken Sie sich beim Eingeben von Zahlen auf das Notwendigste, denn Zusätze wie 1.000er-Trennzeichen, die Angabe von Währungen oder Maßeinheiten sowie das Eintippen von Nullen als Nachkommastellen können Sie sich sparen. Diese Aufgabe erledigt Excel für Sie, denn in der in Abbildung 9.39 gezeigten Registerkarte können Sie über die Auswahl einer Kategorie blitzschnell das Aussehen der Zahl verändern.

Die Kategorien für Zahlenformate kennen lernen

Die Zahlenformate werden in zwölf Kategorien eingeteilt. Mit Ausnahme der Kategorien *Standard* und *Text* bietet jede dieser Kategorien verschiedene Einstellungen um das jeweilige Format anzupassen.

■ Mit der Kategorie *Zahl* sollten Sie sich in jedem Fall vertraut machen – sie ist die Basis für das Verständnis vieler anderer Kategorien. In Abbildung 9.23 sehen Sie, wie sich mit wenigen Mausklicks die links in der Zelle eingegebene Zahl vom Erscheinungsbild her ändert. Wichtig in diesem Dialogfeld ist immer der Blick nach oben in das Feld *Beispiel*, wo Sie eine Vorschau erhalten, wie Ihre Zahl mit dem gerade gewählten Zahlenformat aussehen würde. In diesem Fall sind zwei Nachkommastellen und das 1.000er-Trennzeichen eingeschaltet worden. So wird aus der eingegebenen »4200,5« die Anzeige »4.200,50«.

Wichtig sind hier noch die unten in dem Feld *Negative Zahlen* vorgefertigten Muster zur Anzeige negativer Werte. Sie sind anhand der gezeigten vier Beispiele selbsterklärend, formatieren also negative Werte zusätzlich mit Minuszeichen und/oder in roter Farbe.

Abbildg. 9.23 Mit wenigen Mausklicks ändern Sie das Erscheinungsbild der Zelleingabe links von 4200,5 in 4.200,50.

HINWEIS   Der Unterschied zwischen dem ersten und dritten Eintrag ist an der Stelle nicht zu erkennen. Erst beim Testen beider Varianten stellt man fest, dass bei Wahl des dritten Eintrags die Zahl etwas vom rechten Zellrand weggerückt wird.

- Die Kategorie *Währung* unterscheidet sich von der Kategorie *Zahl* nur dadurch, dass Sie an der Stelle zusätzlich zum Aussehen der Zahlen auch noch eine Währung anzeigen lassen können.

- Die Kategorie *Buchhaltung* ruft unter Anwendern in den meisten Fällen eher Verwirrung hervor. Sie hat den durchaus sinnvollen Zweck, Währungszeichen und Nachkommastellen untereinander anzuordnen.

- Über die Kategorien *Datum* und *Uhrzeit* können Sie die Anzeige von Datums- und Zeiteingaben steuern. Die in Abbildung 9.24 gezeigte Liste für die Kategorie *Datum* enthält leider mehrere Formate, die im deutschsprachigen Raum nicht üblich und daher unbrauchbar sind. Das, obwohl – wie auch zu sehen – als Gebietsschema *Deutschland* gewählt ist. Hier das Beispiel, wo nach dem Monat der Punkt fehlt. In solchen Fällen lohnt sich auf jeden Fall das Definieren eigener Zahlenformate (mehr dazu in Kapitel 10). Sicher interessant für viele Anwender ist die Möglichkeit, mit der Wahl des zweiten Eintrags zusätzlich zum Datum selbst auch noch den Wochentag anzuzeigen.

Abbildg. 9.24   Die Liste der möglichen Datumsformate enthält zum Teil Varianten, die den hiesigen Gewohnheiten nicht entsprechen.

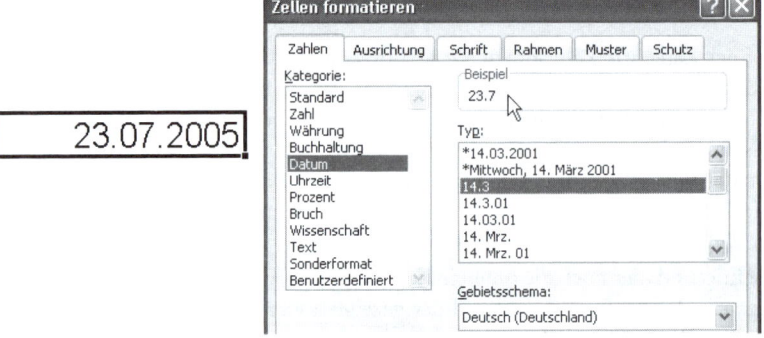

- In der Kategorie *Prozent* haben Sie nur die Möglichkeit, die Anzahl der Stellen nach dem Komma zu ändern.

- Die Kategorie *Bruch* dürfte für alle interessant sein, die Excel gerade im mathematischen Bereich nutzen wollen, denn die Auswahl des Erscheinungsbildes von Brüchen ist recht komfortabel.

- Über die Kategorie *Wissenschaft* steuern Sie, dass sehr große Zahlen durch Exponentialschreibweise kürzer dargestellt werden.

- Die Kategorie *Text* ist sicherlich eine der wichtigsten, denn hier können Sie bestimmen, dass Zahlen, die in Zellen eingegeben werden, von Excel nicht als Zahlen interpretiert werden, somit also von Berechnungen ausgeschlossen werden.

PROFITIPP

Das Formatieren von Zellen mit dem Befehl *Text* ist in den folgenden zwei Fällen sehr nützlich: Ihre Spaltenüberschriften enthalten Zahlen und Sie möchten verhindern, dass beim Bilden der Spaltensummen in Zeile 50 versehentlich die Jahreszahlen aus Zeile 3 mitgezählt werden. Oder Sie wollen Postleitzahlen eingeben und verhindern, dass Excel eine Null zu Beginn einer Postleitzahl einfach »verschluckt«.

■ Zu den Möglichkeiten, welche die Kategorie *Benutzerdefiniert* bietet, lesen Sie (wie schon angekündigt) mehr in Kapitel 10. Hier nur kurz soviel: Egal, welches Zahlenformat Sie zuvor ausgewählt haben, wenn Sie anschließend sofort die Kategorie *Benutzerdefiniert* anklicken, erhalten Sie einen »Blick hinter die Kulissen« und sehen, wie in Excel Zahlenformate aufgebaut und zusammengesetzt werden. Seien Sie ruhig einmal neugierig und studieren Sie das System der Formatcodes.

Registerkarte *Ausrichtung*

Diese Registerkarte ist die mit Abstand inhaltsreichste, aber wahrscheinlich ist die Fülle der hier verfügbaren – und zum Teil sehr nützlichen – Optionen leider nur wenigen Anwendern voll bewusst. Eine Ursache dafür ist sicher die in vielen Fällen nicht eben glückliche und eher verwirrende Bezeichnung der einzelnen Optionen.

Abbildg. 9.25   Testen Sie die Vielfalt der hier verfügbaren Optionen zum Ausrichten der Zellinhalte.

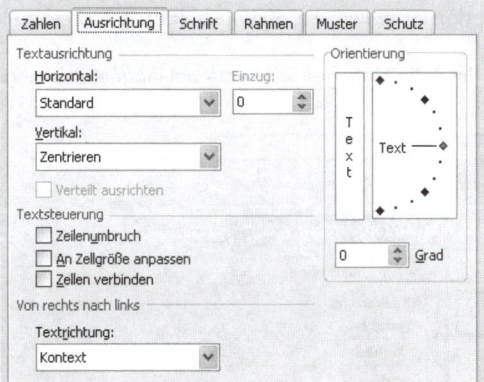

Auch hier gilt: Seien Sie in jedem Fall neugierig und probieren Sie aus, was sich in den einzelnen Listenfeldern verbirgt. Es lohnt sich!

Horizontale Ausrichtung

Im Listenfeld *Horizontal* finden Sie neben dem Eintrag *Standard* sieben weitere Optionen. *Standard* bedeutet, dass Excel Text links, Zahlen rechts und logische Werte sowie Fehlerwerte zentriert ausrichtet.

Die Optionen, die den Zusatz *Einzug* haben, rücken Zellinhalte vom linken oder rechten Spaltenrand weg hin zur Mitte. Die gleiche Wirkung können Sie schneller mit den beiden abgebildeten Symbolen aus der Symbolleiste *Format* erreichen.

Auch die Option *Zentriert* können Sie weitaus schneller über das gleichnamige Symbol einschalten und müssen nicht extra das Dialogfeld zum Formatieren aufrufen.

Mit der Option *Verteilt (Einzug)* sorgen Sie dafür, dass in Zellen das Gleiche gilt wie beim Blocksatz in Textfeldern: Die Informationen werden am linken und rechten Rand bündig ausgerichtet. In Abbildung 9.26 sehen Sie in der rechten Hälfte ein Beispiel dafür.

Abbildg. 9.26 Zweimal der gleiche Text – links in Standardanzeige und rechts mit der Option *Verteilt*

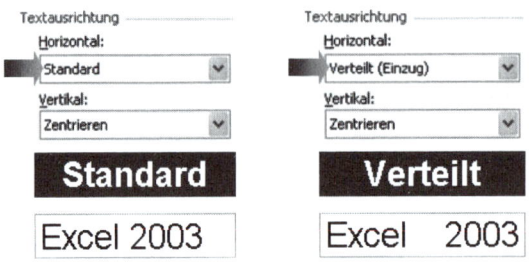

> **HINWEIS** Der *Blocksatz* findet in Zellen keine Anwendung, Texte bleiben linksbündig stehen, Zahlen werden ebenfalls linksbündig angeordnet.

Eine etwas seltsame Wirkung hat die Option *Ausfüllen*, wie Sie in Abbildung 9.27 sehen können.

Abbildg. 9.27 In der Bearbeitungsleiste steht »123«, in der Zelle hingegen wird eine viel längere Zahl angezeigt, weil die Option *Ausfüllen* gewählt wurde.

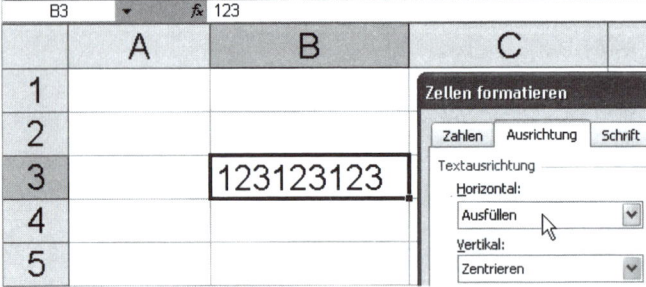

Vertikale Ausrichtung

Im Listenfeld *Vertikal* ändern Sie die vertikale Ausrichtung des Zellinhalts. Standardmäßig wird dieser von Excel unten, also an der Grundlinie angeordnet.

Die beiden anderen Optionen *Oben* bzw. *Zentriert* sind selbsterklärend. *Zentriert* wird vor allem dann angewendet, wenn ein- und mehrzeilige Zellinhalte auf halber Höhe angeordnet werden sollen.

Die Option *Verteilt* geht noch einen Schritt weiter, indem sie mehrzeilige Zellinhalte oben und unten anordnet (Abbildung 9.28).

Abbildg. 9.28 Mit der Option *Verteilt* sorgen Sie bei der vertikalen Ausrichtung dafür, dass die Zellinhalte oben und unten angeordnet werden.

Einzug

Mit der Änderung der Werte am Drehfeld *Einzug* verschieben Sie Zellinhalte vom Zellrand weg zur Mitte. Jeder Schritt entspricht dabei in etwa der Breite eines Zeichens (Beispiel Buchstabe »W«).

Orientierung

In diesem Teil der Registerkarte legen Sie den Grad der Textrotation fest. Bei einem positiven Wert im Feld *Grad* wird der markierte Text von unten links nach oben rechts in der Zelle gedreht. Legen Sie hingegen einen negativen Gradwert fest, wird Text von oben links nach unten rechts gedreht.

Abbildg. 9.29 Ändern Sie unten im Drehfeld den Wert oder bringen Sie den Zeiger darüber mit gedrückter linker Maustaste auf die gewünschte Drehung.

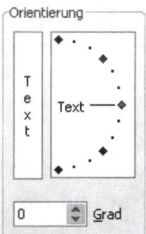

Textsteuerung

Über die drei Kontrollkästchen im Bereich *Textsteuerung* können Sie die Darstellungsweise der Zellinhalte weiter anpassen.

Abbildg. 9.30 Drei nützliche Kontrollkästchen

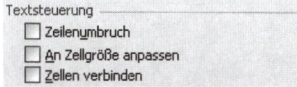

Zeilenumbruch

Bei der Wahl dieser Option wird der Text in der Zelle auf mehrere Zeilen umgebrochen. Die Anzahl der Zeilenumbrüche hängt von der Spaltenbreite sowie der Länge des Zellinhalts ab.

TIPP Schneller geht es, wenn Sie bereits bei der Texteingabe an den Stellen, an denen Sie einen Zeilenumbruch wünschen, die Tastenkombination Alt + ↵ betätigen.

Zellen verbinden

Mit der Option *Zellen verbinden* kombinieren Sie mindestens zwei markierte Zellen zu einer. Das geht sowohl in horizontaler wie auch in vertikaler Richtung. Der Zellbezug für die verbundene Zelle ist die Zelle, die ursprünglich oben links war.

TIPP Verbinden Sie nach Möglichkeit Zellen immer nur dann, wenn die gesamte Tabelle wirklich fertig ist. Der Grund: Spalten oder Zeilen mit verbundenen Zellen lassen sich nachträglich nicht so leicht bearbeiten. Beachten Sie hierzu auch die Ausführungen in Kapitel 4.

An Zellgröße anpassen

Ist eine Spalte zu schmal für eine lange Zahl, werden statt der Zahl nur #-Zeichen angezeigt. Texte hingegen werden einfach abgeschnitten. Beides ist nicht eben komfortabel und besonders ärgerlich, wenn man dies erst nach dem Drucken feststellt. Solche Pannen können Sie künftig verhindern, wenn Sie für solche Zellen oder gar ganze Tabellenspalten die Option *An Zellgröße anpassen* aktivieren. Damit wird beim Verkleinern der Zelle automatisch die Größe der Schriftzeichen so reduziert, so dass alle Daten in die Zelle passen. Der jeweilige Schriftgrad, der für die Zelle definiert wurde, wird nicht geändert.

Auf der CD-ROM zum Buch finden Sie im Ordner *Buch\Kap09* in der Datei *KAP09_Zellformate.xls* verschiedene Varianten für die Ausrichtung von Zellinhalten.

Registerkarte *Schrift*

Nahezu alle Befehle der Registerkarte *Schrift* können Sie auch über die *Format*-Symbolleiste erreichen. Wirklich interessant sind hier eigentlich nur die beiden Kontrollkästchen für *Hochgestellt* und *Tiefgestellt*.

Abbildg. 9.31 In dieser Registerkarte können Sie u.a. einstellen, dass Zellinhalte hoch- oder tiefgestellt werden.

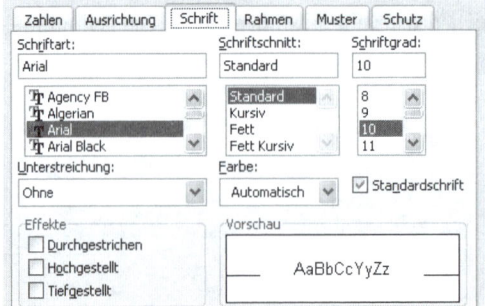

Um einzelne Zeichen innerhalb eines Textes hoch- oder tiefgestellt darzustellen, kommen Sie an diesem Dialogfeld nicht vorbei. Gehen Sie dabei wie folgt vor:

1. Tippen Sie zunächst die Texte oder Zahlen ein, betätigen Sie aber noch nicht die ⏎-Taste.

2. Markieren Sie nun das oder die Zeichen, die hoch- oder tiefgestellt erscheinen sollen.

3. Rufen Sie mit `Strg`+`1` (oder dem Menübefehl *Format/Zellen*) das Dialogfeld zum Formatieren auf. Da Sie noch in der Eingabe sind, werden nicht wie üblich sechs, sondern nur eine Registerkarte – nämlich die für *Schrift* – angezeigt.

4. Aktivieren Sie, je nach Bedarf, das Kontrollkästchen für *Hochgestellt* oder *Tiefgestellt* und schließen Sie das Dialogfeld mit *OK*.

5. Schließen Sie nun den Vorgang durch Betätigen der ⏎-Taste ab.

Abbildg. 9.32   Je zwei Beispiele für hochgestellte bzw. tiefgestellte Zeichen innerhalb einer Zelle

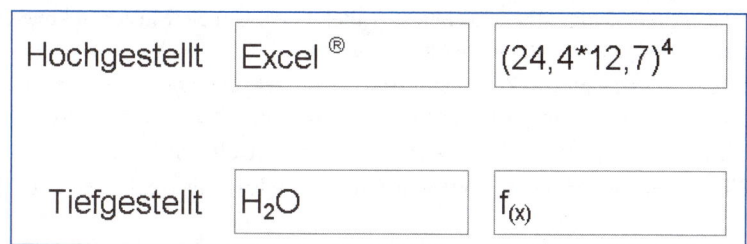

> **TIPP**   Manchmal kann es vorkommen, dass nach dem Zuweisen des Befehls *Hochgestellt* oder *Tiefgestellt* und dem Abschließen mit der ⏎-Taste plötzlich der Text in der Zelle deutlich größer wird. Lassen Sie in dem Fall die Zelle markiert und weisen Sie einfach über das Symbol *Schriftgrad* in der Symbolleiste *Format* erneut die gewohnte Schriftgröße – meist sind dies 10 pt – zu.

Wenn Sie Texte oder Zahlen in Ihren Tabellen per Unterstreichung hervorheben wollen, dann sollten Sie sich nicht mit dem Klick auf das Symbol *Unterstrichen* zufrieden geben. Betrachten Sie einmal in Abbildung 9.33 die vier Unterstreichungen unter dem Wort »Budgetplanung«. Auch Anwender, die sonst nichts für Buchhaltung übrig haben, werden einräumen, dass in dem Fall die beiden Optionen mit dem Zusatz *(Buchhaltung)* in der Tat besser geeignet sind, da die Unterlängen der Buchstaben nicht durch eine Unterstreichung abgeschnitten werden. Diese Optionen gab es übrigens schon in Excel 97, nur finden muss man sie.

Abbildg. 9.33   Die vier möglichen Varianten zum Unterstreichen im Vergleich

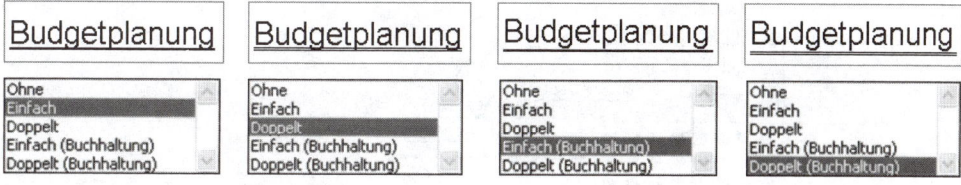

Auf der CD-ROM zum Buch finden Sie im Ordner *Buch\Kap09* in der Datei *KAP09_Zellformate.xls* verschiedene Varianten für die Schriftformatierung.

Tabellen und Daten formatieren

Registerkarte *Rahmen*

Da das Einrahmen von Zellen und Zellbereichen beim Gestalten von Tabellen eine zentrale Rolle spielt und das Zuweisen von Rahmen und Linien häufiger direkt über Symbole erfolgt, finden Sie weiter unten in diesem Kapitel eine detaillierte Beschreibung aller Methoden. Lesen Sie dazu den Abschnitt »Mit Rahmenlinien aus Zahlenkolonnen übersichtliche Tabellen machen«. Bereits weiter oben im Abschnitt »Praxisbeispiel für Eilige: Eine Tabelle Schritt für Schritt in Form bringen« finden Sie eine Schritt-für-Schritt-Anleitung zum Umgang mit dieser Registerkarte.

Registerkarte *Muster*

Die in dieser Registerkarte verfügbaren Optionen sind überschaubar und leicht zu verstehen. In Abbildung 9.34 sehen Sie die Möglichkeiten auf einen Blick. Um ein Muster zu kreieren, können Sie maximal drei Komponenten miteinander kombinieren:

1. Sie können eine Farbe für den Zellhintergrund bestimmen; diese stellen Sie oben in der Farbpalette unter *Zellenschattierung* ein. Sie können die Zelle aber auch in der Standardfarbe Weiß belassen.

2. Als Nächstes legen Sie die Art des Musters fest. Hier stehen Ihnen 17 Varianten zur Verfügung.

3. Schließlich legen Sie in der unteren Palette fest, welche Farbe das soeben gewählte Muster erhalten soll.

Anhand der Vorschau-Funktion rechts im Feld *Beispiel* haben Sie beim Zuweisen eines Musters die komplette Kontrolle über den Vorgang.

Abbildg. 9.34 Ein Muster weisen Sie in drei Schritten zu: Zunächst wählen Sie oben bei *Zellschattierung* die Farbe für den Zellhintergrund, dann folgt die Wahl des Musters und schließlich die der Vordergrundfarbe.

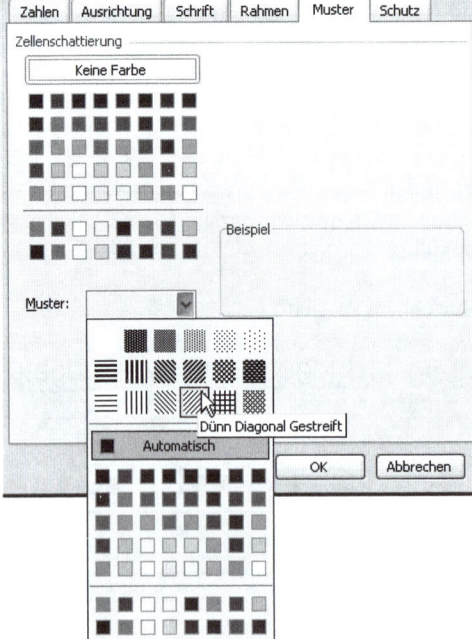

Wann setzen Sie Muster ein?

Diese Funktion wird meist genutzt, wenn in Arbeitsblättern oder Formularen einzelne Zellen oder ganze Zellbereiche für die Eingabe optisch gesperrt werden sollen. Andererseits lassen sich mit Mustern auch Zellen hervorheben, in die etwas eingegeben werden soll.

In dem Beispiel aus Abbildung 9.35 wurde die Funktion *Muster* genutzt, um für eine Zelle optisch zu signalisieren, dass sie nicht beschriftet werden soll. Für den Zellhintergrund wurde ein helles Türkis gewählt, als Muster dünne senkrechte Linien und deren Farbe ist Indigoblau.

Abbildg. 9.35   Links das Ergebnis und rechts die Einstellungen, die im Dialogfeld vorgenommen werden mussten

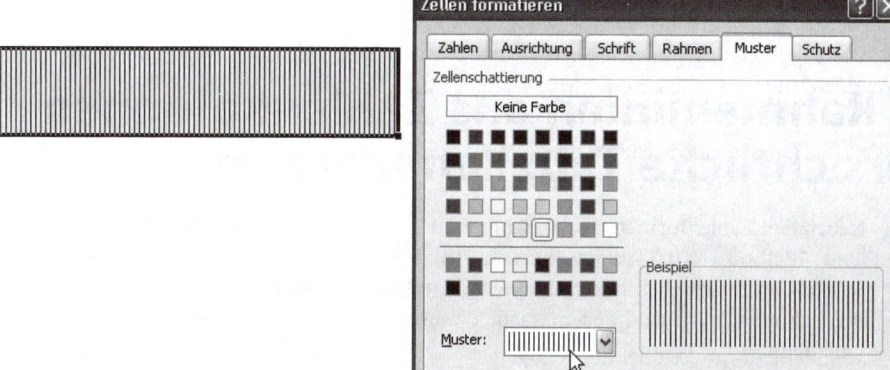

 Auf der CD-ROM zum Buch finden Sie im Ordner *Buch\Kap09* in der Datei *KAP09_Zellformate.xls* verschiedene Varianten für die Musterformatierung.

Registerkarte *Schutz*

Da das Thema Schützen von Zellen in Excel immer mit dem Blattschutz verbunden ist, finden Sie dazu weiter unten im Abschnitt »Schutzmechanismen für Zellen und Blätter einschalten und nutzen« eine detaillierte Information, die alle erforderlichen Schritte beim Schutz von Tabellen zusammenfasst.

Abbildg. 9.36   In dieser Registerkarte können Sie sehen, dass standardmäßig alle Zellen als *Gesperrt* vorformatiert sind.

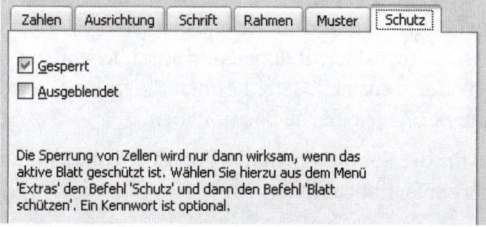

Tabellen und Daten formatieren

In der in Abbildung 9.36 gezeigten Registerkarte können Sie auf jeden Fall bereits sehen, dass in Excel standardmäßig alle Zellen als *Gesperrt* vorformatiert sind. Dass Sie trotzdem in allen Zellen Eingaben machen können, liegt daran, dass dieser voreingestellte Zellschutz erst dann wirkt, wenn Sie im Menü *Extras* noch den Blattschutz einschalten. Ist der Blattschutz aktiviert, verhindern Sie, dass die zuvor als *Gesperrt* formatierten Zellen geändert, verschoben, vergrößert, verkleinert oder gelöscht werden. Mehr dazu lesen Sie weiter unten in diesem Kapitel.

Das Kontrollkästchen *Ausgeblendet* bewirkt im aktivierten Zustand, dass eingegebene Formeln im Blatt – genauer in der Bearbeitungsleiste – nicht mehr angezeigt werden. Damit können Anwender dafür sorgen, dass ihr Know-how im Erstellen von Formeln vor anderen verborgen bleibt. Das Aktivieren dieser Option wird nur dann wirksam, wenn das Arbeitsblatt über den Menübefehl *Extras/ Schutz/Blatt schützen* geschützt wird.

Mit Rahmenlinien aus Zahlenkolonnen übersichtliche Tabellen machen

Neben den Zahlenformaten sind Rahmen und Linien die in Tabellen wohl am häufigsten anzutreffende Methode, um Tabellen übersichtlich zu gestalten. Wie Sie im Praxisbeispiel zu Beginn des Kapitels bereits gesehen haben, können Sie mit Rahmen und Rahmenlinien das Lesen einer Tabelle deutlich erleichtern und den Betrachter durch Ihre Daten »führen«. Verwenden Sie Rahmen und Linien, um

- wichtige Zellen oder Zellbereiche hervorzuheben,

- zusammengehörige Datenbereiche zu kennzeichnen,

- unterschiedliche Informationen voneinander abzugrenzen.

Die Palette der Möglichkeiten kennen

Wenn Sie eine Zelle, einen Zellbereich oder eine ganze Tabelle mit Rahmen und Linien versehen wollen, dann können Sie das auf drei völlig unterschiedlichen Wegen tun. In Abbildung 9.37 finden Sie alle drei Varianten wieder.

Die drei Methoden, die zur Verfügung stehen

Am häufigsten ist wohl die unter »A« gezeigte Methode, bei welcher mit Hilfe der Rahmenlinien-Palette zügig die Formate zugewiesen werden. Diese Palette erhalten Sie, wenn Sie in der Symbolleiste *Format* rechts neben dem Symbol *Rahmen* klicken und – wie weiter oben in Abbildung 9.16 gezeigt – die Palette aus der Symbolleiste herauslösen und im Arbeitsblatt ablegen. Klicken Sie dazu auf den nach unten weisenden Pfeil der Dropdown-Liste *Rahmen* und anschließend auf deren Leiste (am oberen Rand des aufklappenden Paletten-Fensters). Jetzt können Sie die komplette Rahmen-Palette aus der Verankerung lösen und auf der Arbeitsfläche positionieren.

Die Wirkung der insgesamt elf Symbole für die Rahmenformatierung ist selbsterklärend. Sie sehen anhand der farblichen Hervorhebung, ob ein Symbol aktiviert ist.

Abbildg. 9.37 Drei Wege stehen zur Verfügung, um einer Tabelle Rahmen und Linien zuzuweisen.

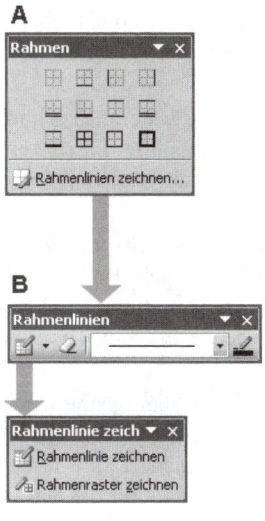

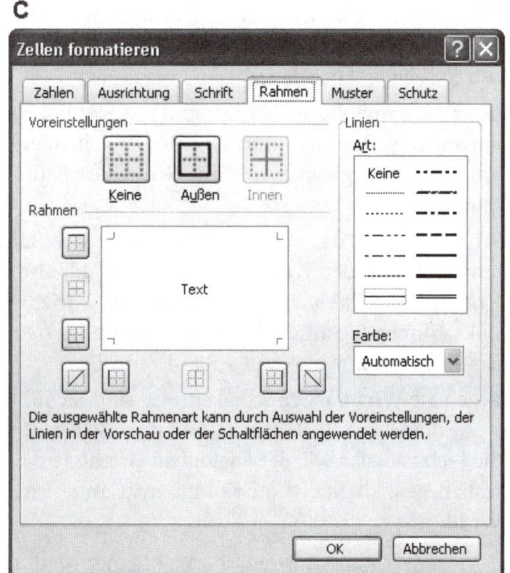

Die zweite Methode (unter »B« gezeigt) ist noch »jung«, sie gibt es erst seit Excel 2002. Mit ihr können Sie die gewünschten Rahmen und Linien per Stift selbst zeichnen. Das erspart Ihnen das vorherige Markieren der Zellen, die Rahmenlinien erhalten sollen. Und mit dem Radiergummi lassen sich schnell Linien beseitigen, die nicht (mehr) gebraucht werden. Die beiden unter »B« gezeigten Symbolleisten erhalten Sie, wenn Sie in der unter »A« gezeigten Rahmenlinien-Palette auf *Rahmenlinien zeichnen* klicken. Zunächst bekommen Sie die Symbolleiste *Rahmenlinien* angezeigt, und aus dieser wiederum können Sie über das Symbol *Rahmenlinien zeichnen* die ganz unten gezeigte Symbolleiste herauslösen. Die Arbeit mit diesen Werkzeugen muss eigentlich nicht gesondert erklärt werden, da sie komplett intuitiv erfolgen kann. Weiter unten in diesem Kapitel finden Sie dennoch eine Übersicht über die einzelnen Befehle.

PROFITIPP

Sie werden feststellen, dass Sie mit der Methode, Rahmenlinien selbst zu zeichnen, schon nach sehr kurzer Einarbeitung in der Lage sind, in Sekundenschnelle komplette und sehr individuelle Rahmengebilde zu erstellen. Die Zeitersparnis gegenüber den anderen beiden Methoden ist mehr als beachtlich. Wenn Sie sich einmal mit dieser Technik vertraut gemacht haben, werden Sie diese nicht mehr missen wollen und gern alte Gewohnheiten aufgeben.

Die dritte Methode führt über das in Abbildung 9.37 rechts gezeigte Dialogfeld. Weiter oben in diesem Kapitel im »Praxisbeispiel für Eilige: Eine Tabelle Schritt für Schritt in Form bringen« konnten Sie schon nachlesen, mit welchen Schrittfolgen Sie über diese Registerkarte Rahmen und Linien zuweisen.

Zwischenfazit: Wann welche Methode anwenden?

Vielleicht werden Sie sich jetzt fragen, warum es denn gleich mehrere Methoden gibt und ob denn nicht eine auch ausgereicht hätte. Noch mehr aber wird Sie interessieren, welche der drei Methoden sich für Sie eignet. Hier deshalb ein kurzes Fazit:

1. Über die Symbolleiste *Format* und das Symbol *Rahmen* haben Sie zwar einen schnellen Zugriff auf wichtige Rahmen- und Linienoptionen, aber dieser kurze Weg öffnet Ihnen nur einen Ausschnitt der Möglichkeiten. Eine Schnellformatierung also, aber mit gestalterischen Einschränkungen.

2. Wollen Sie auf das komplette Spektrum der Rahmenlinien individuell und gezielt zugreifen, empfiehlt sich der Weg über das Dialogfeld, also über den Menübefehl *Format/Zellen*. Auf der Registerkarte *Rahmen* stehen Ihnen alle Varianten der Rahmengestaltung zur Verfügung und links können Sie anhand des Vorschaubildes stets prüfen, wie das Ergebnis aussehen wird. Die Komplettvariante also, mit voller Kontrolle.

3. Legen Sie Wert auf Schnelligkeit und sind Sie im Umgang mit der Maus geübt, wird möglicherweise die Methode, Rahmen und Linien selbst zu zeichnen, künftig Ihr persönlicher Favorit sein. Sie bietet ebenso wie die Dialogfeld-Methode die Möglichkeit, Linienart und -farbe individuell festzulegen. Ebenfalls eine Komplettvariante also, aber mit mehr Raum für das Umsetzen kreativer Ideen.

Egal, wie Sie sich entscheiden, die Wahl einer Methode wird immer auch davon abhängen, welche Aufgabe Sie gerade lösen müssen. Um beispielsweise einer einzelnen Zelle einen Rahmen zu geben, wird der Weg über die Symbolleiste *Format* wohl der schnellste und sinnvollste sein. Geht es hingegen um große und komplexe Tabellen, dann ist die Zeichnen-Methode wohl im Vorteil. Wie so oft im Leben haben Sie auch hier die Qual der Wahl.

Auf der CD-ROM zum Buch finden Sie im Ordner *Buch\Kap09* in der Datei *KAP09_Zellformate.xls* verschiedene Varianten für die Rahmenformatierung.

Die Gestaltungsvarianten für Rahmen im Detail kennen lernen

Wie bereits erwähnt, bietet der Weg über das Dialogfeld *Zellen formatieren* die meisten Optionen. Hier kurz einige Erläuterungen, wie Sie in diesem Dialogfeld arbeiten.

Wählen Sie zunächst im Bereich *Linien* die *Art* der Linie. Die Abbildung 9.38 zeigt links, zu welchem Ergebnis die verfügbaren 13 verschiedenen Linienarten führen. Einige der Varianten wirken recht »verspielt« und werden daher eher selten zum Einsatz kommen.

Die Linienart ist jedoch nur eines von mehreren Attributen. Hinzu kommen noch Farbe und Position der Linien. So können Sie die Linien nur an bestimmten Seiten einer Zelle zuweisen oder – wie in Abbildung 9.39 zu sehen – sogar diagonale Linien in einer Zelle anzeigen lassen.

Abbildg. 9.38 Rechts im Dialogfeld der Bereich mit einer möglichen Auswahl von 13 Linienarten und links das mögliche Ergebnis anhand einer kompletten Umrahmung pro Zelle.

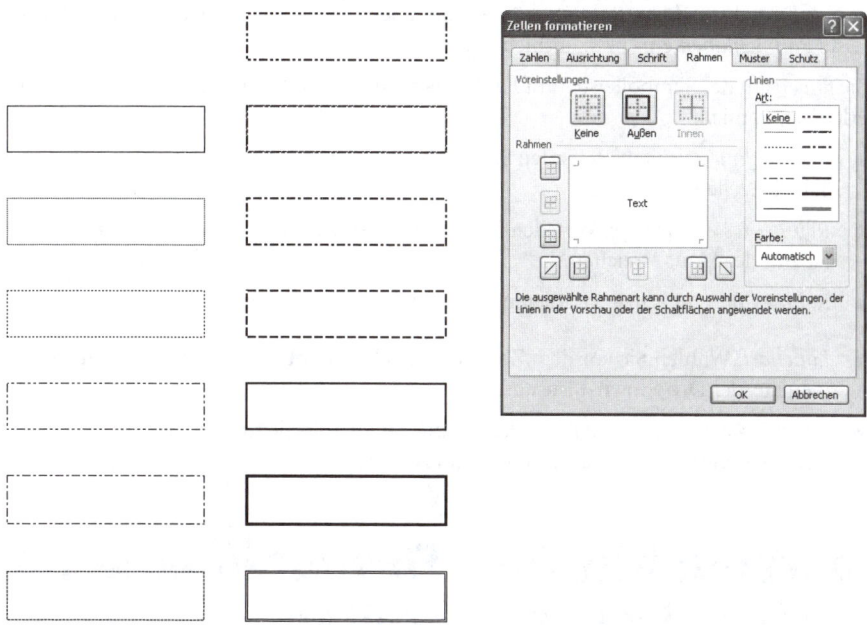

> **HINWEIS**   Die Variationen beim Einsatz von Rahmenlinien sollten keineswegs als grafische Spielerei abgetan werden. Mit dickeren Linien oder Doppellinien lassen sich beispielsweise Zwischen- oder Gesamtergebnisse gut hervorheben. Mit diagonalen Linien machen Sie etwa in Formularen Stellen deutlich, an denen keine Eingabe erforderlich oder gewünscht ist.

Wollen Sie farbige Linien verwenden, bestimmen Sie zunächst im Dialogfeld *Zellen formatieren* auf der Registerkarte *Rahmen* die gewünschte Farbe, dann darüber die gewünschte Linienart und abschließend klicken Sie links im Vorschaubild auf die Seiten, an denen Sie eine Linie zuweisen wollen.

Abbildg. 9.39 Es gibt nahezu keine Variante, die nicht möglich ist, wenn es darum geht, Rahmenlinien zu kombinieren.

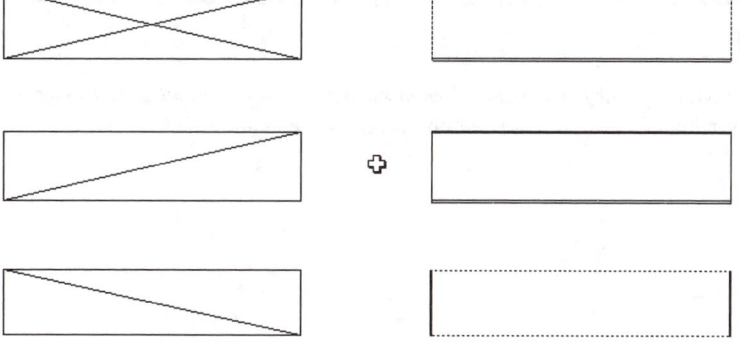

Rahmen und Linien selbst zeichnen

In der Dropdown-Liste *Rahmen* können Sie über den Befehl *Rahmenlinien zeichnen* die Symbolleiste *Rahmenlinien* ein- bzw. ausblenden.

Sie finden auf der Symbolleiste fünf Funktionen, mit denen Sie die gesamte Rahmenarbeit zeichnend erledigen können:

- *Rahmenlinie zeichnen*: Zeichnen Sie durch Ziehen mit der Maus die eingestellte Linienart um die Tabellenzellen.

- *Rahmenraster zeichnen:* Verteilen Sie die eingestellte Linienart gleich auf ganze Bereiche, über die Sie mit der Maus streichen.

- *Rahmenlinie entfernen:* »Radieren« Sie nicht benötigte Linien einfach weg.

- *Linienart:* Wählen Sie vor dem Zeichnen die gewünschte Linienart für den zu zeichnenden Rahmen aus der Dropdown-Liste aus.

- *Linienfarbe:* In dieser Palette finden Sie die Farben, die Sie für Rahmenlinien verwenden können. Auch hier gilt: Erst auswählen und dann zeichnen.

Zeitsparend: Mit *AutoFormaten* eine Tabelle im Handumdrehen gestalten

Wenn Sie Zellbereiche, komplette Tabellen oder Berichte schnell und professionell formatieren wollen, bietet Ihnen *Excel* eine Art Assistenten an. Mit dessen Hilfe sind Sie mit wenigen Mausklicks in der Lage, erstklassig formatierte Tabellen zu erstellen. Sie haben dabei die Wahl *zwischen* 16 verschiedenen Varianten, so genannten *AutoFormaten.* Diese können Sie anwenden, ändern oder kombinieren.

Auf der CD-ROM zum Buch können Sie im Ordner *Buch\Kap09* in der Datei *KAP09_AutoFormate.xls* vergleichen, welche optische Wirkung die 16 einzelnen Varianten auf eine Mustertabelle haben.

Die zahlreichen Varianten für *AutoFormate* kennen

Rufen Sie den Menübefehl *Format/AutoFormat* auf und verschaffen Sie sich zunächst einen Überblick auf die verfügbaren Varianten. Die Abbildung 9.40 zeigt alle auf einen Blick.

Abbildg. 9.40 Zwischen diesen 16 Varianten können Sie wählen, um Ihren Tabellen und Berichten im Handumdrehen ein professionelles Erscheinungsbild zu verleihen.

	Jan	Feb	Mrz	Summe
Ost	7	7	5	19
West	6	4	7	17
Süd	8	7	9	24
Summe	21	18	21	60

Einfach

	Jan	Feb	Mrz	*Summe*
Ost	7	7	5	19
West	6	4	7	17
Süd	8	7	9	24
Summe	21	18	21	60

Standard 1

	Jan	Feb	Mrz	Summe
Ost	7	7	5	19
West	6	4	7	17
Süd	8	7	9	24
Summe	21	18	21	60

Standard 2

	Jan	Feb	Mrz	Summe
Ost	7	7	5	19
West	6	4	7	17
Süd	8	7	9	24
Summe	21	18	21	60

Standard 3

	Jan	*Feb*	*Mrz*	*Summe*
Ost	7 €	7 €	5 €	19 €
West	6 €	4 €	7 €	17 €
Süd	8 €	7 €	9 €	24 €
Summe	21 €	18 €	21 €	60 €

Finanzen 1

	Jan	Feb	Mrz	Summe
Ost	7 €	7 €	5 €	19 €
West	6 €	4 €	7 €	17 €
Süd	8 €	7 €	9 €	24 €
Summe	21 €	18 €	21 €	60 €

Finanzen 2

	Jan	*Feb*	*Mrz*	*Summe*
Ost	7 €	7 €	5 €	19 €
West	6 €	4 €	7 €	17 €
Süd	8 €	7 €	9 €	24 €
Summe	21 €	18 €	21 €	60 €

Finanzen 3

	Jan	Feb	Mrz	Summe
Ost	7 €	7 €	5 €	19 €
West	6 €	4 €	7 €	17 €
Süd	8 €	7 €	9 €	24 €
Summe	21 €	18 €	21 €	60 €

Finanzen 4

	Jan	Feb	Mrz	Summe
Ost	7	7	5	19
West	6	4	7	17
Süd	8	7	9	24
Summe	21	18	21	60

Farbig 1

	Jan	*Feb*	*Mrz*	*Summe*
Ost	7	7	5	19
West	6	4	7	17
Süd	8	7	9	24
Summe	21	18	21	60

Farbig 2

	Jan	Feb	Mrz	Summe
Ost	7	7	5	19
West	6	4	7	17
Süd	8	7	9	24
Summe	21	18	21	60

Farbig 3

	Jan	*Feb*	*Mrz*	*Summe*
Ost	7	7	5	19
West	6	4	7	17
Süd	8	7	9	24
Summe	21	18	21	60

Liste 1

	Jan	Feb	Mrz	Summe
Ost	7	7	5	19
West	6	4	7	17
Süd	8	7	9	24
Summe	21	18	21	60

Liste 2

	Jan	Feb	Mrz	Summe
Ost	7	7	5	19
West	6	4	7	17
Süd	8	7	9	24
Summe	21	18	21	60

Liste 3

	Jan	Feb	Mrz	Summe
Ost	7	7	5	19
West	6	4	7	17
Süd	8	7	9	24
Summe	21	18	21	60

3D-Effekt 1

	Jan	Feb	Mrz	Summe
Ost	7	7	5	19
West	6	4	7	17
Süd	8	7	9	24
Summe	21	18	21	60

3D-Effekt 2

Anpassen eines *AutoFormats* an Ihre Wünsche

Angenommen, Sie wollen ein *AutoFormat* nicht komplett, sondern nur zum Teil übernehmen. Gehen Sie in diesem Fall wie folgt vor:

1. Rufen Sie zunächst die Befehlsfolge *Format/AutoFormat* auf und wählen Sie das *AutoFormat* aus, das Ihren Wünschen am ehesten entspricht.

2. Klicken Sie nun auf die Schaltfläche *Optionen*.

3. Das Dialogfeld wird nach unten um das Gruppenfeld *Zu übernehmende Formate* erweitert.

4. Entfernen Sie per Mausklick die Häkchen aus den Kontrollkästchen, deren Formatoptionen Sie nicht übernehmen wollen.

5. Prüfen Sie die Wirkung der vorgenommenen Änderungen in der Vorschau darüber.

6. Klicken Sie auf *OK*, wenn Sie mit den gewünschten Änderungen zufrieden sind.

> **HINWEIS** Die Änderungen, die Sie am *AutoFormat* vorgenommen haben, indem Sie einzelne Kontrollkästchen im Gruppenfeld *Zu übernehmende Formate* deaktiviert haben, ändern es nicht auf Dauer. Beim nächsten Öffnen sind alle Kontrollkästchen wieder aktiviert.

Fazit

Jetzt dürfte es keine Probleme mehr beim Formatieren von Zellen und beim Gestalten kompletter Tabellen geben. In Kapitel 5 können Sie nachlesen, wie Sie Ihre ansprechend gestalteten Tabellen auch zu Papier bringen, also drucken. Wie Sie mit Mustervorlagen für eine einheitliche Gestaltung nicht nur einzelner Tabellen, sondern kompletter Arbeitsblätter und Mappen sorgen, lesen Sie in Kapitel 11.

Schutzmechanismen für Zellen und Blätter einschalten und nutzen

In Excel sind alle Zellen einer Tabelle standardmäßig als *Gesperrt* formatiert. Sie bemerken diese Voreinstellung jedoch nicht, solange Sie den Blattschutz nicht einschalten. Der Schutz läuft also in zwei Stufen ab:

1. Zunächst wird der Schutz auf Zellebene definiert. Hierzu formatieren Sie all die Zellen als *Gesperrt*, deren nachträgliche Bearbeitung Sie verhindern möchten.

2. Dann muss der Schutz für das betreffende Blatt eingeschaltet werden. Erst wenn der Schutz auf Blattebene aktiviert ist, wirken die zuvor auf Zellebene vorgenommenen Einstellungen.

Da in Excel alle Zellen standardmäßig *Gesperrt* sind, steht beim Schützen zunächst immer die Frage an erster Stelle, welche Zellen nicht geschützt werden sollen, welche also weiter frei bearbeitet werden können bzw. sollen. Für diese Zellen muss die Einstellung *Gesperrt* abgeschaltet werden (*Format/Zellen* Registerkarte *Schutz*). Danach kann der Blattschutz über die Befehlsfolge *Extras/Schutz/Blatt schützen* eingeschaltet werden (Abbildung 9.41).

PROFITIPP

> ### Mit dem Schloss effektiv und schnell wichtige Ergebnisse schützen
>
> Sind Sie öfter damit beschäftigt, Blätter zu schützen? Dies ist recht umständlich. Deshalb hier ein Weg, wie Sie mit wenigen Mausklicks zum Ziel kommen: Binden Sie einfach die Befehle zum Sperren und Entsperren von Zellen sowie zum Ein- und Ausschalten des Blattschutzes in eine der Symbolleisten ein.

Das Symbol zum Ein- und Ausschalten des Zellschutzes finden Sie über die Befehlsfolge *Extras/Anpassen* auf der Registerkarte *Befehle* in der Kategorie *Format* am Ende der rechten Liste. Der Eintrag heißt *Zellen sperren*. Ziehen Sie dieses Schloss-Symbol in eine der Symbolleisten.

Der Befehl zum Aktivieren und Deaktivieren des Blattschutzes befindet sich in der gleichen Registerkarte, allerdings in der Kategorie *Extras*. Ziehen Sie den Eintrag *Blatt schützen* ebenfalls in die Symbolleiste – beispielsweise rechts neben das Symbol *Zellen sperren*.

Nachdem Sie diese beiden neuen Symbol-Schaltflächen in eine Symbolleiste eingebunden haben, können Sie künftig zeitsparend wie folgt vorgehen, um den Zell- und Blattschutz zu aktivieren:

- Markieren Sie alle Zellen, die Sie nicht schützen wollen und klicken Sie auf das Symbol *Zellen sperren*, um deren Zellschutz auszuschalten.

- Klicken Sie anschließend auf das Symbol *Blatt schützen*.

Wollen Sie den Schutz aufheben, gehen Sie den umgekehrten Weg. Sie sehen, so geht das Schützen leicht von der Hand. Umständliche Wege und Mausklicks gehören damit der Vergangenheit an.

Die Optionen beim Einschalten des Blattschutzes kennen

Beim Festlegen des Blattschutzes empfiehlt sich zunächst das Eingeben eines Kennworts. Danach legen Sie im Detail fest, welche der in Abbildung 9.41 gezeigten Schutz-Optionen Sie aktivieren oder deaktivieren wollen.

Abbildg. 9.41 Nachdem über *Format/Zellen* über die Registerkarte *Schutz* definiert wurde, welche Zellen *Gesperrt* sind, werden über *Extras/Schutz/Blattschützen* in diesem Dialogfeld die Optionen für den Blattschutz eingestellt.

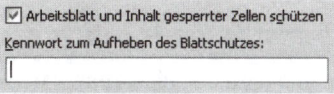
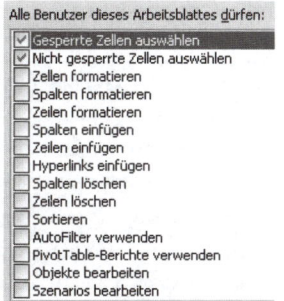

Die Tabelle 9.2 gibt Ihnen Aufschluss über die einzelnen Optionen und deren Wirkung.

Tabelle 9.2 Die Optionen, die für geschützte Arbeitsblätter gelten

Option	Ist diese Option deaktiviert, können Anwender ...
Gesperrte Zellen auswählen	keine Zellen markieren, die über *Format/Zellen* auf der Registerkarte *Schutz* auf *Gesperrt* gesetzt wurden.
Nicht gesperrte Zellen auswählen	keine Zellen markieren, die über *Format/Zellen* auf der Registerkarte *Schutz* auf *Gesperrt* gesetzt wurden.
Zellen formatieren	nicht die Befehle *Format/Zellen* und *Format/Bedingte Formatierung* ausführen.

Tabelle 9.2   Die Optionen, die für geschützte Arbeitsblätter gelten *(Fortsetzung)*

Option	Ist diese Option deaktiviert, können Anwender ...
Spalten formatieren bzw. *Zeilen formatieren*	nicht im Menü *Format* die Befehle in den Untermenüs *Spalte* bzw. *Zeile* verwenden. Damit ist auch das Ändern der Spaltenbreite bzw. Zeilenhöhe und das Ausblenden von Spalten bzw. Zeilen unmöglich.
Spalten einfügen bzw. *Zeilen einfügen*	keine Spalten bzw. Zeilen einfügen.
Hyperlinks einfügen	keine neuen Hyperlinks einfügen, auch nicht in ungeschützte Zellen.
Spalten löschen bzw. *Zeilen löschen*	keine Spalten bzw. Zeilen entfernen.
Sortieren	nicht die Befehle zum Sortieren aus dem Menü *Daten* und auch nicht das *Sortieren*-Symbol aus der Symbolleiste *Standard* verwenden.
AutoFilter verwenden	nicht die Einstellungen für einen *AutoFilter*-Bereich verändern.
PivotTable-Berichte verwenden	nicht die Formatierung oder das Layout für *PivotTable*-Berichte ändern.
Objekte bearbeiten	keine Änderungen an Grafikobjekten, AutoFormen, Diagrammen, Textfeldern und Steuerelementen vornehmen und keine Kommentare hinzufügen oder ändern.
Szenarios bearbeiten	keine Änderungen an Szenarios vornehmen.

HINWEIS   Wenn Sie eine geschützte Tabelle wieder bearbeiten möchten, müssen Sie vorher aus dem Menü *Extras* den Befehl *Schutz/Blattschutz aufheben* wählen. Haben Sie vorher ein Kennwort vergeben, wird dieses abgefragt.

PROFITIPP

Wenn Sie Zellen von der Eingabe ausschließen wollen und dazu den Blattschutz aktivieren, dann ist es in vielen Fällen sinnvoll, noch ein wenig weiter zu gehen. Sorgen Sie gleich dafür, dass Anwender nur noch die Zellen anspringen können, für die eine Eingabe erlaubt sein soll. Für diese freien Zellen müssen Sie zunächst im Dialogfeld *Zellen formatieren* den Status *Gesperrt* deaktivieren.

Im nächsten Schritt sorgen Sie nun dafür, dass sich die geschützten Zellen gar nicht mehr anwählen lassen. Wählen Sie dazu *Extras/Schutz/Blatt schützen*, entfernen Sie das Häkchen aus dem Kontrollkästchen *Gesperrte Zellen auswählen*, geben Sie ein Kennwort ein und schließen Sie mit *OK* ab.

Die Anwender können nun komfortabel per ⇥-Taste zu allen freien Zellen im Blatt springen.

Noch ein weiterer Vorteil: Da geschützte Zellen nicht mehr ausgewählt werden können, zeigt Excel auch die entsprechende Warnmeldung bei versuchter Eingabe nicht mehr an. Das spart Zeit und die Anwender werden nicht mit unnötigen Meldungen konfrontiert.

Informationen darüber, wie Sie Mappen schützen, finden Sie in Kapitel 3, der Blattschutz ist Thema in Kapitel 4.

Zusammenfassung

Formatierungen machen einen beachtlichen Teil der Arbeit in Excel aus. Führen Sie deshalb solche Routinearbeiten so effektiv wie möglich durch, indem Sie die nachfolgend beschriebenen Vorkehrungen treffen.

Schaffen Sie sich ein effektives Arbeitsumfeld

Sorgen Sie zunächst dafür, dass Ihnen alle wichtigen Befehle und Werkzeuge zum Formatieren von Zellen und Tabellen schnell und leicht zugänglich sind. Stellen Sie gleich zu Beginn Ihrer Arbeit sicher, dass Sie die *Format*-Symbolleiste stets vollständig sehen und auch in den Menüs eine komplette Liste der verfügbaren Befehle vorfinden. Dies erreichen Sie mit folgenden Schritten:

1. Wählen Sie im Menü *Extras* den Befehl *Anpassen*.
2. Zeigen Sie die Registerkarte *Optionen* an.
3. Setzen Sie ein Häkchen in dem Kontrollkästchen vor *Standard- und Formatsymbolleiste in zwei Zeilen anzeigen*.
4. Sichern Sie bei der Gelegenheit gleich, dass auch beim nächsten Kontrollkästchen (*Menüs immer vollständig anzeigen*) ein Häkchen gesetzt ist. Damit beschleunigen Sie Ihre Arbeit mit den Menübefehlen, denn beim Aufklappen eines Menüs erhalten Sie sofort alle Befehle und nicht nur eine Teilmenge angezeigt.

Erweitern Sie im nächsten Schritt die Symbolleiste *Format* um zusätzliche Befehle, die Sie beim Formatieren häufig benötigen. Lesen Sie dazu die Tipps im Abschnitt »Noch mehr Produktivität beim Formatieren mit zusätzlichen Symbolen erreichen«. Die Abbildung 9.42 zeigt beispielsweise die Symbole, mit denen Sie Zellinhalte ausrichten. Diese sechs Symbole gehören auf jeden Fall in Ihre *Format*-Symbolleiste.

Abbildg. 9.42 Die wichtigsten Symbole zum Festlegen der Ausrichtung von Zellinhalten

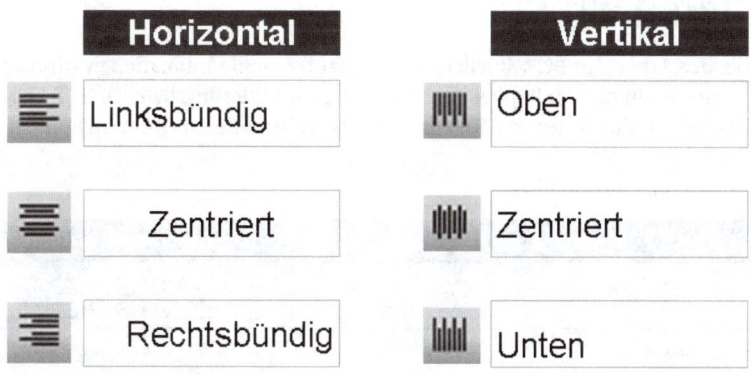

Setzen Sie die Formatierungsbefehle mit System ein

Excel bietet Ihnen beim Gestalten von Zellinhalten, Zellen und Tabellen Befehle auf vier verschiedene Formatierungsebenen:

1. Formate für **Schrift** (über die Symbole der *Format*-Symbolleiste oder über die Registerkarte *Schrift* im Dialogfeld *Zellen formatieren*);

2. Formate für **Zahlen** (über die Symbole der *Format*-Symbolleiste oder über die Registerkarte *Zahlen* im Dialogfeld *Zellen formatieren*);

3. Formate für **Zellen** (über die Symbole der *Format*-Symbolleiste oder über die Registerkarten *Ausrichtung, Rahmen, Muster und Schutz* im Dialogfeld *Zellen formatieren*);

4. Formate für **Tabellen** (über den Menübefehl *Format/AutoFormat*).

In den meisten Fällen sind Sie beim Formatieren effektiv und erfolgreich, wenn Sie mit System arbeiten. Weisen Sie beispielsweise zuerst der gesamten Tabelle ein AutoFormat zu und schalten Sie dabei schon die Optionen aus, die nicht passen. Ändern Sie dann für einzelne Zellbereiche oder Zellen individuell die Zell-, Zahlen- und Schriftformate.

Verwenden Sie zum Zuweisen solcher Zellformate wie Füllfarbe, Rahmen und Linien die Symbole aus der *Format*-Symbolleiste.

Nutzen Sie den Format-Pinsel, also den Befehl *Format übertragen*, um Tabellen einheitlich und schnell zu gestalten.

Greifen Sie nur dann auf Menübefehle zurück, wenn die Symbole der *Format*-Symbolleiste nicht mehr ausreichen.

Setzen Sie Tastenkombinationen zum schnellen Formatieren ein

Oft sind Sie bei der Arbeit am PC schneller, wenn Sie auf Tastenkombinationen zurückgreifen. Das gilt auch für einige der in diesem Kapitel beschriebenen Formatierungsbefehle. In Tabelle 9.3 finden Sie wichtige Tastenkombinationen, die Sie zum schnellen Formatieren einsetzen können.

Tabelle 9.3 Tastenkombinationen zum Formatieren

Zweck	Tastenkombinationen
Schriftschnitt *Fett* ein/aus	Strg + 2 oder Strg + ⇧ + F
Schriftschnitt *Kursiv* ein/aus	Strg + 3 oder Strg + ⇧ + K
Einfach *Unterstrichen* ein/aus	Strg + 4 oder Strg + ⇧ + U
Durchgestrichen ein/aus	Strg + 5
Zwei Dezimalstellen und 1.000er-Trennzeichen (1.200,50)	Strg + !

Tabelle 9.3 Tastenkombinationen zum Formatieren *(Fortsetzung)*

Zweck	Tastenkombinationen
Datum im Format TT. MMM JJ (01. Jan 06)	`Strg` + `§`
Währungsformat mit zwei Dezimalstellen (1.200,50 _)	`Strg` + `$`
Prozentformat ohne Dezimalstellen (51%)	`Strg` + `%`
Gesamtrahmen um einen markierten Bereich setzen	`Strg` + `☐`
Gesamtrahmen um einen markierten Bereich entfernen	`Strg` + `Alt` + `☐`

Kapitel 10

Mit eigenen Zahlenformaten arbeiten

In diesem Kapitel:

Wozu benutzerdefinierte Zahlenformate?

Wie Sie bereits in Kapitel 9 lesen konnten, ist es mit Hilfe von Zahlenformaten möglich, die Anzeige der Werte in den Zellen zu ändern. Dies betrifft Zahlen, Datumsangaben und Texte. Dabei werden Zahl, Datum oder Text selbst nicht geändert. Nur ihr Erscheinungsbild in der Zelle ändert sich. Ein zugewiesenes Zahlenformat wirkt sich also nicht auf den tatsächlichen Zellwert aus, den Excel somit weiterhin zum Durchführen von Berechnungen verwenden kann.

Prüfen Sie es einmal selbst nach. Egal, welches Zahlenformat Sie zuweisen, in der Bearbeitungsleiste wird stets der von Ihnen eingegebene Wert angezeigt. Die Abbildung 10.1 zeigt dafür ein Beispiel. In die Bearbeitungsleiste wurde in ganz normaler Schreibweise das Datum *01.09.2005* eingegeben. In der Zelle selbst werden nur Teile der ursprünglichen Datumsinformation verwendet, aber durch die Textinformation *Einnahmen* ergänzt. Der Vorteil: Sie brauchen nur das Datum für den betreffenden Monat einzugeben und haben in allen Tabellenblättern für die Monatsberichte eine einheitliche Darstellung in der Überschrift. Außerdem kann die Datumsinformation in *B2* weiterhin für Berechnungen und Auswertungen als Datum herangezogen werden.

Abbildg. 10.1 Eingabe in der Bearbeitungsleiste und Anzeige in der Zelle unterscheiden sich; rechts das verwendete benutzerdefinierte Zahlenformat

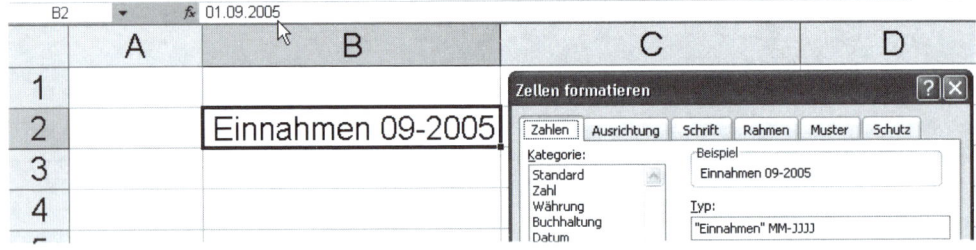

Ein zweites Beispiel: Sie können als Wert *0,3* eingeben und dies in der Zelle als *30%* oder *30,0%* anzeigen lassen, indem Sie die Symbol-Schaltflächen für *Prozentformat* und *Dezimalstellen hinzufügen* in der Symbolleiste *Format* anklicken. Auch wenn sich die Anzeige in der Zelle ändert, in der Bearbeitungsleiste steht nach wie vor 0,3.

Ein drittes Beispiel für mögliche Anwendungsfelder benutzerdefinierter Zahlenformate: Eine Liste soll für mehrere Kalenderwochen die Anzahl der Arbeitsstunden an einem Projekt anzeigen. Um anschließend eine Summe der Stunden bilden zu können, dürfen in den Zellen nur Zahlen stehen. Angezeigt werden in den Zellen aber die Stundenwerte plus die Abkürzung *Std.* (siehe Abbildung 10.2). Möglich wird dies wiederum über ein benutzerdefiniertes Zahlenformat.

Abbildg. 10.2 Mit der Zahl 24 kann gerechnet werden.

	KW	Anzahl	
4			
5	44	33 Std.	
6	45	24 Std.	
7	46	6 Std.	
8	47	18 Std.	
9	Gesamt	81 Std.	

Diese drei Beispiele machen deutlich: Beim Erstellen eigener Zahlenformate haben Sie sehr viele Möglichkeiten und Sie können beliebig viele Kombinationen von Anweisungen variieren. Benutzerdefinierte Zahlenformate sind somit immer auch ein Feld für Kreativität. Probieren Sie ruhig selbst völlig neue Varianten aus, die Sie bei der Lösung Ihrer Arbeitsaufgaben unterstützen.

Anwendungsgebiete für benutzerdefinierte Zahlenformate

Wenn die standardmäßig integrierten Zahlenformate von Excel nicht ausreichen, um Informationen in einer bestimmten Weise anzuzeigen, erstellen Sie ein benutzerdefiniertes Zahlenformat. Am einfachsten ist es, wenn Sie dabei von den Möglichkeiten ausgehen, die Excel anbietet und diese schrittweise erweitern.

WICHTIG   Nehmen Sie diese als Grundlage, um mit eigenen Korrekturen und Ergänzungen die gewünschte Formatierung herzustellen. Durch das Bearbeiten eines integrierten Formats wird das Format selbst nicht entfernt. Sie können also getrost experimentieren.

Benutzerdefinierte Zahlenformate können angewendet werden auf:

- Zahlen (positive, negative, Nullwerte)
- Datums- und Zeitangaben
- Texte

Aufbau benutzerdefinierter Zahlenformate

Wenn Sie über den Menübefehl *Format/Zellen* oder mit der Tastenkombination $\boxed{\text{Strg}}$ + $\boxed{1}$ das Dialogfeld zum Formatieren von Zellen öffnen und in der Registerkarte *Zahlen* die Kategorie *Benutzerdefiniert* auswählen, können Sie sich rechts in der Liste die bereits eingebauten, so genannten integrierten Zahlenformate ansehen. Diese Liste ist zwar verhältnismäßig lang – sie reicht aber dennoch bei weitem nicht aus, um alle denkbaren unterschiedlichen Formatierungswünsche von Anwendern verschiedener Berufsgruppen zu erfüllen.

Klicken Sie im Dialogfeld *Zellen formatieren* doch einmal links in der Liste *Kategorie* auf den Eintrag *Währung* und wählen Sie die Einstellungen wie in Abbildung 10.3 links gezeigt. Klicken Sie nun wieder unten links auf den Eintrag *Benutzerdefiniert*. Sie sehen nun rechts unter *Typ* ein Repertoire an Währungsformaten (siehe Abbildung 10.3 rechts). Sie werden feststellen, dass das von Ihnen festgelegte Zahlenformat in diesem Fall aus zwei Abschnitten besteht, die durch ein Semikolon getrennt sind. Der erste Abschnitt bestimmt das Aussehen von positiven Werten, der zweite ist für die Darstellung negativer Werte zuständig. Im Fall von Währungsangaben sind wir es gewohnt, dass negative Zahlen zumindest mit einem Minuszeichen erscheinen, besser noch in der Farbe Rot. Und genau das wird im zweiten Abschnitt – dem für negative Werte – definiert: *[Rot]-#.##0,00 €*.

Währungsformat, bestehend aus zwei Abschnitten

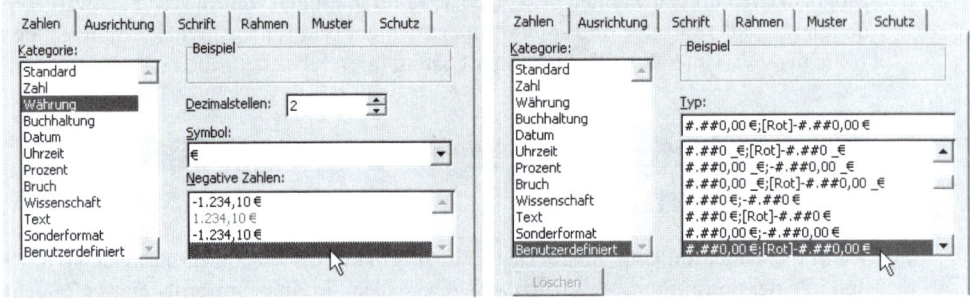

Neben dieser Möglichkeit, für positive und negative Zahlen unterschiedliche Darstellungsoptionen festzulegen, können Sie außerdem auch für Nullwerte sowie für Texte bestimmen, wie diese angezeigt werden sollen.

Abschnitte und Formatcodes

Damit können Sie für die Darstellung von Informationen bis zu vier Abschnitte nutzen. Die Abbildung 10.4 zeigt dazu ein Beispiel. In der ersten Zeile stehen die tatsächlichen Eingaben. In der zweiten Zeile sehen Sie das angezeigte Ergebnis und in der dritten die dafür erforderlichen Formatanweisungen, die so genannten *Formatcodes*.

Abbildg. 10.4 Ein Zahlenformat kann bis zu vier Abschnitte enthalten.

	Abschnitte für …			
	Positive Werte	**Negative Werte**	**Nullwerte**	**Text**
Das geben Sie ein	54781	-54781	0	Excel 2003
Das wird angezeigt	54.781,00	-54.781,00	NULL	Excel 2003
Das ist die Formatanweisung	#.##0,00	[Rot]- #.##0,00	"NULL"	@

Die Formatcodes, die in Abbildung 10.4 getrennt gezeigt werden, sind in einem Zahlenformat zusammengefasst. Dieses können Sie in Abbildung 10.5 sehen.

Abbildg. 10.5 Das vollständige Zahlenformat, das in diesem Fall aus vier Abschnitten besteht

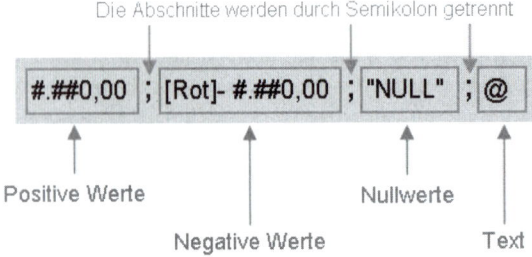

Die Abschnitte werden durch Semikolon getrennt

#.##0,00 ; [Rot]- #.##0,00 ; "NULL" ; @

Positive Werte   Nullwerte

Negative Werte   Text

Die vier Abschnitte, die je durch ein Semikolon getrennt sind, definieren die Darstellung für

- positive Zahlenwerte,
- negative Zahlenwerte,
- Nullwerte und
- Text,

und zwar in der hier genannten Reihenfolge.

HINWEIS   Ein Zahlenformat muss nicht notwendigerweise aus vier Abschnitten bestehen. In den meisten Fällen enthält ein Zahlenformat einen oder zwei Abschnitte, etwa für die Anzeige positiver und negativer Zahlen. Sind wie in Abbildung 10.3 nur zwei Abschnitte angegeben, wird der erste Abschnitt für positive Zahlen und Nullwerte verwendet, der zweite für negative Zahlen. Ist nur ein Abschnitt angeben, erhalten alle Zahlen das gleiche Format.

TIPP   Wollen Sie einen Abschnitt überspringen, müssen Sie das Semikolon für das Ende des betreffenden Abschnitts setzen. Mehr dazu weiter unten im Abschnitt »Keine Nullwerte anzeigen«.

Benutzerdefinierte Zahlenformate erstellen

Wenn Sie eigene Zahlenformate erstellen wollen, dann sollten Sie die folgenden Ausführungen zu den Formatcodes beachten. Diese Formatcodes ermöglichen Ihnen, die Anzeige von Zellwerten exakt zu steuern.

Formatcodes und ihre Bedeutung

Beim Erstellen benutzerdefinierter Zahlenformate können Sie die folgenden *Formatcodes* einsetzen:

(Raute)

Sie sorgt dafür, dass nur so genannte signifikante Ziffern angezeigt werden, also Ziffern, die tatsächlich eingegeben wurden. Eine führende Null würde demnach nicht angezeigt. Haben Dezimalzahlen nach dem Komma mehr Stellen als Platzhalter (#) vorhanden sind, wird auf die Anzahl der eingegebenen #-Zeichen rechts vom Komma gerundet. Werden mehr Ziffern vor dem Komma eingegeben als Platzhalter vorgesehen sind, werden die Ziffern zusätzlich angezeigt. Weist das Format nur Rauten (#) nach dem Komma auf, werden Zahlen kleiner 1 mit einem Dezimalkomma dargestellt.

Beispiel: Format: ##0,0## – Eingabe: *15,3456* – Anzeige: *15,346*.

0 (Null)

Sie wird im Unterschied zur Raute (#) als fester Platzhalter für Ziffern verwendet. Am Bildschirm werden mindestens so viele Ziffern angezeigt, wie Nullen als Platzhalter im Zahlenformat enthalten sind. Geben Sie als Zahl die *3* ein und das Zahlenformat ist *000*, erscheint am Bildschirm *003*. Dieses Zahlenformat eignet sich beispielsweise dann, wenn Sie in Datenreihen führende Nullen brauchen, die Excel üblicherweise nicht darstellt.

? (Fragezeichen)

Es fügt auf beiden Seiten des Dezimalkommas Leerzeichen für nicht signifikante Nullen ein, um Dezimalzahlen mit unterschiedlich vielen Stellen vor und nach dem Komma am Komma auszurichten. Dieses Zeichen wird gerne für die Darstellung von Brüchen verwendet. Beispiel: Format: # ?/?? – Eingabe: *2,75* – Anzeige: *2 3/4*.

_ (Unterstrich)

Er sorgt dafür, dass ein Leerraum in der Größe des nachfolgenden Zeichens reserviert wird.

"Text"

Alle Zeichen zwischen den beiden Anführungszeichen werden als Text interpretiert. Auf diese Weise können Sie einen beliebigen Text, z.B. als Maßeinheit oder Kommentar, vor oder hinter eine Zahl schreiben lassen.

@ (Textplatzhalter)

Dieser spezielle Platzhalter gilt für Texte. Beispielsweise bedeutet die Anweisung *[Blau]@*, dass eingegebene beliebige Texte automatisch in blauer Farbe dargestellt werden.

> **WICHTIG** Alle Ziffern nach diesem Zeichen werden auch als Text ausgegeben. Vorsicht also bei Zahlen hinter diesem Zeichen, denn mit ihnen kann nicht mehr gerechnet werden!

* (Sternchen)

Dieses Asterix-Zeichen ist ein Ausfüllzeichen und wirkt etwa so wie ein Tabulator in der Textverarbeitung. Das Zeichen, das dem Sternchen folgt, wird so oft wiederholt, bis die Zelle gefüllt ist. Ein Beispiel aus dem Bankenbereich: Die Eingabe von *123* hat bei der Verwendung des Formats **#.## _ die Anzeige: ***123 _ zur Folge. Am rechten Rand der Zelle steht also der Währungsbetrag, links davor sind so viele Sternchen, dass die Zelle vollständig bis zum linken Rand ausgefüllt ist.

[Farbe]

Bei Verwendung dieser Anweisung wird der Zellinhalt in der angegebenen (Schrift-)Farbe dargestellt. Acht Farben können mit ihrem Namen direkt eingegeben werden.

Beispielsweise bewirkt das Format *[Schwarz]0,00;[Rot]-0,00;[Blau]0,00;[Grün]@* folgendes: Positive Zahlen werden Schwarz dargestellt, negative Rot, Nullwerte Blau und Texte werden Grün ausgegeben. Als Syntax können Sie auch *[FarbeX]* angeben, wobei das *X* für eine Zahl von 0 bis 56 aus der Farbpalette steht. Mit dem Zahlenformat *[Farbe01]0,00;[Farbe03]-0,00;[Farbe05]0,00;[Farbe10]@* erreichen Sie also die gleiche Anzeige wie oben.

In der Beispieldatei *Zahlenformate.xls* auf der Buch-CD im Ordner *\Buch\Kap10* finden Sie im Arbeitsblatt *Farben* eine komplette Auflistung, welche Ziffer für welche Farbe steht.

% (Prozent)

Eingaben werden mit *100* multipliziert und mit dem Zeichen % ausgegeben.

, (Dezimalkomma)

Dieses Zeichen setzt das Dezimalkomma in Ihrem Format. Achten Sie darauf, dass vor dem Dezimalkomma eine *0* steht, damit Zahlen größer 1 nicht mit einem führenden Komma dargestellt werden.

. (Punkt)

Er steht einerseits für das Tausendertrennzeichen und dient damit zum übersichtlichen Gruppieren langer Zahlen. Am Ende eines Zahlenformatcodes bewirkt der Punkt andererseits, dass die Zahl um drei Stellen verkürzt dargestellt wird. Dass so gerundete Zahlen für weitere Berechnungen nicht ganz unproblematisch sind, zeigt Kapitel 6, wo es um das Runden von Zahlen geht.

Beispiele für benutzerdefinierte Zahlenformate

Mit einem benutzerdefinierten Zahlenformat lassen sich die unterschiedlichsten Darstellungen von Zellwerten erreichen. Hier einige typische Beispiele zum Einsatz eigener Zahlenformate.

Führende Nullen

Nehmen wir an, Sie möchten in eine Zelle den Wert *007* eingeben. Excel zeigt jedoch die Nullen vor der Sieben nicht an. Gerade dies wird jedoch beispielsweise bei Telefonnummern, Kundennummern oder Artikelnummern gewünscht.

Für die Lösung dieser Aufgabe gibt es zwei Varianten:

- Geben Sie in eine beliebige Zelle die Zahl *007* ein. Rufen Sie den Menübefehl *Format/Zellen* auf und legen Sie auf der Registerkarte *Zahlen* in der Kategorie *Benutzerdefiniert* das Zahlenformat *000* fest.

- Hier müssen Sie zuerst die Formatierung einstellen, bevor Sie Ihre Zahl eingeben: Rufen Sie den Menübefehl *Format/Zellen* auf und wählen Sie dieses Mal die Kategorie *Text*. Geben Sie dann in die Tabelle die Zahl *007* ein.

Wo liegt der Unterschied zwischen den beiden Varianten? Nun, wenn Sie Daten nach der zweiten Variante formatieren, können Sie anschließend mit den eingegebenen Zahlen nicht mehr rechnen. Einfache arithmetische Operationen, wie Multiplikation oder Addition, sind zwar möglich, jedoch zeigt z.B. die Tabellenfunktion *SUMME* kein korrektes Ergebnis an, wenn Sie die so formatierte Zahl einbinden. Außerdem muss die Formatierung bei dieser Methode vorher stattfinden. Wählen Sie daher diese Methode nur, wenn Sie sicher sind, dass mit den Zahlen später nicht mehr gerechnet werden muss, was etwa in Telefonlisten der Fall wäre. Wollen Sie hingegen später die eingegebenen Zahlen in einer Summe zusammenfassen oder andere Berechnungen durchführen, verwenden Sie die erste Variante.

Tabellen und Daten formatieren

Keine Nullwerte anzeigen

Oft sind Tabellenblätter mit Nullen »übersät«. Schaltet man über den Menübefehl *Extras/Optionen* auf der Registerkarte *Ansicht* die *Nullwerte* ab, werden im gesamten Arbeitsblatt alle Nullwerte undifferenziert ausgeblendet.

Es sollte also möglich sein, Nullwerte nur für ausgewählte Zellen und Zellbereiche auszublenden.

Gehen Sie so vor: Rufen Sie den Menübefehl *Format/Zellen* auf und legen Sie auf der Registerkarte *Zahlen* in der Kategorie *Benutzerdefiniert* das folgende Zahlenformat fest:
Standard;–0;;@.

Da in dem Abschnitt für Nullwerte (der dritte) kein Platzhalter eingegeben wird, erscheinen Zellen mit Nullen leer. Für positive Werte gilt die Standard-Darstellung (Standard). Negativen Werten wird ein Minuszeichen vorangesetzt und sie werden ohne Dezimalstellen angezeigt (–0). Texte werden so dargestellt, wie sie eingegeben werden (@).

Nur positive Zahlen sind erlaubt

Wenn in Zellen nur positive Zahlen eingegeben werden sollen und bei negativen Zahlen ein entsprechender Hinweis erscheinen soll, können Sie dies auch über ein benutzerdefiniertes Zahlenformat bewerkstelligen.

Definieren Sie dafür das folgende benutzerdefinierte Format:
0; "Ungültig"; "Ungültig"; "Ungültig".

Damit werden positive Zahlen ohne Dezimalstellen angezeigt. Für die anderen drei Fälle (negative Werte und Nullwerte sowie Text) erfolgt die Ausgabe *Ungültig* (Abbildung 10.6).

Abbildg. 10.6 Zahlenformat mit eingebauter Warnmeldung

 Typ:

0;"Ungültig";"Ungültig";"Ungültig"

Bei der Eingabe von Nullen den Buchstaben »O« vermeiden

Möglicherweise ging es Ihnen auch schon so: Von der Schreibmaschine her sind viele gewohnt, statt einer Null ein kleines oder großes »O« einzugeben. Viele empfinden das als schick. Nur, Excel hat mit solcherart verschönten Nullen ein Problem: Es nimmt sie als das, was sie sind, nämlich als Text. Und mit Text kann Excel bekanntlich nicht rechnen.

Wie kann verhindert werden, dass in Zeilen oder Spalten, in denen definitiv nur Zahlen vorkommen dürfen, versehentlich der Buchstabe »O« eingetragen wird?

Verwenden Sie dazu ein Zahlenformat, das die Eingabe von Zahlen – egal, ob positiv, negativ oder Nullwert – zulässt, aber bei der Eingabe eines Textes Alarm schlägt, und zwar mit der Meldung *Bitte nur Zahlen*.

Definieren Sie dazu das benutzerdefinierte Zahlenformat:
0;-0;0;"Bitte nur Zahlen".

Abbildg. 10.7 Format, das nur die Eingabe von Zahlen zulässt und bei Text eine entsprechende Meldung ausgibt

Die Eingabe dieses benutzerdefinierten Zahlenformats (Abbildung 10.7) bewirkt, dass keine Buchstaben oder Sonderzeichen in Zellen landen, die nur für Werte vorgesehen werden. Zugleich wird der Anwender aufgefordert, seine Eingabe zu korrigieren.

Große Werte verkürzt darstellen als Tsd. € oder Mio. €

Bei Tabellen mit sehr großen Zahlen geht leicht die Übersicht verloren. Sie können nachträglich die bereits bestehenden Werte in verkürzter Form anzeigen lassen. Beispielsweise 123.651 € als *124 Tsd. €*.

Dazu setzen Sie ein benutzerdefiniertes Zahlenformat ein, das die ursprüngliche Zahl um drei Stellen verkürzt und die Einheit *Tsd. €* ergänzt (Abbildung 10.8).

Abbildg. 10.8 Die Anzeige von Werten um drei Stellen kürzen mit einem Punkt

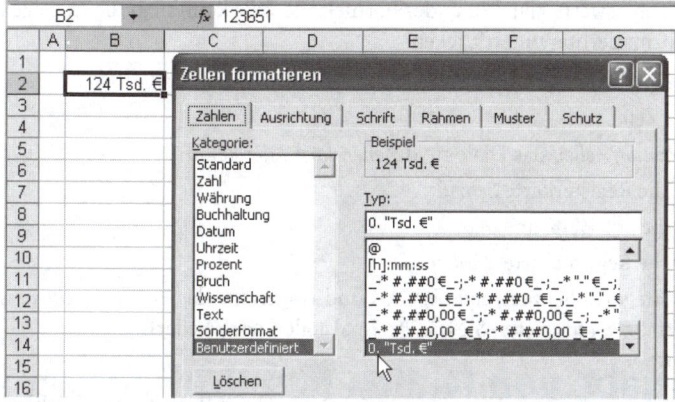

Für die Darstellung in der Form von *Tsd. €* verwenden Sie das benutzerdefinierte Zahlenformat *0. "Tsd. €"*.

Der Punkt hinter der Null bewirkt die um drei Stellen verkürzte Anzeige.

PROFITIPP

Wenn Sie bei Zahlen über der Millionen-Grenze die Anzeige der Tausender unterdrücken möchten, aber andererseits nach den Millionen noch die Hunderttausender und Zehntausender anzeigen wollen, verwenden Sie ein anderes benutzerdefiniertes Zahlenformat. Ist die Anzeige um sechs Stellen zu kürzen, sind dafür nach der Null als Zahlenplatzhalter **zwei** Punkte erforderlich, also *0.. "Mio. €"*. Sollen außerdem Hunderttausender und Zehntausender angezeigt werden? Damit ergibt sich das benutzerdefinierte Zahlenformat *0,00.. "Mio. €"* (Abbildung 10.9).

Abbildg. 10.9 Die Anzeige in B2 um sechs Stellen kürzen mit zwei Punkten und zwei Dezimalstellen; in der Bearbeitungsleiste oben steht immer noch die ursprünglich eingegebene Zahl

Die Anzeige von Fehlerwerten unterdrücken

Wenn Sie in einer Zelle eine Berechnung durchführen, dann kommt es z.B. bei einer Division durch Null zur Anzeige des Fehlerwerts #DIV/0! in der Formelzelle. Wie kann man die Anzeige des Fehlerwerts über eine Zellformatierung unterdrücken?

Dazu sind die folgenden Schritte nötig:

1. Markieren Sie die Zelle.

2. Rufen Sie über *Format/Zellen* das Dialogfeld *Zellen formatieren* auf.

3. Wechseln Sie auf die Registerkarte *Schrift*.

4. Stellen Sie die Farbe auf *Weiß* ein.

5. Wechseln Sie auf die Registerkarte *Zahlen*.

6. Wählen Sie die Kategorie *Benutzerdefiniert* aus und tragen Sie das Format *[schwarz]0,00;[rot]-0,00* ein. Erweitern bzw. reduzieren Sie die Dezimalstellen nach Bedarf.

7. Klicken Sie auf *OK*.

Damit werden positive und negative Werte jeweils in Schwarz bzw. Rot angezeigt, Fehlermeldungen werden dagegen ausgeblendet.

Weitere Informationen zu »Tabellenfehlern« finden Sie in Kapitel 6. Wie Sie die Fehlerwerte durch den Einsatz der *WENN*-Funktion unterdrücken können, steht in Kapitel 15.

Spezielle Platzhalter in Formatcodes

Platzhalter wie *0*, *Standard* und *#* sowie deren Bedeutung und Wirkung sind den meisten Excel-Nutzern bekannt. Sie wurden weiter oben bereits ausführlich vorgestellt. Weniger vertraut sind hingegen viele Anwender mit dem Einsatz solcher Platzhalter wie *Unterstrich (_)*, *Fragezeichen (?)* und *Sternchen (*)* bzw. mit dem Textplatzhalter *@*. Daher sollen einige Erläuterungen die Wirkung dieser speziellen Zeichen deutlich machen.

Exakte Größe von Leerräumen mit dem Unterstrich (_)

Zahlen werden in Excel standardmäßig rechtsbündig in den Zellen angeordnet. Das hat manchmal den Nachteil, dass die Werte direkt an einer rechten Rahmenlinie stehen und somit schwer zu lesen sind. Wie können die Zahlen etwas vom rechten Rand zur Zellmitte hin verschoben werden?

Die einfachste Lösung besteht darin, ein Zahlenformat zu definieren, das nach dem jeweiligen Platzhalter für Zahlen noch ein oder mehrere Leerzeichen enthält. Also beispielsweise in folgender Form: #.##0 ;- #.##0 ;0 ;@. Hier werden nach positiven, negativen und Nullwerten jeweils zwei Leerzeichen Abstand zum rechten Zellrand festgelegt.

Sie können diesen Abstand aber noch viel differenzierter bestimmen, indem Sie die Breite des anschließenden Leerraums exakt definieren. Dazu verwenden Sie den Platzhalter *Unterstrich* (_). In Abbildung 10.10 sehen Sie dazu ein Beispiel: Drei Buchstaben mit unterschiedlicher Breite kommen als Maß für die Breite eines Leeraumes zum Einsatz. Anhand der senkrechten Linie können Sie die unterschiedlichen Ergebnisse vergleichen.

Abbildg. 10.10 Beispiele für den Einsatz des Unterstrichs als Platzhalter

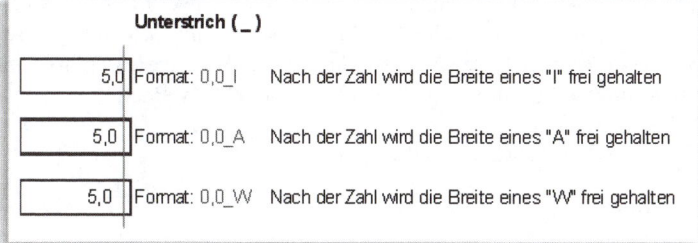

Mit dem Sternchen (*) Zellinhalte bündig machen

Sollen Text und Zahl in einer Zelle stehen, ist es oft sinnvoll, den Text am linken Rand der Zelle (linksbündig) anzuordnen, während die unterschiedlich großen Zahlen wie gewohnt am rechten Zellrand stehen sollen. Um die dazwischen liegenden Leerräume je nach Länge von Text und Zahlen flexibel zu füllen, gibt es das *Sternchen*. Es wiederholt das nachfolgende Zeichen – beispielsweise ein Leerzeichen – so oft, bis die Zelle bündig gefüllt ist.

Ein Beispiel dazu: In einer Rabattliste sollen die Mindestwerte für die jeweilige Rabattstufe so angezeigt werden, dass jeweils vor dem Wert das Wort *ab* steht. Dazu verwenden Sie das benutzerdefinierte Zahlenformat
"ab"* 0 "Stück".

In Abbildung 10.11 wird die Wirkung dieses Zahlenformats gezeigt. Hier können Sie auch noch zwei andere Varianten für den Gebrauch des Sternchens sehen.

Abbildg. 10.11 Beispiele für den Einsatz des Sternchens als Füllanweisung

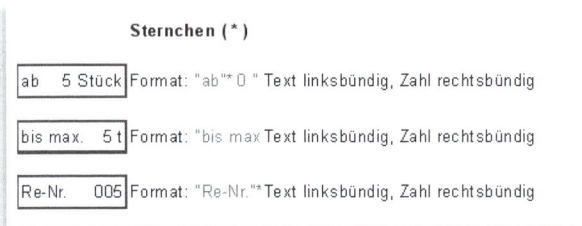

Mit dem Fragezeichen (?) Zahlen am Komma ausrichten

Wenn in Listen Zahlen mit einer unterschiedlichen Anzahl von Stellen vor und nach dem Komma vorliegen, so kann man dafür sorgen, dass alle Werte die gleiche Anzahl von Dezimalstellen erhalten. Damit stehen Einer unter Einer, Zehner unter Zehner usw. Darüber hinaus gibt es die Möglichkeit, auch ohne gleiche Anzahl der Dezimalstellen die Zahlen am Komma auszurichten.

Setzen Sie hier das Fragezeichen (?) als Platzhalter ein. In Abbildung 10.12 sehen Sie verschieden große Zahlen, die auch eine unterschiedliche Anzahl von Nachkommastellen aufweisen. Die Verwendung des Platzhalters *Fragezeichen* bewirkt hier, dass die Zahlen ungeachtet ihrer unterschiedlichen Größe und Länge exakt am Komma untereinander ausgerichtet werden.

Abbildg. 10.12 Beispiele für den Einsatz des Fragezeichens als Platzhalter

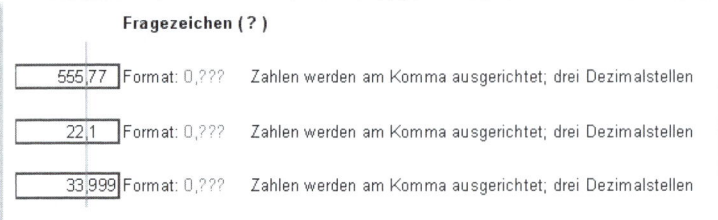

Die Verwendung des Textplatzhalters @

In einem der vorhergehenden Beispiele konnten Sie sehen, wie die versehentliche Eingabe von Text geahndet wurde. Manchmal ist es aber erforderlich, in eine Liste mit Zahlen einen Text als Bemerkung einzugeben. Beispielsweise dann, wenn noch keine Ergebnisse vorliegen oder Zahlen nicht genannt werden sollen.

Nehmen wir an, in einer Liste soll an den Stellen, wo keine Informationen vorliegen, der Text *k.A.* für »Keine Angaben« stehen. Damit diese Stellen, an denen noch Informationen einzuholen sind, später nicht übersehen werden, soll der Text automatisch in einer besonderen Farbe dargestellt werden – beispielsweise in Blau.

In Abbildung 10.13 sehen Sie die Lösung des Problems: Genutzt wurde das benutzerdefinierte Zahlenformat
[Blau]@.

Abbildg. 10.13 Beispiele für den Einsatz des Text-Platzhalters @ in Kombination mit Farbcodes

Textplatzhalter (@)

Excel	Format: [Blau]@	Text erscheint wie eingegeben, aber in Blau
Excel	Format: [Magenta] @	Text erscheint wie eingegeben, aber in Magenta und davor mit zwei Leerzeichen
Excel	Format: [Farbe46]@	Text erscheint wie eingegeben, aber in Orange

Datumsformate

Zum Anzeigen von Tagen, Monaten und Jahren verwenden Sie die Platzhalter *T*, *M* und *J*. Bei Uhrzeiten nutzen Sie die Platzhalter *h*, *m* und *s* für Stunden, Minuten und Sekunden. Geben Sie also ein *M* ein, so zeigt Excel also die Monatszahl oder den Monat an; bei der Eingabe von *m* erhalten Sie hingegen die Minutenangabe.

Je nachdem, wie oft Sie bei der Festlegung eines Zahlenformats einen der Platzhalter eingeben, erhalten Sie auch eine unterschiedliche Anzeige der Datums- und Zeitinformationen.

Die Tabelle 10.1 zeigt eine Übersicht häufig verwendeter Datumsformate.

Tabelle 10.1 Datumsformate im Überblick

Eingabe	Zahlenformat	Ergebnis
6.9.05	TT.MM.JJJJ	06.09.2005
6.9.05	T.M.JJJJ	6.9.2005
6.9.05	T. MMM JJJJ	6. Sep 2005
6.9.05	T. MMM. JJJJ	6. Sep. 2005
6.9.05	T. MMMM JJJJ	6. September 2005
6.9.05	TTT, T. MMMM JJJJ	Di, 6. September 2005
6.9.05	TTTT, T. MMMM JJJJ	Dienstag, 6. September 2005
6.9.05	TTT* T. MMMM JJJJ	Di 6. September 2005
6.9.05	TTTT* T. MMMM JJJJ	Dienstag 6. September 2005
6.9.05	JJJJ-MM-TT	2005-09-06
6.9.05	T-M	6-9
6.9.05	TT-MM	06-09
6.9.05	M/JJJJ	9/2005
6.9.05	MM/JJJJ	09/2005
6.9.05	MMM JJJJ	Sep 2005
6.9.05	MMMM JJJJ	September 2005
6.9.05	MMMMM JJJJ	S 2005

Tipps zur Arbeit mit Datums- und Zeitangaben:

- Für Excel gelten Datums- und Zeitangaben als Zahlen. Die Darstellung einer Uhrzeit oder eines Datums im Tabellenblatt richtet sich nach dem gewählten Zahlenformat der Zelle.

- Bei der Eingabe eines Datums oder einer Uhrzeit (die Excel erkennt), wird das Zahlenformat der betreffenden Zelle automatisch vom Format *Standard* zu einem vordefinierten Datums- oder Uhrzeitformat umgewandelt.

- Da Datums- und Zeitangaben für Excel Zahlen sind, werden sie in den Zellen rechtsbündig ausgerichtet. Kann Excel eine Datums- oder Uhrzeitangabe nicht erkennen, wird das Datum bzw. die Uhrzeit als Text linksbündig in der Zelle angeordnet.

- Die Optionen, die in Windows bei den *Ländereinstellungen* in der *Systemsteuerung* eingestellt sind, bestimmen in Excel das Standardformat für das aktuelle Datum und die aktuelle Uhrzeit. Das gilt auch für die Zeichen, die als Trennzeichen für Datum und Uhrzeit erkannt werden, beispielsweise den Punkt (.), den Schrägstrich (/) oder Trennstrich (–) für Datumsangaben und den Doppelpunkt (:) für Zeitangaben.

- Um Datums- und Zeitangaben in dieselbe Zelle einzugeben, trennen Sie Datum und Zeit durch ein Leerzeichen.

- Excel speichert Datums- und Uhrzeitangaben unabhängig von ihrer Darstellung in den Zellen als serielle Zahlen bzw. als Dezimalbrüche. Um ein Datum als serielle Zahl oder eine Uhrzeit als Dezimalbruch anzuzeigen, markieren Sie die betreffenden Zellen, rufen den Menübefehl *Format/Zellen* auf und wählen auf der Registerkarte *Zahlen* im Feld *Kategorie* den Eintrag *Standard*.

Hierzu ein Beispiel: In einer Liste werden verschiedene Geburtstage erfasst. Unabhängig von der dabei eingegebenen Anzahl der Ziffern für Tag, Monat und Jahr soll folgende Darstellung bei allen Einträgen erscheinen: *08.03.1981*. Außerdem soll vor dem Datum am linken Spaltenrand noch die Information *geb. am* stehen.

Am besten ist es, wenn Sie sich dieses Format in mehreren Schritten aufbauen:

1. Für die gewünschte Formatierung des Datums verwenden Sie zunächst die Anweisung *TT.MM.JJJJ*.

2. Der Zusatz muss links vom Datum stehen, er ist also vor *TT.MM.JJJJ* einzutragen. Da es sich beim Zusatz um Text handelt, muss er in Anführungszeichen gesetzt werden. Damit ergibt sich: *"geb. am" TT.MM.JJJJ*.

3. Nun soll der Textzusatz am linken Zellrand stehen, das Datum selbst jedoch am rechten Zellrand. Dazwischen sind entsprechend viele Leerzeichen zu setzen. Dafür verwenden Sie den Platzhalter zum Ausfüllen, also das Sternchen (*). Hier nun das endgültige benutzerdefiniertes Zahlenformat:
   "geb. am"* TT.MM.JJJJ

Das umgesetzte Ergebnis können Sie der Abbildung 10.14 entnehmen.

Abbildg. 10.14 Spezielles Format für Geburtsdatum

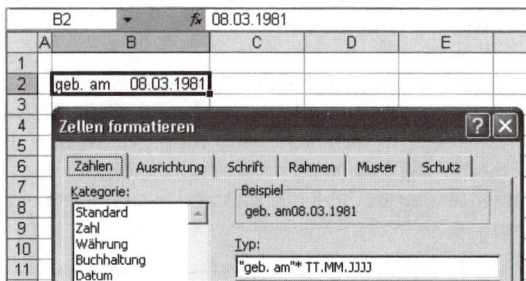

Beim Thema »Geburtsdatum« stellt sich Ihnen vielleicht die Frage, auf welchen Wochentag das freudige Ereignis fiel. Sprich: In einer Zelle, in die Sie das Geburtsdatum eingegeben haben, soll zusätzlich zum Datum auch gleich noch der Wochentag angezeigt werden. In dem Fall reicht der Wochentag in abgekürzter Form.

1. Stellen Sie zunächst wieder das Format *TT.MM.JJJJ* ein.

2. Für den abgekürzten Wochentag benötigen Sie den Platzhalter *T* dreimal (bei vier *T* wird der Wochentag ausgeschrieben). Diese drei *T* sind also vor das bereits bestehende Format zu setzen. Ergibt sich damit: *TTT TT.MM.JJJJ*.

3. Sie können nun noch vor das Leerzeichen, das die beiden *T*-Gruppen trennt, ein Sternchen (*) eingeben. Damit erscheint der Wochentag am linken Zellrand, das Geburtsdatum am rechten.

Die Abbildung 10.15 zeigt das fertige Zahlenformat.

Abbildg. 10.15 Auf welchen Wochentag fällt das Geburtsdatum?

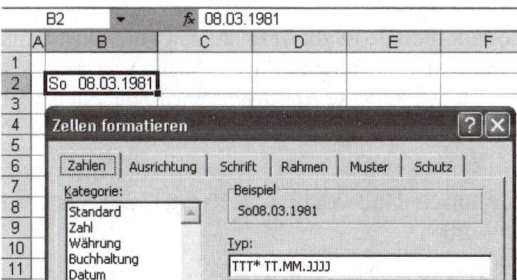

Farben in Formatcodes einsetzen

Über benutzerdefinierte Zahlenformate lässt sich auch die Farbe von Zahlen und Texten bestimmen. Dabei stehen insgesamt *56* Farben zur Verfügung. Für die acht Grundfarben kann man in Excel die entsprechende Bezeichnung benutzen: Schwarz, Weiß, Rot, Blau, Gelb, Zyan, Magenta und Grün. Für alle übrigen Farben ist es notwendig, die jeweilige Nummer der Farbe einzugeben.

Die Farbanweisung selbst wird den Platzhaltern für die Zahlen und den Text jeweils vorangestellt, und zwar in eckigen Klammern.

Ein Beispiel: *[Blau]0,00;[Rot]-0;[Grün]0;[Magenta]@*. Diese Formatanweisung bewirkt Folgendes:

■ Positive Werte werden in *Blau* und mit zwei Dezimalstellen dargestellt,

■ negative Werte werden in *Rot*, mit einem vorangestellten Minuszeichen und ohne Dezimalstellen angezeigt,

- Nullen erscheinen in der Farbe *Grün* und

- Texte (so, wie eingegeben) in der Farbe *Magenta*.

HINWEIS Die Verwaltung dieser Farben gestaltet sich für die Anwender jedoch etwas schwierig. Bis Excel 95 konnte man noch in der Farbpalette durch Abzählen die Nummer der gewünschten Farbe herausfinden, seit Excel 97 ist dies nicht mehr möglich. Ein Grund dafür liegt möglicherweise darin, dass es seit Excel 97 die *Bedingte Formatierung* gibt, die das aufwändige Zuweisen von Farben über ein benutzerdefiniertes Zahlenformat praktisch überflüssig macht.

In der Beispieldatei *Zahlenformate.xls* zu diesem Kapitel finden Sie im Blatt *Farben* eine Auflistung der Nummern und der jeweils zugehörigen Farben. Anhand dieser Aufstellung können Sie herausfinden, welche Farbnummer Sie eingeben müssen, um eine bestimmte Farbe zu treffen. Die Datei befindet sich im Ordner \Buch\Kap10 auf der CD zu diesem Buch.

Formate für Texte

Nicht immer geht es in Excel-Mappen nur um Zahlen – manchmal müssen auch viele Textinformationen eingegeben werden. Wie können auch diese Texte übersichtlich dargestellt werden?

Bei der Gestaltung der Texte können Sie über benutzerdefinierte Zahlenformate mit wenigen Handgriffen Prägnanz und Übersichtlichkeit wesentlich verbessern.

Text vom linken Rand absetzen

Ein Problem umfangreicher Listen besteht darin, dass die Texte zu nah am linken Rand der Spalte stehen und optisch fast mit den Werten der benachbarten linken Spalte verschmelzen. Natürlich können Sie nun vor jedem Text zusätzlich noch eine Leertaste eintippen oder auch zwei. Aber spätestens beim fünften Mal vergessen Sie das und müssen dann den Zellinhalt nachbearbeiten.

Eine andere Variante ist die Verwendung des Symbols *Einzug vergrößern* aus der Symbolleiste *Format*. Vorteil: Text wird sehr schnell vom linken Rand weg bewegt. Nachteil: Der Abstand ist dabei oft doch zu groß, die Spalte muss zu breit werden.

Die Aufgabe besteht also darin, den Text vom linken Spaltenrand in einem frei wählbaren Abstand weg zu bewegen. Auch hier hilft ein benutzerdefiniertes Zahlenformat, indem Sie als Basis zunächst den Platzhalter für Text (@) verwenden. Hier die entsprechenden Schritte:

1. Markieren Sie die Zellen mit Text und rufen Sie über den Menübefehl *Format/Zellen* (schneller geht es mit der Tastenkombination Strg + 1) das entsprechende Dialogfeld auf.

2. Klicken Sie dort auf der Registerkarte *Zahlen* ganz unten links zuerst auf den Eintrag *Text* und dann auf den Eintrag *Benutzerdefiniert*.

3. Im Eingabefeld rechts oben steht jetzt das Zeichen @. Dies ist der Platzhalter für beliebigen Text. Setzen Sie die Schreibmarke vor dieses Zeichen und geben Sie ein Leerzeichen ein. Möchten Sie den Abstand zum linken Zellrand noch etwas größer haben, tippen Sie einfach zwei oder mehr Leerzeichen ein (siehe Abbildung 10.16).

Abbildg. 10.16   Beispiele für Textformatierung über benutzerdefinierte Zahlenformate

Eingabe	Format	Ergebnis	Bemerkung
Text	Standard	Text	Normaler Text
Text	Standard	Text	Text mit vergrößertem Einzug über das Symbol ⊞
Text	@	Text	Text mit 1 Leertaste davor
Text	@	Text	Text mit 2 Leertasten davor
Text	• @	• Text	Text mit Leertasten davor und Aufzählungspunkt (Alt+Num 0149)
Text	- @	- Text	Text mit Leertasten davor und kurzem Strich
Text	– @	– Text	Text mit Leertasten davor und langem Strich (Alt+Num 0150)

Texte in Listen gliedern

Eine Anforderung, die gerade auch bei Budgets mit Kapiteln und Unterkapiteln auftritt, besteht darin, die Struktur der Budgetposten durch Einrückungen deutlich zu machen. Dazu kennen Sie nun bereits die Lösung mit den Leertasten.

Besser wäre in diesem Fall, die einzelnen Ebenen durch bestimmte typische Aufzählungszeichen kenntlich zu machen – ähnlich, wie dies in Word gehandhabt wird. Leider bietet Excel keine Aufzählungsfunktion an.

Die Lösung des Problems liegt in einer Kombination von Sonderzeichen und Textplatzhalter (@), wobei eine Tastenkombination zum Aufruf des Sonderzeichens genutzt wird:

1. Markieren Sie mehrere Zellen mit Text und rufen Sie über die Tastenkombination `Strg`+`1` das Dialogfeld zum Formatieren und dort die Registerkarte *Zahlen* auf.

2. Klicken Sie nun wieder nacheinander auf die Einträge *Text* und *Benutzerdefiniert* – Sie erhalten somit den Platzhalter @.

3. Geben Sie vor diesem Zeichen ein Leerzeichen ein.

4. Halten Sie jetzt die `Alt`-Taste gedrückt und geben Sie rechts auf dem numerischen bzw. Zahlenblock Ihrer Tastatur die Zeichenfolge `0` `1` `4` `9` ein. Wenn Sie nun die `Alt`-Taste loslassen, sehen Sie einen runden Punkt.

5. Geben Sie noch ein Leerzeichen ein, um das Aufzählungszeichen vom nachfolgenden Text (in dem Fall verkörpert durch den Platzhalter @) abzusetzen.

Nach dem gleichen Muster können Sie nun für weitere Unterebenen andere Zeichen und Einzüge definieren. Beispielsweise einen kurzen Strich (Bindestrich) oder mit der Tastenkombination `Alt`+`0` `1` `5` `0` einen etwas längeren waagerechten Strich. Die Abbildung 10.16 zeigt Ihnen verschiedene Varianten.

Benutzerdefinierte Zahlenformate löschen

Wollen Sie ein oder mehrere benutzerdefinierte Zahlenformate löschen, gehen Sie wie folgt vor:

1. Rufen Sie den Menübefehl *Format/Zellen* auf und wechseln Sie zur Registerkarte *Zahlen*.
2. Wählen Sie rechts in der Liste den Eintrag für das zu löschende Format.
3. Klicken Sie auf die Schaltfläche *Löschen* (Abbildung 10.17).
4. Wiederholen Sie die letzten beide Schritte, wenn Sie mehrere benutzerdefinierte Formate löschen möchten.

Abbildg. 10.17   Das Löschen von Zahlenformaten

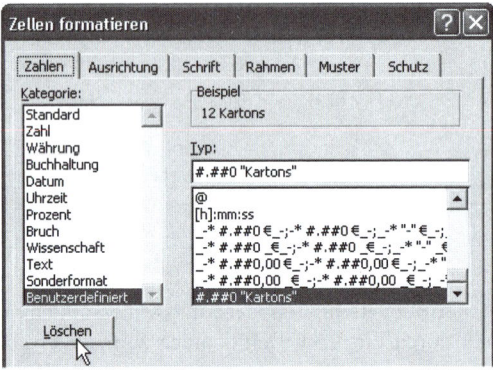

Verwendbarkeit von benutzerdefinierten Zahlenformaten in Mappen

Benutzerdefinierte Zahlenformate, die Sie festlegen, sind immer nur in der aktuell verwendeten Arbeitsmappe verfügbar. Öffnen Sie eine neue Mappe, stehen Ihnen wieder nur die so genannten *integrierten Zahlenformate* zur Auswahl.

In Kapitel 11 erfahren Sie, wie Sie aus benutzerdefinierten Zahlenformaten Formatvorlagen machen und wie Sie diese zwischen verschiedenen Mappen austauschen können.

Die Beispiele auf der CD

Die Beispiele aus diesem Kapitel finden Sie auf der CD zu diesem Buch im Ordner *\Buch\Kap10* in der Arbeitsmappe *Zahlenformate.xls*.

Zusammenfassung

Neben den vorgegebenen Zahlenformaten erlaubt Excel auch die Definition eigener Zahlenformate. Damit können Sie z.B. neben einer Zahl zusätzlichen Text anzeigen lassen. Gegenüber der direkten Eingabe in eine Zelle bietet das den Vorteil, dass Sie mit dem Zellwert weitere Berechnungen vornehmen können.

Tabelle 10.2 Das Wichtigste zu Zahlenformaten im Kurzüberblick

Frage	Antwort
Wie ist ein benutzerdefiniertes Zahlenformat aufgebaut?	Ein Zahlenformat kann aus bis zu vier Abschnitten aufgebaut sein, siehe Seite 383.
Wie ist die Reihenfolge der Abschnitte in einem benutzerdefinierten Zahlenformat?	Die Abschnitte sind standardmäßig so aufgebaut, dass zuerst die Formatanweisungen für positive Werte, als Zweites die für negative Werte, als Drittes die für Nullwerte und zum Schluss die für Texte stehen, vgl. hierzu Seite 384.
Was sind Formatcodes?	Es sind Platzhalter, die für ein bestimmtes Erscheinungsbild von Zellinhalten sorgen, siehe Seite 385.
Welche wichtigen Formatcodes gibt es für Zahlen?	# (Raute) und *0* (Null) sowie . (Punkt) und , (Komma); mehr dazu auf Seite 385.
Welche Formatcodes gibt es für die Anordnung in den Zellen?	* (Sternchen), _ (Unterstrich) und ? (Fragezeichen), mehr hierzu auf Seite 386.
Wie können Nullwerte per Zahlenformat ausgeblendet werden?	Indem der Abschnitt für Nullwerte leer gelassen wird, vgl. Seite 388. Beispiel: *0,00;[Rot]- 0,00;;*
Wie lassen sich große Zahlen per Zahlenformat verkürzt darstellen?	Mit einem Punkt (.) hinter dem Zahlenplatzhalter wird eine Zahl um drei Stellen kürzer angezeigt. Beispiel: *0,0.* sorgt dafür, dass *107221* als *107,2* angezeigt wird, mehr dazu auf Seite 389.
Welche wichtigen Formatcodes gibt es für Datums- und Zeitangaben?	*TT.MM.JJJJ* zeigt die Eingabe von *6.9.05* als *06.09.2005* an. *TTT TT.MM.JJJJ* zeigt die Eingabe von *6.9.05* als *Di 06.09.2005* an – siehe Seite 393.

Kapitel 11

Formatvorlagen und Mustervorlagen nutzen

In diesem Kapitel:

Beim Erstellen von Berichten, Analysen oder anderer Übersichten sind Anwender neben der inhaltlichen Aufgabe damit konfrontiert, auch für ein einheitliches Aussehen der Tabellenblätter sorgen zu müssen. Viel Zeit wird damit zugebracht, in einer neuen Mappe (wieder) alles so einzurichten, dass es wie gewünscht aussieht. Oder es wird eine alte Datei als Muster geöffnet, überflüssige Informationen werden mühsam gelöscht, neue eingetragen und formatiert. Sicher haben Sie sich auch schon über diese Art der »Zeitverschwendung« geärgert?! In diesem Fall sollten Sie unbedingt einmal die Einsparpotenziale prüfen, die Excel mittels Vorlagen bietet.

WICHTIG Ähnlich wie in Word können Sie mit Formatvorlagen komfortabel und zeitsparend Tabellen gestalten und mit Mustervorlagen sogar ganze Arbeitsmappen vorgefertigt in Bereitschaft halten.

Die Funktion der Formatvorlagen bietet eine Vielzahl von Möglichkeiten, in Excel Gestaltungsarbeiten nicht nur effektiver durchzuführen, sondern auch das Aussehen Ihrer Tabellen wesentlich zu verbessern.

Die Begriffe Formatvorlage und Mustervorlage einordnen

Bevor Sie sich in diesem Kapitel mit den verschiedenen Arten von Vorlagen befassen, ist zunächst eine Begriffsklärung sinnvoll.

Was bedeutet Formatvorlage?

Eine *Formatvorlage* ist nichts anderes als eine Schablone, die verschiedene Formatierungsanweisungen für Zellen enthält. Diese Schablonen werden unter einem bestimmten Namen abgelegt. Zu den Formatierungsanweisungen in einer solchen Schablone können gehören:

- Art, Farbe und Größe der Schrift,
- horizontale und vertikale Ausrichtung und Anordnung (Zeilenumbruch) der Werte innerhalb der Zellen,
- unterschiedliche Darstellung von Zahlen (positive, negative oder Nullwerte) und Texten durch Zahlenformate,
- Muster der Zellen, also Füllfarbe und Raster,
- Rahmen für Zellen (an welcher Seite der Zelle sind Rahmenlinien, in welcher Stärke und Farbe?),
- Zellschutz (gesperrte Zellen und Ausblenden von Formeln).

Basisinformationen zu Zellformaten finden Sie in Kapitel 9. Mehr zu »benutzerdefinierten Zahlenformaten« lesen Sie in Kapitel 10.

Wo stehen Formatvorlagen zur Verfügung?

Formatvorlagen sind Bestandteil einer Arbeitsmappe und lassen sich somit einheitlich in den verschiedenen Blättern derselben Arbeitsmappe einsetzen. Überall in der Mappe stehen also dieselben Formatvorlagen – auch selbst definierte – zur Verfügung.

Ebenso wie in Word gilt aber: Formatvorlagen, die Sie in einer Mappe speziell definieren und in allen Blättern dieser Mappe benutzen, stehen Ihnen in anderen Mappen nicht automatisch zur Verfügung. Sie lassen sich aber zwischen Mappen austauschen oder durch Erstellen einer neuen Mustervorlage ständig verfügbar machen (dazu mehr im Verlauf dieses Kapitels).

Was bedeutet Mustervorlage?

Eine *Mustervorlage* ist eine Schablone **für Arbeitsmappen oder Arbeitsblätter**, die in einer bestimmten Arbeitsumgebung und für bestimmte Aufgaben erforderlich sind. Sie hat im Unterschied zu normalen Excel-Dateien nicht die Endung *.xls*, sondern *.xlt*.

Um die Einheitlichkeit von Arbeitsmappen oder -blättern zu gleichen Themen und Anlässen zu sichern, werden Mustervorlagen genutzt, beispielsweise für Rechnungen, für Berichte, für Lieferscheine etc.

Wenn die Anwender dann Rechnungen und Lieferscheine schreiben oder Berichte anfertigen, liegen diese bereits vorformatiert vor, sodass nur noch variable Informationen wie Artikel, Preise, Adressen, Kennzahlen etc. eingegeben werden müssen.

WICHTIG   Wird eine neue Arbeitsmappe oder ein neues Tabellenblatt auf Basis einer Mustervorlage geöffnet, erstellt Excel immer nur eine Kopie von der Vorlage. Die Originalschablone bleibt also unverändert. Das ist auch der entscheidende Vorteil einer Vorlage gegenüber normalen Excel-Dateien, die zwar ebenfalls als Muster dienen können, bei denen aber immer darauf zu achten ist, dass die ursprünglichen Informationen beim Speichern nicht überschrieben werden. Generell enthalten die Arbeitsmappen in Excel keine Beziehung zur Vorlage, aus der sie erstellt wurden. Excel verhält sich damit anders als beispielsweise Word.

Zusätzliche Vorlagen für Tabellen

Zusätzlich zur Mustervorlage für Standard-Arbeitsmappen hält Excel einige *Tabellenvorlagen* bereit, beispielsweise zu den Themen »Bilanz«, »Kredit«, »Rechnung«, »Ausgaben« und »Zeiterfassung« (Abbildung 11.1).

Um diese Vorlagen nutzen zu können, wählen Sie die Menübefehlsfolge *Datei/Neu*. Im Aufgabenbereich, der daraufhin eingeblendet wird, klicken Sie im Feld *Vorlagen* auf den Eintrag *Auf meinem Computer*. Wechseln Sie in dem in Abbildung 11.1 gezeigten Dialogfeld zur Registerkarte *Tabellenvorlagen*. Ein Beispiel für eine solche Tabellenvorlage sehen Sie in Abbildung 11.2.

Abbildg. 11.1 Zusätzliche Tabellenvorlagen in Excel

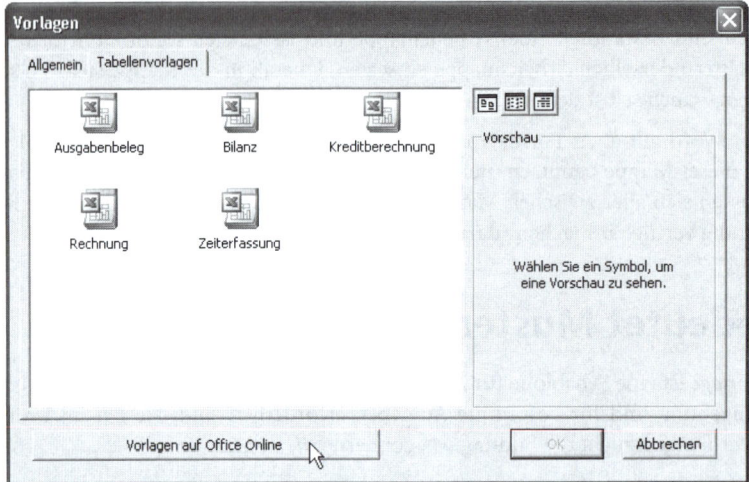

Abbildg. 11.2 Die Tabellenvorlage *Ausgabenbeleg*

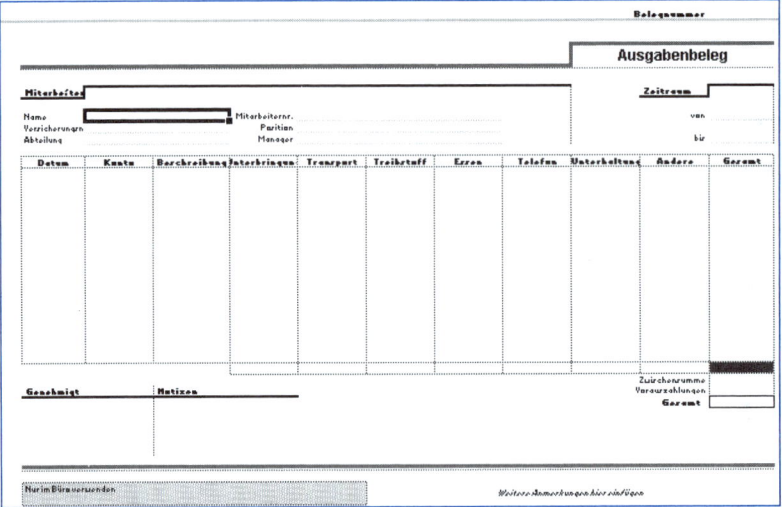

Vorlagen aus dem Internet

Zusätzlich zu diesen Tabellenvorlagen, die lokal auf Ihrem Computer oder ggf. im Netzwerk abgelegt sind, haben Sie über *Office Online* per Internet Zugriff auf ein Angebot von Vorlagen zu sehr unterschiedlichen Themen. Über den Aufgabenbereich *Neue Arbeitsmappe* und den Eintrag *Vorlagen auf Office Online* oder über die Schaltfläche *Vorlagen auf Office Online* in dem in Abbildung 11.1 gezeigten Dialogfeld gelangen Sie zu einer Auswahl von Vorlagen, die ständig erweitert wird. Dort gibt es beispielsweise Vorlagen zu den Themenbereichen »Bestellungen und Bestand«, »Buchhaltung und Finanzen«, »Personalverwaltung«.

Einstellungen, die in einer Mustervorlage gespeichert werden

Eine Mustervorlage kann folgende Merkmale enthalten, die neue Arbeitsmappen und Tabellenblättern zugewiesen bekommen:

- Zell- und Blattformate, die über die Befehle im Menü *Format* festgelegt werden

- Seitenformate und Druckbereich-Einstellungen

- Anzahl und Typ der Blätter in einer Arbeitsmappe

- Geschützte und ausgeblendete Bereiche der Arbeitsmappe (Sie können beispielsweise Blätter, Zeilen und Spalten ausblenden und Tabellenblätter vor Änderungen schützen.)

- Feststehende Texte und Daten in den Arbeitsblättern oder Datumsangaben

- Grafiken (beispielsweise Logos) und Diagramme

- Die Farben der Farbpalette

- Formeln, Bereichsnamen und Festlegungen für Gültigkeit

- Informationen für Kopf- und Fußzeilen sowie Zeilen- und Spaltenbeschriftungen

- Hyperlinks für die Navigation in der Arbeitsmappe oder auf Blättern

- Symbole, veränderte Symbolleisten, Automatisierungseinstellungen (Makros)

- Berechnungsoptionen für Arbeitsmappen und Anzeigeoptionen für Fenster, die Sie mit Hilfe des Befehls *Optionen* im Menü *Extras* festlegen

Effektiv mit Formatvorlagen arbeiten

Meist werden wiederkehrende Formatierungen in Excel manuell vorgenommen. Zu wenig ist die Möglichkeit bekannt, dass auch Excel über Formatvorlagen verfügt. Hier zunächst eine Übersicht, welche Formatvorlagen Excel standardmäßig mitbringt.

Welche Formatvorlagen sind in Excel verfügbar?

Excel enthält vorgefertigte Formatvorlagen, mit denen Sie schnell Zahlen im Währungs- oder Prozentformat bzw. mit Tausender-Trennzeichen darstellen lassen können. Sie haben darüber hinaus auch die Möglichkeit, eigene Formatvorlagen zu erstellen, um beispielsweise Schriftart und Schriftgrad, Zahlenformate sowie Zellrahmen und Schattierungen zuzuweisen oder Zellen gegen Änderungen zu sperren.

Im Einzelnen sind in einer Arbeitsmappe nach der Installation von Excel standardmäßig die folgenden sechs integrierten Formatvorlagen verfügbar:

- *Dezimal* und *Dezimal [0]*

- *Prozent*

- *Standard*

- *Währung* und *Währung [0]*

Die gestaltende Wirkung der integrierten Formatvorlagen

In Abbildung 11.3 können Sie die Wirkung der einzelnen Formatvorlagen auf die Darstellung und Ausrichtung der Zahlen innerhalb einer Zelle genau studieren.

Abbildg. 11.3 Die Wirkung der sechs Formatvorlagen

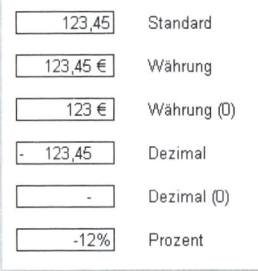

Die integrierten Formatvorlagen im Detail

In Tabelle 11.1 erhalten Sie nun nähere Erläuterungen zu jeder der sechs integrierten Formatvorlagen.

Tabelle 11.1 Die sechs integrierten Formatvorlagen im Überblick

Formatvorlage	Symbol	Wirkung
Dezimal	Ja 000	Zahlen werden mit zwei Nachkommastellen dargestellt. Bei Werten größer 999 werden die Ziffern in Dreiergruppen eingeteilt und mit einem Punkt als Trennzeichen versehen. Damit wird die Lesbarkeit großer Zahlen spürbar verbessert. Negative Zahlen werden nicht automatisch *Rot* dargestellt. Das Minuszeichen »klebt« am linken Spaltenrand. Bei Nullwerten wird ein Strich (–) gesetzt. Außerdem ist nach jeder Zahl ein relativ großer Abstand zum rechten Spaltenrand festgelegt. Dieser Abstand ist in den meisten Fällen viel zu großzügig bemessen und lässt die Zahlen je nach Spaltenbreite mittig oder gar linksbündig erscheinen, obwohl alle Zahlen horizontal eine rechtsbündige Ausrichtung erhalten. Oft ist dieser zu große Abstand nach rechts eher eine Belastung denn eine Erleichterung.
Dezimal [0]	Nein	Wie die Formatvorlage *Dezimal*, aber ohne die beiden Stellen nach dem Komma. Werte werden also auf ganze Zahlen auf- oder abgerundet dargestellt. **Tipp**: Es gibt zwar kein spezielles Symbol, aber durch Betätigen des Symbols *1.000er-Trennzeichen* und anschließend des Symbols *Dezimalstelle löschen* kann dieser Mangel leicht kompensiert werden.
Prozent	Ja %	Unmittelbar nach den eingegebenen Zahlen wird ohne Leerraum das Prozentzeichen (%) ergänzt. Negative Werte erhalten unmittelbar links vor der Zahl das Minuszeichen (und nicht am linken Spaltenrand). Es werden keine Dezimalstellen, kein Tausender-Trennzeichen und kein Abstand zum rechten Spaltenrand gesetzt.

Tabelle 11.1 Die sechs integrierten Formatvorlagen im Überblick *(Fortsetzung)*

Formatvorlage	Symbol	Wirkung
Standard	Nein	Diese Formatvorlage gilt sowohl für Zahlen wie auch für Texte. Die Zahlen werden so, wie sie eingegeben wurden, jedoch mit maximal sechs Dezimalstellen dargestellt (danach Auf- bzw. Abrundung). Negative Werte erhalten unmittelbar links vor der Zahl das Minuszeichen (und nicht am linken Spaltenrand). Sie werden nicht automatisch *Rot* dargestellt. Zahlen erhalten weder Tausender-Trennzeichen noch einen Abstand zum rechten Spaltenrand. Zahlen werden stets rechtsbündig, Texte automatisch linksbündig ausgerichtet.
Währung	Ja	Eingegebene Zahlen werden rechts nach einem Leerzeichen um das Währungszeichen € ergänzt. Negative Zahlen werden nicht automatisch *Rot* dargestellt. Das Minuszeichen »klebt« wie bei *Dezimal* am linken Spaltenrand. Nullwerte werden als – € dargestellt, also nach Buchhalterart. Das kann bei Tabellen mit sehr vielen Nullwerten störend wirken, da eine Unterscheidung zwischen tatsächlichen €-Beträgen und Nichts (Nullwerten) infolge der Zeichenflut sehr schwer fällt. Alle Zahlen werden rechtsbündig ausgerichtet, aber nach dem €-Zeichen folgt ein Abstand von etwa zwei Leerzeichen bis zum rechten Spaltenrand.
Währung [0]	Nein	Wie die Formatvorlage *Währung*, aber ohne die beiden Stellen nach dem Komma. Werte, die mit dieser Formatvorlage versehen werden, erscheinen also auf ganze Zahlen auf- oder abgerundet. **Tipp:** Es gibt zwar auch hier kein spezielles Symbol, aber durch Betätigen des Symbols *Währung* und anschließend des Symbols *Dezimalstelle löschen* kann dieser Mangel wiederum leicht kompensiert werden.

Tastenkombinationen zum schnelleren Zuweisen von Zahlenformaten

Nachdem Sie nun die Wirkung der einzelnen Formatvorlagen studieren konnten, hier ein Angebot, wie Sie das Zuweisen von Zahlenformaten schnell per Tastatur erledigen können. Die Übersicht in Tabelle 11.2 nennt nicht nur die jeweilige Tastenkombination, sondern zieht auch einen Vergleich der Wirkung der Tastenkombination gegenüber den jeweiligen Formatvorlagen.

Sie werden dabei feststellen, dass der Einsatz der Tastenkombination eine echte Alternative ist – jedenfalls so lange, bis Sie die integrierten Formatvorlagen auf Ihre Bedürfnisse angepasst haben. Wie das geht, erfahren Sie noch im Verlauf dieses Kapitels.

Tabelle 11.2 Häufig vorkommende Zahlenformate per Tastenkombination zuweisen

Format	Tastenkombination	Bemerkung zur Wirkung
Standard	`Strg` + `⇧` + `&`	Genau wie Formatvorlage *Standard*
Währung	`Strg` + `⇧` + `$`	Im Unterschied zur Formatvorlage *Währung* kein Abstand nach dem Währungssymbol (€) zum rechten Spaltenrand. Negative Werte werden automatisch in *Rot* und mit Minuszeichen direkt vor der Zahl dargestellt, Nullwerte nicht als – €, sondern als *0,00 €*.

Häufig vorkommende Zahlenformate per Tastenkombination zuweisen *(Fortsetzung)*

Format	Tastenkombination	Bemerkung zur Wirkung
Zahl	Strg + ⇧ + !	Im Unterschied zur Formatvorlage *Dezimal* kein Abstand nach den Zahlen am rechten Spaltenrand. Bei negativen Werten steht das Minuszeichen im Unterschied zur Formatvorlage *Dezimal* direkt vor der Zahl. Allerdings keine automatische Anzeige in *Rot* für negative Werte. Nullwerte erscheinen als *0,00* und nicht wie bei der Formatvorlage als – (Strich).
Prozent	Strg + ⇧ + %	Genau wie Formatvorlage *Prozent*

Die spezielle Bedeutung der Formatvorlage *Standard*

Die Formatvorlage *Standard* spielt eine besondere Rolle, denn sie ist die für die gesamte Arbeitsmappe vorgegebene Basis-Formatvorlage. Ändern Sie die mit der Formatvorlage *Standard* verbundenen Formatanweisungen, werden in der gesamten Mappe sämtliche Zellen verändert, denen bisher keine andere Formatvorlage zugewiesen wurde.

WICHTIG   Wegen ihrer grundlegenden Bedeutung ist die Formatvorlage *Standard* auch die einzige, die sich nicht löschen lässt. In Abbildung 11.4 sehen Sie, welche Eigenschaften diese Formatvorlage standardmäßig besitzt.

Abbildg. 11.4   Die Eigenschaften der Formatvorlage *Standard*

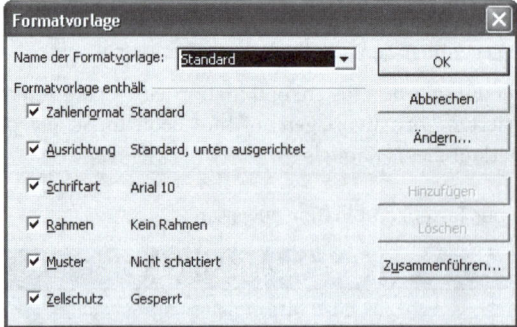

PROFITIPP   Eine Tatsache, die wenig bekannt ist: Die Formatvorlage *Standard* wird auch für die Schriften in den Spalten- und Zeilenköpfen sowie in den Kopf- und Fußzeilen verwendet. Vielleicht haben Sie sich auch schon einmal gewundert bzw. darüber geärgert, dass in bestimmten Mappen, die Sie von anderen Anwendern bekommen, die Zeilen- und Spaltenköpfe oder gar die Zahlen selbst in den Arbeitsblättern in der Schriftart *Times New Roman* oder *Courier New* erscheinen. Das liegt nicht an Excel, sondern an der für die jeweilige Mappe festgelegten Formatvorlage *Standard*.

Vorhandene Formatvorlagen ändern

Wenn Sie die Formate für eine vorhandene Formatvorlage abändern möchten, haben Sie die Auswahl zwischen zwei Wegen:

- Entweder formatieren Sie erst eine Zelle mit den gewünschten Einstellungen, um das Resultat in seiner Wirkung eindeutig abschätzen zu können und rufen dann das entsprechende Dialogfeld über den Menübefehl *Format/Formatvorlage* auf.

- Oder Sie gehen von einer leeren, unformatierten Zelle aus, starten das Dialogfeld via Menübefehl *Format/Formatvorlage* und legen dort Schritt für Schritt die gewünschten Einstellungen fest.

Der erste Weg ist dann empfehlenswert, wenn Sie beispielsweise der Meinung sind, dass Sie eine gelungene Formatierungslösung erstellt haben und diese auch künftig gern nutzen würden, also »speichern« möchten. Dieser Weg ist bestimmt auch empfehlenswert, wenn Sie noch wenig Erfahrung mit Formatierungen und Formatvorlagen haben und gern vorweg einen visuellen Eindruck der neuen Lösung haben wollen. Der zweite Weg ist wohl eher der für Anwender mit ausreichender Erfahrung mit den vielfältigen verschiedenen Zellformaten und vor allem mit dem schier unerschöpflichen Fundus zum Kreieren benutzerdefinierter Zahlenformate.

Weg 1 Wenn Sie den ersten Weg wählen möchten, gehen Sie folgendermaßen vor:

1. Klicken Sie auf die Zelle, in der Sie die gewünschten Gestaltungen bereits vorgenommen haben und wählen Sie den Menübefehl *Format/Formatvorlage*.
2. Tippen Sie im Feld *Name der Formatvorlage:* den Namen der Formatvorlage ein. Achtung: Sie müssen den Namen **eingeben** und ihn nicht aus der Liste auswählen, da sonst die ursprünglichen Formatierungen der Formatvorlage auf die markierte Zelle(n) übertragen werden.
3. Entfernen Sie aus allen Kontrollkästchen mit Ausnahme von *Zahlenformat* die Häkchen.
4. Klicken Sie auf die Schaltflächen *Hinzufügen* und *OK*.

Weg 2 Wählen Sie den zweiten Weg, sind folgende Schritte erforderlich:

1. Rufen Sie das Dialogfeld über den Menübefehl *Format/Formatvorlage* auf und klicken Sie auf die entsprechende Formatvorlage, deren Formate geändert werden sollen.
2. Klicken Sie nun auf die Schaltfläche *Ändern*.
3. Wählen Sie dann in den einzelnen Registerkarten des Dialogfelds für die Zellformatierung die gewünschten Formate aus und klicken Sie dann auf die Schaltfläche *OK*.
4. Deaktivieren Sie die Kontrollkästchen aller Formate, die nicht in der Formatvorlage enthalten sein sollen.
5. Um die Formatvorlage zu definieren und auf die markierten Zellen anzuwenden, klicken Sie auf *Hinzufügen* und *OK*. Wollen Sie die Formatvorlage definieren, ohne sie jedoch auf markierte Zellen anzuwenden, klicken Sie auf *Hinzufügen* und dann auf *Schließen*.

Um die Prozeduren etwas verständlicher zu machen, vollziehen Sie diese am besten in den folgenden drei Beispielen nach, mit denen Sie die standardmäßig vorgegebenen Formatvorlagen von Excel zudem deutlich aufwerten können.

Tabellen und Daten formatieren

Die Formatvorlage *Standard* verbessern

Die Formatvorlage *Standard* hat mindestens zwei Mängel, die beim Gestalten von Tabellen immer wieder zu lästigen Nacharbeiten führen:

- Zum einen werden alle eingegebenen Daten stets vertikal an der unteren Grundlinie der Zelle ausgerichtet. Führen Sie dann beispielsweise bei einer der Spaltenüberschriften aus Platzgründen einen Zeilenumbruch innerhalb der Zelle durch, ergibt sich ein unschönes Bild, da mit dem Zeilenumbruch auch die Zeilenhöhe vergrößert wird. Infolgedessen ist die mehrzeilige Spaltenüberschrift auf die Zeilenhöhe verteilt, während einzeilige Überschriften weiterhin am unteren Zellrand kleben (Abbildung 11.5 oben).

Abbildg. 11.5   Die vertikale Ausrichtung ist standardmäßig *Unten*

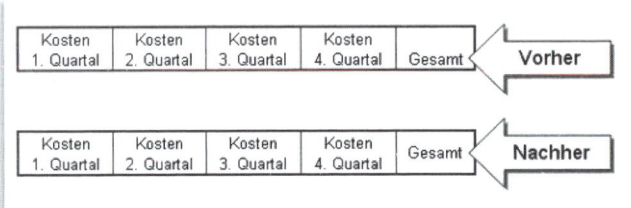

- Zum anderen sind in Excel standardmäßig alle Zellen gesperrt. Wollen Sie also ein Blatt schützen, müssen Sie mühsam erst alle Zellen »entsperren«, die weiterhin frei bearbeitet werden müssen.

Beide Mängel sollen nun behoben werden. Zahlen und Texte sollen standardmäßig vertikal zentriert werden und Zellen sollen standardmäßig nicht geschützt sein. Sie können dies mit wenigen Handgriffen bewerkstelligen. Wählen Sie dazu den oben beschriebenen zweiten Weg.

1. Rufen Sie über den Menübefehl *Format/Formatvorlage* das entsprechende Dialogfeld auf. Dort ist die Formatvorlage *Standard* bereits ausgewählt und Sie brauchen nur noch rechts auf die Schaltfläche *Ändern* zu klicken.

2. Auf der Registerkarte *Ausrichtung* wählen Sie dann für die vertikale Ausrichtung die Option *Zentrieren* (siehe Abbildung 11.6 oben).

3. Auf der Registerkarte *Schutz* deaktivieren Sie das Kontrollkästchen vor *Gesperrt* (siehe Abbildung 11.6 unten).

4. Wenn Sie jetzt mit Klick auf die Schaltfläche *OK* bestätigen, sehen Sie das Dialogfeld so, wie in Abbildung 11.7 gezeigt. Klicken Sie nochmals auf *Hinzufügen* sowie auf *OK* und übernehmen Sie damit für alle Blätter dieser Mappe die eben eingestellten Verbesserungen für die Formatvorlage *Standard*.

WICHTIG   Diese Änderung wirkt sich nun auch auf die anderen Formatvorlagen aus. Wenn Sie also in eine beliebige Zelle eine Zahl eingeben und dann die Formatvorlage *Währung, Prozent* oder *Dezimal* zuweisen, bleiben die Zahlen auch beim Erhöhen der Zeile vertikal immer in der Mitte. Der Grund: Die soeben geänderte Formatvorlage *Standard* ist die Basisvorlage für alle anderen Formatvorlagen.

Abbildg. 11.6 Die beiden Bearbeitungsschritte in den Registerkarten *Ausrichtung* und *Schutz*

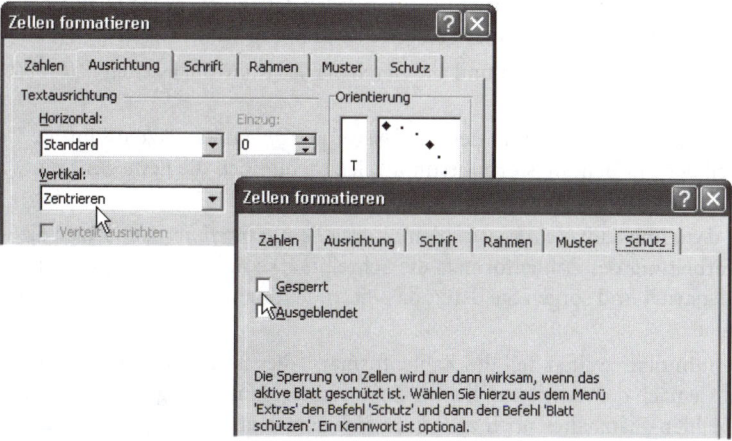

Abbildg. 11.7 Die geänderte Formatvorlage *Standard*: Im Dialogfeld sehen Sie die Veränderung der vertikalen Ausrichtung und beim Zellschutz.

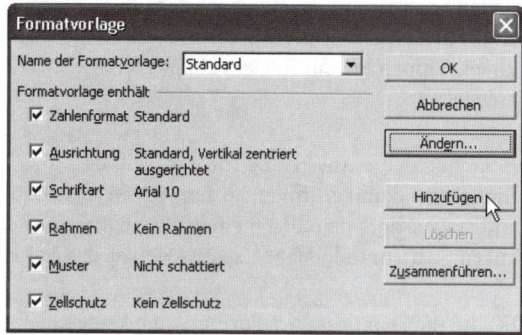

Die Mängel der Formatvorlagen *Dezimal* und *Dezimal [0]* abstellen

Bei den Formatvorlagen mit dem Namen *Dezimal* konnten Sie in Abbildung 11.3 den übertrieben großen Abstand zum rechten Spaltenrand sehen. Ferner sind Sie möglicherweise auch daran interessiert, bei Nullwerten den Bindestrich auszuschalten, den die bisherigen Formatvorlagen liefern. Auf jeden Fall ist es günstiger, negative Werte automatisch in roter Farbe anzeigen zu lassen und auch das Minuszeichen sollte nicht am linken Spaltenrand »kleben«.

Die Aufgabe besteht also darin, beide Formatvorlagen (*Dezimal* und *Dezimal [0]*) so zu verändern, dass der Abstand zum rechten Rand kleiner wird, negative Zahlen mit Minuszeichen und in *Rot* dargestellt werden und Nullwerte auch als Null (*0*) erscheinen.

Probieren Sie zum Anpassen von Formatvorlagen dieses Mal den ersten Weg aus, indem Sie zunächst in eine Zelle eine Zahl eingeben, diese dann wunschgemäß formatieren und das Ergebnis als veränderte Formatvorlage definieren:

1. Geben Sie zunächst eine vierstellige Zahl ein und rufen Sie dann mit der Tastenkombination [Strg]+[1] oder über den Menübefehl *Format/Zellen* das erforderliche Dialogfeld auf. Wählen Sie auf der Registerkarte *Zahlen* unter *Kategorie* den Eintrag *Zahl*.

2. Stellen Sie zwei Dezimalstellen ein und aktivieren Sie das Kontrollkästchen *Mit 1000er-Trennzeichen*.

3. Markieren Sie nun rechts unten in der Liste *Negative Zahlen* den letzten Eintrag. Damit haben Sie einen Teil der Erscheinungsform bestimmt. Jetzt fehlt noch die Festlegung eines angemessenen Abstandes der Zahlen zum rechten Spaltenrand.

4. Klicken Sie dazu links unter *Kategorien* den Eintrag *Benutzerdefiniert* an. Setzen Sie im Eingabefeld zur Bearbeitung des Zahlenformats die Schreibmarke links neben das Semikolon, löschen Sie den Unterstrich und sorgen Sie dafür, dass nach dem Zahlen-Platzhalter *#.##0,00* zwei Leerzeichen stehen.

5. Ändern Sie nun den zweiten Teil des Zahlenformats (dies ist die Anweisung für negative Zahlen). Fügen Sie nach dem Minuszeichen ein Leerzeichen ein und sorgen Sie auch hier dafür, dass nach dem Zahlen-Platzhalter noch zwei Leerzeichen stehen. Das Ergebnis nach dieser zweiten Änderung sollte jetzt wie folgt aussehen:
   #.##0,00 ;[Rot]- #.##0,00

6. Kommen wir zur Anweisung für den Abschnitt Nullwerte. Diese sollen als *0,00* und ebenfalls mit zwei Leerzeichen Abstand zum rechten Spaltenrand angezeigt werden. Tragen Sie also nach den beiden abschließenden Leerzeichen für den Negativwerte-Abschnitt zunächst ein Semikolon ein, um den dritten Abschnitt zu eröffnen. Tippen Sie dann *0,00* gefolgt von zwei Leerzeichen ein. Der Stand sollte jetzt wie folgt aussehen:
   #.##0,00 ;[Rot]- #.##0,00 ;0,00

7. Der Vollständigkeit halber treffen Sie noch eine Anweisung für den Fall, dass Text eingegeben wird. Setzen Sie also erneut ein Semikolon – damit eröffnen Sie den vierten Abschnitt des benutzerdefinierten Zahlenformats – und tragen dort den allgemeinen Platzhalter für Text (@) ein. Damit der Text nicht direkt am linken Spaltenrand »klebt«, setzen Sie vor das @-Zeichen noch mindestens ein Leerzeichen.

8. Klicken Sie auf die Schaltfläche *OK*, um die Definition des Formats zu beenden.

Das fertige Format lautet nun wie folgt:
#.##0,00 ;[Rot]- #.##0,00 ;0,00 ; @

Mit der Abbildung 11.8 können Sie Ihr Ergebnis vergleichen.

Abbildg. 11.8   Die veränderte Formatvorlage *Dezimal*

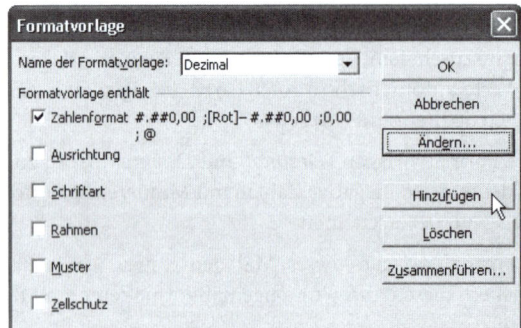

Möchten Sie, dass Nullwerte automatisch ausgeblendet und gar nicht dargestellt werden, verändern Sie das benutzerdefinierte Zahlenformat wie folgt:

#.##0,00 ;[Rot]- #.##0,00 ;; @

Probieren Sie das Gelingen Ihrer neuen Formatierungsanweisung nun aus, indem Sie in die soeben formatierte Zelle nacheinander eine größere negative Zahl, eine Null und einen positiven Wert eingeben.

Lassen Sie die Zelle markiert und rufen Sie das Dialogfeld *Formatvorlage* über den Menübefehl *Format/Formatvorlage* auf. Tippen Sie *Dezimal* ein und klicken Sie auf *Hinzufügen* und dann auf die Schaltfläche *OK*.

Zum Ändern der Formatvorlage *Dezimal [0]* verfahren Sie analog, nur dass eben dieses Mal bei Dezimalstellen der Wert *0* (Null) eingestellt werden muss. Eine fertige Variante sehen Sie in Abbildung 11.9.

Abbildg. 11.9 Die veränderte Formatvorlage *Dezimal [0]* speichern per Klick auf die Schaltfläche *Hinzufügen*

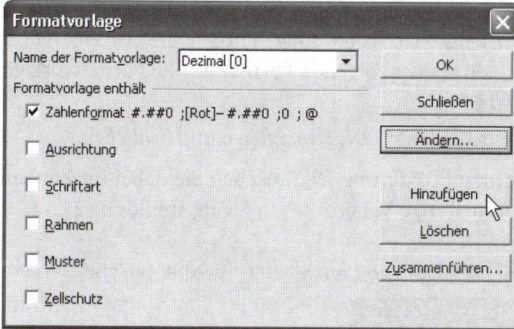

Die beiden Währungs-Formatvorlagen anpassen

Das Anpassen der Formatvorlagen für die Darstellung von Zahlen als Währung ist nun kein Problem mehr.

Die geänderten Formatvorlagen sollen den gleichen Abstand zum rechten Spaltenrand bekommen, wie bei *Dezimal* und *Dezimal [0]*, also je zwei Leerzeichen. Außerdem soll bei Nullwerten *0 €* und nicht *– €* angezeigt werden. Oder aber Sie legen wiederum fest, dass Nullen gar nicht angezeigt werden. Hier die Schritte:

1. Rufen Sie zunächst das Dialogfeld aus Abbildung 11.10 über den Menübefehl *Format/Formatvorlage* auf.

2. Wählen Sie aus der Liste den Eintrag *Währung* und klicken Sie auf *Ändern*.

3. Auf der Registerkarte *Zahlen* sehen Sie, dass diese Formatvorlage eigentlich bisher auf den Formaten der Kategorie *Buchhaltung* beruht. Der Formatcode ist ziemlich »undurchschaubar«.

4. Wechseln Sie zur Kategorie *Währung* und wählen Sie dort die gewünschten Einstellungen. Wollen Sie das voreingestellte neue Währungsformat noch weiter bearbeiten, wechseln Sie zur Kategorie *Benutzerdefiniert* und nehmen im Eingabefeld unter *Typ* die gewünschten Änderungen vor.

Abbildg. 11.10 Angepasste Anweisungen für die Formatvorlage *Währung*: Nullwerte werden in diesem Fall nicht angezeigt.

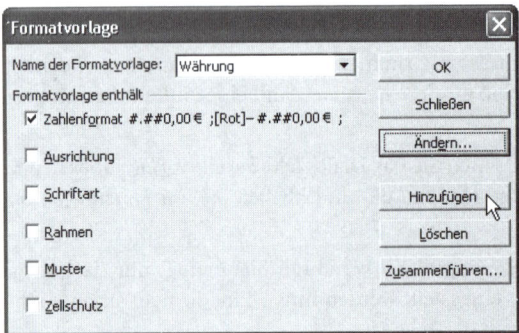

5. Das fertige Zahlenformat könnte folgendermaßen aussehen:

    #.##0,00 € ;[Rot]- #.##0,00 € ;

    Da nach dem zweiten Semikolon kein Platzhalter folgt, entfällt die Anzeige von Nullwerten (Abbildung 11.10). Ansonsten wählen Sie das folgende Format für die Formatvorlage *Währung*:

    #.##0,00 € ;[Rot]- #.##0,00 € ;0,00 €

6. Bestätigen Sie Ihre Festlegungen mit Klick auf *OK*, *Hinzufügen* und *Schließen*.

Verfahren Sie analog für die Formatvorlage *Währung [0]*. Löschen Sie dabei im Zahlenformat nur die Dezimalstellen und das Komma. Eine fertige Version sehen Sie in Abbildung 11.11.

Abbildg. 11.11 Die abgeänderte Version der Formatvorlage *Währung [0]*; wiederum ohne Anzeige von Nullwerten

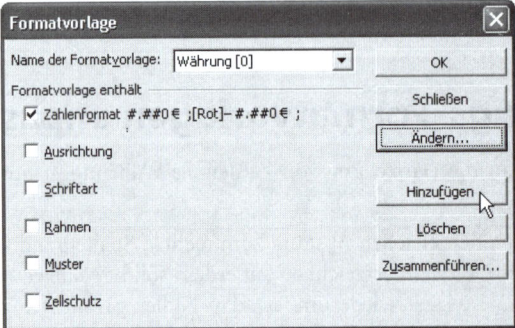

Die Formatvorlage für Prozent ergänzen

Sie können nun noch die Formatvorlage *Prozent* um drei Eigenschaften ergänzen:

■ das Anzeigen einer Nachkommastelle,

■ den Abstand von ebenfalls zwei Leerzeichen zum rechten Spaltenrand und

■ eine rote Darstellung mit vorangestelltem Minuszeichen im Falle von negativen Prozentwerten.

So können Sie beispielsweise beim Vergleich von Plan- und Istwerten schneller sehen, wenn die Istwerte hinter den Planwerten zurückbleiben. Auch bei Vorjahresvergleichen lassen sich so negative Trends schneller aufspüren.

Abbildg. 11.12 Die geänderten Festlegungen für die Formatvorlage *Prozent*

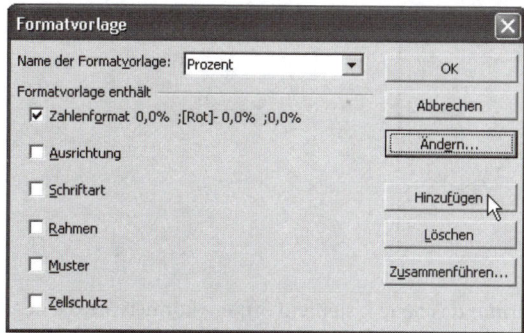

Die Formatvorlage *Prozent* mit den angesprochenen Änderungen sehen Sie in Abbildung 11.12.

Sie können nun nach dem gleichen Vorgehensmuster noch eine Formatvorlage *Prozent [0]*, also ohne Nachkommastellen anlegen.

Das Listenfeld für Formatvorlage anzeigen

Zumindest für die drei integrierten Formatvorlagen *Währung*, *Dezimal* und *Prozent* gibt es bereits ein Symbol, über das Sie die jeweilige Formatanweisung mit nur einem Mausklick auf Zellen oder Zellbereiche übertragen können. Doch wie Sie gesehen haben, gibt es mehr als nur diese drei Formatvorlagen. Wenn Sie außerdem noch eigene Formatvorlagen definieren, wäre es wünschenswert, dass alle Formatvorlagen schnell abrufbar sind. In Excel ist eine solche Möglichkeit bereits vorgesehen.

Es gibt ein Listenfeld, über das Sie – genau wie bei den Schriftarten – auf die einzelnen Einträge schnell per Mausklick zugreifen können. Um dieses Listenfeld *Formatvorlagen* in die *Format*-Symbolleiste einzubauen, sind folgende Schritte erforderlich:

1. Klicken Sie mit der rechten Maustaste auf die Symbolleiste *Format* und wählen Sie aus dem Kontextmenü den Befehl *Anpassen*.

2. Wechseln Sie zur Registerkarte *Befehle* und wählen Sie aus dem Listenfeld *Kategorie* den Eintrag *Format*.

3. Im Listenfeld *Befehle* ziehen Sie das Symbol *Formatvorlage* (Abbildung 11.13) bei gedrückter linker Maustaste in die Symbolleiste *Format* und positionieren es beispielsweise ganz links, noch vor die Schriftarten-Liste.

Abbildg. 11.13 Das Listenfeld *Formatvorlage* in die Symbolleiste *Format* einbauen

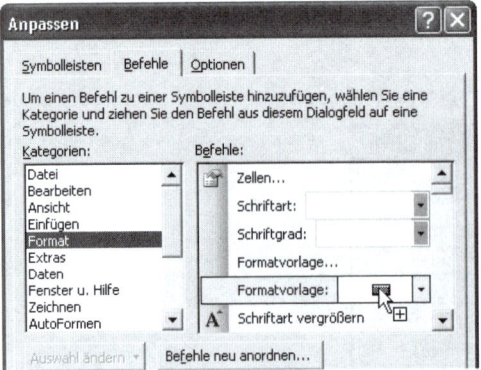

Wenn Sie nun in der Symbolleiste *Format* das neue Listenfeld öffnen, können Sie die bereits vorhandenen Formatvorlagen blitzschnell auf markierte Zellbereiche anwenden (Abbildung 11.14).

Abbildg. 11.14 Das neue Listenfeld *Formatvorlage* in der Symbolleiste *Format*

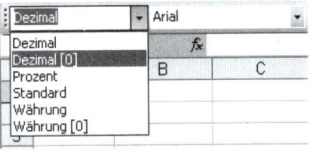

Mehr zum Thema »Anpassen von Symbolleisten« finden Sie in Kapitel 2.

Eigene Formatvorlagen erstellen

Natürlich lassen sich Formatvorlagen nicht nur anpassen, sondern Sie können auch zusätzlich zu den vorhandenen Formatvorlagen weitere definieren, die genau Ihren Gestaltungsbedürfnissen entsprechen. Auch hier gelangen Sie wieder auf zwei Wegen zum Ziel:

- Eine Zelle enthält bereits die gewünschten Gestaltungsmerkmale und Sie brauchen diese vorhandenen Formatierungsanweisungen nur noch mit dem Namen einer neuen Formatvorlage zu versehen und abzuspeichern oder

- Sie weisen die gewünschten Formatierungen erst beim Definieren einer neuen Formatvorlage Schritt für Schritt per Dialogfeld auf den verschiedenen Registerkarten zu.

An einem Beispiel können Sie die Vorgehensweise gleich praktisch ausprobieren.

Formatvorlage für eine spezielle Datumsanzeige anfertigen

Angenommen, Sie benötigen in Ihren Tabellen das Datum immer wieder in einer ganz bestimmten Form: Vor dem Datum *06.09.2005* soll zusätzlich noch der abgekürzte Wochentag stehen, also *Di 06.09.2005*.

Gehen Sie dazu wie folgt vor und nutzen Sie dabei auch die Erkenntnisse, die Sie beim Lesen von Kapitel 10 zu benutzerdefinierten Zahlenformaten gewonnen haben:

1. Geben Sie in eine beliebige Zelle das aktuelle Datum ein. Am schnellsten geht dies mit der Tastenkombination ⌷Strg⌷+⌷.⌷ (Punkt).

2. Rufen Sie mit der Tastenkombination ⌷Strg⌷+⌷1⌷ das Dialogfeld *Zellen formatieren* auf und aktivieren Sie dort die Registerkarte *Zahlen*. Wechseln Sie unter *Kategorie* von *Datum* zu *Benutzerdefiniert*.

3. Definieren Sie als Zahlenformat *TTT* TT.MM.JJJJ* (nach dem Sternchen muss ein Leerzeichen folgen) und bestätigen Sie mit Klick auf *OK*.

4. Lassen Sie die Zelle mit den Formatierungen markiert, die in eine neue Formatvorlage integriert werden sollen und wählen Sie im Menü *Format* den Befehl *Formatvorlage*.

5. Tippen Sie im Feld *Name der Formatvorlage* die Bezeichnung für die neue Formatvorlage ein und überschreiben Sie damit den aktuellen Namen. Achten Sie dabei darauf, den neuen Namen möglichst aussagekräftig zu wählen, damit Sie – oder andere Nutzer – auch noch zu einem späteren Zeitpunkt wissen, welche Bedeutung und Wirkung diese Formatvorlage hat. Im vorliegenden Beispiel tippen Sie den Namen *Datum mit Wochentag* ein.

6. Deaktivieren Sie die Kontrollkästchen *Ausrichtung*, *Schriftart*, *Rahmen*, *Muster* und *Zellschutz* (Abbildung 11.15). Damit stellen Sie sicher, dass bei der künftigen Verwendung der neuen Formatvorlage nur das Datumsformat der markierten Zelle(n) angepasst wird und nicht gleichzeitig auch bereits gewählte Einstellungen für Schriftart, -größe, Rahmen, Muster usw. verändert werden.

7. Klicken Sie abschließend auf die Schaltflächen *Hinzufügen* und *OK*.

Abbildg. 11.15   Neue Formatvorlage für eine spezielle Datumsanzeige

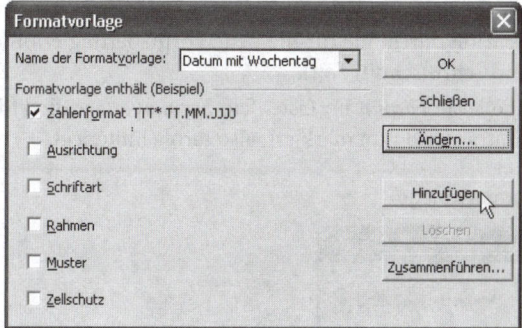

Formatvorlagen korrigieren und austauschen

Nachdem Sie in den vergangenen Abschnitten erfahren haben, wie Formatvorlagen angelegt und modifiziert werden, hier abschließend noch Hinweise dazu, wie Sie Formatvorlagen schnell abändern und zwischen Arbeitsmappen austauschen können.

Eine Formatvorlagen schnell ändern

Mit Hilfe von Formatvorlagen sparen Sie nicht nur beim Zuweisen von Formaten Zeit, sondern auch beim Ändern der Formatierungen für beliebig viele Zellen. Denn, wenn Sie für Zellen Formatvorlagen verwendet haben, brauchen Sie dann nur noch die gewünschte Vorlage neu zu definieren. Das Format aller Zellen, die auf der so geänderten Formatvorlage basieren, wird automatisch entsprechend angepasst. Möchten Sie beispielsweise, dass alle Zellen, denen die Datumsanzeige mit abgekürztem Wochentag zugewiesen wurde, eine blaue Schrift erhalten, so ist das mit wenigen Mausklicks erledigt.

WICHTIG   Wenn Sie eine Formatvorlage ändern, müssen Sie sich immer der Tatsache bewusst sein, dass davon nicht nur die aktuelle Zelle oder das aktuelle Blatt betroffen ist, sondern auch alle anderen Zellen mit dieser Formatvorlage in allen Blättern derselben Arbeitsmappe.

An einem Beispiel können Sie nachvollziehen, wie einfach die Veränderung einer Formatvorlage zu bewerkstelligen ist. Die Aufgabenstellung lautet: Geben Sie zunächst in verschiedene Blätter in beliebige leere Zellen Datumsangaben ein und weisen diesen jeweils die neu erstellte Formatvorlage *Datum mit Wochentag* zu. Ändern Sie die Vorlage so, dass all diese Datumsangaben in der Mappe nicht in schwarzer, sondern in blauer Schriftfarbe und außerdem in Fettschrift erscheinen.

Sie können die bestehende Formatvorlage *Datum mit Wochentag* mit dem folgenden Verfahren schnell anpassen:

1. Markieren Sie eine der Datumszellen, welcher die zu ändernde Formatvorlage *Datum mit Wochentag* zugewiesen wurde.
2. Führen Sie nun die beiden Schritte durch, die für die neue Formatierung erforderlich sind (in dem Fall *blaue* Schriftfarbe und Schriftschnitt *Fett*).
3. Klicken Sie dann in der Symbolleiste *Format* im Listenfeld *Formatvorlage* direkt in den Eintrag *Datum mit Wochentag*. Der Eintrag wird nun markiert, also farbig hinterlegt.

Abbildg. 11.16   Blitzschnelles Ändern einer Formatvorlage

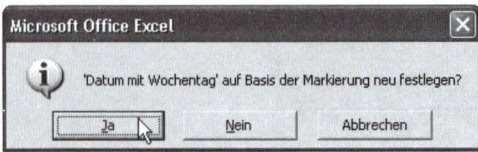

4. Betätigen Sie die ⏎-Taste und bestätigen Sie die nachfolgende Abfrage per Klick auf die Schaltfläche *Ja* (Abbildung 11.16).

Formatvorlagen zusammenführen

Haben Sie Tabellen erstellt, deren Formatvorlagen Sie auch in anderen Arbeitsmappen verwenden wollen, so können Sie die Formatvorlagen kopieren, ohne gleich eine neue Mustervorlage anlegen zu müssen. Führen Sie dazu die Formatvorlagen zusammen.

WICHTIG Bedenken Sie: Alle Formatvorlagen der Mustermappe werden in die Zielmappe übernommen. Formatvorlagen mit demselben Namen werden dabei in der Zielmappe überschrieben.

Um Formatvorlagen aus einer Ausgangsmappe in eine Zielmappe zu kopieren, führen Sie folgende Arbeitsschritte aus:

1. Öffnen Sie beide Arbeitsmappen und aktivieren Sie die Zielmappe.

2. Wählen Sie den Menübefehl *Format/Formatvorlage* und klicken Sie auf die Schaltfläche *Zusammenführen* (siehe Abbildung 11.17 oben).

3. Markieren Sie im Listenfeld *Formatvorlagen zusammenführen aus* die Ausgangsmappe mit den benötigten Vorlagen (siehe Abbildung 11.17 Mitte). Bestätigen Sie dann mit Klick auf die Schaltfläche *OK*.

Abbildg. 11.17 Der Ablauf zum Übertragen von Formatvorlagen zwischen geöffneten Arbeitsmappen; die Befehlsfolge wird in der Zielmappe gestartet.

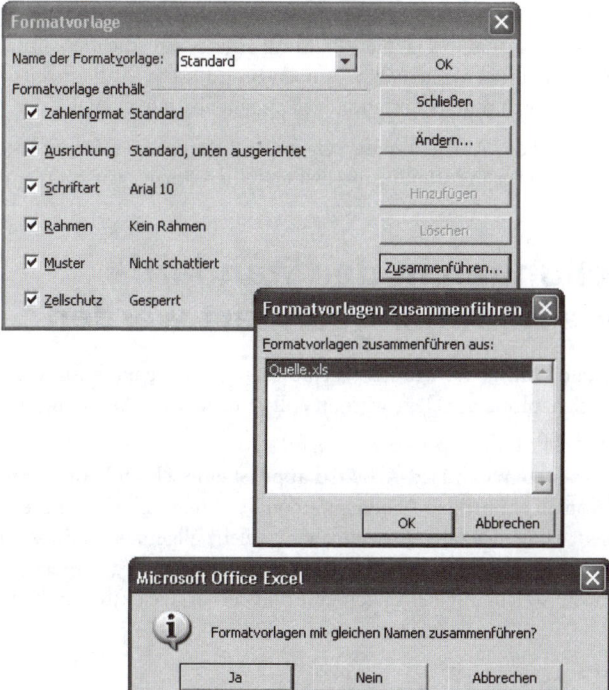

Sehr wahrscheinlich wird nun eine Meldung erscheinen. Sie wird dann eingeblendet, wenn in beiden Mappen Formatvorlagen mit gleichem Namen existieren, bei denen sich aber die Gestaltungsanweisungen für diese Formatvorlagen unterscheiden (siehe Abbildung 11.17 unten).

Wählen Sie an dieser Stelle *Ja*, um die Formatvorlagen der Zielmappe zu überschreiben. Klicken Sie auf *Nein*, wenn nur die Vorlagen unterschiedlichen Namens kopiert werden sollen.

Mustervorlagen für Arbeitsmappen und Arbeitsblätter anlegen

Sie haben gelesen, dass selbst erstellte und geänderte Formatvorlagen jeweils nur in der aktuellen Mappe funktionieren. Meist sollen Formatvorlagen aber über eine Mappe hinweg verfügbar sein.

Formatvorlagen mappenübergreifend verfügbar machen

Es gibt es zwei Wege, um Formatvorlagen aus einer Mappe auch in anderen nutzen zu können:

- Den einen haben Sie bereits im vorhergehenden Abschnitt kennen gelernt: das Zusammenführen von Formatvorlagen aus verschiedenen Mappen. Dieser Weg ist nicht sehr praktisch und mit einigem Aufwand verbunden. Denn es müssen jeweils mindestens zwei Dateien geöffnet sein – eine, die die gewünschten Formatvorlagen enthält und eine zweite, die diese erhalten soll. Daher wird dieses Verfahren nur in wenigen Fällen Anwendung finden. Andererseits ist es eine gute Methode, um Formatvorlagen bereits bestehender Dateien abzugleichen.

- Der zweite Weg führt über das Anlegen neuer, eigener *Mustervorlagen* für künftige Arbeitsmappen und -blätter, welche alle geänderten und selbst erstellten Formatvorlagen enthalten.

Sollen Einstellungen in der Standard-Arbeitsmappe generell geändert werden?

Beim Anfertigen einer neuen *Mustervorlage* stellt sich die Frage, ob generell für alle künftigen Mappen eine neue Standard-Schablone angelegt werden soll oder nur für Mappen, die in bestimmten Situationen gebraucht werden.

Das Anlegen einer überarbeiteten Standard-Arbeitsmappe ist eine sehr grundlegende Entscheidung, denn immerhin sind davon alle künftigen Arbeitsmappen betroffen, die Sie in Excel erstellen. Daher ist es angeraten, sich zuvor einige Gedanken zu machen, welche allgemeinen Einstellungen die neue Standardmappe – neben den Formatvorlagen – enthalten soll. Lesen Sie ggf. hierzu noch einmal am Beginn dieses Kapitels nach, welche Einstellungen eine Mustervorlage enthalten kann.

Eine neue Mustervorlage für Standard-Mappen erstellen

Nachfolgend werden die Schritte erläutert, mit denen Sie eine neue Standard-Arbeitsmappe anlegen. Das Vorgehen entspricht dabei weitgehend dem Anlegen von Mustervorlagen generell:

1. Öffnen Sie eine neue, leere Mappe und definieren Sie alle gewünschten Formatvorlagen.
2. Gegebenenfalls können Sie noch über die Menübefehlsfolge *Format/Formatvorlage/Zusammenführen* aus anderen geöffneten Dateien bereits bestehende Formatvorlagen importieren.
3. Auch hinsichtlich der Seiteneinrichtung (beispielsweise Seitenränder, Ausrichtung, Inhalte für Kopf- und Fußzeile usw.) können Sie Ihre gewünschten Einstellungen jetzt festlegen.

PROFITIPP

> Wenn Sie, ausgehend vom Corporate Design Ihrer Firma, bestimmte Farben in Ihren Arbeitsmappen verwenden wollen, die Excel jedoch in seiner Palette der 56 Farben standardmäßig nicht anbietet, dann ist dies ebenfalls ein Grund, eine Mustervorlage anzulegen. Über den Menübefehl *Extras/Optionen* können Sie auf der Registerkarte *Farbe* in den Bereichen *Standardfarben*, *Diagrammfüllfarben* und *Diagrammlinien* jede der Farben ändern und durch Ihre Firmenfarben ersetzen. Da sich diese Änderung nur auf die aktuelle Mappe bezieht, müssen Sie wiederum eine Mustervorlage anlegen, damit künftig neue Mappen bereits mit den richtigen Farben ausgestattet sind.

Die neue Mustervorlage richtig abspeichern

Wenn Sie nun diese nach Ihren Wünschen geänderte Mappe als Schablone für all Ihre künftigen Mappen abspeichern wollen, gehen Sie wie folgt vor:

1. Rufen Sie den Menübefehl *Datei/Speichern unter* auf.
2. Geben Sie als Dateiname *Mappe* ein.
3. Stellen Sie unter *Dateityp* unten links im Dialogfeld *Mustervorlage (*.xlt)* ein (siehe Abbildung 11.18).

Abbildg. 11.18   Wahl des Dateityps *Mustervorlage (*.xlt)*

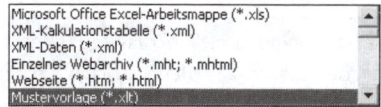

4. Speichern Sie diese Mustervorlage im Ordner *XLSTART*, der ein Unterordner des Ordners *Office11* ist. Dieser Ordner ist seinerseits normalerweise Bestandteil des Ordners, in dem Excel oder das Office-Paket installiert ist, also beispielsweise *C:\Programme\Microsoft Office\Office11\XLSTART* (siehe Abbildung 11.19). Die Ablage der Datei in diesem Ordner ist wichtig, denn nur damit wird die von Excel sonst bereit gestellte Standard-Arbeitsmappe außer Kraft gesetzt und die von Ihnen definierte Schablone künftig als Basis neuer Arbeitsmappen verwendet.

Tabellen und Daten formatieren

> **WICHTIG** Da dieser Ordner die Vorlagen für alle Benutzer eines Computers verwaltet, ist er unter Windows XP normalerweise schreibgeschützt. Das gilt insbesondere in Firmennetzwerken. Sie benötigen in diesem Fall Administratorrechte, um die allgemeine Vorlage für Arbeitsmappen zu ändern.

Abbildg. 11.19 Im Ordner *XLSTART* als neue Mustervorlage für alle Standard-Arbeitsmappen die Datei *Mappe.xlt* ablegen

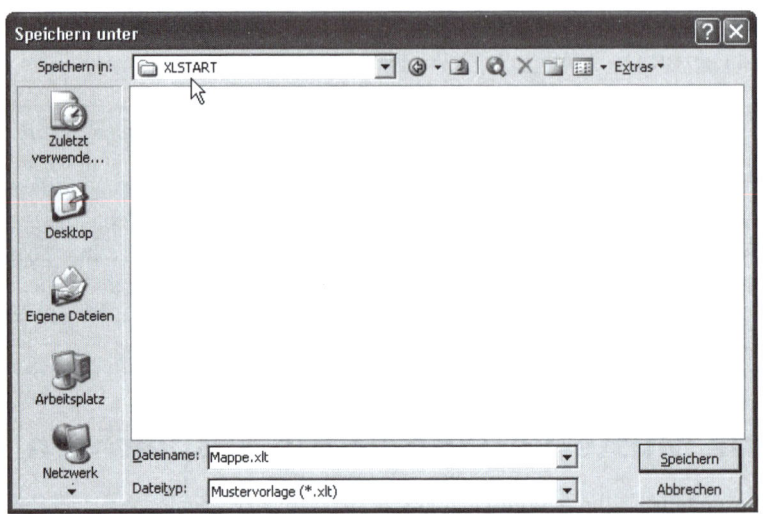

 Um künftig eine neue Standard-Arbeitsmappe zu erstellen, die auf der abgeänderten Standard-Vorlage basiert, genügt ein Klick auf das Symbol *Neu* in der Symbolleiste *Standard*.

> **HINWEIS** Haben Sie über den Menübefehl *Extras/Optionen* auf der Registerkarte *Allgemein* unter *Beim Start alle Dateien in diesem Ordner laden* einen speziellen Startordner definiert, speichern Sie die neue Standard-Mustervorlage dort ab.

PROFITIPP

> Im eben erwähnten speziellen Startordner können Sie auch eine Vorlage für einzelne Tabellenblätter ablegen. Erstellen Sie eine Arbeitsmappe, die nur ein Tabellenblatt (nach Ihren Wünschen gestaltet) enthält und speichern Sie diese unter dem Namen *Tabelle.xlt* als Mustervorlage im alternativen Startordner ab. Wenn Sie über den Menübefehl *Einfügen/Tabellenblatt* ein neues Blatt einfügen, wird dafür eine Kopie der zuvor erstellten Vorlage verwendet.

Spezielle Mustervorlagen erstellen und richtig ablegen

Natürlich können Sie Formatvorlagen und andere besondere Einstellungen auch in Mustervorlagen verwenden, die nur für bestimmte Arbeiten gebraucht werden. So könnte es beispielsweise sein, dass Sie für das monatliche Reporting eine Vorlage erstellen möchten, die eine vorgefertigte Analyse mit allen feststehenden Informationen und natürlich auch die Gestaltung in Form vorgefertigter Formatvorlagen enthält.

Bereiten Sie die Mappe entsprechend vor und speichern Sie diese dann wie folgt ab:

1. Geben Sie im Dialogfeld *Datei/Speichern unter* als Namen beispielsweise *Analyse* ein.
2. Stellen Sie als *Dateityp* wiederum *Mustervorlage (*.xlt)* ein.
3. Speichern Sie die Schablone in dem von Excel vorgeschlagenen Vorlagen-Ordner.

HINWEIS Excel schlägt beim Speichern von Mustervorlagen den persönlichen Ordner *C:\Dokumente und Einstellungen\<Benutzername>\Anwendungsdaten\Microsoft\Excel\XLStart* vor. *<Benutzername>* steht dabei für den Windows-Anmeldenamen des Benutzers. Damit können mehrere Benutzer an einem Computer durchaus unterschiedliche Mustervorlagen verwalten und nutzen.

Neue Arbeitsmappen auf Basis spezieller Mustervorlagen erstellen

Um eine neue Arbeitsmappe zu erstellen, die auf dieser speziellen Vorlage *Analyse.xlt* basiert, klicken Sie nun nicht mehr auf das Symbol *Neu* in der Symbolleiste *Standard,* sondern rufen stattdessen den Befehl *Datei/Neu* auf.

Daraufhin wird am rechten Rand des Bildschirms der Aufgabenbereich *Neue Arbeitsmappe* eingeblendet. Wählen Sie dort im Bereich *Vorlage* den Eintrag *Auf meinem Computer* aus. Doppelklicken Sie im nun folgenden Dialogfeld auf der Registerkarte *Allgemein* auf die gewünschte Vorlage – in unserem Beispiel die Datei *Analyse* (siehe Abbildung 11.20). Die neue Arbeitsmappe trägt nun in der Titelleiste nicht mehr die Bezeichnung *Mappe1*, sondern *Analyse1*.

WICHTIG Das Dialogfeld *Vorlagen* enthält neben den persönlichen Vorlagen aus dem Ordner *C:\Dokumente und Einstellungen\<Benutzername>\Anwendungsdaten\Microsoft\Excel\XLStart* auch die allgemeinen Vorlagen aus dem Ordner *C:\Programme\Microsoft Office\Office11\ XLSTART.*

Abbildg. 11.20 Eine neue Arbeitsmappe auf Basis der speziellen Vorlage für Monatsanalysen erstellen

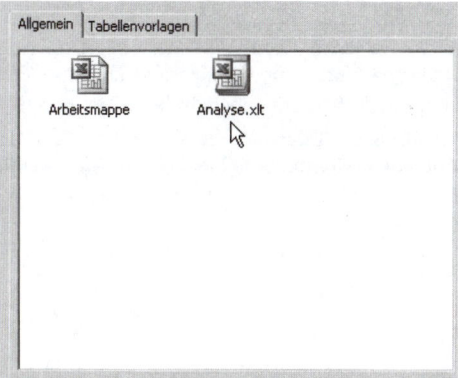

Tabellen und Daten formatieren

Eine geänderte Mustervorlage für Standard-Arbeitsmappen, welche die in diesem Kapitel geschilderten Veränderungen an den integrierten Formatvorlagen sowie zwei neue Formatvorlagen für Datumsangaben enthält, finden Sie auf der CD zu diesem Buch im Ordner *\Buch\Kap11* unter dem Namen *Mappe.xlt*. Um die Mustervorlage nutzen zu können, muss diese – wie oben beschrieben – im Ordner *XLSTART* abgelegt werden.

Zusammenfassung

Vorlagen sind eine feine Sache und Excel erlaubt gleich zwei unterschiedliche Typen dieser nützlichen Helfer zu erstellen. Der Einsatz von Formatvorlagen und Mustervorlagen kann Ihnen Arbeit abnehmen und diese beschleunigen.

Tabelle 11.3   Kurzüberblick zum Thema Format- und Mustervorlagen

Frage	Antwort
Was ist eine Formatvorlage?	Eine Schablone, die Anweisungen zum Formatieren von **Zellen** enthält. Mehr dazu auf Seite 402.
Was ist im Unterschied dazu eine Mustervorlage?	Eine Schablone, die Anweisungen zu Inhalt und Gestaltung **kompletter Arbeitsblätter oder Arbeitsmappen** enthält. Mehr dazu auf Seite 403.
Welche Formatvorlage bietet Excel bereits standardmäßig an?	Zunächst einmal die Formatvorlage *Standard*, dann *Dezimal* und *Dezimal [0]*, *Euro*, *Prozent* sowie *Währung* und *Währung [0]*. Mehr dazu auf Seite 405.
Welche besondere Bedeutung hat die Formatvorlage *Standard*?	Diese Formatvorlage ist allen Zellen zugewiesen und ist nebenbei noch für die Schriftart der Spalten- und Zeilenbeschriftungen verantwortlich. Mehr dazu auf Seite 408.
Wie kann man die eingebauten Formatvorlagen verbessern?	Ab Seite 410 erfahren Sie mehr darüber, wie Sie eingebaute Formatvorlagen anpassen können.
Wie kann man auf vorgefertigte Formatvorlagen zugreifen?	Entweder über *Format/Formatvorlage* oder über den im Kapitel beschriebenen Einbau des Listenfelds *Formatvorlage* in die Symbolleiste *Format*. Mehr dazu auf Seite 409.
Wann lohnt sich das Anlegen einer eigenen Mustervorlage?	Wenn häufig oder regelmäßig Blätter und Mappen gebraucht werden, die bestimmte Formatierungen und Inhalte enthalten. Mehr dazu auf Seite 421.

Kapitel 12

Die Bedingte Formatierung einsetzen

In diesem Kapitel:

Was bedeutet »Bedingte Formatierung«?

Seitdem mit Excel 97 erstmals die *Bedingte Formatierung* von Tabellen zur Verfügung gestellt wurde, erfreut sich diese Funktion nicht nur großer Beliebtheit – sie ist inzwischen für viele Anwender auch unverzichtbar geworden, insbesondere wenn es darum geht, Übersichtlichkeit in Datenbestände zu bringen, und zwar ohne Formeln eingeben zu müssen. Weil diese Funktion so nützlich und in ihren Möglichkeiten schier unerschöpflich ist, haben wir für Sie in diesem Kapitel auch besonders viele Beispiele aus den verschiedensten Bereichen zusammengetragen.

In jeder Tabelle gibt es Informationen, die besonders wichtig sind, die man schnell sehen oder die man unter Kontrolle behalten möchte. Beispielsweise eine Zelle, in der die Ausgaben summiert werden und die Auskunft darüber gibt, ob die geplanten Kosten eingehalten werden oder nicht. Sie können eine solche Zelle farbig hinterlegen oder die Zahl fett gestalten, wenn das geplante Budget überzogen wird. Das setzt aber voraus, dass Sie zuvor die geplanten mit den tatsächlichen Kosten vergleichen und dann je nach Status die genannte Formatierung der Zelle manuell durchführen.

Die Funktion *Bedingte Formatierung* nimmt Ihnen genau diesen Schritt des Vergleichens ab. Denn sie überwacht Zahlen, Texte oder Formelergebnisse in Zellen und prüft, ob von Ihnen individuell festgelegte Vergleichskriterien zutreffen oder nicht. Auf das Beispiel mit der Kostenüberwachung angewendet, heißt das: Sie können definieren, ab welcher Summe Excel die Zelle automatisch hervorheben soll. Die Funktion *Bedingte Formatierung* erledigt also zwei Dinge automatisch für Sie: Zellen überwachen und ggf. mit einer gewünschten Formatierung kennzeichnen.

So können Sie beispielsweise die erwähnte Zelle mit den Ausgaben immer dann gelb hinterlegen oder mit einem roten Rahmen umgeben lassen, wenn die Gesamtausgaben das geplante Budget übersteigen. Bleiben hingegen die Ausgaben im Rahmen des Budgets, wird die Zahl in der Zelle mit den Gesamtausgaben beispielsweise blau dargestellt. Eine wirklich praktische Sache, die – wie Sie gleich sehen werden – leicht zu realisieren ist.

So funktioniert die *Bedingte Formatierung*

Der Befehl *Bedingte Formatierung* befindet sich im Menü *Format* (Abbildung 12.1). Bevor Sie beginnen, damit zu experimentieren, hier einige generelle Informationen zu dieser Funktion:

- Die *Bedingte Formatierung* hilft Ihnen dabei, in Tabellen mit vielen Informationen stets die Zellen im Auge zu behalten, deren Werte sich inner- oder außerhalb bestimmter Grenzen bewegen sollen. Sie ist also ein praktisches Kontrollinstrument.

- Solange die von Ihnen definierten Bedingungen nicht zutreffen, lässt Excel die Zellen in der Standardformatierung erscheinen, wendet also die besonderen Formate nicht an.

- Bedingte Formate bleiben mit den Zellen verbunden, bis sie gelöscht werden.

- Formate, die Sie über den Befehl *Bedingte Formatierung* festlegen, haben Vorrang vor den Formatanweisungen, die über den Menübefehl *Format/Zellen* oder direkt über die Schaltflächen der Symbolleiste *Format* für Zellen oder Zellbereiche zugewiesen werden.

- Bedingte Formate können Sie kopieren, jederzeit löschen und bearbeiten.

Abbildg. 12.1 Den Menübefehl *Bedingte Formatierung* finden Sie im Menü *Format*.

Diese Möglichkeiten bietet die *Bedingte Formatierung*

Mit Hilfe der Funktion *Bedingte Formatierung* können Sie folgende drei Formate auf Zellen anwenden lassen:

1. Sie können die Darstellung der *Schrift* ändern. Mögliche Optionen sind hierbei: *Fett*, *Kursiv*, *Unterstrichen*, eine andere *Schriftfarbe* und *Durchgestrichen*. Schriftgröße und Schriftart hingegen können nicht verändert werden.

2. Sie können das *Zellmuster*, also die Füllfarbe für die Zelle, ändern. Das ist die Variante, die wohl am häufigsten zum Einsatz kommt, denn hier haben Sie auch beim Einsatz eines Schwarzweißdruckers sichtbare Ergebnisse auf ausgedruckten Arbeitsblättern.

3. Schließlich können Sie Zellen mit *Rahmenlinien* umgeben. Dabei können Sie Position, Art und Farbe der Rahmenlinien bestimmen. Sie haben jedoch keinen Einfluss auf die Rahmenstärke (wie dies über die Befehlsfolge *Format/Zellen* auf der Registerkarte *Rahmen* möglich wäre).

In Abbildung 12.2 sehen Sie, dass die verschiedenen Möglichkeiten der Formatzuweisung auf drei Registerkarten aufgeteilt sind.

Abbildg. 12.2 Im Dialogfeld zum Festlegen der bedingten Formate können Sie auf drei Registerkarten Einstellungen vornehmen.

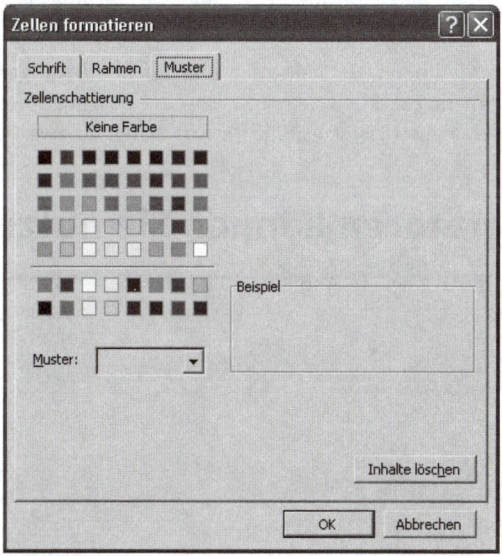

Formatanweisungen lassen sich auch miteinander kombinieren. Beispielsweise können Sie Zellen rot hinterlegen und mit weißer und fetter Schrift versehen, wenn in einer Tabelle zur Lagerbestands-überwachung bei einem Artikel ein bestimmter Mindestbestand unterschritten wird. Auf diese Weise fällt die betreffende Zelle sofort auf.

Schritt für Schritt: So legen Sie Bedingungen fest

Um Zellen automatisch Formate zuzuweisen, wenn der Zellinhalt bestimmten Bedingungen ent-spricht, gehen Sie wie folgt vor:

1. Markieren Sie die Zellen, die überwacht und beim Zutreffen bestimmter Kriterien hervorgeho-ben werden sollen.

2. Wählen Sie im Menü *Format* den Befehl *Bedingte Formatierung* aus.

3. Belassen Sie die Einstellung ganz links zunächst auf *Zellwert ist*. Wählen Sie rechts daneben den Vergleichsoperator aus (eine Übersicht der möglichen Operatoren finden Sie in Tabelle 12.1).

4. Geben Sie anschließend in das leere Eingabefeld den Wert ein, der die Bedingung darstellt. Sie können dabei einen konstanten Wert (eine Zahl oder einen Text) oder auch eine Formel einge-ben. Bei einer Formel muss dieser ein Gleichheitszeichen (=) vorangestellt werden.

5. Klicken Sie dann auf die Schaltfläche *Format*.

6. Wählen Sie in einer der drei Registerkarten die gewünschte(n) Formatierungsoption(en) für Schriftschnitt, Schriftfarbe, Unterstreichung, Rahmen, Schattierung und/oder Muster aus.

HINWEIS Excel verwendet die ausgewählten Formate nur dann, wenn der Zellwert die Bedingung erfüllt oder wenn die Formel den Wert *WAHR* zurückgibt.

Um eine weitere Bedingung hinzuzufügen, klicken Sie auf die Schaltfläche *Hinzufügen* und wieder-holen die Schritte 3 bis 7.

Sie können maximal drei Bedingungen definieren. Ist keine der angegebenen Bedingungen wahr, behalten die Zellen ihr ursprüngliches Format, also beispielsweise schwarze Schrift auf weißem Hin-tergrund. Somit können Sie in Tabellen maximal vier Zustände für Ihre Daten überwachen lassen.

Diese Vergleichsoperatoren können Sie nutzen

Bei der Einstellung *Zellwert ist* stehen Ihnen – wie in Abbildung 12.3 zu sehen – acht verschiedene Vergleichsmöglichkeiten zur Verfügung.

Abbildg. 12.3 Acht Vergleichsoperatoren

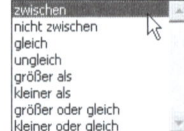

Deren Wirkung wird in der nachfolgenden Tabelle 12.1 erläutert.

Tabelle 12.1   Die acht Vergleichsoperatoren und ihre Wirkung

Vergleichsoperator	Wirkung
zwischen	Es kann eine Unter- und Obergrenze für einen Wertebereich definiert werden. Alle Zellwerte, die sich in diesem Bereich bewegen, werden formatiert.
nicht zwischen	In dem Fall werden nur die Zellen formatiert, deren Wert kleiner oder gleich der Eingabe für eine Untergrenze oder größer oder gleich einer Obergrenze ist.
gleich	Hier werden Zellen nur dann formatiert, wenn deren Wert mit dem eingegebenen Vergleichswert exakt übereinstimmt.
ungleich	Alle Zellen, deren Werte **nicht** mit dem eingegebenen Vergleichswert übereinstimmen, werden formatiert.
größer als	Nur Zellen mit Werten, die den eingegebenen Vergleichswert übersteigen, werden formatiert.
kleiner als	Formatiert werden hier nur diejenigen Zellen, deren Wert kleiner als der eingegebene Vergleichswert ist.
größer oder gleich	Alle Zellen, deren Wert größer oder gleich dem eingegebenen Vergleichswert ist, werden formatiert.
kleiner oder gleich	Alle Zellen mit Werten kleiner oder gleich dem eingegebenen Vergleichswert werden formatiert.

Ein erstes Beispiel: Materialkosten vergleichen

 Die folgenden Beispiele finden Sie in der Arbeitsmappe *BedingteFormate.xls* im Ordner *\Buch\Kap12* auf der CD-ROM zu diesem Buch.

In einer Tabelle sollen die Materialkosten mehrerer Projekte verglichen werden. Die Kosten liegen (wie in Abbildung 12.4 zu sehen) nach Quartalen addiert vor. Üblicherweise belaufen sich die geplanten monatlichen Kosten auf maximal 5.000 €.

Für die Auswertung sollen alle Kosten hervorgehoben werden, die über dieser Grenze von 5.000 € liegen. Die Hervorhebung soll durch blaue Schriftfarbe, den Schriftschnitt Fett und hellgelbe Füllfarbe erfolgen. Gehen Sie dazu wie folgt vor:

1. Tragen Sie die Daten, wie in Abbildung 12.4 zu sehen, in ein Arbeitsblatt ein.
2. Markieren Sie dann die Zellen mit den Materialkosten (also *C3* bis *F7*).
3. Rufen Sie den Menübefehl *Format/Bedingte Formatierung* auf. Belassen Sie die Einstellung auf *Zellwert ist*, wählen Sie daneben den Operator *größer als* und geben Sie rechts in das leere Feld die Zahl *5000* ein.
4. Klicken Sie auf die Schaltfläche *Format* und wählen Sie auf der Registerkarte *Schrift* die Farbe *Blau* und den Schriftschnitt *Fett* sowie auf der Registerkarte *Muster* ein helles Gelb aus. Bestätigen Sie mit Klick auf *OK*.

Das Ergebnis sollte jetzt analog Abbildung 12.4 aussehen. Klicken Sie zum Abschluss noch einmal auf *OK*.

Abbildg. 12.4   Das fertige Ergebnis und die Einstellungen im Dialogfeld *Bedingte Formatierung*

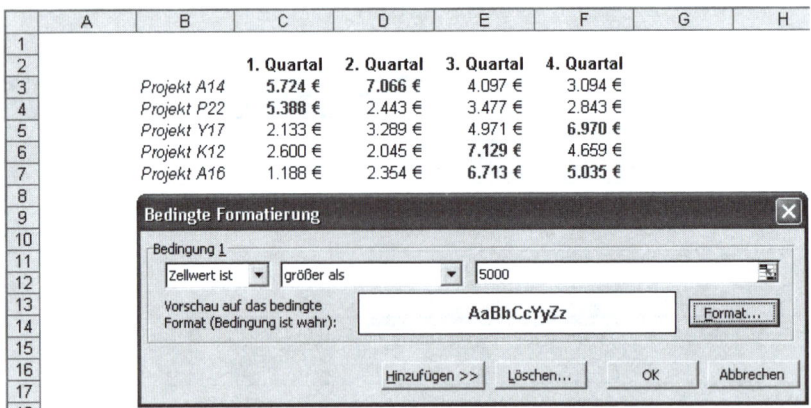

Testen Sie nun das korrekte Funktionieren der soeben getroffenen automatisierten Formatanweisung, indem Sie beispielsweise für Zelle *D7* den Wert zuerst auf *5.000 €* und dann auf *5.001 €* erhöhen. Bei der zweiten Korrektureingabe nimmt die Zelle das von Ihnen definierte bedingte Format an.

Mehrere Bedingungen festlegen

Wie bereits erwähnt, können Sie in Excel für die Überwachung von Zellen nicht nur eine, sondern bis zu drei Bedingungen definieren. Dazu klicken Sie nach dem Festlegen der ersten Bedingung und der dazugehörigen Formatanweisungen links unten auf die Schaltfläche *Hinzufügen* und legen dann ein zusätzliches Set von Einstellungen für Vergleichsoperator, Vergleichswerte und Formate fest.

Materialkosten vergleichen – die Fortsetzung

Das kleine Modell der Materialkosten-Auswertung soll nun weiterentwickelt werden. Neben der Hervorhebung der Kosten über der 5.000 €-Grenze soll die Auswertung dahingehend erweitert werden, dass Werte über 7.000 € noch deutlicher gekennzeichnet werden. Dazu eignet sich beispielsweise als Zellfarbe Indigoblau und als Kontrast eine weiße Schrift mit fettem Schriftschnitt.

Werte über 5.000 € sollen also weiterhin in *Blau* und *Fett* auf *Hellgelb* erscheinen. Werte über 7.000 € dann in *Weiß* und *Fett* auf *Indigoblau*.

1. Markieren Sie wieder den Bereich *C3:F7* und rufen Sie den Menübefehl *Format/Bedingte Formatierung* auf.

2. Probieren Sie nun einmal folgendes Vorgehen: Die erste Bedingung steht bereits da; klicken Sie unten auf die Schaltfläche *Hinzufügen*, um die zweite zu definieren.

3. Wählen Sie unter *Bedingung 2* wieder *größer als* und als Vergleichswert geben Sie dieses Mal *7000* ein.

4. Nach dem Klick auf die Schaltfläche *Format* legen Sie in der Registerkarte *Muster* die Farbe *Indigoblau* und in der Registerkarte *Schrift* den Schriftschnitt *Fett* und die Farbe *Weiß* fest. Bestätigen Sie zweimal mit Klick auf *OK*.

Abbildg. 12.5 Zwei Bedingungen, aber in falscher Reihenfolge

Das Resultat ist nicht wie gewünscht, denn es hat sich nichts geändert. Wo liegt der Fehler?

Die Erklärung ist schnell gefunden: Schauen Sie sich die Abbildung 12.5 aufmerksam an. Da die erste Bedingung alle Werte über *5000* finden soll, sind darin natürlich **auch** die Werte enthalten, die größer als *7000* sind – logisch?! Daher ist die gewünschte weitere farbliche Differenzierung auf diesem Weg nicht möglich.

Abbildg. 12.6 Die Reihenfolge der Bedingungen abändern

Das gewünschte Resultat erhalten Sie dann, wenn Sie die Reihenfolge der Bedingungen im Dialogfeld *Bedingte Formatierung* abändern. In Abbildung 12.6 sehen Sie eine mögliche Lösung.

Eine alternative Variante wäre, für die schon bestehende erste Bedingung den Vergleichsoperator *zwischen* zu wählen und einen Bereich von *5001* bis *7000* anzugeben (Abbildung 12.7). Auch dann liefert Excel das gewünschte Ergebnis.

Tabellen und Daten formatieren

Die Alternative: Mit dem Vergleichsoperator *zwischen* arbeiten

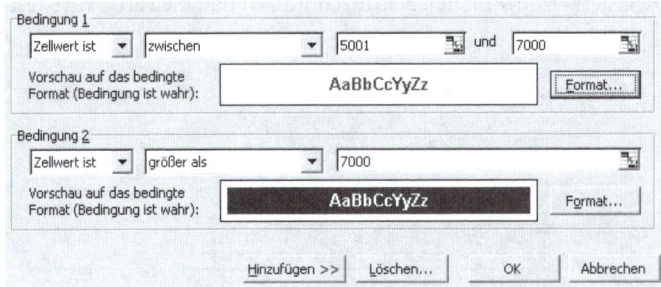

Die Beispiele zur Überwachung der Materialkosten finden Sie auf der CD-ROM zum Buch im Ordner *\Buch\Kap12* in der Datei *BedingteFormate.xls* in den Arbeitsblättern *Materialkosten 1, Materialkosten 2a* und *Materialkosten 2b*.

Nicht nur Zahlen, auch Texte hervorheben

Nicht immer wird Excel zum Berechnen gebraucht. Oft dient es einfach nur dazu, Informationen in Tabellenform übersichtlich aufzubereiten. In einem solchen Fall geht es nicht mehr darum, Zahlen zu überwachen, sondern vielmehr Texte oder Kombinationen von Text und Zahlen. Auch darauf lässt sich die *Bedingte Formatierung* anwenden.

Beispiel Raumplanung (1): Die Vergabe des Besprechungsraums überwachen

Bei Präsentationen werden immer häufiger Notebook, Beamer und Projektionswand anstelle von Folien und Overheadprojektor verwendet. Damit wird der mit einem Beamer ausgestattete Besprechungsraum zu einer wichtigen und begehrten Ressource. Hier ein Beispiel, in dem die Vergabe des Besprechungsraums nebst Beamer wochenweise geplant wird. In dieser Planung (siehe Abbildung 12.8) soll zunächst schnell erkennbar sein, wann und wie oft ein bestimmter Mitarbeiter die Ressource *Beamer* nutzt. Zunächst einmal soll dies für den Kollegen Maier ersichtlich sein, indem die Zellen mit seinem Namen *Hellblau* hinterlegt werden.

Abbildg. 12.8   Die Wochenplanung für einen Besprechungsraum

Zeit	Montag	Dienstag	Mittwoch	Donnerstag	Freitag
Wochenplan zum Einsatz des Beamers					**KW 34**
09 - 10 Uhr	Herr Schulz	Frau Schön		Herr Maier	Frau Müller
10 - 11 Uhr	Herr Schulz	Frau Schön	Herr Schulz	Herr Maier	Frau Müller
11 - 12 Uhr	Herr Maier	Frau Schön	Herr Schulz	Herr Maier	Frau Müller
12 - 13 Uhr	Herr Maier		Herr Schulz		
13 - 14 Uhr	Herr Maier	Frau Lehmann			
14 - 15 Uhr		Frau Lehmann	Herr Maier	Frau Lehmann	Herr Maier
15 - 16 Uhr			Herr Maier	Frau Lehmann	Herr Schulz
16 - 17 Uhr	Frau Müller	Herr Schulz			Herr Hahn
17 - 18 Uhr	Frau Müller		Herr Hahn		Herr Hahn

Den zu suchenden Text als Kriterium eingeben

Hier muss also nicht nach einer Zahl, sondern nach der Zeichenkette *Herr Maier* gesucht werden. Legen Sie zunächst die Raumplanung, so wie in Abbildung 12.8 gezeigt, an. Gehen Sie dann wie folgt vor:

1. Markieren Sie den Zellbereich *C5:G13* und rufen Sie den Menübefehl *Format/Bedingte Formatierung* auf.

2. Belassen Sie die Einstellung *Zellwert ist* und wählen Sie den Vergleichsoperator *gleich*. In das leere Feld daneben geben Sie die Zeichenfolge *Herr Maier* ein.

3. Nach dem Klick auf die Schaltfläche *Format* wählen Sie auf der Registerkarte *Muster* die Farbe *Hellblau* aus. Das fertige Set der vorgenommenen Einstellungen sehen Sie in Abbildung 12.9.

Abbildg. 12.9   Diese Einstellungen geben Sie ein …

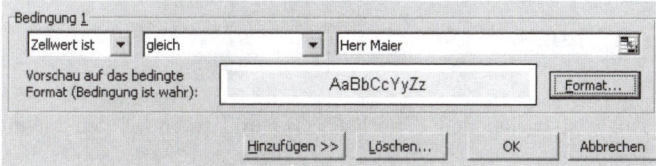

An der Stelle ist es interessant, zu erfahren, wie Excel mit der von Ihnen gemachten Eingabe verfährt. Da es sich bei der Eingabe der Konstanten um Text handelt, wird dieser von Excel intern umgewandelt. In Abbildung 12.10 sehen Sie, dass Excel Ihre Eingabe in das Dialogfeld *Bedingte Formatierung* entsprechend der Excel-Konventionen anpasst. Sie selbst müssen also nicht so »kompliziert« denken und können die Eingabe relativ einfach vornehmen – Excel besorgt den Rest.

So wandelt Excel die Texteingabe um

Prüfen Sie das einmal am vorliegenden Beispiel: Markieren Sie eine der Zellen im Bereich *C5:G13* und rufen Sie wieder das Dialogfeld *Bedingte Formatierung* auf. Excel hat sowohl das Gleichheitszeichen wie auch die Anführungszeichen für die Zeichenkette *Herr Maier* gesetzt.

Abbildg. 12.10 ... und das ist die interne Lesart Ihrer Eingaben durch Excel

Beispiel Raumplanung (2): Einen bestimmten Mitarbeiter hervorheben

Nun wäre es natürlich recht aufwändig, jeweils die Einstellung des Vergleichswerts über das Dialogfeld *Bedingte Formatierung* vornehmen zu müssen, wenn für andere Mitarbeiter als Herr Maier eine Übersicht gefordert ist. Um die Information zu einem einzelnen Mitarbeiter auch dann schnell und komfortabel zu erhalten, wenn der Name wechselt, reicht also die Eingabe einer Konstanten in das Dialogfeld *Bedingte Formatierung* nicht mehr aus.

Erforderlich ist vielmehr eine Möglichkeit, über die Eingabe des Mitarbeiternamens in eine Zelle außerhalb der Tabelle automatisch die Zeiten im Wochenplan hervorheben zu lassen, zu denen der betreffende Mitarbeiter den Besprechungsraum mit Beamer nutzen will.

Anstelle des Eintrags *Herr Maier* im Dialogfeld *Bedingte Formatierung* muss also nun der Bezug auf eine Tabellenzelle als Vergleichswert eingetragen werden. Im vorliegenden Beispiel soll dies die Zelle *I5* rechts neben dem Wochenplan sein. Hier die Schritte:

Abbildg. 12.11 Bedingte Formatierung über den Bezug auf eine Zelle

1. Markieren Sie zunächst wieder den Bereich *C5:G13* und rufen Sie den Menübefehl *Format/Bedingte Formatierung* auf.

2. Belassen Sie die Einstellungen auf *Zellwert ist* und *gleich* und löschen Sie im rechten Eingabefeld die bisherige Konstante *Herr Maier*. Die Schreibmarke blinkt nun in dem leeren Feld.

3. Klicken Sie jetzt mit der Maus auf Zelle *I5*. Als Ergebnis setzt Excel den Eintrag *=$I$5* ein (Abbildung 12.11). Bestätigen Sie mit Klick auf die Schaltfläche *OK*.

4. Im Moment bleiben alle Zellen weiß, da in *I5* noch kein Mitarbeitername eingegeben wurde. Holen Sie dies nun nach und tragen Sie dort beispielsweise *Frau Schön* ein. Als Ergebnis werden die drei Zellen hellblau hinterlegt, die den Text *Frau Schön* enthalten (Abbildung 12.12).

HINWEIS Die absolute Adressierung von Zeile und Spalte mittels der $-Zeichen ist in dem Fall unerlässlich, da von jeder der 45 markierten Zellen aus dem Bereich *C53:G13* der Weg zur Zelle *I5* ein anderer ist. Die sonst bei Berechnungen übliche relative Adressierung, wo der Weg von einer Zelle zu einer anderen »gemerkt« wird, würde hier zu Fehlern führen.

Abbildg. 12.12 Über die Eingabe in Zelle *I5* die hervorzuhebende Abteilung festlegen

	Zeit	Montag	Dienstag	Mittwoch	Donnerstag	Freitag		
1								
2	**Wochenplan zum Einsatz des Beamers**					**KW 34**		
3								
4	**Zeit**	**Montag**	**Dienstag**	**Mittwoch**	**Donnerstag**	**Freitag**		
5	09 - 10 Uhr	Herr Schulz	Frau Schön		Herr Maier	Frau Müller		Frau Schön
6	10 - 11 Uhr	Herr Schulz	Frau Schön	Herr Schulz	Herr Maier	Frau Müller		
7	11 - 12 Uhr	Herr Maier	Frau Schön	Herr Schulz	Herr Maier	Frau Müller		
8	12 - 13 Uhr	Herr Maier		Herr Schulz				
9	13 - 14 Uhr	Herr Maier	Frau Lehmann					
10	14 - 15 Uhr		Frau Lehmann	Herr Maier	Frau Lehmann	Herr Maier		
11	15 - 16 Uhr			Herr Maier	Frau Lehmann	Herr Schulz		
12	16 - 17 Uhr	Frau Müller	Herr Schulz			Herr Hahn		
13	17 - 18 Uhr	Frau Müller		Herr Hahn		Herr Hahn		

Die beiden vorgestellten Beispiele finden Sie auf der CD-ROM zum Buch im Ordner *\Buch\Kap12* in der Datei *BedingteFormate.xls* in den Arbeitsblättern *Raumplanung 1* und *Raumplanung 2*.

Mit Formeln die Möglichkeiten der *Bedingten Formatierung* deutlich erweitern

Die bisherigen Beispiele für den Einsatz der bedingten Formatierung basierten alle auf der Annahme, dass es einen oder mehrere konstante Werte gibt. Bei den beiden letzten Beispielen haben Sie aber schon bemerkt, dass auch Formeln möglich sind – für Texte als Zeichenketten oder für das Setzen von Zellbezügen.

Doch damit sind die Möglichkeiten der Verwendung von Formeln noch längst nicht ausgeschöpft. Um eine Formel als Formatierungskriterium zu verwenden, klicken Sie im linken Feld des Dialogfelds *Bedingte Formatierung* auf *Formel ist* und geben dann im Feld rechts daneben anstelle konstanter Werte eine Formel ein. Das Ergebnis der Formel muss den Wahrheitswert *WAHR* oder *FALSCH* zurückgeben. Wird *WAHR* zurückgegeben, weist Excel die bedingten Formate gemäß Ihren Festlegungen zu.

Abbildg. 12.13 Anstelle von *Zellwert ist* den Eintrag *Formel ist* wählen

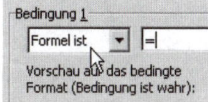

Funktionen für das Festlegen der Bedingungen verwenden

Die Tatsache, dass Sie anstelle von konstanten Vergleichswerten oder Zellbezügen auch Formeln verwenden können, erschließt Ihnen beim Einsatz der Funktion *Bedingte Formatierung* nahezu unendliche Möglichkeiten. Sie können damit Zellen unter den unterschiedlichsten Bedingungen automatisch formatieren lassen. Im Beispielteil am Ende des Kapitels finden Sie hierzu zahlreiche Anregungen für die verschiedensten Anwendungsgebiete. Doch zuvor noch einige ergänzenden Hinweise zum Umgang mit der Funktion *Bedingte Formatierung*.

Bedingte Formate kopieren, ändern und löschen

Wenn Sie bestimmten Zellen bereits eine bedingte Formatierung zugewiesen haben und diese im Nachhinein auch auf andere Zellen übertragen möchten, ist es nicht notwendig, die oben beschriebenen Schritte zu wiederholen. Setzen Sie stattdessen die Funktion *Format übertragen* ein.

Bedingte Formate auf andere Zellen übertragen

Gehen Sie dazu wie folgt vor:

1. Markieren Sie eine Zelle mit den gewünschten bedingten Formaten und klicken Sie in der *Standard*-Symbolleiste auf das Symbol *Format übertragen*.
2. Markieren Sie dann die Zellen, die Sie formatieren möchten.

Im Ergebnis dessen werden alle Formate der Musterzelle übernommen.

PROFITIPP

> Um lediglich die bedingten Formate zu kopieren, markieren Sie die Zellen, die Sie formatieren möchten und schließen in diese Markierung mindestens eine Zelle ein, die über die gewünschten bedingten Formate verfügt. Wählen Sie dann den Menübefehl *Format/Bedingte Formatierung* und klicken Sie auf *OK*.

Bedingte Formate ändern und löschen

Zum Ändern bedingter Formate gehen Sie vor wie beim Anlegen eines bedingten Formats:

1. Markieren Sie zunächst die Zellen, für die diese Änderung gelten soll.
2. Rufen Sie dann das Dialogfeld *Bedingte Formatierung* auf und wählen Sie die gewünschten neuen Einstellungen aus.
3. Bestätigen Sie per Klick auf *OK*.

Bedingte Formate in Zellen löschen

Wollen Sie eine oder mehrere Bedingungen löschen, dann gehen Sie wie folgt vor:

1. Markieren Sie die in Frage kommenden Zellen und rufen wieder das Dialogfeld *Bedingte Formatierung* auf.

2. Mit einem Klick auf die Schaltfläche *Löschen* am unteren Rand des Dialogfelds rufen Sie das in Abbildung 12.14 gezeigte Dialogfeld auf. Hier können Sie über drei Kontrollkästchen steuern, welche der Bedingungen entfernt werden soll.

3. Ein Klick auf die Schaltfläche *OK* führt das Löschen entsprechend Ihrer Festlegung aus.

Abbildg. 12.14 Das Dialogfeld zum Löschen von Bedingungen

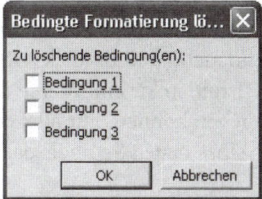

Zellen mit bedingter Formatierung finden

Mitunter weiß man nicht mehr genau, für welche Zellbereiche eines Blatts oder einer Mappe bedingte Formate festgelegt wurden. In diesem Fall hilft Ihnen Excel mit einer wenig bekannten Möglichkeit:

1. Rufen Sie mit der F5-Taste das Dialogfeld *Gehe zu* auf (alternativ wählen Sie den Menübefehl *Bearbeiten/Gehe zu* oder die Tastenkombination Strg + G).

2. Klicken Sie dort auf die Schaltfläche *Inhalte*.

Abbildg. 12.15 Lassen Sie das Programm nach Zellen suchen, die bedingte Formate enthalten.

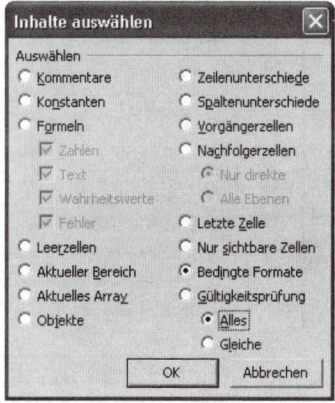

3. Markieren Sie den Eintrag *Bedingte Formate* und unter *Gültigkeitsprüfung* die Option *Alles* (Abbildung 12.15). Starten Sie den Vorgang mit Klick auf die Schaltfläche *OK*.

Auf diese Weise können Sie beispielsweise für alle gefundenen Zellen mit bedingter Formatierung die zuvor festgelegten Formate schnell wieder löschen oder ändern.

> Wollen Sie nicht alle Zellen mit bedingter Formatierung, sondern nur diejenigen finden, die identische bedingte Formate haben, klicken Sie unter *Gültigkeitsprüfung* auf *Gleiche*.

Bedingte Formatierung per Symbol zugänglich machen

Anwender, die bereits begeistert und kreativ mit der Funktion *Bedingte Formatierung* arbeiten, ärgern sich zuweilen darüber, dass dieser wichtige Befehl beim rechten Mausklick auf markierte Zellen nicht im Kontextmenü zur Verfügung steht. In Kapitel 31 finden Sie eine kleine Lösung, wie Sie mittels VBA diesen Mangel in der Ausstattung von Excel beheben können. Für alle, die sich an VBA (noch) nicht herantrauen, hier eine Lösung, wie Sie mittels eines neuen Symbols das Dialogfeld für die bedingte Formatierung aufrufen:

1. Wählen Sie den Menübefehl *Extras/Anpassen*, dann die Registerkarte *Befehle* und klicken Sie dort unter *Kategorie* den Eintrag *Format* an.

2. Rechts in der Liste finden Sie den Befehl *Bedingte Formatierung*, der aber ohne Symbol ist. Ziehen Sie zunächst diesen Eintrag in eine der bestehenden Symbolleisten.

3. Weisen Sie dann der neuen Schaltfläche beispielsweise die beiden Buchstaben *BF* zu. Dazu rufen Sie per rechten Mausklick auf die neue Schaltfläche deren Kontextmenü auf. Tragen Sie dort hinter *Name:* die beiden Buchstaben *B* und *F* ein und schließen Sie mit der ⏎-Taste ab.

4. Versehen Sie außerdem den Befehl *Nur Text (immer)* per Klick mit einem Häkchen (siehe Abbildung 12.16).

Abbildg. 12.16 Die neue Symbolschaltfläche mit einem Text versehen

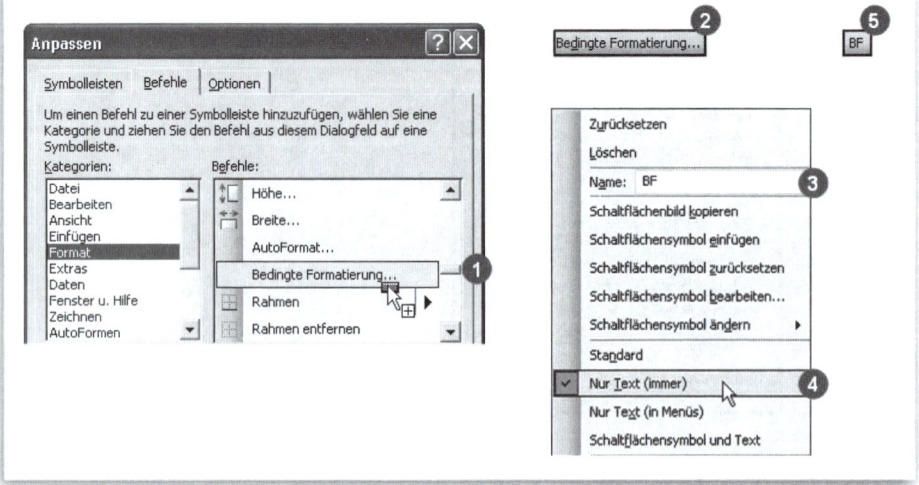

Sie können ab jetzt bequem per Mausklick auf das neue Symbol in das Dialogfeld für die *Bedingte Formatierung* gelangen.

Weitere Informationen zu den Symbolleisten finden Sie in Kapitel 2.

Tipps und Troubleshooting rund um die Funktion *Bedingte Formatierung*

Für den Fall, dass eine bedingte Formatierung nicht richtig angezeigt wird, können mehrere Ursachen vorliegen.

- Es kann sein, dass mehrere Bedingungen festgelegt wurden. Wenn mehrere Bedingungen auf eine Zelle oder einen Zellbereich zutreffen, wendet Excel nur die Formatierung für die erste zutreffende Bedingung an. Ein Beispiel dazu haben Sie bereits in diesem Kapitel im zweiten Teil der Materialkostenkontrolle kennen gelernt.

- Wenn Bedingungen festgelegt wurden, die sich überschneiden, weist Excel ebenfalls nur das Format der ersten zutreffenden Bedingung zu.

- Haben Sie beim Festlegen einer bedingten Formatierung keine Konstanten, sondern Formeln mit Zellbezügen verwendet, kann es sein, dass sich inzwischen die Zellbezüge geändert haben.

- Schließlich kann es vorkommen, dass Sie Zellen mit bedingter Formatierung markieren und feststellen, dass die Felder für die Einstellungen im Dialogfeld *Bedingte Formatierung* leer sind. In diesem Fall wurden sicherlich Zellen in die Markierung einbezogen, die keine oder unterschiedliche Anweisungen für die bedingte Formatierung enthalten. Im Dialogfeld kann aber jeweils nur eine Einstellungsvariante gezeigt werden. Markieren Sie daher nur Teile des ursprünglich markierten Bereichs oder eine einzelne Zelle und prüfen Sie im Dialogfeld *Bedingte Formatierung* die jeweilige Einstellung.

Neugierig auf weitere Möglichkeiten?

Wenn Sie sich für die bedingte Formatierung begeistert haben und noch weitere Möglichkeiten suchen, wie Sie diese äußerst praktische Funktion einsetzen können, dann lassen Sie sich nicht am Weiterlesen hindern und nehmen die im folgenden Abschnitt aufgeführten zahlreichen Beispiele unter die Lupe.

Beispiele, Beispiele, Beispiele ...

Am Wochenende wird's bunt –
Fall 1: Samstag und Sonntag farbig hervorheben

Eine der Aufgaben, für die Excel immer wieder herangezogen wird, ist das Erstellen von Kalenderübersichten. Häufig besteht dabei auch die Anforderung, die Wochenenden von den Arbeitstagen optisch abzuheben. Natürlich ließe sich diese Aufgabe lösen, indem man alle Wochenend-Zellen markiert und ihnen eine spezielle Füllfarbe zuweist. Das kann zu einem recht aufwändigen Unterfangen werden, wenn man beispielsweise ein Quartal oder gar ein ganzes Jahr darzustellen hat. Viel schneller und komfortabler geht es unter Zuhilfenahme der Funktion *Bedingte Formatierung*.

Dieses Beispiel finden Sie auf dem Arbeitsblatt *Wochenende 1* in der Datei *BedingteFormate.xls* im Ordner *\Buch\Kap12* auf der CD-ROM zu diesem Buch.

Zunächst sollen sich in einer Liste von Wochentagen die Samstage und Sonntage jeweils farbig von den anderen Tagen der Woche unterscheiden. Das angestrebte Ergebnis können Sie der Abbildung 12.17 entnehmen.

Markieren Sie zunächst die Liste mit den Tagen und gehen Sie dann so vor:

1. Rufen Sie den Menübefehl *Format/Bedingte Formatierung* auf.

2. Lassen Sie im Feld *Bedingung 1* die beiden Einträge *Zellwert ist* sowie *gleich* stehen.

3. Tragen Sie in das leere Feld das Wort *Samstag* ein.

4. Klicken Sie nun auf die Schaltfläche *Format* und wählen Sie in der Registerkarte *Muster* eine beliebige Farbe aus, beispielsweise *Orange*. Bestätigen Sie mit Klick auf *OK*.

5. Klicken Sie nun unten links auf die Schaltfläche *Hinzufügen* und nehmen Sie für die *Bedingung 2* analog die Einstellungen vor, dieses Mal mit dem Wort *Sonntag*. Wählen Sie die gleiche Formatierung (Abbildung 12.18) und bestätigen Sie mit Klick auf *OK*.

Abbildg. 12.17 Das Ziel: eine Liste mit farbig hinterlegten Wochenenden

Abbildg. 12.18 Mit diesen Einstellungen im Dialogfeld *Bedingte Formatierung* Samstage und Sonntage farbig kennzeichnen

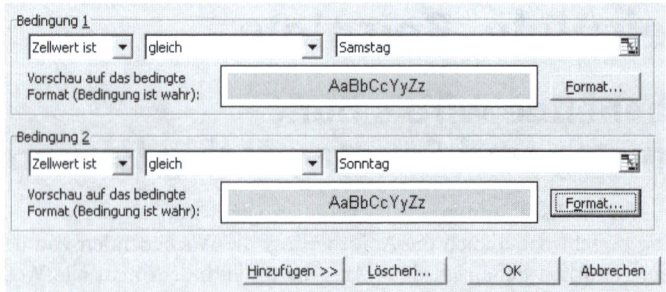

Fall 2: Datumsangaben, die auf ein Wochenende fallen, farbig hervorheben

Meist hat man nicht den Platz, vor jedes Datum in einer gesonderten Spalte noch den Wochentag zu setzen. Wenn der Wochentag überhaupt gebraucht wird, dann höchstens abgekürzt und in der gleichen Zelle wie das Datum.

Dieses Beispiel finden Sie auf dem Arbeitsblatt *Wochenende 2* in der Datei *BedingteFormate.xls* im Ordner *\Buch\Kap12* auf der CD-ROM zu diesem Buch.

Dieses Mal soll die bedingte Formatierung nicht nach dem Text für *Samstag* und *Sonntag* suchen, sondern nach Datumsangaben, die auf einen Samstag und Sonntag fallen. Die entsprechenden Zellen sollen wieder *Orange* hinterlegt werden.

Verwenden Sie zunächst für die kombinierte Darstellung von Wochentag und Datumsangabe ein spezielles Zahlenformat. Die Abbildung 12.19 zeigt dazu eine Lösung (mehr zu benutzerdefinierten Zahlenformaten lesen Sie in Kapitel 10). Im zweiten Schritt werden Sie dann sehen, wie Datumsangaben daraufhin untersucht werden können, ob sie auf ein Wochenende fallen. Mit diesem Wissen ausgerüstet, können Sie dann die gewünschte bedingte Formatierung festlegen.

Beginnen Sie mit der Zuweisung des speziellen Zahlenformats. Die Information über den jeweiligen Wochentag eines Datums erleichtert es dann auch, die gewählte bedingte Formatierung auf ihre Richtigkeit hin zu prüfen. Hier nun die Schritte:

1. Tragen Sie in den Bereich *B3* bis *B33* eine Datumsreihe für den März 2004 ein. Tippen Sie dazu in Zelle *B3* die Zeichen *1-3-04* oder *1/3/04* ein. Dann ziehen Sie das Ausfüllkästchen (an der rechten unteren Ecke der Zelle *B3*) nach unten bis *B33*. Unabhängig davon, was jetzt in den Zellen steht, in der Bearbeitungszeile wird jeweils das vollständige Datum angezeigt, also beispielsweise *01.03.2004*.

2. Lassen Sie den Zellbereich mit der Datumseingabe markiert und rufen Sie den Menübefehl *Format/Zellen* auf. In der Registerkarte *Zahlen* klicken Sie unten links den Eintrag *Benutzerdefiniert* an.

3. Geben Sie nun rechts oben in der weißen Eingabezeile unter *Typ:* die folgende Anweisung ein: *TTT* TT.MM.JJJJ* (nach dem Sternchen geben Sie ein Leerzeichen ein).

4. Das Dialogfeld sollte nun wie in Abbildung 12.19 gezeigt aussehen. Schließen Sie mit Klick auf die Schaltfläche *OK* ab.

Abbildg. 12.19 Ein Benutzerdefiniertes Zahlenformat für Datumsangabe mit Wochentag

HINWEIS   Nun sollen die Wochenend-Zellen in diesem Bereich farbig abgesetzt werden. Dieses Mal reicht es nicht, nach den Begriffen *Samstag* oder *Sonntag* zu suchen, denn in den markierten Zellen stehen nur Datumsangaben, da die Anzeige der abgekürzten Wochentage nur das Ergebnis der Zellformatierung ist. Daher können Sie nun nicht direkt auf die beiden Wochentage als Wort zurückgreifen.

Sie können sich hier eine Excel-Funktion zunutze machen, die zu einem Datumswert jeweils den Wochentag berechnet. Diese Funktion heißt *WOCHENTAG* und ihre Syntax ist ganz einfach. Erforderlich ist nur ein Argument, nämlich das Datum. Die Funktion *WOCHENTAG* liefert als Ergebnis eine Zahl zwischen *1* und *7*. Dabei entspricht *Sonntag* der Zahl *1* und *Samstag* der Zahl *7* (Montag würde also der Ziffer 2 entsprechen, Mittwoch der Nummer 4 usw.).

Mit diesem Wissen ausgerüstet können Sie nun dafür sorgen, dass in der markierten Reihe (also *B3:B33*) die Wochenenden einen orangefarbenen Hintergrund bekommen.

5. Lassen Sie die Liste markiert und rufen Sie den Menübefehl *Format/Bedingte Formatierung* auf.

6. Ändern Sie ganz links den Eintrag von *Zellwert ist* auf *Formel ist*.

7. Tragen Sie nun rechts daneben in das Feld folgende Formel ein: =Wochentag(B3)=1. Diese Formel prüft, ob der Wochentag der jeweils aktuellen Zelle – daher auch der relative Bezug – auf den Sonntag (also die *1*) fällt. Trifft dies zu, dann wird auch die noch festzulegende Formatierung angewandt.

8. Klicken Sie nun auf die Schaltfläche *Format* und wählen Sie in der Registerkarte *Muster* z.B. die Farbe *Orange* aus. Bestätigen Sie die Eingabe des Formats und die Definition der Bedingung jeweils mit Klick auf *OK*

9. Wiederholen Sie die beiden letzten Schritte für *Bedingung 2*, die Sie über *Hinzufügen* aufrufen. Allerdings muss die Formel dieses Mal prüfen, ob das Datum der jeweils aktuellen Zelle auf einen Samstag fällt, der für Excel Tag *7* der Woche ist. Daher muss die Formel lauten: =Wochentag(B3)=7.

Die Abbildung 12.20 zeigt das vollständig ausgefüllte Dialogfeld und das Resultat für die Datumsliste.

Abbildg. 12.20   Kombination der Funktionen *Bedingte Formatierung* sowie *Wochentag* und das gewünschte Ergebnis: orange unterlegte Wochenenden

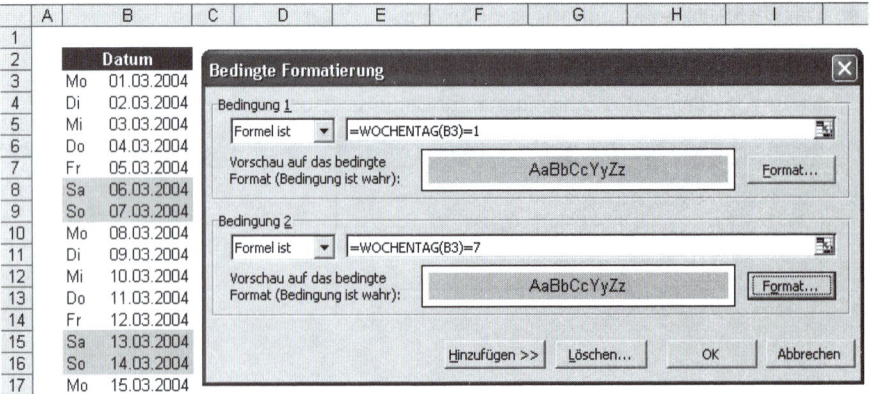

Sie sehen: Aus einer Kombination von bedingter Formatierung und verschiedenen Excel-Funktionen lassen sich schnell und einfach gesuchte Informationen optisch hervorheben.

Diese Form der Visualisierung soll im folgenden Beispiel noch erweitert werden. Wie bei Kalendern sollen neben den Wochenenden auch die Feiertage farbig hervorgehoben werden.

Zusätzlich zu Wochenenden auch Feiertage und arbeitsfreie Tage hervorheben lassen

Farbig hervorgehobene Wochenenden in Kalenderübersichten sind gut, aber viele Anwender werden sofort fragen: »Und was ist mit den Tagen, an denen ebenfalls nicht gearbeitet wird – den Feiertagen, den so genannten Brückentagen im Umfeld von Feiertagen und Wochenenden oder bestimmten firmenintern festgelegten arbeitsfreien Tagen?« Möglicherweise besteht sogar darüber hinaus ein Bedarf, andere wichtige Tage automatisch hervorheben zu lassen, wenn diese auf ein bestimmtes Datum oder einen bestimmten Wochentag fallen – etwa Termine für bestimmte Überweisungen, Liefertermine, Wartungstermine, monatliche oder quartalsweise Berichtstermine usw.

In jedem Fall werden solche Termine in Listen erfasst und können damit von Excel berücksichtigt werden.

Dieses Beispiel und das darauf folgende finden Sie auf der CD-ROM zu diesem Buch auf dem Arbeitsblatt *Wochenende 3* in der Datei *BedingteFormate.xls* im Ordner *\Buch\Kap12*.

In unserem Beispiel sollen neben den Wochenenden zwei weitere Anforderungen abgearbeitet werden: Feiertage und andere arbeitsfreie Tage. Damit müssen insgesamt vier Zustände abgeprüft werden:

- Samstage
- Sonntage
- Feiertage
- weitere arbeitsfreie Tage

Da die Funktion *Bedingte Formatierung* aber nur bis zu drei Bedingungen bietet, ist es erforderlich, zwei Zustände in einer Formel zu kombinieren.

Für diese Lösung werden Sie neben der nun bereits bekannten Funktion *WOCHENTAG* noch den Einsatz der Funktionen *VERGLEICH*, *ISTZAHL* sowie *ODER* kennen lernen.

Mit ODER die Prüfung der beiden Wochenend-Tage in einer Formel zusammenfassen

Es bietet sich an, die Suche nach Datumsangaben, die auf einen Samstag oder Sonntag fallen, in nur einer Formel zu verknüpfen, und zwar mit Hilfe einer *ODER*-Funktion. In Abbildung 12.21 sehen Sie eine Vorschau auf die fertige Lösung. Im Beispiel werden die Monate April und Mai im Jahr 2006 genommen, da dort einige Feiertage liegen. In Spalte *F* sind die Feiertage für das Jahr und in Spalte *H* weitere arbeitsfreie Tage aufgelistet.

Um die Lösung Schritt für Schritt aufzubauen, gehen Sie wie folgt vor:

1. Markieren Sie den Bereich *B3:B32* und rufen Sie den Menübefehl *Format/Bedingte Formatierung* auf.

Abbildg. 12.21 Vorschau auf die fertige Lösung

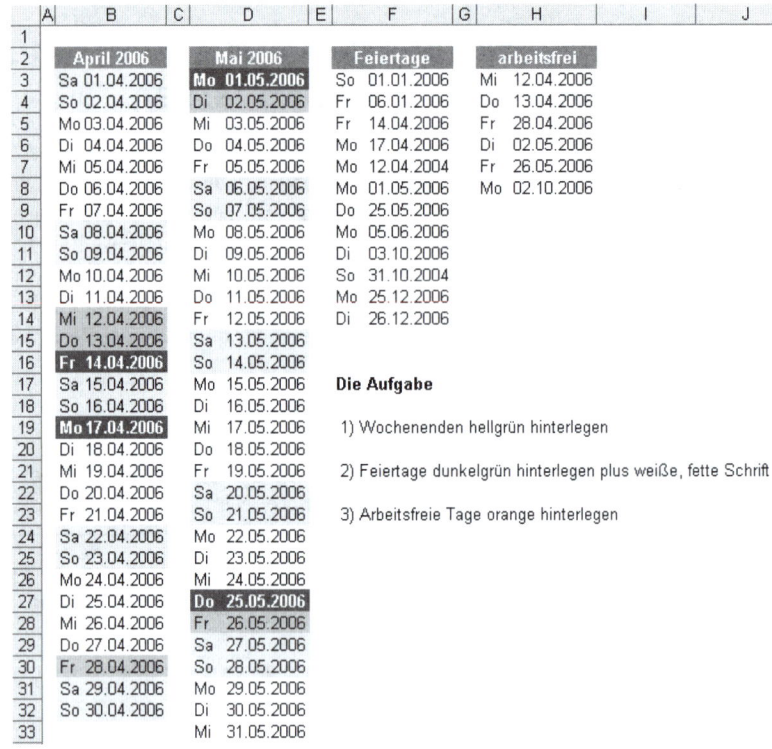

2. Tragen Sie eine Formel für *Bedingung 1* ein, die mit Hilfe von *ODER* prüft, ob ein Datum auf einen Samstag oder Sonntag fällt. Sie lautet: =ODER(WOCHENTAG(B3)=1;WOCHENTAG(B3)=7).

3. Wechseln Sie anschließend über die Schaltfläche *Format* auf die Registerkarte *Muster* und legen Sie dort z.B. die Farbe *Hellgrün* fest (Abbildung 12.22). Bestätigen Sie die Eingabe des Formats und die Definition der Bedingung jeweils mit Klick auf *OK*.

Abbildg. 12.22 Der erste Teil der Aufgabe ist gelöst: Mit *ODER* die Wochenendprüfung in einer Bedingung zusammen fassen

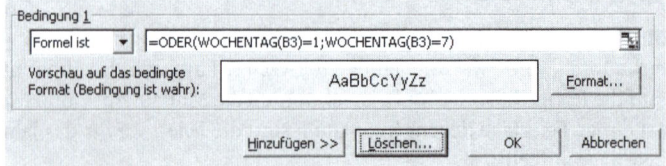

Notwendige Vorarbeit: Namen vergeben

Somit ist Platz geschaffen, um zwei weitere Bedingungen zu definieren. Es steht jedoch ein kleiner Zwischenschritt an: Die Daten für Feiertage und arbeitsfreie Tage sind in zwei getrennten Listen einzugeben. Die Abbildung 12.21 zeigt Inhalt und Position beider Listen. Übernehmen Sie diese in Ihr Arbeitsblatt. Die Inhalte selbst sind an dieser Stelle nebensächlich.

Um nun diese beiden Bereiche in den kommenden Formeln leichter ansprechen zu können, empfiehlt es sich, sie mit Namen zu versehen (Näheres zu Namen lesen Sie in Kapitel 19). Gehen Sie dazu wie folgt vor:

1. Markieren Sie den Bereich von *F2:F14* und betätigen Sie die Tastenkombination `Strg`+`⇧`+`F3`. Damit rufen Sie ohne den langen Umweg über den Menübefehl *Einfügen/Namen* das Dialogfeld *Namen erstellen* auf, mit dem Sie blitzschnell Namen auf der Basis vorhandener Spalten- oder Zeilenüberschriften erstellen können.

2. Bestätigen Sie die vorgeschlagene Option, den Namen für diesen Bereich aus der obersten Zeile der Markierung zu entnehmen (Abbildung 12.23). Damit erhält der Zellbereich *F3:F14* den Namen *Feiertage* (die Zelle *F2* mit dem Namen selbst gehört nicht zu dem Bereich).

3. Wiederholen Sie diese Schritte für den Bereich *arbeitsfrei*, also *H2:H8*. Der Name des Bereichs *H3:H8* lautet anschließend *arbeitsfrei*.

Abbildg. 12.23 Das Dialogfeld zur Übernahme von Bereichsnamen

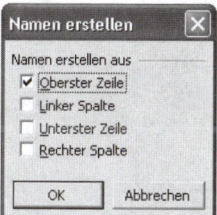

Die Funktion VERGLEICH zum Darstellen der Feiertage und arbeitsfreien Tage

Um nun die Datumsangaben aus Spalte *B* daraufhin zu untersuchen, ob sie auf Tage fallen, die in den Bereichen *Feiertage* und *arbeitsfrei* enthalten sind, ist die Funktion *VERGLEICH* erforderlich. Sie hat die folgende Syntax:

=VERGLEICH(Suchkriterium;Suchmatrix;Vergleichstyp).

Das *Suchkriterium* steht in jeder Zeile in Spalte *B*. Die *Suchmatrix* ist zum einen der Bereich *Feiertage*, zum anderen der Bereich *arbeitsfrei*. Der *Vergleichstyp* gibt an, wie Excel die Werte in der Matrix mit dem Suchkriterium vergleichen und ob es den größten, ersten oder kleinsten Wert liefern soll. In unserem Fall ist der Typ 0 angebracht. Hier können die Daten in den beiden Matrix-Bereichen auch beliebig eingetragen werden und müssen nicht unbedingt sortiert sein.

VERGLEICH liefert als Ergebnis eine Zahl, nämlich die Position, die der jeweils gefundene Wert innerhalb der *Suchmatrix* einnimmt, und nicht den Wert selbst. Fällt der Vergleich negativ aus – ist also das Datum aus Spalte *B* in den beiden benannten Datumsbereichen in Spalte *E* und *G* nicht vorhanden – dann ist das Resultat keine Zahl, sondern der Fehlerwert *#NV*.

Für unsere Aufgabe ist damit klar: Wird ein Datum aus Spalte *B* auch in dem Bereich *Feiertag* oder *arbeitsfrei* gefunden, dann liefert Excel eine beliebige Zahl. Genau dann also trifft die Bedingung zu, dass ein Datum auf einen Feiertag oder arbeitsfreien Tag fällt. Bleibt also sicherzustellen, das *Bedingte Formatierung* nur angewandt wird, wenn das Ergebnis der Funktion *VERGLEICH* eine

Zahl ist. Hierfür kann die Informationsfunktion *ISTZAHL* verwendet werden. Sie überprüft – wie der Name schon sagt – ob der Wert einer Zelle oder eines Ergebnisses eine Zahl ist.

Damit ergibt sich als Formel eine Kombination aus *ISTZAHL* und *VERGLEICH*. Testen Sie diese Formel zunächst für Zeilen, die auf einen Feiertag fallen und weisen Sie diesen eine dunkelgrüne Zellfarbe und als Kontrast eine weiße Schriftfarbe zu. Folgende Schritte sind dazu notwendig:

1. Markieren Sie den Bereich *B3:B32* und rufen Sie den Menübefehl *Format/Bedingte Formatierung* auf.

2. Lassen Sie die Einstellungen für *Bedingung 1* unverändert und rufen Sie über die Schaltfläche *Hinzufügen* die zweite Bedingung auf.

3. Wählen Sie wieder *Formel ist* aus und geben Sie dann folgende Formel (siehe Abbildung 12.24) für *Bedingung 2* ein: =ISTZAHL(VERGLEICH(B3;Feiertage;0)).

4. Wechseln Sie anschließend über die Schaltfläche *Format* auf die Registerkarten *Muster* und *Schrift* und legen Sie dort die Farben *Grün* und *Weiß* fest. Bestätigen Sie die Eingabe des Formats und die Definition der Bedingung jeweils mit Klick auf *OK*.

Abbildg. 12.24   Die Feiertage mit der Datumsreihe in Spalte *B* abgleichen

Im Ergebnis müssten nun die Datumsangaben für den 14. und 17. April 2006 in Dunkelgrün/Weiß erscheinen.

5. Wiederholen Sie die Schritte analog, um auch die arbeitsfreien Tage farblich abzusetzen. Nutzen Sie dazu die *Bedingung 3*. Die Formel lautet dieses Mal:
=ISTZAHL(VERGLEICH(B3;arbeitsfrei;0)).

6. Wählen Sie dieses Mal über die Schaltfläche *Format* in der Registerkarte *Muster* die Zellfarbe *Orange*. Bestätigen Sie die Eingabe des Formats und die Definition der Bedingung jeweils mit Klick auf *OK*.

Die Abbildung 12.25 zeigt das vollständig ausgefüllte Dialogfeld und als Ergebnis müssten Sie jetzt in der Datumsspalte *B* vier verschiedene Zellfarben sehen. Nur an weißen Tagen wird gearbeitet.

Abbildg. 12.25 Die endgültigen Einstellungen im Dialogfeld *Bedingte Formatierung* für die fertige Kalendertabelle

Bedingung 1
| Formel ist ▼ | =ODER(WOCHENTAG(B3)=1;WOCHENTAG(B3)=7) |

Vorschau auf das bedingte
Format (Bedingung ist wahr):   AaBbCcYyZz   Format...

Bedingung 2
| Formel ist ▼ | =ISTZAHL(VERGLEICH(B3;Feiertage;0)) |

Vorschau auf das bedingte
Format (Bedingung ist wahr):   **AaBbCcYyZz**   Format...

Bedingung 3
| Formel ist ▼ | =ISTZAHL(VERGLEICH(B3;arbeitsfrei;0)) |

Vorschau auf das bedingte
Format (Bedingung ist wahr):   AaBbCcYyZz   Format...

Hinzufügen >>   Löschen...   OK   Abbrechen

Feiertage vor Wochenenden?

Für manche sind Feiertage von der Bedeutung her wichtiger als Wochenenden. Die bisherigen Anweisungen über die Funktion *Bedingte Formatierung* sind aber in unserem Beispiel derzeit so, dass Feiertage im Kalender nur dann in der Kombination *Dunkelgrün/Weiß* hervorgehoben werden, wenn sie nicht auf ein Wochenende fallen. Sie können dies in der Beispieltabelle einmal ausprobieren, indem Sie in Zelle *F5* den 15. April statt des 14. April zum Feiertag machen. Sie sehen, dass die Zelle *B17* weiterhin hellgrün hinterlegt bleibt.

Wollen Sie, dass alle Feiertage – auch, wenn sie auf ein Wochenende fallen – *Dunkelgrün/Weiß* erscheinen, müssen Sie bei der Eingabe der Bedingungen auch mit der Formel für diese Tage beginnen. Die *Bedingung 1* ist dann für die Feiertage zuständig, *Bedingung 2* für die Wochenenden (also die Formel mit der *ODER*-Funktion) und *Bedingung 3* bleibt, wie gehabt.

Die bedingen Formate auf die *Mai*-Zellen übertragen

Die andersfarbige Darstellung von Wochenenden, Feiertagen und arbeitsfreien Tagen für April 2006 ist abgeschlossen. Sie können die so erstellten bedingten Formate auf die Zellen für Monat den Mai, also den Bereich *D3:D33*, übertragen. Gehen Sie wie folgt vor:

1. Markieren Sie eine Zelle in Spalte *B*, die das gewünschte bedingte Format enthält.

2. Klicken Sie in der *Standard*-Symbolleiste auf das Symbol *Format übertragen*.

3. Markieren Sie dann die *Mai*-Zellen in Spalte *D*, die die bedingten Formate erhalten sollen, also den Bereich *D3:D33*.

Fazit

Am Beispiel dieser Kalenderübersichten wurde deutlich, dass die Möglichkeiten der Funktion *Bedingte Formatierung* nahezu unerschöpflich sind, wenn Sie diese mit den verschiedenen Tabellenfunktonen von Excel kombinieren. In dem Bestreben, wichtige Informationen in Tabellen optisch hervorzuheben, stehen Ihrer Kreativität also vielfältige Möglichkeiten offen.

Teilergebnisse formatieren

Wenn Sie eine Liste über den Menübefehl *Daten/Teilergebnisse* unter Verwendung der Funktion *Summe* gruppiert haben, wollen Sie vielleicht die Teilergebnisse gern optisch hervorheben. Natürlich möchten Sie das nicht jedes Mal »von Hand« machen. Auch bei diesem Problem kann Ihnen die *Bedingte Formatierung* helfen.

Das Beispiel finden Sie auf dem Arbeitsblatt *Teilergebnisse (SUMME)* in der Datei *BedingteFormate.xls* im Ordner *\Buch\Kap12* auf der CD zu diesem Buch.

Mit der Tabellenfunktion *SUMMEWENN(Bereich;Suchkriterien;Summe_Bereich)* können Sie eine Summe ermitteln, die eine bestimmte Bedingung erfüllt. Wenn Sie diese Funktion in einer bedingten Formatierung einsetzen, können Sie damit eine Darstellung wie in Abbildung 12.26 erreichen.

Abbildg. 12.26 Die bedingte Formatierung hebt Teilergebnisse deutlich sichtbar hervor.

	Artikel	Datum	Umsatz
		D6	=TEILERGEBNIS(9;D3:D5)
2	Artikel	Datum	Umsatz
3	Rollerskates	09.06.2003	27.978,00 €
4	Rollerskates	03.07.2003	27.957,00 €
5	Rollerskates	17.07.2003	16.897,00 €
6	**Rollerskates Summe**		72.832,00 €
7	Kickboards	17.06.2003	21.791,00 €
8	Kickboards	10.08.2003	30.858,00 €
9	Kickboards	02.07.2003	20.608,00 €
10	**Kickboards Summe**		73.257,00 €
11	Inliner	08.07.2003	33.483,00 €
12	Inliner	21.05.2003	18.731,00 €
13	**Inliner Summe**		52.214,00 €
14	Skater-Helm	19.05.2003	23.461,00 €
15	Skater-Helm	12.04.2003	16.687,00 €
16	Skater-Helm	30.07.2003	21.864,00 €
17	**Skater-Helm Summe**		62.012,00 €
18	Schoner	03.08.2003	29.154,00 €
19	Schoner	15.04.2003	26.041,00 €
20	Schoner	30.07.2003	34.416,00 €
21	**Schoner Summe**		89.611,00 €
22	Fun-Ramp	27.03.2003	20.107,00 €
23	Fun-Ramp	16.03.2003	30.463,00 €
24	Fun-Ramp	30.07.2003	14.696,00 €
25	**Fun-Ramp Summe**		65.266,00 €
26	Elektro-Roller	05.03.2003	26.541,00 €
27	Elektro-Roller	21.07.2003	14.648,00 €
28	Elektro-Roller	09.08.2003	30.136,00 €
29	**Elektro-Roller Summe**		71.325,00 €
30	**Gesamtergebnis**		486.517,00 €

Führen Sie die folgenden Schritte aus, um eine solche Formatierung zu erreichen:

1. Sortieren Sie die Daten über den Menübefehl *Daten/Sortieren* nach dem Artikel.

2. Wählen Sie den Menübefehl *Daten/Teilergebnisse* und gruppieren Sie die Daten nach der Spalte *Artikel*. Bilden Sie die Summe vom *Umsatz*.

3. Markieren Sie die Daten im Bereich B3:D30 und wählen Sie den Menübefehl Format/Bedingte Formatierung.

4. Stellen Sie das Listenfeld für Bedingung 1 auf *Formel ist* und tragen Sie die Formel
   =UND($D2=SUMMEWENN($B$2:$B$30;$B2;$D$2:$D$30);$B2<>$B3)
   ein. Beachten Sie die absoluten Bezüge für die Spalten und die relativen Bezüge für die Zeilen!

5. Legen Sie nun noch über die Schaltfläche Format das gewünschte Format fest und bestätigen Sie abschließend die Eingabe des Formats und die Definition der Bedingung jeweils mit Klick auf *OK*.

WICHTIG Wenn Sie die bedingte Formatierung auf einen Bereich anwenden, beachten Sie unbedingt die absoluten und relativen Bezüge in der Formel, damit diese auf alle Zellen korrekt angepasst wird. Ein relativer Bezug wird an jede einzelne Zelle des markierten Bereichs angepasst, ein absoluter (mit Dollar-Zeichen »$«) dagegen nicht. Für den ersten Vergleich wird durch die Verwendung des gemischten Bezuges *$D2* die Zeile an die Zellen der Markierung angepasst, die Spalte bezieht sich jedoch immer auf den Umsatz in Spalte *D*.

Sollen die Teilergebnisse auf der Grundlage einer anderen Funktion erstellt werden, so müssen Sie die Funktion für die bedingte Formatierung entsprechend ändern. Um beispielsweise die Teilergebnisse für die Mittelwerte zu formatieren, können Sie die Formel

```
=UND($D2=SUMMEWENN($B$2:$B$30;$B2;$D$2:$D$30));$B2<>$B3)
```

verwenden.

Ein Beispiel hierzu finden Sie auf dem Arbeitsblatt *Teilergebnisse (MITTELWERT)* in der Datei *BedingteFormate.xls* im Ordner *\Buch\Kap12* auf der CD-ROM zu diesem Buch.

Mehr zum Thema »Teilergebnisse« finden Sie in Kapitel 23.

Identische Werte formatieren

Die Inhalte von Zellen können Sie mit verschiedenen Funktionen vergleichen. Sie finden hierzu in Kapitel 15 einige Beispiele. Um den Vergleich von Zellen deutlich hervorzuheben, eignet sich die bedingte Formatierung hervorragend.

Die drei folgenden Beispiele finden Sie auf dem Arbeitsblatt *Vergleich* in der Datei *BedingteFormate.xls* im Ordner *\Buch\Kap12* auf der CD-ROM zu diesem Buch.

Sollen beispielsweise alle Zellen im Bereich *B3:B7* in *Rot* formatiert werden, wenn die Inhalte der Zellen gleich sind (siehe Abbildung 12.27), führen Sie die folgenden Schritte aus:

1. Markieren Sie den Bereich *B3:B7*.
2. Stellen Sie über den Menübefehl *Format/Bedingte Formatierung* im Listenfeld den Eintrag *Formel ist* ein.
3. Tragen Sie für die *Bedingung 1* folgende Formel ein:
   ```
   =UND(IDENTISCH(B3;$B$3:$B$7))
   ```
4. Legen Sie über die Schaltfläche *Format* das gewünschte Format fest.
5. Bestätigen Sie die Eingabe des Formats und die Definition der Bedingung jeweils mit Klick auf die Schaltfläche *OK*.

Die Zellen werden nur formatiert, wenn alle Inhalte gleich sind.

Abbildg. 12.27 Einzelne Zellen und Bereiche formatieren

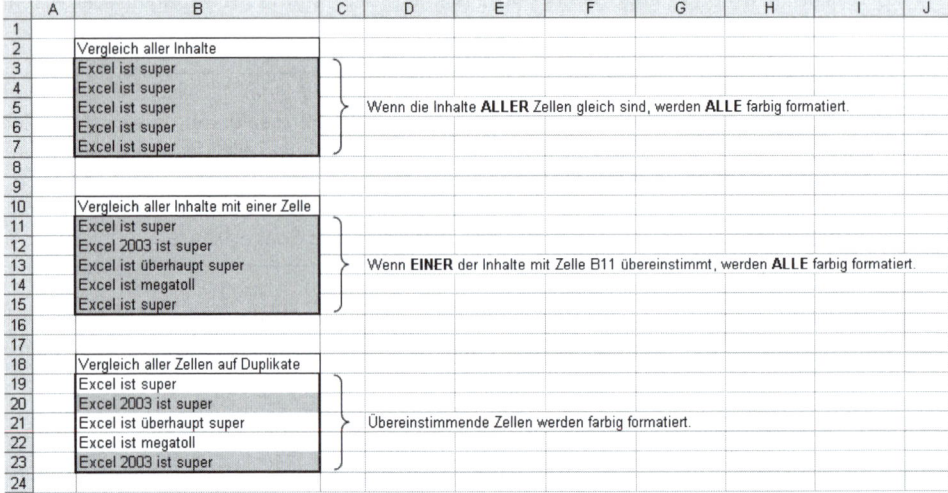

TIPP   Wie schon mehrfach ausgeführt, sind die absoluten und relativen Bezüge hier von enormer Bedeutung. Wenn Sie festgestellt haben, dass eine Formel für die bedingte Formatierung nicht korrekt arbeitet, rufen Sie das Dialogfeld *Bedingte Formatierung* erneut auf und ändern die Formel. Wenn Sie versuchen, mit den Pfeiltasten die Einfügemarke an eine bestimmte Stelle zu bewegen, werden statt der erwarteten Bewegung innerhalb des Eingabefeldes andere Zellbezüge eingetragen. Sie können das verhindern, wenn Sie das Eingabefeld für die Formel aktivieren und die F2-Taste drücken. Jetzt funktionieren die Pfeiltasten wie erwartet.

Vergleich mit einer Zelle

In einer leichten Abwandlung sollen nun alle Zellen im Bereich *B11:B15* farbig formatiert werden, wenn es im Bereich *B12:B15* eine Zelle gibt, die mit Zelle *B11* übereinstimmt. Führen Sie dazu die folgenden Schritte aus:

1. Markieren Sie den Bereich *B11:B15*.

2. Stellen Sie über den Menübefehl *Format/Bedingte Formatierung* im linken Listenfeld des Dialogfelds den Eintrag *Formel ist* ein.

3. Für die *Bedingung 1* tragen Sie nun die folgende Formel ein:
   `=ODER(IDENTISCH($B$11;$B$12:$B$15))`

4. Legen Sie über die Schaltfläche *Format* das gewünschte Format fest.

5. Bestätigen Sie die Eingabe des Formats und die Definition der Bedingung jeweils mit *OK*.

Als Ergebnis werden **alle** Zellen formatiert, wenn es im Bereich *B12:B15* **eine** Zelle mit dem gleichen Inhalt wie *B11* gibt.

Duplikate markieren

Auch die folgende Lösung vergleicht die Zellen eines Bereichs. So kann der Vergleich auf den gesamten Bereich ausgedehnt werden. Es werden dann diejenigen Zellen formatiert, für die es Duplikate im markierten Bereich gibt. Dabei ist der Inhalt selbst unerheblich.

Sollen beispielsweise alle Zellen im Bereich *B19:B23* formatiert werden, wenn die Inhalte der Zellen gleich sind, führen Sie die folgenden Schritte aus:

1. Markieren Sie den Bereich *B19:B23*.
2. Stellen Sie über den Menübefehl *Format/Bedingte Formatierung* im linken Listenfeld des Dialogfelds den Eintrag *Formel ist* ein.
3. Tragen Sie für die *Bedingung 1* folgende Formel ein:
   `=SUMME(WENN(B19=$B$19:$B$23;1;0))>1`
4. Legen Sie über die Schaltfläche *Format* das gewünschte Format fest.
5. Bestätigen Sie die Eingabe des Formats und die Definition der Bedingung jeweils mit Klick auf *OK*.

Die Zellen werden nur formatiert, wenn es Zellen mit gleichen Inhalten gibt. Für die Prüfung wird die Anzahl der Übereinstimmungen im markierten Bereich mit der aktiven Zelle gezählt. Da die aktive Zelle selbst mitgezählt wird, muss das Ergebnis größer als *1* sein, um zur Formatierung zu führen.

> **HINWEIS** Bei dieser Bedingung wird für den Vergleich kein absoluter Bezug verwendet. Das führt dazu, dass auch unterschiedliche Zellinhalte die gleiche Formatierung haben können, solange es eine weitere Zelle mit gleichem Inhalt im Bereich gibt.

Tabellen vergleichen

Manchmal kommt es vor, dass man zwei Versionen einer Tabelle vorliegen hat. Dann taucht das Problem auf, die Tabellen vergleichen zu müssen, um die Unterschiede herauszufinden. In Excel 4 gab es ein spezielles Add-In, um einen Tabellenvergleich durchzuführen. Leider ist dieses Add-In in den späteren Versionen nicht mehr verfügbar. Aber es gibt ja die bedingte Formatierung.

> Dieses Beispiel finden Sie in der Datei *Vergleich.xls* im Ordner *\Buch\Kap12* auf der CD-ROM zu diesem Buch.

Es sollen nun die Einträge in Tabelle 1 und 2 verglichen werden (die sich in derselben Arbeitsmappe befinden), und zwar in der Weise, dass in Tabelle 2 diejenigen Zellen eingefärbt werden, die einen anderen Inhalt haben, wie die entsprechende(n) Zelle(n) in Tabelle 1.

Versuchen Sie zunächst einmal den »konventionellen Weg«, die bedingte Formatierung festzulegen:

1. Aktivieren Sie zunächst *Tabelle 2* und markieren Sie den Datenbereich. Beachten Sie dazu die Hinweise weiter unten.
2. Stellen Sie über den Menübefehl *Format/Bedingte Formatierung* im linken Listenfeld des Dialogfelds den Eintrag *Formel ist* ein.
3. Tragen Sie die Formel `=A1<>Tabelle1!A1` ein.
4. Legen Sie das gewünschte Format fest (Schaltfläche *Format*).
5. Bestätigen Sie die beiden Eingaben jeweils mit Klick auf *OK*.

Sie erhalten jetzt eine Fehlermeldung. Beim Festlegen der bedingten Formatierung mit Bezügen auf andere Tabellenblätter oder Arbeitsmappen taucht ein Problem auf, denn mit den externen Bezügen kann die bedingte Formatierung leider nichts anfangen. Aber Sie können dieses Problem dadurch umgehen, dass Sie eine Tabellenfunktion verwenden, welche den Bezug zurückgibt.

HINWEIS   Wählen Sie den Bereich für den Vergleich ausreichend groß. Dazu überprüfen Sie zunächst die Anzahl der Zeilen und Spalten beider Tabellen und merken Sie sich die jeweils größte Zahl. Markieren Sie dann einen Bereich dieser Größe. Damit werden auch eventuell vorhandene neue bzw. gelöschte Datensätze als Unterschied markiert.

Um einen externen Bezug für die bedingte Formatierung zu verwenden, gehen Sie wie folgt vor:

1. Aktivieren Sie *Tabelle 2* und markieren Sie den Datenbereich.
2. Stellen Sie über den Menübefehl *Format/Bedingte Formatierung* im linken Listenfeld des Dialogfelds den Eintrag *Formel ist* ein.
3. Tragen Sie dann für *Bedingung 1* die folgende Formel ein:
   ```
   =A1<>INDIREKT(ADRESSE(ZEILE(A1);SPALTE(A1);WAHR;WAHR;"Tabelle1"))
   ```
4. Legen Sie über die Schaltfläche *Format* das gewünschte Format fest.
5. Bestätigen Sie die Eingaben jeweils mit Klick auf *OK*.

Jetzt werden die Unterschiede zu *Tabelle 1* im definierten Format angezeigt.

WICHTIG   Der Bezug auf das Tabellenblatt wird als Zeichenfolge eingetragen. Das hat zur Folge, dass bei einer Namensänderung des Tabellenblattes die Formel **nicht** angepasst wird. Sie müssen in diesem Fall die Formel für die bedingte Formatierung manuell überarbeiten.

Abbildg. 12.28   Die Unterschiede der Tabellen werden über die bedingte Formatierung sichtbar.

	A	B	C	D	E	F	G	H
1	Verkaufte Backmischungen in den Ländern						Tabelle2	
2	Land	1997	1998	1999	2000	2001	2002	
3	Italien	2.070.566	1.952.989	2.368.466	2.145.172	2.153.307	1.889.423	
4	Frankreich	1.915.000	1.286.100	2.344.000	1.972.300	2.128.757	1.980.000	
5	Deutschland	903.300	597.300	1.107.800	882.500	879.600	572.600	
6	Spanien	643.400	336.000	1.004.610	821.000	753.300	779.700	
7	England	310.300	316.500	388.400	360.200	316.000	254.100	
8	Niederlande	431.000	260.000	640.000	670.000	600.000	595.000	
9	Belgien	229.100	137.375	481.820	492.500	506.605	508.340	
10	Griechenland	320.000	200.500	305.000	315.000	319.866	314.674	
11	Portugal	178.164	176.000	275.000	221.992	167.000	175.000	
12	Dänemark	30.000	32.300	43.000	40.000	37.530	30.000	
13	Irland	7.000	10.000	9.000	8.000	9.000	9.000	
14	Luxemburg	5.000	3.000	5.000	4.000	5.000	4.000	
15	Österreich	78.777	86.600	85.832	128.401	126.798	128.195	
16	Schweden	18.246	14.104	26.676	19.558	20.182	17.516	
17								

HINWEIS   Die hier vorgestellte Lösung funktioniert generell auch mit Tabellen, die sich in verschiedenen Mappen befinden – allerdings mit einer Einschränkung: es müssen beide Mappen geöffnet sein. Dann können Sie für die bedingte Formatierung folgende Formel einsetzen, die in eckigen Klammern zusätzlich einen Verweis auf die (geöffnete!) externe Mappe enthält, also z.B.

```
=A1<>INDIREKT(ADRESSE(ZEILE(A1);SPALTE(A1);WAHR;WAHR;"[MeineMappe.xls]Tabelle1"))
```

Leere Zellen hervorheben

Leere Zellen sind ja eigentlich leicht als solche zu erkennen. Wenn Sie allerdings als Ergebnis einer Prüfung mit der Funktion *WENN* eine leere Zeichenfolge ausgeben, ist dieses Ergebnis von einer Zelle, die tatsächlich keinen Inhalt hat, optisch nicht mehr zu unterscheiden. Wie können Sie also leere Zellen mit der bedingten Formatierung sichtbar machen?

Dieses Beispiel finden Sie auf dem Arbeitsblatt *Leere Zellen* in der Datei *BedingteFormate.xls* im Ordner *\Buch\Kap12* auf der CD-ROM zu diesem Buch.

Die Lösung führt hier über die Funktion *WENN(Prüfung;Dann_Wert;Sonst_Wert)*, die für das Argument *Prüfung* die Informationsfunktion *ISTLEER(Wert)* einsetzt.

Abbildg. 12.29 In diesem Beispiel hebt die bedingte Formatierung Zellen hervor, die wirklich leer sind.

	E7 ▼	ƒx =WENN(ISTFEHLER(((1/(C7/D7))-1));"";((1/(C7/D7))-1))						
	A	B	C	D	E	F	G	H
1								
2		**Umsatz an Sonnenbrillen in den Bundesländern der BRD**						
3		Bundesland	2001	2002	Veränderung			
4		Baden-Württemberg	124.124 €	55.786 €	-55,06%			
5		Bayern	75.845 €	76.310 €	0,61%			
6		Berlin	129.279 €	84.312 €	-34,78%			
7		Brandenburg	42.302 €				Jürgen Schwenk: Diese Zelle enthält eine Formel und wird deshalb **nicht** über die Bedingte Formatierung formatiert.	
8		Bremen	52.624 €	67.844 €	28,92%			
9		Hamburg	61.900 €	80.717 €	30,40%			
10		Hessen	109.623 €	98.521 €	-10,13%			
11		Mecklenburg-Vorpommern	94.140 €	43.761 €	-53,51%		Jürgen Schwenk: Diese Zelle enthält eine Formel und wird deshalb **nicht** über die Bedingte Formatierung formatiert.	
12		Niedersachsen		102.063 €				
13		Nordrhein-Westfalen	56.878 €	35.048 €	-38,38%			
14		Rheinland-Pfalz	84.292 €	57.811 €	-31,42%			
15		Saarland	84.110 €	95.046 €	13,00%			
16		Sachsen	112.359 €	47.258 €	-57,94%			
17		Sachsen-Anhalt	55.013 €	129.987 €	136,29%			
18		Schleswig-Holstein	54.980 €	91.471 €	66,37%			
19		Thüringen	83.623 €	104.939 €	25,49%			
20								

Führen Sie die folgenden Schritte aus, um leere Zellen mit einem speziellen Format (wie in Abbildung 12.29) zu versehen:

1. Markieren Sie den Bereich den *C4:E19*. und rufen Sie dann den Menübefehl *Format/Bedingte Formatierung* auf.

2. Im Dialogfeld *Bedingte Formatierung* wählen Sie für *Bedingung 1* den Eintrag *Formel ist* und tragen die Formel =WENN(ISTLEER(C4);1;0) ein.

3. Klicken Sie auf die Schaltfläche *Format* und wählen Sie auf der Registerkarte *Muster* eine Formatierung aus – z.B. Hellblau.

4. Schließen Sie die beiden Dialogfelder jeweils mit Klick auf *OK*.

Diese Lösung verwendet einen relativen Bezug für den Vergleich. Hier wird die Formel so an die Markierung angepasst, dass die jeweilige Zelle über die Informationsfunktion *ISTLEER* geprüft wird. Ist die Zelle leer, so ist damit die Bedingung *WAHR* und die Zelle wird formatiert.

Tabellen und Daten formatieren

Zellen mit Leerzeichen hervorheben

Wenn Sie Daten aus einer Textdatei importiert haben, kennen Sie vielleicht auch das folgende Problem: In einigen Zellen sind Leerzeichen enthalten, die Ihnen bei der weiteren Bearbeitung Probleme bereiten. Über den Menübefehl *Bearbeiten/Suchen* können Sie zwar nach dem Leerzeichen suchen, aber da vielleicht nicht alle Leerzeichen ersetzt werden können, ist diese Methode doch sehr umständlich. Sie suchen also nach einer Möglichkeit, die Zellen, die ein Leerzeichen enthalten, hervorzuheben. Lassen Sie sich dabei von der bedingten Formatierung helfen.

Dieses Beispiel finden Sie auf dem Arbeitsblatt *Leerzeichen* in der Datei *BedingteFormate.xls* im Ordner *\Buch\Kap12* auf der CD-ROM zu diesem Buch.

Häufig stören nach dem Datenimport Leerzeichen, insbesondere am Ende des Textes, weil sie hier nur schwer zu finden sind. Auf den ersten Blick können Sie nicht feststellen, ob der Zellinhalt mit einem Leerzeichen endet. Erst, wenn Sie mit der F2-Taste zum letzten Zeichen der Bearbeitungszeile wechseln, wird dies deutlich. Sie können Zellen mit bestimmten Inhalten mit der bedingten Formatierung finden – das gilt auch für Leerzeichen.

Angenommen, die Daten befinden sich im Bereich *C4:C7* und Sie wollen etwaige Leerzeichen am Ende jeder Zelle sichtbar machen, dann gehen Sie wie folgt vor:

1. Markieren Sie diesen Bereich und wählen Sie den Menübefehl *Format/Bedingte Formatierung*.

2. Im Dialogfeld *Bedingte Formatierung* stellen Sie das linke Listenfeld auf *Formel ist* und tragen dann die Formel =RECHTS($C4;1)=" " ein.

3. Legen Sie über die Schaltfläche *Format* (Registerkarte *Muster*) ein Muster für diese Bedingung fest.

4. Beenden Sie die Dialogfelder jeweils mit Klick auf *OK*.

Abbildg. 12.30 Die bedingte Formatierung findet Leerzeichen in Zellen.

	A	B	C	D	E	F
1						
2		In dieser Zeile	Zelle wird formatiert wenn ein Leerzeichen ... ist			
3		sind Leerzeichen ...	am Ende	am Anfang	an beliebiger Stelle	
4		am Anfang	17.8.2003	17.8.2003	17.8.2003	
5		am Ende	123	123	123	
6		an beliebiger Stelle	123 456	123 456	123 456	
7		am Anfang und am Ende	2003	2003	2003	
8						

Möchten Sie dagegen Leerzeichen am Anfang der Zellen finden, können Sie in der Formel die Funktion *RECHTS(Text;Anzahl_Zeichen)* durch die Funktion *LINKS(Text;Anzahl_Zeichen)* ersetzen. In Abbildung 12.30 wurde für den Bereich *D4:D7* die Formel =LINKS($D4;1)=" " eingesetzt.

Sollen Zellen mit Leerzeichen unabhängig davon gefunden werden, wo diese innerhalb der Zeichenfolge stehen, ist auch dies mit einer entsprechenden Formel möglich. Verwenden Sie in diesem Fall die Formel =FINDEN(" ";E4;1)>0 für die *Bedingte Formatierung*.

Leseführung für Zeilen durch bedingte Formatierung

Vielleicht haben Sie sich beim Betrachten eines Tabellenausdrucks auch schon einmal nach Leselinien gesehnt, so, wie sie auf dem Ausdruck von Großrechnertabellen zu sehen sind: Während die erste Zeile jeweils kein Muster enthält, ist jede zweite Zeile grau hinterlegt bzw. schraffiert.

Über den Menübefehl *Format/Zellen* ist das zwar auch zu erreichen, aber wenn die Tabelle überarbeitet wird und z.B. ganze Zeilen wegfallen oder Zeilen nachträglich eingefügt werden, dann müssen alle Zellen neu formatiert werden. Ein bisschen mehr Komfort sollte es schon sein, nicht wahr?! Über die Funktion *Bedingte Formatierung* können Sie das Problem dynamisch lösen.

 Dieses Beispiel finden Sie auf dem Arbeitsblatt *Leseführung* in der Datei *BedingteFormate.xls* im Ordner *Buch**Kap12* auf der CD-ROM zu diesem Buch.

Setzen Sie dazu die Funktion *REST(Zahl;Divisor)* ein. Diese Funktion gibt den Rest der Division von *Zahl* und *Divisor* zurück.

Abbildg. 12.31   Komfortable Leselinien in Tabellen

	A	B	C	D	E	F
1						
2		**Umsätze im Jahr 2002**				
3		Bundesland	Sonnenbrillen	Sonnenschirme	Badetaschen	
4		Baden-Württemberg	65.767 €	51.902 €	50.039 €	
5		Bayern	65.895 €	64.682 €	35.504 €	
6		Berlin	48.023 €	29.972 €	63.621 €	
7		Brandenburg	46.790 €	17.480 €	38.977 €	
8		Bremen	47.991 €	26.747 €	49.287 €	
9		Hamburg	30.441 €	27.526 €	29.547 €	
10		Hessen	56.878 €	52.770 €	29.710 €	
11		Mecklenburg-Vorpommern	41.145 €	61.853 €	52.577 €	
12		Niedersachsen	55.388 €	24.067 €	62.770 €	
13		Nordrhein-Westfalen	32.120 €	33.786 €	22.398 €	
14		Rheinland-Pfalz	46.845 €	32.607 €	23.777 €	
15		Saarland	26.868 €	29.677 €	29.747 €	
16		Sachsen	46.529 €	65.457 €	35.036 €	
17		Sachsen-Anhalt	48.119 €	32.920 €	22.765 €	
18		Schleswig-Holstein	52.382 €	16.620 €	37.184 €	
19		Thüringen	21.365 €	17.314 €	25.632 €	
20						

Die folgenden Schritte sind durchzuführen, um das Problem zu lösen und zum Ergebnis aus Abbildung 12.31 zu gelangen:

1. Markieren Sie den Bereich *B3:E19*.

2. Wählen Sie den Menübefehl *Format/Bedingte Formatierung*.

3. Im nun geöffneten Dialogfeld wählen Sie für die *Bedingung 1* im linken Listenfeld den Eintrag *Formel ist* aus und als Bedingung selbst tragen Sie die Formel =REST(ZEILE();2)=1 ein. Diese Formel prüft, ob bei der Division der Zeilennummer der aktuellen Zeile durch zwei ein Rest bleibt. Nur in diesem Fall wird die Formatierung durchgeführt.

4. Über die Schaltfläche *Format* wählen Sie noch Ihr Wunschformat aus und bestätigen die Dialogfelder wieder jeweils mit Klick auf *OK*.

Die Formatierung ist damit dynamisch und das Löschen oder Einfügen ganzer Zeilen stellt kein Problem mehr dar. In der Tabelle werden fortan Zeilen mit ungeraden Zeilennummern generell mit der Formatierung versehen.

Soll die Formatierung bereits in der ersten Datenzeile angewandt werden, können Sie das durch eine Anpassung des Vergleichs erreichen. Verwenden Sie dann die Formel =REST(ZEILE();2)=0.

Nur vorhandene Datensätze markieren

Wenn Sie eine dynamisch wachsende Tabelle haben, wollen Sie sicher nicht bei jeder neuen Eingabe das Format anpassen. Andererseits stört die Leselinie am Ende von Tabellen, wenn dort gar keine Daten mehr eingetragen sind. Sie suchen also nach einem Format, das nicht nur die Zeile, sondern auch noch leere Zeilen berücksichtigt.

HINWEIS Beim Drucken berücksichtigt Excel nur den Bereich, der auch Daten enthält. Alles rund um das Thema »Drucken« finden Sie in Kapitel 5.

Dazu wird die Formel um eine weitere Prüfung erweitert. Beide Prüfungen werden mit der *UND*-Funktion verknüpft. Mit der Formel =UND(REST(ZEILE();2)=1;$B4<>"") für die bedingte Formatierung wird zusätzlich die Vorspalte der Tabelle geprüft. Enthält diese einen Wert und erfüllt die Zeilennummer die gewünschte Bedingung, so wird die Leselinie angezeigt. Wenn Sie diese Formel einsetzen wollen, dann können Sie vor der Eingabe der Bedingung einen größeren Bereich markieren. Die Formatierung wird erst durchgeführt, wenn der Bereich dann auch mit Daten gefüllt wurde.

Hilfslinien für die Navigation in Tabellen

Ein häufiges Problem ist das Ablesen von Werten aus Tabellen. Es wird ein Wert benötigt, der im Schnittpunkt einer bestimmten Zeile und einer bestimmten Spalte steht.

Wie in Abbildung 12.32 soll in unserem neuen Beispiel für einen Betrag und die Anzahl der Teilzahlungen der jeweilige Ratenbetrag schnell in der Tabelle zu finden sein. Auf einem Blatt Papier kann man ein Lineal oder einen Stift anlegen, aber auf dem Bildschirm... nun, das wäre weniger sinnvoll. Mit der Bedingten Formatierung geht es auch anders.

 Dieses Beispiel finden Sie auf dem Arbeitsblatt *Hilfslinien* in der Datei *BedingteFormate.xls* im Ordner *\Buch\Kap12* auf der CD-ROM zu diesem Buch.

In Zelle *B13* ermittelt die Tabellenfunktion *RMZ(Zins;Zzr;Bw;Zw;F)* den Teilzahlungsbetrag über die Formel =RMZ($B$5;B$12;-$A13). Die Mischung aus absoluten (Zins) und relativen Bezügen (Zahlungszeiträume und Barwert) erlaubt das Kopieren dieser Formel über den Bereich *B13:H23*. Mehr zu finanzmathematischen Funktionen finden Sie in Kapitel 16.

Durch die Verwendung der Gültigkeitsprüfung können Sie in Zelle *B3* der Beispieldatei den Betrag und die Laufzeit komfortabel aus einer Liste von Werten auswählen. Für den Betrag werden die Werte aus dem Bereich *A13:A23* verwendet, für die Laufzeit in Zelle *B4* die Werte aus dem Bereich *B12:H12*. Weitere Informationen zum Thema Gültigkeitsprüfung finden Sie in Kapitel 8.

Abbildg. 12.32 Farbige Hilfslinien sollen das Ablesen des gesuchten Wertes erleichtern.

	A	B	C	D	E	F	G	H	I
1									
2	**Beispiel für mögliche Ratenzahlungen**								
3	Betrag	300,00 €							
4	Laufzeit	36							
5	Zinssatz	0,65%							
6	monatliche Rate:	9,37 €							
7	effektiver Kaufpreis	337,44 €							
8									
9									
10									
11	Betrag			Rückzahlung in ... Monaten					
12		4	8	12	18	24	36	48	
13	50,00 €	12,70 €	6,43 €	4,34 €	2,95 €	2,26 €	1,56 €	1,22 €	
14	100,00 €	25,41 €	12,87 €	8,69 €	5,90 €	4,51 €	3,12 €	2,43 €	
15	200,00 €	50,82 €	25,74 €	17,38 €	11,81 €	9,03 €	6,25 €	4,86 €	
16	300,00 €	76,22 €	38,61 €	26,07 €	17,71 €	13,54 €	9,37 €	7,30 €	
17	400,00 €	101,63 €	51,47 €	34,76 €	23,62 €	18,05 €	12,50 €	9,73 €	
18	500,00 €	127,04 €	64,34 €	43,45 €	29,52 €	22,57 €	15,62 €	12,16 €	
19	600,00 €	152,45 €	77,21 €	52,14 €	35,43 €	27,08 €	18,75 €	14,59 €	
20	700,00 €	177,85 €	90,08 €	60,83 €	41,33 €	31,60 €	21,87 €	17,02 €	
21	800,00 €	203,26 €	102,95 €	69,52 €	47,24 €	36,11 €	25,00 €	19,46 €	
22	900,00 €	228,67 €	115,82 €	78,21 €	53,14 €	40,62 €	28,12 €	21,89 €	
23	1.000,00 €	254,08 €	128,68 €	86,90 €	59,05 €	45,14 €	31,24 €	24,32 €	
24									

Wie zeigen Sie nun durch Hilfslinien auf den abzulesenden Ratenbetrag?

Zunächst muss der gesuchte Betrag in der Vorspalte der Liste markiert werden. Dazu gehen Sie wie folgt vor:

1. Markieren Sie den Bereich *A13:A23*.
2. Wählen Sie den Menübefehl *Format/Bedingte Formatierung*.
3. Im jetzt geöffneten Dialogfeld wählen Sie für die *Bedingung 1* im linken Listenfeld den Eintrag *Formel ist* aus.
4. Tragen Sie dann die Formel `=ZEILE(A13)=VERGLEICH($B$3;$A$13:$A$23;0)+12` ein.
5. Legen Sie über die Schaltfläche *Format* das gewünschte Format fest und schließen Sie die beiden Dialogfelder jeweils über Klick auf *OK*.

HINWEIS   In der Formel aus Schritt 4 ist die mit der Tabellenfunktion *VERGLEICH(Suchkriterium;Suchmatrix;Vergleichstyp)* gefundene Position um *12* zu korrigieren, weil die Formeleingabe ab Zeile *13* beginnt.

Nun gilt es, die in Zelle *B4* eingestellte Laufzeit in der Überschrift der Tabelle zu markieren. Für diese Aufgabe sind die folgenden Schritte nötig:

1. Markieren Sie den Bereich *A12:H12*.
2. Wählen Sie den Menübefehl *Format/Bedingte Formatierung*.
3. Im jetzt geöffneten Dialogfeld wählen Sie für die *Bedingung 1* den Eintrag *Formel ist*.
4. Tragen Sie die Formel `=SPALTE(A12)=VERGLEICH($B$4;$A$12:$H$12;0)` ein.
5. Legen Sie über die Schaltfläche *Format* das gewünschte Format fest und schließen Sie die beiden Dialogfelder wieder über Klick auf *OK*.

Damit ist die Grundlage der Markierung ermittelt.

Tabellen und Daten formatieren

Etwas schwieriger gestaltet sich allerdings das Anzeigen als Hilfslinie, weil dabei mehrere Bedingungen zu prüfen sind. Es sollen ja alle Zellen eine Formatierung erhalten, die sich in der gefundenen Zeile befinden und außerdem auch alle Zellen, die sich in der gefundenen Spalte befinden. Diese Bedingungen werden durch die *ODER*-Funktion eingestellt. Beide Bedingungen haben die Einschränkung, dass jeweils nur bis zu einer bestimmten Spalte bzw. Zeile die Formatierung ausgeführt werden soll. Es gelten also zwei Bedingungen für jeden Fall, diese werden über die *UND*-Funktion verknüpft.

Gehen Sie wie folgt vor, um den Datenbereich mit den Hilfslinien zu versehen:

1. Markieren Sie den Datenbereich *B13:H23* und rufen Sie anschließend den Menübefehl *Format/ Bedingte Formatierung* auf.

2. Tragen Sie im Dialogfeld *Bedingte Formatierung* folgende Formel ein:
   ```
   =ODER(UND(ZEILE(B13)=VERGLEICH($B$3;$A$13:$A$23;0)+12;SPALTE(B13)<=VEGLEICH($B$4;$A$12:$
   H$12;0));UND(ZEILE(B13)<VERGLEICH($B$3;$A$13:$A$23;0)+12;SPALTE(B13)=VERGLEICH($B$4;$A$1
   2:$H$12;0)))
   ```

3. Legen Sie (wie oben beschrieben) das gewünschte Format für die Markierung fest und bestätigen Sie abschließend wieder jeweils durch Klick auf die Schaltfläche *OK*.

Diese Formel kann auch für den gesamten Bereich *A12:H23* verwendet werden. Wenn Sie unterschiedliche Formeln verwenden, können sich allerdings Vorspalte und Überschrift (wie in Abbildung 12.32) durch ein anderes Format vom Datenbereich abheben.

Linien für Datengruppen einfügen

Ein weiteres Beispiel: In einer umfangreichen Liste, die nach Artikelnummern sortiert ist, soll nach Datensätzen mit der gleichen Nummer eine Trennlinie eingefügt werden. So können Sie zusammengehörige Gruppen schnell erkennen (Abbildung 12.33). Manuell ist das kein Problem, aber geht es auch dynamisch?

Abbildg. 12.33 Gruppen gleicher Artikelnummern mit Gruppierungslinien zusammenfassen

	A	B	C
1			
2		Gruppierungslinien für Artikellisten	
3			
4		**Artikelnummer**	**Titel**
5		3-86063-150-0	Project 2000 - Das Handbuch
6		3-86063-150-0	Project 2000 - Das Handbuch
7		3-86063-150-0	Project 2000 - Das Handbuch
8		3-86063-150-0	Project 2000 - Das Handbuch
9		3-86063-150-0	Project 2000 - Das Handbuch
10		3-86063-150-0	Project 2000 - Das Handbuch
11		3-86063-139-X	Excel 2000 - Das Handbuch
12		3-86063-139-X	Excel 2000 - Das Handbuch
13		3-86063-141-1	PowerPoint 2000 - Das Handbuch
14		3-86063-141-1	PowerPoint 2000 - Das Handbuch
15		3-86063-141-1	PowerPoint 2000 - Das Handbuch
16		3-86063-141-1	PowerPoint 2000 - Das Handbuch
17		3-86063-141-1	PowerPoint 2000 - Das Handbuch
18		3-86063-141-1	PowerPoint 2000 - Das Handbuch
19		3-86063-484-4	Microsoft Excel 2000 Programmierung
20		3-86063-484-4	Microsoft Excel 2000 Programmierung
21		3-86063-484-4	Microsoft Excel 2000 Programmierung
22		3-86063-659-6	Excel 2000/2002 - Das Profibuch
23		3-86063-659-6	Excel 2000/2002 - Das Profibuch
24		3-86063-659-6	Excel 2000/2002 - Das Profibuch
25			

Mit Hilfe der bedingten Formatierung ist es auch dynamisch realisierbar, und zwar so:

1. Markieren Sie den Datenbereich *B4:D23*.
2. Sortieren Sie die Daten über den Menübefehl *Daten/Sortieren* nach der Artikelnummer.
3. Wählen Sie den Menübefehl *Format/Bedingte Formatierung*.
4. Im geöffneten Dialogfeld wählen Sie für die *Bedingung 1* im linken Listenfeld den Eintrag *Formel ist* aus und tragen in das Feld rechts daneben die Formel =WENN($B5<>$B4;1;0)>0 ein.
5. Über die Schaltfläche *Format* wählen Sie auf der Registerkarte *Rahmen* den unteren Rahmen aus.
6. Schließen Sie die Dialogfelder *Zellen formatieren* und *Bedingte Formatierung* jeweils mit Klick auf *OK*.

Die genannte Formel prüft, ob der Wert der nachfolgenden Zeile ungleich dem der aktuellen Zeile ist. Keine *Bedingte Formatierung* wird vorgenommen, wenn die Zellen den gleichen Inhalt haben. Wenn die Bedingung *WAHR* ist, liefert die Prüfung der *WENN*-Funktion eine Eins (*1*). Der Vergleich, ob der Wert größer Null ist, ist dann auch *WAHR* und das Format wird zugewiesen. Damit haben Sie eine Trennlinie zwischen die Gruppen gezeichnet.

> **HINWEIS**   Auch wenn Sie die Daten absteigend sortieren, wird die Trennlinie korrekt nach dem Gruppenwechsel gezeichnet.

Das Thema »Sortieren« wird ausführlich in Kapitel 20 erklärt und zum Thema »Rahmen« finden Sie weitere Informationen in Kapitel 9.

Hilfestellung für Zahlenformate

Wenn Sie ein Zahlenformat verwenden, um Zellinhalte auszublenden, dann kann Ihnen das folgende Problem zu schaffen machen: Normalerweise kann der Inhalt einer Zelle ausgeblendet werden, wenn das Zahlenformat »;;;« (ohne Anführungszeichen) verwendet wird. Allerdings scheitert das Ausblenden, wenn der Zellinhalt mehr als 1.024 Zeichen lang ist. In diesem Fall können Sie das Ausblenden über die *Bedingte Formatierung* realisieren, wenn Sie die Länge des Zelleintrages prüfen. Dazu eignet sich die Tabellenfunktion *LÄNGE(Text)* gut, etwa in dieser Weise: =LÄNGE(D8)>1024.

Die Tabellenfunktion *LÄNGE* ermittelt die Anzahl der Zeichen in Text. Über den logischen Vergleich wird die Länge des Zellinhalts geprüft. Enthält die Zelle mehr als 1024 Zeichen, ist die Bedingung *WAHR*. Der Inhalt bleibt dann unsichtbar, wenn Sie über die Schaltfläche *Format* ein *weißes* Muster für die Zelle verwendet haben.

PROFITIPP

> Wenn Sie die Formel =LÄNGE(D8)>0 mit einem entsprechenden Muster verwenden, wird jeder Zellinhalt unabhängig vom Zahlenformat ausgeblendet.

Problematische Vergleichswerte: Brüche

Die Verwendung der *Bedingten Formatierung* ist nicht ohne Fallstricke. So ist der Vergleich mit rationalen Zahlen nicht ganz so einfach zu bewerkstelligen. Tragen Sie beispielsweise für eine Bedingung *Zellwert ist* ein und soll etwa die Spanne von *1/4* bis *1/3* formatiert werden, dann werden Sie feststellen, dass die Formatierung nicht durchgeführt wird. Rufen Sie das Dialogfeld *Bedingte Formatierung* erneut auf, stellen Sie fest, dass die Vergleichswerte abgeändert wurden. Die Spanne wurde auf *37712* und *37681* eingestellt. Was ist passiert?

Excel wandelt die Brüche in Datumswerte um. In einer Tabellenzelle ist es nicht anders. Geben Sie dort *1/3* ein, wird als Ergebnis das Datum *1. März* angezeigt.

PROFITIPP

Um den Bruch korrekt einzugeben, können Sie die folgenden beiden Methoden verwenden:

a) Geben Sie den Bruch in der Form *0[Leerzeichen]1/3* ein.

b) Geben Sie ein zusätzliches Gleichheitszeichen ein, also *=1/3* (Abbildung 12.34).

Beide Methoden funktionieren sowohl in einer Zelle als auch im Dialogfeld *Bedingte Formatierung*. Sie unterscheiden sich dadurch, dass die Eingabe mit dem Gleichheitszeichen exakt so erhalten bleibt. Bei der Methode mit der führenden Null hingegen rechnet Excel die Eingabe in eine Dezimalzahl mit einer Genauigkeit von 15 Stellen um.

Abbildg. 12.34 Durch das zusätzliche Gleichheitszeichen bleibt die Eingabe unverändert.

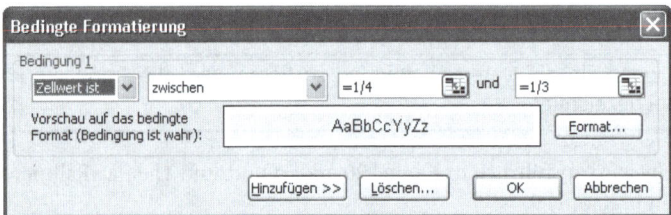

Geburtstage hervorheben

Wenn Sie eine Geburtstagsliste mit Excel verwalten, kann Ihnen die bedingte Formatierung dabei helfen. Das folgende Beispiel zeigt, wie Sie anstehende Geburtstage farbig hervorheben können.

Bei Datumswerten ist es so, dass diese auch die Jahreszahl enthalten. Beim Sortieren oder Filtern der Daten werden diese ebenfalls beachtet und die umgestellten Daten bieten nicht die gewünschte Übersicht. Mit Hilfe der bedingten Formatierung soll der Überblick verbessert werden:

- Die in den nächsten sieben Tagen anstehenden Geburtstage sollen in grüner Farbe eingefärbt werden.

- Fällt ein Geburtstag auf den aktuellen Tag, dann soll dieser Gelb eingefärbt werden.

- Ist ein Geburtstag gestern gewesen, dann soll er Rot hervorgehoben werden.

Die Abbildung 12.35 zeigt anhand einiger Beispieldaten, wie eine solche Tabelle aussehen kann.

Ein möglicher Weg die Datumswerte zu finden, ist, durch Einsatz von Tabellenfunktionen den Geburtstag für das aktuelle Jahr zu ermitteln. Die Spalten *D* und *F* enthalten mit den Funktionen *TAG(Zahl)* und *MONAT(Zahl)* den Tag und den Monat des jeweiligen Geburtstags. In Spalte *F* wird der Geburtstag für das aktuelle Jahr mit der Formel

```
=DATUM(JAHR($I$4);E4;D4)
```

berechnet. Damit kann in Zelle *G4* mit der Formel

```
=N(F4-$I$4)
```

die Datumsdifferenz zum aktuellen Tagesdatum in *I4* ermittelt werden. Die Tabelle ist damit für die Anwendung eines Filters (*AutoFilter* oder *Spezialfilter*, vgl. Kapitel 21) geeignet. In großen Listen ist dies eine geeignete Methode, die gesuchten Datumswerte zu finden.

Abbildg. 12.35 Vergangene und anstehende Geburtstage werden farbig hervorgehoben

	A	B	C	D	E	F	G	H	I	J
1										
2		**Geburtstagsliste**								
3		Namen	Geburtstage	Tag	Monat	Geburtstag im aktuellen Jahr	Differenz		Heute	
4		Marion	06.12.1961	6	12	06.12.2005	119		09.08.2005	
5		Werner	08.08.1958	8	8	08.08.2005	-1			
6		Dieter	09.08.1968	9	8	09.08.2005	0			
7		Emil	16.08.1968	16	8	16.08.2005	7			
8		Hans	10.08.1968	10	8	10.08.2005	1			
9		Irene	11.08.1978	11	8	11.08.2005	2			
10		Sabine	12.08.1968	12	8	12.08.2005	3			
11		Theodor	13.08.1993	13	8	13.08.2005	4			
12		Hermann	14.08.1968	14	8	14.08.2005	5			
13		Isidor	01.09.1948	1	9	01.09.2005	23			
14										

Für die Formatierung der Datumswerte werden die Berechnungen in den Spalten *D* bis *G* nicht benötigt. Der grundlegende Rechenweg ist allerdings der gleiche. Um die Zellen mit der bedingten Formatierung hervorzuheben, sind folgende Schritte notwendig:

1. Markieren Sie den Bereich *C4:C13*.

2. Rufen Sie den Menübefehl *Format/Bedingte Formatierung* auf.

3. Stellen Sie das Listenfeld auf *Formel ist* und verwenden Sie die Formel
   `=WENN(DATUM(JAHR($I$4);MONAT($C4);TAG($C4))-$I$4=-1;WAHR)` für die erste Bedingung.

4. Stellen Sie das Listenfeld für *Bedingung 2* auf *Formel ist* und verwenden Sie die Formel
   `=WENN(DATUM(JAHR($I$4);MONAT($C4);TAG($C4))-$I$4=0;WAHR)`.

Abbildg. 12.36 Drei Vergleiche formatieren die gewünschten Datumswerte

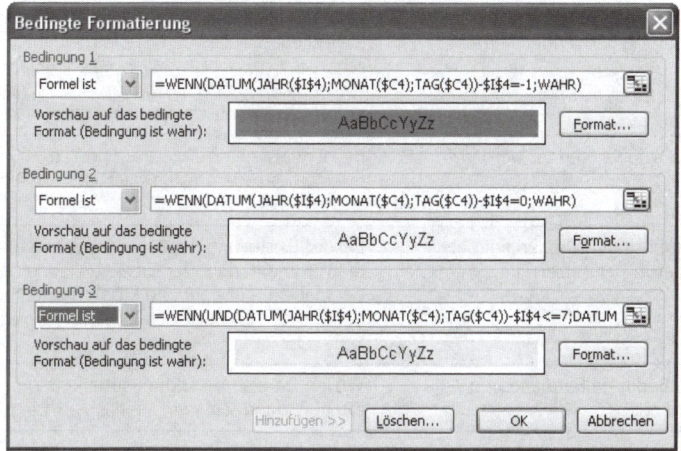

5. Für *Bedingung 3* verwenden Sie schließlich noch die Formel
   ```
   =WENN(UND(DATUM(JAHR($I$4);MONAT($C4);TAG($C4))-
   $I$4<=7;DATUM(JAHR($I$4);MONAT($C4);TAG($C4))-$I$4>0);WAHR).
   ```

6. Wählen Sie die Schaltfläche *Format* und legen Sie für die Bedingungen die Farben entsprechend Abbildung 12.36 fest.

Wie bei der Berechnung in der Tabelle wird auch für die Festlegung der bedingten Formatierung in diesem Beispiel die Tabellenfunktion *DATUM(Jahr;Monat;Tag)* verwendet, um das Vergleichsdatum aus dem Geburtstag und dem aktuellen Jahr aufzubauen. Wichtig für den Vergleich mit dem aktuellen Datum ist der absolute Bezug auf die Zelle *$I$4*. Denkbar ist hier auch der Einsatz eines *Namens*, der die Funktion *=HEUTE()* verwendet. Mehr zum Thema »Namen« finden Sie in Kapitel 19.

Zusammenfassung

Mit Hilfe der Funktion *Bedingte Formatierung* können Sie Zellinhalte von Tabellen überwachen und Abweichungen von zuvor definierten Grenzwerten oder beliebigen anderen Kriterien optisch sichtbar machen.

Frage	Antwort
Wie kann man Abweichungen von Grenzwerten sichtbar machen?	Ein Beispiel dazu finden Sie auf Seite 429.
Welche Formatierungen kann man mit der Bedingten Formatierung vornehmen?	Über die *Bedingte Formatierung* können Sie den Hintergrund einer Zelle farbig gestalten, den Schriftschnitt und die Schriftfarbe verändern oder die Zelle mit Rahmenlinien umgeben lassen. Mehr dazu finden Sie auf Seite 426.
Welche Zellinhalte kann man prüfen lassen?	Wie Seite 430 zeigt, können die überwachten Zellinhalte Zahlen oder auch Texte enthalten.
Welche Möglichkeit zum Übertragen der Bedingten Formatierung gibt es?	Auf Seite 436 erfahren Sie, wie Sie bereits festgelegte Formate auf andere Zellen übertragen können.
Welche Vergleichsoperatoren können mit der Bedingten Formatierung verwendet werden?	Beim Vergleich der Zellinhalte mit den Bedingungen, die Sie festlegen wollen, sind die folgenden Operatoren möglich: *zwischen, nicht zwischen, gleich, ungleich, kleiner als, kleiner gleich, größer als, größer gleich*. Weitere Informationen zu den Vergleichsoperatoren finden Sie auf Seite 428.
Wie können Zellbezüge verwendet werden?	Bei der Einstellung *Zellwert ist* nutzen Sie konstante Werte oder Zellbezüge. Das Beispiel auf Seite 435 zeigt, wie es geht.
Wie kann man komplexe Funktionen mit der Bedingten Formatierung einsetzen?	Bei der Einstellung *Formel ist* machen Sie sich das gesamte Instrumentarium der Excel-Funktionen nutzbar und haben nahezu unbegrenzte Möglichkeiten beim Definieren der Kriterien für bedingte Formate. Vergleichen Sie hierzu Seite 435.
Wie kann man die Bedingte Formatierung übertragen oder löschen?	Wollen Sie eine bedingte Formatierung übertragen oder löschen, dann schlagen Sie nach auf Seite 436.
Wie kann man Zellen mit Bedingter Formatierung finden?	Wie Sie Zellen mit bedingter Formatierung finden, erfahren Sie auf Seite 437.

Kapitel 13

Tabellen kommentieren

In diesem Kapitel:

Neben einfachen Berechnungen gibt es an jedem Arbeitsplatz auch aufwändigere Tabellen. Viele Werte aus unterschiedlichen Bereichen werden zusammengetragen und mit eigenen Berechnungen zu einer Prognose oder einem Bericht zusammengefasst. Da kann es schon einmal passieren, dass nach einiger Zeit nicht mehr ganz klar ist, warum eine Berechnung so und nicht anders durchgeführt oder ein Wert so hoch angesetzt wurde.

Excel bietet Ihnen Unterstützung in der Weise an, dass Sie zu jeder Zelle eine Information, einen so genannten *Kommentar*, speichern können.

Kommentare können beispielsweise folgende Aufgaben haben:

- Ein komplexes Tabellenmodell dokumentieren,
- erklärende Hinweise für andere Benutzer geben,
- den Bearbeiter anzeigen,
- Prüfungsvermerke erstellen,
- das Datum von Aktualisierungen festhalten,
- Hinweise zur Verfügbarkeit von Daten geben,
- Hinweise zum Ursprung von Daten geben,
- Erklärungen zu den Daten hinzufügen und
- Hinweise zur Historie von Daten und Tabellenmodellen geben.

Daran, dass diese Liste so lang und dennoch bei weitem nicht vollständig ist, können Sie sehen, dass die Verwendung von Kommentaren eine überaus nützliche Sache ist. Das folgende Kapitel zeigt Ihnen, wie Sie Kommentare in Tabellen verwenden können.

Die Beispiele zu diesem Kapitel finden Sie in der Datei *Kap13.xls* im Ordner *\Buch\Kap13* auf der CD-ROM zu diesem Buch.

Kommentar einfügen, bearbeiten und löschen

Ein Kommentar ist ein spezielles Textfeld, das für jede beliebige Zelle eingefügt werden kann und mit dieser verbunden ist.

Über den Menübefehl *Einfügen/Kommentar* können Sie einen Kommentar in die aktive Zelle einfügen. Mit der Tastenkombination ⇧+F2 gelangen Sie ebenfalls in den Eingabemodus für Kommentare.

Abbildg. 13.1 Eingabemodus für Kommentare

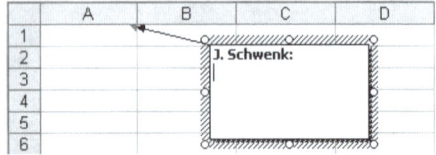

Der Benutzername ist bereits eingetragen (siehe Abbildung 13.1). Dabei wird der Name verwendet, der beim Menübefehl *Extras/Optionen* auf der Registerkarte *Allgemein* unter *Benutzername* eingetragen ist. Die Schreibmarke steht in der folgenden Zeile, Sie können also sofort mit der Eingabe beginnen.

Einen Zeilenumbruch können Sie mit der [↵]-Taste einfügen. Wenn Sie den Text vollständig eingetragen haben, klicken Sie mit der Maus auf eine beliebige Zelle oder drücken Sie zweimal die [Esc]-Taste. Damit ist der Kommentar dann eingefügt.

Ist eine Arbeitsmappe über den Menübefehl *Extras/Arbeitsmappe freigeben* für andere Benutzer freigegeben, kann jeder Benutzer Kommentare einfügen. Wenn ein Benutzer einen bestehenden Kommentar zur Bearbeitung öffnet, wird der Namenszug des Benutzers eingetragen. Neue Kommentare bzw. Ergänzungen können so dem Verursacher jeweils zugeordnet werden.

Kommentar bearbeiten und löschen

Enthält die aktive Zelle einen Kommentar, können Sie über das Kontextmenü mit der rechten Maustaste unter den wichtigsten Befehlen zum Bearbeiten eines Kommentars wählen (siehe Abbildung 13.2).

Abbildg. 13.2 Das Kontextmenü für Zellen mit Kommentar bietet die wichtigsten Befehle an.

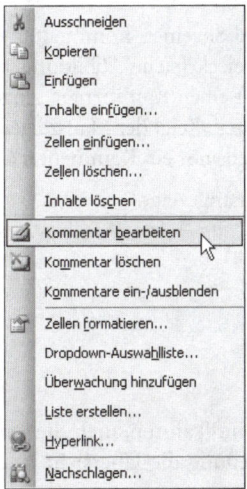

Über den Befehl *Kommentar bearbeiten* können Sie in den Editiermodus wechseln und den Kommentar ändern oder erweitern. Mit der Tastenkombination [⇧]+[F2] gelangen Sie ebenfalls in diese Schreibposition.

Der Befehl *Kommentar löschen* entfernt den Kommentar ohne Sicherheitsabfrage. Er entspricht dem Menübefehl *Bearbeiten/Löschen/Kommentare*.

Mit *Kommentare ein-/ausblenden* können Sie den Kommentar der aktuell markierten Zelle dauerhaft anzeigen lassen. Um alle Kommentare anzuzeigen, wählen Sie den Menübefehl *Ansicht/Kommentare*. Dieser Befehl zeigt nicht nur die Kommentare der aktiven Tabelle an, sondern sämtliche Kommentare der gesamten Arbeitsmappe wie auch die der sonst noch geöffneten Arbeitsmappen.

Tabellen und Daten formatieren

Kommentare anzeigen und finden

Wie Kommentare angezeigt werden, können Sie über den Menübefehl *Extras/Optionen* auf der Registerkarte *Ansicht* einstellen. Sie können dort unter drei Optionen wählen (siehe Abbildung 13.3).

Abbildg. 13.3 Die Einstellung der Optionen für Kommentare vornehmen

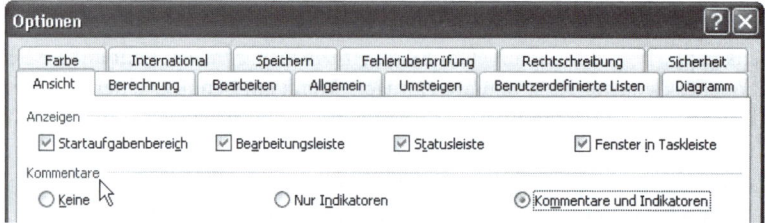

Wenn Sie in der Gruppe *Kommentare* die Option *Keine* einstellen, dann

- werden Kommentare nicht angezeigt. Alle Kommentare sind somit verborgen.

- gilt diese Einstellung für alle Arbeitsmappen.

- werden beim Drucken Kommentare nur gedruckt, wenn Sie über *Datei/Seite einrichten* auf der Registerkarte *Tabelle* im Listenfeld *Kommentare* die Einstellung *Am Ende des Blattes* wählen.

Wenn Sie die Option *Nur Indikatoren (Standard)* verwenden und Sie einen Kommentar eingetragen haben, wird ein Indikator angezeigt: Das ist ein kleines rotes Dreieck (siehe Abbildung 13.4) in der rechten oberen Ecke der Zelle. Sie haben damit einen Hinweis auf einen Kommentar. Angezeigt wird der Kommentar dann, wenn Sie den Mauszeiger über die Zelle führen. Zeigt der Mauszeiger wieder auf eine andere Zelle, wird der Kommentar ausgeblendet. So wird jeweils nur ein Kommentar angezeigt.

Die Indikatoren werden übrigens auch in der Webseitenvorschau angezeigt.

Abbildg. 13.4 Ein Indikator als Hinweis auf einen Kommentar

	A	B
1		
2		

Die Einstellung *Kommentare und Indikatoren* zeigt neben den Indikatoren auch die Kommentare selbst dauerhaft an. Bei vielen Kommentaren wird diese Einstellung die Übersicht in der Tabelle erschweren.

Abbildg. 13.5 Kommentar und Indikator anzeigen

	A	B	C	D	E	F	G	H	I
1									
2		Verkäufe im April 2003					Jürgen Schwenk:		
3		Datum	Anzahl	Artikel	Einzelpreis	Umsatz	Seit 2001 in Euro!		
4		2.4.2003	25	CD-Rohlinge	2,48 €	62,00 €			
5		2.4.2003	3	Computer Komplettsysteme	2.999,00 €	8.997,00 €			
6		2.4.2003	7	Netzwerkkarten	38,50 €	269,50 €			
7		2.4.2003	3	Netzwerk-Kabel, crossover	21,40 €	64,20 €			
8									

Alle Zellen mit Kommentaren markieren

Um alle Zellen zu markieren, die einen Kommentar enthalten, können Sie das Dialogfeld *Gehe zu* verwenden. Führen Sie dazu die folgenden Schritte aus.

1. Wählen Sie den Menübefehl *Bearbeiten/Gehe zu*.
2. Klicken Sie auf die Schaltfläche *Inhalte*.
3. Markieren Sie die Option *Kommentare*.
4. Beenden Sie die Eingabe mit Klick auf *OK*.

Excel markiert daraufhin im aktiven Tabellenblatt alle Zellen mit Kommentaren. Diese Aktion ist unabhängig davon, wie die Kommentare angezeigt werden.

PROFITIPP

> Sie können nun mit der ⇥-Taste alle Zellen nacheinander auswählen. Mit der Tastenkombination ⇧+⇥ können Sie jeweils eine Zelle (mit Kommentar) zurückspringen.

Wie Sie nach bestimmten Inhalten in Kommentaren suchen können, zeigt Ihnen das Kapitel 4.

Kommentare formatieren

Ein Kommentar ist ein *Objekt*, das Sie – wie andere Objekte auch – formatieren können. Einstellungen wie Farbe, Schriftart und Schriftgröße sowie die Einstellungen zur Objektgröße können geändert werden.

Nehmen wir an, Sie möchten einen bestehenden Kommentar so formatieren, dass seine Größe an den eingetragenen Text angepasst wird. Die Lösung ist einfach: Excel kann den Kommentar automatisch an die Länge der eingetragenen Zeichenfolge anpassen. Dazu sind die folgenden Schritte durchzuführen:

1. Wählen Sie die kommentierte Zelle aus und zeigen Sie den Kommentar, z.B. über die Tastenkombination ⇧+F2, im Editiermodus an.
2. Klicken Sie dann auf den schraffierten Rahmen. Die Schreibmarke blinkt dabei nicht im Kommentarfeld; im Namenfeld der Bearbeitungsleiste wird der Name des Kommentars angezeigt. **Achtung:** Wenn Sie sich im Eingabemodus befinden, können Sie nur die Schriftart für den Kommentartext ändern.
3. Wählen Sie den Menübefehl *Format/Kommentar*. Wechseln Sie im Dialogfeld *Kommentar formatieren* zur Registerkarte *Ausrichtung*.
4. Markieren Sie das Kontrollkästchen *Automatische Größe* (siehe Abbildung 13.6). Beenden Sie die Eingabe mit Klick auf die Schaltfläche *OK*.

Die Größe des Kommentarfeldes richtet sich nun nach dem eingetragenen Text.

Tabellen und Daten formatieren

Abbildg. 13.6 Die Größe des Kommentars automatisch an die eingetragene Zeichenfolge anpassen

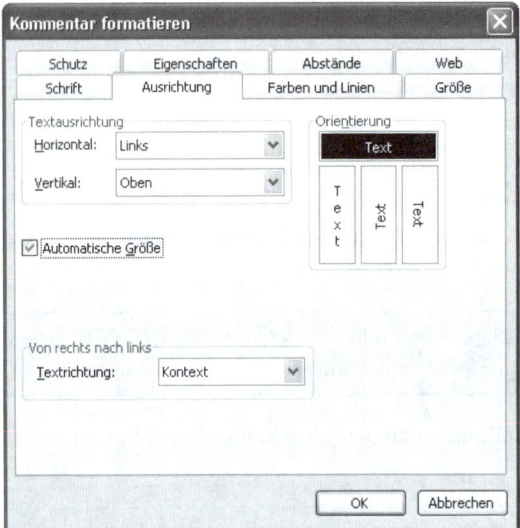

Wenn Sie den Text ohne Zeilenumbruch eingetragen haben, wird der Kommentar auch einzeilig angezeigt (Abbildung 13.7). Fügen Sie der besseren Übersicht wegen an entsprechender Stelle mit der ⏎-Taste einen Zeilenumbruch ein.

Abbildg. 13.7 Automatische Größenanpassung

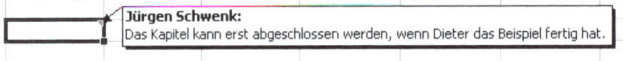

WICHTIG   Wenn Sie weiteren Text eintragen, wird die Größe des Kommentars an die neue Länge der Zeichenfolge angepasst.

Position und Größe von Kommentaren ändern

Wenn Sie einen Kommentar einblenden, überdeckt dieser vielleicht einen Bereich, den Sie ebenfalls gern einsehen wollen. Sie können den Kommentar dann mit den folgenden Schritten an eine andere Stelle verschieben:

1. Markieren Sie die Zelle mit dem Kommentar.
2. Wechseln Sie über den Menübefehl *Einfügen/Kommentar bearbeiten* in den Bearbeitungsmodus.
3. Klicken Sie mit der linken Maustaste auf den Rahmen des Kommentars und halten Sie die Maustaste gedrückt. Sie können nun den Kommentar an eine andere Stelle verschieben.

Um die Größe zu ändern, können Sie die Ziehpunkte verwenden, die sich auf dem schraffierten Rahmen befinden (siehe Abbildung 13.8). Dabei können Sie über die Ziehpunkte an den Ecken des Kommentarfelds gleichzeitig Höhe und Breite anpassen. Das Namenfeld zeigt dabei die relative Größenänderung in Prozent an.

Abbildg. 13.8 Position und Größe eines Kommentars können nach eigenen Wünschen verändert werden.

TIPP Wollen Sie den Kommentar an den darunter liegenden Zellen ausrichten, halten Sie bei der Größenänderung die ⌈Alt⌋-Taste gedrückt. Wenn Sie die ⌈⇧⌋-Taste gedrückt halten, wird bei der Änderung das Seitenverhältnis berücksichtigt.

Standardschriftgröße für Kommentare einstellen

Wenn Sie viel mit Kommentaren arbeiten, wollen Sie vielleicht die Standardschriftart in Kommentaren ändern. Das nachträgliche Formatieren ist mit Aufwand verbunden, der vermeidbar ist.

PROFITIPP

Wenn Sie z.B. die Standard-Schriftgröße für Kommentare auf 10 Punkt ändern wollen, müssen Sie zunächst wissen, dass Excel für die Standard-Schriftgröße von Kommentaren die allgemeinen Einstellungen von Windows verwendet. Um diese zu ändern, gehen Sie wie folgt vor:

1. Klicken Sie mit der rechten Maustaste auf den Windows-Desktop und wählen das Kontextmenü *Eigenschaften*.
2. Wechseln Sie im Dialogfeld *Eigenschaften von Anzeige* zur Registerkarte *Darstellung* und klicken Sie auf die Schaltfläche *Erweitert*.
3. Wählen Sie anschließend im Listenfeld *Element* den Eintrag *QuickInfo* aus.
4. Ändern Sie die Schriftgröße über das Dropdown-Feld *Schriftgrad* (unter Windows 2000: *Grad*) wie gewünscht auf *10*. Bestätigen Sie die Änderungen mit Klick auf *OK*.

Wenn Sie jetzt in Excel einen Kommentar einfügen, wird dieser automatisch in der Schriftgröße *10* eingefügt.

Die Schriftgröße der *QuickInfos* von Symbolen wird mit diesem Verfahren ebenfalls geändert.

Kommentare kopieren

Benötigen Sie für mehrere Zellen den gleichen Kommentar, müssen Sie diesen nicht mehrfach eingeben. Excel stellt einen Befehl zur Verfügung, mit dem Kommentare bequem kopiert werden können. Und das geht so:

1. Geben Sie den Kommentar in eine Zelle ein und beenden Sie die Eingabe.
2. Wählen Sie den Menübefehl *Bearbeiten/Kopieren*. Sie kopieren damit die Zelle in die Zwischenablage.

3. Markieren Sie die Zelle(n), welche ebenfalls den Kommentar enthalten soll(en). Mehrere, nicht zusammenhängende Zellen können Sie mit der ⌈Strg⌋-Taste markieren.

4. Wählen Sie den Menübefehl *Bearbeiten/Inhalte einfügen*.

5. Im Dialogfeld *Inhalte einfügen* wählen Sie die Option *Kommentare* (siehe Abbildung 13.9). Beenden Sie die Eingabe mit Klick auf *OK*.

Abbildg. 13.9 Beim Kopieren nur die Kommentare einfügen

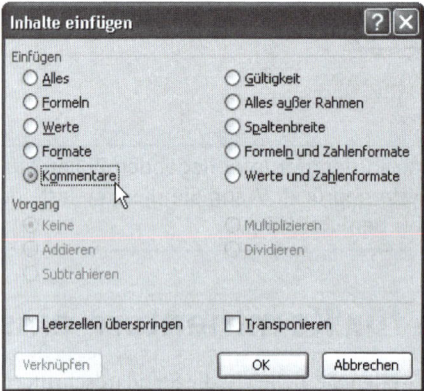

Die markierten Zellen enthalten nun den gleichen Kommentar wie die Ursprungszelle.

Kommentare komfortabel auswählen

Wer viel mit Kommentaren arbeitet und diese häufig einsehen muss, der findet entsprechende Unterstützung dafür auf einer speziellen Symbolleiste. Über den Befehl *Ansicht/Symbolleisten* können Sie die in Abbildung 13.10 gezeigte Symbolleiste *Überarbeiten* einblenden.

Abbildg. 13.10 Die Symbolleiste zum Überarbeiten von Kommentaren

Die ersten sechs Schaltflächen sind für die Erstellung und Bearbeitung von Kommentaren von Interesse.

 Mit der Schaltfläche *Neuer Kommentar* können Sie einen (weiteren) Kommentar einfügen. Wenn die aktive Zelle bereits einen Kommentar enthält, ändert diese Schaltfläche ihr Aussehen. Sie heißt dann *Kommentar bearbeiten* und bringt Sie in den Eingabemodus, wo Sie den bereits bestehenden Kommentar bearbeiten können.

 Die beiden Schaltflächen *Vorheriger Kommentar* bzw. *Nächster Kommentar* helfen beim Überarbeiten. Sie können damit den vorherigen bzw. den nächsten Kommentar anzeigen lassen und aktivieren. Interessant ist dabei, dass Sie mit diesen Schaltflächen durch die Kommentare der gesamten Arbeitsmappe navigieren können.

Mit der Schaltfläche *Kommentare ein-/ausblenden* ist es möglich, einen einzelnen Kommentar anzuzeigen oder vom Bildschirm zu entfernen. Sie können damit ganz gezielt einzelne Kommentare dauerhaft anzeigen lassen und andere wiederum nicht.

 Mit der Schaltfläche *Alle Kommentare anzeigen* können Sie sämtliche Kommentare dauerhaft anzeigen lassen. Werden bereits alle Kommentare angezeigt, können Sie mit dieser Schaltfläche, die nun *Alle Kommentare ausblenden* heißt, die Kommentare wieder vom Bildschirm entfernen. Dieser Befehl wirkt sich auf alle Kommentare der gesamten Mappe aus.

 Für das Löschen von Kommentaren ist ebenfalls eine Schaltfläche verfügbar. Wenn Sie mehrere Zellen mit Kommentaren markiert haben, können Sie alle darin befindlichen Kommentare in einem Schritt löschen. Achtung: Das Löschen erfolgt ohne Sicherheitsabfrage!

Neue Funktionen in der *Überarbeiten*-Symbolleiste

In Excel 2003 haben sich auf der Symbolleiste *Überarbeiten* zwei neue Funktionen hinzugesellt:

- Freihandanmerkungen anzeigen
- Alle Freihandanmerkungen löschen

Beide Schaltflächen stammen von der Symbolleiste *Freihandanmerkungen*. Dieses Feature steht nur zur Verfügung, wenn Excel 2003 auf einem Tablet PC läuft. Mithilfe der Freihand-Features in Microsoft Office System können Sie einen Tablet PC und einen Tablettstift zum Einfügen handschriftlicher Anmerkungen in Word 2003, PowerPoint 2003 und Excel 2003 verwenden.

Sie können den Befehl *Freihandanmerkungen* verwenden, um Anmerkungen zum vorhandenen Inhalt eines Dokuments hinzuzufügen (ähnlich wie beim Markieren eines auf Papier gedruckten Dokuments).

Sie müssen Office auf einem Tablet PC ausführen, um Freihandeingaben zu erstellen, Sie benötigen jedoch keinen Tablet PC, um Freihandeingaben zu kopieren, einzufügen, zu verschieben, ihre Größe zu ändern oder sie zu löschen. Die Freihandeingabe wird als Objekt behandelt, ähnlich wie Zeichnungsobjekte.

Die Symbolleiste *Freihandanmerkungen* erhalten Sie über das Menü *Einfügen*. Darauf befinden sich Symbole für die Stift- und Farbauswahl, für das Ein- und Ausblenden sowie das Löschen der Freihandanmerkungen. Ein Tablet PC stellt übrigens den Befehl *Freihandanmerkungen* zur Verfügung.

Eine Grafik im Kommentar anzeigen

Wenn Sie doppelt auf den Rahmen um den Kommentar klicken, wird das Dialogfeld *Kommentar formatieren* angezeigt (vgl. Abbildung 13.6). Dort finden Sie zahlreiche Möglichkeiten, mit denen Sie den Kommentar nach Ihren persönlichen Vorlieben bzw. den Vorgaben Ihrer Firma formatieren können. Sie können hier auch ein Hintergrundbild für den Kommentar festlegen. Wie Sie beispielsweise ein eigenes Diagramm im Hintergrund eines Kommentars anzeigen können, zeigt Ihnen nachfolgend ein Beispiel.

Aus einem Diagramm ein Bild machen

Zunächst gilt es, das Diagramm zu erstellen und dieses anschließend als Bilddatei abzuspeichern. Das erledigen Sie mit den nachfolgenden Schritten:

1. Erstellen Sie zunächst das Diagramm für den Hintergrund auf einem eigenen Diagrammblatt. Verwenden Sie für die Texte eine ausreichend große Schriftart.

2. Erzeugen Sie nun ein Bild von diesem Diagramm. Aktivieren Sie dazu das Diagrammblatt. Wählen Sie den Menübefehl *Datei/Drucken*. Wählen Sie im Listenfeld *Name* den Drucker *Microsoft Office Document Image Writer* aus.

3. Klicken Sie auf *Eigenschaften* und wechseln Sie im angezeigten Dialogfeld auf die Registerkarte *Erweitert*.

4. Stellen Sie dort die Option *TIFF – Monochromes Fax* ein und schließen Sie das Dialogfeld mit *OK*.

5. Starten Sie die Druckausgabe mit *OK*.

6. Sie werden zur Eingabe eines Dateinamens aufgefordert. Merken Sie sich den Ordner und den Namen.

7. Wenn Sie auf die Schaltfläche *Speichern* klicken, beginnt die Druckausgabe. Das Programm *Microsoft Office Document Imaging* wird gestartet und zeigt das eben erzeugte Bild an.

> **HINWEIS**   Das so erzeugte Bild ist nicht dynamisch mit dem Diagramm verbunden.

Mehr zum »Drucken mit dem *Microsoft Office Document Image Writer*« finden Sie in Kapitel 5.

Das Bild im Kommentar anzeigen

Die Bilddatei liegt nun vor – jetzt gilt es, diese im Kommentar anzeigen zu lassen (vgl. Abbildung 13.12). Sehen Sie sich dazu die weiteren Schritte an:

1. Fügen Sie einen Kommentar ein oder aktivieren Sie eine Zelle mit Kommentar.

2. Blenden Sie den Kommentar ein und klicken Sie doppelt auf den Rahmen.

3. Im Dialogfeld *Kommentar formatieren* wechseln Sie auf die Registerkarte *Farben und Linien*.

4. Klicken Sie auf das Listenfeld *Farbe* und wählen Sie dort den Eintrag *Fülleffekte*.

5. Im Dialogfeld *Fülleffekte* wechseln Sie auf die Registerkarte *Grafik* (vgl. Abbildung 13.11).

6. Klicken Sie dort auf die Schaltfläche *Grafik auswählen*.

7. Wählen Sie das zuvor erstellte Bild aus und klicken Sie auf *Einfügen*.

8. Schließen Sie alle Dialogfelder mit *OK*.

Abbildg. 13.11   Über *Grafik auswählen* können Sie nach der gewünschten Grafik suchen.

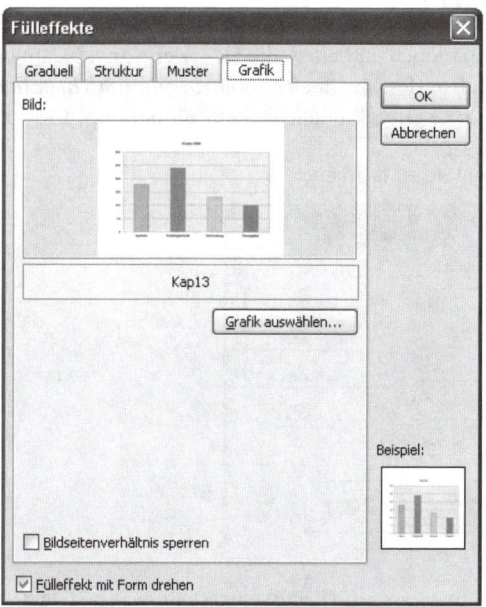

WICHTIG   Beachten Sie, dass die Grafik im Editiermodus nicht angezeigt wird! Achten Sie bei der Auswahl der Grafik auf die Hintergrundfarbe. Unter Umständen ist der eigentliche Kommentar nicht sichtbar. Passen Sie in diesem Fall die Schriftart für den Kommentartext an.

Abbildg. 13.12   Zusätzlich zum Kommentar kann auch eine Grafik angezeigt werden.

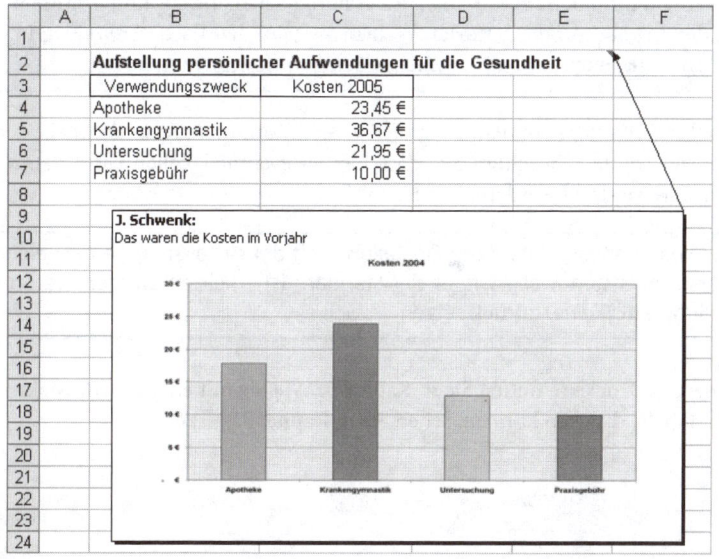

Kommentare drucken

Kommentare können wichtige Informationen enthalten, die Sie – wenn angebracht oder gewünscht – auch ausdrucken können. Nach Aufruf des Menübefehls *Datei/Seite einrichten* finden Sie hierzu auf der Registerkarte *Tabelle* verschiedene Einstellmöglichkeiten (Abbildung 13.13).

Abbildg. 13.13 Die Einstellmöglichkeiten, um Kommentare zu drucken

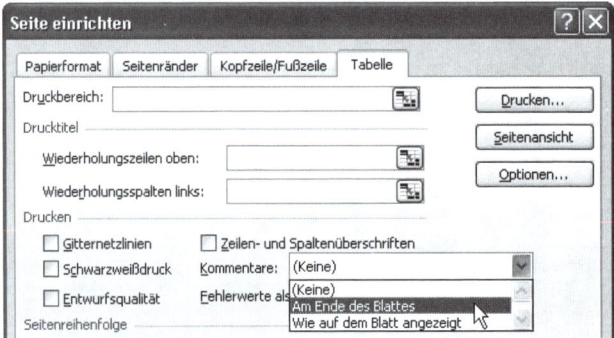

Standardmäßig ist das Listenfeld *Kommentare* auf *(Keine)* eingestellt, was bedeutet, dass Kommentare nicht gedruckt werden.

Mit der Einstellung *Am Ende des Blattes* (siehe Abbildung 13.13) werden alle Kommentare nach dem Ausdruck der Tabelle gedruckt. Der Ausdruck beginnt dabei auf einer neuen Seite und zeigt neben dem Kommentar auch die Zelladresse an. So behalten Sie den Überblick und können nachvollziehen, auf welche Zelle sich der Kommentar bezieht.

PROFITIPP

> Wollen Sie lediglich die Kommentare drucken, verwenden Sie die Einstellung *Am Ende des Blattes*. Wechseln Sie dann über *Datei/Seitenansicht* in die Seitenansicht und ermitteln Sie die Seite, auf welcher der erste Kommentar startet. Wählen Sie die Schaltfläche *Drucken* und geben Sie für die Option *Seiten* die Startseite sowie die letzte Seite mit Kommentar an.

Mit der Einstellung *Wie auf dem Blatt angezeigt* werden Kommentare an der Stelle gedruckt, an der sie auch angezeigt werden. Beachten Sie, dass hierbei eventuell Zellen (und damit deren Inhalt) durch Kommentare verdeckt werden können.

WICHTIG   Beachten Sie, dass diese Einstellung mit der Arbeitsmappe gespeichert wird. Wollen Sie also beim nächsten Mal – wie es der Standard ist – keine Kommentare drucken, müssen Sie die Einstellung auf *(Keine)* zurück setzen.

Mehr zum Thema »Drucken« finden Sie in Kapitel 5. Wie Sie mit einem VBA-Makro **nur** die Kommentare einer Tabelle drucken können, sehen Sie in Kapitel 31.

Zusammenfassung

Nicht nur für die Qualitätssicherung, auch als kurze Erinnerung, wo die Daten herkommen oder was zu beachten ist, steht Ihnen mit dem Kommentar eine nützliche Funktionalität zur Verfügung. Nutzen Sie diesen wichtigen Baustein, um sich und Ihren Kollegen erläuternde Hinweise zu geben.

Sie möchten ...	Sie finden die Lösung auf Seite
einen Kommentar einfügen, um dem Bearbeiter einen Hinweis zu geben	464
einen Kommentar ergänzen	464
alle Zellen mit Kommentaren finden	466
einen Kommentar löschen	465
einen Kommentar nach Belieben formatieren	467
die Größe eines Kommentars automatisch anpassen	468
die Position und die Größe eines Kommentars selbst einstellen	468
die Standardschriftgröße für Kommentare ändern	469
nur Kommentare kopieren	469
eine Grafik im Kommentar anzeigen	471
Kommentare ausdrucken	474

Tabellen und Daten formatieren

Teil D

Von der Tabelle zur Infografik

In diesem Teil:

In diesem Abschnitt können Sie sich weitere interessante und kreative Anwendungsbereiche des Programms erschließen. Excel ist nämlich auch ein Programm zum Zeichnen und Präsentieren. Es eignet sich hervorragend zum bildhaften Darstellen von Informationen und Abläufen sowie zum Hervorheben von Zahlen.

Sie erfahren hier, wie Sie eine Grafik einbinden, welche grundlegenden Unterschiede einzelne Grafikformate haben und welche Grafikformate von Excel unterstützt werden. Außerdem lernen Sie, was Sie beim Einbinden eines Hintergrundbilds für Tabellen beachten sollten.

Mit AutoFormen können Sie eine Vielzahl an vorgefertigten Zeichenobjekten einfügen und diese darüberhinaus mit zahlreichen Formatierungen versehen. Weiter erfahren Sie hier, wie Sie die Größe und Position solcher Zeichenobjekte exakt bestimmen.

Hinzu kommt, dass Excel 2003 mit der neuen Funktion *Schematische Darstellung* fertige Diagrammtypen wie Organigramm, Pyramide oder Zyklusdiagramm anbietet. Auf diese Weise können Sie bildhafte Darstellungen zu diesen Themen schnell erstellen. Auch jene Excel-Nutzer, die bereits die grafischen Fähigkeiten des Programms einsetzen, finden mit dieser Darstellungsform neue Impulse und Werkzeuge.

Kapitel 14

Tabellen mit Grafiken aufwerten und ergänzen

In diesem Kapitel:

Von der Tabelle zur Infografik

Warum einfache Zahlenkolonnen nicht immer genügen

Bisher haben Sie in diesem Buch erfahren, welche vielfältigen Möglichkeiten Excel zum Gestalten Ihrer Arbeitsblätter bietet, wenn Sie die Befehle *Format/Zellen*, *Format/Bedingte Formatierung* oder *Datei/Seite einrichten* verwenden. Doch Ihr Tabellenkalkulationsprogramm bietet weit mehr als nur die Möglichkeit, Zahlen und Zellen zu formatieren. In dem Augenblick, da Daten ausgedruckt, per E-Mail weitergeleitet oder per Overhead-Projektor und Beamer präsentiert werden, kommt es auch auf eine gute Gestaltung der Tabellen an.

Wenn Sie Ihre Arbeitsmappen optisch aufwerten wollen, stehen Ihnen in Excel folgende Möglichkeiten zur Verfügung:

- Tabellenblätter mit Grafiken hinterlegen, um das Corporate Design zu unterstützen.
- Tabellenblätter mit Logos versehen (Erläuterungen dazu beim Thema Drucken in Kapitel 5).
- Einzelne Zahlen oder Zellbereiche mit grafischen Hinweisen (Pfeile, Ellipsen usw.) hervorheben.
- Übersichten mit Hilfe von Ablauf- oder Flussdiagrammen sowie weiteren schematischen Darstellungen anfertigen.
- Wichtige Informationen mit grafischen Hyperlinks schneller verfügbar machen.
- Zahlen in Diagrammen darstellen (wird in Kapitel 17 und 18 detailliert beschrieben).

Keine Sorge, es geht in diesem Kapitel nicht darum, dass Sie fehlende Inhalte durch ein Mehr an Gestaltung ausgleichen sollen. Nein, wir möchten Ihnen Anregungen vermitteln, wie Sie mit wenigen Handgriffen Ihr Zahlenmaterial – welches seiner Herkunft nach eher eine »trockene Materie« ist – zu ansprechenden Informationen aufbereiten. Nachdem Sie in Ihren Tabellen Daten gesammelt, berechnet und analysiert haben, folgt in diesem Kapitel der Schritt der optischen Aufbereitung.

Dabei stellen sich zahlreiche Fragen zu Inhalt und Form:

- Welche Informationen soll die Tabelle dem Betrachter liefern?
- Welche Daten sind dabei besonders wichtig, welche weniger relevant?
- Sind Texte kurz und prägnant? Sind Abkürzungen vermeidbar oder zumindest für jeden Betrachter verständlich?
- Ist die gewählte Schrift gut lesbar?
- Wie können Farben zum Hervorheben und Gliedern der Daten eingesetzt werden?
- Sollen wichtige Daten durch Pfeile oder andere *AutoFormen* gekennzeichnet werden?
- Wie lassen sich Rahmen und Linien sinnvoll verwenden, um Informationen hervorzuheben oder zu ordnen?
- Mit welchen Mitteln lassen sich eintönige Zahlenkolonnen auflockern?
- Wie können Bilder, Diagramme oder schematische Darstellungen die Aussage der Zahlen ergänzen und verstärken?

Es geht also darum, Ihre Daten »im richtigen Licht« darzustellen und es den Betrachtern zu erleichtern, sich in Ihren Tabellen zurechtzufinden, Wesentliches sofort zu erfassen und Zusatzinformationen schnell zu erschließen.

Tabellenblätter im Corporate Design gestalten

Besonders eindrucksvoll gestalten Sie Ihre Tabellenblätter, die zur Weitergabe bestimmt sind, wenn Sie Firmen- oder Produktlogos in den Hintergrund einbauen. Doch zuvor sollten Sie sich noch mit einigen wichtigen Informationen zum Einsatz von Grafiken ausrüsten.

Das 1x1 der Grafikformate kennen

Wenn Sie Grafiken importieren, bearbeiten oder selbst erstellen, ist es nützlich, zunächst einmal die Unterschiede zwischen den beiden grundlegenden Typen von Grafiken zu kennen. Es gibt Bitmap- und Vektorgrafiken. Wozu ist es wichtig, diesen Unterschied zu kennen? Weil Sie beim Formatieren und Bearbeiten der Grafiken feststellen werden, dass die jeweils verfügbaren Möglichkeiten und Werkzeuge variieren, und zwar in Abhängigkeit vom gewählten Grafiktyp.

Was sind Bitmap-Grafiken?

Bitmaps – auch Rasterbilder genannt – werden aus einer Vielzahl von kleinen Bildpunkten zusammengesetzt. Sie werden in speziellen Grafikanwendungen wie beispielsweise Microsoft Paint erstellt und bearbeitet. Eingescannte Grafiken und Fotos sind ebenfalls Bitmaps. Die Grafikprogramme legen beim Speichern der Bilder u.a. die Information ab, wie viel Bildpunkte auf einer bestimmten Fläche (Höhe x Breite) vorhanden sind. Vergrößern Sie dann ein solches Bild, sind für die dabei entstehenden zusätzlichen Flächen keine Informationen über Bildpunkte vorhanden. Das Bild wird sozusagen zerrissen und die einzelnen Bildpunkte, die das Bild ausmachen, werden sichtbar. Die Bilder erscheinen dann verschwommen oder am Rand ausgefranst (Treppeneffekt).

Die Farbdarstellung von Bitmapdateien kann durch die Veränderung von Helligkeit, Kontrast und die Umwandlung von Farben in Schwarz-Weiß beziehungsweise Grautöne oder das Definieren transparenter Bereiche angepasst werden. Sollen einzelne Farben geändert werden, bedarf es eines speziellen Grafikprogramms.

Typische Bitmap-Formate haben die Dateiendungen *.bmp, .png, .jpg,* oder *.gif*.

Was sind Vektorzeichnungen?

Vektorgrafiken werden nicht aus Punkten, sondern aus Linien, Kurven, Rechtecken und anderen geometrischen Objekten zusammengesetzt. Die einzelnen Linien und Elemente können bearbeitet, bewegt, aufgelöst und wieder neu gruppiert werden. Beim Vergrößern werden die Linien und Flächen so angepasst, dass sie ihre ursprünglichen Einstellungen und Perspektive behalten. Damit treten keine Qualitätsverluste wie bei Bitmap-Grafiken auf.

Alle AutoFormen beispielsweise sind Vektorzeichnungen. AutoFormen selbst sind gebrauchsfertige Grundformen wie Rechtecke, Kreise und verschiedene Linien und Verbindungen sowie Blockpfeile, Flussdiagrammsymbole, Sterne, Banner und Legenden.

Da Vektorgrafiken aus Linien und Flächen bestehen, können diese beliebig gruppiert und angeordnet werden. Auch die Farbanpassung einer oder mehrerer Bildkomponenten ist mit den Mitteln von PowerPoint möglich.

Vektorgrafiken werden beispielsweise als Dateien mit der Endung *.wmf* abgespeichert.

Von der Tabelle zur Infografik

Diese Grafikformate können Sie in Excel verwenden

Egal, ob Sie eine Grafik von Festplatte, CD oder aus dem Netzwerk öffnen oder von einer Digitalkamera oder einem Scanner verfügbar machen: Die Grafiken können zahlreiche unterschiedliche Grafikformate besitzen. Sie lassen sich direkt oder unter Verwendung separater Grafikfilter in eine Arbeitsmappe einfügen. Der Weg dazu führt stets über die Befehlsfolge *Einfügen/Grafik*. Für die in Tabelle 14.1 aufgelisteten Grafikdateiformate benötigen Sie keinen separaten Grafikfilter.

Tabelle 14.1 Übersicht über verwendbare Grafikdateiformate

Grafikdateityp	Erläuterung
Windows-Metadatei (*WMF*) und Erweiterte Windows-Metadatei (*EMF*)	Vektorgrafik. Metadateien bestehen aus Sammlungen von Linien statt Bildpunkten und können ohne die für Bitmapgrafiken (Rastergrafiken) üblichen Verzerrungen bearbeitet werden.
Joint Photographic Experts Group (*JPG*)	Bitmapgrafik in komprimiertem Zustand. 16 Mio. Farben sind möglich. Damit für Fotos geeignet. Wird sehr stark im World Wide Web verwendet.
Portable Network Graphics (*PNG*)	Komprimierte Bitmap. Ein Grafikformat, das von einigen World Wide Web-Browsern unterstützt wird. *PNG* unterstützt variable Transparenz von Bildern (Alpha-Kanäle) sowie die Steuerung der Bildhelligkeit auf unterschiedlichen Computern (Gammakorrektur).
Microsoft Windows-Bitmap (*BMP*)	Ein Bild, das aus einer Vielzahl kleiner Punkte besteht, die sich zu Formen und Linien zusammensetzen (wie Diagrammpapier, auf dem einzelne kleine Quadrate ausgefüllt sind). Bitmaps haben in der Regel die Dateinamenerweiterung *.bmp*, seltener *.rle* und *.dib*.
Graphics Interchange Format (*GIF*)	Grafikdateiformat, das vorwiegend zur Anzeige von Grafiken in indizierten Farben im World Wide Web verwendet wird. Das *GIF*-Format unterstützt bis zu 256 Farben und verwendet eine verlustfreie Datenkompression. Das bedeutet, dass beim Komprimieren der Datei keine Bilddaten verloren gehen.

Für alle sonstigen Grafikdateiformate in der folgenden Auflistung muss der entsprechende Grafikfilter installiert sein. Wenn der benötigte Filter bei der Installation von Excel nicht ausgewählt wurde, können Sie diesen über das Setup auch noch nachträglich hinzufügen (vgl. Sie hierzu Kapitel 1).

- Computer Graphics Metafile (*.cgm*)
- CorelDRAW (Formate *.cdr, .cdt, .cmx,* und *.pat* von Version 3.0 bis 11.0)
- Encapsulated PostScript (*.eps*)
- Enhanced Metafile (*.emf*)

  Der Windows Enhanced Metafile-Grafikfilter (*Emfimp32.flt*) konvertiert Windows Enhanced Metafiles (*.emf*) in Windows-Metadateien (*.wmf*). Er muss installiert sein, wenn Sie eine EMF-Datei als Microsoft Clip Gallery- oder Photo Editor-Objekt in eine Excel-Arbeitsmappe einfügen möchten. Um eine *EMF*-Datei direkt in eine Microsoft Excel-Arbeitsmappe einzufügen, benötigen Sie keinen Filter.

- Kodak Photo CD (*.pcd*)
- Macintosh PICT (*.pct*)
- PC Paintbrush (*.pcx*)
- Tagged Image File Format (*.tif*)
- WordPerfect Graphics (*.wpg*)

Beispiel: Ein Produktfoto als Hintergrund verwenden

Um Tabellenblätter deutlich mit den Merkmalen Ihres Corporate Designs zu versehen, können Sie Bilder zu Ihrem Unternehmen in den Hintergrund eines Tabellenblatts stellen. Beispielsweise lassen Sie das Logo Ihrer Firma oder die Abbildung eines Produkts als Wasserzeichen im Hintergrund der Zellen erscheinen.

Angenommen, Sie arbeiten in einem Unternehmen, das Biersorten vertreibt. Als Symbol für die verschiedenen Produkte soll ein Bierkasten eingesetzt werden, um die sachlichen Zahlenkolonnen etwas aufzulockern. Es soll über das Arbeitsblatt als Hintergrundmuster verteilt werden. Dazu sind nachfolgende Schritte erforderlich:

Schritt 1: Die Grafik für die Verwendung als Wasserzeichen vorbereiten

Wichtige Vorbedingung ist, dass die dabei eingesetzte Grafik in blassen Farben und mit wenig Kontrast eingesetzt wird, damit die Hauptinformationen in Ihrem Tabellenblatt lesbar bleiben. Beim Einfügen eines Bildes als Hintergrundgrafik müssen Sie beachten, dass es über die volle Höhe und Breite des Tabellenblattes wiederholt wird, so als ob Kacheln neben- und untereinander angeordnet sind.

Wenn Sie das Beispiel der Grafikbearbeitung nachvollziehen wollen, verwenden Sie die Datei *Kasten0.gif* aus dem Ordner *\Buch\Kap14* auf der CD zum Buch. Die Datei hat eine Größe von 13 KB.

Wenn die gewünschte Hintergrundgrafik in ihrer Farbwirkung noch zu stark ist, muss sie zuvor noch bearbeitet werden:

1. Laden Sie zunächst die Grafik über den Menübefehl *Einfügen/Grafik/Aus Datei*. Lassen Sie die Grafik markiert.

Abbildg. 14.1   Die Grafik mit den Office-eigenen Mitteln zur Grafikbearbeitung als Wasserzeichen gestalten

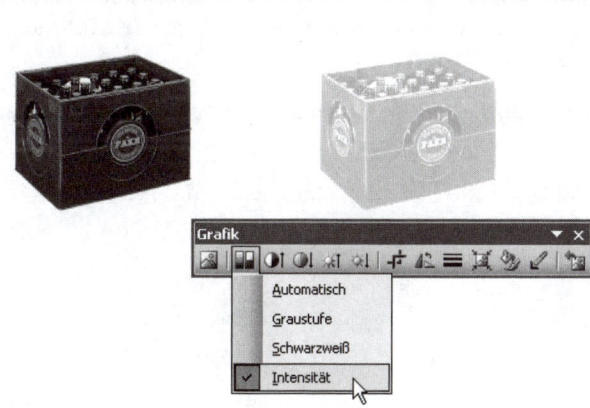

2. Wählen Sie in der Symbolleiste *Grafik* die Schaltfläche *Farbe* und dort den Befehl *Intensität* (Abbildung 14.1).

HINWEIS   Falls die *Grafik*-Symbolleiste nicht vorhanden ist, blenden Sie diese über den Menübefehl *Ansicht/Symbolleisten* ein. Schneller geht es, wenn Sie diese Symbolleiste per rechten Mausklick auf das Bild aus dem Kontextmenü aufrufen.

3. Sie können die Grafik in ihrer Farb- und Kontrastwirkung auch noch per Klick auf die Symbole für die Veränderung von *Helligkeit* und *Kontrast* zurücksetzen.

4. Kopieren Sie anschließend die Wasserzeichen-Grafik mit $\boxed{\text{Strg}}$+$\boxed{\text{C}}$ oder über den Menübefehl *Bearbeiten/Kopieren* in die Zwischenablage.

5. Rufen Sie ein Grafikprogramm auf, bearbeiten und speichern Sie dort die Datei als *.gif*-Grafik, nachdem Sie diese vorher mit $\boxed{\text{Strg}}$+$\boxed{\text{V}}$ oder über den Menübefehl *Bearbeiten/Einfügen* aus der Zwischenablage wieder abgerufen haben. Verwenden Sie dazu beispielsweise das Programm *Paint* aus der *Zubehör*-Gruppe von Windows.

PROFITIPP

Am einfachsten ist es, wenn Sie die Bearbeitung in PowerPoint vornehmen. Dort lässt sich die Datei, so wie beschrieben, einfügen und farblich zurücksetzen. Anschließend steht per Rechtsklick auf die bearbeitete Grafik im Kontextmenü der Befehl *Als Grafik speichern* zur Verfügung. Damit sparen Sie sich den Umweg über ein Grafikprogramm.

Schritt 2: Die Grafik als Hintergrund in das Blatt stellen

Arbeiten Sie nun folgende Schritte ab, um den Hintergrund Ihres Arbeitsblattes mit der Grafik zu gestalten:

1. Klicken Sie im Menü *Format* auf den Befehl *Blatt* und wählen Sie dann die Option *Hintergrund*.

Wenn Sie das Beispiel nachvollziehen wollen, verwenden Sie die bereits aufgehellte Grafikdatei *Kasten1.gif* aus dem Ordner *\Buch\Kap14* auf der CD-ROM zu diesem Buch.

2. Im nun folgenden Dialogfeld wählen Sie die gewünschte Grafikdatei aus: Über die Schaltfläche für die verschiedenen Ansichten oben rechts wählen Sie *Miniaturansichten*. So können so prüfen, ob es die gewünschte Datei ist. Bestätigen Sie mit Klick auf die Schaltfläche *Einfügen*. Ihre Grafik wird nun (ausgehend von der linken oberen Ecke des Tabellenblatts) über die gesamte Breite und Höhe des Blattes wiederholt.

Abbildg. 14.2   Das Arbeitsblatt mit aufgehelltem Bierkasten als gekachelter Hintergrundgrafik

---

HINWEIS   Bereits vorhandene Hintergrundgrafiken entfernen Sie vor diesen zwei Schritten mit der Befehlsfolge *Format/Blatt/Hintergrund löschen*.

Schritt 3: Die Tabelle als Corporate Design-gerechte Mustervorlage ablegen

Sicher werden Sie künftig auf solch eine Corporate Design-gerechte Tabelle schnell zugreifen wollen, ohne jedes Mal diese Prozedur abarbeiten zu müssen. Speichern Sie daher das Arbeitsblatt als Mustervorlage:

1. Wählen Sie dazu im Menü *Datei* den Befehl *Speichern unter*.
2. Klicken Sie ganz unten im Feld *Dateityp* auf *Mustervorlage* (Dateiendung *.xlt*).
3. Speichern Sie die Datei im Ordner *Vorlagen*, der sich je nach Windows-Version im *Office*- oder im *Excel*-Ordner befindet oder der einer der Unterordner des Ordners *Dokumente und Einstellungen* ist (mehr dazu in Kapitel 11).

Um künftig eine neue Datei auf der Basis dieser neuen Vorlage zu erstellen, gehen Sie wie folgt vor:

1. Wählen Sie den Menübefehl *Datei/Neu*.
2. Es öffnet sich im rechten Teil des Excel-Bildschirms der Aufgabenbereich. Klicken Sie dort im Feld *Vorlagen* auf den Eintrag *Auf meinem Computer*.
3. Doppelklicken Sie in dem nun eingeblendeten Dialogfeld auf der Registerkarte *Allgemein* auf die gewünschte Vorlage; im vorliegenden Beispiel also auf *Kasten.xlt*. Die neue Mappe erhält den Namen *Kasten1*.

Das Problem der Speichergröße

Wenn Sie dieses Beispiel mit der vorgeschlagenen Grafikdatei nachvollziehen und die Größe der neuen Mustervorlage über den Menübefehl *Datei/Eigenschaften* auf der Registerkarte *Allgemein* prüfen, werden Sie feststellen, dass sich der erforderliche Speicherplatz der Mustervorlage auf rund 130 KB beläuft. Das ist ein sehr kleiner Wert. Dazu war es allerdings erforderlich, die Grafik zuvor nicht nur aufzuhellen, sondern auch in ihrer Größe wesentlich zu reduzieren. Die Grafik selbst hatte eine Speichergröße von ca. 13 KB.

Wenn Sie den gleichen Vorgang in einer neuen Mappe mit einer anderen Grafik wiederholen, die in etwa die gleiche Speichergröße, aber größere Ausmaße hat, werden Sie feststellen, dass die Musterdatei wesentlich mehr Speicherplatz verschlingt. Nicht selten erhalten Sie eine Speichergröße von mehr als 700 KB für solche Mustervorlagen mit Hintergrundmotiv. Und da dieser optische Eindruck des angepassten Hintergrundes ja nur am Bildschirm und nicht beim Ausdrucken zu bewundern ist, sollten Sie mit dem Einsatz dieser Funktion eher sparsam umgehen.

Die Funktionen zum Zeichnen kennen

Keine Sorge, Sie müssen nach dieser Überschrift nicht befürchten, dass Sie jetzt zum Grafiker werden sollen. Denn in Excel haben Sie Zugang zu mehr als 200 vorgefertigten Zeichnungsobjekten, die Sie mit Leichtigkeit zur Gestaltung und optischen Aufwertung Ihrer Tabellen nutzen können. Den Zugang dafür erhalten Sie über die Symbolleiste *Zeichnen*.

Von der Tabelle zur Infografik

Die Symbolleiste *Zeichnen*

Die in Abbildung 14.3 gezeigte Symbolleiste *Zeichnen* blenden Sie ein bzw. aus, indem Sie auf die Schaltfläche *Zeichnen* in der Symbolleiste *Standard* klicken.

Abbildg. 14.3   Die Symbolleiste *Zeichnen*

Der Funktionsumfang der Symbolleiste *Zeichnen* ist beachtlich. Sie können damit vielfältige geometrische Figuren erstellen und diese anschließend u.a. in

- Farbe,
- Form,
- Winkel,
- Schattierung,
- Ausrichtung und
- Perspektive verändern.

Auch für die Positionierung und den Abstand mehrerer Objekte zueinander finden Sie alle erforderlichen Werkzeuge über die *Zeichnen*-Symbolleiste. Selbst das Drehen von gezeichneten Objekten ist möglich.

In der nachfolgenden Aufstellung erhalten Sie einen Überblick über die Funktionen der insgesamt 20 Symbole in der Symbolleiste *Zeichnen*.

Tabelle 14.2   Die Funktionen der Symbolleiste *Zeichnen* im Detail

Symbol	Funktion
Zeichnen ▾	*Auswahlmenü Zeichnen*: Es enthält Befehle zum Gruppieren, Anordnen, Ausrichten, Verteilen, Drehen und Umwandeln von *AutoFormen* und Objekten. Dort sind all die Funktionen enthalten, die nichts mit dem Zeichnen und Formatieren von *AutoFormen* und Zeichnungen an sich, sondern mit deren Bearbeitung zu tun haben.
▷	*Objekte markieren*: Ein Klick auf dieses Symbol macht es möglich, mehrere Objekte zu markieren, indem um diese herum ein Markierungsrahmen aufgezogen wird. Objekte liegen in einer eigenen Ebene **über** dem Tabellenblatt.
AutoFormen ▾	*AutoFormen*: Über ein Menü, das in sieben Kategorien aufgeteilt ist, kann hier auf 139 vorgefertigte Formen zurück gegriffen werden. Außerdem gibt es hier über *Weitere AutoFormen* einen Zugang zu 73 *ClipArts*.
╲	*Linie*: Werkzeug zum Zeichnen von Linien. Durch gleichzeitiges Drücken der ⬦-Taste können gerade und senkrechte Linien gezeichnet werden.
↖	*Pfeil*: Werkzeug zum Zeichnen von Pfeilen
▢	*Rechteck*: Werkzeug zum Zeichnen von Rechtecken. Um Quadrate zu erstellen, muss gleichzeitig die ⬦-Taste gedrückt werden.
◯	*Ellipse*: Werkzeug zum Zeichnen von Ellipsen. Um Kreise zu erstellen, halten Sie gleichzeitig die ⬦-Taste gedrückt.

Tabelle 14.2   Die Funktionen der Symbolleiste *Zeichnen* im Detail *(Fortsetzung)*

Symbol	Funktion
	Textfeld : Damit können Sie – unabhängig von den Zellen – Texte für die Beschriftung oder Kommentierung von Tabellen, Diagrammen und anderen Objekten auf dem Arbeitsblatt platzieren.
	WordArt einfügen: Ein kleines Zusatzprogramm, mit dem sich spezielle Texteffekte – beispielsweise für Überschriften – kreieren lassen.
	Schematische Darstellung oder Organigramm einfügen: Erlaubt es, Strukturen und Abläufe schnell und mit vorbereiteten Formaten zu visualisieren.
	ClipArt einfügen: Erlaubt den direkten Zugang auf Hunderte von Grafiken zur optischen Unterstützung von Tabellen. Vom Aufgabenbereich *ClipArt* aus haben Sie auch Zugriff auf den *Clip Organizer* und die *ClipArts* auf *Office Online*.
	Grafik aus Datei einfügen: Bietet die Möglichkeit, unabhängig von den mitgelieferten ClipArts auf Bildmaterial zurückzugreifen, das sich auf einem beliebigen Datenträger befindet (Beispiel Firmenlogo) oder das Sie einlesen wollen – z.B. von einer Digitalkamera oder einem Scanner.
	Füllfarbe: Objektflächen können mit beliebigen Farben, Farbverläufen, Mustern und mit Grafiken gefüllt werden.
	Linienfarbe: Die Kontur von Objekten kann mit beliebigen Farben versehen werden.
	Schriftfarbe: Texte in Zellen und Objekten können 40 verschiedene Farben erhalten.
	Linienart: Die Auswahl der Strichstärke und die generellen Einstellungen für eine Linie sind hier schnell zugänglich.
	Strichart: Bietet eine Auswahl von Stricharten von der Standardlinie bis hin zu verschiedenen Varianten gepunkteter und gestrichelter Linien.
	Pfeilart: Linien können nachträglich mit Pfeilspitzen und anderen Attributen versehen werden.
	Schattenart: Objekten kann ein Schatten zugewiesen werden. Über den Befehl *Schatteneinstellungen* gibt es dabei in einer separaten Symbolleiste die Möglichkeit, Stärke, Position und Farbe des Schattens individuell festzulegen.
	3D-Art: Zweidimensionale Objekte können nachträglich einen »3D-Look« erhalten. Über den Befehl *3D-Einstellungen* besteht in einer separaten Symbolleiste die Möglichkeit, Lage, Perspektive, Tiefe und Beleuchtung sowie die Oberfläche des dreidimensionalen Objektes individuell festzulegen.

Damit Sie bei all diesen Funktionen den Überblick behalten, sind die Befehle in der Symbolleiste *Zeichnen* nach Kategorien geordnet. Neben Schaltflächen zum Abrufen einzelner Befehle gibt es fünf Schaltflächen, hinter denen sich weitere Untermenüs verbergen. Sie erkennen diese an einem kleinen Dreieck rechts neben der betreffenden Schaltfläche (das trifft zu auf die Schaltflächen *Zeichnen*, *AutoFormen*, *Füllfarbe*, *Linienfarbe* und *Schriftfarbe*). Über diese Auswahlmenüs (ein Beispiel sehen Sie in Abbildung 14.4) können Sie auf die vielfältigen Funktionen zum Bearbeiten gezeichneter Objekte zugreifen. Zusammen genommen bieten all diese Befehle schon fast den Funktionsumfang eines Grafikprogramms.

Abbildg. 14.4
Das Auswahlmenü *AutoFormen*

Um beim Einsatz der umfangreichen Menüs immer nur die für Sie wichtigen Funktionen parat zu haben, können Sie einzelne Untermenüs herauslösen. Wenn Sie ein Untermenü öffnen und dieses eine hervorgehobene Leiste am oberen Rand aufweist (Abbildung 14.5), können Sie es abtrennen und an einer beliebigen Stelle im Arbeitsbereich ablegen. Dadurch erleichtert sich der Zugriff auf häufig verwendete Werkzeuge.

Abbildg. 14.5
Häufig verwendete Symbolleisten auf die Arbeitsfläche legen; hier aus dem Auswahlmenü *Zeichnen* die Symbolleiste *Ausrichten oder verteilen*

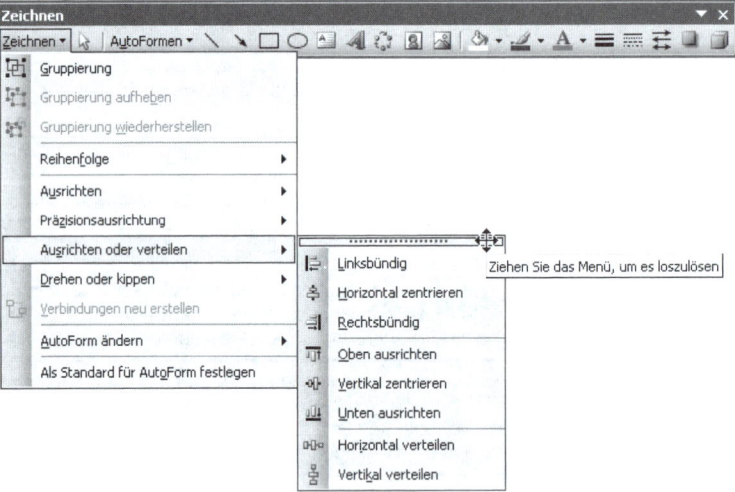

Wenn Sie eine solche heraus gelöste Symbolleiste nicht mehr benötigen, klicken Sie mit der Maus rechts oben auf das *X*, die Schaltfläche zum Schließen.

Mehr zum Umgang mit Symbolleisten finden Sie in Kapitel 2.

AutoFormen: Vorgefertigte Objekte auf Knopfdruck verwenden

In Excel haben Sie über die Schaltfläche *AutoFormen* Zugriff auf 139 vorgefertigte Grafiken und bei einem Klick auf *Weitere AutoFormen* werden Ihnen im Aufgabenbereich *ClipArt* weitere 73 Mustergrafiken angeboten. Beim Klick auf *Weitere AutoFormen* versucht Excel möglicherweise, Online zu gehen, um von *Office Online* weitere Grafikdateien anzuzeigen.

Um angesichts der Vielzahl der möglichen *AutoFormen* eine einfache Auswahl zu ermöglichen, sind diese auf sieben verschiedene Kategorien aufgeteilt. Die Abbildung 14.6 zeigt die Symbolleisten zu den sieben Kategorien.

Abbildg. 14.6 Über diese Symbolleisten für *AutoFormen* haben Sie Zugang zu 139 verschiedenen vorgefertigten Objekten.

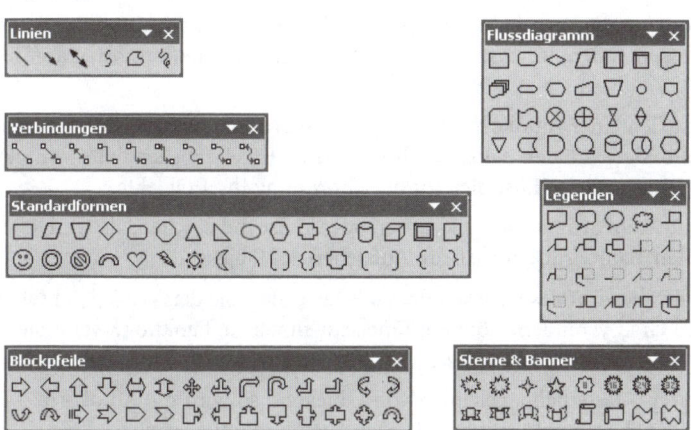

Was sind AutoFormen?

Der Begriff *AutoForm* steht für gebrauchsfertige Grafikobjekte, wie beispielsweise Rechtecke, Kreise, Linien, Blockpfeile, Flussdiagrammsymbole, Sterne, Banner und Legenden. Zu den verschiedenen *AutoFormen* gelangen Sie über die Symbolleiste *Zeichnen* und die Schaltfläche *AutoFormen*.

Die meisten AutoFormen können gleichzeitig auch als Textcontainer dienen. Ausnahmen bilden hier Linien, Verbindungen und Freihandformen. Eine Freihandform ist eine beliebige Form, die Sie mit den Werkzeugen Kurve, Freihandform und Freihand zeichnen können. Freihandformen können gerade Linien und Freihandkurven enthalten, offen oder geschlossen gezeichnet und unter Verwendung der Zeichnungswerkzeuge bearbeitet werden.

Schritt für Schritt: AutoFormen auswählen und zeichnen

Um eines der im Menü *AutoFormen* vorgefertigten Objekte zu verwenden, öffnen Sie als Erstes das Auswahlmenü *AutoFormen* mit einem Mausklick auf das kleine schwarze Dreieck und zeigen auf

Von der Tabelle zur Infografik

eine der Kategorien. In dem sich nun jeweils öffnenden Untermenü klicken Sie einmal kurz mit der linken Maustaste auf die gewünschte Form.

Lassen Sie danach die linke Maustaste wieder los und bewegen Sie den Mauszeiger an die Stelle auf Ihrem Tabellenblatt, wo Sie das Objekt erstellen wollen. Ziehen Sie dort mit gedrückter linker Maustaste einen Rahmen in gewünschter Größe auf. Die neu gezeichnete AutoForm kann jetzt gleich grafisch gestaltet oder erst noch mit weiteren AutoFormen (z.B. Linien, Pfeilen usw.) kombiniert werden.

PROFITIPP

> Wollen Sie eine AutoForm mehrfach zeichnen, doppelklicken Sie auf das jeweilige Symbol. Möchten Sie die Funktion zum Zeichnen der AutoForm wieder beenden, drücken Sie die `Esc`-Taste oder klicken noch einmal auf das Symbol der zuvor gewählten AutoForm.

Nützliche Tasten beim Erstellen von AutoFormen kennen und einsetzen

Beim Aufziehen von AutoFormen haben Sie die Möglichkeit, die Form bzw. die Anordnung der Objekte zu beeinflussen, indem Sie zusätzlich eine oder mehrere Funktionstasten auf Ihrer Tastatur drücken:

`Alt`-
Taste

Wenn Sie beim Erstellen einer AutoForm die `Alt`-Taste drücken, wird das neue Objekt in seiner Position und Größe stets an den Gitternetzlinien Ihres Excel-Tabellenblattes ausgerichtet. Sie machen damit das Gitternetz zu Hilfslinien für die Anordnung Ihrer Objekte.

`⇧`-
Taste

Wollen Sie eine neue AutoForm genau quadratisch oder kreisrund machen, also in Höhe und Breite gleich haben möchten, dann drücken Sie beim Aufziehen des Objekts die `⇧`-Taste.

Bei Linien und Pfeilen bewirkt das Drücken der `⇧`-Taste, dass Sie den Winkel der Objekte stufenweise um jeweils 15 Grad verändern können. Eine sehr nützliche Funktion, wenn Sie z.B. schräge Linien im 45 Grad-Winkel oder exakt waagerechte bzw. senkrechte Linien erstellen wollen.

`Strg`-
Taste

Drücken Sie die `Strg`-Taste beim Zeichnen von Objekten, so wird die AutoForm aus der Mitte heraus symmetrisch nach links und rechts bzw. nach oben und unten erzeugt.

Und natürlich lassen sich diese Funktionstasten auch kombinieren: Mit `Strg`+`⇧` könnten Sie beispielsweise von einem gedachten Mittelpunkt aus einen Kreis aufziehen.

AutoFormen bearbeiten

Je nach dem, wie Sie eine AutoForm bearbeiten wollen, stehen Ihnen verschiedene Symbole direkt am Objekt zur Verfügung: zum Ändern der Größe, zum Drehen sowie zum Nachbearbeiten der Form. Je nach gewählter Bearbeitung ändert die Maus ihre Form.

Die wichtigsten Symbole bei der Bearbeitung

In Tabelle 14.3 sehen Sie dazu eine Übersicht. Wissenswert ist auch die differenzierte Anzeige des Rahmens von Textfeldern und die damit verbundenen unterschiedlichen Bearbeitungsmöglichkeiten.

Tabelle 14.3 Übersicht über die verschiedenen Symbole zur nachträglichen Bearbeitung von AutoFormen und anderen Objekten

Darstellung	Funktion
	Ziehpunkt Diese werden nach dem Markieren eines Zeichnungsobjekts angezeigt. Durch Ziehen an diesen Punkten können Sie das Objekt vergrößern oder verkleinern (skalieren). Die meisten *AutoFormen* haben acht solcher Ziehpunkte. Das Ziehen an einer der vier Ecken ermöglicht es, Objekte gleichzeitig in Höhe und Breite zu skalieren. Die Maus wird dabei zu einem schwarzen Doppelpfeil.
	Drehpunkt Durch die Verwendung des grünen Drehpunkts können Sie das Objekt frei drehen. Neu seit Excel 2002 ist, dass auch *ClipArts* und importierte Grafiken sofort und ohne Zwischenschritte gedreht werden können. Beim Drehen wird die Maus zu einem Vierfachpfeil.
	Rautenförmiger Ziehpunkt Mit Hilfe des gelben rautenförmigen Anpassungskästchens können Sie die Objektform ändern. Die Maus verwandelt sich dabei in eine weiße Pfeilspitze.
	Eckpunkt Eckpunkte sind schwarze Kästchen an End- und Schnittpunkten von Linien oder Kurven und dienen der nachträglichen Bearbeitung einer *AutoForm*. Um die Eckpunkte sichtbar zu machen, müssen Sie zuerst im Auswahlmenü *Zeichnen* auf die Schaltfläche *Punkte bearbeiten* klicken. Sie ändern die Objektform, indem Sie an den Eckpunkten ziehen. Die Maus verändert dabei das Aussehen wie links in der Abbildung zu sehen.
Zeichnen in Excel	*Schraffierter Rahmen* um ein Textfeld oder eine *AutoForm* mit Text Wenn das Textfeld/die *AutoForm* von einem schraffierten Rahmen umgeben ist, können Sie den Text bearbeiten, löschen, markieren und formatieren. Im Dialogfeld *Textfeld formatieren* bzw. *AutoForm formatieren* steht nur eine Registerkarte zur Verfügung, und zwar die für *Schrift*.
Zeichnen in Excel	*Gepunkteter Rahmen* um ein Textfeld oder eine *AutoForm* mit Text Wenn ein Textfeld/eine *AutoForm* von einem gepunkteten Rahmen umgeben ist, können Sie das Objekt **und** zugleich seinen Inhalt, also den Text, formatieren. Den gepunkteten Rahmen erhalten Sie durch Klick auf den schraffierten Rahmen. Wenn Sie nun das Dialogfeld *Textfeld formatieren* bzw. *AutoForm formatieren* aufrufen, stehen acht Registerkarten zur Verfügung.

Von der Tabelle zur Infografik

Die Größe einer AutoForm über ein Dialogfeld ändern

Die in Tabelle 14.3 beschriebenen Möglichkeiten der Bearbeitung setzten ein Agieren mit der Maus voraus. Die Größenänderung mit der Maus ist zwar schnell und bequem, aber nicht immer exakt genug. Deshalb lassen sich die Abmessungen von Objekten auch per Menü auf den Millimeter genau bestimmen:

1. Wählen Sie bei markiertem Objekt aus dem Menü *Format* den Befehl *AutoForm* oder klicken Sie mit der rechten Maustaste auf das Objekt und wählen Sie im Kontextmenü unten den Befehl *AutoForm formatieren* aus.

2. In dem nun eingeblendeten Dialogfeld können Sie in der Registerkarte *Größe* die Höhen- und Breitenmaße des Objektes genau festlegen. Wenn Sie das Kontrollkästchen *Seitenverhältnis sperren* mit einem Häkchen versehen, werden bei etwaigen weiteren Größenänderungen im Feld *Breite* auch die Maße für die *Höhe* proportional angepasst und umgekehrt.

3. Im Feld *Drehung* können Sie das Objekt in Schritten von jeweils einem Grad frei drehen.

> **HINWEIS**   Eine weitere Möglichkeit, die Einfluss auf die Größe von AutoFormen hat, verbirgt sich in der Registerkarte *Eigenschaften*. Die dort aufgeführten Optionen gab es schon in früheren Excel-Versionen. Trotzdem sind sie kaum bekannt und führen nicht selten zu Missverständnissen.
>
> Standardmäßig ist für AutoFormen die Option *Von Zellposition und -größe abhängig* voreingestellt. Dies bedeutet, dass Größe und Position der AutoForm stets zusammen mit den darunter liegenden Zellen geändert werden. Diese Option kann z.B. beim Sortieren sehr sinnvoll sein. Aber in vielen anderen Fällen, da Zeilen oder Spalten hinzugefügt oder gelöscht bzw. in ihrer Größe verändert werden, ist diese Option eher störend und sorgt für zeitraubende Nacharbeit. In den meisten Fällen ist es wünschenswert, das Objekt nur von der Zellposition abhängig zu machen. Dies bedeutet, dass sich bei einer Veränderung der darunter liegenden Zellen zwar die Position der AutoForm, nicht jedoch seine Abmessungen ändern. Sie wandert praktisch mit der Zeile bzw. Spalte mit. Wählen Sie hingegen die dritte Option, *Von Zellposition und -größe unabhängig*, bleiben Anordnung und Abmessungen Ihrer AutoForm im Tabellenblatt völlig unberührt von etwaigen Veränderungen der darunter liegenden Zellen.
>
> Eine zusätzliche Möglichkeit, die Größe von Objekten unveränderlich zu machen, besteht über die Registerkarte *Schutz*. Wenn Sie dort die Option *Gesperrt* aktivieren und anschließend für Ihr Tabellenblatt oder Ihre ganze Mappe den Menübefehl *Extras/Schutz* wählen, bewirkt dies, dass Ihre AutoFormen so lange nicht verändert werden können, bis dieser Schutz wieder aufgehoben wird.

Dynamisch und präzise: Verbindungslinien nutzen

Verbindungslinien sorgen dafür, dass Sie Objekte beim Zeichnen von Strukturen und Abläufen rationell und genau miteinander verbinden können. Es gibt drei verschiedene Typen von Verbindungslinien: gerade, abgewinkelte und gekrümmte, die Sie alle in der Symbolleiste *Zeichnen* über die Befehlsfolge *AutoFormen/Verbindungen* finden (vgl. Abbildung 14.7). Am besten ziehen Sie sich zunächst die dort abgebildete Symbolleiste auf das Arbeitsblatt.

Abbildg. 14.7   Drei Arten von Verbindungslinien

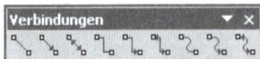

So zeichnen Sie eine Verbindungslinie:

1. Nach Anklicken der gewünschten Art von Verbindung bewegen Sie die Maus zum ersten Objekt, das per Linie mit (einem) anderen verbunden werden soll. Dabei erscheinen am Objekt mehrere blaue Verankerungspunkte (siehe Abbildung 14.8, Schritt 1). An jedem dieser Punkte können Sie die Verbindungslinie beginnen lassen. Klicken Sie diesen dazu an.

2. Halten Sie dann die Maustaste gedrückt und ziehen Sie mit gedrückter Maustaste die Verbindung zu einem der blauen Verankerungspunkte des nächsten Objekts (Abbildung 14.8, Schritt 2).

3. Die gezeichnete Verbindungslinie hat an beiden Enden nun rote Verankerungspunkte (Abbildung 14.8, Schritt 3). Solange Sie diese Punkte sehen, verändert die Verbindungslinie automatisch ihre Position und Größe, wenn die durch sie verbundenen Objekte verschoben oder skaliert werden.

4. Lösen Sie die Verbindungslinie aus einem der blauen Verankerungspunkte, wird dieses Ende der Linie grün (Abbildung 14.8, rechts unten). Nun würde sich die Verbindungslinie nicht mehr mit den verbundenen Objekten bewegen und verändern. Sie können die Linie jederzeit wieder mit einem der blauen Punkte verankern, indem Sie diese zum gewünschten Punkt hinziehen. Damit bildet die Verbindungslinie und die durch sie verbundenen Objekte wieder ein untrennbares »Ensemble«.

Abbildg. 14.8   Die Schritte beim Zeichnen von Verbindungslinien

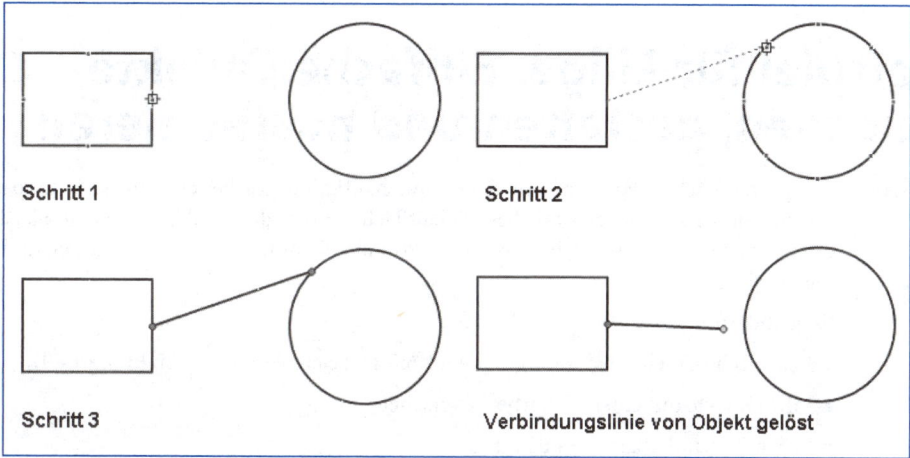

Textfelder nutzen

 Bei Textfeldern handelt es sich ebenfalls um AutoFormen, wenngleich hier nicht die Form selbst entscheidend ist, sondern vielmehr die Tatsache, dass sie als Container für Text dienen und über den Zellen eines Tabellenblattes frei positioniert sowie in Größe und Farbe verändert werden können. Textfelder kommen dann zum Einsatz, wenn Textelemente auf einer Tabelle erscheinen sollen, die unabhängig von der Zellstruktur, also frei von der Lage und Größe der Zeilen und Spalten, positioniert werden sollen.

Text in AutoFormen positionieren und ausrichten

Text, den Sie direkt in eine AutoForm eingeben, wird mit dieser verbunden. Standardmäßig erscheint Text immer in der linken oberen Ecke einer AutoForm. Wollen Sie den Text innerhalb der AutoForm anders anordnen, müssen Sie zunächst das Objekt markieren, um dann Zugriff auf die gewünschten Formatierungsoptionen zu haben.

> **HINWEIS** Solange die Schreibmarke in einer AutoForm mit Text blinkt und sie nicht per Klick auf den Rahmen als Objekt markiert ist, erhalten Sie im Dialogfeld *AutoForm formatieren* nur eine Registerkarte, nämlich die zum Gestalten der *Schrift*.

Nach dem Markieren der AutoForm als Ganzes gibt es weitaus mehr Möglichkeiten, die z.B. auf den Registerkarten *Ausrichtung* und *Abstände* verfügbar sind. So können Sie beispielsweise

- die Größe einer AutoForm der Textmenge automatisch anpassen lassen,
- die vertikale und horizontale Position des Textes im Objekt bestimmen und darüber hinaus
- den Text bei Bedarf millimetergenau von den Objekträndern weg bewegen.

> **HINWEIS** Mehr Informationen über Markierungen bei AutoFormen können Sie der Tabelle 14.3 entnehmen.

Beispiel für Eilige: Einfache Objekte zeichnen, gestalten und positionieren

 Die geometrischen Formen, mit denen am häufigsten gearbeitet wird, sind Ellipsen, Rechtecke, Linien und Pfeile. Daher sind diese Schaltflächen auch direkt über die Symbolleiste *Zeichnen* zu erreichen. Anhand eines kleinen Beispiels können Sie nun den Umgang mit genau diesen vier Formen praktizieren.

Es geht darum,

- ein Rechteck, ein Quadrat und einen Kreis zu zeichnen (siehe Abbildung 14.9),
- die Objekte mit einer Füllfarbe zu versehen,
- sie miteinander zu verbinden und
- die Strichstärke der Linien anzupassen.

Erster Schritt: Das Rechteck zeichnen

Wenn Sie diese Aufgabe Schritt für Schritt nachvollziehen, haben Sie wichtige Techniken beim Zeichnen von Objekten kennen gelernt. Die gewählte Reihenfolge der Schritte ist dabei nicht zwingend und kann bei ähnlichen Aufgaben, die Sie selbst zu lösen haben, durchaus eine andere sein.

 Blenden Sie – falls erforderlich – zunächst die Symbolleiste *Zeichnen* ein (über den Menübefehl *Ansicht/Symbolleisten*) und klicken Sie auf das Symbol *Rechteck*. Bewegen Sie den Mauszeiger auf Ihr Blatt an die linke obere Ecke von Zelle *B2* und ziehen Sie bei gedrückter `Alt`-Taste mit der Maus einen Rahmen auf, der eine Spalte breit und sechs Zeilen hoch ist.

HINWEIS   Die [Alt]-Taste sorgt dafür, dass Sie die gewünschte Größe ganz leicht umsetzen können, weil sich die Objektgröße jetzt nach den Gitternetzlinien richtet. Allerdings müssen Sie nach dem Zeichnen des Objektes stets zuerst die Maustaste und erst dann die [Alt]-Taste loslassen.

Abbildg. 14.9   Zeichnen von drei verschiedenen einfachen *AutoFormen*

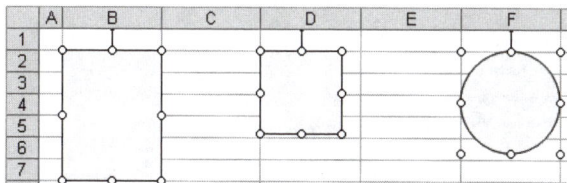

Zweiter Schritt: Das Quadrat zeichnen

Zeichnen Sie nun rechts neben dem bestehenden Rechteck ein Quadrat. Bewegen Sie dazu nach einem erneuten Klick auf die Schaltfläche *Rechteck* den Mauszeiger an die linke obere Ecke von Zelle *D2* und mit ziehen Sie mit gedrückter [⇧]-Taste ein Quadrat auf, das etwa vier Zeilen hoch ist. Lassen Sie es nach dem Zeichnen markiert und platzieren Sie es mit gedrückter [Alt]-Taste genau an die linke obere Ecke von *D2*.

Dritter Schritt: Kreis zeichnen

Klicken Sie nun die Schaltfläche *Ellipse* an und zeichnen Sie mit gedrückter [⇧]-Taste rechts neben dem Quadrat einen Kreis mit einer Höhe von etwa fünf Zeilen. Positionieren Sie ihn anschließend mit Hilfe der [Alt]-Taste am linken Rand von Spalte *F*. Ändern Sie die Größe des Kreises so, dass er genau die Breite der Spalte erhält. Bewegen Sie dazu die Maus zum rechten unteren Ziehpunkt, halten Sie die beiden Tasten [Alt] und [⇧] gedrückt und ziehen Sie in Richtung Spaltenbegrenzung zwischen *F* und *G*.

Vierter Schritt: Die Farbe der Objekte anpassen

Nun soll die Farbe der drei AutoFormen verändert werden. Markieren Sie die drei Objekte. Klicken Sie auf das erste und dann bei mit gedrückter [⇧]-Taste auf die anderen beiden. Klicken Sie in der Symbolleiste *Zeichnen* auf das Symbol *Füllfarbe* und wählen Sie für unser Beispiel die Farbe *Hellgelb*.

Fünfter Schritt: Die Objekte ausrichten und verteilen

Platzieren Sie nun die Objekte so, dass sie an einer gedachten waagerechten Linie mittig nebeneinander stehen und die gleichen Abstände zueinander haben.

Zeigen Sie dazu über das Auswahlmenü *Zeichnen* in der Symbolleiste *Zeichnen* die Symbolleiste *Ausrichten oder verteilen* an und ziehen Sie diese, so wie in Abbildung 14.10 gezeigt, auf das Arbeitsblatt.

Abbildg. 14.10 Die Symbolleiste *Ausrichten oder verteilen* herauslösen und auf das Arbeitsblatt legen

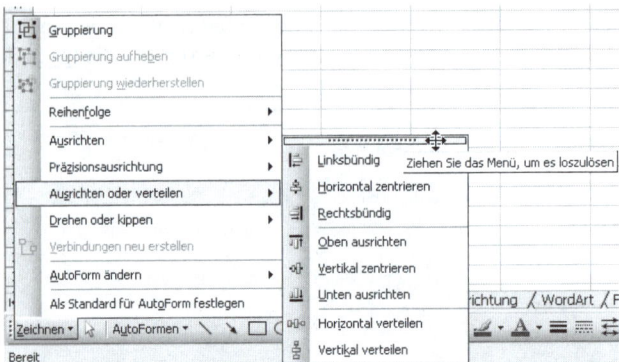

Sorgen Sie dafür, dass alle drei Objekte markiert sind und klicken Sie nun, wie in Abbildung 14.11 zu sehen, nacheinander auf die Symbole *Vertikal zentrieren* und *Horizontal verteilen*.

Abbildg. 14.11 Die drei Objekte mit zwei Mausklicks ausrichten und verteilen

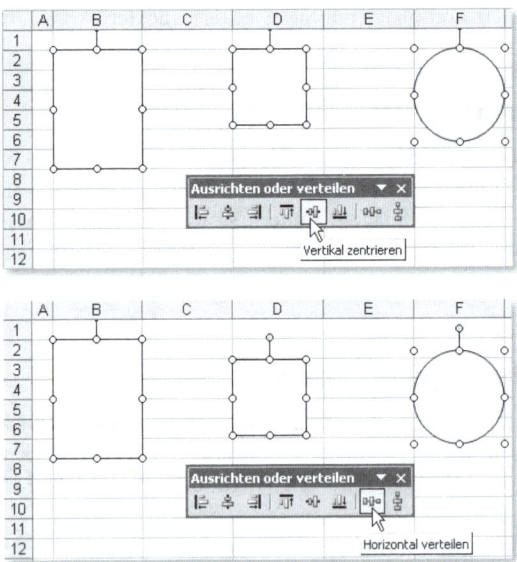

Sechster Schritt: Die Objekte mit Linien verbinden

Verbinden Sie nun die drei Objekte durch Linien mit Pfeilspitze. Ziehen Sie dazu über die Schaltfläche *AutoFormen* die Symbolleiste *Verbindungen* auf das Arbeitsblatt. Gehen Sie dann wie folgt vor:

1. Klicken Sie doppelt auf das Symbol *Gerade Verbindung mit Pfeil*.
2. Bewegen Sie die Maus zum Rechteck. Es erscheinen mehrere blaue Verankerungspunkte. Klicken Sie auf den mittleren auf der rechten Seite.
3. Lassen Sie die Maustaste los und bewegen Sie die Maus zum linken Rand des Quadrats. Klicken Sie auch dort wieder auf den mittleren blauen Verankerungspunkt.

4. Erstellen Sie nun analog noch eine Verbindungslinie zwischen Quadrat und Kreis.

5. Markieren Sie die Verbindungslinien und weisen Sie ihnen über das Symbol *Linienart* in der Symbolleiste *Zeichnen* eine Stärke von *3 pt* zu.

Das Ergebnis sehen Sie in Abbildung 14.12. Die gezeichneten Verbindungslinien haben an beiden Enden rote Punkte. Solange Sie diese Punkte sehen, verändert die Verbindungslinie automatisch ihre Position und Größe, wenn die durch sie verbundenen Objekte verschoben oder in der Größe geändert werden.

Abbildg. 14.12 Die Objekte sind durch Linien mit Pfeilspitze verbunden.

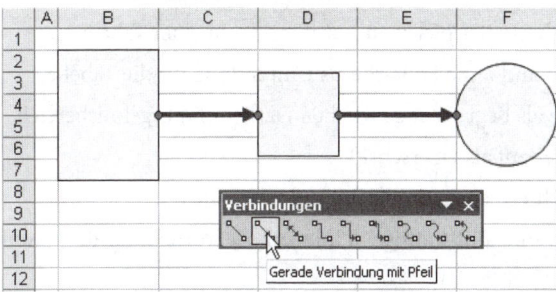

Sechster Schritt: Die Objekte beschriften

Als letzter Schritt sollen die Objekte nun noch beschriftet werden (siehe Abbildung 14.14). Klicken Sie das Rechteck an und tippen Sie den Text ein. Verfahren Sie gleichermaßen für die anderen beiden Objekte. Die Schrift wird in AutoFormen generell erst einmal oben und links angezeigt.

Markieren Sie alle drei Objekte und rufen Sie mit [Strg]+[1] (oder über den Menübefehl *Format/ AutoForm*) das Dialogfeld *AutoForm formatieren* auf. Wechseln Sie zur Registerkarte *Ausrichtung* und stellen Sie, wie in Abbildung 14.13 gezeigt, die horizontale und vertikale Textausrichtung auf *Zentriert* bzw. *Zentrieren*.

Abbildg. 14.13 Die Ausrichtung der Schrift festlegen

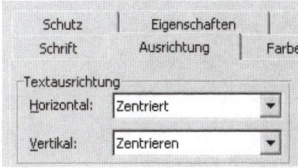

Abbildg. 14.14 Die fertige Zeichnung mit beschrifteten Objekten

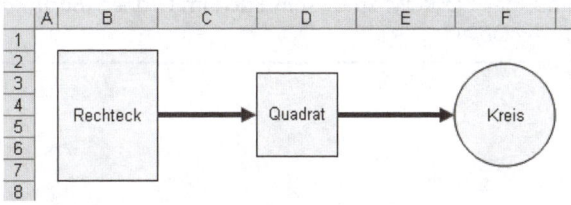

Das fertige Beispiel finden Sie auf der CD-ROM zum Buch im Ordner \Buch\Kap14 in der Datei *Zeichnen.xls* im Blatt *Einfache Objekte 1*.

AutoFormen in Tabellen zur Hervorhebung einsetzen

Mit den soeben beschriebenen Techniken können Sie auch Ihre Tabellen optisch aufwerten.

In Abbildung 14.15 sehen Sie mehrere Beispiele von AutoFormen in einer Tabelle:

- Ein Rechteck mit Doppellinie und ohne Füllfarbe als Umrandung für die Tabelle,

- eine waagerechte Doppellinie als Begrenzung zwischen Daten- und Ergebnisbereich,

- ein Textfeld mit einem Farbverlauf als Überschrift,

- einen Doppelpfeil zum Erleichtern eines Vergleichs und schließlich

- zwei Ellipsen ohne Füllfarbe und mit kräftiger Linie zur Hervorhebung der jeweils höchsten Werte.

Abbildg. 14.15   Werte in Tabellen hervorheben und vergleichen mit Hilfe von AutoFormen

Das fertige Beispiel finden Sie auf der CD-ROM zu diesem Buch im Ordner \Buch\Kap14 in der Datei *Zeichnen.xls* im Blatt *Einfache Objekte 2*.

AutoFormen mit Farben, Schatten und 3D-Effekten gestalten

Farbige Tabellen oder Tabellen, die mit farbigen Abbildungen kombiniert sind, haben zweifellos eine stärkere Wirkung auf den Betrachter als »Datenkolonnen«, die in Schwarzweiß gehalten werden. Machen Sie den Test und legen Sie einmal zwei schwarz-weiße Tabellenblätter und ein farbiges nebeneinander. Wo wandert Ihr Auge zuerst hin? Sie sehen, Sie sollten auf jeden Fall mit Farben arbeiten, auch wenn die Tabellen »nur« für Sie sind, denn Sie wollen sich ja auch schnell zurechtfinden und ein wenig Freude bei der Arbeit haben.

Tipps zur Verwendung und Wirkung von Farben

Beim Einsatz von Farben sind einige Gestaltungsregeln zu beachten. Die Auswahl der Farben beeinflusst zum einen die Aufmerksamkeit und das Interesse der Betrachter Ihrer Tabellen. Zum anderen kann der richtige Gebrauch von Farben den Prozess der Informationsaufnahme wesentlich unterstützen. Nehmen Sie nur ein Beispiel: Wählen Sie ähnliche Farben für wiederkehrende Sachverhalte, ersparen Sie sich zusätzliche Erläuterungen.

Insgesamt gilt: Farben wirken nur, wenn sie sparsam eingesetzt werden. Knallbunte Tabellen wirken vielleicht im ersten Moment interessant und die Aufmerksamkeit steigernd, sind aber in der Folge wegen der zu intensiven Wirkung ermüdend für das Auge der Betrachter. Günstiger ist es, beispielsweise Text und Zahlen im standardmäßigen Schwarz oder in Dunkelblau zu halten und lediglich zur Hervorhebung oder als Kontrast weitere helle Farben, in der Regel nicht mehr als drei, einzusetzen.

WICHTIG   Untersuchungen haben ergeben, dass die Farben Schwarz und Blau in der Wahrnehmung klar an erster Stelle stehen. Rot hingegen ist zwar auch eine aufregende, aktive Farbe. Sie sollten diese aber nur dann verwenden, wenn Sie etwas Wichtiges, Hervorhebenswertes mitzuteilen haben. Beachten Sie dabei jedoch, dass gerade bei Zahlen die Farbe Rot schon besetzt ist als Verkünder negativer Ergebnisse. Setzen Sie also für hervorzuhebende Zahlen helle und auffällige Farben ein.

Abbildg. 14.16 Beispiel für den bewussten Einsatz von Farben

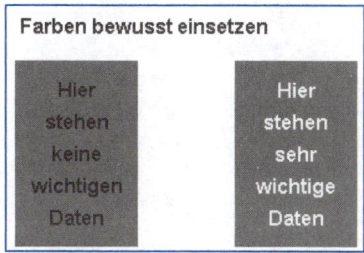

Und natürlich gibt es auch Methoden, ungünstige Informationen, die nicht herausstechen sollen, über die richtige Wahl der Farbe in den Hintergrund zu drängen: Benutzen Sie dunkle Text- und Hintergrundfarben für Daten, die für Ihre Aussagen ungünstig sind, um so deren visuelle Wahrnehmbarkeit und damit deren optische Wirkung zu verringern.

Als ein weiterer Faktor bei der Farbauswahl ist zu berücksichtigen, dass Ihre Firma gewiss bestimmte Farben hat, die sich aus der Corporate Identity und dem Corporate Design ergeben. Diese Farben sollten in Ihren Tabellen einen festen Platz haben.

Dynamik durch Farbverläufe erzeugen

Durch Grafik- und Präsentationsprogramme unterstützt, wird im Umgang mit Farben oft auch bewusst auf spektakuläre Methoden zurückgegriffen.

So sind Farbverläufe und -überlagerungen seit geraumer Zeit »in Mode«, denn sie wirken dynamisch. Diesem Trend trägt auch Excel Rechnung. Sie können hier neben einfachen Farben auch Dutzende verschiedener Farbverläufe einsetzen.

 Wenn Sie mit Farbverläufen für Ihre AutoFormen arbeiten wollen, gelangen Sie am schnellsten ans Ziel, indem Sie in der Symbolleiste *Zeichnen* auf das Symbol *Füllfarbe* klicken und in dem sich nun öffnenden Untermenü den Befehl *Fülleffekte* und anschließend die Registerkarte *Graduell* wählen (siehe Abbildung 14.17).

Beabsichtigen Sie, für mehrere Objekte die Farbgestaltung vorzunehmen, ziehen Sie sich am besten das Untermenü auf das Tabellenblatt. Zeigen Sie dazu mit der Maus auf den oberen Rand des Untermenüs und ziehen Sie es dann mit gedrückter linker Maustaste auf Ihr Arbeitsblatt.

Ein anderer Weg, zu den Einstellungen für Farbverläufe zu gelangen, ist der über das Menü *Format* und den Befehl *AutoForm* Hier stehen Ihnen auf der Registerkarte *Farben und Linien* die bereits bekannten Optionen zur Verfügung. Der Vorteil dieser Methode besteht darin, dass Sie in diesem Dialogfeld auch gleich noch die anderen Gestaltungsvarianten für Ihre AutoFormen – z.B. für die Linienfarbe, -stärke und -art sowie für die Schriftfarbe – aufrufen können.

Abbildg. 14.17 Farbverläufe bringen Dynamik in AutoFormen; im Feld *Schattierungsarten* legen Sie den Farbverlauf differenziert fest.

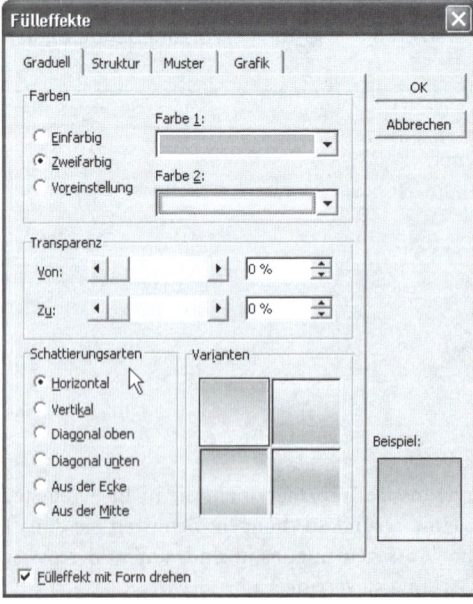

Farbverläufe sind nicht nur willkommene und moderne Gestaltungselemente, sie werfen auch neue Fragen auf. Farbwahl und -verlauf sowie Text sind in Übereinstimmung zu bringen. Daher sollten Sie Verläufe gut überlegt und nicht wahllos einsetzen. Das ist leichter gesagt als getan, denn die Vielfalt der Schattierungsvarianten, die Ihnen zur Verfügung stehen (Abbildung 14.17), verführt gerade dazu, einmal richtig zu experimentieren und auch ganz verwegene Effekte auszuprobieren. Und erst richtig spannend wird das Ganze, wenn Sie dann noch die Möglichkeiten einsetzen, nicht nur innerhalb einer Farbe, sondern zwischen mehreren Farben Verläufe zu erzeugen.

Am besten schauen Sie sich die Beispiele in der Datei *Zeichnen.xls* auf dem Arbeitsblatt *Farben* an. Die Datei befindet sich im Ordner *Buch\Kap14* auf der CD zu diesem Buch. Stellen Sie selbst fest, welche Farbverläufe auf Sie eher düster oder seriös wirken und welche Sie für die Unterstützung optimistischer, zukunftsweisender Aussagen verwenden würden.

Transparenz von Objektfüllungen bestimmen

Interessant ist die Option, Objekte zwar mit Farbe zu füllen, aber die Information dahinter durchscheinen zu lassen. Diese Variante eignet sich beispielsweise zum Beschriften von Tabellen, wenn Sie zwar ein Objekt über die Daten legen wollen, aber die Informationen in den Zellen darunter trotzdem noch sichtbar bleiben sollen. Zu dieser Einstellungsmöglichkeit gelangen Sie entweder über den Menübefehl *Format/AutoForm*, Registerkarte *Farben und Linien* oder über das Symbol *Füllfarbe* und den Befehl *Weitere Füllfarben*. In beiden Fällen können Sie am unteren Rand des Dialogfelds die *Transparenz* der gewählten Farbe per Schieberegler einstellen.

Abbildg. 14.18 Transparenz einer Farbe einstellen

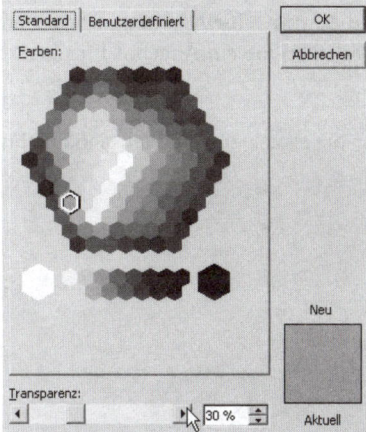

Von der Tabelle zur Infografik

PROFITIPP

Übrigens können Sie auch bei Fülleffekten Transparenzen einstellen. Dabei entstehen – wie in Abbildung 14.19 zu sehen – attraktive Farbeffekte, mit denen Sie den Blick auf bestimmte Zellen lenken. Was auf den ersten Blick wie eine Füllfarbe für die Zelle erscheint, ist ein über die Zelle gelegtes Rechteck mit einem horizontalen Farbverlauf. Da, wo im Hintergrund die Zahl durchscheinen sein soll, ist ein hoher Wert für die Transparenz eingestellt. Im vorliegenden Beispiel betrifft das die *Farbe 1*, die über der Mitte der Zelle und damit über der Zahl liegt.

Abbildg. 14.19 Transparenzen können Sie auch bei Farbverläufen einstellen.

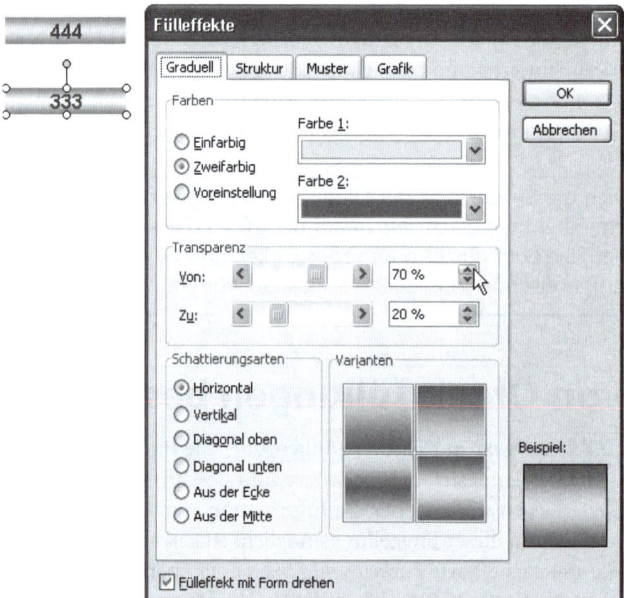

Objekte durch Schatten hervorheben

Damit Objekte räumlich erscheinen, können Sie diese mit einem Schatten versehen. Über die Schaltfläche *Schatten* in der Symbolleiste *Zeichnen* erhalten Sie ein Angebot für unterschiedlichste Schattenvarianten (Abbildung 14.20).

Abbildg. 14.20 Das Auswahlmenü zum Festlegen von Objektschatten; die einzelnen Varianten sind durchnummeriert

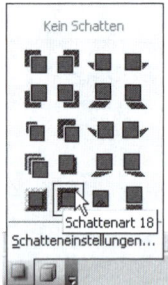

Aus einer umfangreichen Palette (20 Varianten) können Sie die passende Schattenart auswählen. Wenn Ihnen das Angebot nicht ausreicht, gelangen Sie über die Schaltfläche *Schatteneinstellungen* zu einer speziellen Symbolleiste (Abbildung 14.21) mit erweiterten Optionen. Zum einen geht es hier um die Anordnung, zum anderen um die Farbe des Schattens. Hier die richtige Wahl zu treffen, erfordert ein wenig Zeit.

Abbildg. 14.21 Die Symbolleiste *Schatteneinstellungen*

Am besten probieren Sie ein paar der Möglichkeiten aus, um den Unterschied und auch die Verwendbarkeit der einzelnen Varianten kennen zu lernen. Nicht alle angebotenen Optionen sind geeignet, Aussagen in Ihren Arbeitsblättern zu unterstützen, da sie zum Teil sehr »verspielt« wirken.

Anhand der Beispiele in der Datei *Zeichnen.xls*, Arbeitsblatt *Schatten-Effekte*, wo alle vorgegebenen 20 Varianten vorgestellt werden, erkennen Sie bereits, dass zu große Schatten von der Gestaltung her problematisch sind, da sie übertrieben wirken. Eine solche Übertreibung steht wohl im Gegensatz zum meist eher nüchternen Zahlenmaterial. Sie finden die genannte Mappe auf der CD-ROM zu diesem Buch im Ordner *\Buch\Kap14*.

Auf in die dritte Dimension: 3D-Effekte einsetzen

Neben der Möglichkeit, Objekte durch das Hinzufügen eines Schattens räumlich erscheinen zu lassen, gibt es noch die Funktion zum Zuweisen von 3D-Effekten.

Die räumliche Wirkung von Objekten wird durch die Funktion, Objekte mit 3D-Effekten zu versehen, noch ausgebaut. Was sonst nur Grafikprogramme bieten, können Sie hier mit einigen wenigen Mausklicks erledigen. Mit der Schaltfläche *3D* aus der *Zeichnen*-Symbolleiste können Sie auf 20 voreingestellte 3D-Varianten zurückgreifen.

Abbildg. 14.22 Auswahl von 20 vorgegebenen 3D-Effekten für AutoFormen1

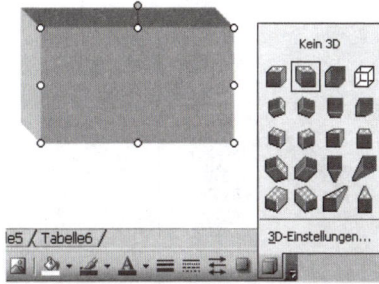

Abbildg. 14.23 Vielfältige Möglichkeiten zur individuellen Einstellung von 3D-Effekten

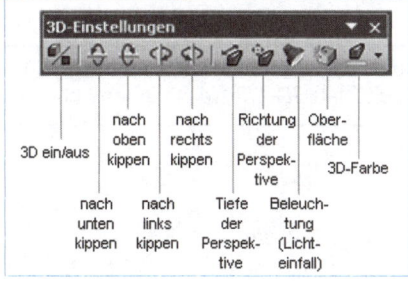

Von der Tabelle zur Infografik

Und auch hier gibt es für Sie neben den 20 Vorgaben noch die Möglichkeit, individuell Ihre 3D-Wunschvariante zu gestalten. Über die Schaltfläche *3D* und den Befehl *3D-Einstellungen* gelangen Sie wiederum zu einer speziellen Symbolleiste (Abbildung 14.23), die Ihnen eine Reihe von Optionen bietet.

Mit dieser Symbolleiste können Sie eine AutoForm nach oben, unten, links oder rechts kippen, um sie in einer anderen Perspektive darzustellen. Des Weiteren haben Sie die Möglichkeit, die Tiefe der gewählten Perspektive zu vergrößern oder zu verkleinern sowie die Richtung des dreidimensionalen Effektes zu ändern. Die Modifizierung des Oberflächentyps oder der Beleuchtungsquelle sind weitere Einstellungsvarianten, die sich jedoch sichtbar erst bei größeren Objekten auswirken. Interessant ist hingegen die Möglichkeit, die Farbe des 3D-Effekts auf Ihre Bedürfnisse einzustellen.

HINWEIS Übrigens wirkt sich hier ein Fülleffekt stets nur auf die Frontseite der AutoFormen aus.

Damit Sie sich einen Eindruck von der Wirkung der einzelnen 3D-Vorgaben verschaffen können, finden Sie in Abbildung 14.24 eine Übersicht. Ausgangsobjekt war ein einfaches Rechteck.

Abbildg. 14.24 Ein Rechteck mit den 20 möglichen 3D-Effekten

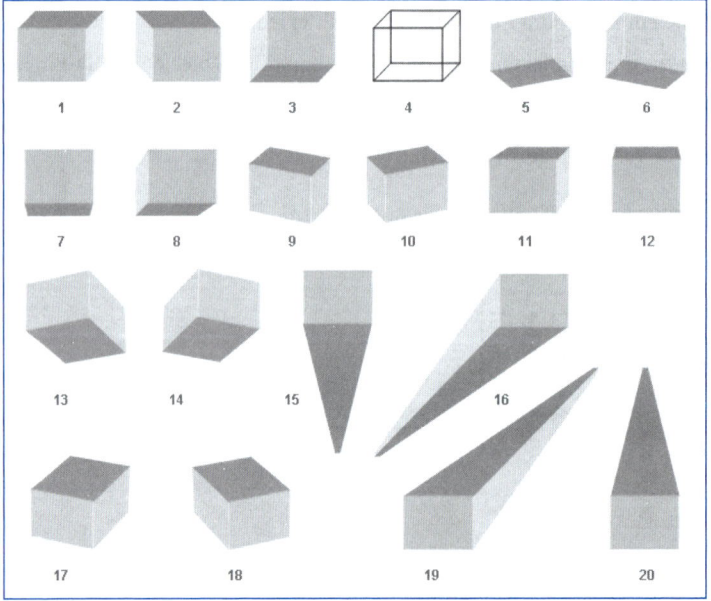

 Sie können sich die verschiedenen Optionen auch auf der CD zu diesem Buch, im Ordner *\Buch\Kap14*, auf der Datei *Zeichnen.xls* im Arbeitsblatt *3D-Effekte*, näher anschauen.

Tipps und Techniken, um Objekte zu bearbeiten

Nach dem Zeichnen von AutoFormen oder nach dem Einfügen von Grafiken stehen Ihnen zahlreiche Techniken zur Verfügung, mit denen Sie die Objekte weiter bearbeiten können.

Objekte drehen und kippen

Eng verwandt mit dem zuvor beschriebenen Thema der Perspektive von Objekten ist der Wunsch, Objekte durch Drehen und Kippen bedarfsgerecht auf Tabellenblättern anzuordnen. Im ersten Beispiel, in welchem es um das Zeichnen einfacher Objekte ging, haben Sie bereits die Möglichkeit kennen gelernt, den Winkel von AutoFormen zu verändern.

Insgesamt gibt es drei Methoden zum Drehen von Objekten:

- Wie in Tabelle 14.3 gezeigt, haben Sie durch den grünen Drehpunkt an jedem Objekt die Möglichkeit, es sofort frei zu drehen.

- Im Auswahlmenü *Zeichnen* ganz links in der Symbolleiste *Zeichnen* stehen im Untermenü *Drehen oder kippen* diverse Befehle zur Verfügung. Diese können Sie übrigens wieder als separate Symbolleiste ablegen (Abbildung 14.25).

- Außerdem können Sie alle Objekte über den Menübe*fehl Format/AutoForm* in der Registerkarte *Größe* drehen. Es ist nicht immer leicht, zu entscheiden, ob die Nutzung eines Symbols oder der Weg über das Menü die schnellere bzw. bessere Variante ist.

> **TIPP**   Hier einige Tipps und Techniken zum Drehen von AutoFormen und anderen Objekten:
>
> - Möchten Sie Objekte um 90 Grad drehen, benutzen Sie am besten im Auswahlmenü *Zeichnen* aus dem Untermenü *Drehen oder kippen* (Abbildung 14.25) die Befehle *Linksdrehung* bzw. *Rechtsdrehung*.
>
> - Um ein Objekt um 180 Grad zu drehen, d.h. an der vertikalen bzw. horizontalen Achse zu spiegeln, wählen Sie aus dem eben genannten Untermenü *Drehen oder Kippen* die Befehle *Vertikal kippen* bzw. *Horizontal kippen*.
>
> - In allen übrigen Fällen, wo es also um kleinere Drehwinkel und um Genauigkeit geht, benutzen Sie am besten den etwas längeren Weg über das Menü *Format/AutoForm* und legen dort in der Registerkarte *Größe* im Feld *Drehung* den Winkel durch Eintippen der entsprechenden Zahl oder durch Betätigen der Pfeile fest.

Abbildg. 14.25   Dieses Untermenü können Sie als Symbolleiste im Arbeitsbereich ablegen.

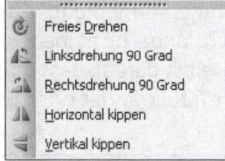

In den meisten Fällen werden Sie Objekte über die soeben beschriebenen Symbol-Schaltflächen aus der *Zeichnen*-Symbolleiste oder einfach nur per Maus drehen. Eher selten wird dies über den Aufruf eines Dialogfelds geschehen. Hier noch ein spezieller Tipp, wie Sie auch kleinere Drehwinkel blitzschnell und präzise realisieren.

PROFITIPP

> Wollen Sie ein Objekt genau um 45° oder 315° drehen, dann können Sie sich dafür den Weg über den Menübefehl *Format/AutoForm* und die Registerkarte *Größe* sparen. Excel gibt Ihnen direkte Unterstützung beim manuellen Drehen der Objekte mit gedrückter linker Maustaste. Und zwar indem Sie gleichzeitig die ⬚-Taste drücken. Das Betätigen der ⬚-Taste beim Drehen mit der Maus bewirkt, dass Sie den Drehwinkel in Stufen von jeweils 15 Grad verändern.

Linien zeichnen, formatieren und bearbeiten

Das Schwierigste beim Gestalten einer Linie ist eigentlich das Markieren. Da Linien nach dem Zeichnen erst einmal eine Standard-Strichstärke von 0,75 pt haben, ist es nicht so leicht, mit der Maus beim Markieren genau die Linie zu treffen. Ist eine Linie erst einmal markiert, können Sie diese mit gedrückter linker Maustaste verschieben.

TIPP   Viel einfacher geht dies mit den Pfeiltasten auf Ihrer Tastatur, denn damit können Sie nicht nur die Zellmarkierung, sondern auch alle markierten Objekte verschieben. Vor allem dann, wenn es darum geht, Objekte nur kleinste Strecken zu bewegen oder mehrere Objekte präzise auszurichten, ist der Gebrauch der Pfeiltasten zu empfehlen.

Linien können neben ihrer Größe und dem Winkel auch in ihrer Farbe, Stärke und Art verändert sowie an ihrem Anfang und Ende mit verschiedenen Pfeilspitzen, mit Punkten und Rhomben versehen werden. Den gesamten Zugriff auf all diese Optionen haben Sie über den Menübefehl *Format/AutoForm*. Wollen Sie nur bestimmte Gestaltungsmerkmale einer Linie modifizieren, reichen meist die Schaltflächen für *Linienart*, *Strichart* und *Pfeilart* sowie für *Linienfarbe* in der Symbolleiste *Zeichnen* aus.

 Neben der Strichstärke, die Sie von 0,1 pt bis weit über 1.000 pt beliebig ändern können, spielt wohl die Strichart die wichtigste Rolle.

 Die Möglichkeiten, aus Linien unterschiedlichste Pfeile zu erstellen, sind mannigfaltig. Zum einen haben Sie die Schaltfläche *Pfeilart* in der Symbolleiste *Zeichnen*, über die Sie Zugang zu acht verschiedenen Varianten mit Pfeilspitzen und zu je einer Variante mit Rhomben und Punkten haben. Zum anderen haben Sie über den Menübefehl *Format/AutoForm* verschiedenste Auswahl- und Kombinationsmöglichkeiten für das Aussehen von Linienanfang und -ende, einschließlich Größe der gewählten Komponente.

WICHTIG   Zum Abschluss des Themas Linien noch eine kurze Anmerkung: Auch wenn Excel Ihnen standardmäßig schwarze Linien liefert, muss das noch lange nicht bedeuten, dass dies unter gestalterischen Gesichtspunkten geschieht. Achten Sie selbst darauf, dass Ihre Linien farbig oder grau formatiert sind, denn: Schwarze Linien erinnern an Trauerränder oder Gitterstäbe und wecken somit negative Empfindungen beim Betrachter.

Perfekte Ordnung: Objekte stapeln und ausrichten

Wenn es darum geht, Objekte auszurichten, zu verteilen oder generell zu bearbeiten, steht an erster Stelle das Markieren.

Gewusst wie: mehrere Objekte markieren

Bei der Arbeit mit mehreren Objekten ist es teilweise erforderlich, diese gleichzeitig zu gestalten. Um mehrere Objekte auszuwählen, klicken Sie das erste an und halten ab dem zweiten Objekt die ⇧-Taste gedrückt, um weitere Objekte per Mausklick zur Markierung hinzuzufügen.

> Eine weitere Technik der Mehrfachmarkierung ist wesentlich einfacher: Klicken Sie den weißen Pfeil aus der Symbolleiste *Zeichnen* – das Symbol *Objekte markieren* – an und ziehen Sie anschließend einen Markierungsrahmen um die gewünschten Objekte oder klicken Sie die Objekte nacheinander mit gedrückter ⇧-Taste an.

Wenn Sie das Symbol *Objekte markieren* auswählen, ändert sich die Form des Mauszeigers beim Bewegen über Objekte zu einem kleinen Kreuz und beim Aufziehen erhalten Sie einen gestrichelten Rahmen angezeigt. Wenn diese Funktion eingeschaltet ist, bewegen Sie sich auf einer zweiten Ebene über den Zellen. Und genau das ist auch der Vorteil, denn Sie markieren damit wirklich nur Objekte und keine Zellen.

WICHTIG   Achten Sie nach erfolgter Bearbeitung darauf, diese Markierungsfunktion für Objekte mit der ⎋Esc-Taste wieder auszuschalten, denn sonst können Sie anschließend nichts mehr in Ihre Zellen schreiben.

Objektgruppen herstellen und wieder auflösen

Mit der Kombination verschiedener AutoFormen können Sie kreativ auch komplexe Darstellungen erzeugen. In diesen Fällen ist es unerlässlich, die Position und Größe einzelner Objekte zu sichern, bevor eine nächste Stufe der Verarbeitung beginnt.

Wollen Sie beispielsweise mehrere bereits präzise angeordnete Objekte verschieben, ist es sinnvoll, diese vorher – wie oben beschrieben – zu einer Gruppe zusammenzufassen. Die so selektierten Objekte bilden dann vorübergehend eine Gruppe, die Sie verschieben oder einheitlich gestalten können. In dem Moment, in welchem Sie allerdings außerhalb dieser Objekte klicken, geht die Markierung verloren. Um dauerhafte Gruppen zu bilden, ist es sinnvoll den Befehl *Gruppierung* zu nutzen: Markieren Sie zuerst die in Frage kommenden Objekte und wählen Sie anschließend in der Symbolleiste *Zeichnen* ganz links im Auswahlmenü *Zeichnen* oder per rechter Maustaste im Kontextmenü den Befehl *Gruppierung*. Damit gehen die markierten Objekte eine Verbindung ein. Wie lange diese Verbindung hält, entscheiden Sie: Denn wenn Sie die Gruppe von Objekten wieder in die Einzelteile auflösen möchten, brauchen Sie im gleichen Menü nur den Befehl *Gruppierung aufheben* zu wählen.

Sie können auch mehrere Gruppen von bereits zusammengefügten Teilobjekten zu noch größeren Gruppen zusammenfassen. Dies ist übrigens das Prinzip bei der Erstellung vieler Grafiken: sie bestehen aus »unendlich« vielen Einzelteilen.

Eine Gruppe von Objekten wird von Excel wie ein einzelnes Objekt behandelt. Gruppieren bedeutet z.B. auch, dass alle Formatierungseinstellungen dann für die gesamte Gruppe gelten. Auch Größenänderungen wirken sich auf alle Objekte aus. Problematisch wird das jedoch manchmal, wenn sich in der Gruppe ein importiertes oder ein Textelement befindet, das sich nicht genau so verhält, wie die anderen Objekte in der Gruppe. Hier hilft nur – Ausprobieren!

Möchten Sie nur einzelne Objekte aus einer Gruppe gestalten, müssen Sie die Gruppe von Objekten vorher auflösen. Das geht am schnellsten über die Schaltfläche *Gruppierung aufheben*. Sie finden diese ebenfalls entweder im Kontextmenü, das Sie per Klick auf die rechte Maustaste öffnen, oder im Auswahlmenü *Zeichnen*.

Versteckspiel: vorn oder hinten – mit Ebenen arbeiten

In dem Moment, da Sie mehrere grafische Objekte auf Ihrem Tabellenblatt erstellen und diese sich teilweise überlagern, werden Sie feststellen, dass die Objekte in der Reihenfolge angeordnet sind, in der Sie von Ihnen gezeichnet wurden. Dies bedeutet: Das zu Beginn gezeichnete Objekt liegt ganz unten, das zuletzt erstellte ganz oben auf dem Stapel. Es ist allerdings nicht erforderlich, dass Sie sich vor dem Zeichnen der Objekte erst umständlich einen Plan machen, wann Sie welches Objekt erstellen, damit es in der richtigen Ebene steht. Die Objekte können Sie problemlos auch nachträglich verschieben, d.h. es ist möglich, im Nachhinein die Reihenfolge der Objekte zu ändern.

Markieren Sie dazu das Objekt, welches Sie vor oder hinter andere Objekte stellen möchten und klicken Sie dann in der Symbolleiste *Zeichnen* ganz links auf das Auswahlmenü *Zeichnen* und wählen Sie dort im Untermenü *Reihenfolge* (Abbildung 14.26) die gewünschte Option.

Abbildg. 14.26 Über das Untermenü *Reihenfolge* die Ebenen festlegen

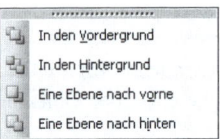

Die Bedeutung der Optionen *In den Vordergrund* und *In den Hintergrund* ist eigentlich selbsterklärend: Objekte werden damit ganz oben oder ganz unten in den Stapel eingeordnet.

Wollen Sie ein markiertes Objekt nur eine Ebene nach unten oder oben verschieben, wenden Sie die Optionen *Eine Ebene nach vorn* oder *Eine Ebene nach hinten* an.

Für das Bearbeiten mehrerer Objekte mit ihren Ebenen empfiehlt es sich, die Symbolleiste *Reihenfolge* auf das Tabellenblatt zu legen, um schneller auf die gewünschten Befehle zugreifen zu können. Lösen Sie dazu das Untermenü *Reihenfolge* aus dem Auswahlmenü *Zeichnen* einfach ab, indem Sie mit der Maus oben auf die Leiste des Untermenüs zeigen und es dann mit gedrückter linker Maustaste auf den Arbeitsbereich ziehen.

AutoFormen ausrichten und verteilen

Neben der Festlegung der Ebenen sind Sie mit Excel und den Zeichnen-Funktionen auch in der Lage, mehrere Objekte zueinander und auf dem Tabellenblatt auszurichten.

Oft geht es darum, dass mehrere nebeneinander oder untereinander angeordnete Objekte sich an der Position eines der Objekte orientieren. Markieren Sie dazu die gewünschten Objekte und wählen Sie in der Symbolleiste *Zeichnen* im Auswahlmenü *Zeichnen* den Befehl *Ausrichten oder verteilen*. Lösen Sie am besten das nun erscheinende Untermenü heraus und legen Sie es auf Ihrem Arbeitsblatt ab. Mit den Ihnen nun zur Verfügung stehenden acht Befehlen (Abbildung 14.27) können Sie mühelos alle Ausrichtungswünsche erfüllen.

Abbildg. 14.27 Mit diesen Schaltflächen lassen sich Objekte präzise anordnen.

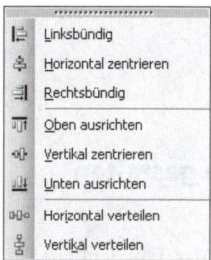

Möchten Sie beispielsweise drei nebeneinander liegende AutoFormen an der unteren Kante des am weitesten unten stehenden Objektes ausrichten, markieren Sie die drei Objekte und wählen den Befehl *Unten ausrichten*. Nun richtet Excel die Objekte nach dem am weitesten unten befindlichen Objekt aus, d.h. die beiden anderen Objekte werden nach unten verschoben.

Dies gilt sinngemäß auch für die Befehle *Oben ausrichten*, *Linksbündig*, *Rechtsbündig*. Dies bedeutet: Das am weitesten oben, unten, links oder rechts liegende Objekt zieht die anderen zu sich heran, hat also die Dominanz in der Gruppe.

Ganz anders verhält es sich bei den beiden Befehlen *Horizontal zentrieren* bzw. *Vertikal zentrieren*. Hier bewegen sich alle Objekte aufeinander zu, um einen gedachten Mittelpunkt zu erreichen. Keine der AutoFormen hat in diesen Fällen die Dominanz, alle Objekte sind hier gleichberechtigt.

Ein besonderes Highlight sind die Befehle zum horizontalen bzw. vertikalen Verteilen der Objekte auf der Arbeitsfläche. Dabei wird der Abstand zwischen allen Objekten auf die gleiche Größe gebracht. Eine Funktion, die Ihnen viel Zeit und Mühe erspart.

Beispiel: Einen dynamischen Ablaufplan erstellen

Wer kennt es nicht: Sie haben alle Daten für ein Projekt zusammengestellt und in Excel die entsprechenden Kalkulationen vorbereitet. In letzter Minute fällt Ihnen ein, dass eine Übersicht über den zeitlichen Ablauf der einzelnen Projektphasen für alle Beteiligten sehr nützlich wäre. Ehe Sie über Spezialprogramme nachdenken, starten Sie lieber Ihr Excel, denn es kann nicht nur als »Rechenknecht«, sondern auch als »Grafiker« für Sie arbeiten. In Abbildung 14.28 sehen Sie, was Sie mit Excel in weniger als 15 Minuten leisten können.

Abbildg. 14.28 So soll der fertige Ablaufplan aussehen

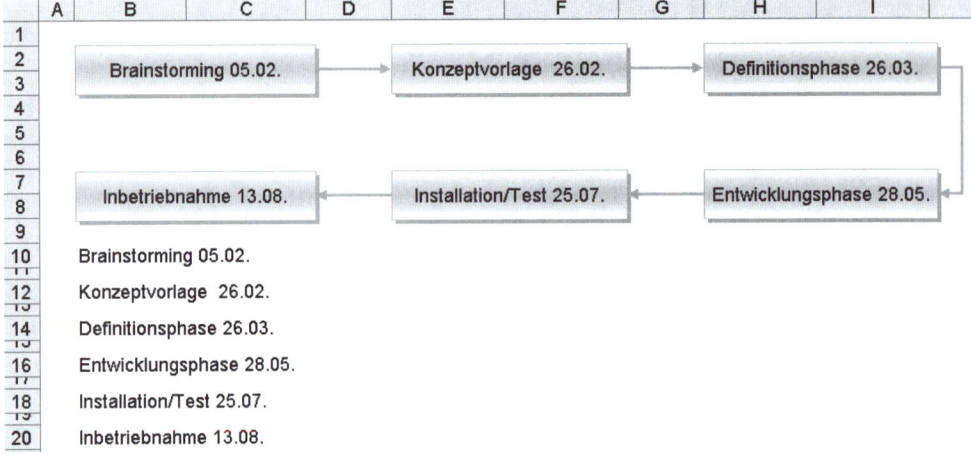

Schritt 1: Ein Rechteck zeichnen und als Schablone gestalten

Und so gehen Sie vor:

1. Klicken Sie auf das Symbol *Rechteck*, bewegen Sie die Maus auf das Tabellenblatt (die Form der Maus wird zum Fadenkreuz) an die linke obere Ecke der Zelle *B2* und ziehen Sie mit gedrückter `Alt`- und linker Maustaste ein Rechteck auf, das zwei Spalten breit und zwei Zeilen hoch ist, also bis zur rechten unteren Ecke von *C3*.

> **HINWEIS** Die `Alt`-Taste sorgt dafür, dass Sie ganz leicht die gewünschte Größe (zwei Spalten, zwei Zeilen) erreichen können, denn das Rechteck bleibt somit beim Zeichnen stets an den Gitternetzlinien ausgerichtet. Wichtig dabei: Lassen Sie nach dem Zeichnen zuerst die Maustaste und erst dann die `Alt`-Taste los.

2. Geben Sie einen beliebigen Buchstaben ein, um die Textoptionen des Rechtecks zu aktivieren.
3. Klicken Sie nun auf den Rand des neuen Objekts, um es zu markieren. Über den Menübefehl *Format/AutoForm* oder die Tastenkombination `Strg`+`1` gelangen Sie in das Dialogfeld zum Gestalten des Rechtecks. Aktivieren Sie in der Registerkarte *Ausrichtung* in den Feldern *Horizontal* und *Vertikal* die Einträge, die den Text mittig platzieren.
4. Stellen Sie in der Registerkarte *Schrift* als Farbe *Dunkelblau* ein. Schließen Sie das Dialogfeld mit Klick auf *OK*.

5. Wählen Sie über die Schaltfläche *Füllfarbe* in der Symbolleiste *Zeichnen* den Eintrag *Fülleffekte* und legen Sie mit den Farben *Hellgelb* und *Orange* einen *Farbverlauf* fest (Dialogfeld *Fülleffekte*, Registerkarte *Graduell* – siehe Abbildung 14.29).

6. Weisen Sie in derselben Symbolleiste über die Schaltfläche *Schattenart* die *Schattenart 14* zu und legen Sie über den Befehl *Schatteneinstellungen* in der gleichnamigen Symbolleiste als Schattenfarbe *Hellorange* fest.

Einen Farbverlauf festlegen

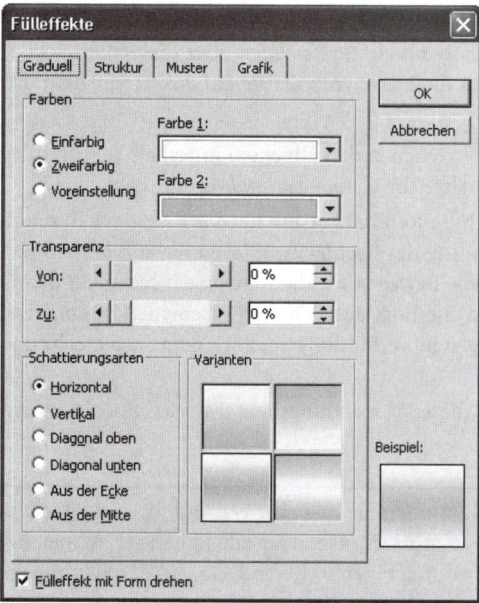

Schritt 2: Die Schablone vervielfältigen und platzieren

Ihr »Musterobjekt« ist damit fertig. Verfahren Sie weiter wie folgt:

1. Lassen Sie das Rechteck markiert, denn es muss jetzt mehrfach kopiert werden. Anstelle der Befehlsfolge *Kopieren* und *Einfügen* wählen Sie eine Technik, die Ihnen gleich zwei Aktionen gleichzeitig ermöglicht: das Vervielfältigen und das Ausrichten. Bewegen Sie die Maus auf den Rand des Rechtecks, halten Sie die Tasten `Strg` + `Alt` gedrückt und ziehen Sie das Rechteck so nach rechts, dass zwischen Original und Kopie eine leere Spalte frei ist.

2. Wiederholen Sie diesen Schritt noch einmal für das dritte Objekt in der ersten Reihe (siehe Abbildung 14.28).

Wie Sie sehen konnten, hat die `Strg`-Taste das Kopieren bewirkt – zu erkennen am kleinen Pluszeichen neben dem Mauspfeil. Die `Alt`-Taste wiederum sorgte für das Ausrichten am Gitternetz.

Schritt 3: Gruppen bilden, kopieren und ausrichten

Die Objekte sollen jetzt noch verbunden, vervielfältigt und ausgerichtet werden:

1. Da jetzt noch eine weitere, identische Reihe von Rechtecken gebraucht wird, führen Sie die Kopier- und Ausrichtaktion gleich noch einmal durch. Dieses Mal markieren Sie aber zuerst die drei fertigen Objekte. Nutzen Sie dazu die dritte Taste im Bunde der trickreichen Helfer – die `⇧`-Taste. Mit deren Hilfe lassen sich beliebig viele Objekte nacheinander zu einer Markierung hinzufügen. Sie erreichen so eine temporäre Gruppierung von Objekten.

2. Halten Sie dann wieder die Tasten `Strg` + `Alt` gedrückt und ziehen Sie die Gruppe der drei Rechtecke so nach unten, dass zwischen Original und Kopie zwei leere Zeilen frei bleiben.

Schritt 4: Die Verbindungspfeile anbringen

Die Verbindung und die Abfolge der Projektphasen stellen Sie am besten mit Verbindungslinien mit Pfeilspitze dar. Rufen Sie dazu in der Symbolleiste *Zeichnen* über die Schaltfläche *AutoFormen* die Kategorie *Verbindungen* auf und legen diese als Symbolleiste auf das Arbeitsblatt. Hier die weiteren Schritte:

1. Da Sie mehrere Verbindungspfeile zwischen den Objekten innerhalb der drei Reihen benötigen, doppelklicken Sie nun auf die Schaltfläche *Gerade Verbindung mit Pfeil*.

2. Bewegen Sie die Maus an den rechten Rand des ersten Rechtecks. Sie sehen nun feine blaue Verankerungspunkte in jeder Seitenmitte des Rechtecks. Klicken Sie auf den am rechten Rand und lassen Sie die Maustaste wieder los. Bewegen Sie die Maus nach rechts an den linken Rand des folgenden Rechtecks und klicken Sie dort auf den nun erscheinenden blauen Verankerungspunkt. Sie erhalten damit einen ersten Verbindungspfeil. Er liegt waagerecht und hat genau die richtige Länge.

3. Wiederholen Sie nun das Ziehen dieser Verbindungslinie mit Pfeil für die anderen Rechtecke in der ersten und zweiten Reihe.

PROFITIPP

> Klicken Sie doppelt auf das Symbol, können Sie mehrere Verbindungen nacheinander zeichnen, ohne das Symbol erneut aktivieren zu müssen. Haben Sie alle Linien gezeichnet, brechen Sie diesen Modus mit der ⎯Esc⎯-Taste oder durch einen weiteren Klick auf das Symbol ab.

4. Klicken Sie nun in der Symbolleiste *Verbindungen* auf die Schaltfläche *Gewinkelte Verbindung mit Pfeil*. Bewegen Sie die Maus an den rechten Rand des rechten Objektes in der ersten Reihe und klicken auf den Verankerungspunkt. Lassen Sie die Maustaste wieder los und positionieren Sie die Maus am rechten Rand des darunter liegenden Rechtecks. Klicken Sie auf den nun wieder erscheinenden blauen Verankerungspunkt. Excel erstellt einen zweifach abgewinkelten Pfeil.

5. Markieren Sie dann alle Pfeile und passen Sie deren Aussehen an. Über die Schaltfläche *Linienfarbe* können Sie die Farbe *Dunkelblau* zuweisen.

Schritt 5: Die Beschriftung mit Texten aus der Tabelle verknüpfen

Zum Abschluss muss noch die Beschriftung in die Rechtecke. Steuern Sie die Inhalte doch über die Tabelle! Wie das geht, zeigen die folgenden Schritte:

1. Geben Sie die Texte unterhalb der Grafik in die Tabelle ein. Beginnen Sie in der Zelle *B10* und schreiben Sie alle weiteren Einträge mit je einer Leerzeile in die Zellen darunter.

2. Markieren Sie das erste Rechteck (durch Klick auf den Rand). Klicken Sie anschließend in die Bearbeitungszeile und geben Sie ein Gleichheitszeichen (=) ein.

3. Klicken Sie mit der Maus auf die erste Zelle mit der Information für die Beschriftung, also *B10*. Als Formel sehen Sie nun =$B$14. Betätigen Sie die ⎯↵⎯-Taste, um den Vorgang abzuschließen.

4. Wiederholen Sie die Schritte 2 und 3 für alle anderen Rechtecke, wobei Sie in Schritt 2 auf die jeweils betreffende Zelle klicken.

Abbildg. 14.30 In der Bearbeitungsleiste oben sieht man es: Der Inhalt dieser AutoForm ist mit einer Tabellenzelle verknüpft.

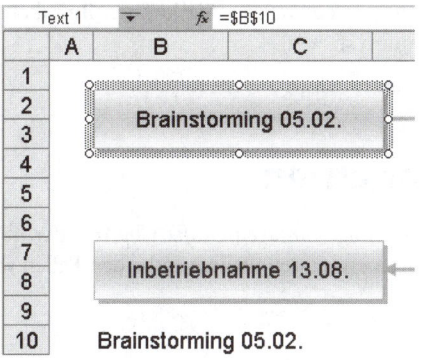

Auf diese Art und Weise haben Sie die Möglichkeit, Ihre Projektphasen in der Liste in Spalte *B* zu pflegen. Sie müssen die Objekte selbst nicht mehr »anfassen«, um etwaige Änderungen vorzunehmen.

Grafiken importieren und bearbeiten

Neben den bisher beschriebenen AutoFormen kommt Grafiken eine wichtige Rolle beim Illustrieren von Excel-Arbeitsblättern zu. Generell lassen sich Grafiken auf folgenden Wegen in ein Arbeitsblatt einbinden:

- Über die Menübefehlsfolge *Einfügen/Grafik/Aus Datei* oder das entsprechende Symbol aus der Symbolleiste *Zeichnen*. Hier werden vor allem Logos oder beispielsweise Produktfotos eingefügt, die auf einem lokalen Datenträger oder im Netzwerk bereits in digitalisierter Form vorliegen.

- Über die Menübefehlsfolge *Einfügen/Grafik/Von Scanner oder Kamera*. Hier werden die Daten also nicht direkt von Festplatte oder Netzwerk, sondern von einer Digitalkamera oder einem Scanner eingelesen.

- Über das Symbol *ClipArt einfügen* oder die Menübefehlsfolge *Einfügen/Grafik*. In beiden Fällen wird der Aufgabenbereich *ClipArt* geöffnet. Dahinter steht die Bibliothek für Multimedia-Dateien, der *Clip Organizer*.

Das Einfügen einer Grafik aus einer vorliegenden Datei vom eigenen Computer, dem Netzwerk sowie von Digitalkamera oder Scanner sind selbsterklärende Vorgänge, auf die deshalb nicht näher eingegangen werden muss. Schwerpunkt der folgenden Seiten soll die Beschreibung des Clip Organizers sein.

Mit dem Clip Organizer Mediendateien verwalten

Mit Microsoft Office System werden zwei Zusatzprogramme ausgeliefert, die sich der Verwaltung und Bearbeitung von Bildern und Grafiken annehmen: der *Clip Organizer* und der *Picture Manager*.

Mit dem *Clip Organizer* organisieren und verwalten Sie alle Mediendateien, neben Bildern auch Video- und Audiodateien. Sie können nach Medien suchen und sie in die Office-Programme einfügen. Der Clip Organizer bietet alle Befehle, um Mediendateien in Ordner oder Sammlungen aufzunehmen, sie zu benennen, zu löschen und verschieben. Er ist in die Office-Anwendungen integriert und kann aus allen Programmen heraus aufgerufen werden. Sie können ihn aber auch über das *Start*-Menü von Windows als eigenes Programm starten.

Mehr zum Picture Manager erfahren Sie weiter unten in diesem Kapitel.

Den Clip Organizer einrichten

Egal, ob Sie eine Grafik über die Menübefehlsfolge *Einfügen/Grafik/ClipArt* oder über das Symbol *ClipArt einfügen* aus der Symbolleiste *Zeichnen* einbinden wollen: In beiden Fällen wird der Aufgabenbereich *ClipArt* angezeigt.

Abbildg. 14.31 Der Aufgabenbereich *ClipArt*

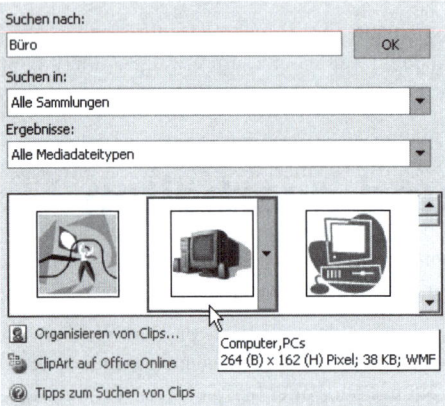

Der Aufgabenbereich *ClipArt* bietet Ihnen ein Textfeld für die Stichwortsuche an. Wenn Sie in das Feld bei *Suchen nach* einen Begriff eintragen und auf die Schaltfläche *OK* klicken, werden alle ClipArts aufgelistet, denen dieses Stichwort zugeordnet ist. In der Voreinstellung werden alle Sammlungen nach sämtlichen Mediendateien durchsucht.

Alle Mediendateien auf Ihren Laufwerken werden zu zwei Sammlungen zusammengefasst: *Meine Sammlungen* umfassen alle Ordner, in denen Medien gefunden werden, die nicht mit Microsoft Office System oder einem älteren Office installiert wurden; *Office-Sammlungen* sind ausschließlich Medien aus dieser oder einer vorherigen Office-Installation. Die *Websammlungen* befinden sich auf den Internet-Seiten von Microsoft.

Bevor Sie die Suchfunktionen in den Sammlungen optimal nutzen können, sollten Sie zuerst alle Laufwerke Ihres Computers nach Medien durchsuchen lassen.

HINWEIS Wenn Sie Microsoft Office System über eine bestehende Office XP-Version installiert haben, werden alle Sammlungen aus dieser Version übernommen.

Abbildg. 14.32 Organisieren von Clips

Organisieren von Clips...

Sie können Ihre Mediendateien dennoch katalogisieren. Am einfachsten ist es, sich dem Assistenten anzuvertrauen. Klicken Sie im Aufgabenbereich *ClipArt* im unteren Teil auf den Befehl *Organisieren von Clips*. Wenn Sie diesen Befehl das erste Mal aufrufen, erscheint ein Assistentenfenster, das Sie auffordert, alle Datenträger nach Medien zu durchsuchen.

Abbildg. 14.33 Fügen Sie Grafiken oder andere Mediendateien dem *Clip Organizer* hinzu.

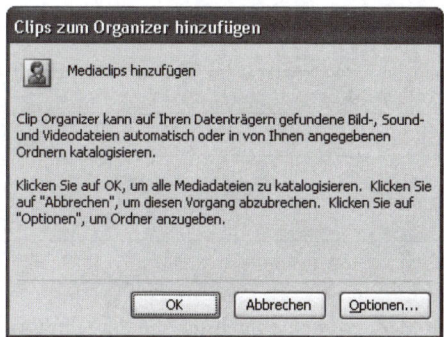

Sie können die Suche auf bestimmte Laufwerke oder Ordner eingrenzen, indem Sie auf die Schaltfläche *Optionen* klicken und die gewünschten Laufwerke markieren. Warten Sie einige Sekunden, bis die Anzeige aller Ordner komplett ist. Jeder Ordner, in dem eine Mediendatei gefunden wurde, erhält ein Häkchen. Sie können diese Häkchen durch Anklicken entfernen und den Ordner von der anschließenden Suche ausnehmen. Zum Abschluss klicken Sie in diesem Fenster auf die Schaltfläche *Katalog*. Aus jedem markierten Ordner wird eine Sammlung erstellt.

Wenn Sie die Suche nicht eingegrenzt haben, sondern bereits im ersten Dialogfeld auf die Schaltfläche *OK* geklickt haben, hat der Assistent alle Ordner mit Medien ermittelt und daraus Sammlungen erstellt.

In beiden Fällen wird nach einigen Sekunden die fertige Sammlungsliste angezeigt. Sie sehen im linken Fensterbereich die drei Hauptsammlungen *Meine Sammlungen*, *Office-Sammlungen* und *Websammlungen*. Darunter sind jeweils die Ordner aufgelistet, die die Mediendateien enthalten.

Abbildg. 14.34 Sammlungsliste mit den drei Standard-Sammlungen

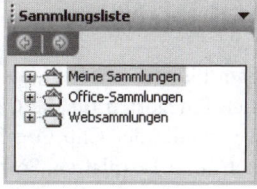

Sie können jederzeit die Katalogisierung erneut aufrufen. Klicken Sie im Dialogfeld *Favoriten – Microsoft Clip Organizer* auf das Menü *Datei/Clips zum Organizer hinzufügen* und wählen Sie dort den Befehl *Automatisch*. Damit wird das Assistentenfenster wieder aufgerufen. Der Befehl *Manuell* aus dem gleichen Menü gibt Ihnen die Möglichkeit, selbst die Ordner oder Laufwerke nach Medien zu durchsuchen.

Von der Tabelle zur Infografik

Tabelle 14.4 Medientypen, die in den Clip Organizer automatisch aufgenommen werden

Medientyp	Dateiendungen
Microsoft Windows-Metadatei	emf, wmf
Windows Bitmap	bmp, dib, rle
Computer Graphics Metafile	cgm
Graphics Interchange Format	gif
Joint Photographic Experts Group	jpg, jpeg
Portable Network Graphics	png
Tagged Image File Format	tiff, tif
Vector Markup Language	vml
Microsoft Windows-Medien	avi, asf, asx, rmi, wma, wax, wav

In Tabelle 14.4 sowie in Tabelle 14.5 sind alle Medientypen aufgelistet, die der Clip Organizer verwalten kann.

Tabelle 14.5 Medientypen, für die im Microsoft Office System-Setup Filter vorliegen

Medientyp	Dateiendungen
Computer Graphics Metafile	cgm
Corel Draw	cdr
Flash Pix, Photo Draw und PictureIt!	fpx, mix
Kodak Photo CD	pcd
Macintosh PICT	pct
PC Paintbrush	pcx
WordPerfect Grafiken	wpg

Die Clip-Sammlungen kennen und nutzen

Beim Einrichten des Clip Organizers werden automatisch drei Sammlungen angelegt, die wiederum mehrere Unterordner enthalten. Sammlungsordner sind lediglich Kategorien für die *ClipArts* und finden sich nicht als Ordner auf Ihrer Festplatte. Allerdings verwendet der Clip Organizer beim automatischen Durchsuchen Ihrer Datenträger die Ordnernamen Ihrer Festplatten. So haben viele Sammlungsordner die gleichen Namen wie die Ordner Ihrer Laufwerke.

Ein besonderer Ordner ist der Ordner *Nichtklassifizierte Clips*. Der Clip Organizer versammelt hier alle Mediendateien, die direkt auf einer Festplatte gefunden wurden und nicht in einem Haupt- oder Unterordner gespeichert waren.

HINWEIS Jede Sammlung kann beliebig viele Mediendateien enthalten, aber nur 10.000 Dateien können angezeigt werden. Umfangreiche Sammlungen sollten Sie deswegen auf mehrere kleinere Sammlungen aufteilen.

Alle Clips sind in der Sammlung nur als Verknüpfung vorhanden. Wenn Sie eine Mediendatei aus einem Sammlungsordner löschen, bleibt die Datei auf der Festplatte gespeichert. Sie löschen die Mediendatei nur aus der Sammlung, nicht von der Festplatte. Umgekehrt werden Medien, die vom Laufwerk gelöscht wurden, weiterhin in der Sammlung gezeigt. Sie sind mit einem kleinen gelben *x* in der unteren linken Ecke des Vorschaufensters gekennzeichnet. Das gleiche Kennzeichen tragen auch Medien, die Sie verschoben haben.

Abbildg. 14.35   Gelöschtes oder verschobenes Bild

Wenn Sie sicher sind, dass Sie die Mediendatei vom Laufwerk gelöscht haben, können Sie das Vorschaufenster ebenfalls mit der ⌷Entf⌷-Taste löschen. Wenn Sie die Datei nur verschoben haben, sollten Sie im Menü *Ansicht* über *Vorschau/Eigenschaften* die Schaltfläche *Aktualisieren* anklicken, damit der korrekte Speicherort ermittelt werden kann.

Meine Sammlungen

Durch das automatische Hinzufügen wurden alle Mediendateien Ihres Computers in die Sammlung *Meine Sammlungen* aufgenommen. Die Namen der Ordner entsprechen den Namen der Ordner auf Ihrer Festplatte. Wenn Sie auf der Festplatte einen Ordner namens »*Urlaubsbilder*« angelegt haben, in dem Sie die Fotos der letzten Urlaubsreise gespeichert hatten, wird auch ein Sammlungsordner mit dem gleichen Namen angelegt. In diesem Sammlungsordner finden Sie Verknüpfungen zu allen Bildern aus diesem Ordner vor.

Verschieben Sie eine Datei von einem Sammlungsordner in einen anderen, so wird nur die Anzeige im Clip Organizer geändert. Die Datei auf der Festplatte verbleibt im gleichen Ordner und wird nicht verschoben.

TIPP Es ist unpraktisch und eher verwirrend, die Medien im Clip Organizer anders zu ordnen als auf der Festplatte.

Office-Sammlungen und Websammlungen

Die mit Microsoft Office System ausgelieferten *ClipArts* und Mediendateien werden im Sammlungsordner *Office-Sammlungen* gezeigt. Sie finden beispielsweise die zusätzlichen AutoFormen im gleichnamigen Sammlungsordner (siehe dazu auch die Abbildung 14.36).

Von der Tabelle zur Infografik

Abbildg. 14.36 Zusätzliche AutoFormen der Office-Sammlung

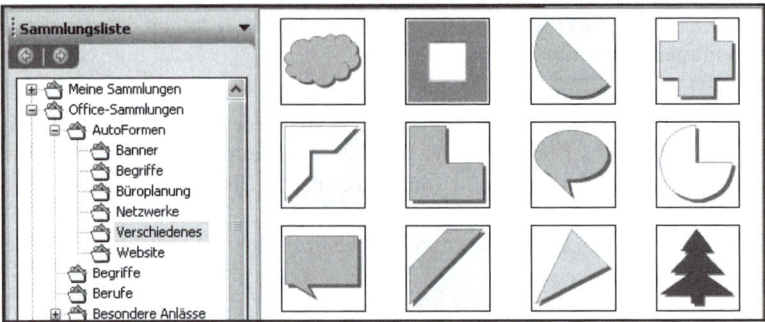

Die *Websammlungen* zeigen die Mediendateien von Microsoft Office Online an. Voraussetzung ist eine ständige Internet-Verbindung und ein Zugriffsrecht für diesen Dienst auf das Internet. Über den Auswahlpfeil am rechten Rand der Vorschaubilder können Sie die *ClipArts* auf Ihre Festplatte herunterladen, indem Sie *Offline verfügbar machen* anklicken. Wählen Sie im folgenden Dialogfeld aus, welcher Sammlung dieses *ClipArt* hinzugefügt werden soll.

Gemeinsam genutzte Sammlungen

In einem Netzwerk besteht die Möglichkeit, dass der Systemadministrator ClipArts und andere Mediendateien zentral verfügbar macht. Diese Sammlung trägt dann den Namen *Gemeinsam genutzte Sammlungen*. Sie eignet sich sehr gut, um Logos und Grafiken bereit zu stellen, die von vielen Mitarbeitern häufig genutzt werden. Die Mediendateien müssen nur an einem Ort abgelegt werden und jeder Mitarbeiter kann stets auf die aktuelle Version zugreifen.

Dem *Clip Organizer* neue Mediendateien hinzufügen

Wenn Sie neben den mitgelieferten ClipArts auch viele eigene Mediendateien haben – beispielsweise Logos und Produktfotos – dann sollten Sie den Clip Organizer als Ihr allgemeines Bildverwaltungsprogramm nutzen. Lesen Sie im folgenden Abschnitt, wie Sie den *Clip Organizer* beliebig um weitere Mediendateien erweitern.

Mediendateien suchen und importieren

Beim ersten Aufruf des *Clip Organizers* können Sie die Laufwerke Ihres Computers automatisch nach Mediendateien durchsuchen lassen. Ändert sich der Medienbestand Ihres Computers wesentlich, weil Sie neue Grafiken erhalten haben, können Sie die Suche jederzeit wieder manuell starten. Lassen Sie sich den Aufgabenbereich *ClipArt* anzeigen und wählen Sie aus dem unteren Bereich den Befehl *Organisieren von Clips*. Im Clip Organizer wählen Sie aus dem Menü *Datei* den Befehl *Clips zum Organizer hinzufügen*. Wählen Sie die Option *Automatisch*, wenn der Organizer selbsttätig nach Ordnern mit Medien suchen soll, oder *Manuell*, wenn Sie ein Laufwerk oder einen Ordner vorgeben möchten.

Die manuelle Suche ist bei Einzelbildern vorzuziehen. Klicken Sie das Laufwerk und den Ordner an, in dem sich das Bild befindet und markieren Sie das Bild. Klicken Sie auf die Schaltfläche *Hinzufügen zu* und wählen Sie aus der anschließenden Sammlungsliste den geeigneten Sammlungsordner aus. Sobald Sie Ihre Wahl mit Klick auf *OK* bestätigt haben, kehren Sie wieder in das erste Dialogfeld zurück. Sie sehen im blauen Titelfeld den Namen der Sammlung, den Sie für diese Mediendatei gewählt haben. Bestätigen Sie zum Schluss die Auswahl noch mit Klick auf *Hinzufügen*.

Mediendateien von *Office Online* herunterladen

Microsoft stellt auf einer eigenen Internetseite ständig neue *ClipArts* und Mediendateien zum kostenlosen Download bereit. Es gibt zwei Wege, diese Dateien anzusehen und zu speichern:

- Sie können direkt auf der Internet-Seite nach einer Mediendatei suchen (mehr dazu weiter unten) oder
- Sie können die Anzeige im *Clip Organizer* verwenden.

In beiden Fällen muss eine Internetverbindung bestehen.

 Um direkt auf die Internet-Seite für *Office Online* zu gelangen, klicken Sie entweder im Aufgabenbereich *ClipArt* auf den Befehl *ClipArt auf Office Online* oder wählen Sie im *Clip Organizer* die Schaltfläche *Clips Online*. In beiden Fällen wird die Verbindung zum Internet hergestellt und Sie können sich die Mediendateien aus verschiedenen Kategorien anschauen.

Gehen Sie dann wie folgt vor, um die Grafiken auf Ihrem PC verfügbar zu machen:

1. Markieren Sie die Medien, die Sie sich herunterladen möchten, durch einen Klick auf das Auswahlkästchen unter den Vorschaubildern. Jedes markierte Element wird in den Auswahlkorb am linken Rand übertragen.
2. Sobald Sie alle Mediendateien markiert haben, klicken Sie am linken Rand auf den Link *Elemente downloaden* und folgen Sie den Erläuterungen auf der Internetseite.

Beachten Sie den Hinweis, dass beim Download die Option *Öffnen* verwendet werden muss. Klicken Sie auf *Speichern*, wird der Clip Organizer zum Schluss nicht direkt angezeigt. Sie müssen dann nach der Datei *ClipArt.mpf* suchen und die *ClipArts* mit Doppelklick installieren.

Nach erfolgreichem Download öffnet sich der Clip Organizer und zeigt die gespeicherten Dateien an. Sie werden automatisch in die Sammlung *Downgeloadete Clips* übertragen.

 Ein anderer Weg führt direkt über die Sammlung *Websammlungen*. Klicken Sie im *Clip Organizer* auf das Pluszeichen vor dem Sammlungsordner *Websammlungen* und dann auf das Pluszeichen vor *Microsoft Office Online*. Vorausgesetzt, eine Internetverbindung besteht, werden nach einigen Sekunden alle Medien der Internetseite *Office Online* mit einem Vorschaubild angezeigt. Um eine Datei auf Ihre Festplatte zu speichern, klicken Sie auf den rechten Randbereich im Vorschaubild und wählen Sie den Befehl *Offline verfügbar machen*. Wählen Sie anschließend einen Sammlungsordner aus.

Ausgewählte Clips von Office Online herunterladen

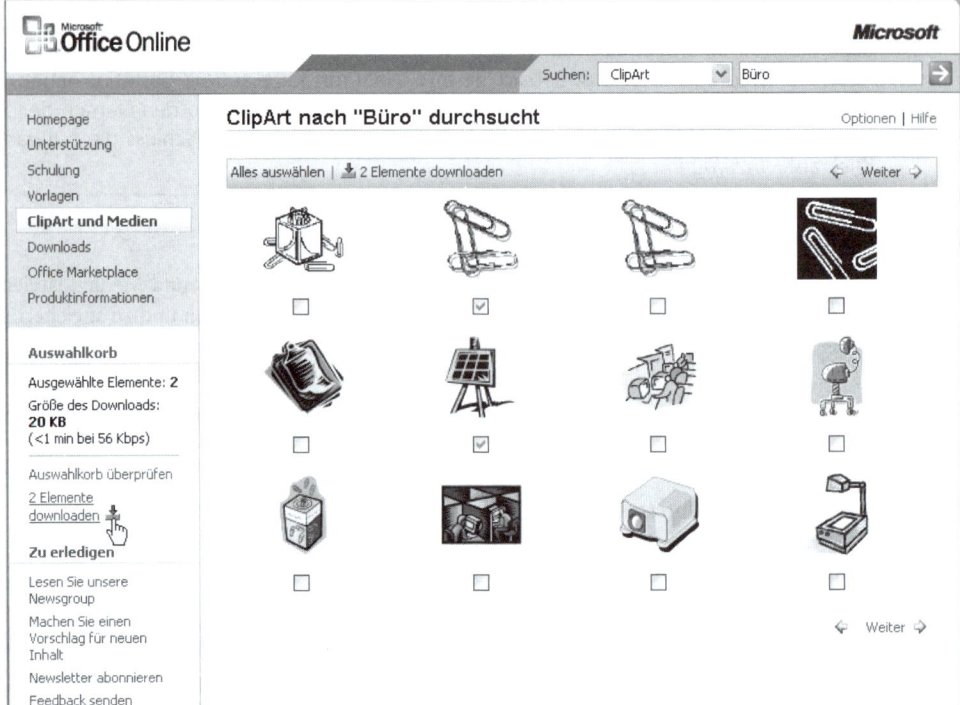

Effektiv nach Mediendateien suchen

Sie können eine bestimmte Mediendatei über den Dateinamen oder die Schlüsselworte schnell finden. Die Suche starten Sie bequem aus dem Aufgabenbereich *ClipArt* (Abbildung 14.31).

Im Textfeld *Suchen nach* können Sie den Dateinamen komplett oder teilweise eintippen. Wissen Sie keinen Dateinamen, können Sie auch ein Wort eingeben, das den Clip beschreibt. Starten Sie die Suche mit Klick auf die Schaltfläche rechts daneben. Der *Clip Organizer* sucht daraufhin in der Beschriftung und in den Schlüsselwörtern nach diesem Begriff.

Die Suche wird standardmäßig in allen Sammlungen durchgeführt und es werden sämtliche Mediendateien durchsucht. Das führt unter Umständen zu einer unüberschaubaren Liste an Fundstellen. Sie können die Suche eingrenzen, wenn Sie sich auf eine bestimmte Sammlung oder auf einen bestimmten Medientyp beschränken.

Die gefundenen Mediendateien werden im Aufgabenbereich mit einem Vorschaubild gezeigt. Über die Bildlaufleiste am rechten Rand können Sie durch die gefundenen Dateien blättern. Um mehr Clips auf einmal anzuzeigen, ziehen Sie den Aufgabenbereich mit der Maus an seinem linken Rand auf eine größere Breite. Sie können die Vorschaubilder komfortabler überblicken.

Ein einfacher Mausklick fügt das Bild oder die Mediendatei auf dem Arbeitsblatt ein.

Direkt aus dem Internet: ClipArts von Office Online herunterladen

Eine Hauptquelle für unzählige ClipArt-Dateien ist seit Jahren die Webseite *Office Online* von Microsoft. Office Online ist das ganze Jahr über, Tag und Nacht geöffnet und zudem kostenlos. In dieser Online-Bibliothek sind inzwischen fast 150.000 Bilder und andere Multimedia-Elemente abgelegt. Ein Besuch lohnt sich also in jedem Fall!

Sie finden die Webseite unter der Internet-Adresse *http://office.microsoft.com/clipart*. Auf Office Online gibt es zu vielen Themen geeignetes Bildmaterial. Auch animierte GIF-Dateien, Filmsequenzen im AVI-Format und Sounddateien fehlen nicht.

TIPP   Office Online noch effektiver nutzen

Angesichts des großen Angebots auf Office Online entsteht möglicherweise der Wunsch, möglichst viele der ClipArts auf einmal herunter zu laden. Allerdings gibt es Grenzen: Sie können bis zu 120 Bilder oder maximal 3,5 MB auf einmal downloaden.

Hier zwei Tipps, wie Sie möglichst viele der Dateien zum Download auswählen:

1. Geben Sie – wie im nachfolgenden Bild zu sehen – ganz oben im Bereich *Suchen:* einen Suchbegriff ein und wählen Sie einen Medientyp aus. Oder wählen Sie weiter unten auf der Webseite eine der zahlreichen Kategorien aus.

Abbildg. 14.38   Der Suchbereich für ClipArts auf *Office Online*

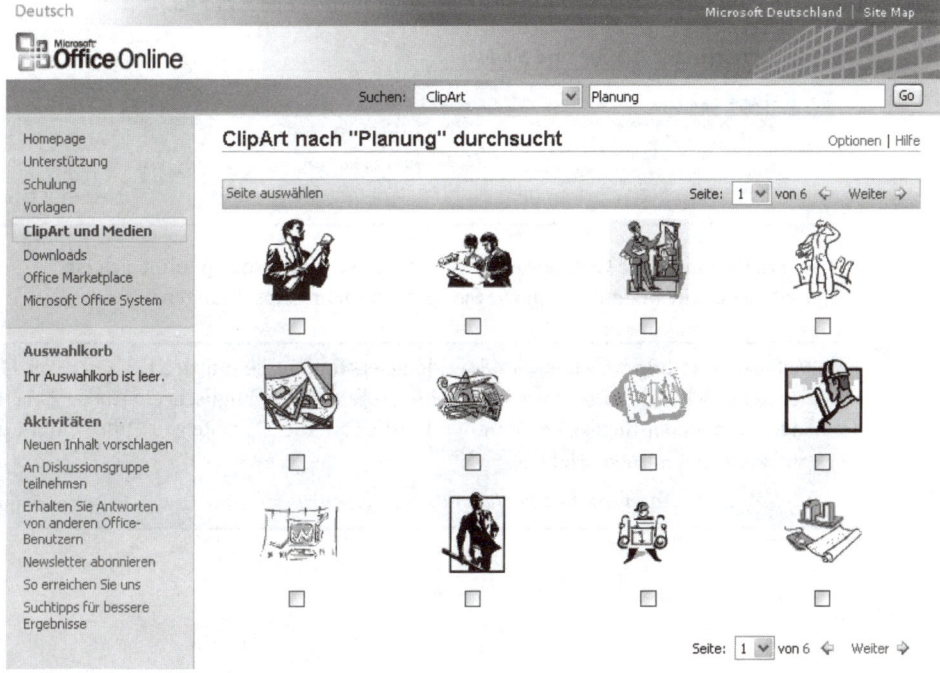

Von der Tabelle zur Infografik

2. Als Nächstes wird das Fenster mit den Suchergebnissen angezeigt. Damit Sie möglichst viele Bilder mit nur einem Schritt auswählen können, lassen Sie sich das Maximum von 48 Vorschaubildern anzeigen. Klicken Sie dazu oben rechts auf Optionen (Abbildung 14.39) und stellen Sie – wie in Abbildung 14.40 gezeigt – den Wert *48* ein.

Abbildg. 14.39   Das ist die Voreinstellung für die Anzeige der gefundenen ClipArts.

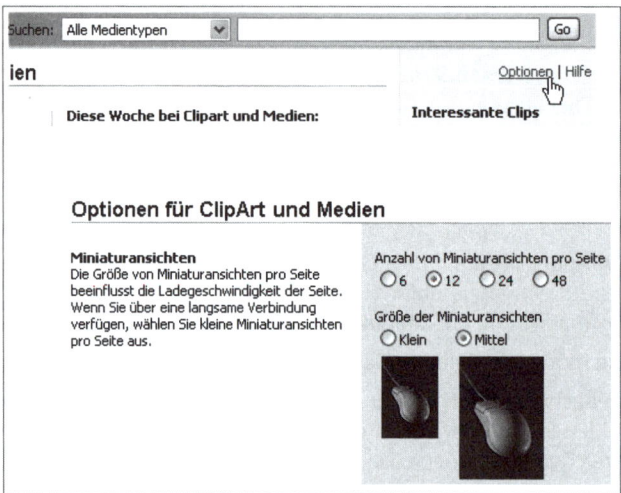

Abbildg. 14.40   Erhöhen Sie die Anzahl der gleichzeitig angezeigten Bilder auf 48.

Optionen für ClipArt und Medien   Hilfe

Miniaturansichten
Die Größe von Miniaturansichten pro Seite beeinflusst die Ladegeschwindigkeit der Seite. Wenn Sie über eine langsame Verbindung verfügen, wählen Sie kleine Miniaturansichten pro Seite aus.

Anzahl von Miniaturansichten pro Seite
○ 6   ○ 12   ○ 24   ◉ 48

Größe der Miniaturansichten
◉ Klein   ○ Mittel

Die Inhalte von Office Online werden ständig erweitert. Insofern lohnt sich ein Besuch dieser Internetseite. Hier ein weiterer Tipp, wie Sie zu noch mehr Clips gelangen.

PROFITIPP

Weitaus mehr Bilder, Fotos und Sounddateien finden Sie auf der US-Seite von Office Online. Einziger Nachteil: Sie müssen die Suchbegriffe dort in Englisch eingeben. Aber dafür ist das Angebot dann deutlich größer. Für den Einstieg auf die US-Seite von Office Online geben Sie folgende Internet-Adresse ein:

http://office.microsoft.com/clipart/default.aspx?lc=en-us

Mit dem *Picture Manager* Bilder komfortabel bearbeiten

Neben dem *Clip Organizer*, der für die Verwaltung von Grafiken und Multimediadateien zuständig ist, gibt es ein zweites Programm, das im Zusammenhang mit Grafiken hier wenigstens erwähnt werden muss: der *Picture Manager*. Er ist ein Bestandteil des Office-Pakets und lässt sich als eigenes Programm über *Start/Alle Programme/Microsoft Office/Microsoft Office Tools/Microsoft Picture Manager* starten. Sollten Sie den Picture Manager nicht auf Ihrem PC finden, müssen Sie diesen über das Setup nachinstallieren (Informationen zum Installationsprozess finden Sie in Kapitel 1).

Die Funktionen zur schnellen und einfachen Bildbearbeitung nutzen

Nach dem Start des Picture Managers können Sie sich in einer Explorer-Ansicht einen schnellen Überblick über Ihre Bilder, Fotos und Grafiken verschaffen. Andere Mediendateien, wie Filme oder Audios, werden nicht verwaltet.

Der Picture Manager verfügt über zahlreiche und sehr komfortable Bearbeitungsfunktionen für Bilder, die sich auch Anwendern ohne Vorkenntnisse intuitiv und schnell erschließen. So können Sie die Helligkeit, den Kontrast und die Farben von Bildern nachregulieren, aus Fotos die roten Augen von Personen korrigieren, Bilder skalieren, zuschneiden oder komprimieren.

Der Picture Manager ersetzt sicherlich kein professionelles Bildbearbeitungsprogramm, bietet aber die gesamte Palette der Bearbeitungsmöglichkeiten für »den Hausgebrauch«.

Die Funktion *Schematische Darstellung*: Schaubilder im Handumdrehen erzeugen

Wenn Sie nach einer Möglichkeit suchen, um Strukturen und Abläufe schnell zu visualisieren, dann sollten Sie sich die Funktion *Schematische Darstellung* einmal näher ansehen. Sie können damit Schaubilder mit wenigen Handgriffen erstellen.

Der Einarbeitungsaufwand ist sehr gering, die Verwendung der einzelnen Funktionen intuitiv und der Funktionsumfang auf ein vernünftiges Maß begrenzt.

Wann ist der Einsatz der Funktion *Schematische Darstellung* sinnvoll?

Wenn Sie nicht sicher sind, ob Sie schematische Darstellungen verwenden sollten, weil Sie Ihre Schaubilder bisher stets aus einzelnen *AutoFormen* selbst zusammenstellen, dann finden Sie in der folgenden kurzen Liste vielleicht eine Antwort. Schematische Darstellungen sollten Sie einsetzen, wenn Sie

- einfache Sachverhalte schnell visualisieren wollen,
- in sehr kurzer Zeit eine bildhafte Darstellung anfertigen müssen,
- die Funktionen zum Zeichnen kaum kennen und mit wenig technischem Aufwand ein Ergebnis erzielen wollen,

■ als Ausgangsbasis für ein Schaubild schnell einen Rohentwurf brauchen, den Sie anschließend individuell weiterbearbeiten.

Daraus folgt, dass die Funktion *Schematische Darstellung* nicht dafür konzipiert ist, komplexe Sachverhalte abzubilden und dass individuelle Wünsche an Farbe, Layout und Größe nur mit einigem Zusatzaufwand zu realisieren sind.

Die verschiedenen Typen der *Schematischen Darstellung* kennen

Zunächst eine kurze Beschreibung der sechs verschiedenen Typen der *Schematischen Darstellung* und ihrer möglichen Einsatzgebiete:

Organigramm

Mit dieser Darstellungsform sind Sie in der Lage, schnell Strukturen zu verdeutlichen. Das *Organigramm* kommt häufig zum Einsatz, um Firmenübersichten zu geben. Weiter unten in diesem Kapitel finden Sie die Anleitung zu einem Beispiel.

Zyklusdiagramm

Mit dem *Zyklusdiagramm* lassen sich Prozesse darstellen. Es ersetzt natürlich nicht komplexe Flussdiagramme, dient aber dazu, einfache Abläufe schnell und mit wenigen Handgriffen abzubilden.

Radialdiagramm

Dieses Diagramm eignet sich zur Darstellung der Beziehungen zwischen Teilelementen und einem zentral gelegenen Hauptelement. Bei einem Brainstorming stünde das Thema in der Mitte und rings herum würden Ideen gruppiert. Das *Radialdiagramm* ähnelt einer MindMap. Weiter unten in diesem Kapitel finden Sie ein Beispiel.

Pyramidendiagramm

Verwenden Sie diesen Diagrammtyp wenn es darum geht, Strukturen darzustellen, bei denen gegenseitige Abhängigkeiten gezeigt werden sollen. Auch für die Anzeige einer schrittweisen Abfolge lässt sich das *Pyramidendiagramm* einsetzen.

Venn-Diagramm

Dies ist ein Diagramm zur Darstellung sich überlagernder Bereiche zwischen und innerhalb von Elementen. Mit dem *Venn-Diagramm* lässt sich beispielsweise das so genannte magische Dreieck im Projektmanagement (Ziele, Kosten, Termine) schnell und einfach verdeutlichen. Das Beispiel dazu finden Sie weiter unten in diesem Kapitel.

Zieldiagramm

Hier haben Sie eine grafische Alternative zu der Aufgabe, Ziele aufzulisten. Mit dem *Zieldiagramm* lassen sich schnell und plakativ Ziele visualisieren.

Schematische Darstellungen erstellen: Die Kurzfassung für Eilige

In nahezu allen Fällen wird das Ergebnis dessen, was Sie über die Nutzung der Standard-Funktionen der *Schematischen Darstellung* erreichen, noch nicht vollständig Ihren Anforderungen entsprechen. Sei es, dass die Größe des Konzeptdiagramms generell anzupassen ist, sei es, dass die Schrift zu klein wirkt oder, dass die Farben nicht mit denen der übrigen Folien harmonieren.

Für all diese Fälle gibt es Lösungsalternativen. Am besten, Sie verfahren bei Nutzung der Funktion *Schematische Darstellung* nach folgendem »Handlungsalgorithmus«:

1. Fügen Sie nach der Auswahl des Diagrammtyps die erforderlichen Formen hinzu, beschriften Sie diese und ändern Sie über die jeweilige Symbolleiste ggf. die Reihenfolge und Anordnung der Formen.

2. Wählen Sie über das Symbol *AutoFormat* in der zum jeweiligen Diagramm gehörenden Symbolleiste das Erscheinungsbild aus.

3. Nehmen Sie dann da, wo möglich, über die Schaltfläche *Layout* Einfluss auf die Größe des Konzeptdiagramms.

4. Heben Sie schließlich die starren Begrenzungen für die Bearbeitung des Konzeptdiagramms und einzelner Bestandteile auf, indem Sie – ebenfalls über die Schaltfläche *Layout* – das *AutoLayout* deaktivieren.

Drei Beispiele für den Einsatz der Funktion *Schematische Darstellung*

Nach der Kurzfassung für Eilige hier nun die Erläuterungen für das Vorgehen im Detail. Am besten geht das natürlich anhand von Beispielen. Sie finden hier drei, mit denen Sie Schritt für Schritt nachvollziehen können, wie eine *Schematische Darstellung* angefertigt wird.

HINWEIS Beim Nutzen der Funktion *Schematische Darstellung* gibt es eigentlich nur einen Unterschied zwischen dem Organigramm einerseits und den verbleibenden fünf Diagrammtypen andererseits. Wenn Sie also einmal ein Radialdiagramm erstellt haben, fällt es Ihnen leicht, nach dem gleichen Muster auch ein Pyramiden- oder Zyklusdiagramm anzufertigen. Daher reicht es, die Anzahl der vorliegenden Beispiele auf zwei zu begrenzen.

Die Funktion aufrufen und verwenden

Der Aufruf der Funktion *Schematische Darstellung* erfolgt über das Menü *Einfügen*. Alternativ dazu kann sie auch über das nebenstehend abgebildete Symbol in der Symbolleiste *Zeichnen* aufgerufen werden.

Abbildg. 14.41 Auswahl des gewünschten Diagrammtyps

Nach Wahl dieses Befehls erscheint das in Abbildung 14.41 gezeigte Dialogfeld. Hier können Sie nun die gewünschte Art des Schaubildes anklicken und per Klick auf *OK* zu seiner Erstellung wechseln.

Die anschließend erforderlichen Schritte zum Eingeben und Bearbeiten der Informationen und deren Formatierung sind – wie bereits erwähnt – bei allen sechs Varianten weitgehend gleich und werden in den beiden Beispielen beschrieben.

Wichtig sind die Werkzeuge zum Bearbeiten, die sich in Symbolleisten befinden. Für jede der sechs schematischen Darstellungen steht eine spezielle Symbolleiste zur Verfügung. Über diese können Sie die Nacharbeiten am jeweiligen Objekt vornehmen. In Abbildung 14.42 sehen Sie alle Symbolleisten aufgelistet.

Abbildg. 14.42 Die Werkzeuge zum Bearbeiten finden Sie in der Symbolleiste zum jeweiligen Diagramm; von oben nach unten die Symbolleiste für die Diagrammtypen *Organigramm*, *Zyklusdiagramm*, *Radialdiagramm*, *Pyramidendiagramm*, *Venn-Diagramm* und *Zieldiagramm.*

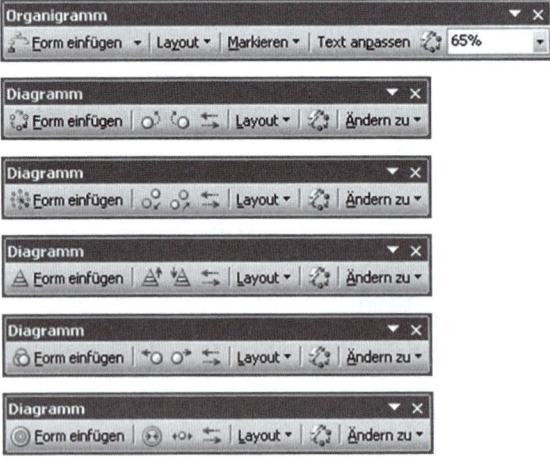

Beispiel 1: Ein Organigramm erstellen

Für die Einstellung neuer Mitarbeiter in der Abteilung *Verwaltung und Finanzen* einer Firma soll eine kleine Übersicht darüber entstehen, welche Abteilungen es im Unternehmen gibt. Natürlich wird hierbei gleich die Struktur der eigenen Abteilung selbst näher aufgeschlüsselt. In Abbildung 14.43 sehen Sie das Ergebnis.

Abbildg. 14.43   Übersicht über die Struktur der Firmenorganisation

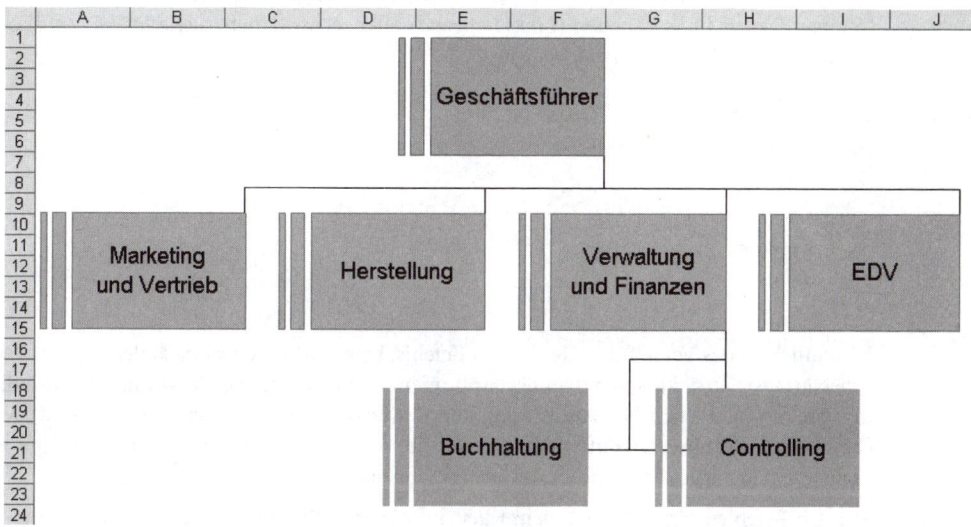

Nachfolgend die Schritte dazu:

1. Rufen Sie über den Menübefehl *Einfügen/Schematische Darstellung* das Dialogfeld *Schematische Darstellung* auf, wählen Sie die Option *Organigramm* und klicken Sie dann auf die Schaltfläche *OK*.

2. In einem Objektrahmen erscheint nun das Organigramm im Rohentwurf. Außerdem wird die Symbolleiste *Organigramm* eingeblendet.

Die Symbolleiste *Organigramm*

Vor deren Verwendung erscheint es sinnvoll, sich das verfügbare Werkzeug in dieser Symbolleiste (siehe Abbildung 14.44) ein wenig näher anzusehen.

Abbildg. 14.44   Die Symbolleiste *Organigramm*

Über die erste Schaltfläche *Form einfügen* können Sie neue Elemente aus drei Kategorien einfügen: *Untergebene*, *Kollegin* und *Assistent*.

- *Untergebene* sind neue Elemente in einer Hierarchieebene tiefer.

- *Kollegin* sind Elemente in der gleichen Hierarchieebene.

■ *Assistent* fügt ein Element in einer seitlichen Stabsposition ein.

> **WICHTIG** An der Spitze eines Organigramms kann immer nur ein Element sein. Mit anderen Worten: Für ein Spitzenelement kann kein Element der Kategorie *Kollegin* eingefügt werden.

Die Optionen, die unter *Layout* zur Verfügung stehen (siehe Abbildung 14.45), sind selbsterklärend. Das Erfassen der damit verbundenen Wirkungen ist intuitiv und wird durch Probieren schnell deutlich. *Untergebene* werden stets unterhalb des Managers angeordnet: entweder in waagerechter Reihe (*Standard*) oder links daneben (*Links hängend*) oder rechts daneben (*Rechts hängend*) oder an beiden Seiten des Managers (*Beide hängend*).

Abbildg. 14.45 Optionen für das Layout des Organigramms

Wesentlich ist das Verständnis des letzten Befehls. Standardmäßig ist nach dem Aufruf der Funktion *Schematische Darstellung* das *AutoLayout* immer eingeschaltet. Das Programm hat also die vollständige Steuerung hinsichtlich Anordnung und Größe der Organigrammelemente, und zwar entsprechend dem gewählten Layouttyp. Fügen Sie neue Formen hinzu oder löschen Sie welche, werden alle Elemente neu angeordnet und in das Layout eingepasst.

Mit den Befehlen, die sich nach dem Klick auf die Schaltfläche *Markieren* bieten, gelingt es leichter, die einzelnen Elemente des Organigramms zu selektieren. Vor allem beim Markieren von Verbindungslinien ist dies eine sehr nützliche Neuerung. Die Schaltfläche *Markieren* gibt es übrigens nur in der Symbolleiste *Organigramm*.

Mit einem Klick auf die Schaltfläche *Text anpassen* wird nach Größenänderungen am Organigramm der Schriftgrad angepasst.

Mit einem Klick auf *AutoFormat* gelangen Sie in ein Dialogfeld, in welchem Sie eine von 17 Varianten für das Erscheinungsbild aussuchen können.

Ansonsten stehen Ihnen in der Symbolleiste *Zeichnen* die Befehle zur Verfügung, die Sie auch von der Bearbeitung der AutoFormen her kennen. Hier sind insbesondere Linienfarbe, -art und -stärke, Füllfarbe und Schatten zu nennen.

Das Urspungs-Organigramm bearbeiten

Als nächste Schritte sind die fehlenden Elemente zu ergänzen, die Texte einzugeben und das Erscheinungsbild des Organigramms zu verbessern:

1. Wählen Sie bei markiertem Manager über *Form einfügen* einen neuen *Kollegen*.

2. Markieren Sie in der unteren Reihe das zweite Element von rechts und fügen Sie über die Schaltfläche *Form einfügen* zwei Mal das Element *Assistent* hinzu.

3. Tragen Sie die Texte entsprechend der Abbildung 14.43 ein.

4. Wählen Sie über die Schaltfläche *AutoFormat* den Eintrag *Streifen*.

5. Ziehen Sie das Objekt nun in die gewünschte Größe. Sorgen Sie über die Symbolleiste *Format* dafür, dass die Schriftart *Arial* eingestellt ist und die Schriftgröße einheitlich *14 pt* beträgt.

Einschränkende AutoFormate kennen und ausschalten

Bei Bedarf lassen sich einzelne Elemente des Organigramms farblich anders gestalten. Bei den Texten ist das schnell erledigt. Markieren Sie das jeweilige Textfeld und führen Sie die gewünschten Formatierungen durch. Bei der Farbänderung für eine der Formen wird allerdings der Weg erst einmal versperrt. Klicken Sie mit der rechten Maustaste auf eines der Objekte, sehen Sie im Kontextmenü ein Häkchen vor dem Befehl *AutoFormat verwenden*. Das ist folgerichtig, denn Sie haben ja zuvor eines der 17 *AutoFormate* gewählt.

Klicken Sie im Kontextmenü eines Organigrammelements auf den Befehl *AutoForm formatieren*, werden Sie feststellen, dass im nun erscheinenden Dialogfeld in den Registerkarten *Farben und Linien*, *Größe* sowie *Position* alle Befehle nicht zugänglich sind. Auch der Rückgriff auf die Symbolleiste *Zeichnen* und das Symbol *Füllfarbe* führt nicht zum Erfolg.

> **TIPP** Die Lösung: Klicken Sie in der Symbolleiste Organigramm auf *Layout* und deaktivieren Sie die Einstellung *AutoLayout*.
>
> Danach können Sie beispielsweise die Farben einzelner Elemente nach Bedarf anpassen und dabei die im Kontextmenü über *AutoForm formatieren* verfügbaren Befehle nutzen.

Fazit

Das Erstellen solcher einfacher Organigramme ist schnell und unkompliziert bewerkstelligt. Sie benötigen kaum fünf Minuten und brauchen sich nicht mit all den Techniken zum Erstellen und Bearbeiten von *AutoFormen* befassen.

 Das fertige Organigramm finden Sie auf der CD-ROM zu diesem Buch im Ordner *\Buch\Kap14* in der Datei *Schema.xls*.

Beispiel 2: Ein Venn-Diagramm anfertigen

Dieser Diagrammtyp eignet sich, wenn Sie in einem Vortrag darstellen möchten, dass Themen und Prozesse miteinander verbunden sind, sich also überlagern.

Im Projektmanagement ist der Begriff des »magischen Dreiecks«, in welchem Kosten, Ziel und Termin in einem bestimmten Gleichgewicht zueinander gehalten werden müssen, ein geeignetes Beispiel für ein *Venn-Diagramm*.

In diesem Fall ist die Arbeit schnell erledigt. In weniger als zehn Minuten ist das Schaubild erstellt. Um das Venn-Diagramm aus Abbildung 14.46 anzufertigen, gehen Sie wie folgt vor:

1. Rufen Sie die Funktion *Schematische Darstellung* per Klick auf das entsprechende Symbol in der Symbolleiste *Zeichnen* auf und wählen Sie die Option *Venn-Diagramm*.

2. Tragen Sie die Texte »Ziele«, »Kosten« und »Termine« ein.

3. Wählen Sie über die Schaltfläche *AutoFormat* in der Symbolleiste *Diagramm* eine geeignete Gestaltungsvariante; beispielsweise *Primärfarben*.

4. Klicken Sie auf den Rand des Objekts, um es zu markieren und wählen Sie auf der Symbolleiste *Format* die Schriftart *Arial* und den Schriftgrad *14 pt* aus.

5. Sie sehen, dass die Beschriftungen nun einen Zeilenumbruch haben. daher muss die Größe der Textfelder individuell angepasst werden. Klicken Sie in der Symbolleiste *Diagramm* auf die Schaltfläche *Layout* und ganz unten auf den Eintrag *AutoLayout*.

6. Sie können nun die Objekte des Diagramms einzeln markieren und bearbeiten. Klicken Sie auf eines der Textfelder, um es zu markieren. Führen Sie die Maus auf einen der seitlichen Markierungspunkte – der Mauszeiger verwandelt sich in einen Doppelpfeil – und ziehen Sie mit gedrückter Strg-Taste nach außen, um das Objekt breiter zu machen (siehe Abbildung 14.46 oben). Die Strg-Taste bewirkt in dem Fall, dass das Objekt aus der Mitte heraus vergrößert wird.

Abbildg. 14.46 Die Textfelder lassen sich jetzt einzeln markieren und durch Ziehen an der Seite vergrößern.

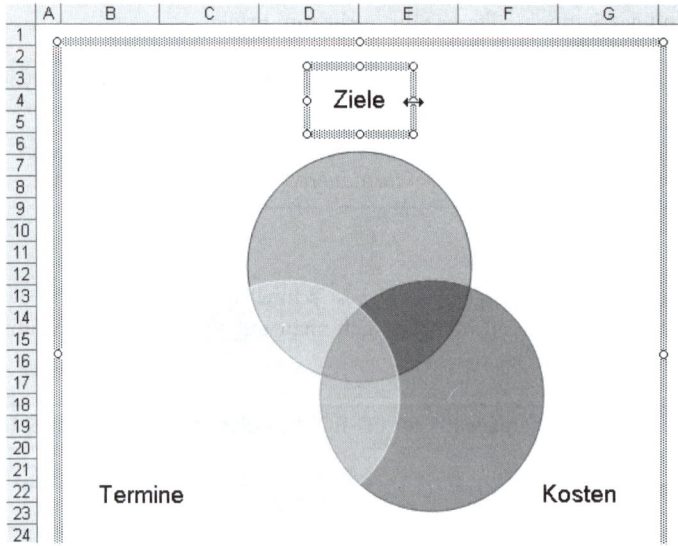

Das fertige *Venn-Diagramm* finden Sie auf der CD-ROM zu diesem Buch im Ordner *\Buch\Kap14* in der Datei *Schema.xls*.

Beispiel 3: Das Thema Kundenzufriedenheit in einem Radialdiagramm abbilden

Im folgenden Beispiel sollen Elemente und Wirkungen der Kundenzufriedenheit dargestellt werden. Die Kundenzufriedenheit selbst soll dabei im Mittelpunkt stehen und die Elemente und Wirkungen darum angeordnet werden. In Abbildung 14.47 sehen Sie das fertige Radialdiagramm in zwei Layoutvarianten.

Abbildg. 14.47 Das fertige Radialdiagramm in zwei Variationen

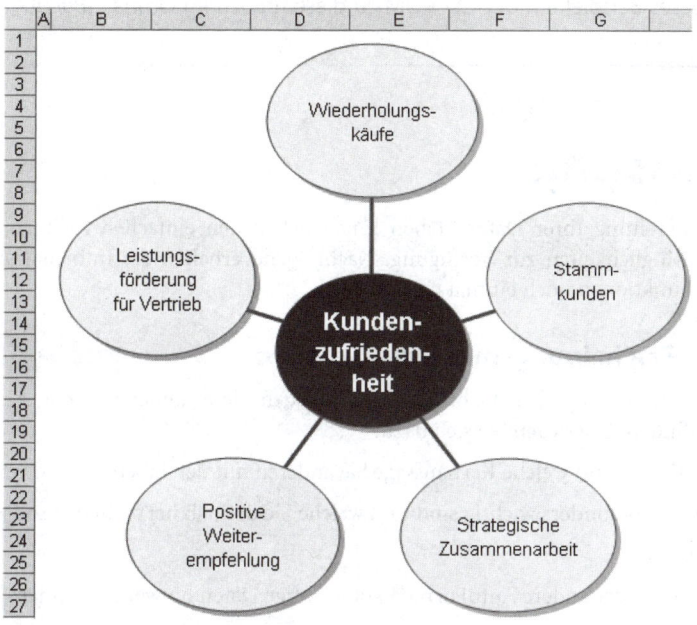

Hier die einzelnen Schritte:

1. Rufen Sie das Dialogfeld *Schematische Darstellung* auf und wählen Sie *Radialdiagramm*.

2. Fügen Sie über *Form einfügen* aus der Symbolleiste *Diagramm* zwei weitere Elemente hinzu und beschriften Sie alle sechs Elemente wie in Abbildung 14.47 zu sehen.

3. Wählen Sie abschließend über die Schaltfläche *AutoFormat* eine der zehn Formatvarianten.

4. Deaktivieren Sie wieder das automatische Layout. Klicken Sie dazu in der Symbolleiste *Diagramm* auf die Schaltfläche *Layout* und ganz unten auf den Eintrag *AutoLayout*.

5. Sie können nun die Objekte des Diagramms einzeln markieren und bearbeiten. Markieren Sie alle Ellipsen und ziehen Sie diese wie im vorhergehenden Beispiel beschrieben breiter.

6. Geben Sie den äußeren Ellipsen die gleiche Füllfarbe. Färben Sie die mittlere in einem dunklen Farbton ein und verwenden Sie dann weiße Schriftfarbe.

> **TIPP** Das Setzen von Trennstrichen erleichtert den Zeilenumbruch an der richtigen Stelle.

Reicht das nicht aus, können Sie über die Schaltfläche *Layout* in der Symbolleiste *Diagramm* das voreingestellte *AutoLayout* ausschalten.

Außerdem können Sie natürlich auch über die Schriftgröße steuern, dass ein Text in die dafür vorgesehene Form passt.

Von der Tabelle zur Infografik

Sie finden auch dieses Beispiel auf der CD-ROM zu diesem Buch im Ordner \Buch\Kap14 in der Datei *Schema.xls.*

Zusammenfassung

Zur optischen Aufbereitung Ihrer Daten stehen Ihnen neben den einfachen Zellformatierungen zahlreiche weitere Möglichkeiten zur Verfügung. Nachfolgend erhalten Sie Informationen, Tipps und die wichtigen Funktionen noch einmal im Überblick.

Planen Sie das Erscheinungsbild Ihrer Tabellen

Stellen Sie Ihre Daten »im richtigen Licht« dar und machen Sie es anderen leicht, sich in Ihren Tabellen zurechtzufinden. Überlegen Sie sich dazu,

- welche Informationen und welche Kernaussage Sie anderen mit der Tabelle liefern wollen,
- welche Daten dabei besonders wichtig sind und welche Sie deshalb hervorheben sollten.

Prüfen Sie anschließend,

- wie Sie durch Pfeile oder andere AutoFormen auf wichtige Daten hinweisen können,
- ob Sie Logos oder Produktfotos als Hintergrund in Ihre Tabellen einbauen,
- wie Sie mit kleinen Schaubildern oder mit Grafiken Ihre Tabellen ergänzen,
- kurz, mit welchen Mitteln sich »eintönige Zahlenkolonnen« auflockern lassen.

Frage	Antwort	Weitere Informationen auf Seite
Wo finde ich die Zeichen-werkzeuge?	Im Mittelpunkt steht dabei die Symbolleiste *Zeichnen*. Mit deren Hilfe können Sie vielfältige geometrische Figuren erstellen und diese an-schließend in Farbe, Form, Winkel, Schattie-rung, Ausrichtung und Perspektive verändern.	486
Welche vorgefertigten Formen gibt es?	Greifen Sie über die Schaltfläche *AutoFormen* auf rund 200 vorgefertigte Grafiken zurück.	489
Welche nützlichen Tastenkombi-nationen gibt es zur Arbeits-erleichterung beim Erstellen und Bewegen von Objekten?	Setzen Sie die [Alt]-Taste, die [⇧]-Taste und die [Strg]-Taste ein.	490
Wie kann man AutoFormen formatieren?	AutoFormen können mit unterschiedlichen Formaten hervorgehoben werden.	490
Wie kann man Objekte drehen und kippen?	Dazu können Sie den Drehpunkt der Objekte, Symbole und Menübefehle verwenden.	495
Wie kann man mehrere Objekte markieren?	Um mehrere Objekte zu markieren können Sie die [⇧]-Taste verwenden und die Objekte in einer Gruppe zusammenfassen.	507

Frage	Antwort	Weitere Informationen auf Seite
Wie kann man Tabellen mit Grafiken und Schaubildern ergänzen?	Fügen Sie Ihren Tabellen Grafiken hinzu und nutzen Sie beim Import den *Clip Organizer* als flexible Medien-Bibliothek.	514
Wo finden Sie weiteres Bildmaterial?	Suchen Sie über den *Clip Organizer* oder im Internet über *Office Online* nach geeigneten Grafiken.	516
Wie können Bilder bearbeitet werden?	Bearbeiten Sie Ihr Bildmaterial mit dem leicht zu bedienenden Programm *Picture Manager*.	523
Wie kann man ein Organigramm zeichnen?	Nutzen Sie die Funktion *Schematische Darstellung*, um im Handumdrehen Organigramme, Abläufe und andere Konzeptdiagramme zu erzeugen.	527

Von der Tabelle zur Infografik

Teil E

Daten auswerten: Berechnungen

In diesem Teil:

Sie können nun attraktive, auf Ihre Firmen-CI abgestimmte Excel-Tabellen mit Formatierungen, Rechenfunktionen und Diagrammen erstellen. Dennoch haben Sie das Kernstück von Excel bis hierher erst angerissen: Der Umgang mit Funktionen macht Ihre Arbeit so richtig professionell.

In diesem Teil erfahren Sie, was beim Runden in Formeln zu beachten ist. Mit Logik-Funktionen bewältigen Sie auch komplizierte Aufgabenstellungen. Sie erhalten einen Einstieg in die spannende Welt der Matrix-Formeln und -Funktionen. Weiter erhalten Sie anhand praktischer Aufgabenstellungen Einblicke in die Verweis-, Informations-, Text- und Datumsfunktionen.

Beispiele zu den statistischen Funktionen helfen Ihnen bei der Auswertung und Analyse von Daten, z.B. über eine Häufigkeitsauszählung. Kennzahlen sind nützlich bei der Bewertung Ihrer Daten und Trends erlauben einen Blick in die Zukunft.

Schließlich zeigen die Beispiele zu den finanzmathematischen Funktionen, dass Excel auch den Umgang mit dem Geld beherrscht.

Kapitel 15

Mit Funktionen kalkulieren und auswerten

In diesem Kapitel:

Daten auswerten:
Berechnungen

Auf den folgenden Seiten finden Sie einige Beispiele für die Anwendung weiterer Funktionen. Bei weit über 300 eingebauten Tabellen-Funktionen musste natürlich eine Auswahl getroffen werden. Alle Funktionen vorzustellen, würde kaum noch Platz für die anderen, ebenfalls vielfältigen Möglichkeiten von Excel 2003 lassen.

In diesem Kapitel werden Sie Funktionen kennen lernen, mit denen sich viele alltägliche Berechnungsprobleme lösen lassen. Dabei geht es um:

- Runden von Zahlen mit unterschiedlichen Funktionen
- Logik-Funktionen
- Matrix-Formeln
- Informationen über Zellen ermitteln
- mit Verweis-Funktionen Werte in Listen finden
- Text-Funktionen, mit denen Teile von Zeichenfolgen ermittelt werden können
- mit Datum und Zeit rechnen

Für alle in diesem Kapitel behandelten Funktionen wird zunächst die allgemeine Syntax mit den Argumenten aufgeführt. Können in der jeweiligen Funktion Argumente optional angegeben werden, so werden diese Argumente in eckigen Klammern aufgeführt.

Ein Beispiel:

WECHSELN(Text;Alter_Text;Neuer_Text[;Ntes_Auftreten])

Bei der Verwendung dieser Funktion müssen die Argumente *Text*, *Alter_Text* und *Neuer_Text* zwingend angegeben werden. Das Argument *Ntes_Auftreten* ist dagegen optional.

Mehr zum Thema »Eingabe von Funktionen« finden Sie in Kapitel 6.

Runden mit Formeln

Für Berechnungen, deren Ergebnis viele Kommastellen liefern, wird eine Funktion benötigt, welche z.B. die Nachkommastellen auf ein übersichtliches Maß reduziert oder einen Betrag aufrundet. Sie können über ein Zahlenformat (siehe hierzu Kapitel 9) zwar die Anzeige der Kommastellen herabsetzen, wenn Sie jedoch mit dem Wert weitere Berechnungen durchführen, werden Sie feststellen, dass im Ergebnis diese Kommastellen wieder vorhanden sind. Wahrscheinlich weicht das angezeigte Ergebnis sogar von dem ab, das sich beim Nachrechnen aus den vermeintlich gerundeten Werten ergibt. Um nachprüfbare Ergebnisse zu erhalten, stellt Excel deshalb verschiedene Funktionen zum Runden zur Verfügung.

Schnell alle Werte runden – ohne Funktion

Sie suchen nach einer Möglichkeit, wie für ein ganzes Tabellenblatt oder eine ganze Mappe schnell auf zwei Nachkommastellen gerundet werden kann? Um dieses Problem zu lösen, gehen Sie wie folgt vor:

1. Führen Sie wie gewohnt die Berechnungen durch und formatieren Sie die Zellen mit der Anzahl von Nachkommastellen, auf die gerundet werden soll.
2. Wählen Sie die Menübefehlsfolge *Extras/Optionen* und wechseln Sie zur Registerkarte *Berechnung*.

3. In der Gruppe *Arbeitsmappenoptionen* finden Sie das Kontrollkästchen *Genauigkeit wie angezeigt*. Markieren Sie dieses Feld.

4. Schließen Sie das Dialogfeld mit Klick auf die Schaltfläche *OK*. Bestätigen Sie den folgenden Warnhinweis ebenfalls mit *OK*.

> **WICHTIG** Da Excel für die Anzeige der Zahlenformate bereits rundet, können Sie auf diese Weise schnell alle Werte runden. Diese Option gilt für die ganze Arbeitsmappe und lässt sich **nicht** durch den Befehl *Rückgängig* zurücksetzen. Vorsicht: Alle Werte werden auf die gerade angezeigten Kommastellen gerundet! Daher ist es bei diesem Verfahren besonders wichtig, zuerst die Daten zu formatieren, damit die angezeigten Werte dem gewünschten Rundungsergebnis entsprechen.

Vorsicht Falle: Zahlenformat

Setzen Sie Zahlenformate ein, um Werte mit der gewünschten Genauigkeit anzuzeigen, dann müssen Sie beachten, dass in Berechnungen mit Bezug auf das formatierte Ergebnis der ungerundete Wert herangezogen wird. Das kann zu unliebsamen Überraschungen führen, wie die Abbildung 15.1 zeigt.

Abbildg. 15.1 Um nachvollziehbare Ergebnisse zu erzielen, sollten Sie Rundungsfunktionen einsetzen

	A	B	C	D	E	F	G	H	I	J
1										
2		**Vorsicht Falle: Zahlenformat**								
3		Wert 1	Wert 2	Exaktes Ergebnis	Zahlenformat ohne Dezimalstelle	Runden mit Tabellen-funktion RUNDEN	Zahlenformat liefert das gleiche Ergebnis wie RUNDEN	Anschlussrechnung liefert unterschiedliche Ergebnisse		
4		x	y	=x*y	z	r	=z=r	=z*4	=r*4	
5		132,00	93,87	12.390,84	12.391	12.391	FALSCH	49.563,36	49.564,00	
6										

Um solche Probleme zu vermeiden, sollten Sie sich für den Einsatz einer Tabellenfunktion entscheiden, die ein nachvollziehbares Ergebnis liefert. Welche Tabellenfunktionen Excel für das Runden bietet, erfahren Sie gleich.

Die Tabellenfunktion RUNDEN einsetzen

Nun aber zum Runden mit und in Tabellenfunktionen. Die eingebaute Rundungsfunktion hat die Syntax

RUNDEN(Zahl;Anzahl_Stellen)

Für das Argument *Zahl* sind neben Zahlen auch die Ausdrücke gültig, die sich in Zahlen umwandeln lassen, z.B. weitere Funktionen, deren Ergebnis eine Zahl ist, wie im folgenden Beispiel:

=RUNDEN(SUMME(A1:A10);2)

Dies kann auch ein Bereichsname sein, wenn dieser auf eine einzelne Zelle oder einen Bereich mit einer Zahl bzw. eine Konstante zeigt.

Mit *Anzahl_Stellen* legen Sie fest, wie das Ergebnis ermittelt werden soll. So können Sie mit der Formel

=RUNDEN(123,456;2) ergibt *123,46*

einen Wert auf zwei Kommastellen runden. Auch dieses Argument kann wiederum das Ergebnis einer Funktion sein oder einen Bezug enthalten, z.B.

=RUNDEN(123,456;B5)

=RUNDEN(123,456;MAX(2;3))

Verwenden Sie für das Argument *Anzahl_Stellen* den Wert *0*, so wird Zahl auf die nächste Ganzzahl gerundet.

=RUNDEN(123,456;0) ergibt *123*

Die Funktion *RUNDEN* kann jedoch noch mehr. Wenn Sie für das Argument *Anzahl_Stellen* einen negativen Wert eintragen, können Sie auch die Zahlen links vom Dezimaltrennzeichen runden, mit *–1* auf die Zehnerstelle, mit *–2* auf die Hunderterstelle usw. (Abbildung 15.2). Nachfolgend dazu ein paar Beispiele:

=RUNDEN(123,456;-1) ergibt *120,000*

=RUNDEN(123,456;-2) ergibt *100,000*

=RUNDEN(-123,456;-1) ergibt *–120,000*

=RUNDEN(-123,456;-2) ergibt *–100,000*

Abbildg. 15.2 Mit der Tabellenfunktion *RUNDEN* haben Sie die Genauigkeit Ihrer Berechnungen im Griff

	A	B	C	D	E	F
1						
2		**Die Funktion RUNDEN(Zahl;Anzahl_Stellen)**				
3		Zahl	Anzahl_Stellen	Ergebnis	Formel	
4		123,456	0	123,000	=RUNDEN(B4;C4)	
5		123,456	1	123,500	=RUNDEN(B5;C5)	
6		123,456	2	123,460	=RUNDEN(B6;C6)	
7		123,456	-1	120,000	=RUNDEN(B7;C7)	
8		123,456	-2	100,000	=RUNDEN(B8;C8)	
9						
10		-123,456	0	-123,000	=RUNDEN(B10;C10)	
11		-123,456	1	-123,500	=RUNDEN(B11;C11)	
12		-123,456	2	-123,460	=RUNDEN(B12;C12)	
13		-123,456	-1	-120,000	=RUNDEN(B13;C13)	
14		-123,456	-2	-100,000	=RUNDEN(B14;C14)	
15						

Beispiele zum Runden von Werten finden Sie auf dem Arbeitsblatt *RUNDEN* in der Datei *Runden.xls* im Ordner *\Buch\Kap15* auf der CD-ROM zu diesem Buch.

Aufrunden und Abrunden

Eine Variante der Rundungsfunktion stellen die beiden Funktionen

AUFRUNDEN(Zahl;Anzahl_Stellen) und

ABRUNDEN(Zahl;Anzahl_Stellen)

dar. Je nach verwendeter Funktion können Sie festlegen, ob generell aufgerundet oder abgerundet werden soll. Die Argumente entsprechen denen der Funktion *RUNDEN*. Ist *Anzahl_Stellen* größer *0* (Null), wird *Zahl* auf die mit dem Argument *Anzahl_Stellen* angegebene Anzahl an Dezimalstellen gerundet.

Auch hier gilt wie bei der Funktion *RUNDEN*: Ist *Anzahl_Stellen* gleich *0*, wird die jeweilige Zahl auf die nächste ganze Zahl gerundet. Ist *Anzahl_Stellen* kleiner als *0*, wird die jeweilige Zahl links vom Komma gerundet.

Die Beispiele zum Auf- und Abrunden von Werten finden Sie auf dem Arbeitsblatt *AUFRUNDEN und ABRUNDEN* in der Datei *Runden.xls* im Ordner *\Buch\Kap15* auf der CD-ROM zu diesem Buch.

Runden auf ein Vielfaches

Wenn Sie über den *Add-Ins-Manager* das Add-In *Analyse-Funktionen* eingebunden haben, steht Ihnen für das Runden eine weitere Funktion zur Verfügung. Mit der Funktion

VRUNDEN(Zahl;Vielfaches)

können Sie eine *Zahl* auf ein *Vielfaches* runden. Diese Funktion verfährt mit dem Rest der Division von *Zahl* und *Vielfaches* wie die Funktion *RUNDEN*. Ist der Rest also größer, wird aufgerundet, ansonsten abgerundet.

Wie Sie ein Add-In verfügbar machen, steht in Kapitel 26.

Negative Werte auf ein Vielfaches runden

Wenn Sie negative Werte mit der Tabellenfunktion *VRUNDEN* runden wollen, dann muss auch das Argument *Vielfaches* ein negativer Wert sein. Sie erhalten sonst den Fehlerwert *#ZAHL!* Zwei Beispiele hierzu:

`=VRUNDEN(-2003;3)` ergibt *#ZAHL!*

`=VRUNDEN(-2003;-3)` ergibt *−2004*

Sie können das richtige Vorzeichen auch über eine *WENN*-Funktion sicherstellen:

`=VRUNDEN(-2003;WENN(-2003<0;-3;3))`

Eine weitere Möglichkeit besteht darin, das Argument *Zahl* so zu bearbeiten, dass es immer einen positiven Wert enthält. Dazu können Sie die Funktion *ABS(Zahl)* einsetzen. Diese Funktion gibt das Vorzeichen einer Zahl mit folgenden Werten zurück: *1*, wenn die Zahl positiv ist; *0* (Null), wenn die Zahl 0 ist; *−1*, wenn die Zahl negativ ist:

`=VRUNDEN(ABS(A1);3)*VORZEICHEN(A1)`

Alternativ können Sie auch die Funktion *RUNDEN* einsetzen. Wenn Sie auf die Funktion aus dem Add-In verzichten wollen, berechnen Sie den auf ein Vielfaches gerundeten Wert nach dem Schema:

```
=RUNDEN(Zahl/Vielfaches;0)*Vielfaches
```

Für das obige Beispiel ergibt sich daraus die Formel:

```
=RUNDEN(-2003/3;0)*3
```

Zeitwerte runden

Die Tabellenfunktion *VRUNDEN* eignet sich aber nicht nur für Kaufleute. Sie ist auch nützlich, wenn es darum geht, *Zeitwerte* zu runden. Nicht immer kommt es auf die letzte Minute oder Sekunde an und dann gilt es, Zeitwerte entsprechend aufzurunden.

Grundlage dabei ist, dass Excel für einen Tag den Wert *1* verwendet. Eine Stunde ist ein Bruchteil eines Tages, genauer *1/24* und eine Minute *1/1440*. Setzen Sie diese Werte für das Argument *Vielfaches* ein, kann damit eine Zeit entsprechend gerundet werden. Schauen Sie sich dazu diese Beispiele an:

In Zelle *A1* steht die Uhrzeit 08:21,36 mit dem Zahlenformat *hh:mm,ss*.

`=VRUNDEN(A1;1/24)` ergibt *08:00,00*

`=VRUNDEN(A1;1/1440)` ergibt *08:22,00*

– wenn Sie das Ergebnis mit dem genannten Zahlenformat formatieren. Mehr zum Thema finden Sie im Abschnitt »Datums- und Zeitfunktionen einsetzen« weiter unten in diesem Kapitel. Das Thema »Zahlenformate« wird ausführlich in Kapitel 9 behandelt.

Die Beispiele finden Sie auf dem Arbeitsblatt *VRUNDEN* in der Datei *Runden.xls* im Ordner *\Buch\Kap15* auf der CD-ROM zu diesem Buch.

Runden auf bestimmte Werte

Angenommen, Sie wollen einen bestimmten Verkaufspreis immer so runden, dass Cent-Beträge immer auf die nächste durch fünf teilbare Zahl gerundet werden. Wie können Sie das erreichen?

Für diese Art des Rundens gibt es ebenfalls zwei Funktionen, die von der Arbeitsweise her dem *AUF-RUNDEN* und *ABRUNDEN* entsprechen. Mit

OBERGRENZE(Zahl;Schritt)

können Sie auf den nächst höheren und mit

UNTERGRENZE(Zahl;Schritt)

etwas kundenfreundlicher auf den nächst niedrigeren Wert runden (Abbildung 15.3).

Abbildg. 15.3   Runden in vorgegebenen Schritten

	A	B	C	D	E	F
1						
2		**Die Funktion OBERGRENZE(Zahl;Schritt)**				
3		Zahl	Schritt	Ergebnis	Formel	
4		198,47 €	0,05 €	198,50 €	=OBERGRENZE(B4;C4)	
5		198,47 €	0,99 €	198,99 €	=OBERGRENZE(B5;C5)	
6						
7						
8		**Die Funktion UNTERGRENZE(Zahl;Schritt)**				
9		Zahl	Schritt	Ergebnis	Formel	
10		198,47 €	0,05 €	198,45 €	=UNTERGRENZE(B10;C10)	
11		198,47 €	0,99 €	198,00 €	=UNTERGRENZE(B11;C11)	
12						

Die Beispiele finden Sie auf dem Arbeitsblatt *OBERGRENZE und UNTERGRENZE* in der Datei *Runden.xls* im Ordner *\Buch\Kap15* auf der CD-ROM zu diesem Buch.

Der ganzzahlige Teil einer reellen Zahl

Wenn die Nachkommastellen für Sie ohne Bedeutung sind, erhalten Sie mit der Funktion

GANZZAHL(Zahl)

einen Wert, der auf die nächst kleinere ganze Zahl abgerundet wird.

Dieser Funktion sehr ähnlich ist die Funktion

KÜRZEN(Zahl;[Anzahl_Stellen]).

Sie schneidet jedoch die Nachkommastellen ab.

Wird für das Argument *Zahl* eine positive Zahl übergeben, liefern beide Funktionen das gleiche Ergebnis (Abbildung 15.4). Bei negativen Zahlen erhalten Sie jedoch unterschiedliche Ergebnisse, weil die Funktion *GANZZAHL* generell abrundet. Bei negativen Zahlen abzurunden, bedeutet, dass der absolute Zahlenwert größer wird.

Die Tabellenfunktion *GANZZAHL* können Sie auch so erweitern, dass Sie damit, wie mit der Funktion *RUNDEN*, z.B. auf zwei Kommastellen runden können. Dazu multiplizieren Sie den zu rundenden Wert zunächst mit 100, addieren 0,5 und berechnen daraus die Ganzzahl. Dividieren das Ergebnis anschließend wieder durch 100. Die allgemeine Formel lautet:

```
Gerundeter Wert = GANZZAHL(Wert*x+0,5)/x
```

Hierbei ist *Wert* die Zahl, welche gerundet und *x* der Kehrwert des Vielfachen, auf das gerundet werden soll (*x = 1/ Vielfaches*).

Die Formel für das Runden auf zwei Nachkommastellen lautet also:

```
=GANZZAHL(Wert*100+0,5)/100
```

Beispiel:

```
=GANZZAHL(15,345*100+0,5)/100
```

liefert das Ergebnis 15,35.

Abbildg. 15.4 Die Funktionen *GANZZAHL* und *KÜRZEN* im Einsatz

	A	B	C	D	E	F
1						
2		Die Funktion GANZZAHL(Zahl)				
3		Zahl		Ergebnis	Formel	
4		198,47 €		198,00 €	=GANZZAHL(B4)	
5		198,87 €		198,00 €	=GANZZAHL(B5)	
6						
7		Runden mit der Funktion GANZZAHL(Zahl)				
8		Zahl		Ergebnis	Formel	
9		15,345	100	15,350	=GANZZAHL(B9*100+0,5)/100	
10		15,345	2	15,500	=GANZZAHL(B10*C10+0,5)/C10	
11		15,345	0,5	16,000	=GANZZAHL(B11*C11+0,5)/C11	
12						
13		Die Funktion KÜRZEN(Zahl;Anzahl_Stellen)				
14		Zahl	Anzahl_Stellen	Ergebnis	Formel	
15		198,47 €	0	198,00 €	=KÜRZEN(B15;C15)	
16		198,47 €	1	198,40 €	=KÜRZEN(B16;C16)	
17		198,47 €	2	198,47 €	=KÜRZEN(B17;C17)	
18		198,47 €	-1	190,00 €	=KÜRZEN(B18;C18)	
19		198,47 €	-2	100,00 €	=KÜRZEN(B19;C19)	
20						
21						
22						
23						
24		Wert der Nachkommastelle		0,47	=B19-GANZZAHL(B19)	
25		99er Preis		198,99	=GANZZAHL(B19)+0,99	
26						

Die Beispiele finden Sie auf dem Arbeitsblatt *GANZZAHL und KÜRZEN* in der Datei *Runden.xls* im Ordner *\Buch\Kap15* auf der CD-ROM zu diesem Buch.

Bei der Division runden

Eine spezielle Funktion steht für das Runden von Divisionen zur Verfügung. Um das ganzzahlige Ergebnis einer Division zu ermitteln und die Nachkommastellen abzuschneiden, nutzen Sie die Funktion *QUOTIENT(Zähler;Nenner)*.

Beispiel:

`=QUOTIENT(15,9;2)` ergibt 7

`=QUOTIENT(-15,9;2)` ergibt -7

`=QUOTIENT(15,9;-2)` ergibt -7

`=QUOTIENT(-15,9;-2)` ergibt 7

HINWEIS   Damit Sie diese Funktion verwenden können, muss das Add-In *Analyse-Funktionen* installiert sein.

Auf gerade oder ungerade Zahlen runden

Die Funktion *GERADE(Zahl)* liefert unabhängig vom Vorzeichen eine Zahl, die betragsmäßig auf die nächst größere gerade Zahl aufgerundet ist. Umgekehrt erhalten Sie eine auf die nächst größere ungerade Ziffer gerundete Zahl mit der Funktion *UNGERADE(Zahl)*.

Ein paar Beispiele dazu:

`=GERADE(128,45)` ergibt *130*

`=UNGERADE(128,45)` ergibt *129*

`=GERADE(-128,45)` ergibt *–130*

`=UNGERADE(-128,45)` ergibt *–129*

Beispiele finden Sie auf dem Arbeitsblatt *GERADE und UNGERADE* in der Datei *Runden.xls* im Ordner *\Buch\Kap15* auf der CD-ROM zu diesem Buch.

Runden und Zahlenformat festlegen in einer Funktion

Wenn Sie bei der Berechnung eines gerundeten Wertes auch das Zahlenformat des Ergebnisses vorgeben wollen, dann schauen Sie sich einmal die Tabellenfunktion

FEST(Zahl[;Dezimalstellen][;Keine_Punkte])

an. Diese Funktion rundet eine Zahl auf die Anzahl *Dezimalstellen* und fügt Tausendertrennzeichen ein, wenn für das Argument *Keine_Punkte* der Wahrheitswert *FALSCH* übergeben oder das Argument nicht angegeben wird. Ist *Keine_Punkte WAHR*, wird eine Zahl ohne Tausendertrennzeichen geliefert. Außerdem wandelt diese Funktion das Ergebnis in einen Text um. Darum wird das Ergebnis auch standardmäßig nach links ausgerichtet (Abbildung 15.5).

Abbildg. 15.5 Mit der Funktion *FEST* können Sie eine formatierte Zahl ausgeben

	A	B	C	D	E	F	G
1							
2		Die Funktion FEST(Zahl;Dezimalstellen;Keine_Punkte)					
3		Zahl	Dezimalstellen	Keine_Punkte	Ergebnis	Formel	
4		2178,47	0	WAHR	2178	=FEST(B4;C4;D4)	
5		2178,47	0	FALSCH	2.178	=FEST(B5;C5;D5)	
6		2178,47	1	WAHR	2178,5	=FEST(B6;C6;D6)	
7		2178,47	1	FALSCH	2.178,5	=FEST(B7;C7;D7)	
8		2178,47	2	WAHR	2178,47	=FEST(B8;C8;D8)	
9		2178,47	2	FALSCH	2.178,47	=FEST(B9;C9;D9)	
10		2178,47	-1	WAHR	2180	=FEST(B10;C10;D10)	
11		2178,47	-1	FALSCH	2.180	=FEST(B11;C11;D11)	
12		2178,47	-2	WAHR	2200	=FEST(B12;C12;D12)	
13		2178,47	-2	FALSCH	2.200	=FEST(B13;C13;D13)	
14							
15							
16		Verketteter Text					
17		Der Betrag lautet 2.420,03 Euro.					
18		Formel	="Der Betrag lautet "&FEST(2420,03;2;FALSCH)&" Euro."				
19							

Ideal ist diese Tabellenfunktion auch, um verkettete Zeichenfolgen zu erstellen.

Beispiel:

```
="Der Betrag lautet "&FEST(2420,03;2;FALSCH)&" Euro."
```

Die Beispiele finden Sie auf dem Arbeitsblatt *FEST* in der Datei *Runden.xls* im Ordner *\Buch\Kap15* auf der CD-ROM zu diesem Buch.

Logik-Funktionen benutzen

Einige wichtige Funktionen sind im Funktions-Assistenten in der Kategorie *Logik* zusammengefasst. Mit diesen Funktionen können Sie Werte mit verschiedenen Bedingungen vergleichen. In Kapitel 7 haben Sie die Logik-Funktionen bereits kennen gelernt. Dies wollen wir hier vertiefen.

Die Funktion WENN

Eine vielfältig einsetzbare Funktion aus der Kategorie *Logik* ist die Funktion

WENN(Prüfung;[Dann_Wert];[Sonst_Wert])

Ist das Ergebnis der Prüfung der Wahrheitswert *WAHR*, gibt die Funktion den *Dann_Wert* zurück bzw. führt die damit angegebenen Berechnungen durch. Ist das Ergebnis der Wert *FALSCH*, wird der *Sonst_Wert* zurückgegeben.

Sie kann aber noch mehr: Wenn Sie die optionalen Argumente *Dann_Wert* und *Sonst_Wert* angeben, können Sie die Wahrheitswerte in beliebige andere Werte umwandeln oder in Abhängigkeit von *Prüfung* unterschiedliche Berechnungsmethoden anwenden.

Diese Funktion lässt sich an einem Beispiel des täglichen Lebens erklären: *Wenn* Sie den Lichtschalter auf »Ein« stellen, *dann* geht das Licht **an**, *sonst* ist es **aus**.

Nehmen wir an, Sie wollen den Wert aus Zelle *B4* mit dem Schwellenwert aus Zelle *C4* vergleichen und als Ergebnis eine Information über den Vergleich anzeigen lassen.

Sie lösen das Problem (in der Beispieldatei in Zelle *D4*) mit der Formel

```
=WENN(B4>C4;"Zahl ist größer";"Schwellenwert ist größer")
```

Für das Argument *Prüfung* wird der Vergleich der Zellen eingetragen. Die Formel B4>C4 liefert einen Wahrheitswert: *WAHR*, wenn der Inhalt von Zelle *B4* größer als der von *C4* ist und *FALSCH*, wenn *B4* kleiner oder gleich *C4* ist. Im ersten Fall wird der Text *"Zahl ist größer"* ausgegeben, ansonsten *"Schwellenwert ist größer"*. Die Abbildung 15.6 zeigt das Ergebnis und den Rechenweg für die beiden Möglichkeiten auf.

Das dargestellte Beispiel können Sie auf dem Arbeitsblatt *WENN* in der Datei *Logik.xls* im Ordner *\Buch\Kap15* auf der CD-ROM zu diesem Buch finden.

Im Folgenden sehen Sie noch einige Beispiele für Einsatzgebiete der *WENN*-Funktion.

Abbildg. 15.6 Arbeitsweise der Tabellenfunktion *WENN*

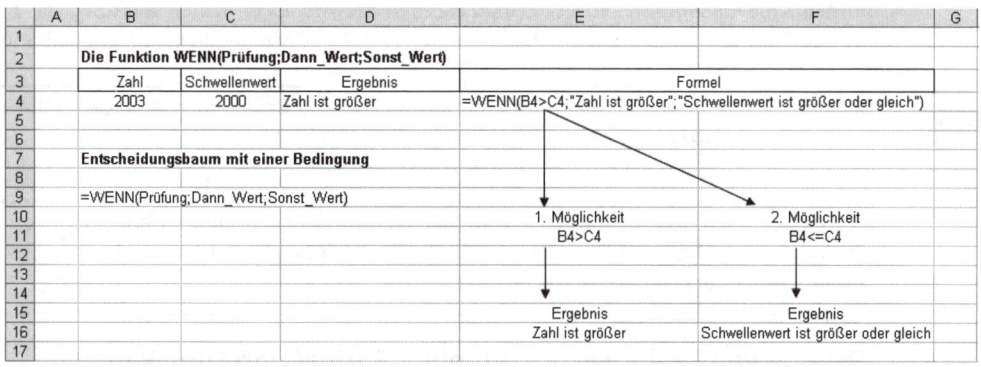

Beliebige Zeilen nummerieren

Sie wollen die Zeilen einer Tabelle in 5er-Schritten nummerieren. Wie können Sie das Problem lösen? Ein Beispiel für das mögliche Vorgehen: Wir nehmen an, Sie wollen in Spalte *B* in jeder 5. Zelle die Nummer der Zeile ausgeben.

So gehen Sie vor:

1. Tragen Sie in Zelle *B4* die Formel =WENN(REST(ZEILE();5)=0;ZEILE();"") ein.

2. Kopieren Sie die Formel durch Ziehen am Ausfüllkästchen so weit nach unten, bis das Ende Ihrer Tabelle erreicht ist.

Die Funktion *ZEILE([Bezug])* gibt die Zeilennummer von *Bezug* zurück. Ist *Bezug* nicht angegeben, wird die Zeile der aktiven Zelle zurückgegeben. Durch die Verwendung der *WENN*-Funktion wird der Rest der Division aus Zeilennummer und der Zahl *5* mit *0* verglichen. Nur wenn die Division den Rest *0* ergibt, wird die Zeilennummer ausgegeben, ansonsten eine leere Zeichenfolge (*""*).

Abbildg. 15.7 Beliebige Zeilennummerierung mit einer Formel festlegen

	A	B	C	D	E
1					
2		**Jede fünfte Zeilennummer anzeigen**			
3		Zeile	Formel	Information	
4		FALSCH	=WENN(REST(ZEILE();5)=0;ZEILE())	ohne Sonst-Teil	
5		5	=WENN(REST(ZEILE();5)=0;ZEILE())	ohne Sonst-Teil	
6		FALSCH	=WENN(REST(ZEILE();5)=0;ZEILE())	ohne Sonst-Teil	
7		FALSCH	=WENN(REST(ZEILE();5)=0;ZEILE())	ohne Sonst-Teil	
8		FALSCH	=WENN(REST(ZEILE();5)=0;ZEILE())	ohne Sonst-Teil	
9		FALSCH	=WENN(REST(ZEILE();5)=0;ZEILE())	ohne Sonst-Teil	
10		10	=WENN(REST(ZEILE();5)=0;ZEILE();"")	mit Sonst-Teil	
11			=WENN(REST(ZEILE();5)=0;ZEILE();"")	mit Sonst-Teil	
12			=WENN(REST(ZEILE();5)=0;ZEILE();"")	mit Sonst-Teil	
13			=WENN(REST(ZEILE();5)=0;ZEILE();"")	mit Sonst-Teil	
14			=WENN(REST(ZEILE();5)=0;ZEILE();"")	mit Sonst-Teil	
15		15	=WENN(REST(ZEILE();5)=0;ZEILE();"")	mit Sonst-Teil	
16			=WENN(REST(ZEILE();5)=0;ZEILE();"")	mit Sonst-Teil	
17			=WENN(REST(ZEILE();5)=0;ZEILE();"")	mit Sonst-Teil	
18			=WENN(REST(ZEILE();5)=0;ZEILE();"")	mit Sonst-Teil	
19			=WENN(REST(ZEILE();5)=0;ZEILE();"")	mit Sonst-Teil	
20		20	=WENN(REST(ZEILE();5)=0;ZEILE();"")	mit Sonst-Teil	
21					

Wenn Sie den optionalen *Sonst*-Teil der *WENN*-Funktion hier nicht angeben, wird zwar in jeder fünften Zeile die Nummer ausgegeben, die Zeilen dazwischen enthalten allerdings das Ergebnis der Prüfung für diese Zellen, also den Wahrheitswert *FALSCH* (vgl. Bereich *B4:B9* in Abbildung 15.7).

Das dargestellte Beispiel können Sie auf dem Arbeitsblatt *Zeilennummer* in der Datei *Logik.xls* im Ordner *\Buch\Kap15* auf der CD-ROM zu diesem Buch finden.

HINWEIS Wollen Sie statt jeder fünften jede dritte Zeilennummer anzeigen, verwenden Sie den Wert 3 als Argument *Divisor* in der Funktion *REST(Zahl;Divisor)*, also

```
=WENN(REST(ZEILE();3)=0;ZEILE();"")
```

Anzeige von Fehlerwerten mit einer Formel unterdrücken

Ein wichtiges Einsatzgebiet der *WENN*-Funktion ist das Unterdrücken von Fehlerwerten. Bei der Division von Werten erhalten Sie beispielsweise den Fehlerwert *#DIV/0!*, wenn der Divisor noch nicht eingetragen ist. Mit der *WENN*-Funktion können Sie diesen Fehlerwert unterdrücken.

Beispiel: In Zelle *B4* steht die Zahl *2003* und in Zelle *C4* eine *0*. In Zelle *D4* liefert die Formel

```
=B4/C4
```

den Fehlerwert *#DIV/0!*. Um diesen Fehlerwert zu unterdrücken, tragen Sie die Formel

```
=WENN(C4=0;"Das geht nicht";B4/C4)
```

in Zelle *F4* ein.

Wenn Sie eine Tabelle mit Formeln erstellen, die sich auf leere Zellen beziehen, führt die Division zu einem Fehler. Die Anzeige dieses Fehlers kann mit der Funktion *WENN(Prüfung;[Dann_Wert];[Sonst_Wert])* verhindert werden. Die *Prüfung* ergibt in diesem Fall *WAHR* und es wird der *Dann_Wert* ausgegeben. Für diesen Wert enthält die Formel den Text *"Das geht nicht"*. Sie können hier auch einen anderen Text oder einen Bezug auf eine Zelle eintragen.

Abbildg. 15.8 Die Anzeige von Fehlerwerten mit der Funktion *WENN* unterdrücken

	A	B	C	D	E	F	G	H
1								
2		Einen Fehlerwert unterdrücken mit der Funktion WENN(Prüfung;Dann_Wert;Sonst_Wert)						
3		Wert 1	Wert 2	ohne Berücksichtigung von Fehlern	Formel	mit Berücksichtigung von Fehlern	Formel	
4		2003	0	#DIV/0!	=B4/C4	Das geht nicht	=WENN(C4=0;"Das geht nicht";B4/C4)	
5		2003	2	1001,5	=B5/C5	1001,5	=WENN(C5=0;"Das geht nicht";B5/C5)	
6								

Das Beispiel können Sie auf dem Arbeitsblatt *Fehlerwert unterdrücken* in der Datei *Logik.xls* im Ordner *\Buch\Kap15* auf der CD-ROM zu diesem Buch finden.

Mehr zu »Fehlerwerten in Tabellen« finden Sie in Kapitel 6.

Die WENN-Funktion verschachteln

Wie war das noch mit unserem Alltagsbeispiel? *Wenn* Sie den Lichtschalter auf »Ein« stellen, *dann* geht das Licht **an**, *sonst* ist es **aus**. Das Licht ist aber auch dann aus, wenn z.B. die Glühbirne defekt ist oder wenn Sie die Stromrechnung nicht bezahlt haben. Es gilt also, noch andere Möglichkeiten zu prüfen.

Zu diesem Zweck können Sie die *WENN*-Funktion auch bis zu siebenmal verschachteln.

Beispiel: Vergleichen Sie die Werte aus dem Bereich *B5:B7* mit den Zellen *C5:C7* und *D5:D7*. Geben Sie als Ergebnis einen Hinweis auf die Spalte mit dem größten Wert aus.

Und so geht es:

Tragen Sie in Zelle *E5* die Formel

```
=WENN(B5>C5;WENN(B5>D5;"D";"C");"B")
```

ein und kopieren Sie diese nach unten. Die möglichen Rechenwege entnehmen Sie bitte der Abbildung 15.9.

Abbildg. 15.9   Der Entscheidungsbaum zeigt den Lösungsweg einer verschachtelten *WENN*-Funktion

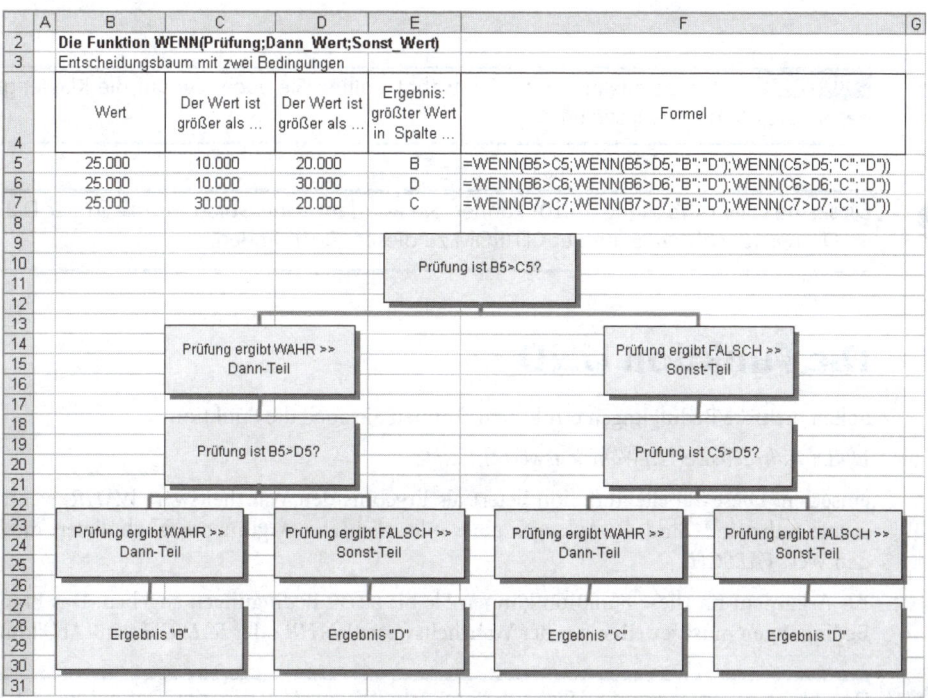

Die Darstellung des Entscheidungsbaumes in Abbildung 15.9 wurde mit der Funktion *Schematische Darstellung* aus dem Menü *Einfügen* erstellt. Mehr zu diesem Thema finden Sie in Kapitel 14.

 Das Beispiel können Sie auf dem Arbeitsblatt *Verschachtelte Funktion* in der Datei *Logik.xls* im Ordner *\Buch\Kap15* auf der CD-ROM zu diesem Buch finden.

Prämie mit verschachtelten Bedingungen berechnen

Angenommen, Ihre Mitarbeiter sollen eine Prämie erhalten. Dabei soll nach der Dauer der Betriebszugehörigkeit unterschieden werden. Bis einschließlich fünf Jahre soll es eine Kaffeekanne, von sechs bis unter zehn Jahren einen Toaster, von zehn bis unter 20 Jahre einen Rucksack und danach eine goldene Uhr geben.

Für diese Problemstellung können Sie die *WENN*-Funktion verschachteln.

Tragen Sie dafür in die Zelle *E4* die Formel

`=WENN(C4<20;WENN(C4<10;WENN(C4<=5;"Kaffeekanne";"Toaster");"Rucksack");"Goldene Uhr")`

ein und kopieren Sie diese nach unten.

Abbildg. 15.10 Eine verschachtelte *WENN*-Funktion kann mehrere Bedingungen prüfen

	A	B	C	D	E	F
1						
2		Berechnung der Prämienberechtigung nach Betriebszugehörigkeit				
3		Mitarbeiter	Betriebszugehörigkeit	Prämienstufe	Formel	
4		Maier	8 Jahre	Toaster	=WENN(C4<20;WENN(C4<10;WENN(C4<=5;"Kaffeekanne";"Toaster");"Rucksack");"Goldene Uhr")	
5		Quirlig	23 Jahre	Goldene Uhr	=WENN(C5<20;WENN(C5<10;WENN(C5<=5;"Kaffeekanne";"Toaster");"Rucksack");"Goldene Uhr")	
6		Schulze	3 Jahre	Kaffeekanne	=WENN(C6<20;WENN(C6<10;WENN(C6<=5;"Kaffeekanne";"Toaster");"Rucksack");"Goldene Uhr")	
7		Thomas	17 Jahre	Rucksack	=WENN(C7<20;WENN(C7<10;WENN(C7<=5;"Kaffeekanne";"Toaster");"Rucksack");"Goldene Uhr")	
8						

HINWEIS   Wie bereits in Kapitel 6 erwähnt, sollten Sie auch hier auf die Klassengrenzen ein besonderes Augenmerk setzen.

Dieses Beispiel (Abbildung 15.10) können Sie auf dem Arbeitsblatt *Prämie* in der Datei *Logik.xls* im Ordner *Buch\Kap15* auf der CD-ROM zu diesem Buch finden.

Die Funktion UND

Sollen mehrere Bedingungen erfüllt sein, können Sie auch die Funktion

UND(Wahrheitswert1;[Wahrheitswert2];[...])

einsetzen. Diese Tabellenfunktion liefert als Ergebnis den Wahrheitswert *WAHR*, wenn alle Argumente wahr sind. Sind die Aussagen eines oder mehrerer Argumente falsch, liefert diese Funktion den Wert *FALSCH*.

Als Argument für diese Funktion können Sie bis zu 30 Bedingungen angeben. Das Ergebnis dieser Bedingungen muss jeweils einer der Wahrheitswerte *WAHR* oder *FALSCH* sein (Abbildung 15.11).

Das obige Beispiel können Sie auf dem Arbeitsblatt *UND* in der Datei *Logik.xls* im Ordner *Buch\Kap15* auf der CD-ROM zu diesem Buch finden.

Abbildg. 15.11 Wenn alle Bedingungen wahr sind, ist das Ergebnis der Wahrheitswert *WAHR*

	A	B	C	D	E	F
1						
2		Die Funktion UND(Wahrheitswert1;Wahrheitswert2;...)				
3		Wert 1	Wert 2	Ergebnis	Formel	
4		11	29	FALSCH	=UND(B4>15;C4>B4)	
5		16	28	WAHR	=UND(B5>15;C5>B5)	
6		17	14	FALSCH	=UND(B6>15;C6>B6)	
7		19	5	FALSCH	=UND(B7>15;C7>B7)	
8		20	22	WAHR	=UND(B8>15;C8>B8)	
9		13	9	FALSCH	=UND(B9>15;C9>B9)	
10		Excel	Access	FALSCH	=UND(B10<>"";B10=C10)	
11		a	A	WAHR	=UND(B11<>"";B11=C11)	
12		WAHR	FALSCH	FALSCH	=UND(B12<>"";B12=C12)	
13						

Die Funktion ODER

Genügt es, wenn eine von mehreren Bedingungen wahr ist, dann setzen Sie die Funktion

ODER(Wahrheitswert1;[Wahrheitswert2];[...])

ein. Diese Tabellenfunktion liefert als Ergebnis den Wahrheitswert *WAHR*, wenn mindestens ein Argument wahr ist. Sind die Aussagen aller Argumente falsch, liefert diese Funktion den Wert *FALSCH*.

Wie bei der Funktion *UND* können Sie auch bei dieser Funktion als Argument bis zu 30 Bedingungen angeben. Das Ergebnis dieser Bedingungen muss jeweils einer der Wahrheitswerte *WAHR* oder *FALSCH* sein.

Abbildg. 15.12 Ist auch nur eine Bedingung wahr, ist das Ergebnis der Funktion *ODER* der Wahrheitswert *WAHR*

	A	B	C	D	E	F
1						
2		Die Funktion ODER(Wahrheitswert1;Wahrheitswert2;...)				
3		Zahl 1	Zahl 2	Ergebnis	Formel	
4		5	11	WAHR	=ODER(B4>15;C4>B4)	
5		8	16	WAHR	=ODER(B5>15;C5>B5)	
6		11	14	WAHR	=ODER(B6>15;C6>B6)	
7		10	10	FALSCH	=ODER(B7>15;C7>B7)	
8		9	2	FALSCH	=ODER(B8>15;C8>B8)	
9		WAHR	FALSCH	WAHR	=ODER(B9<>"";C9>B9)	
10						

Das Beispiel (Abbildung 15.12) können Sie auf dem Arbeitsblatt *ODER* in der Datei *Logik.xls* im Ordner *\Buch\Kap15* auf der CD-ROM zu diesem Buch finden.

Ergebnisse mit der Funktion NICHT umkehren

Mit der Funktion

NICHT(Wahrheitswert)

können Sie den Wert Ihres Argumentes umkehren. Die Formel =NICHT(WAHR) ergibt *FALSCH*. Weitere Beispiele zeigt die Abbildung 15.13.

Abbildg. 15.13   Wahrheitswerte umkehren

	A	B	C	D	E	F
1						
2		**Die Funktion NICHT(Wahrheitswert)**				
3		Wert 1	Wert 2	Ergebnis	Formel	
4				FALSCH	=NICHT(B4=C4)	
5		1,5	1,5	FALSCH	=NICHT(B5=C5)	
6		2000	2003	WAHR	=NICHT(B6=C6)	
7		Excel XP	Excel 2003	WAHR	=NICHT(B7=C7)	
8		WAHR	FALSCH	WAHR	=NICHT(B8)=C8	
9		0		FALSCH	=NICHT(B9)=C9	
10		1		WAHR	=NICHT(B10)=C10	
11		0		WAHR	=NICHT(B11)	
12		2005		FALSCH	=NICHT(B12)	
13						

Wenn Sie der Funktion NICHT einen Zahlenwert als Argument übergeben, wird nur dann der Wert *WAHR* angezeigt, wenn Sie eine Null (*0*) verwenden. Alle anderen Zahlen führen zur Anzeige von *FALSCH*.

Das Beispiel können Sie auf dem Arbeitsblatt *NICHT* in der Datei *Logik.xls* im Ordner *\Buch\Kap15* auf der CD-ROM zu diesem Buch finden.

Funktionen für Wahrheitswerte verwenden

Auch für die Wahrheitswerte gibt es jeweils eine Funktion. Statt der Funktionen *FALSCH()* und *WAHR()* können Sie in Formeln aber auch direkt das Wort »FALSCH« bzw. »WAHR« eintragen. Sie brauchen dabei nicht einmal auf die Groß-/Kleinschreibung zu achten. Excel wandelt diese Wörter automatisch um.

HINWEIS   Wenn Sie Wahrheitswerte in Berechnungen verwenden, dann entspricht *WAHR* dem Wert *1* und *FALSCH* dem Wert *0*. Die Umwandlung in einen Zahlenwert können Sie auch mit der Tabellenfunktion *N(Wert)* herbeiführen (Abbildung 15.14).

Diese Beispiele können Sie auf dem Arbeitsblatt *FALSCH und WAHR* in der Datei *Logik.xls* im Ordner *\Buch\Kap15* auf der CD-ROM zu diesem Buch finden.

Funktionen für die Wahrheitswerte und die Umwandlung in eine Zahl

	A	B	C	D	E	F
1						
2		Die Funktionen FALSCH() und WAHR()				
3		Wert 1	Wert 2	Ergebnis	Formel	
4				WAHR	=WENN(B4>C4;FALSCH();WAHR())	
5		1,5	1,5	WAHR	=WENN(B5>C5;FALSCH();WAHR())	
6		2000	2005	WAHR	=WENN(B6>C6;FALSCH();WAHR())	
7		Hans	Peter	WAHR	=WENN(B7>C7;FALSCH();WAHR())	
8		WAHR	FALSCH	FALSCH	=WENN(B8>C8;FALSCH();WAHR())	
9		FALSCH		WAHR	=WENN(B9>C9;FALSCH();WAHR())	
10						
11				1	=N(WENN(B11>C11;FALSCH();WAHR()))	
12		1,5	1,5	1	=N(WENN(B12>C12;FALSCH();WAHR()))	
13		2000	2005	1	=N(WENN(B13>C13;FALSCH();WAHR()))	
14		Hans	Peter	1	=N(WENN(B14>C14;FALSCH();WAHR()))	
15		WAHR	FALSCH	0	=N(WENN(B15>C15;FALSCH();WAHR()))	
16		FALSCH		1	=N(WENN(B16>C16;FALSCH();WAHR()))	
17						

Matrix-Formeln: Rechnen mit Bereichen

Die in Excel wohl am häufigsten verwendete Funktion dürfte *SUMME(Zahl1;Zahl2;...)* sein. Mit dieser Funktion wird die Summe von Werten berechnet, die in der Regel in einer Spalte untereinander angeordnet sind (siehe hierzu auch Kapitel 6). Wie Sie eine Summe von Werten unter Berücksichtigung von Bedingungen bilden können, zeigt der folgende Abschnitt.

Summe mit einer Bedingung berechnen

Beispiel: Sie haben eine Liste mit den Umsätzen Ihrer Vertriebsmitarbeiter für mehrere Monate erstellt und sollen nun die Summe der Umsätze für jeden Mitarbeiter berechnen.

Erstellen Sie zunächst eine Liste aller Mitarbeiter im Bereich *E5:E14*. Daneben in Spalte *F* sollen nun die Summen der Umsätze dargestellt werden.

Im Prinzip ist die Anweisung im Klartext also nur folgende: Summiere alle Umsätze, die in der Spalte *Name* den gleichen Eintrag haben. Um die Summe eines Bereichs unter Berücksichtigung einer Bedingung zu ermitteln, können Sie die Funktion

SUMMEWENN(Bereich;Suchkriterien;[Summe_Bereich])

einsetzen. Diese Funktion durchsucht den *Bereich* nach *Suchkriterien*. Wird eine Übereinstimmung gefunden, so wird die Zahl aus *Summe_Bereich* addiert. Ist dieses optionale Argument nicht angegeben, wird die Zahl aus dem Bereich der durchsucht wurde addiert.

Mit der Formel

`=SUMMEWENN($B$5:$B$21;E5;$C$5:$C$21)`

berechnen Sie die Summe für den Mitarbeiter »Maier«. Kopieren Sie diese Formel nun nach unten bis zur Zelle *F14*.

Sie müssen also lediglich die Vergleichsoperatoren in die Anführungszeichen setzen und diese über den Textoperator mit dem gesuchten Namen verknüpfen.

	A	B	C	D	E	F	G	H
1								
2		**Summe mit der Funktion SUMMEWENN**						
3		Listenbereich			Auswertungsbereich			
4		Name	Umsatz		Name	Umsatz	Formel	
5		Maier	7.786,00 €		Maier	7.786,00 €	=SUMMEWENN($B$5:$B$21;E5;$C$5:$C$21)	
6		Schultze	5.646,00 €		Schultze	20.451,00 €	=SUMMEWENN($B$5:$B$21;E6;$C$5:$C$21)	
7		Sonnenschein	7.131,00 €		Sonnenschein	7.131,00 €	=SUMMEWENN($B$5:$B$21;E7;$C$5:$C$21)	
8		Frantz	8.975,00 €		Frantz	15.714,00 €	=SUMMEWENN($B$5:$B$21;E8;$C$5:$C$21)	
9		Phillipin	7.258,00 €		Phillipin	17.249,00 €	=SUMMEWENN($B$5:$B$21;E9;$C$5:$C$21)	
10		Quarks	3.085,00 €		Quarks	9.378,00 €	=SUMMEWENN($B$5:$B$21;E10;$C$5:$C$21)	
11		Binder	7.947,00 €		Binder	12.003,00 €	=SUMMEWENN($B$5:$B$21;E11;$C$5:$C$21)	
12		Merkert	9.285,00 €		Merkert	9.285,00 €	=SUMMEWENN($B$5:$B$21;E12;$C$5:$C$21)	
13		Mayer	4.350,00 €		Mayer	4.350,00 €	=SUMMEWENN($B$5:$B$21;E13;$C$5:$C$21)	
14		Schultze	5.565,00 €		Karle	5.322,00 €	=SUMMEWENN($B$5:$B$21;E14;$C$5:$C$21)	
15		Karle	2.634,00 €					
16		Schultze	9.240,00 €					
17		Karle	2.688,00 €		**SUMMEWENN(Bereich;Suchkriterien;Summe_Bereich)**			
18		Frantz	6.739,00 €		Umsatz < 3000	5.322,00 €	=SUMMEWENN(C5:C21;"<"&3000;C5:C21)	
19		Phillipin	9.991,00 €		Umsatz > Mittelwert	74.352,00 €	=SUMMEWENN(C5:C21;">"&MITTELWERT(C5:C21))	
20		Quarks	6.293,00 €					
21		Binder	4.056,00 €					
22								

Das Argument *Summe_Bereich* ist optional. Sie können also mit der Formel

=SUMMEWENN(C5:C21;"<"&3000;C5:C21)

ebenso wie mit der Formel

=SUMMEWENN(C5:C21;"<"&3000)

die Summe der Umsätze, die kleiner als 3000 sind, berechnen. Bei fehlendem *Summe_Bereich* werden die Werte aus dem ersten Argument addiert.

Für die Argumente können auch Funktionen verwendet werden. So liefert beispielsweise die Formel

=SUMMEWENN(C5:C21;">"&MITTELWERT(C5:C21))

die Summe der Umsätze, die größer als der Mittelwert sind.

Die vorstehenden Beispielrechnungen können Sie auf dem Arbeitsblatt *SUMMEWENN* in der Datei *Matrix.xls* im Ordner *\Buch\Kap15* auf der CD-ROM zu diesem Buch finden.

Doppelte Datensätze zählen

Weil nicht jede Datensammlung so umfangreich ist, dass sie mit einem speziellen Datenbankprogramm verwaltet werden muss, legen viele Benutzer eine Excel-Tabelle mit den benötigten Merkmalen an.

Wenn Sie Ihre Daten mit dem *Spezialfilter* filtern (vgl. hierzu Kapitel 21), können Sie die Option *Keine Duplikate* wählen. Duplikate werden dann bei der Anzeige unterdrückt. So weit, so gut. Was ist aber, wenn Sie genau diese Duplikate prüfen wollen?

Als Beispiel soll hier eine Datenbank untersucht werden, die den Bereich *B3:C13* umfasst. In Zeile *3* sind die Feldnamen eingetragen, der erste Datensatz steht also in Zeile *4*. Die Aufgabe lautet: Ermitteln Sie die Anzahl der Duplikate mit einer Funktion.

Entsprechend der Funktion *SUMMEWENN* gibt es für die Auszählung eines Bereichs die Funktion:

ZÄHLENWENN(Bereich;Suchkriterien)

Bereich ist hier der Zellbereich, von dem Sie wissen möchten, wie viele seiner Zellen einen Inhalt haben, der mit den *Suchkriterien* übereinstimmt. Die Suchkriterien können Sie in unterschiedlicher Form angeben: als Zahl, als Ausdruck oder als Zeichenfolge. Sie bestimmen damit, welche Zellen gezählt werden.

Um zu prüfen, ob doppelte Einträge vorkommen, markieren Sie den Bereich *D4:D13* und tragen die Formel

```
=ZÄHLENWENN($B$4:$B$13;B4)
```

ein. Schließen Sie die Eingabe mit der Tastenkombination `Strg`+`↵` ab. Diese Tastenkombination veranlasst Excel, die eingetragene Formel in jede der markierten Zellen einzutragen und dabei relative Bezüge anzupassen.

Die Funktion vergleicht die Werte der Suchspalte *B* und zählt die Übereinstimmungen für jeden Eintrag (Abbildung 15.16).

Abbildg. 15.16 Für jeden Wert in Spalte *B* die Anzahl gleicher Einträge prüfen

	A	B	C	D	E	F
1						
2		**Doppelte Datensätze zählen**				
3		Kundennummer	Zuname	Anzahl mit gleicher Kundennummer	Formel	
4		1023	Binder	2	=ZÄHLENWENN($B$4:$B$13;B4)	
5		1021	Sonnenschein	2	=ZÄHLENWENN($B$4:$B$13;B5)	
6		1026	Karle	1	=ZÄHLENWENN($B$4:$B$13;B6)	
7		1023	Binder	2	=ZÄHLENWENN($B$4:$B$13;B7)	
8		1027	Binder	2	=ZÄHLENWENN($B$4:$B$13;B8)	
9		1027	Binder	2	=ZÄHLENWENN($B$4:$B$13;B9)	
10		1022	Phillipin	1	=ZÄHLENWENN($B$4:$B$13;B10)	
11		1025	Quarks	1	=ZÄHLENWENN($B$4:$B$13;B11)	
12		1020	Schultze	1	=ZÄHLENWENN($B$4:$B$13;B12)	
13		1021	Sonnenschein	2	=ZÄHLENWENN($B$4:$B$13;B13)	
14						

Der Wert *1* bedeutet, dass der Eintrag dieser Zeile lediglich einmal im durchsuchten Bereich vorkommt. Alle höheren Werte weisen Duplikate nach.

Sie können die Funktion *ZÄHLENWENN* auch einsetzen, um damit leere Zellen zu zählen. Das gelingt, wenn Sie für das Argument *Suchkriterien* eine leere Zeichenfolge übergeben.

Beispiel:

```
=ZÄHLENWENN($B$4:$B$12;"")
```

HINWEIS Bei der Auszählung der Datensätze sollten Sie darauf achten, ein Merkmal zu verwenden, das die jeweiligen Datensätze eindeutig identifiziert.

Im Beispiel aus Abbildung 15.16 ist der Zuname ein ungeeignetes Suchkriterium, weil dieser nicht eindeutig ist. So gibt es hier mehrere Einträge, die zwar den gleichen Zunamen, aber eine andere Kundennummer haben. Es handelt sich dabei offensichtlich um Namensgleichheit unterschiedlicher Kunden.

Daten auswerten: Berechnungen

Diese Beispielrechnungen können Sie auf dem Arbeitsblatt *ZÄHLENWENN* in der Datei *Matrix.xls* im Ordner *\Buch\Kap15* auf der CD-ROM zu diesem Buch finden.

Um die Daten genauer zu prüfen, sortieren Sie diese zunächst nach der Spalte *D* und wählen dann die Befehlsfolge *Filter/AutoFilter* aus dem Menü *Daten*. Klicken Sie jetzt auf das Dropdown-Feld, um einen benutzerdefinierten Filter festzulegen. Im Dialogfeld *Benutzerdefinierter AutoFilter* tragen Sie *ist größer als 1* ein und bestätigen mit Klick auf die Schaltfläche *OK*. Es werden mögliche Duplikate angezeigt. Sie können nun prüfen, ob die Datensätze in allen Merkmalen identisch sind und eventuell gelöscht werden können.

Mehr zum Thema »Filter« finden Sie in Kapitel 21. Das Kapitel 8 zeigt Ihnen, wie Sie Duplikate bereits bei der Eingabe verhindern können.

Summen über Matrix-Formeln berechnen

Mit wachsender Datenmenge genügt eine Gesamtsumme jedoch häufig nicht mehr. Teilsummen, etwa die für einzelne Quartale, sind gefragt. Wie Sie solche Teilsummen mit einer Funktion ermitteln können, zeigt der folgende Abschnitt.

Als Beispiel soll eine überschaubare Tabelle mit den Spalten *Datum* und *Wert* dienen. Diese Überschriften werden auch über die Menübefehlsfolge *Einfügen/Namen/Definieren* für die auszuwertenden Bereiche festgelegt. Der Bereichsname *Datum* zeigt auf den Bereich *B4:B23* und der Bereichsname *Wert* auf den Bereich *C4:C23*.

Um für das Datum in Zelle *B4* das Quartal zu ermitteln, können Sie in Zelle *D4* die Formel

```
=AUFRUNDEN(MONAT(B4)/3;0)
```

verwenden. Kopieren Sie diese Formel nach unten bis *D23* und vergeben Sie über die Menübefehlsfolge *Einfügen/Namen/Definieren* für den Zellbereich *D4:D23* den Namen *Quartal*.

In Zelle *G5* können Sie nun mit der Formel

```
=SUMMEWENN(Quartal;1;Wert)
```

die Summe für das erste Quartal ermitteln. Wenn Sie Zellbezüge statt Namen verwenden, erhalten Sie das Ergebnis mit der Formel:

```
=SUMMEWENN(D4:D23;1;C4:C23)
```

Die Beispielberechnungen (Abbildung 15.17) können Sie auf dem Arbeitsblatt *Summe mit Bedingungen* in der Datei *Matrix.xls* im Ordner *\Buch\Kap15* auf der CD-ROM zu diesem Buch finden.

Mehr zum Thema »Namen« finden Sie in Kapitel 19.

Abbildg. 15.17 Die Tabelle mit den Daten und der Ermittlung der Quartalssummen

	A	B	C	D	E	F	G	H	I	J	K
1											
2		**Summe mit einer Bedingung**									
3		Datum	Wert	Quartal		Zeit-		Berechnung über			
4		29.01.2001	2.092	1		raum	SUMMEWENN	Matrix-Formel	Matrix-Formel		
5		04.05.2001	0	2		1. Quartal	20.465	20.465	20.465		
6		06.03.2001	3.612	1		2. Quartal	16.790	16.790	16.790		
7		31.05.2001	1.127	2		3. Quartal	4.407	4.407	4.407		
8		07.07.2001	1.931	3		4. Quartal	3.454	3.454	3.454		
9		05.04.2001	2.933	2							
10		17.03.2001	2.596	1							
11		27.06.2002	2.827	2		Jahr	2002				
12		06.10.2002	783	4			1. Quartal	4.658			
13		15.01.2003	2.214	1			2. Quartal	7.583			
14		29.01.2002	2.280	1			3. Quartal	0			
15		04.05.2002	2.329	2			4. Quartal	783			
16		06.03.2002	2.378	1							
17		31.05.2002	2.427	2		Summe aller Werte		45.116	=SUMME(C4:C23)		
18		07.07.2003	2.476	3		Kleinster Wert ohne 0		783	=MIN(WENN(Wert>0;Wert))		
19		05.04.2003	2.525	2							
20		17.03.2003	2.573	1		Bezüge der verwendeten Bereichsnamen:					
21		27.06.2003	2.622	2		Datum	='Summe mit Bedingungen'!$B$4:$B23				
22		06.10.2003	2.671	4		Quartal	='Summe mit Bedingungen'!$D$4:$D23				
23		15.01.2003	2.720	1		Wert	='Summe mit Bedingungen'!$C$4:$C23				
24											

Zählen mit einer Matrix-Funktion

Eine weitere Möglichkeit bietet die Verwendung einer so genannten *Matrix*-Formel. Mit einer Matrix-Formel können Sie Berechnungen durchführen, die als Ergebnis einen einzelnen Wert oder auch eine Reihe von Werten liefern.

Geben Sie die Formel

`=SUMME(WENN(Quartal=1;Wert;0))`

in die Zelle *H5* ein und schließen Sie die Eingabe mit der Tastenkombination `Strg`+`⇧`+`↵` ab. Diese verschachtelte Formel (verwendet werden die beiden Funktionen *SUMME* und *WENN*, nicht jedoch die Funktion *SUMMEWENN*) wird dann in geschweiften Klammern dargestellt.

> **WICHTIG** Die Eingabe von *Matrix*-Formeln (auch *Array*-Formeln genannt) muss mit der Tastenkombination `Strg`+`⇧`+`↵` abgeschlossen werden. Nur dann liefern Matrix-Funktionen das korrekte Ergebnis. Die manuelle Eingabe der geschweiften Klammern führt nicht zum gewünschten Ergebnis.

Was ist eine Matrix?

Eine rechteckige Anordnung von Zahlen in Zeilen und Spalten wird als *Matrix* oder auch *Array* bezeichnet. Die Größe der Matrix wird über die Anzahl der Zeilen und Spalten angegeben. So verfügt beispielsweise eine 3x4-Matrix über drei Zeilen und vier Spalten. Hat eine Matrix genau so viele Zeilen wie Spalten, so handelt es sich um eine quadratische Matrix.

Die einzelnen Werte der Matrix werden als Elemente der Matrix bezeichnet. Einzelne Elemente der Matrix werden mit einem Index versehen, z.B. a23. Dieser Index zeigt die eindeutige Position innerhalb der Matrix an, der erste Index (2) gibt die Zeile, der zweite Index (3) die Spalte an.

Das Interessante dabei ist, dass der ausgewertete Bereich selbst gar nicht sichtbar sein muss. Bei der Verwendung einer Matrix-Formel ist es also nicht erforderlich, zuvor das Quartal in einer eigenen Spalte zu ermitteln. Tragen Sie in Zelle *I5* die Formel

```
=SUMME(WENN(AUFRUNDEN(MONAT(Datum)/3;0)=1;Wert;0))
```

ein und schließen Sie die Eingabe mit der Tastenkombination `Strg`+`⇧`+`⏎` ab. Sie erhalten das gleiche Ergebnis, obwohl die Spalte *D*, in der Sie die Berechnung des Quartals vorgenommen haben, nicht verwendet wird.

WICHTIG Die auszuwertenden Bereiche in Matrix-Funktionen müssen jeweils die gleiche Anzahl an Zeilen bzw. Spalten aufweisen. Wenn wie im vorliegenden Beispiel der Bereich *Datum* in einer Spalte und 20 Zeilen vorliegt, muss auch der Bereich *Wert* eine Spalte und 20 Zeilen umfassen.

Funktionsweise von Matrix-Formeln verstehen

Jede Formel wird von innen nach außen aufgelöst. Also beginnt Excel mit der Bedingungsprüfung der *WENN*-Funktion (hier: *AUFRUNDEN(MONAT(Datum)/3;0)=1*), die ihrerseits ebenfalls von innen nach außen aufgelöst wird. Als Ergebnis gibt diese Formel eine Matrix aus Wahrheitswerten zurück, nämlich *{WAHR;FALSCH;WAHR;FALSCH;FALSCH;FALSCH;WAHR;FALSCH;FALSCH;WAHR}*.

PROFITIPP Sie können sich diese Matrix auch anzeigen lassen. Aktivieren Sie hierzu die Zelle *I5*. In der Bearbeitungszeile markieren Sie die Bedingungsprüfung, wie in Abbildung 15.18 zu sehen.

Abbildg. 15.18 Die Bedingungsprüfung in der Bearbeitungsleiste markieren ...

| | SUMME | ▼ ✕ ✓ *fx* | =SUMME(WENN(AUFRUNDEN(MONAT(Datum)/3;0)=1;Wert;0)) | |
| A | B | C | WENN(**Prüfung**; [Dann_Wert]; [Sonst_Wert]) | H |

Drücken Sie dann die Taste `F9`. Damit wird der markierte Bereich ausgewertet. Achtung: Um die Bearbeitungszeile zu verlassen, verwenden Sie die `Esc`-Taste, weil ansonsten der markierte Teil dieser Formel durch die berechneten Werte ersetzt wird.

Abbildg. 15.19 ... und mit der Taste `F9` auswerten

	SUMME	▼ ✕ ✓ *fx*	=SUMME(WENN({WAHR;FALSCH;WAHR;FALSCH;FALSCH;FALSCH;WAHR;FALSCH;FALSCH;WAHR;WAHR;FALSCH;WAHR;FALSCH;
	A	B	FALSCH;FALSCH;WAHR;FALSCH;FALSCH;WAHR};Wert;0))
1			WENN(**Prüfung**; [Dann_Wert]; [Sonst_Wert])

Für jedes Datum wird geprüft, ob es im ersten Quartal liegt (*WAHR*). In diesem Fall wird aus der Spalte *Wert* diejenige Zelle addiert, die in der gleichen Zeile wie der Wahrheitswert steht. Bei *FALSCH* wird der *Sonst*-Teil der Bedingung ausgeführt und eine Null addiert.

Eine weitere Bedingung hinzufügen

Spätestens, wenn weitere Jahre erfasst werden, kommt der Wunsch nach Eingrenzung der auszuwertenden Daten auf. Das Jahr soll ebenfalls berücksichtigt werden. Hier können Sie in der Matrix-Formel eine verschachtelte *WENN*-Bedingung verwenden. Wenn Sie in Zelle *G11* das gesuchte Jahr eintragen, können Sie in Zelle *H12* mit der Formel:

```
=SUMME(WENN(JAHR(Datum)=$G$11;WENN(AUFRUNDEN(MONAT(Datum)/3;0)=1;Wert;0)))
```

zusätzlich das Jahr berücksichtigen. Schließen Sie auch hier die Eingabe der Formel mit der Tastenkombination $\boxed{\text{Strg}}$ + $\boxed{⇧}$ + $\boxed{↵}$ ab.

Wie Sie mit Datenbank-Funktionen Werte unter Berücksichtigung von Suchkriterien zählen und addieren können, zeigt Ihnen Kapitel 22.

Den kleinsten Wert ermitteln und Null nicht berücksichtigen

Wie ermitteln Sie im Beispiel aus Abbildung 15.17 den kleinsten Wert in der Spalte *D*, der nicht Null (*0*) ist?

Um den kleinsten Wert aus einer Datenreihe zu ermitteln, verwenden Sie die Funktion:

MIN(Zahl1;[Zahl2];[...])

Diese Funktion berücksichtigt nur Zahlen. Argumente, die nicht in Zahlen umgewandelt werden können, führen zu Fehlern. Alle anderen Elemente, wie leere Zellen, Wahrheitswerte oder Texte werden ignoriert. Sollen Wahrheitswerte sowie Text nicht ignoriert werden, verwenden Sie die Funktion:

MINA(Wert1;Wert2;...)

Die folgende Formel ermittelt aus dem Bereich *A1:A10* den kleinsten Wert:

```
=MIN(A1:A10)
```

Soll dabei die Null nicht einbezogen werden, verwenden Sie die Matrix-Formel:

```
=MIN(WENN(A1:A10>0;A1:A10))
```

Schließen Sie die Eingabe dieser Formel mit der Tastenkombination $\boxed{\text{Strg}}$ + $\boxed{⇧}$ + $\boxed{↵}$ ab. Nur wenn die Bedingung (größer 0) erfüllt ist, wird der jeweilige Wert daraufhin geprüft, ob es sich um den kleinsten Wert des Bereichs handelt.

Alternative Fallzählung mit vielen Bedingungen

Wie ermitteln Sie die Anzahl des Artikels »Hosen« aus der Warengruppe »Oberbekleidung«, von denen nur noch eine am Lager ist?

Um dieses Problem zu lösen, benötigen Sie eine Formel, die drei Bedingungen prüft. Und zwar:

- die Warengruppe soll *Oberbekleidung* sein,
- der Name des Artikels soll *Hosen* sein und
- die Anzahl verfügbarer Stücke soll Eins (*1*) sein.

Tragen Sie in *C12* die folgende Formel ein:

```
=SUMME((B4:B8="Oberbekleidung")*(C4:C8="Hosen")*(D4:D8=1))
```

Die Eingabe der Formel muss mit der Tastenkombination ⌨Strg⌨+⌨⇧⌨+⌨↵⌨ abgeschlossen werden. Beachten Sie bei der Eingabe der Formel auch, dass jede Bedingung in einer Klammer zusammengefasst wird.

Die Formel macht sich den Umstand zunutze, dass Excel die Wahrheitswerte *WAHR* und *FALSCH* in Zahlenwerte umwandeln kann. *WAHR* entspricht dem Wert Eins (*1*) und *FALSCH* dem Wert Null (*0*).

> **TIPP** Mit dieser Form der Bedingungsprüfung können Sie die Beschränkungen der *WENN*-Funktion aufheben. Die *WENN*-Funktion kann nur bis zu siebenmal verschachtelt werden. Für die oben gezeigte Matrix-Formel gilt diese Beschränkung nicht.

Die einzelnen Bedingungen im Bereich *E4:H8* können Sie mit entsprechenden Teilen (die Überschriften der Zellen *E3:G3* aus Abbildung 15.20) der Formel prüfen, wenn Sie diese ebenfalls als Matrix-Formel eingeben. Dazu markieren Sie den gesamten Ausgabebereich, also z.B. *E4:E8*. Tragen Sie dann die Formel

`=B4:B8="Oberbekleidung"`

ein und schließen Sie die Eingabe mit der Tastenkombination ⌨Strg⌨+⌨⇧⌨+⌨↵⌨ ab. Excel gibt dann als Ergebnis eine mehrzeilige Matrix mit Wahrheitswerten zurück.

Abbildg. 15.20 Ausgangstabelle mit den Wahrheitswerten der einzelnen Bedingungsprüfungen

	A	B	C	D	E	F	G	H	I
1									
2		**Lagerbestand**			**Prüfung für die einzelnen Datensätze**				
3		Warengruppe	Artikel	Stück	=B4:B8= "Oberbekleidung"	=C4:C8="Hosen"	=D4:D8=1	Alle Bedingungen sind wahr	
4	Oberbekleidung		Hosen	1	WAHR	WAHR	WAHR	WAHR	
5	Unterwäsche		Body	6	FALSCH	FALSCH	FALSCH	FALSCH	
6	Oberbekleidung		Hosen	1	WAHR	WAHR	WAHR	WAHR	
7	Oberbekleidung		Hemden	5	WAHR	FALSCH	FALSCH	FALSCH	
8	Unterwäsche		Hosen	3	FALSCH	WAHR	FALSCH	FALSCH	
9									
10									
11		Anzahl von Artikel "Hosen" aus der Warengruppe "Oberbekleidung"							
12		von denen nur noch eine am Lager ist	2		=SUMME((B4:B8="Oberbekleidung")*(C4:C8="Hosen")*(D4:D8=1))				
13									

Die Beispielrechnungen können Sie auf dem Arbeitsblatt *Fallzählung* in der Datei *Matrix.xls* im Ordner *\Buch\Kap15* auf der CD-ROM zu diesem Buch finden.

Wie Sie eine Häufigkeitsauszählung für Ihre Daten durchführen zeigt Ihnen Kapitel 16.

Matrix ändern oder Zellen löschen

Versuchen Sie doch einmal, die Zelle *E5* im Beispiel aus Abbildung 15.20 zu löschen. Bei dem Versuch eine Zelle zu löschen, die Teil einer Matrix ist, erhalten Sie die Fehlermeldung *Teile eines Arrays können nicht geändert werden*.

Um eine Zelle einer Matrix-Formel zu löschen, können Sie die Matrix-Formel zunächst durch einzelne Formeln ersetzen. Und das geht so:

1. Markieren Sie eine Zelle der Matrix-Formel.
2. Wählen Sie den Menübefehl *Bearbeiten/Gehe zu*. Alternativ können Sie die Taste F5 drücken.
3. Wählen Sie die Schaltfläche *Inhalte*. Im Dialogfeld *Inhalte auswählen* markieren Sie die Option *Aktuelles Array*.
4. Schließen Sie das Dialogfeld per Klick auf die Schaltfläche *OK*. Die gesamte Matrix-Formel ist nun markiert.
5. Aktivieren Sie die Bearbeitungszeile mit der Maus oder der Taste F2.
6. Drücken Sie die Tastenkombination Strg + ↵.

Sie können die Zellen einer Matrix-Formel zwar unterschiedlich formatieren, der Inhalt einer einzelnen Zelle kann jedoch nicht geändert werden. Mit der Tastenkombination Strg + ↵ wird die Formel der aktiven Zelle in alle markierten Zellen eingetragen. Sie können jetzt einzelne Zellen löschen oder dem Array (der Matrix) andere Zellen hinzufügen.

Sie können das Ergebnis der Matrix auch in eine Wertkopie umwandeln:

1. Markieren Sie hierfür die Matrix-Formel wie oben beschrieben und kopieren Sie den Bereich mit dem Menübefehl *Bearbeiten/Kopieren* in die Zwischenablage.
2. Wählen Sie den Menübefehl *Bearbeiten/Inhalte einfügen* und fügen Sie nur die Werte ein.

Nun können Sie ebenfalls Zeilen löschen oder die Matrix neu aufbauen. Alle Formeln gehen auf diesem Weg allerdings verloren.

Einen Bereich auf identische Werte prüfen

Gehen wir davon aus, Sie haben die Lottozahlen vom Wochenende in die Zellen *D4:D9* geschrieben und wollen diese mit Ihrem eigenen Tipp aus Zelle *B4:B9* und *C4:C9* vergleichen. Wie können Sie prüfen, ob zwei Tabellenbereiche identische Werte enthalten?

Erste Methode:
Um zwei Zellen auf gleiche Inhalte zu prüfen können Sie die Formel

```
=A1=B1
```

verwenden. Diese Formel gibt einen Wahrheitswert zurück, und zwar *WAHR*, wenn die Zellen den gleichen Inhalt haben und *FALSCH*, wenn dem nicht so ist.

Zweite Methode:
Mit der Tabellenfunktion *IDENTISCH(Text1;Text2)* können Sie ebenfalls zwei Zellen oder Werte vergleichen. Es muss sich dabei nicht zwingend um Text handeln; die Funktion kann auch numerische Argumente verarbeiten. Diese Funktion liefert einen Wahrheitswert als Ergebnis, der Aufschluss darüber gibt, ob die beiden Argumente identisch sind.

Beispiel:

```
=IDENTISCH("Excel";"Exklusiv") liefert FALSCH
```

```
=IDENTISCH(2005;2006-1) liefert WAHR
```

Dritte Methode:
Wenn Sie Zahlenwerte auf Übereinstimmung vergleichen wollen, können Sie die Funktion *DELTA(Zahl1;Zahl2)* einsetzen. Als Ergebnis zeigt diese Funktion bei Übereinstimmung die Zahl *1* und bei unterschiedlichen Werten die Zahl *0* an.

Daten auswerten: Berechnungen

Beispiel:

=DELTA(5;6) ergibt 0

=DELTA(6;6) ergibt 1

Vierte Methode:

Wenn es um die Auswertung von Bereichen geht, können Sie eine Matrix-Formel verwenden. Eine verschachtelte Formel mit der Funktion *IDENTISCH* und einer der Logik-Funktionen *UND* bzw. *ODER* liefert die gewünschte Information. Das Ergebnis ist ein Wahrheitswert.

Für die Kontrolle des ersten Tipps tragen Sie die Formel

=UND(B4:B9=D4:D9)

und für den zweiten Tipp die Formel

=UND(C4:C9=D4:D9)

ein. Schließen Sie die Eingabe der Formeln mit der Tastenkombination Strg + ⇧ + ↵ ab.

Die Formeln prüfen für jede Zeile, ob die Werte identisch sind. Nur wenn alle Zeilen den Wert *WAHR* zurückgeben, gibt auch die Formel als Ergebnis den Wert *WAHR* zurück. Das Ergebnis der Auswertung sehen Sie in Abbildung 15.21.

Abbildg. 15.21 Verschiedene Lottotipps vergleichen und auf Übereinstimmung prüfen

	A	B	C	D	E
1					
2		**Vergleich der Lottozahlen**			
3		Tipp 1	Tipp 2	Ziehung	
4		9	3	3	
5		18	4	4	
6		20	22	22	
7		28	31	31	
8		36	45	45	
9		41	48	48	
10					
11					
12		Welcher Tipp bringt einen Sechser?			
13		Tipp	Ergebnis	Matrix-Formel	
14		Tipp 1	FALSCH	=UND(B4:B9=D4:D9)	
15		Tipp 2	WAHR	=UND(C4:C9=D4:D9)	
16					
17		Gibt es übereinstimmende Werte?			
18		Tipp	Ergebnis	Matrix-Formel	
19		Tipp 1 und Tipp 2	FALSCH	=ODER(B4:B9=C4:C9)	
20		Tipp 1 und Ziehung	FALSCH	=ODER(B4:B9=D4:D9)	
21		Tipp 2 und Ziehung	WAHR	=ODER(C4:C9=D4:D9)	
22					

Die Beispielrechnungen können Sie auf dem Arbeitsblatt *Lotto* in der Datei *Matrix.xls* im Ordner *\Buch\Kap15* auf der CD-ROM zu diesem Buch finden.

Wie Sie Teilzeichenfolgen vergleichen können, steht weiter unten in diesem Kapitel. Wie Sie zufällige Zahlen für Ihren Lottotipp mit der Funktion *ZUFALLSZAHL* ermitteln, zeigt Kapitel 16.

Ist der Wert in der Liste?

Nehmen wir an, Sie haben im Bereich *B4:B15* einen Warenkorb mit verschiedenen Artikeln eingetragen. Sie wollen nun prüfen, ob z.B. auch »Erdbeeren« eingetragen sind.

Es soll also lediglich geprüft werden, ob dieser Wert überhaupt in der Liste vorkommt. Im Bereich *D4:D7* haben Sie verschiedene Artikel eingetragen, die Sie prüfen wollen. Tragen Sie dazu in Zelle *E4* die Formel

`=ODER(IDENTISCH(D4;$B$4:$B$13))`

ein und beachten Sie die absoluten und relativen Bezüge. Schließen Sie die Eingabe mit der Tastenkombination [Strg]+[⇧]+[↵] ab. Kopieren Sie diese Formel nach unten bis zur Zelle *E7*.

Abbildg. 15.22   Prüfen, ob und wie oft ein Wert in der Liste ist

	A	B	C	D	E	F	G
1							
2		**Ist der Wert in der Liste?**					
3		Warenkorb		Alles dabei?	Antwort	Eingabe als Matrix-Formel	
4		Äpfel		Erdbeeren	WAHR	=ODER(IDENTISCH(D4;$B$4:$B$13))	
5		Birnen		Nüsse	FALSCH	=ODER(IDENTISCH(D5;$B$4:$B$13))	
6		Pflaumen		Milch	FALSCH	=ODER(IDENTISCH(D6;$B$4:$B$13))	
7		Aprikosen		Gurken	WAHR	=ODER(IDENTISCH(D7;$B$4:$B$13))	
8		Erdbeeren					
9		Gurken					
10		Karotten		Vergleich mit	Übereinstimmungen	Eingabe als Matrix-Formel	
11		Erbsen		Pflaumen	1	=SUMME(N($B$4:$B$15=D11))	
12		Bohnen		Erdbeeren	2	=SUMME(N($B$4:$B$15=D12))	
13		Radieschen		Kirschen	0	=SUMME(N($B$4:$B$15=D13))	
14		Lauch					
15		Erdbeeren					
16							

Die Tabellenfunktion *IDENTISCH(Text1;Text2)* prüft, ob zwei Zeichenfolgen identisch sind. Ist dies der Fall, wird *WAHR* zurückgegeben, ansonsten *FALSCH*. Geben Sie diese Funktion als Matrix-Funktion ein, wird der Vergleich für die gesamte Liste durchgeführt. Eine Kombination mit der Funktion *ODER(Wahrheitswert1;[Wahrheitswert2];[...])* führt dazu, dass bereits bei einer Übereinstimmung der Wahrheitswert *WAHR* zurückgegeben wird.

Die Beispielrechnungen können Sie auf dem Arbeitsblatt *Liste* in der Datei *Matrix.xls* im Ordner *\Buch\Kap15* auf der CD-ROM zu diesem Buch finden.

Wie viele Übereinstimmungen mit einem Vergleichswert gibt es?

Schön und gut, es gibt Übereinstimmungen, aber kann man diese auch zählen? Wie oft ist beispielsweise der Artikel »Pflaumen« im Bereich *B4:B15* eingetragen?

Auch diese Frage können Sie mit einer Matrix-Formel beantworten, wie die Abbildung 15.22 zeigt. Tragen Sie die Formel

`=SUMME(N($B$4:$B$15=D11))`

in Zelle *E11* ein und schließen Sie die Eingabe mit der Tastenkombination [Strg]+[⇧]+[↵] ab.

Mit der Funktion *N(Wert)* können Sie das Ergebnis der Prüfung, also die Wahrheitswerte, in Zahlen umwandeln und der Funktion *SUMME* als Argument übergeben. Damit wird die Anzahl der Übereinstimmungen gezählt.

Ein Beispiel dafür, wie Sie übereinstimmende Werte mit der *Bedingten Formatierung* hervorheben können, zeigt Kapitel 12.

Sind die Jahreszahlen aufsteigend sortiert?

Sie wollen mit Hilfe einer Funktion prüfen, ob die Jahreszahlen im auszuwertenden Bereich sortiert vorliegen.

In unserem Beispiel geht es um die Werte im Bereich *B4:B13* (Abbildung 15.23). Ob diese aufsteigend sortiert sind, können Sie mit der Formel

```
=WENN(UND(B5:B13-B4:B12=1);"Reihe aufsteigend sortiert";"unsortiert")
```

prüfen. Die Formel muss als Matrix-Funktion eingegeben werden. Schließen Sie die Eingabe also mit der Tastenkombination `Strg`+`⇧`+`↵` ab.

> **WICHTIG**   Beachten Sie die unterschiedlichen Bereiche in der Funktion. Es wird die Differenz zweier Bereiche mit *1* verglichen. Beide Bereiche haben eine unterschiedliche Größe und sind nicht mit dem Gesamtbereich der Liste identisch.

Abbildg. 15.23 Prüfen, ob die Werte sortiert sind oder nicht

	A	B	C	D	E	F	G	H
1								
2		Sind die Zahlen sortiert?						
3		Reihe 1	Reihe 2		Datenreihe	Sortiert?	Matrix-Formel	
4		1996	1996		Reihe 1	Ja	=WENN(UND(B$5:B$13-B$4:B$12=1);"Ja";"Nein")	
5		1997	1997		Reihe 2	Nein	=WENN(UND(C$5:C$13-C$4:C$12=1);"Ja";"Nein")	
6		1998	1998					
7		1999	2000					
8		2000	1999					
9		2001	2001					
10		2002	2002					
11		2003	2003					
12		2004	2004					
13		2005	2005					
14								

Excel ermittelt das Ergebnis aus *B5-B4*, *B6-B5*, *B7-B6* usw. Nur wenn jede der Berechnungen als Ergebnis Eins (*1*) liefert, ist der Bereich aufsteigend sortiert und die Formel gibt die Information aus, dass die Reihe aufsteigend sortiert ist.

> Die Beispielrechnungen können Sie auf dem Arbeitsblatt *Sortierung* in der Datei *Matrix.xls* im Ordner *\Buch\Kap15* auf der CD-ROM zu diesem Buch finden.

Die Quersumme von Zahlen berechnen

Mit Hilfe einer Matrix-Funktion ist es auch möglich, die Quersumme von Zahlen zu berechnen. Die Quersumme einer Zahl ergibt sich aus der Addition der einzelnen Werte.

Beispiel:

Die Quersumme der Zahl 12 ergibt sich aus der Addition von 1+2, das Ergebnis ist also 3.

Die Quersumme von 12 können Sie berechnen, wenn Sie die beiden Teile mit den Funktionen *LINKS* und *RECHTS* ermitteln und addieren.

Beispiel:

```
=LINKS(12;1)+RECHTS(12;1)
```

Allerdings ist diese Formel nur für zweistellige Zahlen geeignet. Etwas flexibler geht es mit einer Matrix-Funktion. Schließen Sie die Eingabe der folgenden Formel mit der Tastenkombination Strg + ⇧ + ↵ ab:

```
=SUMME(WERT(TEIL(B4;ZEILE(INDIREKT("A1:A"&LÄNGE(B4)));1)))
```

Diese Formel kann die Quersumme ganzer Zahlen berechnen. Die Funktion *INDIREKT* liefert dabei eine Zahlenmatrix in der Länge der zugrunde liegenden Zahl.

Übergeben Sie allerdings eine Dezimalzahl, dann führt dies zur Anzeige eines Fehlerwerts, weil das Komma keine gültige Zahl ist. Die Formel muss für diese Aufgabe angepasst werden. Die Funktion *WECHSELN* entfernt dabei das Komma (sofern vorhanden):

```
=SUMME(WERT(TEIL(WECHSELN(B4;",";"");ZEILE(INDIREKT("A1:A"&LÄNGE(WECHSELN(B4;",";""))));1)))
```

Auch hier schließen Sie die Eingabe der Formel mit der Tastenkombination Strg + ⇧ + ↵ ab.

 Ein Beispiel hierzu finden Sie in der Tabelle *Quersumme* in der Datei *Matrix.xls* im Ordner *\Buch\Kap15* auf der CD-ROM zu diesem Buch.

Tabellen drehen

Manchmal stellt sich erst bei einer notwendigen Erweiterung von Tabellen heraus, dass die Anordnung der Daten umständlich ist. Mitunter wäre es praktischer, wenn Spalten und Zeilen vertauscht wären. Excel kann diese Aufgabe auf verschiedenen Wegen lösen.

Wenn Sie eine ganze Tabelle drehen wollen, markieren Sie den Tabellenbereich und kopieren die Daten über *Bearbeiten/Kopieren* in die Zwischenablage. Wechseln Sie dann an eine freie Stelle und fügen Sie die Daten über *Bearbeiten/Inhalte einfügen* wieder ein. Markieren Sie dabei im Dialogfeld *Inhalte einfügen* das Kontrollkästchen *Transponieren*. Die Abbildung 15.24 zeigt neben dem Ergebnis in *B7:C11* auch die ursprüngliche Anordnung der Daten im Bereich *B3:F4*.

Abbildg. 15.24 Der Quellbereich der Daten und die mit unterschiedlichen Funktionen gedrehten Varianten

	A	B	C	D	E	F	G
	B14 ▼	ƒx {=MTRANS(B3:F4)}					
1							
2		**Diese Tabelle soll gedreht werden**					
3		Jahr	2005	2006	2007	2008	
4		Frühlingsbeginn (MEZ)	20.03.2005 13:33	20.03.2006 19:26	21.03.2007 01:07	20.03.2008 06:49	
5							
6		**Statisch gedrehte Tabelle über *Bearbeiten/Inhalte einfügen/Transponieren***					
7		Jahr	Frühlingsbeginn (MEZ)				
8		2005	20.03.2005 13:33				
9		2006	20.03.2006 19:26				
10		2007	21.03.2007 01:07				
11		2008	20.03.2008 06:49				
12							
13		**Dynamisch gedrehte Tabelle mit der Funktion MTRANS**					
14		Jahr	Frühlingsbeginn (MEZ)				
15		2005	38431,56458				
16		2006	38796,80972				
17		2007	39162,04653				
18		2008	39527,28403				
19							

Tabellen dynamisch drehen

Wenn Sie die Tabelle in Zukunft nur noch in der gedrehten Variante bearbeiten wollen, können Sie den Quellbereich löschen. Sollen allerdings beide Formen nebeneinander existieren, taucht ein neues Problem auf: Die über das Dialogfeld *Inhalte einfügen* erzeugte Tabelle kann leider nicht dynamisch mit dem Quellbereich verknüpft werden, weil die entsprechende Schaltfläche deaktiviert ist, wenn das Kontrollkästchen *Transponieren* aktiv ist.

Um eine Tabelle dynamisch zu drehen, also die Inhalte der gedrehten Tabelle mit den Zellen des Quellbereichs zu verknüpfen, können Sie die Tabellenfunktion *MTRANS(Matrix)* einsetzen. Markieren Sie dazu einen Bereich, bei dem die Anzahl der Spalten und Zeilen gegenüber der Quelltabelle vertauscht ist. Hat die Quelltabelle etwa drei Zeilen und neun Spalten, markieren Sie einen Bereich mit neun Zeilen und drei Spalten (vgl. Sie hierzu auch die Abbildung 15.24).

> **TIPP** Um sicherzustellen, dass ein Bereich der richtigen Größe markiert ist, führen Sie die zuvor beschriebene statische Methode zum Transponieren über das Dialogfeld *Inhalte einfügen* aus. Am Ende der Aktion ist der richtige Bereich aktiv. Das hat den zusätzlichen Vorteil, dass eventuell vorhandene Zahlenformate ebenfalls bereits übernommen werden.

Tragen Sie jetzt die Formel =MTRANS(B3:F4) ein und schließen Sie die Eingabe, wie bei Matrixformeln üblich, mit der Tastenkombination Strg+⇧+↵ ab. Das Ergebnis (in Abbildung 15.24 der Bereich *B14:C18*) ist dynamisch mit der Quelltabelle verbunden, Änderungen werden bei jeder Neuberechnung automatisch übernommen. Formatierungen müssen Sie allerdings selbst anpassen, z.B. indem Sie über das Dialogfeld *Inhalte einfügen* die Aktion *Transponieren* mit der Option *Formate* kombinieren.

Informationsfunktionen helfen

Manchmal gilt es, Zellen oder deren Inhalt genauer zu untersuchen. Dabei können unterschiedliche Ziele verfolgt werden. Sie können den Inhalt einer Zelle darauf prüfen, ob z.B. eine Zahl eingetragen ist, ob die Zelle leer ist oder ob sie gar einen Fehlerwert enthält.

Es ist aber auch möglich, mit Tabellenfunktionen verschiedene Eigenschaften einer Zelle zu ermitteln, z.B. die Breite der Zelle oder die Nummer der Spalte. Einige Funktionen, die solche Informationen liefern, zeigt der folgende Abschnitt.

Prüfen, ob eine Zelle leer ist

Wie prüfen Sie mit einer Funktion nach, ob die Zelle *B4* leer ist?

Wenn die Ausführung weiterer Berechnungen vom Vorhandensein eines Wertes abhängt, können Sie mit der Funktion

ISTLEER(Wert)

prüfen, ob bereits ein Wert eingetragen wurde.

Um die Zelle *B4* daraufhin zu prüfen, ob bereits ein Wert eingetragen wurde, verwenden Sie die Formel:

=ISTLEER(B4)

Sie können das Ergebnis dieser Funktion auch in einer *WENN*-Funktion verwenden, z.B.:

`=WENN(ISTLEER(B4);"Noch kein Wert eingetragen";B4)`

Als Ergebnis erhalten Sie *"Noch kein Wert eingetragen"*, wenn die Zelle leer ist bzw. den Inhalt von Zelle *B4*.

Die Beispiele finden Sie in der Tabelle *Leere Zelle* in der Datei *Info.xls* im Ordner *\Buch\Kap15* auf der CD-ROM zu diesem Buch.

Auch die Funktion *ISTLEER* gehört zur Gruppe so genannter *Ist-Funktionen*. Tabelle 15.1 zeigt Ihnen eine Übersicht über *Ist-Funktionen* und deren Einsatzgebiete.

Tabelle 15.1   Übersicht zu den *IST*-Funktionen

Funktion	Liefert WAHR, wenn ...
ISTLEER(Wert)	*Wert* sich auf eine leere Zelle bezieht.
ISTFEHL(Wert)	*Wert* sich auf einen Fehlerwert mit Ausnahme von #NV bezieht.
ISTFEHLER(Wert)	*Wert* sich auf einen beliebigen Fehlerwert (#NV, #WERT!, #BEZUG!, #DIV/0!, #ZAHL!, #NAME? oder #NULL!) bezieht.
ISTLOG(Wert)	*Wert* sich auf einen logischen Wert bezieht.
ISTNV(Wert)	*Wert* sich auf den Fehlerwert #NV (Wert nicht verfügbar) bezieht.
ISTKTEXT(Wert)	*Wert* kein Text ist. (Beachten Sie, dass diese Funktion WAHR zurückgibt, wenn sich *Wert* auf eine leere Zelle bezieht.)
ISTZAHL(Wert)	*Wert* sich auf eine Zahl bezieht.
ISTBEZUG(Wert)	*Wert* sich auf einen Bezug bezieht. Dabei werden auch Namen als Bezug erkannt.
ISTTEXT(Wert)	*Wert* sich auf Text bezieht.

Mit Informationsfunktionen auf Fehlerwerte prüfen

Wenn Sie ein Tabellenmodell aufbauen und dieses erst nachträglich mit Zahlen füllen, kommt es vor, dass manche Rechenoperationen einen Fehlerwert, etwa *#DIV/0!*, anzeigen. Die Funktion

ISTFEHLER(Wert)

findet diese Fehlerwerte: *#NV, #WERT!, #BEZUG!, #DIV/0!, #ZAHL!, #NAME?* und *#NULL!* und gibt einen Wahrheitswert zurück.

Die Anzeige des Fehlerwertes können Sie dann mit einer *WENN*-Funktion verhindern, indem Sie den Rückgabewert prüfen, etwa mit:

`=WENN(ISTFEHLER(5/B4);"Fehler";5/B4)`

In dieser Formel wird im Fehlerfall der Text *Fehler* angezeigt. Ist das Ergebnis der Berechnung dagegen ein *Wert*, wird dieser in der Zelle angezeigt.

Sie können sich davon in der Tabelle *ISTFEHLER* in der Datei *Info.xls* im Ordner *\Buch\Kap15* auf der CD-ROM zu diesem Buch überzeugen.

Die Informationsfunktion ZELLE

Manchmal sind Informationen über eine Zelle gesucht, wie z.B.: Welches Zahlenformat hat die Zelle oder in welcher Spalte oder Zeile steht die Information?

Im Grunde lassen sich solche Informationen relativ einfach ermitteln, zumal es in Excel die Funktion

ZELLE(Infotyp;[Bezug])

gibt. Diese Funktion liefert Informationen zu der Formatierung, der Position oder dem Inhalt der ersten Zelle von *Bezug*. Die weiteren Möglichkeiten, die diese Funktion bietet, entnehmen Sie bitte Tabelle 15.2.

Tabelle 15.2 Beschreibung für das Argument *Infotyp*

Infotyp	Beschreibung	Berechnungsart
Adresse	Gibt den Bezug der ersten Zelle von *Bezug* zurück.	Automatisch
Breite	Spaltenbreite der Zelle als abgerundete, ganze Zahl.	Manuell
Dateiname	Zeichenfolge für den Dateinamen (einschließlich des vollständigen Pfades) der Datei, für die *Bezug* definiert ist. Liefert eine leere Zeichenfolge (""), wenn die Tabelle, zu der *Bezug* gehört, bisher noch nicht gespeichert wurde.	Manuell
Farbe	»*1*«, wenn die Zelle so formatiert ist, dass negative Werte andersfarbig dargestellt werden; anderenfalls »*0*«.	Manuell
Format	Informationen über das Zahlenformat der Zelle. Beispiel: »*S*« für Standardformat, »*F0*« für ganze Zahlen und »*F2*« für ein Zahlenformat mit zwei Nachkommastellen. Endet mit »*-*«, wenn die Zelle negative Werte farbig darstellt und mit »*()*«, wenn die Zelle so formatiert wurde, dass zumindest positive Werte in Klammern dargestellt werden.	Manuell
Inhalt	Inhalt der obersten linken Zelle, die zu *Bezug* gehört.	Automatisch
Klammern	»*1*«, wenn die Zelle so formatiert wurde, dass zumindest positive Werte in Klammern dargestellt werden; anderenfalls »*0*«.	Manuell
Präfix	Informationen zum Text einer Zelle: ein Hochkomma (') wenn die Zelle linksbündigen Text enthält; ein Anführungszeichen (") wenn die Zelle rechtsbündigen Text enthält; ein Zirkumflex (^), wenn die Zelle über Spalten zentrierten Text enthält; ein umgekehrter Schrägstrich (\), wenn Text über mehrere Zellen ausgefüllt wurde; und eine leere Zeichenfolge (""), wenn die Zelle etwas anderes als Text enthält.	Manuell
Schutz	»*0*«, wenn die Zelle nicht gesperrt ist, »*1*«, wenn sie gesperrt ist.	Manuell
Spalte	Gibt die Spaltennummer von *Bezug* zurück.	Manuell
Typ	Den Typ der Daten in der Zelle in der folgenden Form: »*b*« (blank), wenn die Zelle leer ist; »*l*« (label, Beschriftung), wenn die Zelle eine Textkonstante enthält; und »*w*« (Wert), wenn die Zelle etwas anderes enthält.	Automatisch
Zeile	Gibt die Zeilennummer von *Bezug* zurück.	Manuell

Problem in der Praxis

Wenn Sie diese Funktion einsetzen, scheint zunächst alles »wunderbar«. Die Werte werden korrekt ermittelt. Leider gibt es in der Praxis ein Handicap. Verwenden Sie z.B. *Format* für das Argument *Infotyp* und wird der Zelle später ein anderes Format zugewiesen, müssen Sie die Tabelle über die Taste F9 neu berechnen, damit das Ergebnis der Formel aktualisiert wird. Und wie Tabelle 15.2 zeigt, gilt das leider nicht nur für dieses Argument.

Abbildg. 15.25 Informationen über eine Zelle mit der Funktion *ZELLE*

	A	B	C	D	E	F
1						
2		**Beispiele für die Funktion ZELLE(Infotyp;[Bezug])**				
3		Infotyp	Ergebnis	Formel	Berechnungsart	
4		Adresse	$B$4	=ZELLE(B4;B4)	automatisch	
5		Spalte	2	=ZELLE(B5;B5)	manuell	
6		Farbe	0	=ZELLE(B6;B6)	manuell	
7		Inhalt	Inhalt	=ZELLE(B7;B7)	automatisch	
8		Dateiname	C:\175\Kap16\[Info.XLS]ZELLE	=ZELLE(B8)	manuell	
9		daraus				
10		Nur Name	Info.XLS	=TEIL(C8;FINDEN("[";C8;1)+1;FINDEN("]";C8;1)+1-(FINDEN("[";C8;1)+2))	manuell	
11		Blattname	ZELLE	=TEIL(C8;FINDEN("]";C8;1)+1;LÄNGE(C8))	manuell	
12		Pfad	C:\175\Kap16\	=TEIL(C8;1;FINDEN("[";C8;1)-1)	manuell	
13		Format	S	=ZELLE(B13;B13)	manuell	
14		Klammern	0	=ZELLE(B14;B14)	manuell	
15		Präfix	'	=ZELLE(B15;B15)	manuell	
16		Schutz	0	=ZELLE(B16;B16)	manuell	
17		Zeile	17	=ZELLE(B17;B17)	manuell	
18		Typ	I	=ZELLE(B18;B18)	automatisch	
19		Breite	14	=ZELLE(B19;B19)	manuell	
20						

Die entsprechenden Beispiele finden Sie in der Tabelle *ZELLE* in der Datei *Info.xls* im Ordner *\Buch\Kap15* auf der CD-ROM zu diesem Buch.

Alternativen gibt es für die Ermittlung der Lage einer Zelle über die Funktionen *ZEILE(Bezug)* und *SPALTE(Bezug)*, die jeweils eine Zahl zurückgeben, sowie über die Funktion *ADRESSE(Zeile;Spalte;[Abs];[A1];[Tabellenname])*, mit der eine Zelladresse ausgegeben werden kann. Diese Funktionen werden immer berechnet, vorausgesetzt, Sie haben über den Menübefehl *Extras/Optionen* auf der Registerkarte *Berechnung* das Optionsfeld *Automatisch* markiert.

Die »Neuberechnung« ist ein Thema von Kapitel 6. Mehr zur Funktion *ADRESSE* finden Sie im weiteren Verlauf dieses Kapitels.

Mit einer Formel den Dateinamen ermitteln

Mit dem Argument *"Dateiname"* können Sie ein Problem lösen, das Ihnen vielleicht auch schon einmal »Kopfzerbrechen« bereitet hat: Wie kann man in einer Zelle den Dateinamen, den Pfad oder den Namen des aktiven Tabellenblatts ausgeben?

Mit der Formel

```
=ZELLE("Dateiname";C4)
```

können Sie den kompletten Dateinamen ausgeben. Den Dateinamen ohne Pfadangabe ermitteln Sie dann mit der Formel

```
=TEIL(C4;FINDEN("[";C4;1)+1;FINDEN("]";C4;1)+1-(FINDEN("[";C4;1)+2))
```

Daten auswerten: Berechnungen

und den Blattnamen mit der Formel

`=TEIL(C4;C6+1;LÄNGE(C4)-C6)`

Wenn Sie lediglich am Pfad interessiert sind, verwenden Sie die Formel

`=TEIL(C4;1;FINDEN("[";C4;1)-1)`

> **WICHTIG** Der Dateiname wird nur dann korrekt ausgegeben, wenn die Datei bereits gespeichert wurde. Ansonsten erhalten Sie den Fehlerwert *#WERT!* Außerdem sollten Sie bei der Ermittlung des Dateinamens in jedem Fall das optionale Argument *Bezug* angeben. Die Formel liefert sonst in allen Blättern einer Mappe das gleiche Ergebnis, nämlich den Namen des Blattes, das zuletzt neu berechnet wurde.

Die Beispiele finden Sie in der Tabelle *Dateiname* in der Datei *Info.xls* im Ordner *\Buch\Kap15* auf der CD-ROM.

Mehr zur Funktion *TEIL* finden Sie im weiteren Verlauf dieses Kapitels.

Verweis-Funktionen nutzen

Bei der Auswertung von Daten stellt sich häufig die Frage, wie bestimmte Einzelwerte aus einer bestehenden Tabelle ermittelt werden können. Einmal erfasste Daten sollen als Grundlage für flexible Abfragen verwendet werden, z.B. wenn Sie eine Liste mit den Lagerplätzen aller Artikel Ihrer Firma erstellt haben. Wo steht nun aber der Artikel mit der Nummer »1010«? Der folgende Abschnitt zeigt, wie Sie Fragen dieser Art mit Tabellenfunktionen beantworten können.

Bei der Überlegung, wie man an die Daten kommt, ist zunächst der Aufbau der Ursprungstabelle von Bedeutung: Wie können die Daten gefunden werden, welches Merkmal kennzeichnet die Information eindeutig und wo steht dieses Merkmal? Sehen Sie sich also zunächst die Tabelle an, aus der Sie Daten gewinnen wollen. Entscheiden Sie dann, welche Funktion Sie einsetzen.

Daten in einer Spalte suchen

Wenn Sie unterschiedliche Informationen aus einer Excel-Datenbank ermitteln wollen, können Sie mit der Funktion

SVERWEIS(Suchkriterium;Matrix;Spaltenindex;[Bereich_Verweis])

leistungsfähige Formeln erstellen.

Für das Argument *Suchkriterium* können Sie einen Wert, eine Zeichenfolge oder einen Bezug verwenden. Nach diesem Argument wird in der ersten Spalte von *Matrix* gesucht. Mit dem Argument *Matrix* zeigen Sie auf den zu durchsuchenden Tabellenbereich. Mit *Spaltenindex* legen Sie diejenige Spalte fest, die aus der *Matrix* angezeigt werden soll.

Mit dem Argument *Bereich_Verweis* geben Sie an, ob die Funktion die exakte Übereinstimmung mit dem *Suchkriterium* prüfen soll.

WICHTIG Wenn das Argument *Bereich_Verweis* nicht angegeben ist oder wenn Sie den Wahrheitswert *WAHR* für dieses Argument verwenden, muss die durchsuchte Liste aufsteigend sortiert sein. Wird das Suchkriterium nicht gefunden, wird der nächst kleinere Wert zurückgegeben! Verwenden Sie dagegen den Wert *FALSCH*, wird nach einer genauen Übereinstimmung gesucht. Die Sortierung spielt dabei keine Rolle. Wird das Suchkriterium nicht gefunden, liefert *SVERWEIS* in diesem Fall den Fehlerwert *#NV*. Dieser Fehlerwert besagt, dass kein Wert verfügbar ist.

Das Beispiel finden Sie auf dem Arbeitsblatt *SVERWEIS und WVERWEIS* in der Datei *Verweis.xls* im Ordner *\Buch\Kap15* auf der CD-ROM zu diesem Buch.

Am Beispiel der Liste in Abbildung 15.26 sollen zunächst Daten gesucht werden, bei denen die gesuchte Information untereinander in einer Spalte steht. So könnte etwa eine Liste aussehen, die für die Artikelnummern den Lagerplatz in einem Regal anzeigt.

Abbildg. 15.26 Spalten und Zeilen nach Werten durchsuchen

	A	B	C	D	E	F	G	H	I
1									
2		**Die Funktionen SVERWEIS und WVERWEIS**							
3		SVERWEIS(Suchkriterium;Matrix;Spaltenindex;[Bereich_Verweis])							
4		WVERWEIS(Suchkriterium;Matrix;Zeilenindex;[Bereich_Verweis])							
5									
6		Listenbereich				Spalte B durchsuchen mit SVERWEIS			
7		Nummer	Reihe	Etage		Suchkriterium		Reihe	Etage
8		1005	1	1		1010	1		3
9		1006	1	1		1010	#NV		#NV
10		1007	1	2		1010	X		X
11		1008	1	2					
12		1009	1	3					
13		1011	2	1		Zeile 7 durchsuchen mit WVERWEIS			
14		1012	2	2		Spalte	ohne Bereich_Verweis	mit Bereich_Verweis	
15		1013	2	3		Nummer	Nummer	Nummer	
16		1014	2	4		Reihe	Reihe	Reihe	
17		1015	2	5		Etage	#NV	Etage	
18									

Suchen Sie zur Artikelnummer in Zelle *F8* den Lagerplatz, also die Reihe und die Etage aus der Liste.

Tragen Sie in *F8* eine Nummer, z.B. *1007*, ein. Um nun für diese Artikelnummer den Lagerplatz zu ermitteln, verwenden Sie für die Reihe in *G8* die Formel

`=SVERWEIS($F$8;$B$8:$D$17;2;WAHR)`

und für die Etage in *H8* die Formel

`=SVERWEIS($F$8;$B$8:$D$17;3; WAHR)`

Wenn Sie wie in Abbildung 15.26 nach der Nummer »1010« suchen, wird ein Ergebnis angezeigt. Ein Blick auf die Tabelle zeigt jedoch, dass diese Artikelnummer gar nicht eingetragen ist. Woher stammen die Werte dann?

Wenn Sie für *Bereich_Verweis* den Wert *WAHR* verwenden und die Funktion *SVERWEIS* das *Suchkriterium* in der *Matrix* nicht findet, wird als Ergebnis der Wert des nächst kleineren Eintrags zurückgegeben. Das führt zu unerwünschten Ergebnissen.

Um diesen Fehler zu vermeiden, verwenden Sie für das Argument *Bereich_Verweis* den Wert *FALSCH*. Die Formel für die Ermittlung des Regalplatzes mit exaktem Vergleich des Suchkriteriums lautet also

`=SVERWEIS($F$8;$B$8:$D$17;2;FALSCH)`

und für die Etage des Artikels

`=SVERWEIS($F$8;$B$8:$D$17;3; FALSCH)`

Wenn nun ein Wert nicht gefunden wird, wird der Fehlerwert *#NV* angezeigt.

Die Formel verbessern

Diese Formel zum Auslesen der Werte kann noch weiter verbessert werden. Um Fehlerwerte zu unterdrücken, kann das Ergebnis mit einer *WENN*-Funktion zunächst geprüft werden. Die Formel

`=WENN(ISTNV(SVERWEIS($F$8;$B$8:$D$17;2;FALSCH));"X";SVERWEIS($F$8;$B$8:$D$17;2;FALSCH))`

verhindert die Anzeige des Fehlerwertes für die Artikelnummer »1010« (vgl. Abbildung 15.26).

Daten in einer Zeile suchen

Für den Fall, dass der zu durchsuchende Bereich nicht in einer Spalte, sondern in einer Zeile steht, können Sie die Funktion

WVERWEIS(Suchkriterium;Matrix;Zeilenindex;[Bereich_Verweis])

einsetzen. Diese Funktion entspricht der Funktion *SVERWEIS* mit dem Unterschied, dass die erste Zeile von *Matrix* nach dem *Suchkriterium* durchsucht wird und nicht die erste Spalte.

Über das Argument *Zeilenindex* geben Sie die gewünschte Zeilennummer an. Auch hier wird die Zeile, die durchsucht wird, mitgerechnet. Wenn Sie also für dieses Argument den Wert *1* einsetzen, erhalten Sie als Rückgabewert das Suchkriterium.

In Abbildung 15.26 sucht die Formel

`=WVERWEIS(F15;$B$7:$D$7;1)`

in Zelle *G15* den in *F15* eingetragenen Suchbegriff »Nummer« und gibt genau diesen zurück.

Werte auslesen mit VERGLEICH

Wenn Sie eine Funktion benötigen, die einen Vergleich durchführt und bei Übereinstimmung die Position des gesuchten Wertes ausgibt, dann können Sie hierfür die Funktion

VERGLEICH(Suchkriterium;Suchmatrix;Vergleichstyp)

verwenden. Diese Funktion liefert als Ergebnis die relative Position, die *Suchkriterium* in der *Suchmatrix* einnimmt.

> **WICHTIG**   Dabei wird ein exakter Vergleich durchgeführt, wenn Sie für das Argument *Vergleichstyp* den Wert *0* verwenden. Die Elemente der *Suchmatrix* dürfen dabei in beliebiger Reihenfolge angeordnet sein. Ist *Vergleichstyp* gleich *1*, liefert *VERGLEICH* den größten Wert, der kleiner gleich *Suchkriterium* ist. Die Elemente der Suchmatrix müssen in aufsteigender Reihenfolge angeordnet sein. Ist *Vergleichstyp* gleich *–1*, liefert *VERGLEICH* den kleinsten Wert, der größer gleich *Suchkriterium* ist und die Elemente der Suchmatrix müssen dabei in absteigender Reihenfolge sortiert sein. Tabelle 15.3 fasst die Informationen zu den Vergleichstypen zusammen.

Tabelle 15.3   Werte für das Argument *Vergleichstyp*

Vergleichstyp	Rückgabe	Sortierung
1 (Standard)	größter Wert, der kleiner gleich Suchkriterium ist	Aufsteigende Reihenfolge
0	erster Wert, der gleich Suchkriterium ist	Beliebige Reihenfolge
−1	kleinster Wert, der größer gleich Suchkriterium ist	Absteigende Reihenfolge

Vergleichsfunktionen in einem Rechnungsformular einsetzen

Die Verweisfunktionen eignen sich für vielfältige Aufgaben, bei denen eine Liste nach einem bestimmten Suchkriterium durchsucht werden soll. Das folgende Beispiel zeigt, wie Sie ein Rechnungsformular erstellen, das mit Verweisfunktionen gefüllt wird.

 Das Beispiel finden Sie in der Datei *Rechnung.xls* im Ordner *\Buch\Kap15* auf der CD-ROM zu diesem Buch.

Die Erfassungsliste

Die Tabelle mit den einzelnen Positionen für das Rechnungsformular und den Adressdaten der Kunden werden in diesem Beispiel in einer Tabelle *Liste* erfasst. Wichtig ist dabei die erste Spalte mit der Rechnungsnummer. Diese Spalte wird als eindeutiges Suchkriterium für die Anzeige im Rechnungsformular verwendet. Die Abbildung 15.27 zeigt den Aufbau der Tabelle.

Abbildg. 15.27   In der Erfassungsliste werden alle relevanten Daten abgelegt

	A	B	C	D	E	F	G	H	I
1									
2		**Erfassung der Rechnungspositionen**							
3		ReNr	Anzahl	Leistung	Einzelpreis	Kunde	Straße	Ort	
4		1	10	Schraubensortiment	320,00 €	Hanser	Edelhof 3	10765 Berlin	
5		1	1	Elektrohobel	141,00 €	Hanser	Edelhof 3	10765 Berlin	
6		1	10	Fugenfräse	216,00 €	Hanser	Edelhof 3	10765 Berlin	
7		2	3	Schaukasten	451,00 €	Buckel	Marienhof 41	71634 Ludwigsburg	
8		3	9	Lochmaschine	205,00 €	Buckel	Marienhof 41	71634 Ludwigsburg	
9		4	15	Akku-Schrauber	224,00 €	Buckel	Marienhof 41	71634 Ludwigsburg	
10		5	5	Werkstatt-Sauger	463,00 €	Buckel	Marienhof 41	71634 Ludwigsburg	
11		6	16	Handkreissäge	204,00 €	Buckel	Marienhof 41	71634 Ludwigsburg	
12		7	11	Staubbeutel	26,00 €	Schimmelpfennig	Turmgasse 6	123456 Glückstadt	
13		7	3	Ersatz-Akku	136,00 €	Schimmelpfennig	Turmgasse 6	123456 Glückstadt	
14		7	17	Kabeltrommel	51,00 €	Schimmelpfennig	Turmgasse 6	123456 Glückstadt	
15		7	11	Sicherungskasten	90,00 €	Schimmelpfennig	Turmgasse 6	123456 Glückstadt	
16		7	1	Montage	382,00 €	Schimmelpfennig	Turmgasse 6	123456 Glückstadt	
17		7	6	Werkbank	377,00 €	Schimmelpfennig	Turmgasse 6	123456 Glückstadt	
18		7	13	Ständer-Bohrmaschine	436,00 €	Schimmelpfennig	Turmgasse 6	123456 Glückstadt	
19		7	6	Werkzeugschrank	346,00 €	Schimmelpfennig	Turmgasse 6	123456 Glückstadt	
20		7	3	Werkstattleuchte	305,00 €	Schimmelpfennig	Turmgasse 6	123456 Glückstadt	
21		7	12	Verteilerschiene	234,00 €	Schimmelpfennig	Turmgasse 6	123456 Glückstadt	
22		8	12	Bohrmaschine	137,00 €	Günther	Beethovengasse 3	01234 Teichstadt	
23		9	14	Tischkreissäge	473,00 €	Götz	Schillerplatz7	45678 Dichterstadt	
24		10	1	Elektrotacker	171,00 €	Mai	Am Stadtpark 2	99999 Nirgendwo	
25									

Wenn Sie eine neue Rechnung stellen wollen, dann tragen Sie die einzelnen Positionen und die Kundenanschrift zunächst in diese Tabelle ein.

Das Rechnungsformular anlegen

Das Rechnungsformular erstellen Sie am besten auf einem separaten Tabellenblatt mit dem Namen *Formular*. Die Trennung von Daten und Auswertungsbereichen ist eine gute Methode, um Probleme beim Filtern von Daten oder auch beim Drucken zu vermeiden.

Die Formeln im Rechnungsformular verwenden die Bereichsnamen aus Tabelle 15.4. Mehr zum Thema »Namen« finden Sie in Kapitel 19.

Tabelle 15.4 Die Namen und Bezüge für die Verwendung im Rechnungsformular

Name	Bezieht sich auf ...
Ausgabe	=3
ersteNr	=BEREICH.VERSCHIEBEN(Start;1;0;1;1)
Nummer	=ersteNr:BEREICH.VERSCHIEBEN(ersteNr;ANZAHL(Liste!$B$4:$B$65536);0;1;1)
ohneVorspalte	=WAHR
ReBetrag	=Formular!$E$33
ReDatum	=Formular!$E$9
ReNr	=Liste!$B$4:$E$24
ReNummer	=Formular!$E$10
Start	=Liste!$B$3

Für die Gestaltung des Formulars können Sie beliebige Zeichnungselemente und Formatierungen einsetzen. Für die Einstellung der Rechnungsnummer ist ein Drehfeld ideal geeignet. Dieses Steuerelement finden Sie auf der Symbolleiste *Formular*.

Und so machen Sie es in der Beispieltabelle verfügbar:

1. Klicken Sie auf das Symbol *Drehfeld* und ziehen Sie einen Rahmen in der Tabelle auf.
2. Bei markiertem Steuerelement wählen Sie den Menübefehl *Format/Steuerelement*.
3. Auf der Registerkarte *Steuerung* stellen Sie die *Zellverknüpfung* auf den Bereichsnamen *ReNummer* ein. Damit wird der jeweilige Wert des Drehfeldes in die Zelle *E10* geschrieben. Setzen Sie außerdem den *Minimalwert* auf *1*, da der Wert *0* in diesem Beispiel nicht sinnvoll wäre.
4. Wechseln Sie anschließend noch auf die Registerkarte *Eigenschaften* und deaktivieren Sie das Kontrollkästchen *Objekt drucken*. Damit wird das Drehfeld lediglich am Bildschirm angezeigt, nicht aber auf den Ausdrucken.
5. Schließen Sie dann das Dialogfeld *Steuerelement formatieren* über Klick auf die Schaltfläche *OK*.

Über dieses Drehfeld können Sie nun die gewünschte Rechnungsnummer einstellen. Ein Klick auf den Pfeil nach oben erhöht die Rechnungsnummer, ein Klick auf den Pfeil nach unten reduziert sie. Die Rechnungsnummer in Zelle *E10* ihrerseits steuert die Anzeige der Adresse und der Rechnungspositionen auf dem Formular, weil sich alle veränderlichen Zellen darauf beziehen. In Zelle *A5* liefert die Formel

=SVERWEIS(ReNummer;Liste!B4:H65536;5;FALSCH)

den Namen des Kunden. Und auch die Straße sowie der Wohnort des Kunden werden unter Verwendung der Tabellenfunktion *SVERWEIS* ermittelt:

`=SVERWEIS(ReNummer;Liste!B4:H65536;6;WAHR)` liefert die Straße

`=SVERWEIS(ReNummer;Liste!B4:H65536;7;WAHR)` liefert den Wohnort

HINWEIS   Wenn die von Ihnen verwendete Adresse weitere Adressbestandteile enthält, tragen Sie entsprechende Formeln in die Zellen *A6* oder *A8* ein.

Abbildg. 15.28   Das Rechnungsformular zeigt die Artikel der Erfassungsliste für die eingestellte Rechnungsnummer

	A	B	C	D	E	F
1	**Meine Firma • Meine Straße 6 • 12345 Meine Stadt**					
2						
3						
4	Meine Firma • Meine Straße 6 • 12345 Meine Stadt					
5	Hanser					
6						
7	Edelhof 3					
8				**Rechnung:**		
9	**10765 Berlin**			Datum	20.07.2006	
10				Nummer	1	
11						
20	**Lfd. Nr.**	**Anzahl**	**Leistung**	**Einzelpreis**	**Gesamt**	
21	1	10	Schraubensortiment	320,00 €	3.200,00 €	
22	2	1	Elektrohobel	141,00 €	141,00 €	
23	3	10	Fugenfräse	216,00 €	2.160,00 €	
24						
25						
26						
27						
28						
29						
30						
31			Zwischensumme Netto		5.501,00 €	
32			zzgl. 16% MwSt.		880,16 €	
33			Rechnungsbetrag		6.381,16 €	
34						
35	Bitte überweisen Sie den Betrag von 6.381,16 € bis zum 03.08.2006 auf das Konto					
36	BLZ	12345678				
37	Kontonummer	1234567890				

Die Anzeige einer laufenden Nummer wird ebenfalls über eine Formel realisiert. Kopieren Sie dazu die folgende Formel der Zelle *A21* nach unten bis zur Zelle *A30*.

`=WENN(B21<>"";ZEILE()-20;"")`

Diese Formel prüft, ob in Spalte *B* ein Eintrag vorhanden ist und gibt in diesem Fall die um einen festen Wert reduzierte Zeilennummer aus. Hat Ihr Rechnungsformular einen anderen Aufbau, etwa, weil Sie einen anderen Briefkopf verwenden, müssen Sie hier eine Anpassung vornehmen.

Die schwerste Aufgabe ist nun die Ermittlung der Rechnungspositionen. Dabei muss nicht eine einzelne Information, wie etwa der Name des Kunden, sondern eine unterschiedliche Anzahl an Positionen gefunden werden. Die Lösung über die folgende Formel macht sich dabei zunutze, dass in jeder Zeile für die Rechnungspositionen die gesuchte Rechnungsnummer eingetragen ist. Eine höhere Rechnungsnummer zeigt also das Ende des gesuchten Bereichs an.

Markieren Sie den Bereich *B21:D30* und tragen Sie die Formel

```
=WENN(SUMME(WENN(Nummer=ReNummer;1;0))>=ZEILE()-
20;BEREICH.VERSCHIEBEN(Start;VERGLEICH(ReNummer;Nummer;0);ohneVorspalte;WENN(ReNummer<>MAX(
Nummer);VERGLEICH((ReNummer+1);Nummer;0)-
VERGLEICH(ReNummer;Nummer;0);SUMME(WENN(Nummer=ReNummer;1;0)));Ausgabe);"")
```

ein. Schließen Sie die Eingabe mit der Tastenkombination (Strg)+(⇧)+(↵) ab. Damit wird die Formel als Matrix-Formel eingetragen.

WICHTIG   Damit die Formel alle Rechnungspositionen korrekt ermitteln kann, muss die Liste mit den Rechnungspositionen aufsteigend nach Rechnungsnummern sortiert sein. Weitere Informationen zum Sortieren von Daten finden Sie in Kapitel 20.

Den Nachsatz zum Rechnungsbetrag und dem Zahlungsziel erstellen Sie mit einer Formel, die verschiedene Texte und formatierte Zellwerte verkettet:

```
="Bitte überweisen Sie den Betrag von "&TEXT(ReBetrag;"#.##0,00 €")&" bis zum
"&TEXT(ReDatum+14;"TT.MM.JJJJ")&" auf das Konto"
```

Mehr zu Textfunktionen finden Sie im weiteren Verlauf dieses Kapitels.

Der Gesamtpreis in Spalte *E* ergibt sich aus der Multiplikation von Anzahl und Einzelpreis. Die Zwischensumme und die Addition der Mehrwertsteuer runden das Formular ab. Damit können Sie jetzt über die Auswahl der Rechnungsnummer die Rechnungspositionen aus der Erfassungsliste auslesen. Dabei werden bis zu zehn Positionen auf der Rechnung angezeigt (Abbildung 15.28). Das sollte für kleinere Betriebe ausreichend sein.

Die Funktion INDEX

Mit der Funktion *VERGLEICH* können Sie also die relative Position des gesuchten Elements in einer Liste ermitteln. Die Funktion *INDEX* hilft Ihnen dabei, aus dieser relativen Position das Element selbst zu ermitteln. Die Funktion *INDEX* gibt es in zwei Varianten, nämlich

in der Matrixversion INDEX(Matrix;[Zeile];[Spalte]) und

in der Bezugsversion INDEX(Bezug;[Zeile];[Spalte];[Bereich]).

Die Matrixversion der Funktion *INDEX* liefert den Bezug auf ein Element in *Matrix*, dessen Position durch *Zeile* und *Spalte* bestimmt werden. Die Werte für *Zeile* und *Spalte* müssen auf eine Zelle innerhalb von *Matrix* verweisen.

Sie können die Index-Funktion z.B. auch einsetzen, um mit der Formel

```
=INDEX({"Sonntag";"Montag";"Dienstag";"Mittwoch";"Donnerstag";"Freitag";"Samstag"};WOCHEN-
TAG(HEUTE());)
```

den aktuellen Wochentag auszugeben. Diese Formel müssen Sie allerdings als Matrix-Formel eingeben, also mit der Tastenkombination (Strg)+(⇧)+(↵) abschließen. Mehr zur Tabellenfunktion *WOCHENTAG* finden Sie weiter unten in diesem Kapitel.

Die Bezugsversion liefert den *Bezug* der Zelle, in der sich eine bestimmte *Zeile* und *Spalte* schneiden. Wenn Sie für das Argument *Bezug* eine Mehrfachmarkierung angeben, können Sie mit dem Argument *Bereich* den Teilbereich angeben, der ausgewertet werden soll. Ein Beispiel weiter unten wird dies nochmals deutlich machen.

INDEX für Ausgabewerte von Steuerelementen einsetzen

Die Funktion *INDEX* benötigen Sie, wenn Sie in einer Tabelle die Steuerelemente *Listenfeld* oder/ und *Kombinationsfeld* der Symbolleiste *Formular* einsetzen wollen. Diese Steuerelemente geben nicht den gewählten Eintrag aus, sondern lediglich den Index. Um den tatsächlichen Wert zu erhalten, setzen Sie die *INDEX*-Funktion ein.

In Abbildung 15.29 wird in der Zelle *E16* die Formel

`=INDEX(B6:B15;E16)`

verwendet. Die Zelle *E16* ist die Ausgabeverknüpfung des Kombinationsfeldes. Für das Listenfeld wird die Zelle *G16* als Ausgabeverknüpfung festgelegt und in *G17* über die Formel

`=INDEX(B6:B15;G16)`

der Eintrag ermittelt.

> **TIPP** Dass das Ergebnis der Tabellenfunktion *INDEX* ein Bezug ist, können Sie selbst nachprüfen. Aktivieren Sie die Zelle *A1* und rufen Sie über den Menübefehl *Bearbeiten/Gehe zu* das Dialogfeld *Gehe zu* auf. Tragen Sie dort die Formel `=INDEX(B6:B15;G16)` in das Eingabefeld *Verweis* ein und drücken Sie die Schaltfläche *OK*. Als Ergebnis wird die Zelle ausgewählt, deren Inhalt aktuell im Listenfeld markiert ist.

In Abbildung 15.29 geben diese Formeln den sechsten bzw. ersten Eintrag aus dem Eingabebereich zurück.

Abbildg. 15.29 Den tatsächlich ausgewählten Eintrag ermitteln

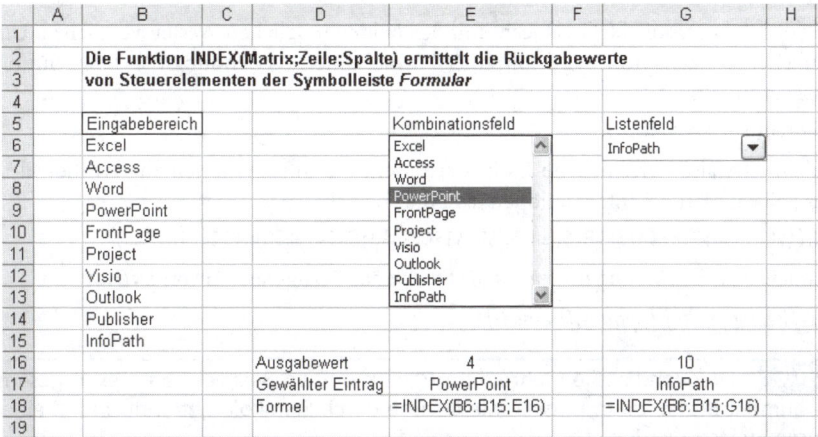

 Das Beispiel finden Sie auf dem Arbeitsblatt *Steuerelemente auswerten* in der Datei *Verweis.xls* im Ordner *\Buch\Kap15* auf der CD-ROM zu diesem Buch.

Wie Sie Bereichsnamen in Steuerelementen einsetzen können zeigt Ihnen Kapitel 19.

Verschiedene Bereiche mit der Bezugsversion von *INDEX* auswerten

Viele statistische Tabellen stellen Merkmale in Spalten und einzelne Ausprägungen in Unterspalten dar. Die Abbildung 15.30 zeigt eine solche Tabelle mit dem Energieverbrauch eines Menschen, unterschieden nach verschiedenen Tätigkeitsprofilen und für Männer sowie Frauen. Wie können Sie aus einer solchen Tabelle Informationen auslesen? Das ist ein typischer Fall für die Bezugsversion der Tabellenfunktion *INDEX*.

Für eine dynamische Lösung soll der Bereich *B11:B13* die persönlichen Werte aufnehmen. Dabei kann das Profil für die Aktivitäten über ein Auswahlfeld eingestellt werden. Möglich macht dies die Definition einer entsprechenden Gültigkeitsregel, die den Listenbereich *Profile* verwendet. Dieser Bereichsname zeigt auf den Bereich *A19:A23*. Mehr zum Thema »Gültigkeitsprüfung« finden Sie in Kapitel 8.

Zunächst soll ermittelt werden, welcher Altersgruppe der eingetragene Wert zuzuordnen ist. In Zelle *F11* erledigt das die Formel:

`=WENN(B11<A4;1;VERGLEICH(B11;A4:A8;1))`

Dabei wird der persönliche Wert mit der Vorspalte der Tabelle verglichen. Da der *Vergleichstyp* auf *1* eingestellt wurde, wird kein exakter Vergleich hergestellt. Das führt dazu, dass der nächst kleinere Wert zurückgegeben wird, wenn das Suchkriterium nicht gefunden wird. Da die einzelnen Klassen den gesamten Altersbereich umfassen, kann ein weiterer Vergleich mit der Spalte *B* entfallen.

Innerhalb der Tätigkeitsprofile werden männliche (jeweils in der ersten Spalte) und weibliche Personen (jeweils in der zweiten Spalte) unterschieden. Welche Spalte gesucht werden soll, ermittelt die Formel

`=VERGLEICH(B12;C3:D3;1)`

Dabei wird das persönliche Geschlecht mit den beiden möglichen Werten verglichen. Und auch das persönliche Tätigkeitsprofil wird mit einer Formel unter Verwendung der Tabellenfunktion *VERGLEICH* ermittelt:

`=VERGLEICH(B13;Profile;0)`

Sie haben jetzt also verschiedene Indizes ermittelt, die Informationen zur Position des gesuchten Wertes liefern. All diese Informationen fasst die Formel

`=INDEX(($C$4:$D$8;$E$4:$F$8;$G$4:$H$8;$I$4:$J$8;$K$4:$L$8);F11;F12;F13)`

zusammen. Zur Erinnerung nochmals die Syntax der Bezugsversion von *INDEX:*

INDEX(Bezug;[Zeile];[Spalte];[Bereich])

WICHTIG   Verwenden Sie mehrere Bezüge (in diesem Beispiel waren es insgesamt fünf) für das Argument *Bezug*, dann müssen die Bezüge durch Semikola getrennt und in einer Klammer zusammengefasst werden.

Über das Argument *Bereich* können Sie die einzelnen Bereiche von *Bezug* ansteuern. Aus diesem Bezug wiederum wird die Zelle zurückgegeben, die Sie mit *Zeile* und *Spalte* einstellen.

Abbildg. 15.30 Mehrere Bereiche auswerten mit der Tabellenfunktion *INDEX*

	A	B	C	D	E	F	G	H	I	J	K	L	M
1	Durchschnittlicher Energiebedarf des Menschen in kcal												
2	Alter		Personen die meist sitzen oder liegen		Personen mit leichten Tätigkeiten		Personen mit mittelschweren Tätigkeiten		Personen mit anstrengenden Tätigkeiten		Personen mit sehr anstrengenden Tätigkeiten		
3	von ...	bis ... Jahre	m	w	m	w	m	w	m	w	m	w	
4	15	19	2.184	1.752	2.639	2.117	3.003	2.409	3.367	2.701	4.004	3.212	
5	20	25	2.184	1.668	2.639	2.016	3.003	2.294	3.367	2.572	4.004	3.058	
6	26	50	2.088	1.608	2.523	1.943	2.871	2.211	3.219	2.479	3.828	2.948	
7	51	65	1.896	1.524	2.291	1.842	2.607	2.096	2.923	2.350	3.476	2.794	
8	66	und darüber	1.692	1.404	2.045	1.697	2.327	1.931	2.609	2.165	3.102	2.574	
9													
10													
11	Alter	47				3	=WENN(B11<A4;1;VERGLEICH(B11;A4:A8;1))						
12	Geschlecht	m				1	=VERGLEICH(B12;C3:D3;1)						
13	Profil	Personen mit leichten Tätigkeiten				2	=VERGLEICH(B13;Profile;0)						
14													
15	Der persönliche Energiebedarf beläuft sich auf:					2.523							
16						=INDEX(($C$4:$D$8;$E$4:$F$8;$G$4:$H$8;$I$4:$J$8;$K$4:$L$8);F11;F12;F13)							
17													
18	Profile												
19	Personen die meist sitzen oder liegen												
20	Personen mit leichten Tätigkeiten												
21	Personen mit mittelschweren Tätigkeiten												
22	Personen mit anstrengenden Tätigkeiten												
23	Personen mit sehr anstrengenden Tätigkeiten												
24													

Der auszuwertende Bereich wird über das Tätigkeitsprofil bestimmt. Wenn, wie in Abbildung 15.30, das zweite Profil ausgewählt wurde, dann wird der zweite Bereich *E4:F8* verwendet. Aus diesem Bereich wird die dritte Zeile (der Wert aus *F11*) der ersten Spalte (Wert aus *F12*) verwendet, um das Ergebnis (*2523*) zu berechnen.

 Das Beispiel finden Sie auf dem Arbeitsblatt *INDEX Bezugsversion* in der Datei *Verweis.xls* im Ordner *\Buch\Kap15* auf der CD-ROM zu diesem Buch.

Aus einer Liste von Werten auswählen

Eine weitere Funktion, mit der Sie ein bestimmtes Element aus einer Reihe von Werten ermitteln können, ist die Funktion:

WAHL(Index;Wert1;[Wert2];[...])

Diese Funktion liefert, wie die Funktion *INDEX*, den an einer bestimmten Position befindlichen Eintrag aus einer Liste von bis zu 29 Argumenten, die jeweils durch ein Semikolon getrennt sind. Für Aufgabenstellungen, bei denen Sie einen Wert aus einer Liste mit wenigen Einträgen auswählen müssen, können Sie diese Funktion einsetzen.

Beispiele:

Zur Berechnung des Wochentags können Sie auch die Formel

```
=WAHL(WOCHENTAG(HEUTE()); "Sonntag"; "Montag"; "Dienstag"; "Mittwoch"; "Donnerstag"; "Freitag"; "Samstag")
```

verwenden.

Mit der folgenden Formel können Sie den ersten Buchstaben des aktuellen Monats ermitteln (bzw. die Monatsnamen, wenn Sie sie in der Liste ausschreiben):

`=WAHL(MONAT(HEUTE());"J";"F";"M";"A";"M";"J";"J";"A";"S";"O";"N";"D")`

Die folgende Formel gibt das Quartal für den aktuellen Tag aus:

`=WAHL(AUFRUNDEN(MONAT(HEUTE())/3;0);"1. Quartal";"2. Quartal";"3. Quartal";"4. Quartal")`

Ein weiteres Beispiel für die Tabellenfunktion *WAHL* finden Sie bei der »Gültigkeitsprüfung« in Kapitel 8.

In welcher Zelle steht der größte Wert?

Dazu erstellen wir eine Beispieltabelle, in welcher im Bereich *B4:B11* verschiedene Personalnummern und im Bereich *C4:C11* die dazugehörigen Gehälter stehen. Nun stellen wir uns die Frage: Welche Zelle enthält das größte Gehalt?

Um diese Zelle zu ermitteln, verwenden Sie in Zelle *C16* die Formel:

`=MAX(C4:C11)`

Vergleichen Sie diesen Wert mit der Liste aller Gehälter. Um nun die relative Position zu erhalten, verwenden Sie die Formel

`=VERGLEICH(MAX(C4:C11);C4:C11;0)`

Jetzt wollen Sie nicht die relative Position in der Liste ermitteln, sondern die Adresse der Zelle mit dem größten Wert. Hierfür wird das Ergebnis des Vergleichs verwendet. In Kombination mit der Funktion

ADRESSE(Zeile;Spalte;[Abs];[A1];[Tabellenname])

kann der Rückgabewert, der hier die Zeile angibt, in einen Zellbezug umgewandelt werden. Die Funktion *ADRESSE* verwendet *Zeile* und *Spalte*, um einen Bezug auf eine Tabelle zurückzugeben. Für das Argument *Abs* können Sie einen der Werte aus Tabelle 15.5 verwenden.

Tabelle 15.5 Liste der Werte für das Argument *Abs*

Wert für das Argument *Abs*	Ergebnis
1 oder nicht angegeben	Spalte absolut, Zeile absolut
2	Spalte relativ, Zeile absolut
3	Spalte absolut, Zeile relativ
4	Spalte relativ, Zeile relativ

Das folgende Beispiel finden Sie auf dem Arbeitsblatt *Größter Wert* in der Datei *Verweis.xls* im Ordner *\Buch\Kap15* auf der CD-ROM zu diesem Buch.

Tragen Sie in Zelle *C18* die folgende Formel ein:

`=ADRESSE(VERGLEICH(MAX(C4:C11);C1:C11;0);3;1)`

Das Ergebnis ist *$C$7*. In dieser Formel werden drei Funktionen verschachtelt: Die Funktion *MAX* ermittelt den größten Wert aus dem Bereich *C4:C11*. Dieser Wert wird der Funktion *VER-GLEICH(Suchkriterium;Suchmatrix;Vergleichstyp)* als *Suchkriterium* übergeben. *VERGLEICH* wiederum durchsucht den Bereich nach exakter Übereinstimmung mit diesem *Suchkriterium* und gibt die Nummer der Stelle zurück, an der das *Suchkriterium* gefunden wird. Das Ergebnis ist die Zeilennummer der gesuchten Adresse.

Die Zahl der Spalte ist in der Formel fest mit dem Wert *3* belegt. Die *1* für das dritte Argument der Funktion *ADRESSE* legt fest, dass eine absolute Adresse zurückgegeben wird.

Abbildg. 15.31 Wer hat das höchste Gehalt?

	A	B	C	D	E
1					
2		Die Funktion ADRESSE(Zeile;Spalte;[Abs];[A1];[Tabellenname])			
3		Personalnummer	Gehalt		
4		10038	117.823,00 €		
5		10046	59.164,00 €		
6		10054	93.878,00 €		
7		10062	155.035,00 €		
8		10070	57.922,00 €		
9		10078	110.876,00 €		
10		10086	109.120,00 €		
11		10094	60.843,00 €		
12					
13					
14		Informationen zum größten Gehalt			
15		Information	Ergebnis	Formel	
16		Der Wert ist	155.035,00 €	=MAX(C4:C11)	
17		Position im Bereich C4:C11	4	=VERGLEICH(MAX(C4:C11);C4:C11;0)	
18		Steht in Zelle	$C$7	=ADRESSE(VERGLEICH(MAX(C4:C11);C1:C11;0);3;1)	
19		Personalnummer in Zelle	B7	=ADRESSE(VERGLEICH(MAX(C4:C11);C1:C11;0);2;4)	
20		Personalnummer	10062	=INDIREKT(ADRESSE(VERGLEICH(MAX(C4:C11);C1:C11;0);2))	
21					

Die relative Adresse der Zelle, in der die gesuchte Personalnummer steht, bringt die Formel

```
=ADRESSE(VERGLEICH(MAX(C4:C11);C1:C11;0);2;4)
```

an den Tag. Sie können nun diesen Bezug auswerten, indem Sie ihn als Argument *Bezug* in die Tabellenfunktion

```
INDIREKT(Bezug;[A1])
```

einsetzen. Als Ergebnis erhalten Sie die gesuchte Personalnummer für das größte Gehalt (Abbildung 15.31).

Den letzten Wert einer Spalte oder Zeile ermitteln

Mit einer verschachtelten Formel können Sie auch den Inhalt der letzten Zelle aus einer Spalte ermitteln. Die Formel

```
=INDEX(B5:B20;VERGLEICH(WAHR;WENN(ISTLEER(B5:B20);B5:B20);1);0)
```

gibt den Inhalt der letzten verwendeten Zelle aus dem Bereich *B5:B20* zurück, wenn Sie die Eingabe mit der Tastenkombination ⌈Strg⌉ + ⌈⇧⌉ + ⌈↵⌉ abschließen. Tragen Sie z.B. in Zelle *B16* einen neuen Wert ein, liefert die Formel genau diesen Eintrag.

Abbildg. 15.32 Den letzten Wert einer Spalte oder einer Zeile mit Funktionen finden

	A	B	C	D	E	F	G	H
1								
2		**Die Funktion INDEX(Matrix;Zeile;[Spalte])**						
3		Letzter Wert einer Spalte bzw. Zeile						
4		Spalte 1	Spalte 2	Spalte 3		Frage	Ergebnis	
5		54				Letzter Eintrag im Bereich B5:B20	43	
6		18				Letzter Eintrag im Bereich A4:E4	Spalte 3	
7		56						
8		47						
9		25						
10		56						
11		43						
12		18						
13		31						
14		45						
15		43						
16								

Um den letzten Wert in einer Zeile zu finden (Abbildung 15.32), verwenden Sie die Formel:

```
=INDEX(A4:E4;1;VERGLEICH(WAHR;WENN(ISTLEER(A4:E4);A4:E4);1))
```

Schließen Sie auch hier die Eingabe mit der Tastenkombination ⌷Strg⌷+⌷⇧⌷+⌷↵⌷ ab.

Das obige Beispiel finden Sie auf dem Arbeitsblatt *Letzter Eintrag* in der Datei *Verweis.xls* im Ordner *\Buch\Kap15* auf der CD-ROM.

Aus einem Zellbezug den Inhalt ermitteln

Die Funktion

INDIREKT(Bezug;[A1])

ist so interessant, dass sie noch etwas genauer betrachtet werden sollte: Sie kann den Inhalt von *Bezug* auswerten und diesen als Bereichsargument verwenden. Über das zweite Argument *A1* geben Sie an, in welcher Schreibweise der Bezug vorliegt. Ist dieses Argument der Wahrheitswert *FALSCH*, wird *VERWEIS* als ein Bezug interpretiert, der in der *Z1S1*-Schreibweise vorliegt.

Beispiel 1:

In *A1* steht Z2S1. Sie können mit der Formel

```
=INDIREKT(A1;FALSCH)
```

den Inhalt der Zelle aus der zweiten Zeile (Z2) der ersten Spalte (S1) ermitteln.

Verwenden Sie das Argument *WAHR* oder geben Sie das Argument nicht an, muss *Bezug* in der *A1*-Schreibweise vorliegen.

Beispiel 2:

In *A1* steht B5. Sie können mit der Formel

```
=INDIREKT(A1;WAHR)
```

den Inhalt der Zelle *B5* ermitteln.

Das Argument *A1* ist ohne Bedeutung, wenn die Funktion *INDIREKT* auf den Namen eines Bereichs angewendet wird.

Beispiel 3:

In *A1* steht *Gruppe.* Sie können mit den beiden Formeln

```
=INDIREKT(A1;WAHR)
```

```
=INDIREKT(A1;FALSCH)
```

den Inhalt der Zelle ermitteln, der Sie z.B. über den Menübefehl *Einfügen/Name/Definieren* den Namen *Gruppe* gegeben haben.

Mehr zum Thema »Namen« finden Sie in Kapitel 19.

Festen Bezug für Formeln verwenden

Die Funktion *INDIREKT* können Sie auch einsetzen, um in Formeln einen Bereich unabhängig von etwa eingefügten Zellen zu verwenden.

Um einen solchen festen Bezug zu testen, gehen Sie wie folgt vor:

1. Tragen Sie die folgenden Formeln in eine Tabelle ein:

    ```
    =SUMME(INDIREKT("B3:B7";WAHR))
    ```
    in die Zelle *C3*

    ```
    =SUMME(B3:B7)
    ```
    in die Zelle *C4*

2. Füllen Sie nun die Zellen *B3* bis *B7* mit der Zahl *1.*

3. Markieren Sie die Zeile 5 und fügen Sie über *Einfügen/Zellen* eine Leerzeile ein.

4. Die Zelle *C3* zeigt als Ergebnis die Zahl *4* und Zelle *C4* die Zahl *5.*

Während also der Bezug in der Formel mit der Funktion *SUMME* auf *B3:B8* angepasst wurde, verwendet die Formel in Zelle *C3* weiterhin den Bezug auf den Bereich *B3:B7*

Summe eines variablen Bereichs berechnen

Nehmen wir an, Sie haben eine zweispaltige Tabelle zur Auswertung vorbereitet. In der ersten Spalte ist jeweils ein Datum eingetragen, in der zweiten Spalte ein Zahlenwert. Sie sollen nun die Summe von jeweils sieben Tagen, ausgehend von einem Datum in Zelle *F11,* berechnen.

Das entsprechende Beispiel finden Sie auf dem Arbeitsblatt *BEREICH.VERSCHIEBEN* in der Datei *Verweis.xls* im Ordner *\Buch\Kap15* auf der CD-ROM zu diesem Buch.

Für eine solche Berechnung steht in Excel die Funktion

BEREICH.VERSCHIEBEN(Bezug;Zeilen;Spalten;[Höhe];[Breite])

zur Verfügung. Diese Funktion gibt den Bereich zurück, der ausgehend von *Bezug* um Anzahl *Zeilen* und *Spalten* verschoben ist und die neue *Höhe* und *Breite* hat.

Um die Aufgabe zu lösen, werden dieser Funktion Werte übergeben, die selbst wieder über eine Funktion ermittelt werden. So vergleichen Sie zunächst den Inhalt der Zelle *F11* mit den Datumswerten über die Formel:

```
=VERGLEICH(F11;B4:B28;1)
```

Als *Vergleichstyp* wird *1* verwendet. Die Funktion *VERGLEICH* gibt die Position zurück, an der das Datum gefunden wird. Um diese Zahl wird der Bereich verschoben. Das Ergebnis dieser Formel verwenden Sie als Argument *Zeilen* in der Funktion *BEREICH.VERSCHIEBEN*. Die Formel

```
=BEREICH.VERSCHIEBEN(B3;F12;1;1;1)
```

liefert den ersten Wert der Daten, die addiert werden sollen.

Nun ist noch die Größe des Bereichs zu ermitteln. Für *Höhe* wird eine *7* eingetragen, da Sie die Summe von Werten einer Woche ermitteln wollen. Für die neue *Breite* des Bereichs wird eine *1* verwendet. Der so ermittelte Bereich wird mit der Summenformel ausgewertet und liefert den gewünschten Wert (Abbildung 15.33).

Die endgültige Formel in Zelle *F14* lautet damit:

```
=SUMME(BEREICH.VERSCHIEBEN(B3;VERGLEICH(F11;B4:B28;1);1;7;1))
```

Abbildg. 15.33 Die Summe von jeweils sieben Werten, ausgehend von einem flexiblen Datum, berechnen

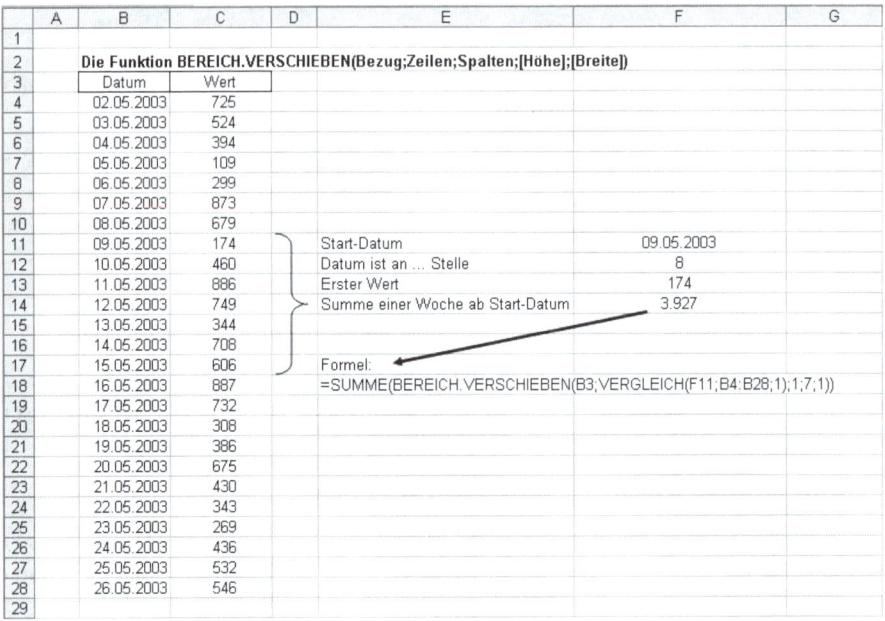

Wenn Sie den Datumswert in Zelle *F11* ändern, wird auch die Summe entsprechend an dieses Start-Datum angepasst.

Ein Beispiel, wie Sie eine laufende Summe berechnen, finden Sie in Kapitel 7.

Zeichenfolgen mit Textfunktionen untersuchen

Wenn Sie eine Zeichenfolge untersuchen, sind Informationen wie Anzahl der Zeichen, Datentyp u.ä. gefragt. Hierfür gibt es eine ganze Reihe von interessanten Tabellenfunktionen, mit denen die vielfältigsten Aufgaben erledigt werden können. Diese Funktionen helfen Ihnen auch dabei, wenn Sie einen Bereich nach bestimmten Teilen einer Spalte sortieren oder filtern wollen. Fügen Sie in diesem Fall eine Hilfsspalte ein und berechnen Sie dort das Kriterium ganz nach Ihren Wünschen.

 Die Beispiele zu diesem Abschnitt finden Sie in der Datei *Text.xls* im Ordner *Buch**Kap15* auf der CD-ROM zu diesem Buch.

Wichtige Textfunktionen

Die Anzahl der Zeichen ermitteln Sie über die Funktion:

LÄNGE(Text)

Für das Argument *Text* können Sie eine beliebige Zeichenfolge, einen Bereichsnamen oder einen Bezug verwenden. Das Ergebnis ist die Anzahl der Zeichen von *Text*.

Beispiel:

`=LÄNGE("Excel")` ergibt *5*

> **HINWEIS**   Nicht ganz unproblematisch ist diese Tabellenfunktion bei der Auswertung von Zahlen, weil das Vorzeichen mitgezählt wird.

Um die Länge einer Zahl unabhängig vom Vorzeichen zu ermitteln, lässt sich die Tabellenfunktion

`ABS(Zahl)`

einsetzen. Das Ergebnis ist der *Absolutwert* von *Zahl*, also ohne Beachtung des Vorzeichens. Beispiel:

`=LÄNGE(-2003)` ergibt *5*

`=LÄNGE(ABS(-2003))` ergibt *4*

Wie Sie die Tabellenfunktion *LÄNGE* für die Gültigkeitsprüfung verwenden können, sehen Sie in Kapitel 8.

Über die Funktion

LINKS(Text;Anzahl_Zeichen)

können Sie das erste Zeichen des untersuchten Textes ermitteln, wenn Sie für das Argument *Anzahl_Zeichen* eine *1* verwenden. Verwenden Sie das gleiche Argument in der Funktion

RECHTS(Text;Anzahl_Zeichen)

erhalten Sie das letzte Zeichen der Zeichenfolge. Es spielt dabei keine Rolle, ob Sie einen Text oder eine Zahl untersuchen.

Beispiele:

`=LINKS("Mikrofon";5)` ergibt *Mikro*

`=RECHTS("Excel";2)` ergibt *el*

Eventuell benötigen Sie noch mehr Informationen zum ersten Zeichen, z.B. den *ASCII-Code*. Mit der Formel

`=CODE(RECHTS("Hilfe";1))` ergibt *101* (Zeichencode für »e«)

können Sie die Nummer des letzten Zeichens aus einer Zeichenfolge ermitteln. Die Textfunktionen können also auch als Argument für weitere Funktionen verwendet werden.

Für Zahlen ist das Vorzeichen interessant. Hierfür verwenden Sie die Funktion

VORZEICHEN(Zahl)

Das Ergebnis ist bei positiven Zahlen eine *1*, bei negativen Zahlen *–1*. Beispiele:

`=VORZEICHEN(2001)` ergibt *1*

`=VORZEICHEN(-97)` ergibt *–1*

Eine Teilzeichenfolge extrahieren

Um einen Teil einer Zeichenfolge zu ermitteln, setzen Sie die Funktion

TEIL(Text;Erstes_Zeichen;Anzahl_Zeichen)

ein. So können Sie z.B. aus einer Artikelnummer die Warengruppe ermitteln. Wenn bei einer fünf-stelligen Artikelnummer in Zelle *A1* die ersten drei Zeichen für die Warengruppe stehen, können Sie diese über die Formel

`=TEIL(A1;1;3)`

ermitteln. Wenn in *A1* die Artikelnummer *1B399* steht, liefert die Formel das Ergebnis *1B3*. Nützlich kann das in den Fällen sein, wenn Sie Daten nach dieser Warengruppe sortieren oder aber Teilergeb-nisse berechnen wollen.

Postleitzahl und Ort trennen

Die postalische Anschrift hat auf den ersten sechs Stellen immer den gleichen Aufbau, nämlich *Post-leitzahl [Leer] Ort*. Mit Hilfe der Funktion *LINKS* können Sie die Postleitzahl über die Formel

`=LINKS("71634 Ludwigsburg";5)`

extrahieren. Um den Wohnort zu ermitteln, können Sie mit der Funktion *TEIL(Text; Erstes_Zeichen;Anzahl_Zeichen)* den Teil der Zeichenfolge ermitteln, der an der siebten Stelle beginnt:

`=TEIL("71634 Ludwigsburg ";7;LÄNGE("71634 Ludwigsburg")-6)`

Wenn Sie die gesamte restliche Zeichenfolge zurückgeben wollen, müssen Sie die ersten sechs Zei-chen (fünf für die PLZ und eine für die Leerstelle) nicht von der Gesamtzahl der Zeichen abziehen. Sie können für das Argument *Anzahl_Zeichen* auch die gesamte Länge von Text angeben, also

`=TEIL("71634 Ludwigsburg ";7;LÄNGE("71634 Ludwigsburg"))`

Das Ergebnis ist das gleiche.

Was steckt hinter IBAN?

Vielleicht ist Ihnen die Abkürzung *IBAN* bei Bankgeschäften auch schon einmal begegnet. Hinter dem Kürzel verbirgt sich eine standardisierte internationale Kontonummer (International Bank Account Number), wie sie für grenzüberschreitende Zahlungen innerhalb Europas verwendet wird. In diesem Zusammenhang werden Sie auch auf den Bank Identifier Code, kurz *BIC* oder auch *SWIFT*-Code genannt, treffen. Das ist der international standardisierte Bank-Code.

Bei der Analyse einer solchen IBAN-Nummer ist die Standardisierung ein Segen. Feste Länge der Zeichenfolge und feste Länge der einzelnen Segmente erleichtern das Entschlüsseln der enthaltenen Information. Welche Bestandteile die IBAN enthält zeigt Tabelle 15.6.

Tabelle 15.6 Position und Bestandteile der *IBAN*

Erstes Zeichen	Anzahl Zeichen	Bedeutung
1	2	Länderkennzeichen
3	2	Prüfziffer
5	8	Bankleitzahl
13	10	Kontonummer

An einem Beispiel soll diese Nummer einmal mit Hilfe von Tabellenfunktionen aufgeteilt werden – als Frage formuliert lautet die Aufgabe also: Wie kann die Zeichenfolge DE73590100660003576661 in die einzelnen Bestandteile der IBAN aufgeschlüsselt werden?

Das Länderkennzeichen als erster Bestandteil ist über die Formel

`=LINKS(C5;2)`

zu ermitteln. Um die folgenden Teile herauszulösen, sind die Informationen aus Tabelle 15.6 in die Tabellenfunktion *TEIL(Text;Erstes_Zeichen;Anzahl_Zeichen)* einzusetzen. Verwenden Sie hierfür eine der beiden ersten Spalten der Tabelle für die Argumente *Erstes_Zeichen* und *Anzahl_Zeichen*. So erhalten Sie mit der Formel

`=TEIL(C5;3;2)` die Prüfziffer

`=TEIL(C5;5;8)` die Bankleitzahl

`=TEIL(C5;13;10)` die Kontonummer

> **HINWEIS** Die Kontonummer können Sie auch über die Formel `RECHTS(C5;10)` ermitteln.

Abbildg. 15.34 Zeichenfolgen können mit Tabellenfunktionen zerlegt und wieder zusammengefügt werden

	A	B	C	D
1				
2		**Was steckt hinter IBAN?**		
3		International Bank Account Number		
4				
5		hier die IBAN eintragen >>>	DE73590100660003576661	
6				
7		**Teile ermitteln**		
8		Länderkennzeichen	DE	
9		Prüfziffer	73	
10		Bankleitzahl	59010066	
11		Kontonummer	0003576661	
12				
13				
14		**Verketten**		
15		IBAN	DE73590100660003576661	
16				

Zeichenfolgen zusammenfassen

Auch der umgekehrte Fall kann auftreten. Angenommen, Sie haben den Vornamen und den Nachnamen in zwei Spalten aufgeteilt. Um die Informationen in eine Zelle zu schreiben, haben Sie unterschiedliche Möglichkeiten. Zum einen können Sie die Funktion

VERKETTEN (Text1;[Text2];[...])

verwenden, um bis zu 30 Argumente zusammenzufassen. Beispielsweise liefert

`=VERKETTEN("Arbeit";" ";"macht";" ";"Spaß")`

als Ergebnis den Text *Arbeit macht Spaß*.

Zum anderen können Sie diese Aufgabe auch mit dem Verkettungs-Operator *&* erledigen. Die Formel

`="Arbeit"&" "&"macht"&" "&"Spaß"`

liefert das gleiche Ergebnis.

HINWEIS Beim Verketten müssen Sie selbst an eventuell notwendige Leerzeichen denken!

Nützlich ist eine Verkettung auch für Überschriften, in denen das aktuelle Datum angezeigt werden soll. Verketten Sie hierfür die gewünschte Überschrift mit der Funktion *Heute()*, z.B.:

`="Aktuelle Wirtschaftsdaten, Stand "&TEXT(HEUTE();"TT.MM.JJJJ")`

Mit der Funktion *TEXT(Wert;Textformat)* legen Sie das gewünschte Format fest. Denkbar ist hier auch, lediglich das Jahr auszugeben. Für das Argument *Textformat* verwenden Sie in einem solchen Fall die Zeichenfolge *"JJJJ"*.

HINWEIS Auch Zahlen lassen sich auf diese Art und Weise zusammensetzen. Die Formel `=15&15` liefert als Ergebnis *1515*, da die Zahlen als Textstring zusammengesetzt und nicht addiert werden. Das Ergebnis können Sie jedoch für eine mathematische Operation verwenden.

PROFITIPP

Zeilenumbruch erzwingen

Wollen Sie den verketteten Text mit einem Zeilenumbruch trennen, können Sie die Tabellen-funktion *ZEICHEN(Zahl)* einsetzen. Lösen Sie diese Aufgabe wie folgt:

1. Tragen Sie die Formel `=15&ZEICHEN(10)&15` ein.
2. Rufen Sie den Menübefehl *Format/Zellen* auf.
3. Wechseln Sie im Dialogfeld *Zellen formatieren* auf die Registerkarte *Ausrichtung* und aktivie-ren Sie dort das Kontrollkästchen *Zeilenumbruch*.
4. Bestätigen Sie die Einstellungen mit *OK*.

Zeichenfolgen manipulieren

Für bestimmte Aufgabenstellungen ist es erforderlich, Zeichenfolgen zu manipulieren. So kommt es beim Datenimport aus Anwendungen (insbesondere der Großrechnerwelt) häufig vor, dass z.B. alle Texte in Großbuchstaben ausgegeben wurden oder die Vorzeichen der Zahlen am Ende und nicht, wie von Excel gewünscht, am Anfang einer Zahl stehen. Auch für diese Problemstellung gibt es entsprechende Funktionen.

Groß–/Kleinschreibung ändern

Einen vorhandenen Text wandelt die Funktion

GROSS(Text)

in Großbuchstaben um. So wird aus »Lieschen Müller« unter Verwendung der Funktion *GROSS* der Text »LIESCHEN MÜLLER«. Die umgekehrte Aufgabe erledigt die Funktion:

KLEIN(Text)

Das Ergebnis ist dann »lieschen müller«. Diese Funktionen wandeln alle Buchstaben des Arguments *Text* um.

Besonders bei Anschriften in der Form *Vorname Nachname* genügt es aber nicht, alle Buchstaben umzuwandeln, der erste Buchstabe soll groß und alle weiteren klein geschrieben werden. Die Funktion

GROSS2(Text)

wandelt den ersten Buchstaben von *Text* sowie alle zu *Text* gehörenden Buchstaben, die unmittelbar hinter einem Zeichen stehen, das kein Buchstabe ist, in Großbuchstaben und alle anderen Buchstaben in Kleinbuchstaben um. Sowohl die Zeichenfolge »lieschen müller« als auch die Version »LIESCHEN MÜLLER« wird damit korrekt in »Lieschen Müller« umgesetzt. Beispiel:

`=GROSS2("thomas o'connor")` ergibt *Thomas O'Connor*.

Vorzeichen richtig positionieren

Excel kann nur mit Zahlen rechnen, bei denen das Vorzeichen das erste Zeichen einer Zahl ist. Manchmal befindet sich das Vorzeichen nach einem Datenimport jedoch an der letzten Stelle. Um das Vorzeichen an die richtige Position zu bringen, können Sie verschiedene Textfunktionen einsetzen und damit eine neue Zeichenfolge aufbauen. Die Formel

`=RECHTS("5567-";1)&TEIL("5567-";1;LÄNGE("5567-")-1)`

setzt das Vorzeichen in den Excel-Standard um.

Sonderzeichen entfernen

Beim Textimport treffen Sie häufig Sonderzeichen an. Diese Zeichen (meist Steuerzeichen wie Seitenvorschub o.Ä.) müssen entfernt werden. Diese Aufgabe übernimmt die Funktion

SÄUBERN(Text)

Sie entfernt alle nicht druckbaren Zeichen aus *Text*.

Wenn Sie überflüssige Leerzeichen entfernen wollen, können Sie dies mit der Funktion

GLÄTTEN(Text)

erreichen. Die Funktion löscht Leerzeichen, die nicht als einzelnes Zeichen zwischen einem Text stehen.

Zeichen tauschen

Sie können über Textfunktionen auch Teile eines Textes durch eine andere Zeichenfolge ersetzen. Hierfür haben Sie wiederum zwei Funktionen zur Auswahl. Mit der Funktion

WECHSELN(Text;Alter_Text;Neuer_Text;ntes_Auftreten)

können Sie eine bestimmte Zeichenfolge innerhalb von *Text* durch eine andere Zeichenfolge ersetzen. Beispielsweise erhalten Sie mit der Formel

`=WECHSELN("Internet";"net";"rail";1)`

den Text *Interrail*.

Die zweite Funktion zum Tauschen von Zeichenfolgen hat die Syntax

ERSETZEN(Alter_Text;Erstes_Zeichen;Anzahl_Zeichen;Neuer_Text)

Über die Formel

`=ERSETZEN("Internet";7;1;"a")`

wird so aus *Internet* ein *Internat*. Mit der Funktion *ERSETZEN* können Sie ganz exakt die Stelle angeben, an der mit der Ersetzung begonnen werden soll.

Dezimaltrennzeichen tauschen

In manchen Anwendungen werden Zahlenwerte im amerikanischen Format (z.B. 1,111.11) gespeichert. Es wird also ein Komma als Tausendertrennzeichen und ein Punkt als Dezimaltrennzeichen verwendet. Solchermaßen nach Excel kopierte oder eingetragene Werte werden von Excel nicht als Zahl erkannt, sondern als Text behandelt. Es stellt sich damit die Frage, wie man diese Werte zellenübergreifend umwandeln kann, also aus 1,111.11 den Zahlenwert 1.111,11 machen kann.

Ein Weg führt über *Suchen und Ersetzen*, wobei hier zunächst das Komma durch ein sonst nicht vorkommendes Zeichen (etwa ein »§«) ersetzt werden muss, weil ansonsten die zweite Ersetzung auch auf dieses Zeichen angewandt wird. Dann ersetzen Sie den Punkt durch ein Komma und anschließend das »§« durch einen Punkt. Mehr zum »Suchen und Ersetzen« finden Sie in Kapitel 4.

Sie können die Umwandlung auch mit einer Tabellenfunktion bewerkstelligen. Angenommen, Sie haben den Wert 1,111.11 in Zelle *A2* eingetragen, dann liefert die folgende Formel eine Zeichenfolge, die Excel als Zahl erkennt:

```
=WECHSELN(WECHSELN(A2;",";"");".";",")*1
```

Während die innere Funktion *WECHSELN* das Tausendertrennzeichen entfernt, tauscht die äußere Funktion das Dezimaltrennzeichen (Punkt in Komma) der neuen Zeichenfolge.

> **HINWEIS** Durch die Multiplikation mit der Zahl 1 stellen Sie sicher, dass Excel das Ergebnis der Funktion *WECHSELN*, die sonst einen Text zurückgibt, in eine Zahl umwandelt.

Zeichenfolge durchsuchen: Suchen und Finden

Wenn Sie die Funktion *ERSETZEN* einsetzen wollen, die Stelle an der ein bestimmtes Zeichen auftritt aber nicht bekannt ist, können Sie mit den Funktionen

SUCHEN(Suchtext;Text;Erstes_Zeichen) und

FINDEN(Suchtext;Text;Erstes_Zeichen)

zunächst diese Stelle ermitteln. Die Funktion

```
=FINDEN(".";"125.54";1)
```

liefert als Ergebnis 4, da das vierte Zeichen im Text das gesuchte Zeichen (Punkt) ist. Sie können dann die Funktion *ERSETZEN* verwenden, um den Punkt durch ein Komma zu ersetzen. Die Funktion hierfür lautet

```
=ERSETZEN("125.54";FINDEN(".";"125.54";1);1;",")
```

und das Ergebnis ist die Zahl *125,54*.

> **HINWEIS** Die Funktionen *SUCHEN* und *FINDEN* unterscheiden sich nur dadurch, dass *FINDEN* die Groß-/Kleinschreibung bei der Suche berücksichtigt die Funktion *SUCHEN* dagegen nicht.

Abbildg. 15.35 Textfunktionen können Teile von Zeichenfolgen ermitteln und manipulieren

	A	B	C	D	E
1					
2		**Textfunktionen**			
3		Ursprungswert	Ergebnis	Formel	
4		12345	123	=LINKS(B4;3)	
5		Handy	y	=RECHTS(B5;1)	
6		Microsoft Excel Version 2003	28	=LÄNGE(B6)	
7		Textfunktionen	funk	=TEIL(B7;5;4)	
8		Groß-/Kleinschreibung wird unterschieden	21	=FINDEN("g";B8;1)	
9		Groß-/Kleinschreibung wird nicht unterschieden	1	=SUCHEN("g";B9;1)	
10		Internet	Internat	=ERSETZEN(B10;7;1;"a")	
11		Anzahl der Wörter	3	=LÄNGE(B11)-LÄNGE(WECHSELN(B11;" ";""))+1	
12		Anzahl der Buchstaben "a"	3	=LÄNGE(B12)-LÄNGE(WECHSELN(B12;"a";""))	
13		Die Funktion	Beispiele zu Textfunktionen	=VERKETTEN("Beispiele zu";" ";$B$2)	
14		199558-	-199558	=RECHTS(B14;1)&TEIL(B14;1;LÄNGE(B14)-1)	
15		Aktuelle Daten, Stand	Aktuelle Daten, Stand 23.07.2003	=B15&" "&TEXT(HEUTE();"TT.MM.JJJJ")	
16		15	xxxxxxxxxxxxxxx	=WIEDERHOLEN("x";B16)	
17		Computer	computer	=KLEIN(B17)	
18		Hans Müller	HANS MÜLLER	=GROSS(B18)	
19		helga müller-Freitag	Helga Müller-Freitag	=GROSS2(B19)	
20		Import Datei	Import Datei	=GLÄTTEN(B20)	
21		Mit nicht ▯druckbaren Zeichen.	Mit nicht druckbaren Zeichen.	=SÄUBERN(B21)	
22		-99	-1	=VORZEICHEN(B22)	
23		Text	84	=CODE(B23)	
24		Excel	WAHR	=IDENTISCH(B24;"Excel")	
25					

Prüfen, ob eine Zeichenfolge enthalten ist

Sie können nicht nur nach einem einzelnen Zeichen, sondern auch nach einer Zeichenfolge suchen. Als Rückgabewert erhalten Sie dabei die Zahl, an der die gesuchte Zeichenfolge in *Text* beginnt. In Kombination mit der Informationsfunktion *ISTFEHLER* können Sie dabei auch einen Wahrheitswert ausgeben lassen. Achtung: Das Ergebnis liefert *FALSCH*, wenn die Zeichenfolge gefunden wird. Die Tabellenfunktion *NICHT(Wahrheitswert)* wandelt dieses Ergebnis in das Gegenteil um.

Hier einige Beispiele:

`=SUCHEN("Brief";"Kompaktbrief";1)` liefert *8*

`=ISTFEHLER(SUCHEN("Brief";"Kompaktbrief";1))` liefert *FALSCH*

`=ISTFEHLER(SUCHEN("Brief";"Postkarte";1))` liefert *WAHR*

`=NICHT(ISTFEHLER(SUCHEN("Brief";"Kompaktbrief";1)))` liefert *WAHR*

`=NICHT(ISTFEHLER(SUCHEN("Brief";"Postkarte";1)))` liefert *FALSCH*

Zeichen zählen

Sie können mit der Funktion *WECHSELN* auch zählen, wie oft ein Zeichen in einer Zeichenfolge auftritt. Die Formel

`=LÄNGE("Microsoft")-LÄNGE(WECHSELN("Microsoft";"o";""))`

findet hier zweimal das Zeichen »*o*«.

Im Ordner *Buch**Kap15* auf der CD-ROM zu diesem Buch finden Sie in der Datei *Text.xls* ein Beispiel dazu, wie Sie die Häufigkeit jedes Buchstabens in einer Zeichenfolge bestimmen können.

In etwas abgewandelter Form eignet sich die Funktion auch zum Zählen der Worte eines Textes. Die Formel

`=LÄNGE("Excel ist toll")-LÄNGE(WECHSELN("Excel ist toll";" ";""))+1`

liefert als Ergebnis die Zahl *3*, also die Anzahl der Wörter des Textes.

Datums- und Zeitfunktionen einsetzen

Excel kann auch mit Datumswerten und Zeitangaben rechnen. Beim Eingeben von Datumswerten und Zeitwerten versucht Excel, Sie in der Weise zu unterstützen, dass verschiedene Schreibweisen in eine Excel-konforme Schreibweise umgewandelt werden. Oft führt das aber auch zu Problemen. Wenn Sie beispielsweise einen Bruch wie 1/5 eingeben, wird dieser in das Datum 1. Mai umgewandelt. Soll der Bruch als solcher erhalten bleiben, geben Sie diesen in der Schreibweise *0[Leer]1/5* ein.

> **TIPP** Die Umsetzung des Divisionszeichens in einen Datumspunkt lässt sich hervorragend ganz gezielt einsetzen. Die Datumserfassung auf dem numerischen Block, auf dem normalerweise kein Punkt zu finden ist, erfolgt dann eben mit *17/8* oder *17/8/2003*. Das Ergebnis ist der *17.8.2003*. Auch das Minus-Zeichen ist für diese schnelle Eingabe geeignet. Weitere Tipps zur Dateneingabe finden Sie in Kapitel 4.

Andererseits kann Excel das Datum *12.5.* nicht als solches erkennen, die Eingabe wird als Text betrachtet. Geben Sie allerdings *12.5* (also ohne zweiten Punkt) ein, ergänzt Excel die Eingabe um das aktuelle Jahr. Angesichts der vielen möglichen Schreibweisen eines Datums, könnte man fast »Mitgefühl« für die Excel-Programmierer aufkommen lassen.

Formatierte Zahl und Zellinhalt

Wie kommt es überhaupt, dass Excel mit einem Datum rechnen kann? Geben Sie einmal das aktuelle Tagesdatum ein. Ganz schnell geht das mit der Tastenkombination `Strg`+`.` (Punkt). Soll das Datum als aktualisierbare Formel eingetragen werden, verwenden Sie die Funktion

=HEUTE()

In der Bearbeitungsleiste steht dann etwa *23.07.2003*. Rufen Sie den Menübefehl *Format/Zellen* auf, stellen Sie fest, dass die Zelle mit einem Datumsformat formatiert wurde. Ändern Sie dieses Zahlenformat in *Standard* um und beenden Sie das Dialogfeld. In der Zelle und in der Bearbeitungsleiste wird nun die Zahl *37825* angezeigt.

> **WICHTIG** Ein Datum ist also nichts anderes, als eine Zahl mit einem bestimmten Format. Der Ursprung des Zahlenstrahls für die Datumsberechnungen in Excel ist die Zahl *1*, der das Datum 1. Januar 1900 zugewiesen ist. Ausgehend von diesem Datum werden die Tage gezählt. Es gibt allerdings im Dialogfeld unter *Extras/Optionen* auf der Registerkarte *Berechnung* das Kontrollkästchen *1904-Datumswerte*, mit dem Sie den Startwert der Datumsberechnungen auf den 2. Januar 1904 festlegen können. Achtung: Diese Einstellung gilt für die aktive Mappe, alle bereits eingetragenen Datumsangaben werden angepasst!

Der folgende Abschnitt soll für Berechnungen mit Datumswerten und Zeitwerten einige Beispiele zeigen. Im Ordner *\Buch\Kap15* auf der CD-ROM zu diesem Buch finden Sie in der Datei *Datzeit.xls* die Beispiele zu diesem Abschnitt.

Wichtige Tabellenfunktionen für Datumsberechnungen

Die Funktionen

TAG(Zahl)

MONAT(Zahl) und

JAHR(Zahl)

ermitteln aus einem Datum den gleichnamigen Teil.

Beispiele:

=TAG("15. Juni 2005") ergibt *15*

=MONAT("15. Juni 2005") ergibt *6*

=JAHR("15.6.2005") ergibt *2005*

Um eine Zahl in ein Datum umzuwandeln, stellt Excel die Funktion

DATUM(Jahr;Monat;Tag)

bereit. Die Funktion liefert die fortlaufende Zahl des jeweils angegebenen Datums. Die Argumente selbst können ebenfalls als Funktion angegeben werden. Etwa mit *JAHR(HEUTE())* für das Argument *Jahr.*

Beispiel:

=DATUM(JAHR(HEUTE());12;31) liefert den *31.12.* des aktuellen Jahres.

Für den umgekehrten Weg verwenden Sie die Funktion

DATWERT(Datumstext)

die ein als Text vorliegendes Datum in eine fortlaufende Zahl umwandelt.

Beispiel:

=DATWERT("31.12.2003") ergibt *37986*.

=DATWERT(TEXT(A1;"tt.MM.jjjj")) ergibt *37885*, wenn in Zelle *A1* der *21.9.2003* steht.

Wichtig ist hierbei, beim Zahlenformat den Monat mit Großbuchstaben (*"MM"*)anzugeben, um einer Verwechslung mit einem Zeitformat vorzubeugen. Im Zeitformat steht *"mm"* für Minuten.

> **HINWEIS** Im Funktions-Assistenten finden Sie in der Kategorie *Datum & Zeit* weitere Funktionen. Auch das Add-In *Analyse-Funktionen* bringt weitere Funktionen mit, etwa zur Berechnung des Monatsendes oder der Nettoarbeitstage. Sie sollten es daher über den Menübefehl *Extras/Add-Ins* einbinden.

 Die gezeigten Beispiele finden Sie in der Tabelle *Datum* in der Datei *Datzeit.xls* im Ordner *\Buch\Kap15* auf der CD-ROM zu diesem Buch.

Abbildg. 15.36 Datumsfunktionen und Datumsformate

	A	B	C	D	E	F	G
1							
2		**Datumsfunktionen**					
3		Zeile	Bemerkung	Wert	Zahlenformat	Formel	
4		A	Festes Datum eingeben mit [Strg]+[.]	05.07.2003	T.M.JJJJ	37807	
5		B	Aktualisierbare Formel mit =HEUTE()	23.07.2003	T.M.JJJJ	=HEUTE()	
6		C	DATWERT(TEXT(D3;"tt.MM.jjjj"))	37807	Standard	=DATWERT(TEXT(D4;"tt.MM.jjjj"))	
7		D	DATWERT(TEXT(D4;"tt.MM.jjjj"))	37825	Standard	=DATWERT(TEXT(D5;"tt.MM.jjjj"))	
8		E	Differenz B - A in Tagen	18.01.1900	T.M.JJJJ	=D5-D4	
9		F	Differenz B - A in Tagen	18	Standard	=D5-D4	
10		G	Der Tag von A	5	Standard	=TAG(D4)	
11		H	Der Tag von A	Donnerstag	TTTT	=TAG(D4)	
12		I	Der Monat von A	7	Standard	=MONAT(D4)	
13		J	Der Monat von A	Januar	MMMM	=MONAT(D5)	
14		K	Das Jahr von A	2003	Standard	=JAHR(D4)	
15							

Sind Sie ein Sonntagskind?

Dieser Frage können Sie mit der Tabellenfunktion

```
WOCHENTAG(Zahl;Typ)
```

nachgehen, wenn Sie für das Argument *Zahl* das Datum eintragen und für das Argument *Typ* einen der Werte aus Tabelle 15.7.

Tabelle 15.7 Die Rückgabewerte von *WOCHENTAG* einstellen

Typ	Zahl
1 oder nicht angegeben	Zahl 1 (Sonntag) bis 7 (Samstag). Standard
2	Zahl 1 (Montag) bis 7 (Sonntag).
3	Zahl 0 (Montag) bis 6 (Sonntag).

Beispiel:

```
=WOCHENTAG("23.05.1956";1)
```

Das Ergebnis dieser Funktion ist eine Zahl zwischen 1 und 7. Wenn Sie diese Zahl in den Wochentag umwandeln wollen, vergeben Sie für die Zelle ein geeignetes Zahlenformat, z.B. »TTTT« (ohne Anführungszeichen).

In einer einzigen Formel kann die Prüfung so aussehen:

```
=WENN(WOCHENTAG("23.05.1956";1)=1;"Sie sind ein Sonntagskind!";"Sie sind an einem Wochentag geboren!")
```

Der wievielte Tag des Jahres ist heute?

Auch solche Fragen sind manchmal wichtig und die Antwort mit verschachtelten Funktionen darstellbar. Die Formel

```
=HEUTE()-DATUM(JAHR(HEUTE())-1;12;31)
```

bringt diese Information in eine Zelle, indem vom heutigen Tag der 31.12. des Vorjahres abgezogen wird.

Wann beginnt die Sommerzeit?

Ganz praktisch können Sie mit dieser Tabellenfunktion z.B. den Beginn und das Ende der Sommerzeit ermitteln. Jeder Langschläfer muss das natürlich wissen: seit 1996 beginnt die Sommerzeit am letzten Sonntag im März und endet am letzten Sonntag im Oktober.

Der Beginn der Sommerzeit des aktuellen Jahres lässt sich mit der folgenden Formel berechnen:

`=DATUM(JAHR(HEUTE());3;31)-WOCHENTAG(DATUM(JAHR(HEUTE());3;31);2)`

oder mit einem Zellbezug

`=DATUM(JAHR(A1);3;31)-WOCHENTAG(DATUM(JAHR(A1);3;31);2)`

Der Teil

`WOCHENTAG(DATUM(JAHR(A1);3;31);2)`

liefert eine Zahl für den Wochentag. Über das Argument *Typ* = 2 ist die Formel so eingestellt, dass Excel mit dem Montag = 1 beginnt. Diese Zahl stellt die seit dem letzten Sonntag vergangenen Tage dar. Wenn Sie diese Zahl vom letzten Tag des Monats abziehen, haben Sie den letzten Sonntag gefunden.

Wenn Sie den Beginn der Sommerzeit für ein bestimmtes Jahr ausrechnen wollen, können Sie folgende Formel verwenden:

`=DATUM(2006;3;31)-WOCHENTAG(DATUM(2006;3;31);2)`

Wann beginnt die Winterzeit?

Die Zeitumstellung für die Winterzeit findet am letzten Sonntag im Oktober statt. Das Datum dazu berechnet die Formel:

`=DATUM(JAHR(A1);10;30)-WOCHENTAG(DATUM(JAHR(A1);10;30);2)`

Oder für das aktuelle Jahr die Formel:

`=DATUM(JAHR(HEUTE());10;31)-WOCHENTAG(DATUM(JAHR(HEUTE());10;31);2)`

Wann die Normalzeit für ein bestimmtes Jahr beginnt, finden Sie mit dieser Formel heraus:

`=DATUM(2006;10;31)-WOCHENTAG(DATUM(2006;10;31);2)`

 Mehr zum Thema »Zeit« finden Sie im Internet auf der Seite der Physikalisch-Technischen Bundesanstalt unter *http://www.ptb.de.*

Das Monatsende und der nächste Erste

Für die Berechnung des Monatsendes enthält das Add-In *Analyse-Funktionen* die Funktion *MONATSENDE(Ausgangsdatum;Monate).*

Mit dieser Funktion können Sie, ausgehend vom *Ausgangsdatum,* das Datum berechnen, das um eine – über das Argument *Monate* angegebene – Zeitspanne versetzt ist. Geben Sie für das Argument *Monate* den Wert *0* an, können Sie damit das Monatsende des Datums berechnen, das Sie als Ausgangsdatum festgelegt haben. Für das aktuelle Datum errechnet sich der Monatsletzte mit der Formel:

`=MONATSENDE(HEUTE();0)`

Der nächste Erste kann damit ebenfalls berechnet werden. Addieren Sie dazu lediglich einen Tag:

`=MONATSENDE(HEUTE();0)+1`

Ist das Jahr ein Schaltjahr?

Mit einer Formel können Sie auch ermitteln, ob es sich bei einem bestimmten Jahr um ein Schaltjahr handelt. Dazu muss vorher die Frage geklärt werden, wann ein Jahr ein Schaltjahr ist.

Welche Jahre sind eigentlich Schaltjahre?

In der Datumsberechnung müssen auch die Schaltjahre korrekt berechnet werden. Im Gregorianischen Kalender – den wir verwenden – ist alle vier Jahre ein Schaltjahr vorgesehen, in dem der Februar 29 Tage hat. Als Sonderfall gilt, dass dann kein Schaltjahr ist, wenn die Jahreszahl ohne Rest durch 100 teilbar ist, mit folgender Ausnahme: Ist die Jahreszahl ohne Rest durch 400 teilbar, handelt es sich trotzdem um ein Schaltjahr. Ist diese letzte Regel bei der Programmierung nicht berücksichtigt, wird es statt einem 29. Februar 2000 weitere Fehler geben.

Die Prüfung auf ein Schaltjahr kann mit einer verschachtelten *WENN*-Funktion gelöst werden.

Beispiel:

```
=WENN(REST(1957;400)=0;"J";WENN(REST(1957;100)=0;"N";WENN(REST(1957;4)=0;"J";"N")))
```

Das Ergebnis ist das Zeichen »J« wenn es sich um ein Schaltjahr handelt, ansonsten wird der Wert »N« zurückgegeben. Für 1957 lautet das Ergebnis »N«.

PROFITIPP

Wollen Sie die Antwort der eingebauten Datumsfunktion *DATUM* überlassen, können Sie auch die folgende Formel verwenden:

```
=TAG(DATUM(1957;2;29))=29
```

Wenn das Ergebnis der Funktion *DATUM(Jahr;Monat;Tag)* ein ungültiger Schalttag ist, gibt Excel stattdessen den nächsten Tag, also den 1. März, aus. Sie müssen also lediglich einen Vergleich durchführen, ob das Ergebnis der Funktion *TAG* gleich 29 ist. Ist das der Fall, handelt es sich um ein Schaltjahr. Lediglich für das Jahr 1900 gibt diese Formel das falsche Jahr aus, weil Excel dieses Jahr – nicht korrekt – als Schaltjahr betrachtet.

Ein Kalender für alle Fälle

Der Aufbau eines Tabellenblattes in Excel hat ja eigentlich schon das Aussehen eines Jahreskalenders. Die Aufgabe besteht also darin, eine Formel zu finden, um die einzelnen Wochentage und Datumswerte einzutragen. Setzen wir einen Wunsch dazu: Der Kalender soll durch einfaches Ändern der Jahreszahl in einer Zelle auch im nächsten Jahr noch verwendet werden können.

Die Lösung führt über einen Namen für die komfortable Änderung des Jahres und eine Formel zum Ziel.

Name für das Jahr

Über den Menübefehl *Einfügen/Namen/Definieren* können Sie für Bereiche einen Namen festlegen. Diesen Namen können Sie dann anstelle des tatsächlichen Bezuges in Formeln verwenden. Mehr zum Thema »Namen« finden Sie in Kapitel 19.

Ein Name kann auch auf eine Funktion zeigen und davon soll bei der hier vorgestellten Lösung Gebrauch gemacht werden:

1. Rufen Sie über den Menübefehl *Einfügen/Namen/Definieren* das Dialogfeld *Namen definieren* auf.

2. Tragen Sie den Namen *aktuellesJahr* ein.

3. Im Feld *Bezieht sich auf* tragen Sie die Formel =JAHR(HEUTE()) ein.

4. Damit zeigt der Name *aktuellesJahr* auch immer auf das aktuelle Jahr.

Die Struktur eines Tabellenblatts hilft bei der Lösung

Wie können Sie jetzt aus dieser Jahreszahl über eine einzige Formel einen Kalender erstellen? In Zelle A1 soll jetzt per Formel der 1. Januar angezeigt werden. Darunter der 2. Januar; in Spalte B soll dann der Februar abgebildet werden usw.

Excel hat eine Funktion, die aus zusammengesetzten Zahlenwerten ein Datum berechnen kann. Die Funktion

DATUM(Jahr;Monat;Tag)

errechnet ein solches Datum. Für das Argument *Jahr* können Sie den Namen *aktuellesJahr* verwenden. Für das Argument *Monat* verwenden Sie die Funktion *SPALTE()*. Sie setzt die Nummer der jeweiligen Spalte für den Monat ein. Also *Spalte 1* ist *Monat 1* (Januar), *Spalte 2* ist *Monat 2* (Februar) usw. Und für das Argument *Tag* verwenden Sie die Funktion *ZEILE()*.

Die Formel in *A1* lautet:

```
=DATUM(aktuellesJahr;SPALTE();ZEILE())
```

Kopieren Sie diese Formel nach unten bis Zelle *A31* und anschließend nach rechts bis zur Zelle *L31*. Fertig! Haben Sie sich das so leicht vorgestellt?

> **TIPP** Wenn Sie für den gesamten Bereich über den Menübefehl *Format/Zellen,* Registerkarte *Zahlen,* in der Kategorie *Benutzerdefiniert* das Zahlenformat auf *"TTTT,* TT.MM.JJJJ"* festlegen, können Sie sich neben dem Datum auch noch den jeweiligen Wochentag anzeigen lassen. Manchmal kann auch das kürzere Format erwünscht sein, das lediglich die Anfangsbuchstaben des Wochentages anzeigt. Geben Sie dann *"TTT,* TT.MM.JJJJ"* ein.

Über die Änderung des Namens *aktuellesJahr* können Sie sehr bequem die Jahreszahl ändern und der Kalender wird neu berechnet.

Mehr zum Thema »Zahlenformate« finden Sie in Kapitel 9.

Problem: Unterschiedliche Anzahl an Tagen

So ganz stimmt der Kalender noch nicht. Einige Monate haben ja nur 30 Tage. Völlig vertrackt scheint die Sache beim Februar. Der hat in der Regel nur 28, in Schaltjahren jedoch 29 Tage.

Wenn Sie den bisherigen Kalender betrachten, werden am Ende mancher Monate die ersten Tage des neuen Monats angezeigt. Diese Werte sollten also unterdrückt werden. Genau dann, wenn in der ersten Spalte ein Datum des Monats Januar, in der zweiten Spalte des Monats Februar usw. errechnet wird, soll dieser Wert auch angezeigt werden. Ansonsten soll das Feld leer bleiben. Sie kommen also nicht umhin, die Formel noch etwas zu verbessern.

Die angepasste Formel

Mit der Funktion *WENN* können Sie das Problem der unterschiedlichen Dauer der »normalen« Monate mit 30 bzw. 31 Tagen, sowie auch den Februar mit wechselnder Dauer bei Schaltjahren in den Griff bekommen.

Wenn der Monat, der sich aus *MONAT(DATUM($A$1;SPALTE();ZEILE()-1))* ergibt, gleich der aktuellen Spalte (über *SPALTE() ermittelt)* ist, dann soll das Datum berechnet und angezeigt werden. Liegt das Datum in einem anderen Monat, dann wird der Wert ausgeblendet, was durch die Verwendung des doppelten Anführungszeichens als zweites Argument in der *WENN*-Funktion erreicht wird. Die vollständige Formel in Zelle *A1* lautet demnach:

```
=WENN(MONAT(DATUM(aktuellesJahr;SPALTE();ZEILE()))=SPALTE();DATUM(aktuellesJahr;SPALTE();ZE
ILE()));"")
```

Abbildg. 15.37 Kalenderblatt über eine einzige Formel erstellt

	A	B	C	D	E	F	G	H	I	J	K	L
					fx	=WENN(MONAT(DATUM(aktuellesJahr;SPALTE();ZEILE()))=SPALTE();DATUM(aktuellesJahr;SPALTE();ZEILE());"")						
1	01.01.2003	01.02.2003	01.03.2003	01.04.2003	01.05.2003	01.06.2003	01.07.2003	01.08.2003	01.09.2003	01.10.2003	01.11.2003	01.12.2003
2	02.01.2003	02.02.2003	02.03.2003	02.04.2003	02.05.2003	02.06.2003	02.07.2003	02.08.2003	02.09.2003	02.10.2003	02.11.2003	02.12.2003
3	03.01.2003	03.02.2003	03.03.2003	03.04.2003	03.05.2003	03.06.2003	03.07.2003	03.08.2003	03.09.2003	03.10.2003	03.11.2003	03.12.2003
4	04.01.2003	04.02.2003	04.03.2003	04.04.2003	04.05.2003	04.06.2003	04.07.2003	04.08.2003	04.09.2003	04.10.2003	04.11.2003	04.12.2003
5	05.01.2003	05.02.2003	05.03.2003	05.04.2003	05.05.2003	05.06.2003	05.07.2003	05.08.2003	05.09.2003	05.10.2003	05.11.2003	05.12.2003
6	06.01.2003	06.02.2003	06.03.2003	06.04.2003	06.05.2003	06.06.2003	06.07.2003	06.08.2003	06.09.2003	06.10.2003	06.11.2003	06.12.2003
7	07.01.2003	07.02.2003	07.03.2003	07.04.2003	07.05.2003	07.06.2003	07.07.2003	07.08.2003	07.09.2003	07.10.2003	07.11.2003	07.12.2003
8	08.01.2003	08.02.2003	08.03.2003	08.04.2003	08.05.2003	08.06.2003	08.07.2003	08.08.2003	08.09.2003	08.10.2003	08.11.2003	08.12.2003
9	09.01.2003	09.02.2003	09.03.2003	09.04.2003	09.05.2003	09.06.2003	09.07.2003	09.08.2003	09.09.2003	09.10.2003	09.11.2003	09.12.2003
10	10.01.2003	10.02.2003	10.03.2003	10.04.2003	10.05.2003	10.06.2003	10.07.2003	10.08.2003	10.09.2003	10.10.2003	10.11.2003	10.12.2003
11	11.01.2003	11.02.2003	11.03.2003	11.04.2003	11.05.2003	11.06.2003	11.07.2003	11.08.2003	11.09.2003	11.10.2003	11.11.2003	11.12.2003
12	12.01.2003	12.02.2003	12.03.2003	12.04.2003	12.05.2003	12.06.2003	12.07.2003	12.08.2003	12.09.2003	12.10.2003	12.11.2003	12.12.2003
13	13.01.2003	13.02.2003	13.03.2003	13.04.2003	13.05.2003	13.06.2003	13.07.2003	13.08.2003	13.09.2003	13.10.2003	13.11.2003	13.12.2003
14	14.01.2003	14.02.2003	14.03.2003	14.04.2003	14.05.2003	14.06.2003	14.07.2003	14.08.2003	14.09.2003	14.10.2003	14.11.2003	14.12.2003
15	15.01.2003	15.02.2003	15.03.2003	15.04.2003	15.05.2003	15.06.2003	15.07.2003	15.08.2003	15.09.2003	15.10.2003	15.11.2003	15.12.2003
16	16.01.2003	16.02.2003	16.03.2003	16.04.2003	16.05.2003	16.06.2003	16.07.2003	16.08.2003	16.09.2003	16.10.2003	16.11.2003	16.12.2003
17	17.01.2003	17.02.2003	17.03.2003	17.04.2003	17.05.2003	17.06.2003	17.07.2003	17.08.2003	17.09.2003	17.10.2003	17.11.2003	17.12.2003
18	18.01.2003	18.02.2003	18.03.2003	18.04.2003	18.05.2003	18.06.2003	18.07.2003	18.08.2003	18.09.2003	18.10.2003	18.11.2003	18.12.2003
19	19.01.2003	19.02.2003	19.03.2003	19.04.2003	19.05.2003	19.06.2003	19.07.2003	19.08.2003	19.09.2003	19.10.2003	19.11.2003	19.12.2003
20	20.01.2003	20.02.2003	20.03.2003	20.04.2003	20.05.2003	20.06.2003	20.07.2003	20.08.2003	20.09.2003	20.10.2003	20.11.2003	20.12.2003
21	21.01.2003	21.02.2003	21.03.2003	21.04.2003	21.05.2003	21.06.2003	21.07.2003	21.08.2003	21.09.2003	21.10.2003	21.11.2003	21.12.2003
22	22.01.2003	22.02.2003	22.03.2003	22.04.2003	22.05.2003	22.06.2003	22.07.2003	22.08.2003	22.09.2003	22.10.2003	22.11.2003	22.12.2003
23	23.01.2003	23.02.2003	23.03.2003	23.04.2003	23.05.2003	23.06.2003	23.07.2003	23.08.2003	23.09.2003	23.10.2003	23.11.2003	23.12.2003
24	24.01.2003	24.02.2003	24.03.2003	24.04.2003	24.05.2003	24.06.2003	24.07.2003	24.08.2003	24.09.2003	24.10.2003	24.11.2003	24.12.2003
25	25.01.2003	25.02.2003	25.03.2003	25.04.2003	25.05.2003	25.06.2003	25.07.2003	25.08.2003	25.09.2003	25.10.2003	25.11.2003	25.12.2003
26	26.01.2003	26.02.2003	26.03.2003	26.04.2003	26.05.2003	26.06.2003	26.07.2003	26.08.2003	26.09.2003	26.10.2003	26.11.2003	26.12.2003
27	27.01.2003	27.02.2003	27.03.2003	27.04.2003	27.05.2003	27.06.2003	27.07.2003	27.08.2003	27.09.2003	27.10.2003	27.11.2003	27.12.2003
28	28.01.2003	28.02.2003	28.03.2003	28.04.2003	28.05.2003	28.06.2003	28.07.2003	28.08.2003	28.09.2003	28.10.2003	28.11.2003	28.12.2003
29	29.01.2003		29.03.2003	29.04.2003	29.05.2003	29.06.2003	29.07.2003	29.08.2003	29.09.2003	29.10.2003	29.11.2003	29.12.2003
30	30.01.2003		30.03.2003	30.04.2003	30.05.2003	30.06.2003	30.07.2003	30.08.2003	30.09.2003	30.10.2003	30.11.2003	30.12.2003
31	31.01.2003		31.03.2003		31.05.2003		31.07.2003	31.08.2003		31.10.2003		31.12.2003

Mit einer einzigen Formel haben Sie einen Kalender erstellt, der neben der unterschiedlichen Dauer der Monate auch die Besonderheiten des Monats Februar berücksichtigt (Abbildung 15.37).

Das fertige Beispiel finden Sie in der Tabelle *Kalender* in der Datei *Datzeit.xls* im Ordner *\Buch\Kap15* auf der CD-ROM zu diesem Buch.

Wenn Sie einen Kalender für das Jahr 1900 erstellen, werden Sie feststellen, dass Excel dieses Jahr ebenfalls als Schaltjahr betrachtet. Ganz korrekt ist dies nicht. Bei den Jahren, die durch 100 teilbar sind, sind nur die Jahre Schaltjahre, die auch durch 400 teilbar sind. Wie oben ausgeführt, ist der Zeitraum für Datumsberechnungen in Excel aber sowieso eingeschränkt.

HINWEIS Ein Beispiel dafür, wie Sie die Wochentage mit Hilfe der *Bedingten Formatierung* in unterschiedlichen Farben darstellen können, finden Sie in Kapitel 12.

Hilfsspalten zum Sortieren und Filtern aufbauen

Excel kann unterschiedlichste Daten sortieren. Zahlen, Text und Datumswerte stellen kein Problem dar (vgl. Sie hierzu Kapitel 20). Datumswerte werden standardmäßig allerdings in der Reihenfolge Jahr, Monat und Tag sortiert. Für eine Übersicht, wer als nächstes Geburtstag hat, ist diese Sortierfolge ungeeignet.

Abbildg. 15.38   Diese Liste soll so sortiert werden, dass die Geburtstage in der jahreszeitlichen Abfolge angezeigt werden

	A	B	C	D
1				
2		**Geburtstagsliste sortieren**		
3		Name	Geburtstag	
4		Hans	27.05.1972	
5		Martin	08.01.2000	
6		Gisela	18.05.1992	
7		Werner	01.07.1957	
8		Klaus	04.12.1959	
9		Sabine	18.02.1957	
10		Ursula	24.12.1997	
11		Heike	20.03.1960	
12		Andrea	10.12.1971	
13		Achim	12.08.1958	
14				

Das Sortieren einer Liste ist ein nicht ganz unkritischer Vorgang, weil aus einem wohlgeordneten Datenbestand schnell ein unbrauchbarer »Datensalat« werden kann. Das kann z.B. dann der Fall sein, wenn nicht alle Daten markiert wurden, bevor der Sortierbefehl ausgeführt wurde. Wenn Sie gleich im Anschluss an das Sortieren den Fehler bemerken, können Sie den Befehl noch rückgängig machen (über *Bearbeiten/Rückgängig*). Wenn nicht ...!

PROFITIPP

> Aber so weit wollen wir es gar nicht kommen lassen. Eine gute Methode etwas Sicherheit einzubauen, ist das Einfügen einer Spalte, um die ursprüngliche Sortierung wieder herzustellen. Nummerieren Sie die Zeilen (oder Spalten) mit der *AutoAusfüllen*-Funktion (vgl. Kapitel 4). Damit können Sie die ursprüngliche Sortierfolge jederzeit wieder herstellen.

Abbildg. 15.39   Die Datumswerte sind jetzt nach Monat und Tag aufsteigend sortiert

	A	B	C	D	E	F	G
1							
2		**Geburtstagsliste sortiert nach Monat und Tag**					
3		Name	Geburtstag	Ursprüngliche Reihenfolge	Sortierkriterium	Formel	
4		Martin	08.01.2000	2	0108	=TEXT(MONAT(C4);"00")&TEXT(TAG(C4);"00")	
5		Sabine	18.02.1957	6	0218	=TEXT(MONAT(C5);"00")&TEXT(TAG(C5);"00")	
6		Heike	20.03.1960	8	0320	=TEXT(MONAT(C6);"00")&TEXT(TAG(C6);"00")	
7		Gisela	18.05.1992	3	0518	=TEXT(MONAT(C7);"00")&TEXT(TAG(C7);"00")	
8		Hans	27.05.1972	1	0527	=TEXT(MONAT(C8);"00")&TEXT(TAG(C8);"00")	
9		Werner	01.07.1957	4	0701	=TEXT(MONAT(C9);"00")&TEXT(TAG(C9);"00")	
10		Achim	12.08.1958	10	0812	=TEXT(MONAT(C10);"00")&TEXT(TAG(C10);"00")	
11		Klaus	04.12.1959	5	1204	=TEXT(MONAT(C11);"00")&TEXT(TAG(C11);"00")	
12		Andrea	10.12.1971	9	1210	=TEXT(MONAT(C12);"00")&TEXT(TAG(C12);"00")	
13		Ursula	24.12.1997	7	1224	=TEXT(MONAT(C13);"00")&TEXT(TAG(C13);"00")	
14							

Daten auswerten: Berechnungen

Und so erstellen Sie ein Sortierkriterium, über das Sie die Daten aufsteigend nach Monat und Tag sortieren können:

1. Nachdem Sie in Spalte *D* die ursprüngliche Sortierung erhalten haben, tragen Sie in Zelle *E4* die Formel =TEXT(MONAT(C4);"00")&TEXT(TAG(C4);"00") ein.

2. Kopieren Sie diese Formel nach unten bis zur Zelle *E13*.

3. Markieren Sie den Bereich *B4:E13*.

4. Rufen Sie über *Daten/Sortieren* das Dialogfeld *Sortieren* auf.

5. Wählen Sie im Listenfeld *Sortieren nach* die Spalte *Sortierkriterium* und die aufsteigende Sortierfolge aus.

6. Schließen Sie das Dialogfeld mit *OK*.

7. Die anschließende *Sortierwarnung* bestätigen Sie ebenfalls mit *OK*.

Die Formel verkettet den Teil *Monat* mit dem Teil *Tag* des Datums zu einer Zeichenfolge. Wichtig ist in diesem Zusammenhang der Einsatz der Funktion *TEXT*. Ohne diese Funktion, also etwa mit der Formel =MONAT(C4)&TAG(C4), kommt ein unbrauchbares Sortierkriterium zustande, weil zweistellige Monats- und Tageswerte nicht berücksichtigt werden. Wenn Sie nach einem solchen Kriterium sortiert haben, lernen Sie die zuvor eingebaute Sicherheit über die Spalte »ursprüngliche Reihenfolge« schätzen.

Datumswerte vor der Excel-Zeitrechnung sortieren

Vielleicht betreiben Sie ja Ahnenforschung und tragen die wichtigen Familiendaten in eine Excel-Tabelle ein. Damit sind die Informationen schnell verfügbar und neu hinzugekommene Daten können durch Sortieren an die richtige Stelle gebracht werden. Ist es wirklich so einfach?!

Leider nicht ganz, denn in Excel beginnt die Datumsrechnung am 1. Januar 1900. Haben Sie Datumswerte, die vor diesem Tag liegen, können Sie diese zwar sortieren, bei genauem Hinsehen stellen Sie allerdings fest, dass die Sortierfolge nicht korrekt ist. Excel sortiert die Datumswerte als Text, was zur Folge hat, dass der 1.01.1845 vor dem 2.01.1645 liegt.

> **TIPP** Eine Alternative stellt die getrennte Erfassung der Datumsbestandteile Tag, Monat und Jahr dar. Erfassen Sie diese Teile in getrennten Spalten, können Sie die Daten auch korrekt sortieren.

Wollen Sie Datumswerte in einer Spalte erfassen, dann schauen Sie sich das folgende Beispiel an. Dieses geht davon aus, dass Sie die Datumswerte als zehnstellige Werte erfassen und die Zellen als Text formatiert sind.

Um Datumswerte vor der Excel-Datumsrechnung korrekt zu sortieren, gehen Sie wie folgt vor:

1. Fügen Sie zunächst eine Spalte ein, um die ursprüngliche Sortierfolge zu erhalten.

2. Tragen Sie in Zelle *D4* die Formel =RECHTS(B4;4)&TEIL(B4;FINDEN(".";B4;1)+1;2)&LINKS(B4;2) ein und kopieren Sie diese nach unten bis zur Zelle *D13*.

3. Markieren Sie den Bereich *B4:D13*.

4. Rufen Sie über *Daten/Sortieren* das Dialogfeld *Sortieren* auf.

5. Wählen Sie im Listenfeld *Sortieren nach* die Spalte *Sortierkriterium* und die aufsteigende Sortierfolge aus.

6. Schließen Sie das Dialogfeld mit *OK*.

7. Die anschließende *Sortierwarnung* bestätigen Sie ebenfalls mit *OK*.

Abbildg. 15.40   Datumswerte werden korrekt sortiert, wenn diese als Text erfasst wurden

	A	B	C	D	E	F
1						
2		**Datumswerte vor dem 1.1.1900 richtig sortieren**				
3		Datumswert (zehnstellig)	Ursprüngliche Reihenfolge	Sortierkriterium	Formel	
4		02.01.1645	4	16450102	=RECHTS(B4;4)&TEIL(B4;FINDEN(".";B4;1)+1;2)&LINKS(B4;2)	
5		03.03.1733	2	17330303	=RECHTS(B5;4)&TEIL(B5;FINDEN(".";B5;1)+1;2)&LINKS(B5;2)	
6		03.03.1734	6	17340303	=RECHTS(B6;4)&TEIL(B6;FINDEN(".";B6;1)+1;2)&LINKS(B6;2)	
7		01.01.1845	3	18450101	=RECHTS(B7;4)&TEIL(B7;FINDEN(".";B7;1)+1;2)&LINKS(B7;2)	
8		15.01.1845	1	18450115	=RECHTS(B8;4)&TEIL(B8;FINDEN(".";B8;1)+1;2)&LINKS(B8;2)	
9		15.01.1847	7	18470115	=RECHTS(B9;4)&TEIL(B9;FINDEN(".";B9;1)+1;2)&LINKS(B9;2)	
10		08.06.1912	9	19120608	=RECHTS(B10;4)&TEIL(B10;FINDEN(".";B10;1)+1;2)&LINKS(B10;2)	
11		05.09.1929	8	19290905	=RECHTS(B11;4)&TEIL(B11;FINDEN(".";B11;1)+1;2)&LINKS(B11;2)	
12		29.02.1948	5	19480229	=RECHTS(B12;4)&TEIL(B12;FINDEN(".";B12;1)+1;2)&LINKS(B12;2)	
13		29.11.1954	10	19541129	=RECHTS(B13;4)&TEIL(B13;FINDEN(".";B13;1)+1;2)&LINKS(B13;2)	
14						

Wie rechnet Excel mit der Zeit?

Bei Uhrzeiten verhält es sich ganz ähnlich. Geben Sie die aktuelle Zeit mit der Tastenkombination `Strg`+`:` (Doppelpunkt) ein. Die Uhrzeit wird in der Form *16:21* angezeigt. In der Bearbeitungszeile steht ebenfalls *16:21*. Das Zahlenformat ist *hh:mm*. Stellen Sie nun über den Menübefehl *Format/Zellen* das Zahlenformat *Standard* ein, wird der Wert *0,68125* angezeigt.

WICHTIG   Die Uhrzeit eines Tages ist ebenfalls eine Zahl mit einem speziellen Zahlenformat. In Excel entsprechen die 24 Stunden eines Tages dem Wert *1*. Eine Stunde entspricht dann *1/24*, eine Minute *1/1440* usw.

Tabellenfunktionen zur Zeit

Mit der Formel

=JETZT()

können Sie eine aktualisierbare Zeit eintragen. Das bedeutet, dass bei jeder Neuberechnung der Zelle die Zeitangabe aktualisiert wird. Die Funktion liefert die fortlaufende Zahl des aktuellen Datums und der aktuellen Uhrzeit. Analog zum Datum gibt es Funktionen, um die Teile der Uhrzeit zu ermitteln. Mit den Funktionen

STUNDE(Zahl),

MINUTE(Zahl) und

SEKUNDE(Zahl)

können Sie die gesuchten Teile der Zeit berechnen. Für das Argument *Zahl* können Sie dabei einen Bezug, die Funktion *JETZT()* oder einen festen Wert in der Form *21:48* angeben.

Entsprechend den Datumsfunktionen gibt es für die Berechnung der Zeiten die Funktionen

ZEITWERT(Zeit)

und

ZEIT(Stunde;Minute;Sekunde)

Die Abbildung 15.41 zeigt hierzu einige Beispiele.

Abbildg. 15.41 Das Zahlenformat beeinflusst die Anzeige von Zeitfunktionen und Zeitwerten

	A	B	C	D	E	F	G
1							
2		**Zeitfunktionen**					
3		Zeile	Bemerkung	Wert	Formel	Zahlenformat	
4		A	Feste Zeit eingeben mit [Strg]+[:]	15:31	0,646527778	hh:mm	
5		B	Aktualisierbare Formel mit =JETZT()	20.07.2003 15:24	=JETZT()	TT.MM.JJJJ hh:mm	
6		C	ZEITWERT(TEXT(D3;"h:mm"))	0,646527778	=ZEITWERT(TEXT(D4;"h:mm"))	Standard	
7		D	ZEITWERT(TEXT(D4;"h:mm"))	0,641666667	=ZEITWERT(TEXT(D5;"h:mm"))	Standard	
8		E	Differenz B - A in Stunden	##################	=D7-D6	hh:mm	
9		F	Differenz B - A dezimal	-0,004861111	=D7-D6	Standard	
10		G	Die Sekunde von A	0	=SEKUNDE(D4)	Standard	
11		H	Die Minute von A	31	=MINUTE(D4)	Standard	
12		I	Die Stunde von A	15	=STUNDE(D4)	Standard	
13							

Die gezeigten Beispiele finden Sie in der Tabelle *Zeit* in der Datei *Datzeit.xls* im Ordner *\Buch\Kap15* auf der CD-ROM zu diesem Buch.

Der Alltag bei der Zeitrechnung

Wenn Sie mit Datum oder Zeit rechnen, brauchen Sie sich im Allgemeinen nicht um eine Umwandlung zu sorgen – Excel nimmt diese automatisch vor. Die Differenz zwischen zwei Datums- oder Zeitangaben ist mit einer Subtraktion, etwa in der Form

```
=B1-A1
```

möglich. Sie können also zur Erfassung z.B. von Arbeitszeiten eine Tabelle aufbauen, die für jeden Arbeitstag die abgeleisteten Stunden errechnet.

Nehmen wir an, Sie wollen ein Arbeitsblatt auch für Schichtarbeiter aufbauen. Es gibt Mitarbeiter, die von 22:00 bis 6:00 am nächsten Tag arbeiten. Wie ermitteln Sie die korrekte Arbeitszeit?

Wenn die Mitarbeiter von 22:00 bis 6:00 am nächsten Tag arbeiten, etwa innerhalb eines Bereitschaftsdienstes im Krankenhaus, erhalten Sie als Differenz einen »wunderschönen Gartenzaun«. Auch das Ändern der Spaltenbreite hilft in diesem Fall nicht. Interessant ist, dass Excel die Zeit berechnen kann, wenn Sie das Zahlenformat auf *Standard* einstellen. Allein das Zahlenformat mag keine negativen Zahlen darstellen. Eigentlich auch verständlich oder hat Ihre Uhr schon einmal –12 geschlagen?

Um das Problem zu lösen, sind zwei Wege möglich: Sie können entweder die allgemeine Einstellung über den Menübefehl *Extras/Optionen* ändern oder den Weg über eine Formel gehen.

Die Option 1904-Datumswerte

Achtung vor dem Umstellen!

Über den Menübefehl *Extras/Optionen* können Sie auf der Registerkarte *Berechnung* das Kontrollkästchen *1904-Datumswerte* aktivieren. Damit kann Excel dann auch mit negativen Zeiten rechnen. Dieses Vorgehen hat aber Konsequenzen: Zum einen gilt diese Einstellung nur für die aktive Arbeitsmappe. Beziehen sich andere Mappen auf diese Zeitwerte, muss auch in diesen Mappen die entsprechende Änderung vorgenommen werden. Ferner ändern sich sämtliche bereits eingetragenen Datumswerte um vier Jahre und alle bestehenden Daten müssen angepasst werden. Die Umstellung dieser Option ist daher kaum eine sichere Lösung.

In Excel für den Macintosh basiert die Zeitrechnung auf den 1904-Datumswerten. Wenn Sie dort eine Datei aus einer Windows-Version von Excel öffnen, erkennt Excel das Dateiformat und ändert automatisch die Datumseingaben. Auch der umgekehrte Weg funktioniert.

Rechnen über die Tagesgrenze hinaus

Um das Problem zu lösen, müssen Sie in der Formel also weitere Informationen angeben. Da Excel auch mit einem Datum rechnen kann, können Sie bei der Erfassung der Zeiten das Datum mit angeben. Ist der Beginn der Arbeitszeit *7.7.2005 22:00* und das Ende *8.7.2005 06:00*, so ist auch die Berechnung der Differenz kein Problem. Für die Anzeige sollten Sie das Zahlenformat der Ergebniszelle allerdings mit dem Zahlenformat *h:mm* formatieren.

Eine weitere Möglichkeit besteht darin, zu prüfen, welcher der Zeitwerte der Größere ist. Mit der Funktion *WENN(Prüfung;Dann_Wert;Sonst_Wert)* können Sie das etwa über die Formel

`=WENN(A1>B1;1-(A1-B1);B1-A1)`

erreichen oder als Text inklusive Vorzeichen mit der Formel

`=WENN((B1-A1)>=0;B1-A1;"-"&TEXT(ABS(1+B1-A1);"hh:mm"))`

Aller guten Dinge sind bekanntlich drei: Setzen Sie doch direkt einen booleschen Vergleich in der Form

A1>B1

ein. Das Ergebnis ist einer der Wahrheitswerte *WAHR* oder *FALSCH*. Trifft Excel in einer Berechnung auf Wahrheitswerte, so werden diese in die Zahlen *1* bzw. *0* umgewandelt. Wie Sie oben gesehen haben, entspricht ein ganzer Tag dem Wert *1*. Addieren Sie also zu einer Zeit den Wert *1* (*B1* ist tatsächlich größer als *A1*), fällt das Ergebnis auf den nächsten Tag. Die Formel

`=(A1>B1)+B1-A1`

liefert also genau das gesuchte Ergebnis.

Alternative mit der Tabellenfunktion *ABS*

Auch hier gibt es einen weiteren Weg, die Aufgabe zu lösen. So können Sie die Tabellenfunktion *ABS(Zahl)* einsetzen und damit Zeitwerte voneinander subtrahieren.

Beispiel:

`=ABS("23:00"-"16:00")`

liefert als Ergebnis die Zahl 0,291666666666667. Wenn Sie diese Zahl als Zeitwert formatieren, wird das korrekte Ergebnis 7:00 angezeigt.

Über die Funktion *TEXT* können Sie das Ergebnis auch gleich als Text formatiert ausgeben:

`=TEXT(ABS("23:00"-"16:00");"[h]:mm")`

Zeiten aufaddieren

Ein weiteres Problem taucht bei der Addition von Zeiten auf. Scheinbar kann das Ergebnis einer Addition nicht mehr als 24 Stunden ergeben. Die Summe von *15:00 Stunden* und *12:00 Stunden* ergibt in Excel *3:00.* Hier können Sie das Problem über das Zahlenformat lösen:

1. Aktivieren Sie die Ergebniszelle und wählen Sie den Menübefehl *Format/Zellen.*

2. Wechseln Sie zur Registerkarte *Zahlen* und wählen Sie im Listenfeld *Kategorie* den Eintrag *Benutzerdefiniert* aus.

3. Legen Sie das Zahlenformat mit *[h]:mm* fest. Wichtig ist dabei die eckige Klammer!

Das Ergebnis wird nun in der Form *27:00* angezeigt.

Abbildg. 15.42   Beispiele zum Rechnen mit der Zeit

	A	B	C	D	E	F
1						
2		**Rechnen mit der Zeit**				
3		Start	Ende	Differenz	Formel	Zahlenformat
4		06:30	15:30	09:00	=C4-B4	hh:mm
5		22:00	06:00	##############	=C5-B5	hh:mm
6		22:00	06:00	08:00	=WENN(B6>C6;1-(B6-C6);C6-B6)	hh:mm
7		22:00	06:00	0,333333333	=WENN(B7>C7;1-(B7-C7);C7-B7)	Standard
8		22:00	06:00	-08:00	=WENN((C8-B8)>=0;C8-B8;"-"&TEXT(ABS(1+C8-B8);"hh:mm"))	hh:mm
9		08.07.2000 22:00	09.07.2000 06:00	00.01.1900 08:00	=C9-B9	TT.MM.JJJJ hh:mm
10		08.07.2000 22:00	09.07.2000 06:00	08:00	=C10-B10	hh:mm
11		22:00	06:00	08:00	=(B11>C11)+C11-B11	hh:mm
12		Summe Zeile 4 bis 8	15:30	15:30	=SUMME(C4:C8)	hh:mm
13		Summe Zeile 4 bis 8	39:30	39:30	=SUMME(C4:C8)	[h]:mm
14		22:00	06:00	0,666666667	=ABS(B14-C14)	Standard
15		22:00	06:00	16:00	=ABS(B15-C15)	[h]:mm
16		22:00	06:00	16:00	=TEXT(ABS(B16-C16);"[h]:mm")	Standard
17						

Die gezeigten Beispiele finden Sie in der Tabelle *Zeitrechnung* in der Datei *Datzeit.xls* im Ordner *\Buch\Kap15* auf der CD-ROM zu diesem Buch.

Lohnabrechnung nach Stunden vornehmen

Dass Excel die Stunden als Bruchteile eines Tages betrachtet, kann zu einem Problem führen, z.B. wenn Sie eine Lohnabrechnung nach der Zahl der geleisteten Stunden vornehmen müssen. Hat ein Arbeiter beispielsweise 6:15 gearbeitet und einen Stundenlohn von 23 €, so ergibt die Multiplikation der beiden Werte zunächst rund 6 €. Damit dürfte der Arbeiter wohl kaum zufrieden sein.

Um das korrekte Ergebnis zu erhalten, müssen Sie die Zahl der Stunden mit 24 multiplizieren. Der Rechenweg für die korrekte Ermittlung des Tageslohnes lautet also

=(6:25*24)*23

In Abbildung 15.43 liefert die Formel

=(C8*24)*D8

den Wert *143,75 €,* damit sieht die Sache für den Arbeiter sicher freundlicher aus.

Abbildg. 15.43   Das Rechnen mit Zeitwerten ist nicht ganz unproblematisch

	A	B	C	D	E	F
1						
2		**Lohnabrechnung nach Stunden**				
3		Beginn	Ende	Arbeitszeit	Stundensatz	
4		07:00	13:15	06:15	23,00 €	
5						
6						
7		**Einfache Multiplikation**				
8		Arbeitszeit * Stundensatz			5,99 €	
9						
10						
11		**Berücksichtigung des Bruchteils**				
12		(Arbeitszeit * 24) * Stundensatz			143,75 €	
13						

Zeitangaben runden

Zeitwerte sollen manchmal auch gerundet werden. Am Beginn dieses Kapitels haben Sie gesehen, wie dazu die Funktion *VRUNDEN* verwendet werden kann. Mit den richtigen Argumenten kann allerdings auch die Funktion *RUNDEN* Zeitwerte wie gewünscht runden.

Das können Sie mit der allgemeinen Formel

```
=RUNDEN(Uhrzeit*Genauigkeit;0)/Genauigkeit
```

erreichen. Für das Argument *Genauigkeit* verwenden Sie dabei einen Wert aus Tabelle 15.8.

Tabelle 15.8   Häufig verwendete Zeitwerte für das Runden von Zeitwerten

Sie wollen runden auf ...	Verwenden Sie diesen Wert für das Argument *Genauigkeit*
5 Sekunden	17280
10 Sekunden	8640
15 Sekunden	5760
30 Sekunden	2880
1 Minute	1440
5 Minuten	288
10 Minuten	144
15 Minuten	96
20 Minuten	72
30 Minuten	48
1 Stunde	24
4 Stunden	6

Beispiel:

```
=RUNDEN("12:29:27"*288;0)/288
```

ergibt die Zahl 0,520833333333333. Wenn Sie diese über *Format/Zellen* mit einem Zeitformat formatieren, erhalten Sie das richtige Ergebnis, nämlich 12:30:00.

Ist der gesuchte Wert nicht in dieser Tabelle? Dann berechnen Sie ihn selbst wie folgt:

1. Tragen Sie in Zelle *A1* den Wert für einen Tag, also *24:00* ein.

2. In Zelle *B1* tragen Sie den Zeitwert ein, auf den Sie runden wollen, z.B. *0:45*.

3. Berechnen Sie den gesuchten Wert in Zelle *C1* mit der Formel: =A1/B1

Sie finden ein Beispiel dazu im Arbeitsblatt *Zeitwerte runden* in der Datei *Datzeit.xls* im Ordner *\Buch\Kap15* auf der CD-ROM zu diesem Buch.

Zusammenfassung

Dieses Kapitel enthält einige Beispiele für die grenzenlos anmutenden Einsatzmöglichkeiten von Funktionen. Wir hoffen, dass Ihnen dieser Querschnitt durch die Funktionen und deren Kombinationsmöglichkeiten bei der Lösung eigener Aufgaben helfen kann. Vielleicht sind Sie auch neugierig geworden und haben neue Anregungen für interessante Lösungen gefunden.

Kapitel 16

Statistische und finanzmathematische Funktionen einsetzen

Daten auswerten:
Berechnungen

In diesem Kapitel erwartet Sie die Beschreibung einiger statistischer und finanzmathematischer Funktionen sowie etliche zur Kombinatorik. Auch hier musste eine Auswahl aus dem großen »Fundus« von Excel getroffen werden. Dabei haben wir uns an den häufigsten Aufgabenstellungen orientiert: Es soll also weniger der mathematische Hintergrund als vielmehr der praktische Einsatz im Vordergrund stehen.

Statistische Funktionen

Es ist leider nicht immer so einfach, große Datenmengen zu analysieren und korrekte Aussagen über das Zahlenmaterial zu machen. Excel stellt viele Funktionen zur Verfügung, die Sie bei diesem Problem unterstützen. Die Interpretation der Ergebnisse, die Schlüsse, die Sie daraus ziehen, kann Ihnen niemand abnehmen.

Alle Beispiele zu den statistischen Funktionen finden Sie auf der CD-ROM zu diesem Buch in der Arbeitsmappe *Kap16.xls* im Ordner *\Buch\Kap16*. Beim Öffnen dieser Mappe erhalten Sie unter Umständen einen Warnhinweis auf einen Zirkelbezug. Aktivieren Sie in diesem Fall unter *Extras/ Optionen* auf der Registerkarte *Berechnung* das Kontrollkästchen *Iteration*.

Abbildg. 16.1 Basistabelle mit den Wetterdaten eines Monats

	A	B Temperatur °C	C Sonnenschein h	D Regen mm	E
1	Datum				
2	01.10.2005	13,2	0,20	0,90	
3	02.10.2005	10,2			
4	03.10.2005	4,2		1,00	
5	04.10.2005	8,5	0,50	2,00	
6	05.10.2005	11,0			
7	06.10.2005	9,6		1,00	
8	07.10.2005	10,4		12,00	
9	08.10.2005	10,8	1,20		
10	09.10.2005	12,3	4,40		
11	10.10.2005	12,2	0,30	1,00	
12	11.10.2005	11,2		3,00	
13	12.10.2005	11,8	2,50	1,00	
14	13.10.2005	11,2	3,70	0,00	
15	14.10.2005	13,8		2,00	
16	15.10.2005	14,4		3,00	
17	16.10.2005	12,5	3,70	0,00	
18	17.10.2005	15,1	5,00	1,00	
19	18.10.2005	9,1	2,50		
20	19.10.2005	8,1	3,30	0,00	
21	20.10.2005	4,9	5,00		
22	21.10.2005	10,8	0,50		
23	22.10.2005	12,6	0,40	0,80	
24	23.10.2005	14,1	0,80	7,00	
25	24.10.2005	12,6	1,00	18,00	
26	25.10.2005	11,2	2,00	5,00	
27	26.10.2005	9,2	3,20	4,00	
28	27.10.2005	11,0	0,20	4,00	
29	28.10.2005	14,2		29,00	
30	29.10.2005	9,4	2,00	11,00	
31	30.10.2005	7,2	0,10	11,00	
32	31.10.2005	8,7	0,20	13,00	
33					

In der oben genannten Beispieldatei finden Sie das Arbeitsblatt *Häufigkeit*. Dieses Arbeitsblatt enthält persönliche Aufzeichnungen der Wetterdaten für einen Monat (Abbildung 16.1). Anhand dieser Zahlen lässt sich eine Reihe von statistischen Auswertungen durchführen.

Das arithmetische Mittel berechnen

Das *arithmetische Mittel* ist der bekannteste Mittelwert und hat damit auch die größte Akzeptanz unter den Nicht-Statistikern. Für viele ist es ganz einfach der *Durchschnitt*. Er ist einfach zu berechnen und beruht auf allen Werten. Das arithmetische Mittel kann bestimmt werden, wenn die Summe und die Anzahl der Daten bekannt sind. Arithmetische Mittel verschiedener Datenreihen können miteinander verbunden werden, um das arithmetische Mittel der vollständigen Datengruppe zu ermitteln.

Ein wesentlicher Nachteil des arithmetischen Mittels besteht darin, dass es »ausreißerabhängig« ist. Das bedeutet, dass Zahlen, die extrem vom »Standard« abweichen, das Ergebnis bis zur Unbrauchbarkeit verfälschen können.

In Excel berechnen Sie den Mittelwert mit der Funktion *MITTELWERT*. Die Syntax lautet:

MITTELWERT(Zahl1;Zahl2; ...)

HINWEIS   Bitte beachten Sie, dass Excel leere Zellen anders behandelt als Zahlen mit dem Wert *0*. Leere Zellen werden bei der Berechnung ignoriert, während der Wert *0* mitgerechnet wird. Dies kann zu Problemen führen, wenn Sie im Dialogfeld *Optionen* auf der Registerkarte *Ansicht* die Option *Nullwerte* deaktiviert haben. Dann sehen Sie den Unterschied im Excel-Blatt nicht mehr.

Besondere Aufgabe: Mittelwert ohne Null

Berechnen Sie den Mittelwert der Zahlen 0, 1, 2 ohne dabei den Wert *0* zu berücksichtigen. Wie kann das ausschauen?

Nun, diese Aufgabe kann mit einer Matrix-Formel gelöst werden. Wenn die Werte im Bereich *A1:A3* eingetragen wurden, dann erhalten Sie mit der Formel

`=MITTELWERT(A1:A3)`

als Mittelwert die Zahl *1*. Diese Zahl berechnet sich aus der Summe der Zahlen (3) geteilt durch die Anzahl der Zahlen (3). Die Null wird also bei der Berechnung berücksichtigt.

Tragen Sie dagegen die Formel

`=MITTELWERT(WENN(A1:A3<>0;A1:A3))`

ein und schließen die Eingabe (wie für Matrix-Formeln üblich) mit der Tastenkombination Strg + ⇧ + ↵ ab, dann wird als Ergebnis die Zahl 1,5 angezeigt. Die Null wird also nicht berücksichtigt.

Das gestutzte Mittel

Üblicherweise werden für die Berechnung eines Mittelwertes alle Werte einer Datenreihe herangezogen. Es ist allerdings auch denkbar, dass Sie die Randbereiche ausblenden wollen. Etwa, um ein Mittel ohne »Ausreißer« berechnen zu können. Sie erhalten damit ein *gestutztes Mittel*. Die entsprechende Tabellenfunktion hat in Excel die Syntax:

GESTUTZTMITTEL(Matrix;Prozent)

Das Ergebnis ist ein Mittelwert einer Teildatenmenge, die dadurch entsteht, dass entsprechend des jeweils angegebenen Prozentsatzes die kleinsten und größten Werte der ursprünglichen Datenpunkte ausgeschlossen werden.

Über das Argument *Matrix* geben Sie den Datenbereich an und über das Argument *Prozent* den Prozentsatz der Datenpunkte, die nicht in die Bewertung eingehen sollen.

Beispiel: Mit *Prozent = 0,2* wird eine Datenmenge um *20%* verringert. Wenn Sie 20 Datenpunkte untersuchen, so werden die zwei größten sowie die zwei kleinsten Werte der Datenreihe für die Berechnung außer Acht gelassen. Mit *Prozent = 0,25* werden ebenfalls vier Datenpunkte ausgeschlossen, weil 25% von 20 eine ungerade Zahl (5) ergibt, die auf das nächst kleinere Vielfache von 2 abgerundet wird.

Das gewogene arithmetische Mittel

Eine Alternative zum gewöhnlichen arithmetischen Mittel mit zahlreichen Anwendungen, etwa bei Preis- und Aktienindizes, ist das *gewogene* oder *gewichtete arithmetische Mittel*. Es unterscheidet sich vom gewöhnlichen oder ungewogenen arithmetischen Mittel durch die freie Wahl der Faktoren oder »Gewichte« *g1 ... gn* vor den Werten *x1 ... xn*. Beim gewöhnlichen arithmetischen Mittel haben alle diese Gewichte den gleichen Wert *1/n*. Beim gewogenen arithmetischen Mittel können die Gewichte verschieden sein.

Davon abgesehen, erlaubt das gewogene arithmetische Mittel eine Betonung einflussreicher Daten und die Reduktion des Einflusses weniger wichtiger Daten auf den Mittelwert.

Nehmen wir an, fünf Mitglieder einer Familie kaufen Milch. Jedes Familienmitglied kauft eine unterschiedliche Menge an Flaschen zu einem unterschiedlichen Preis. Wie stellt sich das gewogene arithmetische Mittel des Preises im Vergleich zum arithmetischen Mittel dar?

Das gewogene arithmetische Mittel wird aus der Summe der Werte und der Summe der Gewichtungsfaktoren durch Division ermittelt. Das Maß für die Gewichtung ist in der Tabelle in Spalte *C* (Einheiten) eingetragen und die Summe wird in Zelle *C11* berechnet (Abbildung 16.2). Die Summe der einzelnen Rechnungsbeträge steht in Zelle *E11*. Die Formel, mit der das gewichtete Mittel in Zelle *D13* berechnet wird, lautet in unserem Fall:

=RUNDEN($E$11/$C$11;2)

Abbildg. 16.2   Die Berechnung verschiedener Mittelwerte und Einsatz der Tabellenfunktion *RANG*

	A	B	C	D	E	F	G	H
1								
2		**Gewogenes arithmetisches Mittel**						
3								
4		Käufer	Einheiten	Einzelpreis	Gesamt		Rang	
5		Mutter	5	0,89 €	4,45 €	4	RANG($D5;$D$5:$D$9)	
6		Vater	3	0,91 €	2,73 €	2	RANG($D6;$D$5:$D$9)	
7		Kind	1	0,91 €	0,91 €	2	RANG($D7;$D$5:$D$9)	
8		Oma	4	0,92 €	3,68 €	1	RANG($D8;$D$5:$D$9)	
9		Onkel	10	0,85 €	8,50 €	5	RANG($D9;$D$5:$D$9)	
10								
11		**Summe**	23		20,27 €			
12		Formel	SUMME($C$5:$C9)		SUMME($E$5:$E$9)			
13		**gewogenes Mittel**		0,88 €				
14		Formel		RUNDEN($E$11/$C$11;2)				
15		**Mittelwert**		0,90 €				
16		Formel		RUNDEN(MITTELWERT($D$5:$D$9);2)				
17		**Differenz**		0,02 €				
18		Formel		ABS($D$13-$D$15)				
19								

Der Median

Im Unterschied zum arithmetischen Mittel basiert der *Median* (oder *Zentralwert*) ausschließlich auf den Häufigkeiten. Der Median gibt den mittleren Wert aus einer Datenmenge an. Um den Median manuell zu ermitteln, werden die Daten zunächst sortiert. Der Wert in der Mitte der Daten ist der Median. Gibt es keine eindeutige Mitte, was bei gerader Anzahl an Elementen der Fall ist, wird der Median über das arithmetische Mittel der beiden mittleren Werte berechnet.

Im Unterschied zum arithmetischen Mittel ist der Median nicht »ausreißerabhängig«. Daraus folgt, dass der Median immer dann zweckdienlich ist, wenn die Werte an den Rändern von geringer Bedeutung sind.

Stellen Sie sich eine Zahlenreihe vor, z. B. 1, 2, 4, 5, 500. Der Median dieser Zahlenreihe ist 4, weil dies der 3. und damit mittlere Wert in dieser Reihe von fünf Zahlen ist. Unabhängig davon, was Sie an den Werten, die kleiner bzw. größer als 4 sind, ändern, bleibt der Zentralwert gleich.

Der Median lässt sich in Excel mit der folgenden Funktion berechnen:

MEDIAN(Zahl1; Zahl2; ...)

Wie bei allen Tabellenfunktionen geben Sie auch bei der Funktion *MEDIAN* die Argumente in Form von Zahlen an oder übergeben einen Zellbezug bzw. Namen, der die Werte enthält.

Der Modalwert

Neben der Gesamtzahl aller Fälle interessiert aber auch, welches der am häufigsten auftretende Wert ist. Die Tabellenfunktion *MODALWERT* liefert den häufigsten Wert einer Gruppe von Zahlen und hat die Syntax

MODALWERT(Zahl1;Zahl2;...)

Diese Funktion liefert den Wert, der innerhalb einer Datengruppe am häufigsten vorkommt. Enthält die jeweilige Datengruppe keine mehrfach vorkommenden Werte, liefert *MODALWERT* den Fehlerwert *#NV*.

Prüfung auf Duplikate durchführen

Den Modalwert können Sie nicht nur für statistische Auswertungen, sondern auch für eine Gültigkeitsprüfung einsetzen. Angenommen, es sollen im Bereich *A1:A10* Werte ohne Duplikate eingetragen werden und Sie wollen das mit einer Gültigkeitsprüfung sicherstellen. Dann gehen Sie wie folgt vor:

1. Markieren Sie den Bereich *A1:A10*. Wählen Sie den Menübefehl *Daten/Gültigkeit*.
2. Stellen Sie auf der Registerkarte *Gültigkeit* das Listenfeld *Zulassen* auf *Benutzerdefiniert*.
3. Tragen Sie im Eingabefeld *Formel* die Formel `=ISTFEHLER(MODALWERT($A$1:$A$10))` ein.
4. Legen Sie auf der Registerkarte *Fehlermeldung* den Typ und den Text für die Fehlermeldung fest und schließen Sie das Dialogfeld mit Klick auf *OK*.

Diese Lösung macht sich den Umstand zunutze, dass *MODALWERT* den Fehlerwert *#NV* liefert, wenn die jeweilige Datengruppe keine mehrfach vorkommenden Werte enthält. Wenn es Duplikate gibt, liefert *MODALWERT* genau diesen Wert, die Fehlerprüfung in der Folge als Ergebnis *FALSCH*, sodass die Fehlermeldung angezeigt wird.

Mehr zum Thema »Gültigkeitsprüfung« finden Sie in Kapitel 8.

Daten auswerten: Berechnungen

Dieses Beispiel finden Sie im Tabellenblatt *Duplikate* in der Datei *Kap16.xls* im Ordner *\BuchKap16* auf der CD-ROM zu diesem Buch.

Abbildg. 16.3   Berechnung einiger wichtiger Parameter

	Parameter	Temperatur °C	Sonnenschein h	Regen mm	
2	Minimum	4,2	0,1	0,0	
3	Maximum	15,1	5,0	29,0	
4	Mittelwert	10,8	1,9	5,4	
5	Mittelwert ohne 0	10,8	1,9	6,2	
6	Modalwert	11,2	0,2	1,0	
7	Median	11,0	1,6	2,5	
8	Spannweite	10,9	4,9	29,0	
9	Varianz	6,4992	2,7024	47,7783	
10	Standardabweichung	2,55	1,64	6,91	
11	KKLEINSTE(Matrix;k)				
12	1	4,20	0,10	0,00	
13	2	4,90	0,20	0,00	
14	3	7,20	0,20	0,00	
15	KGRÖSSTE(Matrix;k)				
16	1	15,10	5,00	29,00	
17	2	14,40	5,00	18,00	
18	3	14,20	4,40	13,00	

Streumaße berechnen

Je mehr die einzelnen Merkmalswerte von dem Mittelwert abweichen, desto weniger repräsentativ ist der Mittelwert. Im Mittelwert wird nicht ausgedrückt, in welchem Ausmaß die Variablen vom Mittelwert abweichen. Deshalb stellt ein Mittelwert allein oft eine ungenügende Charakterisierung des Datenmaterials dar.

Die Spannweite

Eine weitere Information bietet die so genannte *Streuung*. Darunter versteht man die Ausdehnung des Wertebereiches und die Verteilung der Häufigkeiten über diesen Bereich. Je kleiner die Streuung ist, je näher sich die Variablen um den Mittelwert gruppieren, desto repräsentativer ist der Mittelwert.

Trotz aller Anschaulichkeit ist die Aussagefähigkeit der *Spannweite* als einfaches Streuungsmaß gering. Sie richtet sich lediglich nach dem größten und kleinsten Wert.

Nachfolgendes Beispiel aus Tabelle 16.1 verdeutlicht dies.

Tabelle 16.1   Unterschiedliche Spannweite bei gleichem Mittelwert

Zahlenreihe	Min	Max	Mittelwert	Spannweite
2;5;20;22;31	2	31	16	29
12;15;17;17;19	12	19	16	7

Bei unterschiedlichen Werten weisen die Reihen den gleichen Mittelwert auf. Erst wenn Sie die Minimum- und Maximum-Werte vergleichen, sehen Sie, dass die Daten anders zu bewerten sind. Als Maß dazu dient die Spannweite.

Die Standardabweichung

Das wichtigste Streumaß ist die *Standardabweichung* oder *mittlere Abweichung*. Auch sie beschreibt die Abweichung der Werte vom Mittelwert. Allerdings wird für die Berechnung nicht die Differenz der Werte vom Mittelwert verwendet, sondern das Quadrat der Differenz. Die Standardabweichung ist die Quadratwurzel aus dem arithmetischen Mittel der quadrierten Abweichungen der Werte vom arithmetischen Mittel.

Für die Berechnung der Standardabweichung liegen in Excel mehrere Varianten vor. Je nachdem, ob die Daten einer Grundgesamtheit oder einer Stichprobe entstammen, verwenden Sie eine der beiden nachstehenden Tabellenfunktionen:

STABWN(Zahl1;Zahl2;...)

STABW(Zahl1;Zahl2;...)

Es gibt außerdem eine spezielle Variante für die Auswertung von Datenbankbereichen mit der Syntax:

DBSTDABW(Datenbank;Feld;Suchkriterien)

Mehr zu den Datenbankfunktionen, mit denen Sie komplexe Bedingungen für die Auswertung von Daten festlegen können, finden Sie in Kapitel 22.

Die Funktion *STABWN* errechnet die Standardabweichung, ausgehend von der Grundgesamtheit. Die Funktion *STABW* geht davon aus, dass die übergebenen Argumente einer Stichprobe entnommen wurden.

Mit dem Ergebnis dieser Funktion erhalten Sie ein Maß dafür, wie sehr die jeweiligen Werte um den Mittelwert (Durchschnitt) streuen.

Varianz

Die *Varianz* beschreibt die Abweichung der Werte vom arithmetischen Mittelwert. Da die Summe der Abweichungen vom Mittelwert mathematisch Null ist, verwendet man die quadratische Abweichung. Dadurch erreicht man, dass weiter vom Mittelwert entfernt liegende Werte stärker berücksichtigt werden.

Auch eine Tabellenfunktion für die Berechnung der Varianz liegt in Excel in mehreren Varianten vor. Untersuchen Sie die Daten einer Stichprobe, verwenden Sie die Syntax:

VARIANZ(Zahl1;Zahl2;...)

Soll die Varianz einer Grundgesamtheit berechnet werden, ziehen Sie diese Syntax heran:

VARIANZEN(Zahl1;Zahl2;...)

> **HINWEIS**   Die Tabellenfunktion *VARIANZ* beachtet logische Werte wie *WAHR* und *FALSCH* sowie Text nicht, *VARIANZEN* dagegen schon.

Beide Tabellenfunktionen liegen auch in einer speziellen Form für die Auswertung von Datenbanken vor:

DBVARIANZ(Datenbank;Feld;Suchkriterien)

DBVARIANZEN(Datenbank;Feld;Suchkriterien)

Mehr zum Thema »Datenbankfunktionen« finden Sie in Kapitel 22.

RANG-Funktion

Syntax: *RANG(Zahl;Bezug;[Reihenfolge])*

Mit der Funktion *RANG* ermitteln Sie, welchen Platz eine Zahl innerhalb einer (sortierten) Liste einnimmt. Die Funktion benötigt drei Parameter:

- Das Argument *Zahl* ist eine Zahl oder ein Zellbezug bzw. Name, deren Rang Sie innerhalb von *Bezug* bestimmen wollen.

- Mit dem Argument *Bezug* übergeben Sie eine Zellreferenz oder einen Namen.

- Mit dem Argument *Reihenfolge* legen Sie fest, wie der Rang bestimmt werden soll. Ist das Argument *Reihenfolge* mit *0* (Null) belegt, wird der Rang so bestimmt, dass der höchste Wert den Platz *1* einnimmt. Andernfalls (jeder beliebige Wert außer Null) wird der Rang so bestimmt, dass der niedrigste Wert den Platz *1* einnimmt.

Befinden sich zwei gleiche Zahlen in der im Argument *Bezug* festgelegten Liste, erhalten diese die gleiche Rangzahl. Dadurch fällt die Rangzahl, die durch die Doppelbelegung gefolgt wäre, aus. In Abbildung 16.2 belegen Vater und Kind jeweils den zweiten Rang. Dadurch entfällt der Rang drei. Der nächst höhere Wert bekleidet bereits Rang vier. Wie Sie den Rang ohne Doppelbelegung berechnen können, zeigt das nachfolgende Beispiel.

Rang ohne doppelte Werte

Die Funktion *RANG(Zahl;Bezug;[Reihenfolge])* gibt die Position von *Zahl* innerhalb von *Bezug* wieder. Dabei erhalten gleiche Werte auch den gleichen Rang (vgl. Abbildung 16.4). Vielleicht wollen Sie den Rang ohne Lücken ermitteln und jeden Platz nur einmal vergeben? Mit einer Matrix-Funktion ist auch das möglich.

Den Rang der Zahl in *C4* ermitteln Sie in Zelle *D4* mit der Formel

```
=RANG(C4;$C$4:$C$21)
```

Kopieren Sie diese Formel nach unten, erhalten Sie für alle Mannschaften den Rang auf der Grundlage der Punktzahl. Dabei fallen die doppelten Werte in den Zellen *D7* und *D8* bzw. *D16* und *D17* auf. Im Beispiel wurden diese durch eine bedingte Formatierung hervorgehoben.

So formatieren Sie die Duplikate mit einem besonderen Muster:

1. Markieren Sie den Bereich *D4:D21*.
2. Rufen Sie den Menübefehl *Format/Bedingte Formatierung* auf.
3. Stellen Sie für *Bedingung 1* die Option *Formel ist* ein.
4. Tragen Sie die Formel =ZÄHLENWENN($D$4:$D$21;D4)>1 ein.
5. Wählen Sie die Schaltfläche *Format* und legen Sie das gewünschte Format fest.
6. Schließen Sie beide Dialogfelder mit *OK*.

Um den Rang ohne doppelten Rang zu ermitteln, tragen Sie in Zelle *F4* die folgende Matrix-Formel ein:

```
=SUMME(1*(C4<C$4:C$21))+1+WENN(ZEILE(C4)-ZEILE($C$4)=0;0;SUMME(1*(C4=BEREICH.VERSCHIEBEN
($C$4;0;0;INDEX(ZEILE(C4)-ZEILE($C$4)+1;1)-1;1))))
```

Denken Sie daran, dass Matrix-Formeln mit der Tastenkombination $\boxed{\text{Strg}}$+$\boxed{\Uparrow}$+$\boxed{\hookleftarrow}$ abgeschlossen werden müssen. Kopieren Sie anschließend die Formel nach unten bis zur Zelle *F21*.

HINWEIS   Beachten Sie bei dieser Lösung, dass die Sortierung Einfluss auf den Rang hat. Bei gleicher Punktzahl erhält derjenige Eintrag den ersten Rang, der als erster in der Liste steht.

Abbildg. 16.4   Mit einer Matrix-Funktion können Sie eine Rangberechnung ohne Doppelbelegung durchführen

	A	B	C	D	E	F	G	H	I	J	K
1											
2		**Welchen Rang hat eine Zahl in einer Gruppe?**									
3		Mannschaft	Punkte	RANG mit Duplikaten	Formel	RANG ohne Duplikate	J. Schwenk: Matrix-Formel (Tastenkombination Strg+Umschalt+Eingabe) =SUMME(1*(C4<C$4:C$21))+1+WENN(ZEILE(C4)-ZEILE($C$4)=0;0;SUMME(1*(C4=BEREICH.VERSCHIEBEN($C$4;0;0; INDEX(ZEILE(C4)-ZEILE($C$4)+1;1)-1;1))))				
4		Bayern München	77	1	=RANG(C4;$C$4:$C$21)	1					
5		Schalke	63	2	=RANG(C5;$C$4:$C$21)	2					
6		Bremen	59	3	=RANG(C6;$C$4:$C$21)	3					
7		Hertha BSC	58	4	=RANG(C7;$C$4:$C$21)	4					
8		Stuttgart	58	4	=RANG(C8;$C$4:$C$21)	5					
9		Leverkusen	57	6	=RANG(C9;$C$4:$C$21)	6					
10		Dortmund	55	7	=RANG(C10;$C$4:$C$21)	7					
11		Hamburg	51	8	=RANG(C11;$C$4:$C$21)	8					
12		Wolfsburg	48	9	=RANG(C12;$C$4:$C$21)	9					
13		Hannover	45	10	=RANG(C13;$C$4:$C$21)	10					
14		Mainz	43	11	=RANG(C14;$C$4:$C$21)	11					
15		K'lautern	42	12	=RANG(C15;$C$4:$C$21)	12					
16		Bielefeld	40	13	=RANG(C16;$C$4:$C$21)	13					
17		Nürnberg	40	13	=RANG(C17;$C$4:$C$21)	14					
18		M'gladbach	36	15	=RANG(C18;$C$4:$C$21)	15					
19		Bochum	35	16	=RANG(C19;$C$4:$C$21)	16					
20		Rostock	30	17	=RANG(C20;$C$4:$C$21)	17					
21		Freiburg	18	18	=RANG(C21;$C$4:$C$21)	18					
22											

Dieses Beispiel finden Sie auf der CD-ROM zu diesem Buch im Ordner \Buch\Kap16 im Tabellenblatt *RANG* der Arbeitsmappe *Kap16.xls*.

KGRÖSSTE- und KKLEINSTE-Funktion

Syntax: *KGRÖSSTE(Matrix;k)* und *KKLEINSTE(Matrix;k)*

Die Funktionen liefern entweder den *k-größten* oder *k-kleinsten Wert* eines Bereichs. Durch diese Funktion können Sie – im Verhältnis zum angegebenen Bereich – die relative Größe der Zahlenwerte ermitteln.

Nehmen wir an, Sie möchten den größten, zweitgrößten oder drittgrößten Wert einer Zahlenreihe feststellen. Hier die Schritte dazu:

1. Geben Sie in Ihre Tabelle die Funktion =KGRÖSSTE(ein.
2. Setzen Sie für das Argument *Matrix* den Zellbereich ein, der Ihre Zahlenreihe enthält, z.B. B2:B32.
3. Übergeben Sie mit dem Argument *k*, welchen Rang der gesuchte Wert einnehmen soll. Wenn Sie den drittgrößten Wert suchen, geben Sie 3 an.

Ebenso funktioniert *KKLEINSTE*. Hier wird der niedrigste Wert angezeigt, wenn Sie für das Argument *k* den Wert 1 eingeben; bei 2 der zweitniedrigste Wert usw. Ein Beispiel hierzu zeigt die Abbildung 16.3.

Sollte in einem Bereich (*Matrix*) ein Wert doppelt enthalten sein, führt das zur doppelten Benennung dieses Werts.

Nehmen wir an, in einer Matrix sind folgende Werte enthalten: *7, 6, 5, 5, 4, 3*. In diesem Fall wird der Wert *5* sowohl als drittgrößter als auch viertgrößter Wert ausgegeben.

Funktionen für die Häufigkeitsanalyse

Wenn Sie mit größeren Datenbeständen arbeiten, sind Sie vielleicht daran interessiert, einige wenige, für die Problemstellung informative Größen zu ermitteln, um so eine Aussage über alle Daten machen zu können. Wie kann man schnell einen ersten Überblick über die Daten erhalten?

Die Anzahl aller Werte ermitteln

Zunächst gilt es festzustellen, wie viele Datensätze vorliegen. Für das Auszählen eines Datenbereichs stellt Excel verschiedene Tabellenfunktionen zur Verfügung. Um die gesamte Anzahl aller Einträge eines Bereichs zu ermitteln, verwenden Sie, wenn es sich um Zahlenwerte handelt, die Funktion

ANZAHL(Wert1;[Wert2];[...])

Wenn es sich dagegen um beliebige Einträge handelt, nehmen Sie die Funktion

ANZAHL2(Wert1;[Wert2];[...])

Wert1, Wert2, ... sind dabei bis zu 30 Argumente. Ein Wert kann eine beliebige Art von Information, auch leerer Text (""), sein. Leere Zellen werden jedoch nicht berücksichtigt. Die Funktion *ANZAHL2* berücksichtigt dagegen auch Wahrheitswerte, Text und Fehlerwerte.

Wenn Sie feststellen wollen, ob in einem Bereich Zellen ohne Werte enthalten sind, können Sie für diese Aufgabe die Funktion

ANZAHLLEEREZELLEN(Bereich)

verwenden.

Weitere Funktionen zum Auszählen von Bereichen finden Sie in Kapitel 15.

Einteilung in Klassen

Um eine Reduktion von quantitativen Daten zu erreichen, wendet der Statistiker die Methode der *Häufigkeitsverteilung* an. Dabei werden die Daten in Klassen eingeteilt. Jeder einzelne Fall wird in genau einer Klasse gezählt. Die grafische Darstellung erfolgt in der Regel in einem Histogramm.

Für die Einteilung in Klassen ist es hilfreich, wenn Sie den kleinsten und größten Wert der Datenreihe kennen. Wie Sie mit der Tabellenfunktion *MIN(Zahl1;Zahl2;...)* den kleinsten und mit *MAX(Zahl1;Zahl2;...)* den größten Wert einer Datenreihe ermitteln, können Sie in Kapitel 16 nachlesen. Auch der oben beschriebene häufigste Wert gibt Ihnen einen Anhaltspunkt für die Klasseneinteilung.

> **HINWEIS** Bedenken Sie, dass zu viele Klassen zwar einen Informationsgewinn, aber wenig Übersicht bieten. Andererseits bewirken zu wenige Klassen einen großen Informationsverlust bei gleichzeitigem Gewinn an Übersicht. Hier müssen Sie sich entscheiden. Gewöhnlich werden drei bis zehn Klassen verwendet.

Häufigkeitsverteilung mit einer Tabellenfunktion berechnen

Schauen wir uns das an einem Beispiel an: Sie erfassen Ihre ganz persönlichen Wetterdaten in einer Tabelle (vgl. Abbildung 16.1). Nun interessiert es Sie, wie sich die Temperaturen auf verschiedene Klassen verteilen.

Das Beispiel finden Sie auf dem Arbeitsblatt *HÄUFIGKEIT* in der Datei *Kap16.xls* im Ordner *\Buch\Kap16* auf der CD-ROM zu diesem Buch.

Wenn Sie die Daten in wenige Klassen einteilen wollen, können Sie dies prinzipiell auch mit einer verschachtelten *WENN*-Funktion erledigen. Mehr zur Tabellenfunktion *WENN* finden Sie in Kapitel 7 und 15.

Einfacher geht es allerdings mit der Funktion

HÄUFIGKEIT(Daten;Klassen)

Diese Tabellenfunktion führt die Auszählung numerischer Daten für die angegebenen Intervalle durch. Leere Zellen und Text werden ignoriert.

Das Argument *Daten* entspricht einer Matrix oder einem Bezug auf eine Wertemenge, deren Häufigkeiten Sie zählen möchten. Enthält *Daten* keine Werte (Zahlen), liefert *HÄUFIGKEIT* eine mit Nullen belegte Matrix.

Das Argument *Klassen* enthält die Intervallgrenzen. Sie werden als Matrix oder Bezug eingegeben und enthalten die Daten, nach denen Sie die Werte einordnen möchten. Die Klassen müssen in aufsteigender Reihenfolge vorliegen. Für den Fall, dass *Klassen* keine Werte enthält, liefert *HÄUFIGKEIT* die Anzahl der zu *Daten* gehörenden Elemente.

HINWEIS   Die *Klassenbreite*, also der Abstand zwischen den einzelnen Klassengrenzen, muss zwar nicht zwingend gleich groß sein. Es erleichtert jedoch den schnellen Zugang zum Sachverhalt. Gleiches gilt auch, wenn die Klassenbreite ein glatter Wert ist.

Gehen Sie folgendermaßen vor, um eine Häufigkeitsauszählung der in Abbildung 16.1 gezeigten Daten durchzuführen:

1. Markieren Sie den Bereich *L2:L6*.
2. Tragen Sie die Formel =HÄUFIGKEIT(B2:B32;K2:K5) ein und bestätigen Sie die Eingabe mit der Tastenkombination ⌜Strg⌟+⌜⇧⌟+⌜↵⌟, da es sich bei der Funktion *Häufigkeit* um eine *Array*-Funktion (Matrix) handelt. Die Formel steht nun in geschweiften Klammern.

WICHTIG   Beachten Sie, dass der Bereich für das Ergebnis der Häufigkeitsverteilung eine Zelle mehr umfassen muss, als die Anzahl der Klassen. Die Werte für die Klassen stellen die oberen Grenzwerte für die Auszählung dar, eine Klasse enthält also alle Werte bis *einschließlich* der Klassenobergrenze. In die Klasse mit der Obergrenze *0* werden auch negative Werte gezählt. In der letzten Zeile werden die Werte *oberhalb* der letzten Klasse gezählt.

Abbildg. 16.5 Auswertung nach Klassen mit der Tabellenfunktion *HÄUFIGKEIT*

	E	K	L	M
1		Klassen Temperatur	Anzahl Elemente	
2		0	0	
3		5	2	
4		10	8	
5		15	20	
6		größer 15	1	
7				

Sie erhalten eine dynamische Häufigkeitsverteilung, das Ergebnis ist also auch dann korrekt, wenn sich die Daten im Quellbereich ändern. Ebenso können Sie unterschiedliche Klassen ausprobieren, um die Aussage zu beeinflussen.

> **HINWEIS** Beachten Sie, dass in allen Zellen dieselbe Formel eingetragen wurde. Die Matrix-Funktion *HÄUFIGKEIT* gibt also nicht nur einen, sondern eine Reihe von Werten zurück, und zwar genau einen mehr als die Anzahl der verwendeten Klassen.

Wie Sie die Größe einer Matrix ändern, erfahren Sie in Kapitel 15. Ein Beispiel, wie Sie nicht numerische Daten auszählen können, finden Sie in Kapitel 27.

Ein Histogramm erstellen

Mit Hilfe einer Analyse-Funktion können Sie sehr schnell und bequem eine Häufigkeitsverteilung ermitteln. Damit diese Funktion zur Verfügung steht, muss das Add-In *Analyse-Funktionen* eingebunden sein. Sie können das über den Menübefehl *Extras/Add-Ins* prüfen. Mehr zum Thema »Add-Ins« finden Sie in Kapitel 26.

> Das fertige Beispiel können Sie auf dem Arbeitsblatt *Histogramm* in der Datei *Kap16.xls* im Ordner *\Buch\Kap16* auf der CD zu diesem Buch finden. Um die Schritte selbst nachzuvollziehen, verwenden Sie das Blatt *HÄUFIGKEIT*.

Die Abbildung 16.1 zeigt, wie die Daten organisiert sind. Im Bereich *B2:B32* sind die Temperaturen eingetragen und im Bereich *K2:K5* stehen die Klassen, die für die Auswertung verwendet werden sollen. Führen Sie jetzt die folgenden Schritte durch, um eine Häufigkeitsverteilung sowie ein Histogramm zu erstellen:

1. Wählen Sie den Menübefehl *Extras/Analyse-Funktionen*.
2. Wählen Sie im Dialogfeld *Analyse-Funktionen* den Eintrag *Histogramm* und bestätigen Sie mit Klick auf *OK*.
3. Aktivieren Sie das Eingabefeld *Eingabebereich* und markieren Sie für den Eingabebereich die Zellen *B2:B32*.
4. Wechseln Sie dann in das Eingabefeld *Klassenbereich* und markieren Sie für den *Klassenbereich* den Bereich *K2:K5*. Wenn Sie keinen Klassenbereich angeben, ermittelt Excel die Klassen selbst. Die Klassen werden dann gleichmäßig zwischen dem niedrigsten und höchsten Wert verteilt.
5. Aktivieren Sie die Kontrollkästchen *Kumulierte Häufigkeit* und *Diagrammdarstellung*.

6. Für den *Ausgabebereich* markieren Sie das Optionsfeld *Neues Tabellenblatt*. Sie können für das neue Blatt auch gleich einen Namen, z.B. *Histogramm*, eintragen. Der Name muss für die Mappe eindeutig sein, sonst erhalten Sie eine Fehlermeldung. Die Abbildung 16.6 zeigt die Einstellungen.

7. Bestätigen Sie die Eingaben mit Klick auf *OK*.

Abbildg. 16.6   Die Einstellungen im Dialogfeld *Histogramm*

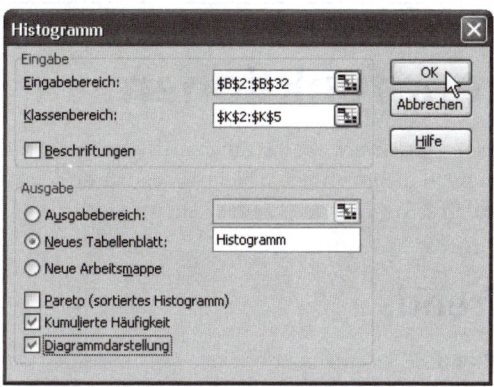

WICHTIG   Wenn das Kontrollkästchen *Beschriftungen* markiert ist, verkleinert Excel den Eingabebereich um eine Zeile. Wenn Sie den Eingabebereich zusammen mit der Überschrift markieren, dann müssen Sie das Kontrollkästchen *Beschriftungen* aktivieren, um den richtigen Bereich auszuwerten!

Abbildg. 16.7   Der fertige Analysebericht

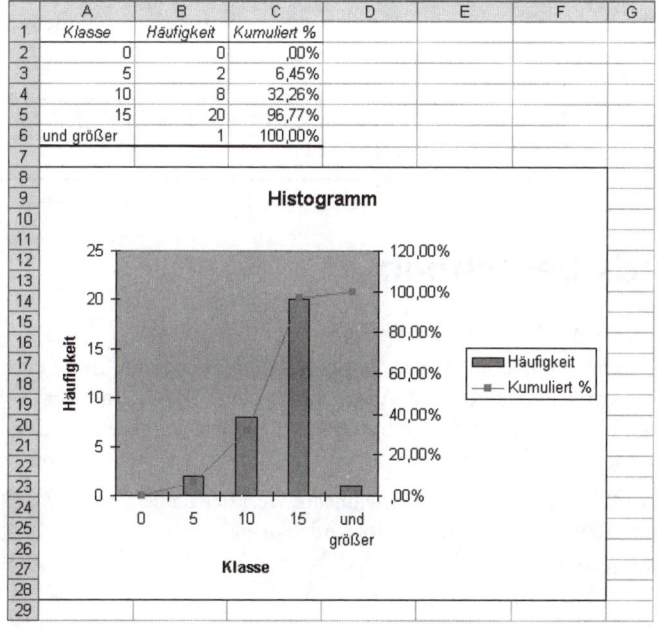

Daten auswerten: Berechnungen

Excel legt ein neues Tabellenblatt mit dem Ergebnis der Berechnung und einem Diagramm an (Abbildung 16.7).

HINWEIS Mit der Analyse-Funktion *Histogramm* kann sehr schnell ein Analysebericht erstellt werden. Allerdings sind die Ergebnisse nicht dynamisch und müssen daher bei Änderungen an den Ursprungsdaten neu berechnet werden.

Voraussagen mit Trendfunktionen

Mit den bisher vorgestellten Funktionen lassen sich die Vergangenheitswerte schon recht gut analysieren. Doch der Statistiker ist damit noch nicht zufrieden. Niemanden würde »der Schnee von gestern« interessieren, ließen sich nicht damit Voraussagen für die Zukunft machen.

Berechnung von Trends

Excel unterscheidet zwischen zwei Prognosevarianten:

- Lineare Trends und
- exponentielle Trends.

Unter einem *linearen Trend* wird eine Zahlenreihe verstanden, die sich möglichst konstant immer um den gleichen Betrag verändert (zu- oder abnimmt). Beispielsweise würde sich ein linearer Trend ergeben, wenn Sie zu Ihren einhundert bestehenden Kunden je Periode drei neue Kunden hinzugewinnen würden (100; 103; 106; 109 usw.).

Ein *exponentieller Trend* ist eine Zahlenreihe, die sich möglichst immer um den gleichen Multiplikator verändert (zu- oder abnimmt). Ein exponentieller Trend würde sich beispielsweise dann ergeben, wenn Sie zu Ihren einhundert bestehenden Kunden je Periode 10% neue Kunden hinzugewinnen würden (100; 110; 121; 133,1 usw.).

 Sie finden die Beispiele zur Trendberechnung im Tabellenblatt *Trends* in der Arbeitsmappe *Kap16.xls* auf der CD-ROM im Ordner *\Buch\Kap16*.

Lineare Trends berechnen

Syntax: *TREND(Y_Werte; [X_Werte];[Neue_x_Werte];[Konstante])*

Mit der Funktion *TREND* berechnen Sie Werte, die sich aus einem linearen Trend ergeben. Diese Funktion passt den als Matrizen übergebenen Argumenten der *Y_Werte* und der *X_Werte* eine Gerade an (nach der Methode der kleinsten Quadrate). Als Ergebnis liefert die Funktion die auf der Geraden liegenden *Y-Werte*, die zu den von Ihnen in *Neue_x_Werte* angegebenen *X*-Werten gehören.

Im Tabellenblatt *Trend* wird in Zelle *F16* der nächste lineare Wert der Zahlenreihe *C5:C19 (Y-Werte)* berechnet (vgl. Abbildung 16.9). Die Zelle enthält folgende Formel:

```
=TREND(C5:C19;B5:B19;B20;WAHR)
```

Exponentielle Trends berechnen

Syntax: *VARIATION(Y_Werte;X_Werte;Neue_x_Werte)*

Angenommen, Sie möchten in der Zelle *F19* mit der Funktion *VARIATION* einen exponentiellen Trend berechnen. *VARIATION* liefert die *Y-Werte* für eine Reihe neuer *X-Werte*, die Sie mit Hilfe vorhandener *X-Werte* und *Y-Werte* festlegen. Die Arbeitsweise der Funktion gleicht jener der Funktion *TREND*, sodass Sie analog zur Zelle *F16* mit der Funktion *VARIATION* folgende Formel zur Berechnung des exponentiellen Trends eingeben können:

```
=VARIATION(C5:C19;B5:B19;B20;WAHR)
```

> **TIPP**   Eine Entscheidungshilfe bei der Frage, ob ein linearer oder exponentieller Trend vorliegt, kann Ihnen die Darstellung der Daten in einem Diagramm bieten. Tragen Sie die unabhängige Variable auf der horizontalen und die abhängige Variable auf der vertikalen Achse ein und betrachten Sie die Verbindungslinie zwischen den Datenpunkten. Je mehr diese Linie einer Exponentialkurve gleicht, umso eher eignet sich die Funktion *VARIATION* zur Beschreibung Ihrer Werte.

Regressionskenngrößen ermitteln

Syntax: *RGP(Y_Werte;[X_Werte];[Konstante];[Stats])*   bzw.   *RKP(Y_Werte;   [X_Werte];[Konstante];[Stats])*

Die Tabellenfunktion *RGP()* liefert die Parameter eines linearen Trends in Form einer Matrix von Werten, die Tabellenfunktion *RKP()* dagegen die Werte eines exponentiellen Trends. Beide Formeln müssen daher als Matrix-Formel eingegeben werden. Die *Y_Werte* und *X_Werte* sind die bereits bekannten Werte aus der Beziehung $y = mx + b$.

X_Werte kann eine oder mehrere Variablengruppen umfassen. *Konstante* ist ein Wahrheitswert, der festlegt, wie die Konstante *b* berechnet wird. Ist die Konstante *FALSCH*, nimmt *b* den Wert *0* an, und es gilt $y = mx$. Ist die Konstante *WAHR* oder nicht belegt, wird *b* normal berechnet. Auf einem Diagramm legt *b* den Schnittpunkt mit der *Y-Achse* fest und *m* ist das Maß für die Steigung. Bei *m>0* steigt die Gerade, mit *m<0* fällt die Gerade.

Mit der Funktion *RGP* können Sie überprüfen, ob es sich bei diesen Zahlenreihen um einen linearen Trend handelt. Mit der Funktion *RKP* finden Sie heraus, ob es sich um einen exponentiellen Trend handelt. Beide Funktionen sind in der Lage, das jeweilige Bestimmtheitsmaß zurückzugeben, wenn in den Argumenten *Y_Werte* und *X_Werte* die jeweils zutreffenden Bereiche angegeben worden sind. Ist das Argument *Stats* mit *WAHR* belegt, liefert *RGP* (ebenfalls *RKP*) Regressionskenngrößen, die in einer Matrix zurückgegeben werden. Dazu müssen Sie die Formel in einen entsprechend großen Bereich eingeben. Welche Werte die Matrix zurückgeben kann, zeigt die Abbildung 16.8.

Das Bestimmtheitsmaß vergleicht die berechneten Werte mit den tatsächlichen *Y-Werten* und kann Werte von *0* bis *1* annehmen. Hat es den Wert *1*, besteht für die Stichprobe eine vollkommene Korrelation: Ein berechneter *Y-Wert* und der entsprechende tatsächliche *Y-Wert* unterscheiden sich nicht. Im anderen Extremfall (Bestimmtheitsmaß=0) ist die Regressionsgerade ungeeignet, einen *Y-Wert* vorherzusagen.

Abbildg. 16.8 Rückgabewerte der Tabellenfunktion *RGP*

J	K	L	M	N	O	P	Q	R	S
	Reihenfolge	m (n)	m (n-1)	...	m (2)	m (1)	b		
		se (n)	se (n-1)	...	se (2)	se (1)	se (b)		
		r²	se (y)						
		F	df						
		ss (reg)	ss (resid)						
	Erklärung:	se (1), se(2)...,se(n)		= Standardabweichung					
		se (b)		= Standardabweichung der Konstanten b					
		r²		= Bestimmtheitsmaß					
		r		= Wurzel aus r²					
		se (y)		= Standardabweichung des Schätzwertes y					
		F		= gibt an, ob die abgeleitete Beziehung zufällig ist oder nicht					
		df		= Freiheitsgrade. Mit Hilfe einer Tabelle kritischen F-Wert suchen					
		ss (reg)		= Quadratsumme der Regression					
		ss (resid)		= Quadratsumme der Residuen					
		b		= Konstante b					

Teile einer Matrix-Formel ausgeben

Um aus der von den Funktionen *RGP* und *RKP* zurückgegebenen Matrix einzelne Werte ausgeben zu können, lässt sich die Funktion *INDEX(Matrix;Zeile;Spalte)* einsetzen. Dabei müssen Sie in die korrekt ausgefüllte Funktion *RGP* oder *RKP* das Argument *Matrix* eingeben. Für die Argumente *Zeile* und *Spalte* tragen Sie die Position des gewünschten Parameters ein (vgl. hierzu auch die Abbildung 16.8 und die Abbildung 16.9).

Beispiel: Soll das Bestimmtheitsmaß ermittelt werden, verwenden Sie in der Funktion *INDEX(Matrix;Zeile;Spalte)* für das Argument *Zeile* eine 3 und für das Argument *Spalte* eine 1. Damit liefert die folgende Formel ebenfalls das Bestimmtheitsmaß:

```
=INDEX(RGP(C5:C19;B5:B19;1;1);3;1)
```

Abbildg. 16.9 Trendberechnung und einige Kenngrößen

	A	B	C	D	E	F	G	H	I
1									
2		Gibt es einen Zusammenhang?			RGP(Y_Werte;X_Werte;Konstante;Stats)				
3					-914,6572957	38088,36705	m	b	
4		Temperatur (x-Werte)	Umsatz (y-Werte)		605,6493853	12809,22424	se(m)	se(b)	
5		19 °	8.027,00 €		0,149255412	8522,342865	r^2	se(y)	
6		17 °	22.171,00 €		2,280731938	13	F	df	
7		26 °	15.642,00 €		165650308,5	944194262,8	ss(reg)	ss(res)	
8		28 °	20.524,00 €						
9		21 °	16.324,00 €		RKP(Y_Werte;X_Werte;Konstante;Stats)				
10		23 °	22.940,00 €		0,946839595	52065,03488	m	b	
11		16 °	17.162,00 €		0,039714448	0,839943509	se(m)	se(b)	
12		17 °	33.202,00 €		0,127041434	0,558838415	r^2	se(y)	
13		25 °	4.951,00 €		1,891886626	13	F	df	
14		19 °	34.315,00 €		0,5908369	4,059904859	ss(reg)	ss(res)	
15		21 °	6.420,00 €						
16		18 °	28.627,00 €		Trend	20.709,88 €	=TREND(C5:C19;B5:B19;B20;WAHR)		
17		18 °	21.072,00 €		TREND(Y_Werte;X_Werte;Neue_x_Werte;Konstante)				
18		17 °	21.697,00 €						
19		25 °	12.396,00 €		Variation	18.441,57 €	=VARIATION(C5:C19;B5:B19;B20;WAHR)		
20		19 °			VARIATION(Y_Werte;X_Werte;Neue_x_Werte;Konstante)				
21									
22					Bestimmtheitsmass	0,14926	=BESTIMMTHEITSMASS(C5:C19;B5:B19)		
23					BESTIMMTHEITSMASS(Y_Werte;X_Werte)				
24									
25					Korrelation	-0,38634	=KORREL(B5:B19;C5:C19)		
26					KORREL(Matrix1;Matrix2)				
27									
28					Steigung	-914,6572957	=INDEX(RGP(C5:C19;B5:B19);1;1)		
29					STEIGUNG(Y_Werte;X_Werte)	-914,6572957	=STEIGUNG(C5:C19;B5:B19)		
30									
31					Achsenabschnitt	38088,36705	=INDEX(RGP(C5:C19;B5:B19);1;2)		
32					ACHSENABSCHNITT(Y_Werte;X_Werte)	38088,36705	=ACHSENABSCHNITT(C5:C19;B5:B19)		
33									

Das Bestimmtheitsmaß feststellen

Wenn Sie die umfangreichen Ergebnisse der Funktion *RGP()* bzw. *RKP()* nicht benötigen, sondern lediglich das Bestimmtheitsmaß berechnen wollen, können Sie auch die hierfür vorgesehene Tabellenfunktion mit der Syntax

BESTIMMTHEITSMASS(Y_Werte;X_Werte)

verwenden. Für das obige Beispiel gibt die Formel

`=BESTIMMTHEITSMASS(B5:B19;C5:C19)`

die gesuchte Information aus.

Steigung und Achsenabschnitt berechnen

Die Funktionen *RGP* und *RKP* berechnen die Parameter, die zur Beschreibung einer Geraden (*RGP*) bzw. einer Exponentialkurve (*RKP*) benötigt werden. Auch diese Parameter lassen sich mit Hilfe der *INDEX*-Funktion ermitteln.

Wenn Sie die Steigung und den Achsenabschnitt berechnen möchten, geben Sie als Parameter *Zeile* der *INDEX*-Funktion 1 (Steigung) bzw. 2 (Achsenabschnitt) an.

Für den Achsenabschnitt *b* geben Sie ein

`=INDEX(RGP(C5:C19;B5:B19);1;2)`

und für die Steigung *m*

`=INDEX(RGP(C5:C19;B5:B19);1;1)`

Für beide Parameter können Sie in Excel auch eingebaute Tabellenfunktionen verwenden:

ACHSENABSCHNITT(Y_Werte;X_Werte)

STEIGUNG(Y_Werte;X_Werte)

Wie die Abbildung 16.9 zeigt, ist das Ergebnis das Gleiche.

Korrelationsanalyse

Gibt es einen Zusammenhang zwischen zwei Variablen? Eine solche Frage taucht häufig auf, wenn Daten analysiert und interpretiert werden sollen. Zur Beantwortung dieser Frage wird die Korrelationsanalyse eingesetzt. Mit Hilfe des Korrelationskoeffizienten lässt sich feststellen, ob es eine Beziehung zwischen zwei Merkmalen gibt. Das Ergebnis ist eine Zahl im Bereich von 1 (perfekter Zusammenhang) bis −1 (absolute Gegenläufigkeit). Das Vorzeichen gibt also die Richtung der Beziehung an.

Die Korrelationsanalyse ist eine der wichtigsten Methoden zur Bestimmung des linearen Zusammenhangs zwischen zwei Variablen. In Excel gibt es eine entsprechende Tabellenfunktion mit der Syntax

KORREL(Matrix1; Matrix2)

Matrix1 und *Matrix2* sind dabei Matrizen, Zellbezüge oder Namen, die sich auf Zahlen beziehen oder Zahlen enthalten. Textwerte und Leerzellen werden nicht in die Berechnung einbezogen.

> **WICHTIG** Beachten Sie, dass die beiden Matrizen gleich groß sein müssen. Excel gibt sonst den Fehlerwert *#NV* aus.

Die Funktion *KORREL* liefert den Korrelationskoeffizienten einer zweidimensionalen Zufallsgröße. Mit Hilfe des Korrelationskoeffizienten können Sie feststellen, ob es eine Beziehung zwischen den zwei Zahlenreihen gibt – z.B. können Sie die Beziehung zwischen der Durchschnittstemperatur eines Ortes und dem Verkauf von Klimaanlagen untersuchen.

Kombinatorik

Die Wahrscheinlichkeitsrechnung ist ein Teilgebiet der Mathematik, das sich mit der Untersuchung von Gesetzmäßigkeiten bei zufälligen Ereignissen befasst, die bei Massenerscheinungen auftreten. Was ist nun aber ein zufälliges Ereignis?

Für die mathematische Betrachtung der Wahrscheinlichkeit müssen Regeln aufgestellt werden, die verschiedene Experimente ermöglichen. Klassische Experimente sind das Würfeln oder das Werfen einer Münze. Für ein solches Experiment, auch Zufallsexperiment genannt, gilt, dass ein zufälliges Ereignis nicht vorhergesagt werden kann. Gleichwohl sind die möglichen Lösungen, auch Ereignisraum genannt, bekannt. In diesem Abschnitt soll die Anzahl der möglichen Lösungen untersucht werden.

Zufallszahlen berechnen

Mit Excel haben Sie die Möglichkeit, Zufallszahlen zu erzeugen. Hierfür stehen die Funktionen

ZUFALLSZAHL()

und

ZUFALLSBEREICH(Untere_Zahl;Obere_Zahl)

zur Verfügung.

ZUFALLSZAHL liefert eine gleich verteilte Zufallszahl, die größer gleich 0 und kleiner als 1 ist. Nach dem Drücken der `F9`-Taste und bei jeder Neuberechnung der jeweiligen Tabelle wird eine neue Zufallszahl ausgegeben.

ZUFALLSBEREICH liefert eine ganze Zufallszahl aus dem mit den Argumenten *Untere_Zahl* und *Obere_Zahl* festgelegten Bereich. Wenn diese Funktion auf Ihrem Rechner nicht verfügbar ist, müssen Sie das Add-In *Analyse-Funktionen* installieren. Sie können dann über den Menübefehl *Extras/ Analyse-Funktionen* auch eine Zufallszahlengenerierung per Assistent starten.

Um ein Würfelspiel zu simulieren, verwenden Sie die Formel

`=ZUFALLSBEREICH(1;6)`

Einen Tipp für das Zahlenlotto können Sie mit der Formel

`=ZUFALLSBEREICH(1;49)`

oder alternativ (ohne das Add-In *Analyse-Funktionen*) mit der folgenden Formel vorschlagen lassen:

`=GANZZAHL(ZUFALLSZAHL()*49+1)`

> **HINWEIS** Wenn Sie das Add-In *Analyse-Funktionen* geladen haben, steht Ihnen für die Erstellung von Zufallszahlen auch ein Assistent zur Verfügung.

Listenwerte zufällig auswählen

Manchmal geht es darum, einen Wert zufällig aus einer Liste auszuwählen, z.B. um bestimmte Aufgaben an die Mitarbeiter zu delegieren oder einfach die Ergebnisse von Zufallsberechnungen mit der eigenen Einschätzung zu vergleichen. Das folgende Beispiel zeigt, wie Sie die Tabellenfunktion *ZUFALLSZAHL* einsetzen, um den deutschen Fußballmeister zu ermitteln (wie beim Lotto selbstverständlich ohne Gewähr).

HINWEIS   Damit das Beispiel funktioniert, aktivieren Sie bitte über *Extras/Optionen* auf der Registerkarte *Berechnung* die Option *Iteration*.

Das fertige Beispiel finden Sie in der Tabelle *Zufallszahlen* in der Datei *Kap16.xls*. Diese Datei befindet sich im Ordner *\Buch\Kap16* auf der CD-ROM zu diesem Buch.

Tragen Sie zunächst im Bereich *B5:B22* die 18 Mannschaften der Fußballbundesliga ein. Der Bereich *C5:C22* enthält die Formel

```
=ZUFALLSZAHL()
```

Damit wird bei jeder Neuberechnung (manuell über die F9-Taste) für jede Mannschaft eine Zufallszahl generiert. Schreiben Sie in Zelle *D5* die Formel

```
=WENN($H$5<>0;INDEX($B$5:$B$22;RANG(C5;$C$5:$C$22));D5)
```

und kopieren Sie diese nach unten bis zur Zelle *D22*. Das letzte Argument der *WENN*-Funktion führt zu einem Zirkelbezug, also einem Bezug auf diejenige Zelle, in welche die Formel eingetragen wurde. Normalerweise kann Excel einen solchen Bezug nicht auflösen und zeigt einen Hinweis auf den Zirkelbezug an. Wenn Sie jedoch die *Iteration* aktiviert haben, durchläuft Excel die Anzahl der eingestellten Iterationsschritte. Mehr zum spannenden Thema »Iteration« finden Sie in Kapitel 26.

Damit wird eine zufällig sortierte Liste erstellt. Die Steuerung der Formel übernimmt dabei die Zelle *H5*. Wenn Sie in diese Zelle einen Wert ungleich 0 eintragen, wird die Liste neu erstellt. Enthält die Zelle den Wert 0, wird die Neuberechnung der Liste unterdrückt und der aktuelle Stand damit praktisch eingefroren.

Hier wird die Tabellenfunktion *INDEX(Matrix;Zeile;Spalte)* eingesetzt, um einen Wert aus der Liste der Mannschaften zu lesen. Für das Argument *Zeile* wird dabei der Rang der Zufallszahl in Spalte *C* verwendet.

Wenn Sie nicht an der zufällig sortierten Liste, sondern nur an einem einzigen zufälligen Wert interessiert sind, können Sie diesen in Zelle *G5* mit

```
=WENN($H$5<>0;INDEX(B5:B22;RANG(C5;$C$5:$C$22));G5)
```

berechnen, ohne zunächst den jeweiligen Rang zu ermitteln.

Abbildg. 16.10 Die Reihenfolge der Zufallszahlen wird an die Liste der Mannschaften angelegt

	A	B	C	D	E	F	G	H	I
1									
2		Aus einer Liste einen Eintrag zufällig auswählen							
3		Wer wird deutscher Fußballmeister?							
4		Mannschaften	Zufallszahl	Zufällig sortierte Liste	Anzahl		Zufälliger Wert	Start	
5		1. FC Kaiserslautern	0,0757895890	VfL Wolfsburg	1		VfB Stuttgart	1	
6		1. FC Nürnberg	0,1943951562	VfB Stuttgart	1				
7		Arminia Bielefeld	0,2397406620	SV Werder Bremen	1		**J. Schwenk:**		
8		Bayer Leverkusen	0,4319660194	Hansa Rostock	1		Tragen Sie hier 0 ein um eine		
9		Bor. Mönchengladbach	0,1131678587	VfL Bochum	1		weitere Neuberechnung zu		
10		Borussia Dortmund	0,6461324467	FC Schalke 04	1		verhindern.		
11		FC Bayern	0,9625376655	1. FC Kaiserslautern	1				
12		FC Schalke 04	0,6232290218	FSV Mainz 05	1				
13		FSV Mainz 05	0,8144908100	Arminia Bielefeld	1				
14		Hamburger SV	0,6699722505	FC Bayern	1				
15		Hannover 96	0,4240847480	Hertha BSC Berlin	1				
16		Hansa Rostock	0,8092269028	Bayer Leverkusen	1				
17		Hertha BSC Berlin	0,8709870123	1. FC Nürnberg	1				
18		SC Freiburg	0,3406881868	SC Freiburg	1				
19		SV Werder Bremen	0,7392977511	Bor. Mönchengladbach	1				
20		VfB Stuttgart	0,4885863988	Hannover 96	1				
21		VfL Bochum	0,5907799799	Hamburger SV	1				
22		VfL Wolfsburg	0,6779129082	Borussia Dortmund	1				
23									

Eigene Buchstabensuche erstellen

Sind Sie ein Freund von Wortspielen oder brauchen Sie eine Herausforderung für einen Schlaganfallpatienten? Dann erstellen Sie sich doch einfach ein eigenes Wortquadrat in Excel, das bei jeder Neuberechnung andere Buchstaben für die Suche anbietet.

Die folgende Formel gibt einen zufällig ausgewählten, groß geschriebenen Buchstaben des Alphabets zurück:

```
=ZEICHEN(ZUFALLSBEREICH(65;90))
```

Geben Sie diese Formel in einen größeren Bereich ein (in Abbildung 16.11 ist das der Bereich *B3:Z27*), kann das Spiel beginnen. Versuchen Sie möglichst viele Worte zu finden, die sich durch benachbarte Buchstaben ergeben.

> **HINWEIS** Damit Sie die Funktion *ZUFALLSBEREICH* verwenden können, müssen Sie das Add-In *Analyse-Funktionen* installieren.

> Dieses Beispiel finden Sie in der Tabelle *Buchstabenrätsel* in der Datei *Kap16.xls*. Diese Datei befindet sich im Ordner *\Buch\Kap16* auf der CD-ROM zu diesem Buch.

Abbildg. 16.11 Beim Buchstabenrätsel gilt es, möglichst viele Worte zu bilden

	A	B	C	D	E	F	G	H	I	J	K	L	M	N	O	P	Q	R	S	T	U	V	W	X	Y	Z	AA
1																											
2	Versuchen Sie möglichst viele Worte zu erkennen. Neuberechnung mit F9.																										
3	H	K	J	N	X	M	L	V	D	F	C	V	P	K	Z	W	F	T	T	J	K	W	I	B	O		
4	A	J	O	K	J	R	U	K	G	Y	L	G	F	I	W	D	Q	Q	U	I	I	V	Y	B	Q		
5	P	S	R	W	R	N	S	Z	I	L	L	O	T	U	F	I	J	M	C	E	R	U	H	O	Q		
6	G	X	T	S	P	M	I	B	G	K	Z	T	R	P	T	P	P	B	Z	A	G	U	E	P	Z		
7	X	A	S	A	E	O	R	C	A	P	Y	S	W	G	N	I	G	C	S	U	N	U	H	A	G		
8	S	U	D	N	Y	Y	T	W	T	P	B	C	Q	S	R	X	F	U	D	V	J	L	M	U	T		
9	J	E	P	T	V	C	P	C	S	M	G	P	R	H	K	Z	K	X	H	J	M	N	U	X	H		
10	W	E	G	D	Q	S	K	J	M	A	Q	S	O	Z	P	I	F	R	V	W	S	J	U	I	C		
11	U	I	Z	O	Q	O	B	B	U	R	G	C	M	U	B	R	E	B	O	O	Q	G	G	F	D		
12	U	L	Z	Q	I	K	F	Z	K	V	C	P	C	E	U	L	C	M	N	Q	A	N	A	K	O		
13	W	H	I	J	M	D	Y	W	D	D	U	F	L	P	J	L	A	U	F	F	J	N	F	Z	G		
14	M	Z	Z	I	G	P	X	S	B	W	U	A	K	Q	M	A	U	E	U	I	T	C	F	J	X		
15	A	P	V	W	L	D	X	U	Q	I	H	A	W	S	B	L	Y	T	G	I	E	W	J	D	J		
16	Z	E	X	J	Z	V	D	V	W	M	D	E	E	D	H	J	H	R	B	X	Z	U	U	C	Q		
17	B	I	D	K	P	K	J	X	K	Z	Y	M	O	B	M	J	D	E	Z	X	Y	M	J	U	W		
18	R	R	G	N	R	Y	K	J	L	J	C	O	J	P	I	E	Z	C	Q	T	M	G	G	M	B		
19	I	P	J	O	V	R	I	J	P	S	U	X	D	Q	R	E	K	K	Z	O	H	D	N	Z	K		
20	Q	O	H	R	X	K	J	Z	I	F	U	I	D	S	G	C	J	W	L	U	O	F	P	U	Q		
21	O	H	A	M	X	O	I	C	Z	R	O	G	C	S	Q	S	R	Q	D	X	Y	X	B	Z	A		
22	V	Z	B	P	V	D	W	M	I	P	M	G	O	B	D	G	V	W	A	C	T	A	I	M	Y		
23	Z	H	M	D	V	O	H	F	F	J	D	K	V	Z	R	B	K	L	R	U	C	X	D	T	D		
24	O	M	S	S	I	M	U	M	Q	X	O	B	M	Y	X	I	L	F	N	U	Z	J	J	K	D		
25	S	P	S	J	Z	Y	I	P	W	Z	L	N	Z	J	S	X	Y	R	N	N	H	S	P	H	Z		
26	Q	R	J	G	C	I	R	Y	Y	W	M	T	U	U	K	Z	R	V	L	M	R	F	W	V	P		
27	Y	C	Z	O	U	Y	P	O	J	O	T	X	D	A	R	G	W	Z	A	K	A	H	O	N	L		
28																											

Permutationen

Ein kurioses Beispiel »mitten aus dem Leben«: Als Hobbyfotograf haben Sie regelmäßig das Problem, dass die Familie endlos damit beschäftigt ist, die richtige Reihenfolge der Personen zwecks Ablichtung herzustellen. Da kommt schon mal die Frage auf, wie oft sich die fünf Personen eigentlich umstellen könnten, bis alle Möglichkeiten durchprobiert wurden.

Eine Zusammenstellung aller n-Elemente einer gegebenen Menge, bei der jedes der n-Elemente genau einmal vorkommt, wird *Permutation* genannt. Die Tabellenfunktion

FAKULTÄT(Zahl)

berechnet die Anzahl der Möglichkeiten. Das Argument *Zahl* steht für die Anzahl an Elementen. Sehen wir uns die Anzahl der möglichen Permutationen an einer kleineren Zahl von Elementen an: Haben Sie es nur mit einem Element zu tun, ist die Anzahl $Ak=1$. Für zwei Elemente *(1,2)* ergeben sich zwei mögliche Anordnungen, und zwar sind dies

[1, 2] und *[2, 1]*

Kommt nun ein drittes Element hinzu, kann dieses in der Reihe der bisherigen Elemente am Anfang, in der Mitte oder am Ende stehen. Die Zahl der möglichen Permutationen erhöht sich also um den Faktor 3. Entsprechend sind bei vier Elementen viermal mehr Permutationen als bei drei Elementen möglich.

Abbildg. 16.12 Die Fakultät von *n* Elementen steigt überproportional an

	A	B	C	D	E
1					
2		**Die Tabellenfunktion FAKULTÄT(Zahl)**			
3					
4		**n**	**Fakultät !n**	**Formel**	
5		0	1	FAKULTÄT($B5)	
6		1	1	FAKULTÄT($B6)	
7		2	2	FAKULTÄT($B7)	
8		3	6	FAKULTÄT($B8)	
9		4	24	FAKULTÄT($B9)	
10		5	120	FAKULTÄT($B10)	
11		6	720	FAKULTÄT($B11)	
12		7	5.040	FAKULTÄT($B12)	
13		8	40.320	FAKULTÄT($B13)	
14		9	362.880	FAKULTÄT($B14)	
15		10	3.628.800	FAKULTÄT($B15)	
16		11	39.916.800	FAKULTÄT($B16)	
17		12	479.001.600	FAKULTÄT($B17)	
18		13	6.227.020.800	FAKULTÄT($B18)	
19		14	87.178.291.200	FAKULTÄT($B19)	
20		15	1.307.674.368.000	FAKULTÄT($B20)	
21		16	20.922.789.888.000	FAKULTÄT($B21)	
22		17	355.687.428.096.000	FAKULTÄT($B22)	
23					

Die Antwort für die Eingangsfrage liefert die Formel

=FAKULTÄT(5)

Die lieben Familienmitglieder lassen sich also 120 Mal umstellen. Jetzt ist klar, warum das Fotografieren so lange dauert.

Dieses Beispiel finden Sie im Tabellenblatt *FAKULTÄT* (Abbildung 16.12) in der Arbeitsmappe *Kap16.xls*. Die Datei befindet sich auf der CD-ROM zu diesem Buch im Ordner *\Buch\Kap16*.

Die Funktion *Kombinationen*

Wie sieht das Ganze aus, wenn aus einer festen Anzahl an Elementen *n* eine bestimmte Kombination *k*, ohne Berücksichtigung der Reihenfolge, ermittelt werden soll?

Beispiel: Aus den Elementen *a, b, c, d* sollen Kombinationen aus zwei Elementen gebildet werden. Es soll keine Wiederholungen geben. Folgende Kombinationen sind möglich: *ab, ac, ad, bd, bd, cd*.

Soll nur ein Element gezogen werden, ist die Anzahl der Möglichkeiten gleich der Gesamtzahl der Elemente. Für *k=2* ist die Anzahl der Elemente für die Auswahl auf (*n-1*) reduziert. Die Anzahl der Kombinationen ergibt sich also als *K =n(n-1)*.

Syntax: *KOMBINATIONEN(n; k)*

Diese Funktion berechnet die Anzahl der möglichen Kombinationen ohne die Wiederholung von *k* Elementen aus der Menge *n*. Das Argument *n* ist die Anzahl aller Elemente. Das Argument *k* gibt an, aus wie vielen Elementen jede Kombination bestehen soll.

In der Praxis könnte das so aussehen: Sie haben 36 Mitarbeiter und möchten Mitarbeiterteams bilden. Es interessiert Sie also, wie viele Kombinationsmöglichkeiten Sie bei unterschiedlicher Teamgröße haben.

Die Abbildung 16.13 zeigt Ihnen, welche Kombinationsmöglichkeiten zur Verfügung stehen.

Abbildg. 16.13 Die Anzahl der Kombinationsmöglichkeiten bei der Teambildung

	A	B	C	D	E	F	G
1							
2		Die Tabellenfunktion KOMBINATIONEN(n;k)					
3							
4		Anzahl		Anzahl Gruppen (k)			
5		Mitarbeiter	bei einer Teamgröße von … Mitarbeitern				
6		(n)	2	3	4	6	
7		12	66	220	495	924	
8		24	276	2024	10626	134596	
9		36	630	7140	58905	1947792	
10							

Sie finden dieses Beispiel im Tabellenblatt *KOMBINATIONEN* (Abbildung 16.13) in der Arbeitsmappe *Kap16.xls* im Ordner *\Buch\Kap16* auf der CD-ROM zu diesem Buch.

Variationen

Variationen sind Kombinationen ohne Wiederholung, deren interne Reihenfolge berücksichtigt wird. Die Syntax der Tabellenfunktion lautet:

Variationen(n;k)

Das Argument *n* ist die Anzahl aller Elemente und das Argument *k* gibt an, aus wie vielen Elementen jede Variationsmöglichkeit bestehen soll. Beide Argumente, für die nur numerische Ausdrücke zugelassen sind, werden durch Abschneiden ihrer Nachkommastellen zu ganzen Zahlen gekürzt. Ist *n* _ *0* oder ist *k* < *0*, liefert *VARIATIONEN* den Fehlerwert *#ZAHL!*. Auch für den Fall, dass *n* < *k* ist, wird dieser Fehlerwert ausgegeben (vgl. Abbildung 16.14).

Stellen wir uns dazu wieder eine Aufgabe: Wie viele Möglichkeiten hat ein Gastwirt, wenn er drei Gäste an sechs freien Tischen unterbringen will und jeder Gast alleine sitzen soll?

Hier die Antwort: Geben Sie in Zelle *C6* die Formel

`=VARIATIONEN($B6;C$5)`

ein und ziehen Sie diese Funktion mit Hilfe des Ausfüllkästchens bis in Zelle *C17* und dann nach rechts bis *H17*.

Abbildg. 16.14 Die Variationsmöglichkeiten auf einen Blick

	A	B	C	D	E	F	G	H	I
1									
2		Die Tabellenfunktion VARIATIONEN(n;k)							
3									
4		Menge von	Gruppe von k Elementen						
5		n Elementen	1	2	3	4	5	6	
6		5	5	20	60	120	120	#ZAHL!	
7		6	6	30	120	360	720	720	
8		7	7	42	210	840	2.520	5.040	
9		8	8	56	336	1.680	6.720	20.160	
10		9	9	72	504	3.024	15.120	60.480	
11		10	10	90	720	5.040	30.240	151.200	
12		15	15	210	2.730	32.760	360.360	3.603.600	
13		20	20	380	6.840	116.280	1.860.480	27.907.200	
14		25	25	600	13.800	303.600	6.375.600	127.512.000	
15		30	30	870	24.360	657.720	17.100.720	427.518.000	
16		35	35	1.190	39.270	1.256.640	38.955.840	1.168.675.200	
17		40	40	1.560	59.280	2.193.360	78.960.960	2.763.633.600	
18									

Sie finden dieses Beispiel im Tabellenblatt *VARIATIONEN* (Abbildung 16.14) in der Arbeitsmappe *Kap16.xls* im Ordner *Buch**Kap16* auf der CD-ROM zu diesem Buch.

Finanzmathematische Funktionen einsetzen

Die Lösung finanzmathematischer Probleme gehört sicher nicht zu den täglichen Aufgaben eines jeden Excel-Anwenders. Und wenn es doch einmal vorkommt, so gibt es zahlreiche Lösungen von Drittanbietern, derer man sich nur zu bedienen braucht. Mit gewissen Nachteilen natürlich – oft entstehen Zusatzkosten, Lösungen sind nicht individualisierbar, Lösungsansätze bleiben »im Dunkeln« u. v. m.

Vorbemerkungen

Dabei ist Excel sehr mächtig: Es gibt zehn integrierte Funktionen zur Finanzmathematik und weitere mehr als 20 (ohne die Funktionen zur Abschreibungsrechnung) im Add-In *Analyse-Funktionen*. Bedauerlicherweise ist die Offline-Hilfe nicht besonders instruktiv und leider weicht Excel in Bezeichnungsfragen und Lösungsansätzen weitestgehend von solchen in der finanzmathematischen Literatur ab. Nicht gerade ein Vorteil für den Einsteiger und Zeitverlust für den Profi.

HINWEIS   So ist es in der finanzmathematischen Literatur üblich, vorkommende Laufzeiten mit dem Buchstaben *n* zu charakterisieren. Excel nutzt die Abkürzung *ZZR* für *Zahlungszeiträume*. Der aus der Rentenrechnung stammende Begriff der Rente wird oft mit *R* oder *r* bezeichnet (in der Tilgungsrechnung steht für den inhaltlich im Wesentlichen gleichen Begriff der Annuität ein *A* oder *a*), Excel nimmt hier auf den Begriff *regelmäßige Zahlung* durch die Abkürzung *RMZ* Bezug.

Ein weiterer Fall der Abweichung ist das Äquivalenzprinzip der Finanzmathematik. Leistungen eines Gläubigers sind dann gleich den Leistungen des zugehörigen Schuldners, wenn die auf ein und denselben Zeitpunkt projizierten Zahlungsströme gleich sind – mit anderen Worten:

Wert der Leistung des Gläubigers = Wert der Leistung des Schuldners

Um den Anwendern die Möglichkeit zu geben, während der Rechnung deutlich zwischen Aus- und Einzahlungen (durch entsprechendes Minuszeichen) zu unterscheiden, wird in Excel über die Beziehung

Einzahlungen + Auszahlungen = 0

aus dem obigen Prinzip der Zusammenhang

Wert der Leistung des Gläubigers + Wert der Leistung des Schuldners = 0.

Das bedeutet in Excel: Einzahlungen haben ein positives, Auszahlungen hingegen ein negatives Vorzeichen. Es bleibt dem Anwender überlassen, auf welche »Seite des Bank-Schalters« er sich im konkreten Fall begeben möchte. Leider gibt es Inkonsequenzen hinsichtlich des genannten Prinzips, die innerhalb von Excel anzutreffen sind – etwa bei der Funktion *ZINSSATZ* und mit ihr verwandter Funktionen.

Die folgenden Abschnitte versuchen, neben der Umsetzung von einigen Beispielaufgaben, den »roten Faden« für finanzmathematische Aufgabenstellungen zu spinnen.

> **HINWEIS** Zahlungen werden immer erst dann finanzmathematisch verwertbar, wenn Sie deren Höhe und den Zahlungszeitpunkt kennen. Es ist ein Unterschied, ob eine Zahlung von 100 GE (Geldeinheiten) heute oder erst nach einem Jahr erfolgt. Dies liegt daran, dass mit dem Vergehen von Zeit die Wirkung des Preises für ge- oder verliehenes Kapital eintritt: es fallen Zinsen an.

Einfache Zinsrechnung

Einfache Zinsrechnung ist einfache Prozentrechnung. Erhaltene (bzw. gezahlte) Zinsen werden dem zugrunde liegenden Kapital nicht hinzugeschlagen, werden sich also in der Zukunft nicht mit verzinsen.

Vermutlich ist es die Einfachheit der Aufgabenstellung, die dazu führte, dass es für diese Aufgaben der Finanzmathematik nur einige wenige Excel-Funktionen gibt und der konkrete Rechenweg durch Arithmetik zwischen Zellen umgesetzt werden muss.

Finanzmathematische Grundaufgaben

Ein zum Zinssatz *ZINSEV* über einen Zeitraum von *ZZREV* Zinsperioden angelegtes Kapital *BWEV* steht bei einfacher Verzinsung am Ende in der Höhe *ZWEV* nach folgender Formel

```
BWEV*(1+ZZREV*ZINSEV)+ZWEV=0
```

zur Verfügung. Die etwas ungewohnt anmutenden Formelsymbole sind denen von Excel im Falle der Zinseszinsrechnung angepasst und wurden noch mit dem Zusatz *EV* für *Einfache Verzinsung* versehen.

Unter »Grundaufgaben« wird die Auflösung der obigen Gleichung nach einer ihrer Unbekannten verstanden, vorausgesetzt, die anderen Werte sind bekannt. Es entsteht also (und das ist typisch für alle in diesem Kapitel beschriebenen finanzmathematischen Aufgabenstellungen) die Frage nach

- dem Zukunftswert eines oder mehrerer Zahlungsströme
- dem Barwert dieser Zahlungen
- der Laufzeit von Zahlungen
- der Höhe der Verzinsung von Zahlungen.

Dabei ist die letzte der Fragestellungen eine in vielen Fällen sehr komplizierte, die verschiedene Lösungsansätze zulässt (Stichwort Preisangaben-Verordnung).

Eine Festgeldanlage von 10.000 Euro bringt bei einem Jahreszinssatz von 2% nach drei Monaten einen Rückfluss von 10.050 Euro. Das berechen Sie durch

```
=-C6*(1+C5*C4/12)
```

wenn in *C6* der angelegte Betrag (minus 10.000 Euro als Ausgabe), in *C4* der Jahreszinssatz von 2% (der durch 12 geteilt werden muss, da eine Verzinsung auf Monate abzielt) und in *C5* die Dauer von 3 Monaten eingetragen wurde.

Sparpläne

Die Möglichkeit des Einsatzes von Formeln ist immer dann besonders günstig, wenn sich im zeitlichen Ablauf gewisse Regelmäßigkeiten erkennen lassen. Das ist bei Sparplänen und deren Gegenstück – den Auszahlplänen – in der Regel der Fall.

Erbringt also jemand, beginnend zu einem gewissen Termin, in regelmäßigen Abständen Sparleistungen gleicher Höhe (im Allgemeinen werden dabei Zinsen am Jahresende gutgeschrieben, innerhalb des Jahres erfolgt einfache Verzinsung), so besteht im Falle von nur einfacher Verzinsung zwischen Anfangskapital (auch Barwert genannt, *BWEV*), Endkapital (auch Zukunftswert genannt, *ZWEV*), Höhe der regelmäßigen Zahlungen (*RMZEV*) und Anzahl derselben (*ZZREV*) sowie Zinssatz (*ZINSEV*) die Beziehung aus Abbildung 16.15, die letztlich die Äquivalenz der Zahlungsströme am Ende des betrachteten Zeitraums ausdrückt. Die Reihe der Grundaufgaben wird damit um eine weitere ergänzt, nämlich um die Ermittlung der Höhe der regelmäßigen Zahlungen.

Der Parameter *F* bringt zum Ausdruck, ob die Zahlung am Ende (*F=0*) oder am Anfang (*F=1*) der Zahlungsperioden erfolgt.

Abbildg. 16.15 Äquivalenzprinzip einfacher Zinsrechnung

$$0 = BWEV \cdot (1 + ZZREV \cdot ZINSEV)$$
$$+ ZZREV \cdot RMZEV \left[1 + ZINSEV \cdot \left(\frac{ZZREV - 1}{2} + F \right) \right] + ZWEV$$

Anstatt nun den Kontoverlauf eines Sparvorgangs Zeile für Zeile zu notieren, bringt die Anwendung der Formel das Ergebnis »in einem Schritt«.

WICHTIG Immer, wenn konkretes Geld im Spiel ist, erfolgt bei den konkreten Zahlungen eine Rundung auf zwei Stellen nach dem Komma. Notieren Sie einen Sparplan, Tilgungsplan, Liquiditätsplan oder irgendein anderes Abbild tatsächlicher Geldströme in einer Tabelle, so reicht es bei Berechnungen in aller Regel nicht, die Zellen nur so zu formatieren, dass zwei Stellen nach dem Komma angezeigt werden. Sie müssen in den »sauren Apfel beißen« und jede Berechnung durch Anwendung der *RUNDEN*-Funktion ergänzen:

Ergebnis = RUNDEN(Zwischenergebnis;2)

Hier liegt die Ursache dafür, dass es oft zu Rundungsdifferenzen bei der Anwendung einer Formel im Gegensatz zur ausführlichen Rechnung »Zelle für Zelle« kommen kann. Mehr zum »Runden von Zahlen« finden Sie in Kapitel 15.

In der Beispieldatei *Einfache Zinsrechnung.xls* (Arbeitsblatt *Sparpläne*) finden Sie verschiedene Lösungsansätze für folgendes Problem: Jemand beginnt am 30.4. des Jahres 2005 monatlich 200 Euro zu sparen. Wie hoch ist sein Kontostand am Ende des Jahres 2006, wenn ein Jahreszinssatz von 1,25% vereinbart ist und die letzte Zahlung am 30.11. des Jahres 2006 erfolgt? Sie können das Arbeitsblatt wie in Abbildung 16.16 vorbereiten.

Abbildg. 16.16 Berechnung des Kontostandes auf einem Sparbuch

	A	B	C
1			
2		**Bestimmung des Kontostands**	
3			
4		monatliche Sparsumme	- 200,00 €
5		Sparbeginn	30.04.2005
6		Kontoauflösung	31.12.2006
7		Zinssatz	1,25%
8			
9		1. Jahr	
10		Anzahl der Sparraten	8
11		Kontostand Ende Jahr 05	1.607,50 €
12			
13		2. Jahr	
14		Anzahl der Sparraten	12
15		Kontostand Ende Jahr 06	4.043,84 €
16			

Die Anzahl der Zahlungszeiträume können Sie, wenn Sie wollen, mit Hilfe der Funktion *MONAT* aus dem jeweiligen Datum bestimmen, den Kontostand ermitteln Sie durch Umstellen der Formel aus Abbildung 16.15. Dabei beachten Sie bitte noch die Vorzeichen von Aus- und Einzahlungen.

Wollen Sie den Kontostand Zeile für Zeile aufschreiben, beachten Sie, dass Zinszahlungen erst am Ende des Jahres gutgeschrieben werden (zumindest beim Sparbuch »deutscher Prägung«).

PROFITIPP

Benötigen Sie die Umstellung der Formel aus Abbildung 16.15 zur Lösung der Grundaufgaben relativ oft, lohnt sich das Schreiben benutzerdefinierter Funktionen, die Sie in der persönlichen Makroarbeitsmappe *PERSONL.XLS* bzw. in einem Add-In aufbewahren können.

So kann die Berechnung des Zukunftswertes nach

```
Function ZWEV(ZINSEV, ZZREV, Optional RMZEV, Optional BWEV, Optional F)
    If IsMissing(RMZEV) Then RMZEV = 0
    If IsMissing(BWEV) Then BWEV = 0
    If IsMissing(F) Then F = 0
    ZWEV = -BWEV * (1 + ZINSEV * ZZREV) - ZZREV * RMZEV * _
            (1 + ZINSEV * ((ZZREV - 1) / 2 + F))
End Function
```

erfolgen. Durch das Schlüsselwort *Optional* ist die Angabe der dahinter liegenden Parameter dem Nutzer überlassen, lässt er sie weg, werden Standardwerte verwendet. Das entspricht dem Verhalten der in Excel integrierten Funktion *ZW* und ihrer »Verwandten«.

Die anderen benutzerdefinierten Funktionen finden Sie im Add-In namens *Erweiterung Zinsrechnung.xla* im Modul *Funktionen* auf der Begleit-CD im Ordner *\Buch\Kap16*.

Mehr zur Installation von Add-Ins finden Sie in Kapitel 26. Mehr zu VBA und benutzerdefinierten Funktionen finden Sie in Kapitel 31.

Die im obigen Tipp angesprochenen Funktionen liegen im Add-In vor und können nach dessen Installation von Ihnen sofort verwendet werden, auch wenn Sie nicht die Absicht haben, VBA-Funktionen selbst zu schreiben.

Gute Dienste leistet das Add-In auch in folgendem Fall: Jemand spart wie im obigen Beispiel. Zu welchem Zinssatz muss dies erfolgen, damit die Endsumme einen Wert von 4.500,00 Euro hat?

Wollen Sie eine solche Aufgabe »per Hand« lösen, kann es schnell unübersichtlich werden, da Sie die Formeln selbst nach dem Zinssatz auflösen müssen. Formelauflösung ist aber ein Fall für die *Zielwertsuche* von Excel.

Das Arbeitsblatt bauen Sie nahezu gleich wie in Abbildung 16.16 auf. Mit einem Unterschied: Sie fügen noch den gewünschten Kontostand hinzu, bereiten eine »Hilfszelle« mit der Differenz aus berechnetem und gewünschtem Kontostand vor und betrachten den Zinssatz als veränderbare Größe (Abbildung 16.17).

Abbildg. 16.17 Vorbereitung der Zielwertsuche zur Zinsberechnung

	D	E	F	
28				
29		monatliche Sparsumme	200,00 €	
30		Sparbeginn	30.04.2005	
31		Kontoauflösung	31.12.2006	
32		gewünschter Kontostand	4.500,00 €	
33				
34		1. Jahr		
35		Anzahl der Sparraten	8	
36		Kontostand Ende Jahr 05	1.683,71 €	
37				
38		2. Jahr		
39		Anzahl der Sparraten	12	
40		Kontostand Ende Jahr 06	4.500,00 €	
41				
42		Zinssatzermittlung		
43		Abweichung des Kontostandes	0,00	
44		gedachter Zinssatz	13,95%	
45				

Klicken Sie nun in die Zelle *F43* und rufen Sie den Menübefehl *Extras/Zielwertsuche* auf. Im darauf folgenden Dialogfeld tragen Sie als Zielwert *0* (Null) ein (keine Abweichung zwischen Wunsch und Realität), veränderbar ist die Zelle mit dem gedachten Zinssatz *F44*. Nach *OK* sollte sich der Inhalt dieser Zelle auf 13,95% korrigieren.

Mehr zum Thema »Zielwertsuche« finden Sie in Kapitel 23.

Wechselrechnung und verwandte Gebiete

Im vorigen Abschnitt wurde stets das Prinzip

Endkapital = Anfangskapital plus Zinsen vom Anfangskapital

umgesetzt. Der Fachmann spricht hier von nachschüssiger Verzinsung. Diese ist Grundlage für viele konkrete Finanzgeschäfte: Bausparen und Baudarlehen, Hypothekendarlehen, festverzinsliche Wertpapier und viele andere.

In Zeiten ohne Computer und andere Hilfsmittel haben Kaufleute eine andere Art der Verzinsung erfunden:

Anfangskapital = Endkapital minus Zinsen vom Endkapital

Der Fachmann spricht von vorschüssiger Verzinsung. Heute gibt es nur wenige Anwendungsgebiete, eines davon ist die Wechselrechnung, ein anderes sind die abgezinsten Bundesfinanzierungsschätze der Bundesrepublik Deutschland.

HINWEIS Es gibt eine Unzahl von Zinsbegriffen – jährlich (per annum), vorschüssig, nachschüssig, nominal, effektiv – sowie »verschleiernde« Umschreibungen (Aufschlag, Abschlag, Agio, Disagio). Es ist stets wichtig, genau im Blick zu haben, was denn mit einem Zinssatz, der immer in Relation zu einer Geldsumme und einer Zeitspanne steht, erfasst und ausgedrückt werden soll.

Am 10.10.2005 wird bei einer Bank ein Wechsel über 4.320 Euro eingelöst, der am 25.1.2006 fällig ist. Welchen Betrag schreibt die Bank gut, wenn sie einen jährlichen Diskontsatz (das ist ein anderer Begriff für vorschüssige Verzinsung) von 3,5 % ansetzt und keine Gebühren fällig werden?

Die Lösung ermitteln Sie mit Hilfe der Funktion *KURSDISAGIO*, die sich im Add-In *Analyse-Funktionen* befindet. Etwas abweichend von den Erläuterungen der Offline-Hilfe können die Argumente der Funktion in der Form

KURSDISAGIO(Tag der Einreichung;Tag der Fälligkeit;Diskontsatz;Wechselsumme;Basis)

interpretiert werden. Damit ist nur *Basis* erklärungsbedürftig: Hier wird eine Zahl verlangt, die stellvertretend für die Zählweise der Tage (also 30/360. 30/365 usw.) steht. Tragen Sie hier *4* ein, so wird die »klassische« deutsche Zählweise einer Sparbuchbewertung verwendet – ein Jahr hat 360 Tage, das sind 12 Monate zu jeweils 30 Tagen. Im Ergebnis liefert die Funktion dann 4.275,90 Euro.

PROFITIPP

> Es gibt einige Funktionen, die mit *KURSDISAGIO* in direkter Verbindung stehen: *DISAGIO*, *AUSZAHLUNG* und *TAGE360*. Im Falle der obigen Tagezählart *4* ergibt sich nämlich
>
> *KURSDISAGIO=AUSZAHLUNG – AUSZAHLUNG*DISAGIO*TAGE360/360)*
>
> und das ist gerade das Prinzip vorschüssiger Verzinsung.

Zur Zeit der Abfassung dieses Abschnitts bietet die Bundesrepublik Deutschland Finanzierungsschätze zu folgenden Bedingungen (WKN 114 563): Laufzeit 1 Jahr, Auszahlung 500 € (ergibt sich aus der Mindestkaufsumme), Fälligkeit am 20.07.2006. Zu welchem Preis erfolgt der Kauf am 20.07.2005 bei einem festgelegten Verkaufszins von 1,86 % p. a.?

Auch hier gibt *KURSDISAGIO* die korrekte Antwort: 490,70 €.

Zu welchem nachschüssigen Zinssatz müsste eine vergleichbare Anlage (gleiche Laufzeit, gleicher Einsatz, gleiches Ergebnis) erfolgen? Zur Beantwortung müssen Sie nur das Verhältnis des »Gewinns« auf das eingesetzte Kapital bilden. Einfacher haben Sie es mit der Funktion *ZINSSATZ*. Diese Funktion arbeitet nach dem Muster

```
ZINSSATZ(Tag des Kaufs;Tag der Fälligkeit;Einsatz;Rückzahlung;Basis)
```

und liefert 1,90%. Das ist auch die Zahl, die Sie bei der Deutschen Bundesbank als Rendite erfahren können.

HINWEIS Ein gleiches Ergebnis erhalten Sie bei Einsatz der Funktion *RENDITEDIS* mit den Parametern

```
RENDITEDIS(Abrechnung;Fälligkeit;Kurs;Rückzahlung;Basis)
```

die extra für abgezinste Wertpapiere geschaffen wurde.

Die Beispiele befinden sich in der Datei *Einfache Zinsrechnung.xls* im Ordner *\Buch\Kap16*. In diesem Ordner befindet sich auch das Add-In mit benutzerdefinierten Funktionen zur einfachen Zinsrechnung, deren Gebrauch dem der integrierten Funktionen für die Zinseszinsrechnung entspricht.

Zinseszinsrechnung

Zinseszinsrechnung ist ebenfalls Prozentrechnung. Im Gegensatz zur einfachen Verzinsung werden erhaltene (bzw. gezahlte) Zinsen dem zugrunde liegenden Kapital am Ende der jeweiligen Zinsperiode hinzugeschlagen, in der Zukunft selbst mit verzinst.

Wenn Sie nicht ausführliche Kontoführungspläne, Tilgungspläne, Liquiditätspläne usw., die eine gewisse Regelmäßigkeit voraussetzen, aufschreiben wollen, sind die integrierten Funktionen *BW*, *ZW*, *RMZ*, *ZZR* und *ZINS* erste Wahl.

Grundaufgaben

Das in Excel umgesetzte finanzmathematische Äquivalenzprinzip (Schuldnerleistungen plus Gläubigerleistung gleich Null) wird in der Formel aus Abbildung 16.18 deutlich.

Abbildg. 16.18 Die Formel für das finanzmathematische Äquivalenzprinzip

$$ZW + BW \cdot (1 + ZINS)^{ZZR} = 0$$

Es bedeuten hier (und die Bezeichnungen lehnen sich »buchstäblich« an die Namen der integrierten Funktionen an: *ZW* = Zukunfts- oder auch Endwert des Kapitals, *BW* = Bar- oder Anfangswert des Kapitals, *ZINS* = Periodenzinssatz der Verzinsung, in aller Regel für eine Geldeinheit und ein Jahr, *ZZR* = Zins- oder Zahlungszeiträume bzw. die Anzahl der Zinsperioden.

Durch Umstellen der Formel nach einer gesuchten bei gegebenen restlichen Größen gelangt man zu den Grundaufgaben der Zinseszinsrechnung:

■ Ermittlung des Zukunftswerts eines oder mehrerer Zahlungsströme

■ Berechnung des Barwerts dieser Zahlungen

■ Kenntnis über die Laufzeit von Zahlungen

■ Ermittlung der Verzinsung von Zahlungen.

Beispiele

Legt also jemand 1.000 Euro für fünf Jahre auf einem Sparbrief zu 3% im Jahr an, erhält er dafür am Ende 1.159,27 Euro. Das berechnen Sie mittels

ZW(Zins;Laufzeit;;-Barwert)=ZW(3%;5;;-1000)

Achten Sie bitte auf die aus dem Äquivalenzprinzip resultierenden Forderungen an das Vorzeichen des Barwerts.

WICHTIG Entscheiden Sie sich, statt für die Anwendung der Formel für eine Kontoführung Jahr für Jahr, müssen Sie den Kontostand exakt auf zwei Stellen nach dem Komma führen. Das erreichen Sie nicht durch eine Anzeige von zwei Stellen, sondern durch den konsequenten Einsatz der Funktion *RUNDEN*. Und so ergibt sich im vorhergehenden Beispiel eine Abweichung von 1 Cent in den Ergebnissen.

Sparbriefe winken gelegentlich mit einer Bonuszahlung am Ende der Laufzeit zur Verbesserung der Rendite. Die Berechnung dieser Rendite (Effektivverzinsung) erledigt die Funktion *ZINS* für Sie:

ZINS(Laufzeit;;-Barwert;Ergebnis inklusive Bonus)

Bei einem Bonus von 150 Euro ergeben sich effektive 5,54% aus

ZINS(5;;-1000;1159,27+150)

wobei bei einer Umsetzung auf einem Tabellenblatt natürlich die entsprechenden Zellbezüge in der Formel auftauchen sollten.

Die Beispiele befinden sich in der Datei *Zinseszinsrechnung.xls* im Ordner *\Buch\Kap16* auf der CD-ROM zu diesem Buch. Sie finden in dieser Datei auch eine Beispielrechnung zur Ermittlung der Rendite von Bundesschatzbriefen Typ A und B mit Zinslauf vom 01.07.2005.

PROFITIPP

Die Rendite von Bundesschatzbriefen des Typs B mit jährlicher Gutschrift der Zinsen und deren Verzinsung lässt sich leicht aus dem Anfangswert und dem Endwert nach der Laufzeit bestimmen – Funktion *ZINS*. Für Bundesschatzbriefe vom Typ A ist die Sache nicht so einfach, da die Zinsen ausgeschüttet und nicht wieder angelegt werden. Zur Berechnung des Effektivzinses gibt es dann verschiedene Ansätze. Da hier keine gebrochenen Laufzeiten vorliegen, ist es genau genommen eine Aufgabe der Investitionsrechnung, bei der die Funktion *IKV* (die Abkürzung steht für »interne Kapitalverzinsung«, die Funktion setzt die so genannte Methode des internen Zinssatzes um) zum Einsatz kommt. Einzelheiten und Formeln finden Sie in der Beispielmappe.

Rentenrechnung

Rentenrechnung ist die Erweiterung der Zinseszinsrechnung um ein weiteres Merkmal. Es gibt nicht nur einen Kontostand am Anfang der Laufzeit und einen am Ende, sondern regelmäßige Beträge werden dem Konto in regelmäßigen Abständen hinzugefügt bzw. entnommen. Der Einfachheit halber wird dabei vorausgesetzt, dass Zahlungstermine mit Zinsterminen übereinstimmen.

HINWEIS Die Übereinstimmung der Zahlungstermine mit Zinsterminen ist nicht notwendig. Bei einem Hypothekendarlehen, wo die Rente (das ist eine regelmäßige Zahlung in gleicher Höhe) als Annuität monatlich den Kreditstand verringert, ist diese Übereinstimmung gegeben. Sparen Sie einen Bausparvertrag an oder nutzen ein einfaches Sparbuch, so können Sie zwar monatlich zahlen, eine Zinsgutschrift wird allerdings in der Regel erst am Ende des Jahres stattfinden.

Grundaufgaben

Durch die regelmäßigen Zahlungen von Beträgen gleicher Höhe werden die Grundaufgaben der Zinseszinsrechnung in der Rentenrechnung um eine Aufgabe erweitert, nämlich um die Bestimmung der Rentenhöhe.

Die in Excel integrierten Funktionen *BW* (Bestimmung des Barwerts), *ZW* (Bestimmung des Zukunfts- oder Endwerts), *ZZR* (Bestimmung der Laufzeit), *RMZ* (Bestimmung der Rente sprich regelmäßigen Zahlung) und *ZINS* (Bestimmung des Zinssatzes) sind über das in Excel umgesetzte finanzmathematische Äquivalenzprinzip gemäß Abbildung 16.19 miteinander verbunden.

Abbildg. 16.19 Weitere Informationen finden Sie in der Online-Hilfe zur Funktion *BW*

$$BW \cdot (1+ZINS)^{ZZR} + RMZ \cdot (1+F \cdot ZINS) \cdot \frac{(1+ZINS)^{ZZR}-1}{ZINS} + ZW = 0$$

Die Lösung einer der beschriebenen Grundaufgaben entspricht der Auflösung der Gleichung nach einer der Größen. Das ist bis auf den Zinssatz auch per Hand machbar, letzterer lässt sich ansonsten nur durch Näherungsrechnung bestimmen.

HINWEIS Bei verschiedenen Vertragsarten ist es möglich, dass die Zahlung der Rente am Anfang der Perioden (vorschüssig) bzw. an deren Ende (nachschüssig) erfolgt. Für den ersten Sachverhalt können Sparvorgänge herhalten, für den zweiten die Bedienung von Krediten. Der Parameter *F* (Fälligkeit) bringt den Unterschied. Erfolgen Zahlungen vorschüssig, so ist *F* gleich 1 zu setzen, erfolgen Sie nachschüssig, ist mit *F* gleich 0 (Null) zu arbeiten. Außerdem ist es wichtig, die Vorzeichen, welche die »Zahlungsrichtung« beschreiben, zu beachten.

Sparpläne

Eine Lebensversicherung bietet an, für einen monatlichen Beitrag von 51,90 Euro am jeweiligen Monatsanfang (vorschüssig) nach 15 Jahren eine (nicht garantierte) Ablaufleistung von 15.508 Euro zu zahlen. Ist dieses Angebot attraktiv, wenn mit einer Verzinsung von 7% im Jahr gerechnet wird?

Einen Lösungsansatz dieses Problems erhalten Sie, wenn Sie den Zukunftswert der regelmäßigen Zahlungen ermitteln. Näherungsweise gehen Sie davon aus, dass Sie alternativ die Möglichkeit haben, monatlich 51,90 Euro auf das Konto einer Bank zu zahlen, welche Ihnen monatlich 1/12 von 7% Zinsen gutschreibt und diese in den 12 Monaten auch mit verzinst. Damit ergibt sich ein Zukunftswert nach

ZW(7%/12;15*12;-51,90;;1) = 16.546,30

(die Argumente für *ZW* bringen Sie natürlich wieder in Zellen unter und benutzen die Bezüge auf diese Zellen). Da die angekündigte Ablaufleistung geringer ist als der durch *ZW* ermittelte Zukunftswert, ist das Angebot nicht so attraktiv wie erwartet.

Das Beispiel befindet sich in der Datei *Renten- und Tilgungsrechnung.xls* im Ordner *\Buch\Kap16* auf der CD-ROM zu diesem Buch.

In der Regel wird man kein Konto finden, welches in diesem Fall monatlich verzinst (was gelegentlich und angesichts der möglichen kleinen Sparbeträge für eine Lebensversicherung spricht). Die monatlichen Zahlungen sind zum Vergleich genau genommen auf einem »normalen« Sparbuch – wegen der geringen Höhe der Sparraten – für ein Jahr zu sammeln und der dann durch einfache Verzinsung ermittelte Ersatzbetrag kann als ganzjährige fiktive Rentenzahlung in die Funktion *ZW* über 15 Jahre eingesetzt werden. Die Lösung (der genaue Kontostand nach 15 Jahren wäre bis auf Rundungseffekte 16.243,76 Euro) finden Sie ebenfalls in der Beispielmappe.

Tilgungsrechnung

Tilgungsrechnung ist in manchen Situationen »umgekehrte« Rentenrechnung: Regelmäßige Zahlungen werden in immer wiederkehrender Höhe zur Ablösung eines Kredits benutzt. Damit sind die im vorigen Abschnitt beschriebenen Funktionen auch in Teilen der Tilgungsrechnung verwendbar.

Arten der Tilgungsrechnung

Die Finanzmathematik unterscheidet bei Tilgungen im Wesentlichen drei verschiedene Prinzipien:

- Festhypotheken – hier erfolgt die Tilgung der Schuld in einer Einmalzahlung am Ende der Laufzeit. Diese Zahlung umfasst ggf. alle aufgelaufenen Zinsen, wenn diese nicht regelmäßig (etwa jährlich) bezahlt wurden. Eine solche Situation ist im Prinzip Zinseszinsrechnung und kann mit den weiter oben beschriebenen Mitteln behandelt werden.

- Ratentilgung – das ist eine Form der Rückzahlung, bei der der zur Tilgung benutzte Betrag in jeder Periode der gleiche ist. Damit verringert sich die Periodengesamtbelastung, weil der jeweilige Zinsanteil immer geringer wird. Excel hält für diese Art der Berechnung keine integrierten Funktionen bereit. Am besten nutzen Sie einen Tilgungsplan, der den Kontostand von Periode zu Periode verfolgt. Ein Beispiel finden Sie auf der Begleit-CD in der Datei *Renten- und Tilgungsrechnung.xls*.

- Annuitätentilgung – das ist die Form der Rückzahlung, bei der die Belastung des Schuldners pro Periode über die gesamte Laufzeit konstant bleibt. Es gibt zwei Arten, eine solche Belastung zu definieren: durch Vorgabe der Laufzeit (in der Regel werden dies Sachinvestitionen mit schnellem Werteverlust des durch Kredit finanzierten Wirtschaftsguts sein) bzw. durch Vorgabe des ersten Tilgungsbetrags, wie bei Hypothekendarlehen von Laufzeiten bis zu 20 und mehr Jahren (so genannte Prozentannuität). Die integrierten Funktionen der Rentenrechnung (*BW*, *ZW*, *RMZ*, *ZZR* und *ZINS*) sind genau auf diesen Fall zugeschnitten und werden auch nur für diesen Fall durch die Funktionen *KAPZ*, *ZINSZ* und *KUMKAPITAL* ergänzt.

Beispiel

Eine Bank wirbt für den Kauf einer kreditfinanzierten Eigentumswohnung mit folgenden Informationen:

Vertragsformulierung	Bedingung
Zinsen	7,6 % p. a., 5 Jahre fest
Auszahlung	100 %
Tilgung	1 %
Anfänglicher effektiver Jahreszins	7,87 %

Unterlegt wird dieses Angebot durch ein Beispiel, welches eine monatliche Belastung von 716,67 Euro bei einer Kreditsumme von 100.000 Euro ausweist. Wie hoch ist die Restschuld nach der fünfjährigen Zinsbindungsfrist? Wie lange dauert die Tilgung, wenn es nach der Zinsbindungsfrist zu gleichen Konditionen weitergeht? Kann man die Ermittlung des Effektivzinses nachempfinden?

Normalerweise hält Excel mit der Funktion *KUMKAPITAL* den Teil der monatlichen Belastungen fest, der ausschließlich der Tilgung (und damit der Reduzierung der Schuld) dient. Diese Funktion arbeitet aber nur korrekt, wenn die Anzahl der Zahlungsperioden eine ganze Zahl ist. Das ist aber nur bei den Darlehen sicher, deren Laufzeit vorgegeben wurde. Im vorliegenden Fall wird die Laufzeit durch die Höhe der ersten Tilgungsrate bestimmt. Diese beträgt im ersten Monat ein Zwölftel von einem Prozent der Kreditsumme, das sind 83,33 Euro. Wegen der Rundungseffekte entsteht aus diesem Zwölftel, plus dem Zwölftel von 7,6% für Zinsen, die monatliche Belastung von 716,67 Euro.

Zur Ermittlung der Laufzeit setzen Sie die Funktion *ZZR* mit

ZZR(Zins;monatliche Belastung;minus Kreditsumme)

ein, was eine Zahl von 340,82 Monaten liefert (das sind mehr als 28 Jahre, aber nicht etwa 100, wie eine oberflächliche Interpretation des Tilgungssatzes suggerieren könnte).

HINWEIS   Die Angelegenheit, die ohnehin zu den schwierigeren im Leben eines Excel-Anwenders zählt, ist letztlich noch komplizierter. 7,6 % Zinsen und 1% Tilgung sind Vorgaben, die sich auf ein ganzes Jahr beziehen. Sie dienen aber nur als Berechnungsvorschrift, die konkreten Zahlen entstehen durch Zwölftelung. Dadurch ist nach einem Jahr nicht etwa nur 1% getilgt, sondern etwas mehr. Das liegt daran, dass der Tilgungsanteil in den monatlichen Belastungen, wenn auch nur langsam, stetig wächst. Gleichzeitig führt das dazu, dass der Zinssatz auch nur eine Berechnungsgröße ist, da durch das monatliche Zahlen der Beträge, die auf Jahresbasis entstanden, der Kredit teurer wird (»fernes Geld ist wenig wert«) und die Forderung nach Angabe eines Effektivzinses entsteht.

Die gebrochene Zahl der Monate verbietet also den Einsatz von *KUMKAPITAL* zur Ermittlung der Restschuld nach fünf Jahren. In der Praxis wird natürlich am Ende nicht in gebrochenen Monaten gerechnet, sondern die letzte monatliche Belastung fällt nicht mehr in voller Höhe von 716,67 Euro an. Zur Ermittlung der Restschuld können Sie einen Tilgungsplan wie in der Begleitdatei aufstellen. Sie können aber auch Folgendes tun: Finanzmathematische Zahlungsströme sind immer an einem gemeinsamen Stichtag zu bewerten. In aller Regel wird dazu der Beginn eines Vertrags gewählt. Vergleichen Sie also die ausgezahlte Kreditsumme mit dem Barwert der Schuldnerleistungen in den ersten 60 Monaten. Es ergibt sich

```
100.000 - BW(7,6%/12;60;-100.000) = 64.319,04
```

(die konkreten Zahlen befinden sich natürlich wieder in Zellen und Sie setzen die Zellbezüge in die Formeln ein). Diese Zahl entspricht also dem heutigen Wert der Restschuld nach fünf Jahren. Beim gegebenen Zinssatz ist dieser Betrag – durch so genanntes Aufzinsen – nach fünf Jahren 93.940,11 Euro wert, das zeigt die Funktion *ZW* durch

```
=ZW(7,6%/12;60;;-64.319,04)
```

Wieder kommt es durch notwendiges Runden im Tilgungsplan (es gibt bei Geld hier nur zwei Stellen nach dem Komma) zu Abweichungen mit dem Formelergebnis im Cent-Bereich. Da ist nichts zu machen!

Die Berechnung des Effektivzinses ist eine sehr komplizierte Angelegenheit und wurde in Deutschland erstmalig mit der Preisangaben-Verordnung von 1985 gesetzlich geregelt. Diese forderte zur Bestimmung aller Kosten eines Kredits für den Schuldner die Zahlungen auf einem fiktiven Sparbuch nachzuvollziehen. Der Zinssatz, der auf diesem Sparbuch alle Leistungen des Schuldners finanzmathematisch denen des Gläubigers gleich stellt, ist der effektive Zinssatz. »Anfänglich« heißt dieser Zinssatz dann deshalb, weil es nach der Zinsbindungsfrist in aller Regel mit neuen Kreditkonditionen weitergeht. Inzwischen gilt die Preisangaben-Verordnung von 2000, die einen nicht ganz konsequenten Versuch darstellt, sich internationalen Gepflogenheiten anzupassen und das deutsche Sparbuch mit der Tageszahl von 360 im Jahr (12 Monate zu 30 Tagen) nicht mehr zur Grundlage der Berechnungen macht. Als Excel-Nutzer haben Sie die Möglichkeit, durch die Funktion *EFFEKTIV* sich wenigstens bis auf geringe Abweichungen weit hinter dem Komma in die Nähe des gesetzlich vorgeschriebenen Effektivzinssatzes zu begeben, im vorliegenden Fall durch

```
=EFFEKTIV(7,6%;12) = 7,87%
```

HINWEIS Damit soll der finanzmathematische Ausflug im Rahmen dieses Handbuchs beendet sein. Nicht besprochen werden können die Funktionen, die für das Teilgebiet der Kursrechnung (Bewertung festverzinslicher Wertpapiere) bereitstehen. Nicht besprochen werden ferner die Funktionen, die der dynamischen Investitionsrechnung zuzuordnen sind. Weggelassen wurden auch die Funktionen, die sich mit Abschreibungsrechnung befassen, da diese nicht unbedingt zur Finanzmathematik zählt und die Excel-Funktionen wegen der deutschen Rechtsprechung auch kaum zu verwenden sind.

Das Beispiel befindet sich in der Datei *Renten- und Tilgungsrechnung.xls* im Ordner *\Buch\Kap16* auf der CD-ROM zu diesem Buch.

Zusammenfassung

Excel hält eine ganze Reihe statistischer Funktionen bereit, mit deren Hilfe Sie Ihre Daten untersuchen können. Immer wieder kommen auch Matrix-Funktionen zum Einsatz, mit denen sich spezielle Wünsche erfüllen lassen. Das Add-In *Analyse-Funktionen* erweitert den Funktionsumfang von Excel noch einmal um zusätzliche Funktionen und Assistenten.

Finanzmathematik im »klassischen« Sinn (Zinsrechnung, Zinseszinsrechnung, Rentenrechnung, Tilgungsrechnung, Kursrechnung) ist ein nicht einfaches Spezialgebiet und natürlich gibt es eine Vielzahl an einführender und auch weiterführender Literatur. Dieser Abschnitt konnte also nur den »Ariadne-Faden« legen. Sie haben dabei leistungsstarke Funktionen, die Excel bereithält, kennen gelernt. Die Offline-Hilfe wird Sie, wenn sie auch nicht immer ganz gelungen ist, ebenfalls weiterführen.

Teil F

Daten präsentieren: Diagramme

In diesem Teil:

In diesem Teil erfahren Sie alles über Diagramme. Wir zeigen, wie Sie Ihre Zahlen und Berechnungsergebnisse effektvoll grafisch darstellen. Wir geben Ihnen Ratschläge, welche Diagrammtypen für welchen Zweck am besten geeignet sind und zeigen dies an Beispielen aus unserer Praxis.

Während der Einführung in das Thema Diagramme lernen Sie auch die Arbeit mit dem Diagramm-Assistenten kennen. Selbst wenn Sie ein Diagramm nachträglich bearbeiten möchten, finden Sie hier einige nützliche Hinweise zu Einstellungen und Optionen.

In einem aufbauenden Kapitel zeigen wir spezielle Lösungen und Diagrammfunktionen, welche Ihnen mit Sicherheit Anregungen für Ihre eigene Arbeit geben werden. Wenn Sie etwa ein Diagramm erstellen wollen, das neue Daten automatisch berücksichtigt oder bestimmte Datenpunkte mit Grafiken versehen wollen, dann ist dieser Teil des Buches genau richtig. Sie finden hier ferner Informationen, wie Sie eine Mustervorlage für Diagramme erstellen. Nach dem Durcharbeiten können Sie sicher sein, dass Sie alle Kniffe im Umgang mit Businessgrafiken kennen.

Kapitel 17

Bilder statt Tabellen: Diagramme erstellen

Mit Diagrammen die Aussage von Zahlenkolonnen auf den Punkt bringen

Neben den Funktionen zum Berechnen und Analysieren ist das Umwandeln von Zahlenmaterial in aussagekräftige Grafiken ein weiteres wichtiges Anwendungsfeld von Excel. Grafiken, die in Säulen, Balken und Kreissegmenten oder in Linien und Flächen Trends und Zustände widerspiegeln, werden Diagramme genannt.

In Abwandlung eines bekannten Sprichworts sollte gelten: »Ein Diagramm sagt mehr als tausend Zahlen«. Mit Hilfe eines Diagramms sollte eine Situation oder Entwicklung für den Betrachter rasch erfassbar sein. Der Hauptzweck von Diagrammen ist also die schnelle und komprimierte Veranschaulichung von mehr oder weniger großen Informationsmengen. Diese Funktion von Diagrammen hat wachsende Bedeutung, denn angesichts der Zunahme der Informationen in allen Bereichen des Lebens wird es zunehmend schwieriger, sich ein Bild über bestimmte Entwicklungen und Situationen zu machen. Hier können Diagramme helfen, Informationen zu verdichteten und zu verständlichen Aussagen zusammenzufassen.

Nun werden Sie selbst täglich in den verschiedensten Medien – von der Zeitung über das Fernsehen bis hin zum Internet – mit den unterschiedlichsten Diagrammen konfrontiert. Dabei lassen sich eigentlich von ihrer Wirkung her drei Gruppen unterscheiden:

■ Manche Diagramme sind sachlich knapp, informativ, schnörkellos; für die Gestaltung wurde keine Zeit »verschwendet«.

■ Andere sind verspielt, sehr schön anzusehen, aber – zumindest auf den ersten Blick – wenig verständlich.

■ Wieder andere sind aussagekräftig und auch gestalterisch gelungen.

Bei dem riesigen Angebot an Diagrammtypen und den verschiedensten Untervarianten fällt es gar nicht leicht, sich für das Richtige zu entscheiden. Und dann soll das Diagramm auch noch optisch wirksam ein. Zugegeben, keine leichte Aufgabe, aber mit Hilfe dieses Kapitels dürfte sie Ihnen schon bald gelingen.

Tipps zur Planung von Diagrammen

Damit Diagramme den oben genannten Zweck der komprimierten Veranschaulichung erfüllen, reicht die Kenntnis der Diagramm-Funktionen von Excel allein nicht aus. Mindestens zwei weitere Dinge kommen in jedem Fall hinzu:

■ Eine sehr konkrete Vorstellung von dem, was das Diagramm aussagen soll und was nicht.

■ Der bewusste Einsatz der Möglichkeiten zum Zeichnen, um die Diagramme inhaltlich und optisch aufzuwerten (vgl. hierzu Kapitel 14).

Bei der Vielzahl von Diagrammtypen und Gestaltungsmöglichkeiten ist es nicht so leicht, sich auf Anhieb für die beste und auch klarste Variante zu entscheiden. Um Ihnen dabei ein wenig Unterstützung zu geben, hier eine kurze und bei weitem nicht vollständige Checkliste. Für die dort aufgeführten Fragen sollten Sie vor bzw. beim Erstellen von Diagrammen möglichst die Antworten finden (vgl. auch Abbildung 17.1).

Checkliste für die Auswahl des Diagramms

- Was soll die Hauptaussage des Diagramms sein?

- Welche Entscheidung soll das Diagramm unterstützen?

- Welche Daten sollen dargestellt werden, welche nicht?

- Welche der Informationen stehen einer klaren Aussage im Diagramm entgegen?

- Wie sollen die darzustellenden Daten geordnet werden?

- Welcher Diagrammtyp und welcher Untertyp kann diese Aufgabe am besten erfüllen (welcher auf keinen Fall)?

- Welche Aussagen sollen besonders hervorgehoben werden?

- Welche Farben entsprechen dem Thema bzw. dem Corporate Design?

- Welche Zusatzelemente (Beschriftungen, Bilder, Logo usw.) können die Aussage des Diagramms wirkungsvoll unterstützen?

- Ist es sinnvoll, mehrere Diagramme zu erstellen, um den Vergleich unterschiedlicher Sachverhalte oder großer Zahlenmengen besser und übersichtlicher darzustellen?

- Wie soll die Darstellung der Werte in der Größenachse erfolgen (kleinster und größter Wert, Intervall)?

- Wie sieht der Ausdruck des am Bildschirm farbig erstellten Diagramms auf einem Schwarzweißdrucker aus?

Abbildg. 17.1   Gedankliche Vorarbeit beim Erstellen von Diagrammen

Die neun Schritte beim Erstellen von Diagrammen

1. Aussage des Diagramms bestimmen

2. Daten sammeln und anordnen

3. Diagrammart und Untertyp wählen

4. Datenanordnung festlegen

5. Größenachse anpassen

6. Überflüssige Diagrammelemente löschen

7. Farben auswählen

8. Beschriftungen ändern und ergänzen

9. Grafische Elemente einfügen

Sie sehen schon an diesen ausgewählten Fragen, dass Diagramme tatsächlich eine komplexe, aber auch reizvolle, weil anspruchsvolle, Aufgabe sind.

Mit dem Diagramm-Assistenten in vier Schritten zum Ziel gelangen

Bevor Sie sich näher mit dem Assistenten befassen, den zweifellos die meisten Anwender benutzen, sollten Sie sich noch mit einer Alternative vertraut machen. Denn eigentlich ist der Weg über den Assistenten nicht wirklich der schnellste Weg. Es gibt einen, der tatsächlich in Sekundenschnelle ein Diagramm erstellt:

Nach dem Markieren der Daten für das Diagramm genügt es, die F11 -Taste zu drücken, um sofort ein neues Arbeitsblatt mit einem Diagramm zu erhalten. Dabei bietet Ihnen Excel standardmäßig ein zweidimensionales Säulendiagramm an, das Sie nachträglich an Ihre Bedürfnisse anpassen können und vielfach auch müssen.

Möchten Sie allerdings schon beim Erstellen des Diagramms alle wichtigen Einstellungen vornehmen und das Diagramm im gleichen Arbeitsblatt platzieren, dann verwenden Sie den *Diagramm-Assistenten*, den Sie über die Symbolleiste *Standard* aufrufen können. Dieser Assistent führt Sie in vier Schritten zum Ziel. Der Vorteil der Verwendung des Assistenten liegt klar auf der Hand: Bereits beim Erstellen können Sie detailliert das Aussehen Ihres Diagramms beeinflussen.

Diagramme im Blatt mit den Daten oder in einem separaten Arbeitsblatt anlegen

Sie können Ihre Diagramme auf zweierlei Art anordnen, entweder

- im gleichen Tabellenblatt, das auch die Daten enthält, oder
- in einem gesonderten Arbeitsblatt im Vollbildmodus. Dabei ist es möglich, unter dem Diagramm zusätzlich die Quelldaten zu platzieren.

Die häufiger eingesetzte Möglichkeit besteht darin, das Diagramm im selben Arbeitsblatt mit den Daten zu erstellen. Damit erhalten Sie beide Informationen auf einen Blick, eine Tatsache, die gerade bei der Weitergabe von Daten nebst Diagramm eine große Rolle spielt.

Aber auch die Umsetzung der Daten als Diagramm in einem separaten Tabellenblatt bietet Vorteile, nämlich die größere Darstellung der einzelnen Diagrammelemente und die Konzentration auf die bildhafte Darstellung, ohne dass größere Zahlenmengen studiert werden müssen.

Die vier Schritte mit dem Diagramm-Assistenten absolvieren

Eine Studie hat ergeben, dass 70% der Anwender den Diagramm-Assistenten zum Erstellen von Diagrammen einsetzen. Insofern ist es sinnvoll, dass Excel fast alle Werkzeuge zum Erstellen und Modifizieren von Diagrammen bereits im Assistenten bereithält. Das ermöglicht es den Anwendern, schneller zum gewünschten Diagramm zu gelangen. Zusätzlich ist der Office-Assistent im Diagramm-Assistenten eingebaut, um Sie schrittweise beim Anlegen des Diagramms zu unterstützen.

Bevor Sie den Diagramm-Assistenten starten, sollten Sie die Daten, die Sie grafisch darstellen möchten, in Ihrem Tabellenblatt markieren. Falls Sie das vergessen, haben Sie die Möglichkeit, den darzustellenden Datenbereich noch im zweiten Schritt des Diagramm-Assistenten festzulegen. Beim Markieren des Datenbereichs sollten Sie darauf achten, auch die Zeilen- und Spaltenüberschriften mit einzubeziehen, wenn diese anschließend in Ihrem Diagramm als Rubriken- bzw. Legendenbeschriftung erscheinen sollen.

Der erste Schritt: Diagrammtyp und -untertyp wählen

Nach dem Markieren des darzustellenden Datenbereichs klicken Sie auf die Schaltfläche *Diagramm-Assistent* in der *Standard*-Symbolleiste. Es erscheint das Dialogfeld mit dem *Schritt 1 von 4* des Assistenten.

Wählen Sie in der Auswahlliste *Diagrammtyp* den Diagrammtyp aus, den Sie erstellen wollen und markieren Sie rechts im Feld *Diagrammuntertyp* die gewünschte Variante.

Abbildg. 17.2 Wichtige Diagrammtypen in der Übersicht

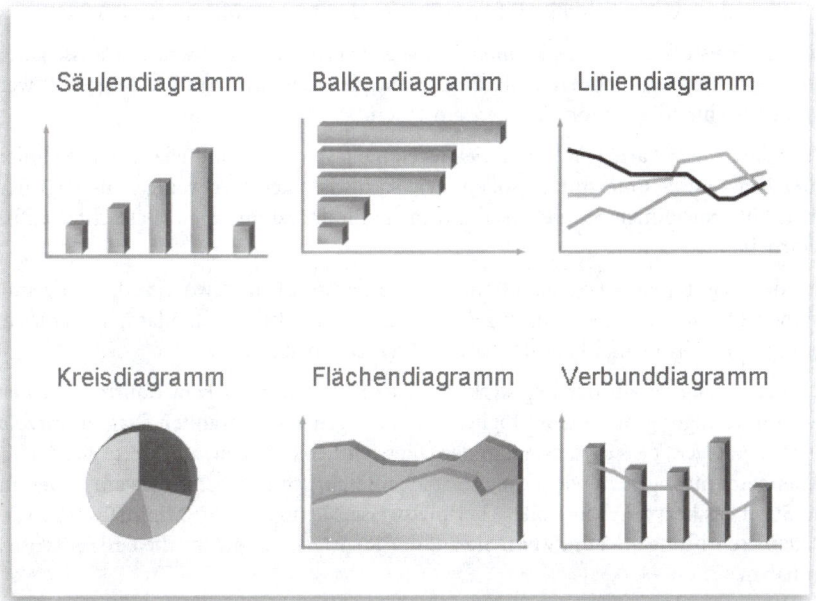

Bereits jetzt können Sie sich eine Vorschau auf das kommende Diagramm anzeigen lassen, wenn Sie auf *Schaltfläche gedrückt halten für Beispiel* unterhalb des Feldes *Diagrammuntertyp* klicken. In dieser Vorschau lässt sich bereits einschätzen, ob z.B. der richtige Diagrammtyp und Untertyp ausgewählt wurde und ob Sie den richtigen Datenbereich markiert haben. Klicken Sie anschließend auf die Schaltfläche *Weiter*.

Der zweite Schritt: Datenbereich und -anordnung bestimmen

Im nächsten Schritt haben Sie die Möglichkeit, den Bereich für die im Diagramm darzustellenden Daten zu bestimmen oder zu korrigieren.

Viel wichtiger ist jedoch die Entscheidung, ob Sie Ihre Daten zeilen- oder spaltenweise interpretieren lassen wollen. Sollten Sie nicht sicher sein, hilft hier ein Klick auf die beiden Optionen im Feld *Reihe in*, um dann zu entscheiden, welche Darstellungsart des Diagramms die von Ihnen gewünschte Aussage am besten unterstützt.

Über die Registerkarte *Reihe* haben Sie die Möglichkeit, die Anordnung der Daten umzustellen bzw. sogar weitere Daten hinzuzufügen.

Der dritte Schritt: Diagramm-Optionen einstellen

Nach einem erneuten Klick auf die Schaltfläche *Weiter* gelangen Sie in den dritten Schritt des Diagramm-Assistenten, wo Sie mit den Optionen aus sechs Registerkarten konfrontiert werden. Jetzt geht es schon um die »Feinarbeiten« an Ihrem Diagramm. Nehmen Sie sich die Zeit, alle Registerkarten abzuarbeiten und ggf. die gewünschten Optionen zu aktivieren.

- Die Registerkarte *Titel* enthält die Möglichkeit, das Diagramm und die beiden Achsen zu beschriften. Bedenken Sie aber, dass jede Information, die Sie hier eingeben, das Diagramm selbst kleiner werden lässt. Deshalb ist es möglicherweise günstiger, solche Beschriftungen, falls erforderlich, nachträglich mit Hilfe von Textfeldern an den entsprechenden Stellen zu platzieren.

- Auf der Registerkarte *Achsen* können Sie die Rubriken- oder Größenachse ausschalten. Das ist in den meisten Fällen nicht sinnvoll. Bei Daten, die nach Zeitperioden dargestellt werden sollen, können Sie hier die Option *Zeitachse* einstellen.

- Über die Registerkarte *Gitternetzlinien* legen Sie fest, ob, wo und wie Gitternetzlinien die Daten Ihres Diagramms unterstützen sollen. Wie so oft ist auch hier weniger mehr. Bedenken Sie: Je mehr Gitternetzlinien Sie ziehen, desto mehr Eindrücke muss ein Betrachter aufnehmen und verarbeiten.

- Auf der Registerkarte *Legende* können Sie festlegen, ob und wo eine Legende im Diagramm erscheinen soll. Für die Anordnung der Legende gibt es keinen Standard, denn dies hängt in erster Linie von Größe und Lage der dargestellten Daten ab.

- Standardmäßig ist auf der Registerkarte *Datenbeschriftungen* kein Kontrollkästchen aktiv. Die hier zur Verfügung stehenden Möglichkeiten hängen vom gewählten Diagrammtyp ab. Generell ist aber zu sagen, dass es meist nicht der Übersichtlichkeit dient, alle Werte aus der Tabelle durch Datenbeschriftungen zu wiederholen. Solche Beschriftungen setzen Sie am besten nur dort ein, wo Sie etwas hervorheben wollen, beispielsweise Maximal- oder Minimalwerte. Verwenden Sie Datenbeschriftungen dann, wenn Sie auf der Registerkarte *Achsen* die Größenachse ausgeschaltet haben.

- Auf der Registerkarte *Datentabelle* können Sie an das Diagramm die zugehörigen Daten anhängen. Dies ist zweifellos eine schnelle Methode, auch für Skeptiker und Misstrauische, die Daten zum Diagramm gleich mitzuliefern. Allerdings hat sie einen Schönheitsfehler: Das ganze Diagramm wird vertikal gestaucht. Hier können Sie ein wenig entgegenwirken, indem Sie das Kontrollkästchen *Legendensymbole anzeigen* aktivieren und dafür auf der Registerkarte *Legende* das Kontrollkästchen *Legende anzeigen* deaktivieren.

Der vierte Schritt: Den Speicherort festlegen

Nach einem erneuten Klick auf die Schaltfläche *Weiter* gelangen Sie in den vierten Schritt des Diagramm-Assistenten. Wählen Sie *Als neues Blatt*, wird das Diagramm in einem gesonderten Arbeitsblatt erstellt. Mit der Option *Als Objekt in* legen Sie fest, in welche Tabelle das Diagramm eingefügt wird. Dabei können Sie auch entscheiden, auf welchem Blatt das Diagramm dargestellt werden soll.

HINWEIS   Wenn Sie nach der Verwendung des Diagramm-Assistenten bemerken, dass Sie bestimmte Einstellungen vergessen oder falsch vorgenommen haben, so ist das kein Problem: Markieren Sie das Diagramm und öffnen Sie das Menü *Diagramm*. Klicken Sie dort auf den Befehl *Diagrammoptionen*. Das erscheinende Dialogfeld enthält alle Optionen, die Sie vom Diagramm-Assistenten her bereits kennen.

Wollen Sie die Platzierung des Diagramms ändern, klicken Sie mit der rechten Maustaste auf das Diagramm und wählen aus dem Kontextmenü den Befehl *Speicherort* aus.

Stellen Sie fest, dass der zur Darstellung im Diagramm vorgesehene Datenbereich nicht stimmt, rufen Sie – wiederum nach Markieren des Diagramms – den Menübefehl *Diagramm/Datenquelle* auf und geben Ihre Änderungswünsche ein.

Alle Werkzeuge zur Hand: Die Symbolleiste *Diagramm* nutzen

Die Symbolleiste für die Bearbeitung von Diagrammen (Abbildung 17.3) ist für Sie meist der einfachste und schnellste Weg, um Veränderungen an einem bestehenden Diagramm vorzunehmen. Mit ihr gelangen Sie ohne zeitraubende Umwege über Menüs zu nahezu allen Einstellungen, die Sie nachträglich an einem Diagramm vornehmen können.

HINWEIS   Von dieser Regel gibt es nur wenige Ausnahmen. Beispielsweise müssen Sie für die Anpassung der verschiedenen Perspektiven und Winkel von dreidimensionalen Diagrammen tatsächlich ein Menü bemühen, und zwar das Menü *Diagramm* und dort den Befehl *3D-Ansicht*.

Auch bei der nachträglichen Wahl eines anderen Diagrammuntertyps ist der Weg über das Menü *Diagramm* (Befehl *Diagrammtyp*) erforderlich.

Da die Symbolleiste *Diagramm* (Abbildung 17.3) so wichtig und nützlich ist, hier zunächst eine Beschreibung ihrer Funktionen.

Abbildg. 17.3   Die Symbolleiste *Diagramm*

Das Listenfeld *Diagrammobjekte*

Ganz links in der Symbolleiste *Diagramm* befindet sich das Listenfeld *Diagrammobjekte*. Es enthält die Auswahlliste all der Elemente, die im jeweiligen Diagramm verfügbar sind. Dieses Listenfeld dient zum Auffinden und Markieren von Diagrammobjekten. *Diagrammfläche*, *Zeichnungsfläche*, *Größenachse* und ein oder mehrere *Reihen* kommen in jedem Diagramm vor. Zum Standard gehören meist auch noch *Rubrikenachse*, *Gitternetz* und *Legende*. Die restlichen Objekte variieren je nach Diagrammtyp. Sie müssen diese Objekte und die Begriffe dafür jetzt nicht vollständig kennen, sondern können sich per Mausklick in diese Liste oder per Zeigen mit der Maus auf einzelne Diagrammobjekte die jeweilige Information leicht erschließen (Abbildung 17.4).

Abbildg. 17.4
Auswahl der verschiedenen Diagrammobjekte per Mausklick in das gleichnamige Listenfeld

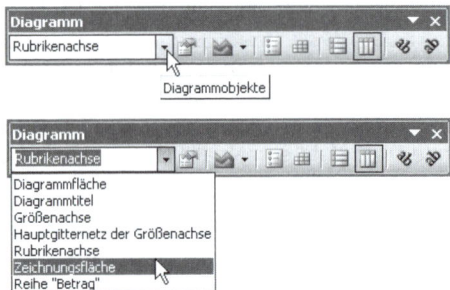

Die Schaltfläche zum Formatieren markierter Objekte

An der zweiten Position von links folgt die Schaltfläche *xxx formatieren* (*xxx* steht dabei für das jeweilige Diagrammobjekt), die Sie – je nach gewähltem Diagrammobjekt – zum entsprechenden *Formatieren*-Dialogfeld bringt. Als Alternative dazu können Sie jeweils den ersten Befehl aus dem Menü *Format* wählen, der sich – wiederum je nach Diagrammobjekt – anpasst oder (noch schneller) Sie verwenden die Tastenkombination $\boxed{\text{Strg}}$+$\boxed{1}$.

Natürlich bleibt Ihnen immer auch der Weg, mit der rechten Maustaste auf ein Element zu klicken und dann im Kontextmenü den gewünschten Befehl zum Formatieren abzurufen.

Die Auswahl des Diagrammtyps

Über die nun folgende Schaltfläche *Diagrammtyp* haben Sie per Klick auf den Auswahlpfeil (rechts neben der Schaltfläche) Zugang zu allen Standardtypen für Excel-Diagramme, insgesamt 18 an der Zahl.

> **TIPP** Allerdings empfiehlt sich – wie auch schon in früheren Excel-Versionen – die Benutzung dieser Schaltfläche nicht, da Sie dann keine Möglichkeit haben, den jeweils passenden Untertyp auszuwählen. Es ist günstiger, auf die Menübefehlsfolge *Diagramm/Diagrammtyp* auszuweichen.

Legende ein- oder ausblenden

Nicht bei jedem Diagramm ist eine Legende erforderlich. Über die Schaltfläche *Legende* können Sie eine vorhandene Legende auch nachträglich löschen. Dies ließe sich übrigens auch mit der $\boxed{\text{Entf}}$-Taste erledigen, sofern Sie die vorhandene Legende vorher markiert haben. Gibt es keine Legende, genügt ein Klick auf diese Schaltfläche, um dem Diagramm eine solche hinzuzufügen.

Datentabelle hinzufügen

Für den Fall, dass Sie Ihr Diagramm doch noch direkt mit den entsprechenden Quelldaten in einer Abbildung kombinieren wollen, klicken Sie auf die Schaltfläche *Datentabelle*. Der Nachteil dieser Funktion besteht allerdings darin, dass das Diagramm dadurch erheblich verkleinert wird – bei dreidimensionalen Diagrammen manchmal bis zur »Unkenntlichkeit«. Insofern will der Einsatz dieser Funktion gut überlegt sein. Sie dient übrigens auch dazu, eine vorhandene Datentabelle wieder auszublenden.

Zeilen- oder Spaltenanordnung

Die Schaltflächen *Nach Zeile* und *Nach Spalte* sind eng miteinander verbunden. Sie sorgen beide nicht selten für Missverständnisse. Im Grunde genommen bewirken beide Schaltflächen nichts anderes, als die Anordnung Ihrer Daten unter zwei verschiedenen Betrachtungswinkeln.

Sie können Ihre Daten in den meisten Fällen (Ausnahmen bilden u.a. Kreis- und Ringdiagramme) zeilen- oder spaltenweise auswerten lassen. Das hängt immer von der Aussage ab, die Sie mit dem Diagramm treffen bzw. unterstützen wollen.

Als häufig zutreffende Regel können Sie sich vielleicht folgendes merken:

- Wählen Sie *Nach Zeile*, dann erscheinen die Zeilenüberschriften (z.B. Produktnamen) als Legende.

- Klicken Sie die Schaltfläche *Nach Spalte* an, dann werden Ihre Spaltenüberschriften als Legendentext verwendet.

Text drehen

Diese beiden Schaltflächen sorgen dafür, dass der Text – beispielsweise an der Rubrikenachse – um 45 Grad nach links oder rechts gedreht wird. Das ist vor allem dann sinnvoll, wenn längere Beschriftungen horizontal einen vorgegebenen Abstand überschreiten und deshalb ansonsten gekürzt werden müssten.

Diagrammtypen und ihre Einsatzgebiete kennen

Da es in Excel einschließlich der Untertypen insgesamt 73 Standard- und 20 benutzerdefinierte Varianten für Diagramme gibt, ist eine Kenntnis der wichtigsten Diagrammtypen und ihrer Anwendungsgebiete nützlich, um anstehende Diagrammaufgaben richtig zu lösen. In den folgenden Abschnitten finden Sie Erläuterungen zu den am häufigsten verwendeten Diagrammtypen und Tipps, wie Sie bekannte technische und gestalterische Klippen umschiffen können.

An den Praxisbeispielen, die Sie auf der CD zu diesem Buch in der Datei *Diagramme.xls* im Ordner *\Buch\Kap17* finden, können Sie die konkrete Anwendung auf einzelne Diagrammtypen studieren und dabei Lösungsvorschläge für ähnlich gelagerte Darstellungen in Ihrem Arbeitsbereich ableiten.

Hier eine Liste der 18 Diagrammtypen, die Sie in Excel einsetzen können:

- Säulendiagramm
- 3D-Säulendiagramm
- Balkendiagramm
- 3D-Balkendiagramm
- Liniendiagramm
- 3D-Liniendiagramm

- Kreisdiagramm

- 3D-Kreisdiagramm

- Ringdiagramm

- Punkt (XY)-Diagramm

- Flächendiagramm

- 3D-Flächendiagramm

- 3D-Oberflächendiagramm

- Netzdiagramm

- Blasendiagramm

- Kegeldiagramm

- Pyramidendiagramm

- Zylinderdiagramm

Durch Kombination mit den verschiedenen Untertypen gelangen Sie zu der bereits genannten Anzahl von insgesamt 73 verschiedenen Diagrammen. Da in Excel außerdem noch 20 gestalterische Lösungsvorschläge zu diesen Standarddiagrammen in Form so genannter benutzerdefinierter Typen vorliegen und Sie selbst auch noch individuelle Diagrammtypen erstellen können – beispielsweise Verbunddiagramme – ist es kein Problem, die Anzahl der zur Verfügung stehenden Diagramme über die »Hundert-Marke« zu steigern.

Als Orientierung finden Sie in Abbildung 17.5 eine Übersicht, für welche Aufgaben sich gewöhnlich welche Diagrammarten eignen.

Abbildg. 17.5   Einsatzgebiete für die verschiedenen Diagramm-Typen

Am häufigsten verwendet: Säulen, Balken und Linien

- *Säulendiagramme* werden vor allem dann eingesetzt, wenn Daten, auch über mehrere Zeiträume, verglichen werden sollen. Dabei werden die Werte in der vertikalen Achse, d.h. durch die Höhe der Säulen, dargestellt. Die horizontale Achse dient zur Darstellung der Rubriken, beispielsweise Produkte, Projekte, Filialen oder Zeitperioden.

- Bei einem *Balkendiagramm* handelt es sich um nichts anderes als um ein Säulendiagramm, das um 90 Grad gedreht wurde. Meist ist es üblich, dass die horizontal angeordneten Balken von oben nach unten kürzer werden. Hier geht es vor allem darum, Rangfolgen zu verdeutlichen.

- Entwicklungen über längere Zeiträume und Trends lassen sich am besten mit Hilfe von *Liniendiagrammen* abbilden.

Säulendiagramme einsetzen

Dieser Diagrammtyp gestattet es sehr gut, Änderungen an Mengen über einen bestimmten Zeitraum darzustellen, beispielsweise die Kosten für Energie oder Umsätze für ein Produkt, über das Jahr verteilt. Dabei werden die Werte in vertikaler Richtung über die Höhe der Säulen abgebildet, die Zeiträume auf der horizontalen Achse.

Versuchen Sie, in Säulendiagrammen die Anzahl der nebeneinander angeordneten Datenpunkte auf maximal zwölf zu begrenzen. Beschränken Sie die hintereinander angeordneten Datenreihen auf maximal drei. Haben Sie mehr als zwölf Daten, sollten Sie erwägen, zu einem Liniendiagramm überzugehen und die Daten als Linie oder Kurve zeichnen zu lassen. Denn wie wollen Sie in einem Diagramm, in dem Dutzende Säulen nebeneinander und dann vielleicht auch noch in mehreren Reihen hintereinander stehen, die Hauptaussage erkennen?

Säulendiagramme können auch für die Gegenüberstellung von mehreren Datenreihen (Absatz von zwei Produkten innerhalb eines Halbjahres) verwendet werden.

Gerade bei mehr als zwei Datenreihen kann eine bessere Übersichtlichkeit und Vergleichbarkeit der Daten gewährleistet werden, wenn Sie auf eine dreidimensionale Variante zurückgreifen. Damit können Produkte in mehreren Reihen hintereinander angeordnet werden. Haben Sie ein dreidimensionales Säulendiagramm gewählt und dabei eine ausgeprägte perspektivische Achse festgelegt, dann sollten Sie darauf achten, dass alle Datenreihen gut eingesehen werden können. Es kann zu einer unübersichtlichen Überlagerung der Säulen kommen und außerdem ist eine genaue Zuordnung der Säulen an der Werteskala kaum noch möglich.

TIPP   Ein weiteres Problem stellt sich beim Ausdruck von 3D-Diagrammen, aber auch anderen Diagrammen mit vielen Datenpunkten auf Schwarzweißdruckern.

Um eine klare Unterscheidung der Säulen zu erleichtern, sollten Sie die Umsetzung der Farben in differenzierte Grautöne durch eine Musterung oder durch verschiedene Farbverläufe in den einzelnen Säulen unterstützen. Klicken Sie dazu auf der Registerkarte *Muster* des Dialogfelds *Formatieren* die Schaltfläche *Fülleffekte* an und wählen Sie im Dialogfeld *Fülleffekte* auf der Registerkarte *Muster* eine der 48 Varianten oder auf der Registerkarte *Graduell* eine passende Variante von Farbnuancierungen aus.

Vor- und Nachteile der 3D-Varianten

So attraktiv dreidimensionale Diagramme auch sein mögen, es kommt immer wieder vor, dass einzelne Datenpunkte so groß sind, dass sie andere ganz oder teilweise verdecken. Dies bedeutet, Daten in der zweiten oder dritten Reihe eines dreidimensionalen Diagramms müssen meist in der Perspektive so angepasst werden, dass sie gut erkannt werden können. Dazu stehen Ihnen über den Menübefehl *Diagramm/3D-Ansicht* mehrere Möglichkeiten zur Verfügung. Allerdings ist es nicht so einfach, die einzelnen Befehle aus diesem Dialogfeld anzuwenden. Rezepte zur richtigen Anwendung sind deshalb kaum möglich, weil dies ganz vom Aufbau und der Anzahl der Datenpunkte abhängt. Deshalb empfiehlt es sich, zwischendurch immer auf die Schaltfläche *Übernehmen* zu klicken. Diese Funktion gestattet eine Vorschau auf die gewählte Einstellung, ohne dass Sie das Dialogfeld selbst schließen müssen. Hier hilft nur geduldiges Probieren. Unabhängig davon nachfolgend noch einige allgemeingültige Tipps zum Steuern der 3D-Optionen:

- Vermeiden Sie eine zu große oder zu geringe *Betrachtungshöhe*, da Sie damit dem Betrachter nur noch eine ungenaue Vogel- oder Froschperspektive auf die Daten bieten. Meist sind Werte zwischen 10 bis 20 optimal.

- Wählen Sie für die *Drehung* einen Winkel, der in der Nähe von 0 Grad oder 180 Grad liegt. Werte zwischen 340 bis 20 Grad bzw. zwischen 160 bis 200 Grad verhindern eine zu starke perspektivische Anordnung.

- Aktivieren Sie das Kontrollkästchen *Rechtwinklige Achsen* und vermeiden Sie damit die unschönen Effekte durch übertriebene perspektivische Darstellungen. Das Einschalten dieses Kontrollkästchens bewirkt übrigens, dass die Option *Perspektive* vollständig ausgeblendet wird.

- Lassen Sie unbedingt das Kontrollkästchen *AutoSkalieren* aktiviert, sonst schrumpft die Größe Ihres Diagramms ganz erheblich.

Balkendiagramme verwenden

In Balkendiagrammen liegt das Schwergewicht auf dem Vergleich der Werte. Deshalb sind die darstellenden Balken horizontal angeordnet. Die Information, wofür die Balken stehen, ist sekundär und daher in der vertikalen Achse angeordnet. Horizontal wird also das »Wie viel« abgelesen, vertikal das »Woher«.

Ein typisches Einsatzgebiet wäre die Auswertung solcher Fragen wie: »Wer steht bei einer Umfrage am höchsten in der Gunst?«, »Welche PC-Zeitschrift hat den größten Absatz?«, »Welche Themen werden von Lesern am meisten bevorzugt?«, »Welcher TV-Sender hat die höchsten Werbeeinnahmen?« usw.

Wenn Sie die Ergebnisse auf solche oder ähnliche Fragestellungen in einem Balkendiagramm darstellen möchten, ist es wichtig, die Daten in Ihrer Tabelle vor dem Erstellen des Balkendiagramms zu sortieren. Damit können die Balken nach oben oder unten immer länger bzw. kürzer werden. Dies erhöht die Übersichtlichkeit ganz wesentlich.

Ein altbekanntes Excel-Problem lösen

Beim Erstellen von Balkendiagrammen werden Sie immer wieder mit einem alten Excel-Problem konfrontiert: Sie sortieren in Ihrer Tabelle die Daten absteigend, also derart, dass der größte Wert ganz oben in der Datenreihe steht. Aber: Bei der Umsetzung im Diagramm stellen Sie fest, dass ganz oben der kleinste Wert im kürzesten Balken dargestellt wird und der gewünschte längste Balken erst ganz unten liegt. Wie können Sie das ändern?

Markieren Sie die Rubrikenachse, d.h. in dem Fall die senkrechte Achse und wählen Sie im Dialogfeld *Formatieren* die Registerkarte *Skalierung*. Aktivieren Sie dort das Kontrollkästchen *Rubriken in umgekehrter Reihenfolge*. Wenn Sie möchten, dass die Größenachse weiterhin am unteren Rand des Diagramms bleibt, müssen Sie in der gleichen Registerkarte noch das Kontrollkästchen *Größenachse (Y) schneidet bei größter Rubrik* aktivieren. Die Beschriftung des Kontrollkästchens ist insofern missverständlich, als hier der Begriff »letzter« präziser und eindeutiger wäre. Das Wort »größter« lässt vermuten, dass es sich um den größten Wert handeln soll, was nicht der Fall ist.

Liniendiagramme einsetzen

Liniendiagramme sind mit Säulen- und Balkendiagrammen verwandt, aber im Gegensatz zu diesen werden hier die Daten durch miteinander verbundene Punkte dargestellt.

Liniendiagramme zeigen am besten Entwicklungen über einen längeren Zeitraum an und haben den Vorteil, dass sehr viele Datenpunkte (bis zu 32.000) dargestellt werden können. Liniendiagramme lassen sehr schnell eine Aussage darüber zu, wie sich ein Zustand im Laufe einer bestimmten Zeitperiode verändert hat. Liniendiagramme eignen sich sehr gut, um Trends aufzuzeigen. Typische Beispiele sind Aktienkurse oder Temperaturmessungen, ganz allgemein Wertereihen über längere Zeitperioden.

Das Problem sich überlagernder Linien

Problematisch werden diese Diagramme dann, wenn die darzustellenden Werte in ihrer Größe ähnlich sind, dadurch mehrere Linien nahe beieinander liegen und infolgedessen eine Unterscheidung schwer möglich ist. Manchmal verliert man schon bei vier Linien die Übersicht.

Bei anderen Liniendiagrammen hingegen können Sie sieben oder acht Linien einzeichnen, wenn nur genügend Abstände dazwischen sind.

Doch was ist zu tun, wenn die Linien wegen ähnlicher Werte nahe beieinander liegen? Hier schafft eine angepasste Skalierung der Größenachse Abhilfe:

1. Markieren Sie die Größenachse, indem Sie auf einen der Werte klicken.
2. Rufen Sie dann über das Dialogfeld *Formatieren* die Registerkarte *Skalierung* auf.
3. Legen Sie bei *Minimum* eine Zahl knapp unter dem Minimalwert fest.
4. Bei *Maximum* tragen Sie eine Zahl knapp über dem Maximalwert ein.
5. Sorgen Sie abschließend für weniger Gitternetzlinien, indem Sie den Wert im Feld *Hauptintervall* erhöhen.

HINWEIS   Hiermit haben Sie auch schon eine Manipulierungsmöglichkeit für Diagramme kennen gelernt.

Sie können also aus kleinen Unterschieden mit ein paar Handgriffen scheinbar große Abstände bewirken. Achten Sie beim Betrachten der nächsten Diagramme in Zeitungen oder Zeitschriften einmal darauf, ob Sie sich von dem Verlauf der Linien bzw. von der Größe der Balken und Säulen beeindrucken lassen oder ob Sie auch noch prüfen, wo denn eigentlich die Größenachse beginnt – bei Null oder erst später.

Die Wahrnehmung der Linien verbessern

In jedem Fall sollten Sie bei Liniendiagrammen dafür sorgen, dass jede Linie eine unverwechselbare Prägung bekommt. Dazu stehen Ihnen beim Formatieren der Linien in der Registerkarte *Muster* neben der Farbe, Strichstärke und Strichart für die Linien rechts im Feld *Markierung* weitere neun verschiedene Markierungselemente zur Verfügung. Es handelt sich um kleine geometrische Formen (Dreiecke, Kreise, Quadrate, Rhomben usw.), die an die Stelle der einzelnen Datenpunkte gesetzt werden können.

Darüber hinaus können Sie auch andere Grafikobjekte zur Hervorhebung der Datenpunkte nutzen. Einzige Voraussetzung ist, dass Sie solche Objekte in die entsprechende Größe von maximal 1 cm bringen und in die Zwischenablage kopieren. Wenn Sie dann die gewünschte Linie markieren und den Befehl *Einfügen* in der Symbolleiste *Standard* oder im Menü *Bearbeiten* wählen, erhalten Sie Ihre ganz individuelle Datenpunktmarkierung.

Diese Markierungen sind umso wichtiger, wenn Sie Liniendiagramme auf Schwarzweißdruckern ausgeben wollen. Denn die Zuordnung der Legende zu den einzelnen Linien ist dann wegen der fehlenden Farbunterscheidung außerordentlich schwierig.

Neben der Variante mit den Datenpunktmarkierungen wäre ein weiterer Ausweg, jede Linie zu beschriften. Wählen Sie dazu die Option *Beschriftung anzeigen* auf der Registerkarte *Datenbeschriftung*.

Insbesondere bei Linien ist es sehr sinnvoll, im Hintergrund ein Gitternetz aufzubauen, das die Orientierung zu den dargestellten Werten erleichtert. Natürlich muss dieses Gitternetz mit sehr zurückhaltenden Farben – beispielsweise einem hellen Grau – formatiert werden.

Linien in die dritte Dimension bringen

Sehr attraktiv können dreidimensionale Liniendiagramme wirken. Dann sollten Sie aber maximal drei Datenreihen darzustellen haben.

Das Problem der dreidimensionalen Diagramme ist die relative Ungenauigkeit im Vergleich zum üblichen zweidimensionalen bei der Betrachtung und Bewertung der dargestellten Werte.

Kreise, Torten und Ringe: Den Anteil am Ganzen sehen

Sehr bekannt sind sicherlich die 3D-Kreisdiagramme, die so genannten »Torten«, die nach allen möglichen Wahlen den Zuschauern am Fernsehbildschirm offeriert werden und in denen die Stimmenanteile der Parteien grafisch umgesetzt sind.

■ Doch nicht nur das Aufzeigen von Anteilen lässt sich mit Kreis- und Ringdiagrammen gut lösen. Den Einsatz dieser Diagrammtypen sollten Sie auch immer dann ins Auge fassen, wenn es Ihnen darum geht, innerhalb einer Wertereihe ein bestimmtes Element besonders hervorzuheben. Die Einzelergebnisse werden in Segmenten dargestellt. Das hervorzuhebende Segment können Sie aus dem Verbund etwas herausziehen und damit die Aufmerksamkeit des Betrachters sofort auf diesen Wert lenken.

■ Eine weitere Stärke von Kreis- und Ringdiagrammen: Die Segmente können Sie durch Datenbeschriftungen – Name des Segments und prozentualer Anteil am Ganzen – einer Bewertung besser zugänglich machen. Dabei berechnet Excel selbstständig den prozentualen Anteil jedes Segments.

- Damit kleine Segmente nicht von den großen »erdrückt« werden und ebenfalls deutlich erkennbar bleiben, können Sie diese in einem separaten Diagramm zusammenfassen. Diese kleinen Elemente werden dann in einem in der Größe abgestuften Kreis- oder Balkendiagramm neben dem Hauptdiagramm abgebildet.

Mehrere Datenreihen in Kreisen oder Ringen verwenden?

Kreisdiagramme können immer nur die Verteilung innerhalb einer Datengruppe wiedergeben.

Bei Ringdiagrammen hingegen ist zwar die Darstellung von mehreren Datenreihen machbar, aber ein wirklicher Vergleich der Werte in beiden Datenreihen ist nur schwer möglich.

Der Grund: Die Werte aus beiden Datenreihen weichen im Normalfall voneinander ab und können damit nicht mehr unbedingt nebeneinander abgebildet werden. In einem Ringdiagramm mit zwei Datenreihen ist beispielsweise der Vergleich der Porto- und Telefonkosten beider Jahre schon allein wegen der abweichenden Lage der Ringsegmente ein Problem. Hinzu kommt das Hauptproblem dieser Darstellung: Die Werte im Innenring erscheinen aufgrund der geringeren Größe (des Innenrings) logischerweise immer kleiner als die des Außenrings. Am besten stellen Sie solche Vergleiche also mit zwei separaten, nebeneinander angeordneten und gleich großen Ringen an.

Tipps für eine bessere Übersicht in Kreisen und Ringen

- Bei mehr als sechs Segmenten geht die Übersichtlichkeit verloren. Sie sollten dann erwägen, einen der beiden Untertypen *Kreis aus Kreis* bzw. *Balken aus Kreis* einzusetzen.

- Versehen Sie die Segmente mit Zahlen und Beschriftungen. Damit sparen Sie den Platz für das Anzeigen einer Legende. Außerdem haben Sie zu jedem Segment alle Informationen auf einen Blick.

- Ganz wichtig: Möchten Sie ein einzelnes Segment separat markieren, so klicken Sie es nacheinander zweimal an (kein Doppelklick!). Beim ersten Klick werden alle Segmente markiert, beim zweiten wird das gewünschte Segment aus der Gruppe herausgelöst. Diese Markierungsmethode gilt auch für alle anderen Diagramme. Einem einzelnen Segment (Datenpunkt) können Sie individuell Farben, Linien und Beschriftungen zuweisen.

- Soll ein Segment besonders hervorgehoben werden, besteht die Möglichkeit, es aus dem Kreis herauszuziehen. Markieren Sie zunächst das gewünschte Segment nach der im vorhergehenden Tipp erläuterten Methode. Ziehen Sie es dazu mit gedrückter linker Maustaste um wenige Millimeter aus dem Kreis heraus. Wenn Sie zu stark ziehen, zerfällt der Kreis in seine Einzelteile! Die Segmente werden kleiner und die Übersichtlichkeit geht mehr und mehr verloren.

- Eine andere Möglichkeit, ein Segment hervorzuheben, besteht darin, dieses an die obere Position im Kreis zu rücken. Markieren Sie dazu ein oder alle Segmente und wählen Sie im Menü *Format* den ersten Befehl aus. Auf der Registerkarte *Optionen* können Sie nun den Winkel des ersten Segments bestimmen. Dabei erhalten Sie unten im Vorschaubild bereits einen Eindruck vom Ergebnis Ihrer Manipulation.

Kreisdiagramme im 3D-Look: Torten richtig einsetzen

Sie gehören zu den am häufigsten eingesetzten Diagrammen und dennoch gilt es, bei ihrer Erstellung einiges zu beachten. Standardmäßig liefert Ihnen Excel ein Tortendiagramm, das sehr flach liegt und damit eine Beurteilung der Größe der Segmente erschwert. Da die Datenbeschriftung nur prozentuale Anteile wiedergibt, ist es umso wichtiger, die reale Größe der Segmente klar darzustellen.

Mit ein wenig Nacharbeit können Sie das Problem leicht lösen: Über den Menübefehl *Diagramm/ 3D-Ansicht* können Sie die Betrachtungshöhe auf das Tortendiagramm so anpassen, dass eine gute Vergleichbarkeit der Segmente möglich wird.

In diesem Dialogfeld ändern Sie die Betrachtungshöhe auf mindestens *30*. Die Drehung können Sie so anpassen, dass das größte Segment oben rechts beginnt.

Mal ganz anders: Blasen-, Netz- und Flächendiagramme verwenden

Wenn Sie von den »gewöhnlichen« bzw. am häufigsten genutzten Diagrammtypen einmal abweichen möchten, stehen Ihnen in Excel durchaus ansprechende Alternativen zur Verfügung.

Blasendiagramme für Portfolios einsetzen

Blasendiagramme bieten Ihnen die Möglichkeit, mit einem Diagramm in einem zweidimensionalen Bereich drei unterschiedliche Zahlendimensionen darzustellen.

Sie sind z.B. dafür geeignet, Portfolios darzustellen. Portfolios werden im Management zunehmend eingesetzt, um angesichts komplexer Prozesse Entwicklungen und Zustände in ein und derselben Grafik abzubilden. Dem trägt das Blasendiagramm in seinem Aufbau Rechnung.

Diese komplexere Darstellung erfordert allerdings ein wenig mehr Vorarbeit beim Konzipieren des Diagramms.

- Beim Eingeben der Daten für ein Blasendiagramm müssen Sie als erstes die Werte anordnen, die in der horizontalen, also der X-Achse abgebildet werden sollen. Das können beispielsweise Marktanteile sein.

- Als zweites müssen die Daten für die senkrechte, also die Y-Achse folgen. Hier könnte z.B. die Bewertung des Marktwachstums oder der Qualität eines Produktes gemessen an dem der Mitbewerber stehen.

- An letzter Stelle folgen dann Daten, die über die Größe der Blasen wiedergegeben werden, beispielsweise die Umsatzwerte.

Technisches Problem bei Blasendiagrammen lösen

Auch wenn Sie Ihre Daten wie oben vorgeschlagen eingeben, bleibt trotzdem die Verarbeitung Ihrer Werte durch Excel problematisch. Immer wieder passiert es, dass Excel einfach bestimmte Zeilen oder Spalten Ihrer Datentabelle bei der Umsetzung in das Diagramm »vergisst«. Hier müssen Sie im zweiten Schritt des Diagramm-Assistenten auf der Registerkarte *Reihe* ggf. selbst »Hand anlegen«, um die gewünschte Anordnung in das Diagramm zu bekommen. Am Ende des Kapitels können Sie anhand eines Praxisbeispiels Schritt für Schritt nachvollziehen, wie Sie hier vorgehen müssen, um Excel doch noch »zu überzeugen«.

Flächen und 3D-Flächen anstelle von Linien verwenden

Diese Diagrammtypen sind dem Liniendiagramm sehr verwandt, da sie ebenfalls Entwicklungen darstellen. Im Unterschied zu Linien wirken Flächen in vielen Fällen jedoch stärker als Linien.

Mit *Flächendiagrammen* können Sie das Ausmaß von Änderungen innerhalb einer bestimmten Zeitspanne abbilden. Hinzu kommt, dass durch die Zusammenfassung aller Werte auf der Größenachse zugleich eine Darstellung des Gesamtergebnisses möglich ist. Somit können im Diagramm Aussagen getroffen werden, die in Ihrer Tabelle so gar nicht vorkommen.

Das Problem sich überlagernder Flächen lösen

In dem Moment, wo sich die Flächen überlagern, ist die Aussage des Diagramms jedoch nicht mehr zu erkennen oder sie wird verfälscht.

Eine Lösung besteht darin, die Daten vor dem Erstellen des Diagramms zu sortieren, um damit die Überlagerung von Flächen zu vermeiden.

Attraktiv, aber nicht ohne Tücken, ist auch hier die 3D-Variante, die neben der vorherigen Sortierung der Daten außerdem einiges an Nacharbeit im Dialogfeld *3D-Ansicht* erfordert.

Netzdiagramme nutzen

Netzdiagramme sind nicht so leicht zu erschließen wie andere Diagrammvarianten, die häufiger anzutreffen sind und für die unser Auge bereits geschult ist. Trotzdem stellen sie eine durchaus interessante Alternative zur Veranschaulichung von Daten dar.

Der Diagrammtyp *Netz* hilft Ihnen beispielsweise dabei, Soll-Ist-Vergleiche grafisch darzustellen. Dabei ist von besonderem Interesse, dass die einzelnen Achsen, auf denen die Gegenüberstellung der Werte erfolgt, eine unterschiedliche Länge haben können.

Netzdiagramme können beliebig viele Daten auf mehreren Achsen zeigen. Jede Achse beginnt im Mittelpunkt des Netzes und kann unterschiedlich lang sein. Jede der Rubriken kann also in einer eigenen Achse dargestellt werden, welche im Zentrum des Diagramms beginnt. Netzdiagramme eignen sich besonders gut zur Darstellung von Verteilungen bei einer großen Anzahl von Datenreihen und Werten.

Sie können die Werte auf den unterschiedlichen Achsen mit Linien verbinden. Es entsteht somit der Eindruck eines Netzwerks. Dadurch leidet leider oft die Übersichtlichkeit des Diagramms: Die Hauptaussagen gehen im »Liniengewirr« unter.

Verbunddiagramme verwenden

In *Verbunddiagrammen* kommen zwei verschiedene Diagrammtypen zum Einsatz. Mit ihnen können völlig unterschiedliche Informationen gegenübergestellt werden. Zum Erstellen von Verbunddiagrammen benötigen Sie mindestens zwei Datenreihen.

Beispiele wären die Entwicklung eines Aktienkurses vor dem Hintergrund der Entwicklung einer Währung oder die Entwicklung der Umsätze vor dem Hintergrund der Kosten.

Beim letztgenannten Beispiel können Sie den Umsatz als Säulendiagramm und die Kostenkurve der letzten Monate als Liniendiagramm gegenüberstellen. In diesem Diagramm gibt es also zwei senkrechte Größenachsen. Wie kann das bewerkstelligt werden?

1. Zunächst erstellen Sie ein ganz »normales«, zweidimensionales Säulendiagramm für alle Daten: Markieren Sie die darzustellenden Daten und wählen Sie im ersten Schritt des Diagramm-Assistenten den Diagrammtyp *Säule* mit dem Diagrammuntertyp *Gruppierte Säulen*. Klicken Sie auf die Schaltfläche *Fertig stellen*.

2. Markieren Sie nun die Säulenreihe, die als Linie mit eigener Größenachse gezeigt werden soll und rufen Sie den Menübefehl *Diagramm/Diagrammtyp* auf. Wählen Sie auf der Registerkarte *Benutzerdefinierte Typen* den Eintrag *Linie – Säule auf zwei Achsen*. Klicken Sie dann auf die Schaltfläche *OK*.

3. Wichtig war das Hinzufügen der zweiten Achse, da die Werte für Absatz und Kosten doch weit voneinander abweichen. Jetzt bestehen zwei Größenachsen und trotzdem kann man eine Relation zwischen Säulen und Linie erkennen. Falls Sie nun die Einstellungen für Legende oder Beschriftungen ändern möchten, markieren Sie die entsprechenden Elemente und wählen dann die Schaltfläche *Formatieren* in der Symbolleiste *Diagramm*.

Der Vorteil der zweiten Achse liegt in einer besseren Vergleichbarkeit unterschiedlich dimensionierter Datenreihen. Es ist möglich, nachträglich beide Größenachsen jeweils in ihrer Skalierung zu ändern. Dabei können Sie auf die gleichen Möglichkeiten zur Manipulierung zurückgreifen, wie bei den Standard-Diagrammen

HINWEIS Im Prinzip können Sie jeder Datenreihe in einem Verbunddiagramm einen individuellen Diagrammtyp zuweisen, jedoch sind die sinnvollen Kombinationsmöglichkeiten begrenzt. Besonders gut lassen sich Säulen-, Linien- und Punktdiagramme miteinander kombinieren.

1. Erstellen Sie zuerst das Grunddiagramm.

2. Markieren Sie die Datenreihe, die anders dargestellt werden soll.

3. Wählen Sie dann den gewünschten Diagrammtyp aus.

Was bedeutet eigentlich ...?

Wichtige Formatierungsoptionen für Säulen und Balken nebst ihrer Auswirkung zeigt Ihnen die Tabelle 17.1.

Tabelle 17.1 Im Überblick: Formatierungsoptionen

Begriff	Bedeutung
Überlappung	Hier legen Sie fest, ob sich Säulen oder Balken überlappen. Im Normalfall steht dort die Zahl *0* (Null). Möglich sind Werte zwischen *–100* und *+100*. Verwenden Sie eine Zahl über Null, bedeutet dies die Prozentangabe für die Überlappung. Bei *100* erhalten Sie eine völlige Überlappung. Negative Zahlen hingegen trennen Säulen bzw. Balken.
Abstand	Hier bestimmen Sie den Abstand zwischen Gruppen von Säulen und Balken. Damit verbreitern sich Säulen und Balken und können so beispielsweise besser Texte aufnehmen. Die Zahlenangabe erfolgt prozentual zur Breite der Säulen bzw. Balken. Werte zwischen *50 und 150* sind meist sinnvoll.
Zwischenraum (bei 3D-Varianten)	Hier definieren Sie den Zwischenraum zwischen den Datenpunkten in der dritten Dimension in Prozenten. Die Zahl kann zwischen *0* und *500* liegen.
Diagrammtiefe (bei 3D-Varianten)	Mit dieser Angabe legen Sie fest, wie tief ein Diagramm im Verhältnis zu seiner Breite ist. Die Zahl *50* beispielsweise bewirkt, dass die Tiefe, d.h. die dritte Dimension, 50 % der Breite beträgt. Die Zahl kann zwischen *20* und *2000* liegen.
Verbindungslinien (bei gestapelten Säulen und Balken)	Hiermit können Sie zur besseren Orientierung Linien zwischen unterschiedlichen Datenpunkten zeichnen, um damit sowohl Tendenzen als auch Größenveränderungen besser zu verdeutlichen.
Farbunterscheidung	Wenn Sie wenig Zeit haben und Excel für Sie arbeiten soll, können Sie hier blitzschnell für jeden der Datenpunkte die Farbe ändern.

Wichtige Techniken zum Bearbeiten von Diagrammen anwenden

Egal, ob es sich um das gesamte Diagramm oder nur um ein Objekt des Diagramms handelt, stets gehen Sie folgendermaßen vor:

1. Markieren Sie das gewünschte Diagrammobjekt mit der Maus oder wählen Sie aus der Liste *Diagrammobjekte* in der Symbolleiste *Diagramm* das entsprechende Element aus.

2. Klicken Sie dann in der *Diagramm*-Symbolleiste auf die Schaltfläche *Formatieren*. Damit gelangen Sie automatisch zu dem Dialogfeld, welches Ihnen alle Gestaltungsmöglichkeiten zu dem markierten Objekt zur Verfügung stellt. Der Name dieses Dialogfelds ändert sich, je nachdem, welches Objekt Sie ausgewählt haben. Alternativ zu der *Formatieren*-Schaltfläche können Sie auch jeweils im Menü *Format* den ersten Befehl wählen oder mit der rechten Maustaste, also über das Kontextmenü, den entsprechenden Formatierungsbefehl aufrufen. Und am schnellsten geht es mit der Tastenkombination Strg + 1 .

Die Bestandteile eines Diagramms

Beim Bearbeiten von Diagrammen sind Sie als Anwender mit einer Vielzahl von einzelnen Elementen konfrontiert und nicht immer ist es leicht, sich in den Fachbegriffen für diese Elemente zurechtzufinden. Doch hier gibt es eine Erleichterung: Immer, wenn Sie mit der Maus auf ein beliebiges Objekt in Ihrem Diagramm klicken, erhalten Sie auf der *Diagramm*-Symbolleiste sofort die Information über den Namen des markierten Elements. Dies erleichtert die Arbeit gerade für diejenigen Anwender, die nicht täglich mit der Diagrammerstellung zu tun haben und bisher vom »Fachchinesisch« eher abgeschreckt wurden. Es kommt noch besser: Bereits vor dem Klicken mit der Maus, also wenn Sie nur den Mauszeiger über ein Objekt bewegen, erhalten Sie den so genannten *Chart Tipp*, nämlich die Information, welches Objekt Sie gerade anvisieren.

Die wichtigsten Objekte in einem Diagramm

Wie viele Objekte ein Diagramm hat, hängt vom jeweiligen Typ und Untertyp, aber auch von den Optionen ab, die Sie bei und nach der Erstellung des Diagramms gewählt haben. Die Abbildung 17.6 zeigt die wichtigsten Diagrammobjekte im Überblick:

1. Diagrammtitel,
2. Diagrammfläche,
3. Zeichnungsfläche,
4. Größenachse,
5. Rubrikenachse,
6. Legende,
7. Gitternetzlinien,
8. Bodenfläche (bei 3D-Diagrammen),
9. Datenbeschriftung und natürlich
10. die Datenreihen.

Abbildg. 17.6   Die wichtigsten Diagrammobjekte

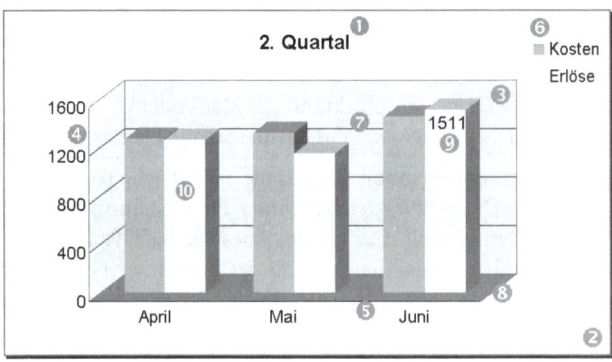

Diagrammtitel

Dies ist die Überschrift des Diagramms. Sie können ihn über den Menübefehl *Diagramm/ Diagrammoptionen* auf der Registerkarte *Titel* jederzeit hinzufügen oder bearbeiten. Der Text für den Diagrammtitel steht in der Regel mittig am oberen Rand.

Diagrammfläche

Die Diagrammfläche gibt die in der Tabelle markierten Datenreihen grafisch wieder. Zusätzlich zu den vorhandenen Informationen können Sie weitere Texte, Werte oder Pfeile hinzufügen, um bestimmte Aussagen Ihres Diagramms hervorzuheben.

Größen- oder Y-Achse

Die Y-Achse enthält normalerweise die Größenangaben zu einem Diagramm. Der dabei angezeigte Wertebereich ergibt sich in der Regel automatisch aus dem höchsten und niedrigsten Wert der markierten Daten in Ihrer Tabelle. Wenn Sie die Achse markieren, können Sie die anzuzeigende Werteskala jedoch im Nachhinein über die Registerkarte *Skalierung* des Dialogfelds *Achsen formatieren* jederzeit modifizieren. Hier ergeben sich auch verschiedene Möglichkeiten zur Manipulierung, die bis zur Verfälschung der Aussagen in einem Diagramm missbraucht werden könnten.

Mit der Aktivierung des Kontrollkästchens *Rubrikenachse (X) schneidet bei Höchstwert* legen Sie fest, dass die Rubrikenachse nicht am unteren, sondern am oberen Rand des Diagramms angeordnet wird. Das Kontrollkästchen *Logarithmische Skalierung* benötigen Sie dann, wenn Zahlen mit sehr großen Wertunterschieden darzustellen sind. Ein Beispiel wäre die Entwicklung des Dollarkurses, der im Bereich zwischen *1* und *2* liegt, im Vergleich zu Umsätzen, die im Bereich von *1.000* bis *100.000* liegen könnten.

Obwohl die Ausgangszahlen eine deutliche Sprache sprechen, können Sie durch eine geschickte Skalierung bewirken, dass etwa Größenunterschiede zwischen einzelnen Datenpunkten nivelliert werden. Dies erreichen Sie einfach damit, indem Sie den Wert für *Maximum* für die Größenachse weit über dem tatsächlich höchsten Wert festlegen. Als Ergebnis erscheinen alle Resultate, selbst die guten, relativ klein. Auch umgekehrt können Sie die Darstellung der Werte manipulieren, um beispielsweise kleine Unterschiede zwischen verschiedenen Datenpunkten hochzuspielen, also die Unterschiede überproportional darzustellen. Ändern Sie dazu den Wert für *Minimum* auf eine Zahl weit oberhalb von Null und belassen Sie den Wert für *Maximum* wie er ist. Damit werden Unterschiede wesentlich größer als real bestehend dargestellt.

Nicht selten kommt es vor, dass die Werte an der Größenachse zu lang sind und daher das Diagramm in seiner Breite beschränken. Das Zahlenformat der Werte in der Größenachse ergibt sich konsequenterweise aus den markierten Daten in Ihrer Tabelle. Während in der Tabelle oft noch eine genaue Darstellung der Zahlen einschließlich der Nachkommastellen wünschenswert ist, wirkt das Anzeigen von Nachkommastellen in Diagrammen eher störend. Sie könnten nun die Daten in Ihrer Tabelle vom Zahlenformat her ändern, dies wäre aber keine sehr elegante Lösung.

Gestalten Sie stattdessen das Zahlenformat für die Größenachse neu:

1. Markieren Sie die Größenachse und aktivieren Sie über die Schaltfläche *Formatieren* in der *Diagramm*-Symbolleiste die Registerkarte *Zahlen*.
2. Wählen Sie dort in der Kategorie *Benutzerdefiniert* rechts in der Liste ein Format ohne Dezimalstellen aus. Nun haben Sie unterschiedliche Zahlenformate in Ihrer Datentabelle und im Diagramm.

> **WICHTIG** Sie sollten beim Festlegen eines benutzerdefinierten Zahlenformats allerdings auf keinen Fall das Kontrollkästchen *Mit Quelldaten verknüpft* aktivieren, da sonst die Formatierung in der Datentabelle gilt.

Rubriken- oder X-Achse

In der X-Achse des Diagramms finden Sie die in Ihrer Tabelle markierten Rubriken für die einzelnen Werte wieder. Bei einer Statistik über einen größeren Jahreszeitraum würden z.B. die einzelnen Jahre als Rubriken auf der X-Achse angezeigt. Manchmal – beispielsweise bei Balkendiagrammen – ist es erforderlich, die Reihenfolge der Rubriken umzukehren: Rufen Sie dazu bei markierter Achse die Schaltfläche *Formatieren* in der *Diagramm*-Symbolleiste auf und stellen Sie auf der Registerkarte *Skalierung* die entsprechende Option ein.

Legende

Die unterschiedlich gefärbten Elemente des Diagramms werden in der Legende namentlich aufgeschlüsselt. Wenn die Legende nicht erforderlich ist, kann sie auch ausgeblendet werden. Dies kann z.B. bei Kreis- oder Ringdiagrammen gewünscht sein, wo sich aus der Beschriftung der einzelnen Segmente eine Legende erübrigt. Die Schaltfläche zum Ein- oder Ausschalten der Legende befindet sich in der *Diagramm*-Symbolleiste Die Legende ist entweder menügesteuert oder per Maus frei auf dem Diagramm positionierbar und kann in ihrer Größe und Form angepasst werden.

Gitternetzlinien

Sie dienen vor allem bei Diagrammen mit sehr vielen Datenreihen und großen Wertunterschieden zur besseren Orientierung. Gitternetzlinien können Sie sowohl für die Rubrikenachse als auch für die Werteachse ein- oder ausblenden. Die Anzahl der Gitternetzlinien in der Werteachse ergibt sich aus dem gewählten Intervall für die Anzeige der Werte. Dieses Intervall können Sie über das Dialogfeld *Achsen formatieren* auf der Registerkarte *Skalierung* verändern.

Die standardmäßig schwarze Farbe der Gitternetzlinien, die oft zu stark wirkt, können Sie in einen zurückhaltenden Grauton ändern. Das erreichen Sie z.B. über die Schaltfläche *Formatieren* der *Diagramm*-Symbolleiste auf der Registerkarte *Muster*, wo Sie den Farbton im Feld *Linie* ändern.

Wenn Sie einem Diagramm Gitternetzlinien hinzufügen wollen, rufen Sie den Menübefehl *Diagramm/Diagrammoptionen* auf und legen auf der Registerkarte *Gitternetzlinien* die gewünschten Einstellungen fest. Bedenken Sie jedoch, dass zu viele Gitternetzlinien den Eindruck des Diagramms überlagern können.

Datenbeschriftung

Zwar soll ein Diagramm bereits durch sein Aussehen eine klare Aussage über das dahinter stehende Datenmaterial liefern. So muss ein Diagramm z.B. deutlich darstellen, ob eine Entwicklung aufwärts oder abwärts verläuft. Neben diesem Haupteindruck ist es jedoch oft von Vorteil, einzelne Datenreihen oder Datenpunkte mit der Information über den damit verbundenen Wert anzuzeigen. Zu diesem Zweck können Sie Datenreihen oder Datenpunkten Datenbeschriftungen zuweisen. Für den Fall, dass sich in der Tabelle die Werte ändern, erfolgt automatisch eine Anpassung im Diagramm. Daraus erklärt sich auch, dass es sinnvoller ist, Datenbeschriftungen durch Excel vornehmen zu lassen, anstatt die Zahl mittels eines statischen Textfelds selbst einzugeben. Datenbeschriftungen können Sie je nach markierten Datenreihen oder Datenpunkten über den Menübefehl *Diagramm/Diagrammoptionen* auf der Registerkarte *Datenbeschriftung* hinzufügen.

Größenänderung an Diagrammobjekten vornehmen

Zu den Objekten, die in der Größe geändert werden können, gehören alle Texte und Zahlen der Achsen sowie Legende, Diagrammtitel und von Ihnen selbst eingesetzte Textfelder oder AutoFormen sowie die Zeichnungsfläche.

Größe und Position von Texten anpassen

Die Standardeinstellung für Text in Diagrammen ist, dass bei jeder Änderung der Größe des Diagramms der Text automatisch angepasst wird. Wollen Sie Ihren Texten einen abweichenden Schriftgrad zuweisen, markieren Sie das Textobjekt und stellen die gewünschte Größe über die *Format*-Symbolleiste ein.

PROFITIPP

> Wenn Sie es leid sind, dass sich der Schriftgrad bei jeder Vergrößerung oder Verkleinerung des Diagramms ändert, markieren Sie die Diagrammfläche, rufen den Menübefehl *Format/Markierte Diagrammfläche* auf und deaktivieren Sie auf der Registerkarte *Schrift* das Kontrollkästchen *Automatisch skalieren*.

Um Text zu bewegen, zeigen Sie mit der Maus auf den Markierungsrahmen (die Maus hat die Form eines Pfeils) und ziehen mit gedrückter linker Maustaste den Text an die gewünschte Position. Ziehen Sie an den Ziehpunkten, so vergrößern oder verkleinern Sie die Textform, aber nicht den eigentlichen Text. Klicken Sie in das Textfeld, können Sie nur den Text markieren, aber nicht das Textfeld bewegen.

Größe der *Zeichnungsfläche* ändern

Um die Zeichnungsfläche zu markieren, wählen Sie am einfachsten den entsprechenden Eintrag im Listenfeld *Diagrammobjekte* in der *Diagramm*-Symbolleiste aus. Sie können die Zeichnungsfläche mit gedrückter linker Maustaste in alle vier Richtungen bewegen. Begrenzt sind Sie dabei nur durch den Rahmen der Diagrammfläche selbst. Im Normalfall sollten Sie versuchen, die Zeichnungsfläche etwa mittig innerhalb Ihres Diagramms anzuordnen. Wenn Sie an einem der Ziehpunkte die Maus ansetzen, können Sie den Rahmen vergrößern bzw. verkleinern.

Ganz wichtig: Zusatzinformationen aus Tabellenzellen in das Diagramm übernehmen

Häufig sollen als Kommentierung einzelner Datenpunkte noch zusätzliche Informationen in ein Diagramm übernommen werden, die in irgendeiner Zelle Ihrer Datentabelle stehen. Sie können diese Zelle jedoch bei der Markierung der Diagrammdaten selbst nicht mit einbeziehen.

Beispiele dafür wären ein Datum bzw. der Durchschnitt, Höchst- oder Tiefstwert einer Datenreihe. Eine mögliche Lösung wäre, diese Informationen als feste Werte in ein Textfeld hineinzuschreiben. Bei einer Änderung der Daten würde sich dann zwar das Diagramm, nicht aber der Durchschnitts-, Höchst- oder Tiefstwert anpassen.

Sinnvoller ist es, solche Informationen dynamisch mit dem Diagramm zu verknüpfen. Gehen Sie dazu folgendermaßen vor:

1. Markieren Sie das Diagramm.

2. Geben Sie in der Bearbeitungszeile ein Gleichheitszeichen ein.

3. Klicken Sie dann mit der Maus auf die Zelle in Ihrer Tabelle, welche die gewünschte Zahl oder den Text enthält. Nun überträgt Excel den Namen des Arbeitsblatts und die gewählte Zelladresse in die Bearbeitungsleiste.

4. Schließen Sie mit der ⏎-Taste ab.

Als Ergebnis erhalten Sie etwa in der Mitte Ihres Diagramms ein frei platzierbares Textfeld, das Sie nun an die gewünschte Position ziehen können.

Weitere detaillierte Tipps und Hinweise erhalten Sie in den nun folgenden Praxisbeispielen, bei denen das Erstellen von Diagrammen Schritt für Schritt erläutert wird.

Beispiel 1: Projektkosten mit Säulen-, Balken- und Kreisdiagramm darstellen

Wenn es in Projekten um die Untersuchung der Kosten geht, führt trotz Einsatz ausgefeilter Projektmanagement-Software kein Weg an Excel vorbei. Als Beispiel für die folgenden Diagramme dient eine Halbjahresauswertung für die Kosten in mehreren Projekten. Sie lernen dabei kennen, welche Techniken und Diagrammtypen Sie in Excel nutzen, um übersichtliche Aussagen und Analysen zu den Kosten von Projekten zu erstellen.

Der Schwerpunkt liegt auf einfachen, verständlichen und aussagekräftigen Diagrammen. Reduzieren Sie daher die Diagramme auf das, was die Betrachter tatsächlich interessiert. Trennen Sie sich beim Anfertigen von Diagrammen von allen Diagrammelementen, die die Klarheit der Aussage beeinträchtigen. Dazu gehören Hintergründe, Objektrahmen, Gitternetzlinien und zum Teil auch Legenden, Größenachsen oder zumindest die Linien für Achsen.

Abbildg. 17.7   Die Aufgabenstellung zur Auswertung der Projektkosten im Überblick

Anhand des Beispiels zu den Projektkosten (die Aufgabenstellung geht aus Abbildung 17.7 hervor) werden Sie vier Diagrammtypen kennen lernen: Säulen-, Balken-, Kreis- und gestapeltes Säulendiagramm.

Die Kosten der Projekte mit einem Säulendiagramm vergleichen

In Abbildung 17.8 sehen Sie die Daten für das Diagramm. Es geht um fünf Projekte, zu denen für das 1. Halbjahr die Werte für die aufgelaufenen Kosten bekannt sind.

Abbildg. 17.8 Die Datenbasis, die mit den Mitteln von Diagrammen visualisiert werden soll

	A	B	C
1			
2		**Projekt**	**Kosten**
3		Projekt A	10.301 €
4		Projekt B	8.695 €
5		Projekt C	7.339 €
6		Projekt D	12.846 €
7		Projekt E	13.581 €
8		Alle Projekte	52.762 €

Das Säulendiagramm per Assistent anfertigen

Nachfolgend die Schritte, um das erste Diagramm zu erstellen:

1. Markieren Sie den Bereich *B2:C7* und klicken Sie in der Symbolleiste *Standard* auf das Symbol *Diagramm-Assistent*.
2. Belassen Sie die Einstellung bei *Säule* und dem Untertyp *Gruppierte Säulen*.
3. Klicken Sie auf *Weiter* bis Schritt 3. Tragen Sie in der Registerkarte *Titel* als Beschriftung für das Diagramm *Projektkosten 1. Halbjahr (in Euro)* ein.
4. Deaktivieren Sie auf der Registerkarte *Achsen* das Kontrollkästchen vor *Größenachse*. Entfernen Sie in der Registerkarte *Gitternetzlinien* das Häkchen für die Größenachse.
5. Schalten Sie in der nächsten Registerkarte *Legende* die Anzeige der Legende aus.
6. Legen Sie schließlich in der Registerkarte *Datenbeschriftung* fest, dass die Werte zu jeder Säule angezeigt werden sollen (siehe Abbildung 17.9) und klicken Sie abschließend auf die Schaltfläche *Fertig stellen*.

Abbildg. 17.9 Nachdem die Anzeige der Größenachse ausgeschaltet wurde, sind Datenbeschriftungen über den Säulen unerlässlich

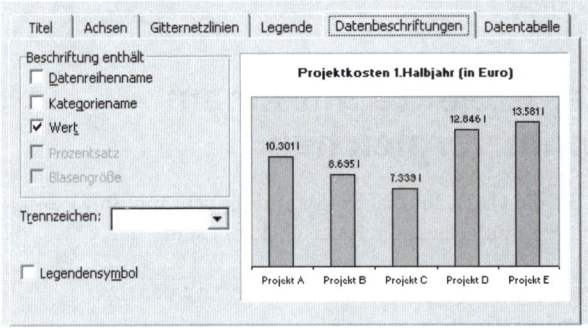

Die Nachbearbeitungsschritte für das Säulendiagramm

Das Diagramm ist damit in seiner Rohfassung erstellt und die Nachbearbeitung beschränkt sich auf wenige Schritte.

1. Klicken Sie auf den grauen Hintergrund (*Zeichnungsfläche*) und löschen Sie diesen mit der Entf -Taste.

2. Doppelklicken Sie auf die waagerechte Achse (Rubrikenachse) und wählen Sie in der Registerkarte *Muster* links oben im Feld *Linien* die Option *Keine*.

3. Doppelklicken Sie auf eine der Säulen, um zum Dialogfeld *Datenreihe formatieren* zu gelangen. Entfernen Sie hier die schwarze Konturlinie um die Säulen, indem Sie bei *Rahmen* die Option *Keine* wählen. Ändern Sie nach Ihren Wünschen rechts im Feld *Fläche* die Farbe der Säulen.

4. In der Anzeige der Datenbeschriftungen über den Säulen ist das Euro-Zeichen nicht erforderlich, denn diese Information steht bereits im Diagrammtitel. Um das Zahlenformat zu ändern, klicken Sie eine der Datenbeschriftungen einmal an und markieren damit die gesamte Gruppe. Über die Befehlsfolge *Format/Zellen* können Sie nun auf der Registerkarte *Zahlen* über die Kategorie *Benutzerdefiniert* das Format #.##0 einstellen (mehr zum Thema »Zahlenformat« erfahren Sie in Kapitel 10).

Das Ergebnis sehen Sie in Abbildung 17.10: Ein Diagramm ohne Schnörkel und auf die wesentlichen Informationen reduziert.

Abbildg. 17.10 Das fertige Säulendiagramm

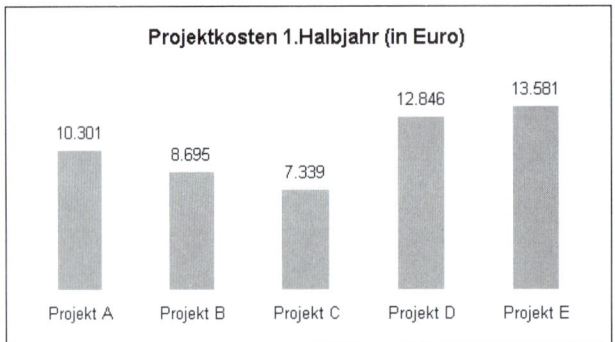

Eine Rangfolge der Projekte nach Kosten mit einem Balkendiagramm aufzeigen

Im zweiten Diagramm zur Auswertung und Analyse der Projektkosten soll jetzt neben dem reinen Vergleich noch der Aspekt der Bewertung hinzukommen. Konkret: Aus dem Diagramm soll auf einen Blick hervorgehen, in welchem Projekt die meisten und in welchem die geringsten Kosten verursacht wurden. Dazu eignet sich am besten ein Balkendiagramm.

In Abbildung 17.11 sehen Sie, dass die Daten zwar die gleichen sind, aber dieses Mal aufsteigend sortiert vorliegen. Dies ist ein notwendiger Vorbereitungsschritt.

Abbildg. 17.11 Die Datenbasis, die für das Balkendiagramm nach Kosten aufsteigend sortiert wurde

	Projekt	Kosten
	Projekt	**Kosten**
	Projekt C	7.339 €
	Projekt B	8.695 €
	Projekt A	10.301 €
	Projekt D	12.846 €
	Projekt E	13.581 €
	Alle Projekte	52.762 €

Das Balkendiagramm per Assistent erstellen

Mit den nachfolgenden Schritten erstellen Sie das zweite Diagramm für die Auswertung:

1. Markieren Sie wieder den Bereich *B2:C7* und klicken Sie in der Symbolleiste *Standard* auf das Symbol *Diagramm-Assistent*.
2. Wählen Sie den Diagrammtyp *Balken* und als Untertyp *Gruppierte Balken*.
3. Klicken Sie auf *Weiter* bis zu Schritt 3. Tragen Sie in der Registerkarte *Titel* als Diagramm-Beschriftung wieder *Projektkosten 1. Halbjahr (in Euro)* ein.
4. Deaktivieren Sie auf der Registerkarte *Achsen* das Kontrollkästchen vor *Größenachse*.
5. Entfernen Sie in der Registerkarte *Gitternetzlinien* das Häkchen für die Größenachse.
6. Schalten Sie in der nächsten Registerkarte *Legende* die Anzeige der Legende aus. Legen Sie schließlich in der Registerkarte *Datenbeschriftung* fest, dass zu jedem Balken die Kosten angezeigt werden, indem Sie das Kontrollkästchen vor *Wert* mit einem Häkchen versehen. Klicken Sie abschließend auf *Fertig stellen*.

Die Nachbearbeitungsschritte für das Balkendiagramm

Auch hier sind noch einige Schritte der Nachbearbeitung für das Diagramm erforderlich:

1. Löschen Sie den grauen Hintergrund (*Zeichnungsfläche*), indem Sie ihn markieren und die [Entf]-Taste betätigen.
2. Entfernen Sie in den Datenbeschriftungen wieder das Euro-Zeichen. Klicken Sie dazu eine der Datenbeschriftungen einmal an, um alle zu markieren. Mit der Tastenkombination [Strg]+[1] rufen Sie das Dialogfeld *Datenbeschriftungen formatieren* auf. Auf der Registerkarte *Zahlen* stellen Sie dort über die Kategorie *Benutzerdefiniert* wieder das Format *#.##0* ein.

3. Doppelklicken Sie auf eine der Projektbezeichnungen (Rubrikenachse) und wählen Sie in der Registerkarte *Muster* links oben im Feld *Linien* die Option *Keine*. Damit bleiben links vor den Balken nur die Beschriftungen übrig und alle überflüssigen Linien sind nun abgeblendet.

4. Per Doppelklick auf einen der Balken gelangen Sie zum Dialogfeld *Datenreihen formatieren*. Entfernen Sie hier die schwarze Konturlinie um die Balken, indem Sie bei *Rahmen* die Option *Keine* wählen.

Abbildg. 17.12 Mit der Verringerung der Abstandsbreite die Balken höher machen; durch das Einschalten der Punktfarbunterscheidung jedes Projekt in einer anderen Farbe darstellen

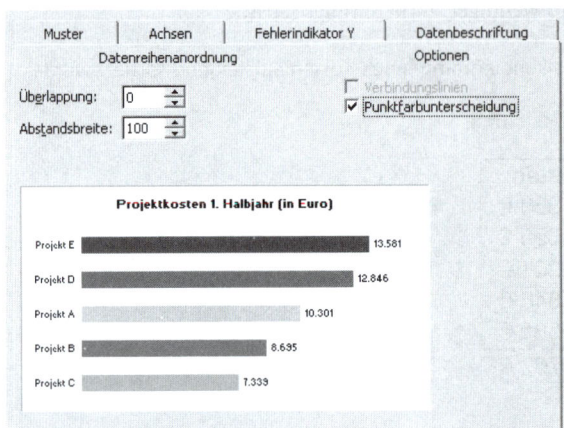

5. Wechseln Sie im gleichen Dialogfeld noch zur Registerkarte *Optionen*. Verringern Sie dort den Wert für Abstandsbreite auf *100*. Damit werden die Balken höher. Aktivieren Sie das Kontrollkästchen vor *Punktfarbunterscheidung*. Im Ergebnis erscheint nun jeder Projektbalken in einer anderen Farbe.

Das fertige Balkendiagramm sehen Sie in Abbildung 17.13.

Abbildg. 17.13 Das Balkendiagramm gibt Auskunft darüber, bei welchen Projekten die meisten Kosten verursacht wurden

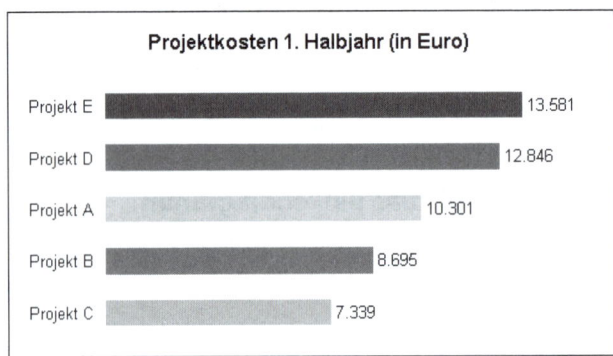

Die Kostenanteile der Projekte per Kreisdiagramm darstellen

In diesem Schritt der Auswertung soll gezeigt werden, welchen prozentualen Anteil die Kosten der einzelnen Projekte an den Gesamtkosten haben. Dazu eignet sich am besten ein Kreisdiagramm.

Das Kreisdiagramm anfertigen – Schritt für Schritt

Nun soll eine 3D-Variante zum Einsatz kommen. Die Datenbasis ist wie beim Balkendiagramm sortiert, aber dieses Mal absteigend. Gehen Sie zum Erstellen des Diagramms wie folgt vor:

1. Markieren Sie den Bereich *B2:C7* und klicken Sie in der Symbolleiste *Standard* auf das Symbol *Diagramm-Assistent*.
2. Wählen Sie den Diagrammtyp *Kreis* und als Untertyp *3D-Kreis*.
3. Klicken Sie auf *Weiter* bis zu Schritt 3. Tragen Sie in der Registerkarte *Titel* als Diagramm-Beschriftung *Projektkosten 1. Halbjahr* ein.
4. Deaktivieren Sie in der Registerkarte *Legende* die Anzeige der Legende.
5. Legen Sie in der Registerkarte *Datenbeschriftung* fest, dass zu jedem Kreissegment der *Kategorienname* und der *Prozentsatz* angezeigt werden, indem Sie die betreffenden Kontrollkästchen jeweils mit einem Häkchen versehen.
6. Klicken Sie auf *Fertig stellen*, um Ihre Festlegungen umzusetzen.

Abbildg. 17.14   Das Diagramm nach vorn kippen

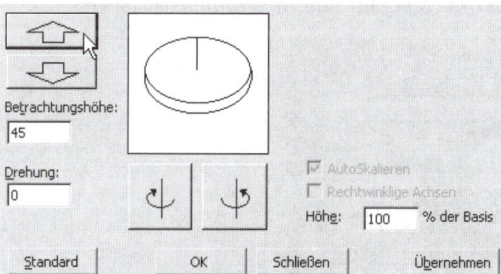

Die Nachbearbeitungsschritte für das Kreisdiagramm

Für die Nachbearbeitung des Diagramms sind diesmal folgende Aktionen erforderlich:

1. Wählen Sie im Menü *Diagramm* den Befehl *3D-Ansicht*. Erhöhen Sie den Wert für *Betrachtungshöhe* auf *45* (siehe Abbildung 17.14). Damit werden die Kreissegmente größer. Sie können so besser unterschieden werden und eigenen sich besser, die Beschriftung aufzunehmen.
2. Klicken Sie auf eine der Datenbeschriftungen, um alle zu markieren.
3. Rufen Sie mit der Tastenkombination $\boxed{\text{Strg}}$+$\boxed{1}$ das Dialogfeld *Datenbeschriftungen formatieren* auf und zeigen Sie die Registerkarte *Ausrichtung* an. Stellen Sie im Feld *Position* die Option *Zentriert* ein.
4. Möglicherweise sind die Kreissegmente noch zu klein, um die Datenbeschriftung komplett aufzunehmen. Vergrößern Sie deshalb die Zeichnungsfläche, also den eigentlichen Platzhalter für das Diagramm selbst: Markieren Sie die Zeichnungsfläche durch einen Klick neben das Dia-

gramm und ziehen Sie dann an einem der Eckpunkte die Zeichnungsfläche größer. Der Mauszeiger verwandelt sich dabei in einen schrägen Doppelpfeil (Abbildung 17.15). Damit werden die Kreissegmente größer.

Abbildg. 17.15 Die Zeichnungsfläche vergrößern und somit Platz für die Datenbeschriftungen schaffen

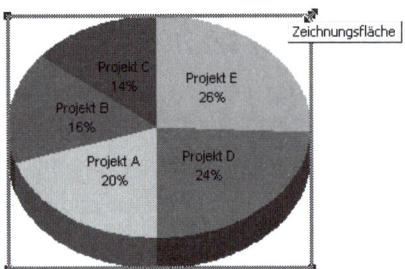

5. Verändern Sie nun noch individuell und nach Erfordernis Position und Schriftfarbe einzelner Datenbeschriftungen. Klicken Sie dazu ein zweites Mal auf die betreffende Datenbeschriftung, um sie allein zu markieren. Sie wird nun von einem Rahmen umgeben, den Sie mit gedrückter linker Maustaste verschieben können. Wichtig ist, dass Sie dabei genau die Rahmenlinie treffen.

6. Rufen Sie mit der Tastenkombination `Strg`+`1` das Dialogfeld *Datenbeschriftung formatieren* auf. Zeigen Sie die Registerkarte *Schrift* an und ändern Sie dort die Schriftfarbe.

Abbildg. 17.16 Bei Schriftfarbe Weiß die Option *Unsichtbar* im Feld *Hintergrund* einstellen

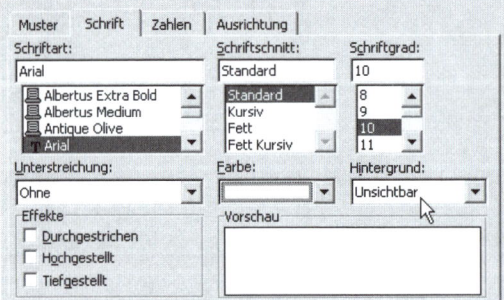

PROFITIPP

> Wenn Sie als Schriftfarbe *Weiß* wählen, müssen Sie zugleich im benachbarten Feld *Hintergrund* die Option *Unsichtbar* einstellen (siehe Abbildung 17.16), da ansonsten die weiße Schrift von einem unschönen schwarzen Kasten hinterlegt wird.

Die Abbildung 17.17 zeigt das Resultat.

Abbildg. 17.17   Das fertig gestellte dreidimensionale Kreisdiagramm

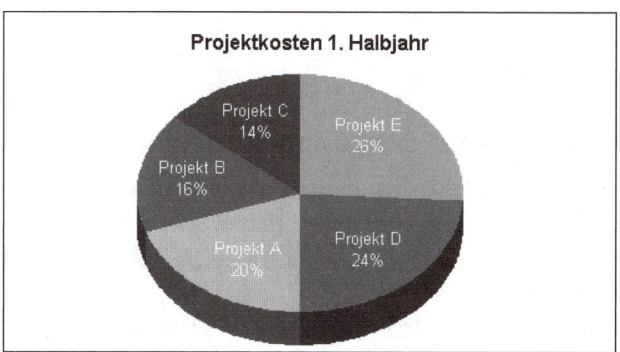

Die Struktur der Projektkosten mit gestapelten Säulen analysieren

Als letzten Schritt bei der Auswertung und Analyse von Projektkosten per Diagramm sollen nun in einem gestapelten Säulendiagramm für jedes Projekt die Kosten für Beratung, Technik und Personal näher betrachtet und verglichen werden. Die Abbildung 17.18 zeigt die zur Verfügung stehenden Daten.

Abbildg. 17.18   Die Datenbasis für den Vergleich der Kostenstruktur

	A	B	C	D	E	F
1						
2			**Personal**	**Beratung**	**Technik**	**Gesamt**
3		Projekt A	4.660 €	2.760 €	2.400 €	9.820 €
4		Projekt B	1.607 €	4.686 €	669 €	6.962 €
5		Projekt C	2.352 €	921 €	2.402 €	5.675 €
6		Projekt D	1.611 €	3.409 €	2.798 €	7.818 €
7		Projekt E	1.506 €	10.170 €	1.905 €	13.581 €

Gestapelte Säulen eignen sich, wenn es darum geht, Anteile zu vergleichen. Neben dieser qualitativen Bewertung kann durch die unterschiedliche Höhe der Säulen auch eine quantitative Aussage zum Umfang der Kosten für jedes Projekt getroffen werden.

Das gestapelte Säulendiagramm erstellen

Fertigen Sie das Diagramm mit den folgenden Schritten an:

1. Markieren Sie den Bereich *B2:E7* und klicken Sie in der Symbolleiste *Standard* auf das Symbol *Diagramm-Assistent*.

2. Wählen Sie den Diagrammtyp *Säule* und als Untertyp *Gestapelte Säulen*.

3. Klicken Sie auf *Weiter* bis zu Schritt 3. Tragen Sie in der Registerkarte *Titel* als Diagramm-Beschriftung *Projektkosten 1. Halbjahr – Die Kostenstruktur* ein.

4. Deaktivieren Sie in der Registerkarte *Gitternetzlinien* die Anzeige des Hauptgitternetzes für die Größenachse.

5. Wählen Sie auf der Registerkarte *Legende* die Option *Oben* und klicken Sie abschließend auf die Schaltfläche *Fertig stellen*.

Die Nachbearbeitungsschritte für das gestapelte Säulendiagramm

Auch hier gibt es noch ein paar »Schönheitsreparaturen«, die auszuführen wären:

1. Entfernen Sie die graue Zeichnungsfläche durch Anklicken und Betätigen der ‹Entf›-Taste.

2. Doppelklicken Sie auf die Größenachse. Stellen Sie im Dialogfeld *Achsen formatieren* auf der Registerkarte *Skalierung* ein *Hauptintervall* von *4000* ein.

3. Öffnen Sie per Doppelklick auf eines der Technik-Segmente das Dialogfeld *Datenreihen formatieren*. Stellen Sie in der Registerkarte *Muster* oben links im Feld *Rahmen* die Option *Keine* ein und ändern Sie bei Bedarf rechts die *Farbe* im Feld *Fläche*.

4. Zeigen Sie im gleichen Dialogfeld die Registerkarte *Optionen* an und verringern den Wert für *Abstandsbreite* auf *100*. Damit werden die Säulen breiter.

5. Wiederholen Sie den Schritt zum Entfernen des Rahmens für die beiden anderen Datenreihen.

Abbildg. 17.19   Das fertige Diagramm mit gestapelten Säulen

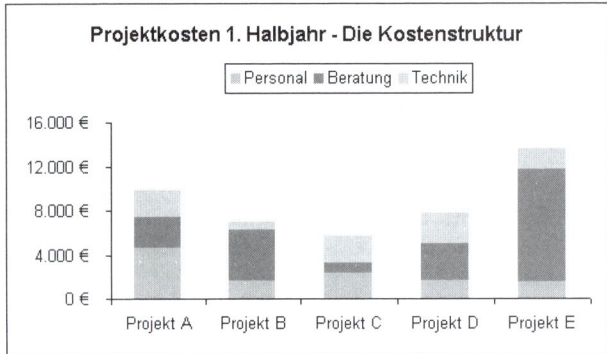

Die Abbildung 17.19 zeigt das fertig gestellte gestapelte Säulendiagramm.

Gestapelt oder gestapelt 100%: Die richtige Variante auswählen

Für einen strukturellen Vergleich eignet sich das soeben erstellte Diagramm schon recht gut. Aber angesichts der zugleich erfolgenden Mengendarstellung in Form unterschiedlicher Säulenhöhen, sind beispielsweise die Kostenanteile für *Beratung* bei den Projekten *A* und *C* nur schwerlich vergleichbar.

Um auf diese Frage eine Antwort geben zu können, muss noch ein anderer Diagrammuntertyp des Säulendiagramms zum Einsatz kommen – der Untertyp *Gestapelte Säulen 100%*. Hier die einzelnen Schritte:

Abbildg. 17.20 Mit dem Untertyp *Gestapelte Säulen 100%* werden Mengenunterschiede nicht mehr angezeigt; alle Datenreihen werden auf 100 Prozent gesetzt

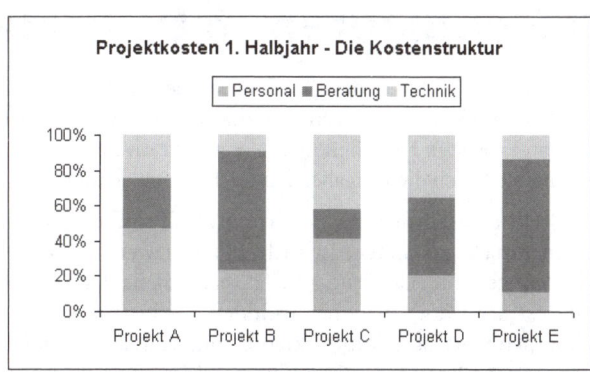

1. Markieren Sie noch einmal die Zahlen von *B2* bis *E7* und rufen Sie den *Diagramm-Assistenten* auf.

2. Wählen Sie als Diagrammtyp *Säule* und als Untertyp jetzt *Gestapelte Säulen 100%*.

3. Verfahren Sie für die restlichen Schritte wie beim vorhergehenden Diagramm.

4. Entfernen Sie in der *Nachbearbeitung* die Rahmenlinien um die Säulensegmente, wie beim vorherigen Beispiel beschrieben.

Der Blick auf die Abbildung 17.20 zeigt nun recht deutlich, dass der Anteil der Beratungskosten bei *Projekt A* wesentlich größer ist als bei *Projekt C*.

Abbildg. 17.21 Direkter Vergleich der beiden Untertypen

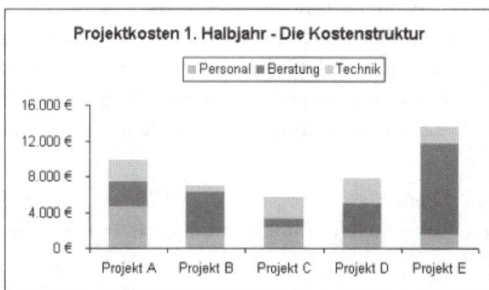

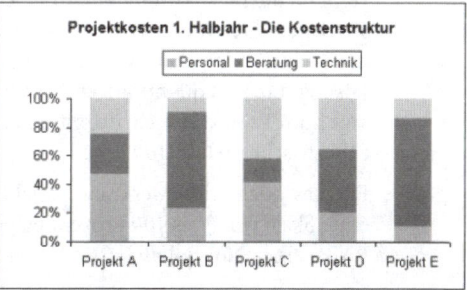

Sie finden die Beispiele für alle vorgestellten Diagrammtypen auf der CD-ROM zu diesem Buch im Ordner *Buch**Kap17* in der Arbeitsmappe *Diagramme.xls*.

Beispiel 2: Projekte qualitativ und quantitativ per Blasendiagramm bewerten

Im vorhergehenden Abschnitt wurde ein Teilaspekt der Projektarbeit beleuchtet: die Kosten. Doch wenn sich Steuerungsgremien treffen, um Entscheidungen über die Fortsetzung, Schwerpunktverlagerung oder auch das Einstellen von Projekten zu treffen, müssen quantitative und qualitative Parameter herangezogen werden. Damit stellt sich die Aufgabe, dies auch visuell adäquat umzusetzen.

Zunächst einmal ist zu klären, welche Parameter zur Bewertung der Projekte erforderlich sind. Quantitative Merkmale zu einem Projekt zu finden, ist nicht allzu schwer: Größe des Budgets, Anzahl der beteiligten Mitarbeiter, gesamte Laufzeit, bereits verstrichene Laufzeit, schon verbrauchte Ressourcen etc. Damit lässt sich jedoch nicht herausfinden, wie bedeutsam ein Projekt für die weitere Entwicklung des Unternehmens ist. Pilotprojekten ist manchmal nur ein bescheidenes Budget zugedacht, aber ihre strategische Bedeutung liegt weit über der von besser ausgestatteten Projekten. Quantitative Merkmale sind auch in dem Fall nicht aussagefähig, um herauszufinden, wie gut ein Projekt läuft bzw. wie gefährdet es ist. Auch hier sind qualitative Bewertungen erforderlich.

Kenngrößen und passenden Diagrammtyp auswählen

Mit den drei Kenngrößen Projektbudget, Projektfortschritt und Projektrisiko soll eine Bewertung von vier Projekten erfolgen.

Die Daten zum Budget werden in Euro angegeben und sind eine quantitative Größe. Auch der Projektfortschritt ist zum großen Teil eine quantitative Größe. Sie kann sich beispielsweise auf bereits verbrauchte Finanzmittel oder die bereits abgelaufene Zeit für das Projekt stützen. Ungeachtet dessen sollten hier auch weitere Gesichtspunkte einfließen. Denn möglicherweise ist zwar der Großteil des Geldes oder der Zeit aufgebraucht, aber das technische Hauptproblem harrt noch seiner Lösung. Ein rein quantitativer Ansatz wäre hier also nicht die optimale Variante. Daher soll die Aussage zum Projektfortschritt mit einer subjektiven Bewertung gekoppelt sein und in einer Prozentzahl zwischen *0* und *100* liegen.

Für das qualitative Merkmal Projektrisiko bedarf es einer subjektiven Einschätzung. Sie soll auf einer Skala von *0* bis *100* Prozent erfolgen. Dabei sollen Projekte mit einer Bewertung bis 50 Prozent Risiko einen Normalfall darstellen.

Wie lassen sich diese Daten nun visuell in ein Diagramm umsetzen? Es sind drei Dimensionen abzubilden. Für diese Art der Darstellung eignet sich das Blasendiagramm.

Kleiner Exkurs zum Blasendiagramm

Diese Diagrammart wird oft im Marketing verwendet, beispielsweise um ein Marktwachstums/Marktanteils-Portfolio zu erstellen. Ziel eines solchen Portfolios ist es, verschiedene Produkte nach den Kriterien Marktanteil und Marktwachstum in einer Vier-Felder-Matrix zu positionieren und außerdem in dieser Matrix mit Hilfe der Größe der Blasen die Höhe des Umsatzes der einzelnen Produkte vergleichbar zu machen.

Auch für die oben angesprochene Art der Gegenüberstellung von Projektrisiko, -fortschritt und -budget eignet sich dieses Diagramm. Es kann auf der senkrechten Achse das Risiko, auf der waagerechten Achse den Projektfortschritt und schließlich das jeweilige Budget mittels der Größe der Blasen anzeigen.

Blasendiagramme bieten die Möglichkeit, in einer zweidimensionalen Fläche drei unterschiedliche Zahlendimensionen darzustellen.

Die Darstellung komplexer Daten erfordert allerdings ein wenig Vorarbeit beim Konzipieren des Diagramms:

- Beim Eingeben der Daten für ein Blasendiagramm geben Sie zunächst die Werte ein, die in der horizontalen (X-Achse) abzubilden sind. Das sollen in unserem Fall die Werte zum Projektfortschritt sein.

- Danach müssen die Daten für die senkrechte, also die Y-Achse folgen. Hier soll in unserem Fall die Bewertung des Projektrisikos stehen.

- An letzter Stelle folgen dann Daten, die über das Budget und somit über die Größe der Blasen Auskunft geben.

In Abbildung 17.22 sehen Sie den Aufbau der Tabelle. Hier werden als Beispiel die Daten zu vier Projekten aufgeführt.

Das Blasendiagramm erstellen – Schritt für Schritt

Geben Sie zunächst die in Abbildung 17.22 gezeigten Daten für das Projekt-Portfolio ein.

Abbildg. 17.22   Die Daten für das Projekt-Portfolio

A	B	Fortschritt	Risiko	Budget
1				
2		**Fortschritt**	**Risiko**	**Budget**
3	Projekt A	84%	66%	120.235 €
4	Projekt B	27%	24%	66.780 €
5	Projekt C	34%	74%	34.660 €
6	Projekt D	77%	12%	87.036 €

Erstellen Sie dann das Diagramm wie folgt:

1. Markieren Sie den Bereich *B2:E6* und klicken Sie in der Symbolleiste *Standard* auf das Symbol *Diagramm-Assistent*.

2. Wählen Sie den Diagrammtyp *Blase*, als Untertyp ebenfalls *Blase* und klicken Sie auf die Schaltfläche *Weiter*.

Fehlende Daten und fehlerhafte Darstellung

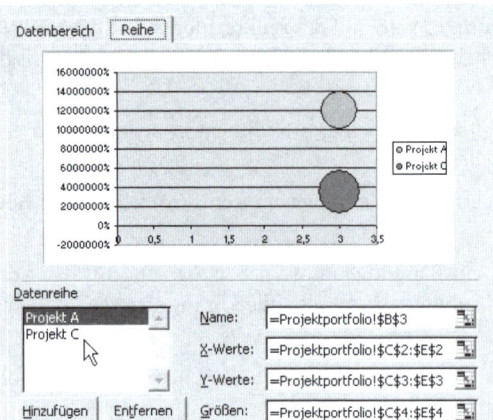

3. In Schritt 2 des Assistenten sind nun bereits zwei Blasen zu sehen (siehe Abbildung 17.23), aber die Darstellung ist unvollständig und auch die Anordnung ist fehlerhaft. Hier ist manuelles Nacharbeiten unumgänglich, und zwar Schritt für Schritt, ganz systematisch. Aktivieren Sie zunächst die Registerkarte *Reihe*. Hier können Sie im Vorschaubild sehen, dass Excel nur die Datenreihen für die Projekte *A* und *C* anzeigt und die anderen beiden auslässt. Außerdem werden die Werte für die X- und Y-Achse und die Größenwerte nicht aus den zutreffenden Zellen gewählt. Hier ist also manuelle Korrekturarbeit angesagt. Es gilt, Datensatz für Datensatz die richtigen Bezüge einzustellen.

4. Löschen Sie zunächst im Feld *Datenreihe* den Eintrag für *Projekt C*. Legen Sie dann für den Eintrag *Projekt A* die folgenden Bezüge fest: *Name = B3*; *X-Werte = C3*; *Y-Werte = D3*; *Größen = E3*. Der Eintrag im Feld *Name* ist richtig, alle anderen müssen korrigiert werden. Klicken Sie dazu in das Feld *X-Werte* und löschen Sie den Inhalt. Die Schreibmarke blinkt nun im leeren Feld. Klicken Sie mit der Maus auf die Zelle, die den X-Wert (Projektfortschritt) für die erste Datenreihe enthält. Das ist in dem Fall *C3* mit dem Eintrag *84%*. Löschen Sie den Inhalt des Feldes *Y-Werte* und klicken Sie auf die Zelle, die die Information zum Projektrisiko für *Projekt A* enthält, also *D3*. Legen Sie auf die gleiche Weise im Feld *Größen* als Zellbezug *E3* fest.

5. Klicken Sie auf die Schaltfläche *Hinzufügen* und wiederholen Sie die Prozedur für alle vier Felder und für jedes der verbleibenden drei Projekte. In Abbildung 17.24 sehen Sie die Bezüge, die Sie für die Projekte *B* bis *D* verwenden müssen. Zugegeben, etwas mühsam. Aber Sie werden sehen, das Ergebnis lohnt den Aufwand!

6. Klicken Sie dann auf die Schaltfläche *Weiter* und gelangen Sie so zu Schritt 3. Lassen Sie die Registerkarte *Titel* leer. Aktivieren Sie in der Registerkarte *Gitternetzlinien* die Anzeige des Hauptgitternetzes für beide Größenachsen. Wählen Sie auf der Registerkarte *Legende* die Option *Rechts*. Versehen Sie auf der Registerkarte *Datenbeschriftungen* das Kontrollkästchen *Blasengröße* mit einem Häkchen (siehe Abbildung 17.25).

7. Klicken Sie abschließend auf *Fertig stellen*.

Abbildg. 17.24 Schritt für Schritt die richtigen Bezüge für die Daten zu den vier Projekten festlegen

Das Blasendiagramm nachbearbeiten

Auch hier müssen Sie noch kurz »Hand anlegen«:

1. Lassen Sie das fertige Diagramm zunächst markiert und rufen Sie mit der Tastenkombination `Strg`+`1` das Dialogfeld zum Formatieren der Diagrammfläche auf. Entfernen Sie dort in der Registerkarte *Schrift* das Häkchen in dem Kontrollkästchen vor *Automatisch skalieren* und legen Sie eine Schriftgröße von *10 pt* fest.

2. Ziehen Sie nun das Diagramm an einem der Eckpunkte größer.

3. Markieren Sie die Datenbeschriftung für *Projekt A* und rufen Sie mit der Tastenkombination `Strg`+`1` das Dialogfeld zum Formatieren auf. Legen Sie auf der Registerkarte *Ausrichtung* im Feld *Position* die Option *Zentriert* fest. Klicken Sie die Datenbeschriftungen der Projekte *B* und *D* nacheinander an und betätigen Sie die `F4`-Taste, um diesen letzten Befehl zu wiederholen. Ziehen Sie die Datenbeschriftung für *Projekt C* über die Blase.

4. Doppelklicken Sie auf die senkrechte Achse und wechseln Sie im Dialogfeld *Achsen formatieren* zur Registerkarte *Skalierung*. Legen Sie die Werte für *Minimum*, *Maximum* und *Hauptintervall* so fest, dass eine Zweiteilung der Achse erfolgt (siehe Abbildung 17.26). Schalten Sie in der Registerkarte *Muster* die Anzeige der *Hauptstriche* aus, indem Sie die Option *Keine* anklicken.

5. Wiederholen Sie das für die waagerechte Achse. Damit ergibt sich eine Vier-Felder-Matrix für das Projekt-Portfolio.

Abbildg. 17.25   Das Dialogfeld des Assistenten vor dem letzten Klick auf *Fertig stellen*

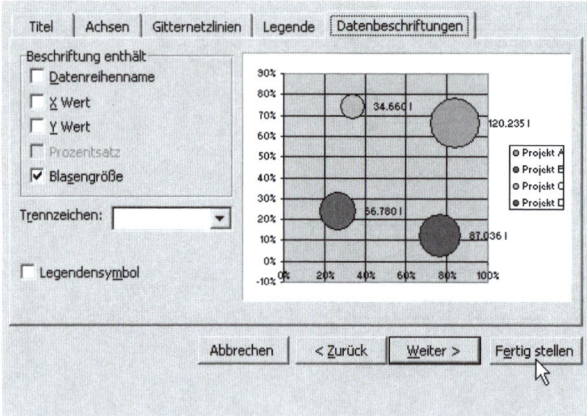

Abbildg. 17.26   Die Werte für *Minimum*, *Maximum* und *Hauptintervall* so ändern, dass eine Zweiteilung der Achse erfolgt

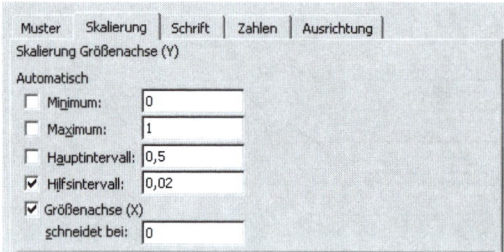

6. Abschließend können Sie bei Bedarf noch die Farben für Linien und Flächen einzelner Diagrammelemente verändern.

7. Betrachten Sie nun das Ergebnis und Sie werden feststellen, dass für die beiden Achsen noch eine Beschriftung fehlt. Kein Problem, dies lässt sich auch im Nachhinein ändern: Klicken Sie das Diagramm an und rufen Sie die Befehlsfolge *Diagramm/Diagrammoptionen* auf. Zeigen Sie die Registerkarte *Titel* an. Tragen Sie in das Feld *Rubrikenachse* das Wort *Projektfortschritt* und in das Feld *Größenachse* den Begriff *Projektrisiko* ein.

Die Abbildung 17.27 zeigt das fertig gestellte Blasendiagramm.

Abbildg. 17.27 Das fertig gestellte Blasendiagramm

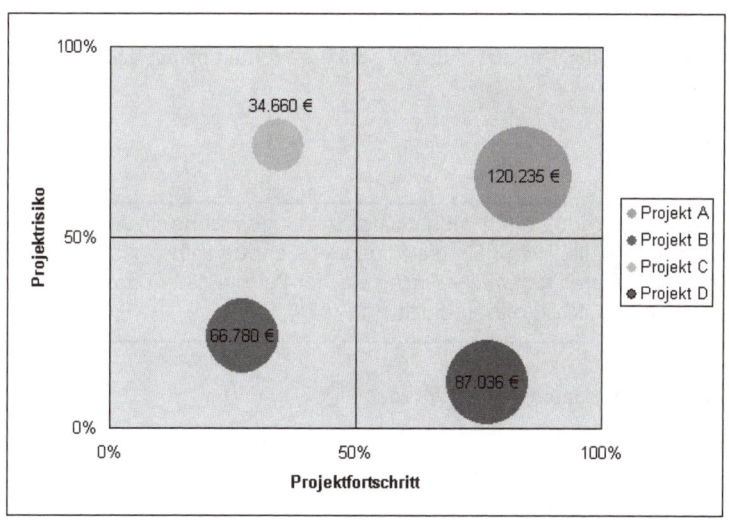

 Das fertige Beispiel finden Sie auf dem Tabellenblatt *Projektportfolio* auf der CD-ROM zu diesem Buch im Ordner *\Buch\Kap17* in der Arbeitsmappe *Diagramme.xls*.

Beispiel 3: Mengenentwicklungen mit Linien- und Flächendiagramm aufzeigen

Liniendiagramme kommen meist dann zum Einsatz, wenn es darum geht, Entwicklungen über größere Zeiträume darzustellen. Beispiele, in denen häufig solche Diagramme verwendet werden, sind Aktienkurse oder Preiskurven. *Flächendiagramme* sind Liniendiagrammen sehr verwandt und stellen – wie der Name schon sagt – die Daten als volle Flächen da.

Die Darstellung per Liniendiagramm realisieren

In diesem Beispiel werden Sie auch sehen, dass Flächendiagramme nur bedingt zu verwenden sind und dass Ihr Einsatz ganz entscheidend vom vorliegenden Datenmaterial und seiner Anordnung in den Datentabellen abhängt.

Welche Auswertung bieten Liniendiagramme?

In der nachfolgenden Aufgabe soll es darum gehen, die Umsatzentwicklung bei Produkten aufzuzeigen. Dabei sollen drei Auswertungsmöglichkeiten optisch verdeutlicht werden:

■ Eine Aussage über die Entwicklung des Umsatzes bei jedem einzelnen Produkt (insgesamt sinkend, steigend, stagnierend oder wechselhaft?);

■ ein Vergleich der Umsatzkurven zueinander (erfolgen beispielsweise Steigerungen zeitgleich oder zeitlich versetzt oder völlig unabhängig von einander?);

■ eine Gegenüberstellung der Umsatzvolumina (welches Produkt bringt den meisten, welches den geringsten Umsatz?).

Die Ausgangstabelle

Die Daten betreffen vier Produkte mit monatlicher Umsatzerfassung. In Abbildung 17.28 sehen Sie die entsprechende Tabelle. Wenn Sie die folgenden Schritte selbst nachvollziehen möchten, verwenden Sie das Blatt *Daten für Linie + Fläche* aus der Beispieldatei *Diagramme.xls* im Ordner *\Buch\Kap17* auf der CD-ROM zu diesem Buch.

Abbildg. 17.28 Die Tabelle mit den Ausgangsdaten

	B	C	D	E	F	G	H	I	J	K	L	M	N
1													
2		Jan	Feb	Mrz	Apr	Mai	Jun	Jul	Aug	Sep	Okt	Nov	Dez
3	Produkt 1	181	267	148	133	204	254	207	194	185	175	172	191
4	Produkt 2	393	416	389	411	446	437	455	466	477	378	322	311
5	Produkt 3	218	220	267	277	283	310	300	346	412	410	418	477
6	Produkt 4	146	92	55	127	136	166	155	99	168	138	158	234

Um die angestrebte Darstellung in Diagrammform zu realisieren, gehen Sie wie folgt vor:

1. Klicken Sie eine beliebige Zelle in der Tabelle an und markieren Sie den gesamten Datenbereich (*B2:N6*) mit ⌨Strg+⌨*.

2. Erstellen Sie mit der ⌨F11-Taste ein neues Diagrammblatt und wählen Sie über *Diagramm/Diagrammtyp* den Typ *Linie*, so wie in Abbildung 17.29 gezeigt.

Abbildg. 17.29 Auswahl des Diagrammtyps

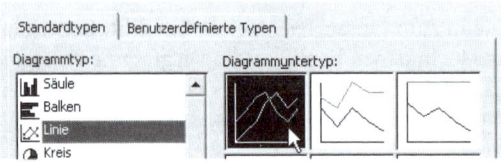

Als Ergebnis erhalten Sie ein einfaches Liniendiagramm. Bearbeiten Sie dieses entsprechend den nun folgenden Erläuterungen.

Das Liniendiagramm nachbearbeiten

1. Löschen Sie per Klick auf den grauen Hintergrund und mit der ⌨Entf-Taste die *Zeichnungsfläche*.

2. Doppelklicken Sie auf die Größenachse am linken Diagrammrand und entfernen Sie dort *Linie* und *Hauptstriche*, indem Sie jeweils die Option *Keine* anklicken. Wiederholen Sie dies auch für die Rubrikenachse.

3. Doppelklicken Sie dann auf eine der Gitternetzlinien und stellen Sie in dem nun erscheinenden Dialogfeld im Feld *Art* eine gestrichelte Linie und bei *Farbe* ein helles Blau oder Grau ein.

4. Markieren Sie nun eine der vier Linien und weisen Sie ihr nach Aufruf des entsprechenden Dialogfelds mit der Tastenkombination ⌨Strg+⌨1 auf der Registerkarte *Muster* bei *Farbe* eine passende Farbe und bei *Stärke* die dickste Variante zu (siehe Abbildung 17.30). Klicken Sie außerdem das Kontrollkästchen *Linie glätten* an. Wiederholen Sie diese Schritte für die drei verbleibenden Linien.

Abbildg. 17.30   Linienfarbe sowie die Stärke einstellen und Linien glätten

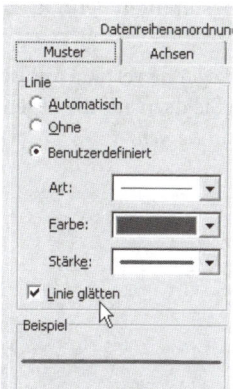

In drei der Linien soll nun jeweils ein markanter Datenpunkt hervorgehoben und der dazugehörige Wert angezeigt werden:

1. Klicken Sie dazu auf eine der Linien, um sie zu markieren.

2. Klicken Sie ein weiteres Mal auf einen der Datenpunkte in der Linie, um diesen allein zu selektieren.

3. Mit der Tastenkombination ⌨Strg+⌨1 gelangen Sie in das richtige Dialogfeld und können dort in der Registerkarte *Muster* die Einstellungen vornehmen, die Sie in Abbildung 17.31 sehen. Zum einen wählen Sie dort die Markierung des Datenpunktes, also am besten eine der zur Verfügung stehenden eckigen oder runden Formen. Bei *Hintergrund* legen Sie die Füllfarbe solcher Markierungsobjekte fest, mit *Vordergrund* die Kontur. Aktivieren Sie außerdem das Kontrollkästchen *Schatten*. Links unten sehen Sie dann schon die Vorschau auf die getroffenen Einstellungen.

Abbildg. 17.31   Datenpunkte mit Marken hervorheben

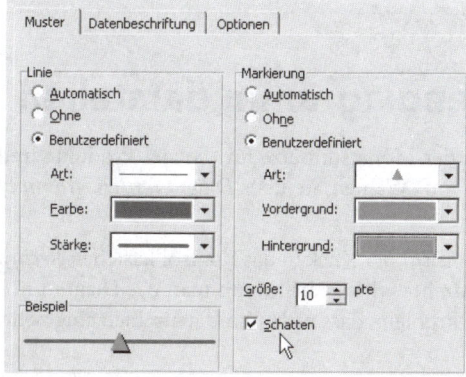

4. Wechseln Sie dann noch auf die Registerkarte *Datenbeschriftung* und klicken Sie dort das Kontrollkästchen *Wert* an.

5. Wiederholen Sie dies für weitere Datenpunkte auf den Linien.

HINWEIS Zweck solcher Hervorhebungen kann es sein, bestimmte Höchst- oder Tiefstwerte oder zeitlich bedeutsame Teilergebnisse deutlich zu machen. Diese Methode würde sich beispielsweise auch dazu eigen, den Anfangs- und Endpunkt einer Linie mit den entsprechenden Werten zu versehen, um damit die Entwicklung nach einer bestimmten Periode zu resümieren.

6. Strecken Sie abschließend durch Ziehen mit der Maus die Legende vertikal und sorgen Sie dafür, dass die Rahmenlinie nicht angezeigt wird. Doppelklicken Sie dazu auf die Legende und wählen Sie auf der Registerkarte *Muster* im Feld *Rahmen* die Option *Keinen*.

Das Ergebnis könnte dann wie in Abbildung 17.32 aussehen.

Abbildg. 17.32 Das fertige Liniendiagramm

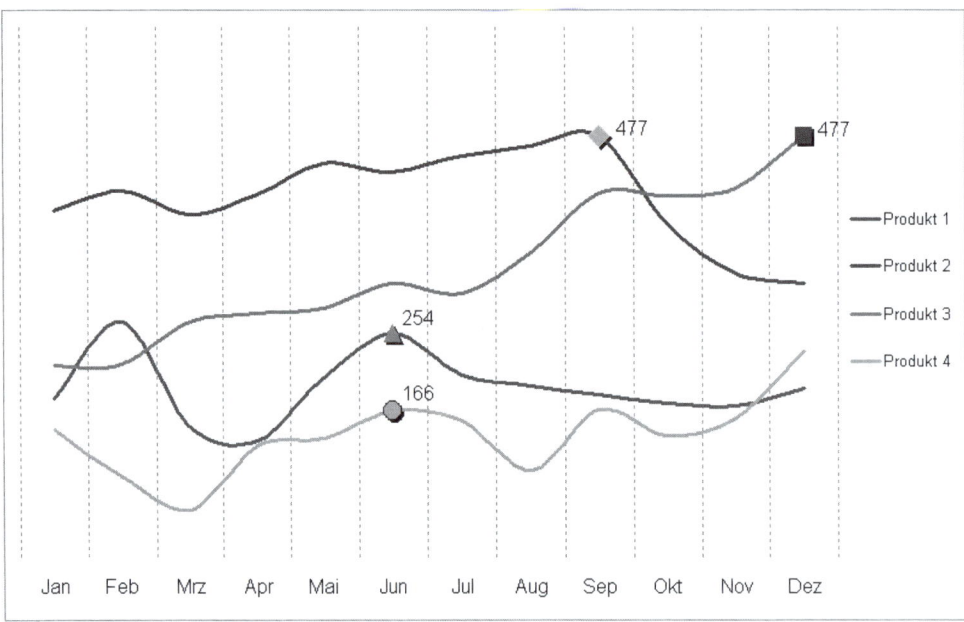

Die Daten als Flächendiagramm darstellen

Markieren Sie noch einmal die Daten der Monatsumsätze für die vier Produkte und rufen Sie mit der ⟨F11⟩-Taste ein neues Diagramm auf. Wählen Sie über *Diagramm/Diagrammtyp* das *3D-Flächendiagramm*.

Stellen Sie dann über *Diagramm/3D-Ansicht* per Klick in das Kontrollkästchen *Rechtwinklige Achsen* sicher, dass das Diagramm nicht »verdreht« wirkt. Auch wenn man das Diagramm in diesem Dialogfeld noch drehen würde, bliebe das Problem, dass nicht alle Datenreihen eingesehen werden können.

Abbildg. 17.33 Ein Flächendiagramm mit Problemen, da nicht alle Datenreihen eingesehen werden können

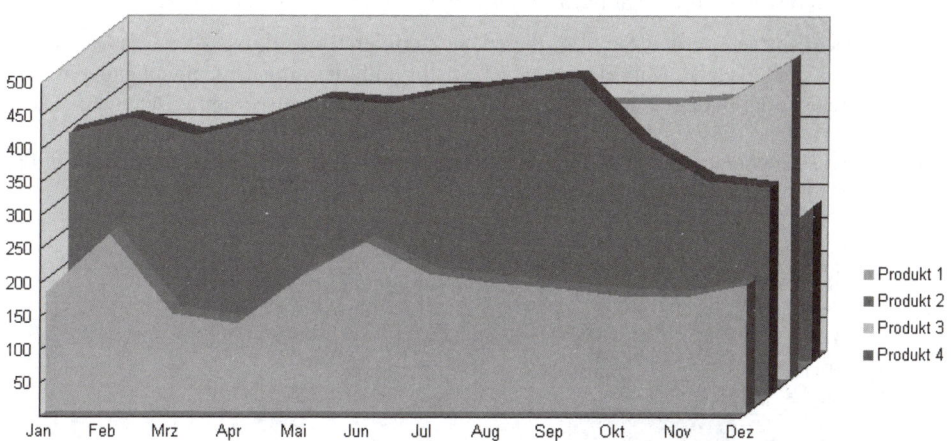

In Abbildung 17.33 können Sie feststellen, dass das hintere Produkt völlig verdeckt ist. Damit sehen Sie auch schon einen Nachteil von Flächendiagrammen: Die Daten müssen stets erst so angeordnet werden, dass anschließend im Diagramm auch alle Reihen sichtbar abgebildet werden.

Die Datenreihen anders anordnen

Probieren Sie dies einmal aus, indem Sie auf eine der Flächen doppelklicken und im Dialogfeld *Datenreihen formatieren* zur Registerkarte *Datenreihenanordnung* wechseln. Hier können Sie jede der Datenreihen in der Reihenfolge beliebig nach vorn oder hinten bringen, indem Sie die Schaltflächen *Nach oben verschieben* und *Nach unten verschieben* betätigen.

Für das Beispiel würde eine Anordnung der Produkte in der Reihenfolge *4; 1; 3; 2* zu einem akzeptablen Ergebnis führen (siehe Abbildung 17.34).

Abbildg. 17.34 Die Anordnung der Datenreihen im Flächendiagramm bequem per Dialogfeld ändern

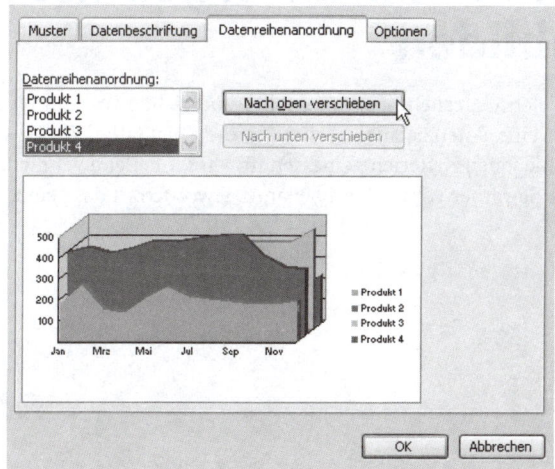

Markieren Sie dazu links eine Datenreihe, deren Anordnung Sie verändern wollen, und klicken Sie dann rechts auf die Schaltfläche *Nach oben verschieben* oder *Nach unten verschieben*.

Nicht immer werden Sie über diesen Weg erfolgreich sein, wie dies beispielsweise in Abbildung 17.35 gelungen ist. Mitunter werden Sie nicht umhinkommen, zu einem anderen Diagrammtyp zu greifen oder in dem Flächendiagramm weniger bzw. nur ausgewählte Daten darzustellen.

Abbildg. 17.35 Das Flächendiagramm mit umgestellten Datenreihen lässt die Entwicklungen der vier Produkte weitgehend erkennen

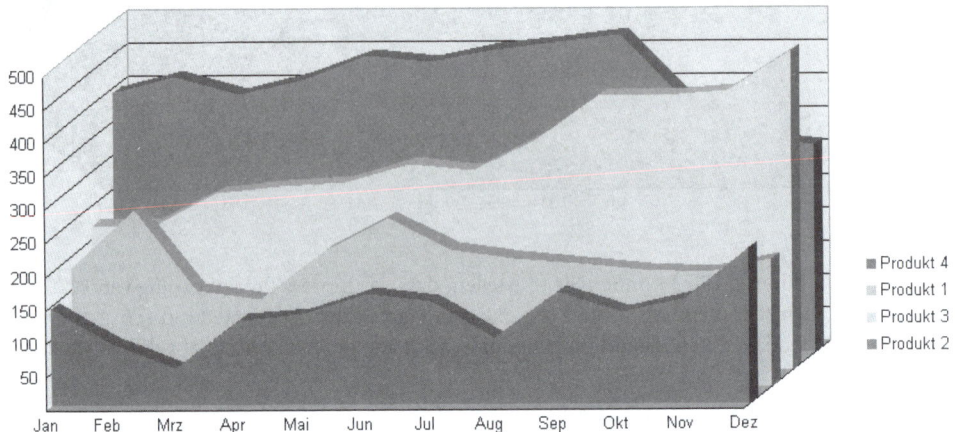

Auch die beiden Beispiele für das Flächendiagramm finden Sie auf der CD-ROM zum Buch im Ordner *\Buch\Kap17* in der Arbeitsmappe *Diagramme.xls*.

Beispiel 4: Assessment Center-Ergebnisse per Netzdiagramm abbilden

Soll-Ist-Vergleiche kommen in vielen Unternehmens- und Alltagsbereichen vor. Ein typisches Beispiel aus dem Personalbereich ist eine Potenzialanalyse, bei der die Qualitäten von Bewerbern für eine bestimmte Position an verschiedenen Kriterien gemessen und anschließend verglichen werden. Solchen Analysen gehen Tests der Bewerber voraus, und bekannt geworden ist das Ganze unter dem Begriff Assessment Center.

Abbildg. 17.36 Die Tabelle mit den Ergebnissen des Assessment Centers soll mit einem Diagramm bildhaft dargestellt werden, um den Vergleich der drei Kandidaten zu erleichtern

	B	C	D	E
2	Ergebnisse Assessment Center			
3		Kandidat 1	Kandidat 2	Kandidat 3
4	Aufnahmebereitschaft	15	10	15
5	Belastbarkeit unter Stress	7	9	12
6	Konzentrationsfähigkeit	17	11	14
7	Entscheidungsfähigkeit	8	12	13
8	Risikobereitschaft	4	9	12
9	Teamfähigkeit & soziales Verhalten	13	16	8
10	Verhandlungsgeschick	17	9	9
11	Organisations- & Planungstalent	12	17	7
12	Kontaktfähigkeit	14	16	13
13	Überzeugungskraft	16	14	15

Die Ergebnisse des Assessment Centers auswerten

In Abbildung 17.36 sehen Sie die Ergebnisse eines solchen Assessment Centers für drei Kandidaten. Jeder der Kandidaten wurde in zehn Kategorien bewertet. Pro Kategorie war ein Maximalwert von 18 Punkten möglich. Welche Ergebnisse lassen sich ableiten?

- Betrachtet man nur die Zahlen, lassen sich die Kandidaten innerhalb jeder Kategorie schnell vergleichen.

- Eine Addition der Punkte für jeden Kandidaten führt zu der Aussage, welcher Kandidat die meisten Punkte erhalten hat.

- In beiden Fällen finden jedoch nur die rein quantitativen Faktoren Berücksichtigung.

- Eine Abwägung der Gesamtheit der kommunikativen Stärken, der sozialen Kompetenz oder der Fähigkeiten zur Führung von Teams zum Vorantreiben von Entwicklungen, ist auf der Basis der Tabelle nur schwer möglich.

Für Personalentscheidungen muss jedoch das »Gesamtbild« jedes Kandidaten betrachtet werden. Geht es beispielsweise um die Vergabe einer Führungsposition, spielen die kommunikativen Fähigkeiten eine besondere Rolle. Soll hingegen die Stelle eines Entwicklungsingenieurs besetzt werden, sind eher Qualitäten wie Risikobereitschaft oder Entscheidungsfreude gefragt.

Neben den Details, wie jeder Kandidat bei den einzelnen Qualitätskriterien abschneidet, geht es ganz wesentlich um eine Gesamtbewertung und darum, diese möglichst bildhaft darzustellen.

Ein erster Versuch: Die Ergebnisse über Balkendiagrammen darstellen

In Abbildung 17.37 sehen Sie zwei Varianten, die bildhafte Darstellung der Ergebnisse des Assessment Centers über ein Diagramm zu lösen:

- Das Balkendiagramm im rechten Teil lässt den Vergleich der Kandidaten innerhalb der einzelnen Kategorien zu.

- Das gestapelte Balkendiagramm im linken Teil des Bildes lässt erkennen, welcher Kandidat die meisten, welcher die wenigsten Punkte erhalten hat. Doch die Struktur der Qualitäten, die dahinter stehen, bleibt weitgehend verborgen.

Abbildg. 17.37 Zwei mögliche Varianten – ein gestapeltes Balkendiagramm und ein einfaches Balkendiagramm – doch beide lassen in ihrer Aussagekraft zu wünschen übrig

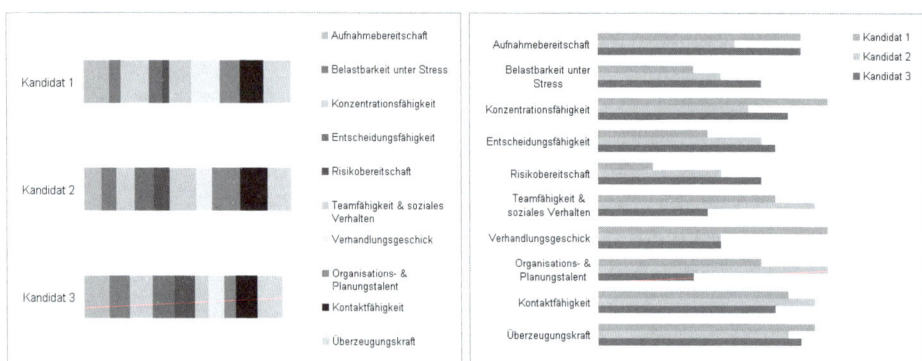

Die Alternative: Ein Netzdiagramm verwenden

Für die Lösung der Aufgabe benötigen Sie ein Diagramm, welches für jede Kategorie die Zahl 18 als zu erreichenden Maximalwert vorgibt und für jeden Kandidaten den tatsächlich erreichten Wert abbildet. Zusätzlich sollen die einzelnen Punktzahlen zu einem »Gesamtbild« führen. Hierfür eignet sich ein Netzdiagramm.

Dieser Diagrammtyp ist wenig bekannt, wird daher auch selten eingesetzt, ist aber in diesem Fall die wohl beste Wahl. In Abbildung 17.38 sehen Sie das fertige Netzdiagramm:

- Die Kategorien zur Bewertung der Kandidaten sind strahlenförmig angeordnet. Zu jeder Kategorie ist ersichtlich, wie jeder Kandidat abgeschnitten hat.

- Auch ein direkter Vergleich der einzelnen Kandidaten ist bei jeder Kategorie möglich. So lässt sich beispielsweise schnell herausfinden, ob ein Kandidat genügend Risikobereitschaft und Entscheidungsfähigkeit hat, um bei der Entwicklung neuer Produkte eingesetzt zu werden.

- Bei näherer Betrachtung der Kriterien fällt auf, dass im linken Teil die eher sozialen Komponenten konzentriert sind. Wird also beispielsweise besonderer Wert auf die kommunikativen Fähigkeiten bei der Führung eines Teams gelegt, muss ein Kandidat hier hohe Werte vorweisen.

Dieser Diagrammtyp erlaubt also neben dem rein quantitativen Vergleich gleichzeitig auch eine qualitative Betrachtung und lässt Aussagen zum »Gesamtbild« zu.

Abbildg. 17.38 Vorschau auf das fertige Netzdiagramm: es macht den direkten Vergleich der drei Kandidaten, sowohl in jeder Kategorie als auch in der Gesamtgewichtung der Ergebnisse, möglich

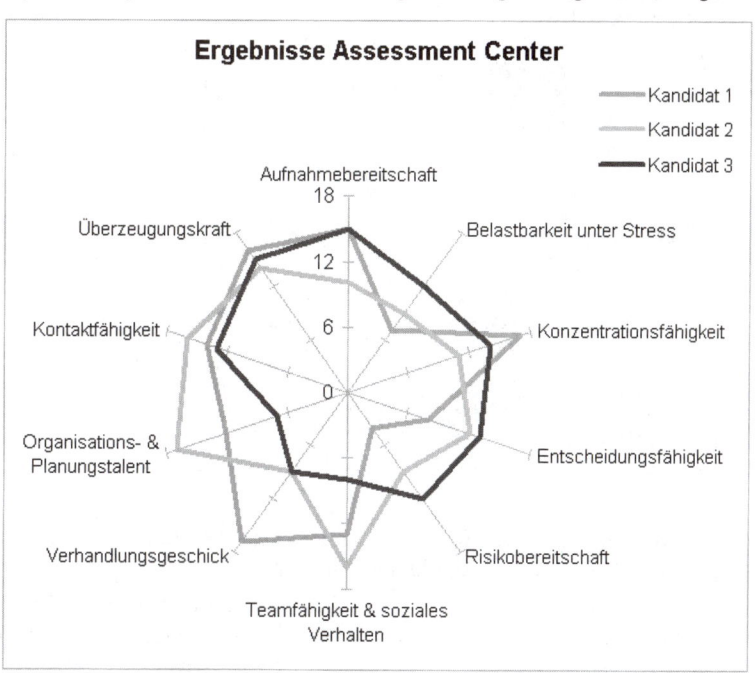

Schritt für Schritt: Das Netzdiagramm anfertigen

Der Weg zum Aufbau eines Netzdiagramms unterscheidet sich nicht vom Vorgehen, das Sie bereits für andere Diagramme in diesem Kapitel kennen gelernt haben.

Die Rohfassung des Netzdiagramms per Assistent erstellen

Arbeiten Sie auch bei diesem Beispiel mit dem Diagramm-Assistenten. Hier die einzelnen Schritte:

1. Markieren Sie zunächst den Datenbereich, in dem Fall also *B3:E13*.

2. Rufen Sie den Diagramm-Assistenten per Mausklick auf das gleichnamige Symbol in der Symbolleiste *Standard* auf.

3. Wählen Sie den Diagrammtyp *Netz* und den Untertyp *Netz* (Abbildung 17.39).

Abbildg. 17.39 Im ersten Schritt den Diagrammtyp und -untertyp wählen

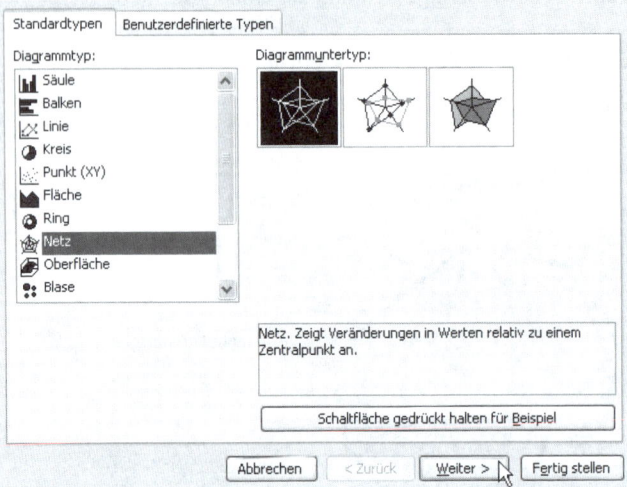

4. Klicken Sie auf *Weiter* und kontrollieren Sie, dass im nächsten Schritt des Assistenten die Einstellungen für den Datenbereich wie in Abbildung 17.40 vorliegen.

5. Klicken Sie auf *Weiter*, wechseln Sie im dritten Schritt des Assistenten zur Registerkarte *Gitternetzlinien* und entfernen Sie dort das Häkchen für das *Hauptgitternetz* der Größenachse.

6. Klicken Sie auf *Fertig stellen*.

Abbildg. 17.40 Im zweiten Schritt wird der Datenbereich angegeben

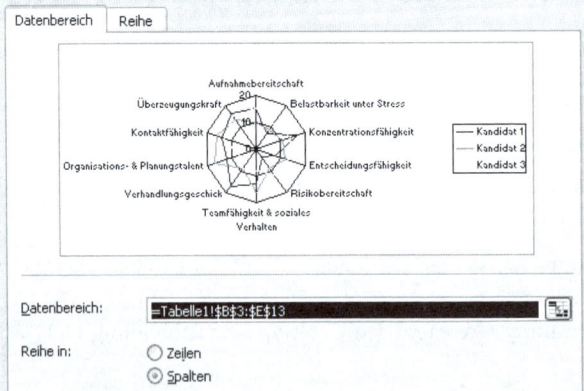

Das Netzdiagramm nachbearbeiten

Sorgen Sie nun dafür, dass sich die Schriftgröße des Diagramms bei den nachfolgenden Änderungen nicht anpasst:

1. Rufen Sie dazu mit ⌨Strg⌨+⌨1⌨ das Dialogfeld zum Formatieren der Diagrammfläche auf.

2. Deaktivieren Sie auf der Registerkarte *Schrift* das Kontrollkästchen *Automatisch skalieren* und stellen Sie einen *Schriftgrad* von *9 pt* ein.

3. Doppelklicken Sie auf eine der Größenachsen und wechseln Sie zur Registerkarte *Skalierung*. Stellen Sie dort im Feld *Minimum* den Wert *0* und bei *Maximum* den Wert *18* ein, denn das ist der Maßstab, der angelegt wird. Tragen Sie bei *Hauptintervall* eine *6* ein. Entfernen Sie aus allen Kontrollkästchen die Häkchen, da in diesem Fall keine automatische Anpassung der Achsen erwünscht ist.

Abbildg. 17.41 Die Größenachsen auf die Skala von 0 bis 18 festlegen und mit einem Intervall von 6 versehen

4. Legen Sie noch im selben Dialogfeld für die Größenachse in der Registerkarte *Muster* im Feld *Linie* eine zurückhaltende Farbe für die Achsen fest, beispielsweise ein mittleres Grau.

5. Ziehen Sie an den seitlichen Anfasspunkten der Diagrammfläche nach innen, um das Diagramm in eine weitgehend quadratische Form zu bringen. Dadurch werden die besonders langen Rubrikenbeschriftungen umbrochen und nehmen nicht mehr so viel Platz ein.

6. Markieren Sie die Zeichnungsfläche des Netzdiagramms (bewegen Sie dazu die Maus zur Mitte des Diagramms; wenn Sie dort als gelbe QuickInfo *Zeichnungsfläche* sehen, genügt ein Mausklick, um diese zu markieren). Vergrößern Sie die Zeichnungsfläche so weit wie möglich innerhalb der Diagrammfläche durch Ziehen an den vier Eckpunkten. Ordnen Sie die Zeichnungsfläche optimal innerhalb der Diagrammfläche an, indem Sie auf den grauen Rand der Zeichnungsfläche klicken und diese mit gedrückter linker Maustaste zur gewünschten Position verschieben.

7. Doppelklicken Sie nacheinander auf jede der drei Netzlinien und legen Sie jeweils über die Registerkarte *Muster* links im Feld *Linie* eine passende Linienfarbe und die maximal mögliche Linienstärke fest. Sie können dabei, so wie in der Beispieldatei, für jeden der drei Kandidaten in Tabelle und Diagramm die jeweils gleiche Farbe wählen.

Eine Alternative: Jeden Kandidaten in einem Diagramm abbilden

Wenn Ihnen die so erreichte bildhafte Darstellung noch nicht deutlich genug ist, weil sich beispielsweise die Linien für die einzelnen Kandidaten überschneiden, gibt es noch die Alternative, jeden der drei Kandidaten mit je einem Netzdiagramm als ein Bild darzustellen. In diesem Fall eignet sich dann der Untertyp *Gefülltes Netz* besser, da so das Bild zu jedem Kandidaten als eine volle Fläche erscheint.

Die Einzeldiagramme durch Kopieren schnell erstellen

1. Erzeugen Sie eine Kopie des fertigen Netzdiagramms, indem Sie es mit gedrückter Strg-Taste nach rechts verschieben.

2. Wählen Sie über das Menü *Diagramm* den Diagrammtyp *Netz* und diesmal den Untertyp *Gefülltes Netz* (Abbildung 17.42).

Abbildg. 17.42 Wählen Sie diesmal den Untertyp *Gefülltes Netz*

3. Stellen Sie über das Menü *Diagramm* und den Befehl *Datenquelle* im Feld *Datenbereich* den Bezug auf *B3:C13* her.

Abbildg. 17.43 Den Datenbereich auf die Zellen *B3:C13* korrigieren

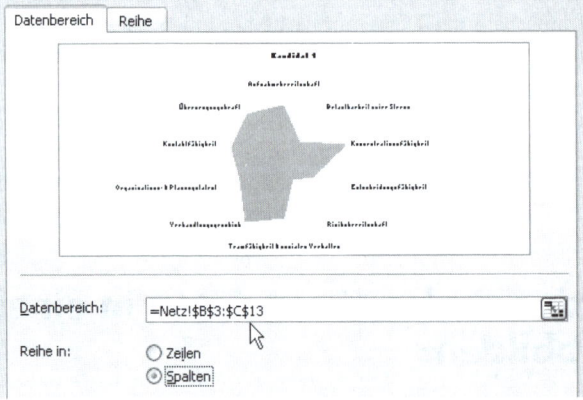

4. Duplizieren Sie diese alternative Diagrammdarstellung zwei Mal und sorgen Sie – wie in Schritt 3 beschrieben – für die jeweils korrekten Datenbereiche: Für Kandidat 2 ist das *B3:B13;D3:D13* und für Kandidat 3 *B3:B13;E3:E13*.

Die fertige Lösung sehen Sie in Abbildung 17.44. Sie finden sie auch auf der CD-ROM zum Buch im Ordner \Buch\Kap17 in der Mappe *Diagramme.xls* und zwar im Arbeitsblatt *Netz*.

Abbildg. 17.44 Mit dem Diagrammtyp *Gefülltes Netz* lassen sich für jeden Kandidaten die Ergebnisse in einem separaten Diagramm darstellen mit der Folge, dass der Vergleich jetzt anhand der Bilder erfolgen kann und Defizite im linken oder rechten Bereich schneller auszumachen sind

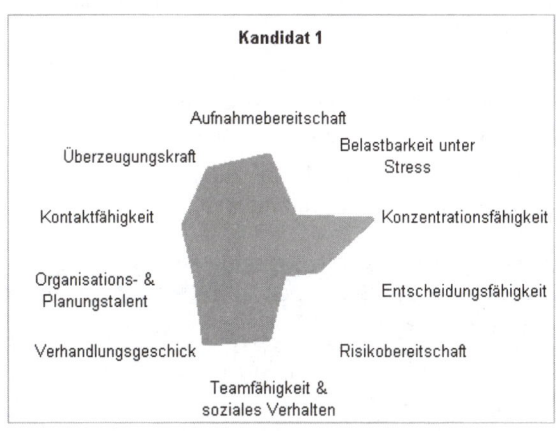

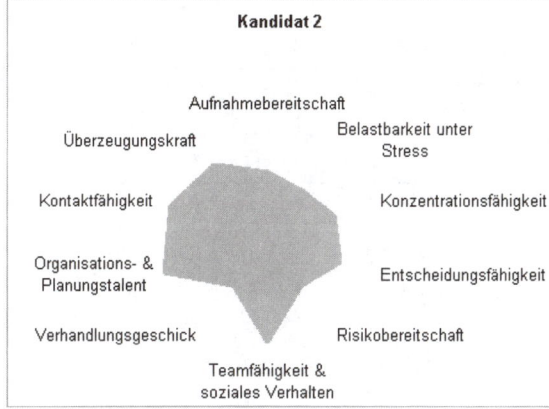

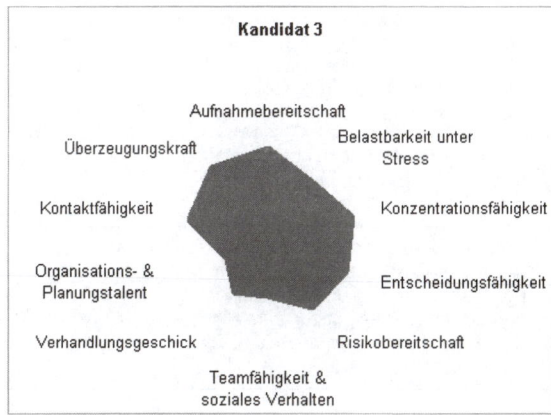

Zusammenfassung

Planen Sie Diagramme sorgfältig, damit Sie die richtigen Daten mit dem am besten geeigneten Diagrammtyp überzeugend bildhaft zeigen können.

Nutzen Sie ggf. den Diagramm-Assistenten, der Sie in vier Schritten durch den Prozess der Diagrammerstellung begleitet. Oder lassen Sie zuvor markierte Daten durch Betätigen der F11 -Taste sofort als neues Diagramm auf einem separaten Arbeitsblatt erscheinen.

Wählen Sie Diagrammtyp und -untertyp je nach beabsichtigter Aussage und je nach Datenmaterial. Hier in Kurzform Hinweise zu häufig verwendeten Diagrammtypen.

Diagrammtyp	Einsatzgebiet	Beispiel auf Seite
einfache Säulendiagramme	Verwenden Sie diesen Diagrammtyp für Mengenvergleiche, etwa wenn Sie Daten über längere Zeiträume anordnen oder miteinander vergleichbar machen wollen.	655
Balkendiagramme	Mit diesem Diagrammtyp können Sie Reihenfolgen deutlich machen. Sortieren Sie zuvor Ihre Daten auf- oder absteigend.	656
Kreis- oder Ringdiagramme	Wenn es darum geht, die Anteile am Ganzen sichtbar zu machen, etwa die Verteilung der Gesamtkosten auf die einzelnen Kostenarten, sind diese Diagrammtypen geeignet.	658
3D-Varianten von Diagrammen	Setzen Sie diese Diagrammtypen nur dann ein, wenn dadurch die Erkennbarkeit der Daten nicht eingeschränkt wird.	661
gestapelte Diagramme	Nutzen Sie diesen Diagrammtyp, wenn Sie zusätzlich zum Mengenvergleich auch noch einen Strukturvergleich benötigen, beispielsweise zur Entwicklung der Kosten nach den Anteilen einzelner Kostenarten.	676
Blasendiagramme	Blasendiagramme bieten die Möglichkeit, in einer zweidimensionalen Fläche drei unterschiedliche Zahlendimensionen darzustellen. Diese Diagrammart wird oft im Marketing verwendet, z.B. um ein Marktanteils-Portfolio zu erstellen.	660
Linien- oder Flächendiagramme	Bilden Sie Entwicklungen über längere Zeiträume und Trends am besten mit Hilfe dieser Diagrammtypen ab.	657
Netzdiagramme	Netzdiagramme können beliebig viele Daten auf mehreren Achsen zeigen, welche im Zentrum des Diagramms beginnen. Netzdiagramme eignen sich besonders gut zur Darstellung von Verteilungen bei einer großen Anzahl von Datenreihen und Werten.	661

Kapitel 18

Fortgeschrittene Diagramme anfertigen

In diesem Kapitel stellen wir Ihnen einige spezielle Diagramme vor, die zwar in der täglichen Praxis vorkommen, aber in Excel nicht gerade »auf Knopfdruck« zur Verfügung stehen. Außerdem zeigen wir einige Techniken, wie Sie die Anzeige der Daten beeinflussen und z.B. neue Daten schnell im Diagramm anzeigen können. Sie werden an diesen Beispielen sehen, wie Sie von einer Problemstellung zur Lösung kommen und wie flexibel Excel doch insgesamt ist.

Ampeldiagramm

Nehmen wir an, Sie wollen ein Diagramm erstellen, das Informationen über die Versorgung der Bevölkerung mit Ärzten in den einzelnen Bundesländern anzeigt. Zusätzlich soll ein Vergleich mit dem Mittelwert früherer Jahre durchgeführt werden. Es sollen drei Gruppen gebildet werden, wobei diese Kategorien auch im Diagramm sichtbar sein sollen.

Das Ziel ist die Darstellung der Daten in einem gestapelten Säulendiagramm, wobei die Farbe der einzelnen Säulensegmente die Information zu den Vorjahren wiedergibt. Wie Sie ein solches Diagramm erstellen können, zeigen die folgenden Schritte.

Die Beispieldatei finden Sie auf dem Tabellenblatt *Ampeldiagramm in der Datei Kap18.xls* im Ordner *\Buch\Kap18* auf der CD zu diesem Buch.

Grenzwerte in der Tabelle berechnen

Wenn Sie Werte in einem Diagramm anzeigen wollen, dann basieren diese in der Regel auf einer Tabelle. Die hier vorgestellte Lösung berechnet daher die Unterschiede zu den verschiedenen Mittelwerten (Abbildung 18.1) und verwendet diese für eine neue Datenreihe im Diagramm.

In *C3* gibt die Formel =WENN($B3>$B$21;$B$21;B3) den Unterschied zum ersten Mittel zurück. Ist der aktuelle Wert kleiner als das Mittel, wird dieser Wert zurückgegeben. Gleiches macht die Formel =MAX(WENN($B3>$B$22;$B$22-$B$21;$B3-$B$21);0) in Zelle *D3*. Dabei wird der aktuelle Wert gegen das zweite Mittel gestellt. Ist der aktuelle Wert größer, wird die Differenz der beiden Mittelwerte zurückgegeben, ansonsten die Differenz zum ersten Mittel.

In Zelle *E3* liefert die Formel =WENN($B3>$B$22;$B3-$B$22;NV()) einen Wert, wenn eine Zunahme gegenüber dem letzten Mittelwert zu verzeichnen ist. Ansonsten wird der Fehlerwert *#NV* angezeigt.

HINWEIS Die Funktion *NV()* müssen Sie immer mit einem leeren Klammernpaar verwenden. Diese Funktion liefert den Fehlerwert *#NV*, der besagt, dass »kein Wert verfügbar« ist. Trifft Excel beim Auswerten einer Formel auf den Fehlerwert, wird als Ergebnis ebenfalls der Fehlerwert ausgegeben. Indem Sie *#NV* in Zellen eingeben, die keine Informationen enthalten, können Sie verhindern, dass leere Zellen unbeabsichtigt in Ihre Berechnungen einbezogen werden. Enthält die Datenreihe für ein Diagramm einen solchen Fehlerwert, wird dieser nicht angezeigt.

Bei solchen Berechnungen ist es angezeigt, eine Prüfsumme zu bilden und damit die korrekte Arbeitsweise der Formeln zu bestätigen. Dazu wird in *F3* die Formel =B3=SUMME(C3:BEREICH.VERSCHIEBEN(C3;0;ANZAHL(C3:E3)-1)) verwendet. Diese Formel vergleicht den aktuellen Wert der Spalte *B* mit der Summe der aufgeteilten Werte. Ganz praktisch ist hierbei die Tabellenfunktion

BEREICH.VERSCHIEBEN einzusetzen. Durch die Verwendung einer weiteren Tabellenfunktion kann die Prüfung auf den Fehlerwert entfallen. Die Tabellenfunktion *ANZAHL (Wert1;Wert2;...)* liefert nur die Anzahl der Zahlen aus einem Bereich. Dadurch zeigt die Tabellenfunktion *BEREICH.VERSCHIEBEN* immer auf die letzte Zahl der relevanten Zeile.

Mehr zur Tabellenfunktion *BEREICH.VERSCHIEBEN* können Sie in Kapitel 16 nachlesen.

Abbildg. 18.1 Die Datentabelle mit den Differenzen zu den Mittelwerten

	A	B	C	D	E	F	G
1	**Zahl der Ärzte in Deutschland 2003 je 100 000 Einwohner**						
2	Bundesland	Zahl der Ärzte/100 Tsd. Einwohner	Wert oder Mittel von 1991	Differenz zum Mittel von 2001	Zuwachs gegen Vorjahre	Prüfsumme	
3	Hamburg	528	304	57	167	WAHR	
4	Berlin	517	304	57	156	WAHR	
5	Bremen	478	304	57	117	WAHR	
6	Bayern	389	304	57	28	WAHR	
7	Saarland	379	304	57	18	WAHR	
8	Hessen	375	304	57	14	WAHR	
9	Schleswig-Holstein	363	304	57	2	WAHR	
10	Baden-Württemberg	360	304	56	#NV	WAHR	
11	Nordrhein-Westfalen	352	304	48	#NV	WAHR	
12	Mecklenburg-Vorpommern	343	304	39	#NV	WAHR	
13	Rheinland-Pfalz	338	304	34	#NV	WAHR	
14	Thüringen	318	304	14	#NV	WAHR	
15	Sachsen	316	304	12	#NV	WAHR	
16	Niedersachsen	311	304	7	#NV	WAHR	
17	Sachsen-Anhalt	311	304	7	#NV	WAHR	
18	Brandenburg	285	285	0	#NV	WAHR	
19							
20	dagegen:						
21	Mittel 1991	304					
22	Mittel 2001	361					
23							

Das Ampeldiagramm erstellen

Um das eigentliche Diagramm zu erstellen, markieren Sie den Bereich *A2:A18*. Halten Sie dann die Strg-Taste gedrückt und markieren Sie den Bereich *C2:E18*. Starten Sie anschließend den *Diagramm-Assistenten* und erstellen Sie ein gestapeltes Säulendiagramm (Diagrammuntertyp *Gestapelte Säulen*).

Formatierung des Diagramms ändern

Damit die Säulen ohne Abstand nebeneinander gezeichnet werden, aktivieren Sie eine Datenreihe und wählen den Menübefehl *Format/Markierte Datenreihen*. Wechseln Sie dann auf die Registerkarte *Optionen* und stellen Sie den Wert für die *Überlappung* auf *100* und den für die *Abstandsbreite* auf *0*.

Stimmen die Farben noch nicht mit Ihren Wünschen überein, muss noch etwas nachgearbeitet werden. Die einzelnen Komponenten des Diagramms können nachbearbeitet werden, wenn zuvor das entsprechende Diagrammobjekt markiert wurde. Schriftarten und Farben werden über das Menü *Format* eingestellt. Für die Größenachse können Sie z.B. über den Menübefehl *Format/Markierte Achse* auf der Registerkarte *Zahlen* die Anzeige der Dezimalstellen einstellen.

Das Ergebnis können Sie der Abbildung 18.2 entnehmen.

Weitere Einzelheiten zum Thema »Diagramme formatieren« können Sie in Kapitel 14 nachlesen.

TIPP   Bei aktivem Diagramm können Sie über die Pfeiltasten nacheinander die einzelnen Diagrammobjekte markieren.

Abbildg. 18.2   Das fertige Diagramm zeigt aktuelle Daten als gestapelte Segmente

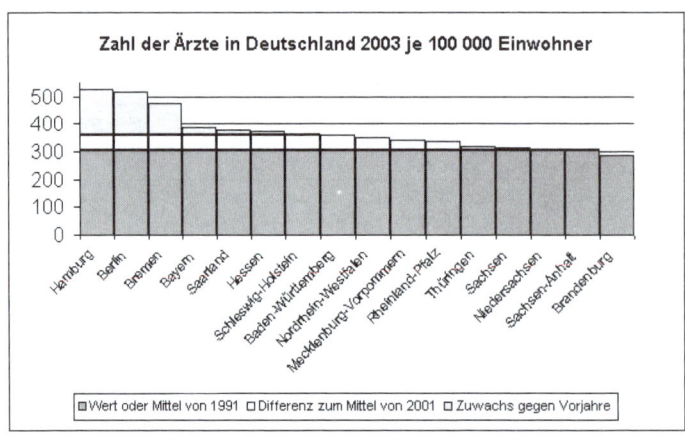

Achsenbeschriftung mit bedingter Formatierung

Vielleicht wollen Sie ja die y-Achse des Diagramms entsprechend formatieren. Auch das ist möglich:

1. Markieren Sie dazu die Größenachse im zuvor erstellten Diagramm.

2. Wählen Sie den Menübefehl *Format/Markierte Achse*.

3. Wechseln Sie auf die Registerkarte *Zahlen*.

4. Wählen Sie die Kategorie *Benutzerdefiniert* und tragen Sie das Zahlenformat *[Rot][<=304] 0;[Grün][>361]0;[Gelb]0* für die y-Achse ein.

5. Schließen Sie das Dialogfeld mit *OK*.

Die Größenachse wird nun entsprechend den Säulen formatiert.

WICHTIG   Ändern sich die Vergleichswerte in den Zellen *B21* und *B22*, müssen Sie die Formatierung der Achse entsprechend anpassen, da die Grenzwerte nicht automatisch berücksichtigt werden.

Einen dynamischen Diagrammtitel erstellen

Wenn Sie das Diagramm auch im nächsten Jahr einsetzen wollen, müssen Sie die Daten aus dem Bereich *B3:B18* löschen und durch die aktuellen Werte ersetzen. Außerdem wird eine Änderung an der Überschrift fällig.

Sie können den Titel des Diagramms auch an die Überschrift der Tabelle knüpfen und so einen Arbeitsschritt einsparen. Um eine dynamische Änderung des Diagrammtitels zu erreichen, gehen Sie wie folgt vor:

1. Aktivieren Sie das Diagramm und wählen Sie den Diagrammtitel durch einen einfachen Klick aus.

2. Setzen Sie die Schreibmarke in die Bearbeitungszeile (mit der [F2]-Taste oder durch einen Mausklick) und tippen Sie ein Gleichheitszeichen (=) ein.

3. Jetzt können Sie auf die Zelle mit der Überschrift in der Tabelle klicken.

4. Drücken Sie nun noch die [↵]-Taste, wird eine dynamische Verknüpfung erstellt. Damit wird jede Änderung an der Tabellenüberschrift sofort auch im Diagrammtitel angezeigt.

> **TIPP** Sie können nicht nur den Diagrammtitel dynamisieren, sondern auch weitere Textfelder mit dynamischem Text einfügen. Aktivieren Sie die Diagrammfläche durch einfaches Klicken auf das Diagramm und geben Sie in der Bearbeitungszeile ein Gleichheitszeichen (=) ein. Die Schreibmarke blinkt nun in der Bearbeitungszeile. Markieren Sie die gewünschte Zelle im Tabellenblatt und beenden Sie die Eingabe mit der [↵]-Taste. Das erstellte Textfeld ist mit einer Zelle verknüpft und ändert sich entsprechend, wenn der Tabellenwert sich ändert.

Die Top-Mitarbeiter anzeigen

Nun soll auf einem Diagramm der größte Wert einer Datenreihe deutlich sichtbar hervorgehoben werden. Dabei wird allerdings kein Zeichnungsobjekt verwendet, sondern eine spezielle Formatierung.

Die Beispieldatei finden Sie im Arbeitsblatt *Maximum* in der Datei *Kap18.xls* im Ordner *\Buch\Kap18* auf der CD-ROM zu diesem Buch.

Datenreihe erstellen

Vielleicht wollen Sie ja den besten Vertriebsmitarbeiter Ihrer Firma bei einer Jahresversammlung herausstellen. Die Umsatzzahlen liegen bereits in einer Tabelle vor. Nun gilt es, den höchsten Wert zu ermitteln.

Abbildg. 18.3 In der neuen Spalte wird nur der größte Wert angezeigt

	A	B	C	D
1	**Erfolg der Vertriebsmitarbeiter 2002**			
2	**Mitarbeiter**	**Umsatz**	**Maximum**	
3	Maier	27.755 €	#NV	
4	Müller	36.961 €	#NV	
5	Schulze	28.023 €	#NV	
6	Schmidt	37.914 €	#NV	
7	Carsten	11.899 €	#NV	
8	Duppel	44.095 €	#NV	
9	Wagner	48.279 €	#NV	
10	Christoph	49.914 €	49.914 €	
11	Dirk	19.267 €	#NV	
12	Albrecht	25.411 €	#NV	
13	Justus	43.752 €	#NV	
14	Hansen	40.434 €	#NV	
15				

Mit der Funktion *MAX(Zahl1;Zahl2;...)* können Sie den größten Wert einer Datenreihe ermitteln. Allerdings soll das Diagramm insoweit dynamisch sein, dass es auch im nächsten Jahr, also mit veränderten Zahlen, funktioniert. Es muss daher für jeden Wert in der Datenreihe geprüft werden, ob es sich um den größten Wert handelt.

Geben Sie in Zelle *C3* die Formel =WENN(B3=MAX($B$3:$B$14);B3;NV()) ein und kopieren Sie diese nach unten. Diese Datenreihe gibt lediglich den höchsten Wert aus. Alle anderen Zellen enthalten den Wert *NV()* (siehe Abbildung 18.3). Dieser Fehlerwert wird im Diagramm nicht angezeigt.

HINWEIS   Vielleicht haben Sie schon einmal mit einer *WENN*-Funktion versucht, die Werte eines Diagramms auszublenden. Die Formel =WENN(B3=MAX($B$3:$B$14);B3;"") zeigt ebenfalls nur den größten Wert an und gibt für alle anderen Zellen eine leere Zeichenfolge aus. Diese leere Zeichenfolge wird von Excel als Nullwert interpretiert und führt dementsprechend zu einer Anzeige im Diagramm. Bei aktivem Diagramm können Sie das über den Menübefehl *Extras/ Optionen* auf der Registerkarte *Diagramm* ändern.

Einen Kreis um einen Wert zeichnen

Markieren Sie nun den Bereich *A2:C14* und erstellen Sie über den Menübefehl *Einfügen/Diagramm* ein Diagramm. Wählen Sie im ersten Schritt des Diagramm-Assistenten das Liniendiagramm mit Datenpunkten aus und erstellen Sie dieses über die Schaltfläche *Fertig stellen*. Die einzelnen Schritte können Sie in Kapitel 14 nachlesen.

Um den Höchstwert eindeutig im Diagramm zu markieren, markieren Sie nun die Datenreihe *"Maximum"* im Diagramm. Rufen Sie über die Befehlsfolge *Format/Markierte Datenreihe* das Dialogfeld *Datenreihen formatieren* auf. In der Optionsgruppe *Linie* wählen Sie *Ohne*. Damit stellen Sie sicher, dass es nicht zu störenden Linien kommt, wenn zwei identische Werte vorkommen.

Stellen Sie in der Optionsgruppe *Markierung* die Art auf den *Kreis* ein. Damit die Markierung auch wirklich gut sichtbar ist, ändern Sie noch die *Größe*. Im Beispiel (Abbildung 18.4) wird für die Größe der Wert von *15* Punkten verwendet.

Abbildg. 18.4   Jetzt kann es jeder sehen: Mitarbeiter Christoph ist der Top-Verkäufer

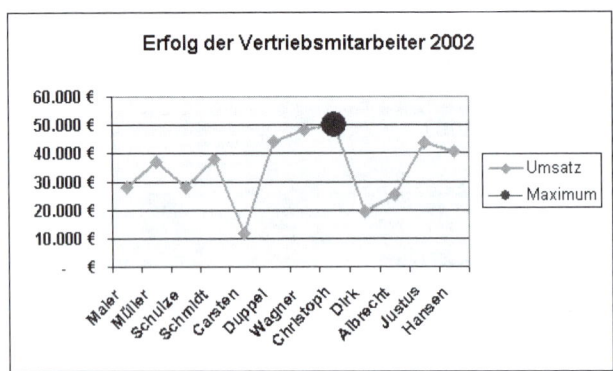

> **TIPP**   Wenn Sie im Listenfeld *Hintergrund* den Eintrag *Keine Farbe* auswählen, wird damit von dem zunächst gefüllten Kreis nur noch der Umriss gezeichnet.

> **HINWEIS**   Im Gegensatz zu einem Zeichenobjekt auf dem Diagramm ist diese Anzeige dynamisch an die Daten gekoppelt!

Wie kommen neue Daten ins Diagramm?

Sie sehen gut aus, die bislang erstellten Diagramme und einige Arbeit steckt auch drin. Daher soll im nächsten Jahr natürlich nicht wieder mühevoll bei Null begonnen werden; das bestehende Diagramm soll vielmehr lediglich um neue Daten erweitert werden.

Es gibt in Excel verschiedene Wege, wie Sie neue Daten in Diagrammen anzeigen können.

Datenquelle des Diagramms verändern

Für Änderungen der Datengrundlage gibt es bei aktivem Diagramm zum einen den Menübefehl *Diagramm/Datenquelle*. Wenn Sie diesen Menübefehl ausführen, wird das Dialogfeld *Datenquelle* geöffnet. Dieses Dialogfeld wird auch vom Diagramm-Assistenten verwendet. Aktivieren Sie das Eingabefeld *Datenbereich*, können Sie den neuen Quellbereich des Diagramms in der Tabelle markieren. Wird die Eingabe mit Klick auf *OK* beendet, zeigt das Diagramm die aktualisierten Daten an.

Über das Dialogfeld *Datenquelle* können Sie auch den Bezug einzelner Datenreihen ändern. Und das geht so:

1. Aktivieren Sie das Diagramm.
2. Wählen Sie den Menübefehl *Diagramm/Datenquelle*.
3. Wechseln Sie auf das Registerblatt *Reihe*.
4. Markieren Sie die zu bearbeitende Reihe im Listenfeld *Datenreihe*.
5. Sie können jetzt die Bezüge für Namen, Werte sowie Achsenbeschriftung ändern und mit Klick auf *OK* übernehmen.

> **TIPP**   Über dieses Dialogfeld können Sie auch neue Datenreihen hinzufügen. Interessant ist dabei, dass diese neuen Datenreihen auch auf anderen Arbeitsblättern, ja sogar in anderen Arbeitsmappen, abgelegt sein können. Damit kann die Datenquelle eines Diagramms auch auf mehrere Tabellen verweisen.

Datenbereich mit der Maus erweitern

Bei einem eingebetteten Diagramm ist Ihnen sicher schon aufgefallen, dass der zugehörige Datenbereich mit einem farbigen Rahmen versehen wird, sobald das Diagramm aktiv ist. Sie können diese Markierung ebenfalls für die Erweiterung des Datenbereichs verwenden. Die Markierungen besitzen unten rechts einen Knoten, so wie Sie es vom Ausfüllkästchen her kennen. Wenn Sie die Maus an diesen Knoten heranführen, ändert sich der Mauszeiger. Klicken Sie den Knoten an und halten Sie die linke Maustaste gedrückt. Erweitern Sie nun die Markierung um die gewünschte Anzahl an Zeilen und Spalten durch Ziehen mit der Maus. Das Diagramm wird aktualisiert, wenn Sie die Maustaste loslassen.

Diese Methode ist auch geeignet um den Datenbereich zu verschieben. Klicken Sie dazu auf den Rahmen der Markierung. Halten Sie die linke Maustaste gedrückt und verschieben Sie den Bereich nach Belieben.

HINWEIS Die Rahmen um den Quellbereich des Diagramms werden nur für eingebettete Diagramme angezeigt. Wenn Sie diesen Weg für ein Diagramm auf einem Diagrammblatt verwenden wollen, müssen Sie das Diagramm zunächst über den Menübefehl *Diagramm/Platzierung* auf ein Tabellenblatt verschieben. Die Rahmen werden auch nicht angezeigt, wenn Sie eine unstrukturierte Auswahl an Zellen als Datenquelle verwenden. Auch wenn Sie Namen verwenden, die eine solche Struktur haben, wird der Bezug nicht markiert.

Ziehen und Ablegen: Drag & Drop

Sie können ein Diagramm um neue Daten erweitern, indem Sie die Daten in der Tabelle markieren und über den Menübefehl *Bearbeiten/Kopieren* in die Zwischenablage übernehmen. Aktivieren Sie dann das Diagramm und wählen Sie den Menübefehl *Bearbeiten/Einfügen,* um den Inhalt der Zwischenablage im Diagramm einzufügen.

Wenn Sie stattdessen den Menübefehl *Bearbeiten/Inhalte einfügen* wählen, zeigt Excel das Dialogfeld *Inhalte einfügen* an. Sie können dann bestimmen, ob es sich bei den Daten um eine neue Datenreihe oder neue Datenpunkte, also eine Erweiterung der bestehenden Reihe, handelt.

Bei eingebetteten Diagrammen können Sie diese Prozedur vereinfachen, indem Sie die Maus verwenden. Markieren Sie den neuen Datenbereich mit der Maus und ziehen Sie diesen auf das Diagramm. Lassen Sie die Maustaste los, werden die Daten eingefügt. Auch beim Ziehen mit der Maus können Sie zwischen dem »normalen« Menübefehl *Einfügen* und dem Menübefehl *Inhalte einfügen* wählen. Verwenden Sie beim Ziehen die linke Maustaste, wird der markierte Inhalt eingefügt. Unter Verwendung der rechten Maustaste können Sie das Dialogfeld *Inhalte einfügen* anzeigen lassen.

Namen werden in diesem Buch immer wieder für die Lösung vielfältiger Aufgaben eingesetzt. Sie sollten, wann immer möglich, davon Gebrauch machen. Die folgende Lösung zeigt, wie Sie Namen für ein sich dynamisch aktualisierendes Diagramm einsetzen können. Mehr zum Thema »Namen« können Sie in Kapitel 17 nachlesen.

Dynamisch wachsendes Diagramm mit Zeitfenster

Das nächste Beispiel soll es möglich machen, unterschiedliche Zeiträume auf einem Diagramm darzustellen. Sowohl der Beginn der Zeitreihe, als auch die Anzahl der dargestellten Jahre sollen über ein Drehfeld eingestellt werden.

 Das Beispiel finden Sie im Arbeitsblatt *Zeitfenster* in der Datei *Kap18.xls* im Ordner *\Buch\Kap18* auf der CD zu diesem Buch.

Die Datentabelle

Die Tabelle enthält den Vergleich der Soll- und Ist-Zahlen für die Jahre 1990 bis 2002. Die Abbildung 18.5 zeigt in Spalte *B:D* die Daten, die auf dem Diagramm dargestellt werden. Außerdem sehen Sie schon die Drehfelder, über die das Startjahr und die Anzahl der angezeigten Jahre komfortabel einzustellen sind, sowie das fertige Diagramm.

Unter dem Diagramm wird in Zelle *H5* der dynamische Diagrammtitel mit der Formel `="Umsatzentwicklung seit "&Beginn` erstellt. Dieser Titel kann später (wie bereits oben beschrieben) im Diagramm eingefügt werden.

Abbildg. 18.5   Daten und die Steuerzentrale für das Diagramm

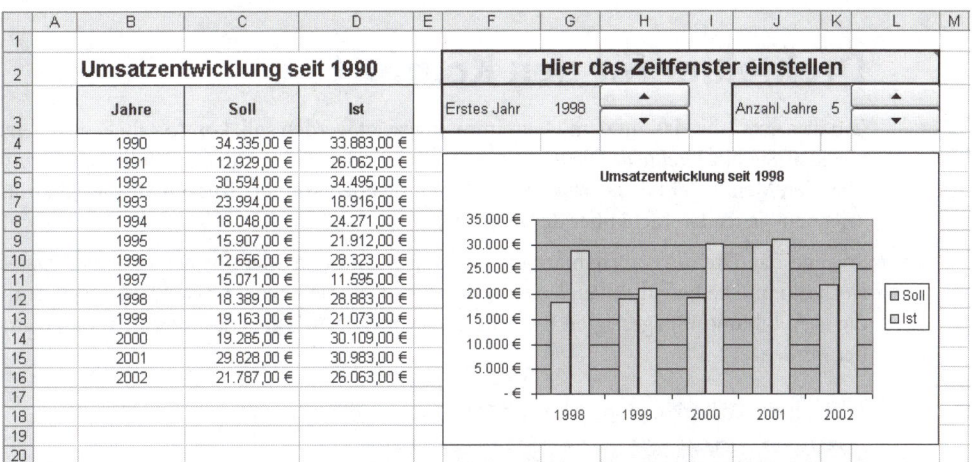

Namen festlegen

Für verschiedene Zellen und Bereiche werden über die Menübefehlsfolge *Einfügen/Namen/Definieren* so genannte *Namen* festgelegt. Im Dialogfeld *Namen definieren* tragen Sie in das Eingabefeld *Namen in der Arbeitsmappe* die Angaben der ersten Spalte aus Tabelle 18.1 ein, in das Eingabefeld *Bezieht sich auf* den jeweiligen Inhalt der zweiten Spalte aus Tabelle 18.1. Über die Schaltfläche *Hinzufügen* können Sie mehrere Namen in einem Arbeitsgang festlegen.

Tabelle 18.1   Die Namen für die dynamischen Bereiche der Datenreihen

Name	Bezieht sich auf
Anzahl	=Zeitfenster!$K$3
Beginn	= Zeitfenster!$G$3
IstWerte	=BEREICH.VERSCHIEBEN(Start;VERGLEICH(Beginn;Jahre;0);2;MIN(Zahlenreihe-VERGLEICH(Beginn;Jahre;0);Anzahl);1)
Jahr	=BEREICH.VERSCHIEBEN(Start;VERGLEICH(Beginn;Jahre;0);0;MIN(Zahlenreihe-VERGLEICH(Beginn;Jahre;0);Anzahl);1)
Jahre	=Zeitfenster!$B$4:$B$16

Tabelle 18.1 Die Namen für die dynamischen Bereiche der Datenreihen *(Fortsetzung)*

Name	Bezieht sich auf
SollWerte	=BEREICH.VERSCHIEBEN(Start;VERGLEICH(Beginn;Jahre;0);1;MIN(Zahlenreihe-VERGLEICH(Beginn;Jahre;0);Anzahl);1)
Start	=Zeitfenster!$B$3
Titel	=Zeitfenster!$H$5
Zahlenreihe	=ANZAHL(Zeitfenster!$B:$B)+1

Im Kapitel 17 finden Sie weitere Informationen zum Thema »Namen«.

Drehfelder für den Komfort

Um das erste Jahr, das auf dem Diagramm angezeigt werden soll, komfortabel einstellen zu können, erstellen Sie ein *Drehfeld*. Dieses Steuerelement finden Sie auf der Symbolleiste *Formular*, die Sie über den Menübefehl *Ansicht/Symbolleisten* einblenden können. Klicken Sie die Schaltfläche an und zeichnen Sie ein Drehfeld über der Zelle *H3*.

Solange das Drehfeld noch markiert ist, wählen Sie den Menübefehl *Format/Steuerelement* und wechseln im Dialogfeld *Steuerelement formatieren* auf die Registerkarte *Steuerung*. Nehmen Sie dort die in Abbildung 18.6 gezeigten Einstellungen vor. Wie Sie sehen, können auch hier Namen verwendet werden.

Abbildg. 18.6 Auch für die Zellverknüpfung kann ein *Name* verwendet werden

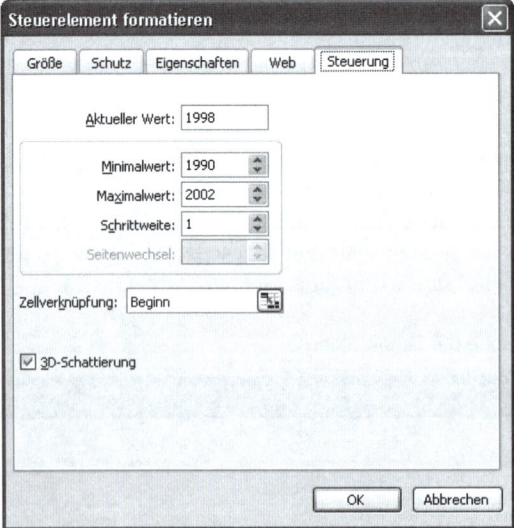

Über *Minimalwert* und *Maximalwert* wird der mögliche Datenbereich eingestellt. Hier tragen Sie die entsprechenden Werte der Tabelle ein. Anstelle der Zellverknüpfung auf Zelle *G3* wird der Name *Beginn* verwendet.

Für die Anzahl der Jahre wird ein weiteres Drehfeld erstellt. Über den Menübefehl *Format/Steuerelement* stellen Sie den *Minimalwert* auf *1*. Der *Maximalwert* richtet sich nach der Anzahl der möglichen Jahre. Für den Zeitraum von 1990 bis 2002 sind maximal *13* Jahre möglich. Der Wert dieses Drehfeldes wird in die Zelle *K3* ausgegeben. Sie können diese Zelladresse als Zellverknüpfung eintragen oder aber den Namen *Anzahl* verwenden, der für diese Zelle festgelegt wurde. Mit Klick auf *OK* übernehmen Sie die Einstellungen.

Während das Klicken auf den nach oben gerichteten Pfeil des Drehfeldes den Wert in der verknüpften Zelle erhöht, reduziert ein Klick auf den nach unten gerichteten Pfeil den Wert um den mit der *Schrittweite* eingestellten Wert.

Dynamisches Diagramm erstellen

Tabelle und Namen sind vorbereitet. Nun können Sie daran gehen, das Diagramm zu erstellen. Dazu gehen Sie wie folgt vor:

1. Markieren Sie den Bereich *C3:D16*.

2. Wählen Sie den Menübefehl *Einfügen/Diagramm*.

3. Im ersten Schritt des Diagramm-Assistenten wählen Sie den Diagrammtyp *Säule* und den ersten Diagrammuntertyp *Gruppierte Säulen* aus. Klicken Sie dann auf die Schaltfläche *Weiter*.

4. In Schritt 2 wechseln Sie auf die Registerkarte *Reihe*. Für die markierte Datenreihe *Soll* nehmen Sie alle Einträge wie in Abbildung 18.7 vor.

Abbildg. 18.7   Die Festlegungen für die Datenreihe *Soll*

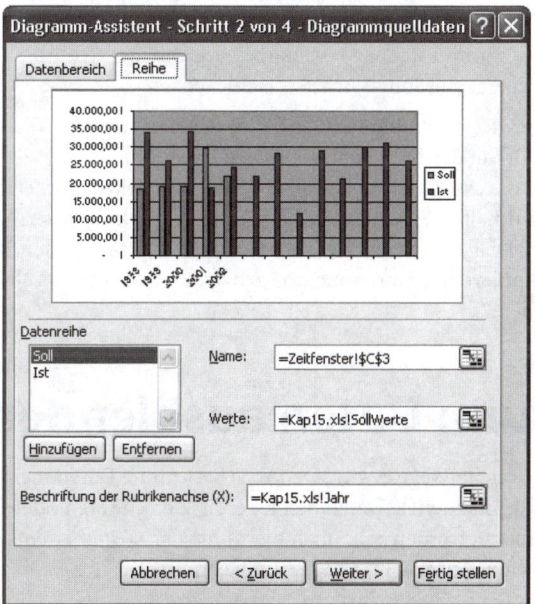

5. Markieren Sie dann die Datenreihe *Ist*. Stellen Sie für die Reihe *Ist* den Namen auf die Zelle *D3* ein. Für den Bereich *Werte* geben Sie =Kap18.xls!IstWerte ein. Der Name des Bereichs allein

genügt nicht, Sie müssen auch den Dateinamen angeben. Die Einstellungen für die Rubriken-achse entsprechen denjenigen aus der Abbildung 18.7.

6. Bestätigen Sie die Eingabe mit Klick auf die Schaltfläche *Weiter*.

7. Vergeben Sie noch einen Diagrammtitel und schließen Sie die Erstellung mit Klick auf die Schaltfläche *Fertig stellen* ab.

Das fertige Diagramm zeigt die Abbildung 18.5, wobei *Erstes Jahr* gerade auf *1998* und *Anzahl Jahre* gerade auf *5* eingestellt sind. Über das erste Drehfeld können Sie den Beginn der Datenreihe einstel-len. Über das zweite Drehfeld wird die Anzahl der anzuzeigenden Jahre eingestellt. Diese Anzahl kann nur verwendet werden, wenn auch entsprechend viele Jahre zur Verfügung stehen (abhängig von *Erstes Jahr*). Dies stellt die *MIN*-Funktion in den Bereichsnamen sicher. Übersteigt die Zahl der anzuzeigenden Jahre die Möglichkeiten der Tabelle, werden dennoch nur die wirklich verfügbaren Jahre angezeigt. Stellen Sie beispielsweise *Erstes Jahr* auf *2000*, geschieht oberhalb des Wertes *3* in *Anzahl Jahre* nichts mehr im Diagramm.

Eingebettete Diagramme ausrichten

Wenn Sie ein Diagramm in einer Tabelle platziert haben, wollen Sie dieses vielleicht an bestimmten Zellen ausrichten. Dabei können Sie unter Zuhilfenahme der ⎡Alt⎤-Taste oder der ⎡⇧⎤-Taste exakte Ergebnisse erreichen. Wenn Sie bei der Änderung der Größe eines Diagramms (also dem Ziehen an den schwarzen Ziehpunkten bei aktiviertem Diagramm) die ⎡Alt⎤-Taste gedrückt halten, wird das Diagramm exakt an den darunter liegenden Zellen ausgerichtet. Mit der ⎡⇧⎤-Taste können Sie bei der Größenänderung das Seitenverhältnis erhalten, d.h. Breite und Höhe des Diagramms werden im gleichen Verhältnis geändert.

Soll das Diagramm entlang der horizontalen oder vertikalen Ausrichtung verschoben werden, mar-kieren Sie das Diagramm so, dass die Ziehpunkte sichtbar sind. Halten Sie dann die ⎡⇧⎤-Taste gedrückt und ziehen Sie das Diagramm mit der Maus in die vorgesehene Richtung. Das Diagramm lässt sich dann nur entlang der zuerst gewählten Achse verschieben.

Sollen zwei Diagramme immer die gleiche Größe haben, passen Sie zunächst die Größe mit der ⎡Alt⎤-Taste an. Die Höhe und Breite der Diagramme soll sich dabei über gleich viele Zellen erstre-cken. Sie erreichen so einfacher die exakt gleiche Größe der beiden Objekte. Klicken Sie dann nach-einander die Diagramme an und halten Sie dabei die ⎡⇧⎤-Taste gedrückt. Klicken Sie nun mit der rechten Maustaste auf eines der Diagramme und wählen Sie im Kontextmenü den Befehl *Gruppie-rung/Gruppierung* aus. Die gruppierten Diagramme können nun – wie ein einzelnes Objekt – in Größe und Lage verändert werden.

Dynamik andersrum: Daten ausblenden

Die folgenden Beispiele zeigen, welche Wege es gibt, wenn Sie bestimmte Daten nicht in einem Dia-gramm anzeigen wollen. Etwa, wenn zu viele Daten den Überblick erschweren oder einfach nur ein bestimmter Datenbereich untersucht werden soll. Auch hier führt der Weg über entsprechende Ein-stellungen in der Tabelle, welche die Anzeige im Diagramm bestimmen.

Dieses Beispiel finden Sie in der Datei *Kap18.xls* auf dem Tabellenblatt *Listen* im Ordner *Buch\Kap18* auf der CD zu diesem Buch.

Eingebaute Dynamik: Listen

Ein neues Feature in Excel 2003 ist das Erstellen so genannter *Listen*. Sie werden vielleicht sagen, dass Sie in Excel ja sowieso Listen erstellen. Das ist richtig, aber mit dieser neuen Funktionalität stehen Ihnen einige neue und interessante Möglichkeiten zur Verfügung, darunter auch die Erstellung dynamischer Diagramme. Wie Sie ein dynamisches Diagramm auf der Grundlage einer *Liste* erstellen, zeigen die folgenden Schritte.

1. Führen Sie die Menübefehlsfolge *Daten/Liste/Liste erstellen* aus.

2. Wenn Sie eine beliebige Zelle einer Tabelle markiert haben, zeigt das Dialogfeld *Liste erstellen* auf diesen Datenbereich. Sie können den Bereich ändern und haben auch die Option, eine Kopfzeile einzubeziehen. Für unsere Zwecke sollten Sie den Bereich *A2:B12* markieren.

3. Über Klick auf die Schaltfläche *OK* wird die *Liste* erstellt. Sie erkennen das an einem farbigen Rahmen um die Datentabelle und einem Sternchen für die erste leere Zeile in diesem Bereich (Abbildung 18.8).

Abbildg. 18.8   Der Listenbereich ist farblich hervorgehoben, wenn eine seiner Zellen aktiviert wird

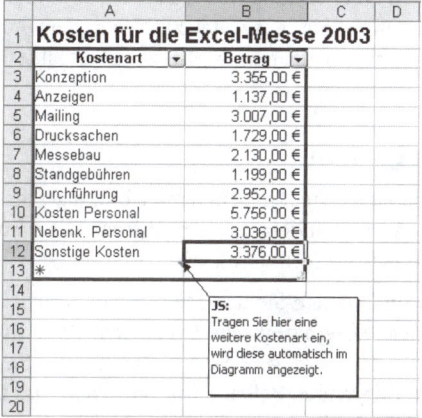

4. Gleichzeitig wird die Symbolleiste *Liste* eingeblendet. Auf dieser Symbolleiste finden Sie auch ein Symbol für den *Diagramm-Assistenten*. Sie können das Diagramm aber auch via Menübefehl *Einfügen/Diagramm* oder über das entsprechende Symbol der Symbolleiste *Standard* erstellen.

5. Der Diagramm-Assistent verwendet den Datenbereich der Liste, wie in Schritt 2 festgelegt. Bestätigen Sie den eingetragenen Bereich und erstellen Sie ein Diagramm über die Schaltfläche *Fertig stellen*.

Für die Erstellung des Diagramms sind also keine besonderen Schritte nötig. Die Arbeit ist praktisch getan, wenn die Liste über den Menübefehl – oder alternativ über das Kontextmenü – erstellt wurde. Sie können jetzt den standardmäßig erzeugten AutoFilter verwenden, um bestimmte Kostenarten anzuzeigen. Wichtiger noch: Fügen Sie am Ende der Liste neue Daten ein, z.B. für Werbeartikel, wird die Liste automatisch erweitert. Das geniale dabei ist, dass auch das Diagramm automatisch die neuen Daten berücksichtigt.

Über die Auswahlfelder können Sie die Datenanzeige filtern. Dabei haben Sie die Wahl zwischen allen Werten, die in der jeweiligen Auswahlliste vorhanden sind. Über die Einstellung *(Benutzerdefiniert...)* können Sie auch Datenbereiche einstellen und damit z.B. nur die Daten eines Monats anzeigen.

Wenn Sie die Einstellungen für mehrere Spalten ändern, dann werden nur die Daten angezeigt, die allen Bedingungen entsprechen – es handelt sich also um eine logische *UND*-Verknüpfung.

Ändern Sie die Einstellungen des AutoFilters, so werden Sie feststellen, dass im Diagramm nur noch die gefilterten Daten angezeigt werden.

HINWEIS Sollte dem nicht so sein, müssen Sie die folgenden Schritte ausführen:

1. Aktivieren Sie das Diagramm.
2. Wählen Sie im Menü *Extras* den Befehl *Optionen*.
3. Wählen Sie die Registerkarte *Diagramm*.
4. Aktivieren Sie im Bereich *Aktives Diagramm* das Kontrollkästchen *Nur sichtbare Zellen zeichnen*.

Ausgeblendete Werte werden daraufhin in allen Diagrammen nicht mehr angezeigt.

Das Thema Listen wird zusammen mit der Verwendung von Namen ausführlich in Kapitel 17 behandelt. Mehr zum Thema AutoFilter erfahren Sie in Kapitel 20. Neben dem AutoFilter eignet sich auch ein PivotChart für eine Auswahl der Daten. Mehr zu PivotTable-Berichten und PivotCharts finden Sie in Kapitel 24.

Eigenschaften eingebetteter Diagramme

Wenn Sie das Diagramm über dem Listenbereich erstellt haben, dann kann es geschehen, dass beim Filtern der Daten das Diagramm plötzlich »verschwindet«. Für eingebettete Diagramme gibt es ein paar spezielle Eigenschaften, über die sich dieses Problem lösen lässt.

Aktivieren Sie das eingebettete Diagramm und wählen Sie den Menübefehl *Format/Markierte Diagrammfläche*, dann können Sie im Dialogfeld *Diagrammfläche formatieren* Ihrer Kreativität freien Lauf lassen. Besonders interessant ist das Registerblatt *Eigenschaften*. Hier können Sie die Abhängigkeit des Diagrammobjekts von den darunter liegenden Zellen einstellen. Wenn das Diagramm von der Zellposition und -größe abhängig ist (Standard), dann wird beim Ausblenden der Zellen auch das Diagrammobjekt ausgeblendet. Wenn Sie dies nicht wünschen, dann sollten Sie die Option *Von Zellposition und -größe unabhängig* wählen.

Wenn Sie das Kontrollkästchen *Objekt drucken* deaktivieren, wird beim Drucken der Tabelle das Diagrammobjekt nicht mit gedruckt. Sie können also den reinen Datenbereich (ohne Diagramm) drucken.

TIPP Wollen Sie dagegen das Diagramm ohne Datentabelle drucken, aktivieren Sie das Diagramm und wählen den Menübefehl *Datei/Drucken*. Im Dialogfeld *Drucken* ist nun die Option *Markiertes Diagramm* aktiviert. Wenn Sie also bei aktiviertem Diagramm einen Ausdruck starten, wird nur das Diagramm gedruckt. Mehr zum Thema »Drucken« erfahren Sie in Kapitel 8.

Platzhalter für Diagramme

Eine weitere Einstellung sollten Sie kennen: Wenn das Diagrammobjekt zwar angezeigt wird, es aber jedes Mal, wenn Sie die Tabelle aktivieren, als graue Fläche erscheint, dann ist dafür eine andere Einstellung verantwortlich. Über den Menübefehl *Extras/Optionen* können Sie auf der Registerkarte *Ansicht* in der Gruppe *Objekte* die Anzeige von Objekten so einstellen, dass lediglich Platzhalter angezeigt werden.

Schluss mit der Dynamik: Statische Diagramme

Dass Diagramme mit allen Bordmitteln dynamisiert werden können, ist eine feine Sache. In manchen Situationen aber stört diese Verbindung. Es gibt z.B. mit mancher Fax-Software Probleme, wenn Tabellen oder Diagramme Formeln enthalten. Auch wenn Sie das Diagramm weitergeben wollen, soll vielleicht die Datenbasis mit den Berechnungen nicht ebenfalls offen gelegt werden. Sie stehen also vor der Aufgabe, die Verbindungen des Diagramms zur Tabelle trennen zu müssen. Welche Möglichkeiten gibt es dazu?

Diagramm als Bild kopieren

Ein Weg, der zu einem statischen Diagramm führt, ist die Erstellung einer Bildschirmkopie. Wenn Sie ein Diagramm als Bild kopieren wollen – etwa, weil es für den Druck mit einem Grafikprogramm überarbeitet werden soll – dann gehen Sie wie folgt vor.

1. Markieren Sie das Diagramm.
2. Halten Sie die ⬆-Taste gedrückt und wählen Sie den Menübefehl *Bearbeiten/Bild kopieren*. Durch das Drücken der ⬆-Taste wird der hier normalerweise angezeigte Befehl *Kopieren* durch *Bild kopieren* ersetzt.
3. Im Dialogfeld *Bild kopieren* können Sie im Bereich *Darstellung* zwischen den Optionen *Wie ausgedruckt* (also mit Kopf- und Fußzeile) und *Wie angezeigt* wählen (Abbildung 18.9). Größe und Format können eingestellt werden, wenn die Darstellung *Wie angezeigt* gewählt wird.
4. Wenn Sie auf ein leeres Tabellenblatt wechseln, können Sie über den Menübefehl *Bearbeiten/ Inhalte einfügen* das Bild aus der Zwischenablage wieder einfügen. In einem Grafikprogramm steht sicher auch ein Befehl zum Einfügen der Zwischenablage zur Verfügung.

PROFITIPP

Mit den gleichen Schritten lassen sich übrigens auch einzelne Tabellenbereiche als Grafik kopieren.

Abbildg. 18.9   Einstellungen für das kopierte Bild vornehmen

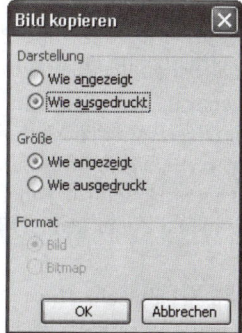

Das Ergebnis ist ein statisches Diagramm. Änderungen daran sind nur noch mit Zeichenwerkzeugen möglich.

Bezüge in Werte umwandeln

Auch für den Fall, dass Sie dem Empfänger des Diagramms die Möglichkeit lassen wollen, Änderungen am Diagramm durchzuführen, gibt es eine Lösung: Sie können die bestehenden Bezüge in Werte umwandeln. Dazu aktivieren Sie zunächst eine Datenreihe. Klicken Sie dann in die Bearbeitungszeile und drücken Sie die [F9]-Taste. Bestätigen Sie die Änderung mit der [↵]-Taste.

So wird beispielsweise aus der Datenreihe mit dem Zellbezug

```
=DATENREIHE(Listen!$B$2;Listen!$A$3:$A$12;Listen!$B$3:$B$12;1)
```

die Datenreihe mit konstanten Text- und Zahlenwerten

```
=DATENREIHE("Betrag";{"Konzeption"."Anzeigen"."Mailing"."Drucksachen"."Messebau".
"Standgebühren"."Durchführung"."Kosten Personal"."Nebenk. Personal"."Sonstige
Kosten"};{3355.1137.3007.1729.2130.1199.2952.5756.3036.3376};1).
```

> **HINWEIS**   Hat das Diagramm mehrere Datenreihen, so müssen Sie diese Aktion für jede Datenreihe durchführen. Auch für einen dynamischen Diagrammtitel ist die Umwandlung auf diesem Weg möglich.

Wenn Sie sicher gehen wollen, dass alle Bezüge entfernt wurden, dann können Sie auch den Datenbereich in der Tabelle löschen. Das Diagramm ändert sich nicht, wenn keine Bezüge mehr enthalten sind.

> **WICHTIG**   Um Ihre Arbeit nicht zu zerstören, sollten Sie die Datei zuvor unter einem anderen Namen speichern.

Eine eigene Diagrammvorlage speichern

Wenn Sie mehrere Diagramme mit den gleichen Formatierungen erstellen wollen, dann kommt natürlich der Wunsch nach einer Vorlage auf. Sie können in Excel nicht nur eine Mustervorlage für Tabellen (vgl. Kapitel 10) sondern auch eine eigene Vorlage für Diagramme bereitstellen.

Erstellen Sie zunächst ein Diagramm ganz nach Ihren Vorstellungen mit allen Einstellungen, die Sie später auf der Vorlage haben wollen. Führen Sie dann mit aktivem Diagramm den Menübefehl *Diagramm/Diagrammtyp* aus. Dieser Befehl ist auch im Kontextmenü verfügbar. Im folgenden Dialogfeld wählen Sie das Registerblatt *Benutzerdefinierte Typen* aus. Dieses Dialogfeld ähnelt dem aus *Schritt 1* des *Diagramm-Assistenten*. Im Diagramm-Assistenten können Sie aber keinen benutzerdefinierten Typ festlegen.

Aktivieren Sie nun die Option *Benutzerdefiniert*. Daraufhin wird die Schaltfläche *Hinzufügen* eingeblendet. Klicken Sie diese Schaltfläche an, wird das Dialogfeld *Benutzerdefinierten Diagrammtyp hinzufügen* angezeigt. Vergeben Sie hier einen passenden Namen – unter diesem Namen ist das Diagramm später in der Liste benutzerdefinierter Typen verfügbar. Außerdem können Sie noch eine nähere Beschreibung angeben (Abbildung 18.10). Mit Klick auf *OK* wird der benutzerdefinierte Typ gespeichert.

Standard für Diagramme einstellen

Im Dialogfeld *Diagrammtyp* können Sie über die Schaltfläche *Standarddiagrammtyp* das Diagramm als Voreinstellung für Diagramme einstellen. Sie können damit jede beliebige, also auch eine integrierte Diagrammvorlage, zum Standard machen.

> **TIPP**   Ein Standard-Diagramm können Sie schnell erstellen, wenn Sie die Daten markieren und die $\boxed{\text{F11}}$-Taste drücken.

Excel ermöglicht also auch für Diagramme benutzerdefinierte Vorlagen und die Definition einer Standardvorlage.

Abbildg. 18.10   Ein eigenes Diagramm als Vorlage speichern

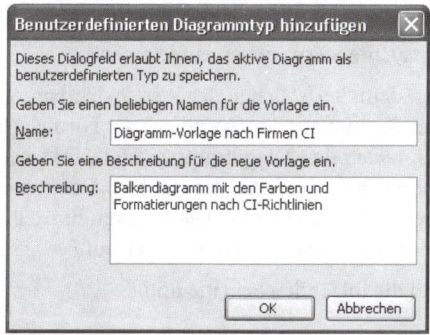

> **HINWEIS**   Im Gegensatz zu den eingebauten Vorlagen, die bereits bei der Installation in der Datei *Xl8galry.xls* vorliegen, werden die benutzerdefinierten Diagrammvorlagen in der Datei *Xlusrgal.xls* im Ordner *C:\Dokumente und Einstellungen\<Benutzername>\Anwendungsdaten\Microsoft\Excel* gespeichert. Diese Datei wird erst dann erstellt, wenn Sie (wie zuvor beschrieben) eine eigene Vorlage definiert haben. Ihr persönliches Standard-Diagramm wird außerdem in der Registry unter *HKEY_CURRENT_USER\Software\Microsoft\Office\11.0\Excel\Options* im Schlüssel *Default Chart* eingetragen.

Um den Standard-Diagrammtyp wieder zurückzusetzen, wählen Sie Ihr persönliches Standard-Diagramm im Dialogfeld *Diagrammtyp* aus und klicken auf die Schaltfläche *Löschen*.

Diagramme für ungewöhnliche Zwecke

Ganz allgemein machen die zahlreichen Formatierungsoptionen für Datenreihen und Diagrammelemente das Diagramm auch für ungewöhnliche Lösungen zu einem interessanten »Forschungsobjekt«. Diagramme können auch für die Anzeige von Bildern und sogar zur Zielwertsuche verwendet werden.

Ein Diagramm als Container für Bilder verwenden

Mit Hilfe eines Diagramms können auch unterschiedliche Bilder in Abhängigkeit von einem Zellwert angezeigt werden.

Dieses Beispiel finden Sie auf dem Tabellenblatt *Bilder anzeigen* in der Datei *Kap18.xls* im Ordner
\Buch\Kap18 auf der CD-ROM zu diesem Buch

Nehmen wir an, dass, wenn in Zelle *B3* ein Sternzeichen eingetragen wird, dafür eine Grafik angezeigt werden soll, welche genau diesem Sternzeichen entspricht.

Wie in den meisten Fällen führt die Lösung zur Anzeige bestimmter Sachverhalte in einem Diagramm zunächst über das Tabellenblatt. Im Bereich *A6:A17* sind die Sternzeichen eingetragen. Im
Bereich *B6:B17* werden diese nun mit der Zelle *B3* verglichen. Dazu tragen Sie in Zelle *B6* die Formel
`=WENN($B$3=A6;1;NV())` ein und kopieren diese nach unten bis zur Zelle *B17*. Beachten Sie den absoluten Bezug auf die Zelle *$B$3*; hier wird das gesuchte Sternzeichen eingetragen.

Ändern Sie den Eintrag in Zelle *B3*, wird neben dem Sternzeichen der Wert *1* sichtbar. Alle anderen
Ergebnisse zeigen den Fehlerwert *#NV*. Erstellen Sie nun auf der Grundlage der Formelzellen *B6:B17*
ein Diagramm. Wählen Sie im *Diagramm-Assistenten* den Diagrammtyp *Säule*. Im zweiten Schritt
des Assistenten achten Sie darauf, dass die Option *Reihe in Zeilen* markiert ist. Damit wird ein Diagramm mit zwölf Datenreihen erstellt, für jedes Sternzeichen eine. Die weiteren Einstellungen nehmen Sie direkt im Diagramm vor, beenden Sie also den Assistenten mit Klick auf *Fertig stellen*.

Um unterschiedliche Grafiken anzuzeigen, sind die folgenden Schritte nötig:

1. Aktivieren Sie die angezeigte Säule.
2. Wählen Sie den Menübefehl *Format/Markierte Datenreihen*.
3. Im Registerblatt *Muster* wählen Sie die Schaltfläche *Fülleffekte*.
4. Im Dialogfeld *Fülleffekte* wechseln Sie dann auf das Registerblatt *Grafik*.
5. Über die Schaltfläche *Grafik auswählen* wählen Sie eine Grafikdatei für das in Zelle *B3* eingetragene Sternzeichen aus.
6. Bestätigen Sie alle Dialogfelder mit Klick auf *OK*.

Abbildg. 18.11   Das Diagramm zeigt das Sternzeichen aus Zelle *B3* an

	A	B	C	D	E	F	G
1	**Grafik in Abhängigkeit von einem Wert anzeigen**						
2							
3	Sternzeichen auswählen >>>	Löwe					
4							
5							
6	Widder	#NV					
7	Stier	#NV					
8	Zwilling	#NV					
9	Krebs	#NV					
10	Löwe	1					
11	Jungfrau	#NV					
12	Waage	#NV					
13	Skorpion	#NV					
14	Schütze	#NV					
15	Steinbock	#NV					
16	Wassermann	#NV					
17	Fische	#NV					
18							

7. Blenden Sie alle anderen Objekte des Diagramms, also Achsen, Gitternetzlinien und Legende, aus.

8. Aktivieren Sie die Zeichnungsfläche und formatieren Sie diese über die Befehlsfolge *Format/ Markierte Zeichnungsfläche*. Unterdrücken Sie die Anzeige des Rahmens und der Fläche.

Das Ergebnis zeigt die Abbildung 18.11.

Für jede weitere Grafik tragen Sie zunächst das Sternzeichen in Zelle *B3* ein und berechnen damit, welches Sternzeichen angezeigt wird. Das Diagramm zeigt bei jedem neuen Sternzeichen wieder eine Säule an. Aktivieren Sie diese Säule und hinterlegen Sie die Grafik als Muster, wie oben beschrieben.

TIPP In der Beispieldatei wurde für die Zelle *B3* über den Menübefehl *Daten/Gültigkeit* eine Gültigkeitsprüfung festgelegt. Für die Gültigkeitsprüfung wurde die *Liste* aus dem Bereich *A6:A17* verwendet. Wenn Sie bei der Definition des Listenbereichs das Kontrollkästchen *Zellendropdown* aktivieren, können Sie damit die einzelnen Sternzeichen komfortabel über die Auswahlliste eintragen. Mehr zum Thema »Gültigkeitsprüfung« finden Sie in Kapitel 18.

Zielwertsuche über ein Diagramm starten

Ein Diagramm zeigt die Daten einer Tabelle, geänderte Tabellenwerte führen zu einer geänderten Anzeige im Diagramm. Es funktioniert allerdings auch der umgekehrte Weg, womit eine Änderung des Diagramms zu einer Anpassung der Tabellenwerte führt. Das ist zwar etwas ungewöhnlich, kann aber unter bestimmten Voraussetzungen eine einfache Möglichkeit sein, wenn für eine Zahlenreihe noch nicht alle Werte verfügbar sind.

 Dieses Beispiel finden Sie auf dem Tabellenblatt *Zielwertsuche* in der Datei *Kap18.xls* im Ordner *\Buch\Kap18* auf der CD-ROM zu diesem Buch.

Wir gehen davon aus, dass für die Monate Januar bis Mai bereits die Zahlen der Mitglieder Ihres Sportvereins vorliegen. Zielsetzung des Vereins ist es, bis zum Jahresende 1.400 Mitglieder zu haben. Um die Aktivitäten zu planen, möchten Sie wissen, wie sich die Zahl der Mitglieder entwickeln muss.

Markieren Sie den Bereich *A2:B14* und erstellen Sie ein Säulendiagramm für alle Monate, wobei für die fehlenden Monate keine Daten im Diagramm angezeigt werden. Über den Befehl *Diagramm/ Trendlinie hinzufügen* fügen Sie eine lineare Trendlinie ein.

Wenn Sie ein Säulendiagramm erstellt haben, dann können Sie einzelne Säulen manipulieren. Klicken Sie dazu die Säule zweimal an (**kein** Doppelklick!), um diese zu aktivieren. Da die Säule für den Monat Juni nicht sichtbar ist und daher schwer markiert werden kann, markieren Sie auf dem gleichen Weg die Säule für den Mai und aktivieren den Juni über die ⟶ -Taste. Sind die schwarzen Ziehpunkte sichtbar, können Sie nun durch Ziehen mit der Maus die Höhe der Säule ändern. Ziehen Sie die einzelnen Säulen jeweils bis zur Trendlinie. Die Änderung im Diagramm hat allerdings Konsequenzen für die Ursprungsdaten, diese werden dabei angepasst.

HINWEIS Im Beispiel war die Zelle *B8* ursprünglich leer. Nun zeigt diese nach den oben aufgeführten Schritten einen Wert, welcher der Höhe der Säule entspricht. Enthält die zugrunde liegende Zelle eine Formel, wird das Dialogfeld *Zielwertsuche* eingeblendet. Die *Zielzelle* und der *Zielwert* sind bereits eingetragen, Sie müssen nur noch die veränderbare Zelle angeben (vgl. auch Abbildung 18.12).

Daten präsentieren: Diagramme

Abbildg. 18.12 Die Zielwertsuche über das Diagramm

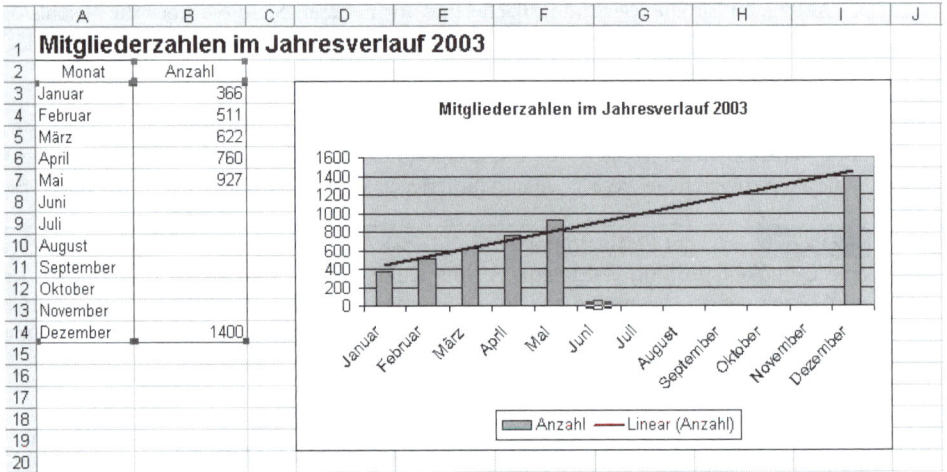

Wenn Sie die Trendlinie wieder entfernen, zeigt das Diagramm die notwendige Entwicklung der Mitgliederzahlen an.

Mehr zum Thema »Zielwertsuche« finden Sie in Kapitel 23.

Anzeige von Nullwerten in Diagrammen unterdrücken

Vielleicht haben Sie bereits ein Diagramm aus einer unvollständigen Tabelle erstellt. Dabei ist Ihnen sicher aufgefallen, dass Excel fehlende Werte durch Nullwerte ersetzt und dabei in Kauf nimmt, dass das Diagramm nicht korrekt ist.

Wie Sie oben gesehen haben, können Sie in einem solchen Fall auch die nicht benötigten Zellen ausblenden. Es gibt jedoch noch eine weitere Möglichkeit. Hier die Schritte:

1. Aktivieren Sie das Diagramm.
2. Wählen Sie den Menübefehl *Extras/Optionen* und dann die Registerkarte *Diagramm*.
3. Aktivieren Sie in der Optionsgruppe *Aktives Diagramm* das Optionsfeld mit den gewünschten Einstellungen für die Nullwerte. Beenden Sie den Vorgang mit Klick auf die Schaltfläche *OK*.

Fehlende Werte werden im Diagramm nun nicht gezeichnet, als Nullwerte interpretiert oder interpoliert, ganz nach Ihren Einstellungen.

Alternativ geben Sie in die leeren Zellen des Quellbereichs *=NV()* ein. Der Fehlerwert *#NV* besagt, dass »kein Wert verfügbar« ist. Wenn Sie *#NV* in die leeren Zellen eingeben, verhindern Sie dadurch, dass leere Zellen unbeabsichtigt in Ihre Berechnungen einbezogen werden. Wenn sich eine Formel auf eine Zelle bezieht, die den Wert *#NV* enthält, gibt die Formel den Fehlerwert *#NV* zurück. In einem Diagramm wird dieser Wert unabhängig von der Einstellung zur Anzeige von Nullwerten nicht gezeichnet.

Daten gegenüberstellen

Diagramme werden dazu verwendet, Informationen auf einen Blick zu vergleichen. So zeigt das Diagramm in Abbildung 18.5 Soll und Ist der Umsatzentwicklung an. Die unterschiedliche Höhe der einzelnen Säulen gibt Aufschluss darüber, ob die Ziele erreicht wurden oder nicht.

Gelegentlich werden solche Daten auch in einem Balkendiagramm dargestellt, wobei eine Information die Balken nach links, die andere nach rechts wachsen lässt. Im folgenden Beispiel soll die Zahl der Ehescheidungen und der davon betroffenen Kinder untersucht werden (vgl. dazu die Datentabelle in Abbildung 18.13). Dabei soll die Zahl der geschiedenen Ehen nach links und die Zahl der betroffenen Kinder nach rechts abgetragen werden. Wie lässt sich ein solches Diagramm in Excel erstellen?

Abbildg. 18.13   Die Tabelle zeigt Daten, die in einer direkten Beziehung stehen

	A	B	C	D	E	F
1						
2		Scheidungen und davon betroffene minderjährige Kinder in der BRD				
3		Jahr	Geschiedene Ehen	Betroffene minderjährige Kinder		
4		1960	73.400	67.300		
5		1970	103.900	118.700		
6		1980	141.000	125.000		
7		1990	154.800	118.300		
8		2000	194.400	148.200		
9		2003	214.000	170.300		
10		2004	213.700	169.000		
11						

Erste Möglichkeit: Negative Werte erzeugen

Wie immer gibt es »viele Wege nach Rom«. Eine Möglichkeit ist die Berechnung negativer Werte für eine Datenreihe. Damit lassen sich die negativen und die positiven Werte auf unterschiedlichen Seiten einer Achse abtragen. Im Beispiel aus Abbildung 18.14 wird dazu in Zelle *E4* die Zahl der Ehescheidungen mit der Formel =C4*-1 als negative Zahl ermittelt. Setzen Sie dies auch für die anderen Zellen *E5* bis *E10* um.

Das Diagramm selbst erstellen Sie dann mit den folgenden Schritten:

1. Markieren Sie den Bereich *D4:E10*.
2. Rufen Sie über *Einfügen/Diagramm* den Diagramm-Assistenten auf.
3. Markieren Sie den Diagrammtyp *Balken* und den zweiten Diagrammuntertyp *Gestapelte Balken*. Wählen Sie danach die Schaltfläche *Weiter*.
4. Im zweiten Schritt achten Sie darauf, dass die Option *Spalten* aktiv ist und wählen Sie dann die Schaltfläche *Weiter*.
5. Im Schritt 3 von 4 wechseln Sie auf die Registerkarte *Achsen* und deaktivieren dort die Anzeige der *Rubrikenachse (X)* und der *Größenachse (Y)*.
6. Auf der Registerkarte *Gitternetzlinien* deaktivieren Sie die Anzeige der Gitternetzlinien.
7. Auf der Registerkarte *Datenbeschriftungen* aktivieren Sie das Kontrollkästchen *Wert*.
8. Wählen Sie anschließend die Schaltfläche *Fertig stellen*.

Das Diagramm zeigt nun noch negative Werte für die zweite Datenreihe. Um das zu ändern, klicken Sie die Beschriftung dieser Datenreihe an und ändern das Zahlenformat wie folgt:

1. Wählen Sie den Menübefehl *Format/Markierte Datenbeschriftungen*.

2. Im Dialogfeld *Datenbeschriftungen formatieren* wechseln Sie auf die Registerkarte *Zahlen*.

3. Wählen Sie die Kategorie *Benutzerdefiniert* und tragen Sie im Feld *Typ* das Zahlenformat *#.##0;#.##0;#.##0* ein.

4. Schließen Sie das Dialogfeld mit *OK*.

Das Ergebnis sieht dann ungefähr aus, wie in der folgenden Abbildung gezeigt.

Abbildg. 18.14 Durch die Darstellung negativer Werte können die Daten nebeneinander gezeigt werden

	A	B	C	D	E	F	G
1							
2		Scheidungen und davon betroffene minderjährige Kinder in der BRD					
3		Jahr	Geschiedene Ehen	Betroffene minderjährige Kinder	Negativer Wert für "Geschiedene Ehen"	Formel	
4		1960	73.400	67.300	- 73.400	=C4*-1	
5		1970	103.900	118.700	- 103.900	=C5*-1	
6		1980	141.000	125.000	- 141.000	=C6*-1	
7		1990	154.800	118.300	- 154.800	=C7*-1	
8		2000	194.400	148.200	- 194.400	=C8*-1	
9		2003	214.000	170.300	- 214.000	=C9*-1	
10		2004	213.700	169.000	- 213.700	=C10*-1	
11							

Scheidungen und davon betroffene minderjährige Kinder in der BRD

213.700	169.000
214.000	170.300
194.400	148.200
154.800	118.300
141.000	125.000
103.900	118.700
73.400	67.300

Dieses Beispiel finden Sie auf dem Tabellenblatt *Negative Werte* in der Datei *Kap18.xls* im Ordner *\Buch\Kap18* auf der CD-ROM zu diesem Buch.

HINWEIS Durch Ändern der Einstellungen zur Skalierung für die Größenachse (Y) können Sie die Ausrichtung der Rubrikenachse (X), also die Position der Trennlinie zwischen den Daten im Diagramm, einstellen. Dadurch ändert sich der Eindruck, den die Datenreihen erzeugen.

TIPP	**Die Balken breiter machen**

Wenn Ihnen die einzelnen Balken zu schmal sind, dann können Sie deren Breite wie folgt ändern:

1. Markieren Sie eine Datenreihe.

2. Rufen Sie den Menübefehl *Format/Markierte Datenreihen* auf.

3. Wechseln Sie auf die Registerkarte *Optionen* und ändern Sie dort den Wert für die *Abstands-breite* auf einen kleineren Wert. Ein Wert von *0* führt dazu, dass sich die einzelnen Balken berühren, die Balken werden breiter gezeichnet. Ein höherer Wert vergrößert den Abstand zwischen den Balken und diese werden damit schmaler gezeichnet.

Abbildg. 18.15 Während der Parameter *Überlappung* die Ausrichtung der Datenreihen beeinflusst, ändern Sie über den Parameter *Abstandsbreite* den Abstand zwischen den Balken

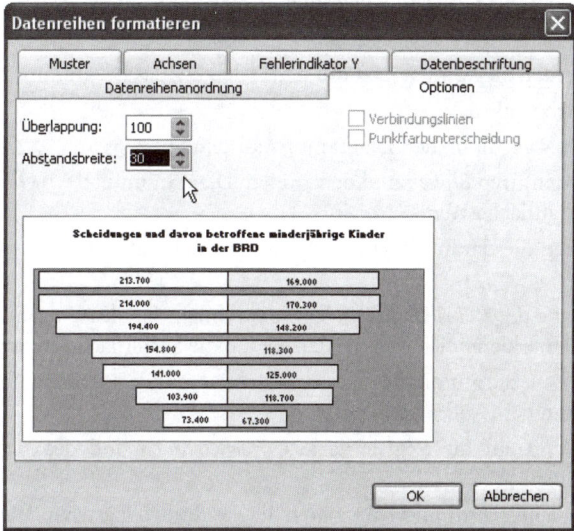

Zweite Möglichkeit: Zusätzliche Daten verwenden

Eine Information ist im vorigen Beispiel verloren gegangen: Wo sind die Jahreszahlen geblieben, die eine Zuordnung der Daten ermöglichen? Durch die Beschriftung der Rubrikenachse (X) können Sie zwar die Jahreszahlen einblenden, aber so richtig gut sieht das Diagramm damit nicht aus. Mal sehen, ob das nicht noch besser geht.

Das folgende Beispiel finden Sie auf dem Tabellenblatt *Gegenüberstellung* in der Datei *Kap18.xls* im Ordner *\Buch\Kap18* auf der CD-ROM zu diesem Buch.

Wenn Sie im Diagramm nicht mit irgendwelchen Zeichenobjekten arbeiten wollen, dann werden zusätzliche Daten benötigt, die in einer Tabelle berechnet werden. Die Überlegung, die dahinter steht, ist die, in einem gestapelten Balkendiagramm zusätzliche Datenreihen zu zeichnen. Diese Datenreihen sollen den Abstand zur Rubrikenachse (X) – genauso wie ein gleichmäßig breites Feld – für die Beschriftung dieser Achse erstellen und damit ein übersichtliches Diagramm ermöglichen.

Während im vorigen Beispiel, ausgehend von der Rubrikenachse (X), eine Datenreihe nach links und die andere nach rechts gezeichnet wurde, können in diesem Beispiel alle Datenreihen auf der gleichen Seite dargestellt werden. Dazu wird dann eine Reihe sozusagen als Abstandshalter zur Achse verwendet. Diese Reihe wird in Zelle *E4* mit der Formel `=MAX($C$4:$C$10)-C4` berechnet. Kopieren Sie diese Formel über den gesamten Bereich nach unten. Sie berechnet den Unterschied zwischen dem Maximum aus dem Bereich *C4:C10* und dem Wert aus Spalte *C* der jeweiligen Zeile. Für das Maximum selbst ist dieser Wert gleich *0*. Die so erzeugte Datenreihe wird später im Diagramm ausgeblendet.

Nun benötigen Sie noch eine Datenreihe, die genügend Platz für die Beschriftung mit den Jahreszahlen lässt. Dazu tragen Sie einen Wert in die Zelle *F3* ein, z.B. »70000«. Je nach verwendeter Schriftgröße können Sie auch einen anderen Wert verwenden. In die Zellen *F4:F10* tragen Sie die Formel `=$F$3` ein. Alle Zellen liefern damit den gleichen Wert. Dass die Zelle *F3* in Abbildung 18.16 einen Text anzeigt, liegt an dem hier verwendeten Zahlenformat *Beschriftung*, das den Text, statt des eigentlichen Zellinhalts anzeigt.

Die Tabelle ist damit vorbereitet, Sie können jetzt mit der Erstellung des Diagramms beginnen.

1. Markieren Sie den Bereich *C4:F10*.
2. Starten Sie über *Einfügen/Diagramm* den Diagramm-Assistenten.
3. Markieren Sie den Diagrammtyp *Balken* und den zweiten Diagrammuntertyp *Gestapelte Balken*. Wählen Sie dann die Schaltfläche *Weiter*.
4. Im zweiten Schritt achten Sie darauf, dass die Option *Spalten* aktiv ist und wechseln Sie zur Registerkarte *Reihe*.
5. Fügen Sie die *Beschriftung der Rubrikenachse (X)* hinzu, indem Sie das Eingabefeld aktivieren und den Bereich *B4:B10* markieren. Klicken Sie danach auf die Schaltfläche *Weiter*.
6. Im Schritt 3 von 4 wechseln Sie auf die Registerkarte *Achsen* und deaktivieren dort die Anzeige der *Rubrikenachse (X)* und der *Größenachse (Y)*.
7. Wechseln Sie anschließend auf die Registerkarte *Gitternetzlinien* und deaktivieren dort die Anzeige der Gitternetzlinien.
8. Auf der Registerkarte *Datenbeschriftungen* aktivieren Sie das Kontrollkästchen *Wert*.
9. Wählen Sie abschließend die Schaltfläche *Fertig stellen*.

Wenn Ihnen die Balken zu schmal sind, ändern Sie die *Abstandsbreite*, wie weiter oben beschrieben und stellen Sie damit mehr Raum für breitere Balken zur Verfügung.

Damit wird das Diagramm erstellt. Jetzt gilt es noch, die Datenreihen zu ordnen und die Anzeige einzustellen:

1. Klicken Sie die Datenreihe an, welche den festen Wert »70000« anzeigt (*Reihe 4*).
2. Wählen Sie den Menübefehl *Format/Markierte Datenreihen*.
3. Wechseln Sie im Dialogfeld *Datenreihen formatieren* auf die Registerkarte *Datenreihenanordnung*.
4. Wählen Sie zweimal die Schaltfläche *Nach oben verschieben*, bis die Datenreihe zwischen den Werten der Ehescheidungen und der betroffenen Kinder angezeigt wird.
5. Markieren Sie dann den Eintrag für die Reihe 3 und verschieben Sie diese ganz nach oben.
6. Schließen Sie das Dialogfeld mit *OK*.
7. Markieren Sie nun die Reihe 3 im Diagramm und rufen Sie den Menübefehl *Format/Markierte Datenreihen* erneut auf.

8. Auf der Registerkarte *Muster* wählen Sie in den Optionsgruppen *Rahmen* und *Flächen* jeweils die Option *Keine*.

9. Auf der Registerkarte *Datenbeschriftung* entfernen Sie das Häkchen *Werte* und schließen das Dialogfeld mit *OK*.

10. Markieren Sie nun noch die Reihe 4 im Diagramm und stellen Sie im Dialogfeld *Datenreihe formatieren* auf der Registerkarte *Datenbeschriftung* die Anzeige auf *Kategoriename* ein. Wenn Sie wollen, können Sie auf der Registerkarte *Muster* noch die Anzeige von *Rahmen* und *Fläche* unterdrücken.

11. Die Abbildung 18.15 zeigt die Tabelle und das fertige Diagramm.

Abbildg. 18.16   Während die erste Datenreihe ausgeblendet wird, wird die dritte Datenreihe angezeigt, um die Jahreszahlen der Rubrikenachse darzustellen

Mit Hilfslinien den Break-even-Point ablesen

Beim Produzieren oder Verkaufen von Waren ist es wichtig zu wissen, wann die Gewinnschwelle erreicht wird. Man möchte also eine Antwort auf die Frage erhalten, wann sich die Kosten und der Erlös die Waage halten. Werden dann noch mehr Waren produziert oder verkauft, wird die Gewinnschwelle (auch Break-even-Point) überschritten und das Unternehmen kann Gewinne verbuchen.

Wenn Sie ein Gewinnschwellen-Diagramm erstellen, kann der Break-even-Point manchmal nicht ganz so einfach abgelesen werden. Schön wäre hier eine Unterstützung in der Form, dass eine Hilfslinie auf die beiden Achsen gezeichnet wird (vgl. Abbildung 18.18). Das folgende Beispiel zeigt, wie Sie solche Linien einzeichnen können. Dabei sollen die Linien nicht mit den Zeichenfunktionen erstellt werden. Solche Linien sind starr an einer bestimmten Position. Berechnete Linien haben dagegen den Vorteil, dass sie sich dynamisch an geänderte Daten anpassen.

Mit Namen die Hilfswerte berechnen

Die Werte für die Berechnung der Hilfslinien können in einer Tabelle ermittelt werden. Wenn Sie diese Werte nicht unbedingt anzeigen wollen, können Sie die Berechnung auch vollständig über Namen erledigen. Mehr zum Thema »Namen« finden Sie in Kapitel 19.

Rufen Sie also zunächst über *Einfügen/Namen/Definieren* das Dialogfeld *Namen definieren* auf und legen Sie die Namen, wie in der folgenden Tabelle, fest.

Tabelle 18.2 Mit Hilfe dieser Namen werden die Hilfslinien im Diagramm gezeichnet

Name	Bezieht sich auf
Breakerlös	=AUFRUNDEN($C$5/($C$3-$C$4);0)*$C$3
Breakmenge	=AUFRUNDEN($C$5/($C$3-$C$4);0)
BreakX	=Breakmenge*N(ZEILE($A$1:$A$2)>0)
BreakY	=Breakerlös*(ZEILE($A$1:$A$2)-1)
x2Werte	=Breakmenge*(ZEILE($A$1:$A$2)>1)
xWerte	=Breakmenge*(ZEILE($A$1:$A$2)>0)
y2Werte	=Breakerlös*N(ZEILE($A$1:$A$2)>0)
yWerte	=Breakerlös*N(ZEILE($A$1:$A$2)>1)

Ein XY-Diagramm erstellen

Um die Daten Ihrer Analyse in einem Diagramm darzustellen, bietet sich das XY-Diagramm an. Jeder einzelne Punkt in einem solchen Diagramm stellt das Ergebnis Ihrer Berechnungen grafisch dar und verbindet so die Produktionsmenge, die Kosten und damit letztlich auch den Erlös. Aber auch wenn Sie spezielle Objekte in einem Diagramm zeichnen wollen, dann ist das XY-Diagramm erste Wahl. Es bietet von allen Diagrammtypen die meiste Flexibilität zur Darstellung persönlicher Anpassungen mit berechneten Datenreihen.

Sind die Daten wie in Abbildung 18.18 angeordnet, erstellen Sie ein XY-Diagramm wie folgt:

1. Markieren Sie zunächst den Bereich *E7:G13*.
2. Rufen Sie über den Menübefehl *Einfügen/Diagramm* den Diagramm-Assistenten auf.
3. Wählen Sie den Diagrammtyp *Punkt(XY)* und hier den Diagrammuntertyp 3 *Punkte mit interpolierten Linien ohne Datenpunkte* aus.
4. Stellen Sie in Schritt 2 sicher, dass die Anordnung der Daten in *Spalten* interpretiert wird.
5. Erstellen Sie das Diagramm über die Schaltfläche *Fertig stellen*.

Weitere Formatierungen des Diagramms können Sie entweder im Diagramm-Assistenten vornehmen oder auch nachträglich ausführen. Für das vorliegende Beispiel genügen die wenigen Schritte zum Basis-Diagramm. Jetzt geht es darum, die Hilfslinien zu zeichnen.

Datenreihen ergänzen

Um neue Daten im Diagramm anzuzeigen, können Sie, wie weiter oben beschrieben, verschiedene Wege gehen, wenn die Daten in einer Tabelle abgelegt sind. Berechnen Sie dagegen die Werte in Namen, bleibt nur der Weg über die Datenquelle des Diagramms.

Und so fügen Sie dem eben erstellten Diagramm eine neue Datenreihe für die Hilfslinie hinzu:

1. Aktivieren Sie das Diagramm.
2. Rufen Sie über den Menübefehl *Diagramm/Datenquelle* das Dialogfeld *Datenquelle* auf.
3. Wechseln Sie zur Registerkarte *Reihe*. Dort werden für die Datenreihen des Diagramms die Einstellungen zu den Quellbereichen verwaltet.
4. Wählen Sie die Schaltfläche *Hinzufügen*.
5. Im Listenfeld *Datenreihe* wird damit eine neue Reihe angelegt, die zunächst nur einen einzelnen Y-Wert enthält.
6. Nehmen Sie die Einstellungen wie in Abbildung 18.17 vor.
7. Wählen Sie erneut die Schaltfläche *Hinzufügen* und verwenden Sie für die zweite Hilfslinie entsprechend die Namen *Kap18.xls!x2Werte* und *Kap18.xls!y2Werte*.
8. Schließen Sie das Dialogfeld mit *OK*.

Das fertige Diagramm mit den Hilfslinien für den Break-even-Point zeigt die Abbildung 18.18.

Abbildg. 18.17 Eine neue Datenreihe unter Verwendung von Namen über das Dialogfeld *Datenquelle* hinzufügen

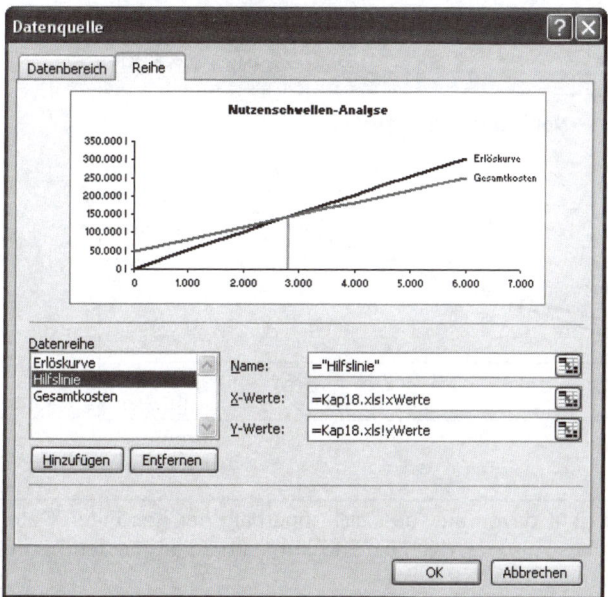

> **WICHTIG** Beim Eintragen der Namen in die Eingabefelder müssen Sie den Namen der Arbeitsmappe einschließen, um eine Fehlermeldung zu vermeiden.

HINWEIS   Bei Änderungen im Dialogfeld *Datenquelle* wird die Vorschau immer dann aktualisiert, wenn Sie zwischen den Eingabefeldern wechseln. Damit haben Sie die Auswirkungen immer unter Kontrolle.

Dieses Beispiel finden Sie auf dem Tabellenblatt *Break-Even* in der Datei *Kap18.xls* im Ordner *\Buch\Kap18* auf der CD-ROM zu diesem Buch. Damit Sie die Berechnungen mit verschiedenen Stückpreisen und Stückkosten durchprobieren können, werden in diesem Beispiel Drehfelder verwendet. Damit lassen Sie Daten komfortabel in Zellen eintragen. Mehr zu »Steuerelementen« erfahren Sie in Kapitel 14.

Abbildg. 18.18   Die Hilfslinien erleichtern das Ablesen des Break-even-Points

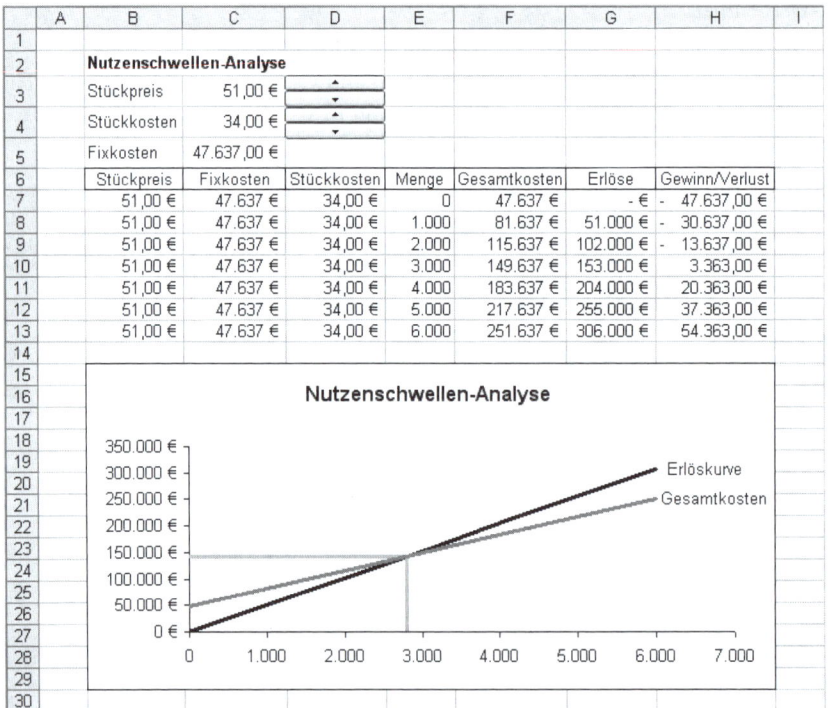

HINWEIS   Das Beispiel geht davon aus, dass sich innerhalb der gewählten Daten auch ein Break-even-Point ermitteln lässt, also dass sich die Erlöskurve und die Linie der Gesamtkosten im gewählten Bereich schneiden.

Eine einzelne Datenbeschriftung hervorheben

Obwohl ein Diagramm allein schon die Eigenschaft hat, Daten anschaulich zu präsentieren, kommt doch oft der Wunsch auf, einen bestimmten Datenpunkt besonders hervorzuheben. In Balkendiagrammen wird häufig ein bestimmter Wert durch eine besondere Formatierung hervorgehoben – etwa, weil auf diesen Wert in einem Textbeitrag Bezug genommen wird oder um einen allgemeinen Vergleichswert darzustellen. Wie können Sie eine solche besondere Formatierung erreichen?

Nicht nur die einzelnen Balken eines Diagramms, sondern auch die Beschriftungen können fast beliebig formatiert werden. Allerdings haben solche Formatierungen den Nachteil, dass diese sich geänderten Daten nicht anpassen. Im folgenden Beispiel soll die Formatierung aus den Daten übernommen werden und damit beliebig einstellbar sein.

Daten berechnen

Auch für diese Lösung benötigen Sie eine Datengrundlage, die zunächst in der Tabelle ermittelt wird. In Zelle *D3* aus Abbildung 18.19 wird mit der Formel =WENN(B3=$C$29;C3;NV()) ein Vergleich durchgeführt. Wenn das Land, das in Spalte *B* eingetragen wurde, mit dem in Zelle *$C$29* (absoluter Bezug!) eingetragenen Land übereinstimmt, wird der Prozentsatz angezeigt. Diese Formel können Sie nach unten kopieren. Für ein Land sollte anschließend der Prozentsatz angezeigt werden.

Das Balkendiagramm erstellen

Erstellen Sie zunächst ein Balkendiagramm mit den folgenden Schritten:

1. Markieren Sie den Bereich *B3:D27*.
2. Starten Sie über *Einfügen/Diagramm* den Diagramm-Assistenten.
3. Wählen Sie den Diagrammtyp *Balken* und den ersten Diagrammuntertyp.
4. Im Schritt 2 des Diagramm-Assistenten wählen Sie für die Anordnung der Daten die Option *Spalten*.
5. Im Schritt 3 unterdrücken Sie auf der Registerkarte *Gitternetzlinien* alle Gitternetzlinien und auf der Registerkarte *Legende* die Anzeige der Legende. Auf der Registerkarte *Datenbeschriftungen* wählen Sie das Kontrollkästchen *Kategoriename*.
6. Erstellen Sie das Diagramm über die Schaltfläche *Fertig stellen*.

Das vorläufige Diagramm ist nun fertig. Jetzt sollen die speziellen Formatierungen der Beschriftung vorgenommen werden:

1. Wählen Sie über das Symbol *Diagrammobjekte* die Datenbeschriftung der zweiten Datenreihe aus.
2. Rufen Sie den Menübefehl *Format/Markierte Datenbeschriftungen* auf und wechseln Sie zur Registerkarte *Ausrichtung*.
3. Wählen Sie im Listenfeld *Position* den Eintrag *Zentriert* aus.
4. Stellen Sie auf der Registerkarte *Schrift* den Schriftschnitt *Fett* ein.
5. Bestätigen Sie die Änderungen mit *OK*.

6. Wählen Sie über das Symbol *Diagrammobjekte* die Datenbeschriftung der ersten Datenreihe aus und löschen Sie diese mit der [Entf]-Taste.

Nun haben Sie das Ziel erreicht: Ändern Sie das Land in Zelle *C29*, wird der neue Eintrag im Diagramm hervorgehoben. Bei jedem Wechsel wird die besondere Formatierung auf die ausgewählte Rubrik angewendet.

Abbildg. 18.19 In diesem Diagramm wird dasjenige Land hervorgehoben, das Sie in der Zelle *C29* eingetragen haben

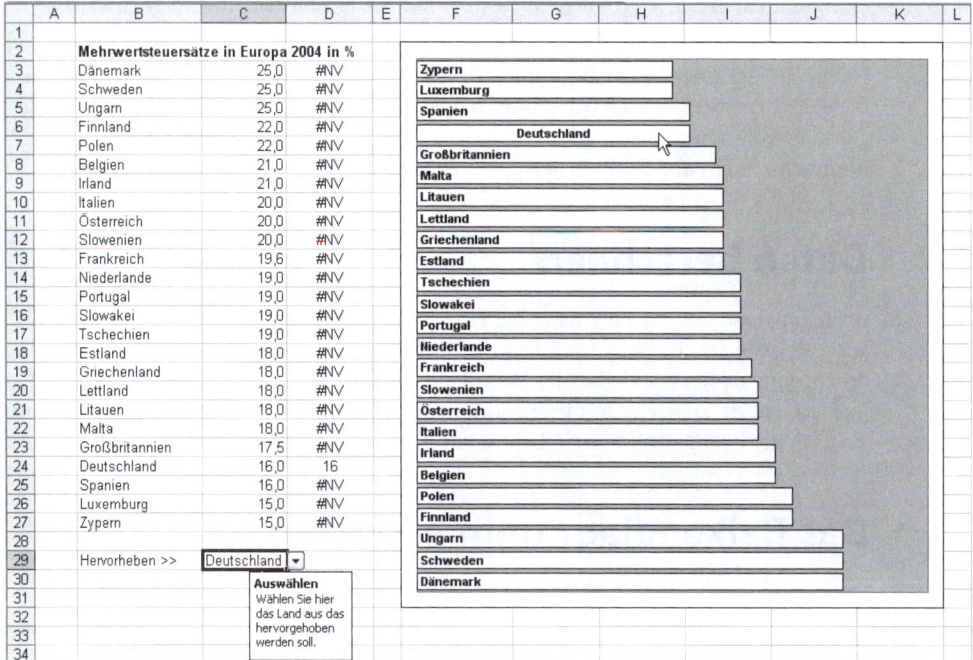

Dieses Beispiel verwendet für den schnellen Wechsel zwischen den einzelnen Ländern in der Zelle *C29* eine Gültigkeitsliste, die auf den Bereich *B3:B27* zeigt. Mehr zum Thema »Gültigkeitsprüfung« finden Sie in Kapitel 8.

Diagrammobjekte gruppieren

Wenn Sie mehrere Diagramme als Objekte in einer Tabelle erstellt haben, können Sie diese zu einer Gruppe zusammenfassen. Dies hat den Vorteil, dass Sie die Diagramme einer Gruppe gemeinsam in einem Arbeitsgang an eine andere Stelle verschieben können. Bei einzelnen Diagrammobjekten ist das mühsam, weil Sie die Ausrichtung und Anordnung der Objekte untereinander dann erneut überprüfen müssen.

> **TIPP** Beim Verschieben und Ändern der Größe sind die Gitternetzlinien der Tabelle hilfreich. Sie bieten Orientierung und helfen bei der Größenänderung. Mit der ⇧ -Taste ändern Sie Breite und Höhe um den gleichen Faktor, mit der Alt -Taste können Sie die Größenänderung an den darunter liegenden Zellen ausrichten.

Um mehrere Diagramme zu gruppieren, gehen Sie wie folgt vor:

1. Erstellen Sie die gewünschten Diagramme.

2. Positionieren Sie die Diagramme wie benötigt auf dem Tabellenblatt.

3. Markieren Sie eines der Diagramme.

4. Halten Sie die Strg -Taste gedrückt und markieren Sie nacheinander die anderen Diagramm-Objekte.

5. Klicken Sie mit der rechten Maustaste auf eines der markierten Diagramme.

6. Im Kontextmenü wählen Sie den Befehl *Gruppierung/Gruppierung*.

7. Klicken Sie auf eine beliebige Stelle außerhalb des nun gruppierten Objekts.

Abbildg. 18.20 Durch Ziehen an den weißen Markierungspunkten können Sie die Größe der Diagrammgruppe verändern, die grauen Anfasser umfassen das aktivierte Diagramm

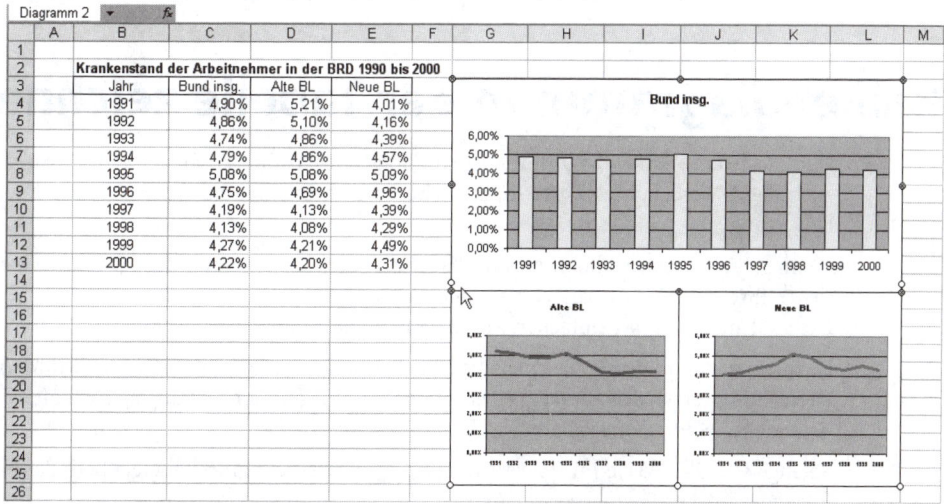

Das Verschieben der Gruppe ist jetzt »ein Kinderspiel« – Sie markieren die Gruppe mit einem einfachen Klick und haben dann folgende Möglichkeiten:

- Sie verschieben die Gruppe mit der Maus, indem Sie die linke Maustaste gedrückt halten und das Objekt verschieben;

- Sie verwenden die Pfeiltasten und positionieren damit das gruppierte Objekt exakt nach Ihren Wünschen.

Ein gruppiertes Diagrammobjekt überarbeiten

Wenn Sie ein einzelnes Diagramm überarbeiten wollen, geht das nicht mehr mit einem Doppelklick. Der Doppelklick auf ein gruppiertes Diagrammobjekt öffnet das Dialogfeld *Objekt formatieren*.

Um ein Diagrammobjekt einer Gruppe zu bearbeiten, gehen Sie wie folgt vor:

1. Markieren Sie die Diagrammgruppe mit einem einfachen Klick.
2. Klicken Sie (einfach) auf das Diagramm, das Sie überarbeiten wollen. Das Diagrammobjekt erhält dadurch weitere (graue) Anfasser.
3. Wählen Sie den Menübefehl *Bearbeiten/Diagrammobjekt*. Alternativ steht dieser Befehl auch im Kontextmenü zur Verfügung (*Diagrammobjekt bearbeiten*).
4. Dadurch wird das Diagramm mit den üblichen schwarzen Anfassern markiert. Die Markierung der Gruppe ist nicht mehr sichtbar. Sie können jetzt das Diagrammobjekt überarbeiten.
5. Wenn Sie die Bearbeitung abschließen wollen, klicken Sie auf eine beliebige Stelle außerhalb der Diagrammgruppe.

 Dieses Beispiel finden Sie auf dem Tabellenblatt *Gruppieren* in der Datei *Kap18.xls* im Ordner *\Buch\Kap18* auf der CD-ROM zu diesem Buch.

Balkendiagramm in der Tabelle zeichnen

Der Ausdruck »Balkendiagramm« für die folgende Lösung ist vielleicht etwas übertrieben. Aber auch dabei werden Messwerte in grafische Form gebracht und helfen bei der Einschätzung und Bewertung.

Wenn Sie schon einmal beim Arzt das Ergebnis einer Laboruntersuchung erhalten haben, hatten Sie sicher Ihre liebe Mühe, die gemessenen Werte mit den Mittelwerten zu vergleichen. Dabei kann Excel solche Werte mit einfachen Mitteln anschaulich darstellen.

Dazu setzt das folgende Beispiel die Tabellenfunktion *WIEDERHOLEN(Text;Multiplikator)* ein. Diese Funktion wiederholt das Zeichen, das Sie im Argument Text angeben, so oft, wie der Wert des Arguments *Multiplikator* angibt.

Solange sich alle Werte im Referenzbereich des untersuchten Parameters befinden, können Sie die folgende einfache Formel verwenden:

```
=WIEDERHOLEN(ZEICHEN(1);F13-D13)&"X"&WIEDERHOLEN(ZEICHEN(1);E13-F13)
```

Diese Formel ermittelt zunächst die Differenz des Patientenwerts zum unteren Grenzwert und wiederholt das Sonderzeichen genau so oft. Dann wird der Buchstabe »X« angezeigt. Abgeschlossen wird die Anzeige von einer Anzahl Sonderzeichen, die sich aus der Differenz zwischen dem Patientenwert und dem oberen Grenzwert ergibt.

Für die Erzeugung der Sonderzeichen wird hier die Tabellenfunktion *ZEICHEN(Zahl)* eingesetzt. Diese Funktion wandelt Zahlen zwischen 1 und 255 in das jeweilige Zeichen um.

Die Zeilen *19* und *21* in Abbildung 18.21 zeigen allerdings, dass sich »das wahre Leben« nicht immer an Grenzwerte hält. Hier sind Messwerte ermittelt worden, die sowohl kleiner als auch größer als die

Referenzwerte sind. Wollen Sie auch diesen Fall abdecken, indem dann die logischen Zeichen für kleiner und größer angezeigt werden, dann verwenden Sie die folgende Formel:

```
=WENN(F13<D13;"<"&WIEDERHOLEN(ZEICHEN(1);E13-F13);WENN(F13>E13;WIEDERHOLEN(ZEICHEN(1);
F13-D13)&">";WIEDERHOLEN(ZEICHEN(1);F13-D13)&"X"&WIEDERHOLEN(ZEICHEN(1);E13-F13)))
```

Eine weitere Anpassung der Formel ist nötig, wenn die Zahlenwerte sehr hoch sind, wie dies z.B. in Zeile *22* der Fall ist. Mehr als 100 Zeichen in einer Zelle sind auch nicht gerade hilfreich für einen schnellen Überblick. In diesem Fall können Sie die Differenz der berechneten Werte mit einem passenden Divisor anpassen. Die folgende Formel dividiert die Ergebnisse durch 20:

```
=WENN(F22<D22;"<"&WIEDERHOLEN(ZEICHEN(1);(E22-F22)/20);WENN(F22>E22;WIEDERHOLEN(ZEI-
CHEN(1);(F22-D22)/20)&">";WIEDERHOLEN(ZEICHEN(1);(F22-D22)/20)&"X"&WIEDERHOLEN(ZEI-
CHEN(1);(E22-F22)/20)))
```

Abbildg. 18.21 Der Laborbericht stellt Messwerte grafisch in einer Tabelle dar

	A	B	C	D	E	F	G	H	I
1									
2		**Ergebnis der Laboruntersuchung**							
3									
4		Informationen zum Patient:			Informationen zur Probe:				
5		Vorname	Hans			Probenahme:	06.08.2005		
6		Zuname	Excel			Probe Nr.:	2003		
7		Geburtsdatum:	06.08.1981			Bearbeiter:	17		
8						Befund:	07.08.2005		
9									
10		Untersuchung	Einheit	Referenzbereich		Patienten-	Grafische Darstellung		
11				von	bis	wert			
12		**Enzyme**							
13		Gamma-GT	U/l	4	14	7	□□□X□□□□□□□		
14		GOT	U/l	0	15	8	□□□□□□□□X□□□□□□□		
15		GPT	U/l	0	16	4	□□□□X□□□□□□□□□□□□		
16									
17		**Kleines Blutbild**							
18		Leukozyten	10*3	4	12	8,6	□□□□X□□□		
19		Erythrozyten	10*6	3,9	5,3	3,2	<□□		
20		Haemoglobin	g/dl	11	16	14,8	□□□X□		
21		Haematokrit	%	35	47	48,4	□□□□□□□□□□□□□□>		
22		Thrombozyten	10*3	150	400	265	□□□□□X□□□□□□		
23									

J. Schwenk:
Angepasste Formel wegen größerem Referenzbereich

PROFITIPP

Wenn Sie mit eigenen Sonderzeichen experimentieren wollen, können Sie sich mit den folgenden Schritten schnell einen Überblick verschaffen:

1. Markieren Sie den Bereich *A1:A255* z.B. über das Dialogfeld *Gehe zu*, das Sie mit der [F5]-Taste anzeigen können.

2. Tragen Sie die Formel =ZEICHEN(ZEILE()) ein.

3. Schließen Sie die Eingabe der Formel mit der Tastenkombination [Strg] + [↵] ab.

Damit haben Sie eine Liste der verfügbaren Zeichen für die verwendete Schriftart erstellt.

Dieses Beispiel finden Sie auf dem Tabellenblatt *Laborbericht* in der Datei *Kap18.xls* im Ordner *\Buch\Kap18* auf der CD-ROM zu diesem Buch.

Übersicht, Details und Struktur in einem Diagramm zeigen

Bei der Auswertung von Umsatz- und Absatzzahlen interessiert an erster Stelle, ob Wachstum, Stagnation oder Rückgang zu verzeichnen sind. Doch für tiefer gehende Analysen bedarf es weiterer Informationen, die Umsatz- bzw. Absatzentwicklung näher beleuchten.

Drei Informationen in einem Diagramm

Nachfolgend soll es am Beispiel eines Hardware-Vertriebs darum gehen, in einem Diagramm Auskunft über drei Sachverhalte bei der Betrachtung des Umsatzes von tragbaren Computern zu geben:

- Wie hat sich der Gesamtumsatz für tragbare Computer in den letzten vier Quartalen entwickelt? Hier geht es um die Übersicht.

- Wie sind die Umsatzzahlen für zwei ausgewählte Produkte (Notebook und Tablet-PC) mit besonderem Wachstumspotenzial? Hier geht es um Details.

- Welchen Anteil haben diese beiden Produkte am Gesamtumsatz und wie ist das Mengenverhältnis beider Produkte zueinander? Hier geht es um einen strukturellen Vergleich.

Alle drei Aussagen sollen in einem Diagramm sichtbar gemacht werden:

- Der Gesamtumsatz pro Quartal soll in je einer Säule dargestellt werden.

- Die Umsatzzahlen für die beiden ausgewählten Produkte sollen direkt daneben in einer zweiten Säule angezeigt werden, und zwar unterteilt in Notebook und Tablet-PC.

- Beide Säulen sollen in einer Gruppe erscheinen, bevor nach einem Zwischenraum die Gegenüberstellung für das nächste Quartal folgt.

In Abbildung 18.22 sehen Sie den Aufbau eines solchen Diagramms. Es ist ein Säulendiagramm, das sowohl gestapelte wie auch nicht gestapelte Säulen enthält.

Abbildg. 18.22 Ausschnitt aus dem fertigen Diagramm mit den Zahlen zu Gesamtabsatz, Absatz jedes der zwei Produkte und einem direkten Vergleich der beiden Produkte werden sichtbar

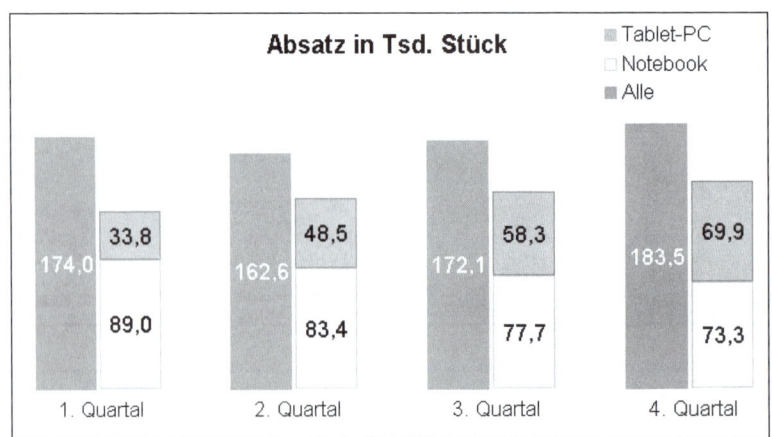

Wichtige Vorarbeit: Die besondere Anordnung der Daten

Entscheidend für das Erstellen des gewünschten Diagramms ist die besondere Anordnung der Daten. Sie muss sowohl das Stapeln der Säulensegmente wie auch die Zwischenräume zwischen den Gruppen (hier Quartale) ermöglichen.

Da als Diagrammtyp gestapelte Säulen benötigt werden, müssen pro Datenserie je zwei Werte eingegeben werden. Bei den Gesamtumsätzen bleiben die Zellen für die zweite Information leer, denn hier wird ja tatsächlich nur ein Wert gebraucht und dargestellt. Bei den beiden ausgewählten Produkten werden beide Zahlen eingetragen – die für Notebooks und Tablet-PCs. In Abbildung 18.23 sehen Sie die spezielle Anordnung der Informationen. Es werden Daten für vier Quartale eingetragen.

Abbildg. 18.23 Die spezielle Anordnung der Daten als entscheidende Voraussetzung für das Diagramm

	A	B	C	D	E	F
1						
2			Alle		Notebook	Tablet-PC
3						
4		1. Quartal	174.035			
5					88.955	33.778
6						
7		2. Quartal	162.570			
8					83.421	48.492
9						
10		3. Quartal	172.054			
11					77.664	58.339
12						
13		4. Quartal	183.497			
14					73.328	69.889

Das Diagramm erstellen

Fertigen Sie das Diagramm mit den folgenden Schritten an:

1. Geben Sie zunächst die Daten, so wie in Abbildung 18.23 gezeigt, ein.
2. Markieren Sie den Bereich *B2:F14* und klicken Sie in der Symbolleiste *Standard* auf das Symbol *Diagramm-Assistent*.
3. Wählen Sie den Diagrammtyp *Säule* und als Untertyp *Gestapelte Säulen*.
4. Klicken Sie auf die Schaltfläche *Weiter*. In Schritt 2 sehen Sie nun schon eine Vorschau mit der gewünschten Anordnung und Struktur (Abbildung 18.24).
5. Per Klick auf *Weiter* gelangen Sie zu Schritt 3. Tragen Sie auf der Registerkarte *Titel* als Diagramm-Beschriftung *Absatz in Tsd. €* ein. Deaktivieren Sie auf den Registerkarten *Achsen* und *Gitternetzlinien* alle Optionen. Zur Erläuterung: Die Größenachse wird nicht gebraucht, da die Zahlen als Datenbeschriftungen direkt in die Säulensegmente eingesetzt werden. Auf die Rubrikenachse können Sie deshalb verzichten, weil die Quartalsbeschriftung wegen der speziellen Anordnung der Daten in der Tabelle immer nur links unter der Umsatzsäule erscheinen würde und nicht mittig unter der jeweiligen Säulengruppe pro Quartal. Hier setzen Sie später die Angaben zu den vier Quartalen durch je ein Textfeld unter die Säulengruppen. Gitternetzlinien werden in dem Beispiel überhaupt nicht gebraucht und würden nur stören.

Abbildg. 18.24 Vorschau auf das Diagramm schon im zweiten Schritt des Assistenten

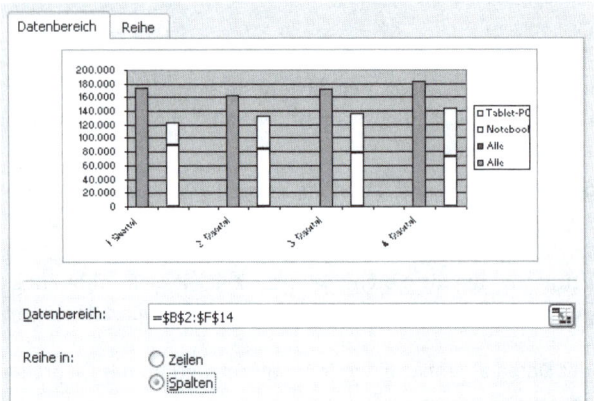

6. Wählen Sie auf der Registerkarte *Legende* die Option *Oben*. Setzen Sie auf der Registerkarte *Datenbeschriftungen* ein Häkchen vor *Wert*.

7. Klicken Sie auf die Schaltfläche *Fertig stellen*.

Das Diagramm weiter bearbeiten

Das Diagramm liegt nun in der Rohfassung vor. Jetzt beginnen die Nacharbeiten. Führen Sie folgende Schritte aus, um das optische Erscheinungsbild des Diagramms zu verbessern:

1. Löschen Sie die graue Zeichnungsfläche durch Anklicken und Drücken der `Entf`-Taste.

2. Markieren Sie die Legende und rufen Sie mit der Tastenkombination `Strg`+`1` das Dialogfeld zum Formatieren auf. Klicken Sie auf der Registerkarte *Muster* im Feld *Rahmen* die Option *Keinen* an.

3. Klicken Sie nun zweimal nacheinander (nicht doppelt!) auf den Eintrag in der Legende, der im Diagramm nicht dargestellt wird. Löschen Sie diesen Eintrag mit der `Entf`-Taste.

4. Ziehen Sie die Legende an den rechten Rand des Diagramms.

5. Nun kommt es noch darauf an, die Gruppierung der Säulen zu verbessern: Markieren Sie eine der Säulen und rufen Sie mit der Tastenkombination `Strg`+`1` das Dialogfeld zum Formatieren auf. Zeigen Sie die Registerkarte *Optionen* an und verringern Sie im Feld *Abstandsbreite* den Wert auf *5*. Damit werden die zusammengehörenden Säulen ganz dicht aneinander gerückt.

6. Legen Sie nun noch ein benutzerdefiniertes Zahlenformat fest, das die Zahlen der Datenbeschriftungen um drei Stellen verkürzt. Im Diagrammtitel steht ja als Einheit bereits *Tsd. Stück*. Markieren Sie eine Datenbeschriftung und rufen Sie mit der Tastenkombination `Strg`+`1` das Dialogfeld zum Formatieren auf. Wechseln Sie zur Registerkarte *Zahlen*, klicken Sie unter *Kategorien* auf den Eintrag *Benutzerdefiniert* und tragen Sie rechts oben in das weiße Eingabefeld das folgende Zahlenformat ein: *#.##0,0.;;*
   Der Punkt hinter der zweiten Null bewirkt, dass die Zahlen um drei Stellen verkürzt werden. Die beiden Semikola sorgen dafür, dass negative und vor allem etwaige Nullwerte nicht angezeigt werden (mehr zu benutzerdefinierten Zahlenformaten erfahren Sie in Kapitel 10).

7. Markieren Sie nacheinander die anderen Datenbeschriftungen und wiederholen Sie den letzten Befehl mit der `F4`-Taste.

8. Verändern Sie bei Bedarf noch die Farben für die Säulensegmente. Doppelklicken Sie dazu auf eines der Segmente und wählen Sie die Farbe im Feld *Fläche* auf der Registerkarte *Muster* aus. Entfernen Sie bei der Gelegenheit noch die schwarzen Konturlinien um die Segmente, indem Sie im Feld *Rahmen* die Option *Keine* anklicken.

9. Nun sind noch Textfelder als Ersatz für die fehlende Rubrikenachse zu setzen. Dazu muss zunächst am unteren Rand des Diagramms Platz geschaffen werden. Das erledigen Sie durch vertikale Verkleinerung der Zeichnungsfläche: Markieren Sie die Zeichnungsfläche durch Klick zwischen die Säulen. Bewegen Sie die Maus (so wie in Abbildung 18.25 gezeigt) auf den unteren mittleren Ziehpunkt und verringern Sie die Höhe der Zeichnungsfläche, indem Sie mit gedrückter linker Maustaste nach oben ziehen. Klicken auf das Symbol *Textfeld* in der Symbolleiste *Zeichnen* und klicken Sie in das Feld unter der ersten Säulengruppe. Tippen Sie den Text »1. Quartal« ein. Klicken Sie auf den Rand des Textfelds, um es zu markieren und verschieben Sie es mit gedrückter linker Maustaste auf eine Position mittig unter der ersten Säulengruppe.

10. Duplizieren Sie das Textfeld für die anderen Quartale, indem Sie es mit gedrückter linker Maustaste nach rechts ziehen. Wichtig: Halten Sie dabei zusätzlich die `Strg`-Taste (= Kopieren) und `⇧`-Taste (= Verschieben auf gleicher Höhe) gedrückt. Lassen Sie zuerst die Maustaste und erst dann die beiden Funktionstasten los. Passen Sie in den duplizierten Textfeldern noch die Texte an.

Abbildg. 18.25 Die Zeichnungsfläche von unten her verkleinern, um Platz für die Textfelder zu schaffen

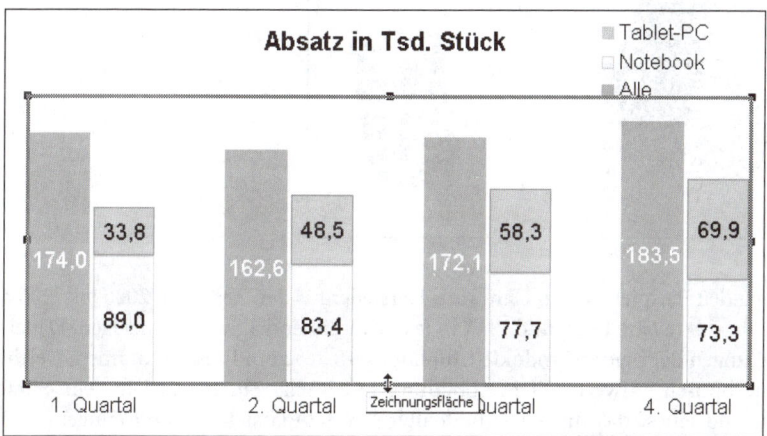

Die fertige Lösung finden Sie auf der CD-ROM zu diesem Buch im Ordner *\Buch\Kap18* in der Arbeitsmappe *Kap18.xls* im Blatt *Absatz*.

Bilder in Liniendiagrammen verwenden

Statistiken werden meist mit Säulen-, Balken- oder Liniendiagrammen dargestellt. Geht es dabei um Produkte, wirken die Diagramme wesentlich ansprechender, wenn Sie Bilder oder Piktogramme des Produkts verwenden.

Produktbilder in Diagramme einbauen

Das Einbinden solcher Bilder ist bei zweidimensionalen Säulen- und Balkendiagrammen mit relativ wenigen Schritten machbar. Das betreffende Bild wird in die Zwischenablage kopiert (Strg + C), dann wird die Datenreihe per Mausklick markiert, das Bild wird (mit Strg + V) eingefügt und ersetzt Säulen bzw. Balken. Das anschließende Einpassen und die Wahl der richtigen Skalierung sind jedoch teilweise recht problematisch.

Eine Alternative sind hier Liniendiagramme, wo sich anstelle der Markierungen für die Datenpunkte auf den Linien Produktbilder maßstabsgerecht einbinden lassen.

Abbildg. 18.26 Die bildhaften Darstellungen für beide Produkte: Notebook und PDA

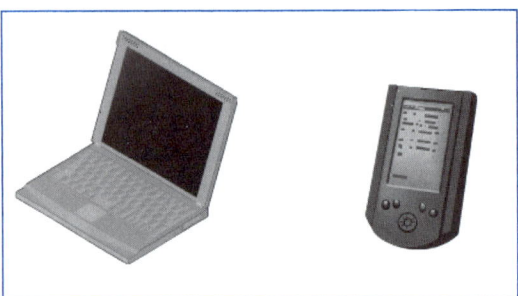

Im folgenden Beispiel will ein Hardware-Hersteller für den Zeitraum 2000 bis 2006 den Absatztrend für die Produkte Notebook und PDA in je einem Liniendiagramm aufzeigen. Dabei sollen bildhafte Darstellungen der beiden Produkte (Abbildung 18.26) zum Einsatz kommen, welche die Liniendiagramme optisch aufwerten. Die Abbildung 18.27 zeigt ein Beispiel für ein einfaches Liniendiagramm und eines, das mit einer bildhaften Produktdarstellung und einigen Nachbearbeitungen optisch aufgewertet wurde.

Die Aufgabe besteht darin, für jedes der beiden Produkte eine solche bebilderte Absatzkurve zu erstellen.

Abbildg. 18.27 Vorher und nachher: Ein Liniendiagramm, das keine Aufmerksamkeit erregen wird und ein Absatztrend, der ansprechend und zudem thematisch zuzuordnen ist

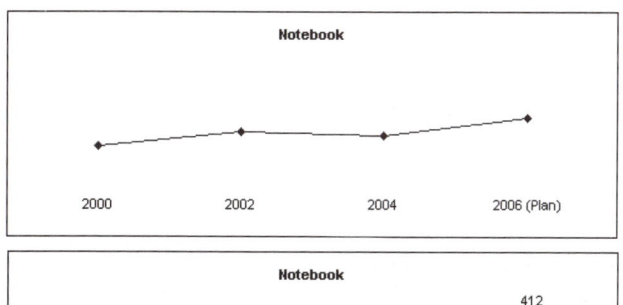

Das Basisdiagramm anfertigen

Fügen Sie zunächst über die Menübefehlsfolge *Einfügen/Grafik/Aus Datei* passende Bilder zu den darzustellenden Produkten ein und bringen Sie diese auf die für das Diagramm erforderliche Größe. Sie können auch die Funktion *Einfügen/Grafik/ClipArt* nutzen, um beispielsweise im Internet nach passendem Bildmaterial zu suchen.

Die fertige Lösung finden Sie auf der CD-ROM zu diesem Buch im Ordner *\Buch\Kap18* in der Datei *Kap18.xls* im Blatt *Linien mit Bildern*. Neben den Liniendiagrammen sind die beiden Bilder abgelegt, die zum Einsatz kamen. Sie wurden übrigens von *Microsoft Office Online* aus dem Bereich *ClipArt und Medien* heruntergeladen.

Mit den nachfolgenden Schritten erstellen Sie die beiden Diagramme:

Abbildg. 18.28 Die Daten für die Liniendiagramme zu den beiden Produkten

	A	B	C	D	E	F
1						
2		Absatztrend in Tsd. €				
3						
4			2000	2002	2004	2006 (Plan)
5		Notebook	365	390	382	412
6		PDA	326	342	402	498

1. Geben Sie zunächst die in Abbildung 18.28 gezeigten Informationen und Daten ein.

2. Markieren Sie zum Anfertigen der Umsatzkurve für *Notebooks* den Zellbereich *B4:F5* und erstellen Sie mit Hilfe des Diagramm-Assistenten ein *Liniendiagramm* vom Untertyp *Linie mit Datenpunkten*.

3. Gehen Sie mit Klick auf *Weiter* bis zum Schritt 3 des Assistenten und legen Sie dort fest, dass das Diagramm weder Gitternetzlinien noch eine Legende hat. Aktivieren Sie in der Registerkarte *Datenbeschriftung* das Kontrollkästchen *Wert*.

4. Klicken Sie abschließend auf *Fertig stellen*.

Das Liniendiagramm nachbearbeiten

Die Nacharbeiten nehmen dieses Mal die meiste Zeit ein:

1. Vergrößern Sie das Diagramm durch Ziehen an einem der Eckpunkte.

2. Löschen Sie die graue Zeichnungsfläche.

3. Doppelklicken Sie auf die Größenachse und zeigen Sie die Registerkarte *Skalierung* an. Legen Sie als Minimum *300*, als Maximum *500* fest. Wechseln Sie anschließend zur Registerkarte *Muster* und klicken Sie in den Feldern *Linien* und *Teilstrichbeschriftung* jeweils auf die Option *Keine*.

4. Doppelklicken Sie auf die Achse mit den Jahresbeschriftungen und legen Sie auch dort auf der Registerkarte *Muster* im Feld *Linien* die Option *Keine* fest.

5. Mit einem erneuten Doppelklick, dieses Mal auf die Datenlinie, gelangen Sie in das Dialogfeld *Datenreihen formatieren*. Stellen Sie dort auf der Registerkarte *Muster* im Feld *Linie* bei *Art* die kurzgestrichelte Linie (die dritte von oben) ein und aktivieren Sie das Kontrollkästchen *Linie glätten*.

6. Markieren Sie nun das zur Verfügung stehende Bild (im Beispiel ist es das Bild vom Notebook) und kopieren Sie dieses mit `Strg`+`C` in die Zwischenablage.

7. Markieren Sie die Datenlinie und fügen Sie die Grafik mit `Strg`+`V` aus der Zwischenablage ein.

8. Nun sind noch die Datenbeschriftungen so zu platzieren, dass sie nicht von der Grafik über- oder verdeckt werden. Klicken Sie auf eine, um alle zu markieren. Klicken Sie ein zweites Mal auf eine Datenbeschriftung, um sie allein zu markieren und ziehen Sie diese über das Produktbild. Wiederholen Sie diesen Vorgang für jede der Datenbeschriftungen.

Das zweite Diagramm schnell erstellen

Der Aufwand zum Anfertigen des zweiten Diagramms ist sehr gering:

1. Duplizieren Sie das erste Diagramm, indem Sie es mit gedrückter linker Maustaste nach unten ziehen und dabei zugleich die beiden Funktionstasten `Strg` sowie `⇧` gedrückt halten.

2. Rufen Sie den Menübefehl *Diagramm/Datenquelle* auf und legen Sie als Datenbereich für das neue Diagramm *B4:F4* und *B6:F6* fest. Löschen Sie dazu alle Angaben im Feld *Datenbereich*. Markieren Sie nun *B4:F4*, drücken Sie die `Strg`-Taste, halten diese gedrückt und markieren nun *B6:F6*. Bestätigen Sie mit Klick auf *OK*.

3. Markieren Sie das zweite Produktbild und kopieren Sie es mit `Strg`+`C` in die Zwischenablage.

4. Markieren Sie die Datenlinie und fügen Sie das Bild mit `Strg`+`V` ein.

Die Abbildung 18.29 zeigt das Ergebnis mit den beiden fertigen Diagrammen.

Abbildg. 18.29 Die beiden bebilderten Liniendiagramme, die eine Umsatzkurve für vier Jahre anzeigen

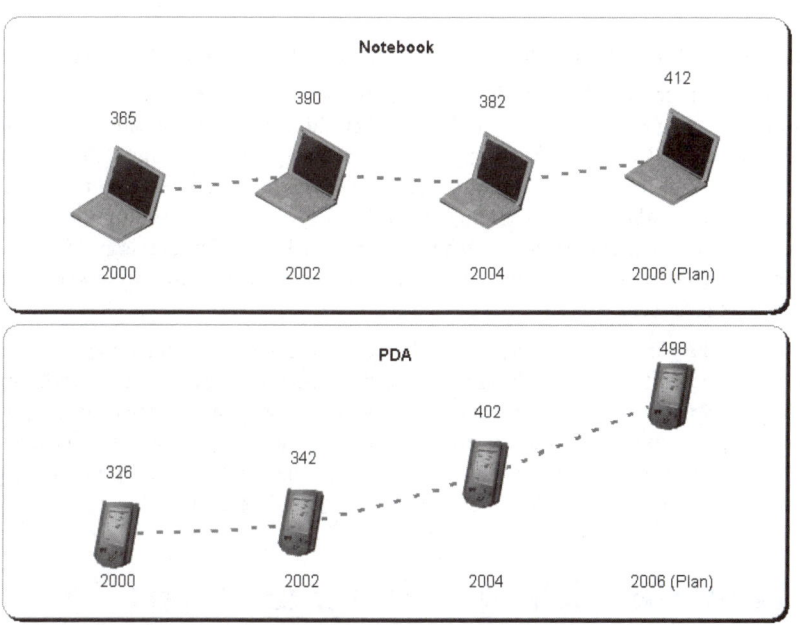

  Diese beiden Liniendiagramme finden Sie auf der CD-ROM zum Buch im Ordner \Buch\Kap18 in der Arbeitsmappe Kap18.xls in der Tabelle Linien mit Bildern.

Trends im Diagramm

Zeitreihenanalysen und damit verbundene Trendberechnungen und -darstellungen sind ein bewährtes Mittel, um hinter die Zusammenhänge verschiedener Erscheinungen der realen Welt zu schauen. Dabei wird die Zeit als mittelbare Erklärung bestimmter Effekte herangezogen und gelegentlich der Versuch unternommen, in die Zukunft zu blicken. So können Unternehmer im Hotel- und Gaststättengewerbe darauf vertrauen: mit der Urlaubszeit wachsen die Umsätze. Dabei ist es unerheblich, warum die Kunden Urlaub machen, es reicht einfach zu wissen, dass die Monate Juli und August (als Beispiel) heranrücken. Das wird auch im nächsten Jahr so sein, wenn nicht Unwetter, Streiks bei Bahn bzw. Fluggesellschaft oder simple Verkehrsbehinderungen durch Straßenbau den Weg zu den Restaurants bzw. Hotels erschweren.

Der Begriff der Zeitreihe

Excel ist sehr mächtig bei der Unterstützung von Zeitreihenanalysen. Dennoch sind ein paar Vorkenntnisse notwendig, um grobe Fehler zu vermeiden. Eine »Zeitreihe« ist die Entwicklung eines Merkmals von Objekten der statistischen Untersuchung, dessen Werte im zeitlichen Ablauf (Zeitpunkte, Intervalle) erfasst und dargestellt werden. Das sollte wünschenswerter Weise mit Hilfe einer Funktion der Form *y=f(t)*

(y beschreibt den Wert des Merkmals, t ist die Zeit) geschehen. Damit entstehen aber sofort Fragen:

- Welcher Ansatz soll für die Funktion *f* genommen werden? Um möglichst schnell zum Erfolg zu kommen, hat sich z.B. in betriebs- und volkswirtschaftlichen Aufgabenstellungen durchgesetzt, *f* als Funktion des Trends *T* (langfristige Entwicklungen), der zyklischen Komponente *Z* (Entwicklungen im Zeitraum von fünf bis zehn Jahren), der saisonalen Komponente *S* (Erscheinungen, die auf monatlichen Beobachtungen beruhen) sowie einer Restkomponente *R* (diese beinhaltet die Unwägbarkeiten) zu verstehen. Dabei werden in der Praxis noch *T* und *Z* zur so genannten »glatten« Komponente, die wieder *T* heißen soll, zusammengefasst und die Restkomponente weggelassen.

- Wie sollen die Komponenten der Zeitreihe verknüpft werden? Hier haben sich zwei Ansätze durchgesetzt: additive Verknüpfung in der Form *y=T+S* und multiplikative Verknüpfung in der Form *y=T*S=T*(1+s/100)*. Die erste Form besagt, dass sich Schwankungen um den Trend immer in gleichen Größenordnungen bewegen. Die zweite sagt aus: je größer die Trendwerte, desto größer auch die möglichen Abweichungen. Welche Art der Verknüpfung vorliegt, lässt sich oft aus der grafischen Darstellung der Daten (Diagramm) »erahnen«.

Die Wahl des richtigen Diagrammtyps

Excel bietet mit den Typen Säulendiagramm und Liniendiagramm so genannte Rubrikendiagramme an. Deren Besonderheit besteht darin, dass die Abstände auf der Rubriken- oder X-Achse stets gleich sind, unabhängig von der von Ihnen gewählten Beschriftung.

WICHTIG   Excel vergibt für die Punkte der Rubriken intern die Werte 1, 2, 3 usw. und rechnet in den Trendformeln (Abbildung 18.36) auch mit diesen Werten.

Punkt(XY)-Diagramme sind die aus der Schulmathematik bekannten Diagramme zum Darstellen funktionaler Zusammenhänge.

Linien- und Punkt(XY)-Diagramme können mit und ohne Linien zwischen die die Merkmalsgröße charakterisierenden Punkten dargestellt werden. Die Punkte selbst können Sie außerdem deutlich mit einer Markierung versehen. In der Regel macht es keinen Sinn, Werte einer Zeitreihe, die zu Zeitpunkten erfasst wurden, mit Linien zu versehen. Haben Sie etwa die monatlichen Gesamtumsätze einer Gaststätte statistisch erfasst, würden Linien zwischen den Punkten am Monatsende suggerieren, dass sich der Umsatz in den Grenzen zwischen zwei Punkten bewegt. In Wirklichkeit startet aber der Umsatz eines Monats stets bei Null. Das durch Linien darzustellen ist allerdings etwas ungebräuchlich, also sollten Sie die Linien ganz weglassen.

Das Beispiel

Das Statistische Bundesamt veröffentlicht regelmäßig monatlich (naturgemäß mit etwas Verspätung) den Preisindex der Lebenshaltung. In Abbildung 18.30 sehen Sie einen Auszug.

Abbildg. 18.30 Ein Auszug aus den Veröffentlichungen des Statistischen Bundesamtes zum Preisindex (2000 entspricht 100)

2000	Jan	99,4
	Apr	99,6
	Jul	100,3
	Okt	100,2
2001	Jan	100,8
	Apr	101,8
	Jul	102,5
	Okt	102,0
2002	Jan	102,9
	Apr	103,3
	Jul	103,7
	Okt	103,3
2003	Jan	104,0
	Apr	104,3
	Jul	104,6
	Okt	104,5
2004	Jan	105,2
	Apr	106,0
	Jul	106,5
	Okt	106,6

PROFITIPP

> Sie können diese Zahlen sehr schnell in eine Arbeitsmappe importieren. Richten Sie dazu mit *Daten/Externe Daten importieren/Neue Webabfrage* eine Anfrage an *http://www.destatis.de/indicators/d/vpi001ad.htm* und wählen den gewünschten Teil der HTML-Tabelle aus. Die Zahlen im Original sind allerdings jährlich absteigend geordnet. Lösen Sie unter den Eigenschaften der Abfrage die Verbindung zur Quelle (vgl. hierzu Kapitel 30 – dort erfahren Sie mehr zu Webabfragen), nummerieren Sie in einer Hilfsspalte die Zeilen mit den Daten und lassen Sie die Tabelle nach der Hilfsspalte in absteigender Richtung sortieren.

Sie sind nun an der Darstellung der Daten in einem Diagramm mit Einzeichnung der Trendfunktion und einer Zukunftsprognose für 2005 interessiert.

Der optische Trend

Das einfachste Verfahren der Trendermittlung ist das Einzeichnen eines optischen Trends. Dazu zeichnen Sie in gewissen Hoch- und Tiefpunkten der Datenmenge mehr oder weniger parallele Linien in das Diagramm, zwischen denen sich alle Datenpunkte befinden. Es entsteht ein Korridor, in dessen Mitte der Trend als langfristige Entwicklungslinie verlaufen sollte (Abbildung 18.31).

HINWEIS Das verwendete Diagramm ist ein Liniendiagramm »ohne Linien«.

Skalieren Sie die Y-Achse, so dass nicht zu viel Platz verschenkt wird. Dazu klicken Sie doppelt auf die Achse und gehen zur Registerkarte *Skalierung*.

Wählen Sie den Schnittpunkt der Y-Achse mit der Rubrikenachse so, dass er nicht zwischen den Rubriken schneidet. Für diese Einstellung klicken Sie doppelt auf die X-Achse und gehen zu *Skalierung*.

Einiges lässt sich aus einer solchen »Skizze« bereits ablesen: der Trend ist vermutlich linear (zumindest in diesem kurzen Zeitraum), die Verknüpfung mit der saisonalen Komponente ist additiv (der Oktober liegt meist unter, der Juli meist über dem Trend). Doch es gibt Nachteile dieser Technik:

- Die eingezeichneten Linien sind starr und passen sich nicht an, falls die verwendete Datenmenge irgendwie korrigiert werden muss.

- Ein Blick in die Zukunft durch Verlängerung des Korridors ist auch nur »optischer« Art, oft sind dem Anwender konkrete Zahlen oder Formeln lieber (auch wenn diese qualitativ nicht besser sind als der »grobe« optische Trend).

Abbildg. 18.31   Einfach, aber nicht flexibel – der optische Trend

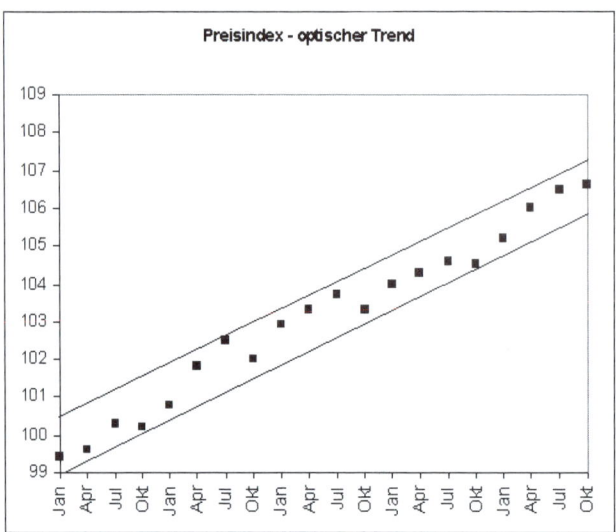

Gleitende Durchschnitte

Gleitende Durchschnitte haben die Aufgabe, eine Trendlinie durch Glättung der Merkmalswerte zu ermitteln. Dies geschieht durch Mittelwertbildung über eine Reihe benachbarter Datenpunkte. Es entstehen folgende Probleme:

- Wie viele Punkte sollen in die Mittelwertbildung einbezogen werden? Bei Daten, deren Abstand Jahre zählt, reichen vielleicht drei oder fünf Punkte aus, bei der Aktienkursanalyse, die tägliche Kursdaten berücksichtigt, sind 40 oder gar 200 Punkte zur Glättung üblich.

- An welcher Stelle soll der geglättete Wert in das Diagramm eingetragen werden (welcher Zeitpunkt soll also repräsentativ sein)? In der Aktienanalyse ist dies stets der zeitlich letzte Punkt.

Genau letzteres tut auch Excel. Klicken Sie mit der rechten Maustaste auf einen Punkt der Datenreihe im Diagramm, öffnet sich nach Wahl des Eintrags *Trendlinie hinzufügen* im Kontextmenü ein Dialogfeld, wie in Abbildung 18.32 gezeigt.

Abbildg. 18.32   Die Qual der Wahl – Trendlinien automatisch einfügen lassen

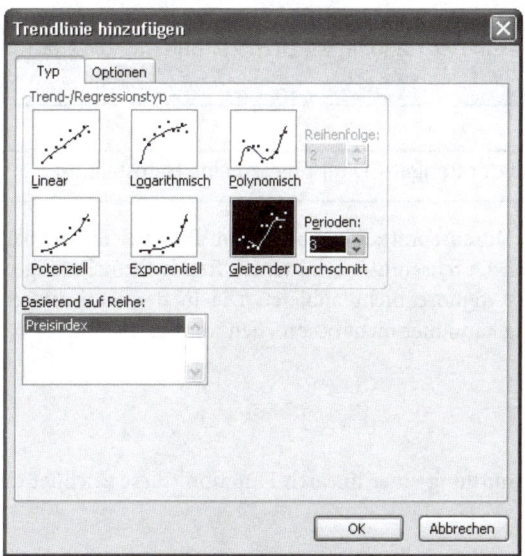

Sie wählen beim gleitenden Durchschnitt zusätzlich die Anzahl der Perioden aus und erhalten im Ergebnis eine Darstellung wie in Abbildung 18.33.

Abbildg. 18.33   Die Methode der gleitenden Durchschnitte – das Ergebnis ist nicht ganz überzeugend

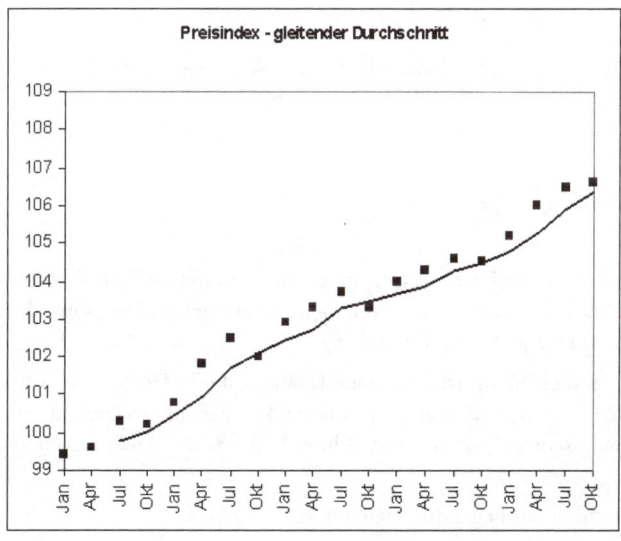

Das Ergebnis kann nicht restlos überzeugen: man sieht, wie der Durchschnitt der Datenreihe »vorauseilt«. Das fällt hier besonders auf, da es nur wenige Datenpunkte sind.

Wollen Sie das Ergebnis verbessern, sollten Sie nicht den Automatismus von Excel nutzen, sondern die gleitenden Durchschnitte selbst in einer Hilfsspalte berechnen und im Diagramm anzeigen lassen. Dann haben Sie es in der Hand, in welchen Zeitpunkten die Glättung eingetragen werden soll.

Die Beispielmappe *Preisindex.xls* auf der Begleit-CD gibt hierzu eine Hilfestellung.

Nachteilig ist auch beim gleitenden Durchschnitt: Sie haben kaum Prognosemöglichkeiten, da Sie den Verlauf des durch die gleitenden Durchschnitte ermittelten Trends formelmäßig nicht in der Hand haben und auch Excel eine Prognose nicht anbietet. Die in der Statistik gebräuchliche Methode der exponentiellen Glättung kann hier nicht besprochen werden.

Der lineare Trend

Der lineare Trend beruht auf der Ermittlung einer linearen Funktion (diese zeichnet eine Gerade) der Form

```
T(t) = a + b*t
```

Da die Offline-Hilfe mit *x* und *y* arbeitet, soll abweichend von der Mehrzahl der Lehrbücher zur Statistik der Trend in der Form

```
y(x) = m*x + b
```

gesucht werden. Die beiden so genannten Normalengleichungen (Abbildung 18.34) entstehen aus der Forderung, dass der Quadratmittelabstand der Datenpunkte zur Trendlinie minimal sein soll.

Abbildg. 18.34   Die Normalengleichungen

$$n \cdot b + m\sum x_i = \sum y_i, \qquad b\sum x_i + m\sum x_i^2 = \sum x_i \cdot y_i$$

Diagramme befreien Sie nun von den Rechnungen, so wie es die Funktion *TREND* tut, die sogar die sofortige Auswertung der linearen Funktion in den beobachteten Zeitpunkten sowie in eventuellen Prognosezeitpunkten vornimmt (vgl. hierzu Kapitel 16).

Sie klicken wieder mit der rechten Maustaste auf einen Datenpunkt im Diagramm, wählen im Kontextmenü den Eintrag *Trendlinie formatieren* und entscheiden sich im Dialogfeld aus Abbildung 18.32 für den linearen Trend. In den Optionen (Abbildung 18.35) zum Trend können Sie nun festlegen,

- welchen Namen Ihr Trend in der Legende erhalten soll,
- wie viele Perioden der Trend in die Zukunft reichen soll und
- ob Sie die Trendfunktion im Diagramm sehen möchten.

Abbildg. 18.35 Trendoptionen – nicht alle sind sinnvoll

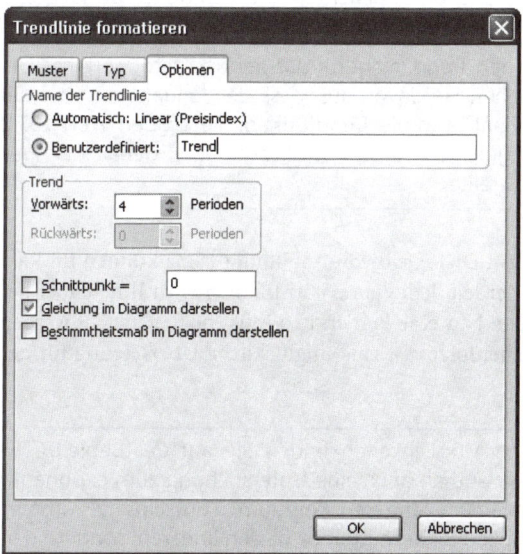

Eine Vorgabe des Schnittpunktes der ermittelten Geraden ist nicht Bestandteil der Trendrechnung sowie auch die Angabe des Bestimmtheitsmaßes wenig Sinn macht. Beides sind Bestandteile der Regressionsrechnung, die mit den gleichen Mitteln wie die Zeitreihenanalyse arbeitet.

Im Ergebnis erhalten Sie eine Darstellung wie in Abbildung 18.36.

Abbildg. 18.36 Automatisch erstellte Trendlinie mit Formel und Zukunftsprognose

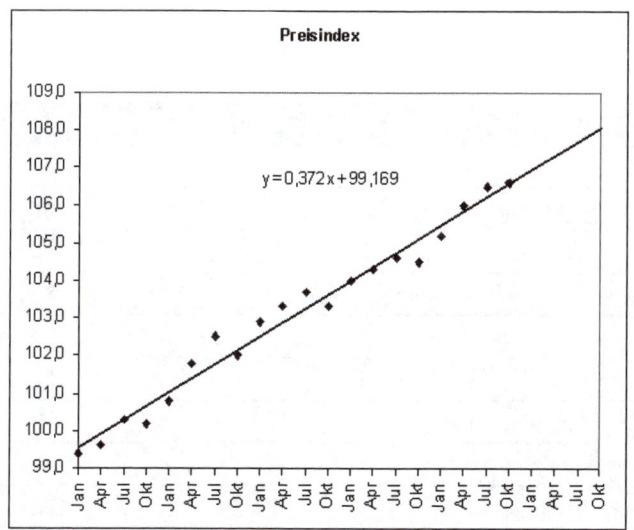

WICHTIG Zwei Dinge sollten Sie unbedingt beachten! Die ermittelte Formel geht davon aus, dass Ihre Zeitpunkte auf der X-Achse mit den Zahlen 1, 2, 3 usw. durchnummeriert sind.

Die Prognose ist eine Prognose für den Trend, nicht für das beobachtete Merkmal. Um etwa den Januar 2005 zu prognostizieren, gehen Sie davon aus, dass der Januar im Mittel um 0,1 unter dem Trend liegt. Ein Einsetzen der Zahl 21 in die Trendfunktion liefert den Wert 107,0, von dem Sie nun 0,1 abziehen müssen. Übrigens: 106,9 ist (natürlich zufällig) genau der Wert, den das Bundesamt für Januar 2005 auch mitteilte.

Die anderen Trendfunktionen aus dem Dialogfeld von Abbildung 18.32 können im Rahmen dieses Handbuchs leider nicht beleuchtet werden. Jedes gute Statistikbuch wird Ihnen aber bei der Erfassung der Möglichkeiten behilflich sein. Nur eine Bemerkung muss noch gemacht werden: Die beim polynomialen Trend geforderte »Reihenfolge« ist eine unglückliche Übersetzung für den geforderten Grad des Polynoms.

Das Beispiel mit den besprochenen Möglichkeiten finden Sie auf der Begleit-CD im Ordner \Buch\Kap18. Die Datei *Preisindex.xls* enthält auch eine Untersuchung zum exponentiellen Trend am gleichen Beispiel, allerdings in einem längeren Zeitraum. Zum Einsatz kommen auch die Funktionen *TREND* und *VARIATION*. Letztere ermittelt nicht den linearen, sondern den exponentiellen Trend.

Zusammenfassung

In diesem Kapitel haben Sie einige Beispiele kennen gelernt, mit denen Sie besondere Diagramme erstellen können. Obwohl Diagramme nicht immer die Flexibilität haben, die man sich als Benutzer wünscht, lassen sich doch manche Grenzen durch entsprechende Anordnung der Datengrundlage sprengen.

Sie möchten ...	Schlagen Sie nach auf Seite
die Säulen eines Diagramms aufteilen	698
einen Kreis um einen Wert in einem Liniendiagramm zeichnen	701
einem Diagramm neue Daten hinzufügen	703
die im Diagramm anzuzeigenden Daten mit Steuerelementen einstellen	704
Daten in einem Diagramm ausblenden	708
ein Diagramm als Bild kopieren	711
die Bezüge einer Datenreihe in Werte umwandeln	712
eine Mustervorlage für Diagramme erstellen	712
den Break-even-Point in ein Diagramm zeichnen	721
Diagrammobjekte gruppieren	726
drei Informationen in einem Diagramm darstellen	730

Sie möchten ...	Schlagen Sie nach auf Seite
Produktbilder in Diagrammen verwenden	734
mehr zum Begriff der Zeitreihe erfahren	737
Informationen zum Trend in Diagrammen erhalten	737
den Unterschied zwischen Linien- und Punkt(XY)-Diagramm kennen lernen	738
die Methode der gleitenden Durchschnitte kennen lernen	740
Möglichkeiten und Grenzen des linearen Trends kennen lernen	742

Daten präsentieren: Diagramme

Teil G

Listenmanagement

In diesem Teil:

Dieser Teil informiert Sie über Werkzeuge zur Auswertung großer Datenbestände. Lernen Sie, welche Möglichkeiten Ihnen Bereichsnamen bieten, die nicht nur beim Markieren von Bereichen, sondern auch beim Rechnen mit Bezügen hilfreich sind. Auch die in Excel 2003 neu eingeführte *Liste* hält einiges an praktischem Nutzen für Sie bereit.

Weiter erfahren Sie, wie Sie Daten sortieren und filtern können. Damit ist es möglich, schnell bestimmte Datensätze anzuzeigen oder auch Teilergebnisse zu berechnen. Spezielle Datenbankfunktionen erlauben Ihnen, Daten ganz gezielt einzuschränken, um z.B. eine Summe mit verschiedenen Bedingungen zu berechnen.

Die mächtigen Werkzeuge PivotTable und PivotChart schließen diesen Teil ab. Diese Instrumente eignen sich hervorragend, wenn es darum geht, bestimmte Daten aus großen Listen anzuzeigen oder in einem Diagramm darzustellen. Mit wenigen Mausklicks erstellen Sie über Auswahlfelder verschiedene Ansichten Ihrer Daten.

Kapitel 19

Mit Namen und Listenbereichen arbeiten

Excel bietet nicht nur reichhaltige mathematische Funktionen für die Berechnung unterschiedlichster Sachverhalte, sondern stellt für die Argumente dieser Funktionen verschiedene Möglichkeiten zur Verfügung. In Kapitel 6 haben Sie bereits die verschiedenen Schreibweisen von Bezügen kennen gelernt. Neben der Verwendung von Zahlen und relativen sowie absoluten Bezügen, ist hier die Verwendung von Bereichsnamen die herausragende Möglichkeit.

Ein Name kann quasi als Stellvertreter für einen Bezug, eine Konstante oder eine Formel verwendet werden. Dieses Kapitel zeigt, wie Sie Namen festlegen und welche Vorteile die Verwendung von Namen bietet.

Außerdem werden Sie sehen, was es mit der neuen Möglichkeit, Listen zu definieren, auf sich hat. Ein Listenbereich bietet einige Besonderheiten für den komfortablen Umgang mit Daten.

 Die hier vorgestellten Beispiele finden Sie in der Datei *Kap19.xls* auf der CD-ROM zu diesem Buch im Ordner *Buch\Kap19*.

Definition von Namen

So, wie jeder von uns durch einen Namen identifiziert werden kann, ist dies auch in Excel: Ein *Name* steht dabei ganz allgemein für ein Objekt. Dieses Objekt kann eine einzelne Zelle, ein Zellbereich, eine Formel, ein eingebettetes Objekt oder ein bestimmter Wert sein. Der Name ist für eine Arbeitsmappe eindeutig und muss bestimmte Namenskonventionen einhalten.

Namenskonventionen beachten

Bei der Vergabe von Namen sind einige Regeln zu beachten. Ein Name kann bis zu 255 Zeichen lang sein und darf Buchstaben, Ziffern, Unterstriche (_), umgekehrte Schrägstriche (\), Punkte (.) und Fragezeichen (?) enthalten. Das erste Zeichen muss allerdings ein Buchstabe, ein Unterstrich (_) oder ein umgekehrter Schrägstrich (\) sein. Namen, die Zellbezügen ähneln, z.B. A1 oder Z1S1, sind nicht zulässig.

TIPP Auch wenn bis zu 255 Zeichen für einen Namen möglich sind, so sollten Sie es sich doch zur Regel machen, kurze Namen zu verwenden. Zum einen, weil Namen nur bis zu einer bestimmten Länge im Namenfeld angezeigt werden können und zum anderen ist die Verwendung kurzer Namen einfach praktischer.

Sie können Namen mit Groß-/Kleinschreibung festlegen. Excel übernimmt den Namen exakt in der Schreibweise, die Sie bestimmt haben. Wenn Sie einen Namen in einer Formel verwenden, wandelt *Excel* den Namen in die Schreibweise um, die Sie bei seiner Festlegung verwendet haben. *Excel* verhält sich also bei der Schreibweise von Namen in Zellen genauso, wie bei der Schreibweise von Funktionen.

WICHTIG Wenn Sie den gleichen Namen, der z.B. in Kleinbuchstaben bereits festgelegt wurde, in Großbuchstaben oder in Groß-/Kleinschreibung eintragen, wird der zuerst festgelegte Name überschrieben, und zwar ohne Vorwarnung!

Die Anzahl der möglichen Namen wird übrigens nur vom Arbeitsspeicher begrenzt. Für die Definition von Namen gibt es eine Reihe von Möglichkeiten. Je nachdem, auf welches Objekt (im allgemeinen Sinne) der Name zeigen soll, wählen Sie eine der folgenden Methoden aus.

Das Namenfeld in der Bearbeitungsleiste verwenden

Wenn ein Objekt markiert ist, steht der von *Excel* verwendete *Name* im *Namenfeld* der Bearbeitungsleiste. Ist z.B. *A1* die aktive Zelle, steht auch genau dort dieser Bezug. Voraussetzung dafür ist, dass die Anzeige der Bearbeitungsleiste (Menübefehl *Extras/Optionen,* Registerkarte *Ansicht*) nicht deaktiviert ist.

In Formeln wie =Summe(B3:B14) sind Zelladressen reichlich nichts sagend. Die Formel =Summe(Kosten) hingegen lässt kaum Zweifel am Inhalt der Zelle. Die Formel verwendet hier einen Namen statt der Angabe von Zelladressen.

Wenn z.B. der Bereich *B3:B14* markiert ist (wie in Abbildung 19.1), können Sie im Namenfeld solch einen Namen eintragen. Dazu klicken Sie in das Namenfeld und überschreiben den bestehenden Eintrag *B3.* Der Name bezieht sich dann nicht nur auf die aktive Zelle, deren Bezug Sie eben überschrieben haben, sondern auf den gesamten markierten Bereich.

Abbildg. 19.1   Namen festlegen durch Überschreiben des Bezuges im Namenfeld

Kosten	▼	*fx* 27319	
	A	B	C
1			
2	Monat	Kosten	
3	Januar	27.319,00 €	
4	Februar	18.118,00 €	
5	März	11.735,00 €	
6	April	17.262,00 €	
7	Mai	22.827,00 €	
8	Juni	13.563,00 €	
9	Juli	21.404,00 €	
10	August	24.469,00 €	
11	September	11.178,00 €	
12	Oktober	22.957,00 €	
13	November	18.349,00 €	
14	Dezember	20.315,00 €	
15			

Sie können nun mit der Formel =SUMME(Kosten) die Summe der Kosten berechnen.

Das gezeigte Beispiel ist auf dem Arbeitsblatt *Namen festlegen* in der Beispieldatei *Kap19.xls* zu finden.

Namen festlegen, ändern und löschen im Dialogfeld

Neben der Festlegung über das Namenfeld können Sie *Namen* auch in einem Dialogfeld festlegen. Dieses Dialogfeld gestattet auch das Ändern der Bezüge sowie das Löschen von Namen – Aktionen, die über das Namenfeld der Bearbeitungsleiste nicht vorgesehen sind.

Über den Menübefehl *Einfügen/Namen/Definieren* können Sie das Dialogfeld *Namen definieren* (Abbildung 19.2) für die Vergabe von Namen aufrufen. Im Textfeld *Namen in der Arbeitsmappe* tragen Sie einen Namen nach den bereits beschriebenen Konventionen ein.

TIPP   Wenn Sie eine vorhandene Überschrift in die Markierung einbeziehen, können Sie sich die Schreibarbeit sparen. Der Inhalt der aktiven Zelle wird als Voreinstellung für den Namen übernommen.

Abbildg. 19.2   Das Dialogfeld zum Definieren, Ändern und Löschen von Namen

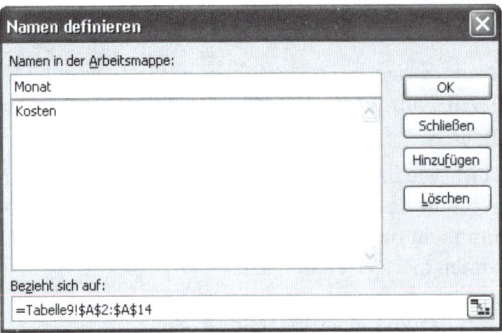

Unter *Bezieht sich auf* ist die aktuelle Markierung bereits eingetragen. Wenn der Name einen anderen Bezug haben soll, überschreiben Sie diese Voreinstellung. Sie können das Dialogfeld auch über die Schaltfläche *Reduzieren* verkleinern und den gewünschten Bereich mit der Maus in der Tabelle markieren.

PROFITIPP

Wenn Sie sich beim Schreiben des Bezuges vertippt haben, können Sie mit der [F2]-Taste im Eingabefeld *Bezieht sich auf* in den Editiermodus wechseln. Mit den Pfeiltasten [←] und [→] können Sie dann die Einfügemarke an die gewünschte Stelle bewegen. Ohne die [F2]-Taste ergänzt *Excel* weitere Zellbezüge.

Mit einem Klick auf die Schaltfläche *OK* wird der Name festgelegt. Sie können mehrere Namen in einem Schritt festlegen, wenn Sie statt *OK* die Schaltfläche *Hinzufügen* wählen. Sie sehen das Ergebnis dann in der Liste der Namen.

Soll ein Name gelöscht werden, können Sie das ebenfalls über dieses Dialogfeld erledigen. Markieren Sie dazu den Namen in der Liste und wählen Sie die Schaltfläche *Löschen*.

WICHTIG   Der Name wird ohne weitere Warnung aus der Liste entfernt. Auch die Schaltfläche *Schließen* verhindert den Löschvorgang nicht mehr!

Überschriften als Namen übernehmen

Häufig ist eine Tabelle so aufgebaut, dass direkt über den Werten die *Überschriften*, auch *Spaltenköpfe* genannt, eingetragen sind. Diese Überschriften sind ideal für die Verwendung als *Namen* geeignet und lassen sich mit wenigen Schritten entsprechend festlegen.

So übernehmen Sie z.B. die Überschriften und Zeilenbeschriftungen der Tabelle aus Abbildung 19.4 als Namen:

Das gezeigte Beispiel ist auf dem Arbeitsblatt *Erstellen* in der Beispieldatei *Kap19.xls* zu finden.

1. Markieren Sie zunächst den gesamten Bereich *A2:C18*, also die Überschriften, die Zeilenbeschriftungen und den Datenbereich.

2. Wählen Sie die Menübefehlsfolge *Einfügen/Namen/Übernehmen* (alternativ die Tastenkombination `Strg`+`⇧`+`F3`).

3. Im darauf folgenden Dialogfeld (Abbildung 19.3) geben Sie an, wo die Namen stehen, also z.B. neben den Werten oder darüber. Sie können hier auch mehrere Felder markieren.

4. Ihre Festlegungen bestätigen Sie mit Klick auf die Schaltfläche *OK*.

Abbildg. 19.3   Hier stellen Sie ein, aus welchem Bereich der Name übernommen werden soll

Das Ergebnis ist eine ganze Reihe von Namen. Im Beispiel wird jeweils ein Name für jedes Bundesland definiert (Abbildung 19.4). Der Name für jedes Bundesland zeigt auf die Schnittmenge der entsprechenden Zeile des Bundeslandes und der Spalten *B* und *C*.

Abbildg. 19.4   Der Bereich und die in einem Arbeitsgang erstellten Namen

	A	B	C	D	E	F	G
1							
2	Bundesland	Zuwanderung	Abwanderung		Abwanderung	=Erstellen!$C$3:$C$18	
3	Baden-Württemberg				Baden_Württemberg	=Erstellen!$B$3:$C$3	
4	Bayern				Bayern	=Erstellen!$B$4:$C$4	
5	Berlin				Berlin	=Erstellen!$B$5:$C$5	
6	Brandenburg				Brandenburg	=Erstellen!$B$6:$C$6	
7	Bremen				Bremen	=Erstellen!$B$7:$C$7	
8	Hamburg				Bundesland	=Erstellen!$B$3:$C$18	
9	Hessen				Hamburg	=Erstellen!$B$8:$C$8	
10	Mecklenburg-Vorpommern				Hessen	=Erstellen!$B$9:$C$9	
11	Niedersachsen				Mecklenburg_Vorpommern	=Erstellen!$B$10:$C$10	
12	Nordrhein-Westfalen				Niedersachsen	=Erstellen!$B$11:$C$11	
13	Rheinland-Pfalz				Nordrhein_Westfalen	=Erstellen!$B$12:$C$12	
14	Saarland				Rheinland_Pfalz	=Erstellen!$B$13:$C$13	
15	Sachsen				Saarland	=Erstellen!$B$14:$C$14	
16	Sachsen-Anhalt				Sachsen	=Erstellen!$B$15:$C$15	
17	Schleswig-Holstein				Sachsen_Anhalt	=Erstellen!$B$16:$C$16	
18	Thüringen				Schleswig_Holstein	=Erstellen!$B$17:$C$17	
19					Thüringen	=Erstellen!$B$18:$C$18	
20					Zuwanderung	=Erstellen!$B$3:$B$18	
21							

Auch für die Spalten wurden Namen definiert. Die Abbildung 19.5 zeigt den Bezug für den Namen »Abwanderung«. Beachten Sie hier auch das Namenfeld in der Bearbeitungsleiste.

Listenmanagement

Abbildg. 19.5 Bezug für die Spaltenbeschriftung »Abwanderung«

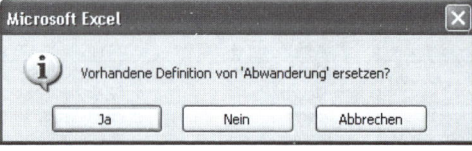

Besonderheiten bei der Übernahme von Namen

Wenn *Excel* bei der Festlegung auf einen Namen trifft, der bereits mit einem anderen Bezug festgelegt wurde, können Sie in der Sicherheitsabfrage (Abbildung 19.6) wählen, welcher Bezug verwendet werden soll. Das kommt häufig dann vor, wenn ein Tabellenblatt in eine andere Arbeitsmappe kopiert wird. Wenn Sie nicht sicher sind, sollten Sie in diesem Fall die Aktion besser abbrechen und sich die unterschiedlichen Bezüge der Namen zunächst kritisch ansehen.

Abbildg. 19.6 Sicherheitsabfrage bei der Übernahme von Namen aus Zellen

Enthält der Tabellentext Leerzeichen oder Bindestriche, werden diese bei der Verwendung als *Name* durch einen Unterstrich ersetzt. So wird beispielsweise aus »Umsatz 2005« der Name »Umsatz_2005«. *Excel* sorgt bei der Übernahme der Namen also selbst für die Einhaltung der Namenskonventionen.

Wenn der Zellinhalt ein Datum ist, z.B. »17.03.2005«, dann wird vor diesem Datum ein Unterstrich eingefügt. Der Name lautet dann im Ergebnis »_17.03.2005«. Auch damit entspricht *Excel* den Namenskonventionen.

Einen Namen für einen konstanten Wert einsetzen

Wenn Sie einzelne Werte haben, die in einem Arbeitsblatt oder einer Mappe mehrfach verwendet werden, können Sie diesem Wert einen *Namen* zuweisen. Wenn Sie z.B. häufig den Mehrwertsteuersatz von 16% benötigen, legen Sie den Namen »MwSt« fest und weisen diesem den Bezug =16% zu.

Sie können dann in Formeln diesen Namen verwenden. Das hat insbesondere dann Vorteile, wenn der Steuersatz geändert wird. In diesem Fall müssen Sie lediglich eine einzige Änderung des Namens durchführen und alle Berechnungen in der Arbeitsmappe werden mit dem aktualisierten Wert berechnet. Zum Vergleich: Ohne Namen müssten Sie jede Zelle einzeln abändern, die den Wert 16% enthält.

> **HINWEIS** Namen für konstante Werte oder Formeln werden im Namenfeld und im Dialogfeld *Gehe zu* nicht angezeigt.

Ein Beispiel für die Verwendung von Namen mit konstantem und berechnetem Wert ist auf dem Arbeitsblatt *Konstanten* in der Beispieldatei *Kap19.xls* zu finden.

Eine Werteliste verarbeiten

Für einen *Namen* können Sie auch eine Liste von Werten festlegen. Die einzelnen Werte stehen in Anführungszeichen und werden durch einen Punkt voneinander getrennt. Der gesamte Ausdruck steht in geschwungener Klammer. Für die Bundesländer der Bundesrepublik etwa können Sie dem Namen »Bundesländer« den folgenden Bezug zuweisen:

```
={"Baden-Württemberg"."Bayern"."Berlin"."Brandenburg"."Bremen"."Hamburg"."Hessen"."Mecklen
burg-Vorpommern"."Niedersachsen"."Nordrhein-Westfalen"."Rheinland-
Pfalz"."Saarland"."Sachsen"."Sachsen-Anhalt"."Schleswig-Holstein"."Thüringen"}
```

Um die Namen der Länder, z.B. in den Bereich *A1:P1* einzutragen, markieren Sie diesen Bereich und tragen die Formel =Bundesländer ein.

> **WICHTIG** Schließen Sie die Eingabe mit der Tastenkombination [Strg]+[⇧]+[↵] ab – es handelt sich um eine Matrix-Formel (Array).

Auf diese Weise können Sie z.B. häufig benötigte Überschriften für Tabellen in einem Namen zusammenfassen.

Wollen Sie einen bestimmten Eintrag aus einem solchen Namen auslesen, können Sie dies über die Formel =INDEX(Bundesländer;1;Spaltenindex) erreichen. Für das Argument *Spaltenindex* geben Sie eine Zahl an. Wenn Sie für den Spaltenindex z.B. den Wert *2* verwenden, wird der Eintrag Bayern zurückgegeben. Die Formel hierfür lautet =INDEX(Bundesländer;1;2). Mit der Tabellenfunktion *INDEX(Matrix;Zeile;Spalte)* können Sie also jedes beliebige Element eines Namens auslesen, indem Sie für das Argument *Matrix* den Namen und für die Argumente *Zeile* und *Spalte* die jeweilige Position des gesuchten Wertes angeben.

Was ist zu tun, wenn Sie die Namen der Bundesländer nicht als Spaltenüberschrift benötigen, sondern untereinander in einer Spalte? Um die Namen in einer Spalte untereinander einzutragen, markieren Sie einen zusammenhängenden Bereich mit 16 Zeilen und tragen die Formel

=MTRANS(Bundesländer) ein. Schließen Sie auch hier die Eingabe mit der Tastenkombination ⌃Strg+⬆+↵ ab, da es sich auch hierbei um eine Matrix-Formel handelt. Mehr zum Thema »Matrix-Formeln« finden Sie in Kapitel 15.

Diese Beispiele sind auf dem Arbeitsblatt *Werteliste* in der Beispieldatei *Kap19.xls* im Ordner *\Buch\Kap19* auf der CD-ROM zu finden.

Ein Name, der einen Namen verwendet

Ein *Name* kann im Bezug ebenfalls einen *Namen* verwenden: Wie bei einer Formel werden die Namen nacheinander ausgewertet und das entsprechende Ergebnis verwendet.

Wenn in einer Mappe der Name »Kosten« für den Bezug *B3:B14* definiert wurde, können Sie für den Namen »Gesamtumsatz« den Bezug =SUMME(Kosten) festlegen und somit in Funktionen mit einem Bereichsnamen direkt auf die aktuelle Summe zugreifen.

An jeder beliebigen Stelle in der Arbeitsmappe liefert nun die Formel =Gesamtumsatz die Summe aus dem Bereich »Kosten«.

Der Name steht für eine Formel

Ein *Name* kann sich in *Excel* auch auf eine mathematische Funktion beziehen. Verwenden Sie als Name z.B. den Text »Zahlungsziel« und für den Bezug die Formel =TEXT(HEUTE()+14;"TT.MM.JJJJ"). Sie können nun z.B. in einem Rechnungsformular mit der Formel ="Bitte überweisen Sie den Rechnungsbetrag bis zum "&Zahlungsziel immer das korrekte Zahlungsziel ausgehend vom aktuellen Datum festlegen.

HINWEIS   Namen für konstante Werte oder Formeln werden im Namenfeld und im Dialogfeld *Gehe zu* nicht angezeigt.

Namen mit relativen Bezügen einsetzen

Bisher hatten die Bezüge für die festgelegten Namen absoluten Charakter. Sie können jedoch auch relative Bezüge verwenden.

Nehmen wir an, Sie wollen den Deckungsbeitrag über die Verwendung eines Namens mit relativen Bezügen berechnen:

Das Beispiel finden Sie auf dem Arbeitsblatt *Relative Bezüge* in der Beispieldatei *Kap19.xls* im Ordner *\Buch\Kap19* auf der CD-ROM zu diesem Buch.

Für den Namen »Deckungsbeitrag« legen Sie den Bezug auf =$C3-$B3 fest (Abbildung 19.7). Achten Sie darauf, dass vor den Zeilennummern kein Dollar-Zeichen ($) verwendet wird. Die Zeilennummer stellt damit einen relativen Bezug dar.

Abbildg. 19.7 Name mit relativem Bezug festlegen

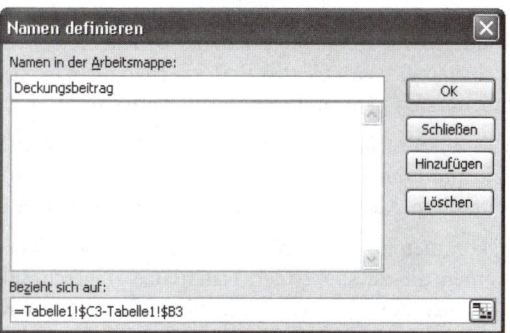

In der Tabelle können Sie den Deckungsbeitrag nun für jede Zeile berechnen, indem Sie die Formel =Deckungsbeitrag eintragen. Sie können diese Formel auch in Zelle *D3* eintragen und nach unten kopieren. Das Ergebnis zeigt die Abbildung 19.8: Der Name wird durch die Verwendung des relativen Bezuges für jede Zeile angepasst und die Differenz korrekt ermittelt.

Abbildg. 19.8 Die Berechnung in dieser Tabelle erfolgt über einen Namen mit relativem Bezug

	D3	▼	fx	=Deckungsbeitrag	
	A	B	C	D	E
1	**Deckungsbeitrag im Jahr 2004**				
2	Monat	Einkauf	Verkauf	Deckungsbeitrag	
3	Januar	16.890,00 €	15.662,00 €	- 1.228,00 €	
4	Februar	17.117,00 €	14.048,00 €	- 3.069,00 €	
5	März	16.428,00 €	14.469,00 €	- 1.959,00 €	
6	April	14.699,00 €	15.592,00 €	893,00 €	
7	Mai	16.274,00 €	13.351,00 €	- 2.923,00 €	
8	Juni	14.228,00 €	12.514,00 €	- 1.714,00 €	
9	Juli	14.663,00 €	12.642,00 €	- 2.021,00 €	
10	August	14.424,00 €	16.094,00 €	1.670,00 €	
11	September	15.899,00 €	15.470,00 €	429,00 €	
12	Oktober	15.679,00 €	14.110,00 €	- 1.569,00 €	
13	November	14.905,00 €	14.702,00 €	- 203,00 €	
14	Dezember	13.827,00 €	12.561,00 €	- 1.266,00 €	
15					

Namen ohne Funktion einsetzen

Wenn Sie für den Bereich *B3:B14* den Namen »Einkauf« und für den Bereich *C3:C14* den Namen »Verkauf« festgelegt haben, können Sie den Deckungsbeitrag auch berechnen, indem Sie in Zelle *D3* die Formel =Verkauf-Einkauf eintragen. Kopieren Sie diese Formel dann nach unten bis zur Zelle *D14*.

Obwohl die Namen jeweils auf einen Bereich von zwölf Zellen zeigen, wird hier für jede Zelle das Ergebnis korrekt aus der jeweiligen Zeile ermittelt. Das ist eine Besonderheit bei der Verwendung von Namen *ohne* zusätzliche Funktion. *Excel* interpretiert die Bezüge dann relativ für jede Zeile. Wenn Sie eine Funktion einsetzen, wird das Gesamtergebnis des Bereichs berücksichtigt. So gibt die Formel =SUMME(Verkauf) die Summe aller Verkäufe zurück.

Listenmanagement

Besondere Namen kennen lernen

Einige *Namen* haben in *Excel* eine besondere Bedeutung: So ist z.B. der Druckbereich, den Sie festlegen können, nichts weiter als ein Bereichsname. Wenn Sie den Druckbereich nicht explizit festgelegt haben, verwendet *Excel* den gesamten benutzten Bereich des aktuellen Blattes als Druckbereich.

Der Name »Druckbereich« wird von *Excel* selbstständig festgelegt, wenn Sie über den Menübefehl *Ansicht/Seitenumbruchvorschau* die *Seitenumbruchvorschau* aktivieren und die Position der Seitenumbrüche über die Positionsrahmen verändern. Mehr zum Thema »Drucken« finden Sie in Kapitel 5.

Wenn Sie einen *Spezialfilter* einsetzen, kommen zwei weitere Namen zum Einsatz. Über die Namen »Suchkriterien« und »Zielbereich« werden die zu suchenden Datensätze eingeschränkt bzw. der Ausgabebereich für die Daten festgelegt. Mehr zum Thema »Spezialfilter« finden Sie in Kapitel 21.

Namen auf Blattebene festlegen

Da *Namen* in *Excel* für jede Arbeitsmappe eindeutig sein müssen, können Sie für jede Mappe nur einen Druckbereich festlegen. Wenn Sie in ein anderes Blatt wechseln, müssen Sie den Namen neu festlegen. Sie fragen sich jetzt vielleicht: Geht das nicht einfacher?

Nun, auch für diese Problemstellung gibt es eine Lösung: Erweitern Sie den Namen »Druckbereich« um den Namen für das aktuelle Tabellenblatt. In *Tabelle1* verwenden Sie den Namen »Tabelle1!Druckbereich«, für den Druckbereich in *Tabelle2* den Namen »Tabelle2!Druckbereich« usw. Dadurch ist der gesamte Name eindeutig für die Mappe und *Excel* kann den Druckbereich für jedes Blatt korrekt interpretieren. Enthält der Name der Tabelle ein Leerzeichen, müssen Sie diesen in einfache Anführungszeichen setzen (vgl. Abbildung 19.9).

Abbildg. 19.9 Wenn Sie vor den eigentlichen Namen den Blattnamen und ein Ausrufezeichen schreiben, können Sie für jedes Blatt einer Mappe einen eigenen Druckbereich festlegen

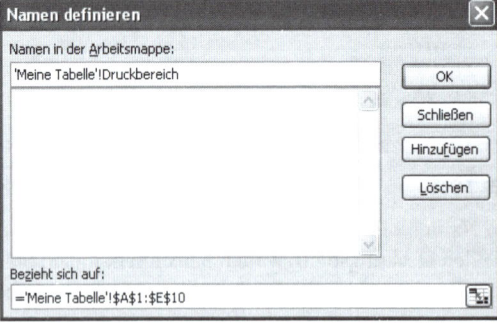

Überprüfen Sie das: Legen Sie für mehrere Arbeitsblätter einen Druckbereich fest und rufen Sie das Dialogfeld *Namen definieren* oder *Namen einfügen* auf. Sie werden feststellen, dass in jedem Blatt nur einmal der Name Druckbereich angezeigt wird, jeweils mit einem Bezug auf das aktive Blatt.

Den gleichen Namen in allen Blättern festlegen

Wie Sie gesehen haben, können Sie für jedes Tabellenblatt einer Mappe einen Druckbereich festlegen. Was mit dem Druckbereich funktioniert, sollte mit einem anderen Namen ebenfalls funktionieren. Und so ist es auch: Sie können in jedem Blatt den gleichen Namen verwenden, wenn Sie bei der Definition den Tabellennamen mit angeben (vgl. Abbildung 19.9). Dadurch wird der Name eindeutig.

Wenn man den gleichen Namen verwenden kann, dann wäre es doch schön, wenn man diesen auch gleich in einem einzigen Arbeitsgang festlegen könnte. Mit der ⟨Strg⟩-Taste bzw. der ⟨⇧⟩-Taste und einem Klick im Blattregister können Arbeitsblätter gruppiert werden. In Kapitel 3 erfahren Sie mehr zum Gruppieren von Arbeitsblättern.

Wenn Sie anschließend über den Menübefehl *Einfügen/Namen/Definieren* einen Namen mit einem Zellbezug festlegen, dann zeigt dieser allerdings immer auf die Tabelle, die beim Aufrufen des Dialogfeldes *Namen definieren* aktiv war. So geht es also nicht.

Wie kann man einen Namen festlegen, der in allen Tabellenblättern einer Mappe auf einen bestimmten Bereich zeigt? Um einen solchen Namen festzulegen, gehen Sie wie folgt vor:

1. Für diese Lösung ist es unerheblich, welche Blätter markiert sind und welches Tabellenblatt aktiv ist.
2. Rufen Sie über den Menübefehl *Einfügen/Namen/Definieren* das Dialogfeld *Namen definieren* auf.
3. Im Eingabefeld *Namen in der Arbeitsmappe* tragen Sie den gewünschten Namen, etwa »Überschrift«, ein.
4. Im Eingabefeld *Bezieht sich auf* tragen Sie die Formel `=INDIREKT("B2";WAHR)` ein.
5. Beenden Sie die Definition über die Schaltfläche *OK*.

Die Tabellenfunktion *INDIREKT (Bezug;A1)* sorgt in diesem Fall dafür, dass ein relativer Bezug für den Namen verwendet wird. Wichtig ist dabei, dass Sie diesen Bezug in Anführungszeichen angeben. Für den Bezug selbst akzeptiert Excel die unterschiedlichen Schreibweisen, wenn Sie das Argument *A1* entsprechend anpassen. Die folgenden Bezüge führen zum gleichen Ergebnis:

`=INDIREKT("B2";WAHR)`

`=INDIREKT("Z2S2";FALSCH)`

Fortan können Sie in jedem Tabellenblatt schnell zur Zelle *Überschrift* springen, wenn Sie die ⟨F5⟩-Taste drücken und in das Feld *Verweis* den Namen *Überschrift* eintragen. Das müssen Sie allerdings von Hand erledigen, da Namen mit Funktionen in diesem Dialogfeld nicht angezeigt werden.

Ein Name mit Bezug auf mehrere Blätter

Manchmal sollen über mehrere Blätter Auswertungen vorgenommen werden. Vielleicht wollen Sie aus den Zellen *A1:B2* der ersten drei Blätter einer Mappe die Summe berechnen. Auch hierfür können Sie einen Namen definieren und diesen dann in der Formel verwenden. Vergeben Sie den Namen »Auswertung« und tragen Sie unter *Bezieht sich auf* den Bezug `=Tabelle1:Tabelle3!$A$1:$B$2` ein. Nun können Sie die Summe mit der Formel `=SUMME(Auswertung)` berechnen.

WICHTIG Wenn Sie zwischen den, bei der Definition des Namens, verwendeten Blättern ein zusätzliches Blatt einfügen, wird der Bezug auf dieses Blatt erweitert. Ebenso wird der Bezug angepasst, wenn Sie Arbeitsblätter verschieben!

Listenmanagement

Namen mit langen Verweisen

Wenn Sie einen Namen festlegen, der auf eine Formel oder verschiedene Tabellen verweist, kann es vorkommen, dass der Verweis zu lang wird. Excel akzeptiert im Eingabefeld *Bezieht sich auf* lediglich Zeichenfolgen mit einer maximalen Länge von 230 Zeichen. Was an sich ausreichend ist, kann bei entsprechenden Bezügen zu einem Problem werden. Wollen Sie etwa einen solch langen Bezug unter Verwendung der Strg -Taste festlegen, dann kommt der Punkt, an dem Excel ganz einfach die bisher markierten Bezüge aus dem Eingabefeld entfernt. In Abhängigkeit vom Tabellennamen ist das etwa bei 18 einzelnen Zellen der Fall. Wie können Sie das lösen?

Auch hier ist die Lösung über einen Namen möglich: Vergeben Sie Namen für einzelne Teilbereiche und fassen Sie anschließend diese Teilbereiche zu einem weiteren Namen zusammen, indem Sie die zuvor definierten Namen der Teilbereiche verwenden.

Externe Bezüge in Namen verwenden

Namen können auch auf externe Bezüge zeigen. Ist die andere Mappe geöffnet, können Sie einen Namen mit externem Bezug festlegen, indem Sie im Feld *Bezieht sich auf* den Namen der Mappe sowie den Blattnamen und die Zelladresse angeben, etwa `='[Mappe.xls]Tabelle 1'!$B$4`. Ist die Mappe nicht geöffnet, muss der Bezug um die Angabe des Ordners erweitert werden, also z.B. `='C:\Daten\[Mappe.xls]Tabelle 1'!$B$4`.

Die Krönung – ein dynamischer Bereichsname

Wie leistungsfähig *Namen* sein können, zeigt das folgende Beispiel: Angenommen, Sie haben eine Liste, in die z.B. jede Woche oder jeden Tag weitere Werte eingetragen werden. Bei der Auswertung einer solchen Liste, soll natürlich immer der jeweils verwendete Bereich in die Berechnungen eingehen, der Bezug soll also gleichsam mitwachsen. Wie lässt sich das erreichen?

Für Ihre persönliche Börsenbeurteilung tragen Sie in einer Tabelle für ein Jahr jeweils ein Datum und einen Kurswert ein. In Spalte *A* steht das Datum, in Spalte *B* der Kurs. Für ein Jahr liegt der maximale Bereich inklusive Überschrift und Berücksichtigung von Schaltjahren also bei 367 Zeilen. Legen Sie einen Namen fest, der immer nur auf den verwendeten Bereich zeigt.

Das gezeigte Beispiel ist auf dem Arbeitsblatt *Dynamische Namen* in der Beispieldatei *Kap19.xls* zu finden.

Auch hier liegt die Lösung in der Vergabe von *Namen*:

1. Vergeben Sie für den Datenbereich *A3:A368* den Namen »Eingabebereich«.
2. Legen Sie dann für die Zelle *A3* den Namen »Start« fest.
3. Legen Sie den Namen »Datum« fest. Unter *Bezieht sich auf* tragen Sie die Formel `=Start:BEREICH.VERSCHIEBEN(Start;MAX(0;ANZAHL(Eingabebereich)-1);0)` ein.
4. Verwenden Sie für den Namen »Kurs« den Bezug `=BEREICH.VERSCHIEBEN(Start;0;1): BEREICH.VERSCHIEBEN(Start;MAX(0;ANZAHL(Eingabebereich)-1);1)`.

Abbildg. 19.10 Mit einem dynamischen Namen verwenden Ihre Berechnungen immer alle Daten

	A	B	C	D	E	F	G	H	I	J	K
1	**Aktienkurs**			Jürgen Schwenk: Wenn Sie weitere Werte eintragen, werden die Namen "Datum" und "Kurs" automatisch erweitert.							
2	Datum	Kurs		**Aktuelle Bereiche:**							
3	01.01.2005	100,0		Datum	A3:A13	=WENN(A3<>"";"A3:A"&ANZAHL(Eingabebereich)+2)					
4	02.01.2005	75,0		Kurs	B3:B13	=WENN(B3<>"";"B3:B"&ANZAHL(Eingabebereich)+2)					
5	03.01.2005	87,0									
6	04.01.2005	85,0		**Namen und Bezüge:**							
7	05.01.2005	73,0		Datum	=Start:BEREICH.VERSCHIEBEN(Start;MAX(0;ANZAHL(Eingabebereich)-1);0)						
8	06.01.2005	102,0		Eingabebereich	='Dynamische Namen'!$A$3:$A$368						
9	07.01.2005	75,0		Start	='Dynamische Namen'!$A$3						
10	08.01.2005	86,0		Kurs	=BEREICH.VERSCHIEBEN(Start;0;1):						
11	09.01.2005	84,0			BEREICH.VERSCHIEBEN(Start;MAX(0;ANZAHL(Eingabebereich)-1);1)						
12	10.01.2005	93,0									
13	20.07.2005	95,0									
14											

Um einen dynamischen Bereich zu ermitteln, können Sie in *Excel* die Funktion *BEREICH.VERSCHIEBEN* verwenden. Diese Funktion liefert einen Bezug, der gegenüber dem angegebenen Bezug versetzt ist. Die Funktion *BEREICH.VERSCHIEBEN(Bezug;Zeilen;Spalten;Höhe;Breite)* ermittelt zunächst die Anzahl der (numerischen) Einträge im Eingabebereich und verwendet diese Zahl für die Rückgabe des neuen Bereichs.

PROFITIPP

> *Namen* für konstante Werte oder Formeln werden im Namenfeld und im Dialogfeld *Gehe zu* nicht angezeigt. Gleichwohl können Sie Namen, die einen Bezug zurückgeben hier eintragen und damit den Bezug überprüfen. Um die Namen zu testen, tragen Sie diese im Namenfeld ein oder rufen Sie über den Menübefehl *Bearbeiten/Gehe zu* das Dialogfeld *Gehe zu* auf und tragen den Bezug »Datum« oder »Werte« ein.

WICHTIG Der Name *Kurs* wird auf Basis der Einträge in der Spalte *Datum* ermittelt. In diesem Beispiel müssen die Werte also immer paarweise eingetragen werden.

Vielleicht fragen Sie sich jetzt, ob es sich wirklich lohnt, einen Namen mit solch einer Formel zu definieren. Gewiss, es steckt einiger Aufwand dahinter – Sie müssen

- zunächst das Problem analysieren,
- dann die Tabelle aufbauen,
- die Logik für die Funktionen ermitteln,
- das Dialogfeld *Namen definieren* vielleicht sogar mehrmals aufrufen und
- am Ende auch noch einen Test durchführen.

Zugegeben, es ist ein Mehraufwand zu bewältigen. Das lohnt sich sicher nicht für jede Tabelle. Wenn Sie allerdings Tabellen haben, die laufend erweitert werden müssen, sollten Sie den Aufwand einmal betreiben. Fügen Sie zum Test neue Einträge in der Spalte *Datum* und *Kurs* hinzu. Markieren Sie über den Menübefehl *Bearbeiten/Gehe zu* den Bezug erneut, werden Sie feststellen, dass der Name nun auf den erweiterten Bereich zeigt. Das bedeutet, dass Ihre Auswertungen oder Diagramme immer den aktuellen Datenbereich verwenden. Und das ist dann wohl doch die Mühe wert gewesen.

Listenmanagement

Mit solch einem dynamischen Namen haben Sie auch eine ideale Grundlage für ein dynamisches Diagramm erstellt. Wie Sie ein Diagramm erstellen, das den wachsenden Datenbereich automatisch berücksichtigt, zeigt Ihnen Kaptitel 18. Mehr zur Funktion *BEREICH.VERSCHIEBEN* finden Sie in Kapitel 15.

Eine Liste der sichtbaren Namen erstellen

Für die Dokumentation ist eine Liste der verwendeten Namen hilfreich. Eine solche Liste aller sichtbaren Namen einer Mappe können Sie über die Menübefehlsfolge *Einfügen/Namen/Einfügen* erstellen, wenn Sie im Dialogfeld *Namen einfügen* die Schaltfläche *Liste einfügen* wählen (Abbildung 19.11). Sie können dieses Dialogfeld auch über die F3-Taste aufrufen. Der Befehl schreibt einen zweispaltigen Bereich in ein Tabellenblatt. Dieser Bereich enthält die Namen und die dazugehörenden Bezüge bzw. Konstanten.

WICHTIG Achten Sie darauf, dass Sie diesen Befehl am Ende einer Tabelle oder in einem leeren Blatt ausführen, da *Excel* ohne Warnung bestehende Einträge überschreibt!

Abbildg. 19.11 Dialogfeld zum Einfügen einer Namensliste

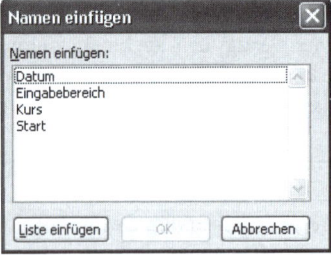

HINWEIS Mit einem Makro können Namen auch ausgeblendet und die Anzeige in den Dialogfeldern *Namen definieren* sowie *Namen einfügen* damit verhindert werden. Solche Namen erscheinen auch nicht in der eingefügten Liste. Ein Beispiel, wie Sie eine Liste aller Namen erstellen können, zeigt Ihnen Kapitel 31.

Benannte Bereiche anzeigen

Beim Aufbauen von Formeln stellt sich Ihnen vielleicht die Frage, ob nicht ein existierender Name statt eines Zellbezuges verwendet werden kann. Um sich einen Überblick zu verschaffen, welche Namen auf einem Arbeitsblatt definiert sind, können Sie auch eine andere nützliche Methode einsetzen. Wenn Sie den Zoomfaktor über den Menübefehl *Ansicht/Zoom* oder das entsprechende Symbol auf einen Wert kleiner *40* einstellen, dann werden die Bereiche, für die ein Name festgelegt ist, mit einer Markierung hervorgehoben. Der Name selbst erscheint in blauer Schrift (Abbildung 19.12).

HINWEIS Dabei werden nur Namen angezeigt, die sich auf einen Bezug im aktuellen Blatt beziehen. Namen, die auf externe Bezüge zeigen oder für konstante Werte stehen, können damit nicht sichtbar gemacht werden.

Abbildg. 19.12 Bei einer Zoomeinstellung unter 40% werden Bereichsnamen in der Tabelle angezeigt

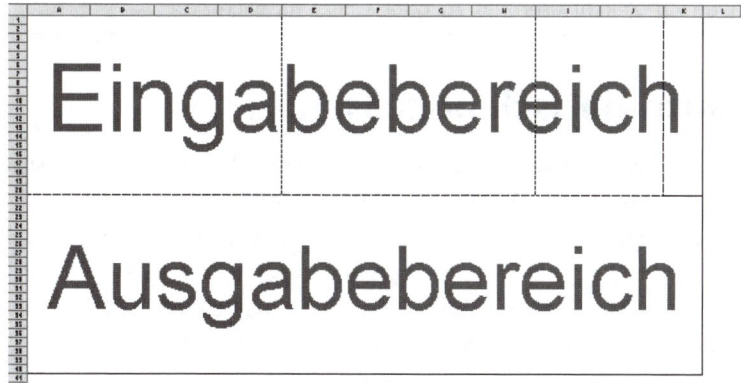

Namen in der Praxis einsetzen

Wie bereits erwähnt, eignen sich *Namen* bestens für die Verwendung in Formeln. Wenn Sie eine Formel in eine Zelle eintragen, können Sie über die [F3]-Taste aus der Liste bereits festgelegter Namen denjenigen auswählen, den Sie in der Formel verwenden wollen: Markieren Sie den Namen mit der Maus und klicken Sie auf die Schaltfläche *OK*, wird der Name an der aktuellen Cursor-Position eingefügt.

TIPP Über die [F3]-Taste steht auch im Funktions-Assistenten das Dialogfeld *Namen einfügen* zur Verfügung, um einen Namen als Argument einzutragen. Sie können Namen aber auch über den Menübefehl *Einfügen/Namen/Einfügen* eintragen.

Benannte Bereiche markieren

Zeigt der *Name* auf einen Bereich, können Sie diesen ganz schnell markieren, indem Sie den Menübefehl *Bearbeiten/Gehe zu* wählen oder die [F5]-Taste drücken. Im folgenden Dialogfeld wird eine Liste der Bereichsnamen angezeigt. Wählen Sie den gewünschten Bereichsnamen aus und klicken Sie auf die Schaltfläche *OK*, wird der Bereich markiert. Das gilt auch dann, wenn der Bereich nicht im aktuellen Tabellenblatt liegt. Insbesondere für größere oder häufig verwendete Bereiche ist das sehr nützlich.

Im Dialogfeld *Gehe zu* können Sie auch mehrere Bezüge in einem Arbeitsgang markieren. Der Bezug muss dazu in einer Form eingetragen werden, wie er auch in Formeln, etwa zur Berechnung der Summe, akzeptiert wird. Tragen Sie die Bereichsnamen in der Form *Bereich1:Bereich2* ein, um die Randbereiche als Bezug anzugeben. Zeigt der *Bereich1* auf die Zelle *A1* und *Bereich2* auf die Zelle *E10*, wird in diesem Fall der Bereich *A1:E10* markiert.

Eine Mehrfachauswahl ist mit dem Semikolon möglich. Für die Mehrfachauswahl können Sie einen Bezug in der Form *Bereich1;Bereich2;Bereich5* eintragen. In diesem Beispiel werden lediglich die benannten Bereiche *Bereich1*, *Bereich2* und *Bereich5* markiert.

> **TIPP**   Auch die Auswahl eines Namens im Namenfeld der Bearbeitungsleiste bringt Sie schnell an die gewünschte Stelle in Ihrer Arbeitsmappe und erspart so den lästigen Bildlauf. Ferner ist die Eingabe von Zelladressen, z.B. *A1* oder *X2003*, möglich.

Namen automatisch anpassen

Wenn Sie Zellen in einen benannten Bereich einfügen oder löschen, kann der *Name* automatisch angepasst werden. Wichtig ist dabei die Position, an der die Aktion ausgeführt wird.

Sie mögen sich fragen: Wie verhält sich der Bezug eines Namens, wenn einzelne Zellen gelöscht oder eingefügt werden?

Um das Verhalten von *Namen* zu verdeutlichen, sollen in unserem Beispiel Zellen eingefügt werden:

1. Tragen Sie im Bereich *A1:A12* die Monatsnamen *Januar* bis *Dezember* ein.
2. Vergeben Sie für diesen Bereich den Namen »Monate«.
3. Aktivieren Sie die Zelle *A1*.
4. Wählen Sie den Menübefehl *Einfügen/Zellen* und aktivieren Sie die Option *Zellen nach unten verschieben*.
5. Wählen Sie den Namen »Monate« im Namenfeld aus, um die Monate zu markieren. Die aktuelle Markierung umfasst den Bereich *A2:A13*. Nach wie vor sind also zwölf Zellen markiert.
6. Markieren Sie die Zellen *A5:A6*.
7. Wählen Sie den Menübefehl *Einfügen/Zellen* und aktivieren Sie die Option *Zellen nach unten verschieben*.
8. Wählen Sie den Namen »Monate« im Namenfeld aus, um die Monate zu markieren. Die aktuelle Markierung umfasst den Bereich *A2:A15*, also 14 Zellen.

Sie sehen also, dass *Excel* je nachdem, ob beim Einfügen von Zellen der Randbereich markiert ist, den benannten Bereich verschiebt bzw. den Bereich erweitert. Beim Löschen ist das Verhalten entsprechend.

Namen nachträglich in Formeln einbauen

Wenn Sie jetzt restlos von der Verwendung von *Namen* überzeugt sind, dann können Sie auch nachträglich noch ein Tabellenmodell ändern und in den Formeln Namen anstelle von Zellbezügen verwenden. *Excel* stellt über die Menübefehlsfolge *Einfügen/Namen/Übernehmen* (Abbildung 19.13) eine spezielle *Suchen und Ersetzen*-Funktionalität für Namen zur Verfügung. Damit können Sie in bestehenden Formeln die Standardbezüge durch definierte Namen ersetzen.

Über die Schaltfläche *Optionen* kann dieses Dialogfeld erweitert werden und Sie können dann einstellen, ob der Spaltenname und/oder Zeilenname entfallen soll, wenn sich die Formel in der gleichen Spalte bzw. Zeile befindet. Für die Ermittlung von Schnittmengen können Sie angeben, in welcher Reihenfolge die Namen übernommen werden sollen.

Abbildg. 19.13 Einstellungen für die Übernahme von Namen

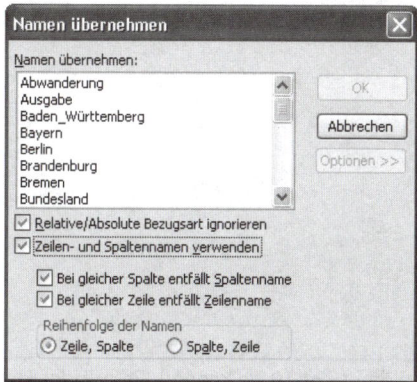

Namen in Bezüge umwandeln

Wie zuvor beschrieben, steht für das Umwandeln von Bezügen in Namen eine eigene Funktionalität zur Verfügung. Wie sieht es mit dem umgekehrten Weg aus? Können aus Bereichsnamen wieder Zellbezüge hergestellt werden?

Leider ist dafür kein Menübefehl zu finden, aber das bedeutet nicht, dass es nicht dennoch einen Weg gibt. Angenommen der Name »Werte« zeigt auf den Bereich *A1:A10*. In Zelle *B1* ermitteln Sie mit der Formel =SUMME(Werte) unter Verwendung des Namens die Summe der Zahlen aus diesem Bereich. Gehen Sie wie folgt vor, um in der Formel den Namen durch den Bezug zu ersetzen:

1. Aktivieren Sie die Zelle *B1* und drücken Sie die F2 -Taste, um die Bearbeitungsleiste zu aktivieren.

2. Drücken Sie die ↵ -Taste.

3. Wählen Sie den Menübefehl *Extras/Optionen* und wechseln Sie auf die Registerkarte *Umsteigen*.

4. Aktivieren Sie dort das Kontrollkästchen *Alternative Formeleingabe*.

5. Schließen Sie das Dialogfeld mit Klick auf die Schaltfläche *OK*.

6. Drücken Sie erneut die F2 -Taste und gleich darauf die ↵ -Taste, um die Formeleingabe im neuen Modus vorzunehmen.

7. Deaktivieren Sie über den Menübefehl *Extras/Optionen* das Kontrollkästchen *Alternative Formeleingabe*.

8. Schließen Sie das Dialogfeld mit Klick auf die Schaltfläche *OK*.

Über das erneute Ändern der alternativen Formeleingabe können Sie nun zwischen den einzelnen Anzeigemodi wechseln.

Interessant ist diese Art der Umwandlung, wenn Sie den Bezug einer Formel überarbeiten wollen. Überarbeiten Sie eine Zelle mit einem Zellbezug oder Namen, wird der entsprechende Bereich markiert, wenn Sie die Bearbeitungsleiste aktivieren (Abbildung 19.14). Dabei unterscheidet *Excel* zwischen den einzelnen Bezugsarten in einem kleinen aber wichtigen Detail: Während Sie einen Zellbezug direkt durch Ziehen am Rahmen um den markierten Bereich ändern können, ist dies bei Namen nicht möglich.

Abbildg. 19.14 Zum Anpassen einer Formel ist die Schreibweise mit Bezügen manchmal günstiger

ZELLE		▼	✗ ✓ ƒx	=SUMME(A1:A10)

	A	B		
			SUMME(**Zahl1**; [Zahl2]; …)	
1	16	MME(A1:A10)		
2	21			
3	31			
4	13			
5	21			
6	34			
7	34			
8	14			
9	6			
10	5			
11				

Im Arbeitsblatt *Bezüge umwandeln* der Beispieldatei *Kap19.xls* können Sie mit der Umwandlung experimentieren.

Namen in Steuerelementen verwenden

Auch in Steuerelementen, etwa einem Drehfeld oder Kombinationsfeld, können *Namen* verwendet werden. Für den *Eingabebereich* und die *Zellverknüpfung* können Sie hier einen Namen eintragen und damit den Bezug deutlich machen.

Es gibt in *Excel* unterschiedliche Steuerelemente: Zum einen die Steuerelemente der Symbolleiste *Formular* und zum anderen die Steuerelemente der *Steuerelement-Toolbox*. Die jeweiligen Symbole der Steuerelemente auf den verschiedenen Symbolleisten unterscheiden sich optisch zwar kaum, aber in der Funktionalität gibt es doch einige Unterschiede. Aus diesem Grund soll hier am Beispiel des Kombinationsfeldes auch darauf einmal eingegangen werden. Mehr zu den Möglichkeiten von Steuerelementen erfahren Sie in Kapitel 14.

Kombinationsfeld der Symbolleiste *Formular*

Es gilt nun, ein Kombinationsfeld zu erstellen, das eine Liste der Bundesländer anzeigt und den Namen des jeweils markierten Landes in eine Zelle ausgibt – unter Verwendung von Bereichsnamen.

Das gezeigte Beispiel ist auf dem Arbeitsblatt *Steuerelemente* in der Beispieldatei *Kap19.xls* zu finden.

Um diese Aufgabe zu lösen, erstellen Sie zunächst die Liste, die im Kombinationsfeld angezeigt werden soll. Tragen Sie also die verschiedenen Bundesländer untereinander ein. Als Überschrift für diesen Bereich tragen Sie »Liste« ein. Gehen Sie dann folgendermaßen vor:

1. Markieren Sie den gesamten Bereich, wählen Sie die Menübefehlsfolge *Einfügen/Namen/Erstellen* und übernehmen Sie den Namen aus der obersten Zeile. Damit zeigt der Name »Liste« auf die Liste der Bundesländer.

2. Legen Sie für die Zelle *E12*, welche den Rückgabewert des Kombinationsfeldes aufnehmen soll, den Namen »Ausgabe« fest.

3. Erstellen Sie nun ein *Kombinationsfeld*, indem Sie die entsprechende Schaltfläche auf der Symbolleiste *Formular* anklicken und einen Rahmen in der Tabelle aufziehen. Sie können das Steuerelement an den Grenzen der Zellen ausrichten, wenn Sie dabei die ⟨Alt⟩-Taste gedrückt halten.

4. Solange das Steuerelement noch markiert ist, wählen Sie den *Menübefehl Format/Steuerelement*. Wenn Sie das Steuerelement bereits durch einen Klick in die Tabelle deaktiviert haben, können Sie es per Klick mit der rechten Maustaste wieder aktivieren.

5. Auf der Registerkarte *Steuerung* tragen Sie für den *Eingabebereich* den Namen »Liste« ein und für die *Zellverknüpfung* den Namen »Ausgabe«.

6. Schließen Sie das Dialogfeld mit Klick auf die Schaltfläche *OK*.

7. Aktivieren Sie die Zelle *A1*.

Nach der Auswahl eines Elements aus dem *Kombinationsfeld* wird dieses in die Ausgabezelle geschrieben. Allerdings wird dabei nicht der Eintrag selbst, sondern die laufende Nummer in der Liste ausgegeben. Mit der Formel =INDEX($B$3:$B$11;E12) bzw. unter Verwendung von Namen =INDEX(Liste;Ausgabe) können Sie aus dieser Nummer nun den tatsächlichen Wert ermitteln. Das fertige Ergebnis zeigt die Abbildung 19.15.

Abbildg. 19.15 Namen in Steuerelementen verwenden

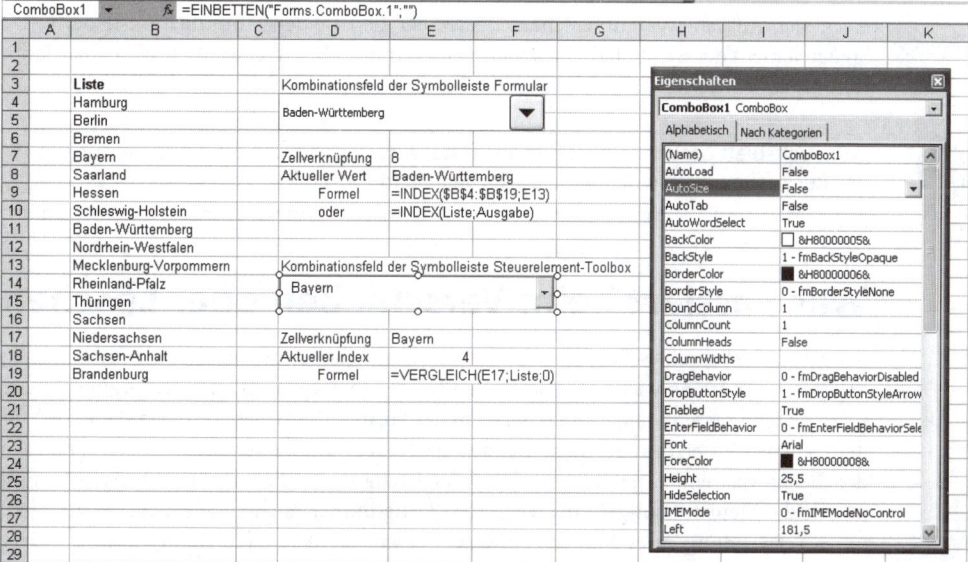

Ein Kombinationsfeld mit der Steuerelement-Toolbox erstellen

Das Erstellen eines *Kombinationsfeldes* über die Symbolleiste *Steuerelement-Toolbox* funktioniert (rein technisch gesehen) genauso: Sie klicken das entsprechende Symbol an und ziehen das Steuerelement über dem gewünschten Zellbereich auf. Die Art und Weise, wie die Einstellungen vorgenommen werden, unterscheidet sich allerdings beträchtlich.

Für die Symbole der Symbolleiste *Formular* nehmen Sie die Einstellungen zum Eingabebereich und zur Zellverknüpfung über den Menübefehl *Format/Steuerelement* auf der Registerkarte *Steuerung* vor. Rufen Sie diesen Befehl für ein aktives Kombinationsfeld der *Steuerelement-Toolbox* auf, fehlt diese Registerkarte.

Um die Eigenschaften zur Steuerung ändern zu können, müssen Sie zunächst das Fenster *Eigenschaften* einblenden. Dafür verwenden Sie das Kontextmenü des Steuerelementes oder das Symbol *Eigenschaften*. Dieses Fenster bietet zahlreiche zusätzliche Möglichkeiten zur Funktionalität und Formatierung (vgl. Abbildung 19.15). So können Sie hier beispielsweise über die Eigenschaft *ColumnCount* den Eingabebereich auf mehrere Spalten ausdehnen oder die Schriftart und die Hintergrundfarbe einstellen. Für das Kombinationsfeld der Symbolleiste *Formular* dagegen werden die *Windows*-Einstellungen verwendet. Diese können nur über die *Windows-Eigenschaften* geändert werden und betreffen daher alle gleichartigen Objekte.

Über die Eigenschaft *LinkedCell* legen Sie die Zellverknüpfung und über die Eigenschaft *ListFill-Range* den Eingabebereich fest. Für beide Eigenschaften können Sie auch Bereichsnamen verwenden. Wenn Sie alle Einstellungen vorgenommen haben, beenden Sie den Entwurfsmodus über das entsprechende Symbol der Symbolleiste *Steuerelement-Toolbox*. Damit steht die Funktionalität des *Kombinationsfeldes* zur Verfügung.

> **WICHTIG** Bevor Sie Änderungen an den Einstellungen vornehmen können, müssen Sie zunächst wieder in den *Entwurfsmodus* wechseln, weil die Steuerelemente der *Steuerelement-Toolbox* nicht mit der rechten Maustaste aktiviert werden können.

Auch der Ausgabewert unterscheidet sich bei den beiden Kombinationsfeldern. Während das Steuerelement der Symbolleiste *Formular* einen Index für den gewählten Wert zurückgibt, liefert das Kombinationsfeld der *Steuerelement-Toolbox* den Wert selbst.

Im Arbeitsblatt *Steuerelemente* in der Datei *Kap19.xls* finden Sie Beispiele für die Umwandlung des Rückgabewertes (vgl. hierzu auch die Abbildung 19.15).

Was passiert beim Verschieben oder Löschen?

Beim Verschieben eines Bereichs, für den ein *Name* festgelegt wurde, wird der Bezug entsprechend angepasst. Das ist ein wichtiger Vorteil, den Namen im Gegensatz zu festen Bezügen bieten. Wenn Sie z.B. in einer anderen Mappe einen Bezug in der Form =`'C:\Daten\[Info.xls]Tabelle1'!$A$1` verwenden, tauchen Probleme auf, wenn Sie diese Zelle z.B. nach *B1* verschieben. Wenn die Mappe, welche den Bezug verwendet, geöffnet ist, wird der Bezug in der Formel beim Verschieben angepasst. Ist jedoch die Mappe nicht geöffnet, zeigt der Bezug immer noch auf Zelle *A1*. Wenn Sie einen Bezug unter Verwendung eines Namens einsetzen, etwa =`'C:\Daten\[Info.xls]Tabelle1'!Übernahme`, verwenden durch die Anpassung des Namens alle externen Berechnungen den richtigen Wert.

Wird der Bereich, auf den ein *Name* zeigt, z.B. über den Menübefehl *Bearbeiten/Zellen löschen* gelöscht, erscheint der Name nicht mehr im Namenfeld der Bearbeitungsleiste. Nach wie vor wird er aber im Dialogfeld *Namen definieren* angezeigt. Die Zuordnung ist jedoch gelöscht und enthält stattdessen den Fehlerwert *#BEZUG!*. Auch Formeln, die als Argument einen *Namen* verwenden, dessen Bezug gelöscht wurde, zeigen diesen Fehlerwert an. Sie können solche Namen über das Dialogfeld *Namen definieren* löschen.

Ein Beispiel dafür, wie Sie alle Namen mit fehlendem Bezug per Makro löschen können, finden Sie in Kapitel 31.

Wenn Sie **vor** dem benannten Bereich weitere Zellen einfügen, wird der Bereich verschoben. Zeigt der Name auf den Bereich *A1:A10* und Sie fügen beispielsweise in Zeile 5 eine weitere Zelle ein, dann zeigt der Bereich nunmehr auf die Zellen *A1:A11*. Excel verhält sich hier wie bei einem Zellbereich (vgl. Kapitel 4).

Wenn Sie einen Namen erstellen wollen, der unabhängig vom Einfügen oder Löschen von Zellen immer auf die gleichen Zellen verweist, gehen Sie wie folgt vor:

1. Rufen Sie über den Menübefehl *Einfügen/Namen/Definieren* das Dialogfeld *Namen definieren* auf.

2. Vergeben Sie den Namen, etwa »ZellenA1A10«.

3. Im Eingabefeld *Bezieht sich auf* tragen Sie die Formel =INDIREKT("A1";WAHR):INDIREKT ("A10";WAHR) ein.

4. Schließen Sie das Dialogfeld mit *OK*.

Wenn Sie der Tabellenfunktion *INDIREKT* den Bezug in Anführungszeichen übergeben, wird dieser beim Einfügen oder Löschen nicht angepasst. In diesem Beispiel erreichen Sie damit, dass der Name »ZellenA1A10« immer auf den Bereich *A1:A10* zeigt. Da in der Definition kein Tabellenname angegeben ist, können Sie in allen Tabellen mit dem Dialogfeld *Gehe zu* diesen Bereich markieren.

Soll der Bereich eindeutig sein, müssen Sie zusätzlich zum Zellbezug noch den Tabellennamen angeben. Der folgende Bezug zeigt immer auf die Zellen *A1:A10* im Blatt *Tabelle2*:

=INDIREKT("Tabelle2!A1";WAHR):INDIREKT("Tabelle2!A10";WAHR)

Implizite Namen verwenden

Excel erlaubt auch Spalten- und Zeilenbeschriftungen aus den vorhandenen Zellinhalten zu verwenden, ohne diese *Namen* explizit festzulegen. Aktivieren Sie dazu über den Menübefehl *Extras/Optionen* auf der Registerkarte *Berechnung* das Kontrollkästchen *Beschriftungen in Formeln zulassen*.

Excel verwendet dann die Spalten- und Zeilenbeschriftungen als *Namen*. Handelt es sich bei den Beschriftungen um Zahlen, werden diese in einfache Anführungszeichen gesetzt.

Abbildg. 19.16 Beschriftungen als Namen verwenden

	A	B	C	D	E	F	G
1							
2	Jahr	Einkauf	Verkauf	Deckungsbeitrag			
3	1998	104.122,63 €	118.322,70 €	14.200,07 €			
4	1999	107.850,36 €	133.704,96 €	25.854,60 €			
5	2000	95.094,16 €	121.174,47 €	26.080,31 €			
6	2001	106.505,11 €	122.170,21 €	15.665,10 €			
7	2002	110.097,08 €	126.000,71 €	15.903,63 €			
8							
9							
10		**Deckungsbeitrag für das Jahr 2002**					
11		berechnet über					
12		Formel	15.903,63 €	=C7-B7			
13		Beschriftung	15.903,63 €	=SUMME(INDEX('2002';1;2);-INDEX('2002';1;1))			
14							

In der Abbildung 19.16 können Sie mit der Formel =SUMME(INDEX('2002';1;2);-INDEX('2002';1;1)) dasselbe Ergebnis erzielen wie mit der konventionellen Formel =C7-B7. Dabei werden die Zeilenbeschriftungen, in diesem Falle die Jahreszahlen, verwendet.

Das gezeigte Beispiel ist auf dem Arbeitsblatt *Beschriftungen* in der Beispieldatei *Kap19.xls* auf der CD-ROM zu diesem Buch zu finden.

Wenn Sie das Kontrollkästchen *Beschriftungen in Formeln zulassen* deaktivieren, werden die Namen durch Zellbezüge ersetzt. Sie erhalten daher einen Warnhinweis analog der Abbildung 19.17.

Abbildg. 19.17 Warnung vor dem Deaktivieren von Beschriftungen

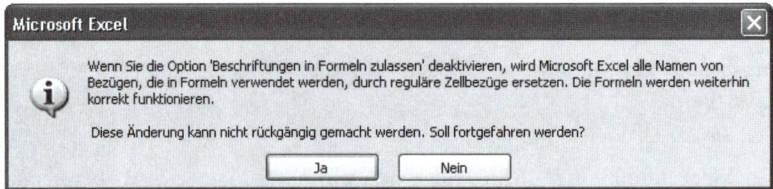

Die implizite Verwendung von *Namen* hat jedoch auch Nachteile: Wenn in einem Arbeitsblatt mehrere gleiche Überschriften vorkommen, können die Bereiche nicht unterschieden werden. Auch wenn Sie die Werte einer Tabelle ergänzen, zeigen zuvor eingetragene Formeln unter Umständen auf einen anderen Bereich als neue Formeln. Insgesamt sind die Formeln damit inkonsistent und schwer zu überprüfen. Explizit deklarierte Namen lassen sich einfacher überprüfen.

Mit Listen arbeiten

Neu in *Excel* 2003 ist die Verwendung von so genannten *Listen*. Darunter ist eine Reihe von Tabellenzeilen und Spalten zu verstehen, die zusammengehörende Daten enthalten. Das kann beispielsweise eine kleine Datenbank oder auch eine Telefonliste sein. Die erste Zeile der Liste kann (und sollte) Beschriftungen für die Spalten enthalten.

 Das folgende Beispiel ist auf dem Arbeitsblatt *Listenbereich* in der Beispieldatei *Kap19.xls* im Ordner *\Buch\Kap19* auf der CD-ROM zu diesem Buch zu finden. Verwenden Sie das Arbeitsblatt *Listenbereich-Übung*, um die Definition eines Listenbereichs gemäß den folgenden Schritten selbst auszuführen:

1. Bevor Sie eine Liste definieren, blenden Sie eventuell ausgeblendete Zeilen und Spalten wieder ein.
2. Wählen Sie die Menübefehlsfolge *Daten/Liste/Liste erstellen* aus.
3. Im Dialogfeld *Liste erstellen* markieren Sie den Datenbereich. Sie können die Voreinstellung auch übernehmen. Enthält der Bereich eine Kopfzeile, aktivieren Sie das Kontrollkästchen *Meine Liste hat eine Kopfzeile* (Abbildung 19.18). Für unsere Zwecke sollten Sie den Bereich *A1:D6* markieren.

Abbildg. 19.18   Dialogfeld für die Definition des Listenbereichs

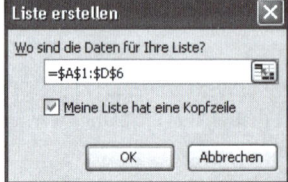

4. Über Klick auf die Schaltfläche *OK* wird die Liste erstellt. Sie erkennen das Ergebnis an einem farbigen Rahmen um die Datentabelle und einem Sternchen für die erste leere Zeile in diesem Bereich.

Gleichzeitig wird die Symbolleiste *Liste* eingeblendet. Auf dieser Symbolleiste finden Sie einige spezielle Befehle für den Listenbereich. Über den Befehl *Liste,* der auch im Kontextmenü für die Zellen eines Listenbereichs zur Verfügung steht, haben Sie schnellen Zugriff auf häufig benötigte Optionen:

- Hier finden Sie die Befehle für das Einfügen von Zeilen und Spalten.

- Für die umgekehrte Aufgabe steht ein Befehl zum Löschen bereit.

- Wollen Sie die Größe des Listenbereichs ändern, können Sie das über den Befehl *Liste/Größe der Liste ändern* erreichen. Ist eine Zelle im Listenbereich aktiv und wird der Rahmen um die Liste angezeigt, können Sie den Listenbereich auch ganz einfach durch Ziehen an diesem Rahmen ändern. Dabei muss die Kopfzeile unverändert bleiben und der neue Listenbereich muss den ursprünglichen Bereich überlappen.

- Stehen Ihnen die *Windows SharePoint Services* zur Verfügung, können Sie mit dem Befehl *Liste veröffentlichen* die Liste im Web veröffentlichen. Mehr dazu finden Sie in Kapitel 30.

Abbildg. 19.19 Die Ergebniszeile eines Listenbereichs bietet schnellen Zugriff auf die Tabellenfunktion *TEILERGEBNIS*

	A	B	C	D	E
1	Jahr ▼	Einkauf ▼	Verkauf ▼	Deckungsbeitra ▼	
2	1998	104.122,63 €	118.322,70 €	14.200,07 €	
3	1999	107.850,36 €	133.704,96 €	25.854,60 €	
4	2000	95.094,16 €	121.174,47 €	26.080,31 €	
5	2001	106.505,11 €	122.170,21 €	15.665,10 €	
6	2002	110.097,08 €	126.000,71 €	15.903,63 €	
7	*				
8	Ergebnis		▼	97.703,71 €	
9			Ohne		
10			Mittelwert		
11			Anzahl		
12			Anzahl Zahlen		
13			Maximum		
14			Minimum		
15			Summe		
16			Standardabweichung		
			Varianz (Stichprobe)		

Sie können auch ein Diagramm auf Basis der *Liste* erstellen. Ein Beispiel dazu finden Sie in Kapitel 18.

HINWEIS Obwohl Sie mehrere Listen auf einem Tabellenblatt festlegen können, sollten Sie aus Gründen der Übersicht nur eine Liste pro Arbeitsblatt verwenden.

Wenn Sie neue Zeilen mit Daten am Ende einer Liste hinzufügen, werden Formatierungen und Formeln auf die neuen Zeilen übertragen und der Listenbereich entsprechend erweitert. Für die Übertragung von Formaten müssen drei von fünf vorangegangenen Zellen dasselbe Format verwenden. Damit eine Formel erweitert wird, müssen alle vorangegangenen Formeln konsistent sein. Die Einstellungen dazu können über einen *Smarttag* geändert werden. Mehr zum Thema »AutoKorrektur« finden Sie in Kapitel 4.

TIPP   Ist eine Zelle im Listenbereich aktiv, können Sie über den Befehl *Liste/Maske* bzw. *Daten/Maske* eine Standard-Eingabemaske aufrufen. Damit ist eine Erfassung neuer Daten oder auch die Suche nach Datensätzen mit bestimmten Kriterien möglich.

Über den Befehl *Ergebniszeile umschalten* können Sie die Ergebniszeile ein- bzw. ausschalten. In der Ergebniszeile trägt *Excel* standardmäßig eine Summenformel ein. Für diese Formel wird die Tabellenfunktion *TEILERGEBNIS(Funktion;Bezug1;...)* verwendet (Abbildung 19.19). Diese Tabellenfunktion berücksichtigt ausgeblendete Zellen bei der Berechnung.

HINWEIS   Der Inhalt der Ergebniszellen kann nicht geändert werden. Wenn Sie eine andere Funktion verwenden wollen, wählen Sie diese aus dem Dropdown-Feld einer Zelle der Ergebniszeile aus. Wenn die Formel einer Zelle entfernt werden soll, wählen Sie den Eintrag *Ohne*.

Ein häufiger Fehler beim Aufbau von Listen ist die Verwendung von leeren Zeilen und Spalten. Häufig werden leere Zeilen eingesetzt, um einen bestimmten Absatz in einer Tabelle zu erreichen oder um damit z.B. die Daten von den Spaltenbeschriftungen abzusetzen. Das sieht dann vielleicht »ganz nett« aus. Damit einher geht allerdings ein großer Verlust an Funktionalität. *Excel* kann in einem solchen Fall die Liste nicht mehr erkennen. Eine Liste endet immer dort, wo eine leere Zeile oder Spalte gefunden wird.

Sie können das leicht nachvollziehen. Aktivieren Sie eine beliebige Zelle innerhalb einer Liste. Drücken Sie nun die Tastenkombination Strg + ⇧ + *, so werden die zusammenhängenden Zellen markiert.

Aber nicht nur das schnelle Markieren funktioniert mit Leerzeilen oder Leerspalten nicht mehr. Auch beim Sortieren oder Filtern endet der Bearbeitungsbereich bei der ersten leeren Zeile. Das mag Sie vielleicht noch nicht abschrecken, aber spätestens beim Kopieren von Formeln über mehrere Zeilen taucht ein weiteres Problem auf: Normalerweise können Formeln ganz einfach über das Ausfüllkästchen in angrenzende Bereiche kopiert werden. Enthält der Tabellenaufbau allerdings leere Zeilen oder Spalten, muss aus jeder leeren Zeile die Formel wieder entfernt werden.

PROFITIPP

Vermeiden Sie daher generell leere Zeilen und Spalten innerhalb von Tabellen. Um Abstände zwischen Zellen herzustellen ändern Sie besser die Zeilenhöhe bzw. Spaltenbreite. Verwenden Sie Zellrahmen, wenn Sie Beschriftungen von den Daten sichtbar trennen möchten oder unterscheiden Sie durch verschiedene Farbformatierungen.

Den Listenbereich drucken

Eine solchermaßen definierte Liste kann auch unabhängig von sonstigen Einträgen in der Tabelle gedruckt werden. Dazu ist es nicht erforderlich, dass Sie einen Druckbereich festlegen.

Um nur den Listenbereich einer Tabelle zu drucken, gehen Sie wie folgt vor:

1. Aktivieren Sie eine beliebige Zelle in der Liste.
2. Rufen Sie den Menübefehl *Datei/Drucken* auf.
3. Aktivieren Sie in der Optionsgruppe *Drucken* die Option *Liste*. Diese Option ist nur verfügbar, wenn Sie zuvor eine Zelle in einer Liste aktiviert haben!
4. Starten Sie den Ausdruck über die Schaltfläche *OK*.

Die folgenden Besonderheiten sind beim Drucken von Listen zu beachten:

■ Enthält eine Tabelle mehr als eine Liste, wird nur diejenige Liste gedruckt, die Sie zuvor aktiviert haben.

■ Bei einer Mehrfachmarkierung ist der Standort der aktiven Zelle maßgeblich.

■ Die Liste wird auch dann gedruckt, wenn die Liste selbst nicht in einem definierten Druckbereich enthalten ist. Das bedeutet, Sie können mit Listen mehrere Druckbereiche in einer Tabelle verwenden!

Mehr zum Thema »Drucken« finden Sie in Kapitel 5.

Liste für PivotTable-Bericht

Seine ganze Stärke spielt der *Listenbereich* bei der Erstellung von *PivotTable*-Objekten aus. Bevor Sie einen PivotTable-Bericht erstellen, erzeugen Sie über den Menübefehl *Daten/Liste* zunächst einen Listenbereich. Rufen Sie dann den Assistenten für den PivotTable-Bericht auf und erstellen Sie diesen nach Bedarf. Im Gegensatz zu einem »normalen« PivotTable-Bericht erkennt *Excel* die Liste als Datengrundlage. Wenn Sie neue Daten in den Ursprungsbereich einfügen und den PivotTable-Bericht aktualisieren, werden die angefügten Daten berücksichtigt ohne dass Sie den Quellbereich anpassen müssen. Mehr zum Thema »PivotTable« und »PivotChart« finden Sie in Kaptiel 24.

Zusammenfassung der Vorteile von Namen

Sie haben in diesem Kapitel die verschiedenen Möglichkeiten für die Festlegung, Änderung und das Löschen von *Namen* sowie einige Einsatzgebiete kennen gelernt. Auch wenn die Verwendung von Listenbereichen eine wirklich praktische Neuerung darstellt, gibt es doch einige gute Gründe, *Namen* zu verwenden. Hier nochmals eine Zusammenfassung der Gründe, warum Sie, wo immer möglich, Namen festlegen und anwenden sollten:

■ Verwendung und einfaches Einfügen in sprechenden Formeln.

■ Gültigkeit des Namens für die gesamte Mappe oder, bei entsprechender Festlegung, auch nur für ein Tabellenblatt.

■ Erleichterung bei der Eingabe von Bezügen, insbesondere auf andere Tabellenblätter oder Arbeitsmappen.

■ Einfache Navigation in der gesamten Mappe.

■ Komfort beim Ändern von Bezügen oder konstanten Werten.

■ Namen werden beim Verschieben des Bereichs angepasst. Externe Verknüpfungen auf den Bereich funktionieren also weiterhin.

■ Erstellung von dynamischen Namen ermöglicht »wachsende« Bereiche.

Weitere Einsatzgebiete für *Namen* finden Sie bei der *bedingten Formatierung* in Kapitel 12 sowie bei der Festlegung von Gültigkeitsregeln für Daten in Kapitel 8.

Hier die wichtigsten Fundstellen dieses Kapitels in der Übersicht.

Kapitel 20

Daten sortieren

Microsoft Excel ist ein ausgewiesenes Rechentalent, doch zahlreiche Anwender nutzen eine ganz andere Fähigkeit dieses Programms: Das komfortable und dynamische Verwalten von Listen.

Irgendwann besteht die Notwendigkeit, eine Liste zu sortieren. Kein Problem, denn Microsoft Excel bietet umfangreiche Möglichkeiten an. Bei dieser Vielfalt ist ein Augenmerk darauf zu legen, dass die wichtigsten Daten nicht etwa durch Fehlbedienung verloren gehen.

Im Rahmen der täglichen Arbeit erhalten Sie durch das Programm Unterstützung, wenn

- Daten für eine Aufgabenstellung in eine sinnvolle Reihenfolge gebracht werden müssen;

- Sie die Daten nach alphabetischer Logik rasch auffinden und besser beurteilen wollen;

- Sie individuell Einfluss auf die Sortierfolge nehmen wollen oder Gruppensortierungen benötigen, um, der Aufgabe entsprechend, sinnvoll und effizient weiterarbeiten zu können.

Durch Umsetzung dieser Ziele können Sie die Daten in Ihrer *Excel*-Tabelle wie auch in Ihren Listen zumindest nach Standard- bzw. individuellen Gesichtspunkten ordnen.

Sortieren von Listen

Wenn Daten in eine andere Reihenfolge gebracht werden sollen – ob alphabetisch, numerisch oder chronologisch – verwenden Sie zweckmäßigerweise die Funktion *Sortieren*. *Excel* bietet Ihnen einige Möglichkeiten, den Sortiervorgang zu gestalten und zu beeinflussen. So können Sie Ihre Daten in Zeilen oder Spalten sortieren – und das mit bis zu drei Kriterien gleichzeitig. Sollte dies noch nicht zum gewünschten Ergebnis führen, gibt es darüber hinaus noch die Möglichkeit, auf eine benutzerdefinierte Sortierreihenfolge aufzubauen und diese anzuwenden.

Einfache Sortierung – Klicken und Sortieren

Für die folgenden Beispiele können Sie als Datenbasis die Dateien *TSK_10.xls* und *Depot_10.xls* auf der CD-ROM zum Buch im Ordner *\Buch\Kap20* heranziehen.

Sie wollen eine einfache *Excel*-Liste nach dem Feld *Kategorie* auswerten, die Daten also schnell und übersichtlich sortieren.

1. Öffnen Sie zunächst die *Excel*-Mappe *TSK_10.xls*, aktivieren Sie das Tabellenblatt *Kosten10* und markieren Sie in der vorliegenden Liste eine Zelle in der Spalte *Kategorie*, nach deren Inhalt die Sortierung erfolgen soll.

2. Rufen Sie jetzt den Menübefehl *Daten/Sortieren* auf, woraufhin ein Dialogfeld (Abbildung 20.1) angezeigt wird.

3. Prüfen Sie die angebotene Sortierfolge, ändern Sie ggf. die Sortierkriterien (im Beispiel entsprechend der Abbildung 20.1) und betätigen Sie zur Ausführung die Schaltfläche *OK*.

Abbildg. 20.1   Dialogfeld zur näheren Bestimmung der Sortierung

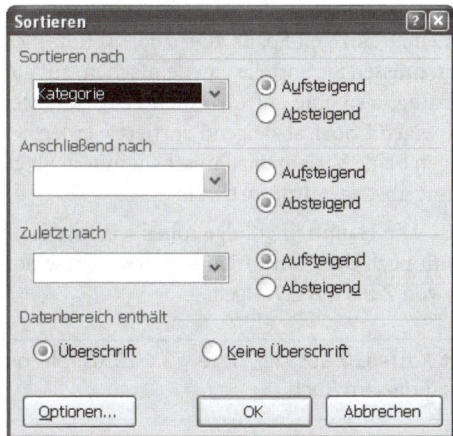

Sie erhalten eine nach *Kategorien* sortierte Liste wie in Abbildung 20.2.

Abbildg. 20.2   Ausschnitt aus der nach Kategorien sortierten Liste

	A	B	C	D	E	F
1	Rg	Lieferant	Betrag	Status	Kategorie	Datum
2	R070	DDC	6.603,39	a	A4PCC	07.02.02
3	R076	SoftData	4.869,14	a	A4PCC	14.02.02
4	R087	DDC	2.799,25	a	A4PCC	20.02.02
5	R131-1	SoftData	11.302,73	a	A4PCC	19.03.02
6	R131	SoftData	11.107,80	a	A4PCC	19.03.02
7	R328	SoftData	7.739,52	a	A4PCC	30.06.02
8	R522	Bechteler	2.188,11	a	A4PCC	21.10.02
9	R402	Kreatec	24.087,39	a	ADS	02.02.02

E9 — *fx* ADS

HINWEIS   Markieren Sie immer eine Zelle in der Spalte, nach deren Inhalt Sie sortieren möchten. In noch nicht sortierten Listen übernimmt das Dialogfeld den Feldnamen direkt in das Listenfeld und gibt zunächst die Option *Aufsteigend* vor. Achten Sie aber auf die Vorgaben, denn Excel 2003 zeigt nach bereits erfolgten Sortierläufen immer die Vorgaben der letzten Sortierung an.

Anstelle des Menübefehls *Sortieren* können Sie auch unmittelbar eine der beiden Schaltflächen in der *Standard*-Symbolleiste für das Sortieren in aufsteigender oder absteigender Reihenfolge anklicken.

TIPP   Sollte bei Ihnen der Platz auf der Symbolleiste knapp sein, besteht die Möglichkeit, auf eine der beiden Schaltflächen zu verzichten:

Halten Sie die ⇧-Taste gedrückt und klicken Sie auf die Schaltfläche für die aufsteigende Sortierung. Dann wird die angezeigte Sortierfolge umgekehrt.

Mehrfachsortierung – eins, zwei, drei

Manchmal reicht es aus, eine Liste nach einer einzigen Spalte zu sortieren. Kommen jedoch Wünsche nach weiteren Sortierkriterien hinzu, müssen Sie anstelle einer einfachen, auf einem Feld basierenden Sortierung, eine Mehrfachsortierung, also eine auf mehreren Feldern basierende, vornehmen. Wie zuvor können die Daten aufsteigend oder absteigend sortiert werden. Zusätzlich ist es möglich, innerhalb der Sortierbedingungen beide Varianten zu mischen, innerhalb einer Bedingung aufsteigend und in der nächsten Bedingung absteigend zu sortieren.

Beispiel: Sie wollen Ihre Liste neu ordnen. Die Hauptreihenfolge sollen jetzt die Lieferanten bilden. Innerhalb der Lieferanten wollen Sie dann nach den Kategorien sortieren. Diese Sortierung innerhalb der Kategorien soll absteigend (also von *Z* nach *A*) erfolgen.

Verwenden Sie hierfür das Arbeitsblatt *Kosten10* aus der Datei *TSK_10.xls*. Sie befindet sich im Ordner *\Buch\Kap20* auf der CD-ROM zu diesem Buch.

Diese drei Vorgaben können Sie erfüllen, wenn Sie wie folgt vorgehen:

1. Markieren Sie in Ihrer Liste eine Zelle innerhalb der Spalte *Lieferant*.
2. Rufen Sie den Menübefehl *Daten/Sortieren* auf.
3. Im folgenden Dialogfeld (Abbildung 20.3) wählen Sie im Listenfeld *Sortieren nach* den Eintrag *Lieferant* und die Option *Aufsteigend*.

HINWEIS   Dieses Feld hat die höchste Priorität. Alle nachfolgenden Sortierungen erfolgen nur noch innerhalb dieses Feldes.

Abbildg. 20.3   Festlegung der Sortierreihenfolge bei mehreren Feldern

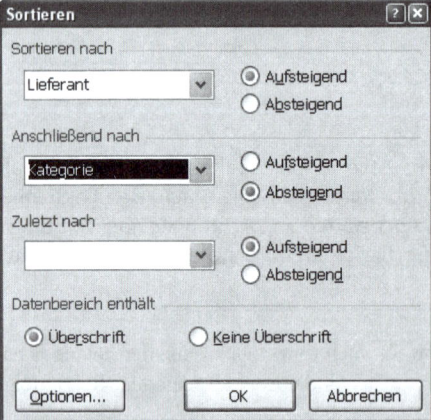

4. Wählen Sie im zweiten Listenfeld *Anschließend nach* den Eintrag *Kategorie* und die Option *Absteigend*.
5. Übernehmen Sie alle anderen Voreinstellungen und klicken Sie zur Ausführung auf die Schaltfläche *OK*.

Sie erhalten eine Liste, die nach *Lieferanten* aufsteigend und innerhalb der Lieferanten nach *Kategorien* in absteigender Folge sortiert ist.

HINWEIS Wenn Sie den Befehl *Sortieren* anwählen und nur eine Zelle aktiviert haben, markiert *Excel* trotzdem automatisch die gesamte Liste.

Mehrere
Sortier-
läufe in
einer
Liste

Mitunter ist es erforderlich, die Daten einer Liste nach mehreren Kriterien zu sortieren. Das macht keine besonderen Vorgehensweisen erforderlich. Sind aber mehr als drei Sortierkriterien notwendig, kann dies nicht mehr in einem Sortiervorgang erledigt werden. Beginnen Sie damit, zuerst die unwichtigen Felder zu sortieren und setzen Sie dieses Vorgehen fort, bis Sie die Liste in der geforderten Aufbereitung vorliegen haben.

Nur beim erstmaligen Aufruf des Sortiervorgangs übernimmt das Dialogfeld die Feldbezeichnung der markierten Spalte automatisch in das Listenfeld. Bei jeder Wiederholung wird der beim ersten Aufruf ausgewählte Feldname zunächst wieder als Hauptsortierkriterium angeboten.

TIPP Wenn Sie die Liste weiterhin in der erfassten Reihenfolge benötigen, speichern Sie die Arbeitsmappe einfach unter einem neuen Namen ab.

Über den Menübefehl *Bearbeiten/Rückgängig* können Sie den Sortiervorgang wieder zurücknehmen.

Sortieren nach einer Spalte mit Zahlen oder Text

Wollen Sie Ihre Liste z.B. nach dem Feld *Anzahl* sortieren, achten Sie darauf, dass alle Zellinhalte numerisch sind oder als Text formatiert wurden. Wenn Sie jedoch in einer Spalte gemischte Zellinhalte haben und Sie eine gemeinsame Sortierung durchführen, werden zuerst die reinen Zahlen und dann die mit Text verbundenen Zahlen sortiert.

Abbildg. 20.4 Sortierbeispiel mit verschiedenen Eingabewerten und -formaten

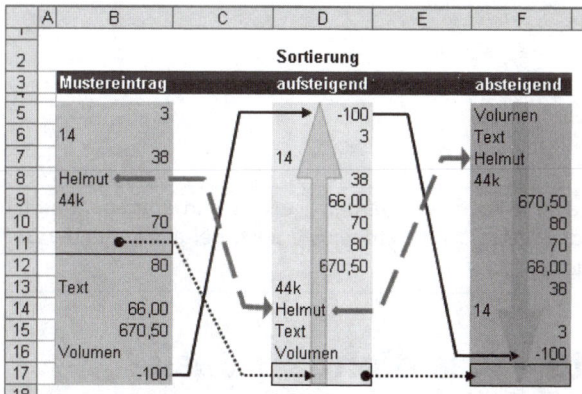

Der Inhalt der Zelle *B6* in Abbildung 20.4 ist eine Zahl, die nur linksbündig formatiert wurde und daher wie eine Texteingabe erscheint. Die Eingaben im Bereich *B8, B9, B13* und *B16* sind Texte bzw. Zahlen, die mit Text verbunden sind. Sie können die Liste aufsteigend und absteigend sortieren. Es hängt aber vom Inhalt **und** Datentyp ab, wie sortiert wird. Am Beispiel der Zahl *14*, die als Text formatiert wurde, wird die Auswirkung besonders deutlich. Schauen Sie sich hierzu ergänzend Tabelle 20.1 mit den Sortierfolgen und Abbildung 20.5 an.

Das gezeigte Beispiel finden Sie im Arbeitsblatt *Text-Zahlen* in der Datei *TSK_10.xls* auf der CD-ROM zum Buch im Ordner *\Buch\Kap20*.

Tabelle 20.1   Sortierfolgen

Daten- oder Eingabetyp	Sortierfolge, wenn aufsteigend sortiert
Zahlen	Von der kleinsten negativen zur größten positiven Zahl.
Textwerte	Zuerst als Text eingegebene Zahlen und dann normaler Text.
Wahrheitswerte	Zuerst *FALSCH*, dann *WAHR*
Fehlerwerte	*#WERT!* oder *#NV!* in der Reihenfolge, wie sie gefunden werden.
Datum	Vom frühesten zum spätesten.
Leere Zellen	Immer zuletzt.

Abbildg. 20.5   Beispiel für die Sortierreihenfolge der unterschiedlichen Datentypen

	H	I	J	K
2				
3		vor Sortierung		nach Sortierung
5		123,00		12,00
6		12,00		123,00
7		166,00		166,00
8	text		text	
9	wert		wert	
10		WAHR		WAHR
11		WAHR		FALSCH
12	FALSCH			WAHR
13	#WERT!		#WERT!	
14	#NAME?		#NAME?	
15	#DIV/0!		#DIV/0!	
16	#NAME?		#NAME?	

HINWEIS   Wenn Sie absteigend sortieren, werden die Werte in entgegengesetzter Reihenfolge angeordnet. Lediglich die Leerzeichen werden, wie auch bei aufsteigender Sortierreihenfolge, an das Ende der Liste gestellt.

Zeile oder Spalte – was dient als Basis?

Mit dem bisherigen Sortiervorgang haben Sie bisher immer Zeilen sortiert. *Excel* sortiert aber mit der gleichen Qualität auch die Spalten in einer Liste.

Ein Beispiel: Sie wollen Ihre Kostenliste *Kosten10* nun innerhalb der Spalten sortieren.

1. Markieren Sie in Ihrer Liste eine beliebige Zelle und rufen Sie dann den Menübefehl *Daten/Sortieren* auf.
2. Im Dialogfeld *Sortieren* klicken Sie unmittelbar auf die Schaltfläche *Optionen*. Sie gelangen nun in das Dialogfeld analog der Darstellung in Abbildung 20.6.

Abbildg. 20.6   Im Dialogfeld *Sortieroptionen* können Sie zwischen Zeilen- oder Spaltensortierung umschalten

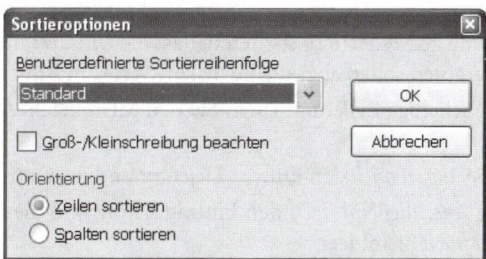

3. Wählen Sie im Dialogfeld *Sortieroptionen* nun die Option *Spalten sortieren* und verlassen Sie es durch einen Klick auf die Schaltfläche *OK*. Zurück im Dialogfeld *Sortieren* (siehe Abbildung 20.7) wählen Sie jetzt im Listenfeld *Sortieren nach* den Eintrag *Zeile 1* und die Option *Aufsteigend*. Diese Zeile 1 bildet jetzt für den folgenden Sortiervorgang die Grundlage.

Abbildg. 20.7   Das Dialogfeld *Sortieren* mit der Möglichkeit, Spalten zu sortieren

4. Zur Ausführung bestätigen Sie Ihre Festlegungen per Klick auf die Schaltfläche *OK*. Die Spalten werden alphabetisch nach den Spaltenbeschriftungen geordnet.

> **HINWEIS**   Mit der Zeilenauswahl im Dialogfeld *Sortieren* bestimmen Sie die Zeile, welche die Kriterien für die Spaltensortierung beinhaltet.

> **WICHTIG**   Wenn Sie eine Liste sortieren, beachten Sie, dass Spalten oder Zeilen ihre Position verändern und dass die eingetragenen Formeln und Funktionen daraufhin z.B. mit der Fehlermeldung *#WERT!* reagieren. Die Ursache für diese Fehlermeldung liegt in einer fehlerhaften Zelladresse innerhalb der Formeln oder Funktionen.

Erkennen von Spaltenbeschriftungen

Excel erkennt Überschriften in einer Liste durch einen Vergleich der Formatierung in den oberen Zeilen der Liste. Gibt es einen Unterschied zwischen den Zeilen, erkennt *Excel* die erste(n) Zeile(n) automatisch als Spaltenbeschriftung oder Überschrift und schließt die Zeile aus dem Sortiervorgang aus. Im Dialogfeld *Sortieren* wird die Option *Liste enthält Überschrift* automatisch vorbelegt.

> **HINWEIS**   *Excel* kann bis zu zwei Zeilen als Überschrift identifizieren.

Praxisbeispiel: Sortieren nach Umsatzdaten

Nehmen wir an, Sie wollen Ihre Kostenliste *Kosten10* so sortieren, dass die Umsätze nach Lieferanten geordnet werden. Innerhalb der Lieferanten sollen aber die höchsten Werte am Anfang stehen.

1. Markieren Sie in Ihrer Liste eine beliebige Zelle und rufen Sie den Menübefehl *Daten/Sortieren* auf.

2. Wählen Sie im ersten Listenfeld *Sortieren nach* den Eintrag *Lieferant* und die Option *Aufsteigend*.

3. Im zweiten Listenfeld wählen Sie *Anschließend nach* den Eintrag *Betrag* und die Option *Absteigend*. Das dritte Listenfeld *Zuletzt nach* bleibt leer.

4. Übernehmen Sie alle anderen Voreinstellungen und bestätigen Sie dann mit Klick auf die Schaltfläche *OK*. Anschließend zeigt Ihnen *Excel* die sortierte Liste.

HINWEIS Zahlen müssen immer absteigend sortiert werden, wenn die größte Zahl an erster Stelle stehen soll.

WICHTIG Vermeiden Sie eine Spalte oder den Ausschnitt einer Spalte zu markieren. *Excel* sortiert dann nur den Inhalt dieser Spalte bzw. der Markierung, jedoch nicht die Liste und die damit zusammenhängenden Daten.

Sortieren von Zahlen in Verbindung mit Text

Angenommen, Sie verwalten in einer Excel-Tabelle Adressen. Unter anderem sind in einer Spalte die Straßennamen und die dazugehörigen Hausnummern enthalten (Nyphenburger Str. 1, Nyphenburger Str. 2, Nyphenburger Str. 13, Nyphenburger Str. 14). Worauf müssen Sie achten, damit die Spalte mit den Straßennamen/Hausnummern entsprechend aufsteigend sortiert wird? Excel sortiert gewöhnlich wie folgt: Nyphenburger Str. 1, Nyphenburger Str. 13, Nyphenburger Str. 14, Nyphenburger Str. 2 (siehe Abbildung 20.8).

Abbildg. 20.8 Sortierung von Hausnummern in Verbindung mit Straßennamen

vor Sortierung	nach Sortierung
Nyphenburger Straße 1	Nyphenburger Straße 1
Nyphenburger Straße 2	Nyphenburger Straße 13
Nyphenburger Straße 13	Nyphenburger Straße 14
Nyphenburger Straße 14	Nyphenburger Straße 2

Dieses Sortierergebnis ist nicht praxisgerecht. Es gibt zwei Möglichkeiten, zu einem praxistauglichen Ergebnis zu kommen. Die erste besteht darin, die Hausnummern zweistellig einzutragen (Nyphenburger Str. 01, Nyphenburger Str. 02, Nyphenburger Str. 13, Nyphenburger Str. 14), dann wird wunschgemäß sortiert (siehe Abbildung 20.9).

Abbildg. 20.9   Einstellige Hausnummern mit führender Null eintragen

nach Sortierung	nach Sortierung
Nyphenburger Straße 1	Nyphenburger Straße 01
Nyphenburger Straße 13	Nyphenburger Straße 02
Nyphenburger Straße 14	Nyphenburger Straße 13
Nyphenburger Straße 2	Nyphenburger Straße 14

Eine weitere Möglichkeit besteht darin, die Straßennamen und die zugehörige Hausnummer in zwei verschiedene Zellen zu schreiben (siehe Abbildung 20.10). Auch dann kann Excel mit einstelligen Hausnummern richtig sortieren.

Abbildg. 20.10   Sortierung durch Aufteilung von Name und Nummer in zwei Zellen

Name	Nr
Nyphenburger Straße	1
Nyphenburger Straße	2
Nyphenburger Straße	13
Nyphenburger Straße	14

Die unterschiedliche Behandlung der Sortierreihenfolge ist darin begründet, dass im ersten Beispiel der Eintrag »Nyphenburger Str. 1« als reiner Text behandelt wird, weshalb die Sortierung Zeichen für Zeichen, von links nach rechts, erfolgt. Daher werden erst alle Hausnummern mit einer »1« sortiert, gefolgt von den Einträgen mit der »2« usw. Im zweiten Beispiel, in dem die Hausnummern in einer eigenen Spalte stehen, werden diese Einträge, da in einer gesonderten Zelle eingetragen, von Excel als Zahlen erkannt und dementsprechend korrekt sortiert.

Individuelle Ordnung – benutzerdefinierte Sortierreihenfolge

Manchmal reicht die einfache auf- bzw. absteigende Sortierreihenfolge nicht aus, insbesondere dann, wenn außerordentliche Kriterien berücksichtigt werden müssen. Bei Vertreterumsätzen kann dies z.B. für Kunden, Gebiete oder Warengruppen erfolgen. Die Reihenfolge bestimmt dabei immer die Wichtigkeit. So kann es erforderlich sein, dass bei der Sortierung nach Kunden nicht der Kunde mit dem Anfangsbuchstaben *A*, sondern der Kunde mit dem größten Umsatz am Anfang und der mit dem kleinsten Umsatz am Ende der Liste erscheint.

Für diese doch sehr individuelle Ordnung können Sie eine benutzerdefinierte Reihenfolge für die Datenanordnung angeben. *Excel* verwendet für diese Sortierung die gleichen Listen, wie für das automatische Ausfüllen von Zeilen.

Die Datei für das folgende Beispiel finden Sie auf der CD-ROM zum Buch unter dem Namen *Depot_10.xls* im Ordner *\Buch\Kap20*.

Angenommen, Sie wollen in der Mappe *Depot_10.xls* die Aktienbestände nach Branchen sortieren, wobei die Wichtigkeit der Branchen folgende Reihenfolge aufweisen soll: Auto, Bank, Beteiligung, Chemie, Internet, Datenverarbeitung, Dienstleistung, Elektro, Finanzdienstleistung, Handel, Industrie, Maschinenbau, Optionen, Software, Versicherung, Zertifikat, Fond, --.

Gehen Sie wie folgt vor:

1. Erstellen Sie zuerst, wie oben angegeben, die benutzerdefinierte Sortierreihenfolge. Dazu geben Sie die Liste, welche die Reihenfolge vorgibt, in ein Tabellenblatt ein und markieren die Einträge.

> **TIPP** Auf dem Blatt *Depot* der Arbeitsmappe *Depot_10.xls* finden Sie diese Sortierliste im Bereich *A65:A82* bereits vorbereitet.

2. Rufen Sie jetzt den Menübefehl *Extras/Optionen* auf und aktivieren Sie die Registerkarte *Benutzerdefinierte Listen*.

3. Klicken Sie zum Einlesen der markierten Liste auf die Schaltfläche *Importieren*. Ihr Arbeitsergebnis sollte der Abbildung 20.11 entsprechen. Bestätigen Sie mit einem Klick auf die Schaltfläche *OK*.

Abbildg. 20.11 Dialogfeld zum Importieren einer individuellen Sortierreihenfolge auf der Registerkarte *Benutzerdefinierte Listen*

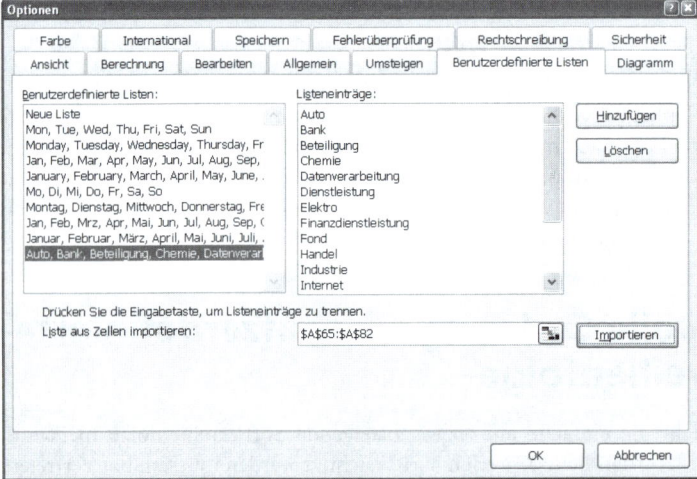

4. Positionieren Sie den Mauszeiger innerhalb der Depotliste und rufen Sie den Menübefehl *Daten/Sortieren* auf.

5. Wählen Sie dann im Listenfeld *Sortieren nach* den Eintrag *Branche* und die Option *Aufsteigend*.

6. Durch einen Klick auf die Schaltfläche *Optionen* wird das Dialogfeld *Sortieroptionen* geöffnet.

Abbildg. 20.12 Wählen Sie in diesem Dialogfeld die individuelle Sortierfolge aus

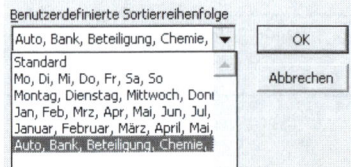

7. Wählen Sie im Listenfeld die von Ihnen erstellte Sortierfolge aus (siehe Abbildung 20.12).

8. Klicken Sie sowohl hier als auch im Dialogfeld *Sortieren* auf die Schaltfläche *OK*. Die Liste wird jetzt nach ihrer Sortierregel geordnet dargestellt.

Sie können natürlich weitere Sortierfolgen eingeben. Wenn Sie innerhalb der Branchen noch zusätzlich nach Börsenplätzen sortieren möchten, wählen Sie einfach im Listenfeld den Eintrag *Börse* und die Option *Aufsteigend*. Sie erhalten dann die aufbereitete Liste.

PROFITIPP

> Eine ausgewählte benutzerdefinierte Sortierfolge bleibt so lange aktiv, bis eine andere Folge ausgewählt oder durch Auswahl des Eintrags *Standard* zur ursprünglichen Sortierfolge zurückgekehrt wird. Beachten Sie jedoch die Tabellenabhängigkeit: Wenn Sie beispielsweise in einem Tabellenblatt eine benutzerdefinierte Sortierfolge ausgewählt haben und dann in ein anderes Tabellenblatt wechseln, ist im neuen Blatt nicht automatisch die vorher ausgewählte Sortierfolge aktiv. Hingegen sind die benutzerdefinierten Sortierfolgen bzw. benutzerdefinierten Listen, die Sie angelegt haben, universell einsetzbar. Sie können aus jeder beliebigen Tabelle auf die einmal definierten Sortierfolgen zurückgreifen, indem Sie die Schaltfläche *Optionen* im Dialogfeld *Sortieren* anklicken.

Praxisbeispiel: Sortieren von Daten in einer Gliederung

In der Datei *TSK_10.xls* finden Sie das Tabellenblatt *Konsolidierung*. In diesem Tabellenblatt ist eine konsolidierte Umsatztabelle mit Gliederung enthalten (siehe Abbildung 20.13).

Abbildg. 20.13 Ihre konsolidierte und gegliederte Ausgangstabelle

Sie wollen die konsolidierten und in einer Gliederung dargestellten Daten in den Warengruppen alphabetisch sortieren. Mit den bisherigen Erfahrungen ist das kein Problem – hier die Schritte:

1. Markieren Sie die Zelle *B9* des Arbeitsblattes *Konsolidierung* und wählen Sie dann den Befehl *Daten/Sortieren*.

2. Wählen Sie im ersten Listenfeld *Sortieren nach* den Eintrag *Spalte B* und die Option *Aufsteigend*. In den beiden folgenden, dem zweiten und dritten Listenfeld, nehmen Sie keine Auswahl vor.

3. In *Liste enthält* aktivieren Sie die Option *Überschrift* (siehe Abbildung 20.14).

Option zum Ausschließen der Überschriften

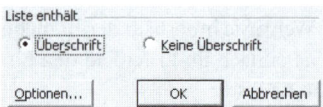

4. Um die Liste jetzt endgültig nach Warengruppen zu sortieren, bestätigen Sie mit Klick auf die Schaltfläche *OK*.

> **HINWEIS**   Sollten die Optionen *Liste enthält Überschrift* bzw. *keine Überschrift* inaktiv sein und zur Sortierung nur Zeilen statt Spalten angeboten werden, müssen Sie über die Schaltfläche *Optionen* die *Orientierung* von *Spalten sortieren* auf *Zeilen sortieren* umschalten.
>
> Übrigens: Beim Sortieren von Zeilen, die Teil einer Gliederung sind, werden die Gruppen der höchsten Ebene so sortiert, dass gruppierte Zeilen oder Spalten zusammen bleiben.

PROFITIPP

> Schließen Sie die Überschrift der Liste gezielt von der Sortierung aus. Standardmäßig wird sie in die Liste eingeschlossen und mit sortiert.

Ein anderes Beispiel: Sie wollen nun die Reihenfolge der Wochentage in der Umsatzliste von Montag bis Samstag umkehren, sodass der Samstag die erste Umsatzspalte ist. Gehen Sie folgendermaßen vor:

1. Markieren Sie die Umsatzliste von *D5* bis *I37* und rufen den Menübefehl *Daten/Sortieren* auf. Das Dialogfeld *Sortieren* wird geöffnet.
2. Wählen Sie im Listenfeld *Sortieren nach* den Eintrag *MO* und die Option *Absteigend*. Danach klicken Sie auf die Schaltfläche *Optionen* und öffnen damit das Dialogfeld *Sortieroptionen*.
3. Aus dem Listenfeld *Benutzerdefinierte Sortierreihenfolge* wählen Sie den Eintrag *Mo, Di, Mi, Do, Fr, Sa, So.*
4. Jetzt wählen Sie die Option *Spalten sortieren* und bestätigen die Auswahl durch einen Klick auf die Schaltfläche *OK*. Der Eintrag *MO* im Listenfeld *Sortieren nach* verwandelt sich in *Zeile 5*.
5. Bestätigen Sie dann das Dialogfeld *Sortieren* ebenfalls mit Klick auf die Schaltfläche *OK*. Die Liste wird in neuer Tagesreihenfolge geordnet dargestellt.

Sortieren und Datenzusammenhang erhalten

Bei unachtsamer Handhabung der Sortierbefehle sind Sie der Gefahr ausgesetzt, den Datenzusammenhang zu zerstören. Das kann geschehen, wenn Sie zum Beispiel nur einen Teil oder einen Ausschnitt von Daten markieren und sortieren. Aktivieren Sie dagegen lediglich eine Zelle oder Spalte einer Liste, erkennt Excel dies und meldet sich mit einem Warnhinweis (siehe Abbildung 20.15).

Markieren Sie jedoch einen größeren Teil, also mehrere Zeilen und Spalten, jedoch nicht den gesamten zusammenhängenden Datenbestand innerhalb einer Tabelle, und aktivieren dann den Sortierbefehl direkt über das Symbol *Sortieren*, werden ohne Vorwarnung nur die Daten im markierten Bereich sortiert. Der Zusammenhang der Datenfelder eines Datensatzes geht damit verloren. Im ungünstigsten Fall wird die Tabelle dadurch unbrauchbar.

Abbildg. 20.15 Diese Sortierwarnung erscheint nur, wenn bei Einzelmarkierung der Sortierbefehl aufgerufen wird

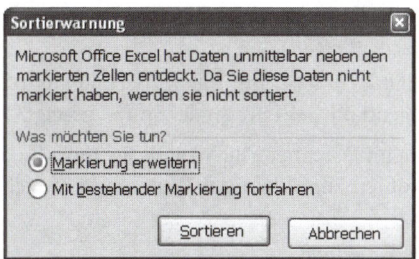

Sortieren in einer Pivot-Tabelle

Durch das Sortieren einer Pivot-Tabelle können Sie schnell einen Überblick über die Reihenfolge von Elementen in einem Zeilen- und Spaltenfeld erhalten. *Excel* sortiert die Pivot-Tabelle nach den von Ihnen bestimmten Feldern.

Sortieren können Sie die Elemente nach:

- einem Sortierschlüssel,
- ihren Beschriftungen oder
- in einer benutzerdefinierten Sortierfolge.

Angenommen, Sie wollen eine Pivot-Tabelle, welche die prozentuale Verteilung je Bundesland und Verkaufsweg darstellt, in absteigender Folge im Feld *Bundesland* sortieren.

Sie finden die Pivot-Tabelle in der Mappe *TSK_10.xls* und dem Tabellenregister *Verteilung*. Die Datei *TSK_10.xls* befindet sich auf der CD-ROM zum Buch im Ordner \Buch\Kap20.

1. Öffnen Sie die Pivot-Tabelle und markieren Sie die Zelle *A5* des Arbeitsblattes *Verteilung*.
2. Rufen Sie den Menübefehl *Daten/Sortieren* auf (vgl. hierzu Abbildung 20.16).

Abbildg. 20.16 Wollen Sie in einer Pivot-Tabelle sortieren, erhalten Sie beim Aufruf des Befehls *Sortieren* ein anderes Dialogfeld angezeigt

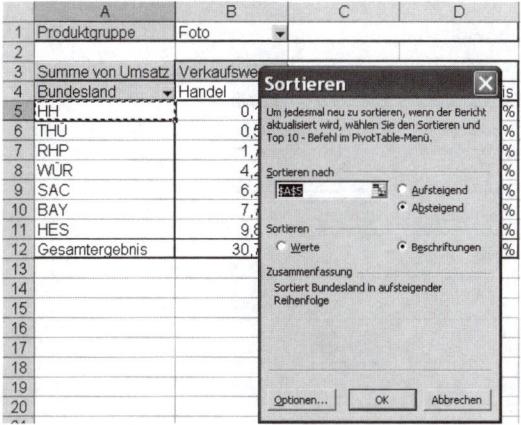

3. Wählen Sie im ersten Listenfeld *Sortieren nach* die Zelladresse (Bezug) für das zu sortierende Feld.

4. Wählen Sie die Optionen *Absteigend* und *Beschriftungen*.

5. Bestätigen Sie mit einem Klick auf die Schaltfläche *OK*, um die Sortierung auszuführen. Die Tabelle wird in der neuen Sortierung, absteigend mit »WÜR« an der Spitze, gezeigt.

Sortieren Sie im nächsten Schritt auch die Werte im Datenbereich. Wollen Sie nun z.B. in derselben Pivot-Tabelle die Werte der Verteilung vom größten zum kleinsten Wert sortieren, gehen Sie wie folgt vor:

1. Markieren Sie die Zelle *B5* des Arbeitsblattes *Verteilung*.

2. Rufen Sie den Menübefehl *Daten/Sortieren* auf.

3. Es erscheint das Dialogfeld *Sortieren* (Abbildung 20.17). Das Listenfeld enthält in *Sortieren nach* den Eintrag *$B$5* und zeigt in *Sortieren* die Option *Werte*.

4. Wählen Sie dann die Option *Absteigend* und klicken Sie nun auf die Schaltfläche *OK*, um die Sortierung auszuführen.

Abbildg. 20.17 Die prozentualen Umsätze in absteigender Anordnung

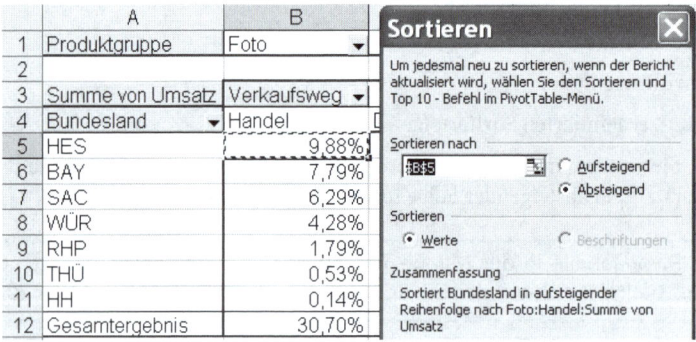

Praxisbeispiel: Sortieren nach eigenen Vorgaben

Sie wollen in der Pivot-Tabelle *Verteilung* die Sortierung der Bundesländer nach folgendem Schema (Tabelle 20.2 und Tabelle 20.3) aufbereiten:

Tabelle 20.2 Gewünschte Reihenfolge der Sortierung

Position	Reihenfolge der Sortierung
1	BAY
2	RHP
3	WÜR
4	HES
5	HH
6	SAC
7	THÜ

Tabelle 20.3 Anordnung der Felder in der Pivot-Tabelle

Feldname	Position
Produkt	Seitenfeld
Bundesland	Zeilenfeld
Verkaufsweg	Spaltenfeld
Umsatz	Datenbereich

Gehen Sie wie folgt vor:

1. Öffnen Sie Ihre Pivot-Tabelle und erstellen Sie die benutzerdefinierte Sortierfolge.

2. Markieren Sie in der Pivot-Tabelle *Verteilung* die Zelle *A5* und rufen Sie den Menübefehl *Daten/Sortieren* auf.

3. Das Listenfeld im geöffneten Dialogfeld *Sortieren* enthält den Eintrag *$A$5*. Wählen Sie die Option *Aufsteigend*.

4. Danach wählen Sie bei *Sortieren* die Option *Beschriftungen*.

5. Klicken Sie auf die Schaltfläche *Optionen*, um das Dialogfeld *Sortieroptionen* (siehe auch Abbildung 20.12) zu öffnen. Wählen Sie im Listenfeld die von Ihnen neu erstellte Sortierfolge aus und beenden Sie diesen Dialog.

6. Im danach erscheinenden Dialogfeld *Sortieren* bestätigen Sie die Schaltfläche *OK*.

Sie erhalten jetzt die nach Ihrer Sortierregel geordnete Tabelle.

PROFITIPP

> Es empfiehlt sich, für die ursprüngliche Ordnung ebenfalls eine benutzerdefinierte Sortierfolge aufzubauen. Über diese Sortierliste haben Sie jederzeit die Möglichkeit, die Ausgangssortierung wiederherzustellen. Es ist eher selten der Fall, dass die Ursprungssortierung eine chronologische Folge war.

HINWEIS   Wenn Sie Elemente vor dem Sortiervorgang ausblenden und diese nach dem Sortieren wieder einblenden, werden sie als letzte Elemente dem Feld zugeordnet.

WICHTIG   Die Elemente in den Seitenfeldern von Pivot-Tabellen können nicht sortiert werden.

Ein Tipp zum Schluss

Beim Durchrollen von langen Listen am Bildschirm kann es stören, dass die Spaltenüberschriften nach oben wegrollen und nicht mehr sichtbar sind. Gleiches gilt für sehr breite Tabellen, weil beim horizontalen Rollen die Zeilenbeschriftungen verschwinden.

Listenbeschriftungen fixieren

Wie könnte es anders sein: Excel hat auch für diese Fälle eine Lösung: *Fenster fixieren*. Um für das Rollen am Bildschirm Spalten bzw. Zeilenbeschriftungen zu fixieren, gehen Sie so vor:

1. Rollen Sie die Liste so ins Bild, dass die Spalten bzw. Zeilenbeschriftungen oben bzw. links sichtbar sind.

2. Setzen Sie den Cursor auf die Zelle deren Vorgängerzeilen bzw. -spalten beim Rollen fest stehen sollen.

3. Wählen Sie den Befehl *Fenster/Fenster fixieren*.

Die fixierten Zeilen bzw. Spalten bleiben nun beim Rollen stehen, sodass Sie immer die Beschriftungen sehen können. Die Fixierung kann jederzeit durch den Befehl *Fenster/Fixierung aufheben* aufgehoben werden.

> **TIPP**   Diese Einstellung wird mit der Mappe gespeichert. Sie sollten es also Ihren Kollegen leichter machen, indem Sie Fixierungen einstellen, wenn Sie lange Listen verschicken.

Mehr zum Thema »Fenster und Ansichten« finden Sie in Kapitel 2.

Zusammenfassung

Eine unscheinbare und zugleich wichtige Funktion verbirgt sich hinter dem Sortiervorgang. Im einfachsten Fall sortieren Sie umfangreiche Listen in aufsteigender oder absteigender Folge. In besonderen Fällen greifen Sie auf Vorlagen zurück, die individuelle Sortierfolgen ermöglichen. Die Vielfalt zeigt sich darüber hinaus in der Sortierung von Tabellenteilen, innerhalb von Gliederungen und im Datenbereich von Pivot-Tabellen. Beachten Sie einige Tipps, wie den Datenzusammenhalt, die Unterscheidung zwischen Zahlen, Textformaten und Datum, sowie die Bedeutung von führenden Nullen, dann sind Sie mit dieser Funktion für den Alltag bestens ausgerüstet.

Kapitel 21

Daten filtern

In diesem Kapitel:

Zur Auswertung oder Analyse von Datenbeständen werden selten alle Informationen einer Liste benötigt. Häufig ist es völlig ausreichend, nur einen bestimmten Teil zur Verfügung zu haben. Mit Microsoft Excel können Sie leicht und im Handumdrehen spezifische Informationen aus einer Liste herausfiltern. Unter Zuhilfenahme der Funktion *AutoFilter* werden Position und Umfang der Liste automatisch ermittelt und die Spaltenüberschriften (Feldbeschriftung) mit Dropdown-Pfeilen versehen. Sobald Sie mit der Maus auf den Dropdown-Pfeil klicken, werden die Elemente des Dialogfelds angezeigt. Aus dieser Liste wählen Sie dann gezielt das Element, dessen Einträge Sie ausfiltern bzw. anzeigen möchten.

Eine hilfreiche Maxime der Praxis lautet: »Konzentrieren Sie sich auf das Wesentliche«. Das gilt natürlich auch für den Einsatz von Microsoft Excel 2003; schließlich wollen Sie bei Ihrer täglichen Arbeit eine Unterstützung durch das Programm erfahren.

Mit *Excel* können Sie:

- Im Handumdrehen Informationen aus einer Liste herausfiltern und anzeigen.

- Die Sicht auf wesentliche Daten begrenzen, um besser urteilen zu können.

- Daten mit Filtern auswählen und kopieren.

- Daten mit Vorgaben vergleichen und in eine separate Liste eintragen.

- Komplexe Suchkriterien verwenden, um Daten aus einer Liste auszulesen.

Weniger ist oft mehr – Datensätze filtern

Zur Umsetzung dieser Ziele filtern Sie alle wesentlichen Daten aus Ihren Tabellen bzw. Listen heraus.

Als Datenbasis für die Beispiele können Sie die Dateien *Depot_20.xls* und *TSK_20.xls*, die Sie beide auf der CD-ROM zum Buch im Ordner *Buch**Kap21* finden, heranziehen.

Beim Filtern von Daten werden aus der gesamten Liste die Zeilen, die nicht angezeigt werden sollen, ausgeblendet. *Excel* bietet Ihnen zur Handhabung folgende Möglichkeiten an:

- Automatisches Filtern

- Eingrenzendes Filtern

- Spezialfilter

Die AutoFilter-Funktion

Nehmen wir an, Sie möchten wissen, welche Wertpapiere im Depot am Börsenplatz *B* (Feld *Börse*) notiert sind und das Ergebnis als Liste anzeigen. Diese Aufgabe ist schnell gelöst, wenn Sie folgendermaßen vorgehen:

1. Öffnen Sie das Arbeitsblatt *Depot-Übung* in der Arbeitsmappe *Depot_20.xls*.

2. Markieren Sie eine beliebige Zelle innerhalb der Liste und rufen Sie dann den Menübefehl *Daten/Filter* auf.

3. Wählen Sie im Untermenü den Befehl *AutoFilter*. An alle Feldnamen (Spaltenüberschriften) werden jetzt Dropdown-Pfeile angehängt (Abbildung 21.1).

Abbildg. 21.1 Spaltenüberschriften mit Dropdown-Pfeilen (Ausschnitt)

2	Wertpapier ▾	Anzahl ▾	Depotbank ▾	Börse ▾	Branche ▾	Kaufkurs ▾	Kaufwert ▾	Marktkurs ▾
3	ABACHO AG	5000	ADC	S	Internet	0,71	3.550,00	0,54
4	ACTIVEST NANOTECH INH.	150	ADC	F	Fond	44,39	6.658,50	58,74

4. Klicken Sie nun auf den Dropdown-Pfeil im Feld *Börse*, damit eine Liste aller Elemente dieser Spalte angezeigt wird (Abbildung 21.2).

Abbildg. 21.2 Auswahlliste des *AutoFilters* im Feld *Börse*

5. Wählen Sie den Listeneintrag *B*. Als Filterergebnis erhalten Sie jetzt eine Liste, bestehend aus den Zeilen, die die Filterbedingungen erfüllen.

HINWEIS   Eine mit *AutoFilter* gefilterte Liste erkennen Sie immer an den unvollständigen Zeilennummern und der Anzeige der Zeilenziffern in blauer Farbdarstellung. Das aktiv gefilterte Feld wird durch den Farbwechsel des kleinen Dropdown-Pfeils von schwarz auf ebenfalls blau gekennzeichnet.

Pro Feld kann ein Filter gesetzt werden, sodass über eine Auswahl von mehreren Filtern in den verschiedenen Feldern eine relativ fein abgestufte Filterung der Daten möglich ist.

TIPP   Falls die Dropdown-Liste sehr viele Einträge beinhaltet, gelangen Sie schnell zu dem gesuchten Eintrag, indem Sie den ersten Buchstaben des Eintrages eingeben.

AutoFilter aufheben

Das Filtern selbst wird einfach durch Ausblenden von nicht gültigen, d.h. nicht dem Filterkriterium entsprechenden, Datenzeilen erreicht. Um einen aktiven Filter wieder aufzuheben, rufen Sie den Menübefehl *Daten/Filter* auf und wählen im Untermenü erneut den Eintrag *AutoFilter* aus (Abbildung 21.3).

Der Befehl *AutoFilter* ist aktiviert, wenn vor dem Befehl ein Häkchen sichtbar ist. Durch erneutes Anklicken des Befehls wird dieses Häkchen entfernt und der Filter aufgelöst. Mit anderen Worten: Den ganzen Vorgang könnten Sie auch mit einem Lichtschalter vergleichen. Durch Hin- und Herkippen des Schalters wird das Licht ein- bzw. ausgeschaltet.

Listenmanagement

Der Menübefehl *Filter* mit Untermenü

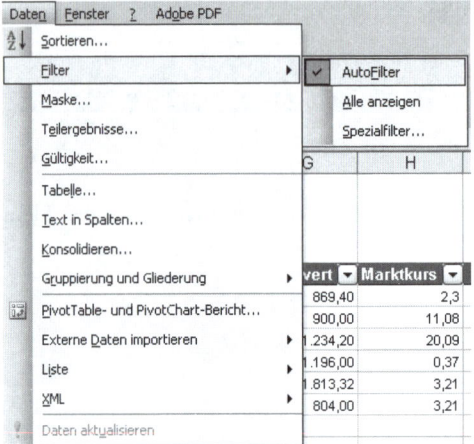

AutoFilter

Alle anzeigen

Um die Filterung einer Liste aufzuheben, können Sie anstelle des Befehls *AutoFilter* auch den unmittelbar darunter stehenden Befehl *Alle anzeigen* anklicken. Um sich die Arbeit zu erleichtern, können Sie ferner die Befehle *AutoFilter* und *Alle anzeigen* auch als Schaltflächen in eine Symbolleiste aufnehmen.

Schaltflächen in Symbolleisten einfügen

Außer *AutoFilter* sind diese Befehlsschaltflächen standardmäßig in keiner Symbolleiste installiert und müssen deshalb erst von Ihnen manuell in eine bestehende oder neue Symbolleiste aufgenommen werden:

1. Wählen Sie im Menü *Ansicht* den Befehl *Symbolleisten* und im Untermenü den Befehl *Anpassen*.

2. Im folgenden Dialogfeld aktivieren Sie die Registerkarte *Befehle*.

3. Im Listenfeld *Kategorien* suchen Sie den Eintrag *Daten* und selektieren ihn. Daraufhin werden im rechten Listenfeld *Befehle* die zu dieser Kategorie gehörenden Befehle als Symbole aufgelistet.

4. Suchen Sie den Befehl *Alle anzeigen*, klicken Sie ihn mit der linken Maustaste an und ziehen Sie ihn mit gehaltener Maustaste an die gewünschte Position in einer bestehenden Symbolleiste. Markiert der Mauszeiger die gewünschte Position in der Symbolleiste, lösen Sie die Maustaste und der Befehl wird als Symbol aufgenommen. Beenden Sie den Dialog in gewohnter Weise (Klick auf *Schließen*).

Das Symbol *AutoFilter* aktivieren Sie, indem Sie am rechten Ende der Symbolleiste *Standard* auf den Dropdown-Pfeil *Optionen für Symbolleisten* klicken und dann im Menü *Schaltflächen hinzufügen oder entfernen/Standard* das Symbol *AutoFilter* markieren.

Die Schaltfläche *AutoFilter* wirkt etwas anders, als der gleichlautende Menübefehl. Wenn Sie den Menübefehl *AutoFilter* wählen, werden alle Filter aufgelöst und die Dropdown-Pfeile an den Feldnamen entfernt. Klicken Sie hingegen auf die Schaltfläche *AutoFilter*, wird lediglich die Filterung aufgelöst, die Dropdown-Pfeile bleiben an den Feldnamen erhalten. Steht der Mauszeiger auf einem gültigen Feld innerhalb einer Liste und Sie verwenden jetzt den Befehl *AutoFilter* über die Schaltfläche, wird das Feld der aktuellen Cursorposition als Filterkriterium verwendet. Rufen Sie hingegen den Menübefehl auf, müssen Sie die Bedingungen wie beim erstmaligen Filtervorgang auswählen.

AutoFilter auf bestimmte Spalten anwenden

Wollen Sie Ihren Filter nur auf beispielsweise zwei bestimmte, jedoch nebeneinander liegende Spalten anwenden, genügt es, wenn Sie genau diese beiden Felder mit dem Dropdown-Pfeil versehen. Um dies zu erreichen, wählen Sie die Spalten aus, indem Sie betroffenen Feldnamen markieren, und rufen dann den Menübefehl *Daten/Filter/AutoFilter* auf (Abbildung 21.4).

Abbildg. 21.4   Auswahl bestimmter Spalten, die mit Dropdown-Pfeilen versehen werden

	A	B	C	D	E	F
1	Name ▼	Vorname ▼	Einstellung	Geburtsdatu	Gehalt	Alter
2	Kellner	Sabine	24.07.1986	18.11.1951	44.000 €	51 Jahre
3	Freund	Sigrid	18.01.1991	09.06.1944	520.000 €	59 Jahre
4	Ritter	Ilona	24.04.1995	18.11.1966	56.300 €	36 Jahre
5	Mognon	Alois	18.04.1994	15.05.1961	40.100 €	42 Jahre

Anstelle des Menübefehls können Sie bei gleicher Spaltenauswahl die Aktion auch über die Schaltfläche *AutoFilter* in der *Standard*-Symbolleiste ausführen.

In Abhängigkeit davon, wo der Mauszeiger beim Aufruf des AutoFilters steht, werden die Datensätze auch gleich gefiltert dargestellt:

- Steht der Mauszeiger auf einem gültigen Feld, wird dieses Feld als Filterkriterium verwendet (die Daten werden entsprechend dem Kriterium sofort gefiltert).

- Steht der Mauszeiger auf einem Feld der Spaltenbeschriftung (Spaltenüberschrift), werden nur die Dropdown-Pfeile eingeblendet, nicht jedoch eine Filterung der Daten vorgenommen.

HINWEIS   Die Daten »verschwinden«, wenn die Dropdown-Pfeile eingeblendet werden. Mit Klick auf die Schaltfläche *Alle anzeigen*, werden alle Daten wieder »sichtbar«.

- Sind eine oder mehrere Spalten markiert (Abbildung 21.4), werden die Dropdown-Pfeile nur für diese Felder eingeblendet. Die restlichen Felder können nicht gefiltert werden.

HINWEIS   Übrigens: Eine Mehrfachauswahl von Spalten ist nicht zulässig. Werden mehrere Spalten, aber nicht alle, zur Filterung benötigt, müssen diese unmittelbar nebeneinander liegen.

AutoFilter wählen – der Weg zum Detail

Die Auswahl eines Filters erfolgt über den Dropdown-Pfeil und über die Auswahl des Filterkriteriums. *Excel* führt in einer Liste alle in dem gewählten Datenfeld vorkommenden Bezeichnungen auf. Darüber hinaus stehen noch folgende zusätzliche Optionen zur Auswahl:

- *Benutzerdefiniert*: Über diesen Weg können Sie individuell Filter für das Feld neu definieren.

- *Top 10*: Zeigt Ihnen die Daten, die innerhalb der angegebenen oberen und unteren Grenze liegen, entweder nach Elementen oder in Prozent an (Abbildung 21.5).

- *Leere*: Zeigt Ihnen diejenigen Zeilen an, die in dem ausgewählten Feld nicht mit Daten gefüllt sind.

- *Nichtleere*: Zeigt Ihnen diejenigen Zeilen an, die in dem ausgewählten Feld Daten enthalten.

- *Alle*: Wird angeklickt, um einen Filter auf diesem Feld aufzulösen und alle Datensätze anzuzeigen.

- Neben den Auswahlmöglichkeiten für die Filterbedingungen finden Sie noch zwei Befehle zur Sortierung, nämlich *Aufsteigend sortieren* bzw. *Absteigend sortieren*.

Abbildg. 21.5 Der *Top-10-AutoFilter*

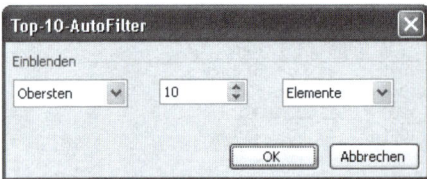

Das Dialogfeld *Top-10-AutoFilter* enthält zwei Dropdown-Felder und ein Drehfeld.

- Im linken Dropdown-Feld legen Sie fest, ob Sie die obersten oder die untersten Ergebnisse sehen wollen.

- Über das Drehfeld in der Mitte geben Sie eine Zahl zwischen 1 und 500 ein oder klicken auf den entsprechenden Pfeil, um den Wert für die Rangliste einzustellen.

- Im rechten Dropdown-Feld wählen Sie entweder *Elemente* oder *Prozent*. Bei den Elementen wird die Anzahl der Zeilen angezeigt, die dem Wert im Drehfeld entsprechen. Bei *Prozent* werden Ihnen beispielsweise die Werte für das Intervall der ersten 10 Prozent angezeigt.

Praxisbeispiel: Die fünf umsatzstärksten Artikel

Sie wollen aus Ihrer Umsatztabelle *Umsatz20* in der Mappe *TSK_20.xls* die sechs Artikel, die den höchsten Umsatz bringen, herausfiltern. Und das geht so:

1. Markieren Sie eine beliebige Zelle innerhalb Ihrer Liste – beispielsweise das Feld *Umsatz*. Rufen Sie den Menübefehl *Daten/Filter/AutoFilter* auf.

2. Klicken Sie auf den Dropdown-Pfeil der Spalte *Umsatz* und wählen den Eintrag *(Top 10)*. Das Dialogfeld *Top-10-AutoFilter* wird geöffnet (Abbildung 21.5).

3. Ändern Sie den Wert im Drehfeld auf 6. Die beiden Listenfelder bleiben unverändert. Zur Ausführung klicken Sie auf die Schaltfläche *OK*.

Das Ergebnis wird als gefilterte Liste angezeigt.

TIPP Um in der Dropdown-Liste rasch zum ersten bzw. letzen Eintrag zu gelangen, drücken Sie die Tastenkombination Strg + Pos1 bzw. Strg + Ende .

Benutzerdefinierte Suchkriterien mit AutoFilter

Es kann vorkommen, dass Sie an den *AutoFilter* höhere Ansprüche stellen, als dieser erfüllen kann. *Excel* stellt Ihnen für diesen Fall *benutzerdefinierte Filter* zur Verfügung. Damit können Sie zwei Abfragekriterien kombinieren und somit komplexere Filter anwenden.

Der *benutzerdefinierte Filter* wird aus der Dropdown-Liste ausgewählt und zeigt Ihnen zunächst das in Abbildung 21.6 dargestellte Dialogfeld an.

Abbildg. 21.6 Dialogfeld zur Auswahl von Filterbedingungen in der Tabelle *Depot*

- Im Dialogfeld *Benutzerdefinierter AutoFilter* können Sie im linken Teil ein oder auch zwei Vergleichsoperatoren auswählen. Wollen Sie zwei Vergleichsoperatoren verwenden, erfolgt eine Verknüpfung der beiden Felder über die Optionen *Und* bzw. *Oder*.

- Im rechten Teil des Dialogfeldes wählen Sie im jeweiligen Listenfeld einen Eintrag aus der Liste aus bzw. geben die benötigten Daten manuell ein.

HINWEIS Bei einer Verknüpfung mit *Und* müssen beide Kriterien erfüllt sein; bei einer Verknüpfung mit *Oder* reicht es, wenn eines der beiden Kriterien erfüllt wird. Ergänzend dazu siehe Tabelle 21.1.

Tabelle 21.1 Operatoren

Kriterium	Operator	Bedeutung
entspricht	=	Zahlenwerte, die dem Kriterium exakt entsprechen, werden angezeigt.

Tabelle 21.1 Operatoren *(Fortsetzung)*

Kriterium	Operator	Bedeutung
ist größer als	>	Zahlenwerte, die größer als das Kriterium sind, werden angezeigt.
ist kleiner als	<	Zahlenwerte, die kleiner als das Kriterium sind, werden angezeigt.
entspricht nicht	<>	Zahlenwerte, die größer oder kleiner als das Kriterium sind, werden angezeigt.
ist größer oder gleich	>=	Zahlenwerte, die größer oder gleich dem Kriterium sind, werden angezeigt.
ist kleiner oder gleich	<=	Zahlenwerte, die kleiner oder gleich dem Kriterium sind, werden angezeigt.

In Tabelle 21.2 finden Sie Beispiele für benutzerdefinierte Kriterien. Öffnen Sie die Datei *Depot_20.xls* aus dem Ordner *\Buch\Kap21* auf der CD-ROM, um die Beispiele auszuprobieren.

Tabelle 21.2   Filter für Texte am Beispiel des Feldes *Aktie* in der Datei *Depot_20*

Auswahlkriterium	Beispiel	Bedeutung
Beginnt mit P	Findet *PATENT LITIGATION TRUST*	Es werden alle Zeilen angezeigt, die mit dem Buchstaben *P* beginnen.
Beginnt nicht mit P	Findet z.B. *ABACHO AG, ACTIVEST NA-NOTECH INH., ADVANCED MIC.DEV. DL-,01 und weitere*	Es werden alle Zeilen angezeigt, die *nicht* mit dem Buchstaben *P* beginnen.
Endet mit LTD	Findet *HITACHI LTD*	Es werden alle Zeilen angezeigt, die mit den Buchstaben *LTD* enden (allerdings ohne Punkt am Ende!).
Endet nicht mit LTD	Findet alle Einträge außer *HITACHI LTD*	Es werden alle Zeilen angezeigt, die *nicht* auf die Buchstaben *LTD* enden.
Enthält di	Findet *DEUT.BANK DISK.ZT.AMD 06, MEDAIRE INC. CDIS, Adidas*	Es werden alle Zeilen angezeigt, die im Suchbegriff die Buchstabenfolge *di* enthalten.
Enthält nicht di	Findet alle Einträge außer *DEUT.BANK DISK.ZT.AMD 06, MEDAIRE INC. CDIS, Adidas*	Es werden alle Zeilen angezeigt, die im Suchbegriff *nicht* die Buchstabenfolge *di* enthalten.

In numerischen Feldern und Feldern mit Datumsangaben können Sie zusätzlich mit den Kriterien *entspricht, entspricht nicht, ist größer als, ist größer oder gleich, ist kleiner als oder gleich* operieren.

Die Vertreterregelung – Stellvertreterzeichen

Bei der Suche nach Texteinträgen in einem Feld werden innerhalb der *benutzerdefinierten AutoFilter* auch die zwei üblichen Stellvertreterzeichen akzeptiert:

- *** (Sternchen) für eine beliebige Buchstabenfolge.
- *?* (Fragezeichen) für einzelne Buchstaben an einer bestimmten Position (Abbildung 21.7).

Abbildg. 21.7   Benutzerdefinierter AutoFilter mit Stellvertreterzeichen

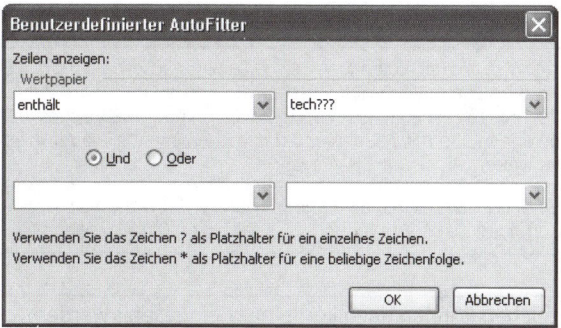

In unserer Beispieltabelle findet das Filterkriterium *tech???* für die Spalte *Aktie* die in Abbildung 21.8 dargestellten Zeilen.

Abbildg. 21.8   Anzeige der Zeilen, die dem Filterkriterium *tech???* entsprechen

2	Wertpapier	Anzahl	Depotbank	Börse	Branche	Kaufkurs
4	ACTIVEST NANOTECH INH.	150	ADC	F	Fond	44,39
13	BROKAT TECHNOLOGIES	1600	VB	F	Software	0,05
29	GENENTECH INC. DL-,02	50	ADC	S	Industrie	35,58
38	LUCENT TECHS DL-,01	500	ADC	M	Elektro	4,32
45	ROFIN SINAR TECHS DL-,01	100	DAB	D	Industrie	25,74
52	SINGULUS TECHNOL.	100	VB	S	Maschinenb:	12,95

Würden Sie *tech* ohne die zusätzlichen Fragezeichen als Filterkriterium verwenden, bekämen Sie zusätzlich zu den in Abbildung 21.8 gezeigten Zeilen zwei weitere Zeilen mit dem Eintrag *NANO-PHASE TECHS*, als Filterergebnis angezeigt.

PROFITIPP

Vielfach werden die Daten aus anderen Datenbanken oder Programmen importiert. Achten Sie bei importierten Daten darauf, in welchem Format die Daten dann in Excel vorliegen. Beispielsweise werden Zahlen als Text importiert. Ferner ist auch zu bedenken, dass am Ende von Textzellen (in unserem Beispiel im Feld *Wertpapier* der Fall) eventuell Leerzeichen vorhanden sind, die dann ein Filterergebnis mit Stellvertreterzeichen völlig verändern. Entfernen Sie daher die Leerzeichen am Ende (gelegentlich auch am Anfang) eines Feldinhaltes vorab und die Filterergebnisse sind korrekt.

Zur verfeinerten Datenselektion können im Dialogfeld *Benutzerdefinierter AutoFilter* (Abbildung 21.7) zwei Bedingungen über *Und* bzw. *Oder* miteinander verknüpft werden.

In einem Textfeld wird üblicherweise das Suchkriterium mit dem gesamten Feldinhalt verglichen. Wird nur ein bestimmter Teil benötigt, können neben den vordefinierten Bedingungen auch noch Stellvertreterzeichen eingesetzt werden (siehe Tabelle 21.3).

Listenmanagement

Stellvertreterzeichen innerhalb von Suchkriterien

Stellvertreterzeichen	Erklärung/Beispiel
*	Ignoriert alle nachfolgenden Zeichen einer Zeichenkette bzw. die Anzahl der Zeichen bis zum nächsten Buchstaben. So werden mit *A** alle Zeichenketten gefunden, die mit *A* beginnen. Die Auswahl *A*s* findet alle Zeichenketten, die mit *A* beginnen und mit *s* enden und dazwischen eine beliebige Anzahl von Zeichen aufweisen. *A*s* findet z.B. *Adidas*.
?	Ignoriert das Zeichen an der jeweiligen Position innerhalb der Zeichenkette. Mit dem Kriterium *M??er* werden z.B. die Namen *Mayer, Meier, Maier* usw. gefunden.

HINWEIS   Stellvertreterzeichen können auch kombiniert eingesetzt werden.

WICHTIG   Wollen Sie in Ihrer Liste auf ein Datumsfeld einen Filter anwenden, müssen die Formate im Suchkriterium und im Datenfeld übereinstimmen. Mit dem Suchkriterium *24.12.2003* werden Sie beispielsweise keinen Treffer landen, wenn im Datenfeld das Format *24. Dez. 03* verwendet wurde.

Kombinierte Filterkriterien müssen logisch und sinnvoll angegeben werden, um die gewünschte Trefferauswahl zu erzielen. Zum Beispiel kann die Kriterienkombination *Umsatz >=150.000 oder <=800.000* keine sinnvolle Auswahl liefern, da sich beide Bedingungen gegenseitig aufheben.

PROFITIPP   Wenn Sie in einem Filter ein Fragezeichen (?) oder ein Sternchen (*) als Buchstaben benutzen wollen, setzen sie eine Tilde (~) davor.

Praxisbeispiel: Kombinierte Kriterien bei der Anwendung von AutoFiltern

Sie wollen wissen, ob die Bearbeiter *Friese* und *Kronau* Umsätze bearbeiten, die über einer Mio. Euro, aber unter zwei Mio. Euro liegen und den Lieferanten *Media Airbrush* betreffen. Schwierig? Das Problem lösen Sie zielstrebig, wenn Sie folgendermaßen vorgehen:

Zur Lösung der Fragestellung benötigen Sie einen Filter auf die Datenfelder *Bearbeiter*, *Lieferant* und *Umsatz*. Aktivieren Sie zunächst das Tabellenblatt *Umsatz20* in der Mappe *TSK_20.xls*.

1. Aktivieren Sie nun in der Liste eine Zelle (z.B. das Feld *Bearbeiter*), rufen Sie den Menübefehl *Daten/Filter* auf und wählen Sie im Untermenü den Befehl *AutoFilter* aus.

2. Klicken Sie jetzt auf den Dropdown-Pfeil am Feld *Bearbeiter*.

3. Wählen Sie danach aus der angezeigten Liste den Eintrag *Benutzerdefiniert,* um dann im folgenden Dialogfeld *Benutzerdefinierter AutoFilter* die in Abbildung 21.9 dargestellten Bedingungen einzugeben.

Abbildg. 21.9   Bedingungen für die Auswahl der Bearbeiter

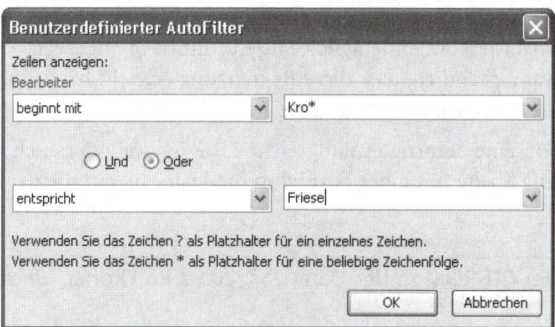

4. Klicken Sie abschließend auf die Schaltfläche *OK*. Die Datensätze, die nicht den Filterbedingungen entsprechen, werden nicht mehr angezeigt.

5. Im nächsten Schritt klicken Sie auf den Dropdown-Pfeil am Feld *Umsatz* und wählen danach aus der angezeigten Liste erneut den Eintrag *Benutzerdefiniert* aus. Im Dialogfeld *Benutzerdefinierter AutoFilter* geben Sie nun die Bedingungen entsprechend der Abbildung 21.10 ein. Bestätigen Sie zum Abschluss mit der Schaltfläche *OK*. Die Liste passt sich erneut an und zeigt nur noch die Datensätze, die den bisher eingegebenen Bedingungen entsprechen. In unserem Beispiel erfüllen 41 Datensätze jetzt noch Ihre Bedingungen.

Abbildg. 21.10   Bedingungen für die Auswahl der Umsatzgrenzen

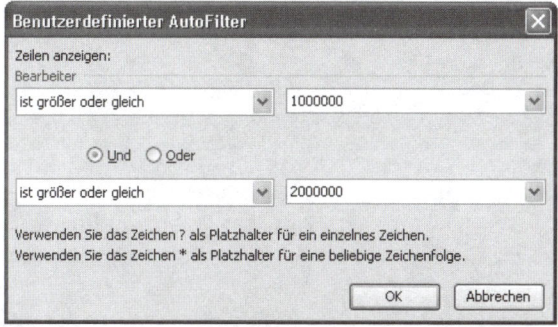

TIPP   Die Anzahl der bisher selektierten Datensätze ermitteln Sie ganz schnell mit der Funktion *=TEILERGEBNIS(2;H2:H3299)*. Diese Funktion können Sie in der Zelle stehen lassen. Bei jedem weiteren Selektionsvorgang erhalten Sie automatisch die Anzahl der Treffer angezeigt.

---

6. Im nächsten Schritt klicken Sie auf den Dropdown-Pfeil am Feld *Lieferant*. Wählen Sie aus der angezeigten Liste den Eintrag *Media Airbrush*. Klicken Sie abschließend auf die Schaltfläche *OK*. Die Liste verändert sich erneut und zeigt die endgültige Auswahl der Datensätze.

Begrenzte Dropdown-Listen

In einer AutoFilter-Dropdown-Liste können lediglich tausend Einträge angezeigt werden. Bei sehr umfangreichen Listen ist es wahrscheinlich, dass diese Begrenzung erreicht bzw. überschritten wird und dann keine Aufnahme der restlichen Kriterien in die Auswahl erfolgt.

Sie hätten jetzt die Möglichkeit, eine derartig umfangreiche Liste in zwei oder auch mehr Gruppen zu splitten. Fügen Sie eine neue Spalte mit einer Formel in die Liste ein, auf die dann die Filterung erfolgt.

Die Lösung finden Sie auf der CD-ROM in der Datei *TSK_20.xls* im Ordner *\Buch\Kap21* in der Tabelle *DropdownGruppe*.

Abbildg. 21.11 Ausschnitt aus der Rechnungsliste und der Formel für die Gruppierung

	A	B
1	RechnungNr	Gruppierung
2	at15486	WENN(LINKS(A2;1)<"N";"A-M";"N-Z")
3	ze14897	
4	cr21009	

Mit dieser kombinierten Funktion wird Ihre Liste in Spalte *A* in zwei Gruppen, »A-M« und »N-Z«, aufgeteilt. Kopieren Sie die Funktion bis ans Ende der Liste. Fügen Sie in die Zelle *A1* den Text *Gruppierung* als Feldname ein (vgl. Abbildung 21.15).

Abbildg. 21.12 Die Ansicht der Liste nach dem Einfügen einer Gruppierungsspalte

	A	B
1	**RechnungNr**	**Gruppierung**
2	at15486	A-M
3	ze14897	N-Z
4	cr21009	A-M
5	xg22459	N-Z
6	ep25220	A-M
7	si27923	N-Z
8	gn30626	A-M
9	qk33329	N-Z
10	il36032	A-M
11	om38736	N-Z

Aktivieren Sie jetzt den *AutoFilter* und wählen Sie in der Gruppierungsspalte die benötigte Gruppe. Danach klicken Sie auf den *Dropdown-Pfeil* im Feld *RechnungNr* und bekommen hier nur die zur Gruppe »N-Z« gehörenden Einträge gelistet (vgl. Abbildung 21.16).

Abbildg. 21.13 Die fertige Liste mit einer ausgewählten Gruppe (Ausschnitt)

	A	B
1	**RechnungNr** ▼	**Gruppierung** ▼
3	ze14897	N-Z
5	xg22459	N-Z
7	si27923	N-Z
9	qk33329	N-Z
11	om38736	N-Z
16	of52251	N-Z
18	qd57657	N-Z

Sollte die Liste immer noch zu umfangreich sein, teilen Sie diese so lange in kleinere Gruppen auf, bis Sie die geeignete Auswahl in der Spalte *A* erhalten.

Die Formel für eine Unterteilung in drei Gruppen, beispielsweise »A-H«, »I-P« und »Q-Z«, lautet:

```
=WENN(LINKS(A5;1)<"I";"A-H";WENN(LINKS(A5;1)<"Q";"I-P";"Q-Z"))
```

Wenn eine noch exaktere Unterteilung der Gruppen notwendig wäre, könnte auch anstelle des ersten Zeichens auf die beiden ersten Zeichen der Spalte *A* zugegriffen werden. Die Funktion *Links(A2;1)* würde dann im zweiten Argument eine *2* enthalten – beispielsweise *Links(A2;2)*. Daraus resultiert eine Sortierfolge, die bei zahlreichen gleichen Buchstaben an der zweiten Stelle der Rechnungsnummer vorteilhafter wäre.

Mehr zum Thema »Textfunktionen« finden Sie in Kapitel 15.

Wenn zwei nicht reichen – der Spezialfilter

Sie stellen fest, dass zwei Filterbedingungen nicht ausreichen. Für solche Fälle, die mehr als zwei Vergleichskriterien pro Feld erfordern, bietet *Excel* einen Ausweg über die *Spezialfilter*.

Im Vergleich zum *AutoFilter* erlaubt der Befehl *Spezialfilter* die Ausführung der folgenden Aufgaben:

- Festlegen von Kriterien mit zwei oder mehr Spalten über die Verknüpfung *Oder*.
- Festlegen von drei und mehr Kriterien für eine bestimmte Spalte, wobei mindestens eine *Oder*-Verknüpfung enthalten ist.
- Festlegen berechneter Kriterien.
- Automatische Kopie der selektierten Datensätze in eine neue Tabelle oder einen anderen Bereich des aktiven Arbeitsblattes.

Die Arbeitsweise mit den *Spezialfiltern* unterscheidet sich in einigen Punkten von der, die Sie bei den *AutoFiltern* kennen gelernt haben.

Kriterien-bereich einrichten

So erfordert die Auswahl von Datensätzen über den Befehl *Spezialfilter* die Einrichtung eines *Kriterienbereiches*. Dieser Kriterienbereich ist auf dem Tabellenblatt getrennt von der Liste einzurichten. Bedenken Sie beim Einrichten der Abfragebedingungen, dass beim Filtern umfangreiche Zeilen ausgeblendet werden und infolgedessen die von Ihnen definierten Kriterien sich ebenfalls im ausgeblendeten Bereich befinden könnten.

> **TIPP** Richten Sie den Kriterienbereich nicht neben, sondern ober- oder unterhalb der Liste oder sogar in einer eigenen Tabelle ein.

Aufbau des Kriterien-bereichs

Ein *Kriterienbereich* besteht aus mindestens zwei Zeilen. In die oberste Zeile schreiben Sie eine oder mehrere Spaltenbeschriftung(en). In der zweiten und in den folgenden Zeilen stehen die Filterbedingungen. Die Überschriften im Kriterienbereich müssen exakt mit den Spaltenüberschriften übereinstimmen. Ausgenommen sind die Überschriften für berechnete Kriterien.

> **TIPP** Kopieren Sie einfach die benötigten Feldnamen in den Kriterienbereich, um Tippfehler zu vermeiden.

HINWEIS   Ein *Kriterienbereich* muss natürlich nicht alle Überschriften der Liste enthalten. Es genügt völlig, nur die Feldnamen, die tatsächlich benötigt werden, in den Kriterienbereich zu übernehmen.

Ein Beispiel: Sie wollen alle Datensätze, die im *Depot* der ADC-Bank aufbewahrt werden und die Branchenkennung *Handel* aufweisen, für eine weitere Bearbeitung anzeigen lassen.

1. Richten Sie im Arbeitsblatt *Depot* der Mappe *Depot_20.xls* in den ersten Zeilen (zwei bis fünf) des Arbeitsblattes einen Kriterienbereich ein.

HINWEIS   Sie sind mit dem Kriterienbereich an keinen bestimmten Platz im Arbeitsblatt gebunden.

2. Fügen Sie oberhalb der Depotliste, vor den Feldnamen, vier zusätzliche Zeilen ein und definieren Sie dort den Kriterienbereich. Markieren Sie zunächst die Spaltenüberschrift Branche.

3. Klicken Sie dann auf die Schaltfläche für *Kopieren*.

4. Wechseln Sie in die Zelle *A2* und klicken Sie auf die Schaltfläche *Einfügen*. Kopieren Sie auf dem gleichen Weg die Überschrift Depotbank in die Zelle *B2*.

5. Geben Sie in die Zelle *A3* das Kriterium *Handel* und in die Zelle *B3* das Kriterium ADC ein.

6. Aktivieren Sie jetzt eine beliebige Zelle im Listenbereich und rufen Sie über den Menübefehl *Daten/Filter* im Untermenü den Befehl *Spezialfilter* auf.

7. *Excel* hat den Listenbereich automatisch erkannt. Klicken Sie jetzt in das Listenfeld *Kriterienbereich* und markieren Sie dann den Bereich *A2 bis B3* in der Tabelle.

Abbildg. 21.14   Der Eintrag des Kriterienbereiches im Umfeld der Arbeitsumgebung und das zugehörige Dialogfeld

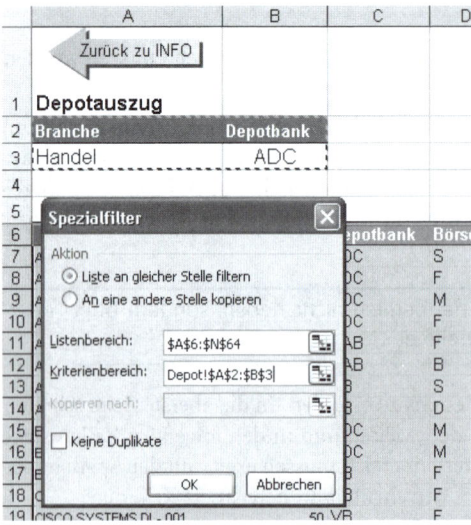

8. Lassen Sie die Option *Liste an gleicher Stelle filtern* aktiviert. Klicken Sie zum Abschluss auf die Schaltfläche *OK*.

Wie der *AutoFilter* blendet auch der *Spezialfilter* alle Zeilen aus, die nicht der Filterbedingung entsprechen. In der *Statusleiste* sehen Sie die Anzahl der gefundenen Datensätze (die Zeilennummern der gefundenen Datensätze werden blau dargestellt).

Verfügbare Optionen im Dialogfeld *Spezialfilter*

Im Dialogfeld *Spezialfilter* können Sie die folgenden Optionen zur Bearbeitung Ihrer Liste einsetzen:

- *Liste an gleicher Stelle filtern*: Die Datensätze, die dem Kriterium entsprechen, werden angezeigt, indem die restlichen Datensätze ausgeblendet werden.

- *An eine andere Stelle kopieren*: Die Datensätze, die dem Kriterium entsprechen, werden in einen von Ihnen bestimmten Ort kopiert. Die Festlegung treffen Sie im Textfeld *Kopieren nach*.

- *Kopieren nach*: Der Bereich, in den die Datensätze, die den Kriterien entsprechen, geschrieben werden.

- *Keine Duplikate*: Diese Option verhindert, dass Datensätze, die gemäß den Filterkriterien exakt gleich sind, nur einmal angezeigt bzw. kopiert werden.

In den nachfolgenden Beispielen werden wir noch auf ein paar typische Anwendungsmöglichkeiten eingehen.

Die Möglichkeiten von Und/Oder-Verknüpfungen

Sie können in einen Kriterienbereich beliebig viele Kriterien eingeben. *Excel* interpretiert diesen Bereich nach folgenden Regeln:

- Kriterien in derselben Zeile werden als *Und*-Verknüpfung interpretiert.

- Kriterien in unterschiedlichen Zeilen werden als *Oder*-Verknüpfung interpretiert.

PROFITIPP

> Enthält der Kriterienbereich eine leere Zelle, erhalten Sie eine ungefilterte Liste, weil *Excel* dann in dieser Spalte jeden Wert akzeptiert.

Wenn Sie einen Kriterienbereich als Bezug angeben, achten Sie darauf, dass die Kriterienbeschriftungen auch korrekt sind.

Praxisbeispiel: Oder-Verknüpfung in einer Spalte

Sie möchten in der Depotliste alle Wertpapiere, die mit den Buchstaben *E, H* und *V* beginnen, betrachten.

1. Fügen Sie vor der Depotliste, oberhalb der Feldnamen, mindestens fünf leere Zeilen ein. Kopieren Sie nun die Spaltenüberschrift *Aktie* in die Zelle *A1*.

2. Geben Sie in die Zellen von *A2* bis *A4* die Buchstaben *E, H* und *V* ein. Markieren Sie im Listenbereich eine beliebige Zelle.

3. Rufen Sie den Menübefehl *Daten/Filter* auf und wählen Sie im Untermenü den Befehl *Spezialfilter* aus. Das Dialogfeld *Spezialfilter* wird eingeblendet.

4. Übernehmen Sie die Option *Liste an gleicher Stelle filtern* und den Eintrag im Listenbereich. In den Kriterienbereich schreiben oder übernehmen Sie die in Abbildung 21.15 dargestellte Adresse.

Abbildg. 21.15 Die Auswahl der Adresse für den Kriterienbereich

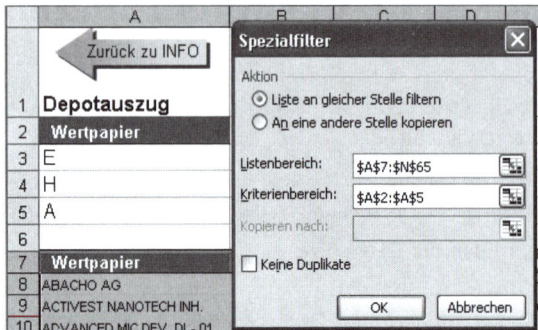

5. Das Kontrollkästchen *Keine Duplikate* bleibt leer. Bestätigen Sie abschließend mit *OK*.

Als Ergebnis erhalten Sie in diesem Beispiel eine gefilterte Liste mit allen Aktienpositionen der Gesellschaften die mit *A, H oder E* beginnen.

Praxisbeispiel: *Oder-* und *Und-*Verknüpfung

Sie wollen in der Depotliste alle Wertpapiere sehen, die mit *E, H* und *A* beginnen. Der Marktwert von *A* beträgt mindestens 8.000 Euro, der von *H* mindestens 2.000 Euro und der von *E* mindestens 1.000 Euro. Wie würden Sie vorgehen?

1. Ergänzen Sie den *Kriterienbereich* aus dem vorhergehenden Praxisbeispiel um die Spalte *Markt-wert*.

2. Geben Sie in die Zelle *B2* die Spaltenüberschrift *Marktwert* ein. In die Zelle *B3* tragen Sie als Kriterium *>=1.000* ein, in die Zelle *B4* schreiben Sie als Kriterium *>=2.000* und in *B5 >=8.000*. Ihr Kriterienbereich sollte jetzt so aussehen, wie in Abbildung 21.16 dargestellt.

Abbildg. 21.16 Kriterienbereich der Aufgabe mit einer Und/Oder-verknüpften Abfrage

	A	B
2	Wertpapier	Marktwert
3	E	>=1000
4	H	>=2000
5	A	>=8000

3. Markieren Sie eine beliebige Zelle im Listenbereich.

4. Rufen Sie den Menübefehl *Daten/Filter* auf und wählen Sie im Untermenü den Befehl *Spezialfilter* aus. Es erscheint jetzt wieder das Dialogfeld *Spezialfilter*.

5. Übernehmen Sie die Option *Liste an gleicher Stelle filtern* und den Eintrag im Listenbereich. In den Kriterienbereich schreiben oder übernehmen Sie durch Auswählen die Zelladresse *$A$2:$B$5*.

6. Das Kontrollkästchen *Keine Duplikate* bleibt leer. Bestätigen Sie abschließend mit Klick auf die Schaltfläche *OK*.

Als Ergebnis erhalten Sie eine nach Ihren Vorgaben gefilterte Liste.

Vergleichen Sie – die Art der Kriterieneingabe

Und/Oder-Verknüpfungen

Durch vergleichende Suchkriterien erhalten Sie die Möglichkeit, komplexe Abfragen zu formulieren. Wie Sie die Suchkriterien in einer Tabelle aufbauen, entscheidet über die Art der Abfrage:

- Mehrere Kriterien, die in separaten Feldern untereinander eingetragen werden, interpretiert *Excel* als *Oder-Abfrage* auf ein Feld (Abbildung 21.17).

Abbildg. 21.17   Beispiel für eine *Oder*-Abfrage

	A
2	Wertpapier
3	EM.TV AG OS06
4	HITACHI LTD
5	Adidas

- Mehrere Kriterien in der gleichen Zeile, aber in unterschiedlichen Feldern, interpretiert *Excel* als *Und-Abfrage*. Der in Abbildung 21.18 dargestellte Kriterienbereich zeigt alle Zeilen, in denen die Spalte *Wertpapier* den Eintrag *EM.TV AG OS06* und die Spalte *Depotbank* den Eintrag *VB* und der *Marktwert* im Depot *999,99* Euro übersteigt.

Abbildg. 21.18   Beispiel für eine *Und*-Verknüpfung

	A	B	C
2	Wertpapier	Marktwert	Depotbank
3	EM.TV AG OS06	>=1000	VB

- Mehrere Kriterien in versetzten Zeilen und unterschiedlichen Feldern interpretiert *Excel* als *Oder-Abfrage* auf die genannten Felder. Der in Abbildung 21.19 dargestellte Kriterienbereich zeigt alle Zeilen, bei denen das Feld *Wertpapier* den Eintrag *Adidas* oder der *Marktwert* im Depot *7.999,99* Euro übersteigt oder das Feld *Depotbank* den Eintrag *ADC* enthält.

Abbildg. 21.19   Beispiel für eine *Oder*-Verknüpfung

	A	B	C
2	Wertpapier	Marktwert	Depotbank
3	Adidas		
4		>=8000	
5			ADC

- Mehrere Kriterien in der gleichen Zeile und mehrere Kriterien in der gleichen Spalte interpretiert *Excel* als *Oder-* und *Und*-Abfrage. In Abbildung 21.20 sehen Sie einen solchen Kriterienbereich. Er zeigt alle Zeilen, bei denen der Eintrag im Feld *Wertpapier* mit *E, H* oder *A* beginnt und bei denen der *Marktwert* der Wertpapiere, die mit *E* beginnt, im Depot über *999,99* Euro und die

Werte der Papiere die mit *H* beginnen über 1.999,99 und die Marktwerte der mit *A* beginnenden Wertpapiere im Depot über *7.999,99* Euro liegen muss.

Abbildg. 21.20 Beispiel für eine *Oder/Und*-Verknüpfung

	A	B
	Wertpapier	**Marktwert**
2		
3	E	>=1000
4	H	>=2000
5	A	>=8000

Textkriterien

Neben vordefinierten Abfragen auf Texte gibt es noch andere Möglichkeiten.

Geben Sie einen Text als Suchkriterium ein, sucht *Excel* nach allen Elementen, die mit dieser Zeichenfolge beginnen. Suchen Sie z.B. mit dem Buchstaben *A* als Suchkriterium, wird *Adidas* gefunden. Soll nur eine Entsprechung zum angegebenen Text gefunden werden, geben Sie beispielsweise folgende Formel ein: ="=Hypo".

Gefunden wird damit nur der Eintrag, der ausschließlich *Hypo* heißt und nicht Elemente wie beispielsweise *BAY.HYPO-VEREINSBK.O.N.* oder *Hypohaus*.

Die größer als *(>)*- und kleiner als *(<)*-Symbole bedeuten: Jeder Wert in diesem Bereich, der vor oder nach der angegebenen Stelle im Alphabet steht, wird akzeptiert. Die Eingabe *>S* listet alle Aktien, deren Name zwischen *R* (beginnend mit S) und *Z* liegt, auf. Die Eingabe *<B* listet alle Aktien die mit *A* beginnen auf.

WICHTIG Die Eingabe *< =B* listet ebenfalls nur alle Aktien die mit *A* beginnen auf. Die Aktien die mit *B* beginnen, werden also *nicht* aufgelistet (Abbildung 21.21).

Abbildg. 21.21 Beispiel für die Filterbedingung < =

	A	B	C	D
	Zurück zu INFO			
1	**Depotauszug**			
2	**Wertpapier**	**Marktwert**	**Depotbank**	
3	<=B			
4				
5				
6				
7	**Wertpapier**	**Anzahl**	**Depotbank**	**Börse**
8	ABACHO AG	5000	ADC	S
9	ACTIVEST NANOTECH INH.	150	ADC	F
10	ADVANCED MIC.DEV. DL-,01	70	ADC	M
11	AGERE SYSTEMS A DL-,01	4500	ADC	F
12	AGERE SYSTEMS INC. B	4200	DAB	F
13	AGOR AG	414	DAB	B
14	AIXTRON AG O.N.	330	VB	S
15	ALLIANZ AG VNA O.N.	40	VB	D
65	Adidas	100	ADC	M

Monatsabhängige Daten herausfiltern

Nehmen wir an, Sie möchten alle Aktien anzeigen, die nach dem 30. Dezember 2004 im Depot eingegangen sind:

Verwenden Sie das Tabellenblatt *DepotMitEkDatum*

1. Fügen Sie vor der Depotliste mindestens fünf leere Zeilen ein. Kopieren Sie die Spaltenüberschrift *EinkaufDatum* in die Zelle *A2* (vergleichbar Abbildung 21.21).

2. Geben Sie die Bedingung *>=30.12.2004* in die Zelle *A3* ein. Markieren Sie jetzt im Listenbereich eine beliebige Zelle und rufen Sie den Menübefehl *Daten/Filter* auf.

3. Wählen Sie im Untermenü den Befehl *Spezialfilter* aus. Im Dialogfeld *Spezialfilter* übernehmen Sie die Option *Liste an gleicher Stelle filtern* und den Eintrag im Listenbereich. In den Kriterienbereich schreiben oder übernehmen Sie per Zellenselektion die Adresse *$A$2:$A$3*. Das Kontrollkästchen *Keine Duplikate* bleibt leer. Bestätigen Sie abschließend mit *OK*.

Als Ergebnis erhalten Sie eine gefilterte Liste wie in Abbildung 21.22 dargestellt.

Abbildg. 21.22 Die Lösung des Beispiels und die verwendete Filterbedingung

Wenn Sie sich alle Aktien anzeigen lassen möchten, die im Jahr 2005 im Depot aufgenommen wurden, gehen Sie wie folgt vor:

1. Fügen Sie vor der Depotliste mindestens fünf leere Zeilen ein bzw. entfernen Sie eventuell vorhandene Daten. Kopieren Sie dann die Spaltenüberschrift *EinkaufDatum* in die Zellen *A2* und *B2*.

2. Geben Sie die Bedingung *>=01.01.2005* in die Zelle *A2* und die Bedingung *<=31.12.2005* in die Zelle *B2* ein. Markieren Sie jetzt im Listenbereich eine beliebige Zelle und rufen Sie den Menübefehl *Daten/Filter* auf.

3. Wählen Sie im Untermenü den Befehl *Spezialfilter* aus. Im Dialogfeld *Spezialfilter* übernehmen Sie die Option *Liste an gleicher Stelle filtern* und den Eintrag im Listenbereich. In den Kriterienbereich schreiben oder übernehmen Sie per Zellenselektion die Adresse *$A$2:$B$3*. Das Kontrollkästchen *Keine Duplikate* bleibt leer. Bestätigen Sie abschließend mit *OK*.

809

Über dieses Ergebnis hinaus möchten Sie nun die Positionen listen, die mehr als 100 Stück umfassen. Um dies zu erreichen, müssen Sie den bestehenden Filter erweitern:

1. Fügen Sie in den Kriterienbereich noch das Feld *Anzahl* hinzu und geben in die Zelle *C3* die Bedingung *>100* ein (Abbildung 21.23).

Abbildg. 21.23   Beispiel für den Kriterienbereich mit drei *UND*-Bedingungen

	A	B	C
2	Einkaufdatum	Einkaufdatum	Anzahl
3	>=1.1.2005	<=30.12.2005	>100

2. Wählen Sie erneut den Befehl *Daten/Filter/Spezialfilter*. Im Dialogfeld *Spezialfilter* übernehmen Sie alle bisherigen Optionen, lediglich in den *Kriterienbereich* schreiben oder übernehmen Sie per Zellenselektion die Adresse *$A$2:$C$3* und betätigen dann die Schaltfläche *OK*.

Das Ergebnis ist eine gegenüber dem vorherigen Filter verkürzte Liste, die nur noch die großvolumigen Datensätze anzeigt.

Ein anderes Beispiel: Sie möchten alle Aktien anzeigen, die sowohl im Jahr 2005 als auch im Jahr 2004 ins Depot aufgenommen wurden. Zusätzlich sollen für das Jahr 2004 nur die Positionen angezeigt werden, deren Kaufvolumen oberhalb 100 Stück liegt. Gehen Sie wie folgt vor:

1. Fügen Sie vor der Depotliste mindestens fünf leere Zeilen ein bzw. entfernen Sie eventuell vorhandene Daten. Kopieren Sie dann den Feldnamen *EinkaufDatum* in die Zelle *A2* und in die Zelle *B2* sowie den Feldnamen *Anzahl* in die Zelle *C2*.

2. Geben Sie die Bedingung *>=01.01.2004* in die Zelle *A3*, die Bedingung *<=30.12.2004* in die Zelle *B3* und *>100* in Zelle *C3* ein. In die Zelle *A4* schreiben Sie die Bedingung *>=01.01.2005* und in Zelle *B4* die Bedingung *<=31.12.2005*. Die Zelle *C4* bleibt leer (siehe Abbildung 21.24).

3. Markieren Sie jetzt im Listenbereich eine beliebige Zelle und rufen Sie den Menübefehl *Daten/Filter/Spezialfilter* auf.

HINWEIS   Achten Sie darauf, dass der Listenbereich mit der neuen Spalte auch korrekt erfasst wird.

---

4. Im Dialogfeld *Spezialfilter* übernehmen Sie alle bisherigen Optionen; lediglich in den *Kriterienbereich* schreiben oder übernehmen Sie per Zellenselektion die Adresse *$A$2:$C$4* und bestätigen über Klick auf die Schaltfläche *OK*.

Abbildg. 21.24   Die Filterbedingungen für eine *Und-/Oder*-Abfrage

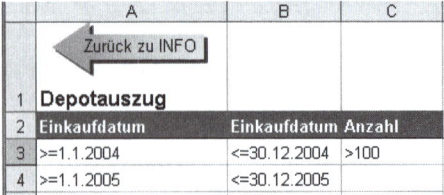

	A	B	C
1	**Depotauszug**		
2	Einkaufdatum	Einkaufdatum	Anzahl
3	>=1.1.2004	<=30.12.2004	>100
4	>=1.1.2005	<=30.12.2005	

Als Ergebnis erhalten Sie eine gefilterte Liste, welche die Positionen der beiden Jahrgänge anzeigt. Im Jahr 2004 werden allerdings nur die Positionen dargestellt, deren Anzahl oberhalb 100 Stück liegt.

Gehen wir davon aus, Sie müssen alle Aktien auflisten, die über den gesamten Datenbestand hinweg im Monat Dezember ins Depot aufgenommen wurden.

Bei einer derartigen Anforderung können Sie nicht mehr, wie im vorausgehenden Beispiel, mit dem gesamten Datum arbeiten. Sie benötigen zur Auswertung lediglich den Monat aus dem Datumsfeld. In einem derartigen Fall ist es oft sinnvoll (erfahrungsgemäß sogar meistens notwendig), eine zusätzliche Spalte einzufügen und aus dem Datum den Monat zu extrahieren und auf dieses neue Feld den Filter zu setzen.

Nachfolgend nun die einzelnen Lösungsschritte:

1. Fügen Sie, falls noch nicht vorhanden, vor der Depotliste fünf leere Zeilen ein bzw. entfernen Sie eventuell vorhandene Daten. Zusätzlich fügen Sie im Tabellenblatt *DepotMitEkDatum* in Spalte P in Zelle *P7* den Feldnamen *Monat* ein.

2. In das Feld *Monat* extrahieren Sie nun aus dem Feld *EinkaufDatum* die Monatszahl. Schreiben Sie in die Zelle *P8* die Funktion =*Monat(O8)* und füllen Sie diese mit einem Doppelklick auf das Ausfüllkästchen über die gesamte Zeilenanzahl der Liste aus.

3. In die Zelle *A2* kopieren Sie den Feldnamen *Monat* und in die Zelle *A3* tragen Sie den Wert *12* ein. Markieren Sie danach im Listenbereich eine beliebige Zelle und rufen Sie über das Menü die Befehlsfolge *Daten/Filter/Spezialfilter* auf.

4. Im Dialogfeld *Spezialfilter* achten Sie bitte auf die eingestellten Optionen. Der *Listenbereich* ist weiterhin *$A$7:$O$65*. Da die Spalte *M* neu hinzugefügt wurde, muss auch der vorgegebene Listenbereich auf *$A$7:$P$65* geändert werden. In den *Kriterienbereich* schreiben oder übernehmen Sie per Zellenselektion die Adresse *$A$2:$A$3* und klicken abschließend auf die Schaltfläche *OK*.

Als Ergebnis erhalten Sie eine Liste, die alle Datensätze enthält, deren Depotzugang im Dezember liegt.

Die bisherige Anforderung könnte nun derartig erweitert werden, dass Sie über den gesamten Zeitraum alle Datensätze anzeigen möchten, die von *Juni* bis *Dezember* ins Depot aufgenommen wurden, jedoch die Datensätze des Monats *September* ausklammern, also nicht anzeigen:

1. Um dieses Ziel zu erreichen, verändern Sie die Filterbedingungen des bisherigen Beispiels und schreiben in den *Kriterienbereich* die Bedingungen, wie in Abbildung 21.25 dargestellt.

Abbildg. 21.25 Filterbedingungen für die Auswahl bestimmter Monate

	A	B	C
1	**Monat**	**Monat**	**Monat**
2	<=12	>=6	<>9

2. Verändern Sie im Dialogfeld *Spezialfilter* den *Kriterienbereich* auf den Eintrag *$A$1:$C$2* und bestätigen dann mit Klick auf die Schaltfläche *OK*.

Als Ergebnis erhalten Sie eine Liste, die alle Datensätze der Monate Juni bis Dezember ohne den Monat September enthält.

Sie können die Filterbedingungen nahezu beliebig erweitern und an die Forderungen der täglichen Arbeit anpassen. Die gezeigten Beispiele betreffen natürlich nur einen Bruchteil der Möglichkeiten und müssen von Ihnen in der gezeigten Logik auf Ihre Aufgabe übertragen bzw. angepasst werden.

Listenmanagement

Berechnete Kriterien

Berechnete Kriterien bieten Ihnen die Möglichkeit, Suchkriterien, die aus externen Werten (also nicht aus Werten innerhalb der *Excel*-Liste) berechnet wurden, zu verwenden. Dies sind Bedingungen, die über den einfachen Vergleich eines Spaltenwertes mit einer Konstanten hinausgehen. Es ist zudem möglich, neben den berechneten Kriterien noch vergleichende Kriterien im selben Kriterienbereich zu kombinieren.

> **HINWEIS**   Das Kriterium wird nicht direkt eingegeben, sondern mittels einer Formel berechnet.

Sie wollen alle Positionen der Depotliste, deren Wert jeweils höher ist als der rechnerische Durchschnittswert aller Aktien (Durchschnitt der Spalte *Wert*), anzeigen. Gehen Sie dazu wie folgt vor:

1. Fügen Sie, falls noch nicht vorhanden, vor der Depotliste im Tabellenblatt *Depot* in der Mappe *Depot_20.xls* fünf leere Zeilen ein bzw. entfernen Sie eventuell vorhandene Daten in diesen Zellen.

2. Richten Sie in diesen neu eingefügten Zeilen den *Kriterienbereich* ein: Beschriften Sie die Zelle *B1* mit *Alle Aktien über dem Durchschnittswert* und in die Zelle *F1* geben Sie die Überschrift *Durchschnittswert aller Positionen* ein.

3. In die Zelle *H2* geben Sie folgende Funktion ein: *=MITTELWERT(Marktwert)*.

PROFITIPP

> Der verwendete Name Marktwert wird von Excel automatisch erkannt und muss nicht extra vergeben werden. Dies setzt allerdings voraus, dass in *Extras/Optionen* Register *Berechnungen* das Kontrollkästchen *Beschriftungen in Formeln zulassen* aktiviert ist

4. In die Zelle *B2* schreiben Sie als berechnetes Kriterium *=i8>$H$2*.

5. Markieren Sie ein beliebiges Feld im Listenbereich und rufen Sie über das Menü die Befehlsfolge *Daten/Filter/Spezialfilter* auf. Im Dialogfeld *Spezialfilter* übernehmen Sie die Option *Liste an gleicher Stelle filtern* und auch den Eintrag im Listenbereich. In den Kriterienbereich schreiben oder übernehmen Sie die Zelladresse *Depot!$B$2:$F$2*.

6. Das Kontrollkästchen *Keine Duplikate* bleibt leer. Schließen Sie das Dialogfeld durch einen Klick auf die Schaltfläche *OK*. Die entsprechenden Datensätze werden angezeigt.

7. Das Ergebnis ist eine gefilterte Liste, wie in Abbildung 21.26 gezeigt.

Abbildg. 21.26 Ausschnitt der gefilterten Liste mit einem berechneten Kriterium

	A	B	C	D	E	F	G	H	I	J
1	**Depotauszug**	*Alle Aktien über dem Durchschnittswert*					*Durchschnittswert aller Positionen*			
2		*WAHR*							2496,33	
3										
4										
5										
6										
7	**Wertpapier**	**Anzahl**	**Depotbank**	**Börse**	**Branche**	**Kaufkurs**	**Kaufwert**	**Marktkurs**	**Marktwert**	**GoV**
8	ABACHO AG	5000	ADC	S	Internet	0,71	3.550,00	0,54	2.700,00	-850,00
9	ACTIVEST NANOTECH INH.	150	ADC	F	Fond	44,39	6.658,50	58,74	8.811,00	2.152,50
11	AGERE SYSTEMS A DL-,01	4500	ADC	F	--	0,97	4.365,00	0,98	4.410,00	45,00
12	AGERE SYSTEMS INC. B	4200	DAB	F	--	0,97	4.074,00	0,98	4.116,00	42,00
15	ALLIANZ AG VNA O.N.	40	VB	D	Versicherung	91,09	3.643,60	91,6	3.664,00	20,40
23	DAIMLERCHRYSLER AG NA O.I	100	VB	D	Industrie	42,15	4.215,00	31,45	3.145,00	-1.070,00
24	DEUT.BANK DISK.ZT.AMD 06	500	VB	D	Zertifikat	9,20	4.600,00	9,6	4.800,00	200,00
25	DEUTSCHE BANK AG NA O.N.	100	VB	D	Bank	59,96	5.996,00	63,31	6.331,00	335,00
30	FID.FDS-EUROP.GWTH A GL.	332	DAB	F	Fond	7,66	2.543,12	8,49	2.818,68	275,56
31	FLUXX.COM AG	600	ADC	F	Beteiligung	3,68	2.208,00	11,08	6.648,00	4.440,00
34	GENENTECH INC. DL-,02	50	ADC	S	Industrie	35,58	1.779,00	57,2	2.860,00	1.081,00
36	GILDEMEISTER AG O.N.	500	ADC	S	Maschinenb.	5,40	2.700,00	5,33	2.665,00	-35,00
37	HIKARI TSUSHIN INC. YN 50	75	ADC	S	Finanzdienst	51,87	3.890,25	50,37	3.777,75	-112,50
46	NANOPHASE TECHS	600	ADC	M	Industrie	4,03	2.418,00	4,45	2.670,00	252,00
51	SAP AG ST O.N.	75	DAB	D	Software	116,70	8.752,50	128,35	9.626,25	873,75
52	SAP AG ST O.N.	50	DAB	D	Software	101,20	5.060,00	128,35	6.417,50	1.357,50
53	SAP AG ST O.N.	50	DAB	D	Software	96,23	4.811,50	128,35	6.417,50	1.606,00
56	SIEMENS AG NA	85	VB	D	Industrie	70,54	5.995,90	57,25	4.866,25	-1.129,65
62	THYSSENKRUPP AG O.N.	200	VB	S	Industrie	14,10	2.820,00	14,55	2.910,00	90,00
65	Adidas	100	ADC	M	Handel	94,35	9.435,00	128,7	12.870,00	3.435,00

Info \ **Depot** / DepotMitEKDatum / Personal /

Ein paar Erläuterungen zu diesem Beispiel:

- Die *Kriterienfunktion* vergleicht den Inhalt der Zelle *I8* mit dem Inhalt der Zelle *H2*. Die Zelle *I8* ist die erste Zeile in der Spalte *Marktwert* der ungefilterten Liste. Das berechnete Kriterium weist *Excel* an, die erste Zelle in dieser Spalte auszuwerten. Im Fortgang der Auswertung wird jede weitere Zelle der Spalte *E* auf diese Weise verglichen und abhängig davon, ob die Prüfung *Wahr* oder *Falsch* ergibt, wird die Zeile angezeigt oder nicht.

- Der *Bezug* auf die Zelle *H2* ist absolut einzugeben. Wenn Sie die Formel =I8>H2 eingeben, also *H2* nur relativ adressiert wird, vergleicht *Excel* beim ersten Vergleich *I8* mit *H2*. Im nächsten Durchlauf aber wird *I9* mit *H3* verglichen usw. Alle Vergleiche, außer dem ersten, wären ungültig.

- Im unserem Beispiel liefert die Kriterienfunktion den Wahrheitswert *Falsch*. Dies hat keine Bedeutung. Mit dieser Anzeige wird nur dargestellt, dass der erste geprüfte Eintrag in der Liste unterhalb des Durchschnittswertes der Zelle *H2* liegt.

WICHTIG   Bei der Arbeit mit *berechneten Kriterien* sollten Sie grundsätzlich drei Regeln beachten:

- Die *Überschrift* (Spaltenkopf) eines berechneten Kriteriums darf nicht identisch mit einem Feldnamen (Spaltenkopf) sein. Die Zelle für den Spaltenkopf kann zwar leer sein, aber es ist besser, eine neue Überschrift zu verwenden.

Listenmanagement

- *Bezüge* auf Zellen außerhalb der Liste sollten absolut, Bezüge auf Zellen innerhalb der Listen hingegen relativ sein.

- Ausnahmen bestätigen bekanntlich die Regel: Auch relative Adressen sind möglich.

HINWEIS Auch wenn ein Spaltenkopf (Feldname) leer ist, also keine Überschrift enthält, muss er beim Festlegen des Kriterienbereichs im Dialogfeld *Spezialfilter* in den Kriterienbereich eingeschlossen werden.

Bezüge auf Zellen innerhalb der Liste

Bei manchen Auswertungen /f "p" wird das Vergleichsfeld nicht außerhalb der Liste stehen, sondern Bestandteil der Liste sein. Auch auf ein solches Feld können Sie mit berechneten Kriterien arbeiten.

Ein Beispiel: Sie wollen eine Auswertung, die alle Personen, die vor dem dreißigsten Geburtstag in die Organisation eingetreten sind, herausfiltert. Wie können Sie diese Daten schnell bekommen?

Auf der CD-ROM zu diesem Buch finden Sie die Arbeitsmappe *Depot_20.xls* im Ordner *\Buch\Kap21*. Verwenden Sie diese Datei zum Nachvollziehen des Lösungsweges.

---

1. Richten Sie in den ersten Zeilen im Arbeitsblatt *Personal* der Mappe *Depot_20.xls* einen *Kriterienbereich* ein: Fügen Sie dazu, falls noch nicht vorhanden, vor der Personalliste im Tabellenblatt *Personal* in der Mappe *Depot_20.xls* vier leere Zeilen ein bzw. entfernen Sie eventuell vorhandene Daten in diesen schon vorhandenen Zeilen.

2. Geben Sie in die Zelle *A1* den Text *vor dem 30sten Geburtstag in der Organisation* als Überschrift ein.

3. In der Zelle *A2* geben Sie das berechnete Kriterium ein: *=C6-D6<30*365*.

4. Positionieren Sie den Cursor wieder im Listenbereich und wählen Sie im Menü *Daten* den Befehl *Filter,* dann im Untermenü den Befehl *Spezialfilter.*

5. Im Dialogfeld *Spezialfilter* übernehmen Sie die Option *Liste an gleicher Stelle filtern* und den Eintrag im Listenbereich. In den *Kriterienbereich* schreiben oder übernehmen Sie die Zelladresse *$A$1:$A$2.*

6. Das Kontrollkästchen *Keine Duplikate* bleibt leer. Es folgt der berühmte Klick auf die Schaltfläche *OK.*

Abbildg. 21.27 Die gefilterte Liste aller Personen, die vor dem 30. Lebensjahr in die Organisation eingetreten sind

	A	B	C	D	E	F
1	vor dem 30sten Geburtstag in der Organisation					
2	FALSCH					
3						
4						
5	Name	Vorname	Einstellung	Geburtsdatu	Gehalt	Alter
8	Ritter	Ilona	24.04.1995	18.11.1966	56.300 €	36 Jahre
10	Schulmeier	Werner	30.07.1976	11.05.1949	61.600 €	54 Jahre
12	Wentzel	Hendrik	22.11.1996	10.10.1974	24.200 €	28 Jahre
13	Redebrecht	Ursula	09.12.1996	24.12.1976	23.200 €	26 Jahre

Im Beispiel von Abbildung 21.27 haben Sie außerhalb der Liste einen Durchschnittswert ermittelt. Das berechnete Kriterium bezieht sich dann auf diese Zelle außerhalb der Liste. Es gibt auch die

Möglichkeit, den Bezug auf Zellen innerhalb einer Liste zu setzen, aber dann müssen Sie die Adressierung anders erstellen.

Ein anderes Beispiel: Sie wollen aus der Personalliste die Personen, deren Gehalt über dem Durchschnitt aller Gehälter liegt, anzeigen lassen. Gehen Sie dazu wie folgt vor:

1. In der soeben gefilterten Liste entfernen Sie den *Spezialfilter* durch Aufruf des Befehls *Daten/Filter/Alle anzeigen*. In Zelle *A1* tragen Sie *Gehalt über dem Durchschnitt* als Überschrift ein.

2. In der Zelle *A2* geben Sie *=E6>MITTELWERT($E$6:$E$13)* als berechnetes Kriterium ein.

3. Markieren Sie wieder eine beliebige Zelle im Listenbereich und rufen Sie über das Menü die Befehlsfolge *Daten/Filter/Spezialfilter* auf.

4. Übernehmen Sie die Option *Liste an gleicher Stelle filtern* und den Eintrag im Listenbereich. In den Kriterienbereich schreiben oder übernehmen Sie die Adresse *$A$1:$A$2*.

5. Das Kontrollkästchen *Keine Duplikate* bleibt leer. Bestätigen Sie zum Abschluss mit *OK*.

Sie haben in diesem Beispiel in der Funktion *Mittelwert* die Adressierung mit absoluten Adressen vorgenommen. Das ist deshalb erforderlich, weil Sie sich direkt auf die Spalte *Gehalt* beziehen und nicht, wie vorhin, auf einen berechneten Wert außerhalb der Liste.

HINWEIS Normalerweise sollten Bezüge auf Zellen innerhalb einer Liste relative Adressen sein. Die absoluten Bezüge werden im vorherigen Beispiel deshalb notwendig, weil *Excel* bei jedem Schritt im Filterprozess den gleichen Bereich auswerten muss.

Excel vergleicht den Inhalt von Zelle *E6* mit dem Ergebnis der Funktion *Mittelwert* von *E6* bis *E13*, im nächsten Schritt *E7* mit *E6* bis *E13* usw. Bei relativer Adressierung würde der gültige Bereich nur beim ersten Durchlauf ausgewertet.

TIPP Sie können in einer berechneten Kriterienformel anstelle eines relativen Zellbezugs auch die Spaltenbeschriftung verwenden.

Beispiel: *Gehalt>MITTELWERT($E$6:$E$13)*

Wenn Sie die Daten, die mit dem Spezialfilter ausgeblendet wurden, wieder darstellen wollen, wählen Sie im Menü *Daten* den Befehl *Filter* aus. Im Untermenü klicken Sie auf den Befehl *Alle anzeigen*.

Wollen Sie alle doppelten Datensätze ausblenden, wählen Sie den Befehl *Spezialfilter* und löschen im Dialogfeld den Inhalt aus dem Kriterienbereich. Außerdem aktivieren Sie das Kontrollkästchen *Keine Duplikate*. Klicken Sie danach auf die Schaltfläche *OK*.

Wohin mit den Daten – Ausgabe an eine andere Stelle

Mit dem Befehl *Spezialfilter* haben Sie auch die Möglichkeit, Daten mit komplexen Suchkriterien zu filtern und dann an einer anderen Stelle der Tabelle auszugeben.

Beispiel: Sie wollen aus der Depotliste (Arbeitsblatt *Depot*) alle mit *C* beginnenden Aktien herausfiltern und in einem Bereich unterhalb der bisherigen Liste ausgeben.

1. Von der vorherigen Übung haben Sie noch fünf Zeilen oberhalb der Liste für den *Kriterienbereich*. Markieren Sie nun alle Feldnamen der Liste und kopieren diese als Überschrift in die erste Zeile des Bereiches, in den Sie die gefilterten Daten schreiben wollen, beispielsweise A70:N70. Markieren Sie danach eine Zelle innerhalb der Liste.

2. Rufen Sie über das Menü die Befehlsfolge *Daten/Filter/Spezialfilter* auf.

3. Füllen Sie das Dialogfeld mit den in Abbildung 21.28 dargestellten Daten.

Abbildg. 21.28 Dialogfeld zur Selektion und Ausgabe der gefilterten Daten in einen neuen Bereich

4. Schließen Sie den Schritt ab, indem Sie auf die Schaltfläche *OK* klicken. Die neue Liste wird im Bereich unterhalb der bisherigen Liste ausgegeben.

TIPP Übrigens können Sie auch eine an der gleichen Stelle gefilterte Liste mit dem Befehl *Bearbeiten/Kopieren* bearbeiten und dann an einer beliebigen anderen Stelle wieder einfügen.

Einen Ausgabebereich für gefilterte Daten einrichten

■ Der einfachste Weg, einen Datenausgabebereich einzurichten, besteht darin, im Tabellenblatt an der Stelle, wo die Liste beginnen soll, auf eine leere Zelle zu klicken und dann das Dialogfeld *Spezialfilter* zu schließen. *Excel* kopiert die Spaltenüberschriften und alle Zeilen, die dem Suchkriterium entsprechen, in den Bereich, der mit der angegebenen Zelle beginnt.

■ Geben Sie einen Zellbereich als Datenausgabebereich an, kopiert *Excel* so viele Zeilen, wie in diesen Bereich passen. Steht nicht genügend Platz für alle Daten zur Verfügung, fragt *Excel*, ob der Bereich automatisch erweitert werden soll.

■ Geben Sie im Ausgabebereich nur eine Auswahl der vorhandenen Spaltenüberschriften aus der *Excel*-Liste an, werden von *Excel* auch nur die Inhalte der Spalten, deren Spaltenüberschriften vorhanden und mit der Basislistenüberschrift identisch sind, kopiert. Dies ist vorteilhaft, wenn Sie nur einen Teil der Spalten in den neuen Bereich übernehmen wollen.

Lassen Sie uns dies an einem Beispiel nachvollziehen: Sie wollen aus der Umsatzliste *Umsatz20* in der Mappe *TSK_20.xls* Datensätze herausfiltern und in eine separate Tabelle schreiben. In der Ausgabeliste benötigen Sie aber nur die Felder *Datum, Bearbeiter, Produktgruppe, Lieferant, Einheiten, Verkaufspreis* und *Umsatz*. Die Daten, die Sie übernehmen, sollen die in Tabelle 21.4 dargestellten Bedingungen erfüllen.

Tabelle 21.4 Suchkriterien für die Ausgabe von Daten in ein eigenes Tabellenblatt

Umsatz	Bearbeiter	Produktgruppe
Soll über 1 Mio. Euro liegen, aber 3 Mio. Euro nicht überschreiten	Kronau	Kunst am PC

Zusätzlich sollen von einem jeweils wechselnden Datum (Stichtag) nur die Umsätze gelistet werden, die jeweils 10 Tage vor, bis 10 Tage nach dem Stichtag gebucht wurden. Wie können Sie diese Liste schnell erstellen?

Um diese, die Daten einschränkende Auswahl vornehmen zu können, müssen Sie ein *Und*-basiertes, berechnetes Kriterium auf ein Eingabefeld einrichten. Folgen Sie den nachstehenden Schritten:

1. Richten Sie in den ersten Zeilen im Arbeitsblatt *Umsatz20* einen *Kriterienbereich* ein: Fügen Sie dazu, falls noch nicht vorhanden, vor der Umsatzliste fünf leere Zeilen ein bzw. entfernen Sie eventuell vorhandene Daten in diesen schon vorhandenen Zeilen. Definieren Sie dort den Kriterienbereich.

2. Beschriften Sie die Zelle *A1* bis *G1* wie in Abbildung 21.29 dargestellt. In Zelle *A2* tragen Sie den Mitarbeiter *Kronau* ein. Die Bezeichnung der Produktgruppe in *B2* lautet *Kunst am PC*. Der untere Umsatzwert in Zelle *C2* lautet *>1.000.000* und der obere Umsatzwert in Zelle *D2* lautet *<3.000.000*.

3. In die beiden Felder *Termin* werden Formeln zur Berechnung eingetragen. Die Formel in Zelle *E2* lautet =A7>$G$2+10 und in *F2* =A7>$G$2-10. In Zelle *G2* wird der jeweilige Stichtag eingetragen, der vor jeder Auswahl neu eingegeben werden kann.

Abbildg. 21.29 Der eingerichtete Kriterienbereich

	A	B	C	D	E	F	G
1	Bearbeiter	Produktgruppe	Umsatz	Umsatz	Termin	Termin	Stichtag
2	Kronau	Kunst am PC	>1000000	<3000000	FALSCH	FALSCH	01.01.2003

4. Öffnen Sie nun ein neues Tabellenblatt. Klicken Sie dazu mit der rechten Maustaste auf das Tabellenblattregister. Aus dem nun erscheinenden Kontextmenü wählen Sie den Befehl Einfügen. In dem darauf folgenden Dialogfenster markieren Sie das Symbol Tabellenblatt und bestätigen dann über Klick auf die Schaltfläche OK.

5. Beschriften Sie in dem neuen Tabellenblatt die Spalten als Überschriften mit den Feldnamen, die Sie aus der Ursprungsliste übernehmen wollen (*Datum, Bearbeiter, Produktgruppe, Lieferant, Einheiten, Verkaufspreis* und *Umsatz*). Die neue Tabelle kann von Ihnen beliebig benannt werden. In der Übungsmappe heißt sie *TrefferberechneteKriterien*.

6. Markieren Sie in der neuen, nur mit Feldnamen bestückten und sonst leeren Tabelle zwei nebeneinander liegende Zellen in der Überschriftenzeile. Wählen Sie nun im Menü *Daten* die Befehlsfolge *Filter/Spezialfilter*.

7. Wählen Sie die Option *An eine andere Stelle kopieren*. Im Feld *Listenbereich:* geben Sie folgende Adressdaten ein (Sie können diese auch durch Markieren auswählen): *Umsatz20!$A$6:$M$3299*.

8. Im Feld *Kriterienbereich:* geben Sie folgende Adressdaten ein oder wählen diese aus: *Umsatz20!$A$16:$F$2*.

9. Aktivieren Sie die Option *An eine andere Stelle kopieren* und wählen dann im Feld *Kopieren nach:* die nachstehenden Adressdaten des Zielbereiches oder markieren diese: *$A$16:$G$1*.

10. Bestätigen Sie nun mit einem Klick auf die Schaltfläche *OK*, damit die gefilterten Daten in der neuen Tabelle ausgegeben werden.

Wollen Sie die Liste nun nach aufsteigenden Umsätzen sortieren, markieren Sie eine Zelle innerhalb der Spalte *Umsatz* und klicken auf die Schaltfläche *Aufsteigend (sortieren)*.

Excel weist einem im Dialogfeld definierten Ausgabenbereich den Namen *Zielbereich* zu. Sie können diesen Namen als Sprungziel oder als Adresse in einer Formel verwenden. Wollen Sie beispielsweise aus einer entfernten Position in diesen Bereich wechseln, drücken Sie die Funktionstaste F5 und markieren im Dialogfeld *Gehe zu* den Eintrag *Zielbereich*. Klicken Sie dann auf die Schaltfläche *OK*. *Excel* wechselt direkt in diesen Bereich.

HINWEIS Mit dem Befehl *Drucken* werden lediglich die gefilterten, also angezeigten, Datensätze gedruckt.

Praxisbeispiel: Die fünf umsatzstärksten Positionen 2005

Sie wollen wissen, wie hoch die Umsatzsumme der fünf umsatzstärksten Artikel im Jahr 2005 ausgefallen ist. Die Datensätze mit den Umsätzen des Jahres 2005 sollen in einen Bereich unterhalb der bestehenden Umsatzliste kopiert werden.

Auf der CD-ROM zu diesem Buch finden Sie die Arbeitsmappe *TSK_20.xls* im Ordner *\Buch\Kap21*. Verwenden Sie diese Datei für die folgende Lösung.

1. Öffnen Sie die Mappe *TSK_20.xls* und aktivieren Sie das Arbeitsblatt *Umsatz20*.
2. Fügen Sie vor der Umsatzliste einen fünfzeiligen Kriterienbereich ein bzw. entfernen Sie eventuell vorhandene Daten in diesen schon vorhandenen Zeilen. Definieren Sie dort den Kriterienbereich.
3. Definieren Sie als Suchkriterium das Jahr 2005, wie in Abbildung 21.30 gezeigt.

Abbildg. 21.30 Suchkriterium, um die Daten des Jahres 2005 herauszufiltern

	A	B
1	**Datum**	**Datum**
2	>01.01.2005	<31.12.2005

4. Rufen Sie den Menübefehl *Daten/Filter* auf und wählen Sie im Untermenü den Befehl *Spezialfilter*.
5. Im Dialogfeld *Spezialfilter* aktivieren Sie die Option *An eine andere Stelle kopieren*.
6. Füllen Sie das Dialogfeld wie gewohnt aus. Als Ausgabebereich verwenden Sie eine Adresse ab Zeile *A3305*.

HINWEIS Sie müssen im Zielbereich alle Feldnamen eingetragen haben, aus deren Feldern Sie Daten kopieren wollen.

7. Schließen Sie den Schritt ab, indem Sie auf die Schaltfläche *OK* klicken. Die Datensätze des Jahres 2005 werden unterhalb der bisherigen Liste ausgegeben. Nun benötigen Sie noch die fünf umsatzstärksten Artikel.
8. Markieren Sie eine Zelle innerhalb Ihrer Liste, z.B. das Feld *Umsatz*. Wählen Sie über das Menü die Befehlsfolge *Daten/Filter/AutoFilter*.
9. Klicken Sie auf den Dropdown-Pfeil der Spalte *Umsatz*. Wählen Sie den Eintrag *(Top 10)*. Das Dialogfeld *Top-10-AutoFilter* wird geöffnet.

10. Ändern Sie nun den Wert im mittleren Drehfeld auf 5. Die beiden Listenfelder bleiben unverändert. Zur Ausführung bestätigen Sie mit Klick auf die Schaltfläche *OK*.

Als Ergebnis erhalten Sie eine Liste mit den betroffenen Datensätzen.

Zusammenfassung

AutoFilter und Spezialfilter bieten Ihnen zahlreiche Möglichkeiten, aus Datenbeständen eine Vielfalt von Untermengen auszublenden oder anzuzeigen und dann auch noch zu berechnen. Eine einfache und schnelle Handhabe bieten die AutoFilter. Bei komplexeren Bedingungen greifen Sie zu den Spezialfiltern. Zielgerichtet angewendet, unterstützen Sie diese in Fällen von umfangreichen Bedingungen bis hin zu berechneten Kriterien. Neben der Reduktion auf wesentliche Daten besteht darüber hinaus die Möglichkeit, Daten zu filtern und gleichzeitig in eine neue Liste zu schreiben.

Listenmanagement

Kapitel 22

Datenbank-Funktionen einsetzen

In diesem Kapitel:

Excel bietet verschiedene Möglichkeiten, mit denen Sie Daten aus dem Datenbankbereich einsehen können. Dazu können Sie ein PivotTable-Objekt erstellen oder einen Filter auf die Daten anwenden. Excel stellt auch spezielle Datenbank-Funktionen zur Verfügung, mit denen Suchkriterien bei der Auswertung von Bereichen berücksichtigt werden können. Einige dieser Funktionen sollen hier vorgestellt und in Beispielen angewendet werden.

Welche Datenbank-Funktionen gibt es?

Excel stellt in der Kategorie *Datenbank* des Funktions-Assistenten eine ganze Reihe von Funktionen bereit, die speziell für die Analyse von Excel-Datenbanken vorgesehen sind. Die Tabelle 22.1 zeigt die Funktionen, deren Argumente und den Verwendungszweck an.

> **HINWEIS**   Alle Funktionen verwenden die Argumente *Datenbank*, *Datenbankfeld* und *Such-kriterien*. Nur Daten des Bereichs *Datenbank*, die den *Suchkriterien* entsprechen, werden berücksichtigt.

Tabelle 22.1   Die Datenbank-Funktionen und deren Verwendungszweck

Funktion	Verwendungszweck
DBANZAHL	Ermittelt die Anzahl der Datensätze, die eine Zahl im Feld *Datenbankfeld* enthalten.
DBANZAHL2	Ermittelt die Anzahl der nicht leeren Zellen im angegebenen Feld.
DBAUSZUG	Diese Funktion liest einen einzelnen Wert aus einer Datenbank aus. Gibt es keinen Datensatz, der den Suchkriterien entspricht, gibt DBAUSZUG den Fehlerwert *#WERT!* zurück. Gibt es mehr als einen Datensatz gibt DBAUSZUG den Fehlerwert *#ZAHL!* zurück.
DBMAX	Gibt den größten Wert im angegebenen Feld zurück.
DBMIN	Gibt den niedrigsten Wert im angegebenen Feld zurück.
DBMITTELWERT	Ermittelt den Mittelwert aus den Werten im angegebenen Feld.
DBPRODUKT	Diese Funktion multipliziert die Werte des angegebenen Feldes miteinander.
DBSTDABW	Ermittelt die Standardabweichung einer Stichprobe aus den Werten des angegebenen Feldes.
DBSTDABWN	Ermittelt die Standardabweichung ausgehend von einer Grundgesamtheit aus den Werten des angegebenen Feldes.
DBSUMME	Addiert die Werte des angegebenen Feldes.
DBVARIANZ	Ermittelt den Schätzwert für die Varianz einer Stichprobe.
DBVARIANZEN	Berechnet die Varianz einer Grundgesamtheit aus den Werten des angegebenen Feldes.

Die Namen all dieser Funktionen beginnen mit dem Präfix »DB«, was deren Einsatzgebiet schon andeutet. Die meisten dieser Funktionen haben ein entsprechendes Pendant ohne diesen Zusatz, z.B. für die Funktion DBSUMME die Funktion SUMME oder für die Funktion DBANZAHL die Funktion ANZAHL. Die Datenbank-Funktionen unterscheiden sich von diesen Funktionen dadurch, dass

- der untersuchte Datenbereich durch den Vergleich mit Suchkriterien eingeschränkt werden kann,

- das Feld, auf das die mathematische Operation angewandt werden soll, über das Argument *Datenbankfeld* vorgegeben werden kann.

Diese Unterschiede erlauben es, sehr komplexe Bedingungen für die Berechnung vorzugeben. Mit den Standard-Funktionen sind solche Berechnungen nur über verschachtelte Funktionen mit vergleichsweise großem Aufwand möglich.

Das Argument *Datenbank*

Das erste Argument aller Datenbank-Funktionen ist das Argument *Datenbank*. Mit diesem Argument, das zwingend angegeben werden muss, stellen Sie den Bereich ein, der untersucht werden soll. Für die Angabe des Bereiches können Sie einen Zellbereich, etwa *A1:G100*, angeben. Sie können aber auch einen Namen definieren und diesen als Argument verwenden. Dabei kann es sich um den Namen *Datenbank* handeln, was aber kein Muss ist. Sie können auch einen anderen Namen verwenden, zum Beispiel *Daten*.

WICHTIG   Wichtig ist bei der Angabe dieses Bereichs, dass der Bereich dem Aufbau einer Datenbank entspricht. In der ersten Zeile wird eine Beschriftung für die Felder erwartet, ab Zeile zwei beginnen die Daten.

TIPP   Wenn Sie den Namen *Datenbank* verwenden, kommen Sie in den Genuss einer speziellen Eingabetechnik. Ist eine Zelle im Datenbank-Bereich aktiv, können Sie über den Menübefehl *Daten/Maske* eine Eingabemaske aufrufen und damit Daten eingeben, nach Datensätzen, die bestimmten Kriterien entsprechen, suchen oder Datensätze löschen. Mehr zu den verschiedenen Möglichkeiten der Dateneingabe finden Sie in Kapitel 4.

Die Feldnamen müssen eindeutig sein. Im Unterschied zu manchen Datenbank-Programmen sind für die Namen der Spalten auch Zahlen und die Verwendung von Leerzeichen zugelassen. Achten Sie aber unbedingt darauf, dass die Feldnamen nicht mit einem Leerzeichen enden.

Die Angabe des Bereichs ist dabei nicht auf die aktuelle Mappe eingeschränkt. Sie können auch externe Bezüge, etwa *='C:\Daten\[Mappe.xls]Tabelle 1'!$A$1:$D$100* verwenden. Oder Sie können einen Namen nutzen, der auf einen Datenbereich in einer anderen Datei zeigt. Allerdings muss für die Auswertung in diesen Fällen die Datei mit dem Datenbereich geöffnet sein.

Im Gegensatz zu den Filtermethoden, die Thema von Kapitel 21 sind, können Sie mit Datenbank-Funktionen Berechnungen über die Datensatzgruppe, die den Suchkriterien entspricht, durchführen.

Das Argument *Datenbankfeld*

Mit dem Argument *Datenbankfeld* geben Sie das Feld an, für das die Berechnung durchgeführt werden soll. Die Angabe kann in der Form eines Zellbezuges auf die Datenbank, etwa *B2*, oder durch die Angabe des Feldnamens, etwa *"Nachname"* (mit Anführungszeichen) erfolgen. Eine weitere Möglichkeit ist die Angabe als Zahl für die laufende Nummer der Spalte in der Datenbank. Also *1* für die erste, *2* für die zweite Spalte usw.

PROFITIPP Excel nimmt es hier mit der Groß-/Kleinschreibung nicht so genau, Sie können sich aber eine unnötige Fehlersuche ersparen, wenn Sie die Feldnamen immer korrekt angeben. Weil die Feldnamen häufig einzutragen sind, sollten diese nicht zu viele Zeichen enthalten. Besondere Vorsicht ist geboten, wenn Sie das Datenbankfeld in Form einer Spaltennummer angeben. Bedenken Sie, dass Sie die Spaltennummer manuell anpassen müssen, sollte Ihre Datenbank um eine Spalte erweitert werden. Verwenden Sie dagegen einen Zellbezug oder den Feldnamen, bleiben diese auch für den neuen Bereich gültig.

Bei den Funktionen DBANZAHL und DBANZAHL2 ist dieses Argument optional.

Das Argument *Suchkriterien*

Bei diesem Argument handelt es sich wieder um ein zwingend erforderliches Argument. Sie können auch hier einen Bereich in der Form *G2:K4* oder einen Namen, etwa *Kriterien* oder *Suchkriterien* verwenden.

WICHTIG Wenn Sie den Namen *Suchkriterien* definieren, wählt Excel diesen Namen als Standardvorgabe für den Kriterienbereich beim Filtern mit *Spezialfilter* aus. Wenn Sie über *Daten/Filter/Spezialfilter* den Kriterienbereich ändern, wird der zuvor definierte Name ohne Vorwarnung überschrieben! Bereits eingetragene Datenbank-Funktionen liefern dann unter Umständen ein unerwartetes Ergebnis.

Mehr zum Thema »Namen« finden Sie in Kapitel 19; mehr zum Thema »Spezialfilter« finden Sie in Kapitel 21.

Der Bereich mit den Suchkriterien muss einen Aufbau haben, der dem des Datenbank-Bereichs vergleichbar ist. Der Bereich für die Suchkriterien umfasst mindestens eine Spalte und zwei Zeilen:

■ In der ersten Zeile einen Feldnamen der Datenbank und

■ in der zweiten Zeile die Bedingung.

Sie können in einem Tabellenblatt auch mehrere Datenbank-Funktionen mit unterschiedlichen Bereichen für die Argumente *Datenbank* und *Suchkriterien* verwenden (vgl. Sie hierzu die Abbildung 22.3).

Datenbank-Funktionen im Einsatz

Die hier vorgestellten Beispiele greifen alle auf einen Datenbereich mit nur wenigen Datensätzen zurück. Für die Beispiele hat dies den Vorteil, dass Sie die Bedingungen auch dann nachvollziehen können, wenn Sie das Buch lesen und nicht gleichzeitig die Beispieldatei geöffnet haben. Alle Beispiele finden Sie übrigens in der Datei *Kap22.xls* im Ordner *\Buch\Kap22* auf der CD-ROM zu diesem Buch.

Die Abbildung 22.1 zeigt die Daten, die hier untersucht werden sollen, im umrandeten Bereich *A2:E15*. Es gibt also einen Datensatz (in Zeile 15), der keine Daten enthält.

Abbildg. 22.1   Der untersuchte Datenbereich

	A	B	C	D	E	F	G
1	**Datenbankbereich**						
2	Kundennummer	Zuname	PLZ	Vertreter	Datum	Umsatz	
3	101	Maier	02227	21	26.04.2004	31.586,00 €	
4	102	Christoph	03246	20	06.02.2004	38.053,00 €	
5	103	Schmidt	41991	25	23.05.2005	39.593,00 €	
6	104	May	37119	26	04.07.2004	32.484,00 €	
7	105	Mayer	31358	21	29.12.2003	28.751,00 €	
8	106	Schmitt	12140	27	05.06.2004	30.520,00 €	
9	107	Schmied	42045	20	29.10.2004	32.180,00 €	
10	108	Frank	63835	27	20.05.2005	28.363,00 €	
11		Huber			30.07.2004	0,97 €	
12	110	Klein	84740	20	05.01.2005	26.643,00 €	
13	111	Meier	66825	27	23.07.2004	42.573,00 €	
14	112	Bastian	65350	26	21.12.2004	46.131,00 €	
15							
16							

Eine Liste für den Datenbereich

Wenn Sie für den Datenbereich über *Daten/Liste/Liste erstellen* eine Liste festgelegt haben, dann können Sie diese auch für die Auswertung mit den Datenbank-Funktionen verwenden.

Um eine Liste für den Datenbereich festzulegen, gehen Sie wie folgt vor:

1. Markieren Sie den Bereich *A2:F15*.
2. Rufen Sie den Menübefehl *Daten/Liste/Liste erstellen* auf.
3. Im Dialogfeld *Liste erstellen* nehmen Sie die Einstellungen entsprechend der Abbildung 22.2 vor.
4. Schließen Sie das Dialogfeld mit *OK*.

Abbildg. 22.2   Definieren Sie die Liste, indem Sie den Bereich markieren und die Kopfzeile festlegen

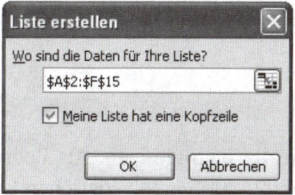

Wenn Sie jetzt eine Formel mit einer Datenbank-Funktion aufbauen, verwenden Sie für das Argument *Datenbank* den Bereich der Liste, im Beispiel also *A2:F15*. Kommen neue Daten zur Liste hinzu, wird der Bereich in der Datenbank-Funktion automatisch angepasst.

Einen Namen können Sie ebenfalls so festlegen, dass dieser automatisch angepasst wird, wenn neue Daten hinzukommen. Mehr dazu und ein weiteres Beispiel zu der neuen Funktion *Listen* finden Sie in Kapitel 19.

Den Bereich für die Suchkriterien auswählen

Die Bedingungen für die Auswertung der Daten werden ebenfalls in die Tabelle eingetragen. Kopieren Sie dazu die Spaltenüberschriften aus dem Bereich *A2:F2* in einen freien Bereich desselben Arbeitsblattes.

> **TIPP**   Tragen Sie die Suchkriterien am besten nicht unter der Datenbank ein, damit neue Einträge in die Datenbank diesen Bereich nicht überschreiben.

Wohin mit den Suchkriterien?

Obwohl Sie die Suchkriterien prinzipiell an verschiedenen Stellen unterbringen können, gibt es doch einige Stellen, die einfach praktischer sind als andere.

Sie können die Suchkriterien

- oberhalb der Daten platzieren, wenn Sie diesen Bereich immer im Blick behalten wollen (vgl. Sie hierzu die Abbildung 22.6).

- neben den Daten anordnen, wenn Sie die unterschiedlichen Bereiche für Daten und Suchkriterien auf einem Blatt zusammenhalten wollen (vgl. Sie hierzu die Abbildung 22.6).

- unterhalb der Daten platzieren, wenn keine weiteren Daten hinzukommen.

- auf einem anderen Tabellenblatt, zusammen mit den Formeln, anordnen, wenn Sie eine klare Trennung von Daten und Auswertung vorziehen (vgl. Sie hierzu das Tabellenblatt *Suchmuster* in der Beispieldatei *Kap22.xls*).

Jede Stelle hat Vor- und Nachteile. Wirklich problematisch ist wohl nur die Anordnung unterhalb der Daten. Aber auch dieser Platz kann erwünscht sein, wenn Sie z.B. Daten und Suchkriterien auf einmal ausdrucken wollen. Letztlich ist der spezielle Aufbau Ihrer Tabelle und die Aufgabenstellung für die Platzierung der Suchkriterien ausschlaggebend.

Wenn Sie die Feldnamen kopieren, stellen Sie damit sicher, dass die Suchkriterien die gleichen Feldnamen mit exakt der gleichen Schreibweise wie die Datenbank verwenden.

Beispiele für Suchkriterien

Schreiben Sie direkt unter diese Kopie der Feldnamen die Bedingungen. Als Bedingung können sowohl Texte wie z.B. *Maier, 2000* oder *M** als auch Kombinationen aus logischen Operatoren und Begriffen, z.B. *>K* oder *<2000*, verwendet werden. Die Tabelle 22.2 zeigt hierzu einige Beispiele.

Tabelle 22.2   Beispiele für die möglichen Operatoren

Wert	Ergebnis
M*	Nachnamen die mit »*M*« beginnen.
Ma*r	Nachnamen die mit »*Ma*« beginnen, beliebig viele weitere beliebige Zeichen enthalten und auf »*r*« enden (Maier, Mayer, Maler usw.).
Schmi?t	Nachnamen die mit »*Schmi*« beginnen. Dann folgt ein unbekanntes Zeichen und ein »*t*«.

Tabelle 22.2 Beispiele für die möglichen Operatoren *(Fortsetzung)*

Wert	Ergebnis
Schmi??	Nachnamen die mit »*Schmi*« beginnen und zwei weitere unbekannte Zeichen enthalten, findet »*Schmitt*«, »*Schmidt*«, »*Schmied*«, »*Schmitz*« usw.
May	Findet »*May*« aber auch »*Mayer*«
="=May"	Findet exakt »*May*«
B	Alle Zeichenfolgen die mit »*B*« beginnen.
>B	Alle Zeichenfolgen die mit einem Buchstaben größer oder gleich »*B*« beginnen, aber nicht das einzelne Zeichen »*B*«.
>=b	Alle Zeichenfolgen die mit einem Buchstaben größer oder gleich »*b*« beginnen, und auch das einzelne Zeichen »*b*«.
<>	Alle nicht leeren Zellen
=	Alle leeren Zellen
>105	Alle Einträge größer 105
>=105	Alle Einträge, die exakt 105 lauten oder größer 105 sind.
<20000	Alle Einträge kleiner als 20000
<>20000	Alle Einträge ungleich 20000
<=15000	Alle Einträge, die exakt 15000 lauten oder kleiner 15000 sind.
>1.05.2004	Alle Datumswerte, die nach dem 1.05.2004 liegen.
>38108	Alle Datumswerte, die nach dem 1.05.2004 liegen, dieses Datum entspricht der seriellen Zahl 38108.
=MONAT(E9)=5	Wenn der Monat eines Datumswerts gleich 5 ist; der Bezug zeigt auf den ersten Datensatz in der Datenbank.
=AUFRUNDEN(MONAT(E9)/3;0)=2	Wenn ein Datumswert im zweiten Quartal liegt; der Bezug zeigt auf den ersten Datensatz in der Datenbank.
=KALENDERWOCHE(E9)=10	Wenn die Kalenderwoche eines Datumswerts gleich 10 ist; der Bezug zeigt auf den ersten Datensatz in der Datenbank. Für die Verwendung dieser Funktion muss das Add-In *Analyse-Funktionen* installiert sein.
>12:00:00	Alle Zeitwerte in der zweiten Tageshälfte.
>0,5	Alle Zeitwerte in der zweiten Tageshälfte; verwendet die serielle Zahl des gesuchten Zeitwerts.

Der Stern steht in den Suchkriterien als Joker für beliebig viele beliebige Zeichen, das Fragezeichen als Stellvertreter für ein einzelnes beliebiges Zeichen.

Listenmanagement

Abbildg. 22.3
Verschiedene Suchkriterien können nebeneinander auf einem Blatt existieren

	A	B	C	D	E	F	G	H	I
1	Beispiele für Suchkriterien							Suchmuster und Anzahl der Datensätze	
2	Kundennummer	Zuname	PLZ	Vertreter	Datum	Umsatz		Zuname beginnt mit May	
3		May						2	
4									
5	Kundennummer	Zuname	PLZ	Vertreter	Datum	Umsatz		Zuname beginnt mit May UND Vertreter >25	
6		May		>25				1	
7									
8	Kundennummer	Zuname	PLZ	Vertreter	Datum	Umsatz		Zuname beginnt mit May ODER ist gleich Christoph	
9		="Christoph						2	
10		May							
11									
12	Kundennummer	Zuname	PLZ	Vertreter	Datum	Umsatz		Vertreter >20 UND Umsatz >35000	
13				>20		>35000		ODER Postleitzahl > 7	
14			>7					9	
15									
16	Zuname			J. Schwenk:				Feld Zuname ist nicht leer	
17	<>			Für die Suchkriterien genügen die Überschriften der				12	
18				Felder, für die Bedingungen festgelegt werden.					
19	Kundennummer	Zuname	PLZ	Vertreter	Quartal	Umsatz		Feld Vertreter ist leer	
20				=				1	
21									
22	Kundennummer	Zuname	PLZ	Vertreter	Quartal	Umsatz		Datum ist im zweiten Quartal	
23					WAHR			4	
24									
25	Kundennummer	Zuname	PLZ	Vertreter	Datum	Datum		Datumswerte aus dem Jahr 2004	
26					>=1.1.2004	<=31.12.2004		8	
27									
28	Kundennummer		108					Kundennummer = Zelle C28	
29	108		=$C$28					1	
30									

Datensätze zählen

Ein Beispiel: Ermitteln Sie die Anzahl der Datensätze, die mit der Zeichenfolge *May* beginnen. Berechnen Sie außerdem die Summe der Umsätze sowie den kleinsten und den größten Umsatz unter Berücksichtigung des Kriteriums.

Verwenden Sie die Tabelle *Kriterien-Übung* aus der Beispieldatei *Kap22.xls* im Ordner *\Buch\Kap22* auf der CD-ROM, um die Übung selbst durchzuführen.

Um die Anzahl der Datensätze und die Summe mit den beschriebenen Suchkriterien zu ermitteln, gehen Sie wie folgt vor.

1. Markieren Sie die Überschriften der Datenbank im Bereich *A2:F2*.
2. Kopieren Sie diese Überschriften über den Menübefehl *Bearbeiten/Kopieren*.
3. Aktivieren Sie die Zelle *H2* und fügen Sie die Überschriften über *Bearbeiten/Einfügen* ein.
4. Tragen Sie in Zelle *I3* die Zeichenfolge *May* (ohne Anführungszeichen) ein.
5. In Zelle *I6* ermitteln Sie die Anzahl der Datensätze mit der Formel *=DBAN-ZAHL(A2:F15;;H2:M3)*.
6. In *I7* liefert die Formel *=DBSUMME(A2:F15;F2;H2:M3)* die Summe der Umsätze, die den Suchkriterien entsprechen.
7. Der kleinste Umsatz wird mit der Formel *=DBMIN(A2:F15;6;$H$2:$M$3)* und der größte Umsatz dieser Datengruppe mit der Formel *=DBMAX(A2:F15;6;$H$2:$M$3)* ermittelt.

Abbildg. 22.4 Die fertige Lösung ermittelt Informationen über die Datensätze, die mit der Zeichenfolge »May« beginnen

G	H	I	J	K	L	M	N
	Kriterienbereich						
	Kundennummer	Zuname	PLZ	Vertreter	Datum	Umsatz	
		May					
	Anzahl der Datensätze	2	=DBANZAHL(A2:F15;;H2:M3)				
	Summe Umsätze	61.235,00 €	=DBSUMME(A2:F15;F2;H2:M3)				
		61.235,00 €	=DBSUMME(A2:F15;6;$H$2:$M$3)				
	Der kleinste Umsatz	28.751,00 €	=DBMIN(A2:F15;6;$H$2:$M$3)				
	Der größte Umsatz	32.484,00 €	=DBMAX(A2:F15;6;$H$2:$M$3)				

Es werden zwei Datensätze gefunden, nämlich die Kunden mit den Nachnamen »May« und »Mayer«.

Bedingungen mit der UND-Verknüpfung

Wenn Sie in mehrere Spalten einer Zeile der Suchkriterien eine Bedingung eintragen, werden nur die Daten ausgewertet, die den Bedingungen aller Spalten entsprechen. Für die Bedingungen gilt das logische UND.

Beispiel   Wenn Sie für die Kundennummer im Kriterienbereich <*113* und für den Nachnamen *Schmied* eintragen, werden bei der Berechnung nur die Daten berücksichtigt, die eine Kundennummer <113 haben UND deren Nachname gleichzeitig »Schmied« ist.

Das können Sie sich auch zunutze machen, wenn Sie für ein einzelnes Feld mehrere Bedingungen festlegen wollen. Kopieren Sie z.B. den Feldnamen *Kundennummer* und fügen Sie diesen dreimal nebeneinander ein. Tragen Sie dann direkt darunter die Bedingungen wie in Abbildung 22.5 ein.

Abbildg. 22.5 Mehrmals den gleichen Feldnamen für die Suchkriterien verwenden

G	H	I	J	K
	Kriterienbereich			
	Kundennummer	Kundennummer	Kundennummer	
	<110	>105	<>108	
	Anzahl der Datensätze		2 =DBANZAHL(A2:F15;;H2:J3)	
	Summe Umsätze	62.700,00 €	=DBSUMME(A2:F15;F2;H2:J3)	
		62.700,00 €	=DBSUMME(A2:F15;6;$H$2:$J$3)	
	Der kleinste Umsatz	30.520,00 €	=DBMIN(A2:F15;6;$H$2:$J$3)	
	Der größte Umsatz	32.180,00 €	=DBMAX(A2:F15;6;$H$2:$J$3)	

Im Ergebnis werden nur diejenigen Datensätze berücksichtigt, die folgende Bedingungen erfüllen.

- Die Kundennummer muss kleiner als *110* sein UND
- die Kundennummer muss größer als *105* sein UND
- die Kundennummer muss ungleich *108* sein.

Bedingungen mit der ODER-Verknüpfung

Wo eine UND-Verknüpfung ist, kann eine ODER-Verknüpfung nicht weit sein. Das ist auch bei den Suchkriterien so. Eine ODER-Verknüpfung legen Sie fest, indem Sie den Suchkriterien eine weitere Zeile mit Bedingungen hinzufügen. Jede einzelne Zeile stellt also einen Satz von Bedingungen dar. Datensätze, die den Bedingungen **einer Zeile** der Suchkriterien entsprechen, werden in den Berechnungen berücksichtigt.

WICHTIG Achten Sie beim Markieren des Kriterienbereichs darauf, dass Sie nicht versehentlich eine leere Zeile mit markieren. Eine leere Zeile enthält keine Bedingung und damit gehen alle Datensätze in die Berechnungen ein!

Abbildg. 22.6 Suchkriterien in einer Zeile sind mit *UND* verbunden, Suchkriterien einer Spalte mit *ODER*

	A	B	C	D	E	F	G	H	I	J	K
1	Kriterienbereich							Auswertung			
2	Kundennummer	Zuname	PLZ	Datum	Datum	Umsatz		Anzahl	9	=DBANZAHL(A8:F21;6;A2:F4)	
3				<1-1-2005	>31-12-2003			Summe	293.120,97 €	=DBSUMME(A8:F21;6;A2:F4)	
4		Schmidt									
5											
6											
7	Datenbankbereich										
8	**Kundennummer**	**Zuname**	**PLZ**	**Vertreter**	**Datum**	**Umsatz**					
9	101	Maier	02227	21	26.04.2004	31.586,00 €					
10	102	Christoph	03246	20	06.02.2004	38.053,00 €					
11	103	Schmidt	41991	25	23.05.2005	39.593,00 €					
12	104	May	37119	26	04.07.2004	32.484,00 €					
13	105	Mayer	31358	21	29.12.2003	28.751,00 €					
14	106	Schmitt	12140	27	05.06.2004	30.520,00 €					
15	107	Schmied	42045	20	29.10.2004	32.180,00 €					
16	108	Frank	63835	27	20.05.2005	28.363,00 €					
17		Huber			30.07.2004	0,97 €					
18	110	Klein	84740	20	05.01.2005	26.643,00 €					
19	111	Meier	66825	27	23.07.2004	42.573,00 €					
20	112	Bastian	65350	26	21.12.2004	46.131,00 €					
21											
22											

Die Datenbank analysieren

Ein weiteres Beispiel: Ermitteln Sie die Anzahl der Datensätze, die Summe sowie den kleinsten und größten Wert der Umsätze aus dem Datenbereich, für die der Nachname mit der Zeichenfolge »May« beginnt und deren Postleitzahl kleiner als 70000 ist oder deren Kundennummer kleiner oder gleich 105 und deren Nachname »Christoph« ist.

Um diese Aufgabe zu lösen, wird für die Suchkriterien ein Bereich benötigt, der drei Zeilen umfasst. Wichtig dabei ist, dass Bedingungen in einer Zeile mit dem logischen UND, Bedingungen in unterschiedlichen Zeilen mit dem logischen ODER verknüpft sind. Die Abbildung 22.7 zeigt, wie Sie die Daten auf Datensätze einschränken, bei denen entweder

der Nachname mit »May« beginnt **UND** deren Postleitzahl kleiner als 70000 ist

ODER

deren Kundennummer kleiner oder gleich 105 ist **UND** deren Nachname »Christoph« ist.

Die Inhalte einer Zeile sind mit einer UND-Verknüpfung und die Zeilen untereinander mit der ODER-Verknüpfung verknüpft

G	H	I	J	K	L	M	N
	Kriterienbereich						
	Kundennummer	Zuname	PLZ	Vertreter	Datum	Umsatz	
		May	<70000				
	<=105	Christoph					
	Anzahl Datensätze		3	=DBANZAHL(A2:F15;;$H$2:$M$4)			
	Summe Umsatz		99.288,00 €	=DBSUMME(A2:F15;"Umsatz";$H$2:$M$4)			
			99.288,00 €	=DBSUMME(A2:F15;6;$H$2:$M$4)			
	Der kleinste Umsatz		28.751,00 €	=DBMIN(A2:F15;6;$H$2:$M$4)			
	Der größte Umsatz		38.053,00 €	=DBMAX(A2:F15;6;$H$2:$M$4)			

Suchkriterien für exakte Übereinstimmung verwenden

Mit dem Suchkriterium *May* gehen sowohl die Datensätze mit den Nachnamen »May«, als auch »Mayer« in die Berechnung ein. Wenn Sie Werte auf exakte Übereinstimmung prüfen wollen, tragen Sie den Wert in Anführungszeichen mit einem weiteren Gleichheitszeichen ein. So werden mit

=*"=May"*

nur die Datensätze berücksichtigt, bei denen der Nachname exakt dem Eintrag »May« entspricht.

Vorsicht mit Leerzeichen am Ende von Zeichenfolgen

Bei der Groß-/Kleinschreibung zeigt sich Excel sehr tolerant. Anders ist der Fall aber mit Leerzeichen, die versehentlich am Ende eines Eintrags stehen. Wenn eine Funktion keine Datensätze anzeigt, obwohl offensichtlich Daten vorhanden sind, dann liegt das vielleicht an solch einem versehentlich eingetragenen Leerzeichen. Dieses Leerzeichen kann in einem Datensatz oder in den Suchkriterien zu Problemen führen.

PROFITIPP

> Wenn Sie sicher sind, dass Daten mit den entsprechenden Suchkriterien vorhanden sind, aber trotzdem keine Daten ausgewertet werden, versuchen Sie es mit einem Suchkriterium an das Sie ein Fragezeichen oder einen Stern als Stellvertreterzeichen anhängen.

Suchkriterien kontrollieren

Beim Auswerten größerer Datenbestände kann es vorkommen, dass Sie unsicher sind, welche Daten in die Berechnung der Datenbank-Funktionen eingehen. Führen Sie folgende Schritte aus, um die Suchkriterien zu überprüfen.

1. Wählen Sie den Menübefehl *Daten/Filter/Spezialfilter*.

2. Legen Sie im Dialogfeld *Spezialfilter* für den *Listenbereich* die Datenbank und für den *Kriterien-bereich* die zu überprüfenden Suchkriterien fest.

3. Mit *OK* filtern Sie anschließend die Daten und können prüfen, ob die Kriterien Ihren Wünschen entsprechen und die Anzahl der ermittelten Datensätze mit dem Ergebnis der Datenbank-Funktion korrespondiert.

Mehr zum Thema »Spezialfilter« finden Sie in Kapitel 21.

Nur Felder mit bzw. ohne Inhalt berücksichtigen

Wenn Sie bei den Berechungen alle Datensätze berücksichtigen wollen, die in einem Feld einen beliebigen Eintrag haben, verwenden Sie als Suchkriterium für dieses Feld die Zeichenfolge »<>« (ohne Anführungszeichen). Wenn Sie diese Zeichenfolge z.B. für den Nachnamen verwenden, werden alle Datensätze berücksichtigt, bei denen das Feld *Nachname* nicht leer ist.

Umgekehrt können Sie auch alle Datensätze auswählen, bei denen ein Feld leer ist. Wenn Sie alle Datensätze berücksichtigen wollen, bei denen z.B. das Feld *Umsatz* leer ist, tragen Sie für das Suchkriterium ein Gleichheitszeichen »=« (ohne Anführungszeichen) ein und drücken Sie die ⏎-Taste.

Für komplexere Bedingungen: Berechnete Kriterien einsetzen

Wenn Sie mehrere Bedingungen für ein Feld festlegen wollen, können Sie das erreichen, indem Sie einen Feldnamen mehrfach verwenden und hierfür Bedingungen festlegen. Sie können aber auch berechnete Kriterien festlegen. Für berechnete Kriterien ist es wichtig, dass Sie für dieses Kriterium keinen Feldnamen der Datenbank als Überschrift verwenden dürfen. Tragen Sie einen beliebigen anderen Begriff, z.B. *Kriterien*, ein.

WICHTIG   Das eigentliche Suchkriterium legen Sie über eine Formel fest. Die Bedingungen werden dabei mit einem Bezug auf den **ersten Datensatz** in der Datenbank erstellt. So liefert das Suchkriterium =*UND(A3>=108;F3<30000)* alle Datensätze mit einer Kundennummer größer *108* und einem Umsatz kleiner als *30000*.

Wenn Sie diese Formel in Zelle *N3* eintragen, wird der Fehlerwert *FALSCH* angezeigt. Das bedeutet nun nicht, dass Sie eine falsche Formel eingetragen haben, sondern dass die Bedingung für den ersten Datensatz nicht erfüllt ist. Bei der Auswertung der Datenbankformel wird die Bedingung für jeden einzelnen Datensatz geprüft.

Abbildg. 22.8 Berechnungen für Datensätze über berechnete Kriterien vornehmen

G	H	I	J	K	L	M	N	O
	Kriterienbereich							
	Kundennummer	Zuname	PLZ	Vertreter	Datum	Umsatz	Kriterien	
							FALSCH	
	Anzahl der Datensätze	2	=DBANZAHL(A2:F15;;H2:N3)				**J. Schwenk:**	
	Summe Umsätze	55.006,00 €	=DBSUMME(A2:F15;F2;H2:N3)				Berechnetes Kriterium	
		55.006,00 €	=DBSUMME(A2:F15;6;$H$2:$N$3)				=UND(A3>=108;F3<30000)	
	Der kleinste Umsatz	26.643,00 €	=DBMIN(A2:F15;6;$H$2:$N$3)					
	Der größte Umsatz	28.363,00 €	=DBMAX(A2:F15;6;$H$2:$N$3)					
	Kriterienbereich							
	Kundennummer	Zuname	PLZ	Vertreter	Datum	Umsatz	Kriterien	
							FALSCH	
	Anzahl der Datensätze	5	=DBANZAHL(A2:F15;;H14:N15)				**J. Schwenk:**	
	Summe Umsätze	83.757,97 €	=DBSUMME(A2:F15;F2;H14:N15)				Berechnetes Kriterium	
							=F3<29000	
	Weitere Beispiele für berechnete Kriterien							
		=UND(RECHTS(A3;1)="1";E3<35000)						
		=E3<C3						
		=E3<$K$17						
		=E3<29000						

Zellbezüge in berechneten Kriterien

Sie können auch Bezüge auf Zellen außerhalb der Datenbank für den Vergleich verwenden. Dabei müssen Sie jedoch beachten, dass diese Bezüge immer absolut anzugeben sind, z.B. =UND(A3>108;D3=$M$3) wenn in der Zelle M3 der Wert für den gesuchten Vertreter steht. Alle Datensätze werden dann mit dieser Zelle verglichen.

Konstante Werte in berechneten Kriterien

Auch ein fester Wert ist für Vergleiche möglich. Wenn Ihre Kundennummer einen Aufbau hat, der eine bestimmte Systematik enthält, kann es wichtig sein, Berechnungen für solche Datensätze vorzunehmen. Sie können damit z.B. Informationen über Firmenkategorie oder Vertriebsgebiete auswerten.

Die folgende Formel verwendet einen konstanten Wert für den Vergleich:

=UND(RECHTS(A3;1)="1";F3<35000)

Alle Datensätze, deren Kundennummer auf »1« endet und deren Umsatz kleiner als »35000« ist, werden damit in die Berechnung einbezogen.

Datenbankfelder vergleichen

In berechneten Kriterien können Sie auch die einzelnen Datenbankfelder miteinander vergleichen. Wie in den zuvor vorgestellten Beispielen zu berechneten Kriterien, tragen Sie auch hierzu einen relativen Bezug auf den ersten Datensatz in das Suchkriterium ein. So liefert die Formel

=F3<C3

Listenmanagement

Informationen über die Datensätze, bei denen der Umsatz kleiner als die Postleitzahl ist. Es sei dahingestellt, welchen Sinn diese Auswertung macht. Enthält Ihre Datenbank aber Informationen zu Bestellungen, also Stückzahlen, Einzelpreise und ähnliches, dann ist es schon von Bedeutung, dass mit den einzelnen Spalten der Datenbank auch Vergleiche und Rechenoperationen angestellt werden können.

Zusammenfassung

Datenbank-Funktionen erlauben eine komfortable Auswertung von Bereichen unter Berücksichtigung von verschiedenen Suchkriterien. Im Gegensatz zu den sonst üblichen Formeln, werden die Suchkriterien nicht in einer einzelnen Zelle, sondern in einem mindestens zweizeiligen Bereich festgelegt. Dafür ersparen Ihnen diese Funktionen das Eintragen verschachtelter Formelkonstrukte.

Sie möchten ...	Hier finden Sie die Information
eine Liste für den Datenbankbereich verwenden	825
Klarheit darüber, wo Sie die Suchkriterien platzieren sollen	826
Operatoren in den Suchkriterien verwenden	826
Suchkriterien mit dem logischen *UND* verknüpfen	829
Suchkriterien mit dem logischen *ODER* verknüpfen	830
eine exakte Übereinstimmung mit einem Suchkriterium verwenden	831
die Suchkriterien überprüfen	832
nur leere Felder einbeziehen	832
Datenbankfelder vergleichen	833

Kapitel 23

Teilergebnisse komfortabel erstellen

Unternehmensberichte gruppieren

Haben Sie bisher Ihre Listen in Excel »nur« sortiert und gefiltert, können Sie mit der Funktion Teilergebnisse automatisch Zwischensummen einbauen und Gesamtergebnisse anzeigen. Die Möglichkeit, Leerzeilen manuell in die Liste einzufügen und danach mit der Summenfunktion die jeweiligen Summen zu bilden, ist zwar eine Möglichkeit, aber nicht die beste Lösung. Die Summenzeilen wären fester Bestandteil der Liste und würden spätestens beim nächsten Sortiervorgang an einer falschen Stelle stehen. Dieser Weg ist aufwändig, wenig effizient und relativ starr. Besser ist eine Lösung, die sich flexibel an die Liste sowie die Möglichkeiten zum Sortieren und Filtern anpasst.

Automatische Teilergebnisse stellen eine einfache und auch schnelle Lösung für folgende Aufgaben dar:

- Daten einer Liste zusammenfassen,
- ohne eigene Formeln und Funktionen arbeiten,
- Teilergebnis- und Gesamtergebniszeilen automatisch in die Liste einfügen und
- die Liste automatisch gliedern.

Die Ergebnisse lassen sich danach wiederum

- leicht formatieren,
- grafisch darstellen und
- drucken.

Das sind Eigenschaften und Fähigkeiten von Microsoft Excel, die Sie in diesem Kapitel kennen- und schätzen lernen werden und danach nicht mehr missen möchten.

 Wir zeigen Ihnen diese Möglichkeiten anhand von verschiedenen Beispielen. Als Datenbasis dienen uns die beiden Dateien *TSK_23.xls* und *TSK_23_Lösungen.xls*. Diese Beispieldateien finden Sie auf der CD zum Buch im Ordner *\Buch\Kap23*.

Teilergebnisse – die Gliederung macht's!

Die Basisdaten sollten als sequenzielle Datei, als sortierte Liste, vorliegen, damit die Daten, die zusammengehören, auch in einer Gruppe erfasst werden können. Ferner müssen die Daten in beschrifteten Spalten angeordnet sein, damit sie die Konventionen einer Datenbank bzw. einer Excel-Liste erfüllen. Excel verwendet die Spaltenüberschriften, um festzulegen, wie die Daten gruppiert und wie die Ergebnisse errechnet werden.

Besondere Bedeutung für eine korrekte Berechnung der Teilergebnisse kommt der Sortierung der Daten zu. Die Daten werden am besten nach dem Feld, auf das ein Teilergebnis ermittelt werden soll, sortiert. Wollen Sie beispielsweise die Daten nach Kategorien als Teilergebnis anzeigen, sortieren Sie die Daten auch nach der Kategorie.

HINWEIS   Sie können auch Teile einer Liste auswählen. Verwenden Sie einen Filter, um die erforderlichen Daten anzuzeigen. Mehr zur Thematik »Daten zu filtern« und den verschiedenen Möglichkeiten finden Sie in Kapitel 21.

Erstellen eines Teilergebnisses

In unserem Beispiel betrachten Sie eine Ausgabenliste, in der alle Belege, Quittungen und Rechnungen, beispielsweise aus einem Buchhaltungssystem, exportiert oder manuell in einer Excel-Liste erfasst worden sind (Abbildung 23.1). Das Ziel ist, problemlos und unverzüglich Teilergebnisse

- mit Zwischen- und Gesamtsummen über die einzelnen Felder,

- nach unterschiedlichen Berechnungsmethoden

- und in variabler Anzeige- und Ausgabeform

zu erstellen und zu gliedern.

 Die Beispieldaten finden Sie auf dem Blatt *Ausgaben* in der Datei *TSK_23.xls auf* der CD-ROM zum Buch im Ordner *\Buch\Kap23*.

Abbildg. 23.1 Liste (Auszug) mit Belegdaten zur Auswertung mit Teilergebnissen

	A	B	C	D	E	F
1	Erfasste Belege 2005					EURO
2	**Lieferant**	**Zuordnung**	**Bemerkung**	**Kategorie**	**Datum**	**Betrag**
3	Ullrich	Büro/EDV-Bedarf		Büromaterial	02.01.2005	207,72
4	m + c	Zeitschriften/Bücher		Büromaterial	02.01.2005	123,05
5	DS Reinigung GmbH	Reinigung	Januar	Instandhaltung	02.01.2005	1.135,79
6	Siemens	Telefon/Fax	Wartung	Kommunikation	02.01.2005	316,31
7	EW Consulting	Personalkosten	Januar	Personal	02.01.2005	73.521,70
8	Mattheus	Büro/EDV-Bedarf		Büromaterial	03.01.2005	345,66
9	Siemens	Telefon/Fax	Wartung	Kommunikation	03.01.2005	948,96
10	Holloway	Miete und Nebenkosten	Januar	Miete	03.01.2005	10.446,01
11	HSC	EDV		Büromaterial	07.01.2005	575,00
12	BP	Benzin		Fahrzeugkosten	07.01.2005	104,01
13	Printus	Betriebsbedarf		Büromaterial	08.01.2005	52,90

Zur Bewältigung dieser Aufgabe stellt Ihnen Excel im Menü *Daten* den Befehl *Teilergebnisse* zur Verfügung. Aktivieren Sie eine beliebige Zelle in der Liste und rufen Sie den Menübefehl *Daten/Teilergebnisse* auf.

HINWEIS   In den meisten Fällen erkennt Excel automatisch den Datenbereich und beugt dadurch möglichen Markierungsfehlern vor.

Schauen wir uns dies anhand eines Beispiels an: Sie wollen für den ersten Fall jeweils die Zwischensumme *Kategorie* berechnen.

Für eine sinnvolle Auswertung ist es notwendig, die Liste nach dem Auswertekriterium zu sortieren. Das ist in unserem Beispiel das Feld *Kategorie* (mehr zum Thema »Sortieren« erfahren Sie in Kapitel 20). Nach der Sortierung beginnen Sie mit dem Aufbau der Teilergebnisse, indem Sie:

1. Eine beliebige Zelle in der Liste markieren und den Menübefehl *Daten/Teilergebnisse* aufrufen. Das Dialogfeld *Teilergebnisse* wird angezeigt (Abbildung 23.2).

Listenmanagement

Das Dialogfeld *Teilergebnisse* mit vorausgewählten Optionen

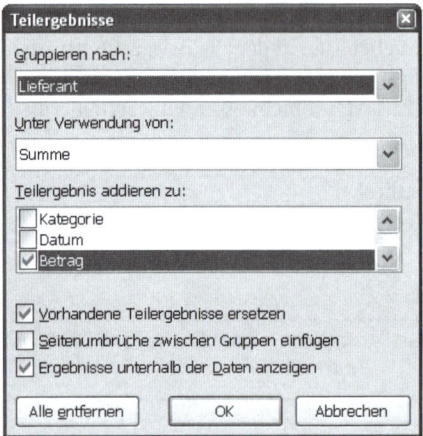

2. Legen Sie in der Dropdown-Liste *Gruppieren nach* fest, wie die Daten für die Zwischensummen gruppiert werden sollen.

3. In der Dropdown-Liste *Unter Verwendung von* wählen Sie die gewünschte Berechnungsart.

4. Aktivieren Sie das Kontrollkästchen *Betrag* in der Liste *Teilergebnis addieren zu*.

5. Die Markierungen der Kontrollkästchen *Vorhandene Teilergebnisse ersetzen*, *Seitenumbrüche zwischen Gruppen einfügen* und *Ergebnisse unterhalb der Daten anzeigen* lassen Sie unverändert.

6. Bestätigen Sie nun mit einem Klick auf die Schaltfläche *OK* Ihre Festlegungen.

Excel fügt jeder Gruppe ein Teilergebnis hinzu und führt die gewählte Berechnung aus.

Die Einträge werden nach Kategorien gegliedert und die Ausgaben für jede Kategorien zusammengefasst

	A	B	C	D	E	F
1	Erfasste Belege 2005					EURO
2	**Lieferant**	**Zuordnung**	**Bemerkung**	**Kategorie**	**Datum**	**Betrag**
3	Vers.kammer Bayern	Versicherungen		Beiträge	11.01.2005	93,80
4	Ergo	Versicherungen		Beiträge	20.01.2005	93,60
5	Gothaer	Versicherungen		Beiträge	30.01.2005	450,00
6	Vers.kammer Bayern	Versicherungen		Beiträge	11.02.2005	93,80
7	Vers.kammer Bayern	Versicherungen		Beiträge	12.02.2005	93,80
8	IHK	Beiträge		Beiträge	24.02.2005	230,00
9	Ergo	Versicherungen		Beiträge	01.04.2005	2.022,55
10	Gothaer	Versicherungen		Beiträge	01.04.2005	980,00
11				**Beiträge Ergebnis**		4.057,55
12	Otto & Co.	Gehaltsabrechnung	Januar	Beratung	09.01.2005	126,50
13	Kellermann & Partner	Buchhaltung	Januar	Beratung	03.02.2005	6.325,00
14	Otto & Co.	Gehaltsabrechnung	Februar	Beratung	03.02.2005	189,75
15	Kellermann & Partner	Buchhaltung	Februar	Beratung	04.03.2005	4.830,00
16	Otto & Co.	Gehaltsabrechnung	März	Beratung	06.03.2005	126,50
17	Kellermann & Partner	Buchhaltung	März	Beratung	01.04.2005	4.830,00
18	Otto & Co.	Gehaltsabrechnung	April	Beratung	03.04.2005	126,50
19	Kellermann & Partner	Buchhaltung	April	Beratung	30.04.2005	4.715,00
20	Kellermann & Partner	Bilanz	März	Beratung	02.05.2005	3.200,00
21	Kellermann & Partner	Bilanz	April	Beratung	02.05.2005	3.500,00
22				**Beratung Ergebnis**		27.969,25

Excel beschriftet jede eingefügte Zeile mit einem entsprechenden Titel (Abbildung 23.3). In unserem Beispiel wird der Text aus der Kategorie der Liste verwendet.

Insgesamt bietet der Assistent *Teilergebnisse* die in Tabelle 23.1 dargestellten Optionen an.

Tabelle 23.1   Die Optionen für die Einstellung im Dialogfeld *Teilergebnisse*

Option	Erklärung
Gruppieren nach	Zeigt die Spalten bzw. Spaltenbeschriftungen in der Liste an.
Unter Verwendung von	Bietet Ihnen die möglichen Berechnungsarten an – möglich sind: *Anzahl, Mittelwert, Maximum, Minimum, Produkt, Anzahl Zahlen, Standardabweichung (Stichprobe), Standardabweichung (Grundgesamtheit), Varianz (Stichprobe), Varianz (Grundgesamtheit)*.
Teilergebnis addieren zu	Auf welche Spalte(n) soll die Berechnungsart angewendet werden?
Vorhandene Teilergebnisse ersetzen	Ersetzt bei einem erneuten Ausführen des Befehls die bereits eingetragenen Zwischenergebnisse.
Seitenumbrüche zwischen Gruppen einfügen	Bezieht sich hauptsächlich auf den Ausdruck: Fügt nach jedem Gruppenwechsel einen Seitenumbruch in die Tabelle ein. Die Daten einer Gruppe werden dann beim Ausdruck jeweils auf einem neuen Blatt ausgegeben.
Ergebnisse unterhalb der Daten anzeigen	Die Ergebnisse werden jeweils unterhalb der Gruppe, das Gesamtergebnis am Ende der Liste ausgegeben.
Alle entfernen	Entfernt alle Teilergebnisse aus der aktuellen Liste.

Verwenden Sie den Befehl *Teilergebnisse* zum ersten Mal in einer Liste, wählt Excel automatisch die am weitesten links liegende Spalte als Gruppierungsmerkmal. Haben Sie den Befehl bereits einmal in einer Liste verwendet, wird die Spalte, die Sie beim letzten Mal markiert haben, ausgewählt.

Excel bietet, abhängig vom Datentyp, der gruppiert werden soll, verschiedene Auswertefunktionen an. Befinden sich Zahlen in der Spalte, die zusammengefasst werden sollen, gibt Excel Ihnen die Funktion *Summe* vor. Befindet sich hingegen Text in der Spalte, gibt Excel die Funktion *Anzahl* vor.

TIPP   Wenn Sie Zwischenergebnisse für mehr als eine Spalte ermitteln wollen, wählen Sie jede der gewünschten Spalten einzeln aus.

HINWEIS   Die Teil- und Gesamtergebnisse werden von Excel automatisch neu berechnet, wenn Sie Änderungen an den Datenbeständen vornehmen.

Teilergebnisse entfernen

Erkennen Sie unmittelbar nach der Ausführung des Befehls *Teilergebnisse*, dass Sie die Darstellung nicht benötigen, wählen Sie im Menü *Bearbeiten* den Befehl *Rückgängig: Teilergebnisse*. Dadurch nehmen Sie den Befehl zurück und entfernen die Teilergebnisse wieder.

Haben Sie inzwischen schon andere Befehle ausgeführt, wählen Sie im Menü *Daten* den Befehl *Teilergebnisse* und klicken dann auf die Schaltfläche *Alle entfernen*.

Mehr Übersicht durch Gliederung in den Teilergebnissen

Excel gliedert auch die Daten. Nachdem Sie die Teilergebnisse erstellt haben, sind zusätzlich Gliederungssymbole vorhanden. Diese ermöglichen es Ihnen, die Detaildaten schnell ein- oder auszublenden. Sollten diese Gliederungssymbole nicht angezeigt werden, aktivieren Sie die Anzeige, indem Sie unter *Extras/Optionen* auf der Registerkarte *Ansicht* das Kontrollkästchen *Gliederungssymbole* aktivieren.

> **HINWEIS** Sie können jederzeit zusätzliche eigene Gliederungsebenen in den Zeilen und/oder Spalten hinzufügen.

Durch Ein- und Ausblenden von Gliederungsebenen können Sie die Übersichtlichkeit und auch die Aussagekraft der Teilergebnisse beachtlich steigern (Abbildung 23.4).

Abbildg. 23.4 Die gegliederte und zusammengefasste Darstellung der Kategorien lenkt den Blick direkt auf die Zwischensummen

Excel ermöglicht Ihnen die Einrichtung von bis zu acht Gliederungsebenen. Das sind ebenso viele, wie Teilergebnisse zulässig sind.

Komplexe Teilergebnisse

Für jede Gruppenart können Sie mehr als eine Berechnungsart wählen. So können Sie z.B. weitere Teilergebnisse innerhalb der Gruppe *Reisekosten* erstellen. Sie können auch mehrere Berechnungen in den Spalten einer Gruppe ausführen. Dadurch ist es möglich, die Summe der Ausgaben zu bilden und in einer weiteren Berechnung die Anzahl der Belege zu ermitteln.

Teilergebnisse verschachteln

Sie wollen zu den vorhandenen Teilergebnissen der *Kategorie* noch ein Zwischenergebnis auf die *Zuordnung* ermitteln. Damit Sie das Ziel erreichen, gehen Sie in die Basisdaten und sortieren diese zunächst nach der *Kategorie,* dann nach der *Zuordnung* und zuletzt nach *Lieferant.*

| TIPP | Verwenden Sie dazu das Dialogfeld *Sortieren*. |

Dann gehen Sie wie folgt vor:

1. Markieren Sie erneut eine beliebige Zelle in der Liste und wählen den Menübefehl *Daten/Teilergebnisse*. Das Dialogfeld *Teilergebnisse* wird angezeigt.

2. In der Dropdown-Liste *Gruppieren nach* wählen Sie den Listeneintrag *Kategorie*, in der Dropdown-Liste *Unter Verwendung von* wählen Sie *Summe* als Berechnungsart. Zuletzt aktivieren Sie das Kontrollkästchen *Betrag* in der Liste *Teilergebnis addieren zu*.

3. Die Markierungen der Kontrollkästchen *Vorhandene Teilergebnisse ersetzen*, *Seitenumbrüche zwischen Gruppen einfügen* und *Ergebnisse unterhalb der Daten anzeigen* lassen Sie unverändert.

4. Mit einem Klick auf die Schaltfläche *OK* führen Sie den ersten Teil der Aufgabe zu Ende.

5. Rufen Sie jetzt erneut den Menübefehl *Daten/Teilergebnisse* auf und wählen die Option für die nächste Gruppe, also *Zuordnung* und deaktivieren das Kontrollkästchen für *Vorhandene Teilergebnisse ersetzen*.

6. Bestätigen Sie Ihre Festlegungen mit Klick auf die Schaltfläche *OK*.

Excel fügt daraufhin die neuen Teilergebnisse in die Tabelle ein. Die berechnete Tabelle ist in Abbildung 23.5 dargestellt.

Abbildg. 23.5   Ausschnitt aus der Excel-Tabelle mit Zwischensummen für die Kategorie, Zuordnung und zusätzlich einer Gesamtsumme

	A	B	C	D	E	F
1	Erfasste Belege 2005					EURO
2	Lieferant	Zuordnung	Bemerkung	Kategorie	Datum	Betrag
3	IHK	Beiträge		Beiträge	24.02.2005	230,00
4		**Beiträge Ergebnis**				230,00
5	Ergo	Versicherungen		Beiträge	20.01.2005	93,60
6	Ergo	Versicherungen		Beiträge	01.04.2005	2.022,55
7	Gothaer	Versicherungen		Beiträge	30.01.2005	450,00
8	Gothaer	Versicherungen		Beiträge	01.04.2005	980,00
9	Vers.kammer Bayern	Versicherungen		Beiträge	11.01.2005	93,80
10	Vers.kammer Bayern	Versicherungen		Beiträge	11.02.2005	93,80
11	Vers.kammer Bayern	Versicherungen		Beiträge	12.02.2005	93,80
12		**Versicherungen Ergebnis**				3.827,55
13				**Beiträge Ergebnis**		4.057,55
14	Kellermann & Partner	Bilanz	März	Beratung	02.05.2005	3.200,00
15	Kellermann & Partner	Bilanz	April	Beratung	02.05.2005	3.500,00
16		**Bilanz Ergebnis**				6.700,00
17	Kellermann & Partner	Buchhaltung	Januar	Beratung	03.02.2005	6.325,00
18	Kellermann & Partner	Buchhaltung	Februar	Beratung	04.03.2005	4.830,00
19	Kellermann & Partner	Buchhaltung	März	Beratung	01.04.2005	4.830,00
20	Kellermann & Partner	Buchhaltung	April	Beratung	30.04.2005	4.715,00
21		**Buchhaltung Ergebnis**				20.700,00
22	Otto & Co.	Gehaltsabrechnung	Januar	Beratung	09.01.2005	126,50
23	Otto & Co.	Gehaltsabrechnung	Februar	Beratung	03.02.2005	189,75
24	Otto & Co.	Gehaltsabrechnung	März	Beratung	06.03.2005	126,50

In dieser Abbildung zeigt Excel die Ausgabensumme einer Kategorie und die Zwischensummen der untergeordneten Zuordnungen. Zusätzlich wird die Gesamtsumme aller Kategorien ermittelt.

| HINWEIS | Für jedes Teilergebnis ist ein eigener Rechenschritt erforderlich, da im Dialogfeld *Teilergebnisse* immer nur ein Feld für die Gruppierung angegeben werden kann. |

Mehrere Zusammenfassungsfunktionen

Nun möchten Sie die Summe der Ausgaben je Kategorie ermitteln. Darüber hinaus wollen Sie noch wissen, wie hoch die durchschnittliche Ausgabe je Kategorie ausgefallen ist. Führen Sie dazu folgende Schritte aus:

1. Markieren Sie eine Zelle innerhalb der Liste und rufen Sie den Menübefehl *Daten/Teilergebnisse* auf.

2. Wählen Sie in der Dropdown-Liste *Gruppieren nach* den Eintrag *Kategorie*. In der Dropdown-Liste *Unter Verwendung von* wählen Sie die Funktion *Summe* und in der Liste *Bezogen auf* aktivieren Sie das Kontrollkästchen vor *Betrag*.

3. Die Markierungen der Kontrollkästchen *Vorhandene Teilergebnisse ersetzen* und *Ergebnisse unterhalb der Daten* ist aktiviert. Das Kontrollkästchen *Seitenumbrüche zwischen den Gruppen* ist nicht aktiviert.

4. Bestätigen Sie per Klick auf die Schaltfläche *OK*.

Excel fügt daraufhin die neuen Teilergebnisse in die Tabelle ein. Um zusätzlich noch den Mittelwert zu errechnen, gehen Sie weiter wie folgt vor:

1. Rufen Sie erneut das Dialogfeld *Teilergebnisse* auf.

2. Ändern Sie den Eintrag *Summe* in der Dropdown-Liste *Unter Verwendung von* in *Mittelwert*. Das Kontrollkästchen *Vorhandene Teilergebnisse ersetzen* deaktivieren Sie vor diesem Durchgang.

3. Klicken Sie abschließend auf die Schaltfläche *OK*.

Excel berechnet die Tabelle neu. Sie erhalten Ergebnisse vergleichbar mit der Darstellung in Abbildung 23.6.

Abbildg. 23.6 Die Ergebnis-Tabelle, aufbereitet mit zwei Berechnungsarten: *Summe* und *Mittelwert* (Ausschnitt)

	A	B	C	D	E	F
1	Erfasste Belege 2005					EURO
2	Lieferant	Zuordnung	Bemerkung	Kategorie	Datum	Betrag
3	IHK	Beiträge		Beiträge	24.02.2005	230,00
4	Ergo	Versicherungen		Beiträge	20.01.2005	93,60
5	Ergo	Versicherungen		Beiträge	01.04.2005	2.022,55
6	Gothaer	Versicherungen		Beiträge	30.01.2005	450,00
7	Gothaer	Versicherungen		Beiträge	01.04.2005	980,00
8	Vers.kammer Bayern	Versicherungen		Beiträge	11.01.2005	93,80
9	Vers.kammer Bayern	Versicherungen		Beiträge	11.02.2005	93,80
10	Vers.kammer Bayern	Versicherungen		Beiträge	12.02.2005	93,80
11				Beiträge Ergebnis		4.057,55
12				Beiträge Mittelwert		507,19
13	Kellermann & Partner	Bilanz	März	Beratung	02.05.2005	3.200,00
14	Kellermann & Partner	Bilanz	April	Beratung	02.05.2005	3.500,00
15	Kellermann & Partner	Buchhaltung	Januar	Beratung	03.02.2005	6.325,00
16	Kellermann & Partner	Buchhaltung	Februar	Beratung	04.03.2005	4.830,00
17	Kellermann & Partner	Buchhaltung	März	Beratung	01.04.2005	4.830,00
18	Kellermann & Partner	Buchhaltung	April	Beratung	30.04.2005	4.715,00
19	Otto & Co.	Gehaltsabrechnung	Januar	Beratung	09.01.2005	126,50
20	Otto & Co.	Gehaltsabrechnung	Februar	Beratung	03.02.2005	189,75
21	Otto & Co.	Gehaltsabrechnung	März	Beratung	06.03.2005	126,50
22	Otto & Co.	Gehaltsabrechnung	April	Beratung	03.04.2005	126,50
23				Beratung Ergebnis		27.969,25
24				Beratung Mittelwert		2.796,93

HINWEIS Sie können den Befehl *Teilergebnisse* auch als Schaltfläche in eine Symbolleiste Ihrer Wahl aufnehmen und dann dort direkt anwählen.

So fügen Sie das Symbol in eine Symbolleiste ein:

1. Wählen Sie die Befehlsfolge *Ansicht/Symbolleisten/Anpassen*.

2. Aktivieren Sie im Dialogfeld die Registerkarte *Befehle*.

3. Im Listenfeld *Kategorien* suchen Sie den Eintrag *Daten* und markieren ihn. Daraufhin werden im rechten Listenfeld *Befehle* die zu dieser Kategorie gehörenden Befehle als Symbole aufgelistet.

4. Suchen Sie dort den Befehl *Teilergebnisse*, klicken Sie ihn mit der linken Maustaste an und ziehen ihn mit gedrückter Maustaste an die gewünschte Position in einer bestehenden Symbolleiste. Geben Sie dort die Maustaste wieder frei, und der Befehl wird als Symbol in die Symbolleiste aufgenommen.

5. Beenden Sie den Vorgang per Klick auf die Schaltfläche *Schließen*.

Zusammenfassungsfunktionen zum Bearbeiten von Teilergebnissen

Bei Listen mit Teilergebnissen können Sie zur Zusammenfassung Ihrer Daten jene Funktionen verwenden, die Sie aus Tabelle 23.2 entnehmen können.

Tabelle 23.2 Zusammenfassende Funktionen für Listen mit Teilergebnissen

Funktion *Daten*	Zusammengefasste Daten
Summe	Die Summe der Werte in einer Liste. Die Standardfunktion für numerische Daten.
Mittelwert	Der Mittelwert der Werte in einer Liste.
Anzahl	Die Anzahl der Elemente in einer Liste. Die Standardfunktion für nichtnumerische Daten.
Maximum	Der höchste Wert in einer Liste.
Minimum	Der niedrigste Wert in einer Liste.
Produkt	Das Ergebnis der Multiplikation aller Werte in einer Liste.
Anzahl Zahlen	Die Anzahl der Datensätze oder Zeilen in einer Liste, die numerische Daten enthalten.
Standardabweichung (Stichprobe)	Eine Schätzung der Standardabweichung einer Population, wobei die Liste die Stichprobe darstellt.
Standardabweichung (Grundgesamtheit)	Die Standardabweichung einer Population, wobei die Liste die Grundgesamtheit darstellt.
Varianz (Stichprobe)	Eine Schätzung der Varianz einer Population, wobei die Liste die Stichprobe darstellt.
Varianz (Grundgesamtheit)	Die Varianz einer Population, wobei die Liste die Grundgesamtheit darstellt.

Listenmanagement

Ein Beispiel: Sie wollen wissen, wie viele Positionen jede Kategorie umfasst und wie viele Positionen es derzeit insgesamt in der Ausgabenliste gibt:

1. Führen Sie die ersten Schritte wie gewohnt aus (eine Zelle aktivieren und den Menübefehl *Daten/Teilergebnisse* aufrufen).

2. In der Dropdown-Liste *Gruppieren nach* wählen Sie den Eintrag *Kategorie* aus und in der Dropdown-Liste *Unter Verwendung von* die Funktion *Anzahl*.

3. In der Auswahlliste *Bezogen auf* selektieren Sie den Eintrag *Betrag*. Die bereits vorhandenen Teilergebnisse ersetzen Sie durch die neuen.

Die Berechnung liefert Ihnen nun unter jeder Kategorie die Anzahl der Positionen und am Ende der Liste die Gesamtanzahl. Ganz nach Bedarf können Sie sich jetzt über die eingefügte Gliederung die diversen Datenkombinationen ansehen.

Teilergebnisse für gefilterte Daten

Wenn die Liste sehr umfangreich ist, können Sie auch Teile der Daten über die Filterfunktion ausblenden und auf die restlichen Daten den Befehl Teilergebnisse anwenden.

Um dies an einem Beispiel zu demonstrieren: Sie möchten aus der Ausgabenliste nur die Bewirtungsausgaben auswerten. Im Ergebnis möchten Sie sehen, wo Bewirtungskosten angefallen sind.

Aktivieren Sie zunächst, falls noch nicht geschehen, die Beispiel-Tabelle *Ausgaben* und entfernen Sie ggf. alle Teilergebnisse (siehe den Abschnitt »Teilergebnisse entfernen« weiter oben in diesem Kapitel). Hier die weiteren Schritte:

1. Zuerst filtern Sie die Datenbank. Rufen Sie dazu den Menübefehl *Daten/Filter* auf und im Untermenü klicken Sie auf *AutoFilter*.

2. In jedem Feld werden neben dem Feldnamen Dropdown-Pfeile angezeigt. Filtern Sie alle Datensätze mit dem Text *Bewirtung* im Feld *Zuordnung*, indem Sie jetzt auf den Dropdown-Pfeil neben dem Feldnamen klicken und aus der angebotenen Listenauswahl den Eintrag *Bewirtung* selektieren. Sie erhalten die gefilterte Liste angezeigt.

3. Rufen Sie über die Schaltfläche *Teilergebnisse* (oder den Menübefehl *Daten/Teilergebnisse*) das Dialogfeld *Teilergebnisse* auf und gruppieren Sie nach *Lieferant* unter Verwendung von *Summe* und bezogen auf *Betrag*. **Achtung:** Sie haben vorher die Daten nach dem Feld *Lieferant* sortiert!

4. Die Markierungen der Kontrollkästchen *Vorhandene Teilergebnisse ersetzen*, *Seitenumbrüche zwischen Gruppen einfügen* und *Ergebnisse unterhalb der Daten anzeigen* lassen Sie unverändert, also auf Standardeinstellung.

5. Bestätigen Sie abschließend mit einem Klick auf die Schaltfläche *OK*.

Excel fügt daraufhin die neuen Teilergebnisse in die Tabelle ein. Das mögliche Ergebnis zeigt Ihnen die Abbildung 23.7.

Abbildg. 23.7   Die Tabelle nach der Auswertung mit *AutoFilter* und *Teilergebnissen*

1	**Erfasste Belege 2005**					EURO
2	**Lieferant** ▼	**Zuordnung** ▼	**Bemerkung** ▼	**Kategorie** ▼	**Datum** ▼	**Betrag** ▼
21	Augustiner Keller	Bewirtung		Bewirtung	28.02.2005	280,00
22	**Augustiner Keller Ergebnis**					280,00
23	Cafe Marienberg	Bewirtung		Bewirtung	06.02.2005	16,00
24	Cafe Marienberg	Bewirtung		Bewirtung	06.02.2005	18,00
25	**Cafe Marienberg Ergebnis**					34,00
26	Cafeteria Meisel	Bewirtung		Bewirtung	22.01.2005	140,76
27	**Cafeteria Meisel Ergebnis**					140,76
28	Gruber Getränke	Bewirtung		Bewirtung	31.01.2005	263,17
29	**Gruber Getränke Ergebnis**					263,17
30	Hofbräukeller	Bewirtung		Bewirtung	31.01.2005	1.625,00
31	Hofbräukeller	Bewirtung		Bewirtung	04.02.2005	125,00
32	Hofbräukeller	Bewirtung		Bewirtung	05.02.2005	85,00
33	**Hofbräukeller Ergebnis**					1.835,00
34	Huber Getränke	Bewirtung		Bewirtung	15.01.2005	179,40
35	Huber Getränke	Bewirtung		Bewirtung	20.01.2005	45,06
36	Huber Getränke	Bewirtung		Bewirtung	27.01.2005	78,78
37	Huber Getränke	Bewirtung		Bewirtung	19.02.2005	48,19
38	Huber Getränke	Bewirtung		Bewirtung	20.02.2005	89,00
39	Huber Getränke	Bewirtung		Bewirtung	04.04.2005	138,51
40	**Huber Getränke Ergebnis**					576,94
41	Taverne	Bewirtung		Bewirtung	10.02.2005	176,88
42	**Taverne Ergebnis**					176,88
209	**Gesamtergebnis**					3.306,75

Ein Diagramm aus einer Liste mit Teilergebnissen

Zur besseren Verdeutlichung der ermittelten Zahlen ist eine grafische Darstellung hilfreich. Auf der Basis von Teilergebnissen können Sie auch ein Diagramm erstellen.

Beispiel: Sie wollen die Teilergebnisse für die Kategorien *Beratung, Büromaterial* und *Kommunikation* in einem Tortendiagramm darstellen. Die einzelnen Schritte:

1. Erstellen Sie auf der Basistabelle *Ausgaben* eine Darstellung der Teilergebnisse auf dem Feld *Kategorien* (siehe hierzu ggf. den Abschnitt »Erstellen eines Teilergebnisses« in diesem Kapitel) mit der Summe auf dem Feld *Betrag*.

2. Blenden Sie in der Teilergebnisdarstellung zuerst alle Detailzeilen mit den Schaltflächen der Zeilenebene im linken Randbereich der Liste aus.

3. Selektieren Sie die Bereiche, die für die Erstellung des Diagramms benötigt werden (siehe Abbildung 23.8).

4. Wählen Sie die Schaltfläche für den *Diagramm-Assistenten*, der unmittelbar startet. Auf der Registerkarte *Standardtypen* wählen Sie den Diagrammtyp *Kreis* und als Diagrammuntertyp *Explodierter 3D-Kreis*.

5. Betätigen Sie nun die Schaltfläche *Weiter* und im nächsten Dialog nochmals die Schaltfläche *Weiter*.

6. Auf der Registerkarte *Titel* geben Sie als Diagrammtitel *Kostengegenüberstellung* ein. Wechseln Sie in die Registerkarte *Legende* und selektieren in der Gruppe *Platzierung* die Option *Unten*.

Abbildg. 23.8 Selektion der Daten für ein Diagramm – unter Zuhilfenahme der [Strg]-*Taste*

1 2 3		Bemerkung	Kategorie	Datum	Betrag
	1				EURO
	2	Bemerkung	Kategorie	Datum	Betrag
+	11		Beiträge Ergebnis		4.057,55
+	22		Beratung Ergebnis		27.969,25
+	38		Bewirtung Ergebnis		3.306,75
+	111		Büromaterial Ergebnis		27.588,53
+	131		Fahrzeugkosten Ergebnis		2.267,33
+	137		Instandhaltung Ergebnis		4.651,88
+	142		Invest Ergebnis		36.965,17
+	157		Kommunikation Ergebnis		16.295,86
+	162		Miete Ergebnis		41.784,04
+	167		Personal Ergebnis		315.810,72
+	173		Porto Ergebnis		5.285,90
+	176		Qualifizierung Ergebnis		2.156,25
+	192		Reisekosten Ergebnis		25.712,40
+	205		Transportkosten Ergebnis		2.695,39
+	216		Verkaufsförderung Ergebnis		38.711,14
–	217		Gesamtergebnis		555.258,16

7. Wechseln Sie nun noch in die Registerkarte *Datenbeschriftungen* und aktivieren Sie die Option *Prozentsatz*. Alle anderen Einstellungen bleiben unverändert. Klicken Sie auf die Schaltfläche *Weiter*.

8. Im Schritt 4 des *Diagramm-Assistenten* aktivieren Sie die Option *Als Objekt in:* und übernehmen als Ausgabetabelle den Vorschlag in der Dropdown-Liste. Bestätigen Sie abschließend die Schaltfläche *Fertig stellen*.

Sie erhalten als Ergebnis ein 3D-Kreis-Diagramm (wie in Abbildung 23.9 gezeigt).

Abbildg. 23.9 Das Diagramm mit den selektierten Daten

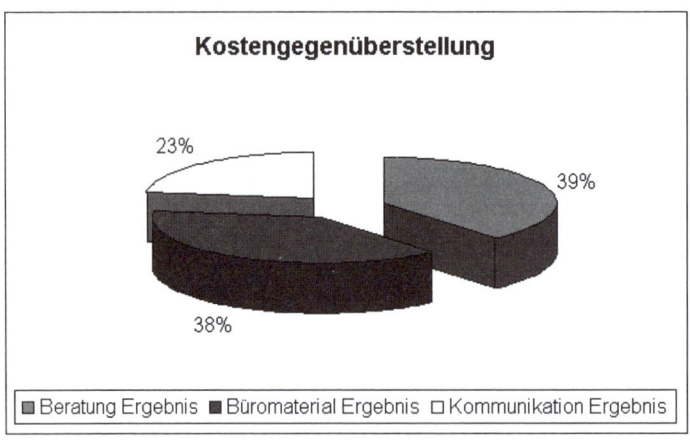

Mehr zum Thema »Diagramme« zeigen die Kapitel 17 und 18.

Alles im Gleichgewicht: Teilsummen erstellen

Ein bewährtes Merkmal in Microsoft Excel 2003 ist der *Teilsummen-Assistent*. Er bietet Ihnen die Möglichkeit, nur diejenigen Daten, die bestimmte Kriterien erfüllen, zusammenzufassen und auszuwerten. Der *Teilsummen-Assistent* arbeitet mit *Was-wäre-wenn*-Bedingungen und erstellt aus den Datenzeilen, welche die Bedingungen erfüllen, eine Summe.

HINWEIS   Der *Teilsummen-Assistent* ist standardmäßig nicht installiert und auch nicht aktiviert. Sie müssen die Installation ggf. nachholen. Zur Aktivierung und unmittelbaren Verwendung gehen Sie folgendermaßen vor:

1. Wurde dieser *Teilsummen-Assistent* bei der Grundinstallation von der Installation ausgeschlossen, müssen Sie ihn direkt von der Office-CD installieren (siehe hierzu ggf. Kapitel 1).

2. Wählen Sie den Menübefehl *Extras* und dann den Befehl *Add-Ins*.

3. Im Dialogfeld *Add-Ins* aktivieren Sie das Kontrollkästchen vor dem Eintrag *Teilsummen-Assistent* und bestätigen danach mit Klick auf die Schaltfläche *OK*.

4. Wurde der *Teilsummen-Assistent* zwar installiert, aber noch nicht aktiviert, so wird er jetzt durch Anklicken des Kontrollkästchens in den Speicher geladen.

Mehr zum Thema »Add-Ins« finden Sie in Kapitel 26.

Wie Sie mit dem *Teilsummen-Assistenten* operieren, zeigt folgendes Beispiel: Sie wollen in der Ausgabenliste alle Positionen summieren, deren Betrag zwischen 10.000 EURO und 20.000 EURO liegt.

1. Markieren Sie zuerst eine beliebige Zelle in der Beispiel-Tabelle *Ausgaben*. Rufen Sie anschließend die Menübefehlsfolge *Extras/Assistent/Teilsummen* auf.

2. Der *Teilsummen-Assistent* tritt in Aktion und Sie befinden sich unmittelbar im ersten Schritt des Assistenten. Prüfen Sie zunächst den erkannten Datenbereich im unteren Teil des Dialogfeldes und klicken dann auf die Schaltfläche *Weiter*.

HINWEIS   Haben Sie eine Zelle in der Liste markiert, trägt der *Teilsummen-Assistent* den möglichen Bereich automatisch in das Textfeld ein. Sie können aber genauso mit dem Mauszeiger in das Textfeld klicken und dann einen neuen, beispielsweise kleineren Bereich im Tabellenblatt auswählen.

WICHTIG   Achten Sie bei der Bereichsauswahl darauf, dass der Bereich mit der Zeile der Feldnamen beginnt (Abbildung 23.10)!

Abbildg. 23.10   Der Datenbereich für diese Aufgabe

Wo befindet sich die Arbeitsmappe mit den Summierungswerten, einschließlich der Spaltenbeschriftung?

$A$2:$F$201

3. In Schritt 2 des *Teilsummen-Assistenten* wählen Sie in der Dropdown-Liste *Summierungsspalte* diejenige Spalte aus, deren Werte summiert werden sollen (Abbildung 23.11).

4. Nun selektieren Sie aus der Dropdown-Liste *Spalte* die Spaltenüberschrift, die Sie mit einer Bedingung versehen wollen.

Listenmanagement

5. Aus der Dropdown-Liste *Ist* wählen Sie einen Vergleichsoperator aus.

6. Im letzten Dropdown-Feld dieser Reihe tragen Sie den oberen Wert der Auswertebedingung ein.

7. Klicken Sie nun auf die Schaltfläche *Bedingung hinzufügen*, um die Einträge im unteren Dialogfeld hinzuzufügen.

Abbildg. 23.11 Im zweiten Schritt des Assistenten definieren Sie die Bedingungen für die Auswertung

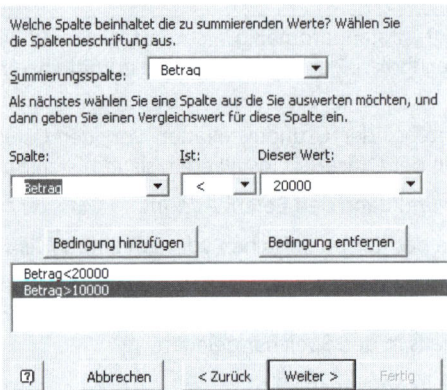

8. Wiederholen Sie ggf. die Schritte 7 bis 10, um weitere Bedingungen festzulegen.

HINWEIS Eine eingetragene Bedingung können Sie auch ganz schnell wieder entfernen, indem Sie den betroffenen Eintrag in der Liste selektieren und dann die Schaltfläche *Bedingung entfernen* anklicken.

9. Haben Sie alle Bedingungen in das Dialogfeld (wie in Abbildung 23.11 gezeigt) eingetragen, klicken Sie auf die Schaltfläche *Weiter*.

10. Im dritten Schritt des *Teilsummen-Assistenten* wählen Sie die Option *Nur Formel in Zelle übernehmen*. Klicken Sie dann auf die Schaltfläche *Weiter*.

Abbildg. 23.12 Textfeld im Schritt 4 des Assistenten zum Eintrag der Zielzelle für das Ergebnis

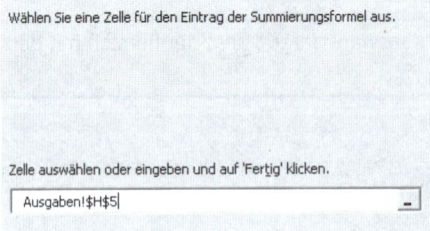

11. Geben Sie im Textfeld die Zelle an, in die das Ergebnis eingefügt werden soll (Abbildung 23.12). Das könnte beispielsweise die Zelle *H5* sein. Ist diese Zelle wegen anderer vorausgegangener Arbeitsschritte nicht frei, verzweigen Sie auf die nächste freie Zelle, in der Sie das Ergebnis darstellen möchten. Nun klicken Sie nur noch auf die Schaltfläche *Fertig* und das Ergebnis wird in die angegebene Zelle geschrieben.

Listenmanagement

> **HINWEIS**   Im dritten Schritt des Assistenten haben Sie die Option *Nur Formel in Zelle übernehmen* ausgewählt. Wollen Sie hingegen die Formel und die Bedingungen in eine Zelle übernehmen, wählen Sie die Option *Formel und Bedingungswerte in Zelle übernehmen*. Daraufhin werden die Werte der Bedingung in die Tabelle übernommen, wodurch Sie die Möglichkeit erhalten, nachträglich die Parameter direkt in der Tabelle zu verändern und damit unmittelbar eine neue Berechnung auszulösen.

> **WICHTIG**   Wenn Sie mit dem *Teilsummen-Assistenten* arbeiten, entfernen Sie alle Bildschirmteilungen und achten Sie darauf, dass die Liste sortiert ist.

Nun haben Sie einen »so schönen« Bericht mit dem Assistenten gezaubert und möchten diesen jetzt auch gedruckt zur Verfügung haben. Am schnellsten können Sie den Bericht mit einem *AutoFormat* optisch aufbereiten:

1. Markieren Sie die betreffenden Zellen und rufen Sie den Menübefehl *Format/AutoFormat* auf.

2. Suchen Sie das für Ihre Zwecke geeignete Musterformat aus und klicken Sie dann auf die Schaltfläche *OK*, um die Tabelle mit dem ausgewählten Format fertig zu stellen.

3. Um schließlich den Bericht zu drucken, rufen Sie den Menübefehl *Datei/Drucken* auf.

Mehr zum Thema »Drucken« finden Sie in Kapitel 5.

Zielwertsuche – so kommen Sie weiter

Excel bietet interessante und leistungsfähige Werkzeuge, mit denen ein bestehendes Rechenmodell durch Änderungen von Bedingungen und Parametern angepasst werden kann.

Bei vielen Problemlösungen haben Sie sich vielleicht schrittweise an ein gewünschtes Ziel herangetastet – ganz nach dem Motto »Versuch und Irrtum«. Das erfordert zuweilen einen »langen Atem«, denn es bedarf mitunter vieler Versuche mit unterschiedlichen Werten, bis eine Annäherung erzielt wird.

Die Zielwertsuche geht den umgekehrten Weg

Während Sie bisher von einem Ausgangswert auf einen Zielwert hin gerechnet haben, finden Sie jetzt den Weg über eine Rückrechnung vom Zielwert auf den Ursprungswert. Wir werden Ihnen das an einem überschaubaren Beispiel erklären:

Wer würde nicht gern ein wenig zusätzliches Geld durch Zinseinnahmen verdienen? Sie haben gerade Ihre Sparbücher angesehen und festgestellt, dass sich ein ordentlicher Betrag angesammelt hat. Sie beginnen zu rechnen, wie viel Zinsen Sie pro Jahr erhielten, wenn Sie 2,5%, 3,5%, 4,0% oder ... Zinsen für Ihr Kapital bekämen.

Im kommenden Jahr planen Sie eine große Urlaubsreise, die ca. 4.000 Euro kosten wird. Nun kommt Ihnen die Idee, diese Reise mit den Zinseinkünften zu bezahlen. Welchen Zinssatz müssen Sie erzielen, wenn Sie Ihre Urlaubsreise auf Grundlage eines vorhandenen Kapitals von 60.000 Euro finanzieren wollen?

Dies ist eine geradezu »klassische« Aufgabe für Excel, und zwar für die *Zielwertsuche*. Und wie gehen Sie vor? Zunächst benötigen Sie ein Modell, in dem die Zinsberechnung vorgenommen wird (siehe Abbildung 23.13).

Modell zur Zinsberechnung mittels Zielwertsuche

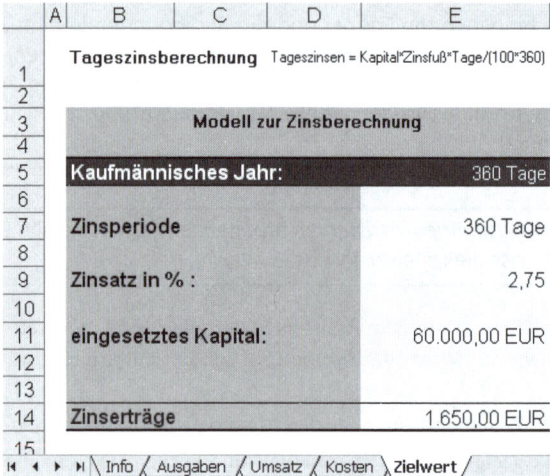

Die Formel in Zelle *E14* lautet: =E11*E9*E7/(100*360). Sie ermittelt anhand der Daten im Modell den Zinsertrag in EURO. Um gezielt den Zinsertrag in der gewünschten Höhe zu ermitteln:

1. Positionieren Sie den Cursor zunächst in Zelle *E14* und wählen Sie dann im Menü *Extras* den Befehl *Zielwertsuche*. Im gleichnamigen Dialogfeld geben Sie die entsprechenden Daten ein (Abbildung 23.14).

Dialogfeld *Zielwertsuche* mit eingetragener Zielzelle

HINWEIS   *Zielzelle* ist die Zelle, die mit einer Formel hinterlegt ist, das momentane Ergebnis berechnet und später das Zielergebnis anzeigen soll, in unserem Beispiel also *E14*.

---

2. In die Zelle *Zielwert* tragen Sie den Betrag ein, den Sie erzielen wollen, im Beispiel *4.000,00* Euro Zinsertrag.

3. In das Textfeld *Veränderbare Zelle*, das ist die Zelle mit dem Zinssatz, geben Sie die Zelladresse *$E$9* ein.

4. Bestätigen Sie jetzt mit einem Klick auf die Schaltfläche *OK*.

Excel zeigt Ihnen daraufhin das Dialogfeld *Status der Zielwertsuche* mit dem entsprechenden Ergebnis (Abbildung 23.15).

Abbildg. 23.15 Das gefundene Ergebnis wird im Status-Dialogfeld angezeigt und im Modell abgebildet

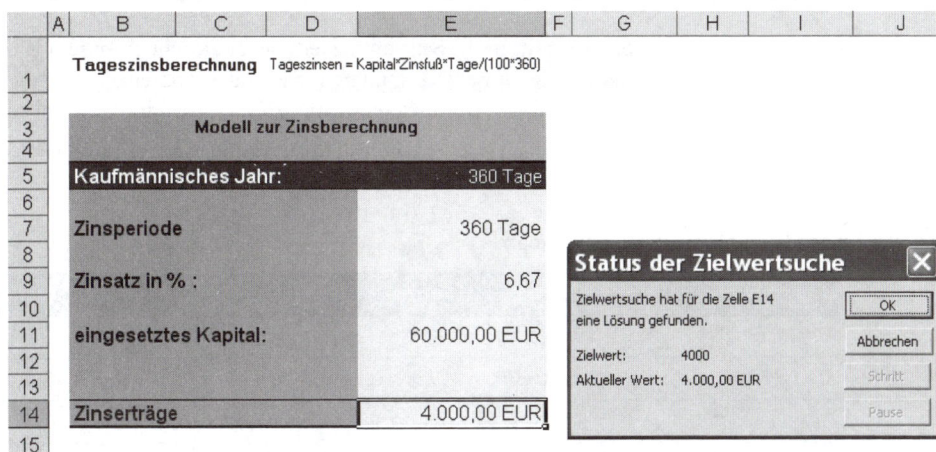

5. Klicken Sie auf die Schaltfläche *OK*, wenn Sie das vom Assistenten gefundene Ergebnis in das Rechenmodell übernehmen wollen.

6. Klicken Sie hingegen auf die Schaltfläche *Abbrechen*, um das gefundene Ergebnis zu verwerfen und die ursprünglichen Werte zu erhalten.

HINWEIS Bei einer umfangreichen *Zielwertsuche* können Sie den Vorgang auch unterbrechen, wenn Sie während der Berechnung die Schaltfläche *Pause* oder *Abbrechen* anklicken. Um den Lösungsvorgang zu verfolgen, aktivieren Sie dann im Dialogfeld *Status der Zielwertsuche* die Schaltfläche *Schritt*. Der momentane Lösungswert wird anschließend im Dialogfeld angezeigt.

Um den Vorgang der *Zielwertsuche* wieder ohne Unterbrechung fortzusetzen, aktivieren Sie die Schaltfläche *Weiter*.

Zielwertsuche: Wie geht es?

Die *Zielwertsuche* verändert den Wert in der angegebenen Zelle so lange, bis die Formel, die auf diese Zelle zurückgreift, das gewünschte Ergebnis liefert. Dabei gibt die *Zielzelle* – bei uns der Zinsertrag – die Zelle an, für deren Formel Sie eine Lösung suchen. Sie können in dieses Feld einen Zellbezug oder einen Namen eingeben.

Zielwert gibt den neuen Wert an, den Sie erzielen möchten. *Veränderbare Zelle* gibt die Zelle an, deren Wert von *Excel* verändert werden soll, um das gewünschte Ergebnis zu erzielen. Die Formel, für die Sie eine Lösung suchen, muss direkt oder indirekt auf diese Zelle zurückgreifen. Sie können in dieses Feld einen Zellbezug oder einen Namen eingeben.

Wie Sie komplexere Modelle der Suche nach bestimmten Lösungen mit dem Solver lösen, zeigt Ihnen Kapitel 26.

Praxisbeispiel: Break Even-Berechnung

Sie stehen vor dem großen Schritt in die Selbständigkeit. Bevor Sie jedoch endgültig den Startschuss geben, wollen Sie nochmals die Umsätze kalkulieren. Sie wollen von einem festgesetzten Ergebnis und den geplanten Kosten auf die zu produzierende und zu verkaufende Stückzahl zurückrechnen.

Zur besseren Übersicht haben Sie verschiedene Daten zusammengetragen und wollen diese in eine Kalkulation umsetzen (für das Beispiel, siehe Tabelle 23.3).

Tabelle 23.3 Basisdaten für die Break Even-Analyse

Bezeichnung	Werte	Formel	Ergebnis
Produktionsplan	500 Stück		
Stückerlöse	12,50 EUR	Umsatz=Stück*Stückerlöse	6.250,00 EUR
Gewinn	4,5%	UmsatzGewinn=Gewinn*Umsatz	281,25 EUR
Wagnis	5,0%	UmsatzWagnis=Wagnis*Umsatz	312,50 EUR
Nettoerlös		Nettoerlös=Umsatz-(UmsatzGewinn+ UmsatzWagnis)	5.656,25 EUR
Fixkosten lt. Schätzung			25.700,00 EUR
Herstellungskosten	6,35 EUR	Herstellungskosten= Stück*Herstellungskosten	3.175,00 EUR
Ergebnis		Nettoerlöse-Fixkosten-Herstellungskosten	– 23.218,75 EUR

Wenn Sie diese Zahlen zugrunde legen, müssen Sie wohl zugeben, dass Sie sich besser nicht selbständig machen sollten. Wo aber liegt denn der Wert, bei dem Sie zumindest Kosten, Gewinn und Wagnis verdienen würden – und mit einem guten Verkäufer auch mehr?

Hier bietet Excel als Lösungsmöglichkeit die *Zielwertsuche* an. Jetzt wollen Sie wissen, ob es sich rentiert! Welche Werte können Sie in dem Rechenbeispiel verändern? Entweder den Verkaufspreis oder die Stückzahl: Versuchen Sie es mit der Stückzahl!

1.   Erstellen Sie zunächst in einem leeren Tabellenblatt das Modell auf Grundlage von Abbildung 23.16. Geben Sie dem Tabellenblatt z.B. den Namen *Kalkulation*. Klicken Sie dazu mit der rechten Maustaste auf das Blattregister und wählen Sie im erscheinenden Kontextmenü den Befehl *Umbenennen*. Das Register mit dem derzeitigen Tabellennamen wird markiert und Sie können nun den neuen Namen eintragen.

Abbildg. 23.16 Die Tabelle mit dem Kalkulationsmodell

	B	C	D
2	Produzierte Stückzahl		500 Stück
4	Umsatz	12,30 €	
5	Gewinn	4,3%	
6	Wagnis	5,3%	
7	Nettoerlöse		
8	Fixkosten lt. BAB		
9	Herstellungskosten	5,98 €	
10	Ergebnis		

2. Übertragen Sie jetzt die allgemeinen Formeln aus Tabelle 23.3 in das von Ihnen erstellte Modell. Nach Eingabe der Formeln sollte die Zelle *D15* den Wert *Null* und die Zelle *D2* den Wert *4995* (Stück) erhalten.

3. Markieren Sie jetzt die Zelle *D10*. Rufen Sie dann den Menübefehl *Extras/Zielwertsuche* auf und tragen Sie in dem Dialogfeld die entsprechenden Daten und Werte ein (Abbildung 23.17).

Abbildg. 23.17 Das Dialogfeld *Zielwertsuche* mit den Werten

4. Bestätigen Sie Ihre Eingaben nun mit einem Klick auf die Schaltfläche *OK*.

Excel zeigt Ihnen das Ergebnis an (Abbildung 23.18). Speichern Sie das Modell ggf. ab.

Abbildg. 23.18 Tabelle mit dem Kalkulationsmodell und den eingeblendeten Formeln

	B	C	D	Formeln
2	Produzierte Stückzahl		4.995 Stück	
4	**Umsatz**	12,30 €	61.436,05 €	=D2*C4
5	**Gewinn**	4,3%	2.641,75 €	=C5*D4
6	**Wagnis**	5,3%	3.225,39 €	=C6*D4
7	*Nettoerlöse*		55.568,91 €	=D4-(D5+D6)
8	*Fixkosten lt. BAB*		25.700,00 €	25700
9	*Herstellungskosten*	5,98 €	29.868,91 €	=D2*C9
10	**Ergebnis**		0,00 €	=D7-D8-D9

Fazit: Wenn Sie 4.995 Stück verkaufen, erreichen Sie den so genannten Break Even-Point.

Wollen Sie nun ein Ergebnis von 5.000 Euro erzielen, müssen Sie als Zielwert *5000* einsetzen.

Planen mit Hilfe einer Was-Wenn-Tabelle

Die *Was-Wenn-Tabelle* – in früheren Versionen »Mehrfachoperation« genannt – lässt sich auf Rechenmodelle anwenden, bei denen weitere Ergebnisse durch Änderung eines oder zweier Ausgangswerte in tabellarischer Form erzeugt werden. Exempel dafür sind Kalkulationen, bei denen z.B. eine zu produzierende Stückzahl der Reihe nach mit neuen Werten berechnet und in einer Liste neben dem Eingabewert ausgegeben wird.

Um sich dies zu veranschaulichen, erstellen Sie zunächst eine Mengentabelle, z.B. von *D13* bis *D25* (wie in Abbildung 23.19). Die weiteren Schritte:

Listenmanagement

Abbildg. 23.19 Das vorherige Kalkulationsmodell, vorbereitet für eine Mehrfachoperation mit einer Eingabezelle

	B	C	D	E
2	Produzierte Stückzahl		500 Stück	
4	**Umsatz**	12,30 €	6.150,00 €	
5	**Gewinn**	4,3%	264,45 €	
6	**Wagnis**	5,3%	322,88 €	
7	*Nettoerlöse*		5.562,68 €	
8	*Fixkosten lt. BAB*		25.700,00 €	
9	*Herstellungskosten*	5,98 €	2.990,00 €	
10	**Ergebnis**		-23.127,33 €	
12	ein Eingabefelder			-23.127,33 €
13			500 Stück	
14			1.000 Stück	
15			1.500 Stück	
16			2.000 Stück	
17			2.500 Stück	
18			3.000 Stück	
19			3.500 Stück	
20			4.000 Stück	
21			4.500 Stück	
22			5.000 Stück	
23			5.500 Stück	
24			6.000 Stück	
25			6.500 Stück	

1. Erzeugen Sie zuerst einen Verweis auf die Zelle *D10* (schreiben Sie in die Zelle *E12* die Formel: =D10).

2. Markieren Sie den Bereich *D12:E25* und rufen Sie den Menübefehl *Daten/Tabelle* auf.

3. Es erscheint das Dialogfeld *Tabelle* (Abbildung 23.20).

Abbildg. 23.20 Das Dialogfeld *Tabelle*

4. Geben Sie in das Feld *Werte aus Spalte* die Zelladresse *$D$2* ein, also jene Zelle, welche die produzierte Menge enthält.

5. Das vorstehende Feld *Werte aus Zeile* bleibt leer. Bestätigen Sie dann über Klick auf die Schaltfläche *OK*.

Excel berechnet nun die Werte und trägt sie in den markierten Teil der Tabelle ein. In unserem Beispiel erhalten Sie ein Ergebnis analog der Abbildung 23.21.

Abbildg. 23.21 Das Ergebnis der Tabellenberechnung mit einem Eingabewert

	B	C	D	E
2	Produzierte Stückzahl		500 Stück	
4	**Umsatz**	12,30 €	6.150,00 €	
5	**Gewinn**	4,3%	264,45 €	
6	**Wagnis**	5,3%	322,88 €	
7	*Nettoerlöse*		5.562,68 €	
8	*Fixkosten lt. BAB*		25.700,00 €	
9	*Herstellungskosten*	5,98 €	2.990,00 €	
10	**Ergebnis**		-23.127,33 €	
12	ein Eingabefelder			-23.127,33 €
13			500 Stück	-23127,33
14			1.000 Stück	-20554,65
15			1.500 Stück	-17981,98
16			2.000 Stück	-15409,30
17			2.500 Stück	-12836,63
18			3.000 Stück	-10263,95
19			3.500 Stück	-7691,28
20			4.000 Stück	-5118,60
21			4.500 Stück	-2545,93
22			5.000 Stück	26,75
23			5.500 Stück	2599,43
24			6.000 Stück	5172,10
25			6.500 Stück	7744,77

HINWEIS   Die *Was-Wenn*-Operation tauscht wiederholt den Eingabewert in Zelle *D2* gegen einen Wert aus der Liste, die in Zelle *D13* beginnt. Sie nimmt den Zellinhalt, führt die Berechnung durch, gibt das Ergebnis neben dem Eingangswert in der Tabelle wieder aus und geht dann eine Zelle tiefer. Dieser Vorgang wird so oft wiederholt, bis alle Werte der Liste abgearbeitet sind.

In diesem Beispiel wird daher in dem Dialogfeld das Eingabefeld *Werte aus Spalte* verwendet, weil die Eingangswerte für die Mehrfachoperation in einer Spaltenanordnung vorliegen.

Ein anderes Beispiel: Sie haben ein Kalkulationsmodell in Excel entwickelt und wollen jetzt mit verschiedenen Mengen und Verkaufspreisen die Gewinnentwicklung betrachten. Als Modellgrundlage dienen die Angaben in der Tabelle *Kalkulation*, die Sie in dem vorigen Beispiel selbst erstellt und gespeichert haben. Im Beispiel-Tabellenblatt *Muster* finden Sie ein formelloses Grundmodell des vorherigen Beispiels.

 Sie finden das fertige Blatt *Kalkulation* in der Datei *TSK_23_Lösungen.xls* auf der CD-ROM zum Buch im Ordner *\Buch\Kap23*.

Sie haben in dem Übungsmodell einen Verlust von ca. 23 »TEURO« im ersten Anlauf ermittelt. Wenn Sie nun die Produktionsmengen und die Herstellkosten variieren, erhalten Sie eine große Anzahl von Ergebnissen, die zu einem Gewinnergebnis führen, vorausgesetzt, Sie leiten aus der Kalkulation die richtigen Vertriebsmaßnahmen ab. Gehen Sie folgendermaßen vor:

1. Erstellen Sie eine Tabelle, wie in Abbildung 23.22 dargestellt. Achten Sie darauf, dass in Zelle *D12* ein Verweis auf die Formel des Modells in Zelle *D10* vorhanden ist. Formatieren Sie ggf. die Tabelle.

Listenmanagement

Abbildg. 23.22 Die Tabelle mit Kalkulationsmodell und den Werten aus Spalte und Zeile

	B	C	D	E	F	G	H
2	Produzierte Stückzahl		500 Stück				
4	**Umsatz**	12,30 €	6.150,00 €				
5	**Gewinn**	4,3%	264,45 €				
6	**Wagnis**	5,3%	322,88 €				
7	*Nettoerlöse*		5.562,68 €				
8	*Fixkosten lt. BAB*		25.700,00 €				
9	*Herstellungskosten*	5,98 €	2.990,00 €				
10	**Ergebnis**		-23.127,33 €				
12	zwei Eingabefelder		-23.127,33 €	12,50 €	13,00 €	13,50 €	14,00 €
13			500 Stück				
14			1.000 Stück				
15			1.500 Stück				
16			2.000 Stück				
17			2.500 Stück				
18			3.000 Stück				
19			3.500 Stück				
20			4.000 Stück				
21			4.500 Stück				
22			5.000 Stück				
23			5.500 Stück				
24			6.000 Stück				
25			6.500 Stück				

2. Erstellen Sie dann in Zelle *D12* die Formel zur Berechnung des Ergebnisses oder erstellen Sie einen Verweis auf die Zelle *D10*.

3. Markieren Sie den Bereich *B12:H25*. Rufen Sie den Menübefehl *Daten/Tabelle* auf.

4. Sie erhalten ein Dialogfeld analog der Abbildung 23.23.

Abbildg. 23.23 Ausschnitt aus dem Dialogfeld *Tabelle* mit den eingetragenen Zelladressen

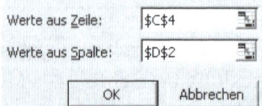

5. Geben Sie in das Feld *Werte aus Spalte* die Zelladresse *$D$2* ein, also jene Zelle, welche die produzierte Stückzahl enthält und in das Feld *Werte aus Zeile* die Zelladresse *$C$4*, die Zelle, die den Stückpreis enthält.

6. Bestätigen Sie abschließend über Klick auf die Schaltfläche *OK*.

Das Ergebnis sollte der in Abbildung 23.24 gezeigten Tabelle entsprechen.

Abbildg. 23.24 Die Tabelle mit den berechneten Werten

	B	C	D	E	F	G	H
2	Produzierte Stückzahl		500 Stück				
4	**Umsatz**	12,30 €	6.150,00 €				
5	**Gewinn**	4,3%	264,45 €				
6	**Wagnis**	5,3%	322,88 €				
7	*Nettoerlöse*		5.562,68 €				
8	*Fixkosten lt. BAB*		25.700,00 €				
9	*Herstellungskosten*	5,98 €	2.990,00 €				
10	**Ergebnis**		-23.127,33 €				
12	zwei Eingabefelder		-23.127,33 €	12,50 €	13,00 €	13,50 €	14,00 €
13			500 Stück	-23.036,88	-22.810,75	-22.584,63	-22.358,50
14			1.000 Stück	-20.373,75	-19.921,50	-19.469,25	-19.017,00
15			1.500 Stück	-17.710,63	-17.032,25	-16.353,88	-15.675,50
16			2.000 Stück	-15.047,50	-14.143,00	-13.238,50	-12.334,00
17			2.500 Stück	-12.384,38	-11.253,75	-10.123,13	-8.992,50
18			3.000 Stück	-9.721,25	-8.364,50	-7.007,75	-5.651,00
19			3.500 Stück	-7.058,13	-5.475,25	-3.892,38	-2.309,50
20			4.000 Stück	-4.395,00	-2.586,00	-777,00	1.032,00
21			4.500 Stück	-1.731,88	303,25	2.338,38	4.373,50
22			5.000 Stück	931,25	3.192,50	5.453,75	7.715,00
23			5.500 Stück	3.594,38	6.081,75	8.569,13	11.056,50
24			6.000 Stück	6.257,50	8.971,00	11.684,50	14.398,00
25			6.500 Stück	8.920,63	11.860,25	14.799,88	17.739,50

Dies ist eine Tabelle, die klare Fakten liefert: Sie können ihr genau entnehmen, bei welcher Preis/Mengen-Kombination die Gewinnschwelle überschritten wird.

Mehrfachoperation mit drei Parametern

Im Normalfall können Sie bei einer Mehrfachoperation nur mit zwei Parametern arbeiten. Sie bietet einen Spalten- und einen Zeilenparameter für die Eingabe an. Mit einem Kunstgriff lassen sich aber drei (und auch mehr) Parameter verarbeiten. In dem Kalkulationsmodell (vgl. Abbildung 23.24) arbeiten wir nachfolgend mit drei Parametern.

In dem Modell werden

- die zu produzierende Stückzahl (Menge),
- der Herstellkostenpreis je Stück und
- der Preis je Stück

als Variablen (Parameter) in die Mehrfachoperation eingesteuert.

Abbildg. 23.25 Der modellhafte Aufbau der Kalkulation, um mit drei Parametern arbeiten zu können

	A	B	C	D	E	F	G	H
2		Produzierte Stückzahl		500 Stück		drei Eingabefelder		
3								
4		Umsatz	12,50 €	6.250,00 €				
5		Gewinn	4,3%	268,75 €				
6		Wagnis	5,3%	328,13 €				
7		Nettoerlöse		5.653,13 €				
8		Fixkosten lt. BAB		25.700,00 €				
9		Herstellungskosten	6,12	3.060,00 €				
10		Ergebnis		-23.106,88 €				
11								
12			Herstellkosten	Menge		12,50 €	13,00 €	13,50 €
13			6,12	500 Stück				
14			5,98	1.000 Stück				
15			5,98	1.500 Stück				
16			5,01	2.000 Stück				
17			5,01	2.500 Stück				

Sie benötigen, im Gegensatz zum Modell mit zwei Parametern, eine weitere Spalte. In unserem Beispiel ist das die Spalte *Herstellkosten* (siehe Abbildung 23.25). Die beiden Werte *Herstellkosten* und *Menge* müssen dann in einer Zelle zusammengeführt (verknüpft) werden. Das geschieht initial in Zelle *E13* mit der Formel:

```
=C13&";"&D13
```

Die Werte aus *C13* und *D13* werden in die Zelle *E13* übernommen und dort durch ein Semikolon (;) voneinander getrennt. Anschließend wird diese Formel in die darunter liegenden Zellen bis *E25* ausgefüllt (kopiert).

In die Zellen *C13* bis *D25* werden die Herstellkosten und die produzierte Stückzahl (Menge) eingetragen. Die Kombination dieser beiden Werte ergibt die Spaltenparameter. Die Datentabelle bekommt indirekt zwei Spaltenparameter und einen Zeilenparameter.

TIPP Anstelle des Semikolons (;) können auch andere Trennzeichen verwendet werden. Mit dem Steuerzeichen *Zeichen(10)* kann ein Zeilenumbruch erzeugt werden; so lassen sich die Werte in einer Zelle untereinander darstellen.

HINWEIS Anders als beispielsweise bei den Pivot-Tabellen können Sie in diesem Anwendungsfall auch Text verarbeiten.

In der Zelle *E12* übernehmen Sie das *Ergebnis* (Zelle *D10*) und den Wert der *Herstellkosten*. Das erreichen Sie (vgl. Abbildung 23.26) mit der Formel:

```
=TEXT(D10;"0,00")&ZEICHEN(10)&TEXT(C9;"0,00")
```

Abbildg. 23.26 Das Ergebnis der Formel in Zelle *E12*

	A	B	C	D	E
1					
2		Produzierte Stückzahl		**500 Stück**	
3					
4		Umsatz	12,50 €	6.250,00 €	
5		Gewinn	4,3%	268,75 €	
6		Wagnis	5,3%	328,13 €	
7		Nettoerlöse		5.653,13 €	
8		Fixkosten lt. BAB		25.700,00 €	
9		Herstellungskosten	6,12	3.060,00 €	
10		Ergebnis		-23.106,88 €	
11					
12			Herstellkosten	Menge	-23106,88 6,12

Der Trick liegt darin, die beiden Parameter *Herstellkosten* und *Ergebnis* in einer Zelle (*F10*) semikolongetrennt einzugeben – so werden zwei Parameter verarbeitet.

In Zelle *F10* steht die Formel: `=LINKS(E13;4)&";"&TEIL(E13;6;4)`

Abbildg. 23.27 Die Zelle *F10* mit der Variablen für die Eingabe in das Dialogfeld *Werte aus Spalte*

	A	B	C	D	E	F
10		Ergebnis		-23.106,88 €		6,12;500
11						
12			Herstellkosten	Menge	-23106,88 6,12	12,50 €
13			6,12	500 Stück	6,12;500	
14			5,98	1.000 Stück	5,98;1000	

Jetzt selektieren Sie den Bereich *E12:I25*, rufen den Menübefehl *Daten/Tabelle* auf und übernehmen *Werte aus Zeile: C4* (Preis je Stück) sowie *Werte aus Spalte: F10* (Herstellkosten und Menge). Vgl. hierzu die Abbildung 23.28.

Abbildg. 23.28 Der Dialog zur Eingabe der Parameter

	A	B	C	D	E	F	G	H
2		Produzierte Stückzahl		**500 Stück**		**drei Eingabefelder**		
4		Umsatz	12,50 €	6.250,00 €				
5		Gewinn	4,3%	268,75 €				
6		Wagnis	5,3%	328,13 €				
7		Nettoerlöse		5.653,13 €				
8		Fixkosten lt. BAB		25.700,00 €				
9		Herstellungskosten	6,12	3.060,00 €				
10		Ergebnis		-23.106,88 €		6,12;500		

Dialog **Tabelle**: Werte aus Zeile: $C$4 Werte aus Spalte: $F$10 OK Abbrechen

Bestätigen Sie zum Abschluss die Befehlsschaltfläche *OK* und Sie erhalten folgendes Ergebnis:

Abbildg. 23.29 Ein Ausschnitt der Lösungstabelle mit zwei Ausgabewerten in einer Zelle

	A	B	C	D	E	F	G	H	I
2		Produzierte Stückzahl		500 Stück		drei Eingabefelder			
4		Umsatz	12,50 €	6.250,00 €					
5		Gewinn	4,3%	268,75 €					
6		Wagnis	5,3%	328,13 €					
7		Nettoerlöse		5.653,13 €					
8		Fixkosten lt. BAB		25.700,00 €					
9		Herstellungskosten	6,12	3.060,00 €					
10		Ergebnis		-23.106,88 €		6,12;500			
12			Herstellkosten	Menge	-23106,88 6,12	12,50 €	13,00 €	13,50 €	14,00 €
13			6,12	500 Stück	6,12;500	-23106,88 6,12	-22880,75 6,12	-22654,63 6,12	-22428,50 6,12
14			5,98	1.000 Stück	5,98;1000	-20373,75 5,98	-19921,50 5,98	-19469,25 5,98	-19017,00 5,98
15			5,98	1.500 Stück	5,98;1500	-17710,63 5,98	-17032,25 5,98	-16353,88 5,98	-15675,50 5,98
16			5,01	2.000 Stück	5,01;2000	-13107,50 5,01	-12203,00 5,01	-11298,50 5,01	-10394,00 5,01
17			5,01	2.500 Stück	5,01;2500	-9959,38 5,01	-8828,75 5,01	-7698,13 5,01	-6567,50 5,01

In diesem Modell wurden die Herstellkosten ab einer bestimmten Stückzahl (Menge) kontinuierlich verändert. Die Mehrfachoperation berücksichtigt dies durch die Doppelparameter in jeder Zeile.

Die komplette Lösung finden Sie in der Datei *TSK_23_Lösungen.xls* im Tabellenblatt *Kalkulation(2)* auf der CD zum Buch im Ordner *\Buch\Kap23*. Mehr zum Thema Mehrfachoperation finden Sie in Kapitel 27.

Zusammenfassung

Mit der Funktionalität der Teilergebnisse können Sie in jede Excel-Liste unterschiedliche Zwischenergebnisse einbauen und Gesamtergebnisse anzeigen. Sie können innerhalb der Listen ohne eigene Formeln und Funktionen arbeiten. Erzeugen Sie automatisch eine Gliederung, um Daten in der Ansicht zu selektieren. Die Formatierung und grafische Darstellung der Daten ist in vielfältiger Weise ausführbar. Natürlich sind Druckausgaben jederzeit möglich.

Mit dem *Teilsummen-Assistenten* erhalten Sie die Möglichkeit, nur die Daten, die bestimmte Kriterien erfüllen, zusammenzufassen und auszuwerten.

Die *Was-Wenn-Tabelle* oder auch *Mehrfachoperation* finden Sie unter dem Menübefehl *Daten/ Tabelle*. Sie ermöglicht Ihnen auf einfache Weise Alternativrechnungen, und das durch zwei und im Besonderen auch mehr veränderbare Parameter, die dann in Tabellenform dargestellt werden.

Listenmanagement

Kapitel 24

PivotTable und PivotChart einsetzen

In diesem Kapitel:

Von den Basisdaten zur Pivot-Tabelle

Wahrscheinlich haben Sie bisher Kriterien mit viel Mühe über Formeln und Funktionen zusammengefasst und aufbereitet oder Ihre Berechnungen mit aufwändigen Modellen und Methoden ausgeführt. Dann folgt eine kleine Korrektur hier, später eine Änderung dort. Am Monatsende müssen zusätzlich neue Daten ergänzt werden. Schließlich beginnt die Entwicklungsarbeit wieder von vorne. Ein aufwändiges Unterfangen, oder? Nun, es gibt eine Abhilfe: Die *Pivot*-Tabelle!

Die Verfügbarkeit entscheidungsrelevanter und geschäftskritischer Informationen hat aus verschiedenen Gründen signifikant zugenommen. Die hinzukommende wachsende Datenflut lässt in uns das Gefühl wachsen, Entscheidungen noch nicht treffen zu können, weil uns stets weitere Angaben fehlen bzw. die derzeit verfügbaren Informationen nicht vollständig oder sicher genug erscheinen. Die Form der vorliegenden Daten bedarf meistens einer zielgerichteten und situationsbezogenen Aufbereitung. In Excel bieten sich zahlreiche Verfahren für diese Aufgabe an. Eine sehr effiziente Unterstützung bietet für die genannten und zahlreiche andere Aufgaben die Pivot-Tabelle, die wir in diesem Kapitel näher untersuchen und vorstellen möchten. Was macht die Pivot-Tabelle so »schlagkräftig«?

- In Pivot-Tabellen finden Sie ein Instrument zur Analyse und Aufbereitung Ihrer Daten.
- Mit der Pivot-Tabelle können Sie umfangreiche Daten schnell, flexibel, sinnvoll und vor allem mit hoher Aussagekraft auswerten.
- In schnellen Schritten erreichen Sie eine anschauliche Darstellung der Daten.
- Änderungen, Ergänzungen und das Hinzufügen neuer Elemente lassen sich in nachvollziehbaren Schritten erledigen.
- Sie erhalten wertvolle Unterstützung durch Assistenten und neue Funktionen, die eine Erleichterung für die weitere Arbeit bedeuten.
- Darüber hinaus können Sie die Pivot-Tabelle auch als Zwischeninstrument für die Zusammenführung von Daten einsetzen.

Das sind Eigenschaften, die Excel mitbringt und Sie sollten natürlich auch etwas liefern, nämlich ein gewisses Interesse an neuen und interessanten Zahlen. Sie werden von den Möglichkeiten überrascht und begeistert sein.

Wozu können Sie eine Pivot-Tabelle einsetzen?

Um mit der Pivot-Tabelle Berechnungen bzw. Auswertungen vornehmen zu können, sollten Sie einige grundsätzliche Dinge beachten: Sie benötigen Ihre Daten möglichst in Rohform, d.h. sie sollten noch nicht durch Formeln und Funktionen verdichtet oder aufbereitet sein. Geeignet sind Daten von regelmäßig erfassten Messgrößen, Produktionsmengen, Verkaufswerten, statistischen Erhebungen, Transaktionen und dergleichen. Hinzugefügte und durch Berechnung entstandene Spalten, so genannte Attribute oder Merkmale eines Datensatzes, die erweiterte Auswertemöglichkeiten eröffnen, sind selbstverständlich erlaubt und in vielen Fällen sogar erforderlich. Es ist aber gleichgültig, ob Quelldaten in einer Excel-Liste bzw. mehreren Tabellenbereichen oder aber in einer externen Datenbank (z. B. Access oder dBase) gespeichert sind.

Wenn Sie die Pivot-Tabelle erst einmal eingerichtet haben, können Sie die dargestellten Informationen mühelos in ihrer Darstellung verändern oder neu ordnen, ohne dass Ihre Quelldaten verändert werden. So können Sie beispielsweise neue Kategorien und Details hinzufügen bzw. entfernen, bestimmte Elemente ein- bzw. ausblenden und nicht zuletzt vielfältige mathematische Auswertungen der Rohdaten vornehmen.

Wir zeigen Ihnen dieses Powertool anhand der folgenden Beispiele:

- Auswertung von Daten

- Umsatzauswertungen

- Kostenanalysen

- Plan/Ist-Vergleich

- Budgetcontrolling

- Umsatzstrukturanalyse

- Alternativrechnungen innerhalb einer Pivot-Tabelle

- Datenübernahme aus externen Datenbanken

HINWEIS Sie erstellen im Laufe des Kapitels zahlreiche Pivot-Tabellen. Diese Pivot-Tabellen werden immer weiter verändert, um die Aufgaben zu lösen. Bei einigen Beispielen ist es notwendig, eine neue, d.h. eine »Ausgangs-Pivot-Tabelle« zu erstellen. In diesen Fällen wird die Feldanordnung der Ausgangstabelle gezeigt, aus Platzgründen wird jedoch der detaillierte Erstellungsweg nicht noch einmal beschrieben, sondern nur noch die Weiterentwicklung. Wenn Sie die Handhabung noch nicht beherrschen, kann es notwendig sein, in den vorausgegangen Abschnitten die Schritte noch einmal nachzulesen.

Die ersten Schritte zur Pivot-Tabelle

In unserem ersten Beispiel betrachten wir eine Gehaltsliste. Dabei wollen wir eine aussagestarke Pivot-Tabelle erstellen und dadurch gleichzeitig die Möglichkeiten einer solchen Tabelle kennen lernen. Eine Zusammenführung und Auswertung der Daten wurde bisher nicht vorgenommen. Ziel ist es, problemlos und schnellstmöglich eine Pivot-Tabelle mit

- den Gesamtwerten über die verschiedenen Monate bzw. Jahre,

- den Summen der Einzelpositionen sowie

- der Abteilungsverteilung

zu erstellen, um später alles auf einen Blick mühelos vergleichen zu können.

Nehmen wir an, Sie haben eine Tabelle, in der die Daten in Rohform vorliegen und die folgende Datenstruktur aufweist:

Die Arbeitsmappe enthält Lohndatenmaterial über die Mitarbeiter, wie z.B. den Abrechnungsmonat, den Namen des Mitarbeiters, die Abteilung und die monatliche Bruttobelastung für den Betrieb. Zusätzlich gibt es weitere Datenfelder. Jede Zeile in dieser Beispieltabelle beinhaltet Daten für die Felder gemäß Tabelle 24.1.

Tabelle 24.1 Feldbeschreibung der Datenquelle

Feld	Erklärung des Feldinhaltes
DatumAbrMon	Abrechnungsmonat
MtlBelastungAG	Belastung für den Arbeitgeber – monatliches Brutto inkl. Arbeitgeberanteile
PersNr	Personalnummer
Name	Mitarbeitername
Abteilung	Abteilungszugehörigkeit
SteuerBrutto	Steuerliches Bruttogehalt des Mitarbeiters
pschlSteuer	Pauschale Steueranteile
pschlSolZ	Pauschale Solidaritätszuschläge
pschlKiSt	Pauschale Kirchensteuer
AGKV	Arbeitgeberanteil zur Krankenversicherung
AGRV	Arbeitgeberanteil zur Rentenversicherung
AGAV	Arbeitgeberanteil zur Arbeitslosenversicherung

Aus dieser Datenquelle, die Sie auch von der CD-ROM zu diesem Buch laden können, erstellen wir nun Schritt für Schritt eine Pivot-Tabelle. Sie finden die Dateien *Gehalt_24.xls*, *Kons_24.xls* und *TSK_24.xls* im Ordner *\Buch\Kap24*.

Zur Bewältigung dieser Aufgabe stellt Ihnen Excel 2003 einen leistungsstarken Assistenten zur Verfügung. Dieser führt Sie dann in wenigen Schritten von der Auswahl der Quelldaten, ggf. über die Wahl der Datenanordnung, zur fertigen Pivot-Tabelle.

Am einfachsten ist es, wenn Ihre Daten in einer Tabelle gespeichert sind. Ebenso können Sie aber auch auf Daten in einer anderen Datenbank (z. B. im dBase- oder Access-Format) oder auf andere bereits existierende Pivot-Tabellen zurückgreifen. Excel erkennt automatisch den Bereich der Daten (auch *Liste* genannt), die in einer Tabelle abgelegt sind. Diese Fähigkeit kommt Ihnen bei der Auswahl der Datenbasis in einer Tabelle zugute, während Sie diese in anderen Datenbanken selbst selektieren müssen.

Gehen Sie folgendermaßen vor:

1. Öffnen Sie die Datei *Gehalt_24.xls*, und aktivieren Sie die Tabelle *Lohn*, welche die Daten für die zu erstellende Pivot-Tabelle enthält. Klicken Sie mit der linken Maustaste in die Excel-Liste mit den Basisdaten.

2. Starten Sie den Assistenten, indem Sie den Menübefehl *Daten/PivotTable- und PivotChart-Bericht* aufrufen.

> **HINWEIS**   Alternativ können Sie auch die Symbolleiste *PivotTable* (Abbildung 24.1) einblenden, dort die Schaltfläche *PivotTable* anklicken und im anschließend geöffneten Dropdown-Menü den Eintrag *PivotTable Assistent* wählen.

Die Symbolleiste *PivotTable*

3. Im ersten Dialogfeld aktivieren Sie die Option *Microsoft Office Excel-Liste oder -Datenbank* (soweit nicht bereits ausgewählt).

4. Im unteren Bereich des Dialogfelds können Sie entscheiden, ob die Daten als *PivotTable* oder als *PivotChart-Bericht* dargestellt werden sollen. Wählen Sie die Option *PivotTable*. Klicken Sie auf die Schaltfläche *Weiter,* um in den nächsten Arbeitsschritt zu gelangen.

5. Hier wird der Listenbereich, der automatisch erkannt wurde, angezeigt (er kann auch verändert werden). Für unser Beispiel übernehmen Sie den Vorschlag und klicken erneut auf die Schaltfläche *Weiter* (sollten Sie in der Beispieldatei eine Meldung erhalten, beantworten Sie die Frage im Dialogfeld mit Nein).

6. In diesem Dialogfeld (Abbildung 24.2) entscheiden Sie, ob Sie die Anordnung der Datenfelder in der Tabelle oder in einem eigenen Dialogfeld vornehmen: Mit Klick auf die Schaltfläche *Fertig stellen* entscheiden Sie sich für die Tabellenvariante und mit Betätigen der Schaltfläche *Layout* für die Assistentenvariante.

Abbildg. 24.2 In diesem Dialogfeld legen Sie zunächst die Art der Datenanordnung fest

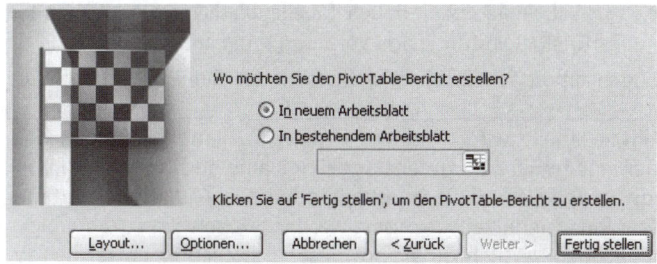

7. Klicken Sie auf die Schaltfläche *Layout* und Sie erhalten das in Abbildung 24.3 gezeigte Dialogfeld.

Abbildg. 24.3 In diesem Dialogfeld wird das Layout für die Pivot-Tabelle festgelegt. Ziehen Sie einfach die Felder in die Bereiche *Zeile, Spalte* oder *Seite*.

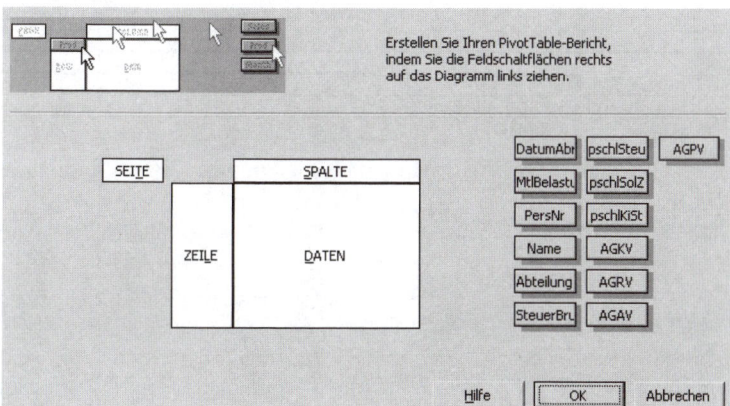

8. Bestimmen Sie nun, wie die Daten in der Pivot-Tabelle angeordnet werden sollen. Ordnen Sie zunächst die Felder an, wie in Abbildung 24.4 gezeigt.

Abbildg. 24.4 Eine einfache Anordnung ermittelt die Auswertung nach Name und Abteilung

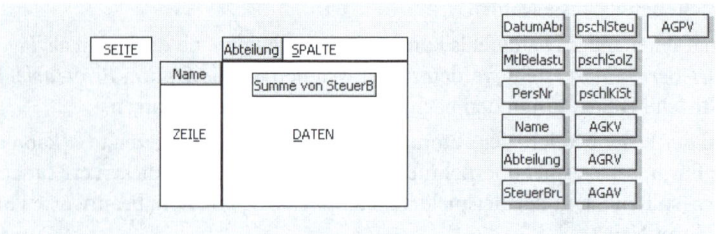

9. Zeigen Sie mit dem Mauszeiger beispielsweise auf die Feldschaltfläche *Name* in der rechten Feld-auswahl, drücken Sie die linke Maustaste, ziehen Sie mit gehaltener Maustaste das Feld in den *Zeilenbereich* und lösen dann die Maustaste.

10. Verfahren Sie analog mit den Feldschaltflächen *Abteilung und SteuerBrutto*. Klicken Sie dann auf die Schaltfläche *OK*, um wieder zum Schritt 3 des Assistenten zurückzukehren (vgl. Abbildung 24.2).

11. Erstellen Sie die Pivot-Tabelle in einem neuen Tabellenblatt. Dazu aktivieren Sie die Option *In neuem Arbeitsblatt* im Dialogfeld (die schon vorbelegt sein kann).

12. Jetzt klicken Sie noch auf die Schaltfläche *Fertig stellen*, um den PivotTable-Bericht zu erzeugen.

HINWEIS Die Pivot-Tabelle wird in einem neuen Tabellenblatt erstellt, das zunächst den Namen *Tabelle1* oder eine höhere Nummer trägt. Der Name der Tabelle wird von Excel automatisch mit dem Standwort *Tabelle* und einer fortlaufenden Zähl- oder Indexnummer versehen. Die Benennung kann von Ihnen jederzeit geändert werden. Haben Sie schon einige Pivot-Tabellen erzeugt, würde Ihr jetziger Versuch eine von dieser Darstellung abweichende Tabellenblatt-benennung tragen.

---

13. In Abbildung 24.5 können Sie nun den fertigen Ausschnitt der Pivot-Tabelle sehen.

Abbildg. 24.5 Ein Ausschnitt aus der Pivot-Tabelle mit den nach *Abteilung* und *Name* aufgeschlüsselten Daten und ggf. weiteren Elementen

	A	B	C	D	E	F	G
1			Seitenfelder hierher ziehen				
2							
3	Summe von SteuerBrutto	Abteilung ▼					
4	Name ▼	GF	LoE	LoP	LoS	ZD	Gesamtergebnis
5	Albrecht	118.742,00					118.742,00
6	Dahlhammer				4.660,00		4.660,00
7	Dickmanns				41.100,00		41.100,00
8	Eilmann				17.200,00		17.200,00
9	Golling		40.387,00				40.387,00
10	Gustavson					182,00	182,00
11	Guthart					62.215,00	62.215,00
12	Horning	28.293,00					28.293,00
13	Jondral				76.552,00		76.552,00
14	Krautmann		27.268,00				27.268,00
15	Kunze				87.059,00		87.059,00
16	Lamperti				12.103,00		12.103,00
17	Lenning				2.100,00		2.100,00
18	Loberger			56.100,00			56.100,00

Sie sehen, so schnell können Sie Daten aufbereiten und auswerten. Ob es sich bei diesen um Gehaltsdaten, Umsatzzahlen oder Kreditauswertungen handelt, ist dabei völlig gleichgültig.

HINWEIS Immer, wenn Sie den Mauszeiger innerhalb einer Pivot-Tabelle positionieren und die rechte Maustaste drücken, können Sie mit dem Kontextmenü die *PivotTable-Feldliste* ein- oder ausblenden (Abbildung 24.6). Mittels dieser Feldliste können Sie jederzeit neue Felder in die Pivot-Darstellung aufnehmen, ohne den Assistenten aufrufen zu müssen.

Abbildg. 24.6 Die *PivotTable-Feldliste* zum Einfügen neuer Felder in eine bestehende Pivot-Tabelle

Die Tabelle ist so, wie sie uns derzeit vorliegt, noch von geringer Aussagekraft, weil sie keine Auskunft über den dargestellten Zeitraum beinhaltet. Handelt es sich um einige Monate, das gesamte Jahr oder um Abschnitte aus mehreren Jahren? Um diese darzustellen, benötigen wir ein weiteres Feld, das aber zusätzlich bearbeitet werden muss.

So bauen Sie die Zeiteinheiten für Jahr und Monat aus dem Datumsfeld auf:

1. Aktivieren Sie die Pivot-Tabelle, indem Sie den Mauszeiger in der Pivot-Tabelle positionieren. Zugleich erscheint die *PivotTable-Feldliste* (Abbildung 24.6), aus der Sie jetzt das Feld *DatumAbrMonat* in den Zeilenbereich so weit nach links ziehen, bis Sie das Feld vor der Feldschaltfläche *Name* anordnen können.

2. Die Pivot-Tabelle zeigt das Datum, die Namensliste und eine Zwischensumme (vgl. Abbildung 24.7) an. Als nächstes soll die Ergebniszeile je Datum ausgeblendet werden.

3. Positionieren Sie den Mauszeiger in einem Datumsfeld, klicken Sie die rechte Maustaste und wählen Sie aus dem Kontextmenü den Befehl *Feldeigenschaften*.

4. Im folgenden Dialogfeld *PivotTable-Feld* wechseln Sie bei *Teilergebnisse* von der Option *Automatisch* auf *Keine* (vgl. Abbildung 24.8). Damit werden die Zwischensummen ausgeblendet. Klicken Sie zum Abschluss auf die Schaltfläche *OK*.

Abbildg. 24.7   Ein Ausschnitt aus der Pivot-Tabelle

	A	B	C	D	E	F	G	H
3	Summe von SteuerBrutto		Abteilung ▼					
4	DatumAbrMon ▼	Name ▼	GF	LoE	LoP	LoS	ZD	Gesamtergebnis
5	31.01.2004	Albrecht	7.022,00					7.022,00
6		Golling		2.234,00				2.234,00
7		Guthart					3.068,00	3.068,00
8		Horning	1.484,00					1.484,00
9		Jondral				4.076,00		4.076,00
10		Kunze				5.160,00		5.160,00
11		Loberger			3.300,00			3.300,00
12		Morgenstern			3.732,00			3.732,00
13		Müller		2.314,00				2.314,00
14		Niederhuber			2.454,00			2.454,00
15		Pakunio		2.109,00				2.109,00
16		Poyeer		2.045,00				2.045,00
17		Puerto			3.170,00			3.170,00
18		Rodriguez				2.454,00		2.454,00
19		Siebert		4.090,00				4.090,00
20		Steffens			4.908,00			4.908,00
21		Steiner					2.429,00	2.429,00
22		Steinhausen			5.032,00			5.032,00
23		Stiehler	1.829,00					1.829,00
24	31.01.2004 Ergebnis		10.335,00	12.792,00	22.596,00	11.690,00	5.497,00	62.910,00
25	28.02.2004	Albrecht	7.022,00					7.022,00
26		Golling		2.234,00				2.234,00
27		Guthart					3.700,00	3.700,00
28		Horning	1.484,00					1.484,00
29		Jondral				4.076,00		4.076,00

Abbildg. 24.8   Die Änderung der Teilergebnisse von *Automatisch* auf *Keine* in diesem Dialogfeld zeigt dann in der Pivot-Tabelle keine Zwischenergebnisse mehr an

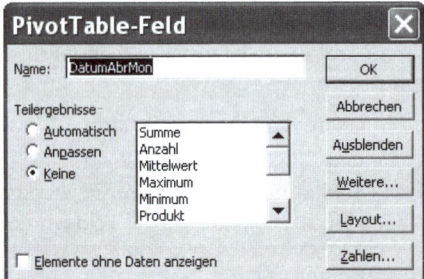

5. Jetzt müssen die Tagesdaten noch zu Monats- und Jahresdaten zusammengefasst werden: Klicken Sie erneut mit der rechten Maustaste in die Datumsspalte der Pivot-Tabelle, wählen Sie aus dem Kontextmenü den Befehl *Gruppierung und Detail anzeigen* und aus dem dazugehörigen Auswahlmenü den Befehl *Gruppierung* aus.

6. Im folgenden Dialogfeld (vgl. Abbildung 24.9) markieren Sie in der Liste die Einträge *Monate* und *Jahre* und verlassen es wieder mit Klick auf die Schaltfläche *OK*. Die Pivot-Tabelle wird daraufhin im Zeilenbereich um das Feld *Jahre* ergänzt (Abbildung 24.10).

Abbildg. 24.9   Das Dialogfeld zum Gruppieren der Einzeldaten

7. Jetzt ist es noch notwendig, die Feldanordnungen zu verändern, um eine bessere Aussage zu bekommen. Ziehen Sie die Feldschaltfläche *Jahre* in den Seitenfeldbereich, ganz oben am Rand der Pivot-Tabelle. Dazu klicken Sie auf die Feldschaltfläche *Jahre*, halten die Maustaste gedrückt und bewegen den Mauszeiger in den blau umrahmten Bereich mit der grauen Beschriftung *Seitenfelder hierher ziehen* (siehe Abbildung 24.10) und lassen die Maustaste dort wieder los.

Abbildg. 24.10   Das neue Feld *Jahre,* angeordnet im Zeilenbereich

	A	B	C	D	E	F
1				Seitenfelder hierher ziehen		
2						
3	Summe von SteuerBrutto			Abteilung ▼		
4	Jahre ▼	DatumAbrMo ▼	Name ▼	GF	LoE	LoP
5	2004	Jan	Albrecht	7.022,00		
6			Golling		2.234,00	
7			Guthart			
8			Horning	1.484,00		
9			Jondral			
10			Kunze			
11			Loberger			3.300,00
12			Morgenstern			3.732,00

8. Die Pivot-Tabelle wird jetzt umgestaltet. Zuerst wählen Sie aus dem Seitenfeld *Jahre* das Jahr 2003 und klicken auf *OK*.

9. Danach ziehen Sie das Feld *DatumAbrMonat* vom Zeilen- in den Spaltenbereich und das Feld *Abteilung* vom Spalten- in den Seitenbereich.

Sie sollten nun eine der Abbildung 24.11 entsprechende Darstellung erhalten.

Abbildg. 24.11   Ausschnitt aus der erstellten Pivot-Tabelle

2	Jahre	2005 ▼				
3	Abteilung	(Alle) ▼				
4						
5	Summe von SteuerBrutto	DatumAbrMo ▼				
6	Name ▼	Jan	Feb	Mrz	Apr	Gesamtergebnis
7	Albrecht	7.022,00	7.022,00	7.022,00	7.022,00	28.088,00
8	Dahlhammer				4.660,00	4.660,00
9	Dickmanns	3.800,00	3.800,00	4.700,00	4.100,00	16.400,00

Sie haben jetzt eine Darstellung über die monatlichen Bezüge, von Januar 2003 bis April 2003, aller Mitarbeiter vorliegen. Von den doch recht umfangreichen Basisdaten haben Sie mit der Pivot-Tabelle in wenigen Minuten diese Auswertung erstellt. Mit zunehmender Übung geht es dann noch schneller.

Das Layout der Darstellung einer Pivot-Tabelle

Sie erstellen mit dem Assistenten eine Pivot-Tabelle. Die Tabelle selbst ist zwar zügig erstellt, aber Sie sollten sich schon frühzeitig überlegen, wie das Layout gestaltet sein soll. Dazu gehört in erster Linie, wie die Daten zusammengefasst werden sollen. Das in Abbildung 24.4 gezeigte Dialogfeld, über welches das Layout festgelegt wird, ist am Anfang sicherlich eine Hürde bei der Erstellung einer Pivot-Tabelle.

Übersicht durch Anordnung

Die Anordnung der Tabellenfelder im dritten Schritt des Assistenten bedarf schon einiger vorausschauender Überlegungen: Immerhin entscheiden Sie, welchen Blick Sie auf die Daten erhalten und wo die Werte in der Pivot-Tabelle zum Schluss dargestellt werden. Sehen Sie sich die Tabelle 24.2 an und verdeutlichen Sie sich die einzelnen Bereiche.

Tabelle 24.2   Bereichsbeschreibung

Bezeichnung	Beschreibung
Zeilenbereich	Die Felder, die Sie in diesen Bereich ziehen, haben in der Pivot-Tabelle eine zeilenorientierte Anordnung. Die einzelnen Elemente der jeweiligen Kategorie werden als Zeilenbeschriftung angezeigt.
Spaltenbereich	Die Felder in diesem Bereich haben in der Pivot-Tabelle eine spaltenorientierte Anordnung. Die einzelnen Elemente der jeweiligen Kategorie werden als Spaltenbeschriftung angezeigt.
Seitenbereich	In diesem Bereich hat das Feld eine Seitenausrichtung. Elemente in diesem Feld werden einzeln und nacheinander in einer Pivot-Tabelle angezeigt.
Datenbereich	Im Datenbereich werden die von der Pivot-Tabelle berechneten und zusammengefassten Daten dargestellt.

Angenommen, Sie wollen die Entwicklung der Anzahl Ihrer Mitarbeiter je Abteilung im Jahr 2003 wissen. Diese Aufgabe lösen Sie wie folgt:

1. Positionieren Sie den Mauszeiger im Bereich der Rohdaten der Beispieltabelle *Lohn*. Rufen Sie über den Menübefehl *Daten/PivotTable- und PivotChart-Bericht* den *PivotTable- und PivotChart-Assistenten* auf, gehen über die jeweiligen Schaltflächen bis in Schritt 3 des Assistenten und klicken dort auf die Schaltfläche *Layout* (und bei der Abfrage auf Speicherersparnis in der Beispielmappe auf Nein).

2. Klicken Sie mit der linken Maustaste auf das Feld *Abteilung*. Ziehen Sie es mit gedrückter Maustaste in den Spaltenbereich.

3. Das Feld *DatumAbrMonat* ziehen Sie in den Zeilenbereich, das Feld *PersNr* in den Datenbereich. Bestätigen Sie abschließend mit *OK*.

4. Klicken Sie (nun zurück in Schritt 3 des Assistenten) auf die Schaltfläche *Fertig stellen*.

Abbildg. 24.12   Darstellung der Mitarbeiteranzahl je Abteilung und Zeitraum

	A	B	C	D	E	F	G
1							
2							
3	Anzahl von PersNr	Abteilung ▼					
4	DatumAbrMon ▼	GF	LoE	LoP	LoS	ZD	Gesamtergebnis
5	31.01.2004	3,00	5,00	6,00	3,00	2,00	19,00
6	28.02.2004	3,00	5,00	6,00	3,00	2,00	19,00
7	31.03.2004	3,00	5,00	6,00	4,00	2,00	20,00
8	30.04.2004	3,00	5,00	6,00	5,00	2,00	21,00
9	31.05.2004	3,00	5,00	6,00	5,00	3,00	22,00
10	30.06.2004	3,00	6,00	6,00	6,00	3,00	24,00
11	30.07.2004	3,00	6,00	6,00	7,00	3,00	25,00
12	30.08.2004	3,00	6,00	6,00	7,00	3,00	25,00
13	30.09.2004	3,00	7,00	6,00	8,00	3,00	27,00
14	31.10.2004	3,00	7,00	6,00	9,00	3,00	28,00
15	30.11.2004	3,00	7,00	6,00	9,00	3,00	28,00
16	31.12.2004	3,00	7,00	6,00	9,00	3,00	28,00
17	30.01.2005	3,00	7,00	6,00	10,00	3,00	29,00
18	28.02.2005	3,00	6,00	6,00	11,00	3,00	29,00
19	30.03.2005	3,00	6,00	6,00	12,00	3,00	30,00
20	30.04.2005	3,00	6,00	6,00	13,00	3,00	31,00
21	Gesamtergebnis	48,00	96,00	96,00	121,00	44,00	405,00

Mit wenigen Mausklicks erhalten Sie so ein erstes Ergebnis: Die Personalnummer im Datenbereich veranlasst Excel, die Funktion *Anzahl* für die Zusammenfassung zu verwenden. Sie liefert für unsere Anforderung die richtige Auswertung.

WICHTIG   Voraussetzung, um die Funktion *Summe* anwenden zu können, ist immer ein numerisches Feld.

HINWEIS   Mit der Funktion *Anzahl* können Sie einerseits über ein numerisches Feld eine Mengensumme bilden. Andererseits können Sie aber auch nicht-numerische Felder mit dieser Funktion zusammenfassen – also einfach zählen.

Optisch können Sie noch einige Korrekturen vornehmen und zusätzlich das Ergebnis etwas differenzierter anzeigen. Die Nachkommastellen für die Mitarbeiteranzahl ist nicht so ganz passend. Um die Werte ohne Nachkommastellen anzuzeigen:

1. Positionieren Sie den Mauszeiger im Datenbereich und öffnen durch einen Klick auf die rechte Maustaste das Kontextmenü.

2. Wählen Sie den Befehl *Feldeigenschaften* aus und im folgenden Dialogfeld *PivotTable-Feld* klicken Sie auf die Schaltfläche *Zahlen*.

Abbildg. 24.13   Dialogfeld zur Auswahl der Zusammenfassungsfunktion und u. a. der Formatierung der Werte im Datenbereich

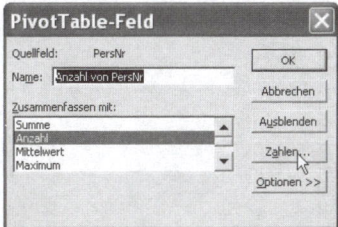

3. Im Dialogfeld *Zellen formatieren* geben Sie bei *Dezimalstellen* den Wert *0* ein und schließen Ihre Eingabe mit Klick auf *OK* ab. Zurück im Dialogfeld *PivotTable-Feld* schließen Sie ebenfalls mit Klick auf *OK* Ihre Festlegungen ab.

4. Die Daten in der Pivot-Tabelle werden jetzt nur noch ohne Nachkommastellen angezeigt. Die Gesamtsummen in Zeile und Spalte sind nicht relevant. Sie zeigen aufgrund der Basisdaten die Anzahl der Lohnabrechnungen des gesamten Zeitraumes.

Die Datumsspalte mit dem Einzeldatum des Abrechnungsmonates könnte noch optisch verbessert werden. Einfluss auf die Fragestellung hätte diese Veränderung nur bedingt. Wir könnten mit dieser Verfeinerung die Jahre noch deutlicher unterscheiden.

Wenn Sie diese Darstellung noch erarbeiten wollen:

1. Positionieren Sie den Mauszeiger in der Datumsspalte und rufen per Klick der rechten Maustaste das Kontextmenü auf.

2. Wählen Sie die Befehlsfolge *Gruppierung und Detail anzeigen/Gruppierung*.

3. Im folgenden Dialogfeld *Gruppierung* (vgl. Abbildung 24.9) markieren Sie in der Liste die Einträge *Monate* und weiter unten *Jahre* und verlassen es wieder mit Klick auf die Schaltfläche *OK*.

Die Pivot-Tabelle wird jetzt umgestaltet und zeigt neben dem Jahr 2002 und 2003 jeweils die abgerechneten Monate mit der Mitarbeiteranzahl im Datenbereich.

Sie könnten jetzt noch die Feldschaltfläche *Jahre* in den Seitenbereich ziehen, um beispielsweise nur das Jahr 2003 auszuwählen und anzuzeigen. Das zugehörige Ergebnis sehen Sie in Abbildung 24.15.

Die Gesamtsummen in Zeile und Spalte sind in diesem Beispiel eher störend und irreführend und sollen daher ausgeblendet werden:

1. Positionieren Sie erneut den Mauszeiger im Datenbereich und rufen Sie mit der rechten Maustaste das Kontextmenü auf.

2. Wählen Sie jetzt den Befehl *Tabellenoptionen*. In diesem Dialogfeld entfernen Sie die Häkchen bei den Formatierungsoptionen in den Kontrollkästchen *Gesamtergebnis für Spalten* und *Gesamtergebnis für Zeilen* (vgl. Abbildung 24.14).

3. Schließen Sie das Dialogfeld mit Klick auf *OK* und Sie erhalten als Ergebnis die aufbereitete Pivot-Tabelle vergleichbar mit der Abbildung 24.15.

Abbildg. 24.14 Dialogfeld *Tabellenoptionen*

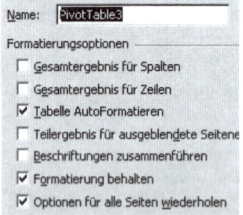

Abbildg. 24.15 Die fertig gestellte Pivot-Tabelle

	A	B	C	D	E	F	G
1	Jahre	2005 ▼					
2							
3	Anzahl von PersNr	Abteilung ▼					
4	DatumAbrMon ▼	GF	LoE	LoP	LoS	ZD	Gesamtergebnis
5	Jan	3	7	6	10	3	29
6	Feb	3	6	6	11	3	29
7	Mrz	3	6	6	12	3	30
8	Apr	3	6	6	13	3	31
9	Gesamtergebnis	12	25	24	46	12	119

Ausgabe der Pivot-Tabelle im gleichen Arbeitsblatt

Gehen wir davon aus, dass Sie Ihre Pivot-Tabelle in jenem Arbeitsblatt, in dem sich auch die Rohdaten befinden, darstellen lassen möchten. Wie können Sie das erreichen?

Rufen Sie zunächst wieder den Assistenten auf (über den Menübefehl *Datei/PivotTable- und PivotChart-Bericht*). Klicken Sie jeweils auf die Schaltfläche *Weiter*, bis Sie Schritt 3 des Assistenten erreicht haben. Im dritten Schritt des Assistenten werden Sie nach dem Ausgabebereich für die Pivot-Tabelle gefragt (siehe Abbildung 24.16). Ab diesem Punkt gehen Sie wie folgt vor:

1. Wählen Sie die Option *In bestehendem Arbeitsblatt*.
2. Legen Sie die linke obere Zelle fest (z.B. *R6*). In dieser soll die Tabellendarstellung beginnen.

Abbildg. 24.16   Die Ausgabekoordinaten der Pivot-Tabelle

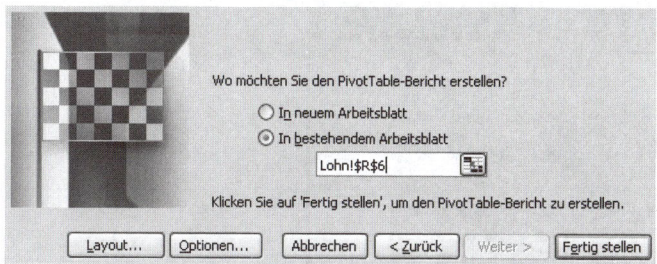

3. Klicken Sie auf die Schaltfläche *Fertig stellen* und Excel erstellt die leere Pivot-Tabelle.

HINWEIS   Wenn Sie die Standardoption beibehalten, d.h., wenn von Ihnen keine Änderungen in diesem Arbeitsschritt vorgenommen werden, erstellt Excel nach dem Klick auf die Schaltfläche *Fertig stellen* ein neues Arbeitsblatt. Es wird mit einem internen Namen, z.B. *Tabelle1* oder *Tabelle17* benannt und beginnt den Aufbau der Darstellung in Zelle *A1* dieses Arbeitsblattes.

Wenn Sie den Mauszeiger nach Erstellung einer Pivot-Tabelle wieder irgendwo in der Pivot-Tabelle positionieren, werden der Datenbereich und die jeweiligen Bereiche der Seite, Zeilen und Spalten in farbigen Rahmen angezeigt. Zusätzlich wird die *PivotTable-Feldliste* im Tabellenblatt eingeblendet (siehe Abbildung 24.6). Damit ist es möglich, aus der Feldliste heraus die vorhandenen Felder zu ergänzen bzw. neue hinzuzufügen, ohne den Assistenten aufrufen zu müssen.

Die Feldliste kann über das Symbol *Feldliste anzeigen/ausblenden* ganz rechts auf der Symbolleiste *PivotTable* jederzeit ein- oder ausgeblendet werden.

Tabellenoptionen erleichtern die Datendarstellung

Damit die dargestellten Daten besser wirken, sind häufig noch Änderungen vorzunehmen bzw. die Pivot-Tabelle muss neu aufgebaut werden. Wichtig ist, dass die einmal vorgenommenen Formatierungen beibehalten werden können. Das erreichen Sie, wenn Sie im Dialogfeld *Tabellenoptionen* (rechter Mausklick im Datenbereich und Auswahl der Option *Tabellenoptionen* aus dem Kontextmenü)

1. das Kontrollkästchen *Tabelle AutoFormatieren* aktivieren,

2. dann das Kontrollkästchen *Formatierung behalten* aktivieren und

3. danach das Dialogfeld mit Klick auf *OK* schließen.

> **HINWEIS** Im dritten Schritt des Assistenten wird Ihnen die Schaltfläche *Optionen* angeboten. Mit einem Klick auf diese Schaltfläche gelangen Sie zum Dialogfeld *PivotTable-Optionen,* wie in Abbildung 24.17 dargestellt.

PROFITIPP

Direkt in den Schritt 3 des Assistenten gelangen Sie z.B., wenn Sie bei einer im Datenbereich markierten Zelle auf der Symbolleiste *PivotTable* mit Klick auf den Dropdown-Pfeil das Menü öffnen und dort die Option *PivotTable Assistent* auswählen.

Abbildg. 24.17 Das Dialogfeld *PivotTable-Optionen* zum Formatieren von Pivot-Tabellen

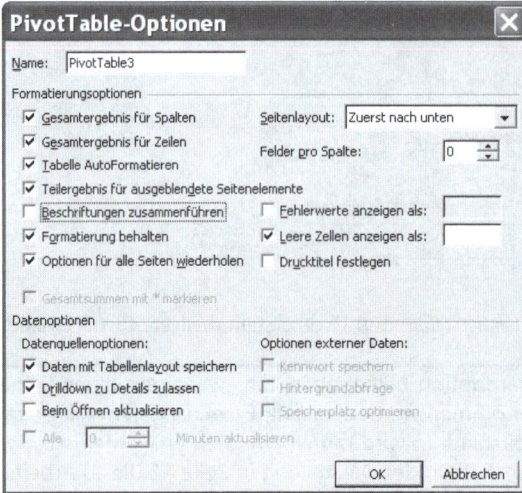

Verfügbare Tabellenoptionen

Im Dialogfeld *PivotTable-Optionen* stehen Ihnen verschiedene Gestaltungsmöglichkeiten (Abbildung 24.17) zur Verfügung. Zunächst die wichtigsten im Zusammenhang mit der Darstellung einer Pivot-Tabelle:

- *Name:* Ermöglicht Ihnen, den Namen für die Pivot-Tabelle selbst zu vergeben.

- *Gesamtergebnis für Spalten:* Fasst mit der gleichen Funktion, die im Datenbereich verwendet wird, die Werte für alle Zellen in derselben Spalte der Pivot-Tabelle zusammen.

- *Gesamtergebnis für Zeilen:* Fasst ebenfalls mit der gleichen Funktion, die im Datenbereich verwendet wird, die Werte aller Zellen in derselben Zeile der Pivot-Tabelle zusammen.

- *Tabelle AutoFormatieren:* Weist der Pivot-Tabelle ein Excel-AutoFormat zu. Sie können jederzeit über den Menübefehl *Format/AutoFormat* ein anderes AutoFormat auswählen und der Tabelle zuweisen.

- *Teilergebnis für ausgeblendete Seitenelemente:* Ermöglicht Ihnen, verborgen formatierte Seitenfeldelemente in die Teilergebnisse aufzunehmen.

- *Beschriftungen zusammenführen:* Ermöglicht Ihnen, verbundene Zellen automatisch als Beschriftung für äußere Zeilen- und Spaltenfelder zu verwenden.

- *Formatierung behalten:* Erspart Ihnen das wiederholte Formatieren Ihrer Pivot-Tabelle nach Änderungen oder Aktualisierungen.

- *Optionen für alle Seiten wiederholen:* Die festgelegten Wiederholungsspalten und -zeilen ausdrucken.

- *Seitenlayout:* Mit dieser Auswahl bestimmen Sie die Anordnung der Seitenfelder. Standardmäßig werden die Seitenfelder untereinander (*Zuerst nach unten*) angeordnet. Sie können ebenfalls nebeneinander angeordnet werden.

- *Felder pro Spalte:* Bestimmt die Anzahl der Seitenfelder, die Sie in einer Spalte oder Zeile anzeigen möchten, bevor eine weitere Spalte oder Zeile im Seitenfeld-Layout hinzugefügt wird.

- *Fehlerwerte anzeigen als:* Ermöglicht Ihnen, anstelle von Fehlerwerten, z.B. *#BEZUG!* oder *#DIV/ 0!*, ein selbst bestimmtes Zeichen auszugeben.

- *Leere Zellen anzeigen als:* Ermöglicht Ihnen, anstelle von leeren Zellen ein bestimmtes Zeichen auszugeben, z.B. eine *0* (Null).

- *Drucktitel festlegen:* Bietet die Möglichkeit, die Überschriften als Drucktitel für die Pivot-Tabelle festzulegen. Achtung: Entfernen Sie bei Benutzung dieses Kontrollkästchens Wiederholungszeilen oder -spalten, die Sie eventuell bereits über *Datei/Seite einrichten* für das Blatt eingerichtet haben. Stellen Sie sicher, dass sich nur der Pivot-Bericht im Druckbereich befindet.

Datenquellenoptionen: Wenn die PivotTabelle auf einer externen Datenquelle basiert, dann können Sie mit diesen Einstellungen z.B. die Verknüpfung zu externen Daten automatisch aktualisieren. Damit stellen Sie sicher, dass immer der aktuelle Datenbestand ausgewertet wird.

- *Daten mit Tabellenlayout speichern:* Wenn Ihre Pivot-Tabelle auf externen Daten basiert, wird eine Kopie dieser Daten abgespeichert. Bei einer späteren Analyse oder einer weiteren Bearbeitung der externen Daten ist vorher eine Aktualisierung über den Menübefehl *Daten/Daten aktualisieren* vorzunehmen. Dadurch wird die Verbindung zu Ihrer Tabelle wieder hergestellt. Der Verbindungsweg wird über diese Option bekannt gegeben.

- *Drilldown zu Details zulassen:* Ermöglicht Ihnen die Anzeige der Quelldaten mit einem Doppelklick auf eine Zelle.

- *Beim Öffnen aktualisieren:* Ermöglicht Ihnen die Aktualisierung Ihrer Pivot-Tabellendaten bei jedem Öffnen Ihrer Arbeitsmappe. Die zusätzliche Option bietet Ihnen die Möglichkeit, die Aktualisierung nach einem festen Zeitintervall vorzunehmen.

Optionen externer Daten: Mit diesen Kontrollkästchen setzen Sie Optionen für die Pivot-Tabellendaten, die aus externen Datenquellen stammen. Diese Optionen sind nur verfügbar, wenn die Pivot-Tabelle auf externen Daten basiert.

- *Kennwort speichern:* Wenn Sie eine externe Datenbank als Quelle für die Pivot-Tabelle verwenden, die ein Kennwort erfordert, aktivieren Sie dieses Kontrollkästchen. Dadurch wird das Kennwort als Teil der Abfrage gespeichert und bei Aktualisierung der Pivot-Tabelle muss das Kennwort nicht wiederholt eingegeben werden.

- *Hintergrundabfrage:* Ermöglicht Ihnen, bei der Abfrage von externen Daten weiterhin mit Excel zu arbeiten.

- *Speicherplatz optimieren:* Mit dieser Option können Sie beim Aktualisieren der Pivot-Tabelle aus einer externen Quelle Speicherkapazität sparen.

Mehr oder weniger Daten zeigen

Für die Beurteilung der Pivot-Daten kommt es neben den errechneten Werten auch auf die Anordnung der Daten an, denn sehr schnell wirkt sich das Layout auf die Betrachtung und die Interpretation der gezeigten Daten aus. Mit dem vorliegenden Ergebnis können Sie die Gesamtmenge und den Gesamtwert der jeweiligen Aktie mit Hilfe der Bildlaufleiste besonders gut beurteilen – unabhängig von den einzelnen Einkaufspositionen. Völlig unberücksichtigt bleibt dabei z.B., wie sich die Aktien auf die einzelnen Depots verteilen. Derartige Details an dieser Stelle würden die Lesbarkeit erheblich erschweren und die Aussagekraft herabsetzen. Wenn sich der Wunsch nach einer anderen Auswertung ergibt, ist es kaum ein Aufwand, das Layout der Pivot-Tabelle zu verändern. Dadurch wird eine andere Analyse der Daten ermöglicht.

Jetzt geht's rund – vertauschen Sie die Felder

Um ein Feld neu anzuordnen, müssen Sie es nur mit der linken Maustaste anklicken und an die neue Position ziehen. Dabei ist es gleichgültig, ob Sie die Position in einer Spalte, Zeile oder im Seitenbereich auswählen.

Sie wollen wissen, wie viele Mitarbeiter in der jeweiligen Abteilung aufgeschlüsselt über den Datenzeitraum tätig waren. Führen Sie dazu die folgenden Schritte aus:

1. Erstellen Sie, falls nicht mehr vorhanden, eine Pivot-Tabelle nach dem Vorbild von Abbildung 24.15.

2. Klicken Sie mit der linken Maustaste auf die Feldschaltfläche *Jahre* und ziehen Sie diese in den Spaltenbereich.

3. Die Feldschaltfläche *Abteilung* ziehen Sie in den Zeilenbereich unterhalb des Datums.

Ihre Pivot-Tabelle hat nun die aus Abbildung 24.18 hervorgehende Darstellung.

Abbildg. 24.18 Die umgestaltete Pivot-Tabelle im Ausschnitt

Je mehr Felder Sie zur Verfügung haben und verwenden, desto differenzierter kann die Darstellung und letztendlich auch die Aussage der Tabelle sein.

PROFITIPP

Sie können mit dem Menübefehl *Format/AutoFormat* und z.B. dem Muster *3D-Effekt 2* im Handumdrehen eine ansprechende Formatierung erreichen. Um speziell dieses AutoFormat zu erhalten, müssen Sie allerdings einen Bereich, der auch außerhalb der Pivot-Tabelle liegt, in die Markierung einschließen. Befindet sich die Markierung lediglich innerhalb einer Pivot-Tabelle, erhalten Sie unter *Format/AutoFormat* ausschließlich spezielle Vorlagen zum Thema »Pivot«.

Die in Abbildung 24.18 gezeigte Liste zeigt gegenwärtig alle Abteilungen an. Der Dropdown-Pfeil an der Feldschaltfläche *Abteilung* eröffnet Ihnen ähnliche Möglichkeiten wie der AutoFilter – Sie können damit bestimmte Listeneinträge ausblenden. Mehr zum Thema »AutoFilter« können Sie Kapitel 21 entnehmen.

Wenn Sie auf den kleinen Pfeil klicken, wird ein Fenster geöffnet, in dem Sie die Einzelpositionen auswählen können, die letztendlich in der Pivot-Tabelle angezeigt werden sollen.

Abbildg. 24.19 Auswahlfenster für die Einzelpositionen in einem Pivot-Feld

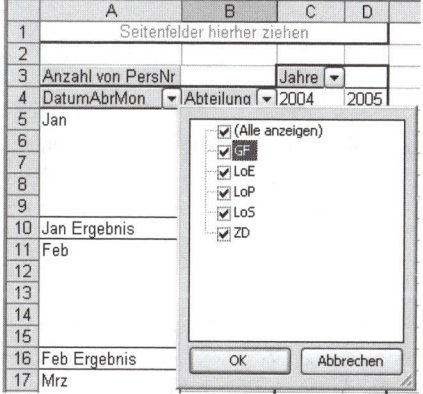

Alle Auswahlkästchen, die mit einem Häkchen versehen sind (das ist die Standardeinstellung) werden in die Pivot-Tabelle übernommen. Durch einfaches Klicken auf das Kästchen können Sie die Auswahl sowohl deaktivieren als auch wieder aktivieren. Ein Klick auf das Kontrollkästchen *(Alle anzeigen)* entfernt das Häkchen aus allen Kontrollkästchen bzw. fügt das Häkchen in alle Kontrollkästchen ein. Die endgültige Übernahme der getroffenen Auswahl bestätigen Sie durch einen Klick auf die Schaltfläche *OK*.

Felder hinzufügen oder entfernen

Nehmen wir an, Sie stellen im Verlauf der Arbeit fest, dass sich in Ihrer Pivot-Tabelle Felder befinden, die nicht mehr benötigt werden. Sie möchten diese Felder nun aus der Tabelle löschen.

In unserem Beispiel wollen Sie ein Spaltenfeld aus der Pivot-Tabelle entfernen:

1. Klicken Sie die zu entfernende Feldschaltfläche an, halten Sie die Maustaste gedrückt und fixieren Sie damit das Feld.

2. Ziehen Sie das Feld in den Bereich außerhalb der Pivot-Tabelle, wobei der Mauszeiger sein Aussehen verändert. Wenn Sie die Maustaste nun wieder lösen, ist das Feld entfernt und die Pivot-Tabelle wird neu aufgebaut.

HINWEIS   Im Kontextmenü, das Sie mit der rechten Maustaste aufrufen (Abbildung 24.20) können, finden Sie den Befehl *Ausblenden*. Ein in der Pivot-Tabelle selektiertes Feld wird nach der Auswahl dieses Befehls aus der Ansicht Pivot-Tabelle entfernt.

Abbildg. 24.20 Der Pivot-Tabelle zugeordnetes Kontextmenü

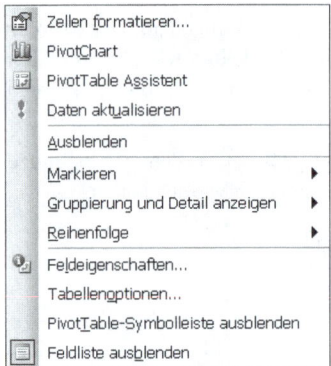

Ein andere Aufgabenstellung: Sie wollen zusätzlich zu den Abteilungen noch die zugehörigen Namen darstellen. Um dies zu erreichen, müssen Sie das Feld *Name* in die bestehende Pivot-Tabelle aufnehmen, am besten im Zeilenbereich, wobei die Pivot-Tabelle eine Feldanordnung besitzt, wie in Abbildung 24.19 gezeigt.

Das Ziel erreichen Sie mit den folgenden Schritten:

1. Markieren Sie eine beliebige Zelle in Ihrer Pivot-Tabelle.

2. Rufen Sie den Menübefehl *Daten/PivotTable- und PivotChart-Bericht* auf oder klicken Sie in der Symbolleiste *PivotTable* auf den Dropdown-Pfeil neben *PivotTable* und dann auf den Befehl *PivotTable Assistent*. Sie befinden sich nun im dritten Schritt dieses Assistenten. Klicken Sie hier auf die Schaltfläche *Layout* und Sie gelangen unmittelbar in die Layouterstellung.

3. Ziehen Sie das Feld *Name* in den Zeilenbereich und positionieren Sie es unterhalb des Zeilenfeldes *Abteilung*.

4. Verlassen Sie dieses Dialogfeld mit einem Klick auf *OK* und im Folgenden bestätigen Sie sofort die Schaltfläche *Fertig stellen*. Die Pivot-Tabelle wird mit dem zusätzlichen Feld aufgebaut.

HINWEIS   Eine sehr einfache Möglichkeit wird Ihnen über die *PivotTable-Feldliste* angeboten. Klicken Sie mit der Maus auf den Listeneintrag, den Sie in die Pivot-Tabelle aufnehmen wollen, halten Sie die linke Maustaste gedrückt und ziehen Sie das Feld an die gewünschte Position innerhalb der Pivot-Tabelle. Wenn Sie die Maustaste wieder loslassen, wird die Pivot-Tabelle mit dem neuen Feld aufgebaut.

Wenn Sie das Feld in die Pivot-Tabelle ziehen, sehen Sie unterschiedliche Mauszeigersymbole, je nachdem, ob Sie sich im Bereich der Daten, Zeile, Spalte oder der Seite befinden.

Layout von Pivot-Tabellen – Praxisbeispiel

Beispiel Feldanordnungen

Sie möchten auf einen Blick, neben der monatlichen Belastung und dem Arbeitnehmerbruttobetrag, zusätzlich noch die Arbeitgeberanteile aufgelistet haben. Gehen Sie wie folgt vor:

1. Erstellen Sie die Pivot-Tabelle in der Feldanordnung (entsprechend der Abbildung 24.11), die Sie im vorangegangen Beispiel erstellt haben. Ggf. erstellen Sie die Pivot-Tabelle neu.

2. Markieren Sie eine Zelle in dieser Tabelle und starten Sie den Assistenten (über den Menübefehl *Daten/PivotTable- und PivotChart-Bericht*).

3. Zeigen Sie das Tabellen-Layout an, indem Sie im Kontextmenü (siehe Abbildung 24.20) für die Pivot-Tabelle das Symbol für den Assistenten und dann die Schaltfläche *Layout* anklicken.

Im *Layout*-Dialogfeld des Assistenten können Sie jetzt die Veränderungen vornehmen.

Abbildg. 24.21 Das *Layout*-Dialogfeld des PivotTable- und PivotChart-Assistenten

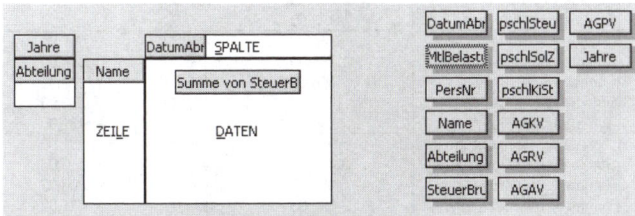

4. Ziehen Sie zunächst das Feld *MtlBelastungAG* und dann die Felder *AGKV, AGRV, AGAV* und *AGPV* in den Datenbereich.

5. Falls bei einigen Feldern die Funktion *Anzahl* für die Zusammenfassung verwendet wird, müssen Sie die Funktion noch auf *Summe* ändern.

Abbildg. 24.22 Ausschnitt aus der Pivot-Tabelle mit den neuen Feldern im Datenbereich

	A	B	
1	Jahre	2005 ▾	
2	Abteilung	(Alle) ▾	
3			
4			Datu
5	Name ▾	Daten ▾	Jan
6	Albrecht	Summe von SteuerBrutto	
7		Summe von MtlBelastungAG	
8		Summe von AGKV	
9		Summe von AGRV	
10		Summe von AGAV	

6. Beenden Sie ggf. den Assistenten und markieren Sie das zu ändernde Feld. Öffnen Sie mit der rechten Maustaste das Kontextmenü und wählen Sie dort den Befehl *Feldeigenschaften*.

7. In der Auswahlliste *Zusammenfassen mit* selektieren Sie die Funktion *Summe* und verlassen dann mit Klick auf *OK* das Dialogfeld.

8. Wiederholen Sie diese Schritte für alle Felder, die mit einer anderen als der Summefunktion berechnet wurden.

Darstellung nur einer Abteilung

Dazu müssen Sie lediglich im Seitenbereich im Feld *Abteilung* die Auswahl auf die erforderliche Abteilung begrenzen:

1. Klicken Sie dazu auf den kleinen Pulldown-Pfeil am Abteilungsauswahlfeld, markieren Sie in der Liste den Eintrag *GF* und schließen Sie das Fenster mit einem Klick auf die Schaltfläche *OK*.

2. Die Darstellung der Pivot-Tabelle wird erheblich reduziert und zeigt nur noch die Einträge der ausgewählten Abteilung (vgl. Abbildung 24.23).

Abbildg. 24.23   Die geänderte Pivot-Tabelle (Ausschnitt)

	A	B	C	D	E	F
1	Jahre	2005				
2	Abteilung	GF				
3						
4			DatumAbrMon			
5	Name	Daten	Jan	Feb	Mrz	Apr
6	Albrecht	Summe von SteuerBrutto	7.022,00	7.022,00	7.022,00	7.022,00
7		Summe von MtlBelastungAG	7.070,00	7.070,00	7.070,00	7.070,00
8		Summe von AGKV	0,00	0,00	0,00	0,00
9		Summe von AGRV	0,00	0,00	0,00	0,00
10		Summe von AGAV	0,00	0,00	0,00	0,00
11	Horning	Summe von SteuerBrutto	1.484,00	1.484,00	4.061,00	2.000,00
12		Summe von MtlBelastungAG	1.796,00	1.796,00	4.914,00	2.420,00
13		Summe von AGKV	106,00	106,00	290,00	143,00
14		Summe von AGRV	145,00	145,00	396,00	195,00
15		Summe von AGAV	48,00	48,00	132,00	65,00
16	Stiehler	Summe von SteuerBrutto	2.040,00	2.040,00	4.831,00	2.040,00
17		Summe von MtlBelastungAG	2.474,00	2.474,00	5.860,00	2.474,00
18		Summe von AGKV	152,00	152,00	360,00	152,00
19		Summe von AGRV	199,00	199,00	471,00	199,00
20		Summe von AGAV	66,00	66,00	157,00	66,00
21	Gesamt: Summe von SteuerBrutto		10.546,00	10.546,00	15.914,00	11.062,00
22	Gesamt: Summe von MtlBelastungAG		11.340,00	11.340,00	17.844,00	11.964,00
23	Gesamt: Summe von AGKV		258,00	258,00	650,00	295,00
24	Gesamt: Summe von AGRV		344,00	344,00	867,00	394,00
25	Gesamt: Summe von AGAV		114,00	114,00	289,00	131,00
26						

Sie können jetzt die Felder beliebig austauschen oder in andere Bereiche verschieben, je nach Anforderung und gewünschter Aussagekraft. Hier hilft es, verschiedene Aspekte einfach einmal auszuprobieren – wie im Leben führt auch in Excel das Experimentieren zuweilen zu den größten Lernerfolgen.

HINWEIS·   Neben dem Einsatz des Assistenten gibt es noch weitere Möglichkeiten, die Befehle zum Bearbeiten der Pivot-Tabelle aufzurufen. Neben dem Menübefehl *Daten/Pivot-Table- und PivotChart-Bericht* können Sie alle Befehle über ein Kontextmenü ausführen. Das Kontextmenü für die Bearbeitung der Pivot-Tabelle erhalten Sie z.B., indem Sie den Mauszeiger in die Pivot-Tabelle stellen und mit der rechten Maustaste klicken. Die in diesem Menü erscheinenden Befehle sind eine Zusammenstellung von möglichen Bearbeitungsschritten, die an sich alle über verschiedene Befehlsmenüs erreichbar sind.

Ein- und Ausblenden von Details

Sie haben die Pivot-Tabelle aus dem vorherigen Arbeitschritt etwas umgestaltet, woraus sich der in Abbildung 24.24 dargestellte momentane Aufbau ergibt.

Abbildg. 24.24 Die umgestaltete Pivot-Tabelle mit eingeblendetem Layoutbereich

	A	B	C
1	Jahre	2005 ▼	
2	Abteilung	GF ▼	
3			
4			Daten ▼
5	Name ▼	DatumAbrMon ▼	Summe von SteuerBrutto Summe
6	Albrecht	Jan	
7		Feb	
8		Mrz	
9		Apr	
10	Albrecht Summe		
11	Horning	Jan	
12		Feb	
13		Mrz	
14		Apr	
15	Horning Summe		9.029,00
16	Stiehler	Jan	2.040,00
17		Feb	2.040,00
18		Mrz	4.831,00
19		Apr	2.040,00
20	Stiehler Summe		10.951,00
21	Gesamtergebnis		48.068,00

Nun wollen Sie die dargestellten Daten (Abbildung 24.24) in der Zeilenanzahl verdichten, sodass in Ihrer Pivot-Tabelle nur die Ergebniszeilen der *Namen* angezeigt werden:

1. Markieren Sie zunächst alle Elemente des Zeilenfeldes *DatumAbrMonat,* indem Sie auf die Feldschaltfläche *DatumAbrMonat* klicken.

2. Rufen Sie dann die Menübefehlsfolge *Daten/Gruppierung und Gliederung/Detail ausblenden* auf oder wählen Sie den entsprechenden Befehl aus der Symbolleiste *PivotTable.*

Die Abbildung 24.25 zeigt die nochmals komprimierte Pivot-Tabelle.

Abbildg. 24.25 Die Pivot-Tabelle zeigt nur noch die Gesamtsummen der Abteilungsmitglieder (Ausschnitt)

	A	B	C
1	Jahre	2005 ▼	
2	Abteilung	GF ▼	
3			
4			Daten ▼
5	Name ▼	DatumAbrMon ▼	Summe von SteuerBrutto S
6	Albrecht		28.088,00
7	Horning		9.029,00
8	Stiehler		10.951,00
9	Gesamtergebnis		48.068,00

3. Um wieder alle Details anzuzeigen, wählen Sie den Befehl *Daten/Gruppierung und Gliederung/ Detail anzeigen.*

> **HINWEIS**   Neben dem Befehl *Gruppierung und Gliederung/Detail anzeigen* bzw. *Detail ausblenden* aus dem Menü *Daten* können Sie diese Befehle auch über das Kontextmenü oder die Symbolleiste *PivotTable* ausführen.

Sind in Ihrer Pivot-Tabelle erst einmal alle Details eingerichtet, können diese durch einen Doppelklick auf das Feldelement immer wieder ein- bzw. ausgeblendet werden. Beispielsweise wird die Anzeige *Januar bis April* ausgeblendet, wenn Sie auf den Eintrag *Albrecht* einen Doppelklick ausführen. Ein weiterer Doppelklick auf dieses Feld macht den Eintrag *Januar bis April* wieder sichtbar.

Haben Sie später in Ihrer Tabelle mehrere Felder in Spalten und Zeilen angeordnet und markieren Sie das innerste Feld, werden die neuen Details für alle übergeordneten Feldinhalte eingeblendet. Handelt es sich hingegen um ein Feldelement oder ist das markierte Feld nur ein einzelnes Spalten- oder Zeilenfeld, so werden die Details nur für ein übergeordnetes Feldelement angezeigt. Analog zum Einblenden von Details verfahren Sie beim Ausblenden.

In Ihrer Pivot-Tabelle können Sie jederzeit Details ausblenden, indem Sie das übergeordnete Zeilen- oder Spaltenfeld markieren und anschließend den Befehl *Gruppierung und Detail anzeigen* und im folgenden Untermenü den Befehl *Detail anzeigen* wählen. Somit können Sie Details gezielt für ein Feldelement anzeigen lassen. Etwas schneller geht es, wenn Sie die Schaltfläche *Detail ausblenden* auf der Symbolleiste *PivotTable* anklicken.

Neue Position für ein Feldelement

Die Anordnung, also Reihenfolge Ihrer Zeileneinträge, können Sie in einer Pivot-Tabelle nach eigenen Wünschen und losgelöst von einer Sortierreihenfolge gestalten.

Nehmen wir an, Sie wollen den Mitarbeiter *Stiehler* an der ersten Position anzeigen, wobei die anderen Positionen jedoch in der ursprünglichen Reihenfolge belassen werden sollen (siehe Ausgangstabelle in Abbildung 24.24).

Gehen Sie folgendermaßen vor:

1. Markieren Sie zunächst die Zelle mit dem Mitarbeiter *Stiehler*, setzen Sie den Mauszeiger auf den markierten Zellenrand und drücken Sie die linke Maustaste.

2. Ziehen Sie die markierte Zelle mit gedrückter Maustaste in die Zeile oberhalb der Zelle mit dem Namen *Albrecht*. Hat die graue Linie die Zielposition erreicht, lassen Sie die linke Maustaste los.

Die Daten werden an der neuen Position angezeigt. Alle restlichen Feldelemente in unserem Beispiel verbleiben in der bisherigen Reihenfolge.

Vom Globalen zum Detail

Oft erschweren Ihnen allzu umfangreiche Datenmengen den Blick auf die relevanten Daten. Die Möglichkeit, die Tabellenfelder zu bearbeiten, bietet eine wertvolle Hilfe, den Blick auf die wesentlichen Daten zu konzentrieren.

Dazu finden Sie auf der Feldschaltfläche einen Dropdown-Pfeil. Wenn Sie auf diesen Pfeil klicken, erhalten Sie ein Dialogfeld zur Auswahl der Listeneinträge, die Sie anzeigen bzw. ausblenden können (Abbildung 24.26).

Abbildg. 24.26 Dialogfeld zur Auswahl der Listeneinträge, die in der Pivot-Tabelle angezeigt oder ausgeblendet werden können

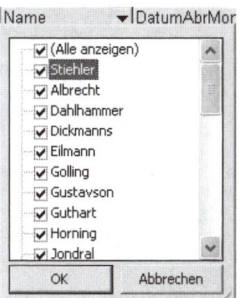

Befindet sich in dem jeweiligen Kontrollkästchen ein Häkchen, wird der Eintrag in der Pivot-Tabelle angezeigt. Um das Häkchen zu entfernen, klicken Sie mit der linken Maustaste auf das betreffende Kontrollkästchen. Anschließend bestätigen Sie Ihre Auswahl mit der *OK*-Schaltfläche, woraufhin in der Pivot-Tabelle die reduzierte bzw. erweiterte Anzeige der Daten erscheint. In dem obigen Beispiel von Abbildung 24.26 klicken Sie zunächst auf das Kästchen *Alle Einträge* und anschließend auf das Kästchen *Stiehler*, um so nur noch diesen Eintrag sichtbar zu machen.

Abbildg. 24.27 Das Ergebnis der Datenreduzierung mit eingeblendetem Auswahldialogfeld

HINWEIS   Das Auswahldialogfeld zeigt die gesamte Personalliste. Die in der Pivot-Tabelle tatsächlich angezeigten Daten sind schon durch die Auswahl im Seitenfeld *Abteilung GF* auf diese Mitarbeiter reduziert und werden jetzt noch im Zeilenfeld (Feldelement) auf den Mitarbeiter *Stiehler* reduziert.

Feldelemente ausblenden

Ausblenden ist ein Befehl, der das Spalten- oder Zeilenfeld mit seinen Inhalten komplett aus der Tabelle entfernt. Grundsätzlich unterscheidet sich die Bearbeitungsmöglichkeit für Zeilen und Spalten. Sollten Sie dieses Feld wieder benötigen, müssen Sie es erneut hinzufügen und können es nicht, wie vielleicht vermutet, nur wieder einblenden. Auf der Symbolleiste *PivotTable* finden Sie die Schaltfläche *Feldeinstellungen*. Wollen Sie beispielsweise das Zeilenfeld *DatumAbrMonat* ausblenden, dann markieren Sie dieses Feld und klicken auf die Schaltfläche *Feldeinstellungen*. Im folgenden

Dialogfeld klicken Sie auf die Befehlsschaltfläche *Ausblenden,* um das markierte Feld zu entfernen (Abbildung 24.28). Über den Menübefehl *Bearbeiten/Rückgängig* könnten Sie die Spalte unmittelbar wieder einblenden.

Abbildg. 24.28 Im Dialogfeld *PivotTable-Feld* können Sie Zeilen- und Spaltenfelder noch weiter bearbeiten

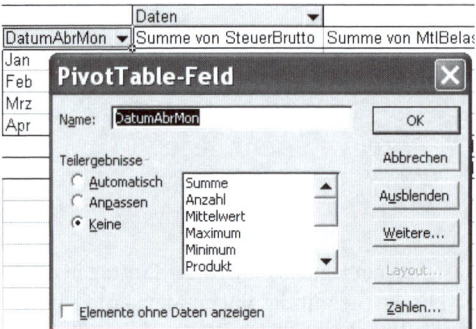

Ausblenden von Teilergebnissen

Ein weiteres Beispiel: Sie benötigen für eine Auswertung die Bruttolohnsumme aller Mitarbeiter, unabhängig von deren Abteilungszugehörigkeit. Auf die Zwischenergebnisse für die einzelnen Abteilungen wollen Sie zunächst verzichten.

Sie lösen diese Aufgabe mit wenigen Handgriffen. Gehen Sie folgendermaßen vor:

1. Erstellen Sie auf der Basis des Tabellenblattes *Lohn* aus der Beispielmappe *Gehalt_24.xls* eine Pivot-Tabelle mit einer Struktur analog der Abbildung 24.29.

Abbildg. 24.29 Pivot-Tabelle zur Darstellung der Bruttolohnsumme des Unternehmens für die ersten vier Monate des Jahres

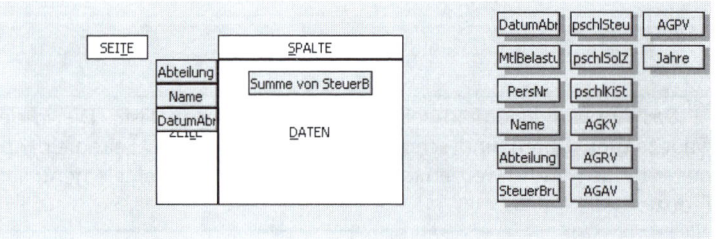

HINWEIS Um eine Zuordnung auf Monate und Jahre zu erhalten, muss das Feld *Jahre* bzw. *Monate* zunächst aus dem Datum (*DatumAbrMonat*) erzeugt werden!

2. Um diese, für die Auswertung wichtigen Felder zu erhalten, markieren Sie das Zeilenfeld *DatumAbrMonat* und wählen im Kontextmenü (Klick mit der rechten Maustaste auf das Feld) den Befehl *Gruppierung und Detail anzeigen/Gruppierung.*

3. Im Dialogfeld aus Abbildung 24.31 markieren Sie die Listeneinträge *Jahre* und *Monate.* Danach schließen Sie das Dialogfeld durch Klick auf die Schaltfläche *OK.*

Abbildg. 24.30   Dialogfeld zur Gruppierung von Daten

Das Feld *Jahre* wird in die Pivot-Tabelle eingefügt. Das Feld *DatumAbrMonate* wird jetzt von Tages-datum auf Monate umgestellt. Damit haben Sie die Voraussetzung geschaffen, Jahre und Monate gezielt auswählen zu können.

Im nächsten Schritt ziehen Sie das Feld *Jahre* in den Seitenfeldbereich und blenden das Jahr 2004 aus (wie im Abschnitt »Feldelemente ausblenden« beschrieben). Nach diesem Vorbereitungsschritt kön-nen wir wieder zur eigentlichen Aufgabe zurückkehren. Hier die weiteren Schritte:

1. Ausgehend von der Feldanordnung wie in Abbildung 24.29 und der eingebauten Veränderung markieren Sie nun das Zeilenfeld *Name* und

2. klicken in der Symbolleiste *PivotTable* auf die Schaltfläche *Feldeinstellungen*.

> **TIPP**   Sie können auch auf die entsprechende Feldschaltfläche (*Name*) doppelklicken oder den Befehl *Feldeinstellungen* aus dem Kontextmenü wählen.

3. Im Dialogfeld *PivotTable-Feld* wählen Sie im Gruppenfeld *Teilergebnisse* die Option *Keine* und

4. verlassen das Dialogfeld wieder durch Klick auf die Schaltfläche *OK*.

> **HINWEIS**   Standardmäßig ist die Option *Automatisch* ausgewählt. Dies bedeutet, dass für alle außen liegenden Zeilen- und Spaltenfelder Teilergebnisse eingefügt werden. In unserem Beispiel (siehe Abbildung 24.31) wird mit der Funktion *Summe* ein automatisches Teilergebnis im Feld *Name* gebildet.

Abbildg. 24.31   Für das Feld *Name* werden die Teilergebnisse ausgeblendet; die automatischen Teilergebnisse (Ergebnis) im Feld *Abteilung* bleiben erhalten

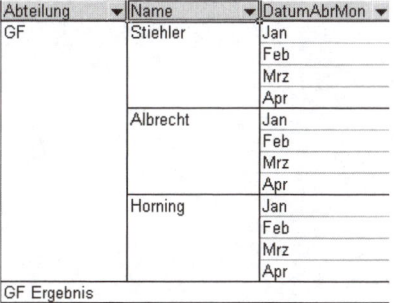

5. Zur endgültigen Darstellung des geforderten Ergebnisses ziehen Sie jetzt die Felder *Name* und *DatumAbrMonat* in den Seitenbereich. Der Abbildung 24.32 können Sie das Ergebnis entnehmen.

Abbildg. 24.32 Das Lösungsbild dieser Aufgabe

	A	B
1	Jahre	2005 ▼
2	Name	(Alle) ▼
3	DatumAbrMon	(Alle) ▼
4		
5	Summe von SteuerBrutto	
6	Abteilung ▼	Ergebnis
7	GF	48.068,00
8	LoE	65.848,00
9	LoP	92.927,00
10	LoS	176.982,00
11	ZD	26.000,00
12	Gesamtergebnis	409.825,00

Um die Teilergebnisse wieder anzuzeigen, müssen Sie das Feld *Name* wieder in den Zeilenbereich ziehen, das Dialogfeld *PivotTable-Feld* über das Symbol *Feldeigenschaften* erneut öffnen und dort die Option *Automatisch* wählen.

Praxisbeispiel: Einblenden von weiteren Teilergebnissen

Wollen Sie wissen, aus wie vielen Positionen sich die Summe einer Abteilung zusammensetzt? Dann bilden Sie ein benutzerdefiniertes Teilergebnis mit der Funktion *Anzahl* auf das Feld *Abteilung*.

Mit folgenden Schritten erreichen Sie das Ziel:

1. Markieren Sie in dem erarbeiteten Modell (Abbildung 24.32) eine Zelle im Datenbereich (unterhalb des Felds *Ergebnis*).

2. Rufen Sie mit der rechten Maustaste das Kontextmenü auf und wählen Sie dort den Befehl *Feldeigenschaften*.

3. Im Dialogfeld *PivotTable-Feld* wählen Sie nun im Listenfeld *Zusammenfassen mit* die Funktion *Anzahl* und bestätigen mit Klick auf die Schaltfläche *OK*.

Abbildg. 24.33 Das Ergebnis der Auswertung

	A	B
1	Jahre	2005 ▼
2	DatumAbrMon	(Alle) ▼
3	Name	(Alle) ▼
4		
5	Anzahl von SteuerBrutto	
6	Abteilung ▼	Ergebnis
7	GF	12,00
8	LoE	25,00
9	LoP	24,00
10	LoS	46,00
11	ZD	12,00
12	Gesamtergebnis	119,00

> **HINWEIS** Bei der Anwendung von Pivot-Tabellen ist (neben der Technik) ein wesentliches Moment die richtige Interpretation der gezeigten Ergebnisse. Beispielsweise bedeutet der Wert *12* in der Zeile *GF* keineswegs, dass es zwölf Mitarbeiter in dieser Abteilung gibt, sondern lediglich, dass es zwölf Gehaltsbuchungen im Jahre 2003 gibt. Das sind drei Mitarbeiter in den Monaten Januar bis April. Diese Aussage wird dann deutlich, wenn Sie beispielsweise das Feld *Name* zusätzlich im Zeilenbereich anordnen.

Abbildg. 24.34 Das Ergebnis bei veränderter Feldanordnung

	A	B	C
1			
2	Jahre	2005 ▼	
3	DatumAbrMon	(Alle) ▼	
4			
5	Anzahl von SteuerBrutto		
6	Abteilung ▼	Name ▼	Ergebnis
7	GF	Albrecht	4,00
8		Horning	4,00
9		Stiehler	4,00
10	GF Anzahl		12,00

Sie können natürlich auch mehrere Funktionen markieren, um verschiedene Teilergebnisse in Zeilen oder Spalten in die Pivot-Tabelle einzufügen.

Wollen Sie neben der Anzahl der Buchungen auch noch die Gehaltsumme über den Zeitraum sehen, dann markieren Sie das Feld *Abteilung* und öffnen über das Kontextmenü den Dialog *Feldeigenschaften*. Wählen Sie als *Teilergebnis* die Option *Anpassen* und markieren Sie dann mit gedrückter ⇧-Taste die Listeneinträge *Anzahl* und *Summe*. Nach Abschluss Ihrer Festlegungen in diesem Dialogfeld (und der Bestätigung durch Klick auf *OK*) erhalten Sie dann das Ergebnis aus Abbildung 24.35.

Abbildg. 24.35 Das Ergebnis, wenn zwei Teilergebnisse markiert werden

	A	B	C
1			
2	Jahre	2005 ▼	
3	DatumAbrMon	(Alle) ▼	
4			
5	Anzahl von SteuerBrutto		
6	Abteilung ▼	Name ▼	Ergebnis
7	GF	Albrecht	4,00
8		Horning	4,00
9		Stiehler	4,00
10	GF Summe		48.068,00
11	GF Anzahl		12,00

Datenanalyse – die nächste Funktion

Wenn Sie, ausgehend von der Darstellung in Abbildung 24.32, ein Datenfeld, beispielsweise das Feld *Summe von SteuerBrutto* markieren und über das Kontextmenü den Befehl *Feldeigenschaften* aufrufen, erscheint das Dialogfeld *PivotTable-Feld*. Zunächst sehen Sie die Basismöglichkeiten in diesem Dialogfeld. Klicken Sie dort auf die Schaltfläche *Optionen*, erweitert sich das Dialogfeld um die Gruppe *Daten zeigen als:* (Abbildung 24.36).

Listenmanagement

Abbildg. 24.36
Benutzerdefinierte Berechnung der Daten im Dialogfeld *PivotTable-Feld* mit erweiterten Optionen

Im Listenfeld *Zusammenfassen mit* können Sie eine Funktion auswählen, um die Daten im Ursprungsfeld zusammenzufassen. In dieser Liste finden Sie die üblichen Funktionen, z.B. *Summe, Anzahl, Mittelwert* usw. Darüber hinaus bietet Ihnen Excel einige statistische Funktionen an. Für die Zusammenfassung kann an dieser Stelle nur eine Funktion ausgewählt werden. Im rechten Teil des Dialogfeldes sehen Sie zwei weitere Schaltflächen, *Zahlen* und *Optionen*.

Die Schaltfläche *Zahlen* ermöglicht Ihnen die Formatierung der Daten im Datenfeld, vergleichbar dem Menübefehl *Format/Zellen* auf der Registerkarte *Zahlen*. Sie haben das in einem der vorherigen Beispiele bereits ausprobiert.

Mit der Schaltfläche *Optionen* können Sie eine benutzerdefinierte, spezifische Berechnung des Datenfelds durchführen. Grundsätzlich wird bei dieser Berechnung eine Datenmenge in der Pivot-Tabelle mit einer anderen Datenmenge verglichen. Die Darstellung des Vergleichs erfolgt mit einer Funktion aus dem Listenfeld *Daten zeigen als*.

Angenommen, Sie wollen wissen, wie sich die Gehaltsanteile innerhalb des Unternehmens auf die einzelnen Abteilungen verteilen, also die prozentuale Verteilung über die Abteilungen. Zur Lösung dieser Frage gehen Sie folgendermaßen vor:

1. Erstellen Sie zuerst eine Pivot-Tabelle mit den Feldern, wie in Abbildung 24.36 dargestellt.

2. Markieren Sie das Datenfeld *Summe von SteuerBrutto* in der Pivot-Tabelle und rufen Sie mit der rechten Maustaste das Kontextmenü auf.

3. Wählen Sie den Befehl *Feldeigenschaften*. Daraufhin wird das Dialogfeld *PivotTable-Feld* eingeblendet.

4. Klicken Sie in diesem Dialogfeld zuerst auf die Schaltfläche *Optionen* und wählen Sie danach im Listenfeld *Daten zeigen als* die Funktion *% der Spalte*.

5. Um die neue Auswertung Ihrer Daten zu sehen, klicken Sie auf die Schaltfläche *OK* und schließen damit das Dialogfeld.

6. Als Ergebnis sollten Sie eine mit der Abbildung 24.37 vergleichbare Pivot-Tabelle erhalten.

Abbildg. 24.37 Diese Abbildung zeigt die prozentualen Anteile der Abteilungen am Gesamtaufwand des Unternehmens für die ausgewerteten Monate

Jahre	2005 ▾
DatumAbrMon	(Alle) ▾
Name	(Alle) ▾

Summe von SteuerBrutto	
Abteilung ▾	Ergebnis
GF	11,73%
LoE	16,07%
LoP	22,67%
LoS	43,18%
ZD	6,34%
Gesamtergebnis	100,00%

TIPP Sie können jetzt noch durch Hinzufügen weiterer Felder im Zeilenbereich die Aussagen differenzieren. Achten Sie jedoch darauf, dass mit dem Hinzufügen eines Feldes jeweils eine neue Zwischensumme für dieses Feld aufgebaut wird, die jedoch die Beurteilung negativ beeinträchtigt. Über die *Feldeigenschaften/Teilergebnisse* sollten Sie diese Zwischenergebnisse ausblenden.

Praxisbeispiel für weitere Datenanalyse

Beispiel: Überschriften in einer Pivot-Tabelle

Zur verständlicheren Darstellung wollen Sie die Überschrift der Pivot-Tabelle anpassen, und zwar soll das Feld *Summe von SteuerBrutto* jetzt *Lohnverteilung in %* heißen:

1. Markieren Sie das Feld *Summe von SteuerBrutto* und aktivieren Sie danach das Dialogfeld *Pivot-Table-Feld* über den Befehl *Feldeigenschaften* im Kontextmenü.

2. Markieren Sie den momentanen Eintrag im Textfeld *Name*.

3. Tragen Sie hier als neue Überschrift *Lohnverteilung in %* ein.

4. Verlassen Sie das Dialogfeld durch Anklicken der Schaltfläche *OK*.

Das mögliche Ergebnis sehen Sie in Abbildung 24.38. Ggf. müssen Sie noch die Spaltenbreiten anpassen.

Abbildg. 24.38 Die prozentuale Verteilung Lohnsummen

Jahre	2005 ▾
DatumAbrMon	(Alle) ▾
Name	(Alle) ▾

Lohnverteilung %	
Abteilung ▾	Ergebnis
GF	11,73%
LoE	16,07%
LoP	22,67%
LoS	43,18%
ZD	6,34%
Gesamtergebnis	100,00%

TIPP Sie können auch unmittelbar mit dem Mauszeiger in das Datenfeld (Zelle *A5-Lohnverteilung %*) gehen und mittels direkter Zellbearbeitung die Überschrift eintragen: Ein Doppelklick auf die Zelle *A5* führt Sie direkt zum Dialogfeld *PivotTable-Feld*.

Zusammenfassungsfunktionen

Neben der Funktion *Summe*, die wohl bei Pivot-Tabellen am häufigsten zum Einsatz kommt, kennt Excel noch eine Reihe weiterer Berechnungstypen. Schauen Sie sich dazu Tabelle 24.3 an.

Tabelle 24.3 Tabelle 24.3: Zusammenfassungsfunktionen für Pivot-Tabellen

Zusammenfassungs-funktion	Wie Excel das Ergebnis aus den Daten einer bestimmten Zelle berechnet
Summe	Ermittelt die Summe aller numerischen Werte.
Anzahl	Berechnet die Anzahl aller Werte.
Mittelwert	Berechnet die Summe aller numerischen Werte, die durch die Anzahl der Einträge in den Quelldaten geteilt werden.
Maximum	Ermittelt den Höchstwert.
Minimum	Ermittelt den niedrigsten Wert.
Produkt	Multipliziert alle numerischen Werte.
Anzahl Zahlen	Zählt alle numerischen Werte.

> **HINWEIS** Im Bedarfsfall können Sie in einer Pivot-Tabelle auch besondere Berechnungsty-pen verwenden. Excel stellt zusätzliche Berechnungstypen zur Verfügung, die Werte auf der Grundlage anderer Werte aus einem Datenbereich der Pivot-Tabelle berechnen.

Im Beispiel aus Abbildung 24.38 wurden die Werte als Prozentsatz mittels Berechnungstypen (siehe Tabelle 24.4) gebildet.

Berechnungstypen

Es ist wirklich ganz einfach, die absoluten Werte einer Pivot-Tabelle anzuzeigen und mit ein paar Mausklicks eine Darstellung der Prozentwerte zu sehen. Dazu stehen verschiedene Berechnungsty-pen zur Verfügung. Die praktische Anwendung dieser Berechnungstypen wird Sie beeindrucken.

Tabelle 24.4 Berechnungstypen für Pivot-Tabellen

Berechnungstyp	Anzeige in der PivotTable-Zelle
Differenz von	Die Differenz zwischen dem Ergebnis und einem in den Feldern *Basisfeld* und *Basiselement* festgelegten Feld oder Element.
% von	Das Ergebnis, das durch das festgelegte Basisfeld und Basiselement dividiert wird, ausgedrückt in Prozent.
% Differenz von	Die Differenz zwischen dem Ergebnis und einem festgelegten Feld und Element, das durch dieses Basisfeld und Basiselement dividiert ist, ausgedrückt in Prozent.
Ergebnis in	Berechnet die Daten für aufeinander folgende Elemente im festgelegten Basisfeld als fortlaufendes Ergebnis.

Tabelle 24.4   Berechnungstypen für Pivot-Tabellen *(Fortsetzung)*

Berechnungstyp	Anzeige in der PivotTable-Zelle
% der Zeile	Das Ergebnis wird durch das Gesamtergebnis der Zeile dividiert und in einem Prozentwert ausgedrückt.
% der Spalte	Das Einzelergebnis wird durch das Gesamtergebnis der Spalte dividiert und in einem Prozentwert ausgedrückt.
% des Ergebnisses	Das Ergebnis wird durch das Gesamtergebnis der Pivot-Tabelle dividiert und in einem Prozentwert ausgedrückt.
Index	Zeigt die Daten unter Verwendung folgender Formel an: `((Wert_in_Zelle) x (Gesamtergebnis)) / ((Zeilengesamtergebnis) x (Spaltengesamtergebnis))`

Multidimensionale Darstellung der Daten

Sie haben nun einige Auswertungen mit Pivot-Tabellen erarbeitet und inzwischen bestimmt erkannt, dass diese Tabellen ein ausgezeichnetes Werkzeug sind, Daten darzustellen, zu betrachten und auszuwerten. Besonders interessant sind sie für Daten, die in ihrer Urform zu unterschiedlich oder zu umfangreich sind, um sie ohne Aufbereitung zu begutachten und Konsequenzen ableiten zu können.

Die Pivot-Tabelle kann wesentlich zur Vereinfachung der Datendarstellung beitragen. So vermitteln Ihnen Pivot-Tabellen einen umfassenden und guten Eindruck des Gesamtbildes, vergleichbar z.B. mit Datenbankberichten oder Bilanzdarstellungen. Gegenüber diesen Darstellungen haben sie einen weiteren enormen Vorteil: Sie können Pivot-Tabellen drehen und wenden, die Perspektiven beliebig ändern und das, so oft Sie wollen und in jeder beliebigen Zusammenstellung. Einer ganz besonderen Stärke dieser Darstellungsvariante in Excel wollen wir uns nun zuwenden: Pivot-Tabellen helfen Ihnen dabei, multidimensionale Daten zu analysieren.

Tabellendaten werden üblicherweise nur in zwei Dimensionen dargestellt. Es ist aber kein Problem, sich bildhaft dreidimensionale Darstellungen von Daten vorzustellen. Wie kann man aber in einer Tabelle die dritte Dimension simulieren? Bisher wurden unsere Beispieldaten in Zeilen und Spalten ausgewertet, die Seitenfeldanordnung noch nicht weiter betrachtet. Durch die Verwertung der Seitendarstellung wird der Eindruck erzeugt, dass die Daten in einer dritten Dimension übereinander gestapelt liegen. Daten aus dem geschäftlichen Bereich umfassen oft weit mehr als drei Dimensionen. In unserem Beispiel weisen die *Abteilung* und die *Mitarbeiter* zwei Dimensionen auf. Benötigen Sie beispielsweise darüber hinaus eine Auswertung nach *Kostenstellen* (im Beispiel *nicht* enthalten), so legen Sie diese Kategorie einfach in die dritte Dimension.

Wenn Sie zusätzlich eine zeitliche Zusammenfassung, z.B. in Jahreswerten, brauchen, bedeutet dies, dass Sie eine weitere Dimension aufbauen müssen. Egal, welche Forderungen Sie stellen: Leicht wird aus einem dreidimensionalen Würfel eine *n*-dimensionale Matrix, die nicht mehr auf dem Bildschirm angezeigt werden kann – es sei denn, Sie platzieren die zusätzlichen Dimensionen im Zeilen-, Spalten- oder Seitenbereich.

Abbildg. 24.39 Diese Tabelle zeigt drei Kategorien in zwei Dimensionen

	A	B	C	D	E	F
1	Buchungsdatum	(Alle) ▼				
2						
3	Summe von Buchungsb		Kostenträger ▼			
4	Jahre ▼	Sollkonto ▼	APD	DEC	GK	Gesamtergebnis
5	2005	5900	105.191,74	208.976,27		314.168,01
6		6303			75.441,29	75.441,29
7	Gesamtergebnis		105.191,74	208.976,27	75.441,29	389.609,31

Die Pivot-Tabelle in Abbildung 24.39 enthält folgende Kategorien: *Jahre* und *Kostenträger* in der Zeilendimension (senkrecht) angeordnet und *Sollkonto* in der (waagerechten) Spaltendimension, also drei Kategorien in zwei Dimensionen.

Sicherlich ist die Möglichkeit, mehrere Kategorien in die gleiche Dimension zu legen, für zahlreiche Fälle ausreichend und liefert eine aussagekräftige Darstellung. Für viele Analysen sind dieser Vorgehensweise allerdings Grenzen gesetzt. Eine übersichtliche und aussagefähige Darstellung kann kaum noch angezeigt werden. Selbst wenn Sie sehr selektiv mit einzelnen Feldelementen umgehen, leidet die Darstellung dennoch. Darüber hinaus wird eine Pivot-Tabelle mit zu vielen Spalten- und Zeilenfeldern unhandlich. Die Lösung findet sich in den *Seitenfeldern* der Pivot-Tabelle. Die Elemente in den Seitenfeldern werden jeweils einzeln angezeigt. Die Darstellung der Daten erfolgt so, dass ein einheitliches Layout für die Seite festgelegt ist. Mit jeder Auswahl eines anderen Elementes in der Seitendimension wird quasi ein »neues Blatt« mit dem gleichen Layout dargestellt. Das fertige Beispiel sehen Sie in Abbildung 24.40.

Abbildg. 24.40 Diese Pivot-Tabelle verfügt über die senkrecht dargestellte Dimension *Jahre*, die waagerechte Dimension *Kostenträger* und die Seitendimension *Sollkonto* und *Buchungsdatum*

Buchungsdatum	(Alle) ▼				
Sollkonto	(Alle) ▼				
Summe von Buchungsbetrag	Kostenträger ▼				
Jahre ▼	APD	DEC	GK	Gesamtergebnis	
2005	105.191,74	208.976,27	75.441,29	389.609,31	
Gesamtergebnis	105.191,74	208.976,27	75.441,29	389.609,31	

In Abbildung 24.40 wurde die Kategorie *Sollkonto* und *Buchungsdatum* als Seitenfeld ausgewählt. Das Dropdown-Listenfeld zeigt eine Liste aller Einträge aus der Spalte *Sollkonto* in Ihrer Basistabelle an. Zusätzlich wird Ihnen der Eintrag *(Alle)* angeboten. Mit dieser Auswahl werden sämtliche verfügbaren Daten dieser Kategorie zusammengefasst. Ist in Ihren Basisdaten ein Datensatz vorhanden, der im Feld *Sollkonto* keinen Eintrag aufweist, wird zusätzlich der Eintrag *Leer* in der Dropdown-Liste angezeigt.

Das Seitenfeld *Buchungsdatum* wurde gruppiert, um so die Jahre und Monate der Zeitdimension zu erhalten. Deshalb werden in der Dropdown-Liste nicht die einzelnen Buchungsdaten, vergleichbar wie in den Basisdaten angezeigt, sondern nur die in Monate gruppierten Daten.

HINWEIS Bei Seitenfeldanordnungen ist die Kombination der Felder entscheidend für die Brauchbarkeit der erzeugten Pivot-Tabellen.

In den Seitenfeldern können sämtliche der Kategorie zugehörigen Feldelemente einzeln gewählt werden. Zusätzlich wird die Option *(Alle)* angezeigt. Mit dieser können Sie die gesamten Datensätze auflisten. Sie erhalten eine stattliche Anzahl von Kombinationen.

Seitenfelder – kombinieren Sie

Bei der großen Anzahl von Kombinationen durch Seitenfeldanordnungen zeigt sich, dass viele eigentlich keine brauchbaren Auswertungen bieten. So macht es unseres Erachtens z.B. wenig Sinn, die Felder *Sollkonto* und *Buchungstext* in der Seitendarstellung gemeinsam anzuzeigen.

Eine derartige Pivot-Tabelle, die keine sinnvolle Anordnung der Felder bietet, lässt sich vermeiden, indem Sie nur das Feld, das auf der höheren Ebene eine Gruppierung vornimmt, in den Seitenbereich, das logisch untergeordnete Feld hingegen in einen Zeilen- oder Spaltenbereich legen. Bei der Feldreihenfolge *Bundesland*, *Bezirk*, *Kreis*, *Gemeinde* wäre es sinnvoll, das Feld *Bundesland* in den Seitenbereich und das logisch untergeordnete Feld – z.B. *Bezirk* – in den Zeilen- oder Spaltenbereich zu legen. Dadurch werden Ihnen für das gewählte Bundesland grundsätzlich nur die zugehörigen Bezirke angezeigt.

Feldelemente ausblenden

Indem Sie Felder in die verschiedenen Bereiche verlagern, können Sie deren Details durch Ein- oder Ausblenden stärker hervorheben. Zudem können Sie auch bestimmte Feldelemente ausblenden.

Beispiel: Sie wollen lediglich das Sollkonto *5900* mit den Werten für alle Monate darstellen. Erstellen Sie dazu zunächst eine Pivot-Tabelle wie in Abbildung 24.40 dargestellt.

Hier die weiteren Schritte:

1. Im Auswahlfenster des Seitenfeldes *Sollkonto* wählen Sie den Eintrag *5900* (Abbildung 24.41).
2. Im Seitenfeld *Buchungsdatum* wählen Sie den Eintrag *(Alle)*.

Als Ergebnis erhalten Sie die Pivot-Tabelle aus Abbildung 24.41.

Abbildg. 24.41 Die Pivot-Tabelle zeigt alle Werte mit Kostenträgern, die auf dem Sollkonto *5900* gebucht wurden

Buchungsdatum	(Alle) ▼		
Sollkonto	5900 ▼		
Summe von Buchungsbetrag	Kostenträger ▼		
Jahre ▼	APD	DEC	Gesamtergebnis
2005	105.191,74	208.976,27	314.168,01
Gesamtergebnis	105.191,74	208.976,27	314.168,01

Elemente ohne Daten anzeigen

Wenn Ihre Pivot-Tabelle die in Abbildung 24.42 dargestellte Struktur aufweist, können Sie beispielsweise nur die Sollkonten sehen, die mit Daten belegt sind. Wollen Sie darüber hinaus aber auch beurteilen, welche Sollkonten überhaupt in diesem Zusammenhang benutzt werden können, dann ist es sinnvoll alle Elemente, also auch die des Sollkontos ohne Daten, anzuzeigen.

Abbildg. 24.42 Pivot-Tabelle mit sehr differenzierter Datenanzeige

Kostenträger	APD ▼	
Buchungsdatum	Mai ▼	
Summe von Buchungsbetrag		
Jahre ▼	Sollkonto ▼	Ergebnis
2005	5900	47.261,50
Gesamtergebnis		47.261,50

Um dies zu realisieren, gehen Sie wie folgt vor:

1. Markieren Sie dazu das Feld *Sollkonto* (oder eine Zelle im Spaltenfeld *Sollkonto*) und wählen im Kontextmenü den Befehl *Feldeigenschaften*.

2. Das Dialogfeld *PivotTable-Feld* wird angezeigt. Das Kontrollkästchen *Elemente ohne Daten anzeigen* ist wichtig für die gewünschte Anzeige. Aktivieren Sie dieses durch Anklicken (siehe auch Abbildung 24.43).

Abbildg. 24.43   Ausschnitt aus dem *PivotTable-Feld* – Kontrollkästchen zur Anzeige von Elementen, die keine Daten enthalten

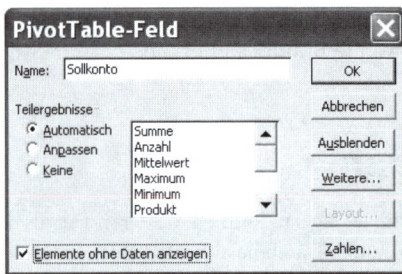

3. Verlassen Sie das Dialogfeld, indem Sie auf die Schaltfläche *OK* klicken.

Ihre Pivot-Tabelle sollte wie in Abbildung 24.44 gezeigt aussehen.

Abbildg. 24.44   Mit der Option *Elemente ohne Daten anzeigen* wird auch das Sollkonto 6303 angezeigt, obwohl es keine Daten enthält und sonst nicht angezeigt würde

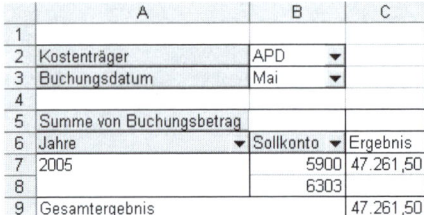

AutoAnzeigen – so beeinflussen Sie die Ansicht Ihrer Pivot-Tabelle

Mit der bis jetzt erreichten Darstellung sind aber noch nicht alle Möglichkeiten ausgeschöpft! Natürlich können Sie die Liste der Daten nach beliebigen Kriterien sortieren und mit *AutoAnzeigen* eine begrenzte Liste der obersten oder untersten (letzten) *n*-Datensätze aus dem Gesamtumfang der Daten anzeigen.

Die vorhandene Datenmenge ist sehr klein und gibt daher nur einen systematischen Überblick über diese Funktionalität. Wenn Sie beispielsweise die beiden höchsten Werte für alle kumulierten Monatswerte anzeigen wollen, dann erstellen Sie eine Pivot-Tabelle mit der Struktur aus Abbildung 24.45.

Abbildg. 24.45 Pivot-Tabelle zur Darstellung von *AutoAnzeigen*

	A	B
1		
2	Sollkonto	(Alle) ▼
3	Jahre	(Alle) ▼
4	Kontenbezeichnung	(Alle) ▼
5	Kostenträger	(Alle) ▼
6		
7	Summe von Buchungsbetrag	
8	Buchungsdatum ▼	Ergebnis
9	Feb	6.680,44
10	Mai	139.570,20
11	Jun	55.652,49
12	Jul	62.134,59
13	Aug	64.733,50
14	Sep	60.838,09
15	Gesamtergebnis	389.609,31

Gehen Sie dazu so vor:

1. Markieren Sie in der bestehenden Pivot-Tabelle eine Zelle im Spaltenfeld *Buchungsdatum*.

2. Öffnen Sie das Kontextmenü und wählen Sie daraus den Befehl *Feldeigenschaften*. Danach befinden Sie sich im Dialogfeld *PivotTable-Feld*.

3. Aktivieren Sie – falls noch nicht geschehen – das Kontrollkästchen *Elemente ohne Daten anzeigen*.

4. Klicken Sie auf die Schaltfläche *Weitere*, um das Dialogfeld *Weitere Optionen für PivotTable-Feld* zu öffnen.

5. Markieren Sie in diesem Dialogfeld unter *AutoSortieren-Optionen* die Option *Manuell*. Bei *Top 10 AutoAnzeigen* klicken Sie auf *Ein*, um das Textfeld *Anzeigen* freizugeben (Abbildung 24.46).

Abbildg. 24.46 Die Auswahl der Anzeigerichtung im Dialogfeld *Weitere Optionen*

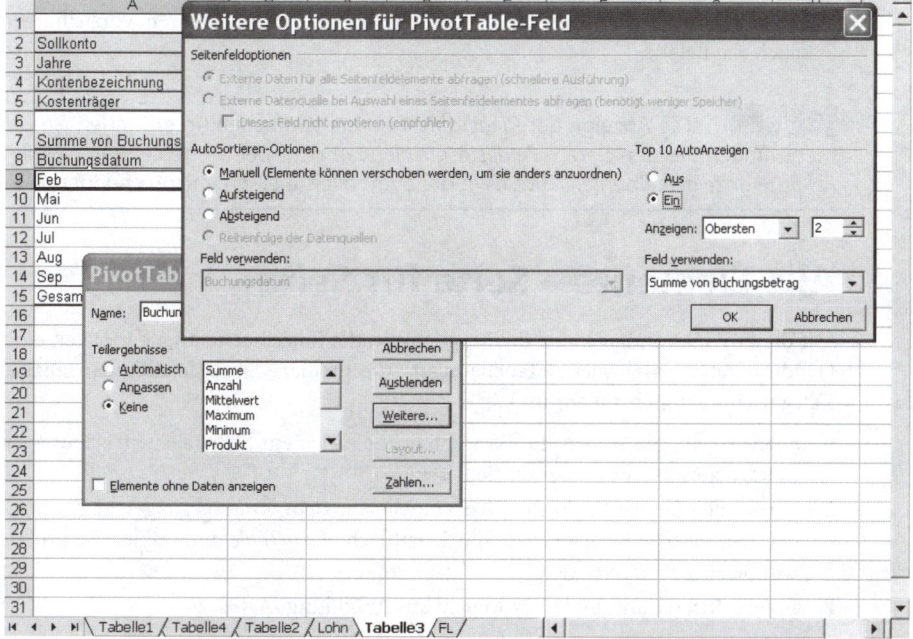

6. Wählen Sie aus dem Listenfeld den Listeneintrag *Obersten*. In das Drehfeld daneben tragen Sie den Wert *2* ein.

7. Verlassen Sie dieses und das nächste Dialogfeld jeweils mit Klick auf die Schaltfläche *OK*.

Als Ergebnis erhalten Sie die in Abbildung 24.47 dargestellte Pivot-Tabelle:

Abbildg. 24.47 Ergebnis der Pivot-Auswertung mit den zwei höchsten Werten

Sollkonto	(Alle) ▼
Jahre	(Alle) ▼
Kontenbezeichnung	(Alle) ▼
Kostenträger	(Alle) ▼

Summe von Buchungsbetrag	
Buchungsdatum ▼	Ergebnis
Mai	139.570,20
Aug	64.733,50
Gesamtergebnis	204.303,70

Wenn Sie in *Top 10 AutoAnzeigen* das Drehfeld auf *2* setzen, werden nur die ersten zwei Datensätze, also die beiden höchsten Werte angezeigt.

HINWEIS Das Zeilenfeld *Buchungsdatum* wird nach Anwendung der Option *Top 10 AutoAnzeigen* blau dargestellt. Es verhält sich vergleichbar einem Filter.

Die Formatierung der Werte wurde über die *Feldeigenschaften* vorgenommen:

1. Positionieren Sie den Mauszeiger im Datenbereich, klicken Sie mit der rechten Maustaste und wählen Sie im Kontextmenü den Befehl *Feldeigenschaften*.

2. Im folgenden Dialogfeld klicken Sie auf die Schaltfläche *Zahlen* und formatieren über das Dialogfeld *Zellen formatieren* die Darstellung der Zahlen nach Ihren Vorstellungen (siehe hierzu auch Kapitel 9).

TIPP Die Anzeige der *PivotTable-Feldliste* kann auch unterbunden werden. Im Kontextmenü finden Sie den Befehl *Feldliste ausblenden* bzw. bei ausgeblendeter Feldliste den Befehl *Feldliste anzeigen*. Ebenfalls gibt es in der Symbolleiste einen entsprechenden Befehl.

Alle Elemente – Seite für Seite

Mit dieser Funktion haben Sie die Möglichkeit, die Einzeldarstellung der Daten einer Kategorie im Handumdrehen in ein neues Tabellenblatt zu schreiben. Einer detaillierten Einzelauswertung der Kategorien steht nichts mehr im Wege.

Nehmen wir an, Sie wollen die Basisdaten, die zu einem Seitenelement gehören, jeweils in einer separaten Seite ausgeben. Hier die Schritte:

1. Verwenden Sie weiterhin die Pivot-Tabelle aus dem vorausgegangenen Beispiel. Klicken Sie in der Symbolleiste *PivotTable* auf die Schaltfläche *PivotTable* und wählen Sie im Dropdown-Menü den Befehl *Seiten anzeigen*.

2. Excel öffnet daraufhin das Dialogfeld aus Abbildung 24.48.

Abbildg. 24.48   Dialogfeld zur Auswahl der Seitenanzeige

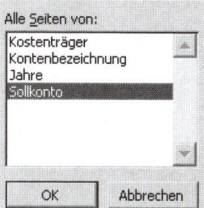

3. Wenn Sie dieses jetzt mit Klick auf *OK* bestätigen, richtet Excel für jedes Element in einem Seitenfeld eine neue Pivot-Tabelle in einem separaten Tabellenblatt ein. Das Tabellenblatt erhält automatisch den Namen des jeweils dargestellten Elements.

> **HINWEIS**   Alternativ können Sie den Befehl *Seiten anzeigen* auch im Kontextmenü aufrufen.

Die Anzeige der Pivot-Tabelle beeinflussen

Excel bietet neue Möglichkeiten, die Tabelle ohne Formatierung in der Darstellung zu verändern. Die tabellenartige Darstellung der Pivot-Tabelle, wie bisher immer verwendet, kann im Bedarfsfall auch in einer Gliederungsansicht dargestellt werden – und das geht so:

1. Verwenden Sie den Aufbau der Pivot-Tabelle wie in Abbildung 24.45.

2. Ziehen Sie zusätzlich das Feld *Kostenträger* rechts neben das Feld *Buchungsdatum*.

3. Dann doppelklicken Sie auf die Feldschaltfläche *Buchungsdatum* und wählen im folgenden Dialogfeld die neue Schaltfläche *Layout*. Daraufhin wird das Dialogfeld aus Abbildung 24.49 angezeigt.

Abbildg. 24.49   Dialogfeld zur Veränderung der angezeigten Elemente in einer Pivot-Tabelle

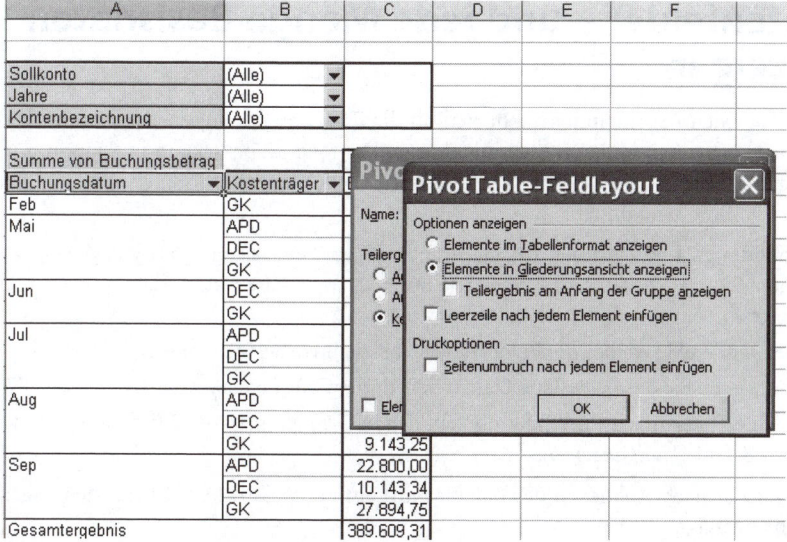

4. Aktivieren Sie die Option *Elemente in Gliederungsansicht anzeigen* und verlassen Sie dieses Dialogfeld wie das nachfolgende durch Klick auf die Schaltfläche *OK*.

Sie erhalten eine Pivot-Tabelle in Gliederungsansicht (Abbildung 24.50).

Abbildg. 24.50 Die Ansicht des Elements *Buchungsdatum* in Gliederungsansicht

	A	B	C
1			
2			
3	Sollkonto	(Alle) ▼	
4	Jahre	(Alle) ▼	
5	Kontenbezeichnung	(Alle) ▼	
6			
7	Summe von Buchungsbetrag		
8	Buchungsdatum ▼	Kostenträger ▼	Ergebnis
9	Feb		
10		GK	6.680,44
11	Mai		
12		APD	47.261,50
13		DEC	80.434,84
14		GK	11.873,85
15	Jun		
16		DEC	44.946,74
17		GK	10.705,75
18	Jul		
19		APD	10.290,24
20		DEC	42.701,09
21		GK	9.143,25
22	Aug		
23		APD	24.840,00
24		DEC	30.750,25
25		GK	9.143,25
26	Sep		
27		APD	22.800,00
28		DEC	10.143,34
29		GK	27.894,75
30	Gesamtergebnis		389.609,31

Datenfelder – und jede Menge Basisdaten anzeigen

Im alltäglichen Arbeitsumfeld stellt sich oft die Frage, ob der angezeigte Wert auch korrekt ist bzw. welche Daten zum gezeigten Ergebnis führen. Die Pivot-Tabelle kann im Handumdrehen Informationen zu diesen Fragen liefern. Wesentlich schneller, als dies beispielsweise die Spezialfilter oder andere Funktionen können.

In Abbildung 24.50 wird beim Kostenträger *GK* im Februar ein Wert von *6.680,44* angezeigt. Nun möchten Sie umgehend wissen, wie viele Datensätze (welche Daten) diesen Wert ergeben. Gehen Sie wie folgt vor:

1. Verwenden Sie wieder die Pivot-Tabelle aus dem vorherigen Beispiel.

2. Markieren Sie das betroffene Datenfeld mit dem Wert *6.680,44*.

3. Wählen Sie zunächst den Menübefehl *Daten/Gruppierung und Gliederung*, dann im Untermenü den Befehl *Detail anzeigen*.

Unmittelbar nach Anklicken des Befehls wird ein neues Tabellenblatt mit den zugehörigen Datensätzen angezeigt.

> **HINWEIS**   Bei Datumszellen wird wahrscheinlich das Datum als serielle Zahl angezeigt. Über den Menübefehl *Format/Zellen* können Sie es leicht in die gewünschte Darstellungsform bringen.

PROFITIPP

> Die sicherlich schnellste Ausführungsmethode zur Anzeige der Basisdaten ist ein Doppelklick auf die Zelle im Datenbereich. Die zu dieser Zelle gehörigen Basisdaten werden in einem neuen Tabellenblatt ausgegeben.

Es ist also auf einfache Weise möglich, die relevanten Daten für ein bestimmtes Ergebnis aus den Basisdaten herauszufiltern und übersichtlich anzuzeigen. Für alle weiteren Schritte steht Ihnen wieder Excel mit seinen gesamten Möglichkeiten zur Verfügung, z.B. die unmittelbare Ausgabe auf einem Drucker.

Machen Sie den Weg frei – Elemente gruppieren

Mitunter müssen große Mengen von Daten durchgearbeitet werden. Dies können Umsatzzahlen der Vertriebsmitarbeiter, die Budgetplanung oder die Kostenliste der Abteilung sein. Um derartiges Informationsmaterial richtig zu analysieren, sollten Sie die Ebene festlegen, mit der Sie am besten arbeiten können. Ob der globale Überblick oder das Detail wichtig ist, bestimmen Sie selbst. Pivot-Tabellen geben Ihnen die Möglichkeit, nur für die jeweilige Beurteilung relevante Daten anzuzeigen.

Gruppierungsmöglichkeiten

Für die unterschiedlichen Gruppierungsmöglichkeiten sind die drei Datentypen maßgeblich:

- *Textdaten*: Lassen sich in einem neuen Feld gruppieren, indem aus mehreren Elementen eine neue Gruppe gebildet wird. Excel erstellt automatisch das gruppierte Feld, in das nur die zur Gruppe definierten Elemente aufgenommen werden.

- *Numerische Daten*: Können in Bereichen mit bestimmten Elementen gruppiert werden. Excel erkennt automatisch numerische Elemente und zeigt daraufhin ein Dialogfeld mit möglichen Gruppierungsoptionen an.

- *Datumsangaben*: Lassen sich nach bestimmten Zeiträumen zusammenfassen. Hier erkennt Excel ebenfalls gültige Datums- und Zeitformate und bietet entsprechende Auswahlmöglichkeiten für die Darstellung an.

> **WICHTIG**   Als Vorgabe werden im *PivotTable- und PivotChart-Assistenten* die inneren Einträge mit den Überschriften der äußeren Einträge gruppiert.

In diesem Zusammenhang sollten Sie sich einmal die Abbildung 24.50 anschauen – dort wurden die Kostenträger nach Monaten geordnet.

> **HINWEIS**   Recht einfach können Sie diese Darstellung über den Menübefehl *Daten/Gruppierung und Gliederung* aufbauen. Der Weg führt ebenfalls über das Kontextmenü und dort über den Befehl *Detail anzeigen*.

Praxisbeispiel für Gruppierungen

Beispiel 1: Aber bitte nur nach Zeiträumen

Eine häufige und wichtige Zusammenfassung in der Gruppierung ist die der Basisdaten nach Zeiträumen. In Fällen, in denen ein Datumseintrag die Grundlage bildet, bietet sich diese Gruppierungsmöglichkeit an.

Nehmen wir an, Sie wollen wissen, in welcher Höhe die Kostenträger in den jeweiligen Monaten und ggf. Jahren mit entsprechenden Beträgen belastet wurden und welche Werte sich jeweils aufsummiert haben.

Für diese Fragestellung dient Ihnen das Buchungsdatum der Buchung als Grundlage. Zunächst erstellen Sie aus den Daten der Tabelle *FL* in der Mappe *FL.xls* eine Pivot-Tabelle mit den Feldern *Buchungsdatum* im Zeilenbereich und dem Feld *Buchungsbetrag* im Datenbereich. Danach möchten Sie Daten nach Monaten gruppieren (also in welchem Jahr/Monat die Buchung stattgefunden hat).

Um diese Frage zu beantworten, gehen Sie folgendermaßen vor:

1. Markieren Sie das erste Datumsfeld *26.02.2005*.
2. Rufen Sie mit der rechten Maustaste das Kontextmenü auf und wählen Sie dort den Eintrag *Gruppierung und Detail anzeigen*. Im Untermenü wählen Sie den Befehl *Gruppierung*.
3. Excel bietet Ihnen im folgenden Dialogfeld den automatisch erkannten Zeitraum und verschiedene Gruppierungsmöglichkeiten an.

Abbildg. 24.51   Im Dialogfeld *Gruppierung* können Sie die Zeilenelemente der Pivot-Tabelle in bestimmte Zeiträume zusammenfassen

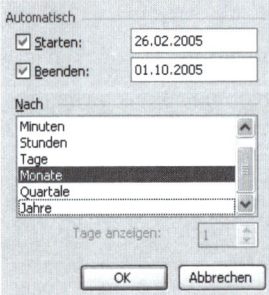

4. Übernehmen Sie das Start- und das Ende-Datum. In der Gruppe *Nach* selektieren Sie neben Listeneintrag *Monate* auch den Eintrag *Jahre*. Bestätigen Sie diese Auswahl über Klick auf die Schaltfläche *OK*.

HINWEIS   Selektieren Sie im Normalfall den Eintrag *Jahre* immer mit. Dadurch verhindern Sie, dass bei Daten, die über mehrere Jahre vorhanden sind, nicht die Monate verschiedener Jahre zusammengefasst werden.

TIPP   Im Dialogfeld *PivotTable-Feld*, das Sie über Feldeigenschaften im Kontextmenü erreichen, wählen Sie im Bereich *Teilergebnisse* die Option *Keine*, um mögliche Zwischenergebnisse auszublenden. Wiederholen Sie diese Einstellung für alle betroffenen Felder.

> **WICHTIG**   Wenn Sie erfolgreich Datumseinträge gruppieren wollen, dürfen in der Datums-
> spalte der Basisdaten **keine** leeren Zellen enthalten sein. Sollten einige oder bereits eine Zelle
> keinen Datumswert enthalten, wird Ihnen das Dialogfeld zur Gruppierung nicht angeboten. An
> dessen Stelle erscheint die Meldung aus Abbildung 24.52.

Abbildg. 24.52 Eine Lücke in der Datumsspalte der Basisdaten führt zu dieser Meldung

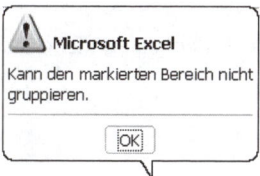

Excel hat nach Ausführung des Befehls Ihre Pivot-Tabelle nach Monaten und Jahren gegliedert
(Abbildung 24.53).

Abbildg. 24.53 Das Feld *Buchungsdatum* wurde nach Monaten und Jahren gruppiert – Start- und Ende-Datum sind
ausgeblendet

4	Summe von Buchungsbetrag Euro		
5	Jahre ▼	Buchungsdatum ▼	Ergebnis
6	2005	Feb	7.097,50
7		Mai	139.153,14
8		Jun	55.652,49
9		Jul	62.134,59
10		Aug	64.733,50
11		Sep	60.838,09
12	Gesamtergebnis		389.609,31

Über die Gliederungsmechanismen der Pivot-Tabelle können Sie ungewöhnlich schnell aussagekräftige Tabellen darstellen.

Beispiel 2: Und nun das Besondere nach Seitenfeldern

Es ist nicht ohne weiteres möglich, einzelne Elemente von Seitenfeldern auszublenden und dann mit
der Wahl des Eintrags *Alle* die Gesamtergebnisse nur für die aktuell eingeblendeten Elemente anzuzeigen. Stattdessen werden die Daten der ausgeblendeten Elemente in das Gesamtergebnis einbezogen. Elemente von Seitenfeldern können ohne Umweg leider nicht gruppiert werden. Nun, es gibt
eine Möglichkeit ...!

Beispiel: Sie wollen das Buchungsdatum in der Seitenfeldanzeige gruppieren. Der Weg, über den Sie
dennoch eine Gruppierung im Seitenfeld vornehmen können, ist folgender:

- Arbeiten Sie mit der zuvor erstellen Pivot-Tabelle weiter.

- Stellen Sie das Seitenfeld zunächst als Spaltenfeld dar.

- Nehmen Sie in dieser Position die gewünschte Gruppierung vor.

- Verlagern Sie das Feld von der Spaltenposition in die Seitenposition.

Auf einem kleinen Umweg gelangen Sie so doch noch ans Ziel!

Wenn Sie im Seitenfeld ein Gruppenelement wählen, können Sie die Gesamtergebnisse gezielt für die in der Gruppe zusammengefassten Elemente darstellen.

Im Beispiel aus Abbildung 24.53 haben Sie das Einkaufsdatum in Monats- und Jahresgruppen zusammengefasst. Im nächsten Schritt ziehen Sie das *Sollkonto* aus der *PivotTable-Feldliste* in den Spaltenbereich und danach die Zeilenfelder *Buchungsdatum* und *Jahre* in die Seitenfeldposition. Über diesen Weg ist es möglich, die Auswahl im Listenfeld in Monaten vorzunehmen. Das Ergebnis sehen Sie in Abbildung 24.54.

Abbildg. 24.54 Das Feld *Buchungsdatum* wurde nach Jahren gruppiert und beide Felder in die Seitenposition gezogen

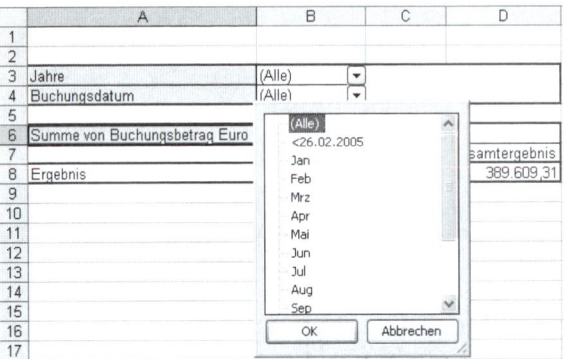

Mit dieser Variante können Sie die Auswertung erweitern.

Das Dialogfeld für die Gruppierung von Datumsangaben bietet noch weitere Standardgruppierungen.

Wenn Sie eine Gruppierung wieder auflösen wollen, gehen Sie den oben beschriebenen Weg wieder rückwärts: Dazu wählen Sie im Menü *Daten* den Befehl *Gruppierung und Gliederung* und im Untermenü den Befehl *Gruppierung aufheben*. Damit lösen Sie die Gruppierung Schritt für Schritt wieder auf.

WICHTIG Eine Gruppierung kann auch ganz einfach über einen Befehl in der Symbolleiste wieder aufgehoben werden. Dafür wäre es günstig, wenn Sie den Befehl *Gruppierung aufheben* beispielsweise in eine beliebige Symbolleiste dauerhaft aufnehmen. So können Sie dafür vorgehen:

1. Wählen Sie im Menü *Ansicht* den Befehl *Symbolleisten* und im Untermenü den Befehl *Anpassen*.

2. Im folgenden Dialogfeld aktivieren Sie die Registerkarte *Befehle*.

3. Im Listenfeld *Kategorien* suchen Sie den Eintrag *Daten* und selektieren ihn. Daraufhin werden im rechten Listenfeld *Befehle* die zu dieser Kategorie gehörenden Befehle als Symbole aufgelistet.

4. Suchen Sie den Befehl *Gruppierung aufheben*, klicken Sie ihn mit der linken Maustaste an und ziehen Sie ihn mit gehaltener Maustaste an die gewünschte Position in eine der Symbolleisten.

5. Lösen Sie nun die Maustaste und der Befehl wird als Symbol in die Symbolleiste aufgenommen.

6. Wiederholen Sie die Schritte 4 und 5 für den Befehl *Gruppierung*.

7. Wenn Sie den Befehl *Gruppierung* nun ebenfalls in die Symbolleiste eingefügt haben, beenden Sie das Dialogfeld – klicken Sie auf die Befehlsschaltfläche *Schließen*.

 Die Gruppierung heben Sie nun auf, indem Sie das gewünschte gruppierte Element markieren und anschließend in der Symbolleiste auf die Schaltfläche *Gruppierung aufheben* klicken.

Eine Tabelle ist oft ständigen Änderungen unterworfen. Wenn Sie aus der Excel-Liste einige Einträge löschen, bedarf es keiner besonderen Maßnahmen. Anders ist zu verfahren, wenn Sie neue Datensätze hinzufügen wollen. Für diesen Fall wird der Datenbereich nicht automatisch an die neue Zeilen- oder Spaltenanzahl angepasst.

Nehmen wir an, Sie haben den Datenbereich Ihrer Quelldaten vergrößert und wollen die zusätzlichen Felder und deren Inhalte in die Pivot-Tabelle übernehmen.

Gehen Sie folgendermaßen vor:

1. Stellen Sie den Mauszeiger an eine beliebige Stelle und rufen Sie den Menübefehl *Daten/Pivot-Table- und PivotChart-Bericht* auf.
2. Im Schritt 3 des Assistenten klicken Sie auf die Schaltfläche *Zurück*.
3. Im neuen Dialogfeld ändern Sie den Quellbereich auf die aktuellen Koordinaten der erweiterten Tabelle und klicken dann auf die Schaltfläche *Fertig stellen*.

Und schon sind Sie fertig! Excel aktualisiert für Sie anschließend die Pivot-Tabelle.

Pivot-Tabellen aktualisieren

Sie wollen in Ihren externen Quelldaten Änderungen vornehmen und möchten die neuen Werte gleich in die bereits bestehende Pivot-Tabelle übernehmen.

HINWEIS Externe Datenquellen können beispielsweise Daten aus Access oder einem OLAP-Cube sein.

Gehen Sie so vor:

1. Aktivieren Sie die Pivot-Tabelle.
2. Selektieren Sie eine Zelle im Datenbereich.
3. Wählen Sie die Schaltfläche *Daten aktualisieren* auf der Symbolleiste *PivotTable*.

Das war's auch schon: Die geänderten Quelldaten werden in der Pivot-Tabelle anzeigt.

HINWEIS Alternativ können Sie den Menübefehl *Daten/Daten aktualisieren* aufrufen und erreichen damit ebenfalls die Neuberechnung der Pivot-Tabelle. Dies gilt sinngemäß auch für Daten aus der gleichen Mappe.

WICHTIG Eine Pivot-Tabelle ist völlig unabhängig von den Basisdaten in dem Tabellenblatt, aus dem sie generiert wurde. Daher ist es nicht möglich, direkt aus der Pivot-Tabelle heraus die Quelldaten zu beeinflussen bzw. zu ändern. Sie haben lediglich Einfluss auf das Layout, d.h. Sie können lediglich die Darstellungsweise der verschiedenen Kategorien bearbeiten.

Stein auf Stein – Erstellen einer Pivot-Tabelle aus einer anderen Pivot-Tabelle

Eine interessante Möglichkeit bei sehr komplexen Pivot-Tabellen besteht darin, eine bereits bestehende Pivot-Tabelle als Grundlage für eine neue Pivot-Tabelle heranzuziehen.

Sie möchten unter Verwendung einer bestehenden Pivot-Tabelle eine darauf aufbauende Pivot-Tabelle erstellen. Eine leichte Aufgabe für Sie:

1. Selektieren Sie, wie beim ersten Aufbau einer Pivot-Tabelle, eine Zelle innerhalb der Basisdaten.

2. Rufen Sie den *PivotTable- und PivotChart-Assistenten* auf und beginnen Sie (wie zuvor beschrieben) mit dem Durcharbeiten des Assistenten.

3. Wenn Sie nach Anzeige der Datenbereichskoordinaten den Befehl *Fertig stellen* auswählen, verzweigt Excel in das Dialogfeld aus Abbildung 24.55.

Abbildg. 24.55 Abfrage, ob Sie den neuen Pivot-Bericht auf eine bestehende Pivot-Tabelle aufsetzten möchten

4. Wenn Sie die *Ja*-Schaltfläche wählen, verzweigt Excel in ein weiteres Dialogfeld, um Ihnen die vorhandenen Pivot-Tabellen aufzulisten, aus der Sie dann Ihre Basistabelle auswählen (Abbildung 24.56).

Abbildg. 24.56 Vorhandene Pivot-Tabellen, auf die Sie aufsetzen können

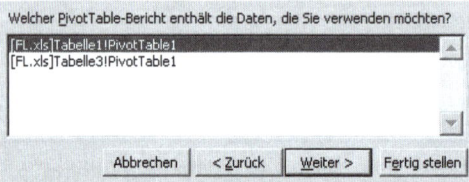

5. Klicken Sie nach Auswahl der Grundtabelle auf die *Weiter* oder *Fertig stellen*, um die bekannten Arbeitsschritte zur Auswahl der Datenfelder und den Aufbau der Pivot-Tabelle vorzunehmen.

HINWEIS   Achten Sie darauf, dass beim Aufruf des *PivotTable- und PivotChart-Assistenten* kein Abschnitt oder gar eine Zelle der Pivot-Tabelle markiert ist. Am besten, Sie beginnen in einem neuen Tabellenblatt mit dem Aufruf des Assistenten.

WICHTIG   Sie sehen in der Liste den Eintrag einer vorhandenen Pivot-Tabelle, die über ihren internen Namen *PivotTable1* angesprochen wird. Diesen Namen einer Pivot-Tabelle finden Sie in den *PivotTable-Optionen*. Das zugehörige Dialogfeld erreichen Sie, indem Sie den Mauszeiger in einer Pivot-Tabelle positionieren, mit der rechten Maustaste das Kontextmenü aktivieren und dort den Befehl *Tabellenoptionen* aufrufen. Dort finden Sie am oberen Rand den Tabellennennamen.

Mehrere Konsolidierungsbereiche verwenden

Mit der Pivot-Tabelle können Sie Daten, die sich in mehreren Bereichen befinden, konsolidieren. Der Vorgang ist ähnlich dem Menübefehl *Daten/Konsolidieren*.

Als Datengrundlage verwenden Sie in diesem Beispiel die Datei *Kons_24.xls* auf der CD-ROM zu diesem Buch im Ordner *\Buch\Kap24* und innerhalb der Mappe folgende Tabellen:

- *KonNord*
- *KonMitte*
- *KonSüd*

Die Ergebnisse werden in der Tabelle *Konsolidierung* dargestellt. Die Datenquelle können Sie ebenfalls von der CD-ROM laden.

In unseren nächsten Beispielen betrachten Sie einige Umsatzberichte und wollen eine Pivot-Tabelle auf der Basis von Konsolidierungsdaten einrichten, um weitere Möglichkeiten der Pivot-Tabelle kennen zu lernen, und zwar:

- Konsolidieren mit Pivot-Tabellen,
- Pivot-Tabellen nach Erstellung abändern und anpassen sowie
- ein berechnetes Element einfügen.

Die Daten, die konsolidiert werden sollen, müssen eine ähnliche Struktur und gleiche Spalten- und Zeilenbeschriftungen aufweisen. Die Gruppierung erfolgt wie bei einer Pivot-Tabelle. Das Ergebnis können Sie, wie gewohnt, in der Darstellungsweise von Pivot-Tabellen verändern und bearbeiten.

Abbildg. 24.57 Struktur der Konsolidierungsbereiche

	A	B	C	D	E	F	G	H	I	J
1		Elektro GmbH		Halbjahresbericht in TEURO			GB	*SÜD*		
2										
3										
4		Warengruppe	Juli	August	September	Oktober	November	Dezember	Halbjahr	
5		Radio HiFi	47,82	45,36	42,85	7,01	10,25	46,45	199,74	
6		Fernsehen	5,00	34,94	47,77	33,11	17,25	25,22	163,28	
7		CD, Video	14,79	38,24	46,99	38,85	38,96	22,90	200,73	
8		Haushaltsgeräte	29,55	18,73	11,11	18,95	12,83	42,29	133,47	
9		Film und Foto	9,12	11,76	45,86	30,36	27,63	27,82	152,54	
10		Computerspiele	29,77	5,74	39,50	13,48	29,21	5,33	123,02	
11		Lampen	23,83	14,72	9,78	34,71	33,26	42,60	158,90	
12		Telefone/Anlagen	32,97	24,45	16,31	5,64	11,76	46,57	137,71	
13		Summe	192,85	193,95	260,17	182,11	181,15	259,17	1269,39	
14										
15										

Info / KonNord / KonMitte \ **KonSüd** /

Erstellen Sie aus den Daten der Tabellenblätter *KonNord, KonMitte und KonSüd* eine Pivot-Tabelle mit der Struktur der Datenquelle aus Abbildung 24.57.

Um die Tabellen mittels Pivot-Tabelle zu konsolidieren, gehen Sie folgendermaßen vor.

1. Starten Sie in einem Tabellenblatt (von einer beliebigen Position) den Assistenten.

2. Wählen Sie in dessen erstem Schritt die Option *Mehrere Konsolidierungsbereiche*.

3. Im unteren Teil des Dialogfelds *Wie möchten Sie die Daten darstellen?* wählen Sie die Option *PivotTable* und klicken auf die Schaltfläche *Weiter*.

4. Sie gelangen in Schritt *2a*. Wählen Sie dort die Option *Einfache Seitenfelderstellung* (Abbildung 24.58) und klicken Sie auf die Schaltfläche *Weiter*.

Abbildg. 24.58   In diesem Schritt wählen Sie die Option *Einfache Seitenfelderstellung*, die automatisch ein Seitenfeld aufbaut

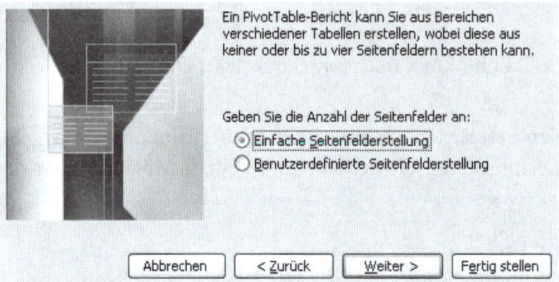

5. Markieren Sie in Schritt *2b* den ersten Quellbereich. Sie übernehmen diesen mit der Schaltfläche *Hinzufügen* in die Liste *Vorhandene Bereiche* (Abbildung 24.59).

Abbildg. 24.59   Die Quellbereiche zur Konsolidierung

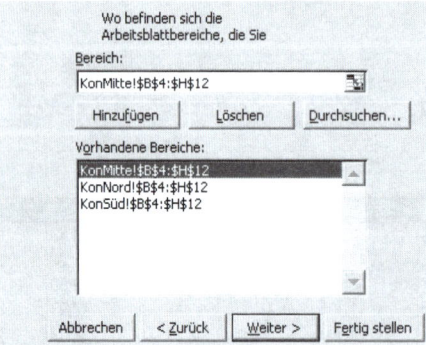

6. Wiederholen Sie diesen letzten Schritt so oft, bis alle erforderlichen Quellbereiche in die Liste eingetragen sind. Betätigen Sie dann die Schaltfläche *Weiter*.

HINWEIS   Enthalten die Quellbereiche Summen, schließen Sie die Zeilen oder Spalten mit Summen **nicht** in den selektierten Bereich mit ein.

---

7. Excel fragt nach dem Ausgabeort – wählen Sie die Option *In neuem Arbeitsblatt* und erstellen Sie dann mit Klick auf die Schaltfläche *Fertig stellen* die konsolidierte Pivot-Tabelle.

> **TIPP** Als Zwischenschritt könnten Sie noch die Schaltfläche *Layout* anwählen, um ggf. die Anordnung der Felder zu verändern.

In unserem Beispiel verfügt die Tabelle nur über eine sehr geringe Anzahl von Feldern, die Excel ohne Unterstützung automatisch angeordnet hat (Abbildung 24.60).

Abbildg. 24.60 Feldanordnung im Layoutbereich der Pivot-Tabelle

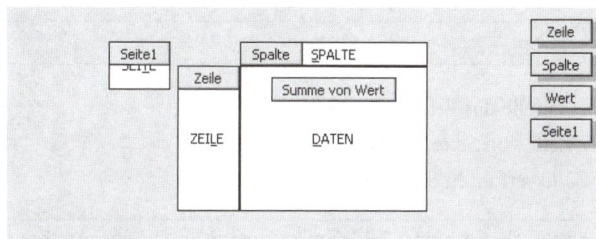

Da Excel nicht über die notwendigen Informationen verfügt, um die Feldnamen zu bestimmen, verwendet es die Oberbegriffe *Seite1*, *Zeile*, *Spalte* usw.

Abbildg. 24.61 Ergebnis der aus mehreren Quellbereichen konsolidierten Pivot-Tabelle

	A	B	C	D	E	F	G	H
1	Seite1	(Alle) ▾						
2								
3	Summe von Wert	Spalte ▾						
4	Zeile ▾	Juli	August	September	Oktober	November	Dezember	Gesamtergebnis
5	CD, Video	49,44	99,00	133,55	109,50	97,64	83,20	572,32
6	Computerspiele	93,04	90,47	78,51	59,18	66,70	48,41	436,31
7	Fernsehen	79,24	97,32	91,09	90,00	100,41	66,06	524,11
8	Film und Foto	34,12	64,03	106,85	95,54	73,10	49,80	423,44
9	Haushaltsgeräte	55,43	40,23	47,96	80,64	86,45	107,22	417,92
10	Lampen	38,03	27,08	48,22	113,88	121,85	119,39	468,45
11	Radio HiFi	88,03	78,41	91,60	48,32	87,90	119,08	513,34
12	Summe	524,26	551,71	703,55	698,97	730,09	693,09	3.901,67
13	Telefone/Anlagen	86,94	55,18	105,78	101,91	96,03	99,92	545,76
14	Gesamtergebnis	1.048,52	1.103,42	1.407,10	1.397,94	1.460,17	1.386,18	7.803,33

> **HINWEIS** Excel führt bei einer Konsolidierung automatisch ein zusätzliches Tabellenblatt in die Mappe ein.

Mit der Option *Einfache Seitenfelddarstellung* wird vom Assistenten nur ein Seitenfeld für alle gewählten Bereiche erstellt. Die einzelnen Bereiche werden als Elemente im Listenfeld des Seitenfeldes eingefügt. Mit der Option *Benutzerdefinierte Seitenerstellung* werden den zu übernehmenden Bereichen Elementnamen zugeordnet.

Ändern Sie nun die Feldnamen der Pivot-Tabelle in den entsprechenden Zellen analog Tabelle 24.5 ab. Hier die Schritte:

Tabelle 24.5 Liste zur Änderung der Feldnamen

Ursprünglicher Feldname	Zelle	Neuer Feldname
Seite1	A1	*Geschäftsbereich*
Zeile	A4	*Warengruppe*
Spalte	B3	*Monat*

1. Selektieren Sie in der Pivot-Tabelle das Feld *Seite1* (Zelle *A1*).
2. Ändern Sie den Text dieser Zelle von *Seite1* in *Geschäftsbereich*.
3. Für die Felder *Spalte* und *Zeile* verfahren Sie analog.

HINWEIS Mit einem Doppelklick auf einen Feldnamen gelangen Sie unmittelbar in das Dialogfeld *PivotTable-Feld* und können auch dort das bereits markierte Textfeld abändern.

WICHTIG Klicken Sie auf den Pfeil in Zelle *B1*. Excel zeigt Ihnen anstelle der Bereichsnamen nur Platzhalter an (*Element1*, *Element2* usw.). Erstellt Excel das Seitenfeld, sparen Sie zunächst Zeit; Sie sollten aber später die Platzhalter mit aussagekräftigen Namen versehen. Der Arbeitsablauf verläuft analog dem bereits oben beschriebenen Verfahren.

Berichte formatieren

Wenn Sie Pivot-Berichte schnell und einheitlich formatieren wollen, kann Ihnen Excel die Arbeit durch vorgefertigte *Formatberichte* erleichtern. Mit Hilfe dieser Anwendungsmöglichkeiten sind Sie in der Lage, durch wenige Mausklicks optisch ansprechende und erstklassig formatierte Berichte zu erstellen. Neben dem *Standardformat* und der Option *Keine Formatierung* haben Sie die Möglichkeit, zwischen zehn weiteren AutoFormat-Berichten zu wählen.

Ausgehend von unserem zuletzt erstellten Beispiel einer Konsolidierung (siehe Abbildung 24.61) werden Sie nun einige Varianten des AutoFormats für Pivot-Tabellen kennen lernen.

In unserem Beispielbericht werden die Daten der jeweiligen Monate in separaten Blöcken zusammengefasst, sodass Sie alle Artikel nur monatsweise betrachten können. Die Summe der vorhandenen Artikel wird oberhalb der Daten gebildet. Die weiteren Varianten unterscheiden sich in der Anordnung der Daten und der Aggregationen sowie in der Farb- und Linienauswahl voneinander.

Eine einfache AutoFormatierung erreichen Sie, indem Sie den Mauszeiger in den Tabellenbereich positionieren und den Befehl *Format/AutoFormat* aufrufen, dort ein passendes Muster auswählen und den Daten zuweisen. Im obigen Beispiel wurde das erste angebotene Formatmuster der Konsolidierung zugewiesen (Abbildung 24.62).

Abbildg. 24.62 Beispielbericht mit einfacher schwarz-weißer Farbgebung

	A	B	C
1	Geschäftsbereich	(Alle) ▼	
2			
3	**Monat** ▼	**Warengrupp** ▼	**Wert**
4	**Juli**		**1.048,52**
5		CD, Video	49,44
6		Computerspiele	93,04
7		Fernsehen	79,24
8		Film und Foto	34,12
9		Haushaltsgeräte	55,43
10		Lampen	38,03
11		Radio HiFi	88,03
12		Summe	524,26
13		Telefone/Anlagen	86,94
14			
15	**August**		**1.103,42**
16		CD, Video	99,00
17		Computerspiele	90,47
18		Fernsehen	97,32
19		Film und Foto	64,03
20		Haushaltsgeräte	40,23
21		Lampen	27,08
22		Radio HiFi	78,41
23		Summe	551,71
24		Telefone/Anlagen	55,18

◄ ◄ ► ►◄ \ Info / KonNord / KonMitte \ **Tabelle2** / KonSüd /

Neben den Berichten bietet dieser Assistent ebenfalls noch zehn Tabellenformate an. Bei den formatierten Tabellen handelt es sich in dieser Anwendungsmöglichkeit in erster Linie um das Einfügen von farbigen Linien und Flächen, um die Übersichtlichkeit innerhalb der Daten zu verbessern (Abbildung 24.63).

Abbildg. 24.63 Automatische Formatierung der Pivot-Tabelle über den Befehl *Bericht formatieren (Tabelle2)*

	A	B	C	D	E	F	G	H
1	Geschäftsbereich	(Alle) ▼						
2								
3	Wert	Monat ▼						
4	**Warengruppe** ▼	Juli	August	September	Oktober	November	Dezember	Gesamtergebnis
5	CD, Video	49,44	99,00	133,55	109,50	97,64	83,20	572,32
6	Computerspiele	93,04	90,47	78,51	59,18	66,70	48,41	436,31
7	Fernsehen	79,24	97,32	91,09	90,00	100,41	66,06	524,11
8	Film und Foto	34,12	64,03	106,85	95,54	73,10	49,80	423,44
9	Haushaltsgeräte	55,43	40,23	47,96	80,64	86,45	107,22	417,92
10	Lampen	38,03	27,08	48,22	113,88	121,85	119,39	468,45
11	Radio HiFi	88,03	78,41	91,60	48,32	87,90	119,08	513,34
12	Summe	524,26	551,71	703,55	698,97	730,09	693,09	3.901,67
13	Telefone/Anlagen	86,94	55,18	105,78	101,91	96,03	99,92	545,76
14	Gesamtergebnis	1.048,52	1.103,42	1.407,10	1.397,94	1.460,17	1.386,18	7.803,33

Die automatische Formatierung der Pivot-Tabelle oder die Ausgabe als Bericht erreichen Sie über den entsprechenden Befehl *PivotTable* in der Symbolleiste *PivotTable*. Gehen Sie dazu so vor:

1. Positionieren Sie den Mauszeiger innerhalb der Pivot-Tabelle.

2. Klicken Sie in der Symbolleiste *PivotTable* die Schaltfläche *Bericht formatieren* an.

Abbildg. 24.64 Der Befehl *Bericht formatieren* mit den AutoFormaten findet sich auch in der Dropdown-Liste PivotTable auf der gleichnamigen Symbolleiste

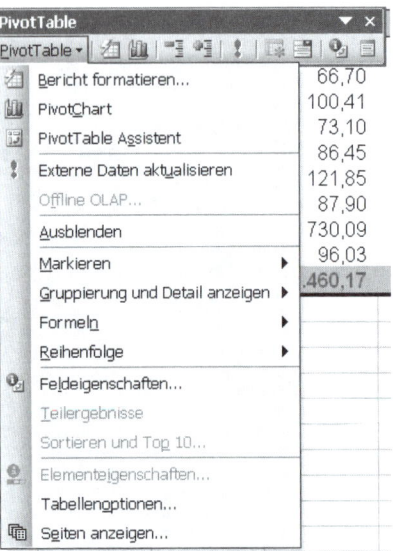

3. Ein Klick auf dieses Symbol öffnet das Auswahl-Dialogfeld zur Formatierung der Berichte und Tabellen.

Abbildg. 24.65 Auswahl-Dialogfeld für automatische Berichte und Tabellen bei der Arbeit mit Pivot-Tabellen

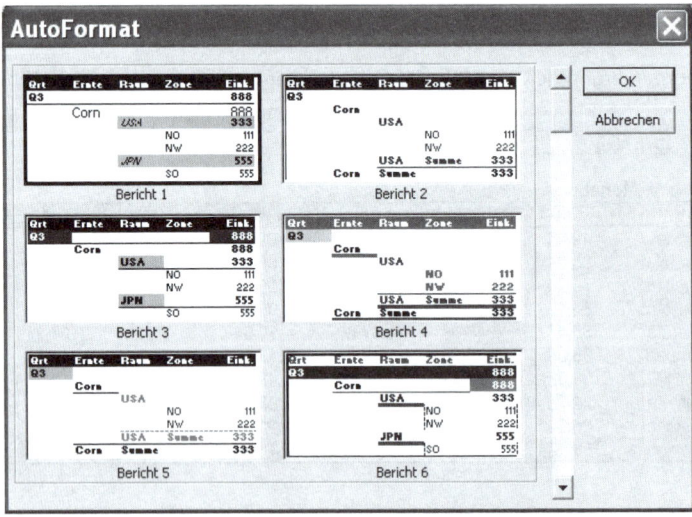

4. Suchen Sie sich den passenden Bericht oder die passende Formatierung aus, markieren die Auswahlfläche und betätigen Sie mit Klick auf die Schaltfläche *OK*.

Ihre Pivot-Tabelle wird jetzt entsprechend dem AutoFormat umgestaltet und formatiert.

HINWEIS   Um ggf. wieder auf die Ausgangstabelle mit der Standformatierung zu kommen, finden Sie am Ende der AutoFormat-Liste eine Formatierung für die *Standard-PivotTable* oder *Kein(e)* Formatierung.

Markieren per Befehl

Mit dem Befehl *Markieren* (Abbildung 24.66) können Sie gezielt Teile der Pivot-Tabelle markieren und individuell bearbeiten, z.B. formatieren.

Auswählbare Bereiche in einer Pivot-Tabelle sind:

- Einzelne Zellen

- Ein gesamter Bericht

- Alle Elemente in einem Feld

- Elementbeschriftungen, Daten oder Elementbeschriftungen und Daten gleichzeitig

- Alle Instanzen eines einzelnen Elements

- Eine Instanz eines Elements

- Mehrere Elemente

- Summen und Gesamtsummen

Um mit diesem Befehl arbeiten zu können, muss sich der Mauszeiger innerhalb der Pivot-Tabelle befinden. Dann wählen Sie zuerst den Befehl *Ganze Tabelle* und danach den Befehl für die Auswahl der Zeilen- und Spaltenbeschriftung und der Daten oder den Befehl für die Auswahl von *Beschriftung und Daten*.

Abbildg. 24.66 Der Befehl *Markieren* mit den Markierungsmöglichkeiten innerhalb von Pivot-Tabellen

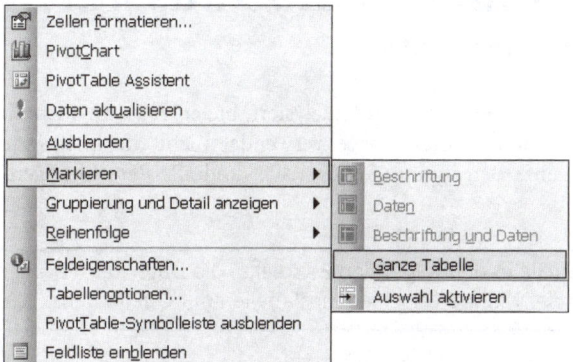

In der noch im Einsatz befindlichen Version Excel 97 wurden automatisch beim Anklicken einer bestimmten Position, z.B. einer Zwischensumme, alle Zeilen, die eine Zwischensumme bildeten, markiert. Diese automatische Erweiterung der Markierung findet seit der Version Excel 2000 nicht mehr statt. Vielmehr können jetzt in sehr großen Pivot-Tabellen die Unterbefehle des Befehls *Markieren* diese Aufgaben übernehmen. Eine besondere Rolle übernimmt der Befehl *Auswahl aktivieren*.

Ist der Befehl *Auswahl aktivieren* angeklickt worden, bestehen für Sie zusätzliche Markierungs- und Datenauswahlmöglichkeiten innerhalb der Pivot-Tabelle.

Positionieren Sie beispielsweise den Mauszeiger am oberen Rand einer Überschrift (*September*), erhalten Sie ein anderes Mauszeigersymbol, einen Pfeil der nach unten zeigt. Drücken Sie jetzt die linke Maustaste, wird die gesamte Spalte markiert (Abbildung 24.67). Ist hingegen der Befehl *Auswahl aktivieren* nicht angewählt worden, können Sie lediglich die Zelle markieren.

Abbildg. 24.67   Auswahl einer Spalte mit dem Selektionspfeil bei aktivem Befehl *Auswahl aktivieren*

Monat ▼		
Juli	August	September
49,44	99,00	133,55
93,04	90,47	78,51
79,24	97,32	91,09
34,12	64,03	106,85
55,43	40,23	47,96
38,03	27,08	48,22
102,03	78,41	91,60
86,94	55,18	105,78
538,26	551,71	703,55

HINWEIS   Führen Sie das Pfeilsymbol mit gedrückter linker Maustaste auf die Spalten *Oktober* und *November,* werden die Spalten zusätzlich markiert.

Selektieren Sie mit dem Auswahlpfeil die Spalte *Warengruppe* und ziehen Sie dann das Pfeilsymbol mit gedrückter Maustaste nach rechts, um eventuell die Spalten *Juli* und *August* zusätzlich zu markieren. Es erscheint das Symbol für neue Zeilenanordnung und der Verschiebevorgang für die *Warengruppe* wird automatisch eingeleitet.

Mit berechneten Feldern aufschlussreiche Informationen gewinnen

Haben Sie bisher mit der Pivot-Tabelle überwiegend analysiert, bietet sich nun auch die Möglichkeit, erweiterte Berechnungen durchzuführen. Diese verwendet nicht die integrierten Berechnungstypen. Sie können Ihr eigenes Berechnungsfeld erstellen und alle Berechnungen auch speichern.

Als Datengrundlage verwenden Sie in den folgenden Beispielen die Datei *Kons_24.xls* auf der CD zu diesem Buch und innerhalb der Mappe verschiedene Tabellen mit Quelldaten.

In unseren nächsten Beispielen wollen Sie eine Pivot-Tabelle erstellen und weitergehende Möglichkeiten von

- berechneten Feldern,
- berechneten Elementen sowie
- die Funktion *Pivotdatenzuordnen*

kennen lernen.

Mit den berechneten Feldern und berechneten Elementen erhalten Sie die Möglichkeit, innerhalb der Pivot-Tabelle mit allen Feldern oder Elementen besondere Berechnungen durchzuführen. Mit der Funktion *Pivotdatenzuordnen* können Sie von außerhalb der Pivot-Tabelle auf Daten innerhalb dieser zugreifen, Daten in eine normale Tabellenumgebung übernehmen und zusätzlich Berechnungen ausführen.

Berechnete Elemente

Auf der Grundlage einer Formel berechnen Sie mit den Inhalten eines Feldes oder einem Element in der Pivot-Tabelle einen neuen Inhalt und erhalten als Ergebnis ein Element in einem Pivot-Tabellen-Feld – ein so genanntes berechnetes Element.

Berechnete Felder

Auf der Grundlage einer Formel berechnen Sie unter Verwendung des Inhalts anderer Felder den neuen Inhalt eines Feldes. Dabei arbeiten Formeln für berechnete Felder immer mit allen verfügbaren Pivot-Tabellen-Daten. Es ist Ihnen nicht möglich, den Wirkungsbereich der Formeln einzuschränken, etwa durch den Versuch, in der Formel einen bestimmten Ausschnitt der Daten einzutragen.

Berechnungsfeld in einer Pivot-Tabelle erstellen

Über den Weg der Berechnungsfelder können Sie Ihre Pivot-Tabelle erweitern, z.B. ergänzende Berechnungen durchführen.

In der Arbeitsmappe *Kons_24_Lösung.xls* im Tabellenblatt *Konsolidierung* (das Sie ggf. auch selbst erstellt haben) sind die Nettoumsätze dreier Bereiche dargestellt. Wenn Sie jetzt die Umsatzsteueranteile berechnen wollen:

1. Klicken Sie auf eine Zelle innerhalb der Pivot-Tabelle, um sie zu aktivieren.
2. Klicken Sie in der Symbolleiste *PivotTable* auf die Schaltfläche *PivotTable*, wählen den Befehl *Formeln* und im Untermenü den Befehl *Berechnetes Feld*. Das Dialogfeld aus Abbildung 24.68 wird aufgerufen.

Abbildg. 24.68 Im Dialogfeld *Berechnetes Feld einfügen* können Sie benutzerdefinierte Felder hinzufügen

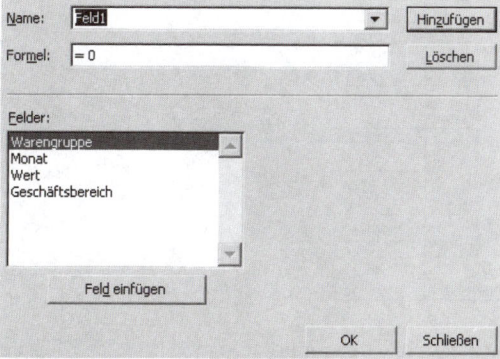

3. In das Feld *Name* (Vorgabetext *Feld1*) geben Sie *Umsatzsteueranteil* als Namen für das berechnete Feld ein.

4. Klicken Sie in das Feld *Formel*, wählen Sie das benötigte Feld im Listenfeld *Felder* aus und klicken Sie dann auf die Schaltfläche *Feld einfügen*.

5. Erstellen Sie folgende Formel für die Umsatzsteuerberechnung: =Wert * 0,16

6. Klicken Sie zunächst auf die Schaltfläche *Hinzufügen* und dann auf die Schaltfläche *OK*. Das Ergebnis – die berechnete Pivot-Tabelle – zeigt Ihnen die Abbildung 24.69.

Abbildg. 24.69 Neu berechnete Zeilen auf der Grundlage der Umsatzsteuerberechnung werden in der Pivot-Tabelle angezeigt (Tabellenausschnitt)

	A	B	C	D	E	F
1						
2	Geschäftsbereich	(Alle)				
3						
4			Monat			
5	Warengruppe	Daten	Juli	August	September	Oktober
6	CD, Video	Summe von Wert	49,44	99,00	133,55	109,50
7		Summe von Umsatzsteueranteil	7,91	15,84	21,37	17,52
8	Computerspiele	Summe von Wert	93,04	90,47	78,51	59,18
9		Summe von Umsatzsteueranteil	14,89	14,47	12,56	9,47
10	Fernsehen	Summe von Wert	79,24	97,32	91,09	90,00
11		Summe von Umsatzsteueranteil	12,68	15,57	14,57	14,40
12	Film und Foto	Summe von Wert	34,12	64,03	106,85	95,54
13		Summe von Umsatzsteueranteil	5,46	10,25	17,10	15,29
14	Haushaltsgeräte	Summe von Wert	55,43	40,23	47,96	80,64
15		Summe von Umsatzsteueranteil	8,87	6,44	7,67	12,90
16	Lampen	Summe von Wert	38,03	27,08	48,22	113,88
17		Summe von Umsatzsteueranteil	6,08	4,33	7,72	18,22
18	Radio HiFi	Summe von Wert	102,03	78,41	91,60	48,32
19		Summe von Umsatzsteueranteil	16,33	12,54	14,66	7,73
20	Telefone/Anlagen	Summe von Wert	86,94	55,18	105,78	101,91
21		Summe von Umsatzsteueranteil	13,91	8,83	16,92	16,31
22	Gesamt: Summe von Wert		538,26	551,71	703,55	698,97
23	Gesamt: Summe von Umsatzsteueranteil		86,12	88,27	112,57	111,84

Über den Pfeil an der Schaltfläche *Daten* können Sie ein Dialogfeld öffnen, das die Spalte *Wert* und/oder die Spalte *Daten* aus- und wieder einblendet (siehe Abbildung 24.70).

Abbildg. 24.70 Dialogfeld zum Ein- bzw. Ausblenden der einer Warengruppe zugeordneten Werte

	A	B	C
1			
2	Geschäftsbereich	(Alle)	
3			
4			Monat
5	Warengruppe	Daten	Juli
6	CD, Video	☑ (Alle anzeigen)	49,44
7		☑ Summe von Wert	7,91
8	Computerspiele	☑ Summe von Umsatzsteuerant	93,04
9			14,89
10	Fernsehen		79,24
11			12,68
12	Film und Foto		34,12
13			5,46
14	Haushaltsgeräte		55,43
15		OK Abbrechen	8,87
16	Lampen		38,03
17		Summe von Umsatzsteueranteil	6,08

Entfernen Sie durch einen Mausklick das Häkchen und bestätigen Sie durch Klick auf die Schaltfläche *OK*, so werden die zugehörigen Daten nicht mehr angezeigt. Durch erneutes Öffnen des Dialogfelds können Sie mit einem Mausklick die Option wieder aktivieren und erneut die Schaltfläche *OK* anklicken, damit die Daten wieder angezeigt werden.

HINWEIS In berechneten Feldern und Elementen können Sie Ihre Formeln, Operatoren und Ausdrücke in gleicher Weise wie in Tabellenformeln verwenden. Ebenso können Sie Konstanten festlegen und auf Daten aus der Pivot-Tabelle verweisen. Hingegen ist es nicht erlaubt, Zellbezüge oder festgelegte Namen zu benutzen. Demzufolge können Sie keine Tabellenfunktionen verwenden, die als Parameter Zellbezüge oder festgelegte Namen erfordern. Matrixfunktionen können genauso wenig eingesetzt werden.

WICHTIG Formeln für berechnete Felder arbeiten immer mit allen verfügbaren Pivot-Tabellen-Daten. Ihr Wirkungsbereich kann nicht eingeschränkt werden, indem Sie in der Formel einen bestimmten Ausschnitt der Daten angeben.

Berechnetes Element

Sollten in Ihrer Pivot-Tabelle Elemente aufgebaut worden sein, können Sie auf diese Elemente gezielte Berechnungen vornehmen.

Beispiel: Sie möchten die in Abbildung 24.69 gezeigte Pivot-Tabelle so umgestalten, dass die Felder *Warengruppe* und *Geschäftsbereich* als Spaltenfeld und das Feld *Monat* als Zeilenfeld angeordnet wird – hier die Schritte:

1. Klicken Sie in dem Konsolidierungsblatt auf die Pivot-Tabelle.
2. Markieren Sie dort mit der linken Maustaste das Feld *Geschäftsbereich*, halten Sie die Maustaste gedrückt und ziehen Sie das Feld rechts neben das Spaltenfeld *Warengruppe*.
3. Wenn die Markierungslinie für das Feld richtig positioniert ist, lassen Sie die Maustaste wieder los.

Sie erhalten die aus Abbildung 24.71 ersichtliche Pivot-Tabelle.

Abbildg. 24.71 Ausschnittweise das Ergebnis der neuen Feldanordnung

	A	B	C	D	E	F	G
3							
4				Monat ▼			
5	Warengruppe ▼	Geschäftsbereich ▼	Daten ▼	Juli	August	September	Oktober
6	CD, Video	KonMitte	Summe von Wert	26,16	36,02	48,38	48,17
7			Summe von Umsatzsteuerante	4,18	5,76	7,74	7,71
8		KonNord	Summe von Wert	8,49	24,74	38,18	22,48
9			Summe von Umsatzsteuerante	1,36	3,96	6,11	3,60
10		KonSüd	Summe von Wert	14,79	38,24	46,99	38,85
11			Summe von Umsatzsteuerante	2,37	6,12	7,52	6,22
12	CD, Video Summe von Wert			49,44	99,00	133,55	109,50
13	CD, Video Summe von Umsatzsteueranteil			7,91	15,84	21,37	17,52
14	Computerspiele	KonMitte	Summe von Wert	26,77	48,20	5,68	18,80
15			Summe von Umsatzsteuerante	4,28	7,71	0,91	3,01
16		KonNord	Summe von Wert	36,51	36,53	33,33	26,90
17			Summe von Umsatzsteuerante	5,84	5,84	5,33	4,30
18		KonSüd	Summe von Wert	29,77	5,74	39,50	13,48
19			Summe von Umsatzsteuerante	4,76	0,92	6,32	2,16
20	Computerspiele Summe von Wert			93,04	90,47	78,51	59,18
21	Computerspiele Summe von Umsatzsteueranteil			14,89	14,47	12,56	9,47
22	Fernsehen	KonMitte	Summe von Wert	31,42	45,37	5,97	46,87
23			Summe von Umsatzsteuerante	5,03	7,26	0,96	7,50
24		KonNord	Summe von Wert	42,82	17,01	37,35	10,02
25			Summe von Umsatzsteuerante	6,85	2,72	5,98	1,60
26		KonSüd	Summe von Wert	5,00	34,94	47,77	33,11
27			Summe von Umsatzsteuerante	0,80	5,59	7,64	5,30

Entfernen Sie nun das berechnete Feld *Umsatzsteueranteil*:

1. Selektieren Sie eine Zelle in der Pivot-Tabelle.

2. Wählen Sie in der Symbolleiste *PivotTable* den Befehl *PivotTable*, aus der Liste der Befehle den Eintrag *Formeln* und dann im Untermenü den Befehl *Berechnetes Feld*.

3. Im Dialogfeld *Berechnetes Feld einfügen* öffnen Sie das Listenfeld *Name*.

4. Markieren Sie dort den Eintrag *Umsatzsteueranteil*, klicken Sie auf die Schaltfläche *Löschen* und bestätigen Sie mit Klick auf *OK*. Alle Inhalte des berechneten Feldes im Datenbereich werden entfernt.

Ein anderes Beispiel: Sie wissen, dass in den Geschäftsbereichen auf allen Umsätzen der Warengruppe *CD, Video* 33,5 % Deckungsbeitrag kalkuliert sind. So berechnen Sie mit der Pivot-Tabelle den absoluten Betrag für alle Monate:

1. Aktivieren Sie die Pivot-Tabelle.

2. Selektieren Sie im Spaltenfeld *Warengruppe* die Zelle mit dem Eintrag *CD, Video*.

3. Rufen Sie über die Symbolleiste *PivotTable* den Befehl *PivotTable/Formeln* und im folgenden Untermenü den Befehl *Berechnetes Element* auf.

4. Markieren Sie im Listenfeld *Name* den Eintrag *Formel1* und ersetzen Sie ihn durch *Deckungsbeitrag CD*.

5. Wechseln Sie mit einem Mausklick in das Listenfeld *Elemente* und doppelklicken Sie auf den Eintrag *CD, Video*.

6. Der Eintrag *CD, Video* wird in das Feld *Formel* übernommen. Entwickeln Sie die komplette Formel (vgl. Abbildung 24.72). Sie könnte z.B. lauten:

```
='CD, Video'*0,335
```

Im Dialogfeld *Berechnetes Element einfügen* können Sie die Berechnungsformel entwickeln

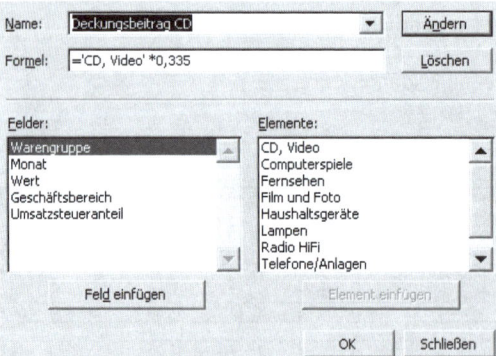

7. Klicken Sie auf die Schaltfläche *Hinzufügen*.

> **HINWEIS**   Wenn Sie eine Funktion in diesem Dialogfeld verändern, wird die Schaltfläche *Hinzufügen* durch die Schaltfläche *Ändern* ersetzt.

8. Übernehmen Sie die Funktion durch einen Klick auf die Schaltfläche *OK*.

Die aktualisierte Pivot-Tabelle enthält im unteren Abschnitt die neu hinzugefügten berechneten Elemente.

> **HINWEIS** Wenn in dem Feld, in welchem das berechnete Element hinzugefügt werden soll, Elemente gruppiert sind, müssen Sie zuerst die Gruppierung aufheben.

> **WICHTIG** Wenn eine Zelle im Datenbereich den Schnittpunkt eines berechneten Elements mit einem berechneten Feld bildet, hat die Formel für das berechnete Feld Vorrang vor der Berechnung des berechneten Elementes.

Die Funktion *PIVOTDATENZUORDNEN*

Die Funktion *PIVOTDATENZUORDNEN* erscheint bei erster Betrachtung sehr unscheinbar und erschließt einem Anwender auch nicht unmittelbar das in ihr steckende Potenzial. In der Praxis gibt es immer wieder Situationen, in denen eine Berechnung notwendig wäre, die nicht innerhalb der Pivot-Tabellen durchgeführt werden kann. Die Funktion *PIVOTDATENZUORDNEN* bietet Ihnen diese Möglichkeit, um weitere Berechnungen durchführen zu können oder aber Tabellenberichte aufzubauen, die auf einer oder vielen Pivot-Tabellen beruhen. Sie dient auch dazu, Pivot-Tabellen berechnend zu verknüpfen. In diesem Abschnitt wird lediglich auf die einfache Anwendungsform eingegangen – tiefer gehende Beispiele finden Sie im Buch *Microsoft Excel – Das Profibuch, Microsoft Press, ISBN 3-86063-659-6.*

Der Zugriff auf die Daten kann in der gleichen Tabelle, in einer anderen Tabelle oder sogar in eine andere Mappe hinein erfolgen. Um auf Daten aus einer anderen Mappe zuzugreifen, ist es nicht erforderlich, dass die Mappe geladen ist. Die genaue Pfadbezeichnung innerhalb der Funktion ist ausreichend.

Die Funktion existiert in zwei Syntax-Versionen. Die Ursache liegt darin, dass die Syntax-Variante der Excel-Version 97 nach wie vor auch in der aktuellen und den vorausgegangen Excel-Versionen funktionsfähig ist.

Die »alte« allgemeine Syntax lautet:
=PIVOTDATENZUORDNEN(Pivottabelle;Name)

In unserem Konsoldierungsbeispiel lautet die konkrete Funktion, um den Juli-Wert der Computerspiel-Umsätze für den Bereich *Mitte* abzufragen
=PIVOTDATENZUORDNEN(A4;"Computerspiele KonMitte Juli")

Die Funktion arbeitet mit zwei Argumenten: *Pivottabelle* und *Name*. Das Argument *Pivottabelle* beschreibt den Bezug zur Pivot-Tabelle, in der sich die Daten befinden. Es ist unerheblich, welche Zelle als Adresse benutzt wird. Befindet sich die Zelle in einer anderen Tabelle, muss zusätzlich noch der Name der Tabelle angegeben werden. Greifen Sie auf eine Tabelle in einer anderen Mappe zurück, so müssen Sie neben dem Namen der Tabelle auch noch den Namen der Mappe angeben. Es empfiehlt sich, in einer Pivot-Tabelle die linke obere Zelle als erstes Argument in der Funktion zu verwenden. Jede Veränderung der Daten, entweder der Basisdaten oder der Anordnung der Feldschaltflächen verändert auch den Anzeigebereich der Pivot-Tabelle. Haben Sie als erstes Argument der Funktion eine Zelle gewählt, die plötzlich nicht mehr zum Pivot-Tabellen-Bereich gehört, liefert die Funktion *Pivotdatenzuordnen* kein Ergebnis mehr. Das zweite Argument *Name* gibt den Namen der Zelle an, aus dem die Werte angezeigt werden sollen. Es setzt sich üblicherweise aus mehreren Feldbezeichnungen zusammen und muss in seiner Gesamtheit in Anführungszeichen gesetzt werden.

Mit Einführung der Excel-Version 2000 wurde die Syntax geändert und lautete allgemein:

PIVOTDATENZUORDNEN(Datenfeld;PivotTable;Feld1;Element1;Feld2;Element2;...)

Im Gegensatz zur vorherigen Syntax steht die Lokalisierung der Pivot-Tabelle nicht mehr im ersten Argument der Funktion.

Datenfeld ist der Name des Feldes im Datenbereich, in Anführungszeichen geschrieben, aus dem die Daten gelesen bzw. abgerufen werden sollen.

PivotTable ist der Bezug auf die Pivot-Tabelle aus der die Informationen entnommen werden. Es kann ein Bezug auf eine Zelle, einen Zellbereich oder einen benannten Zellbereich in einem Pivot-Table-Bericht sein.

Feld1, Element1 usw. bildet jeweils ein Paar aus einem Feld- und Elementnamen (möglich sind insgesamt 14 Feld-/Elementpaare), das die Daten beschreibt, die von Ihnen abgerufen werden sollen. Die Feld- und Elementnamen als Paar können in einer beliebigen Reihenfolge in der Funktion aufgebaut werden. Syntaktisch ist darauf zu achten, dass Feld- und Elementnamen, die nicht aus Datumsangaben oder Zahlen bestehen, in Anführungszeichen eingeschlossen sein müssen.

> **HINWEIS** Eine abweichende Syntax gilt für *OLAP Pivot-Tabellen Berichte*: Dort können Elemente den Quellnamen der Dimension sowie den Quellnamen des Elements enthalten. Ein Paar aus Feld und Element könnte für eine *OLAP* Pivot-Tabelle wie folgt aussehen:
> `"[Produkt]","[Produkt].[Alle Produkte].[Material].[Kondensatoren]"`

Das vergleichbare Beispiel zur obigen, herkömmlichen Syntax der Datenabfrage auf unser Konsolidierungsbeispiel lautet:

`PIVOTDATENZUORDNEN("Wert";$A$4;"Warengruppe";"Computerspiele";"Monat";    "Juli";"Geschäfts-`
`bereich";"KonMitte")`

> Excel unterstützt Sie beim Aufbau der Funktion sehr intensiv. Einerseits können Sie mit den Funktionsassistenten arbeiten. Weitaus günstiger ist es, bei entsprechender Einstellung in Excel, wenn Sie in der Ergebniszelle ein Gleichheitszeichen (=) eintragen und dann auf die Zielzelle in der Pivot-Tabelle klicken. Excel baut dann automatisch und syntaktisch passend die Funktion auf. Es gibt nur ganz wenige Ausnahmen, bei denen dieser Automatismus nicht funktioniert.
>
> Die Standardeinstellung beinhaltet den automatischen Funktionsaufbau, der auf den Befehl *GetPivotData generieren* zurückgeht. Es gibt ein Befehlssymbol *GetPivotData generieren*. Sollte dieses Symbol bei Ihnen in einer Symbolleiste vorhanden sein, dann können Sie mit einem Klick auf dieses Symbol die Automatik für den Befehlsaufbau der Funktion *PIVOTDATENZUORDNEN ()* abschalten.

Wie können Sie mit der Funktion *PIVOTDATENZUORDNEN* aus der im vorausgehenden Beispiel erstellten Tabelle *Konsolidierung* Daten abfragen? Nehmen wir an, Sie möchten zuerst den Gesamtbetrag für den Monat *Juli* wissen, dann den Umsatz der *Computerspiele* in der Region *Nord* und im *Juli* und zuletzt interessieren Sie sich für den Deckungsbeitrag im *Juli* für alle drei Bereiche.

Sie lösen die Aufgabe mittels der Pivot-Tabelle *Konsolidieren* und der Funktion *PIVOTDATENZU-ORDNEN*:

1. Erstellen Sie eine Pivot-Tabelle (oder verwenden Sie die Pivot-Tabelle aus der vorausgegangenen Übung) bzw. verwenden Sie aus der Lösungstabelle das Blatt *Konsolidierung*.

2. Schreiben Sie unterhalb der Pivot-Tabelle, in Zelle *B44* beginnend:
   Gesamtbetrag im Juli
   Umsatz der Computerspiele Region Nord im Juli
   Deckungsbeitrag CD im Juli für alle Geschäftsbereiche

3. In die Zelle *G44* tragen Sie zunächst folgende Formel ein:
   ```
   =PIVOTDATENZUORDNEN("Wert";$A$4;"Monat";"Juli")
   ```

WICHTIG   Zusätzlich müssen Sie noch das Ergebnis der Berechnung in Zelle *G46* abziehen!

Die ist deshalb erforderlich, weil in der Gesamtsumme der Spalte *Juli* auch der Wert des Deckungsbeitrages einbezogen ist. Es ist sehr sorgfältig darauf zu achten, welche zusätzlichen Berechnungen (Felder und Elemente) in der Pivot-Tabelle aufgebaut wurden und somit in die Gesamtsummen eingeschlossen sind.

```
=PIVOTDATENZUORDNEN("Wert";$A$4;"Monat";"Juli")-G46
Hinter G46 verbirgt sich die Funktion:
=PIVOTDATENZUORDNEN("Wert";$A$4;"Warengruppe";"DeckungsbeitragCD";"Monat";"Juli")
```

4. In die Zelle *G45* schreiben Sie die folgende Formel:
   ```
   =PIVOTDATENZUORDNEN("Wert";$A$4;"Warengruppe";"Computerspiele";"Monat";"Juli";"Geschäfts
   bereich";"KonNord")
   ```

5. Und in die Zelle *G46* geben Sie zuletzt noch folgende Formel ein:
   ```
   =PIVOTDATENZUORDNEN("Wert";$A$4;"Warengruppe";"DeckungsbeitragCD";"Monat";"Juli")
   ```

Dadurch können Sie nun außerhalb der Pivot-Tabelle Ergebnisse abfragen und darstellen, die auf Felder innerhalb einer Pivot-Tabelle Bezug nehmen (Abbildung 24.73).

Abbildg. 24.73 Ermittlung von Werten mit der Funktion *Pivotdatenzuordnen* außerhalb der Pivot-Tabelle

	A	B	C	D	E	F	G	H	I
1									
2									
3									
4	Summe von Wert		Monat						
5	Warengruppe	Geschäftsbereich	Juli	August	September	Oktober	November	Dezember	Gesamtergebnis
6	CD, Video	KonMitte	26,16	36,02	48,38	48,17	27,80	43,57	230,09
7		KonNord	8,49	24,74	38,18	22,48	30,89	16,72	141,51
8		KonSüd	14,79	38,24	46,99	38,85	38,96	22,90	200,73
9	CD, Video Ergebnis		49,44	99,00	133,55	109,50	97,64	83,20	572,32
10	Computerspiele	KonMitte	26,77	48,20	5,68	18,80	20,67	22,45	142,58
11		KonNord	36,51	36,53	33,33	26,90	16,82	20,62	170,70
12		KonSüd	29,77	5,74	39,50	13,48	29,21	5,33	123,02
13	Computerspiele Ergebnis		93,04	90,47	78,51	59,18	66,70	48,41	436,31
30	Radio HiFi	KonMitte	21,21	26,81	27,63	33,31	45,10	41,34	195,39
31		KonNord	39,00	6,24	21,12	8,00	32,55	31,30	138,21
32		KonSüd	47,82	45,36	42,85	7,01	10,25	46,45	199,74
33	Radio HiFi Ergebnis		108,03	78,41	91,60	48,32	87,90	119,08	533,34
34	Telefone/Anlagen	KonMitte	10,22	16,86	41,76	47,27	39,60	37,26	192,97
35		KonNord	43,75	13,86	47,71	49,00	44,67	16,09	215,08
36		KonSüd	32,97	24,45	16,31	5,64	11,76	46,57	137,71
37	Telefone/Anlagen Ergebnis		86,94	55,18	105,78	101,91	96,03	99,92	545,76
38	Deckungsbeitrag	KonMitte	8,76	12,07	16,21	16,14	9,31	14,60	77,08
39		KonNord	2,84	8,29	12,79	7,53	10,35	5,60	47,41
40		KonSüd	4,96	12,81	15,74	13,01	13,05	7,67	67,24
41	DeckungsbeitragCD Ergebnis		16,56	33,16	44,74	36,68	32,71	27,87	191,73
42	Gesamtergebnis		560,82	584,88	748,29	735,65	762,80	720,96	4.113,40
43									
44		Gesamtbetrag im Juli					544,26		
45		Umsatz der Computerspiele Region Nord im Juli					36,51		
46		Deckungsbeitrag CD im Juli für alle Geschäftsbereiche					16,56		
47									

Sie können im weiteren Verlauf Ihrer Recherchen die Feldschaltflächen verschieben, ohne dass die Ergebnisse außerhalb der Pivot-Tabelle geändert werden. Allerdings ist nicht jede Anordnung geeignet, fehlerfreie Anzeigeergebnisse zu erhalten. Diese bleiben nur fehlerfrei, wenn die Anordnung in Argumenten den Regeln entspricht.

Ein Verschieben der Feldschaltfläche *Geschäftsbereich* an die erste Position im Spaltenbereich löst noch keinen Fehler aus. Wird aber beispielsweise die Feldschaltfläche *Monat* in den Seitenbereich verschoben, führt das in allen Funktionen zu einem Bezugsfehler. Der Bezugsfehler resultiert aus dem Wegnehmen des Feldes *Monat* aus dem »sichtbaren« Bereich der Pivot-Tabelle. Der Seitenbereich gehört nicht zu dem Bereich, der in der Funktion angesprochen werden kann.

> **HINWEIS** Dieser Tatbestand hat zur Folge, dass Sie als Anwender nicht nur auf die Syntax der Funktion achten, sondern darüber hinaus alle betroffenen Felder in den sichtbaren Bereich der Pivot-Tabelle aufnehmen müssen, um maximale Abfragen machen zu können. Dies bedeutet zugleich, dass die Pivot-Tabelle, die für Abfragen mit der Funktion *Pivotdatenzuordnen* verwendet werden soll, einem anderen Aufbaumodell folgt, als die Pivot-Tabelle, die eine Ad-hoc-Analyse liefern soll. Eine Vertiefung dieses Inhalts finden Sie im Buch *Microsoft Excel – Das Profibuch*, *Microsoft Press, ISBN 3-86063-659-6*.

Berechnungen mit der Funktion Pivotdatenzuordnen vornehmen

Als Datengrundlage verwenden Sie in den folgenden Beispielen die Datei *TSK_24.XLS* auf der CD-ROM zu diesem Buch und innerhalb der Mappe verwenden Sie die Tabelle *Umsatz*.

Erstellen Sie eine Pivot-Tabelle mit dem Aufbau aus Abbildung 24.74.

Abbildg. 24.74 Ergebnis einer Pivot-Auswertung der Tabelle *Umsatz* in der Arbeitsmappe *TSK_24.xls*

	A	B	C
1	Lieferant	Berg Verlag ▾	
2	Bundesland	(Alle) ▾	
3	Bearbeiter	(Alle) ▾	
4	Datum	(Alle) ▾	
5			
6	Summe von Umsatz	Produktgruppe ▾	
7	Jahre ▾	PC-Literatur	Gesamtergebnis
8	2003	656.845,00	656.845,00
9	2004	5.676.577,65	5.676.577,65
10	2005	13.826.050,80	13.826.050,80
11	Gesamtergebnis	20.159.473,45	20.159.473,45

Beispiel: Verschiedene Lieferanten gewähren im Nachhinein Rabatte. Die Firma »Berg Verlag« hat angekündigt, dass sie gemäß vorliegender Rabattstaffel (Tabelle 24.6) für die drei zurückliegenden Jahre Rabatte gewähren wird. Sie möchten nun anhand der ermittelten Umsätze, die in Abbildung 24.74 gezeigt werden, die voraussichtlichen Erstattungsbeträge ermitteln.

Tabelle 24.6 Tabelle mit Rabattstaffelung

Geschäftsjahr	Rabatt
2003	8%
2004	10%

Tabelle 24.6   Tabelle mit Rabattstaffelung *(Fortsetzung)*

Geschäftsjahr	Rabatt
2005	9,25%

Das bewerkstelligen Sie wie folgt:

1. Erstellen Sie – soweit nicht bereits geschehen – auf der Basis der Arbeitsmappe *TSK_24.xls* und der Tabelle *Umsatz* eine Pivot-Tabelle, wie in Abbildung 24.74 gezeigt.

2. Erstellen Sie unterhalb der Daten, also ab Zeile 14, eine Tabelle mit den Rabattwerten, die dann als Bezugsgrundlage für die Prozentwerte in der Funktion dienen soll. Die Tabelle 24.7 zeigt einen Vorschlag. Tragen Sie diese Angaben in dem Bereich *A14:B16* ein.

Tabelle 24.7   So könnte die Tabelle *Rabattstaffel* aussehen

Geschäftsjahr	Rabatt
2003	11,00%
2004	10,00%
2005	5,00%

3. Erstellen Sie nun die Formeln: Selektieren Sie die Zelle *E7*, geben Sie ein Gleichheitszeichen (=) ein und klicken Sie dann auf die Zelle *B8*. Excel erkennt jetzt automatisch, dass Sie für einen Rechenvorgang in einer Pivot-Tabelle die Funktion *Pivotdatenzuordnen* benötigen und macht einen entsprechenden Vorschlag (Abbildung 24.75).

Abbildg. 24.75   Excel erkennt automatisch die Notwendigkeit einer bestimmten Funktion

4. Ergänzen Sie nur noch die Multiplikation mit dem Prozentwert, indem Sie einen Bezug auf die entsprechende Zelle in Ihrer Tabelle vornehmen.

5. Die vollständige Anweisung lautet:

   `=PIVOTDATENZUORDNEN("Umsatz";$A$6;"Produktgruppe";"PC-Literatur";"Jahre";2003)*B14`

6. Erstellen Sie in den beiden unterhalb von *E7* liegenden Zellen die Formeln für die noch nicht berechneten Jahre

   `=PIVOTDATENZUORDNEN("Umsatz";$A$6;"Produktgruppe";"PC-Literatur";"Jahre";2004)*B15`

   `=PIVOTDATENZUORDNEN("Umsatz";$A$6;"Produktgruppe";"PC-Literatur";"Jahre";2005)*B16`

Ihr Ergebnis sollte vom Ergebnis betrachtet, dem aus Abbildung 24.76 entsprechen.

Abbildg. 24.76 Berechnung der Erstattungsbeträge gemäß den vorgegebenen Rabattsätzen des Lieferanten

	A	B	C	D	E	F	G
1	Lieferant	Berg Verlag ▾					
2	Bundesland	(Alle) ▾					
3	Bearbeiter	(Alle) ▾					
4	Datum	(Alle) ▾					
5							
6	Summe von Umsatz	Produktgruppe ▾					
7	Jahre ▾	PC-Literatur	Gesamtergebnis		Rabattberechnung		
8	2003	656.845,00	656.845,00		Rabatt für 2003	72.252,95	
9	2004	5.676.577,65	5.676.577,65		Rabatt für 2004	567.657,77	
10	2005	13.826.050,80	13.826.050,80		Rabatt für 2005	691.302,54	
11	Gesamtergebnis	20.159.473,45	20.159.473,45				
12							
13	Rabattstaffelung						
14	2003	11%					
15	2004	10%					
16	2005	5%					
17							

Das fertige Beispiel finden Sie auf dem Blatt *PT-Auswertung* in der Arbeitsmappe *TSK_24_Lösung.xls*. Die Datei liegt im Ordner *Buch\Kap24* auf der CD-ROM zu diesem Buch.

Beispielsweise durch die Auswahl eines Bearbeiters im Seitenbereich ermittelt die Pivot-Tabelle sofort den auf diesen Mitarbeiter entfallenden Anteil der Erstattung. Durch die Verwendung der Funktion *Pivotdatenzuordnen* wird der sich in seiner Größe ändernde Pivot-Tabellenbereich ständig korrekt erfasst und berechnet.

Der direkte Weg zur Businessgrafik (PivotChart)

Bisher haben Sie Ihre Auswertungen und Daten lediglich als Tabellen betrachtet. Eine interessante Möglichkeit bietet Ihnen Excel im Zusammenhang mit den Pivot-Tabellen: die direkte Erstellung eines Diagramms aus den Auswertungen der Pivot-Tabelle.

Gegenüber den gewohnten Darstellungen innerhalb der Pivot-Tabellen macht es Zahlenmaterial schneller überschau- und erfassbar. Sie können jetzt unmittelbar vom Rohdatenmaterial über einen eigenen Assistenten zur Darstellung *Businessgrafik* gelangen: Das *PivotChart* kombiniert die Vorteile einer Pivot-Tabelle und die eines Diagramms. Einerseits nutzen Sie die Möglichkeit der grafischen Darstellung von Daten, um sie entsprechend ins rechte Licht zu rücken und andererseits können Sie die Daten, die ausgewertet werden, dynamisch durch einfaches Ziehen, wie in einer Pivot-Tabelle, mit der Maus verändern.

Die Feldschaltflächen der Pivot-Tabelle erscheinen auch in der Grafik und bieten dadurch die Möglichkeit, die Inhalte hier zu wählen oder zu verändern bzw. an andere Stellen zu verschieben und daraufhin die Auswirkung unmittelbar visuell zu erleben. Die Grafik verfügt über die gleiche Funktionalität wie die Pivot-Tabelle. Es ist an dieser Stelle möglich, Seiten-, Spalten- und Zeilenfelder in andere Positionen und Bereiche zu ziehen. Gleichzeitig werden die Inhalte der Pivot-Tabelle neu berechnet und wieder in der Grafik angezeigt. Diese außerordentliche Fähigkeit erlaubt es Ihnen, unter visuellen Gesichtspunkten Veränderungen vorzunehmen.

HINWEIS Beachten Sie die Einheit eines PivotCharts mit der Pivot-Tabelle. Wenn Sie ein PivotChart komplett neu erstellen, legt Excel im Hintergrund eine entsprechende Pivot-Tabelle an. Diese Tabelle und das Diagramm sind fest verbunden. Jede Änderung die Sie – gleich, ob in der Tabelle oder im Diagramm – vornehmen, wirkt sich sofort im verbundenen Objekt aus. Entfernen Sie beispielsweise die automatisch erstellte Pivot-Tabelle, verschwinden im Diagramm die Feldschaltflächen und eine Änderung der Darstellung ist nicht mehr möglich.

Öffnen Sie hierzu die Datei *Kons_24.xls*, sie befindet sich im Ordner *\Buch\Kap24* auf der CD-ROM zu diesem Buch.

Erstellen Sie nun auf Basis der Tabelle *KonNord* und den *Juli*-Umsätzen aller Warengruppen ein Säulendiagramm. Gehen Sie so vor:

1. Markieren Sie in der Tabelle *KonNord* der Arbeitsmappe *Kons_24.xls* die Zellen *B4* bis *C12*.
2. Starten Sie den Assistenten, indem Sie den Menübefehl *Daten/PivotTable- und PivotChart-Bericht* aufrufen.
3. Die Option *Microsoft Excel-Liste oder -Datenbank*, die Sie jetzt benötigen, ist schon ausgewählt.
4. Im unteren Bereich des Dialogfelds können Sie entscheiden, ob die Daten als Pivot-Tabelle (*PivotTable*) oder als Grafik (*PivotChart-Bericht*) dargestellt werden sollen. Wählen Sie die Option *PivotChart-Bericht (mit PivotTable-Bericht)*. Mit einem Klick auf die Schaltfläche *Weiter* gelangen Sie in den nächsten Arbeitsschritt.
5. Hier wird der Listenbereich automatisch erkannt und Excel schlägt Ihnen den Bereich vor bzw. Sie wählen den gewünschten Bereich aus. Mit einem Klick auf die Schaltfläche *Weiter* gelangen Sie zum nächsten Arbeitsschritt.
6. Bevor Sie die Befehlsschaltfläche *Fertig stellen* anklicken, müssen Sie zunächst das *Layout* festlegen. Klicken Sie dazu auf die entsprechende Schaltfläche.
7. Im *PivotTable- und PivotChart-Assistent – Layout* haben Sie nur zwei Feldschaltflächen zur Verfügung: Die Feldschaltfläche *Juli* ziehen Sie in den *Datenbereich*, die Feldschaltfläche *Warengruppe* ziehen Sie in den Zeilenbereich und klicken dann auf die Schaltfläche *OK*.
8. Wieder zurück im Schritt 3 des Assistenten bleiben alle Optionen unverändert und Sie schließen Ihre Festlegungen jetzt nur noch mit Klick auf die Schaltfläche *Fertig stellen* ab.

Ohne weitere Abfragen und Dialogfelder wird ein Säulendiagramm (Abbildung 24.77) erstellt.

HINWEIS Die Excel-Standardeinstellung ist die Darstellung als Säulendiagramm. Es ist aber durchaus möglich, dass bei Ihnen aufgrund vorausgegangener anderer Arbeitsschritte auch andere Diagrammtypen als Standard eingestellt sind.

TIPP Die *PivotTable-Feldliste* wirkt nach Anordnung der Felder eher störend und sollte geschlossen werden. Klicken Sie dazu auf das Symbol *Schließen* in der rechten oberen Ecke des Dialogfeldes.

Listenmanagement

Abbildg. 24.77 Der *PivotTable- und PivotChart-Bericht* mit dem automatisch erstellten Standarddiagramm

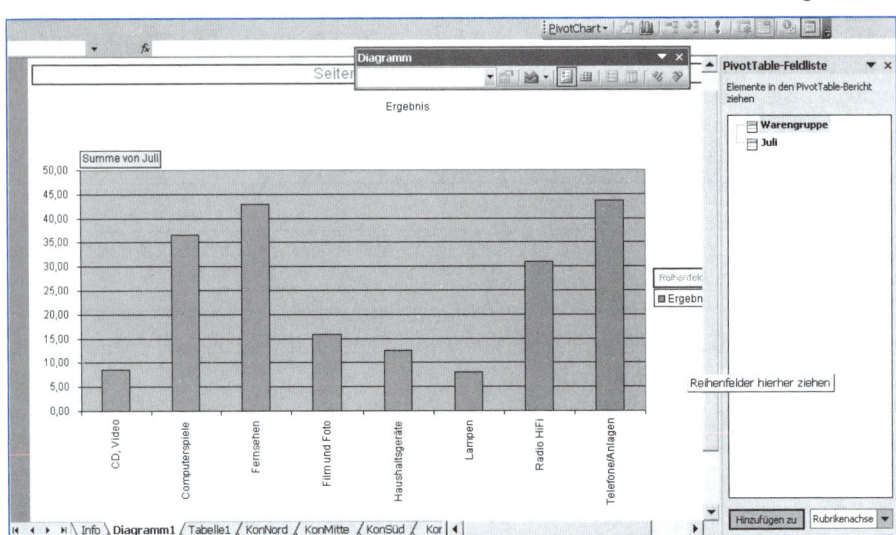

Gleichzeitig wird der Tabellenteil, der die Grundlage für die Grafik darstellt, aus dem Tabellenblatt herausgelöst und in einer eigenen Tabelle aufgebaut.

9. Weitere Bearbeitungsschritte und Formatierungen können jetzt vorgenommen werden. Excel bietet die Möglichkeit, mit den Feldschaltflächen im Diagramm direkt die Auswahl zu beeinflussen.

10. So ist es jetzt möglich, wenn Sie den Dropdown-Pfeil auf der Feldschaltfläche *Warengruppe* anklicken, eine Warengruppe aus dem Diagramm auszublenden, ohne den selektierten Datenbereich ändern zu müssen. Sie können beispielsweise die Feldschaltfläche *Warengruppe* anklicken und auf die Fläche *Reihenfelder* ziehen. Lösen Sie dort die linke Maustaste, erhalten Sie ein gestapeltes Diagramm wie in Abbildung 24.78 dargestellt.

Abbildg. 24.78 Ein gestapeltes Diagramm erhalten Sie, nachdem die Warengruppe an eine neue Position gezogen wurde

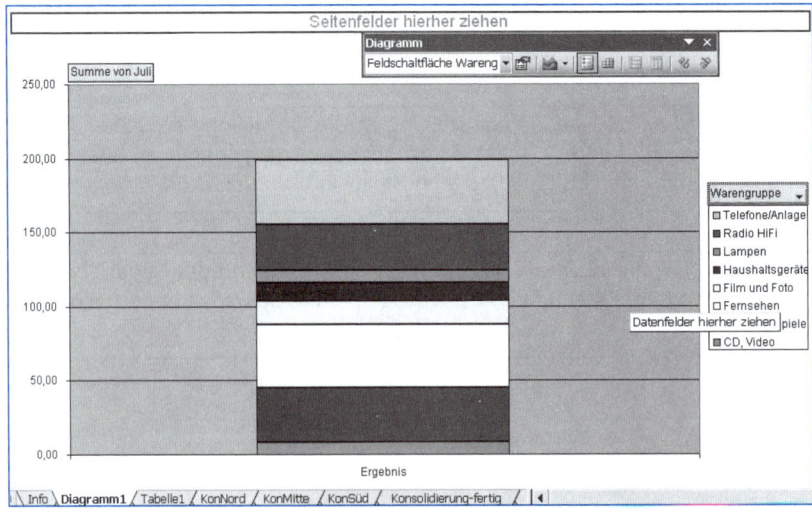

> **HINWEIS**   Das PivotChart ist in diesem Stand in der Lösungsmappe enthalten und befindet sich in dem Register *Diagramm1* mit der zugehörigen Pivot-Tabelle in *Tabelle 1*.

Nehmen wir an, Sie wollen aus der Umsatztabelle (*TSK_24_Lösung.xls*), die Sie im Zusammenhang mit *Pivotdatenzuordnen* erstellt haben, ein Tortendiagramm aufbauen.

Sie finden die benötigte Tabelle in der Mappe *TSK_24_Lösung.xls,* Register *PT-Auswertung*. Die Datei befindet sich im Ordner *\Buch\Kap24* auf der CD-ROM zu diesem Buch.

Zur Lösung dieser Aufgabenstellung gehen Sie wie folgt vor:

1. Markieren Sie den Datenbereich von *A7* bis *B10*. Am leichtesten kann dieser Bereich markiert werden, wenn Sie in der Zelle *B10* beginnen.

2. Klicken Sie in der Symbolleiste *PivotTable* auf die Schaltfläche *Diagramm-Assistent*. Es wird nun ohne weitere Dialogfelder ein Säulendiagramm (wie aus Abbildung 24.79 ersichtlich) erstellt.

Abbildg. 24.79   Das automatisch erstellte Diagramm

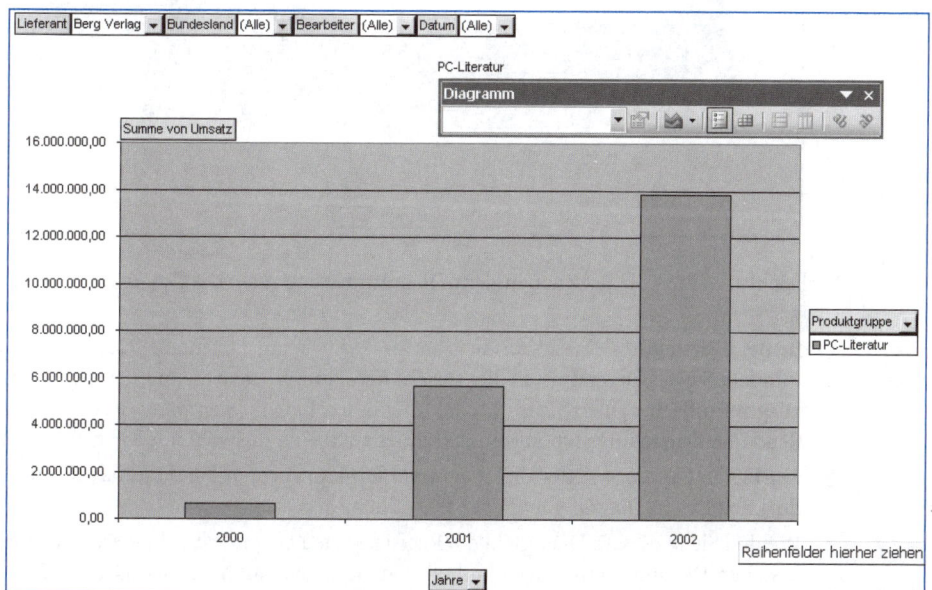

> **HINWEIS**   Sie können jetzt die Feldschaltflächen wieder neu anordnen oder weitere Darstellungsformen auswählen.

3. Klicken Sie mit der rechten Maustaste in die Diagrammfläche und wählen im Kontextmenü den Befehl *Diagrammtyp*.

4. Wählen Sie den Diagrammtyp *Kreis* und den Untertyp *Explodierter 3D-Kreis*.

5. Um eine Vorschau des möglichen Endergebnisses zu beurteilen, klicken Sie auf *Schaltfläche gedrückt halten für Beispiel*.

6. Nach Abschluss der Vorschau klicken Sie auf die Schaltfläche *OK* und das Kreisdiagramm wird dargestellt. Jetzt können Sie beliebige Formatierungen vornehmen.

7. Verschiedene Darstellungsmöglichkeiten erhalten Sie noch durch die Anordnung der Feldschaltflächen und der in den Dropdown-Menüs vorgenommenen Selektionen.

Abbildg. 24.80   Das Kreisdiagramm mit den Feldschaltflächen

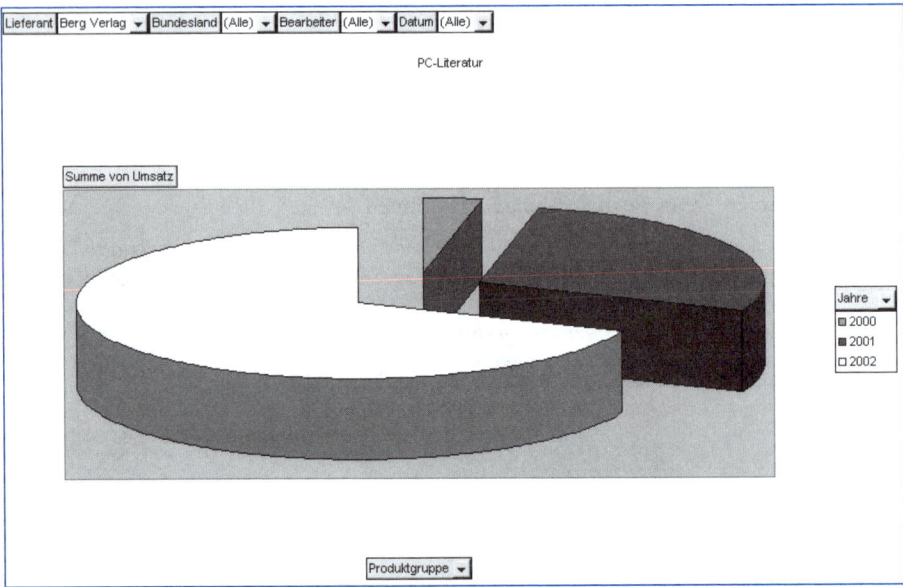

Vielleicht möchten Sie jetzt neben dem Diagramm auch noch die Daten anzeigen? Dann gehen Sie so vor:

1. In der Darstellung eines Kreisdiagramms kann keine Datentabelle angezeigt werden. Daher wandeln Sie das Diagramm in die Ansicht *Kegel* um. Klicken Sie mit der rechten Maustaste in die Diagrammfläche, rufen Sie im Kontextmenü den Befehl *Diagrammtyp* auf und wählen anschließend den Darstellungstyp *Kegel* aus. Schließen Sie die Auswahl mit Klick auf *OK* ab.

2. Markieren Sie jetzt wieder die *Diagrammfläche* und rufen Sie dann das Kontextmenü auf, um dort den Befehl *Diagrammoptionen* zu wählen.

3. Wählen Sie in diesem Dialogfeld die Registerkarte *Datentabelle*, aktivieren Sie dort das Kontrollkästchen *Datentabelle anzeigen* und klicken Sie erneut auf die Schaltfläche *OK*.

Sie erhalten unmittelbar eine veränderte Anzeige.

Praxisbeispiel: Die Umsatzstrukturanalyse

Sie wollen wissen, wie sich die Umsätze im Verhältnis auf die beiden Vertriebskanäle verteilen. Zusätzlich interessiert Sie, wie sich die Verteilung in den einzelnen Bundesländern (Regionen) darstellt und zuletzt, wie sich die Verteilung bei den einzelnen Produkten unterscheidet.

   Auf der CD-ROM zu diesem Buch finden Sie die Datei *TSK_24.xls* im Ordner *\Buch\Kap24*.

Aus der Tabelle *Umsatz* werden die aus Tabelle 24.8 ersichtlichen Felder ausgewertet.

Tabelle 24.8   Felderläuterung

Feld	Bedeutung
Datum	Der Fakturierungstag
Verkaufsweg	Der Weg bzw. Absatzkanal, über den das Produkt verkauft wird
Produktgruppe	Name des Produkts
Bundesland	Vertriebsregion

Nachdem die Daten als Liste in Excel vorliegen, beginnen Sie mit dem ersten Schritt und rufen über den *Menübefehl Daten/PivotTable- und PivotChart-Bericht* den Assistenten auf.

1. Im ersten Schritt des Assistenten wählen Sie die Option *Microsoft Excel-Liste oder -Datenbank* und als Darstellungsform die Option *PivotTable* und klicken auf die Schaltfläche *Weiter*.

2. Im folgenden Dialogfeld des Assistenten können Sie den Bereich für die Auswertung festlegen. Excel bietet Ihnen bereits den Gesamtumfang der Datenbank an. Bestätigen Sie die Auswahl durch Anklicken der Schaltfläche *Weiter*.

3. Um die Felder anordnen zu können, klicken Sie jetzt auf die Schaltfläche *Layout* und gelangen so in das Dialogfeld, in welchem Sie die Felder im Zeilen-, Spalten- oder Seitenbereich analog Tabelle 24.9 anordnen können.

Tabelle 24.9   Anordnung der Felder im Layoutdialogfeld des Assistenten

Feld	Position
Datum	Zeilenfeld
Verkaufsweg	Spaltenfeld
Produktgruppe	Erstes Seitenfeld
Bundesland	Zweites Seitenfeld
Umsatz	Datenbereich

4. Haben Sie alle Feldschaltflächen angeordnet, klicken Sie auf die Schaltfläche *OK*, um wieder in den Schritt 3 des Assistenten zu gelangen. Stellen Sie dort noch sicher, dass die Ausgabe der Pivot-Tabelle in einem separaten Tabellenblatt erfolgt. Schließen Sie dann den Erstellungsvorgang ab, indem Sie auf die Schaltfläche *Fertig stellen* klicken. Das vorläufige Ergebnis sehen Sie in Abbildung 24.81.

HINWEIS   Sie können die Anordnung der Feldschaltflächen auch in der Pivot-Tabelle vornehmen.

Dazu übergehen Sie im Assistenten das Dialogfeld *Layout* und klicken sofort nach der Auswahl des Datenbereiches auf die Schaltfläche *Fertig stellen*. Excel erstellt daraufhin eine leere Pivot-Tabelle und stellt Ihnen die *PivotTable-Feldliste* mit den Feldschaltnamen zur Verfügung. Sie können jetzt jede Feldschaltfläche anklicken und in den entsprechenden Bereich der Pivot-Tabelle ziehen.

Listenmanagement

Unformatierter Ausschnitt aus der Pivot-Tabelle

	A	B	C	D
1	Produktgruppe	(Alle) ▼		
2	Bundesland	(Alle) ▼		
3				
4	Summe von Umsatz	Verkaufsweg ▼		
5	Datum ▼	Direktversand	Handel	Gesamtergebnis
6	01.03.2003	6118,75		6118,75
7	02.03.2003		49,5	49,5
8	03.03.2003		8750	8750
9	04.03.2003	2800		2800
10	05.03.2003	2143,75		2143,75
11	06.03.2003	1575		1575
12	07.03.2003		1694	1694
13	08.03.2003		1134	1134
14	09.03.2003		5512,5	5512,5
15	10.03.2003	2756,25		2756,25
16	11.03.2003	2756,25		2756,25
17	12.03.2003	2025		2025
18	13.03.2003	2025		2025
19	14.03.2003		2812,5	2812,5
20	15.03.2003		2178	2178
21	16.03.2003		1800	1800
22	01.04.2003	1140799,25	137,5	1140936,75
23	02.04.2003	17918,75		17918,75
24	03.04.2003	6875	8750	15625

5. Selektieren Sie das Datum *01.03.2003*, drücken Sie die rechte Maustaste, wählen Sie im Kontext-menü den Befehl *Gruppierung und Detail anzeigen* und im Untermenü den Befehl *Gruppierung*.

6. Wählen Sie eine Gruppierung nach *Jahre* und bestätigen Sie den angebotenen Zeitraum über Klick auf *OK*.

7. Formatieren Sie die Werte auf zwei Nachkommastellen mit Tausenderpunkt und € als Wäh-rungssymbol.

Das Ergebnis können Sie mit der Abbildung 24.82 vergleichen.

Die fertige Pivot-Tabelle nach der Formatierung

	A	B	C	D
1	Produktgruppe	(Alle) ▼		
2	Bundesland	(Alle) ▼		
3				
4	Summe von Umsatz	Verkaufsweg ▼		
5	Datum ▼	Direktversand	Handel	Gesamtergebnis
6	2003	60.620.290,80 €	9.740.327,27 €	70.360.618,07 €
7	2004	236.670.742,30 €	56.413.756,69 €	293.084.498,99 €
8	2005	245.682.581,75 €	78.884.154,14 €	324.566.735,89 €
9	Gesamtergebnis	542.973.614,85 €	145.038.238,10 €	688.011.852,95 €

Angenommen, Sie möchten jetzt die prozentuale Verteilung des 3D-Spiele-Umsatzes auf die beiden Vertriebswegen ermitteln. Hier die Schritte:

1. Markieren Sie innerhalb der Pivot-Tabelle eine beliebige Zelle im Datenbereich.

2. Drücken Sie die rechte Maustaste und wählen Sie im Kontextmenü den Befehl *Feldeigenschaften*. Es erscheint das Dialogfeld *PivotTable-Feld*.

3. Klicken Sie in diesem Dialogfeld auf die Schaltfläche *Optionen*. Das Dialogfeld wird erweitert und bietet Ihnen jetzt zusätzlich die Berechnungstypen an.

4. Wählen Sie in der Liste *Daten zeigen als* die Option *% der Zeile*. Bestätigen Sie mit Klick auf *OK*.

5. Abschließend wählen Sie im Seitenfeld *Produktgruppe* den Listeneintrag *3D-Spiele*.

Die Pivot-Tabelle, die Excel dann anzeigt, sehen Sie in Abbildung 24.83.

Abbildg. 24.83 Die Pivot-Tabelle mit der prozentualen Verteilung der 3D-Spiele auf den beiden Vertriebswegen

	A	B	C	D
1	Produktgruppe	3D-Spiele ▼		
2	Bundesland	(Alle) ▼		
3				
4	Summe von Umsatz	Verkaufsweg ▼		
5	Datum ▼	Direktversand	Handel	Gesamtergebnis
6	2003	21,46%	78,54%	100,00%
7	2004	49,61%	50,39%	100,00%
8	2005	80,86%	19,14%	100,00%
9	Gesamtergebnis	59,74%	40,26%	100,00%

Die Anordnung der Felder *Produktgruppe* und *Bundesland* als Seitenfelder eröffnet Ihnen zahlreiche Möglichkeiten der Analyse. Zunächst können Sie eine Gesamtbeurteilung vornehmen, weiterhin die Verteilung in den Regionen einsehen oder nach Produkten darstellen. Zusätzlich können Sie die kombinierte Beurteilung von Produkt und Region vornehmen.

An dieser Stelle können Sie zur Vervollständigung der Analyse noch ein ansprechendes Schaubild erstellen. Genauer: Aus der Pivot-Tabelle *%-Verteilung* soll noch die Verteilung für die 3D-Spiele zwischen *Direktversand* und *Handel über alle Jahre* als Liniendiagramm dargestellt werden. Gehen Sie so vor:

1. Markieren Sie zunächst den erforderlichen Bereich *A5* bis *C8* in der Pivot-Tabelle.

2. Rufen Sie über die entsprechende Befehlsschaltfläche auf der Symbolleiste *PivotTable* den Diagramm-Assistenten auf.

3. Der Assistent erstellt automatisch ein Säulendiagramm in einem separaten Diagrammblatt (es ist aber auch möglich, dass ein anderer Diagrammtyp erstellt wird – je nach Einstellung!).

4. Im Kontextmenü, das Sie mit einem Klick der rechten Maustaste in die Zeichnungsfläche des Diagramms erhalten, wählen Sie den Befehl *Diagrammtyp*.

5. Im Dialogfeld *Diagrammtyp* wählen Sie die Option *Linien mit Datenpunkten* und klicken dann auf die Schaltfläche *OK*.

Die Abbildung 24.84 zeigt das Ergebnis.

Abbildg. 24.84   Das fertige und formatierte Linien- Diagramm

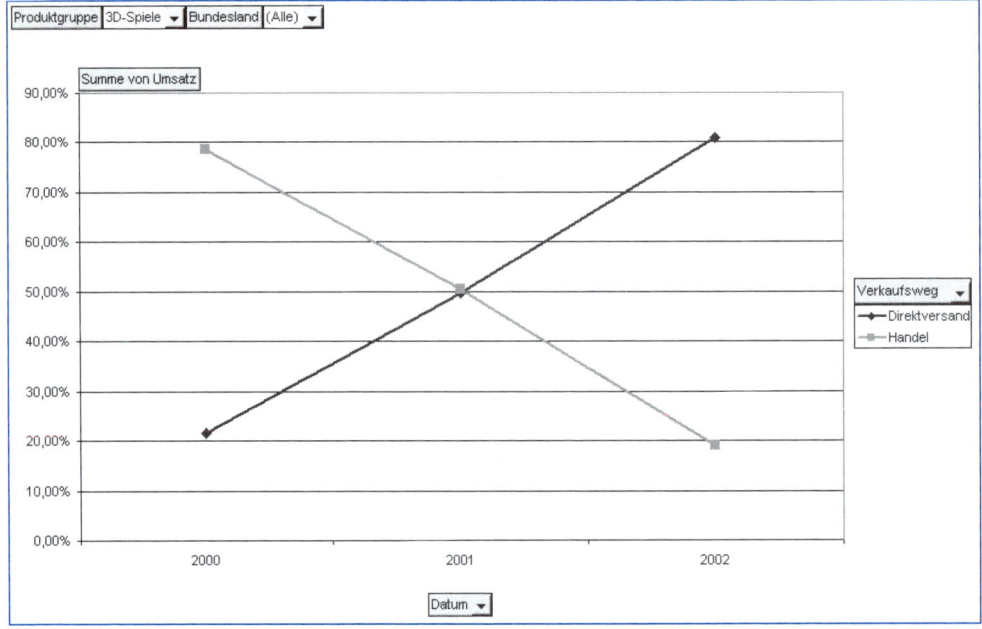

TIPP   Das Diagramm wird zunächst als eigenständiges Blatt erstellt. Sie haben aber immer die Möglichkeit, die Grafik als Objekt in einem Tabellenblatt darzustellen:

1. Klicken Sie mit der rechten Maustaste auf die Zeichnungsfläche und wählen Sie dann im Kontextmenü den Befehl *Speicherort*.

2. Es erscheint ein Dialogfeld mit den Auswahlmöglichkeiten, um das Diagramm in einer Tabelle als Objekt zu platzieren oder es in einem separaten Tabellenblatt darzustellen.

Abbildg. 24.85   Auswahl des Diagrammspeicherortes

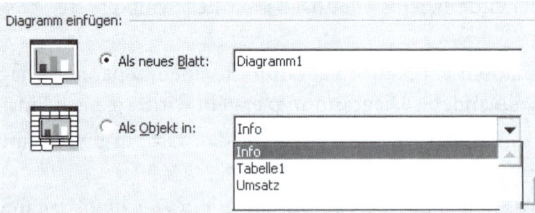

3. Wenn Sie das Diagramm als Objekt in einer Tabelle einfügen wollen, können Sie über das Listenfeld die gewünschte Tabelle heraussuchen (Abbildung 24.85).

Mehr zum Erstellen und Formatieren von Diagrammen finden Sie in Kapitel 17 und Kapitel 18.

Die Pivot-Tabelle baut auf Access

Auf einfache Weise können Sie die Daten anstatt aus einem Tabellenblatt auch aus einer externen Datenquelle in einer Pivot-Tabelle verarbeiten. Nachfolgend zeigen wir Ihnen den Weg, wie Sie Daten in einer Datenbank pflegen und in einer einzigen oder in unterschiedlichen Pivot-Tabellen auswerten können.

Praxisbeispiel: Daten aus einer Access-Datenbank übernehmen.

Die Daten, die Sie auswerten wollen, liegen Ihnen gegenwärtig als Access-Datenbank vor. Sie wollen die benötigten Daten zur Analyse aus der Datenbank übernehmen und in eine Pivot-Tabelle umwandeln. .

Im konkreten Beispiel möchten Sie aus dem umfangreichen Datenpool eine Auswertung über

- gelieferte Artikel,
- Empfänger und
- Berechnungen zum Umsatz

vornehmen.

> **HINWEIS** In diesem Beispiel soll die Access-Beispieldatenbank *Nordwind.mdb* zum Einsatz kommen. Sie finden die Beispieldatenbank im Standardfall unter *C:\Programme\Microsoft Office\OFFICE11\SAMPLES*.

Aus der *Nordwind*-Datenbank benötigen Sie verschiedene Tabellen (siehe Tabelle 24.10).

Tabelle 24.10 Benötigte Tabellen aus der externen Datenbank

Tabelle	Beschreibung
Bestellungen	Enthält im Wesentlichen die kundenspezifischen Daten.
Bestelldetails	Enthält Daten über Menge, Preis und Rabatt.
Artikel	Enthält artikelspezifische Daten wie Einzelpreis, Liefereinheit, Bestelleinheiten usw.
Kategorien	Fasst Einzelartikel in Gruppen zusammen.

Aus diesen Tabellen verwenden Sie wiederum bestimmte Felder (siehe Tabelle 24.11).

Tabelle 24.11 Benötigte Felder

Feld	Tabellenname
Bestell-Nr	Bestellungen
Empfänger	Bestellungen
Artikel-Nr	Artikel
Artikelname	Artikel
Anzahl	Bestelldetails

Listenmanagement

Tabelle 24.11 Benötigte Felder *(Fortsetzung)*

Feld	Tabellenname
Einzelpreis	*Artikel*
Einzelpreis	*Bestelldetails*
Frachtkosten	*Bestellungen*
Kategorie-Nr	*Kategorien*
Kategoriename	*Kategorien*

Jetzt werden Sie sehen, wie »elegant« die Datenübernahme aus einer externen Datenbank zu erledigen ist. Dazu die ersten Schritte:

1. Wechseln Sie in ein leeres Arbeitsblatt und starten Sie wie gewohnt den Pivot-Tabellen-Assistenten.

Abbildg. 24.86 Start des Pivot-Tabellen-Assistenten

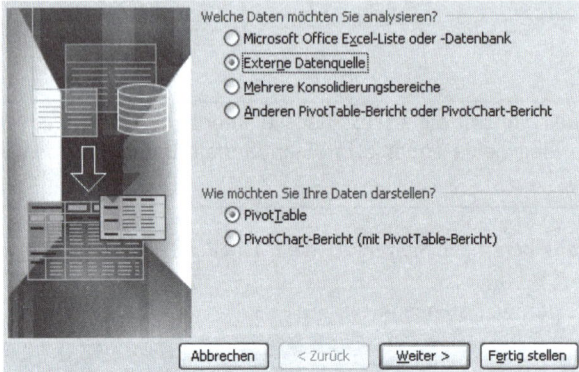

2. Wählen Sie im ersten Schritt des Pivot-Tabellen-Assistenten die Option *Externe Datenquelle* (Abbildung 24.86). Klicken Sie auf die Schaltfläche *Weiter*.

Abbildg. 24.87 Im zweiten Schritt des Assistenten wählen Sie die externe Datenbank

3. In diesem Dialogfeld (Abbildung 24.87) klicken Sie auf die Schaltfläche *Daten importieren*. Sie führt in das Dialogfeld zur Auswahl der Datenquelle: einer Datenbank, einer Abfrage oder eines OLAP-Cubes.

Listenmanagement

Abbildg. 24.88   Auswahl der gewünschten Datenquelle

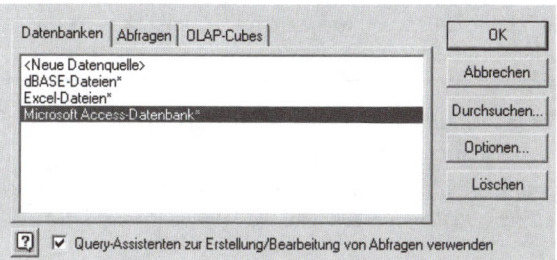

4. Selektieren Sie den Listeneintrag *Microsoft Access-Datenbank* (Abbildung 24.88) und klicken Sie auf die Schaltfläche *OK*.

5. Sie müssen jetzt die gewünschte Datenquelle auswählen. Navigieren Sie dazu in dem Dialogfeld in das Verzeichnis, in dem die Datenbank gespeichert ist (Abbildung 24.89).

Abbildg. 24.89   Dialogfeld zur Auswahl der Nordwind-Datenbank

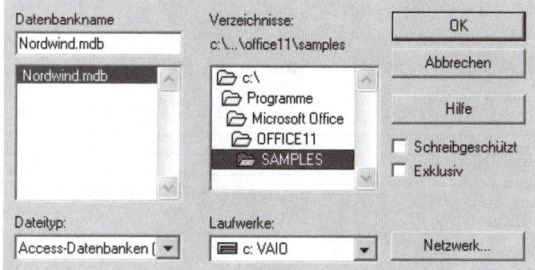

6. Haben Sie die Nordwind-Datenbank gefunden, ausgewählt und mit Klick auf *OK* die Auswahl bestätigt, so gelangen Sie in das Dialogfeld zur Auswahl der Felder in den betroffenen Tabellen (Abbildung 24.90).

Abbildg. 24.90   Die ausgewählten Felder (Spalten) in der Abfrage

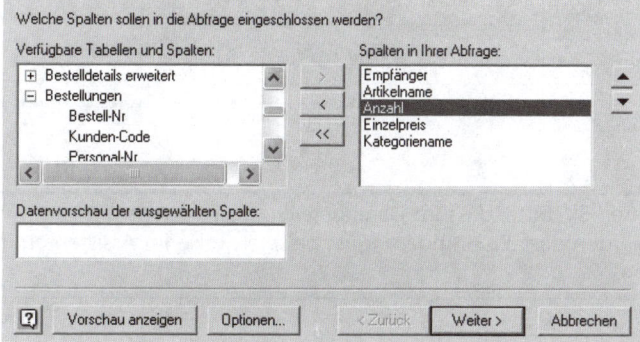

WICHTIG Die benötigen Felder müssen jeweils den verschiedenen Tabellen entnommen werden. Gehen Sie nach der Tabelle 24.11 vor. Mit einem Doppelklick wird das jeweilige Feld in das rechte Auswahlfenster übernommen.

7. Haben Sie die Auswahl beendet, klicken Sie auf die Schaltfläche *Weiter* und durchlaufen die nächsten zwei Schritte des Assistenten ohne Änderungen und Eingaben.

8. Im dritten Dialogschritt wählen Sie die Option *Daten an Microsoft-Excel zurückgeben* und klicken auf die Schaltfläche *Fertig stellen*. Sie gelangen so wieder in das Einstiegs-Dialogfeld aus Abbildung 24.87.

9. Klicken Sie dort auf die Schaltfläche *Weiter*. Dieser Klick führt Sie zum Dialogfeld zur Angabe des Speicherortes für die Pivot-Tabelle. Klicken Sie jetzt auf die Schaltfläche *Fertig stellen* und im Tabellenblatt wird die leere Pivot-Tabelle dargestellt.

10. Über die *PivotTable-Feldliste* ordnen Sie die erforderlichen Feldnamen im Seiten-, Zeilen-, Spalten- oder Datenbereich an. Nachdem Sie einige Felder angeordnet haben, wird die Tabelle bereits aufgebaut und mit dem Hinzufügen eines neuen Felds automatisch erweitert und neu berechnet.

Die Abbildung 24.91 zeigt Ihnen den jetzigen Stand.

Abbildg. 24.91 Anordnung der Feldschaltflächen aus der Access-Datenbank in der Pivot-Tabelle

HINWEIS Beachten Sie bitte, dass im Datenbereich das Feld *Anzahl* nicht mit der Funktion *Anzahl* bearbeitet werden darf. Eine Änderung ist beispielsweise im Assistenten im Layout-Dialogfeld vorzunehmen.

Daten aus externen Datenquellen abrufen

Dazu benötigen Sie zunächst eine Verbindung. Ein einfacher Weg, eine Verbindung zu einer Datenbank wie beispielsweise Microsoft Access oder auch einer flachen Textdatenquelle herzustellen, ist, die zugehörige *ODBC DSN* zu definieren und einzusetzen. *ODBC* steht für *Open Database Connectivity* und ist ein Standard-Protokoll, das Applikationen erlaubt, zu einer Vielzahl von externen Datenquellen, wie Datenbanken oder Dateien, eine Verbindung herzustellen. *DSN* hingegen steht für *Data Source Name* und enthält alle Informationen, um zu einer Datenbank zu verbinden. Eine DSN wird vom ODBC-Treiber-Manager zum Herstellen einer Datenbankverbindung benutzt.

Der Data Source Name ist der Name einer Datenquelle. Möglich sind:

- Die *File DSN* ist eine nutzerspezifische Datenquelle, auf die mehrere Personen zugreifen können. Sie kann irgendwo im Netzwerk liegen und alle Anwender, die über gleichartige Treiber verfügen, können darauf zugreifen. Die *DSN* speichert die Parameter in Textdateien.

- Die *User DSN* ist eine nutzerspezifische Datenquelle, die hauptsächlich nur verwendet wird, um »private« Datenquellen zu erzeugen. Auf diese Quelle kann nur der lokale Nutzer des Computers zugreifen; die Datenquelle muss auch auf diesem Computer vorhanden sein.

- Die *System DSN* ist eine Datenquelle, die einem Computer zugeordnet ist. Auf diese Quellen können Personen zugreifen, die Zugriff auf den Computer haben. Auch laufende Dienste, wie der Webserver, können auf diese Datenquellen zugreifen.

TIPP   Wenn Sie nicht genau wissen, welche Variante die richtige ist, geben Sie eine *System DSN* an. Diese Form ist am einfachsten zu verwalten.

Einrichten der Datenquelle

Eine *System DSN* wird üblicherweise außerhalb von Excel eingerichtet. Die Einrichtung erfolgt über die *Systemsteuerung* des Betriebssystems:

1. Wenn Sie beispielsweise Windows XP benutzen, klicken Sie auf die *Start*-Schaltfläche und wählen *Systemsteuerung/Verwaltung/Datenquellen (ODBC)*.

2. Wechseln Sie dort zur Registerkarte *System DSN*.

3. Klicken Sie auf die Schaltfläche *Hinzufügen*, um eine neue Datenquelle anzulegen.

Die weiteren Schritte sind von der zu bearbeitenden Datenquelle abhängig. Für Access gehen Sie beispielsweise vor, wie in Abbildung 24.88 gezeigt.

HINWEIS   Die Einrichtung einer *DSN* kann auch im Zusammenhang mit der Abfrageerstellung direkt aus Excel begonnen werden. Aus Excel heraus wird in das gleiche Dialogfeld verzweigt, lediglich die Ausgangssituation ist unterschiedlich.

> **WICHTIG**   Die Anzeige des Einzelpreises weist eine Summierung auf. Es ist daher notwendig, im Dialogfeld *Feldeigenschaften* die Darstellung beispielsweise auf *Minimum* zu ändern.

Sie führen die Auswertung fort und wollen für den Kunden *Alfred's Futterkiste* die Umsatzwerte ermitteln, formatieren und übersichtlich darstellen. Sie benötigen zur einfachen Darstellung der Umsätze sowohl den Verkaufspreis als auch die gelieferte Menge. Verwenden Sie zur Berechnung des Umsatzes innerhalb der Pivot-Tabelle den Befehl *Berechnetes Feld*. Hier die weiteren Schritte:

1. Klicken Sie auf eine Zelle innerhalb der Pivot-Tabelle. Danach klicken Sie in der Symbolleiste *PivotTable* auf die Schaltfläche *PivotTable* und wählen den Befehl *Formeln* und im Untermenü den Befehl *Berechnetes Feld*.

2. Im Dialogfeld *Berechnetes Feld einfügen* tragen Sie in das Feld *Name* die Bezeichnung *Umsatzberechnung* für das berechnete Feld ein (Abbildung 24.92).

Abbildg. 24.92   Im Dialogfeld *Berechnetes Feld einfügen* erstellen Sie die Formel für die Berechnung

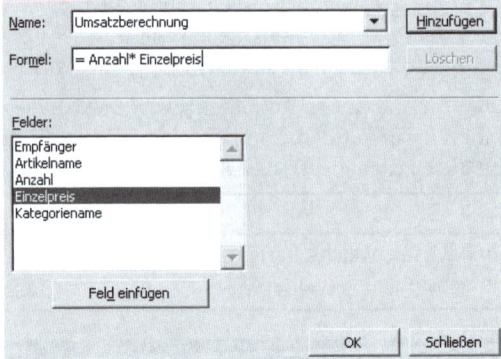

3. Markieren Sie das Feld *Formel* und erstellen Sie die Formel für die Umsatzberechnung. Diese muss lauten:

   `=Anzahl * Einzelpreis`

4. Klicken Sie zur Übernahme der Formel auf die Schaltfläche *Hinzufügen* und danach auf die Schaltfläche *OK*.

5. Wählen Sie im Seitenfeld *Empfänger* den Eintrag *Alfred's Futterkiste*.

6. Ändern Sie in Ihrer Pivot-Tabelle die Beschriftung entsprechend Tabelle 24.12.

Tabelle 24.12   Änderung der Feldbeschriftungen

Ursprüngliche Bezeichnung	Neue Bezeichnung
Anzahl von Anzahl	*Menge*
Summe von Einzelpreis	*Einzel-Verkaufspreis*
Summe von Umsatzberechnung	*Ermittelter Umsatz*

7. Formatieren Sie im nächsten Schritt die Pivot-Tabelle nach Ihren Vorstellungen. Das inhaltliche Ergebnis Ihrer Arbeit könnte wie in Abbildung 24.93 aussehen.

Abbildg. 24.93   Die aus der Abfrage stammenden Daten, aufbereitet in einer Pivot-Tabelle

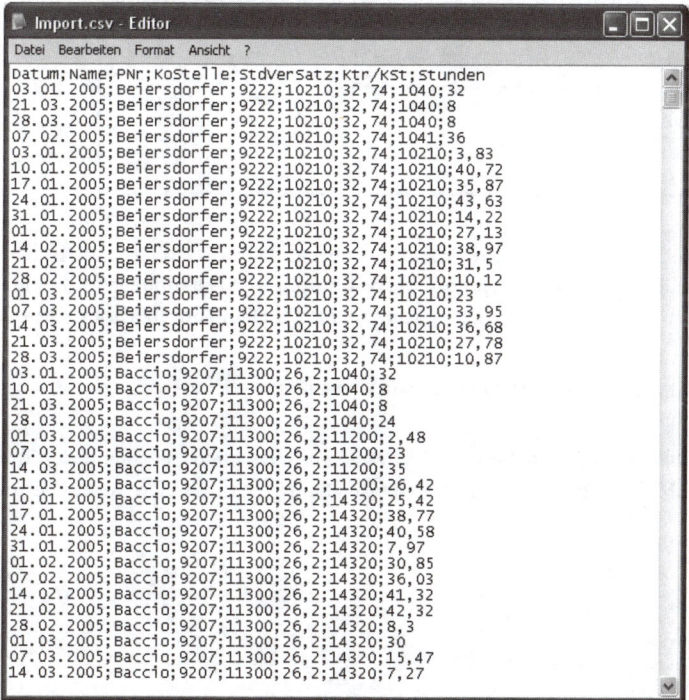

Praxisbeispiel: Daten aus einer Textdatei in einer Pivot-Tabelle darstellen

Nehmen wir an, Sie hätten eine Textdatei, die ähnlich aufgebaut ist, wie die Datei in Abbildung 24.94. Sie würden gerne die Daten in Excel importieren, um sie dort zu bearbeiten.

Abbildg. 24.94   Die Beispieldaten aus der Textdatei wie sie im Editor angezeigt werden

Verwenden Sie zum Nachvollziehen der Arbeitsschritte die Textdatei *Import.csv* und als Musterlösung die Datei *Import24_Lösung.xls* aus dem Ordner *\Buch\Kap24* auf der CD-ROM zum Buch.

Es gibt in Excel zwei Möglichkeiten, den Import der Daten vorzunehmen:

1. Sie wählen den Befehl *Datei/Öffnen*. Im Dialogfeld *Datei öffnen* navigieren Sie in das Verzeichnis mit der zu öffnenden Datei. Unter *Dateityp* wählen Sie den Filter *Textdateien (*.prn; *.txt; *.csv)*. Sollte die Datei eine andere Endung haben, tippen Sie in das Feld *Dateiname *.* und die gewünschte Endung ein oder, um alle Dateien anzuzeigen, auch **.**.

2. Sie wählen den Befehl *Daten/Externe Daten importieren/Daten importieren*. Dadurch öffnet sich das Dialogfeld *Datenquelle auswählen*, in dem Sie ebenfalls (wie im vorigen Beispiel) in das benötigte Datenverzeichnis navigieren. Im Auswahlfeld *Dateityp* werden Ihnen zahlreiche Importfilter angeboten. Benötigt wird der Dateifilter *Textdateien (*.prn, *.txt, *.csv, *.tab)*. Auch Dateien mit der Endung **.asc* können über diesen Weg importiert werden, obwohl die Dateiendung in diesem Filter nicht explizit genannt wird.

HINWEIS   Beide Methoden führen dazu, dass Sie am Ende eine Textdatei in Excel geöffnet haben. Dennoch unterscheiden sich die Wege voneinander. Der erste Weg führt dazu, dass Excel die Textdatei öffnet. Ihre Arbeitsumgebung enthält damit eine geöffnete Datei mehr. Sie können die Daten bearbeiten und die Datei hinterher auch wieder als Textdatei abspeichern. Das Abspeichern von Textdaten, die in Excel bearbeitet wurden, kann zu Verlusten von Datenmerkmalen führen (Abbildung 24.95).

Abbildg. 24.95 Sicherheitsabfrage beim Speichern von Text

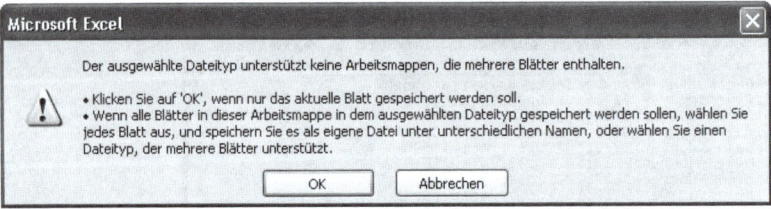

Mit der zweiten Methode findet ein Import in das vorhandene Excelblatt statt. Dabei wird keine neue Datei geöffnet. Es besteht eine dynamische Verbindung zur Datenquelle und neue Datensätze in der Quelldatei können über eine Aktualisierung in das Tabellenblatt übernommen werden (siehe Abbildung 24.96).

Standardmäßig wird die Datei später auch im Excel-Format gespeichert, es sei denn, Sie geben explizit ein anderes Format an.

Nachdem Sie auf *Öffnen* geklickt haben (egal in welchem Dialogfeld), erscheint der Textkonvertierungs-Assistent (Abbildung 24.97). Er führt Sie in drei Schritten durch den Konvertierungsprozess:

Abbildg. 24.96 In den Eigenschaften des Datenbereichs erkennen Sie die dynamische Verbindung zur Quelle

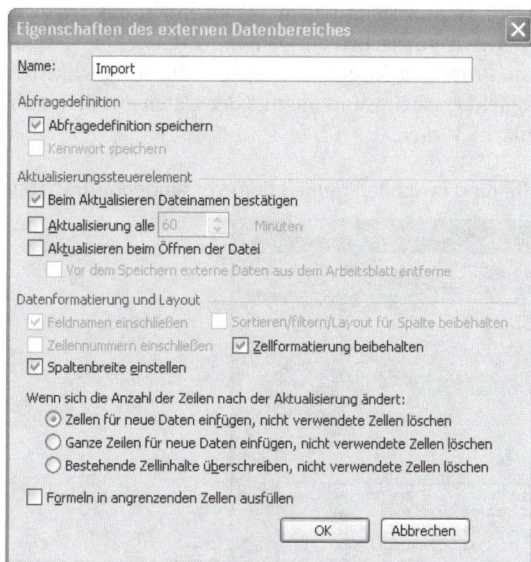

Abbildg. 24.97 Der erste Schritt im Textkonvertierungs-Assistenten

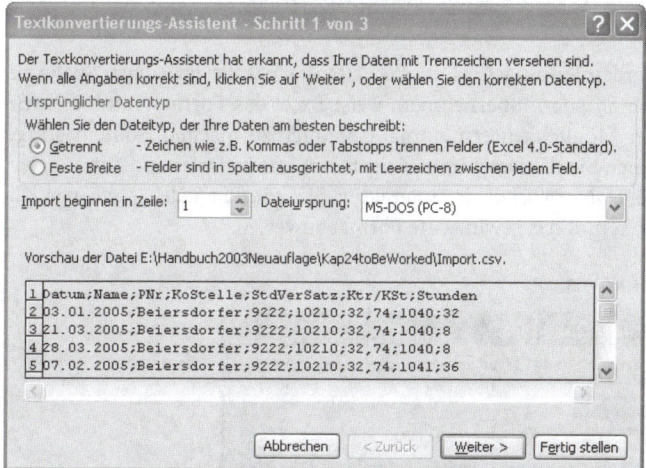

1. Im ersten Schritt möchte der Assistent wissen, wie die Informationen in der Datei getrennt sind. Grundsätzlich können Daten durch Trennzeichen wie Komma, Semikolon usw. getrennt sein oder Felder fester Breite enthalten. Felder fester Breite liegen häufig bei Dateien vor, die aus einem Großrechner-System exportiert wurden. In diesem Fall ist es praktisch, wenn Sie eine Datensatzbeschreibung haben, welche die Feldlänge exakt beschreibt. Manchmal steht in den ersten Zeilen ein Kommentar. Die Option *Import beginnen in Zeile* versetzt Sie in die Lage, diese Zeile zu überspringen. Den Dateiursprung erkennt der Assistent in der Regel korrekt. Sollte das einmal nicht der Fall sein, können Sie den passenden Eintrag im Kombinationslistenfeld *Dateiursprung* anpassen.

2. Mit einem Klick auf die Schaltfläche *Weiter* gelangen Sie zum zweiten Schritt. Hier möchte der Assistent genauere Angaben zu den Trennzeichen haben. Wenn Ihnen das Trennzeichen nicht bekannt ist bzw. wenn Sie ein falsches Trennzeichen auswählen, wird der Datensatz nicht in einzelne Spalten (Felder) aufgetrennt. Probieren Sie ggf. unterschiedliche Möglichkeiten aus. Wenn die passende Trennung im Dialogfeld erscheint und Sie mit der Datenvorschau zufrieden sind, klicken Sie wieder auf die Schaltfläche *Weiter*.

Abbildg. 24.98 Im zweiten Schritt erfolgt die Aufteilung in Spalten gemäß dem vorhandenen Trennzeichen

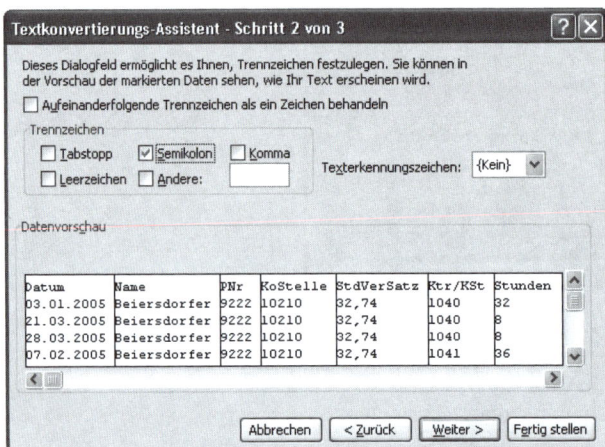

3. Im letzten Schritt werden Sie aufgefordert, das Datenformat der jeweiligen Spalte zu definieren. Wenn Sie die Option *Standard* übernehmen, weist Excel das Format automatisch zu. Es empfiehlt sich, von dieser Möglichkeit erst einmal Gebrauch zu machen. Sollte das Ergebnis unbefriedigend sein, können Sie die Datei immer noch neu importieren und dann andere Datenformate vorgeben. Die *Datenvorschau* ist interaktiv: Sie können jede Spalte per Klick auf den Spaltenkopf markieren und das gewünschte Format zuweisen.

Abbildg. 24.99 Definition des Datenformats

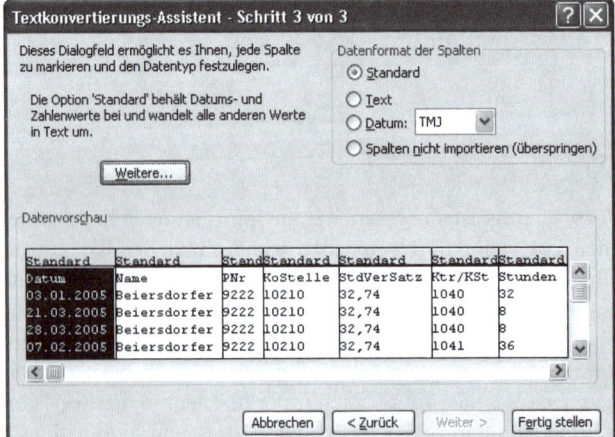

4. Sollten Ihre Daten beispielsweise im amerikanischen Zahlenformat vorliegen, verändern Sie die Dezimaltrennzeichen. Durch einen Klick auf die Befehlsschaltfläche *Weitere* gelangen Sie in das zugehörige Dialogfeld. Im Dialogfeld *Weitere Textimporteinstellungen* stellen Sie das *Dezimaltrennzeichen* und das *1000er-Trennzeichen* neu ein.

Abbildg. 24.100   In diesem Dialogfeld können Sie die Datenformate wechseln

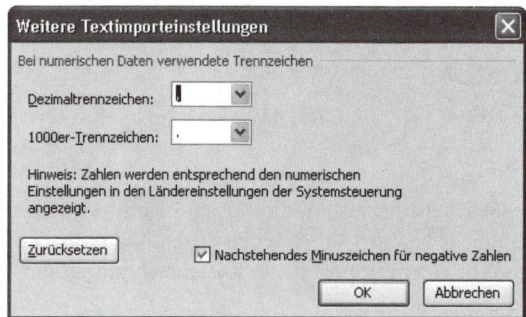

5. Durch einen Klick auf *OK* übernehmen Sie die Änderung und kehren zum vorherigen Dialogfeld zurück. Sie beenden den Schritt 3 und schließen den Assistenten (Abbildung 24.99) mit einem Klick auf *Fertig stellen*. Wenn Sie Daten über den zweiten der oben genannten Wege importieren, folgt jetzt das Dialogfeld *Daten importieren* (Abbildung 24.101). Es erlaubt Ihnen, eine Zellreferenz zu nennen, ab der die Daten eingefügt werden. Optional können Sie auch ein neues Arbeitsblatt in die Mappe einfügen lassen. In einem neuen Arbeitsblatt haben Sie jedoch nicht mehr die Möglichkeit, die Einfügeposition (Zellreferenz) selbst zu bestimmen.

Abbildg. 24.101   In diesem Dialogfeld können Sie bestimmen, wo die Daten eingefügt werden sollen

Bestätigen Sie diesen Import mit *OK* und es entsteht eine Tabelle mit folgendem Inhalt:

Ein Ausschnitt der importieren Textdaten – die jetzt in eine Pivot-Tabelle umgesetzt werden können

	A	B	C	D	E	F	G
1	Datum	Name	PNr	KoStelle	StdVerSatz	Ktr/KSt	Stunden
2	03.01.2005	Beiersdorfer	9222	10210	32,74	1040	32
3	21.03.2005	Beiersdorfer	9222	10210	32,74	1040	8
4	28.03.2005	Beiersdorfer	9222	10210	32,74	1040	8
5	07.02.2005	Beiersdorfer	9222	10210	32,74	1041	36
6	03.01.2005	Beiersdorfer	9222	10210	32,74	10210	3,83
7	10.01.2005	Beiersdorfer	9222	10210	32,74	10210	40,72
8	17.01.2005	Bei	Externe Daten	▼ ×	32,74	10210	35,87
9	24.01.2005	Bei			32,74	10210	43,63
10	31.01.2005	Beiersdorfer	9222	10210	32,74	10210	14,22
11	01.02.2005	Beiersdorfer	9222	10210	32,74	10210	27,13

In diesem Beispiel verfügen wir über Leistungsdaten, die Kostenträgern oder Kostenstellen zugeordnet werden sollen. Eine Pivot-Tabelle gewährt Ihnen einen ersten und schnellen Einblick in die erfassten Leistungen; beispielsweise vor einem Import in ein Kostenrechnungstool.

Die Daten weisen folgende Struktur auf:

Tabelle 24.13 Felderläuterungen

Feld	Erklärung des Feldinhaltes
Datum	Datum der erbrachten Leistung
Name	Mitarbeitername
PNr	Personalnummer
KoStelle	Stammkostenstelle des Mitarbeiters
StdVerr	Stundenverrechnungssatz für die erbrachte Leistung
Ktr/KSt	Zu belastende(r) Kostenstelle bzw. Kostenträger
Stunden	Zeit für erbrachte Leistung

Um eine Pivot-Tabelle zu erstellen, gehen Sie folgendermaßen vor:

1. Stellen Sie die Einfügemarke in die gerade geöffnete Tabelle aus Abbildung 24.102 und starten den Assistenten, indem Sie den Menübefehl *Daten/PivotTable- und PivotChart-Bericht* aufrufen.

2. Im unteren Bereich des Dialogfelds können Sie entscheiden, ob die Daten als *PivotTable* oder als *PivotChart-Bericht* dargestellt werden sollen. Wählen Sie die Option *PivotTable*. Klicken Sie auf die Schaltfläche *Weiter,* um in den nächsten Arbeitsschritt zu gelangen.

3. Hier wird der Listenbereich, der automatisch erkannt wurde, angezeigt (er kann auch verändert werden). Für unser Beispiel übernehmen Sie den Vorschlag und klicken erneut auf die Schaltfläche *Weiter* (sollten Sie in der Beispieldatei eine Meldung erhalten, beantworten Sie die Frage im Dialogfeld mit *Nein*).

4. In diesem Dialogfeld (Abbildung 24.103) entscheiden Sie, ob ein neues Arbeitsblatt oder ein bestehendes Arbeitsblatt verwendet werden soll. Zusätzlich können Sie in die Layoutansicht wechseln, um die Felder anzuordnen.

Abbildg. 24.103   Festlegung des Ortes, an dem die Pivot-Tabelle aufgebaut werden soll

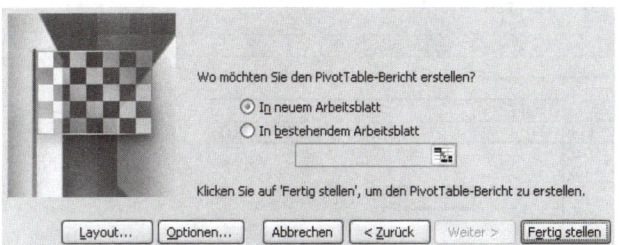

5. Verzweigen Sie durch einen Klick auf die Schaltfläche *Layout* in das Dialogfeld *PivotTable- und PivotChart-Assistent Layout*.

Abbildg. 24.104   Legen Sie hier das Layout für die Pivot-Tabelle fest

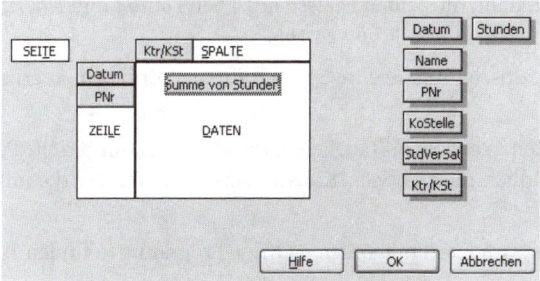

6. Zeigen Sie mit dem Mauszeiger beispielsweise auf die Feldschaltfläche *Datum* in der rechten Feldauswahl, drücken Sie die linke Maustaste, ziehen Sie mit gehaltener Maustaste das Feld in den *Zeilenbereich* und lösen dann die Maustaste.

7. Verfahren Sie analog mit den Feldschaltflächen *PNr, Ktr/KSt* und *Stunden*. Klicken Sie dann auf die Schaltfläche *OK*, um wieder zum Schritt 3 des Assistenten zurückzukehren (vgl. Abbildung 24.103).

8. Jetzt klicken Sie noch auf die Schaltfläche *Fertig stellen*, um den PivotTable-Bericht zu erzeugen.

Das vorläufige Ergebnis zeigt die Abbildung 24.105.

Abbildg. 24.105 Ein Ausschnitt aus dem vorläufigen Ergebnis

	A	B	C	D	E
1					
2					
3	Summe von ?		Ktr/KSt ▼		
4	Datum ▼	PNr ▼	1005	1030	1040
5	03.01.2005	9002			32
6		9004			32
7		9010			
8		9012			
9		9035			8
10		9090			16
11		9146			8
12		9201			32

Es werden, geführt durch das Tagesdatum, die zugehörige Personalnummer und alle Kostenstellen/ Kostenträger angezeigt.

Abbildg. 24.106 Die veränderte Anordnung der Feldschaltflächen (Ausschnitt) führt zu einer anderen Sicht auf die ursprünglich sequentiellen Textdaten

	A	B	C	D	E	F
1						
2						
3	Summe von Stunden		Datum ▾			
4	PNr ▾	Ktr/KSt ▾	03.01.2005	10.01.2005	17.01.2005	24.01.2005
5	9002	1040	32			
6		1124		12	5	
7		1151		12	35,75	33,95
8		1358				
9		1414				
10		1434		16,47		6
11	9002 Ergebnis		32	40,47	40,75	39,95
12	9004	1040	32			
13		1414		3	32	26

Für eine personenorientierte Darstellung ziehen Sie das Zeilenfeld *PNr* in die erste Spalte vor das Zeilenfeld *Datum* und tauschen dann die beiden Feldschaltflächen *Datum* und *Ktr/KSt*. Als Ergebnis bekommen Sie eine Auswertung wie in Abbildung 24.106.

Weitere Anordnungen, um spezifische Auswertungen nach Ihren Wünschen zu erhalten, sind jetzt zahlreich gegeben.

Sie kennen nun viele Möglichkeiten der Pivot-Tabellen. Es eröffnen sich für Sie alle Perspektiven der Bearbeitung, damit Sie letztendlich die richtigen Konsequenzen aus Ihren Erkenntnissen ableiten können.

Mehr über die Zusammenarbeit von Excel mit anderen Office-Programmen finden Sie in Kapitel 29.

Zusammenfassung

In Pivot-Tabellen finden Sie ein Instrument zur Analyse und Aufbereitung Ihrer Daten, um diese dann schnell, flexibel, sinnvoll und vor allem mit hoher Aussagekraft auswerten zu können. Sie erreichen in schnellen Schritten eine anschauliche Darstellung in Tabellenform und ohne weiteren Aufwand auch als Businessgrafik oder PivotChart. Sollten Änderungen, Ergänzungen und/oder das Hinzufügen neuer Elemente notwendig werden, lässt sich dies zügig und ohne Gefährdung der Basisdaten sowie der bereits geleisteten Aufbauarbeit erledigen. Sie werden tatkräftig durch Assistenten unterstützt, welche die gesamte Arbeit erheblich erleichtern. Darüber hinaus können Sie die Pivot-Tabelle auch als Zwischeninstrument für die Zusammenführung von Daten einsetzen.

Listenmanagement

Teil H

Planung und Prognose

In diesem Teil:

Dieser Teil informiert Sie über professionelle Werkzeuge zur Zielwertsuche und zur Was-Wäre-Wenn-Analyse. Entwickeln und testen Sie Modelle, die Sie für Ihre Planungsaufgaben und Prognosen einsetzen können.

Unter anderem arbeiten Sie mit dem Szenario-Manager, mit dessen Hilfe Sie die Eingabeparameter von Formeln speichern und verwalten können. Sie erhalten hier Anregungen, für welche Zwecke Szenarien eingesetzt werden können und wie Sie einen Übersichtsbericht mit den Variablen aller Szenarien erstellen.

Lernen Sie, wie Sie das Add-In *Solver* verfügbar machen, welche Probleme der Solver löst, wie er grundsätzlich funktioniert und welche Funktionen er für Fortgeschrittene bereithält.

Und schließlich lernen Sie die Mehrfachoperation kennen, die Eingabeparameter in Formeln mit Wertelisten durchrechnen und eine Vielzahl an Ergebnissen liefern kann.

Kapitel 25

Den Szenario-Manager für verschiedene Ansichten nutzen

In diesem Kapitel:

In manchen Situationen gilt es, die Kalkulation anzupassen und mit anderen Werten ein Modell durchzurechnen. Wie sieht etwa der Aufwand mit anderen Einstandspreisen oder Zinssätzen aus? Für diese Art der Fragestellung gibt es den *Szenario-Manager*. Er hilft Ihnen beim Durchspielen verschiedener Variationen in »Was-wäre-wenn-Analysen« oder bei der Zielwertsuche.

Der *Szenario-Manager* speichert Werte für einen Satz veränderlicher Zellen unter einem frei wählbaren Namen ab. Er versetzt Sie damit in die Lage, für diese Zellen verschiedene Variablen zu definieren, abzuspeichern und bei Bedarf abzurufen. Damit können Sie verschiedene Konstellationen durchprobieren, ohne die Werte erneut eingeben oder in verschiedenen Tabellen oder Arbeitsmappen speichern zu müssen.

Mit dem Szenario-Manager arbeiten

Im folgenden Beispiel sollen die Kosten für die Herstellung von CD-ROMs untersucht werden: Sie haben den letzten Ausflug der Sportgruppe mit einer Digitalkamera festgehalten und nun soll jeder Teilnehmer eine CD-ROM bekommen. Da die Preise für die dazu notwendigen Etiketten und Rohlinge sich in Abhängigkeit von der Menge unterscheiden, wollen Sie vergleichen, wie sich der Aufwand verändert. Als Grundlage dient die Tabelle aus Abbildung 25.1.

 Alle in diesem Kapitel gezeigten Beispiele finden Sie in der Datei *Kap25.xls* im Ordner *\Buch\Kap25* auf der CD zu diesem Buch.

Abbildg. 25.1 Einfache Kostenaufstellung

	A	B	C	D	E	F	G	H
1								
2		Kosten für die Erstellung einer CD						
3		Art	Gebinde	Anzahl	Preis	Preis/Stück	Formel	
4		CD-Rom	1	50	11,50 €	0,23 €	=WENN(E4<>"";RUNDEN(E4/(C4*D4);2);"")	
5		Jewel-Case	5	1	2,50 €	0,50 €	=WENN(E5<>"";RUNDEN(E5/(C5*D5);2);"")	
6		Labels						
7		Disk	25	2	12,15 €	0,24 €	=WENN(E7<>"";RUNDEN(E7/(C7*D7);2);"")	
8		CD-Cover	1	50	9,99 €	0,20 €	=WENN(E8<>"";RUNDEN(E8/(C8*D8);2);"")	
9		CD-Booklet						
10		Kosten			36,14 €	1,17 €	=SUMME(F4:F9)	
11								
12		Bestellmenge			Stück	12		
13		Einnahmen				14,04 €	=F12*F10	
14		Rest				22,10 €	=E10-F13	
15								

Die Position *Rest* zeigt die Kosten an, die Sie dieses Mal nicht auf die Teilnehmer aufteilen können. Als Gegenwert dazu haben Sie allerdings einen Restbestand an unterschiedlichem Material zur Verfügung.

Schneller Zugriff auf den Szenario-Manager

Damit Sie komfortabel mit dem *Szenario-Manager* arbeiten können, sollten Sie zwei Änderungen an Ihrer Arbeitsumgebung vornehmen. Folgen Sie dazu den nachfolgenden Schritten:

1. Wählen Sie die Menübefehlsfolge *Ansicht/Symbolleisten/Anpassen* aus. Alternativ können Sie auch mit der rechten Maustaste in den Bereich der Menüs und Symbolleisten klicken und dann aus dem Kontextmenü die Option *Anpassen* auswählen. Das Dialogfeld *Anpassen* (Abbildung 25.2) wird nun angezeigt.

2. Aktivieren Sie die Registerkarte *Befehle*.

3. Im Listenfeld *Kategorien* finden Sie den Eintrag *Extras*. Markieren Sie ihn und suchen Sie im Listenfeld *Befehle* nach *Szenarien*.

4. Markieren Sie diesen Eintrag und ziehen Sie ihn mit gedrückter linker Maustaste in eine Symbolleiste Ihrer Wahl. Über dieses Symbol können Sie das Dialogfeld *Szenario-Manager* schnell aufrufen.

5. Verfahren Sie mit dem direkt darunter stehenden Befehl *Szenario* in gleicher Weise. Dieses Symbol erlaubt Ihnen den schnellen Wechsel zwischen den Szenarien eines Tabellenblattes.

Abbildg. 25.2 Über das Dialogfeld *Anpassen* können Sie die Befehle *Szenarien* und *Szenario* auf einer Symbolleiste ablegen

Mehr zum Anpassen von Symbolleisten finden Sie in Kapitel 2.

Ein Szenario erstellen

Erstellen Sie das erste Szenario. Es ist eine probate Methode, ein Szenario zu erstellen, das lediglich die Ausgangswerte enthält. Von diesem Szenario aus können dann weitere Szenarien definiert werden. Die Rückkehr zu den Ausgangswerten ist jederzeit möglich.

Verwenden Sie das Tabellenblatt *Übung* in der Beispieldatei *Kap25.xls*, um die folgenden Schritte selbst nachzuvollziehen. Die Beispieldatei finden Sie im Ordner *\Buch\Kap25* auf der CD zu diesem Buch.

Zunächst erstellen Sie mit den Daten der in Abbildung 25.1 gezeigten Tabelle ein Szenario mit dem Namen *Standard*. Führen Sie dazu folgende Schritte aus:

1. Wählen Sie den Menübefehl *Extras/Szenarien* aus oder klicken Sie auf das Symbol *Szenarien*. Es öffnet sich das Dialogfeld *Szenario-Manager*.

Planung und Prognose

Der *Szenario-Manager* enthält zunächst ein leeres Listenfeld

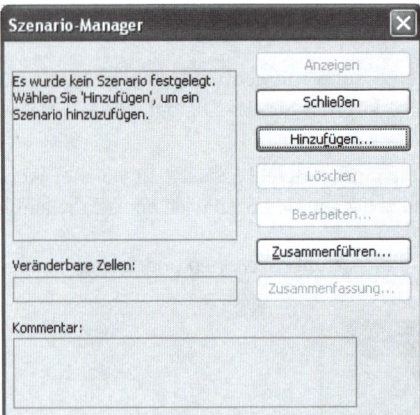

2. Um ein Szenario festzulegen, klicken Sie auf die Schaltfläche *Hinzufügen*. Damit wird das Dialogfeld *Szenario hinzufügen* für die Definition neuer Szenarien angezeigt (Abbildung 25.4).

Im Dialogfeld *Szenarien bearbeiten* wird die allgemeine Definition eines Szenarios festgelegt

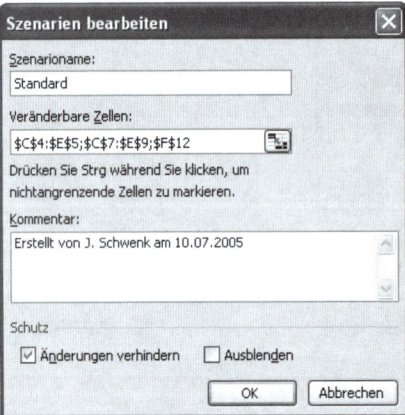

3. Tragen Sie in das Eingabefeld *Szenarioname:* den Namen *Standard* ein.

4. Mit der ⇥-Taste gelangen Sie in das Feld *Veränderbare Zellen*. Markieren Sie mit der Maus den Bereich *C4:E5*. Um weitere Bereiche hinzufügen zu können, müssen Sie nun die [Strg]-Taste gedrückt halten. Markieren Sie weiter den Bereich *C7:E9* und anschließend noch die Zelle *F12* (siehe Abbildung 25.4).

5. Mit Klick auf die Schaltfläche *OK* bestätigen Sie Ihre Eingaben und gelangen in das Dialogfeld *Szenariowerte*.

6. Als Vorgabe finden Sie dort die aktuellen Zellwerte in den Eingabefeldern. Klicken Sie auf die Schaltfläche *OK*, um diese Werte für das Szenario *Standard* zu übernehmen.

7. Nun landen Sie wieder im Dialogfeld *Szenario-Manager*. Klicken Sie jetzt auf die Schaltfläche *Schließen* und Sie haben das erste Szenario erstellt.

Szenarien bearbeiten

Beim Anlegen eines Szenarios fügt der *Szenario-Manager* einen Kommentar ein. Dieser enthält Angaben über den Autor des Szenarios und das Erstellungsdatum. Dafür wird der *Benutzername* verwendet, den Sie über den Menübefehl *Extras/Optionen* auf der Registerkarte *Allgemein* eintragen können. Beim Bearbeiten wird dieser Kommentar noch mit Angaben über das Modifizierungsdatum und den jeweiligen Bearbeiter ergänzt. Diese Angaben erscheinen ebenfalls im Dialogfeld *Szenario-Manager* (vgl. Abbildung 25.4 und Abbildung 25.6).

TIPP   Das Kommentarfeld ist frei editierbar; dadurch können Sie es sich natürlich nutzbar machen, um weitere Informationen zu Ihren Szenarien zu hinterlegen. Wenn Sie eine Mappe weitergeben, könnten Sie hier z.B. Notizen für einen Sachbearbeiter eintragen.

Weitere Szenarien hinzufügen

Das Anlegen eines Szenarios allein liefert noch keinen Einblick in die Funktionsweise des *Szenario-Managers*. Durch Hinzufügen weiterer Szenarien eröffnet Sie sich die Möglichkeit, zwischen den verschiedenen Szenarien zu wechseln. Wenn dann noch unterschiedliche Ausgangsdaten in die Formeln eingehen, wird Ihnen die Arbeitsweise dieses Werkzeugs schnell klar.

Es gibt zwei Wege, um neue Szenarien zu definieren:

- Sie können die Werte im Tabellenblatt ändern und bestimmte Zwischenstände als Szenario speichern.

- Es ist aber auch möglich, die Werte für die veränderbaren Zellen direkt in das Dialogfeld *Szenariowerte* einzugeben.

Das Vorgehen hängt ganz von Ihrer persönlichen Arbeitsweise ab.

Ein weiteres Szenario speichern

Stellen wir uns eine Aufgabe: Ihr Fachhändler hat ein Angebot für CD-Hüllen. Sie erhalten die 50er-Packung im Format Slim Case für 9,99 Euro. Nun möchten Sie sehen, wie sich dieses Angebot auf die Kosten auswirkt. Das Ergebnis soll als weiteres Szenario hinzugefügt werden.

Folgen Sie dazu den nachstehenden Schritten:

1. Setzen Sie den Cursor in die Zelle *C5* und tragen Sie den Wert *1* ein. In Zelle *D5* tragen Sie den Wert *50* und in *E5* den Wert *9,99* ein.

2. Jetzt sollen die neuen Werte als Szenario gespeichert werden: Wählen Sie den Menübefehl *Extras/Szenarien* oder klicken Sie auf das Symbol *Szenarien*.

3. Klicken Sie auf die Schaltfläche *Hinzufügen* und geben Sie als Szenarionamen *Slim Case* ein. Klicken Sie anschließend auf die Schaltfläche *OK*.

4. Die Werte im Dialogfeld *Szenariowerte* können Sie übernehmen. Klicken Sie daher auf die Schaltfläche *OK* und beenden Sie den *Szenario-Manager* durch einen Klick auf die Schaltfläche *Schließen*.

TIPP   Sowohl das Symbol *Szenario* als auch das Listenfeld *Szenarien* im Dialogfeld *Szenario-Manager* unterstützen keinen horizontalen Bildlauf. Daher sollten Sie sich für kurze Szenario-Namen entscheiden.

Planung und Prognose

Das Symbol *Szenario* enthält nun zwei Einträge, zwischen denen Sie hin- und herschalten können. Dabei werden die Werte des gewählten Szenarios in die Tabelle eingetragen. Die Namen der Szenarien und die zugehörigen Werte speichert Excel im Arbeitsblatt. Sie gehen also nicht verloren. Das Interessante dabei ist, dass die Zellen mit den Formeln jeweils unterschiedliche Werte zeigen. Die Formeln werden beim Anzeigen eines anderen Szenarios jeweils mit unterschiedlichen Werten neu berechnet. Genau das ist das Einsatzgebiet des Szenario-Managers: Er ermöglicht Ihnen das schnelle Durchrechnen und Vergleichen von Formeln mit unterschiedlichen Argumenten.

Werte über ein Dialogfeld eingeben

Nehmen wir an, es soll ein weiteres Szenario angelegt werden, dieses Mal aber nicht über die Tabelle, sondern unter Mithilfe des *Szenario-Managers*. Und so geht's:

1. Wählen Sie aus dem Kombinationslistenfeld *Szenario* den Eintrag *Standard* aus. Der *Szenario-Manager* stellt im Tabellenblatt die ursprünglichen Werte ein.

2. Wählen Sie den Befehl *Szenarien*.

3. Klicken Sie auf die Schaltfläche *Hinzufügen* und geben Sie den Szenarionamen *Bestellmenge 30* ein. Klicken Sie dann auf die Schaltfläche *OK*.

4. Nun befinden Sie sich im Dialogfeld *Szenariowerte*. Die Bestellmenge steht in Zelle *F12*, Sie müssen also im Dialogfeld ein kleines Stück nach unten scrollen, damit Sie den betreffenden Wert sehen (Abbildung 25.5).

Abbildg. 25.5   Szenariowerte im Dialogfeld ändern

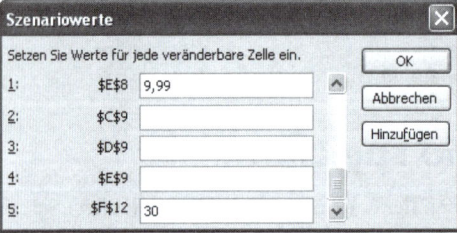

5. Geben Sie für die Zelle *$F$12* den Wert *30* an und bestätigen Sie diese Eingabe mit Klick auf die Schaltfläche *Hinzufügen*.

6. Nun befinden Sie sich wieder im Dialogfeld *Szenario hinzufügen*. Geben Sie als Szenarionamen *Booklet* ein, um ein weiteres Szenario zu definieren.

7. Wechseln Sie in das Eingabefeld *Veränderbare Zellen* und tragen Sie dort den Bezug *$C$9:$E$9;$F$12;$C$4:$E$8* ein und klicken Sie anschließend auf die Schaltfläche *OK*.

8. Wie Sie sehen, werden die veränderbaren Zellen in der Reihenfolge angezeigt, wie Sie diese angegeben haben. Sie brauchen also nicht durch das Listenfeld scrollen, sondern können für die Zellen *$C$9*, *$D$9* und *$E$9* die Werte *1*, *25* und *6,50* eingeben. Wenn Sie kein weiteres Szenario festlegen wollen, klicken Sie auf die Schaltfläche *OK*. Dadurch landen Sie nicht wieder im Dialogfeld *Szenario hinzufügen* sondern im *Szenario-Manager* (Abbildung 25.6), den Sie wiederum mit Klick auf die Schaltfläche *Schließen* beenden können.

HINWEIS   Wie Sie gesehen haben, müssen die Szenarien einer Tabelle nicht zwingend die gleichen veränderbaren Zellen verwenden. Damit im Dialogfeld *Szenariowerte* statt der Zelladressen entsprechende Beschriftungen vor den Eingabefeldern stehen, müssen Sie für jede Zelle einen Bereichsnamen festlegen. Das ist auch hier zu empfehlen, weil ein Zellbezug (etwa *F12*) einfach weniger aussagt, als ein Name (z.B. *Bestellmenge*). Auch für den Bereich der veränderbaren Zellen kann Ihnen ein Name helfen, etwa um diesen schnell zu markieren.

Abbildg. 25.6   Der *Szenario-Manager* zeigt die Szenarien in der Reihenfolge ihrer Definition im Listenfeld an

Mehr zum Thema »Namen« finden Sie in Kapitel 19.

PROFITIPP

> Wenn abzusehen ist, dass einige der veränderbaren Zellen häufiger geändert werden als andere, markieren Sie zuerst diese Zellen im Eingabefeld *Veränderbare Zellen*. Markieren Sie die anderen Zellen dann mit Hilfe der `Strg`-Taste. Die Zellen werden im Dialogfeld *Szenariowerte* in der Reihenfolge der Markierung angezeigt.

Planung und Prognose

Die Befehle im Dialogfeld *Szenario-Manager*

Szenario anzeigen   Im Dialogfeld *Szenario-Manager* werden nun vier Szenarien aufgelistet. Jedes Szenario können Sie von hier aus anzeigen lassen, wenn Sie den gewünschten Eintrag im Listenfeld *Szenarien* markieren und anschließend auf die Schaltfläche *Anzeigen* klicken. Das Gleiche erreichen Sie durch einen Doppelklick auf einen Eintrag oder über das Symbol *Szenario*.

Szenario bearbeiten   Neben der Option *Hinzufügen* stellt das Dialogfeld *Szenario-Manager* auch Befehle zum Bearbeiten und Löschen von Szenarien bereit. Über einen Klick auf die Schaltfläche *Bearbeiten* gelangen Sie wiederum in das Dialogfeld *Szenario bearbeiten*. Hier lassen sich alle Einstellungen editieren.

Szenario löschen   Mit Klick auf die Schaltfläche *Löschen* wird im Dialogfeld *Szenario-Manager* ein Szenario kommentarlos gelöscht. Beachten Sie dabei, dass keinerlei Sicherheitsabfrage erfolgt. Ein gelöschtes Szenario lässt sich nicht wiederherstellen. Sie haben nur die Möglichkeit, es erneut anzulegen. Wenn Sie die Datei seit dem Löschen noch nicht gespeichert haben, dann können Sie diese Datei unter einem anderen Namen speichern und die Szenarien beider Mappen zusammenführen. Wie das geht, erfahren Sie gleich.

Szenarien zusammenführen

Der Szenario-Manager kann Szenarien aus unterschiedlichen Arbeitsblättern bzw. Arbeitsmappen zusammenführen. Voraussetzung für das Zusammenführen von Szenarien aus anderen Dateien ist, dass diese geöffnet sind. Darüber hinaus macht dieser Vorgang nur Sinn, wenn die Arbeitsblätter gleich aufgebaut sind.

Wenn Sie Szenarien zusammenführen möchten, gehen Sie folgendermaßen vor:

1. Aktivieren Sie die Datei, welche die Szenarien aufnehmen soll und wählen Sie im Dialogfeld *Szenario-Manager* den Befehl *Zusammenführen*.

2. Im Dialogfeld *Szenarien zusammenführen* (Abbildung 25.7) können Sie sowohl zwischen den geöffneten Mappen wählen als auch zwischen den dort enthaltenen Arbeitsblättern. Wenn Sie einen Eintrag im Listenfeld *Blatt* markieren, erscheint unter dem Listenfeld ein Statustext, der Sie über die Anzahl der gespeicherten Szenarien im betreffenden Blatt informiert (vgl. Abbildung 25.7).

3. Nachdem Sie auf die Schaltfläche *OK* geklickt haben, werden die Szenarien des Quellblattes in die Liste der Szenarien des Zielblattes übernommen. Die Schaltfläche *OK* kann nur dann gewählt werden, wenn die ausgewählte Tabelle auch ein Szenario enthält.

Abbildg. 25.7 Im Dialogfeld *Szenarien zusammenführen* können die Tabellenblätter aller geöffneten Arbeitsmappen ausgewählt werden

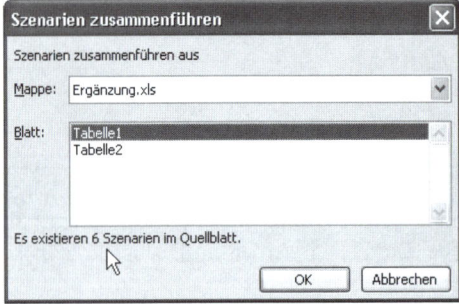

So werden Namenskonflikte gelöst

Bei der Zusammenführung kann es durchaus vorkommen, dass Szenarien mit gleichen Namen sowohl in der Quellmappe als auch in der Zielmappe vorhanden sind. Der *Szenario-Manager* kann Szenarien mit gleichen Namen nicht verwalten. Die Namenskonflikte werden folgendermaßen gelöst:

- An das Szenario mit gleichem Namen wird das aktuelle Tagesdatum angehängt.

- Sollte es bereits ein Szenario mit entsprechendem Namen geben, wird außerdem eine fortlaufende Nummer angehängt. Im Beispiel würde aus *Basis 01.07.2005* das Szenario *Basis 01.07.2005 1* werden.

- Beim Zusammenführen gleichnamiger Szenarien, die von Dritten erstellt wurden, wird zusätzlich noch der Name des Benutzers hinzugefügt; zum Beispiel *Basis Hans Müller 01.07.2005*.

- Sollten gleichnamige Szenarien zusammengeführt werden, die von Dritten am gleichen Tag erstellt wurden, wird neben dem Namen und dem Datum noch eine fortlaufende Nummer hinzugefügt; z.B. *Basis Hans Müller 01.07.2005 1*.

Szenarien wiederherstellen

Am Beginn dieses Abschnitts konnten Sie lesen, dass gelöschte Szenarien nicht wiederhergestellt werden können. Wenn Sie versehentlich ein Szenario gelöscht haben und die Datei noch nicht gespeichert wurde, müssen Sie die Hoffnung noch nicht ganz aufzugeben.

Führen Sie die nachfolgenden Schritte aus, um ein versehentlich gelöschtes Szenario wieder verfügbar zu machen.

1. Speichern Sie die Datei mit dem gelöschten Szenario unter einem neuen Namen ab. Nun haben Sie eine Kopie der ursprünglichen Datei. In der Originaldatei sollte das gelöschte Szenario aber noch enthalten sein.

2. Öffnen Sie die Originaldatei.

3. Wechseln Sie zurück zur Kopie der Datei.

4. Öffnen Sie das Dialogfeld *Szenario-Manager* und klicken Sie auf die Schaltfläche *Zusammenführen*.

5. Wählen Sie unter *Mappe* die Originaldatei und im Listenfeld *Blatt* das Arbeitsblatt, das die Szenarien enthält. Klicken Sie dann auf die Schaltfläche *OK*.

6. Entfernen Sie ggf. doppelte Szenarien. Nun haben Sie in der Kopie der Datei sowohl alle Änderungen als auch alle Szenarien vorliegen. Die Originaldatei ist nun überflüssig geworden.

HINWEIS Natürlich funktioniert das alles nur, wenn in der Originaldatei das betreffende Szenario enthalten war. Sollte dies nicht der Fall sein, etwa weil die Datei noch nie gespeichert wurde, dann müssen Sie wohl in den sauren Apfel beißen und die Arbeit erneut absolvieren.

Szenariobericht erstellen

Der Szenario-Manager bietet Ihnen die Möglichkeit, einen Übersichtsbericht zu erstellen. In einem *Übersichtsbericht* sind die Eingabewerte jedes Szenarios sowie dessen Ergebniszellen aufgelistet. Unter einer *Ergebniszelle* versteht man in diesem Zusammenhang eine Zelle mit einer Formel, deren Ergebnis unmittelbar oder mittelbar von dem Wert einer veränderbaren Zelle abhängig ist.

Nachdem Sie im Szenario-Manager auf die Schaltfläche *Zusammenfassung* geklickt haben, erscheint das Dialogfeld *Szenariobericht*. Hier haben Sie die Wahl zwischen *Szenariobericht* und *Szenario-PivotTable-Bericht* (Abbildung 25.8).

HINWEIS Die Schaltfläche *Zusammenfassung* im Dialogfeld *Szenario-Manager* ist nur dann aktiv, wenn für das aktuelle Tabellenblatt auch Szenarien definiert worden sind.

Die *Ergebniszellen* werden aus den gespeicherten Szenarien ermittelt. Sie können die Vorgabe übernehmen oder aber noch weitere berechnete Zellen in Ihrem Bericht ausgeben lassen. *Ergebniszellen* haben nur für die Erstellung eines *Szenario-PivotTable-Berichts* eine Bedeutung.

Im Dialogfeld *Szenariobericht* können Sie zwischen *Szenariobericht* und *Szenario-PivotTable-Bericht* wählen

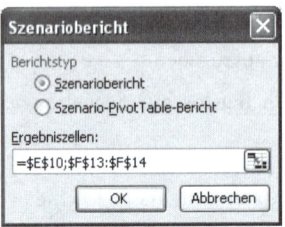

Nachdem Sie das Dialogfeld mit *OK* geschlossen haben, wird ein neues Tabellenblatt in Ihre Arbeitsmappe eingefügt, das den gewählten Bericht enthält. Dieser *Szenariobericht* (Übersichtsbericht) wird automatisch gegliedert und formatiert (Abbildung 25.9). Beachten Sie, dass für die Ergebniszellen nicht der Zellbezug, sondern der zuvor definierte Name angezeigt wird. Auch dieser Bericht gewinnt durch die Definition von Namen an Klarheit.

Der vom Szenario-Manager generierte Bericht zeigt die Zelladressen und die Szenariowerte

		Aktuelle Werte:	Standard	Slim Case	Bestellmenge 30	Booklet
Szenariobericht						
Veränderbare Zellen:						
	$C$4	1	1	1	1	1
	$D$4	50	50	50	50	50
	$E$4	11,50 €	11,50 €	11,50 €	11,50 €	11,50 €
	$C$5	5	5	1	5	5
	$D$5	1	1	50	1	1
	$E$5	2,50 €	2,50 €	9,99 €	2,50 €	2,50 €
	$C$6					
	$D$6					
	$E$6					
	$C$7	25	25	25	25	25
	$D$7	2	2	2	2	2
	$E$7	12,15 €	12,15 €	12,15 €	12,15 €	12,15 €
	$C$8	1	1	1	1	1
	$D$8	50	50	50	50	50
	$E$8	9,99 €	9,99 €	9,99 €	9,99 €	9,99 €
	$C$9	1				1
	$D$9	25				25
	$E$9	6,50 €				6,50 €
	Bestellmenge	12	12	12	30	12
Ergebniszellen:						
	Kosten	42,64 €	36,14 €	43,63 €	36,14 €	42,64 €
	Einnahmen	17,16 €	14,04 €	10,44 €	35,10 €	17,16 €
	Rest	25,48 €	22,10 €	33,19 €	1,04 €	25,48 €

Anmerkung: Die Aktuelle Wertespalte repräsentiert die Werte der veränderbaren Zellen zum Zeitpunkt, als der Szenariobericht erstellt wurde. Veränderbare Zellen für Szenarien sind in grau hervorgehoben.

HINWEIS Die veränderbaren Zellen werden grau hinterlegt. So kann man sofort erkennen, welche Zahlen variabel sind. Über die Gliederungssymbole können Sie die Anzeige einstellen.

Wenn Sie sich im Dialogfeld *Szenariobericht* (Abbildung 25.8) für einen *Szenario-PivotTable-Bericht* entscheiden, können Sie verschiedene Szenarien miteinander kombinieren und vergleichen (Abbildung 25.10).

WICHTIG   Wichtig ist dabei, dass Sie im Feld *Ergebniszellen* auf die Zellen verweisen, deren Werte durch die Szenarios verändert werden. Um hier mehrere Bezüge eingeben zu können, müssen diese durch Semikola getrennt werden.

Abbildg. 25.10   Der vom Szenario-Manager generierte PivotTable-Bericht

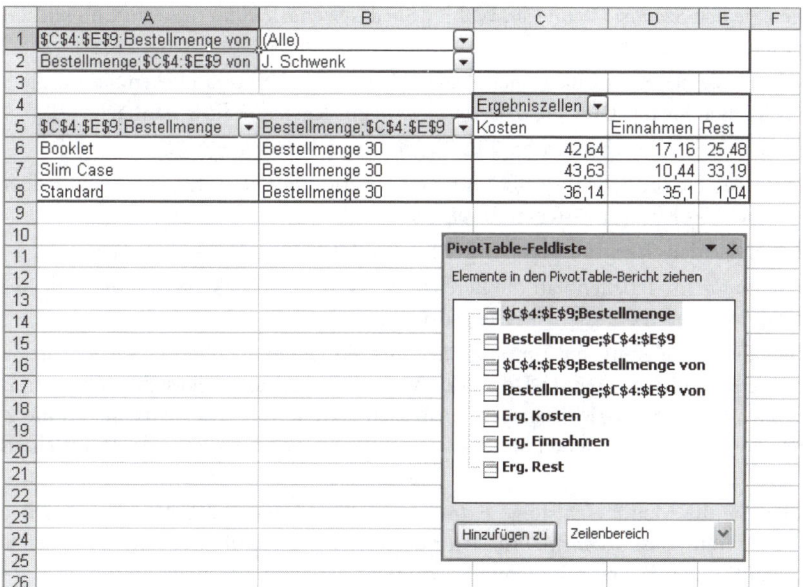

Sollten Sie weitere Informationen zum Umgang mit *PivotTable-Berichten* suchen, lesen Sie bitte in Kapitel 24 nach.

PROFITIPP

Das sicherlich größte Handicap im Szenario-Manager ist die Beschränkung auf 32 veränderbare Zellen. Das bedeutet für Sie, dass Sie sich auf die Bereiche beschränken müssen, die sich auch wirklich ändern. Sie können z.B. die Tabellenfunktion *TEILERGEBNIS* verwenden, um die Auswertung auf gefilterte Daten einzuschränken; in veränderbaren Zellen legen Sie dann nur die Werte für die nachfolgenden Rechenschritte ab.

Mehr zum Thema »Teilergebnisse« finden Sie in Kapitel 23. Dort können Sie auch weitere Möglichkeiten zur Was-wäre-wenn-Analyse nachlesen, z.B. die Zielwertsuche oder Datentabelle (auch Mehrfachoperation genannt).

Szenarien schützen

Unter der Überschrift *Schutz* im unteren Teil des Dialogfelds *Szenarien bearbeiten* finden Sie zwei Kontrollkästchen mit der Bezeichnung *Änderungen verhindern* und *Ausblenden*.

Mit der Aktivierung des Kontrollkästchens *Änderungen verhindern* stellen Sie sicher, dass ein anderer Benutzer ein Szenario nicht bearbeiten kann. Hierzu muss das Arbeitsblatt jedoch noch geschützt werden. Wird zudem noch die Option *Ausblenden* aktiviert, so erscheint das Szenario nicht mehr im Listenfeld *Szenarien* im *Szenario-Manager*.

Wir wollen nun zwei Szenarien schützen und ein Szenario ausblenden:

1. Öffnen Sie den *Szenario-Manager*. Wählen Sie das Szenario *Slim Case* aus und klicken Sie auf die Schaltfläche *Bearbeiten*.

2. Aktivieren Sie das Kontrollkästchen *Änderungen verhindern* und klicken Sie auf die Schaltfläche *OK*. Schließen Sie das Dialogfeld *Szenariowerte* mit Klick auf die Schaltfläche *OK*.

3. Wiederholen Sie die Schritte 1 bis 2 für das Szenario *Bestellmenge 30*.

4. Wiederholen Sie die Schritte 1 bis 2 für das Szenario *Booklet*. Aktivieren Sie hier aber im Schritt 3 zusätzlich das Kontrollkästchen *Ausblenden*.

5. Schließen Sie den *Szenario-Manager* per Klick auf die Schaltfläche *Schließen*.

6. Markieren Sie im Tabellenblatt die Bereiche *$C$9:$E$9*, *$C$4:$E$8* und die Zelle *$F$12*. Halten Sie beim Markieren die ⌨Strg-Taste gedrückt.

7. Wählen Sie den Menübefehl *Format/Zellen* und aktivieren Sie über das Dialogfeld *Zellen formatieren* die Registerkarte *Schutz*. Dort deaktivieren Sie das Kontrollkästchen *Gesperrt*. Dies ist notwendig, weil der Szenario-Manager sonst nach Aktivierung des Blattschutzes die Zellen nicht mehr ändern kann. Schließen Sie das Dialogfeld *Zellen formatieren* dann mit einem Klick auf *OK*.

8. Wählen Sie die Menübefehlsfolge *Extras/Schutz/Blatt schützen*. Achten Sie im Dialogfeld *Blatt schützen* darauf, dass *Szenarios bearbeiten* deaktiviert ist (Abbildung 25.11). Klicken Sie dann auf die Schaltfläche *OK*. Erst mit diesem Schritt wird der Schutz aktiv.

Abbildg. 25.11 *Szenarios bearbeiten* muss im Dialogfeld *Blatt schützen* deaktiviert sein

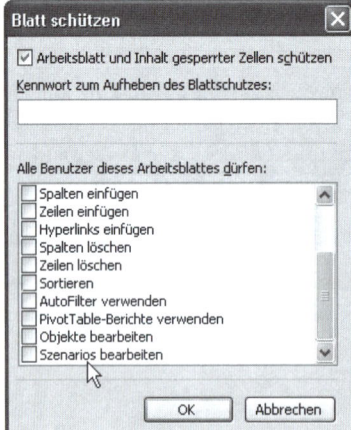

Nun können Sie den Szenario-Manager erneut öffnen. Markieren Sie einmal das Szenario *Slim Case* (Abbildung 25.12). Beachten Sie, dass die Befehle *Löschen* und *Bearbeiten* nicht anwählbar sind. Darüber hinaus fällt auf, dass nur drei Szenarien in der Liste angezeigt werden, obwohl in der Mappe vier Szenarien definiert wurden. Dies trifft übrigens auch auf das Kombinationsfeld *Szenario* in der Symbolleiste zu.

Abbildg. 25.12 Szenario-Manager mit geschützten und ohne ausgeblendete Szenarien

Grenzen für Szenarien

Grundsätzlich können Sie so viele Szenarien anlegen, wie Sie möchten. Die Anzahl ist lediglich durch den verfügbaren Speicher begrenzt. In Übersichtsberichten werden jedoch nur die ersten 251 Szenarien angezeigt.

Einschränkungen bei veränderbaren Zellen

Bei der Definition eines Szenarios müssen Sie darauf achten, dass Sie nur 32 veränderbare Zellen verwenden dürfen. Überschreiten Sie diese Grenze, erhalten Sie die in Abbildung 25.13 gezeigte Fehlermeldung.

Abbildg. 25.13 Nur 32 veränderbare Zellen sind erlaubt

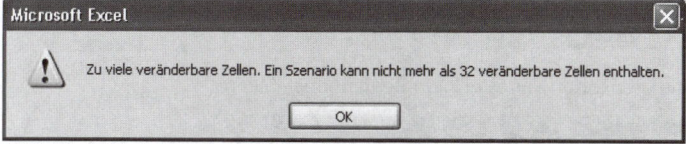

Weiterhin müssen Sie beachten, dass in den veränderbaren Zellen keine Formeln enthalten sind. Excel quittiert diesen Fehler mit der Meldung aus Abbildung 25.14. Sie können das Szenario wohl so definieren, doch wenn Sie es zum ersten Mal anzeigen lassen, überschreibt der Szenario-Manager die Formel mit dem gespeicherten Wert. Zweckmäßigerweise brechen Sie den Vorgang nach Erhalt der Meldung ab und überprüfen den Bereich noch einmal, bevor Sie das Szenario hinzufügen.

Abbildg. 25.14 Fehlermeldung, wenn in den veränderbaren Zellen mindestens eine Formel enthalten ist

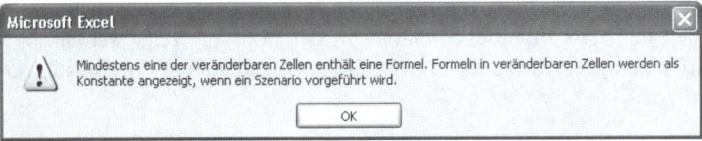

Problem mit verbundenen Zellen und Matrizen

Etwas unangenehm wirkt sich eine bestimmte Formatierung von Zellen auf die Arbeit des Szenario-Managers aus: Ist eine veränderbare Zelle über den Menübefehl *Format/Zellen* mit einer anderen Zelle verbunden, dann kann der Szenario-Manager in diese Zelle ebenfalls keine Werte eintragen. Wenn Sie es dennoch versuchen, erhalten Sie die aus Abbildung 25.15 ersichtliche Fehlermeldung. Mehr zur Problematik von verbundenen Zellen finden Sie in Kapitel 4.

Abbildg. 25.15 Verbundene Zellen können vom Szenario-Manager nicht geändert werden

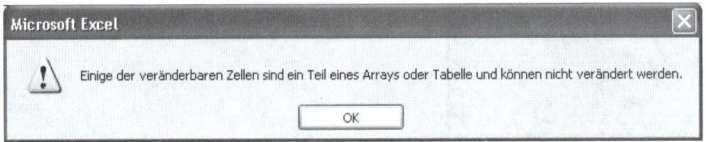

Die gleiche Fehlermeldung erhalten Sie auch, wenn der Szenario-Manager versucht, einzelne Zellen einer Matrix zu ändern.

Beenden Sie in einem solchen Fall den Szenario-Manager und heben Sie die Verbindung der Zellen auf.

Schnelles Überarbeiten

Wenn Sie die Werte eines bestehenden Szenarios überschreiben, erhalten Sie eine Sicherheitsabfrage. Wenn Sie ein Szenario auf diesem Wege ändern wollen, muss sich die Änderung auf eine der veränderbaren Zellen des Szenarios beziehen.

Vielleicht gefällt Ihnen ja diese Methode zum schnellen Ändern.. Probieren Sie es einfach einmal aus:

1. Wählen Sie aus dem Kombinationslistenfeld *Szenario* den Eintrag *Standard* aus (sofern er nicht bereits ausgewählt ist).

2. Ändern Sie den Wert in Zelle *D4* von *50* auf *25*.

3. Öffnen Sie nochmals das Kombinationslistenfeld *Szenario* und klicken Sie wieder auf *Basis*. Sie erhalten jetzt eine Abfrage analog der Abbildung 25.16.

Abbildg. 25.16 Szenario neu definieren, oder war es nur ein Bedienungsfehler?

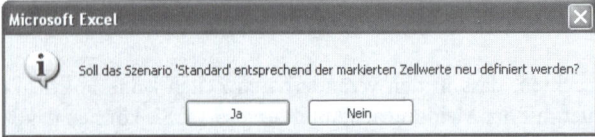

Wenn Sie diese Meldung mit Klick auf die Schaltfläche *Ja* bestätigen, werden die Werte in das Szenario übernommen. Ein Klick auf die Schaltfläche *Nein* belässt alles, wie es ist.

Zusammenfassung

Der Szenario-Manager ist ein interessantes Werkzeug für das Speichern und Anzeigen von Tabellenmodellen, bei denen Sie Formeln mit unterschiedlichen Eingangswerten durchspielen wollen. Sie können die unterschiedlichen Werte auf verschiedene Weise eingeben und unter einem Namen ablegen. Damit werden unterschiedliche Sätze an Werten gespeichert und können schnell angezeigt werden, ohne dass Sie Daten neu eingeben müssen. Durch geschickte Auswahl der veränderbaren Zellen bzw. der Formeln für die Berechnungen, können Sie auch mit der begrenzten Zahl an veränderbaren Zellen auskommen.

Weitere Beispiele für den *Szenario-Manager* finden Sie in Kapitel 27 beim Thema *Mehrfachoperation* und in Kapitel 26, in welchem es um den *Solver* geht.

Sie möchten ...	Die Information finden Sie auf Seite
den *Szenario-Manager* über Symbole aufrufen	952
ein Szenario festlegen	953
weitere Szenarien hinzufügen	955
mehr über die Befehle im *Szenario-Manager* erfahren	957
Szenarien unterschiedlicher Arbeitsmappen zusammenführen	958
einen Szenariobericht erstellen	959
Szenarien schützen	962
Szenarien schnell ändern	964
Ergebnisse des Solvers in Szenarien speichern	in Kapitel 26
Ergebnisse der Mehrfachoperation in Szenarien speichern	in Kapitel 27

Planung und Prognose

Kapitel 26

Den Solver und weitere Add-Ins einsetzen

In diesem Kapitel:

In diesem Kapitel werden wir Ihnen den Umgang mit dem *Solver* näher bringen. Sie werden lernen, in welchen Fällen der Einsatz des Solvers sinnvoll ist und wie man ihn handhabt. Die vielfältigen Einstellungen, die den Solver steuern, werden im Detail erklärt. Darüber hinaus kann der Solver Berichte generieren, die das gefundene Ergebnis erläutern. Was auf diesen Berichten dargestellt wird, können Sie ebenfalls in diesem Kapitel nachlesen. Am Ende des Kapitels finden Sie noch einige Beispiele zur Iteration, mit deren Hilfe Excel Zirkelbezüge auflösen kann.

Die Funktionalität des Solvers ist in einem Add-In gespeichert. Aus diesem Grund sollen zu Beginn des Kapitels einige allgemeine Informationen zu Add-Ins in Excel gegeben werden.

Zusätzliche Funktionen durch Add-Ins

Beim Durchlesen dieses Buches ist Ihnen schon mehrmals der Begriff *Add-In* begegnet. Was ist ein Add-In eigentlich?

Ein Add-In enthält programmierte Funktionen oder eine Erweiterung der Standard-Funktionalität von Excel. Es handelt sich um eine spezielle Datei, die nach dem Laden kein sichtbares Fenster zeigt. Auch über den Befehl *Fenster/Einblenden* kann kein Zugriff auf ein Add-In erfolgen. Die in einem Add-In gespeicherten Funktionen stehen aber gleichwohl zur Verfügung. Sie können über den Funktionsassistenten eingefügt werden. Obwohl es auch Add-Ins gibt, die in kompilierter Form gespeichert und z.B. mit einer der Programmiersprachen Visual Basic oder C++ erstellt werden (z.B. COM-Add-Ins, COM steht für *Component Object Model*), wollen wir hier einen anderen Typ von Add-Ins betrachten. Ein Add-In kann eben auch aus einer Excel-Datei erstellt werden, indem diese in dem besonderen Dateiformat *Microsoft Excel-Add-In (*.xla)* gespeichert wird. Mehr dazu, wie Sie ein eigenes Add-In erstellen können, finden Sie in Kapitel 31.

> **HINWEIS** Beim Öffnen eines Add-Ins wird **kein** Warnhinweis auf vorhandene Makros angezeigt, wenn das Add-In über den Add-Ins-Manager eingebunden ist und wenn auf der Registerkarte *Vertrauenswürdige Herausgeber* (zu erreichen über den Menübefehl *Extras/Makro/Sicherheit*) das Kontrollkästchen *Allen installierten Add-Ins und Vorlagen vertrauen* markiert ist.

Speicherort von Add-Ins

Bei der Installation Ihres Office-Pakets werden bereits einige Add-Ins mitgeliefert. Diese Dateien werden in das Verzeichnis *C:\Programme\Microsoft Office\Office11\Makro* (nach einer Standard-Installation ohne besondere Festlegungen) und in die darunter liegenden Ordner installiert.

> **WICHTIG** Wenn Sie im Windows-Explorer nach den Add-Ins suchen, müssen Sie unter *Extras/Ordneroptionen* auf der Registerkarte *Ansicht* für *Versteckte Dateien und Ordner* die Option *Alle Dateien und Ordner anzeigen* aktivieren, damit die Suche erfolgreich ist. Standardmäßig werden unter Windows 2000, Windows Server 2003 und Windows XP versteckte Dateien und Systemdateien ausgeblendet.

Wenn Sie ein eigenes Add-In entwickelt oder von einer anderen Quelle erhalten haben, dann stellt sich die Frage, wo Sie die Datei zweckmäßigerweise ablegen sollen. Je nachdem, welches Betriebssystem Sie verwenden, gibt es ein Verzeichnis, das Excel nach dem Start als erstes durchsucht. Wenn Sie mit Windows XP oder Windows 2000 arbeiten, finden Sie diesen Ordner unter *C:\Dokumente und*

Einstellungen\<Benutzername>\Anwendungsdaten\Microsoft\AddIns. Der Teil *<Benutzername>* steht hier für Ihren Anmeldenamen. Dort abgelegte Add-Ins erkennt Excel und listet sie automatisch im Dialogfeld *Add-Ins* auf (Abbildung 26.1). Sie können Add-Ins aber auch in anderen Ordnern ablegen. Im Netzwerk beachten Sie dabei die Zugriffsrechte.

Abbildg. 26.1   Das Dialogfeld *Add-Ins* verwaltet die Add-Ins

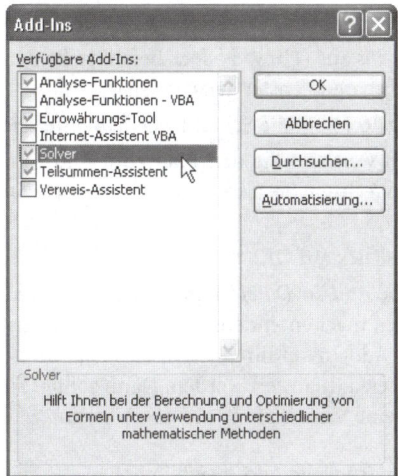

HINWEIS   Dieses Dialogfeld kann durchaus auch standardmäßig andere Einträge enthalten. Haben Sie z.B. die Microsoft-Produkte MapPoint oder Visio installiert, finden Sie hier weitere Add-Ins.

Add-Ins nachträglich installieren

Wenn im Add-Ins-Manager keine Add-Ins aufgelistet werden, müssen Sie das Setup-Programm erneut ausführen und die Add-Ins nachträglich installieren. Dazu gehen Sie wie folgt vor:

1. Legen Sie die Office-CD in Ihr CD-Laufwerk. Wenn die CD nicht automatisch ausgeführt wird, starten Sie den Windows-Explorer und aktivieren Sie das CD-Laufwerk. Klicken Sie doppelt auf die Datei *Setup.exe.*

2. Daraufhin wird das Office-Setup gestartet. Wählen Sie die erste Option *Features hinzufügen oder entfernen* und klicken Sie auf die Schaltfläche *Weiter.*

3. Im nächsten Dialogfeld wählen Sie das Kontrollkästchen *Erweiterte Anpassung von Anwendungen* und klicken auf die Schaltfläche *Weiter.*

4. Öffnen Sie den Zweig *Microsoft Office Excel* und dort den Unterzweig *Add-Ins.*

5. Wählen Sie für das gewünschte Add-In oder für alle Add-Ins die Verfügbarkeit am Arbeitsplatz – Vom Arbeitsplatz starten.

6. Setzen Sie den Installationsvorgang mit Klick auf *Aktualisieren* fort.

Daraufhin werden die ausgewählten Komponenten auf Ihren Rechner kopiert. Sie können die Add-Ins jetzt über den Menübefehl *Extras/Add-Ins* aktivieren und verwenden. Mehr zur Installation von Excel und Office System 2003 finden Sie in Kapitel 1.

Add-In einbinden

Nehmen wir an, Sie möchten Ihre Add-Ins auf einem Server ablegen, um sie allen Benutzern des Netzwerks verfügbar zu machen. Nun möchten Sie ein Add-In vom Server einbinden.

Für die Verwaltung von Add-Ins können Sie über den Menübefehl *Extras/Add-Ins* das Dialogfeld *Add-Ins* aufrufen, über welches Add-Ins eingebunden, aktiviert und deaktiviert werden können. Hier die Schritte:

1. Wählen Sie die Menübefehlsfolge *Extras/Add-Ins* aus (Hinweis: Der Befehl steht nur zur Verfügung, wenn eine Arbeitsmappe mit einem sichtbaren Fenster geladen ist!).

2. Klicken Sie im Dialogfeld *Add-Ins* (Abbildung 26.1) auf die Schaltfläche *Durchsuchen*.

3. Es öffnet sich das Dialogfeld *Durchsuchen*, in welchem Sie den Pfad zum Add-In suchen und anschließend das Add-In markieren können. Wechseln Sie also über das Listenfeld *Suchen in* auf das Netzlaufwerk, suchen und markieren das Add-In.

4. Schließen Sie das Dialogfeld *Durchsuchen* mit Klick auf *OK*.

5. Nun bietet Ihnen Excel die Möglichkeit an, die *Add-In-Datei* in die *Add-In-Bibliothek* zu kopieren. Sie können von diesem Angebot Gebrauch machen, indem Sie die Meldung aus Abbildung 26.2 mit *Ja* bestätigen. Excel kopiert dann das Add-In auf Ihren Rechner. Vielleicht ist es aber so, dass die Add-Ins auf dem Server von Zeit zu Zeit aktualisiert werden. Dann sollten Sie besser auf *Nein* klicken. Damit speichert Excel lediglich eine Verknüpfung auf das Add-In.

Abbildg. 26.2 Excel kopiert Ihre Add-Ins auf Wunsch in Ihre persönliche Add-In-Bibliothek

6. Nachdem Sie die Meldung bestätigt haben, wird das neue Add-In in der Liste der verfügbaren Add-Ins aufgeführt und sofort geladen.

Ein auf diese Weise eingebundenes Add-In bleibt auch nach einem Neustart von Excel in der Liste der verfügbaren Add-Ins erhalten, selbst dann, wenn es deaktiviert wird.

Einmalige Verwendung von Add-Ins

Wenn Sie ein Add-In nur einmalig verwenden wollen, dann können Sie es auch wie eine »normale« Datei öffnen: Dazu klicken Sie den Menübefehl *Datei/Öffnen* an und wählen anstelle einer Arbeitsmappe ein Add-In (**.xla;*.xll*) aus. Das Add-In steht Ihnen dann einmalig für die Dauer der aktuellen Sitzung zur Verfügung. Beim nächsten Excel-Start wird es nicht geladen.

WICHTIG Damit die Funktionalität von Add-Ins verfügbar wird, müssen Sie die darin enthaltenen Makros aktivieren. Mehr zum Thema »Aktivierung von Makros« finden Sie in Kapitel 31.

Add-Ins aus der Liste verfügbarer Add-Ins entfernen

Wenn Sie ein Add-In aus dem Dialogfeld *Add-Ins* entfernen wollen, dann können Sie das wie folgt erledigen:

1. Deaktivieren Sie das betreffende Add-In über den Menübefehl *Extras/Add-Ins* und schließen Sie Excel.

2. Suchen Sie im Windows-Explorer nach dem Add-In und benennen Sie die Datei um oder verschieben Sie diese an einen anderen Ort.

3. Starten Sie Excel und wählen Sie den Menübefehl *Extras/Add-Ins*.

4. Klicken Sie auf das Kontrollkästchen für das zu entfernende Add-In.

5. Excel kann das Add-In nicht finden. Sie können das Add-In entfernen, wenn Sie das Dialogfeld aus Abbildung 26.3 mit *Ja* schließen.

Abbildg. 26.3   Add-In aus der Liste entfernen

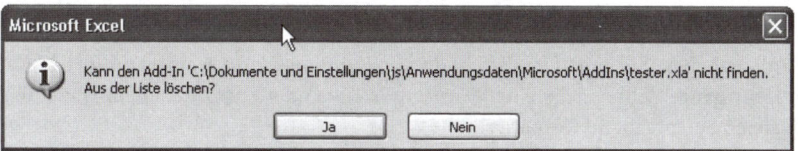

WICHTIG   Das Entfernen von Add-Ins aus der Liste der verfügbaren Add-Ins bzw. das Löschen oder Verschieben an einen anderen Speicherort führt dazu, dass Zellen, die eine Funktion aus dem Add-In verwenden,

- den Fehlerwert *#Name?* zeigen und
- der Name der Funktion um den Speicherort und Namen des Add-Ins ergänzt wird.

Verfügbare Add-Ins

Mit Excel 2003 werden einige Add-Ins ausgeliefert. Wir werden nachfolgend die Funktion der einzelnen Add-Ins beschreiben, sofern ihnen nicht ein eigenes Kapitel gewidmet ist. In diesem Fall finden Sie nur einen Verweis auf das entsprechende Kapitel.

Analyse-Funktionen

Das Add-In *Analyse-Funktionen* enthält zusätzliche Funktionen, mit deren Hilfe Sie viele Bearbeitungsschritte bei der Entwicklung komplexer statistischer oder technischer Analysen einsparen können. Sie geben lediglich die Daten und Argumente für die jeweilige Analyse an; die Funktion führt dann die entsprechenden statistischen oder technischen Funktionen aus und zeigt die Ergebnisse in einer Ausgabetabelle an. Bei einigen Funktionen werden zusätzlich zu Ausgabetabellen auch Diagramme erstellt, z.B. beim Histogramm. Ein Beispiel dazu finden Sie in Kapitel 16.

Nachdem Sie das Add-In im Dialogfeld *Add-Ins* aktiviert haben, steht Ihnen im Menü *Extras* der Befehl *Analyse-Funktionen* zur Verfügung. Dieser Befehl startet ein Dialogfeld, das die Funktionen des Add-Ins auflistet.

PROFITIPP   Dieses Add-In verfügt über eine eigene Hilfedatei, welche die Verwendung der Funktionen erklärt. Sie finden die Datei *XLADDIN.CHM* im Ordner *C:\Programme\Microsoft Office\OFFICE11\1031* auf Ihrem Rechner.

Planung und Prognose

Analyse-Funktionen – VBA

Viele Arbeitsblatt-Funktionen stehen Ihnen als Makro-Entwickler in VBA (Visual Basic for Applications) erst zur Verfügung, wenn Sie das Add-In *Analyse-Funktionen – VBA* einbinden. Durch dieses Add-In haben Sie in VBA Zugriff auf ca. 140 statistische, finanzmathematische und technische Funktionen. Mehr zum Thema »VBA« finden Sie in Kapitel 31.

Eurowährungs-Tool

Das Add-In *Eurowährungs-Tool* stellt die Tabellenfunktion *EUROCONVERT* zur Verfügung. Mit dieser Funktion können Sie die alten Währungen der Mitgliedsländer der Euro-Zone in Euro umrechnen bzw. aus der Währung Euro in die entsprechende Fremdwährung zurückrechnen. Die Umrechnungsfaktoren sind für jedes Land hinterlegt.

Außerdem haben Sie mit dem Befehl *Extras/Euroumrechnung* eine komfortable Möglichkeit per Menü, für ganze Zellbereiche eine Währung in die andere umzurechnen. Dabei wird das Ergebnis auch gleich entsprechend formatiert.

HINWEIS Bei der Installation von Excel wird dieses Add-In standardmäßig geladen, was für Add-Ins etwas unüblich ist. Da dieses Add-In eine eigene Symbolleiste mitbringt und diese nicht im oberen Bereich des Bildschirms, sondern an einer anderen Stelle angezeigt wird, fällt sie vielen Anwendern zunächst unangenehm auf. Sie können diese Symbolleiste jedoch nach Belieben verschieben oder, wenn die Umrechnung europäischer Währungen für Sie kein Thema mehr ist, das Add-In wie oben beschrieben deaktivieren.

Bei statistischen Vergleichen der EU-Länder stehen Sie vielleicht immer noch vor der Aufgabe, Währungen umzurechnen. Daher soll diese Funktion hier kurz erläutert werden. Die Funktion hat die (englische) Syntax

EUROCONVERT(Number;Source;Target;Full_Precision;Triangulation_Precision)

und konvertiert eine Zahl in Euro bzw. konvertiert eine Zahl aus Euro in eine Euro-Mitgliederwährung oder konvertiert eine Zahl aus einer Euro-Mitgliederwährung in eine andere, indem der Euro als Zwischenschritt verwendet wird.

Das Argument *Number* ist der Währungswert, der konvertiert werden soll. *Source* ist eine Zeichenfolge aus drei Buchstaben, gemäß dem ISO-Code aus Tabelle 26.1.

Tabelle 26.1 Die Währungscodes für die Verwendung in der *EUROCONVERT*-Funktion

Land	Währung	ISO-Code
Belgien	Franc	BEF
Luxemburg	Franc	LUF
Deutschland	Deutsche Mark	DEM
Spanien	Peseta	ESP
Frankreich	Franc	FRF
Irland	Pfund	IEP
Italien	Lira	ITL

Tabelle 26.1 Die Währungscodes für die Verwendung in der *EUROCONVERT*-Funktion *(Fortsetzung)*

Land	Währung	ISO-Code
Niederlande	Gulden	NLG
Österreich	Schilling	ATS
Portugal	Escudo	PTE
Finnland	Markka	FIM
Euro-Mitgliederstaaten	Euro	EUR

Target ist ebenfalls eine Zeichenfolge aus drei Buchstaben gemäß dem ISO-Code der Währungseinheit, in die *Number* konvertiert werden soll. *Full_Precision* ist ein logischer Wert (*WAHR* oder *FALSCH*). Dieser Wert gibt an, wie das Ergebnis gerundet wird. Beim Standardwert *FALSE* (*FALSCH*) werden die währungsspezifischen Rundungsregeln verwendet. Bei *TRUE* (*WAHR*) wird der Konvertierungsfaktor mit sechs maßgeblichen Stellen ohne anschließendes Runden verwendet.

Triangulation_Precision ist eine ganze Zahl gleich oder größer 3 für die Anzahl maßgeblicher Stellen, die beim Konvertieren zwischen zwei Euro-Mitgliederwährungen für den Euro-Zwischenwert verwendet werden soll. Wenn Sie dieses Argument auslassen, rundet Excel den Euro-Zwischenwert nicht. Excel schneidet alle nachfolgenden Nullen des Rückgabewerts ab.

Internet-Assistent VBA

Das Add-In *Internet-Assistent VBA* ermöglicht Entwicklern, Excel-Daten im Web mit der Syntax des *Internet-Assistenten* von Excel 97 zu veröffentlichen. Mehr zum Thema »Excel und das Web« finden Sie in Kapitel 30.

Solver

Der *Solver* berechnet Lösungen für »Was-wäre-wenn-Szenarios« auf der Grundlage von veränderbaren Zellen und Zellen mit Nebenbedingungen. Somit bietet sich der Solver immer dann an, wenn ein Ergebnis gesucht wird, das von mehreren Variablen abhängt. Es ist eine Art *Zielwertsuche*, wie sie in Kapitel 23 beschrieben wurde. Nur ist die Funktionalität des Solvers wesentlich umfangreicher. Deshalb widmet sich dieses Kapitel weiter unten ausgiebig dem *Solver-Add-In*.

Teilsummen-Assistent

Der *Teilsummen-Assistent* erstellt eine Formel, die Daten einer Liste unter Beachtung von Kriterien addiert. Das Ergebnis ist eine Formel unter Verwendung der Tabellenfunktion *WENN(Prüfung;Dann_Wert;Sonst_Wert)*. Wie Sie den Teilsummen-Assistenten einsetzen erfahren Sie in Kapitel 23.

Verweis-Assistent

Der *Verweis-Assistent* hilft Ihnen bei der Erstellung von Formeln für die Suche nach bestimmten Werten in Tabellen. Dabei werden die Tabellenfunktionen INDEX(Matrix;Zeile;Spalte) und VERGLEICH(Suchkriterium;Suchmatrix;Vergleichstyp) eingesetzt. Mehr zu den Verweisfunktionen finden Sie in Kapitel 16.

Die Daten für die folgende Aufgabe finden Sie in der Arbeitsmappe *VerwAss.xls* im Ordner
*Buch**Kap26* auf der CD-ROM zu diesem Buch.

Es soll der Umsatz an Erdbeeren für den Mitarbeiter Holzapfel ermittelt werden.

1. Vergewissern Sie sich, dass der *Verweis-Assistent* im Add-Ins-Manager aktiviert ist.

2. Starten Sie den Verweis-Assistenten durch Aufruf des Menübefehls *Extras/Verweis*.

3. Im ersten Schritt markieren Sie den Bereich, der die Daten enthält (einschließlich der Spaltenbeschriftungen), im Beispiel den Zellbereich *$B$3:$G$21*. Sie können auch einen Bereichsnamen eintragen, wenn Sie Namen festgelegt haben. Wählen Sie dann die Schaltfläche *Weiter*.

4. Im zweiten Schritt legen Sie die Spalte fest, die den gewünschten Wert enthält. Klicken Sie dazu auf den Pfeil des oberen Listenfelds und wählen Sie den Eintrag *Erdbeeren* aus. Im unteren Listenfeld wählen Sie die Zeile aus, welche die gesuchten Daten enthält, z.B. »Holzapfel« (siehe Abbildung 26.4). Schließen Sie diesen Schritt durch Klicken auf die Schaltfläche *Weiter* ab.

Abbildg. 26.4   Lassen Sie sich nicht von der genannten Anzahl der Schritte irritieren, sie stimmt nur bedingt

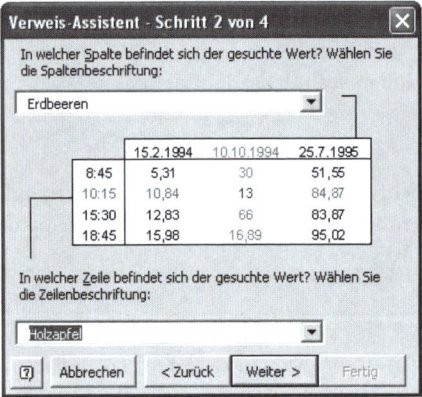

5. Im nächsten Schritt stellen Sie ein, in welcher Form das Resultat ausgegeben werden soll (siehe Abbildung 26.5). Hier können neben der Formel auch die Suchparameter *Erdbeeren* und *Holzapfel* ausgegeben werden. Auch dieser Schritt wird über die Schaltfläche *Weiter* abgeschlossen.

6. Wählen Sie im nächsten Schritt die Ausgabezelle. Haben Sie in Schritt 3 die Option *Nur die Formel in eine Zelle kopieren* gewählt, können Sie jetzt statt der Schaltfläche *Weiter* die Schaltfläche *Fertig* aktivieren und den Verweis-Assistenten damit beenden. In die angegebene Zelle wird dann die Verweisfunktion eingefügt.

Abbildg. 26.5   Das Dialogfeld zeigt schon eine Schwäche des Assistenten, die Ausgabezelle wird in Dollar
formatiert

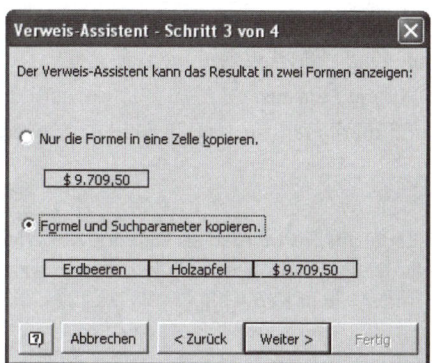

7. Haben Sie die Option *Formel und Suchparameter kopieren* gewählt, wählen Sie die Schaltfläche
   Weiter. Daraufhin können Sie nacheinander die Ausgabezelle für den Spaltennamen (*Erdbeeren*)
   sowie den Zeilennamen (*Holzapfel*) festlegen. Bestätigen Sie die Dialogfelder mit Klick auf die
   Schaltfläche *Weiter*.

8. Schließlich fragt der Verweis-Assistent noch nach der Zelle, in welche die Verweisfunktion eingetragen werden soll. Über die Schaltfläche *Fertig* wird der Assistent beendet. Das Ergebnis sehen
   Sie in Abbildung 26.6.

Abbildg. 26.6   Der Verweis-Assistent hilft beim Erstellen verschachtelter Funktionen

	C24	▾	fx	=INDEX($B$3:$G$21; VERGLEICH(B24;$B$3:$B$21;); VERGLEICH(C23;$B$3:$G$3;))				
	A	B	C	D	E	F	G	H	I
1								
2		Verkaufszahlen der Früchte GmbH im Jahr 2005 nach Vertriebsmitarbeitern						
3		Mitarbeiter	Äpfel	Birnen	Erdbeeren	Pfirsiche	Pflaumen	
4		Maier	17.127,00 €	23.493,00 €	20.310,00 €	21.901,50 €	23.897,00 €	
5		Schulze	21.089,00 €	15.031,00 €	18.060,00 €	16.545,50 €	27.109,00 €	
6		Ebermann	12.903,00 €	14.856,00 €	13.879,50 €	14.367,75 €	17.529,50 €	
7		Holzapfel	9.108,00 €	10.311,00 €	9.709,50 €	10.010,25 €	12.344,50 €	
8		Hinz	29.031,00 €	19.456,00 €	24.243,50 €	21.849,75 €	37.112,17 €	
9		Kunz	21.954,00 €	8.260,00 €	15.107,00 €	11.683,50 €	26.989,67 €	
10		Grün	18.877,00 €	23.746,00 €	21.311,50 €	22.528,75 €	25.980,83 €	
11		Schwarz	7.800,00 €	7.489,00 €	7.644,50 €	7.566,75 €	10.348,17 €	
12		Braun	8.723,00 €	56.036,00 €	32.379,50 €	44.207,75 €	19.516,17 €	
13		Weisenberg	28.646,00 €	2.378,00 €	15.512,00 €	8.945,00 €	33.816,67 €	
14		Müller	18.569,00 €	28.326,00 €	23.447,50 €	25.886,75 €	26.384,83 €	
15		Keller	14.492,00 €	29.947,00 €	22.219,50 €	26.083,25 €	21.898,50 €	
16		Weyerberg	8.845,00 €	13.066,00 €	10.955,50 €	12.010,75 €	12.496,83 €	
17		Reinig	18.338,00 €	3.676,00 €	11.007,00 €	7.341,50 €	22.007,00 €	
18		Bülow	22.826,00 €	3.906,00 €	13.366,00 €	8.636,00 €	27.281,33 €	
19		Schmidt	24.884,00 €	22.405,00 €	23.644,50 €	23.024,75 €	32.765,50 €	
20		Hirschmann	6.807,00 €	25.596,00 €	16.201,50 €	20.898,75 €	12.207,50 €	
21		Hoffmann	7.030,00 €	8.341,00 €	7.685,50 €	8.013,25 €	9.591,83 €	
22								
23			Erdbeeren					
24		Holzapfel	9.709,50 €					
25								

Leider formatiert der Assistent die Ergebniszelle im Dollar-Format, Sie müssen hier also noch nacharbeiten. Mit dieser Formel, die der Verweis-Assistent in die Zelle *C24* eingetragen hat, können Sie
auch leicht die Produktumsätze der anderen Mitarbeiter und Mitarbeiterinnen ermitteln. Dazu tauschen Sie lediglich die Suchparameter in Zelle *B24* und *C23* durch andere Werte aus.

Ganz komfortabel können Sie das mit dem Festlegen einer Gültigkeitsregel über die folgenden Schritte erledigen:

1. Markieren Sie die Zelle *B24*.

2. Rufen Sie über *Daten/Gültigkeit* das Dialogfeld *Gültigkeitsprüfung* auf.

3. Wählen Sie im Listenfeld *Zulassen* den Eintrag *Liste* aus.

4. Aktivieren Sie das Eingabefeld *Quelle* und markieren Sie anschließend den Bereich *$B$4:$B$21* mit der Maus.

5. Bestätigen Sie die Eingabe mit *OK*.

Für die Zelle *C23* führen Sie die gleichen Schritte aus, verwenden als Datenquelle jedoch den Bereich *$C$3:$G$3*. Sie können nun die Argumente der Funktion bequem über die Auswahl in einer Liste einstellen. Mehr zur »Gültigkeitsprüfung« finden Sie in Kapitel 8.

Wie funktioniert der Solver?

Mit Hilfe des *Solvers* können Sie den optimalen Wert für eine Formel ermitteln, die Sie in eine als *Zielzelle* bezeichnete Tabellenzelle eingegeben haben. Der Solver arbeitet mit einer Gruppe von Zellen, die in die Formel der Zielzelle eingehen. Er passt die Werte, die Sie als veränderbare Zellen eingeben, so lange an, bis er das Ergebnis erreicht hat, das Sie für die Zielzelle vorgegeben haben. Sie können Nebenbedingungen zur Eingrenzung der in einem Modell verwendbaren Werte definieren, wobei die Nebenbedingungen auf andere Zellen, die Einfluss auf die Formel in der Zielzelle haben, verweisen können.

Der Solver hilft immer dann, wenn es einen Wert zu optimieren gilt. Dabei wird eine *Zielfunktion* zugrunde gelegt. Diese Zielfunktion gilt es zu optimieren, d.h. es wird eine Lösung mit kleinstmöglichem bzw. größtmöglichem Zielfunktionswert gesucht. Der Solver kann nach zwei unterschiedlichen Verfahren arbeiten. Für die zugrunde liegenden Entscheidungsgrößen werden dabei weitere Bedingungen aufgestellt, z.B. dass die Werte nicht negativ sein dürfen. Die Lösung derartiger Probleme wird durch lineares Optimieren erreicht. Der Solver verwendet für die Lösung derartiger (linearer und ganzzahliger) Probleme das *Simplex-Verfahren*.

Einige Probleme setzen voraus, dass jede veränderliche Größe (Variable) positiv oder Null sein muss (Nichtnegativitätsbedingung). Bei einem Entscheidungsproblem in einem produzierenden Betrieb macht es z.B. keinen Sinn, eine negative Anzahl an herzustellenden Produkten zu erhalten. Sie setzen oft auch voraus, dass die Entscheidungsgrößen ganzzahlig sein müssen. Zur Lösung dieser Probleme setzt der Solver das *Branch-and-bound-Verfahren* ein. Voraussetzung dafür ist eine Verzweigungsregel und ein Lösungsverfahren für das jeweilige Teilproblem. Dann wird zunächst eine Lösung für das Problem gesucht, ohne die Ganzzahligkeitsbedingung zu beachten. Im gefundenen Lösungsraum wird das Ergebnis einer einzelnen Variablen weiter betrachtet. In dieser Verzweigung (Branch) werden die besten Grenzwerte (Bound) der anderen Variablen ermittelt und anschließend die nächste Verzweigung wieder in die Tiefe abgearbeitet. Dieser Vorgang wird mehrmals wiederholt bis eine zulässige Lösung erreicht ist oder aber feststeht, dass es keine zulässige Lösung gibt.

HINWEIS Damit Sie die folgenden Beispiele nachvollziehen können, muss das *Solver-Add-In* geladen sein.

Ein einfaches Problem lösen

Die Grundfunktionalität des Solvers lässt sich am besten anhand eines einfachen Beispiels erklären.

Für die fünf Kinder einer Familie sollen Handys beschafft werden. Dabei stehen drei verschiedene Typen mit unterschiedlichen Preisen zur Auswahl. Nun geht es ans Bezahlen und da gibt es unterschiedliche Standpunkte. Geht es nach dem Vater, werden für 145 Euro die günstigsten Geräte angeschafft. Geht es nach den Kindern, sind die teuersten Geräte für insgesamt 1.125 Euro gerade richtig. Man will sich bei den Freunden ja nicht blamieren. Oma wiederum erklärt sich bereit, aus ihrem Sparstrumpf einen Betrag von 400 Euro zuzuschießen. Der Vater erklärt daraufhin, dass er nicht bereit ist, mehr als 200 Euro auszugeben, insgesamt könnten damit 600 Euro angelegt werden. Es gilt also unterschiedliche Lösungen zu betrachten. Wie kann der Solver dabei helfen?

Bevor der Solver die Arbeit aufnehmen kann, muss das Problem in einer Tabelle formuliert werden. Das ist in der Tat die schwierigste Aufgabe bei der Verwendung des Solvers. Hier sind Sie gefordert, die vorliegende Aufgabe in ein Tabellenmodel umzusetzen. Dabei enthält das Modell Zellen mit bekannten und unbekannten Werten sowie Zellen mit Formeln. Eine dieser Zellen, die eine Formel enthält, gilt es zu optimieren. Dabei können die Eingangswerte anderer Zellen verändert werden. Genau diese Aufgabe erledigt dann der Solver.

Allgemein sind folgende Schritte erforderlich:

- Zuerst die Aufgabe beschreiben,
- dann die Aufgabe in eine Tabelle übertragen,
- das Rechenmodell mit den Restriktionen und der Zielfunktion aufbauen und
- schließlich das Optimierungsproblem mit dem Solver lösen.

Tabellenmodell aufbauen

In Abbildung 26.7 ist der Bereich *C7:E11* für den Eintrag einer Zahl vorgesehen. Genauer gesagt soll hier im Schnittpunkt eines Namens und eines Handytyps eine *1* stehen, wenn das betreffende Kind ein Handy des entsprechenden Typs erhalten soll.

Wollen Sie das folgende Beispiel selbst nachvollziehen, verwenden Sie bitte das Tabellenblatt *Handy* der Beispieldatei *Kap26-Übung.xls* aus dem Ordner *\Buch\Kap26* auf der Buch-CD.

In *F7* berechnet die Formel

```
=C7*$C$6+D7*$D$6+E7*$E$6
```

die Kosten für das Handy von Bodo. Die Anzahl der Handys in *G7* berechnet die Formel

```
=SUMME(C7:E7)
```

Eine Minimalforderung, die es zu lösen gilt, ist, dass hier als Ergebnis eine *1* steht. Dann erhält jedes Kind ein Handy. Diese beiden Formeln werden bis in *Zeile 11* nach unten kopiert.

Die Summe der Kosten in *F12* liefert die Formel

```
=SUMME($F$7:$F$11)
```

Das Gesamtbudget in *F13* berechnet die folgende Formel

```
=-SUMME($F$7:$F$11)+C18
```

Abbildg. 26.7 Die Ausgangstabelle

	A	B	C	D	E	F	G	H
1								
2		**Ein Handy für die Kinder**						
3								
4		Merkmal	Kosten für ein Handy vom Typ …			Kosten	Anzahl	
5			Super	Standard	Einsteiger			
6			225,00 €	92,00 €	29,00 €			
7		Bodo	0	0	0	- €	0	
8		Herbert	0	0	0	- €	0	
9		Sophie	0	0	0	- €	0	
10		Elke	0	0	0	- €	0	
11		Tanja	0	0	0	- €	0	
12		zusammen				- €	0	
13		abzügl Budget				600,00 €		
14		Kosten bei gleichen Handys	1.125,00 €	460,00 €	145,00 €			
15								
16		Vater gibt	200,00 €					
17		Oma gibt	400,00 €					
18		Budget	600,00 €					
19								
20								
21		Vater will minimalen Aufwand	145,00 €					
22		Kinder wollen max. Handy	1.125,00 €					
23								

Den Solver bedienen

Zunächst soll die Minimalforderung »Ein Handy für jeden« betrachtet werden. Es gilt also, die Zelle G12 zu optimieren. Die Zelle soll den maximalen Wert enthalten. Der Bereich G7:G11 soll jeweils eine 1 enthalten.

Den Solver rufen Sie über den Menübefehl *Extras/Solver* auf. Nun erscheint das zentrale Solver-Dialogfeld *Solver-Parameter* (Abbildung 26.8). Als *Zielzelle* ist die aktive Zelle vorgegeben. Stellen Sie zunächst diesen Parameter richtig ein, wenn zuvor die Zelle *G12* nicht aktiv war.

> **HINWEIS** Als *Zielzelle* legen Sie eine einzelne Zelle im aktiven Blatt fest. Sie können die Zelle direkt im Arbeitsblatt markieren.

Abbildg. 26.8 Dialogfeld für die *Solver-Parameter*

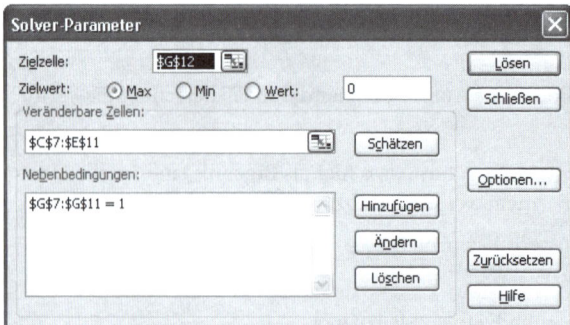

Der *Zielwert* soll zuerst maximiert werden. Insofern ist die Einstellung *Max* bereits richtig. Für die weiteren Aufgaben kommen die anderen Optionen zum Einsatz: Sie können mit *Min* nach dem kleinsten Wert suchen oder mit *Wert* den gesuchten Wert vorgeben.

Teilen Sie dem Solver nun die veränderbaren Zellen mit. In unserem Beispiel sind das die Zellen im Bereich *$C$7:$E$11*. Wenn Sie voneinander unabhängige Bereiche markieren wollen, halten Sie die ⌞Strg⌟-Taste gedrückt.

TIPP　　Auch der Solver kann Bereichsnamen auswerten. In den Eingabefeldern können Sie mit der ⌞F3⌟-Taste aus der Liste bereits festgelegter Namen auswählen. Wenn Sie einen Bereichsnamen erst nach der Definition des *Solver-Modells* festlegen, wird beim nächsten Aufruf des Dialogfeldes *Solver-Parameter* statt des Zellenbezuges automatisch der Name verwendet. Damit können Sie Ihre Modelle übersichtlich halten und lesbarer machen. Mehr zum Thema »Namen« finden Sie in Kapitel 19.

Die Befehlsschaltfläche *Schätzen* ist besonders in komplexeren Tabellenblättern wertvoll. Der Solver versucht, die möglichen veränderbaren Zellen zu finden und trägt sie in das Eingabefeld *Veränderbare Zellen* ein. Das Resultat können Sie selbstverständlich anschließend noch bearbeiten. Damit der Solver die veränderbaren Zellen schätzen kann, müssen diese Zellen bereits Werte enthalten.

Die *Nebenbedingungen* werden mit den drei Befehlsschaltflächen *Hinzufügen*, *Ändern* und *Löschen* definiert, bearbeitet und bei Bedarf auch wieder gelöscht. Für lineare Probleme können Sie in Ihren Modellen eine beliebige Anzahl an Nebenbedingungen definieren. Bei *Hinzufügen* und *Ändern* wird ein neues Dialogfeld *Nebenbedingungen hinzufügen* (bzw. *ändern*) geöffnet (Abbildung 26.9).

Abbildg. 26.9　　Das Dialogfeld *Nebenbedingungen hinzufügen*

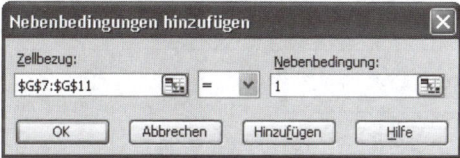

Im Eingabefeld *Zellbezug* definieren Sie, welche Zelle eine Bedingung erfüllen soll. In unserem Beispiel ist das der Bereich *$G$7:$G$11*. Die Zellen in diesem Bereich sollen jeweils den Wert *1* haben, damit jedes Kind ein Handy bekommt. Ganz allgemein kann *Zellbezug* eine einzelne Zelle oder ein Bezug auf einen zusammenhängenden Bereich sein.

Zwischen *Zellbezug* und *Nebenbedingung* befindet sich ein Listenfeld, mit dem die Beziehung zwischen *Zellbezug* und *Nebenbedingung* eingestellt wird. Übernehmen Sie die Einstellung =.

Als Nebenbedingung kann ein konstanter Wert, eine Zelle oder ein Bereich mit der gleichen Anzahl an Zellen wie im Eingabefeld *Zellbezug* eingetragen werden. Geben Sie für die Nebenbedingung *1* ein.

Wenn Sie auf *Hinzufügen* klicken, übernimmt der Solver die Nebenbedingung und Sie können weitere Nebenbedingungen festlegen. Klicken Sie auf *OK*, damit die Nebenbedingung festgelegt und das Dialogfeld *Solver-Parameter* wieder angezeigt wird.

Zurück im Dialogfeld *Solver-Parameter* sollte das Listenfeld *Nebenbedingungen* nun die Bedingungen enthalten (vgl. Abbildung 26.8).

Klicken Sie auf *Lösen* und der Solver nimmt die Arbeit auf. Nach kurzer Zeit sollte das Dialogfeld *Ergebnis* (Abbildung 26.10) mit der Erfolgsmeldung erscheinen. Sie haben nun die Möglichkeit, die gefundene Lösung zu verwenden oder die Ausgangswerte wiederherstellen zu lassen. Daneben können Sie sich vom Solver drei Berichte ausgeben und/oder das Ergebnis als Szenario speichern lassen. Mehr zum Thema »Szenario-Manager« erfahren Sie in Kapitel 25.

Abbildg. 26.10 Dialogfeld *Ergebnis* mit der Erfolgsmeldung und der Möglichkeit zur Erstellung von Berichten

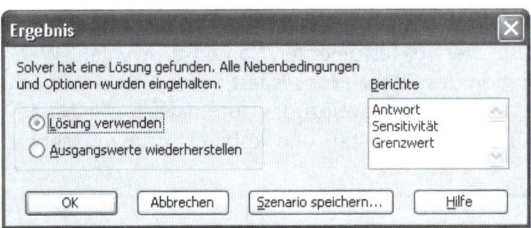

Die Schaltfläche *Abbrechen* im Dialogfeld *Ergebnis* hat die gleiche Wirkung wie die Option *Ausgangswerte wiederherstellen*. Schließen Sie das Dialogfeld durch Klick auf die Schaltfläche *OK*, um die Lösung zu übernehmen.

Zugegeben, das Ergebnis in Abbildung 26.11 ist mathematisch korrekt, aber sicher nicht befriedigend. Jeder soll rund ein Drittel von jedem Handytyp bekommen.

Abbildg. 26.11 Das Dialogfeld *Ergebnis* und die Lösung, die der Solver gefunden hat

	A	B	C	D	E	F	G	H
1								
2		**Ein Handy für jeden**						
3								
4		Merkmal	Kosten für ein Handy vom Typ ...			Kosten	Anzahl	
5			Super	Standard	Einsteiger			
6			225,00 €	92,00 €	29,00 €			
7		Bodo	0,33333367	0,33333367	0,33333367	115,33 €	1,000001	
8		Herbert	0,33333367	0,33333367	0,33333367	115,33 €	1,000001	
9		Sophie	0,33333367	0,33333367	0,33333367	115,33 €	1,000001	
10		Elke	0,33333367	0,33333367	0,33333367	115,33 €	1,000001	
11		Tanja	0,33333367	0,33333367	0,33333367	115,33 €	1,000001	
12		zusammen				576,67 €	5,000005	
13		abzügl Budget				23,33 €		
14		Kosten bei gleichen Handys	1.125,00 €	460,00 €	145,00 €			
15								
16		Vater gibt	200,00 €					
17		Oma gibt	400,00 €					
18		Budget	600,00 €					
19								
20								
21		Vater will minimalen Aufwand	145,00 €					
22		Kinder wollen max. Handy	1.125,00 €					
23								
24								
25								
26								

Eine weitere Forderung ist aufzustellen, und zwar die, dass nur ganzzahlige Ergebnisse zugelassen sein sollen. Legen Sie also in einer weiteren Nebenbedingung den Zellbezug auf *$G$7:$G$11* fest und wählen Sie den Operator *Ganzzahlig* aus. Lösen Sie dann das Problem erneut.

Der Solver zeigt daraufhin eine weitere Lösung für das Problem an: Drei Handys zu 225 Euro und zwei Handys zu je 29 Euro. Alle Nebenbedingungen sind erfüllt, jedes Kind soll ein ganzes Handy bekommen.

Ausgaben minimieren

Nun sollen einmal die Kosten in Zelle *F12* optimiert werden. Dazu rufen Sie erneut den Solver auf. Im Dialogfeld *Solver-Parameter* wählen Sie zunächst die Schaltfläche *Zurücksetzen*. Damit werden alle Bereichsangaben aus dem Dialogfeld gelöscht und die Einstellungen auf die Standardwerte zurückgesetzt.

Als *Zielzelle* verwenden Sie für diese Aufgabe die Zelle *F12*. Wählen Sie die Option *Min*, da die Zielzelle minimiert werden soll. Als *veränderbare Zellen* geben Sie den Bereich *$C$7:$E$11* an. Für die *Nebenbedingungen* soll auch hier gelten:

$G$12=5

$G$7:$G$11=1

Wählen Sie dann im Dialogfeld *Solver-Parameter* die Schaltfläche *Optionen*. Markieren Sie im Dialogfeld *Optionen* die Kontrollkästchen *Lineares Modell voraussetzen* und *Nicht-Negativ voraussetzen*. Schließen Sie das Dialogfeld *Optionen* mit Klick auf *OK* und lösen Sie das Problem mit dem Solver.

Das Ergebnis empfiehlt, wie nicht anders zu erwarten war, die Anschaffung von fünf Handys der niedrigsten Kategorie.

Ausgaben maximieren

Wie das Ergebnis aussieht, wenn die maximalen Kosten erreicht werden sollen, ist ebenfalls klar. Sie können dieses Ergebnis mit dem Solver ermitteln, wenn Sie das Dialogfeld *Solver-Parameter* aufrufen und das Optionsfeld *Max* aktivieren. Belassen Sie die anderen Einstellungen unverändert und wählen Sie die Schaltfläche *Lösen*. Als Ergebnis können fünf Handys der obersten Kategorie angeschafft werden.

Budget beachten

Soll der Solver bei der Lösung von Problemen einen Grenzwert erreichen, aktivieren Sie im Dialogfeld *Solver-Parameter* das Optionsfeld *Wert* und tragen den Wert ein. In unserem Beispiel können *600 Euro* ausgegeben werden.

Wenn Sie die Schaltfläche *Lösen* anklicken, dann findet der Solver auch hierfür eine Lösung: Zwei Handys der obersten, eines der mittleren und zwei der unteren Kategorie können verteilt werden. Bei der Lösung zeigt der Solver in zwei Zellen (*D9* und *E7*) abweichende Zahlen in einem wissenschaftlichen Zahlenformat an. Das bedeutet, dass der Solver im Rahmen der unter *Genauigkeit* eingestellten Werte eine Lösung gefunden hat. Angesichts der sehr kleinen Zahlen ist diese Genauigkeit sicher ausreichend.

Der Solver hat die mathematische Aufgabe gelöst, wie der Betrag aufgeteilt werden kann. Was dem Familienvater bleibt, ist die Aufgabe, zu entscheiden, wer denn nun die »besseren Handys« bekommen soll.

Alle Modelle wurden in der Datei *Kap26-Lösung.xls* im Tabellenblatt *Handy* gespeichert. Sie finden diese Datei im Ordner *\Buch\Kap26* auf der CD zu diesem Buch. Wie Sie die einzelnen Modelle wieder einlesen können, erfahren Sie weiter unten in diesem Kapitel.

Planung und Prognose

Fortgeschrittene Funktionen des Solvers

Nachdem Sie sich mit dem Solver vertraut gemacht und vielleicht auch selbst ein wenig experimentiert haben, sollen nun anhand eines anderen Beispiels weitere Einstellungen im Solver demonstriert werden:

Enorme Regenfälle führen dazu, dass das Lager eines Elektrohändlers in wenigen Stunden unter Wasser stehen wird. Um den Schaden so gering wie möglich zu halten, sollen die teuersten Geräte mit einem Lieferwagen abtransportiert werden. Die Lagerbestände für Fernsehgeräte, Videorecorder, Stereoanlagen, PCs und Beamer sind bekannt. Die Geräte, die transportiert werden sollen, sollen den höchstmöglichen Wert haben. Dabei müssen wir berücksichtigen, dass unser Transport-Fahrzeug nur ein begrenztes Volumen aufnehmen kann und das zulässige Gesamtgewicht des Fahrzeugs nicht überschritten werden darf.

Das oben beschriebene Szenario ist ein typisches »Rucksack-Problem«. Hier geht es darum, in einen Behälter Dinge zu tun, wobei die Kapazität und das Tragvermögen berücksichtigt werden müssen. Als Resultat wird in der Regel der höchste Wert gewünscht.

Die Abbildung 26.12 zeigt das Problem in Tabellenform. Wollen Sie das folgende Beispiel selbst nachvollziehen, verwenden Sie bitte das Tabellenblatt *Transportproblem* der Beispieldatei *Kap26-Übung.xls* aus dem Ordner *\Buch\Kap26* auf der Buch-CD.

Abbildg. 26.12 Das Tabellenblatt mit der Aufgabenstellung

	A	B	C	D	E	F	G	H	I
1									
2		**Modell zur Lösung eines Transportproblems**							
3									
4		Information				Gegenstand			Summe	
5			PC	Fernsehgerät	Video	Beamer	Stereoanlage			
6		Lagerbestand	10	35	25	15	10			
7		Anzahl	0	0	0	0	0	0		
8		Gewicht	30,00 kg	6,00 kg	8,00 kg	11,00 kg	22,00 kg			
9		Gesamtgewicht	0,00 kg	0,00 kg	0,00 kg	0,00 kg	0,00 kg	0,00 kg		
10		Volumen	0,36 m³	0,03 m³	0,03 m³	0,25 m³	0,55 m³			
11		Gesamtvolumen	0,00 m³	0,00 m³	0,00 m³	0,00 m³	0,00 m³	0,00 m³		
12		Wert	2.500,00 €	500,00 €	600,00 €	1.500,00 €	400,00 €			
13		Gesamtwert	- €	- €	- €	- €	- €	- €		
14										
15		**Allgemeine Einschränkungen**								
16		max. Zuladung	450,00 kg							
17		max. Volumen	3,00 m³							
18										

Hier die Lösungsschritte für das Transportproblem:

1. In einem leeren Tabellenblatt tragen Sie in Zeile 5 die Gegenstände ein, die von Interesse sind.

2. Zeile 6 enthält den Lagerbestand dieser Güter.

3. Zeile 7 bleibt vorerst leer oder wird mit *0* belegt. Hier soll der Solver die Anzahl der mitzunehmenden Geräte eintragen.

4. Das Gewicht der einzelnen Geräte tragen wir in Zeile 8 ein. Dann können wir in Zeile 9 das Gesamtgewicht berechnen. Tragen Sie in Zelle *C9* die Formel =C$7*C8 ein und kopieren Sie die Formel nach rechts bis *G9*.

5. Das Gewicht aller Geräte wird in *H9* mit der folgenden Formel berechnet =SUMME(C9:G9).

6. Das Volumen der einzelnen Geräte tragen wir in Zeile 10 ein. Nun können Sie die Formel aus *C9* nach *C11* kopieren. Voraussetzung ist, dass die relativen und absoluten Bezüge richtig sind. Mit dem Füllkästchen kopieren Sie die Formel bis Spalte *G* und setzen in *H11* wieder die Zeilensumme ein.

7. Entsprechend wird beim Wert verfahren: Geben Sie in Zeile 12 zuerst die Werte der einzelnen Geräte ein und kopieren Sie anschließend wieder die Formel aus *C9* in die Zeile *13*.

8. In *H13* steht die Zeilensumme, für diese Zelle wird der Zielwert gesucht. Der Gesamtwert soll möglichst hoch sein.

9. Die max. Zuladung des Fahrzeugs wird mit 450 kg (*C16*) bei einem Volumen von 3 m^3 (*C17*) berücksichtigt.

Das fertige Beispiel finden Sie im Tabellenblatt *Transportproblem* in der Datei *Kap26-Lösung.xls* im Ordner *\Buch\Kap26* auf der CD zu diesem Buch.

Lösung mit dem Solver

Wir wollen den höchstmöglichen Wert aus dem Lager holen. Zelle *H13* soll also maximiert werden. Die Kapazität des Fahrzeugs (also Volumen und Gewicht) darf nicht überschritten werden. Das wären die Nebenbedingungen.

Beginnen wir mit der Lösung des Problems:

1. Starten Sie den Solver mit dem Menübefehl *Extras/Solver*.

2. Geben Sie für die Zielzelle *H13* an und als Zielwert-Option *Max*.

3. Die veränderbaren Zellen befinden sich im Bereich *C7:G7*. Das entspricht der Anzahl der mitzunehmenden Geräte.

4. Definieren Sie die Nebenbedingungen: Klicken Sie auf *Hinzufügen* und markieren Sie die Zelle *H9*. Diese muss kleiner oder gleich *C16* sein, sonst überladen wir unser Fahrzeug. Klicken Sie erneut auf *Hinzufügen*.

5. Markieren Sie als nächstes *H11*. Das Resultat dieser Zelle muss kleiner oder gleich *C17* sein, sonst passen die Geräte nicht mehr in den Transporter. Klicken Sie dann auf *OK*.

6. Mit den vorgenommenen Einstellungen sollte der Solver eine Lösung finden können. Klicken Sie daher auf *Lösen*.

Der Solver meldet: *Werte der Zielzelle konvergieren nicht*. Diese Meldung deutet darauf hin, dass der Wert der Zielzelle gegen Unendlich wächst oder fällt, obwohl alle Nebenbedingungen eingehalten wurden. Dies geschieht immer dann, wenn bei der Problemdefinition eine oder mehrere Nebenbedingungen ausgelassen wurden.

Problem näher beschreiben

Ein Blick ins Tabellenblatt zeigt sofort, was hier los ist: Der Solver findet eine Lösung, bei der die Zahlen so groß sind, dass die meisten davon gar nicht mehr in einer Zelle angezeigt werden können. Einige sind auch negativ, was bei der Stückzahl eigentlich nicht erwartet wird. Weiterhin fällt auf, dass die Zeile für die Anzahl Fließkommazahlen enthält. Halbe Geräte wollen wir aber nicht transportieren. Hier stimmt also eine ganze Menge nicht. Klicken Sie deshalb auf *Abbrechen* und beschreiben Sie die Aufgabe noch etwas genauer.

Die fehlenden Nebenbedingungen sollen hinzugefügt werden:

1. Öffnen Sie noch einmal das Dialogfeld *Solver-Parameter*.

2. Klicken Sie auf *Hinzufügen*, um weitere Nebenbedingungen festzulegen.

3. Da wir nicht mehr mitnehmen können, als auf Lager ist, müssen wir eine entsprechende Bedingung definieren. Der Zellbezug ist *C7:G7*. Diese Werte müssen kleiner oder gleich *C6:G6* sein. Klicken Sie auf *Hinzufügen*.

4. Außerdem müssen diese Werte größer oder gleich *0* sein. Markieren Sie den gleichen Zellbezug. Wählen Sie die Beziehung >= und tragen Sie *0* bei *Nebenbedingung* ein. Klicken Sie dann auf *Hinzufügen*.

5. Wir erwarten außerdem ein ganzzahliges Ergebnis. Markieren Sie also nochmals *C7:G7* und wählen Sie im Kombinationslistenfeld den Eintrag *ganzz.* aus. Bei *Nebenbedingung* steht daraufhin *Ganzzahlig*. Klicken Sie nun auf *OK*.

Im Listenfeld *Nebenbedingungen* müssen nun fünf Bedingungen stehen (vgl. Abbildung 26.13). Klicken Sie auf *Lösen*.

Abbildg. 26.13 Dialogfeld *Solver-Parameter* mit allen Nebenbedingungen

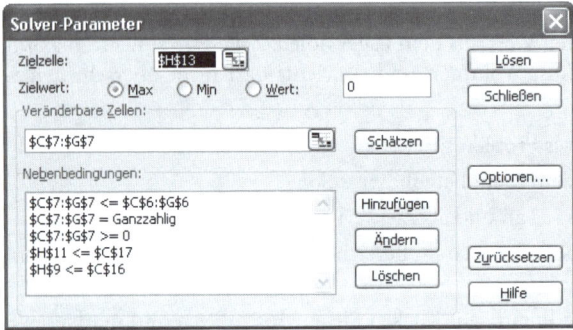

Nun kann der Solver ein brauchbares Ergebnis finden. Immerhin kann Ware im Wert von 38.800 € mit einer Fuhre gerettet werden.

Solver Einstellungen

Das Verhalten des Solvers bei der Berechnung lässt sich mit Hilfe der *Optionen* beeinflussen. Durch Klicken auf die Befehlsschaltfläche *Optionen* im Dialogfeld *Solver-Parameter* wird das Dialogfeld *Optionen* (Abbildung 26.14) angezeigt. Sie können weitergehende Festlegungen für den Lösungsprozess treffen, Problemdefinitionen laden oder speichern und Parameter für lineare und nichtlineare Probleme definieren.

HINWEIS Jede Option verfügt über eine Standardeinstellung, die für die meisten Probleme verwendet werden kann.

Im Bearbeitungsfeld *Höchstzeit* bestimmen Sie, wie viel Zeit Sie dem Solver für seine Berechnung lassen. Ist die *Höchstzeit* erreicht, bricht der Solver die Lösungssuche ab. Die Voreinstellung *100 Sekunden* ist für die meisten Probleme mehr als genug. Sie dürfen maximal 32.767 Sekunden einstellen, das entspricht mehr als neun Stunden.

Abbildg. 26.14 Die Einstellungen im Dialogfeld *Optionen* beeinflussen das Verhalten des Solvers

Die Option *Iterationen* bestimmt die Anzahl der Zwischenberechnungen und beschränkt damit ebenfalls die Lösungszeit. Auch hier ist eine Höchstzahl von 32.767 zulässig. Weitere Informationen zum Thema »Iteration« finden Sie im Abschnitt »Die Iteration gezielt einsetzen« weiter unten in diesem Kapitel.

Die *Genauigkeit* bestimmt die Lösungsgenauigkeit, indem anhand der hier eingegebenen Zahl ermittelt wird, ob der Wert einer Nebenbedingungszelle den Zielwert erreicht bzw. den unteren oder oberen Grenzwert einhält. Das bedeutet, dass der Solver ein Ergebnis immer noch als optimal betrachtet, das um den über *Genauigkeit* eingestellten Wert abweicht. Die Genauigkeit wird mit einer Bruchzahl zwischen *0* (Null) und *1* angegeben. Je mehr Dezimalstellen die eingegebene Zahl aufweist, desto größer ist die Genauigkeit; *0,0001* führt beispielsweise zu größerer Genauigkeit als *0,01*.

Die *Toleranz* stellt den zulässigen Prozentsatz dar, um den die Zielzelle vom eigentlich optimalen Wert abweichen darf. Diese Option trifft nur auf Probleme mit ganzzahligen Nebenbedingungen zu. Sie macht auch nur hier Sinn, denn wenn die Nebenbedingungen ungerade Werte annehmen dürfen, gibt es keinen Grund, warum der Solver nicht den optimalen Wert ermitteln sollte. In der Regel beschleunigt eine höhere Toleranz den Lösungsprozess.

Unterschreitet die relative Änderung in der Zielzelle die Zahl im Feld *Konvergenz* bei den letzten fünf Iterationen, hält der Solver an. Konvergenz trifft nur auf nichtlineare Probleme zu und wird durch eine Bruchzahl zwischen *0* (Null) und *1* angegeben. Eine größere Anzahl von Dezimalstellen bei der eingegebenen Zahl deutet auf eine geringere Konvergenz hin; z.B. ist *0,0001* eine geringere relative Änderung als *0,01*. Je kleiner der Konvergenzwert, desto länger braucht der Solver zur Lösungsfindung.

Die Option *Lineares Modell voraussetzen* beschleunigt den Lösungsvorgang, wenn alle Beziehungen im Modell linear sind und ein lineares Optimierungsproblem gelöst werden soll. Doch wann sind alle Beziehungen linear?

Dazu betrachten Sie die Rechenoperationen im jeweiligen Tabellenblatt. Kommen alle Resultate durch Addition, Subtraktion oder Funktionen wie *SUMME* und *TREND* zustande, dann liegt ein lineares Modell vor. Wird ein lineares Modell in einem Diagramm dargestellt, ergibt sich eine mehr oder weniger geneigte Gerade.

Planung und Prognose

Anders sieht das aus, wenn zur Berechnung der *Zielzelle* Multiplikation, Division oder Funktionen wie *WURZEL* oder *VARIATION* verwendet wurden. Dann liegt ein nichtlineares Modell vor. Mit anderen Worten: Wird eine solche Beziehung zwischen Nebenbedingungen und Zielzelle in einem Diagramm dargestellt, ergibt sich eine Kurve.

Die Option *Nicht-Negativ voraussetzten* macht eine unserer Nebenbedingungen überflüssig. Ist diese Option aktiviert, dann geht der Solver von einem unteren Grenzwert von Null bei allen veränderbaren Zellen aus, für die Sie im Feld *Nebenbedingungen* des Dialogfeldes *Nebenbedingungen hinzufügen* keinen unteren Grenzwert angegeben haben.

Wenn sich Ein- und Ausgaben in der Größenordnung stark unterscheiden, aktivieren Sie das Kontrollkästchen *Automatische Skalierung anwenden*, um das Ergebnis zu verbessern.

Die Option *Iterationsergebnisse anzeigen* unterbricht den Solver, um die Ergebnisse jeder einzelnen Iteration anzuzeigen. Anders ausgedrückt: Sie können jeden einzelnen Rechenschritt mitverfolgen und als Szenario abspeichern.

PROFITIPP

Während der Solver versucht ein Problem zu lösen, können Sie ihn dabei jederzeit mit der ⸢Esc⸣-Taste unterbrechen. Der Solver zeigt dann das Dialogfeld aus Abbildung 26.15 an und Sie können entscheiden, wie es weitergehen soll.

Abbildg. 26.15 Die Arbeit des Solvers kann auch unterbrochen werden

Schätzung gibt den Lösungsansatz an, der bei der Ermittlung erster Schätzwerte der Grundvariablen bei jeder eindimensionalen Suche verwendet wird. *Linear* verwendet die lineare Extrapolation, ausgehend von einem tangentialen Vektor. *Quadratisch* verwendet die quadratische Extrapolation, die bei extrem nichtlinearen Problemen unter Umständen zu verbesserten Ergebnissen führt.

Wenn die Formeln in einem Modell mehrheitlich lineare Rechenvorgänge beschreiben, wählen Sie *Linear* aus. Werden dagegen in den Formeln mehr geometrische Rechenvorgänge beschrieben, die Ihr Ergebnis durch fortlaufende Multiplikationen ermitteln, wie z.B. bei einer Zinseszinsrechnung, dann wählen Sie *Quadratisch* aus.

Differenz legt die Art der Differenzierung fest, die bei der Schätzung von Differenzteilen der Ziel- und Nebenbedingungsfunktionen verwendet wird. *Vorwärts* wird bei den meisten Problemen verwendet, bei denen sich die Werte der Nebenbedingungen relativ langsam verändern. *Zentral* wird bei Problemen verwendet, bei denen sich die Nebenbedingungen vor allem in Grenzwertnähe schnell verändern. Obwohl diese Option mehr Berechnungen erfordert und damit länger dauert, erweist sie sich als hilfreich, wenn der Solver eine Meldung ausgibt, dass die Lösung nicht verbessert werden konnte.

Suchen gibt den für die Iterationen verwendeten Algorithmus an, um die Suchrichtung festzulegen. *Newton* verwendet ein Quasi-Newton-Verfahren, das im Allgemeinen mehr Arbeitsspeicher aber weniger Iterationen als das Gradientverfahren mit konjugierten Richtungen erfordert. *Gradient* benötigt weniger Arbeitsspeicher als das *Newton*-Verfahren, erfordert im Allgemeinen jedoch eine größere Anzahl von Iterationen, um einen bestimmten Genauigkeitsgrad zu erzielen. Verwenden Sie diese Option, wenn das Problem umfangreich ist und der zur Verfügung stehende Speicherplatz eventuell nicht ausreicht oder wenn sich bei der schrittweisen Iteration nur ein allmählicher Fortschritt abzeichnet.

Modell speichern und laden

Der Solver erlaubt es Ihnen, die Einstellungen der Dialogfelder *Solver-Parameter* und *Optionen* zu speichern und später wieder zu laden.

1. Klicken Sie hierzu im Dialogfeld *Optionen* auf die Befehlsschaltfläche *Modell speichern*.
2. Am Bildschirm erscheint das Dialogfenster *Modell speichern* (Abbildung 26.16). Im Eingabefeld *Modellbereich auswählen* wird bereits eine Vorgabe gemacht, die sich an der aktiven Zelle orientiert. Der vorgeschlagene Bereich sieht eine Zelle für jede Nebenbedingung und drei zusätzliche Zellen vor. Es genügt auch, den Bezug für die obere linke Ecke eines vertikalen Bereichs einzugeben, der das Modell aufnehmen soll. Der Speicherort muss dabei nicht zwingend auf dem Tabellenblatt sein, in dem sich das Modell befindet.
3. Schließen Sie das Dialogfeld mit *OK*.

WICHTIG Enthält der ausgewählte Bereich Daten, werden diese ohne Vorwarnung gelöscht.

Abbildg. 26.16 Das Dialogfeld *Modell speichern* ermöglicht es, die Einstellungen festzuhalten

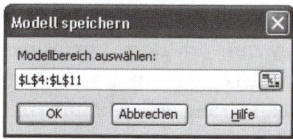

HINWEIS Sie können ein Modell prinzipiell auch über die im Tabellenblatt abgelegten Formeln überarbeiten. Wenn Sie dabei allerdings einen Fehler machen, können Sie das betreffende Modell nicht mehr laden. Es empfiehlt sich also, Änderungen nur über die Dialogfelder des Solvers vorzunehmen.

Auf dem umgekehrten Weg können Sie ein Modell laden.

1. Klicken Sie im Dialogfeld *Optionen* auf die Befehlsschaltfläche *Modell laden*.
2. Markieren Sie den Zellbereich, in dem Sie zuvor ein Modell gespeichert haben. Dabei genügt es nicht (wie beim Speichern) die oberste Zelle anzugeben; Sie müssen den Bereich vollständig markieren.

Es erfolgt noch eine Sicherheitsabfrage (Abbildung 26.17), ob die vorhergehenden Zellauswahlen wiederhergestellt werden sollen. Nach der Bestätigung werden alle Parameter und Nebenbedingungen auf die gespeicherten Werte eingestellt.

Abbildg. 26.17 Sicherheitsabfrage, bevor ein Modell geladen wird

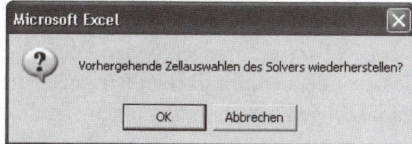

Berichte des Solver

Um die Ergebnisse des Solvers genauer zu untersuchen, haben Sie die Möglichkeit, drei unterschiedliche Berichte generieren zu lassen. Je komplexer das Modell wird, desto hilfreicher sind diese Berichte.

Alle vom Solver generierten Berichte haben zunächst einmal eines gemeinsam: Auf einem neuen Tabellenblatt werden im Zellbereich *A1:A3* statistische Angaben gespeichert. Dort finden Sie:

■ Die verwendete Excel-Version und die Art des Berichts.

■ Den Namen der Arbeitsmappe und des Tabellenblattes mit dem untersuchten Problem.

■ Erstellungsdatum und Uhrzeit des Berichts.

Die Ausgabe der Berichte des Solvers veranlassen Sie im Dialogfeld *Ergebnis,* in dem der Solver über die gefundene Lösung informiert. Bevor Sie das Dialogfeld *Ergebnis* schließen, markieren Sie hier die Berichte *Antwort, Sensitivität* und/oder *Grenzwert.* Der Solver fügt dann den gewünschten Bericht in die Arbeitsmappe ein.

Antwortbericht

Der *Antwortbericht* ist in drei Teile gegliedert:

■ Zielzelle

■ Veränderbare Zellen

■ Nebenbedingungen

Im Bereich *Zielzelle* finden Sie Angaben zur Zellreferenz und, wenn vorhanden, den Namen der Zelle. Weiterhin werden dort der Anfangswert und der Lösungswert ausgegeben. In der Klammer wird festgehalten, ob es sich bei der Optimierungsaufgabe um eine Maximierung oder Minimierung handelt.

Der Bereich *Veränderbare Zellen* enthält ebenfalls Angaben zur Zellreferenz und, sofern vorhanden, zu den Namen aller veränderbaren Zellen. Auch hier werden Anfangswert und der Lösungswert ausgegeben.

Der Bereich *Nebenbedingungen* enthält neben Zellreferenz und Namen, die natürlich auch hier nicht fehlen dürfen, detaillierte Informationen zu den variierten Zellen. Zu den Nebenbedingungen gibt der Solver an, welche Werte diese Zellen momentan besitzen und ob der angegebene Grenzwert erreicht ist (*Einschränkend*) oder aber die Lösung nicht beeinflusste (*Nicht einschränkend*). Damit haben Sie Kontrolle darüber, inwieweit die Nebenbedingungen Einfluss auf das Ergebnis nehmen und um welche Bedingungen es sich handelt.

Grenzenwertbericht

Der *Grenzwertbericht* erläutert, welche Resultate sich bei den angegebenen Nebenbedingungen ergeben. Neben den aktuellen Werten können Sie dem Bericht entnehmen, welche Werte sich für die obere und untere Grenzbedingung ergeben würden. Der Grenzwertbericht wird nicht für Modelle mit ganzzahligen Nebenbedingungen erstellt.

Sensitivitätsbericht

Der *Sensitivitätsbericht* liefert Informationen darüber, wie empfindlich die Lösung auf kleine Änderungen in der im Feld *Zielzelle* des Dialogfeldes *Solver-Parameter* angegebenen Formel oder in den Nebenbedingungen reagiert. Ziel ist es dabei, die besonders empfindlichen Parameter herauszufinden. Dieser Bericht wird nicht für Modelle mit ganzzahligen Nebenbedingungen erstellt.

Auswirkungen der Anfangswerte im Solver

Bei den bisher vorgestellten Modellen gab es zwischen veränderlichen Zellen und Zielzelle einen logischen Zusammenhang – eine Abhängigkeit, die nur ein bestimmtes Ergebnis zuließ. Es gibt aber Fälle, bei denen mehrere Lösungen möglich sind und die dennoch alle Bedingungen erfüllen. Wie im folgenden Beispiel:

Anlässlich der 700-Jahrfeier will die Stadtverwaltung den Kindergärten einen Sonderbonus zukommen lassen, weil die Mitarbeiter in ihrer Freizeit am Wochenende die Kinderbetreuung bei den Festlichkeiten übernommen haben. Der Stadtkämmerer hat dafür 2.000 € zur Verfügung gestellt, die auf insgesamt fünf Kindergärten aufgeteilt werden sollen.

Wollen Sie das Beispiel selbst nachvollziehen, verwenden Sie bitte das Tabellenblatt *Budget* der Beispieldatei *Kap26-Übung.xls* aus dem Ordner *\Buch\Kap26* auf der CD zu diesem Buch.

Wesentlich an den beiden Modellen in Abbildung 26.18 ist, dass in einem Modell (Spalte *C*) keinerlei Anfangswert eingeben ist, sodass die Addition der Einzelbeträge noch den Wert *Null* ergibt. In dem anderen Modell (Spalte *D*) ist nach einem im Voraus festgelegten Schlüssel (etwa der Anzahl der Mitarbeiter) bereits ein Grundwert verteilt worden, sodass nur noch die Differenz zwischen dem bereits aufgeteilten Betrag und dem insgesamt zur Verfügung stehenden Budget aufgeteilt werden muss.

Nun sollen beide Rechenmodelle mit dem Solver gelöst und die beiden Lösungen verglichen werden.

Abbildg. 26.18 Zwei Rechenmodelle zur Budget-Verteilung

	A	B	C	D	E
1					
2		**Aufteilung eines festen Betrages**			
3					
4		**Kindergarten**	**Zuweisung**		
5			ohne Anfangswerte	mit Anfangswerten	
6		Berliner Platz	0,00 €	100,00 €	
7		Schillerstraße	0,00 €	200,00 €	
8		Marktplatz	0,00 €	300,00 €	
9		Gustav-Werner-Straße	0,00 €	100,00 €	
10		Teichstraße	0,00 €	100,00 €	
11		Summe	0,00 €	800,00 €	
12					
13		Budget	2.000,00 €		
14					

Lösen Sie zuerst das Modell, in dem noch keine Vorverteilung stattgefunden hat (Spalte *C* in Abbildung 26.18):

1. Rufen Sie den Menübefehl *Extras/Solver* auf.
2. Als *Zielzelle legen Sie die Zelle C11 fest*.
3. Um den *Zielwert* festlegen zu können, müssen Sie in diesem Fall das Optionsfeld *Wert* durch Anklicken auswählen. Tragen Sie dann in das Eingabefeld den Wert *2000* ein.
4. Setzen Sie nun den Cursor in das Feld *Veränderbare Zellen* und markieren Sie den Bereich *C6:C10*.
5. Damit sind alle notwendigen Parameter festgelegt. Um den Solver zur Lösung zu veranlassen, klicken Sie auf die Schaltfläche *Lösen* und übernehmen Sie das Ergebnis mit Klick auf *OK*.

Nun muss noch das zweite Rechenmodell gelöst werden:

1. Rufen Sie deshalb erneut den Menübefehl *Extras/Solver* auf.

2. Klicken Sie im Dialogfeld *Solver-Parameter* auf die Schaltfläche *Zurücksetzen*. Hierdurch werden nach einer Sicherheitsabfrage alle gespeicherten Solver-Einstellungen aus dem Dialogfeld entfernt.

3. Verfahren Sie nun so, wie es in den Arbeitsschritten 1 bis 5 oben dargestellt ist. Als Zielzelle verwenden Sie jetzt die Zelle *D11* und als veränderbare Zellen den Bereich *D6:D10*.

4. Lösen Sie das Problem und übernehmen Sie auch diese Werte in die Tabelle.

Als Lösung erhalten Sie die Tabelle in Abbildung 26.19.

Abbildg. 26.19 Unterschiedliche Lösungen des Solvers in Abhängigkeit vom Ausgangswert

	A	B	C	D	E
1					
2		**Aufteilung eines festen Betrages**			
3					
4		**Kindergarten**	Zuweisung		
5			ohne Anfangswerte	mit Anfangswerten	
6		Berliner Platz	400,00 €	340,00 €	
7		Schillerstraße	400,00 €	440,00 €	
8		Marktplatz	400,00 €	540,00 €	
9		Gustav-Werner-Straße	400,00 €	340,00 €	
10		Teichstraße	400,00 €	340,00 €	
11		Summe	2.000,00 €	2.000,00 €	
12					
13		Budget	2.000,00 €		
14					

Wenn Sie nun beide Lösungen analysieren, werden Sie feststellen, dass in beiden Fällen die Summe der aufgeteilten Beträge gleich 2.000 € ist. Im ersten Modell (ohne Anfangswerte) wurden die Kosten absolut gleichmäßig auf die Kindergärten verteilt.

Gleichzeitig ist festzustellen, dass bei einer Berechnung durch den Solver die Werte in Abhängigkeit von den Anfangswerten berechnet werden. Das heißt, dass in dem zweiten Modell die Anfangswerte akzeptiert wurden und nur der verbleibende Rest gleichmäßig auf die Kindergärten verteilt wurde.

Das fertige Beispiel finden Sie im Tabellenblatt *Budget* in der Datei *Kap26-Lösung.xls* im Ordner *\Buch\Kap26* auf der CD zu diesem Buch.

Weitere Beispiele zum Solver

Während der Installation von Excel wird auch eine Beispieldatei auf Ihren Rechner kopiert. Diese enthält Beispiele zu verschiedenen Problemen, die mit dem Solver gelöst werden können. Sie finden die Datei *SOLVSAMP.XLS* im Ordner *C:\Programme\Microsoft Office\OFFICE11\SAMPLES*.

Weitere Informationen zum Solver

Der Solver wurde von der Firma *Frontline Systems Inc.* für Excel entwickelt. Wenn Sie weitere Informationen über die Fähigkeiten und Anwendungsmöglichkeiten des Solvers suchen, wenden Sie sich bitte an:

Frontline Systems, Inc.

P.O. Box 4288

Incline Village, NV 89450

(775) 831-0300

Website (englischsprachig): *http://www.solver.com/*

E-Mail: *info@solver.com*

Den Solver in eigenen Programmen einsetzen

Sie können den Solver auch in eigene VBA-Programme einbinden und damit mathematische Probleme lösen. Ein Beispiel für die Verwendung des Solvers in einer Makro-Lösung finden Sie in Kapitel 31.

Alternative Programme zum Lösen von Optimierungsproblemen

Der Solver ist zwar ein mächtiges Werkzeug, aber bei Problemen mit einer sehr großen Zahl an Entscheidungsvariablen und Nebenbedingungen kommt er doch an seine Grenzen. Wenn Sie solche Probleme, wie sie häufig im wissenschaftlichen Bereich anzutreffen sind, lösen müssen, dann seien hier noch zwei Fundstellen für entsprechende Software genannt:

http://www.dashoptimization.com/ mit Informationen zur Software *Xpress* und

http://www.ilog.com/ mit Informationen zur Software *CPLEX 9.0*.

Die Iteration gezielt einsetzen

Auch der Solver verwendet eine Technik, sich Schritt für Schritt der Lösung zu nähern. Dieses schrittweise Annähern an eine mathematische Lösung wird *Iteration* genannt. Ein Exkurs zu diesem spannenden Thema soll anhand einiger Beispiele aufzeigen, welche Möglichkeiten sich damit in Excel bieten.

Einen Zirkelbezug auflösen

Wenn sich eine Formel direkt oder indirekt auf diejenige Zelle bezieht, in welche sie eingetragen wurde, wird dies als *Zirkelbezug* bezeichnet. Wenn Sie eine solche Formel eintragen, wird eine Fehlermeldung angezeigt. Bestätigen Sie diese Meldung mit *OK*, wird die Symbolleiste *Zirkelverweis* sowie der Hilfeeintrag *Zulassen oder Korrigieren eines Zirkelbezugs* angezeigt.

Abbildg. 26.20 Der Hinweis auf einen Zirkelbezug erfolgt nur dann, wenn unter *Extras/Optionen* auf der Registerkarte *Berechnung* die *Iteration* nicht aktiviert wurde

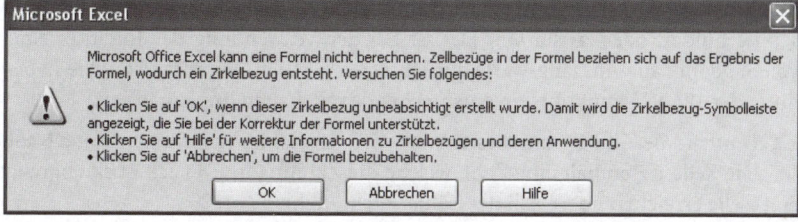

Sie können daraufhin den Zirkelbezug entfernen oder jede Zelle, die in den Zirkelbezug einbezogen ist, berechnen und dabei die Ergebnisse der vorherigen Iteration verwenden. Dazu müssen Sie allerdings eine Einstellung von Excel ändern.

Die Standardeinstellungen für die Iterationen finden Sie über den Menübefehl *Extras/Optionen* auf der Registerkarte *Berechnung*. Dort ist das Kontrollkästchen *Iteration* standardmäßig deaktiviert. Wenn Sie dieses aktivieren, kann Excel auch den Zirkelbezug auflösen.

> **HINWEIS**   Während Excel die Einstellungen zur Iteration mit der Arbeitsmappe speichert und diese damit beim nächsten Öffnen wieder verfügbar sind, müssen Sie das Kontrollkästchen Iteration immer explizit auswählen. Es bleibt dann so lange aktiv, bis Excel beendet wird bzw. bis Sie es wieder deaktivieren.

Mit den Standardwerten für *Maximale Iterationszahl* und *Maximale Änderung* beendet Excel die Berechnung entweder

- nach 100 Iterationsschritten oder

- wenn sich alle Werte in dem Zirkelbezug zwischen zwei Iterationen um einen Betrag von weniger als 0,001 ändern,

je nachdem, welcher Fall zuerst eintritt. Es wird also eine wiederholte Annäherung und Neuberechnung durchgeführt.

> Die folgenden Beispiele zeigen, wie Sie dieses gezielte Ausprobieren für Ihre Zwecke nutzen können. Sie finden die Beispiele in der Datei *Iteration.xls* im Ordner *\Buch\Kap26* auf der CD zu diesem Buch. Achtung: Wenn Sie die Iteration nicht aktiviert haben, wird beim Öffnen dieser Datei ebenfalls ein Hinweis auf einen Zirkelbezug angezeigt.

Neuberechnungen zählen

Interessant, insbesondere für den Einstieg in das Thema »Iteration«, ist ein Iterationszähler mit dem Wert *1*. Diese Einstellung führt nur eine einzige Neuberechnung aus, die Sie über die F9-Taste starten können. Damit können Sie dann zählen, wie oft ein Tabellenblatt neu berechnet wurde. Wählen Sie dazu zunächst im Dialogfeld *Optionen* die Einstellungen aus Abbildung 26.21.

Abbildg. 26.21   Verwenden Sie diese Einstellungen, um jeweils nur eine Neuberechnung durchzuführen

☑ Iteration
Maximale Iterationszahl: 1   Maximale Änderung: 0,001

Wenn Sie diese Einstellung vorgenommen haben, können Sie an den Aufbau der Tabelle gehen (vgl. hierzu die Abbildung 26.22). In Zelle *C4* wird ein Wert von *0* oder *1* eingetragen, um die Neuberechnung zu unterbinden oder zu starten. Das ist bei der Verwendung der Iteration eine praktische Sache, weil Sie damit die Ausgangswerte zurücksetzen können. Vorausgesetzt, Sie haben durch die Verwendung der *WENN*-Funktion ein entsprechendes Verhalten implementiert.

Die Zelle *C5* enthält die Zahl *1* – um diesen Wert wird der Zähler erhöht, wenn eine Neuberechnung stattfindet. Die Zelle *C7* enthält eine Zahl, welche die Zählung in *C8* nach oben abgrenzt. Wird der Wert dieser Zelle erreicht, ändert sich der Zähler nicht mehr.

Die Zelle *C6* enthält einen Bezug auf den Zähler in *C8*. Die Formel für den eigentlichen Zähler enthält die Zelle *C8*:

```
=WENN(Starter=0;0;WENN(C8<Endwert;WENN(Starter=1;voriger_Wert+Wert;voriger_Wert);C8))
```

Abbildg. 26.22 Durch den Zirkelbezug wird bei jeder Neuberechnung der Zähler erhöht

	A	B	C	D	E
1					
2		**Durchgeführte Neuberechnungen zählen**			
3		Beschreibung	Wert	Formel	
4		Starter	0		
5		Wert	1		
6		voriger Wert	0	=C8	
7		Endwert	20		
8		Anzahl der Neuberechnungen	0	=WENN(Starter=0;0;WENN(C8<Endwert;WENN(Starter=1;voriger_Wert+Wert;voriger_Wert);C8))	
9					
10		Einstellungen			
11				☑ Iteration	
12				Maximale Iterationszahl: 1 Maximale Änderung: 0,001	
13					
14		Anleitung:		Geben Sie in Zelle C4 die Zahl 1 ein.	
15				Drücken Sie mehrfach die Taste **F9** und beachten Sie die Änderungen in der Tabelle.	
16				Stellen Sie durch Eingabe der Zahl 0 in Zelle C4 die Ausgangswerte wieder her.	
17					

Anstatt Zelladressen zu verwenden, kommen auch in diesem Beispiel Bereichsnamen zum Einsatz.

Tabelle 26.2 Die verwendeten Bereichsnamen und deren Bezüge

Name	Bezieht sich auf	Beschreibung
Endwert	$C$7	Bis zu diesem Wert wird die Neuberechnung hochgezählt.
Starter	$C$4	Über diese Zelle können Sie den Zähler zurücksetzten, indem Sie die Zahl *0* eintragen. Tragen Sie die Zahl *1* ein, startet der Vorgang.
voriger_Wert	$C$6	Zeigt den ursprünglichen Wert der Zelle *C7* an.
Wert	$C$5	Um diesen Wert wird die Zahl der Neuberechnungen erhöht.

Mehr zum Thema »Bereichsnamen« finden Sie in Kapitel 19.

Haben Sie die Tabelle aufgebaut, können Sie nachvollziehen, was bei der Neuberechnung mit der F9-Taste passiert. Dazu tragen Sie zunächst die Zahl *1* in die Zelle *C4* ein. Sollten Sie die Iteration bisher noch nicht aktiviert haben, erhalten Sie spätestens jetzt den Hinweis auf einen vorhandenen Zirkelbezug.

Ansonsten enthält der Zähler in *C8* jetzt die Zahl *1*. Das bedeutet, es wurde bisher lediglich eine Addition durchgeführt. Die Zelle *C6* enthält noch den Wert des Zählers **vor** der Neuberechnung.

WICHTIG   Wenn Sie ein Beispiel aufbauen, bei dem die Reihenfolge der Berechnung von Bedeutung ist, dann müssen Sie wissen, dass Excel an sich nur Zellen berechnet, die direkt oder indirekt von einer Änderung betroffen sind. Allerdings spielt die Position, an der sich die Zelle befindet, eine nicht unbedeutende Rolle. Tragen Sie beispielsweise in Zelle *C10* die gleiche Formel ein wie in *C6*, liefern beide Formeln trotz gleicher Formel unterschiedliche Ergebnisse.

Planung und Prognose

Mit jeder weiteren Neuberechnung erhöht sich der Zähler in *C8*. Das geht so lange, bis der Endwert aus Zelle *C7* erreicht wird. Weitere Neuberechnungen ändern den Wert des Zählers nicht mehr. Wollen Sie den Versuch erneut starten, tragen Sie zunächst die Zahl *0* in Zelle *C4* ein und ändern diesen Wert anschließend wieder auf *1*.

> **TIPP**   Eine Neuberechnung wird in diesem Fall auch dann ausgelöst, wenn Sie über *Daten/Gültigkeit* für die Zelle *C4* eine Gültigkeitsliste festgelegt haben und über diese den Zellwert ändern. Stellen Sie dazu das Listenfeld *Zulassen* auf den Wert *Liste* und tragen Sie als *Quelle 0;1* ein. Damit können Sie die Ausgangswerte schnell wiederherstellen.

Addieren und zählen

Eine Abwandlung zum Zählen der Neuberechnungen zeigt das folgende Beispiel. Hier werden die in Zelle *C5* eingetragenen Werte aufaddiert. Die Zelle *C4* übernimmt auch hier die Funktion des Auslösers. Wenn dieser den Wert *1* hat, wird in Zelle *C6* der neue Wert aus Zelle *C5* zum bisherigen Wert der Zelle addiert.

Hierzu ein Beispiel:

Wenn Sie den Starter auf *1* setzen und in Zelle *C5* den Wert *3* eintragen, wird bei jeder Neuberechnung der Wert um 3 erhöht. Die Zelle *C6* zeigt also die Werte 3, 6, 9 usw. an.

Abbildg. 26.23   Dieses Beispiel kann die Summe der bisher eingetragenen Werte ermitteln

	A	B	C	D	E
1					
2		**Werte addieren**			
3		Beschreibung	Wert	Formel	
4		Starter (0 oder 1)	0		
5		Neuer Wert	0		
6		Summe bisheriger Werte	0	=WENN(C4=0;0;C5+C6)	
7		Anzahl der Änderungen	0	=WENN(C4=0;0;WENN(C5<>"";C7+1;C7))	
8					

Setzen Sie den Starter auf *0*, wird die Summe ebenfalls auf *0* zurückgesetzt.

Eingabezeit festhalten

Bei manchen Tabellen ist es wichtig zu wissen, wann bestimmte Werte eingetragen wurden. Das ist keine ganz einfache Aufgabe, zumindest nicht, wenn Sie das automatisch erreichen wollen. Excel bietet mit *=JETZT()* zwar eine Formel an, mit der Sie die aktuelle Uhrzeit berechnen können. Allerdings wird diese Formel bei jeder Neuberechnung aktualisiert und ist daher für diese Aufgabe so nicht zu verwenden.

Um dieses Problem zu lösen, können Sie alternativ auch ein Makro schreiben, das auf eine Änderung in der Tabelle reagiert. Ein Beispiel dazu finden Sie in Kapitel 31.

Das folgende Beispiel verwendet die Iteration, um den Zeitpunkt festzuhalten, wenn Sie einen Wert in bestimmte Zellen eintragen.

Hier übernimmt die Zelle *C3* die Aufgabe, die Berechnung zu starten (*1*) oder aber zurückzusetzen (*0*). Wenn Sie in Zelle *B5* etwas eintragen, wird die Uhrzeit in *C5* nur dann festgehalten, wenn der Starter den Wert *1* hat. Dann allerdings liefert die Formel

```
=WENN($C$3=0;0;WENN(B5<>"";WENN(C5>0;C5;JETZT());0))
```

die aktuelle Uhrzeit. Diese Uhrzeit bleibt auch dann erhalten, wenn die Zelle *B5* erneut geändert wird, da sie einen Zirkelbezug auf sich selbst enthält.

Abbildg. 26.24 Wenn Sie im Bereich *B5:B14* etwas eintragen, wird der Zeitpunkt der Eintragung festgehalten

	C5	▼	*fx*	=WENN($C$3=0;0;WENN(B5<>"";WENN(C5>0;C5;JETZT());0))				
	A	B	C	D	E	F	G	H
1								
2		**Eingabezeit festhalten**						
3		Zurücksetzen	1			J. Schwenk:		
4		Tragen Sie hier etwas ein	Zeit	ohne zurücksetzen		=WENN(B5<>"";WENN(D5>0;D5;JETZT());0)		
5		Iteration	11:42:02	11:41:59				
6			00:00:00	00:00:00				
7			00:00:00	00:00:00				
8			00:00:00	00:00:00				
9			00:00:00	00:00:00				
10			00:00:00	00:00:00				
11			00:00:00	00:00:00				
12			00:00:00	00:00:00				
13			00:00:00	00:00:00				
14			00:00:00	00:00:00				
15								

Beim Einsatz der Tabellenfunktion *ZUFALLSZAHL()* in Kapitel 16 finden Sie weitere Beispiele zur Iteration.

Zusammenfassung

Funktionen, die nur für spezielle Aufgaben benötigt werden, sind häufig in Add-Ins gespeichert. Einige Add-Ins gehören zum Lieferumfang von Excel. Dieses Kapitel hat dazu einige Informationen geliefert. Breiten Raum hat hier der Solver eingenommen, mit dem Sie Optimierungsaufgaben lösen können. Zum Schluss haben Sie Beispiele für den Einsatz der Iteration kennen gelernt. Die Iteration ist zwar nicht an ein Add-In gebunden, aber wegen der logischen Nähe zum Solver und der Möglichkeit, auch damit eine schrittweise Annäherung an die Lösung mathematischer Probleme zu erreichen, haben wir sie hier eingeordnet.

Sie möchten ...	Ein Beispiel finden Sie auf Seite
Grundsätzliches über Add-Ins erfahren	968
ein Add-In einbinden und verfügbar machen	970
mehr zu den Add-Ins erfahren, die mit Excel ausgeliefert werden	971
mit dem Teilsummen-Assistenten eine Summe mit Bedingungen berechnen	973
die Grundlagen des Solvers kennen lernen	976
Modelle des Solvers speichern und erhalten	987
Berichte über die Arbeit des Solvers ausgeben	988
Auswirkungen der Anfangswerte im Solver untersuchen	989
Neuberechnungen mit Hilfe der Iteration zählen	992
bei Änderungen an Zellen die Uhrzeit festhalten	994

Planung und Prognose

Kapitel 27

Die Mehrfachoperation nutzen

In diesem Kapitel:

Bei der Lösung von Formeln, in die mehrere Parameter eingehen, tritt häufig der Wunsch auf, für einen der Parameter unterschiedliche Werte zu verwenden und die Ergebnisse dann zu vergleichen. »Schöne« Lösungen können dabei z.B. mit Steuerelementen erstellt werden, die das Ändern der Werte vereinfachen. Beispiele zu Steuerelementen finden Sie in Kapitel 14 und Kapitel 31.

Wenn Sie jedoch vergleichen wollen, wie sich die Änderung eines Parameters auf das Ergebnis einer Formel auswirkt, muss ein anderer Ansatz gewählt werden. Excel bietet mit der Mehrfachoperation eine elegante Möglichkeit für solche Aufgaben an.

Für die hier beschriebene Funktionalität sind die folgenden Synonyme gebräuchlich: *Tabelle*, *Datentabelle* und *Mehrfachoperation*.

Was sind Mehrfachoperationen?

Bei der Mehrfachoperation handelt es sich um eine Funktion, die seit Jahren Bestandteil von Excel ist. Leider ist die Dokumentation bisher eher spärlich ausgefallen. Auch die in Excel enthaltenen Hilfe-Dateien bieten dazu seit jeher nur unzureichende Informationen.

Seit der Excel-Version 2000 lautet der Menübefehl nicht mehr *Daten/Mehrfachoperation*, sondern *Daten/Tabelle*. Diese Änderung hat seinerzeit für einige Konfusion bei manchen Anwendern gesorgt, weil der gewohnte Befehl nicht mehr zu finden war. Leider haben die Entwickler die englische Programmversion hier etwas zu wörtlich übersetzt. Verglichen mit den Möglichkeiten dieser Funktion ist *Tabelle* (Table) doch etwas nichts sagend. Auch der in der Zwischenzeit auf den Internet-Seiten von Microsoft gebräuchliche Begriff *Datentabelle* trifft die Möglichkeiten nicht annähernd. Das Resultat beruht jedenfalls in allen Excel-Versionen auf der Tabellenfunktion *MEHRFACHOPERATION*, die Sie übrigens nicht im Funktions-Assistenten finden. Wohl deshalb, weil die Eingabe der Parameter und die erforderliche Markierung strikten Regeln folgen muss.

Die Beispiele zu diesem Kapitel finden Sie in der Datei *Kap27.xls* auf der CD-ROM zu diesem Buch im Ordner *\Buch\Kap27*.

Multiplikationstabellen erstellen

Multiplikationstabellen sind hilfreich, wenn immer wieder die gleichen Rechenoperationen erforderlich sind. Wenn Sie z.B. an einen Kiosk denken, der Kaugummi zum Preis von 0,35 Euro verkauft. Hier kann eine Multiplikationstabelle helfen, indem sie den Preis für mehrere Verpackungseinheiten anzeigt. Eine solche Tabelle zeigt also den Preis für eine unterschiedliche Menge der Waren an. Die beiden Faktoren sind in der ersten Spalte und der ersten Zeile aufgeführt. Statt damit zu rechnen, lesen Sie den Wert aus dem Schnittpunkt von Anzahl und Preis ab.

Eigentlich kann man solch kleine Rechenaufgaben auch per Kopfrechnung lösen. Aber es ist eben einfacher, die Werte aus einer Tabelle abzulesen. Gerade deshalb werden solche Listen auch gern als »Faulenzer-Listen« bezeichnet.

Einfache Multiplikationsliste

Eine einfache Multiplikationsliste zeigt lediglich das Ergebnis einer Berechnung aus einem festen Wert und einer Abfolge von häufig auftretenden Zahlen an. Meist ist diese Abfolge eine Reihe mit einem gleichmäßigen Inkrement (z.B. die Zahlen 1 bis 10), häufig ist sie auch das Abbild von Verpackungseinheiten (z.B. 6, 12, 24, 100).

Im ersten Beispiel soll eine 5er-Reihe berechnet werden (vgl. Sie hierzu die Abbildung 27.1). Gehen Sie dazu wie folgt vor:

1. Tragen Sie in Zelle *C3* den Wert *5* ein.

2. Geben Sie in Zelle *C4* eine beliebige Zahl, z.B. *2* ein.

3. Tragen Sie in Zelle *C5* die Formel =C3*C4 ein.

4. Geben Sie im Bereich *B6:B15* die Zahlenreihe von 1 bis 10 ein.

5. Markieren Sie den Bereich *B5:C15*.

6. Rufen Sie den Menübefehl *Daten/Tabelle* auf.

7. Tragen Sie in das Eingabefeld *Werte aus Spalte* den Bezug *C4* ein.

8. Schließen Sie die Eingabe mit *OK*.

Als Ergebnis trägt Excel im Bereich *C6:C15* die Formel

=MEHRFACHOPERATION(;C4)

als Matrixformel ein. Das bedeutet, dass in der Formel =C3*C4 der Wert aus Zelle *C4* durch die Werte der ersten Spalte des markierten Bereichs ersetzt wird. Das Ergebnis ist die gewünschte 5er-Reihe.

Beachten Sie, dass die Formel in einer Zelle (*C5*) steht, die sich

- eine Spalte rechts und

- eine Zeile oberhalb

der Werteliste befindet.

HINWEIS   Bei den folgenden Bildern sind die Zahlen und Formeln, die in die Berechnungen eingehen, zentriert formatiert. Die Ergebnisse der Mehrfachoperation sind dagegen rechtsbündig dargestellt. Außerdem zeigen die Bilder den Bereich, den Sie markieren müssen, bevor Sie den Befehl *Daten/Tabelle* ausführen sowie das ausgefüllte Dialogfeld *Tabelle*. Ein Kommentar zeigt die jeweiligen Formeln an.

Planung und Prognose

Abbildg. 27.1   Einfache Multiplikationstabelle mit Werten aus einer Spalte

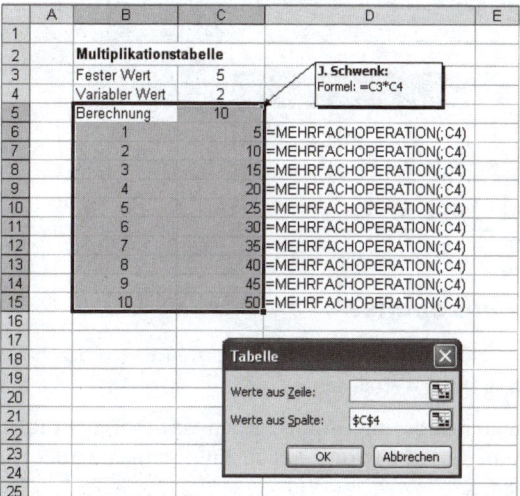

Einen Parameter ändern

Wenn Sie eine Reihe mit den Werten der 27er-Reihe benötigen, ändern Sie den Wert in Zelle *C3* ab. Excel führt eine Neuberechnung durch und zeigt die gewünschte Reihe (27, 54, 81 usw.) an.

Gleiches gilt auch, wenn Sie den Wert nicht mit der Zahlenreihe von 1 bis 10, sondern mit einer anderen Reihe multiplizieren wollen. In diesem Fall tragen Sie die Reihe im Bereich *B6:B15* ein. Auch danach werden Ergebnisse angezeigt, bei denen der Zellbezug *C4* in der Formel durch die Werte der Reihe ersetzt wurden.

> **WICHTIG** Eine Besonderheit der *Datentabelle* ist die Tatsache, dass diese bei **jeder** Neuberechnung des Tabellenblatts neu berechnet werden. Das ist auch dann der Fall, wenn sich die zugrunde liegenden Daten nicht geändert haben. Sollten Sie umfangreiche Datentabellen einsetzen, können Sie die Neuberechnung über *Extras/Optionen* auf der Registerkarte *Berechnung* ändern. Mehr zum Thema »Neuberechnung« finden Sie in Kapitel 6.

Variable Werte in einer Zeile anordnen

Die variablen Werte müssen nicht zwingend in einer Spalte angeordnet sein. Wenn die Anordnung in einer Zeile für Sie praktischer scheint, so ist auch das machbar.

Schreiben Sie in diesem Fall die Formel in eine Zelle, die sich

- eine Spalte links und
- eine Zeile unterhalb

der Werteliste befindet. Im Beispiel in Abbildung 27.2 ist das die Zelle *C6*. Bevor Sie den Menübefehl *Daten/Tabelle* aufrufen, markieren Sie in diesem Fall den Bereich *C5:M6*. Im Dialogfeld *Tabelle* ist dann das Eingabefeld *Werte aus Zeile* entsprechend auszufüllen.

Abbildg. 27.2 Multiplikationstabelle mit Werten aus einer Zeile

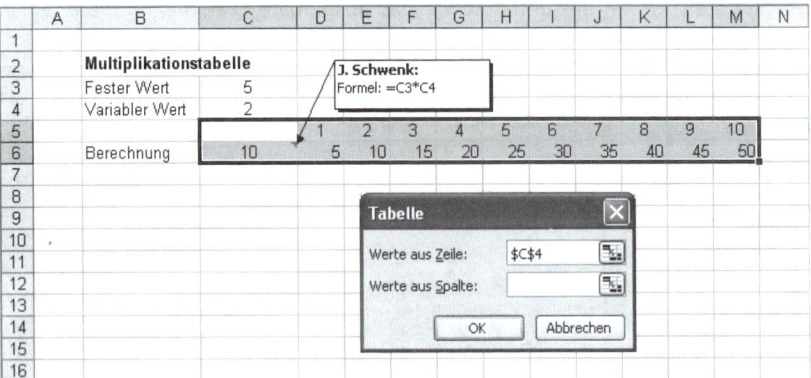

Werte aus Zeile oder *Werte aus Spalte*?

Woran erkennen Sie, welches Eingabefeld im Dialogfeld *Tabelle* verwendet werden muss? Die Antwort darauf gibt Ihnen die Ausrichtung Ihrer Werteliste:

- Sind die Werte in einer Spalte untereinander angeordnet, geben Sie den Zellbezug in das Eingabefeld *Werte aus Spalte* ein. Es ergibt sich eine Formel mit einem Argument in der Form *MEHRFACHOPERATION(;Werte_aus_Spalte)*.

- Sind die Daten in der Werteliste in einer Zeile nebeneinander angeordnet, verwenden Sie das Eingabefeld *Werte aus Zeile*. Es ergibt sich eine Formel mit einem Argument in der Form *MEHRFACHOPERATION(Werte_aus_Zeile;)*.

- Soll die Mehrfachoperation zwei Wertelisten verwenden, sind beide Eingabefelder entsprechend den vorigen Ausführungen zu füllen. Die Formel hat in diesem Fall das folgende Aussehen: *MEHRFACHOPERATION(Werte_aus_Zeile;Werte_aus_Spalte)*.

Multiplikationsliste und Divisionsliste in einem Schritt

Die Formel, die Sie als Basis der Mehrfachoperation verwenden, kann nicht nur aus einer Multiplikation bestehen. Sie können hier vielmehr auch andere mathematische Formeln verwenden. Diese dürfen durchaus komplex sein; Sie werden dazu im weiteren Verlauf dieses Kapitels noch Beispiele finden.

Ferner kann die Mehrfachoperation beliebig viele Formeln mit einer Werteliste durchrechnen. Wichtig ist ein Bezug auf die gleiche Eingabezelle, deren Werte bei der Mehrfachoperation durch die Werteliste ersetzt werden.

Das folgende Beispiel berechnet die Ergebnisse zweier unterschiedlicher Formeln, einer Multiplikation und einer Division. Erweitern Sie dazu das vorige Beispiel wie folgt:

1. Schreiben Sie in Zelle *D5* die Formel =C3/C4.
2. Markieren Sie den Bereich *B5:D15*.
3. Rufen Sie den Menübefehl *Daten/Tabelle* auf.
4. Geben Sie für *Werte aus Spalte* den Bezug *C4* an.
5. Schließen Sie die Eingabe mit *OK* ab.

Abbildg. 27.3   Mehrfachoperation mit zwei Formeln, die sich auf die gleiche Eingabezelle beziehen

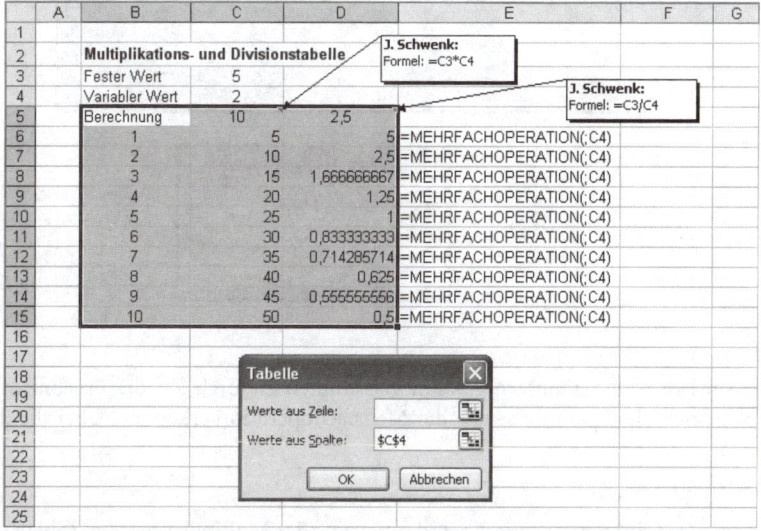

Excel berechnet die Formeln der Zeile 5 in der Weise, dass für den Wert aus *C4* die Werteliste aus dem Bereich *B6:B15* verwendet wird.

Multiplikationsliste mit zwei Parametern

Mit der Mehrfachoperation können Sie auch die Auswirkungen untersuchen, die sich durch die Änderung von zwei Parametern einer Formel ergeben. Die Werte des einen Parameters schreiben Sie dazu in einer Spalte untereinander, die Werte des zweiten Parameters in einer Zeile nebeneinander. Im Schnittpunkt der beiden Wertelisten steht dann die Formel, die ausgewertet werden soll.

Im Einzelnen sind die folgenden Schritte erforderlich, um eine Multiplikationsliste zu erstellen:

1. Schreiben Sie eine beliebige Zahl in Zelle *C3*, z.B. *2*.

2. Geben Sie eine beliebige Zahl in Zelle *C4* ein, z.B. *3*.

3. Schreiben Sie in Zelle *C5* die Formel =C3*C4.

4. Tragen Sie im Bereich C6:C15 und im Bereich D5:M5 jeweils die Zahlenreihe 1 bis 10 ein.

5. Markieren Sie den Bereich *C5:M15*.

6. Rufen Sie den Menübefehl *Daten/Tabelle* auf.

7. Tragen Sie im Dialogfeld *Tabelle* für *Werte aus Zeile* den Bezug *C3* und für *Werte aus Spalte* den Bezug *C4* ein.

8. Schließen Sie die Eingabe mit *OK* ab.

Abbildg. 27.4   Multiplikationstabelle mit Werten aus einer Spalte und einer Zeile

Dieses Beispiel ist bewusst einfach gewählt. Sie können dadurch aus der Ergebnismatrix in Abbildung 27.4 schnell die Operationsweise der Mehrfachoperation erkennen. Über die daraus resultierende Formel

=MEHRFACHOPERATION(C3;C4)

werden diejenigen Ergebnisse berechnet, die sich aus der Multiplikation der Zahlen aus den Wertelisten *C6:C15* und *D5:M5* ergeben.

Kosten für Postwertzeichen ermitteln

Ein praktisches Beispiel für die Anwendung einer Multiplikationsliste zeigt die Preise für unterschiedliche Postwertzeichen an. Eine Frage, wie »Was kosten sieben Wertzeichen zu 0,55 Euro?«, lässt sich damit schnell beantworten.

Beachten Sie, dass in Abbildung 27.5 die eigentliche Formel nicht in Zelle C9 steht. Diese Zelle enthält lediglich einen Bezug auf die Zelle C5, wo die eigentliche Formel für die Mehrfachoperation hinterlegt ist. Das bedeutet, Sie können die Datentabelle auch an beliebiger anderer Stelle in Ihrer Tabelle aufbauen. Wichtig ist der Bezug im Schnittpunkt der Wertelisten. Die Zelle, auf die hier Bezug genommen wird, muss einen Bezug auf die Eingabezelle(n) enthalten, die Sie im Dialogfeld *Tabelle* angeben. Damit haben Sie die Möglichkeit, Überschriften einzufügen oder sonstige Gestaltungsmöglichkeiten in der Tabelle zu nutzen.

> **WICHTIG**   Markieren Sie vor dem Ausführen des Befehls *Daten/Tabelle* **nicht** die in Abbildung 27.5 gezeigten Beschriftungen. Die linke obere Zelle muss die Formel enthalten, die Excel für die Ermittlung der Ergebnisse verwenden soll.

Abbildg. 27.5   Die Formelzelle *C7* enthält lediglich einen Verweis auf die Berechnungszelle *C5*

Wie können Sie einen Wert aus dieser Liste ablesen?

Nehmen wir an, Sie benötigen sieben Wertzeichen zu 0,55 Euro. Ermitteln Sie mit den folgenden Schritten den Betrag und verwenden Sie dazu die eben erstellte Multiplikationstabelle:

1. Suchen Sie in Spalte *C* den Wert *7*. Dieser Wert steht in Zeile *16*.
2. Gehen Sie in Zeile *16* (also den Wert *7*) so weit nach rechts, bis die Überschrift den Wert 0,55 Euro zeigt. Dieser Wert steht in Spalte *E*.
3. Der Schnittpunkt *E16* zeigt das Ergebnis 3,85 Euro.

PROFITIPP

> Wenn Sie unter *Extras/Optionen* auf der Registerkarte *Berechnung* das Kontrollkästchen *Beschriftungen in Formeln zulassen* aktiviert haben, können Sie das Ergebnis mit der folgenden Formel berechnen:
>
> `=Anzahl7[Leer]Wert2`
>
> Das zeigt sehr anschaulich, wie der Schnittmengenoperator arbeitet.

Mehr zu »Operatoren in Excel« finden Sie in Kapitel 7. Mehr zu »Namen und deren Verwendung« zeigt das Kapitel 19.

Datentabelle verschieben und kopieren

Wenn Sie eine Datentabelle an einen anderen Ort verschieben wollen, müssen Sie den Bereich mit der Formel und den Wertelisten einschließen. In Abbildung 27.5 ist das der markierte Bereich *C9:H19*. Markieren Sie nur den Ergebnisbereich, erhalten Sie die Fehlermeldung »Kann Teil der Mehrfachoperation nicht ändern«.

Ebenso gehen Sie beim Kopieren vor. Nach dem Einfügen werden Sie allerdings feststellen, dass die Ergebnisse der Mehrfachoperation als Werte eingefügt werden. Lediglich die Formel aus Zelle *C9* bleibt erhalten. Nach dem Kopieren müssen Sie also den Menübefehl *Daten/Tabelle* erneut ausführen und die Formel neu aufbauen.

Kredite vergleichen

Angenommen, Sie benötigen für die Erweiterung der Produktionsanlagen einen Kredit in Höhe von 250.000 Euro. Dafür liegen verschiedene Angebote mit unterschiedlichen Zinssätzen vor. Wie wirkt sich der Zinssatz auf die monatlichen Raten aus? Solche und ähnliche Fragestellungen sind das bevorzugte Einsatzgebiet der Mehrfachoperation.

Abbildg. 27.6 Die Mehrfachoperation rechnet eine Formel mit verschiedenen Werten für ein Argument durch

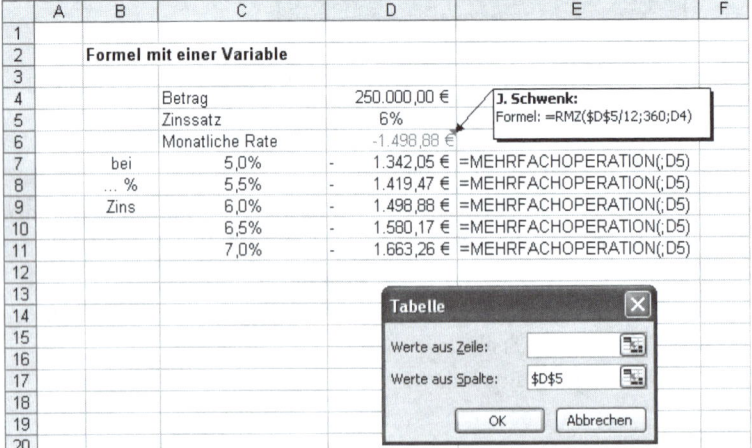

Kredite mit einer Variablen beurteilen

Die für die Berechnung erforderlichen Werte sind schnell eingetragen. In Abbildung 27.6 zeigt der Bereich *D4:D5* die variablen Parameter und in Zelle *D6* liefert die Formel

`=RMZ($D$5/12;360;D4)`

das Ergebnis. Für das weitere Vorgehen im Beispiel ist es wichtig, dass Sie den Bezug auf die Zelle *$D$5* als absoluten Bezug verwenden.

Die Tabellenfunktion *RMZ* mit der Syntax

RMZ(Zins;Zzr;Bw;Zw;F)

berechnet die regelmäßigen Zahlungen für die Anzahl der Zahlungszeiträume bei konstantem Zinssatz. Mehr zu dieser Funktion finden Sie in Kapitel 16.

Um zu ermitteln, wie sich unterschiedliche Zinssätze auswirken, schreiben Sie die Zinssätze untereinander in eine Spalte. Beginnen Sie damit in der Zelle, die *eine Spalte vor* und *eine Zeile nach* der RMZ-Formel liegt, im Beispiel also in Zelle *C7*. Markieren Sie dann den Bereich *C6:D11* und wählen Sie den Menübefehl *Daten/Tabelle*.

Im Dialogfeld *Tabelle* tragen Sie im Eingabefeld *Werte aus Spalte* den Bezug auf das Eingabefeld *$D$5* ein. Das bedeutet, dass Excel die Werte der ersten Spalte als Argument »Zinssatz« in der Formel verwendet. Das Textfeld *Werte aus Zeile* bleibt leer. Schließen Sie das Dialogfeld mit *OK*, werden die Leerzellen im markierten Bereich mit der Matrixformel

=MEHRFACHOPERATION(;D5)

gefüllt. Excel führt nun also mehrere Berechnungen mit der Formel aus Zelle *D6* durch und verwendet dabei für das Argument *Zinssatz* die Werte aus dem Bereich *C7:C11*.

Abbildg. 27.7   Das Dialogfeld *Tabelle* kann über die Tastatur oder per Mausklick gefüllt werden

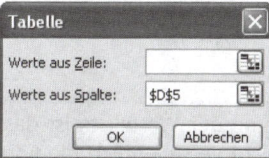

Wenn Sie in Zelle *D4* den Kreditbetrag ändern, wird die Datentabelle neu berechnet und zeigt damit wieder das aktuelle Ergebnis an.

Werteliste erweitern

Wenn Sie feststellen, dass die Werteliste nicht genügend unterschiedliche Werte enthält, können Sie diese auch nachträglich erweitern. Allerdings müssen Sie dann den Menübefehl *Daten/Tabelle* erneut ausführen.

HINWEIS   Da es sich bei der Mehrfachoperation um eine Matrixformel handelt, kann eine einzelne Zelle nicht gelöscht werden! Wie Sie eine Matrix-Formel ändern können, zeigt das Kapitel 6.

Wollen Sie im Beispiel aus der Abbildung 27.6 noch weitere Zinssätze (bis 10% in Schritten zu 0,5%) berechnen, gehen Sie wie folgt vor:

1. Markieren Sie den Bereich *C7:C11*.
2. Ziehen Sie mit der linken Maustaste am Ausfüllkästchen (rechte untere Ecke) bis zur Zelle *C17*.
3. Markieren Sie den Bereich *C6:D17*.
4. Rufen Sie den Menübefehl *Daten/Tabelle* auf.
5. Tragen Sie im Dialogfeld *Tabelle* für das Eingabefeld *Werte aus Spalte* den Bezug *D5* ein.
6. Schließen Sie die Eingabe mit *OK* ab.

Excel fügt die Tabellenfunktion *MEHRFACHOPERATION* in den erweiterten Bereich ein und Sie können die Ergebnisse der erweiterten Liste nutzen.

Werteliste reduzieren

Nicht ganz so einfach ist es, wenn Sie feststellen, dass die Werteliste zu viele Werte enthält und Sie diese reduzieren wollen. Die Mehrfachoperation ist eine Matrixfunktion und diese Funktionen haben die Eigenschaft, dass einzelne darin enthaltene Zellen nicht gelöscht oder überschrieben werden können. Allerdings ist die Aufgabe auch nicht wirklich schwer, da die Formel ja über den Menübefehl *Daten/Tabelle* eingetragen wird.

Gehen Sie wie folgt vor, wenn Sie im Beispiel aus der Abbildung 27.6 die Zeilen 10 und 11 entfernen wollen:

1. Markieren Sie den Bereich mit der Matrixformel, also *D7:D11*.
2. Drücken Sie die `Entf`-Taste oder wählen Sie den Menübefehl *Bearbeiten/Löschen/Inhalte,* um die Formel zu löschen.
3. Markieren Sie den Bereich *C6:D9*.
4. Rufen Sie den Menübefehl *Daten/Tabelle* auf.
5. Tragen Sie in das Eingabefeld *Werte aus Spalte* den Bezug *D5* ein.
6. Schließen Sie das Dialogfeld *Tabelle* mit *OK*.

> **WICHTIG** Die eigentlich wichtige Aktion beim Reduzieren der Werteliste ist das Markieren für den Löschvorgang. Achten Sie dabei darauf, dass Sie nicht versehentlich die Formel für die Berechnungsgrundlage markieren und löschen. Nur die Zellen mit der Funktion *MEHRFACHOPE-RATION* sollen markiert werden.

Lösung erweitern: Eine Formel hinzufügen

Vielleicht bietet es sich angesichts der guten Konditionen an, die ursprünglich für einen späteren Zeitpunkt geplante zweite Erweiterungsstufe doch vorzuziehen. Die Baumaßnahmen könnten dann in einem Aufwasch erledigt werden, was erhebliche Einsparungen zur Folge hätte. Der Finanzbedarf beläuft sich für beide Stufen auf insgesamt 420.000 Euro. Wie kann eine Tabelle aufgebaut werden, die beide Kredite auf einen Blick vergleicht?

Dazu wird zunächst der zweite Kreditbetrag in Zelle *E4* eingetragen und die Formel aus Zelle *D6* (mit dem absoluten Bezug!) in die Zelle *E6* kopiert. Markieren Sie anschließend den Bereich *C6:E11* und führen Sie, wie zuvor beschrieben, den Befehl zur Mehrfachoperation aus. Auch hier wählen Sie für *Werte in Spalte* die Zelle *$D$5* aus. Als Ergebnis erhalten Sie die Raten für beide Kredite, übersichtlich nebeneinander angeordnet. Denkbar ist hier auch die Verwendung einer anderen Formel.

Sie können beliebig viele verschiedene Formeln nebeneinander einfügen. Einzige Bedingung ist dabei, dass beide Formeln das gleiche Eingabefeld (hier die Zelle *D5*) verwenden.

Abbildg. 27.8 Zur Eingabe der Mehrfachoperation markieren Sie nicht nur den leeren Bereich, sondern auch die Daten

Wie wirken sich unterschiedliche Laufzeiten aus?

Während die vorigen Beispiele nur eine einzige Variable (Zinssatz) verwenden, soll im folgenden Beispiel eine weitere Variable für die Laufzeit eingeführt werden. Schauen Sie sich dazu den Aufbau der Tabelle in Abbildung 27.9 an.

Abbildg. 27.9 Die Mehrfachoperation mit zwei Variablen liefert übersichtliche Ergebnisse mit unterschiedlichen Parametern

Die zu verwendenden Zinssätze stehen hier im Bereich *C10:C14*. Die unterschiedlichen Laufzeiten werden im Bereich *D9:G9* eingetragen. Die Formel

```
=RMZ(D5/12;D6;D4)
```

steht in diesem Fall in Zelle *C9*, also im Schnittpunkt der Datenzeile und der Datenspalte. Bevor Sie den Menübefehl *Daten/Tabelle* ausführen, markieren Sie den Bereich *C9:G14*. Im Dialogfeld *Tabelle* tragen Sie für *Werte aus Zeile* die Zelle *$D$6* und für *Werte aus Spalte* die Zelle *$D$5* ein.

Excel setzt in die Formel aus *C9* für das Argument *Zinssatz* die Werte aus der ersten Spalte des markierten Bereichs, also aus *C10:C14*, ein. Für das Argument *Laufzeit* verwendet die Mehrfachoperation die Werte aus dem Bereich *D9:G9*. In Zelle *D10* wird damit das Ergebnis der Formel

```
=RMZ(C10/12;D9;D4)
```

in Zelle *E11* das der Formel

```
=RMZ(C11/12;E9;D4)
```

usw. angezeigt. Die Zellen rechnen also mit der *RMZ*-Funktion, obwohl in der Bearbeitungsleiste die Formel

=MEHRFACHOPERATION(D6;D5)

angezeigt wird. Dadurch können Sie nun auf einen Blick die Zahlungen bei verschiedenen Zinssätzen und unterschiedlichen Laufzeiten vergleichen.

> **WICHTIG** Die Formel für eine Datentabelle mit zwei Variablen verwendet zwei Eingabefelder und ersetzt diese durch Werte, die Sie in zwei unterschiedlichen Orientierungen (Zeilen und Spalten) angeben.

In Kapitel 23 finden Sie ein Beispiel, wie Sie eine Mehrfachoperation mit mehr als zwei Parametern aufbauen können.

Wertelisten mit dem Szenario-Manager verwalten

In Kapitel 25 haben Sie den *Szenario-Manager* bereits kennen gelernt. Der Szenario-Manager kann verschiedene Werte eines Kalkulationsmodells unter einem Namen speichern und verwalten. Auf einfachem Weg können Sie damit unterschiedliche Parameter für Berechnungen verwenden. Was liegt da näher, als auch bei der Mehrfachoperation die Eingabewerte in verschiedenen Szenarien zu speichern.

Für das Beispiel aus der Abbildung 27.9 sollen verschiedene Einstellungen gespeichert werden. So rechnen Sie vielleicht mit einem neuen Angebot, das die deutlich gesunkenen Zinsen berücksichtigt. Aus diesem Grund sollen Zinssätze von zwei bis fünf Prozent berücksichtigt werden. Gleichzeitig sollen die bisherigen Werte aber verfügbar bleiben, und zwar ohne eine neue Datei oder ein neues Tabellenblatt anlegen zu müssen. Das ist ein typisches Einsatzgebiet für den Szenario-Manager.

Speichern Sie die aktuellen Einstellungen mit den folgenden Schritten in einem Szenario ab:

1. Rufen Sie den *Szenario-Manager* über den Menübefehl *Extras/Szenarien* auf.
2. Im Dialogfeld *Szenario-Manager* wählen Sie die Schaltfläche *Hinzufügen*.
3. Vergeben Sie einen aussagekräftigen Namen, etwa »Zinssätze zwischen 5 und 7 Prozent«.

4. Aktivieren Sie das Eingabefeld *Veränderbare Zellen* und geben Sie einen Bezug auf die Zellen *$C$10:$C$14* ein bzw. markieren Sie diesen Bereich (vgl. Abbildung 27.10).

5. Bestätigen Sie Ihre Festlegungen mit Klick auf die Schaltfläche *OK*.

Abbildg. 27.10   Geben Sie hier den Namen und den Bereich der veränderbaren Zellen ein

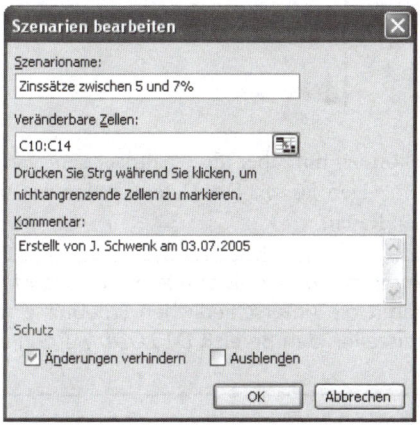

6. Daraufhin wird das Dialogfeld *Szenariowerte* mit den aktuellen Werten angezeigt (vgl. Abbildung 27.11).

7. Schließen Sie dieses Dialogfeld mit *OK*.

Das erste Szenario ist damit festgelegt.

Abbildg. 27.11   Das Dialogfeld *Szenariowerte* zeigt die aktuellen Einstellungen, die Sie übernehmen oder ändern können

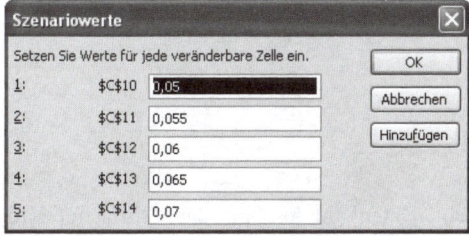

Sie sind damit wieder im Dialogfeld *Szenario-Manager*. Von dort aus können Sie über die Schaltfläche *Hinzufügen* ein weiteres Szenario hinzufügen. Sie können diesen Weg auch abkürzen, wenn Sie im Dialogfeld *Szenariowerte* (vgl. Abbildung 27.11) die Schaltfläche *Hinzufügen* wählen:

1. Wählen Sie hier die Schaltfläche *Hinzufügen,* um das zweite Szenario festzulegen.

2. Vergeben Sie einen Namen für das neue Szenario, etwa »*Zinssätze zwischen 3 und 5%*« und wählen Sie die Schaltfläche *Hinzufügen*.

3. Im Dialogfeld *Szenariowerte* tragen Sie die Werte aus Abbildung 27.12 ein.

4. Schließen Sie das Dialogfeld mit *OK*.

Abbildg. 27.12 Die Werte für das neue Szenario mit reduzierten Zinssätzen

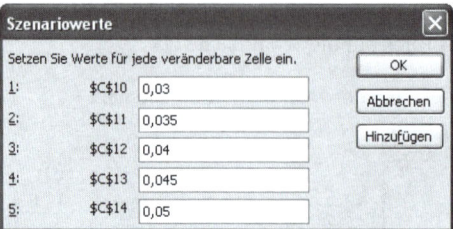

Das zweite Szenario ist damit festgelegt. Sie können nun über die Schaltfläche *Anzeigen* im *Szenario-Manager* die unterschiedlichen Szenarien anzeigen lassen. Die Datentabelle wird umgehend neu berechnet und zeigt die daraus resultierenden Raten.

> **TIPP** Über die Schaltfläche *Zusammenfassung* im Dialogfeld *Szenario-Manager* können Sie einen *Szenariobericht* erstellen und damit die unterschiedlichen Ergebnisse nebeneinander vergleichen. Verwenden Sie für die Ergebniszellen den Bereich *D10:G14*, werden alle Ergebnisse der Mehrfachoperation angezeigt.

Abbildg. 27.13 Wechseln Sie die Wertelisten komfortabel über den *Szenario-Manager*

Im nächsten Beispiel erfahren Sie, wie Sie eine Datenbank mit Hilfe der Mehrfachoperation auswerten können.

Datenbanken mit der Mehrfachoperation auswerten

Die in Excel integrierten Datenbankfunktionen erlauben die Berücksichtigung von Suchkriterien. Das gezielte Eingrenzen von Datensätzen und die Untersuchung relevanter Sachverhalte ist damit erheblich einfacher, als mit verschachtelten Funktionen. Wenn Sie die Ergebnisse mit unterschiedlichen Ausprägungen eines Suchkriteriums vergleichen wollen, müssen mehrere Bereiche für deren Definition festgelegt werden. Das führt zu einem unübersichtlichen Tabellenaufbau, weil die Formeln mit unterschiedlichen Bezügen arbeiten. Mit der Mehrfachoperation geht es aber auch einfacher.

Das folgende Beispiel können Sie selbst auf dem Übungsblatt *Datenbankfunktion* in der Datei *Kap27.xls* nachvollziehen. Sie finden die Datei im Ordner *\Buch\Kap27* auf der CD-ROM zu diesem Buch.

Datenbankfunktionen einsetzen

Beispielhaft sollen hier die Gleitzeitkonten der Mitarbeiter eines Unternehmens untersucht werden. In Abbildung 27.14 stehen die Daten im Bereich *B5:E24*, Sie können für diesen Bereich über *Einfügen/Namen/Definieren* auch einen Bereichsnamen festgelegen. Mehr zum Thema »Namen« finden Sie in Kapitel 19.

Die Suchkriterien im Bereich *G4:J4* enthalten die Überschriften der Datenbank in der exakt gleichen (!) Schreibweise und in Zeile 5 finden sich die dafür eingetragenen Bedingungen. Um die Anzahl der Datensätze zu ermitteln, die den Suchkriterien entsprechen, ist die Tabellenfunktion

DBANZAHL(Datenbank;Datenbankfeld;Suchkriterien)

geeignet. Die Formel

`=DBANZAHL($B$4:$E$24;3;G4:J5)`

in Zelle *J6* liefert die Anzahl der Datensätze, die den im Bereich *G4:J5* festgelegten Bedingungen entsprechen, also der Anzahl der Mitarbeiter aus »Abt 1«. Über die Suchkriterien können Sie die auszuwertenden Daten einschränken. Mehr zum Thema »Datenbankfunktionen« und »Definition von Suchkriterien« finden Sie in Kapitel 22.

Für die Auswertung der anderen Abteilungen wurden in Abbildung 27.14 weitere Bereiche als Suchkriterien für die Formeln in *J10*, *J14*, *J18* und *J22* festgelegt. Das ist zwar ein möglicher, aber etwas umständlicher Weg. Wenn die Suchkriterien sich lediglich durch den Wert für die Abteilung unterscheiden, gibt es für die Berechnung – wie Sie gleich sehen werden – auch einen einfacheren Weg.

Abbildg. 27.14 Umständliche Definition mehrerer Bereiche für die Suchkriterien

	A	B	C	D	E	F	G	H	I	J	K
1											
2		**Den Rahmen von Gleitzeitkonten analysieren**									
3		Datenbank					Auswertungen				
4		Abt	Vertrag	Fehlzeiten	Gehaltsstufe		Abt	Vertrag	Fehlzeiten	Gehaltsstufe	
5		1	Angestellter	13:20	A		1				
6		1	Arbeiter	12:10	B		Anzahl der Einträge für Abteilung 1			6	
7		1	Angestellter	9:45	C						
8		1	Angestellter	13:20	C		Abt	Vertrag	Fehlzeiten	Gehaltsstufe	
9		1	Arbeiter	12:10	B		2				
10		1	Angestellter	9:45	C		Anzahl der Einträge für Abteilung 2			4	
11		2	Angestellter	9:25	A						
12		2	Arbeiter	3:40	B		Abt	Vertrag	Fehlzeiten	Gehaltsstufe	
13		2	Angestellter	45:55	A		3				
14		2	Arbeiter	64:10	B		Anzahl der Einträge für Abteilung 3			2	
15		3	Angestellter	16:50	C						
16		3	Angestellter	17:50	B		Abt	Vertrag	Fehlzeiten	Gehaltsstufe	
17		4	Angestellter	3:10	A		4				
18		4	Angestellter	101:30	A		Anzahl der Einträge für Abteilung 4			4	
19		4	Angestellter	7:50	A						
20		4	Angestellter	10:10	A		Abt	Vertrag	Fehlzeiten	Gehaltsstufe	
21		5	Arbeiter	7:50	B		5				
22		5	Angestellter	6:30	C		Anzahl der Einträge für Abteilung 5			4	
23		5	Arbeiter	53:10	B						
24		5	Angestellter	75:50	C						
25											

Ein Suchkriterium mit unterschiedlichen Ausprägungen verwenden

Sollen ganz gezielt die Datensätze der Abteilungen untersucht werden, tragen Sie die Namen untereinander in eine Tabelle ein (in Abbildung 27.15 im Bereich *G11:G15*). In die Zelle, die rechts oberhalb an die erste Zeile dieser Liste angrenzt, also *H10*, tragen Sie die Formel

`=DBANZAHL($B$4:$E$24;3;G4:J5)`

ein. Markieren Sie dann den Bereich *G10:H15* und führen Sie den Menübefehl *Daten/Tabelle* aus. In das Textfeld *Werte aus Spalte* tragen Sie den Bezug *$G$5* ein. Damit wird für das Suchkriterium »Abt« der Wert aus der ersten Spalte des markierten Bereichs eingesetzt. Sie erhalten damit die Anzahl der Datensätze für die verschiedenen Abteilungen. Bedenken Sie, dass dies mit Datenbankfunktionen ohne Mehrfachoperation nur mit der Definition von fünf verschiedenen Bereichen für die Suchkriterien und damit ungleich aufwändiger zu lösen wäre.

Abbildg. 27.15 Eine Datenbankfunktion in Verbindung mit der Mehrfachoperation liefert eine Reihe von Ergebnissen auf der Grundlage verschiedener Suchkriterien

Datensätze mit zwei Bedingungen vergleichen

Soll ein weiteres Kriterium (Datenbankfeld) mit unterschiedlichen Ausprägungen berücksichtigt werden, tragen Sie diese Ausprägungen nebeneinander in eine Zeile ein (vgl. hierzu den Bereich *H19:J19* aus Abbildung 27.15). Gehen zwei Variablen in die Formel ein, tragen Sie die Formel im Schnittpunkt der Werte (*G19*) ein. Im Beispiel wird mit der Formel

`=DBMITTELWERT(B4:E24;3;G4:J5)`

der Mittelwert nach Gehaltsstufen für die einzelnen Abteilungen ermittelt.

Markieren Sie den Bereich *G19:J24* und führen Sie den Befehl *Daten/Tabelle* aus. Für den Parameter *Werte aus Zeile* legen Sie dann die Zelle *$J$5* und für *Werte aus Spalte* die Zelle *$G$5* fest. Mit *Werte aus Zeile* geben Sie Excel bekannt, für welchen Zellbezug der Formel in *G19* die Werte der ersten

Zeile eingesetzt werden sollen. Die erste Zeile enthält die Gehaltsstufen, diese wiederum wird in den Suchkriterien in Zelle *J5* eingetragen. Entsprechend substituiert Excel den Zellbezug *Werte aus Spalte*, also die Abteilung (*G5*), mit den Werten aus der ersten Spalte des markierten Bereichs.

Abbildg. 27.16 Hier stellen Sie den Bezug für den Ersetzungsvorgang ein

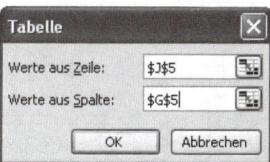

Das Ergebnis zeigt im Schnittpunkt der Merkmalsausprägungen die Anzahl der vorhandenen Datensätze. Die Suchkriterien in Abbildung 27.15 zeigen in Zeile 5 keinen Eintrag. Es werden also lediglich die Kriterien aus der Tabelle der Mehrfachoperation berücksichtigt. Sie können aber, z.B. für die Analyse nach der Vertragsform, in Zelle *H5* »Angestellter« eintragen und die Betrachtungen damit auf diese Vertragsform einschränken. Komfortabel zwischen verschiedenen Werten können Sie wechseln, wenn Sie, wie eben beschrieben, den *Szenario-Manager* einsetzen oder eine Gültigkeitsliste festlegen. Mehr zum Thema »Gültigkeitslisten« finden Sie in Kapitel 8.

> **TIPP** Übrigens können Sie für die Definition der Suchkriterien neben den Stellvertreterzeichen (»?« und »*«) auch Vergleichsoperatoren (»<«, »>«, »<=«, »>=«, »<>«) verwenden. Beachten Sie dazu das Beispiel am Ende dieses Kapitels.

Zwei Eingriffe sind nun noch notwendig: Um die Anzeige von Fehlerwerten zu unterdrücken, verwenden Sie in Zelle *G19* die, um eine *Wenn-Dann-Bedingung* erweiterte, Formel

`=WENN(NICHT(ISTFEHLER(DBMITTELWERT(B4:E24;3;G4:J5)));DBMITTELWERT(B4:E24;3;G4:J5);"")`

Das Zahlenformat der Formelzellen sollten Sie auf *[h]:mm* einstellen. Damit werden auch Werte über 24 Stunden korrekt angezeigt. Mehr zum Thema »Zahlenformate« finden Sie in Kapitel 10.

Berechnete Kriterien sind auch in der Mehrfachoperation nützlich

Es gibt Fälle, da genügen Kriterien durch die bloße Angabe von Werten nicht, um die Daten ausreichend einzugrenzen. Hier führt die Lösung – wie bei Datenbankfunktionen üblich – entweder über die Erweiterung der Suchkriterien mit der Wiederholung bereits vorhandener Spalten oder über die Definition berechneter Kriterien.

Um berechnete Kriterien zu verwenden, wird der Bereich *Suchkriterien* um eine Spalte mit einer eindeutigen Überschrift erweitert. Die Datensätze werden dann über eine Formel eingeschränkt. Diese Formel kann neben dem Vergleich mit konstanten Werten auch einen Vergleich mit einem Zellbezug enthalten. Die Formel bezieht sich dabei immer auf den ersten Datensatz und zeigt auch das Ergebnis für diesen Datensatz in der Formel an. Der Bezug auf diesen Datensatz sollte daher relativ sein (vgl. hierzu die Zelle *K5* in Abbildung 27.17, wo die Formel `=ODER(E5="A";E5>"B")` das Ergebnis *WAHR* liefert).

	A	B	C	D	E	F	G	H	I	J	K	L
1												
2		**Den Rahmen von Gleitzeitkonten mit berechneten Kriterien analysieren**										
3		Datenbank					Suchkriterien					
4		Abt	Vertrag	Fehlzeiten	Gehaltsstufe		Abt	Vertrag	Fehlzeiten	Gehaltsstufe	Kriterium	
5		1	Angestellter	13:20	A			Angestellter			WAHR	
6		1	Arbeiter	12:10	B							
7		1	Angestellter	9:45	C					J. Schwenk:		
8		1	Angestellter	13:20	C		Formel mit einer Variablen:			Formel: =ODER(E5="A";E5>"B")		
9		1	Arbeiter	12:10	B		Anzahl der Einträge je Abteilung					
10		1	Angestellter	9:45	C			13				
11		2	Angestellter	9:25	A		1		4			
12		2	Arbeiter	3:40	B		2		2	J. Schwenk:		
13		2	Angestellter	45:55	A		3		1	Formel: =DBANZAHL($B$4:$E$24;3;G4:K5)		
14		2	Arbeiter	64:10	B		4		4			
15		3	Angestellter	16:50	C		5		2			
16		3	Angestellter	17:50	B							
17		4	Angestellter	3:10	A		Formel mit zwei Variablen:					
18		4	Angestellter	101:30	A		Mittelwert der Einträge je Abteilung und Gehaltsstufe					
19		4	Angestellter	7:50	A		24:52	A	B	C		
20		4	Angestellter	10:10	A		1	13:20		10:56		
21		5	Arbeiter	7:50	B		2	27:40				
22		5	Angestellter	6:30	C		3			16:50		
23		5	Arbeiter	53:10	B		4	30:40				
24		5	Angestellter	75:50	C		5			41:10		
25												

HINWEIS Für Vergleiche des Datensatzes mit einer Zelle außerhalb der Datenbank ist zu beachten, dass dieser Bezug absolut sein muss.

Vergleichsoperatoren einsetzen

Vergleichsoperatoren sind nützlich, wenn Sie Daten in Gruppen zusammenfassen wollen. So soll im folgenden Beispiel die Anzahl der Schrauben nach verschiedenen Längenklassen ermittelt werden.

Damit das gelingt, tragen Sie im Bereich *F4:G5* die Suchkriterien für eine Gruppe von Werten ein.

In Zelle *F8* berechnet die Formel

`=DBSUMME(B3:C23;"Anzahl";F4:G5)`

die Summe der Schrauben, für welche die Bedingungen im Bereich *F4:G5* erfüllt sind. Die Länge soll *>=1* und gleichzeitig *<4* sein. Insgesamt ist das in unserem Beispiel bei 84 Schrauben der Fall.

Markieren Sie nun den Bereich *F8:J12* und rufen Sie den Menübefehl *Daten/Tabelle* auf. Für *Werte aus Zeile* wählen Sie die Zelle *G5* und für *Werte aus Spalte* die Zelle *F5* aus.

HINWEIS Die Spalte *D* dient lediglich als Hilfsspalte, damit Sie das Beispiel in der Abbildung nachvollziehen können. Diese Klassen werden nicht für die Auswertung benötigt und auch nicht verwendet.

Mehr zu »Vergleichsoperatoren« finden Sie in Kapitel 6. In Kapitel 16 finden Sie weitere Möglichkeiten für die Häufigkeitszählung.

Abbildg. 27.18 Die Mehrfachoperation kann auch für die Häufigkeitszählung herangezogen werden und dabei Vergleichsoperatoren verwenden

	A	B	C	D	E	F	G	H	I	J	K
1											
2		Häufigkeitsauszählung mit der Mehrfachoperation									
3		Länge	Anzahl	Klasse		Suchkriterien					
4		1	13	1		Länge	Länge				
5		2	43	1		>=1	<4				
6		3	28	1				J. Schwenk:			
7		4	34	2		Mehrfachoperation mit zwei Variablen		Formel: =DBSUMME(B3:C23;"Anzahl";F4:G5)			
8		5	42	2		84	<8	<12	<16	<21	
9		6	8	2		>=4	116	178	296	407	
10		7	32	2		>=8	0	62	180	291	
11		8	12	3		>=12	0	0	118	229	
12		9	10	3		>=16	0	0	0	111	
13		10	18	3							
14		11	22	3							
15		12	36	4							
16		13	34	4			Tabelle				
17		14	39	4							
18		15	9	4			Werte aus Zeile:	$G$5			
19		16	10	5							
20		17	33	5			Werte aus Spalte:	$F$5			
21		18	22	5							
22		19	29	5			OK	Abbrechen			
23		20	17	5							
24											

Zusammenfassung

Mit einer Mehrfachoperation erhalten Sie die Möglichkeit, eine Formel mit verschiedenen Werten für zwei Parameter durchzurechnen und die unterschiedlichen Ergebnisse direkt vergleichen zu können. Die Mehrfachoperation eignet sich damit als Werkzeug zur »Was-wäre-wenn-Analyse«.

Bei der Auswertung von Datenbanken ermöglicht die Kombination aus Datenbankfunktionen und der Mehrfachoperation übersichtliche Lösungen. Dabei werden mehrere Ausprägungen von Merkmalen (Datenbankfeldern) in eine Formel eingesetzt und ermöglichen Ihnen so einen schnellen Überblick über die Daten. Mit einem einzigen Bereich für die Suchkriterien ist gewährleistet, dass die Übersicht für die gesamte Auswertung die gleiche Datengrundlage verwendet. Zu beachten ist, dass vor dem Aufrufen des Befehls ein Bereich markiert werden muss, der nicht nur leere Zellen, sondern auch den Bereich mit den Wertelisten enthalten muss.

Sie möchten ...	Die Lösung finden Sie auf Seite
eine Multiplikationsliste mit einer Variablen erstellen	998
eine Multiplikationsliste und Divisionsliste mit einer Variablen erstellen	1001
eine Multiplikationsliste mit zwei Variablen einsetzen	1002
verschiedene Kredite beurteilen	1004
Wertelisten vergrößern und verkleinern	1005
sehen, wie sich unterschiedliche Laufzeiten bei den Krediten auswirken	1007
unterschiedliche Wertelisten mit dem Szenario-Manager verwalten	1008

Planung und Prognose

Teil I

Datenaustausch mit anderen Anwendungen

Excel ist Teil der Microsoft Office-Suite – damit stellt sich natürlich die Frage, wie Excel mit anderen Programmen zusammenarbeiten kann. XML spielt hierbei eine immer wichtiger werdende Rolle. Auf den folgenden Seiten erfahren Sie mehr über die Möglichkeiten, die Excel Ihnen in diesem Zusammenhang bietet.

Aber auch die Zwischenablage bietet einige Optionen für unterschiedliche Funktionalitäten an. Welche Einstellungen es dabei gibt, ist ebenfalls ein Thema dieses Buchteils.

Darüber hinaus bieten die Office-Programme auch eine Import-Möglichkeit für Daten aus Excel an bzw. können diese direkt verwenden. So kann ein Serienbrief von Word auf Daten zugreifen, die in einer Excel-Liste verwaltet werden oder PowerPoint zeigt Diagramme an, die mit Excel erstellt wurden.

Wir zeigen Ihnen, dass die Funktionalität in Excel 2003 auch direkt im Internet verfügbar und vor allem bedienbar ist.

Sie erfahren einiges über Web-Design und wie Sie online mit anderen Excel-Anwendern über Ihre Excel-Tabellen diskutieren können. Auch dass Webabfragen mit Excel möglich sind, um Daten aus einer Web-Seite zu analysieren und dabei die volle Funktionalität von Excel einzusetzen.

Sie speichern Ihre Arbeitsmappen im HTML-Format und bearbeiten sie mit dem Internet-Browser. Mit allen diesen Möglichkeiten machen wir Sie in diesem Teil vertraut.

Kapitel 28

Excel und XML

Datenaustausch mit
anderen Anwendungen

Die »stille Revolution«, die mit Version 2000 der Office-Suite einherging, ist sicher von nicht wenigen Anwendern übersehen worden: Der Anfang der Ablösung proprietärer Dateiformate durch (X)HTML-basierte Dateien in Word, Excel, PowerPoint (siehe hierzu auch Kapitel 30). Der nächste Schritt dieser »Revolution« wird nun mit Office System getan: XML durchdringt Word und Excel, mit InfoPath wird XML zur »Sprache der Formulare«, Access versteht diese Sprache. Und auch Office-nahe Anwendungen wie Project bieten die notwendige Unterstützung. Während dieses Handbuch erscheint, wird bereits über die nächste Office-Version diskutiert. Fest steht in diesen Diskussionen, dass XML die Grundlage für neue, anwendungsunabhängige Dateiformate von Word, Excel und PowerPoint sein wird.

Um den Anschluss nicht zu verpassen, ist es für immer mehr Anwender notwendig geworden, sich mit den Grundlagen von XML zu beschäftigen. Dies wird in diesem Kapitel geschehen, soweit es für den Umgang mit Excel notwendig ist. Einen Zugang finden Sie ggf. in J. Pardi, »XML in Action«, Microsoft Press, ISBN 3-86063-486-0. Weiterführendes Wissen für Entwickler enthält das »XML-Programmierung Entwicklerbuch«, ebenfalls Microsoft Press, ISBN 3-86063-636-7.

Exkurs: Was ist eigentlich XML?

Literatur zum Thema XML gibt es inzwischen reichlich. Die Beschäftigung mit der Spezifikation des W3C-Konsortiums setzt großes Durchhaltevermögen voraus: *http://www.w3.org/TR/REC-xml*. Weshalb also nicht mit einem Beispiel beginnen, welches den Ansatz klärt, natürlich ohne den Anspruch, alle Fragen zu beantworten.

Ein Beispiel

Stellen Sie sich folgende Situation vor: Sie sind zu einem größeren Treffen eingeladen, eine Teilnahmebestätigung ist erwünscht. Ist der Einladende an einer automatischen Verarbeitung von Zu- und Absagen interessiert, so ist sicher ein Formular, welches der Eingeladene ausfüllt, ein guter Ansatz. Der prinzipielle Aufbau dieses Formulars als Träger der Information kann wie in Listing 28.1 aussehen, wobei eine einfache Textdatei (Endung *.xml*) die Aufbewahrung übernimmt.

Listing 28.1   Dieses Listing zeigt ein einfachstes XML-Dokument (die Kopfzeile weist darauf hin)

```
<?xml version="1.0" encoding="windows-1256" ?>
<mitteilung>
    <an>Herrn Meier</an>
    <von>Herrn Müller></von>
    <betreff>Treffen 1.9.05</betreff>
    <text>Klappt nicht.</text>
</mitteilung>
```

Natürlich kann ein solch »trockener« Quellcode (Sie sehen, es muss eine Sprache sein, die dahinter steckt) niemanden vom Ausfüllen des Formulars begeistern. Aber *Word*, *Excel*, InfoPath und andere bieten einen komfortablen Rahmen an.

Eines wird in Listing 28.1 bereits deutlich: der Name der Sprache. *XML* steht für *Extensible Markup Language*. *Language* deutet auf eine Programmiersprache hin, *Markup* weist diese Sprache als Markierungs- oder Auszeichnungssprache aus. *Extensible* steht für die Erweiterbarkeit der Sprache. Sie sehen einen Unterschied zu HTML (vgl. Kapitel 30): Auch XML kennt *Tags* (das sind die Markierungen im Klammerpaar <>). Jedoch sind die Namen dieser Tags weitestgehend frei wählbar.

> **HINWEIS**   Der einfachste Editor zum Erstellen von *XML*-Dateien ist der Windows Editor (*Notepad.exe*). Er bietet allerdings wenig Komfort. Mit dem neuen Office System liegen nun Word und Excel als Editoren vor, die es gestatten, Anwender unter nur geringem Schulungsaufwand mit der Erstellung (und Auswertung) unternehmensinterner XML-Informationen zu beauftragen.

Wohlgeformt und gültig

Diese beiden Begriffe – »wohlgeformt« und »gültig« – stehen für syntaktische und semantische Korrektheit einer XML-Datei. Syntaktisch korrekt (wohlgeformt) heißt u.a.:

- Die erste Zeile der Datei gibt dem lesenden Werkzeug die Information, dass es sich um XML-Quellcode handelt. Der Zusatz `encoding` informiert über die vorzunehmende Sprachcodierung, damit etwa Umlaute auch als solche identifiziert werden.

- Die Stütze des Dokuments sind *Tags*. Auf der obersten Ebene befindet sich ein solches *Tag*, welches auch als »Wurzelelement« bezeichnet wird (in Listing 28.1 ist das `<mitteilung>`).

- Jedes öffnende Tag (z.B. `<tagName>`) benötigt ein schließendes (z.B. `</tagName>`).

- Bei Namen für Tags ist zwischen Groß- und Kleinschreibung zu unterscheiden.

- Öffnende Tags dürfen nach ihrem Namen im `<>`-Klammerpaar Attribute besitzen, deren Werte in Anführungszeichen (`""`) zu schreiben sind.

- *Tags* dürfen nicht ineinander greifen, d.h. die hierarchische Struktur ist relativ streng. Deshalb werden die *Tag*-Informationen auch als »Knoten« bezeichnet.

Durch solche und weitere Regeln wird dafür gesorgt, dass *XML*-Dokumente zur Aufbewahrung auch solcher Informationen geeignet sind, die nicht notwendig in tabellarische Strukturen gebracht werden können.

Semantisch korrekt in diesem Sinne (also Gültigkeit) ist der genau definierte Inhalt des Dokuments. Nichts kann den Eingeladenen im obigen Beispiel davon abbringen, der Mitteilung eine Unterschrift in Form von

```
<unterschrift>Ihr Müller</unterschrift>
```

hinzuzufügen. Es sei denn, dies wäre durch gewisse Mechanismen ausgeschlossen. Ein solcher Mechanismus ist die Zuordnung von *Document Type Definitions* (*DTD*), die sich im Dokument selbst, sinnvollerweise jedoch außerhalb von ihm in einer externen Datei befinden und bei der Prüfung des Dokuments herangezogen werden. Im obigen Beispiel können die Regeln wie in Listing 28.2 aussehen und sich etwa in einer Datei namens *mitteilungsregeln.dtd* befinden.

Listing 28.2   Regeln für korrekten Inhalt einer XML-Datei befinden sich in DTD-Dateien

```
<!ELEMENT mitteilung (an, von, betreff, text)>
    <!ELEMENT an (#PCDATA)>
    <!ELEMENT von (#PCDATA)>
    <!ELEMENT betreff (#PCDATA)>
    <!ELEMENT text (#PCDATA)>
```

Damit für die *XML*-Nachricht klar ist, welche Regeln angewendet werden sollen, ist die zweite Zeile in Listing 28.1 durch

```
<!DOCTYPE mitteilung SYSTEM "mitteilungsregeln.dtd">
```

zu ergänzen.

Excel verwendet zum *XML*-Import/-Export einen anderen Zugang bei der Prüfung von Datendateien: *XSD – XML Schema Definitions*. Leider ist die Erstellung solcher Dateien nicht ganz trivial und kann nicht mit Hilfe von *Excel* selbst erfolgen. Ein mögliches Hilfsmittel ist *InfoPath*. Weiter unten in diesem Kapitel wird auf diese Problematik detailliert eingegangen.

Anzeige im Internet Explorer

Ist eine Datei mit der Endung *.xml* syntaktisch korrekt (wohlgeformt), so kann sie per Doppelklick im Internet Explorer angezeigt werden. Der Betrachter sieht dann die Struktur der Datei und ihren Inhalt, die Form ist jedoch eher eine sehr nüchterne.

Probieren Sie es einfach aus: Entsprechende Beispiele befinden sich im Ordner *\Buch\Kap28\Beispieldateien\dtd* auf der CD zu diesem Buch.

Der Microsoft Internet Explorer ist zwar ein geeignetes Werkzeug zur Anzeige von wohlgeformten *XML*-Dateien, er prüft jedoch deren Gültigkeit nicht. Es würde den Rahmen dieses Handbuchs allerdings überschreiten, hier Beispiele vorzustellen, die mit Hilfe des Objekt-Modells des Internet Explorers per VBScript die Knotenstrukturen einlesen und auf einer Webseite darstellen. Im oben genannten Verzeichnis der CD finden Sie jedoch eine kleine *HTML*-Beispieldatei.

Trennung von Inhalt und Form

Die Trennung von Inhalt und Form zur Darstellung von Daten auf einer *HTML*-Seite hat bereits eine lange Tradition. Diese beginnt mit *XML Data Islands*. Das sind *XML*-Informationen, die in einem *xml-Tag* eines *HTML*-Dokuments als Datenquelle untergebracht sind und etwa von Tabellen und ihren Spalten benutzt werden. Besser geeignet sind *XML*-Daten, die sich in externen Dokumenten befinden, da so die Datenpflege vereinfacht werden kann. Im Ordner *\Buch\Kap28\Beispieldateien\data islands* finden Sie einige Beispiele zur Erläuterung.

Moderner und universell einsetzbar sind Formatierungsregeln, die durch die *XML Stylesheet Language (XSL)* aufgebaut und mit Hilfe von *XSL Transformations (XSLT)* umgesetzt werden. Da *Excel* für Webabfragen, die auf *XML*-Dateien beruhen, diese Technik benutzt, sei hier eine kleine Einführung am Beispiel gegeben.

Stellen Sie sich vor, zu einem Training werden verschiedene Workshops angeboten, deren Daten in einer *XML*-Datei wie in Listing 28.3 erfasst werden.

Listing 28.3   Workshop-Daten in einer XML-Quelle gesammelt – damit gelingt per *XSLT* das Sortieren und Filtern beinahe von selbst

```xml
<?xml version="1.0" encoding="windows-1256" ?>
<?xml:stylesheet type="text/xsl" href="workshops.xsl"?>
<workshops>
    <workshop>
        <thema>XML Grundlagen</thema>
        <trainer>Herr Meier</trainer>
        <tag>Montag</tag>
        <uhrzeit>11 Uhr</uhrzeit>
    </workshop>
    <workshop>
        <thema>XML Aufbau</thema>
        <trainer>Herr Meier</trainer>
        <tag>Dienstag</tag>
        <uhrzeit>10 Uhr</uhrzeit>
    </workshop>
    <workshop>
        <thema>XML und Office</thema>
        <trainer>Herr Müller</trainer>
        <tag>Dienstag</tag>
        <uhrzeit>14 Uhr</uhrzeit>
    </workshop>
</workshops>
```

In der zweiten Zeile von Listing 28.3 steht der Hinweis auf die externen Formatierungsregeln (Stylesheet), die sich in der Datei *workshops.xsl* im gleichen Verzeichnis befinden. Der Inhalt dieser Datei sieht wie in Listing 28.4 aus.

Listing 28.4   Formatierungsanweisungen, die aus XML-Daten wieder XML entstehen lassen – dieses Mal wird HTML als »besonderes« XML gewertet

```xml
<?xml version="1.0" encoding="windows-1256" ?>
<xsl:stylesheet version="2.0" xmlns:xsl="http://www.w3.org/1999/XSL/Transform">
<xsl:template match="/">
<html>
    <head>
        <style>
            table       {border-style: solid; border-width: medium}
            td          {border-style: solid; border-width: thin}
        </style>
    </head>
    <body>
        <table style="font-family:Arial" width="80%" align="center">
            <thead style="font-weight:bold">
                <td>Thema</td>
                <td>Trainer</td>
                <td>Tag</td>
                <td>Uhrzeit</td>
            </thead>
            <xsl:for-each select="workshops/workshop" order-by="trainer">
                <tr>
                    <td>
                        <xsl:value-of select="thema" />
                    </td>
                    <td>
```

Listing 28.4 Formatierungsanweisungen, die aus XML-Daten wieder XML entstehen lassen – dieses Mal wird HTML als »besonderes« XML gewertet *(Fortsetzung)*

```
                    <xsl:value-of select="trainer" />
            </td>
            <td>
                <xsl:value-of select="tag" />
            </td>
            <td>
                <xsl:value-of select="uhrzeit" />
            </td>
        </tr>
    </xsl:for-each>
    </table>
    </body>
</html>
</xsl:template>
</xsl:stylesheet>
```

Sehr schön ist in Listing 28.4 zu sehen, dass Formatierungen nur einmal aufgeschrieben werden müssen, mit xsl:for-each gelingt dann der geordnete Durchlauf durch alle Daten.

Der Doppelklick auf die *.xml*-Datei aus Listing 28.3 öffnet im Internet Explorer (die meisten anderen Browser können dies nicht!) das formatierte Dokument. *Excel* behandelt, wie Sie weiter unten in diesem Kapitel noch sehen werden, solche Dateien auf Wunsch.

 Die Beispiele befinden sich im Ordner *\Buch\Kap28\Beispieldateien\xsl* auf der CD zum Buch.

VML – Sprache der Bilder

Ein kleiner Einschub am Rande: *VML – Vector Markup Language* ist die Sprache, die dafür sorgt, dass *AutoFormen*, die mit der Symbolleiste *Zeichnen* auf Dokumente aufgezogen werden (*Word*, *Excel*, *PowerPoint* und jetzt auch FrontPage 2003), in den HTML-Quelldateien dieser Dokumente oder ihrer Veröffentlichungen (vgl. hierzu Kapitel 30) nicht als Bildverweise, sondern als definierender Text erscheinen. Damit lassen sich Bildtausch, Farbanpassung u.v.m. auch per Skript automatisieren. In Listing 28.5 steht der Quelltext für ein Rechteck mit Farbverlauf, der sich so in jedes HTML-Dokument einfügen lässt.

Listing 28.5 VML – das ist die Grundlage von AutoFormen. Damit wird deren Austausch anwendungsunabhängig.

```
<html xmlns:v="urn:schemas-microsoft-com:vml">
<head>
    <style>
        v\:*          {behavior: url(#default#VML)}
    </style>
</head>
<body>
    <v:rect style="position:absolute;left:10pt;top:10pt;width:120pt;height:50pt;"
            fillcolor="olive">
        <v:fill color2="blue" rotate="t" angle="-135" focus="100%" type="gradient"/>
    </v:rect>
</body>
</html>
```

PROFITIPP

Achten Sie hier auf eine Besonderheit von *XML*: Da es bei den vielfältigen Anwendungsmöglichkeiten zwangsläufig zu Doppelbelegungen bei der Wahl von *Tag*-Namen kommen muss, werden diese durch einen eindeutigen Präfix, den so genannten *Namensraum*, zusätzlich gekennzeichnet. So kam es in Listing 28.4 zur Verwendung von xsl:, in Listing 28.5 von v:. Diese Namensräume werden selbst an geeigneter Stelle mittels xmlns: eingeführt; die dabei verwendeten Unterscheidungsmerkmale können Internet-Adressen sein, da deren Eindeutigkeit gesichert ist.

Sie sehen also, auch VML ist letztlich *XML*.

Arbeitsmappen im XML-Format

Per Knopfdruck zum Export

Die einfachste Art, von *Excel* zu *XML* zu kommen ist: eine Arbeitsmappe an- und diese nach der Menübefehlsfolge *Datei/Speichern unter* als *XML-Kalkulationstabelle (*.xml)* abzulegen. Der Inhalt der Mappe wird »Eins zu Eins« so gespeichert, als ob Sie das übliche *xls*-Format gewählt hätten. Mit einer Einschränkung: VBA-Projekte gehen auf diese Weise verloren. Insofern ähnelt dieses Vorgehen der Speicherung als Webseite (vgl. hierzu Kapitel 30) und ist, wie Sie gleich sehen werden, in gewissem Sinne identisch mit der Veröffentlichung der gesamten Mappe unter Verwendung von Interaktivität (auch hierzu siehe Kapitel 30).

Arbeitsmappen und Spreadsheets – verbunden durch XML

Es entsteht nun die Frage, weshalb eine Arbeitsmappe als *XML-Kalkulationstabelle* (der Begriff ist verwirrend, denn es wird die gesamte Mappe und nicht nur ein ausgewähltes Arbeitsblatt hinterlegt) abgespeichert werden sollte. Darauf gibt es wenigstens zwei Antworten:

- Will jemand durch Programmierung auf *Excel*-Arbeitsmappen zugreifen, so wird er in aller Regel die Anwendung selbst aufrufen und diese die Mappe öffnen lassen. Unter Nutzung des Objektmodells von *Excel* ist er dann in der Lage, Daten anzufordern oder zu manipulieren (im positiven Sinne!). Ist *Excel* auf dem Rechner, auf dem das Programm läuft, nicht installiert, so ist der dargestellte Zugang unmöglich. Um dennoch auf *Excel*-Arbeitsmappen zugreifen zu können, muss der Entwickler deren genaue Struktur kennen – eine Sisyphus-Angelegenheit. Der Aufbau einer XML-Kalkulationstabelle hingegen folgt strengen Regeln im Aufbau der *XML*-Knoten (diese sind in der »MSDN« gut dokumentiert) und damit gelingt der Zugriff aus einem Programm heraus bedeutend einfacher.

- Die *XML*-Struktur einer Arbeitsmappe ist weitestgehend identisch mit der Office-Webkomponente *Spreadsheet*. Dadurch ist es möglich, der genannten Webkomponente auf einer *HTML*-Seite unter Nutzung deren Eigenschaft XMLURL per Skript den jeweiligen Umständen entsprechende Quelldaten zu Grunde zu legen, ohne den *HTML*-Export jedes Mal neu durchführen zu müssen.

Datenaustausch mit anderen Anwendungen

PROFITIPP

Auf *http://msdn.microsoft.com/library/default.asp?url=/library/en-us/dnexcl2k2/html/odc_xmlss.asp* finden Sie die englischsprachige Spreadsheet-Referenz für den Aufbau von Arbeitsmappen ab Excel XP sowie den der Spreadsheet-Webkomponente ab Office XP. Letztere entspricht dem Veröffentlichen einer Mappe oder ihrer Teile mit interaktiven Eigenschaften (Arbeitsmappenfunktionalität).

Mit Hilfe des Windows-Editors ist es möglich, sich vom Funktionieren dieses Zugangs zu überzeugen. Quellcode, wie in Listing 28.6, kann mit dem Editor (und jedem anderen Programm, welches der Mensch bedient oder welches in irgendeiner Weise von selbst läuft) hergestellt werden.

Listing 28.6   Diesen Code versteht Excel, aber auch die Spreadsheet-Webkomponente

```xml
<?xml version="1.0"?>
<ss:Workbook xmlns="urn:schemas-microsoft-com:office:spreadsheet"
 xmlns:ss="urn:schemas-microsoft-com:office:spreadsheet">
 <ss:Worksheet ss:Name="Summation">
  <ss:Table>
   <ss:Row>
    <ss:Cell><ss:Data ss:Type="Number">1</ss:Data></ss:Cell>
   </ss:Row>
   <ss:Row>
    <ss:Cell><ss:Data ss:Type="Number">2</ss:Data></ss:Cell>
   </ss:Row>
   <ss:Row>
    <ss:Cell ss:Formula="=SUM(R[-2]C:R[-1]C)"><ss:Data ss:Type="Number">3</ss:Data></
ss:Cell>
   </ss:Row>
  </ss:Table>
 </ss:Worksheet>
</ss:Workbook>
```

Speichern Sie diesen Code in einer Datei, etwa *beispiel.xml*, können Sie diese Datei ganz normal mit Excel öffnen. Es wird Sie nicht überraschen, dass in Zelle *A3* die Summation über die beiden oberhalb liegenden Zellen umgesetzt wird.

Fertigen Sie nun mit Hilfe des Editors eine Datei namens *beispiel.htm* mit dem HTML-Quelltext aus Listing 28.7 an.

Listing 28.7   Eben noch unter Excel gesehen und jetzt interaktiv auf einer Webseite – XML macht's
              möglich

```html
<html>
  <head>
    <title>Webkomponente</title>
  </head>
  <body>
    <p>
      <object classid="clsid:0002E559-0000-0000-C000-000000000046">
        <param name="XMLURL" value="beispiel.xml" >
    </p>
  </body>
</html>
```

Öffnen Sie diese Datei im Internet Explorer und Sie bekommen einen Eindruck von der »Mächtigkeit« des XML-Zugangs.

Auf der CD-ROM zu diesem Buch finden Sie im Ordner *\Kap28\Beispieldateien\xml spreadsheets* die beiden vorgenannten Beispieldateien, was Ihnen die sicher nicht aufregende Tipparbeit erspart.

Das Thema »Webkomponenten« wird noch etwas genauer in Kapitel 30 behandelt. Im Ordner *\Kap30\Beispieldateien\Web components*, befinden sich auch einige Dateien, mit denen Sie zum weiteren Verständnis dieses Abschnitts experimentieren sollten.

XML-Daten-Import und Export

Der Daten-Import und der -Export auf *XML*-Basis ist bereits seit der Excel-Version 2002 im Gespräch. Die Version 2003 legt hier noch einmal kräftig zu. Da ist es nicht leicht, den Überblick zu behalten. Dieser Abschnitt soll Ihnen helfen, die Möglichkeiten abzugrenzen.

XML-Dateien mit Excel öffnen

Versuchen Sie, eine *XML*-Datei unter *Excel* zu öffnen, so sind zwei Fälle zu unterscheiden:

■ Die Datei wurde als *XML-Kalkulationstabelle* abgespeichert (Version 2002 oder 2003). Wie Sie im Tipp des vorigen Abschnitts gesehen haben, gibt es keine Überraschungen, Sie erhalten eine voll funktionsfähige Arbeitsmappe (ohne VBA-Projekt).

■ Die Datei wurde auf anderem Wege erstellt, wobei auf die Verwendung des Namensraumes *ss:* wie in Listing 28.6 verzichtet wurde.

Im letzten Fall ist zunächst folgende Frage zu beantworten: Enthält die *XML*-Datei einen Hinweis auf Formatierungsregeln (XSL-Stylesheet), wie in Listing 28.3? Wenn ja, so wird in einem Dialogfeld (vgl. Abbildung 28.1) nachgefragt, ob diese Formatierungsregeln beim Öffnen (die Dialogfelder und Menüs lassen nicht konsequent den Unterschied zwischen Öffnen und Import erkennen) angewendet werden sollen.

Abbildg. 28.1 XML-Daten lassen sich gemeinsam mit vorbereiteten Formatierungen importieren

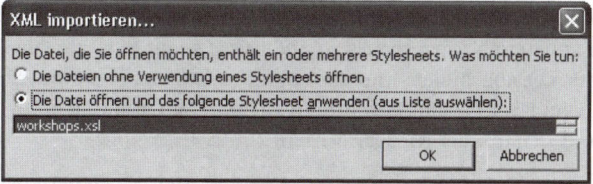

Entscheiden Sie sich für die Verwendung eines Stylesheets aus der Liste, so wird ohne weitere Nachfrage die Datei schreibgeschützt geöffnet. Der Schreibschutz ist sinnvoll, da die Quelle »nur« *XML* und nicht *Excel* ist. Beim Speichern würde die »einfache« Struktur der Datei durch die Kalkulationstabellen-Struktur einer Mappe ersetzt.

Festzustellen ist, dass Excel 2003 eine strengere Syntaxprüfung als Excel 2002 durchführt, was ggf. zur Überarbeitung bestehender Lösungen zwingt.

Entscheiden Sie sich nicht für die Verwendung vorbereiteter Formatierungen, wird in einem nächsten Schritt gefragt, wie denn die Datei behandelt werden soll (Abbildung 28.2).

Abbildg. 28.2 Dieses Dialogfeld unterscheidet Excel 2003 von seinem Vorgänger

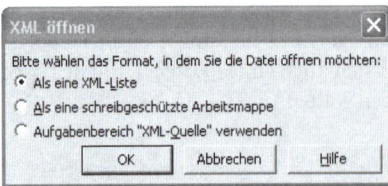

Sie haben nun drei Möglichkeiten zur Auswahl:

- *Als XML-Liste*: Hier wird durch *Excel* versucht, die Art der Knotenstruktur zu erkennen. Dabei sucht *Excel* möglicherweise vergebens nach der *XML Schema Definition* für die zu importierenden Daten, was sich in einer Meldung wie in Abbildung 28.3 niederschlägt. Die Bedeutung dieser Meldung wird im letzten Teil dieses Abschnitts erläutert.

Abbildg. 28.3 Excel findet keine Regeln für die zu öffnende Datei. Sie sollten dieses Dialogfeld für die Zukunft nicht unterdrücken!

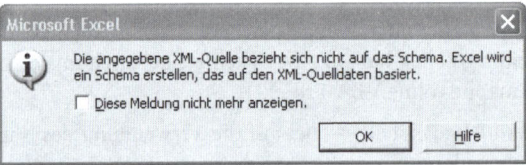

HINWEIS Den gleichen Zustand erhalten Sie, wenn Sie in einer Mappe Ihrer Wahl die Menübefehlsfolge *Daten/Externe Daten importieren/Daten importieren* wählen und sich im Dialogfeld *Datenquelle wählen* für eine *XML*-Datei (mit oder ohne Stylesheet) entscheiden.

- *Als eine schreibgeschützte Arbeitsmappe*: Diese »Mappe« besteht aus einem Tabellenblatt, auf welchem sich die Knotenstruktur der *XML*-Datei abbildet. Auf diese Datei bezieht sich auch der Schreibschutz, denn es wird die *XML*-Datei geöffnet und keine *Excel*-Datei. Natürlich können Sie diese wie üblich unter anderem Namen speichern und haben somit *Excel* als Tabellenkalkulationsprogramm im Einsatz. Die abgebildete Knotenstruktur ist jedoch nicht immer hilfreich, da fehlende Formatierungen und wechselnde Strukturen in jeder Situation zu individuell sind. Diese Art des Öffnens deckt sich mit der einzigen Variante unter Excel 2002.

- *Aufgabenbereich "XML-Quelle" verwenden*: Dies entspricht dem zielgerichteten Vorgehen, welche Daten der Quelle in die (nicht notwendig leere) Mappe importiert werden sollen. Unter Umständen kommt es zur gleichen Meldung wie in Abbildung 28.3. Der genannte Aufgabenbereich wird weiter unten in diesem Kapitel noch beschrieben.

Dateien zum Experimentieren finden Sie im Ordner *Buch**Kap28**Beispieldateien**xsl* auf der CD zu diesem Buch.

XML-Webabfragen

Webabfragen auf *HTML*-Basis werden etwas genauer in Kapitel 30 besprochen. Der Zugang beginnt in einer Arbeitsmappe Ihrer Wahl und der Aktivierung der Menübefehlsfolge *Daten/Externe Daten importieren/Neue Webabfrage*.

Abbildg. 28.4 Webabfragen – sie funktionieren bei »formatierten« XML-Dateien wie der Import von Daten auf HTML-Seiten

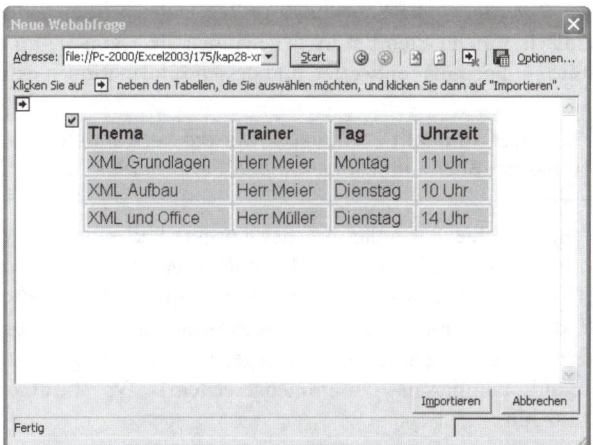

Geben Sie im Dialogfeld *Neue Webanfrage* (Abbildung 28.4) den Pfad (die *Adresse*) zu der von Ihnen gewünschten *XML*-Datei an. Im Ergebnis entsteht nur dann eine Webabfrage, wenn die *XML*-Datei den Verweis auf ein *Stylesheet* hat (Listing 28.3). Fehlt dieser, so erfolgt der Import, wie zu Abbildung 28.3 beschrieben.

Die gelben Markierungen im Dialogfeld aus Abbildung 28.4 helfen bei der Auswahl der zu importierenden Daten.

In der Version 2002 führen auch der Menübefehl *Daten/Externe Daten importieren/Daten importieren* und die Wahl der von Ihnen abzufragenden *XML*-Datei im Dialogfeld *Datenquelle auswählen* zu einer Webabfrage. Dies ist unter der Version 2003 nicht mehr der Fall.

Dateien zum Experimentieren finden Sie im Ordner *\Buch\Kap28\Beispieldateien\xsl* auf der CD zu diesem Buch.

Arbeitsblätter – Formulare auf XML-Basis

Excel-Arbeitsblätter werden zum *XML*-Editor, der es gestattet, nur relevante Daten zu exportieren. Sind diese Daten bereits vorhanden, so gelingt ein gesteuerter Import zur weiteren Behandlung und Auswertung. Das ist neu in Version 2003 und wird die Arbeitsprozesse in Geschäftsführung und Personalmanagement, im Controlling und Finanzbereich sowie in Vertrieb und Marketing große Schritte voran bringen.

Szenarien finden Sie im Office Online Portal unter *http://www.microsoft.com/germany/office/default.mspx* sowie auf den englischsprachigen Seiten von Microsoft.

Die Vorbereitungen

Um den Datenaustausch im Unternehmen mit Werkzeugen wie *Word* oder *Excel* umsetzen zu können, bedarf es einiger Vorbereitungen. Diese lassen sich jedoch nicht mit diesen beiden Werkzeugen selbst bewerkstelligen.

Damit der Austausch von Informationen im *XML*-Format nicht »im Chaos« endet, muss dafür gesorgt werden, dass ein Regelwerk vorhanden ist. Am Anfang dieses Kapitels hatten Sie *DTD* als Beispiel für Regeln kennen gelernt. Sowohl *Excel* als auch *Word* benutzen jedoch *XSD* (*XML Schema Definitions*) zur Erkennung der Regeltreue. Die Erstellung der Regeldateien (die wiederum *XML*-Dateien sind) ist nicht ganz einfach. Einen ersten Eindruck gewinnen Sie, wenn Sie im neuen Programm InfoPath der Office-Suite ein Formular entwerfen und dessen Informationen extrahieren.

Beispieldateien für das hier benutzte InfoPath-Formular sowie die verwendeten *XML*-Dateien finden Sie auf der CD-ROM zu diesem Buch unter *\Buch\Kap28\Beispieldateien\xsd*.

In Abbildung 28.5 sehen Sie ein einfaches Formular, welches einzelne Rechnungen (*RNr*, *Datum*, *Betrag*) für einen Kunden (*Name*) erfassen hilft. Die durch InfoPath erstellte XSD-Datei hat nach einigen wenigen Anpassungen ein Aussehen wie in Listing 28.8. Dieses Listing ist für das *XML*-geübte Auge in der Tat lesbar, da das Auftreten der einzelnen Informationen (`xsd:element`) durch Spezifizierungen wie `minOccurs` und `Type` in bestimmte Formen gebracht wird. Es gibt Elemente vom einfachen (`xsd:simpleType`) und komplexen (zusammengesetztem) Typ (`xsd:complexType`); `xsd:sequence` deutet auf eine Liste hin.

Details (*XSD Schema Reference*) hierzu finden Sie z.B. unter *http://msdn.microsoft.com/library/default.asp?url=/library/en-us/xmlsdk/html/de68151d-5567-4857-9e23-006b96143aff.asp*.

Abbildg. 28.5 Formularentwurf unter InfoPath – er erfolgt ebenso intuitiv wie das Ausfüllen fertiger Formulare. Die dabei zu beachtenden Regeln werden durch das Programm überprüft. Excel nutzt das gleiche Regelwerk.

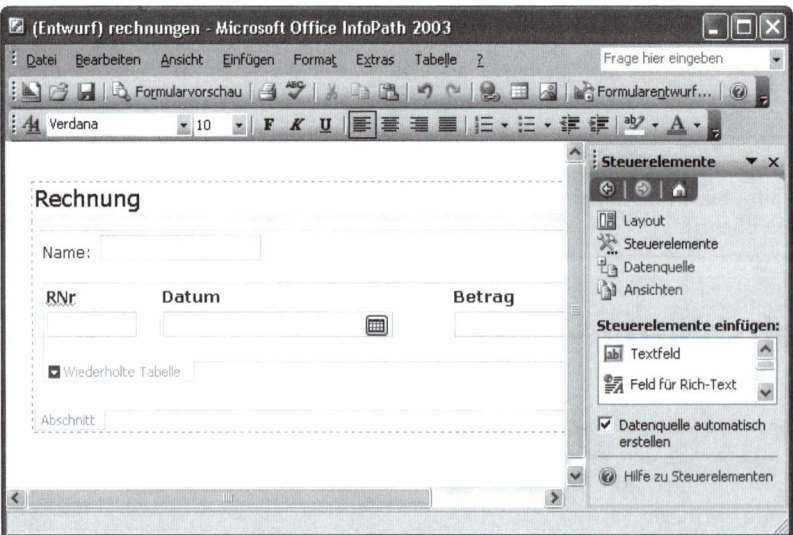

Listing 28.8 Beispiel für eine XSD-Datei. Fehlt ein solches Regelwerk, stellt Excel (im Gegensatz zu Word) eigene Regeln auf. Damit kann allerdings nur die unkontrollierte Verarbeitung von Daten umgesetzt werden.

```
<?xml version="1.0" encoding="UTF-8" standalone="no"?>
<xsd:schema xmlns:xsd="http://www.w3.org/2001/XMLSchema">
    <xsd:element name="meineFelder">
        <xsd:complexType>
            <xsd:sequence>
                <xsd:element ref="Name" minOccurs="1"/>
                <xsd:element ref="Rechnungen" minOccurs="1" maxOccurs="unbounded"/>
            </xsd:sequence>
        </xsd:complexType>
    </xsd:element>
    <xsd:element name="Name" type="requiredString"/>
    <xsd:element name="Rechnungen">
        <xsd:complexType>
            <xsd:sequence>
                <xsd:element ref="RNr"/>
                <xsd:element ref="Datum"/>
                <xsd:element ref="Betrag"/>
            </xsd:sequence>
        </xsd:complexType>
    </xsd:element>
    <xsd:element name="RNr" type="xsd:integer"/>
    <xsd:element name="Datum" type="xsd:date"/>
    <xsd:element name="Betrag" type="xsd:double"/>
    <xsd:simpleType name="requiredString">
        <xsd:restriction base="xsd:string">
            <xsd:minLength value="1"/>
        </xsd:restriction>
    </xsd:simpleType>
</xsd:schema>
```

Der Import mit Schema

Sie beginnen am besten mit einer leeren Arbeitsmappe und lassen sich den Aufgabenbereich anzeigen (Menü *Ansicht*). Dort wechseln Sie in den Bereich *XML-Quelle*. Sie finden hier eine Schaltfläche mit der Aufschrift *XML-Verknüpfungen*. Diese Schaltfläche erlaubt Ihnen per Dialogfeld (Abbildung 28.6), Ihr Arbeitsblatt entweder mit der Struktur einer gewöhnlichen *XML*-Datei zu verknüpfen, oder aber diese Struktur aus einer Regel-Datei (*XSD*-Datei) zu erfahren. Im ersten Fall erhalten Sie die Meldung aus Abbildung 28.3, *Excel* erstellt dann also seine eigenen internen Regeln.

Abbildg. 28.6 Zuordnungen (Verknüpfungen) verwalten

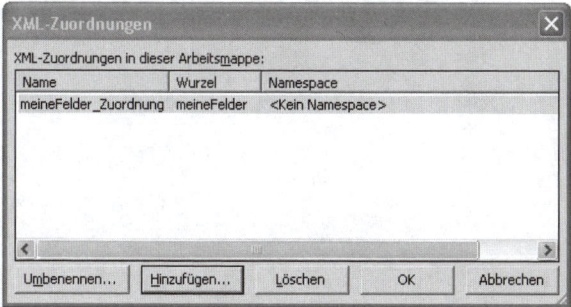

Datenaustausch mit anderen Anwendungen

Im zweiten Fall wird *Excel* die Regel nur dann nicht akzeptieren, wenn die XSD-Datei selbst nicht frei von syntaktischen Fehlern ist.

Für welches Schema Sie sich auch entscheiden, der Aufgabenbereich (*XML-Quelle*) hat anschließend ein Aussehen wie in Abbildung 28.8 dargestellt.

Benutzen sie eine XSD-Datei, die mehrere vermeintliche »Wurzeln« in der Knotenstruktur erkennen lässt, werden Sie im Dialogfeld *XML-Zuordnungen* (Abbildung 28.6) aufgefordert, die relevanten Strukturen selbst festzulegen.

Abbildg. 28.7 Komplexe XML-Dokumente lassen sich so in »Einzelteile« zerlegen

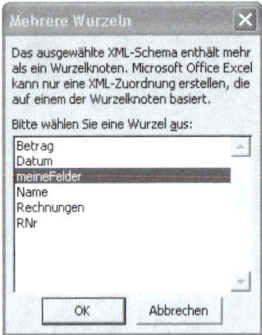

Auf die beschriebene Weise lassen sich einer Arbeitsmappe mehrere Verknüpfungen zu Schema-Dateien zuordnen. Die Verwaltung der Zuordnungen (das ist der alternative Begriff) geschieht im gleichen Dialogfeld (*XML-Zuordnungen*) wie das *Hinzufügen* (Abbildung 28.6). Vorgenommene Zuordnungen werden nicht aktualisiert, d. h., ändert sich die XSD-Datei, wird dies durch *Excel* nicht bemerkt. In solchem Falle ist die Zuordnung zu löschen und neu aufzubauen.

Abbildg. 28.8 Deutlich zu erkennen: die Knoten- oder Baumstruktur eines XML-Dokuments. Die Zuordnung der Knoten zu Zellen des Arbeitsblattes erfolgt mittels Drag & Drop.

Die weiteren Schritte sind schnell beschrieben: Sie ziehen die Knoten des Schemas, die Sie auf Ihrem Arbeitsblatt mit Daten füllen möchten, mit der Maus auf die entsprechenden Zellen. Dabei spielt es keine Rolle, ob bereits Werte in den Zellen stehen oder erst später eingetragen werden sollen. Ein Knoten des Schemas kann dabei nur einer einzigen Zelle zugeordnet werden – so, wie eine Zelle auch nur eine einzige Zuordnung bekommen kann. Versuche, dies zu ignorieren, enden in einer entsprechenden Fehlermeldung.

Haben Sie die ausgewählten Zellen in Nachbarzellen mit Beschriftungen versehen, werden diese automatisch erkannt. Andernfalls sorgt ein *Smarttag* dafür, dass Sie die richtige Wahl treffen können.

Sind die Zellen, die zur Datenaufnahme bestimmt sind, noch leer, so lassen sich nun Daten aus *XML*-Dateien, die dem eingerichteten Schema entsprechen, importieren und weiter verarbeiten. Somit ist es sinnvoll, dass auch Mustervorlagen entsprechend vorbereitet sind. Sind bereits Werte in den Zellen enthalten, so kann mit Hilfe der *Eigenschaften* der jeweiligen Zuordnung bestimmt werden, ob beim Import Daten ersetzt oder angefügt werden sollen. Weitere Eigenschaften erkennen Sie aus Abbildung 28.9. So ist es wichtig, dass zu importierende Daten validiert, also auf Regeltreue untersucht werden (diese Einstellung ist nicht Standard!). Der Import erfolgt in jedem Fall. Wird die Gültigkeit verletzt, erfolgt eine Mitteilung, die dann aber nicht übersehen werden darf, da Sie den Import rückgängig machen sollten (über das Menü *Bearbeiten*).

Abbildg. 28.9 Eigenschaften einer Zuordnung – das Dialogfeld erinnert an die Eigenschaften von Abfragen

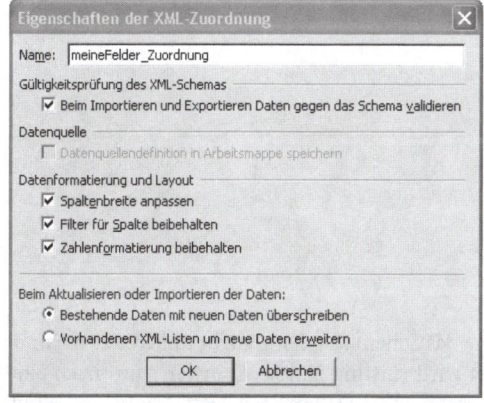

Hilfe beim Import selbst leistet der Menübefehl *Daten/XML* bzw. die Symbolleiste *Liste* (Abbildung 28.10), Sie wählen den Eintrag *Importieren* oder die entsprechende Schaltfläche.

Abbildg. 28.10 Die Symbolleiste *Liste* enthält auch die Schaltflächen für den XML-Im- und Export

Der Export

Haben Sie Ihr Arbeitsblatt, auf welchem bestimmte Zellen einem Schema zugeordnet sind, ausgefüllt, erweitert, vervollständigt, angepasst oder sonst wie verändert, so ist es nunmehr möglich, die Daten, die durch das Schema betroffen sind, anderen Teammitgliedern oder auch Anwendungen zur Verfügung zu stellen. Dies kann, wie üblich, durch *HTML*-Veröffentlichung, E-Mail oder andere

Wege geschehen. Aber es gelingt auch der *XML*-Export der Daten, sodass diese an anderer Stelle ebenso leicht gelesen (importiert) werden können. Etwa beim Ausfüllen eines Rechnungsformulars unter *Word*, welches »rechentypische« Aufgaben (Berechnung der Mehrwertsteuer, Berechnung der Summe der Einzelposten, Berechnung des Zahlungsziels und Skontos) an *Excel* »delegiert« hat.

Die Abbildung 28.11 zeigt den Stand der Dinge an einem einfachen Beispiel: Mit Hilfe der Symbolleiste *Liste* bzw. der Menübefehlsfolge *Daten/XML/Exportieren* können genau die Daten, die der Zuordnung entsprechen, in einer *XML*-Datei abgelegt werden.

Abbildg. 28.11 Das Beispiel der Buch-CD: XML-Daten werden durch farbige Ränder gekennzeichnet. Die Symbolleiste *Liste* sorgt für den möglichen Import oder Export. Auch Eigenschaften der Zuordnung sind einstellbar. Leider ist das »Ergebnis«, welches in Listen eingeblendet werden kann, XML-untauglich, d.h., es kann in keiner Zuordnung erfasst werden.

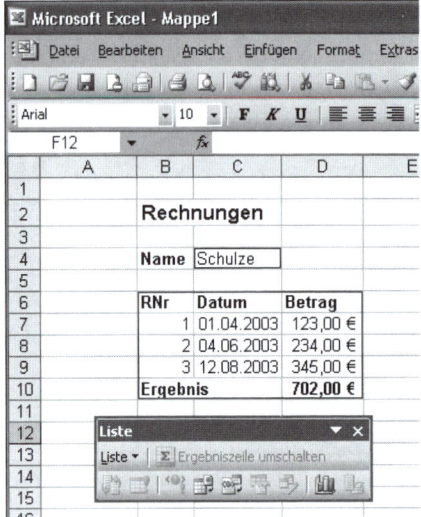

Validieren Sie bei diesem Vorgang »gegen« das Schema, so kann nicht unbedingt verhindert werden, dass statt des Datums ein Text verwendet wird (Listing 28.8). Exportiert wird nach einer Meldung wie in Abbildung 28.12 trotzdem. Die so versehentlich exportierte Datei könnte im Windows Explorer gelöscht werden, eleganter ist natürlich die Verwendung eines Schemas beim Einlesen der Daten durch eine andere Anwendung.

Abbildg. 28.12 Obgleich das Schema nicht gültig ist, wurde dennoch exportiert

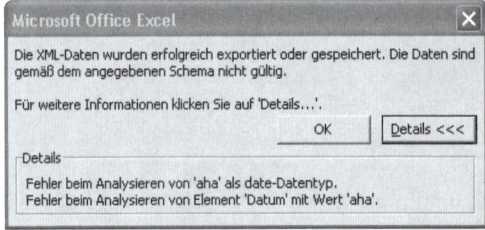

Die Meldung in Abbildung 28.12 ist etwas widersprüchlich: es gelingt der Export ungültiger Daten. Eine Weiterverwendung ist dann außerhalb von *Excel* zu verhindern (etwa durch Import mit Validierung).

Gültige importierte bzw. exportierte *XML*-Daten haben im Falle von Abbildung 28.11 das Aussehen wie in Listing 28.9.

Listing 28.9 *XML*-Daten am Beispiel von Rechnungen für den Kunden Schulze

```
<?xml version="1.0" encoding="UTF-8" standalone="yes"?>
<meineFelder>
    <Name>Schulze</Name>
    <Rechnungen>
        <RNr>1</RNr>
        <Datum>2003-04-01</Datum>
        <Betrag>123</Betrag>
    </Rechnungen>
    <Rechnungen>
        <RNr>2</RNr>
        <Datum>2003-06-04</Datum>
        <Betrag>234</Betrag>
    </Rechnungen>
    <Rechnungen>
        <RNr>3</RNr>
        <Datum>2003-08-12</Datum>
        <Betrag>345</Betrag>
    </Rechnungen>
</meineFelder>
```

Und dieses Listing ist für Sie nun kein Problem mehr.

PROFITIPP

> Mit der Erweiterung von Excel um die geschilderten Import- und Export-Möglichkeiten, wurde auch das Objektmodell zur VBA-Programmierung erweitert.
>
> Diese Möglichkeiten erlauben die programmgesteuerte Verwendung und Weitergabe von XML-Daten.

Es ist kein Zufall, dass die Symbolleiste *Liste* auch XML-Aktivitäten erlaubt. Setzen Sie den Zellzeiger in die Rechnungsliste aus Abbildung 28.11 und klicken Sie auf die Schaltfläche *Liste* der Symbolleiste *Liste*, so gibt es dort einen Eintrag *Liste veröffentlichen*. Dieser meint die Veröffentlichung auf einer SharePoint-Website (mehr dazu in Kapitel 30). Im Dialogfeld aus Abbildung 28.13 geben Sie die notwendigen Informationen zur Veröffentlichung ein, an Hand eines Nutzernamens sowie Ihres Passworts werden Sie anschließend authentifiziert. Bei schemabasierten Listen ist allerdings die Verknüpfung *Liste-Server* nicht aktivierbar. Mehr zu »Listen« finden Sie in Kapitel 19.

Datenaustausch mit anderen Anwendungen

Abbildg. 28.13 Listen lassen sich bei entsprechender Berechtigung zur Verbesserung von Teamarbeit auf einer SharePoint-Website mit wenigen Klicks veröffentlichen

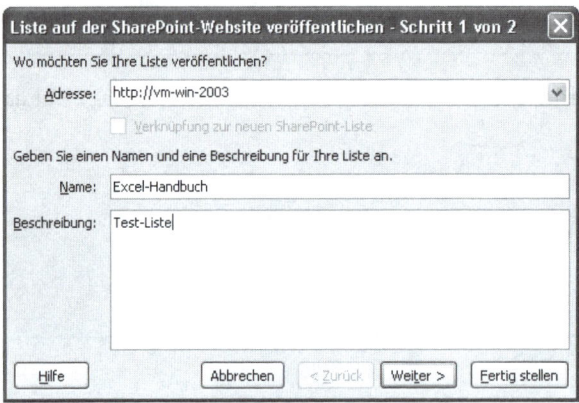

Im Erfolgsfall der Autorisierung (das heißt, Sie haben Rechte zur Listenveröffentlichung) erhalten Sie ein Meldungsfenster angezeigt, in welchem auch der Hyperlink zur neuen Seite, die wie in Abbildung 28.14 aussieht, steht.

Abbildg. 28.14 Das Team arbeitet mit – XML ist die Ursache

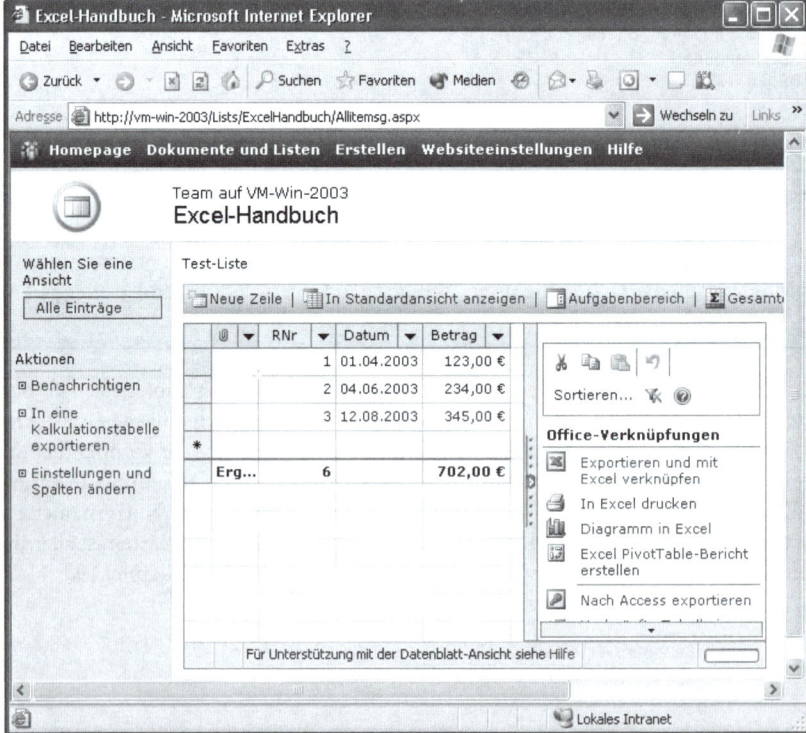

Ein Blick auf den HTML-Quelltext verrät, was Sie sicher ahnten – XML ist im Spiel.

PROFITIPP

XML-Zuordnungen stehen in engem Zusammenhang mit XML-Erweiterungspaketen bzw. Smart Documents (Aufgabenbereich *Dokumentaktionen*). Da solche Pakete nicht mit Excel-eigenen Mitteln erstellt werden können, kann in diesem Handbuch nicht detailliert auf diese Problematik eingegangen werden. Smart Documents sind Office-Dokumente (Word oder Excel), die mit einem XML-Schema zusammenarbeiten. Durch spezielle Erweiterungen richtet sich die Anzeige im Aufgabenbereich nach der getroffenen Auswahl im Dokument und hilft so dem Anwender beim effektiven Umgang mit dem Dokument. Solche Erweiterungspakete können mit Hilfe von Programmiersprachen (VB 6, VB.NET, C# usw.) erstellt werden. Mit dem Visual Studio 2005 stehen hier weitere, tief greifende Änderungen und Erweiterungen bevor.

Mehr zur Programmierung von Smart Documents, deren Funktionieren viel mit Smarttags gemeinsam hat, finden Sie in *W. Mewes/E. Pfeifer/H. Spona: Excel Programmierrezepte*, erschienen 2004 bei Microsoft Press.

Zusammenfassung

Dieses Kapitel hat Sie mit den Grundlagen von XML (Extensible Markup Language) und dessen aktuellen Einsatzmöglichkeiten unter Excel bekannt gemacht. Das sind vor allem

- Speicherung einer Arbeitsmappe im XML-Format mit dem Ziel des Informationsaustauschs mit anderen Programmen, besonders der Spreadsheet-Webkomponente

- Import von Datenmengen, die im XML-Format vorliegen, um diese weiter zu bearbeiten, Berechnungen anzustellen und ggf. wieder zu exportieren

- Export von Datenmengen, die unter Excel als »Formular-Editor« für XML-Daten entstanden sind

- Import von Daten in Form von Webabfragen (hier XML-Dokumente mit speziellen Formatierungen durch XSL-Transformationen)

- Möglichkeiten des Arbeitens im Team mittels SharePoint-Web-Teamseiten.

Die folgende Tabelle weist noch einmal wesentliche Begriffe und ihre Fundstellen aus:

Begriff, Vorgang	Seite
Wohlgeformtes XML	1021
Gültigkeit von XML-Daten	1021
XML-Schema	1021, 1027, 1030
XSL (Formatierung)	1022, 1027
VML (Vector Markup Language)	1024
XML-Kalkulationstabelle	1025, 1027
Spreadsheet-Webkomponente	1025
Export, Import von Daten im XML-Format, XML-Zuordnungen	1027, 1031, 1033
Webabfragen	1029
Listen	1033

Datenaustausch mit anderen Anwendungen

Excel und die anderen

Datenaustausch mit anderen Anwendungen

Vielleicht haben Sie auch schon einmal folgende Frage gehört: »Ich habe eine *Excel*-Datei in *Power-Point* exportiert. Wie kann ich dies oder jenes tun?« Die Beantwortung fällt immer schwer, da nicht bekannt ist: Was bedeutet *Excel*-Datei? Ganze Mappe? Eine Tabelle? Ein benannter Bereich? Was bedeutet »in ... exportiert?« Erfolgte der Start der Operation aus *Excel*? Dann hieße es besser »nach ... exportiert«. Erfolgte der Start aus *PowerPoint*? Dann hieße es besser »in (oder unter) ... importiert«. Ganz zu schweigen von den vielen Möglichkeiten des Imports/Exports: als Bild, als Text, als *Excel*-Objekt usw.

Dieses Kapitel soll Sie sicher »durchs Gestrüpp« begleiten, dabei wird das Zusammenspiel von *Excel* mit allen anderen Office-Programmen unter die Lupe genommen.

Umfangreicher Informationsaustausch mit Word

Wenn zwei Office-Programme Daten austauschen, dann kann dieser Austausch über die Zwischenablage (Ausgangspunkt ist dabei die Anwendung, welche die Daten bereitstellt) oder über das Einfügen eines Objektes (Ausgangspunkt ist hierbei die Anwendung, welche die Daten aufnimmt) erfolgen.

Import und Export, Quelle und Ziel

Es ist sicher vernünftig, immer dann von einem Import zu sprechen, wenn es gelingt, aus der laufenden Anwendung heraus anwendungsfremde Elemente einem Dokument hinzuzufügen. Unter *Excel* geschieht das mit Hilfe des Menübefehls *Einfügen/Objekt*, aber auch *Einfügen/Grafik* ist ein solcher Vorgang. Die eingefügten Objekte werden oft als *OLE-Objekte* bezeichnet. Dabei steht OLE für Object Linking and Embedding. Und gerade der Einbettungsvorgang ist es, der später einen Doppelklick auf das eingebettete Objekt gestattet. Und dann sind für die Bearbeitung die Mittel einsetzbar, die für das Objekt installiert sind. Sehr schön kann man das beobachten, wenn z.B. ein Diagramm (aus Microsoft Graph) in ein Word-Dokument eingebettet wird.

Der Export wird in aller Regel damit gestartet, dass Teile eines Dokuments einer Anwendung über den Menübefehl *Bearbeiten/Kopieren* (oder die Tastenkombination $\boxed{\text{Strg}}$+$\boxed{\text{C}}$) in die Zwischenablage gebracht werden und dort »auf ihren Einsatz warten«. Dann erfolgt durch den Bearbeiter der Wechsel in die andere Anwendung und der Inhalt der Zwischenablage wird über den Menübefehl *Bearbeiten/Einfügen* (oder die Tastenkombination $\boxed{\text{Strg}}$+$\boxed{\text{V}}$) an die beabsichtigte Stelle gebracht. Je nach Anwendung passiert jetzt ein Standardvorgang. Das heißt, das Ergebnis des Einfügens ist von Anwendung zu Anwendung unter Umständen verschieden. Office-Anwendungen fügen hier in aller Regel das Objekt im *HTML*-Format ein. Mehr zu *HTML* erfahren Sie in Kapitel 30.

> **TIPP** Wenn Sie während des Aufrufs des Menüs *Bearbeiten* gleichzeitig die $\boxed{\text{⇧}}$-Taste gedrückt halten, erhalten Sie als Option den Eintrag *Bild kopieren*. Das können Sie für Zellen oder auch Diagramme einsetzen, um die Auswahl als Bild in die Zwischenablage zu bringen.

Die Begriffe *Quelle* und *Ziel* beziehen sich auf die Verknüpfung bestehender Dokumente gleicher oder unterschiedlicher Anwendungen. Obwohl »oberflächlich« der gleiche Effekt wie beim Einbetten zu beobachten ist, wird hier durch das Dokument (das ist das *Ziel*) eine Art Verweis auf die *Quelle* gespeichert. Damit werden Veränderungen der Quelldatei je nach Einstellung automatisch oder manuell in der Zieldatei sichtbar. Nicht immer ist solch eine Verknüpfung in einer Anwendung vorgesehen.

Die Verwendung von Verknüpfungen will stets gut geplant sein. Stellen Sie sich vor: Sie verknüpfen in ein *Word*-Dokument (Ziel) den Bezug auf Teile einer *Excel*-Tabelle (Quelle), um wöchentliche Berichte erstellen zu können. Der Bearbeiter der Quelle ist ein anderer Mitarbeiter. Am Freitag schaffen Sie es nicht rechtzeitig, den Bericht fertig zu stellen. Am Dienstag der Folgewoche würde eine Aktualisierung der Verknüpfung einen Zustand zeigen, der nicht der vom Freitag sein muss! Deshalb ist es oft sinnvoll, die Berichte durch eine *Word*-Vorlage zu erstellen, die den »lebenden« Bezug zur *Excel*-Quelle gespeichert hat. Das auf der Vorlage beruhende neue *Word*-Dokument wird zum geeigneten Zeitpunkt von der Quelle getrennt (Menübefehl *Bearbeiten/Verknüpfungen*).

Export – von Excel nach Word

Häufig wird für den Datenaustausch die Zwischenablage benutzt. Beim Einfügen der Daten können Sie unter verschiedenen Möglichkeiten wählen.

Zwischenablage nutzen – der Normalfall

Dieser Vorgang ist der einfachste Weg des Informationsaustausches, der Zellinhalte eines Arbeitsblattes ohne zusätzlichen Schreibaufwand (und damit unter Vermeidung von Fehlern) von *Excel* nach *Word* bringt. Sie markieren die gewünschten Zellen und wählen den Menübefehl *Bearbeiten/Kopieren*. Dann wechseln Sie in Ihr *Word*-Dokument, kontrollieren die Position der Einfügemarke und fügen das »Gemerkte« über den Menübefehl *Bearbeiten/Einfügen* an der ausgewählten Stelle ein. Das Ergebnis ist eine nahezu »Eins zu Eins«-Übertragung von Zahlen und Formatierungen. Fertig! Was ist geschehen? Beginnend mit Office 2000 wird der markierte Teil im *HTML*-Format in die Zwischenablage gebracht und als solches Format im *Word*-Dokument abgelegt.

Zwischenablage nutzen – Inhalte einfügen

Wollen Sie den *Einfügen*-Vorgang unter Ihre Kontrolle bringen, so gehen Sie im zweiten Schritt einen anderen Weg: An Stelle der Menübefehlsfolge *Bearbeiten/Einfügen* wählen Sie im Menü *Bearbeiten* die Option *Inhalte einfügen* aus.

Abbildg. 29.1　Dieses Dialogfeld klärt auf, weshalb beim gewöhnlichen Einfügen der Zwischenablage das HTML-Format benutzt wird: Es ist die Standard-Einstellung von *Inhalte einfügen*

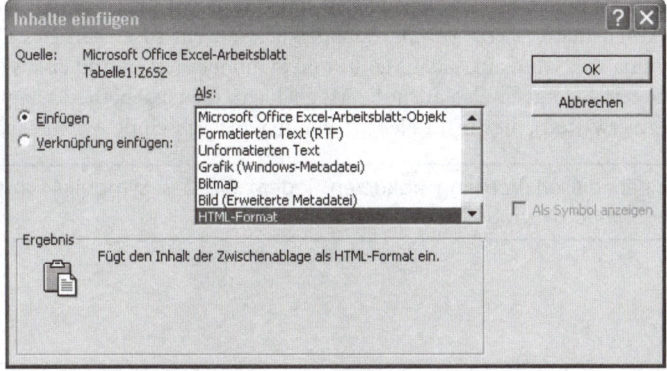

Die Bedeutung dieses Vorgangs wird nicht aus der Beschriftung des Menübefehls selbst, sondern eigentlich erst aus dem folgenden Dialogfeld *Inhalte einfügen* (Abbildung 29.1) deutlich.

Schauen Sie sich die Abbildung 29.1 in Ruhe an. Die erste Entscheidung, die Sie treffen müssen, ist folgende: Soll der von Ihnen einzufügende Teil als Text eingefügt bzw. als Objekt eingebettet werden (das ist die Option *Einfügen*) und in Zukunft ein eigenständiges, vom Original getrenntes »Leben« führen? Oder möchten Sie die Verbindung zum Original aufrecht halten (das ist die Option *Verknüpfung einfügen*)? Ist diese Entscheidung gefallen, so stehen Sie noch vor der Wahl:

- Das Einfügen geschieht in Bildform mit einem noch auszuwählendem Grafikformat.

- Das Einfügen geschieht in Textform. Hier ist *HTML* Standard (*RTF* leistet fast das Gleiche), die Wirkung ist die gleichzeitige Übernahme von Formatierungen. Brauchen Sie die Anpassung an die Formate Ihres *Word*-Dokuments, so ist die Entscheidung, unformatierten Text zu nehmen, richtig, da nur die Information, nicht jedoch ein Format übertragen werden.

- Und schließlich: das Einfügen geschieht als *Excel*-Arbeitsblatt-Objekt. Der Begriff ist nicht ganz richtig, denn es wird die gesamte Mappe eingefügt. Sie kontrollieren den angezeigten Ausschnitt später durch den Doppelklick auf das Objekt. Im Falle des Verknüpfens ist die Begriffswahl uninteressant, da der Doppelklick immer die Quelldatei unter *Excel* öffnet.

> **HINWEIS** Das Einfügen selbst einer einzelnen *Excel*-Zelle bewirkt die Speicherung der gesamten Mappe im *Word*-Dokument! Damit können Dokumente mit redundanten oder gar überflüssigen, nicht sichtbaren Informationen regelrecht »zum Platzen« gebracht werden. Das passiert nicht, wenn eine Verknüpfung zwischen Quelle und Ziel eingerichtet wird.

Sind Sie sich sicher, dass die Daten nicht mehr bearbeitet werden müssen, so verzichten Sie besser auf das Einfügen als *Excel*-Arbeitsblatt-Objekt und wählen eine der anderen Varianten.

Import und OLE-Objekte

Sicher wird es die seltene Ausnahme sein, *Word*-Dokumente oder deren Textausschnitte unter *Excel* zu importieren. Aber umgekehrt ist das häufig der Fall.

Sie starten dazu in einem *Word*-Dokument mit dem Menübefehl *Einfügen/Objekt*.

Das anschließende Dialogfeld *Objekt* – Sie ahnen es – stellt Sie wieder vor eine Wahl:

- Einbetten durch Neuerstellung – dieser Vorgang verbirgt sich hinter der Registerkarte *Neu erstellen* (Abbildung 29.2), die in der Tat das Neuerstellen eines einzelnen Arbeitsblatts (natürlich als Bestandteil einer Arbeitsmappe) erlaubt. Der Doppelklick auf ein so eingefügtes Objekt ruft *Excel* in der Umgebung von *Word* auf, passt Menü- und Symbolleisten an und lässt sie dann wie gewohnt weiterarbeiten. Sie haben also auch die Möglichkeit, die eingebettete Mappe um weitere Arbeitsblätter zu erweitern, die Sie für Nebenrechnungen, wechselnde Anzeige u.a. nutzen.

> **TIPP** Sie können diesen Vorgang abkürzen, indem Sie das Symbol *Microsoft Excel-Tabelle einfügen* in der *Standard*-Symbolleiste benutzen.

Abbildg. 29.2 Einbetten neuer Objekte. Hier handelt es sich nicht um einen Import von Informationen, da diese selbst in das Word-Dokument integriert werden.

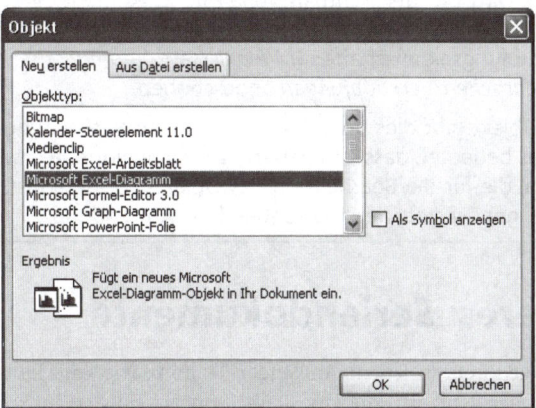

■ Erstellung des Objekts aus einer vorhandenen Datei (Registerkarte *Aus Datei erstellen*, siehe Abbildung 29.3), was auf das Einbetten oder Verknüpfen der gewählten Mappe hinausläuft.

PROFITIPP

> Dieser Vorgang ist in der Regel etwas unflexibel, da der anzuzeigende Arbeitsblattausschnitt nur über einen Trick korrigiert werden kann: Dazu gehen Sie zunächst über den Befehl *Bearbeiten/ Verknüpfungen*, ändern dort die Quelle, wobei Sie die bereits benutzte Arbeitsmappe im Dialogfeld *Quelle ändern* aussuchen und zusätzlich die Schaltfläche *Element* anklicken. Jetzt tragen Sie den Namen des benannten Bereichs (benannte Bereiche werden in Kapitel 19 näher beschrieben) oder einen Eintrag nach dem Muster *Tabellenname!Z1S1:Z4S7* für den Ausschnitt ein, den Sie letztlich auf dem Dokument sehen möchten.
>
> Die Angabe von *A1*-Zellbezügen wird im letzten Schritt nicht akzeptiert.

Abbildg. 29.3 Objekte einfügen – sind die Originale bereits vorhanden, so ist zwischen Einbetten und Verknüpfen zu wählen

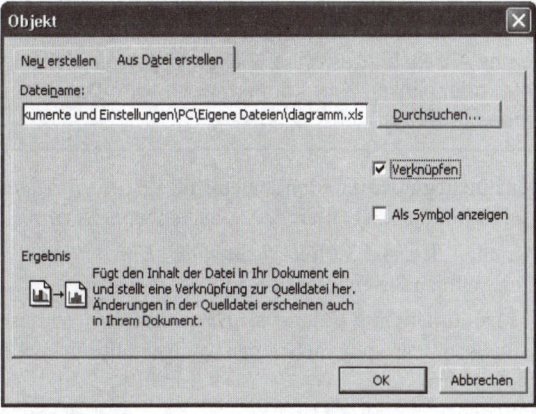

Probieren Sie die Varianten an kleinen und übersichtlichen Beispielen Ihrer Wahl aus, damit Sie im »Ernstfall« mit »geschlossenen Augen« korrekt handeln können.

HINWEIS Sie wissen aus den bisherigen Erläuterungen, dass in Abbildung 29.3 das Ergebnis anders zu interpretieren ist: Es wird nur der sichtbare Inhalt ins Dokument eingefügt, der Rest wird durch die Verknüpfung »in Bereitschaft« gehalten. Und Änderungen werden bei entsprechender Einstellung der Verknüpfungseigenschaften (*Manuell* statt *Automatisch*) nur durch Aktualisierung unter dem Befehl *Bearbeiten/Verknüpfungen* angeschoben.

Der Doppelklick auf ein OLE-Objekt gibt dies bis auf Ausnahmen zur Bearbeitung innerhalb der laufenden Anwendung frei. Das bedeutet, dass sich nahezu alle Menüeinträge sowie die Symbolleisten der Anwendung zeigen, die für die Bearbeitung des Objekts zuständig ist. Eine der Ausnahmen ist das Menü *Datei*, es gehört stets der »gastgebenden« Anwendung.

Etwas ganz anderes: Seriendokumente

Seriendokumente unter *Word* gehören zu jedem Anwender-Training wie »die Luft zum Atmen«. Vielleicht gehören auch Sie zu den Nutzern, die eine Reihe von Datenlisten in *Excel* eingerichtet haben (CD-Sammlungen und andere Hobby-Notizen, Adressen von Freunden und Bekannten usw.). *Excel* bietet sich zum Anlegen und Auswerten von Listen ja auch unmittelbar an.

PROFITIPP

> Abzuraten ist aus hier nicht näher zu beleuchtenden Gründen das Führen einer Auftrags- oder Kundenverwaltung unter *Excel*; hier sollte es schon ein Datenbank-Management-System wie *Access* sein.

Seriendokumente (Briefe, E-Mails, Kataloge oder Verzeichnisse sowie Etiketten) sind Dokumente, deren Struktur (also etwa erst die Adresse, dann die individuelle Anrede, dann ein gemeinsamer Text, zum Schluss die Unterschrift) für alle zu verarbeitenden Vertreter einer Liste gleich sind. Nur die Individuen (Partner und deren Adressen, Interpreten und deren Lieder usw.) wechseln von Dokument zu Dokument.

Legen Sie also unter *Excel* eine Liste Ihrer Wahl (etwa die Adressen Ihrer Freunde und Bekannten, die Sie zu einem Sommerfest einladen wollen) an. Geben Sie dem Listenbereich einen Namen (wie das gemacht wird, lesen Sie in Kapitel 19). Diese Namensvergabe ist nicht notwendig, erleichtert aber den Umgang mit der Liste (Listen in diesem Sinne sind übrigens durch Überschriften charakterisierte Spalten eines Arbeitsblattes ohne Lücken in ganzen Zeilen nach unten oder ganzen Spalten nach rechts oder links). Sie können auch die Dateien im Ordner *\Buch\Kap29\Beispieldateien\Serienbrief* auf der Buch-CD nutzen.

Wechseln Sie zu *Word*. Hier ist es der Einstieg über die Menübefehlsfolge *Extras/Briefe und Sendungen/Serienbrieferstellung*, die Sie in sechs weiteren Schritten des Aufgabenbereichs zum Erfolg führt:

1. Sie haben zunächst die Wahl zwischen *Briefen*, *E-Mail-Nachrichten*, *Umschlägen*, *Etiketten* und *Verzeichnissen* (einfache Kataloge). Wählen Sie eine Option aus.

2. Im zweiten Schritt wählen Sie das Dokument aus, welches als *Hauptdokument* (das ist das Dokument zum Vorbereiten dessen, was später in den mehr oder weniger zahlreichen Einzeldokumenten erscheinen soll) eingerichtet wird.

3. In diesem Schritt kommt *Excel* ins Spiel. Da Ihre Liste bereits vorhanden ist, müssen Sie nun nach ihr »suchen«. Im erscheinenden Dialogfeld *Datenquelle auswählen* (Abbildung 29.4) suchen Sie Ihre Arbeitsmappe und werden mit Abbildung 29.5 (Dialogfeld *Tabelle auswählen*)

aufgefordert, die benötigte Liste auszuwählen. Sie sehen, dass es sinnvoll war, die Adressliste selbst auf dem Blatt zu benennen (mit einem Namen zu versehen). Wird die Quelle oft benötigt, so sollten Sie mit Hilfe des erscheinenden Assistenten eine ständige Verbindung zur Liste auf der Basis von ODBC einrichten. Das Einrichten dieser Verbindung verbirgt sich hinter dem Eintrag *+Neue Datenquelle erstellen.odc* (die Dateiendung steht für Office Data Connection) im Ordner *Eigene Datenquellen*, der natürlich nicht die Datenquelle, sondern den Zugang zu ihr erstellt. Alternativ nutzen Sie die Schaltfläche *Neue Quelle* im Dialogfeld *Datenquelle auswählen* (Abbildung 29.4). Eine Beschreibung des Assistenten finden Sie etwas weiter unten in diesem Kapitel bei den Erläuterungen zum Umgang mit *Access*.

HINWEIS Die Benutzung des bekannten *Excel*-Zusatzprogramms *Query*, welches Sie jetzt unscheinbar versteckt im Punkt *MS Abfrage* hinter der Schaltfläche *Extras* in Abbildung 29.4 finden, hat hier an Bedeutung verloren.

Abbildg. 29.4 Dieses Dialogfeld hilft, die Verbindung zu einer Datenquelle herzustellen

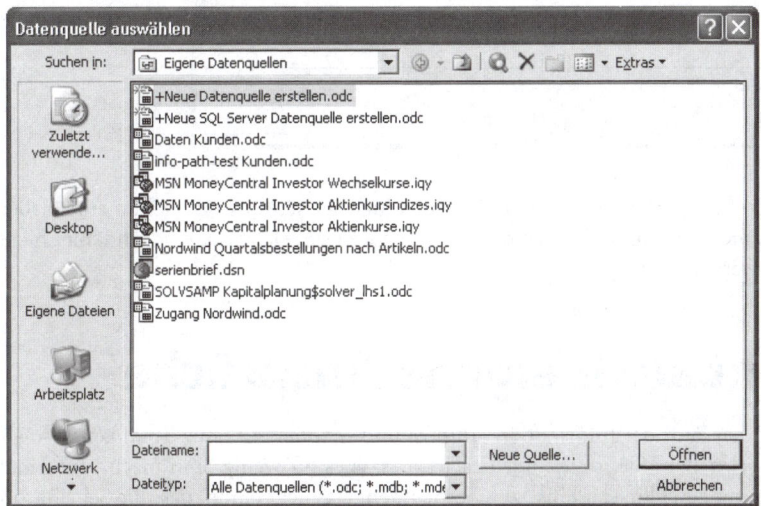

Abbildg. 29.5 Eine Arbeitsmappe bietet verschiedene Listenmöglichkeiten an: Alle Arbeitsblätter (die nur dann als Liste geeignet sind, wenn eine solche links oben beginnt), sowie benannte Bereiche

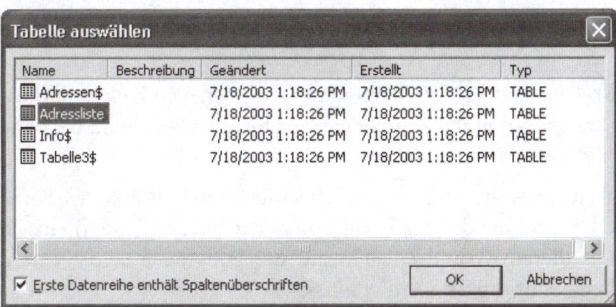

4. Die Verbindung zur Datenquelle wird dann mit einem Dialogfeld wie in Abbildung 29.6 deutlich, das es erlaubt, sofort die zu verwendenden Datensätze zu kennzeichnen.

Abbildg. 29.6 Die Liste aus Excel wird in diesem Dialogfeld abgebildet. Eine gezielte Auswahl der Datensätze ist komfortabel möglich.

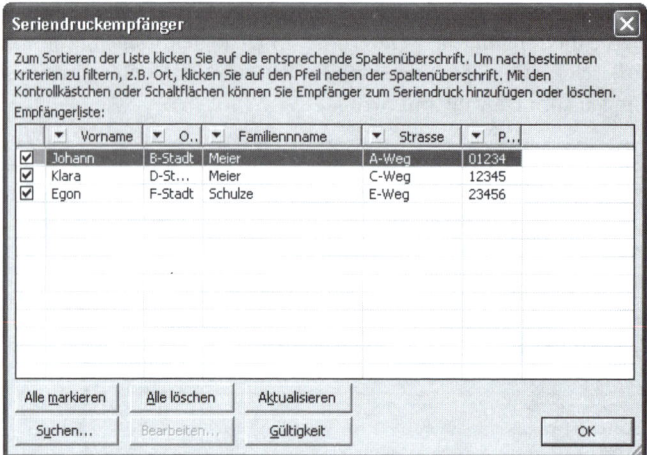

Die restlichen Schritte 4 bis 6 betreffen die individuelle Gestaltung der Dokumente, haben mit *Excel* selbst nichts mehr zu tun und sollen deshalb, auch weil sie selbsterklärend sind, hier nicht im Detail besprochen werden.

PowerPoint stellt eigene Ansprüche

Vom Prinzip her läuft der Informations-Import und -Export mit *PowerPoint* genau so ab, wie oben für *Word* beschrieben. Sie sollten nur beachten, dass es oft wenig Sinn macht, Informationen mit den Formatierungen »Eins zu Eins« zu übernehmen. Das liegt daran, dass die Schriftgrößen, die Sie in *Excel* benutzen, für *PowerPoint* in der Regel zu klein sind. Oft gilt daher die Faustregel: »Will ich in *PowerPoint* etwas ordentlich sehen, so muss ich das unter *Excel* entsprechend vorbereiten«.

Export – von Excel nach PowerPoint

Der Export startet unter *Excel*, wo Sie die zur Übertragung vorgesehenen Zellen markieren und mit dem Menübefehl *Bearbeiten/Kopieren* in die Zwischenablage bringen. Wechseln Sie dann zu *PowerPoint*, wo Sie im *Entwurfsmodus* eine Folie gestalten.

Sie haben jetzt die Möglichkeit, den Inhalt sofort (über den Menübefehl *Bearbeiten/Einfügen*) einzufügen – das Resultat ist die Übernahme des Textes (also in der Regel der Zahlen) einschließlich der *HTML*-Formatierungen. Aus diesem Grund entsteht auf der Folie auch sofort eine *PowerPoint*-Tabelle, die oft vom Aussehen her angepasst werden muss.

Oder Sie gehen »detailliert« über den Menübefehl *Bearbeiten/Inhalte einfügen* vor. Dieser Weg lässt ein Dialogfeld *Inhalte einfügen* erscheinen (Abbildung 29.7), welches die Wahl des Einbettens (*Ein-*

fügen) oder Verknüpfens (*Verknüpfung einfügen*) anbietet. Zu den Unterschieden zwischen beiden Varianten lesen Sie bitte die Ausführungen weiter oben in diesem Kapitel zu *Word* (Abbildung 29.1).

Abbildg. 29.7 Die Wahl des Einfügens von Arbeitsblatt-Informationen in PowerPoint. Der Schein trügt: Verzichten Sie auf dieses Dialogfeld, so wird HTML als Übertragungsformat benutzt.

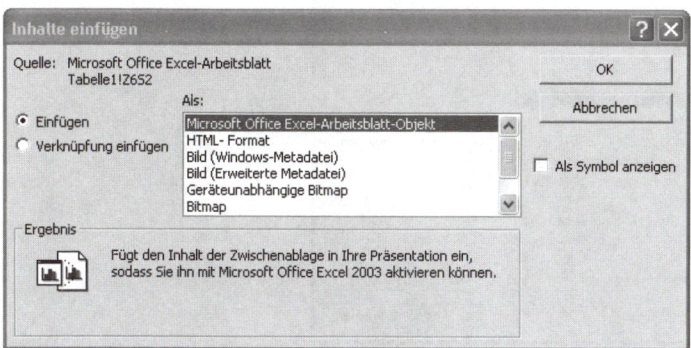

> **TIPP** Oft stören die Gitternetzlinien der Excel-Tabellenausschnitte. Diese sind unter Excel (entweder vor dem Export oder später durch Doppelklick auf das Arbeitsblatt-Objekt) und nicht unter PowerPoint unsichtbar zu machen.

PROFITIPP

> Natürlich lassen sich auch Diagramme per Zwischenablage übertragen. Fügen Sie diese als Diagramm-Objekte und nicht als Bilder ein, so lassen sich später etwa Säulendiagramme effektvoll animieren.

Import und OLE-Objekte

Der Import von Informationen geschieht auch unter *PowerPoint* durch das Einfügen eines Objektes. Das Dialogfeld *Objekt einfügen* (Abbildung 29.8), welches sich nach dem Ausführen des Menübefehls *Einfügen/Objekt* zeigt, hat Ähnlichkeit zu dem von *Word* (Abbildung 29.2 und Abbildung 29.3), deshalb können die Erläuterungen zu diesem ausfallen (siehe weiter oben in diesem Kapitel). Probieren Sie es im Zweifel einfach aus.

PowerPoint kennt zwar als Standardobjekt für Diagramme die des Zusatzprogramms *Graph*. Als *Excel*-Anwender werden Sie vermutlich lieber auf »Ihre« Diagramme zurückgreifen.

> **HINWEIS** Graph-Diagramme haben natürlich viel Gemeinsames mit den Diagrammen von *Excel*. Der Vorteil der *Excel*-Diagramme liegt in etwas größerer Flexibilität und Steuerbarkeit. So ist beispielsweise das Gestalten von Farben bei *Excel*-Diagrammen einfacher, etwa wenn es um die Einhaltung des Corporate Designs geht. Auch die Programmierung per VBA ist bei Graph etwas gewöhnungsbedürftig.

Abbildg. 29.8   Kleine Unterschiede beim Einfügen von Objekten unter den verschiedenen Office-Anwendungen – die Technik ist jedoch stets die gleiche

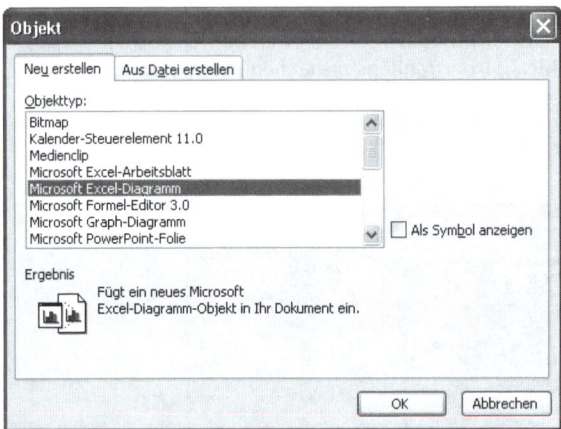

Haben Sie sich wie in Abbildung 29.8 für den Eintrag *Microsoft Excel-Diagramm* entschieden, so entsteht auf der bearbeiteten Folie ein Ergebnis etwa wie in Abbildung 29.9 gezeigt. Nun können Sie all Ihre »*Excel*-Trümpfe« ausspielen und das Diagramm nach Ihren Wünschen anpassen. Achten Sie darauf, dass die Daten in einem Arbeitsblatt hinterlegt sind, welches *Tabelle1* heißt und einfach zu aktivieren ist. Mehr zum Thema »Diagramme« finden Sie in Kapitel 14 und Kapitel 15.

Abbildg. 29.9   Diagramm-Objekte von Excel in anderen Anwendungen – hier arbeitet eine sonst unsichtbare Vorlage, deren Ergebnis noch angepasst werden muss

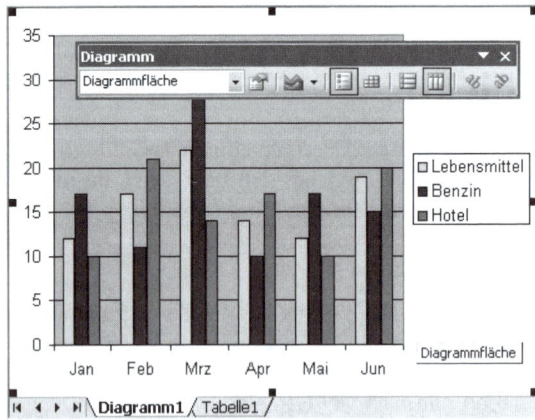

Der Partner fürs Leben – Access

Nicht alle Anwendungen ergänzen sich so ideal wie *Excel* und *Access*. Das liegt vor allem an der Gemeinsamkeit, Informationen in tabellarischen Strukturen aufzubewahren. *Access* tut das in einer Datenbank mit so genannten Tabellen als Grundlage, aus denen heraus durch Abfragen eine flexible Zusammenstellung von Informationen zu deren Bearbeitung bzw. Auswertung möglich ist. Auch kann *Access* mit diesen Informationen (Stichwort: statistische Aggregat-Funktionen) rechnen – doch *Excel* hat hier eher »die Nase vorn«. Das liegt auch daran, dass es für die meisten Nutzer bequemer (weil gewohnter) ist, Tabellenkalkulation einzusetzen. Andererseits kennt *Excel* Listen, in denen sich – ähnlich wie in *Access* – Datensätze anlegen lassen. Jedoch besitzt *Excel* keinerlei Mechanismen (es sei denn, man »erfindet« mittels VBA »das Fahrrad neu«) zur flexiblen, effektiven und sicheren Verwaltung größerer Datenbestände. In einem solchen Fall ist *Access* ein Muss.

Datenimport durch Abfragen

Die Aufbewahrung von Datensätzen in einer oder mehreren Tabellen von *Access* sperrt diese keinesfalls in dessen Umgebung ein. Sie können bequem auf solche Informationen (die auch in einem Firmennetz liegen können) zugreifen, ohne *Access* am eigenen Arbeitsplatz installiert zu haben. Das Zauberwort heißt *ODBC – Open Database Connectivity*. Dieser Zugriff kann, muss aber nicht, über Query (Eine Anwendung, die gemeinsam mit *Excel* ausgeliefert wird und auf Wunsch installiert werden kann. Mehr zur Installation finden Sie in Kapitel 1.) erfolgen.

Die nächsten Erläuterungen beziehen sich auf den Zugriff auf die Nordwind-Datenbank. Das ist eine Beispieldatenbank, die zum Lieferumfang von *Access* gehört.

Haben Sie *Access* nicht installiert, so können Sie eine kleine Datenbank namens *Adressen.mdb* nutzen, die Sie auf der CD zu diesem Buch im Ordner *\Buch\Kap29\Beispieldateien\Access* finden.

Beginnen Sie auf einem (möglichst) leeren Tabellenblatt Ihrer Wahl. Der Zugriff auf externe Daten erfolgt über den Menübefehl *Daten/Externe Daten importieren*.

Nun haben Sie zwei Varianten zur Auswahl:

- Sie können sich für die Option *Daten importieren* entscheiden oder
- Sie wählen die Option *Neue Abfrage erstellen*.

Im ersten Fall öffnet sich ein Dialogfeld wie zu Abbildung 29.4 bereits beschrieben.

Haben Sie den Zugriff auf die *Nordwind*-Datenbank noch nicht eingerichtet, so können Sie dies mit Hilfe der Verbindung +*Neue Datenquelle erstellen.odc* tun. Ein Assistent führt Sie bei den notwendigen Schritten:

1. Die Entscheidung für *ODBC DSN* fällen.
2. *Microsoft Access-Datenbank* wählen.
3. Die gewünschte Datenbank auswählen (hier *Nordwind.mdb* im Ordner *Programme\Microsoft Office\OFFICE11\SAMPLES*).
4. *Tabelle* oder *Abfrage* wählen (hier z.B. *Artikel über Durchschnittspreis*, das ist eine Abfrage, die im entsprechenden Dialogfeld als Tabelle vom Typ *VIEW* angezeigt wird).
5. Die endgültige Platzierung auf dem Arbeitsblatt bestätigen.

Und »wie von Geisterhand« füllt sich das Blatt.

Wurde der Zugriff bereits eingerichtet, so entfallen die Schritte 1 bis 4 nach Wahl der entsprechenden .odc-Datei (*odc* steht für *Office Data Connection*).

Wollen Sie die Abfrage bearbeiten, deren Eigenschaften ändern oder die Daten aktualisieren, so nutzen Sie die Symbolleiste *Externe Daten* (Abbildung 29.10).

Symbolleiste zur Verwaltung importierter Daten

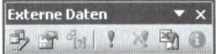

HINWEIS Die Bearbeitung einer so erstellten Abfrage, eingeleitet durch die linke Schaltfläche der Symbolleiste *Externe Daten*, ist nicht trivial – sie erfolgt in einem Dialogfeld wie in Abbildung 29.11. Einige Kenntnis vom Aufbau einer Verbindungzeichenfolge sowie grundlegende Kenntnisse der Datenbanksprache SQL ist erforderlich. Wichtig ist, dass Verbindungen zu Datenbanken nahezu immer mit absoluten Pfadangaben gespeichert werden, da es sicher selten vorkommt, dass wichtige Datenbanken von einem Platz zum anderen verschoben werden. Sollten Sie auf Ihrem Arbeitsrechner experimentieren, so kann es schnell im Zuge von Aufräumarbeiten zu einer solchen Verschiebung Ihrer Testdatenbanken kommen – korrigieren Sie dann einfach die Pfade in Abbildung 29.11.

Achten Sie beim Aktualisieren einer Abfrage – das ist der erneute Abruf der Daten aus einer inzwischen unter dem täglichen Unternehmensfortgang geänderten Tabelle von Kunden, Rechnungen usw. – darauf, dass die entstehenden Listen in ihrer Länge variieren können. Damit werden (eventuell ohne Nachfrage) Zellen unterhalb der Liste vor der Aktualisierung überschrieben.

Verschaffen Sie sich auch einen Überblick über die Eigenschaften einer so eingerichteten Abfrage (zweite Schaltfläche der Symbolleiste aus Abbildung 29.10). Diese sind in einem Dialogfeld intuitiv aufgelistet. Interessant ist die Möglichkeit, Formeln, die sich zur Auswertung direkt rechts neben der Liste befinden, automatisch mit der sich in der Länge verändernden Liste zu führen.

Abfragen bearbeiten – hier vielleicht schon etwas für den Profi

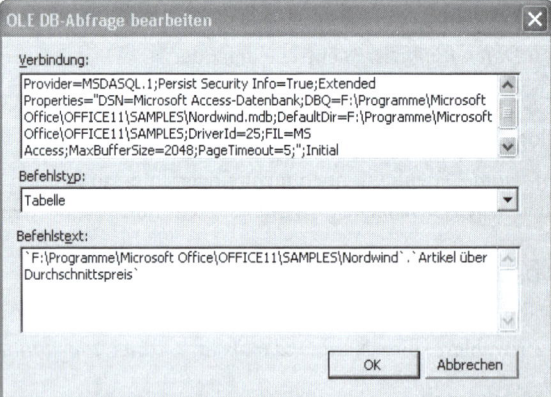

Der zweite Weg, eine Abfrage zu erstellen, ist der über die Menübefehlsfolge *Daten/Externe Daten importieren/Neue Abfrage erstellen*. Hier treffen Sie ggf. »den alten Bekannten« *Query*, ein Zugang, der weit in die Anfänge von *Excel* zurückreicht. Diese Anwendung kündigt sich im Dialogfeld *Datenquelle auswählen* (Abbildung 29.12) an.

Abbildg. 29.12 Query einsetzen: mit oder ohne Assistenten

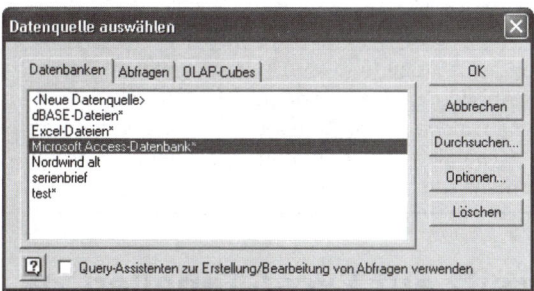

Auch jetzt greifen Sie auf eventuell vorhandene Verbindungen zurück oder erstellen sich eine solche zum ersten Mal über *<Neue Datenquelle>*. Der *Query*-Assistent unterstützt Sie zwar bei der Auswahl der Tabellen oder Abfragen, lässt Sie aber in schwierigen Situationen doch allein bzw. bringt Sie dann zur Oberfläche von *Query*. *Query* selbst (der Umgang damit wird in Kapitel 24 besprochen) hilft Ihnen bei der Einrichtung von in der Datenbank nicht vorbereiteten Abfragen. Das Ergebnis des Datenimports ist das gleiche wie im ersten beschriebenen Weg, der die etwas modernere Form des Datenzugriffs umsetzt.

PROFITIPP

Die Modernität von *Office Data Connections* besteht natürlich nicht im veränderten Zugriff, sondern in der veränderten Technologie im Hintergrund. Suchen Sie im Ordner *Eigene Dateien* nach dem Ordner *Eigene Datenquellen*. Klicken Sie dort doppelt auf eine eingerichtete Verbindung. Es öffnet sich der Internet Explorer mit einer HTML-Seite, die in einer PivotTable-Webkomponente die Daten anzeigt. Es ist eine sofortige Auswertung möglich und der Kreis zu Excel schließt sich durch den möglichen Export der Daten in eine Arbeitsmappe.

Abbildg. 29.13 Beeindruckendes Zusammenspiel zwischen Datenquellen, Verbindungen zu ihnen, Webkomponenten und am Ende: Excel

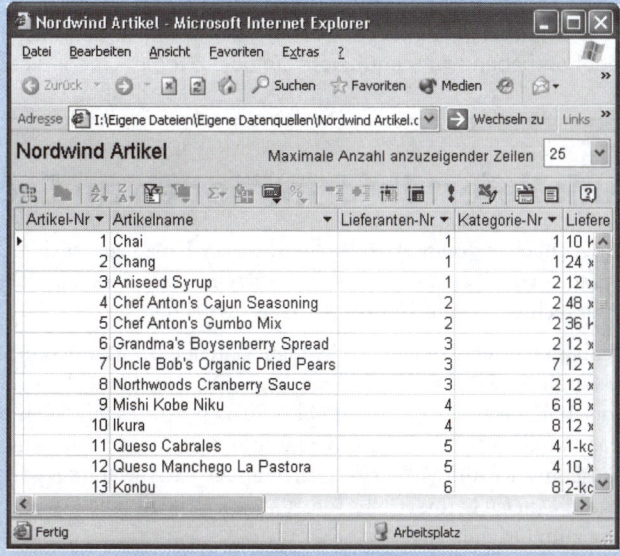

Datenaustausch mit anderen Anwendungen

Eine spätere Anpassung der Abfrage über die linke Schaltfläche der Symbolleiste aus Abbildung 29.10 ruft *Query* auf und erfordert deutlich weniger Spezialkenntnisse als die Eingaben in Abbildung 29.11.

> **HINWEIS** Die über den Zugang aus Abbildung 29.12 eingerichteten Datenverbindungen erscheinen auch im Dialogfeld aus Abbildung 29.4, befinden sich aber entgegen dem vermittelten Eindruck nicht im Ordner *Eigene Datenquellen*. Sie haben die Dateiendung *.dsn* und lassen sich unter *Excel* genau so einsetzen, wie die mit der Endung *.odc*. Allerdings kommt *Word* 2003 beim Seriendokument damit nicht mehr zurecht.

Eine Datenbank greift auf Excel-Tabellen zu

Es wurde schon weiter oben angedeutet: Viele Anwender beginnen mit der Verwaltung von Listen (also eine Untereinanderreihung von Informationen, deren Gemeinsamkeiten in den Spaltenüberschriften charakterisiert werden) unter *Excel*. Eines Tages wird es »ernst«: Wie kommen die Daten ohne Verlust nach *Access*?

Haben Sie unter *Access* die notwendige Datenbank (mit oder ohne Tabellen) bereits angelegt, so ist es einfach: Sie gehen über die Menübefehlsfolgen *Datei/Externe Daten/Importieren* oder *Datei/Externe Daten/Tabellen verknüpfen*.

- Im ersten Fall wird der *Excel*-Bestand (es muss nicht *Excel* sein, aber nur das soll hier interessieren) dupliziert und als *Access*-Tabelle importiert. Sie haben also ab dann zwei voneinander unabhängige »Originale«. Das ist kein guter Zustand, da beide gepflegt werden müssen. Sie sollten also bei nächster Gelegenheit die *Excel*-Liste entfernen. Brauchen Sie die Daten wieder in einer Arbeitsmappe, so ist der erneute Import der Daten aus *Access* für Sie nach dem Lesen des vorigen Abschnitts kein Problem mehr.

- Im zweiten Fall existiert die *Excel*-Liste als selbstständiges Objekt außerhalb der Datenbank weiter, ihr jeweiliger Zustand wird beim Öffnen der Datenbank angezeigt und kann von dort aus auch verändert werden.

> **TIPP** Der Import ist immer dann einfacher und übersichtlicher zu bewerkstelligen, wenn Sie den Listen *Namen* gegeben haben (via Menübefehl *Einfügen/Name* – mehr hierzu in Kapitel 19).

Eine Datenbank liefert Informationen an Excel

Access kann, wegen der Möglichkeiten von SQL (Structured Query Language) auch rechnen. Doch besser rechnet es sich oft unter *Excel*. Weiter oben haben Sie gesehen, wie *Excel* die Daten importieren kann, um dann damit zu rechnen. Auch ein Export aus *Access* gelingt.

Gehen Sie dazu ins Datenbankfenster der entsprechenden Datenbank. Markieren Sie dann die Tabelle oder Abfrage, die Sie unter *Excel* auswerten möchten. Der Menübefehl *Extras/Office-Verknüpfungen* hält die Option *Analysieren mit Microsoft Office Excel* bereit (es gibt auch eine entsprechende Schaltfläche in der *Standard*-Symbolleiste). Daraufhin wird ohne weitere Nachfrage die gesamte Tabelle oder das Ergebnis der Abfrage in eine gleichnamige *Excel*-Mappe exportiert, die sich gewöhnlich im Ordner *Eigene Dateien* befindet und sofort angezeigt wird. Die Daten dieser Mappe haben keinerlei Verbindung zum Original.

Wählen Sie nach der Markierung im Datenbankfenster den Befehl *Datei/Exportieren*, so können Sie den Ort der Speicherung bestimmen – jedoch auch hier reißt die Verbindung zu den Originaldaten ab. Die Datei kann auf Wunsch sofort angezeigt werden (Option *Autostart* im Dialogfeld *Speichern unter*).

PROFITIPP

> Wie sollen Sie sich nun hinsichtlich des Exports/Imports entscheiden? Der eben beschriebene Export stellt ein Loslösen vom Original her – damit entsteht ein Bericht zum Zeitpunkt des Exports. Eine Anpassung dieses Berichts sollte nicht zu aufwändig sein, da sie bei jedem Export erneut durchgeführt werden muss. Importieren Sie unter *Excel* (wie weiter oben in diesem Kapitel beschrieben), so ist die Anpassung der »Umgebung« der importierten Zahlen wohl nur einmal notwendig. Jedoch besteht die Gefahr des unbeabsichtigten Aktualisierens der Daten, sodass ein Bericht nicht immer den Status des Stichtags beinhalten muss.

Outlook – nicht nur E-Mail im Programm

Faszinierend ist, wie der Export aus *Excel* nach *Outlook* über die Zwischenablage arbeitet. Haben Sie eine E-Mail-Nachricht im *HTML*-Format vorbereitet, so arbeiten Sie nahezu mit denselben Mitteln wie beim Export nach *Word*. Die Abbildung 29.14 zeigt, welche Rolle dabei *Smarttags* (die so auch in *Word*, jedoch nicht in *PowerPoint* zur Verfügung stehen) spielen, die nach dem Einfügen der Information die nachträgliche Anpassung erlauben. Mehr zu »Smarttags« finden Sie in Kapitel 4.

Abbildg. 29.14 Outlook-Elemente im HTML-Format – hier klappt die Verständigung, die durch die Zwischenablage gestützt wird, perfekt

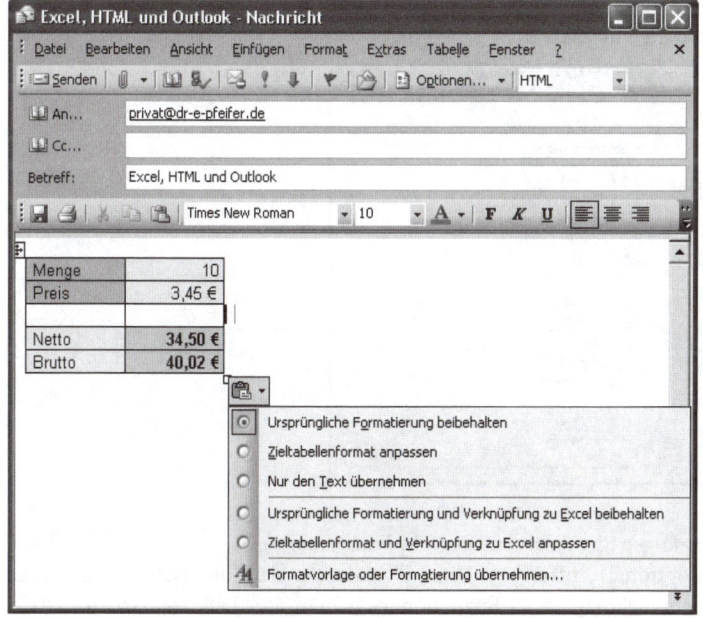

Auch funktioniert unter Outlook 2003 (im Gegensatz zum Vorgänger) die *HTML*-Formatierung perfekt. Nutzen Sie zum Einfügen den Menübefehl *Bearbeiten/Inhalte einfügen*, so haben Sie bei

Datenaustausch mit anderen Anwendungen

Kalender- und *Aufgaben*-Elementen in *Outlook* auch die Möglichkeit der Verknüpfung zum Original (E-Mails lassen eine solche Verknüpfung sinnvoller Weise nicht zu).

E-Mails aus Excel versenden

Doch nicht nur die Zwischenablage gestattet den sofortigen Informationsfluss. *Excel* besitzt, wie andere Office-Anwendungen auch, die Fähigkeit, einen »Umschlag« für E-Mail-Nachrichten bereitzustellen. Sie bringen ihn durch die Menübefehlsfolge *Datei/Senden an/E-Mail-Empfänger* oder das entsprechende (fünfte) Symbol der *Standard*-Symbolleiste zur Ansicht.

Weitere Details zum Thema »E-Mail-Versand mit *Outlook*« finden Sie in Kapitel 30.

Ordner-Informationen austauschen

Oft wird die Frage gestellt, wie denn Adress-Sammlungen als Listen unter *Excel* möglichst ohne Aufwand und ohne Informationsverlust zu Kontakten in *Outlook* werden. Hier ist folgende Detailkenntnis interessant: *Outlook* besitzt die Fähigkeit, Ordner-Inhalte als Listen nach *Excel* zu exportieren. Das ist etwa sinnvoll, wenn Zahlenangaben der Element-Felder (bei Aufgaben kann das ohne weitere Zwischenschritte die eingesetzte Zeit oder auch die gefahrene Kilometerleistung sein) zur Auswertung mehrerer Elemente in einer *Excel*-Liste zusammengestellt werden sollen. Der Export beginnt mit der Menübefehlsfolge *Datei/Importieren/Exportieren/Exportieren in eine Datei.* Anschließend begleitet Sie ein Assistent (siehe Abbildung 29.15).

Abbildg. 29.15 Das ist der Start des Assistenten, der Sie beim Export von Outlook-Informationen in Listen – etwa auf einem Excel-Arbeitsblatt – unterstützt

Diesem Assistenten folgen Sie, bis das Dialogfeld *Felder zuordnen* erscheint, welches Sie zum Zuordnen von Feldern (optional) auffordert. Diese Zuordnung sieht aus wie in Abbildung 29.16 und überträgt die *Outlook*-Feldnamen zu Spaltenüberschriften auf dem Ziel-Arbeitsblatt. Die Namen der rechten Seite, die zu Spaltenüberschriften werden, lassen sich Ihren Vorstellungen anpassen. Leerzeichen werden allerdings abgelehnt. Haben Sie sich »verzettelt«, gelingt die Wiederherstellung der vorgeschlagenen Standardzuordnung.

Die Schaltflächen der linken Seite dienen der Navigation zwischen den zu exportierenden Elementen und zeigen in erster Position die Feldnamen an.

Abbildg. 29.16 Feldzuordnung beim Export von Outlook nach Excel. Die Bedienung des Dialogfelds ist etwas gewöhnungsbedürftig. Behalten Sie das Ziel im Auge, so ist es am Ende aber ein unproblematischer Vorgang.

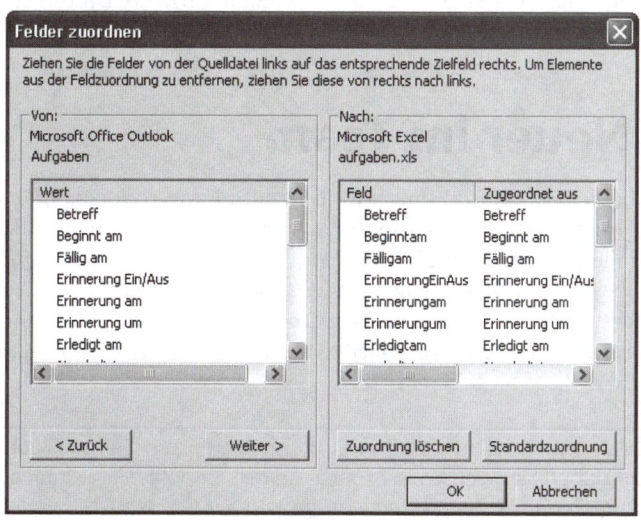

Nach einem solchen Export-Schritt, der auch nur zu Test- und Verständniszwecken ausgeführt worden sein kann, wissen Sie, was *Outlook* für den Import erwartet. Bereiten Sie also Ihre *Excel*-Liste (mit den Adressen oder anderen Informationen), die importiert werden soll, so vor, dass die Spaltenüberschriften möglichst mit den Standard-Feldnamen von *Outlook* übereinstimmen. Dann wählen Sie die Menübefehlsfolge *Datei/Importieren/Exportieren/Importieren aus anderen Programmen oder Dateien*.

Abbildg. 29.17 Detaillierter Umgang mit Duplikaten beim Import (hier von Excel-Informationen) ist möglich. Damit können Excel-Arbeitsblätter nicht nur zur Auswertung, sondern auch als Archive oder zum Transport zwischen Outlook-Anwendern genutzt werden.

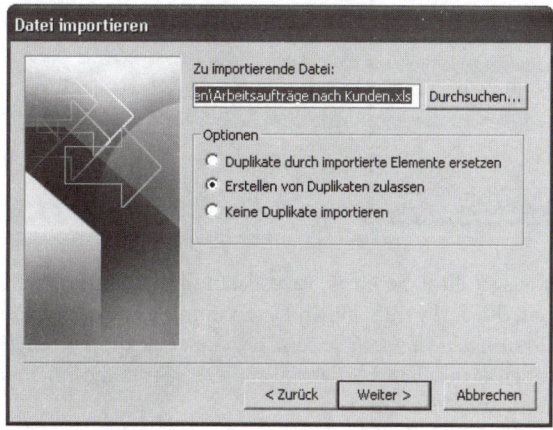

Wiederum begleitet Sie ein Assistent. Dieser fragt Sie in einem Zwischenschritt (Abbildung 29.17), wie Sie Duplikate beim Import behandeln wollen. Dieser detaillierte Umgang mit Duplikaten erlaubt es, *Excel*-Arbeitsblätter zur Archivierung von Informationen oder auch zum Informationsaustausch zwischen verschiedenen *Outlook*-Nutzern einzusetzen.

Die Feldzuordnung, ähnlich der in Abbildung 29.16, ist wiederum optional. Allerdings können Sie Feldnamen auf der rechten Seite nicht ändern. Die Zuordnung per Drag & Drop (von links nach rechts) ist wie beim Export möglich.

InfoPath – ein Neuer im Team

InfoPath ist ein neues Mitglied der Office-Familie. Es dient zum Entwurf und zum Ausfüllen von Formularen, die den Zugang zur Erfassung von Informationen schrittweise vereinheitlichen sollen. Hier trifft sich sozusagen alles, »was Rang und Namen hat«: *Word* kann *XML*-Daten aufnehmen und weitergeben, *Excel* kann beides und bringt seine rechnerischen Fähigkeiten mit ein. *Access* liefert Daten und deren Strukturen und kann solche auch verarbeiten. Und FrontPage ist ein möglicher Editor geworden, denn die gemeinsame Sprache heißt XML (Extensible Markup Language). Mehr zum Thema »XML und *Excel*« lesen Sie in Kapitel 28.

Um die folgenden Betrachtungen nachvollziehen zu können, müssen Sie *InfoPath* auf Ihrem Rechner installiert haben. Haben Sie noch kein Formular erstellt, benutzen Sie einfach *Arbeitszeiten.xsn* aus dem Ordner *\Buch\Kap29\Beispieldateien\InfoPath* auf der Begleit-CD. Dieses Formular hat einen sehr einfachen Aufbau (Abbildung 29.18) und erlaubt die Erfassung von Zeiten in verschiedenen Projekten.

Abbildg. 29.18 Einfache Arbeitszeiterfassung – dieses Formular begleitet Sie in diesem Abschnitt

Wenn Sie das genannte Formular ausgefüllt haben bzw. vervollständigen lassen, so bietet InfoPath Ihnen anschließend die Möglichkeit, die darin enthaltenen Daten unmittelbar nach Excel zu exportieren (Menüpunkt *Datei/Exportieren nach/Microsoft Excel*). Bei diesem Export werden Sie durch einen Assistenten begleitet, der Ihnen (vor allem bei sehr komplexen Formularinhalten) die Auswahl des zu exportierenden Datenbestands erleichtert.

Abbildg. 29.19 So kommen Formulardaten aus *InfoPath* bequem zur weiteren rechnerischen Auswertung in das dafür prädestinierte Programm

Doch das ist nicht alles beim Zusammenspiel der beiden Office-Partner. Sie können Ihren Teammitgliedern auf verschiedene Weise Formulare zur Verfügung stellen: per E-Mail, per Windows-Installer, durch Veröffentlichung auf einem Webserver und auf einer SharePoint Team Website. Dieser Fall soll etwas näher beleuchtet werden, da am Ende Excel wieder eingreifen kann.

Für die weiteren Schritte brauchen Sie Zugriff auf eine SharePoint Team Website. Diese kann im Unternehmen bereits vorhanden sein bzw. wird durch verschiedenen Provider in der Zwischenzeit zu sehr günstigen Preisen angeboten. Wollen Sie auf Ihrem Rechner experimentieren, benötigen sie dazu als erste Voraussetzung allerdings das Betriebssystem Windows Server 2003. Mehr über »SharePoint Team Services« lesen Sie in Kapitel 30.

Wählen Sie bei geöffnetem Formular den Menübefehl *Datei/Veröffentlichen*, so unterstützt Sie ein Assistent bei den notwendigen Schritten. Zwei wichtige Schritte sind hier:

- die Auswahl der darzustellenden Formularfelder (vgl. Abbildung 29.20) sowie

- der sofortige Zugriff auf die Website (vgl. Abbildung 29.21) nebst der Möglichkeit, Nutzer des Formulars per E-Mail über dessen Veröffentlichung zu informieren.

Abbildg. 29.20   Nicht alles, was im Formular steht, muss auf der Website verfügbar gemacht werden

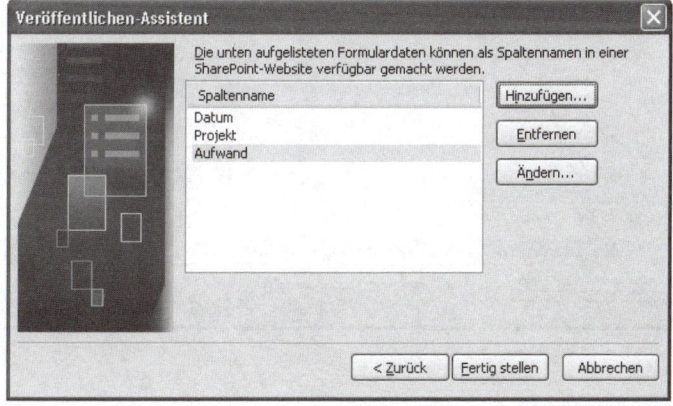

Abbildg. 29.21 Automatischer Workflow – E-Mails an potenzielle Nutzer eines Formulars

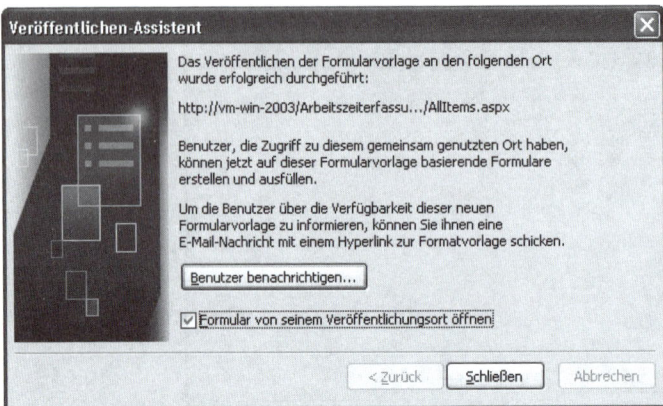

Besuchern der Website, welche die entsprechenden Rechte zum Ausfüllen und Speichern von Formularen haben, bietet sich ein Bild ausgefüllter Formulare auch in der so genannten *Datenblattansicht* (vgl. Abbildung 29.22). Der Nutzername wurde der Tabelle automatisch hinzugefügt.

Abbildg. 29.22 Das Datenblatt bezieht seine Informationen in Form von XML. Im Aufgabenbereich wartet Excel mit Tabellen, Diagrammen und Pivot-Berichten auf.

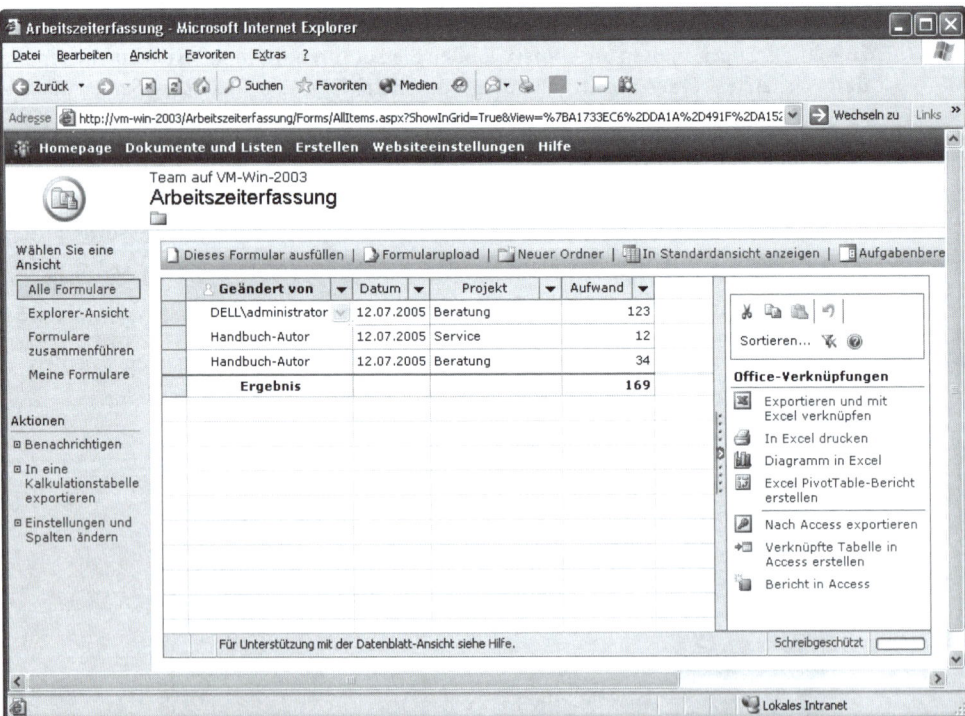

Auswertungen unter Excel gelingen nun mit den bekannten starken Werkzeugen, zu denen auch Diagramme und Pivot-Tabellen gehören. Wagen Sie den Export nach Excel, wird nicht nur automatisch eine Liste (hier bedeutet dieser Begriff die Kennzeichnung von Zellen als Listen mit Verfügbarkeit der neuen Symbolleiste *Liste*) wie in Abbildung 29.23 erzeugt, sondern darüber hinaus die Aktualisierbarkeit dieser Liste durch eine Verknüpfung zur Team-Website gesichert. Mehr zum Thema »Listen« lesen Sie in Kapitel 19.

Abbildg. 29.23   Listen unter Excel 2003 – ein leistungsstarkes Feature

OneNote – Notizen zu jeder Gelegenheit

Auch OneNote ist neu im »Ensemble«. Hier ist es die Möglichkeit, Notizen jederzeit und unabhängig von der jeweiligen Arbeitssituation (welche Anwendungen sind gerade im Einsatz?) zur Verfügung zu haben. Der Austausch mit *Excel* beschränkt sich allerdings auf den »gewöhnlichen« über die Zwischenablage. Die Abbildung 29.24 vermittelt einen Eindruck des Programms.

Abbildg. 29.24 Notizen unter OneNote – auch hier kommt Excel als Informationslieferant zum Zuge. Smarttags erleichtern die Entscheidung beim Einfügen der Information.

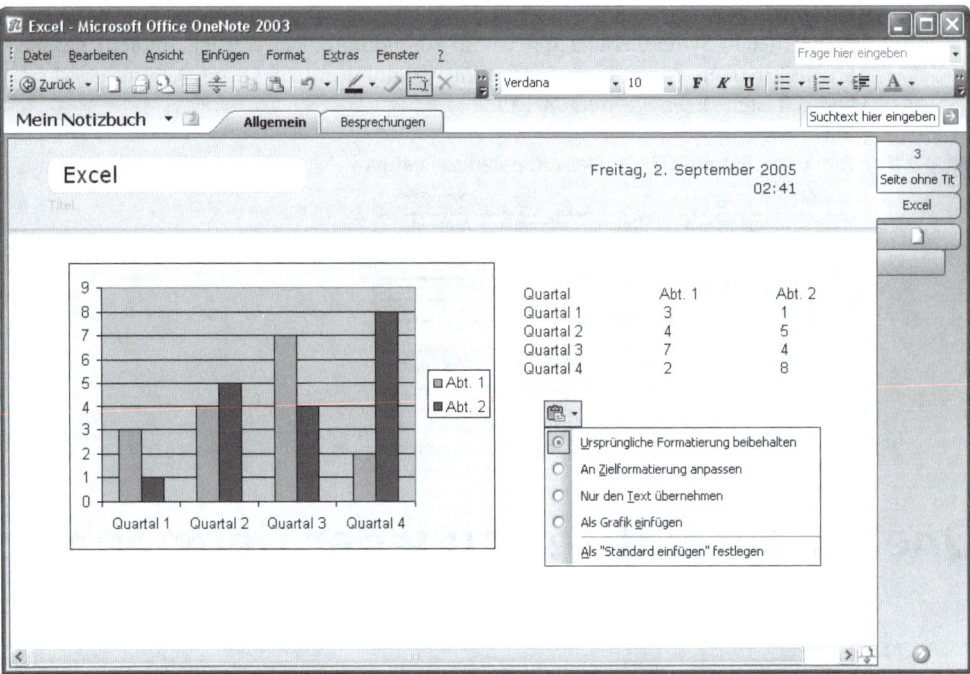

FrontPage – Partner beim Zugang zum Web

HTML-Dateien unter FrontPage erstellen – das ist auch für den *HTML*-unerfahrenen Anwender kein Buch mit sieben Siegeln, kann er doch auf seine Kenntnisse aus dem Umgang mit *Word* problemlos aufbauen. Sollen aus *Excel* Informationen übergeben werden, so ist der Export über die Zwischenablage möglich, ein Import unter FrontPage (wie etwa weiter oben für *Word* und *Power-Point* beschrieben) ist dagegen nicht vorgesehen. Der Export wird natürlich (wie in Office nahezu generell) durch das *HTML*-Format unterstützt.

Hauptpartner kann *Excel* durch Erstellung interaktiver Webseiten (Stichwort Webkomponenten) sein. Auch lassen sich Webkomponenten unter FrontPage direkt, also ohne den Einsatz von *Excel*, verwenden. Mehr zu »*HTML* und Webkomponenten« erfahren Sie in Kapitel 30.

Das folgende Beispiel zeigt den Einsatz einer Excel-Tabelle als Datenquelle für Diagramme auf Webseiten.

 Bereiten Sie eine Tabelle mit Daten vor, die für ein Säulendiagramm geeignet ist und benennen Sie den Tabellenausschnitt mit einem aussagekräftigen Namen (Menüpunkt *Einfügen/Namen/Definieren*). Alternativ können Sie auch die Datei *Quartalsumsatz.xls* aus dem Ordner *\Buch\Kap29\Beispieldateien\FrontPage* der Begleit-CD verwenden.

Unter FrontPage fügen Sie auf einer Seite Ihrer Wahl die Webkomponente *Office-Diagramm* hinzu. In der erscheinenden Registerkarte *Datenquelle* des Dialogfelds *Befehle und Optionen* entscheiden Sie sich für die Option *Daten von einer Datenbanktabelle oder Abfrage*. Mit der Schaltfläche *Verbindung* gelangen Sie auf die Registerkarte *Datendetails* und legen dort unter *Verbindung/Bearbeiten* die zu verwendende Datenquelle fest. Das nun erscheinende Dialogfeld ist Ihnen aus Abbildung 29.4 bekannt – Sie können die gleichen Schritte wie zuvor beschrieben gehen, um eine Verbindung zu Ihrer Arbeitsmappe aufzubauen. Der verwendete Name für die Datentabelle wird auf dem Weg zum Ziel angeboten, die Auswahl geschieht in der Auswahlliste unter *Daten verwenden von*. Die Abbildung 29.25 vermittelt einen Gesamteindruck der Arbeitsschritte.

Abbildg. 29.25 Schritt für Schritt zum Diagramm auf einer Webseite mit Daten aus einer Excel-Tabelle

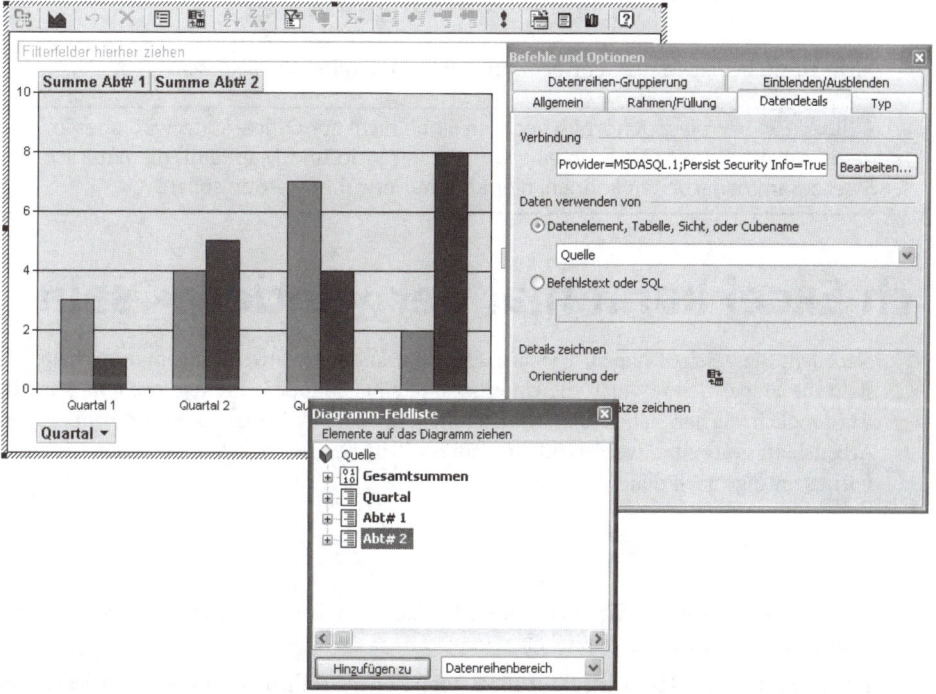

Das Hereinziehen der Informationen aus der *Diagramm-Feldliste* ist technisch genau so einfach wie das Erstellen von PivotCharts unter Excel selbst. Weitere notwendige Formatierungen nehmen Sie mit Hilfe des Dialogfelds *Befehle und Optionen* vor. Dazu gehört auch das Verhalten der Webkomponente, wenn der spätere Betrachter die Seite im Internet Explorer aufruft (die Voransicht unter FrontPage ist leider nicht möglich).

TIPP Unter Umständen verhindern Sicherheitseinstellungen des Internet Explorers die obige Vorgehensweise. Sie sollten dort ggf. die Einstellungen überprüfen. Wählen Sie dazu den Menübefehl *Extras/Internetoptionen* und wechseln Sie auf die Registerkarte *Sicherheit*. Markieren Sie die Webinhaltszone *Internet* und klicken Sie auf die Schaltfläche *Stufe anpassen*. Wählen Sie dann für *Auf Datenquellen über Domänengrenzen hinweg zugreifen* eine der Optionen *Aktivieren* oder *Eingabeaufforderung* aus.

Datenaustausch mit anderen Anwendungen

Projektdaten aus Project auswerten

An dieser Stelle sei in aller Kürze auf die Berichtsmöglichkeiten für Projekte verwiesen, die darauf beruhen, dass *Project* ausgewählte Informationen in *Excel*-Arbeitsblätter und -Mappen schreiben kann. Dieser Export ist allerdings statisch, d.h., die Verbindung zum Original reißt ab.

Ansonsten gibt es wieder verschiedene Varianten des Einfügens und Verknüpfens (zu den Begriffen schauen Sie ggf. etwas weiter oben in diesem Kapitel im Abschnitt zu *Word* nach), die über die Zwischenablage eingeleitet werden. Eine typische Verknüpfung einer *Project*-Tabelle in einer *Excel*-Tabelle hat folgendes Aussehen (es ist eine Matrix-Formel in einer oder mehreren Zellen):

```
{=MSProject.Project.9|MeinProjekt!'!VERKNUEPFUNG_1'}
```

Mehr zum Thema »Matrix-Formel« können Sie in Kapitel 15 nachlesen.

> **HINWEIS**   *Project* gehört im engeren Sinne nicht zur Office-Suite, wird aber im gleichen Ordner installiert. Damit fällt es in eine Gruppe mit Visio und MapPoint, die natürlich auch eng mit *Excel* zusammenarbeiten können, hier aber nur erwähnt werden sollen.

Auch Excel kann mal der »andere« sein

Nachdem Sie gesehen haben, wie sich *Excel* mit anderen Anwendungen »unterhalten« kann, entsteht die Frage: Gelingt auch die Unterhaltung einer Mappe mit einer zweiten? Natürlich ist auch das möglich. Sicher haben Sie schon einmal in einer Arbeitsmappe mit Zellbezügen in einem Arbeitsblatt gearbeitet, welche auf ein anderes Blatt der gleichen Mappe zielten. Es entstehen dann Formeleinträge nach dem Muster:

```
=Tabelle2!B6+Tabelle3!A1
```

Auf diese Weise können Sie auch zwischen Mappen korrespondieren. Mehr zu den verschiedenen Zellbezügen finden Sie in Kapitel 6.

Da die notwendige Formelstruktur nicht sofort offensichtlich ist, nutzen Sie wieder die Zwischenablage. Markieren Sie also in einer Mappe Ihrer Wahl eine oder mehrere Zellen und bringen Sie deren Inhalt in die Zwischenablage (z.B. mit der Tastenkombination `Strg`+`C` oder über den Menübefehl *Bearbeiten/Kopieren*). Wechseln Sie nun in eine zweite Mappe und suchen dort Ihre Zielzelle(n) aus:

- Wenn Sie sich jetzt für das »einfache« *Einfügen* aus dem Menü *Bearbeiten* entscheiden (oder die Tastenkombination `Strg`+`V` dazu nutzen), so wird der Zellinhalt (also auch eventuelle Formeln mit ihren relativen oder absoluten Zellbezügen) samt Formatierung übergeben.

- Sie können aber auch einen detaillierten Weg einschlagen und den Menübefehl *Bearbeiten/ Inhalte einfügen* wählen. Dann erscheint ein Dialogfeld wie in Abbildung 29.26, das auch eine Schaltfläche zum *Verknüpfen* bereithält. Auf diese Weise wird nicht die Formel einer Zelle eingetragen, sondern der Bezug auf die Zelle hergestellt.

Abbildung 29.26: Excel erlaubt die Verknüpfung zu sich selbst – gemeint ist natürlich, dass eine Mappe die Quelle und eine andere das Ziel ist

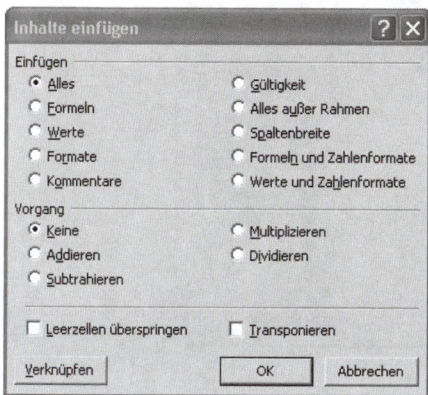

Eine typische Form des Bezugs auf eine Zelle in einer anderen Mappe sieht so aus:

```
='X:\Eigene Dateien\[Blasendiagramm.xls]Tabelle1'!A2
```

Hierbei verschwindet die Pfadangabe, wenn die Quelldatei geöffnet ist.

Verknüpfungen dieser Art lassen sich auch verwalten. Dazu wählen Sie den Menübefehl *Bearbeiten/ Verknüpfungen* und nutzen das erscheinende Dialogfeld aus Abbildung 29.27:

- Verknüpfungen, die beim Öffnen der Mappe nicht aktualisiert wurden, können den aktuellen Stand der Dinge (also in der fremden Mappe, der *Quelle*) heranholen.

- Die Quell-Datei kann zur Einsichtnahme oder Bearbeitung geöffnet werden.

- Verknüpfungen können gelöscht werden. Dabei werden Formeln durch den aktuellen Zellwert ersetzt. Das ist wichtig für Berichte, die mit Hilfe von Mustervorlagen erstellt werden, welche die Verknüpfungen eingerichtet halten. Auch lassen sich so nicht mehr aktuelle Verknüpfungen entfernen (Quellen wurden gelöscht oder unauffindbar verschoben).

- Quellen lassen sich anpassen. Das kann auf Grund von Verschiebungen der Quelldatei im Windows-Explorer notwendig sein. Wird die Quelle zusammen mit dem Ziel geöffnet und an anderer Stelle und/oder unter anderem Namen gespeichert, so übernimmt *Excel* das Protokoll und trägt die richtige Verknüpfung selbst ein.

Mehr zum Thema »Verknüpfungen« finden Sie in Kapitel 6.

Abbildg. 29.27 Dieses Dialogfeld arbeitet so, wie seine Schaltflächen es anzeigen

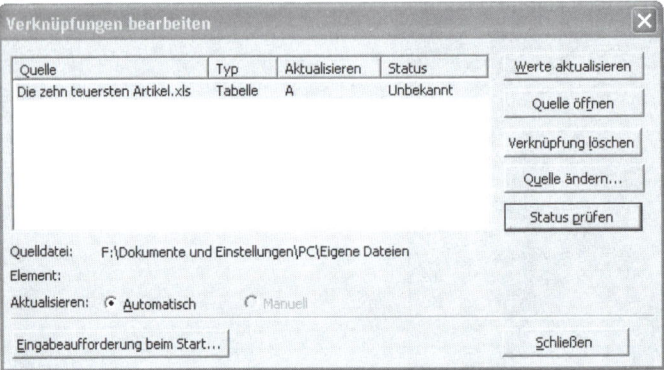

Hyperlinks – der Weg nach draußen

Der letzte Abschnitt dieses Kapitels widmet sich einer ganz anderen Art des Informationsaustausches. Die Informationen verbleiben dort, wo sie aufbewahrt werden. Und wenn sie sichtbar gemacht werden sollen, passiert das in dem Programm, welches das Dokument mit den Informationen auch verwaltet.

Hyperlinks gehören schon fast so lange zu Office, wie es sie im Rahmen von *HTML* und den damit verbundenen Möglichkeiten der Navigation durch verschiedene Dokumente gibt. Sie fügen unter *Excel* einen Hyperlink ein, indem Sie in einer markierten Zelle stehend den Menübefehl *Einfügen/ Hyperlink* wählen (es gibt auch ein entsprechendes Symbol, etwa in der Mitte der *Standard*-Symbolleiste oder die Tastenkombination Strg+K). Es öffnet sich ein Dialogfeld wie in Abbildung 29.28 dargestellt.

Abbildg. 29.28 Im Dialogfeld *Hyperlink bearbeiten* verknüpfen Sie zu weiteren Informationen

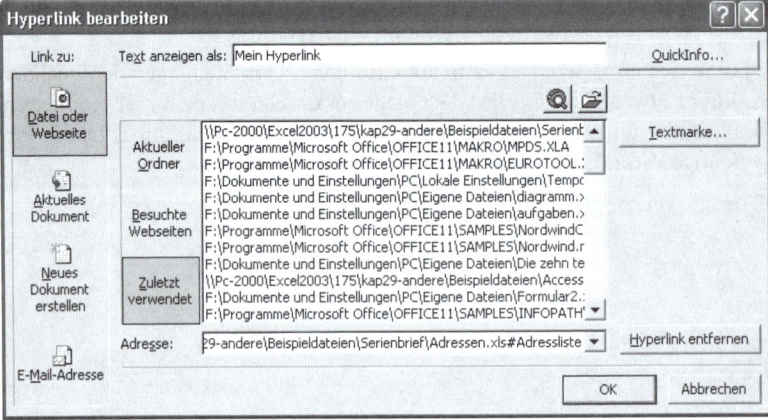

Das Dialogfeld *Hyperlink bearbeiten* ist in allen Office-Anwendungen etwa gleich und auch schnell erklärt. Auf der linken Seite wählen Sie aus, wohin der Hyperlink prinzipiell führen soll:

- zu einer Datei oder Webseite – lokal oder im Netz,

- zu einer Sprungmarke im selben Dokument – das ist die Ersparnis der Bewegung durch Bildlaufleisten,

- in ein Dokument, welches erst erstellt werden soll oder

- das Standard-E-Mail-Programm wird gestartet.

Hatten Sie eine Zelle mit Inhalt ausgewählt, so erscheint dieser als anzuzeigender Text. War die Zelle
leer, so haben Sie Gelegenheit, den Text nachträglich in der ersten Zeile des Dialogfelds von Abbildung 29.28 einzugeben. Verzichten Sie darauf, erscheint die Adresse der anzuspringenden Datei.

Die Schaltfläche *QuickInfo* erlaubt es, einen erklärenden Text anzugeben, der beim Zeigen mit der
Maus auf den Hyperlink im bekannten kleinen gelben Fenster erscheint.

PROFITIPP

Die Schaltfläche *Textmarke* ist dafür vorgesehen, eine Sprungmarke im anzuspringenden
Dokument anzuwählen. Unter *Excel* funktioniert das aber nur, wenn Sie eine *Excel*-Mappe
anspringen. Textmarken in *Word* werden nur dann erkannt, wenn Sie in einem *Word*-Doku-
ment (und nicht im Dokument einer anderen Anwendung) einen Hyperlink einfügen. Sie können diesen kleinen Missstand jedoch überlisten.

Schauen Sie sich an, wie die einzelnen Programme ihre Textmarken handhaben. Starten Sie
unter *Word*, so erscheint etwas wie:

```
Dokumentpfad\Dokumentname#Textmarkenname
```

Excel kennt die gleiche Syntax im Falle benannter Bereiche, die angesprungenen werden sollen. Bestimmte Zellen werden mit

```
Mappenpfad\Mappenname#Tabellenname!Zellbezug
```

erreicht. Also durch

```
C:\Eigene Dateien\Meine Mappe.xls#Tabelle2!B2:C4
```

öffnet sich die entsprechende Mappe mit *Tabelle2* obenauf und die Zellen *B2:C4* sind markiert.

Diese Technik lässt sich auch gut während einer *PowerPoint*-Präsentation einsetzen. Entfallen
doch das eher ungeschickte Verlassen des Präsentationsmodus und der anschließende störende Aufruf der gewünschten Datei mit anschließender Suche der zu zeigenden Stelle.

Gelegentlich und anscheinend unsystematisch erscheint im aufgerufenen Programm die
Web-Symbolleiste, welche Sie über die *Zurück*-Schaltfläche an den Ausgangsort zurück
bringt. Probieren Sie es einfach aus.

Datenaustausch mit anderen Anwendungen

Zusammenfassung

Lassen Sie sich nicht von der Vielzahl der Möglichkeiten und deren Details »überrennen«. Hier
macht nur »Übung den Meister«. Dieses Üben sollte vor allem auch aus dem Training der technischen Abläufe bestehen, damit diese im Bedarfsfall wie »geschmiert« gehen. Wichtig ist in erster
Linie, eine Vorstellung darüber zu entwickeln, was durch den Informationsaustausch erreicht wer-

den soll. Ist es die einfache Übernahme, so ist oft *Kopieren* und *Einfügen* erste Wahl. Geht es jedoch um permanente Verbindung der Dokumente (*Verknüpfungen*) so ist die Unterscheidung zwischen *Quelle* und *Ziel* schon 80 % der Lösung.

> Noch eine Empfehlung: Die Möglichkeiten des Informationsaustauschs mit den Mitteln von *XML* sollten Sie sich so bald wie möglich anschauen sowie Ihre Kenntnisse vertiefen und erweitern, damit Sie in der Zukunft auch »vorn« sind. Die nächste Office-Version wird nicht mehr lange auf sich warten lassen und XML wird eine zentrale Rolle bei den Neuerungen spielen. Schauen Sie sich deshalb unbedingt das Kapitel 28 dieses Handbuchs näher an.

Hier noch einmal die wesentlichen Fundstellen dieses Kapitels:

Begriffe und Probleme	Seite
Informationen importieren oder exportieren	1040
Quelle und Ziel	1040
Einfügen und Verknüpfen	1042
Die Rolle der Zwischenablage	1041
HTML als Standard-Formatierung	1041
Objekte und ihre Bearbeitung	1042, 1047
Datenquellen für Seriendokumente	1044
Query heißt jetzt (manchmal) MS Abfrage	1044, 1049
Office Data Connections (ODC)	1044, 1049, 1060
Externe Daten importieren, Abfragen	1049
Vorteile von E-Mails auf HTML-Basis	1053
Struktur der Outlook-Ordner	1054
Formulare, Formulare usw.	1056
Webkomponenten im Einsatz	1060
Textmarken in Hyperlinks	1064

Excel, das Netzwerk und das Web

Datenaustausch mit anderen Anwendungen

Dieses Kapitel beantwortet Ihnen eine wichtige Frage zu moderner Bürokommunikation: Wie gelangen die mit *Excel* erstellten Arbeitsergebnisse in eine Web-basierte Umgebung, um so ohne zusätzlichen Aufwand Teammitgliedern und anderen Partnern zur Kenntnis, zur Auswertung und zur Diskussion bereitgestellt zu werden? Eine zentrale Rolle spielen dabei *HTML*-Dateien sowie die Organisation von Arbeitsvorgängen unter Verwendung des Internet Explorers.

Ergänzt wird dieses Kapitel durch die Vorstellung freigegebener Dokumentarbeitsbereiche, einige Gedanken zum E-Mail-Austausch sowie die Erläuterung von Web-Abfragen.

Exkurs: Was eigentlich ist HTML?

Ein Vorteil von Microsoft Office-Anwendungen – und damit auch von *Excel* – beim Versuch, Dateien webtauglich zu machen, ist folgender: Der Anwender kann von der Kenntnis technischer und damit für ihn überflüssiger Details fern gehalten werden. Jedoch hilft der Überblick über wesentliche Grundlagen dieser Details,

- die Arbeit effektiver zu gestalten,

- das Verhalten der Anwendungen zu verstehen,

- die korrekten Antworten auf Fragen (Optionen) in Dialogfeldern, Arbeitsbereichen und anderen Kommunikationsformen zielgerichtet zu finden und

- Fehler und damit Enttäuschungen zu vermeiden.

Deshalb stellen wir der praktischen Anleitung zum Erstellen *HTML*-basierter Arbeitsmappen- und Tabellen einige Erläuterungen zum Umfeld voran.

Ein kleines Beispiel

Wenn Sie noch nie etwas mit *HTML* zu tun hatten, so ist ein Ergebnis im Internet Explorer (vgl. Abbildung 30.1) für Sie vielleicht wie »ein Buch mit sieben Siegeln«. Sie werden überrascht sein, dass es nur vergleichsweise weniger Kenntnisse bedarf, um zu einem ersten Erfolg zu kommen.

Der erste Schritt besteht im Anlegen einer Datei mit Namen Ihrer Wahl und der Endung *.htm* (etwa *erstes-beispiel.htm*). Dazu können Sie mit der rechten Maustaste auf den Desktop Ihres Rechners klicken und im erscheinenden Kontextmenü den Eintrag *Neu/Textdokument* auswählen. Der dann auf dem Desktop angelegten Datei geben Sie (über rechten Mausklick auf die Datei und der Wahl des Eintrags *Umbenennen* aus dem Kontextmenü) den gewählten Namen mit der notwendigen Endung *.htm*. Sie werden nach Abschluss der Aktion zwar gewarnt, dass eine Änderung der Endung nicht ungefährlich sei, aber gerade die von Ihnen gewählte sichert, dass ein Doppelklick den Standardbrowser (für *Office*-Anwendungen ist dies idealer Weise der Internet Explorer neuester Version) öffnet und die Datei zur Ansicht (nicht zum Bearbeiten) öffnet.

HINWEIS Um die Namenserweiterung ohne Probleme angeben bzw. ändern zu können, sollten Sie im Windows-Explorer unter *Extras/Ordneroptionen* auf der Registerkarte *Ansicht* die erweiterte Einstellung *Erweiterungen bei bekannten Dateitypen ausblenden* deaktivieren. Standard unter Windows 2000 und XP ist die Nichtanzeige der Namenserweiterung bei Dateien, was Sie bei Umbenennungen, wie oben beschrieben, behindert.

Das Erstellen von *HTML*-Seiten ist für den *Excel*-Nutzer zunächst ungewohnt, kommt er doch aus einer Umgebung, in der er das, was er dem Programm übergibt, sofort auf dem Bildschirm umgesetzt sieht. Bei *HTML* ist dies anders. Es gibt eine Vielzahl von Editoren, die mehr oder weniger komfortabel den Entwurf von *HTML*-Seiten unterstützen. Ziel ist es aber, die fertigen Seiten in einer anderen Anwendung, nämlich dem jeweiligen Browser, zur Ansicht zu bringen. Das hat den Vorteil, dass die Dokumente unabhängig von der Anwendung, in der sie erstellt wurden, an beliebiger Stelle in der Welt betrachtet werden können. Insofern hat das Herstellen von HTML-Seiten etwas mit PowerPoint gemeinsam – es gibt eine »Entwurfsphase« und eine »Vorführphase«.

Angenommen, Ihr Standardbrowser ist der Internet Explorer, so führt der Doppelklick auf das von Ihnen eben angelegte Dokument zu dessen Ansicht im Browser. Natürlich sehen Sie ein leeres Blatt vor sich. Der rechte Mausklick auf dieses Dokument öffnet nun mit Auswahl des Befehls *Quelltext anzeigen* aus dem Kontextmenü den Windows-Editor (*notepad.exe*) und gibt Ihnen damit die einfachste aller Möglichkeiten, *HTML*-Code zu schreiben.

Der von Ihnen zu schreibende und nur zur Illustration dienende Quelltext im Editor von Windows kann aussehen wie in Listing 30.1. Wollen Sie sich diese Schreibarbeit sparen, so nutzen Sie die Datei *ein-beispiel.htm*, die Sie auf der CD-ROM zu diesem Buch im Verzeichnis *Buch\Kap30\Beispieldateien\HTML-Beispiel* finden.

Listing 30.1 Quellcode eines einfachen HTML-Dokuments

```html
<html>
    <head>
        <title>Meine erste HTML-Seite</title>
        <style>
            p {font-family:Arial;font-size:12pt;color:brown}
        </style>
    <head>
    <body bgcolor="navajowhite">
        <h1 style="font-family:Arial;font-size:16pt;color:green">
            Meine erste Seite im Browser
        </h1>
        <p>Das ist meine erste HTML-Seite.
        <p>Sie ist gelungen.
    </body>
</html>
```

Schließen Sie den Editor und beantworten die Frage nach dem Speichern mit *Ja*, so sind Sie vielleicht jetzt überrascht, dass sich im Browser nichts ändert. Aber genau das ist das Prinzip: Es gibt für den Browser nach dem Lesen (man spricht gelegentlich von Parsen) und der Darstellung des Dokuments (was als Rendering bezeichnet wird), keinen Anlass, den Lesevorgang ohne Aufforderung erneut durchzuführen. Das ist immer so, egal ob Sie *Word, Excel, PowerPoint, FrontPage* oder irgendeinen anderen Editor zur Erstellung von *HTML*-Seiten einsetzen und ob diese Seiten lokal oder in einem Netz gespeichert sind.

Aktualisieren Sie jetzt das Bild des Browsers (über das entsprechende Symbol oder die F5 -Taste oder per Menübefehl *Ansicht/Aktualisieren*), so erhalten Sie das Ergebnis Ihrer Mühe wie in Abbildung 30.1 dargestellt.

Unschwer zu realisieren – Ihre erste Seite im Browser

Sicherlich wird in Ihnen nun der Wunsch geweckt, solche und bessere Ergebnisse, ergänzt durch Tabellen, Diagramme, Bilder und Hyperlinks, zu erzielen, ohne eine zusätzliche Sprache lernen zu müssen. Haben Sie noch einen Moment Geduld, denn *Excel* kann eines der von Ihnen gesuchten Werkzeuge sein.

Die Struktur der HTML-Datei

HTML ist die Abkürzung von *Hypertext Markup Language*. *Language* verweist auf den Umstand, dass es sich – streng genommen – um eine Programmiersprache handelt. Es ist allerdings eine, die von der Maschine genau so gelesen werden kann wie vom Menschen, der dazu vergleichsweise weniger Grundkenntnisse braucht, als bei anderen Programmiersprachen. *Markup* ist der Hinweis darauf, dass es sich um eine Markierungs- oder auch Auszeichnungssprache handelt. Ein Blick auf Listing 30.1 erhellt, was damit gemeint ist. Sind Sie *Word*-Anwender, so ist es Ihnen im Grunde egal, wie *Word* die von Ihnen eingebrachten Worte, Absätze, Beschriftungen und deren Formatierungen für sich bereit stellt – es muss einfach nur funktionieren. Eine Variante dieses Funktionierens besteht darin, durch Markierungen, in *HTML* heißen diese Markierungen *Tags*, Anweisungen nach dem Muster

- jetzt kommt eine Überschrift,
- sie lautet »Thema 1«,
- jetzt ist diese Überschrift zu Ende,
- nun ein Zeilenumbruch,
- jetzt der Text,
- ab hier *Fett*,
- noch etwas Text,
- nun nicht mehr *Fett*,
- neue Zeile usw.

zu geben. Die »Handlungsanweisung«, die zur Abbildung 30.1 führt, ist nun gerade der Quellcode, der in Listing 30.1 steht.

Schließlich verspricht das Wort *Hypertext*, dass mehr möglich sein wird, als nur das Formatieren von Text: Es gibt Möglichkeiten des Einbindens von Bildern, Verknüpfungen (Hyperlinks), Formularen, multimedialen Bausteinen, *Office*-Webkomponenten usw.

> Die Arbeit mit Dokument- und Formatvorlagen (Word) sowie Vorlagen und Designs (Power-Point) erlaubt es, die Trennung zwischen Inhalt und Form zur Durchsetzung von Anforderungen des Corporate Designs oder ähnlicher Arten gemeinsamen Auftretens (Wiedererkennbarkeit u.a.) vorzubereiten und einzuhalten.
>
> Durch einen Ansatz wie *HTML* gelingt diese Trennung zwischen Entscheider und Designer auch anwendungsübergreifend. Der für Inhalte Verantwortliche muss sich nicht unmittelbar mit Regeln des Designs auseinander setzen. Der Designer liefert die Vorlage (oder den Rahmen), die der Entscheider qualitativ füllt.

Lassen Sie uns einen Blick auf Listing 30.1 werfen. Das Verständnis dieses Codes wird sich beim Erstellen von *HTML*-Seiten mit *Excel* auszahlen. Folgende Punkte sind bemerkenswert:

- Mit dem *Tag* <html> erhält der Browser die Information, dass der folgende Text für die Umwandlung nach den *HTML*-Regeln gedacht ist. Diese Information wird durch das analoge abschließende *Tag* </html> aufgehoben.

- Ein Dokument besteht aus zwei Teilen: dem Kopf und dem Textkörper. Das wird durch die *Tags* <head> und <body> signalisiert. Der Kopf enthält die für den Browser zur Umsetzung des Quelltextes wichtigen Informationen, der Textkörper die anzuzeigenden Inhalte selbst. Die schließenden *Tags* signalisieren das jeweilige Ende beider Teile.

- Wichtiger Bestandteil des Kopfes ist der *Titel* des Dokuments (<title>). Dieser wird in der Titelleiste des Browsers angezeigt und beim Drucken einer Seite mit erfasst. Er ersetzt einen eventuell kryptisch anmutenden Dateinamen, der vor allem beim Zusammenstellen einer Vielzahl von Dateien innerhalb eines Webs nahezu unabwendbar ist.

- Innerhalb des Kopfes können sich Anweisungen zur Formatierung des gesamten Dokuments befinden (<style>). Die in Listing 30.1 gewählte Art der Formatierungsregeln (Style Sheets) wird mit dem Begriff Cascading Style Sheets (CSS) charakterisiert. Diese Art des Vorgehens erinnert stark an den Umgang mit Formatvorlagen unter *Word*. Diese gibt es in der Dokumentvorlage, Vorrang haben ggf. aber die geänderten Formatvorlagen im Dokument selbst. Per Hand angebrachte Formatierungen setzen die Wirkung von Formatvorlagen außer Kraft. Und so gibt es bei CSS externe Formatierungsregeln, die sich in dafür vorgesehenen Dateien mit der Endung .css befinden. *Office* – und damit auch *Excel* – erzeugt solche Dateien automatisch. Anweisungen im Kopf der HTML-Seite, die externe Regeln aufheben (kaskadierende Wirkung), werden als *Embedded* (eingebettete) *Style Sheets* bezeichnet und gelten zunächst für das gesamte Dokument. Den stärksten und damit endgültigen Einfluss haben ggf. *Inline Styles* – das sind Anweisungen, die sich im style-Attribut eines *Tags* befinden und vom Prinzip her so wirken, wie der Einsatz der Symbole auf der Symbolleiste *Format* aus *Office*-Anwendungen.

HINWEIS Für eine den eigenen Vorstellungen entsprechende Anzeige von Webseiten in einem beliebigen Browser sind **alle** Formatierungen anzugeben. Wird das nicht getan, so treten an deren Stelle die Einstellungen des Browsers. Für den Internet Explorer werden diese im Menü *Extras* unter *Internetoptionen* eingeleitet: Die Registerkarte *Allgemein* hält dann Schaltflächen mit den Aufschriften *Farben* und *Schriftarten* bereit.

Vielleicht haben Sie Lust auf mehr *HTML* bekommen?! Wenn Sie das gesamte *Office*-Paket installiert haben, so bringt Ihnen eine Datei namens *htmlref.chm*, die sich im Ordner *Programme\Microsoft Office\OFFICE11\1031* befindet, einen möglichen Einstieg.

Im Internet führt Sie *http://selfhtml.teamone.de/* auf eine Seite, deren Autor Stefan Münz in jahrelanger Kleinarbeit alles von ihm rund um *HTML* Erstellte im Wesentlichen kostenlos zu Verfügung stellt.

Office und HTML

Bereits mit Office 2000 trat ein bedeutsamer Wandel in der Behandlung der *Office*-Dokumente (*Word*-Dokumente, *Excel*-Arbeitsmappen, *Excel*-Tabellenblätter und deren Ausschnitte, *Power-Point*-Präsentationen) ein. Ab sofort konnten alle Dokumente im *HTML*-Format gespeichert werden, was einen (sicher zuerst theoretischen) Verzicht auf proprietäre Dateiformate, wie sie in den Endungen *.doc, .xls* und *.ppt* zum Ausdruck kommen, ermöglicht. Gleichzeitig entstand aber Verwirrung: Wenn alles im *HTML*-Format gespeichert werden kann, dann ist es auch Internet-tauglich?! Nein, dem ist nicht so. Die *Office*-Anwendungen erzeugen zwar beim Speichern (der Unterschied zwischen *Speichern* und *Veröffentlichen* wird etwas weiter unten in diesem Kapitel erläutert) einen *HTML*-Quellcode; dieser ist aber nur bedingt für eine Veröffentlichung im Internet geeignet. Das hat folgende Ursachen:

- Server, die nicht auf Windows-Basis arbeiten, haben eventuell Probleme mit den durch Windows vergebbaren Dateinamen (keine Unterschied zwischen Groß- und Kleinbuchstaben, Leer- und Sonderzeichen möglich).

- Nur der Internet Explorer ab Version 4.01 ist in der Lage, die gespeicherten Dateien im Wesentlichen korrekt anzuzeigen.

- Der Umfang der Dateien ist in aller Regel sehr groß, da gesichert werden muss, dass die *Office*-Anwendungen ihre Dateien »wieder erkennen« und weiterhin editieren können.

Wenn es so viele Nachteile gibt, wo liegt dann eigentlich der Vorteil? Nun, die Vorteile sind:

- Anwender, die den Umgang mit *Office*-Anwendungen gewohnt sind, können ohne größeren Lernaufwand die Ergebnisse der täglichen Arbeit mit ein, zwei Handgriffen webtauglich machen.

- Die so entstehenden Ergebnisse sind ohne Doppelarbeit erreichbar. Also: *Word*-Dokumente, die gedruckt werden müssen, können auch im Web stehen, *Excel*-Tabellen, die zum Rechnen usw. eingerichtet werden, legen ihre Ergebnisse sofort offen, *PowerPoint*-Präsentationen, gedacht zur Diskussion vor Publikum, erscheinen auf jedem Arbeitsplatz.

- Der Einwand, dies alles ginge auch ohne *HTML*, trifft nur dann zu, wenn auf allen Arbeitsplatzrechnern auch alle *Office*-Anwendungen installiert sind und wenn die Verbindung ins Web lange Übertragungszeiten vermeidet.

- *HTML* ermöglicht über das *Hypertext Transfer Protocol* (das wird im Anfang einer Webadresse der Form *http://* deutlich) den komfortablen Austausch von Informationen im Intranet. Denken Sie vor allem an die Vorteile gegenüber einem dateibasierten Netz. Sie können alle Wege zu den Informationen textlich auf *HTML*-Seiten beschreiben und die Ziele verlinken. Hyperlinks arbeiten prinzipiell so, wie Sie es bereits aus den Hyperlink-Möglichkeiten von *Office* kennen.

- Durch ein gemeinsames Dateiformat (*HTML*) ist es einfacher geworden, Informationsaustausch zu automatisieren. Dies beginnt bereits beim *Kopieren* und *Einfügen* von ausgewählten Objekten über die Zwischenablage und erreicht in den XML-Strukturen von Office System 2003 (speziell in *Word* und *Excel*, siehe auch Kapitel 28) seinen bisherigen Höhepunkt für den Anwender.

Bereits mit Office 2000 hatte XML seinen Einzug in die Dokumente von Word, Excel und Power-Point gehalten. Dieser Einzug ist aber nicht offensichtlich, sondern zeigt sich erst beim Studium der Quell-Dokumente, die beim Speichern als »Webseite« entstehen. Die Abbildung 30.2 soll Ihnen, ohne in tiefe Details zu gehen, einen Eindruck über das Aussehen eines solchen Quelltextes geben.

Abbildg. 30.2 Quelltext eines Excel-Arbeitsblattes mit HTML- und XML-Elementen

```
   <x:ProtectWindows>False</x:ProtectWindows>
  </x:ExcelWorkbook>
</xml><![endif]--><!--[if gte mso 9]><xml>
 <o:shapedefaults v:ext="edit" spidmax="1026"/>
</xml><![endif]--><!--[if gte mso 9]><xml>
 <o:shapelayout v:ext="edit">
  <o:idmap v:ext="edit" data="1"/>
 </o:shapelayout></xml><![endif]-->
</head>

<body link=blue vlink=purple background="Excel20031-Dateien/ir

<table x:str border=0 cellpadding=0 cellspacing=0 width=984 st
 collapse;table-layout:fixed;width:738pt'>
 <col width=92 style='mso-width-source:userset;mso-width-alt:3
 <col width=337 style='mso-width-source:userset;mso-width-alt:
 <col width=78 style='mso-width-source:userset;mso-width-alt:2
 <col width=159 span=7 style='mso-width-source:userset;mso-wic
 width:119pt'>
 <tr height=20 style='height:15.0pt'>
```

Gegenüber den »normalen« *HTML*-Tags und ihren Attributen fallen Tags und Attribute aus so genannten Namensräumen (*namespaces*) auf, die etwa auf *Office* (o) oder *Excel* (x) abstellen. Besonders interessant ist VML (Vector Markup Language [v]), wo es darum geht, Elemente, die durch die Symbolleiste *Zeichnen* von *Office* eingefügt werden, mittels einer Markierungssprache zu beschreiben.

Von der Sache her handelt es sich bei der Markierungssprache, die *Office*-Dokumente beschreibt, um XHTML (Extensible Hypertext Markup Language). Mit der nächsten Generation von Office-Dokumenten (Office 12), die für das Jahr 2006 erwartet wird, wird es eine neue Form des XML-Formats (Office Open XML) von Office-Dokumenten geben

Die derzeit aktuelle Spezifikation von XHTML 1.0 finden Sie unter *http://www.w3.org/TR/2000/REC-xhtml1-20000126*, einer Seite des W3C (World Wide Web Consortium). Diese Organisation umfasst etwa 450 Mitglieder. Die Aktivitäten dienen der (freiwilligen) Regelung des Austauschs von Informationen im World Wide Web und damit im Internet. Die Details finden Sie auf *http://www.w3.org*.

Server und Browser

Abschließend einige Hinweise zu Servern und Browsern. Wie Sie wissen, sind Server spezielle Rechner und deren Dienste, die die Übertragung von Dateien im Internet bzw. Intranet umsetzen. Neben dem Microsoft Internet Information Server (IIS), der etwa mit Windows 2000 Professional, Windows XP Professional sowie Windows Server 2003 Enterprise Edition ausgeliefert wird und mit dem jeweiligen Betriebssystem installiert werden kann, haben sich vor allem Server auf UNIX-Basis mit dem Namen *Apache* durchgesetzt. Server vom letzten Typ finden Sie vor allem im Internet, also auch als Träger von Websites, die dem privaten Bereich zuzuordnen sind. Der IIS wird wohl in den meisten Intranets anzutreffen sein.

Beide Server differieren hinsichtlich einiger formeller Dinge. So unterscheiden UNIX-Server beim Dateinamen zwischen Groß- und Kleinschreibung. Die Datei *meine-seite.htm* ist also eine andere als *Meine-Seite.htm*. Unter Windows werden Sie mit solchen Problemen nicht konfrontiert, jedoch können dort erstellte *HTML*-Seiten mit Bildquellen und Hyperlinks bei der Verwendung unter UNIX ungewollte und ggf. schwer identifizierbare Probleme bereiten. Dem begegnen Sie, indem Sie konsequent nur kleine Buchstaben verwenden. Des Weiteren sollten Sie Leerzeichen durch Bindestriche ersetzen und auf den Einsatz der deutschen Umlaute verzichten. Es gibt noch weitere Unterschiede, die aber beim Einsatz von *Excel* als *HTML*-Editor keine Rolle spielen und daher hier vernachlässigt werden können.

Auch hinsichtlich der Browser sollten Sie Sorgfalt walten lassen. Wenn Sie Netscape-Nutzer einbeziehen, so ist es wichtig zu wissen, dass der Netscape Navigator keine ActiveX-Elemente unterstützt. Hierzu zählen neben gewissen Schaltflächen (*Microsoft Forms*) auch die *Office*-Webkomponenten (das sind *Spreadsheet, Chart, PivotTable*, die etwas weiter unten in diesem Kapitel besprochen werden). Sollten Sie an die Dynamisierung per Skript-Sprache denken, so »versteht« der Netscape Navigator nur JavaScript, der Internet Explorer kommt dagegen auch mit VBScript zurecht.

Nicht nur der Browser-Hersteller ist interessant, sondern auch die Browser-Version. So verstehen ältere Versionen CSS nicht oder nur in einer gewissen Anfangsstufe. Und der Umgang mit Frames-Seiten (das sind *HTML*-Seiten, die in rechteckartige Blöcke aufgeteilt sind) ist auch nicht allen Browsern bekannt. Zur Veröffentlichung von Arbeitsmappen sind aber Frames unabdingbare Voraussetzung.

Speichern und Veröffentlichen – zwei verschiedene Ziele

Der lockere Übergang von »traditioneller« Arbeit (Briefe und Dokumentationen schreiben, Kalkulationstabellen erstellen, Vorträge durch Präsentationen unterstützen) zur derzeit modernsten Form des Informationsaustauschs (Verteilung von Dokumenten mittels Web-basierter Techniken) ist eines der starken Motive für die Anwendung des *Office*-Pakets. Es liegt auf der Hand: Doppelarbeit ist unnötig, Dokumente können meist ohne Qualitätsverlust sofort im *HTML*-Format abgelegt (gespeichert) werden. *Word, Excel* und *PowerPoint* sind in der Lage, die Dokumente so zu verwalten, wie Sie es in Ihrer Arbeit gewohnt sind.

Abweichungen vom oben genannten Motiv kann es geben, wenn Sie Teile der Dokumente oder die Dokumente selbst auf unterschiedlichen Servern und/oder für definierte Nutzer veröffentlichen wollen. *Excel* unterstützt Sie auch bei diesem Vorhaben umfassend.

Weboptionen – die wichtige Vorbereitung

Beabsichtigen Sie, browsertaugliche Tabellen, Diagramme oder sogar Pivot-Tabellen zu erstellen (unabhängig von der weiteren Verwendung), so darf in keinem Fall der zweite Schritt vor dem ersten erfolgen. Der erste Schritt ist die Einstellung der Weboptionen. Sie erfolgt bis auf Ausnahmen (etwa die Zeichensatz-Codierung von Webseiten) sitzungsübergreifend. Das heißt, die Standardeinstellung muss nicht bei jeder Arbeitsmappe neu angepasst werden. Unter Umständen beeinflussen sich Weboptionen gegenseitig bzw. stellen sich in Abhängigkeit von der geöffneten Arbeitsmappe (die im *HTML*-Format vorliegen muss) selbstständig ein. Weboptionen wirken sich sowohl beim *Speichern* als auch beim *Veröffentlichen* aus.

Zum Dialogfeld, welches die Einstellungen erlaubt, gelangen Sie über das *Speichern unter*-Dialogfeld und den dort erscheinenden Menübefehl *Extras/Weboptionen*. Alternativ können Sie auf der Registerkarte *Allgemein*, die sich durch Aufruf des Menübefehls *Extras/Optionen* zeigt, die Schaltfläche *Weboptionen* anklicken.

Im Folgenden werden die Registerkarten des Dialogfelds kurz besprochen.

Registerkarte *Allgemein*

Die Registerkarte *Allgemein* (Abbildung 30.3) enthält eine Einstellung, die darauf abzielt, externe Bezüge beim Veröffentlichen von Arbeitsblättern korrekt zu behandeln. Die Wirkung der Option ist in jedem Fall zu testen, da das Ergebnis vom zu veröffentlichenden Teil der Mappe abhängig ist.

Die zweite Einstellung bezieht sich auf die Anzeige von Bildern, falls diese mit einem Editor außerhalb von Excel in den HTML-Quelltext aufgenommen wurden und Excel erneut zur Bearbeitung der Mappe genutzt wird. Ist das Kontrollkästchen aktiviert, werden die Bilder in Excel angezeigt, ist die Option nicht aktiviert, werden die Bilder ignoriert. Beim erneuten Speichern mit Excel hat dann der HTML-Quelltext auch den Bildeintrag (*img*-Tag) verloren.

Abbildg. 30.3 Einstellung von Kompatibilitäts-Optionen

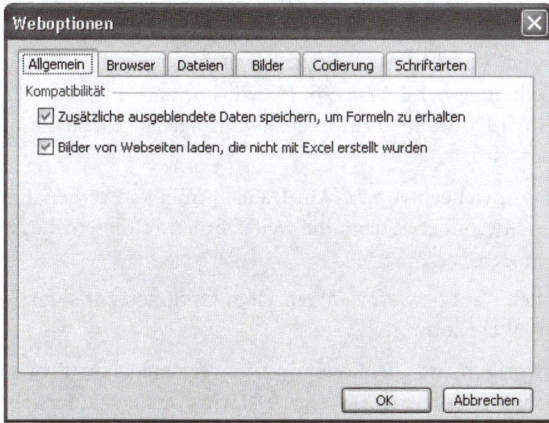

Registerkarte *Browser*

Aktivieren Sie die Registerkarte *Browser* (Abbildung 30.4), so können Sie darüber entscheiden, wie *Excel* die zu speichernden Dateien ablegt, damit die Anzeige im Internet Explorer bzw. Netscape Navigator der ausgewählten Version funktioniert. Die Wahl der Browser reicht vom Internet Explorer Version 6 bis zur Version 4 sowie einer Mischung aus Internet Explorer und Netscape Navigator in den Versionen 4 bzw. 3. Dabei ist Aufwärtskompatibilität gesichert, was Sie am jeweiligen Zusatz *oder höher* erkennen können. Also: Was in Version 4 funktioniert, sollte es auch unter Version 5 tun.

Browseroptionen mit Blick auf den Nutzerkreis – es bedarf einiger Kenntnisse, um die richtigen Dinge einzustellen

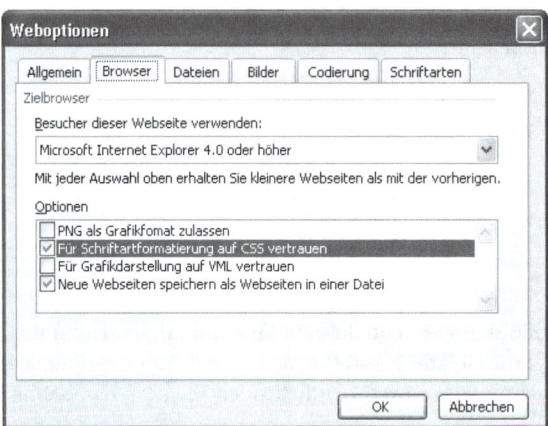

In Abhängigkeit von der gewählten Version stellen sich die Optionen im unteren Teil des Dialogfelds selbst ein. Natürlich können Sie hier nochmals Hand anlegen und z.B.

- das Speichern von Bildern im Format *Portable Network Graphic* (*png*) erlauben oder nicht;

- dafür sorgen, dass *Excel* beim Speichern *Cascading Style Sheets* (CSS) nutzen kann, um so später Formatierungen im Browser auch angezeigt zu bekommen;

- die Grafikanzeige von ClipArts bzw. AutoFormen per VML zulassen. Gegenüber Bildformaten liegt der Vorteil darin, dass in der Regel keine zusätzlichen Dateien mit den Bildern entstehen (Verringerung der Downloadzeit auch bei E-Mails im HTML-Format) und etwa die Änderung der Farben von AutoFormen unter Umständen automatisiert erfolgen kann, da die VML-Anweisung Bestandteil des Quelltextes wird;

- die Standardeinstellung für das Speichern von *HTML*-Dateien in einem so genannten Webarchiv (Stichwort MHTML – eine besondere Form, die weiter unten in diesem Kapitel erläutert werden soll), zu vereinbaren.

Sie werden feststellen, dass es bei der Wahl bzw. Abwahl einzelner Optionen zur sofortigen Anzeige des damit angesprochenen Ziel-Browsers kommt.

Die Optionen sind dafür verantwortlich, ob die Ergebnisse in verschiedenen Browsern korrekt gezeigt werden. Jedoch ist das Verhalten unter dem Netscape Navigator stets anders als unter dem Internet Explorer.

Die noch anzusprechende Interaktivität funktioniert nur im Internet Explorer ab Version 4.01.

Registerkarte *Dateien*

Hinter der Registerkarte *Dateien* verbirgt sich das Dialogfeld aus Abbildung 30.5. Sie entscheiden dort,

- Hilfsdateien, das sind Bilder und *HTML*-Seiten, aber auch Dateien, die *Excel* zum Editieren der Arbeitsmappe bzw. des Arbeitsblattes (inkl. eventueller VBA-Projekte) benötigt, in einen speziellen Ordner zu speichern, den *Excel* automatisch anlegt. Dieser Ordner heißt wie die *HTML*-Datei selbst, bekommt aber noch den Zusatz »-Dateien«;

- lange Dateinamen (unter Umständen wichtig für Server, die nicht den IIS verwenden) zuzulassen oder nicht. Haben Sie diese Option deaktiviert, so bekommen die o.g. Hilfsordner keinen Namenszusatz;

- Links, das sind Verknüpfungen zu anderen Dokumenten, also etwa andere *Excel*-Tabellen, vor dem Speichern zu aktualisieren. Die Unterdrückung der Aktualisierung ist vor allem für berichtsartige Veröffentlichungen interessant, die den Status einer Information zum gegebenen Stichtag festhalten sollen;

- anzuregen, dass *Office*-Anwendungen standardmäßig das Editieren übernehmen sollen und diese Entscheidung beim Start der Programme überprüft wird;

- wo sich der Speicherort der Webkomponenten befindet. Hinter dem Begriff *Webkomponenten* verbirgt sich die Erstellung interaktiver Webseiten.

Abbildg. 30.5   Dies ist das Dialogfeld zu den wichtigsten Weboptionen: Wie geht das Programm mit Dateien um?

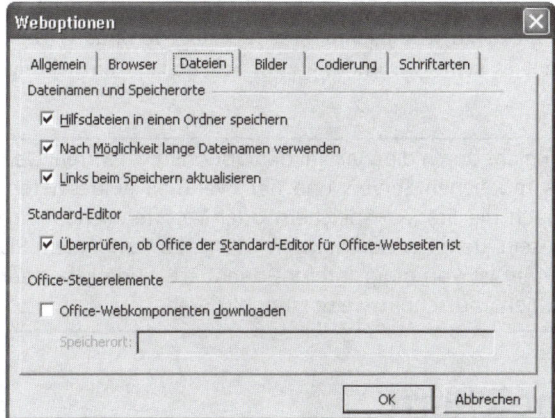

HINWEIS   In keinem Falle dürfen Sie den Namen des Hilfsorders im Windows-Explorer verändern oder den Ordner verschieben. Auch die Dateien im Ordner sind hinsichtlich der Namensgebung »tabu«, was vor allem dann ärgerlich ist, wenn Sie Ordnung bei etwa enthaltenen Bilddateien schaffen wollen. Windows ab Version 2000 bzw. XP löscht beim Entfernen des Ordners mit dem Zusatz *Dateien* die zum Paar gehörende *HTML*-Seite mit und umgekehrt und warnt standardmäßig (das ist eine Einstellung der Ordner-Optionen des Windows-Explorers) vor dem *Umbenennen*. Ordner ohne Namenszusatz (keine langen Dateinamen zugelassen) verhalten sich nicht so.

Registerkarte *Bilder*

Verhältnismäßig kurz kann die Erläuterung der Registerkarte *Bilder* ausfallen. Hier geht es darum, in *Excel* eingefügte Bilder so abzulegen, dass die Internet-Tauglichkeit der Dateien nicht durch eine zu hohe Pixeldichte (Auflösung) beeinträchtigt wird. Bildschirmauflösungen verlangen keine Fotoqualität und können daher Dateien »vertragen«, die relativ »schlank« sind.

Datenaustausch mit anderen Anwendungen

Registerkarte *Codierung*

Die Registerkarte *Codierung* ist verantwortlich für die korrekte Wahl des Zeichensatzes beim Speichern der *HTML*-Seite. Sicherlich haben Sie im Internet schon Seiten ausländischer Anbieter gesehen, deren Sprache nur deshalb schwer zu lesen ist, weil die Seiten etwa auf einem Rechner mit slawischen Zeichensätzen (Einstellung des Betriebssystems) erstellt wurden. Dabei wurde nicht beachtet, dass Browser nur unter Umständen die Codierung automatisch erkennen. Dem können Sie unter *Excel* vorbeugen: Arbeitsmappen oder ihre Auszüge bieten, falls sie bereits gespeichert wurden, ihre Codierung an (erstes Kombinationsfeld des Dialogfelds) und gestatten (im zweiten Kombinationsfeld) mögliche Korrekturen. Probieren Sie im Bedarfsfall die Wirkung des Lade- und Speichervorgangs mit einer Test-Mappe Ihrer Wahl, die Umlaute enthält, aus. Beobachten Sie dann die Resistenz der *HTML*-Seiten, indem Sie im Internet Explorer die Codierungen wechseln.

Registerkarte *Schriftarten*

Die Registerkarte *Schriftarten* der *Weboptionen* erinnert an die Einstellungen des Internet Explorers. Allerdings bleiben Änderungen der Einstellungen in diesem Dialogfeld ohne Wirkung auf die bearbeitete HTML-Seite. Auch gibt es keine Verbindung zum Schriftarten-Einstellungsdialogfeld des Internet Explorers.

> **HINWEIS**   Lassen Sie sich nicht durch die Vielzahl der Optionen verwirren. Denken Sie daran: Wichtig ist die Kenntnis des möglichen Servers und der eventuell eingesetzten Browser. Sind diese Dinge klar, so muss noch die Frage: »Speichern oder Veröffentlichen?« geklärt werden. *Speichern* sollte ein Vorgang sein, der eher dem lokalen Computer bzw. einem Platz im Intranet vorbehalten ist. *Veröffentlichung* ist vorrangig Internet-orientiert, findet aber auch im Intranet Anwendung, wenn es darum geht, ausschnittsweise zu publizieren.

Als Webseite speichern

Sicher warten Sie nach diesen vielen, aber notwendigen Vorbemerkungen ungeduldig darauf, Ihre erste Arbeitsmappe als »Webseite« zu speichern.

Der Vorgang, der durch den Menübefehl *Datei/Als Webseite speichern* eingeleitet wird, ist im Dialogfeld schlecht beschrieben. Wie Sie den obigen Informationen entnommen haben, kann es sich allenfalls bei einer Mappe, die einzig aus einem einzelnen Arbeitsblatt besteht, im Endergebnis um eine einzelne Webseite handeln.

Aus jedem gewählten Arbeitsblatt entsteht die jeweilige *HTML*-Seite, eine Frames-Seite wird alles zusammenfassen. Hinzu kommen Bilder, Styles-Dateien, Dateien mit Informationen zu VBA-Projekten u.a.

Am besten testen Sie den Vorgang einmal praktisch:

Legen Sie eine neue Arbeitsmappe an und füllen Sie diese mit Inhalt Ihrer Wahl. Nun rufen Sie den Menübefehl *Datei/Als Webseite speichern* auf. Sie sehen das Dialogfeld wie in Abbildung 30.6 dargestellt.

Abbildg. 30.6 Dieses Dialogfeld ist der Start zum Speichern einer Arbeitsmappe im HTML-Format. Aber auch das Veröffentlichen dieser Mappe oder ihrer Teile beginnt an dieser Stelle.

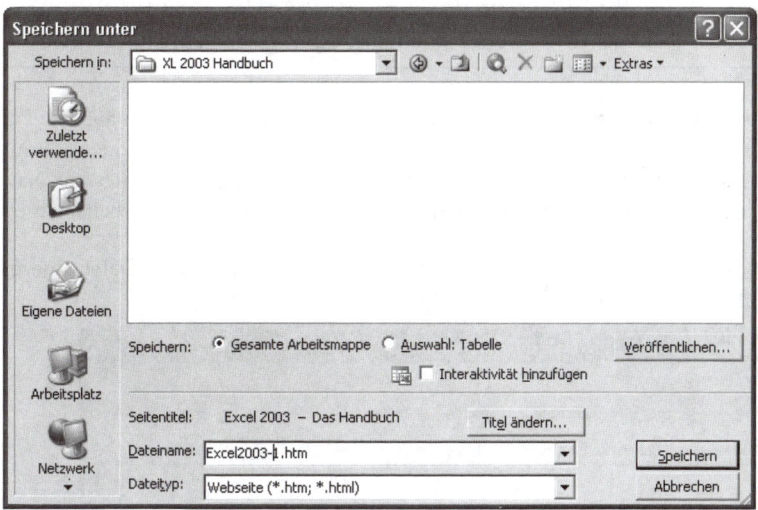

HINWEIS   Sollten Sie den Zugang über den Menübefehl *Datei/Speichern unter* bevorzugen, gelangen Sie nicht sofort in die Situation aus Abbildung 30.6; diese stellt sich mit der Wahl des Dateityps *Einzelnes Webarchiv (*.mht; *.mhtml)* bzw. *Webseite (*.htm; *.html)* ein.

Was unter dem Seitentitel einer *HTML*-Datei zu verstehen ist, haben Sie in den Ausführungen zu *HTML* gelesen. Es ist nicht der Dateiname, sondern das, was in der Titelleiste des Browsers angezeigt wird. Die Änderung dieses Titels geschieht über die entsprechende Schaltfläche, eine Untersuchung des Quellcodes und seine manuelle Änderung ist also nicht notwendig.

WICHTIG   Beachten Sie, dass beim Speichervorgang nach endgültiger Wahl des Datei-namens im Falle von

- *Einzelnes Webarchiv* eine einzige Datei entsteht (von der Dateigröße her nicht ganz unab-hängig von eingestellten Browser-Weboptionen), die von *Excel* weiterhin editiert und im Internet Explorer vorgeführt werden kann. Ein gesondertes Speichern als XLS-Datei kann und sollte entfallen. Diese beiden Vorgänge des Editierens und Anschauens entsprechen den Ein-trägen *Bearbeiten* bzw. *Öffnen* des Kontextmenüs, welches sich beim Klick mit der rechten Maustaste auf die Datei im Ordner ihres Bestehens zeigt;

- *Webseite* eine Menge von Dateien entsteht. Hat eine Arbeitsmappe (Standard: drei Tabellen-blätter) wenigstens ein nichtleeres Arbeitsblatt hinter dem ersten, so entstehen im Zusatzord-ner mindestens sechs Dateien (drei für die Blätter, eine zur Navigation zwischen den Blättern, eine CSS-Datei und eine XML-Datei zur Verwaltung). Diese werden bei der Anzeige durch eine Frames-Seite, die den Namen hat, den Sie beim Speichern angeben, verwaltet. Ist nur das erste Tabellenblatt nicht leer, so entsteht keine Frames-Seite, im Zusatzordner befindet sich mindestens die XML-Datei. Das nicht leere Arbeitsblatt wird in der Datei mit dem von Ihnen vergebenen Namen selbst gespeichert. Diese Informationen sind für alle die Anwender wichtig, die mit anderen Editoren als *Excel* den Webseiten weiteres Layout (Corporate Design) oder Funktionalität (durch Scripting) mitgeben möchten. Das Handling des *Bearbeitens* und

Öffnens funktioniert wie im Falle der Webarchive per Klick auf die Datei, der Sie den Namen im Dialogfeld aus Abbildung 30.6 gegeben haben. Auch im Falle dieser Art der Webseitenspeicherung sollte das gesonderte Speichern als XLS-Datei nicht erfolgen, um Redundanz und damit das Nebeneinander verschiedener »Originale« zu vermeiden.

Wenn Sie Ihre Arbeitsmappe im Browser anschauen wollen, können Sie das aus *Excel* mit Hilfe des Menübefehls *Datei/Webseitenvorschau* tun oder aber den Doppelklick auf die Datei im Windows-Explorer versuchen. Sie sehen etwas wie in Abbildung 30.7, wobei die Reiter zur Navigation nur dann erscheinen, wenn nach dem »Deckblatt« wenigstens ein nicht leeres Arbeitsblatt kommt.

Abbildg. 30.7   Webseitenvorschau per Knopfdruck. Doch Achtung: Es wird eine Kopie Ihrer Datei angezeigt, die sich in einem temporären Verzeichnis befindet

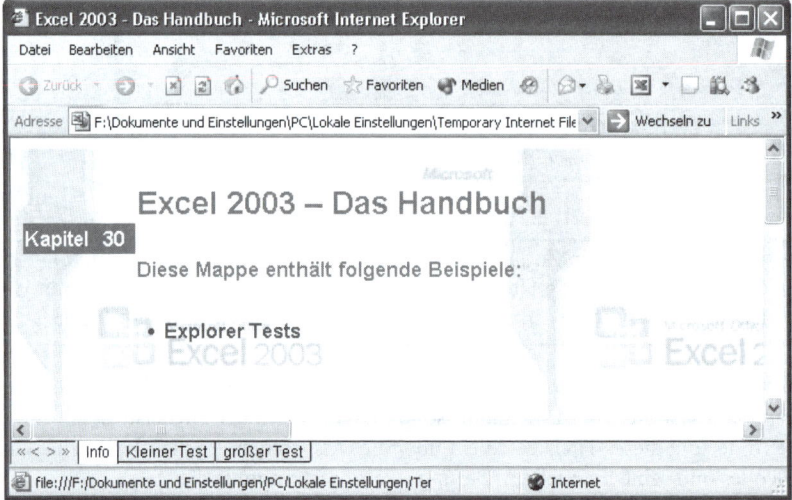

Das Navigieren im Browser ist selbsterklärend. Der Klick auf die Reiter zeigt die entsprechende Tabelle.

Nochmals: Sie haben die Arbeitsmappe webfähig gespeichert, mehr ist nicht zu tun. Der Zugriff auf die Datei durch *Excel* öffnet diese so, als ob es eine im XLS-Format wäre. Auch wenn dieser Zugriff über die *Excel*-Schaltfläche im Internet Explorer (Abbildung 30.7 oben rechts) geschieht.

WICHTIG   Haben Sie auf Ihren Arbeitsblättern Steuerelemente zur Automatisierung per VBA aufgezogen, funktionieren diese im Browser nicht, auch nicht im Internet Explorer. Hierzu sind Skript-Erweiterungen der *HTML*-Seiten notwendig, die allerdings nicht ganz einfach sind und deren Behandlung den Rahmen dieses Handbuches sprengen würde.

Haben Sie den Zugang zum Browser über den Menübefehl *Datei/Webseitenvorschau* gewählt, so wird ein Duplikat Ihrer Arbeitsmappe (denn es ist eine, trotz oder gerade wegen des speziellen *HTML*-Formats) in einem temporären Ordner angelegt. Wie Sie wissen, erneuert der Browser die Anzeige von *HTML*-Seiten nicht automatisch. Ändern Sie also Ihre Berechnungen, so werden diese Änderungen im eventuell noch geöffneten Browserfenster nicht sichtbar. Ein Aktualisieren bleibt ohne Wirkung, selbst wenn Sie vorher speichern. Sie müssen also die Webseitenvorschau per Menü erneut aufrufen.

Das ist nicht so, wenn Sie die Ansicht aus dem Windows-Explorer per Doppelklick aktivieren. Hier zeigt sich der aktuelle Stand nach Speicherung unter *Excel* und Aktualisierung im Browser.

Durch die Speicherung im temporären Verzeichnis kann es dazu kommen, dass Hyperlinks in andere Dokumente nicht funktionieren, da die Pfadangaben nicht korrekt sind. In solchen Fällen ist unbedingt der Doppelklick im Windows-Explorer und nicht der Weg über das integrierte Menü zum Testen zu nutzen.

Webarchive anlegen

Sie haben nun zwei Varianten zum Erzeugen von Webseiten kennen gelernt: Webarchive (eine einzige Datei) oder zahlreiche Webseiten, ggf. in einen Hilfsordner gespeichert. Wie sollten Sie sich entscheiden?

Für Webseiten im Allgemeinen sprechen in jedem Fall die Unabhängigkeit des Dateiformats und damit der Zugriff auf die Informationen an beliebigem Ort und »nur« mit einem Browser.

Für Webarchive spricht:

- Bewahrung von Übersichtlichkeit und vor Fehlern, die etwa beim unbeabsichtigten Löschen von »Hilfsdateien« (dieser Ausdruck ist so eigentlich nicht korrekt, denn es handelt sich um notwendige Bestandteile) entstehen können.

- Die unproblematische Übertragung der Dateien an andere Rechner und Personen mittels Diskette, CD, durch einfaches Kopieren im Netz oder einfach per E-Mail (leider weigert sich Outlook ab Version 2002, solche Anhänge durchzulassen, da in ihnen Skripte enthalten sind. Man muss die Datei in ein Zip-Archiv einpacken oder die Sicherheitseinstellungen für Outlook ändern).

Gegen Webarchive spricht:

- Das Vorhandensein des Internet Explorers ist notwendig.

- Große Dateien führen zu langen Ladezeiten im Netz.

- Die einzelnen Bestandteile der Arbeitsmappe lassen sich nicht ohne weiteres mit *Excel*-fremden Mitteln (also anderen *HTML*-Editoren wie *FrontPage* oder Bildbearbeitungsprogrammen) bearbeiten.

Veröffentlichen von Arbeitsmappen oder ihren Teilen

Nachdem alles so wunderbar funktioniert, weshalb noch veröffentlichen?

Veröffentlichen bedeutet immer das Erstellen einer Kopie. Dies kann eine Kopie der gesamten Arbeitsmappe sein, oder nur einzelner Teile (Tabellenblätter, markierte Zellen, Diagramme). Ziel ist immer, die Pflege der »Urdaten« in *einem* Original (lokal oder auch auf fremdem Rechner) zu erleichtern. Dieses Original kann als XLS-Datei, als HTM-Datei mit Hilfsdateien oder als MHT-Datei vorliegen. Alle drei leisten hinsichtlich der Pflege unter *Excel* das gleiche, nur das Verhalten in einem Browser unterscheidet sich. Es spricht also zunächst wenig dagegen, Kopien dieser Datei individuell in den genannten Formaten weiterzugeben. Nur, sollen verschiedene Nutzer bedient werden, so ist für jeden ein Original zu erstellen. Deshalb heißt die Lösung veröffentlichen.

Das Veröffentlichen beginnt ebenfalls mit dem Menübefehl *Datei/Als Webseite speichern* und dem Dialogfeld aus Abbildung 30.6. Haben Sie beim ersten Aufruf des Dialogfelds nur eine einzelne Zelle markiert, so wird automatisch angeboten, die gesamte Mappe als *Mappe1.htm* zu speichern. Genau genommen handelt es sich dabei um das gewöhnliche Speichern im *HTML*-Format. Entscheiden Sie sich in Abbildung 30.6 für die Option *Auswahl: Tabelle*, so verbirgt sich dahinter das gesamte aktive Arbeitsblatt. Der vorgeschlagene Dateiname heißt dann allerdings *Seite.htm*. Damit ist eine Verwechslung von *Speichern* und *Veröffentlichen* ausgeschlossen.

Sind Sie mit einer mehrzelligen Markierung in das *Speichern unter*-Dialogfeld gegangen, so wird die Auswahl in der entsprechenden Option auch angezeigt. Wieder ist der Dateinamensvorschlag *Seite.htm*.

WICHTIG   Denken Sie stets daran, dass Veröffentlichen eben nur den gewünschten Teil betrifft. Sollen die anderen Ergebnisse der Arbeit permanent zugänglich gemacht werden, ist die Mappe als Ganzes extra zu speichern. Insofern ist der Eintrag auf der Schaltfläche *Speichern* etwas unglücklich, da bei Auswahl von Teilen der Mappe nur diese gespeichert (genau genommen veröffentlicht) werden.

Durch VBA erzeugte Funktionalität der veröffentlichten Elemente funktioniert im Browser nicht.

Haben Sie Teile der Mappe bereits veröffentlicht, so wird bei Anzeige des Dialogfelds aus Abbildung 30.6 nach vorheriger Markierung dieser Teile der bereits verwendete Dateiname automatisch angezeigt. Lassen Sie diesen unverändert, so fragt das Programm (leider nicht zuverlässig) nach, ob der aktuelle Stand die vorhandene Datei ersetzen soll, oder aber, ob ein Anfügen gewünscht wird. Dadurch gelingt ggf. die zeitliche Protokollierung von Daten.

Wollen Sie mehr Kontrolle über den Vorgang der Veröffentlichung, so empfiehlt sich der Klick auf die Schaltfläche *Veröffentlichen* in Abbildung 30.6. Sie gelangen danach in ein Dialogfeld, wie in Abbildung 30.8 gezeigt.

Abbildg. 30.8 Kontrolle über das Veröffentlichen behalten – das ist Aufgabe des Benutzers. Jedoch stellt Excel die benötigten Hilfsmittel zur Verfügung.

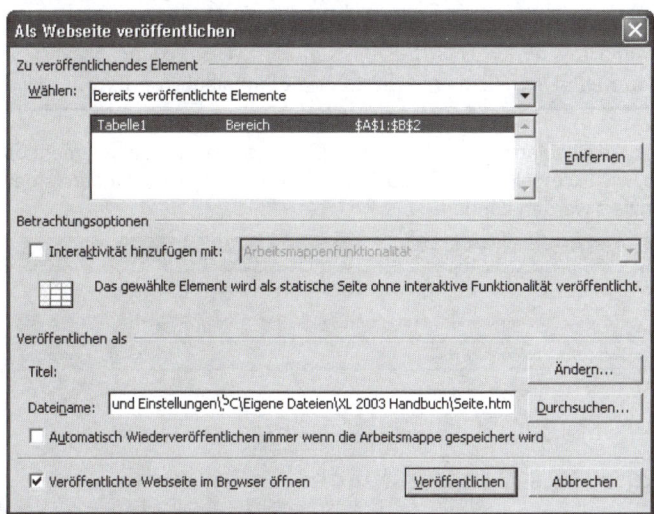

Zunächst wird in einem Kombinationsfeld angeboten, Elemente zur Veröffentlichung auszuwählen. Bei den bereits veröffentlichten Elementen kann die Auswahl aus einem Listenfeld erfolgen. Dieses Listenfeld kann mit Hilfe der Schaltfläche *Entfernen* auch verwaltet werden.

Betrachtungsoptionen ist sicher kein schöner Begriff. Es verbirgt sich dahinter die Wahl möglicher interaktiver Umsetzung durch Webkomponenten. Weiter unten in diesem Kapitel erfahren Sie mehr hierzu.

Sie haben weiter die Möglichkeit der Anpassung des Titels der Seite sowie des Speicherorts. Die mögliche Vorschau geschieht anders als bei der Webseitenvorschau (Menü *Datei*) nicht aus einem temporären Verzeichnis heraus, sondern zeigt nach dem Veröffentlichen über die entsprechende Schaltfläche das Ergebnis selbst in Ihrem Standardbrowser.

Die mögliche automatische Wiederveröffentlichung beim Speichern der Mappe sorgt für Zuverlässigkeit. Der Speicherort selbst wird passend zum veröffentlichten Element in der Mappe hinterlegt. Damit erhalten auch Mitarbeiter im Team, die *Excel* im Sinne von Formulareingaben benutzen, entsprechende Vorteile der Veröffentlichung.

Mit Webkomponenten interaktiv veröffentlichen

Sicher ist Ihnen das Kontrollkästchen zur Interaktivität in Abbildung 30.6 bzw. sein Pendant in Abbildung 30.8 aufgefallen. Interaktivität bedeutet eine von drei Möglichkeiten:

■ Speichern der ausgewählten Elemente mit *Arbeitsmappenfunktionalität*: Hier wird eine *HTML*-Seite erzeugt, die die Webkomponente *Spreadsheet* enthält. Sie sehen ein Beispiel in Abbildung 30.9. Die Bedienung dieser Komponente ist außerordentlich intuitiv und erfolgt über die Symbolleiste bzw. den Klick mit der rechten Maustaste. Durch das Dialogfeld *Befehle und Optionen* lässt sich das Aussehen des arbeitsmappenähnlichen Steuerelements anpassen.

PROFITIPP

> Die Anpassung erfolgt nur in der aktuellen Ansicht im Internet Explorer. Es werden keinerlei Informationen an den die Seite beherbergenden Server geschickt. Dies bedeutet, dass beim Aktualisieren der Seite das Steuerelement wieder so erscheint, wie es vom Autor der Seite vorgesehen war. Durch Skripterweiterungen der HTML-Seite könnten verschiedene Szenarien für den Betrachter vorbereitet werden. Das fällt aber nicht unter die Aufgaben von Excel.

Abbildg. 30.9 Anzeigen von interaktiven Arbeitsblättern auf Webseiten. Das eingesetzte Steuerelement *Spreadsheet* verhält sich fast genau so, wie Excel selbst. Das ist auch der Grund, weshalb die Steuerelemente nur mit Office-Programmen lizenziert werden können.

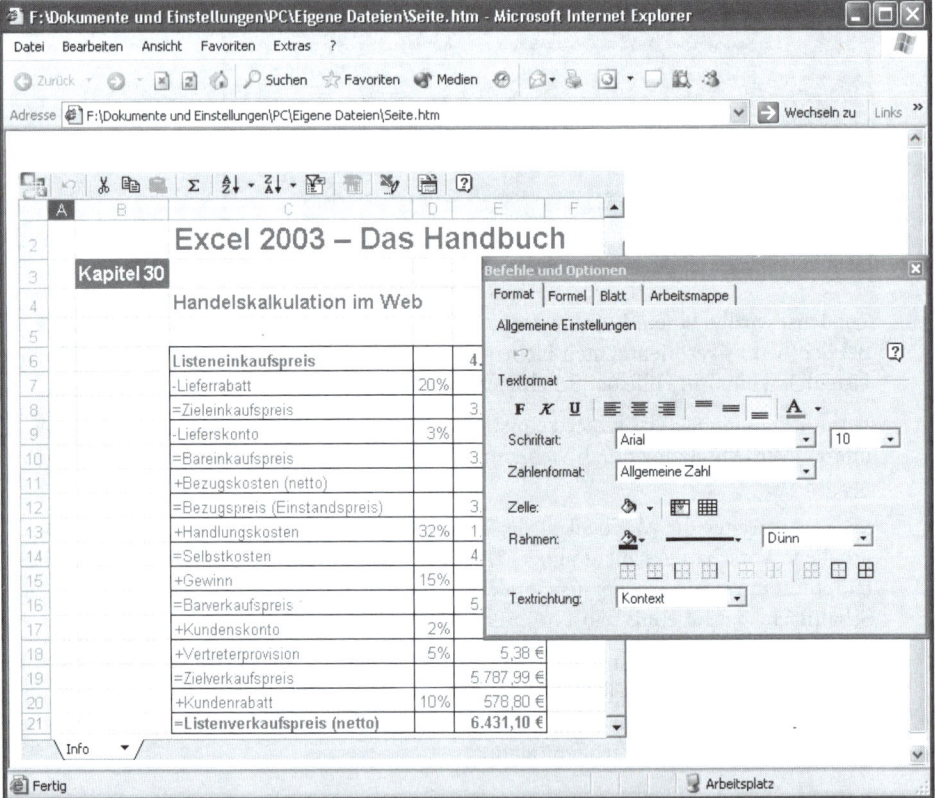

- Speichern der ausgewählten Elemente mit Diagrammfunktionalität: Hier entsteht im Ergebnis eine Webseite, auf der die Webkomponente *Chart* das vorher ausgewählte Diagramm (mehr zur Erstellung von Diagrammen können Sie dem Kapitel 17 und dem Kapitel 18 entnehmen) darstellt und die Webkomponente *Spreadsheet* die notwendigen Daten bereithält. Damit ist die interaktive Was-wäre-wenn-Analyse mit Datenszenarien und dem sich ändernden Diagramm online möglich. Auch hier werden keine Manipulationen an den Server geschickt.

- Speichern einer ausgewählten Pivot-Tabelle (mehr zum Erstellen von Pivot-Tabellen können Sie in Kapitel 24 nachlesen) mit PivotTable-Funktionalität: So entsteht eine Webseite, auf der sich das Steuerelement *PivotTable* befindet, welches sich im Wesentlichen so bedienen lässt, wie Sie es von den *Excel* Pivot-Tabellen her gewöhnt sind.

Auf die detaillierte Beschreibung der beiden letzten Webkomponenten muss in diesem Handbuch aus Platzgründen verzichtet werden. Ein Beispiel zu Diagrammen finden Sie im Abschnitt zu FrontPage im Kapitel 29. Außerdem gibt es auf der CD zu diesem Buch im Ordner \Buch\Kap30\Beispieldateien\Webkomponenten eine Datei, welche Beispiele für den Export mit Interaktivität beinhaltet.

TIPP   Wollen Sie ohne großen Aufwand Pivot-Tabellen auf Webseiten in Aktion sehen, so suchen Sie im Ordner *Eigene Dateien\Eigene Datenquellen* nach einer Datei mit der Endung *.odc* (*Office Data Connection*). Ist keine vorhanden, so lässt sich mit *Neue Datenquelle erstellen* im Dialogfeld zum Menübefehl *Daten/Externe Daten importieren/Daten importieren* von *Excel* eine Verbindung zur *Nordwind*-Datenbank im Ordner *SAMPLES* des Installationsverzeichnisses von *Office* oder zu einer *Excel*-Tabelle Ihrer Wahl einrichten. Der Doppelklick auf eine ODC-Datei öffnet eine Webseite mit *PivotTable*-Steuerelement.

Das Dialogfeld *Befehle und Optionen* erlaubt die Anpassung der Webkomponenten einer Seite auf dem Client. Damit lassen sich Seiten, z.B. vor dem Druck, entsprechen einrichten. Die größere Bedeutung dieser Dialogfelder liegt allerdings im Einsatz der Webkomponenten unter FrontPage, da so ohne Excel zu benutzen eine individuelle Anpassung während des Entwurfs einer Seite gelingt. Damit ergeben sich weit mehr Möglichkeiten, als sie durch Veröffentlichen unter Excel sichtbar sind.

Auch fällt der Export durch Veröffentlichung unter Excel im Wesentlichen unkontrolliert aus. Eine Anpassung der Webseiten kann mit Hilfe des Skript-Editors geschehen, den Sie unter dem Menübefehl *Extras/Makro* von Excel finden und der allen Office-Anwendungen zur Verfügung steht. Jedoch ist die Anpassung alles andere als trivial, da die Daten für die Webkomponenten im XML-Format gespeichert werden, was die Lesbarkeit des Quellcodes stark beeinträchtigt.

PROFITIPP

Für Anwender mit Erfahrung beim Gestalten von Webseiten mittels VBScript oder JavaScript ergeben sich riesige Anwendungsgebiete, da die Webkomponenten genau so wie die Programme der *Office*-Suite über ein überwältigendes Objektmodell verfügen. Dieses erlaubt den Einsatz nicht nur auf Webseiten, sondern auch auf benutzerdefinierten Formularen sowie Windows-Formularen, die sich mit anderen Entwicklungswerkzeugen erstellen lassen. Ein Buch, was sich in diesem Zusammenhang »wie ein Krimi« liest, muss empfohlen werden: »Dave Stearns, Programming Microsoft Office 2000 Web Components«, erschienen bei Microsoft Press bereits 1999 und immer noch beeindruckend.

Ein wichtiger Tipp zum Schluss dieses Abschnitts: Die Symbolleisten der Webkomponenten beinhalten das *Excel*-Symbol. Dadurch gelingt die Rückübertragung der Informationen in eine *Excel*-Arbeitsmappe auf dem Arbeitsplatzrechner. Somit steht der Verteilung von lauffähigen *Excel*-Anwendungen im Web nichts im Wege. Mit einer Ausnahme: VBA-Projekte lassen sich auf Webseiten nicht veröffentlichen. Damit entfällt auch die Verwendung von Steuerelementen auf Arbeitsblättern, die für eine Veröffentlichung vorgesehen sind. Besteht der Anwender auf deren Funktionalität, so ist alles Notwendige per Skript auf der *HTML*-Seite nachzubilden – ein Aufwand, der genau überlegt sein will.

Wie kommen die Veröffentlichungen ins Web?

Nach so vielen Versuchen auf dem Arbeitsplatzrechner harrt nur noch eine Frage der Beantwortung: Wie kommen die veröffentlichten Elemente ins Web?

Sie sollten dazu zwei Fälle betrachten: Intranet und Internet. Ein dritter Fall ergibt sich aus den *Freigegebenen Arbeitsbereichen* und veröffentlichten Listen, zwei neuen Features von Office System 2003, die weiter unten in diesem Kapitel besprochen werden.

Veröffentlichen im Intranet

Im Intranet gibt es im Prinzip mindestens drei Varianten des Speicherns bzw. Veröffentlichens:

- Sie haben Zugriffsrechte, die dateibasiert orientiert sind und wählen den Speicherort beim Speichern bzw. Veröffentlichen einfach aus. Dabei werden dann von Ihnen ggf. Ihre Nutzerkennung sowie ein Passwort verlangt.

- Sie nutzen *FrontPage* zur Veröffentlichung, wenn der Web-Server mit den *FrontPage*-Servererweiterungen versehen ist. Dazu legen Sie unter *FrontPage* ein Web an, welches die durch *Excel* erstellten Dateien mit aufnimmt (oder nur aus diesen besteht) und veröffentlichen dieses Web mit den in *FrontPage* verfügbaren Mitteln (Menübefehl *Datei/Web veröffentlichen*).

- Sie verwenden die Speicher-Möglichkeiten von *Office* auf FTP-Sites (FTP steht für File Transfer Protocol). Dazu erscheint in der Adressleiste des *Speichern unter*-Dialogfelds ein Eintrag wie in Abbildung 30.10. Diesen nutzen Sie direkt oder richten eine neue FTP-Verbindung ein. Achten Sie in diesem Fall darauf, dass die automatische Anzeige der Datei im Browser (vgl. Abbildung 30.8) nicht sofort funktioniert, da das FTP-Protokoll in der Adresse erscheint. Sie müssen dieses nur zu HTTP ändern.

Abbildg. 30.10   FTP-Adressen – Bestandteil des *Speichern unter*-Vorgangs

Veröffentlichen im Internet

Die Veröffentlichung im Internet ist abhängig vom Provider, den Sie nutzen. Dieser stellt unter Umständen ein FTP-Programm zur Verfügung. Im Internet finden Sie kostenlose Programme, die nach der Art des Windows-Explorers arbeiten. Hat Ihr Provider auf dem Server die FrontPage-Servererweiterungen installiert, so können Sie auch FrontPage-Webs zum Veröffentlichen (Upload) benutzen. Und schließlich haben Sie den komfortablen Office FTP-Zugang, wie in Abbildung 30.10 gezeigt.

Document Sharing in freigegebenen Arbeitsbereichen

Dieser Abschnitt wendet sich in erster Linie an Mitarbeiter mittlerer und größerer Unternehmen. Ursache dafür ist, dass der Heimnutzer in eher seltenen Fällen über die technischen Voraussetzungen zur Nutzung so genannter *Freigegebener Arbeitsbereiche* verfügt. Und für Mitarbeiter kleinerer Unternehmen besteht aus organisatorischen Gründen nicht unbedingt die Notwendigkeit, die vorgestellten Methoden der gemeinsamen Dokumentnutzung anzuwenden. Wer von Ihnen bereits bisher die Möglichkeiten des Arbeitens unter SharePoint Team Services bzw. SharePoint Portal Server genutzt hat, wird begeistert sein, dass mit den neuen Techniken von Windows SharePoint Services bzw. Office SharePoint Portal Server 2003 die Integration der Office-Anwendungen ein Niveau erreicht, auf welchem es wirklich Spaß macht, *Document Sharing* im Team umzusetzen.

Die technischen Voraussetzungen

Da die neuen Möglichkeiten .NET-basiert funktionieren, ist es notwendig, auf dem als Server des Intranets fungierenden Computer (oder zu Übungszwecken auf dem lokalen Rechner) das neueste Betriebssystem Windows Server 2003 installiert zu haben. *Document Sharing* im o.g. Sinne setzt außerdem voraus, dass auf dem Server der Internet Information Server 6.0 aktiviert und Windows SharePoint Services installiert wurden.

> **HINWEIS**   Inzwischen gibt es zahlreiche Provider, die zu verschiedenen Kosten SharePoint Services im Internet anbieten.

Die Verwaltung des letzten Dienstes kann hier ebenso wenig wie die Anpassung der Seiten im Detail beschrieben werden. Wichtig ist, dass mit der Menübefehlsfolge *Start/Verwaltung/SharePoint-Zentraladministration* ein Web-basierter Zugriff unter Nutzung des Internet Explorers auf die Administrationsseiten der Teamwebsite (das ist der vergebene Standardname) gelingt, deren Bedienung außerordentlich intuitiv erfolgen kann. Damit der einzelne Websitenutzer an den Diskussionen beteiligt werden kann, ist er durch den Administrator in eine der folgenden vier Gruppen mit Zugangsnamen und Passwort aufzunehmen:

- *Leser*: Haben nur Lese-Zugriff auf die bestehende Website.

- *Teilnehmer*: Können Inhalte zu bereits bestehenden Listen oder Dokumentbibliotheken hinzufügen.

- *Webdesigner*: Können Listen oder Dokumentbibliotheken erstellen sowie Seiten anpassen. Diese Stufe erlaubt noch nicht das Einrichten freigegebener Arbeitsbereiche. Hierzu muss durch den Administrator die entsprechende Einstellung am Server vorgenommen werden.

- *Administrator*: Haben volle Kontrolle über die Website.

Einen Dokumentarbeitsbereich auf dem Server einrichten

Der Zugriff auf die Teamwebsite erfolgt aus *Excel* heraus. Sie müssen also die gewohnte Arbeitsumgebung nicht mehr verlassen, um Ihre Ergebnisse über Umwege Datei- oder Web-basiert bekannt zu machen. Insbesondere entfällt auch das eher aufwändige Verschicken per E-Mail, da Mitglieder der Arbeitsbereiche, die durch den Initiator des Dokumentarbeitsbereichs benannt werden, automatische Mitteilungen über Einrichtung und Änderungen erhalten. Und so können Sie vorgehen:

1. Erstellen Sie zuerst eine Arbeitsmappe Ihrer Wahl und speichern Sie diese lokal, also auf ihrem Arbeitsrechner ab. Es ist unerheblich, ob Sie die Datei im *Excel*-Format oder als Webarchiv abspeichern. Nur der Einsatz von einzelnen *HTML*-Seiten ist nicht geeignet.

2. Lassen Sie sich den Aufgabenbereich über den Menübefehl *Ansicht/Aufgabenbereich* anzeigen und wechseln Sie dort zu der Option *Freigegebener Arbeitsbereich*. Ist die Teamwebsite durch den Administrator eingerichtet, wird sie als Speicherort angezeigt, nachdem Sie wenigstens einmal über *http://domainname* darauf zugegriffen haben (Abbildung 30.11).

3. Den Namen für den Dokumentarbeitsbereich können Sie selbst festlegen, vorgeschlagen wird der Name der Arbeitsmappe. Mit Hilfe der Schaltfläche *Erstellen* beginnt die Bereitstellung. Damit diese erfolgreich verläuft, müssen Sie sich mit Ihren Benutzerdaten (die Sie ggf. vom Administrator erfahren) und einem gültigen Passwort anmelden.

4. Nach erfolgreicher Veröffentlichung werden alle Registerkarten des Aufgabenbereichs aktiv und es stellt sich ein Zustand nach Art von Abbildung 30.14 ein.

Abbildg. 30.11 Dokumente in freigegebenen Arbeitsbereichen ablegen – eine Sache von Sekunden. Danach stehen diese den Teammitgliedern zu Verfügung. Diese können Dokumente lesen und ggf. auch bearbeiten. Sie als Eigentümer behalten vom Arbeitsplatz aus die volle Kontrolle.

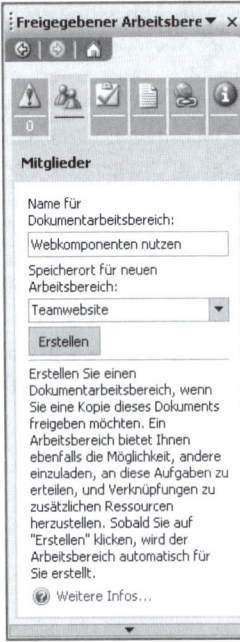

Sich an der Diskussion beteiligen

Um sich an der Diskussion in einem Arbeitsbereich zu beteiligen, gehen Sie im Internet Explorer zur Startseite Ihrer Teamwebsite und suchen dort den Weg über die Befehlsfolge *Dokumente und Listen/ Dokumentarbeitsbereiche* zum Arbeitsbereich Ihrer Wahl. Schneller geht es mit Angabe der Adresse *http://Servername/Arbeitsbereichsname*. Haben Sie eine Mitteilung per Outlook über die Einrichtung der neuen Seite erhalten, wird in dieser auch ein Link auf die Seite mitgeschickt.

Je nach den Ihnen vergebenen Rechten können Sie Dokumente öffnen, ansehen und ggf. auch ändern. Die Speicherung erfolgt dann direkt auf dem Server, wobei das dortige Dokument überspeichert bzw. in einer gesonderten Version abgelegt wird. Die Einstellung zur »Versionierung« ist vom Eigentümer vorzunehmen.

Wollen Sie dem Arbeitsbereich andere Dokumente hinzufügen, so kann das durch direktes Hochladen bereits existierender Dokumente auf der *Dokumentarbeitsbereichs-Webseite* selbst erfolgen. Später ist das auch aus der jeweiligen Anwendung heraus im Dialogfeld *Speichern unter* möglich, wenn Webordner unter der Befehlsfolge *Netzwerk/Freigegebene Dokumente auf* eingerichtet wurden.

Die Abbildung 30.12 zeigt den Stand der Dinge an einem Beispiel.

Abbildg. 30.12 Dokumentarbeitsbereiche auf der Teamwebsite – neben Dokumenten lassen sich Ankündigungen, Aufgaben und aktuelle Hyperlinks anbringen

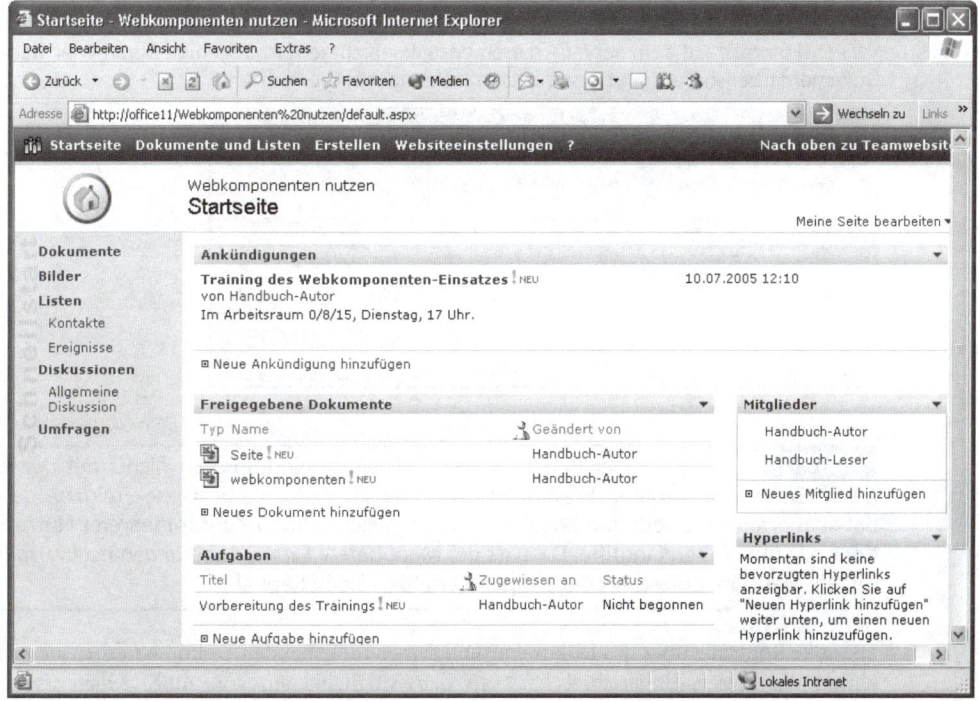

Die Kontrolle behalten

Den Überblick zu behalten ist sicher am Anfang nicht ganz einfach. Jedes Mal, wenn Sie die lokale Version Ihrer Arbeitsmappe öffnen, werden Sie nach Ihrem Aktualisierungswunsch hinsichtlich der Geschehnisse auf dem Server gefragt. Verwenden Sie dann die Schaltfläche *Nicht aktualisieren*, wenn Sie nicht sofort einen Dokumentabgleich »lokale Kopie gegen Serverkopie« durchführen möchten. Sie können die Aktualisierung jederzeit mit Hilfe des Befehls *Auf Aktualisierungen prüfen* nachholen.

> **HINWEIS** Nur derjenige, der den Dokumentarbeitsbereich eingerichtet hat, bekommt den Service der Aktualisierung angeboten. Auf bestehende Arbeitsbereiche hochgeladene zusätzliche (unterstützende) Dokumente sind vom Ersteller selbst zu beobachten.

Das Geschehen auf dem Server hängt von den Einstellungen ab, die Sie für Versionen vorgesehen haben: Jede Version kann von Berechtigten unter Belegung von zusätzlichem Speicherplatz auf dem Server extra gespeichert werden. Diese Einstellung ist nicht Standard, sondern muss auf der Website vorgenommen werden. Anderenfalls überspeichern die Änderungen die jeweils letzte Variante. Weiter oben wurde bereits beschrieben, wie Sie einer automatischen Aktualisierung beim Zugriff zuvorkommen.

Der Eigentümer hat die Kontrolle über die Versionen und kann diese ggf. selektiv auf dem Server löschen (Abbildung 30.13).

Abbildg. 30.13 Versionskontrolle auf dem Server – diesen Vorteil genießt jeweils derjenige Mitarbeiter, der den Dokumentarbeitsbereich mit einem ersten Dokument eingerichtet hat

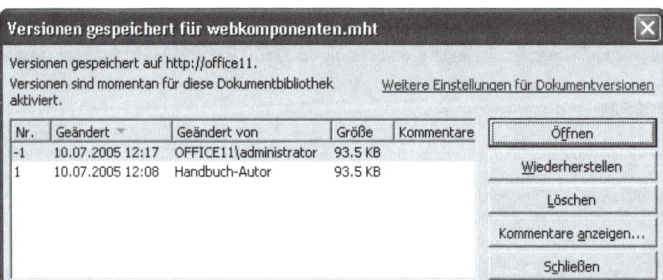

> **HINWEIS** Diese Art der Bereitstellung und »Versionierung« hat nichts mit der unter dem Menü *Extras* einrichtbaren Freigabe einer Arbeitsmappe zu tun. Diese Freigabe geschieht im dateibasierten Netzwerk und erlaubt auch den gleichzeitigen Zugriff mehrerer Nutzer sowie die Kontrolle über deren Eingriffe. Dazu ist der Menübefehl *Extras/Änderungen nachverfolgen* einzusetzen. Mehr über diese Art der Freigabe erfahren Sie in Kapitel 3.

Die volle Kontrolle über das Dokument und seinen umgebenden Dokumentarbeitsbereich übt derjenige, der diesen eingerichtet hat, mit den Möglichkeiten von *Aufgabenbereich/Freigegebener Arbeitsbereich* (Abbildung 30.14) aus.

Die Registerkarten aus Abbildung 30.14 bieten u.a. Folgendes:

- *Status*: Informiert über Fehler und Einschränkungen. Auch die Übereinstimmung Ihres Dokuments mit dem auf dem Server liegenden kann geprüft werden (*Updates downloaden*). Im Falle von Abweichungen während der Sitzung (die entstehen können, weil andere Teammitglieder am Dokument arbeiten bzw. gearbeitet haben) hält der Aufgabenbereich die Registerkarte *Dokumentaktualisierungen* bereit. Diese erlaubt jedoch kein komfortables Zusammenführen wie etwa unter *Word* oder auch *PowerPoint*, sondern nur den manuellen Abgleich.

- *Mitglieder*: Zeigt die Liste der Mitglieder des Arbeitsbereichs an und erlaubt das Zusammenspiel mit Outlook. Außerdem kann diese Liste direkt von hier verwaltet werden, ohne zur Website gehen zu müssen.

- *Aufgaben*: Listet bestehende Aufgaben und erlaubt das Hinzufügen neuer Aufgaben. Außerdem kann unter Wechsel auf die Website eingestellt werden, welche Art von Benachrichtigungen die Team-Mitglieder erhalten.

- *Dokumente*: Bietet eine ausführliche Dokumentverwaltung. Das zuerst hinzugefügte Dokument hat dabei einen gewissen Sonderstatus gegenüber den unter Umständen entstandenen unterstützenden Dokumenten. Fügen Sie als Initiator des Dokumentarbeitsbereichs hier unterstützende Dokumente hinzu, so können diese auf Wunsch hinsichtlich der Aktualisierungen wie das Stammdokument behandelt werden.

- *Hyperlinks*: Hier gelingt das Einfügen von Links auf thematisch mit dem Arbeitsbereich verbundene Internet- oder Intranet-Seiten.

- *Dokumentinformationen*: Beziehen sich auf das zuerst angelegte und damit dem Arbeitsbereich seine Bedeutung gebende Dokument. Hier finden Sie auch die direkte Versionskontrolle.

Abbildg. 30.14 Die volle Kontrolle über den Dokumentarbeitsbereich auszüuben – das ist Aufgabe dieser Ansichten des Aufgabenbereichs. Die Register beinhalten vielfältigste Funktionen: von der Kontaktaufnahme mit den Mitgliedern des Dokumentarbeitsbereichs über die Verteilung von Aufgaben bis zur Versionskontrolle.

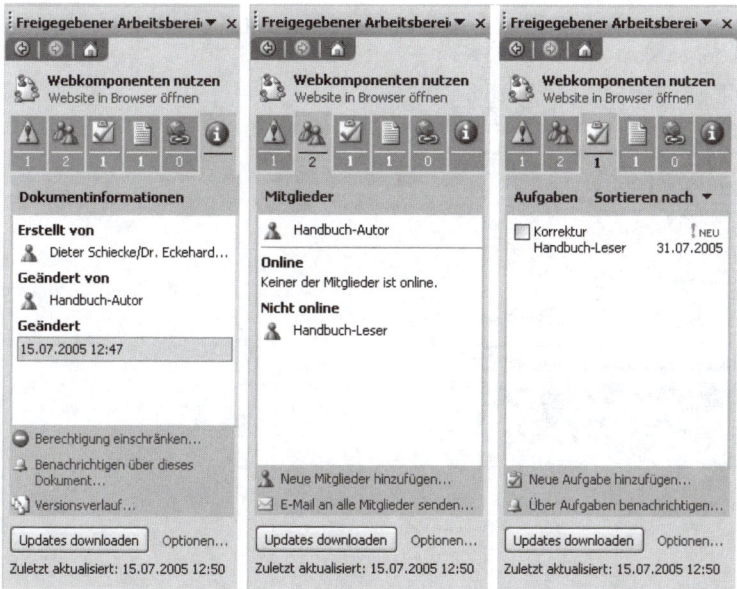

HINWEIS Wenn Sie die Verbindung des lokalen Dokuments zum Server trennen, so verlieren Sie die Kontrolle über das Dokument auf dem Server. Sie sollten dann auf keinen Fall den Arbeitsbereich neu einrichten. Wenn Sie (wie die anderen Teammitglieder) per Internet Explorer auf das Serverdokument zugreifen und es anschließend *über* das Dokument auf Ihrem Rechner speichern, werden Sie nach einem möglichen Verbindungsaufbau gefragt, den Sie nur bestätigen müssen. Sie haben dann unter der Befehlsfolge *Aufgabenbereich/Dokumentaktualisierungen* gewisse Möglichkeiten zum Feinabgleich, ein korrektes Zusammenführen wie unter *Word* ist in dieser Situation unter *Excel* offenbar nicht möglich.

Die eben beschriebene Methode des Anbindens lokaler Dokumente an Serverdokumente funktioniert nicht für hochgeladene unterstützende Dokumente, es sei denn, es bestand einmal eine Verbindung zum Dokumentarbeitsbereich.

Dienstoptionen einstellen

Wie *Excel* mit in Dokumentarbeitsbereichen hinterlegten »Stamm-Mappen« umgeht, lässt sich mit der Menübefehlsfolge *Extras/Optionen* auf der Registerkarte *Allgemein* über die Schaltfläche *Dienstoptionen* einstellen. Das erscheinende Dialogfeld erklärt sich auf Grund der weiter oben gegebenen Einführungen von selbst.

Listen veröffentlichen

Listen mit den Möglichkeiten eines sehr kontrollierten Umgangs mit den Daten über die Symbolleiste *Liste* sind ein neues Feature von Excel 2003. Mehr dazu lesen Sie in Kapitel 19.

Haben Sie Zugriff auf eine SharePoint Team Website, so bereiten Sie eine Liste mit Hilfe des Menüeintrags *Daten/Liste/Liste erstellen* nach dem Muster von Abbildung 30.15 vor.

Abbildg. 30.15 Typisch für als Listen deklarierte Daten ist der blaue Rahmen. Die passende Symbolleiste hilft bei allen Aktionen.

Über das Auswahlfeld *Liste* der Symbolleiste *Liste*, können Sie, sofern sich der Zellzeiger in der korrekten Datenmenge befindet, die Liste veröffentlichen. Ein Assistent wie in Abbildung 30.16 begleitet Sie.

Abbildg. 30.16 Wichtig ist hier die Möglichkeit der Verknüpfung zur veröffentlichten Liste

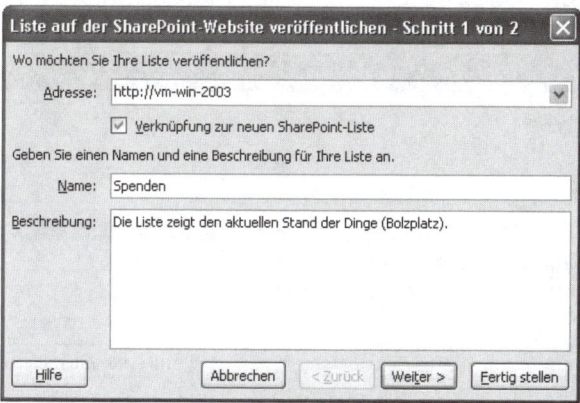

Haben Sie entsprechende Zugriffsrechte, wird der Erfolg der Veröffentlichung durch die Mitteilung aus Abbildung 30.17 quittiert.

Abbildg. 30.17 Die Verlinkung geschieht automatisch

Sie können den angezeigten Hyperlink verwenden oder später über den Befehl *Liste am Server anzeigen* der Symbolleiste *Liste* zur Website wechseln.

PROFITIPP

> Durch das Verknüpfen der Liste entsteht etwas wie Abfragen unter Query oder Webabfragen – ein externer Datenbereich, dessen Abfragedefinition allerdings fixiert ist.

Die in Abbildung 30.18 dargestellte veröffentlichte Liste finden Sie auf der Team Website auch unter *Dokumente und Listen/Listen/Name der Liste*. Die Liste lässt sich auf der Website durch berechtigte Mitglieder modifizieren und auswerten. Der Aufgabenbereich hält für die Auswertung wieder Excel als Arbeitsmittel bereit.

Datenaustausch mit anderen Anwendungen

Abbildg. 30.18 Veröffentlichte Listen sind durch berechtigte Teammitglieder modifizierbar und können auf der Webseite bzw. mittels verschiedener Office-Programme ausgewertet und weiter verarbeitet werden

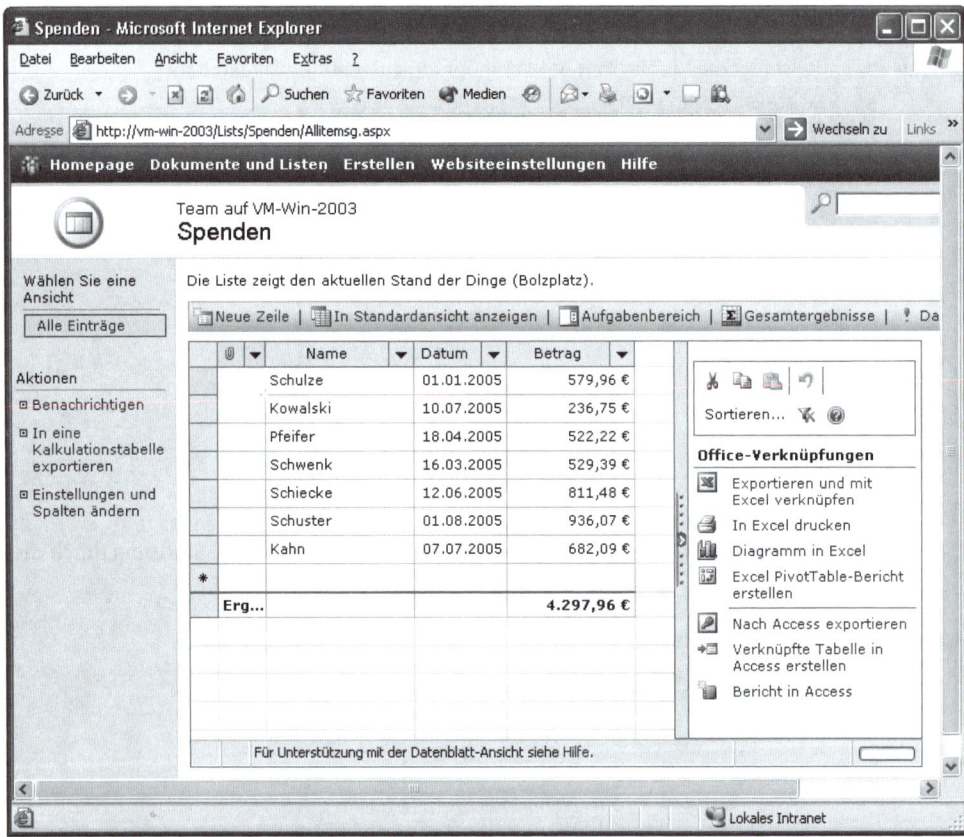

Durch die Auswertung mit Excel entstehen dann wiederum Verknüpfungen zur Liste im Web, die selbst als Listen in Excel behandelt werden können. Damit der Überblick nicht verloren geht, sind die Rechte der einzelnen Nutzer gut zu planen. Ansonsten gilt:

- Wer entsprechende Rechte und eine verknüpfte Liste unter Excel hat, kann diese durch den Befehl *Liste synchronisieren* auf dem Server aktualisieren.

- Der Befehl *Änderungen verwerfen und aktualisieren* holt die Daten des Servers in die geöffnete Mappe.

- Die Schaltfläche *Daten aktualisieren* auf der Webseite holt die aktuellen Daten des Servers in die Browser-Ansicht (da der Browser nicht von alleine aktualisiert).

- Versucht jemand, die Liste im Browser zu bearbeiten, benötigt er natürlich entsprechende Rechte, ansonsten erscheint eine Fehlermeldung und ein Dialogfeld zur Korrektur wird angezeigt (Abbildung 30.19). Eine ähnliche Meldung erscheint, wenn ein Anwender berechtigt eine Liste aus dem Browser nach Excel überführte und nun unberechtigt von dort aus versucht, die Liste auf dem Server zu manipulieren.

Abbildg. 30.19   Bedeutungsvoll: Korrekte Planung von Zugriffsrechten auf die Team Website

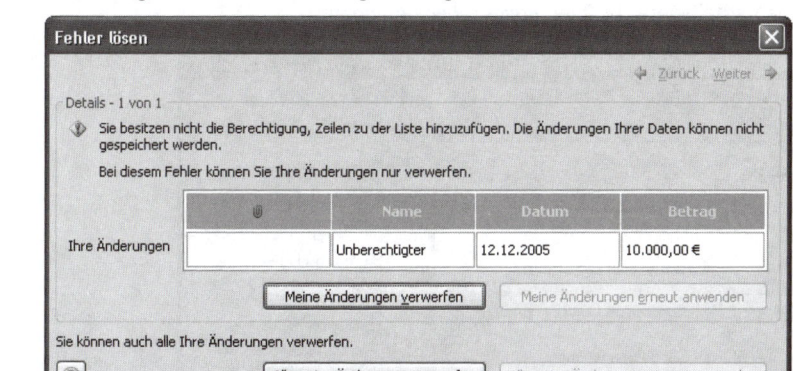

Andere Möglichkeiten der Team-Arbeit

Excel bietet aber noch weitere Funktionen welche den Datenaustausch und die Kommunikation unterstützen und damit die Team-Arbeit einfacher gestalten.

Nutzung von E-Mails

Sie können natürlich *Excel*-Arbeitsmappen und/oder -Tabellenblätter per E-Mail verschicken (Menübefehlsfolge *Datei/Senden an*):

- An *E-Mail-Empfänger*: Blendet den so genannten Umschlag ein, der das aktive Blatt zu senden vorschlägt. Zumindest *Outlook*-Nutzer haben dann das Arbeitsblatt im Nachrichtentext und nicht als Anhang, falls die Nachricht im *HTML*-Format gesendet und beim Empfänger dargestellt wird.

- An *E-Mail-Empfänger (zur Überarbeitung):* Bietet zwei Varianten (*Anlagenoptionen* im Aufgabenbereich von Outlook, vgl. Abbildung 30.20), den Versand als gewöhnliche Anlage sowie den Versand als Anlage bei gleichzeitiger Veröffentlichung in einem Dokumentarbeitsbereich (Einzelheiten dazu finden Sie etwas weiter oben in diesem Kapitel). Im zweiten Fall wird die Aktualisierung durch die Teammitglieder auf der Website erfolgen.

- An *E-Mail-Empfänger (als Anlage):* Unterscheidet sich vom vorhergehenden nur durch den fehlenden »Erläuterungstext«.

- An *Verteilerempfänger*: Erlaubt das Einrichten eines parallelen oder in Reihe arbeitenden Verteilers mit anschließender optionaler Rückkehr des Dokuments. Danach können die Arbeitsmappen zusammengeführt werden, wobei ein individueller Abgleich vorgenommener Veränderungen möglich ist (Menübefehl *Extras/Änderungen nachverfolgen*).

E-Mails mit Excel-Anhang in zwei Varianten: »klassisch« oder mit gleichzeitiger Einrichtung eines Dokumentarbeitsbereichs (hier: *Freigegebene Anlagen*)

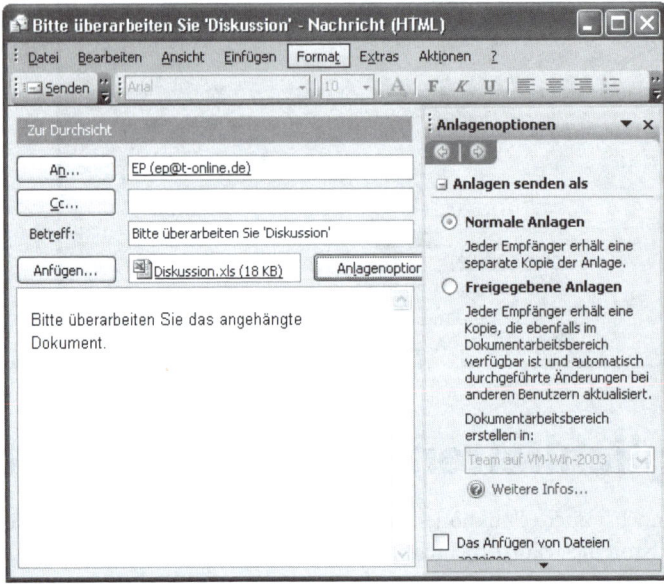

Auch das Bereitstellen in einem öffentlichen Exchange-Ordner ist eine Form von E-Mail.

Meetings und Besprechungen

Den Zugang zu Meetings und Besprechungen haben Sie unter dem Menübefehl *Extras/Onlinezusammenarbeit*. Ein Meeting anzusetzen bedeutet, die entsprechenden Einladungen aus Outlook heraus zu versenden. Der später in Anspruch genommene Dienst kann Windows NetMeeting bzw. Windows Messenger sein.

HINWEIS Windows Messenger ist eine neue Technologie, die auf der .NET-Passport-Idee basiert. Damit können Sie mit Ihren Team-Mitgliedern gemeinsam online sein und über Dokumentarbeitsbereiche diskutieren.

Webdiskussionen

Webdiskussionen sind über Intranet *HTML*-Dokumente bei Ansicht im Internet Explorer durchführbar. Auch *Office*-Dokumente sind für diese Technik vorbereitet, Sie nutzen zur Umsetzung den Menübefehl *Extras/Onlinezusammenarbeit/Webdiskussionen*. Mit dieser Technik können kommentarähnliche Einträge zum ganzen Dokument und manchmal auch zu seinen Teilen für alle Betrachter/Bearbeiter sichtbar gemacht werden.

Voraussetzung ist ein Server im Intranet, auf welchem sich der Microsoft SQL Server (oder die MSDE-Desktop-Variante davon) befindet, der die Diskussionsbeiträge in einer Datenbank verwaltet. Außerdem müssen sich die Dokumente auf dem Server befinden.

Webabfragen – diesmal werden Informationen geholt

Sicher haben Sie gelegentlich oder auch regelmäßig den Datenimport unter *Excel* in Ihre täglichen Aufgaben einbezogen. Mit der Version 2000 wurde erstmals auch die Abfrage (und damit die dynamische Übernahme) von Daten, die sich auf *HTML*-Seiten des betrieblichen Intranets oder auf Seiten des Internets befinden, angeboten (Menübefehlsfolge *Daten/Externe Daten importieren/Neue Webabfrage*). Voraussetzung des sinnvollen Funktionierens ist das Vorhandensein der Daten in *HTML*-Tabellen der angesprochenen Webseiten. Es erscheint ein Dialogfeld, das Ihnen Detailkenntnisse des Aufbaus der angesprochenen Seite erspart.

Abbildg. 30.21 Webabfragen liefern topaktuelle Informationen online. In der Arbeitsmappe werden die Verbindungen gespeichert, sodass nach einmaliger Einrichtung ein Knopfdruck zum Aktualisieren reicht.

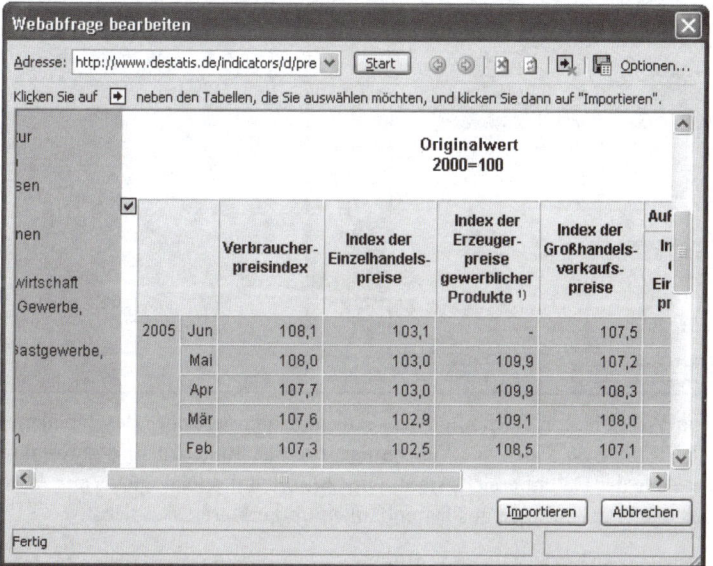

In Abbildung 30.21 sehen Sie den Dialog, der mit der Seite *www.destatis.de* des Statistischen Bundesamtes geführt wurde und dort zu den Preisindizes navigierte. Tabellen der Seite werden automatisch durch gelbe Markierungen sichtbar gemacht, ein Klick darauf färbt die Marke grün ein und grün markierte Tabellen werden beim Import berücksichtigt. Steht der Zellzeiger im Abfragebereich, so lassen sich die erzeugten Arbeitsblätter mit den Mitteln der Symbolleiste *Externe Daten* wie gewohnt behandeln (mehr dazu können Sie in Kapitel 24 nachlesen.):

■ Datenaktualisierung (also Import der aktuellen Informationen ohne erneute Auswahl im Dialog und die damit einhergehende Veränderung der Tabelle),

■ Festlegen der Eigenschaften des Datenbereichs (Name, Verhalten usw.) sowie

■ Anpassung der Abfrage (Abfrage bearbeiten im genannten Dialogfeld).

PROFITIPP

Die Optionen des Dialogfelds in Abbildung 30.21 helfen Ihnen bei der Formatierung der impor-tierten Daten (*keine*, *Rich-Text* oder *HTML*). Und sie lösen ein sehr häufig auftretendes Problem beim Datenaustausch: Informationsverlust durch fremdsprachige Dezimaltrennzeichen.

Haben Sie die Option *Datumserkennung* aktiviert (das ist die Standardeinstellung), so werden Zahlen auf englischsprachigen Seiten mit dem Dezimalpunkt als Datum interpretiert und verlie-ren unter *Excel* ihren Sinn (es sei denn, Sie nehmen aufwändige Formatierungen bei wechselnden Aktualisierungen in Kauf). Haben Sie die Option *Datumserkennung* deaktiviert, so werden diese Zahlen als Text importiert und sperren sich gegen Berechnungen. Aber dann hilft ein alter Trick: Menübefehl *Daten/Text in Spalten*.

Die Abbildung 30.22 zeigt den *Textkonvertierungs-Assistenten* in Aktion.

Abbildg. 30.22 Eine englische Zahlenformatierung bringt oft Probleme beim Datenimport. Hier hilft das Text-Umwandlungsfeature von Excel.

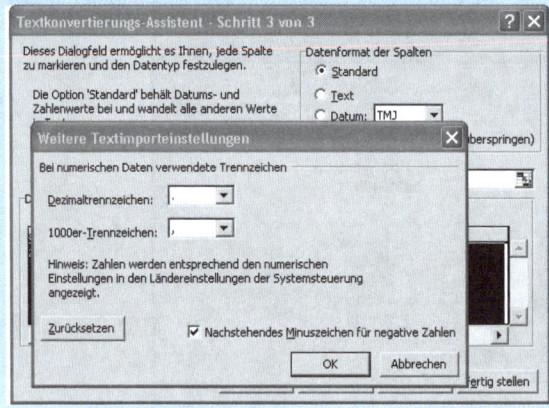

Die Ergebnisse von Webabfragen erscheinen als »externe Datenbereiche« des Tabellenblatts. Damit steht die Symbolleiste *Externe Daten* zur Verfügung: Ihre Schaltflächen sind dann aktiv, wenn der Zellzeiger in einer Zelle des Datenbereichs steht. Die Optionen des Dialogfelds aus Abbildung 30.23 entsprechen denen externer Abfragen aus Datenbanken und erklären sich selbst.

Abbildg. 30.23 Optionen für Webabfragen ähneln denen für Abfragen aus anderen Datenquellen (Access, Excel, SQL Server, Text)

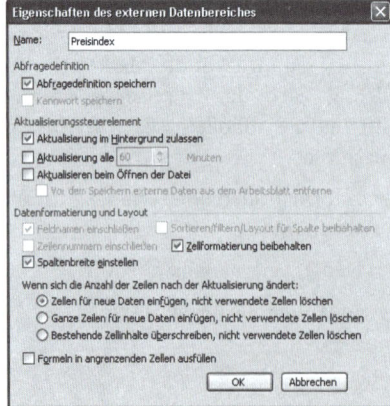

Zusammenfassung

Dieses Kapitel hat Sie mit dem wesentlichen Zusammenspiel Excel – Intranet/Internet bekannt gemacht. Dabei standen Fragen zum (X)HTML-Format von Excel-Arbeitsmappen am Anfang. Einen breiten Raum nahm die Veröffentlichung von Dokumenten als HTML-Dateien in einem Netz und auf freigegebenen Arbeitsbereichen ein. Auch wenn der letzte Zugang für manchen Leser verwehrt ist (Voraussetzung sind SharePoint Team Webs), so ist auch die Veröffentlichung von Listen eine sehr interessante Angelegenheit. Natürlich werden weiterhin »klassische« E-Mails beim Austausch von Informationen über Anhänge eine Rolle spielen.

Webabfragen sind eine gute Alternative zu Abfragen aus Datenbanken, setzen allerdings die Tabellenstruktur auf der Webseite voraus.

Hier die wichtigsten Fundstellen:

Begriffe und Probleme	Seite
Einführung in den HTML-Quellcode	1068
Formatierung durch Cascading Style Sheets	1070
XHTML in Office-Dokumenten	1072
Schwere Wahl – Speichern oder Veröffentlichen	1074
Weboptionen einstellen	1074
Webseiten, Webarchive und Webkomponenten (Interaktivität)	1078, 1083
Upload	1086
SharePoint Team Websites – freigegebene Arbeitsbereiche	1087
SharePoint Team Websites – Listen veröffentlichen	1092
E-Mail, Meeting, Besprechung, Webdiskussion	1095
Externe Datenbereiche aus Webabfragen	1097

Teil J

Makro-Programmierung mit Excel

In diesem Teil:

Wenn Sie das vorliegende Buch bis zu dieser Stelle durchgearbeitet haben, werden Sie sicher zustimmen, dass Excel enorme Fähigkeiten im Umgang mit Zahlen hat. Wenn Ihnen dennoch an der einen oder anderen Stelle eine Funktion fehlt oder wenn Sie verschiedene Arbeitsgänge zusammenfassen wollen, wird Ihnen das folgende Kapitel helfen, die entsprechende Aufgabe zu lösen. In diesem Kapitel geht es darum, mit Excel eigene Lösungen zu programmieren.

Machen Sie sich mit den Grundzügen der Makro-Programmierung vertraut. In diesem Teil beschreiben wir den Unterschied zwischen Funktionen und Prozeduren, erläutern, wie Sie mit der VBA-Programmiersprache Variablen und Konstanten definieren, Programmstrukturen aufbauen und Benutzerdialoge erstellen und handhaben.

Im Einzelnen lernen Sie, wie Sie

- Programme mit dem Makro-Rekorder aufzeichnen,

- integrierte Tabellenfunktionen in Makros verwenden,

- mit eigenen Funktionen (noch) effizienter arbeiten,

- Meldungen anzeigen und Benutzereingaben verarbeiten,

- Werte vergleichen und mit Programmverzweigungen reagieren,
- mit Schleifen Aktionen wiederholt ausführen,
- auftretende Fehler im Programm verarbeiten,
- eigene Formulare erstellen,
- mit Symbolleisten und Menüleisten arbeiten,
- Programme automatisch starten und
- eigene Add-Ins erstellen.

Mit Makros Routineaufgaben automatisieren

Makro-Programmierung mit Excel

Excel Makro-Programmierung

Die in allen Office-Komponenten eingesetzte Programmiersprache ist Visual Basic für Applikationen, kurz VBA. Neben den Microsoft-Produkten wird diese Sprache auch in vielen Programmen anderer Hersteller implementiert. Dass diese Sprache in so vielen Produkten zu finden ist, hat natürlich für Sie als Anwender den enormen Vorteil, dass Sie lediglich ein Konzept und eine Sprache lernen müssen, um eigene Lösungen programmieren zu können.

> **HINWEIS** Mit VBA erstellte Module sind jedoch immer nur in einer Applikation lauffähig, d.h. es können keine eigenständig ausführbaren Programme (z.B. *.exe*-Dateien) erstellt werden. Grundsätzlich ist die Verwendung in anderen Anwendungen, die VBA unterstützen, jedoch möglich.

Gegenüber der Lösung in einem Tabellenblatt gibt es allerdings auch einige Einschränkungen bei Makrolösungen:

- Bedenken Sie, dass der Benutzer einer Makro-Arbeitsmappe beim Öffnen die Ausführung von Makros verhindern kann. Damit kann ein Sicherheitsproblem entstehen, wenn Sie gewisse Bereiche per Makro schützen wollen. Zumindest aber verfügt die Arbeitsmappe über reduzierte Funktionalität.

- Ohne VBA-Kenntnisse ist eine Makro-Lösung nicht anzupassen. Sie wollen sicher nicht jedem Anwender zumuten, sich Programmierkenntnisse anzueignen. Für eventuell notwendige Anpassungen müssen Sie also selbst Sorge tragen.

- Viele Lösungen erfordern nicht unbedingt ein Makro und lassen sich ebenso »von Hand« erledigen. Dennoch hat es einen gewissen »Charme«, sich häufig wiederholende Aufgaben oder Aufgaben mit festen Einstellungen von einem Makro erledigen zu lassen.

- Insgesamt ist die Makro-Sprache eine Teilmenge aller Befehle und Funktionen der jeweiligen Anwendung. Zugegeben, diese Teilmenge ist speziell in Excel enorm groß: Es gibt kaum eine Funktionalität, die sich nicht mit VBA nachbilden ließe. Und doch gibt es Objekte, die sich dem Zugriff per Makro-Programmierung entziehen.

Der Begriff »Objekte« wird Ihnen in diesem Kapitel häufig begegnen. Was hat es mit Objekten auf sich?

Das Objektmodell kennen lernen

VBA ist objektorientiert und die Objekte sind in hierarchischen Klassen zusammengefasst. Jedes Objekt ist ein Teil der nächst höheren Ebene. Die Objekte einer Anwendung, hier Excel, können Sie in der Visual Basic Hilfe unter dem Begriff *Objekthierarchie* einsehen. Beispiele für Objekte sind etwa die Zellen und Zeichnungsobjekte in einer Tabelle, die Arbeitsblätter einer Mappe oder die geöffneten Arbeitsmappen. Das sind Objekte, die Sie in Excel bearbeiten können. Auch Menüleisten, Symbolleisten und Kontextmenüs sind solche Objekte, ebenso andere Anwendungen, wie z.B. Word. Diese Objekte stellen bestimmte Befehle und Funktionalität zur Verfügung. Mit VBA können Sie diese Objekte ebenfalls bearbeiten. So, wie Sie einer Zelle über die Tastatur einen neuen Wert zuweisen können, ist das mit entsprechenden Makroanweisungen ebenfalls möglich. Das funktioniert deshalb, weil VBA das Zell-Objekt kennt und für dieses bestimmte Eigenschaften und Methoden bereit stellt.

Die höchste Ebene der Objekthierarchie wird vom Objekt *Application*, der Anwendung selbst, gebildet. Um ein Objekt zu benennen, werden, beginnend mit der höchsten Ebene, alle Ebenen bis zum gewünschten Objekt aufgeführt. Die verschiedenen Ebenen werden dabei durch einen Punkt getrennt. Im Allgemeinen kann die Angabe der höchsten Ebene, also *Application*, entfallen. Die folgenden Beispiele verweisen auf das gleiche Objekt, nämlich die Zelle *A1* in *Tabelle1* der aktiven Arbeitsmappe. Für die Beispiele 4 und 5 ist es erforderlich, dass *Tabelle1* aktiviert ist. Das Ergebnis dieser Anweisungen liefert den Inhalt der Zelle *A1*.

Unterschiedliche Befehle für den Zugriff auf eine Zelle:

- `Application.ThisWorkbook.Worksheets("Tabelle1").Range("A1").Value`
- `ThisWorkbook.Worksheets("Tabelle1").Range("A1").Value`
- `Worksheets("Tabelle1").Range("A1").Value`
- `Range("A1").Value`
- `[A1].Value`

Statt des Namens der Zelle kann diese auch über die Eigenschaft *Cells* adressiert werden. Dabei werden die Zeilennummer und die Spaltennummer angegeben. Hier ein paar Beispiele:

`Cells(1,1)` für Zelle *A1*

`Cells(1,2)` für Zelle *B1*

`Cells(2,3)` für Zelle *C2*

Jedes Objekt hat bestimmte *Eigenschaften* und *Methoden* und einige Objekte können bestimmte *Ereignisse* auslösen.

Eigenschaften sind Merkmale, die das Objekt näher beschreiben, z.B. hat ein Objekt einen Namen, eine Farbe oder eine Größe. So können Sie über die Anweisung

```
d = Range("A1").Value
```

den Wert der Zelle *A1* ermitteln und in einer Variablen speichern. Sie können dieser Zelle auch einen neuen Wert zuweisen, indem Sie die Eigenschaft *Value* setzen. Die Anweisung

```
Range("A1").Value = "Neuer Wert"
```

schreibt die Zeichenfolge *Neuer Wert* in die Zelle *A1*.

HINWEIS Auf der linken Seite der Anweisung steht, mit welchem Objekt etwas passieren soll – im Beispiel ist das die Zelle *A1*. Auf der rechten Seite steht dann, welche Aktion geschehen soll – im Beispiel, eine Zeichenfolge eintragen.

An diesen Beispielen sehen Sie, dass *Eigenschaften* sowohl gesetzt als auch einer Variablen zugewiesen werden können. Sie haben darauf Lese- und Schreibzugriff. Anders verhält es sich bei *Methoden*. Diese führen Aktionen mit einem Objekt aus. Beispiele für Methoden wären etwa das Auswählen eines Objekts oder das Drucken einer Tabelle.

Wenn Sie eine Tabelle ändern, löst das ein Ereignis aus, nämlich das so genannte *WorksheetChange*. Anschließend wird ein weiteres Ereignis, *Workbook_SheetChange*, ausgelöst. Ein *Ereignis* ermöglicht es Ihnen, Makros automatisch zu starten und z.B. die Eingabe in bestimmte Tabellenbereiche zu kontrollieren. Wir werden am Ende dieses Kapitels noch darauf zu sprechen kommen, wie Sie Makros an solche Ereignisse knüpfen können.

So viel zum Konzept von Visual Basic für Applikationen. Ein Großteil der Makro-Programmierung beschäftigt sich mit Objekten, deren Eigenschaften, Methoden und Ereignissen. Näheres zu Objekten, Methoden, Eigenschaften und Ereignissen finden Sie in der VBA-Hilfe unter diesen Begriffen.

Sie werden sehen, dass auch für Sie mit einigen Grundkenntnissen bereits erhebliche Erleichterungen bei der täglichen Arbeit mit Excel möglich sind.

Makrosicherheit einstellen

Bevor Sie mit diesem Kapitel fortfahren, sei ein wichtiges Thema angesprochen: die *Sicherheit*. Dass nicht jedes Makro harmlos ist, hat sich weltweit herum gesprochen. Kein Tag vergeht, ohne dass neue Makroviren in Umlauf geraten. Microsoft hat daher verschiedene Sicherheitsmechanismen in die Office-Produkte integriert. Dabei kann man grundsätzlich den Schutz auf der Ebene der Arbeitsmappen und Tabellen (vgl. Kapitel 3 und Kapitel 4) vom Schutz vor den Makroviren unterscheiden.

Die Ausführung von Makros ist nach der Installation zunächst nicht möglich. Sie müssen diese Möglichkeit erst über die Menübefehlsfolge *Extras/Makro/Sicherheit* freigeben. Wenn Sie diesen Befehl das erste Mal ausführen, stellen Sie auf einen Blick fest, warum keine Makros ausgeführt werden können – die Sicherheitsstufe ist auf *Hoch* eingestellt. Damit ist das Ausführen nicht signierter Makros automatisch deaktiviert.

> **HINWEIS** Eine *Signatur* ist ein spezieller Hinweis auf den Autor eines Makros, der damit die Sicherheit garantiert.

> **WICHTIG** Für die weitere Arbeit mit diesem Kapitel sollten Sie die Sicherheitsstufe auf *Mittel* einstellen (Abbildung 31.1).

Abbildg. 31.1 Für die Bearbeitung der Beispiele stellen Sie die *Sicherheitsstufe* auf *Mittel* ein

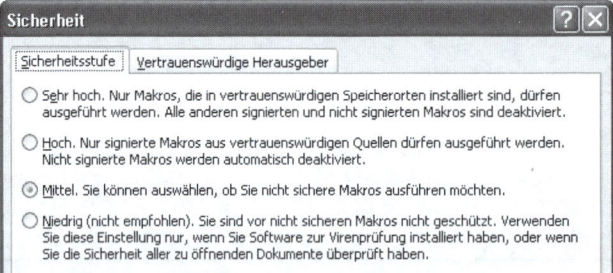

Vertrauenswürdige Herausgeber

Auf der Registerkarte *Vertrauenswürdige Herausgeber* können Sie Warnmeldungen für Add-Ins unterbinden, indem Sie das Kontrollkästchen *Allen installierten Add-Ins und Vorlagen vertrauen* aktivieren. Das erspart Ihnen beim Start von Excel das lästige Bestätigen der Warnmeldungen.

Warnhinweis beim Öffnen

Wenn Sie die vorgeschlagene Einstellung *Mittel* verwenden, dann wird beim Öffnen von Arbeitsmappen die Makrocode enthalten, die Warnung aus Abbildung 31.2 angezeigt.

Abbildg. 31.2   Warnhinweis beim Öffnen von Arbeitsmappen, die Makros enthalten

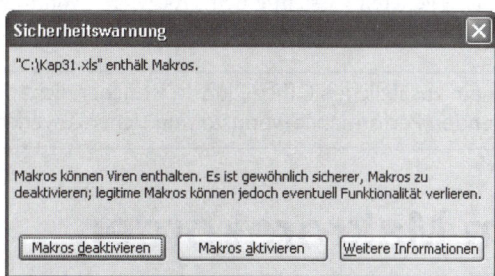

Wenn Sie die Schaltfläche *Makros deaktivieren* wählen, wird die Arbeitsmappe so geöffnet, dass die enthaltenen Makros nicht ausgeführt werden können. Das gilt auch für Makros die üblicherweise automatisch beim Öffnen ausgeführt werden. Bei Mappen unbekannter Herkunft können Sie dann zunächst prüfen, welche Aktionen die Makros ausführen wollen. Wie Sie die Makros einer Mappe durchsuchen können, zeigt der Abschnitt »Keine Chance für Makroviren« in diesem Kapitel. Gleichzeitig bedeutet dies aber auch, dass die Funktionalität der Arbeitsmappe eingeschränkt sein kann. Sind beispielsweise benutzerdefinierte Tabellenfunktionen enthalten, liefern diese in Tabellen den Fehlerwert *#Name?*.

Die Schaltfläche *Weitere Informationen* bringt Ihnen die Hilfe zum Thema »Sicherheit« auf den Bildschirm. Das Dialogfeld aus Abbildung 31.3 wird angezeigt, wenn die Sicherheit auf *Hoch* eingestellt ist und zeigt Erläuterungen zu den Sicherheitseinstellungen.

Abbildg. 31.3   Ausführliche Hinweise zum Thema Sicherheit

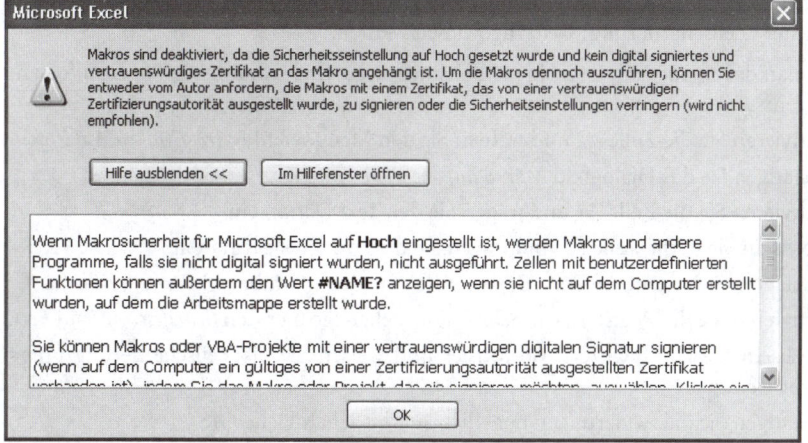

Die Schaltfläche *Makros aktivieren* stellt den gesamten Funktionsumfang enthaltener Makros zur Verfügung. Dies gilt im guten wie im schlechten Sinne. Der VBA-Code kann nicht nur hilfreich sein, wie Sie es vielleicht erwarten, sondern auch zu bösen Überraschungen führen. Ein kleines, relativ harmloses Ärgernis sind Änderungen an der Arbeitsumgebung in Excel, z.B. an Symbolleisten. VBA-Code kann aber auch die Einstellungen des Rechners ändern oder Dateien löschen. Und spätestens da hört der Spaß auf! Seien Sie also generell vorsichtig beim Aktivieren von Makros unbekannten Ursprungs.

> **TIPP**   Ein Virenscanner mit einem zusätzlichen Office Plug-In ist sicher nicht die schlechteste Investition. Die damit einhergehenden Performance-Verluste sind sicher zu verkraften.

Aufzeichnen mit dem Makrorekorder

Um einen ersten Einblick in die Programmierung mit VBA zu erhalten, ist der *Makrorekorder* ein ideales Werkzeug. Mit seiner Hilfe zeichnen Sie die Aktionen Schritt für Schritt auf und können diese beliebig oft wiederholen. Zudem können Sie den Makrorekorder benutzen, um sich mit der »Sprache« VBA vertraut zu machen. Der Makrorekorder zeichnet jede Aktion auf. Daraus ergibt sich die Notwendigkeit, die einzelnen Schritte vor der Ausführung zu überdenken, zu testen und eventuell kurz zu notieren.

Die Beispiele zu diesem Kapitel finden Sie, soweit nicht anders angegeben, in der Datei *Kap31.xls* im Ordner *\Buch\Kap31* auf der CD-ROM zu diesem Buch.

Zellen ändern und formatieren

Das erklärt sich am besten an einem Beispiel: Sie wollen in Zelle *A1* den Text *Datum* und in Zelle *B1* die Formel =Heute() eintragen. Anschließend soll die Zelle *B1* im Schriftschnitt *Fett* formatiert und das Muster (Zellschattierung) *Gelb* zugewiesen werden.

Wenn man davon ausgeht, dass eine Arbeitsmappe geöffnet ist, müssen Sie dazu folgende Aktionen ausführen:

1. Aktivieren Sie die Zelle *A2* und wählen Sie den Menübefehl *Extras/Makro/Aufzeichnen*.
2. Bestätigen Sie das Dialogfeld *Makro aufzeichnen* mit *OK*.
1. Aktivieren Sie die Zelle *A1* und tragen Sie den Text *Datum* ein.
2. Wechseln Sie in die Zelle *B1* und tragen Sie die Formel =Heute() ein.
3. Markieren Sie erneut die Zelle *B1* und rufen Sie den Menübefehl *Format/Zellen* auf.
4. Aktivieren Sie die Registerkarte *Schrift* und stellen Sie hier den *Schriftschnitt* auf *Fett*.
5. Wechseln Sie zur Registerkarte *Muster* und weisen Sie als Zellschattierung unter *Muster* die Farbe *Gelb* zu.
6. Bestätigen Sie die Änderungen per Klick auf die Schaltfläche *OK*.
7. Beenden Sie die Makroaufzeichnung über den Menübefehl *Extras/Makro/Aufzeichnung beenden*.

Das Makro testen

Das soeben aufgezeichnete Makro wollen Sie nun ausführen, um die Arbeitsweise zu prüfen. Damit Sie die korrekte Funktionsweise auch kontrollieren können, sollten Sie zuvor den Bereich *A1:B1* löschen oder in ein leeres Tabellenblatt wechseln. Wenn Sie keine spezielle Tastenfolge für die Aufzeichnung festgelegt haben, führen Sie folgende Schritte aus, um das Makro zu starten:

1. Rufen Sie den Menübefehl *Extras/Makro* auf.
2. Wählen Sie im Untermenü den Befehl *Makros*.
3. Markieren Sie im angezeigten Dialogfeld den Namen Ihres soeben erstellten Makros.
4. Klicken Sie auf die Schaltfläche *Ausführen*.

Das Ergebnis sehen Sie in Abbildung 31.4.

Abbildg. 31.4 Das Ergebnis des ersten Makros

B1	▼	*fx* =HEUTE()	
	A	B	C
1	Datum	**12.08.2005**	
2			

Weitere Informationen zum Starten von Makros finden Sie im Abschnitt »Makros bequem starten« weiter unten in diesem Kapitel.

Namenskonventionen für Makros beachten

Bevor Sie die eigentliche Aufzeichnung starten können, wird das Dialogfeld *Makro aufzeichnen* für allgemeine Informationen über das Makro angezeigt. Sie müssen einen für die jeweilige Arbeitsmappe eindeutigen Namen für das Makro vergeben. Dabei sollten Sie auf die Namenskonvention für Makros achten.

WICHTIG   Verwenden Sie einen Buchstaben als erstes Zeichen. Leerzeichen, Punkte (.), Ausrufezeichen (!) oder die Zeichen @, &, $, # sind im Namen **nicht** gestattet. Der Name darf ferner nicht länger als 255 Zeichen sein. Schließlich sollten Sie keine Bezeichnungen verwenden, die bereits durch Funktionen, Anweisungen und Methoden in Visual Basic verwendet werden, da auf diese Weise die Funktionalität des entsprechenden Schlüsselworts in der Sprache beeinträchtigt wird.

Ebenso müssen Sie festlegen, wo das Makro gespeichert werden soll. Wählen Sie hierzu im Dropdown-Feld *Makro speichern in* unter den Einstellungen *Diese Arbeitsmappe*, *Persönliche Makroarbeitsmappe* und *Neue Arbeitsmappe*.

In *Diese Arbeitsmappe* sollten Sie Makros speichern, die für die Bearbeitung von Daten der aktuellen Mappe von Bedeutung sind.

Wollen Sie ein Makro erstellen, das unabhängig von bestimmten Voraussetzungen funktioniert und das immer verfügbar sein soll, wenn Sie mit Excel arbeiten, dann speichern Sie es in der *Persönlichen Makroarbeitsmappe*. Diese Mappe mit dem Namen *Personl.xls* wird unter Windows XP im Ordner *C:\Dokumente und Einstellungen\<Benutzername>\Anwendungsdaten\Microsoft\Excel\XLSTART* erstellt. Dateien, die hier abgelegt sind, öffnet Excel automatisch unmittelbar nach dem Start.

Makro-Programmierung mit Excel

HINWEIS Wenn Sie ein Makro in der persönlichen Arbeitsmappe ablegen und Excel beenden, bekommen Sie die Meldung aus Abbildung 31.5 angezeigt. Wenn Sie das Makro erhalten wollen, müssen Sie hier auf *Ja* klicken. Damit wird die Mappe, deren Arbeitsblätter übrigens ausgeblendet sind, gespeichert. Beachten Sie auch, dass Excel diese Einstellung dann für das Dialogfeld *Makro aufzeichnen* als Voreinstellung übernimmt.

Abbildg. 31.5 Sicherheitsabfrage beim Erstellen der persönlichen Makroarbeitsmappe

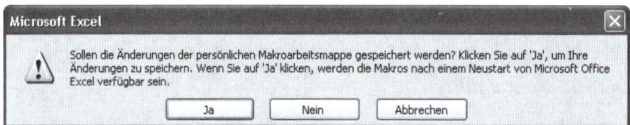

In einer *Neuen Arbeitsmappe* sollten Sie Module immer dann speichern, wenn es sich um Module handelt, die nicht unter die vorgenannten Gruppen fallen. Diese Module werden nur bei Bedarf geöffnet und sind nicht zwingend mit einer bestimmten Mappe verbunden.

Die Angabe zur Tastenkombination ist optional. Sie können hier eine Tastenkombination für den Programmstart festlegen. Wenn Sie eine Taste angeben, können Sie das Makro über die Tastenkombination `Strg` +[Taste] ausführen. [Taste] steht dabei für die einzelne Taste, die Sie eingetragen haben. Dies ist sehr nützlich für häufig benötigte Prozeduren.

WICHTIG Beachten Sie, dass bereits zahlreiche Tasten mit Standardfunktionen belegt sind, deren Funktion Sie durch die Definition einer individuellen Tastenkombination möglicherweise außer Kraft setzen. Wenn für eine Tastenkombination mehrere Makros hinterlegt sind, führt Excel **nur** das Makro aus, dessen Name im Alphabet weiter vorne liegt. Wenn also für *A_Makro* und *B_Makro* die gleiche Tastenkombination festgelegt wurde, wird **nur** *A_Makro* ausgeführt.

Das Einfügen einer Beschreibung ist optional. Die Beschreibung wird im Programmcode als Kommentar vor den aufgezeichneten Aktionen eingetragen. Machen Sie von dieser Möglichkeit regen Gebrauch. Beschreiben Sie kurz die Funktionalität des Makros und die Bedingungen für die Ausführung.

Kommentare helfen Ihnen bei Änderungen und/oder Erweiterungen, weil sie die Vorgehensweise in normaler Sprache beschreiben. Ein Kommentar kann an beliebiger Stelle im Codefenster eingefügt werden, also auch vor oder nach einer Prozedur. Kommentare beginnen stets mit einem Apostroph oder dem Schlüsselwort *Rem* (für *Remark*), gefolgt von einem Leerzeichen. Kommentarzeilen werden bei der Ausführung des Programms nicht ausgewertet.

Listing 31.1 Beispiel für Kommentarzeilen in Programmen

```
Sub Kommentare()
' Dieses Makro zeigt eine Meldung,
Rem die Sie beherzigen sollten.
MsgBox "Schreiben Sie reichlich Kommentare." ' Auch hier ist ein Kommentar möglich
End Sub
```

Wollen Sie die Lesbarkeit Ihrer Programme weiter verbessern, können Sie die Anweisungen durch Einrückung strukturieren. Verwenden Sie dafür die ⇥ -Taste. Insbesondere in Schleifen oder verschachtelten Bedingungen empfiehlt sich dieses Vorgehen. Die *Schrittweite* der Einrückung können Sie im Visual Basic-Editor einstellen. Wählen Sie dazu den Menübefehl *Extras/Optionen* und die Registerkarte *Editor*.

Alle Einstellungen, die Sie beim Starten der Aufzeichnung vornehmen, lassen sich auch nachträglich ändern (Abbildung 31.6).

Abbildg. 31.6   Die Einstellungen für die erste Aufzeichnung

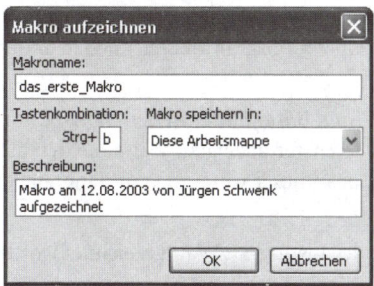

HINWEIS   Wenn Sie, wie in Abbildung 31.6, Ihren Namen in der Beschreibung angeben, sollten Sie wissen, dass diese persönliche Information nicht entfernt werden kann, wenn Sie über *Extras/Optionen* auf der Registerkarte *Sicherheit* das Kontrollkästchen *Beim Speichern persönliche Daten aus Dateieigenschaften entfernen* aktivieren. Auch für diese Einstellung gibt es eine Eigenschaft in VBA, und zwar *RemovePersonalInformation*.

Unterschiedliche Aufzeichnungsmodi kennen lernen

Wenn Sie die Aufzeichnung eines Makros beginnen, wird eine zusätzliche Symbolleiste eingeblendet. Diese enthält eine Schaltfläche für das Beenden der Aufzeichnung und eine für die Einstellung *Relativer Verweis*. Was verbirgt sich dahinter?

Bei der Eingabe von Formeln in einem Tabellenblatt sind Ihnen die Bezugsarten bereits begegnet (vgl. Sie hierzu Kapitel 6). Steht in der Zelle *A1* ein absoluter Bezug, etwa in der Form *=$B$1*, verweist dieser auch nach dem Kopieren in die Zelle *A2* exakt auf die Zelle *B1*. Wird dagegen der relative Bezug in der Form *=B1* kopiert, ändert Excel den Bezug beim Einfügen in *=B2* ab.

WICHTIG   Bei Makroaktionen verhält es sich in gleicher Weise: Der Standard für die Aufzeichnung von Zellbezügen ist die Bezugsart *absolut*, d.h. bei der Ausführung wird exakt der aufgezeichnete Zellbereich festgehalten – und das unabhängig von der momentan aktiven Zelle. Wenn Sie die Aufzeichnungsart *Relativer Verweis* wählen, ist es wichtig, welche Zelle beim Starten der Aufzeichnung aktiv ist, da der Bezug dann in der Form

```
ActiveCell.Offset(-1, 0).Range("A1:E1").Select
```

aufgezeichnet wird. Mit der Anweisung Offset([RowOffset], [ColumnOffset]) wird ein Bereich ausgewählt, der zur aktiven Zelle um die Anzahl von Zeilen (*RowOffset*) und Spalten (*ColumnOffset*) versetzt ist.

Makro-Programmierung mit Excel

Das aufgezeichnete Makro ansehen

Wohin hat der Makrorekorder die Aktionen geschrieben? Für die Bearbeitung von Makros enthält jede Office-Anwendung eine eigene Programmierumgebung. Ganz praktisch ist dabei, dass diese Umgebung immer gleich aussieht. Egal, ob Sie in Excel programmieren oder z.B. in Word – Sie finden die gleiche Umgebung vor. Damit finden Sie sich beim Programmieren auch in anderen Anwendungen schnell zurecht.

Wechseln Sie über den Menübefehl *Extras/Makro/Visual Basic-Editor* in den VBA-Editor und lassen Sie dort mit dem Menübefehl *Ansicht/Code* das Codefenster anzeigen. Wenn Sie den aufgezeichneten Programmcode ansehen, werden Sie feststellen, dass dieser wesentlich umfangreicher ist, als die Aktionen, die Sie eigentlich ausführen wollen.

Für das Makro *das_erste_Makro* ist der folgende Code (Listing 31.2) aufgezeichnet worden:

Listing 31.2 Das aufgezeichnete Makro enthält mehr Anweisungen, als die Aufgabenliste

```
Sub das_erste_Makro()
'
' das_erste_Makro Makro
' Makro am 12.08.2003 von Jürgen Schwenk aufgezeichnet
'
' Tastenkombination: Strg+b
'
    ActiveCell.FormulaR1C1 = "Datum"
    Range("B1").Select
    ActiveCell.FormulaR1C1 = "=TODAY()"
    Range("B1").Select
    With Selection.Font
        .Name = "Arial"
        .FontStyle = "Fett"
        .Size = 10
        .Strikethrough = False
        .Superscript = False
        .Subscript = False
        .OutlineFont = False
        .Shadow = False
        .Underline = xlUnderlineStyleNone
        .ColorIndex = xlAutomatic
    End With
    With Selection.Interior
        .ColorIndex = 3
        .Pattern = xlSolid
        .PatternColorIndex = xlAutomatic
    End With
End Sub
```

Das liegt daran, dass der Makrorekorder alle Optionen eines Dialogfelds protokolliert, wenn darin eine Änderung durchgeführt wurde. Sie können den Code jedoch verkürzen, indem Sie nicht benötigte Aktionen markieren und mit der `Entf`-Taste löschen. Sie können alle Anweisungen löschen, die der Standardeinstellung des jeweiligen Dialogfelds entsprechen. Das überarbeitete Makro ist erheblich kürzer und übersichtlicher. Bei umfangreichen Programmen wirkt sich das Löschen nicht benötigter Befehle positiv auf die Ausführungsgeschwindigkeit aus. In jedem Fall erhöht es die Lesbarkeit.

Listing 31.3   Makrocode ohne den »unnötigen Ballast«

```
Sub das_erste_Makro_überarbeitet()
' Überarbeitete Fassung von
' das_erste_Makro Makro
ActiveCell.FormulaR1C1 = "Datum"
Range("B1").Select
ActiveCell.FormulaR1C1 = "=TODAY()"
With Selection.Font
    .FontStyle = "Fett"
End With
With Selection.Interior
    .ColorIndex = 3
End With
End Sub
```

Falls Sie einmal versehentlich einen Befehl gelöscht haben, können Sie sowohl mit der Tastenkombination Strg + Z oder dem Menübefehl *Bearbeiten/Rückgängig,* als auch mit der Schaltfläche *Rückgängig* die letzten Aktionen im VBA-Editor rückgängig machen.

Makros bequem starten

Um Programme aus Excel heraus zu starten, verwenden viele Anwender Schaltflächen in den jeweiligen Arbeitsmappen. Für die Erstellung einer Schaltfläche können Sie das Schaltflächen-Symbol von der Symbolleiste *Formular* und das der Symbolleiste *Steuerelement Toolbox* verwenden. Die Steuerelemente der beiden Symbolleisten unterscheiden sich etwas in der Art und Weise, wie die Eigenschaften eingestellt werden.

Nehmen wir an, Sie möchten eine neue Schaltfläche erstellen und dieser ein Makro zuweisen.

Um eine neue Schaltfläche zu erstellen, gehen Sie folgendermaßen vor:

1. Klicken Sie mit der rechten Maustaste auf eine Symbolleiste und blenden Sie die Symbolleiste *Formular* ein. Sie können hierfür auch den Menübefehl *Ansicht/Symbolleisten* aufrufen.

2. Klicken Sie auf das Symbol für *Schaltfläche*.

3. Klicken Sie an die Stelle in der Arbeitsmappe, an welcher die Schaltfläche erstellt werden soll und halten Sie die linke Maustaste gedrückt. Ziehen Sie einen Rahmen für die Größe der Schaltfläche auf. Lassen Sie die linke Maustaste los.

4. Das Dialogfeld *Makro zuweisen* wird geöffnet. Markieren Sie in der Auswahlliste das gewünschte Makro und bestätigen Sie über Klick auf die Schaltfläche *OK*.

Wenn Sie sich jetzt über den Menübefehl *Format/Steuerelement* die *Eigenschaften* anzeigen lassen, haben Sie die Möglichkeit, die Formatierung solcher Objekte einzustellen. So können Sie beispielsweise auf der Registerkarte *Eigenschaften* festlegen, dass das Objekt nicht auf einem Ausdruck dargestellt wird. Die Beschriftung der Schaltfläche können Sie ändern, indem Sie die Vorgabe markieren und überschreiben.

Wenn Sie der Schaltfläche noch kein Makro zuordnen wollen, ist dies auch später noch möglich. Sie haben ferner die Möglichkeit, ein neues Makro zu erstellen. Über die Schaltfläche *Neu* wird der Moduleditor mit einer Rumpfprozedur, die den Namen der Schaltfläche enthält, gestartet. Über die Schaltfläche *Aufzeichnen* können Sie auch direkt im Anschluss an die Erstellung der Schaltfläche den Makrorekorder starten.

Wenn beim Öffnen einer Arbeitsmappe ein Warnhinweis auf Makros angezeigt wird, obwohl Sie sicher sind, dass diese keine Makros enthält, ist häufig die Rumpfprozedur von Steuerelementen dafür verantwortlich. Schauen Sie in diesem Fall im Klassenmodul der Tabelle mit dem Steuerelement nach. Wenn dort der Name einer Prozedur ohne Anweisungen steht, sind Sie dem Geheimnis auf der Spur. Ganz schnell können Sie das Klassenmodul anzeigen, wenn Sie mit der rechten Maustaste im Blattregister auf den Tabellennamen klicken und im Kontextmenü den Befehl *Code anzeigen* wählen.

Nachträglich eine Tastenkombination definieren

Vielleicht wollen Sie Ihren benutzerdefinierten Makros eine Tastenkombination zuweisen? Insbesondere für Makros aus Ihrer persönlichen Arbeitsmappe, die standardmäßig geladen wird, ist dies ganz praktisch.

Um eine Tastenkombination und eine Beschreibung festzulegen, gehen Sie wie folgt vor:

1. Rufen Sie den Menübefehl *Extras/Makro* auf.
2. Im Untermenü wählen Sie den Befehl *Makros*.
3. Im Dialogfeld *Makro* wählen Sie im Listenfeld das Makro aus, für das Sie eine Tastenkombination festlegen wollen.
4. Klicken Sie jetzt auf die Schaltfläche *Optionen*.
5. Tragen Sie die Tastenkombination und/oder die Beschreibung ein.
6. Schließen Sie das Dialogfeld *Makrooptionen* per Klick auf die Schaltfläche *OK*.
7. Schließen Sie das Dialogfeld *Makro* über Klick auf die Schaltfläche *Abbrechen*.

Eigene Makros über Schaltflächen oder Menüs starten

Sie können Ihre Makros auch einem Menübefehl oder einer Schaltfläche in der Symbolleiste zuweisen. Gehen Sie dazu wie folgt vor:

1. Wählen Sie den Menübefehl *Ansicht/Symbolleisten/Anpassen*.
2. Im Dialogfeld *Anpassen* aktivieren Sie die Registerkarte *Befehle*.
3. Markieren Sie im Listenfeld *Kategorien* den Eintrag *Makros*.
4. Aus dem Listenfeld *Befehle* ziehen Sie die Schaltfläche *Benutzerdefinierte Schaltfläche* an die gewünschte Stelle.
5. Klicken Sie jetzt mit der rechten Maustaste auf die Schaltfläche und wählen Sie den Befehl *Makro zuweisen* aus.
6. Daraufhin wird eine Liste der verfügbaren Makros angezeigt. Markieren Sie den gewünschten Eintrag und bestätigen Sie die Auswahl mit Klick auf *OK*.
7. Wenn Ihnen die Standardschaltfläche nicht zusagt, können Sie nach einem rechten Mausklick auf die Schaltfläche auch das *Schaltflächensymbol bearbeiten* oder das *Schaltflächensymbol ändern*.

8. Wenn Sie die Einstellungen bzw. Änderungen vorgenommen haben, beenden Sie das Dialogfeld *Anpassen* über die Schaltfläche *Schließen*.

9. Jetzt können Sie das Makro bequem über die Schaltfläche (das neue Symbol in der Symbolleiste) starten. Die Zuweisung zu einem Menübefehl funktioniert analog. Wählen Sie in Schritt 4 statt der Schaltfläche den Eintrag *Benutzerdefiniertes Menüelement* im Listenfeld *Befehle*.

Makros starten und unterbrechen über die Tastatur

Im VBA-Editor können Sie Makros schnell starten, wenn Sie an beliebiger Stelle im Code die F5 -Taste drücken. Um ein Makro schrittweise auszuführen, drücken Sie die F8 -Taste. Sie können damit das Ergebnis jeder Aktion verfolgen und damit eventuelle Fehler im Code aufspüren.

Um ein ablaufendes Makro zu unterbrechen, drücken Sie die Esc -Taste oder die Tastenkombination Strg + Pause . Damit befindet sich das Makro im Haltemodus, womit die Ausführung unterbrochen und das Dialogfeld aus Abbildung 31.7 angezeigt wird.

Abbildg. 31.7 Die Ausführung von Makros unterbrechen

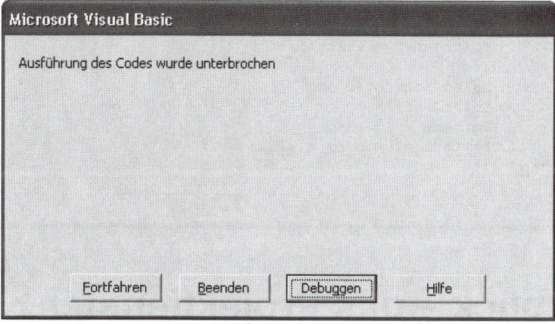

Per Klick auf die Schaltfläche *Fortfahren* wird das Makro fortgesetzt, über *Beenden* wird die weitere Ausführung gestoppt. Über die Schaltfläche *Debuggen* gelangen Sie an die Stelle, welche die nächste Anweisung enthält. Sie können jetzt mit der F8 -Taste in eine schrittweise Ausführung übergehen.

Der VBA-Editor

Wenn Sie Aktionen mit dem Makrorekorder aufzeichnen, wird im Hintergrund der Makroeditor gestartet. Der Programmcode wird über einen eigenen Editor bearbeitet, den Sie über den Menübefehl *Extras/Makro/Visual Basic-Editor* oder mit der Tastenkombination Alt + F11 einblenden können. Das ist auch dann möglich, wenn die aktive Mappe kein Makro enthält oder wenn gar keine Mappe geladen ist.

Die Symbolleisten im Visual Basic-Editor können Sie (wie in Excel) über den Menübefehl *Ansicht/Symbolleisten/Anpassen* nach Ihren eigenen Bedürfnissen gestalten.

Das Fenster des Editors (Abbildung 31.8) enthält neben den Menü- und Symbolleisten verschiedene weitere Fenster. Im Menü *Fenster* stehen Befehle für die Anordnung der unterschiedlichen Arbeitsbereiche zur Verfügung.

Abbildg. 31.8   Das Fenster des Moduleditors

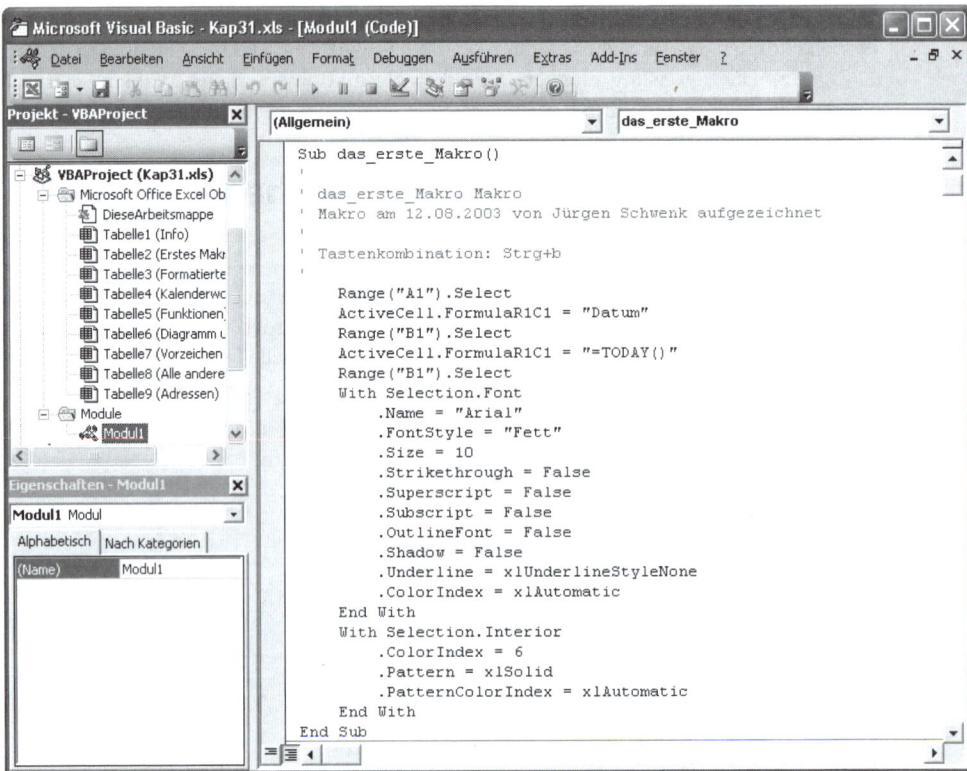

Projekte im Überblick – das Projektfenster

Im Projektfenster (Abbildung 31.9) kann das Projekt für die Bearbeitung ausgewählt werden. Sollte dieses Fenster nicht angezeigt werden, können Sie es über den Menübefehl *Ansicht/Projekt-Explorer* oder mit der Tastenkombination ⟨Strg⟩+⟨R⟩ einblenden. Es erlaubt die gleichzeitige Bearbeitung mehrerer Projekte. Die Projekte und die Elemente eines Projekts werden in einem Verzeichnisbaum, ähnlich der Anzeige im Windows-Explorer, dargestellt.

Abbildg. 31.9   Fenster für die Auswahl des Projekts

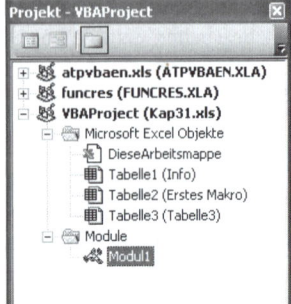

Sie können im Projektfenster ein markiertes Projekt per Drag & Drop in eine andere Arbeitsmappe kopieren. Wenn Sie ein Modul löschen wollen, markieren Sie das Modul im Projektfenster und rufen den Menübefehl *Datei/Entfernen von ModulX* auf. *ModulX* steht hierbei für den Namen des ausgewählten Moduls. Sie erhalten daraufhin eine Sicherheitsabfrage (Abbildung 31.10).

Abbildg. 31.10 Sicherheitsabfrage vor dem Löschen eines Moduls

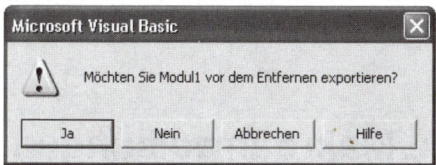

Sie können vor dem Löschen das Modul in einer Datei mit der Endung *.bas* speichern. Eine solche Sicherungskopie lässt sich mit einem Texteditor öffnen und zu einem späteren Zeitpunkt über den Menübefehl *Datei/Datei importieren* wieder in die Arbeitsmappe bzw. in andere VBA-Projekte einer Office-Anwendung einfügen.

Liegt der Programmcode als Textdatei vor, kann dieser über den Menübefehl *Einfügen/Datei* geladen werden. Damit dieser Befehl zur Verfügung steht, muss allerdings das Codefenster aktiv sein.

Objektbeschreibungen im Eigenschaftenfenster

Für das ausgewählte Objekt werden im Fenster *Eigenschaften* (Abbildung 31.11) die speziellen Eigenschaften angezeigt. Sollte dieses Fenster nicht angezeigt werden, können Sie es über den Menübefehl *Ansicht/Eigenschaftenfenster*, die `F4`-Taste oder das Symbol *Eigenschaftenfenster* in der Symbolleiste *Voreinstellung* einblenden.

Die Eigenschaften des aktiven Objekts können hier eingesehen und verändert werden. Dabei können Sie über zwei Registerkarten wählen, ob Sie die Eigenschaften *Alphabetisch* oder *Nach Kategorien* anzeigen lassen wollen.

Abbildg. 31.11 Eigenschaften einer Tabelle

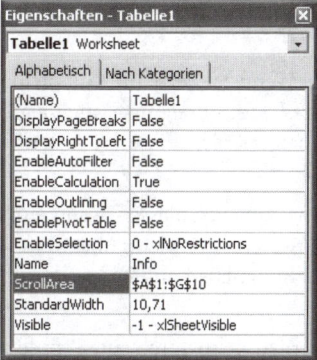

Im linken Teil dieses Fensters werden die Namen der Eigenschaften angezeigt. Klicken Sie einen Eintrag an, können Sie die betreffende Eigenschaft in der rechten Spalte ändern.

Den Arbeitsmappen und Tabellenblättern sind ebenfalls verschiedene Eigenschaften zugeordnet, die über den Moduleditor eingesehen und bearbeitet werden können. So können Sie beispielsweise für eine Tabelle über die Eigenschaft *ScrollArea* den Bereich einstellen, den der Benutzer auswählen kann (vgl. Abbildung 31.11).

Einige Eigenschaften erlauben nur vordefinierte Werte. Diese können in der Regel über eine Dropdown-Liste ausgewählt werden. So können Sie für ein Tabellenblatt z.B. die Anzeige der Seitenumbrüche über die Eigenschaft *DisplayPageBreaks* ein- bzw. ausschalten, indem Sie einen der Werte *True* oder *False* auswählen.

Das Codefenster für die Makroanweisungen

Der eigentliche Programmcode wird im Codefenster (Abbildung 31.12) abgelegt. Angezeigt wird dieses Fenster nach einem Doppelklick auf ein Projekt im Projekt-Explorer oder via Menübefehl *Ansicht/Code*. Alternativ können Sie auch die F7-Taste verwenden. Im oberen Bereich stehen für die Auswahl der Objekte und der Prozeduren Dropdown-Listenfelder zur Verfügung. Im unteren Teil stehen die Makroanweisungen.

Doppelklicken Sie im Projektfenster auf den Namen einer Arbeitsmappe oder einen Tabellennamen, wird das Codefenster für dieses Objekt angezeigt. Es handelt sich dabei um ein fest mit diesem Objekt verbundenes Modul, ein so genanntes *Klassenmodul*. Im Gegensatz dazu werden aufgezeichnete Makros in Standardmodulen abgelegt.

Abbildg. 31.12 Der Programmcode steht im Codefenster

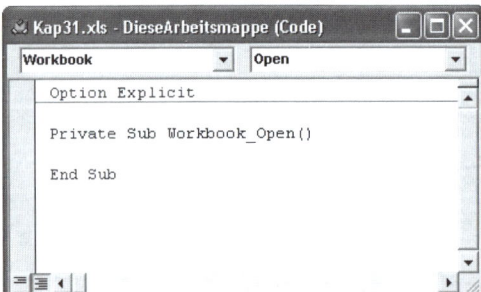

Jedes Modul wird in einem separaten Fenster angezeigt. Wenn Sie jetzt im Listenfeld *Objekt* das Objekt *Workbook* auswählen, werden im Listenfeld *Prozedur* die Ereignisse angezeigt, denen Sie Makros zuweisen können. Sind bereits Makros zugewiesen, werden diese im Listenfeld in fetter Schrift dargestellt.

Über die Ereigniseigenschaften können Sie den Start von Makros veranlassen, wenn ein bestimmtes Ereignis, etwa ein Doppelklick oder eine Neuberechnung, erfolgt. Mehr über das Starten von Makros erfahren Sie im Abschnitt »Makros an eingebaute Ereignisse knüpfen« weiter unten in diesem Kapitel.

Sind mehrere Prozeduren in einem Modul abgelegt, so werden diese durch eine Prozedurtrennlinie voneinander getrennt. Über das Listenfeld *Prozedur* können Sie schnell eine Prozedur auswählen und die Schreibmarke an den Anfang versetzen. Mit den Tastenkombinationen Strg + Bild↑ bzw. Strg + Bild↓ können Sie jeweils eine Prozedur nach oben bzw. nach unten springen.

Links unten in Abbildung 31.12 sehen Sie zwei Schaltflächen, über die Sie die Anzeige im Codefenster umschalten können. Die Schaltfläche *Prozeduransicht* zeigt jeweils nur eine Prozedur im Codefenster an, auch wenn das Modulblatt mehrere Prozeduren enthält. Um zwischen den einzelnen Prozeduren zu wechseln, verwenden Sie das Listenfeld *Prozedur* oder die Tastenkombinationen `Strg`+`Bild ↑` bzw. `Strg`+`Bild ↓`. Die Schaltfläche *Vollständige Modulansicht* (aktiv in Abbildung 31.12) zeigt alle Prozeduren eines Modulblattes an.

Allgemeine Einstellungen kontrollieren

Auch für den Moduleditor gibt es einige allgemeine Einstellungen, die im VBA-Editor über den Menübefehl *Extras/Optionen* erreichbar sind. Auf der Registerkarte *Editor* des Dialogfelds *Optionen* (Abbildung 31.13) können Sie Einstellungen vornehmen, die Ihnen beim Programmieren mit VBA nützliche Hilfen und Tipps anzeigen. Die Kontrollkästchen *Automatische Syntaxüberprüfung* und *Variablendeklaration erforderlich* sollten Sie auf jeden Fall aktivieren.

Ist das Kontrollkästchen *Automatische Syntaxüberprüfung* aktiv, wird nach dem Drücken der `↵`-Taste die Syntax einer jeden Zeile überprüft und ungültige Ausdrücke oder Argumente werden farbig hinterlegt angezeigt.

Abbildg. 31.13 Ihre persönlichen Einstellungen für den VBA-Editor

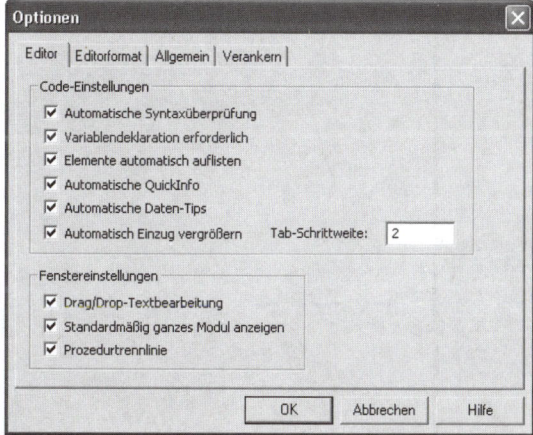

Die Option *Variablendeklaration erforderlich* hilft Ihnen dabei, Fehler durch unterschiedliche Schreibweise von Variablen zu vermeiden. Mehr über Variablen erfahren Sie im Abschnitt »Variablen und Konstanten einsetzen« in diesem Kapitel.

Auf der Registerkarte *Editorformat* können Sie die Farbe und das Schriftformat für Textelemente einstellen. Wählen Sie hierfür in der Textliste das Element aus, das Sie ändern wollen, und ändern Sie die Einstellungen nach Ihren Wünschen.

Auf der Registerkarte *Allgemein* sind allgemeine Einstellungen für das Erstellen von Formularen und für die Fehlerbehandlung vorzunehmen. In der Optionsgruppe *Unterbrechen bei Fehlern* legen Sie fest, wie Fehler in der Visual Basic-Entwicklungsumgebung verarbeitet werden. Die Einstellung wirkt sich auf alle Instanzen von Visual Basic aus, die nach dem Ändern dieser Einstellung gestartet werden. Die Option *In Klassenmodul* sollten Sie aktivieren. Die Einstellung bewirkt, dass der Haltemodus aktiviert wird, wenn nicht verarbeitete Fehler in einem Klassenmodul auftreten.

Fenster des VBA-Editors verankern

Auf der Registerkarte *Verankern* können Sie einstellen, dass die einzelnen Fenster innerhalb des Moduleditors verankert werden. Ein Fenster ist verankert, wenn es mit einer Kante eines anderen verankerbaren Fensters oder eines Anwendungsfensters verbunden ist.

Angenommen, Sie wollen den Projekt-Explorer und das Eigenschaftenfenster verankern. Um diese beiden Fenster zu verankern, führen Sie die nachfolgenden Schritte aus:

1. Zeigen Sie – falls noch nicht geschehen – den Projekt-Explorer an ([Strg]+[R]).

2. Klicken Sie mit der rechten Maustaste in dieses Fenster und wählen Sie im Kontextmenü den Befehl *Verankerbar* aus. Anschließend wird dieses Fenster mit dem des Moduleditors verankert. Wenn Ihnen die Anzeige am Bildschirm zu unpraktisch ist, können Sie das starre Verhalten ändern, indem Sie das Fenster zum unteren Bildschirmrand ziehen. Jetzt lässt sich die Größe anpassen.

3. Aktivieren Sie – falls noch nicht geschehen – das Fenster *Eigenschaften* ([F4]-Taste).

4. Klicken Sie auch in diesem Fenster mit der rechten Maustaste und wählen Sie im Kontextmenü den Befehl *Verankerbar* aus.

5. Ziehen Sie jetzt eines der beiden Fenster auf die Fensterleiste des anderen Fensters.

Abbildg. 31.14   Zwei verankerte Fenster können miteinander verschoben werden

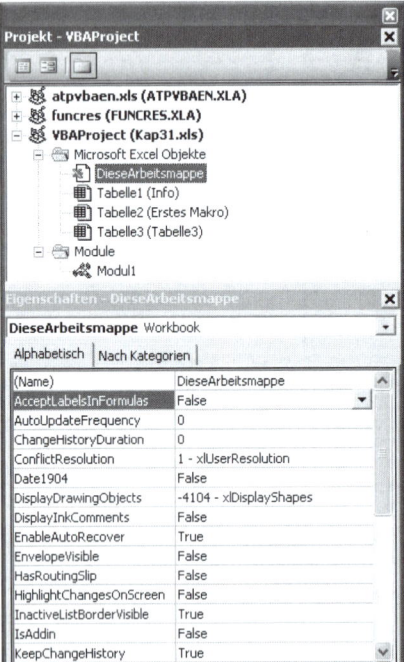

Die beiden Fenster werden nun in einem neuen Fenster zusammengefasst und können zusammen verschoben werden. Über die Trennlinien der beiden Fenster können Sie die Größe einstellen (Abbildung 31.14): Führen Sie den Mauszeiger auf die Trennlinie und ziehen Sie dann nach Belieben bei gedrückter linker Maustaste daran. Ein verankerbares Fenster wird beim Verschieben automatisch ausgerichtet. Ein Fenster ist nicht verankert, wenn es an eine beliebige Position auf dem Bildschirm verschoben werden kann und diese Position beibehält.

Makrocode schützen

Im Menü *Extras* befindet sich der Befehl *Eigenschaften von VBAProject*. Dabei steht *VBAProject* für den Namen des VBA-Projekts der aktuellen Arbeitsmappe. Auf der Registerkarte *Allgemein* können Sie diesen Projektnamen ändern und gleich auch eine Beschreibung ablegen. Wenn Sie auf der Registerkarte *Schutz* das Kontrollkästchen *Projekt für die Anzeige sperren* aktivieren und ein Passwort vergeben, kann das Projekt nur noch nach Eingabe dieses Passworts angezeigt werden. Sie verhindern somit die unberechtigte Änderung oder Verwendung Ihres Programmcodes.

> **HINWEIS**   Im Gegensatz zum Dateischutz und zum Blattschutz (vgl. Kapitel 3 und Kapitel 4) muss der Passwortschutz des Projekts beim Schließen nicht erneut aktiviert werden. Ein einmal geschütztes Projekt bleibt so lange geschützt, bis Sie den Schutz über *Extras/Eigenschaften von VBAProject* wieder deaktivieren.

Keine Chance für Makroviren

Wenn in Arbeitsmappen eine so mächtige Programmiersprache wie Visual Basic für Applikationen aktiv wird, dann birgt das natürlich auch Gefahren in sich. Computerviren, die Dateien verändern oder löschen oder sonstige unerwünschte Aktionen ausführen, verbreiten sich über die Computernetze weltweit. Wie bereits ausgeführt, können Sie Excel veranlassen, beim Öffnen von Arbeitsmappen einen Warnhinweis auszugeben, wenn diese Arbeitsmappe ein Makro enthält.

Um die Makros vor der Ausführung zu prüfen, deaktivieren Sie die Makros beim Öffnen und rufen Sie den Moduleditor auf. Hier können Sie die Makros zunächst einsehen und auf eventuell vorhandene Makroviren durchsuchen.

- Achten Sie dabei insbesondere auf die Makros, die automatisch gestartet werden. Mehr über automatische Makros erfahren Sie im Abschnitt »Ein Makro automatisch ausführen« in diesem Kapitel.

- Sie können im Codefenster nach Zeichenfolgen suchen und dabei verschiedene Suchoptionen einstellen. Aktivieren Sie zunächst das Codefenster, so können Sie über die Schaltfläche *Suchen* der Symbolleiste *Voreinstellung*, die Tastenkombination (Strg)+(F) oder über den Menübefehl *Bearbeiten/Suchen* die Optionen für eine gezielte Suche einstellen (Abbildung 31.15).

Abbildg. 31.15   Das Dialogfeld *Suchen* im Moduleditor

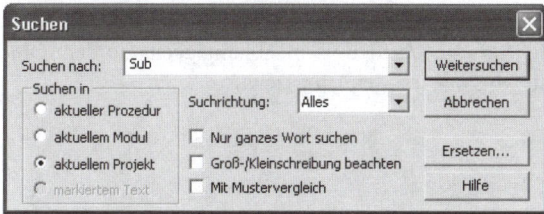

- Sie können wählen, ob das gesamte Projekt, also alle Module und Klassenmodule oder lediglich das aktive Modul durchsucht werden soll. Sie können die Suche auch auf den markierten Bereich einschränken.

Makro-Programmierung mit Excel

Hilfestellung im VBA-Editor

Bei der Arbeit im VBA-Editor werden Sie durch einige intelligente Werkzeuge unterstützt. Diese werden bei entsprechenden Einstellungen direkt beim Schreiben von Anweisungen eingeblendet oder können über Menü- bzw. Symbolleisten aufgerufen werden.

Die VBA-Hilfe

Aus dem VBA-Editor können Sie Hilfe zu VBA-Themen über das Menü *Hilfe (?)* aufrufen. Die *Visual-Basic-Hilfe* erscheint wie der Aufgabenbereich am rechten Rand. Unter einem Eingabefeld für Suchbegriffe erscheint das Inhaltsverzeichnis. Bei Auswahl eines Themas erscheint das Hilfefenster mit Beschreibungen, evtl. auch mit Beispielen und weiterführenden Hinweisen.

Sie können aber zu einem bestimmten Objekt, einer Eigenschaft oder einem Schlüsselwort auch eine kontextbezogene Hilfe anzeigen. Klicken Sie dazu auf die entsprechende Stelle im Code oder eine Eigenschaft im Fenster *Eigenschaften* an und drücken Sie die [F1]-Taste.

> **HINWEIS** Es ist nicht erforderlich, das ganze Wort zu markieren oder die Schreibmarke an eine bestimmte Stelle innerhalb des Begriffes zu setzen.

Der Objektkatalog

Über den Menübefehl *Ansicht/Objektkatalog* oder die [F2]-Taste wird der *Objektkatalog* geöffnet. Er zeigt die Eigenschaften, Methoden, Ereignisse und Konstanten an, die in den Objektbibliotheken und Prozeduren Ihres Projekts zur Verfügung stehen. Sie können die unterschiedlichen Bibliotheken auswählen und erhalten so weitere Informationen über Objekte und deren Verwendung.

Für die gezielte Suche nach einem Schlüsselwort, beispielsweise der *NumberFormat*-Eigenschaft, tragen Sie in das Textfeld *Suchtext* (neben dem Fernglas-Symbol) den gesuchten Begriff ein und klicken anschließend auf die Schaltfläche *Suchen*. Der Fenstermodus des Objektkatalogs ist nicht modal, d.h., Sie können auch dann zu den verschiedenen Fenstern des Editorfensters wechseln, wenn der Objektkatalog geöffnet ist (Abbildung 31.16).

Wollen Sie einen Eintrag aus dem Objektkatalog in den Programmcode kopieren, wählen Sie die Schaltfläche *In Zwischenablage kopieren*. Wechseln Sie an die entsprechende Stelle im Codefenster und rufen Sie den Menübefehl *Bearbeiten/Einfügen* auf. Dieser Befehl steht auch im Kontextmenü (rechten Maustaste) des Codefensters zur Verfügung. In Abhängigkeit von dem Objekttyp, den Sie angeklickt haben, wird ein kontextbezogenes Menü angezeigt.

Abbildg. 31.16 Der Objektkatalog für die gezielte Suche nach Eigenschaften und Methoden

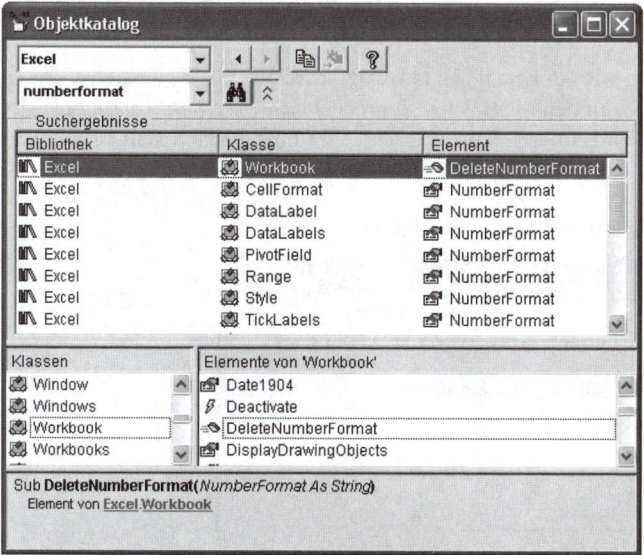

Info auf die Schnelle

Sind Sie über die Verwendung oder die Argumente im Unklaren, so können Sie über einen rechten Mausklick auf ein Schlüsselwort und anschließendes Auswählen des Befehls *QuickInfo* im Kontextmenü einen Tooltipp mit der korrekten Syntax von Variablen, Funktionen, Anweisungen und Methoden anzeigen. Der Tipp zeigt außerdem die Liste der Argumente an. Argumente in eckigen Klammern sind dabei optional zu verwenden. Auch für benutzerdefinierte Funktionen werden diese Informationen angezeigt.

Im Menü *Extras/Optionen* finden Sie auf der Registerkarte *Editor* das Kontrollkästchen *Automatische QuickInfo*. Ist dieses Feld markiert, erhalten Sie bereits beim Schreiben von Programmcode die nützliche Information. Wenn Sie beispielsweise *MsgBox* und ein nachfolgendes Leerzeichen eingeben, wird die QuickInfo sofort angezeigt. Das funktioniert auch im Direktfenster (Abbildung 31.17).

Abbildg. 31.17 Beim Schreiben immer die Argumente im Blick

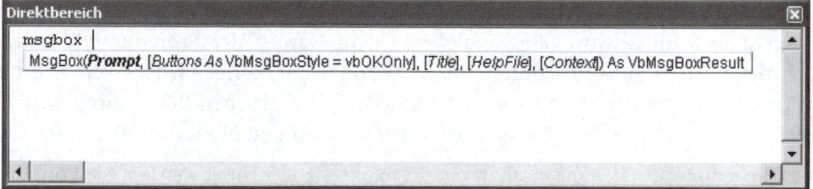

Sind Sie über die Anzahl der Argumente im Unklaren, rufen Sie die Informationen zu Parametern ebenfalls über das Kontextmenü auf. Angezeigt werden Informationen über die Argumente und den Variablentyp.

Wählen Sie im Kontextmenü den Eintrag *Parameterinfo* und Sie erhalten die Anzeige von Informationen über die Argumente und den Variablentyp. Das Popup-Feld wird geschlossen, wenn die Eingabe abgeschlossen oder die ⎡Esc⎤-Taste gedrückt wird.

 Sind Sie sich nicht sicher, wie ein Befehl genau lautet, schreiben Sie die Textfolge, soweit Sie Ihnen bekannt ist und wählen dann den Menübefehl *Bearbeiten/Wort vervollständigen* oder den gleichnamigen Befehl aus dem Kontextmenü. VBA versucht, Ihre Eingabe zu erkennen und trägt den korrekten Befehl ein.

Abbildg. 31.18 Kontextbezogene Auswahllisten erleichtern die Arbeit

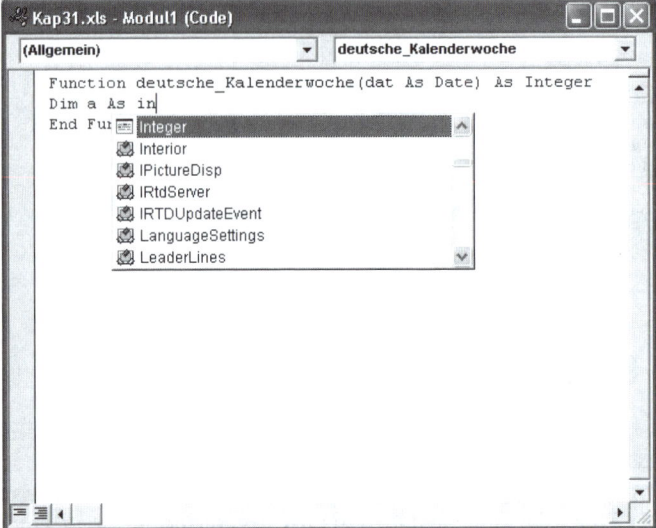

So viel zur Arbeitsumgebung des VBA-Editors. Im nächsten Abschnitt erarbeiten Sie sich einige wichtige Sprachelemente von VBA.

Zwei unterschiedliche Prozedurtypen

Prinzipiell unterscheidet man zwei unterschiedliche Prozedurtypen nach ihren Aufgaben. Beim ersten Prozedurtyp handelt es sich um die so genannten *Sub-Prozeduren*. Eine solche Prozedur beginnt immer mit dem Schlüsselwort *Sub*, gefolgt von dem Namen der Prozedur und endet mit dem Schlüsselwort *End Sub*. Sub-Prozeduren führen Aktionen aus, können jedoch kein Ergebnis zurückgeben. Prozeduren, die ein Ergebnis in Form einer mathematischen Berechnung oder Abfrage liefern, werden als *Funktionen* bezeichnet. Mehr dazu weiter unten in diesem Abschnitt.

Eine Sub-Prozedur kann der Eigenschaft eines Objektes zugeordnet werden. Sie können sie jedoch nicht in einem Ausdruck verwenden.

Listing 31.4 Eine Datei schließen, ohne die Änderungen zu speichern

```
Sub schliessen_ohne_speichern()
On Error Resume Next
Dim r As Integer
If Not ActiveWorkbook.Saved Then
  r = MsgBox("Wenn Sie jetzt schließen, gehen die Änderungen verloren." & vbCrLf & _
         "Wollen Sie die Mappe trotzdem schließen?", vbYesNo + vbQuestion, _
         "Mappe schließen")
  If r = vbYes Then
    ActiveWorkbook.Close SaveChanges:=False
  End If
End If
End Sub
```

Dieses Makro (Listing 31.4) schließt die aktive Arbeitsmappe. Wurde die Datei geändert, wird kein Warnhinweis ausgegeben. Änderungen gehen verloren. Die Anweisung On Error Resume Next unterdrückt den Fehler, der auftreten würde, wenn gar keine Mappe aktiv ist.

 Bevor eine Prozedur verwendet werden kann, wird diese kompiliert. Um diesen Vorgang müssen Sie sich eigentlich nicht kümmern, da beim Aufrufen einer Prozedur diese automatisch kompiliert wird. Dabei wird nochmals eine Überprüfung auf korrekte Schreibweise und Syntax durchgeführt. Wenn während der Kompilierung ein Fehler auftritt, erhalten Sie eine Meldung analog der in Abbildung 31.19 gezeigten, der Vorgang wird abgebrochen und die fehlerhafte Stelle markiert.

Abbildg. 31.19 Hinweis auf einen Kompilierungsfehler, der richtige Name der Funktion lautet *DateSerial*

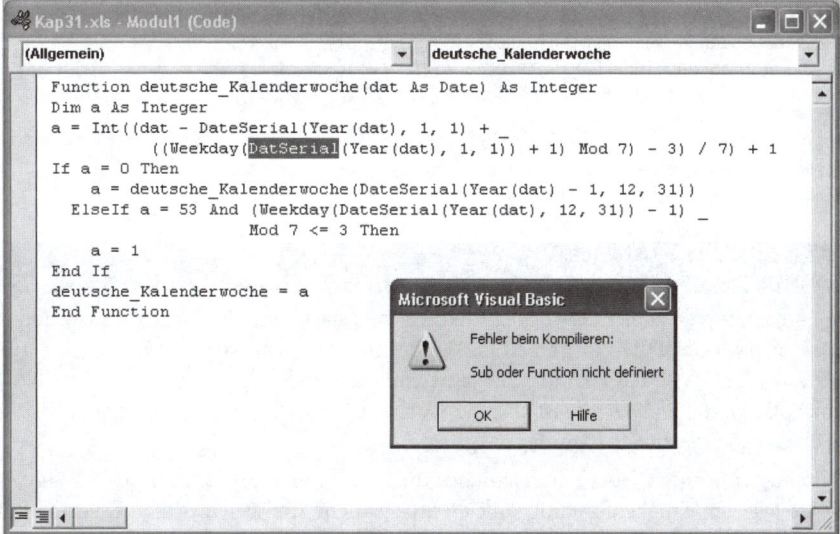

Sie können den Vorgang auch über den Menübefehl *Debuggen/Kompilieren von VBAProject* starten.

Eine benutzerdefinierte Tabellenfunktion erstellen

Der zweite Prozedurtyp wird unter dem Oberbegriff *Funktionsmakros* zusammengefasst. Mit diesen Prozeduren können Sie eine Berechnung oder eine Wahrheitsprüfung durchführen und anschließend das Ergebnis zurückgeben. Der Umfang der eingebauten Tabellenfunktionen ist zwar groß, aber unter Umständen fehlt genau die von Ihnen gesuchte Funktion. In solchen Fällen können Sie mit VBA eine eigene Funktion schreiben und diese in einem Makro aufrufen oder in einem Tabellenblatt für die Berechnung verwenden.

Ein solches Makro beginnt mit dem reservierten Schlüsselwort *Function*, gefolgt vom Namen der Funktion und einem Klammernpaar. In diesem Klammernpaar können Argumente an die Funktion übergeben werden (das Thema »Argumente« wird im weiteren Verlauf dieses Kapitels noch vertieft).

Funktionen führen in der Regel mathematische Operationen aus, prüfen bestimmte Sachverhalte oder liefern einen Verweis auf ein Objekt. Das Ergebnis dieser Operationen wird dem Funktionsnamen mit dem Zuweisungsoperator = zugewiesen. Das Ende einer Funktion wird mit dem Schlüsselwort *End Function* angezeigt.

Ein Beispiel: Die folgende Funktion berechnet die Kalenderwoche nach der in Deutschland gültigen DIN-Norm 1355:

Listing 31.5   Eine einfache Funktion zur Berechnung der Kalenderwoche

```
Function deutsche_Kalenderwoche(dat As Date) As Integer
Dim a As Integer
a = Int((dat - DateSerial(Year(dat), 1, 1) + ((WeekDay(DateSerial(Year(dat), 1, 1)) _
    + 1) Mod 7) - 3) / 7) + 1
If a = 0 Then
    a = deutsche_Kalenderwoche(DateSerial(Year(dat) - 1, 12, 31))
  ElseIf a = 53 And (WeekDay(DateSerial(Year(dat), 12, 31)) - 1) _
        Mod 7 <= 3 Then
    a = 1
End If
deutsche_Kalenderwoche = a
End Function
```

Kalenderwochen berechnen

Die Berechnung der Kalenderwoche in Excel erfolgt nach amerikanischen Regeln und damit leider nicht nach der DIN-Norm. Seit der Festlegung der DIN-Norm 1355 im Jahre 1974 ist die erste Kalenderwoche die Woche eines Jahres, in die mindestens vier der ersten sieben Tage des Monats Januar fallen. Wichtig ist also die Woche, in welcher der 4. Januar liegt. Seit 1976 ist ferner der Wochenbeginn auf Montag festgelegt.

Es gibt daher immer wieder Jahre, in denen die Berechnung mit der im Add-In *Analyse-Funktionen* integrierten Tabellenfunktion *Kalenderwoche* nicht zum gewünschten Ergebnis führt. Auch die Berechnung der Kalenderwoche mit der *DatePart*-Funktion, etwa

```
KW = DatePart("ww", d, vbMonday, vbFirstFourDays)
```

hat ebenfalls ihre Schattenseiten: In unregelmäßigen Abständen, z.B. für den 30.12.1991 und den 29.12.2003, liefert auch diese Funktion ein falsches Ergebnis.

Mit benutzerdefinierten Funktionen können Sie häufig durchzuführende Berechnungen vereinfachen und die für die Berechnung erforderliche Genauigkeit berücksichtigen.

Überhaupt ist das Thema Genauigkeit auch ein guter Grund, eigene Funktionen zu erstellen. Nicht, dass die Funktionen in Excel sich durch besondere Ungenauigkeit hervortun würden. Aber darüber, wie genau eine Funktion rechnet (wann etwa in einer finanzmathematischen Funktion auf wie viele Stellen gerundet wird), schweigen sich die üblichen Quellen aus. So kann es bei manuellem Nachrechnen durchaus zu unterschiedlichen Ergebnissen kommen, wenn Sie z.B. mit gerundeten Werten weiterrechnen. In den allermeisten Fällen werden Sie aber kein Problem mit der Genauigkeit haben. Mit einer benutzerdefinierten Funktion haben Sie die Genauigkeit selbst im Griff. Damit allerdings auch die Verantwortung für den korrekten Rechenweg.

Um eine Funktion zu testen, stellt der Moduleditor ein spezielles Testfenster zur Verfügung. Über den Menübefehl *Ansicht/Direktfenster* oder die Tastenkombination [Strg]+[G] können Sie das Fenster öffnen, um die Funktion zu testen (Abbildung 31.20). Tragen Sie hierfür

```
?deutsche_kalenderwoche(now)
```

ein und schließen Sie die Eingabe mit der [↵]-Taste ab. VBA berechnet die Kalenderwoche unter Verwendung der benutzerdefinierten Funktion und gibt das Ergebnis im Testfenster aus.

Abbildg. 31.20 Der Direktbereich: ein ideales Werkzeug zum Testen von Funktionen

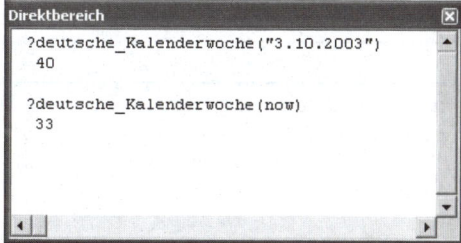

Existiert die gesuchte Datei?

Das Ergebnis einer Funktion kann aber auch anders aussehen. Die folgende Funktion gibt lediglich einen Wahrheitswert zurück. *Wahr,* wenn Sie einen existierenden Dateinamen angegeben haben und *Falsch,* wenn die Datei nicht gefunden wurde.

Listing 31.6 Funktion mit einer Prüfungsaufgabe

```
Function existiert_Datei(einDateiname As String) As Boolean
If Len(einDateiname) > 0 Then
  existiert_Datei = (Dir(einDateiname) <> "")
End If
End Function
```

Im Direktfenster können Sie die Funktion für die aktuelle Datei testen. Tragen Sie hier

```
?existiert_Datei(ActiveWorkbook.FullName)
```

ein und drücken Sie die [↵]-Taste.

Eigene Funktionen verwenden

Die Funktion *deutsche_Kalenderwoche* kann nun z.B. in einem Tabellenblatt verwendet werden. Steht in der Zelle *A1* ein Datum, so können Sie in der Zelle *B1* die Kalenderwoche über die Formel =deutsche_Kalederwoche(A1) berechnen. Voraussetzung hierfür ist, dass sich das Modul und das Tabellenblatt in derselben Arbeitsmappe befinden. Sie erhalten sonst den Fehlerwert *#NAME?*.

Aber auch in einer anderen Arbeitsmappe kann die Funktion verwendet werden. Bei geöffneter Arbeitsmappe erweitern Sie den Namen der Funktion um den Hinweis auf den externen Bezug:

```
=Funktionsmappe.XLS!deutsche_Kalenderwoche (A1)
```

Ist die Arbeitsmappe mit der Funktion nicht geöffnet, muss zusätzlich noch der Pfad angegeben werden, z.B.

```
=C:\Daten\Funktionsmappe.XLS!deutsche_Kalenderwoche (A1)
```

> **TIPP**   Wenn die Arbeitsmappe mit der benutzerdefinierten Funktionen geladen ist, lassen sich die Tabellenfunktionen auch über den Funktionsassistenten eintragen. Wählen Sie in der Kategorie *Benutzerdefiniert* des Dialogfelds *Funktion einfügen* (Menübefehl *Einfügen/Funktion*) die gewünschte Funktion aus.

> **WICHTIG**   Beachten Sie bei der Weitergabe von Dateien, die benutzerdefinierte Funktionen verwenden, dass diese Funktionen in der Mappe gespeichert sein müssen. Alternativ können Sie die Datei mit den Funktionen ebenfalls zur Verfügung stellen. Wenn Sie dies nicht tun, kann die Berechnung nicht durchgeführt werden und die Zellen, die benutzerdefinierte Funktionen verwenden, zeigen den Fehlerwert *#NAME?* an.

Weitere Hinweise für die Verwendung externer Makros finden Sie im Abschnitt »Aufrufen externer Prozeduren« in diesem Kapitel. Wie Sie Funktionen in einem eigenen Add-In ablegen, steht am Ende dieses Kapitels.

Funktionen mit optionalen Argumenten

Auch bei benutzerdefinierten Funktionen können Sie mit *optionalen Argumenten* arbeiten. Optionale Argumente können angegeben werden, sind allerdings nicht zwingend erforderlich. Solche Argumente werden über das Schlüsselwort *Optional* festgelegt. Werden für den Aufruf einer Prozedur neben den optionalen auch zwingende Argumente benötigt, so müssen diese bei der Deklaration **vor** den optionalen Argumenten aufgeführt werden. Der allgemeine Aufbau sieht folgendermaßen aus:

```
Function FunktionBeispiel(notwendigArg1, notwendigArg2, Optional Arg1, Optional Arg2)
```

WICHTIG Optionale Argumente werden (wie notwendige Argumente) durch Kommata getrennt und haben immer den Datentyp *Variant*. Verwendet die Prozedur mehrere optionale Argumente und Sie wollen beim Aufruf z.B. lediglich das letzte Argument angeben, so müssen beim Aufruf sämtliche Kommata für nicht angegebene Argumente gesetzt werden, also etwa in der Form

```
FunktionBeispiel , , Optional Arg2
```

Die folgende Prozedur (Listing 31.7) kann mit drei optionalen Argumenten aufgerufen werden und ermittelt den größten Wert aus der Argumentliste.

Listing 31.7 Optionale Argumente verwenden

```
Function optArg(Optional Arg1, Optional Arg2, Optional Arg3)
' ohne diese Anweisung kommt es zu einem Fehler
' wenn keines der Argumente angegeben wurde.
On Error Resume Next
optArg = Application.WorksheetFunction.Max(Arg1, Arg2, Arg3)
End Function
```

Was aber, wenn die Funktion mit allen Werten rechnen soll? In solch einem Fall müssen Sie zunächst prüfen, ob die Argumente angegeben wurden. Mit der Funktion *IsMissing* können Sie das Vorhandensein optionaler Argumente vor der weiteren Programmausführung prüfen und ggf. einen Standardwert setzen oder die Prozedur beenden (siehe Listing 31.8).

Listing 31.8 *Prüfen, ob* das optionale Argument angegeben wurde

```
Function eineDivision(Dividend, Optional Divisor)
If IsMissing(Divisor) Then Divisor = 1
eineDivision = Dividend / Divisor
End Function
```

Sie können auch bereits in der Prozedurdefinition einen Standardwert für ein optionales Argument angeben. Die nachfolgende Prozedur (Listing 31.9) zeigt, wie Sie bereits beim Schreiben der Argumentliste einer Funktion einen Standardwert für ein optionales Argument festlegen können.

Listing 31.9 Standardwert direkt zuweisen

```
Function eineDivision2(Dividend, Optional Divisor=1)
eineDivision2 = Dividend / Divisor
End Function
```

Wird hier für das optionale Argument *Divisor* kein Wert angegeben, wird der Standardwert *1* verwendet.

PROFITIPP

Auch für benutzerdefinierte Funktionen wird eine Parameterinfo angezeigt und im Objektkatalog können Sie nach solchen Funktionen suchen. Hier werden die Argumente und deren Datentypen angezeigt. Im Objektkatalog erkennen Sie eigene Einträge am Schriftschnitt Fett.

Makro-Programmierung mit Excel

Tabellenfunktionen in Makros verwenden

In Excel sind über 300 Tabellenfunktionen integriert. Da liegt es nahe, diese auch in Makros zu verwenden und damit Programmierarbeit einzusparen. Sie haben in VBA die Möglichkeit, eingebaute Tabellenfunktionen zu verwenden. Wollen Sie etwa in einer Tabelle die Anzahl der nicht leeren Zellen eines Bereichs ermitteln, nutzen Sie dazu die Tabellenfunktion *Anzahl2(Wert1,Wert2, …)*. In VBA können Sie diese Funktion ebenfalls verwenden, allerdings nur in englischer Sprache.

> **TIPP**   Suchen Sie im Windows-Explorer nach der Datei *Vbaliste.xls*. Diese Datei enthält zu den deutschen Funktionen die englischen Übersetzungen. Bei einer Standardinstallation finden Sie diese Datei im Ordner *C:\Programme\Microsoft Office\OFFICE11\1031*.

Nehmen wir an, Sie wollen alle nicht leeren Zellen im Bereich *A1:D1* zählen und, sofern es sich um Zahlen handelt, auch die Summe des Bereichs ausgeben.

Bei der Verwendung von eingebauten Tabellenfunktionen ist die Angabe des Objekts *Application* zwingend erforderlich. Die Angabe der *WorksheetFunction*-Eigenschaft ist zwar optional, der besseren Lesbarkeit wegen sollten Sie dies jedoch angeben. Beispiele dazu:

```
Application.WorksheetFunction.Sum(Range("A1:D1"))
```

liefert die Summe aus dem Bereich *A1:D1* und

```
Application.WorksheetFunction.CountA(Range("A1:D1"))
```

liefert die Anzahl der nicht leeren Zellen im Bereich *A1:D1*.

> **HINWEIS**   Weitere Tabellenfunktionen für die Verwendung in VBA finden Sie im Objektkatalog unter *WorksheetFunction* in der Bibliothek *Excel*. Weitere Hinweise zum Objektkatalog finden Sie im Abschnitt »Der Objektkatalog« in diesem Kapitel.

PROFITIPP

> Wenn Sie das englische Pendant für eine Tabellenfunktion suchen, können Sie – wie oben beschrieben – die Datei *Vbaliste.xls* verwenden. Sie können aber auch die Zelleigenschaft einer Zelle nutzen und damit den gesuchten Namen ermitteln.
>
> Dazu ein Beispiel:
>
> Enthält die aktive Zelle die Formel =SVERWEIS(D8;A8:B16;$F$8;0), kann das Direktfenster verschiedene Informationen über die Formel liefern.

Tabelle 31.1   Unterschiedliche Sprachversionen und Schreibweisen einer Formel ermitteln

Eingabe im Direktfenster	Ergebnis	Beschreibung
? ActiveCell.Formula	=VLOOKUP(D8,A8:B16,$F$8,0)	Englischer Name der Formel, Bezüge in A1-Schreibweise
? ActiveCell.FormulaLocal	=SVERWEIS(D8;A8:B16;$F$8;0)	Name der Formel in der aktuellen Sprachversion, Bezüge in A1-Schreibweise
? ActiveCell.FormulaR1C1	=VLOOKUP(RC[-1],RC[-4]:R[8]C[3],R8C6,0)	Englischer Name der Formel, Bezüge in Z1S1-Schreibweise
? ActiveCell.FormulaR1C1Local	=SVERWEIS(ZS(-1);ZS(-4):Z(8)S(-3);Z8S6;0)	Name der Formel in der aktuellen Sprachversion, Bezüge in Z1S1-Schreibweise

Informationen anzeigen lassen

Bei der Erstellung eigener Anwendungen ist es manchmal erforderlich, Ergebnisse nicht in einer Zelle, sondern als Meldung am Bildschirm anzuzeigen. Grundsätzlich haben Sie zwei unterschiedliche Möglichkeiten für die Ausgabe von Informationen, die sich ohne großen Aufwand programmieren lassen. Neben den hier vorgestellten Lösungen können Sie auch eigene Formulare, so genannte *UserForms*, erstellen. Weitere Informationen zu UserForms finden Sie im Abschnitt »Formulare entwickeln«.

Eigene Meldungen in der Statusleiste platzieren

Sie können Informationen in der *Statusleiste* ausgeben. Üblicherweise werden hier Informationen zum Programmablauf, wie etwa *Datei wird geladen* oder *Neuberechnung, bitte warten* angezeigt. Die Anzeige in der Statusleiste können Sie über das folgende Makro (Listing 31.10) erreichen, alle Hinweise entfernen und damit die Anzeige für Informationen der Anwendung freigeben:

Listing 31.10   Kurze Informationen in der Statusleiste platzieren

```
Sub Hinweis()
Application.StatusBar = "Sie bearbeiten gerade die Datei " _
                        & ActiveWorkbook.FullName
MsgBox "Beachten Sie den Hinweis in der Statusleiste."
Application.StatusBar = ""
End Sub
```

Am Ende eines Programms können Sie über die Anweisung

```
Application.StatusBar = ""
```

die Anzeige auf der Statusleiste wieder leeren.

Makro-Programmierung mit Excel

Ein eigenes Fenster für die Meldungen

Für die Ausgabe umfangreicher Texte ist die Statusleiste ungeeignet. Außerdem werden solche Informationen vom Anwender leicht übersehen. Um dem Anwender Informationen anzuzeigen, steht in VBA die Anweisung *MsgBox* mit der Syntax

MsgBox(prompt[, buttons] [, title] [, helpfile, context])

zur Verfügung. Die Syntax der *MsgBox*-Funktion verwendet benannte Argumente.

Am Namen sind sie zu erkennen: Benannte Argumente

VBA unterstützt die Verwendung von *benannten Argumenten*. Dies erlaubt die Verwendung von Argumenten, ungeachtet der Reihenfolge in der Argumentliste einer Anweisung. Ganz allgemein wird dabei dem Argument mit der Zeichenfolge := ein Ausdruck zugewiesen. Das folgende Beispiel (Listing 31.11) zeigt eine Meldung unter Verwendung benannter Argumente an:

Listing 31.11 Mit benannten Argumenten spielt die Reihenfolge keine Rolle mehr

```
Sub benannteArg()
MsgBox Buttons:=vbExclamation, _
       Title:="Benannte Argumente", _
       prompt:="Die Reihenfolge bleibt unberücksichtigt."
End Sub
```

Da die Argumente mit ihren Namen genannt werden, können diese in beliebiger Reihenfolge verwendet werden. Anders sieht es aus, wenn Sie die Namen nicht angeben. Dann müssen Sie die Argumente exakt nach den Vorgaben der Syntax eintragen (vgl. Listing 31.12).

Listing 31.12 Ohne Namen der Argumente muss die Reihenfolge stimmen

```
Sub benannteArg2()
MsgBox "Die exakte Reihenfolge ist erforderlich.", _
       vbExclamation, _
       "Ohne Namen der Argumente"
End Sub
```

Weil die Funktion *MsgBox* häufig verwendet wird, sollen die Argumente dieser Funktion kurz erläutert werden:

- *prompt* muss angegeben werden und ist ein Zeichenfolgenausdruck, der als Meldung im Dialogfeld erscheint. Wenn *prompt* aus mehreren Zeilen besteht, können Sie die Zeilen mit einem Wagenrücklaufzeichen *(Chr(13))*, einem Zeilenvorschubzeichen *(Chr(10))* oder einer Kombination aus Wagenrücklaufzeichen und Zeilenvorschubzeichen *(Chr(13) & Chr(10))* trennen. Alternativ können Sie die VBA-Konstanten *vbCr* und *vbCrLf* verwenden. Die weiteren Argumente sind optional.

- *buttons* ist ein numerischer Ausdruck, über den die Summe der Werte über die Anzahl und den Typ der anzuzeigenden Schaltflächen, die Art des anzuzeigenden Symbols sowie die Standardschaltfläche angegeben wird. Alternativ können Sie auch die eingebauten Konstanten verwenden (vgl. Sie hierzu die Tabelle 31.2).

HINWEIS   Verwenden Sie die Summe der Werte – oder besser – verknüpfen Sie die einzelnen Werte bzw. Konstanten durch ein Pluszeichen (+). Um die Schaltflächen *Ja* und *Nein* sowie das Symbol *Fragezeichen* (?) anzuzeigen, kann das Argument *4 + 32* alternativ auch als *vbYesNo + vbQuestion* angegeben werden. Bedenken Sie, dass der Code mit den Konstanten verständlicher ist!

TIPP   Wenn das Kontrollkästchen *Automatische QuickInfo* im Dialogfeld *Optionen* aktiviert ist, werden die Konstanten angezeigt, nachdem Sie den Text für die Meldung und ein Komma (,) eingetragen haben. Mit der ⌜Pfeil ↓⌝-Taste können Sie einen Eintrag auswählen und mit der ⌜⇥⌝-Taste an der aktuellen Stelle einfügen.

Das Aussehen des Meldungsfensters wird über eingebaute Konstanten eingestellt. Die wichtigsten davon zeigt Ihnen Tabelle 31.2.

Tabelle 31.2   Tabelle mit den Konstanten für die Schaltflächen der *MsgBox*-Funktion

Konstante	Wert	Beschreibung
Zur Anzeige der Schaltflächen:		
vbOKOnly	0	Nur die Schaltfläche *OK* anzeigen.
vbOKCancel	1	Schaltflächen *OK* und *Abbrechen* anzeigen.
vbAbortRetryIgnore	2	Schaltflächen *Abbruch*, *Wiederholen* und *Ignorieren* anzeigen.
vbYesNoCancel	3	Schaltflächen *Ja*, *Nein* und *Abbrechen* anzeigen.
vbYesNo	4	Schaltflächen *Ja* und *Nein* anzeigen.
vbRetryCancel	5	Schaltflächen *Wiederholen* und *Abbrechen* anzeigen.
Zur Anzeige der Symbole:		
vbCritical	16	Meldung mit Stopp-Symbol anzeigen.
vbQuestion	32	Meldung mit Fragezeichen-Symbol anzeigen.
vbExclamation	48	Meldung mit Ausrufezeichen-Symbol anzeigen.
vbInformation	64	Meldung mit Info-Symbol anzeigen.
Zur Festlegung der Standardschaltfläche:		
vbDefaultButton1	0	Erste Schaltfläche ist Standardschaltfläche.
vbDefaultButton2	256	Zweite Schaltfläche ist Standardschaltfläche.
vbDefaultButton3	512	Dritte Schaltfläche ist Standardschaltfläche.
vbDefaultButton4	768	Vierte Schaltfläche ist Standardschaltfläche.
Zur Festlegung des Modus:		
vbApplicationModal	0	An die Anwendung gebunden. Der Benutzer muss auf das Meldungsfeld reagieren, bevor er seine Arbeit mit der aktuellen Anwendung fortsetzen kann.
vbSystemModal	4096	An das System gebunden. Alle Anwendungen werden unterbrochen, bis der Benutzer auf das Meldungsfeld reagiert.

Makro-Programmierung mit Excel

Diese Konstanten sind bereits durch Visual Basic für Applikationen festgelegt. Daher können die Namen an einer beliebigen Stelle im Code anstelle der tatsächlichen Werte verwendet werden.

Die erste Gruppe von Werten (*0 bis 5*) beschreibt die Anzahl und den Typ der im Dialogfeld angezeigten Schaltflächen. Die zweite Gruppe (*16, 32, 48, 64*) beschreibt die Symbolart. Die dritte Gruppe (*0, 256, 512, 768*) legt die Standardschaltfläche fest und die vierte Gruppe (*0, 4096*) legt fest, in welcher Form das Dialogfeld gebunden ist.

> **WICHTIG**   Verwenden Sie beim Addieren der Zahlen zu einem Gesamtwert für das Argument *buttons* nur **eine** Zahl aus jeder Gruppe.

Das Argument *title* legt den Titel des Dialogfelds fest. Mit den Argumenten *helpfile* und *context* legen Sie eine kontextbezogene Hilfedatei fest, wobei beide Argumente zusammen verwendet werden müssen.

Das folgende Beispiel (Listing 31.13) zeigt Informationen über wichtige Ordner Ihrer Arbeitsumgebung in einer Meldung (Abbildung 31.21) an.

Listing 31.13   Informationen über wichtige Ordner in einer Meldung ausgeben

```
Sub wichtigeOrdner()
Dim a As String
a = Application.AltStartupPath
MsgBox Application.StartupPath, vbInformation, "Startpfad"
MsgBox Application.Path, vbInformation, "Anwendungspfad"
MsgBox Application.LibraryPath, vbInformation, "Bibliothekspfad"
If a <> "" Then
    MsgBox a, vbInformation, "Zusätzlicher Startpfad"
  Else
    MsgBox "Es ist kein zusätzlicher Startpfad festgelegt.", _
          vbInformation, "Zusätzlicher Startpfad"
End If
End Sub
```

Abbildg. 31.21   Informationen über den zusätzlichen Startpfad

> **WICHTIG**   Die Anweisung `MsgBox` kann auch als Funktion verwendet werden. Sie können dann den Rückgabewert ermitteln und weiter verwenden.

Wollen Sie den Rückgabewert der Funktion verwenden, müssen die Argumente in einfache Klammern gefasst werden. Üblicherweise wird die Rückgabe in einer Variablen gespeichert (siehe z.B. Listing 31.14).

Listing 31.14 Die gewählte Schaltfläche in einer Variablen speichern

```
Sub Meldung_Auswählen(Optional Ihrname)
Dim gewählt As Long
Dim i As Integer
Dim s As Object
If IsMissing(Ihrname) Then Ihrname = "geneigte Leser"
gewählt = MsgBox("Sollen die Blattregister der aktiven Mappe eingefärbt werden?", _
                vbYesNo + vbQuestion, "Entscheiden Sie sich")
MsgBox "Ihre Auswahl hat den Rückgabewert " & gewählt, _
            vbOKOnly + vbInformation, "Information an " & Ihrname
If gewählt = vbYes Then

i = 1
For Each s In ActiveWorkbook.Sheets
  Sheets(s.Name).Tab.ColorIndex = i
  If i = 56 Then
      i = 1
  Else
      i = i + 1
  End If
Next
End If
End Sub
```

Sub-Prozeduren starten und testen

Auch eine Sub-Prozedur können Sie im Testfenster starten. Da eine Sub-Prozedur (wie eine Funktion) Aktionen ausführt, jedoch keinen Wert zurückgeben kann, müssen Sie dem Aufruf der Prozedur im Testfenster kein Fragezeichen voranstellen. Der Aufruf lautet dann beispielsweise

```
Meldung_Auswählen "Jürgen"
```

Schreiben Sie also lediglich den Prozedurnamen und eventuell erforderliche Argumente (ohne Klammer) in eine leere Zeile des Direktfensters und betätigen Sie die ⏎ -Taste. Die Prozedur wird ausgeführt. Angezeigt wird das Dialogfeld aus Abbildung 31.22.

Abbildg. 31.22 Meldung mit Wahlmöglichkeit

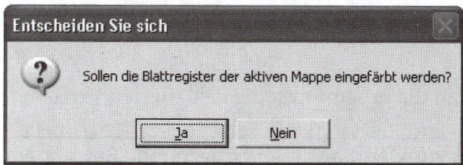

Wenn Sie eine Schaltfläche betätigen, wird der Rückgabewert in einem weiteren Meldungsfenster angezeigt. Welche Rückgabewerte die Funktion *MsgBox* hat, zeigt die Tabelle 31.3.

Tabelle 31.3 Rückgabewerte der Funktion *MsgBox*

Konstante	Wert	Beschreibung
vbOK	1	*OK*
vbCancel	2	*Abbrechen*
vbAbort	3	*Abbruch*
vbRetry	4	*Wiederholen*
vbIgnore	5	*Ignorieren*
vbYes	6	*Ja*
vbNo	7	*Nein*

Auf Variablen und deren Verwendung werden wir im Abschnitt »Variablen und Konstanten« noch ausführlich zu sprechen kommen.

Wenn Sie die Schaltfläche *Nein* wählen, erhalten Sie die folgende Meldung aus Abbildung 31.23.

Abbildg. 31.23 Rückgabewert der *MsgBox*-Funktion anzeigen

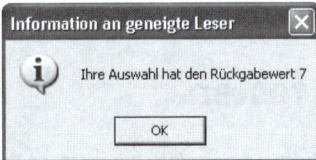

Eingebaute Formulare nutzen

In Excel stellen Sie zahlreiche Eigenschaften in Dialogfeldern ein. Was liegt da näher, als diese eingebauten Dialogfelder für eigene Entwicklungen zu nutzen?

Mit VBA können Sie eine ganze Reihe eingebauter Dialogfelder verwenden. Auf diese Dialogfelder greifen Sie über eingebaute Konstanten zu. Welche Konstanten dafür zur Verfügung stehen, sehen Sie wiederum im Objektkatalog, wenn Sie

1. im Feld *Projekt/Bibliothek* den Eintrag *Alle Bibliotheken* auswählen,
2. dann im Feld *Suchtext* den Begriff *xlDialog* eintragen und
3. die Schaltfläche *Suchen* anklicken.

In der Liste *Suchergebnisse* werden daraufhin die programmseitig deklarierten Variablen angezeigt.

WICHTIG Beachten Sie, dass die Dialogfelder meist kontextbezogene Befehle enthalten und nur in diesem Zusammenhang angezeigt werden können. Wenn das entsprechende Objekt nicht verfügbar ist, führt die *Show*-Methode zu einem Laufzeitfehler. So führt die Anweisung `Application.Dialogs(xlDialogChartAddData).Show` zu einem Fehler, wenn statt eines Diagramms eine Zelle aktiv ist.

Angenommen, Sie wollen dem Anwender das Dialogfeld *Datei öffnen* zeigen, damit er eine beliebige Datei öffnen kann.

Die nachfolgende Prozedur (Listing 31.15) löst diese Aufgabe. Sie verwendet zwei Variablen, eine für das Objekt des eingebauten Dialogfelds und die andere für das Ergebnis, das dieses Dialogfeld zurückgibt. Mit der *Show*-Methode wird das eingebaute Dialogfeld angezeigt.

Listing 31.15   Eingebaute Dialogfelder verwenden

```
Sub eingebauterDlg()
Dim dlg As Dialog
Dim result As Boolean
Set dlg = Application.Dialogs(xlDialogOpen)
result = dlg.Show
MsgBox "Die Variable enthält den Wert " & result
End Sub
```

HINWEIS   Das Ergebnis der Aktion liefert Ihnen jedoch nicht den Dateinamen, den der Anwender ausgewählt hat, sondern lediglich einen Wahrheitswert. Dieser Wert zeigt an, ob das Dialogfeld mit *OK* oder *Abbrechen* beendet wurde. Der Rückgabewert ist also vom Typ *Boolean* (*True* oder *False*). Bei *True* wird die ausgewählte Datei geöffnet.

Spezielle Dialoge anzeigen

Mit dem *FileDialog*-Objekt erhalten Sie Zugriff auf die Datei-Dialogfelder und können hierfür verschiedene Typen über *MsoFileDialogType*-Konstanten einstellen. Die Tabelle 31.4 zeigt die möglichen Werte dieser Konstanten und deren Bedeutung.

Tabelle 31.4   *MsoFileDialogType*-Konstanten und deren Bedeutung

Konstante	Bedeutung
MsoFileDialogFilePicker	Ermöglicht es, eine Datei auszuwählen.
MsoFileDialogFolderPicker	Ermöglicht es, einen Ordner auszuwählen.
MsoFileDialogOpen	Ermöglicht es, eine Datei zu öffnen.
MsoFileDialogSaveAs	Ermöglicht es, eine Datei zu speichern.

Bei der Anzeige können Sie bestimmte Einstellungen vornehmen. Der *FileDialog* vom Typ *msoFileDialogOpen* ermöglicht es den Benutzern, eine Datei zu öffnen und dabei mit verschiedenen Konstanten der Eigenschaft *InitialView* die Darstellung von Dateien und Ordnern einzustellen. Mit der Anweisung

```
InitialView = msoFileDialogViewDetails
```

werden beispielsweise die Details eingeblendet. Schauen Sie sich dazu Listing 31.16 an.

Listing 31.16 Einen Dialog für die Auswahl eines Ordners anzeigen

```
Sub auswählenPfad()
On Error Resume Next
Dim fDlg As FileDialog
Set fDlg = Application.FileDialog(msoFileDialogFolderPicker)
With fDlg
  'Startverzeichnis setzen
  .InitialFileName = ThisWorkbook.Path
  If .Show = -1 Then
    MsgBox "Ausgewählter Ordner: " & .SelectedItems(1)
  End If
End With
Set fDlg = Nothing
End Sub
```

Die installierten Dateifilter ermitteln

Wenn Sie das Dialogfeld zum Öffnen von Dateien anzeigen, enthält dieses ein Listenfeld für die Anzeige des Dateityps. Die *FileDialogFilters*-Auflistung erlaubt den Zugriff auf alle Dateitypen, die hier angezeigt werden können. Das Makro aus Listing 31.17 erstellt ein neues Tabellenblatt mit den Erweiterungen und Bezeichnungen der Dateifilter.

Listing 31.17 Eine Liste mit den installierten Dateifiltern erstellen

```
Sub Dateifilter()
On Error Resume Next
' Zähler
Dim i As Integer
i = 1
'Variable für die Auflistung.
Dim fDlg As FileDialogFilters
'Variable für das Objekt.
Dim fDlgF As FileDialogFilter
Set fDlg = Application.FileDialog(msoFileDialogSaveAs).Filters
Sheets.Add
Cells(1, 1).Value = "Erweiterung"
Cells(1, 2) = "Beschreibung"
For Each fDlgF In fDlg
  Cells(1, 1).Offset(i, 0) = fDlgF.Extensions
  Cells(1, 1).Offset(i, 1) = fDlgF.Description
  i = i + 1
Next fDlgF
MsgBox "Die installierten Filter wurden eingetragen."
End Sub
```

Den Dateinamen ermitteln

In VBA gibt es auch eine Methode, mit der Sie ein eingebautes Formular nutzen können und die Ihnen den vom Benutzer ausgewählten Dateinamen zurückgibt. Die Methode

```
GetOpenFilename(FileFilter, FilterIndex, Title, ButtonText, MultiSelect)
```

zeigt ebenfalls das Dialogfeld zum Öffnen von Dateien an und gestattet dabei sogar das Einstellen von Filtern oder bestimmten Dateinamen. Wie das im Ergebnis ausschauen kann, können Sie dem Listing 31.18 und der Abbildung 31.24 entnehmen.

Listing 31.18 Mit einem eingebauten Dialogfeld eine Datei öffnen

```
Sub Dateinamen_ermitteln()
Dim d As Variant
d = Application.GetOpenFilename("Textdateien (*.txt), *.txt",, _
    "Mal sehen, was es so gibt",, False)
If d <> False Then
  If MsgBox("Soll die Datei " & d & " geöffnet werden?", vbYesNo, _
            "Integrierter Dialog") = vbYes Then
     MsgBox "Die Datei " & d & " wird geöffnet."
  Else
     MsgBox "Die Datei " & d & " wird nicht geöffnet."
  End If
End If
End Sub
```

Abbildg. 31.24 Das mit der *GetOpen*-Methode modifizierte Dialogfeld *Öffnen*

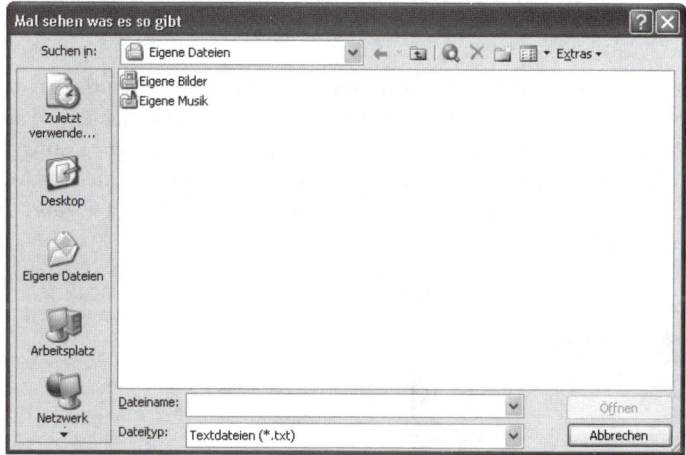

> **WICHTIG** Die Methode *GetOpenFilename* gibt nur den gewählten Namen zurück, ohne die Datei tatsächlich zu öffnen!

Wenn Sie auf eingebaute Dialogfelder zugreifen, können Sie auch hier einige Argumente übergeben und damit die Voreinstellung des Dialogfelds beeinflussen.

Das folgende Makro (Listing 31.19) zeigt die Registerkarte *Zahlen* aus dem Dialogfeld *Zellen formatieren* an und gibt bereits eine Voreinstellung für das neue Zahlenformat an.

Listing 31.19 Nur die Registerkarte *Zahlen* anzeigen

```
Sub Dialog_Zahlenformat()
On Error Resume Next
Dim dlg As Dialog
Set dlg = Application.Dialogs(xlDialogFormatNumber)
With dlg
  .Show """Datum: """ & "TT.MM.JJJJ"
End With
End Sub
```

Benutzereingaben auswerten

Nehmen wir an, es sei nun aber nicht allein erforderlich, Meldungen anzuzeigen, sondern Sie wollen darüber hinaus auch Benutzereingaben ermöglichen.

Mit der Funktion *InputBox* haben Sie die Möglichkeit, sehr schnell einfache Eingabemasken zu erzeugen. Die Funktion verwendet die Syntax

InputBox(prompt[,title][,default][,xpos][,ypos][,helpfile, context])

wobei auch hier die Argumente in eckiger Klammer optional sind. Das Argument *title* wird wie bei der Funktion *MsgBox* angewendet. Gleiches gilt für die Angabe der kontextbezogenen Hilfe. Das Argument *default* legt den Vorgabewert für das Eingabefeld fest, *xpos* und *ypos* die Position der oberen linken Ecke des Eingabefelds auf dem Bildschirm. Sind diese beiden Argumente (*xpos* und *ypos*) nicht angegeben, so wird das Eingabefeld zentriert angezeigt.

Wie erstellen Sie eine einfache Eingabeaufforderung, die dem Benutzer das Ändern des Benutzernamens ermöglicht, wobei der Eintrag des Benutzers zuvor in einer Sicherheitsabfrage angezeigt werden soll?

Um diese Aufgabe zu lösen, speichern Sie den Rückgabewert der Funktion *InputBox* in der Variablen *Eingabe*. Denken Sie dabei an die Klammern um die Argumentliste. Die Variable wird anschließend von der Funktion *MsgBox* verwendet, die den Inhalt der Variablen anzeigt (Listing 31.20). Der Benutzer hat dann die Möglichkeit, den neuen Eintrag für den Benutzernamen im Menü *Extras/Optionen* auf der Registerkarte *Allgemein* speichern zu lassen oder die Aktion abzubrechen (Abbildung 31.25 und Abbildung 31.26).

Abbildg. 31.25 Eingabeaufforderung mit Zeilenumbruch und Vorgabe

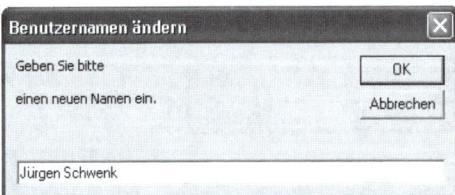

Listing 31.20 Dem Benutzer ein Eingabefenster anzeigen

```
Sub Benutzernamen_ändern()
Dim Eingabe As String
Dim result As Integer
Eingabe = InputBox("Geben Sie bitte" + Chr(13) + Chr(13) _
          + "einen neuen Namen ein.", "Benutzernamen ändern", Application.UserName)
If Len(¢) > 0 Then
    result = MsgBox("Soll der Benutzername unter Extras/Optionen auf" _
              & vbCrLf & Eingabe & vbCrLf & _
              "geändert werden?", vbYesNo + vbQuestion)
    If result <> vbNo Then
      Application.UserName = Eingabe
    End If
  Else
    MsgBox "Sie haben die Eingabe abgebrochen.", vbInformation
End If
End Sub
```

Abbildg. 31.26 Rückfrage, ob der Benutzername geändert werden soll

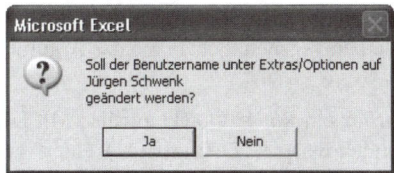

> **HINWEIS**   An den Stellen der Codezeile, wo sich eine Leerstelle befindet, können Sie durch das Einfügen eines Unterstrichs und anschließendes Drücken der ⏎-Taste einen Zeilenumbruch einfügen. Diese Zeichenkombination liefert VBA den Hinweis auf die Fortsetzung in der nächsten Zeile. Sie können jedoch keine Konstanten oder Funktionsnamen trennen. Um die Texte der *MsgBox*-Funktion zu trennen, müssen einzelne Teile in Anführungszeichen gesetzt werden – Beispiel:

```
MsgBox "Dieser Text " & "wurde in " & "mehrere Teile " & "zerlegt."
```

Einen Eingabedialog mit Datentyp verwenden

Im Gegensatz zur VBA-Funktion *InputBox* enthält Excel noch eine weitere Version des Eingabedialogfelds bereit. Mit der Anweisung

```
Application.InputBox(Prompt, Title, Default, Left, Top, HelpFile, HelpContextID, Type)
```

können Sie den Typ des Eingabefelds festlegen.

> **WICHTIG**   Bei dieser Anweisung ist die Angabe eines *Application*-Objekts für das Argument *Ausdruck* zwingend.

Type ist dabei ein optionales Argument vom Datentyp *Variant*. Zulässig ist einer der aus Tabelle 31.5 ersichtlichen Werte oder eine Summe dieser Werte.

Tabelle 31.5 Mögliche Ausdrücke für das Argument *Type*

Wert	Bedeutung
0	Formel
1	Zahl
2	Text (Zeichenfolge)
4	Logischer Wert (*True* oder *False*)
8	Zellbezug, z.B. ein *Range*-Objekt
16	Fehlerwert, z.B. *#N/A*
64	Wertematrix

Makro-Programmierung mit Excel

Ohne Angabe des Arguments *Type* gibt das Dialogfeld einen Wert vom Typ *String* zurück.

Sie können die zulässigen Werte für das *Type*-Argument auch als Summe angeben und damit in einem Eingabefeld z.B. sowohl Text als auch Zahlen eingegeben. Setzen Sie das Argument *Type* auf *1 + 2*.

Wird das *Type*-Argument auf *8* gesetzt, gibt *InputBox* ein *Range*-Objekt zurück. Mit Hilfe der *Set*-Anweisung können Sie das Ergebnis, wie im folgenden Beispiel (Listing 31.21), einer Variablen vom Datentyp *Range* zuweisen. Ohne die Anweisung Set wird die Variable auf den Wert in diesem Bereich gesetzt. Mehr zur Anweisung Set finden Sie im Abschnitt »Datentyp für Objekte«.

Listing 31.21 Den Datentyp der Eingabe vorgeben

```
Sub Zelle_auswählen()
On Error Resume Next
Dim r As Range
Set r = Application.InputBox("Geben Sie einen Zellbezug ein.", _
    "Klicken Sie in das Tabellenblatt", Type:=8)
Range(r.Address).Select
End Sub
```

Diese zweite Variante des Eingabedialogs ist sehr praktisch, weil Excel Ihnen die Prüfung des Datentyps abnimmt. Wenn der Benutzer Daten vom falschen Datentyp eingibt, wird ein Warnhinweis ausgegeben (Abbildung 31.27).

Abbildg. 31.27 Excel überwacht den Datentyp der Eingabe

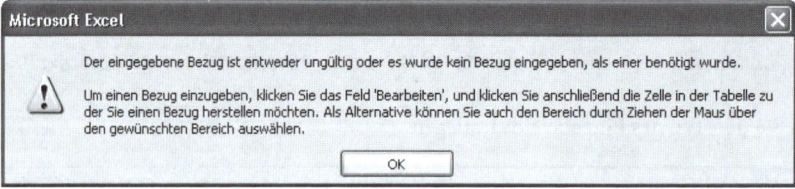

Variablen und Konstanten einsetzen

Beim Programmieren wird immer wieder auf Daten zugegriffen. Daten werden gelesen, mit Daten wird gerechnet und Daten werden ausgegeben. Um Daten für die spätere Verwendung im Programm zu speichern, werden *Variablen* verwendet. Diese können während der Laufzeit des Programms verändert werden. Im Gegensatz dazu handelt es sich bei *Konstanten* um feststehende Werte, die während der Laufzeit nicht verändert werden können.

Variablen sind also ganz einfach Platzhalter für die originären Werte oder Objekte. In VBA ist es möglich, Variablen ohne vorherige Deklaration zu verwenden, wenn die Anweisung Option Explicit nicht im Codefenster eingetragen wurde. Der Variablen wird über den Zuweisungsoperator = direkt ein Wert zugewiesen. Nach der Zuweisung kann die Variable an jeder beliebigen Stelle im Programm verwendet werden. Implizit deklarierte Variablen haben den Datentyp *Variant*.

Obwohl zugegebenermaßen diese implizite Deklaration von Variablen verführerisch einfach ist, so hat sie doch einige grundsätzliche Nachteile. Ein Nachteil liegt in möglichen Fehlerquellen durch unterschiedliche Schreibweisen. Unterläuft Ihnen ein Schreibfehler, initialisiert VBA jeweils eine neue Variable und es kann zu falschen Ergebnissen oder einem Laufzeitfehler kommen.

Variablen explizit deklarieren

Für die explizite Deklaration von Variablen verwenden Sie die Anweisung Dim. Mehrere Variablen können dabei in einer Zeile deklariert werden. Das Schlüsselwort *Dim* wird dabei nur vor der ersten Variablen eingetragen. Die folgenden Variablen werden durch Kommata getrennt. Nachfolgend werden (fragmentarisch) drei Variablen deklariert:

Dim A

Dim B

Dim C

oder kürzer:

Dim A, B, C

WICHTIG   Obwohl die Deklaration von Variablen an jeder Stelle des Programms möglich ist, wird diese in der Regel gleich am Anfang durchgeführt.

Das dient der Übersichtlichkeit – alle Variablen sind an einer Stelle zusammengefasst und schnell auffindbar.

Die Variable zeigt auf ein Objekt

Wenn eine Variable den Datentyp *Object* hat, müssen Sie vor der ersten Verwendung der Variablen die Anweisung Set verwenden, wie die folgende Prozedur (Listing 31.22) zeigt. Wenn Sie dies nicht tun, kommt es zu einem Kompilierungsfehler.

Listing 31.22   Nach der Set-Anweisung zeigt die Variable auf den Bereich *A1:D5* im aktiven Blatt

```
Sub einRangeObj()
Dim r As Range
' ohne die Set-Anweisung tritt ein Fehler auf
Set r = ActiveSheet.Range("A1:D5")
MsgBox "Die Variable zeigt auf die Adresse " & r.Address
MsgBox "Der Bereich enthält " & r.Cells.Count & " Zellen."
Set r = Nothing
End Sub
```

HINWEIS   Erst über die Anweisung Set wird einer zuvor deklarierten Objektvariablen (etwa mit Dim obj as Object) eine Referenz auf ein Objekt zugewiesen. Die Referenz muss auf ein Objekt vom gleichen Objektdatentyp wie die Deklaration der Variablen zeigen.

Am Ende eines Makros wird die Anweisung Set verwendet, um die Ressourcen des Objekts wieder freizugeben. Sie weisen der Variablen dann mit

```
Set obj = Nothing
```

den speziellen Wert *Nichts* zu.

PROFITIPP

Durch die Deklaration der Variablen r erhalten Sie eine QuickInfo angezeigt, wenn Sie den Variablennamen, gefolgt von einem Punkt, eintragen. Sie können aber auch den aktuellen Inhalt der Variablen sowie aller Eigenschaften im Lokal-Fenster anzeigen lassen, wenn Sie das Makro schrittweise ausführen und dieses Fenster nach der Set-Anweisung über *Ansicht/Lokal-Fenster* einblenden.

Ein Objekt und seine Eltern

Über die *Parent*-Eigenschaft können Sie das übergeordnete Objekt für das angegebene Objekt ermitteln. Das folgende Makro (Listing 31.23) zeigt das übergeordnete Objekt für die aktuelle Arbeitsmappe an. Dabei wird die *Caption*-Eigenschaft verwendet, die den Eintrag der Titelleiste des Excel-Fensters zurückgibt. Über diese Eigenschaft kann der Titelleiste auch ein bestimmter Wert zugewiesen werden.

Listing 31.23 Das übergeordnete Objekt ermitteln

```
Sub übergeordnetes_Objekt()
Dim a As Application
Set a = ThisWorkbook.Parent
With a
  MsgBox .Caption
  .Caption = "Sie arbeiten mit Excel am " & Date & " an der Datei "
End With
End Sub
```

Mit der Anweisung

```
.Caption = Empty
```

setzen Sie die Excel-Titelleiste wieder auf die Standardanzeige zurück. Auch nach einem Neustart von Excel erhalten Sie wieder die Standardanzeige.

Die Deklaration erzwingen

VBA hilft Ihnen bei der Vermeidung von Schreibfehlern, wenn Sie vor die Prozeduren in einem Modul die Anweisung `Option Explicit` setzen. Ist diese Anweisung gesetzt, tritt ein Kompilierungsfehler auf, wenn eine Variable noch nicht deklariert oder falsch geschrieben wurde.

TIPP   Sie können VBA veranlassen, in neuen Modulen diese Anweisung automatisch einzutragen. Markieren Sie das Kontrollfeld *Variablendeklaration erforderlich* auf der Registerkarte *Editor* des Dialogfelds *Optionen* (Menübefehl *Extras/Optionen*).

Gültigkeit von Variablen

Normalerweise kann eine Variable nur innerhalb einer Prozedur verwendet werden. Nach Beenden der Prozedur geht der Inhalt der Variablen verloren. Sie können dieses Verhalten jedoch ändern.

Wenn Sie Variablen mit der Anweisung `Dim` innerhalb einer Prozedur deklarieren, können Sie die Variable nur in dieser Prozedur verwenden. Andere Prozeduren können die Variable nicht verwenden, auch dann nicht, wenn sie im gleichen Modul abgelegt sind. Sie können sich diesen Umstand zunutze machen und Variablen in unterschiedlichen Prozeduren eines Moduls den gleichen Namen geben.

Um eine Variable für alle Prozeduren des Moduls verfügbar zu machen, schreiben Sie die Anweisung `Dim` in den Deklarationsteil des Moduls, also noch vor den ersten Prozedurnamen. Eine solchermaßen deklarierte Variable kann in allen Prozeduren innerhalb des Moduls verwendet werden. Um eine Variable auf Modulebene zu deklarieren, können Sie auch die Anweisung `Private` verwenden. Diese Anweisung zeigt schon durch den Namen die eingeschränkte Verwendbarkeit an.

Wollen Sie den Gültigkeitsbereich nochmals erweitern und die Variable auch in anderen Modulen nutzen, verwenden Sie statt der Anweisung `Dim` die Anweisung `Public`. Beachten Sie aber dabei, dass die Variable auch von jedem Programm geändert werden kann und der aktuelle Inhalt der Variablen zunächst geprüft werden muss.

Möglicherweise wollen Sie, dass nach Beendigung einer Prozedur der Wert einer Variablen erhalten bleibt, z.B. wenn Sie eine Prozedur mehrmals aufrufen und dabei jeweils den Wert vom vorigen Aufruf verwenden wollen. Benutzen Sie hierfür die Anweisung `Static` anstelle der Anweisung `Dim.`. Die Variable behält dann ihren Wert zwischen den Aufrufen, solange die Mappe nicht geschlossen wurde.

Das folgende Beispiel (Listing 31.24) zeigt zunächst den Wert einer Variablen aus dem vorigen Aufruf und erhöht diesen dann um *1*.

Listing 31.24 Das Verfallsdatum einer Variablen verlängern

```
Sub StatVar()
Static i As Integer
Beep
MsgBox "Der alte Wert von i ist " & i
i = i + 1
Beep
MsgBox "Der neue Wert von i ist " & i
End Sub
```

Rufen Sie diese Prozedur aus dem Direktfenster heraus mehrmals hintereinander auf, um die Funktionsweise zu testen. Sie können Sub-Prozeduren mit der F5-Taste oder dem Symbol *Makro ausführen* starten.

Nur eine bleibt unveränderlich: Die Konstante

Werte, die sich während des Programmablaufs nicht ändern, werden in *Konstanten* gespeichert. Deklariert werden Konstanten über die Anweisung `Const`. Es gibt keine Möglichkeit, Konstanten während der Laufzeit zu verändern.

Für die Gültigkeit und die Lebensdauer von Konstanten gelten die gleichen Bedingungen, wie bei Variablen bereits beschrieben. Es werden auch die gleichen Schlüsselwörter verwendet.

Bei der Anzeige von Meldungen über die Anweisung `MsgBox` haben Sie bereits eingebaute Konstanten kennen gelernt. Sie beginnen mit einem Präfix, das einen Hinweis auf die Bibliothek gibt, in der die Konstante deklariert wird. So wird z.B. Konstanten aus den Objektbibliotheken von Visual Basic und Visual Basic für Applikationen ein `vb` vorangestellt, während Konstanten aus der Excel-Objektbibliothek das Präfix `xl` führen und Konstanten für alle Office-Anwendungen mit dem Präfix `mso` beginnen.

Gibt es die Datei bereits?

Das folgende Makro (Listing 31.25) verwendet die Funktion *Dir[(Pfadname[, Attribute])]* für den Test, ob eine Datei bereits vorhanden ist. Für das Argument *Pfadname* wird dabei eine Konstante verwendet.

Listing 31.25 Dieses Makro prüft, ob eine bestimmte Datei unter einem bestimmten Pfad schon existiert

```
Sub Datei()
Const Datei As String = "C:\Windows\Text.txt"
If Dir(Datei) <> "" Then
    MsgBox "Datei existiert"
  Else
    MsgBox "Datei existiert noch nicht!"
End If
End Sub
```

Variablen und Konstanten mit Datentypen optimieren

Um die Verwendung von Variablen und Konstanten zu optimieren, können Sie diesen einen Datentyp zuweisen. Der Datentyp einer Variablen hat Auswirkungen auf den Speicherbedarf und damit auf die Ausführungsgeschwindigkeit eines Programms. Außerdem gibt der Datentyp beim Überarbeiten eines Programms den wichtigen Hinweis auf die Werte, die in einer Variablen gespeichert werden können.

Die Tabelle 31.6 enthält die von VBA unterstützten Datentypen sowie deren Speicherbedarf und Wertbereiche.

Tabelle 31.6 Von Visual Basic unterstütze Datentypen

Datentyp	Speicherbedarf	Wertbereich
Byte	1 Byte	0 bis 255, keine Dezimalzahlen
Boolean	2 Bytes	*True* oder *False*
Integer	2 Bytes	−32.768 bis 32.767, keine Dezimalzahlen
Long (lange Ganzzahl)	4 Bytes	−2.147.483.648 bis 2.147.483.647, keine Dezimalzahlen
Single (Gleitkommazahl mit einfacher Genauigkeit)	4 Bytes	−3,402823E38 bis −1,401298E−45 für negative Werte, 1,401298E−45 bis 3,402823E38 für positive Werte.
Double (Gleitkommazahl mit doppelter Genauigkeit)	8 Bytes	−1,79769313486232E308 bis −4,94065645841247E−324 für negative Werte, 4,94065645841247E−324 bis 1,79769313486232E308 für positive Werte.
Currency (skalierte Ganzzahl)	8 Bytes	−922.337.203.685.477,5808 bis 922.337.203.685.477,5807
Decimal	14 Bytes	+/−79.228.162.514.264.337.593.543.950.335 ohne Dezimalzeichen, +/−7,9228162514264337593543950335 mit 28 Nachkommastellen, die kleinste Zahl ungleich Null ist +/−0,0000000000000000000000000001.

Tabelle 31.6 Von Visual Basic unterstütze Datentypen *(Fortsetzung)*

Datentyp	Speicherbedarf	Wertbereich
Date	8 Bytes	1. Januar 100 bis 31. Dezember 9999.
Object	4 Bytes	Beliebiger Verweis auf ein Objekt vom Typ *Object*.
String (variable Länge)	10 Bytes plus Zeichenfolgenlänge	0 bis ca. 2 Milliarden.
String (feste Länge)	Zeichenfolgenlänge	1 bis ca. 65.400
Variant (mit Zahlen)	16 Bytes	Numerische Werte im Bereich des Datentyps *Double*.
Variant (mit Zeichen)	22 Bytes plus Zeichenfolgenlänge	Wie bei *String* mit variabler Länge.
Benutzerdefiniert (mit *Type*)	Zahl ist von Elementen abhängig	Der Bereich für jedes Element entspricht dem Bereich des zugehörigen Datentyps.

Sie können einer Variablen den Datentyp *String* mit einer festgelegten Anzahl an Stellen zuweisen. Verwenden Sie hierfür die Anweisung Dim in der Form

```
Dim eineVar As String * (feste Länge).
```

Eine solchermaßen deklarierte Variable hat immer die mit *feste Länge* angegebene Anzahl von Stellen.

Sie können mehrere Variablen in einer Zeile deklarieren. Variablen, für die Sie dabei keinen Datentyp angeben, haben den Datentyp *Variant*. Ein Beispiel: Mit der Deklaration

```
Dim a, b As Integer
```

hat die Variable den Datentyp *Empty*, was ein Untertyp vom Datentyp *Variant* ist, und die Variable *b* den Datentyp *Integer*.

Datentyp für Funktionen festlegen

Funktionen geben Werte zurück, die einen bestimmten Datentyp haben. Sie können den Datentyp für den Rückgabewert einer Funktion festlegen. Wie bei Variablen verwenden Sie dazu die Anweisung Type, etwa in der Form

```
Function RückgabeTyp (Arg1, Arg2) As Integer.
```

HINWEIS   Wird dem Funktionsergebnis kein Datentyp zugewiesen, so wird der Datentyp *Variant* verwendet.

Mit der folgenden Funktion (Listing 31.26) können Sie prüfen, ob eine bestimmte Datei geöffnet ist. Der Rückgabewert der Funktion ist ein Wahrheitswert.

Listing 31.26 Test, ob die Mappe geöffnet ist

```
Function offeneMappe(gesuchteMappe As String) As Boolean
On Error Resume Next
offeneMappe = CBool(Len((Workbooks(gesuchteMappe).Name)))
On Error GoTo 0
End Function
```

Hier wird die Länge des Namens einer Mappe der *Workbooks*-Auflistung geprüft. Mit der Funktion *CBool* wird hier eine Typ-Umwandlungsfunktion eingesetzt, die das Ergebnis gleich in einen Wahrheitswert umsetzt.

Datentyp für Objekte

Sie sollten den Datentyp einer Variablen immer so genau wie möglich angeben, weil VBA Sie beim Schreiben von Programmen in der Weise unterstützt, dass die jeweils für das verwendete Objekt gültigen Eigenschaften und Methoden in der *QuickInfo* angezeigt werden. Sie können so einerseits einzelne Objekte untersuchen und andererseits auch sehr schnell Code eingeben. Für Objekte, deren genauer Datentyp entweder nicht bekannt ist oder erst später festgelegt werden kann, können Sie den allgemeinen Datentyp *Object* verwenden.

Das folgende Makro (Listing 31.27) zeigt den Zugriff auf verschiedene Objekte, die jeweils durch eine Variable repräsentiert werden. Über die Set-Anweisung werden die Objekte den Variablen zugewiesen.

Das Makro prüft die Datenpunkte eines bestehenden Diagramms und weist, je nachdem ob die Werte positiv oder negativ sind, unterschiedliche Farben zu. Es gibt allerdings ein paar Voraussetzungen, damit das funktioniert:

- Die aktive Tabelle muss ein Diagramm und die Ausgangstabelle enthalten.

- Vor Aufruf des Makros muss eine Zelle in der Ausgangstabelle, nicht das Diagramm selbst aktiviert sein.

Listing 31.27 Datenpunkte eines Diagramms einfärben

```
Sub checkDatenpunkte()
Dim x As Integer
Dim i As Integer
Dim c As Integer
Dim m As DataLabel
Dim dReihe As Series
Dim aktZ As Range
Dim aktB As WorkSheet
Application.ScreenUpdating = False
' Aktuelle Tabelle und Zelle erhalten
Set aktB = ActiveSheet
Set aktZ = ActiveCell
ActiveSheet.ChartObjects(1).Activate
Set dReihe = ActiveChart.SeriesCollection(1)
dReihe.Select
' Variable für die Anzahl der Schleifendurchläufe ermitteln
x = dReihe.Points.Count
' Schleife
```

Listing 31.27 Datenpunkte eines Diagramms einfärben *(Fortsetzung)*

```
For i = 1 To x
    Set m = dReihe.Points(i).DataLabel
    dReihe.Points(i).Select
    ' Zunächst prüfen ob Datenbeschriftung angezeigt wird
    ' Ist dies der Fall die Art in der Variablen c speichern
    If dReihe.Points(i).HasDataLabel = True Then
            c = Selection.DataLabel.Type
        Else
            c = 0
    End If
    Selection.ApplyDataLabels Type:=xlShowValue
    ' Den Wert der Beschriftung überprüfen
    If m.Caption > 0 Then
            With Selection.Interior
                .ColorIndex = 4
                .Pattern = xlSolid
            End With
        Else
            With Selection.Interior
                .ColorIndex = 3
                .Pattern = xlSolid
            End With
    End If
    ' Beschriftung zurücksetzen
    Select Case c
        Case 0
            Selection.ApplyDataLabels Type:=xlNone
        Case 3
            Selection.ApplyDataLabels Type:=xlShowPercent
        Case 4
            Selection.ApplyDataLabels Type:=xlShowLabel
        Case Else
            Selection.ApplyDataLabels Type:=xlShowValue
    End Select
Next
' Aktuelle Zelle vor Ausführung wieder aktivieren
aktB.Activate
aktZ.Select
Set aktB = Nothing
Set aktZ = Nothing
Set dReihe = Nothing
End Sub
```

Abkürzung beim Umgang mit Objekten

Wichtig beim Manipulieren von Objekten ist die Anweisung With, die auch der Makrorekorder verwendet und mit der Sie viel Tipparbeit einsparen können. Diese Anweisung gestattet den komfortablen Zugriff auf Objekte und Sie können eine Reihe von Anweisungen für ein bestimmtes Objekt ausführen, ohne den Namen des Objekts mehrmals angeben zu müssen. Wenn Sie mehrere Eigenschaften eines bestimmten Objekts verändern möchten, sollten Sie die Zuweisungen für die Eigenschaften über eine With-Struktur realisieren.

Sie brauchen dann den Namen des Objekts nicht bei jeder einzelnen Zuweisung anzugeben, sondern nur einmal zu Beginn der Kontrollstruktur. Innerhalb der Anweisung With wird durch das Voranstellen eines Punktes auf dieses Objekt verwiesen.

In einer With-Anweisung können Sie nicht mehrere unterschiedliche Objekte bearbeiten. Sie können die With-Anweisungen aber verschachteln, indem Sie einen With-Block in einen anderen einfügen. Das Listing 31.28 zeigt ein Beispiel für eine verschachtelte With-Anweisung.

Listing 31.28 Die *With*-Anweisung kann verschachtelt werden

```
Sub verschachtelte_With()
On Error Resume Next
With Selection
    .HorizontalAlignment = xlCenter
    With .Font
        .FontStyle = "Fett"
        .Size = 10
    End With
End With
End Sub
```

Die erste With-Anweisung verwendet die Eigenschaft *Selection*, die, wenn eine Zelle aktiv ist, ein *Range*-Objekt zurückgibt. Für diese Auswahl wird die zentrierte Anzeige der Inhalte eingestellt. Die zweite With-Anweisung zeigt auf das Objekt *Font* der aktuellen Auswahl und ändert den Schriftschnitt und die Schriftgröße. Diese Anweisungen funktionieren nicht für alle Objekte (z.B. Zeichenobjekte) und führen hier zu einem Laufzeitfehler. Deshalb wird mit der Anweisung

```
On Error Resume Next
```

die Unterbrechung des Programms unterdrückt.

HINWEIS   Ein *Laufzeitfehler* ist eine Unterbrechung des Programms aufgrund einer unzulässigen Operation.

Wichtige Aufgabe: Vergleiche durchführen

Um Sachverhalte und Variablen auf bestimmte Bedingungen zu prüfen, bietet VBA verschiedene Möglichkeiten an, Vergleiche durchzuführen.

Vergleichsoperatoren

Sie können *Vergleichsoperatoren* verwenden, um numerische Werte und Zeichenfolgen zu vergleichen. Das Ergebnis ist einer der Wahrheitswerte *True* oder *False*. In Tabelle 31.7 sind die Vergleichsoperatoren sowie jeweils ein Beispiel aufgeführt.

Tabelle 31.7
Vergleichsoperatoren für den Vergleich von Zeichenfolgen

Operator	Bedeutung	Beispiel	Ergebnis
<	Kleiner	1<2	*True*
>	Größer	1>2	*False*
=	Gleich	1=2	*False*
<=	Kleiner gleich	1<=2	*True*
>=	Größer gleich	1>=2	*False*
<>	Ungleich	1<>2	*True*
Is	Is	Objekt1 Is Objekt2	*True*, wenn gleicher Objekttyp
Like	Like	A Like [A-D]	*True*

Der Operator *Like* dient zum Vergleichen zweier Zeichenfolgen und verwendet die Syntax *Ergebnis = Zeichenfolge Like Muster*. Wenn Zeichenfolge und Muster übereinstimmen, ist das Ergebnis *True*. Bei fehlender Übereinstimmung ist das Ergebnis *False*.

Das Verhalten des Operators *Like* hängt von der Anweisung Option Compare ab. Diese Anweisung wird auf Modulebene verwendet, um das Standardverfahren für den Vergleich von Zeichenfolgen festzulegen. Wird die Anweisung Option Compare verwendet, muss sie im jeweiligen Modul vor jeder Prozedur stehen.

Die Anweisung Option Compare legt das Verfahren für den Zeichenfolgenvergleich (Binary, Text oder Database) innerhalb eines Moduls fest. Die Standardmethode für den Zeichenfolgenvergleich in allen Modulen ist Option Compare Binary.

Bei Option Compare Binary basieren Zeichenfolgenvergleiche auf einer Sortierreihenfolge, die durch die interne binäre Darstellung der Zeichen festgelegt ist.

Option Compare Text verwendet zum Zeichenfolgenvergleich die im Gebietsschema des Systems gewählte Sortierreihenfolge für Zeichen und unterscheidet dabei nicht zwischen Groß- und Kleinschreibung.

Beim Operator *Like* können Sie auch mit verschiedenen Platzhaltern arbeiten – vgl. Tabelle 31.8.

Tabelle 31.8
Platzhalter für Vergleiche mit dem *Like*-Operator

Platzhalterzeichen	Bedeutung
#	Eine Ziffer von 0 bis 9
*	Eine beliebige Anzahl von Zeichen in beliebiger Reihenfolge
?	Ein einzelnes, beliebiges Zeichen
[ZeichenListe]	Ein beliebiges einzelnes Zeichen in ZeichenListe.
[!ZeichenListe]	Ein beliebiges einzelnes Zeichen, das nicht in ZeichenListe enthalten ist.

Teilzeichenfolgen für den Vergleich ermitteln

Beim Vergleichen gilt es manchmal, den Anfang oder das Ende einer Zeichenfolge zu vergleichen. Mit Hilfe der Funktionen *Left(string, length)* und *Right(string, length)* können Sie Teile einer Zeichenkette in der Länge (*length*) links bzw. rechts beginnend ermitteln. Dabei spielt es keine Rolle, ob Sie die Teile von Texten oder Zahlen bestimmen wollen. Diese Funktionen entsprechen der Verwendung der Tabellenfunktion *Links(Text,Anzahl_Zeichen)* bzw. *Rechts(Text,Anzahl_Zeichen)*. Beispiel:

`Left("Das Handbuch", 3)` ergibt *Das*

`Right(2003, 1)` ergibt *3*

In Listing 31.29 wird das nachgestellte Vorzeichen, wie es häufig nach dem Datenimport vorliegt, durch ein vorangestelltes Vorzeichen ersetzt.

Listing 31.29   In einer Variablen eine Zeichenfolge suchen und ersetzen

```
Sub tauscheVorzeichen()
Dim s As Range
Dim v As Variant
Dim negStr As String * 1
negStr = "-"
Cells.Replace What:="+", Replacement:=""
ActiveSheet.UsedRange.Select
For Each s In Selection
  v = s.Text
  If Right(v, 1) = negStr Then
    s.Value = negStr & Left(v, Len(v) - 1)
  End If
Next
End Sub
```

Aber auch Zeichenfolgen, die nicht links oder rechts beginnen, können Sie ermitteln. Die *InStr*-Funktion mit der Syntax

InStr([Start,]Zeichenfolge1, Zeichenfolge2[, Vergleich])

gibt einen Wert vom Typ *Variant (Long)* zurück, der die Position des ersten Auftretens einer Zeichenfolge innerhalb einer anderen Zeichenfolge angibt. Beispiel:

`Instr(1,"Excel 2003 – Das Handbuch","D",vbBinaryCompare)` ergibt *14*

Logische Operatoren

Die Verwendung logischer Operatoren in Verbindung mit den Vergleichsoperatoren erlaubt komplexe Vergleiche. Das Ergebnis ist wieder ein Wahrheitswert (vgl. Tabelle 31.9).

Tabelle 31.9   Für komplexe Vergleiche logische Operatoren in Kombination mit Vergleichsoperatoren verwenden

Operator	Beschreibung	Beispiel	Ergebnis
And	*Wahr*, wenn beide Teile *Wahr* liefern, sonst *Falsch*.	1<2 And 2>0	*True*
Or	*Wahr*, wenn ein Teil *Wahr* ergibt.	1>2 Or 3<4	*True*
Not	Wird zum Invertieren einer Bedingung verwendet.	Not(1>2)	*True*

Tabelle 31.9   Für komplexe Vergleiche logische Operatoren in Kombination mit Vergleichsoperatoren verwenden *(Fortsetzung)*

Operator	Beschreibung	Beispiel	Ergebnis
Xor	Exklusion, einer der beiden Vergleiche ist *Wahr.*	1>2 Xor 2<1	*False*
Eqv	Äquivalenz, beide Vergleiche *Wahr* oder *Falsch* (Umkehrung von **Xor**).	1>2 Eqv 2<1	*True*
Imp	Beide Vergleiche *Wahr* oder der erste Vergleich ergibt *Wahr.*	1<2 Imp 2>1	*True*

Mit dem Operator *Not* können Sie einer Variablen auch einen Kehrwert zuweisen, wie im Beispiel aus Listing 31.30.

Listing 31.30   Die Verknüpfungen der aktiven Arbeitsmappe auflisten

```
Sub list_Verknüpfungen()
Dim anzverk As Variant
Dim anzOleVerk As Variant
Dim i As Integer
Dim t As Worksheet
Dim neuT As String
neuT = "Verknüpfungen"
For Each t In ActiveWorkbook.Worksheets
  If t.Name = neuT Then
    ' Warnmeldungen unterdrücken
    Application.DisplayAlerts = False
    t.Delete
    ' Warnmeldungen anzeigen
    Application.DisplayAlerts = True
  End If
Next
' Neues Blatt hinzufügen
Sheets.Add
ActiveSheet.Name = neuT
Range("A1").Select
' Excel-Verknüpfungen ermitteln
anzverk = ActiveWorkbook.LinkSources(xlExcelLinks)
If Not IsEmpty(anzverk) Then
    For i = 1 To UBound(anzverk)
      Cells(i, 1) = anzverk(i)
    Next i
  Else
    Cells(1, 1) = "Es besteht keine Verknüpfung von diesem Typ"
End If
' OLE_Verknüpfungen ermitteln
anzOleVerk = ActiveWorkbook.LinkSources(xlOLELinks)
If Not IsEmpty(anzOleVerk) Then
    For i = 1 To UBound(anzOleVerk)
      Cells(i, 2) = anzOleVerk(i)
    Next i
  Else
    Cells(1, 2) = "Es besteht keine Verknüpfung von diesem Typ"
End If
' Bereich für die Überschriften einfügen
Rows("1:1").Select
```

Listing 31.30 Die Verknüpfungen der aktiven Arbeitsmappe auflisten *(Fortsetzung)*

```
Selection.Insert Shift:=xlDown
Range("A1").Select
ActiveCell.Value = "Excel-Verknüpfungen"
Range("B1").Select
ActiveCell.Value = "OLE-Verknüpfungen"
Columns("A:B").EntireColumn.AutoFit
Range("A1").Select
End Sub
```

Das Makro (Listing 31.30) erstellt ein neues Tabellenblatt und fügt die Namen der Verknüpfungen ein. Dabei werden Excel-Verknüpfungen und OLE-Verknüpfungen in unterschiedliche Spalten eingetragen.

Aufrufen externer Prozeduren

Zu Beginn des VBA-Teils dieses Kapitels war schon einmal die Rede von der mehrfachen Verwendbarkeit einzelner Programme. Um dies zu erreichen, ist es erforderlich, umfangreiche Programme in kleinere Bausteine zu zerlegen, die nur eine oder zumindest wenige Aufgaben erfüllen. Wenn Sie den Programmcode in einzelne Unterprogramme zerlegen, müssen Sie anschließend eine Hauptprozedur erstellen, welche die verschiedenen Routinen ausführt.

Um in einer Prozedur ein anderes Sub-Makro auszuführen, schreiben Sie lediglich den Namen der Prozedur, gefolgt von den benötigten Argumenten. Das Makro *Hauptprozedur* aus Listing 31.31 ruft zunächst die Funktion *InputBox* auf. Diese fordert zur Eingabe einer Zahl auf. Die eingetragene Zahl wird in der Variablen *Rück1* gespeichert. Anschließend wird die *Unterprozedur1* mit der Variablen *Rück1* als Argument aufgerufen, wobei die eingegebene Zahl mit *1,5* multipliziert wird. Der Rückgabewert wird dabei in der Variablen *Rück2* gespeichert. Jetzt wird *Unterprozedur2* mit der Variablen *Rück2* als Argument aufgerufen.

Listing 31.31 Für modulares Programmieren: Das Programm in einzelne Unterprozeduren zerlegen und mit einer Hauptprozedur aufrufen

```
Sub Hauptprozedur()
Dim Rück1 As String
Dim Rück2 As Integer
Rück1 = InputBox("Geben Sie eine Zahl zwischen 1 und 10 ein")
Rück2 = Unterprozedur1(Rück1)
Unterprozedur2 Rück2
End Sub


Function Unterprozedur1(Grenzwert)
Unterprozedur1 = Grenzwert * 1.5
End Function


Sub Unterprozedur2(Prüfe)
If Prüfe <= 5 Then
    MsgBox "Der veränderte Wert ist kleiner gleich 5"
  Else
    MsgBox "Der veränderte Wert ist größer als 5"
End If
End Sub
```

Wenn Sie den Rückgabewert einer Funktion für die spätere Verwendung erhalten wollen, speichern Sie diesen in einer Variablen. Die Argumente schließen Sie in Klammern ein.

Sie können für die Aufrufe von Sub-Prozeduren auch die Anweisung `Call` verwenden. Beachten Sie dabei, dass Argumente in Klammern angegeben werden müssen. Unter Verwendung der `Call`-Anweisung sieht die Hauptprozedur für das obige Beispiel so aus (Listing 31.32):

Listing 31.32 Listing 31.32: Wenn Sie die *Call*-Anweisung verwenden, müssen Sie die Argumente in Klammern setzen

```
Sub Call_Hauptprozedur()
Dim Rück1 As String
Dim Rück2 As Integer
Rück1 = InputBox("Geben Sie eine Zahl zwischen 1 und 10 ein")
Rück2 = Unterprozedur1(Rück1)
Call Unterprozedur2(Rück2)
End Sub
```

Wenn Sie eine Prozedur, die in einer geöffneten, aber nicht in der aktuellen Mappe gespeichert ist, verwenden wollen, wenden Sie die Methode *Run* des *Application*-Objekts an. Als Argument geben Sie beim Aufruf den kompletten Dateinamen und den Namen der Prozedur an. Der Aufruf einer solchen Prozedur könnte etwa so aussehen:

```
Application.Run "kap31.xls!Hauptprozedur"
```

Auch beim Aufrufen einer Prozedur über die *Run*-Methode können Argumente übergeben werden. Der Aufruf für die *Unterprozedur2* könnte auch über die Anweisung

```
Application.Run "Unterprozedur2", Rück2
```

erfolgen.

Verweise auf externe Module

Für Makros, die in externen Arbeitsmappen abgelegt sind, gibt es noch eine weitere Möglichkeit: Sie können in der Arbeitsmappe, die das Makro aufrufen soll, einen *Verweis* auf die Quelldatei erstellen. Ein Verweis ist eine spezielle Art einer Verknüpfung, wie sie auch für berechnete Zellen eines Tabellenblatts möglich ist.

Einen solchen Verweis erstellen Sie im Moduleditor. Wählen Sie hier im Menü *Extras* den Befehl *Verweise*.

Im Dialogfenster *Verweise* werden die bereits vorhandenen Verweise aufgelistet (Abbildung 31.28). Setzen Sie im Listenfeld *Verfügbare Verweise* eine Markierung in ein Kontrollkästchen, um einen Verweis einzufügen. In diesem Listenfeld sind auch alle geöffneten Arbeitsmappen eingetragen, und zwar mit dem Namen, den Sie im VBA-Editor über den Menübefehl *Extras/Eigenschaften von VBA-Projekt* auf der Registerkarte *Allgemein* festgelegt haben.

Abbildg. 31.28 Dialogfeld für den Verweis auf externe Bibliotheken

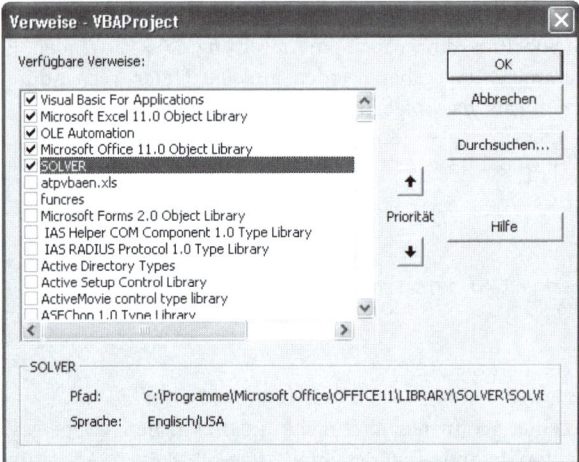

Befindet sich die gesuchte Datei nicht in der Liste, klicken Sie auf die Schaltfläche *Durchsuchen* und wählen Sie anschließend den Pfad und die Datei aus. Über die Prioritätsschaltflächen können Sie die Einträge nach unten oder oben verschieben. Das bedeutet, dass VBA bei eventuell auftretender Namensgleichheit diejenige Prozedur, die in der Liste weiter oben steht, bevorzugt.

Wenn Sie einen Verweis auf eine Datei erstellt haben, genügt es, für die Verwendung einer Funktion den Namen und eventuell benötigte Argumente einzutragen. Die Angabe des Pfades oder des Namens der Arbeitsmappe ist nicht erforderlich.

PROFITIPP

> Über das Dialogfeld *Verweise* können Sie auch den Zugriff auf andere Objektbibliotheken (z.B. Word) erreichen. Sie können dann die Funktionen und Methoden des jeweiligen *Application*-Objekts verwenden und im Objektkatalog auch ganz gezielt danach suchen.

Formulare entwickeln

Einfache Eingabemasken und Dialogfelder haben Sie bereits kennen gelernt. Für umfangreichere Masken stellt VBA ein eigenes Objekt, so genannte *UserForms* zur Verfügung. Damit können Sie nicht nur Eingabefelder anzeigen lassen, sondern unter einer breiten Palette von verschiedenen Steuerelementen wählen. Darunter finden Sie z.B. Drehfelder, Listenfelder, Kontrollkästchen und Optionsfelder. Der Entwicklung von Formularen in professionellem Erscheinungsbild sind also kaum Grenzen gesetzt.

Verschiedene Tarife vergleichen

Egal, ob Sie die Handy-Tarife oder die Strom-Tarife verschiedener Anbieter vergleichen wollen, immer stehen Sie vor dem Problem, dass Sie eine Mischung aus Grundpreis und verbrauchsabhängigem Preis vergleichen müssen. Das ist auf den ersten Blick meist nicht möglich. Was liegt also näher als einen Tarifrechner mit Excel zu erstellen, der die erforderlichen Parameter in einer Datenmaske abfragt und die Lösung anzeigt oder in eine Tabelle schreibt. Die Lösung des Problems selbst wird dabei dem Solver-Add-In, also einem externen Programm, das es über einen Verweis einzubinden gilt, übertragen.

Sie finden dieses Beispiel in der Datei *Tarif.xls* im Ordner *\Buch\Kap31* auf der CD-ROM zu diesem Buch.

Neue UserForm erstellen

Ein benutzerdefiniertes Formular erstellen Sie im VBA-Editor über den Menübefehl *Einfügen/User-Form*. Nach dem Einfügen werden um die UserForm verschiedene Ziehpunkte gezeigt. Wenn Sie mit gedrückter linker Maustaste an einem dieser Punkte ziehen, können Sie die Größe der UserForm bestimmen.

Die Steuerelemente, die auf einer UserForm angezeigt werden können, werden auf der Symbolleiste *Werkzeugsammlung* zusammengefasst. Sollten Sie noch weitere Steuerelemente benötigen, klicken Sie mit der rechten Maustaste auf die Fläche in der *Werkzeugsammlung* und wählen im Kontextmenü den Befehl *Zusätzliche Steuerelemente*. Sie können dann aus einer Liste mit registrierten Steuerelementen auswählen (Abbildung 31.29).

Abbildg. 31.29 Die Werkzeugsammlung für das Erstellen von Steuerelementen auf dem Formular

WICHTIG Erstellen Sie die Bezeichnungsfelder und Textfelder, wie in Abbildung 31.30 gezeigt. Für die fünf Eingabefelder und die beiden Schaltflächen ändern Sie im Eigenschaftenfenster die Eigenschaft *Namen*. Nutzen Sie dabei exakt die Namen aus Tabelle 31.10, weil diese Namen im Programm verwendet werden.

Das Makro, das später die Eingabe auf numerische Werte prüft, geht davon aus, dass alle Eingabefelder mit der Zeichenfolge *txt* beginnen. Damit ist gewährleistet, dass alle Werte geprüft werden können.

Tabelle 31.10 Diese Namen werden im Programm verwendet und müssen so angegeben werden

Name	Typ	Aufgabe
txtVerb	TextBox	Persönlicher Verbrauch
txtG1	TextBox	Grundgebühr für Tarif 1
txtG2	TextBox	Grundgebühr für Tarif 2
txtVP1	TextBox	Verbrauchspreis für Tarif 1

Makro-Programmierung mit Excel

Tabelle 31.10 Diese Namen werden im Programm verwendet und müssen so angegeben werden *(Fortsetzung)*

Name	Typ	Aufgabe
txtVP2	TextBox	Verbrauchspreis für Tarif 2
cmdOKBtn	CommandButton	Schaltfläche *OK*
cmdCancel	CommandButton	Schaltfläche *Abbrechen*

Abbildg. 31.30 Die fertige UserForm in der Entwurfsansicht

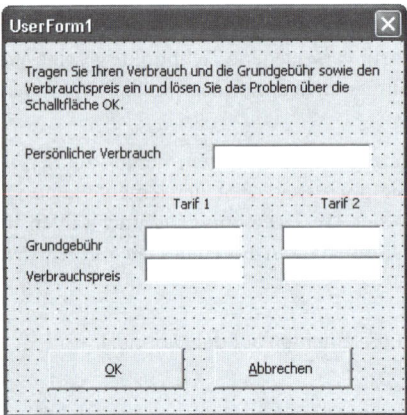

Makrocode eintragen

Damit Sie die Ereignisse eines Formulars verwenden können, muss der Makrocode in das Klassenmodul des Formulars eingetragen werden. Im Unterschied zu einem *Standardmodul* ist ein *Klassenmodul* fest mit einem Objekt – wie etwa einer Tabelle oder eben einem Formular – verbunden. Ins Klassenmodul eines Formulars gelangen Sie mit der F7 -Taste oder durch einen Doppelklick auf eine freie Stelle im Formular.

Führen Sie den Doppelklick auf die Schaltfläche *OK* aus, gelangen Sie ebenfalls in das Klassenmodul und es wird eine Rumpfprozedur für die Schaltfläche angezeigt. Dort tragen Sie dann den vollständigen Code aus Listing 31.33 ein.

Listing 31.33 Das Hauptprogramm für die Schaltfläche *OK*

```
Option Explicit
Private Sub cmdOKBtn_Click()
On Error Resume Next
Dim wks As Worksheet
Dim k As Variant
Dim v As Double
Dim s As Integer
' Eingabewerte im Unterprogramm prüfen
If allNumeric = False Then
  MsgBox "Es wird in allen Feldern die Eingabe numerischer Werte erwartet.", _
          vbCritical, "Eingabefehler"
  Exit Sub
End If
Set wks = Sheets.Add
```

Listing 31.33 Das Hauptprogramm für die Schaltfläche *OK (Fortsetzung)*

```
v = Me.txtVerb
With wks
  .Range("A2") = "Grundgebühr"
  .Range("A3") = "Verbrauchspreis je Einheit"
  .Range("B1") = Me.lblT1.Caption
  .Range("B2") = Me.txtG1
  .Range("B3") = Me.txtVP1
  .Range("C1") = Me.lblT2.Caption
  .Range("C2") = Me.txtG2
  .Range("C3") = Me.txtVP2
  .Range("D2") = Me.txtVerb
  .Range("D3") = "vorher: " & Me.txtVerb
  .Range("E2") = "=D2*B3+B2"
  .Range("E3") = "=D2*C3+C2"
  .Range("F2") = "<< " & Me.lblT1.Caption
  .Range("F3") = "<< " & Me.lblT2.Caption
  .Range("H1") = "Modell:"
  Unload Me
' Unterprogramm aufrufen
  k = SolverMakro
  s = MsgBox("Tabellenblatt löschen", vbYesNo)
  If s = vbYes Then
      Application.DisplayAlerts = False
      .Delete
      Application.DisplayAlerts = True
  Else
      Columns("A:F").EntireColumn.AutoFit
  End If
End With
'MsgBox "Hier die Koordinaten:" & vbCrLf & _
'       "X-Wert: " & k(0) & vbCrLf & _
'       "Y-Wert: " & k(1), vbInformation, "Fertig."
Select Case v
  Case Is < k(0)
    MsgBox "Tarif 2 ist bei Ihrem Verbrauch günstiger."
  Case Is > k(0)
    MsgBox "Tarif 1 ist bei Ihrem Verbrauch günstiger."
  Case Else
    MsgBox "Bei Ihrem Verbrauch ist es egal welchen Tarif Sie wählen."
End Select
Set wks = Nothing
End Sub
```

Der Code für die Schaltfläche *Abbrechen* ist dagegen recht kurz (vgl. Listing 31.34). Hier soll das Formular geschlossen werden. Dafür wird das Schlüsselwort *Me* eingesetzt, mit dem Sie innerhalb des Klassenmoduls auf das Formular verweisen können.

Listing 31.34 Die Schaltfläche *Abbrechen* schließt das Formular

```
Private Sub cmdcancel_Click()
Unload Me
End Sub
```

Eingabe prüfen

Damit der *Solver* das Problem lösen kann, müssen die Eingabewerte numerisch sein. Um das sicherzustellen, wird die benutzerdefinierte Funktion *allNumeric* eingesetzt. Diese Funktion prüft in einer *For Each*-Schleife alle Steuerelemente des Formulars, deren Namen mit *txt* beginnen, auf numerischen Inhalt (Listing 31.35).

Listing 31.35   Steuerelemente auf numerischen Inhalt prüfen

```
Function allNumeric()
Dim c As Control
allNumeric = True
For Each c In Me.Controls
  If Left(c.Name, 3) = "txt" Then
    If Not IsNumeric(c.Value) Then
      c.Value = ""
      c.SetFocus
      allNumeric = False
'       Exit Function ' ohne diese Anweisung werden alle zurückgesetzt
    End If
  End If
Next
End Function
```

Den Solver mit VBA steuern

Wie Sie die Parameter und Optionen des Solvers über die Dialogfelder eintragen, haben Sie bereits in Kapitel 26 gesehen. Diese Einstellungen können Sie auch mit VBA vornehmen.

> **WICHTIG**   Der *Solver* kann auch in VBA-Programmen zur Lösung von mathematischen Problemen eingesetzt werden. Dazu müssen Sie zunächst in der Excel-Umgebung über *Extras/Add-Ins* das Add-In *Solver* einbinden. Damit die Befehle des Solvers in Ihrem Projekt verwendet werden können, müssen Sie weiterhin über den Menübefehl *Extras/Verweise* einen Verweis auf die Bibliothek des Solver setzten (vgl. Abbildung 31.28).

Das folgende Listing (Listing 31.36) zeigt die Funktion, die den Solver aufruft, um das Problem zu lösen. Hier wird zunächst der Solver zurückgesetzt und anschließend werden mit *SolverOptions* die Optionen sowie mit *SolverOK* die Solver-Parameter gesetzt. Nebenbedingungen werden mit *SolverAdd* hinzugefügt. Mit der Anweisung SolverSolve wird der Solver dann aufgefordert, eine Lösung zu suchen.

Listing 31.36   Zur Lösung des Problems den Solver aufrufen

```
Function SolverMakro()
On Error Resume Next
Dim r As Integer
Dim x As Double
Dim y As Double
Dim v(1)
' Solver zurücksetzen
SolverReset
' Solver-Optionen setzen
' StepThru = Iterationsergebnisse anzeigen
SolverOptions MaxTime:=100, _
```

Listing 31.36   Zur Lösung des Problems den Solver aufrufen *(Fortsetzung)*

```
                Iterations:=100, _
                Precision:=0.000001, _
                AssumeLinear:=False, _
                StepThru:=False, _
                Estimates:=1, _
                Derivatives:=1, _
                SearchOption:=1, _
                IntTolerance:=5, _
                Scaling:=False, _
                Convergence:=0.0001, _
                AssumeNonNeg:=False
' Solver-Parameter setzen
' SolverOk [SetCell], [MaxMinVal], [ValueOf], [ByChange]
' Zielzelle, Nummer der Option, Wert, Veränderbare Zellen
SolverOk SetCell:="$E$2", _
         MaxMinVal:=1, _
         ValueOf:="", _
         ByChange:="$D$2"
' Nebenbedingungen eintragen
' Relation entspricht der Position des
' Vergleichsoperators im Listenfeld
SolverAdd CellRef:=Range("$E$2"), _
          Relation:=2, _
          FormulaText:="$E$3"
' Lösen
r = SolverSolve(True)
If r <> 5 Then
    ' x
    v(0) = Range("D2")
    ' y
    v(1) = Range("E2")
    ' Änderungen verwerfen 2
    solverfinish 1
  Else
'     Es gibt keine Lösung
    v(0) = "#NV"
    v(1) = "#NV"
End If
solversave "H2"
SolverMakro = v
End Function
```

UserForm anzeigen

Um die UserForm anzuzeigen, wenden Sie die *Show*-Methode an. Wenn Sie das Makro aus Listing 31.37 aus dem VBA-Editor heraus starten oder bei aktiver UserForm den Menübefehl *Ausführen/Sub/UserForm ausführen* aufrufen, wird zunächst das Add-In geladen. Sollte das nicht möglich sein, weil das Add-In z.B. nicht installiert wurde, wird eine Meldung angezeigt und das Programm beendet. Ist der *Solver* installiert, wird das Formular angezeigt. Sie können nun einen Tarifvergleich durchführen. Dieses Makro muss in einem Standardmodul untergebracht werden.

Listing 31.37
UserForm anzeigen lassen

```
Sub zeigeUserForm()
On Error Resume Next
' Das Solver-Add-In laden
Application.AddIns("Solver").Installed = True
If Err.Number <> 0 Then
  MsgBox "Das Solver-Add-In kann nicht aktiviert werden.", vbCritical
  Exit Sub
End If
UserForm1.Show
End Sub
```

Wenn Sie das vom Makro erstellte Tabellenblatt nicht löschen, kann das Ergebnis etwa wie in Abbildung 31.31 aussehen.

Abbildg. 31.31 Die vom Makro angelegte Tabelle mit dem vom Solver gelösten Problem

	A	B	C	D	E	F	G	H	I
1		Tarif 1	Tarif 2					Modell:	
2	Grundgebühr	29,95	4,95	73,52940882	40,97941132	<< Tarif 1		40,9794113	
3	Verbrauchspreis je Einheit	0,15	0,49	Verbrauch: 200	40,97941032	<< Tarif 2		1	
4								FALSCH	
5								100	
6									

Variable übergeben

In Listing 31.31 haben Sie zwei Unterprogramme aufgerufen und dabei jeweils eine Variable als Argument übergeben. Die Unterprozeduren haben die übergebenen Variablen nicht verändert.

Es gibt jedoch Situationen, in denen eine Unterprozedur eine Variable verändert und mit diesem veränderten Wert arbeitet. Sie haben bei der Übergabe der Argumente die Möglichkeit festzulegen, ob der ursprüngliche Wert erhalten bleiben oder ob auch die Hauptprozedur mit dem veränderten Wert weiterarbeiten soll. Wollen Sie den Ursprungswert erhalten, so übergeben Sie der Unterprozedur lediglich eine Kopie des Wertes. Sie erreichen dies über das Schlüsselwort *ByVal*, das Sie dem Argument in der Unterprozedur voran stellen.

Das Makro *Arg_ByVal* aus Listing 31.38 ruft die Unterprozedur *zeige_Arg* auf. Dabei wird die Variable *Ursprungswert* als Wertkopie übergeben, was auch der Standardeinstellung entspricht, wenn Sie kein entsprechendes Schlüsselwort angeben. Das Unterprogramm zeigt zunächst die übergebene Variable an, verändert diese und zeigt den veränderten Wert ebenfalls in einem Meldungsfenster an.

Sie finden dieses Beispiel in der Datei *Kap31.xls* im Ordner *\Buch\Kap31* auf der CD-ROM zu diesem Buch.

Listing 31.38
Variable an andere Prozeduren als Wert übergeben

```
Sub Arg_ByVal()
Dim Ursprungswert As Integer
Ursprungswert = 1000
zeige_Arg Ursprungswert
MsgBox "Ursprungswert ist " & Ursprungswert, , "Richtige Aussage"
End Sub
```

Listing 31.38   Variable an andere Prozeduren als Wert übergeben *(Fortsetzung)*

```
Sub zeige_Arg(ByVal Arg)
MsgBox "Der erhaltene Wert ist " & Arg
Arg = Arg * 2
MsgBox "Der neue Wert ist " & Arg
End Sub
```

Im Unterschied dazu können Sie die Argumente auch als Zeiger (Referenz) übergeben. Solchermaßen übergebene Variablen können in der Unterprozedur verändert werden und geben den veränderten Wert an die aufrufende Prozedur zurück.

Für die Verwendung von Argumenten als Referenz verwenden Sie das Schlüsselwort *ByRef*, das Sie vor den Namen des Arguments setzen. Bedenken Sie, dass der ursprüngliche Wert in der Unterprozedur verändert wird und anschließend nicht mehr zur Verfügung steht. Wenn Sie das Makro *Arg_ByRef* (siehe Listing 31.39) ausführen, können Sie dies nachvollziehen.

Listing 31.39   Argumente als Zeiger übergeben

```
Sub Arg_ByRef()
Dim Ursprungswert As Integer
Ursprungswert = 1000
zeige_Arg2 Ursprungswert
MsgBox "Ursprungswert ist " & Ursprungswert, , "Falsche Aussage"
End Sub

Sub zeige_Arg2(ByRef Arg)
MsgBox "Der erhaltene Wert ist " & Arg
Arg = Arg * 2
MsgBox "Der neue Wert ist " & Arg
End Sub
```

Aktionen wiederholen mit Schleifen

Es ist zwar bequem, mit Hilfe des Makrorekorders ein Makro aufzuzeichnen, was aber, wenn immer gleiche Aktionen auf unterschiedliche Bereiche angewendet werden sollen? Oder, wenn Aktionen ausgeführt werden sollen, für die es keinen entsprechenden Menübefehl gibt, z.B. um die Namen aller Arbeitsblätter einer Mappe in eine Tabelle einzutragen?

Anweisungen wiederholen mit *For...Next*

In Fällen, in denen eine oder mehrere Anweisungen mehrmals wiederholt werden sollen, wendet man *Schleifen* an. Eine Schleife wird durch bestimmte Schlüsselwörter eingeleitet bzw. beendet und wiederholt einen Satz Anweisungen. Hierfür gibt es unterschiedliche Möglichkeiten, deren Einsatz sich danach richtet, ob Sie bereits beim Programmieren die Anzahl der erforderlichen Schleifendurchläufe kennen oder ob diese Zahl unbestimmt ist und damit eine andere Abbruchbedingung festgelegt werden muss. Mit der Programmierung von Schleifen können Sie eine Menge Schreibarbeit einsparen und den Code übersichtlich halten.

Die Anweisung For...Next wiederholt eine Folge von Befehlen mehrmals. Die Anzahl der Wiederholungen ist dabei festgelegt. Beispiel:

```
For Zähler = Startwert To Endwert [ Step Schrittgröße ]
    [Anweisungsblock]
    [Exit For]
    [Anweisungsblock]
Next [Zähler]
```

Zähler ist eine numerische Variable, die als Schleifenzähler verwendet wird. *Startwert* ist der Anfangswert des Zählers. Mit *Endwert* wird der Wert des Zählers, bei dem die Schleife verlassen wird, festgelegt. Mit der *Schrittgröße* definieren Sie den Wert, um den der Zähler bei jedem Schleifendurchlauf geändert wird. Wenn Sie keinen Wert für *Step* angeben, erhält *Schrittgröße* den Standardwert *1*.

Nach dem Starten der Schleife und dem Ausführen aller Anweisungen in der Schleife wird der Wert von *Step* zum Zähler addiert. Ist der Zähler kleiner oder gleich dem Endwert, dann werden die Anweisungen in der Schleife erneut ausgeführt. Ist der Zähler größer als der Endwert, wird die Schleife verlassen und die Ausführung wird bei der Anweisung, die der Anweisung Next folgt, fortgesetzt. Alle Variablen können dabei auch negative Werte aufnehmen.

Im folgenden Beispiel (Listing 31.40) wird eine negative Schrittweite dazu verwendet, die Seiten der aktiven Tabelle, beginnend mit der letzten Seite, zu drucken. Das bringt für große Tabellen den Vorteil, dass Sie die Eigenschaften des Druckers nicht einstellen und den Ausdruck dennoch nicht sortieren müssen.

Listing 31.40 Die Schrittweite kann auch negativ sein

```
Sub negative_Schrittweite()
Dim s As Integer
Dim i As Integer
s = ExecuteExcel4Macro("get.document(50)")
For i = s To 1 Step -1
  ActiveWindow.SelectedSheets.PrintOut From:=i, To:=i
Next
End Sub
```

HINWEIS   Vielleicht kommt Ihnen bei der Betrachtung dieses Makros die Frage in den Sinn: Muss hier eine Excel 4-Funktion verwendet werden, gibt es keine Entsprechung in Excel-VBA? Ja, auch wenn es kaum zu glauben ist, es gibt tatsächlich **keine** entsprechende Anweisung. Mit der *Count*-Eigenschaft des *HPageBreak*-Objekts und des *VPageBreaks*-Objekts können Sie zwar eine ähnliche Funktionalität nachbilden; allerdings liefert diese nicht immer das korrekte Ergebnis, z.B. dann nicht, wenn das Makro auf eine leere Seite angewendet wird oder nach der letzten belegten Zelle noch ein Seitenumbruch übrig geblieben ist. Sie müssen also die *ExecuteExcel4Macro*-Methode einsetzen, die einen (englischen) Excel4Makro-Befehl ausführen kann.

Weitere Einsatzgebiete der *ExecuteExcel4Makro*-Anweisung

In Kapitel 13 haben wir es bereits angesprochen: Es gibt keine Einstellung, bei der nur die Kommentare einer Tabelle gedruckt werden. Sie können zwar die Seiteneinrichtung so einstellen, dass Kommentare am Ende des Blattes gedruckt werden und anschließend in der Seiteneinrichtung die Seitennummer der ersten Seite mit Kommentaren ermitteln. Diese Seite können Sie dann für den Start des Ausdrucks einstellen. Wenn Sie häufig nur die Kommentare drucken wollen, dann geht dies mit einem Makro leichter von der Hand.

Listing 31.41   Nur die Kommentare einer Tabelle drucken

```
Sub druckenurKommentare()
On Error Resume Next
Dim wks As Worksheet
Set wks = ActiveSheet
' Keine aktive Mappe oder aktives Blatt keine Tabelle
If wks Is Nothing Or Err.Number <> 0 Then Exit Sub
' Die aktuelle Einstellung erhalten
Dim p As Long
p = ActiveSheet.PageSetup.PrintComments
Dim x As Long
Dim y As Long
Dim z As Long
' Wie viele Seiten nur Tabellen
x = TabSeiten
' Wie viele Seiten nur Notizen
y = NotizSeiten
' Gesamtseiten
z = y + x
If y <> 0 Then
    With ActiveSheet.PageSetup
      ' Kommentare am Ende des Blattes drucken
      .PrintComments = xlPrintSheetEnd
    End With
    ' Drucken der Kommentare
    ActiveSheet.PrintOut from:=x + 1, to:=z
    ' Einstellung zurücksetzen
    ActiveSheet.PageSetup.PrintComments = p
  Else
    MsgBox "Es gibt keine Kommentare im aktuellen Druckbereich."
End If
End Sub
```

Die Prozedur ruft zwei Funktionen auf, welche die Anzahl der Druckseiten für die Tabelle bzw. die Anzahl der Druckseiten für Kommentare zurückgeben.

Listing 31.42   Die Anzahl zu druckender Seiten einer Tabelle ermitteln

```
Function TabSeiten()
' Liefert die Anzahl an Seiten, die ausgehend von den
' aktuellen Einstellungen des aktiven Blatts gedruckt
' werden; Notizen bleiben unberücksichtigt.
On Error Resume Next
Dim r As Long
r = Application.ExecuteExcel4Macro("get.document(50)")
TabSeiten = r
End Function
```

Listing 31.43 Die Anzahl der Kommentarseiten liefert ebenfalls eine Excel4-Makrofunktion

```
Function NotizSeiten()
' Liefert die Anzahl an Seiten, die gedruckt werden,
' wenn nur Notizen ausgegeben werden.
On Error Resume Next
Dim r As Long
r = Application.ExecuteExcel4Macro("get.document(51)")
NotizSeiten = r
End Function
```

Hyperlinks auf die Tabellen einer Mappe

Nehmen wir an, Sie möchten mit Hilfe eines Makros die Namen aller Tabellenblätter der aktiven Mappe in eine neue Tabelle eintragen. Der Name soll dabei mit einem Hyperlink versehen werden, sodass die jeweilige Tabelle schnell ausgewählt werden kann.

Über die Eigenschaft *Count* des Objekts *Worksheets* ermitteln Sie zunächst die Gesamtzahl der Tabellenblätter. Über einen Index zeigen Sie dann auf die Position jedes einzelnen Objekts in der Liste. Für dieses Objekt wird dann die Eigenschaft *Name* ermittelt und in die Tabelle geschrieben. Der Befehl Next *i* weist der Variablen *i* den nächsten Wert zu und veranlasst das Makro, wieder in die *For*-Zeile zu gehen. Hier wird nun geprüft, ob die Variable noch immer kleiner/gleich der Anzahl der Arbeitsblätter ist. Ist dies der Fall, wird das Makro fortgesetzt, ansonsten ist die Abbruchbedingung erfüllt, die Schleife wird verlassen und damit das Makro beendet (vgl. dazu Listing 31.44).

Listing 31.44 Die Namen aller Arbeitsblätter in eine Tabelle eintragen

```
Sub ListSheets_as_Hyperlink()
On Error Resume Next
Dim i As Integer, a As Integer
Dim wks As Worksheet
If MsgBox("Blattnamen als Hyperlink eintragen?", _
   vbYesNo) <> vbNo Then
 Set wks = Worksheets.Add
 Cells(1, 1).Select
 For i = 1 To Application.Worksheets.Count
  If wks.Name <> Worksheets(i).Name Then
   wks.Hyperlinks.Add Anchor:=ActiveCell.Offset(a, 0), _
           Address:="", SubAddress:= _
           "'" & Application.Worksheets(i).Name & "'!A1"
   a = a + 1
  End If
 Next i
Set wks = Nothing
End If
End Sub
```

In Excel gibt es zwei unterschiedliche Wege, einen Hyperlink einzufügen. Ist eine Zelle oder ein Zeichenobjekt aktiv, können Sie über den Menübefehl *Einfügen/Hyperlink* eine Adresse im Internet angeben oder über die Schaltfläche *Textmarke* auf eine Stelle in der aktiven Mappe verweisen.

Der zweite Weg führt über die Tabellenfunktion *HYPERLINK(Hyperlink_Adresse;Freundlicher_Name)*. Hier geben Sie über das Argument *Hyperlink_Adresse* die gewünschte Adresse an. Über das Argument *Freundlicher_Name* können Sie einen Namen für den Hyperlink angeben. Wenn dieses Argument fehlt, wird das Argument *Hyperlink_Adresse* auch für die Anzeige verwendet.

Mehr Tempo ohne die *Select*-Anweisung erreichen

An dieser Stelle sei darauf hingewiesen, dass die *Select*-Methode eine sehr zeitraubende Aktion ist. Außerdem wird sie meist auch nicht unbedingt benötigt. Sie können den Wert von Zellen auch ändern, ohne diese zuvor auszuwählen. Das Listing 31.44 verwendet als Alternative die Eigenschaft *Offset*(RowOffset, ColumnOffset). Damit können Sie auf ein *Range*-Objekt zugreifen, das einen Bereich darstellt, der gegenüber dem angegebenen Bereich um die Anzahl Zeilen (RowOffset) und Spalten (ColumnOffset) versetzt ist. Diese Eigenschaft eignet sich dadurch, dass Zahlen als Argumente verwendet werden, hervorragend für den Einsatz in Schleifen.

VBA stellt hierfür weitere Möglichkeiten zur Verfügung: So können Sie mit der Eigenschaft *Cells* auf Zellen zugreifen, mit der Anweisung Cells(5, 3) auf die Zelle im Schnittpunkt von Zeile fünf und Spalte drei, also *C5*. Dieses Verfahren hat insbesondere in Schleifen Vorteile, Sie können ganz komfortabel den Schleifenzähler verwenden, um die Zelle jeweils dem Durchlauf anzupassen. Mehr zum Thema »Schleifen« folgt im nächsten Abschnitt.

> **TIPP**　　Für das Nachvollziehen von Beispielen macht die *Select*-Methode aber durchaus Sinn. Wenn Sie ein Makro im Einzelschrittmodus (mit der ⌨F8 -Taste) ausführen, sehen Sie damit immer, welche Zelle aktiv ist und bearbeitet wird.

Schleifen verschachteln

Sie können For...Next-Schleifen auch verschachteln, indem Sie diese ineinander stellen. Achten Sie darauf, dass jeder Schleifenzähler einen eindeutigen Namen hat und für jede For-Anweisung eine Next-Anweisung vorhanden sein muss.

Angenommen, Sie wollen eine Liste mit den Inhalten der benutzerdefinierten Listen erstellen. In Kapitel 1 haben Sie einige Hinweise erhalten, welche Dateien Sie aus vorigen Versionen sichern können. Die benutzerdefinierten Listen werden nicht in einer Datei abgelegt, sondern in der Registry. Allerdings hält VBA einige Anweisungen für den Zugriff auf diese Informationen bereit, sodass Sie diese Listen sichern können.

Der Import einer Liste ist ja komfortabel gelöst. Bestehende Listen werden markiert und können ohne großen Aufwand im Dialogfeld *Extras/Optionen* auf der Registerkarte *Benutzerdefinierte Listen* als neue Liste festgelegt werden. Die Möglichkeit, eine Liste auszuwählen und diese in eine Tabelle einzutragen (etwa, um eine Sicherungskopie anzulegen), ist aber nicht vorgesehen. Mit VBA können Sie Excel auf die Sprünge helfen.

Mit der *CustomListCount*-Eigenschaft des *Application*-Objekts können Sie zunächst zählen, wie viele Listen überhaupt festgelegt sind. Um den Inhalt einer Liste zu erfahren, wenden Sie die *GetCustomListContents(ListNum)*-Methode an. Diese Methode erwartet als Argument die Nummer der gesuchten Liste (vgl. Listing 31.45).

Listing 31.45　Alle benutzerdefinierten Listen in eine neue Tabelle schreiben

```
Sub auflistenEinträge()
' Schleifenzähler
Dim i As Integer
Dim j As Integer
' Anzahl an benutzerdefinierten Listen
Dim anz As Integer
' Datenfeld aller Einträge einer Liste
```

Makro-Programmierung mit Excel

Listing 31.45 Alle benutzerdefinierten Listen in eine neue Tabelle schreiben *(Fortsetzung)*

```
Dim df As Variant
' Anzahl Einträge einer einzelnen Liste
Dim eintr As Long
Dim auflist As Integer
' Anzahl an benutzerdefinierten Listen ermitteln
anz = Application.CustomListCount
auflist = MsgBox("Es gibt " & anz & " benutzerdefinierte Listen." & Chr(13) & _
    "Sollen diese in einem neuen Blatt aufgelistet werden?", vbYesNo, _
    "Benutzerdefinierte Listen")
If auflist = vbYes Then
    Sheets.Add
    Range("A1").Select
    ' Alle Listen durchlaufen
    For i = 1 To anz
        ' Inhalt der aktuellen Liste
        df = Application.GetCustomListContents(i)
        ' Anzahl der Einträge ermitteln
        eintr = UBound(df)
        For j = 1 To eintr
            ActiveCell.Value = df(j)
            Selection.Offset(1, 0).Select
        Next
        Selection.Offset(-j + 1, 1).Select
    Next
    Columns.EntireColumn.AutoFit
  Else
    MsgBox "Einträge werden nicht aufgelistet."
End If
End Sub
```

Abbildg. 31.32 Mit Klick auf die Schaltfläche *Ja* können Sie die Information zu den Listen ausgeben lassen

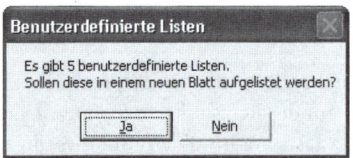

Damit können Sie nun Ihre benutzerdefinierten Listen sichern. Das ist ansonsten nicht so einfach möglich, weil diese Listen in der Registry unter dem Schlüssel *HKEY_CURRENT_USER\Software\Microsoft\Office\11.0\Excel\Options\SmartList* als Binärwert gespeichert werden.

Mehr zum Thema »Benutzerdefinierte Listen« finden Sie in Kapitel 4.

Auflistungen mit Schleifen durchlaufen

Mit einer For Each...Next-Schleife, einer speziellen Form der For...Next-Schleife, können Sie Auflistungen bearbeiten. Eine *Auflistung* ist eine Gruppe von Objekten. Die Position eines Objekts in der Auflistung kann sich bei jeder Änderung der Auflistung verändern. Auf ein einzelnes Objekt in der Auflistung greifen Sie über einen Index zu, der die Position angibt.

Im folgenden Makro (Listing 31.46) werden Informationen zu allen Listen-Objekten des aktiven Blattes in einer Meldung angezeigt.

Listing 31.46 Den Namen und den zugehörigen Bereich der Listen anzeigen

```
Sub ListObjekte()
Dim l As ListObject
If ActiveSheet.ListObjects.Count > 0 Then
    For Each l In ActiveSheet.ListObjects
      MsgBox "Name: " & l.Name & vbCrLf & _
             "Bereich: " & l.DataBodyRange.Address, _
             vbInformation
    Next
  Else
    MsgBox "Das aktive Blatt enthält keine Listen."
End If
End Sub
```

Mehr zum Thema »Listen« finden Sie in Kapitel 19.

E-Mail-Adresse verwenden

Gehen wir davon aus, dass Sie verschiedene E-Mail-Adressen in einer Tabelle eingetragen haben. Beispiel: *MeinName@server.com*. Sie wollen nun die eingetragenen E-Mail-Adressen dazu verwenden, schnell eine E-Mail an den betreffenden Adressaten zu erstellen.

Markieren Sie die Adressen und lassen Sie folgendes Makro (Listing 31.47) ablaufen, um aus den Adressen verwertbare Hyperlinks zu machen.

Listing 31.47 Hyperlinks für die Erstellung von E-Mails nutzen

```
Sub Mail_per_Link()
Dim c As Range
For Each c In Selection
  If InStr(c, "@") > 0 Then
    c.Hyperlinks.Add c, "MailTo: " & c.Value
  End If
Next c
End Sub
```

Wenn Sie daraufhin eine Adresse anklicken, wird eine neue E-Mail an den betreffenden Adressaten erstellt.

Sortieren von Datenfeldern

Beim Umgang mit komplexen Datenbeständen ist die Verwendung einer Vielzahl von Variablen umständlich. Hier kommen Datenfelder zum Einsatz. In einem Datenfeld kann eine Vielzahl von Werten in verschiedenen Dimensionen gespeichert werden. Wenn Sie sich eine Tabelle anschauen, können Sie diese auch als Datenfeld betrachten. Ebenso wie bei den VBA-Datenfeldern kann hier eine Zelle über die Zeilen- und Spaltennummer adressiert werden. Der Vorteil: Beim Programmieren haben Sie es lediglich mit einer einzigen Variablen zu tun.

Mit Hilfe von verschachtelten For-Schleifen können Datenfelder sortiert werden. Im folgenden Beispiel (Listing 31.48) werden alle Namen der derzeit geöffneten Arbeitsmappen in eine neue Tabelle geschrieben, wobei die Namen zuvor sortiert werden.

Listing 31.48 Ein Datenfeld sortieren

```
Sub dfsort()
Dim i As Integer
Dim j As Integer
Dim e As Integer
Dim tmp As Variant
Dim df() As Variant
i = Workbooks.Count
ReDim Preserve df(i)
For j = 1 To i
  df(j) = Workbooks(j).Name
Next
Sheets.Add
Range("A1").Select
For e = 1 To i - 1
  For j% = e + 1 To i
    If df(e) > df(j%) Then
      tmp = df(e): df(e) = df(j%): df(j%) = tmp
    End If
  Next j%
Next e
For j = 1 To i
  Cells(j, 1) = df(j)
Next
Application.StatusBar = ""
End Sub
```

Schleifen vorzeitig verlassen

Vielleicht treten beim Durchlaufen einer Schleife Ereignisse ein, bei denen Sie eine Fortsetzung unterbinden wollen. Über die Anweisung Exit For können Sie eine Schleife verlassen, wenn eine Bedingung erfüllt ist (Listing 31.49). Ein typisches Beispiel hierfür ist das Suchen: Es wird eine Menge an Objekten durchsucht, bis das gewünschte Objekt gefunden wird. Damit ist die Abbruchbedingung erfüllt.

Listing 31.49 Sie vermeiden unnötige Schleifendurchläufe mit der Exit For-Anweisung

```
Function geladeneMappe(Map)
Dim i As Integer
geladeneMappe = False
For i = 1 To Workbooks.Count
    If UCase(Workbooks(i).Name) = UCase(Map) Then
        geladeneMappe = True
        Exit For
    End If
Next
End Function
```

Diese Funktion wird dann vorzeitig verlassen, wenn die gesuchte Mappe in der Liste der geöffneten Mappen gefunden wird. Das kann sich positiv auf die Ausführungsgeschwindigkeit auswirken, falls die Anzahl der geöffneten Mappen und damit der Schleifendurchläufe sehr groß ist.

Kopfgesteuerte Schleife mit *While...Wend*

Eine weitere Möglichkeit der Programmierung von Schleifen können Sie über die Anweisung While...Wend erreichen. Diese führt eine Reihe von Anweisungen aus, solange eine gegebene Bedingung *Wahr* ist.

Nehmen wir an, Sie wollen mit einer benutzerdefinierten Funktion für ein beliebiges Datum das Sternzeichen ermitteln.

In der nachfolgenden Prozedur (Listing 31.50) wird in einer While-Schleife der Monat aller Sternzeichen mit dem Teil des angegebenen Datums verglichen. Die Monate und Namen der Sternzeichen werden mit der *Array*-Funktion in einer *Variant*-Variablen gespeichert.

Listing 31.50   Eine kopfgesteuerte Schleife einsetzen

```
Function welchesSternzeichen(einDatum As Date) As String
Dim SZ As Variant
Dim DZ As Variant
Dim m As String * 2
Dim i As Integer
Dim t As Integer
If einDatum = 0 Then
  welchesSternzeichen = "#NV"
  Exit Function
End If
m = Format(Month(einDatum), "00")
t = Format(Day(einDatum), "00")
SZ = Array("Wassermann", "Fische", "Widder", "Stier", "Zwillinge", "Krebs", _
           "Löwe", "Jungfrau", "Waage", "Skorpion", "Schütze", "Steinbock") _
DZ = Array("21.01", "19.02", "21.03", "21.04", "21.05", "22.06", _
           "23.07", "24.08", "24.09", "24.10", "23.11", "22.12") _
' Datenfeld mit den Datumswerten durchsuchen
' rechten Teil des SZ prüfen. Solange kleiner m
i = 0
While Right(DZ(i), 2) < m
    i = i + 1
Wend
' Datenfeld mit dem Sternzeichen ausgeben
If t < Left(DZ(i), 2) Then
    If i < 1 Then
        welchesSternzeichen = SZ(11)
      Else
        welchesSternzeichen = SZ(i - 1)
    End If
  Else
    welchesSternzeichen = SZ(i)
End If
End Function
```

Schleifen mit *Do...Loop*

Eine strukturierte Schleifenprogrammierung erreichen Sie mit der Verwendung der Anweisung Do...Loop. Sie wiederholt einen Block mit Anweisungen, solange eine Bedingung *Wahr* ist oder bis eine Bedingung *Wahr* wird. Hier haben Sie die Möglichkeit, die Prüfung der Bedingung entweder zu Beginn der Schleife oder am Ende festzulegen. Man spricht in diesem Zusammenhang von kopf- bzw. fußgesteuerten Schleifen.

Das Makro aus Listing 31.51 enthält ein Beispiel für eine fußgesteuerte und eine kopfgesteuerte Do-Schleife und ermittelt die letzte benutzte Zelle.

Listing 31.51 Die letzte benutzte Zelle korrekt ermitteln

```
Sub letzte_auswählen()
Dim r As Range
Dim ber1 As Range
Dim b As Long
b = Application.Calculation
Application.Calculation = xlManual
Sheets.Add
Set ber1 = ActiveSheet.Range("A1:E10")
ber1.Formula = "Excel 2003"
Set r = ActiveSheet.UsedRange
MsgBox "Anzahl benutzter Zellen " & r.Count
Range("A8:C10, D1:E10").Clear
r.SpecialCells(xlLastCell).Select
MsgBox "Anzahl benutzter Zellen noch immer " & r.Count
' Prüfen ob Spalte und/oder Zeile leer
Do While Application.WorksheetFunction.CountA(ActiveCell.EntireRow) < 1
  ' In der Zeile kein Wert
  ActiveCell.Offset(-1, 0).Select
Loop
Do
  ' In der Spalte kein Wer
  ActiveCell.Offset(0, -1).Select
Loop While Application.CountA(ActiveCell.EntireColumn) < 1
Set ber1 = Nothing
MsgBox "Letzte Zelle gefunden in " & ActiveCell.Address
Application.Calculation = b
End Sub
```

WICHTIG Bitte beachten Sie, dass bei einer fußgesteuerten Schleife die Anweisungen in der Schleife mindestens einmal ausgeführt werden, bis die erste Prüfung erfolgt. Im Gegensatz dazu führt die kopfgesteuerte Schleife zuerst die Prüfung durch. Wenn die Bedingung nicht erfüllt ist, wird keine der Anweisungen, die innerhalb der Schleife steht, ausgeführt.

Auch die Do-Anweisung kann für komplexe Problemstellungen verschachtelt werden. Für jede Do-Anweisung muss dann eine Loop-Anweisung eingetragen werden. Über die Anweisung Exit Do können Sie eine solche Schleife auch vorzeitig verlassen.

Welches Schleifenkonstrukt soll ich wählen?

Wenn Sie unsicher sind, welches Schleifenkonstrukt Sie wählen sollen, schauen Sie sich einmal die Tabelle 31.11 an.

Tabelle 31.11   Schleifenkonstrukte und typische Einsatzgebiete

Aufgabe	Beispiel	Schleifenkonstrukt
Alle Zellen eines Bereichs prüfen	Listing 31.54	`For Each`
Eine bestimmte Anzahl an Schleifendurchläufen ausführen	Listing 31.44	`For Next`
Eine Auflistung durchlaufen	Listing 31.29	`For Each`
Eine unbekannte Anzahl an Durchläufen	Listing 31.51	`Do ... Loop`
Eine unbekannte Anzahl an Durchläufen mindestens einmal ausführen	Listing 31.51	`Do ... Loop While`

Verzweigungen in Programmen

Aus einem Excel-Arbeitsblatt ist Ihnen die Tabellenfunktion

WENN(Prüfung, Dann_Wert, Sonst_Wert)

schon bekannt (vgl. z.B. Kapitel 15). Sie verwenden diese Funktion, um eine Bedingung zu prüfen und, wenn das Ergebnis der Prüfung *Wahr* ist, das Argument, das Sie mit *Dann_Wert* festgelegt haben, auszugeben. Ist das Ergebnis der Prüfung *Falsch*, wird der *Sonst_Wert* ausgegeben. Analog zu diesem Verfahren können Sie auch mit VBA Bedingungen prüfen.

Bedingungen prüfen

Um z.B. eine Benutzereingabe zu prüfen und anschließend unterschiedliche Reaktionen auf die Eingabewerte auszuführen, wird die `If...Then`-Anweisung verwendet. Sie erlaubt eine bedingte Ausführung von Anweisungen aufgrund der Auswertung eines Ausdrucks.

Die einzeilige Form der Anweisung eignet sich besonders für kurze, einfache Bedingungsüberprüfungen. Das kann z.B. so aussehen:

```
If A > 10 Then A = A + 1 : B = B + A : C = C + B
```

HINWEIS   Mehrere Befehle können in einer Zeile stehen, wenn dazwischen ein Doppelpunkt ist. Die Anweisungen werden dann von links nach rechts abgearbeitet. Das gilt nicht nur für die `If...Then`-Anweisung. In diesem Fall jedoch lassen Sie das Anweisungsende `End If` weg.

Die Blockform von `If...Then...Else` ist strukturierter und flexibler als die einzeilige Form. Sie ist im Allgemeinen leichter zu lesen und die Fehlersuche ist auch einfacher. Beispiel:

```
If Bedingung1 Then
    [Anweisungsblock1]
[ElseIf Bedingung2 Then
    [Anweisungsblock2] ]
. . .
[Else
    [Anweisungsblockn] ]
End If
```

Beim Ausführen des If-Blocks überprüft VBA die *Bedingung1*. Wenn der Ausdruck *Wahr* ist, werden die nach Then folgenden Anweisungen ausgeführt. Wenn der erste Ausdruck *Falsch* ist, beginnt VBA, alle ElseIf-Bedingungen (sofern vorhanden) nacheinander auszuwerten. Sobald VBA eine wahre Bedingung findet, werden die auf Then folgenden Anweisungen ausgeführt. Wenn keine der ElseIf-Bedingungen *Wahr* ist, werden die nach der Anweisung Else folgenden Anweisungen ausgeführt. Bei der Verwendung von ElseIf können Sie auf alle End If-Anweisungen mit Ausnahme der letzten verzichten. Nach dem Ausführen der Anweisungen, die nach Then oder Else folgen, wird das Programm mit der Anweisung fortgesetzt, die nach End If folgt.

Sie können die If...Then-Anweisung auch ohne den Else-Block verwenden, wenn Sie nur auf Übereinstimmung mit einem ganz bestimmten Ausdruck prüfen wollen (Listing 31.52).

Listing 31.52 Prüfung nur mit dem *Wenn*-Block

```
Sub alleNamen()
On Error Resume Next
Dim i As Variant, wks As Worksheet, n As Name, r As Integer
r = MsgBox("Liste aller Namen einfügen?", vbYesNo + vbQuestion)
If r = vbNo Then
 Exit Sub
End If
Set wks = Sheets.Add
i = 1
For Each n In ActiveWorkbook.Names
  With wks.Range("A1")
    .Offset(i, 0) = n.Name
    .Offset(i, 1) = "'" & n.RefersTo
    .Offset(i, 2) = n.Visible
    i = i + 1
  End With
Next
Range("A1:C1").Value = Array("Name", "Bezug", "Sichtbar")
Columns("A:C").EntireColumn.AutoFit
Set wks = Nothing
End Sub
```

Dieses Makro prüft, ob der Benutzer die Schaltfläche *Abbrechen* gewählt hat. Ist dies der Fall, wird das Makro verlassen. Wenn der Benutzer dagegen die Schaltfläche *OK* gewählt hat, wird das Programm mit der Anweisung, die auf End If folgt, fortgesetzt und ein neues Blatt mit allen Namen der aktiven Mappe (auch wenn diese ausgeblendet sind!) und den jeweiligen Bezügen angelegt.

Mit der Anweisung

```
Range("A1:C1").Value = Array("Name", "Bezug", "Sichtbar")
```

werden gleich drei Werte in Zellen geschrieben, ohne dass diese zuvor ausgewählt wurden.

Mehr zum Thema »Namen« finden Sie übrigens in Kapitel 19.

Prüfungen verschachteln

Sie können ohne weiteres auch mehrere If-Blöcke verschachteln. Wichtig ist, dass für jede If-Anweisung auch eine End If-Anweisung vorhanden sein muss. Das folgende Makro (Listing 31.53) löscht die Namen ohne gültigen Bezug aus der aktiven Arbeitsmappe.

Listing 31.53   Namen ohne gültigen Bezug löschen

```
Sub lösche_Namen_ohne_Bezug()
On Error Resume Next
Dim a As Integer
Dim n As Variant
a = ActiveWorkbook.Names.Count
If a > 0 Then
  For Each n In ActiveWorkbook.Names
    If InStr(1, n, "#REF!") > 0 Or _
      InStr(1, n, "#BEZUG!") > 0 Then
        ActiveWorkbook.Names(n.Name).Delete
    End If
  Next
End If
End Sub
```

Mit der If-Anweisung lässt sich so lange gut arbeiten, wie die Anzahl der Prüfungen bzw. der Verzweigungen in Ihrem Programm nicht mehr als drei oder vier Blöcke erfordert. Der Code ist ab dieser Grenze nur noch schwer lesbar und auch Anpassungen sind nicht mehr ganz so einfach.

Steuerstruktur *Select Case* einsetzen

Nun kommt es vor, dass eine Variable eine ganze Fülle von Werten annehmen kann, die dann jeweils unterschiedliche Reaktionen auslösen sollen. Die verschachtelte If...Then-Anweisung ist für eine solche Prüfung doch reichlich umständlich und schwierig anzupassen. Sie können solche Prüfungen einfacher über die *Select Case*-Methode durchführen, die nach folgender Syntax arbeitet:

```
Select Case Ausdruck
    Case CaseAusdruck
        Anweisungsblock
    Case Else
        Anweisungsblock
End Select
```

Der Wert von *Ausdruck* wird mit jedem *Case*-Ausdruck verglichen. Wenn eine Übereinstimmung vorliegt, wird der entsprechende Anweisungsblock ausgeführt. Anschließend wird die Anweisung ausgeführt, die auf End Select folgt.

WICHTIG   Beachten Sie, dass keine weitere Prüfung erfolgt, wenn eine Übereinstimmung gefunden wurde. Sollten also mehrere Prüfungen den Wert *Wahr* ergeben, so werden lediglich die auf die erste Prüfung, die den Wahrheitswert *Wahr* liefert, folgenden Anweisungen ausgeführt.

Makro-Programmierung
mit Excel

Wenn keine Übereinstimmung gefunden wird, werden die Anweisungen ausgeführt, die auf `Case Else` folgen. Über die Anweisung `Case Else` werden auch solche Werte vom Programm verarbeitet, die Sie vielleicht bei der Entwicklung nicht vorsehen konnten. Machen Sie es sich zur Regel, immer eine `Case Else`-Anweisung zu verwenden, um den Programmablauf auf jeden Fall zu kontrollieren und Fehler zu vermeiden.

Summe formatierter Zellen

Gehen wir davon aus, Sie möchten eine Funktion erstellen, die aus einem Bezug die Summe derjenigen Werte ermittelt, deren Schriftfarbe auf *Rot* eingestellt ist. Außerdem soll die Funktion auch Zahlen addieren können, die *Kursiv* formatiert sind.

Um dies zu erreichen, muss der Funktion ein Argument für die Art der Formatierung übergeben werden. Dieses Argument kann die Werte *Rot* und *Kursiv* annehmen, was in einer *Select Case*-Struktur geprüft wird (Listing 31.54).

Listing 31.54 Eine Funktion für die Berechnung der Summe formatierter Zahlen

```
Option Explicit
Function formatierteSummen(einFormat, ParamArray einBereich())
On Error Resume Next
Application.Volatile
Dim c As Variant
Dim s As Double
Dim i As Integer
Dim r  As Range
Dim z As Range
'Set r = Cells.Range(einBereich)
einFormat = UCase(einFormat)
Dim b() ' As Range
Dim a As Integer
' Die einzelnen Bereiche erhalten
a = UBound(einBereich) + 1
ReDim b(0 To a - 1)
Dim j As Integer
For i = 0 To a
  b(i) = einBereich(i).Address
Next
Select Case einFormat
  Case Is = "ROT"
    For Each c In b
      For j = 1 To Range(c).Cells.Count
        With Range(Range(c).Cells(j).Address)
          If IsNumeric(.Value) Then
            If .Font.ColorIndex = 3 Then
              s = s + .Value
            End If
          End If
        End With
      Next
    Next
  Case Is = "KURSIV"
    For Each c In b
      For j = 1 To Range(c).Cells.Count
        With Range(Range(c).Cells(j).Address)
          If IsNumeric(.Value) Then
```

Listing 31.54 Eine Funktion für die Berechnung der Summe formatierter Zahlen *(Fortsetzung)*

```
            If .Font.Italic = True Then
                s = s + .Value
            End If
        End If
    End With
  Next
Next
Case Else
  formatierteSummen = "#NV"
  Exit Function
End Select
formatierteSummen = s
End Function
```

Abbildg. 31.33 Nur entsprechend formatierte Zahlen werden addiert

	A	B	C	D	E	F	G	H
1								
2		**Werte**						
3		**138**						
4		**166**						
5		**162**	}	Summe der kursiven Werte				
6		**156**	}	318	=formatierteSummen("kursiv";B3:B12)			
7		**144**						
8		**268**	}	Summe der roten Werte				
9		**297**	}	565	=formatierteSummen("rot";B3:B12)			
10		**171**						
11		**125**						
12		**109**						
13								

Die Abbildung 31.33 zeigt die unterschiedlichen Aufrufe für die Funktion in einer Tabelle. Wechseln Sie in ein Tabellenblatt und testen Sie die Funktion selbst.

Ausdrücke in *Select*-Strukturen

Für die Prüfung über die *Select Case*-Methode können unterschiedliche Ausdrücke verwendet werden. Dabei kann geprüft werden, ob der Fall

- exakt einem Wert entspricht, z.B. `Case 1`,

- gleich dem Wert einer Variablen ist, z.B. `Case meineVar`,

- einem Wert aus einer Liste entspricht, z.B. `Case 1, 3, 7, 15`,

- in einem bestimmten Bereich liegt, z.B. `Case "A" To "E"`,

- kleiner als ein Wert oder eine Variable ist, z.B. `Case Is < 2003`. In diesem Fall ist zusätzlich zum Vergleichsoperator das Schlüsselwort *Is* als Referenz auf den prüfenden Ausdruck zu verwenden.

Beachten Sie beim Vergleichen mit der *Select Case*-Methode die Datentypen. Sie können z.B. einen Textstring nicht mit einer Zahl vergleichen. Sollten Sie dies dennoch versuchen, tritt ein Laufzeitfehler auf.

Makro-Programmierung mit Excel

HINWEIS Auch die Prüfungen mit der *Select Case*-Methode können weiter verschachtelt werden. Achten Sie dabei darauf, dass für jede Anweisung `Select Case` auch eine Anweisung `End Select` festgelegt sein muss.

Welche Steuerstruktur soll ich wählen?

Hier eine Hilfestellung, wenn Sie unsicher sind, welche Steuerstruktur Sie einsetzen sollen.

Tabelle 31.12 Aufgaben für Steuerstrukturen

Aufgabe	Beispiel	Steuerstruktur
Eine einfache Prüfung ausführen	Listing 31.52	`If ... Then`
Eine Prüfung mit Unterprüfungen	Listing 31.53	`If ... Then` verschachteln
Eine Vielzahl von Vergleichen durchführen	Listing 31.54	`Select Case`

CommandBar-Objekte mit VBA bearbeiten

In Kapitel 2 haben Sie bereits einiges über die manuelle Bearbeitung von Menüleisten und Symbolleisten erfahren. In diesem Abschnitt beschäftigen wir uns nun mit der Erstellung und Verwaltung von Menü- und Symbolleisten mit VBA. Menüleisten und Symbolleisten sind in der *CommandBars*-Auflistung zusammengefasst.

Für die Manipulation bestehender *CommandBar-Objekte* und für das Erstellen eigener Objekte dieses Typs stellt VBA eine Reihe von Objekten mit einer Vielzahl von Eigenschaften bereit.

HINWEIS Wenn Sie Ihre Menüleiste oder eine Symbolleiste bereits für Ihren eigenen Bedarf angepasst haben, sollten Sie diese Einstellung von Zeit zu Zeit sichern. Dazu suchen Sie die Datei *Excel11.xlb* auf Ihrem Rechner und kopieren diese Datei in ein anderes Verzeichnis. Excel aktualisiert die Änderungen an den Menüleisten und Symbolleisten beim Beenden der Anwendung. Sie sollten diese Datei auch sichern, bevor Sie mit VBA das *CommandBar*-Objekt erforschen. Indem Sie die gesicherte Datei *Excel11.xlb* öffnen, können Sie den ursprünglichen Zustand wieder herstellen.

Die Beispiele zu diesem Abschnitt finden Sie auf der CD-ROM zu diesem Buch im Verzeichnis *Buch\Kap31* in der Arbeitsmappe *Cbar.xls*.

Welche *CommandBar*-Objekte gibt es?

Alle *CommandBar*-Objekte sind in der *CommandBars*-Auflistung enthalten. Wie Sie bereits gesehen haben, eignet sich eine `For...Each`-Schleife bestens für den Zugriff auf eine solche Auflistung.

Angenommen, Sie wollen die englischen und deutschen Namen aller Menüleisten und Symbolleisten in eine Tabelle eintragen lassen. Außerdem sollen Informationen zum Typ und über den Status angezeigt werden.

Um die Namen aller Symbolleisten anzuzeigen, ermitteln Sie zunächst über die Eigenschaft *Count* der *CommandBars*-Auflistung die Anzahl der vorhandenen Objekte. Anschließend verwenden Sie eine Schleife, um die Namen aller Objekte und den Typ in eine Tabelle zu schreiben (Listing 31.55). Die Eigenschaft *Type* kann die Konstanten

msoBarTypeNormal (Wert 0),

msoBarTypeMenuBar (Wert 1) und

msoBarTypePopup (Wert 2)

annehmen.

Listing 31.55 Die Namen und weitere Informationen aller *CommandBar*-Objekte auflisten

```
Sub alleCBars()
' Listet die englischen Namen aller CommandBar-Objekte
' und weitere Informationen in einer neuen Tabelle auf.
Dim i As Integer
Dim cb As CommandBar
Dim r As Range
Set r = Sheets.Add.Range("A1")
r.Value = "Index"
r.Offset(0, 1).Value = "Englischer Name"
r.Offset(0, 2).Value = "Lokaler Name"
r.Offset(0, 3).Value = "Typ"
r.Offset(0, 4).Value = "Sichtbar"
For Each cb In Application.CommandBars
  With cb
  i = i + 1
    r.Offset(i, 0).Value = .Index
    r.Offset(i, 1).Value = .Name
    r.Offset(i, 2).Value = .NameLocal
    r.Offset(i, 3).Value = .Type
    r.Offset(i, 4).Value = .Visible
  End With
Next
Columns("A:E").EntireColumn.AutoFit
MsgBox "Info zu CommandBar-Objekten eingetragen.", vbInformation
Set r = Nothing
End Sub
```

Sichtbar und wählbar machen

Über die Eigenschaft *Visible* können Sie einstellen, ob das *CommandBar*-Objekt sichtbar ist oder nicht. Wenn Sie diese Eigenschaft auf *False* setzen, wird die Leiste ausgeblendet. Bei der zweiten Ausführung des Makros aus Listing 31.56 werden alle verfügbaren Symbolleisten eingeblendet.

Listing 31.56   Alle Menü- und Symbolleisten ausblenden bzw. einblenden

```
Sub AlleLeistenEinAusblenden()
On Error Resume Next
Dim cb As CommandBar
For Each cb In CommandBars
  If cb.Index > 10 Then Exit For
  If cb.Name <> "Worksheet Menu Bar" Then
    cb.Visible = Not cb.Visible
  End If
Next
End Sub
```

Mit dem Makro aus Listing 31.57 können Sie einstellen, ob eine Menüleiste bzw. Symbolleiste überhaupt sichtbar gemacht werden kann, d.h., ob sie über den Menübefehl *Ansicht/Symbolleisten/Anpassen* im Dialogfeld *Anpassen* angezeigt wird oder nicht.

Listing 31.57 Alle Menü- und Symbolleisten verfügbar machen

```
Sub LeisteVerfügbar()
Dim cb As CommandBar
Set cb = CommandBars("Worksheet Menu Bar")
cb.Enabled = Not cb.Enabled
Set cb = Nothing
End Sub
```

CommandBar fixieren

Das Zusammenfassen der Menüleisten und Symbolleisten in einem gemeinsamen *CommandBar*-Objekt führt dazu, dass auch für die Positionierung dieser Objekte mehr Möglichkeiten verfügbar sind. Menüleisten können ebenso wie Symbolleisten frei angeordnet werden. Sie haben dabei die Wahl, diese Objekte fest an einem der Fensterränder zu fixieren oder aber frei auf dem Bildschirm zu platzieren.

Über die Eigenschaft *Protection* (Listing 31.58) können Sie verhindern, dass diese Position verändert wird. Eine Symbolleiste, die am oberen Fensterrand angezeigt wird, kann damit z.B. nicht an den rechten Fensterrand verschoben werden.

Listing 31.58 Alle sichtbaren *CommandBars* fixieren

```
Sub festerStandort()
On Error Resume Next
Dim i As Integer
For i = 1 To CommandBars.Count
  If CommandBars(i).Visible = True Then
    CommandBars(i).Protection = msoBarNoChangeDock
  End If
Next i
End Sub
```

Wollen Sie jegliche Änderung an der Symbolleiste verhindern, können Sie das mit der folgenden Zeile erreichen:

```
CommandBars(i).Protection = msoBarNoCustomize
```

Die umgekehrte Aktion führt das folgende Makro (Listing 31.59) aus. Die Menüleisten und Symbolleisten können anschließend wieder frei positioniert werden.

Listing 31.59 Den Schutz von CommandBar-Objekten wieder aufheben

```
Sub freierStandort()
On Error Resume Next
Dim i As Integer
For i = 1 To CommandBars.Count
  With CommandBars(i)
    If .Visible = True Then .Protection = msoBarNoProtection
  End With
Next i
End Sub
```

Die Menübefehle ermitteln

Das *CommandBar*-Objekt enthält die Auflistung *Controls*, die alle enthaltenen Objekte umfasst. Auf dieses Objekt können Sie über den Namen oder einen Index zugreifen. Die Anweisungen

```
CommandBars("Worksheet Menu Bar") und
```

```
CommandBars(1)
```

sind identisch. Das folgende Beispiel (Listing 31.60) zeigt in einer Meldung, welche Einträge in der Standard-Menüleiste enthalten sind. Beachten Sie auch die unterschiedlichen Rückgabewerte der Eigenschaften *Name* und *NameLocal*.

Listing 31.60 Die Menübefehle auflisten

```vba
Sub dieMenues()
On Error Resume Next
Dim i As Integer
Dim s As String
Dim mL As CommandBar
Set mL = CommandBars("Worksheet Menu Bar")
For i = 0 To mL.Controls.Count
  s = s & vbCrLf & mL.Controls(i).Caption
Next
MsgBox "Die Menüleiste '" & mL.NameLocal & "' enthält die Befehle:" & _
        vbCrLf & s, vbInformation, "Info zu  " & mL.Name
Set mL =Nothing
End Sub
```

In Abbildung 31.34 sehen Sie das Ergebnis.

Abbildg. 31.34 Die Einträge im *CommandBar*-Objekt *Worksheet Menu Bar*

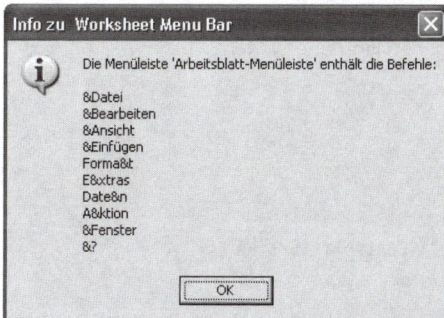

Einen Menübefehl einfügen

Über die *Add*-Methode, die Sie auf einen Menübefehl anwenden, können Sie einem Menübefehl einen eigenen Befehl hinzufügen. Die *Add*-Methode hat die Syntax

expression.Add(Type, Id, Parameter, Before, Temporary)

Die Tabelle 31.13 zeigt die Bedeutung und Einstellungen der Argumente dieser Methode.

Tabelle 31.13   Die Argumente der *Add*-Methode

Argument	Bedeutung
Type, optional	Sie können eine der Konstanten *msoControlButton*, *msoControlEdit*, *msoControlDropdown*, *msoControlComboBox* oder *msoControlPopup* verwenden.
Id, optional	Geben Sie eine ganze Zahl an, die ein integriertes Steuerelement angibt. Ist der Wert für dieses Argument *1* oder wird dieses Argument ausgelassen, wird ein leeres Steuerelement des angegebenen Typs hinzugefügt.
Parameter, optional	Bei integrierten Steuerelementen wird dieses Argument von der Containeranwendung verwendet, um den Befehl auszuführen. Bei ActiveX-Steuerelementen können Sie dieses Argument verwenden, um Daten an Visual Basic-Prozeduren zu senden oder um Daten zum Steuerelement zu speichern (vergleichbar mit einem zweiten Wert für die Eigenschaft *Tag*).
Before, optional.	Eine Zahl, welche die Position des neuen Steuerelements in der Befehlsleiste angibt. Das neue Steuerelement wird vor dem an dieser Position befindlichen Steuerelement eingefügt. Wird dieses Argument ausgelassen, so wird das Steuerelement am Ende der angegebenen Befehlsleiste eingefügt.
Temporary, optional	*True*, wenn das neue Steuerelement temporär sein soll. Temporäre Steuerelemente werden automatisch gelöscht, wenn die Containeranwendung geschlossen wird. Der Standardwert ist *False*.

Wenn Sie für das neue Objekt die Eigenschaft *BeginGroup* auf *True* setzen, wird der Befehl durch eine Gruppierungslinie von vorhanden Befehlen abgesetzt. Mit solchen Gruppierungslinien können Sie eigene Menübefehle nach logischen Gruppen zusammenfassen.

Nehmen wir an, Sie möchten das Menü *Extras* um einen eigenen Menüpunkt erweitern und diesem ein Makro zuweisen.

Das folgende Makro (Listing 31.61) übernimmt diese Aufgabe. Verwenden Sie die *Add*-Methode, um einen neuen Eintrag zu erstellen und setzen Sie die Eigenschaften für diesen Befehl.

Listing 31.61   Einen vorhandenen Menübefehl um einen eigenen Eintrag erweitern

```
Sub erweiternMenueExtras()
On Error Resume Next
Dim i As Integer
Dim s As String
Dim mL  As CommandBarPopup
Dim b As CommandBarButton
Set mL = CommandBars("Worksheet Menu Bar").Controls("Extras")
Set b = mL.Controls.Add(msoControlButton)
With b
  .BeginGroup = True
  .Caption = "Eigener Menübefehl"
  .OnAction = "zurücksetzenMenueExtras"
End With
Set b = Nothing
Set mL = Nothing
End Sub
```

Mit der Eigenschaft *OnAction* legen Sie das Makro fest, das beim Auswählen des Befehls ausgeführt wird. Für diese Eigenschaft wurde ein Makro festgelegt, das den Menübefehl über die *Reset*-Methode wieder zurücksetzt (Listing 31.62).

Listing 31.62 Menüpunkt zurücksetzen

```
Sub zurücksetzenMenueExtras()
On Error Resume Next
Dim mL As CommandBarPopup
Set mL = CommandBars("Worksheet Menu Bar").Controls("Extras")
If MsgBox("Soll dieser Menüpunkt zurückgesetzt werden?", _
         vbQuestion + vbYesNo, "Eigener Menübefehl") = vbYes Then
    mL.Reset
End If
Set mL = Nothing
End Sub
```

Ein eigenes Menü mit Untermenü einfügen

Was mit einem bestehenden Menübefehl geht, können Sie auch mit eigenen Menübefehlen machen. Dabei empfiehlt sich die Verwendung von Objektvariablen, die den komfortablen Zugriff auf das jeweilige Objekt ermöglichen.

Nehmen wir an, Sie wollen einen Menübefehl mit weiteren Untermenüs erstellen.

Tragen Sie im VBA-Editor das Makro *Menüeintrag* (Listing 31.63) im Code-Fenster ein. Dieses Makro setzt die Variable *mB* auf einen neuen Menübefehl vom Typ *msoControlPopup*. Diesem werden weitere Befehle hinzugefügt, deren Objekte ebenfalls in Variablen gespeichert werden. So können die Eigenschaften in verschachtelte With-Anweisungen gesetzt werden.

Listing 31.63 Einen eigenen Menübefehl mit Untermenü erstellen

```
Sub Menüeintrag()
On Error Resume Next
Dim mL As CommandBar
Dim mB  As CommandBarPopup
Dim uM1 As CommandBarButton
Dim uM2 As CommandBarButton
Dim uM3 As CommandBarPopup
Dim uM4 As CommandBarButton
Dim uM5 As CommandBarButton
Dim uM6 As CommandBarButton
Set mL = CommandBars("Worksheet Menu Bar")
With mL
  .Protection = msoBarNoProtection
  Set mB = mL.Controls.Add(Type:=msoControlPopup)
  With mB
    .Caption = "&Solutions"
    ' Befehl zum Markieren
    Set uM1 = .Controls.Add
    With uM1
      .Tag = "Menübefehl markieren"
      .Caption = "Menübefehl markieren"
      .OnAction = "markierenMenü"
    End With
    ' Befehl zum Deaktivieren
    Set uM2 = .Controls.Add
    With uM2
      .Tag = "Menübefehl deaktivieren"
      .Caption = "Menübefehl deaktivieren"
      .OnAction = "deaktivierenMenü"
```

Listing 31.63 Einen eigenen Menübefehl mit Untermenü erstellen *(Fortsetzung)*

```
        End With
        Set uM3 = .Controls.Add(Type:=msoControlPopup, Before:=3)
        With uM3
          ' Gruppierungslinie einfügen
          .BeginGroup = True
          .Caption = "Menü ..."
          ' Befehl zum Zurücksetzen
          Set uM4 = .Controls.Add
          With uM4
            .Tag = "Zurücksetzen"
            .Caption = "Menü zurücksetzen"
            .OnAction = "zurücksetzenMenü"
          End With
        ' Befehl zum Entfernen
          Set uM5 = .Controls.Add
          With uM5
            .Tag = "Entfernen"
            .Caption = "Menü entfernen"
            .OnAction = "entfernenMenü"
          End With
        End With
        ' Befehl zum Zurücksetzen der Menüleiste
        Set uM6 = .Controls.Add(Type:=msoControlButton, Before:=4)
        With uM6
          ' Gruppierungslinie einfügen
          .BeginGroup = True
          .Tag = "Menüleiste"
          .Caption = "Menüleiste zurücksetzen"
          .OnAction = "zurücksetzenMenüleiste"
        End With
      End With
  End With
End Sub
```

Die Makros, die hier den einzelnen Menübefehlen zugeordnet sind, führen weitere Beispiele für den Umgang mit Menüs vor und werden im Folgenden beschrieben.

Markierung setzen

Einige Einträge in der Menüleiste erhalten eine Markierung, wenn der entsprechende Befehl ausgewählt wurde. Vergleichen Sie hierzu die Einträge im Menü *Ansicht*. Eine solche Markierung können Sie auch mit VBA setzen (Listing 31.64). Verwenden Sie hierfür die Eigenschaft *State*.

Listing 31.64 Eine Markierung vor einen Befehl setzen

```
Sub markierenMenü()
On Error Resume Next
Dim mB As CommandBarButton
Set mB = CommandBars.FindControl(Tag:="Menübefehl markieren")
With mB
  If .State = msoButtonMixed Then
      .State = msoButtonUp
      .Caption = "Menübefehl markieren"
  Else
```

Listing 31.64 Eine Markierung vor einen Befehl setzen *(Fortsetzung)*

```
        .State = msoButtonMixed
        .Caption = "Markierung entfernen"
    End If
End With
Set mB = Nothing
End Sub
```

Dieses Makro ändert nicht nur die *State*-Eigenschaft des Menübefehls, sondern wechselt auch die Beschriftung des Menüpunktes.

Abbildg. 31.35 Eine Markierung vor einen Befehl setzen

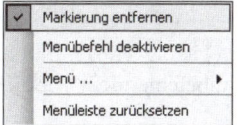

Menübefehl deaktivieren

Mit der Eigenschaft *Enabled* legen Sie fest, ob der Menüeintrag aktiv ist oder nicht. Setzen Sie für diese Eigenschaft einen der Wahrheitswerte *True*, wenn der Befehl ausgewählt werden kann oder *False*, wenn der Befehl abgeblendet dargestellt werden soll und damit auch nicht ausgewählt werden kann (vgl. Listing 31.65 und Abbildung 31.36).

Listing 31.65 Einen Menübefehl deaktivieren

```
Sub deaktivierenMenü()
On Error Resume Next
Dim mB As CommandBarButton
Set mB = CommandBars.FindControl(Tag:="Menübefehl deaktivieren")
With mB
    .Enabled = False
End With
Set mB = Nothing
End Sub
```

Abbildg. 31.36 Menübefehle deaktivieren

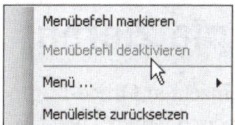

Menümarkierung entfernen und aktivieren

Im Gegensatz zu einem markierten Menübefehl kann ein deaktivierter Befehl nicht ausgewählt werden. Meist handelt es sich hier um kontextbezogene Befehle, die in der aktuellen Ansicht oder Auswahl nicht zur Verfügung stehen. Um den deaktivierten Befehl wieder zu aktivieren, ist im nachfolgenden Beispiel der Menübefehl *Menüleiste zurücksetzen* vorgesehen, der das Makro aus Listing 31.66 startet.

Listing 31.66 Deaktivierte Menübefehle zurücksetzen

```
Sub zurücksetzenMenü()
On Error Resume Next
Dim i As Integer
Dim m As CommandBarPopup
Set m = CommandBars("Worksheet Menu Bar").Controls("Solutions")
For i = 1 To m.Controls.Count
  m.Controls(i).Enabled = True
  m.Controls(i).State = msoButtonUp
Next
Set m = Nothing
End Sub
```

Menü entfernen

Über die *Delete*-Methode können Sie ein Menü wieder entfernen (Listing 31.67). Im Gegensatz zu eigenen Menübefehlen können eingebaute Menüleisten und Menübefehle nicht wirklich gelöscht, sondern nur ausgeblendet werden.

Listing 31.67 Das eigene Menü entfernen

```
Sub entfernenMenü()
On Error Resume Next
CommandBars("Worksheet Menu Bar").Controls("Solutions").Delete (True)
End Sub
```

Menüleiste zurücksetzen

Es gibt auch eine Methode, mit der Sie alle Änderungen an der Menüleiste verwerfen können. Die *Reset*-Methode setzt die Menüleiste wieder auf den ursprünglichen Zustand zurück (Listing 31.68). Dabei werden die eventuell zuvor gelöschten, integrierten Menübefehle wieder eingeblendet, eigene Erweiterungen jedoch entfernt.

Listing 31.68 Alle Änderungen verwerfen

```
Sub zurücksetzenMenüleiste()
On Error Resume Next
CommandBars("Worksheet Menu Bar").Reset
End Sub
```

Eigene Befehle im Kontextmenü platzieren

Viel Mühe hat Microsoft darauf verwendet, die Bedienung der einzelnen Office-Komponenten zu vereinheitlichen. Was die Einstellungen betrifft, gibt es aber leider doch Unterschiede. Wenn Sie z.B. das Kontextmenü ändern wollen, ist das in Word kein Problem, in Excel leider aber nicht ganz so einfach. Hier ist lediglich der Weg über VBA vorgesehen.

Ein Kontextmenü hat den Typ *msoBarTypePopup*. Wie bei anderen Auflistungen können Sie ein einzelnes *CommandBar*-Objekt über den Index oder den Namen ansprechen. Die Anweisungen

`Application.CommandBars(36)` und

`Application.CommandBars("Cell")`

zeigen auf das Kontextmenü für Zellen.

Das funktioniert so in Excel 2003, in Excel 2002 hat das Kontextmenü jedoch den Index 28 und in Excel 2000 schließlich den Index 24! Wenn Sie also Anwendungen für verschiedene Versionen erstellen wollen, verwenden Sie besser den Namen des Objekts.

Über die *Add*-Methode können einem *CommandBar*-Objekt weitere Elemente hinzugefügt werden. Das soll hier mit den Befehlen für die *Bedingte Formatierung* und das Dialogfeld *Gültigkeit* aus dem Menü *Daten* geschehen. Ein schneller Zugriff auf diese beiden Befehle scheint Ihnen sicher auch nützlich.

Zuvor wird in Listing 31.69 jedoch geprüft, ob der Eintrag eventuell bereits vorhanden ist. Um unschöne Mehrfachnennung von Befehlen zu unterbinden, soll in diesem Fall kein Eintrag vorgenommen werden. Für diese Prüfung wird die *FindControl*-Methode verwendet.

Die Methode

FindControl([Type], [Id], [Tag], [Visible], [Recursive])

wird auf ein *CommandBar*-Objekt angewendet. Sie gibt das gesuchte Objekt zurück, wenn es gefunden wurde. Über das optionale Argument *Type* können Sie den Typ des gesuchten Steuerelements angeben. Für die Suche wird gern auf die Eigenschaft *Tag* zugegriffen. In dieser Eigenschaft können Sie zusätzliche Informationen zu einem Objekt speichern und dieses damit identifizieren. Das optionale Argument *Id* ist der Bezeichner des Steuerelements, nach dem gesucht werden soll.

Setzen Sie das optionale Argument *Visible* auf *True*, wenn die Suche auf sichtbare Befehlsleisten-Steuerelemente eingeschränkt werden soll. Der Standardwert ist *False*.

Wenn Sie das optionale Argument *Recursive* auf *True* setzen, werden die Befehlsleiste und alle zugehörigen Unterbefehlsleisten in die Suche eingeschlossen. Der Standardwert ist *False*.

Enthält die *CommandBars*-Auflistung zwei oder mehr Steuerelemente, die den Suchkriterien entsprechen, gibt *FindControl* das erste Steuerelement zurück, das gefunden wurde. Wenn kein Steuerelement gefunden wurde, das den Kriterien entspricht, gibt die *Find-Control*-Methode *Nothing* zurück.

Das Ergebnis der Suche wird in der Variablen *n* gespeichert. Wenn das Objekt nicht gefunden wurde, enthält diese Variable den Wert *Nothing* und das Kontextmenü soll in diesem Fall geändert werden.

Listing 31.69 Neue Einträge im Kontextmenü für Zellen platzieren

```
Sub neuinKontext()
On Error Resume Next
Dim n As CommandBarButton
Set n = Application.CommandBars("Cell").FindControl(Tag:="Bedingte Formatierung")
If n Is Nothing Then
  With Application.CommandBars("Cell").Controls.Add
    .BeginGroup = True
    .Caption = "Bedingte Formatierung"
    .Tag = "Bedingte Formatierung"
    .OnAction = "zeigeFormatierung"
  End With
End If
Set n = Application.CommandBars("Cell").FindControl(Tag:="Gültigkeit")
If n Is Nothing Then
```

Listing 31.69 Neue Einträge im Kontextmenü für Zellen platzieren *(Fortsetzung)*

```
  With Application.CommandBars("Cell").Controls.Add
     .Caption = "Gültigkeit"
     .Tag = "Gültigkeit"
     .OnAction = "zeigeValidierung"
  End With
End If
Set n = Application.CommandBars("Cell").FindControl(Tag:="Kontextmenü zurücksetzen")
If n Is Nothing Then
  With Application.CommandBars("Cell").Controls.Add
     .Caption = "Kontextmenü zurücksetzen"
     .Tag = "Kontextmenü zurücksetzen"
     .OnAction = "zurücksetzenKontext"
  End With
End If
Set n = Nothing
End Sub
```

Das Ergebnis können Sie in Abbildung 31.37 sehen.

Abbildg. 31.37 Das erweiterte Kontextmenü für Zellen

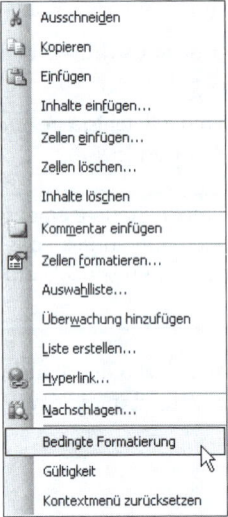

Die Makros für den Aufruf der Dialogfelder

Damit die Menüeinträge eine Aktion ausführen, wenn sie angeklickt wurden, muss der Eigenschaft *OnAction* ein Makro zugewiesen werden. Für den Aufruf integrierter Dialoge ist hierfür lediglich eine Anweisung notwendig (Listing 31.70).

Listing 31.70 Das Dialogfeld für die bedingte Formatierung anzeigen

```
Sub zeigeFormatierung()
On Error Resume Next
Application.Dialogs(xlDialogConditionalFormatting).Show
End Sub
```

Die Anweisung On Error verhindert die Anzeige einer Fehlermeldung, wenn z.B. die aktive Zelle geschützt und damit das (kontextbezogene) Dialogfeld nicht verfügbar ist (Listing 31.71).

Listing 31.71   Das Dialogfeld für die Gültigkeitsprüfung von Daten anzeigen

```
Sub zeigeValidierung()
On Error Resume Next
Application.Dialogs(xlDialogDataValidation).Show
End Sub
```

Wenn Sie diese Makros in Ihrer persönlichen Arbeitsmappe (*Personl.xls*) speichern, ist die Funktionalität immer verfügbar, ohne dass Sie eine weitere Arbeitsmappe öffnen müssen.

Mehr zum Thema »Bedingte Formatierung« finden Sie in Kapitel 11. Dem Kapitel 18 können Sie weitere Informationen zum Thema »Gültigkeit« entnehmen.

Das Kontextmenü zurücksetzen

Vielleicht soll das Kontextmenü aber auch nur für die Bearbeitung ganz bestimmter Dateien geändert werden? Nach der Bearbeitung muss in diesem Fall das Kontextmenü wieder in den Ursprungszustand gebracht werden. Die *Reset*-Methode kann diese Aufgabe übernehmen (Listing 31.72).

Listing 31.72   Das Kontextmenü zurücksetzen

```
Sub zurücksetzenKontext()
On Error Resume Next
Application.CommandBars("Cell").Reset
End Sub
```

Eine neue Symbolleiste

Auch auf die Symbolleisten kann die *Add*-Methode angewandt werden. Sie können damit eine neue Symbolleiste erstellen.

Das Beispiel aus Listing 31.73 fügt über eine Schleife Symbole in eine neue Symbolleiste ein. Der Schleifenzähler wird verwendet, um die Eigenschaft *FaceId* festzulegen. Über diese Eigenschaft wird das Aussehen eingebauter Symbole bestimmt. Auch für die Anzeige des Tooltipp-Textes wird der Schleifenzähler verwendet. Der *OnAction*-Eigenschaft aller Symbole wird das Makro *neueSymbolleiste* zugewiesen.

Listing 31.73   Eine neue Symbolleiste mit verschiedenen Symbolen erstellen

```
Sub eigeneSymbolleiste()
' Eine Symbolleiste mit verschiedenen Symbolen
' erstellen. Der OnAction-Eigenschaft ist ein
' Makro zugewiesen, mit dem das ausgewählte Symbol
' in eine neue Symbolleiste eingefügt wird.
On Error Resume Next
CommandBars("Symbolleistenschaltflächen").Delete
CommandBars("Neue Leiste").Delete
Dim cb As CommandBar
Dim cbC As CommandBarControl
Dim i As Integer
```

Listing 31.73 Eine neue Symbolleiste mit verschiedenen Symbolen erstellen *(Fortsetzung)*

```
Set cb = CommandBars.Add("Symbolleisten-Schaltflächen", msoBarFloating)
  For i = 1 To 544
    Set cbC = cb.Controls.Add(msoControlButton)
    With cbC
      .FaceId = i
      .TooltipText = i
      .OnAction = "neueSymbolleiste"
    End With
  Next
With cb
  ' sichtbar machen und positionieren
  .Visible = True
  .Width = 800
  .Left = 100
  .Top = 100
End With
Set cb = Nothing
End Sub
```

Abbildg. 31.38 Eine neue Symbolleiste mit eingebauten Symbolen über VBA erstellt

Wenn Sie auf eines der Symbole klicken, wird das angeklickte Symbol in eine neue Symbolleiste eingefügt. Zunächst wird dazu der Variablen *cB* mit der Set-Anweisung die Symbolleiste *Neue Leiste* zugewiesen. Wenn dieses Objekt noch nicht besteht, kommt es zu einem Fehler. Ob ein Fehler aufgetreten ist, wird mit einer If...Then-Bedingung direkt nach der Set-Anweisung geprüft. Wenn Fehlernummer ungleich *0* ist, wird der Variablen *cB* über die *Add*-Methode eine neue Symbolleiste zugewiesen.

Abbildg. 31.39 Die selbst zusammengestellte Symbolleiste

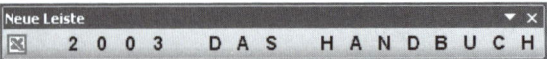

Sie können so ganz einfach eine Symbolleiste mit Ihren »Lieblingssymbolen« erstellen. Das Makro aus Listing 31.74 führt diese Aktion aus.

Listing 31.74   Das angeklickte Symbol in die neue Symbolleiste übernehmen

```
Sub neueSymbolleiste()
' Erstellt eine neue Symbolleiste und fügt ein
' neues Symbol ein, das auf der Symbolleiste
' "Symbolleisten-Schaltflächen" angeklickt wurde.
On Error Resume Next
Dim cb As CommandBar
Dim c As CommandBarButton
Set cb = CommandBars("Neue Leiste")
If Err.Number <> 0 Then
  Set cb = CommandBars.Add(Name:="Neue Leiste")
End If
With cb
  .Visible = True
  .Top = 600
  .Left = 100
  If .Width > 800 Then
    .Width = 800
  End If
End With
Set c = cb.Controls.Add(msoControlButton)
  With c
    .FaceId = CommandBars.ActionControl.FaceId
    .OnAction = "zeigeFaceId"
  End With
Set c = Nothing
Set cb = Nothing
End Sub
```

Für die *OnAction*-Eigenschaft der Symbole ist das Makro aus Listing 31.75 festgelegt. Hier wird die Eigenschaft *ActionControl* verwendet, über die Sie Zugriff auf das *CommandBarControl*-Objekt haben, dessen *OnAction*-Eigenschaft die laufende Prozedur aufgerufen hat.

Listing 31.75   Zugriff auf das *CommandBarControl*, das die Prozedur aufgerufen hat

```
Sub zeigeFaceId()
' Die FaceID des gewählten Symbols anzeigen
' und den Text für die QuickInfo ändern.
On Error Resume Next
Dim cbC As CommandBarControl
Dim mText As String
Dim mTitel As String
Dim Vorgabe As String
Dim neuerWert As String
mText = "Geben Sie den neuen Text für die QuickInfo ein."
mTitel = "QuickInfo ändern"
Set cbC = CommandBars.ActionControl
With cbC
  MsgBox "Das Symbol hat die Nummer " & .FaceId
  Vorgabe = .Caption
  neuerWert = InputBox(mText, mTitel, Vorgabe)
  If Len(neuerWert) = 0 Then Exit Sub
  .Caption = neuerWert
End With
Set cbC = Nothing
End Sub
```

Wenn Sie auf das Excel-Symbol klicken, wird die *FaceId* dieses Symbols in einer Meldung angezeigt (Abbildung 31.40).

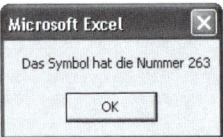

Der Benutzer wird aufgefordert, einen Text einzugeben. Dieser Text wird der Eigenschaft *Caption* zugewiesen. Der Inhalt dieser Eigenschaft wird angezeigt, wenn der Benutzer mit dem Mauszeiger einige Sekunden auf das Symbol zeigt.

Ein Makro automatisch ausführen

Eine wichtige Möglichkeit Makros automatisch zu starten, ist die Verwendung von Ereignissen. Sie können die Ausführung von Makros an bestimmte Ereignisse knüpfen. Dabei gibt es unterschiedliche Wege:

- Makros mit den Namen *Auto_open* und *Auto_close* werden automatisch beim Öffnen bzw. beim Schließen einer Arbeitsmappe ausgeführt. Bereits mit Excel 4 konnten Sie auf diese Weise Makros automatisch starten. Im Gegensatz zu der alten Version unterstützt Excel nur noch jeweils ein Makro mit dem jeweiligen Namen. Wenn Sie mehrere Makros über den Namen starten wollen, müssen Sie diese aus dem Makro *Auto_open* heraus starten.

- Sie können Excel über eine Makroanweisung mitteilen, dass ein bestimmtes Ereignis (beispielsweise die Uhrzeit) überwacht werden soll, zu der ein Makro immer wieder ausgeführt wird. Wenn diese Art der Ereignissteuerung nicht mehr gewünscht wird, können Sie diese über eine Makroanweisung auch wieder ausschalten.

- Der dritte Weg führt über eingebaute, fest mit einem Objekt verbundene Ereignisse. Viele Objekte in Excel unterstützen solche Ereignisse. Es gibt Ereignisse für die Arbeitsmappe, für die Tabellenblätter, für Diagrammblätter usw. Diese Ereignisse werden automatisch ausgeführt. Sie können diese Ereignisse überwachen und mit Ihrem VBA-Code gezielt reagieren.

 Die Beispiele zum folgenden Abschnitt finden Sie in der Datei *Automak.xls* im Ordner *\Buch\Kap31* auf der CD zu diesem Buch.

Ein Makro beim Öffnen der Arbeitsmappe ausführen

Um ein Makro auszuführen, wenn die Mappe geladen wird, verwenden Sie den Namen *Auto_open()* und zwar exakt in dieser Schreibweise (Listing 31.76). Diese Prozedur kann selbst auch wieder andere Prozeduren aufrufen. Tragen Sie diese Makros in ein Standardmodul ein.

Automatische Ausführung beim Öffnen einer Datei

```
Sub Auto_open()
MsgBox "Viel Spaß mit Excel - Version 2003", , "Auto_open Makro"
End Sub
```

Auch beim Schließen einer Arbeitsmappe können Sie automatisch ein Makro ausführen. Dies erreichen Sie, wenn Sie dem Makro den *Namen Auto_close()* geben (Listing 31.77).

Automatische Ausführung beim Schließen der Datei

```
Sub Auto_close()
MsgBox "... und tschüß", , "Auto_close Makro"
End Sub
```

Ein Ereignis initiieren

Die folgenden Prozeduren stellen Ereigniseigenschaften ein. Es ist z.B. möglich, ein Makro jeden Tag zu einer bestimmten Uhrzeit auszuführen. Das folgende Makro (Listing 31.78) veranlasst, dass um 12:00 Uhr das Makro *Mittagspause* ausgeführt wird. Voraussetzung dafür ist, dass Excel aktiv ist und dass in diesem Moment nicht eine andere Prozedur ausgeführt wird.

Zeitgesteuerte Ausführung ...

```
Sub Zeitsteuerung_ein()
MsgBox "Um 12 Uhr wird die Mittagspause angezeigt.", vbInformation
Application.OnTime TimeValue("12:00:00"), "Mittagspause"
End Sub
```

Das Makro *Mittagspause* erinnert Sie daran, dass Sie trotz der Begeisterung für Excel ab und zu eine Pause machen sollten (Listing 31.79).

... für wichtige Informationen

```
Sub Mittagspause()
MsgBox "Der Gesundheitsminister empfiehlt Ihnen eine Mittagspause."
End Sub
```

Die folgenden Codezeilen schalten die automatische Ausführung des Makros aus (Listing 31.80).

Zeitsteuerung ausschalten

```
Sub Zeitsteuerung_aus()
Application.OnTime EarliestTime:="12:00:00", _
                   procedure:="Mittagspause", _
                   schedule:=False
End Sub
```

Wenn Sie statt einer festen Zeit eine Zeit einstellen wollen, die ausgehend von der aktuellen Zeit z.B. um zwei Minuten versetzt ist, können Sie das mit der Anweisung

```
Application.OnTime =Now + TimeValue("00:02:00"), "Mittagspause"
```

erreichen.

Makro-Programmierung mit Excel

Makros beim Drücken einer Taste ausführen

Sie können mit VBA auch die Tastatur neu belegen, etwa, wenn Sie ein eigenes Makro für die Steuerung der ⎡Bild↓⎤-Taste verwenden wollen, um damit den Bildlauf gezielt zu steuern (Listing 31.81).

Listing 31.81 Die Funktion der ⎡Bild↓⎤-Taste ändern

```
Sub Einstellung()
MsgBox "Die Taste Bild-nach-unten hat eine neue Funktion.", vbInformation
Application.OnKey "{PGDN}", "Zelle_versetzen"
End Sub
```

Nach der Ausführung dieses Makros wird nach dem Drücken der ⎡Bild↓⎤-Taste das Makro *Zelle_versetzen* ausgeführt (Listing 31.82).

Listing 31.82 Per Makro die Auswahl verschieben

```
Sub Zelle_versetzen()
On Error Resume Next
Selection.Offset(5, 0).Select
End Sub
```

Soll die Standardeinstellung wieder hergestellt werden, führen Sie das folgende Makro (Listing 31.83) aus.

Listing 31.83 Normales Verhalten einstellen

```
Sub alteEinstellung()
Application.OnKey "{PGDN}"
End Sub
```

Makros an eingebaute Ereignisse knüpfen

Ein *Ereignis* ist eine bestimmte festgelegte Aktion, die der Anwendung über eine Ereignisprozedur die Kontrolle über das auftretende Ereignis ermöglicht. Die Ereignisprozedur wird immer dann aufgerufen, wenn das Ereignis eintritt. Normalerweise wird das Ereignis aufgerufen, nachdem die Anwendung die Aktionen, die standardmäßig zu diesem Ereignis gehören, durchgeführt hat.

Seit Excel 97 sind Objekte mit einer Vielzahl von Ereignissen versehen, etwa das Ändern der aktuellen Auswahl, das Drücken einer Taste oder das Einfügen eines neuen Arbeitsblattes. Makros werden diesen Ereignissen nicht über das Eigenschaftenfenster im Visual Basic-Editor zugewiesen und auch nicht über Makros initiiert, sondern über spezielle Namen im Klassenmodul des jeweiligen Objekts. Der Makroname hat dabei ganz allgemein den Aufbau *Objektname_Ereignis*. So wird das Makro

Private Sub Worksheet_SelectionChange

ausgeführt, wenn die Auswahl in dem Arbeitsblatt, in welcher das Makro erstellt wurde, geändert wird.

Die Ereignisse liegen direkt hinter einem Excel-Objekt – etwa einer Arbeitsmappe oder einem Tabellenblatt. Sie können so jederzeit schnell die gewünschte Prozedur anzeigen lassen und bearbeiten.

Praktisch mit jeder Excel-Version kommen neue Ereignisse hinzu. In Excel 2003 sind z.B. die Ereignisse *AfterXMLExport*, *AfterXMLImport*, *BeforeXmlExport*, *BeforeXmlImport* sowie einige Ereignisse, die das PivotTable-Objekt betreffen, dazugekommen.

Wie lässt sich ein Ereignis auswerten?

Die bisher beschrieben Prozeduren haben lediglich über verschiedene Methoden Ereignisse überwacht. Einigen Objekten können Makros zugewiesen werden, die dann ausgeführt werden, wenn dieses Objekt angeklickt wird. Ein solches Objekt ist z.B. eine Schaltfläche.

Um ein Ereignis-Makro für ein Tabellenblatt einzufügen, gehen Sie wie folgt vor:

1. Starten Sie den Visual Basic-Editor über die Menübefehlsfolge *Extras/Makro/Visual Basic-Editor* oder die Tastenkombination `Alt`+`F11`.

2. Blenden Sie den Projekt-Explorer über den Menübefehl *Ansicht/Projekt-Explorer* oder die Tastenkombination `Strg`+`R` ein.

3. Wenn Sie jetzt im Projekt-Explorer einen Doppelklick auf den Namen eines Tabellenblattes ausführen, wird das Codefenster geöffnet.

4. Das Codefenster hat am oberen Rand zwei Listenfelder. Das linke Listenfeld (*Objekt*) dient der Auswahl des Objekts. Wählen Sie hier den Eintrag *Worksheet* aus.

5. Wenn Sie nun auf das rechte Listenfeld (*Prozedur*) klicken, wird die Liste der Ereignisse für dieses Objekt angezeigt. Sie müssen sich also nicht alle Ereignisnamen merken. Wählen Sie hier den Eintrag *Change*.

Anschließend wird im Codefenster das Codefragment aus Abbildung 31.41 angezeigt.

Abbildg. 31.41   Rumpf einer Ereignisprozedur

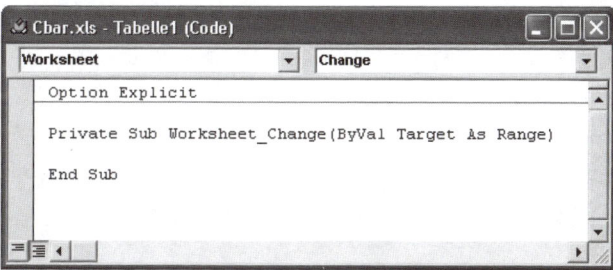

WICHTIG   Wenn Sie ein Makro mit dem Namen

Private Sub Worksheet_Change(ByVal Target As Range)

in ein Standardmodul eintragen, wird das Ereignis zwar ausgelöst, das Makro jedoch nicht gestartet.

Sie können Makros für die unterschiedlichsten Ereignisse erstellen. So stehen für eine Arbeitsmappe z.B. die Ereignisse *Activate*, *BeforeClose* und *BeforePrint* zur Verfügung. Über die Ereigniseigenschaft *Workbook_Open* (vgl. Listing 31.84) können Sie z.B. ein Passwort abfragen (Abbildung 31.42) oder ganz einfach einen Willkommensgruß anzeigen.

Makro-Programmierung
mit Excel

Abbildg. 31.42 Informationen beim Öffnen der Arbeitsmappe über ein Ereignis anzeigen

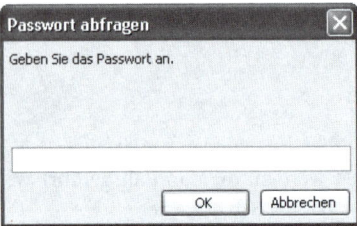

Listing 31.84 Ereignismakro beim Öffnen der Arbeitsmappe

```
Private Sub Workbook_Open()
On Error Resume Next
Dim s As String
s = Application.InputBox("Geben Sie das Passwort an.", _
                         "Passwort abfragen", Type:=2)
If s <> "Excel" Then
    MsgBox "Das richtige Passwort lautet 'Excel'." & vbCrLf & _
           "Da Ihre Eingabe nicht richtig war, " & vbCrLf & _
           "können Sie in Blatt 1 nur den Bereich" & vbCrLf & _
           "'A1:D5' auswählen.", vbInformation
    Sheets(1).ScrollArea = "A1:D5"
  Else
    MsgBox "Hallo " & Application.UserName
End If
End Sub
```

Abbildg. 31.43 Information über den Arbeitsbereich

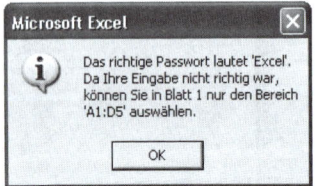

> **HINWEIS**   Wenn Sie sowohl Makros über den Namen *Auto_open* als auch über die Ereignis-
> eigenschaft *Workbook_Open* für *DieseArbeitsmappe* ausführen lassen, werden die Makros, die
> der Ereigniseigenschaft zugewiesen sind, zuerst ausgeführt.

Argumente der Prozedur verwenden

Die Argumente der Ereignisprozedur können dazu verwendet werden, die Ausführungsbedingungen zu prüfen.

Beispiel: Beim Drücken der ⏎-Taste in Tabelle *Change-Ereignis* soll geprüft werden, ob ein Eintrag in Spalte *A* erfolgt ist. Wenn der Eintrag in Spalte *A* vorgenommen wurde, soll in der gleichen Zeile in Spalte *B* das aktuelle Datum und die Uhrzeit festgehalten werden.

Wechseln Sie in den VBA-Editor und klicken Sie im Projekt-Explorer doppelt auf den Namen der Tabelle *Change-Ereignis*, für die das Ereignis überwacht werden soll. In der Beispieldatei ist das folgende Makro (Listing 31.85) im Klassenmodul des Tabellenblatts *Change-Ereignis* eingetragen.

Listing 31.85   Änderungen an Spalte *A* protokollieren

```
Private Sub Worksheet_Change(ByVal Target As Range)
On Error Resume Next
Dim a As Integer
Dim c As Range
Dim r As Range
Dim Spalte As Range
Set Spalte = ActiveSheet.Range("A:A")
Set r = Application.Intersect(Spalte, Selection)
If Not r Is Nothing Then
  Application.EnableEvents = False
  If Selection.Cells.Count > 1 Then
     a = MsgBox("Soll für alle Zellen der aktuellen Markierung, die nicht" & _
               vbCrLf & "leer sind, in Spalte B das Datum eingetragen werden?", _
               vbYesNo + vbQuestion, "Mehrfachauswahl")
     If a = vbNo Then
        Cells(Target.Row, 2) = Now
      Else
        For Each c In Selection.Cells
          If c.Column = 1 And Len(c.Value) > 0 Then
            c.Offset(0, 1) = Now
          End If
        Next
     End If
  Else
     Cells(Target.Row, 2) = Now
  End If
End If
Application.EnableEvents = True
End Sub
```

Wenn Sie jetzt in diesem Tabellenblatt eine Zelle in Spalte *A* ändern, wird das Änderungsdatum in Spalte *B* eingetragen. Das Makro prüft auch, ob Sie eine Mehrfachauswahl vorgenommen haben. Auch in diesem Fall wird nur für die Zellen in Spalte *A* das Datum festgehalten.

Mit der Methode *Intersect(Arg1, Arg2, ...)* können Sie prüfen, ob sich zwei oder mehr Bereiche überschneiden. Das Ergebnis ist ein *Range*-Objekt, das hier einer Variablen zugewiesen wird.

Wenn Sie die Eigenschaft *EnableEvents* auf *False* stellen, werden Ereignisse für das angegebene Objekt deaktiviert. Das ist in diesem Makro erforderlich, weil beim Schreiben des Datums in Spalte *B* das *Change*-Ereignis wiederum aufgerufen würde. Bevor das Makro beendet wird, aktivieren Sie die Ereignisse wieder mit der Anweisung

```
Application.EnableEvents = True
```

WICHTIG   Das Aktivieren der Ereignisse ist wichtig, weil Excel bei Programmende diese Eigenschaft nicht automatisch zurücksetzt.

Wie Sie die Eingabezeit mit Hilfe der *Iteration* festhalten können, zeigt Kapitel 26.

Eingabe überwachen

Angenommen, Sie wollen die Eingabe in Zelle *A1* überwachen. Wenn in *A1* etwas eingegeben wurde, soll über eine InputBox für die Zelle *B1* eine Eingabe erzwungen werden.

Wie Sie für einen Bereich eine Gültigkeitsprüfung durchführen können, haben Sie bereits in Kapitel 18 gesehen. Hierfür kann auch das *Worksheet_Change*-Ereignis eingesetzt werden, mit dem Sie noch mehr Möglichkeiten haben. Das Argument *Target* zeigt auf den Bereich, der geändert wurde (Listing 31.86).

Listing 31.86 Eingabe überwachen und weitere Eingabe erzwingen

```
Sub Worksheet_Change(ByVal Target As Excel.Range)
Dim Quelle As Range
Dim Ziel As Range
Dim c As Range
Dim r As Variant
Application.EnableEvents = False
Set Quelle = Range("A1")
Set Ziel = Range("B1")
Set c = Application.Intersect(Quelle, Target)
If Not c Is Nothing Then
  If Quelle <> "" Then
    Do
      r = InputBox("Geben Sie den Wert für " & Ziel.Address & " ein.", _
                "Eingabe zwingend", Ziel.Value)
    Loop Until r <> ""
    Ziel.Value = r
  End If
End If
Application.EnableEvents = True
End Sub
```

Die *Intersect*-Methode liefert auch hier die Schnittmenge von zwei oder mehr Bereichen.

Ereignis für die Arbeitsmappe festlegen

Für das Objekt *Arbeitsmappe* können Sie ebenfalls eine Ereignisprozedur festlegen: Wechseln Sie in den Visual Basic-Editor und führen Sie im Projektfenster einen Doppelklick auf das Objekt *Diese-Arbeitsmappe* aus. Im Codefenster wählen Sie im Listenfeld *Objekt* das Objekt *Workbook* aus. Stellen Sie dann im Listenfeld *Prozedur* den Eintrag *SheetBeforeDoubleClick* ein. Die daraufhin angezeigte Rumpfprozedur erweitern Sie, wie dies aus Listing 31.87 hervorgeht.

Listing 31.87 Die Argumente der Ereignisprozedur

```
Private Sub Workbook_SheetBeforeDoubleClick(ByVal Sh As Object, _
        ByVal Target As Excel.Range, Cancel As Boolean)
On Error Resume Next
Dim Hinweis As String
If Sh.Name <> "Info" Then
    Hinweis = "Sie haben einen Doppelklick in Blatt '"
    Hinweis = Hinweis & Sh.Name & "' im Bereich '" _
              & Target.Address & "' ausgeführt."
    MsgBox Hinweis, , "Code für die Arbeitsmappe"
End If
End Sub
```

Diese Prozedur wird bei jedem Doppelklick auf eine Zelle in der gesamten Arbeitsmappe ausgeführt. Hat das aktive Blatt den Namen *Info*, wird keine weitere Aktion ausgeführt. Ansonsten erhalten Sie eine Meldung mit dem Namen der Tabelle und dem Bereich, auf den doppelt geklickt wurde.

Makro beim Aktivieren von Tabellen ausführen

Beim Aktivieren eines beliebigen Blattes können Sie Makros ausführen, wenn Sie im Klassenmodul *DieseArbeitsmappe* das *Workbook_SheetActivate*-Ereignis verwenden. Damit wird im folgenden Beispiel (Listing 31.88) der Zoomfaktor eingestellt. Dabei wird zunächst geprüft, ob die aktuelle Einstellung eine weitere Erhöhung des Zoomfaktors überhaupt zulässt. Gültige Werte für die Zoom-Einstellung liegen im Bereich von 10 bis 400.

Listing 31.88 Beim Aktivieren eines Blattes den Zoomfaktor ändern

```
Const INT_ZOOMFAKTOR = 85
Private Sub Workbook_SheetActivate(ByVal Sh As Object)
On Error Resume Next
Dim a As Variant
a = ActiveWindow.Zoom
If a >= 10 And a <= 390 Then
    ActiveWindow.Zoom = a + 10
  Else
    ActiveWindow.Zoom = INT_ZOOMFAKTOR
End If
End Sub
```

Wenn Sie möchten, können Sie auch für jedes Blatt einen bestimmten Zoomfaktor in eine Zelle schreiben und diesen beim Aktivieren einstellen. Die dafür nötige Anweisung lautet:
`ActiveWindow.Zoom = Sh.Range("A1").Value`

Eigene Landkarten erstellen

Leider ist bereits in Excel 2002 die Möglichkeit entfallen, eigene Landkarten mit Daten zu füllen und damit etwa eine grafische Übersicht über die Vertriebsgebiete einer Firma zu erstellen. Zugegeben, die Möglichkeiten von *DataMap* waren nicht berauschend und können sich mit *MapPoint*, dem Nachfolgeprodukt von Microsoft, nicht messen. Aber das schnelle Erstellen einer Übersicht fehlt einfach irgendwie. Was liegt also näher, als eine ähnliche Funktionalität einfach selbst nachzubilden.

Wenn Sie noch eine Datei mit einer Karte haben, dann ist es besonders ärgerlich, dass die enthaltenen Karten nicht mehr bearbeitet werden können. Nach einem Doppelklick auf ein Kartenobjekt erhalten Sie die Meldung, dass die Quellanwendung des eingebetteten Objekts nicht gestartet werden kann. Als Grundlage für die hier vorgestellte Lösung ist eine solche Karte dennoch geeignet. Es geht lediglich um die Grenzen der Bundesländer, die aus der Karte entnommen werden sollen.

Sie finden dieses Beispiel in der Datei *Karte.xls* im Ordner *\Buch\Kap31* auf der CD zu diesem Buch.

Die Karte vorbereiten

Hier die Schritte um eine bestehende Karte in einzelne Objekte umzuwandeln:

1. Markieren Sie die Karte und kopieren Sie das Objekt über den Menübefehl *Bearbeiten/Kopieren* in die Zwischenablage.

2. Wechseln Sie dann in eine neue Datei und wählen Sie dort den Menübefehl *Bearbeiten/Inhalte einfügen*.

3. Im Dialogfeld *Inhalte einfügen* wählen Sie die Option *Bild(erweiterte Metadatei)* aus.

4. Klicken Sie dann mit der rechten Maustaste auf das Objekt, wählen Sie im Kontextmenü den Befehl *Gruppierung/Gruppierung aufheben* aus und bestätigen Sie die Warnmeldung mit Klick auf die Schaltfläche *Ja*.

5. Damit haben Sie die Karte in ihre zeichnerischen Details zerlegt. Sie können nun die einzelnen Teile entfernen, die speziell für das ursprüngliche Kartenobjekt erstellt wurden, also Titel, Legende usw. Dazu klicken Sie den betreffenden Teil an und drücken die Entf -Taste.

6. Klicken Sie dann nacheinander die Bundesländer an und tragen Sie den jeweiligen Namen in das Namenfeld der Bearbeitungsleiste ein. Damit wird später der Zugriff auf das jeweilige Zeichenobjekt möglich.

Beachten Sie beim letzten Schritt, dass Sie statt der Bindestriche Unterstriche verwenden müssen. Mehr zu den Konventionen für die Definition von Namen finden Sie in Kapitel 19.

Datengrundlage in der Tabelle

Die Klassengrenzen sind im Bereich *D3:D6* eingetragen. Jetzt gilt es, noch eine Tabelle aufzubauen, welche die Daten für die Bundesländer aufnimmt. In Zelle *C3* ermittelt die folgende Formel die Farbe für die jeweilige Klasse:

```
=WENN(B3<=$D$3;1;WENN(UND(B3>$D$3;B3<=$D$4);2;WENN(UND(B3>$D$4;B3<=$D$5);3;WENN(UND(B3>$D$5;B3<=$D$6);4;5))))
```

Kopieren Sie diese Formel nach unten. Die Abbildung 31.44 zeigt den Aufbau der Tabelle.

Abbildg. 31.44 Die Tabelle für die Daten der Bundesländer und die Umrechnung in Farbmuster

	A	B	C	D	E	F	G	H	I
1	Landkarte mit dem Worksheet_Change-Ereignis aktualisieren								
2	Bundesland	Wert	Farbe	Klassengrenzen					
3	Bayern	12	2	10					
4	Nordrhein-Westfalen	33	4	20					
5	Hessen	0	1	30					
6	Baden-Württemberg	5	1	40					
7	Schleswig-Holstein	31	4						
8	Mecklenburg-Vorpommern	21	3						
9	Hamburg	1	1						
10	Bremen	36	4						
11	Niedersachsen	21	3						
12	Sachsen-Anhalt	49	5						
13	Thüringen	6	1						
14	Berlin	26	3						
15	Brandenburg	17	2						
16	Sachsen	13	2						
17	Rheinland-Pfalz	46	5						
18	Saarland	8	1						
19									

Änderungen an der Tabelle überwachen

Werden die Daten für die Bundesländer aktualisiert, dann soll auch die Karte neu berechnet werden. Das können Sie wiederum mit einem Ereignismakro für die *WorksheetChange*-Eigenschaft erreichen. Darin wird geprüft, ob sich der Datenbereich für die Karte geändert hat. Ist das der Fall, werden alle Werte ausgelesen und dem jeweiligen *Shape*-Objekt eine Farbe zugewiesen (Listing 31.89).

Listing 31.89 Wird die Tabelle geändert, werden die Farben der Karte aktualisiert

```
Private Sub Worksheet_Change(ByVal Target As Excel.Range)
On Error Resume Next
Dim wks As Worksheet
' Konstante für den Farbbereich
Dim k As Integer
k = 41
' Bereich mit Werten
Dim r As Range
' Schleife
Dim c As Range
' Schnittmenge
Dim s As Range
' Farbe
Dim f As Integer
' Bundesland
Dim l As String
Set wks = ActiveSheet
Set r = wks.Range("B3:B18")
Set s = Application.Intersect(Target, r)
If s Is Nothing Then Exit Sub
For Each c In r.Cells
  ' Namen enthalten Unterstriche statt Bindestriche
  l = Application.WorksheetFunction.Substitute(c.Offset(0, -1), "-", "_")
  f = c.Offset(0, 1)
  With wks.Shapes(l)
    .Fill.ForeColor.SchemeColor = f + k
    .Fill.Visible = msoTrue
    .Fill.Solid
  End With
Next
Set r = Nothing
Set s = Nothing
Set wks = Nothing
End Sub
```

Ein eigenes Add-In erstellen

In Kapitel 16 haben Sie gesehen, wie mit Tabellenfunktionen der Beginn der Sommer- und Winterzeit ausrechnet werden kann. Diese Funktion soll hier mit VBA erstellt und in einem Add-In gespeichert werden.

Das folgende Beispiel finden Sie auf der CD-ROM zu diesem Buch im Verzeichnis *Buch\Kap31* in der Arbeitsmappe *Sommer.xla*.

Erstellen Sie zunächst die Funktion *Sommerzeit* in einem Standardmodul. Diese Funktion erwartet als ersten Parameter eine Jahreszahl. Für dieses Jahr wird der Beginn der Sommerzeit berechnet, wenn das zweite Argument *FALSCH* (–1) oder nicht angegeben ist. Ist das Argument *WAHR* (0), wird das Ende der Sommerzeit angegeben.

Listing 31.90 Die VBA-Funktion zur Berechnung der Sommerzeit

```
Function Sommerzeit(Jahreszahl As Long, _
                      Optional Ende = False) As Date
On Error Resume Next
Application.Volatile
If Jahreszahl = 0 Then
  Jahreszahl = Year(Now)
End If
If Ende = False Then
    Sommerzeit = DateSerial(Jahreszahl, 3, 31) - _
             Weekday(DateSerial(Jahreszahl, 3, 31), 2)
  Else
    Sommerzeit = DateSerial(Jahreszahl, 10, 31) - _
             Weekday(DateSerial(Jahreszahl, 10, 31), 2)
End If
End Function
```

Spezielle Ereignisse in Add-Ins nutzen

Für Add-Ins stehen verschiedene Ereignisse zur Verfügung, die Sie dazu benutzen können, notwendige Einstellungen vorzunehmen oder den Benutzer zu informieren. Das folgende Makro wird ausgeführt, wenn Sie das Add-In über *Extras/Add-Ins* in die Excel-Umgebung laden.

Listing 31.91 Dieses Makro wird beim Installieren des Add-Ins automatisch ausgeführt

```
Const STR_APPL_NAME = "Excel 2003 - Das Handbuch"
Const STR_SEC_NAME = "Kapitel 31: Sommerzeit"
Private Sub Workbook_AddinInstall()
' Dem Benutzer Informationen zeigen
' und die Möglichkeit zum Ausschalten geben
On Error GoTo Err_Workbook_AddinInstall
MsgBox "Das Add-In Sommerzeit wurde installiert.", _
        vbInformation, STR_APPL_NAME
Exit Sub
Err_Workbook_AddinInstall:
MsgBox Err.Description, vbCritical, "Fehlernummer: " & Err.Number
End Sub
```

Auch in Add-Ins steht das *Workbook_Open*-Ereignis zur Verfügung. Es wird hier dazu benutzt, den Benutzer über die Verfügbarkeit der Funktion zu informieren. Gleichzeitig erhält er die Möglichkeit, diesen Hinweis auszuschalten.

Listing 31.92 Der Automatische Start des Makros erfolgt beim Öffnen des Add-Ins

```
Private Sub Workbook_Open()
On Error GoTo Err_Workbook_Open
If leseRegKey("Lautlos") = False Or _
    leseRegKey("Lautlos") = "" Then
```

Listing 31.92 Der Automatische Start des Makros erfolgt beim Öffnen des Add-Ins *(Fortsetzung)*

```
   beQuiet
End If
Exit Sub
Err_Workbook_Open:
MsgBox Err.Description, vbCritical, "Fehlernummer: " & Err.Number
End Sub
```

Den Hinweis auf die Verfügbarkeit liefert eine Funktion. Diese Funktion bietet dem Benutzer die Möglichkeit, die Anzeige beim nächsten Öffnen zu unterdrücken.

Listing 31.93 Das Ergebnis der *MsgBox*-Funktion wird in der Registry gespeichert

```
Function beQuiet()
Dim r As Integer
r = MsgBox("Sie können jetzt die Funktion Sommerzeit nutzen." & vbCrLf & _
        "Soll diese Meldung weiterhin bei jedem Start angezeigt werden?", _
        vbQuestion + vbYesNo, STR_APPL_NAME)
If r = vbNo Then
    setzeRegKey "Lautlos", True
  Else
    setzeRegKey "Lautlos", False
End If
End Function
```

Werte in der Registry ablegen

Mit der SaveSetting-Anweisung bietet VBA die Möglichkeit, einen Wert für die spätere Verwendung in der Registry zu speichern. Die mit dieser Anweisung gespeicherten Schlüssel werden unter *HKEY_CURRENT_USER\Software\VB and VBA Program Settings* abgelegt.

Listing 31.94 Einen Schlüsselwert in der Registry eintragen

```
Sub setzeRegKey(ByVal strKey As String, ByVal strValue As String)
SaveSetting appname:=STR_APPL_NAME, _
        section:=STR_SEC_NAME, _
        key:=strKey, _
        setting:=strValue
End Sub
```

Das Ergebnis zeigt die Abbildung 31.45.

Abbildg. 31.45 Das Add-In hat einen Schlüssel in der Registry erzeugt

Makro-Programmierung mit Excel

Listing 31.95 Einen Registryschlüssel lesen

```
Function leseRegKey(ByVal strKey As String)
leseRegKey = GetSetting(appname:=STR_APPL_NAME, _
                        section:=STR_SEC_NAME, _
                        key:=strKey, _
                        Default:="")
End Function
```

Einen Hinweis auf die Deinstallation geben

Wird das Add-In deinstalliert, soll der Benutzer darüber informiert werden. Außerdem soll der Schlüssel in der Registry wieder entfernt werden. Diese Aufgabe erledigt Listing 31.96.

Listing 31.96 Dieses Makro wird beim Deinstallieren des Add-Ins automatisch ausgeführt

```
Private Sub Workbook_AddinUninstall()
On Error Resume Next
MsgBox "Die Funktion Sommerzeit wird jetzt entfernt." & vbCrLf & _
       "Ebenso der Eintrag in der Registry.", _
       vbInformation, STR_APPL_NAME
' Ganzen Schlüssel entfernen
DeleteSetting STR_APPL_NAME
End Sub
```

Wollen Sie nicht den gesamten Schlüssel, sondern nur einen Eintrag löschen, verwenden Sie das Makro aus Listing 31.97.

Listing 31.97 Registryeintrag löschen

```
Sub löscheRegKey(ByVal applName As String, _
                 ByVal secName As String)
' Abschnitt löschen
On Error Resume Next
DeleteSetting applName, secName
End Sub
```

Das Add-In erstellen

Wenn Sie benutzerdefinierte Funktionen erstellt haben und diese weitergeben wollen, stellt sich die Frage, ob der Benutzer die Funktionen auch einsehen soll oder ob diese besser in einer ausgeblendeten Datei abgelegt werden. Excel bietet hierfür eine spezielle Speicherform an, ein so genanntes *Add-In*.

Um eigene Add-Ins zu erstellen, gehen Sie wie folgt vor:

1. Erstellen Sie die Module, die das Add-In enthalten soll.

2. Kompilieren Sie zunächst das Projekt über den Menübefehl *Debuggen/Kompilieren von VBAProject*. Sie stellen damit sicher, dass keine Syntaxfehler enthalten sind.

3. Wechseln Sie in das Excel-Fenster.

4. Wählen Sie den Befehl *Datei/Speichern unter*.

5. Wählen Sie das Dateiformat *Microsoft Excel-Add-In (xla)* und vergeben Sie einen Namen.

6. Wechseln Sie wieder in den VBA-Editor.

7. Markieren Sie im Projekt-Explorer den Eintrag *DieseArbeitsmappe*.

8. Wechseln Sie in das Fenster *Eigenschaften* und stellen Sie die Eigenschaft *IsAddIn* auf *TRUE*. Damit sind die enthaltenen Tabellenblätter nun ausgeblendet.

9. Speichern Sie die Änderungen über den VBA-Editor.

WICHTIG   Beim Speichern über den VBA-Editor ist wieder der normale Dateityp eingestellt. Sie müssen hier erneut den Dateityp auf *Microsoft Excel-Add-In (xla)* einstellen. Standardmäßig bietet Excel den Ordner *C:\Dokumente und Einstellungen\<Benutzername>\Anwendungsdaten\Microsoft\AddIns* für die Ablage benutzerdefinierter Add-Ins an. Sie sind in der Wahl des Ordners aber frei und können das Add-In auch an einem anderen Ort ablegen. Im Firmennetzwerk z.B. in einem Ordner, der einem größeren Personenkreis zur Verfügung steht.

Das Add-In können Sie nun über den Add-Ins-Manager einbinden. Wenn die Datei geladen ist, wird diese im Projekt-Explorer des VBA-Editors angezeigt. Sie können die Datei hier markieren und bearbeiten.

Wenn Sie Änderungen an einem Add-In durchführen und Excel beenden, wird kein Hinweis angezeigt, dass die Mappe geändert wurde. Ihre Änderungen gehen verloren, wenn Sie die Mappe vor dem Beenden nicht speichern.

Die Arbeitsblätter eines Add-Ins sind zwar ausgeblendet, die enthaltenen Funktionen werden aber im Funktions-Assistenten (in der Regel in der Kategorie *Benutzerdefiniert*) angezeigt. Mehr zu den mit Excel ausgelieferten Add-Ins finden Sie in Kapitel 26.

Das Dialogfeld *Add-Ins* mit dem Eintrag für das Add-In *Sommerzeit* zeigt die Abbildung 31.46.

Abbildg. 31.46   Das Add-In *Sommerzeit* ist jetzt eingebunden

Anzeigename und Informationen zum Add-In anzeigen

Für den Namen des Add-Ins und die Informationen im unteren Teil des Dialogfeldes *Add-Ins* werden die Datei-Eigenschaften *Titel* und *Kommentare* verwendet. Vergleichen Sie dazu die Abbildung 31.47.

Abbildg. 31.47 Die Datei-Eigenschaften speichern wichtige Einstellungen für Add-Ins

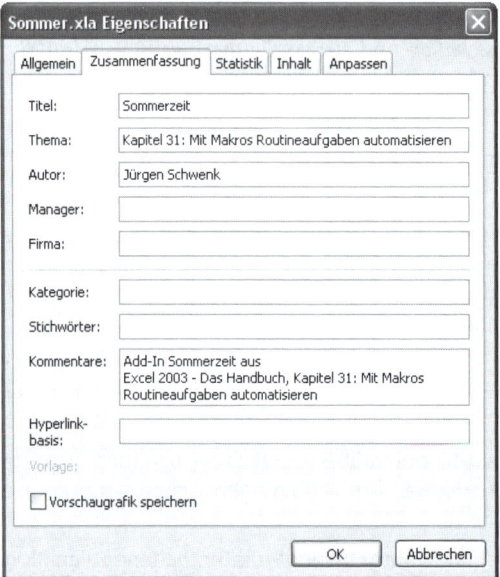

Die Kategorie im Funktions-Assistenten festlegen

Wenn Sie keine besondere Einstellung vornehmen, werden Funktionen aus Add-Ins in der Kategorie *Benutzerdefiniert* des Funktions-Assistenten aufgeführt. Sie können aber die Funktion mit der Methode *MacroOptions* auch einer bestimmten Kategorie zuordnen.

Das folgende Makro fügt die Funktion *Sommerzeit* in die Kategorie *Datum & Zeit* ein.

Listing 31.98 Die Funktion *Sommerzeit* der Kategorie *Datum & Zeit* zuordnen

```
Function setMyMakroOptions()
Application.MacroOptions Macro:="Sommerzeit", _
            Description:="Diese Funktion ermittelt die Sommerzeit und Winterzeit.", _
            Hasmenu:=False, _
            Menutext:="", _
            HasShortcutkey:=False, _
            ShortcutKey:="", _
            Category:=2, _
            StatusBar:="Sommerzeit", _
            HelpContextID:="", _
            HelpFile:=""
End Function
```

Wenn Sie den Funktions-Assistenten aufrufen, finden Sie anschließend die Funktion in der gewünschten Kategorie.

Abbildg. 31.48 Die Funktion ist jetzt in der richtigen Kategorie und der Funktions-Assistent zeigt zusätzliche Informationen an

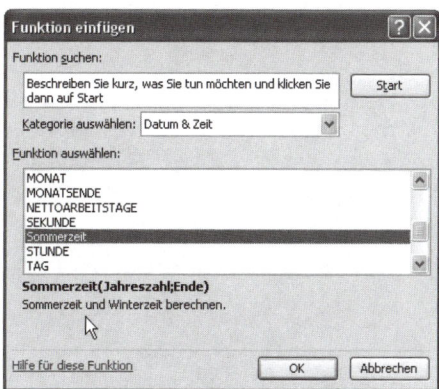

Zusammenfassung

Um alle Themen zu VBA-Makros oder den verfügbaren Objekten zu behandeln, reicht der Platz in diesem Buch leider nicht aus. Aber dieses Kapitel hat anhand einiger Beispiele die Grundlagen und Möglichkeiten der Makro-Programmierung mit Excel vorgestellt. Vielleicht sind Sie neugierig geworden und beschließen, nun weitere »Experimente« anzustellen?! Die Makrosprache VBA hält sicher auch für Ihre Aufgabenstellung entsprechende Anweisungen bereit.

Makro-Programmierung mit Excel

Teil K

Praktische Excel-Lösungen

In diesem Teil finden Sie einige komplexere Beispiele aus der praktischen Arbeit. Sie erfahren hier, wie Sie Termine und Fristen berechnen. Dabei setzen Sie die zusätzlichen Funktionen des Add-Ins *Analyse-Funktionen* ein.

Ferner erfahren Sie, wie Sie ein Gantt-Diagramm mit Excel erstellen und damit die Projektphasen darstellen können. Auch die komfortable Auswahl der zugehörigen Daten über ein Kombinationsfeld wird hier beschrieben.

Wenn Sie die Ausgaben eines Projekts im Blick behalten wollen, dann hilft Ihnen dabei die »Ampel«, die Sie mit Hilfe der *Bedingten Formatierung* und einigen AutoFormen erstellen können.

Aber auch für die Kostenkalkulation und Leistungsabrechnung finden Sie Beispiele in diesem Abschnitt. Dabei werden verschiedene Verweisfunktionen eingesetzt und die Datenauswahl über Steuerelemente vorgenommen.

Wie Sie sehen, ein interessantes Kapitel – lassen Sie sich inspirieren!

Kapitel 32

Projektmanagement und Kalkulationsmodelle

Die Beispiele in diesem Kapitel zeigen Ihnen, wie Sie einzelne Techniken und Funktionen von Excel im Rahmen der Projektarbeit nutzen können. Nun ist es an der Zeit, Ihre beim Lesen des Buches erworbene bzw. vertiefte Programmkompetenz so einzusetzen, um auch Ihre Lösungskompetenz auszubauen. Die Beispiele sind so gewählt, das Sie mit einem überschaubaren Aufwand zu einer Lösung gelangen und dabei »wie nebenbei« aus dem breiten Spektrum der Möglichkeiten von Excel schöpfen. Entscheiden Sie anschließend selbst, welche Teillösung sich für Ihre Projektarbeit eignet und welche Techniken und Funktionen Sie künftig verwenden wollen.

Termine und Fristen berechnen

Wenn es um die Terminberechnung und -kontrolle in Projekten geht, ist nicht immer gleich eine spezielle Software wie beispielsweise Microsoft Project erforderlich. Auch mit Excel lassen sich hier ganz nützliche Lösungen erstellen.

Zu Beginn eines Projektes wird zunächst eine Termin- oder Vorgangsliste erfasst, in der die einzelnen Phasen und Arbeitsschritte angezeigt werden.

Solche Listen enthalten u.a. folgende Informationen:

- Die Aktivitäten werden in Kalenderdaten angezeigt (Anfangstermine, Dauer in Kalendertagen, Dauer in Arbeitstagen, Endtermine).

- Die Dauer einzelner Aktivitäten wird zum Teil addiert.

Für grafische Übersichten sind die Angaben zu Start- und Endtermin sowie zur Dauer in Kalendertagen erforderlich. Für die Berechnung der Kosten und den Einsatz der Ressourcen hingegen interessieren nur die Projekttage, also die tatsächlichen Arbeitstage.

Termine eintragen und berechnen

Zu Beginn eines Projekts sind nicht immer bereits alle Angaben zu Terminen und Fristen bekannt; manche müssen erst berechnet werden. So ist in vielen Fällen Start- und Enddatum eines Projekts bekannt, die Dauer dagegen muss errechnet werden. Oder die Dauer eines Projekts und der Endtermin sind vorbestimmt, der Starttermin muss jedoch noch ermittelt werden.

In diesem Zusammenhang kommen verschiedene Datumsfunktionen von Excel zum Einsatz. Diese sind nach einer Standard-Installation von Excel noch nicht verfügbar. Das können Sie mit wenigen Mausklicks ändern. Um die gerade für die Projektarbeit erforderlichen Datumsfunktionen von Excel verfügbar zu machen, muss das Add-In *Analyse-Funktionen* geladen sein. Rufen Sie dazu im Menü *Extras* den Befehl *Add-Ins* auf und setzen Sie in das Kontrollkästchen vor *Analyse-Funktionen* ein Häkchen. Ab sofort stehen Ihnen in Excel solche Datumsfunktionen wie *NETTOARBEITS-TAGE*, *ARBEITSTAG* und *KALENDERWOCHE* zur Verfügung.

Termine und Dauer erfassen

Um die Aufgaben in den folgenden Abschnitten parallel in Excel nachvollziehen zu können, öffnen Sie die Datei *Projektarbeit.xls*. Sie befindet sich auf der CD-ROM zum Buch im Ordner *\Buch\Kap32*. Wechseln Sie in das Arbeitsblatt *Termine 0*.

Die Daten formatieren

In Abbildung 32.1 sehen Sie die Ausgangsbasis für die Terminliste. Bevor Sie rechnen, sollen zunächst einige optische Verbesserungen erfolgen.

Abbildg. 32.1   Die Vorgangsliste in der Ausgangsversion

	A	B	C	D	E	F	G
1							
2		Projekt Transportoptimierung					
3		Bezeichnung	Beginn	Dauer (KT)	Ende	Dauer (AT)	
4		Konzept	01.03.2006		15.03.2006		
5		Analyse Fuhrpark	20.03.2006			10	
6		Analyse Strecken	03.04.2006			15	
7		Analyse Kosten	19.04.2005			20	
8		Umsetzung Pilot	16.05.2006			25	
9		Umsetzung bundesweit	01.08.2006			90	
10		Auswertung	11.12.2006			8	
11							

Bei den Bezeichnungen in Spalte *B* wäre es übersichtlicher, die einzelnen Schritte mehr vom linken Spaltenrand wegzurücken und als Aufzählung zu gestalten. Ein Beispiel dafür sehen Sie in Abbildung 32.2.

Abbildg. 32.2   Texte mittels benutzerdefiniertem Zahlenformat als Aufzählung erscheinen lassen

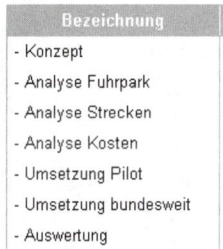

Damit Sie nicht manuell vor jeder Textzeile einen Bindestrich und diverse Leerzeichen eingeben müssen, lassen Sie diese Form der Textgestaltung von Excel erledigen. Verwenden Sie hierzu ein *benutzerdefiniertes Zahlenformat*. Gehen Sie wie folgt vor:

1. Markieren Sie den Zellbereich *B4:B10*.
2. Rufen Sie den Menübefehl *Format/Zellen* auf und wechseln Sie zur Registerkarte *Zahlen*.
3. Klicken Sie dort links in der Liste unter *Kategorie* zuerst auf den Eintrag *Text* und danach auf den Eintrag *Benutzerdefiniert*.
4. Nun sehen Sie rechts oben in dem Eingabefeld unter *Typ* das Zeichen »@«.
5. Setzen Sie die Einfügemarke vor dieses Zeichen, tippen Sie ein Leerzeichen, einen Bindestrich und ein weiteres Leerzeichen ein. Das Format sollte nun so wie in Abbildung 32.3 aussehen. Bestätigen Sie mit *OK*.

Abbildg. 32.3 Zahlenformat für Aufzählungstext

Mehr zu benutzerdefinierten Zahlenformaten können Sie dem Kapitel 10 entnehmen.

Das Erscheinungsbild der Termine ändern: Datum mit Wochentag anzeigen

Die Datumsangaben in den Spalten *C* und *E* sollen, wie in Abbildung 32.4 gezeigt, neben dem Datum auch noch den Wochentag anzeigen. Auch hier liegt die Lösung in einem benutzerdefinierten Zahlenformat.

Abbildg. 32.4 Mit einem benutzerdefinierten Zahlenformat kann neben dem Datum auch der Wochentag angezeigt werden

Beginn	Dauer (KT)	Ende
Mi 01.03.2006	15	Mi 15.03.2006
Mo 20.03.2006	12	Fr 31.03.2006
Mo 03.04.2006	23	Di 25.04.2006
Di 19.04.2005	28	Mo 16.05.2005
Di 16.05.2006	37	Mi 21.06.2006
Di 01.08.2006	127	Di 05.12.2006
Mo 11.12.2006	10	Mi 20.12.2006

Gehen Sie dazu wie folgt vor:

1. Markieren Sie den Bereich *C4:C10* und anschließend mit gedrückter `Strg`-Taste noch *E4:E10*.
2. Rufen Sie mit der Tastenkombination `Strg`+`1` das Dialogfeld *Zellen formatieren* auf.
3. Markieren Sie auf der Registerkarte *Zahlen* links in der Kategorienliste nacheinander *Datum* und *Benutzerdefiniert*.
4. Ändern Sie nun im Eingabefeld rechts oben, so wie in Abbildung 32.5 gezeigt, das Format in *_TTT*_TT.MM.JJJJ_* (die Unterstriche sollen lediglich die Eingabe von Leerzeichen verdeutlichen und sind nicht einzugeben). Bestätigen Sie anschließend mit *OK*.

Abbildg. 32.5 Datumsformat mit Wochentagsangabe

Typ:

TTT* TT.MM.JJJJ

Die Anweisung *TTT* zu Beginn steht für die zusätzliche Anzeige des abgekürzten Wochentages (*TTTT* würde den Wochentag voll ausgeschrieben anzeigen).

Das Sternchen (*) und das nachfolgende Leerzeichen sorgen dafür, dass das Datum in der Zelle bündig angeordnet wird: der Wochentag am linken, das Datum am rechten Rand. Diese Konstruktion wirkt ähnlich wie ein Tabulator in Word.

Das Sternchen ist die Anweisung, das unmittelbar nachfolgende Zeichen – im vorliegenden Fall das Leerzeichen – so oft zu wiederholen, bis die Spalte links und rechts bündig ausgefüllt ist. Schließen Sie also ein Sternchen in ein Zahlenformat ein, wenn Sie möchten, dass die Information vor dem Sternchen am linken, die andere am rechten Rand der Zelle ausgerichtet wird. Geben Sie beispielsweise »*.« innerhalb eines Zahlenformats ein, wird der Leerraum zwischen zwei Informationen mit Punkten aufgefüllt.

Die Leerzeichen vor und nach dem Format sorgen dafür, dass die Informationen nicht zu nahe am Spaltenrand »kleben« und jeweils ein Leerzeichen vom Rand abgerückt werden.

Die Projektdauer berechnen

Die Vorgangsliste enthält bereits einige Angaben zu Terminen und Dauer. In den noch freien Zellen müssen nun die fehlenden Informationen berechnet werden. Ermitteln Sie zuerst die Dauer einzelner Projektphasen.

Vorarbeiten, um die Dauer in Arbeitstagen zu berechnen

In Spalte *F* mit der Überschrift »*Dauer (AT)*« sollen die tatsächlich verfügbaren Projekttage ermittelt werden. Hier verwenden Sie die Funktion *NETTOARBEITSTAGE (Anfangsdatum;Enddatum;Freie_Tage)*. Sie berechnet die Anzahl der Tage zwischen einem Start- und Enddatum unter Abzug der Wochenenden und – optional – weiterer arbeitsfreier Tage (Feiertage, Urlaub, Betriebsferien, so genannte »Brückentage« und alle Tage, an denen nicht an dem vorliegenden Projekt gearbeitet wird oder werden kann). Die freien Tage müssen in einer Liste untereinander eingetragen werden und können unsortiert sein.

Im vorliegenden Beispiel sollen die arbeitsfreien Tage auf die Feiertage für 2006 beschränkt sein. Sie sind in Spalte *K* (Abbildung 32.6) eingetragen. Um mit den freien Tagen einfacher rechnen zu können, vergeben Sie für diesen Bereich einen Namen.

1. Markieren Sie *K2:K11*.
2. Betätigen Sie die Tastenkombination `Strg`+`⇧`+`F3` (alternativ dazu benutzen Sie die Befehlsfolge *Einfügen/Namen/Erstellen*).
3. Akzeptieren Sie die vorgeschlagene Einstellung (Abbildung 32.6) und bestätigen Sie mit *OK*.

Natürlich können Sie den Bereich auch länger wählen und weitere projektfreie Termine in die Liste eingeben.

Den Bereich der Feiertage benennen

Mehr zur Arbeit mit Namen lesen Sie in Kapitel 19.

Die Funktion *NETTOARBEITSTAGE* verwenden

Nach den notwendigen Vorbereitungen berechnen Sie nun in Zelle *F4* die erste Dauer.

1. Markieren Sie Zelle *F4* und klicken Sie auf die Schaltfläche *Funktions-Assistent* (fx) in der Bearbeitungsleiste.

2. Wählen Sie im Feld *Kategorie auswählen* den Eintrag *Datum & Zeit* und anschließend unten in der Liste *Funktion auswählen* den Eintrag *NETTOARBEITSTAGE*. Mit einem Klick auf *OK* gelangen Sie zum nächsten Schritt des Assistenten.

3. Für das *Ausgangsdatum* klicken Sie auf *C4*, für das *Enddatum* auf *E4*.

4. Setzen Sie dann die Einfügemarke in das Eingabefeld *Freie_Tage*. Rufen Sie mit der F3 -Funktionstaste die Liste der Namen in der Mappe auf. Wählen Sie den Eintrag *Feiertage* und klicken Sie auf *OK*.

5. In Abbildung 32.7 sehen Sie das fertig ausgefüllte Dialogfeld. Klicken Sie abschließend auf *OK*.

Das komplett ausgefüllte Dialogfeld

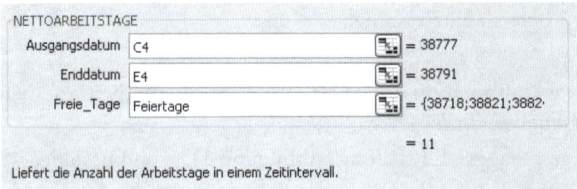

Start- oder Endtermine berechnen

Für alle Zellen in Spalte *E* der Liste muss jeweils ein Enddatum berechnet werden. Dies erledigt die Funktion *ARBEITSTAG*. Mit ihr können Sie ebenso auch ein Startdatum ermitteln.

Die Funktion *ARBEITSTAG* einsetzen

Die Funktion *ARBEITSTAG* berechnet ein Datum vor oder nach einer bestimmten Anzahl von Arbeitstagen. Wichtig ist hierbei die Formulierung »vor« oder »nach«.

Im vorliegenden Beispiel muss in *E5* ein Enddatum berechnet werden. Gehen Sie wie folgt vor:

1. Markieren Sie Zelle *E5* und rufen Sie den Funktions-Assistenten auf.
2. Wählen Sie diesmal in der Kategorie *Datum & Zeit* die Funktion *ARBEITSTAG*, und klicken Sie auf *OK*.
3. Klicken Sie für das Ausgangsdatum auf Zelle *C5* und geben Sie dann auf der Tastatur *–1* ein. Damit steht im Eingabefeld *C5–1* (Abbildung 32.8). Der Grund für die Subtraktion liegt in der Rechenweise der Funktion *ARBEITSTAG*. Da die Funktion den Tag **nach** einer Frist berechnet, Sie aber den letzten Tag des Vorgangs und nicht den Tag danach benötigen, subtrahieren Sie einen Tag.
4. Für das Argument *Tage* klicken Sie auf Zelle *F5*.
5. Setzen Sie die Einfügemarke in das Eingabefeld *Freie_Tage*, wählen Sie wieder den Bezug auf den Namen *Feiertage*, und bestätigen Sie mit *OK*. Die fertige Formel lautet =ARBEITSTAG(C5-1;F5; Feiertage). Als Ergebnis erhalten Sie *Fr 31.03.2006*.

Abbildg. 32.8   Das Enddatum mit der Funktion *ARBEITSTAG* berechnen

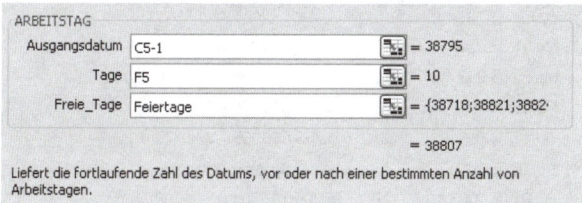

Die Formel können Sie nun auf alle anderen Zellen kopieren, in denen ebenfalls ein Enddatum ermittelt werden muss.

- Lassen Sie dazu die Zelle *E5* markiert und kopieren Sie die Formel mit der Tastenkombination `Strg`+`C` in die Zwischenablage.
- Markieren Sie nun den Bereich *E6:E10* und betätigen Sie die `↵`-Taste.

HINWEIS   Mit der Funktion *ARBEITSTAG* können Sie natürlich auch ein Startdatum berechnen. Setzen Sie dabei hinter das Ausgangsdatum noch *+1*. Das Addieren von +1 ist erforderlich, weil Excel den Arbeitstag vor einem Zeitintervall berechnet, aber der erste Projekttag selbst gebraucht wird. In das Feld *Tage* schreiben Sie vor die Anweisung ein Minuszeichen. Es muss vor dem Wert *Tage* stehen, da in diesem Fall zurück gerechnet werden muss.

Kalendertage berechen

In der Spalte »*Dauer (KT)*« sind nun noch die Kalendertage zu berechnen. Diese Angaben brauchen Sie, wenn Sie später den Projektablauf in Diagrammform darstellen wollen.

1. Markieren Sie den Zellbereich *D4:D10*.
2. Geben Sie in der Bearbeitungsleiste die Formel =E4-C4+1 ein. Warum +1? Die Differenz zwischen End- und Startdatum allein würde nicht reichen. Sie können das leicht nachprüfen, wenn Sie beispielsweise in Zeile 10 für die Phase *Auswertung* schnell die Tage vom 11.12. bis 20.12.2006

nachzählen. Das Ergebnis ist 10. Die bloße Differenz der Werte aus E und C (also =E10-C10) würde in dem Fall nur 9 ergeben.

3. Schließen Sie die Formeleingabe mit der Tastenkombination `Strg`+`↵` und übernehmen Sie damit die Formel für alle markierten Zellen.

Sollten Sie als Ergebnis der Formel in Spalte *D* nur eine Ansammlung von ##### sehen, dann lassen Sie sich davon nicht irritieren. Excel macht nichts anderes, als das Datumsformat aus Spalte *E* auch auf die Ergebniszelle zu übertragen. Lassen also in dem Fall die Werte in *D* markiert, rufen Sie mit der Tastenkombination `Strg`+`1` das Dialogfeld zum Formatieren auf und wählen Sie in der Registerkarte *Zahlen* das Format *Standard*.

> Noch schneller geht es so: Wenn Sie ohne Umweg über das Menü eine Zelle mit Datumsformat in eine Zelle mit Standardformat umwandeln wollen, genügt die Tastenkombination `Strg`+`⇧`+`6`.

Abbildg. 32.9 Die fertige Tabelle mit berechneten Terminen und Fristen

	A	B	C	D	E	F
1						
2		Projekt Transportoptimierung				
3		**Bezeichnung**	**Beginn**	**Dauer (KT)**	**Ende**	**Dauer (AT)**
4		- Konzept	Mi 01.03.2006	15	Mi 15.03.2006	11
5		- Analyse Fuhrpark	Mo 20.03.2006	12	Fr 31.03.2006	10
6		- Analyse Strecken	Mo 03.04.2006	23	Di 25.04.2006	15
7		- Analyse Kosten	Di 19.04.2005	28	Mo 16.05.2005	20
8		- Umsetzung Pilot	Di 16.05.2006	37	Mi 21.06.2006	25
9		- Umsetzung bundesweit	Di 01.08.2006	127	Di 05.12.2006	90
10		- Auswertung	Mo 11.12.2006	10	Mi 20.12.2006	8

Die fertige Lösung zu diesem Abschnitt sehen Sie in Abbildung 32.9. Sie finden sie auf der CD-ROM zum Buch im Blatt *Termine 1* in der Mappe *Projektarbeit.xls* im Ordner *\Buch\Kap32*.

Termine unter Kontrolle halten

Je mehr Projekte und Projekttermine auf der Tagesordnung stehen, desto mehr macht sich eine Übersicht über wichtige Eckdaten erforderlich. Zu dem bisher verwendeten Beispielprojekt »Transportkostenoptimierung« soll eine solche Übersicht zum jeweils aktuellen Datum folgende Informationen enthalten:

- das jeweils aktuelle Datum,
- Name, Anfangs- und Enddatum sowie Dauer jeder Projektphase (die Berechnungen hierzu wurden im vorangegangenen Abschnitt erläutert),
- die verbleibende Projektzeit in Arbeitstagen und
- die verbleibende Projektzeit in Prozent.

Die verbleibenden Arbeitstage ermitteln

Die Abbildung 32.10 zeigt die fertige Tabelle, bei der in den Spalten *F* und *G* die entsprechenden Berechnungen zur verbleibenden Projektzeit in absoluten und relativen Werten vorgenommen wurden. Das aktuelle Datum steht in *C2*.

Abbildg. 32.10 Vorschau auf die fertige Tabelle

	A	B	C	D	E	F	G
1							
2		Aktuell	Do 20.04.2006				
3							
4		Bezeichnung	Beginn	Ende	Dauer (AT)	verbleiben	in %
5		- Konzept	Mi 01.03.2006	Mi 15.03.2006	11	–	–
6		- Analyse Fuhrpark	Mo 20.03.2006	Fr 31.03.2006	10	–	–
7		- Analyse Strecken	Mo 03.04.2006	Di 25.04.2006	15	4	27%
8		- Analyse Kosten	Di 19.04.2005	Di 16.05.2006	20	19	95%
9		- Umsetzung Pilot	Di 16.05.2006	Mi 21.06.2006	25	–	–
10		- Umsetzung bundesweit	Di 01.08.2006	Di 05.12.2006	90	–	–
11		- Auswertung	Mo 11.12.2006	Mi 20.12.2006	8	–	–

Die Formel zusammenstellen

Beim Berechnen der verbleibenden Projekttage für jede der Phasen muss vom jeweils aktuellen Datum in *C2* ausgegangen werden. Eine einfache Subtraktion »*Aktuelles Datum minus Endtermin*« kommt jedoch nicht in Frage. Einerseits soll nur für die gerade aktiven Projektphasen die verbleibende Zeit berechnet werden. Andererseits müssen Wochenenden aus der Berechnung ausgeschlossen werden.

Diese beiden Anforderungen können Sie mit Hilfe der schon vorgestellten Funktion *NETTOARBEITSTAGE* sowie mit den Logikfunktionen *WENN* sowie *UND* erfüllen.

In Abbildung 32.10 steht das aktuelle Datum auf dem 20.04.2006. Zu dem Zeitpunkt sind zwei Projektphasen aktiv. Nur für diese beiden soll auch ein Wert berechnet und angezeigt werden. In den anderen Zellen soll nur ein Bindestrich stehen.

Daraus folgt: Excel soll nur dann die verbleibende Dauer berechnen, wenn zwei Bedingungen zutreffen: das aktuelle Datum in *C2* muss auf den Starttermin oder ein späteres Datum fallen und zugleich muss es vor oder spätestens auf dem Endtermin liegen. Anders gesagt: C2>=C5 und C2<=D5. Da diese beiden Bedingungen gleichzeitig zutreffen müssen, werden Sie durch das logische *UND* verbunden.

Wenn diese beiden Kriterien erfüllt sind, soll Excel die Anzahl der Arbeitstage vom aktuellen Datum in *C2* bis zum Endtermin in Spalte *D* berechnen. Hier kommt die Funktion *NETTOARBEITSTAGE* zum Einsatz.

Bevor Sie die Formel erstellen, vergeben Sie für *C2* einen Bereichsnamen. Markieren Sie dazu *B2:C2*, betätigen Sie die Tastenkombination `Strg`+`⇧`+`F3` und bestätigen Sie mit *OK*. Damit trägt *C2* den Namen *Aktuell* und kann so in der Formel einfacher verwendet werden.

Die Formel eingeben

Tragen Sie nun in Zelle *F5* folgende Formel ein:

`=WENN(UND(Aktuell>=C5;Aktuell<=D5);NETTOARBEITSTAGE(Aktuell;D5;Feiertage);0 )`

Das *UND* verbindet die beiden zu erfüllenden Kriterien, dann werden die verbleibenden Arbeitstage mit *NETTOARBEITSTAGE* berechnet. Ansonsten setzt Excel als Ergebnis »0« ein. Allerdings sehen Sie in Abbildung 32.10 anstelle der Null einen Bindestrich. Das Warum und Wie erfahren Sie im nächsten Abschnitt.

Einen Bindestrich für die nicht aktuellen Phasen verwenden

Wenn Sie in die *WENN*-Funktion den Bindestrich direkt einfügen, würde dies bei der Berechnung der verbleibenden Tage in % in Spalte *G* unweigerlich zu einer Fehlermeldung führen. Denn dort muss eine Division »Verbleibende Projektzeit geteilt durch Dauer« erfolgen. Und eine Division »Text geteilt durch Zahl« beherrscht selbst Excel nicht.

Damit trotzdem bei abgelaufenen Projekten in Spalte *F* ein Bindestrich erscheint, erstellen Sie ein eigenes Zahlenformat, das anstelle einer Null einen Bindestrich anzeigt. Gehen Sie dazu wie folgt vor:

1. Markieren Sie Zelle *F5*.
2. Rufen Sie mit der Tastenkombination ⌈Strg⌉+⌈1⌉ das Dialogfeld zur Zellformatierung auf.
3. Markieren Sie auf der Registerkarte *Zahlen* unter *Kategorie* den Eintrag *Benutzerdefiniert*.
4. Legen Sie wie in Abbildung 32.11 gezeigt den Formatcode *0;0;–* fest. Schließen Sie noch nicht mit *OK* ab!

Abbildg. 32.11   Ein benutzerdefiniertes Zahlenformat, das einen verlängerten Strich bei Nullwerten anzeigt

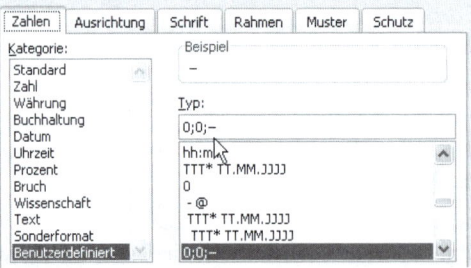

> **HINWEIS**   Zur Erläuterung: Die erste Null ist die Anweisung für die Darstellung positiver Werte, die zweite Null steht für negative Werte. Nach dem zweiten Semikolon folgt dann die für den aktuellen Fall wichtige Anweisung, nämlich der Bindestrich, der bei einem Nullwert angezeigt wird.

PROFITIPP

Damit der Strich etwas besser zu sehen ist, verwenden Sie den so genannten »halben Geviertstrich«, der etwa doppelt so lang ist wie ein normaler Bindestrich. Sie erzeugen diesen verlängerten Strich, indem Sie die `Alt`-Taste gedrückt halten und rechts auf dem Zahlenblock Ihrer Tastatur nacheinander die Ziffernfolge `0` `1` `5` `0` eingeben. Wenn Sie die `Alt`-Taste loslassen, erscheint der gewünschte längere Strich.

Mit diesem kleinen Kunstgriff ist gesichert, dass Sie in der kommenden Berechnung in Spalte *G* in der Spalte *F* auf Zahlen zugreifen können, obwohl dort Striche angezeigt werden.

Mehr Informationen und eine Vielzahl von Beispielen zu *benutzerdefinierten Zahlenformaten* finden Sie in Kapitel 10.

5. Damit die Informationen in der relativ breiten Spalte – verursacht durch die lange Überschrift – nicht »verloren« am rechten Rand stehen, rücken Sie diese vom rechten Rand ein. Wechseln Sie dazu im noch geöffneten Dialogfeld *Zellen formatieren* zur Registerkarte *Ausrichtung*. Wählen Sie dort – so wie in Abbildung 32.12 gezeigt – im Feld *Horizontal* den Eintrag *Rechts (Einzug)* und ändern Sie über das Drehfeld rechts daneben den Wert für *Einzug* auf *2*.

6. Kopieren Sie abschließend die Formel und die Formatierung von Zelle *F5* durch Ziehen am Ausfüllkästchen nach unten bis Zeile 11.

Abbildg. 32.12   Die Daten vom rechten Rand zur Zellmitte rücken

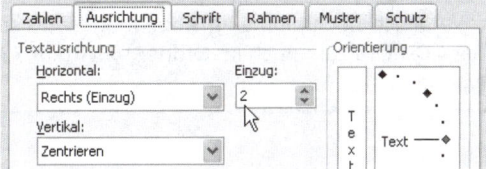

Die verbleibende Projektdauer prozentual darstellen

Absolute Zahlen sind oft weit weniger aussagekräftig als Prozentwerte. So sind bei einem Projekt, das über 240 Tage geht, 80 abgelaufene Arbeitstage ein Drittel und möglicherweise noch kein Grund zur Besorgnis. Im Fall einer Projektdauer von nur 90 Tagen hingegen macht die Zahl 80 schon sehr stark auf das Ende des Projekts aufmerksam.

Zur besseren Bewertung der verbleibenden Tage soll daher ein prozentualer Wert hinzugefügt werden. Geben Sie also in *G5* die Formel `=F5/E5` ein und kopieren Sie diese anschließend am Ausfüllkästchen nach unten bis Zeile 11.

Auch hier soll das Ergebnis noch formatiert werden. Die nicht aktuellen Projektphasen sollen wiederum einen Bindestrich erhalten und die Ergebnisse sollen nicht direkt am rechten Spaltenrand »kleben«. Die dafür erforderlichen Formatanweisungen legen Sie analog zu denen der Spalte *F* fest. In Abbildung 32.13 und Abbildung 32.14 sehen Sie die Einstellungen, die dafür im Dialogfeld *Zellen formatieren* erforderlich sind.

Abbildg. 32.13 Das benutzerdefinierte Zahlenformat, das beim Ergebnis 0% einen Strich anzeigt

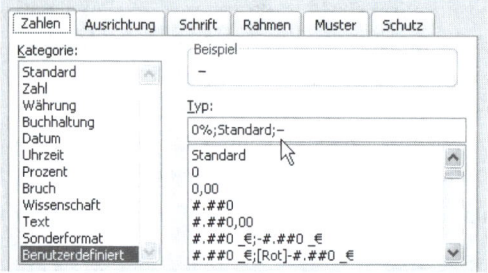

Abbildg. 32.14 Wiederum die Werte vom rechten Spaltenrand einrücken

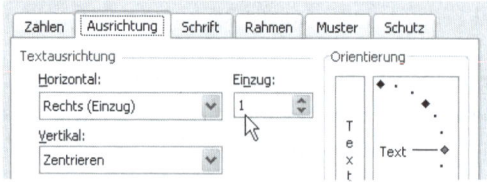

Die fertige Tabelle können Sie zum Vergleich noch einmal in Abbildung 32.10 sehen. Das entsprechende Beispiel finden Sie auf der CD-ROM zum Buch im Ordner \Buch\Kap32 in der Mappe *Projektarbeit.xls* im Arbeitsblatt *Übersicht*.

Wichtige Projekttermine in einer Liste automatisch kennzeichnen

Damit Sie wichtige Termine in Ihren Projekten nicht übersehen, lassen Sie diese in Datumslisten durch Excel farblich kennzeichnen. In Abbildung 32.15 sehen Sie dazu ein Beispiel. In Spalte *D* sind wichtige Termine vermerkt. In Spalte *B* werden die Datumsangaben, die in Spalte *D* vorkommen, farblich gekennzeichnet.

Hierbei kommt zunächst die Funktion *VERGLEICH* zum Einsatz. Sie hat die Syntax *VERGLEICH(Suchkriterium;Suchmatrix;Vergleichstyp)*.

Das Suchkriterium steht in Spalte *B*. Die Suchmatrix ist der Bereich *D3:D9*. Der Vergleichstyp gibt an, wie Excel die Werte in der Matrix mit dem Suchkriterium vergleicht und ob es den größten, ersten oder kleinsten Wert liefert. In unserem Fall ist der Typ 0 angebracht. So können die Daten im Matrix-Bereich beliebig eingetragen werden und müssen nicht unbedingt sortiert sein.

VERGLEICH liefert als Ergebnis eine Zahl, nämlich die Position, die der jeweils gefundene Wert innerhalb der Suchmatrix einnimmt, nicht den Wert selbst. Fällt der Vergleich negativ aus – ist also das Datum aus Spalte *B* in Spalte *E* nicht vorhanden –, ist das Resultat keine Zahl, sondern der Fehlerwert *#NV*.

Abbildg. 32.15 Monatsübersicht für März 2006 mit Hervorhebung der Besprechungstermine aus Spalte *D*

	A	B	C	D
1				
2		**März 2006**		**Besprechungen**
3		Mi 01.03.2006		Do 02.03.2006
4		Do 02.03.2006		Do 09.03.2006
5		Fr 03.03.2006		Do 16.03.2006
6		Sa 04.03.2006		Di 21.03.2006
7		So 05.03.2006		Do 23.03.2006
8		Mo 06.03.2006		Mo 27.03.2006
9		Di 07.03.2006		Do 30.03.2006
10		Mi 08.03.2006		
11		Do 09.03.2006		
12		Fr 10.03.2006		
13		Sa 11.03.2006		
14		So 12.03.2006		
15		Mo 13.03.2006		
16		Di 14.03.2006		
17		Mi 15.03.2006		
18		Do 16.03.2006		
19		Fr 17.03.2006		
20		Sa 18.03.2006		
21		So 19.03.2006		
22		Mo 20.03.2006		
23		Di 21.03.2006		
24		Mi 22.03.2006		
25		Do 23.03.2006		
26		Fr 24.03.2006		
27		Sa 25.03.2006		
28		So 26.03.2006		
29		Mo 27.03.2006		
30		Di 28.03.2006		
31		Mi 29.03.2006		
32		Do 30.03.2006		
33		Fr 31.03.2006		

Für unsere Aufgabe ist damit klar: Wird ein Datum aus Spalte *B* im Bereich *D3:D9* gefunden, liefert Excel eine beliebige Zahl. Genau dann also trifft die Bedingung zu, dass ein wichtiger Termin anliegt. Die *Bedingte Formatierung* soll also nur angewandt werden, wenn das Ergebnis der *VERGLEICH*-Funktion eine Zahl ist. Hierfür kann die Informationsfunktion *ISTZAHL* verwendet werden. Sie überprüft – wie der Name schon sagt –, ob der Wert in einer Zelle eine Zahl ist.

Damit ergibt sich als Formel in der bedingten Formatierung eine Kombination aus *ISTZAHL* und *VERGLEICH*. Folgende Schritte sind nun notwendig, um in Spalte *B* wichtige Termine zu kennzeichnen:

1. Markieren Sie den Bereich *B3:B33* und rufen Sie den Menübefehl *Format/Bedingte Formatierung* auf.
2. Ändern Sie für *Bedingung 1* die Einstellung von *Zellwert ist* auf *Formel ist*.
3. Geben Sie die Formel =ISTZAHL(VERGLEICH(B3;$D$3:$D$9;0)) ein (Abbildung 32.16).
4. Wählen Sie die Schaltfläche *Format*, wechseln Sie anschließend zur Registerkarte *Muster* und legen Sie dort als Farbe ein helles Orange fest. Bestätigen Sie Ihre Festlegungen zwei Mal mit *OK*.

Abbildg. 32.16 Die Einstellungen im Dialogfeld *Bedingte Formatierung*

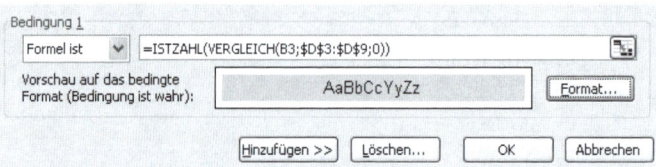

Weitere Beispiele für die *Bedingte Formatierung* finden Sie in Kapitel 12.

Das Arbeitsblatt zu diesem Beispiel trägt den Namen *Besprechungen März*. Es befindet sich in der Mappe *Projektarbeit.xls* auf der CD-ROM zum Buch im Ordner *\Buch\Kap32*.

Wichtige Projekttermine in einer Quartalsliste automatisch kennzeichnen

Wenn Sie nicht nur eine Monats-, sondern eine Quartalsübersicht wichtiger Projekttermine benötigen, ist das analog zum vorhergehenden Beispiel schnell erledigt. In Abbildung 32.17 sehen Sie die fertige Quartalsübersicht. Gehen Sie dazu wie folgt vor:

1. Erstellen Sie in den Spalten *B*, *D* und *F* die Monatslisten für das Quartal und in *H* die Liste der Projekttermine.

2. Markieren Sie den Bereich *H2:H20* und vergeben Sie mit der Tastenkombination (Strg)+(⇧)+(F3) einen Bereichsnamen. Der Bereich *H3:H20* trägt danach den Bereichsnamen *Besprechungen*.

Abbildg. 32.17 Die fertige Quartalsübersicht der Besprechungstermine

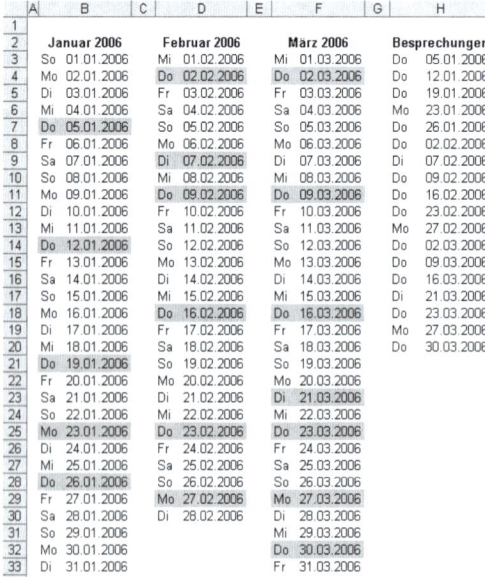

3. Markieren Sie die Zellbereiche *B3:B33*, *D3:D30* und *F3:F33* (ab zweitem Bereich für die Mehrfachmarkierung die (Strg)-Taste drücken).

4. Rufen Sie den Menübefehl *Format/Bedingte Formatierung* auf und nehmen Sie die in Abbildung 32.18 gezeigten Einstellungen vor. Da die erste Zelle des zuletzt markierten Bereiches *F3* ist, lautet die Formel für die *Bedingte Formatierung* =ISTZAHL(VERGLEICH(F3;Besprechungen;0)). Das Argument *Besprechungen* können Sie hier nutzen, weil Sie in Schritt 2 den Bereichsnamen vergeben hatten.

Abbildg. 32.18   Die Formel enthält diesmal den Bereichsnamen *Besprechungen*

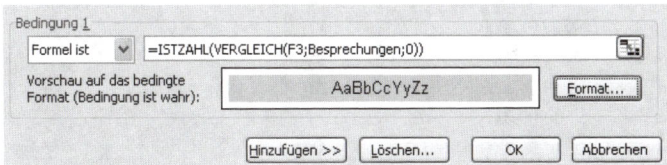

Das Arbeitsblatt zu diesem Beispiel trägt den Namen *Besprechungen 1. Quartal*. Es befindet sich in der Mappe *Projektarbeit.xls* auf der CD-ROM zum Buch im Ordner *\Buch\Kap32*.

Ein Gantt-Diagramm: Die Dauer von Projektphasen mit Balken anzeigen

Bei der grafischen Darstellung der Dauer von Projekten und einzelnen Phasen hat sich das Gantt-Diagramm als Standard durchgesetzt. In Excel gibt es diesen Diagrammtyp zwar nicht, Sie können ihn aber mithilfe eines gestapelten Balkendiagramms nachahmen. Zum Erstellen eines solchen Diagramms sind die Angaben zum Start und zur Dauer (in Kalendertagen) erforderlich und natürlich die Bezeichnungen der Projekte oder Projektphasen. Diese Daten werden dann in einem Balkendiagramm verarbeitet.

Das Projektdiagramm Schritt für Schritt anfertigen

Der Weg zum fertigen Gantt-Diagramm führt über mehrere Etappen. Es geht nicht ganz so schnell wie in Microsoft Project, aber dafür sieht das Ergebnis wesentlich attraktiver aus. Für das vorliegende Beispiel werden wiederum die Daten des Projekts *Transportoptimierung* genutzt.

Wenn Sie die Schritte im Detail nachvollziehen wollen, öffnen Sie im Ordner *\Buch\Kap32* der CD-ROM zum Buch die Datei *Projektarbeit.xls*. Wechseln Sie in der Mappe zum Arbeitsblatt *Gantt 0*. Die Ausgangstabelle sehen Sie in Abbildung 32.19.

Abbildg. 32.19 Als Ausgangsdaten für das Gantt-Diagramm werden die Informationen aus dem Bereich *B3:D10* gebraucht

A	B	C	D	E
1				
2	Projekt Transportoptimierung			
3		**Beginn**	**Dauer (KT)**	**Dauer (AT)**
4	- Konzept	Mi 01.03.2006	15	11
5	- Analyse Fuhrpark	Mo 20.03.2006	12	10
6	- Analyse Strecken	Mo 03.04.2006	23	15
7	- Analyse Kosten	Mi 19.04.2006	28	20
8	- Umsetzung Pilot	Di 16.05.2006	37	25
9	- Umsetzung bundesweit	Di 01.08.2006	127	90
10	- Auswertung	Mo 11.12.2006	10	8

Schritt 1: Die Rohfassung des Diagramms erstellen

Die ersten drei Spalten der Tabelle aus Abbildung 32.19 werden für das Erstellen des Gantt-Diagramms gebraucht. Die Daten in Spalte *E* dienen dann später der Beschriftung einzelner Datenpunkte im Diagramm.

1. Markieren Sie den Bereich *B3:D10*, also die Bezeichnungen und die Daten zu Beginn und Dauer (Beachten Sie, dass Zelle *B3* leer ist).

2. Starten Sie den Diagramm-Assistenten per Klick auf das gleichnamige Symbol in der Symbolleiste *Standard*. Wechseln Sie in Schritt 1 des Assistenten zunächst zur Registerkarte *Benutzerdefinierte Typen* und wählen Sie dort den Eintrag *Schwebebalken*. In der Beschreibung zu diesem speziellen Diagrammtyp können Sie rechts unten lesen, dass zwei Datenreihen benötigt werden: Die erste bestimmt den Beginn, die zweite das Ende. Lassen Sie sich nicht von dem etwas gewöhnungsbedürftigen Erscheinungsbild des 3D-Diagramms irritieren, denn das werden Sie im weiteren Verlauf noch korrigieren.

Abbildg. 32.20 Den benutzerdefinierten Diagrammtyp *Schwebebalken* wählen

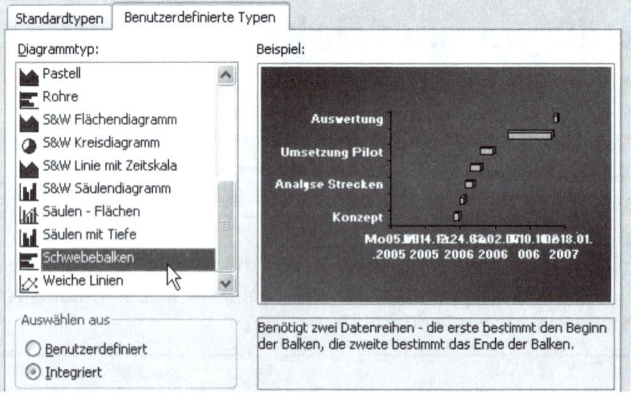

3. Klicken Sie zwei Mal auf *Weiter*, um in den dritten Schritt des Assistenten zu gelangen. Schalten Sie auf der Registerkarte *Gitternetzlinien* das *Hauptgitternetz der Größenachse (Z)* ein.

4. Klicken Sie auf *Fertig stellen*.

Nach Beendigung des Diagramm-Assistenten sehen Sie auf dem Arbeitsblatt ein 3D-Balkendiagramm. Es sieht zwar noch nicht wie gewünscht aus, aber Sie können in dieser Rohfassung schon die Balken für die Projektphasen erkennen.

Schritt 2: Die Nachbearbeitung beginnen

Lassen Sie das Diagramm so wie es ist markiert und gehen Sie zur Nachbearbeitung über:

1. Rufen Sie mit ⌜Strg⌟+⌜1⌟ das Dialogfeld *Diagrammfläche formatieren* auf.
2. Klicken Sie auf der Registerkarte *Muster* rechts im Bereich *Fläche* die Option *Keine* an.
3. Deaktivieren Sie in der Registerkarte *Schrift* unten das Kontrollkästchen *Automatisch skalieren* und stellen Sie unter Schriftgrad einen Wert von 9pt oder 10 pt ein.
4. Schließen Sie mit *OK* ab und lassen Sie das Diagramm weiter markiert.
5. Wählen Sie die Befehlsfolge *Diagramm/Diagrammtyp*, klicken Sie im Feld *Diagrammuntertyp* in der oberen Reihe die mittlere Option – *Gestapelte Balken* – an und schließen Sie mit einem Klick auf *OK* ab.

Abbildg. 32.21   Nach der ersten Nachbearbeitung nimmt das Gantt-Diagramm schon Gestalt an

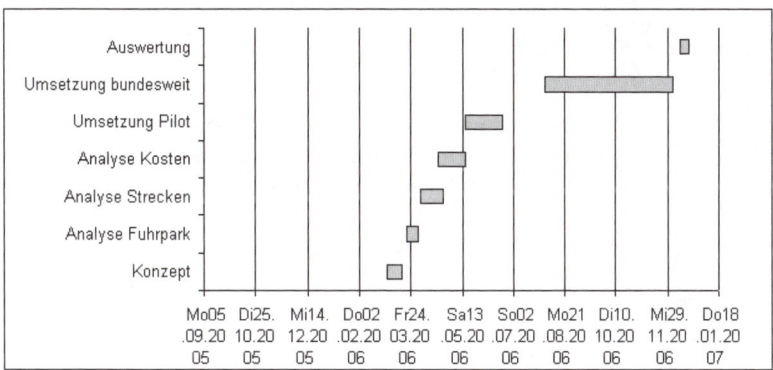

Das Diagramm sollte nun so wie in Abbildung 32.21 gezeigt aussehen.

Schritt 3: Die Nachbearbeitung an einzelnen Diagramm-Elementen fortführen

In diesem Teil der Nachbearbeitung soll das Aussehen der beiden Achsen und der Gitternetzlinien angepasst und außerdem die Reihenfolge der Projektbalken umgekehrt werden.

Beginnen Sie mit der Rubrikenachse. Wir sind es gewohnt, von oben nach unten bzw. von links nach rechts zu lesen. Daher sollen die Projektphasen in der Rubrikenachse so angeordnet werden, dass die erste oben steht:

1. Doppelklicken Sie auf eine der Phasenbezeichnungen der Rubrikenachse, um das Dialogfeld *Achsen formatieren* zu öffnen.
2. Klicken Sie auf der Registerkarte *Muster* links im Feld *Linien* die Option *Keine* an. Damit wird die Achse ausgeblendet und nur die Beschriftung für die Balken bleibt noch erhalten.

3. Der wichtigste Schritt folgt nun: Wechseln Sie zur Registerkarte *Skalierung* und aktivieren Sie, so wie in Abbildung 32.22 gezeigt, die beiden unteren Kontrollkästchen. Das Häkchen bei *Rubriken in umgekehrter Reihenfolge* sorgt dafür, dass die Balken nun von oben nach unten in der gewünschten Reihenfolge erscheinen. Das Häkchen bei *Größenachse (Y) schneidet bei größter Rubrik* ist ebenfalls wichtig. Ansonsten würde nämlich die Größenachse mit den Zeitangaben an den oberen Rand des Diagramms wandern. Schließen Sie das Dialogfeld *Achsen formatieren* über *OK*.

Abbildg. 32.22   Die Häkchen in den beiden unteren Kontrollkästchen sorgen für die richtige Abfolge der Projektphasen

Muster	Skalierung	Schrift	Zahlen	Ausrichtung

Skalierung Rubrikenachse (X)

Größenachse (Y) schneidet
  bei Rubriknr.:   `1`

Rubrikenanzahl
  zwischen Teilstrichbeschriftungen: `1`

Rubrikenanzahl
  zwischen Teilstrichen: `1`

☑ Größenachse (Y) schneidet zwischen Rubriken
☑ Rubriken in umgekehrter Reihenfolge
☑ Größenachse (Y) schneidet bei größter Rubrik

4. Doppelklicken Sie auf eine der senkrechten Gitternetzlinien und wählen Sie (wie in Abbildung 32.23) eine etwas weniger dominante Darstellung, indem Sie bei *Art* die gestrichelte Variante und bei *Farbe* beispielsweise ein mittleres Grau wählen. Bestätigen Sie mit *OK*.

Abbildg. 32.23   Die Wirkung der Gitternetzlinien etwas zurücknehmen

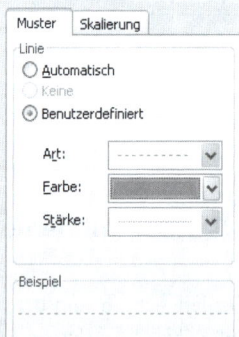

5. Als nächsten Schritt passen Sie die waagerechte Achse, also die Zeitachse, so an, dass im Diagramm nur der Ausschnitt angezeigt wird, in dem die Projektvorgänge auch tatsächlich stattfinden. Außerdem soll auch die Beschriftung der Achse übersichtlicher werden. Der Zeitraum, der tatsächlich gebraucht wird, geht vom 1.3. bis 31.12.2006. Starten Sie die Bearbeitung der Achse per Doppelklick auf die Achse oder ein Datum. So gelangen Sie zunächst einmal ins Dialogfeld *Achsen formatieren*.

6. Schalten Sie hier in der Registerkarte *Muster* die Anzeige der *Hauptstriche* aus, indem Sie oben rechts die Option *Keine* anklicken.

7. Wechseln Sie zur Registerkarte *Skalierung* und tragen Sie dort (vgl. Abbildung 32.24) im Feld *Minimum* das Datum *01.03.2006*, im Feld *Maximum* das Datum *31.12.2006* und im Feld *Hauptintervall* den Wert *31*ein.

Abbildg. 32.24   Mit diesen Werten die Größenachse auf den tatsächlich erforderlichen Zeitraum begrenzen

| Muster | Skalierung | Schrift | Zahlen | Ausrichtung |

Skalierung Größenachse (Y)

Automatisch

☐ Mi_nimum: 01.03.2006

☐ Ma_ximum: 31.12.2006

☐ H_auptintervall: 31

8. Wechseln Sie zur Registerkarte *Zahlen* und sorgen Sie hier dafür, dass nicht mehr das vollständige Datum, sondern nur noch die abgekürzten Monatsnamen in der Zeitachse angezeigt werden. Tragen Sie dazu in das Eingabefeld unter *Typ* den Formatcode *MMM* ein (Abbildung 32.25).

Abbildg. 32.25   Formatcode für abgekürzte Monatsnamen

T_yp:

MMM|

Mehr zu *Benutzerdefinierten Zahlenformaten* lesen Sie in Kapitel 10.

Nachdem Sie mit *OK* bestätigt haben, sehen Sie, dass die Zeitachse jetzt nur den wirklich erforderlichen Zeitraum berücksichtigt und die Anzeigeintervalle nach Monaten eingeteilt sind.

Schritt 4: Die Struktur des Projekts deutlich machen

Jetzt gilt es, die drei Etappen des Projekts – Vorbereitung, Durchführung und Auswertung – durch unterschiedliche Farben deutlich zu machen:

1. Doppelklicken Sie auf einen der Balken, um das Dialogfeld *Datenreihen formatieren* aufzurufen.
2. Wählen Sie auf der Registerkarte *Muster* im Feld *Fläche* eine passende Farbe.
3. Setzen Sie links daneben im Feld *Rahmen* ein Häkchen bei *Schatten* und schalten Sie die Umrandung der Balken ab, indem Sie bei Rahmen die Option *Keine* wählen.
4. Sorgen Sie im gleichen Dialogfeld in der Registerkarte *Optionen* dafür, dass die Balken höher und damit besser sichtbar werden. Reduzieren Sie in dem Drehfeld *Abstandsbreite* den Wert auf 80. Durch den geringeren Abstand zwischen den Balken wird der so gewonnene Raum genutzt, um die Balken höher darzustellen. Bestätigen Sie mit *OK*. Damit haben alle Balken ein attraktiveres Aussehen, nun folgt die farbliche Differenzierung.
5. Klicken Sie zwei Mal nacheinander (kein Doppelklick) auf den Balken für *Umsetzung Pilot*, um diesen allein zu markieren. Rufen Sie mit `Strg`+`1` das Dialogfeld zum Formatieren auf und wählen Sie im Feld *Fläche* eine andere Farbe. Schließen Sie mit *OK* ab.
6. Klicken Sie auf den Balken *Umsetzung bundesweit*, um diesen zu markieren und betätigen Sie die `F4`-Taste. Damit wiederholen Sie den letzten Befehl, also das Zuweisen der neuen Farbe. Die beiden Balken der Etappe *Umsetzung* haben nun die gleiche Farbe.
7. Weisen Sie dem Balken *Auswertung* eine dritte Farbe zu.

Das fertige Gantt-Diagramm

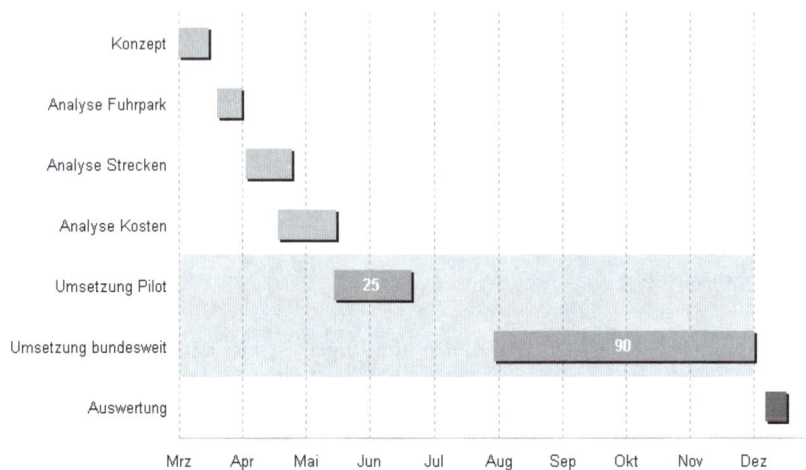

8. Klicken Sie in der Symbolleiste *Zeichnen* auf das Symbol *Rechteck* und ziehen Sie (wie in Abbildung 32.26) ein Rechteck auf, das die beiden Balken für die Umsetzung einschließt. Falls die Symbolleiste *Zeichnen* noch nicht eingeblendet ist, können Sie dies mit einem Mausklick auf das Symbol *Zeichnen* in der *Standard*-Symbolleiste nachholen.

9. Klicken Sie mit der rechten Maustaste auf das Rechteck und wählen Sie im Kontextmenü *Reihenfolge/In den Hintergrund*. Damit liegt das Rechteck hinter den Balken.

10. Sorgen Sie außerdem dafür, dass das Rechteck keine Konturlinie hat, indem Sie in der Symbolleiste *Zeichnen* bei *Linienfarbe* den Befehl *Keine Linie* wählen. Weisen Sie in der gleichen Symbolleiste als *Füllfarbe* beispielsweise ein helles Grau zu.

Schritt 5: Für zwei ausgewählte Phasen die Dauer anzeigen

In unserem Beispiel wurden die beiden Umsetzungsphasen schon farblich hervorgehoben. Zusätzlich soll noch die Dauer der beiden Phasen angezeigt werden:

1. Klicken Sie auf den Balken *Umsetzung Pilot*, um ihn allein zu markieren und rufen Sie mit `Strg`+`1` das Dialogfeld *Datenpunkt formatieren* auf.

2. Wechseln Sie zur Registerkarte *Datenbeschriftung* und aktivieren Sie das Kontrollkästchen vor *Wert*.

3. Wiederholen Sie dies für den Balken *Umsetzung bundesweit*, indem Sie ihn markieren und `F4` betätigen. In beiden Balken erscheint der Wert für die Dauer in Kalendertagen.

PROFITIPP

Um die Dauer in Arbeitstagen aus Spalte *E* anzuzeigen, klicken Sie zunächst zweimal nacheinander auf die Datenbeschriftung für *Umsetzung bundesweit*, um diese zu markieren. Um die Zahl herum erscheint ein Rahmen mit acht eckigen Punkten. Tippen Sie ein Gleichheitszeichen ein, klicken Sie auf *E9*, denn dort steht die Dauer in Arbeitstagen für diese Phase, und schließen Sie mit der `↵`-Taste ab. Verknüpfen Sie auf gleiche Weise die Datenbeschriftung für *Umsetzung Pilot* mit Zelle *E8*. Damit haben Sie zum einen Daten in das Diagramm gebracht, die außerhalb der Datenquelle für das Diagramm liegen. Zum anderen werden diese Daten im Diagramm dynamisch geändert, wenn sich in Spalte *E* Veränderungen ergeben.

Das fertige Gantt-Diagramm wird in Abbildung 32.26 gezeigt. Sie finden es im Arbeitsblatt *Gantt 1* der Mappe *Projektarbeit.xls* auf der CD-ROM zum Buch im Ordner *\Buch\Kap32*.

Daten zu einem Projekt über ein Kombinationsfeld schnell anzeigen lassen

Je mehr Projekte und Projektdaten vorliegen, um so wichtiger ist ein Instrument, das im Handumdrehen eine schnelle Übersicht über die Eckdaten der Projekte gibt. In Abbildung 32.27 sehen Sie eine solche Lösung. Sie verfügt zusätzlich zu der Gesamtliste aller Projekte im Kopf des Blatts über einen Bereich, in dem sich schnell die Informationen zu einem ausgewählten Projekt anzeigen lassen.

Abbildg. 32.27 Unten die Liste mit den Details zu allen Projekten und oben der Bereich für die Schnellübersicht per komfortabler Auswahl über ein Kombinationsfeld

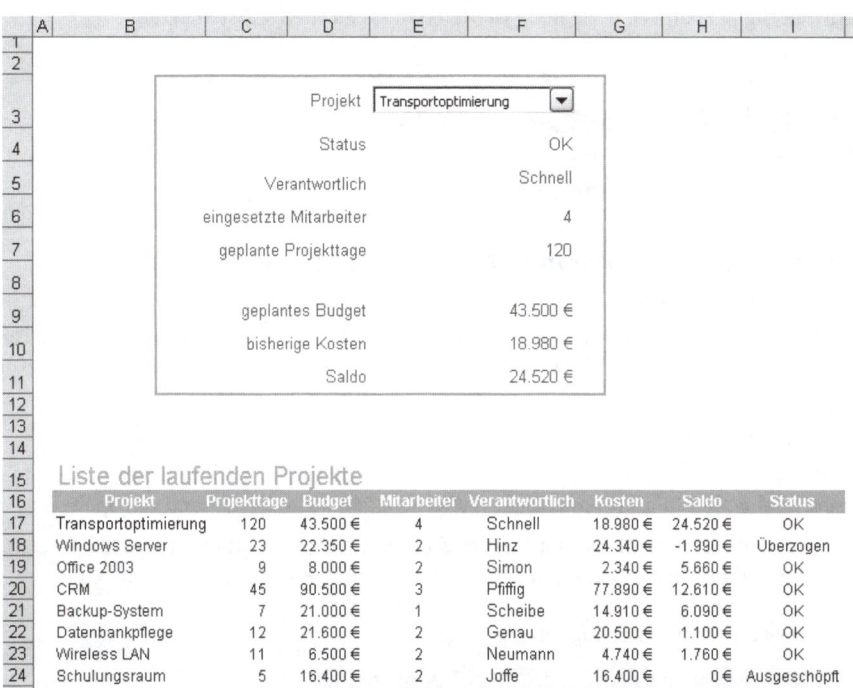

Das ist sozusagen der Chef-Bereich, wo mit nur zwei Mausklicks alle oder nur bestimmte Daten zu einem Projekt sofort sichtbar gemacht werden können. Wie groß dieser Anzeigebereich ist, welche Daten dort gezeigt werden und wie sie angeordnet sind, können Sie ganz flexibel festlegen. Das gewünschte Projekt wählen Sie bequem aus einer Liste aus. Dieser Komfort ist möglich durch den Einsatz eines Steuerelements namens *Kombinationsfeld* in Verbindung mit der Funktion *INDEX*.

Den Anzeigebereich einrichten

Egal, wie lang und umfangreich die Liste mit den Projektdaten ist und wo sie sich im Arbeitsblatt befindet, im Kopf des Blattes richten Sie sich den Bereich ein, in dem Ihnen die Projekt-Eckdaten sofort angezeigt werden. Welche Informationen dort erscheinen, in welcher Reihenfolge und Anordnung, legen Sie je nach Bedarf fest.

Wenn Sie das Beispiel zuvor studieren wollen, finden Sie es im Arbeitsblatt *Projektauswahl* der Mappe *Projektarbeit.xls* auf der CD-ROM zum Buch im Ordner *\Buch\Kap32*.

Welche Daten sollen angezeigt werden?

Im vorliegenden Beispiel wurden alle sieben Informationen gewählt, die zu jedem der Projekte verfügbar sind. Um eine bestmögliche Übersicht zu haben, wurde – wie in Abbildung 32.27 zu sehen ist – mit einer erweiterten Zeilenhöhe von *20* (einzustellen über *Format/Zeile/Höhe*) der vertikale Abstand zwischen den Informationen relativ groß gehalten. Die Bezeichnungen für die Daten stehen rechtsbündig in Spalte *D*. In Spalte *F* werden dann die Daten selbst angezeigt.

Abbildg. 32.28   Das Steuerelement *Kombinationsfeld* in der *Formular*-Symbolleiste wählen

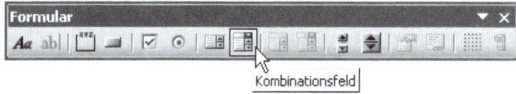

Das Steuerelement *Kombinationsfeld* zeichnen

Die Auswahl des Projekts, zu dem die Daten angezeigt werden sollen, erfolgt über ein *Kombinationsfeld*. Es muss zunächst gezeichnet und danach konfiguriert werden. Für das Erstellen des Kombinationsfelds rufen Sie zunächst über den Menübefehl *Ansicht/Symbolleisten* die Symbolleiste *Formular* auf (Abbildung 32.28).

1. Klicken Sie in dieser Symbolleiste auf das Symbol *Kombinationsfeld*.

2. Bewegen Sie die Maus über Zelle *E3* und ziehen Sie mit gedrückter linker Maustaste nach rechts unten über die Höhe von einer Zeile und etwa bis an den rechten Rand von Spalte *F* das Objekt auf.

3. Lassen Sie das neue Objekt markiert und klicken Sie (wie in Abbildung 32.29 gezeigt) in der *Formular*-Symbolleiste auf das Symbol *Steuerelementeigenschaften*.

Abbildg. 32.29   Das Dialogfeld zum Konfigurieren aufrufen

4. Im nun erscheinenden Dialogfeld (siehe Abbildung 32.30) legen Sie auf der Registerkarte *Steuerung* die Einstellungen für das Steuerelement fest. Es soll seine Informationen aus der Projektliste holen, die im vorliegenden Beispiel im Bereich *B17:B24* liegt. Setzen Sie also die Einfügemarke ganz oben in das Feld neben *Eingabebereich* und markieren Sie mit der Maus den Bereich *B17:B24*.

5. Die *Zellverknüpfung* legen Sie auf Zelle *E3*. In *E3* wird damit die Information angezeigt, der wievielte Eintrag aus der Projektliste gewählt wurde. Wählen Sie beispielsweise im Kombinationsfeld den zweiten Eintrag, erscheint in *E3* die Zahl 2, beim dritten Eintrag die Zahl 3 usw. Da diese Ziffer selbst nicht gebraucht wird, kann sie hinter dem Kombinationsfeld »versteckt« werden.

6. Im Feld *Dropdownzeilen* können Sie nach Bedarf einen beliebigen Wert eintragen. Sie legen damit die Länge des Kombinationsfelds fest, also wie viele Einträge im Kombinationsfeld ohne Scrollen untereinander sichtbar sind. Setzen Sie im vorliegenden Beispiel den Wert auf *8*, denn mehr Einträge gibt es in der Projektliste nicht.

7. Schließen Sie das Dialogfeld, nachdem Sie alle Einstellungen vorgenommen haben, mit Klick auf *OK*.

8. Klicken Sie außerhalb des noch markierten Kombinationsfelds auf eine beliebige Zelle, um die Markierung des Steuerelements aufzuheben.

Abbildg. 32.30   Das Steuerelement konfigurieren

Wenn Sie nun mit der Maus auf das Kombinationsfeld zeigen, verwandelt sich der Mauszeiger in eine Hand. Sie können die Liste öffnen und ein beliebiges Projekt auswählen. Im Augenblick bleibt das noch ohne Auswirkung auf die Zellen darunter. Aber wenn Sie per Tastatur die Zellmarkierung auf die verdeckte Zelle *E3* bewegen, sehen Sie oben in der Bearbeitungsleiste die Nummer des Eintrags aus der Liste, den Sie angeklickt haben – für *Transportoptimierung* beispielsweise die *1*.

Die Eigenschaften des Kombinationsfelds im Detail

Jedes der Steuerelemente aus der *Formular*-Symbolleiste verfügt über andere Einstellmöglichkeiten, die so genannten *Eigenschaften*. Hier eine kurze Erläuterung der Eigenschaften für das Steuerelement *Kombinationsfeld*:

■ *Eingabebereich*: Hier geben Sie den Bezug zu den Zellen an, in denen die Informationen stehen, die in der Dropdownliste angezeigt werden sollen. Im vorliegenden Beispiel ist das der Bereich *B17:B24*.

■ *Zellverknüpfung*: Hier geben Sie an, in welche Zelle die Nummer des im Kombinationsfeld gewählten Eintrags geschrieben werden soll. Das erste Element in der Liste hat die Nummer 1, das zweite die 2 usw. Diese Nummer wird dann in einer Formel – beispielsweise mit der Funktion *INDEX* verwendet – um die eigentlichen Informationen aus dem Eingabebereich anzuzeigen.

- *Zeilen*: Hier legen Sie die Anzahl von Zeilen fest, die in der Dropdownliste ohne Scrollen angezeigt werden sollen.

- *3D-Schattierung*: Wenn Sie das Kontrollkästchen aktivieren, erscheint das Kombinationsfeld mit einem dreidimensionalen Schatteneffekt.

Mit *INDEX* die richtigen Daten in Spalte *F* einsetzen

Im Anschluss an das Einrichten des Steuerelements folgt nun die Aufgabe, den darunter liegenden Anzeigebereich mit Daten zu füllen. Konkret heißt das: Nach der Auswahl eines Projekts über das Kombinationsfeld sollen in den darunter liegenden Zellen in Spalte *F* sofort die entsprechenden Daten angezeigt werden. Dazu verwenden Sie die Funktion *INDEX*. Gehen Sie wie folgt vor:

1. Markieren Sie die Zelle *F4*.

2. Geben Sie die Formel =INDEX(I17:I24;E3) ein. Diese Formel sucht sich aus Zelle *E3* den aktuellen Wert aus (er kann zwischen 1 und 8 liegen, da es im Beispiel acht Projekte gibt). Der Wert zeigt – wie bereits weiter oben erwähnt – die Position des Projekts in der Projektliste von *B17:B24* an. Diese Position wird im Spaltenbereich *Status* – also *I17:I24* – gesucht. Die dort gefundene Meldung wird als Ergebnis in *F4* eingesetzt.

Abbildg. 32.31   Oben in der Bearbeitungsleiste steht die Formel, welche die gewünschte Information zum Status aus der Projektliste holt und das Ergebnis in *F4* anzeigt

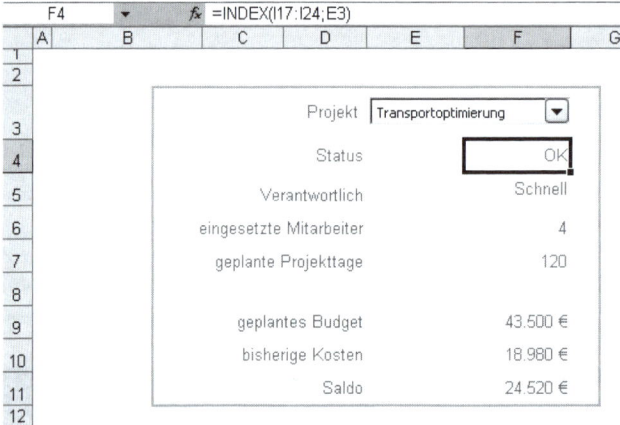

3. Für den Namen des Verantwortlichen in *F5* lautet die Formel: =INDEX(F17:F24;E3).

4. Die weiteren Formeln können Sie nun analog in die Zellen bis *F11* eintragen. Nutzen Sie dazu die Hinweise in Tabelle 32.1.

Tabelle 32.1   Alle Formeln zum Ausfüllen des Anzeigebereichs mit den zutreffenden Daten

Zelle	Formel
F4	=INDEX(I17:I24;E3)
F5	=INDEX(F17:F24;E3)
F6	=INDEX(E17:E24;E3)

Tabelle 32.1 Alle Formeln zum Ausfüllen des Anzeigebereichs mit den zutreffenden Daten *(Fortsetzung)*

Zelle	Formel
F7	=INDEX(C17:C24;E3)
F9	=INDEX(D17:D24;E3)
F10	=INDEX(G17:G24;E3)
F11	=INDEX(H17:H24;E3)

Wenn Sie nach Eingabe dieser Formeln aus dem Kombinationsfeld einen anderen Projekteintrag anklicken, werden dessen Daten in den Zellen von *F4* bis *F11* angezeigt.

Den Anzeigebereich umrahmen

Sie können abschließend den Anzeigebereich noch optisch etwas herausheben, indem Sie ihn mit einem Rahmen umgeben, der nicht direkt an den Zellen »klebt«, sondern den Bereich großzügig umgibt:

1. Klicken Sie dazu in der Symbolleiste *Zeichnen* auf das Symbol *Rechteck* und ziehen Sie mit gedrückter linker Maustaste einen Rahmen auf.

2. Klicken Sie in der gleichen Symbolleiste auf das Symbol *Füllfarbe* und wählen Sie dort (wie in Abbildung 32.32 gezeigt) den Befehl *Keine Füllung*, um das Rechteck transparent zu machen.

3. Sorgen Sie über die beiden Symbole *Linienfarbe* und *Linienart* in der Symbolleiste *Zeichnen* für das gewünschte Aussehen des Rahmens.

Abbildg. 32.32 Das Rechteck über die Befehlsfolge *Füllfarbe/Keine Füllung* transparent machen

Das fertige Beispiel finden Sie im Arbeitsblatt *Projektauswahl* der Mappe *Projektarbeit.xls* auf der CD-ROM zum Buch im Ordner *\Buch\Kap32*.

Den Stand der Projektausgaben mit einer Kosten-Ampel im Blick behalten

Es gehört zur Projektarbeit, in periodischen Abständen eine Gegenüberstellung von Ausgaben und noch verfügbaren Mitteln vorzunehmen. Meist sind gleich mehrere Projektbudgets zu verwalten. Da ist es nicht leicht, in der Fülle der Daten noch den Überblick zu behalten.

Controller nutzen spezielle Programme, in denen per Ampel der Status von Ausgaben und Budgets farbig angezeigt wird. Rot für Ausgabenstopp, Gelb für eine Warnung zur bisherigen Ausgabenhöhe, Grün dafür, dass die Ausgaben im geplanten Bereich liegen. In diesem Abschnitt lernen Sie, wie Sie mit Hilfe der Funktion *Bedingte Formatierung* auch in Excel eine solche Ampelfunktionalität zur schnellen und effektiven Kontrolle von Ausgaben und Budgets einrichten können.

Welche Funktionen soll die Ampel haben?

Die Abbildung 32.33 zeigt die fertige Ampel-Lösung. Das Arbeitsblatt ist so aufgebaut, dass im oberen Bereich Eckdaten für die Kontrolle und Steuerung des Projekts stehen. Dazu gehören:

- die Höhe des Budgets,
- die Summe der bisherigen Ausgaben,
- die Information, wie viel Prozent des Budgets bereits aufgebraucht sind und
- die Möglichkeit, komfortabel einen Schwellenwert zu bestimmen, ab dem die Ausgaben stärker unter Kontrolle gehalten werden müssen (die Anzeige von Gelb in der Ampel), da das Budget bald aufgebraucht ist. Hier kommt ein weiteres Steuerelement zur Anwendung, das *Drehfeld*.

Abbildg. 32.33 Vorschau auf die Ampel-Lösung: links Eckdaten zum Projekt, rechts die Ampel, die im Augenblick noch auf Grün steht

Um den Projektverantwortlichen bei jedem Projekt das erneute Lesen und Vergleichen der Zahlen abzunehmen und mit nur einem Bild eine klare Aussage zum aktuellen Stand der Budgetausschöpfung zu geben, soll eine Ampel genutzt werden. Im vorliegenden Beispiel soll sie Folgendes signalisieren:

- Bei Ausgaben bis zu einer Höhe von 85% des Budgets soll die Ampel Grün anzeigen. Es darf weiterhin Geld ausgegeben werden.

- Ab 85% soll die Ampel auf Gelb umschalten, um den Hinweis zu geben, dass ein sensibler Bereich bei der Höhe der Ausgaben erreicht wurde. Dieser Schwellenwert kann jederzeit über das Drehfeld nach unten oder oben verändert werden.

- Ab 100% müssen die Ausgaben gestoppt werden, die Ampel demzufolge auf Rot umschalten.

Wenn Sie den Aufbau der Ampel Schritt für Schritt nachvollziehen wollen, öffnen Sie am besten das Arbeitsblatt *Ampel 0* der Mappe *Projektarbeit.xls* auf der CD-ROM zum Buch im Ordner *\Buch\Kap32*.

Das Blatt für die Kostenkontrolle per Ampel vorbereiten

Geben Sie zunächst die Daten ein, die später für das Funktionieren der Ampel erforderlich sind:

1. Tragen Sie in *C5* »*Budget*«, in *C9* »*Gesamtausgaben*«, in *C13* »*Budgetauslastung*« und in *F5* »*Schwellenwert*« ein.

2. Geben Sie in *D5* den Wert *20.000* und in *D9 16.600* ein.

3. Markieren Sie *C5:D5*, *C9:D9*, *C13:D13* sowie *F5:G5* (Ab dem zweiten Zellbereich müssen Sie für die Mehrfachmarkierung die ⌨Strg⌨-Taste gedrückt halten).

4. Betätigen Sie die Tastenkombination ⌨Strg⌨+⌨⇧⌨+⌨F3⌨ (alternativ dazu die Befehlsfolge *Einfügen/Namen/Erstellen*) und klicken Sie auf *OK*. Damit haben die vier Zellen *D5*, *D9*, *D13* und *G5*, in denen später konkrete Daten stehen werden, Bereichsnamen erhalten. Erleichtern Sie sich so das Erstellen und auch das Verständnis der Formeln.

5. Nutzen Sie gleich zwei der soeben vergebenen Bereichsnamen für die Formel in *D13*. Dort soll die Budgetauslastung, also das Verhältnis »Gesamtausgaben geteilt durch Budget« berechnet werden. Geben Sie in *D13* ein Gleichheitszeichen ein und rufen Sie mit ⌨F3⌨ die Liste der Namen in der Mappe auf. Wählen Sie *Gesamtausgaben* und klicken Sie auf *OK*. Tragen Sie das Zeichen für Geteilt (/) ein, betätigen Sie erneut ⌨F3⌨ und wählen Sie diesmal den Namen *Budget*. Klicken Sie auf *OK* und schließen Sie die Formel mit der ⌨↵⌨-Taste ab. Die Formel in *D13* lautet damit =Gesamtausgaben/Budget.

6. Das Ergebnis ist 0,83. Formatieren Sie es in Prozent, indem Sie in der Symbolleiste *Format* auf das Symbol *Prozent* klicken.

Den Schwellenwert über ein Drehfeld einstellen

Der Schwellenwert in *G5*, ab dem später die Ampel auf Gelb schaltet, soll nicht per Hand eingegeben werden müssen, sondern bequem über ein Drehfeld rechts daneben veränderbar sein. Das ist eine typische Aufgabe für ein Steuerelement.

Steuerelemente sollen den Anwendern zum einen die manuelle Eingabe von Werten abnehmen. Zum anderen können Sie mittels Steuerelementen unter der Fragestellung »Was wäre wenn?« schnell bestimmte Situationen simulieren, indem Sie Werte schnell verkleinern oder vergrößern.

Abbildg. 32.34 Das Steuerelement *Drehfeld* in der Symbolleiste *Formular*

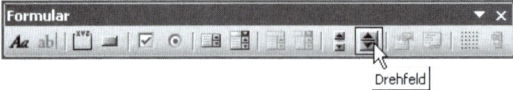

Das Drehfeld erstellen und einrichten

Das Steuerelement muss zuerst gezeichnet und positioniert und dann konfiguriert werden. Sie finden es wieder in der Symbolleiste *Formular* (Abbildung 32.34).

1. Falls die Symbolleiste *Formular* noch nicht eingeblendet ist, holen Sie dies über die Befehlsfolge *Ansicht/Symbolleisten* nach.

2. Machen Sie die beiden Spalten *G* und *H* deutlich schmaler, indem Sie zwei Mal die Befehlsfolge *Format/Spalte/Breite* wählen und für Spalte *G* den Wert *5* und für Spalte *H* den Wert *4* eingeben. Bestätigen Sie jeweils mit *OK*.

3. Klicken Sie in der Symbolleiste *Formular* auf das Symbol *Drehfeld* und zeichnen Sie über der Zelle *H5* das Drehfeld.

4. Lassen Sie das neue Objekt markiert und klicken Sie in der Symbolleiste *Formular* auf das Symbol *Steuerelementeigenschaften*.

5. Nehmen Sie im Dialogfeld die Einstellungen so vor, wie sie in Abbildung 32.35 gezeigt werden. Tragen Sie bei *Aktueller Wert* die Zahl *85*, bei *Minimalwert* die Zahl *0*, bei *Maximalwert* die Zahl *100* und bei *Schrittweite* die Zahl *1* ein.

6. Schreiben Sie in das Eingabefeld hinter *Zellverknüpfung* den Bezug *H5* und schließen Sie mit *OK* ab. Die Zahl, die durch das Betätigen des Drehfeldes generiert wird, bleibt also unter dem Drehfeld selbst verborgen.

Abbildg. 32.35 Das Drehfeld konfigurieren

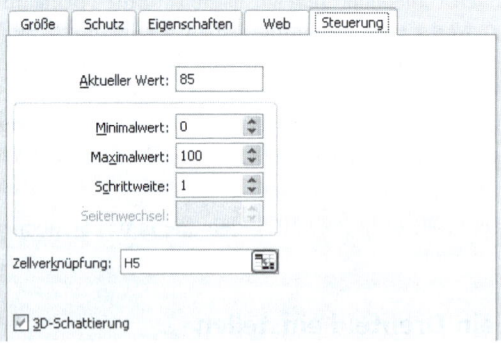

Der Grund dafür ist schnell erklärt: Normalerweise müsste die Zellverknüpfung auf *G5* verweisen, denn dort soll der Schwellenwert von 85% (=0,85) erscheinen. Da aber in dem Dialogfeld für die Eigenschaften des Steuerelements nur ganze Werte größer 1 möglich sind (Maximalwert wäre 30.000), müssen Sie nun einen kleinen Kunstgriff anwenden.

PROFITIPP

Um über ein Steuerelement auch Prozentangaben verändern zu können, verlegen Sie die Zellverknüpfung auf eine unsichtbare Zelle und verwenden in der Zelle, in der die Prozentwerte angezeigt und veränderbar sein sollen, eine Formel, die den Wert aus der Zellverknüpfungszelle durch 100 dividiert. Im vorliegenden Fall liegt die Zellverknüpfung auf der unsichtbaren Zelle *H5*. Dort steht aktuell der Wert *85*. Tragen Sie nun in *G5* die Formel *=H5/100* ein und formatieren Sie die Zelle wieder mit dem Prozent-Format.

Sie können das fertige Zwischenergebnis für den Aufbau der Ampel in Abbildung 32.36 sehen. In *G5* steht zwar 85%, aber dies ist – wie Sie in der Bearbeitungsleiste oben sehen können – das Resultat einer Formel, die auf den Wert in *H5* verweist. Der Wert in *H5* wird durch das Steuerelement verdeckt, aber wenn Sie per Tastatur die Zellmarkierung auf *H5* bewegen, werden Sie sehen, dass in der Bearbeitungsleiste der Wert *85* angezeigt wird.

Abbildg. 32.36   Oben in der Bearbeitungsleiste ist die Formel zu sehen, die in *G5* zu dem Ergebnis 85% führt

Die Ampel aus Zellen erstellen

Nach diesen Vorarbeiten ist nun die Ampel selbst an der Reihe. Jeweils zwei untereinander liegende Zellen in Spalte *J* sollen – je nach Stand der Ausgaben – die Ampelfarben Grün, Gelb oder Rot anzeigen. Jeweils zwei Zellen deshalb, um ausreichend große »Leuchten« zu erhalten.

Über die Zellen wird dann eine halbtransparente AutoForm gelegt, die das »Ampelgehäuse« darstellt. Alternativ dazu könnten Sie auch die umliegenden Zellen in den Spalten *I*, *J* und *K* nutzen, um dort das Aussehen einer Ampel nachzuempfinden.

Die »Leuchten« für die Ampel anfertigen

1. Markieren Sie Spalte *J* und legen Sie über *Format/Spalte/Breite* einen Wert von *4* fest.

2. Markieren Sie nun die Zellen *J7:J8*; *J11:J12* sowie *J15:J16* und weisen Sie diesen als Füllfarbe ein helles Grau zu.

Die Bedingungen für die drei Farben Rot, Gelb und Grün definieren

Im nächsten Schritt geht es darum, diese drei hellgrauen Zellbereiche je nach Stand der Ausgaben in einer der drei Farben »leuchten« zu lassen. Hier kommt die Funktion *Bedingte Formatierung* zum Einsatz, die es u.a. ermöglicht, die Füllfarbe von Zellen in Abhängigkeit von bestimmten Bedingungen zu verändern (mehr Informationen zu dieser Funktion können Sie in Kapitel 12 nachlesen).

Beginnen Sie mit den oberen beiden Zellen, in denen die Ampel im Falle der Budgetausschöpfung und -überziehung auf Rot schalten soll.

1. Markieren Sie *J7:J8* und rufen Sie das Dialogfeld *Format/Bedingte Formatierung* auf.

2. Es muss ermittelt werden, ob die Gesamtausgaben das Budget erreicht haben oder dies übersteigen. In beiden Fällen soll die Ampel in den Zellen *J7* und *J8* auf Rot umschalten. Es wird also eine Formel gebraucht, welche die Werte für *Gesamtausgaben* und *Budget* vergleicht. Wählen Sie unter *Bedingung 1* zunächst den Eintrag *Formel ist*. Geben Sie in das Feld rechts daneben folgende Formel ein: =Budget<=Gesamtausgaben.

3. Klicken Sie rechts auf die Schaltfläche *Format* und wählen Sie auf der Registerkarte *Muster* die Farbe *Rot*. Die fertigen Einstellungen sehen Sie in Abbildung 32.37 oben. Schließen Sie mit zwei Mal *OK* ab.

4. Markieren Sie nun die Zellen, die Grün »leuchten« sollen, also *J15:J16* und rufen Sie wieder *Format/Bedingte Formatierung* auf.

5. »Grünes Licht« gibt es, solange der Wert für das Verhältnis Gesamtausgaben/Budget kleiner ist als der Schwellenwert in *G5*. Das Verhältnis Gesamtausgaben/Budget haben Sie in Zelle *D13* bereits ausgerechnet. Sie trägt den Namen *Budgetauslastung* und die Zelle *G5* den Namen *Schwellenwert*. Die Formel lautet diesmal also =Budgetauslastung<Schwellenwert. Geben Sie diese ein, nachdem Sie wieder den Eintrag *Formel ist* gewählt haben. Klicken Sie anschließend auf die Schaltfläche *Format* und wählen Sie in der Registerkarte *Muster* die Farbe *Grün*. Schließen Sie mit zwei Mal *OK* ab. Die kompletten Einstellungen für diesen Fall sehen Sie in Abbildung 32.37 unten.

6. Markieren Sie als letztes die Zellen *J11:J12* und rufen Sie erneut das Dialogfeld *Format/Bedingte Formatierung* auf.

7. Jetzt muss definiert werden, wann diese beiden Zellen Gelb eingefärbt werden, wobei zwei Bedingungen gleichzeitig zutreffen müssen. Das warnende Gelb darf erst dann angezeigt werden, wenn die Budgetauslastung den definierten Schwellenwert erreicht oder überschritten hat. Zugleich dürfen die Gesamtausgaben noch nicht die Höhe des Budgets erreicht haben, müssen also kleiner sein. Da die genannten beiden Bedingungen gleichzeitig zutreffen müssen, verbinden Sie diese durch die logische Funktion *UND*. Wählen Sie unter *Bedingung 1* zunächst wieder den Eintrag *Formel ist*. Geben Sie dann in das Feld rechts daneben folgende Formel ein: =UND(Budgetauslastung>=Schwellenwert;Gesamtausgaben<Budget). Klicken Sie wieder auf *Format*, wählen Sie in der Registerkarte *Muster* die Farbe *Gelb* und schließen Sie mit zwei Mal *OK* ab. Die Einstellungen für Gelb sehen Sie in der Mitte von Abbildung 32.37.

Abbildg. 32.37　　Die Einstellungen für alle drei Farben der Ampel über den Menübefehl *Format/Bedingte Formatierung*

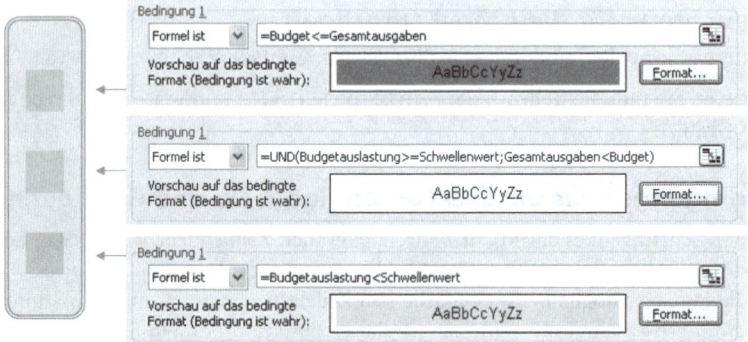

Sie können jetzt durch die Eingabe verschiedener Werte in Zelle *D9* schon einmal ausprobieren, ob die Formeln und Einstellungen tatsächlich den gewünschten Ampeleffekt bewirken.

Das Ampelgehäuse erstellen

Legen Sie nun ein abgerundetes Rechteck über die »Leuchten« in Spalte *J*, das als Ampelgehäuse dient:

1. Klicken Sie in der Symbolleiste *Zeichnen* auf *AutoFormen*.
2. Wählen Sie *Standardformen* und *Abgerundetes Rechteck*.
3. Zeichnen Sie ein Rechteck, das etwa von *I5* bis *K19* reicht.

4. Klicken Sie in der Symbolleiste *Zeichnen* auf das Symbol *Füllfarbe* und *Weitere Füllfarben*.
5. Wählen Sie im folgenden Dialogfeld (wie in Abbildung 32.38 gezeigt) als Farbe ein mittleres Grau und stellen Sie bei *Transparenz* einen Wert von *75%* ein.

Abbildg. 32.38   Ein mittleres Grau mit hoher Transparenz wählen

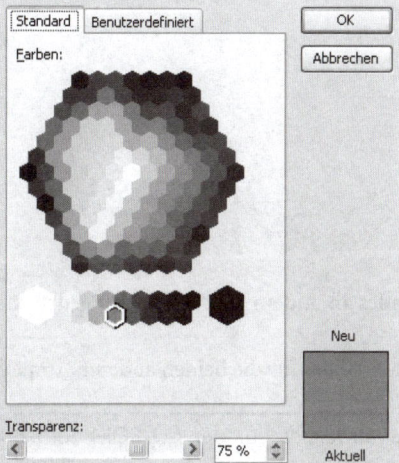

6. Stellen Sie in der Symbolleiste *Zeichnen* über die Symbole *Linienfarbe* und *Linienart* eine passende Rahmenvariante für das »Ampelgehäuse« her. Wählen Sie beispielsweise ein mittleres Grau und eine Doppellinie.

Die fertige Ampel-Lösung finden Sie im Arbeitsblatt *Ampel 1* und *Ampel 1a* der Mappe *Projektarbeit.xls* auf der CD-ROM zum Buch im Ordner *\Buch\Kap32*.

Im Blatt *Ampel 1a* gibt es ein zusätzliches Drehfeld neben den Gesamtausgaben. Es dient nur dazu, schnell den Wert für die Gesamtausgaben ändern zu können, um so das Funktionieren der Ampel zu testen. Die halbtransparenten Rechtecke, die in diesem Blatt über die Eckdaten gelegt wurden, erfüllen zum einen den optischen Zweck der Verschönerung und Hervorhebung, zum anderen dienen Sie dazu, die darunter liegenden Zellen vor unbeabsichtigten Eingaben zu schützen.

Die Ampel mit runden »Lichtern« versehen

Wenn Sie mit dem Aussehen der Ampel noch nicht zufrieden sind, können Sie diese mit Hilfe der AutoFormen weiter »verschönern«. In der Realität sind die Lichter einer Ampel rund, in der Excel-Variante sind sie aber bisher eckig. Dies können Sie noch abändern. Nutzen Sie beispielsweise die AutoForm *Rad*, um Teile der Zellen abzudecken.

1. Zeichnen Sie ein erstes Rad, indem Sie das gleichnamige Symbol in der Symbolleiste *Zeichnen* anklicken und bei gedrückter ⇧-Taste ein Rad aufziehen (die ⇧-Taste bewirkt, dass sich beim Zeichnen die Höhe und Breite stets gleichmäßig ändern und Sie garantiert ein rundes Objekt erstellen und nicht etwa ein ovales).

2. Legen Sie für *Füllfarbe* und *Linienfarbe* des Objekts die gleiche Farbe wie für die »Ampel« fest.

3. Positionieren Sie das erste Rad beispielsweise über der Farbe Grün.

4. Ziehen Sie ggf. am gelben Formkorrekturpunkt, um die Innenringgröße anzupassen (Abbildung 32.39).

Abbildg. 32.39   Durch Ziehen am gelben Formkorrekturpunkt die Innenringgröße verändern

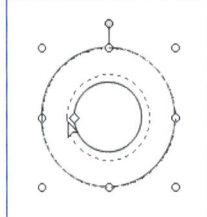

5. Fertigen Sie zwei Kopien des erstellten Rades an, indem Sie das Rad mit gedrückter Strg -Taste verschieben.

6. Positionieren Sie die Rad-Objekte über den Zellen für die beiden anderen Ampelfarben.

Im Arbeitsblatt *Ampel 2* der Mappe *Projektarbeit.xls* auf der CD-ROM zum Buch im Ordner *\Buch\Kap32* wird gezeigt, wie Sie mit Hilfe der AutoForm *Rad* aus den eckigen »Lichtern« der Ampel runde machen können, indem Sie die Zellen teilweise abdecken.

Auf einfache Weise kalkulieren

In der Praxis ist es oft notwendig, kleinere Kalkulationen durchzuführen, die für sich allein umgesetzt werden oder auch im Zusammenhang mit einem großen Projekt stehen.

In diesem Beispiel zeigen wir ein Kalkulationsblatt, das Komponenten für eine kleine Baugruppe zusammenstellt und den Materialaufwand kalkuliert. Die Einzel- und Bauteile, die verbaut werden, sind alle in einer Excel-Liste, einem Artikelstammblatt erfasst und sollen per Auswahlliste im Kalkulationsblatt zum Eintrag angeboten werden, so dass eine wiederholte und fehleranfällige Datenerfassung entfällt. Nach dem Eintrag des Artikelnamens soll zusätzlich in den Folgespalten die Artikelnummer und der Einzelpreis automatisch eingetragen werden. Hiernach wird später das gesamte Modell berechnet und der Endpreis bzw. der Aufwand angezeigt. Die Kalkulation soll außerdem noch mit einigen Stammdaten des Projekts versehen und als Kalkulationsnachweis ausgedruckt werden.

Der Aufbau des Rechenwerks in Einzelschritten

Für eine sinnvolle Kalkulation mit der vorgestellten Absicht sind einige Vorüberlegungen und Vorbereitungen notwendig. Bei jedem komplexeren Modell sollte ein Vorgehensmodell überlegt werden. Wenn Sie die Anforderungen an das Modell festgeschrieben haben, befassen Sie sich im nächsten Schritt mit der Struktur einer Excel-Mappe. Damit wird bestimmt, in welchen Tabellenblättern Daten und Zwischen- bzw. Hilfsdaten angelegt werden, um dann in einem letzten Tabellenblatt die Lösung zu berechnen und darzustellen.

Das vor uns liegende Beispiel ist noch einfach strukturiert und umfasst

- ein Artikelstammblatt und

- ein Rechenwerk für die Kalkulation.

Das Artikelstammblatt

Erstellen Sie zunächst ein Artikelstammblatt nach dem Vorbild der Abbildung 32.40. Zum Nachvollziehen der Entwicklungsarbeit können Sie auch auf die Daten der Musterlösung zurückgreifen, diese enthält auch das Tabellenblatt *Artikelstamm* mit Beispieldaten. Sie finden die Datei *KalkulationStückliste_Lösung.xls*, aus dem Ordner *\Buch\Kap32* auf der CD-ROM zum Buch.

Beim Aufbau Ihrer Mappe benennen Sie ein Register *Artikelstamm* und ein weiteres Register *Kalkulation*.

Abbildg. 32.40   Das Artikelstammblatt in einem Tabellenblatt, aufgebaut im Listenformat (Ausschnitt)

	A	B	C	D	E
1	LfdNr	Bezeichnung	ArtNr.	Einzelpreis	Lieferant
2	1	Abdeckkappe 24-polig sw	0-967 285-1	1,000	AMP
3	2	Aufnahmesockel für 52 Hülsen	KT 1042 00	0,330	Pauckner
4	3	Aufpreßrahmen (24-polig)	KT 1052 00	0,290	Pauckner
5	4	Buchsengehäuse 12-polig grau	0-965 488-2	1,000	AMP
6	5	Buchsengehäuse 12-polig sw	0-965 488-1	1,000	AMP
7	6	Buchsenteile vergoldet	BS 2006 16	20,860	Seifert
8	7	Einlegeteile für Gehäuseoberteil	BP 1805 11	1,440	Seifert
9	8	Einpresshülse vergoldet	H 2021 W7	6,500	PTR
10	9	Einpresshülse vergoldet	H 2021 C25	4,420	PTR
11	10	Gehäuse-Oberteil	GH 1030 01	3,190	Pauckner
12	11	Gehäuse-Oberteil mit Nummern heißprägen		0,500	Seitz
13	12	Hilfsplatinen-Satz (2Stck)	12 1 304 B	5,260	RE-Elektr.
14	13	Kontaktstift gefedert	FK2021-D2-0,90N-AU-0 63	30,160	PTR
15	14	Leiterplatte 156*95 mm	12 1 304 A	2,560	RE-Elektr.
16	15	Leitungen 0,5 qmm schwarz	7004-1	1,000	Multi-Cont.
17	16	Löthilfskontakte verzinnt	SIN-21T-1,8	1,000	JST
18	17	MQS-Buchsenkontakte	0-928 999-5	1,000	AMP
19	18	Reduzierringe grün	KT 1090 00	1,470	Pauckner

Das Artikelstammblatt sollte alle Artikelpositionen enthalten, die als Bauteile im gesamten Kalkulationsmodell vorkommen können. Die Liste besteht aus den Spalten

- Laufende Nummer,

- Bezeichnung,

- Artikelnummer,

- Einzelpreis und

- Lieferant.

In einer Excel-Liste bilden die Spaltenüberschriften auch gleichzeitig die Feldnamen. Bei einer Selektion und Übernahme der Bauteile in das Kalkulationsblatt unter Zuhilfenahme eines Kombinationsfelds reicht die einfache Bezeichnung des Artikels oftmals nicht aus, um ihn eindeutig identifizieren zu können. Beispielsweise bei der Einpresshülse in Zeile 8 und 9 deutet sich diese Problematik an. Aus diesem Grund ist es sinnvoll, die Artikelnummer mit anzuzeigen. Wir erweitern daher unsere Liste um eine Spalte, die den Artikelnamen und die Artikelnummer kombiniert anzeigt. Legen Sie ein weiteres Feld (Spaltenüberschrift) mit dem Namen *Anzeigespalte* an. Jetzt führen Sie die Einträge der Spalte *Bezeichnung* und *ArtNr* in der jeweiligen Zelle der Spalte *F* zusammen. Die Verknüpfung der beiden Zellen mit dem Verknüpfungsoperator »&«, der als Formel in Zelle *F2* geschrieben =B2&"   "&C2 lautet, erreichen Sie die Lösung recht einfach und zügig.

> **TIPP** Alternativ können Sie auch die Funktion *VERKETTEN()* für die Lösung der Aufgabe verwenden. Die allgemeine Syntax dieser Funktion lautet:
>
> =*VERKETTEN(Text1;Text2;Text3;…)*
>
> Die Verknüpfung der beiden Zellen *B2* und *C2* wäre mit folgender Funktionsschreibweise zu erreichen:
>
> =*VERKETTEN(B2;" ";C2)*
>
> Mehr zum Verknüpfen von Zeichenfolgen erfahren Sie in Kapitel 7.

Das Kalkulationsblatt

Für das zu kalkulierende Gerät werden verschiedenste Bauteile benötigt. Um diese komfortabel in das Kalkulationsblatt übertragen zu können, sollten diese in Excel-Listenform vorliegen. Der jeweilige Einzelpreis und die benötigte Menge werden multipliziert und über alle ausgefüllten Zeilen des Blattes wird die Gesamtsumme gebildet. Auf diesen ermittelten Wert erfolgt im nächsten Zyklus eine exemplarische Zuschlagskalkulation, die individuell angepasst und auch erweitert werden kann. Um für den Anwender die Arbeitszeit und die Fehleranfälligkeit zu verringern, sollen die Artikel aus einer Liste und die prozentualen Werte über eine Schaltfläche ausgewählt werden.

Das Kalkulationsblatt besteht aus den Spalten mit folgenden Feldnamen als Beschriftung:

- Positionsnummer,

- Bauteilbezeichnung,

- Artikelnummer,

- Menge,

- Einzelpreis und

- Berechnungsspalte.

Das Arbeitsblatt für die Kalkulation ist in diesem Beispiel auf 20 Einträge ausgelegt, kann aber jederzeit erweitert werden. In der Kopfzeile sind Verwaltungsdaten zur Identifizierung des kalkulierten Gerätes eingetragen (siehe auch Abbildung 32.41).

Abbildg. 32.41 Ein Ausschnitt, Kopfzeile und Einzelteile des Kalkulationsmodells

	A	B	C	D	E	F
1		**Kalkulationsmodell**				
2	**Bezeichnung Stückliste:**		EPA-E32			
3	**Bestellnummer:**		123KD476			
4	**Stand:**					
5	Kalkulierte Menge		1 Evaluierungsmodell			
6		Aufnahmesockel für 52 Hülsen KT 1042 00		▼	Artikel nochmal in nächste Positon aufnehmen	
7	**Pos.**	**Bezeichnung**	**Art-Nr.**	**Menge**	**Einzelpreis**	**Berechnung**
9	1	Kontaktstift gefedert	FK2021-D2-0, 90N-AU-0 63	1,0	30,160	30,16
10	2	Leiterplatte 156*95 mm	12 1 304 A	1,0	2,560	2,56
11	3	Senkschraube mit Kreuzschlitz	M4*25 DIN 965vn	1,0	1,000	1,00
12	4	Aufnahmesockel für 52 Hülsen	KT 1042 00	1,0	0,330	0,33
13	5	Buchsengehäuse 12-polig grau	0-965 488-2	1,0	1,000	1,00
14	6	Aufnahmesockel für 52 Hülsen	KT 1042 00	1,0	0,330	0,33
15	7	Aufpreßrahmen (24-polig)	KT 1052 00	1,0	0,290	0,29
16	8	Buchsengehäuse 12-polig grau	0-965 488-2	1,0	1,000	1,00

Die Berechnung der Werte in Spalte *F (Berechnung)* erfolgt nach der Formel `Menge * Einzelpreis` und lautet für die Zeile 9 zunächst wie folgt:

`=D9*E9`

Im unteren Teil des Arbeitsblatts finden Sie die in diesem Beispiel verwendeten Zuschlagsvarianten, die für die jeweiligen Anforderungen leicht angepasst werden können.

Abbildg. 32.42 In den Zeilen 29 ff., der Kalkulationsteil des Modells

	A	B	C	D	E	F
1		**Kalkulationsmodell**				
2	**Bezeichnung Stückliste:**		EPA-E32			
3	**Bestellnummer:**		123KD476			
4	**Stand:**					
5	Kalkulierte Menge		1 Evaluierungsmodell			
6		Aufnahmesockel für 52 Hülsen KT 1042 00		▼	Artikel nochmal in nächste Positon aufnehmen	
7	**Pos.**	**Bezeichnung**	**Art-Nr.**	**Menge**	**Einzelpreis**	**Berechnung**
27	19			1,0		
28	20			1,0		
29		Ergebnis Artikel				38,00
30		Kalkulationszuschlag		3,0%		1,14
31		Zwischensumme 1				39,14
32		+ Bonus I		1,00%		0,39
33		Zwischensumme 2				39,53
34		+ Bonus II		0,00%		0,00
35		Fracht, Verpackung, Sonstiges				0,00
37		Gesamtergebnis				39,53

Die Drehfelder in den Zeilen 30, 32 und 34 verändern die Zuschlagswerte so, dass es auf einfache, manuelle Weise möglich ist, auf die Suche nach den Zielwerten zu gehen.

Die Abbildung 32.43 zeigt im Ausschnitt eine Übersicht über die Formeln des Kalkulationsblatts.

Abbildg. 32.43 Eine Übersicht über die wesentlichen Formeln und Funktionen des Kalkulationsblatts

	A	B	C	D	E	F
16	8	Buchsengehäuse 12-polig grau	0-965 488-2	1	1	=WENN(D16*E16>0;D16*E1
17	9	Aufnahmesockel für 52 Hülsen	KT 1042 00	1	0,33	=WENN(D17*E17>0;D17*E1
18	10	Aufpreßrahmen (24-polig)	KT 1052 00	1	0,29	=WENN(D18*E18>0;D18*E1
19	11	Einlegeteile für Gehäuseoberteil	BP 1805 11	1	1,44	=WENN(D19*E19>0;D19*E1
20	12			1		=WENN(D20*E20>0;D20*E2
21	13			1		=WENN(D21*E21>0;D21*E2
22	14			1		=WENN(D22*E22>0;D22*E2
23	15			1		=WENN(D23*E23>0;D23*E2
24	16			1		=WENN(D24*E24>0;D24*E2
25	17			1		=WENN(D25*E25>0;D25*E2
26	18			1		=WENN(D26*E26>0;D26*E2
27	19			1		=WENN(D27*E27>0;D27*E2
28	20			1		=WENN(D28*E28>0;D28*E2
29		Ergebnis Artikel				=SUMME(F9:F28)
30	30	Kalkulationszuschlag		=RUNDEN(A30/1000;3)		=F29*D30
31		Zwischensumme 1				=SUMME(F29:F30)
32	100	="+ Bonus I"		=RUNDEN(A32/10000;4)		=F31*D32
33		Zwischensumme 2				=SUMME(F31:F32)
34	0	="+ Bonus II"		=RUNDEN(A34/1000000;4)		=F33*D34
35		Fracht, Verpackung, Sonstiges				0
37		Gesamtergebnis				=SUMME(F33:F35)

WICHTIG Die Werte in den Zellen *A30*, *A32* und *A34* sind Zwischenresultate, die über die Drehfelder in der jeweiligen Zeile dorthin geschrieben und von den Funktionen in *D30*, *D32* und *D34* verarbeitet werden.

Den Datenbereich im Artikelstammblatt dynamisch verwalten

Das Artikelstammblatt kann beliebig viele Einträge aufnehmen und wird lediglich durch die Excel-Kapazitäten begrenzt. Damit das Kalkulationsmodell auf alle Artikeleinträge zugreifen kann, wird die tatsächlich genutzte Zeilenanzahl der Auswahlliste im Kalkulationsblatt als bekannt vorausgesetzt. Um nicht bei jedem neuen Eintrag die Bereichsgröße manuell anpassen zu müssen, legen Sie am besten einen dynamischen Datenbereich an, der sich – je nach dem, ob Sie einen Eintrag hinzufügen oder entfernen möchten – dem entsprechend anpasst.

Um einen dynamischen Datenbereich anzulegen,

1. stellen Sie die Einfügemarke in Zelle *B2* und geben dieser Zelle den Namen *Daten*. Dies erfordert einen Klick auf das Namensfeld links oben, dort markieren Sie die angezeigte Zelladresse, schreiben den Namen *Daten* in dieses Feld und schließen die Festlegung mit der ⏎-Taste ab.

Abbildg. 32.44 Namensvergabe für das Feld *B2*

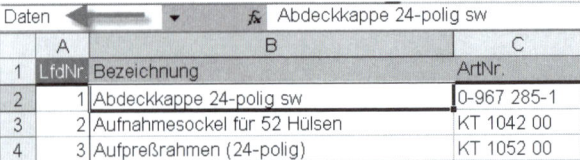

2. Anschließend vergeben Sie über den Menübefehl *Einfügen/Namen/Definieren* den Namen *Zeilen* für den Bereich *$B$2:$B$65536*. Wählen Sie die Schaltfläche *Hinzufügen*.

3. Vergeben Sie für die Zelle *F2* den Namen *Anfang* und schließen Sie das Dialogfeld *Namen definieren* mit *OK*.

Das sind die gegenwärtigen notwendigen Vorbereitungen für dieses Arbeitsblatt. Ein Blick in die Namensliste unter dem Menübefehl *Einfügen/Namen/Definieren* zeigt uns folgende Zuweisungen:

Tabelle 32.2   Bezeichnung der Feld- und Bereichsnamen

Name	Bereich
Daten	=Artikelstamm!$B$2
Zeilen	=Artikelstamm!$B$2:$B$65536
Anfang	=Artikelstamm!$F$2

Unter Anwendung der Funktionen *ANZAHL2(Bereich)*

und

BEREICH.VERSCHIEBEN(Bezug;Zeilen;Spalten;Höhe;Breite)

sind Sie jetzt in der Lage, die dynamische Datenbank zu konstruieren.

Die Funktion

=*BEREICH.VERSCHIEBEN(Bezug;Zeilen;Spalten;Höhe;Breite)*

liefert einen Bezug, der gegenüber dem angegebenen *Bezug* um *Zeilen* und *Spalten* versetzt ist. Die beiden übrigen Argumente können mit der neuen *Höhe* und *Breite* des Bereichs belegt werden. In unserem Beispiel wird der Name »Datenbank« (*Daten1*) einer Funktion – und nicht wie sonst vielleicht gewohnt – einem Tabellenbereich oder einer Zelle zugewiesen. Die Funktion *ANZAHL2* liefert Ihnen die Anzahl der Argumente einer jeweiligen Liste, in unserem Beispiel wäre das die Anzahl der vorhandenen Einträge im Bereich $B$2:$B$65536. Mehr zu dieser Funktion finden Sie in Kapitel 15.

---

1. Öffnen Sie jetzt mit dem Menübefehl *Einfügen/Namen/Definieren* die Namensliste und tragen in die Zeile *Namen in der Arbeitsmappe* den Namen *Daten1* für den Datenbereich ein (siehe auch Abbildung 32.45).

2. In die Zeile *Bezieht sich auf* schreiben Sie folgende Funktion: =*Anfang:BEREICH.VERSCHIEBEN(Anfang;;;ANZAHL2(Zeilen))*.

Grundlage für die Zeilenausdehnung der Datenbank bildet die Spalte *B* (ohne die erste Zeile mit der Überschrift). Dies hat zur Folge, dass mit jedem Eintrag in diese Spalte die Länge der Datenbank automatisch in ihrer Zeilenanzahl angepasst wird.

Abbildg. 32.45   Definition des dynamischen Datenbereichs

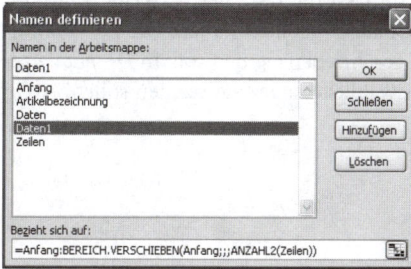

Eintrag per Dropdown-Liste in das Kalkulationsmodel

Eine komfortable Datenerfassung im Kalkulationsblatt erreichen Sie über die Auswahl in einer Dropdown-Liste. Um eine entsprechende Auswahlliste aufzubauen:

1. Öffnen Sie die Symbolleiste *Formular* und klicken Sie auf die Schaltfläche *Kombinationsfeld.* Der Mauszeiger nimmt nun die Form eines Kreuzes an.

2. Gehen Sie mit dem »Kreuz« an die Position in der Tabelle, an der die Dropdown-Liste angezeigt werden soll und ziehen Sie dort mit gedrückter linker Maustaste einen angemessen großen Rahmen auf.

3. Das gezeichnete Objekt ist nach diesem Vorgang noch markiert (vgl. Abbildung 32.46). Klicken Sie nun mit der rechten Maustaste auf das Dropdown-Objekt und wählen Sie im Kontextmenü den Befehl *Steuerelement formatieren* aus. Sie erhalten dann ein Dialogfeld zur Eingabe der Steuerwerte (Abbildung 32.47).

Abbildg. 32.46 Das eingefügte und markierte Dropdown-Objekt für die Auswahlliste (Ausschnittbild)

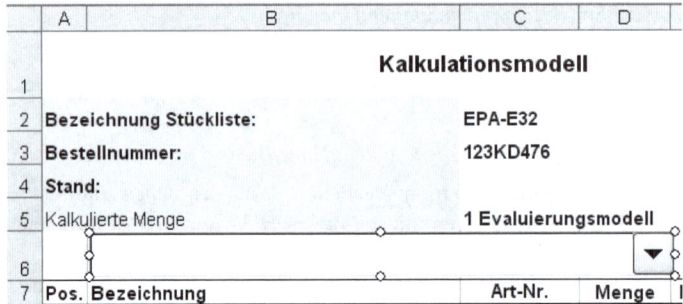

Abbildg. 32.47 Das Dialogfeld zur Steuerung der Dropdown-Liste (Ausschnitt)

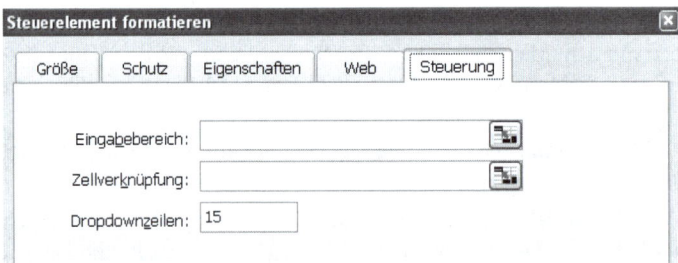

4. Aktivieren Sie, falls nicht schon automatisch geschehen, die Registerkarte *Steuerung* und füllen die drei Textfelder aus. Der *Eingabebereich* umfasst die Liste der Artikelbezeichnungen kombiniert mit den Artikelnummern, die wir in Spalte *F* gebildet haben. Die *Zellverknüpfung* ist die Zelle, in der die Indexnummer der Auswahl geschrieben werden soll. In *Dropdownzeilen* definieren Sie die Anzahl der Zeilen, die in der Auswahlliste angezeigt werden sollen. Nehmen Sie folgende Einträge vor:

Name	Inhalt
Eingabebereich	*KalkulationStückliste.xls!Daten1*
Zellverknüpfung:	*$B$6*
Dropdownzeilen:	*15*

5. Schließen Sie die Eingaben über die Schaltfläche *OK* ab. Klicken Sie dann auf eine beliebige Zelle, sodass die Objektmarkierung aufgehoben wird.

6. Jetzt aktivieren Sie die Zelle im Kalkulationsblatt, welche die Artikelbezeichnung aufnehmen soll. Durch einen Klick mit der linken Maustaste auf den Pfeil, öffnet sich die Liste und Sie können einen Artikel auswählen.

Mit der Auswahl eines Artikels (durch Anklicken mit der linken Maustaste) wird die Liste geschlossen und der ausgewählte Eintrag angezeigt. Gleichzeitig wird beispielsweise in Zelle *B6* (die Zellverknüpfung) der Indexwert der Auswahl (z.B. die *2*) angezeigt, wenn die Auswahl den zweiten Eintrag in der Liste betrifft. Im nächsten Schritt muss nun die Zelle *B2* ausgewertet und der zugehörige Text in die betroffene Zelle des Kalkulationsblattes übertragen werden. Die Zellen *C6* bis *E6* sind gefüllt mit Verweis-Funktionen, die diese Aufgaben, unterstützt durch ein Makro, übernehmen.

Tabelle 32.4   Beispiel für die Funktionen, die eine Zeile nach der Auswahl ausfüllen

Zelle	Funktion	Ergebnis
C6	*VERWEIS($B$6;Artikelstamm!$A$2:$A$300;Artikelstamm!B$2:B$300)*	Aufnahmesockel für 52 Hülsen
D6	*VERWEIS($B$6;Artikelstamm!$A$2:$A$300;Artikelstamm!C$2:C$300)*	KT 1042 00
E6	*VERWEIS($B$6;Artikelstamm!$A$2:$A$300;Artikelstamm!D$2:D$300)*	0,33

Mit dem folgenden VBA-Modul (Makro) werden die Daten dann in die ausgewählte Zeile im Kalkulationsblatt übertragen. Mit der Tastenkombination `Alt`+`F11` aktivieren Sie den VBA-Editor und können dann unmittelbar im Codefenster das Listing eingeben (Details zur Makro-Programmierung finden Sie in Kapitel 31). Der Name des Makros lautet »Listboxauswahl«.

Listing 32.1   Daten in das Kalkulationsblatt eintragen

```
Option Explizit
Sub Listboxauswahl()
    Dim sto, aktz
    Set sto = ActiveCell
    Range("c6").Select
        Selection.Copy
    sto.Select
    Selection.PasteSpecial Paste:=xlValues, Operation:=xlNone, _
        SkipBlanks:=False, Transpose:=False
    Application.CutCopyMode = False
    Range("c6").Select
    ActiveCell.Offset(0, 1).Select
    Selection.Copy
```

Listing 32.1 Daten in das Kalkulationsblatt eintragen *(Fortsetzung)*

```
        sto.Select
        ActiveCell.Offset(0, 1).Select
        Selection.PasteSpecial Paste:=xlValues, Operation:=xlNone, _
            SkipBlanks:=False, Transpose:=False
        Application.CutCopyMode = False
        Range("c6").Select
        ActiveCell.Offset(0, 2).Select
         Selection.Copy
         sto.Select
        ActiveCell.Offset(0, 3).Select
        Selection.PasteSpecial Paste:=xlValues, Operation:=xlNone, _
            SkipBlanks:=False, Transpose:=False
        Application.CutCopyMode = False
        sto.Select
        ActiveCell.Offset(1, 0).Select
End Sub
```

Wenn Sie alle Daten (per Makro) eingetragen haben, ist es noch erforderlich, die benötigte Menge in Spalte *D* einzutragen, damit die Berechnung erfolgen kann.

WICHTIG   Achten Sie darauf, dass sich zum Zeitpunkt der Artikelauswahl in der Listbox, also vor Beginn der Makroausführung, der Cursor in der Zielzelle der Spalte *Bezeichnung* befindet. Im Makro wird nicht geprüft, ob die richtige Zelle aktiviert ist. Die Ausführung des Makros erfolgt an der aktuellen Cursorposition bzw. der zuletzt aktivierten Zelle. Um Sicherheit zu erlangen, müssten Sie dem Code entsprechende Befehle hinzufügen.

HINWEIS   Im Bereich *F9* bis *F28* richten Sie die Formeln ein, die zur Berechnung des Gesamtpreises einer Zeile, *Menge*Preis,* erforderlich sind. Damit die Zellen, die noch keine Berechnung ausführen aber schon Formeln enthalten, keine Null-Werte ausweisen, verwenden Sie zusätzlich zur Berechnung noch eine *WENN*-Abfrage, um diese Null-Werte zu unterdrücken. Die Formel, eingebettet in eine *WENN*-Funktion, sieht in Zelle *F9* beispielsweise so aus:

=WENN(D9*E9>0;D9*E9;"")

Kopieren Sie diese Formel in alle Eingabezeilen der *Spalte F*.

Mehr zur Logikfunktion *WENN* finden Sie in Kapitel 15.

Wiederholung des gleichen Eintrags

Bei der Kalkulation eines Geräts kann es durchaus auch vorkommen, dass ein und dasselbe Bauteil nochmals in einer weiteren Zeile eingetragen und berechnet werden muss. Um diesen Vorgang abzukürzen, schaffen Sie eine Befehlsschaltfläche *»Artikel noch mal in die nächste Position aufnehmen«*, die diese Aufgabe übernimmt.

1. Öffnen Sie die Symbolleiste *Formular* und klicken Sie dort auf das Symbol *Schaltfläche*, um sie zu aktivieren.

2. Bewegen Sie anschließend die Maus, um die Befehlsschaltfläche zu verlassen. Außerhalb der Symbolleiste nimmt der Mauszeiger die Form eines Kreuzes an.

3. Gehen Sie jetzt mit dem »Kreuz« an die Position in der Tabelle, an der die Schaltfläche angezeigt werden soll und ziehen mit gedrückter linker Maustaste einen angemessen großen Rahmen.

4. Nach Freigabe der Maustaste erscheint das Dialogfeld *Makro zuweisen*.

Abbildg. 32.48   Dialogfeld zum Zuweisen des Makros

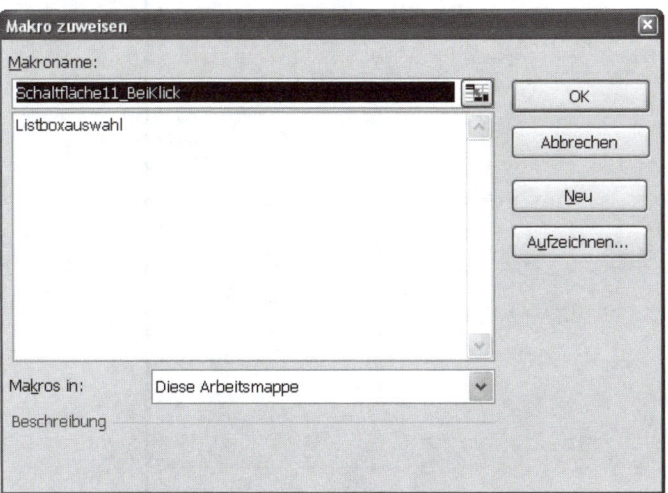

5. Wählen Sie das Makro *Listboxauswahl* aus und klicken auf *OK*.

> **HINWEIS**   Die Liste der Makros kann erheblich umfangreicher sein, als hier sichtbar. Die Anzeige ist durch die Einstellung *Makros in: Diese Arbeitsmappe* auf die Makros dieser Mappe begrenzt.

6. Das gezeichnete Objekt ist nach diesem Vorgang noch markiert, mit einem allgemeinen Text (z.B. »*Schaltfläche 11*«) beschriftet und kann nun mit einem individuellen Text versehen werden. Markieren Sie den neu eingetragenen Text oder Teile davon und beschriften Sie ihn nach Ihren Wünschen.

7. Wenn Sie jetzt den Cursor in die nächste leere Zelle in Spalte *B* des Kalkulationsmodells stellen und die neue Schaltfläche anklicken, wird der zuletzt eingetragene Artikel erneut eingetragen.

> **HINWEIS**   Wenn Sie die Schaltfläche mit der rechten Maustaste selektieren, können Sie im Kontextmenü den Befehl *Steuerelement formatieren* wählen und im folgenden Dialogfeld umfangreiche Auszeichnungen vornehmen.

Zur Ausführung dieses Wunsches versetzen Sie den Cursor nur in die nächste Zeile und klicken auf die Schaltfläche *Artikel nochmal in die nächste Position aufnehmen*. Die Daten sind aufgrund des vorherigen Auswahlprozesses noch alle vorhanden und werden nun mit dem gleichen Makro erneut in die aktive Zeile eingetragen.

Abbildg. 32.49 Das Dialogfeld, in dem Sie umfassende Formatierungen für die Schaltfläche vornehmen können

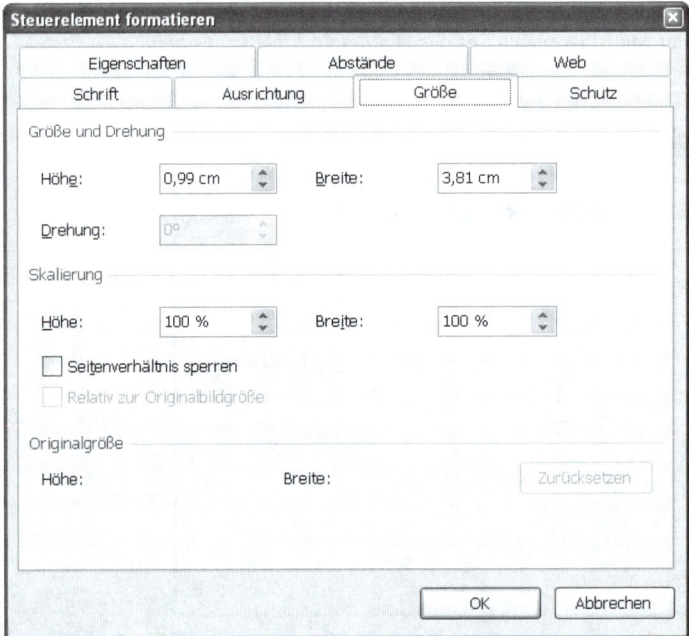

Berechnungskomfort durch Drehfelder

Im Kalkulationsteil werden für die Kalkulation jeweils unterschiedliche Zuschläge eingegeben. Diese Prozentwerte können über ein Drehfeld ausgewählt werden.

Gehen Sie so vor, um ein Drehfeld aufzubauen:

1. Suchen Sie in der Symbolleiste *Formular* die Schaltfläche *Drehfeld*, klicken dieses an und ziehen dann im Tabellenblatt mit gedrückter linker Maustaste einen angemessenen Rahmen auf, um das Drehfeld zu positionieren.

2. Klicken Sie dann mit der rechten Maustaste auf das markierte Objekt und wählen Sie im Kontextmenü den Befehl *Steuerelement formatieren*.

3. Im folgenden Dialogfeld wechseln Sie zur Registerkarte *Steuerung*.

Das Drehfeld zur Ermittlung des Kalkulationszuschlags enthält die aus Abbildung 32.50 ersichtlichen Einträge in der Registerkarte *Steuerung*.

Aufgrund der Einstellungen wird in Zelle *A30* der Wert 30 ausgegeben. In Zelle *D30* wird jetzt die Umwandlung in die Prozentdarstellung erfolgen. Diese Zelle wird mit dem Prozentformat belegt und enthält folgende Formel:

```
=RUNDEN(A30/1000;3)
```

Abbildg. 32.50 Das Steuerungsregister des Drehfelds für den Kalkulationszuschlag

Über die *Schrittweite 5* und die *Division durch 1000* wird die Möglichkeit eröffnet, den Prozentwert um 0,5 Prozent zu erhöhen, denn in der Registerkarte *Steuerung* sind nur ganzzahlige Schrittweiten zugelassen. Analog wird bei den Zuschlägen Bonus I und Bonus II verfahren. Der Bonus I erlaubt eine Schrittweite von 0,25 % und Bonus II erlaubt eine Schrittweite von 0,1 %.

Die Zellverknüpfung erfolgt in unserem Beispiel immer in der Spalte *A* der gleichen Zeile und wird durch die Formel in Spalte *D* in die erforderliche Anzeige umgewandelt.

Tabelle 32.5 Die Inhalte der Steuerungsregister bei den verschiedenen Drehfeldern bzw. Zuschlagsarten

Bezeichnung	Inhalt des Steuerungsregisters	Formel in Spalte D
Bonus I		
Minimalwert:	100	
Maximalwert	25000	
Schrittfolge	25	
Zellverknüpfung	$A$32	=RUNDEN(A32/10000;4)
Bonus II		
Minimalwert:	0	
Maximalwert	30000	
Schrittfolge	100	
Zellverknüpfung	$A$34	=RUNDEN(A34/1000000;4)

Durch diese feine Abstufung erhalten Sie sehr differenzierte Möglichkeiten, die Prozentwerte zu steuern.

Sie haben mit diesem Kalkulationsblatt ein Werkzeug, um einfache Baugruppenkalkulationen schnell zu erledigen und gleichzeitig einen Nachweis über die Einzelteile und Bauelemente in der Kalkulation zu bekommen.

Eine einfache Leistungsabrechnung

Eine einfache Abrechnung von Leistungen ist in wenigen Minuten angefertigt, wenn Sie über ein Modell verfügen. Wir zeigen Ihnen in diesem Praxisbeispiel, wie Sie Leistungen abrechnen können, indem ein Preis, abhängig von zwei Parametern, aus einer Tabelle in das Kalkulationsblatt übernommen und dort zu einer Wochen- oder Monatsabrechnung zusammengefasst wird.

Als gedankliche Grundlage dient beispielsweise ein Kurierdienst, also eine Firma, die Transporte für Kunden ausführt und in einer rechnungsartigen Tabelle diese Transportleistungen beispielsweise wöchentlich oder monatlich abrechnet.

Der Aufbau des Modells in Einzelschritten

Für eine strukturierte Kalkulation mit der oben vorgestellten Absicht sind einige Vorüberlegungen bezüglich der Lösung und Vorbereitung zur Umsetzung notwendig. Bei jedem komplexeren Modell sollte ein Vorgehensmodell überlegt werden. Wenn Sie die Anforderungen an das Modell festgeschrieben haben, befassen Sie sich im nächsten Schritt mit der Struktur der Excel-Mappe und definieren die Tabellenblätter.

In diesem Beispiel benötigen Sie zunächst zwei Register:

■ Liste mit Preisen und

■ ein Abrechnungsblatt für einen Kunden.

Die Leistungsberechnung ist abhängig von einer Zone (das ist ein definierter, entfernungsabhängiger Bereich, in den die Lieferung erfolgt) und dem Gewicht des Transportgutes.

Im Abrechnungsmodell sollen diese zwei Parameter erfasst werden und dann erfolgt automatisch, formelgesteuert, die Berechnung des Preises für die Leistung.

Das Beispiel zu diesem Abschnitt finden Sie in der Datei *Abrechnungsmatrix.xls*, in dem Ordner *\Buch\Kap32* auf der CD-ROM zum Buch. Die Lösung finden Sie im gleichen Verzeichnis in der Datei *Abrechnungsmatrix_Lösung.xls*.

In Ihrer Mappe benennen Sie, soweit Sie nicht auf das fertige Modell zurückgreifen, ein Register *Zonen* und ein weiteres Register *Abrechnungsblatt*.

Das Tabellenblatt *Zonen* anlegen

Zuerst benötigen Sie eine Tabelle, in der die Zonen, die Gewichtsstaffelungen und die zugehörigen Preise erfasst werden.

Die Struktur des Blattes entnehmen Sie bitte der Abbildung 32.51.

Abbildg. 32.51 Der Ausschnitt zeigt den grundsätzlichen Aufbau des Preisblattes

	A	B	C	D	E	F	G	H	I
2	Zone / Gewicht	0,5	1,0	1,5	2,0	2,5	3,0	3,5	4,0
3	1	30,00 €	37,50 €	42,50 €	47,50 €	52,50 €	57,50 €	62,50 €	67,5(
4	2	32,50 €	42,50 €	46,25 €	50,00 €	53,75 €	57,50 €	61,25 €	65,0(
5	3	35,00 €	45,00 €	49,75 €	54,50 €	59,25 €	64,00 €	68,75 €	73,5(
6	5	47,50 €	47,50 €	58,00 €	68,50 €	79,00 €	89,50 €	100,00 €	110,5(
7	6a	45,00 €	45,00 €	47,50 €	50,00 €	52,50 €	55,00 €	57,50 €	60,0(
8	9	42,50 €	42,50 €	53,00 €	63,50 €	74,00 €	84,50 €	95,00 €	105,5(
9	10	30,00 €	47,50 €	52,50 €	57,50 €	62,50 €	67,50 €	72,50 €	77,5(
10	19	52,50 €	52,50 €	60,00 €	67,50 €	75,00 €	82,50 €	90,00 €	97,5(

Das Gewicht ist in 0,5 kg-Schritten je Spalte aufgebaut. Das Modell arbeitet derzeit mit acht Zonen, die numerisch und alphanumerisch gestaltet sind.

Das Abrechnungsblatt vorbereiten

Im Abrechnungsblatt werden zahlreiche Daten eingetragen. Für die hier vorgestellte Berechnung werden jedoch nur wenige Spalten benötigt.

Abbildg. 32.52 Das Abrechnungsblatt in einer Gesamtübersicht der vorhanden Spalten

Sie erkennen in dem Blatt zwei Gliederungsbereiche, die für die folgende Arbeit ausgeblendet werden können.

Für die weitere Arbeit werden die Spalten *A*, *B*, *J*, *L* und *U* benötigt und bearbeitet.

Tabelle 32.6 Die für dieses Beispiel verwendeten Spalten des Modells

Spalte	Verwendungszweck
A	Hilfsspalte für Zonenabgleich
B	Hilfsspalte für den Preisabgleich
J	Gewicht des Transportgutes
L	Formel mit dem ermittelten Preis
U	Summe über alle relevanten Spalten, die zum Endpreis führen

HINWEIS Um die folgenden Arbeitsschritte nachzuvollziehen, greifen Sie am besten auf das Basismodell, die Mappe *AbrechnungsMatrix.xls* zurück.

Die Entwicklung der Funktionalität

Haben Sie die Form (Texte und Rahmenformate) des Modells erstellt, beginnt der Aufbau der Funktionen. Zur Vereinfachung der Arbeit und besseren Übersicht sind derzeit zahlreiche Spalten, wie in Abbildung 32.53 gezeigt, per Gliederung ausgeblendet. Im Modell wird innerhalb der Spalten L bis U die Werteberechnung durchgeführt. Für unser Vorgehen ist nur der Basispreis und der Gesamtpreis relevant. Die zusätzlich vorgesehenen Preisbildungsmöglichkeiten werden derzeit in diesem Beispiel nicht bearbeitet.

Abbildg. 32.53 Die für unser Beispiel relevanten Spalten des Modells

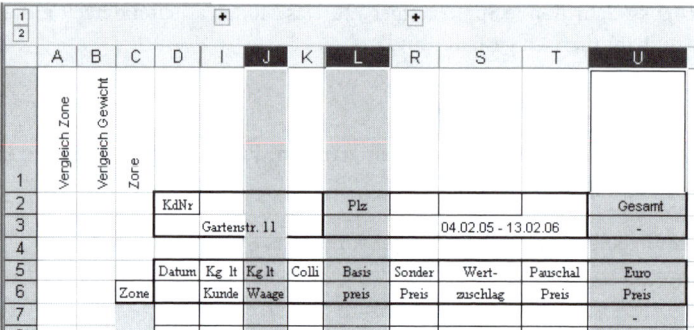

Der Basispreis wird gebildet aus dem tatsächlichen Gewicht und der Zone. Dazu muss der Preis aus dem Schnittpunkt der Zeile *Zone* und der Spalte *Gewicht* im Tabellenblatt *Zonen* ermittelt werden (Beispiel siehe Abbildung 32.54). Bei einem Gewicht des Transportgutes von 1,5 kg und einem Versand in die Zone 2 werden dem Kunden 46,25 € Kosten entstehen.

Abbildg. 32.54 Der Schnittpunkt aus Gewicht und Zonen zeigt den Preis

	A	B	C	D	E
1	Gewicht /	0,5	1,0	1,5	2,0
2	Zonen				
3	1	30,00 €	37,50 €	42,50 €	47,50 €
4	2	32,50 €	42,50 €	46,25 €	50,00 €
5	3	35,00 €	45,00 €	49,75 €	54,50 €
6	5	47,50 €	47,50 €	58,00 €	68,50 €
7	6a	45,00 €	45,00 €	47,50 €	50,00 €
8	9	42,50 €	42,50 €	53,00 €	63,50 €

Um den bedarfsbezogenen Preis in die Berechnungstabelle als Basispreis zu übertragen, sind die nachfolgenden Funktionen notwendig.

Tabelle 32.7 Übersicht über die verwendeten Funktionen

Aufgabe der Funktion	Funktion	Eingabe-zelle
Vergleich der Zonen in den Zeilen (Spalte *A*) ... ermittelt den Indexwert, das entspricht Zei-lenposition in der Liste, für die Zone aus der *Spalte A* der Tabelle *Zonen*.	=VERGLEICH(C7;Liste) Liste ist der dynamisch aufgebaute Bereich von *A2* bis *A10* im Tabellenblatt *Zonen*	A7
Vergleich des Gewichts in den Spalten (Spalte *B*, Zeile *2*) ... ermittelt den Index, das entspricht der Spal-tenposition für das eingetragene Gewicht, in der Zeile *2* der Tabelle *Zonen*	=VERGLEICH(J7;Zonen!$B$2:$CW$2)+1	B7
Auswertung der Vergleichsoperationen in Spalte *A* und *B*	=INDEX(Daten;A7;B7) *Daten* ist der dynamisch aufgebaute Preisbe-reich in der Tabelle *Zonen*. Er reicht in diesem Beispiel von *A2* bis *CW10*	L7

Die Übernahme des Preises aus der Preisübersicht im Tabellenblatt *Zonen* wird nicht ausschließlich mit der Funktion *INDEX* erreicht. Um mögliche Fehler abzufangen, wird die *INDEX*-Funktion in eine *ISTFEHLER*-Funktion und in eine *WENN*-Funktion eingebettet. Die umfassende Schreibweise lautet dann wie folgt:

```
=WENN(ISTFEHLER(INDEX(Daten;A7;B7));"";INDEX(Daten;A7;B7))
```

Die Funktion *INDEX(Bezug;[Zeile];[Spalte];[Bereich])* als Bezugsversion (mehr zu dieser Funktion in Kapitel 15) wertet die beiden Hilfszellen *A7* und *B7* aus. Die Funktion *INDEX()* liefert als Zeilen-wert die *4*, das entspricht der Zeile *5* und als Spaltenwert ebenfalls die *4*, das entspricht der Spalte *D* in der Tabelle *Zonen*. Aus den beiden Werten *4* und *5* ergibt sich im Datenbereich der Schnittpunkt.

Wenn Sie nach der Entwicklung der Formeln das Gewicht und die Zone in der jeweiligen Zeile ange-ben, wird der Basispreis angezeigt. Mittels der Funktion *SUMME()* in Spalte *U* werden alle Sonder-preispositionen und -Zuschläge von Spalte *L* bis *T* aufsummiert.

Arbeitschritte zur Berechnung

Zuerst entwickeln Sie die beiden Hilfsfunktionen in der Spalte *A* und Spalte *B*:

1. In Zelle *A7* tragen Sie =VERGLEICH(C7;Liste) ein
2. In Zelle *B7* schreiben Sie =VERGLEICH(J7;Zonen!$B$2:$CW$2)+1
3. Die Formel =WENN(ISTFEHLER(INDEX(Daten;A7;B7));"";INDEX(Daten;A7;B7)), eingetragen in Zelle *L7*, zeigt den gefundenen Preis für die Leistung an.
4. Bilden Sie in Zelle *U7* den Gesamtpreis und schreiben Sie zur Berechnung =SUMME(L7:T7).
5. Jetzt kopieren Sie noch alle Formeln und Funktionen in alle Zeilen des Formblattes.
6. Mit der Eingabe eines Werts in die Zellen *C2* und *J2* testen Sie die einwandfreie Funktionalität (siehe Abbildung 32.55).

Abbildg. 32.55 Das fertige Rechenmodel mit Formeln bzw. Funktionen in Zeile 7

	A	B	C	D	I	J	K	L	R	S	T	U
1	Vergleich Zone	Vergleich Gewicht	Zone									
2				KdNr				Plz				Gesamt
3					Gartenstr. 11					04.02.05 - 13.02.06		46,25
4												
5				Datum	Kg lt	Kg lt	Colli	Basis	Sonder	Wert-	Pauschal	Euro
6			Zone		Kunde	Waage		preis	Preis	zuschlag	Preis	Preis
7	3	4	2			1,50		46,25				46,25

In den Spalten *A* und *B* erscheint in den Zeilen, in denen noch kein Gewicht und keine Zone eingetragen ist, die Fehlermeldung *#NV* (vgl. Abbildung 32.56), die Sie ignorieren können.

Abbildg. 32.56 Die Fehlermeldung *#NV* erscheint, solange kein Wert in *Zone* und *Gewicht* eingetragen wurde

	A	B	C	D	I	J	K	L
5				Datum	Kg lt	Kg lt	Colli	Basis
6			Zone		Kunde	Waage		preis
7	3	4	2			1,50		46,25
8	#NV	#NV						
9	#NV	#NV						
10	#NV	#NV						

Während der Datenerfassung ist es nicht notwendig, die beiden Spalten sichtbar zu lassen – stellen Sie die Spaltenbreite auf *0* und blenden Sie sie damit aus.

TIPP   Wollen Sie die beiden Spalten sichtbar lassen, besteht auch die Möglichkeit, die Funktionen, wie in Spalte *L* in die Funktionen *ISTFEHLER()* und *WENN()* einzubetten und die Fehlermeldung *#NV* zu unterdrücken.

Auf die Hilfsspalten verzichten

Sie können auf die Zwischenschritte der Spalte *A* und *B* verzichten, indem Sie diese Berechnungen direkt in die Funktion in die Zellen der Spalte *L* integrieren. Die erfolgreiche Integration können Sie in Zeile *10* des Beispiels erkennen (siehe Abbildung 32.57).

Abbildg. 32.57 Integration der Funktionen aus Spalte *A* und *B* in die Funktion der Spalte *L*

	A	B	C	D	I	J	K	L	R	S	T	U
1	Vergleich Zone	Vergleich Gewicht	Zone									
2				KdNr				Plz				Gesamt
3					Gartenstr. 11					04.02.05 - 13.02.06		138,75
4												
5				Datum	Kg lt	Kg lt	Colli	Basis	Sonder	Wert-	Pauschal	Euro
6			Zone		Kunde	Waage		preis	Preis	zuschlag	Preis	Preis
7	3	4	2			1,50		46,25				46,25
8	#NV	#NV										-
9	3	4	2			1,50		46,25				46,25
10			2			1,50		46,25				46,25

Die hoch integrierte Funktion in Zelle *L10* ist ohne Zweifel gleichwertig funktionsfähig, jedoch erheblich schwerer zu interpretieren und zu bearbeiten.

Die integrierte Funktion zeigt folgenden Aufbau:

```
=WENN(ISTFEHLER(INDEX(Daten;VERGLEICH(C10;Liste);VERGLEICH(J10;Zonen!$B$2:$CW$2)+1));"";
INDEX(Daten;VERGLEICH(C10;Liste);VERGLEICH(J10;Zonen!$B$2:$CW$2)+1))
```

Das Beispiel finden Sie auf dem Arbeitsblatt *Abrechnungsblatt* in der Datei *AbrechnungsMatrix_Lösung.xls* im Ordner *\Buch\Kap32* auf der CD-ROM zum Buch.

Kalkulation am Beispiel eines Systems

In diesem Beispiel zeigen wir die Kalkulation eines IT-Testsystems. Wir zeigen die Zusammenstellung von Bauteilen, Systemkomponenten und Engineering-Leistungen um ein Gesamtsystem zu kalkulieren und am Markt anzubieten. Der Fokus liegt nicht auf raffinierten Formeln und Funktionen, sondern mehr auf der Systematik des Modells, dem logischen Aufbau und der Verwendung von zentral verwalteten Basisdaten zur Kalkulation.

Es ist in diesem Beispiel auch nicht das vorrangige Ziel, das Modell Stück für Stück »nachzubauen«. Sinnvoll ist es, den umgekehrten Weg zu gehen und das fertige Lösungsmodel zu analysieren. In einem weiteren Schritt können Sie das Arbeitsmodell zum Testen verwenden und Ihr Verständnis entwickeln, um dann letztendlich die Lösungsgedanken auf eigene Aufgaben und Modelle in ihrem Umfeld zu übertragen.

Jede Kalkulation zeigt ihre Besonderheiten im Modellaufbau. Wie in den vorausgegangenen Beispielen wird eine Reihe von Feldern und Spaltenbeschriftungen benötigt, welche die horizontale Ausdehnung des Modells beschreiben. Die vertikale Ausdehnung wird durch die Art und Anzahl der Einzelkomponenten, Baugruppen und Leistungen bestimmt. Der Übersichtlichkeit dient eine strukturelle Gruppierung, die nach unterschiedlichsten Gesichtspunkten gebildet werden kann.

Dieses Beispielmodell ist erheblich umfangreicher als in reinen Rechenbeispielen üblich. Es besteht aus 11 Spalten und 251 Zeilen Es ist daher als Beispieldatei zum Entwickeln der Funktionalität und zusätzlich als Lösungsmodell auf der CD-ROM vorhanden.

Das Beispiel und die Lösung finden Sie in der Excel-Datei *KalkulationSysteme.xls* und die Lösung in der Datei *KalkulationSysteme_Lösung.xls* im Ordner *\Buch\Kap32* auf der CD-ROM zum Buch.

Konstruktion des Modells

Grundsätzlich werden je nach System die Komponenten, Bauteile und Leistungen ermittelt und in der Tabelle zur Vorbereitung der Kalkulation erfasst. Im weiteren Aufbau werden die Teile in Gruppen angeordnet bzw. den Gruppen zugeordnet.

Die Kalkulation umfasst im Kern folgende Felder:

Beschreibung der Tabellenfelder

Feldname	Feldbeschreibung
Pos.	Einfache Nummerierung jeder Zeile, die zur Beschreibung oder Berechnung im Modell benötigt wird.
WP-No.	Eine Indexnummer für jede kalkulierte Position. Über diesen Index ist später jede erbrachte Arbeitsleistung nachvollziehbar.
Description	Beschreibung der Einzelteile und Baugruppen oder auch Engineering
Qty	Menge
Single_E	Einstandspreis (ohne Aufschläge) Einzelpreis
Total_E	Gesamteinstandspreis (Menge * Einzelpreis)
Total(Labor)_E	Gesamtpreis der Arbeitskosten (separate Spalte für Arbeitskosten)
Single	Einzelpreis Verkauf
Total	Gesamtpreis Verkauf (Menge * Preis)
Group	Gruppensumme
Subtotal	Bereichssumme

Die Feldanordnung im Kalkulationsmodell

Abbildg. 32.58 Der erste Teil des Kalkulationsmodells

Die Spalten *F* und *G* sind im diesem Modell von geringer Bedeutung. In der Spalte *E* (Single_E) wird der Einstandspreis für diese Position eingetragen. Diese Spalten dienen lediglich der quantitativen internen Einstandspreisberechnung. Die Spalten *E* bis *G* werden nach dem Eintrag des Einzeleinstandspreises (Single_E) per Gliederung ausgeblendet.

Abbildg. 32.59 Der zweite Teil des Kalkulationsmodells

	H	I	J	K
	Single	Total	Group	Subtotal
1				
2				
3	Quantity:		1	
4				
5			0,00	
6	6.357,15	0,00		
7	8.856,00	0,00		
8	1.107,00	0,00		
9	513,00	0,00		
10	538,65	0,00		
11				0,00

Das Kalkulationsprinzip

Die Kalkulation von Systemen kann sehr umfangreich sein und zahlreiche Positionen enthalten, was zu einem weit ausgedehnten Modell führt. Mit Hilfe der Excel-Gliederung wird versucht, einzelne Bereiche optisch zusammenzufassen und danach weiter aufzusummieren.

Abbildg. 32.60 Die logische Struktur des Kalkulationsblattes

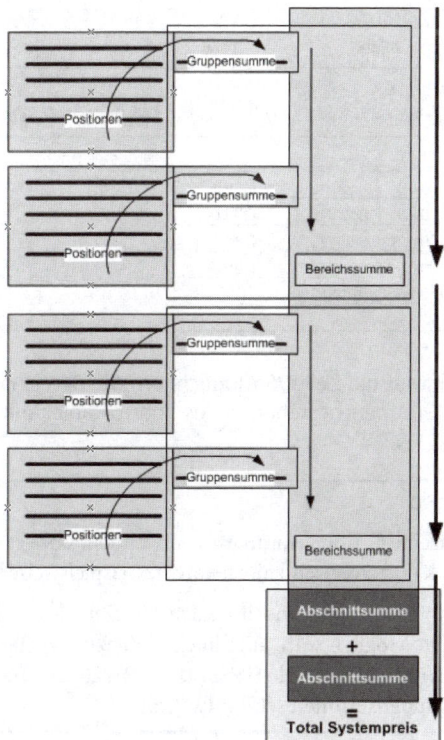

Die Abschnittssummen werden gebildet in den Zeilen 229 »*Total Recurring Cost for ABC-SIB*« und 249 »*Total Non-Recurring Cost for ABC-SIB*«.

Im ersten Abschnitt werden die Teile kalkuliert, die sich bei einem Nachbau des Systems wiederholen, während im zweiten Abschnitt, den Non-Recurring Cost, die Tätigkeiten kalkuliert werden, die lediglich beim Erstsystem anfallen.

Die Berechnungen und Formeln im Modell

Die Einzelpreisberechnung als Verkaufspreis erfolgt im Feld *Single* in *Spalte H*.

Mit der Formel =Single*Qty; oder =H6*D6 wird die Berechnung der Angebotsposition im Feld *Total*, Spalte *I* vorgenommen (siehe Abbildung 32.61).

Die Gruppensumme wird in diesem Beispiel nicht, wie meistens üblich, unterhalb der Daten gebildet. Im Hinblick auf eine wirkungsvolle Gliederung wird die Summe in der Zeile mit der Gruppenbeschriftung angeordnet.

PROFITIPP
> Durch diese Anordnung können wir durch geschickte Gliederung alle Einzelpositionen ausblenden und sehen dann lediglich diese Summenzeilen der Kalkulation.

In Zeile *11*, im Feld *Subtotal*, wird mit einer Summenfunktion, =SUMME(J5:J10), die Bereichssumme berechnet (siehe Abbildung 32.61).

Abbildg. 32.61 Die Formeldarstellung des Kalkulationsmodells für den ersten Bereich (Ausschnitt)

	D	E	F	G	H	I	J	K
1	Qty	Single_E	Total_E	Total(Labor)_E	Single	Total	Group	Subtotal
2								
3					Quantity:			1
4								
5							=SUMME(I6:I10)	
6	2	4709	=E6*(D6)		=E6*((100+VK_Faktor)/100)	=D6*H6		
7		6560	=E7*(D7)		=E7*((100+VK_Faktor)/100)	=D7*H7		
8		820	=E8*(D8)		=E8*((100+VK_Faktor)/100)	=D8*H8		
9		380	=E9*(D9)		=E9*((100+VK_Faktor)/100)	=D9*H9		
10		399	=E10*(D10)		=E10*((100+VK_Faktor)/100)	=D10*H10		
11								=SUMME(J5:J10)

In diesem Fall wäre auch ein direkter Zugriff auf die Zelle *J5* möglich, um die Bereichssumme zu bilden. In den Bereichen, die aus mehren Gruppen bestehen, ist es komfortabler mit der Summenfunktion =SUMME(J5:J10) zu arbeiten.

HINWEIS Alternative Summenfunktionen

Anstelle =SUMME(J5) beim Zugriff auf eine einzelne Gruppensumme zu verwenden, wäre es auch möglich, eine Verweisformel in der Zielzelle, Zelle *K11*, zu verwenden. Sie müsste beispielsweise lauten: =J5.

Bei der Zusammenfassung mehrerer Gruppensummen, wie im nächsten Teil des Kalkulationsmodells, wird = SUMME(J13:J102) angewendet. Möglich wäre aber auch ein gezielter Zugriff auf die jeweilige Zelle mit der Gruppensumme, etwa mit der Formel =SUMME(J13;J18;J20 …). Dieses Verfahren ist bei sehr zahlreich vorkommenden Gruppensummen sehr aufwändig.

Berechnungen mit Namen in den Formeln

Der Einzelverkaufspreis in Spalte *H* wird aus der Multiplikation des Einzeleinstandspreises in Spalte *E* mit dem *VK_Faktor*, einem Kalkulationszuschlag, gebildet. Der *VK-Faktor* ist hinterlegt im Tabellenblatt *Basis,* in der Zelle *E15,* der aktuellen Arbeitsmappe. Die Formel lautet

`=E6*((100+VK_Faktor)/100)`

Zuerst wird der Name aufgelöst, dann erhalten wir die Formel, `=E6*((100+35)/100)`, die dann im nächsten Schritt `=E6*(1,35)` lautet und anschließend mit der Multiplikation den Einzelverkaufspreis berechnet.

Der Name für den Kalkulationszuschlag wurde unter *Einfügen/Namen/Definieren* festgelegt (vgl. Abbildung 32.62).

Abbildg. 32.62 Über das Dialogfeld *Namen definieren* wurde der Name *VK_Faktor* festgelegt

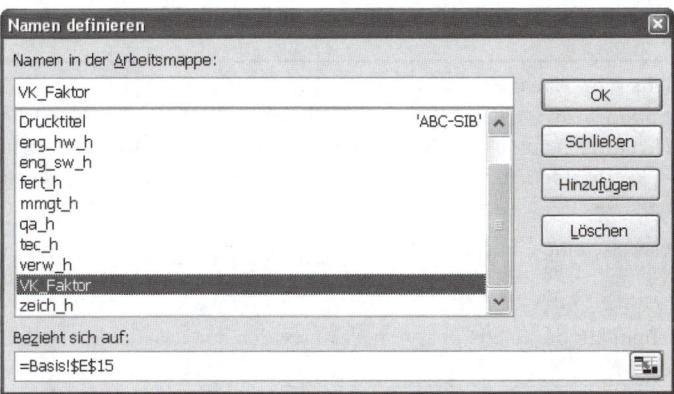

Detaillierte Informationen und weitere Hintergründe zur Vergabe von Namen finden Sie in Kapitel 19.

Tabelle 32.9 Übersicht und Erläuterung der im Lösungsbeispiel verwendeten Namen

Bezeichnung der Tätigkeit	Name XLS-intern	Definiert in Zelle
Dokumentation	doc_h	*=Basis!$E$6*
Entwicklungsingenieur Hardware	eng_hw_h	*=Basis!$E$8*
Entwicklungsingenieur Software	eng_sw_h	*=Basis!$E$9*
Fertigung	fert_h	*=Basis!$E$7*
Management	mmgt_h	*=Basis!$E$10*
Techniker	tec_h	*=Basis!$E$11*
Mitarbeiter in der Verwaltung	verw_h	*=Basis!$E$12*
Mitarbeiter im Qualitätsmanagement	qa_h	*=Basis!$E$14*
Technischer Zeichner	zeich_h	*=Basis!$E$13*
Kalkulationszuschlag	VK_Faktor	*=Basis!$E$15*

> **HINWEIS**   In diesem Modell werden im Abschnitt *Non-Recurring Cost* Namen für die Werte der Lohnstunden verwendet.

Übersichtlichkeit durch Gliederungsebenen

Ein großes Kalkulationsmodell beinhaltet auch immer die Frage nach Überschaubarkeit und geschickter Handhabung der Berechnungen. Eine wertvolle Unterstützung für diese Forderung finden Sie in der Möglichkeit, Gliederungsebenen aufzubauen.

In diesem Beispiel ist eine sinnvolle Gliederung, technisch nicht ganz einfach aufzubauen. Sie müssen dazu sehr systematisch vorgehen. Gehen Sie konsequent von der niedrigsten Ebene bis zur höchsten Ebene. In unserer beigefügten Lösungsdatei finden Sie eine beispielhafte Gliederung.

Weitere Informationen zum Thema »Gliederung« finden Sie in Kapitel 23.

PROFITIPP

Die effektivste Arbeitsweise erreichen Sie, wenn die Gliederungsarbeit nicht über den Menübefehl *Gruppierung und Gliederung/Gruppierung* ständig wiederholt, sondern über die Symbole *Heraufstufen* bzw. *Herabstufen* ausgeführt wird. Alternativ können Sie auch die Tastenkombination ⎇Alt+⇧+→ verwenden, um eine Gliederungsebene einzufügen bzw. diese mit der Tastenkombination ⎇Alt+⇧+← wieder aufheben.

Hilfreich ist beispielsweise eine Gliederungsebene, die lediglich die Bereichsummen (Subtotal) anzeigt.

Abbildg. 32.63 Ein Ausschnitt aus der Gliederung. Angezeigt werden nur Teile der Bereiche (Subtotal).

		C	D	J	K
	1	Description	Qty	Group	Subtotal
	3	**Chapter : ABC-SIB**			**1**
+	11	Subtotal SIB Work Station			0,00
+	105	Subtotal Real-Time Processing & I/O Rack (RTP-I/O)			78.732,48
+	145	Subtotal Matrix - Rack 19 Zoll			61,00
+	179	Subtotal UUT - Rack (MBO-Rack)			0,00
+	192	Subtotal Real Hardware Rack 1			0,00
+	205	Subtotal Real Hardware Rack 2			0,00
+	211	Subtotal Measurement Equipment Rack			0,00
+	221	Subtotal ABC-SIB Integration			19.620,00
+	227	Subtotal ABC-SIB Delivery			607,50

Kontrollsummen zur Vermeidung von Fehlern

In großen Modellen ist es von erheblicher Bedeutung, Kontrollsummen oder ähnliche Mechanismen zu etablieren, um (versehentliche) Fehler möglichst auszuschließen. In diesem Beispiel wird eine Kontrollsumme gebildet, um zu prüfen, ob alle Zeilen in den Summen verarbeitet werden. Ist das Kontrollergebnis *0*, dann sind (vermutlich) alle Zeilen in den Formeln und Funktionen eingeschlossen.

Wir bilden in diesem Model eine Kontrollsumme über die Spalte *WP-No*. In dieser Spalte sind alle Kalkulationspositionen mit einer Indexnummer versehen. Diese Indexnummer wird in einer Kontrollspalte, in unserem Beispiel Spalte *M*, aufgebaut. Über die Funktion *SUMMEWENN()* werden die Einzelpositionen je Index aufsummiert. Alle Einzelpositionen aufaddiert müssen wieder die gleiche Summe wie über die *Abschnitte* ergeben.

Die allgemeine Form der Funktion lautet:

SUMMEWENN(Bereich;Kriterien;Summe_Bereich)

Tabelle 32.10 Beschreibung der Argumente

Argument	Erklärung
Bereich	ist der Zellbereich, den Sie berechnen möchten.
Kriterien	gibt die Kriterien in Form einer Zahl, eines Ausdrucks oder einer Zeichenfolge an. Diese Kriterien bestimmen, welche Zellen addiert werden.
Summe_Bereich	gibt die tatsächlich zu addierenden Zellen an. Die zu Summe_Bereich gehörenden Zellen werden nur dann in die Addition einbezogen, wenn die Inhalte ihrer entsprechenden im Bereich befindlichen Zellen den Suchkriterien genügen.

Weitere Informationen, wie Sie *SUMMEWENN()* anwenden bzw. wie Sie diese optimal für weitere Anwendungen nutzen, finden Sie in Kapitel 7.

Im Modell kommt in Zelle *N6* die Funktion

`=SUMMEWENN($B$6:$B$248;M6;$I$6:$I$248)`

zur Anwendung.

Innerhalb der Spalte *B* wird mit der Indexnummer des zweiten Arguments, dem Inhalt der Zelle *M6*, verglichen und bei Übereinstimmung der korrespondierende Wert in Spalte *I* (Feld *Total*) addiert.

Über diesen Weg werden für jede *WP-No* alle Werte addiert und dann über alle *WP-No* hinweg (in Spalte N) in Feld *N5* eine Summe gebildet. Im Kontrollfeld *M3* wird mit der Formel =K251-N5 ein Kontrollwert ermittelt, der den Wert *0* ergeben muss. Der Wert *0* signalisiert, dass sehr wahrscheinlich keine Rechenfehler im Kalkulationsmodell vorkommen.

Abbildg. 32.64 Einblick in die Kontrollrechnung des Modells

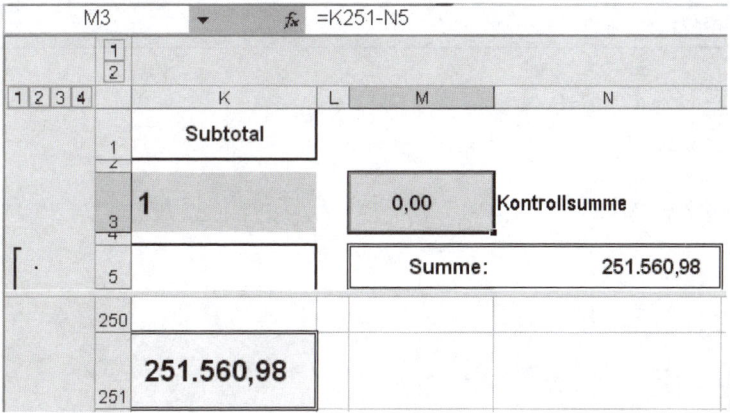

Dies ist ein Beispiel für ein System eines bestimmten Bautyps. Das Modell ist dahingehend erweiterbar, dass in einem neuen Tabellenblatt ein weiteres Modell eines anderen Bautyps kalkuliert werden kann. Und zur Erstellung des Gesamtangebotes kann dann über alle Registerblätter hinweg summiert werden.

Zusammenfassung

Dieser Praxisteil hat Sie noch mal durch die verschiedensten Excel-Funktionen geführt. Die Kombination verschiedener Funktionen lässt effiziente Lösungen entstehen. Zugegeben, es steckt etwas Arbeit in diesen Beispielen. Aber spätestens wenn Sie eine solche Vorlage (etwa zum Anzeigen wichtiger Termine oder das Kalkulationsmodell) das zweite oder dritte Mal einsetzen, werden auch Sie feststellen, dass sich die Mühe gelohnt hat.

Tabelle 32.11   Wo finde ich?

Wo finde ich, wie man ...	Seite
eine Projektdauer berechnet	1215
die verbleibenden Arbeitstage ermittelt	1219
wichtige Projekttermine automatisch kennzeichnet	1222
ein Gantt-Diagramm erstellt	1225
ein Kombinationsfeld einsetzt	1232
mit der Funktion *INDEX* einen Wert aus einer Liste ermittelt	1234
Projektausgaben mit einer Ampel kontrolliert	1239
eine Kalkulation von Baugruppen unter Zuhilfenahme von Auswahllisten bewerkstelligt	1243
den gleichen Eintrag wiederholen kann	1250
eine Abrechnung von Service- oder Dienstleistungen erstellt	1255
ein Kalkulationsmodell für Systeme erstellt	1260
Gliederungsebenen einsetzen kann	1264
mit Kontrollsummen Ergebnisse prüfen kann	1264

Teil L

Anhang

In diesem Teil:

Liebe Leserin, lieber Leser,

wir hoffen, dass Sie uns bis hierhin durch das Buch begleitet haben und daraus optimalen Nutzen für Ihre Arbeit ziehen können. Wir sind aber noch nicht am Ende angekommen. Wie bei jedem guten Konzert gibt es einige Zugaben, von denen wir glauben, dass sie Ihr Interesse und hoffentlich Ihren Beifall finden:

- Der Anhang A enthält eine Menge Tipps und Tricks aus unserer Excel-Praxis, u.a. zu Formatierung, Arbeitsmappen, Tabellenblättern, Formeln und Funktionen.

- Der Anhang B bietet Ihnen eine Sammlung von Makros an, die den Excel-Alltag effizienter gestalten können. Anhand der Makrolösungen können Sie die aus Kapitel 31 erworbenen Kenntnisse erproben und vertiefen.

- Der Anhang C enthält eine kleine Auswahl von Excel-Links zu deutsch- und englischsprachigen Seiten.

- Der Anhang D gibt Ihnen eine Übersicht der auf der CD-ROM zu diesem Buch gespeicherten Dateien.

- Im Anhang E finden Sie eine Übersicht wichtiger Tastenkombinationen zu schnelleren Bedienung von Excel.

50 Tipps, Tricks und Techniken für Ihren effektiven Excel-Alltag

In mehrere Zellen die gleiche Information eingeben

Angenommen, Sie wollen in mehrere Zellen auf dem Arbeitsblatt die gleiche Information eingeben – beispielsweise einen Produkt- oder Mitarbeiternamen, eine Nummer oder eine Jahreszahl etc. Solange die Zellen in einem zusammenhängenden Bereich liegen, geben Sie die Informationen in die erste Zelle ein und kopieren Sie dann durch Ziehen am Ausfüllkästchen nach unten oder nach rechts.

Liegen die Zellen jedoch nicht in einem zusammenhängenden Bereich, gehen Sie anders vor: Markieren Sie die betreffenden Zellen (ab der zweiten zu markierenden Zelle halten Sie für eine Mehrfachmarkierung die `Strg`-Taste gedrückt). Geben Sie nun die gewünschte Information ein, schließen Sie aber nicht wie sonst mit der `↵`-Taste, sondern mit der Tastenkombination `Strg`+`↵` ab.

Eine leere Spalte oder Zeile blitzschnell einfügen

Zum Einfügen neuer Spalten oder Zeilen können Sie das per rechten Mausklick auf den Spalten- oder Zeilenkopf das Kontextmenü benutzen oder Sie verwenden ganz konventionell den Menübefehl *Einfügen/Spalten* bzw. *Einfügen/Zeilen*. Schneller geht es so:

Markieren Sie die Spalte, **vor** der Sie eine neue leere Spalte einfügen wollen, indem Sie oben im Spaltenkopf auf den Buchstaben der Spalte klicken. Betätigen Sie nun die Tastenkombination `Strg`+`+` (Pluszeichen).

Um eine neue Zeile einzufügen, markieren Sie die Zeile als Ganzes, indem Sie am linken Bildschirmrand auf die Nummer des Zeilenkopfes klicken. Betätigen Sie dann ebenfalls die Tastenkombination `Strg`+`+` (Pluszeichen).

Mehrere Spalten oder Zeilen blitzschnell einfügen

Wollen Sie mehrere Spalten oder Zeilen einfügen, verfahren Sie wie oben beschrieben, markieren aber zuvor nicht nur eine, sondern die gewünschte Anzahl von Spalten oder Zeilen und betätigen Sie dann `Strg`+`+` (Pluszeichen).

Spalten oder Zeilen blitzschnell löschen

Anstelle den langen Weg über *Bearbeiten/Zellen löschen* zu wählen, sind Sie auch hier mit einer Tastenkombination schneller: Markieren Sie die zu löschende(n) Spalte(n) oder Zeile(n) und betätigen Sie die Tastenkombination `Strg`+`-` (Minuszeichen).

Spalten oder Zeilen in nur einem Schritt per Maus verschieben

Das nachträgliche Umstellen von Zeilen oder Spalten in einer fertigen Tabelle muss nicht mühsam sein. Sie müssen nicht erst für eine leer Zeile oder Spalte sorgen, dann die betreffende Zeile oder Spalte ausschneiden und an der neuen Position einfügen. Erledigen Sie die ganze Prozedur in nur einem, statt in drei Schritten:

Markieren Sie die Zeile oder Spalte als Ganzes per Klick auf den Zeilen- oder Spaltenkopf. Bewegen Sie die Maus auf den Rand des markierten Bereiches (nicht im Zeilen- oder Spaltenkopf, sondern im Blatt selbst). Der Mauszeiger erscheint als Vierfachpfeil. Ziehen Sie die markierte Zeile oder Spalte mit gedrückter linker Maustaste **und** bei gedrückt gehaltener `⇧`-Taste an die gewünschte Position.

Ganze Zeilen oder Spalten an anderer Stelle als Kopie einfügen

Verfahren Sie so wie zuvor beim Verschieben, aber halten Sie zusätzlich zur ⌂ -Taste noch die Strg -Taste gedrückt.

Ein Arbeitsblatt komplett kopieren

Wollen Sie eine Kopie von einem fertig formatierten und bearbeiteten Arbeitsblatt anlegen, dann können Sie das in nur einem Arbeitsgang erledigen: Zeigen Sie im Blattregister am unteren Bildschirmrand auf das gewünschte Blatt und ziehen Sie es mit gedrückter linker Maustaste und bei gedrückt gehaltener Strg -Taste nach rechts oder links. Sie sehen zusätzlich zum weißen Mauspfeil ein kleines Blattsymbol mit Pluszeichen (+). Legen Sie das Blatt an der gewünschten Stelle ab und lassen Sie erst zum Schluss die Strg -Taste los.

Tabelleninhalte inklusive Spaltenbreite an eine andere Stelle kopieren

Oft sollen Tabellen oder Teile davon an anderer Stelle übernommen werden. Für die Inhalte und Formate ist das auf dem Weg über die Zwischenablage (*Bearbeiten/Kopieren* und *Bearbeiten/Einfügen* bzw. mit den Tastenkombinationen Strg + C und Strg + V) kein Problem. Allerdings werden die in der Originaltabelle eingestellten Spaltenbreiten dabei nicht übernommen und müssten mühsam nachbearbeitet werden. Hier ein Trick, wie Sie auch das von Excel erledigen lassen:

Kopieren Sie die zu übertragenden Inhalte zunächst wie gewohnt in die Zwischenablage (am schnellsten geht das mit der Tastenkombination Strg + C). Setzen Sie dann die Zellmarkierung an die Stelle, an der die Kopie eingefügt werden soll. Wählen Sie *Bearbeiten/Inhalte einfügen*, markieren Sie die Option *Spaltenbreite* und klicken Sie auf *OK*. Excel passt zunächst die Spaltenbreite an. Der Inhalt steht immer noch in der Zwischenablage und diesen fügen Sie nun durch Betätigen der ↵ -Taste ein.

Schnelle Suche in einem Arbeitsblatt

Um blitzschnell das Dialogfeld zum Suchen aufzurufen, betätigen Sie die Tastenkombination Strg + F . Der lange Weg führt über den Menübefehl *Bearbeiten/Suchen*.

Schnelles Suchen und Ersetzen in einem Arbeitsblatt

Um rasch das Dialogfeld zum Suchen und Ersetzen aufzurufen, betätigen Sie die Tastenkombination Strg + H . Der lange Weg führt über den Menübefehl *Bearbeiten/Ersetzen*.

Blattübergreifend das Dialogfeld zum *Suchen* oder *Ersetzen* aufrufen

Wollen Sie nicht nur im aktuellen Arbeitsblatt, sondern in der gesamten Mappe nach einer bestimmten Information suchen, dann führen Sie zunächst einen rechten Mausklick auf das Blattregister am unteren Bildschirmrand aus und wählen dann aus dem Kontextmenü den Befehl *Alle Blätter auswählen*.

Betätigen Sie danach die Tastenkombination Strg + F oder Strg + H , um das Dialogfeld *Suchen* oder *Ersetzen* aufzurufen.

Anhang

Zeichenketten auswechseln

Angenommen, Sie erhalten nach dem Import in einer Spalte Artikelnummern mit folgendem Aussehen: 0228 / 41235. Der Schrägstrich und die Leerzeichen sollen nun in allen Zellen entfernt werden. Erledigen Sie dies mit dem Menübefehl *Bearbeiten/Ersetzen*.

Markieren Sie die zu bearbeitenden Zellen und rufen Sie das Dialogfeld mit $\boxed{\text{Strg}}$+$\boxed{\text{H}}$ auf. Tippen Sie in das Feld *Suchen nach* die zu ersetzende Zeichenkette ein (im vorliegenden Fall also: Leerzeichen, Schrägstrich, Leerzeichen). Lassen Sie das Feld *Ersetzen durch* frei, denn die Zeichenkette soll gelöscht, also durch »Nichts« ersetzt werden. Klicken Sie abschließend auf *OK*.

Sollte es nicht immer genau diese Zeichenkette sein (z.B. auch: Leerzeichen, Bindestrich, Leerzeichen), müssen mehrere Suchläufe durchgeführt werden, bei denen Sie im Eingabefeld *Suchen nach* die jeweils zutreffende Zeichenkette eintippen.

Sonderzeichen entfernen

Geht es darum, ein Sonderzeichen zu entfernen oder zu ersetzen, dann markieren Sie dieses in der Bearbeitungsleiste und kopieren es mit $\boxed{\text{Strg}}$+$\boxed{\text{C}}$ in die Zwischenablage. Rufen Sie dann wieder mit $\boxed{\text{Strg}}$+$\boxed{\text{H}}$ das Dialogfeld *Ersetzen* auf und fügen Sie dort das Sonderzeichen in das Eingabefeld *Suchen nach* mit $\boxed{\text{Strg}}$+$\boxed{\text{V}}$ ein.

Dateiname inklusive Pfad und Namen des aktuellen Arbeitsblatts in einer Zelle anzeigen

Geben Sie in einer bereits gespeicherten Mappe in eine leere Zelle die Formel

```
=ZELLE("Dateiname";A1) ein.
```

Das Ergebnis erscheint in dieser Art: *LW:\Pfad\[Mappenname.xls]Blattname*.

Dateiname inklusive Pfad in einer Zelle anzeigen

Wollen Sie den Dateinamen plus Pfad einer bereits gespeicherten Mappe, aber ohne Blattname anzeigen, setzen Sie die Formel

```
=LINKS(ZELLE("Dateiname";A1);FINDEN("]";ZELLE("Dateiname";A1))) ein.
```

Das Ergebnis erscheint in dieser Art: *LW:\Pfad\[Mappenname.xls]*.

Dateiname in einer Zelle anzeigen

Soll nur der Dateiname angezeigt werden, verwenden Sie die folgende Formel:

```
=TEIL(ZELLE("Dateiname";A1);FINDEN("[";ZELLE("Dateiname";A1))+1;FINDEN("]";ZELLE("Dateinam
e";A1))-FINDEN("[";ZELLE("Dateiname";A1))-1).
```

Auch hier muss die Mappe zuvor gespeichert worden sein.

Name des aktuellen Arbeitsblatts in einer Zelle anzeigen

Verwenden Sie zur Anzeige des Namens für das aktuelle Arbeitsblatt die folgende Formel:

```
=TEIL(ZELLE("Dateiname";A1);FINDEN("]";ZELLE("Dateiname";A1))+1;LÄNGE(ZELLE("Dateiname";A1
))-FINDEN("]";ZELLE("Dateiname";A1))).
```

Auch hier muss die Mappe bereits gespeichert worden sein, damit das Ergebnis korrekt ist.

Nur Zahlen eines bestimmten Bereichs anzeigen

Wenn in einem Zellbereich nur Zahlen zwischen 0 und 10 angezeigt werden sollen, verwenden Sie ein benutzerdefiniertes Zahlenformat, das alle anderen Werte ausblendet. Markieren Sie den Zellbereich, rufen Sie den Menübefehl *Format/Zellen* auf und wählen Sie auf der Registerkarte *Zahlen* die Kategorie *Benutzerdefiniert*. Tragen Sie rechts oben in das Feld unter *Typ* den folgenden Formatcode ein: *[<0]"";[>10]"";Standard*.

Werte außerhalb des Bereichs werden nun nicht mehr angezeigt, aber bei Berechnungen weiterhin berücksichtigt.

Schnell das aktuelle Datum in eine Zelle eingeben

Betätigen Sie die Tastenkombination `Strg`+`.` (Punkt).

Schnell die aktuelle Uhrzeit in eine Zelle eingeben

Betätigen Sie die Tastenkombination `Strg`+`:` (Doppelpunkt).

Beim Eintippen von Datumsangaben keine Wochenenden zulassen

Wenn Sie für einen Zellbereich die Datumseingabe auf die fünf Arbeitstage der Woche begrenzen wollen, nutzen Sie einfach die Funktion *Gültigkeit*. Hier ein Beispiel, bei dem im Bereich *B2:B20* nur Arbeitstage eingegeben werden sollen:

Markieren Sie den Zellbereich *B2:B20* und rufen Sie den Menübefehl *Daten/Gültigkeit* auf. Wählen Sie im Feld *Zulassen* den Eintrag *Benutzerdefiniert*. Tragen Sie darunter in das Feld *Formel* ein:

```
=NICHT(WOCHENTAG(B2;2)>5).
```

Eine Datumsliste ohne Wochenenden erzeugen

Angenommen, Sie wollen eine Datumsliste für den laufenden Monat ohne Wochenenden erzeugen. Geben Sie das Datum für den Monatsersten ein und lassen Sie die Zelle markiert. Ziehen Sie am Ausfüllkästchen mit gedrückter rechter Maustaste ca. 22 Zellen nach unten. Wenn Sie die Maustaste loslassen, erscheint das Kontextmenü, in welchem Sie dann den Befehl *Wochentage ausfüllen* anklicken.

Für monatliche Zahlungen eine Datumsliste für das gesamte Jahr erzeugen

Angenommen, Sie müssen immer am Monatsletzten eine Leasing-Rate überweisen und wollen dazu eine Übersicht vorbereiten. Tippen Sie den Wert *31.1* in die erste Zelle der Liste ein. Ziehen Sie am Ausfüllkästchen mit gedrückter **rechter** Maustaste elf Zellen nach unten. Wählen Sie diesmal aus dem Kontextmenü den Befehl *Monate ausfüllen* aus. Excel zeigt jeweils korrekt den Monatsletzten an, auch für den Monat Februar. Sie können natürlich auch den Monatsersten oder beispielsweise den 15. jedes Monats auf diese Weise in einer Jahresübersicht schnell anzeigen lassen.

Datumsangaben mit Wochentag anzeigen

Um in einer Zelle zusätzlich zum Datum auch den Wochentag anzeigen zu lassen, nutzen Sie ein benutzerdefiniertes Zahlenformat. Geben Sie zunächst das Datum wie gewohnt ein und lassen Sie die Zelle markiert. Rufen Sie mit ⌨Strg⌨+⌨1⌨ das Dialogfeld zum Formatieren auf und wählen Sie auf der Registerkarte *Zahlen* unter *Kategorie* den Eintrag *Benutzerdefiniert*. Geben Sie rechts oben unter *Typ* in das Eingabefeld folgenden Formatcode ein: *TTT* TT.MM.JJJJ*.

Das Sternchen mit anschließendem Leerzeichen sorgt dafür, dass der abgekürzte Wochentag (*TTT*) am linken Rand der Zelle angeordnet wird, während das Datum selbst (*TT.MM.JJJJ*) am rechten Rand der Zelle ausgerichtet ist.

Differenz von Stunden und Minuten über die Tagesgrenze berechnen (1)

Um die Anzahl der Arbeitsstunden bei Nachtschichten zu berechnen, reicht eine einfache Subtraktion nicht aus, wenn die Tagesgrenze überschritten wird – es bedarf einer bestimmten Formel. Angenommen, in *B2* steht die Uhrzeit 22:00 und in *B3* die Uhrzeit 06:00. Geben Sie in die Zelle, die das Ergebnis enthalten soll, die folgende Formel ein: =(B2>B3)+B3-B2.

Differenz von Stunden und Minuten über die Tagesgrenze berechnen (2)

Sie können für das gleiche Beispiel auch die folgende Formel verwenden:

```
=B3-B2+WENN(B2>B3;1).
```

Weisen Sie der Ergebniszelle noch das Uhrzeit-Format *hh:mm* zu.

Arbeitsstunden wochen- und monatsweise addieren und anzeigen

Wenn in einer Tabelle täglich die Arbeitsstunden erfasst werden, soll am Wochen- und Monatsende eine Summe gebildet werden. Die Addition selbst erfolgt wie gewohnt mit der *SUMME*-Funktion. Allerdings zeigt Excel ein falsches Ergebnis an, wenn die Summe der Stunden einen Tag, also 24 Stunden übersteigt. Damit die Summe der Arbeitsstunden richtig angezeigt wird, muss die Ergebniszelle das folgende Uhrzeitformat erhalten: .

Wählen Sie dazu über den Menübefehl *Format/Zellen* auf der Registerkarte *Zahlen* die Kategorie *Benutzerdefiniert* und tragen Sie rechts oben in das Feld unter *Typ* den Formatcode *[hh]:mm* ein.

Uhrzeit in Dezimalwerte umwandeln

Um die Uhrzeit 22:30 aus *B2* in eine Dezimalzahl umzuwandeln, geben Sie folgende Formel in eine leere Zelle ein: =Stunde(B2)+Minute(B2)/60.

Für ein Datum schnell die dahinter stehende serielle Zahl anzeigen

Geben Sie mit Strg + . (Punkt) in eine leere Zelle das Datum ein. Um nun zu erfahren, welche serielle Zahl Excel intern für dieses Datum verwendet, betätigen Sie die Tastenkombination Strg + ⇧ + 6 .

Mit der Tastenkombination Strg + Z zum Rückgängigmachen des letzten Befehls gelangen Sie zur ursprünglichen Anzeige des Datums zurück.

Alle Zellen im aktuellen Arbeitsblatt auswählen, die Text enthalten

Betätigen Sie die F5 -Taste und klicken Sie links unten auf die Schaltfläche *Inhalte*. Aktivieren Sie die Option *Konstanten* und schließen Sie mit *OK* ab.

Alle Zellen im aktuellen Arbeitsblatt markieren, die Formeln enthalten

Betätigen Sie die F5 -Taste, klicken Sie links unten auf die Schaltfläche *Inhalte*, aktivieren Sie die Option *Formeln* und schließen Sie mit *OK* ab.

Große Zellbereiche schnell markieren (1)

Sie wollen schnell einen großen Bereich des Tabellenblatts markieren – beispielsweise *B2:D200*?

Klicken Sie dazu links von der Bearbeitungsleiste in das Namenfeld, tragen Sie den Bezug für den Zellbereich, also *B2:D200* ein und schließen Sie mit der ↵ -Taste ab.

Große Zellbereiche schnell markieren (2)

Wenn Sie nicht zwischen Maus und Tastatur wechseln wollen, dann bieten wie Ihnen hier die »reine« Tastaturvariante:

- Betätigen Sie die F5 -Taste und rufen Sie damit das Dialogfeld *Gehe zu* auf.
- Tippen Sie sofort den Bezug *B2:D200* ein.
- Schließen Sie mit der ↵ -Taste ab.

Große Zellbereiche schnell markieren (3)

Wenn Sie eine bestehende Tabelle komplett markieren wollen, dann klicken Sie in die Tabelle und betätigen Sie die Tastenkombination Strg + * (Sternchen).

Damit markieren Sie komplett einen zusammenhängenden Bereich und eine bestehende Tabelle ist im Normalfall ein solch zusammenhängender Bereich.

Excel im Vollbildmodus starten

Versehen Sie den Aufruf von Excel mit dem Parameter */i*.

Rufen Sie dazu in Windows *Start/Ausführen* auf und tippen Sie in das Eingabefeld ein: *excel.exe /i*.

Anhang

Excel ohne neue leere Arbeitsmappe starten

Versehen Sie den Aufruf von Excel mit dem Parameter /e (also: *excel.exe /e*), um einen Start ohne Excel-Logo zu bewirken und nach dem Start keine Standard-Arbeitsmappe vorzufinden.

Excel mit einer Mappe öffnen, die auf einer eigenen Vorlage basiert

Sie wollen Excel nicht mit der Standard-Arbeitsmappe öffnen, sondern beim Start eine neue Mappe auf Basis Ihrer Vorlage *Bericht* erhalten?

Wenn die Vorlage im Ordner *D:\Vorlagen* liegt, dann bewirkt die Befehlszeile *excel.exe D:\Vorlagen\Bericht.xlt*, dass Excel nach dem Start eine neue Berichts-Arbeitsmappe anzeigt.

Eine Arbeitsmappe als schreibgeschützt öffnen lassen

Angenommen, die Mappe *Bericht.xls* auf Laufwerk *D:* soll schreibgeschützt geöffnet werden, dann verwenden Sie folgende Befehlszeile: *excel.exe /r D:\Bericht.xls*. Der Start-Parameter ist hier also /r.

Excel mit einem bestimmten Ordner starten

Soll nach dem Start von Excel ein ganz bestimmter Ordner für die Dialogfelder zu den Menübefehlen *Datei/Öffnen* und *Datei/Speichern* voreingestellt sein, erreichen Sie das mit dem Start-Parameter /p.

Die Befehlszeile lautet demzufolge *excel.exe /p D:\Projekte*, wenn der Ordner *Projekte* auf Laufwerk *D:* verfügbar gemacht werden soll.

Größenachse in einem Diagramm nicht links, sondern rechts anordnen

Um beispielsweise in einem Säulen- oder Liniendiagramm die Größenachse auf der rechten Seite anzuordnen, doppelklicken Sie im fertigen Diagramm auf die Rubrikenachse, wechseln zur Registerkarte *Skalierung* und setzen dort ein Häkchen in dem Kontrollkästchen vor *Größenachse (Y) schneidet bei größter Rubrik*.

Diagrammelemente schnell auswählen

Nutzen Sie die Pfeiltasten ⬇ und ⬆, um schnell einzelne Elemente des Diagramms anzuspringen.

Mit den Pfeiltasten ⬅ und ➡ gelangen Sie zu den Details eines Elements, beispielsweise zu den einzelnen Einträgen der Legende oder zu einzelnen Datenbeschriftungen.

Bei negativen Werten in einem Säulendiagramm die Rubrikenachse nach unten verschieben

Wenn in einem Säulendiagramm auch negative Werte dargestellt werden, dann ist es in den meisten Fällen besser, die Rubrikenachse vom Nullpunkt ganz nach unten zu verschieben. Doppelklicken Sie dazu auf die Rubrikenachse und klicken Sie in der Registerkarte *Muster* rechts unten im Feld *Teilstrichbeschriftungen* die Option *Tief* an.

Mehrere Arbeitsmappen in einem Schritt schließen

Wenn Sie blitzschnell alle geöffneten Mappen schließen, aber mit Excel weiterarbeiten wollen, dann wenden Sie folgenden kleinen Trick an: Klicken Sie bei gedrückter ⇧-Taste auf das Menü *Datei*. Das Betätigen der ⇧-Taste hat zur Folge, dass im Menü *Datei* statt des Befehls *Schließen* der Befehl *Alle schließen* erscheint. Wählen Sie diesen, schließt Excel alle geöffneten Arbeitsmappen – ggf. mit der Abfrage, ob Änderungen gespeichert werden sollen.

Zellinhalte aus zwei Zellen in einer zusammenfassen (1)

Stehen in *B2* und *C2* Vorname und Name oder Postleitzahl und Ort und Sie möchten gern die beiden zusammengehörigen Informationen in einer Zelle zusammenfassen, können Sie dies mit dem Operator »&« erreichen. Tragen Sie beispielsweise in *D2* die folgende Formel ein: =B2&" "&C2 (zwischen den beiden Anführungszeichen muss ein Leerzeichen eingetippt werden).

Mit dem &-Zeichen können Sie also mehrere Anweisungen in einer Formel verbinden. In diesem Fall wird nach dem Inhalt aus *B2* ein Leerzeichen und dann der Inhalt aus *C2* eingefügt.

Zellinhalte aus zwei Zellen in einer zusammenfassen (2)

Sie können statt des &-Operators auch die Funktion *VERKETTEN* einsetzen. Die Formel würde dann für das o.g. Beispiel lauten: =VERKETTEN(B2;" ";C2).

Zellinhalt auf zwei Zellen aufteilen

Nicht selten ist genau die gegenteilige Aktion erforderlich, nämlich das Aufteilen einer Information – beispielsweise Vorname und Name – auf zwei Zellen. Statt sich hier umständlich mit komplizierten Formeln und Textfunktionen wie *LINKS* und *RECHTS* abzumühen, lassen Sie sich einfach von Excel per Assistent führen.

Wenn in einer Spalte untereinander die Information zu Vorname und Name in je einer Zelle stehen und die beiden Angaben durch ein Leerzeichen getrennt sind, gehen Sie wie folgt vor:

Sorgen Sie dafür, dass rechts neben der Spalte eine leere Spalte vorhanden ist.

Markieren Sie die Zellen und rufen Sie den Menübefehl *Daten/Text in Spalten* auf. Lassen Sie im ersten Schritt die Option *Getrennt* aktiviert und klicken Sie auf *Weiter*. Setzen Sie im zweiten Schritt im Feld *Trennzeichen* ein Häkchen bei *Leerzeichen* und klicken Sie auf *Fertig stellen*.

Kommentar aus einer Zelle in weitere übernehmen

Kommentare sind eine gute Hilfe, wenn es darum geht, den Inhalt einer Zelle mit einer Zusatzinformation zu versehen – beispielsweise um eine komplizierte Formel zu erläutern oder darauf hinzuweisen, dass die Daten in der Zelle noch nicht bestätigt sind.

Angenommen, Sie wollen in mehrere Zellen den gleichen Kommentar anbringen, müssen Sie das Verfahren nicht x-Mal wiederholen, sondern können das in zwei Schritten erledigen: Zuerst geben Sie den Kommentar in eine Zelle ein und übertragen dann diesen auf die anderen Zellen. Gehen Sie wie folgt vor:

Tragen Sie den Kommentar über *Einfügen/Kommentar* ein. Markieren Sie die Zelle, die den Kommentar enthält und kopieren Sie diese mit Strg + C in die Zwischenablage. Markieren Sie nun alle Zellen, die den gleichen Kommentar erhalten sollen (mit gedrückter Strg-Taste können Sie nacheinander beliebig viele Zellen der Markierung hinzufügen). Wählen Sie *Bearbeiten/Inhalte einfügen*, klicken Sie die Option *Kommentare* an und schließen Sie mit *OK* ab.

Diagramme und andere Objekte exakt an einer Zelle ausrichten

Wenn Sie ein Diagramm, ein Logo oder ein anderes Objekt genau neben der zugehörigen Tabelle ausrichten wollen, dann müssen Sie dazu nicht Ihr Augenmaß bemühen, sondern lassen Sie das Excel erledigen:

Bewegen Sie die Maus über das Objekt, das Sie genau anordnen wollen. Ziehen Sie es mit gedrückter linker Maustaste **und** bei zusätzlich gedrückter ⌈Alt⌉-Taste an die gewünschte Position. Das Objekt springt dabei immer nur zur nächsten Zeile oder Spalte, denn das Gitternetz der Tabelle funktioniert durch das Drücken der ⌈Alt⌉-Taste wie ein magnetisches Raster. Lassen Sie – wenn Sie das Objekt richtig angeordnet haben – zuerst die Maustaste und dann die ⌈Alt⌉-Taste los.

Schnell alle Formeln im aktuellen Blatt anzeigen

Um blitzschnell anstelle der Ergebnisse alle Formeln im Arbeitsblatt anzuzeigen, betätigen Sie die Tastenkombination ⌈Strg⌉+⌈#⌉. Mit der gleichen Tastenkombination schalten Sie auch wieder zurück zur Ergebnisansicht.

Sonderzeichen in Tabellen verwenden

Wenn Sie in einer Spaltenüberschrift oder in einer Zelle das Wort »Durchschnitt« oder »Durchmesser« verwenden, dann wird dadurch die Spalte recht breit. Platz sparender wäre hier das dafür bekannte Symbol »Ø«. Mit den folgenden Schritten fügen Sie es an beliebiger Stelle in Ihren Excel-Tabellen ein:

Setzen Sie die Zellmarkierung auf die Zelle, in der Sie das Symbol brauchen. Aktivieren Sie die ⌈Num⌉-Taste, halten Sie die ⌈Alt⌉-Taste gedrückt und geben Sie die Zahlenfolge »0216« auf dem numerischen Block Ihrer Tastatur ein. Wenn Sie dann die ⌈Alt⌉-Taste loslassen, erscheint das Zeichen Ø.

Und hier noch drei weitere Beispiele:

Das Wort »Summe« können Sie durch das entsprechende griechische Symbol »Sigma« ersetzen. Diesmal geht es sogar ohne Tastenkombination. Geben Sie einfach in die betreffende Zelle ein »S« und formatieren Sie anschließend dieses Zeichen oder die gesamte Zelle in der Schriftart *Symbol*.

Wollen Sie für Abweichung oder Differenz das griechische Symbol »Delta« nutzen, dann geben Sie ein »D« ein und formatieren es ebenfalls mit der Schriftart *Symbol*.

Brauchen Sie das Ohm-Zeichen (das griechische »Omega«), gehen Sie den gleichen Weg, aber verwenden Sie diesmal den Buchstaben »W«.

Wenn Sie weitere Anregungen für die Gestaltung Ihrer Excel-Tabellen suchen, werden Sie sicher in der Zeichentabelle von Windows fündig. Wählen Sie dazu im *Startmenü* die Befehlsfolge *Alle Programme/Zubehör/Systemprogramme/Zeichentabelle*. Probieren Sie dort verschiedene Schriftarten aus, klicken Sie ein Zeichen an und merken oder notieren Sie sich die unten rechts angezeigte Taste oder Tastenkombination, die diesem Zeichen zugeordnet ist.

Anhang B

Die Makro-Fundgrube

In diesem Kapitel:

Hyperlink einfügen per VBA

Sie wollen einen Hyperlink mit einer *URL* in Ihre Tabelle einfügen.

Listing B.1   Schnell ins Internet mit Hyperlinks

```
Sub HyperlinkEinfügen()
Range("A1").Select
ActiveCell.Value = "Name des Hyperlinks"
With ActiveSheet
    .Hyperlinks.Add Anchor:=.Range("a1"), _
        Address:=" http://www.forumoffice.de"
End With
End Sub
```

Hyperlink aktivieren

Sie wollen einen Hyperlink mit VBA starten.

Listing B.2   Der automatische Klick auf einen Hyperlink

```
Sub HyperlinkAktivieren()
    Range("A1").Select
    Selection.Hyperlinks(1).Follow NewWindow:=False, AddHistory:=True
End Sub
```

Hyperlinks auflisten

Mit dem folgenden VBA-Makro können Sie eine neue Tabelle anlegen, in der alle Hyperlinks des aktiven Blattes eingetragen werden. Sie können die *ActiveSheet*-Eigenschaft auch durch einen Bezug auf ein ganz bestimmtes Tabellenblatt ersetzen. Um auf das Tabellenblatt »MeineTabelle« zu verweisen, tragen Sie die Anweisung

```
Set allH = ThisWorkbook.Sheets("MeineTabelle").Hyperlinks
```

ein.

Listing B.3   Liste aller Hyperlinks einer Tabelle

```
Sub liste_Hyperlinks()
On Error GoTo Err_liste_Hyperlink
' Anzahl der Hyperlinks
Dim a As Integer
' Zeilenzähler
Dim i As Integer
' Einzelner Link in der Auflistung
Dim h As Hyperlink
' Auflistung aller Hyperlinks
Dim allH As Hyperlinks
Set allH = ThisWorkbook.ActiveSheet.Hyperlinks
a = allH.Count
If a < 1 Then Exit Sub
Sheets.Add
i = 1
For Each h In allH
  Cells(i, 1) = h.Name
  Cells(i, 2) = h.Range.Address(external:=True)
  i = i + 1
Next
Columns("A:B").EntireColumn.AutoFit
End_liste_Hyperlink:
Exit Sub
Err_liste_Hyperlink:
MsgBox Err.Description
GoTo End_liste_Hyperlink
End Sub
```

Einstellen der Spaltenbreite bzw. Zeilenhöhe

Sie möchten über ein Makro in einem vorgegebenen Bereich eine bestimmte Zeilenhöhe und Spaltenbreite zuweisen.

Listing B.4   Anpassen der Blatteinstellungen

```
Sub SpaltenbreiteZeilenhöheEinstellen()
    Dim r as Range
    Set R = Range("A1:D10")
    With r
        .EntireColumn.ColumnWidth = 12
        .EntireRow.RowHeight = 20
        End With
End Sub
```

Benutzername in die Seiteneinrichtung übernehmen

Sie wollen in einer Kopfzeile den Benutzernamen ausgeben.

Listing B.5   Aktueller Benutzer in die Seiteneinrichtung

```
Sub KopfzeileMitUsernamen()
    ActiveSheet.PageSetup.LeftHeader = Application.UserName
End Sub
```

Kopfzeile mit komplettem Pfad ausgeben

Sie wollen in einer Kopfzeile den komplettem Pfad und Dateinamen ausgeben.

Listing B.6   Ausgabe Dateinamen mit Pfad

```
Sub KopfzeileMitPfad()
' Dynamisch
ActiveSheet.PageSetup.LeftHeader = "&Z&F"
' oder als statischer Text
ActiveSheet.PageSetup.RightHeader = ActiveWorkbook.FullName
End Sub
```

Kopf- und Fußzeilen initialisieren

Sie wollen alle Kopf- und Fußzeilen der Tabellen in der aktiven Arbeitsmappe löschen, da Sie den ganzen Platz für Ihre Tabelle benötigen.

Listing B.7   Kopf- und Fußzeilen unerwünscht

```
Sub KeinKopfKeinFuß()
Dim sh As Excel.Worksheet
```

Anhang

Listing B.7   Kopf- und Fußzeilen unerwünscht *(Fortsetzung)*

```
        For Each sh In ActiveWorkbook.Worksheets
            With sh.PageSetup
                .LeftHeader = ""
                .CenterHeader = ""
                .RightHeader = ""
                .LeftFooter = ""
                .CenterFooter = ""
                .RightFooter = ""
            End With
        Next sh
    End Sub
```

Kommentargröße einstellen

Sie möchten einen Kommentar einfügen und die Schriftgröße einstellen.

Listing B.8   Schriftgrad des Kommentars ändern

```
Sub KommentarSchrift()
    Dim Com As Comment
    Set Com = Cells(1, 1).AddComment
    Com.Text "Dieser Kommentar hat eine größere Schrift!"
    With Com.Shape.TextFrame.Characters.Font
        .Name = "Arial"
        .Size = 16
    End With
End Sub
```

Ein Kommentar wird in Zelle *A1* des aktiven Tabellenblattes eingefügt und mit der Schriftart *Arial* und dem Schriftgrad *16 pt* belegt.

WICHTIG   Führen Sie das Makro nur einmal aus, da es nicht prüft, ob bereits ein Kommentar vorhanden ist. So käme es bei wiederholter Ausführung zu einem Laufzeitfehler. Wollen Sie ihn vermeiden, bauen Sie eine entsprechende Prüfung ein.

Kommentare in Nebenzelle ausgeben

Sie wollen alle Notizen innerhalb einer Markierung in der jeweils nächsten Zelle rechts ausgeben.

Listing B.9   Notizen in eine Zelle schreiben

```
Sub SchreibeNotizenInNebenzelle()
Dim Notiz As Object
 For Each Notiz In Selection.SpecialCells(xlCellTypeComments)
     Notiz.Offset(0, 1).Value = Notiz.NoteText
 Next Notiz
End Sub
```

Mehrere Zeilen per VBA markieren

Sie möchten mittels eines Makros mehrere Zeilen auf einmal markieren, um sie später weiter zu bearbeiten.

Listing B.10 Mehrfachmarkierung mit VBA

```
Sub MehrereZeilenMarkieren()
    Range("1:1,3:3,5:5,9:9").Select
End Sub
```

Das Makro markiert die Zeilen 1, 3, 5 und 9.

Mehrere Spalten in einem Arbeitsgang markieren

Sie wollen mit einer einzigen Anweisung mehrere Spalten markieren.

Listing B.11 Mehrere Spalten mit einer Anweisung markieren

```
Sub MehrereSpaltenMarkieren()
Range("B:B,D:D,F:F,H:H").Select
End Sub
```

Werte über eine InputBox erfassen

Sie wollen über eine *InputBox* einen Wert erfassen. Dieser soll im aktuellen Tabellenblatt in Zelle *A1* geschrieben werden.

Listing B.12 Die Eingabe in eine *InputBox*

```
Sub InputboxEingabe ()
Dim wert01 As String
    wert01 = InputBox("Wert eingeben", "Bitte geben Sie einen Wert ein")
    If wert01 <> "" Then Range("a1").Value = wert01
End Sub
```

Zeilenumbruch ersetzen

Bei der Texteingabe in eine Zelle kann man mit der Tastenkombination [Alt]+[↵] einen Zeilenumbruch erzwingen. Das Makro *ersetzeUmbruch* zeigt die Lösung für die Aufgabe, den Zeilenumbruch durch ein Leerzeichen zu ersetzen.

Listing B.13 Zeichen für Zeilenumbruch ersetzen

```
Sub ersetzeUmbruch()
On Error Resume Next
Cells.Replace What:=vbLf, Replacement:=" ", _
            LookAt:=xlPart, _
            SearchOrder:=xlByRows, _
```

Listing B.13   Zeichen für Zeilenumbruch ersetzen *(Fortsetzung)*

```
                MatchCase:=False
End Sub
```

Bereiche zusammenfassen

Um die Zellen *B1* und *D1* wie einen Bereich anzusprechen, verwenden Sie das folgende Makro:

Listing B.14   Bereiche mit der *Union*-Methode zusammenfassen

```
Sub Bereiche_zusammenfassen()
Dim ber1 As Range
Dim ber2 As Range
Dim ber3 As Range
Set ber1 = Cells(1, 2)
Set ber2 = Cells(3, 4)
Set ber3 = Application.Union(ber1, ber2)
ber3.Interior.ColorIndex = 4
End Sub
```

Umlaute ersetzen

Sollen Daten auf ein System übertragen werden, auf dem das »ß« und Umlaute nicht zugelassen sind, können Sie das folgende Makro einsetzen.

Listing B.15   Die Umlaute und »ß« in der aktuellen Zellenauswahl ersetzen

```
Sub entferneUmlaute()
Dim r As Range
Application.ScreenUpdating = False
Set r = Selection
With r
  .Replace What:="ü", Replacement:="ue", LookAt:=xlPart, MatchCase:=True
  .Replace What:="Ü", Replacement:="Ue", LookAt:=xlPart, MatchCase:=True
  .Replace What:="ö", Replacement:="oe", LookAt:=xlPart, MatchCase:=True
  .Replace What:="Ö", Replacement:="Oe", LookAt:=xlPart, MatchCase:=True
  .Replace What:="ä", Replacement:="ae", LookAt:=xlPart, MatchCase:=True
  .Replace What:="Ä", Replacement:="Ae", LookAt:=xlPart, MatchCase:=True
  .Replace What:="ß", Replacement:="ss", LookAt:=xlPart, MatchCase:=True
End With
Application.ScreenUpdating = True
Set r = Nothing
End Sub
```

Führende Apostroph-Zeichen entfernen

Mit dem folgenden Makro können Sie das führende Apostroph entfernen.

Listing B.16 Aus Zellen ohne Formel werden die führenden Apostroph-Zeichen entfernt

```
Sub entferneApostoph()
Dim r As Range
Dim c As Range
Set r = ActiveSheet.UsedRange
For Each c In r
  If Not c.HasFormula Then
    c.Value = c.Value
  End If
Next
End Sub
```

Das Standardverzeichnis ermitteln

Sie wollen per VBA Ihr Standardverzeichnis für die Vorlagen, den Ordner, in dem Excel gespeichert ist, und den alternativen Startordner ermitteln.

Listing B.17 Wo werden Ihre Vorlagen gespeichert?

```
Sub StandardverzeichnisErmitteln()
  MsgBox "Pfad zu den Vorlagen: " & Application.TemplatesPath
  MsgBox "Pfad zur Anwendung: " & Application.Path
  MsgBox "Alternativer Startordner: " & Application.AltStartupPath
End Sub
```

Integrierte Dialogfelder aufrufen

Sie wollen das integrierte Dialogfeld *Druckereinrichtung* aufrufen.

Listing B.18 Integriertes Dialogfeld *Druckereinrichtung* öffnen

```
Sub DialogZeigen()
  Application.Dialogs(xlDialogPrintersetup).Show
End Sub
```

Externe Programme aus Excel heraus aufrufen

Sie möchten innerhalb von Excel ein externes Programm aufrufen. Als Erstes rufen Sie die Zeichentabelle auf, im zweiten Schritt starten Sie das Programm *WordPad* mit einer bestimmten Datei:

Listing B.19 Die Zeichentabelle aufrufen

```
Sub ZeichenTabelle()
On Error Resume Next
Shell "C:\WINXP\System32\CHARMAP.EXE", 1
End Sub
```

WordPad mit vorgegebener Datei öffnen

```
Sub WordPadStarten()
On Error GoTo fehlerm
Dim x As Variant
x = Shell("C:\Programme\Windows\Zubehör\wordpad.exe c:\test.doc", 3)
Exit Sub
fehlerm:
MsgBox Err.Description, vbCritical, "FEHLER"
End Sub
```

Druckbereich festlegen

Sie wollen in der Spalte *A* den benutzten Bereich als Druckbereich festlegen.

Listing B.21 Druckbereich in Abhängigkeit von der ersten Spalte festlegen

```
Sub DruckbereichFestlegen()
    Range("A65536").End(xlUp).Select
    Range(ActiveCell, ActiveCell.End(xlUp)).Select
    ActiveSheet.PageSetup.PrintArea = ActiveCell.CurrentRegion.Address
End Sub
```

Druckbereich aufheben

Sie wollen den aktiven Druckbereich wieder aufheben.

Listing B.22 Druckbereich im aktiven Blatt aufheben

```
Sub DruckbereichAufheben()
 ActiveSheet.PageSetup.PrintArea = ""
End Sub
```

Ein Bild in der Fußzeile anzeigen

Mit dem folgenden Makro können Sie eine Grafik in der Fußzeile platzieren. Die *LeftFooterPicture*-Eigenschaft deutet es schon an: Sie können nun endlich auch Ihr Firmenlogo in der Seiteneinrichtung platzieren. Über die *LeftFooterPicture*-Eigenschaft können Sie zunächst die Einstellungen wie den Dateinamen und die Größe für das Bild einstellen. Wichtig ist dann, dass Sie dem entsprechenden Seitenelement noch die Zeichenfolge für die Anzeige der Grafik zuweisen.

Listing B.23 Ein Bild in die Seiteneinrichtung übernehmen

```
Sub Seiteneinrichtung()
With ActiveSheet.PageSetup.LeftFooterPicture
  .Filename = "C:\Dokumente und Einstellungen\All Users\Dokumente\Eigene
Bilder\Beispielbilder\Sonnenuntergang.jpg"
  .Height = 275.25
  .Width = 463.5
  .Brightness = 0.36
  .ColorType = msoPictureGrayscale
```

Listing B.23 Ein Bild in die Seiteneinrichtung übernehmen *(Fortsetzung)*

```
    .Contrast = 0.39
    .CropBottom = -14.4
    .CropLeft = -28.8
    .CropRight = -14.4
    .CropTop = 21.6
End With
' OHNE DIE FOLGENDE ZEILE WIRD DAS BILD NICHT ANGEZEIGT!
ActiveSheet.PageSetup.LeftFooter = "&G"
End Sub
```

Berechnungsmodus einstellen

Mit dem folgenden Makro können Sie den Berechnungsmodus auf manuelle Berechnung einstellen:

Listing B.24 Berechnungsmodus auf *Manuell* einstellen

```
Sub Berechnunsgmodus()
Application.Calculation = xlCalculationManual
' oder automatisch
' Application.Calculation = xlCalculationAutomatic
End Sub
```

Ländereinstellung ausgeben

Sie möchten auf einem PC die installierte Ländertabelle ausgeben *(49 = Deutschland)*.

Listing B.25 Welches ist Ihre eingestellte Ländertabelle?

```
Sub Ländereinstellung()
    MsgBox Application.International(xlCountryCode)
End Sub
```

Bild einfügen

Sie wollen ein Bild einfügen, sobald eine Bedingung erfüllt ist.

Listing B.26 Bild einfügen – leicht gemacht!

```
Sub BildEinfügenBeiBedingung()
Dim Pic As Picture
    If Range("A1").Value = 1 Then
        Set Pic = ActiveSheet.Pictures.Insert("C:\Dokumente und Einstellungen\" & _
            "All Users\Dokumente\Eigene Bilder\Beispielbilder\Sonnenuntergang.jpg")
    End If
End Sub
```

Wenn Zelle *A1* den Wert *1* aufweist, wird das Bild *Sonnenuntergang.jpg* eingefügt!

Anhang

Schaltfläche für ein Makro einfügen

Das folgende Makro erstellt eine Schaltfläche, mit der dann wiederum dieses Makro gestartet werden kann.

Listing B.27 Eine Schaltfläche mit VBA erstellen und ein Makro zuweisen

```
Sub neuerButton()
Dim b As Button
Set b = ActiveSheet.Buttons.Add(240, 50, 120, 25)
With b
  .OnAction = " neuerButton"
  .Text = "Hier klicken"
End With
End Sub
```

Eingabeprüfung mit VBA

Es soll nach der Eingabe eines Wertes geprüft werden, ob er die richtige Länge hat. Bei fehlerhafter Länge, sei es eine größere oder kleinere Länge als 8 Zeichen, soll ein Meldungsfenster erscheinen.

Listing B.28 Hat die Eingabe die richtige Länge?

```
Sub MeldungWennNicht8()
 Range("A1").Select
 Do While ActiveCell.Value <> ""
      If Len(ActiveCell.Value) <> 8 Then MsgBox "Falsche Länge!"
    ActiveCell.Offset(1, 0).Select
 Loop
End Sub
```

Blattschutz mit VBA einstellen und aufheben

Der Blattschutz kann mit VBA gesetzt und auch wieder aufgehoben werden.

Listing B.29 Blattschutz durch Makro ausschalten und wieder einschalten

```
Sub SchutzAusEin()
ActiveSheet.Protect "Test"
MsgBox "Blattschutz ist aktiv!"
ActiveSheet.Unprotect "Test"
MsgBox "Blattschutz ist aufgehoben!"
End Sub
```

Alle Tabellenblätter »in einem Rutsch« drucken

Wenn Sie alle Tabellenblätter in einem Arbeitsgang drucken wollen, können Sie das folgende Makro einsetzen:

Listing B.30   Alle Tabellen drucken

```
Sub Tabs_drucken()
On Error Resume Next
With ActiveWorkbook.Worksheets
  .PrintOut copies:=1
End With
End Sub
```

Wie viele Seiten hat die Tabelle?

Sie wollen die Anzahl der zu druckenden Seiten mit *VBA* ermitteln. Dazu verwenden Sie das folgende Makro:

Listing B.31   Die Anzahl der Druckseiten einer Tabelle ermitteln

```
Sub wievieleSeiten()
On Error Resume Next
Dim tx As Integer
tx = Application.ExecuteExcel4Macro("get.document(50)")
MsgBox "Vom aktuellen Blatt sind " & tx & " Seite(n) zu drucken."
End Sub
```

Die Blätter einer Mappe sortieren

Sie wollen die Blätter einer Mappe nach ihrem Namen sortieren.

Listing B.32   Arbeitsmappenregister sortieren

```
Sub SortiereBlätter()
On Error Resume Next
Dim i As Integer
Dim j As Integer
Application.ScreenUpdating = False
With ActiveWorkbook
  For i = 1 To .Sheets.Count
    For j = 1 To .Sheets.Count - 1
      If UCase$(.Sheets(j).Name) > UCase$(.Sheets(j + 1).Name) Then
        .Sheets(j + 1).Move before:=.Sheets(j)
      End If
    Next j
  Next I
End With
Application.ScreenUpdating = False
End Sub
```

Liste der Blätter einer Mappe

Tragen Sie das folgende Makro in ein Standardmodul ein:

Listing B.33 Eine Liste der Blätter in der aktiven Mappe

```
Sub Blattnamen()
   Dim i As Integer, Blatt As Object
   Sheets.Add
   For Each Blatt In Sheets
      i = i + 1
      Range("A" & i) = Blatt.Name
   Next
End Sub
```

Welche Blätter sind markiert?

Wenn Sie mehrere Blätter einer Mappe markiert haben und Sie dann mit VBA die Namen der Blätter erfahren wollen, geht das mit diesem Makro:

Listing B.34 Wie kann man die aktuell ausgewählten Blätter mit VBA ermitteln?

```
Sub BlattAuswahl()
For Each s In ActiveWindow.SelectedSheets
    MsgBox s.Name
Next
End Sub
```

Das Blattregister einfärben

Um alle Registerkarten einzufärben, tragen Sie das folgende Makro in ein Standardmodul ein:

Listing B.35 Die Blattregister unterschiedlich einfärben

```
Sub färbeRegister()
Dim i As Integer, s As Object
i = 1
For Each s In ActiveWorkbook.Sheets
   Sheets(s.Name).Tab.ColorIndex = I
   If i = 56 Then
      i = 1
    Else
      i = i + 1
   End If
Next
End Sub
```

Den Aufgabenbereich anzeigen oder ausblenden

Mit dem folgenden Makro können Sie den *Aufgabenbereich* einblenden oder ausblenden, je nach dem, ob der *Aufgabenbereich* momentan angezeigt wird oder nicht.

Listing B.36 Den *Aufgabenbereich* umschalten

```
Sub Aufgabenbereich_zeigen_oder_nicht()
Application.CommandBars("Task Pane").Visible = _
        Not Application.CommandBars("Task Pane").Visible
End Sub
```

Anzahl der Tabellenblätter in der aktiven Mappe

Sie wollen die Anzahl der Tabellenblätter einer geöffneten Arbeitsmappe auf dem Bildschirm anzeigen lassen.

Listing B.37 Nur Tabellenblätter zählen

```
Sub ZählenArbeitsblätter()
MsgBox Application.ActiveWorkbook.Worksheets.Count
' Die folgende Anweisung zeigt die Anzahl aller Blätter
' also inklusive Diagrammen usw.
' MsgBox Application.ActiveWorkbook.Sheets.Count
End Sub
```

Weitere Tabellen einfügen

Sie können mit dem Makro *einfügenBlätter* eine bestimmte Anzahl an Tabellenblättern einfügen und danach alle Blätter nach einer vorgegebenen Namenskonvention benennen.

Listing B.38 Neue Blätter einfügen

```
Sub einfügenBlätter()
On Error Resume Next
Dim a As Integer
Dim i As Integer
Dim Sh As Worksheet
Dim s As String
If Not MsgBox("Blätter einfügen?", vbYesNo + vbQuestion) = vbYes Then Exit Sub
s = "Blatt"
a = 10
For i = Worksheets.Count To a
  Worksheets.Add
Next
i = 1
For Each Sh In ActiveWorkbook.Worksheets
  Sh.Name = s & Format(i, "000")
  i = i + 1
Next
End Sub
```

Neue Mappe mit 15 Blättern erstellen

Sie wollen eine neue Mappe mit 15 Tabellenblättern erstellen. Wie viele Tabellenblätter in einer neuen Mappe sind stellen Sie über den Menübefehl *Extras/Optionen* auf der Registerkarte *Allgemein* ein. Ändern Sie dort die Einstellung *Blätter in neuer Arbeitsmappe* oder setzen Sie das folgende Makro ein:

Listing B.39 Neue Mappe mit vordefinierter Anzahl Tabellen erstellen

```
Sub neueMappe()
Dim a As Integer
Dim o As Integer
a = 15
' Aktuelle Einstellung erhalten
o = Application.SheetsInNewWorkbook
' Einstellung ändern
Application.SheetsInNewWorkbook = a
' Neue Datei erstellen
Workbooks.Add
' Einstellung zurücksetzen
Application.SheetsInNewWorkbook = o
End Sub
```

Markierung in Tabellen

Sie möchten verschiedene Bereiche in der aktiven Tabelle markieren. Jeweils von der aktiven Zelle aus geht es dann nach unten oder oben, nach rechts oder nach links.

Listing B.40 Markierung abwärts
oder
Markierung aufwärts.
Markierung nach rechts
oder
Markierung nach links

```
Sub MarkierenAbwärts()
    Range(ActiveCell, ActiveCell.End(xlDown)).Select
End Sub
Sub MarkierenAufwärts()
    Range(ActiveCell, ActiveCell.End(xlUp)).Select
End Sub
Sub MarkierenRechts()
    Range(ActiveCell, ActiveCell.End(xlToRight)).Select
End Sub
Sub MarkierenLinks ()
    Range(ActiveCell, ActiveCell.End(xlToLeft)).Select
End Sub
```

Jede zweite Zeile bearbeiten

Mit einer Schleife können Sie komfortabel jede zweite Zeile mit einem gelben Hintergrund versehen.

Listing B.41 Jede zweite Zeile einfärben

```
Sub Jede_zweite_Zeile_gelb()
Dim i As Long
Dim z As Double
z = [A1].CurrentRegion.Rows.Count
For i = 1 To z Step 2
    Rows(i).Interior.ColorIndex = 6
Next I
End Sub
```

Erste leere Zelle für neue Daten

Wenn eine Tabelle bereits Daten enthält, muss zuerst die erste leere Zelle aktiviert werden, bevor Sie dann einen neuen Datensatz einfügen können.

Listing B.42 Das Ziel für neue Einträge ermitteln

```
Sub ersteNeueZelle()
ActiveSheet.Cells(Rows.Count, 1).End(xlUp).Offset(1, 0).Select
End Sub
```

Gefilterte Daten markieren

Tragen Sie das folgende Makro in ein Standardmodul ein, um nur die mit einem *AutoFilter* gefilterten Daten zu markieren:

Listing B.43 Nur gefilterte Daten auswählen

```
Sub markiereFilterwerte()
Range(ActiveSheet.AutoFilter.Range.Address).Select
Selection.SpecialCells(xlCellTypeVisible).Select
End Sub
```

Add-In-Check

Sie möchten mit Hilfe eines Makros herausbekommen, ob ein bestimmtes Add-In installiert ist oder nicht.

Listing B.44 Add-In-Prüfung mit VBA

```
Sub AddIn_Check()
Dim a As AddIn
For Each a In Application.AddIns
    If UCase(a.Name) = UCase("Solver.xla") Then
```

Anhang

Add-In-Prüfung mit VBA

```
        MsgBox "Der Solver ist installiert!"
    End If
Next
End Sub
```

Anzeige verfügbarer Add-Ins

Sie wollen alle verfügbaren *Add-Ins* anzeigen lassen.

Welche Add-Ins sind verfügbar?

```
Sub AlleAddInsAnzeigen()
On Error Resume Next
Dim i As Integer
For i = 1 To AddIns.Count
    MsgBox (AddIns(i).FullName)
Next i
End Sub
```

Pfad für die Sicherung einstellen

Sie können nun in Excel auch den Pfad und die Zeitintervalle für die automatische Sicherung der Daten angeben.

Sicherung in den vorgegebenen Pfad nach Intervall

```
Sub RecoverMe()
Application.AutoRecover.Path = "C:\Daten\Backups\"
Application.AutoRecover.Time = 15
End Sub
```

Wie viele Tage hat der Monat?

Mit der *DateAdd*-Funktion können Sie zu einem Datum ein bestimmtes Zeitintervall addieren.

Den letzten Tag des Monats ermitteln

```
Sub LetzterTag()
Dim d As Date
d = Now
MsgBox Day(DateAdd("m", 1, d) - Day(d))
End Sub
```

Umgebungsvariablen auflisten

Sie können die mit einer Umgebungsvariablen verbundene Zeichenfolge über die *Environ*-Funktion ermitteln. Über Umgebungsvariablen werden allgemeine Einstellungen, z.B. der Benutzername oder der temporäre Pfad, für den Rechner vorgenommen.

Listing B.48 Umgebungsvariablen auslesen

```
Sub umgebungsvariablen()
Dim i As Integer
Dim v As String
Sheets.Add
i = 1
Do
  v = Environ(i)
  If v <> "" Then
    Cells(i, 1) = v
    i = i + 1
  Else
    Exit Do
  End If
Loop
End Sub
```

Mappe schließen ohne Speichern

So schließen Sie die aktive Mappe, ohne vorher zu speichern.

Listing B.49 Änderungen verwerfen

```
Sub schliessen_ohne_speichern()
On Error Resume Next
ActiveWorkbook.Close savechanges:=False
End Sub
```

Excel ohne Meldung beenden

Sie wollen Excel ohne Meldungen beenden.

Listing B.50 Excel beenden ohne Zögern

```
Sub ExcelSchließen()
 Application.DisplayAlerts = False
 Application.Quit
End Sub
```

Anhang

Dateien auflisten

Sie wollen in einer Excel-Tabelle alle Dateien des *Temp*-Ordners auflisten.

Listing B.51 *Temp*-Dateien im Überblick

```
Sub DateinamenAuflisten()
    Dim Dateiname As String, i As Integer
    Dateiname = Dir$("c:\windows\temp\*.*")
    Do While Dateiname <> ""
        ActiveCell.Offset(i, 0) = Dateiname
        i = i + 1
        Dateiname = Dir$()
    Loop
End Sub
```

Textdatei mit vorgegebenem Trennzeichen erstellen

Mit dem folgenden Makro kann man den Inhalt aus dem aktiven Blatt in eine Textdatei schreiben und dabei das Trennzeichen über die Variable *sep* einstellen.

Listing B.52 Textdatei mit bestimmtem Trennzeichen schreiben

```
Sub Textdatei_mit_Semikolon()
Dim f As Integer
Dim r As Range
Dim z As Range
Dim c As Range
Dim s As String
Dim n As String
Dim sep As String * 1
sep = ";"
' Namen für die Textdatei ermitteln.
n = ActiveWorkbook.FullName
n = Left(n, Len(n) - 3) & "txt"
' Freie Dateinummer für den Zugriff ermitteln.
f = FreeFile()
' Den benutzten Bereich ermitteln.
Set r = ActiveSheet.UsedRange
' Textdatei für den Zugriff öffnen.
Open n For Output As f
' durch alle Zeilen ...
For Each z In r.Rows
' ... und durch alle Zellen der Zeile gehen.
For Each c In z.Cells
' Den Inhalt in die Variable lesen.
s = s & CStr(c.Text) & sep
Next
' Den Inhalt der Variablen in die Textdatei schreiben.
Print #f, s
s = ""
Next
' Die Textdatei schließen.
```

Textdatei mit bestimmtem Trennzeichen schreiben *(Fortsetzung)*

```
Close f
Set r = Nothing
End Sub
```

Eingebettetes Diagramm als Grafik exportieren

Diagramme können mit VBA als Grafik abgespeichert werden. Hier der Code für den Export von eingebetteten Diagrammen.

Listing B.53   Code für ein eingebettetes Diagramm

```
Sub exportDiagramm1()
ThisWorkbook.Sheets("MeineTabelle").ChartObjects(1).Chart.Export _
  FileName:=ThisWorkbook.Path & "\" & "MeinDiagramm.gif", FilterName:="GIF"
End Sub
```

Diagrammblatt als Grafik exportieren

Wollen Sie ein Diagrammblatt als Grafik exportieren, verwenden Sie dieses Makro:

Listing B.54   Code für ein separates Diagrammblatt

```
Sub exportDiagramm2()
ThisWorkbook.Charts("MeinDiagramm").Export _
  FileName:=ThisWorkbook.Path & "\" & "MeinDiagramm.gif", _
  FilterName:="GIF"
End Sub
```

Das Arbeitsblatt zoomen

Sie möchten Ihr Arbeitsblatt schrittweise zoomen. Dabei soll die jeweilige Schrittweite 10% betragen.

Listing B.55   Tabellenansicht schrittweise vergrößern

```
Sub ZoomenPlus()
Dim ZoomFak As Variant
ZoomFak = ActiveWindow.Zoom
ZoomFak = ZoomFak + 10
ActiveWindow.Zoom = ZoomFak
End Sub
```

Listing B.56   Tabellenansicht schrittweise verkleinern

```
Sub ZoomenMinus()
Dim ZoomFak As Variant
ZoomFak = ActiveWindow.Zoom
ZoomFak = ZoomFak - 10
```

Listing B.56 Tabellenansicht schrittweise verkleinern *(Fortsetzung)*

```
ActiveWindow.Zoom = ZoomFak
  End Sub
```

Den Bearbeitungsbereich einstellen

Sie wollen den Bereich einstellen, den der Benutzer einsehen und verändern kann. Das können Sie mit der *ScrollArea*-Eigenschaft einstellen. Beachten Sie dabei, dass diese Eigenschaft beim Schließen der Arbeitsmappe zurückgesetzt wird.

Listing B.57 Den zulässigen Bearbeitungsbereich einstellen

```
Sub zulässigerBereich()
Dim s As String
s = "A1:B10"
Sheets(1).ScrollArea = s
End Sub
```

Aus Klein mach Groß

Sie wollen alle Texte eines Tabellenblattes so ändern, dass jeweils der erste Buchstabe eines Wortes *groß* geschrieben wird.

Listing B.58 Zeichenformatierung von Klein zu Groß

```
Sub KonvertierungZuGroß()
Dim Zelle As Object
    For Each Zelle In ActiveSheet.UsedRange
        Zelle.Value = Application.Proper(Zelle.Value)
    Next
End Sub
```

Formel einer Zelle ermitteln

Sie haben in Zelle *A1* eine Formel eingetragen und wollen in der Nachbarzelle *B1* die Formel sehen. Tragen Sie in *B1* die Formel =FormelalsText(A1;"G") ein.

Listing B.59 Die Formel einer Zelle als Text ausgeben und die Sprachversion berücksichtigen

```
Function FormelalsText(eineZelle As Range, Sprache As String) As String
With eineZelle
  If Left(Sprache, 1) = "G" Then
      If .HasArray Then
          FormelalsText = "{" & .FormulaLocal & "}"
      Else
          FormelalsText = .FormulaLocal
      End If
  Else
      If .HasArray Then
```

Die Formel einer Zelle als Text ausgeben und die Sprachversion berücksichtigen *(Fortsetzung)*

```
            FormelalsText = "{" & .Formula & "}"
        Else
            FormelalsText = .Formula
        End If
    End If
    End With
End Function
```

Fensterüberschrift wählen

Sie wollen einen Text in der Fensterleiste anzeigen lassen.

Die eigene Überschrift für Ihr Excel

```
Sub TitelInFenster()
Application.Caption = "Excel ist Super!"
End Sub
```

Titel zurücksetzen

Um den Standardtitel wieder anzuzeigen, führen Sie das folgende Makro aus:

Anwendungstitel zurücksetzen

```
Sub ohneTitelInFenster()
Application.Caption = ""
End Sub
```

Fehlerüberprüfung ausschalten

Mit dem Makro *Fehlerprüfung* schalten Sie die Fehlerprüfung aus dem Menü *Extras/Optionen* aus. Hierfür wird die neue *ErrorCheckingOptions*-Eigenschaft verwendet.

Fehlerüberprüfung ausschalten

```
Sub Fehlerüberprüfung()
With Application.ErrorCheckingOptions
  .EmptyCellReferences = False
  .EvaluateToError = False
  .NumberAsText = False
  .InconsistentFormula = False
  .OmittedCells = False
  .UnlockedFormulaCells = False
  .TextDate = False
  .BackgroundChecking = False
End With
End Sub
```

Anhang

Arbeitsmappe ohne Warnhinweis beim Überschreiben speichern

Sie wollen eine Arbeitsmappe unter dem Namen einer bereits existierenden Mappe speichern und dabei den Warnhinweis unterdrücken.

Listing B.63 Warnhinweis unterdrücken

```
Sub speichern_ohne_Warnhinweis ()
On Error Resume Next
Dim s As String
s = ActiveWorkbook.FullName
Application.DisplayAlerts = False
ActiveWorkbook.SaveAs s
Application.DisplayAlerts = False
End Sub
```

Die Symbolleiste *Format* vor Veränderungen schützen

Eine Symbolleiste kann so geschützt werden, dass der Benutzer keine Änderungen vornehmen kann.

Listing B.64 Änderungen an einer Symbolleiste verhindern

```
Sub sichereCBar()
On Error Resume Next
Dim cb As CommandBar
Set cb = Application.CommandBars("Formatting")
With cb
  .Protection = msoBarNoCustomize
  ' Schutz aufheben
  ' .Protection =msoBarNoProtection
End With
End Sub
```

Alle Blätter sichtbar machen

Sind in einer Mappe Blätter ausgeblendet worden, so können diese mit folgendem Makro wieder sichtbar gemacht werden:

Listing B.65 Alle Blätter einer Mappe einblenden

```
Sub einblendenBlätter()
On Error Resume Next
Dim sh As Object
For Each sh In ActiveWorkbook.Sheets
  sh.Visible = True
Next
End Sub
```

Zellen mit Formeln einfärben

Alle Zellen des aktiven Blattes sollen eingefärbt werden, wenn sie eine Formel enthalten. Anschließend wird die beim Start vorgefundene Markierung wieder aktiviert.

Listing B.66   Formeln hervorheben

```
Sub gelbeFormel()
Dim r As Object
Set r = Selection
Range("A1").Select
Selection.SpecialCells(xlCellTypeFormulas).Select
With Selection.Interior
   .ColorIndex = 6
   .Pattern = xlSolid
End With
r.Select
Set r = Nothing
End Sub
```

Matrix-Formeln farblich hervorheben

Das folgende Makro untersucht alle Zellen des aktiven Bereichs auf Array-Formeln. Wird eine solche Formel gefunden, wird die Zelle mit einer roten Füllfarbe versehen.

Listing B.67   Den benutzten Bereich nach Matrix-Formeln durchsuchen

```
Sub roteMatrixFormel()
Dim r As Range
Dim c As Range
Set r = ActiveSheet.UsedRange
For Each c In r.Cells
  If c.HasArray = True Then
    With c.Interior
       .ColorIndex = 7
       .Pattern = xlSolid
    End With
  End If
Next
End Sub
```

Zellinhalt in der Statusleiste anzeigen

Wenn Sie den Inhalt der aktiven Zelle in der Statusleiste anzeigen wollen, kopieren Sie das folgende Listing in das Klassenmodul der jeweiligen Tabelle (nicht in ein Standardmodul).

Listing B.68   Zellinhalt in der Statuszeile anzeigen

```
Private Sub Worksheet_SelectionChange(ByVal Target As Range)
If Len(Target.Cells(1)) > 0 Then
    Application.StatusBar = Target.Cells(1).Value
  Else
```

Listing B.68 Zellinhalt in der Statuszeile anzeigen *(Fortsetzung)*

```
    Application.StatusBar = ""
  End If
End Sub
```

Die installierten Dateifilter auflisten

Das folgende Listing gibt den Namen und die Dateiendungen der installierten Dateifilter im Direkt-fenster aus.

Listing B.69 Die installierten Dateifilter auflisten

```
Sub verfügbareDateifilter()
Dim I As Integer
For I = 1 To Application.FileDialog(msoFileDialogOpen).Filters.Count
  Debug.Print Application.FileDialog(msoFileDialogOpen).Filters(I).Description
  Debug.Print Application.FileDialog(msoFileDialogOpen).Filters(I).Extensions
Next
End Sub
```

Tabelle in Wertkopie umwandeln

Das folgende Makro wandelt ein Tabellenblatt in eine Wertkopie um. Damit werden Formeln durch ihr Ergebnis ersetzt.

Listing B.70 Das aktive Blatt in eine Wertkopie umwandeln

```
Sub Wertkopie()
Dim r As Integer
r = MsgBox("Soll die aktive Tabelle in eine Wertkopie umgewandelt werden?" & _
        vbCrLf & "Vorhandene Formeln gehen damit verloren.", _
        vbYesNo + vbQuestion + vbDefaultButton2, _
        "Wertkopie erstellen")
If r = vbYes Then
  Cells.Copy
  Cells.PasteSpecial xlPasteValues
  Application.CutCopyMode = False
End If
End Sub
```

WICHTIG   Wenn Sie die (ursprüngliche) Version Ihrer Tabelle mit den Formeln behalten möchten, müssen Sie die Wertkopie unter einem anderen Namen speichern.

Zellen mit gleichem Inhalt finden

Wollen Sie – ausgehend vom Inhalt der aktiven Zelle – alle Zellen mit gleichem Inhalt markieren, können Sie dieses Makro verwenden.

Listing B.71 Zellen mit dem gleichen Inhalt wie die aktive Zelle markieren

```
Sub findeGleiche()
Dim r As Range
Dim v As Variant
Dim str As String
v = ActiveCell.Value
For Each r In ActiveSheet.UsedRange.Cells
  If r.Value = v Then
    str = str & r.Address & ","
  End If
Next
str = Mid(str, 1, Len(str) - 1)
Range(str).Select
End Sub
```

Anhang C

Internet-Links zu Excel

Webseiten zu Excel gibt es Hunderte. Hier eine kleine Auswahl von Links zu deutsch- und englisch-sprachigen Seiten.

Deutschsprachige Links

Informationen & FAQ

Microsoft Download-Center deutsch

http://www.microsoft.com/downloads/search.asp?LangID=10&LangDIR=DE

Microsoft Knowledge Base deutsch

http://search.support.microsoft.com/ph/2512

Microsoft Office Online Vorlagen-Sammlung

http://office.microsoft.com/de-de/templates/default.aspx

Monika Weber

http://www.jumper.ch/

Frank Arendt-Theilen

http://www.xl-faq.de/xl-faq

Excel-Formeln (1)

http://www.excelformeln.de/uberuns.html

Excel-Formeln (2)

http://xlformeln.de/

Excel-Online

http://www.online-excel.de

Excel-Tipps & Tricks

http://excelabc.de

Newsgroups & Foren

Microsofts Deutsche Excel-Newsgroup

http://support.microsoft.com/newsgroups/newsReader.aspx?lang=de&cr=DE&dg=micro-soft.public.de.excel&sloc=de

Bernd Buskos Excel-Center

http://www.excel-center.de

Peter Herzogs Spotlight.de mit Excel-Forum

http://www.spotlight.de/zforen/mse/t/forum_mse_1.html

ForumOffice.de mit Excel-Forum

http://www.forumoffice.de/phpBB2/forum2.html

Excel-Plus-Forum

http://community.dd2130.kasserver.com/excel/ger/

Internationale Links

Informationen & FAQ

Microsoft Download-Center international

http://www.microsoft.com/downloads/search.asp?PR=EXL&FR=0&M=S&

John Walkenbach – The Spreadshett Page

http://j-walk.com/ss

Excel-Tipps

http://www.exceltip.com

Stephen Bullen's Excel Page

www.bmsltd.ie/Excel/Default.htm

Newsgroups & Foren

Microsofts Internationale Excel-Newsgroup

http://support.microsoft.com/newsgroups/newsReader.aspx?lang=en&cr=US&dg=micro-soft.public.excel&sloc=de

Anhang D

Inhalt der CD-ROM

Alle im Buch beschriebenen Beispiele finden Sie im Ordner *Buch* auf der Begleit-CD. Entnehmen Sie bitte der folgenden Tabelle jeweils den Namen der Beispieldatei, eine Kurzbeschreibung derselben und den Speicherort, wo Sie diese Beispiele auf der CD finden.

Beachten Sie auch die Hinweise zur Handhabung der Beispiel- und Übungsdateien im jeweiligen Kapitel.

HINWEIS Für die meisten Beispiele ist es grundsätzlich von Vorteil, wenn Sie den jeweiligen Ordner von der CD auf die Festplatte Ihres PCs kopieren und das Schreibschutz-Attribut von den Dateien entfernen, falls dieses von Ihrer Windows-Version nicht automatisch entfernt wurde.

Um den Schreibschutz der kopierten Dateien zu entfernen, gehen Sie wie folgt vor:

1. Markieren Sie im Windows-Explorer die kopierte(n) Datei(en).

2. Klicken Sie mit der rechten Maustaste in die Markierung und wählen Sie aus dem Kontextmenü den Befehl *Eigenschaften* aus.

3. Deaktivieren Sie das Kontrollkästchen *Schreibgeschützt* und klicken dann auf *OK*.

Dateiname und Pfad	Beschreibung
Kap03\Flug.xls *Kap03\Notiz.xls*	Übungsdateien zum Thema »Arbeitsbereich speichern«.
Kap04\Kap04A.xls *Kap04\Kap04B.xls*	Übungsdateien zum Arbeiten in Tabellen.
Kap05\Kap05.xls	Übungsdatei zum Testen von Druckeinstellungen.
Kap06\Kap06.xls *Kap06\Kap06_3D.xls*	Übungs- und Beispieldatei zur Anwendung von Funktionen in Formeln und zum 3D-Bezug.
Kap07\Kap07.xls	Übungs- und Beispieldateien zum Eingeben von Formeln.
Kap08\Kap08.xls	Hier finden Sie Beispiele für die Gültigkeitsprüfung von der einfachen Prüfung auf gültige Zahlen bis zur Verwendung von dynamischen und variablen Listen.
Kap09\KAP09_AutoFormate.xls *Kap09\KAP09_Umsatz.xls* *Kap09\KAP09_Zellformate.xls*	Beispiele zum AutoFormat von Tabellen und zur Formatierung von Zellen.
Kap10\Zahlenformate.xls	Anschauungsmappe zum Thema »Benutzerdefinierte Zahlenformate«.
Kap11\Mappe.xlt	Fertige Mustervorlage aus Kapitel 11.
Kap12\BedingteFormate.xls *Kap12\Vergleich.xls*	Beispieldateien zur Einsatzvielfalt der Bedingten Formatierung.
Kap13\Kap13.xls	Anschauungsbeispiele zum Thema »Kommentare«.

Dateiname und Pfad	Beschreibung
\Kap14\Kasten.xls \Kap14\Kasten.xlt \Kap14\Schema.xls \Kap14\Zeichnen.xls	Beispiel zum Blatthintergrund sowie Mustervorlage zum Thema, Beispiele für »Schematische Darstellungen«, zahlreiche Beispiele für Einsatz und Gestaltung von Grafiken.
\Kap15\Datzeit.xls	Funktionen für den Umgang mit dem Datum und der Zeit, z.B. Erstellen eines Kalenders.
\Kap15\Info.xls	Informationsfunktionen
\Kap15\Logik.xls	Logikfunktionen im Einsatz: WENN-Funktion auch in verschachtelter Form, UND, ODER, NICHT, FALSCH und WAHR.
\Kap15\Matrix.xls	Matrix-Funktionen zur Berechnung einer Summe mit Bedingungen, Übereinstimmungen auszählen.
\Kap15\Rechnung.xls	Rechnungsformular, das mit einer Matrix-Funktion die Positionen aus einer Liste holt.
\Kap15\Runden.xls	Beispiele zum Runden mit Tabellenfunktionen, Runden auf vorgegebene Anzahl Stellen, Runden auf Vielfaches usw.
\Kap15\Text.xls	Teilzeichenfolgen mit den Textfunktionen ermitteln.
\Kap15\Verweis.xls	Verweisfunktionen für das Auslesen von Werten aus Listen.
\Kap16\Kap16.xls Einfache Zinsrechnung.xls Erweiterung Zinsrechnung.xla Renten- und Tilgungsrechnung.xls Zinseszinsrechnung.xls	Spezielle statistische Funktionen, Trendberechnung und Häufigkeitsanalyse, finanzmathematische Funktionen und Kombinatorik.
\Kap17\Diagramme.xls	Schritt für Schritt zum fertigen Diagramm, Tipps zum Einsatzgebiet der verschiedenen Diagrammtypen.
\Kap18\Kap18.xls \Kap18\Preisindex.xls	Spezielle Diagramme und Techniken, neue Daten in Diagrammen anzeigen; eigene Diagramm-Vorlage speichern, Trends im Diagramm.
\Kap19\Kap19.xls	Beispiele zum Umgang mit Namen und Listen, alles zum Thema »Namen« für Zellbereiche und Konstanten.
\Kap20\TSK_10.xls \Kap20\Depot_10.xls	Beispieldatei mit Ausgangsdaten für verschiedene Beispiele in Kapitel 20.
\Kap21\TSK_20.xls \Kap21\Depot_20.xls	Basisdaten für die Beispiele in Kapitel 21.
\Kap22\Kap22.xls	Alle beschriebenen Beispiele und Übungen zum Thema »Datenbankfunktionen«.

Anhang

Dateiname und Pfad	Beschreibung
\Kap23\TSK_23.xls	Basisdaten für die Beispiele in Kapitel 23, Teilergebnisse.
\Kap23\TSK_23_Lösungen.xls	Lösungen zu Kapitel 23 auf der Basis der Datei TSK_23.xls.
\Kap24\TSK_24.xls	Basisdaten für die Beispiele in Kapitel 24, PivotTabelle und PivotChart.
\Kap24\TSK_24_Lösung.xls	Lösungen zu Kapitel 24 auf der Basis der Datei TSK_24.xls.
\Kap24\Gehalt_24.xls	Basisdaten für einige Beispiele in Kapitel 24.
\Kap24\Gehalt_24_Lösung.xls	Fertige PivotTabelle.
\Kap24\Import.csv	Beispieldatei für den Import aus einer Textdatei.
\Kap24\Import_24_Lösung.xls	PivotTabelle aus einer Textdatei.
\Kap24\Kons_24.xls	Basisdaten für Konsolidierungsbeispiel in Kapitel 24.
\Kap24\FL.xls	Optionale Datei, verwendbar in verschieden Kapiteln, die eine Datenbasis benötigen.
\Kap24\TSK_24_QueryLösung.xls	Lösungsbeispiel für den Abruf von Daten aus einer Access-Datenbank und Darstellung in einer Pivot-Tabelle.
\Kap25\Kap25.xls	Mit dem Szenario-Manager können Sie ein Modell mit verschiedenen Einzelwerten anzeigen lassen.
\Kap26\Kap26-Übung.xls	Übungsbeispiele für den Umgang mit dem Solver zur Lösung mathematischer Probleme.
\Kap26\Kap26-Lösung.xls	Die fertigen Beispiele zum Vergleichen.
\Kap26\Iteration.xls	Beispiele für den gezielten Einsatz der Iteration.
\Kap26\VerwAss.xls	Beispiele für den Einsatz des Verweis-Assistenten.
\Kap27\Kap27.xls	Alle Beispiele zum Einsatz der Mehrfachoperation, wie Erstellen von Multiplikationstabellen und Einsatz mit Datenbankfunktionen.
\Kap28\Beispieldateien\dtd\html-mitteilung.htm u. a.	Verschiedene Dateien zum Umgang mit XML und DTD (Document Type Definitions).
\Kap28\Beispieldateien\data islands\embedded islands.htm u. a.	Verschiedene Dateien unter Verwendung von XML Data Islands.

Dateiname und Pfad	Beschreibung
\Kap28\Beispieldateien\xsl\workshops.xml, ...\workshops.xsl u. a.	Verschiedene Dateien zur Verwendung von XML mit XSL (XML Stylesheet Language).
\Kap28\Beispieldateien\vml\vml.htm	Eine Datei mit einem VML-Beispiel (Vector Markup Language).
\Kap28\Beispieldateien\web components\ Seite-ohne-Programmierung.htm u. a.	Verschiedene Dateien zum Einsatz der Office Webkomponenten auf Webseiten.
\Kap28\Beispieldateien\xsd\ myschema.xsd u. a.	Dateien, die die Herkunft von Schemadateien (XSD) aus InfoPath und deren Verwendung unter Excel erklären helfen.
\Kap29\Abfrage Nordwind.xls, ...\ Adressen.mdb	Abfragen unter Excel bei Verwendung einer Access-Datenbank.
\Kap29\Adressen.xls	Serienbrieferstellung unter Word mit einer Excel-Liste als Datenquelle.
\Kap29\Auswertung.xls	Auswertung von Formularen.
\Kap29\Quartalsumsatz.xls	Beispieldaten
\Kap29\Arbeitszeiten.xsn	InfoPath-Formularvorlage
\Kap29\diagramm.htm	Office-Webkomponenten
\Kap30\Beispieldateien\HTML-Beispiel\ ein-beispiel.htm	Ein einfaches Beispiel einer HTML-Datei zur Erläuterung der wesentlichen Begriffe.
\Kap30\Beispieldateien\Webkomponenten\webkomponenten.xls	Die Erzeugung und der Einsatz der Office-Webkomponenten an einigen Beispielen (Spreadsheet, Chart, PivotTable).
\Kap30\Beispieldateien\Webabfrage\webabfrage.xls	Ein Beispiel einer Webabfrage unter Excel.
\Kap31\Automak.xls	Beispiele für Makros, die automatisch ausgeführt werden.
\Kap31\Kap31.xls	Beispiele für die Programmierung, Grundlagen, Sub-Prozeduren und Funktionen, Schleifen und Bedingungen.
\Kap31\Cbar.xls	Beispiele für die Änderung und das Erstellen von Menü- und Symbolleisten per VBA.
\Kap31\Karte.xls	Aktualisierung von Zeichenobjekten über ein Ereignis.
\Kap31\Tarif.xls	Formular für einen Tarifrechner, der den Solver in einem Makro einsetzt.
\Kap31\Sommer.xla	Add-In zur Berechnung von Beginn und Ende der Sommerzeit.
\Kap32\Projektarbeit.xls	Beispieldatei für die Berechnung von Terminen und Fristen, Anzeige der Projektdauer in einem Gantt-Diagramm, Datenauswahl über ein Kombinationsfeld, Kostenkontrolle über eine Ampelfunktionalität.

Anhang

Dateiname und Pfad	Beschreibung
\Kap32\KalkulationStückliste.xls	Beispiel zur Entwicklung eines Kalkulationsmodells.
\Kap32\KalkulationStückliste_Lösung.xls	Lösung zur vorigen Datei.
\Kap32\Abrechnungsmatrix.xls	Beispiel für die Kalkulation von Baugruppen aus einzelnen Komponenten.
\Kap32\Abrechnungsmatrix_Lösung.xls	Lösung zur vorigen Datei.
\Kap32\KalkulationSysteme.xls	Beispieldaten zur Herstellung einer komplexen Kalkulation.
\Kap32\KalkulationSysteme_Lösung.xls	Lösung zur vorigen Datei.
\Kap32\\Anhang\Anhang_B.xls	Die Makro-Fundgrube.

Anhang E

Tastenkombinationen

Excel/Office-Hilfe	`F1`
Bearbeitungsmodus einschalten	`F2`
Name in Formel einfügen	`F3`
Letzte Aktion wiederholen	`F4`
Gehe Zu	`F5`
Nächster Ausschnitt	`F6`
Rechtschreibprüfung	`F7`
Erweiterter Markiermodus	`F8`
Alle Arbeitsmappen berechnen	`F9`
Menüleiste aktivieren	`F10`
Standarddiagramm	`F11`
Speichern unter	`F12`
Tabellenblatt einfügen	`⇧` + `F11`
Namen aus Zelltext erstellen	`Strg` + `⇧` + `F3`
Suchen	`⇧` + `F5` oder `Strg` + `F`
Ersetzen	`Strg` + `H`
Nächste Arbeitsmappe anzeigen	`Strg` + `F6`
Vorherige Arbeitsmappe anzeigen	`Strg` + `⇧` + `F6`
Zum nächsten Blatt wechseln	`Strg` + `Bild ↓`
Zum vorherigen Blatt wechseln	`Strg` + `Bild ↑`
Zur Markierung hinzufügen	`⇧` + `F8`
Aktives Blatt berechnen	`⇧` + `F9`
Datei öffnen	`Strg` + `F12`
Gesamtes Arbeitsblatt markieren	`Strg` + `A`
Markierung/Daten kopieren	`Strg` + `C`
Markierung/Daten einfügen	`Strg` + `V`
Markierung/Daten ausschneiden	`Strg` + `X`
Letzten Schritt rückgängig machen	`Strg` + `Z`
Gesamte Spalte(n) markieren	`Strg` + `Leertaste`
Gesamte Zeile(n) markieren	`⇧` + `Leertaste`
Wert aus darüber liegender in aktive Zelle kopieren	`Strg` + `,`
Leere Zellen einfügen	`Strg` + `+`
Zellen nach unten ausfüllen	`Strg` + `U`
Zellen nach rechts ausfüllen	`Strg` + `R`

Summe-Formel einfügen	`Alt` + `⇧` + `0` (Null)
Aktuelles Datum einfügen	`Strg` + `.`
Aktuelle Uhrzeit einfügen	`Strg` + `⇧` + `:`
Hyperlink einfügen	`Strg` + `K`
Formelpalette nach Eingabe eines Funktionsnamens in Formel anzeigen	`Strg` + `A`
Bei Formeleingabe zwischen absoluten und relativen Bezügen wechseln	`F4`
Standard-Zahlenformat	`Strg` + `⇧` + `&`
Währungs-Zahlenformat mit zwei Dezimalstellen	`Strg` + `⇧` + `$`
Prozent-Zahlenformat ohne Dezimalstellen	`Strg` + `⇧` + `%`
Datum-Zahlenformat (Tag, Monat, Jahr)	`Strg` + `⇧` + `§`
Zwei Dezimalstellen, 1000er-Trennzeichen und Minus bei negativen Werten	`Strg` + `⇧` + `!`
Gesamtrahmen um markierten Bereich	`Strg` + `⇧` + `-`
Fett	`Strg` + `⇧` + `F`
Kursiv	`Strg` + `⇧` + `K`

Anhang

Praxisindex

Die Einträge in diesem Praxisindex verweisen auf Schritt-für-Schritt-Anleitungen zu spezifischen Arbeitsgängen.

Stichwortverzeichnis

B

Q

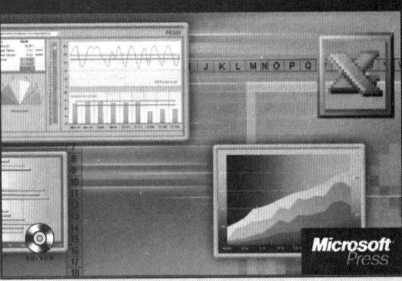